Beck'sches
Richter-Handbuch

Beck'sches Richter-Handbuch

Herausgegeben von

Prof. Dr. Walter Seitz
Vorsitzender Richter am Oberlandesgericht a. D.
München

und

Dr. Helmut Büchel
Vorsitzender Richter am Hanseatischen Oberlandesgericht a. D.
Hamburg

3., völlig neubearbeitete Auflage

Verlag C. H. Beck München 2012

Zitiervorschlag: Seitz/Büchel/*Bearbeiter*, Beck'sches Richter-Handbuch, 3. A., A. I. Rn. ...

www.beck.de

ISBN 978 3 406 61740 9

Wilhelmstraße 9, 80801 München
Druck und Bindung: fgb · freiburger graphische betriebe
Bebelstr. 11, 79108 Freiburg

Satz: Druckerei C. H. Beck Nördlingen
(Adresse wie Verlag)

Gedruckt auf säurefreiem, alterungsbeständigem Papier
(hergestellt aus chlorfrei gebleichtem Zellstoff)

Vorwort für die 3. Auflage

Die Neuauflage des Handbuches wendet sich in erster Linie an Richter, Referendare und andere interessierte Juristen, die in der ordentlichen Gerichtsbarkeit tätig sind. Insoweit haben Verlag und Herausgeber das Konzept des Werks etwas verändert. Die Abschnitte Arbeitsgerichtsprozess, Sozialgerichtsprozess und Verwaltungsgerichtsprozess sind nicht mehr enthalten. Einerseits konnte der Stoff dieser Gerichtsbarkeiten nicht annähernd erfasst werden, andererseits war das Interesse der Arbeits-, Sozial- und Verwaltungsjuristen an den Hauptteilen des Handbuches naturgemäß begrenzt. Dafür sind die Bereiche des Zivilrechts, Familienrechts und Strafrechts erweitert und vertieft worden. Hiervon abgesehen ist die Zielrichtung des Handbuches gleich geblieben: Es soll vor allem dem Praktiker, der am Anfang des Berufslebens steht, in weniger vertrauten Rechtsgebieten tätig ist oder sich schnell über nicht so geläufige Fragen informieren will, eine aktueller und zuverlässiger Ratgeber sein.

Seit der Vorauflage haben sich die Rechtsgebiete der ordentlichen Gerichtsbarkeit zum Teil stürmisch entwickelt. Das gilt insbesondere für das Familienrecht, das vollständig neu bearbeitet wurde. Auch andere Abschnitte, so z. B. die strafrechtlichen Kapitel, sind nicht nur aktualisiert, sondern zum Teil grundlegend neu gefasst worden. Weitere Sonderbereiche des Zivilprozesses sind zusätzlich aufgenommen, so die Kapitel *Massenverfahren in Finanzanlagesachen, der Urheberrechtsprozess, der Vergaberechtsprozess und der Gesellschaftsprozess.*

Dem Autorenteam der 3. Auflage gehören insgesamt 26 Autorinnen und Autoren der Vorauflage aus dem Jahr 1999 nicht mehr an. Ihnen allen gebührt unser herzlicher Dank. Dafür konnten 26 neue Autorinnen und Autoren gewonnen werden, die alle ebenfalls in ihren Gebieten bestens ausgewiesene und erfahrene Praktiker sind.

Autoren und Herausgeber würden sich freuen, wenn dem Praktiker mit der Neuauflage des Richterhandbuchs Anregungen und praktische Hilfestellung gegeben werden; für kritische Hinweise wären wir dankbar.

Hamburg/München im Oktober 2011 Die Herausgeber

Vorwort zur ersten Auflage

– Auszug –

Materielle Gerechtigkeit wird erst durch den Richterspruch hergestellt, der nur dann als gerecht empfunden wird, wenn er das Ergebnis eines fairen und zügigen Verfahrens ist. Die Verschiedenartigkeit der zu entscheidenden Rechtsstreitigkeiten sowie die fortschreitende Entwicklung und Spezialisierung des materiellen Rechts und des Verfahrensrechts machen es für den Richter nicht einfach, diesem Anspruch zu genügen. Das gilt um so mehr, als von ihm besonders in den ersten Berufsjahren ein regelmäßiger Wechsel des Rechtsgebiets und der Verfahrensordnung verlangt wird.

Das vorliegende Buch steht in einer Reihe mit dem Beck'schen Rechtsanwaltshandbuch und dem Beck'schen Notarhandbuch, die sich gezielt an eine juristische Berufsgruppe wenden und Antworten auf deren berufstypische Fragen geben. Damit geht es nicht um eine systematische oder nach Gesetzesvorschriften geordnete Darstellung von Gebieten des materiellen oder formellen Rechts. Das Buch hat sein Ziel erreicht, wenn es dem Richter auch in wenigen vertrauten Rechtsgebieten bei der Verfahrensleitung, Verhandlung und Entscheidung konkrete Hilfestellung gibt. Es wendet sich weniger an den spezialisierten Richter, der sein Rechtsgebiet beherrscht, sondern vor allem an die Kollegen, die mit nicht oder nicht mehr so geläufigen Fragen konfrontiert werden oder sich schnell über den aktuellen Stand eines Problems informieren wollen, und insbesondere an Richter, die sich in den ersten Jahren ihres Berufslebens befinden oder die ihr Fachgebiet wechseln. Dieser Zielsetzung entsprechend berücksichtigt das Werk die Rechtsbereiche Zivilprozeß (einschließlich des familiengerichtlichen Verfahrens), Freiwillige Gerichtsbarkeit, Strafprozeß und Verwaltungsgerichtsprozeß, jeweils mit einer Reihe von Spezialverfahren. Darüber hinaus wird ein Abriß über das richterliche Dienst- und Berufsrecht gegeben.

Die Autoren, besondere Sachkenner des jeweiligen Rechtsgebiets, haben mit ihren Beiträgen die Erfahrungen aus ihrem Berufsleben zusammengefaßt und hierbei besonderen Wert darauf gelegt, das Ineinandergreifen von Verfahrensrecht und materiellem Recht darzustellen. Dabei werden, für das jeweilige Verfahrensstadium vom Eingang des Antrags bis zur Formulierung der Entscheidung, praktische Beispiele genannt, die zu beachtenden Punkte aufgelistet, kommentierte Vorschläge zur verfahrensleistung und Entscheidung gemacht sowie Tenorierungsmuster formuliert. Damit gibt das Buch auch einen Einblick in Praxis und Denkweise von Richtern, der es zugleich für andere Berufsgruppen, die mit den

Gerichten zu tun haben, und für Referendare, die ihre unterschiedlichen Ausbildungsstationen bei den Gerichten absolvieren, von Interessen sein läßt.

(...)

Auf ein ausführliches Stichwortverzeichnis wurde Wert gelegt.

Die Herausgeber danken dem Verlag, der diese Aktualität ermöglicht hat, und den Verfassern, für deren Beiträge es kein Vorbild gab. Wir hoffen auf freundliche Aufnahme durch die Benutzer. Für Hinweise und Verbesserungsvorschläge (auch über den Verlag) sind wir immer dankbar.

Hamburg/Munchen im Oktober 1994 — Die Herausgeber

Autorenverzeichnis

Fritz Billner
Vorsitzender Richter am Oberlandesgericht
München

Horst Böhm
Leitender Oberstaatsanwalt
Regensburg

Dr. Stefan Bruinier
Notarassessor
vorm. Richter am Landgericht
Trier

Dr. Helmut Büchel
Vorsitzender Richter am Hanseatischen
Oberlandesgericht a. D.
Hamburg

Johann Demharter
Richter am Bayerischen Obersten Landesgericht
a. D.
München

Dr. Daniel Dittert
Rechtsreferent am Gerichtshof der
Europäischen Union
Luxemburg

Dr. Werner Dürbeck
Richter am Amtsgericht
Königstein i. T.

Dr. Oliver Elzer
Richter am Kammergericht
Berlin

Jost Emmerich
Richter am Amtsgericht
München

Hartmut Fischer
Vorsitzender Richter am Oberlandesgericht
München

Yvonne Gottschalk
Richterin am Oberlandesgericht
Frankfurt a. M.

Christine Haumer
Richterin am Amtsgericht
München

Prof. Dr. Bernd von Heintschel-Heinegg
Vorsitzender Richter am Bayerischen Obersten
Landesgericht a. D.
Vorsitzender Richter am Oberlandesgericht a. D.
Straubing

Dr. Katrin Herresthal
Oberregierungsrätin
München

Dr. Rainer Hüßtege
Vorsitzender Richter am Oberlandesgericht
München

Edgar Isermann
Präsident des Oberlandesgerichts a. D.
Hannover

Jupp Joachimski
Vorsitzender Richter am Bayerischen Obersten
Landesgericht a. D.
München

Walter Krug
Vorsitzender Richter am Landgericht a. D.
Stuttgart

Maren Lippold
Richterin am Hanseatischen Oberlandesgericht
Hamburg

Prof. Dr. Ulrich Magnus
em. Universitätsprofessor
Richter am Hanseatischen Oberlandesgericht a. D.
Hamburg

Prof. Dr. Manfred Mayer
Leitender Ministerialrat
München

Dr. Heinrich Merl
Vorsitzender Richter am Oberlandesgericht a. D.
München

Dr. Gerwin Moldenhauer
Staatsanwalt
zZt. Generalbundesanwalt beim
Bundesgerichtshof
Hamburg/Karlsruhe

Birgit Niepmann
Direktorin des Amtsgerichts
Siegburg

Autorenverzeichnis

Bolko Rachow
Vorsitzender Richter am Landgericht
Hamburg

Dieter Rojahn
Vorsitzender Richter am Oberlandesgericht
München

Prof. Dr. Gerhard H. Schlund
Vorsitzender Richter am Oberlandesgericht a. D.
München

Jürgen Schmidt
Vorsitzender Richter am Oberlandesgericht
München

Dr. Bernhard Joachim Scholz
Richter am Sozialgericht
Mainz

Prof. Dr. Walter Seitz
Vorsitzender Richter am Oberlandesgericht a. D.
München

Dr. Eva Spangler
Richterin am Oberlandesgericht
München

Klaus Spätgens
Vorsitzender Richter am Oberlandesgericht a. D.
Köln

Dr. Nikolaus Stackmann
Vorsitzender Richter am Landgericht
München

Dr. Stefan Tetenberg
Richter am Landgericht
München

Maria Vavra
Vorsitzende Richterin am Oberlandesgericht
München

Ulrich Völker
Vorsitzender Richter am Oberlandesgericht a. D.
Hamm

Marc Wenske
Richter am Landgericht Hamburg
zZt. Wissenschaftlicher Mitarbeiter
am Bundesgerichtshof

Dr. Alexander Witt
Richter am Amtsgericht
Hamburg

Silvia Wolter-Welge
Richterin am Amtsgericht
Hamburg

Dr. Rainer Ziegler
Richter am Oberlandesgericht
Stuttgart

Prof. Dr. Walter Zimmermann
Vizepräsident des Landgerichts a. D.
Passau

Inhaltsverzeichnis

Inhaltsverzeichnis

Abkürzungsverzeichnis

aA .... andere(r) Ansicht(Auffassung)
aaO .... am angegebenen Ort
Abb. .... Abbildung
abgedr. .... abgedruckt
Abh. .... Abhandlungen
Abk. .... Abkommen
abl. .... ablehnend
Abs. .... Absatz
abschl. .... abschließend
Abschn. .... Abschnitt
Abt. .... Abteilung
abw. .... abweichend(e)(es)(er)
abzgl. .... abzüglich
aE .... am Ende
Änd. .... Änderung
ÄndG .... Änderungsgesetz
aF .... alte Fassung
AktR .... Aktienrecht
allg. .... allgemein
allgM .... allgemeine Meinung
Alt. .... Alternative
aM .... andere Meinung
amtl. .... amtlich
Anh. .... Anhang
Anl. .... Anlage
Anm. .... Anmerkung
ArbR .... Arbeitsrecht
Arg. .... Argumentation
Art. .... Artikel
AsylR .... Asylrecht
AT .... Allgemeiner Teil
Auff. .... Auffassung
aufgeh. .... aufgehoben
Aufl. .... Auflage
ausdr. .... ausdrücklich
ausf. .... ausführlich
ausl. .... ausländisch
AuslR .... Ausländerrecht
ausschl. .... ausschließlich
Az. .... Aktenzeichen

BankR .... Bankrecht
BadWürtt., badwürtt. ... Baden-Württemberg, baden-württembergisch
Bay., bay. .... Bayern, bayerisch
BauR .... Baurecht
Bd. .... Band
bearb./Bearb. .... bearbeitet/Bearbeiter
Begr. .... Begründung
begr. .... begründet
Beil. .... Beilage
Bek. .... Bekanntmachung
Bem. .... Bemerkung
ber./Ber. .... berichtigt/Berichtigung
Berl., berl. .... Berlin, berlinerisch
BerufsR .... Berufsrecht
bes. .... besondere, besonderer, besonderes

Beschl.	Beschluss
beschr.	beschränkt
bespr./Bespr.	besprochen/Besprechung
bestr.	bestritten
Betr.	Betreff
betr.	betrifft, betreffend
BilanzR	Bilanzrecht
Brandenbg., brandenbg.	Brandenburg, brandenburgisch
BRD	Bundesrepublik Deutschland
Brem., brem.	Bremen, bremisch
Bsp.	Beispiel
bspw.	beispielsweise
BT	Besonderer Teil
Buchst.	Buchstabe
BürgerlR	Bürgerliches Recht
bzgl.	bezüglich
bzw.	beziehungsweise
ca.	circa
d.	der, des, durch
Darst.	Darstellung
DDR	Deutsche Demokratische Republik
ders.	derselbe
dgl.	dergleichen, desgleichen
dh	das heißt
dies.	dieselbe(n)
diesbzgl.	diesbezüglich
div.	diverse
Drs.	Drucksache
DRV	Deutsche Rentenversicherung
dt.	deutsch
E	Entwurf
EGBGB	Einführungsgesetz zum Bürgerlichen Gesetzbuch
ehem.	ehemalig(e, en, er)
Einf./einf.	Einführung/einführend
eing.	eingehend
Einl.	Einleitung
einschl.	einschließlich
EL	Ergänzungslieferung
endg.	endgültig
Entsch.	Entscheidung
entspr.	entsprechend/e(n)
EP	Entgeltpunkte
ErbR	Erbrecht
Erg.	Ergebnis
erg.	ergänzend
Erl.	Erlass; Erläuterungen
EStR	Einkommenssteuerrecht
etc.	et cetera (und so weiter)
europ.	europäisch
EuropaR	Europarecht
ev.	evangelisch
evtl.	eventuell
f., ff.	folgende, fortfolgende
FamFG	Gesetz über das Verfahren in Familiensachen und in den Angelegenheiten der freiwilligen Gerichtsbarkeit
FamGKG	Gesetz über Gerichtskosten in Familiensachen
FamRB	Der Familien-Rechtsberater

FamR	Familienrecht
FGG-RG	Gesetz über die Reform des Verfahrens in Familiensachen und in den Angelegenheiten der freiwilligen Gerichtsbarkeit
Fn.	Fußnote
G	Gesetz
geänd.	geändert
geb.	geboren
gem.	gemäß
GesR	Gesellschaftsrecht
GesundhR	Gesundheitsrecht
gewöhnl.	gewöhnlich
GewR	Gewerberecht
GewRS	Gewerblicher Rechtsschutz
ggf.	gegebenenfalls
ggü.	gegenüber
grdl./Grdl.	Grundlegend/Grundlage
grds.	grundsätzlich
hA	herrschende Ansicht, herrschende Auffassung
HandelsR	Handelsrecht
Hbg.	Hamburg
HdB	Handbuch
Hess., hess.	Hessen, hessisch
hM	herrschende Meinung
Hrsg.	Herausgeber
hrsg.	herausgegeben
Hs.	Halbsatz
idF	in der Fassung
idR	in der Regel
idS	in diesem Sinne
iE	im Einzelnen
iErg	im Ergebnis
ieS	im engeren Sinne
iHd (v)	in Höhe des/der (von)
iJ	im Jahre
insbes.	insbesondere
InsR	Insolvenzrecht
int.	international
IPR	Internationales Privatrecht
iRd	im Rahmen des; im Rahmen der
iS	im Sinne
iSd	im Sinne der, des
iSv	im Sinne von
iÜ	im Übrigen
iVm	in Verbindung mit
iW	im Wesentlichen
iwS	im weiteren Sinne
Jg.(e.)	Jahrgang (Jahrgänge)
Jh.	Jahrhundert
jur.	juristisch, juristische, juristischer
Kap.	Kapitel
KapMarktR	Kapitalmarktrecht
KapMarktStrafR	Kapitalmarktstrafrecht
KartellR	Kartellrecht
kath.	Katholisch
Kfz	Kraftfahrzeug
Kj.	Kalenderjahr
Komm.	Kommentar
KommunalR	Kommunalrecht

Abkürzungsverzeichnis

KonzernR	Konzernrecht
krit.	Kritisch
Ld.	Land(es)
LebensmittelR	Lebensmittelrecht
lfd.	laufend(e)
Lfg.	Lieferung
Lit.	Literatur
lit.	Litera
Lkw	Lastkraftwagen
LPartG	Gesetz über die Eingetragene Lebenspartnerschaft
LS	Leitsatz
LStR	Lohnsteuerrecht
lt.	laut
mÄnd.	mit Änderungen
MarkenR	Markenrecht
Mat.	Materialien
max.	Maximal
mE	meines Erachtens
MecklV	Mecklenburg-Vorpommern
MedienR	Medienrecht
MedR	Medizinrecht
MietR	Mietrecht
mind.	mindestens
Mio.	Million(en)
mN	mit Nachweisen
Mrd.	Milliarde(n)
mspätÄnd	mit späteren Änderungen
mtl.	Monatlich
MultimediaR	Multimediarecht
mwH	mit weiteren Hinweisen
mwN	mit weiteren Nachweisen
mWv	mit Wirkung vom
nachf.	nachfolgend
Nachw.	Nachweise
Nds., nds.	Niedersachsen, niedersächsisch
nF	neue Fassung
Nr.	Nummer
nrkr	nicht rechtskräftig
NRW, nrw.	Nordrhein-Westfalen, nordrhein-westfalisch
nv	nicht veröffentlicht
o.	oben, oder
oÄ	oder Ähnliche/s
ÖffBauR	Öffentliches Baurecht
OEuR	Osteuroparecht
öffentl.	öffentlich
ÖffR	Öffentliches Recht
ÖffTarifR	Öffentliches Tarifrecht
og	oben genannte(r, s)
oV	ohne Verfasser
PatentR	Patentrecht
PersGesR	Personengesellschaftsrecht
PharmaR	Pharmarecht
Pkw	Personenkraftwagen
POR	Polizei- und Ordnungsrecht
PrivBauR	Privates Baurecht
PrivVersR	Privatversicherungsrecht
Prot.	Protokoll

rd.	rund
RhPf., rhpf.	Rheinland-Pfalz, rheinland-pfälzisch
rkr.	rechtskräftig
RL	Richtlinie
Rn.	Randnummer
Rs.	Rechtssache
Rspr.	Rechtsprechung
RVO	Rechtsverordnung
RVG	Rechtsanwaltsvergütungsgesetz
S.	Seite(n), Satz
s.	siehe
Saarl., saarl.	Saarland, saarländisch
SachenR	Sachenrecht
Sachs., sächs.	Sachsen, sächsisch
SachsAnh.	Sachsen-Anhalt
SchlH, schlh.	Schleswig-Holstein, schleswig-holsteinisch
Schr.	Schrifttum
SchuldR	Schuldrecht
Slg.	Sammlung
sog so	genannt
SozR	Sozialrecht
st.	ständig
StaatsR	Staatsrecht
SteuerR	Steuerrecht
Stichw.	Stichwort
str.	streitig, strittig
StrafR	Strafrecht
StrafProzR	Strafprozessrecht
StrafVerfR	Strafverfahrensrecht
stRspr.	ständige Rechtsprechung
StVR	Straßenverkehrsrecht
teilw.	teilweise
Thür.,	thür. Thüringen, thüringisch
Tz.	Textziffer
u.	und
ua	und andere, unter anderem
uÄ	und Ähnliches
uam	und anderes mehr
uE	unseres Erachtens
überarb.	überarbeitet
Überbl.	Überblick
überw.	überwiegend
Umf.	Umfang
umfangr.	umfangreich
umstr.	umstritten
UmwR	Umweltrecht
unstr.	unstreitig
unveröff.	unveröffentlicht
unzutr.	unzutreffend
UrhR	Urheberrecht
Urt.	Urteil
usw	und so weiter
uU	unter Umständen
uvam	und viele(s) anderen(es) mehr
uvm	und viele(s) mehr
v.	vom, von
va	vor allem
Var.	Variante
VBL	Versorgungsanstalt des Bundes und der Länder

Verf.	Verfasser, Verfassung
VerfassungsR	Verfassungsrecht
Verh.	Verhandlung(en)
VerkehrsR	Verkehrsrecht
Veröff.	Veröffentlichung(en)
VersAusglG	Versorgungsausgleichsgesetz
VersNr.	Versicherungsnummer
VersR	Versicherungsrecht
VertrR	Vertragsrecht
VerwProzR	Verwaltungsprozessrecht
VerwR	Verwaltungsrecht
VerwVerfR	Verwaltungsverfahrensrecht
Vfg.	Verfügung
vH	von Hundert
VN	Versicherungsnehmer
VO	Verordnung
VölkerR	Völkerrecht
Voraufl.	Vorauflage
Vorbem.	Vorbemerkung
vorl.	vorläufig
VorstandsR	Vorstandsrecht
vs.	versus
WEigR	Wohnungseigentumsrecht
WettbR	Wettbewerbsrecht
WirtschaftsR	Wirtschaftsrecht
Wiss.	wissenschaftlich
Wj.	Wirtschaftsjahr
zahlr.	zahlreich
zB	zum Beispiel
zit.	zitiert
ZivilProzR	Zivilprozessrecht
ZivilR	Zivilrecht
zT	zum Teil
zusf.	Zusammenfassend
zust.	zustimmend
zutr.	zutreffend
ZVR	Zwangsvollstreckungsrecht
zw.	zweifelhaft
zzgl.	zuzüglich
zZt	zur Zeit

A. Zivilprozess

A. I. Prozesskostenhilfe

Dr. Stefan Bruinier

Übersicht

Allgemeine Literatur: *Baumbach/Lauterbach/Bearbeiter,* ZPO, 68. Aufl. 2010; *Münchener Kommentar* zur ZPO, 3. Aufl., *Bearbeiter,* 2008; *Musielak/Bearbeiter,* ZPO, 8. Aufl., 2011; *Schellhammer,* Die Arbeitsmethode des Zivilrichters, 15. Aufl. 2005; *Stein/Jonas, Bearbeiter,* Kommentar zur ZPO, 22. Aufl. 2010; *Thomas/Putzo,* ZPO, 32. Aufl. 2011; *Zimmermann,* ZPO, 8. Aufl. 2007; *Zöller/Bearbeiter,* ZPO, 28. Aufl. 2010. – **Weiterführende Literaturhinweise:** *Engels,* Prozeßkostenhilfe, 1990; *Gerhardt,* Zivilprozeßrecht, 4. Aufl. 1987, Fälle und Lösungen; *Kalthoener/Büttner,* Prozeßkostenhilfe und Beratungshilfe, 1988; *Nickel,* Die Entwicklung der PKH-Rechtsprechung bis Mitte 2008 – PKH-Prüfungsverfahren, Vermögen und Einkommen, MDR 2008, 1133; *ders.,* Aktuelle Entwicklungen in der Rechtsprechung zur Prozesskostenhilfe, MDR 2010, 1227; *Vogel,* Prozeßkostenhilfe im familiengerichtlichen Verfahren, 1984; *Wax,* Die Rechtsprechung zur Prozeßkostenhilfe im Bereich des Familienrechts, FamRZ 1985, 10.

I. Vorbemerkung

1. Allgemeines

Prozesskostenhilfe soll bedürftigen Parteien den Zugang zu inländischen staatlichen Gerichten gewährleisten. Prozesskostenhilfe kann damit als besondere Form der Sozialhilfe angesehen werden (*BVerfG,* NJW 1974, 229, 230), weshalb auch ein entsprechender Sozialhilfeanspruch nicht besteht (vgl. § 2 I SGB XII, Nachrang der Sozialhilfe). In Abgrenzung zur Beratungshilfe, die bedürftigen Personen Rechtsberatung und -vertretung außerhalb eines gerichtlichen Verfahrens und in obligatorischen Güteverfahren sichern soll, gibt es Prozesskostenhilfe nur für Verfahren vor staatlichen Gerichten. Die Prozesskostenhilfe ist in §§ 114 bis 127 ZPO geregelt. Diese Vorschriften gelten über Verweisungsnormen auch in anderen Verfahrensordnungen (vgl. § 76 I FamFG, § 11 a III ArbGG, § 166 VwGO, § 73 a I 1 SGG, § 142 I FGO, §§ 397 a II 1, 404 V StPO). 1

Prozesskostenhilfe hat eine große praktische Bedeutung, insbesondere in Familiensachen, auf die knapp 80% aller Bewilligungen entfallen. Dies spiegelt sich in den veröffentlichten Entscheidungen 2 wieder, die überwiegend von Familiengerichten stammen. Insgesamt ist die Judikatur stark von Einzelfallentscheidungen geprägt, was angesichts des erforderlichen Ausgleichs widerstreitender Anwendungsgrundsätze (dazu noch unten, Rn. 2) jedoch nachvollziehbar erscheint.

3 Prozesskostenhilfe belastet in erster Linie die Haushalte der Bundesländer – es gibt wenig Bewilligungsverfahren vor Bundesgerichten – und dies mit jährlich ansteigenden Kosten. Schätzungen zufolge soll die Nettobelastung im Jahr 2003 bundesweit bei 550 bis 600 Millionen Euro gelegen haben (vgl. BR-Dr 250/06, S. 25). Den Kostensteigerungen mag man begrenzt mit Gesetzesinitiativen begegnen können (vgl. zB BR-Dr 250/06). Letztlich dürfte es sich bei den Aufwendungen für Prozesskostenhilfe jedoch überwiegend um Kosten handeln, die sich ein Rechtsstaat leisten muss.

2. Verfassungsrechtliches, Anwendungsgrundsätze

4 Die Möglichkeit, durch die Bewilligung von Prozesskostenhilfe seine Rechte verfolgen bzw. verteidigen zu können, ist ein Ausfluss des in Art. 20 I GG verankerten Sozialstaatsprinzips und verwirklicht gleichzeitig die nach Art. 3 GG gebotene Chancen- und Waffengleichheit von bedürftigen und vermögenden Parteien (*BVerfG*, NJW 1988, 2231, 2232). Schließlich wird mit der Bewilligung von Prozesskostenhilfe die Rechtsweggarantie des Art. 19 IV GG konkretisiert. Denn danach muss der Rechtsweg zu den Gerichten auch der Partei offenstehen, die aufgrund ihrer wirtschaftlichen Verhältnisse die Kosten selbst nicht tragen kann.

Der Umstand, dass es sich bei den Vorschriften zur Prozesskostenhilfe um die einfachgesetzliche Konkretisierung von Grundrechten und Verfassungsprinzipien handelt, ist vom Richter im Bewilligungsverfahren stets zu berücksichtigen. Daraus folgt, dass der Richter bei der Bewilligung von Prozesskostenhilfe nicht zu kleinlich sein darf. Andererseits hat sich der Richter vor Augen zu führen, dass er mit einer Bewilligung von Prozesskostenhilfe letztlich über Steuergelder verfügt. Der Richter hat daher die Bewilligungsvoraussetzungen sorgfältig zu prüfen. Eine großzügige Handhabung der Bewilligung liegt im Übrigen auch nicht im Interesse der bedürftigen Partei. Denn im Falle eines Unterliegens im Prozess hat diese dem Gegner dessen Kosten nach allgemeinen Grundsätzen zu erstatten, § 123 ZPO.

3. Gesetzesänderungen

5 Die letzte größere Änderung des Prozesskostenhilferechts erfolgte durch das Gesetz zur Einordnung des Sozialhilferechts in das Sozialgesetzbuch vom 27. 12. 2003 (BGBl. I S. 3022), durch das die früheren Verweisungen in § 115 ZPO auf die aufgehobenen Vorschriften des BSHG durch Verweisungen auf das nunmehr gültige SGB XII ersetzt wurden. Dabei sind dem Gesetzgeber einige redaktionelle Fehler unterlaufen (vgl. zB *OLG Karlsruhe*, NJW-RR 2005, 805), die im Zuge des Justizkommunikationsgesetzes (JKomG) vom 22. 3. 2005 (BGBl I S. 837) behoben wurden. Gleichzeitig wurde die Vorschrift des § 115 ZPO übersichtlicher gestaltet. Schon vorher waren durch das EG-PKHG vom 15. 12. 2004 § 114 S. 2 ZPO und §§ 1076 ff. ZPO eingefügt und § 116 S. 1 Nr. 2 ZPO geändert worden. Hierdurch wurde die Richtlinie 2003/8/EG des Rates vom 27. 1. 2003 zur Verbesserung des Zugangs zum Recht bei Streitsachen mit grenzüberschreitendem Bezug (ABl. EG 2003, L 26 S. 41; ABl. EU 2003, L 32 S. 15) in deutsches Recht umgesetzt. Die teils grundlegenden Änderungen der ZPO durch Art. 29 des FGG-Reformgesetzes vom 17. 12. 2008 (BGBl. I S. 2586, in Kraft seit 1. 9. 2009) betrafen im Prozesskostenhilferecht nur § 117 ZPO. Allerdings erhielt das neu geschaffene FamFG eine eigenständige Regelung zur Verfahrenskostenhilfe, die jedoch im Wesentlichen derjenigen der ZPO entspricht (vgl. § 76 I FamFG).

II. Verfahren

6 Das Prozesskostenhilfeverfahren ist ein eigenständiges Beschlussverfahren, das vom beabsichtigten Klageverfahren losgelöst ist (anders bei Prozesskostenhilfe für den Kläger oder Beklagten im schon rechtshängigen Prozess). Daraus folgt für den Richter die scharfe Trennung zwischen Prozesskostenhilfegesuch und Klageschrift. Das Prozesskostenhilfegesuch ist dem Antragsgegner nur in Abschrift zur Wahrung rechtlichen Gehörs zuzusenden, nicht jedoch wie die Klageschrift zuzustellen.

1. Prozesskostenhilfegesuch, Klageschrift

7 Häufig verbindet der Kläger seinen Antrag auf Prozesskostenhilfe mit der Klageschrift, um die Rechtsauffassung des Gerichts zu „testen" und von dem so gewonnenen Ergebnis die Erhebung der Klage abhängig zu machen, allein schon um unnötige Kosten zu vermeiden. In solchen Fällen der Verbindung von Gesuch und Klage wird für den Richter oft nicht deutlich gemacht (insbesondere bei der Formulierung „Prozesskostenhilfegesuch und Klage" bzw. „... beantrage ich für den Kläger, den Beklagten zu verurteilen ... und dem Kläger für diesen Antrag Prozesskostenhilfe zu bewilligen"), ob zunächst nur das Gesuch gestellt (dann Abschrift formlos an Gegner zwecks rechtlichen Gehörs) oder ob gleichzeitig auch Klage erhoben werden soll (dann Zustellung und Verfahren nach §§ 272 f. ZPO).

Für den Richter empfiehlt sich in jedem Fall eine Rückfrage, wenn nicht klar ist, ob die Klage nur für den Fall der Bewilligung der Prozesskostenhilfe oder unabhängig davon erhoben sein soll (*BGH*, VersR 1978, 181). Keine Rückfrage ist bei folgenden in der Praxis üblichen Formulierungen erforderlich: Die Klageschrift wird nur als Klageentwurf bezeichnet, die Klageschrift wird nicht unterschrieben (nur das Gesuch), Prozesskostenhilfe wird ausdrücklich nur für eine beabsichtigte Klage begehrt oder die Klage wird nur soweit erhoben, wie Prozesskostenhilfe gewährt wird. In diesen Fällen liegt nur ein Prozesskostenhilfegesuch vor. 8

a) **Antrag.** Das Gesuch ist, wenn es mit einer Klage verbunden oder für eine Klage gestellt wird, beim Prozessgericht zu stellen, mithin bei dem für den beabsichtigten Rechtsstreit örtlich und sachlich zuständigen Gericht (§ 117 I 1 ZPO); es kann dort auch zu Protokoll der Geschäftsstelle erklärt werden (§ 117 I 1 2. Hs.). Es kann ferner sogar vor der Geschäftsstelle eines jeden Amtsgerichts zu Protokoll abgegeben werden (§ 129 a ZPO), dieses leitet das Gesuch an das zuständige Gericht weiter. Anwaltspflicht besteht nicht (§§ 117 I, 78 III ZPO). 9

b) **Verjährung.** Die Verjährung wird durch den **erstmaligen Antrag** auf Gewährung von Prozesskostenhilfe **gehemmt.** Die Beschränkung auf erstmals gestellte Anträge soll ausschließen, dass sich ein Gläubiger durch wiederholte Anträge eine gestaffelte Hemmung des verfolgten Anspruchs verschafft (BT-Dr 14/6040 S. 116). 10

Im Gegensatz zur früheren Rechtssprechung reicht für den Eintritt der Hemmungswirkung grundsätzlich die Antragstellung aus. Es ist nicht erforderlich, dass der Antrag ordnungsgemäß begründet, vollständig, von den erforderlichen Unterlagen begleitet und von der subjektiven Ansicht der Bedürftigkeit getragen ist (BT-Dr 14/6040 aaO). Schon gar nicht muss der Antrag zulässig und begründet sein. Der Antrag muss jedoch zumindest den Anforderungen des § 117 I 2 ZPO genügen, wonach das Streitverhältnis unter Angabe der Beweismittel darzustellen ist. Der Antrag muss also die Parteien bezeichnen sowie Grund und Gegenstand des erhobenen Anspruchs hinreichend deutlich erkennen lassen (noch strenger *OLG Stuttgart,* FamRZ 2005, 526). Ansonsten wird die Verjährung nicht gehemmt. 11

Der Antrag muss ferner vom Antragsteller stammen und als bestimmender Schriftsatz im Sinne des § 130 ZPO von ihm, seinem gesetzlichen Vertreter oder seinem Bevollmächtigten unterschrieben sein. Fehlt eine Unterschrift, reicht es aus, wenn sich die Urheberschaft des Antragstellers aus anderen Umständen zuverlässig ergibt, zB durch ein unterschriebenes Begleitschreiben (*BGH,* FamRZ 2006, 1269). 12

Die Hemmung tritt nur ein, wenn das Gericht die Bekanntgabe des Antrages an den Gegner veranlasst. Wird der Antrag also ohne Anhörung des Gegners zurückgewiesen (vgl. § 118 I ZPO), wird die Verjährung nicht gehemmt. Wenn der Antragsteller darauf hinweist, dass die Verjährung gehemmt werden soll, und beantragt, den Antrag dem Gegner bekannt zu geben, muss das Gericht dem Folge leisten, auch wenn die beabsichtigte Klage keine Aussicht auf Erfolg hat (*BGH,* NJW 2008, 1939). 13

Die Hemmung beginnt mit der **Veranlassung der Bekanntgabe** des Antrags. Damit ist der Zeitpunkt gemeint, zu dem das Gericht die Übersendung des Antrags an den Gegner aktenmäßig nachprüfbar verfügt. Dieser Zeitpunkt wurde gewählt, weil eine förmliche Zustellung gerade nicht erfolgen soll und bei einem Abstellen auf den Zugang beim Schuldner dieser den Zugang schlicht leugnen könnte, was ihm kaum zu widerlegen sein wird. Dies führt allerdings dazu, dass eine Verjährungshemmung ohne Kenntnis des Schuldners möglich ist, wenn er nämlich tatsächlich den Antrag nicht erhält. 14

Wird die Bekanntgabe „demnächst" veranlasst, so tritt die Hemmung entsprechend § 167 ZPO bereits mit Einreichung des Antrags ein. Die Bekanntgabe erfolgt nicht mehr „demnächst", wenn der Kläger oder sein Prozessbevollmächtigter durch Nachlässigkeit zu einer nicht ganz geringfügigen Verzögerung der Zustellung vorwerfbar beigetragen haben (*BGH,* NJW 2006, 3206). Ein vorwerfbares Verhalten liegt zB vor, wenn der Antragsteller das gemäß § 117 IV ZPO vorgeschriebene Formular nicht verwendet oder eine falsche Anschrift des Gegners angibt. Ist für die Verzögerung dagegen allein der Geschäftsablauf des Gerichts verantwortlich, erfolgt die Zustellung bzw. Bekanntgabe unabhängig von der Länge der Verzögerung stets „demnächst" (*BGH,* NJW 2006, 3206). 15

Die Hemmung endet sechs Monate nach der Beendigung des Verfahrens (§ 202 II 1 BGB). Das Prozesskostenhilfeverfahren ist beendet durch rechtskräftige Entscheidung über den Antrag, Rücknahme des Antrags oder Vergleich im Prozesskostenhilfeverfahren. Wird das Verfahren nicht beendet, endet die Hemmung auch bei einem **auf Untätigkeit der Parteien** beruhenden **Verfahrensstillstand** sechs Monate nach der letzten Verfahrenshandlung des Gerichts oder der Parteien (§ 202 II 2 BGB). 16

2. Erklärung über die persönlichen und wirtschaftlichen Verhältnisse

Der Antragsteller hat, damit das Gericht die Bedürftigkeit prüfen kann, eine Erklärung über seine persönlichen und wirtschaftlichen Verhältnisse sowie entsprechende Belege beizufügen. Er hat dabei zwingend den amtlichen Vordruck zu benutzen (§ 117 IV ZPO). Nichtbeachtung des Vordruckzwanges kann zur Versagung von Prozesskostenhilfe führen, allerdings nur nach entsprechendem richterlichen Hinweis (vgl. *OLG Rostock,* FamRZ 2003, 1396). Nach der Verordnung zur Einführung des Vordrucks ist dieser für Anträge juristischer Personen nach § 116 ZPO, für Unterhaltsprozesse minderjähriger un- 17 verheirateter Kinder und für Vaterschaftsfeststellungsklagen eines unverheirateten nichtehelichen Kindes nicht vorgeschrieben, hier können die persönlichen und wirtschaftlichen Verhältnisse auf andere geeignete Weise dargelegt werden. Das Gericht kann allerdings die Benutzung des Vordrucks anordnen (§ 2 III der VO).

18 Der Richter sollte es sich mit der Prüfung des ausgefüllten Vordrucks und der eingereichten Belege nicht zu einfach machen, er sollte genau hinsehen, da häufig Unstimmigkeiten zu finden sind, manchmal sogar bewusst, um die wirtschaftlichen Verhältnisse zu verschleiern. Der Richter ist zwar nicht „Buchhalter“ der Staatskasse, hat aber deren finanzielle Interessen zu berücksichtigen, wie das Beschwerderecht der Staatskasse in § 127 III ZPO deutlich macht.

3. Anhörungsverfahren

19 Nach Prüfung der Formalien leitet der Richter in das Anhörungsverfahren über, indem er durch Übersenden einer Abschrift des Gesuchs dem Gegner **rechtliches Gehör** gibt; hierbei ist zweckmäßigerweise eine Frist zu setzen. Auch wenn man vom Gegner spricht, ist dieser kein Gegner im eigentlichen Sinne, denn ihn berührt die Bewilligung oder Versagung der Prozesskostenhilfe unmittelbar nicht, als „Gegner“ könnte man allenfalls die Staatskasse ansehen. Die Stellungnahme des Antragsgegners dient im Rahmen des rechtlichen Gehörs nur der Prüfung der hinreichenden Erfolgsaussicht (§ 114 S. 1 ZPO); deshalb und weil es ihn auch nichts angeht, darf ihm die Erklärung des Antragstellers nach § 117 ZPO grundsätzlich nicht zur Kenntnis gebracht werden, es sei denn, der Antragsteller hat seine Zustimmung erteilt oder der Gegner hat gegen den Antragsteller nach den Vorschriften des bürgerlichen Rechts einen Anspruch auf Auskünfte und Vermögen des Antragstellers, § 117 II 2 ZPO. Folgerichtig wird die Erklärung nicht in die Prozessakte selbst, sondern nach einer bundeseinheitlichen Verwaltungsvorschrift der Länder in ein besonderes Beiheft (Prozesskostenhilfeheft) genommen (*BGH*, NJW 1984, 740 mwN).

20 **a) Mündliche Anhörung.** Bei der zwingenden und nicht im Ermessen des Gerichts stehenden Beteiligung des Gegners (§ 118 I ZPO) kann es auch zu einer mündlichen Anhörung beider Parteien kommen. Das soll aber nach dem Willen des Gesetzes die Ausnahme sein (vgl. § 127 I 1 ZPO, wonach eine mündliche Verhandlung grundsätzlich nicht vorgesehen ist). Die Parteien können zur mündlichen Erörterung geladen werden, wenn ein Vergleich zu erwarten ist (§ 118 I 3 ZPO); die vage Möglichkeit, dass sich die Parteien einigen könnten, reicht nicht aus. Nach umstrittener, aber zutreffender Ansicht darf der Richter die Parteien zur Prüfung der Erfolgsaussicht ihrer Rechtsverfolgung auch mündlich anhören (*Musielak/Fischer*, § 118 Rn. 4). Hierfür spricht auch § 118 II 3 ZPO, wonach in engen Grenzen sogar Zeugen und Sachverständige vernommen werden können. Es leuchtet nicht ein, weshalb der Richter dann in bestimmten Ausnahmefällen nicht eine Anhörung durchführen können soll, zB wenn der Vortrag des Antragstellers in einzelnen Punkten unklar erscheint, der Richter aber den Eindruck hat, dass die beabsichtigte Rechtsverfolgung unter Umständen erfolgversprechend sein könnte. Oftmals lassen sich Zweifelsfragen in einer mündlichen Anhörung auch schneller klären, als mit möglicherweise mehrfachen schriftlichen Nachfragen. Zu beachten ist allerdings, dass die umfassende Erörterung des Sach- und Streitstandes dem Haupttermin vorbehalten bleiben muss. Gegenstand der Erörterung im Anhörungstermin ist der Prozesskostenhilfeantrag, nicht der angekündigte Sachantrag. Da § 141 III ZPO hier nicht gilt, kann das Gericht ferner das Erscheinen der Parteien zur Anhörung nicht erzwingen.

21 **b) Prozesskostenhilfe für das Verfahren.** Für das Bewilligungsverfahren selbst ist die Bewilligung von Prozesskostenhilfe grundsätzlich nicht statthaft (*BGH*, NJW 1984, 2106; NJW 2004, 2595); **„keine Bewilligung für das Bewilligungsverfahren“** wird damit begründet, dass es an einem Schutzbedürfnis fehlt, weil insoweit das Beratungshilfegesetz eingreift und sich zudem Prozesskostenhilfe für das Bewilligungsverfahren praktisch nicht von Prozesskostenhilfe für das Hauptverfahren abgrenzen lässt, da in beiden Fällen die hinreichende Erfolgsaussicht (auch) der beabsichtigten Haupt-Rechtsverfolgung mitgeprüft werden müsste.

22 Eine Ausnahme von diesem Grundsatz gilt für den Fall des Abschlusses eines Vergleichs nach § 118 I 3 ZPO, weil es dann nicht mehr nur um den Prozesskostenhilfeantrag des Antragstellers geht, sondern um die Sache selbst. Streitig ist, ob in diesem Fall Prozesskostenhilfe nur für den Vergleich selbst (so *BGH*, NJW 2004, 2595 mwN) oder für das gesamte Bewilligungsverfahren bewilligt werden kann (so viele Oberlandesgerichte, vgl. statt aller *OLG Koblenz*, FamRZ 2009, 1232; *Zöller/Geimer*, § 118 Rn. 8). Letztere Ansicht erscheint vorzugswürdig. Durch eine eingeschränkte Bewilligung von Prozesskostenhilfe würde der die Kosten mindernde Zweck des Einigungsverfahrens nach § 118 I 3 ZPO verfehlt. Um von der ihrem Rechtsanwalt nach VV 3335 zustehenden Verfahrensgebühr freizukommen, müsste die bedürftige Partei einen Vergleich zunächst ablehnen, weiterhin Prozesskostenhilfe für die Hauptsache verlangen und nach deren Bewilligung den Vergleich zu erhöhten Kosten abschließen (vgl. *Zöller/Geimer*, § 118 Rn. 8).

III. Erfolgsaussicht

23 Einer Partei, die nach ihren persönlichen und wirtschaftlichen Verhältnissen die Kosten der Prozessführung nicht, nur zum Teil oder nur in Raten aufbringen kann, ist Prozesskostenhilfe zu bewilligen, wenn die beabsichtigte Rechtsverfolgung oder Rechtsverteidigung **hinreichende Aussicht auf Erfolg** bietet und nicht mutwillig erscheint (§ 114 S. 1 ZPO).

1. Für den Kläger

24 Hinreichende Erfolgsaussicht für den Kläger verlangt eine gewisse Wahrscheinlichkeit (aufgrund summarischer Prüfung der Sach- und Rechtslage), dass er mit seinem Begehren durchdringen wird. Sie liegt vor, wenn das Gericht den Rechtsstandpunkt des Klägers aufgrund seiner Sachdarstellung und der vorhandenen Unterlagen zumindest für vertretbar hält und in tatsächlicher Hinsicht die Möglichkeit der Beweisführung besteht (*BGH,* NJW 1994, 1160, 1161; *Zöller/Geimer,* § 114 Rn. 19). Die Voraussetzungen dürfen nicht zu eng, aber auch nicht zu weit gezogen werden (vgl. zu überspannten Anforderungen *BVerfG,* NJW-RR 1993, 1090). Es handelt sich nur um eine summarische Prüfung; der Richter sollte es sich aber auch nicht zu leicht machen, indem er zu großzügig Prozesskostenhilfe bewilligt. Das hilft der bedürftigen Partei nicht, da sie im Fall des Unterliegens die Kosten des gegnerischen Anwalts tragen muss, der Richter sie mithin nicht ins Kostenglück (wie es zunächst mit der Bewilligung von Prozesskostenhilfe den Anschein hat), sondern ins Kostenunglück gestürzt hat.

25 a) **Beweiserhebung.** Die Prüfung der Erfolgsaussicht darf nicht dazu führen, dass der eigentliche Rechtsstreit in das Bewilligungsverfahren vorverlagert wird. Mithin ist die Vernehmung von Zeugen und Sachverständigen nur in engen Grenzen gestattet (§ 118 II 3 ZPO) und dürfen die Parteien zur mündlichen Erörterung nur in Ausnahmefällen geladen werden, wobei eine mündliche „Erörterung" nicht zu einer mündlichen „Verhandlung" auswachsen darf. Im Übrigen kann das Gericht verlangen, dass die Erfolgsaussicht glaubhaft gemacht wird (§ 118 II 1 ZPO), zB durch Vorlage bestimmter Urkunden. Ob und inwieweit die Glaubhaftmachung verlangt wird, steht im Ermessen des Gerichts. Grundsätzlich sollte nur bei konkreten Zweifeln an der Richtigkeit des Vortrages die Glaubhaftmachung verlangt werden (*OLG Hamm,* FamRZ 1996, 417). Nach dem Rechtsgedanken der §§ 445, 447 ZPO sollte eine eidesstattliche Versicherung des Antragstellers zur Glaubhaftmachung von Umständen, die für die Beurteilung der Erfolgsaussicht von Bedeutung sind, nicht abgefordert werden (*MünchKomm-ZPO/Motzer,* § 118 Rn. 15). Auch eine eidesstattliche Versicherung von möglichen Zeugen sollte nicht verlangt werden, weil damit zum einen der Zeuge im Hinblick auf eine spätere Aussage festgelegt und zum anderen die Vorschrift des § 118 II 3 ZPO umgangen würde.

26 b) **Beweisbarkeit.** Bei der Prüfung der hinreichenden Erfolgsaussicht ist in tatsächlicher Hinsicht auch die Beweisbarkeit festzustellen; das führt in Grenzen zu einer sonst unzulässigen **Beweisantizipation** (nach *BVerfG,* NJW 1997, 2745, 2746 in eng begrenztem Rahmen zulässig). Die Beweisantizipation erscheint in begrenztem Rahmen nicht nur zulässig, sondern geboten, um den Antragsteller im eigenen Interesse vor einer absehbaren Kostenlast (vgl. § 123 ZPO) und den Gegner vor unsinnigen Prozessen zu schützen (*MünchKomm-ZPO/Motzer,* § 118 Rn. 64). Die Abgrenzung zulässiger von nicht zulässiger Beweisantizipation ist häufig schwierig. Der Richter muss auf der einen Seite vorausschauend würdigen, wie der wahrscheinliche Erfolg des angebotenen Beweises sein wird, auf der anderen Seite darf er die konkrete Beweiswürdigung nicht unbillig vorwegnehmen. Wenn es um eine Zeugenvernehmung geht, ist im Regelfall eine vorweggenommene Beweiswürdigung nicht möglich, weil das Ergebnis nicht zuverlässig vorhergesehen werden kann (vgl. *OLG Köln,* NJW-RR 1995, 1405); etwas anderes gilt dann, wenn nach den Gesamtumständen anzunehmen ist, dass die Zeugenvernehmung zu einem für die Partei nachteiligen Ergebnis führen wird (*OLG Koblenz,* NJW-RR 1992, 706, 707 für den Fall, dass eine Abtretung bestritten wird, die nach Sachlage vernünftig und außerordentlich naheliegend erscheint). Auch Verwandte als Zeugen dürfen ohne konkreten Grund nicht als schlechtes Beweismittel abgetan werden. Bei dem alleinigen Beweismittel der Parteivernehmung des Gegners kann das anders zu werten sein, insbesondere wenn eine substantiierte gegenläufige Darstellung des Gegners bereits schriftsätzlich dokumentiert ist (vgl. *OLG Köln,* MDR 2007, 605). Mit einer vorweggenommenen Beweiswürdigung von Zeugenaussagen in Beiakten ist vorsichtig umzugehen, da im Hinblick auf den Grundsatz der Unmittelbarkeit der Beweisaufnahme beachtet werden muss, dass eine unmittelbare Befragung der Zeugen durch das Gericht zu genaueren, umfangreicheren und mithin anderen Ergebnissen führen kann. Hat jedoch in einem Strafverfahren ein Zeuge bereits ausgesagt oder die Aussage verweigert und wird erneut benannt, ohne dass dargelegt wird, warum der Zeuge nunmehr (anders) aussagen wird, kann Prozesskostenhilfe abgelehnt werden (*OLG Koblenz,* JurBüro 1994, 232; *Zöller/Geimer,* Rn. 26).

27 c) **Rechtsfragen.** Um nicht den eigentlichen Prozess in das Bewilligungsverfahren vorzuverlagern, darf der Richter schwierige und insbesondere ungeklärte Rechtsfragen nicht im Bewilligungsverfahren durchentscheiden; denn sonst würde er der bedürftigen Partei die Chance nehmen, die Rechtsfrage im Haupt- und Rechtsmittelprozess entscheiden zu lassen, womit der Richter letztlich gegen die in Art. 3

GG verbürgte Chancengleichheit verstoßen würde (*BVerfG,* 2008, 1060, 1061); die Prozesskostenhilfe-Beschwerde könnte hier zwar Abhilfe schaffen, jedoch mit der Gefahr der Kostentragung für das Beschwerdeverfahren.

28 d) **Sachliche Zuständigkeit bei teilweiser Bewilligung.** Eine teilweise Bewilligung von Prozesskostenhilfe kann dazu führen, dass für den bewilligten Teil nicht mehr der sachliche Zuständigkeitsbereich des Landgerichts gegeben ist, beispielsweise bei Abzügen von der Klagehöhe wegen Mitverschuldens oder Berücksichtigung von Betriebsgefahr sowie bei Aberkennen von Schadenspositionen. Bei bereits erhobener Klage ist Prozesskostenhilfe zum Teil zu gewähren, das Landgericht bleibt zuständig (§ 261 III Nr. 2 ZPO). Bei noch nicht erhobener Klage muss das Landgericht die Prozesskostenhilfe verweigern, weil es für den aussichtsreichen Teil der Klage nicht zuständig ist (str., *BGH* NJW-RR 2004, 1437 f.; aA *OLG Dresden,* NJW-RR 1995, 382, 383). Etwas anderes gilt, wenn der Antragsteller zum Ausdruck gebracht hat, dass die Klage in einem die sachliche Zuständigkeit des Landgerichts begründenden Umfang (wegen des Restbetrages auf eigene Kosten des Antragstellers) erhoben werden soll (*BGH,* NJW-RR 2004, 1437 f.). Ferner ist auf Antrag das Prozesskostenhilfeverfahren analog § 281 ZPO zu verweisen (*Zöller/Geimer,* § 114 Rn. 23).

29 e) **Prozesskostenhilfe bei Stufenklage.** Bei der Stufenklage bestimmt der zunächst noch unbezifferte Zahlungsantrag den Streitwert (§ 44 GKG) und damit auch die für Gericht und Anwalt zu zahlenden Vorschüsse. Aus diesem Grund darf die Prozesskostenhilfe für eine solche Klage nicht auf die Auskunftsstufe beschränkt werden. Denn ansonsten müsste die unbemittelte Partei die Vorschüsse für den Zahlungsantrag entrichten (str., vgl. *Zöller/Geimer,* § 114 Rn. 37). Die Prozesskostenhilfe erfasst also sämtliche Stufen der Klage. Es empfiehlt sich, im Bewilligungsbeschluss einen vorläufigen Streitwert festzusetzen, damit der beigeordnete Anwalt seinen Vorschussanspruch geltend machen kann (§ 47 RVG).

30 Die Prozesskostenhilfe ist auf den Antrag beschränkt, der sich aus der Auskunft ergibt, erstreckt sich also nicht auf eine etwaige Mehrforderung. Das Gericht kann nach der Bezifferung des Zahlungsantrages durch Beschluss klarstellen, inwieweit der Antrag vom Bewilligungsbeschluss gedeckt ist. Eines ausdrücklichen Vorbehalts im Bewilligungsbeschluss bedarf es hierfür nicht (*OLG Zweibrücken,* FamRZ 2007, 1109).

2. Für den Beklagten

31 Der Prüfungsmaßstab für die Erfolgsprüfung bei der Rechtsverteidigung ist mit demjenigen bei der Rechtsverfolgung identisch (str., *Zöller/Geimer,* § 114 Rn. 25). Für eine unterschiedliche Behandlung besteht kein sachlicher Grund. Richtig ist lediglich, dass für eine Erfolgsaussicht der Rechtsverteidigung substantiiertes Bestreiten des Vortrags des Antragstellers meistens ausreicht. Nähere Darlegungen mit Beweisantritt sind aber erforderlich, soweit der Beklagte die Darlegungs- und Beweislast trägt, so zB bei Tatsachenvortrag, der Einreden oder Einwendungen gegen die Klageforderung begründen soll. Erkennt der Beklagte die Klageforderung sofort an und hat keinen Anlass zur Klagerhebung gegeben (§ 93 ZPO), so ist ihm Prozesskostenhilfe zu bewilligen (*OLG Hamburg,* FamRZ 1988, 1076; *OLG Hamm,* FamRZ 2006, 1770).

3. Mutwilligkeit

32 Trotz hinreichender Erfolgsaussicht ist Prozesskostenhilfe zu versagen, wenn die beabsichtigte Rechtsverfolgung oder Rechtsverteidigung mutwillig erscheint (§ 114 I 1 ZPO).

33 Mutwilligkeit liegt vor, wenn eine vernünftige Partei auf eigene Kosten nicht oder nicht so prozessieren würde oder wenn die Partei den von ihr verfolgten Zweck auf einem einfacheren als dem von ihr eingeschlagenen Weg erreichen könnte (*Zöller/Geimer,* § 114 Rn. 31). Beispiele für Mutwilligkeit: Klage aus unstreitiger Forderung beim Landgericht statt Mahnantrag; Klage auf Zug-um-Zug-Leistung, wenn man die Gegenleistung nicht erbringen kann; Widerklage auf Zahlung, wenn der Beklagte gegen die unbestrittene Klageforderung aufrechnen kann; fehlende Vollstreckungsaussicht (wegen weiterer Rechtsprechungsbeispiele s. *Zöller/Geimer,* § 114 Rn. 31 f.).

4. Juristische Person, Insolvenzverwalter

34 Die Vorschrift des § 115 ZPO gilt nur für natürliche Personen. § 116 ZPO erweitert die Möglichkeit, Prozesskostenhilfe zu erlangen, auf Parteien kraft Amtes, (inländische und europäische) juristische Personen und parteifähige Vereinigungen, legt für die Frage der Bedürftigkeit jedoch einen strengeren Maßstab an, um zu vermeiden, dass solche Antragsteller von bemittelten natürlichen Personen vorgeschoben werden. In objektiver Hinsicht sind – wie bei natürlichen Personen – Erfolgsaussicht und fehlende Mutwilligkeit erforderlich. In subjektiver Hinsicht verlangt § 116 ZPO, dass die Kosten weder von der juristischen Person bzw. der Partei kraft Amtes noch von dem am Gegenstand des Rechtstreits wirtschaftlich Beteiligten aufgebracht werden können, bei juristischen Personen darüber hinaus, dass

die Unterlassung der Rechtsverfolgung allgemeinen Interessen zuwiderlaufen würde (§ 116 S. 1 Nr. 2 ZPO). Letzteres wird bei Parteien kraft Amtes wegen der ihnen jeweils zugewiesenen Aufgabe gewissermaßen unterstellt.

Am praktisch bedeutsamsten ist die Bewilligung von Prozesskostenhilfe für Insolvenzverwalter, die in den vergangenen Jahren deutlich zugenommen hat. Diese Entwicklung war vom Gesetzgeber beabsichtigt, um zu verhindern, dass sich bestimmte Gläubiger rechtswidrig auf Kosten anderer einen Vorteil verschaffen, ohne eine Klage des Insolvenzverwalters befürchten zu müssen (BT-Dr 8/3068, S. 26). Auf der anderen Seite erscheint es unbefriedigend, dem Insolvenzverwalter Prozesskostenhilfe bewilligen zu müssen, auch wenn mit dem Prozess nur die Verfahrenskosten und die Verwaltervergütung eingebracht werden sollen (*BGH,* NZI 2004, 26 mwN). Letztlich ist dies jedoch Konsequenz daraus, dass der Insolvenzverwalter mit der ihm zugewiesenen Aufgabe ein im öffentlichen Interesse liegendes Amt wahrnimmt und jede Einschränkung seines Gebührenanspruchs an Art. 12 GG zu messen ist. Damit unvereinbar wäre es, ihm das Kostenrisiko aufzubürden (*BGH,* NZI 2004, 26). Hinzu kommt, dass es immerhin um Fälle geht, in denen ein rechtswidrig geschaffener Zustand beseitigt werden soll. In jedem Fall muss der Richter aber sorgfältig prüfen, ob es „wirtschaftlich Beteiligte" gibt, denen die Kostenaufbringung zuzumuten ist (hierzu ausführlich *Musielak/Fischer,* § 116 Rn. 6 ff.). Bei der Prüfung der Bedürftigkeit ist zu berücksichtigen, dass die in § 116 ZPO genannten Antragsteller von der Verwendung der Vordrucke nach § 117 IV ZPO befreit sind, § 1 II PKH-VordruckVO. 35

5. Zeitliche Grenze

Im Hinblick auf die zeitliche Grenze ist zu beachten, dass Prozesskostenhilfe nur für eine „beabsichtigte" Rechtswahrnehmung zu gewähren ist (s. Wortlaut des § 114 S. 1 ZPO). Daraus folgt, dass **nach Abschluss der Instanz** ein Prozesskostenhilfegesuch unzulässig ist, zumal eine Bewilligung jeweils nur für eine Instanz erfolgt (§ 119 ZPO). Wenn jedoch das Gesuch vorher bei Gericht eingegangen war und die erforderlichen Unterlagen beigelegen hatten, kann es nicht zu Lasten des Antragstellers gehen, wenn das Gericht die Sache verzögerlich bearbeitet. Streitig ist dabei, auf welchen Zeitpunkt **für die Erfolgsprüfung** abzustellen ist; für die Prüfung der Bedürftigkeit ist immer auf den Zeitpunkt der Entscheidung abzustellen, weil ansonsten die PKH-Bewilligung gemäß § 124 Nr. 3 ZPO sofort wieder aufgehoben werden müsste (*BGH,* FamRZ 2006, 548 f.). Für die Erfolgsprüfung ist nach richtiger Ansicht der letzte Sach- und Streitstand Entscheidungsgrundlage, wenn alsbald nach Entscheidungsreife entschieden wird (*OLG Köln,* NJW-RR 2004, 64; *Zöller/Geimer,* § 119 Rn. 44). Zur Entscheidung reif ist der Prozesskostenhilfeantrag, wenn die Partei es schlüssig begründet, die Erklärung über die persönlichen und wirtschaftlichen Verhältnisse vorgelegt hat und der Gegner Gelegenheit gehabt hat, innerhalb angemessener Frist Stellung zu nehmen. Auch in diesen Fällen ist Prozesskostenhilfe nur rückwirkend auf den Zeitpunkt zu bewilligen, zu dem ein § 117 ZPO entsprechender Antrag vorlag (*OLG Düsseldorf,* NJW 1991, 1186). 36

Verschlechtern sich die Erfolgsaussichten zwischen Antragstellung und Beschlussfassung, geht dies grundsätzlich auch dann zu Lasten des Antragstellers, wenn die Verzögerung beim Gericht entstanden ist. So ist Prozesskostenhilfe z. B. zu verweigern, wenn bei einem Prozesskostenhilfeantrag für eine Zahlungsklage der Gegner die Klageforderung bei Aufforderung zur Stellungnahme zahlt (*OLG Köln,* NJW-RR 2004, 64) oder wenn die Rechtslage während des Prozesskostenhilfeverfahrens durch eine höchstrichterliche Entscheidung zu Ungunsten des Antragstellers geklärt wird (*BGH,* NJW 1982, 1104). Anders liegt es bei einer pflichtwidrigen Verzögerung der Bewilligungsentscheidung durch das Gericht. Hier hat das Gericht nach dem Kenntnisstand zum Zeitpunkt der Entscheidungsreife zu entscheiden, wenn sich die Erfolgsaussichten zwischen Entscheidungsreife und Beschlussfassung verschlechtern (*KG,* FamRZ 2007, 1469, 1471; *Zöller/Geimer,* § 119 Rn. 46). 37

6. Prozesskostenhilfe für die Zwangsvollstreckung und den zweiten Rechtszug

In der Zwangsvollstreckung ist über Prozesskostenhilfe gesondert zu entscheiden, zuständig ist das Vollstreckungsgericht, § 117 I 3 ZPO. Die Prozesskostenhilfe ist dabei pauschal für die gesamte Zwangsvollstreckung zu bewilligen und nicht für jede einzelne Vollstreckungsmaßnahme, § 119 II ZPO (früher str.). 38

Bei Prozesskostenhilfe für den zweiten Rechtszug ist nicht zu prüfen, ob die Rechtsverfolgung oder Rechtsverteidigung hinreichende Aussicht auf Erfolg bietet oder mutwillig erscheint, wenn der Gegner das Rechtsmittel eingelegt hat (§ 119 I 2 ZPO); etwas anderes kann bei einer Änderung der tatsächlichen Voraussetzungen oder der Rechtslage gelten, unter Umständen auch bei offensichtlicher Fehlentscheidung der Vorinstanz (vgl. *Zöller/Geimer,* § 119 Rn. 56). Zum Prozesskostenhilfeverfahren in der Berufungsinstanz vgl. im Übrigen Kap. A XXII Rn. 38 f. 39

IV. Bedürftigkeit

40 Weitere Voraussetzung für die Gewährung von Prozesskostenhilfe ist neben der hinreichenden Erfolgsaussicht die Bedürftigkeit der Partei, die sie auf Verlangen des Gerichts glaubhaft zu machen hat (§ 118 II ZPO); macht der Antragsteller ein fremdes Recht geltend (Prozessstandschaft), kommt es idR auf die wirtschaftlichen Verhältnisse des Rechtsinhabers an (*BGH,* VersR 1984, 989; *OLG Hamm,* NJW 1990, 1053).

In folgenden Fällen kommt Prozesskostenhilfe von vornherein nicht in Betracht:

- Wenn eine Rechtsschutzversicherung besteht, auch wenn der Versicherer die Deckung wegen fehlender Erfolgsaussicht verweigert (*BGH,* NJW 1991, 109, NJW-RR 1987, 1343);
- wenn der Antragsteller einen durchsetzbaren Unterhaltsanspruch auf einen Prozesskostenvorschuss besitzt, gegen seinen Ehegatten (§ 1360 a IV 4 BGB), Lebenspartner (§ 3 LPartG) oder ein minderjähriges Kind gegen seine Eltern (analog § 1360 a IV 4 BGB, vgl. *BGH,* FamRZ 2004, 1635). Ein volljähriges Kind hat gegenüber seinen Eltern Anspruch auf Prozesskostenvorschuss, solange es sich in der Ausbildung befindet und noch keine selbständige Lebensstellung erreicht hat (*BGH,* NJW 2005, 1722, 1723). Zwischen geschiedenen Eheleuten besteht kein Anspruch auf Prozesskostenvorschuss (*BGH,* NJW 1984, 291); ebenso wenig sind Kinder gegenüber ihren Eltern und Großeltern gegenüber ihren Enkeln vorschusspflichtig, da es an einer gesteigerten Verantwortung fehlt (str., *Zöller/Geimer,* § 115 Rn. 67 d). Die Vorschusspflicht besteht ferner nur für Prozesse in persönlichen Angelegenheiten, nicht für solche in geschäftlichen Angelegenheiten. Weiterhin besteht sie nur, soweit sie der Billigkeit entspricht. Bei eingeschränkter Leistungsfähigkeit des unterhaltspflichtigen Ehegatten (Lebenspartners, Elternteils) ist nach unterhaltsrechtlichen Maßstäben zu prüfen ist, ob er den Prozesskostenvorschuss ohne Gefährdung seines eigenen Selbstbehalts ratenweise leisten kann. Kann er Ratenzahlungen erbringen, besteht eine (ratenweise) Vorschusspflicht (*BGH,* FamRZ 2004, 1635). Ist dem Ehegatten (Lebenspartner, Elternteil) selbst Prozesskostenhilfe mit Ratenzahlung bewilligt worden, entfällt die Vorschusspflicht, weil seine Leistungspflicht durch die Ratenzahlungsverpflichtung erschöpft ist (*Zöller/Geimer,* § 115 Rn. 70).
- wenn die Prozesskosten die aus dem Vermögen aufzubringenden Teilbeträge und/oder 4 Monatsraten nicht übersteigen (§ 115 IV ZPO).

1. Vermögen

41 Ihr Vermögen muss die Partei zur Prozessführung einsetzen, soweit dies zumutbar ist (§ 115 III ZPO). Wieweit sie eigenes Vermögen für die Prozessführung einzusetzen hat, bestimmt sich nach § 90 SGB XII. Maßgeblich ist danach, ob es sich um verwertbares Vermögen handelt.

42 Nicht verwertbar sind zB eine staatlich geförderte Altersvorsorge (etwa die sog. Riester-Rente), ein selbst genutztes Wohnobjekt (nicht aber Ferienhaus, vgl. *OLG Stuttgart,* JurBüro 1994, 45), der vorhandene angemessene Hausrat, alle für die Ausübung der Erwerbstätigkeit unentbehrlichen Gegenstände (häufig behauptet vom Kfz; hier kommt es auf den Einzelfall an, ob der Antragsteller etwa seine Arbeitsstätte mit öffentlichen Verkehrsmitteln erreichen kann oder ob es zumutbar erscheint, ein unverhältnismäßig teures Auto zu veräußern, um nach Abzug der Prozesskosten ein günstigeres Ersatzfahrzeug zu beschaffen, vgl. *OLG Karlsruhe,* FamRZ 2004, 646), ein Barbetrag von 2.600,– EUR zzgl. 256,– EUR für jede überwiegend unterhaltene Person (§ 1 I 1 Nr. 1 der VO zu § 90 II Nr. 9 SGB XII), grundsätzlich analog § 83 II SGB XII auch nicht ein Schmerzensgeld (str., vgl. *OLG Karlsruhe,* VersR 2011, 88; *Zöller/Geimer,* § 115 Rn. 61 mwN).

43 Verwertbar sind hingegen zB das zur Beschaffung eines kleinen Hausgrundstücks angesammelte Vermögen, grundsätzlich auch ein den Schonbetrag übersteigendes Bausparguthaben (allerdings ist die Verwertung hier häufig unzumutbar, vgl. *Zöller/Geimer,* § 115 Rn. 54), Kapitalvermögen, das der Altersvorsorge dient und nicht staatlich gefördert wird, Bundesschatzbriefe.

44 Weiterhin muss der Einsatz des (verwertbaren) Vermögens zumutbar sein. Es kommt darauf an, was die Partei für ihren und ihrer unterhaltsberechtigten Angehörigen Lebensunterhalt braucht und ob sie dauernd oder nur vorübergehend darauf angewiesen ist, von der Substanz ihres Vermögens zu leben (zu Einzelheiten vgl. *Zöller/Geimer,* § 115 Rn. 58 ff.).

2. Einkommen

45 Die Partei hat ihr Einkommen, das heißt alle Einkünfte in Geld oder Geldeswert, einzusetzen (§ 115 I ZPO). Dazu gehören Einkünfte aus selbständiger und nichtselbständiger Arbeit einschließlich Weihnachts- und Urlaubsgeld, Einkünfte aus Vermietung und Verpachtung sowie aus Kapitalvermögen, Unterstützungen wie Kindergeld und Wohngeld, Renten aller Art, Arbeitslosengeld und Arbeitslosenhilfe, Ausbildungsförderung, Krankengeld und Unterhaltsleistungen Dritter.

46 Entscheidend ist das Monatseinkommen, so dass Wocheneinkünfte mit $4^1/_3$ zu multiplizieren und Urlaubs- bzw. Weihnachtsgeld mit $^1/_{12}$ anzusetzen sind. Auch Einnahmen, die nicht in Geld bestehen, aber

einen Geldwert haben, gehören zum Bruttoeinkommen, wie zB freie Unterkunft, freie Verpflegung und sonstige Sachbezüge. Bei der Berechnung im Einzelnen sollte der Richter **„nicht kleinlich"** sein, so sollte er zB kleinere Leistungen und Zuwendungen, die die Verkehrsanschauung nicht als Einkünfte betrachtet, nicht anrechnen (etwa Essenszuschüsse, Mitarbeiterrabatte, Nachbarschaftshilfe).

a) **Nettoprinzip.** Von dem Bruttoeinkommen sind die in § 115 I 3 Nr. 1–4 ZPO genannten Beträge abzusetzen. 47

Nr. 1 a: Zunächst sind die in § 82 Abs. 2 SGB XII (abgedruckt bei *Zöller/Geimer,* § 115 Rn. 20, 25) aufgeführten Beträge abzuziehen. Dazu gehören die entrichteten **Steuern**, die Pflichtbeiträge zur Sozial- und Arbeitslosenversicherung, andere **Versicherungsbeiträge**, wenn sie gesetzlich vorgeschrieben oder angemessen sind (etwa Kfz-Haftpflichtversicherung, freiwillige Kranken- und Rentenversicherung, Lebensversicherung, Unfallversicherung, Hausratsversicherung, Gebäude-Haftpflichtversicherung), Werbungskosten (wie Fahrtkosten zur Arbeitsstätte, Arbeitsmaterial und -kleidung und zahlreiche weitere Werbungskosten, so dass der Richter hier häufig eine konkrete Darlegung der bedürftigen Partei verlangen sollte; im übrigen kann der Richter schätzen). 48

Nr. 1 b: Weiterhin sind Freibeträge für Erwerbstätige abzuziehen, da diese einen über den sozialhilferechtlichen Regelsatz hinausgehenden Mehrbedarf haben (*BVerfG,* NJW 1992, 3153, 3154). Der Betrag, der vom 1. 7. bis zum 30. 6. des Folgejahres abgezogen werden kann, wird vom BMJ jährlich im BGBl bekannt gegeben, § 115 I 5 ZPO). Er beträgt seit dem 1. 7. 2010 180,– EUR (PKHB 2010, BGBl I 2010, 795). 49

b) **Freibeträge. Nr. 2:** Nach dieser Vorschrift sind weiter Freibeträge abzuziehen, und zwar für die Partei und ihren Ehegatten oder Lebenspartner (a.) sowie für weitere Unterhaltsberechtigte (b.). Auch diese Beträge werden jährlich für die Zeit vom 1. 7. bis zum 30. 6. des Folgejahres vom BMJ bekannt gegeben. Sie belaufen sich zurzeit auf 395,– EUR für die Partei und ihren Ehegatten oder Lebenspartner und auf 276,– EUR für weitere Unterhaltsberechtigte (PKHB 2010, BGBl I 2010, 795). Eigenes Einkommen des Unterhaltsberechtigten vermindert den Freibetrag (§ 115 I 7 ZPO). Wird Unterhalt als Rente gewährt, ist diese an Stelle des Freibetrages abzusetzen, soweit sie nicht unangemessen hoch ist (§ 115 I 8 ZPO). 50

c) **Wohnkosten. Nr. 3:** Die Bestimmung stellt klar, dass grundsätzlich die tatsächlichen Wohnkosten abzuziehen sind, also entweder die Mietkosten oder bei Eigentum die Belastung an Fremdmitteln, jeweils zuzüglich anteiliger Betriebskosten insbesondere für Heizung und Wasser. Strom und Gas zum Kochen gehören nicht zu den Betriebskosten, da sie bereits im Freibetrag nach § 115 I 3 Nr. 2 ZPO enthalten sind (str., vgl. *BGH,* NJW-RR 2008, 595; *OLG Brandenburg,* NJW 2009, 2069). Dies gilt auch für sonstige reine Verbrauchskosten, soweit sie nicht mit dem Heizen in Verbindung stehen. Wohngeld ist nicht hier, sondern bereits bei den Einkünften zu berücksichtigen. 51

d) **Besondere Belastungen. Nr. 4:** Außerdem können besondere Belastungen abzusetzen sein. Das gilt insbesondere für **Schuldverpflichtungen;** hierbei sollte der Richter darauf achten, ob solche Verpflichtungen zu einer Zeit eingegangen sind, als sich die Notwendigkeit, einen Prozess führen zu müssen, noch nicht abzeichnete, anderenfalls sollen die Schuldverpflichtungen nur bei Unausweichlichkeit zu berücksichtigen sein (*OLG Hamm,* JurBüro 1987, 1416; *OLG Köln,* MDR 1995, 314). Als besondere Belastung ist nicht der Mehraufwand für Erwerbstätigkeit anzusehen; er ist bereits nach Nr. 1 b) zu berücksichtigen. Zu berücksichtigen sind aber die Mehrbedarfsbeträge, die gemäß § 30 SGB XII für bestimmte Personen gelten, zB altersbedingter Mehrbedarf, Mehrbedarf wegen Erwerbsunfähigkeit, für werdende Mütter, für allein Erziehende, für Behinderte. Die Verweisung auf § 1610 a BGB führt ferner dazu, dass bei Körper- oder Gesundheitsschäden ein durch die Behinderung entstehender Mehrbedarf nicht konkret nachgewiesen zu werden braucht. Dies bedeutet in der Regel, dass die erhaltene Sozialleistung vom Einkommen wieder abzuziehen ist (vgl. *Zöller/Geimer,* § 115 Rn. 16). Arztkosten können besondere Belastungen darstellen, nicht aber Belastungen wegen übermäßigen Zigarettenkonsums (*OLGR Koblenz,* 1999, 24). Auch Geldstrafen oder Geldbußen sind nicht als besondere Belastungen zu werten (str., vgl. *BGH,* NJW 2011, 1007, 1008 mwN). 52

3. Checkliste (Prüfung der Bedürftigkeit)

Keine Prozesskostenhilfe: 53
Bei bestehender Rechtsschutzversicherung, bei durchsetzbarem Unterhaltsanspruch auf Prozesskostenvorschuss, wenn die Prozesskosten die aus dem Vermögen aufzubringenden Teilbeträge und/oder 4 Monatsraten nicht übersteigen.

Einzusetzendes Vermögen:
Soweit zumutbar, bestimmt sich nach § 90 SGB XII.

Einzusetzendes Einkommen:
Einkünfte aus selbständiger und nichtselbständiger Arbeit einschließlich Weihnachts- und Urlaubsgeld, Einkünfte aus Vermietung und Verpachtung sowie aus Kapitalvermögen, Kindergeld und Wohngeld, Renten, Arbeitslosengeld und -hilfe, Ausbildungsförderung, Krankengeld und Unterhaltsleistungen Dritter.
Wocheneinkünfte mit $4\frac{1}{3}$ multiplizieren, Urlaubs- bzw. Weihnachtsgeld mit $\frac{1}{12}$ ansetzen.

Vom Bruttoeinkommen abzuziehen:
Steuern, Pflichtbeiträge zur Sozial- und Arbeitslosenversicherung, Kfz-Haftpflichtversicherung, freiwillige Kranken- und Rentenversicherung, Lebensversicherung, Unfallversicherung, Hausratsversicherung, Gebäude-Haftpflichtversicherung, Werbungskosten, insbesondere Fahrkosten zur Arbeitsstätte, Freibeträge für die Partei, ihren Ehegatten oder Lebenspartner und weitere Unterhaltsberechtigte entsprechend der jeweiligen Bekanntmachung, Wohnkosten wie Mietkosten oder bei Eigentum die Belastung an Fremdmitteln, zuzüglich Heizkosten und anderen Nebenkosten (nicht Wohngeld, schon beim Einkommen berücksichtigt), besondere Belastungen, insbesondere vor Prozess eingegangene Schuldverpflichtungen in Unkenntnis des bevorstehenden Prozesses.

4. Tabelle

54 Die in § 115 II ZPO eingearbeitete Tabelle regelt für alle Fälle schematisch, ob und welche Monatsraten der Partei zuzumuten sind. In der linken Spalte sind die Grenzbeträge des einzusetzenden Einkommens, also der Differenz aus den Einkünften und den abzusetzenden Beträgen, aufgeführt, aus der rechten Spalte ergibt sich die jeweils zu leistende Monatsrate. Die Partei hat, unabhängig von der Zahl der Rechtszüge und der Höhe des Streitwerts, höchstens 48 Monatsraten aufzubringen.

Fassung der ab 1. 1. 1995 geltenden Tabelle:

einzusetzendes Einkommen (EUR)	eine Monatsrate von (EUR)	einzusetzendes Einkommen (EUR)	eine Monatsrate von (EUR)
bis 15	0	450	155
50	15	500	175
100	30	550	200
150	45	600	225
200	60	650	250
250	75	700	275
300	95	750	300
350	115	über 750	*)
400	135		

*) 300 zuzüglich des 750 übersteigenden Teils des einzusetzenden Einkommens

5. Beiordnung eines Rechtsanwalts

55 Im Anwaltsprozess ist der bedürftigen Partei, wenn ihr Prozesskostenhilfe bewilligt wird, ein Rechtsanwalt beizuordnen (§ 121 I ZPO). Üblicherweise wird bereits das Gesuch um Prozesskostenhilfe von einem Rechtsanwalt eingereicht, der zugleich seine Beiordnung beantragt. Im Amtsgerichtsprozess muss das Gericht auf Antrag beiordnen, wenn die Gegenseite anwaltlich vertreten ist oder wenn es dem Gericht zur Wahrnehmung der Rechte erforderlich erscheint (§ 121 II ZPO). Nennt der Antragsteller keinen Rechtsanwalt, wählt das Gericht einen aus. Ein nicht im Bezirk des Prozessgerichts niedergelassener Rechtsanwalt kann nur beigeordnet werden, wenn dadurch weitere Kosten nicht entstehen, § 121 III ZPO. Das ist beispielsweise der Fall, wenn der auswärtige Anwalt vor der Beiordnung ausdrücklich auf die weiteren Kosten, insbesondere Reisekosten, verzichtet. Dann ist die Einschränkung, dass er nur zu den Bedingungen eines im Bezirk des Prozessgerichts niedergelassenen Anwalts beigeordnet wird, in den Beschluss aufzunehmen (zu weiteren Einzelheiten *Zöller/Geimer,* § 121 Rn. 12 ff.). Wenn besondere Umstände es erfordern, kann der Partei gemäß § 121 IVZPO zusätzlich ein Verkehrsanwalt beigeordnet werden, zB bei Gebrechen, Schreibungewandtheit oder Schwierigkeit des Streitstoffes (zu Einzelheiten vgl. *Zöller/Geimer,* § 121 Rn. 20 f.).

V. Wirkung

56 Die Bewilligung von Prozesskostenhilfe befreit den Kläger einstweilen von der Zahlung der Gerichtskosten und der Anwaltsgebühren (§ 122 ZPO), so dass er Klage erheben kann, ohne den Gerichtskostenvorschuss nach § 12 GKG leisten zu müssen. Die Partei ist ferner von Vorschüssen für Zeugen, Sachverständige etc. befreit; das gilt, wenn dem Kläger Prozesskostenhilfe ohne Ratenzahlung und ohne Zahlung aus seinem Vermögen bewilligt wurde, auch für den Gegner (§ 122 II ZPO). Der Richter sollte bei der Fassung von Beweisbeschlüssen hierauf sein Augenmerk richten. Die Prozesskostenhilfe erfasst außerdem notwendige Reisekosten der Partei (vgl. *OLG Stuttgart,* MDR 1985, 852), so dass ihr auf Antrag entsprechende Kosten vorzuschießen sind. Der beigeordnete Rechtsanwalt hat keinen Gebührenanspruch gegen die Partei, sondern nur gegen die Staatskasse (§ 45 I RVG).

57 Jedoch bleibt auch bei Bewilligung von Prozesskostenhilfe ein nicht unerhebliches Risiko: Bei Unterliegen müssen dem Gegner dessen Kosten, insbesondere die seines Anwalts erstattet werden (§ 123 ZPO). Wenn Ratenzahlung angeordnet worden ist, sind die von der Staatskasse verauslagten Kosten in monatlichen Raten zurückzuzahlen.

VI. Beschlussfassung

Bei der Fassung des Prozesskostenhilfebeschlusses ist ein volles Rubrum nur bei Versagung, nicht bei Gewährung üblich (da hier allenfalls Beschwerde der Staatskasse, § 127 III ZPO). Einen Antragsgegner gibt es nicht, da ein solcher allenfalls die Staatskasse wäre; beim Kläger ist mithin „Antragsteller", beim Beklagten jedoch nicht „Antragsgegner" hinzuzusetzen. Falls die Klage noch nicht zugestellt worden ist, sollte man im Rubrum noch nicht vom Rechtsstreit, sondern nur vom Prozesskostenhilfeverfahren sprechen, mithin auch noch nicht vom Kläger und Beklagten, gleichfalls nicht vom Prozessbevollmächtigten, sondern vom Verfahrensbevollmächtigten. 58

1. Kosten, Raten

Da das Bewilligungsverfahren gerichtsgebührenfrei ist und der Antragsteller auch bei Versagung der Prozesskostenhilfe die gegnerischen Anwaltskosten nicht zu erstatten hat (§ 118 I 4 ZPO), enthält der Tenor keinen Kostenausspruch. Wegen der Festsetzung von Raten vgl. § 120 ZPO; das Ratenzahlungsverfahren selbst ist Sache des Rechtspflegers (vgl. § 20 Nr. 4 b, c RPflG). 59

2. Gründe

Beschlussgründe sind bei Gewährung von Prozesskostenhilfe nicht erforderlich, anders bei Versagung oder teilweiser Versagung, um dem Beschwerdegericht eine Überprüfung zu ermöglichen (anderenfalls droht eine Zurückverweisung der Sache). Soweit die Gründe Angaben über die persönlichen und wirtschaftlichen Verhältnisse enthalten, dürfen sie dem Gegner nach § 127 I ZPO nur mit Zustimmung der Partei zugänglich gemacht werden. Das betrifft Beschlüsse, welche Prozesskostenhilfe mangels Bedürftigkeit versagen oder, entgegen dem Antrag, von einer Ratenzahlung abhängig machen. In einem solchen Fall hat das Gericht entweder die Zustimmung herbeizuführen oder zu veranlassen, dass den Parteien unterschiedliche Ausfertigungen zugestellt werden und die vollständige Fassung in das PKH-Beiheft genommen wird. 60

3. Beispiele für Tenorierungen:

Bewilligung ohne Ratenzahlung bei beabsichtigter Klage mit Beiordnung des Rechtsanwalts: 61
Dem Antragsteller wird Prozesskostenhilfe für die beabsichtigte Klage ohne Ratenzahlung bewilligt.
Rechtsanwalt R. (Name und Büroanschrift) wird zur Vertretung beigeordnet.
Der Zusatz „ohne Ratenzahlung" ist nicht notwendig, hat aber klarstellende Funktion gegenüber der Staatskasse.

Zusatz bei Anordnung einer Ratenzahlung oder eines Beitrages aus dem Vermögen:
Der Antragsteller hat
- zu den Prozesskosten in monatlichen Raten von EUR ... beizutragen;
- aus seinem Vermögen zu den Prozesskosten EUR ... beizutragen.

Die Anzahl der Monatsraten ist nicht festzulegen. Der Beginn der Zahlungen braucht nicht ausdrücklich bestimmt zu werden; die Gerichtskasse fordert die Raten an, sobald Kosten angefallen sind.

Bewilligung bei bereits erhobener Klage:
- **für den Kläger**
  Dem Kläger wird für seine Klage Prozesskostenhilfe bewilligt.
- **für den Beklagten**
  Dem Beklagten wird zur Rechtsverteidigung gegen die Klage Prozesskostenhilfe bewilligt.

Will das Gericht Prozesskostenhilfe nicht mit Wirkung vom Zeitpunkt des Beschlusses, sondern von einem früheren Zeitpunkt an bewilligen (vgl. Rn. 21), sollte hinzugesetzt werden „... mit Wirkung vom ...".

Teilweise Bewilligung für den Antragsteller (Kläger):
Dem Antragsteller (Kläger) wird Prozesskostenhilfe bewilligt, soweit er mit der (beabsichtigten) Klage Zahlung von EUR ... begehrt. Im Übrigen wird der Antrag zurückgewiesen.

Teilweise Bewilligung für den Beklagten:
Dem Beklagten wird Prozesskostenhilfe bewilligt, soweit er sich in Höhe von EUR ... gegen die Klage verteidigt. Im Übrigen wird der Antrag zurückgewiesen.

Ablehnung des Antrags:
Der Antrag des Antragstellers/Klägers/Beklagten auf Bewilligung von Prozesskostenhilfe wird zurückgewiesen.
Eine Kostenentscheidung ist nicht veranlasst. Zuweilen wird in der Praxis wegen der Kosten ein Zusatz angefügt, zB:
Die Entscheidung ergeht gerichtsgebührenfrei; außergerichtliche Kosten werden nicht erstattet.
Dieser Zusatz ist nicht falsch, aber überflüssig.

VII. Rechtsmittel

Gegen die Bewilligung der Prozesskostenhilfe hat der Gegner kein Rechtsmittel, da er kein Verfahrensbeteiligter ist; Der Staatskasse steht die Beschwerde unter den Voraussetzungen des § 127 III ZPO zu. Der Antragsteller kann bei (auch nur teilweiser) Versagung der Prozesskostenhilfe Beschwerde ein- 62 legen, auch wenn er sich nur gegen die Festsetzung der Raten bzw. die Ablehnung der Beiordnung eines Anwalts wendet (§ 127 II ZPO). Das Gericht hat dabei zu beachten, dass es, wenn es nicht abhilft, durch Beschluss zu entscheiden hat (§ 571 ZPO); bei Nichtabhilfe empfiehlt sich eine Begründung, wenn der Beschwerdeführer neue Tatsachen vorgebracht hat, deren Erheblichkeit verneint wird (vgl. *Zöller/Heßler,* § 571 Rn. 11). Die Beschwerde ist ausgeschlossen, wenn der Streitwert der Hauptsache die Berufungssumme von 600,– EUR nicht übersteigt, es sei denn, das Gericht hat ausschließlich die persönlichen und wirtschaftlichen Verhältnisse für die Prozesskostenhilfe verneint (§ 127 II 2 ZPO iVm § 511 II Nr. 1 ZPO). Hintergrund der Regelung ist, dass das Beschwerdegericht die Erfolgsaussichten nur in solchen Fällen prüfen können soll, in denen auch die Hauptsache zu ihm gelangen kann (*BGH,* NJW-RR 2004, 1437, 1438).

VIII. Nachträgliche Änderungen

63 Die ZPO sieht zwei Arten der nachträglichen Änderung der Prozesskostenhilfeentscheidung vor: Die Korrektur der Ratenzahlungsanordnung bei einer Änderung der persönlichen oder wirtschaftlichen Verhältnisse (§ 120 IV ZPO) und die Aufhebung der Bewilligung, weil sie von Anfang an zu unrecht erfolgt ist (§ 124 ZPO).

1. Änderung

64 Nach § 120 IV ZPO kann das Gericht die Entscheidung über die Ratenzahlung korrigieren, wenn sich die persönlichen oder wirtschaftlichen Verhältnisse der Partei wesentlich geändert haben; das kann zu einer Herabsetzung, einem Wegfall, einer Erhöhung oder einer erstmaligen Festsetzung von Raten führen. Eine Änderung der nach § 115 I 3 Nr. 1 b und Nr. 2 ZPO maßgebenden Beträge, die jährlich angepasst werden, ist nur auf Antrag zu berücksichtigen; eine Korrektur ist nur zulässig, wenn die Änderung zu einem Wegfall der Ratenzahlung führt (§ 120 IV 1 ZPO). Das Gericht spricht die Änderung rückwirkend bis zum Eintritt der Veränderung aus; eine Rückwirkung bis zum Zeitpunkt des ursprünglichen Beschlusses ist nicht zulässig (*Zöller/Geimer,* § 120 Rn. 32).

65 **a) Zuständigkeit und Rechtsmittel.** Zuständig ist das Gericht, das den Bewilligungsbeschluss erlassen hat; die Entscheidung wird vom Rechtspfleger des Prozessgerichts getroffen (§ 20 Nr. 4 lit. c RpflG). Gegen den ganz oder teilweise ablehnenden Beschluss ist nach allgemeinen Grundsätzen die Beschwerde gegeben, § 11 I RpflG; der Gegner hat kein Beschwerderecht. Der Rechtspfleger hat zunächst über die Nichtabhilfe zu entscheiden, § 572 I 1 ZPO. Gelangt der Rechtspfleger zu dem Ergebnis, dass die Beschwerde insgesamt unzulässig oder unbegründet ist, hat er die Sache nach § 572 I 1 Hs. 2 ZPO unmittelbar und unverzüglich dem Beschwerdegericht vorzulegen. Einer vorherigen Zuleitung der Akte an den Richter des erstinstanzlichen Gerichts bedarf es nicht.

66 Der Richter erster Instanz wird – im Wege der befristeten Erinnerung – nur noch tätig, wenn gegen die Entscheidung des Rechtspflegers ein Rechtsmittel nicht gegeben wäre (§ 11 II RpflG). Auch in diesem Fall hat der Rechtspfleger ein Abhilfeverfahren durchzuführen. Gelangt der Rechtspfleger zu der Auffassung, dass die Erinnerung unzulässig oder unbegründet ist, hat er sie dem nach § 28 RPflG berufenen Richter vorzulegen. Der Richter entscheidet über die Erinnerung durch zu begründenden Beschluss, gegen den kein weiteres Rechtsmittel möglich ist (*BayObLG,* FamRZ 2003, 189).

67 **b) Änderung nach Obsiegen.** Eine Änderung zum Nachteil der Partei kann auch zum Inhalt haben, dass erstmals ein Betrag aus dem Vermögen zu zahlen ist. Das kann bei teilweisem, vollem Erfolg im Urteil oder im Vergleich der Fall sein (vgl. *KG,* MDR 1990, 450; *OLG Zweibrücken,* JurBüro 1998, 478; *Musielak/Fischer,* § 120 Rn. 17). Die Partei kann sich aber immer darauf berufen, dass das erworbene Vermögen nicht verwertbar iSv § 90 SGB XII ist.

2. Aufhebung

68 Anders als § 120 IV ZPO, der die Änderung der Prozesskostenhilfeentscheidung bei Veränderung der Verhältnisse betrifft, regelt § 124 ZPO die Aufhebung der Bewilligung, weil sie von Anfang an zu Unrecht erfolgt ist; dabei ist der Katalog des § 124 ZPO abschließend. Die Entscheidung des Gerichts ist eine Ermessensentscheidung (Gesetzeswortlaut „kann“); es ist im Einzelfall die Verhältnismäßigkeit der Aufhebungsfolgen zu den vom Antragsteller zu verantwortenden Aufhebungsgründen abzuwägen. Das Aufhebungsverfahren ist von Amts wegen einzuleiten. Für die Aufhebung nach § 124 Nr. 1 ZPO ist der Richter zuständig, da er allein das Streitverhältnis zu beurteilen hat, für die Aufhebung nach § 124 Nr. 2–4 ZPO ist gemäß § 20 Nr. 4 lit. c RpflG der Rechtspfleger zuständig.

A. II. Verfahren nach Klageerhebung

Dr. Stefan Bruinier

Übersicht

Literatur: Zur allg. Literatur siehe Literaturverzeichnis A. I.

I. Zulässigkeit

1 Die erste Aufgabe des Richters ist die Prüfung der Zulässigkeit; das Gericht darf erst dann in die sachliche Prüfung eintreten, wenn das Verfahren zulässig ist. Man unterscheidet positive Prozessvoraussetzungen, die vorliegen müssen (zB Parteifähigkeit § 50 ZPO), und negative Prozessvoraussetzungen, die nicht vorliegen dürfen (zB keine anderweitige Rechtshängigkeit § 261 ZPO). Das Fehlen einiger Prozessvoraussetzungen führt nur dann zur Unzulässigkeit der Klage, wenn sich der Beklagte darauf beruft (prozesshindernde Einreden).

1. Prüfung von Amts wegen

2 Die Prozessvoraussetzungen sind grundsätzlich von Amts wegen zu prüfen (§ 56 ZPO), mit Ausnahme der drei prozesshindernden Einreden (§§ 110 f., 269 VI, 1032 ZPO). Zulässigkeitsrügen der Parteien sind als Anregung an das Gericht zu verstehen; sie sollen nach § 282 III ZPO frühzeitig vorgebracht werden. Nach § 296 III ZPO sind verzichtbare Rügen nur zuzulassen, wenn der Beklagte die Verspätung genügend entschuldigt.

3 **a) Freibeweis.** Bei der Ermittlung von Amts wegen ist das Gericht berechtigt, Beweise ohne Antrag der Parteien zu erheben; es gilt der sogenannte Freibeweis (*BGH,* NJW 1996, 1059, 1060; 2000, 289, 290), dh der Richter darf ohne Bindung an die allgemeinen Beweismittelvorschriften (Strengbeweis) vorgehen und sich im Wege des Freibeweises Gewissheit über das Vorliegen oder Nichtvorliegen von Prozessvoraussetzungen verschaffen, er muss zB nicht den Grundsatz der Unmittelbarkeit der Beweisaufnahme beachten.

Andererseits bleibt es Sache der Parteien, die Tatsachen für das Vorliegen von Prozessvoraussetzungen vorzutragen, insoweit besteht keine Amtsermittlung, es bleibt beim Beibringungsgrundsatz. Der Richter muss aber nach den §§ 139 III, 335 I Nr. 1 ZPO auf Bedenken gegen die Zulässigkeit der Klage hinweisen und den Parteien Gelegenheit zur Abhilfe geben.

4 **b) Rügeverlust.** Ein Rügeverlust tritt bei Verzicht oder bei Nichtrüge in mündlicher Verhandlung ein (§ 295 ZPO); allerdings sind die von Amts wegen zu beachtenden Prozessvoraussetzungen grundsätz-

lich unverzichtbar iS des § 295 II ZPO, da sie dem öffentlichen Interesse an einer geordneten Rechtspflege dienen (*Zöller/Greger,* § 295 Rn. 2–5). Infolge rügeloser Verhandlung kann ein Gericht nach § 39 ZPO zuständig werden (außer wenn im amtsgerichtlichen Prozess die Belehrung nach § 504 ZPO unterblieben ist) und wird nach § 267 ZPO die Einwilligung in eine Klageänderung vermutet.

5 c) **Prozessurteil.** Bei prozessualen Mängeln ist die Klage durch Prozessurteil (als unzulässig) abzuweisen. Das Prozessurteil erwächst mit Ausnahme des behandelten Zulässigkeitsmangels nicht in materielle Rechtskraft. Daraus folgt, dass die Frage der Zulässigkeit nicht dahingestellt bleiben kann, weil die Klage offensichtlich unbegründet ist; eine Ausnahme macht die Rechtsprechung für die Feststellungsklage des § 256 ZPO, die auch dann durch Sachurteil (als unbegründet) abgewiesen werden kann, wenn das Feststellungsinteresse fehlt (*Zöller/Greger,* Vor § 253 Rn. 10).

6 d) **Zwischenurteil.** Wenn die Parteien über Prozessvoraussetzungen streiten, ist es häufig angebracht, dass das Gericht die abgesonderte Verhandlung über die Zulässigkeit anordnet und durch Zwischenurteil entscheidet (§ 280 ZPO). Da dieses Zwischenurteil in Betreff der Rechtsmittel als Endurteil anzusehen ist (§ 280 II ZPO), kann die streitige Frage der Prozessvoraussetzung durch das Berufungsgericht vorweg entschieden werden und das weitere Verfahren zur Hauptsache, ggf. mit einer umfangreichen Beweisaufnahme, überflüssig machen.

7 e) **Verweisung.** Bei örtlicher und sachlicher Unzuständigkeit des Gerichts sowie bei Unzulässigkeit des Rechtswegs hat das Gericht auf Antrag seine Unzuständigkeit durch Beschluss auszusprechen und den Rechtsstreit an das zuständige Gericht zu verweisen (§ 281 ZPO, § 17a GVG, vgl. im Einzelnen A IV Rn. 5 ff.).

2. Katalog der Prozessvoraussetzungen

8 Man unterscheidet positive Prozessvoraussetzungen, die vorliegen müssen (zB Parteifähigkeit § 50 ZPO), und negative Prozessvoraussetzungen, die nicht vorliegen dürfen (zB keine anderweitige Rechtshängigkeit § 261 III Nr. 1 ZPO); prozesshindernde Einreden sind nur auf Einrede hin zu beachten (B § 269 VI ZPO).

9 a) **Deutsche Gerichtsbarkeit (§§ 18–20 GVG).** Die deutsche Gerichtsbarkeit erstreckt sich nicht auf Mitglieder diplomatischer Missionen nebst Familienangehörigen und privaten Hausangestellten, Mitglieder konsularischer Vertretungen und staatliche Repräsentanten nebst Begleitung, die sich in Deutschland infolge amtlicher Einladung aufhalten.

10 b) **Internationale Zuständigkeit.** Sie betrifft die Frage, ob für eine Streitigkeit, die sich auf das Ausland bezieht, ein deutsches oder ein ausländisches Gericht zuständig ist. Regeln über die internationale Zuständigkeit finden sich in den §§ 38 II ZPO, 98 ff. FamFG. Es gilt der Grundsatz, dass ein deutsches Gericht auch international zuständig ist, wo immer es im Inland einen Gerichtsstand gibt (vgl. *Zöller/Geimer,* IZPR, Rn. 37, so jetzt ausdrücklich auch § 105 FamFG). Vorrangig sind allerdings das europäische Gemeinschaftsrecht, insbesondere die EuGVVO und die EuEheVO, sowie völkerrechtliches Vertragsrecht zu beachten.

11 c) **Zulässigkeit des Rechtswegs (§§ 13 f. GVG).** Der Rechtsweg zu den Zivilgerichten ist für alle bürgerlichen Rechtsstreitigkeiten iSv § 13 GVG gegeben. Dazu gehören auch die sog. Zivilprozesssachen kraft Zuweisung, wie Art. 14 III und 34 S. 3 GG sowie § 40 II VwGO (vermögensrechtliche Ansprüche aus Aufopferung u. öffentlichrechtlicher Verwahrung). Besondere Gerichte nach § 13 GVG sind die Arbeitsgerichte, zu denen ein eigener Rechtsweg gegeben ist.

12 d) **Örtliche Zuständigkeit.** Die ZPO unterscheidet ausschließliche Gerichtsstände (zB §§ 24, 29 a, 802 ZPO), allgemeine und besondere Gerichtsstände (§§ 12 f. ZPO), daneben gibt es vereinbarte Gerichtsstände (§§ 38 f. ZPO). Unter mehreren allgemeinen und besonderen Gerichtsständen hat der Kläger die Wahl (§ 35 ZPO). In bestimmten Fällen, in denen sich ein zuständiges Gericht nicht zweifelsfrei feststellen lässt, ergänzt § 36 ZPO die gesetzliche Zuständigkeitsanordnung durch die Möglichkeit einer gerichtlichen Zuständigkeitsbestimmung, die grundsätzlich durch das im Rechtszuge zunächst höhere Gericht vorzunehmen ist.

13 e) **Sachliche Zuständigkeit.** Die sachliche Zuständigkeit ist geregelt in den §§ 23 f. und 71 GVG sowie §§ 38–40 ZPO.

Ob die Zivilkammer oder die Kammer für Handelssachen (§§ 93 f. GVG) zuständig ist, ist keine Frage der sachlichen, sondern eine der funktionellen Zuständigkeit (Geschäftsverteilung); ob der Zivilrichter oder der Familienrichter zuständig ist, ist gleichfalls keine Frage der sachlichen Zuständigkeit, sondern eine der Unterscheidung der Abteilungen innerhalb des Amtsgerichts.

14 f) **Ordnungsmäßige Klageerhebung (§ 253 ZPO).** Bei der Prüfung der Klageschrift sollte der Richter besondere Sorgfalt auf die **richtige Bezeichnung der Parteien** verwenden, weil eine unzureichende Be-

zeichnung zu Schwierigkeiten in der Zwangsvollstreckung führen kann (vgl. § 253 II Nr. 1 ZPO); bei juristischen Personen ist die Angabe der gesetzlichen Vertreter erforderlich, es sind also bei einer GmbH der Geschäftsführer, bei einer Aktiengesellschaft und beim Verein die Vorstandsmitglieder, bei einer OHG und KG die persönlich haftenden Gesellschafter aufzuführen.

Obwohl nicht ausdrücklich gesetzlich vorgeschrieben, muss der Kläger seine **ladungsfähige Anschrift** angeben; verweigert er dies ohne zureichenden Grund, ist die Klage unzulässig (vgl. *BVerfG,* NJW 1996, 1272; *BGH* NJW 1988, 2114; *OLG Hamm,* MDR 2005, 1247). Der Kläger soll, wenn nicht eine bestimmte Geldsumme verlangt wird, den **Streitwert** angeben, weil hiervon die sachliche Zuständigkeit und die Höhe des Gerichtskostenvorschusses abhängen (vgl. § 253 III ZPO). Erst nach Einzahlung des Vorschusses (drei Gerichtsgebühren nach Kostenverzeichnis Nr. 1201) wird die Klage zugestellt, § 12 I GKG, in den Fällen des § 12 II GKG entfällt die Vorschusspflicht, insbesondere bei einer Widerklage.

aa) Bestimmter Antrag. Das Fehlen eines bestimmten Antrags (§ 253 II Nr. 2 ZPO) macht die Klage unzulässig; auch beim sog. **unbezifferten Leistungsantrag** (zB bei einem in das Ermessen des Gerichts gestellten Schmerzensgeld) ist das Bestimmtheitsgebot zu wahren, indem zumindest eine verbindliche Angabe zur allgemeinen Größenordnung der begehrten Forderung nötig ist (*BGH,* NJW 1982, 340 f.). Hierfür reicht allerdings schon die Streitwertangabe des Klägers, die Höhe des eingezahlten Kostenvorschusses oder das Stillschweigen zur gerichtlichen Streitwertfestsetzung aus (vgl. *BGH,* NJW 1984, 1807, 1809; *Zöller/Greger,* § 253 Rn. 14). Zur bestimmten Angabe des Grundes muss der Kläger **bei Teilklagen** angeben, wie sich der eingeklagte Teilbetrag aus möglichen einzelnen Forderungen zusammensetzt (vgl. *BGH,* NJW 1990, 2068, 2069; im Einzelnen A. XV. Rn. 3). 15

bb) Abschriften. Der Richter sollte darauf achten, dass der Kläger für jeden Beklagten eine beglaubigte Abschrift der Klageschrift beifügt (§ 253 V ZPO), sonst sind die erforderlichen Abschriften nachzufordern. Auch die **Anlagen** zur Klageschrift sollen in der erforderlichen Zahl beigefügt sein, es sei denn, sie liegen dem Gegner bereits in Urschrift oder in Abschrift vor (§ 133 I ZPO). Im Anwaltsprozess ist es üblich, außer den beglaubigten Abschriften jeweils eine einfache Abschrift beizufügen. Der Richter sollte auch darauf achten, dass die Klageschrift von einem zugelassenen Rechtsanwalt **unterschrieben** ist. Die Unterschrift selbst muss Mindestanforderungen genügen; erforderlich ist ein die Identität des Unterschreibenden ausreichend kennzeichnender, individuell gestalteter Namenszug, der die Absicht erkennen lässt, eine volle Unterschrift zu leisten, das Schriftstück also nicht nur mit einem abgekürzten Handzeichen zu versehen; der Namenszug kann flüchtig geschrieben sein und braucht weder die einzelnen Buchstaben klar erkennen zu lassen noch im ganzen lesbar zu sein (*BGH,* NJW 1992, 243; Einzelheiten bei *Zöller/Greger,* § 130 Rn. 11). 16

g) **Parteifähigkeit (§ 50 ZPO).** Parteifähig ist, wer rechtsfähig ist, mithin alle natürlichen und juristischen Personen (zB rechtsfähiger Verein, GmbH, AG, Genossenschaften). 17

Parteifähig sind auch OHG (§ 124 I HGB), KG (§ 161 II HGB), Reederei (§ 493 HGB), politische Parteien (§ 3 PartG), Wohnungseigentümergemeinschaften (§ 10 VI 5 WEG) und der nicht rechtsfähige Verein (nur passiv parteifähig, § 50 II ZPO). Parteifähig ist nach heute hM ferner die BGB-Außengesellschaft (*BGH,* NJW 2001, 1056), nicht aber die BGB-Innengesellschaft und die stille Gesellschaft (§§ 230 ff. HGB). Zu beachten ist, dass bei der Einzelhandelsfirma Partei der Kaufmann selbst ist, die Firma ist nur sein Name (§ 17 HGB).

h) **Prozessfähigkeit (§ 52 ZPO).** Prozessfähig, also fähig, selbst den Prozess zu führen, ist derjenige, der geschäftsfähig ist. So sind nicht prozessfähig Minderjährige, betreute Volljährige bei Anordnung eines Einwilligungsvorbehaltes im Aufgabenkreis des Betreuers (§ 1903 I BGB iVm §§ 108 ff. BGB) und Geisteskranke (§ 104 Nr. 2 BGB). Für diese handelt im Prozess ihr gesetzlicher Vertreter. Prozessfähig sind nach heute hM auch juristische Personen (vgl. *Zöller/Vollkommer,* § 52 Rn. 2 mwN). 18

i) **Postulationsfähigkeit (§ 78 ZPO).** Postulationsfähig ist, wer wirksam prozessieren kann; das ist im Parteiprozess (§ 79 ZPO) die Partei selbst oder ein beliebiger Vertreter, im Anwaltsprozess (§ 78 ZPO) dagegen nur ein Rechtsanwalt. Die früher bestehenden Beschränkungen auf bei einem bestimmten Gericht zugelassene Rechtsanwälte sind weggefallen; diese Beschränkung gilt nur noch beim BGH (§ 78 I 3 ZPO). 19

j) **Prozessführungsbefugnis (§ 51 I ZPO).** Sie ist nicht zu verwechseln mit der Sachbefugnis (Aktiv- und Passivlegitimation); diese betrifft das materielle Recht (Anspruchsinhaber/Anspruchsgegner), jene betrifft die prozessuale Befugnis, ein fremdes Recht im Prozess geltend zu machen. Es wird zwischen gesetzlicher Prozessstandschaft (zB §§ 2039 BGB, 265 ZPO) und gewillkürter Prozessstandschaft unterschieden. Letztere ist nur zulässig, wenn eine Ermächtigung des wahren Rechtsinhabers (§ 185 I BGB) und ein eigenes rechtsschutzwürdiges Interesse, das fremde Recht geltend zu machen, vorliegen. Ferner muss die geltend gemachte Forderung idR abtretbar sein und die Prozessstandschaft offen gelegt werden (Einzelheiten und Beispiele bei *Zöller/Vollkommer,* Vor § 50 Rn. 44 ff.). Eine gesetzliche Prozess- 20 standschaft ist auch gegeben beim Insolvenzverwalter, Zwangsverwalter, Nachlassverwalter und Testamentsvollstrecker (als Parteien kraft Amtes).

21 **k) Rechtsschutzbedürfnis.** Das Rechtsschutzbedürfnis ist regelmäßig gegeben (zu den Anforderungen an den Ausschluss des Rechtsschutzbedürfnisses für eine Leistungsklage vgl. *BGH,* NJW-RR 1993, 1129). Es fehlt für die Leistungsklage idR, wenn der Kläger bereits einen vollstreckbaren Titel hat (§ 794 Nr. 5 ZPO, vgl. aber *BGH,* NJW 1986, 2704, wo das Rechtsschutzbedürfnis für eine Klage auf Abgabe einer Willenserklärung bejaht wird, obwohl hierüber ein vollstreckbarer Vergleich vorliegt, weil § 894 ZPO für den Vergleich nicht gilt und der Weg über § 888 ZPO dem Gläubiger nicht zumutbar sei). Bei der Feststellungsklage ist das Rechtsschutzbedürfnis im Sinne des rechtlichen Interesses (§ 256 ZPO) gesondert festzustellen.

22 **l) Zulässigkeit einer Klageänderung (§§ 263 f. ZPO).** Die Klageänderung ist „sachdienlich", wenn sie die endgültige Beilegung des Rechtsstreits fördert und einen neuen Prozess vermeidet (*Zöller/Greger,* § 263 Rn. 13), was meistens der Fall ist. § 264 ZPO fingiert Änderungen des Streitgegenstandes als keine Klageänderungen. Wenn der Beklagte sich in einer mündlichen Verhandlung auf die geänderte Klage einlässt, wird nach § 267 ZPO seine Einwilligung vermutet.

23 **m) Zulässigkeit einer bestimmten Prozessart.** Beim Urkundenprozess (§§ 592 f. ZPO) sind folgende besondere Prozessvoraussetzungen zu beachten:

- Erklärung über Klage im Urkundenprozess gemäß § 593 I ZPO,
- Streitgegenstand iSv § 592 ZPO,
- Beweisbarkeit allein durch Urkunden, § 592 ZPO (Parteivernehmung nach § 595 II ZPO zulässig).

Wenn die beiden letzten Voraussetzungen fehlen, ergeht ein Prozessurteil („als im Urkundenprozess unstatthaft", § 597 II ZPO).

24 **n) Zulässigkeit bestimmter Klagearten**

- Klage auf künftige Leistung (§§ 257–259 ZPO);
  es erfolgt Prozessabweisung, wenn die besonderen Voraussetzungen zum Schluss der mündlichen Verhandlung nicht vorliegen;
- Widerklage (§ 33 ZPO);
  streitig ist, ob fehlende Konnexität nur zur Verfahrensabtrennung oder zum Prozessurteil führt: Nach der Rechtsprechung Prozessurteil und keine Abtrennung (*BGH,* NJW 1975, 1228; anders das Schrifttum, vgl. *Zöller/Vollkommer,* § 33 Rn. 1);
- Abänderungsklage (§ 323 ZPO);
  besondere Prozessvoraussetzungen sind: Streitgegenstand iSv § 323 I ZPO, Titel, Behauptung wesentlicher Änderung iSv § 323 I, II ZPO;
- Feststellungsklage (§ 256 I ZPO);
  Streitgegenstand ist das (Nicht-)Bestehen eines Rechtsverhältnisses bzw. die Anerkennung oder Unechtheit einer Urkunde,
  besondere Prozessvoraussetzung ist:
  das Feststellungsinteresse (zu den Voraussetzungen vgl. *BGH,* NJW 1986, 2507, *OLG Celle,* NJW-RR 1992, 1467) als gesteigerte Form des allgemeinen Rechtsschutzbedürfnisses, es fehlt idR, wenn Leistungsklage erhoben werden kann (*BGH,* NJW-RR 1994, 1272; *Zöller/Greger,* § 256 Rn. 7 a),
  bei der Zwischenfeststellungs(wider)klage (§ 256 II ZPO) ist besondere Prozessvoraussetzung: Streitiges Rechtsverhältnis und Vorgreiflichkeit (vgl. im einzelnen *Thomas/Putzo/Reichold,* § 256 Rn. 27 f.).

25 **o) Negative Prozessvoraussetzungen (Prozesshindernisse).** Unter die negativen Prozessvoraussetzungen fallen:

Keine anderweitige Rechtshängigkeit (§ 261 III Nr. 1 ZPO) und keine entgegenstehende Rechtskraft (§ 322 ZPO).

26 **p) Prozesshindernde Einreden.** Lediglich auf Einrede sind zu beachten §§ 110 f., 269 VI, 1032 ZPO; hier tritt die präkludierende Wirkung der Verspätung ein, ohne dass es auf Verzögerung ankommt (§ 296 III ZPO, vgl. *Thomas/Putzo/Reichold,* § 296 Rn. 39).

3. Checkliste der Prozessvoraussetzungen

27 Deutsche Gerichtsbarkeit (§§ 18–10 GVG)
Internationale Zuständigkeit (EuGVVO, EuEheVO, § 38 II ZPO; §§ 98 ff. FamFG)
Zulässigkeit des Rechtswegs (§§ 13 f. GVG)
Örtliche Zuständigkeit (§§ 12 f., 802 ZPO)
Sachliche Zuständigkeit (§§ 23 f., 71 GVG, 38–40 ZPO)
Ordnungsmäßige Klageerhebung (§ 253 ZPO)
Parteifähigkeit (§ 50 ZPO)
Prozessfähigkeit (§ 52 ZPO)
Postulationsfähigkeit (§ 78 ZPO)

Prozessführungsbefugnis (§ 51 I ZPO)
Rechtsschutzbedürfnis
Zulässigkeit einer Klageänderung (§§ 263 f. ZPO)
Zulässigkeit einer bestimmten Prozessart (§§ 592 f. ZPO)
Zulässigkeit bestimmter Klagearten (§§ 257–259, 33, 323, 256 ZPO)
Negative Prozessvoraussetzungen (§§ 261 III Nr. 1, 322 ZPO)
Prozesshindernde Einreden (§§ 110f, 269 VI, 1032 ZPO)

II. Früher erster Termin

Nach § 272 II ZPO bestimmt der Richter entweder einen frühen ersten Termin zur mündlichen Verhandlung (§ 275 ZPO) oder veranlasst ein schriftliches Vorverfahren (§ 276 ZPO). Es handelt sich um eine Ermessensentscheidung, gegen die es ein Rechtsmittel nicht gibt (vgl. *KG*, MDR 1985, 416). Terminiert das Gericht aber gar nicht oder so spät (vgl. § 272 III ZPO), dass es einer Versagung des Rechtsschutzes gleichkommt, ist analog § 252 ZPO die sofortige Beschwerde zulässig (vgl. *OLG Köln*, NJW-RR 1999, 290; *Zöller/Stöber*, § 216 Rn. 21). 28

1. Ermessen

Bei der Ermessensausübung sollte der Richter einer Anregung des Prozessbevollmächtigten des Klägers möglichst folgen, weil dieser aufgrund des außerprozessualen Streits einschätzen kann, ob die Sache in einem Termin erledigt werden kann. Ansonsten hat der Richter je nach Lage des Falles die Wahl, welche Form der Verhandlungsvorbereitung er als sachgerecht erachtet, entweder die mündliche Vorerörterung in einem frühen ersten Termin oder die schriftliche Aufbereitung des Verfahrensstoffes mit anschließendem Haupttermin. Viel wichtiger als die Wahl zwischen diesen beiden Verfahrensweisen ist jedoch deren sinnvolle Ausgestaltung durch eine gezielte Prozessleitung (§ 139 ZPO). In einem gut vorbereiteten frühen ersten Termin lässt sich meist schon Entscheidungsreife herbeiführen und mit prozessleitenden Hinweisen im schriftlichen Vorverfahren lässt sich ein ungeordnetes „Drauflosschreiben" der Parteien vermeiden (vgl. *Zöller/Greger*, § 272 Rn. 1). Dies erfordert zwar eine frühzeitige Einarbeitung in den Streitstoff, die angesichts der mittlerweile vorherrschenden Belastung der Gerichte erst einmal schwierig erscheint, sich aber regelmäßig durch eine Konzentration und Beschleunigung des Verfahrens hinterher auszahlt. 29

a) **Geeignete Verfahren.** Der frühe erste Termin empfiehlt sich, wenn aus der Klageschrift zu ersehen ist, dass der Rechtsstreit keiner umfangreichen schriftlichen Vorbereitung bedarf und er sich voraussichtlich ganz oder zum Teil im ersten Termin erledigen wird. Der Richter wird sich bei dem einzuschlagenden Weg – hier werden häufig die entscheidenden Weichen zu einer ökonomischen, den Rechtsstreit nicht aufblähenden Prozessführung gestellt – vor allem an folgenden Kriterien orientieren können: 30

- Wenn der Sachverhalt leicht zu klären ist, sei es durch eine Auflage an die Parteien, ihr schriftsätzliches Vorbringen kurz zu ergänzen oder zu erläutern (vgl. § 273 II Nr. 1 ZPO), sei es durch eine kurze Erörterung im Termin selbst;
- wenn der Sachverhalt schon vorgeklärt ist, beispielsweise nach einem Verfahren der Prozesskostenhilfe;
- wenn der mit der Klage vorgetragene Prozessstoff mit den Anwalten, insbesondere den Parteien vor allem im tatsächlichen zu erörtern ist, weil nur so umfassende Klarheit zu gewinnen ist;
- wenn es um reine Rechtsfragen geht, was häufig der Klageschrift zu entnehmen ist;
- wenn eine Vergleichsbereitschaft angedeutet wird oder wenn außergerichtliche Vergleichsbemühungen vorangegangen sind, die mit Hilfe des Gerichts möglicherweise noch zum erfolgreichen Abschluss gebracht werden können;
- in den Eilverfahren wie Arrest und einstweilige Verfügung sowie im Urkunden-, Wechsel- und Scheckprozess;
- im amtsgerichtlichen Verfahren, wenn der Kläger ohne Anwalt prozessiert und sich in seiner Klage als schriftlich nicht gewandt erwiesen hat.

b) **Kein früher erster Termin.** Wenn sich ein Versäumnis- oder Anerkenntnisurteil abzeichnet, bietet sich der frühe erste Termin nicht unbedingt an, weil diese Urteile auch ohne Termin zu erlangen sind (§§ 307 S. 2, 331 III ZPO). Für die Kammer für Handelssachen bietet sich der frühe erste Termin gleichfalls nicht an, weil hier der Rechtsstreit durch den Vorsitzenden soweit zu fördern ist, dass er in einer mündlichen Verhandlung von der Kammer entschieden werden kann (§ 349 I ZPO). 31

2. Vorbereitende Maßnahmen

Die vorbereitenden Maßnahmen für den frühen ersten Termin sind in den §§ 275 und 277 ZPO geregelt. Diese Vorschriften gelten nicht in Arbeitsrechtssachen, § 46 II 2 ArbGG und nicht in Ehesachen, 32

§ 113 IV Nr. 3 FamFG; für die übrigen früher in der ZPO geregelten Familiensachen sieht das FamFG nunmehr ohnehin eine eigenständige Verfahrensregelung vor.

33 a) **Gegenüber dem Beklagten.** Die Maßnahmen gegenüber dem Beklagten sind in § 275 I ZPO geregelt. Ihm ist eine Frist zur Klageerwiderung von mindestens zwei Wochen ab Zustellung (§ 277 III iVm §§ 275 I 1, III ZPO) zu setzen, damit ist auch die Einlassungsfrist von zwei Wochen gewahrt (§ 274 III 1 ZPO); ohne Fristsetzung muss die Aufforderung nach § 275 I 2 ZPO ergehen. Im Anwaltsprozess ist der Beklagte aufzufordern, einen Rechtsanwalt zu bestellen und sich zur Entscheidung durch den Einzelrichter zu äußern (§§ 271 II, 277 I 2 ZPO). Aufforderung und Fristsetzung müssen mit der entsprechenden Belehrung verbunden sein (§ 277 II iV mit § 296 I ZPO). Gleichzeitig mit der Fristsetzung wird der Verhandlungstermin bestimmt (§§ 272 II, 216 II ZPO).

Nach § 275 III ZPO muss im frühen ersten Termin die Frist zur Klageerwiderung gesetzt werden, wenn der Beklagte noch nicht oder nicht ausreichend auf die Klage erwidert hat und ihm noch keine Frist gesetzt war (wird in der Praxis selten der Fall sein); der Beschluss ist zu verkünden (§ 329 I 1 ZPO).

34 *aa) Form und Zustellung der richterlichen Verfügung.* Die richterliche Verfügung muss ordnungsgemäß unterzeichnet sein; eine Paraphe genügt nicht, um die Sanktion des § 296 I ZPO herbeizuführen (*BGH,* NJW 1991, 2773 u. 2774). Beim Landgericht muss in Kammersachen die Verfügung vom Vorsitzenden oder einem von ihm bestimmten Mitglied des Gremiums getroffen werden (vgl. Wortlaut des § 275 I; *BGH,* NJW 1991, 2774); bei originärer Einzelrichterzuständigkeit vom Einzelrichter (vgl. *Zöller/Greger,* § 348 Rn. 2). Sie muss nach § 329 II 2 ZPO zugestellt werden, zweckmäßigerweise gleichzeitig mit der Zustellung der Klage (§ 271 I ZPO) und der Ladung zum Termin (§ 274 I, II ZPO). Hierfür haben die Gerichte Formblätter.

35 *bb) Form der Belehrung.* Im Hinblick auf die Belehrung hat der BGH wiederholt entschieden, dass die Anwendung der harten Ausschlusssanktion des § 296 I ZPO voraussetzt, der Partei durch die Belehrung in aller Deutlichkeit klarzumachen, welcher Nachteil ihr bei Nichteinhaltung der gesetzten Frist bevorsteht, und dass es hierfür nicht genügt, ihr lediglich formularmäßig den Wortlaut des § 296 I ZPO mitzuteilen (*BGH,* NJW 1983, 822, 824; NJW 1991, 2773, 2774), es sei denn, die Partei ist selbst Rechtsanwalt (*BGH,* NJW 1991, 493).

36 b) **Gegenüber dem Kläger.** Nach § 275 IV ZPO kann das Gericht dem Kläger im frühen ersten Termin oder nach Eingang der Klageerwiderung eine Frist zur schriftlichen Stellungnahme auf die Klageerwiderung setzen. Das geschieht im Termin durch zu verkündenden Beschluss (§ 329 I ZPO), ansonsten durch Beschluss oder Verfügung, die zuzustellen sind (§ 329 II 2 ZPO) und auch vom Vorsitzenden allein getroffen werden können (§ 275 IV 2 ZPO, früher str.). Die Frist beträgt mindestens zwei Wochen (§ 277 III, IV ZPO). Der Kläger ist entsprechend § 277 I 1, II ZPO zu belehren (§ 277 IV iVm § 296 I ZPO). Es empfiehlt sich, den Beschluss oder die Verfügung mit gezielten Hinweisen und vorbereitenden Maßnahmen nach § 273 ZPO zu verbinden.

37 c) **Prozessleitende Anordnungen.** Nach § 275 II ZPO soll das Gericht, wenn das Verfahren im frühen ersten Termin nicht abgeschlossen werden kann, **alle Anordnungen treffen, die zur Vorbereitung des Haupttermins** noch erforderlich sind. Dabei handelt es sich um den Maßnahmenkatalog des § 273 ZPO oder einen Beweisbeschluss nach § 358 a ZPO; gegebenenfalls ist auch sogleich ein möglichst baldiger Haupttermin zu bestimmen (vgl. § 136 III Hs. 2 ZPO), wenn schon zum frühen ersten Termin prozessleitende Maßnahmen erfolgt und weitere nicht erforderlich sind.

Prozessleitende Maßnahmen nach § 273 ZPO oder § 358 a ZPO sollten in jedem Fall erfolgen, wenn vor dem frühen ersten Termin die Klageerwiderung des Beklagten vorliegt; denn Ziel des ökonomisch verfahrenden Richters muss es sein, den Rechtsstreit möglichst in einem Termin zu erledigen (so ausdrücklich § 272 I ZPO). Mit den Maßnahmen nach § 273 ZPO, insbesondere der Ladung von Zeugen und Sachverständigen zum Termin, erhält dieser, der an sich als früher erster Termin gedacht war, den **Charakter des Haupttermins** iSd § 279 ZPO.

38 *aa) Terminsdauer.* Häufig lässt sich schon allein aus der Klageschrift (ohne dass die Klageerwiderung vorliegt), ersehen, dass prozessleitende Maßnahmen, insbesondere Zeugen- und Sachverständigenladungen erforderlich werden. Dann sollte der Richter bei der Terminsbestimmung darauf achten, dass bis zum Terminstag ausreichend Zeit nicht nur für die Klageerwiderung, sondern auch für die prozessleitenden Maßnahmen bleibt. Auch sollte die Terminsdauer entsprechend kalkuliert werden, was allerdings häufig aus der Klageschrift allein nur schwer zu ersehen sein wird; gegebenenfalls muss in Kauf genommen werden, dass der nächste Termin etwas später beginnt. Mehr als die mögliche Vernehmung von ein oder zwei Zeugen, die der Kläger in der Klageschrift benannt hat, wird das Gericht bei der Terminierung kaum einplanen können. Wegen der Einzelheiten zu den prozessleitenden Maßnahmen, auch zum Verfügungsentwurf vgl. Rn. 55 f. und 65 sowie A. XI. Rn. 8.

39 *bb) Sog. Durchlauftermin.* In jedem Fall sollte der Richter grundsätzlich nicht den sogenannten Durchlauftermin bestimmen, der außer einer kurzen Erörterung prozessökonomisch nichts bringt, nur

unnötige Mehrarbeit für die Beteiligten (Vorbereitung des letztlich überflüssigen Termins) und Zeitverlust.

3. Checkliste der richterlichen Maßnahmen

Die Gerichte verfügen regelmäßig über vorgedruckte Formulare für die Verfügung des Richters und Formschreiben für die Ladung und die übrigen Anordnungen nebst Hinweisen und Belehrungen für die Parteien. Sie müssen Raum für folgende Maßnahmen vorsehen: 40

Bestimmung des Verhandlungstermins
(§§ 272 II, 216 ZPO)
so früh wie möglich (§ 272 III)
unter Wahrung der Einlassungsfrist, weil die Klage gleichzeitig zugestellt wird (§ 274 II, III ZPO)

Maßnahmen gegenüber dem Beklagten (§ 275 I ZPO)
Im Anwaltsprozess
- Frist zur Klageerwiderung von mindestens 2 Wochen ab Zustellung
  (§§ 275 I 1, 277 III, 274 III ZPO)
  Alternative: Aufforderung zur unverzüglichen Klageerwiderung
  (§§ 275 I 2 ZPO)
- Aufforderung zur Anwaltsbestellung und zur Einzelrichtererklärung
  (§§ 271 II, 275 I 2, 277 I 2 ZPO)
- Belehrung über die Form der Klageerwiderung und die Folgen der Fristversäumung
  (§§ 277 II iVm § 296 I ZPO)
- Gleichzeitige Zustellung von Klageschrift, Ladung, Fristsetzung, Aufforderungen und Belehrungen
  (§§ 329 II 2, 271 I ZPO iVm §§ 270, 208 f., 274 I, II ZPO)

Besonderheiten im Parteiprozess vor dem Amtsgericht
- Keine Aufforderung zur Anwaltsbestellung und zur Einzelrichtererklärung
- Belehrung über die Form der Klageerwiderung nach § 496 ZPO

Maßnahmen gegenüber dem Kläger (§ 275 IV ZPO)
- Frist zur schriftlichen Stellungnahme auf die Klageerwiderung von mindestens 2 Wochen nach deren Eingang oder im Termin
  (§§ 275 IV, 277 III, IV ZPO)
- Belehrung über die Folgen einer Fristversäumung
  (§ 277 IV, II iVm § 296 I ZPO)
- Verkündung des Beschlusses im Termin (§ 329 I ZPO) oder förmliche Zustellung nach § 329 II ZPO

Weitere prozessleitende Maßnahmen
nach Klageerwiderung gegenüber beiden Parteien, soweit zur Prozessförderung sachdienlich (§ 273 oder § 358 a ZPO)

III. Schriftliches Vorverfahren

Das schriftliche Vorverfahren (§§ 272 II, 276, 279 ZPO) bietet sich an, wenn aus der Klageschrift zu ersehen ist, dass sich das Verfahren ohne umfangreiche schriftliche Vorbereitung nicht erledigen lässt. Das schriftliche Vorverfahren sollte in der gerichtlichen Praxis eher die Ausnahme sein, weil sich gezeigt hat, dass es häufig zu einer „Aufblähung“ des Prozessstoffes führt, insbesondere wenn eine Partei ein Interesse daran hat, den Prozess zu verschleppen. 41

1. Geeignete Verfahren

Für das schriftliche Vorverfahren eignen sich idR nur umfangreiche Sachen wie beispielsweise Bausachen, langwierige Abrechnungssachen, längere Punktesachen, in vielen Einzelheiten streitige Sachen. Es kann sich aber auch hier der frühe erste Termin empfehlen, wenn zB der mit der Klage vorgetragene Prozessstoff so verwickelt ist, dass er mit den Anwälten, insbesondere den Parteien vor allem im tatsächlichen zu erörtern ist, um Klarheit zu gewinnen (vgl. Rn. 30). 42

2. Gezielte Prozessleitung

Damit es beim schriftlichen Vorverfahren nicht zu einer „Aufblähung“ des Prozessstoffes kommt, sollte der Richter unbedingt darauf achten, dass er das Verfahren im Griff behält. Das setzt voraus, dass er den Parteien **klare, unmissverständliche und eingegrenzte Auflagen** zum weiteren Vortrag setzt. Verfügt der Richter nach Vorliegen der Klageerwiderung zB nur, „auf diese substantiiert binnen ... zu erwidern“, besteht die Gefahr, dass ein schriftsätzlicher Vortrag mindestens in dem Umfang der Klageschrift folgt und sich das gleiche Spiel dann bei den Auflagen an den Kläger wiederholt. Dem kann der Richter dadurch entgegenwirken, dass er beim schriftlichen Vorverfahren das Vorbringen der Parteien durch eine gezielte Prozessleitung „kanalisiert“, was allerdings eine genaue relationstechnische Erarbeitung des jeweiligen Vorbringens verlangt. 43

3. Vorbereitende Maßnahmen

44 Die vorbereitenden Maßnahmen für das schriftliche Vorverfahren sind in den §§ 276, 277 ZPO geregelt (Die Vorschrift gilt nicht in Arbeitsrechtssachen, § 46 II 2 ArbGG und nicht in Ehesachen, § 113 IV Nr. 3 FamFG).

45 **a) Gegenüber dem Beklagten.** Die Maßnahmen gegenüber dem Beklagten sind in § 276 I, II ZPO geregelt. Es handelt sich dabei um die Aufforderung zur sogenannten Verteidigungsanzeige und die Frist zur Klageerwiderung nebst entsprechenden Belehrungen. Die Zustellung an den Beklagten erfolgt zugleich mit der Klageschrift, natürlich ohne Terminsbestimmung (§§ 329 II 2, 276 I 1, 271 I ZPO).

46 *aa) Verteidigungsanzeige.* Der Beklagte ist aufzufordern, binnen einer Notfrist von zwei Wochen nach Zustellung der Klageschrift dem Gericht schriftlich anzuzeigen, ob er sich gegen die Klage verteidigen will; der Kläger ist davon zu unterrichten (§ 276 I 1 ZPO). Bei Auslandszustellung bestimmt der Vorsitzende die Notfrist zusammen mit der Einlassungsfrist (§§ 276 I 3, 274 III 3 ZPO), sie gilt auch für die Benennung eines Zustellungsbevollmächtigten (§ 276 I 3 Hs. 2 ZPO). Der Beklagte ist über die Folgen einer Versäumung der Frist sowie darüber zu belehren, dass er die Erklärung, der Klage entgegentreten zu wollen, nur durch den zu bestellenden Rechtsanwalt abgeben kann (§ 276 II ZPO); beim Amtsgericht ist eine Belehrung darüber erforderlich, dass eine Vertretung durch einen Rechtsanwalt nicht vorgeschrieben ist (§ 499 I ZPO; krit. hierzu zu Recht *Zöller/Herget,* § 499 Rn. 1) sowie über die Folgen eines schriftlich abgegebenen Anerkenntnisses (§ 499 II ZPO). Der Zweck von Aufforderung und Belehrung besteht darin festzustellen, was nicht streitig wird, um nach Ablauf der Notfrist von zwei Wochen (§ 276 I 1 ZPO) die Sache gegebenenfalls durch Anerkenntnis- oder Versäumnisurteil im schriftlichen Verfahren erledigen zu können (§§ 307 S. 2, 331 III ZPO, bei fehlender Belehrung nach § 276 II ZPO ist kein Versäumnisurteil zulässig, § 335 I Nr. 4 ZPO). Zu Einzelheiten vgl. Kap. A. VII. Rn. 2 ff.

47 *bb) Frist zur Klageerwiderung.* Nach § 276 I 2 ZPO hat der Richter gleichzeitig mit der Aufforderung zur Anzeige nach Abs. 1 S. 1 dem Beklagten eine Frist zur Klageerwiderung von mindestens zwei weiteren Wochen ab Ende der Notfrist zu setzen (bei vorangegangenem Mahnverfahren kann auch eine mit der Zustellung der Anspruchsbegründung beginnende Frist gesetzt werden, so dass die Klageerwiderungsfrist und Frist zur Verteidigungsanzeige insgesamt nur zwei anstatt vier Wochen betragen, § 697 II 2 ZPO). Gleichzeitig ist der Beklagte darüber, dass die Klageerwiderung durch den zu bestellenden Rechtsanwalt einzureichen ist, und über die Folgen einer Fristversäumung zu belehren (§§ 277 II iV mit 296 I ZPO). Wenn die Frist versäumt wird, ist unverzüglich der Verhandlungstermin zu bestimmen (§ 272 III ZPO). Im Hinblick auf die Fristsetzung sollte der Richter darauf achten, dass die gesetzliche Mindestfrist von zwei Wochen für eine ordnungsgemäße Verteidigung häufig nicht ausreicht. Wenn bereits aus der Klageschrift zu entnehmen ist, dass dem Verfahren ein umfangreicher und verwickelter Sachverhalt zugrunde liegt, muss die Klageerwiderungsfrist so ausreichend bemessen sein, dass der Beklagte nicht in Zeitdruck gerät und damit in seiner Verteidigung behindert wird; bei einer unangemessenen kurzen Frist kann Verteidigungsvorbringen nicht nach § 296 I ZPO ausgeschlossen werden, auch dann nicht, wenn die Möglichkeit einer Verlängerung der Frist nach § 224 II ZPO besteht (*BGH,* NJW 1994, 736).

Mit der Fristsetzung zur Klageerwiderung können Vorbereitungsmaßnahmen nach § 273 ZPO verbunden werden, was aber nur in Ausnahmefällen (beispielsweise um dem Beklagten die Vorlage von Urkunden etc. nach § 273 Nr. 1 ZPO aufzugeben) zweckmäßig sein dürfte.

48 **b) Gegenüber dem Kläger.** Nach § 276 III ZPO kann das Gericht dem Kläger eine Frist zur schriftlichen Stellungnahme auf die Klageerwiderung setzen (auch nach Mahnverfahren, § 697 II 1 ZPO). Wirksamkeitsvoraussetzung ist, dass die Klageerwiderung vorliegt (*BGH,* NJW 1980, 1167) und sie gleichzeitig mit der Fristsetzung dem Kläger zugestellt wird (*OLG Nürnberg,* MDR 1991, 357). Die Frist zur Replik beträgt mindestens zwei Wochen; der Kläger ist über die Folgen einer Fristversäumung zu belehren (§ 277 IV iVm II, III ZPO). Auch bieten sich jetzt Vorbereitungsmaßnahmen nach § 273 ZPO an, beispielsweise Auflagen nach Nr. 1 (Ergänzung und Erläuterung des schriftsätzlichen Vorbringens sowie Vorlage von Urkunden etc.). Die Fristsetzung gegenüber dem Kläger kann auch mit der Terminsbestimmung verbunden werden. Fristsetzung, Belehrung und prozessleitende Maßnahmen sind dem Kläger mit der Klageerwiderung zuzustellen (§ 329 II 2 ZPO). Wenn eine schriftliche Erwiderung des Klägers nicht angezeigt ist, ist möglichst früh Verhandlungstermin zu bestimmen (§ 272 III ZPO).

49 **c) Zum Haupttermin.** Nach Abschluss des schriftlichen Vorverfahrens ist der sogenannte Haupttermin zu bestimmen (§§ 272 I, 216 II ZPO), und zwar nach § 272 III ZPO so früh wie möglich. Die Parteien sind zu laden (§ 274 I ZPO, bei Anwälten § 172 I ZPO). In der Regel sollten die Parteien auch persönlich geladen werden (§§ 141 II, 273 II Nr. 3 ZPO), weil es ihr Prozess und nicht der ihres Anwalts ist, die Partei soll selbst zu Wort kommen. Die Ladungsfrist von mindestens einer Woche (im An-

waltsprozess) bzw. drei Tagen (im Parteiprozess) ist zu wahren (§ 217 ZPO). Es sind die zur weiteren Prozessförderung dienlichen Vorbereitungsmaßnahmen nach den §§ 273, 358a ZPO zu treffen (vgl. Rn. 53 f., Checkliste und Musterverfügung Rn. 64, 65).

4. Der Haupttermin

Der Haupttermin ist der umfassend vorbereitete Termin zur mündlichen Verhandlung, der zur Entscheidungsreife des Rechtsstreits führen soll (vgl. § 272 I ZPO). Das schriftliche Vorverfahren ist – ebenso wie die vorbereitenden Maßnahmen beim frühen ersten Termin – darauf ausgerichtet, diese Verhandlung in einem einzigen Termin durchzuführen, der ggf. auch die Beweisaufnahme umfassen soll (§ 279 II). Der Ablauf ist in §§ 136, 137 ZPO geregelt. Die mündliche Verhandlung wird nach Aufruf der Sache (§ 220 I ZPO) durch den Vorsitzenden eröffnet (§ 136 I ZPO) und umfasst die Stellung der Anträge (§ 137 I ZPO), die Einführung in den Sach- und Streitstand durch das Gericht und die tatsächliche und rechtliche Erörterung mit den Parteien und ihren Anwälten. Die Vorträge der Parteien sind in freier Rede zu halten (§ 137 II ZPO), jedoch ist eine Bezugnahme auf die gewechselten Schriftsätze zulässig (§ 137 III ZPO) und auch üblich. In der vorbehaltlosen Antragstellung liegt regelmäßig die konkludente Bezugnahme auf den gesamten Akteninhalt. Wird ein Schriftsatz allerdings erst kurz vor dem Termin eingereicht und ist daher fraglich, ob er bereits zu den Akten gelangt ist, muss eine ausdrückliche Bezugnahme bzw. mündlicher Vortrag erfolgen (*Zöller/Greger,* § 137 Rn. 3). Im Anwaltsprozess ist neben dem Anwalt auch der Partei selbst auf Antrag das Wort zu gestatten (§ 137 IV ZPO). 50

Nach der streitigen Verhandlung soll die Beweisaufnahme folgen, im Anschluss daran ist der Sach- und Streitstand erneut mit den Parteien zu erörtern § 279 Abs. 3 ZPO), und, soweit möglich, auch das Ergebnis der Beweisaufnahme. Grundsätzlich muss das Gericht also darlegen, ob es die unter Beweis gestellte Behauptung als erwiesen ansieht oder nicht. Der Vorbehalt „soweit möglich" gilt nur bei komplexen Erkenntnisprozessen, die eine sorgfältige Gesamtabwägung des Verhandlungsergebnisses verlangen (*Zöller/Greger,* § 279 Rn. 5). Hier reicht es aus, dass das Gericht die wesentlichen Aspekte der Beweiswürdigung zur Diskussion stellt. Das Gericht ist nicht von sich aus zur Erörterung verpflichtet. Wenn es den Parteien Gelegenheit zur Stellungnahme einräumt und diese daraufhin keine Erörterung beginnen, ist der **Erörterungspflicht** genüge getan (vgl. *BVerwG,* NVwZ 2003, 1132). Die Vorschrift des § 279 III ZPO hat heute besondere Bedeutung, da ein Verfahrensfehler die Möglichkeit eröffnet, die grundsätzliche Bindung des Berufungsgerichts an die erstinstanzlichen Tatsachenfeststellungen (§ 529 I ZPO) zu durchbrechen. Aus diesem Grund ist **im Protokoll festzuhalten**, dass Gelegenheit zur Erörterung gegeben wurde, da nur so Verfahrensfehler widerlegbar sind (vgl. *BGH,* NJW 1990, 121, 122; MDR 2001, 830).

Wenn ein weiterer Termin nötig wird (ggf. auch zur Erörterung des Verhandlungsergebnisses, vgl. *Musielak/Foerste,* § 279 Rn. 7), soll er nach § 136 III Hs. 2 ZPO möglichst kurzfristig anberaumt werden.

5. Checkliste der richterlichen Maßnahmen

Auch für die Anordnung des schriftlichen Vorverfahrens und die damit verbundenen weiteren Maßnahmen werden vorgedruckte Formulare und an die Parteien gerichtete Formschreiben benutzt. Inhalt: 51

Zustellung der Klageschrift
(§§ 276 I 1, 271 I, 270 ZPO)

Maßnahmen gegenüber dem Beklagten (§ 276 I, II ZPO)
Im Anwaltsprozess
- Aufforderung zur Verteidigungsanzeige binnen einer Notfrist von 2 Wochen ab Zustellung, mit Unterrichtung des Klägers
  (§ 276 I ZPO)
- Bei Auslandszustellung: Bestimmung der Notfrist durch den Vorsitzenden zusammen mit der Einlassungsfrist
  (§§ 276 I 3, 274 III ZPO)
- Aufforderung zur Anwaltsbestellung
  (§§ 271 II, 276 II ZPO)
- Belehrung über den Anwaltszwang für die Verteidigungsanzeige und die Folgen der Versäumung der Notfrist
  (§ 276 II iVm § 331 III ZPO)
- Frist zur Klageerwiderung von mindestens 2 weiteren Wochen ab Ende der Notfrist
  (§ 276 I 2 ZPO, nach Mahnverfahren § 697 II 2 ZPO)
- Belehrung über die Form der Klageerwiderung und die Folgen der Fristversäumung
  (§ 277 II iVm § 296 I ZPO)
- Gleichzeitige Zustellung von Klageschrift, Aufforderungen nach § 276 I ZPO und Belehrungen
  (§§ 329 II 2, 271 I iVm 270, 208 f. ZPO)

Besonderheiten im Parteiprozess vor dem Amtsgericht
- Belehrung über Entbehrlichkeit der Anwaltsbestellung und Belehrung über die Folgen eines Anerkenntnisses
  (§ 499 I, II ZPO)

- Belehrung über die Form der Klageerwiderung nach § 496 ZPO
- Keine Aufforderung zur Einzelrichtererklärung

Maßnahmen gegenüber dem Kläger (§ 276 III ZPO)
- Frist zur schriftlichen Stellungnahme auf die Klageerwiderung von mindestens zwei Wochen, nicht vor Eingang der Klageerwiderung
(§§ 276 III, 277 IV, III ZPO)
- Belehrung über Folgen der Fristversäumung
(§ 277 IV, II iVm § 296 I ZPO)
- Gleichzeitige Zustellung von Klageerwiderung, Fristsetzung und Belehrung

Bestimmung des Haupttermins
- Unverzügliche Bestimmung des Termins (§ 216 II ZPO; er soll umfassend vorbereitet werden, § 272 I ZPO, idR Erledigung des Rechtsstreits führen, § 272 I ZPO und so früh wie möglich stattfinden, § 272 III ZPO)
- Ladung der Parteien unter Wahrung der Ladungsfrist
(§§ 274 I, 217, 176 ZPO)
- Anordnung des persönlichen Erscheinens
(§§ 141 II, 273 Nr. 3, ZPO)

Weitere prozessleitende Maßnahmen
nach §§ 273, 358 a ZPO
- Gegenüber Kläger mit Aufforderung zur Stellungnahme zur Klageerwiderung (häufig zweckmäßig)
- Gegenüber Beklagten mit Aufforderung zur weiteren Erwiderung (selten zweckmäßig)
- Gleichzeitig mit der Bestimmung des Haupttermins (idR zweckmäßig)

IV. Maßnahmen nach Klageerwiderung

52 Wenn Termin zur mündlichen Verhandlung bestimmt werden kann, sind Vorbereitungsmaßnahmen nötig. Nach § 272 I ZPO soll der Rechtsstreit in einem umfassend vorbereiteten Termin zur mündlichen Verhandlung erledigt werden. Es besteht eine **Prozessförderungspflicht des Gerichts** (neben den Prozessförderungspflichten der Parteien, insbesondere aus den §§ 277 I, 282 ZPO). Die Prozessförderungspflicht des Gerichts ist in dem Maßnahmenkatalog des § 273 ZPO und in § 358 a ZPO konkretisiert.

1. Beweiserhebung vor mündlicher Verhandlung

53 Die Beweiserhebung vor mündlicher Verhandlung darf nur in den Ausnahmefällen des § 358 a S. 2 ZPO stattfinden (beschränkt zulässige Beweisaufnahme). In der gerichtlichen Praxis wird hiervon wenig Gebrauch gemacht; auch wenn nach dem Akteninhalt abzusehen ist, dass bei einer streitigen Entscheidung ein Sachverständigengutachten einzuholen ist (so häufig bei Verkehrsunfall- und Bausachen). Hier bietet sich eine **Begutachtung vor dem Termin** an, wenn absehbar ist, dass eine gütliche Einigung nicht oder gerade nur mit einem Gutachten zu erzielen sein wird. Bei Einwänden gegen das schriftliche Gutachten kann der Sachverständige zum Termin geladen werden; der Richter spart so einen zusätzlichen Anhörungstermin, der erforderlich wird, wenn erst nach mündlicher Verhandlung das schriftliche Gutachten eingeholt und dann die Anhörung des Sachverständigen beantragt wird. Die Einnahme eines Augenscheins nach § 358 a S. 2 Nr. 5 ZPO wird nur selten in Betracht kommen, da sie nur im Termin selbst mit der Vernehmung von Zeugen sowie an Ort und Stelle mit der Anhörung von Sachverständigen zweckmäßig ist (zB im Bauprozess, im Nachbarrechtsprozess oder im Verkehrsunfallprozess). Die Beweisaufnahme, insbesondere der Zeugenbeweis soll aber im Regelfall dem Termin selbst vorbehalten bleiben, weil der Grundsatz der Unmittelbarkeit der Beweisaufnahme es gebietet, dass sich der Richter gerade bei Zeugen einen unmittelbaren persönlichen Eindruck verschafft; der Weg über § 358 a ZPO bleibt mithin die Ausnahme.

Zu den Einzelheiten im Rahmen des § 358 a ZPO vgl. A. XI. Rn. 7.

2. Maßnahmen nach § 273 ZPO

54 Bei einer Vorbereitung nach § 273 ZPO wird häufig ein Bündel von Maßnahmen notwendig sein; andererseits gebietet die Prozessökonomie, dass das Gericht die Maßnahmen nicht überspannt, insbesondere dann nicht, wenn ein umfangreicher und komplexer Streitstoff zunächst im Termin mit den Parteien durchzusprechen ist, um ihn gemeinsam zu ordnen und gegebenenfalls eine vergleichsweise Erledigung zu suchen; wenn in einem solchen Fall umfangreiche Vorbereitungsmaßnahmen getroffen worden sind (beispielsweise Ladung von zahlreichen Zeugen und Sachverständigen), ist das, weil kostenerhöhend, nicht unbedingt im Sinne der Parteien.

Die Maßnahmen, die § 273 II ZPO nennt, sind nicht abschließend („insbesondere"); es handelt sich aber um die Hauptfälle von vorbereitenden Maßnahmen. Sie können in jeder Lage des Verfahrens getroffen werden, auch zwischen den Terminen.

55 a) **Ergänzung des Parteivortrags etc.** Nach Nr. 1 kann den Parteien aufgegeben werden, ihre **Schriftsätze zu ergänzen und zu erläutern, Urkunden und Augenscheinsobjekte vorzulegen.** Bei der Ergän-

zung/Erläuterung macht es wenig Sinn, den Parteien dieses pauschal aufzugeben (zB „substantiiert vorzutragen“), vielmehr ist die Auflage an die Parteien konkret zu fassen (zB „wann, wo und aus welchem Anlass es zu dem streitigen Gespräch kam, insbesondere ...“). Urkunden als die geeignetsten Beweismittel sollten möglichst früh vorgelegt werden, wenn die Parteien auf sie Bezug nehmen; das gleiche gilt für vorgerichtliche Korrespondenz, Rechnungen, Mahnungen etc.; auch Augenscheinsobjekte wie Zeichnungen, Pläne, Lichtbilder sollten vorzeitig eingereicht, größere Augenscheinsobjekte jedenfalls zum Termin mitgebracht werden.

b) **Amtliche Auskünfte, Beiakten.** Nach Nr. 2 kann das Gericht amtliche Auskünfte einholen. Die 56 amtliche Auskunft ist ein selbständiges Beweismittel, auch wenn sie nicht in den Vorschriften über das Beweisverfahren (§§ 358 f. ZPO) geregelt ist; sie ersetzt eine Zeugenvernehmung oder ein Sachverständigengutachten eines Beamten. Das Gericht kann Auskünfte jeglicher Art und von jeder Behörde einholen. Von solchen Auskünften sollte man regen Gebrauch machen; gerade sie schon vor der mündlichen Verhandlung einzuholen, ist zur Vorbereitung bestens geeignet.

c) **Beiakten.** Nach Nr. 2 kann das Gericht andere Akten beiziehen. Beiakten sollten in jedem Fall 57 möglichst früh beigezogen werden, weil mit ihrem Inhalt der Streitstoff häufig klarer und durchsichtiger wird, das gilt insbesondere bei Ermittlungs- und Strafakten. Aber auch andere Prozessakten (zB solche umgekehrten Rubrums), Insolvenzakten etc. helfen, den Streitstoff umfassend aufzuklären, manchmal sogar Entscheidendes für den Rechtsstreit zu gewinnen (beispielsweise anderes und mithin widersprüchliches Vorbringen der Partei in einem anderen Rechtsstreit). Beiakten werden in der Regel **informationshalber beigezogen;** wenn sie **zu Beweiszwecken** verwertet werden sollen, sind sie prozessual Urkundenbeweis, auch wenn es sich um Zeugenaussagen handelt (der Zeuge selbst ist, wenn eine Partei darauf besteht, wegen des Grundsatzes der Unmittelbarkeit der Beweisaufnahme vor dem erkennenden Gericht zu vernehmen).

d) **Persönliches Erscheinen der Parteien.** Nach Nr. 3 kann das persönliche Erscheinen der Parteien 58 angeordnet werden. Hiervon sollte der Richter durchweg Gebrauch machen (Ausnahme: Wenn eine Partei weit entfernt wohnt, wenn es um reine Rechtsfragen geht). Denn die Anhörung der Partei (§ 141 ZPO, nicht zu verwechseln mit der Parteivernehmung nach §§ 445 f. ZPO) ist das beste Mittel, den Streitstoff aufzuklären; sie führt häufig dazu, dass Beweiserhebungen überflüssig werden; sie hilft in der Regel, den Rechtsstreit vergleichsweise zu beenden. Darüber hinaus kann das Gebot der prozessualen Waffengleichheit das Gericht verpflichten, die Partei, die keinen Zeugen hat, persönlich anzuhören und dem Zeugen der Gegenseite gegenüberzustellen (*BGH,* NJW 1999, 363). Im Übrigen kann die Partei selbst am besten mit ihren Worten verdeutlichen, was bei dem streitigen Vertragsgespräch im einzelnen besprochen worden ist, wie sie sich im einzelnen bei dem Verkehrsunfall verhalten hat; häufig erfährt der Richter durch die Anhörung der Parteien die wahren Hintergründe des Streits, was für ein erfolgreiches Vergleichsgespräch von nicht zu unterschätzender Bedeutung ist. Auch kann schriftsätzlich oft nicht so vorgetragen werden, wie es aus dem Mund der Partei kommt, weil der Prozessbevollmächtigte bei seiner Partei nicht genügend nachgefragt, sie möglicherweise missverstanden oder gar schlussfolgernd etwas anderes vorgetragen hat. So gibt oft die Anhörung der Parteien dem Rechtsstreit eine ganz andere Wendung; auch ist gerade ihr **mündliches Vorbringen der freien Beweiswürdigung nach § 286 ZPO zugänglich,** *BGH,* NJW 1999, 363, 364.

Hinzu kommt, dass richtig verstandenes rechtliches Gehör grundsätzlich eine Anhörung der Parteien gebietet; es ist ihr Prozess und nicht der ihres Rechtsanwalts; es ist ureigenes Recht der Partei, vor Gericht selbst zu Wort zu kommen. Auch wenn sie später unterliegt, wird sie eher das Gefühl haben, dass sie vor Gericht alles hat vorbringen können und dass sie fair behandelt worden ist.

e) **Ladung von Zeugen, Sachverständigen.** Nach § 273 II Nr. 4 ZPO können zum Termin Zeugen, auf 59 die sich eine Partei bezogen hat, vorweg geladen werden, wobei eine solche Anordnung nur ergehen soll, wenn der Beklagte dem Klageanspruch bereits widersprochen hat (§ 272 III ZPO). Auch hiervon wird in der gerichtlichen Praxis zu wenig Gebrauch gemacht; es ist nicht prozessökonomisch, im Termin nur Anträge stellen zu lassen, vielleicht noch die Sache kurz zu erörtern, um dann einen Beweisbeschluss seinem wesentlichen Inhalt nach zu verkünden, wenn man schon von vornherein die nötigen Zeugen zum Termin laden kann. Das erfordert naturgemäß nicht nur ein Durchlesen, sondern ein relationstechnisches Durcharbeiten der Akte, was keine Mehrarbeit, sondern eine sich auszahlende, weil einen weiteren Termin vermeidende Vorarbeit bedeutet; allein eine solche Verfahrenshandhabung ist ökonomisch und müsste deshalb auch im Interesse der Parteien und ihrer Anwälte liegen. Dass es in einigen Fällen zur Vernehmung der erschienenen Zeugen nicht kommt, weil etwa die vorherige Güteverhandlung mit Anhörung der Parteien zu einem Vergleich geführt hat, ist in Kauf zu nehmen. Dass andererseits nicht planlos alle benannten Zeugen zum Termin zu laden sind, dürfte sich von selbst verstehen.

Neben der Ladung von Zeugen kann auch die von Sachverständigen angeordnet werden; ein schriftliches Gutachten ist aber immer durch Beweisbeschluss nach § 358 a ZPO anzuordnen.

60 *aa) Form der Ladung.* Die Zeugenladung erfolgt durch richterliche Verfügung; das Beweisthema ist anzugeben, anderenfalls kann kein Ordnungsgeld verhängt werden (§§ 359 Nr. 1, 377 II Nr. 2 ZPO, s. auch Beispiel einer prozessleitenden Verfügung Rn. 65), dabei ist das Beweisthema nicht in seiner ganzen Länge wörtlich aus den Schriftsätzen zu übernehmen, sondern kurz zu fassen (beispielsweise: „Hergang des Verkehrsunfalls vom …“ oder „Inhalt des Gesprächs am …“); auch ist ein Zeuge bei einer unbestimmten Fassung der Beweisfrage unvoreingenommener, zumal er nicht weiß, welche Partei die Behauptung aufgestellt hat, zu der er vernommen werden soll.

61 *bb) Schriftliche Zeugenaussage.* Eine Ausnahme ist die schriftliche Zeugenaussage, wenn das Gericht sie im Hinblick auf den Inhalt der Beweisfrage und die Person des Zeugen für ausreichend erachtet (§ 377 III ZPO). Sie kann sich bei Auskunftspersonen (zB Versicherungs- und Bankangestellten, auch Ärzten), die ihre Aussage ohnehin nur an Hand ihrer Unterlagen machen, anbieten; damit wird dem Zeugen auch der Zeitaufwand einer persönlichen Vernehmung erspart. Bei der Anordnung schriftlicher Zeugenaussagen ist aber besondere Sorgfalt auf das Beweisthema zu verwenden, es muss umfassend, präzise und für den Laien klar gefasst sein, dem Zeugen sollten konkrete Fragen gestellt werden. Die schriftliche Zeugenaussage ist durch Beweisbeschluss nach § 358a S. 2 Nr. 3 ZPO anzuordnen (zu Einzelheiten A. XI. Rn. 46).

62 *cc) Beauftragter, ersuchter Richter.* Unter den Voraussetzungen der §§ 361, 362, 375 ZPO ist auch die Vernehmung eines Zeugen durch den beauftragten oder ersuchten Richter schon vor dem Termin zur mündlichen Verhandlung zulässig, wobei die Beweisaufnahme gleichfalls nach § 358a ZPO durch Beweisbeschluss anzuordnen ist. Der beauftragte Richter wird für das Kollegium, der ersuchte Richter für das Prozessgericht im Wege der Rechtshilfe tätig (zu Einzelheiten A. XI. Rn. 43 f.).

63 f) **Verfahren.** Bei den vorbereitenden Maßnahmen und der damit verbundenen Terminierung ist der **entsprechende Zeitbedarf** zu kalkulieren; der Richter hat die Bearbeitungszeit für Geschäftsstelle und Kanzlei zu berücksichtigen, ferner den Zeitbedarf des Prozessbevollmächtigten, des Weiteren den Zeitbedarf der Zeugen und Sachverständigen; insbesondere bei letzteren ist gegebenenfalls telefonisch nach „freien Terminen“ zu fragen. Wenn all das nicht berücksichtigt wird, insbesondere zu kurzfristig terminiert wird, ist mit Verlegungsanträgen, mithin mit unnötiger Arbeitsbelastung zu rechnen.

Die Ladung der Parteien mit der prozessleitenden Verfügung wird den Prozessbevollmächtigten (idR gegen Empfangsbekenntnis) **zugestellt** (§§ 274 I, 214, 172 I, 174 I ZPO); wenn das persönliche Erscheinen der Parteien angeordnet ist, werden sie zusätzlich persönlich geladen (§ 141 II ZPO); eine förmliche Zustellung ist wie bei der Ladung der Zeugen und Sachverständigen nicht erforderlich (§§ 377 I 2, 402 ZPO).

3. Checkliste der Maßnahmen nach Klageerwiderung

64 Auch für die Maßnahmen nach Klageerwiderung werden vorgedruckte Formulare und an die Parteien gerichtete Formschreiben benutzt.

Beweiserhebung vor mündlicher Verhandlung
- Schriftliches Sachverständigengutachten (§ 358a S. 2 Nr. 4 ZPO)
- Schriftliche Zeugenaussage (Nr. 3)
- Zeugenaussage vor dem beauftragten oder ersuchten Richter (Nr. 1)
- Augenscheinseinnahme (Nr. 5, selten zweckmäßig)
- Einholung amtlicher Auskünfte (Nr. 2, zweckmäßiger nach § 273 II Nr. 2 ZPO)

Maßnahmen nach § 273 ZPO
- Ergänzung des Parteivortrags, Vorlegung von Urkunden etc. (Nr. 1)
- Einholung amtlicher Auskünfte (Nr. 2)
- Beiziehung anderer Akten (Nr. 2)
- Persönliches Erscheinen der Parteien (Nr. 3)
- Ladung von Zeugen, Sachverständigen (Nr. 4)

4. Beispiel einer prozessleitenden Verfügung

1. Termin zur Güterverhandlung und mündlichen Verhandlung
65 • vor der Kammer
   • vor dem Einzelrichter
   wird bestimmt auf …. (Datum, Uhrzeit, Saal).
2. Das persönliche Erscheinen
   • des Klägers
   • des Beklagten
   • des Geschäftsführers … (Name) der Klägerin/Beklagten
   • des gesetzlichen Vertreters (Vorstand, Eltern, Betreuer) …. (Name) des Klägers/Beklagten
   wird gemäß §§ 141 I, § 273 II Nr. 3 ZPO angeordnet.
3. Zu dem Termin sollen
   • gemäß § 273 II Nr. 4 ZPO

- gemäß Beweisbeschluss vom ....
- gemäß anliegendem Beweisbeschluss
- folgende Zeugen geladen werden:
  a) .... (Name), unter der Anschrift Bl. ... d. A.
  Beweisthema: ....
  b) .... (Name), unter der Anschrift Bl. ... d. A.
  Beweisthema: wie im Beweisbeschluss vom ... unter Nr. ...
  Den Zeugen soll gemäß § 378 ZPO aufgegeben werden, die für das Beweisthema bedeutsamen Aufzeichnungen und Unterlagen vor dem Termin einzusehen und zum Termin mitzubringen, soweit ihnen das möglich ist.
- der Sachverständige .... (Name, Anschrift) geladen werden
- zur Erläuterung seines schriftlichen Gutachtens
  hierzu sollen ihm Kopien der Schriftsätze des Klägers vom ... und des Beklagten vom ... mit der Bitte übersandt werden, die darin erhobenen Einwendungen zu berücksichtigen.
- nach Erstattung eines schriftlichen Gutachtens bis zum ... entsprechend dem anliegenden Schreiben (darin werden der Gutachterauftrag erläutert und Weisungen für Art und Umfang nach § 404 a ZPO erteilt)
- zur Erstattung eines mündlichen Gutachtens entsprechend dem anliegendem Schreiben (s. o.).

4. Die Ladung der Zeugen/des Sachverständigen hängt davon ab, dass
   der Kläger/der Beklagte
   - für die Zeugen zu 3 a), b) einen Auslagenvorschuss von EUR .... je Zeugen
   - für den Sachverständigen einen Kostenvorschuss von EUR ....
   bis zum .... einzahlt.
   (oder: Die Zeugen/der Sachverständige werden wieder abgeladen, wenn nicht der Kläger/der Beklagte für die Zeugen/den Sachverständigen .... bis zum ....
   einzahlt.)
5. Die Akten ..... sollen
   - zur Information des Gerichts
   - zu Beweiszwecken
   beigezogen werden.
6. Dem Kläger/Beklagten wird aufgegeben,
   - das Schreiben des Beklagten vom ... in Kopie einzureichen
   - den Vertrag vom ... im Termin vorzulegen
   - die Behauptung .... näher darzulegen
   - zur Behauptung des Beklagten .... Stellung zu nehmen
   Frist: ....
7. a) Prozessbevollmächtigte der Parteien zum Termin laden (zustellen)
   - mit Nachricht von Ziff. 2–5,
   - mit Auflagen gem. Ziff. 6,
   b) Parteien persönlich/Geschäftsführer/gesetzlichen Vertreter gem. Ziff. 2 laden,
   c) Zeugen/Sachverständigen gem. Ziff. 3 laden,
   d) Akten gem. Ziff. 5 unter „Eilt" anfordern mit Hinweis, dass am .... Termin ansteht.
8. Wiedervorlage am ......
   - Der Vorsitzende/der Einzelrichter –

V. Die Güteverhandlung

Die Vorteile einer gütlichen Einigung zwischen den Parteien liegen auf der Hand. Für die Parteien bietet sie eine einvernehmliche Konfliktregelung, die **rascher und kostengünstiger** erfolgen kann und eher geeignet ist, dauerhaft Rechtsfrieden zwischen den Parteien zu stiften. Für das Gericht hat ein Vergleich im Regelfall entlastende Wirkung, da der Fall nicht – wie beim Urteil – bis in die letzten Einzelheiten hinein durchdacht und mit schriftlicher Begründung entschieden werden muss. 66

Obwohl bereits § 279 I ZPO idF bis 31. 12. 2001 verlangte, dass das Gericht in jeder Lage des Verfahrens auf eine gütliche Einigung bedacht sein sollte, attestierte der Gesetzgeber im ZPO-RG den Gerichten eine unzureichende Streitschlichtungskultur und sah die **Stärkung des Schlichtungsgedankens** als einen wesentlichen Inhalt der Zivilprozessreform an (vgl. BT-Drs 14/4722, S. 58 f., 60). Realisiert wurde dies mit einer Neufassung des § 278 ZPO, der § 279 ZPO aF mit inhaltlichen Änderungen in sich aufnimmt und ergänzt. Nunmehr hat der mündlichen Verhandlung (früher erster Termin oder Haupttermin) im Regelfall eine Güteverhandlung vorauszugehen, § 278 II ZPO. Von ihr kann nur in bestimmten Fällen abgesehen werden, insbesondere wenn eine gütliche Einigung erkennbar aussichtslos erscheint. Davon ist allerdings nur ausnahmsweise auszugehen. So kann selbst bzw. gerade bei völliger Zerstrittenheit der Parteien eine Güteverhandlung sinnvoll erscheinen, da die Parteien vorher nur selbst oder über ihre Anwälte korrespondiert haben werden und ein – von beiden Seiten respektierter – neutraler Vermittler fehlte. Im Regelfall wird das Gericht auch mit wenig Aufwand wenigstens den Versuch unternehmen können, auf eine gütliche Einigung hinzuwirken, da im Falle des Scheiterns der Güteverhandlung unmittelbar in die mündliche Verhandlung übergegangen werden kann (vgl. § 279 I ZPO). 67

68 Da die Erfolgsaussichten für eine gütliche Einigung deutlich höher sind, wenn die Parteien anwesend sind, soll deren **persönliches Erscheinen** angeordnet werden, § 278 III 1 ZPO. Sie sind dann von Amts wegen zu laden (§ 278 III 2 iVm § 141 II 1 ZPO). Von der Anordnung des persönlichen Erscheinens soll abgesehen werden, wenn einer Partei wegen großer Entfernung oder aus sonst wichtigem Grund die persönliche Wahrnehmung des Termins nicht zuzumuten ist (§ 141 I 2 ZPO), so zB bei Unternehmensleitern (Vorstand, Geschäftsführung), wenn es sich um sog. Massengeschäft handelt und die Unternehmensleitung nach der betriebsinternen Arbeitsteilung mit der Sache gar nicht befasst ist (*OLG Düsseldorf,* VersR 2005, 854). Bleibt die Partei im Termin aus (und erscheint nur der Anwalt, ansonsten liegt ein Fall der Säumnis vor), so kann gegen sie ein Ordnungsgeld festgesetzt werden (§ 141 III 1 ZPO); gleichzeitig ist dann ein neuer Termin zur Güteverhandlung anzuberaumen. Die Güteverhandlung kann aber auch mit dem erschienen Anwalt durchgeführt werden. Ein Ordnungsgeld kann nicht festgesetzt werden, wenn die Partei zum Termin einen instruierten und zum Vergleichschluss ermächtigten Vertreter entsendet (§ 141 III 2 ZPO), wovon in der Praxis relativ häufig Gebrauch gemacht wird. Meist tritt der Anwalt gleichzeitig als instruierter Vertreter auf. Dies ist misslich, weil der Anwalt bei genaueren Nachfragen zum Sachverhalt oft passen muss und häufig auch nur das Gericht der Partei im Rahmen einer persönlichen Ansprache die Vorzüge einer gütlichen Einigung deutlich machen kann. Im Übrigen wird der Anwalt einen Vergleich im Regelfall nur mit Widerrufsvorbehalt schließen. Wird bereits vor dem Gütetermin bekannt, dass die Partei nicht persönlich erscheinen wird, etwa weil vom Anwalt mit der Begründung des § 141 III 2 ZPO ein Antrag auf Entbindung von der Pflicht zum persönlichen Erscheinen der Partei gestellt wird, sollte das Gericht darauf hinwirken, dass die Partei während des Termins zumindest telefonisch erreichbar ist. So kann – wenn auch mit Unterbrechungen – meist abschließend über eine gütliche Einigung verhandelt werden.

69 Erscheint zum Gütetermin keine Partei, d. h. im Parteiprozess weder sie selbst noch ein Bevollmächtigter und im Anwaltsprozess kein von ihr bevollmächtigter Rechtsanwalt, ist das Ruhen des Verfahrens anzuordnen (§ 278 IV ZPO, also keine Vertagung nach § 251 a III ZPO).

Ist nur eine Partei erschienen, findet keine Güteverhandlung statt, wie sich aus § 279 I ZPO ergibt. Vielmehr schließt dann unmittelbar die mündliche Verhandlung an und es kann ggf. ein Versäumnisurteil ergehen.

70 In der Güteverhandlung hat das Gericht den Sach- und Streitstand mit den Parteien unter freier Würdigung aller Umstände zu erörtern und, soweit erforderlich, Fragen zu stellen, § 278 II 2 ZPO. Zu Beweiserhebungen ist das Gericht im Rahmen der Güteverhandlung nicht berechtigt; dies bleibt dem streitigen Verfahren überlassen. Dass eine Klage möglicherweise unzulässig ist, schließt weitergehende Erörterungen zum Zwecke einer gütlichen Einigung nicht aus. Verweisungen nach § 281 ZPO oder § 17 a GVG sind jederzeit möglich.

71 Das Gericht soll die Parteien (von Amts wegen) persönlich anhören, § 278 II 3 ZPO. Dies wird regelmäßig schon deshalb erforderlich sein, um die Vergleichsbereitschaft auszuloten und den Parteien zu zeigen, dass das Gericht ihr Anliegen versteht und ernst nimmt. Die Anhörung kann dazu dienen, das schriftliche Parteivorbringen zu ergänzen und etwaige Unklarheiten zu beheben. Sie darf aber vom Richter nicht dazu benutzt werden, eine unschlüssige Klage schlüssig zu machen oder größere Lücken der Substantiierung zu schließen. Dies würde dem Beibringungsgrundsatz zuwider laufen (vgl. *Stein/Jonas/Leipold,* Rn. 38).

72 Das **Ergebnis der Güteverhandlung** ist ins **Protokoll** aufzunehmen, § 160 III Nr. 10 ZPO.

Zur Vorbereitung und zum Abschluss des Vergleichs näher Kapitel A. XIV., Rn. 53 ff.

VI. Entscheidung durch und Übertragung auf den Einzelrichter

73 Die Entscheidung durch und die Übertragung des Rechtsstreits auf den Einzelrichter sind in §§ 348 f. ZPO geregelt; die Vorschrift gilt nur für die Zivilkammer beim Landgericht. Der Vorsitzende der Kammer für Handelssachen (§ 349 ZPO) hat eine andere Funktion, er bereitet den Prozess für das Kollegium vor und darf grundsätzlich nicht selbst entscheiden, § 349 ZPO. Für die Berufungsinstanz gelten die Regelungen der §§ 526 f. ZPO, im Beschwerdeverfahren § 568 ZPO.

1. Grundsatz: originärer Einzelrichter

74 Durch das ZPO-RG wurden die Entscheidungskompetenzen beim Landgericht zwischen Zivilkammer und Einzelrichter neu verteilt. Nunmehr ist im Interesse der Beschleunigung des Verfahrens und der Entlastung des Kollegiums grundsätzlich der Einzelrichter zur Entscheidung des Rechtsstreits berufen, § 348 I 1 ZPO. Dies gilt nicht, wenn das Kammermitglied Richter auf Probe ist und noch nicht über einen Zeitraum von einem Jahr geschäftsverteilungsplanmäßig als Zivilrichter tätig war (§ 348 I 2 Nr. 1 ZPO) oder eine der in § 348 I 2 Nr. 2 aufgezählten Spezialmaterien betroffen ist und hierfür eine entsprechende Kammer beim Landgericht eingerichtet ist (Einzelheiten bei *Musielak/Wittschier,* Rn. 5 ff.).

Bei Zweifeln über das Vorliegen der Voraussetzungen der originären Einzelrichterzuständigkeit entscheidet die Kammer durch unanfechtbaren Beschluss, § 348 II ZPO. 75

Der Einzelrichter ist gemäß § 348 III ZPO berechtigt und verpflichtet, der Kammer den Rechtsstreit zur Entscheidung über eine Übernahme vorzulegen, wenn die Sache besondere Schwierigkeiten tatsächlicher oder rechtlicher Art aufweist, grundsätzliche Bedeutung hat **oder** die Parteien dies übereinstimmend beantragen. Über die Übernahme entscheidet die Kammer durch Beschluss; eine Zurückübertragung auf den Einzelrichter ist nicht möglich, § 348 III ZPO. Auf eine erfolgte oder unterlassene Vorlage oder Übernahme kann ein Rechtsmittel nicht gestützt werden, § 348 IV ZPO. 76

2. Übertragung auf den Einzelrichter (obligatorischer Einzelrichter)

Ist für die Entscheidung des Rechtsstreits gemäß § 348 I ZPO originär die Kammer zuständig, überträgt sie die Sache durch Beschluss einem ihrer Mitglieder als Einzelrichter zur Entscheidung, wenn die Sache keine besonderen Schwierigkeiten tatsächlicher oder rechtlicher Art aufweist, die Rechtssache keine grundsätzliche Bedeutung hat **und** nicht bereits im Haupttermin vor der Zivilkammer zur Hauptsache verhandelt worden ist, es sei denn, dass inzwischen ein Vorbehalts-, Teil- oder Zwischenurteil ergangen ist, § 348 a I ZPO. Hieran hält sich die gerichtliche Praxis nur zum Teil; infolge der zunehmenden Belastungszahlen wird häufig der Rechtsstreit dem Einzelrichter übertragen, ohne dass die Voraussetzungen des § 348 a I ZPO vorliegen. § 348 a I ZPO normiert für den Fall des Vorliegens der Voraussetzungen eine Übertragungspflicht; ein Ermessen der Kammer besteht nicht, was durch die Überschrift der Norm (obligatorischer Einzelrichter) unterstrichen wird (*MünchKomm-ZPO/Deubner*, Rn. 3). 77

Der Einzelrichter legt den Rechtsstreit ausnahmsweise der Kammer zur Entscheidung über eine Übernahme vor, wenn sich aus einer **wesentlichen** Änderung der Prozesslage (zB Klagerweiterung, Widerklage) besondere tatsächliche oder rechtliche Schwierigkeiten der Sache oder die grundsätzliche Bedeutung der Sache ergeben (§ 348 a II 1 Nr. 1 ZPO) oder wenn die Parteien dies übereinstimmend beantragen (§ 348 a II 1 Nr. 2 ZPO). Die Kammer hat den Rechtsstreit zu übernehmen, wenn die Voraussetzungen des § 348 a II 1 Nr. 1 ZPO tatsächlich vorliegen (§ 348 a II 2 ZPO). Ein übereinstimmender Antrag der Parteien präjudiziert die Kammer hingegen nicht, er zwingt nur zur Vorlage an die Kammer; die Übernahme des Rechtsstreits steht im Ermessen der Kammer. Die Entscheidung über die Übernahme erfolgt nach Anhörung der Parteien (§ 348 a II 3 ZPO) durch unanfechtbaren (§ 348 a III ZPO), in der Regel nicht zu begründenden Beschluss. 78

Übernimmt die Kammer den Rechtsstreit, ist eine Rückübertragung auf den Einzelrichter ausgeschlossen, § 348 a II 4 ZPO.

3. Stellung des Einzelrichters

Mit der originären bzw. obligatorischen Zuweisung ist bzw. wird der Einzelrichter der **gesetzliche Richter**; er allein führt und entscheidet den gesamten Rechtsstreit einschließlich aller Nebenverfahren (zB Prozesskostenhilfe, selbständiges Beweisverfahren) in absoluter Unabhängigkeit; die Kammer kann den Rechtsstreit nicht (wieder) an sich ziehen, nur der Einzelrichter selbst kann ggf. den Rechtstreit zur Übernahme vorlegen. 79

In der gerichtlichen Praxis ist manchmal zu beobachten, dass im Falle des § 348 a ZPO versehentlich der Einzelrichterbeschluss nicht in den Akten abgesetzt oder nicht von allen drei beteiligten Richtern unterschrieben ist; das ist ein Verstoß gegen das justizielle Grundrecht auf den gesetzlichen Richter (Art. 101 GG) und kann zur Zurückverweisung des Rechtsstreits durch das Berufungsgericht führen (§ 538 II Nr. 1 ZPO); deshalb sollte der Einzelrichter, bevor er den Rechtsstreit fortführt, darauf achten, ob sich in der Akte tatsächlich der unterschriebene Einzelrichterbeschluss befindet. 80

A. III. Verfahren nach Abgabe durch das Mahngericht

Dr. Helmut Büchel

Übersicht

Literatur: *König*, Elektronisches Mahnverfahren in der Praxis, 2009; zur allg. Literatur siehe Literaturverzeichnis A. I.

I. Allgemeines

1 Mit dem Mahnverfahren bietet die Zivilprozessordnung dem Gläubiger die Möglichkeit, schneller, einfacher und kostensparend einen Titel zu erwirken. Es hat außerordentliche praktische **Bedeutung.** In der Bundesrepublik werden pro Jahr zahllose Mahnbescheide beantragt; die überwiegend zu einem Vollstreckungsbescheid führen, gegen den in der Mehrzahl kein Einspruch eingelegt wird. Es wird geschätzt, dass nur etwas mehr als 10% der Mahnverfahren in einen streitigen Zivilprozess übergeleitet werden. Für die Ziviljustiz ist es sehr wichtig, ein schnelles und leistungsfähiges Mahnverfahren zu gewährleisten. Wenn nur ein geringer Teil der Gläubiger wegen schlechter Erfahrungen im Mahnverfahren in das Klageverfahren wechselte, würde das die Kapazität der Zivilgerichte schnell übersteigen. Ein Problempunkt in der Praxis ist die reibungslose Überleitung des Rechtsstreits vom formalisierten, im Wege der EDV betriebenen Mahnverfahren in das Klageverfahren beim zuständigen Amtsgericht, Landgericht oder Arbeitsgericht. Schwierigkeiten ergeben sich unter anderem daraus, dass der Rechtsstreit vom Mahngericht an das Prozessgericht überführt werden muss, dass eine Klageschrift nachgeholt werden muss, dass sich in vielen Fällen der Streitgegenstand verändert und dass für den Rechtsstreit nicht im Mahnverfahren, aber vor dem Prozessgericht Anwaltszwang bestehen kann.

2 Mit Wirkung zum 1. 12. 2008 hat sich die Praxis des Mahnverfahrens grundlegend verändert. Das Gesetz zur Neuregelung des Rechtsberatungsrechts (BGBl. I, 2840) vom 12. 12. 2007 idF des Gesetzes vom 12. 6. 2008 (BGBl. I 1000) hat Rechtsanwälte verpflichtet, Mahnanträge in maschinell lesbarer Form zu stellen. Die gleiche Verpflichtung trifft Inkassounternehmen und andere in § 10 I 1 Nr. 1 des Rechtsdienstleistungsgesetzes (RDG) aufgeführte Personen. Das bedeutet in der Praxis, dass Mahnanträge regelmäßig über das Internet gestellt werden, und zwar entweder im sog. Barcodeverfahren oder im Online/EGVP-Verfahren. Bei einigen Mahngerichten besteht noch die Möglichkeit, den Mahnantrag durch Datenaustausch über Disketten oder per E-Mail zu stellen Andere Personen können den Mahnantrag in Papierform auf gesetzlich vorgegebenen Vordrucken stellen, auch sie haben aber die Möglichkeit, den Antrag über das Internet auszufüllen. Sämtliche Mahnanträge werden maschinell bearbeitet. Der früher verwendete Vordruck in Form des Durchschreibesatzes ist Vergangenheit.

II. Verfahren nach Widerspruch gegen Mahnbescheid

1. Ablauf des Mahnverfahrens

Dem Richter des Prozessgerichts wird die vom Mahngericht abgegebene Akte bzw. der maschinelle erstellt Aktenauszug regelmäßig erst nach Eingang der Anspruchsbegründung vorgelegt (§ 697 I ZPO), und zwar nach folgendem **Ablauf des Mahnverfahrens:** 3

- Auf Antrag des Klägers – im Mahnverfahren Antragsteller – hat das Mahngericht einen Mahnbescheid erlassen (§ 692 ZPO), der dem Beklagten – dem Antragsgegner – zugestellt worden ist (§ 693 ZPO);
- gegen den Mahnbescheid hat der Beklagte Widerspruch eingelegt (§ 694 ZPO);
- auf Antrag des Klägers, das streitige Verfahren durchzuführen, hat das Mahngericht den Rechtsstreit an das vom Kläger im Mahnbescheid bezeichnete Gericht abgegeben (§ 696 I ZPO);
- vor Abgabe hat der Kläger, der für das Mahnverfahren nur eine halbe Gerichtsgebühr als Vorschuss zu leisten hatte, die zum Gerichtskostenvorschuss für das Klageverfahren noch fehlenden 2,5 Gebühren gezahlt (§ 12 III 3 GKG iVm KV 1210);
- die Geschäftsstelle des Prozessgerichts hat den Kläger bei Eingang der Akte formularmäßig gem. § 687 I ZPO aufgefordert, seinen Anspruch binnen zwei Wochen in einer der Klageschrift entsprechenden Weise zu begründen; diese Aufforderung musste förmlich zugestellt werden, da sie eine Frist in Lauf gesetzt hat (§ 329 II ZPO).

Der **Antrag auf Durchführung des streitigen Verfahrens** wird idR vom späteren Kläger bereits mit dem Mahnantrag gestellt (§ 696 I 2 ZPO). Der Antrag kann aber auch vom Beklagten gestellt werden, wenn dieser von sich aus eine Entscheidung der Sache anstrebt; das Mahngericht gibt den Rechtsstreit daraufhin wie bei einem Antrag des Klägers an das im Mahnantrag bezeichnete Gericht ab, allerdings ohne dass der weitere Gerichtskostenvorschuss eingezahlt zu werden braucht. Das weitere Verfahren ist identisch. 4

2. Verfahren bei Vorliegen einer Anspruchsbegründung

Bei Vorlage der Akte mit Anspruchsbegründung hat der Richter, wie bei Eingang einer Klageschrift, **zwei Verfahrensarten zur Wahl** (§ 697 II iVm § 272 II ZPO), er kann also nach § 275 ZPO einen frühen ersten Termin oder nach § 276 ZPO das schriftliche Vorverfahren anordnen. Für die Verfahrenswahl, den Inhalt der Verfügung und das weitere Verfahren gilt nichts anderes als bei Einleitung des Rechtsstreits durch Einreichung einer Klageschrift (vgl. A. II. Rn. 28). Insbesondere kann auch ein Versäumnisurteil oder Anerkenntnisurteil im schriftlichen Verfahren ergehen. 5

In der Praxis wird die **Anspruchsbegründung** oft schon nach Eingang des Widerspruches **an das Mahngericht** gesandt und mit der Zahlung des weiteren Kostenvorschusses sowie mit dem erneuten Antrag auf Abgabe des Verfahrens verbunden. Dem Richter des Prozessgerichts wird die Akte dann mit der durch das Mahngericht nicht zugestellten Anspruchsbegründung vorgelegt. Hieraus ergibt sich beim Amtsgericht kein Problem: Der Richter verfährt nach § 697 II ZPO. Das gilt auch beim Landgericht, wenn die Anspruchsbegründung durch einen Rechtsanwalt unterzeichnet ist. Anders ist es, wenn im Anwaltsprozess die Anspruchsbegründung durch die Partei selbst eingereicht wurde. Auch hier ist der Kläger zunächst nach § 697 I ZPO aufzufordern, eine Anspruchsbegründung einzureichen (vgl. *OLG Düsseldorf,* MDR 2008, 228; *Schmidt,* NJW 1982, 811). Es genügt allerdings, dass der Prozessbevollmächtigte erklärt, er mache sich die im Mahnverfahren eingereichte Anspruchsbegründung zu eigen oder er nehme auf sie Bezug (*BGH,* NJW 1982, 2002; vgl. *BGH,* NJW-RR 1994, 889). Beide Schriftsätze sind dem Beklagten dann im Rahmen des Verfahrens nach §§ 697 II, 272 ff. ZPO zuzustellen, damit die Anspruchsbegründung die Wirkungen einer Klageschrift entfalten kann. 6

Die Anspruchsbegründung muss in Form und Inhalt einer Klageschrift entsprechen. Unterschiedlich gesehen wird die Frage, ob eine **Bezugnahme auf den Mahnantrag** oder ein „Antrag aus den Mahnbescheid" genügt (vgl. *Zöller-Vollkommer,* § 697 Rn. 2). Das kann insbesondere für den späteren Erlass eines Versäumnisurteils von Bedeutung sein. Da eine solche Bezugnahme eindeutig ergibt, was der Kläger verlangt, sollte sie genügen. 7

3. Veränderungen des Streitgegenstandes

Beim Übergang des Mahnverfahrens in das Klageverfahren kann sich eine Erweiterung oder eine Reduzierung des Anspruches, über den zu entscheiden ist, ergeben, und zwar durch Prozesshandlungen des Klägers oder des Beklagten, nämlich durch 8

- **Rücknahme des Antrags auf Durchführung des streitigen Verfahrens** (§ 696 IV ZPO) (a);
- Reduzierung der geltend gemachten Forderung oder Beschränkung auf die Kosten, oft verbunden mit einer **Erledigungserklärung** (b);

- **Erweiterung** des Antrags (c);
- **Rücknahme des Widerspruchs** (§ 697 IV ZPO) (d).

9 a) Der vom Kläger nach § 696 I ZPO gestellte Antrag auf Durchführung des streitigen Verfahrens kann bis zum Beginn der mündlichen Verhandlung, also auch noch vor dem Prozessgericht, zurückgenommen werden (§ 696 IV ZPO). Das Gericht hat die Rücknahmeerklärung dem Gegner zuzustellen und in der Hauptsache keine Entscheidung mehr zu treffen. In der Rücknahme des Streitantrags liegt keine Rücknahme des Mahnantrags (*Wolf,* NJW 2003, 558), der Antrag kann also später wieder gestellt werden. Streitig ist, ob der Antrag nur zum Teil zurückgenommen werden kann. Bleibt der in der Anspruchsbegründung gestellte Antrag hinter dem Betrag des Mahnbescheides zurück, so soll darin eine teilweise **Rücknahme des Antrags auf Durchführung des streitigen Verfahrens** liegen (vgl. *Zöller/Vollkommer,* § 696 Rn. 2). Die Rücknahme führt, soweit sie reicht, zum Ruhen des Verfahrens. Über die Kosten ist bei nur teilweiser Rücknahme des Antrags im Urteil zu entscheiden, bei vollständiger Rücknahme kann keine Kostenentscheidung ergehen, auch nicht nach § 269 III ZPO (*BGH,* NJW-RR 2006, 201).

10 b) Wenn der Kläger nach Einlegung des Widerspruches erklärt, dass sich die Sache ganz oder teilweise erledigt habe, soll darin gleichfalls eine Rücknahme des Antrags auf streitige Verhandlung gesehen werden können (str., vgl. *Zöller/Vollkommer,* § 696 Rn. 2 mwN; aA *OLG München,* NJW-RR 1996, 957). Allerdings kann die Kostenfolge nicht zu Lasten des Klägers aus § 269 III ZPO entnommen werden. Über die Kosten kann nur im Streitverfahren entschieden werden (*BGH,* NJW 2005, 512, 513), dazu kann der Antragsgegner, der eine Entscheidung nach § 93 oder nach § 91 a ZPO erreichen will, einen Antrag auf Durchführung des streitigen Verfahrens stellen. Richtigerweise wird aber die in der Anspruchsbegründung abgegebene Erklärung, die Hauptsache habe sich ganz oder zum Teil erledigt, in der Regel als **Erledigungserklärung** im Sinne des § 91 a ZPO, nicht als Rücknahme des Streitantrages zu verstehen sein (*OLG München,* NJW-RR 1996, 957; *Thomas/Putzo/Hüßtege,* § 696 Rn. 14). Das Prozessgericht hat hier also abzuwarten, ob sich der Beklagte anschließt oder ob die Erledigung einseitig bleibt, und entsprechend zu verfahren. Jedenfalls sollte der Richter, bevor er eine Erledigungserklärung als Rücknahme des Antrags auf Durchführung der streitigen Verhandlung auslegt, anfragen, ob das auch so gemeint war.

11 c) Mit der Anspruchsbegründung kann die **Klage** selbstverständlich **erhöht** oder um zusätzliche Ansprüche, die nicht auf Zahlung gerichtet sind, **erweitert** werden. Rechtshängigkeit tritt insoweit erst mit Zustellung der Anspruchsbegründung ein (§ 261 II ZPO), nicht rückwirkend mit Zustellung des Mahnbescheids (§ 696 III ZPO). Nach den Vorschriften des Gerichtskostengesetzes (§ 12 I 2 GKG) soll vor Zahlung der für die erweiterte Klage anzufordernden Gebühr keine gerichtliche Handlung vorgenommen werden. Der Richter hat danach also bei Eingang einer Anspruchsbegründung, die eine Klageerweiterung enthält, zunächst die Anforderung des noch fehlenden Kostenvorschusses zu veranlassen, soweit er nicht bereits an das Mahngericht gezahlt ist.

12 d) Auch der Beklagte kann den Antrag auf Durchführung des streitigen Verfahrens, wenn er ihn gestellt hat, zurücknehmen und das Ruhen des Verfahrens bewirken. Der Beklagte hat außerdem die Möglichkeit, den **Widerspruch** ganz oder teilweise **zurückzunehmen**, und zwar gleichfalls noch vor dem Prozessgericht (§ 697 IV ZPO). Die Rücknahmeerklärung ist dem Kläger förmlich zuzustellen. Sie hat zur Folge, dass der Kläger insoweit einen Vollstreckungsbefehl beantragen kann. Für dessen Erlass ist, wenn das Mahngericht die Sache bereits abgegeben hat, der Rechtspfleger des Prozessgerichts zuständig. Ihm sind die Akten zur Erteilung des Vollstreckungsbefehls zuzuleiten, und zwar in der Regel vor Durchführung des streitigen Verfahrens hinsichtlich des Restes.

4. Weiterverweisung des Rechtsstreits

13 Vor dem Prozessgericht können sich **Zuständigkeitsfragen** ergeben. Denn nach § 696 V ZPO wird das vom Antragsteller im Mahnbescheid bezeichnete Gericht durch die Abgabe nicht in seiner Zuständigkeit gebunden; vielmehr wird die Zuständigkeit des Empfangsgerichts erstmals nach Abgabe geprüft. Maßgeblicher Zeitpunkt für die Zuständigkeit ist nicht die Zustellung des Mahnbescheids, sondern der Eingang der Akten beim Empfangsgericht (*Thomas/Putzo/Hüßtege,* § 696 Rn. 25). Eine fehlerhafte Weiterverweisung ist vom Bundesgerichtshof mehrfach als willkürlich und damit nicht bindend bezeichnet worden (zB *BGH,* NJW 2002, 3634).

14 Eine **Weiterverweisung** ist in folgenden Fällen möglich:
- wenn ein anderer ausschließlicher Gerichtsstand begründet ist; dabei kann es sich auch um einen als ausschließlich vereinbarten Gerichtsstand handeln, *BGH,* NJW 1993, 2810;
- wenn die Zuständigkeit einer anderen Gerichtsbarkeit, zB der Arbeitsgerichte, gegeben ist;
- wenn das Gericht, an das der Rechtsstreit abgegeben wurde, unter keinem Gesichtspunkt, auch nicht aufgrund eines besonderen oder eines vereinbarten Gerichtsstandes, zuständig ist.

In diesen Fällen kann kein Sachurteil ergehen; der Rechtsstreit ist nach § 281 I ZPO auf Antrag des Klägers, der vom Richter anzuregen ist, an das zuständige Gericht zu verweisen. Im Fall der Zuständigkeit der Arbeitsgerichte bestimmt sich die Verweisung nach § 17a II GVG. Der Verweisungsbeschluss nach § 281 II 2 ZPO kann ohne mündliche Verhandlung ergehen; dem Beklagten ist rechtliches Gehör zu gewähren, schon um eine Verweisung an ein unzuständiges Gericht zu vermeiden. Für den Antrag besteht kein Anwaltszwang.

Ein besonderes praktisches Problem ergibt sich, wenn der **Zuständigkeitsstreitwert** im Zeitraum zwi- 15
schen Mahnantrag und Eingang der Anspruchsbegründung beim Prozessgericht auf **bis zu 5.000,– EUR** sinkt, sei es, weil die geltendgemachte Hauptforderung reduziert wird, weil der Widerspruch nur in Höhe eines darunter liegenden Betrages eingelegt oder weil er bis auf einen solchen Betrag zum Teil zurückgenommen wurde. Die Frage, ob das Landgericht den Rechtsstreit an das Amtsgericht verweisen kann, hängt davon ab, auf welchen Zeitpunkt für die Beurteilung der sachlichen Zuständigkeit abzustellen ist. Die überwiegende Meinung stellt auch hier nicht auf den nach § 693 II ZPO mit Rückwirkung fingierten Zeitpunkt der Rechtshängigkeit ab, sondern auf den Eingang der Akten beim Empfangsgericht (*KG,* MDR 2002, 1147, 1148; *Thomas/Putzo/Hüßtege,* § 696 Rn. 25; *Zöller/Vollkommer,* § 696 Rn. 6ff.). Das bedeutet: Hatte der Kläger im Zeitpunkt des Eingangs der Akten beim Landgericht bereits seinen Antrag auf höchstens 5.000,– EUR reduziert oder hatte der Beklagte nur im Umfang der amtsgerichtlichen Zuständigkeit Widerspruch eingelegt oder den Widerspruch bis auf einen solchen Betrag zurückgenommen, ist das Landgericht sachlich nicht zuständig. Der Rechtsstreit ist auf Antrag des Klägers an das Amtsgericht zu verweisen (nicht nur abzugeben). Ergibt sich erst nach diesem Zeitpunkt, etwa aufgrund der durch das Landgericht angeforderten Anspruchsbegründung, dass der Streitwert auf 5.000,– EUR oder darunter gesunken ist, kommt keine Verweisung mehr in Betracht.

Keine Weiterverweisung findet statt, wenn für das Gericht, an das der Rechtsstreit abgegeben wurde, 16
der allgemeine Gerichtsstand oder ein besonderer Gerichtsstand gegeben ist. Nach allgemeiner Ansicht hätte der Kläger das entsprechende Gericht bereits im Mahnantrag bezeichnen müssen. Mit der Bezeichnung des Gerichts, an das der Rechtsstreit abgegeben wurde, hat er sein Wahlrecht nach § 35 ZPO verbraucht. Der Bundesgerichtshof hat eine gleichwohl ausgesprochene Verweisung mit harten Worten annulliert (*BGH,* NJW 1993, 1273; NJW 2002, 3634). Eine Weiterverweisung wird auch nicht dadurch möglich, dass die Parteien sie gemeinsam beantragen (*BGH,* NJW-RR 1994, 126). Diese Möglichkeit besteht nur gegenüber dem Mahngericht vor Abgabe des Rechtsstreits an das Prozessgericht (§ 696 I 1 ZPO).

5. Verfahren bei Ausbleiben der Anspruchsbegründung

Geht die **Anspruchsbegründung nicht rechtzeitig** ein und wird dem Richter die Sache nach Ablauf der 17
von der Geschäftsstelle nach § 697 I ZPO gesetzten Frist vorgelegt, ist weder ein früher erster Termin zu bestimmen noch das schriftliche Verfahren anzuordnen (§ 697 III ZPO). Vielmehr wird die Sache für sechs Monate auf Frist gelegt und anschließend, wenn kein weiterer Antrag eingeht, weggelegt. Allerdings kann der **Terminsantrag** auch **vom Beklagten** gestellt werden. Geht ein solcher Antrag ein, hat das Gericht Termin zu bestimmen und dem Kläger gleichzeitig eine erneute Frist zur Anspruchsbegründung zu setzen (§ 697 III 2 ZPO). Bei Versäumung dieser Frist ist § 296 I ZPO entsprechend anwendbar. Eine **Zurückweisung als verspätet** nach dieser Vorschrift setzt aber nach der Rechtsprechung des Bundesgerichtshofes voraus, dass die Verfügung, die die Fristsetzung enthält, mit dem vollen Namen des Richters unterzeichnet wird und dass die Fristsetzung dem Kläger auch im amtsgerichtlichen Verfahren (§ 496 ZPO) förmlich zugestellt wird (vgl. *Zöller/Greger,* § 296 Rn. 9).

III. Verfahren nach Einspruch gegen Vollstreckungsbescheid

1. Ablauf des Mahnverfahrens

Auch wenn ein Vollstreckungsbescheid ergangen ist, wird dem Richter die Akte in der Regel erst nach 18
Eingang der Anspruchsbegründung vorgelegt. Der **Erteilung des Vollstreckungsbescheides** und der Abgabe durch das Mahngericht ist gewöhnlich folgendes Verfahren vorangegangen:

- Der Beklagte hat gegen den Mahnbescheid nicht rechtzeitig Widerspruch erhoben;
- der Kläger hat nach Ablauf der Widerspruchsfrist von zwei Wochen (beim Arbeitsgericht eine Woche, § 46a II ArbGG) den Antrag auf Erlass des Vollstreckungsbescheids gestellt (§ 699 I ZPO);
- der Rechtspfleger der Mahnabteilung hat den Vollstreckungsbescheid, gegebenenfalls abzüglich der vom Kläger mitgeteilten Teilzahlungen, erlassen;
- der Vollstreckungsbescheid ist dem Beklagten von Amts wegen oder auf Betreiben des Klägers zugestellt worden (§ 699 IV 1 ZPO);
- gegen den Vollstreckungsbescheid hat der Beklagte gemäß §§ 700 I, 340 ZPO Einspruch eingelegt;

- auf den Einspruch hat das Mahngericht den Rechtsstreit an das vom Kläger im Mahnbescheid bezeichnete Gericht abgegeben;
- die Geschäftsstelle dieses Gerichts hat den Kläger aufgefordert, den Anspruch binnen zweier Wochen in einer der Klageschrift entsprechenden Weise zu begründen (§§ 700 III, 697 I ZPO).

2. Prüfung des Einspruchs

19 a) Der Richter hat bei Vorlage der Akten zunächst zu prüfen, ob der Einspruch in der gesetzlichen **Form und Frist** eingelegt worden ist, §§ 700 I, 341 ZPO. Die Frist beträgt zwei Wochen ab Zustellung des Vollstreckungsbescheids; sie ist eine Notfrist (§§ 700 I, 339 I ZPO), eine Wiedereinsetzung ist also möglich. Der Einspruch ist auch wirksam, wenn er bereits vor Erlass des Vollstreckungsbescheides eingelegt wurde; ein verspäteter Widerspruch gilt als Einspruch, § 694 II ZPO. Falls der Einspruch nicht bereits durch das Mahngericht zugestellt wurde, hat der Richter die **Zustellung des Einspruches** an den Kläger zu veranlassen (§§ 700 I, 340 a ZPO).

20 Wurde der Vollstreckungsbescheid von Amts wegen zugestellt, kann die **Rechtzeitigkeit des Einspruchs** ohne weiteres anhand der in der Akte befindlichen Zustellungsurkunde festgestellt werden. Nur eine ordnungsgemäße Zustellung lässt die Frist beginnen. Insbesondere bei einer Ersatzzustellung nach §§ 178–181 ZPO ist die Zustellungsurkunde sorgfältig unter Beachtung der §§ 191, 195 ZPO zu prüfen. Eine nachträgliche Ergänzung der Urkunde durch den Zustellungsbeamten wäre nicht zulässig (*BGH,* NJW 1990, 176, 177). Bei einer **Zustellung im Parteibetrieb** befindet sich keine Zustellungsurkunde in der Akte. Hier ist dem Kläger mit der nach § 700 IV ZPO zu treffenden verfahrensleitenden Verfügung aufzugeben, die Zustellungsurkunde vorzulegen, damit die Rechtzeitigkeit des Einspruchs im frühen ersten Termin oder im schriftlichen Vorverfahren geprüft werden kann.

21 **Form des Einspruchs:** Der Einspruch muss eigenhändig unterschrieben sein (*BGH,* NJW 1987, 2588; str., vgl. *Zöller/Vollkommer,* § 700 Rn. 5). Anders ist es, wenn der Einspruch nach § 702 ZPO vor dem Urkundsbeamten der Geschäftsstelle abgegeben wird; dann wird er allerdings erst mit Eingang des Protokolls beim Mahngericht wirksam, § 129 a II ZPO. Eine Einlegung durch Telefax ist zulässig. Weitere Formvorschriften bestehen nicht; eine Begründung ist nicht erforderlich, § 700 III 3 ZPO.

22 b) Ist bei Vorlage der Akte erkennbar, dass der Einspruch verspätet oder nicht formgerecht ist, wird nach §§ 341, 341 a ZPO verfahren: Das Gericht hat die Möglichkeit, Termin zu bestimmen und den Einspruch nach mündlicher Verhandlung durch Urteil als unzulässig zu verwerfen. Nach § 341 II ZPO kann das Urteil auch ohne mündliche Verhandlung ergehen. Dieses Verfahren ist erheblich einfacher und daher vorzuziehen. Bei **Verwerfung des Einspruchs durch Urteil** ist wie folgt zu verfahren: Zunächst ist dem Beklagten rechtliches Gehör zu gewähren. Das kann aufgrund einer Verfügung geschehen deren Inhalt dem Beklagten förmlich zuzustellen ist (Kopie formlos an den Kläger).

Beispiel:

Der Beklagte wird darauf hingewiesen, dass sein am . . . eingelegter Einspruch verspätet sein dürfte. Denn der Vollstreckungsbescheid wurde ihm nach der vorliegenden Zustellungsurkunde bereits am . . . zugestellt, also mehr als zwei Wochen vor Einlegung des Einspruchs (§ 339 ZPO). Das Gericht beabsichtigt, den Einspruch gem. § 341 ZPO ohne mündliche Verhandlung als unzulässig zu verwerfen. Der Beklagte erhält Gelegenheit, hierzu bis zum . . . Stellung zu nehmen und gegebenenfalls seinen Einspruch zurückzunehmen.

Anschließend kann, wenn der Beklagte seinen Einspruch nicht zurücknimmt und nicht die Unwirksamkeit der Zustellung, einen früheren Einspruch oder einen Wiedereinsetzungsgrund vorträgt, ein Urteil mit folgendem Tenor ergehen.

Beispiel:

Der Einspruch des Beklagten gegen den Vollstreckungsbescheid vom . . . wird als unzulässig verworfen.
Die Kosten des Einspruchs hat der Beklagte zu tragen.
Das Urteil ist vorläufig vollstreckbar.

Das Urteil ist kurz und ohne Prüfung des Anspruches zu begründen. Es ist den Parteien zuzustellen und unterliegt der Berufung nach allgemeinen Regeln.

3. Verfahren bei zulässigem Einspruch

23 Hat die Prüfung des Einspruchs seine Zulässigkeit ergeben, ist nach Eingang der Anspruchsbegründung wiederum wie nach Eingang einer Klage zu verfahren (§ 700 IV ZPO), der Richter kann also entweder einen frühen ersten Termin bestimmen oder das schriftliche Vorverfahren anordnen. Das **schriftliche Vorverfahren** nimmt einen anderen Verlauf als nach Widerspruch gegen den Mahnbescheid. Dem Beklagten kann keine Frist zur Verteidigungsanzeige gesetzt werden, § 700 IV schließt § 276 I 1 ZPO aus; folglich fehlt auch die Belehrung über die Folgen einer Fristversäumung. Vor allem ist der Erlass eines schriftlichen Versäumnisurteils ohne mündliche Verhandlung nach § 331 III ZPO, das hier ein zweites Versäumnisurteil iSd § 345 ZPO wäre, ausgeschlossen. Der Richter setzt also dem Beklagten

lediglich nach § 276 I 2 ZPO eine Frist von zwei Wochen zur schriftlichen Klageerwiderung. Nach Eingang der Anspruchsbegründung oder nach erfolglosem Fristablauf wird, wie im Klageverfahren, der Haupttermin bestimmt.

Liegt bei Ablauf der nach §§ 700 III, 697 I ZPO gesetzten Frist **keine Anspruchsbegründung** vor, ist 24
nach § 700 V ZPO zu verfahren. Das Gericht bestimmt unverzüglich einen Termin und setzt dem Kläger dabei noch einmal eine Frist zur Begründung des Anspruches nach § 697 III 2 ZPO (vgl. Rn. 17).

Von den Parteien sind, worauf im Termin zu achten ist, andere **Anträge** zu stellen als nach Wider- 25
spruch gegen den Mahnbescheid.

Der Beklagte beantragt,

den Vollstreckungsbescheid des Amtsgerichts A vom ... aufzuheben und die Klage abzuweisen.

Der richtige Antrag des Klägers lautet,

... den Vollstreckungsbescheid vom ... aufrechtzuerhalten.

4. Einstellung der Zwangsvollstreckung

Häufig stellt der Beklagte mit dem Einspruch oder später einen **Antrag auf Einstellung der Zwangs-** 26
vollstreckung. Darüber ist nicht erst im Termin, sondern, nach Vorlage der Akte mit dem unerledigten Antrag durch Beschluss zu entscheiden. Maßgeblich sind die Vorschriften der §§ 719, 707 iVm § 700 I ZPO. Wie bei einem Versäumnisurteil kann die Vollstreckung grundsätzlich nur gegen Sicherheitsleistung eingestellt werden. Eine Einstellung ohne Sicherheitsleistung kommt nur in den beiden in § 719 ZPO genannten Fällen oder im Fall des § 707 I 2 ZPO in Betracht. In der Praxis kommt insbesondere der Fall vor, dass der Vollstreckungsbescheid nicht in gesetzlicher Weise ergangen ist, etwa weil es an einer wirksamen Zustellung des Mahnbescheids fehlte oder weil ein Widerspruch übersehen wurde. Die Einstellung kann nach hM auch erfolgen, wenn die zusätzlichen Voraussetzungen nach § 707 I 2 ZPO nicht vorliegen (*OLG Stuttgart,* NJW-RR 2003, 713; *Zöller/Herget,* § 719 Rn. 2; *Thomas/Putzo/Seiler,* § 719 Rn. 5; str.). Dieser Auffassung sollte jedenfalls dann, wenn das Gericht den Vollstreckungsbescheid zu Unrecht erlassen hat, gefolgt werden; der Fehler des Gerichts ist durch Einstellung ohne Sicherheitsleistung zu korrigieren, alles andere wäre für den Beklagten grob unbillig. Die Einstellung setzt immer einen zulässigen Einspruch voraus. Wieweit auf die Erfolgsaussichten abzustellen ist, ist Ansichtssache. Da eine Begründung des Einspruchs nicht vorgeschrieben ist und eine Sachprüfung, anders als beim Versäumnisurteil, noch nicht stattgefunden hat, sollten hier keine besonderen Anforderungen gestellt werden.

Beispiel zur Fassung des Einstellungsbeschlusses: 27

Die Zwangsvollstreckung aus dem Vollstreckungsbescheid des Amtsgerichts ... vom ... wird nach §§ 700 I, 707, 719 ZPO gegen Sicherheitsleistung des Beklagten (bzw. ohne Sicherheitsleistung) einstweilen eingestellt. Für eine Einstellung ohne Sicherheitsleistung fehlt es an den nach §§ 719 I 2, 707 I 2 ZPO erforderlichen Voraussetzungen.

Eine eingehendere Begründung ist nur erforderlich, wenn der Beklagte zur Begründung einer Einstellung ohne Sicherheitsleistung nähere Angaben gemacht hat. Der Beschluss ist nach § 707 II 2 ZPO unanfechtbar. Allerdings kann das Gericht den Beschluss jederzeit abändern, zB wenn der Kläger später Gründe geltend macht, die gegen eine Einstellung sprechen (vgl. *Zöller/Herget,* § 707 Rn. 22). Eine Beschwerde ist als Antrag auf Änderung zu verstehen. Wegen dieser **Abänderbarkeit** – die Zwangsvollstreckung ist nur „einstweilen" eingestellt – kann der Beschluss auch ergehen, ohne dass dem Kläger vorher Gelegenheit zur Stellungnahme gegeben wurde; davon kann insbesondere in eiligen Fällen abgesehen werden.

5. Weiterverweisung des Rechtsstreits

Nach Erlass eines Vollstreckungsbescheides ist eine **Weiterverweisung** der Sache möglich wie nach 28
Widerspruch gegen den Mahnbescheid (vgl. Rn. 14–16). Als maßgeblicher Zeitpunkt für die Bestimmung der sachlichen Zuständigkeit wird auch hier der Eingang der Akten beim Empfangsgericht angesehen (*Zöller/Vollkommer,* § 696 Rn. 6 mwN). Das Gericht, das die Sache weiter verweisen will, hat im Übrigen über einen eiligen Einstellungsantrag noch selbst zu entscheiden, zumal nicht sofort, sondern erst nach Gewährung rechtlichen Gehörs verwiesen werden kann.

6. Zweites Versäumnisurteil

Besonderheiten gelten bei **Säumnis des Beklagten im Termin:** Nach § 700 I iVm § 345 ZPO kann der 29
Einspruch durch ein zweites Versäumnisurteil verworfen werden. Dazu müssen zunächst die üblichen Voraussetzungen der Säumnis vorliegen. Notwendig ist weiter, dass der Vollstreckungsbescheid ordnungsgemäß ergangen ist, dass also zB der Mahnbescheid ordnungsgemäß zugestellt und vor Erlass des

Vollstreckungsbescheides kein Widerspruch eingelegt wurde (vgl. *BGH*, NJW 1979, 658; *Thomas/Putzo/Hüßtege*, § 700 Rn. 21).

Darüberhinaus kann ein zweites Versäumnisurteil nach § 700 VI ZPO nur ergehen, wenn die Voraussetzungen des § 331 I, II Hs. 1 ZPO vorliegen, dh wenn die Klage schlüssig ist. Das Gericht muss also auch bei Säumnis des Beklagten eine **Schlüssigkeitsprüfung** anhand der Anspruchsbegründung vornehmen. Führt diese Prüfung zu einem negativen Ergebnis, ist dem Kläger im Rahmen der §§ 139, 278 III ZPO Gelegenheit zu geben, die Klage schlüssig zu machen, und die Sache zu vertagen; zu dem neuen Termin ist der Beklagte mit dem ergänzenden Schriftsatz unter Wahrung der Einlassungsfrist des § 274 III ZPO zu laden. Beantragt der Kläger trotz Hinweises auf die Unschlüssigkeit ein zweites Versäumnisurteil, ist der Vollstreckungsbescheid durch unechtes Versäumnisurteil aufzuheben (§ 700 VI ZPO) und die Klage abzuweisen (vgl. *Thomas/Putzo/Hüßtege*, § 700 Rn. 22).

30 **Beispiel: Fassung des Tenors bei zweitem Versäumnisurteil:**

Der Einspruch des Klägers gegen den Vollstreckungsbescheid des Amtsgerichts ... vom ... wird verworfen.

Der Beklagte trägt die Kosten des Einspruchs.

Das Urteil ist vorläufig vollstreckbar.

Teilt der Kläger im Termin mit, dass der Beklagte Teilzahlungen geleistet hat, so empfiehlt es sich, das zu Protokoll zu nehmen und den Kläger erklären zu lassen, dass er insoweit auf die Rechte aus dem Vollstreckungsbescheid verzichte. Das Gericht sollte es vermeiden, vollstreckbare Titel über Forderungen aufrecht zu erhalten, die dem Kläger nicht zustehen.

7. Streitige Entscheidung

31 Ergibt sich nach streitiger Verhandlung, dass der Klage ganz oder zum Teil stattzugeben ist oder sie ganz oder zum Teil abzuweisen ist, ist wie nach einem Versäumnisurteil zu tenorieren, §§ 700 I, 343 ZPO (vgl. A. VII. Rn. 15 ff.). Es ist im **Tenor** also auszusprechen,

- dass der Vollstreckungsbescheid aufrechterhalten wird, oder
- dass der Vollstreckungsbefehl aufgehoben und die Klage abgewiesen wird, oder
- dass der Vollstreckungsbefehl in Höhe von ... aufrechterhalten, im Übrigen aber aufgehoben und die Klage abgewiesen wird.

32 Wird der Vollstreckungsbescheid ganz oder zum Teil aufgehoben, ist in der **Kostenentscheidung** gesondert über die Säumniskosten nach § 344 ZPO zu entscheiden.

Formulierungsbeispiel:

Die durch die Versäumung der Widerspruchsfrist entstandenen Kosten trägt der Beklagte allein.

Dabei geht es, neben etwaigen Zustellungskosten des Gerichts, um die halbe Gebühr des Anwalts für die Beantragung des Vollstreckungsbescheids nach VV 3308.

8. Erlass des Vollstreckungsbescheids durch Prozessgericht

33 Der Kläger kann in die Lage kommen, einen Vollstreckungsbescheid erst nach Abgabe des Rechtsstreits vom Mahngericht an das Prozessgericht beantragen zu können. Das ist in drei Fällen möglich, nämlich

- wenn der Beklagte gegen den Mahnbescheid nur zum Teil Widerspruch eingelegt und das Mahngericht den Rechtsstreit daraufhin an das Prozessgericht abgegeben hat;
- wenn der Beklagte den Widerspruch erst nach Abgabe zum Teil zurückgenommen hat (§ 697 IV ZPO, vgl. Rn. 12).
- wenn erst das Prozessgericht feststellt, dass der Widerspruch unwirksam ist (*BGH*, NJW 1998, 235).

In diesen Fällen ist der Rechtspfleger des Prozessgerichts für den Erlass des Vollstreckungsbescheids zuständig, das gilt auch am Landgericht. Der Richter leitet dem Rechtspfleger die Akte zur Erteilung des Vollstreckungsbescheides zu, und zwar möglichst vor Durchführung des Prozesses über den streitigen Teil; hierauf hat der Kläger grundsätzlich einen Anspruch. Zu beachten ist, dass der Antrag auf Erlass des Vollstreckungsbescheids innerhalb von sechs Monaten gestellt werden muss (§ 701 ZPO). Die Frist beginnt mit Zustellung des Mahnbescheids, sie wird bei Einlegung des Widerspruchs bis zu dessen Rücknahme gehemmt.

9. Rücknahme des Einspruchs

34 Der Einspruch gegen den Vollstreckungsbescheid kann nach §§ 700 I, 346, 516 ZPO jederzeit zurückgenommen werden, und zwar ohne Zustimmung des Antragstellers. Das ergibt sich bis zum Beginn der mündlichen Verhandlung aus §§ 700 III 2, 697 IV, anschließend aus § 700 I, 346, 516 ZPO (vgl. *Thomas/Putzo/Hüßtege*, § 700 Rn. 7). Für die Rücknahme besteht auch vor dem Landgericht kein Anwaltszwang (§ 700 III 2 iVm § 697 IV 2 ZPO). Auf Antrag des Antragstellers (Klägers) hat das Prozess-

gericht die Wirkungen der Zurücknahme auszusprechen (§§ 700 I, 346, 516 III ZPO), also insbesondere dem Antragsgegner die Kosten des Rechtsstreits aufzuerlegen. Zuständig ist der Richter, nicht der Rechtspfleger, er entscheidet durch Beschluss ohne mündliche Verhandlung.

IV. Weitere Verfahrensfragen

1. Anwaltszwang

Im Mahnverfahren selbst besteht auch bei Streitigkeiten, die zur Zuständigkeit des Landgerichts gehören, kein Anwaltszwang, § 702 ZPO. Widerspruch und vor allem Einspruch gegen den Vollstreckungsbescheid können durch den Beklagten persönlich oder durch einen Bevollmächtigten ohne Anwaltszulassung eingelegt werden. Auch nach Abgabe des Rechtsstreits an das Prozessgericht besteht für folgende Erklärungen **kein Anwaltszwang:** 35

- Rücknahme des Antrags auf Durchführung des streitigen Verfahrens durch die Partei, die den Antrag gestellt hat (§ 696 IV ZPO);
- Rücknahme des Widerspruchs durch Beklagten bis zur streitigen mündlichen Verhandlung (§ 697 IV ZPO);
- Antrag auf Erlass des Vollstreckungsbescheides durch den Rechtspfleger des Landgerichts in den Fällen Rn. 33 (vgl. *MünchKomm/Schüler,* § 699 Rn. 26);
- Rücknahme des Einspruchs durch Beklagten bis zu seiner Beginn der mündlichen Verhandlung (§ 697 IV iVm § 700 III 2); danach gelten §§ 700 I, 346, 515 I ZPO;
- Antrag auf Weiterverweisung durch den Kläger bis zum Beginn der mündlichen Verhandlung (§§ 696 V, 281 II 1 ZPO).

Zur Frage, wann eine vom Kläger persönlich gefertigte Anspruchsbegründung vor dem Landgericht zu beachten ist, vgl. Rn. 6.

2. Zurückweisung von Vorbringen als verspätet

Die zweiwöchige **Frist nach § 697 I ZPO,** die dem Kläger von der Geschäftsstelle des Prozessgerichts zur Einreichung der Anspruchsbegründung gesetzt wird, zählt nicht zu den Fristen, deren Verzögerung eine Zurückweisung nach § 296 I ZPO rechtfertigt. Auch eine Zurückweisung nach § 296 II ZPO kommt nach der Rechtsprechung des BGH (*BGH,* NJW 1982, 1535; *Zöller/Vollkommer,* § 697 Rn. 4) nicht in Betracht, da es sich nicht um Vorbringen im Sinne von § 282 I, II ZPO handelt. Eine Zurückweisung erschiene auch deswegen als problematisch, weil die Frist nicht durch den Richter gesetzt wird. 36

Geht die Anspruchsbegründung nicht rechtzeitig ein und setzt der Richter daraufhin eine **Frist nach § 697 III ZPO,** im Falle des Vollstreckungsbescheids iVm § 700 V ZPO, so unterliegt eine Versäumung dieser Frist der Sanktion des § 296 I, IV ZPO. 37

Aus einer fehlenden Begründung im Widerspruch oder im Einspruch (vgl. § 700 III 3 ZPO) können keine Verspätungsfolgen hergeleitet werden.

3. Unterbrechung der Verjährung und Wahrung von Fristen

Für die Hemmung der Verjährung nach § 204 I Nr. 3 BGB und die Einhaltung von Klagefristen ist es wichtig, ob die Einleitung des Mahnverfahrens ausreicht. Nach § 167 ZPO hat die **Einreichung des Mahnantrags** grundsätzlich die gleiche Wirkung wie die Einreichung der Klage, wenn die Zustellung demnächst erfolgt. 38

Erforderlich ist ein **ordnungsgemäßer Mahnantrag,** der den geltendgemachten Anspruch in vollstreckungsfähiger und individualisierbarer Weise bezeichnet (vgl. *BGH,* NJW 2002, 420; NJW-RR 2006, 275, 276; NJW 2008, 3498). Anders als bei einer Klage wird die Verjährung aber nicht ohne weiteres durch die Einreichung des Mahnantrages beim unzuständigen Gericht unterbrochen, es sei denn, dass er an das zuständige Mahngericht gerichtet war (*BGH,* NJW 1990, 1368). 39

Für die Auslegung des Begriffes **demnächst** gelten die gleichen Grundsätze wie für die Zustellung der Klageschrift. Die Frage, ob der Antragsteller von sich aus einen Gerichtskostenvorschuss einzahlen muss oder die Anforderung durch das Gericht abwarten kann, stellt sich für den maschinell erstellten Mahnbescheid nicht; nach § 12 III 2 GKG gilt die Vorschusspflicht erst für den Erlass des Vollstreckungsbescheids. Geklärt ist auch die Frage, ob der Kläger von sich aus den für das Klageverfahren erforderlichen weiteren Gerichtskostenvorschuss einzahlen muss oder die Aufforderung durch die Gerichtskasse abwarten darf: Nach der Rechtsprechung des BGH (*BGH,* NJW 1993, 2811) ist der Kläger, wie bei Einreichung einer Klage, nicht gehalten, den Vorschuss ohne Aufforderung durch das Gericht einzuzahlen. 40

Zu beachten ist, dass die Hemmung der Verjährung endet, wenn das Mahnverfahren nicht weiter betrieben wird (§ 204 II BGB, vgl. *BGH,* NJW-RR 1992, 1021); die spätere Fortsetzung unterbricht die

Verjährung zwar erneut, aber nicht rückwirkend. Die Wirkung des § 167 ZPO entfällt auch, wenn der Antragsteller nach Widerspruch die Sechsmonatsfrist nach § 701 ZPO verstreichen lässt (vgl. *Palandt/Ellenberger,* § 204 Rn. 36).

41 Bei **Zurückweisung des Mahnantrags** kann die fristwahrende Wirkung des § 167 ZPO nicht eintreten. Erhebt der Antragsteller aber binnen eines Monats Klage, so gilt § 167 ZPO rückwirkend auf den Zeitpunkt der Einreichung des Mahnantrages, § 691 II ZPO.

4. Kosten

42 Für die Kostenentscheidung im Urteil ist es von Bedeutung, ob besondere Kosten, die im Mahnverfahren entstanden sind, zu berücksichtigen sind. Die im Mahnverfahren entstandenen Gerichtskosten werden nach Überleitung in das streitige Verfahren Kosten des Rechtsstreits iSv § 91 ZPO; über sie ist nicht gesondert zu entscheiden. Besondere **Gerichtskosten** entstehen durch ein vorgeschaltetes Mahnverfahren nicht; die Gebühr für das Verfahren im allgemeinen war lediglich in zwei Teilen zu zahlen. Auch die für den **Rechtsanwalt** im Mahnverfahren entstandenen Gebühren werden auf die Prozessgebühr angerechnet (VV 3305). Streitig ist die Frage, ob die Kosten des nur im Mahnverfahren tätigen Klägeranwalts zu den Kosten des Rechtsstreits gehören, wenn nach Abgabe an das Streitgericht ein anderer Anwalt für die Prozessführung beauftragt wurde (vgl. *Zöller/Herget,* § 91 Rn. 13 „Mahnverfahren"). Eine zusätzliche halbe Gebühr entsteht für den Rechtsanwalt, der einen Vollstreckungsbescheid beantragt (VV 3108). Diese Gebühr wird nicht angerechnet. Sie ist für die Säumniskosten nach § 700 iVm § 344 ZPO von Bedeutung (vgl. Rn. 32).

V. Verfahren nach Urkunden-, Wechsel- und Scheckmahnbescheid

43 Diese besondere Form des Mahnbescheids nach § 703 a ZPO hat den Sinn, den Parteien einen direkten und kostensparenden Übergang vom Mahnverfahren unmittelbar in das Nachverfahren nach § 600 ZPO zu ermöglichen. In der Praxis wird davon nicht oft Gebrauch gemacht, denn das Verfahren setzt einen Widerspruch des Beklagten voraus, der sich auf den Vorbehalt der Rechte im Nachverfahren beschränkt. Legt der Beklagte jedoch unbeschränkt Widerspruch ein, was der Kläger nicht voraussehen kann, war das Verfahren ein Umweg; mit einer Klage im Urkundenprozess wäre er schneller zum Ziel gekommen. Wird dem Richter des Prozessgerichts nach Abgabe durch das Mahngericht ein Rechtsstreit vorgelegt, der mit einem Urkunden-, Wechsel- oder Scheckmahnbescheid eingeleitet wurde, können die folgenden Situationen zugrundeliegen:

1. Unbeschränkter Widerspruch

44 Der Beklagte hatte gegen den Mahnbescheid unbeschränkt Widerspruch eingelegt, das Mahngericht den Rechtsstreit daraufhin an das Prozessgericht abgegeben; nunmehr legt die Geschäftsstelle die Sache mit der nach § 697 I ZPO angeforderten Anspruchsbegründung oder nach Fristablauf gem. § 697 III ZPO vor: Der Rechtsstreit befindet sich jetzt im **Urkunden-, Wechsel- oder Scheckprozess,** nicht im Nachverfahren. Das Verfahren richtet sich nach §§ 592 ff. ZPO (vgl. A. XX. Rn. 1 ff.). Wichtig ist, dass der Kläger mit der Anspruchsbegründung die Urkunde, den Wechsel oder den Scheck im Original oder in Abschrift beifügt; geschieht das nicht und nimmt der Kläger auch nicht nach § 596 ZPO vom Urkundenprozess Abstand, ist die Klage nach § 597 II ZPO als in der gewählten Prozessart unstatthaft abzuweisen.

2. Einspruch gegen Vollstreckungsbescheid

45 Gegen den Beklagten, der keinen Widerspruch eingelegt hatte, ist ein Vollstreckungsbescheid nach § 699 ZPO ergangen, gegen den Einspruch eingelegt wird; daraufhin hat das Mahngericht die Sache abgegeben:

Auch jetzt richtet sich das Verfahren nach § 700 iVm § 697 ZPO. Mit der Anspruchsbegründung muss der Kläger die Urkunde vorlegen. Der Rechtsstreit geht über in den **Urkundenprozess** nach §§ 592 ff. ZPO, nicht in das Nachverfahren.

3. Beschränkter Widerspruch

46 Der Beklagte hatte seinen Widerspruch darauf beschränkt, ihm die Ausführung seiner Rechte im Nachverfahren vorzubehalten (§ 703 a II Nr. 4 ZPO), das Mahngericht hat einen Vollstreckungsbescheid unter diesem Vorbehalt erlassen und den Rechtsstreit ohne weiteren Antrag an das Prozessgericht abgegeben:

Damit befindet sich der Rechtsstreit im **Nachverfahren** nach § 600 ZPO (vgl. A. XX. Rn. 25). Auch jetzt hat die Geschäftsstelle dem Kläger nach § 697 I ZPO die Einreichung der Anspruchsbegründung aufzugeben, der die Urkunden beizufügen sind; bei Fristversäumung ist nach § 697 III ZPO zu verfahren.

A. IV. Unzuständigkeit und Verweisung des Rechtsstreits an das zuständige Gericht

Dr. Helmut Büchel

Übersicht

Literatur: Zur allg. Literatur siehe Literaturverzeichnis A. I.

I. Allgemeines

Hält sich das Gericht für sachlich oder örtlich unzuständig oder hält es einen anderen Rechtsweg für zulässig, müsste die Klage als unzulässig abgewiesen werden. Mit den Verweisungsvorschriften in § 281 ZPO, § 17a GVG und in den Prozessordnungen der anderen Gerichtszweige (zB § 41 VwGO, § 48 ArbGG) wird im Interesse der **Prozessökonomie** ein solches Prozessurteil vermieden und dem Kläger eine neue Klage erspart. Die gesetzliche Regelung hat das Ziel, den Rechtsstreit schnell und endgültig vor das zuständige Gericht zu bringen und nutzlosen Streit um die Zuständigkeit zugunsten einer Sachentscheidung zu vermeiden. Der Rechtsstreit wird vor dem zuständigen Gericht fortgesetzt, das Verfahren vor und nach Verweisung bildet eine Einheit. Problematisch bleibt die Frage, ob fehlerhafte Verweisungen für das Empfangsgericht bindend bzw. für die Parteien anfechtbar sind und ob Zurück- und Weiterverweisungen möglich sind. 1

Die örtliche und sachliche Zuständigkeit und die Zulässigkeit des Rechtsweges sind von Amts wegen zu prüfen, nicht nur auf Rüge des Beklagten. Grundlage für die **Prüfung von Amts wegen** sind die Angaben des Klägers in der Klageschrift und sein weiteres Vorbringen. Hängt die Zuständigkeit von streitigen Tatsachen ab, zB von einer Gerichtsstandsvereinbarung oder dem Wohnsitz des Beklagten im Zeitpunkt der Rechtshängigkeit, trifft den Kläger die **Beweislast.** 2

Die **rügelose Einlassung** des Beklagten kann nach § 39 ZPO die örtliche und sachliche Zuständigkeit (nicht die Zulässigkeit des Rechtsweges) begründen, allerdings nur, wenn es sich um eine vermögensrechtliche Streitigkeit handelt und keine ausschließliche Zuständigkeit begründet ist, § 40 II ZPO. 3

Nach **§ 280 ZPO** hat das Gericht die Möglichkeit, eine **abgesonderte Verhandlung** über die Zulässigkeit der Klage, also auch über die Zuständigkeit anzuordnen. Das geschieht durch unanfechtbaren Beschluss. Von einer abgesonderten Verhandlung wird nur selten Gebrauch gemacht, sie ist in der Regel auch nicht sinnvoll, sondern umständlich und wirkt verzögernd. Denn wenn das Gericht unzuständig ist, kann es den Rechtsstreit auf Antrag des Klägers einfach durch Beschluss verweisen oder, wenn kein Antrag gestellt wird, die Klage durch Prozessurteil abweisen. Wenn das Gericht sich aber für zuständig hält, kann es das den Parteien auch ohne Zwischenurteil nach § 280 ZPO mitteilen und in der Sache verhandeln. Zur Vorabentscheidung über die Zulässigkeit des Rechtswegs vgl. Rn. 49. 4

II. Unzuständigkeit und Verweisung nach § 281 ZPO

1. Gemeinsame Voraussetzungen

5 § 281 ZPO gilt für die sachliche und örtliche Zuständigkeit. Der **sachliche Geltungsbereich** ist nicht auf das Urteilsverfahren beschränkt, die Vorschrift gilt für alle Verfahren der ZPO, so für das Prozesskostenhilfeverfahren (*BGH*, NJW-RR 1991, 1342; *OLG Stuttgart*, MDR 2004, 1377; *KG*, NJOZ 2006, 2054), jedoch ohne Bindungswirkung für das spätere Hauptverfahren. Auch im Mahnverfahren und im einstweiligen Rechtsschutz (Arrest und einstweilige Verfugung) ist eine Verweisung möglich. Die internationale Zuständigkeit unterliegt anderen Regeln; auch im Geltungsbereich der EuGVVO ist eine Verweisung nicht möglich (Art. 25 EuGVVO; vgl. *OLG Düsseldorf*, WM 2000, 2192).

6 **Zeitlicher Geltungsbereich:** Voraussetzung für die Verweisung nach § 281 ZPO ist immer Rechtshängigkeit der Klage. Im Zeitraum zwischen Einreichung und Zustellung der Klage ist keine Verweisung möglich; auf Antrag des Klägers findet eine **formlose Abgabe** statt, ohne dass das Empfangsgericht in seiner Zuständigkeit dadurch gebunden wird.

7 Die Zuständigkeit ist immer vor der Verhandlung zur Hauptsache zu klären (vgl. § 282 III ZPO). Das Gericht muss also seine **Prüfung der Zuständigkeit** zügig und zu Beginn des Rechtsstreits durchführen. Dazu eignet sich der frühe erste Termin nach § 275 ZPO besser als das schriftliche Vorverfahren. Denn oft wird die Frage durch rügelose Einlassung gemäß § 39 ZPO gegenstandslos; auch ein Verweisungsantrag lässt sich im Termin leichter anregen als im schriftlichen Verfahren.

8 Jede Verweisung nach § 281 ZPO setzt einen **Antrag des Klägers** voraus. Ein Antrag des Beklagten ist, außer im Fall des § 506 ZPO, unbeachtlich. Der Antrag kann schriftlich oder mündlich im Termin gestellt werden, dann ist er zu protokollieren. Außerhalb der mündlichen Verhandlung besteht kein Anwaltszwang (§§ 281 II 1, 78 III ZPO). Oft wird der Antrag nur hilfsweise zum Sachantrag gestellt. Mit einem solchen **Hilfsantrag** bringt der Kläger zum Ausdruck, dass er in erster Linie das angerufene Gericht für zuständig hält und dort die Entscheidung über seinen Sachantrag begehrt, und nur für den Fall, dass das Gericht seine Zuständigkeit verneinen sollte, die Verweisung wünscht. Für das Verfahren und die Entscheidung des Gerichts spielt es keine Rolle, ob die Verweisung hilfsweise oder als Hauptantrag begehrt wird. Der Antrag muss die **Bezeichnung des zuständigen Gerichts** enthalten. Um eine Verweisung an ein unzuständiges Gericht zu vermeiden, sollte der Richter überprüfen, ob es sich bei dem bezeichneten Gericht auch wirklich um das des allgemeinen oder besonderen Gerichtsstands handelt. Lässt sich im Termin nicht klären, welches Gericht zuständig ist, kann der Antrag zB in der Fassung zu Protokoll genommen werden,

„den Rechtsstreit an das für den allgemeinen Gerichtsstand des Beklagten zuständige Gericht zu verweisen."

Im Verweisungsbeschluss kann dann das zutreffende Gericht eingesetzt werden.

9 **Entscheidung:** Die Verweisung kann durch Beschluss in der mündlichen Verhandlung oder durch schriftlichen Beschluss (§ 128 IV ZPO) ergehen. Eine **Güteverhandlung** ist hierfür nicht erforderlich (vgl. *Zöller/Greger*, § 278 Rn. 14). Geht es um die Verweisung an das Landgericht, ist immer zu klären, ob die Verweisung an die Zivilkammer oder die Kammer für Handelssachen erfolgen soll.

10 **Umfang der Verweisung:** Verwiesen werden kann nur der gesamte Rechtsstreit, nicht ein Teil des Rechtsstreits, etwa weil nicht für alle Anspruchsgrundlagen die sachliche oder ortliche Zustandigkeit gegeben ist. Klagt der Kläger zB am Gerichtsstand der unerlaubten Handlung nach § 32 ZPO, kann er nicht wegen der vertraglichen Ansprüche, für die keine Zuständigkeit gegeben ist, Verweisung an das Gericht des allgemeinen Gerichtsstandes beantragen (*BGH*, NJW 1971, 564; vgl. *BGH*, NJW 1996, 1411, 1413). Anders ist es, wenn für einen von mehreren prozessualen Ansprüchen (Klagenhäufung) die örtliche oder sachliche Zuständigkeit nicht gegeben ist, Hier ist eine im Ermessen des Gerichts stehende Trennung in mehrere Prozesse nach § 145 ZPO möglich, anschließend kann der abgetrennte Prozess verwiesen werden (vgl. *Zöller/Greger*, § 281 Rn. 8).

11 Stellt der Kläger trotz Hinweises auf die Unzuständigkeit keinen Verweisungsantrag, ist die Klage durch **Prozessurteil** als unzulässig abzuweisen. Gegen ein solches Urteil ist die Berufung statthaft; § 513 II ZPO erfasst diesen Fall nicht.

2. Verweisung bei örtlicher Unzuständigkeit

12 **a) Voraussetzungen.** Eine Verweisung ist nur möglich, wenn das Gericht aus keinem rechtlichen Grund örtlich zuständig ist; nur dann kann das Gericht, wie § 281 I ZPO es ausdrücklich verlangt, seine Unzuständigkeit aussprechen. Eine **Verweisung** ist also **ausgeschlossen**

- vom Gericht des allgemeinem Gerichtsstandes nach §§ 12 ff. ZPO an das Gericht eines besonderen Gerichtsstandes;
- von einem Gericht mit besonderem Gerichtsstand an das Gericht des allgemeinen Gerichtsstandes;

denn nach § 12 ZPO verliert ein Gericht seine Zuständigkeit nur, wenn ein anderer ausschließlicher Gerichtsstand begründet ist. Zwar hat der Kläger zwischen mehreren allgemeinen und besonderen Gerichtsständen nach § 35 ZPO die Wahl; durch Erhebung der Klage vor einem zuständigen Gericht hat er sein Wahlrecht aber verbraucht, bei Klageerhebung vor einem unzuständigen Gericht trifft er die Wahl durch Bezeichnung des zuständigen Gerichts im Verweisungsantrag (*BayObLG,* NJW-RR 1991, 187; *Thomas/Putzo/Hüßtege,* § 35 Rn. 2). Nur wenn ein ausschließlicher Gerichtsstand besteht (zB nach §§ 24, 29a, 802 ZPO, § 122 FamFG), ist eine Verweisung dorthin immer möglich und auch erforderlich.

In der Mehrzahl der Fälle wird die Klage am allgemeinen Gerichtsstand des Beklagten, also an dem für seinen Wohnsitz zuständigen Gericht (§ 13 ZPO) erhoben. Daraus ergeben sich häufig **Zuständigkeitsfragen bei Wohnsitzwechsel** des Beklagten. Ein Wechsel des Wohnsitzes **nach** Rechtshängigkeit ist auf die Zuständigkeit ohne Einfluss, § 261 III Nr. 2 ZPO. Ist der Beklagte **vor** Rechtshängigkeit umgezogen, ist das Gericht seines früheren Wohnsitzes nicht mehr nach § 13 ZPO zuständig; das gilt auch bei Wohnsitzwechsel zwischen Einreichung und Zustellung der Klage. In diesen Fällen wird aber häufig der Gerichtsstand des Erfüllungsortes nach § 29 ZPO gegeben sein, da auch § 269 BGB an den Wohnsitz anknüpft. Dann aber ist eine Verweisung weder erforderlich noch zulässig. Entsprechendes gilt für die Änderung des Firmensitzes nach § 17 ZPO. 13

In der Praxis werden Verweisungsanträge oft auf eine **Gerichtsstandsvereinbarung** gestützt, deren Zulässigkeit sich nach § 39 ZPO richtet. Ist das zunächst angerufene Gericht im Sinne der §§ 12ff. ZPO zuständig, so ist eine **nach** Rechtshängigkeit getroffene Gerichtsstandsvereinbarung, wie sie gelegentlich zwischen Anwälten getroffen wird, unbeachtlich; § 261 III Nr. 2 ZPO steht einer Verweisung im Wege (vgl. *Zöller/Greger,* § 261 Rn. 12). Bei einer Gerichtsstandsvereinbarung **vor** Rechtshängigkeit hängt die Verweisung davon ab, ob durch die Vereinbarung das sonst zuständige Gericht unzuständig geworden ist. Das wird in der Regel zu verneinen sein (§ 12 ZPO). Nur wenn die behauptete Gerichtsstandsvereinbarung dahin auszulegen ist, dass das Gericht ausschließlich, nicht neben dem nach der ZPO zuständigen Gericht zuständig sein soll, kommt eine Verweisung in Betracht (vgl. *Zöller/Vollkommer,* § 38 Rn. 14). Anders ist die Rechtslage, wenn das angerufene Gericht unzuständig ist. Dann ist eine Verweisung an das vor oder nach Rechtshängigkeit wirksam vereinbarte Gericht möglich (*BGH,* MDR 1976, 378). 14

b) Verfahren vor dem Amtsgericht. Hat die Durchsicht der Klageschrift ergeben, dass Zweifel an der örtlichen Zuständigkeit bestehen, sollte das Gericht den Kläger bereits in der nach §§ 275, 276 ZPO zu treffenden Verfügung hierauf aufmerksam machen und ihn auffordern, die örtliche Zuständigkeit des angerufenen Gerichts näher darzulegen und erforderlichenfalls (hilfsweise) einen Verweisungsantrag zu stellen. Ist der Kläger anwaltlich vertreten, kann es sich auch empfehlen, die Klage noch nicht zuzustellen, sondern den Anwalt telefonisch auf die Unzuständigkeit hinzuweisen und einen Antrag auf formlose Abgabe anzuregen; damit vermeidet der Anwalt die Kosten nach § 281 III ZPO. 15

Stellt der Kläger nach Zustellung der Klage einen schriftlichen Verweisungsantrag, ist dem Beklagten zunächst **rechtliches Gehör** zu gewähren; dh ihm ist der Verweisungsantrag zur Stellungnahme, zweckmäßigerweise innerhalb einer Frist, zu übermitteln. Denn ein Verweisungsbeschluss, der auf der Versagung rechtlichen Gehörs gegenüber dem Beklagten beruht, ist unbeachtlich (*BVerfG,* NJW 1982, 2367; *BGH,* NJW 1988, 1794, 1795). Für diese Stellungnahme des Beklagten besteht, auch vor dem Landgericht, kein Anwaltszwang (§ 281 II 1 ZPO). Nach Fristablauf kann durch schriftlichen Beschluss verwiesen werden. 16

Wenn der Kläger auf den Hinweis des Gerichts keinen Verweisungsantrag stellt, hängt das weitere Verfahren vom Verhalten des Beklagten ab. Nach **§ 504 ZPO** hat das Amtsgericht ihn auf die Unzuständigkeit hinzuweisen und ihm vor allem deutlich zu machen, dass das Gericht bei rügeloser Einlassung auf die Klage gem. § 39 ZPO zuständig wird. Die **Hinweispflicht** besteht auch, wenn der Beklagte durch einen Anwalt vertreten wird. Ohne diese Belehrung kann eine Prorogation nicht eintreten, § 39 S. 2 ZPO. Der Hinweis, der im Verhandlungstermin gegeben wird, ist in das Protokoll aufzunehmen. Wenn der Beklagte nach Belehrung die Zuständigkeit nicht rügt, sondern den Klageabweisungsantrag stellt, ist das Gericht zuständig geworden. Erhebt er die Rüge, sollte dem Kläger, wenn die Prüfung endgültig die Unzuständigkeit ergeben hat, ein Verweisungsantrag noch einmal nahegelegt werden. Gewöhnlich wird der Kläger den Antrag zumindest hilfsweise stellen; der Rechtsstreit ist dann, nach Prüfung des vom Kläger bezeichneten Gerichts, durch Beschluss im Termin, zu verweisen. Ist sich der Richter nicht sicher, welches Gericht zuständig ist, kann entspr. Rn. 8 verfahren werden. Stellt der Kläger keinen Verweisungsantrag, ist die Klage durch Prozessurteil als unzulässig abzuweisen (vgl. Rn. 11). 17

c) Verfahren vor dem Landgericht. Für das Verfahren bei zweifelhafter örtlicher Zuständigkeit gilt zunächst das gleiche wie vor dem Amtsgericht (vgl. Rn. 15–17). Anders ist die Rechtslage jedoch, was die **rügelose Einlassung** des Beklagten auf die Klage betrifft; sie führt zur Prorogation nach § 39 ZPO. Der Richter ist im Anwaltsprozess vor dem Landgericht nicht gesetzlich verpflichtet, den Beklagten auf die Unzuständigkeit des Gerichts und die Folgen rügeloser Einlassung hinzuweisen. Andererseits ist er nicht gehindert, im Rahmen seiner Aufklärungspflicht nach § 139 ZPO auf die Unzuständigkeit hinzuweisen und den Beklagten zu fragen, ob die Zuständigkeitsrüge erhoben werden soll. Nicht empfehlenswert ist es, mit der Prüfung der Zuständigkeit in Hinblick auf § 39 ZPO erst zu beginnen, nachdem 18 der Beklagte ihr Fehlen gerügt hat. Damit muss der Richter rechnen, er sollte auf die Rüge im Termin reagieren können und vorbereitet sein. Zum Teil wird verlangt, die Rüge bereits mit der Klageerwiderung, nicht erst im Termin zu erheben; das widerspricht aber der hM und lässt sich kaum mit § 39 ZPO vereinbaren (vgl. *Zöller/Vollkommer,* § 39 Rn. 5 mwN).

19 **d) Verfahren in der Berufungsinstanz.** Die örtliche Zuständigkeit ist im zweiten Rechtszug regelmäßig nicht mehr zu prüfen, denn die Berufung kann in Streitigkeiten über vermögensrechtliche Streitigkeiten nicht darauf gestützt werden, dass das Gericht erster Instanz seine örtliche Zuständigkeit zu Unrecht angenommen hat, **§ 513 II ZPO**. Das gilt auch für eine ausschließliche Zuständigkeit, die vom Gericht der ersten Instanz übersehen oder unter Verstoß gegen § 40 II ZPO nicht beachtet wurde. Eine Ausnahme gilt bei gerügter internationaler Zuständigkeit, die auch in der Berufungsinstanz zu prüfen ist (*BGH,* NJW 2004, 1456); eine Verweisung an ein ausländisches Gericht ist jedoch nicht möglich (vgl. *Zöller/Greger,* § 281 Rn. 4).

20 Legt der Kläger gegen ein Prozessurteil, das die Klage mangels Zuständigkeit als unzulässig abgewiesen hat, Berufung ein, kann er den Verweisungsantrag im zweiten Rechtszug stellen. In diesem Fall ist die **Verweisung** nicht durch Beschluss, sondern **durch Urteil,** welches das Prozessurteil aufhebt, auszusprechen (vgl. *MünchKomm-ZPO/Prütting,* § 281 Rn. 39).

3. Verweisung bei sachlicher Unzuständigkeit

21 **a) Voraussetzungen.** Eine Verweisung setzt voraus, dass dem Gericht, dem der Rechtsstreit vorliegt, die sachliche Zuständigkeit fehlt. Die **sachliche Zuständigkeit des Amtsgerichts** ist gegeben

- bei Zahlungsklagen mit einer Hauptforderung bis zu 5.000,– EUR, § 23 Nr. 1 GVG;
- bei anderen Klagen vermögensrechtlicher oder nicht vermögensrechtlicher Art, wenn der nach §§ 3 ff. ZPO festzusetzende Wert 5.000,– EUR nicht übersteigt;
- ohne Rücksicht auf den Streitwert insbesondere bei Wohnraummietsachen (§ 23 Nr. 2 a GVG) und Wohnungseigentumssachen (§ 23 Nr. 2 c WEG);
- bei Familiensachen (§ 23 a I Nr. 1 GVG).

Für Amtshaftungsansprüche ist nie das Amtsgericht, immer das Landgericht sachlich zuständig (§ 71 II Nr. 2 GVG). Das gilt auch für die weiteren in § 71 II ZPO genannten, meist gesellschaftsrechtlichen Verfahren. Die sachliche Zuständigkeit kann außerdem durch Vereinbarung der Parteien nach § 38 ZPO oder durch rügelose Einlassung nach § 39 ZPO begründet werden.

22 Probleme ergeben sich, wenn die sachliche Zuständigkeit von der Wertfestsetzung nach freiem Ermessen im Sinne des § 3 ZPO abhängt oder sich der Wert später verändert. **Maßgeblicher Zeitpunkt** für die Wertberechnung ist nach § 4 I ZPO die Einreichung der Klage, nicht ihre Zustellung. Kommt der Rechtsstreit aus dem Mahnverfahren, ist auf den Eingang der Akten beim Empfangsgericht abzustellen, nicht auf die Einreichung des Mahnantrages oder die nach §§ 693 II, 700 II fingierte Rechtshängigkeit (vgl. A. III. Rn. 13; *Zöller/Vollkommer,* § 696 Rn. 6 f.).

23 Das Verhältnis von ordentlicher Gerichtsbarkeit und **Arbeitsgerichtsbarkeit** wurde früher als Frage der sachlichen Zuständigkeit behandelt; seit Einführung von § 17 a GVG und Änderung des § 48 ArbGG handelt es sich um eine Frage der Zulässigkeit des Rechtsweges.

24 **b) Verfahren vor dem Amtsgericht.** Stellt das Amtsgericht anhand der Klageschrift oder der Anspruchsbegründung seine sachliche Unzuständigkeit fest, ist der Kläger, wie bei örtlicher Unzuständigkeit (vgl. Rn. 15), hierauf hinzuweisen. Die Sondervorschrift für das Amtsgericht in **§ 504 ZPO** gilt auch für die sachliche Zuständigkeit. Vor Zustellung der Klage kann der Rechtsstreit auf Antrag formlos abgegeben werden, nach Zustellung der Klage bedarf es einer förmlichen Verweisung auf Antrag des Klägers nach § 281 I ZPO. Falls beim Landgericht die Kammer für Handelssachen zuständig sein soll, hat der Kläger bereits vor dem Amtsgericht Verweisung an sie zu beantragen (§ 96 II GVG). Vor der Verweisung ist dem Beklagten rechtliches Gehör zu gewähren. Wenn der Kläger bis zum Termin keinen Verweisungantrag stellt, kann eine Prorogation durch rügelose Einlassung nach § 39 ZPO nur eintreten, wenn das Gericht den Hinweis nach § 504 ZPO gegeben hat.

25 Ergibt sich die Unzuständigkeit aufgrund einer **Wertfestsetzung** des Amtsgerichts nach § 3 ZPO, so hängt die Bindungswirkung des Verweisungsbeschlusses nicht davon ab, dass der Streitwert vorher durch formellen Streitwertbeschluss auf über 5.000,– EUR festgesetzt wird. Ein solcher Beschluss ist aber zweckmäßig, er kann und sollte mit dem Verweisungsbeschluss verbunden werden.

26 **Nachträgliche sachliche Unzuständigkeit:** Als Ausnahme von § 261 III Nr. 2 ZPO kann die sachliche Zuständigkeit des Amtsgerichts entfallen, wenn sich der Streitwert durch Klageerweiterung oder Widerklage erhöht, § 506 ZPO. Bei Klageerweiterung genügt, dass der Gesamtstreitwert 5.000,– EUR übersteigt, bei einer Widerklage muss diese über 5.000,– EUR hinausgehen, Klage und Widerklage werden, wie in § 5 ZPO, nicht zusammengerechnet. Der Verweisungsantrag kann vom Kläger und vom Beklagten gestellt werden. Eine Prorogation durch rügelose Einlassung ist auch hier erst möglich, wenn der Beklagte nach § 504 ZPO belehrt worden ist (hM, vgl. *Zöller/Herget,* § 506 Rn. 3). Rügt der Beklagte die sachliche Zuständigkeit, wird er in der Regel auch einen Verweisungsantrag stellen, auf den

hin der Rechtsstreit nach § 281 I, II ZPO zu verweisen ist. Für den Antrag besteht kein Anwaltszwang. Dem Kläger ist rechtliches Gehör zu gewähren. Vor der Verweisung sollte geklärt werden, ob die Zivilkammer oder die Kammer für Handelsachen zuständig ist. Der Beschluss kann ohne mündliche Verhandlung ergehen (§ 128 IV ZPO).

c) **Verfahren vor dem Landgericht.** Für das Verfahren bei sachlicher Unzuständigkeit gelten die gleichen Grundsätze wie vor dem Amtsgericht. Jedoch besteht für das Gericht keine Hinweispflicht nach § 504 ZPO. Eine Prorogation ist daher möglich, auch wenn die Zuständigkeit vorher nicht angesprochen wurde. 27

Eine **nachträgliche sachliche Unzuständigkeit** kann sich nicht ergeben. Wird die Klage nach dem maßgeblichen Zeitpunkt (§§ 4 I, 261 III Nr. 2 ZPO) auf einen Streitwert bis zu 5.000,– EUR ermäßigt, bleibt das Landgericht sachlich zuständig. 28

d) **Verfahren in der Berufungsinstanz.** Im zweiten Rechtszug ist die sachliche Zuständigkeit nur noch eingeschränkt zu prüfen. 29

- Die Berufung kann nicht darauf gestützt werden, dass das erstinstanzliche Gericht sachlich nicht zuständig gewesen sei, § 513 II ZPO. Das gilt auch, wenn es sich um eine ausschließliche sachliche Zuständigkeit handelte. Anders ist es auch hier, wenn es um die internationale Zuständigkeit geht.
- § 513 II ZPO gilt nicht, wenn das erstinstanzliche Gericht die Klage mangels sachlicher Zuständigkeit als unzulässig abgewiesen hat und gegen dieses Prozessurteil Berufung eingelegt wurde. Dann hat das Berufungsgericht die sachliche Zuständigkeit zu prüfen und kann den Rechtsstreit ggf. an das zuständige Gericht der ersten Instanz verweisen.
- Wird vor dem Landgericht als Berufungsgericht die Zuständigkeitsgrenze gemäß § 506 ZPO überschritten, scheidet eine Verweisung an das Oberlandesgericht aus. Auch eine Verweisung an die für erstinstanzliche Sachen zuständige Zivilkammer ist nach hM nicht möglich (vgl. *Thomas/Putzo/Reichold,* § 506 Rn. 5).

4. Unzuständigkeit bei Säumnis des Beklagten

Örtliche und sachliche Zuständigkeit sind Voraussetzungen für den Erlass eines Versäumnisurteils gegen den Beklagten nach § 331 ZPO. Ist der Beklagte säumig, wird das tatsächliche mündliche Vorbringen des Klägers als zugestanden angesehen. Diese Fiktion gilt nicht für das Vorbringen zur Zuständigkeit, mit dem eine Gerichtsstandsvereinbarung (§ 38 ZPO) oder der Gerichtsstand des Erfüllungsortes (§ 29 II ZPO) begründet werden soll (vgl. *Zöller/Herget,* § 331 Rn. 6). Grundsätzlich muss der Kläger die Tatsachen vortragen und belegen, aus denen das Gericht bei seiner von Amts wegen vorzunehmenden Prüfung unter Anwendung des § 286 ZPO den Schluss ziehen soll, der Gerichtsstand oder der Erfüllungsort seien wirksam vereinbart. Soweit es dabei um die Kaufmannseigenschaft geht, kann ein Handelsregisterauszug angefordert werden. Aber auch die Vorlage des Geschäftspapiers mit Firmenangabe des Beklagten kann genügen, wenn damit der Rechtsschein gesetzt wurde, es handele sich um einen Kaufmann. 30

Führt die Prüfung nicht zur Zuständigkeit des angerufenen Gerichts, ist dem Kläger Gelegenheit zu geben, die Zuständigkeit näher zu begründen, und ein neuer Termin zu bestimmen, oder es ist ein Verweisungsantrag anzuregen. Wird der Antrag erstmals im Termin gestellt, ist dem Beklagten vor der Verweisung noch rechtliches Gehör zu gewähren, wenn das nicht bereits geschehen ist. Bei einer Verweisung an ein Landgericht sollte geklärt werden, ob die Zivilkammer oder die Kammer für Handelssachen zuständig sein soll. Nach Eingang der Stellungnahme des Beklagten bzw. nach Ablauf der zu setzenden Frist kann dann durch Beschluss ohne mündliche Verhandlung verwiesen werden. 31

5. Verfahren des Empfangsgerichts

a) Mit Eingang der Akten bei dem im Beschluss bezeichneten Gericht wird der Rechtsstreit dort anhängig (§ 281 II 4 ZPO). Das Verfahren vor beiden Gerichten bildet eine **Einheit.** Prozesshandlungen der Parteien und richterliche Anordnungen des Erstgerichts bleiben wirksam, so: 32

- die Gewährung von Prozesskostenhilfe (*OLG Düsseldorf,* NJW-RR 1991, 63),
- die Übertragung der Sache an den Einzelrichter (*OLG Frankfurt,* MDR 2003, 1375),
- die Wahl der Verfahrensart nach § 272 ZPO,
- der Erlass eines Versäumnisurteils und der Einspruch des Säumigen,
- die Einstellung der Zwangsvollstreckung aus einem Versäumnisurteil oder einem Vollstreckungsbescheid, die allerdings vom Empfangsgericht abgeändert werden kann,
- ein Teilanerkenntnisurteil (*BGH,* NJW-RR 1992, 1091).

b) **Bindung:** Das Empfangsgericht ist an die Verweisung gebunden, § 281 II 4 ZPO. Die Bindung beschränkt sich jedoch auf die örtliche bzw. die sachliche Zuständigkeit, wenn das Erstgericht nur insoweit verwiesen hat (*BayObLG,* MDR 1986, 326). Wenn also vom Amtsgericht an das sachlich zuständige Landgericht verwiesen wurde, bleibt eine **Weiterverweisung** an das örtlich zuständige Landgericht möglich. Hat das Erstgericht aber an das „sachlich und örtlich zuständige Gericht" verwiesen, ist eine 33

Weiterverweisung unzulässig. Bei Verweisung wegen sachlicher Unzuständigkeit besteht die Bindung auch, wenn das Empfangsgericht die Wertfestsetzung durch das verweisende Gericht für falsch hält (*Zöller/Greger,* § 281 Rn. 16). Wird nur an das Landgericht verwiesen, erstreckt sich die Bindung nicht auf die Frage, ob die Zivilkammer oder die Kammer für Handelssachen zuständig ist.

34 c) Eine **Rückverweisung** an das verweisende Gericht **oder** eine **Weiterverweisung** an ein anderes Gericht sind auch bei einer fehlerhaften Verweisung grundsätzlich ausgeschlossen. Eine Ausnahme besteht nur bei Verweisungsbeschlüssen, die willkürlich ergangen sind oder auf einer Versagung rechtlichen Gehörs beruhen (vgl. *Zöller/Greger,* § 281 Rn. 17 mwN). Wenn sich das Empfangsgericht aus diesen Gründen gleichfalls für unzuständig erklärt, führt dies zu einer Gerichtsstandsbestimmung nach § 36 Nr. 6 ZPO (vgl. *BGH,* NJW 1993, 1273; NJW-RR 1994, 126). In einem solchen Fall sollte das Empfangsgericht den Rechtsstreit nicht einfach zurückverweisen oder weiterverweisen, sondern sich durch Beschluss für unzuständig erklären und selbst die Gerichtsstandsbestimmung einleiten (vgl. *Zöller/Vollkommer,* § 37 Rn. 2). Beruht die Erstverweisung auf einem offensichtlichen Irrtum, zB über die Zugehörigkeit des Wohnsitzes zu einem Gerichtsbezirk, kommt eine Berichtigung des Verweisungsbeschlusses nach § 319 ZPO durch das verweisende Gericht in Betracht (vgl. *BGH,* NJW-RR 1993, 700; näher A. XIX. Rn. 2).

6. Fassung des Verweisungsbeschlusses

35 **Beispiele:**

Verweisung bei örtlicher und/oder sachlicher Unzuständigkeit des Amtsgerichts/Landgerichts nach § 281 I ZPO:

Das Amtsgericht/Landgericht … erklärt sich für örtlich/sachlich unzuständig und verweist den Rechtsstreit auf Antrag des Klägers gemäß § 281 ZPO an das örtlich/(und) sachlich zuständige Amtsgericht/Landgericht … .(beim Landgericht ggf. an die Kammer für Handelssachen)

Verweisung bei nachträglicher sachlicher Unzuständigkeit des Amtsgerichts nach § 506 ZPO:

Das Amtsgericht … erklärt sich für sachlich unzuständig und verweist den Rechtsstreit auf Antrag des Klägers/Beklagten gemäß § 506 ZPO an das sachlich zuständige Landgericht …., Zivilkammer/Kammer für Handelssachen.

36 Der Beschluss enthält in keinem Fall eine Kostenentscheidung. Über die **Kosten** der Anrufung des unzuständigen Gerichts wird erst im Urteil entschieden (§ 281 III ZPO). Eine Begründung ist nicht erforderlich; der Beschluss ist unanfechtbar und für das Empfangsgericht bindend. Es kann sich aber zum besseren Verständnis und zur Vermeidung von Nachfragen empfehlen, die örtliche Zuständigkeit des Gerichts, an das verwiesen wird, durch einen Zusatz zu erläutern, zB

„… an das für den Wohnsitz des Beklagten/ für den Erfüllungsort nach §§ 29 ZPO, 269 BGB oder nach § 20 StVG etc. örtlich zuständige Gericht …".

Dem Beschluss kann, wenn es um die sachliche Zuständigkeit geht und keine Zahlungsklage erhoben wurde, die Festsetzung des Streitwerts nach § 3 ZPO vorangestellt werden.

37 In den seltenen Fällen, in denen es zu einer **Verweisung im zweiten Rechtszug** kommen kann (vgl. Rn. 29), wird sie durch Urteil ausgesprochen (vgl. *BGH,* NJW 1986, 1995). Darin wird das Urteil erster Instanz aufgehoben, der Rechtsstreit an das zuständige Gericht des ersten Rechtszuges verwiesen und über die Kosten der Berufung entschieden.

III. Verweisung von der Zivilkammer an die Kammer für Handelssachen und umgekehrt

1. Zuständigkeit der Kammer für Handelssachen

38 Das Verhältnis der Zuständigkeit von Zivilkammer und Kammer für Handelssachen ist keine Frage der Zulässigkeit der Klage, sondern der Geschäftsverteilung innerhalb des Landgerichts. Die Regelungen in §§ 96 ff. GVG haben den Zweck, den Rechtsstreit möglichst schnell vor den zuständigen Spruchkörper des Landgerichts zu bringen. Was eine Handelssache ist, ergibt sich aus § 95 GVG. Dass ein Anspruch nicht nur auf ein Handelsgeschäft iSv § 95 I Nr. 1 GVG, sondern auch zB auf unerlaubte Handlung gestützt wird, nimmt dem Rechtsstreit nicht die Eigenschaft als Handelssache.

2. Verweisung nach §§ 97 ff. GVG

39 Die Verweisung von der Zivilkammer an die Kammer für Handelssachen oder umgekehrt richtet sich nicht nach § 281 ZPO, sondern nach §§ 97–104 GVG. Die Verweisungsfrage ist immer vorab, dh vor Prüfung der Zulässigkeit und Begründetheit der Klage zu prüfen (§ 101 II GVG). Vor der Verweisung, gleich ob sie auf Antrag des Beklagten oder von Amts wegen erfolgt, ist den Parteien rechtliches Gehör

zu gewähren, dh dem Kläger ist der Antrag des Beklagten oder beiden Parteien die Verweisungsabsicht des Gerichts zur Stellungnahme zuzuleiten. Die Verweisung wird durch Beschluss ausgesprochen, eine mündliche Verhandlung ist nicht erforderlich. Ein Prozessurteil kann nie ergehen.

Eine Verweisung ist nicht nur im Verfahren erster Instanz, sondern auch im Berufungsverfahren (§ 100 GVG) und im Beschwerdeverfahren (§ 104 GVG) möglich.

3. Verfahren vor der Zivilkammer

Hat der Kläger die Klageschrift nicht an die Kammer für Handelssachen gerichtet, gelangt der Rechtsstreit an die Zivilkammer. Das gleiche gilt bei vorangegangenem Mahnverfahren, wenn die Kammer für Handelssachen weder im Mahnantrag noch spätestens in der Anspruchsbegründung (vgl. *Thomas/Putzo/Hüßtege,* § 96 Rn. 3) als zuständig bezeichnet wurde. Handelt es sich gleichwohl um eine Handelssache, ist eine Verweisung an die Kammer für Handelssachen nur auf Antrag des Beklagten möglich, nie auf Antrag des Klägers (§ 98 I GVG) oder von Amts wegen (§ 98 III GVG). Dem Antrag des Beklagten muss stattgegeben werden, es sei denn er stützt sich auf § 95 I Nr. 1 GVG, ohne im Handelsregister eingetragen zu sein (§ 98 I 2 GVG). Wenn keine Handelssache vorliegt, darf dem Antrag nicht entsprochen werden, auch nicht, wenn der Kläger sich dem Antrag anschließt. 40

Keine Verweisung außerdem: 41

- wenn der Antrag erst nach der Verhandlung des Beklagten zur Hauptsache gestellt wird (§ 101 I 1 GVG),
- wenn dem Beklagten eine Frist zur Klageerwiderung nach § 275 I 1 ZPO oder nach § 276 I 2 ZPO gesetzt wurde, der Antrag aber nicht innerhalb der Frist gestellt und die Verspätung nicht hinreichend entschuldigt wird (§ 101 I 2 GVG),
- wenn das Landgericht erst durch eine nachträglich nach § 506 ZPO erhobene Widerklage sachlich zuständig geworden ist, die keine Handelssache ist (§ 98 II GVG),
- wenn bei einer Handelssache nach § 95 I Nr. 1 GVG einer von mehreren Beklagten kein Kaufmann ist, es sei denn, er wird als persönlich haftender Gesellschafter nach § 128 HGB in Anspruch genommen (vgl. *Zöller/Lückemann,* § 95 GVG Rn. 2),
- wenn bei objektiver Klagenhäufung einer von mehreren Ansprüchen keine Handelssache ist.

Eine gleichwohl ausgesprochene Verweisung kann willkürlich und damit unwirksam sein *(Zöller/Lückemann,* § 102 Rn. 6*)*.

4. Verfahren vor der Kammer für Handelssachen

Ist die Sache an die Kammer für Handelssachen gerichtet oder im Anschluss an das Mahnverfahren dorthin abgegeben worden, kann der Rechtsstreit nur von Amts wegen oder auf Antrag des Beklagten an die Zivilkammer verwiesen werden. Der Kläger hat kein Antragsrecht; auch wenn er die Kammer für Handelssachen fälschlich oder irrtümlich bezeichnet hat, ist er hieran gebunden. Falls der Rechtsstreit aber an die Kammer für Handelssachen gelangt ist, ohne dass der Kläger sie als zuständiges Gericht bezeichnet hatte, kann die Sache formlos an die Zivilkammer abgegeben werden. 42

Die Kammer für Handelssachen hat nach § 97 II GVG **von Amts wegen** zu verweisen, wenn der Rechtsstreit keine Handelssache ist; daran fehlt es auch, wenn bei subjektiver oder objektiver Klagenhäufung nur ein Teil des Rechtsstreits Handelssache ist (vgl. Rn. 41). Die Verweisung von Amts kann jedoch nicht mit der Begründung erfolgen, dass der Beklagte kein Kaufmann ist, § 97 II 2 GVG. 43

Ebenso ist der Rechtsstreit **auf Antrag des Beklagten** an die Zivilkammer zu verweisen, wenn keine Handelssache vorliegt. Das gilt, anders als bei der Verweisung von Amts wegen, auch dann, wenn der Beklagte kein Kaufmann ist; § 97 II 2 GVG greift dann nicht ein. Für den Zeitpunkt des Antrags gilt § 101 GVG. 44

Nachträgliche Unzuständigkeit: Wird im Laufe des Rechtsstreits vor der Kammer für Handelssachen durch Klageänderung, durch Zwischenfeststellungsklage nach § 256 II ZPO oder durch Widerklage ein Anspruch erhoben, der keine Handelssache ist, so ist der Rechtsstreit insgesamt von Amts wegen oder auf Antrag des Gegners an die Zivilkammer zu verweisen, § 99 GVG. Nur in diesem Fall kann auch ein Antrag des Klägers beachtlich sein. 45

5. Verfahren nach Verweisung

Die Kammer hat den Rechtsstreit in dem Stadium fortzuführen, in dem er an sie verwiesen wurde, die erforderlichen Anordnungen sind nicht erst auf Antrag, sondern von Amts wegen zu treffen. Richterliche Anordnungen der verweisenden Kammer sollen auch nach Verweisung ihre Wirksamkeit behalten, so zB die Setzung einer Klageerwiderungsfrist nach § 275 I 1 oder § 276 I 2 ZPO in Verbindung mit § 296 I ZPO (*OLG Frankfurt,* NJW-RR 1993, 1084). Diese Rechtsprechung ist bedenklich; grundsätzlich bestimmt das zuständige Gericht sein Verfahren selbst. Die Verweisung an die Kammer für Handelssachen ist bindend. Eine **Rückverweisung** von der Kammer für Handelssachen an die Zivilkammer oder umgekehrt ist grundsätzlich ausgeschlossen; die erste Verweisung ist nach § 102 S. 2 46

GVG bindend. Etwas anderes gilt, wenn sie auf Willkür oder auf Verletzung des rechtlichen Gehörs beruht (vgl. Rn. 41 u. *Zöller/Lückemann*, § 102 GVG Rn. 6). Der negative Kompetenzkonflikt zwischen Zivilkammer und Kammer für Handelssachen führt zur Anwendung des § 36 Nr. 6 ZPO; liegen die Voraussetzungen vor, ist die Sache nicht dem Präsidium, sondern dem Oberlandesgericht zur Bestimmung der zuständigen Kammer vorzulegen.

Eine **Weiterverweisung** bei örtlicher oder sachlicher Unzuständigkeit oder nach § 17a II GVG bleibt möglich.

6. Fassung des Verweisungsbeschlusses

47 **Beispiele:**

Verweisung von der Zivilkammer an die Kammer für Handelssachen:

Der Rechtsstreit wird auf Antrag des Beklagten gemäß § 98 I GVG an die Zivilkammer verwiesen.

Verweisung von der Kammer für Handelssachen an die Zivilkammer:

Der Rechtsstreit wird von Amts wegen/auf Antrag des Beklagten/auf Antrag des Klägers gemäß § 97 I, II GVG/§ 99 I, II GVG an die Zivilkammer verwiesen.

Anders als bei einer Verweisung nach § 281 I ZPO hat sich das angerufene Gericht nicht für unzuständig zu erklären.

IV. Verweisung bei Unzulässigkeit des Rechtsweges nach § 17a GVG

1. Zulässigkeit des Rechtswegs

48 Hat das angerufene Zivilgericht Zweifel an der Zulässigkeit des Rechtswegs, ist nach § 17a GVG zu verfahren. Die Frage stellt sich, wenn die von Amts wegen vorzunehmende Zulässigkeitsprüfung Anlass hierzu gibt oder wenn eine Partei die Zulässigkeit des Rechtswegs gerügt hat. In der Praxis geht es meist um das Verhältnis Zivilgerichtsbarkeit/Arbeitsgerichtsbarkeit; hierbei handelt es sich nicht um eine nach § 281 ZPO zu behandelnde Frage der sachlichen Zuständigkeit, sondern um eine Frage der Zulässigkeit des Rechtsweges Auch eine Verweisung an die Verwaltungsgerichtsbarkeit und – seltener – an die Sozial- oder Finanzgerichtsbarkeit kann in Betracht kommen. Gemäß § 17a VI GVG gelten die Vorschriften entsprechend für das Verhältnis der ordentlichen Zivilgerichtsbarkeit, der Familiengerichtsbarkeit und der freiwilligen Gerichtsbarkeit zueinander; auch zwischen ihnen ist § 281 ZPO unanwendbar. Aus der Sicht des Zivilgerichts kommt es für die Zulässigkeit des Rechtswegs darauf an, ob eine bürgerliche Rechtsstreitigkeit iSv § 13 GVG vorliegt, die keine Familiensache und keine Sache der freiwilligen Gerichtsbarkeit ist. Die Abgrenzung zu den anderen Gerichtsbarkeiten kann im Einzelfall schwierig sein (vgl. die Fallkonstellationen mit Rechtsprechungsnachweisen bei *Zöller/Lückemann*, § 13 GVG Rn. 55).

49 §§ 17ff. GVG haben ihren **Anwendungsbereich** nicht nur im Urteilsverfahren; die Vorschriften gelten auch für das Mahnverfahren, das selbständige Beeisverfahren und die Verfahren des Arrestes, der einstweiligen Verfügung oder der einstweiligen Anordnung (vgl. *Thomas/Putzo/Hüßtege*, § 17 GVG Rn. 2). Hingegen sollen sie auf das Prozesskostenhilfeverfahren nicht anwendbar sein (*OLG Karlsruhe*, MDR 2007, 1390; *VGH Mannheim*, NJW 1995, 1915). Folgt man dieser Auffassung, ist der PKH-Antrag zurückzuweisen, wenn das Gericht den Rechtsweg für unzulässig hält. Eine gleichwohl ausgesprochene Verweisung soll aber für das PKH-Verfahren bindend sein (*BGH*, NJW 2001, 3633; NJW-RR 2010, 209).

2. Verfahren in erster Instanz

50 Die Zulässigkeit des Rechtsweges ist von Amts wegen zu prüfen. Eine Rüge der Parteien ist nicht erforderlich, gibt aber Anlass zur Nachprüfung. Für seine Entscheidung darf das Gericht nicht den einseitigen Klägervortrag zugrundelegen. Für das weitere Verfahren ist zu unterscheiden:

51 a) **Unzulässigkeit des Rechtswegs.** Sieht das Gericht den Rechtsweg als unzulässig an, spricht es das von Amts wegen aus und verweist den Rechtsstreit gleichzeitig an das zuständige Gericht des zulässigen Rechtsweges (§ 17a II 1 GVG). Ein Antrag ist nicht erforderlich. Vor der Verweisung ist den Parteien rechtliches Gehör zu gewähren. Die Entscheidung ergeht durch Beschluss, eine mündliche Verhandlung ist freigestellt (§ 17a IV 1 GVG). Der Beschluss ist, anders als nach § 281 ZPO, zwingend zu begründen (§ 17a IV 2 GVG) und den Parteien förmlich zuzustellen (§ 329 III ZPO). Er ist mit der sofortigen Beschwerde anfechtbar. Ein Prozessurteil oder auch ein Zwischenurteil nach § 280 ZPO können nicht ergehen.

52 b) **Zulässigkeit des Rechtswegs.** Hält das Gericht den Rechtsweg für zulässig, ist nur in wirklichen Zweifelsfällen eine **Vorabentscheidung** veranlasst. Zwar kann das Gericht die Zulässigkeit des ordentli-

chen Rechtsweges vorab durch Beschluss aussprechen (§ 17 a III 1 GVG). Hierzu wird aber meist kein Anlass bestehen; das zur Begründung Erforderliche kann im Urteil gesagt werden. Anders ist die Rechtslage, wenn eine Partei (Kläger oder Beklagter) die Zulässigkeit des Rechtsweges gerügt hat. Dann muss das Gericht vorab – das heißt vor der Entscheidung in der Hauptsache – entscheiden, § 17 a III 2 GVG (*BGH,* NJW 1999, 651). Auch für diesen Beschluss gelten die Bestimmungen des § 17 a IV GVG, er ist also zu begründen und unterliegt der sofortigen Beschwerde.

3. Verfahren in zweiter Instanz

Die Zulässigkeit des Rechtsweges ist in der **Berufungsinstanz** grundsätzlich nicht mehr zu prüfen, 53
§ 17 a V GVG. Hat das Gericht des ersten Rechtszuges sie durch Beschluss nach § 17 a III GVG bejaht und ist dieser Beschluss rechtskräftig geworden, so muss das Gericht das Ergebnis hinnehmen. Auch wenn das erstinstanzliche Gericht die Zulässigkeit des Rechtswegs im Urteil bejaht hat, ist das Berufungsgericht hieran gebunden (*BGH,* NJW 1991, 1686). Das gilt auch dann, wenn das Urteil sich mit dieser Frage nicht ausdrücklich befasst, sondern sie konkludent bejaht hat (*BGH,* NJW 2008, 3572; *BAG,* NJW 1996, 3430). Anders ist es nur, wenn eine Vorabentscheidung nach § 17 a III 2 GVG geboten gewesen wäre, weil eine Partei die Zulässigkeit des Rechtsweges gerügt hatte (*BGH,* VersR 2010, 790; NJW 1993, 470; MDR 1998, 920). In einem solchen Fall kann auch das Berufungsgericht die erforderliche Verweisung aussprechen (*OLG Köln,* NJW-RR 1995, 910; *BVerwG,* NJW 1994, 956). Das geschieht unter Aufhebung des erstinstanzlichen Urteils durch Beschluss (*BGH,* MDR 1998, 920).

Wird gegen den nach § 17 a III GVG die Zulässigkeit des Rechtsweges aussprechenden Beschluss 54
Beschwerde eingelegt, so hat das Beschwerdegericht, wenn es anderer Auffassung ist, den Rechtsstreit nach § 17 a II GVG durch Beschluss zu verweisen. Handelt es sich um eine Beschwerde gegen einen Beschluss nach § 17 a II GVG, so hat das Beschwerdegericht, wenn es die Beschwerde für begründet hält, einen Zulässigkeitsbeschluss nach § 17 a III 1 GVG zu erlassen.

4. Verfahren des Empfangsgerichts

Der Verweisungsbeschluss ist hinsichtlich des Rechtsweges bindend, § 17 a II 3 GVG. Eine Weiter- 55
verweisung oder eine Rückverweisung sind also ausgeschlossen, auch wenn die Verweisung fehlerhaft war. Anders kann es nur bei „extremen Verstößen" gegen das Verfahrensrecht sein (*BGH,* NJW 2003, 2990; vgl. *Zöller/Lückemann,* § 17 a GVG Rn. 13). Möglich ist allerdings eine Weiterverweisung wegen sachlicher oder örtlicher Unzuständigkeit. Im übrigen bestimmt das Empfangsgericht sein Verfahren auf der Grundlage des jeweils geltenden Verfahrensrechts selbst.

5. Fassung des Verweisungsbeschlusses

Beispiele: 56

Verweisung nach § 17 a II GVG an das Gericht des zulässigen Rechtsweges:

Der ordentliche Rechtsweg ist unzulässig. Der Rechtsstreit wird an das Arbeitsgericht ... verwiesen.

Zulässigkeitsbeschluss nach § 17 a III GVG:

Der ordentliche Rechtsweg ist zulässig.
oder
Der Rechtsweg zu den ordentlichen Gerichten ist zulässig.

Eine ausführlichere Fassung der Beschlussformel, wie im Fall des § 281 ZPO üblich, erübrigt sich, 57
weil der Beschluss ohnehin zu begründen ist. In beiden Fällen enthält der Beschluss **keine Kostenentscheidung.** Über die vor dem Gericht des unzulässigen Rechtswegs entstandenen Mehrkosten wird im abschließenden Urteil entschieden (§ 17 b II GVG). Anders ist es im Beschwerdeverfahren nach § 17 a IV GVG, hier ist eine Kostenentscheidung geboten (*BGH,* NJW 1993, 2541; *OLG Schleswig,* MDR 2009, 1129).

A. V. Zustellungen, Fristen, Termine

Dr. Stefan Bruinier

Übersicht

Literatur: Zur allg. Literatur siehe Literaturverzeichnis A. I.

I. Zustellungen

1 Obwohl die Parteien den Zivilprozess betreiben, geht der gesamte im Rechtsstreit anfallende **Schriftverkehr über das Gericht.** Für dieses ist es mithin wichtig zu wissen, in welcher Form den Parteien Schriftsätze, Ladungen und Entscheidungen zuzuleiten sind. Zwar ist das Sache der Geschäftsstelle (§§ 168 I, 274 I ZPO) und wird von einer funktionierenden Geschäftsstelle idR auch ordnungsgemäß ausgeführt; in der Praxis muss jedoch häufig der Richter eingreifen und verfügen, was die Geschäftsstelle veranlassen soll.

1. Zustellung, formlose Mitteilung

2 Die Zustellung ist die Übergabe eines Schriftstücks in beurkundeter Form, um dem Zustellungsempfänger die Kenntnisnahme zu ermöglichen (rechtliches Gehör) und um dem Zustellenden (Gericht oder Partei) den Nachweis dieser Möglichkeit zu geben. Gegensatz zur Zustellung ist die formlose Mitteilung. Zuzustellen sind die sogenannten **bestimmenden Schriftsätze,** das sind solche, die Sachanträge enthalten (§ 270 S. 1 ZPO). **Vorbereitende Schriftsätze** nach § 129 ZPO, die nur Tatsachenvortrag, Beweisanträge und Rechtsausführungen enthalten, werden nur formlos mit einfachem Brief übersandt. Gerichtliche Entscheidungen werden immer zugestellt; Ausnahme: Beschlüsse im Arrest- und einstweiligen Verfügungsverfahren (§§ 922, 936 ZPO); Beschlüsse und Verfügungen, wenn sie keine Terminsbestimmung enthalten, keine Frist in Lauf setzen, keinen Vollstreckungstitel bilden und nicht mit befristetem Rechtsmittel anfechtbar sind.

Den Parteien sind Terminsladungen zuzustellen (§ 274 II ZPO, im amtsgerichtlichen Prozess beim Kläger grundsätzlich nur formlose Ladung, § 497 I ZPO), sie selbst sind zur persönlichen Anhörung formlos zu laden (§ 141 II ZPO). Zeugen und Sachverständige werden durchweg formlos geladen (§§ 377 I 2, 402 ZPO).

2. Amts- und Parteizustellung

3 Die Zustellung von Amts wegen nach den §§ 169 f. ZPO ist die Regel (vgl. § 166 II ZPO), die Zustellung im Parteibetrieb nach den §§ 191 f. ZPO die Ausnahme. § 191 ZPO verweist für die Zustellung im Parteibetrieb auf die Zustellungsvorschriften von Amts wegen, soweit sich aus den §§ 191 f. ZPO nichts Abweichendes ergibt. Im Parteibetrieb werden nur noch die Beschlüsse im Arrest- und einstweiligen Verfügungsverfahren zugestellt (§§ 922 II, 936 ZPO), beim Vollstreckungsbescheid kann der Antragsteller die Übergabe an sich zur Zustellung im Parteibetrieb beantragen (§ 699 IV 1 ZPO). In der Zwangsvollstreckung ist hingegen die Parteizustellung die Regel. Die Amtszustellung wird von der Geschäftsstelle des Gerichts veranlasst (§ 168 I 1 ZPO) und heute regelmäßig durch die Post ausgeführt § 166 I 2 ZPO).

3. Zustellungsempfänger

Grundsätzlich ist dem Zustellungsempfänger selbst zuzustellen (zur Zurechnung einer fehlerhaften Zustellung kraft Rechtsscheins vgl. *BGH,* NJW-RR 1993, 1083), in Ausnahmefällen ist die sogenannte **Ersatzzustellung** zulässig (§ 178 ZPO); eine Ersatzzustellung ist unzulässig, wenn die „Ersatzperson" an dem Rechtsstreit als Gegner beteiligt ist (§ 178 II ZPO). Hat eine Partei nur einen Sitz im Ausland, sollte das Gericht zur Vereinfachung und Beschleunigung des Verfahrens gemäß §§ 183, 184 ZPO anordnen, dass die Partei innerhalb einer bestimmten (angemessenen) Frist einen im Inland ansässigen Zustellungsbevollmächtigten zu benennen hat. Kommt die Partei dem nicht nach, ist eine Zustellung durch Aufgabe zur Post möglich. Im anhängigen Prozess ist immer nur an den Prozessbevollmächtigten der Partei zuzustellen (§ 172 I ZPO); auch wenn er das Mandat niedergelegt hat, muss im Anwaltsprozess solange an ihn weiter zugestellt werden, bis ein anderer Anwalt seine Bestellung anzeigt (§ 87 I ZPO). Mängel der Zustellung können unter den Voraussetzungen des § 189 ZPO bei tatsächlichem Zugang an die Partei geheilt werden. 4

4. Ausfertigung, beglaubigte Abschrift

Zugestellt wird niemals die Urschrift, diese bleibt bei den Akten; zugestellt wird entweder eine Ausfertigung oder eine beglaubigte Abschrift. Ausfertigung ist die vom Urkundsbeamten der Geschäftsstelle beglaubigte, unterschriebene und mit dem Gerichtssiegel versehene Abschrift. Sinn der Ausfertigung ist es, im Verkehr die Urschrift zu ersetzen; der Ausfertigungsvermerk beweist, dass Urschrift und Abschrift übereinstimmen. Eine **vollstreckbare Ausfertigung** ist die mit der Vollstreckungsklausel versehene Ausfertigung eines Vollstreckungstitels. Die beglaubigte Abschrift ist eine Abschrift, deren Übereinstimmung mit der Urschrift der Urkundsbeamte der Geschäftsstelle (vgl. § 169 II ZPO) oder der Gerichtsvollzieher (§ 192 II 2 ZPO) oder der Rechtsanwalt (§ 170 II ZPO) schriftlich versichert. 5

5. Zustellungsurkunde

Über die Zustellung ist eine Zustellungsurkunde aufzunehmen (§ 182 ZPO), die **öffentliche Urkunde** iS des § 418 ZPO ist. Ihre Beweiskraft wird beispielsweise nicht schon dadurch entkräftet, dass der Empfänger bei Ersatzzustellung durch Niederlegung (§ 181 ZPO) eidesstattlich versichert, die schriftliche Mitteilung des Postbeamten im Briefkasten nicht vorgefunden zu haben (vgl. *BVerwG,* NJW 1986, 2127). Die Beweiskraft erstreckt sich jedoch nicht darauf, dass der Zustellungsempfänger unter der Zustellungsanschrift wohnt (*BVerfG,* NJW-RR 1992, 1084). 6

6. Empfangsbekenntnis

Eine Beweiskraft kommt auch dem datierten und unterschriebenen Empfangsbekenntnis des Prozessbevollmächtigten zu; nach § 174 ZPO genügt bei der Zustellung an einen Anwalt zum Nachweis der Zustellung das mit Datum und Unterschrift versehene schriftliche Empfangsbekenntnis des Anwalts. Der Nachweis des sog. EB wird nicht schon dadurch entkräftet, dass die bloße Möglichkeit der Unrichtigkeit des EB besteht; vielmehr muss die Beweiswirkung des § 174 ZPO vollständig entkräftet werden, indem jede Möglichkeit ausgeschlossen ist, dass die Angaben des Empfangsbekenntnisses richtig sein können (*BGH,* NJW 1996, 2514). 7

7. Vereinfachte Zustellung

Die ZPO kennt neben der Amts- und Parteizustellung an den Zustellungsempfänger besondere Zustellungsarten, eine davon ist die vereinfachte Zustellung von Anwalt zu Anwalt, wenn beide Parteien durch Anwälte vertreten sind (§ 195 ZPO); gleichfalls kann bei der Amtszustellung nach § 174 ZPO vereinfacht zugestellt werden. 8

8. Öffentliche Zustellung

Eine weitere besondere Zustellungsart ist die öffentliche Zustellung, sie ist gemäß §§ 185 f. ZPO zulässig bei unbekanntem Aufenthalt, bei unausführbarer Auslandszustellung, bei aussichtsloser Auslandszustellung und bei exterritorialer Wohnung. Bei unbekanntem Aufenthalt dürfte die Anfrage beim Einwohnermeldeamt allein nicht genügen (vgl. *Zöller/Stöber,* § 185 Rn. 2; aA für Pfändungs- und Überweisungsbeschluss *BGH,* NJW 2003, 1530; allgemein *OLG Naumburg,* NJW-RR 2001, 1148), die Praxis der Gerichte ist jedoch unterschiedlich; das Bundesverfassungsgericht stellt im Hinblick auf Art. 103 GG strenge Anforderungen (*BVerfG,* NJW 1988, 2361). Die Ermittlungen obliegen der das Verfahren betreibenden Partei (str., *OLG Hamm,* JurBüro 1994, 630; *Musielak/Wolst,* § 185 Rn. 2). Zum unbekannten Aufenthalt eines ausländischen Ehegatten vgl. *OLG Stuttgart,* FamRZ 1991, 342. Die öffentliche Zustellung bleibt auch dann wirksam, wenn sich nachträglich herausstellt, dass die Vor- 9 aussetzungen für eine öffentliche Zustellung objektiv nicht vorlagen (*BGH*, NJW 1975, 827; *OLG Köln*, NJW-RR 1993, 446; *OLG Hamm*, NJW-RR 1998, 497).

Zum Vollzug der öffentlichen Zustellung vgl. *Schellhammer*, Rn. 99. Gegen den eine öffentliche Zustellung ablehnenden Beschluss findet sofortige Beschwerde nach § 567 I Nr. 2 ZPO statt.

Beschlusstenor bei öffentlicher Zustellung:

Beispiel:

Der Antrag des Klägers am ... auf Bewilligung der öffentlichen Zustellung wird zurückgewiesen.
Die öffentliche Zustellung der Klageschrift (des Schriftsatzes vom ..., der Ladung zum Termin am ...) an den Beklagten ... wird bewilligt (§ 185 ZPO).

Der Beschluss ist kurz zu begründen.

9. Zustellung im Ausland

10 Eine weitere besondere Zustellungsart ist die Zustellung im Ausland, die nach § 183 ZPO erfolgt (vgl. im Einzelnen *Zöller/Geimer*, § 183 Rn. 1 ff.). Trotz der häufig langen Dauer kann eine Auslandszustellung aber „demnächst" iSd § 167 ZPO sein (*BGH*, NJW 1988, 411). Zu beachten ist bei einer Auslandszustellung, dass der Richter bei der Festsetzung des Termins die Einlassungsfrist bestimmen muss (§ 274 III 2 ZPO); anderenfalls kann beispielsweise kein Versäumnisurteil ergehen.

II. Fristen

11 Zahlreiche Prozesshandlungen sind befristet, sei es durch das Gesetz selbst (gesetzliche Fristen) oder mittels Festsetzung durch den Richter (richterliche Fristen); sie sind nach Fristversäumung grundsätzlich nicht mehr nachholbar (§§ 230, 296 I ZPO). In den §§ 214 f. ZPO finden sich allgemeine Regeln über Wirkung, Berechnung, Abkürzung und Verlängerung von Fristen.

1. Ladungs- und Einlassungsfrist

12 Bei jeder Ladungsverfügung ist die Ladungsfrist des § 217 ZPO zu beachten; das ist die Frist zwischen der Zustellung der Ladung und dem Terminstag, die in Anwaltsprozessen mindestens eine Woche, in anderen Prozessen mindestens drei Tage betragen muss. Die Einlassungsfrist betrifft den Zeitraum zwischen der Zustellung der Klageschrift und dem Termin zur mündlichen Verhandlung, der Zeitraum muss mindestens zwei Wochen betragen (§ 274 III 1 ZPO). Beide Fristen sollen der Partei Gelegenheit geben, sich auf den Termin vorzubereiten. Bei Missachtung der Fristen ist ein Versäumnisurteil unzulässig (§ 335 I Nr. 2 ZPO).

2. Verlängerung

13 Eine Verlängerung von gesetzlichen und richterlichen Fristen ist nach § 224 II ZPO auf Antrag aus erheblichen Gründen möglich (zB Anwaltswechsel, Erkrankung des Anwalts oder der Partei, kurzzeitige Überlastung), gesetzliche Fristen können nur verlängert werden, wenn dies im Gesetz besonders bestimmt ist (§ 224 II ZPO). Das Gesetz verlangt Glaubhaftmachung des Grundes, die jedoch in der gerichtlichen Praxis meist nicht in der Form des § 294 ZPO erforderlich ist (vgl. *Baumbach/Lauterbach/Albers/Hartmann*, § 224 Rn. 7). Gegen die Ablehnung der Verlängerung findet keine Beschwerde statt (§ 225 III ZPO), die Bewilligung der Verlängerung ist nur mit dem Urteil anfechtbar (§§ 512, 557 II ZPO), vgl. im Einzelnen *Zöller/Stöber*, § 225 Rn. 8).

Bei **Rechtsmitteln** muss der Antrag auf Verlängerung grundsätzlich vor Ablauf der Frist gestellt sein; eine Verlängerung ist aber auch noch nach Fristablauf möglich, wenn der Antrag vorher eingegangen war (*BGH*, NJW 1982, 1651 für die Berufungsbegründungsfrist). Wird der Antrag erst nach Fristablauf gestellt, kann die Frist nicht mehr wirksam verlängert werden (*BGH*, NJW 1992, 842).

3. Abkürzung

14 Durch Vereinbarung der Parteien können Fristen, mit Ausnahme der Notfristen, abgekürzt werden. **Notfristen** sind nur diejenigen Fristen, die in der ZPO als solche bezeichnet sind (§ 224 I ZPO). Auf Antrag ist eine Abkürzung von richterlichen und gesetzlichen Fristen nach § 224 II ZPO gleichfalls möglich, in der Praxis aber selten, bei Eilbedürftigkeit (Arrest, einstweilige Verfügung, Wechsel-, Scheckprozess) wird manchmal die Abkürzung der Ladungs- oder Einlassungsfrist beantragt (vgl. § 226 ZPO).

Gegen die Ablehnung der Abkürzung findet nach hM die sofortige **Beschwerde** statt (vgl. § 225 III ZPO; *Zöller/Stöber*, § 225 Rn. 8); die Bewilligung der Abkürzung ist nur mit dem Urteil anfechtbar (§§ 512, 557 II ZPO), vgl. im Einzelnen *Zöller/Stöber*, § 225 Rn. 8.

4. Fristberechnung

Zur Fristberechnung vgl. §§ 221 f. ZPO: Die richterliche Frist beginnt mit dem in der Fristsetzung genannten Ereignis oder Tag, sonst mit der Verkündung oder Zustellung der Fristsetzung (§ 221 ZPO); die gesetzliche Frist beginnt mit dem gesetzlich benannten Ereignis (beispielsweise §§ 234 II, 339 ZPO). Die Fristberechnung ist in § 222 ZPO iVm §§ 187–189 BGB geregelt. Wenn die Frist mit einem Ereignis während des Tages beginnt, wird dieser Tag nicht mitgerechnet (§ 187 I BGB; analoge Anwendung auf Rechtshängigkeitszinsen nach *BGH*, NJW-RR 1990, 518, 519); wenn der Beginn eines Tages den Fristbeginn bestimmt, wird dieser Tag mitgerechnet (§ 187 II BGB); die Fristdauer wird nach § 189 BGB berechnet, § 188 BGB regelt den Fristablauf. Fällt das **Ende** einer Frist auf einen Sonntag, einen allgemeinen Feiertag oder einen Sonnabend, so endet die Frist mit Ablauf des nächsten Werktages (§ 222 II ZPO). 15

5. Schriftsatznachlass

Eine besondere Frist ist die für einen Schriftsatznachlass. Wenn eine Partei kurz vor oder im Termin mit neuen Angriffs- oder Verteidigungsmitteln überrascht wird, die möglicherweise erheblich sind, kann sie gegenüber dem Gericht beantragen, ihr eine Frist zu bestimmen, in der sie ihre Erwiderung nachbringen kann (§ 283 ZPO). Wenn eine Partei nicht erkennt, dass ein Antrag nach § 283 ZPO sachdienlich wäre, muss das Gericht nach § 139 ZPO darauf hinweisen (*BGH*, NJW 1985, 1539, 1543). Das Gericht wird, wenn es dem Antrag entspricht, regelmäßig zugleich einen Entscheidungstermin bestimmen, wobei die fristgemäß eingereichte Erklärung berücksichtigt werden muss, eine verspätet eingereichte Erklärung berücksichtigt werden kann (§ 283 S. 2 ZPO). 16

a) **Verspätetes Vorbringen.** Für die Frage, ob einer Partei neues Vorbringen rechtzeitig mitgeteilt wurde, ist im Anwaltsprozess § 132 ZPO maßgeblich. Danach muss ein Schriftsatz mit neuem Vorbringen eine Woche vor dem Termin zugestellt werden können, die Gegenerklärung des Beklagten drei Tage vor der mündlichen Verhandlung. Nicht rechtzeitig mitgeteiltes neues Vorbringen darf in keinem Fall als verspätet zurückgewiesen werden, ohne nicht zuvor dem Gegner Schriftsatznachlass gewährt zu haben; denn möglicherweise bestreitet er nicht und unstreitiger Sachvortrag kann niemals zu einer Verspätung, einer Verzögerung des Rechtsstreits führen (vgl. *OLG Naumburg*, NJW-RR 1994, 704; *Thomas/Putzo*, § 283 Rn. 1 und A. VIII. Rn. 11 f.). 17

b) **Nachgereichter Schriftsatz.** Unter den sog. nachgereichten Schriftsätzen versteht man nicht nachgelassene Schriftsätze, mithin solche, die nach Schluss der mündlichen Verhandlung nachgereicht werden. Sie sind bei der Entscheidungsfindung grundsätzlich nicht zu berücksichtigen (§ 296 a ZPO), können aber in Ausnahmefällen zur Wiedereröffnung der mündlichen Verhandlung führen (§§ 296 a S. 2, 156 ZPO, das Gericht muss in den Entscheidungsgründen dazu in der gebotenen Kürze Stellung nehmen; zur Berücksichtigung von Vorbringen in nicht nachgelassenem Schriftsatz vgl. *OLG Köln*, FamRZ 1986, 927; *OLG Düsseldorf*, NJW 1987, 507; *BGH*, NJW 1988, 2302). 18

c) **Beschlussfassung.** Der Richter sollte bei seinem Beschluss den Schriftsatznachlass konkret fassen: 19

Beispiel:

Dem Kläger wird nachgelassen, binnen ... auf das tatsächliche Vorbringen des Beklagten im Schriftsatz vom ..., Seite ... (oder noch konkreter: auf folgendes Vorbringen des Beklagten im Schriftsatz vom ...) zu erwidern.
Termin zur Verkündung einer Entscheidung wird bestimmt auf ...

III. Termine

Nach § 227 ZPO kann ein Termin **aufgehoben** oder **verlegt** sowie eine Verhandlung **vertagt** werden, wenn dafür erhebliche Gründe vorliegen. Der erhebliche Grund (Beispiele bei *Zöller/Stöber*, § 227 Rn. 6) ist darzulegen und auf Verlangen des Gerichts glaubhaft zu machen (§ 227 II ZPO). Wenn die Parteien sich einig sind, reicht das zwar allein nicht aus, kann aber mit anderen Tatsachen zusammen einen erheblichen Grund ergeben (§ 227 I 2 Nr. 3 ZPO). Streitig ist, wann die **Verhinderung des Rechtsanwalts** einer Sozietät, eines Einzelanwalts **oder auch der Partei persönlich** ein erheblicher Grund ist (vgl. einerseits *Thomas/Putzo/Hüßtege*, § 227 Rn. 6, andererseits *Baumbach/Lauterbach/Albers/Hartmann*, § 227 Rn. 23 f.); hier sollte das Gericht schon wegen des rechtlichen Gehörs großzügig sein und insbesondere Verhinderungen eines Rechtsanwalts ernst nehmen. Das dem Gericht eingeräumte Ermessen kann sich zur Gewährleistung des rechtlichen Gehörs zu einer Rechtspflicht zur Vertagung verdichten (*OLG Hamm*, NJW-RR 1992, 121, *OLG Schleswig*, NJW 1994, 1227, *BSG*, NJW 1996, 677, *BVerwG*, NJW 1995, 1441). In der Zeit vom 1. Juli bis 31. August anberaumte Termine, mit Ausnahme der Verkündungstermine, sind auf Antrag zu verlegen (§ 227 III ZPO; Ausnahmen: Wenn das Verfahren besonderer Beschleunigung bedarf und in bestimmten, in einzelnen im Gesetz aufgeführten Verfahrensarten); der Zeitraum 1. Juli bis 31. August deckt in etwa den Zeitraum ab, in dem früher die sog. Gerichtsferien liefen. Dem Antrag muss nur entsprochen werden, wenn er innerhalb einer Woche nach Eingang der Ladung oder Terminsbestimmung gestellt wird. 20

Hat die Partei die Verlegung eines Termins durch ihr Verschulden veranlasst, sind ihr die hierdurch verursachten Kosten aufzuerlegen (§ 95 ZPO, § 38 GKG). Sowohl die Verlegung als auch die Ablehnung sind nach § 227 IV 3 ZPO **grundsätzlich unanfechtbar** (*Thomas/Putzo/Hüßtege,* § 227 Rn. 35; *OLG Frankfurt,* MDR 1983, 1031). Wenn jedoch die Verlegung oder ihre Ablehnung einer Verweigerung des Rechtsschutzes gleichkommt, kann eine Beschwerde zulässig sein (vgl. *Zöller/Stöber,* § 227 Rn. 28).

A. VI. Wiedereinsetzung in den vorigen Stand

Dr. Stefan Bruinier

Übersicht

Literatur: *Born,* Die Rechtsprechung des BGH zur Wiedereinsetzung in den vorigen Stand, NJW 2005, 2042; NJW 2007, 2088; NJW 2009, 2179; *Hansens,* Die Rechtsprechung zum Anwaltshaftpflichtrecht im Jahre 1991, NJW 1992, 1353; *Wirges,* Neue Rechtsprechung zum anwaltlichen Organisationsverschulden, MDR 1998, 1459 – zur allg. Literatur siehe Literaturverzeichnis A. I.

I. Fristversäumung allgemein

1 Die Wiedereinsetzung in den vorigen Stand ist in den §§ 230ff. ZPO geregelt. Sie ist nur statthaft bei Versäumung der in § 233 ZPO genannten Fristen, niemals bei Versäumung eines Termins oder der Widerspruchsfrist gegen den Mahnbescheid. In der Praxis geht es meist um die Frist zum Einspruch gegen Vollstreckungsbescheid oder Versäumnisurteil oder um Rechtsmittel- und Rechtsmittelbegründungsfristen.

1. Voraussetzungen der Wiedereinsetzung

2 Es muss ein Wiedereinsetzungsgrund gegeben sein; das kann zum einen der Fall sein, wenn die Partei von der Zustellung, welche die Notfrist in Lauf gesetzt hat, keine Kenntnis erlangt hat, zum anderen, wenn sie das Fristende unbeabsichtigt verstreichen lässt. Voraussetzung ist in beiden Fällen, dass die Frist wirksam in Gang gesetzt wurde, in der Regel also, dass eine ordnungsgemäße Zustellung vorliegt. Bei einer Vertretung durch Anwälte ist der zweite Fall häufig, nämlich dass ein Rechtsmittel oder ein Rechtsbehelf aufgrund eines Büroversehens bei der Überwachung der Frist unterbleibt (vgl. *Zöller/Greger,* § 233 Rn. 23 „Büropersonal").

Wiedereinsetzung ist nur zu bewilligen, wenn die Partei **kein Verschulden** trifft (beispielsweise schließen Krankheit, Urlaub oder sonstige Ortsabwesenheit das Verschulden nur unter besonderen Umständen aus, *BGH,* NJW-RR 1994, 957; JurBüro 2007, 615: Vorlage einer Arbeitsunfähigkeitsbescheinigung reicht nicht). Dabei steht das Verschulden des Prozessbevollmächtigten, nicht jedoch das seines Personals (zum Verschulden eines anwaltlichen Mitarbeiters vgl. *BGH,* NJW-RR 1992, 1019), dem Verschulden der Partei gleich (§ 85 II ZPO). Häufig liegt bei einem Verschulden des Personals ein **Organisationsverschulden des Prozessbevollmächtigten** vor, wenn er beispielsweise die Führung des Fristenkalenders und die Postausgangskontrolle einer noch nicht geschulten Bürokraft überlassen hat; die Rechtsprechung verlangt eine Organisation, die eine Fristversäumung weitgehend ausschließt (*BGH,* NJW-RR 2008, 1160 mwN). Einige Fristen muss der Rechtsanwalt persönlich berechnen, so bei Zustellung nach § 174 I ZPO (*BGH,* VersR 1983, 595). Wird ihm die Akte zur Vorbereitung einer fristgebundenen Prozesshandlung vorgelegt, muss er den Fristablauf nachprüfen (*BGH,* NJW 1997, 1311). Zu den Sorgfaltspflichten des Rechtsanwalts bei einem Poststreik vgl. *BGH,* NJW 1993, 1332, 1333; 1994, 244; *BVerfG,* NJW 1994, 1854.

2. Verfahren

3 Wiedereinsetzung kann ohne Antrag von Amts wegen gewährt werden, § 236 II 2 Hs. 2 ZPO. Voraussetzung ist nur, dass die versäumte Prozesshandlung innerhalb der Wiedereinsetzungsfrist nachgeholt wurde und dass die eine Wiedereinsetzung rechtfertigenden Tatsachen offenkundig sind oder sich aus der Akte ergeben (vgl. *VGH Mannheim,* NJW 1994, 538 zu einem Fehler im Telefaxgerät des Gerichts). Reichen diese Tatsachen für eine Wiedereinsetzung nicht aus, kann das Gericht die Partei zur Ergänzung des Vortrags oder der Glaubhaftmachung auffordern (*Thomas/Putzo/Hüßtege,* § 236 Rn. 9); insbesondere bei einer anwaltlich nicht vertretenen Partei kann das geboten sein. Bei erkennbar unkla-

ren oder ergänzungsbedürftigen Angaben ist das Gericht gemäß § 139 I ZPO zu einem entsprechenden Hinweis verpflichtet (*BGH,* MDR 2010, 648 f.; NJW 2011, 458).

4 a) **Wiedereinsetzungsantrag.** Die Wiedereinsetzung muss innerhalb einer **Frist** von zwei Wochen beantragt werden, nachdem das Hindernis behoben ist (§ 234 ZPO), mithin nicht erst, nachdem dem Antragsteller die Fristversäumung bekannt geworden ist, sondern bereits nachdem seine Unkenntnis nicht mehr unverschuldet ist, er bzw. sein Anwalt also bei zu erwartender Sorgfalt die Fristversäumung hätten erkennen können (*BGH,* NJW-RR 2005, 923). Zu beachten ist die Ausschlussfrist von 1 Jahr (§ 234 III ZPO; zur einschränkenden Auslegung vgl. *OLG Schleswig,* NJW-RR 1990, 1215; aA *OLG Düsseldorf,* NJW-RR 1994, 1215).

Die **Form** muss der versäumten Prozesshandlung entsprechen, richtet sich mithin bei Versäumung eines Rechtsbehelfs nach den dafür geltenden Vorschriften (§ 236 I ZPO). Die die Wiedereinsetzung begründenden Tatsachen müssen glaubhaft gemacht werden (§ 236 II 1 ZPO); in Ermangelung anderer zur Verfügung stehender Mittel zur Glaubhaftmachung kann ausnahmsweise auch die eigene schlichte Erklärung der Partei zugelassen werden (*BVerfG,* NJW-RR 1994, 316). Der Antragsgegner hat im Wiedereinsetzungsverfahren Anspruch auf rechtliches Gehör. Der Antrag ist ihm zur Stellungnahme zuzustellen, wenn nicht der Antrag von vornherein aussichtslos ist. Zuständig ist nach § 237 ZPO das Gericht, das über die nachgeholte Prozesshandlung zu entscheiden hat, beispielsweise bei versäumtem Einspruch das Gericht, welches das Versäumnisurteil erlassen hat.

5 b) **Verbindung von Wiedereinsetzung und Prozesshandlung; abgesonderte Verhandlung.** Die versäumte Prozesshandlung ist innerhalb der Wiedereinsetzungsfrist nachzuholen (§ 236 II 2 ZPO), sie wird üblicherweise mit dem Wiedereinsetzungsantrag verbunden. Das Gericht kann das Verfahren zunächst auf die Verhandlung und Entscheidung über den Antrag beschränken (§ 238 I 2 ZPO). Ein solches **abgesondertes Verfahren** kann bei einer streitigen Wiedereinsetzung mit unübersichtlichem Sachverhalt sinnvoll sein, um diese Zulässigkeitsfrage vorab verbindlich zu klären. Die Anordnung ergeht durch unanfechtbaren Beschluss, zB:

Das Verfahren wird zunächst auf die Verhandlung und Entscheidung über den Wiedereinsetzungsantrag beschränkt.

Soll allerdings die Wiedereinsetzung versagt werden, ist eine abgesonderte Verhandlung hierüber unangebracht (*Thomas/Putzo/Hüßtege,* § 238 Rn. 7). Dann ist durch Endurteil in der Sache zu entscheiden, also zB der Einspruch oder die Berufung als unzulässig zu verwerfen. Auch sonst dürfte es in der Regel vorzuziehen sein, die Verhandlung über den Wiedereinsetzungsantrag mit der Verhandlung über die versäumte Prozesshandlung zu verbinden und über beides gemeinsam zu entscheiden.

6 c) **Mündliche Verhandlung.** Das Gericht muss einen Termin zur mündlichen Verhandlung ansetzen, wenn über die nachgeholte Prozesshandlung nur nach mündlicher Verhandlung entschieden werden kann. Das gilt auch, wenn die Verhandlung nach § 238 I ZPO auf den Wiedereinsetzungsantrag beschränkt wird. In den meisten Fällen ist also eine mündliche Verhandlung notwendig; eine Ausnahme besteht bei Versäumung der Frist für die sofortige Beschwerde nach § 572 IV ZPO iVm § 128 IV ZPO, die Rechtsbeschwerde nach § 577 VI 1 ZPO iVm § 128 IV ZPO, den Einspruch nach § 341 II ZPO (Entscheidung durch Urteil!) und die Berufung nach § 522 I 3 ZPO iVm § 128 IV ZPO.

7 d) **Einstellung der Zwangsvollstreckung.** Ein Antrag auf Wiedereinsetzung wird, wenn er die Frist für den Einspruch gegen ein Versäumnisurteil oder gegen einen Vollstreckungsbescheid betrifft, oft mit einem Antrag auf Einstellung der Zwangsvollstreckung verbunden. Die Einstellung der Zwangsvollstreckung richtet sich dann nach § 707 ZPO; sie ist ohne Sicherheitsleistung nur im Ausnahmefall des § 707 I 2 ZPO zulässig. Die Einstellung gegen oder ohne Sicherheitsleistung hängt davon ab, dass sowohl die Wiedereinsetzung als auch der Rechtsstreit selbst Aussicht auf Erfolg haben.

3. Entscheidung über die Wiedereinsetzung

8 Hat das Gericht eine abgesonderte Verhandlung angeordnet, muss es durch **Zwischenurteil** nach § 303 ZPO entscheiden, das die Wiedereinsetzung gewährt oder den Antrag zurückweist. Das Zwischenurteil enthält keine Kostenentscheidung, über die Kosten wird erst im Endurteil entschieden. Wird die Wiedereinsetzung im Zwischenurteil versagt, macht das nicht die Entscheidung über die nunmehr unzulässige Prozesshandlung entbehrlich; über sie muss durch Endurteil bzw. Beschluss nach §§ 341 II, 522 I 3 ZPO entschieden werden.

Hat das Gericht das Verfahren nicht beschränkt, ergeht die Entscheidung immer in der Form, in der über die nachgeholte Prozesshandlung zu entscheiden ist, also in der Regel durch **Endurteil** oder auch durch **Beschluss** nach §§ 341 II, 522 I 3ZPO bzw. nach §§ 572 IV, 577 VI 1 ZPO. Mit der Entscheidung über den Einspruch, die Berufung etc. wird zugleich über den Wiedereinsetzungsantrag entschieden, und zwar üblicherweise zu Beginn der Urteils- oder Beschlussformel. Wird der Wiedereinsetzungsantrag im Tenor übergangen, kann die Entscheidung darüber konkludent den Gründen entnommen werden. Ist das nicht möglich, kommt eine Urteilsberichtigung oder Urteilsergänzung nach §§ 319, 321 ZPO in Betracht. Im Endurteil ist auch über die **Kosten der Wiedereinsetzung** zu entscheiden (§ 238 IV ZPO), ausdrücklich allerdings nur dann, wenn der Antragsteller nicht ohnehin die Kosten des Rechtsstreits trägt (*Zöller/Greger,* § 238 Rn. 11).

9 **a) Wirkung.** Mit der Entscheidung, die die Wiedereinsetzung gewährt, wird das Fristversäumnis rückgängig gemacht, die nachgeholte Prozesshandlung gilt als rechtzeitig. Eine entgegenstehende Entscheidung, mit der zB der verspätete Einspruch als unzulässig verworfen wurde, wird trotz Rechtskraft von selbst unwirksam. Es kann aber zur Klarstellung zweckmäßig sein, sie noch ausdrücklich aufzuheben (vgl. *Thomas/Putzo/Hüßtege,* § 238 Rn. 12).

10 **b) Rechtsmittel.** Gegen die Gewährung der Wiedereinsetzung gibt es kein Rechtsmittel (§ 238 III ZPO; ausnahmsweise kann bei Verletzung des rechtlichen Gehörs der Gegner eine Anhörungsrüge gemäß § 321 a I ZPO erheben (*Musielak/Grandel,* § 238 Rn. 5; vgl. auch *BGH,* NJW 1995, 2497). Bei Versagung der Wiedereinsetzung im Endurteil ist das hiergegen statthafte Rechtsmittel gegeben; gleiches gilt für die Versagung durch Zwischenurteil (*Thomas/Putzo/Hüßtege,* § 238 Rn. 15). Bei Endurteilen kann das Rechtsmittel auch darauf gestützt werden, dass Wiedereinsetzung zu gewähren gewesen wäre. Bei Versagung der Wiedereinsetzung und Verwerfung der Berufung gemäß § 522 I 2 ZPO durch Beschluss des LG oder OLG ist die Rechtsbeschwerde statthaft, § 522 I 4 ZPO.

4. Fassung der Entscheidung

11 **Beispiele:**

Zwischenurteil über den Wiedereinsetzungsantrag:

Dem Beklagten wird Wiedereinsetzung gegen die Versäumung der Frist zum Einspruch gegen den Vollstreckungsbescheid vom … gewährt.

Unzulässiger/unbegründeter Wiedereinsetzungsantrag (Urteil nach § 341 II ZPO):

Der Wiedereinsetzungsantrag des Beklagten wird verworfen/zurückgewiesen und sein Einspruch gegen das Versäumnisurteil vom … als unzulässig verworfen.
Der Beklagte trägt die weiteren Kosten des Rechtsstreits.
Das Urteil ist vorläufig vollstreckbar.

Begründeter Wiedereinsetzungsantrag (Urteil nach § 343 ZPO):

Dem Beklagten wird Wiedereinsetzung gegen die Versäumung der Frist zum Einspruch gegen das Versäumnisurteil vom … gewährt. Das Versäumnisurteil wird aufgehoben.
Die Kosten des Rechtsstreits trägt der Kläger mit Ausnahme der durch die Säumnis des Beklagten im Termin vom … verursachten Kosten und der Kosten der Wiedereinsetzung.
….. (vorläufige Vollstreckbarkeit)

II. Wiedereinsetzung bei Versäumung der Berufungs- oder Berufungsbegründungsfrist

12 Die Versäumung der Berufungs- oder Berufungsbegründungsfrist führt besonders oft zu Wiedereinsetzungsanträgen. Hierzu gibt es eine ausufernde Rechtsprechung des Bundesgerichtshofs, die an die Prozessbevollmächtigten der Parteien strenge Anforderungen stellt.

1. Fallgruppen zum Anwaltsverschulden

13
- Fehlerhafte Büro-Organisation für die Notierung und Kontrolle der Rechtsmittelfristen (*BGH,* NJW-RR 1991, 827; NJW 1993, 3333; 1994, 458; 1994, 459; 1994, 2831; NJW-RR 1994, 565; NJW 1995, 1756; 1997, 3243; NJW-RR 1998, 1443 u. 1526; NJW-RR 2008, 1160; vgl. Rn. 2).
- Fehlerhafte Büro-Organisation für die Entgegennahme von Berufungsaufträgen (*BGH,* VersR 1981, 79; 1981, 959; 1981, 1179; 1984, 240; NJW 1993, 3140 bei Telefax).
- Falsche Adressierung oder sonstige Fehler der Rechtsmittelschrift (*BGH,* NJW 1989, 589; 1989, 590; NJW-RR 1990, 1149; NJW 1994, 1354 u. 3235; 1998, 908; 2000, 82; 2006, 2499; *BVerfG,* NJW 1995, 3173).
- Mangelnde Verständigung zwischen Partei und erstinstanzlichem Anwalt (*BGH,* VersR 1990, 189; NJW-RR 1988, 1282; NJW 1991, 109; FamRZ 1996, 1466; VersR 1996, 606).
- Missverständnisse im Verkehr zwischen der Partei bzw. dem erstinstanzlichen Anwalt und dem Prozessbevollmächtigten der zweiten Instanz (*BGH,* VersR 1990, 801; 1990, 873; NJW 1991, 1892; VersR 1997, 896 u. 1296; FamRZ 2007, 1007).
- Verspätete oder nicht ordnungsgemäße Zuleitung an das Gericht (*BGH,* NJW 1989, 2393; NJW-RR 1990, 379; 1990, 508; MDR 1998, 1366; *BVerfG,* NJW 1995, 249; NJW 2001, 1566).
- Fehler bei Rechtsmittelschriften durch Telefax (*BGH,* NJW 1994, 1660 u. 1879; 1997, 948; 1998, 907; NJW-RR 1998, 1361);
  unvollständiger oder verspäteter Antrag auf Prozesskostenhilfe für das Rechtsmittel (*BGH,* NJW-RR 1990, 450; 1991, 637; NJW 1997, 1078; NJW-RR 2008, 1518).
  Zu weiteren Einzelheiten vgl. *Zöller/Greger,* § 233 Rn. 23.

2. Prozesskostenhilfe für die Berufung und Wiedereinsetzung

14 Wiedereinsetzung kann auch gewährt werden, wenn dem Berufungskläger nach den §§ 114ff. ZPO nicht zugemutet wird, die Berufung mit eigenen Mitteln zu führen. Voraussetzung ist, dass er innerhalb der Berufungsfrist einen ordnungsgemäßen und vollständigen Antrag auf Prozesskostenhilfe gestellt hat und er bedürftig ist (*BGH,* NJW 1983, 2145, 2146; NJW-RR 1991, 1532). Auch wenn Prozesskostenhilfe versagt wurde, der Berufungskläger sich aber entschließt, das Rechtsmittel auf eigene Kosten einzulegen, kann er Wiedereinsetzung beantragen. Das gilt auch dann, wenn er noch hätte Berufung einlegen können, weil der ablehnende Beschluss noch kurz vor Ablauf der Berufungsfrist zugestellt wurde (*BGH,* NJW 1986, 257). Wenn Prozesskostenhilfe wegen fehlender Bedürftigkeit abgelehnt wurde, hängt eine Wiedereinsetzung davon ab, ob er vernünftiger Weise annehmen durfte, er sei zur Berufungseinlegung finanziell nicht in der Lage (*BGH,* VersR 1984, 192; NJW-RR 2006, 140; 2008, 1313). Wiedereinsetzung wird nicht gewährt, wenn die Partei (oder ihr Prozessbevollmächtigter) erkennen konnte, dass sie nicht bedürftig ist, oder dies nicht hinreichend dargelegt hat (*BGH,* VersR 1990, 450; NJW-RR 1991, 1532).

15 a) **Wiedereinsetzungsfrist.** Wenn Prozesskostenhilfe bewilligt wird, beginnt die Wiedereinsetzungsfrist (§ 234 ZPO) mit Mitteilung an die Partei oder ihren Prozessbevollmächtigten (*Thomas/Putzo/Hüßtege,* § 234 Rn. 9). Wird Prozesskostenhilfe nicht gewährt, beginnt die Frist nach Kenntnisnahme vom Beschluss, wobei eine kurze Überlegungszeit von drei bis vier Tagen zugebilligt wird (*BGH,* NJW-RR 1990, 451). Wird Prozesskostenhilfe nur zum Teil gewährt, beginnt die Wiedereinsetzungsfrist mit dem Zugang des Beschlusses (*BGH,* NJW-RR 1993, 451).

16 b) **Wiedereinsetzungsgesuch.** Das Wiedereinsetzungsgesuch kann wirksam nur durch einen beim Berufungsgericht zugelassenen Rechtsanwalt eingelegt werden (§ 236 ZPO). Wenn mit einem Prozesskostenhilfeantrag bereits ein Wiedereinsetzungsgesuch angekündigt wurde, ist nach Bewilligung der Prozesskostenhilfe ein erneutes förmliches Wiedereinsetzungsgesuch nicht mehr erforderlich (*BGH,* NJW-RR 1993, 1091).

Für die Zulässigkeit der Berufung ist von Bedeutung, dass die **Berufungsbegründungsfrist** mit der Einlegung der mit dem Wiedereinsetzungsantrag verbundenen Berufung beginnt, nicht etwa erst mit der Entscheidung über die Wiedereinsetzung (*BGH* NJW 1989, 1155; NJW 1998, 1155); der Lauf der Begründungsfrist wird durch das Wiedereinsetzungsverfahren nicht berührt.

A. VII. Versäumnisverfahren und Entscheidung nach Lage der Akten

Dr. Stefan Bruinier

Übersicht

Literatur: Zur allg. Literatur siehe Literaturverzeichnis A. I.

I. Versäumnisurteil gegen den Beklagten

Ein Versäumnisurteil gegen den Beklagten kann im schriftlichen Vorverfahren und in der mündlichen Verhandlung ergehen; letzteres ist häufiger, schon weil in der gerichtlichen Praxis dem frühen ersten Termin, gegebenenfalls mit den prozessleitenden Maßnahmen nach § 273 ZPO, der Vorzug gegeben wird. 1

1. Im schriftlichen Vorverfahren

Wenn das schriftliche Vorverfahren angeordnet worden ist und der Beklagte entgegen § 276 I 1, II ZPO nicht rechtzeitig angezeigt hat, dass er sich gegen die Klage verteidigen will, ergeht auf Antrag des Klägers ein Versäumnisurteil ohne mündliche Verhandlung, es sei denn, die Erklärung des Beklagten geht noch ein, bevor das unterschriebene Urteil der Geschäftsstelle übergeben ist (§ 331 III ZPO). Der Antrag des Klägers auf Erlass eines Versäumnisurteils ohne mündliche Verhandlung wird regelmäßig schon in der Klageschrift gestellt sein (vgl. § 331 III 2 ZPO); ansonsten wird der Kläger ihn stellen, wenn das Gericht das schriftliche Vorverfahren anordnet und den Kläger hiervon benachrichtigt; eine Übermittlung dieses später gestellten Antrags an den Beklagten ist nicht erforderlich (hM, vgl. *KG*, NJW-RR 1994, 1344; *Zöller/Herget*, § 331 Rn. 12 mwN). Wenn ein Termin zur mündlichen Verhandlung anberaumt worden ist, kann das Versäumnisurteil nicht mehr ergehen (*KG*, MDR 1985, 416). § 331 III ZPO ermöglicht nur ein Versäumnisurteil gegen den Beklagten. Ist die Klage unschlüssig oder unzulässig, muss die Klage nach mündlicher Verhandlung durch streitiges Urteil (sog. unechtes Versäumnisurteil) abgewiesen werden. Dies zeigt auch § 331 III 3 ZPO, der ausnahmsweise die Abweisung einer unschlüssigen Nebenforderung ohne mündliche Verhandlung erlaubt, wenn der Kläger zuvor auf diese Möglichkeit hingewiesen worden ist. Es ergeht dann ein Teilversäumnisurteil gegen den Beklagten und hinsichtlich der Nebenforderung ein abweisendes streitiges Teilurteil. 2

2. In der mündlichen Verhandlung

Häufiger ist der Erlass eines Versäumnisurteils auf Antrag des Klägers in der mündlichen Verhandlung, wobei es nicht nur im ersten Termin, sondern in jedem zur streitigen Verhandlung anberaumten 3

Termin beantragt werden kann. In einem Termin, der zur Beweisaufnahme anberaumt worden ist, kann ein Versäumnisurteil nicht ergehen, weil die Beweisaufnahme als solche keine mündliche Verhandlung ist; erst nach Beendigung der Beweisaufnahme wird mündlich verhandelt und erst jetzt kann ein Versäumnisurteil ergehen; darauf beruht im übrigen die Formulierung in Beweisbeschlüssen, dass Termin zur Beweisaufnahme und Fortsetzung der mündlichen Verhandlung bestimmt wird (vgl. §§ 285 I, 332, 370 ZPO).

4 a) **Voraussetzungen.** Das Versäumnisurteil gegen den Beklagten kann nur auf Antrag des Klägers, der in der mündlichen Verhandlung zu Protokoll zu nehmen ist, und nur unter folgenden Voraussetzungen ergehen (vgl. § 335 I ZPO):

- Zulässigkeit der Klage, insbesondere örtliche und sachliche Zuständigkeit des Gerichts,
- rechtzeitige und ordnungsgemäße Ladung des Beklagten (Ladungsfrist: Frist zwischen der Zustellung der Ladung und dem Terminstag, im Anwaltsprozess mindestens eine Woche, in anderen Prozessen mindestens drei Tage, § 217 ZPO; Ladung bei verkündeten Terminen nach § 218 ZPO nicht erforderlich, vgl. auch § 497 II ZPO für den amtsgerichtlichen Prozess),
- Schlüssigkeit der Klage (§ 331 I, II ZPO),
- rechtzeitige Zustellung der Klage und gegebenenfalls weiteren für die Schlüssigkeit erheblichen Vorbringens (Einlassungsfrist: Frist zwischen der Zustellung der Klageschrift und dem Termin zur mündlichen Verhandlung, mindestens zwei Wochen, § 274 III ZPO),
- Nichterscheinen oder Nichtverhandeln des Beklagten (§ 333 ZPO),
- die Voraussetzungen für eine Vertagung von Amts wegen nach § 337 ZPO dürfen nicht vorliegen,
- im Urkundenprozess: Vorlage der Urkunde, des Wechsels oder des Schecks im Original (vgl. *Thomas/Putzo/Reichold,* § 592 Rn. 6).

Die frühere Regelung in § 13 der anwaltlichen Berufsordnung, wonach ein Antrag auf Erlass eines Versäumnisurteils nur gestellt werden durfte, wenn dies dem Gegenanwalt zuvor angekündigt worden war, ist vom BVerfG für unvereinbar mit Art. 12 I GG und nichtig erklärt worden (*BVerfG,* NJW 2000, 347 f.).

5 b) **Urteilsfassung.** Das Versäumnisurteil gegen den Beklagten wird in der gerichtlichen Praxis regelmäßig schon im Termin verkündet. Es bedarf nicht des Tatbestandes und der Entscheidungsgründe; das Urteil ist im Kopf als Versäumnisurteil zu bezeichnen (§ 313 b I ZPO). Es ist ohne Sicherheitsleistung und ohne Abwendungsmöglichkeit für vorläufig vollstreckbar zu erklären (§§ 708 Nr. 2, 711 ZPO).

6 *aa) Teilversäumnisurteil.* Wenn die Klage teilweise nicht schlüssig ist (etwa wegen eines Teils des Zinsanspruchs) und der Kläger bei seinem Antrag auf Erlass eines Versäumnisurteils bleibt, hat ein Teilversäumnisurteil ohne Kostenentscheidung, die im Tenor dem Schlussurteil vorzubehalten ist, zu ergehen. Wenn der Kläger den bislang unschlüssigen Teil bis zu einem weiteren Termin nicht noch innerhalb der Einlassungsfrist schlüssig machen kann, ergeht insoweit Klageabweisung durch Schlussurteil (als sogenanntes unechtes Versäumnisurteil). Bei einer geringen Zuvielforderung empfiehlt es sich für das Gericht, dem Kläger insoweit eine Klagerücknahme nahezulegen, zumal das häufig wegen § 92 II ZPO keine nachteiligen Kostenfolgen haben wird; in diesem Fall kann eine Kostenentscheidung zu Lasten des Beklagten im Versäumnisurteil ergehen.

7 *bb) Mögliche Entscheidungen.* Bei Antrag des Klägers auf Erlass eines Versäumnisurteils sind folgende Entscheidungen denkbar:

- Erlass des beantragten Versäumnisurteils (ganz oder zum Teil, § 331 II Hs. 1 ZPO),
- Abweisung der Klage als unzulässig bzw. als unbegründet (§ 331 II Hs. 2 ZPO; kein Versäumnisurteil, da nicht gegen die säumige Partei, sogenanntes unechtes Versäumnisurteil bei Unschlüssigkeit),
- Zurückweisung des Antrags auf Erlass eines Versäumnisurteils durch Beschluss (in den in der Praxis seltenen Fällen des § 335 ZPO),
- Vertagung (§§ 335 II, 337 ZPO),
- im Urkundenprozess: Abweisung der Klage als unstatthaft (§ 597 II ZPO).

Wenn das Gericht ganz oder zum Teil kein Versäumnisurteil erlassen will, muss es den Kläger darauf hinweisen, damit er entscheiden kann, ob er bei seinem Antrag auf Erlass eines Versäumnisurteils bleibt oder ob er sein Begehren auf den Hinweis des Gerichts einstellt; im Fall teilweiser Unschlüssigkeit kann der Kläger seinen Antrag auf Erlass eines Versäumnisurteils auch auf den schlüssigen Teil beschränken.

8 *cc) Kosten.* Bei Beendigung des Rechtsstreits durch Versäumnisurteil bleibt es bei der dreifachen Gerichtsgebühr nach KV Nr. 1210. Der Rechtsanwalt des Klägers erhält neben der bereits entstandenen Verfahrensgebühr (Nr. 3100 VV RVG) eine auf 0,5 reduzierte Terminsgebühr (Nr. 3105 VV RVG), jedoch nicht, wenn bereits vorher eine volle Terminsgebühr (1,2) entstanden war (vgl. § 15 I, II RVG). Die verminderte Terminsgebühr fällt auch an bei Erlass eines Versäumnisurteils im schriftlichen Vorverfahren (Nr. 3105 I Nr. 2 VV RVG) sowie für den Fall, dass der Anwalt Anträge zur Prozess- oder Sachleitung stellt oder das Gericht solche Entscheidungen von Amts wegen trifft (Nr. 3105 I Nr. 1 VVRVG). Sind beide Parteien anwesend oder vertreten und verhandelt der Beklagte lediglich nicht (§ 333 ZPO), fällt die volle Terminsgebühr an (vgl. Nr. 3105 III VV RVG).

c) **Zustellung.** Die Zustellung des Versäumnisurteils erfolgt nach § 317 I ZPO von Amts wegen, ein verkündetes Versäumnisurteil wird nur der unterliegenden Partei zugestellt. Bei Zustellung im Ausland oder durch öffentliche Bekanntmachung sollte das Gericht die Einspruchsfrist schon im Versäumnisurteil selbst bestimmen (vgl. § 339 II ZPO; vgl. auch *BGH,* NJW 1992, 1700; 1992, 1701). 9

d) **Rechtsmittel**

Folgende Rechtsmittel stehen den Parteien zu: 10

- Bei Erlass des Versäumnisurteils der Einspruch (bei Versäumnisurteil und teilweiser Klageabweisung für den Kläger Berufung, für den Beklagten Einspruch, *BGH,* NJW-RR 1986, 1326),
- bei Abweisung der Klage als unzulässig bzw. als unbegründet die Berufung (§ 336 ZPO ist auf ein unechtes Versäumnisurteil nicht anwendbar, vgl. *BGH,* NJW 1987, 1204),
- bei Zurückweisung des Antrags durch Beschluss die sofortige Beschwerde nach § 336 ZPO,
- bei Vertagung die sofortige Beschwerde nach § 336 ZPO analog,
- bei Abweisung der Klage als im Urkundenprozess unstatthaft die Berufung.

II. Versäumnisurteil gegen den Kläger

Wenn der Kläger säumig ist, kann gegen ihn im Termin auf Antrag des Beklagten ein Versäumnisurteil dahin ergehen, dass er **mit der Klage abgewiesen wird** (§ 330 ZPO). 11

Erhebliches Vorbringen des Beklagten ist nicht erforderlich; der Kläger muß nur rechtzeitig und ordnungsgemäß geladen sein (jedoch Entbehrlichkeit der Ladung nach §§ 218, 497 II ZPO). Beim Amtsgericht wird dem Kläger die Ladung zum frühen ersten Termin formlos mitgeteilt, § 497 I ZPO. Wenn das Gericht örtlich oder sachlich nicht zuständig ist, kann der Beklagte Klageabweisung als unzulässig durch streitiges Prozessurteil erreichen (hM, vgl. *Thomas/Putzo/Reichold,* Rn. 12 vor § 330, § 330 Rn. 3).

Auch bei Säumnis des Klägers kann der Antrag auf Erlass eines Versäumnisurteils durch Beschluss nach § 335 ZPO zurückgewiesen oder es kann nach § 337 ZPO vertagt werden. Gegen das Versäumnisurteil steht dem Kläger der Einspruch nach den §§ 338 f. ZPO zu; wird die Klage wegen Unschlüssigkeit durch sogenanntes unechtes Versäumnisurteil abgewiesen, ist für den Kläger nur die Berufung gegeben.

III. Berufungsverfahren

Im Berufungsverfahren gilt § 539 ZPO; wenn der Berufungskläger säumig ist, ist seine Berufung auf Antrag durch Versäumnisurteil zurückzuweisen; wenn der Berufungsbeklagte säumig ist, kann auf Antrag des Berufungsklägers ein Versäumnisurteil nur ergehen, wenn das Vorbringen des Berufungsklägers schlüssig ist; ansonsten ist die Berufung durch sogenanntes unechtes Versäumnisurteil zurückzuweisen (§ 539 I, II ZPO); im Übrigen gelten die Vorschriften über das Versäumnisverfahren im ersten Rechtszug sinngemäß (§ 539 III ZPO), vgl. im Einzelnen *Zöller/Heßler,* § 539 Rn. 10–17. 12

IV. Einspruch

Der Einspruch ist der einzige Rechtsbehelf gegen das sogenannte echte Versäumnisurteil (§ 338 ZPO), und zwar auch dann, wenn es gesetzwidrig ergangen ist (vgl. auch *BGH,* NJW 1994, 665); der Einspruch kann auch auf einen abtrennbaren Teil des Streitgegenstands beschränkt werden (*Zöller/Herget,* § 338 Rn. 1). Die Berufung nach § 514 II ZPO ist nur gegen ein zweites Versäumnisurteil statthaft und zwar mit der Begründung, dass kein Fall der Säumnis vorlag. 13

1. Voraussetzungen

Der Einspruch ist bei dem Gericht einzulegen, das das Versäumnisurteil erlassen hat (§ 340 I ZPO). Zur Form der Einspruchsschrift vgl. § 340 ZPO; die Begründung des Einspruchs ist nicht Zulässigkeitsvoraussetzung, wenn sie fehlt, kann aber Zurückweisung nach § 296 I ZPO in Betracht kommen (vgl. *Musielak/Stadler,* § 340 Rn. 4). Die Einspruchsfrist beträgt zwei Wochen, sie ist eine Notfrist mit den sich aus den §§ 224 I, 233 ZPO ergebenden Konsequenzen und beginnt mit der Zustellung des Versäumnisurteils (§ 339 I ZPO). Nach § 340 III ZPO kann die Begründungsfrist verlängert werden, nicht jedoch die Einspruchsfrist selbst. Bei verkündeten Versäumnisurteilen beginnt die zweiwöchige Frist mit der Zustellung gemäß § 317 I ZPO an die unterliegende Partei, bei schriftlichen Versäumnisurteilen mit der Zustellung gemäß § 310 III ZPO (nach hM erst, wenn das Urteil beiden Parteien zugestellt ist, vgl. *Thomas/Putzo/Reichold,* § 310 Rn. 3; *BGH,* NJW 1994, 3359); die Zustellung durch den Gegner zum Zwecke der Zwangsvollstreckung gemäß § 750 I 2 ZPO ist für den Fristbeginn unerheblich (*Baumbach/Lauterbach/Albers/Hartmann,* § 339 Rn. 4; anders beim Einspruch gegen den Vollstreckungsbescheid, § 699 IV ZPO, *OLG Koblenz,* NJW 1981, 408). 14

2. Urteilsfassung

15 Das Urteil lautet bei erfolgreichem Einspruch des Beklagten auf Aufhebung des Versäumnisurteils und Klageabweisung, im anderen Fall auf Aufrechterhaltung des Versäumnisurteils (§ 343 ZPO). Wenn der Einspruch unzulässig ist, ist er nach § 341 I 2 ZPO als unzulässig zu verwerfen. Das kann nach § 341 II ZPO ohne mündliche Verhandlung geschehen. § 341 II ZPO gilt auch bei unzulässigem Einspruch gegen einen Vollstreckungsbescheid (§ 700 I, IV 1 ZPO).

16 a) **Kosten, vorläufige Vollstreckbarkeit.** Wenn das Versäumnisurteil aufrechterhalten wird, hat der Beklagte auch die weiteren **Kosten** des Rechtsstreits zu tragen. Die Vollstreckbarkeitserklärung richtet sich nach den allgemeinen Vorschriften; jedoch ist § 709 S. 2 ZPO zu beachten. Wenn das Versäumnisurteil aufgehoben und die Klage abgewiesen wird, hat der Kläger die Kosten des Rechtsstreits mit Ausnahme der Kosten, die durch die Säumnis des Beklagten entstanden sind, zu tragen (§ 344 ZPO, zB Reisekosten von Zeugen oder des Einspruchsgegners zum Einspruchstermin). Eine Ausnahme gilt nur dann, wenn das Versäumnisurteil nicht in gesetzlicher Weise ergangen ist, also die prozessualen oder sachlichen Voraussetzungen nicht gegeben waren oder gegen §§ 335, 337 ZPO verstoßen wurde. Hierbei kommt es auf die objektiven Gegebenheiten an, dh auch dem Gericht nicht erkennbare Mängel führen zu einem gesetzwidrigen Versäumnisurteil (vgl. *Thomas/Putzo/Reichold,* § 344 Rn. 5).

Das Verfahren vor und nach Einspruch ist eine Gebühreninstanz; Gerichts- und Rechtsanwaltsgebühren können insgesamt nur einmal entstehen (vgl. § 15 II RVG).

17 b) **Rechtsmittel.** Gegen das das Versäumnisurteil aufhebende oder aufrechterhaltende Urteil sowie gegen ein Urteil, das den Einspruch als unzulässig verwirft, sind die allgemeinen Rechtsmittel gegeben.

V. Einstellung der Zwangsvollstreckung

18 Eine Einstellung der Zwangsvollstreckung gegen das ohne Sicherheitsleistung und ohne Abwendungsbefugnis vorläufig vollstreckbare Versäumnisurteil (§§ 708 Nr. 2, 711 ZPO) kann nicht schon durch den Einspruch erreicht werden, sondern nur über einen Einstellungsantrag nach den §§ 719, 707 ZPO. In aller Regel wird es nur zu einer Einstellung gegen Sicherheitsleistung kommen. Eine Einstellung ohne Sicherheitsleistung kommt nur in den beiden in § 719 I 2 Hs. 2 ZPO genannten Fällen (gesetzwidriges Versäumnisurteil, unverschuldete Säumnis) oder im Fall des § 707 I 2 ZPO in Betracht; dabei ist streitig, ob in den Fällen ungesetzlich ergangenen Versäumnisurteils bzw. schuldloser Säumnis die Voraussetzungen des § 707 I 2 ZPO zusätzlich gegeben sein müssen (vgl. *Zöller/Herget,* § 719 Rn. 2). Im Übrigen wird die Entscheidung über die Einstellung der Zwangsvollstreckung, sei es mit oder ohne Sicherheitsleistung, davon abhängen, ob der Einspruch zulässig ist und auch in der Sache aussichtsreich erscheint; trägt der Beklagte mit dem Einspruch keine oder nur unerhebliche Einwendungen vor, ist nicht einzustellen.

Der Beschluss über den Antrag auf Einstellung der Zwangsvollstreckung ist nach § 707 II ZPO unanfechtbar; die zur früheren Rechtslage entwickelten Ausnahmen, insbesondere bei greifbarer Gesetzeswidrigkeit, lassen sich nach der ZPO-Reform nicht mehr aufrecht erhalten (vgl. *BGH,* VersR 2005, 127; *KG,* MDR 2008, 1356).

VI. Zweites Versäumnisurteil

19 Ein zweites Versäumnisurteil kommt in Betracht nach Einspruch gegen ein Versäumnisurteil gegen den Kläger bzw. den Beklagten und nach Einspruch gegen einen Vollstreckungsbescheid (§§ 345, 700 I ZPO).

1. Voraussetzungen

20 Voraussetzungen sind Antrag und Säumnis des Gegners, ferner dass der Einspruch zulässig war, sonst ist er nach § 341 ZPO durch streitiges Endurteil zu verwerfen; auch darf nach dem Einspruch noch nicht zur Hauptsache verhandelt worden sein (Antragstellung nicht unbedingt erforderlich, vgl. *Thomas/Putzo/Reichold,* § 345 Rn. 2, § 333 Rn. 1 f.). Ein Termin zur mündlichen Verhandlung über den Einspruch darf erst nach dem Eingang des Einspruchs, also nicht schon vorsorglich bestimmt werden; fehlt es daran, darf gegen die nicht erschienene Partei kein (zweites) Versäumnisurteil ergehen (*BGH,* NJW 2011, 928). Bei einem zweiten Versäumnisurteil ist nicht mehr zu prüfen, ob die säumige Partei auch bei Erlass des ersten Versäumnisurteils säumig war, ob sie beispielsweise damals korrekt geladen worden war (vgl. *BGH,* NJW 1986, 2113). Die früher diskutierte Streitfrage, ob bei einem zweiten Versäumnisurteil gegen den Beklagten die Schlüssigkeit der Klage zu prüfen ist oder nicht, hat der BGH in letzterem Sinne entschieden (*BGH,* NJW 1999, 2599; NJW-RR 2007, 1363 jeweils mwN). Für den Einspruch gegen den Vollstreckungsbescheid ist das dagegen in § 700 VI ZPO geregelt.

2. Urteilsfassung

Für das zweite Versäumnisurteil gilt § 313 b I ZPO: Es ist im Urteilskopf als Versäumnisurteil zu bezeichnen; Tatbestand und Entscheidungsgründe sind nicht erforderlich. Die Urteilsformel geht dahin, den Einspruch gegen das Versäumnisurteil zu verwerfen, § 345 ZPO. Außerdem sind dem Säumigen die weiteren Kosten aufzuerlegen. Weitere Gerichtskosten entstehen nicht. Für den Antrag auf zweites Versäumnisurteil erhält der Anwalt eine 0,5 Terminsgebühr nach Nr. 3105 VV RVG. Hatte er bereits das erste Versäumnisurteil erwirkt, fällt insgesamt eine 1,2 Terminsgebühr gemäß Nr. 3104 VV RVG an (*BGH*, NJW 2006, 3430). Die vorläufige Vollstreckbarkeit richtet sich nach § 708 Nr. 2 ZPO. 21

3. Rechtsmittel

Gegen ein zweites Versäumnisurteil ist ein weiterer Einspruch nicht zulässig. Statthaft ist nur die Berufung mit der Behauptung, ein Fall der Säumnis habe nicht vorgelegen, § 514 II ZPO. Dabei braucht die Berufungssumme nicht erreicht zu sein (§ 514 II 2 ZPO). Unter welchen Voraussetzungen kein Fall der Säumnis vorgelegen hat, ist im Einzelnen streitig (vgl. *Thomas/Putzo/Reichold,* § 514 Rn. 4; *Zöller/Heßler,* § 514 Rn. 6 ff.). Die Berufung kann jedenfalls nicht darauf gestützt werden, dass bei Erlass des ersten Versäumnisurteils ein Fall der Säumnis nicht vorgelegen habe (*BGH,* NJW 1986, 2113). Im Übrigen ist § 514 II ZPO nach der Rechtsprechung des Bundesgerichtshofs so auszulegen, dass immer dann, wenn das Gericht ein zweites Versäumnisurteil nicht oder nicht so hätte erlassen dürfen, die Überprüfung möglich ist (*BGH,* NJW 1991, 43,44). Somit kann die Berufung nicht auf fehlende Schlüssigkeit der Klage im Zeitpunkt des ersten Versäumnisurteils gestützt werden (s. o. Rn. 20). Ist ein Vollstreckungsbescheid vorangegangen, kann die Berufung immer auf fehlende Schlüssigkeit der Klage gestützt werden (*BGH,* NJW 1991, 43, 44]). 22

VII. Entscheidung nach Lage der Akten

Wenn nach Erlass eines Versäumnisurteils ein Einspruch zu erwarten ist, kann es für die erschienene Partei sinnvoll sein, anstelle eines Versäumnisurteils eine Entscheidung nach Lage der Akten zu beantragen (§ 331 a ZPO). Sofern der Rechtsstreit entscheidungsreif ist, kann das Gericht dann durch streitiges Urteil eine abschließende Entscheidung treffen; ansonsten wird es einen verfahrensfördernden Hinweis- und/oder Beweisbeschluss erlassen. Ohne Antrag kann das Gericht entscheiden, wenn in einem Termin beide Parteien nicht erscheinen oder nicht verhandeln (§ 251 a I ZPO). 23

1. Voraussetzungen

Voraussetzung der Entscheidung ist, dass in einem früheren Termin streitig zur Sache verhandelt worden ist (§ 331 a S. 2 iVm § 251 a II ZPO). Neben dem Prozessantrag auf Entscheidung nach Lage der Akten ist auch der Sachantrag zu wiederholen; gleiches gilt für den Klageabweisungsantrag des Beklagten. Für den Fall, dass das Gericht eine Entscheidung nach Lage der Akten ablehnen sollte, kann hilfsweise der Erlass eines Versäumnisurteils beantragt werden (zur Zulässigkeit des Hilfsantrags vgl. *Baumbach/Lauterbach/Albers/Hartmann,* § 331 a Rn. 4). 24

2. Entscheidung

Ob das Gericht eine Entscheidung nach Lage der Akten erlässt, steht in seinem Ermessen. Bei der Entscheidung des Gerichts ist der gesamte Prozessstoff zu verwerten; vorbereitende Schriftsätze sind nur zu berücksichtigen, wenn sie vor dem Termin dem Gegner zugestellt oder mitgeteilt sind (vgl. *Thomas/Putzo/Hüßtege,* § 251 a Rn. 5). Die Entscheidung kann ein Beschluss, beispielsweise ein Beweisbeschluss, oder ein ganz oder teilweises stattgebendes bzw. abweisendes Urteil sein. Ein Urteil kann allerdings nur ergehen, wenn in einem früheren Termin mündlich verhandelt worden ist, § 251 a II 1 ZPO. Das Gericht hat unter Einhaltung der Zwei-Wochen-Frist aus § 251 a II 2 ZPO einen Verkündungstermin zu bestimmen und diesen der nicht erschienenen Partei formlos mitzuteilen (§ 252 a II 3 ZPO). Bei einem Urteil wird im Rubrum statt „auf Grund der mündlichen Verhandlung vom .....“ eingesetzt: „nach Lage der Akten am (Datum des versäumten Termins)“. Die Verkündung muss unterbleiben, wenn gemäß § 251 a II 4 ZPO rechtzeitig ein begründeter Terminsantrag gestellt wird. 25

Die Ablehnung eines Antrags auf Entscheidung nach Aktenlage ist unanfechtbar (§ 336 II ZPO), bei einem Urteil stehen den Parteien die üblichen Rechtsmittel zu.

VIII. Beispiele für Tenorierungen

1. Unzulässiger Einspruch

Der Einspruch des Beklagten gegen das Versäumnisurteil vom ... wird als unzulässig verworfen. 26
Der Beklagte trägt die weiteren Kosten des Rechtsstreits.
Das Urteil ist vorläufig vollstreckbar.

2. Unbegründeter Einspruch

27 Klage ist begründet, Gegenstand der Verurteilung nicht höher als EUR 1250,–:
Das Versäumnisurteil vom ..... wird aufrechterhalten.
Die weiteren Kosten des Rechtsstreits hat der Beklagte zu tragen.
Das Urteil ist vorläufig vollstreckbar.
Klage ist begründet, Gegenstand der Verurteilung höher als EUR 1250,–:
Das Versäumnisurteil vom ... wird aufrechterhalten.
Die weiteren Kosten des Rechtsstreits hat der Beklagte zu tragen.
Das Urteil ist gegen Sicherheitsleistung in Höhe von 110% des jeweils zu vollstreckenden Betrages vorläufig vollstreckbar. Der Kläger darf die Vollstreckung aus dem Versäumnisurteil nur gegen Leistung dieser Sicherheit fortsetzen.

3. Begründeter Einspruch

28 Klage ist unbegründet:
Das Versäumnisurteil vom ... wird aufgehoben.
Die Klage wird abgewiesen.
Die Kosten des Rechtsstreits hat der Kläger zu tragen mit Ausnahme der durch die Säumnis des Beklagten im Termin vom ... entstandenen Kosten; diese trägt der Beklagte.
Das Urteil ist (je nach Höhe der vollstreckbaren Kosten)
- gegen Sicherheitsleistung in Höhe von 110% des jeweils zu vollstreckenden Betrages vorläufig vollstreckbar.
- vorläufig vollstreckbar. Der Kläger darf die Vollstreckung durch Sicherheitsleistung in Höhe von 110% des aufgrund des Urteils zu vollstreckenden Betrages abwenden, wenn nicht der Beklagte vor der Vollstreckung Sicherheit in Höhe von 110% des jeweils zu vollstreckenden Betrages leistet.

4. Teilweise begründeter Einspruch

29 Klage ist in Höhe von mehr als EUR 1250 begründet, im übrigen unbegründet:
Das Versäumnisurteil vom ... wird aufrechterhalten, soweit der Beklagte darin zur Zahlung von EUR ... nebst Zinsen in Höhe von 5 Prozentpunkten über dem Basiszinssatz seit dem ... verurteilt worden ist. Im Übrigen wird das Versäumnisurteil aufgehoben und die Klage abgewiesen. Die Kosten des Rechtsstreits trägt der Kläger zu 75%, der Beklagte zu 25%. Die durch seine Säumnis im Termin vom ... entstandenen Kosten trägt der Beklagte allein.
Das Urteil ist für den Kläger gegen Sicherheitsleistung in Höhe von 110% des jeweils zu vollstreckenden Betrages vorläufig vollstreckbar. Der Kläger darf die Vollstreckung aus dem Versäumnisurteil nur gegen Leistung dieser Sicherheit fortsetzen. Für den Beklagten ist das Urteil vorläufig vollstreckbar, der Kläger darf die Vollstreckung durch Sicherheitsleistung in Höhe von 110% des aufgrund des Urteils zu vollstreckenden Betrages abwenden, wenn nicht der Beklagte vor der Vollstreckung Sicherheit in Höhe von 110% des jeweils zu vollstreckenden Betrages leistet.

5. Zweites Versäumnisurteil

30 Der Einspruch des Beklagten gegen das Versäumnisurteil vom ... wird verworfen.
Der Beklagte hat die weiteren Kosten des Rechtsstreits zu tragen.
Das Urteil ist vorläufig vollstreckbar.

6. Einstellung der Zwangsvollstreckung

31 Die Zwangsvollstreckung aus dem Versäumnisurteil vom ... wird
- ohne Sicherheitsleistung
- gegen Sicherheitsleistung des Beklagten in Höhe von EUR ...

einstweilen eingestellt.

A. VIII. Verspätetes Vorbringen und richterliche Aufklärungspflicht

Dr. Stefan Bruinier

Übersicht

Literatur: Zur allg. Literatur siehe Literaturverzeichnis A. I.

I. Verspätetes Vorbringen

1 Die Zurückweisung verspäteten Vorbringens nach § 296 ZPO dient der Prozessbeschleunigung, die von jeher Gegenstand von Reformen des Zivilprozessrechts war. Durch die Rechtsprechung des Bundesverfassungsgerichts und des Bundesgerichtshofs haben die Zurückweisungsvorschriften zugunsten der materiellen Gerechtigkeit im Einzelfall einen **strengen Ausnahmecharakter** erhalten. Vorbringen kann nur noch in engen Grenzen als verspätet ausgeschlossen werden, da die höchstrichterliche Rechtsprechung **den Gerichten weitgehende Prozessförderungspflichten** auferlegt hat (vgl. insbesondere *BVerfG*, NJW-RR 1995, 377). Zwar hat jede Partei ihre Angriffs- und Verteidigungsmittel so zeitig vorzubringen, wie es nach der Prozesslage einer sorgfältigen und auf Förderung des Verfahrens bedachten Prozessführung entspricht (§§ 277 I, 282 I ZPO); die nach § 296 I, II ZPO vorgesehene Sanktion einer Verletzung der Prozessförderungspflicht durch eine Partei wird aber dadurch wieder aufgehoben, dass die Gerichte verpflichtet sind, auch bei spätem Vorbringen mit dem Maßnahmekatalog des § 273 ZPO alles zu veranlassen, was eine Verzögerung des Rechtsstreits verhindern könnte.

1. Präklusionsvorschriften

2 Im ersten Rechtszug gelten folgende Präklusionsvorschriften:
- § 296 I ZPO: Nichtzulassung von Angriffs- und Verteidigungsmitteln wegen Überschreitung einer Frist (Präklusion fristwidrigen Vorbringens),
- § 296 II ZPO: Zurückweisung von Angriffs- und Verteidigungsmitteln wegen Verletzung der allgemeinen Prozessförderungspflicht nach § 282 ZPO (Präklusion nicht fristgebundenen Vorbringens/ Ermessen des Gerichts),
- § 296 III ZPO: Nichtzulassung verspäteter verzichtbarer Zulässigkeitsrügen,
- § 296 a ZPO: Präklusion von Angriffs- und Verteidigungsmitteln nach Schluss der mündlichen Verhandlung (nachgereichte Schriftsätze).

a) **§ 296 I ZPO**

3 verweist auf:
- Die Frist zur Ergänzung des Parteivortrags nach § 273 II Nr. 1 ZPO,
- die mindestens zweiwöchige Klageerwiderungsfrist im Hinblick auf den frühen ersten Termin nach den §§ 275 I 1, 277 III ZPO,
- die mindestens zweiwöchige Klageerwiderungsfrist, die im frühen ersten Termin gesetzt worden ist, nach den §§ 275 III 1, 277 III ZPO,
- die mindestens zweiwöchige Klageerwiderungsfrist im schriftlichen Vorverfahren nach § 276 I 2 ZPO,
- die mindestens zweiwöchige Frist zur Stellungnahme für den Kläger auf die Klageerwiderung im frühen ersten Termin nach den §§ 275 IV, 277 IV, III ZPO und im schriftlichen Vorverfahren nach den §§ 276 III, 277 IV, III ZPO.

Auf § 296 I ZPO wird verwiesen:
- Bei der Frist für die Begründung des Einspruchs gegen ein Versäumnisurteil nach den §§ 340 III 1 und 3, 339 I ZPO,

- bei der Klageerwiderungsfrist im schriftlichen Vorverfahren und bei der Frist zur Anspruchsbegründung nach vorangegangenem Mahnverfahren nach § 697 II 2, III 2 ZPO,
- bei der Frist zur Anspruchsbegründung nach Einspruch gegen einen Vollstreckungsbescheid nach den §§ 700 V, 697 III 2 ZPO.

b) § 296 II ZPO

4 verweist auf:
- Rechtzeitiges Vorbringen in der mündlichen Verhandlung nach § 282 I ZPO,
- rechtzeitiges Vorbringen vor der mündlichen Verhandlung durch vorbereitenden Schriftsatz nach § 282 II ZPO.

2. Voraussetzungen der Zurückweisung

5 Sowohl die Nichtzulassung von Angriffs- und Verteidigungsmitteln wegen Überschreitung einer Frist (Präklusion fristwidrigen Vorbringens nach § 296 I ZPO) wie auch die Nichtzulassung von Angriffs- und Verteidigungsmitteln wegen Verletzung der allgemeinen Prozessförderungspflicht (Präklusion nicht fristgebundenen Vorbringens nach § 296 II ZPO) setzen eine Verzögerung des Rechtsstreits voraus; bei § 296 I ZPO hilft der Partei eine genügende Entschuldigung, bei § 296 II ZPO muss für die Zurückweisung grobe Nachlässigkeit hinzukommen.

6 **a) Verzögerung.** Eine Verzögerung tritt ein, wenn infolge der Zulassung verspäteten Vorbringens die Erledigung des Rechtsstreits im Ganzen verzögert wird (Beispiele bei *Thomas/Putzo/Reichold,* § 296 Rn. 16 ff.), mithin keine Verzögerung, wenn der Rechtsstreit weder bei Zulassung noch bei Nichtzulassung im Ganzen entscheidungsreif ist (*BGH,* NJW-RR 1991, 1214). Dabei gilt nach der Rechtsprechung des Bundesgerichtshofs der sogenannte **absolute Verzögerungsbegriff;** eine Verzögerung liegt danach bereits vor, wenn der Rechtsstreit bei Zulassung des verspäteten Vorbringens länger dauern würde als bei seiner Zurückweisung (*BGH,* NJW 1979, 1988; 1983, 575). Unerheblich ist, ob der Rechtsstreit wegen der Verspätung länger dauern würde, als er bei rechtzeitigem Vorbringen gedauert hätte (sog. relativer Verzögerungsbegriff). Im Verfahren mit frühem ersten Termin gilt jedoch für die Klageerwiderung der sogenannte **kausale Verzögerungsbegriff,** wonach eine Zurückweisung unzulässig ist, wenn sich aufdrängt, dass dieselbe Verzögerung auch bei rechtzeitigem Vorbringen eingetreten wäre, die Verspätung mithin nicht allein kausal für die Verzögerung ist (*BVerfG,* NJW 1987, 2733; vgl. im Einzelnen zum Verzögerungsbegriff *Zöller/Greger,* § 296 Rn. 19–22).

Zur Frage, ob und unter welchen Voraussetzungen das Vorbringen in der Einspruchsbegründung bei Versäumnisurteil als verspätet zurückgewiesen werden kann, vgl. *Fastrich,* NJW 1979, 2598; *OLG Düsseldorf,* NJW 1981, 2264; *OLG Celle,* NJW 1989, 3023).

7 *aa) Beispiele für Verzögerung.* Eine Verzögerung tritt beispielsweise ein,
- wenn ein neuer Termin nötig wird, weil der Gegner mit der Vernehmung von sistierten und nicht angekündigten Zeugen wegen fehlender Erkundigungsmöglichkeit nicht einverstanden ist (vgl. *OLG Hamm,* MDR 1986, 766);
- wenn im frühen ersten Termin, der erkennbar nicht nur ein sogenannter Durchlauftermin sein soll, eine bei rechtzeitiger schriftsätzlicher Vorbereitung mögliche Endentscheidung hätte getroffen werden können (*BGHZ,* 86, 31; *OLG Hamm,* NJW-RR 1995, 958);
- wenn ein Beweisantritt so spät erfolgt, dass ein Zeuge nicht mehr rechtzeitig geladen werden kann (*BGH,* NJW 1989, 719), wobei das Gericht auch kurzfristig laden muss (*OLG Hamm,* NJW-RR 1994, 958), aber zu Eilanordnungen nicht gezwungen ist (*BGH,* NJW 1980, 1102);
- idR wenn eine Beweisaufnahme nach § 273 ZPO vorzubereiten ist und sie durch das späte Vorbringen so umfangreich wird, dass sie in dem schon bestimmten Termin nicht mehr durchzuführen ist (vgl. *OLG Celle,* NJW 1989, 3023).

8 *bb) Beispiele für keine Verzögerung.* Keine Zurückweisung darf erfolgen,
- im frühen ersten Termin, wenn es sich erkennbar um einen sogenannten Durchlauftermin handelt (*BGH,* NJW 1983, 575,577; NJW-RR 2005, 1296; *BVerfG,* NJW 1985, 1149; 1992, 299) oder nach der Sach- und Rechtslage eine Erledigung des Rechtsstreits in diesem Termin von vornherein ausscheidet (*BGH,* NJW 1987, 500);
- wenn das Gericht die Verzögerung des Rechtsstreits weder durch Hinweis nach § 139 ZPO noch durch prozessleitende Maßnahmen nach § 273 ZPO aufgefangen hat (*BVerfG,* NJW 1990, 2373; NJW-RR 1995, 377; *BGH,* NJW 1989, 717); dabei muss es sich aber um zumutbare Maßnahmen handeln, mithin um Streitpunkte, die im Rahmen der anstehenden mündlichen Verhandlung erledigt werden können (beispielsweise die Vernehmung weniger Zeugen in einem Termin, *BGH,* NJW 1991, 1181; 1991, 2759; *BVerfG,* NJW-RR 1995, 1469); vgl. auch *BVerfG,* NJW 1992, 299, wonach bei langfristiger Anberaumung eines Termins eine entsprechende weiträumige Verhandlungszeit eingeplant werden muss, und zu den Anforderungen an die richterliche Terminsvorbereitung zur Vermeidung der Beweismittelpräklusion insbesondere *BVerfG,* NJW-RR 1995, 377;

- wenn das Gericht einen für die Verspätung des Vorbringens oder die Verzögerung mitursächlichen Fehler begangen hat (*BGH,* NJW 1979, 1988; *BVerfG,* NJW 1990, 2373; NJW-RR 1995, 1469; *BayVerfGH,* NJW 1990, 502), insbesondere bei fehlendem Hinweis des Gerichts, Zeugen, die nicht mehr rechtzeitig geladen werden können, zum Termin mitzubringen.

cc) Teil-, Vorbehalts-, Zwischenurteil. Die Zurückweisung verspäteten Vorbringens bereits in einem Teilurteil, Vorbehaltsurteil oder Zwischenurteil über den Grund ist nur zulässig, wenn diese Entscheidungen unabhängig von der Zurückweisungsfrage durch die Prozesslage zulässig und geboten waren und wenn damit auch kein Parteivorbringen abgeschnitten wird, über welches im weiteren Verfahren bis zum Urteil ohnedies noch zu befinden ist. Dies dürfte nur ganz selten der Fall sein (vgl. *Zöller/Greger,* § 296 Rn. 12 mwN). 9

b) **Förmlichkeiten der Fristsetzung.** Wenn das Gericht sich die Möglichkeit offen lassen will, ein Vorbringen der Parteien, das nach Ablauf der gesetzten Frist eingeht, nach § 296 I ZPO zurückzuweisen, muss es eine Reihe von Förmlichkeiten beachten. Die **Fristsetzung ist unwirksam,** wenn sie trotz Einhaltung der gesetzlichen Mindestfrist unangemessen kurz war (*BGH,* NJW 1994, 736), wenn sie nicht vom Vorsitzenden verfügt ist, wenn sie nur mit seiner Paraphe, nicht mit der vollständigen Unterschrift abgezeichnet ist, wenn die notwendigen Belehrungen fehlen (*BGH,* 1991, 2773; 1991, 2774) oder wenn die Fristsetzung nicht förmlich zugestellt wurde (vgl. § 329 II 2 ZPO und *BVerfG,* NJW-RR 1994, 254). Der BGH verlangt in ständiger Rechtsprechung, dass die förmlichen Voraussetzungen für eine Nichtzulassung von Angriffs- und Verteidigungsmitteln genau eingehalten werden, weil den Parteien und ihren Prozessbevollmächtigten nur dann die schwerwiegenden Folgen der Versäumung richterlicher Erklärungsfristen zugemutet werden können; zu dem im Präklusionsrecht strikt zu wahrenden Gebot der Rechtssicherheit und Rechtsklarheit gehöre deshalb die Forderung, dass sich das Gericht bei Erlass seiner Verfügung sowohl inhaltlich als auch im Hinblick auf die erkennbare Einhaltung der vorgeschriebenen Form genau an das Gesetz halte; deshalb komme auch die Heilung einer mangelhaften Fristsetzung nach § 295 I ZPO nicht in Betracht. 10

c) **Belehrung.** Bei der Belehrung muss nach der Rechtsprechung des BGH der Partei in aller Deutlichkeit klar gemacht werden, welcher Nachteil ihr bei Nichteinhaltung der gesetzten Frist bevorsteht; hierfür genüge es nicht, ihr lediglich formularmäßig den Wortlaut des § 296 I ZPO mitzuteilen; ihr sei vielmehr sinnfällig vor Augen zu führen und klarzumachen, dass sie sich gegen die Klage grundsätzlich nur innerhalb der gesetzten Frist verteidigen könne, dass ihr bei Versäumung dieser Frist im allgemeinen jede Verteidigung abgeschnitten sei und sie Gefahr laufe, den Prozess vollständig zu verlieren (*BGH,* NJW 1983, 822). 11

d) **Entschuldigungsgründe.** Es ist zwar Sache der Partei, Entschuldigungsgründe vorzubringen, weil das Gesetz ihr Verschulden vermutet; das Gericht muss darauf aber nach § 139 ZPO hinweisen. Ein zu strenger Maßstab bei der Verschuldensprüfung (einfaches Verschulden nach § 296 I ZPO, grobe Nachlässigkeit nach § 296 II ZPO) würde die Parteien zum Nachteil des Verfahrens zu gehäuftem, evtl. überflüssigem Vorbringen zwingen (vgl. *Zöller/Greger,* § 296 Rn. 23–25). Eine Entschuldigung liegt vor, wenn die Partei von dem, was sie verspätet vorträgt, vorher nicht wusste und auch durch Erkundigungen nicht wissen konnte (*BGH,* NJW 1988, 60). Das gilt auch, wenn sie einen Hinweis des Gerichts wegen Unklarheit missverstanden hat (vgl. *BGH,* NJW-RR 1990, 856). Krankheit kann die Verzögerung entschuldigen (*OLG Hamm,* NJW-RR 1992, 122), ebenso die Setzung einer Frist, die sich nachträglich als zu kurz erweist (vgl. *BGH,* NJW 1994, 736; *OLG Hamm,* MDR 1983, 63). Ob das Gericht Glaubhaftmachung verlangt (§ 296 IV ZPO), liegt in seinem Ermessen. 12

Zur „groben Nachlässigkeit" iSd § 296 II vgl. *Thomas/Putzo/Reichold,* § 296 Rn. 37f. mwN).

e) **Schriftsatznachlass.** Wenn die Gewährung einer Schriftsatznachlassfrist nach § 283 ZPO in Betracht kommt, kann verspätetes Vorbringen erst dann zurückgewiesen werden, wenn es im nachgelassenen Schriftsatz bestritten wird. Denn eine Verzögerung kann erst dann eintreten, wenn das verspätete Vorbringen streitig ist, unstreitiges Vorbringen erlaubt eine sofortige Entscheidung; die Frage der Verzögerung kann also erst nach der Erwiderung des Gegners beurteilt werden (*BGH,* NJW 1985, 1556, 1558; *OLG Naumburg,* NJW-RR 1994, 704). Die Partei hat auch nicht die Möglichkeit, den Antrag nach § 283 ZPO zu unterlassen, um auf diese Weise das Gericht zur Zurückweisung nach § 296 ZPO zu zwingen (*BGH,* NJW 1985, 1539, 1543); die Verzögerung, die der Rechtsstreit durch die Frist nach § 283 ZPO erleidet, rechtfertigt keine Zurückweisung (*BGH,* NJW 1985, 1556, 1558; *BVerfG,* NJW 1989, 705). 13

3. Verfahren

Wenn das Gericht die Zurückweisung verspäteten Vorbringens überlegt, ist der betroffenen Partei in jedem Fall **rechtliches Gehör** zu gewähren (vgl. *BVerfG,* NJW 1987, 485; *Zöller/Greger,* § 296 Rn. 32). Das geschieht am besten durch einen schriftlichen, im Termin durch einen in das Protokoll aufzunehmenden Hinweis, der die Präklusionsnorm nennt und der Partei Gelegenheit gibt, Entschuldigungs- 14 gründe vorzutragen und gegebenenfalls glaubhaft zu machen (§ 296 IV ZPO). Verlangt das Gericht Glaubhaftmachung, muss es dazu mit Setzung einer kurzen Frist Gelegenheit geben, und zwar auch dann, wenn eine Glaubhaftmachung erfolgt ist, die dem Gericht nicht genügt (*BGH*, NJW 1986, 3193).

15 a) **Verspätetes Vorbringen vor dem Termin.** Geht ein Schriftsatz nach Ablauf einer der in § 296 I ZPO genannten Fristen ein und ist die Frist wirksam gesetzt (vgl. Rn. 10, 11), hat das Gericht zunächst zu überlegen, ob das Vorbringen erheblich ist. Nur dann kann sich die Frage der Zurückweisung überhaupt stellen.

16 *aa) Streitiges Vorbringen.* Ist das Vorbringen erheblich, weil bisher unstreitiges Vorbringen nunmehr streitig geworden ist, hat das Gericht zu überlegen, ob es eine Verzögerung des Rechtsstreits durch zumutbare Maßnahmen nach § 273 ZPO, insbesondere also durch Ladung von Zeugen oder Sachverständigen zum Termin, vermeiden kann. Ist das möglich, scheidet eine Zurückweisung aus. Problematisch kann der Fall sein, dass zwar die Zeugen der verspätet vortragenden Partei noch geladen werden können, dem Gegner aber seinerseits Gelegenheit zur Vorbereitung des Termins und zu Gegenbeweisanträgen gegeben werden muss. Ist das erforderlich, aber zum Termin nicht mehr möglich, kann eine Zurückweisung in Betracht kommen (vgl. Rn. 6). Ist es für eine Ladung von Zeugen zu spät, sollte der Partei anheimgestellt werden, die Zeugen zum Termin zu sistieren (vgl. Rn. 8).

17 *bb) Nichtstreitiges Vorbringen.* Neues Vorbringen kann, solange es nicht bestritten wird, nicht zur Verzögerung führen. Das Gericht hat dieses Vorbringen der Gegenseite unverzüglich zur Stellungnahme zuzustellen. Erst wenn es daraufhin streitig wird, stellt sich die Frage der Verzögerung. Sie ist wiederum durch prozessleitende Maßnahmen nach § 273 ZPO aufzufangen. Möglich ist es auch, die Zeugen, auf die sich die Partei im verspäteten Schriftsatz berufen hat, vorsorglich gleich zum Termin zu laden und dem Gegner aufzugeben, seinerseits Gegenzeugen zu benennen, und diese zu laden. Um eine Verzögerung zu vermeiden, sollte in diesen Fällen von der Zahlung eines Auslagenvorschusses nach § 379 ZPO abgesehen werden. Erst wenn diese Maßnahmen versagen, ist eine Zurückweisung zu überlegen.

18 b) **Verspätetes Vorbringen im Termin.** Kommt eine Partei erst im Termin mit weiterem erheblichen Vorbringen oder ist ihr Schriftsatz dem Gegner erst nach der in § 132 ZPO genannten Frist zugestellt worden und kann dieser sich deshalb in der mündlichen Verhandlung noch nicht erklären, begründet das noch nicht ohne weiteres eine Zurückweisung. Ist dadurch bisher unstreitiges Vorbringen streitig geworden und bedarf es nunmehr eines weiteren Termins zur Beweisaufnahme, kommt allerdings eine Zurückweisung in Betracht. Handelt es sich jedoch um **neues Vorbringen,** ist dem Gegner nach § 283 ZPO eine Erklärungsfrist einzuräumen und gleichzeitig ein Entscheidungstermin zu bestimmen. Erst wenn durch den nachgelassenen Schriftsatz die Behauptung streitig und eine Beweisaufnahme erforderlich wird, ist eine Zurückweisung möglich (vgl. Rn. 13). Geht der Schriftsatz erst nach Ablauf der gesetzten Frist ein, kann das Gericht ihn noch berücksichtigen; ist die Fristüberschreitung geringfügig und hat das Gericht seine Entscheidung noch nicht gefasst, sollte es großzügig verfahren (*Thomas/Putzo/Reichold,* § 283 Rn. 5), zumal zunächst der Gegner verspätet vorgetragen hat.

19 c) **Nicht nachgelassener Schriftsatz.** Geht nach Schluss der mündlichen Verhandlung ein Schriftsatz mit erheblichem Vorbringen ein, kann das Gericht ihn für die Entscheidung nicht berücksichtigen (§ 296 a ZPO). Einer Zurückweisung als verspätet bedarf es nicht. Für das Gericht geht es allein um die Frage, ob es die **mündliche Verhandlung wiedereröffnet** (§§ 296 a S. 2, 156 ZPO). Das ist grundsätzlich nicht geboten, insbesondere nicht, wenn die mündliche Verhandlung ohne Verfahrensfehler geschlossen und der Partei ausreichend rechtliches Gehör geboten wurde (vgl. *Zöller/Greger,* § 156 Rn. 4). Die gleiche Situation stellt sich, wenn die Partei in einem nach § 283 ZPO nachgelassenen Schriftsatz neue Tatsachen vorträgt, die über die Erwiderung auf das Vorbringen des Gegners hinausgehen.

4. Zurückweisung im Urteil

20 Die Zurückweisung verspäteten Vorbringens erfolgt nicht abgesondert durch Beschluss oder Zwischenurteil, sondern immer in den Entscheidungsgründen des Urteils, und zwar im Zusammenhang mit der Anspruchs- oder Einwendungsvoraussetzung, für die das Vorbringen erheblich wäre. Dabei ist auf die einzelnen Voraussetzungen der Präklusionsnorm einzugehen, damit für das Rechtsmittelgericht deren sachgerechte Anwendung überprüfbar ist. Das Gericht sollte die Zurückweisung nicht dahingestellt lassen, weil das Vorbringen schon als rechtlich unerheblich angesehen wird; denn nur ein im ersten Rechtszug zurückgewiesenes Vorbringen kann nach § 531 I ZPO im zweiten Rechtszug ausgeschlossen sein (vgl. Rn. 24). Vorbringen, das erst nach Schluss der mündlichen Verhandlung erfolgt, braucht nicht zurückgewiesen zu werden. Insoweit ist in den Entscheidungsgründen nur kurz zu begründen, dass sich das Gericht nicht zu einer Wiedereröffnung der mündlichen Verhandlung veranlasst sieht.

21 a) **Wirkung der Zurückweisung.** Die Zurückweisung führt dazu, dass das verspätete Vorbringen als nicht vorgetragen gilt. Dadurch kann streitiges Vorbringen als unstreitig zu behandeln oder ein Beweisantrag als nicht gestellt anzusehen sein. Die Nichtzulassung ist im Rahmen von § 531 I ZPO durch das Rechtsmittelgericht nachprüfbar. Die nach § 296 ZPO unzulässige Zurückweisung stellt einen wesentli-

chen Verfahrensfehler dar, der zur Zurückverweisung nach § 538 II Nr. 1 ZPO führen kann; bei Erschöpfung des Rechtswegs kommt eine auf Verletzung des rechtlichen Gehörs (Art. 103 I GG) gestützte Verfassungsbeschwerde in Betracht, die in zahlreichen Fällen Erfolg gehabt hat.

b) Wirkung der Zulassung. Hat das Gericht verspätetes Vorbringen im Urteil berücksichtigt, es also zugelassen, ist diese Entscheidung bindend. Ein Rechtsmittel kann darauf nicht gestützt werden (*BGH*, NJW 1981, 928; 1991, 1896). Etwas anderes gilt für die Zulassung verspäteter Rügen nach § 296 III ZPO (*Zöller/Greger*, § 296 Rn. 35). 22

5. Verspätetes Vorbringen im Berufungsrechtszug

Die Zulassung neuen Vorbringens im Berufungsrechtszug ist in den §§ 530–532 ZPO geregelt, ferner gelten über § 525 ZPO die Präklusionsvorschriften des erstinstanzlichen Verfahrens entsprechend. Auch im Berufungsrechtszug gilt, dass das Gericht im Rahmen seiner Prozessförderungspflicht einer Verzögerung des Rechtsstreits durch prozessleitende Maßnahmen vorbeugen muss; denn für die Frage der Verzögerung ist maßgebend, ob der Berufungsrechtszug, nicht der Rechtsstreit insgesamt einschließlich der ersten Instanz durch die Zulassung verzögert wird (*BGH*, NJW 1979, 2109; *BVerfG*, NJW 1990, 2373). 23

a) Im ersten Rechtszug zurückgewiesenes Vorbringen. Eine Ausnahme stellt § 531 I ZPO dar; danach bleiben Angriffs- und Verteidigungsmittel, die im ersten Rechtszug zu Recht zurückgewiesen worden sind, ausgeschlossen. Das Berufungsgericht hat in diesen Fällen keinen Ermessensspielraum; zu einem zu Recht zurückgewiesenen Vorbringen ist ein Zeuge auch dann nicht zu vernehmen, wenn er zu zugelassenem neuem Vorbringen vernommen werden muss (*BGH*, NJW 1980, 1102). Voraussetzung ist aber, dass der von der ersten Instanz angenommene Zurückweisungsgrund nach § 296 ZPO vorlag und das auch in den Entscheidungsgründen ausgeführt ist. Wenn der Zurückweisungsgrund nach Meinung des Berufungsgerichts nicht gegeben war, kann es die Zurückweisung nicht mit einer anderen Begründung aufrechterhalten; es muss das Vorbringen zulassen und kann wegen Verletzung des rechtlichen Gehörs nach § 538 II Nr. 1 ZPO zurückverweisen oder nach § 538 I ZPO in der Sache unter Berücksichtigung des neuen Vorbringens selbst entscheiden (vgl. *BGH*, NJW 1991, 2773). 24

b) Im ersten Rechtszug zurückgehaltenes Vorbringen. Von § 531 I ZPO wird im ersten Rechtszug zurückgehaltenes oder erst nach Schluss der mündlichen Verhandlung eingereichtes Vorbringen (§ 296 a ZPO) nicht erfasst; wenn es in der Berufungsinstanz neu aufgenommen wird, gilt § 531 II ZPO (*BGH*, NJW 1979, 2109), gleichfalls wenn die erste Instanz verspätetes Vorbringen zulässt, aber als ungenügend substantiiert ansieht (*Thomas/Putzo/Reichold*, § 531 Rn. 11); dabei ist verspätetes Vorbringen auch dann zugelassen, wenn eine Klage mangels Schlüssigkeit abgewiesen und zusätzlich das neue Vorbringen „hilfsweise" als verspätet zurückgewiesen wird (*Zöller/Heßler*, § 531 Rn. 7). Auch wenn das erstinstanzliche Gericht zu Unrecht nach § 296 I ZPO zurückgewiesen hat, obwohl es nach § 296 II ZPO hätte zurückweisen dürfen, kann das Berufungsgericht die zulässige Zurückweisung nicht nachholen, weil es die Ermessensentscheidung des Erstrichters nicht ersetzen darf (*Zöller/Heßler*, § 531 Rn. 1). Die gesetzliche Regelung führt letztlich dazu, dass eine Partei besser daran tut, Vorbringen im ersten Rechtszug zurückzuhalten, wenn eine nichtangreifbare Zurückweisung droht, und es erstmals im zweiten Rechtszug zu bringen (sog. Flucht in die Berufung, vgl. *BGH*, NJW 1981, 1218). 25

II. Richterliche Aufklärungspflicht

Zwar ist der Zivilprozess im Grundsatz ein Parteiprozess, für den der Beibringungsgrundsatz gilt. Nach dem durch die Rechtsprechung des Bundesgerichtshofs und vor allem des Bundesverfassungsgerichts geprägten Verständnis kommt dem Richter aber eine aktive Rolle zu. Er hat nach §§ 139, 273 I 2 und 278 III ZPO in jeder Lage des Verfahrens, also vor und in der mündlichen Verhandlung darauf hinzuwirken, dass die Parteien den Prozess sachdienlich führen, sich vollständig und rechtzeitig erklären und dass Überraschungsentscheidungen vermieden werden (*OLG Düsseldorf*, NJW-RR 1992, 1268; *BGH*, NJW-RR 1993, 569; *BVerfG*, NJW 1994, 1274). 26

1. Rechtliches Gehör

So wie die ungerechtfertigte Zurückweisung verspäteten Vorbringens stellt auch eine fehlende Aufklärung des Gerichts einen Verstoß gegen das Grundrecht auf rechtliches Gehör dar. Nach der Rechtsprechung des Bundesverfassungsgerichts gewährt Art. 103 I GG den Parteien ein Recht darauf, sich zu dem streitigen Sachverhalt und zur Rechtslage vor Erlass der Entscheidung zu äußern (*BVerfG*, NJW 1991, 2823; 1992, 2877). 27

a) Umfang. Das justizielle Grundrecht des rechtlichen Gehörs verpflichtet das Gericht, Anträge und Ausführungen der Parteien zur Kenntnis zu nehmen (*BVerfG*, NJW-RR 1993, 383) und bei der Entscheidung in Erwägung zu ziehen, soweit das Prozessvorbringen nach den Vorschriften der ZPO nicht ausnahmsweise unberücksichtigt bleiben kann. Wenn Ausführungen der Parteien fehlen oder unzurei- 28 chend sind, muss das Gericht auf den unzureichenden Sachvortrag hinweisen (zum Umfang der Substantiierungspflicht vgl. *BVerfG,* NJW 1994, 848; zur Hinweispflicht bei Schlüssigkeitsbedenken vgl. *BGH,* NJW-RR 1994, 566, bei Verjährung vgl. *BGH,* NJW 1998, 612; zu überspannten Anforderungen an den schlüssigen Sachvortrag vgl. *BVerfG,* NJW 1994, 1274). Rechtliches Gehör gebietet, auch auf überraschende rechtliche Gesichtspunkte hinzuweisen (*BVerfG,* NJW 1992, 2877); dabei reicht es iSv § 278 III ZPO aus, dass die Partei einen entscheidungserheblichen Gesichtspunkt nicht gesehen oder für unerheblich gehalten hat und der Richter das erkennen kann; ob auch die Partei den Gesichtspunkt hätte erkennen können, spielt keine Rolle (vgl. *BGH,* NJW 1989, 717; *OLG Hamm,* NJW-RR 1995, 956).

29 **b) Grenzen.** Aus Art. 103 I GG ergibt sich nicht, dass das Gericht auf die Rechtsauffassung, die es dem Urteil zugrundelegen will, hinzuweisen hat (*OLG Celle,* NJW-RR 1994, 572); ihm ist auch keine allgemeine Frage- und Aufklärungspflicht des Richters zu entnehmen (vgl. *BVerfG,* NJW 1991, 2823, 2824). Eine Wahrung des verfassungsrechtlichen Anspruchs setzt aber voraus, dass die Parteien bei Anwendung der von ihnen zu verlangenden Sorgfalt zu erkennen vermögen, auf welchen Tatsachenvortrag es für die Entscheidung ankommen kann. Das Gericht verstößt gegen Art. 103 I GG, wenn es ohne vorherigen Hinweis Anforderungen an den Sachvortrag stellt, mit denen auch ein gewissenhafter und kundiger Prozessbeteiligter – selbst unter Berücksichtigung der Vielfalt vertretbarer Rechtsauffassungen – nicht zu rechnen brauchte; das kommt im Ergebnis der Verhinderung von Sachvortrag gleich (*BVerfG,* NJW 1991, 2823, 2824; NJW-RR 1993, 764,765). Eine Hinweispflicht entfällt letztlich nur dann, wenn das Parteivorbringen nicht nur ergänzungsbedürftig, sondern gänzlich substanzlos ist (*OLG Düsseldorf,* NJW-RR 1995, 636).

2. Beispiele für Aufklärungspflicht

30 Im Rahmen der richterlichen Aufklärungspflicht sind die Parteien zur vollständigen Erklärung über alle erheblichen **Tatsachen** (§§ 139, 273 I 2 ZPO) und über **rechtliche Gesichtspunkte** (§ 278 III ZPO) zu veranlassen. Um Überraschungsentscheidungen, darauf gestützte unnötige Rechtsmittel und Zurückverweisungen durch das Rechtsmittelgericht nach Möglichkeit zu vermeiden, sollte das Gericht hierin nicht kleinlich sein.

31 **a) Sachdienliche Anträge.** Das Gericht hat zunächst auf sachdienliche Anträge hinzuwirken, das heißt auf Anträge, die dem erkennbaren Prozessziel der Parteien entsprechen. Unklare, missverständliche und schlecht formulierte Anträge sind zu verbessern. Auf einen Widerspruch zwischen Antrag und Begründung ist hinzuweisen. Die Aufklärungspflicht gilt für Sachanträge, Prozessanträge (zB Antrag auf Versäumnisurteil), Hauptantrag und Hilfsantrag und für das Verhältnis mehrerer Anträge zueinander (vgl. *Thomas/Putzo/Reichold,* § 139 Rn. 8–10).

32 **b) Sachvortrag.** In tatsächlicher Hinsicht ist – in den Grenzen der richterlichen Unparteilichkeit – darauf hinzuwirken, dass die Parteien (vgl. *Zöller/Greger,* § 139 Rn. 6, 15 ff.)
- unklare Ausführungen präzisieren,
- Widersprüche in ihrem Vorbringen klären,
- allgemein gehaltenes Vorbringen substantiieren,
- lückenhaftes Vorbringen ergänzen,
- Bestreiten konkretisieren,
- fehlende Beweisanträge ergänzen, vor allem bei möglicher Unklarheit über die Beweislast,
- unzureichende Beweisanträge substantiieren, insbesondere das Beweisthema konkretisieren.

33 **c) Rechtsfragen.** Auf rechtliche Gesichtspunkte hat das Gericht nach § 139 I ZPO hinzuweisen, wenn es sie als entscheidungserheblich ansieht und sie die Partei entweder erkennbar übersehen oder für unerheblich gehalten hat. Unter rechtlichen Gesichtspunkten sind nicht nur Rechtssätze, sondern auch vertragliche Vereinbarungen zu verstehen. Soweit es sich um **Nebenforderungen,** insbesondere Zinsansprüche handelt, soll ein Hinweis nach § 139 II ZPO nicht erforderlich sein. Ein rechtlicher Hinweis ist zB (vgl. zu diesen und weiteren Beispielen *Zöller/Greger,* § 139 Rn. 6, 15 ff.) erforderlich,
- wenn das Gericht eine Anspruchsgrundlage anwenden will, an die die Parteien bisher nicht gedacht haben,
- wenn es die Entscheidung auf eine Hilfsbegründung stützen will, die bislang nicht gesehen worden ist,
- wenn es die vorher geäußerte Auffassung zu einer entscheidungserheblichen Frage ändert (*BVerfG,* NJW 1996, 3202),
- wenn es Vorbringen als verspätet zurückweisen will,
- wenn es Verteidigungsvorbringen der Partei zu ihrem Nachteil verwerten will,
- wenn die Parteien die Beweislast verkennen.

3. Verfahren

34 Das Gericht kann die Hinweise schriftlich im Wege eines Beschlusses oder einer Verfügung oder auch in mündlicher Verhandlung im Termin geben. Prozessökonomisch ist es, die tatsächlichen und rechtli-

chen **Hinweise bereits in der prozessleitenden Verfügung** nach § 273 ZPO mitzuteilen, damit die Partei die erforderlichen Tatsachen, Klarstellungen und Beweisanträge noch so rechtzeitig vor dem Termin vortragen kann, dass der Gegner noch erwidern und das Gericht eventuell erforderliche Zeugen laden kann. Erfolgt der Hinweis im Termin, ist er in das Protokoll aufzunehmen, damit die Wahrung des rechtlichen Gehörs aktenkundig wird. Dieser Hinweis allein genügt allerdings nicht, die Partei muss auch Gelegenheit erhalten, sich dazu zu erklären. Ist ihr das im Termin nicht möglich, hat das Gericht entsprechend § 283 ZPO eine Schriftsatzfrist einzuräumen. Stellt sich nach Schluss der mündlichen Verhandlung heraus, dass ein rechtlicher oder tatsächlicher Hinweis hätte gegeben werden müssen, sollte das Gericht die mündliche Verhandlung nach § 156 ZPO wiedereröffnen (vgl. *BGH,* NJW 1993, 134).

A. IX. Klageänderung, Parteiwechsel und Parteiberichtigung

Dr. Stefan Bruinier

Übersicht

Literatur: Zur allg. Literatur siehe Literaturverzeichnis A. I.

I. Klageänderung

1 Wenn während des Rechtsstreits der Streitgegenstand geändert wird, der bisherige ausgewechselt wird oder neben ihn ein weiterer tritt, liegt eine Klageänderung im Sinne der §§ 263 ff. ZPO vor. Das Gesetz stellt hierfür auf den Eintritt der Rechtshängigkeit ab (§ 263 ZPO), nicht auf den Beginn der mündlichen Verhandlung, und verlangt ab diesem Zeitpunkt entweder die Einwilligung des Beklagten oder die Sachdienlichkeit der Änderung; nach § 264 ZPO sieht es bestimmte Änderungen der Klage als zulässig an; nach § 267 ZPO wird eine Einwilligung des Beklagten vermutet, wenn er sich in der mündlichen Verhandlung auf die geänderte Klage einlässt. Dem Gericht bereitet die Klageänderung vor allem Probleme, wenn der Beklagte nicht in sie einwilligt; denn dann kommt es auf die manchmal zweifelhafte Frage an, ob eine Klageänderung vorliegt, die nicht unter § 264 ZPO fällt, und ob sie gegebenenfalls sachdienlich ist.

1. Fallgruppen

2 Die Klageänderung kann darin liegen, dass der Kläger den Klageantrag ändert, dass er einen anderen oder weiteren Sachverhalt vorträgt oder dass er Antrag und zugrundeliegenden Sachverhalt ändert. Auch in den in § 264 Nr. 2 und Nr. 3 ZPO genannten Fällen liegt eine Klageänderung in diesem Sinne vor, die das Gesetz aber als stets zulässig darstellt, wenn der Klagegrund unverändert bleibt. Um eine Klageänderung handelt es sich nie, wenn der Kläger den Anspruch auf eine weitere materielle Anspruchsgrundlage stützt oder wenn er den Sachvortrag ergänzt oder berichtigt, § 264 Nr. 1 ZPO. Im Einzelnen lassen sich vier Fälle der Klageänderung unterscheiden:

Nachträgliche objektive Klagenhäufung, neben einen rechtshängigen Anspruch tritt ein weiterer selbständiger Anspruch (a),

Klageerweiterung oder Klageermäßigung sowie qualitative Klageänderung nach § 264 Nr. 2 ZPO bei gleichem Klagegrund (b und c),

Auswechslung oder Änderung des Klagegrundes, der ursprüngliche Antrag oder ein geänderter Antrag wird mit einem anderen Sachverhalt begründet (d),

Übergang auf einen anderen Gegenstand oder das Interesse aufgrund einer Veränderung nach Rechtshängigkeit, § 264 Nr. 3 ZPO (e).

Nur in den Fällen a) und d) stellt sich die Frage nach der Einwilligung und der Sachdienlichkeit.

3 **a) Nachträgliche objektive Klagenhäufung.** Auf die nachträgliche objektive Klagenhäufung sind §§ 263 ff. ZPO anwendbar (*BGH*, NJW 1985, 1841), sei es direkt (*Thomas/Putzo/Reichold*, § 263 Rn. 1) oder entsprechend (*Zöller/Greger*, § 263 Rn. 2). Sie liegt zB vor, wenn neben einem vertraglichen Anspruch ein Anspruch aus einem weiteren Vertrag geltend gemacht wird, wenn die Schadensersatzklage um weitere selbständige Schadenspositionen (Heilungskosten oder Schmerzensgeld neben Sachschaden) erweitert wird (vgl. *BGH,* VersR 1984, 782, 783), wenn neben der Leistungsklage eine Feststellungsklage für den Zukunftsschaden erhoben wird, wenn der Anspruch nicht mehr allein auf den Wechsel oder Scheck, sondern auch auf das zugrundeliegende Rechtsverhältnis gestützt wird (vgl. *BGH,* NJW-RR 1987, 58).

b) **Klageerweiterung und Klageermäßigung.** Von § 264 Nr. 2 ZPO werden zum einen Änderungen erfasst, bei denen der Klageantrag der Höhe nach (**quantitativ**) erweitert oder ermäßigt wird. In der Klagebeschränkung wird regelmäßig eine teilweise Rücknahme des ursprünglichen Antrags liegen, die zwar nicht wegen § 263 ZPO, nach Beginn der mündlichen Verhandlung aber gemäß § 269 I ZPO der Einwilligung des Beklagten bedarf. Denkbar ist aber auch, dass der Kläger die Hauptsache teilweise für erledigt erklären (§ 91 a ZPO) oder auf den Anspruch teilweise verzichten will (§ 306 ZPO), vgl. zu diesen Möglichkeiten *BGH,* NJW 1990, 2682; hier sollte das Gericht gegebenenfalls von seinem Fragerecht nach § 139 ZPO Gebrauch machen. 4

c) **Qualitative Klageänderung.** Auch eine qualitative Änderung des Klageantrags fällt unter § 264 Nr. 2 ZPO, wenn der Klagegrund, wie es § 264 ZPO für alle drei Fälle vorschreibt, derselbe bleibt. Das gilt zB beim Übergang von der Feststellungs- zur Leistungsklage und umgekehrt (*BGH,* NJW 1992, 2296), von der Zahlungsklage zur Auskunftsklage (*BGH,* NJW 1979, 925) oder auch, wenn der Kläger statt Zahlung an sich Zahlung an einen Rechtsnachfolger oder einen Dritten (*BGH,* NJW-RR 1990, 505), statt Schuldbefreiung Zahlung (*BGH,* NJW 1994, 944, 945), statt unbedingter Leistung Zug-um-Zug-Leistung verlangt. 5

d) **Auswechslung des Klagegrundes.** Bei einer Änderung oder Auswechslung des Klagegrundes liegt immer eine Klageänderung vor. Bleibt es beim bisherigen Antrag, geht die Änderung über § 264 Nr. 1 ZPO hinaus. Wird auch der Antrag geändert, liegt kein Fall des § 264 Nr. 2 ZPO vor; die Vorschrift gilt nach ihrem Wortlaut nur bei ungeändertem Klagegrund. In beiden Fällen kann die Abgrenzung aber schwierig sein. Dabei kommt es entscheidend darauf an, ob der vorgetragene Lebenssachverhalt ein anderer geworden ist (vgl. dazu *BGH,* NJW 1985, 1840, 1841; NJW 1996, 2869; *Zöller/Vollkommer,* Einl. Rn. 72 ff.). 6

aa) Beispiele für Klageänderung. Der Kläger stützt seinen Antrag auf einen anderen Vertrag, sei es bei gleichbleibendem, erweitertem oder beschränktem Antrag; der Vermieter, Verpächter, Leasinggeber, Darlehensgeber verlangt statt der Raten für die Monate X, deren Begleichung sich herausgestellt hat, die Monatsraten Y; der Kläger verlangt Zahlung statt Auskunft, weil er die Auskunft schon vor Rechtshängigkeit erhalten hat; der Kläger verlangt Herausgabe statt Schadensersatz (umgekehrter Fall des § 264 Nr. 3 ZPO); der Kläger macht, etwa bei unwirksamem Wechsel oder Scheck, Ansprüche aus dem zugrundeliegenden Rechtsgeschäft geltend (*BGH,* NJW-RR 1987, 58); die Veränderung im Sinne des § 264 Nr. 3 ZPO ist nicht nach, sondern vor Rechtshängigkeit eingetreten; der Kläger geht von Wandelung auf Minderung über, idR unter Reduzierung des Antrags (*BGH,* NJW 1990, 2682), oder von Minderung auf Schadensersatz (*BGH,* MDR 1991, 137). 7

bb) Beispiele für keine Klageänderung. Der Kläger geht im Rahmen des § 463 BGB vom kleinen auf den großen Schadensersatz über oder umgekehrt (*BGH,* NJW 1992, 566); er stützt die Klage auf andere Rechnungsposten desselben Schadensersatzanspruches (*BGH,* NJW-RR 1996, 891); er klagt statt eines Kaufpreisanspruchs bei nicht bewiesenem Kaufvertrag aus ungerechtfertiger Bereicherung; er klagt statt auf Abschlagszahlung auf Schlusszahlung nach VOB/B (*BGH,* NJW 1985, 1840); er geht vom Rückgriffsanspruch aus Wechsel oder Scheck auf einen Wechsel- oder Scheckbereicherungsanspruch über (*OLG Hamm,* WM 1992, 642). 8

e) **Übergang auf das Interesse.** Nach § 264 Nr. 3 ZPO gilt die Forderung eines Surrogats anstelle des ursprünglich geforderten Gegenstandes nicht als Klageänderung. Voraussetzung ist, dass der Anlass für die Änderung des Antrages nach Rechtshängigkeit entstanden oder dem Kläger bekanntgeworden ist (*Thomas/Putzo/Reichold,* § 264 Rn. 7). 9

Beispiele:

Der Kläger verlangt statt Herausgabe Schadensersatz wegen Nichterfüllung oder statt Herausgabe das Surrogat nach § 285 BGB; der Kläger geht von der Vollstreckungsabwehrklage auf einen Bereicherungsanspruch über (*OLG Schleswig,* NJW-RR 1992, 192; er verlangt Rückzahlung der Bürgschaftssumme statt Herausgabe der Bürgschaftsurkunde (*BGH,* NJW 1996, 2869); weitere Beispiele bei *Zöller/Greger,* § 264 Rn. 5).

2. Einwilligung des Beklagten

Die Klageänderung wird nach § 263 ZPO, unabhängig von der Rechtsauffassung des Gerichts, durch die Einwilligung des Beklagten zulässig. Sie ist als Prozesshandlung in mündlicher Verhandlung oder schriftsätzlich zu erklären (*BGH,* NJW 1992, 2235); sie kann ausdrücklich oder durch **rügeloses Verhandeln** nach § 267 ZPO erteilt werden; danach wird die Einwilligung unwiderlegbar vermutet, wenn sich der Beklagte ohne Widerspruch in der mündlichen Verhandlung auf die geänderte Klage eingelassen, das heißt im Termin seinen Abweisungsantrag gestellt hat. Unerheblich ist, ob sich der Beklagte der Folge seiner rügelosen Einlassung bewusst war; ein Hinweis nach § 139 ZPO ist jedenfalls im Anwaltsprozess nicht erforderlich. In den Fällen der §§ 128 II, III, 251 a, 331 a, 495 a ZPO genügt die schriftliche rügelose Einlassung. 10

3. Sachdienlichkeit

11 Liegt eine Klageänderung vor, die nicht unter § 264 ZPO fällt, fehlt es aber an der Einwilligung, hängt die Zulässigkeit der Klage davon ab, ob das Gericht sie für sachdienlich hält. Wenn die Klageänderung zu einer sachgemäßen und endgültigen Erledigung des Streitstoffes führt und einem weiteren Prozess vorbeugt (*BGH,* NJW 1985, 1841; NJW-RR 1990, 505, 506), ist die Klageänderung sachdienlich. Die Frage der **Prozesswirtschaftlichkeit** ist nicht für den jeweiligen Rechtszug, sondern für die Erledigung des Streits zwischen den Parteien insgesamt zu stellen. Das Gericht kann die Sachdienlichkeit also nicht wegen der mit der Klageänderung verbundenen Mehrarbeit und Verzögerung in dieser Instanz verneinen. Auch auf die subjektiven Interessen der Parteien kommt es nicht an, es ist eine objektive Beurteilung vorzunehmen (*BGH,* NJW 1985, 1841, 1842). Weiterer Prozessvortrag und auch eine nunmehr erforderliche Beweisaufnahme schließen die Sachdienlichkeit nicht aus (*BGH,* NJW 1985, 1841, 1842). Die Grenze wird aber überschritten, wenn sich durch die Klageänderung „das Gesicht des Rechtsstreits“ (*Thomas/Putzo/Reichold,* § 263 Rn. 9) ändert, etwa weil der Kläger völlig neuen Prozessstoff einführt und das bisherige Prozeßergebnis unverwertbar wird. So kann die Sachdienlichkeit zu verneinen sein, wenn die bisherige Klage abweisungsreif ist, über die neue Klage aber umfangreich Beweis erhoben werden müsste (vgl. *BGH,* NJW 1985, 1841, 1842).

4. Verfahren

12 a) **Form der Klageänderung und Rechtshängigkeit.** Die Klageänderung, dh der geänderte Antrag, der ausgewechselte oder zusätzlich geltendgemachte Klagegrund oder die Verbindung von beidem, kann mit einem **Schriftsatz** erfolgen, der den Erfordernissen des § 253 II Nr. 2 ZPO zu entsprechen hat (§ 261 II ZPO). Das Gericht hat dessen förmliche Zustellung zu veranlassen (zur Zustellung von Anwalt zu Anwalt vgl. *BGH,* MDR 1992, 707). Es gilt nicht die Einlassungsfrist nach § 274 III ZPO, sondern die Schriftsatzfrist nach § 132 ZPO. Die Klageänderung kann nach § 261 II ZPO auch in **mündlicher Verhandlung** geltendgemacht werden, dann sind der neue Antrag und gegebenenfalls auch der neue Klagegrund zu Protokoll zu nehmen. Wenn sich durch die Klageänderung der Streitwert der Klage erhöht, ist die Vorschrift des § 12 I 2 GKG zu beachten; vor Zahlung der für das Verfahren im Allgemeinen ergänzend anzufordernden Gebühr soll keine gerichtliche Handlung vorgenommen werden.

Mit Zustellung oder Antragstellung im Termin tritt ex nunc **Rechtshängigkeit** ein; sie entfällt rückwirkend, wenn die Zulässigkeit der Klageänderung rechtskräftig verneint wird. Die Rechtshängigkeit der ursprünglichen Klage endet erst mit Einwilligung des Beklagten (*BGH,* NJW 1992, 2235, 2236) oder mit rechtskräftiger Bejahung der Zulässigkeit der Klageänderung (*BGH,* NJW 1990, 2682).

13 b) **Prüfung der Zulässigkeit.** Vor der Prüfung der sonstigen Prozessvoraussetzungen, zB der sachlichen Zuständigkeit für die geänderte Klage, und vor der Sache hat das Gericht die Zulässigkeit der Klageänderung zu prüfen. Es kann die Frage der Zulässigkeit nicht offenlassen und in der Sache entscheiden. Offen bleiben kann aber die Frage, ob eine Klageänderung vorliegt und ob für sie § 264 ZPO eingreift, wenn das Gericht sie jedenfalls für sachdienlich hält (vgl. *Thomas/Putzo/Reichold,* § 264 Rn. 15). Bei Streit über die Zulässigkeit könnte das Gericht Verhandlung und Entscheidung zunächst hierauf beschränken und über die Zulässigkeit durch Zwischenurteil nach §§ 280 III, 303 ZPO entscheiden, gegen das kein Rechtsmittel gegeben ist (§ 268 ZPO). Dieses Verfahren ist aber umständlich und selten zweckmäßig. In der Regel genügt ein einfacher Hinweis an die Parteien. Das weitere Verfahren hängt von dem Ergebnis der Zulässigkeitsprüfung ab.

14 *aa) Klageänderung zulässig.* Hält das Gericht die Klageänderung nach § 263, nach § 264 oder nach § 267 ZPO für zulässig, ist nur noch über die geänderte Klage zu verhandeln und zu entscheiden. Führt die Klageänderung zur sachlichen Unzuständigkeit des Amtsgerichts, ist nach § 506 ZPO zu verfahren; eine Prorogation ist nur möglich, nachdem das Gericht den Beklagten nach § 504 ZPO auf die Unzuständigkeit hingewiesen hat. Über die Zulässigkeit ist, wenn das Gericht kein Zwischenurteil erlassen hat, im Endurteil zu entscheiden. Die Begründung kann im Hinblick auf § 268 ZPO kurz sein.

15 *bb) Klageänderung nicht zulässig.* Wenn das Gericht die Zulässigkeit verneinen will, kann es über die ursprüngliche Klage nicht mehr verhandeln und entscheiden, weil ein entsprechender Antrag fehlt. Etwas anderes gilt nur im Fall der nachträglichen objektiven Klagenhäufung, hier ist über den zunächst allein gestellten Antrag sachlich zu entscheiden. In den übrigen Fällen der Klageänderung sollte das Gericht zunächst beim Kläger nachfragen, ob er zur ursprünglichen Klage zurückkehren oder ob er die Klage ganz zurücknehmen will. Bleibt der Kläger bei seiner geänderten Klage, ist sie durch Endurteil ohne Sachprüfung als unzulässig abzuweisen. Ein Zwischenurteil wäre in diesem Falle nicht sinnvoll.

16 c) **Klageänderung bei Säumnis des Beklagten.** Ist der Beklagte nach Klageänderung säumig, kann ein Versäumnisurteil nur ergehen, wenn ihm der die Klage ändernde Schriftsatz innerhalb der Frist des § 132 ZPO zugestellt wurde und wenn das Gericht die Klageänderung nach § 263 oder § 264 ZPO für zulässig hält. Die Einwilligung des Beklagten kann bei Säumnis nicht fingiert werden (vgl. *Thomas/*

Putzo/Reichold, § 267 Rn. 1). Wird die Klage erst in mündlicher Verhandlung zu Protokoll geändert, kommt ein Versäumnisurteil nicht in Betracht (§ 335 I Nr. 3 ZPO). In diesem Fall ist der Beklagte, wenn der Kläger das beantragt, zum nächsten Termin mit Protokollabschrift zu laden.

d) Kosten. Führt die zulässige Klageänderung zu einer Reduzierung des Streitwertes, ist § 269 ZPO nicht ohne weiteres anwendbar. Hier ist zunächst abzuwarten, ob der Kläger hinsichtlich des nicht mehr verfolgten Teils die Klage zurücknimmt, für erledigt erklärt oder insoweit verzichtet (vgl. *Thomas/Putzo/Reichold,* § 264 Rn. 6). Wenn der Beklagte aber ohne Änderung seines Sachvortrages den Antrag ermäßigt oder erkennen lässt, dass er zuviel gefordert hat, liegt eine teilweise Klagerücknahme vor, über die anteiligen Kosten ist nach § 269 ZPO zu entscheiden (vgl. *Zöller/Greger,* § 263 Rn. 18). Wird die geänderte Klage mangels Sachdienlichkeit als unzulässig abgewiesen, ist streitig, welcher Streitwert maßgeblich ist (vgl. *Zöller/Greger,* § 263 Rn. 18). 17

5. Klageänderung in der Berufungsinstanz

Eine Klageänderung ist auch noch im Berufungsrechtszug möglich (§ 533 ZPO), und zwar auch dann, wenn die Änderung schon im ersten Rechtszug möglich gewesen wäre (*BGH,* NJW-RR 1990, 505, 506). Weder der Verlust einer Tatsacheninstanz noch die Notwendigkeit einer erstmaligen Beweiserhebung und die damit verbundene Verfahrensverzögerung stehen entgegen, wenn wegen der Verwertbarkeit des bisherigen Prozessstoffes ein neuer Prozess vermieden wird (*BGH,* MDR 1983, 1017; NJW 1987, 1946). Entscheidender Gesichtspunkt ist auch im Berufungsrechtszug die **Prozesswirtschaftlichkeit** (*BGH,* MDR 1983, 1017; WM 1986, 1200); es kommt nur darauf an, ob mit der Zulassung der Klageänderung der Streit der Parteien endgültig ausgeräumt werden kann. Das ist beispielsweise der Fall, wenn der Kläger vom Wechselprozess in den gewöhnlichen Urkundenprozess (*BGH,* MDR 1994, 723) übergeht oder auf die zugrundeliegende Darlehnsforderung zurückgeht (*BGH,* WM 1986, 1200) oder wenn er sich im Berufungsrechtszug das Verteidigungsvorbringen des Beklagten hilfsweise zu eigen macht (*BGH,* NJW 1985, 1841). In zweiter Instanz ist jedoch die Frage der Sachdienlichkeit strenger zu prüfen als im ersten Rechtszug (*BGH,* WM 1981, 657). So liegt beispielsweise keine Sachdienlichkeit vor, wenn über die Änderung im Berufungsrechtszug nicht abschließend entschieden werden kann, weil wegen einer Aufrechnungserklärung ohnehin zurückzuverweisen ist (vgl. *BGH,* NJW 1984, 1552, 1555). 18

Wenn das Berufungsgericht die Klageänderung zulässt, muss es in der Sache selbst entscheiden und darf nicht zurückverweisen (*BGH,* NJW 1984, 1552). Die Zulassung setzt eine zulässige und ordnungsgemäß begründete Berufung voraus (*BGH,* NJW 1988, 2540; 1992, 3243); so kann der mit einer Feststellungsklage abgewiesene Kläger zur Leistungsklage nur dann übergehen, wenn er gegen die Abweisung zulässig Berufung eingelegt hat (*Thomas/Putzo/Reichold,* § 533 Rn. 3 mwN). Wenn das Berufungsgericht die Klageänderung zulässt, kann das mit der Revision nicht angegriffen werden (*BGH,* MDR 1976, 395). Wenn die Klageänderung nicht zugelassen wird, ist die Berufung insoweit unbegründet und die geänderte Klage als unzulässig abzuweisen.

II. Parteiwechsel

Ein Parteiwechsel (auch Parteiänderung genannt) liegt vor, wenn eine Partei aus dem Rechtsstreit ausscheidet und an ihre Stelle eine neue Partei eintritt. In der Praxis liegt meistens die Situation zugrunde, dass der Kläger die fehlende Passivlegitimation des Beklagten erkennt und den tatsächlich Verpflichteten im selben Prozess in Anspruch nehmen möchte. Die Zulässigkeit eines solchen gewollten („gewillkürten") Parteiwechsels ist trotz Fehlens einer gesetzlichen Regelung anerkannt, die dogmatische Einordnung umstritten. Die Rechtsprechung behandelt ihn wie eine Klageänderung, so dass die Zulässigkeit von der Einwilligung des Beklagten oder der Sachdienlichkeit abhängt. Gegenüber der Rücknahme der alten Klage und Erhebung einer neuen Klage bietet der Parteiwechsel den Vorteil, dass der bisherige Prozessstoff idR verwendet werden kann und die Kosten des Gerichts und des Gegenanwaltes nicht erneut anfallen. Der Parteiwechsel kann auch auf Klägerseite stattfinden. Vom gewillkürten Parteiwechsel ist der gesetzliche Parteiwechsel zu unterscheiden, der eintreten kann, wenn aufgrund des materiellen Rechts eine andere Person Partei wird. 19

1. Gesetzlicher Parteiwechsel

Zu einem Parteiwechsel von Gesetzes wegen kommt es in den Fällen der **Gesamtrechtsnachfolge,** insbesondere im Wege der Erbfolge nach § 1922 BGB, und immer dann, wenn die Verwaltungs- und Verfügungsbefugnis einer Partei auf eine **Partei kraft Amtes,** zB auf den Insolvenzverwalter übergeht. In diesen Fällen richtet sich die Fortsetzung des Rechtsstreits nach den §§ 239ff. ZPO (vgl. A. XIII. Rn. 18ff.). Darüber hinaus hat das Gericht lediglich die Parteibezeichnung an den Wechsel anzupassen. Die bisherigen Prozessergebnisse wirken auch für die neue Partei fort. 20

Für den Sonderfall des Wechsels auf Klägerseite im Prozessrecht siehe § 265 ZPO und Rn. 26.

2. Gewollter Parteiwechsel

21 Der von den Parteien herbeigeführte Parteiwechsel ist keine Klagerücknahme verbunden mit einer neuen Klage. Der Kläger will seine Klage nicht zurücknehmen, sondern nur an seine Stelle oder an Stelle des Beklagten eine neue Partei treten lassen oder hineinziehen. Dabei ergeben sich zwei grundsätzliche Fragen:

- Müssen alle Beteiligten einwilligen bzw. wann ist ein Wechsel gegen ihren Willen möglich?
- Ist die eintretende Partei an die bisherigen Prozessergebnisse gebunden?

22 **a) Wechsel auf der Beklagtenseite.** Ein Wechsel auf der Beklagtenseite wird vom Kläger mit bestimmendem Schriftsatz oder nach § 261 II ZPO in der mündlichen Verhandlung zu Protokoll erklärt. Die Erklärung hat zum Inhalt, dass die Klage allein gegen den neuen Beklagten gerichtet wird (*Thomas/Putzo/Hüßtege,* § 50 Vorbem. 22). Dieser ist wie in einer Klageschrift (§ 130 Nr. 1 ZPO) zu bezeichnen.

23 *aa) Einwilligung.* Eine Einwilligung des ausscheidenden Beklagten ist in entsprechender Anwendung des § 269 I ZPO erforderlich, wenn er zur Hauptsache streitig verhandelt hatte (*BGH,* NJW 1981, 989; *OLG Hamm,* NJW-RR 1991, 60, 61). Eine nach § 267 ZPO vermutete Einwilligung genügt.

Eine Einwilligung des neuen Beklagten ist nach der Rechtsprechung des BGH nicht erforderlich (*Zöller/Greger,* § 263 Rn. 24), es kommt vielmehr darauf an, ob das Gericht den Wechsel für sachdienlich hält; das ist einerseits, wie auch sonst bei der Klageänderung, unter dem Gesichtspunkt der Prozesswirtschaftlichkeit zu beurteilen. Stellt der neue Beklagte im Termin den Antrag, die Klage abzuweisen, ohne den Parteiwechsel zu rügen, wird seine Zustimmung vermutet.

24 *bb) Bindung.* Ob eine Bindung des neuen Beklagten an die bisherigen Prozessergebnisse besteht, ist streitig. Hat der neue Beklagte in den Parteiwechsel eingewilligt, wirkt der bisherige Prozessverlauf für und gegen ihn. Auch wenn das Gericht den Parteiwechsel gegen seinen Willen wegen Sachdienlichkeit für zulässig hält, ist der Beklagte auf der Grundlage der Rechtsprechung grundsätzlich gebunden (vgl. *Roth,* NJW 1988, 2977, 2979). Nach anderer Ansicht hängt die Bindung von seiner Zustimmung ab (*Thomas/Putzo/Reichold,* § 50 Vorbem. 22).

25 *cc) Kosten.* Im Verhältnis des Klägers zum eintretenden Beklagten ergeht eine Kostenentscheidung erst mit der Endentscheidung. Die Kosten des ausscheidenden Beklagten können dem Kläger in entsprechender Anwendung des § 269 III ZPO vorab durch Beschluss auferlegt werden; das gilt jedenfalls für seine außergerichtlichen Kosten. Über die bis zu seinem Ausscheiden entstandenen Gerichtskosten kann erst im Endurteil entschieden werden. Die Anwaltskosten fallen für den neuen Beklagten in voller Höhe an, auch wenn er durch denselben Anwalt vertreten wird.

26 **b) Wechsel auf der Klägerseite.** Hier sind zunächst Parteierklärungen des alten und des neuen Klägers erforderlich, die schriftsätzlich oder nach § 261 II ZPO im Termin abgegeben werden können. Ob der Beklagte dem Parteiwechsel entsprechend § 269 I ZPO nach Beginn der mündlichen Verhandlung zustimmen muss, ist streitig. Nach der Rechtsprechung kommt es nur auf die Sachdienlichkeit an (vgl. *BGH,* NJW 1996, 2799).

Für den **Sonderfall des § 265 ZPO** ist diese Frage gesetzlich geregelt: Wenn der Kläger seine Aktivlegitimation durch Veräußerung der Sache oder Abtretung des Anspruches im Laufe des Rechtsstreits verliert, kann der Rechtsnachfolger den Prozess nur mit Zustimmung des Beklagten als neuer Kläger übernehmen (§ 265 II 2 ZPO). Auf Sachdienlichkeit kommt es dann nicht an (*BGH,* NJW 1988, 3209). Die Zustimmung des alten Klägers ist auch in diesem Fall erforderlich, dazu wird er regelmäßig aus materiellem Recht verpflichtet sein.

27 **c) Streit über die Zulässigkeit.** Bei einem Streit über die Zulässigkeit des Parteiwechsels ist genauso wie bei der Klageänderung zu verfahren (vgl. Rn. 13–15): Hält das Gericht den Parteiwechsel für zulässig, entscheidet es durch Endurteil zwischen den neuen Parteien; es kann aber auch ein Zwischenurteil nach §§ 280 II, 303 ZPO erlassen. Sieht das Gericht den Parteiwechsel als unzulässig an, entscheidet es den Streit der alten Parteien durch Endurteil und weist gleichzeitig die Klage des neuen Klägers bzw. gegen den neuen Beklagten als unzulässig ab; auch hierüber kann es vorab durch Zwischenurteil nach § 280 II ZPO entscheiden (vgl. *Thomas/Putzo/Reichold,* § 50 Vorbem. 28 ff.). In beiden Fällen sollte das Gericht, wenn es erst im Endurteil entscheiden will, die Parteien auf seine Auffassung hinweisen, damit sie in geeigneter Weise reagieren können. Auf keinen Fall darf das Gericht einen von ihm selbst angeregten Parteiwechsel im Urteil ohne vorherigen Hinweis als nicht sachdienlich zurückweisen (*BGH,* NJW 1988, 128). Das Zwischenurteil ist wegen § 268 ZPO nicht anfechtbar (*BGH,* MDR 1987, 668).

28 **d) Parteiwechsel in der Berufungsinstanz.** Auf der Klägerseite ist ein Parteiwechsel im zweiten Rechtszug grundsätzlich genauso möglich wie in erster Instanz; er wird wie eine Klageänderung behandelt (*BGH,* NJW 1994, 3358), es kommt also auf die Sachdienlichkeit an (vgl. *BGH,* NJW 1976, 239, 240), die aber im Hinblick auf § 533 Nr. 2 ZPO nicht ohne weiteres gegeben sein wird (vgl. *Zöller/Greger,* § 263 Rn. 19). Wurde die Klage abgewiesen, muss die Berufung noch vom alten Kläger einge-

legt werden (*BGH,* NJW 1994, 3358). Ein Parteiwechsel auf der Beklagtenseite setzt stets die Zustimmung des Beklagten voraus (*BGH,* NJW 1981, 989; 1987, 1946, 1947). Die Verweigerung der Zustimmung kann allerdings rechtsmissbräuchlich sein (*BGH,* NJW 1987, 1946, 1947).

3. Parteierweiterung

Eine Parteierweiterung auf Seiten des Klägers oder des Beklagten wird von der Rechtsprechung wie 29
eine Klageänderung nach den §§ 263 ff. ZPO behandelt (vgl. *BGH,* NJW 1989, 3225). Ihre Zulässigkeit hängt also davon ab, ob die jeweilige Gegenpartei einwilligt oder das Gericht sie für sachdienlich hält. Sie kommt auf Klägerseite zB vor, wenn weitere Miterben nach § 2039 BGB oder weitere Mitglieder einer Wohnungseigentümergemeinschaft hinzutreten. Auf Beklagtenseite kann jeder Gesamtschuldner, auch der persönlich haftende Gesellschafter, zusätzlich in Anspruch genommen werden. Erforderlich ist, dass gegen ihn eine weitere Klage erhoben, also eine beglaubigte Abschrift der Klageschrift unter Wahrung der Einlassungsfrist zugestellt wird. In der zweiten Instanz ist grundsätzlich die Zustimmung des neuen Beklagten erforderlich (*BGH,* NJW-RR 1986, 356). Denkbar ist auch, dass der Beklagte im Wege der Widerklage einen Dritten, der ihm gemeinsam mit dem Kläger haftet, in den Prozess hineinzieht (sogenannte Drittwiderklage, vgl. *BGH,* NJW 1987, 3138; 1993, 2120; 1996, 196; A. X. Rn. 13 ff.; A. XII. Rn. 38).

Die bisherigen Prozessergebnisse sind gegenüber der neuen Partei nicht ohne weiteres wirksam. Eine Ergänzung oder Wiederholung der Beweisaufnahme kann erforderlich sein (*BGH,* NJW 1996, 196).

III. Parteiberichtigung

Vom Parteiwechsel ist die Parteiberichtigung, dh die Berichtigung einer unvollständigen oder unkor- 30
rekten Parteibezeichnung zu unterscheiden. Ist bereits ein Urteil ergangen, in dem die Partei unrichtig bezeichnet wurde, geht es um eine Urteilsberichtigung, die unter den Voraussetzungen des § 319 ZPO möglich ist (vgl. A. XIX. Rn. 2 ff.). Demgegenüber ist die Parteiberichtigung nicht gesetzlich geregelt; es ist aber allgemein anerkannt, dass unrichtige oder unvollständige Parteibezeichnungen **jederzeit auf Antrag oder von Amts wegen** berichtigt oder ergänzt werden können (*BGH,* NJW 1981, 1454). Die richtige Parteibezeichnung kann Voraussetzung für die Zwangsvollstreckung und damit für die spätere Verwertbarkeit des Urteils sein. Auch deshalb sollte das Gericht von sich aus spätestens im Termin auf eine korrekte und vollständige Bezeichnung der Parteien drängen, hierzu ist es nach § 139 ZPO verpflichtet. Damit erübrigt sich auch ein späteres, erheblich komplizierteres Verfahren auf Urteilsberichtigung.

1. Voraussetzung

Voraussetzung für eine Parteiberichtigung ist, dass die **Identität der Partei** gewahrt bleibt, die mit der 31
vom Kläger getroffenen Bezeichnung erkennbar gemeint sein sollte (vgl. *BGH,* NJW 1983, 2448; 1987, 1946; *OLG Hamm,* NJW-RR 1991, 188; weitere Beispielsfälle bei *Zöller/Vollkommer,* Rn. 7 vor § 50). Eine Berichtigung ist ohne weiteres möglich, wenn es um ergänzende Angaben im Aktiv- oder Passivrubrum nach § 130 Nr. 1 ZPO geht (zB die Angabe des Geschäftsführers einer GmbH, des persönlich haftenden Gesellschafters einer OHG oder KG, des gesetzlichen Vertreters). Problematisch ist die Berichtigung, wenn der Kläger den Beklagten so bezeichnet hat, dass seine Identität zweifelhaft sein kann. Häufig wird der Klageschrift durch Auslegung zu entnehmen sein, wer als Partei gemeint ist; Voraussetzung ist aber, dass der Text der Klage hinreichende Anhaltspunkte bietet, damit die Regeln über den Parteiwechsel nicht umgangen werden (vgl. *BGH,* NJW 1983, 2448; *OLG Hamm,* NJW-RR 1991, 188).

2. Form

Die Parteiberichtigung geschieht durch Beschluss, der zweckmäßigerweise im Termin zu Protokoll 32
diktiert wird. Zur Abfassung vgl. die Beispiele zur Urteilsberichtigung (XIX. Rn. 12).

A. X. Mehrere Beteiligte am Rechtsstreit

Dr. Helmut Büchel

Übersicht

Literatur: Zur allg. Literatur siehe Literaturverzeichnis A. I.

I. Begriffe

1 Zivilprozesse werden häufig nicht nur von einem Kläger und nicht nur gegen einen Beklagten geführt. Es können auf beiden Seiten mehrere parteifähige Personen beteiligt sein. Wenn sie im Prozess als Kläger oder Beklagte auftreten, sind sie einfache oder notwendige **Streitgenossen** im Sinne der §§ 59 ff. ZPO. Sind sie erst später in den Prozess eingetreten oder hineingezogen worden, liegt eine (subjektive) **Parteierweiterung** vor. Außerdem kann das Prozessergebnis auf weitere Personen, gegen die im Fall des Prozessverlustes Ansprüche in Frage kommen, erstreckt werden; das geschieht durch **Streitverkündung** nach §§ 72 ff. ZPO. Diese Personen können sich auch selbst am Prozess im Wege der **Nebenintervention** beteiligen, §§ 64 ff. ZPO.

II. Streitgenossen

1. Einfache und notwendige Streitgenossenschaft

2 Der Kläger hat das Recht, mehrere natürliche oder juristische Personen im selben Rechtsstreit zu verklagen. Stehen die Beklagten in einem Gesamthands- oder Gesamtschuldverhältnis, ergibt sich das aus § 59 ZPO, sonst bei im wesentlichen gleichem Anspruchsgrund aus § 60 ZPO. In gleicher Weise können Kläger, die in Gesamthandsgemeinschaft stehen oder Gesamtgläubiger sind, klagen. Die ZPO unterscheidet zwischen einfacher Streitgenossenschaft (§§ 59, 60) und der nach der Rechtsprechung selten vorliegenden notwendigen Streitgenossenschaft (§ 62).

3 Beispiele für **einfache Streitgenossen:**

- Klagen aufgrund als Gesamtschuldner eingegangener Verpflichtung (gemeinsamer Mietvertag, gemeinsames Darlehen);
- Klagen gegen eine OHG oder KG und deren persönlich haftende Gesellschafter;
- Klagen aus gemeinschaftlich begangener unerlaubter Handlung;
- Klagen gegen Halter, Fahrer und Versicherer nach einem Verkehrsunfall.

Beispiele für **notwendige Streitgenossen** (Einzelheiten bei *Zöller/Vollkommer,* § 62 Rn. 2 ff.):

- Anfechtungsklagen nach § 246 AktG;
- Erbrechtliche Klagen nach §§ 325, 326 ZPO;
- Klagen gegen Miteigentümer aus einer Grunddienstbarkeit (*BGH,* NJW 1992, 1011);
- Klagen gegen Wohnungseigentümer auf Abgabe einer gemeinsamen Erklärung (*BGH,* NJW-RR 1991, 333);
- nicht aber Miteigentümer, die auf Unterlassung klagen (*BGH,* NJW 1985, 385).

2. Wirkungen der Streitgenossenschaft

Die Unterscheidung zwischen einfachen und notwendigen Streitgenossen hat Bedeutung für die Wirkung von Prozesshandlungen und Entscheidungen. Bei der einfachen Streitgenossenschaft handelt es sich um mehrere Prozesse, in denen Prozesshandlungen des einen Streitgenossen den anderen nicht betreffen und über die unterschiedlich verhandelt und entschieden werden kann (§ 61 ZPO). Es liegt nur eine prozessökonomisch sinnvolle Verbindung vor. Notwendige Streitgenossen müssen entweder bereits gemeinsam klagen oder verklagt werden, oder die Entscheidung gegen oder für sie kann nur einheitlich ergehen (§ 62 ZPO). Auch bei einfacher Streitgenossenschaft kann allerdings der eine Streitgenosse in der Regel nicht Zeuge gegen oder für den anderen sein (hM, *BGH,* NJW 1983, 2508). 4

Die Unterschiede in der Wirkung zeigen sich bei **Säumnis** eines Streitgenossen. Während bei notwendiger Streitgenossenschaft die säumige Partei als durch die andere vertreten gilt (§ 61 I ZPO), hat bei einfacher Streitgenossenschaft ein Versäumnisurteil gegen den Säumigen zu ergehen, wenn die weiteren Voraussetzungen vorliegen. Das Problem ist hierbei die Kostenentscheidung; denn es handelt sich der Sache nach um ein Teilurteil, das in der Regel keine Kostenentscheidung enthält. Jedoch hält die Praxis aus Gründen der Vereinfachung eine Kostenentscheidung für zulässig, die sich dann auf die den säumigen Streitgenossen betreffenden Kosten bezieht (vgl. *Zöller/Vollkommer,* § 301 Rn. 4 mwN). Ein Berechnungsproblem ergibt sich daraus genausowenig wie bei einem Vollstreckungsbescheid gegen einen Streitgenossen. 5

Nach der Rechtsprechung hat das Gericht auch in folgenden Fällen ein **Teilurteil** für oder **gegen einen Streitgenossen** zu erlassen: 6
- bei Unterbrechung des Rechtsstreits wegen Insolvenz nur eines einfachen Streitgenossen (*BGH,* NJW 2008, 1214),
- bei Unterbrechung wegen des Todes eines einfachen Streitgenossen (*BGH,* NJW 2007, 156).

Dem anderen Steitgenossen soll es nicht zugemutet werden, das Ende der Unterbrechung abwarten zu müssen. Auch in diesen Fällen kann eine Teilkostenentscheidung ergehen.

3. Verfahren

Mehrere Streitgenossen werden im Prozess als Kläger oder Beklagter zu 1), 2) etc. bezeichnet, das gilt auch für das Urteil. Zu beachten ist, dass der Gegner für jeden Streitgenossen Abschriften der Schriftsätze einzureichen hat (§ 133 I ZPO; fehlende Abschriften sind bei ihm nachzufordern). Anders ist es bei anwaltlicher Vertretung, wenn die Streitgenossen durch denselben Anwalt vertreten werden; das ist die Regel, aber nicht erforderlich. Fälle unzulässiger Streitgenossenschaft kommen in der Praxis kaum vor; wenn die Voraussetzungen der §§ 59, 60 ZPO tatsächlich nicht vorliegen sollten, sind die Prozesse nach § 145 ZPO zu trennen. 7

Kosten: Die Gerichtskosten erhöhen sich dadurch, dass mehrere Streitgenossen vorhanden sind, nicht. Es können allenfalls zusätzliche Auslagen nach KV 9000ff. entstehen. Nach VV 1008 erhöht sich aber die Verfahrensgebühr des Anwalts für jeden weiteren Auftraggeber um 30%. Haben die Streitgenossen jeder einen Anwalt, entstehen jeweils die vollen Gebühren. Das ist ua bei der Bestimmung der Sicherheitsleistung nach §§ 709, 711 ZPO zu berücksichtigen. Die Kostenentscheidung ergibt sich, wenn die ganz oder zum Teil unterliegende Seite aus mehreren Personen besteht, nach § 100 ZPO (vgl. A. XVIII. Rn. 13). 8

4. Formulierung der Entscheidung

Haften Streitgenossen dem Kläger als Gesamtschuldner, ist das in der Fassung des Urteilstenors zum Ausdruck zu bringen, **zB:** 9

Die Beklagten werden als Gesamtschuldner verurteilt, an die Kläger € ... zu zahlen.
Die Beklagten haben die Kosten des Rechtsstreits zu tragen.

OHG/KG und persönlich haftender Gesellschafter sind nach materiellem Recht keine Gesamtschuldner, im Prozess gegen beide muss jedoch sichergestellt sein, dass der Kläger die Klageforderung nur einmal erhält. Sie werden daher zu Zahlung „wie Gesamtschuldner" verurteilt. Die Kostenentscheidung enthält wegen § 100 IV ZPO keinen Zusatz für die Haftung als Gesamtschuldner.

Ist die Klage gegen einen Streitgenossen begründet, gegen den anderen unbegründet, lautet der Tenor **zB:** 10

Der Beklagte zu 1) wird verurteilt, an den Kläger € ... zu zahlen.
Die Klage gegen den Beklagten zu 2) wird abgewiesen (weniger gut: Im Übrigen wird die Klage abgewiesen).

Zur Kostenentscheidung in diesem Fall vgl. A. XVIII. Rn. 14.

Liegen bereits ein Teilurteil gegen einen Streitgenossen oder ein Vollstreckungsbescheid gegen einen Gesamtschuldner vor und wird jetzt der zweite ganz oder zum Teil verurteilt, muss im Tenor zum Ausdruck kommen, dass der Gläubiger die Urteilssumme nur einmal vollstrecken kann, **zB:** 11

Der Beklagte zu 1) wird verurteilt, an den Kläger ... EUR zu zahlen, und zwar,
- soweit der Beklagte zu 2) durch Teilurteil/Versäumnisurteil vom ... verurteilt wurde,
- soweit die Firma A. aus dem Vollstreckungsbescheid des Amtsgerichts .... vom ..., Aktenzeichen ... verpflichtet ist,

als Gesamtschuldner mit diesem/dieser.

12 Bei der Kostenentscheidung für einen Rechtsstreit, an dem auf Klägerseite und/oder Beklagtenseite mehrere Streitgenossen beteiligt sind, ist immer § 100 ZPO heranzuziehen. Das gilt, entgegen dem Wortlaut von § 100 I ZPO, auch, wenn mehrere Streitgenossen obsiegen.

III. Parteierweiterung

13 Hat der Kläger einen möglichen Streitgenossen nicht mitverklagt, kann er ihn im Wege der Parteierweiterung (subjektive Klageerweiterung) auch später noch in den Prozess hineinziehen. Die Rechtsprechung behandelt eine solche Parteierweiterung als Klageänderung (vgl. A. IX. Rn. 29). Hat der Beklagte seinerseits den Kläger mit einer Widerklage in Anspruch genommen, kann auch er in Bezug auf einen Gesamtschuldner des Klägers eine Parteierweiterung herbeiführen, indem er eine sog. Drittwiderklage erhebt.

1. Parteierweiterung auf Seiten des Beklagten

14 Im ersten Rechtszug ist die Parteierweiterung zulässig, wenn der neue Beklagte Streitgenosse des alten ist (§§ 59, 60, 62 ZPO; vgl. *Thomas/Putzo/Hüßtege,* Rn. 25 vor § 50). Erforderlich ist, dass der Kläger eine weitere Klageschrift einreicht, die dem neuen Beklagten zuzustellen ist. Dessen Zustimmung ist nicht erforderlich. Er braucht allerdings die bisherigen Prozessergebnisse nicht gegen sich gelten zu lassen. Es kann also eine Ergänzung oder Wiederholung der Beweisaufnahme unter Beteiligung des neuen Beklagten erforderlich werden (*BGH,* NJW 1996, 196, 197). Wenn das zu einer unzumutbaren Verzögerung oder sonstigen Beeinträchtigung des Rechtsstreits führen würde, kann das Gericht die Prozesse nach § 145 ZPO trennen. Am einfachsten ist es, wenn sich der neue Beklagte durch denselben Prozessbevollmächtigten vertreten lässt. Im zweiten Rechtszug ist die Parteierweiterung unzulässig (vgl. *Thomas/Putzo/Hüßtege,* Rn. 26 vor § 50), sie setzt jedenfalls die Zustimmung des neuen Beklagten voraus (*BGH,* NJW-RR 1986, 356).

2. Parteierweiterung durch Drittwiderklage

15 Der Beklagte hat kein Mittel, einen weiteren Kläger, der ihm zB als Gesamtschuldner für eine Gegenforderung oder auch für die Kosten haften könnte, in den Rechtsstreit hineinzuziehen. Nur wenn er Widerklage erhebt, kann er einen als Gesamtschuldner haftenden weiteren Widerbeklagten in den Prozess hineinziehen (sog. **Drittwiderklage**). Weil dieser nicht Kläger ist, handelt es sich eigentlich nicht um eine Widerklage, sondern um eine selbständige Klage. Ihre **Zulässigkeit** ist nach ständiger Rechtsprechung gegeben, wenn sie neben einer gegen den Kläger gerichteten Widerklage erhoben wird, wenn beide Widerbeklagte Streitgenossen im Sinne von §§ 59, 60 ZPO sind und wenn sie sachdienlich im Sinne des § 263 ZPO ist (*BGH,* NJW 1996, 196; NJW 2008, 1516). Auch eine nur gegen eine bisher nicht am Prozess beteiligte Partei erhobene Widerklage kann zulässig sein (*BGH,* NJW 1984, 2104; NJW 2001, 2094). Voraussetzung ist aber, dass für den Dritten eine Zuständigkeit am Gerichtsstand der Klage gegeben ist (*BGH,* NJW 2008, 1516), soweit sich nicht der neue Widerbeklagte auf den Gerichtsstand nach § 39 ZPO einlässt.

16 Praktische **Bedeutung** hat die Drittwiderklage vor allem bei Klagen einer OHG oder KG, deren persönlich haftender Gesellschafter vom Beklagten und Widerkläger zusätzlich belangt werden soll, bei auf Schadensersatz gerichteten Widerklagen, die der Beklagte auf einen Gesamtschuldner erweitern möchte (*BGH,* NJW 1996, 196) oder auch bei Schadensersatzprozessen aus Verkehrsunfällen, wenn der Beklagte seine Widerklage zugleich auf den Versicherer des Klägers erstrecken will. Durch eine zulässige Widerklage wird der Dritte Partei, kann also nicht mehr Zeuge sein. Bereits gestellte Beweisanträge auf Zeugenvernehmung werden in der Regel gegenstandslos (*BGH,* NJW 1987, 3138).

17 **Verfahren:** Die Drittwiderklage kann, anders als die eigentliche Widerklage, nur durch Einreichung einer Klageschrift, erhoben werden, § 261 II ZPO gilt nicht. Mit Zustellung des Schriftsatzes wird der Dritte Partei des Rechtsstreits. Da der Schriftsatz für den Dritten nur im Zusammenhang mit der Klage zu verständlich wird, ist ihm zumindest auch eine Abschrift der Klage zuzustellen. Über eine unzulässige Drittwiderklage sollte, um ein Teilurteil ohne Kostenentscheidung zu vermeiden, nach Trennung gemäß § 145 ZPO entschieden werden. Über eine zulässige Klage ist zusammen mit der Widerklage zu entscheiden.

IV. Streitverkündung

18 Kläger und Beklagter können das tatsächliche und rechtliche Ergebnis des Rechtsstreits auf einen Dritten erstrecken, wenn sie ihm nach §§ 72, 73 ZPO den Streit verkünden. Der Streitverkünder will

für den Fall des Prozessverlustes den Dritten in einem Folgeprozess in Anspruch nehmen und sich davor schützen, dort mit der gegenteiligen tatsächlichen oder rechtlichen Begründung zu unterliegen. Dieses Ziel, widersprüchliche Prozessergebnisse zu vermeiden (vgl. *BGH,* NJW 1989, 521, 522), kann über die Interventionswirkung des § 68 ZPO erreicht werden. Außerdem hat die Streitverkündung materiell-rechtliche Wirkungen: sie hemmt die Verjährung (§ 204 Nr. 6 BGB) und erhält das Rücktrittsrecht nach § 218 I BGB.

1. Anwendungsbereich

Die Streitverkündung setzt einen anhängigen Rechtsstreit voraus, Rechtshängigkeit ist nicht erforderlich. Sie ist nicht nur im Klageverfahren möglich, sondern auch im selbständigen Beweisverfahren (*BGH,* NJW 1997, 859; NJW-RR 2006, 1312), im Arrest- und Verfügungsverfahren, im Mahnverfahren (*BGH,* NJW 2006, 773), nicht aber im Prozesskostenhilfeverfahren. Praktische Bedeutung hat die Streitverkündung vor allem in Bauprozessen, wenn die Verantwortlichkeit für Baumängel zwischen verschiedenen Baubeteiligten unklar ist (*BGH,* NJW 1976, 39; *OLG Köln,* NJW-RR 1995, 1085; vgl. *Schröder*, BauR 2007, 1324), in Speditions- und Frachtrechtsfällen, wenn unklar ist, in wessen Obhut sich das Gut bei Schadenseintritt befand (*BGH,* NJW 1992, 1698; vgl. *Neumann*, TransportR 2005, 51), in Kauf- oder Werkvertragsstreitigkeiten, wenn der Verkäufer oder der Unternehmer nach dem Gewährleistungsprozess Rückgriff gegen seinen Lieferanten oder Subunternehmer nehmen will, aber auch, wenn die Person des Vertragspartners unklar ist oder wenn bei streitiger Vollmacht unsicher ist, ob der Vertretene oder der Vertreter haftet (vgl. *BGH,* NJW 1982, 281; 1989, 521, 522; NJW 2000, 1407). 19

2. Verfahren im Erstprozess

Nach § 73 ZPO hat der Streitverkünder einen Schriftsatz einzureichen, in dem der Grund der Streitverkündung (§ 72 ZPO) und die Lage des Rechtsstreits anzugeben sind. Die Streitverkündung kann nicht unter einer Bedingung oder „hilfsweise" erklärt werden (*BGH,* NJW-RR 1989, 766, 767). Üblicherweise enthält sie die gesetzlich nicht vorgeschriebene Aufforderung, dem Rechtsstreit auf Seiten des Streitverkünders beizutreten. Es besteht kein Anwaltszwang (*BGH,* NJW 1985, 328). Der Streit kann bereits mit der Klageschrift bzw. der Klageerwiderung verkündet werden, aber auch noch mit einem späteren Schriftsatz bis zur Rechtskraft des Erstprozesses. Das Gericht hat den Schriftsatz dem Dritten zuzustellen und dem Gegner mitzuteilen. Hat der Streitverkünder die Lage des Rechtsstreits unzureichend mitgeteilt, zB nicht angegeben, dass Termin bestimmt ist und dass Zeugen oder Sachverständige hierzu geladen wurden, sollte das Gericht das dem Streitverkündeten von sich aus mitteilen. Abschriften der bisher gewechselten Schriftsätze sollten dem Dritten gleichfalls zugestellt werden, sie sind vom Streitverkünder einzureichen. Darüberhinaus hat das Gericht die Streitverkündung solange nicht zu beachten, bis der Dritte dem Rechtsstreit nach § 74 ZPO beigetreten ist. Auch die Zulässigkeit der Streitverkündung ist im Erstprozess nicht zu prüfen (*BGH,* NJW 1987, 1894). Im Urteil wird die bloße Streitverkündung nicht erwähnt, § 101 ZPO gilt nicht. 20

3. Folgeprozess gegen den Dritten

Hier kommt es auf die Wirksamkeit der Streitverkündung an. Für das Gericht geht es um die Frage, ob es die Sach- und Rechtslage selbst klären kann und muss, oder ob es an die Feststellungen im Vorprozess gebunden ist. Die **Interventionswirkung** nach §§ 74, 68 ZPO setzt zunächst voraus, dass die Streitverkündung im Erstprozess zulässig iS des § 72 ZPO war und wirksam iS des § 73 ZPO vorgenommen wurde. Sie ist außerdem auf einen Folgeprozess zwischen Streitverkünder und Streitverkündetem beschränkt (*BGH,* NJW-RR 1990, 121). Die Bindung tritt ohne Rücksicht darauf ein, ob der Streitverkündete beigetreten ist oder nicht. Sie hat zum Inhalt, dass das Gericht im Folgeprozess an die tragenden tatsächlichen und rechtlichen Feststellungen im Erstprozess gebunden ist, soweit die Tatsachen zwischen den Parteien des Folgeprozesses streitig sind und das Urteil des Erstprozesses auf ihnen beruht (vgl. *BGH,* NJW 1983, 820; MDR 2004, 464; *Thomas/Putzo/Hüßtege,* § 68 Rn. 5). Insbesondere kann sich der Streitverkündete nicht darauf berufen, dass sein jetziger Prozessgegner den ersten Prozess schlecht geführt hat und er deshalb verloren wurde. 21

Keine Bindungswirkung besteht (vgl. *Zöller/Vollkommer,* § 68 Rn. 10) 22

- soweit der Streitverkündete gehindert war, auf den Verlauf des Vorprozesses Einfluss zu nehmen (§ 67 ZPO; vgl. *BGH,* NJW 1998, 80);
- für Feststellungen, die im Folgeprozess für den Streitverkünder ungünstig sind (*BGH,* NJW 1987, 2874; *OLG, Köln* NJW-RR 1995, 1085);
- für das Vorliegen von Prozessvoraussetzungen;
- für Feststellungen des Erstgerichts, auf die es für die Entscheidung nicht ankam („überschießende Feststellungen"), vgl. *BGH,* MDR 2004, 4649;
- für Hilfserwägungen, Mehrfachbegründungen und obiter dicta;

- wenn der Folgeprozess in einem anderen Rechtsweg geführt wird (*BGH,* NJW 1993, 2540, str.);
- für das Ergebnis von Beweislastentscheidungen, hier beschränkt sich die Bindungswirkung darauf, dass die im Erstprozess streitige Tatsache ungeklärt ist (*BGH,* NJW 1983, 820; *OLG Düsseldorf,* NJW 1992, 1177).

Insbesondere der letzte Punkt schränkt den praktischen Nutzen der Streitverkündung und auch der Nebenintervention ein; der Streitverkünder kann im Folgeprozess wegen eines weiteren non liquet erneut unterliegen. Hingegen ist dem nach § 179 BGB in Anspruch genommenen Vertreter der Beweis abgeschnitten, dass er Vollmacht besaß.

V. Nebenintervention

23 Ein Dritter, der den Rechtsstreit beeinflussen möchte, aber nicht Partei ist und es auch nicht über eine Parteierweiterung werden kann, ist unter den Voraussetzungen des § 66 ZPO als Nebenintervenient am Prozess zu beteiligen. Dadurch wird er nicht Partei, kann aber wirksam Prozesshandlungen vornehmen. Hierin und in der Möglichkeit, über den Ablauf des Rechtsstreits genau informiert zu werden, liegt der Zweck der Nebenintervention.

1. Anwendungsbereich

24 Die Nebenintervention ist in den Verfahrensarten zulässig, in denen auch die Streitverkündung möglich ist; auch die praktische Bedeutung betrifft die gleichen Fälle (vgl. Rn. 19). In der Praxis ist die Nebenintervention meist eine Folge der Streitverkündung nach § 72 ZPO.

2. Rechtliches Interesse

25 Voraussetzung ist ein rechtliches Interesse daran, dass in einem zwischen anderen Personen anhängigen Rechtsstreit eine Partei obsiegt. Ein bloßes wirtschaftliches Interesses reicht nicht aus, der Begriff des rechtlichen Interesse ist jedoch weit auszulegen (*BGHZ* 166, 18, 20). Liegt eine Streitverkündung vor, reicht das zur Begründung des rechtlichen Interesses aus (*BGH,* NJW 1997, 2385; vgl. *OLG Hamm,* NJW-RR 1988, 155 mwN; aA *Thomas/Putzo/Hüßtege,* § 66 Rn. 5). Sonst liegt es vor, wenn das Ergebnis des Rechtsstreits die Rechtsstellung des Nebenintervenienten beeinflussen kann. Hierfür ist eine Rechtskrafterstreckung nicht erforderlich. Es genügt, dass die unterstützte Partei, wenn sie unterliegt, einen Rückgriffsanspruch gegen ihn haben könnte. Zum rechtlichen Interesse bei familienrechtlichen Statusprozessen vgl. *Zöller/Vollkommer,* § 66 Rn. 13 b.

3. Verfahren und Zwischenurteil

26 Der **Beitritt** des Nebenintervenienten ist in jeder Lage des Rechtsstreits möglich, von der Anhängigkeit der Sache bis zur rechtskräftigen Entscheidung, § 66 II ZPO (*BGH,* NJW 1997, 2385), also auch noch nach Schluss der mündlichen Verhandlung mit dem Ziel der Wiedereröffnung nach § 156 ZPO oder nach Verkündung des Urteils innerhalb der Rechtsmittelfrist. Nach Erledigung des Rechtsstreits durch Klagerücknahme, Vergleich oder Erledigung der Hauptsache ist ein Beitritt nicht mehr möglich (*BGH,* NJW 1991, 229). Der Beitritt erfolgt durch Einreichung eines Schriftsatzes beim Prozessgericht, oder, wenn er mit der Einlegung eines Rechtsmittels verbunden ist, beim Rechtsmittelgericht (§ 70 ZPO). Legt der Streitverkündete Berufung ein, kann darin die Erklärung des Beitritts gesehen werden (*BGH,* NJW 1994, 1537). Im Anwaltsprozess besteht Anwaltszwang.

27 Das Prozessgericht hat zunächst, ohne die Zulässigkeit der Nebenintervention zu prüfen, den Parteien den Beitrittsschriftsatz zuzustellen. Nur wenn eine Partei beantragt, die Nebenintervention zurückzuweisen, ist nach § 71 ZPO zunächst hierüber mündlich zu verhandeln und durch **Zwischenurteil über die Zulässigkeit** zu entscheiden. Allerdings kann diese Entscheidung auch mit dem Endurteil in der Hauptsache verbunden werden (*BGH,* NJW 1982, 2070). Ob das Zwischenurteil eine Kostenentscheidung enthält, ist streitig (vgl. *Thomas/Putzo/Hüßtege,* § 71 Rn. 6; *Zöller/Vollkommer,* § 71 Rn. 7).

28 Solange die Nebenintervention nicht rechtskräftig zurückgewiesen ist, ist sie vom Gericht als zulässig zu behandeln mit der Folge, dass der Beitretende seine **Beteiligung am Rechtsstreit** erreicht hat (§ 71 III ZPO). Ihm sind alle Schriftsätze, Terminsverfügungen, Auflagen, Hinweise und Entscheidungen genauso wie den Parteien mitzuteilen. Wird zB der Nebenintervenient nicht geladen, kann keine Entscheidung zu Lasten der unterstützten Partei, auch kein Versäumnisurteil ergehen (vgl. *Zöller/Vollkommer,* § 71 Rn. 8).

4. Befugnisse des Nebenintervenienten

29 Die Befugnisse des Nebenintervenienten ergeben sich aus § 67 ZPO.

Er kann alle Angriffs- und Verteidigungsmittel vorbringen, also zB das Parteivorbringen der unterstützten Partei ergänzen und eigene Beweisanträge stellen. Er kann darüberhinaus alle Prozesshandlungen vornehmen, also Rechtsbehelfe oder Rechtsmittel einlegen, sei es selbständig oder neben der Partei.

Beschränkungen bestehen insoweit, als er an die Lage des Rechtsstreits im Zeitpunkt seines Beitritts gebunden ist und er sich mit seinen Prozesshandlungen nicht in Widerspruch zur unterstützten Partei setzen darf; so darf er nicht die Klage ändern, die Klage oder ein Rechtsmittel zurücknehmen, einen Parteiwechsel vornehmen, Widerklage erheben, ein Anerkenntnis oder einen Verzicht erklären, einen Vergleich abschließen etc., wenn er sich damit gegen seine Partei stellen würde. Die bloße Untätigkeit der Partei hindert ihn aber nicht eigene Prozesshandlungen vorzunehmen (*BGH*, NJW 2006, 773).

5. Wirkungen

Zu den Wirkungen des Beitritts, insbesondere zur Nebeninterventionswirkung nach § 68 ZPO, vgl. 30
Rn. 21.

6. Formulierung der Entscheidung

Die Nebenintervention ist im Tatbestand des Endurteils aufzuführen, im Tenor aber nur im Rahmen 31
der **Kostenentscheidung** zu berücksichtigen. Die Kostenfolge ergibt sich aus § 101 ZPO, danach ist über die Kosten der Nebenintervention – in der Sache handelt es sich im wesentlichen um die Anwaltsgebühren des Nebenintervenienten – stets gesondert zu entscheiden (vgl. A. XVIII. Rn. 17). Die Kosten können nur dem Nebenintervenienten oder dem Gegner der unterstützten Partei auferlegt werden (ganz oder nach Quoten), nie der unterstützten Partei.

Der Nebenintervenient trägt sie allein,

- wenn die Kosten allein der unterstützten Partei auferlegt werden;
- wenn er den Beitritt zurücknimmt;
- wenn die Nebenintervention nach § 71 ZPO als unzulässig zurückgewiesen wurde und entweder das Zwischenurteil keine Kostenentscheidung enthält (vgl. Rn. 27) oder die Zurückweisung erst im Endurteil erfolgt (vgl. Rn. 25).

Der Gegner der unterstützten Partei trägt sie,

- wenn er die Kosten des Rechtsstreits nach §§ 91 ff. ZPO zu tragen hat; das gilt auch, wenn ihm die Kosten bei übereinstimmender Erledigung nach § 91 a ZPO oder nach Rücknahme der Klage oder der Berufung nach § 269 III 2, § 516 III ZPO auferlegt werden.

Werden die Kosten zwischen der unterstützten Partei und dem Gegner geteilt, hat der Nebenintervenient in der Regel die gleiche Quote zu tragen wie die unterstützte Partei. 32

Beispiel (unterstützte Partei ist der Beklagte):

Die Kosten des Rechtsstreits haben der Kläger zu 25%, der Beklagte zu 75% zu tragen. Die Kosten der Nebenintervention trägt der Kläger zu 25%, zu 75% werden sie dem Nebenintervenienten auferlegt.

Wird die Kostenentscheidung im Urteil vergessen, kommt eine Urteilsergänzung nach § 321 ZPO in Betracht.

7. Vergleich

An einem Prozessvergleich zwischen unterstützter Partei und Gegner, ist eine **Beteiligung des Nebe-** 33
nintervenienten möglich. Das kann sich aus der Sicht des Gerichtes empfehlen, um im Falle von Rückgriffsansprüchen den eigentlichen Verursacher in die Pflicht zu nehmen, so einen Vergleich erst zu ermöglichen und den Streit endgültig zu bereinigen. Dazu ist es erforderlich, dass der Nebenintervention dem Vergleich zwischen den Parteien beitritt (vgl. A. XIV. Rn. 65). Soweit der Nebenintervenient in einem Vergleich Zahlungsverpflichtungen eingeht oder ihm darin Ansprüche eingeräumt werden, ist er ein Vollstreckungstitel gegen und für ihn nach § 794 Nr. 1 ZPO. Auch in die Kostenregelung ist der Nebenintervenient einzubeziehen.

Kommt es zu einem Vergleich ohne Beteiligung des Nebenintervenienten, sollte das Gericht bei der 34
Kostenregelung auch die **Kosten der Nebenintervention** bedenken, um einem späteren Streit hierüber vorzubeugen; die Folgen des Unterlassens sind streitig (vgl. *OLG Hamm*, BauR 1989, 373; *OLG Dresden*, NJW-RR 1998, 285; *Thomas/Putzo*, § 101 Rn. 4; *Schneider*, MDR 1983, 801). Es empfiehlt sich, bei der Kostenregelung den Grundsätzen zu § 101 ZPO zu folgen (Rn. 29). Dem nicht am Vergleich beteiligten Nebenintervenienten können allerdings die Kosten nicht auferlegt werden. Wenn der Vergleich für die Parteien keine Kostenregelung enthält und sich die Kostenfolge aus § 98 ZPO ergibt, gilt das auch für die Kosten der Nebenintervention; § 101 I verweist auf § 98 ZPO. Vgl. im Übrigen A. XVIII. Rn. 19.

A. XI. Beweisverfahren

Dr. Stefan Bruinier

Übersicht

Literatur: *Arntzen,* Psychologie der Zeugenaussage, 3. Aufl. 1993; *Bender/Röder/Nack,* Tatsachenfeststellung vor Gericht, Bd. I, Glaubwürdigkeits- und Beweislehre, 1981; *dies.,* Bd. II, Vernehmungslehre, 1981; *Musielak/Stadler,* Grundfragen des Beweisrechts, 1984; *Rommé,* Der Anscheinsbeweis im Gefüge von Beweiswürdigung, Beweismaß und Beweislast, 1989; *Schneider,* Beweis und Beweiswürdigung, 4. Aufl. 1987; zur allg. Literatur siehe Literaturverzeichnis A. I.

I. Voraussetzungen der Beweisaufnahme

1 Eine dem materiellen Recht entsprechende und für die Parteien akzeptable Entscheidung kann nur zustande kommen, wenn das Gericht die Tatsachen, die es der Entscheidung zugrundelegt, sorgfältig feststellt. Juristischer Scharfsinn ist ohne eine gesicherte tatsächliche Grundlage wenig wert. In der Praxis des Zivilprozesses ist die Feststellung der Tatsachen durch Beweiserhebung ein wesentlicher Teil richterlicher Arbeit, der prozessökonomisch zu gestalten ist.

1. Beweisbedürftigkeit

2 Eine Beweisaufnahme setzt in der Regel voraus, dass eine anspruchsbegründende oder einwendungsbegründende Tatsache zwischen den Parteien streitig ist und dass die beweispflichtige Partei in zulässiger Weise Beweis angetreten hat. Nicht jede streitige Tatsache ist beweisbedürftig, zB nicht (vgl. *Zöller/Greger,* vor § 284 Rn. 10)

- zugestandene Tatsachen (§ 288 ZPO),
- offenkundige Tatsachen (§ 291 ZPO),
- Tatsachen, deren Beweisführung der Gegner vereitelt (Rechtsgedanke des § 444 ZPO),
- Tatsachen, die der Schadensschätzung unterliegen (§ 287 ZPO).

In allen anderen Fällen ist Beweis zu erheben.

2. Beweisanordnung

3 Das Gericht kann die Beweisaufnahme entweder mit einem förmlichen Beweisbeschluss (§ 359 ZPO) einleiten oder vor der Beweiserhebung einen formlosen Beschluss erlassen, der auch konkludent ergehen kann oder bei vorausgegangener Anordnung nach § 273 ZPO ganz entbehrlich ist (*Zöller/Greger,* § 358 Rn. 1).

4 a) **Beweisbeschluss.** Ein förmlicher Beweisbeschluss nach §§ 358, 359 ZPO ist erforderlich, wenn die Beweisaufnahme ein „besonderes Verfahren" erfordert, dh wenn der angeordnete Beweis nicht sofort erhoben werden kann. Danach ist beispielsweise ein förmlicher Beschluss erforderlich, wenn ein schriftliches Sachverständigengutachten eingeholt werden soll, wenn die Beweisaufnahme vor dem beauftragten oder ersuchten Richter (§§ 361, 362 ZPO) oder im Wege der Rechtshilfe durchgeführt werden soll (vgl. Rn. 43). Er soll auch erforderlich sein, wenn der Beweis nicht sofort, sondern in einem neuen Termin nach Vertagung erhoben wird (*MünchKomm-ZPO/Heinrich,* § 358 Rn. 2, aA *Zöller/Greger,* § 358 Rn. 2); aber auch dann wird das Gericht Zeugen nach § 273 ZPO laden können. Ferner muss die Vernehmung einer Partei gemäß § 425 I 1 ZPO durch förmlichen Beweisbeschluss angeordnet werden, ebenso die Vorlegung einer Urkunde nach § 425 ZPO. Möglich ist ein Beweisbeschluss vor jeder Beweisaufnahme, ob er sinnvoll ist, hängt vom Beweismittel und der Prozesssituation ab.

5 *aa) Verfahren.* Der Beweisbeschluss wird in der Regel aufgrund mündlicher Verhandlung verkündet. Er kann auch in der mündlichen Verhandlung zu Protokoll verkündet werden – so in einfachen Fällen oder wenn eine schriftliche Formulierung vorliegt, die als Anlage zu Protokoll genommen werden kann –, sonst in einem besonderen Verkündungstermin. Ein vor der mündlichen Verhandlung erlassener (§ 358 a ZPO) oder im schriftlichen Verfahren nach § 128 II, III ZPO ergehender Beweisbeschluss ist den Parteien zuzustellen. Ein Rechtsmittel ist nicht gegeben, der Beschluss kann aber jederzeit auf Antrag oder von Amts wegen ergänzt oder geändert werden, § 360 ZPO.

6 *bb) Inhalt.* Inhalt des Beweisbeschlusses sind nach § 359 ZPO die Beweisthemen (Nr. 1) und die Beweismittel (Nr. 2); außerdem ist die Partei anzugeben, die sich auf das Beweismittel berufen hat. In der gerichtlichen Praxis ist es üblich, die Beweisfragen nicht detailliert, sondern allgemein zu formulieren (zur Zulässigkeit vgl. *OLG Frankfurt,* NJW-RR 1995, 637). Das hat den Vorteil, dass der Zeuge, dem das Beweisthema in der Ladung mitgeteilt wird, weniger beeinflusst wird; allerdings müssen Beweisfragen so abgefasst werden, dass Zeugen und Sachverständige sie auch verstehen und sich, wenn erforderlich, auf ihre Aussage vorbereiten können.

Beispiele:

Es soll Beweis erhoben werden
- über den Hergang des Verkehrsunfalls am ... auf der Kreuzung ...,
- über Verlauf und Inhalt der Besprechung der Parteien am ... in ....

Wenn das Gericht möchte, dass sich der Zeuge auf bestimmte Fragen vorbereitet, empfiehlt sich eine Ergänzung, zB

- insbesondere über die Frage,
  - wer an dem Gespräch beteiligt war,
  - ob das schriftliche Angebot der Beklagten vom ... vorlag,
  - ob der Aktenvermerk während der Besprechung oder erst im Anschluss daran gefertigt wurde ....

Will das Gericht ein Sachverständigengutachten oder eine amtliche Auskunft nach § 273 II Nr. 2 ZPO einholen, sollte das Beweisthema ausführlich und genau gefasst werden.

Über die Beweisanordnung hinaus bietet ein Beweisbeschluss die Möglichkeit, den Parteien Hinweise und Auflagen zu geben und ihnen Erklärungsfristen zu setzen (Erörterungs-, Auflagen- und Beweisbeschluss).

7 *cc) Vor mündlicher Verhandlung.* Nach § 358 a ZPO kann ein förmlicher Beweisbeschluss vor mündlicher Verhandlung ergehen (vgl. A. II. Rn. 53). Auf diesem Wege kann die Beweisaufnahme bereits vor der mündlichen Verhandlung, also auch schon vor dem frühen ersten Termin, ausgeführt werden, allerdings nur hinsichtlich der in § 358 a ZPO genannten Beweisanordnungen; eine Zeugenvernehmung vor dem Prozessgericht ist vor Beginn der mündlichen Verhandlung ausgeschlossen (vgl. *BGH,* NJW 1986, 2319, 2320).

8 **b) Beweisanordnung nach § 273 ZPO.** In der Praxis wird das Gericht einer Beweisanordnung im Wege der prozessleitenden Maßnahme nach § 273 ZPO oft den Vorzug gegenüber einem förmlichen Beweisbeschluss nach §§ 358 ff. ZPO geben. Das Verfahren nach § 273 ZPO ist erheblich einfacher und es legt das Gericht weniger fest. Ein förmlicher Beweisbeschluss bietet sich allerdings an, wenn der Sachverhalt kompliziert ist und/oder die Beweis- und damit auch Kostenlast (Vorschuss!) klärungsbedürftig erscheint. Zusätzliche Anwalts- oder Gerichtskosten werden durch einen förmlichen Beweisbeschluss – anders als nach früherer Rechtslage – nicht mehr ausgelöst.

c) Beispiel eines Beweisbeschlusses (Zeugenbeweis)

9 I. Es soll Beweis erhoben werden über folgende Fragen
   1. …
   2. …
   3. …
   durch Vernehmung der Zeugen
   a) Herr X, vom Kläger benannt,
      zu den Fragen zu 1.–3.,
   b) Frau Y, vom Beklagten benannt,
      zu den Fragen zu 1. und 2.,
   c) Frau Z, von beiden Parteien benannt,
      zur Frage zu 3.,
   d) NN., vom Beklagten benannt,
      zu den Fragen zu 1.–3.

II. Dem Beklagten wird aufgegeben, die ladungsfähige Anschrift der Zeugin Frau Y sowie den vollständigen Namen und die ladungsfähige Anschrift des mit NN bezeichneten Zeugen anzugeben.

III. Die Zeugin Frau Z soll durch das für ihren Wohnsitz zuständige Amtsgericht im Wege der Rechtshilfe vernommen werden.

IV. Die Übersendung der Akten an das Rechtshilfegericht und die Ladung der Zeugen zum Termin hängt davon ab, dass die Parteien für jeden von ihnen benannten Zeugen einen Auslagenvorschuss in Höhe von EUR … bei der Gerichtskasse einzahlen oder eine Erklärung der Zeugen zur Akte reichen, mit der diese auf die Erstattung von Auslagen verzichten.

V. Zur Erfüllung der Auflagen wird den Parteien eine Frist von 3 Wochen ab Zugang dieses Beschlusses gesetzt. Der Beklagte wird hinsichtlich des mit NN benannten Zeugen darauf hingewiesen, dass dieser nach Ablauf der gesetzten Frist nur noch vernommen werden kann, wenn dadurch das Verfahren nach der freien Überzeugung des Gerichts nicht verzögert wird (§ 356 ZPO).

VI. Termin zur Beweisaufnahme und Fortsetzung der mündlichen Verhandlung wird bestimmt nach Eingang der Akte vom Rechtshilfegericht.

II. Zeugenbeweis

10 In der gerichtlichen Praxis ist der Zeugenbeweis die bei weitem häufigste Beweisart, denn Zeugen, die das Entstehen von Rechtsstreitigkeiten miterlebt haben, stehen oft zur Verfügung, sie sind auch ein kostengünstiges Beweismittel. Jedoch ist der Zeuge ein problematisches und oft **unzuverlässiges Beweismittel,** dessen Aussage für die Entscheidung nur eine unsichere Grundlage liefert. Nicht Voreingenommenheit, aber eine gewisse Vorsicht ist insbesondere geboten, wenn der Zeuge nicht neutral, sondern in den Streit der Parteien eingebunden ist, sei es als Angehöriger, Arbeitnehmer, Vertragspartner oder auch als Insasse eines unfallbeteiligten Fahrzeugs. Diese Personen neigen statistisch gesehen dazu, das zu bezeugen, was ihre jeweilige Partei im Prozess vorträgt.

1. Zeugeneigenschaft

11 In **persönlicher Hinsicht** kann Zeuge nicht sein, wer Partei des Rechtsstreits ist oder als Partei zu vernehmen wäre (vgl. § 455 ZPO), wie zB der Geschäftsführer einer GmbH, der Vorstand eines Vereins oder der persönlich haftende Gesellschafter einer OHG oder KG (vgl. näher *Zöller/Greger,* § 373 Rn. 4, 6). Auch der Streitgenosse kann in der Regel nicht Zeuge sein (vgl. *BGH,* NJW 1983, 2508), anders bei einem ausgeschiedenen Streitgenossen, der zwar hinsichtlich der Kostenentscheidung Partei bleibt, nicht

aber hinsichtlich des Streitgegenstandes (*OLG Celle,* NJW-RR 1991, 62). Der einfache Streitgenosse kann ferner als Zeuge über Tatsachen vernommen werden, die nicht auch für den eigenen Prozess erheblich sind.

In **sachlicher Hinsicht** kommt als Zeuge nur in Betracht, wer in Bezug auf das Beweisthema konkrete Wahrnehmungen gemacht hat und über die wahrgenommenen Tatsachen oder tatsächlichen Vorgänge aussagen kann. Wer die Wahrnehmungen durch heimliches Mithören über eine Bürosprechanlage (*BAG,* NJW 1983, 1691; *LG Kassel,* NJW-RR 1990, 62) oder auf andere unlautere Weise (*BGH,* NJW 1991, 1180) gemacht hat, ist in der Regel nicht als Zeuge zu vernehmen; jedoch kann eine Interessenabwägung etwas anderes ergeben (*BGH,* NJW 1994, 2289, 2292).

In **Abgrenzung zum Sachverständigen** ist der Zeuge jemand, der „dabei" war und als Beweismittel nicht durch einen anderen ersetzt werden kann; der Sachverständige hingegen vermittelt dem Gericht fehlendes Fachwissen zur Beurteilung von Tatsachen und ist durch eine andere Person mit entsprechendem Fachwissen ersetzbar. Zur Person des **sachverständigen Zeugen** vgl. § 414 ZPO (auch *OLG Hamm,* MDR 1988, 418).

2. Beweisantritt

Der Zeugenbeweis setzt, soweit der Verhandlungsgrundsatz reicht, immer einen Antrag der beweispflichtigen Partei voraus, und zwar auch, wenn Zeugen nach § 273 II Nr. 4 ZPO geladen werden sollen („... auf die sich eine Partei bezogen hat"). Nach § 373 ZPO gehört zum Beweisantritt die Bezeichnung der Tatsachen, über die der Zeuge vernommen werden soll. Angesichts der zahlreichen Zeugenbeweisantritte in Anwaltsschriftsätzen ist es für das Gericht eine entscheidende Frage, welchen Beweisantritten nachzugehen ist und welche übergangen werden können. Denn die Nichtbeachtung eines Beweisangebotes kann einen Verstoß gegen Art. 103 I GG darstellen (*BVerfG,* NJW 1991, 285) und zu einer Zurückverweisung nach § 538 II Nr. 1 ZPO führen. Das Gericht kann einen Beweisantritt, abgesehen von der Frage verspäteten Vorbringens, übergehen, 12

- wenn er unerheblich ist,
- wenn er unsubstantiiert ist,
- wenn das Beweismittel (der Zeuge) unzureichend bezeichnet ist.

a) **Unerheblicher Beweisantritt.** Ein Beweisantrag ist unerheblich, wenn die von der beweispflichtigen Partei behauptete Tatsache als wahr unterstellt werden kann, ohne dass damit das zu beweisende Tatbestandsmerkmal der Rechtsnorm ausgefüllt wird. Sind Hilfstatsachen (Indizien) unter Beweis gestellt, kommt es darauf an, ob sie, ihre Richtigkeit unterstellt, das Gericht von der Wahrheit der Haupttatsache überzeugen würden (*BGH,* NJW 1989, 2947). Ein Gegenbeweisantrag der nicht beweispflichtigen Partei ist schon dann erheblich, wenn das Gericht dem Beweisantrag der beweisbelasteten Partei folgt. 13

In keinem Fall darf das Gericht einen Beweisantrag übergehen, weil es der Überzeugung ist, dass die Vernehmung des Zeugen nicht zu dem behaupteten Ergebnis führen würde oder seine Aussage von vornherein ohne Beweiswert ist (vgl. *BGH,* NJW 1988, 566 für den Insassenzeugen). Es gilt das strikte **Verbot der antizipierten Beweiswürdigung** (vgl. *BVerfG,* NJW 1993, 255).

b) **Unsubstantiierter Beweisantritt.** Problematisch und in der Praxis häufig sind Fälle, bei denen die Tatsachen, zu denen der Zeuge aussagen soll, unzureichend im Sinne des § 373 ZPO bezeichnet sind. Das ist zB der Fall, wenn am Ende eines längeren Absatzes mit unterschiedlichen Tatsachenbehauptungen ein Zeuge benannt wird, aber unklar bleibt, welche der Tatsachen er bezeugen soll. Nicht ausreichen dürfte es auch, wenn unter Zeugenbeweis gestellt wird, dass eine Sache „gekauft" wurde. Denn dabei handelt es sich nicht um eine Tatsache, sondern um eine rechtliche Schlussfolgerung. Stattdessen wäre konkret anzugeben, wie der Vertrag geschlossen wurde und über welche der Einzeltatsachen der Zeuge vernommen werden soll. Ein Beweisantritt, dem die ausreichende Bestimmtheit der zu ermittelnden Tatsachen fehlt, ist abzulehnen (*BGH,* NJW-RR 1994, 377). 14

aa) Beispiele aus der Rechtsprechung. Nach der ständigen Rechtsprechung des Bundesgerichtshofs ist aber die Ablehnung eines Beweises für eine beweiserhebliche Tatsache nur dann zulässig, wenn die unter Beweis gestellten Tatsachen so ungenau bezeichnet sind, dass ihre Erheblichkeit nicht beurteilt werden kann (*BGH,* NJW-RR 1991, 439; NJW 1991, 2707, 2709; NJW-RR 1994, 377). Seinem Misstrauen, ob der Beweisantritt einen realen Hintergrund hat, darf das Gericht nur folgen, wenn die unter Beweis gestellten Tatsachen gleichsam „ins Blaue" aufgestellt oder aus der Luft gegriffen sind und sich der Beweisantritt deshalb als Rechtsmissbrauch darstellt; das wird idR nur beim Fehlen jeglicher tatsächlicher Anhaltspunkte der Fall sein (*BGH,* NJW 1991, 2709). Die Partei darf auch Tatsachen, die sie nicht sicher weiß, behaupten und unter Beweis stellen (*BGH,* NJW 1989, 227 [L]). Die Partei braucht auch nicht vorzutragen, wie der Zeuge die in sein Wissen gestellte Tatsache erfahren hat (*BGH,* NJW 1983, 2034, 2035; 1996, 1826, 1827). Anders ist es, wenn der Zeuge zu einer nicht in seiner Person eingetretenen inneren Tatsache (zB Irrtum, Absicht) vernommen werden soll; hier ist darzulegen, aufgrund welchen Umstandes der Zeuge entsprechende Kenntnis von der inneren Tatsache erlangt hat (*BGH,* NJW 1983, 2034; NJW-RR 1993, 443). Allerdings genügt die Behauptung, die Person habe sich 15 dem Zeugen gegenüber entsprechend geäußert (*BGH,* NJW 1992, 2489, 2490). Auch Indizzeugen, die nicht den Vorgang selbst beobachtet haben, aber an einem anschließenden Gespräch darüber beteiligt waren, sind zu vernehmen (*BGH,* NJW-RR 1990, 1276); die Frage, ob ihre Aussage zum Beweis ausreicht, kann erst nach der Vernehmung beurteilt werden.

16 *bb) Hilfstatsachen.* Werden Hilfstatsachen (Indizien) unter Beweis gestellt, ist der Richter freier; er muss und darf vor der Beweiserhebung prüfen, ob die Gesamtheit der unstreitigen und unter Beweis gestellten Indizien (deren Richtigkeit unterstellt) ihn von der Wahrheit der Haupttatsache überzeugen würde; ist das nicht der Fall – was der Richter aber in den Gründen seiner Entscheidung nachvollziehbar darlegen muss – braucht kein Beweis erhoben zu werden (*BGH,* NJW 1991, 1894; NJW-RR 1993, 443).

17 c) **Unvollständige Bezeichnung des Zeugen.** Der Beweisführer hat den vollständigen Namen und die ladungsfähige Anschrift des Zeugen anzugeben; das Gericht ist dabei nicht behilflich. Es genügt die Angabe, „zu laden über die Klägerin" oder die Firmenanschrift des Zeugen (aA *LG Hagen,* MDR 1984, 1024). Kennt nicht der Beweisführer, aber der Gegner Namen und Anschrift des Zeugen, ist er verpflichtet, sie zu offenbaren; unterlässt er es, kann das Gericht hieraus im Rahmen der Beweiswürdigung Schlüsse zu seinem Nachteil ziehen (*BGH,* NJW 1960, 821; 2008, 982; *Thomas/Putzo/Reichold,* § 286 Rn. 19). Fehlt nur die ladungsfähige Anschrift, liegt nach der Rechtsprechung des Bundesgerichtshofs gleichwohl ein den Anforderungen des § 373 ZPO genügender Beweisantritt vor (*BGH,* NJW 1993, 1926); das gilt auch für einen mit falscher Anschrift benannten Zeugen (*BVerfG,* NJW 1985, 3005, 3006). Anders ist es, wenn der Zeuge nur mit „N. N." (nomen nominatur) bezeichnet wird; dann liegt kein ordnungsgemäßer Beweisantritt vor (*BGH,* NJW 1989, 227; *Zöller/Greger,* § 356 Rn. 4). Wenn die Partei jedoch gleichzeitig vorträgt, warum sie den Zeugen noch nicht vollständig benennen kann, kann der Beweisantritt nicht einfach übergangen werden; das Gericht hat nach § 356 ZPO vorzugehen (vgl. *Zöller/Greger,* § 356 Rn. 4).

18 d) **Hinweis nach § 139 II ZPO.** Hält das Gericht den Beweisantritt für unsubstantiiert oder wird der Zeuge nicht hinreichend bezeichnet, ist fraglich, ob der Antrag ohne Hinweis an den Beweisführer übergangen werden kann (vgl. zur Hinweispflicht bei unzureichendem Beweisantritt *OLG Saarbrücken,* NJW 1994, 1807). Sind die Tatsachen, über die der Zeuge vernommen werden soll, nach Auffassung des Gerichts nicht genau genug bezeichnet, wird ein solcher Hinweis oft angebracht sein. Wenn ein Zeuge ohne weitere Erklärung mit „N. N." bezeichnet ist, soll ein Hinweis nicht erforderlich sein (vgl. *Zöller/Greger,* § 356 Rn. 4). Wenn das Gericht aber einen Beweisbeschluss erlässt, sollten auch unvollständig benannte Zeugen aufgenommen werden; gleichzeitig kann der Partei eine Frist nach § 356 ZPO gesetzt werden (vgl. Beispiel Rn. 9).

Weil rechtlicher Gesichtspunkt iSd § 139 II ZPO jede die Entscheidung tragende Erwägung ist, er mithin auch verfahrenrechtlicher Natur sein kann, ist auch das Unterlassen eines Beweisantritts ein rechtlicher Gesichtspunkt, auf den hinzuweisen ist (*OLG Köln,* NJW 1995, 2116).

3. Beibringungsfrist nach § 356 ZPO

19 Unbefriedigend ist die Situation, wenn das Gericht Beweis erheben möchte, der **Zeuge** aber **unvollständig benannt** ist oder seine **Ladung nicht zugestellt** werden konnte, weil die Anschrift falsch war oder der Zeuge unbekannt verzogen ist. Eine spätere Vernehmung des Zeugen führt zu einer Verzögerung der Beweisaufnahme oder macht einen zweiten Beweistermin erforderlich, in dem eine Gegenüberstellung der Zeugen nicht möglich ist. Das Gericht darf aber die Partei nicht einfach nur auf das Fehlen der Anschrift, ihre Unrichtigkeit oder auf die nicht zustellbare Ladung hinweisen und von einer Vernehmung des Zeugen absehen, wenn die Anschrift nicht rechtzeitig nachgereicht oder der Zeuge nicht sistiert wird. Vielmehr steht der Beweiserhebung – auch bei fehlender Angabe der Anschrift (*BGH,* NJW 1993, 1926, 1927) – ein behebbares Hindernis im Sinne des § 356 ZPO entgegen; der Zeuge darf damit nur unter den dort genannten Voraussetzungen unberücksichtigt bleiben (*BGH,* NJW 1993, 1926, 1927). Dazu hat das Gericht

- durch Beschluss eine Frist zur Nennung der vollständigen und richtigen Anschrift zu setzen, die nach §§ 224, 225 ZPO verlängert werden kann;
- die Partei mit der Fristsetzung auf die Folgen der Versäumung nach § 356 ZPO hinzuweisen (*Thomas/Putzo/Reichold,* § 356 Rn. 4);
- die Fristsetzung der Partei förmlich zuzustellen (*BGH,* NJW 1993, 1927), falls sie nicht im Termin als Beschluss verkündet wird.

Nach Ablauf der Frist ist die Partei mit dem Zeugen von Gesetzes wegen ausgeschlossen, es sei denn, seine Vernehmung bedeutet keine Verzögerung (zB weil ohnehin ein weiterer Beweistermin erforderlich ist oder weil der Zeuge sistiert wird; vgl. auch *BVerfG,* NJW-RR 1994, 700).

4. Auslagenvorschuss nach § 379 ZPO

20 Das Gericht kann nach § 379 ZPO einen Auslagenvorschuss für die nach den Bestimmungen des JVEG zu leistende Zeugenentschädigung verlangen. Der Vorschuss ist, unabhängig von der Frage der

Beweislast, immer vom Führer des Beweises oder Gegenbeweises zu fordern (§ 379 S. 1 ZPO), wenn beide Parteien sich auf denselben Zeugen berufen, von der beweispflichtigen Partei. Die Anordnung steht im Ermessen des Gerichts; es hat das Interesse der Staatskasse, aber auch der anderen Partei, die Kostenschuldner nach § 22 GKG sein kann, zu berücksichtigen, andererseits aber einer möglichen Verzögerung des Rechtsstreits vorzubeugen. Bei kurzfristiger Zeugenladung – so in den Fällen der §§ 273, 358 a ZPO – kann eine Vorschussanforderung unterbleiben. In der Anordnung ist neben der Höhe (geschätzte Fahrtkosten und Verdienstausfall) auch eine angemessene Zahlungsfrist zu bestimmen (vgl. *OLG Frankfurt,* NJW 1986, 731); eine Frist von weniger als drei Wochen ist für Rechtsanwälte, die die Aufforderung an die Partei weiterleiten müssen, kaum einzuhalten.

a) **Formulierungsbeispiel.** Die Vorschusszahlung ist im Beweisbeschluss oder in der Verfügung nach § 273 ZPO anzuordnen. Sie kann lauten: 21

Die Ladung der Zeugen hängt gem. § 379 ZPO davon ab, dass jede Partei für die von ihr benannten Zeugen einen Auslagenvorschuss in Höhe von EUR ... einzahlt oder eine Erklärung einreicht, mit der der Zeuge auf die Erstattung von Auslagen verzichtet, Frist: 3 Wochen ab Zustellung.

b) **Keine Vorschusspflicht**

- wenn dem Beweisführer Prozesskostenhilfe bewilligt wurde (§ 122 I Nr. 1 a ZPO), 22
- wenn dem Gegner Prozesskostenhilfe ohne Ratenzahlungsverpflichtung bewilligt wurde in den Fällen des § 122 II ZPO,
- wenn die Partei eine „Auslagenverzichtserklärung“ des Zeugen einreicht,
- wenn der Rechtsanwalt die „Auslagenhaftung“ in der erforderlichen Höhe übernimmt (vgl. § 29 Nr. 2 GKG).

c) **Fristversäumung.** Wird der Vorschuss nicht innerhalb der Frist geleistet, kann die Ladung unterbleiben (zuvor aber Hinweispflicht des Gerichts, vgl. *OLG Hamm,* NJW-RR 1995, 1151); allerdings kann das Gericht, zB wenn es Zweifel im Hinblick auf die Länge der Frist hat und den Beweistermin retten möchte, dennoch laden. Geht der Vorschuss verspätet ein, muss das Gericht den Zeugen gleichwohl laden, wenn die Ladung vor dem Termin noch ausgeführt werden kann (vgl. *BVerfG,* NJW 1986, 833). Geht kein Vorschuss ein, erscheint der Zeuge aber zum Termin, muss er vernommen werden. Wenn der Vorschuss nicht oder so spät eingegangen ist, dass keine Ladung mehr möglich ist, steht das Gericht vor der Frage, ob es einen neuen Termin zur Vernehmung bestimmen soll. Hat die verzögerte Zahlung ihre Ursache im Gerichtsbetrieb, muss der Zeuge noch gehört werden; das gilt auch, wenn die Partei die Nichtzahlung hinreichend entschuldigt. In anderen Fällen kann das Gericht den Beweisantritt als verspätet iSd §§ 379 S. 2, 296 II ZPO zurückweisen (*BGH,* NJW 1982, 2559; NJW 1998, 761); das ist im Urteil im Einzelnen zu begründen. 23

5. Ladung des Zeugen

Die Ladung des Zeugen wird von der Geschäftsstelle veranlasst. Wenn der Richter keine förmliche Zustellung der Ladung anordnet, wird formlos geladen (§ 377 I 2 ZPO). Mit der Ladung werden dem Zeugen nach § 377 II ZPO die Namen der Parteien, die für den Fall seines Ausbleibens drohenden Ordnungsmittel und vor allem die Beweisthemen genannt. Ergibt sich das Beweisthema nicht aus einem Beweisbeschluss, ist es vom Richter für die Ladung nach § 273 ZPO zu formulieren. Fehlt es in der Ladung, können Ordnungsmittel nicht verhängt werden (*Thomas/Putzo,* § 380 Rn. 1). 24

a) **Vorbereitungspflicht des Zeugen.** Mit der Ladung sollte der Zeuge auf seine Pflicht nach § 378 I ZPO, sich auf seine Aussage mit Hilfe der ihm zugänglichen Unterlagen vorzubereiten und diese zum Termin mitzubringen, hingewiesen werden. In Betracht kommen zB Skizzen, Tagebücher, Kalender, Aufzeichnungen über Gespräche und Telefonate und andere Geschäftspapiere. Diese Unterlagen dienen der Unterstützung und Erläuterung seiner Aussage; eine Vorlegungspflicht gegenüber Parteien und Gericht folgt daraus nicht, sie besteht nur nach § 429 ZPO (vgl. § 378 I 2 ZPO). Allerdings können unter den Voraussetzungen der §§ 378 II, 390 ZPO Zwangsmaßnahmen gegen den Zeugen ergriffen werden; hierauf ist der Zeuge mit der Ladung hinzuweisen (vgl. näher *Zöller/Greger,* § 378 Rn. 3). 25

b) **Dolmetscher.** Bei der Ladung ist zu beachten, dass nach § 185 GVG ein Dolmetscher hinzuzuziehen sein kann. Wenn der ausländische Name eines Zeugen die Möglichkeit nahelegt, dass der Zeuge eine andere Sprache spricht, sollte das Gericht unverzüglich beim Beweisführer nachfragen, ob ein Dolmetscher erforderlich ist und ggf. für welche Sprache. Im Termin ist darauf zu achten, dass der Dolmetscher sich auf seinen allgemein geleisteten Eid beruft (Voreid nach § 189 II GVG) oder er vor der Vernehmung vereidigt wird (Voreid nach § 189 I GVG); die Nichtvereidigung bedeutet einen nicht heilbaren Verfahrensverstoß (*BGH,* NJW 1987, 260; vgl. auch *BGH,* NJW 1994, 941, wonach eine Zeugenaussage ohne Vereidigung des Dolmetschers vom Berufungsgericht nicht ohne erneute Vernehmung verwertet werden darf). 26

6. Ausbleiben des Zeugen

27 Kommt ein ordnungsgemäß geladener Zeuge nicht zum Termin, sind ihm auch ohne Antrag die durch sein Ausbleiben verursachten Kosten (das sind die vergeblich aufgewandten Reisekosten der Parteien, der Prozessbevollmächtigten und evtl. anderer Zeugen) aufzuerlegen. Zugleich ist gegen ihn ein Ordnungsgeld und für den Fall, dass dieses nicht beigetrieben werden kann, Ordnungshaft festzusetzen (§ 380 I ZPO). Voraussetzung ist immer, dass der Zeuge gem. § 377, also unter Mitteilung des Beweisthemas, geladen wurde. Ob Ordnungsmittel ergehen sollen, wenn sich das Ausbleiben des Zeugen nicht nachteilig ausgewirkt hat, zB weil seine Vernehmung nicht mehr erforderlich war, ist Ermessenssache.

Bei **erneutem Ausbleiben** können die Ordnungsmittel noch einmal festgesetzt werden. Auch kann die zwangsweise Vorführung des Zeugen zum nächsten Termin angeordnet werden (§ 380 II ZPO; vgl. hierzu *Zöller/Greger,* § 380 Rn. 8).

28 a) **Ordnungsmittelbeschluss.** Der Ordnungsmittelbeschluss ist dem Zeugen förmlich zuzustellen. Er sollte idR schon im Termin ergehen, nicht erst nach Anhörung des Zeugen im folgenden Termin; der Zeuge sollte nicht den Eindruck haben, dass sein Ausbleiben sanktionslos bleibt. Zum nächsten Termin sollte der Zeuge daher mit Zustellungsurkunde geladen werden, und zwar mit dem Ordnungsmittelbeschluss und der Androhung, ihn bei erneutem Ausbleiben zwangsweise vorzuführen. Falls der Zeuge im Folgetermin sein Ausbleiben hinreichend entschuldigt, kann die Anordnung nach § 381 I 2 ZPO wieder aufgehoben werden. Zu den Gründen, die ihn entschuldigen können, vgl. *Zöller/Greger,* § 381 Rn. 3. Wenn der Zeuge behauptet, dass ihm die Ladung nicht zugegangen sei, hat er das nach § 381 I 1 ZPO glaubhaft zu machen, anders wenn sich das bereits aus der Akte ergibt. **Ordnungsgeld** kann in Höhe von 5 bis 1.000,– EUR festgesetzt werden, **Ordnungshaft** von einem Tag bis zu sechs Wochen (vgl. Art. 6 EGStGB).

Der Zeuge kann sich gegen den Beschluss zum einen mit dem Antrag nach § 381 I 2 ZPO wenden, zum anderen kann er sofortige **Beschwerde** einlegen, § 380 III ZPO. In beiden Verfahren kann er sich anwaltlich vertreten lassen.

b) Beispiel eines Beschlusses

29 Dem ordnungsgemäß geladenen, im Termin vom … ohne Entschuldigung nicht erschienenen Zeugen … werden die durch sein Ausbleiben verursachten Kosten auferlegt. Zugleich wird gegen ihn ein Ordnungsgeld in Höhe von 150,– EUR und für den Fall, dass dieses nicht beigetrieben werden kann, ein Tag Ordnungshaft festgesetzt.

Der Zeuge soll zum nächsten Termin am … mit Zustellungsurkunde und Ordnungsmittelbeschluss geladen werden. Für den Fall des erneuten Ausbleibens wird ihm die zwangsweise Vorführung nach § 380 II ZPO angedroht.

7. Zeugnisverweigerungsrecht aus persönlichen Gründen

30 Nahe Angehörige haben ein durch § 383 I Nr. 1–3 ZPO geschütztes Recht, die Aussage zu verweigern. Während der Vernehmung zur Person nach § 395 II ZPO fragt das Gericht den Zeugen, ob er mit einer Partei oder deren gesetzlichen Vertretern verwandt oder verschwägert ist. Bejaht der Zeuge, ist er nach § 383 II ZPO über sein Zeugnisverweigerungsrecht zu belehren. Regelmäßig sind Verwandte zur Aussage bereit. Unterbleibt die Belehrung und sagt der Zeuge aus, ist die Aussage unverwertbar, die fehlende Belehrung muss aber spätestens bei der nächsten mündlichen Verhandlung gerügt werden, sonst ist der Mangel nach § 295 ZPO geheilt (*BGH,* NJW 1985, 1158); Heilung tritt also bereits ein, wenn im Anschluss an die Aussage im selben Termin die Anträge wiederholt werden. Eine Rüge des Zeugen ist belanglos. Will der Zeuge die Aussage verweigern, kann er das auch vor dem Termin in der Form des § 386 ZPO erklären. Er ist dann nicht mehr verpflichtet, zum Termin zu erscheinen.

Ärzte, Rechtsanwälte, Geistliche, Journalisten und ähnliche Berufsgruppen haben gegenüber den Personen, die sich ihnen anvertrauen, eine **Verschwiegenheitspflicht,** die sie zur Verweigerung des Zeugnisses nach § 383 I Nr. 4–6 ZPO berechtigt. Sie können aber von ihrer Verschwiegenheitspflicht entbunden werden. Die Befreiung kann bereits in der Benennung als Zeuge gesehen werden, wenn die Verschwiegenheitspflicht gegenüber dem Beweisführer besteht (*Zöller/Greger,* § 385 Rn. 11).

8. Zeugnisverweigerungsrecht aus sachlichen Gründen

31 Das Zeugnis kann verweigert werden, wenn der Zeuge in den Fällen des § 384 ZPO sich selbst oder einem Angehörigen **schaden würde.** Die Vorschrift gibt dem Zeugen nicht das Recht, die Aussage insgesamt zu verweigern, sondern beschränkt sich auf Fragen mit der dort genannten Konsequenz (*BGH,* NJW 1994, 197). Eine Belehrung über das Recht, die Antwort zu verweigern, ist nicht vorgeschrieben, kann aber angebracht sein (*Zöller/Greger,* § 384 Rn. 1 a). Unterbleibt die Belehrung, kann die Antwort auf die Frage zum Beweis verwertet werden. Verweigert ein Zeuge die Antwort nach § 384 ZPO, kann sein Verhalten im Rahmen der Beweiswürdigung gewertet werden (*Zöller/Greger,* § 384 Rn. 3).

9. Amtsverschwiegenheit

Für Beamte und Richter des Bundes und der Länder und sonstige Beamte enthalten die einschlägigen Bundes- und Landesgesetze Regelungen, nach denen zur Aussage eine **Genehmigung des Dienstvorgesetzten** einzuholen ist. Ohne Entbindung von der Amtsverschwiegenheit darf der Beamte oder Richter nicht aussagen, soweit es die in Ausübung der dienstlichen Tätigkeit erworbenen Kenntnisse betrifft. Nach § 376 III ZPO hat das Prozessgericht die Genehmigung einzuholen und dem Zeugen bekanntzumachen. Einfacher ist es, dem Beamten oder Richter aufzugeben, die Genehmigung zum Termin mitzubringen. Liegt sie nicht vor, besteht ein unverzichtbares Vernehmungsverbot (*Zöller/Greger,* § 376 Rn. 8). 32

10. Vernehmung des Zeugen

Der Beweiswert einer Zeugenaussage hängt wesentlich vom Vernehmungsgeschick des Gerichts ab. Wichtig sind bereits die äußeren Bedingungen: Schon bei der Terminierung sollte der Richter darauf achten, dass die Zeugen zeitlich gestaffelt geladen werden, um ihre Aussagebereitschaft nicht mit langen Wartezeiten auf den Gerichtsfluren zu mindern. Sollten dennoch Wartezeiten eintreten, empfiehlt es sich, die wartenden Zeugen kurz aufzurufen und ihnen den Grund der nicht eingeplanten Wartezeiten mitzuteilen. 33

a) **Art der Vernehmung.** Bei der Durchführung der Vernehmung sollte der Richter darauf bedacht sein, ein Klima zu schaffen, das die „Zeugenangst" mindert und den Zeugen „aufgeschlossen" macht, alles zu erzählen, was zum Beweisthema gehört, auch wenn er nicht ausdrücklich danach gefragt wird; er sollte darauf hingewiesen werden, dass auch das zu den Zeugenpflichten gehört. Häufig reicht zur ersten Enthemmung eines Zeugen schon der höfliche Dank, dass er die „beschwerliche" Reise zum Gericht angetreten hat. Die Vernehmungsart wie auch die Vernehmungssprache sollten „gelassen" sein, der Zeuge sollte seine Aussage als kooperativ erfahren. Deshalb sind Vorwürfe an einen Zeugen grundsätzlich nicht angebracht, Vorhaltungen sollten erst am Ende seiner Aussage erfolgen; ggf. ist aber auch ein energisches Auftreten angebracht, beispielsweise wenn Zeugen sich nicht näher erklären wollen oder sich in Widersprüche verwickeln. Die Vernehmungssprache sollte präzis und verständlich, in jedem Fall dem Intellekt des Zeugen angepasst sein; der Satzbau sollte einfach sein, eine akademische Sprechweise möglichst vermieden werden. Der Richter sollte den Zeugen grundsätzlich auch ausreden lassen, weil der spontanen Aussage der größere Beweiswert beizumessen ist. 34

b) **Ablauf der Vernehmung.** § 394 ZO sieht zwingend eine **Einzelvernehmung** der Zeugen vor, nur ein abschließend vernommener Zeuge kann während der folgenden Vernehmungen im Gerichtssaal bleiben (wegen des Grundsatzes der Öffentlichkeit nach § 169 GVG). Wenn ein solcher Zeuge dem später vernommenen Zeugen nach § 394 II ZPO gegenübergestellt werden soll, ist das gleichwohl möglich; es handelt sich bei § 394 ZPO nur um eine Ordnungsvorschrift. 35

aa) Vernehmung zur Person. Die Vernehmung zur Person beginnt mit der Belehrung des Zeugen (§ 395 I ZPO). Der Zeuge sollte nicht nur auf eine wahrheitsgemäße Aussage hingewiesen werden, sondern auch auf die Pflicht zur vollständigen Aussage. Oft gibt der Verlauf der Aussage des Zeugen auch Anlass für den Hinweis, dass nicht seine Schlussfolgerungen gefragt sind, sondern seine tatsächlichen Wahrnehmungen. Im Rahmen der Vernehmung zur Person sind auch seine Beziehungen zu den Parteien zu klären (§ 395 II 2 ZPO). 36

bb) Vernehmung zur Sache. Die Vernehmung zur Sache richtet sich nach § 396 ZPO. Sie setzt selbstverständlich genaue Aktenkenntnis voraus; sonst kann der Richter die Relevanz der Zeugenaussage für die Entscheidung des Rechtsstreits nicht erkennen und nicht die richtigen Vorhalte machen bzw. Nachfragen stellen. Erfahrungsgemäß neigen Zeugen dazu, aus bruchstückhaften Wahrnehmungen eine aus ihrer Sicht plausible Geschichte als tatsächliches Geschehen wiederzugeben, also nicht genau zwischen dem zu trennen, was sie exakt wissen, und dem, was hätte sein können oder sein sollen. Aufgabe des Gerichts ist es zu versuchen, beides voneinander zu trennen. 37

Nach § 396 I ZPO soll der Zeuge zunächst im Zusammenhang angeben, was ihm zum Beweisthema bekannt ist; erst danach geht es um die Vervollständigung der Aussage. Jedoch wird auch bei der Schilderung des Zeugen oft eine Lenkung durch das Gericht erforderlich sein, um Abschweifungen zu vermeiden und den roten Faden zu halten. Eine weitere Schwierigkeit für den Richter liegt darin, den Bericht des Zeugen anschließend zu Protokoll oder auf einen Tonträger zu diktieren, ohne die Darstellung des Zeugen durch seine Wiedergabe zu verfälschen. Wenn der Richter sich seiner durch Notizen gestützten Erinnerung nicht mehr sicher ist, kann es leicht zu einem Disput mit den Anwälten über die Richtigkeit des Diktats und über das kommen, was der Zeuge tatsächlich gesagt hat. Bei einem längeren Bericht des Zeugen kann es daher zweckmäßig sein, den Zeugen nach einem Abschnitt zu unterbrechen, das bisher Gesagte zu diktieren und ihn anschließend fortfahren zu lassen.

c) **Fragen und Vorhalte.** Während des Berichts des Zeugen haben Anwälte und Parteien kein Recht, dem Zeugen Fragen zu stellen oder Vorhalte zu machen. Anschließend stellt zunächst das Gericht die 38

Fragen und macht, soweit angebracht, aufgrund des Akteninhalts und von den Parteien eingereichter Schriftstücke Vorhalte. Danach haben die Parteien ein Fragerecht, zunächst der Beweisführer; die Anwälte haben das Recht, den Zeugen unmittelbar zu fragen, den persönlich anwesenden Parteien kann das gestattet werden. In der Regel empfiehlt es sich, die Partei erklären zu lassen, was sie fragen will, und dann die Frage selbst zu stellen. Bei der Formulierung der Fragen sollte ihre mögliche Suggestivwirkung bedacht werden; manche Anwälte fragen bewusst suggestiv, um eine bestimmte Antwort zu erlangen oder rhetorische Wirkung zu erzielen.

Unzulässige Fragen an den Zeugen sind nach § 397 III ZPO zu behandeln, danach entscheidet bei Zweifeln über ihre Zulässigkeit das Gericht. Fragen oder auch Vorhalte können unzulässig sein

- weil sie außerhalb des Beweisthemas liegen,
- weil der Zeuge sie schon vorher beantwortet hatte
- oder weil die Formulierung zu beanstanden ist.

Nimmt der Anwalt oder die Partei Frage oder Vorhalt nicht zurück, kann das Gericht ihre Nichtzulassung beschließen. In einem solchen Fall hat das Gericht die beabsichtigte Frage oder den Vorhalt zu Protokoll zu nehmen und anschließend einen Beschluss mit dem Inhalt zu verkünden: „Die Frage/der Vorhalt wird nicht zugelassen". Dieser Beschluss ist unanfechtbar.

39 d) **Beeidigung.** Im Zivilprozess ist eine Beeidigung nur unter den Voraussetzungen des § 391 ZPO angebracht. Sie steht im Ermessen des Gerichts (nicht des ersuchten Richters, vgl. Rn. 43), regelmäßig bleibt der Zeuge unbeeidigt. Eine Beeidigung kann in Betracht kommen, wenn an der Richtigkeit der für die Entscheidung erheblichen Aussage noch Zweifel bestehen; wenn die Aussage aber erkennbar unglaubhaft ist, sollte der Zeuge nicht in den Meineid gedrängt werden. Ein Verzicht beider Parteien auf Beeidigung führt zu einem Beeidigungsverbot. Ein Antrag auf Beeidigung ist durch Beschluss, der zu begründen und zu Protokoll zu nehmen ist, oder in den Gründen des Urteils zu bescheiden.

Das Verfahren bei der Abnahme des Eides richtet sich nach den §§ 478–484 ZPO.

40 e) **Protokollierung.** Das Ergebnis der Aussage ist nach §§ 159 I 1, 160 III Nr. 4 ZPO in das Protokoll aufzunehmen. Das geschieht in der gerichtlichen Praxis vielfach unter Benutzung eines Diktiergerätes (§ 160a ZPO). Ideal wäre es, Zeugenaussagen fast wörtlich zu protokollieren, weil so die Nuancen der Aussage erhalten bleiben, die für die Beweiswürdigung wichtig sind. Ein solches Protokoll entspricht nicht der Praxis. Üblicherweise wird der Richter mit eigenen Worten den wesentlichen Inhalt einer Aussage in das Protokoll aufnehmen. Bei seiner Zusammenfassung der Zeugenaussage sollte der Richter sich kontrollieren, ob er nicht die Aussage einseitig wiedergibt, weil er etwa schon aufgrund vorangegangener Aussagen zu einer bestimmten Beweiswürdigung tendiert. Wichtige Passagen einer Aussage sollten in jedem Fall wörtlich zu Protokoll genommen und dann auch als wörtliche Rede gekennzeichnet werden; das gilt auch für drastische Redewendungen oder eine charakteristische Wortwahl, die Ansatzpunkte für die spätere Beweiswürdigung liefern. Der Richter sollte es in der Niederschrift auch deutlich machen, wenn ein Zeuge seine Darstellung innerhalb der Aussage geändert hat.

Fragen und Vorhalte sollten so diktiert werden, dass die Antwort als solche erkennbar wird,

Beispiel:

Auf Vorhalt des Prozessbevollmächtigten des Klägers erklärte der Zeuge: …
Auf Frage des Gerichts erklärte der Zeuge: …
Auf Vorhalt des Schreibens der Klägerin vom … (Anlage 4 d. Kl.): …
oder auch:
Auf Frage des Prozessbevollmächtigten der Beklagten, ob das Gespräch auch schon am … stattgefunden haben könne: …

Bei einem **Streit über die Aufnahme in das Protokoll** entscheidet das Gericht. Auch wenn eine Partei beantragt, bestimmte Vorgänge oder Äußerungen in das Protokoll aufzunehmen, kann das Gericht davon absehen, wenn es hierauf nicht ankommt (§ 160 IV ZPO; vgl. auch § 397 III ZPO und Rn. 38). Über den Antrag ist durch unanfechtbaren Beschluss zu entscheiden, der in das Protokoll aufzunehmen ist.

41 *aa) Protokollierung entbehrlich.* Keine Protokollierung der Aussage ist nach § 161 I Nr. 1 iVm § 160 III Nr. 4 ZPO erforderlich, wenn gegen das Endurteil kein Rechtsmittel möglich ist, also auch, wenn der Streitwert unterhalb der Rechtsmittelsumme liegt. Dann ist nur das Ergebnis der Vernehmung zur Person zu Protokoll zu nehmen, im übrigen genügt nach § 161 II ZPO die Formulierung: „Der Zeuge sagte zur Sache aus". Die Beweiswürdigung ist dann anhand der Notizen des Richters vorzunehmen.

Im Falle der Klagerücknahme, des Anerkenntnisses oder Verzichts oder nach einem Vergleich ist eine Übertragung der diktierten Aussage in das endgültige Protokoll gleichfalls nicht erforderlich, es genügt auch hier der Vermerk, dass der Zeuge ausgesagt hat (§ 161 I Nr. 2, II ZPO).

42 *bb) Genehmigung des Protokolls.* Nach § 162 ZPO ist eine Genehmigung des Protokolls erforderlich; hierzu soll nach § 162 I ZPO die vorläufige Aufzeichnung vorgelesen und die Tonaufnahme abgespielt werden. Im Protokoll ist zu vermerken, dass dies geschehen ist und die Genehmigung erteilt wurde (§ 162 I 3 ZPO). In der Praxis ist ein vereinfachtes Verfahren nach § 162 II ZPO üblich: Wenn die

Aussage in Gegenwart der Parteien und des Zeugen diktiert wurde, kann das Abspielen oder das Vorlesen unterbleiben, wenn sie darauf verzichten. Ein solcher Verzicht ist anzustreben. Wenn der Zeuge die Frage, ob alles, was er ausgesagt habe, so richtig diktiert sei, bejaht, kann das genügen (*Thomas/Putzo/Reichold,* § 162 Rn. 4). Der darin enthaltene Verzicht und die Genehmigung der Beteiligten ist zu Protokoll zu nehmen, zB mit den Worten:

„Nach Diktat genehmigt, auf ein Vorlesen wurde verzichtet".

11. Vernehmung im Wege der Rechtshilfe

Nach § 375 ZPO kann als Ausnahme vom Grundsatz der Unmittelbarkeit der Beweisaufnahme ein Zeuge durch einen **ersuchten Richter** vernommen werden. Die Anordnung steht im Ermessen des Gerichts. Voraussetzung ist zum einen die Prognose des Prozessgerichts, das Beweisergebnis auch ohne persönlichen Eindruck würdigen zu können, zum anderen ein in § 375 I Nr. 1–3 ZPO aufgeführter Grund. Erweist sich die Prognose nachträglich als unrichtig, ist die wiederholte Vernehmung vor dem Prozessgericht erforderlich (vgl. auch § 398 ZPO). Der Nachteil einer Vernehmung im Wege der Rechtshilfe liegt in der dadurch verursachten Prozessverzögerung, im zusätzlichen Aufwand für die Parteien, wenn sie einen Prozessbevollmächtigten vor dem Rechtshilfegericht beauftragen oder Reisekosten ihres Anwalts tragen müssen, und aus der Sicht des Gerichts vor allem darin, dass keine Möglichkeit besteht, Fragen an den Zeugen zu stellen und auf das oft dürftige Rechtshilfeprotokoll Einfluss zu nehmen. Deshalb sollte eine Vernehmung im Wege der Rechtshilfe nur angeordnet werden, wenn die in § 375 I Nr. 1–3 genannten Voraussetzungen eindeutig vorliegen, idR aber nicht gegen den Willen des Beweisführers. Die Anordnung wird zweckmäßigerweise im Beweisbeschluss getroffen, der immer Voraussetzung für eine Vernehmung im Wege der Rechtshilfe ist (vgl. Rn. 4, 9). 43

a) Form des Rechtshilfeersuchens. Nach § 362 I ZPO ist das Rechtshilfeersuchen vom Vorsitzenden zu erlassen. Rechtshilfegericht ist immer ein Amtsgericht (§ 157 GVG). In der Regel wird dem Rechtshilfegericht nicht nur der Beweisbeschluss, sondern die gesamte Akte übersandt. Es empfiehlt sich, für den Rechtshilferichter konkrete Fragen zu formulieren, die er dem Zeugen stellen soll, und auch anzugeben, welche Urkunden oder sonstigen Unterlagen dem Zeugen zur Beantwortung der Beweisfrage vorgelegt werden sollen. 44

b) Verfahren des Rechtshilfegerichts. Das Rechtshilfegericht lädt Parteien und Zeugen ohne besondere Form zur Beweisaufnahme, wenn nicht das Prozessgericht die Zustellung angeordnet hat (§ 357 II ZPO). Auch die Parteien selbst können teilnehmen (§ 357 I ZPO). Bei Ausbleiben des Zeugen kann der ersuchte Richter nach §§ 400, 390 ZPO Ordnungsmittel verhängen. Kann der Zeuge wegen unrichtiger Anschrift nicht geladen werden, ist die Akte mit dieser Mitteilung an das Prozessgericht zurückzusenden. Für die Vernehmung gelten §§ 395 ff. ZPO. Eine Vereidigung kommt nur in Betracht, wenn das Prozessgericht sie angeordnet hat (*Zöller/Greger,* § 391 Rn. 6). Die Vorschriften über die Protokollierung gelten auch für die Beweisaufnahme vor dem Rechtshilfegericht (§ 159 II ZPO). Das Protokoll ist die einzige Möglichkeit für das Prozessgericht, das Ergebnis der Rechtshilfevernehmung in die Beweiswürdigung einzubeziehen; es sollte also sorgfältig und detailliert abgefasst sein. Nach Erledigung des Ersuchens sendet das Rechtshilfegericht die Akten dem Prozessgericht zurück. Erst von dort erhalten die Parteien Abschriften des Vernehmungsprotokolls. 45

12. Schriftliche Zeugenvernehmung

Nach § 377 III ZPO kann das Gericht (Beweisbeschluss nach § 358 a ZPO) eine schriftliche Aussage des Zeugen einholen, wenn es das im Hinblick auf den Inhalt der Beweisfrage und die Person des Zeugen für ausreichend hält. Eine Zustimmung der Parteien ist nicht erforderlich. Das Verfahren ist aus Gründen der Prozessökonomie zweckmäßig, wenn die Beweisfrage leicht und eindeutig zu beantworten ist oder wenn ein Zeuge schreibgewandt ist und er im Termin doch nur das sagen würde, was in seinen Büchern oder Unterlagen steht (so zB bei Ärzten, uU auch – jedenfalls wenn es um Nebenforderungen wie Zinsen geht – bei Bankangestellten). Eine schriftliche Vernehmung kann auch bei einem im Ausland wohnenden Zeugen sachdienlich sein, um die umständliche und zeitraubende Prozedur einer Vernehmung im Wege der internationalen Rechtshilfe zu vermeiden. Dem Zeugen ist das Beweisthema zu übermitteln. Er ist darüber zu belehren, dass seine Vernehmung im Termin noch erforderlich sein kann; das geschieht am Besten in einem besonderen Anschreiben, das die weiter erforderlichen Hinweise zur Vernehmung enthält und Fragen zur Person und zur Sache formuliert, die der Zeuge im Rahmen seiner Aussage beantworten soll. 46

Der Zeuge kann nicht zur schriftlichen Aussage gezwungen werden, er wird sie aber in der Regel einer Aussage im Termin vorziehen. Lehnt der Zeuge die schriftliche Beantwortung der Beweisfrage ab, geht sie trotz Fristsetzung nicht ein oder ist sie unzureichend, ist der Zeuge zu laden.

Im Verfahren nach § 128 II oder nach § 495 a ZPO kann eine schriftliche Vernehmung angeordnet werden, auch wenn die Voraussetzungen des § 377 III ZPO nicht vorliegen.

13. Erneute Zeugenvernehmung im Berufungsrechtszug

47 Eine Zeugenvernehmung muss im Berufungsrechtszug wiederholt werden, wenn die Vernehmung vor dem Erstgericht verfahrensmäßig nicht ordnungsgemäß war, wozu auch ein unzulängliches Protokoll des Erstgerichts zu zählen ist (vgl. *BGH* NJW-RR 1986, 285 mwN), beispielsweise bei Mehrdeutigkeit (*BGH*, NJW-RR 1986, 284); vgl. zur Notwendigkeit der Wiederholung einer Beweisaufnahme bei unklarer Problemstellung in erster Instanz *BGH*, NJW-RR 1994, 511. Ansonsten ist eine Wiederholung immer dann notwendig, wenn das Berufungsgericht die Glaubwürdigkeit eines Zeugen anders als das Erstgericht beurteilen will und dazu ein neuer unmittelbarer Eindruck notwendig ist (vgl. *BGH*, NJW 1987, 3205; NJW-RR 1988, 1371; VersR 2006, 949; BKR 2010, 515). Das Berufungsgericht kann eine erneute Vernehmung auch **auf einen Teil der Zeugen beschränken,** es muss dann aber das Ergebnis der nicht wiederholten Zeugenvernehmung berücksichtigen, es sei denn die Partei verzichtet auf das Beweismittel (*BGH*, NJW 1991, 2082).

48 a) **Fälle für erneute Vernehmung.** Folgende Fälle aus der umfangreichen Rechtsprechung, in denen ein Zeuge erneut vernommen werden muss, kommen in der Praxis der Berufungsgerichte häufig vor:
- Wenn das Berufungsgericht die protokollierte Aussage anders als das Erstgericht werten will (*BGH*, NJW 1991, 1183; MDR 1998, 120; VersR 2006, 949; BKR 2010, 515),
- wenn es die Aussage im Hinblick auf Erinnerungsfähigkeit, Inhalt und Tragweite anders würdigen will (*BGH*, NJW 1984, 2629; MDR 1993, 1123),
- wenn es die Aussage bei der Würdigung der Aussage eines anderen Zeugen anders gewichten will (*BGH*, NJW 1985, 3078; MDR 1991, 1089),
- wenn es über den protokollierten Inhalt hinaus allein aus dem Gang der Vernehmung die Zuverlässigkeit der Aussage werten will und das Erstgericht sie überhaupt nicht gewürdigt hat (*BGH*, NJW 1986, 2885),
- wenn es die Aussage im subjektiven Bereich anders würdigen will (*BGH*, NJW-RR 1986, 285),
- wenn es sie gleich, aber mit anders gerichteten Erwägungen werten will (*BGH*, NJW 1987, 3205),
- wenn es die Glaubwürdigkeit abweichend beurteilen will (*BGH*, NJW 1991, 3285; NJW-RR 1993, 213, 214),
- wenn es einer protokollierten Aussage, die im Widerspruch zu anderen steht und die das Erstgericht nicht gewürdigt hat, nicht folgen will und es auf die Glaubwürdigkeit ankommt (*BGH*, NJW-RR 1986, 285),
- wenn sich das erstinstanzliche Gericht zur Glaubwürdigkeit eines Zeugen, den das Berufungsgericht für wesentlich hält, nicht geäußert hat (*BGH*, NJW 1991, 1102),
- wenn es von einer Schadensschätzung des Erstgerichts aufgrund einer Zeugenaussage abweichen will (*BGH*, NJW-RR 1988, 1371).

49 b) **Fälle für keine erneute Vernehmung.** Eine erneute Vernehmung ist nicht nötig, wenn das Erstgericht die Aussage (abgesehen von den o. a. Fällen) als unergiebig (*OLG Schleswig*, OLGZ 80, 58) oder als unerheblich (*BGH*, NJW 1985, 3078) angesehen hat. Erneut zu vernehmen ist gleichfalls nicht, wenn das Berufungsgericht die Beweisbedürftigkeit verneint. Auch wenn es eine Aussage nur deshalb anders würdigen will, weil es objektive, außerhalb der Aussage liegende Umstände, die die Glaubwürdigkeit des Zeugen nicht betreffen, anders beurteilt, muss es nicht erneut vernehmen (*BGH*, NJW 1991, 3285). Auch darf das Berufungsgericht eine von einem Zeugen bekundete Willenserklärung eines Dritten abweichend auslegen (*BGH*, NJW-RR 1989, 1282).

III. Sachverständigenbeweis

50 Das Gericht wird einen Sachverständigen beauftragen, wenn ihm die Sachkunde fehlt, um aus den vorgetragenen oder festgestellten Tatsachen schließen zu können, ob der Anspruch besteht oder nicht. Eigene Sachkunde erübrigt einen Sachverständigen, das Gericht hat dann aber im Urteil darzulegen, dass es die erforderliche Sachkunde besitzt (vgl. *BGH*, NJW 1989, 2821). Ein **Privatgutachten** kann im Prozess als Sachverständigengutachten nur verwendet werden, wenn beide Parteien zustimmen (*BGH*, NJW-RR 1994, 255).

1. Notwendigkeit

51 Sachverständige sind zB erforderlich, wenn es um die Frage geht,
- ob eine Leistung mangelhaft ist,
- wer einen Verkehrsunfall oder einen anderen Schaden verursacht hat,
- welche Vergütung für eine Leistung angemessen ist,
- wie eine Sache, insbesondere ein Grundstück oder auch ein Unternehmen, zu bewerten ist,
- welchen Wert eine beschädigte oder zerstörte Sache besaß,
- wie hoch die Wiederherstellungskosten nach § 249 S. 2 BGB sind,

- ob eine Verletzungshandlung für Folgeschäden ursächlich ist,
- ob eine Person geschäftsfähig oder testierfähig war,
- ob die Unterschrift einer Person echt ist,
- wer Vater eines Kindes ist,
- ob ein Handelsbrauch besteht,
- mit welchem Ergebnis ausländisches Recht auf einen Sachverhalt anzuwenden ist (§ 293 ZPO).

2. Beweisantritt

Nach § 403 ZPO wird der Beweis durch die Bezeichnung der durch den Sachverständigen zu begutachtenden Punkte angetreten. An die Substantiierung sind keine zu großen Anforderungen zu stellen, insbesondere nicht wenn es um Fachfragen zB aus dem Bereich der Medizin oder der Technik geht. Ohnehin muss das Gericht, wenn ihm die eigene Sachkunde fehlt, einen **Sachverständigen von Amts wegen** hinzuziehen (§§ 144 I 1, 273 II Nr. 4; vgl. *BGH,* NJW 1989, 2821). Wenn das Gericht zwar ein Gutachten für erforderlich hält, es aber nicht von Amts wegen einholen will, muss es der beweispflichtigen Partei einen Hinweis nach § 139 ZPO geben; andernfalls liegt ein Verfahrensverstoß vor. 52

3. Auswahl des Sachverständigen

Die Beweiskraft des Sachverständigengutachtens hängt wesentlich von der richtigen Auswahl der Person des Sachverständigen ab. Sie wird nach § 404 ZPO durch das Gericht getroffen. Um Enttäuschungen zu vermeiden, sollte der Richter sich im Kollegenkreis nach geeigneten Fachleuten erkundigen. Er kann auch die Industrie- und Handelskammer oder die Handwerkskammer nach einem geeigneten Sachverständigen fragen, denn diese haben die Befugnis, Sachverständige öffentlich zu bestellen und zu vereidigen (vgl. *Zöller/Greger,* § 404 Rn. 2); das ist aber nicht immer eine Garantie für besondere Qualität des Gutachtens. Die Industrie- und Handelskammern führen im Internet Verzeichnisse von Sachverständigen, so zB den Bundesbestand unter http://svv.ihk.de. Ein privates Institut kann nicht beauftragt werden; Sachverständiger im Sinne der ZPO ist immer eine natürliche Person (vgl. *Thomas/Putzo/Reichold,* § 404 Rn. 5). Wenn sich die Parteien auf eine bestimmte Person als Sachverständigen geeinigt haben, muss das Gericht sie ernennen (§ 404 IV ZPO). 53

Hat das Gericht einen Sachverständigen ausgewählt, sollte es das vor dessen Beauftragung den Parteien mitteilen und ihnen **Gelegenheit zur Stellungnahme** geben, um Einwendungen gegen dessen Sachkunde und etwaige Ablehnungsgründe geltend machen zu können (vgl. *Zöller/Greger,* § 404 Rn. 1 aE). Eine begründete Ablehnung nach Beauftragung bedeutet Prozessverzögerung und vergeblichen Aufwand.

4. Kostenvorschuss

Wenn ein Sachverständigengutachten auf Antrag einer Partei eingeholt wird, gilt § 379 iVm § 402 ZPO; das Gericht kann die Beauftragung des Sachverständigen von einem Kostenvorschuss abhängig machen. Das sollte in der Regel geschehen, schon wegen der oft erheblichen Kosten, die der Sachverständige nach dem JVEG geltend machen kann. Um die Höhe des anzufordernden Vorschusses zu ermitteln, empfiehlt es sich, beim Sachverständigen (am besten telefonisch) nachzufragen. Bleibt die Vorschusszahlung aus, besteht eine Hinweispflicht des Gerichts (*OLG Hamm,* NJW-RR 1995, 1151). Wird das Gutachten von Amts wegen eingeholt, ist § 379 ZPO nicht anwendbar (vgl. *Thomas/Putzo/Reichold,* § 379 Rn. 3). 54

5. Beauftragung und Leitung des Sachverständigen

Der Sachverständige erhält seinen Auftrag im Beweisbeschluss („Zum Sachverständigen wird Herr/Frau .... bestellt" oder „Mit der Erstattung des schriftlichen Gutachtens wird der/die Sachverständige .... beauftragt"), in einem besonderen Beschluss oder in der prozessleitenden Verfügung nach § 273 ZPO. Beschluss oder Verfügung sind den Parteien wegen § 406 II ZPO zuzustellen. 55

a) Schriftliches Gutachten oder mündliche Vernehmung. Ob das Gericht ein schriftliches Gutachten anordnet, steht in seinem Ermessen. Erfahrungsgemäß erfordern schriftliche Gutachten viel Zeitaufwand, enthalten oft breite Ausführungen über den Akteninhalt oder zu Vorfragen, auf die es zur Beantwortung der Beweisfrage nicht ankommt. Jedenfalls bei einfacheren Beweisfragen ist eine mündliche Vernehmung des Sachverständigen im Termin, evt. nach Durchführung eines Ortstermins, vorzuziehen. Sie ist kostengünstiger, geht erheblich schneller und gestattet es, sofort auf die wichtigen Fragen zu kommen. In vielen Bausachen oder Mietsachen ist eine Vernehmung des Sachverständigen während eines Ortstermins angebracht, auch im Interesse eines Vergleichsschlusses nach Maßgabe der Begutachtung. 56

57 **b) Anleitung nach § 404 a ZPO.** Unerlässlich ist eine Anleitung des Sachverständigen; der *BGH* (NJW 1993, 202) hat den Tatrichter ausdrücklich zur Beachtung des § 404 a ZPO angehalten und ein Urteil u. a. mangels ausreichender Vorgaben an den Sachverständigen aufgehoben. Zunächst ist der dem Sachverständigen erteilte Auftrag genau zu bezeichnen; ihm sind also konkrete Fragen zu stellen, die er beantworten soll, und Art und Umfang seiner Tätigkeit festzulegen (§ 404 a I ZPO). Der Sachverständige muss außerdem wissen, von welchem Sachverhalt er ausgehen soll (§ 404 a III ZPO). Wenn es zB um die Frage geht, ob eine mangelhafte Bauleistung vorliegt, muss er den genauen Inhalt des Auftrags kennen. Ist zwischen den Parteien streitig, was über den schriftlichen Vertrag hinaus vereinbart wurde oder welche Weisungen dem Unternehmer gegeben wurden, muss der Sachverständige wissen, welches Vorbringen er zugrundelegen soll. Darüberhinaus bietet § 404 a ZPO die Möglichkeit, den Sachverständigen in seine Aufgabe einzuweisen und ihm während der Begutachtung Weisungen zu erteilen.

c) Beispiel eines Beschlusses

58 Es soll Beweis erhoben werden über die Frage,

ob die abgehängten Decken im Bauvorhaben … fachgerecht konstruiert und angebracht worden sind,

durch Einholung eines schriftlichen Sachverständigengutachtens. Mit der Erstellung des Gutachtens soll der öffentlich bestellte und vereidigte Sachverständige Dipl.-Ing. … beauftragt werden.

Die Parteien erhalten Gelegenheit, binnen zwei Wochen Einwendungen gegen die Person des Sachverständigen geltend zu machen.

Die Beauftragung des Sachverständigen hängt davon ab, dass die Klägerin binnen drei Wochen einen Kostenvorschuss von 1.500,– EUR bei der Gerichtskasse einzahlt.

Der Sachverständige soll bei seiner Begutachtung davon ausgehen, dass

1. der Auftrag entsprechend dem Angebot vom … nebst Leistungsbeschreibung (Anl. 1 der Klage) erteilt wurde,
2. dass dem bevollmächtigten Architekten der Beklagten die Zeichnung (Anl. 2 der Klage) bei Auftragserteilung vorgelegen hat.

Dem Sachverständigen wird aufgegeben, einen Ortstermin mit den Prozessbevollmächtigten der Parteien abzustimmen und das Gericht vom Termin zu benachrichtigen.

Hat der Sachverständige Zweifel an Inhalt und Umfang des Auftrages, soll er eine Klärung durch das Gericht herbeiführen.

59 **d) Verspätetes Gutachten.** Die schriftliche Abfassung des Gutachtens kann sich in der Praxis stark verzögern. In einem solchen Fall ist dem Sachverständigen, wenn telefonische Erinnerungen nicht geholfen haben, eine **Frist** nach § 411 I 2 ZPO zu setzen. Bei weiterer Säumnis ist nach § 411 II ZPO zu verfahren. Dabei ist zu beachten, dass eine Haftanordnung und eine Vorführung unzulässig sind. Wenn der Sachverständige die Fristversäumung mit Arbeitsüberlastung begründet, ist zu überlegen, ob man ihn nicht besser ohne Honorar entlässt und einen neuen Sachverständigen bestellt (§ 360 ZPO, vgl. *Franzki,* DRiZ 1974, 307).

6. Ladung des Sachverständigen zum Termin

60 Grundsätzlich empfiehlt es sich, den Sachverständigen zu dem nach Eingang seines schriftlichen Gutachtens anberaumten Termin zu laden; denn voraussichtlich wird die durch das Gutachten benachteiligte Partei versuchen, Einwendungen zu erheben, die dem Sachverständigen vorzulegen sind. In folgenden Fällen muss das Gericht entweder eine schriftliche Ergänzung des Gutachtens herbeiführen oder – was regelmäßig vorzuziehen ist – den Sachverständigen zur Erläuterung seines Gutachtens laden (vgl. *Thomas/Putzo/Reichold,* § 411 Rn. 5; *BGH,* NJW 1993, 2380; VersR 1993, 899 u. 1550; NJW 1994, 394; 1996, 1597; 1997, 794; 1998, 162; NJW-RR 1994, 219; 2007, 1294; 2009, 1361; MDR 2011, 317 *BVerfG,* NJW 1997, 122):

- Wenn eine Partei die Ladung beantragt, auch wenn sie keine konkreten Fragen ankündigt und wenn das Gericht eine Erläuterung für überflüssig hält,
- wenn eine Partei, zB durch Vorlage eines privaten Gegengutachtens Einwendungen erhebt, die nicht ohne weiteres unbegründet sind,
- wenn der Sachverständige seiner Begutachtung einen anderen Sachverhalt zugrundegelegt hat, als das Gericht es tun will,
- wenn das Gutachten in einem entscheidungserheblichen Punkt unklar oder zweifelhaft ist.

Ein schriftliches Ergänzungsgutachten macht die Ladung zum Termin nicht entbehrlich, wenn die Partei einen entsprechenden Antrag stellt (*BGH,* NJW 1986, 2886; NJW-RR 2007, 1294; vgl. auch *BGH,* MDR 1997, 286; NJW 1998, 162; *BVerfG,* NJW-RR 1996, 183; *OLG Celle,* VersR 1993, 629, wonach das Recht der Parteien auf mündliche Befragung ein Ausfluss des Anspruchs auf rechtliches Gehör ist). Zweckmäßig ist es, den Parteien nach § 411 IV ZPO eine Frist zu setzen, innerhalb derer sie ihre Einwendungen, Anträge und Fragen mitzuteilen haben. Dem Sachverständigen sind zur Vorbereitung auf den Termin die Einwendungen und Fragen mitzuteilen; das kann auch durch Übersendung der schriftsätzlichen Stellungnahmen der Parteien geschehen.

Nach Abschluss des Verfahrens sollte der Sachverständige über den Ausgang durch Übersenden einer Urteilsabschrift unterrichtet werden, die Grundlage dazu bietet § 299 ZPO (vgl. *Zöller/Greger,* § 299 Rn. 6 a).

7. Vernehmung im Termin

Für die Vernehmung des Sachverständigen gelten die Zeugenvorschriften nach § 402 ZPO entsprechend. Die Belehrung des Sachverständigen geht dahin, das Gutachten unparteiisch und nach bestem Wissen und Gewissen zu erstatten. Eine **Beeidigung** hat, anders als es der Wortlaut des § 410 ZPO nahelegt, nur zu erfolgen, wenn das Gericht das aus den in § 391 ZPO genannten Gründen für erforderlich hält (vgl. *Zöller/Greger,* § 410 Rn. 1). Das wird kaum vorkommen. In der Praxis ist es üblich, dass ein öffentlich bestellter Sachverständiger sich auf den bei seiner Bestellung geleisteten Eid beruft (vgl. § 410 II ZPO). Für die Protokollierung und die Genehmigung gelten wie beim Zeugenbeweis §§ 160 III Nr. 4 und 162 ZPO (vgl. Rn. 40–42); bei diktatgewandtem Sachverständigen sollte er ggfs. selbst ins Protokoll diktieren. 61

8. Ablehnung des Sachverständigen

Sachverständige können von den Parteien nach § 406 ZPO aus den gleichen Gründen abgelehnt werden wie Richter (Ausnahme § 406 I 2 ZPO). Ablehnungsgründe sind zB eine Ortsbesichtigung nach Abstimmung mit einer Partei ohne Benachrichtigung der anderen, frühere Tätigkeit als Privatgutachter im Auftrag einer Partei oder andere persönliche Beziehungen zu einer Partei (vgl. *Thomas/Putzo/Reichold,* § 406 Rn. 2). Ein Sachverständiger kann aber nicht schon deshalb abgelehnt werden, weil sein Gutachten Rechtsausführungen enthält (*OLG Karlsruhe,* MDR 1994, 725). Gründe, die den Parteien schon bei der Ernennung bekannt sind, müssen innerhalb von zwei Wochen nach Zustellung des Ernennungsbeschlusses geltend gemacht werden (§ 406 II ZPO). Im Ablehnungsverfahren besteht kein Anwaltszwang. 62

9. Einholung eines weiteren Gutachtens

Häufig beantragt eine Partei, ein weiteres Gutachten oder ein Obergutachten einzuholen; das liegt nach § 412 ZPO grundsätzlich im Ermessen des Gerichts. Nach der Rechtsprechung des BGH muss das Gericht in folgenden Fällen einen weiteren Sachverständigen beauftragen (grundlegend *BGH,* NJW 1970, 946, 949; vgl. auch *BGH,* VersR 1988, 801 mwN): 63

- Wenn das Gutachten, auch nach Ergänzung oder Erläuterung, von unzutreffenden tatsächlichen Voraussetzungen ausgeht (*BGH,* NJW 1997, 1446),
- wenn das Gutachten erhebliche Widersprüche enthält, die sich nach Erläuterung nicht ausräumen lassen (*BGH,* NJW 1994, 1596, 1597),
- wenn das Gutachten grobe Mängel aufweist (*BGH,* VersR 1980, 533; NJW 1986, 1930; *BayObLG,* FamRZ 1988, 1313),
- wenn Einwendungen der Partei gegen das Gutachten durch ein Privatgutachten gestützt werden (*BGH,* NJW-RR 1988, 764),
- wenn die Sachkunde des ersten Gutachters zweifelhaft ist (*BayObLG,* NJW 1986, 2893),
- wenn der neue Gutachter über überlegene Forschungsmittel verfügt (*BGH,* VersR 1980, 533),
- wenn widerstreitende Gerichtsgutachten vorliegen (*BGH,* NJW 1987, 442).

IV. Beweis durch richterlichen Augenschein

Der richterliche Augenschein ist infolge seiner objektiven Überzeugungskraft ein starkes Beweismittel. Häufig werden die insoweit unter Beweis gestellten Tatsachen unstreitig; eine Beweiswürdigung ist nur notwendig, wenn eine Partei das Ergebnis des Augenscheins nicht gelten lassen will. 64

Die Parteien können nach § 371 ZPO den Beweis durch Augenschein antreten; das Gericht kann nach § 144 I 1 ZPO die Einnahme des Augenscheins **auch von Amts wegen** anordnen. Das empfiehlt sich regelmäßig dann, wenn die Entscheidung einer Beweisfrage durch den unmittelbaren optischen (oder akustischen etc.) Eindruck erleichtert wird, insbesondere bei Verkehrsunfallprozessen oder auch bei einem Baumängelprozess. Zur Einnahme des Augenscheins kann, auch wenn kein Sachverständigenbeweis angetreten ist, immer **ein Sachverständiger hinzugezogen werden** (§ 372 I ZPO).

Das Ergebnis des Augenscheins ist nach § 160 III Nr. 5 ZPO zu Protokoll zu nehmen.

V. Urkundenbeweis

Urkunden begründen nach §§ 415 ff. ZPO den Beweis dafür, dass die in ihnen enthaltenen Erklärungen vom Aussteller abgegeben worden sind. Die Beweisregel des § 416 ZPO bei der **Privaturkunde,** um die es in der gerichtlichen Praxis meistens geht, greift ein, wenn die Urkunde, also insbesondere die Unterschrift echt ist (*BGH,* NJW 1988, 2741). Das hat derjenige zu beweisen, der sich auf die Urkunde beruft. Dem Unterzeichner steht der Gegenbeweis offen, dass der Text über der Unterschrift abredewidrig, zB durch Blankettmissbrauch, ausgefüllt wurde (*BGH,* NJW 1988, 2741). 65

1. Formelle und materielle Beweiskraft

66 Nach § 440 II ZPO hat die über der Unterschrift stehende Schrift die Vermutung der Echtheit für sich, wenn die Echtheit der Unterschrift feststeht (formelle Beweiskraft). Die Vermutung gilt auch bei einer Blankounterschrift (*BGH,* NJW 1986, 3086). Äußere Mängel der Urkunde können ihre formelle Beweiskraft aufheben (vgl. § 419 ZPO); die Bedeutung der Urkunde ist dann aber im Rahmen des § 286 ZPO zu würdigen (*BGH,* NJW 1988, 60, 62).

Die inhaltliche Bedeutung der Urkunde unterliegt der freien Beweiswürdigung nach § 286 ZPO (materielle Beweiskraft). Urkunden, in denen eine rechtsgeschäftliche Erklärung aufgenommen wurde, haben die **Vermutung der Vollständigkeit und Richtigkeit** für sich.

Zur Beweiskraft der Urkunde vgl. näher A. XX. Rn. 8 ff.

2. Beweisantritt

67 Wenn der Beweisführer die Urkunde in Händen hat, wird der **Beweis durch Vorlage im Prozess** angetreten (§ 420 ZPO). Vorzulegen ist idR das Original der Urkunde, nicht eine Abschrift (Ausnahme: § 435 ZPO) oder Kopie, denn nur das Original entfaltet die Beweiskraft des § 416 ZPO (vgl. *BGH,* NJW 1980, 1047). Die Vorlage des Originals ist nicht nötig, wenn der Gegner nach Vorlage der Kopie nicht bestreitet, dass das Original den Inhalt der Kopie hat. Ist die **Urkunde im Besitz des Gegners,** muss der Beweisführer beantragen, dem Gegner die Vorlage aufzugeben (§ 421 ZPO). Dieser ist dazu nur verpflichtet, wenn der Beweisführer einen Anspruch auf die Herausgabe oder die Vorlegung der Urkunde hat (§ 422 ZPO); das ist nach materiellem Recht immer dann der Fall, wenn die Urkunde ein Rechtsverhältnis zwischen den Parteien beurkundet (§ 810 BGB; weitere Beispiele *Thomas/Putzo/Reichold,* § 422 Rn. 4, 5). Eine prozessuale Vorlegungspflicht besteht für den Gegner, wenn er sich im Prozess auf die Urkunde bezogen hat (§ 423 ZPO). Die Voraussetzungen, die die Vorlegungspflicht begründen, sind nach § 424 Nr. 5 ZPO glaubhaft zu machen (§ 294 ZPO). Wegen des Vorlegungsverfahrens vgl. §§ 425 ff. ZPO.

3. Verwertung beigezogener Akten

68 Eine besondere Form des Urkundenbeweises ist die Beiziehung von Akten, die bei einem anderen Gericht oder einer Verwaltungsbehörde geführt werden. Die dort enthaltenen Beweisergebnisse (das können nach § 286 ZPO auch Parteierklärungen und schriftlicher Parteivortrag sein) dürfen als Urkundenbeweis eingeführt werden. Von Bedeutung für die gerichtliche Praxis sind vor allem polizeiliche Ermittlungs- und Strafverfahren (vgl. *BGH,* VersR 1970, 375; 1981, 1127).

Eine in anderen Verfahren protokollierte Zeugenaussage kann als Urkundenbeweis nach § 418 I ZPO aber nur eingeführt werden, wenn die Beweiserhebung in dem anderen Verfahren ordnungsgemäß erfolgt ist (vgl. *BGH,* NJW 1985, 1470 bezüglich Belehrung über Aussageverweigerungsrecht). Der Beweiskraft sind jedoch Grenzen gesetzt (vgl. *BGH,* NJW 1995, 2856); denn das Protokoll beweist nur, was der Zeuge in dem anderen Verfahren ausgesagt hat, das Protokoll beweist nicht die Richtigkeit und Vollständigkeit der Aussage. Auch ist zu bedenken, dass beispielsweise eine polizeiliche Vernehmung nicht die Gewähr der richtigen und vollständigen Wiedergabe wie bei einer gerichtlichen Vernehmung bietet, zudem kann ein Zeuge zwischenzeitlich neue Erkenntnisse bekommen haben. Deshalb berührt der Urkundenbeweis auch nicht das Recht der Parteien, **die unmittelbare Anhörung des Zeugen** zu beantragen. Wenn auch nur eine Partei die Vernehmung des Zeugen beantragt, ist die ausschließliche Verwertung der protokollierten Aussage unzulässig (*Zöller/Greger,* § 373 Rn. 9 mH auf *BGH,* VersR 1971, 177; 1992, 1028).

Werden Akten beigezogen, ist klarzustellen, ob das zur Information oder zur Verwertung als Beweis geschieht (nur bei entsprechendem Beweisantrag möglich, dazu *BVerfG,* NJW 1994, 1210).

VI. Parteivernehmung und Anhörung der Partei

69 Zu einer Beweisaufnahme durch Vernehmung der Partei kann es in folgenden Fällen kommen:

- Wenn der Gegner es beantragt (§ 445 ZPO),
- wenn die Partei selbst es beantragt und, was selten vorkommt, der Gegner zustimmt (§ 447 ZPO),
- von Amts wegen (§ 448 ZPO).

1. Parteivernehmung auf Antrag des Gegners

70 Dem Beweisantrag nach § 445 I ZPO auf Parteivernehmung des Gegners ist erst zu entsprechen, wenn der Beweis mit anderen Beweismitteln nicht geführt ist oder andere Beweise nicht angetreten sind (**Subsidiarität**). Hält das Gericht die Tatsache bereits für erwiesen, ist der Antrag nicht zu berücksichtigen (§ 445 II ZPO); dem Gegner, der den Prozess quasi schon gewonnen hat, soll nicht zugemutet werden, das durch eine eigene Parteivernehmung wieder in Frage stellen zu müssen.

Der Beweisantrag selbst muss die zu beweisenden Tatsachen konkret benennen; in der gerichtlichen Praxis wird nicht selten ein unzulässiger Ausforschungsbeweis versucht.

2. Parteivernehmung mit Zustimmung des Gegners

Die Parteivernehmung nach § 447 ZPO steht im Ermessen des Gerichts („kann"). Die in der gericht- 71
lichen Praxis äußerst seltene Zustimmung des Gegners ist unwiderrufliche Prozesshandlung; deshalb und weil der Vorteil der Beweisfälligkeit entfällt, sollte das Gericht zuvor auf die Beweislast hinweisen (§§ 139, 278 III ZPO), den Hinweis zu Protokoll nehmen und die Zustimmung nach §§ 160 III Nr. 3, 162 ZPO im Protokoll feststellen und vorlesen oder abspielen; vgl. *Zöller/Greger,* § 447 Rn. 2).

Wenn die beweispflichtige Partei ihre Vernehmung beantragt und der **Gegner nicht zustimmt,** ist der Antrag regelmäßig als Anregung an das Gericht, nach § 448 ZPO vorzugehen, zu verstehen.

3. Parteivernehmung von Amts wegen

Voraussetzung für die Parteivernehmung von Amts wegen (§ 448 ZPO) ist, dass für die zu beweisen- 72
de Tatsache noch kein voller Beweis geführt ist, jedoch für die Richtigkeit des Tatsachenvortrags eine gewisse Wahrscheinlichkeit spricht (*BGH,* NJW-RR 1991, 983; NJW-RR 1994, 636). § 448 ZPO dient nur dazu, letzte Zweifel des Gerichts auszuräumen; wenn sich die Parteibehauptungen gänzlich beweislos gegenüberstehen, soll die beweisbelastete Partei keinesfalls von den Folgen der Beweisfälligkeit befreit werden (*BGH,* NJW 1989, 3222; 1990, 1721). § 448 ZPO darf erst angewendet werden, wenn alle angebotenen und erheblichen Beweise erhoben worden sind, gewissermaßen als **ultima ratio** (*Zöller/Greger,* § 448 Rn. 3). Auch wenn die Voraussetzungen des § 448 ZPO gegeben sind, ist das Gericht noch nicht zur Parteivernehmung verpflichtet; es liegt im Rahmen seines Ermessens, ob es sich von der Parteivernehmung überhaupt etwas verspricht, ob sie geeignet sein kann, die letzten Zweifel auszuräumen; eine „vorweggenommene Beweiswürdigung" ist insofern ausnahmsweise zulässig (*Zöller/Greger,* § 448 Rn. 4a).

Etwas anderes gilt, wenn die Gegenseite für die streitige Tatsache, zB ein Vieraugengespräch, einen Mitarbeiter als Zeugen hat, die Partei aber nur persönlich beteiligt war. Hier kann das Gebot der prozessualen Waffengleichheit eine Vernehmung nach § 448 ZPO, jedenfalls aber eine Aufklärung nach § 141 ZPO gebieten (*BGH,* NJW 1999, 363, NJW 2003, 3636; *BVerfG,* NJW 2001, 2531; vgl. *Schöpflin,* NJW 1996, 2134; *Wittschier,* DRiZ 1997, 247).

a) Eine oder beide Parteien. Es steht gleichfalls im Ermessen des Gerichts, welche Partei es oder ob es 73
beide Parteien vernimmt; die Frage der Beweislast spielt dabei keine Rolle. Entscheidend wird sein, von welcher Partei die höhere Glaubwürdigkeit erwartet wird (vgl. *BGH,* VersR 1969, 220) bzw. für welche Partei aufgrund des bislang gewonnenen Ergebnisses die größere Wahrscheinlichkeit spricht. In der Regel sollte die Vernehmung beider Parteien gegenüber der Vernehmung allein der beweisbelasteten Partei vorgezogen werden (vgl. *OLG Hamburg,* MDR 1970, 58); bei Vernehmung beider Parteien ist jedoch die Beeidigung beider unzulässig (§ 452 I 2 ZPO). Wenn sich eine Partei durch eine Abtretung formal eine Zeugenstellung verschafft hat, sollte im Interesse der Waffengleichheit regelmäßig auch die Gegenpartei vernommen werden (vgl. *BGH,* WM 1980, 1071).

b) Begründung im Urteil. Wenn das Gericht § 448 ZPO nicht anwenden will, muss es die Gründe da- 74
für im Urteil darlegen, wenn die Voraussetzungen im Falle eines pflichtgebundenen Ermessens in Betracht kamen (*BGH,* NJW 1990, 1721); das pflichtgemäße Ermessen nach § 448 ZPO ist in der Rechtsmittelinstanz nur hinsichtlich seiner Voraussetzungen und der Einhaltung seiner Grenzen nachprüfbar (*BGH,* NJW-RR 1992, 866, 868; NJW 1999, 363,364).

4. Verfahren

Die Parteivernehmung bedarf nach § 450 I ZPO eines förmlichen Beweisbeschlusses. Die Aussage der 75
Partei ist nach § 286 ZPO frei zu würdigen (§ 453 I ZPO); **verweigert die Partei die Aussage oder den Eid,** hat das Gericht unter Berücksichtigung der gesamten Sachlage, insbesondere der für die Weigerung vorgebrachten Gründe, nach freier Überzeugung zu entscheiden, ob es die behauptete Tatsache als erwiesen ansehen will (§§ 453 II, 446 ZPO).

Für die Vernehmung gelten nach § 451 ZPO die Zeugenvorschriften entsprechend. Das gilt auch für die Protokollierung (§ 160 III Nr. 4 ZPO) und die Genehmigung des Protokolls (Rn. 40–42).

5. Anhörung der Parteien

Von der Parteivernehmung als Beweismittel ist die Anhörung der Parteien nach § 141 ZPO, die in je- 76
der Lage des Verfahrens erfolgen kann, zu unterscheiden. Die Anhörung ist kein Beweismittel, ihr Ergebnis fließt aber in die **Beweiswürdigung nach § 286 ZPO** mit ein. Das Ergebnis der Anhörung kann zB dazu führen, dass die Vernehmung eines vom Gegner benannten Zeugen nicht zum Beweis der geg-

nerischen Behauptung ausreicht oder dass der Parteierklärung der Vorzug zu geben ist (*BGH*, NJW 1999, 363, 364).

Das Gericht sollte regelmäßig die Parteien zur Aufklärung des Sachverhalts anhören, häufig wird dadurch der Prozessstoff klarer und geordnet, auch kann sich die Vernehmung von Zeugen erübrigen (vgl. A. II. Rn. 58). Leistet die Partei der Ladung zum persönlichen Erscheinen nicht Folge, kann gegen sie ein **Ordnungsgeld** wie gegen einen nicht erschienenen Zeugen festgesetzt werden; das geht nicht, wenn die Partei einen instruierten, mit Vollmacht versehenen Vertreter entsendet, der zur Aufklärung des Sachverhalts in der Lage ist (§ 141 III ZPO).

VII. Checkliste (Beweisaufnahme)

77 Die Feststellung der Tatsachen durch Beweisaufnahme, ob die vom Kläger schlüssig und die vom Beklagten erheblich vorgetragenen Behauptungen wahr oder nicht wahr sind, ist ein wesentlicher Teil der richterlichen Arbeit. Das Ergebnis der Beweisaufnahme ist häufig die das Urteil tragende Entscheidungsgrundlage, die Tatsachen sollten deshalb sorgfältig und prozessökonomisch festgestellt werden.

1. Vorbereitung der Beweisaufnahme

78 (1) Akte inhaltlich (Stoffsammlung und Stoffordnung) und rechtlich (Schlüssigkeits-, Erheblichkeitsprüfung) erarbeiten.
(2) Wesentliche Fragen an Parteien, insbesondere an Zeugen und Sachverständige, notieren (ggfs. stichwortartig).
(3) Wichtige Aktenteile ablichten, beispielsweise Vertragspassagen, außergerichtlichen Schriftverkehr, Unfallskizze, Gutachten, Aussagen von Zeugen in Beiakten, insbesondere in Ermittlungsakten.
(4) Vergleichsüberlegung (Prognose des Beweisergebnisses, rechtliche Chancen, wirtschaftliche, insbesondere prozessökonomische Gesichtspunkte).

2. Durchführung der Beweisaufnahme

79 (1) Angstfreies Klima (zB Dank an Parteien und Zeugen, dass sie die „beschwerliche" Reise zum Gericht angetreten haben).
(2) Ruhige, gelassene Vernehmungssprache (zB keine Vorwürfe an Parteien und Zeugen, sie sollen ihre Aussage als kooperativ erfahren; präzise und verständliche Fragen, dem Intellekt der Beteiligten angepasst; einfacher Satzbau, keine akademische Sprechweise).

a) Zeugenvernehmung

80 (1) Einzelvernehmung (vernommene Zeugen können zwecks Gegenüberstellung im Gerichtssaal bleiben).
(2) Vernehmung zur Person: Belehrung über Wahrheitspflicht und Vollständigkeit der Aussage, Vor- und Zuname, Wohnort, Alter, Beruf, verwandt oder verschwägert, ggf. Belehrung über Zeugnisverweigerungsrecht.
(3) Vernehmung zur Sache: Aussage im Zusammenhang, Nachfragen, Vorhalte (Aussage in Beiakten, Aussage anderer Zeugen), Fragen der Anwälte und der Parteien, keine Suggestivfragen.
(4) Protokollierung: In der Regel mit Diktiergerät, möglichst wörtlich (jedenfalls wichtige Passagen), sonst abschnittsweise zusammengefasst, Fragen und Vorhalte in Verbindung mit der Antwort, Genehmigung des Protokolls und Vermerk („Nach Diktat genehmigt, auf ein Vorlesen wurde verzichtet").
(5) Beeidigung: In der Regel nicht, bei Verzicht der Parteien Beeidigungsverbot; Beeidigung nach § 391 ZPO bei Bedeutung der Aussage oder zur Herbeiführung einer wahrheitsgemäßen Aussage, aber bei erkennbar unglaubhafter Aussage Zeugen nicht in den Meineid drängen.

b) Sachverständigenvernehmung

81 (1) Vernehmung zur Person und zur Sache sowie Protokollierung wie bei der Zeugenvernehmung, bei diktatgewandtem Sachverständigen sollte er ggf. selbst ins Protokoll diktieren; Belehrung geht dahin, dass er sein Gutachten unparteiisch und nach bestem Wissen und Gewissen zu erstatten habe.
(2) Beeidigung nur, wenn das Gericht es aus den in § 391 ZPO genannten Gründen für erforderlich hält, in der gerichtlichen Praxis selten, ein öffentlich bestellter Sachverständiger beruft sich auf den bei seiner Bestellung geleisteten Eid (§ 410 II ZPO).

c) Parteivernehmung und Parteianhörung

82 (1) Förmlicher Beweisbeschluss (§ 450 I ZPO).
(2) Vernehmung zur Person und zur Sache sowie Protokollierung wie bei der Zeugenvernehmung.
(3) Bei Aussage- oder Eidesverweigerung entsprechende Würdigung nach §§ 453 II, 446 ZPO.
(4) Parteivernehmung von Amts wegen (§ 448 ZPO) nur, um letzte Zweifel auszuräumen (ultima ratio), dann idR Vernehmung beider Parteien, Beweislast spielt keine Rolle; Ausführungen im Urteil, wenn § 448 ZPO nicht angewendet wird.
(5) Parteianhörung zur Aufklärung des Sachverhalts, idR angebracht; kein Beweismittel, aber Beweiswürdigung nach § 286 ZPO.

VIII. Beweiswürdigung

83 Die Würdigung, ob ein Beweis gelungen ist oder nicht, ist ein Schwerpunkt der richterlichen Entscheidungsfindung. Eine Behauptung ist bewiesen, wenn das Gericht von ihrer Wahrheit überzeugt ist; weniger als die Überzeugung reicht nicht aus, mehr als die subjektive Überzeugung wird aber auch nicht gefordert; der Richter muss und darf sich mit einer **„persönlichen Gewissheit"** begnügen, welche

den Zweifeln Schweigen gebietet, ohne sie völlig auszuschließen (*BGH*, NJW 1970, 946; NJW 1993, 935; NJW-RR 1994, 567).

1. Grundlagen der Beweiswürdigung

Grundlagen der Beweiswürdigung sind das gesamte Ergebnis der Beweisaufnahme, darüber hinaus aber auch der gesamte Inhalt der Verhandlungen (§ 286 I ZPO); auch schriftsätzliches sowie mündliches Vorbringen der Parteien, auch in Beiakten (s. Rn. 68), kann und muss in diesem Rahmen gewürdigt werden, insbesondere bei Widersprüchen, einem auffallenden Wechsel der Behauptungen und im Hinblick auf die innere Wahrscheinlichkeit. Der **Grundsatz der freien Beweiswürdigung** bedeutet, dass der Richter in seiner Überzeugungsbildung frei ist; die Beweiswürdigung darf jedoch nicht willkürlich erfolgen, die entscheidenden Gründe sind im Urteil niederzulegen (§ 286 I 2 ZPO). Dabei muss die Begründung so ausführlich sein, dass eine Nachprüfung des Gedankengangs durch die Berufungsinstanz möglich ist. Es reicht beispielsweise nicht der häufig in der gerichtlichen Praxis zu findende Begründungssatz aus: „Das Gericht habe aufgrund der Zeugenaussagen die Überzeugung erlangt, dass ...", sondern es müssen Ausführungen dazu gemacht werden, weshalb die Aussage eines Zeugen für überzeugend gehalten wird, diejenige eines anderen demgegenüber nicht; andererseits dürfen die Möglichkeiten einer Beweiswürdigung auch nicht überspannt werden. 84

Im Einzelnen ist bei der Beweiswürdigung zu fragen, ob Bedenken ausgeräumt worden oder bestehen geblieben sind und ob der Beweisinhalt in sich schlüssig und widerspruchsfrei ist, insbesondere auch die Wahrscheinlichkeit der Lebenserfahrung für sich hat (Plausibilitätserwägungen) und durch andere Beweise, Indizien oder unstreitige Tatsachen gestützt wird.

Auf die **Beweislast** darf sich der Richter erst dann zurückziehen, wenn er allen Beweisangeboten zu streitigen, erheblichen und beweisbedürftigen Tatsachen nachgegangen ist und die Frage nach der Wahrheit einer Behauptung immer noch nicht mit der nötigen subjektiven Gewissheit beantworten kann.

2. Würdigung von Zeugenaussagen (Checkliste)

Bei der Zeugenaussage als dem häufigsten, aber recht unzuverlässigen Beweismittel sind insbesondere folgende Punkte zu beachten: 85

- Bekundet der Zeuge Tatsachen oder zieht er nur Schlussfolgerungen?
- Berichtet der Zeuge aus eigener Wahrnehmung oder nur vom Hörensagen?
- Wird seine Aussage von anderen Aussagen, Urkunden, unstreitigen Tatsachen, Plausiblitätserwägungen gestützt?
- Ist die Bekundung des Zeugen überhaupt technisch möglich? (Sichtverhältnisse, Entfernung, Örtlichkeit, Zeit, Witterung; Zeit-, Entfernungs- und Geschwindigkeitsangaben sind idR unzuverlässig, außer der Zeuge ist im Schätzen solcher Werte besonders geübt.)
- Ist eine Erinnerung des Zeugen überhaupt möglich? (Gehirnerschütterung, Kopfverletzung, sog. Filmriss)
- Ist die Erinnerung des Zeugen intakt oder hat er Erlebnisse, insbesondere wenn sie unangenehm waren, ganz oder teilweise in sein Unterbewusstsein verdrängt und durch Assoziationen ersetzt?
  (Wenn der Zeuge schon im Ermittlungsverfahren vor der Polizei oder dem Strafrichter vernommen worden ist, vermengt sich seine Erinnerung häufig; die erste Vernehmung wird der Wahrheit meistens näher sein.)
- War der Zeuge zur Wahrnehmung überhaupt fähig?
  (körperliche und geistige Fitness, konzentriert oder übermüdet, nüchtern oder betrunken, senil, abgelenkt?)
- War der Zeuge aufnahmebereit?
  (aufmerksame und interessierte Beobachtung oder nur gelegentlich einer anderen Beschäftigung, Verständnis und Interesse für den Vorgang; Objektivität der Beobachtung durch Sympathie oder Antipathie, Erregung, Schrecken, Zorn, Angst, Hass oder Vorurteil getrübt?)
- Ist der Zeuge überhaupt bereit, die Wahrheit zu sagen?
  (Eheleute, nahe Angehörige, Bekannte, Freunde, Arbeitnehmer, Kollegen, am Prozessausgang Interessiert?)

Eine **Vereidigung eines Zeugen,** die in der gerichtlichen Praxis nur selten vorkommt, wird kaum eine andere Aussage ergeben; denn wer unwissentlich falsch aussagt, wird das auch unter Eid tun, und wer bewusst falsch aussagt, kalkuliert meistens den Meineid mit ein (vgl. zur Würdigung von Zeugenaussagen *BGH,* NJW-RR 1995, 1210; im Einzelnen *Arntzen,* Psychologie der Zeugenaussage).

3. Würdigung von Sachverständigengutachten

Der Richter darf das Ergebnis eines Sachverständigengutachtens nicht einfach übernehmen, auch hier ist eine Beweiswürdigung erforderlich. Eine fehlende oder eine mangelhafte Beweiswürdigung stellt einen wesentlichen Verfahrensmangel iSd § 538 II Nr. 1 ZPO dar (vgl. *Zöller/Heßler*, § 539 Rn. 28). Dabei ist der Richter in der unbefriedigenden Situation, dass er die Richtigkeit der Feststellungen des Sachverständigen und der vom Sachverständigen gezogenen Schlussfolgerungen nur begrenzt nachvollziehen kann, weil ihm die Sachkunde fehlt. 86

a) **Möglichkeiten der Würdigung.** Auch ohne bzw. bei geringer Sachkunde des Richters ist es möglich, in die Würdigung einzubeziehen: 87

- ob der Sachverständige die erforderliche Sachkunde besitzt,
- ob der Sachverständige die Beweisfrage richtig verstanden hat,

- ob der Sachverständige in seinem Gutachten von dem richtigen Sachverhalt ausgegangen ist,
- ob der Sachverständige die Beweisfrage vollständig beantwortet hat,
- ob im Gutachten oder in der Vernehmung in sich verständlich und nachvollziehbar (plausibel) dargestellt ist, wie der Sachverständige zu den von ihm getroffenen Feststellungen und Schlussfolgerungen gelangt ist.

Auf diese Punkte ist natürlich schon bei der Vernehmung des Sachverständigen bzw. bei seiner Anhörung im Anschluss an das schriftliche Gutachten zu achten. Ist der Richter nicht vom Ergebnis des Sachverständigengutachtens überzeugt, darf er die Beweisfrage nicht ohne weiteres verneinen oder von einem non liquet ausgehen. Er muss vielmehr zunächst versuchen, im Wege eines Ergänzungsgutachtens oder besser noch durch eine mündliche Anhörung des Sachverständigen die Unklarheiten zu beseitigen. Auch ein weiteres Gutachten nach § 412 ZPO darf das Gericht nicht gleich, sondern erst unter den in Rn. 63 genannten Voraussetzungen einholen.

88 **b) Abweichung vom Gutachten.** Eine Abweichung vom Gutachten ist möglich. So kann das Gericht aufgrund eigener Sachkunde zu einem anderen Ergebnis als der Sachverständige gelangen. Es muss dann aber im Urteil seine eigene Sachkunde deutlich machen und dabei auch nachvollziehbar darlegen, woher es sie hat (*BGH*, NJW 1984, 1408; 1989, 2948). Liegen zwei widerstreitende Gutachten vor und will das Gericht sich für ein Gutachten entscheiden, ist eine besonders sorgfältige Beweiswürdigung geboten (vgl. *BGH*, NJW 1994, 1596). Der Richter hat im Einzelnen zu begründen, warum er dem einen Gutachten gegenüber dem anderen den Vorzug gibt. Zuvor sollte aber immer durch Anhörung beider Sachverständiger im Termin eine Klärung versucht werden, und sei es nur, um die Punkte, in denen sie wirklich voneinander abweichen, exakt festzustellen. Lässt sich eine Würdigung weder in der einen noch in der anderen Richtung vornehmen, ist ein Obergutachten einzuholen. Das gilt auch bei widerstreitenden Privatgutachten (*BGH*, NJW 1993, 2382).

4. Hilfstatsachen

89 Im Rahmen der Beweiswürdigung helfen häufig die Hilfstatsachen, die Indizien. Für das Beweisergebnis ist es gleich, ob die verbleibende Unsicherheit die Tatsachenfeststellung oder den Indizschluss betrifft. Die durch Indizien vermittelte Wahrscheinlichkeit nimmt rapide ab, je unsicherer die Anknüpfungstatsache ist und je mehr Schlüsse notwendig und je unsicherer die Schlüsse in der Beweiskette sind. Ein Indiz oder eine Indizienkette ist um so stärker, je häufiger das Indiz zusammen mit der Haupttatsache im Verhältnis zu seinem Vorkommen ohne die Haupttatsache ist (vgl. zu den Anforderungen an eine umfassende Würdigung vorgetragener Indiztatsachen *BGH*, NJW 1994, 2289, 2291).

Beim Indizienbeweis muss der Richter bereits vor der Beweiserhebung prüfen, **ob der Indizienbeweis schlüssig ist,** ob also die Gesamtheit aller vorgetragenen Indizien – ihre Richtigkeit unterstellt – ihn von der Wahrheit der Haupttatsache überzeugen würde (Lassen die Hilfstatsachen, ihre Wahrheit unterstellt, den Schluss auf die Haupttatsache zu?). Erst wenn diese Prüfung zu dem Ergebnis führt, dass der Nachweis der in Frage stehenden Hilfstatsachen an der Überzeugungsbildung nichts ändern würde, darf der Beweisantrag beim Indizienbeweis abgelehnt werden (*BGH*, NJW 1989, 2947; NJW-RR 1993, 443).

5. Anscheinsbeweis

90 Eine weitere Hilfe im Rahmen der Beweiswürdigung kann der Anscheinsbeweis sein. Wenn ein typischer Geschehensablauf vorliegt, bei dem nach der Lebenserfahrung beispielsweise aus dem Schadenserfolg auf eine bestimmte Schadensursache zurückgeschlossen werden kann oder umgekehrt aus einer Ursache auf einen bestimmten Erfolg, spricht man von einem „Beweis des ersten Anscheins" (prima-facie-Beweis). Der Gegner hat die Möglichkeit, den Anscheinsbeweis zu erschüttern, indem er darlegt und beweist, dass im konkreten Fall gerade kein typischer Geschehensablauf vorgelegen hat; dann sind die dem Anscheinsbeweis zugrunde liegenden Lebenserfahrungsregeln nicht mehr anwendbar und der eigentlich Beweispflichtige muss vollen Beweis für seine Behauptung erbringen. Zu den Fallgruppen, die die Rechtsprechung gebildet hat, vgl. *Zöller/Greger,* vor § 284 Rn. 30f.

6. Freie Schadensschätzung

91 Wenn die Parteien darüber streiten, ob und in welcher Höhe ein Schaden entstanden ist, entscheidet nach § 287 I ZPO das Gericht in freier Schadensschätzung.

Für die Abgrenzung von § 286 ZPO zu § 287 ZPO ist von Bedeutung, dass unter § 286 ZPO die Feststellung des Schadensgrundes einschl. der haftungsbegründenden Kausalität fällt (das ist der Ursachenzusammenhang zwischen Handlung und Rechtsbeeinträchtigung) und dass unter § 287 ZPO die Feststellung der **Schadenshöhe einschließlich der haftungsausfüllenden Kausalität** fällt (der Ursachenzusammenhang zwischen der Rechtsbeeinträchtigung und dem Schaden). Die Abgrenzung ist wichtig, weil für die Frage des „Überzeugtseins" im Rahmen des § 287 ZPO eine geringere Wahrscheinlichkeit genügt (es reicht idR, wenn der Richter sagen kann, dass es so wohl richtig sein wird). Hinzu kommt, dass bei § 287 ZPO die Substantiierungslast gemindert ist (statt „festzustellen" reicht „schätzen"). Eine **Schätzung** ist jedoch dann **nicht erlaubt,** wenn die Schadenshöhe unschwer exakt bewiesen werden kann oder wenn keine Schätzungsgrundlage gegeben ist, was jedoch schon der Fall ist, wenn jedenfalls die Schätzung eines Mindestschadens möglich ist.

§ 287 I ZPO gilt für alle Schadensersatzansprüche gleich aus welchem Rechtsgrund; mit Ausnahme von § 287 I 3 ZPO gelten die Regeln auch für andere vermögensrechtliche Streitigkeiten, beispielsweise für Erfüllungs-, Minderungs- oder Bereicherungsansprüche (§ 287 II ZPO).

7. Beweisvereitelung

Im Rahmen der Beweiswürdigung kann auch eine Beweisvereitelung durch eine Partei berücksichtigt werden. Eine Beweisvereitelung liegt vor, wenn eine Partei dem beweisbelasteten Gegner die **Beweisführung schuldhaft unmöglich macht oder erschwert,** indem sie während des Rechtsstreits oder zuvor vorhandene Beweismittel vernichtet, vorenthält oder ihre Benutzung erschwert oder indem sie zumindest fahrlässig die Aufklärung eines bereits eingetretenen Schadensereignisses unterlässt, obgleich die spätere Notwendigkeit einer Beweisführung dem Aufklärungspflichtigen bereits erkennbar sein musste (*BGH,* NJW 1986, 59); dabei ist das Verschulden nicht auf die Vernichtung des Gegenstands, sondern auf die Vereitelung seiner Beweisfunktion zu beziehen (*Thomas/Putzo/Reichold,* § 286 Rn. 17 mwN). Keine Beweisvereitelung liegt vor, wenn die beweisbelastete Partei den Beweis selbst hätte sichern können (*BSG,* NJW 1994, 1303). 92

a) **Folge der Beweisvereitelung.** Die Folge einer Beweisvereitelung ist eine Beweiserleichterung zugunsten der anderen Partei, indem das auf Verschulden der Partei beruhende Fehlen des Beweismittels als Indiz für die zu beweisende Tatsache gilt (*BGH,* NJW 1987, 1482). 93

b) **Beispiele aus der Rechtsprechung**

- Beseitigung von Beweismitteln, auch die fahrlässige (*BGH,* NJW 1963, 389, 390; VersR 1968, 58), 94
- die Zurückhaltung von Beweisurkunden (*OLG Köln,* MDR 1968, 674),
- das Verschweigen beweiserheblicher Umstände (*BGH,* NJW 1972, 1131),
- lückenhafte oder unzulängliche ärztliche Dokumentation (*BGH,* NJW 1986, 2365; 1987, 1482),
- Nichtentbinden von Verschwiegenheitspflicht ohne plausiblen Grund (*BGH,* NJW-RR 1996, 1534; *OLG München,* NJW-RR 1987, 1021),
- wenn der Beklagte einer Vaterschaftsfeststellungsklage die Blutentnahme für ein serologisches Gutachten verweigert (*BGH,* NJW 1986, 2371),
- Nichtangabe der Adresse eines Unfallzeugen (*BGH,* NJW 1960, 821).

IX. Selbständiges Beweisverfahren

Nach den §§ 485 ff. ZPO kann während oder außerhalb eines Rechtsstreits auf Antrag einer Partei die Einnahme des Augenscheins, die Vernehmung von Zeugen oder die Begutachtung durch einen Sachverständigen angeordnet werden. Von großer Bedeutung ist gegenüber dem früheren Beweissicherungsverfahren, dass **das Ergebnis der Beweiserhebung einer Beweisaufnahme vor dem Prozessgericht gleichsteht** (§ 493 I ZPO). Grundsätzlich muss der Gegner zustimmen oder es muss zu besorgen sein, dass das Beweismittel verloren geht oder seine Benutzung erschwert wird (§ 485 I ZPO); im Falle der Begutachtung durch einen Sachverständigen ist dagegen nur ein rechtliches Interesse der Partei erforderlich (§ 485 II ZPO); das rechtliche Interesse ist bereits dann gegeben, wenn die Feststellung einen Rechtsstreit vermeiden kann (§ 485 II 2 ZPO). Die Zustellung des Antrages auf Einleitung des selbständigen Beweisverfahrens hemmt die Verjährung (§ 204 I Nr. 7 BGB). 95

1. Zuständigkeit

Wenn noch kein Rechtsstreit anhängig ist, ist der Antrag bei dem Gericht zu stellen, das nach dem Vorbringen des Antragstellers in der Hauptsache zuständig wäre (§ 486 II ZPO); dabei ist für die sachliche Zuständigkeit der Streitwert der Hauptsache maßgeblich. In Fällen dringender Gefahr ist auch die Zuständigkeit des Amtsgerichts gegeben, in dessen Bezirk sich die zu begutachtende oder zu vernehmende Person oder Sache befindet (§ 486 III ZPO). Wenn bereits Klage eingereicht ist, ist der Antrag, außer in den Fällen dringender Gefahr, an das Prozessgericht zu richten (§ 486 I ZPO). 96

Anwaltszwang besteht grundsätzlich nicht (§§ 78 III, 486 IV ZPO); jedoch unterliegt die mündliche Verhandlung im selbständigen Beweisverfahren dem Anwaltszwang, sofern sie vor einem diesem Zwang gemäß § 78 ZPO ausgesetzten Gericht erfolgt (*Zöller/Herget,* § 486 Rn. 1).

2. Weitere Verfahrensfragen

Der Antrag ist gegen den Gegner des anhängigen oder beabsichtigten Prozesses zu richten (§ 487 Nr. 1 ZPO); das Gericht sollte besonders auf die Identität der Parteien achten, weil grundsätzlich nur dann nach § 493 ZPO die Beweiserhebung einer Beweisaufnahme vor dem Prozessgericht gleichsteht. 97

Anderenfalls ist eine Verwertung allerdings gemäß § 411 a ZPO möglich. Eine **Streitverkündigung** ist zulässig (*BGH,* NJW 1997, 859).

Nach § 487 Nr. 2 ZPO sind die Tatsachen, über die Beweis erhoben werden soll, zu bezeichnen, eine **ungenaue Bezeichnung des Beweisthemas** kann den Antrag unzulässig machen (vgl. *OLG Düsseldorf,* MDR 1981, 324). Das Gericht hat nicht zu prüfen, ob die Beweisfragen für den Prozess erheblich sind, soweit sich der Antrag im Rahmen des § 485 II ZPO hält; das Gericht kann mithin den substantiierten Antrag ohne nähere Prüfung in den Beweisbeschluss übernehmen. Ablehnungsanträge gegen einen Sachverständigen sind in der Frist des § 406 II ZPO zu stellen (s. Verweisung in § 492 I ZPO). Die Beweisaufnahme folgt den Regeln, die für das jeweilige Beweismittel gelten (§ 492 I ZPO).

Auf Antrag einer Partei muss das Gericht einen **Termin bestimmen,** in dem der Sachverständige sein Gutachten erläutert (§§ 492 I, 411 III ZPO).

3. Entscheidung

98 Über den Antrag wird nach § 490 ZPO **durch Beschluss** entschieden. Eine mündliche Verhandlung ist nicht erforderlich (§ 490 I ZPO), aber zB im Fall des § 492 III ZPO möglich. Vor einem stattgebenden Beschluss ist dem Gegner rechtliches Gehör zu gewähren. Entspricht das Gericht dem Antrag, erlässt es einen Beweisbeschluss iSd § 359 ZPO. Die Einholung eines Sachverständigengutachtens sollte, wie auch sonst, von der Zahlung eines Vorschusses abhängig gemacht werden.

99 a) **Kosten und Streitwert.** Der Beschluss enthält keine Kostenentscheidung. Der Antragsteller kann eine Kostenerstattung nur erreichen, indem er die Hauptsache anhängig macht; dem Antragsgegner bleibt der Weg über § 494 a ZPO (vgl. dazu *OLG Düsseldorf,* MDR 1994, 201). Wenn der Antrag zurückgenommen wird, dürfte ein Kostenbeschluss nach § 269 III ZPO möglich sein (str., vgl. *OLG Karlsruhe,* MDR 1991, 993; *OLG München,* NJW-RR 2001, 1439; aA *OLG Koblenz,* NJW-RR 1996, 384).

An Gerichtskosten entsteht eine Gebühr (GKG KV Nr. 1610), hinzu kommen die Kosten des Sachverständigen, für die ein Vorschuss einzuzahlen ist. Für die Anwälte gehören die Gebühren für das selbstständige Beweisverfahren nicht zum Rechtszug des Hauptsacheverfahrens. Für das selbstständige Beweisverfahren fällt die Verfahrensgebühr gemäß Nr. 3100 VV RVG an. Sie ist auf die Verfahrensgebühr eines gleichzeitig anhängigen oder nachfolgenden Hauptsacheprozesses anzurechnen (Vorbem. 3 V VV RVG). Darüber hinaus kann im selbstständigen Beweisverfahren die Terminsgebühr (Nr. 3104 VV RVG) entstehen, etwa für die Teilnahme an einem Ortstermin des Sachverständigen. Die Terminsgebühr kann im nachfolgenden Hauptsacheverfahren erneut anfallen. Eine Anrechnung erfolgt nicht. Der **Gebührenstreitwert** richtet sich nach dem Wert des Hauptprozesses. Den Streit, ob der volle Hauptsachewert oder nur ein Bruchteil des Anspruches maßgeblich ist, hat der BGH im ersteren Sinne entschieden (NJW 2004, 3488; vgl. *Zöller/Herget,* § 3 Rn. 16 „Selbständiges Beweisverfahren" mwN). Maßgeblich ist dabei nicht der bei Verfahrenseingang angegebene Wert, sondern der nach Einholung des Gutachtens sich ergebende Wert (*BGH,* NJW 2004, 3489; *Zöller/Herget,* § 3 Rn. 16), also zB die Höhe der vom Sachverständigen geschätzten Mängelbeseitigungskosten (*BGH,* NJW-RR 2005, 1011) oder auch die Kosten, die entstanden wären, wenn die behaupteten Mängel festgestellt worden wären.

100 b) **Rechtsmittel.** Der stattgebende Beschluss ist wie ein gewöhnlicher Beweisbeschluss unanfechtbar (§ 490 II 2 ZPO), aber abänderbar; der ablehnende Beschluss unterliegt der sofortigen Beschwerde.

4. Beendigung

101 Ein selbstständiges Beweisverfahren ist mit seiner **sachlichen Erledigung** beendet. Bei einer mündlichen Anhörung des Sachverständigen tritt die sachliche Erledigung mit dem Verlesen des Sitzungsprotokolls über die Vernehmung des Sachverständigen oder der Vorlage des Protokolls zur Durchsicht ein, und nicht erst mit der Übermittlung des Protokolls (*BGH,* NJW-RR 2009, 1243 mwN). Es kommt nicht darauf an, ob der Gutachter die Beweisfragen umfassend beantwortet hat, denn das selbstständige Beweisverfahren ist unabhängig von der Qualität des Gutachtens beendet, wenn der Gutachter sich zu den Beweisfragen geäußert hat und innerhalb eines angemessenen Zeitraums nach der mündlichen Anhörung keine Anträge einer Partei zur Ergänzung des Gutachtens gestellt werden. Die bloße Ankündigung solcher Anträge reicht nicht aus (*BGH,* NJW-RR 2009, 1243 mwN).

102 Bei schriftlicher Gutachtenerstattung ohne ergänzende mündliche Anhörung des Sachverständigen tritt sachliche Erledigung regelmäßig dann ein, wenn das Gutachten den Parteien übergeben wird und sie innerhalb einer angemessenen Frist keine Ergänzungsanträge stellen (*BGH,* NJW 1993, 851). Welche Frist als angemessen anzusehen ist, hängt vom Umfang und Gegenstand der Beweisaufnahme ab, idR wird eine Frist zwischen 4 Wochen und drei Monaten anzunehmen sein. Es empfiehlt sich, den Parteien mit der Übermittlung des Gutachtens eine Frist für die Stellung von Ergänzungsfragen zu setzen, um Unklarheiten und Streit über den Zeitpunkt der Beendigung zu vermeiden (vgl. § 411 IV 2 ZPO). Eines förmlichen Beschlusses über die Beendigung bedarf es nicht; ein solcher kann in Zweifelsfällen jedoch zur Klarstellung angebracht sein.

A. XII. Aufrechnung und Widerklage

Dr. Stefan Bruinier

Übersicht

Literatur: Zur allg. Literatur siehe Literaturverzeichnis A. I.

I. Aufrechnung

Beruft sich der Beklagte gegenüber der Klageforderung auf Aufrechnung, hat das Gericht zunächst zu klären, ob der Beklagte nur einen materiellrechtlichen Einwand geltend macht oder ob es sich um eine Prozessaufrechnung (Hilfsaufrechnung) handelt. Verfahren, Entscheidung und Wirkung unterscheiden sich erheblich. 1

1. Primäraufrechnung

Der Beklagte kann sich gegenüber der Klageforderung damit verteidigen, dass sie durch Aufrechnung gem. § 389 BGB erloschen sei. Beschränkt sich der Beklagte auf diese Einwendung, macht er eine sog. Primäraufrechnung geltend, die nicht anders als sonstige Einwendungen des Beklagten zu behandeln ist. Das Gericht hat nur zu prüfen, ob die Klageforderung schlüssig dargelegt und die Aufrechnung nach den §§ 387ff. BGB materiellrechtlich wirksam ist. Unerheblich ist, ob die Aufrechnung vor oder im Prozess erklärt wurde. Die prozessuale Situation ist nicht anders, als wenn der Beklagte Erlöschen der Klageforderung durch Erfüllung behauptet. 2

2. Prozessaufrechung

Bestreitet der Beklagte die Klageforderung und erklärt er hilfsweise für den Fall, dass sie sich als begründet herausstellen sollte, die Aufrechnung, handelt es sich um eine Prozessaufrechnung (Eventualaufrechnung, Hilfsaufrechnung). Sie ist die Regel, aus der Klageerwiderung ergibt sich die nur hilfsweise Geltendmachung aber nicht immer eindeutig. Dann sollte das Gericht nach § 139 ZPO nachfragen. Die Prozessaufrechnung kann schriftsätzlich oder auch im Termin erklärt werden. Weil sie ein Verteidigungsmittel ist, gilt § 261 II ZPO nicht. Sie ist zum einen Erklärung im Sinne des § 388 BGB, zum anderen Prozesshandlung; als solche unterliegt sie dem Anwaltszwang (vgl. *Thomas/Putzo/Reichold,* § 145 Rn. 18). 3

a) Zuständigkeit. Die zur Aufrechnung gestellte Gegenforderung berührt nicht die sachliche oder örtliche Zuständigkeit des Gerichts. Das Amtsgericht bleibt sachlich zuständig, auch wenn der Streitwert nach § 45 III GKG über 5.000,– EUR steigt. Das Gericht kann auch über eine Aufrechnungsforderung entscheiden, für die eine andere ausschließliche Zuständigkeit begründet ist (*BGH,* NJW-RR 1989, 173). Das gleiche gilt bei Aufrechnung mit einer Forderung, für die bei einer Klage das Familiengericht (*BGH,* NJW-RR 1989, 173), im umgekehrten Fall das ordentliche Gericht (*OLG Köln,* NJW-RR 1992, 1287) oder zB in Wohnungseigentumssachen das Gericht der freiwilligen Gerichtsbarkeit (*BGH,* NJW 1980, 2466) zuständig wären. Anders ist es bei einem für die Gegenforderung vereinbarten anderen ausschließlichen Gerichtsstand (*BGH,* NJW 1973, 421). 4

b) Zulässigkeit des Rechtswegs. Fehlt es an der Zulässigkeit des Rechtswegs für die Aufrechnungsforderung, kommt eine Verweisung des Rechtsstreits nach § 17a II GVG nicht in Betracht. Streitig ist, 5 ob das ordentliche Gericht im Hinblick auf § 17 II GVG über die rechtswegfremde Forderung entscheiden kann. Die vor Änderung der §§ 17ff. GVG geltende Auffassung hielt das Gericht für verpflichtet, den Rechtsstreit nach § 148 ZPO auszusetzen und die Entscheidung der zuständigen Gerichtsbarkeit abzuwarten (vgl. *Zöller/Greger,* § 145 Rn. 19a). Ob das auch unter Geltung des § 17 II GVG gilt, ist fraglich (bejahend *BAG,* NJW 2002, 317; *BFH,* NJW 2002, 3126; *BVerwG,* NJW 1999, 160; *Zöller/Greger,* § 145 Rn. 19a; *Thomas/Putzo/Hüßtege,* § 17 GVG Rn. 9, jeweils mwN). Folgt man dieser Auffassung, sollte nach Möglichkeit ein Vorbehaltsurteil über die Klageforderung nach § 302 ZPO ergehen, dann ist nur noch wegen der Aufrechnungsforderung eine Aussetzung erforderlich.

6 **c) Rechtshängigkeit.** Die Prozessaufrechnung bewirkt keine Rechtshängigkeit der Gegenforderung. Es kann also sowohl eine Gegenforderung zur Aufrechnung gestellt werden, die in einem anderen Prozess rechtshängig ist, als auch die Aufrechnungsforderung in einem anderen Prozess klageweise geltend gemacht werden. Jedoch erlangt die Entscheidung darüber, ob die Aufrechnungsforderung besteht oder nicht besteht, **Rechtskraft** (§ 322 II ZPO), was zur Unzulässigkeit der Klage im Parallelprozess führen kann. Eine parallele Beweisaufnahme und erst recht eine gleichzeitige Entscheidung sollte durch Abstimmung zwischen den Gerichten vermieden werden.

7 **d) Verjährung.** Die Aufrechnung hemmt die Verjährung wie eine Klageerhebung (§ 204 I Nr. 5 BGB), allerdings nur in Höhe der Klageforderung und nur, wenn binnen sechs Monaten nach Prozessende Klage erhoben wird (§ 204 II BGB). Die Hemmung tritt uU auch dann ein, wenn das Gericht die Voraussetzungen für die Aufrechnung, zB Gegenseitigkeit, verneint, so etwa bei Aufrechnung eines Gesellschafters mit einer ihm gegenüber einem Mitgesellschafter zustehenden Forderung im Rahmen einer Klage der GbR (*BGH,* NJW 1981, 1953) oder bei Aufrechnung des Schuldners einer abgetretenen Forderung gegenüber dem Zessionar mit einer ihm gegen den Zedenten zustehenden Forderung (Rechtsgedanke des § 406 BGB, vgl. *BGH,* NJW 2008, 2429).

8 **e) Erledigung der Hauptsache.** Wenn Klageforderung und Gegenforderung begründet sind, erledigt sich die Klage aufgrund der Aufrechnung, soweit die Gegenforderung reicht. Streitig ist, ob erledigendes Ereignis die Aufrechnungslage oder die Aufrechnungserklärung ist. Von Bedeutung ist das bei einseitiger Erledigungserklärung, wenn die Aufrechnungslage bereits vor Zustellung der Klage bestand. Stellt man auf die Aufrechnungslage ab, ist die Klage in diesem Fall nach einseitiger Erledigungserklärung als unbegründet abzuweisen; der Feststellungsantrag des Klägers ist nur begründet, wenn die Aufrechnungslage sich erst im Laufe des Verfahrens ergab. Stellt man demgegenüber auf die Aufrechnungserklärung ab, tritt die Erledigung erst nach Klageerhebung ein und der Feststellungsantrag des Klägers ist begründet. Der BGH hat diese Streitfrage im letzteren Sinne entschieden (NJW 2003, 3134 mwN); es kommt also auf die Aufrechnungserklärung an. Dies ist auch bei übereinstimmender Erledigungserklärung im Rahmen der Kostenentscheidung nach § 91a ZPO von Bedeutung (vgl. *Zöller/Vollkommer,* § 91a Rn. 58 „Aufrechnung"), im Falle der Hilfsaufrechnung ist allerdings auch der Umstand zu berücksichtigen, dass der Beklagte die begründete Klageforderung bestritten hat.

3. Verfahren bei Prozessaufrechnung

9 Das Gericht hat nach ganz herrschender Meinung zunächst zu prüfen, ob die Klageforderung begründet ist, und hierüber erforderlichenfalls Beweis zu erheben (Beweiserhebungstheorie). Es darf über die Aufrechnungsforderung nicht entscheiden, bevor nicht feststeht, ob die Klageforderung begründet oder unbegründet ist (Vorrang der Klageforderung). Das schließt es allerdings nicht aus, aus Gründen der Prozesswirtschaftlichkeit zugleich über die Aufrechnungsforderung Beweis zu erheben, auch wenn noch nicht feststeht, ob es auf sie ankommt.

10 **a) Zulässigkeit.** Wenn die Klageforderung begründet ist, ist die Zulässigkeit der Aufrechnung zu prüfen. Haben die Parteien einen Ausschluss der Aufrechnung vereinbart, der der AGB-Kontrolle (§ 309 Nr. 3 BGB) standhält, oder liegt ein Fall der §§ 390, 393 BGB vor, ist auch die Prozessaufrechnung unzulässig. Das Gericht darf keinesfalls die Zulässigkeit der Aufrechnung offenlassen, weil jedenfalls die Aufrechnungsforderung nicht besteht; das würde zu kaum lösbaren Rechtskraftfragen führen (*BGH,* NJW 1984, 128; 1988, 3210).

11 **b) Mehrere Aufrechnungsforderungen.** Beruft sich der Beklagte auf mehrere Aufrechnungsforderungen, muss geklärt werden, in welcher Reihenfolge sie zur Aufrechnung gestellt sein sollen. Das gilt im Hinblick auf die Rechtskraftwirkung vor allem, wenn die Summe der Gegenforderungen die Klageforderung übersteigt. Hier sollte der Beklagte nach § 139 ZPO gefragt werden. Trifft der aufrechnende Beklagte keine Bestimmung, gilt § 366 II iVm § 396 I 2 BGB.

12 **c) Unzureichende Begründung.** Erfahrungsgemäß werden Aufrechnungsforderungen oft mit weniger Sorgfalt begründet als die Klageforderung. Hält das Gericht wegen fehlender Substantiierung einen Hinweis nach § 139 ZPO für geboten, sollte er rechtzeitig, auch schon in der prozessleitenden Verfügung nach § 273 ZPO, gegeben werden, um den Rechtsstreit nicht zu verzögern. Ein solcher Hinweis ist

noch eher angebracht als bei unzureichender Klagebegründung, weil der Beklagte nicht sicher sein kann, ob das Gericht die Klageforderung für begründet hält und es mithin auf die Gegenforderung ankommt. Entscheidet das Gericht über die Aufrechnungsforderung und hält es sie für unschlüssig, ist sie rechtskräftig aberkannt (§ 322 II ZPO).

d) **Zurückweisung als verspätet.** Es können sowohl die Aufrechnung als Prozesshandlung als auch das die Aufrechnung begründende Vorbringen nach § 296 I, II ZPO zurückgewiesen werden (vgl. *Zöller/Greger,* § 145 Rn. 15, 16). Wird die Aufrechnung selbst zurückgewiesen, erwächst die Entscheidung darüber nicht in Rechtskraft. Weist das Gericht aber das Vorbringen zur Gegenforderung als verspätet zurück, wird damit die Aufrechnungsforderung rechtskräftig aberkannt. Im Falle der Zurückweisung ist daher klarzustellen, was gemeint ist. 13

e) **Trennung nach § 145 III ZPO.** Eine Trennung des Rechtsstreits in der Weise, dass über die Klageforderung und über die Aufrechnungsforderung getrennt verhandelt wird, ist nach § 145 III ZPO möglich, wenn zwischen beiden Forderungen kein rechtlicher Zusammenhang besteht. In der Praxis kommt die Trennung selten vor, sie bringt auch kaum Vorteile für die Erledigung des Prozesses. Sinnvoll ist sie nur, um eine Prozessverschleppung zu verhindern, wenn also auf diese Weise über die Klageforderung nach § 302 ZPO schnell entschieden werden kann, die Gegenforderung wenig aussichtsreich erscheint und das Gericht dem Kläger das Warten auf den Titel nicht zumuten will. 14

4. Vorbehaltsurteil

Das Gericht kann in geeigneten Fällen (vgl. Rn. 5, 14) ein Vorbehaltsurteil nach § 302 ZPO erlassen. Voraussetzung ist, dass 15

- die Klageforderung begründet ist,
- zwischen Klageforderung und Aufrechnungsforderung kein rechtlicher Zusammenhang besteht,
- der Streit über die Aufrechnung noch nicht entscheidungsreif ist.

Das Urteil ist als Vorbehaltsurteil zu bezeichnen. Sein Tenor lautet:

Der Beklagte wird verurteilt, an den Kläger ... EUR zu zahlen.
Die Kosten des Rechtsstreits trägt der Beklagte.
Das Urteil ist vorläufig vollstreckbar (gegebenenfalls Sicherheitsleistung oder Abwendungsbefugnis).
Das Urteil ergeht in Höhe von ... EUR unter Vorbehalt der Entscheidung über die Aufrechnung mit einer Gegenforderung aus Kaufvertrag über ... vom ....

5. Schlussurteil

Über die Aufrechnungsforderung ist anschließend in dem **von Amts wegen** zu terminierenden **Nachverfahren** zu verhandeln und zu entscheiden. Das Urteil ist als Schlussurteil zu bezeichnen. Erweist sich die Aufrechnungsforderung als ganz oder zum Teil begründet, ist zu tenorieren: 16

Das Vorbehaltsurteil vom ... wird (in Höhe von ... EUR einschließlich Zinsen) aufgehoben und die Klage abgewiesen.
(Kosten und vorläufige Vollstreckbarkeit wie sonst.)

Erweist sich die Aufrechnungsforderung als unbegründet, lautet das Schlussurteil:

Das Vorbehaltsurteil vom ... wird für vorbehaltslos erklärt.
Der Beklagte trägt die weiteren Kosten des Rechtsstreits.
Das Urteil ist vorläufig vollstreckbar (gegebenenfalls Sicherheitsleistung oder Abwendungsbefugnis).

6. Endurteil

Entscheidet das Gericht im Endurteil (ein Vorbehaltsurteil ist nicht ergangen) über Klageforderung und Gegenforderung, wird im Tenor des Endurteils nur die Entscheidung über die Klageforderung zum Ausdruck gebracht, nicht die Entscheidung über die Aufrechnungsforderung. Die Klage wird also abgewiesen, wenn die Klageforderung unbegründet ist, aber auch dann, wenn die Klageforderung begründet, die Aufrechnung zulässig und die Gegenforderung auch begründet ist und die Klageforderung erreicht. Andererseits wird der Klage stattgegeben, wenn die Aufrechnung unzulässig oder die Gegenforderung unbegründet ist. In allen diesen Fällen muss sich jedoch im Hinblick auf § 322 II ZPO aus den Entscheidungsgründen eindeutig ergeben, ob und inwieweit das Urteil über die Aufrechnungsforderung entschieden hat, ob also die Aufrechnung zugelassen wurde und ob und in welchem Umfang die Aufrechnungsforderung (gegebenenfalls welche von mehreren) als begründet oder unbegründet angesehen wurde. 17

a) **Streitwert.** Für den Gebührenstreitwert spielt die Aufrechnung nach § 45 III GKG eine Rolle, 18

- wenn es sich um eine Hilfsaufrechnung handelt,
- wenn die Gegenforderung streitig ist,
- wenn und soweit über die Gegenforderung eine der Rechtskraft fähige Entscheidung getroffen wird.

Die letztgenannte Voraussetzung richtet sich nach § 322 II ZPO. Danach ist die Entscheidung, dass die Gegenforderung nicht besteht, bis zur Höhe der Klageforderung der Rechtskraft fähig. Nach allgemeiner Auffassung gilt § 322 II ZPO aber nicht nur, wenn der Klage stattgegeben wird, sondern auch, wenn sie wegen begründeter Aufrechnungsforderung abgewiesen wird, die Gegenforderung also besteht (vgl. *BGH,* NJW 2002, 900; *Thomas/Putzo/Reichold,* § 322 Rn. 47). In beiden Fällen kommt es zu einer Verdoppelung des Streitwerts, wenn die Gegenforderung die Klageforderung erreicht oder übersteigt. Stellt der Beklagte mehr als eine Forderung zur Aufrechnung, kann der Streitwert entsprechend höher sein (vgl. dazu *BGH,* NJW-RR 1992, 316; EWir 2000, 1043; *OLG Düsseldorf,* NJW-RR 1994, 1279). Vgl. im Übrigen A. XVIII. Rn. 34.

19 **b) Beschwer.** Wird die Klage im Hinblick auf die Prozessaufrechnung abgewiesen, ist der Kläger in Höhe der Klageforderung beschwert. Wird der Klage hingegen stattgegeben und dabei auch die Gegenforderung für unbegründet erklärt, entspricht die Beschwer des Beklagten dem Gebührenstreitwert nach § 45 III GKG; die Beschwer des Beklagten erhöht sich also um die Gegenforderung (vgl. *BGH,* NJW 1994, 1538; *Zöller/Heßler,* § 512 Rn. 23.

20 **c) Kosten.** Führt die Aufrechnung zur Abweisung der Klage, sind die Kosten nicht immer vom Kläger allein zu tragen. Bei Abweisung wegen einer Primäraufrechnung gilt allerdings nichts Besonderes: Der Kläger ist in Höhe des gesamten Streitwerts unterlegen und trägt daher die Kosten nach § 91 ZPO allein. War aber die Klageforderung begründet und hat der Beklagte die Abweisung nur wegen der Hilfsaufrechnung erreicht, sind die Kosten im Hinblick auf die Streitwertregelung in § 45 III GKG nach § 92 ZPO zu teilen (hM, vgl. *Zöller/Herget,* § 92 Rn. 3 mwN). Führt die Hilfsaufrechnung also zur vollständigen Klageabweisung, sind die Kosten gegeneinander aufzuheben, es sei denn, dass nur über die Klageforderung oder nur über die Aufrechnungsforderung Beweis erhoben wurde. Wird die Klage nur zT abgewiesen, ist eine Quote im Verhältnis des Unterliegens bezogen auf den Streitwert nach § 45 III GKG zu bilden.

7. Prozessaufrechnung im zweiten Rechtszug

21 Eine im ersten Rechtszug geltendgemachte Aufrechnung ist auch in der Berufungsinstanz zu berücksichtigen. Wenn die Hilfsaufrechnung erstmals im Berufungsrechtszug geltend gemacht wird, kommt es nach § 533 ZPO auf die Einwilligung des Klägers oder die Sachdienlichkeit an.

22 **a) Erstmalige Aufrechnung.** Eine erstmalige Aufrechnung des Beklagten liegt vor, wenn sie im ersten Rechtszug nicht geltend gemacht oder wenn mit einer anderen Forderung aufgerechnet wurde. Hingegen ist die Aufrechnung nicht neu, wenn das Gericht des ersten Rechtszugs sich mit der hilfsweise erklärten Aufrechnung nicht befasst, sondern die Klage aus anderen Gründen abgewiesen hatte (*BGH,* NJW 1983, 931), oder wenn das erstinstanzliche Urteil die Aufrechnung wegen mangelnder Substantiierung der Forderung nicht berücksichtigt hat (*BGH,* NJW 1983, 931; *OLG Düsseldorf,* MDR 1990, 833; *OLG Koblenz,* NJW-RR 1993, 1408). Für die Geltendmachung eines Zurückbehaltungsrechts gilt § 533 ZPO nicht, es sei denn, dass es sich um gleichartige Geldforderungen handelt und die Geltendmachung des Zurückbehaltungsrechts in Wahrheit eine Aufrechnung ist (*Zöller/Heßler,* § 533 Rn. 17).

23 **b) Einwilligung, Sachdienlichkeit.** Für Einwilligung und Sachdienlichkeit gelten ähnliche Kriterien wie für die Klageänderung nach § 263 ZPO (vgl. A. IX. Rn. 10, 11). Wenn der Kläger rügelos zur Berufung verhandelt, wird seine Einwilligung entsprechend § 267 ZPO vermutet. Ob der Kläger vor Stellung seines Berufungsantrags auf diese Rechtsfolge hinzuweisen ist, hängt vom Einzelfall ab. Die Sachdienlichkeit ist wie bei § 263 ZPO unter dem Gesichtspunkt der Prozesswirtschaftlichkeit zu prüfen; es sind aber auch die Interessen beider Parteien abzuwägen; so ist die Sachdienlichkeit nicht bereits dann zu bejahen, wenn ein neuer Rechtsstreit vermieden würde; es ist vielmehr auch zu berücksichtigen, ob das Gericht bei Zulassung der Aufrechnung einen neuen, bis dahin zwischen den Parteien nicht streitigen Prozessstoff zu beurteilen hätte und über die Berufung sonst entschieden werden könnte (vgl. *BGH,* NJW 1977, 49).

II. Widerklage

24 Der Beklagte ist nicht auf die Verteidigung gegen die Klage beschränkt; er hat das Privileg, im selben Rechtsstreit unter erleichterten Voraussetzungen gegen den Kläger Klage zu erheben. Eine Widerklage kommt zB vor: Wenn der Kläger auf Erfüllung aus Vertrag klagt, der den Vertrag leugnende Beklagte Rückzahlung seiner Leistungen begehrt; wenn der Beklagte seinerseits Ansprüche gegen den Kläger zu haben glaubt, die er nicht im Wege der Aufrechnung oder des Zurückbehaltungsrechts geltend machen kann oder möchte; wenn der Kläger eine Teilklage erhoben hat, hinsichtlich des überschießenden Restes (**negative Feststellungswiderklage,** vgl. A. XV. Rn. 48); wenn der Beklagte Feststellung eines vorgreiflichen Rechtsverhältnisses iSd § 256 II ZPO begehrt (**Zwischenfeststellungswiderklage,** vgl. A. XV. Rn. 55); wenn der Beklagte seinen Anspruch aus § 717 II 2 ZPO in demselben Rechtsstreit geltend

macht, in dem er den Titel anficht (**Inzidentwiderklage**). Der Vorteil der Widerklage liegt ua im zusätzlichen Gerichtsstand nach § 33 ZPO, in der Möglichkeit einer gemeinsamen Beweisaufnahme über Klage und Widerklage, in den wegen der Degression der Gebührentabellen geringeren Gerichts- und Anwaltskosten gegenüber einer isolierten Klage und in der Befreiung von der Vorschusspflicht hinsichtlich der Gerichtskosten (vgl. § 12 II Nr. 1 GKG).

1. Zulässigkeit

§ 33 ZPO fordert einen rechtlichen Zusammenhang zwischen Klage und Widerklage. Ob es sich hierbei um eine besondere Regelung für die Zuständigkeit (so die hL, vgl. *Musielak/Heinrich,* § 33 Rn. 3) oder um eine besondere Prozessvoraussetzung für die Widerklage handelt (*BGH,* NJW 1975, 1228), ist seit langem streitig. Die Frage hat wenig Relevanz, weil der Begriff des Zusammenhangs weit ausgelegt und in der Praxis meist erfüllt wird. Es genügt ein **wirtschaftlicher Zusammenhang** mit dem Prozessstoff, sei es mit dem Vorbringen des Klägers oder des Beklagten. Wenn der Beklagte zB den über die Klageforderung hinausgehenden Teil einer Aufrechnungsforderung im Wege der Widerklage geltend macht, ist der rechtliche Zusammenhang gegeben, auch wenn ein Zusammenhang mit der Klageforderung nicht besteht (weitere Beispiele bei *Musielak/Heinrich,* § 33 Rn. 2). Im Übrigen kann das Fehlen des rechtlichen Zusammenhangs nach § 295 I ZPO geheilt werden (*Musielak/Heinrich,* aaO Rn. 3). 25

a) Örtliche Zuständigkeit. Die örtliche Zuständigkeit für die Widerklage richtet sich nach den allgemeinen Vorschriften über den Gerichtsstand (§§ 12 ff. ZPO). Zusätzlich gilt nach § 33 ZPO der Gerichtsstand der Klage, allerdings nicht, wenn für die Widerklage ein ausschließlicher Gerichtsstand begründet ist. Dann ist der Prozess nach § 145 ZPO zu trennen und hinsichtlich der Widerklage auf Antrag zu verweisen. 26

b) Sachliche Zuständigkeit. Ist die sachliche Zuständigkeit des Landgerichts für die Klage gegeben, folgt daraus, unabhängig vom Streitwert, auch die Zuständigkeit für die Widerklage, es sei denn, es besteht ein anderer ausschließlicher Gerichtsstand. Das Amtsgericht kann nach § 506 ZPO sachlich unzuständig werden, aber nicht schon dann, wenn die Summe von Klage und Widerklage vor das Landgericht gehört (§ 5 II ZPO); eine Verweisung ist nur möglich, wenn der Streitwert der Widerklage allein die Zuständigkeitsgrenze überschreitet. Der Verweisungsantrag kann nach § 506 ZPO von beiden Parteien gestellt werden. 27

c) Erhebung der Widerklage. Die Widerklage wird nach § 261 II ZPO mit einem Schriftsatz, meist ist es die Klageerwiderung, oder auch in der mündlichen Verhandlung erhoben. In zeitlicher Hinsicht kann sie von der Rechtshängigkeit der Klage an bis zur letzten mündlichen Verhandlung in der Tatsacheninstanz erhoben werden (*BGH,* NJW-RR 1992, 1085; NJW 1995, 1223); über eine Widerklage nach Schluss der mündlichen Verhandlung ergeht keine Entscheidung, auch wenn die Widerklage innerhalb der Schriftsatznachlassfrist des § 283 ZPO erhoben worden ist (*OLG Hamburg,* MDR 1995, 526). In der Berufungsinstanz gelten besondere Zulässigkeitsvoraussetzungen (§ 533 ZPO). Ein **Gerichtskostenvorschuss** ist nicht zu leisten, auch nicht wenn der Streitwert erheblich höher ist als derjenige der Klage. § 12 I GKG gilt nur für Klage und Klageerweiterung, nicht für die Widerklage (§ 12 II Nr. 1 GKG). 28

d) Ausschluss der Widerklage. Ein Ausschluss der Widerklage besteht im Urkunden-, Wechsel- und Scheckprozess (§ 595 I ZPO). In Ehe- und Familienstreitsachen kann aufgrund der Verweisung auf die zivilprozessualen Vorschriften gemäß § 113 I 1 FamFG grundsätzlich ein Widerantrag (vgl. § 113 V Nr. 2 FamFG) statthaft sein, soweit sich nicht aus den besonderen Verfahrensvorschriften der §§ 121 ff. FamFG etwas anderes ergibt (*Musielak/Heinrich,* § 33 Rn. 14). Ehesachen können im ordentlichen Prozess nicht im Wege der Widerklage geltend gemacht werden, umgekehrt ist auch eine Widerklage wegen eines nicht familienrechtlichen Anspruchs vor dem Familiengericht unzulässig (*BGH,* NJW 1986, 1178; 2002, 751). Widerklagen, die auf einen Anspruch gestützt werden, der nicht vermögensrechtlich ist oder für den ein ausschließlicher Gerichtsstand gegeben ist, sind nur eingeschränkt zulässig; für sie gilt der besondere Gerichtsstand des § 33 ZPO nicht (§ 33 II ZPO). 29

2. Verfahren

Wird die Widerklage durch Schriftsatz erhoben, hat das Gericht dessen förmliche Zustellung zu veranlassen. Dabei sollte überprüft werden, ob die Widerklage den nach § 261 II ZPO zu wahrenden Anforderungen des § 253 II Nr. 2 ZPO entspricht (bestimmter Antrag, bestimmte Angabe von Anspruchsgegenstand und Anspruchsgrund). Anderenfalls sollten Hinweise nach § 139 ZPO gegeben werden. Wird die Widerklage im Termin erhoben, sollte sie zu Protokoll genommen (§ 297 I 2 ZPO) und dem Beklagten eine Frist zur Begründung der Widerklage unter Beachtung von § 253 II Nr. 2 ZPO gesetzt werden. Anders als bei Eingang einer Klage ist keine Anordnung des frühen ersten Termins oder des schriftlichen Vorverfahrens zu treffen, das Verfahren folgt dem der Klage. 30

31 a) **Anträge.** Werden die Anträge zu Protokoll genommen, ist darauf zu achten, dass der Kläger gegenüber dem Widerklageantrag einen Antrag, meist den Abweisungsantrag stellen muss. Beispiel:

- Der Kläger beantragt, ...
- Der Beklagte beantragt, die Klage abzuweisen und im Wege der Widerklage (oder auch: „widerklagend") den Kläger zu verurteilen, ...
- Der Kläger beantragt, die Widerklage abzuweisen.

Wenn es am rechtlichen Zusammenhang fehlen kann, ist gegebenenfalls die Rüge des Klägers aufzunehmen; sonst tritt Heilung nach § 295 I ZPO ein.

32 b) **Trennung.** Das Gericht kann nach § 145 II ZPO anordnen, dass Klage und Widerklage getrennt verhandelt werden, wenn zwischen beiden kein rechtlicher Zusammenhang besteht. Das ist zB angebracht, wenn für die Widerklage ein ausschließlicher Gerichtsstand begründet oder ein anderer Rechtsweg gegeben ist; die Trennung ist Voraussetzung für eine Verweisung der Widerklage nach § 281 ZPO oder nach § 17a GVG. Die Trennung kann auch zweckmäßig sein, wenn sich dadurch eine Verzögerung der Entscheidung über die Klage vermeiden lässt.

33 c) **Zurückweisung als verspätet.** Die Widerklage kann zu einer Verzögerung der Entscheidung über die Klage führen. Dennoch kann weder die Widerklage selbst noch das Vorbringen zu ihrer Begründung deshalb als verspätet zurückgewiesen werden, weil sie erst im Verlauf des Rechtsstreits erhoben wurde (vgl. *Zöller/Vollkommer,* § 33 Rn. 9). Denn sie ist eine Klage, kein Verteidigungsmittel i. S. von § 282 ZPO. Erst wenn der Beklagte bezogen auf die erhobene Widerklage verspätet vorträgt, ist eine Zurückweisung nach § 296 II ZPO denkbar.

3. Entscheidung

34 Das Gericht kann über Klage und Widerklage gemeinsam in einem Urteil entscheiden oder auch unter den Voraussetzungen des § 301 ZPO ein Teilurteil erlassen, wenn nur die Klage oder nur die Widerklage zur Entscheidung reif ist. Von einem Teilurteil sollte aber gemäß § 301 II ZPO abgesehen werden, wenn das Abwarten mit der Entscheidung über den restlichen Streit nur zu einer geringen Verzögerung führt. Denn wenn gegen das Teilurteil Berufung eingelegt wird, kommt entweder der Prozess im ersten oder derjenige im zweiten Rechtszug zum Stillstand, weil nur eine Akte vorhanden ist. Außerdem entstehen den Parteien durch getrennte Urteile und Rechtsmittel erhebliche Mehrkosten.

35 a) **Kosten.** Über die Kosten ist nicht getrennt nach Klage und Widerklage, sondern einheitlich zu entscheiden, gegebenenfalls ist eine Quote nach § 92 ZPO zu bilden. Für den **Gebührenstreitwert** gilt nicht § 5 II ZPO, sondern § 45 I GKG: Der Wert von Klage und Widerklage ist zusammenzurechnen, wenn sie nicht denselben Streitgegenstand betreffen; ansonsten ist nur der Wert des höheren Anspruchs maßgebend (§ 45 I 3 GKG). Vgl. im Übrigen A. XVIII. Rn. 33.

b) Tenorierungsbeispiele

36
- Erfolglose Klage und begründete Widerklage:

  Die Klage wird abgewiesen. Auf die Widerklage wird der Kläger verurteilt, an den Beklagten ... EUR zu zahlen.
  (... Kosten, vorläufige Vollstreckbarkeit)

- Erfolgreiche Widerklage und Drittwiderklage:

  Die Klage wird abgewiesen.
  Auf die Widerklage werden der Kläger und der Widerbeklagte zu 2) verurteilt, als Gesamtschuldner an den Beklagten ... EUR zu zahlen.
  (... Kosten, vorläufige Vollstreckbarkeit)

- Teilklage und negative Feststellungswiderklage:

  Der Beklagte wird verurteilt, an den Kläger ... EUR zu zahlen.
  Auf die Widerklage wird festgestellt, dass dem Kläger kein weiterer Anspruch gegen den Beklagten aus dem Kaufvertrag vom ... zusteht.
  (... Kosten, vorläufige Vollstreckbarkeit)

4. Hilfswiderklage

37 Die Widerklage kann hilfsweise für den Fall erhoben werden, dass die Klage erfolgreich ist, zB wegen einer Gegenforderung für den Fall, dass das Gericht die Aufrechnung infolge eines wirksamen Aufrechnungsausschlusses für unzulässig hält, oder auch für den Fall, dass die Klage erfolglos ist und die Aufrechnungsforderung aus diesem Grund nicht verbraucht wird (vgl. *BGH,* NJW 1996, 2306; weitere Beispiele bei *Zöller/Vollkommer,* § 33 Rn. 26 ff.). Über die Hilfswiderklage ist nur zu entscheiden, wenn der Eventualfall eingetreten ist. Nur dann wirkt sie sich auch auf den Streitwert nach § 45 I GKG aus.

5. Drittwiderklage

Der Beklagte kann mit der Widerklage weitere Personen in den Rechtsstreit hineinziehen. Er kann insbesondere einen Dritten, der ihm neben dem Kläger als Gesamtschuldner haftet und dessen Streitgenosse sein kann, mitverklagen. In der Praxis kommt die Drittwiderklage vor, wenn der Beklagte mit ihr neben der klagenden OHG oder KG auch deren persönlich haftenden Gesellschafter in Anspruch nehmen möchte oder wenn er in einem Verkehrsunfallprozess die Widerklage auf den gegnerischen Fahrer oder den Haftpflichtversicherer erstrecken will (zu den einzelnen Fallgruppen vgl. *Thomas/Putzo/Hüßtege,* § 33 Rn. 10). 38

Nach der Rechtsprechung des *BGH* (NJW 1991, 2838; 1996, 196) ist die Drittwiderklage nur zulässig, wenn sie **sachdienlich** iSd § 263 ZPO ist. Grundsätzlich setzt sie eine Widerklage gegen den Kläger voraus *(BGH,* NJW 1993, 2120); hiervon lässt die Rechtsprechung aber Ausnahmen zu, insbesondere wenn gegen den Zedent der Klageforderung widerklagend Ansprüche geltend gemacht werden, die bereits über eine Hilfsaufrechnung Gegenstand des Prozesses sind (sog. isolierte Drittwiderklage; vgl. *BGH,* NJW 2001, 2094). Die Drittwiderklage muss die formellen Voraussetzungen einer Klageschrift nach § 253 ZPO erfüllen. Die Erleichterung des § 261 II ZPO gilt nicht. Im Rahmen der örtlichen Zuständigkeit ist § 33 ZPO analog jedenfalls dann auf die isolierte Drittwiderklage anzuwenden, wenn sich diese gegen den bisher nicht am Verfahren beteiligten Zedenten der Klageforderung richtet (vgl. *BGH,* NJW 2011, 460 mwN unter Aufgabe der bislang abweichenden Rechtsprechung).

6. Widerklage im zweiten Rechtszug

Im Berufungsverfahren ist die Widerklage nur zuzulassen, wenn der Gegner einwilligt oder das Gericht die Geltendmachung des mit ihr verfolgten Anspruchs für sachdienlich hält (§ 533 ZPO). Für Einwilligung und Sachdienlichkeit gilt das gleiche wie für die Aufrechnung (vgl. Rn. 21). 39

A. XIII. Aussetzung, Unterbrechung und Ruhen des Verfahrens

Dr. Helmut Büchel

Übersicht

Literatur: *Fischer,* Prozesskostenhilfeverfahren – Wirkung von Unterbrechung und Aussetzung des Zivilprozesses; *Schwind,* Staatsanwaltschaftlicher Umgang mit nach § 149 ZPO ausgesetzten Prozessen; zur allg. Literatur siehe Literaturverzeichnis A. I.

I. Allgemeines

1. Gesetzliche Anwendungsfälle

1 Aussetzung, Unterbrechung und Nichtbetreiben des Rechtsstreits stehen im Konflikt mit der Prozessförderungspflicht des Gerichts und der Parteien. Jedoch kann aus besonderen Gründen ein vorübergehender Stillstand des Rechtsstreits notwendig oder im Interesse einer oder beider Parteien geboten sein. Die Zivilprozessordnung regelt, wenig übersichtlich geordnet, unter anderem folgende **Anwendungsfälle:**

- Aussetzung wegen eines anderen Rechtsstreits, § 148 ZPO;
- Aussetzung wegen eines Strafverfahrens, § 149 ZPO;
- Aussetzung zur Klärung von Vorfragen, die den familienrechtlichen Status betreffen, §§ 152–154 ZPO;
- Unterbrechung oder Aussetzung wegen des Todes einer Partei, §§ 239, 246 ZPO;
- Unterbrechung wegen des Todes des Rechtsanwaltes, § 244 ZPO;
- Unterbrechung oder Aussetzung wegen des Todes des gesetzlichen Vertreters oder wegen Verlustes der Prozessfähigkeit, §§ 241 ZPO;
- Unterbrechung durch Insolvenz, § 240 ZPO;
- Ruhen des Verfahrens, § 251 ZPO.

Weitere Fälle sind für das familiengerichtliche Verfahren im FamFG (§§ 21, 136, 221) oder sonst außerhalb der ZPO geregelt (vgl. *Thomas/Putzo,* § 148 Rn. 1).

2. Wirkung von Unterbrechung und Aussetzung

Unterbrechung und Aussetzung führen zum **Stillstand des Rechtsstreits** Die Wirkungen von Unterbrechung und Aussetzung auf den Lauf von Fristen und auf Prozesshandlungen der Parteien sind einheitlich in § 249 ZPO geregelt. Die Vorschrift gilt nicht nur für die Fälle der §§ 139–248 ZPO, sondern auch für §§ 148, 149 ZPO und die außerhalb der ZPO geregelten Fälle (*MünchKomm-ZPO/Gehrlein,* § 249 Rn. 1). Der Stillstand betrifft nach § 249 II 2 ZPO nur die in der Hauptsache vorgenommenen Prozesshandlungen und auch diese nicht vollständig. 2

Prozessuale Fristen: Ihr Lauf endet, nach Ende der Unterbrechung/Aussetzung beginnen sie neu. Hiervon sind die sog. uneigentlichen Fristen (vgl. *Thomas/Putzo/Hüßtege,* § 249 Rn. 2) nicht betroffen, so die dreiwöchige Verkündungsfrist in § 310 I 2 ZPO; die einjährige Ausschlussfrist für eine Wiedereinsetzung nach § 234 III ZPO, die fünfmonatige Frist in § 517 ZPO, nach deren Ablauf spätestens die Berufungsfrist beginnt, wohl aber die anschließende Monatsfrist (*BGH,* NJW 1990, 1854, 1855). Richterliche Fristen, so zB die Klageerwiderungsfrist oder andere Schriftsatzfristen, müssen neu gesetzt werden (vgl. *BGH,* NJW 1975, 692). Bereits vorher abgelaufene Fristen leben nicht wieder auf, auch nicht, wenn die Aussetzung vor Ablauf beantragt war (*BGH,* NJW 1987, 2379). Materiellrechtliche Fristen, insbesondere **Verjährungsfristen,** werden von § 249 ZPO nicht erfasst. Die Hemmung der Verjährung nach § 204 BGB dauert fort; es handelt sich nicht um einen Fall des Nichtbetreibens im Sinne des § 204 II 2 BGB. Wird der Prozess aber nach Ende der Aussetzung oder Unterbrechung nicht weiterbetrieben, tritt nach sechs Monaten Verjährung ein. 3

Prozesshandlungen des Gerichts werden von § 249 ZPO, abgesehen von § 249 III ZPO, nicht ausdrücklich erfasst. Das Gericht kann aber nur noch Prozesshandlungen vornehmen, die den Stillstand herbeiführen und seine Aufhebung betreffen, oder in Nebenverfahren tätig werden, zB die Zwangsvollstreckung nach §§ 707, 719 ZPO einstellen, den Streitwert festsetzen oder über einen PKH-Antrag entscheiden (vgl. *Zöller/Greger,* § 249 I ZPO). Ladungen, förmliche Zustellungen, Entscheidungen und andere nach außen wirkende Handlungen sind unzulässig und wirkungslos. Die Verkündung einer Entscheidung in der Hauptsache ist jedoch noch möglich, wenn die mündliche Verhandlung vor der Unterbrechung oder Aussetzung geschlossen wurde oder im schriftlichen Verfahren der Zeitpunkt nach § 128 II 2 ZPO verstrichen war. 4

Prozesshandlungen der Parteien nach Aussetzung oder Unterbrechung sind unwirksam, aber nur gegenüber dem Gegner, nicht gegenüber dem Gericht. Daraus folgt, dass zB Klagerücknahme, Rechtsmittel und Einspruch nach Ende des Verfahrensstillstandes zwar (erneut) zugestellt werden müssen, aber von der Partei nicht wiederholt zu werden brauchen (vgl. *BGH,* NJW 1997, 1445; *Thomas/Putzo,* § 249 Rn. 7). Eine Heilung nach § 295 ZPO ist möglich (vgl. *Zöller/Vollkommer,* § 249 Rn. 4). 5

II. Aussetzung wegen eines anderen Rechtsstreits nach § 148 ZPO

1. Anwendungsbereich

Hängt die Entscheidung vom Ausgang eines anderen Rechtsstreits oder eines Verwaltungsverfahrens ab, kann der laufende Rechtsstreit bis zu dessen Erledigung ausgesetzt werden. Das ist zweckmäßig, wenn in beiden Prozessen über identische Vorfragen, zB über die Prozessfähigkeit, zu entscheiden ist. Die Aussetzung kann sich auch sonst empfehlen, wenn eine aufwendige eigene Sach- und Rechtsprüfung vermieden und das Prozessergebnis des anderen Rechtsstreits verwertet werden kann und soll. So lässt sich auch der Gefahr widersprüchlicher Entscheidungen begegnen. Andererseits führt die Aussetzung für die Parteien zu einer erheblichen Verzögerung des Rechtsstreits, deren Dauer schwer absehbar ist. Aus diesem Grund ist es sachgerecht, den Rechtsstreit nicht einfach von Amts wegen auszusetzen, sondern den Parteien die Absicht mitzuteilen und ihre Stellungnahme zu berücksichtigen. 6

Oft wird das Abwarten auf das Ergebnis des anderen Rechtsstreits auch ohne formelle Aussetzung zu erreichen sein, nämlich durch das **Ruhen des Verfahrens** nach § 251 ZPO oder durch eine **Vertagung** (vgl. § 227 ZPO). Allerdings sollte eine solche Vertagung auf unbestimmte Zeit nur auf gemeinsamen Antrag beider Parteien geschehen (vgl. aber § 227 I Nr. 3 ZPO). Dabei ist im Interesse der Parteien, wie auch im Fall des § 251 ZPO, zu beachten, dass bei einem vereinbarten Stillstand die Hemmung der Verjährung nach § 204 II 2 BGB endet (vgl. *BGH,* NJW 1983, 2496), während sie bei einer Aussetzung unterbrochen bleibt. 7

2. Vorgreiflichkeit

Eine Aussetzung ist grundsätzlich in allen zivilgerichtlichen Verfahrensarten und in jedem Verfahrensstand möglich. Der andere Rechtsstreit kann in einem anderen Rechtsweg anhängig sein. Voraussetzung ist, dass das Ergebnis des anderen Rechtsstreits vorgreiflich ist. Die **Vorgreiflichkeit** kann auf einer unmittelbaren Wirkung der anderen Entscheidung beruhen, so zB, wenn dort eine Forderung eingeklagt ist, die hier zur Aufrechnung gestellt wird (*Thomas/Putzo/Reichold,* § 145 Rn. 22). Häufiger wird es um eine faktische Vorgreiflichkeit gehen, nämlich darum, dass in einem Parallelprozess eine umfangrei- 8 che Beweisaufnahme zur gleichen Frage durchgeführt oder bei mehreren gleichgelagerten Streitigkeiten ein Prozess als Musterprozess (*BGH*, NJW 2005, 1947) durchgeführt werden soll. Ob das für eine Aussetzung genügt, ist im einzelnen streitig (vgl. *Zöller/Greger,* § 148 Rn. 5). Ein selbständiges Beweisverfahren kann Anlass für eine Aussetzung des Hauptprozesses sein, auch wenn eine Partei nur durch Streitverkündung am Beweisverfahren beteiligt ist (*BGH*, NJW-RR 2007, 307). Jedenfalls sollte in diesen Fällen das Einvernehmen mit den Parteien gesucht werden.

9 **Keine Aussetzung** kommt in Verfahren in Betracht, die besondere Eilbedürftigkeit besitzen (vgl. *Thomas/Putzo/Reichold,* § 148 Rn. 3), so zB

- im Verfahren des vorläufigen Rechtsschutzes (Arrest und einstweilige Verfügung),
- in den Anordnungsverfahren nach dem FamFG,
- im Prozesskostenhilfeverfahren,
- im Urkunden- und Wechselprozess,
- im Zwangsvollstreckungsverfahren.

3. Verfahren und Entscheidung

10 Beabsichtigt das Gericht, den Rechtsstreit auszusetzen, so ist den Parteien vorher **rechtliches Gehör** zu geben. Die Aussetzung steht im Ermessen des Gerichts („kann"). Bei seiner Entscheidung sollte der Richter prüfen, ob die gebotene Prozessförderung nicht auf andere Weise besser zu erreichen ist (*BGH*, NJW-RR 2007, 542; vgl. Rn. 7). In einigen gesetzlich geregelten Fällen muss das Gericht aussetzen (vgl. *Zöller/Greger,* § 148 Rn. 3). Das soll, trotz der Neufassung des § 17 II GVG, auch bei Aufrechnung mit einer Gegenforderung gelten, die vor den Gerichten eines anderen Rechtszuges anhängig ist oder anhängig zu machen wäre (vgl. *Thomas/Putz/Reichold,* § 148 Rn. 24). Die Aussetzung wird durch Beschluss angeordnet. Der Beschluss kann nach mündlicher Verhandlung ergehen, dann ist er zu verkünden. Ergeht er ohne mündliche Verhandlung, kann er den Parteien formlos mitgeteilt werden.

4. Fortsetzung des Rechtsstreits

11 Das **Ende der Aussetzung** tritt mit dem im Aussetzungsbeschluss bezeichneten Ereignis ein. Der Rechtsstreit wird dann, ohne dass es einer formellen Aufnahme bedarf, fortgesetzt. Dann beginnen nach § 249 I ZPO die Fristen wieder zu laufen. Darüber hinaus ist eine Aufhebung des Beschlusses jederzeit, auch ohne Antrag der Parteien, möglich (§ 150 ZPO), jedoch nicht, wenn die Aussetzung gesetzlich vorgeschrieben war. Gegen die Ablehnung der beantragten Aufhebung ist die Beschwerde nach § 252 ZPO gegeben.

5. Fassung des Beschlusses

12 **Beispiel:**

Der Rechtsstreit wird
- bis zur Erledigung des Rechtsstreits (. . . Parteien, Gericht, Aktenzeichen . . .)
- bis zur Einholung des Sachverständigengutachtens über die Prozessfähigkeit des Klägers in der Sache . . .
- bis zum Abschluss des Baugenehmigungsverfahrens . . .

ausgesetzt.

Die auch gebräuchliche Formulierung „bis zur rechtskräftigen Entscheidung" ist nicht zu empfehlen, weil nicht abzusehen ist, ob der andere Rechtsstreit mit einer rechtskraftfähigen Entscheidung enden wird. Bei einer anderen Erledigung bliebe unklar, wann die Fristen wieder zu laufen beginnen. Der Beschluss ist, auch in Hinblick auf die nach § 252 ZPO statthafte Beschwerde, kurz zu begründen. Die Begründung sollte zur Vorgreiflichkeit Stellung nehmen und vor allem eine Ermessensabwägung zwischen der aussetzungsbedingten Verfahrensverzögerung und den Erkenntnismöglichkeiten aus dem anderen Verfahren treffen (vgl. *OLG Düsseldorf*, MDR 1998, 797). Sind beide Parteien mit der Aussetzung einverstanden, kann die weitere Begründung unterbleiben.

III. Aussetzung wegen eines Strafverfahrens nach § 149 ZPO

1. Anwendungsbereich

13 Die Vorschrift ermöglicht es, die Ermittlungen und den Abschluss eines Strafverfahrens abzuwarten, wenn das Ergebnis auf die Entscheidung von Einfluss ist. Das kann der Fall sein, wenn der Verdacht besteht,

- dass der Kläger das Ergebnis einer Straftat, zB eines vorgetäuschten Versicherungsfalles, durchzusetzen sucht,
- dass der Kläger Schadensersatz nach § 823 Abs. 2 BGB in Verbindung mit einem Strafgesetz geltend macht und die Tat strafrechtlich verfolgt wird,
- dass eine der beiden Parteien vorsätzlich falsch vorträgt und damit einen Prozessbetrug versucht,
- dass ein vernommener Zeuge oder Sachverständiger falsch ausgesagt hat.

Die Straftat kann also zeitlich vor oder während des Rechtsstreits begangen worden sein, und zwar auch durch eine Handlung der Prozessbeteiligten. Es genügt, dass das Strafverfahren erst dadurch eingeleitet wird, dass das Gericht die Akten der Staatsanwaltschaft wegen eines hinreichenden Verdachts zuleitet.

2. Voraussetzung der Aussetzung

Voraussetzung ist immer, dass nicht nur ein vager Verdacht besteht, sondern zureichende tatsächliche Anhaltspunkte im Sinne des § 152 II StPO für eine Straftat vorliegen. Auch dann lässt sich eine Aussetzung nur rechtfertigen, wenn sie der Prozessökonomie dient, wenn also die Ermittlungen im Strafverfahren vor der möglichen Beweisaufnahme im Zivilprozess beendet sein werden, oder wenn das Strafverfahren in Hinblick auf den Untersuchungsgrundsatz bessere Ergebnisse verspricht. Die Rechtsprechung ist eher restriktiv (vgl. *OLG Koblenz,* MDR 2006, 771). Wie sich aus § 149 II ZPO ergibt, ist von einer Aussetzung abzusehen, wenn für das Strafverfahren eine längere Dauer als ein Jahr zu erwarten ist. In der Praxis bringt die Aussetzung nur selten einen Vorteil. Denn das Zivilgericht kann die Beweiswürdigung des Strafurteils nicht einfach übernehmen, sondern hat die Beweise grundsätzlich selbst zu erheben und zu würdigen sowie nach eigenen Beweisregeln zu entscheiden. Außerdem ist es aus der Sicht des Zivilrichters oft unabsehbar, ob und nach wie langer Zeit ein Strafverfahren verwertbare Ergebnisse bringt. Zudem ist es, angesichts der Aufklärungsmöglichkeiten im Zivilprozess, unsicher, ob der Untersuchungsgrundsatz tatsächlich genauere Ergebnisse hervorbringt. Auch der Versuch, den Verdacht auf einen Prozessbetrug oder eine Falschaussage mithilfe der Strafjustiz aufzuklären, wird meist nicht erfolgreicher sein als die eigene Aufklärung mit den Mitteln des Zivilprozesses. Als nicht ausreichend wird es angesehen, wenn sich die Straftat gegen einen Zeugen richtet (*KG,* MDR 1983, 139). 14

Keine Aussetzung ist möglich im Prozesskostenhilfeverfahren, auch im Urkundenprozess kommt sie idR nicht in Betracht (*NGH,* MDR 2004, 705, 706. Das Gleiche gilt immer dann, wenn der Stillstand des Verfahrens durch die zu erwartenden Vorteile nicht gerechtfertigt wird (vgl. *OLG Düsseldorf,* NJW-RR 1998, 1531; *Thomas/Putzo/Reichold,* § 149 Rn. 4). In Arzthaftungsfällen soll eine Aussetzung regelmäßig ausgeschlossen sein (*OLG Köln,* NJW 1990, 778; *Zöller/Vollkommer,* § 149 Rn. 2). Der einseitig geäußerte Verdacht einer Partei, die andere habe sich strafbar gemacht, genügt nicht. 15

3. Verwertung von Ermittlungsakten

Liegt bereits eine Ermittlungsakte vor, lässt sich das polizeiliche Ermittlungsergebnis auch ohne Aussetzung des Zivilprozesses bis zum Abschluss des Strafverfahrens nutzen. Das Zivilgericht kann das Ergebnis der verantwortlichen Vernehmung des Beschuldigten und die Zeugenaussagen aus der Ermittlungsakte, wenn sie von einer Partei eingeführt werden, im Wege des Urkundenbeweises verwerten, und zwar auch gegen den Widerspruch der anderen Partei (vgl. *BGH,* NJW 2004, 1324, 1325; NJW 1982, 581). Die Verwertung der Akten anstelle der beantragten Zeugenvernehmung soll aber unzulässig sein (*BGH,* NJW 1995, 781; vgl. *Zöller/Greger,* § 373 Rn. 9). 16

4. Verfahren

Verfahren, Entscheidung und Fortsetzung des Rechtsstreites wie Rn. 10f. Rechtliches Gehör ist zu gewähren. Bei nicht eindeutigen Fällen empfiehlt es sich immer, dass Einvernehmen mit den Parteien zu suchen. Das Gesetz sieht hier einen besonderen Grund für die **Fortsetzung des Verfahrens** vor: Nach einem Jahr muss das Gericht das Verfahren fortsetzen, wenn eine Partei dies beantragt, § 149 II ZPO. Mit dieser Vorschrift will der Gesetzgeber eine zu lange Verzögerung vermeiden, sie schränkt die Aussetzungsmöglichkeiten erheblich ein. Nur bei gewichtigen Gründen kann das Gericht die Fortsetzung ablehnen. Das hat durch einen Beschluss zu geschehen, der diese Gründe darlegt. Sie werden nur selten gegeben sein, zB wenn das Strafverfahren unmittelbar vor dem Abschluss steht. 17

5. Fassung des Beschlusses

Beispiel: 18

Der Rechtsstreit wird bis zur Erledigung des Strafverfahrens gegen . . . Aktenzeichen . . . ausgesetzt.

Der Beschluss ist, jedenfalls wenn es am Einverständnis der Parteien fehlt, in Hinblick auf die erforderliche Ermessensabwägung kurz zu begründen; der bloße Hinweis auf § 149 ZPO führt zur Aufhebung durch das Rechtsmittelgericht (*OLG Düsseldorf,* NJW-RR 1998, 1531).

IV. Unterbrechung und Aussetzung bei Tod der Partei und Aufnahme des Rechtsstreits durch den Erben nach §§ 239, 246 ZPO

1. Allgemeines

19 Im Falle des **Todes einer Partei** wird der Erbe nicht gezwungen, den Rechtsstreit unmittelbar fortzuführen. Zwar werden der Erbe oder die Miterbengemeinschaft mit Eintritt des Erbfalles Partei des Rechtsstreits, so dass ein gesetzlicher Parteiwechsel eintritt. Der Prozess wird aber nach § 239 ZPO durch den Tod der Partei mit sofortiger Wirkung unterbrochen und bleibt es bis zu seiner Aufnahme durch den oder die Erben. Allerdings ist § 239 ZPO missverständlich formuliert; denn in den meisten Fällen greift die Vorschrift nicht ein. Immer dann, wenn der Erblasser durch einen Prozessbevollmächtigten vertreten wurde, also in allen Anwaltsprozessen, tritt keine Unterbrechung ein; die Prozessvollmacht dauert nach § 86 ZPO fort. Hier ist der Prozess vielmehr auf Antrag auszusetzen (§ 246 ZPO).

2. Unterbrechung nach § 239 ZPO

20 **Anwendungsbereich:** Die Vorschrift ist in den meisten zivilgerichtlichen Verfahren anwendbar, so auch bei Arrest und einstweiliger Verfügung, im selbständigen Beweisverfahren (str., vgl. *BGH,* NJW 2004, 1388), bei Vollstreckungsgegenklagen (*BGH,* NJW-RR 2009, 60) und im Mahnverfahren, nicht aber im PKH-Verfahren (*BGH,* NJW-RR 2006, 1208) und im Zwangsvollstreckungsverfahren (vgl. *Thomas/Putzo,* Rn. 1, 1 a vor § 239). Die Unterbrechung tritt unter zwei Voraussetzungen ein:

- Der Tod einer Partei muss während der Rechtshängigkeit eingetreten sein
- Die Partei darf nicht durch einen Prozessbevollmächtigten vertreten sein (§ 246 ZPO).

21 Prozessbevollmächtigter im Sinne des § 246 ZPO ist nicht nur der Rechtsanwalt. Bei Tod eines einfachen **Streitgenossen** wird der Rechtsstreit nur unterbrochen, soweit es ihn betrifft; der Prozess mit dem anderen Streitgenossen geht weiter. Beim Tod einer Partei kraft Amtes (Konkursverwalter, Testamentsvollstrecker, Nachlassverwalter) gilt nicht § 239 ZPO, sondern § 241 ZPO. Tritt bei juristischen Personen ein Ereignis ein, das dem Tod einer natürlichen Person gleichzustellen ist, wendet die hM § 239 ZPO analog an (vgl. *Zöller/Greger,* § 239 Rn. 6).

22 Der Rechtsstreit wird unterbrochen, ohne dass es einer Mitteilung durch die Parteien oder einer Feststellung durch das Gericht bedarf, also auch, wenn Gericht und Gegner nichts davon wissen. Auch die **Wirkungen der Unterbrechung** nach § 249 ZPO (vgl. Rn. 2–5) ergeben sich unabhängig von der Kenntnis der anderen Verfahrensbeteiligten; es kann also zu unwirksamen Prozesshandlungen kommen. Ist der Tod oder sein genauer Zeitpunkt unklar, empfiehlt es sich, von Amts wegen eine Sterbeurkunde zu beschaffen. Sind die Voraussetzungen des § 239 ZPO gegeben, sollte den Parteien ein klarstellender Hinweis gegeben werden,

Beispiel:

Durch den Tod des Klägers/Beklagten am . . . ist der Rechtsstreit seit diesem Tag unterbrochen, bis er nach den Vorschriften der §§ 239, 250 ZPO durch den Rechtsnachfolger aufgenommen wird.

3. Aussetzung des Rechtsstreits nach § 246 ZPO

23 Wurde die verstorbene Partei durch einen Rechtsanwalt oder einen anderen Prozessbevollmächtigten vertreten, wird der Rechtsstreit nicht durch den Tod unterbrochen. Es kommt nur eine Aussetzung auf Antrag in Betracht, § 246 I ZPO, dem das Gericht zu entsprechen hat.

24 Die Aussetzung setzt einen **Antrag** voraus, der nach § 248 ZPO beim Prozessgericht zu stellen ist. Antragsberechtigt sind beide Parteien, also auch der Gegner (§ 246 I Hs. 2 ZPO). Anwaltszwang besteht nicht. Der Prozessbevollmächtigte der verstorbenen Partei stellt den Antrag namens der Erben, insoweit ist § 246 I ZPO missverständlich formuliert. Der Antrag kann schriftsätzlich, im Termin zur mündlichen Verhandlung oder auch bei jedem Amtsgericht zu Protokoll der Geschäftsstelle (§ 248 I ZPO) gestellt werden. In zeitlicher Hinsicht ist er vom Eintritt der Rechtshängigkeit bis zur rechtskräftigen Entscheidung zulässig, also noch zwischen Verkündung des Urteils und seiner Rechtskraft; auch in diesem Fall ist der Antrag an das Prozessgericht, nicht an das Rechtsmittelgericht zu richten (*BGH,* NJW 1977, 718). Verhandeln die Parteien in Kenntnis des Todes streitig zur Sache, soll darin ein Verzicht auf den Aussetzungsantrag gesehen werden können (*Thomas/Putzo,* § 246 Rn. 4).

25 **Verfahren und Entscheidung:** Dem Gegner ist rechtliches Gehör zu gewähren. Allerdings kann über den Antrag schnell zu entscheiden sein; denn die vom Antragsteller beabsichtigten Wirkungen treten erst mit dem Aussetzungsbeschluss ein, nicht etwa rückwirkend auf den Tod der Partei oder mit Stellung des Antrags (*BGH,* NJW 1987, 2379). Wenn es also für den Antragsteller um die Unterbrechung laufender Fristen geht, sollte eine Aussetzung mit kurzer Anhörungsfrist oder ohne Anhörung (notfalls Abhilfe nach § 572 I ZPO) überlegt werden. Die Entscheidung ergeht durch Beschluss; sie kann (und sollte idR) nach § 248 II ZPO ohne mündliche Verhandlung getroffen werden. Der Aussetzungsbe-

schluss oder der Ablehnungsbeschluss können den Parteien formlos mitgeteilt werden, nur verkündete Beschlüsse bedürfen der Zustellung, § 329 II ZPO. Gegen den Beschluss ist die sofortige Beschwerde gegeben (§ 252 ZPO).

Fassung des Beschlusses (zB): 26

Der Rechtsstreit wird wegen des Todes des Klägers (Beklagten) auf Antrag seines Prozessbevollmächtigten/auf Antrag des Beklagten (Klägers) nach § 246 ZPO ausgesetzt.

Eine weitere Begründung wird regelmäßig nicht erforderlich sein.

4. Aufnahme des Rechtsstreits

Ein nach § 239 ZPO unterbrochener oder nach § 246 ZPO ausgesetzter Rechtsstreit kann nicht von Amts wegen fortgesetzt werden. Vielmehr ist eine förmliche Aufnahme durch die Parteien erforderlich (§ 250 ZPO). Sie kann freiwillig durch die Erben erklärt werden oder bei Verzögerung durch den Gegner erzwungen werden. Das Verfahren ist für die Fälle der Unterbrechung und der Aussetzung (iVm § 246 II ZPO) einheitlich in §§ 239, 250 ZPO geregelt. 27

a) **Aufnahme durch den Rechtsnachfolger.** Der Rechtsstreit wird fortgesetzt, wenn der Erbe oder die Miterbengemeinschaft den Rechtsstreit aufnimmt (§ 239 I ZPO). Die Aufnahme kann durch einen beim Prozessgericht einzureichenden Schriftsatz, aber auch in mündlicher Verhandlung erklärt werden (vgl. *Thomas/Putzo,* § 250 Rn. 1). Anders als beim Aussetzungsantrag besteht Anwaltszwang. Das Gericht hat die Zustellung des Schriftsatzes gem. § 270 I ZPO zu veranlassen, erst dadurch wird die Aufnahme wirksam (§ 250 ZPO). Gleichzeitig sollte dem Gegner Gelegenheit gegeben werden, zur behaupteten Rechtsnachfolge Stellung zu nehmen. Außerdem sollte das Gericht die prozessleitenden Anordnungen treffen, die zur Fortsetzung des begonnenen Rechtsstreits angebracht sind, also zB einen Termin bestimmen und vorbereitende Maßnahmen nach § 273 ZPO veranlassen. Um Streit über die Rechtsnachfolge zu vermeiden, ist es ratsam, der neuen Partei aufzugeben, ihre Erbenstellung durch Vorlage eines Erbscheins oder eines eröffneten Testaments nachzuweisen. 28

Nicht schon jetzt, sondern erst nach Eingang der Stellungnahme oder im nächsten Termin sollte dem gesetzlichen Parteiwechsel durch **Änderung der Parteibezeichnung** Rechnung getragen werden durch folgenden Beschluss: 29

Beispiel:

Das Aktivrubrum/Passivrubrum wird geändert. Kläger/Beklagte sind nunmehr
1. Herr A . . .
2. Frau B . . . (genaue Parteibezeichnung)
in Miterbengemeinschaft nach dem verstorbenen X.

Wirkung: Besonders zu beachten ist, dass im Zeitpunkt der Aufnahme die nach § 249 ZPO unterbrochenen Fristen ohne weiteres erneut zu laufen beginnen (§ 249 I ZPO; vgl. Rn. 3), allerdings nur, wenn sie nicht schon vorher abgelaufen waren (*BGH,* NJW 1987, 2379). 30

b) **Aufnahme auf Antrag des Gegners.** Verzögert der Erbe die Aufnahme, kann er durch den Gegner zur Aufnahme veranlasst werden (§ 239 II ZPO). Den darauf zielenden **Antrag** hat der Gegner durch Einreichung eines Schriftsatzes (§ 250 ZPO) oder in mündlicher Verhandlung zu stellen. Eine **Verzögerung** liegt nicht vor, wenn der Erbe die Erbschaft noch nicht nach §§ 1943 ff. BGB angenommen hat. Während des Laufs der sechswöchigen Ausschlagungsfrist nach § 1944 BGB kann der Erbe nicht zur Aufnahme gezwungen werden. Die Frist beginnt erst, wenn der Erbe zuverlässige Kenntnis von seiner Einsetzung besitzt. Im Fall testamentarischer oder vertraglicher Erbfolge beginnt sie erst nach „Verkündung der Verfügung" (§ 1944 I 2 ZPO, vgl. hierzu *Palandt/Edenhofer,* § 1944 Rn. 4). Die Ausschlagungsfrist kann nach § 1944 I 3 BGB der Hemmung unterliegen. Außerdem unterliegt die Annahme der Anfechtung in den in § 1954 BGB genannten Fristen. 31

Verfahren und Entscheidung: Auf den Antrag hat das Gericht zunächst die Ladungsfrist zu bestimmen (§ 239 III 2 ZPO); bei ihrer Bemessung sollte die möglicherweise schwierige Situation des Erben berücksichtigt werden, sich in den Prozess einzuarbeiten. Sodann ist unter Wahrung der Ladungs- und Einlassungsfrist ein Termin zu bestimmen, zu dem der vom Gegner bezeichnete Erbe „zur Aufnahme des Rechtsstreits und zur Verhandlung über die Hauptsache" zu laden ist. Hat der Erbe noch keinen Prozessbevollmächtigten bestellt, sind Ladung, Bestimmung der Ladungsfrist und der den Antrag enthaltende Schriftsatz (bzw. das den Antrag enthaltende Protokoll) dem bezeichneten Erben selbst, nicht dem Prozessbevollmächtigten des Erblassers, zuzustellen (§ 239 III 1 ZPO). Erscheint der Erbe im Termin nicht, ist die Rechtsnachfolge – sofern sie schlüssig dargelegt ist – nach § 239 IV ZPO als zugestanden anzusehen und, wenn die weiteren Voraussetzungen hierfür vorliegen, durch Versäumnisurteil in der Sache zu entscheiden. Je nach Parteirolle handelt es sich um ein Versäumnisurteil nach § 330 oder nach § 331 ZPO. Erscheint der bezeichnete Erbe, wird zunächst über die Rechtsnachfolge, dann über die Hauptsache verhandelt. 32

33 Ein **Streit über die Rechtsnachfolge** kann entstehen
- wenn der Gegner bestreitet, dass der Aufnehmende der wahre Erbe ist,
- wenn derjenige, der auf Antrag des Gegners als Rechtsnachfolger gem. § 239 II ZPO zur Aufnahme geladen ist, die Rechtsnachfolge bestreitet.

In beiden Fällen ist zunächst die Rechtsnachfolge in mündlicher Verhandlung zu klären (vgl. *Zöller/Greger,* § 239 Rn. 12, 16a). Bei Bejahung der Rechtsnachfolge kann durch Zwischenurteil nach § 303 ZPO entschieden werden, das nicht selbständig anfechtbar ist. Es empfiehlt sich eher, den Parteien einen Hinweis zu geben, dass das Gericht die Rechtsnachfolge für gegeben hält, und die Rechtsnachfolge im Endurteil über die Hauptsache zu begründen. Bei Verneinung der Rechtsnachfolge wird darüber durch anfechtbares (*BGH,* NJW 2004, 2983) Endurteil entschieden; der Rechtsstreit bleibt unterbrochen (*MünchKomm-ZPO/Gehrlein,* § 329 Rn. 43). Die Beweislast für die Rechtsnachfolge trägt derjenige, der sie behauptet.

34 Die **Wirkung** der Aufnahme, dh das Ende der Unterbrechung tritt ein, wenn der Erbe die Rechtsnachfolge in mündlicher Verhandlung erklärt, wenn sie nach § 239 IV ZPO als zugestanden gilt oder wenn die die Rechtsnachfolge feststellende Entscheidung rechtskräftig wird. Eine Zwischenentscheidung nach § 303 ZPO über die Rechtsnachfolge ist nicht erforderlich. Nach der Aufnahme kann sofort in der Sache verhandelt werden; auf die Rechtsnachfolge ist dann im Urteil einzugehen. Allerdings ist die Parteibezeichnung auf den Rechtsnachfolger zu berichtigen (vgl. Rn. 29). Mit der Aufnahme beginnen die Fristen neu zu laufen (§ 249 I ZPO).

35 c) **Aufnahme bei Testamentsvollstreckung und Nachlasspflegschaft.** Nur für die Aufnahme, nicht für die Unterbrechung oder Aussetzung, enthält § 243 ZPO eine besondere Regelung, und zwar durch Verweisung auf § 241 ZPO. Die Vorschrift gilt aber nur, wenn für den Erblasser kein Prozessbevollmächtigter bestellt war, § 246 ZPO geht vor.

V. Unterbrechung bei Anwaltsverlust nach § 244 ZPO

36 In Anwaltsprozessen ist die Partei selbst nicht postulationsfähig, daher tritt bei Verlust des Anwalts von Gesetzes wegen eine Unterbrechung des Rechtsstreits ein, § 244 ZPO.

Anwendungsbereich: Die Vorschrift gilt ausschließlich im Anwaltsprozess, nicht, wenn die Partei sich sonst durch einen Rechtsanwalt vertreten lässt (*BGH,* FamRZ 1992, 48). Außer im Fall des Todes ist § 244 ZPO immer dann anwendbar, wenn der Anwalt unfähig wird, die Vertretung der Partei fortzuführen (vgl. *BGH,* NJW 1990, 1854; Beispiele bei *Zöller/Vollkommer,* § 244 Rn. 4). Im Streitfall hat derjenige, der sich auf den Unterbrechungsgrund nach § 244 ZPO beruft, die Beweislast (*BGH,* NJW 2002, 2107). Kein Fall der Unterbrechung liegt vor, wenn die Partei ihren Anwalt aus einem anderen Grund wechselt. Wurde eine Sozietät beauftragt, tritt gleichfalls keine Unterbrechung ein. Ist im Zeitpunkt des Anwaltsverlustes ein amtlich bestellter Vertreter vorhanden, tritt jedenfalls zunächst keine Unterbrechung ein (*BGH,* NJW 1982, 2324). Eine andere Frage ist es, ob in diesen Fällen dem neuen Prozessbevollmächtigten oder Sachbearbeiter eine Einarbeitungsfrist einzuräumen ist.

37 Die **Aufnahme** des Rechtsstreits erfolgt durch Anzeige des neuen Rechtsanwalts, die dem Gegner zu ihrer Wirksamkeit zuzustellen ist (§ 244 I ZPO). Die Anzeige kann auch in einer Prozesshandlung, zB der Einlegung eines Rechtsmittels, liegen (*BGH,* NJW 1990, 1854, 1855). Bei Verzögerung der Anzeige kann der Gegner die Fortsetzung erzwingen (§ 244 II ZPO). Das Verfahren entspricht dem nach § 239 II ZPO (vgl. Rn. 31 ff.).

VI. Unterbrechung durch Insolvenzverfahren, § 240 ZPO

38 Mit Eröffnung des **Insolvenzverfahrens** über das Vermögen des Klägers oder des Beklagten wird der Rechtsstreit von Gesetzes wegen unterbrochen, wenn die Insolvenzmasse betroffen ist (§ 240 ZPO).

1. Anwendungsbereich

39 Anders als nach § 246 ZPO wird der Rechtsstreit unabhängig davon unterbrochen, ob der Gemeinschuldner anwaltlich vertreten wurde oder nicht; denn die Vollmacht erlischt (vgl. *Zöller/Greger* § 240 Rn. 5 mwN). § 240 ZPO gilt für alle Zivilgerichtsverfahren einschließlich Arrest, einstweiliger Verfügung, Mahnverfahren und Kostenfestsetzung, nicht aber für das vom Insolvenzschuldner beantragte Prozesskostenhilfeverfahren (*BGH,* NJW-RR 2006, 1208) und die Zwangsvollstreckung, die eigene Regeln hat. Nicht unterbrochen werden Prozesse, die das insolvenzfreie Vermögen oder nicht vermögensrechtliche Streitigkeiten (insbesondere aus dem Familienrecht) betreffen. § 240 ZPO gilt auch für das Verbraucherinsolvenzverfahren (*BGH,* NJW-RR 2004, 48) und das Nachlassinsolvenzverfahren nach §§ 315 ff. InsO.

40 Für **Personengesellschaften** gelten besondere Regeln. Geraten eine OHG, eine KG oder eine BGB-Gesellschaft in Insolvenz, wird durch den Eröffnungsbeschluss auch ein Prozess gegen den Gesellschafter unterbrochen, der wegen seiner persönlichen Haftung in Anspruch genommen wird (*BGH,* NJW

2003, 590). Umgekehrt wird bei Insolvenz des Gesellschafters nicht der Prozess gegen die Gesellschaft unterbrochen (*BGH,* NJW 2011, 683).

Die Unterbrechung tritt auch bei einem im **Ausland** eröffneten Insolvenzverfahren ein. Das betrifft gem. Art. 15 EuInsVO Insolvenzverfahren, die in einem der Mitgliedsstaaten der EU eröffnet sind. Nach § 352 InsO wird ein Rechtsstreit auch unterbrochen, wenn im weiteren Ausland ein Insolvenzverfahren eröffnet wird. Das gilt auch für das Verfahren nach Chapter 11 des US Bankruptcy Code (*OLG Frankfurt,* ZIP 2007, 932). 41

2. Voraussetzungen

§ 240 ZPO verlangt für inländische Insolvenzverfahren eine **Eröffnung** nach den Regeln der Insolvenzordnung (§ 27 InsO). Erforderlich ist also vor allem ein Eröffnungsbeschluss des Insolvenzgerichts. Die Unterbrechung tritt bereits vor Insolvenzeröffnung ein, wenn nach § 21 II Nr. 1 und 2 InsO ein vorläufiger Insolvenzverwalter bestellt und dem Schuldner ein allgemeines Verfügungsverbot auferlegt wird (§ 240 S. 2 ZPO). Anders ist es, wenn das Insolvenzgericht nur einen Zustimmungsvorbehalt nach § 21 I Nr. 2 Hs. 2 InsO angeordnet hat (*BGH,* NJW 1999, 2822). 42

3. Verfahren

Wird dem Gericht die Eröffnung des Insolvenzverfahrens über das Vermögen einer Partei oder die Bestellung eines vorläufigen Insolvenzverwalters mitgeteilt, sollte es zunächst den Eröffnungsbeschluss bzw. den Bestellungsbeschluss anfordern. Eine Entscheidung ist nicht zu treffen; denn die Unterbrechung tritt ohne gerichtlichen Beschluss ein. Jedoch kann eine Mitteilung an die Parteien zweckmäßig sein mit dem Inhalt: 43

Beispiel:

Nachdem über das Vermögen des Klägers/Beklagten gem. Eröffnungsbeschluss des Amtsgerichts . . . vom . . . das Insolvenzverfahren eröffnet wurde, ist der Rechtsstreit nach § 240 ZPO unterbrochen, bis er nach den für das Insolvenzverfahren geltenden Vorschriften aufgenommen oder das Insolvenzverfahren aufgehoben wird.

4. Aufnahme des Rechtsstreits

Aktivprozesse: War der Gemeinschuldner Kläger, so kann nur der Insolvenzverwalter den Rechtsstreit aufnehmen, § 85 InsO. Die Aufnahme wird durch Zustellung eines Schriftsatzes erklärt, § 250 ZPO. Es genügt, dass der Schriftsatz die Absicht des Insolvenzverwalters erkennen lässt, den Rechtsstreit fortzusetzen (vgl. *BGH,* WM 1983, 401). Bei Verzögerung der Aufnahme gilt § 239 II–IV ZPO. 44

Für **Passivprozesse** ist zu unterscheiden: 45

- Ansprüche auf Aussonderung, Absonderung oder Begleichung einer Masseschuld werden nach § 86 InsO aufgenommen; das kann sowohl durch den Kläger als auch durch den Insolvenzverwalter geschehen.
- Andere Prozesse können erst aufgenommen werden, wenn die Forderung zur Tabelle angemeldet und geprüft worden ist (§§ 87, 174 ff. InsO). Bestreitet der Konkursverwalter die Forderung, kann der Kläger den Rechtsstreit nach § 250 ZPO aufnehmen; er muss allerdings den Zahlungsantrag in einen Feststellungsantrag umstellen. Sachdienlich ist der Antrag, „die Forderung des Klägers in Höhe von ... EUR zur Tabelle festzustellen".

Für die Aufnahme bei **Nachlassinsolvenz** ist die Sondervorschrift des § 243 ZPO zu beachten. 46

Wird der Rechtsstreit aufgenommen, hat das Gericht eine **Änderung der Parteibezeichnung** herbeizuführen; der Insolvenzverwalter ist nicht Vertreter des Gemeinschuldners, sondern Partei kraft Amtes (vgl. § 116 Nr. 1 ZPO). Die richtige Parteibezeichnung lautet: „A..., handelnd in seiner Eigenschaft als Insolvenzverwalter über das Vermögen der X GmbH & Co. KG ...". 47

VII. Ruhen des Verfahrens, § 251 ZPO

Das Ruhen des Verfahrens ist eine besondere Form der Aussetzung. Es tritt nicht von Gesetzes wegen ein, sondern bedarf einer Anordnung durch Beschluss. 48

1. Anwendungsfälle

Das Gericht kann das Ruhen des Verfahrens in zwei Fällen anordnen, nämlich 49

- wenn beide Parteien es beantragen, und anzunehmen ist, dass die Anordnung wegen Vergleichsverhandlungen oder aus anderen wichtigen Gründen zweckmäßig ist (§ 251 I ZPO),
- wenn in einem Termin beide Parteien nicht erscheinen oder nicht verhandeln und keine Entscheidung nach Lage der Akten ergeht (§ 251 a III ZPO).

In der Praxis ist die Anordnung selten zweckmäßig. Vergleichsverhandlungen oder anderen Gründen, die für ein Anhalten des Prozessablaufes sprechen, kann auch ohne formellen Beschluss Rechnung getragen werden. Das gleiche Ziel lässt sich zB. durch eine Verfügung des Vorsitzenden erreichen, die Akten in sechs Monaten wieder vorzulegen. Wenn die Parteien in der Zwischenzeit keinen Vergleich oder die sonstige Erledigung des Rechtsstreits anzeigen und auch keine Anträge stellen, wird die Sache nach der Aktenordnung abgerechnet und weggelegt.

2. Entscheidung

49 Das Ruhen des Verfahrens wird durch Beschluss angeordnet, der keine mündliche Verhandlung erfordert und den Parteien formlos mitzuteilen ist (§ 329 II ZPO). Der Beschluss kann das Ruhen zeitlich begrenzen oder bis zu einem bestimmten Ereignis anordnen. Stellt im Fall des § 251 a ZPO die erschienene, aber nicht verhandelnde Partei den Antrag, das Ruhen des Verfahrens anzuordnen, kann das Gericht sogleich entscheiden, ohne der säumigen Partei den Antrag mitzuteilen (*OLG Köln,* NJW-RR 1992, 1022). Der Beschluss ist für beide Parteien mit der sofortigen Beschwerde anfechtbar (§ 252 ZPO) und daher in Hinblick auf die Voraussetzungen des § 251 ZPO kurz zu begründen.

3. Aufnahme des Rechtsstreits

50 Das Ruhen endet durch einen **Antrag auf Aufnahme** des Rechtsstreits auch nur einer Partei, für den § 250 ZPO gilt. Das Gericht hat dem Antrag zu entsprechen und Termin anzuberaumen oder geeignete prozessleitende Anordnungen zu treffen.

A. XIV. Klagerücknahme, Erledigung der Hauptsache und Vergleich

Dr. Helmut Büchel

Übersicht

Literatur: Zur allg. Literatur siehe Literaturverzeichnis A I.

I. Klagerücknahme

1. Allgemeines

Der Kläger kann seine Klage in jeder Lage des Rechtstreits nach § 269 ZPO zurücknehmen. Die Rücknahme ist das Gegenstück zur Klageerhebung und für den Kläger der einfachste und billigste Weg, ein abweisendes Urteil zu vermeiden, auch wenn sie notwendig die Kostentragung zur Folge hat. Nach streitiger Verhandlung muss der Beklagte allerdings einwilligen (§ 269 I ZPO). Bei einer Zurücknahme vor dem in KV Nr. 1211 bestimmten Zeitpunkt ermäßigen sich die drei Gerichtsgebühren für das Verfahren im allgemeinen auf eine Gebühr. Wenn das Gericht die Klage für aussichtslos hält; sollte es die Rücknahme unbedingt anregen. Eine solche Würdigung der Prozessaussichten führt nicht zur Befangenheit nach § 42 ZPO (vgl. *Zöller/Vollkommer,* § 42 Rn. 26). Aber auch bei begründeter Klage kann die Zurücknahme sinnvoll sein, wenn nämlich der Beklagte erfüllt und auch die Übernahme der Kosten verlässlich zugesagt hat; das ist erheblich kostengünstiger als der Weg über eine Erledigungserklärung. 1

2. Zulässigkeit

a) **Zeitlich.** Die Zurücknahme ist von der Rechtshängigkeit (Zustellung der Klageschrift) bis zur rechtskräftigen Entscheidung zulässig. Wie § 269 III 3 ZPO zeigt, kann die Klage auch schon im Zeitraum zwischen Anhängigkeit und Rechtshängigkeit zurückgenommen werden. Die Rücknahme ist auch noch in der Rechtsmittelinstanz möglich, zB wenn der Kläger Berufungsbeklagter ist, also nicht die Berufung zurücknehmen kann. Haben die Parteien die Hauptsache übereinstimmend für erledigt erklärt, ist die Rücknahme nicht mehr möglich (*OLG Bamberg,* MDR 1997, 1225). 2

b) **Sachlich.** Die Rücknahme kann den gesamten Anspruch, einen abtrennbaren Teil, nur Nebenforderungen oder auch einen von mehreren Beklagten betreffen (**teilweise Klagerücknahme**). Ebenso ist eine Rücknahme der Widerklage möglich. Darüberhinaus gilt § 269 ZPO entsprechend zB für Anträge auf Arrest und einstweilige Verfügung (hier ist die Rücknahme immer ohne Einwilligung des Beklagten möglich, vgl. *Zöller/Vollkommer,* § 920 Rn. 13; *OLG Düsseldorf,* NJW 1982, 2452), für den Antrag auf selbständiges Beweisverfahren und für den Mahnantrag. 3

3. Erklärung der Rücknahme

4 Die Zurücknahme der Klage wird nach § 269 II ZPO entweder im Termin zu Protokoll oder durch Einreichung eines Schriftsatzes erklärt. Vor dem Landgericht unterliegt sie dem Anwaltszwang. Im Amtsgerichtsprozess kann die Klage auch zu Protokoll der Geschäftsstelle zurückgenommen werden (§ 496 ZPO). Ist ein Mahnverfahren vorangegangen, kann nach Abgabe an das Landgericht bis zum Beginn der mündlichen Verhandlung der Antrag auf Durchführung der streitigen Verhandlung (§ 696 IV 2 ZPO) ohne Anwaltszwang zurückgenommen werden. Stattdessen kann aber auch die Klage zurückgenommen werden (*Zöller/Vollkommer,* § 78 Rn. 19). Die Rücknahme muss nicht ausdrücklich erklärt werden, sie kann auch konkludent erfolgen (*BGH,* MDR 1989, 987), muss aber als Prozesshandlung unmissverständlich sein (*BGH,* NJW-RR 1996, 885) und darf nicht unter einer Bedingung stehen. Mit der **Beschränkung des** bisher gestellten **Klageantrags** kann nicht nur eine Rücknahme, sondern auch ein Verzicht oder eine Erledigung der Hauptsache gewollt sein (vgl. *BGH,* NJW 1990, 2682). Eine Zurücknahme kann darin wohl nur gesehen werden, wenn der Kläger erkennen lässt, dass er unberechtigt oder irrtümlich zu viel verlangt hatte (*Thomas/Putzo/Reichold,* § 264 Rn. 6). Wird der Klageantrag reduziert, weil der Beklagte gezahlt hat, liegt eine Auslegung als (Teil-)Erledigungserklärung näher. Im bloßen Nichtverhandeln oder in der Zurücknahme eines Prozesskostenhilfegesuches für die Klage (*Thomas/Putzo/Reichold,* § 269 Rn. 6) liegt keine Rücknahme der Klage. Bei Zweifeln sollte das Gericht nachfragen.

5 Die Rücknahmeerklärung hat **Bindungswirkung,** auch wenn die Wirksamkeit noch von der Einwilligung des Beklagten nach § 269 I ZPO abhängt (*Thomas/Putzo/Reichold,* § 269 Rn. 8). Erst wenn der Beklagte seine Einwilligung verweigert hat, kann der Kläger wieder auf den ursprünglich gestellten Antrag zurückkommen. Bis dahin ist die Erklärung unwiderruflich.

4. Einwilligung des Beklagten

6 Sobald der Beklagte zur Hauptsache verhandelt, dh den Antrag auf Klageabweisung gestellt hat, kann die Klage nur noch mit seiner Einwilligung zurückgenommen werden, § 269 I ZPO. Die Einwilligung kann schriftlich oder zu Protokoll erklärt werden. Sie kann auch konkludent zum Ausdruck gebracht werden, zB wenn der Beklagte auf die Rücknahme mit einem Kostenantrag reagiert. Eine Einwilligung zeitlich vor der Rücknahme, also in Hinblick auf eine zu erwartende Rücknahme, ist zulässig. In der gerichtlichen Praxis wird die Einwilligung meist erteilt; hierauf sollte das Gericht in der mündlichen Verhandlung auch hinwirken, denn der Beklagte gewinnt nichts dadurch, dass er die Rücknahme vereitelt (vgl. Rn. 9). Es steht dem Beklagten allerdings frei, die Einwilligung zu versagen; erklärt er sie nicht in der mündlichen Verhandlung, in der der Kläger die Klage zurücknimmt, oder bei schriftlicher Rücknahme in der folgenden mündlichen Verhandlung, gilt sie als verweigert. Stellt er seinen Klageabweisungantrag, hat er die Einwilligung damit versagt. Der Beklagte ist an seine Einwilligung genauso gebunden wie der Kläger an die Rücknahmeerklärung.

5. Verfahren

7 a) **Nach Rücknahme im Termin.** Wird die Rucknahme im Termin erklart, ist sie zu Protokoll zu nehmen (§ 160 III Nr. 8 ZPO). Weiter ist nach § 162 I ZPO darauf zu achten, dass die Rücknahmeerklärung vorgelesen oder bei Aufnahme auf einen Tonträger abgespielt wird, dass der Kläger das Protokoll insoweit genehmigt und dass das Vorlesen bzw. das Abspielen und die Genehmigung im Protokoll vermerkt werden. Das letztere geschieht mit den Worten „Vorgelesen und genehmigt" bzw. „Abgespielt und genehmigt". Ein Fehlen dieses Vermerks nimmt dem Protokoll die Beweiskraft als öffentliche Urkunde nach § 165 ZPO, die Wirksamkeit der Erklärung ist dann auf andere Weise festzustellen (*BGH,* NJW-RR 2007, 1451).

Hat der Kläger die Rücknahme erklärt, kommt es zunächst darauf an, ob der Beklagte einwilligen muss.

8 *aa) Einwilligung nicht erforderlich.* Wenn der Beklagte noch keinen Klageabweisungsantrag gestellt hat, ist der Rechtsstreit in der Hauptsache beendet, soweit die Rücknahme reicht. Ist die Klage vollen Umfangs zurückgenommen, sollte das Gericht den Beklagten noch im Termin veranlassen, seinen **Kostenantrag** nach § 269 IV ZPO zu stellen. Der Kostenbeschluss kann sogleich zu Protokoll diktiert werden, gegebenenfalls in Verbindung mit einem Streitwertbeschluss. Dieses Verfahren erspart schriftlich abzusetzende Beschlüsse und deren anschließende Zustellung.

9 *bb) Einwilligung erforderlich.* Ist bereits streitig verhandelt worden, sollte der Beklagte veranlasst werden, seine Einwilligung zu erklären. Zuweilen wird sie versagt, weil der Beklagte ein Urteil mit Entscheidungsgründen anstrebt, die ihm Recht geben. Ein solches Urteil kann er aber nicht erzwingen; denn der Kläger wird bei fehlender Einwilligung idR nach § 306 ZPO auf den Anspruch verzichten; das daraufhin zu erlassende Verzichtsurteil hat keine Entscheidungsgründe (§ 313b I ZPO) und verursacht

die gleichen Gerichtskosten (KV Nr. 1211). Falls der Beklagte seine Einwilligung versagt, weil er eine erneute Klage befürchtet, kann dem durch einen Hinweis auf die Einrede mangelnder Kostenerstattung nach § 269 VI ZPO begegnet werden. Zuweilen fällt dem Beklagten die Einwilligung leichter, wenn der Kläger die Klage „unter Verzicht auf den geltendgemachten Anspruch" zurücknimmt. Wenn sich der Kläger oder sein Anwalt trotz des gerichtlichen Rates noch nicht zu einer Rücknahme entschließen kann und eine Überlegungszeit benötigt, empfiehlt es sich, die Einwilligung des Beklagten schon im Termin einzuholen; das spart eine spätere Anfrage. Wird die Einwilligung im Termin erteilt, ist sie zu Protokoll zu nehmen (Vorlesen und Genehmigung nach § 162 I ZPO nicht erforderlich) und schon jetzt der Kostenantrag anzuregen (s. Rn. 8).

cc) Einwilligung verweigert. Wird die Einwilligung versagt, wird der Rechtsstreit fortgesetzt. Der 10
Kläger ist dann darauf hinzuweisen, dass er, soweit er zurückgenommen hatte, entweder seinen ursprünglichen Klageantrag wieder aufnehmen oder auf den Anspruch verzichten kann (§ 306 ZPO). Das letztere ist ihm aus Kostengründen (KV Nr. 1211) zu raten. Stellt er keinen Antrag, kann es zur Klageabweisung durch Versäumnisurteil nach § 330 ZPO kommen.

b) Rücknahme im Schriftsatz. Erklärt der Kläger die Rücknahme mit Einreichung eines Schriftsatzes, 11
ist zunächst dessen **Zustellung** zu veranlassen. Wenn die Einwilligung des Beklagten erforderlich ist, weil bereits zur Hauptsache mündlich verhandelt wurde, ist der Schriftsatz förmlich zuzustellen, sonst genügt nach § 270 ZPO die formlose Mitteilung. Das gleiche gilt bei nur teilweiser Klagerücknahme. Wird die Klage vollständig zurückgenommen, ist, wenn die **Einwilligung** des Beklagten **nicht erforderlich** oder wenn sie erteilt ist, der Prozess beendet. Ein anberaumter Verhandlungstermin ist aufzuheben, Parteien und Zeugen sind abzuladen; die Akte sollte auf Frist gelegt werden, um noch den Kostenantrag des Beklagten abzuwarten. Bei teilweiser Rücknahme ist außer der Zustellung nichts zu veranlassen, hinsichtlich des Restes geht der Prozess weiter.

Ist noch die **Einwilligung** des Beklagten **erforderlich,** sollte das Gericht den Beklagten mit der Zustel- 12
lung des Schriftsatzes, der die Klagerücknahme enthält, fragen, ob er in die Rücknahme einwilligt. Gleichzeitig sollte der Beklagte gem. § 269 II 4 ZPO darauf hingewiesen werden, dass seine Einwilligung als erteilt gilt, wenn er der Rücknahme nicht innerhalb einer Notfrist von zwei Wochen widerspricht. Das trägt zu einer schnellen Klärung der Frage bei. Beantragt der Beklagte nach Erklärung der Rücknahme schriftsätzlich, dem Kläger die Kosten aufzuerlegen, oder den abzüglich der Rücknahme noch gestellten Sachantrag zurückzuweisen, kann darin eine Einwilligung gesehen werden (vgl. *Zöller/Greger,* § 269 Rn. 15). Spätestens im folgenden Termin ist die Frage der Einwilligung zu klären. Für das Verfahren im Termin vgl. Rn. 9.

6. Kostenentscheidung

Nach § 269 III 2 ZPO hat der Kläger die Kosten des Rechtsstreits zu tragen. Etwas anderes gilt aller- 13
dings, wenn die Parteien außergerichtlich, zB in einem Vergleich, eine andere Regelung getroffen haben (*BGH,* NJW-RR 2010, 1476; vgl. *Thomas/Putzo,* § 269 Rn. 15). Über die Kosten ist in der Regel durch Beschluss, bei nur teilweiser Klagerücknahme im abschließenden Urteil zu entscheiden.

a) Kostenbeschluss bei vollständiger Klagerücknahme. Die Verpflichtung des Klägers, die Kosten zu 14
tragen, ist auf Antrag des Beklagten durch Beschluss nach § 269 IV ZPO auszusprechen. Voraussetzung ist, dass der Kläger die Klage vollständig, nicht nur zum Teil zurückgenommen hat. Für den Antrag des Beklagten besteht Anwaltszwang. Genau genommen müsste dem Kläger vor der Entscheidung rechtliches Gehör gewährt, dh der Antrag zur Stellungnahme übersandt werden, weil eine von § 269 III ZPO abweichende Vereinbarung der Parteien denkbar ist, nach der die Kosten bereits beglichen sind. Dann würde das Rechtsschutzinteresse für einen Kostenbeschluss fehlen (*Thomas/Putzo,* § 269 Rn. 20 mwN). In der Praxis wird der Beschluss oft sofort nach Antragstellung erlassen. Eine mündliche Verhandlung ist nicht erforderlich (§ 128 IV ZPO). Wird der Beschluss nicht im Termin verkündet, hat das Gericht seine (formlose) Zustellung zu veranlassen (§ 329 II ZPO).

Fassung des Beschlusses, zB: 15

Nachdem der Kläger die Klage mit Schriftsatz vom .../im Termin vom ... zurückgenommen hat, ist er nach § 269 III, 2 ZPO verpflichtet, die Kosten des Rechtsstreits zu tragen.

Zu den vom Kläger zu tragenden Kosten gehören auch die Kosten eines selbständigen Beweisverfahrens (*BGH,* NJW 2007, 1279). Nicht dazu gehören die Kosten, die durch ein vorangegangenes Versäumnisurteil gegen den Beklagten entstanden sind; § 344 ZPO geht vor (*BGH,* NJW 2004, 2309). Gegebenenfalls sind die Säumniskosten in der Formulierung des Beschlusses ausdrücklich auszunehmen. Auf Antrag ist auch auszusprechen, dass der Rechtsstreit als nicht anhängig anzusehen ist und ein vorangegangenes Urteil (zB Vorbehaltsurteil, Versäumnisurteil, auch Vollstreckungsbescheid) wirkungslos ist, § 269 III 1, IV ZPO; insoweit hat der Beschluss nur deklaratorische Bedeutung.

b) Kostenbeschluss nach § 269 III 3 ZPO. Nach § 269 III 3 ZPO ergeht ein Kostenbeschluss auf An- 16
trag des Beklagten auch, wenn der Anlass zur Klage vor Rechtshängigkeit der Klage weggefallen ist,

und zwar selbst dann, wenn es nicht mehr zur Zustellung der Klage kommt. In diesen Fällen bestimmt sich die Kostentragungspflicht, anders als nach § 269 II 2 ZPO, nach billigem Ermessen unter Berücksichtigung des bisherigen Sach- und Streitstandes. Es gelten also die gleichen Grundsätze wie nach § 91 a ZPO. Dem Beklagten werden die Kosten regelmäßig aufzuerlegen sein, wenn er sich in Verzug befand und der Kläger nicht wusste oder nicht wissen konnte, dass die Zahlung bereits eingegangen war. Zur Höhe der danach erstattungsfähigen Kosten vgl. *BGH*, NJW 2006, 775; krit. *Zöller/Greger*, § 269 Rn. 18 e). Keine Probleme ergeben sich, wenn die Klage doch noch zugestellt wird; das wird zT empfohlen, weil auf diese Weise dem Beklagten das erforderliche rechtliche Gehör gewährt werden kann (vgl. *Thomas/Putzo*, § 269 Rn. 5).

17 c) **Kostenbeschluss bei Rückname gegen einen Streitgenossen.** Wird die Klage gegen einen von mehreren Streitgenossen zurückgenommen, liegt zwar eine teilweise Klagerücknahme vor; auf Antrag des ausscheidenden Beklagten kann und hat aber sofort ein Kostenbeschluss nach § 269 III ZPO ergehen, der sich auf dessen außergerichtliche Kosten beschränkt (Ausnahme vom Grundsatz der einheitlichen Kostenentscheidung, vgl. *Zöller/Greger*, § 269 Rn. 19 a). Fassung:

„Der Kläger ist nach § 269 III ZPO verpflichtet, die außergerichtlichen Kosten des Beklagten zu 1) zu tragen."

18 d) **Kostenentscheidung im Urteil.** Bei teilweiser Klagerücknahme kann die Kostenentscheidung hinsichtlich des zurückgenommenen Teils nicht vorab durch gesonderten Beschluss ergehen. Ein vom Beklagter gestellter Kostenantrag ist bedeutungslos. Wegen des Grundsatzes der einheitlichen Kostenentscheidung ist über die Kosten im abschließenden Urteil insgesamt zu entscheiden. Die Kostenentscheidung folgt hinsichtlich des zurückgenommenen Teils aus § 269 III 2 ZPO; die Kostenpflicht des Klägers fließt in die nach § 92 ZPO zu bildende Quote ein. Die Begründung zur Kostenentscheidung im Urteil kann zB lauten:

„Die Kostenentscheidung ergibt sich aus §§ 91, 92, 269 III ZPO."

19 e) **Rechtsmittel.** Gegen den Beschluss ist nach § 269 V ZPO die **sofortige Beschwerde** gegeben. Voraussetzung ist allerdings, dass der Streitwert der Hauptsache den Betrag von 600,– EUR übersteigt. Außerdem muss der Wert des Beschwerdegegenstandes, also der Betrag der Kosten, um die es für den Beklagten geht, 200,– EUR übersteigen (§ 567 II ZPO).

II. Erledigung der Hauptsache

1. Allgemeines

20 Eine Erledigung der Hauptsache tritt ein, wenn der mit der Klage geltend gemachte Anspruch im Laufe der Rechtsstreits erfüllt wird oder auf andere Weise entfällt. Sie hat in der Praxis große Bedeutung, ist aber in der ZPO kaum geregelt. Die prozessuale Behandlung ist nicht einheitlich und auch regional unterschiedlich. Sinn des durch die Bedürfnisse der Praxis geprägten Institutes ist es, eine schnelle Beendigung des Rechtsstreits zu ermöglichen und dabei einerseits dem Kläger die Möglichkeit zu geben, die Klage zB im Falle nachträglicher Erfüllung nicht mit der Kostenfolge des § 269 III ZPO zurücknehmen zu müssen, den Beklagten aber andererseits davor zu schützen, dass sich der Kläger der Abweisung einer unbegründeten Klage durch Erklärung der Hauptsache als erledigt entziehen kann. Dieses Ziel wird dadurch erreicht, dass dem Kläger die Möglichkeit eingeräumt wird, die durch Erfüllung gegenstandslos gewordene Klage in der Hauptsache für erledigt zu erklären, es dem Beklagten aber unbenommen bleibt, bei unzulässiger oder unbegründeter Klage der Erledigung zu widersprechen und die Abweisung zu erreichen. Während für das dann entstehende Problem der einseitigen Erledigungserklärung praktikable Lösungen gefunden sind, ist insbesondere die Handhabung bei Erfüllung vor Zustellung der Klage nicht befriedigend geklärt. Hier ist es Aufgabe des Richters, den Parteien sinnvolle Hinweise für ihr prozessuales Verhalten zu geben.

2. Erledigendes Ereignis

21 a) **Erledigung nach Rechtshängigkeit.** In der Praxis tritt eine Erledigung der Hauptsache meist dadurch ein, dass der Beklagte die mit der Klage geltend gemachte Forderung nachträglich ganz oder zum Teil bezahlt. Immer wenn sich im Termin eine solche Zahlung herausstellt, hat das Gericht darauf hinzuwirken, dass die Parteien die Hauptsache für erledigt erklären. Erledigendes Ereignis ist dann die **Erfüllung nach Rechtshängigkeit.** Sie kann den gesamten prozessualen Anspruch einschließlich Zinsen und Nebenforderungen betreffen, aber auch nur einen Teil davon (teilweise Erledigung). Die Erledigung kann auch dadurch eintreten, dass der Anspruch (die Hauptsache) durch sonstige Erfüllung (zB Herausgabe der Sache oder Erteilung der verlangten Auskunft) durch Aufrechnung erlischt oder auf andere Weise entfällt (weitere Beispiele bei *Zöller/Vollkommer*, § 91 a Rn. 4; *Knöringer*, JuS 2010, 569, 573). Zur Erledigung bei Scheckzahlung vgl. Rn. 30.

22 **Keine Erledigung** liegt vor, wenn der Beklagte nicht zum Zwecke der Erfüllung leistet, insbesondere nicht bei einer Zahlung zu Abwendung der Zwangsvollstreckung aus einem in dieser Sache ergangenen

Titel (zB Versäumnisurteil, Vollstreckungsbescheid, Vorbehaltsurteil, Urteil der Vorinstanz, vgl. *BGH,* NJW 1994, 942). In einem solchen Fall darf das Gericht dem Beklagten nicht zu einer übereinstimmenden Erledigungserklärung raten; er würde seine Einwendungen verlieren.

b) Erledigung vor Rechtshängigkeit. Wird der Anspruch bereits vor Zustellung der Klage oder des Mahnantrages erfüllt, hat sich zwar die Forderung, nicht aber der Rechtsstreit erledigt. Das praktische Problem liegt darin, dass der Kläger in vielen Fällen einen materiellrechtlichen Anspruch auf Erstattung der Prozesskosten aus §§ 280, 286 BGB hat und es prozessökonomisch wäre, die Entscheidung über die Kosten im selben Rechtsstreit zu erreichen. 23

aa) Hatte der Beklagte schon vor Einreichung der Klage oder des Mahnantrages, also **vor Anhängigkeit** erfüllt, ist keine Erledigung eingetreten (hM; *BGH,* NJW 1982, 1598; NJW-RR 1988, 1151; vgl. *Thomas/Putzo,* § 91 a Rn. 36; *Zöller/Vollkommer,* § 91 a Rn. 32, 41). Wenn der Beklagte der Erledigungserklärung des Klägers nicht zustimmt, bleibt dem Kläger nur die Rücknahme seiner Klage nach § 269 ZPO. Er kann auch nicht die Klage dahin ändern, dem Beklagten die Kosten des Rechtsstreits als Verzugsschaden aufzuerlegen (*BGH,* NJW 2004, 1530). Auf die Frage, ob der Kläger von der Zahlung schuldlos keine Kenntnis hatte, kommt es nicht an (*Bergerfurth,* NJW 1992, 1655). 24

bb) Bei einer Erfüllung nach Einreichung der Klage oder des Mahnantrags, aber **vor Rechtshängigkeit,** liegt nach der Rechtsprechung des BGH gleichfalls keine Erledigung der Hauptsache vor, weil noch kein Prozessrechtsverhältnis begründet worden ist (*BGH,* NJW 1990, 1905 [1906]). 25

cc) Die dogmatischen und praktischen Probleme hat der Gesetzgeber mit der Vorschrift des § 269 III 3 ZPO im Wesentlichen gelöst. Danach ist dem Kläger zu einer **Klagerücknahme** zu raten, wenn der Beklagte vor Einreichung der Klage oder vor deren Zustellung erfüllt hat (s. Rn. 16). Die Kostenentscheidung ist auch dann unter Berücksichtigung des bisherigen Sach- und Streitstandes nach billigem Ermessen zu treffen. Frühere Lösungen der Instanzgerichte, zB Verfolgung nur noch der Kosten (*KG,* NJW 1991,499) oder umgekehrte Anwendung des § 93 ZPO (*OLG Koblenz,* MDR 1994, 1045) sind überholt. 26

3. Erledigungserklärung

a) Erklärung des Klägers. Die Erklärung des Klägers, der Rechtsstreit habe sich in der Hauptsache erledigt (kurz: Erledigungserklärung oder Erledigterklärung), ist eine Prozesshandlung; sie ist der Antrag an das Gericht, den Rechtsstreit ohne Entscheidung in der Sache zu beenden (*Thomas/Putzo,* § 91 a Rn. 6). Die Erledigung kann nach § 91 a I 1 ZPO mit Einreichung eines Schriftsatzes, in der mündlichen Verhandlung oder auch zu Protokoll der Geschäftsstelle erklärt werden; es besteht also kein Anwaltszwang (§ 78 III ZPO). Sie kann konkludent in einer Beschränkung des Klageantrages, auch auf den Kostenantrag liegen; von einer Erledigungserklärung, nicht von einer Klagerücknahme ist auszugehen, wenn der Kläger gleichzeitig die Erfüllung durch den Beklagten mitteilt. In Zweifelsfällen ist gemäß § 139 ZPO nachzufragen. Die Erklärung kann auch hilfsweise abgegeben werden (*Thomas/Putzo,* § 91 a Rn. 12). Die Erledigungsklärung ist widerruflich, aber nur, solange der Beklagte sich noch nicht angeschlossen hat. 27

b) Erklärung bei teilweiser Erledigung. Die Erledigungserklärung kann den gesamten prozessualen Anspruch, aber auch nur einen Teil betreffen. Bei einer teilweisen Erledigung sollte das Gericht darauf achten, dass der Kläger genau bezeichnet, inwieweit der Klageanspruch einschließlich der Nebenforderungen für erledigt erklärt wird. Bei der in der Praxis häufigen Teilzahlung oder Zahlung nur der Hauptforderung, nicht der Zinsen, genügt es, wenn der Kläger den Zahlungsantrag „abzüglich am … gezahlter … EUR" stellt. Damit kommt hinreichend zum Ausdruck, was für erledigt erklärt werden soll. 28

c) Verfahren nach Erledigungserklärung. Das Gericht hat zunächst zu klären, ob sich der Beklagte der Erledigung anschließt. Darauf sollte zur Vereinfachung des Verfahrens und auch aus Kostengründen immer gedrängt werden. Dem Interesse des Beklagten kann idR, auch wenn die Erledigung zweifelhaft ist oder nicht vorliegt, im Rahmen der Kostenentscheidung genügt werden. Hat der Kläger die vollständige Erledigung mit **Einreichung eines Schriftsatzes** erklärt, ist dieser dem Beklagten **förmlich** (§ 270 ZPO) **zuzustellen.** Gleichzeitig sollte das Gericht den Beklagten fragen, ob er sich der Erledigung anschließt, zB mit folgender Verfügung: 29

Dem Beklagten wird der Schriftsatz des Klägers vom … mit der Frage zugestellt, ob er sich der Erledigungserklärung anschließt. Er wird gem. § 91 a I 2 ZPO darauf hingewiesen, dass seine Zustimmung als erteilt gilt, wenn er der Erledigungserklärung nicht innerhalb einer Frist von zwei Wochen widerspricht.

Wenn sich der Beklagte anschließt oder wenn er nicht rechtzeitig widerspricht,, kann ein anstehender Termin aufgehoben und über die Kosten ohne mündliche Verhandlung entschieden werden. Anders ist es, wenn der Kläger nur zum Teil für erledigt erklärt hat; dann ist über die restliche Hauptsache zu verhandeln und zu entscheiden. Das gilt auch, wenn nur noch der Zinsanspruch anhängig bleibt, dann lohnt es sich aber, bei den Parteien anzufragen, ob sie mit einer Entscheidung ohne mündliche Verhandlung nach § 128 II ZPO einverstanden sind.

30 Wird die **Erledigungserklärung im Termin** abgegeben, ist sie zu Protokoll zu nehmen; sie braucht nicht nach § 162 I ZPO vorgelesen und genehmigt zu werden. Das weitere Verfahren hängt davon ab, ob sich der Beklagte der Erklärung anschließt. In der gerichtlichen Praxis kommt es vor, dass der Beklagte die Klageforderung im Termin begleicht. Das führt zur Erledigung und zu entsprechenden Erklärungen der Parteien, wenn in bar bezahlt wird. Überreicht der Beklagte jedoch einen Scheck, kann dem Kläger nicht zu einer Erledigungserklärung geraten werden, er muss die Einlösung abwarten. Hier sollten nur die Scheckhingabe und die Erledigungserklärung des Beklagten zu Protokoll genommen werden; im Übrigen sollte dem Kläger aufgegeben werden mitzuteilen, ob der Scheck eingelöst wird und die Hauptsache für erledigt erklärt wird; alsdann kann nach § 91 a ZPO verfahren werden.

31 d) **Anschließungserklärung des Beklagten.** Die Erklärung des Beklagten kann nach § 91 a ZPO in gleicher Weise abgegeben werden wie die des Klägers. Der Beklagte kann sich der Erledigung auch nur zum Teil anschließen. Üblicherweise erklärt der Beklagte, wenn er nicht der Erledigung widersprechen will, dass er sich der Erklärung anschließe oder ihr zustimme. Im Termin genügt es, zu Protokoll zu nehmen, dass die Parteien den Rechtsstreit in der Hauptsache übereinstimmend für erledigt erklären. Die Zustimmung des Beklagten wird nach § 91 a I 2 ZPO bindend unterstellt, wenn er der Erledigungserklärung des Klägers nicht innerhalb einer Notfrist von zwei Wochen widerspricht; auf diese Rechtsfolge ist der Beklagte hinzuweisen. Dieser Hinweis sollte bei schriftsätzlicher Erledigungserklärung mit der Zustellung (s. Rn. 29), bei einer Erklärung im Termin zu Protokoll gegeben werden. Der Beklagte kann seine Anschließung auch vor dem Kläger erklären, zB in Hinblick auf eine mögliche Erledigungserklärung des Klägers. Grundsätzlich ist dem Beklagten, wenn tatsächlich eine Erledigung vorliegt, zu raten, sich der Erledigung anzuschließen. Denn eine streitige Entscheidung über die Erledigung würde den Rechtsstreit für ihn erheblich verteuern und der etwaige Streit über die Kosten kann im Rahmen des § 91 a ZPO entschieden werden.

4. Übereinstimmende Erledigungserklärung

32 a) **Wirkung.** Haben beide Parteien den Rechtsstreit für erledigt erklärt, ist der Rechtsstreit in der Hauptsache beendet; es ist nur noch nach § 91 a ZPO über die Kosten zu entscheiden. Das gilt auch, wenn tatsächlich keine Erledigung vorliegt oder wenn sie vor Rechtshängigkeit oder auch vor Anhängigkeit der Klage eingetreten ist. Das Gericht ist an die Erklärungen gebunden. Vorausgegangene Entscheidungen (Versäumnisurteil, Vollstreckungsbescheid, Vorbehaltsurteil, Urteil der Vorinstanz) verlieren ihre Wirkung (*Thomas/Putzo,* § 91 a Rn. 21).

33 b) **Weiteres Verfahren.** Eine mündliche Verhandlung ist vor Erlass der Kostenentscheidung nicht erforderlich (§ 91 a I 2 ZPO), sie ist in der Regel auch entbehrlich. Die Parteien brauchen keine Kostenanträge zu stellen, es gilt § 308 II ZPO. Ist in der Hauptsache bereits ein Termin bestimmt, kann er aufgehoben werden. Zeugen oder Sachverständige sind in jedem Falle abzuladen; denn eine weitere Aufklärung der Sache findet regelmäßig nicht statt. Eine Beweisaufnahme ist grundsätzlich ausgeschlossen; denn das Gericht hat auf der Grundlage des bisherigen Sach- und Streitstandes zu entscheiden. Den Parteien ist vor der Entscheidung nur noch rechtliches Gehör zu Tatsachenvortrag zu geben, auf den sie noch keine Gelegenheit hatten zu erwidern. Nach der Erledigungserklärung eingereichte Urkunden können berücksichtigt werden; Akten anderer Prozesse können mit dem Ziel beigezogen werden, ihren Inhalt für die Entscheidung zu verwerten (vgl. *Zöller/Vollkommer,* § 91 a Rn. 26).

34 c) **Beschluss nach § 91 a ZPO.** Die Kostenentscheidung ergeht nach § 91 a I ZPO unter **Berücksichtigung des bisherigen Sach- und Streitstandes nach billigem Ermessen.** Es kommt also darauf an, wie der Rechtsstreit sonst voraussichtlich ausgegangen wäre, ob also die Klage zulässig und begründet war und durch das erledigende Ereignis unbegründet geworden ist. Diese Feststellung lässt sich treffen, wenn der Rechtsstreit, abgesehen von der Erledigung, entscheidungsreif ist. Fehlt es daran, ist eine summarische Erfolgsprognose anzustellen. Bei offenem Ausgang und in etwa gleichwertigen Chancen sind die Kosten gegeneinander aufzuheben (*BGH,* WM 1984, 64, 65); bei größerer Wahrscheinlichkeit zugunsten einer Partei kann anders gequotelt werden. Im übrigen ist zu beachten:

35 • Bei **Unzuständigkeit** des Gerichts kann idR unterstellt werden, dass der Kläger Verweisung an das zuständige Gericht beantragt hätte, und nach den Erfolgsaussichten in der Hauptsache unter Einbeziehung von § 281 III ZPO entschieden werden (*BGH,* MDR 2010, 888; *Thomas/Putzo/Hüßtege,* § 91 a Rn. 47); auch wenn der Kläger gewonnen hätte, sind ihm zumindest die Kosten für die Anrufung des unzuständigen Gerichts aufzuerlegen. Eine Verweisung nach übereinstimmender Erledigungserklärung ist nicht möglich (*Zöller/Vollkommer,* § 91 a Rn. 58 „Verweisung").

36 • Grundsätzlich ist vom zuletzt gestellten Antrag auszugehen. Wäre jedoch eine **Klageänderung** sachdienlich gewesen, kann unterstellt werden, dass der Kläger sie vorgenommen hat. Denn das Gericht hat auf sachdienliche Anträge hinzuweisen (vgl. *Zöller/Vollkommer,* § 91 a Rn. 26).

- Ist die Erledigung durch **freiwillige Erfüllung** des Beklagten eingetreten, zB weil der Beklagte freiwillig gezahlt, weil er in einem Unterlassungsprozess freiwillig eine Unterwerfungserklärung abgegeben hat oder weil er sonst die verlangte Leistung freiwillig erbracht hat, kann ohne weitere Prüfung davon ausgegangen werden, dass die Klage Erfolg gehabt hätte (*Thomas/Putzo/Hüßtege,* § 91 a Rn. 46). Das gilt immer dann, wenn sich der Beklagte „freiwillig in die Rolle des Unterlegenen" gegeben hat (*BGH,* MDR 2004, 698). 37
- Bei **Zahlung vor Rechtshängigkeit** durch den Beklagten kann ein materiellrechtlicher Kostenerstattungsanspruch aus § 286 BGB berücksichtigt werden und nach billigem Ermessen dazu führen, dem Beklagten die Kosten aufzuerlegen. Auch sonst kann ein materieller Kostenerstattungsanspruch zu berücksichtigen sein (*BGH,* NJW 2002, 680; *Thomas/Putzo/Hüßtege,* § 91 a Rn. 48). 38
- Das Ergebnis **unerledigter Beweisantritte,** auf die es angekommen wäre, kann nicht einfach unterstellt werden. Hier ist aufgrund einer Gesamtwürdigung des Parteivorbringens vom wahrscheinlichen Ergebnis auszugehen und auch die Beweislast zu berücksichtigen; eine vorsichtige antizipierte Beweiswürdigung kann sachgerecht sein. 39
- **Schwierige Rechtsfragen** sind nicht detailliert zu beantworten, es genügt eine summarische Prüfung (vgl. *BGH,* NJW-RR 2009, 422; NJW 2005, 2385; *Zöller/Vollkommer,* § 91 a Rn. 26 a). 40
- Hat der Beklagte **keinen Anlass zur Klageerhebung** gegeben und die Klageforderung sofort bezahlt, führt der im Rahmen des billigen Ermessens anwendbare Rechtsgedanke des § 93 ZPO dazu, dem Kläger die Kosten aufzuerlegen; was bei einem Anerkenntnis gilt, muss bei Zahlung erst recht gelten (*Thomas/Putzo/Hüßtege,* § 91 a Rn. 48). 41
- Haben die Parteien im Prozess einen **Vergleich** ohne Kostenregelung geschlossen, aber die Kosten gerichtlicher Entscheidung nach § 91 a ZPO unterstellt, ist der Inhalt des Vergleichs im Rahmen des billigen Ermessens zu berücksichtigen (vgl. *BGH,* NJW-RR 2006, 1000; vgl. *Thomas/Putzo/Hüßtege,* § 98 Rn. 4). 42
- Ist der Erledigung eine **Verweisung,** eine teilweise **Klagerücknahme** oder ein **Versäumnisurteil** vorangegangen, sind § 281 III, § 269 III und § 344 ZPO anzuwenden; über diese Kosten ist gesondert zu entscheiden. 43
- **Keine Kostenentscheidung** ergeht, wenn die Parteien darauf verzichtet haben, etwa weil die Parteien mitteilen, sich über die Kostentragung geeinigt zu haben, oder wenn eine Partei erklärt hat, die Kosten vollständig zu übernehmen. Jedenfalls bedarf die Kostenentscheidung dann keiner Begründung mehr (vgl. *BGH,* NJW-RR 2006, 929). Dieses Verfahren ist erheblich billiger als der Beschluss nach § 91 a ZPO; denn nach KV 1211 Nr. 4 ermäßigen sich die Gerichtsgebühren auf 1,0. Es empfiehlt sich also, in geeigneten Fällen zu einem derartigen Verzicht und zu einer entsprechenden Einigung der Parteien oder Erklärung des Beklagten zu raten. Dadurch vermeidet das Gericht einen zu begründenden Beschluss, und die Parteien sparen Kosten. 44

d) Kostenentscheidung bei teilweiser Erledigung. Die Kostenentscheidung kann wegen des Grundsatzes der einheitlichen Kostenentscheidung nicht durch Beschluss nach § 91 a ZPO ergehen. Vielmehr ist in dem Urteil, das über die verbliebene Hauptsache entscheidet, auch über die Kosten des erledigten Teils zu befinden. Wegen dieses Teils ergibt sich die Kostenentscheidung aus § 91 a ZPO und richtet sich nach den Grundsätzen dieser Vorschrift. Die Kostenentscheidung des Urteils folgt also teils aus §§ 91, 92 ff. ZPO, teils aus § 91 a ZPO. Führt die Abwägung nach § 91 a ZPO zu einem anderen Ergebnis als in der Hauptsache, kommt es auch insoweit zu einer Kostenverquotung nach § 92 ZPO. Der Streitwert des Urteils richtet sich nach der verbliebenen Hauptsache, auch wenn es sich dabei nur noch um Zinsen handelt; die Kosten des erledigten Teils sind nicht einzubeziehen (hM; *BGH,* NJW-RR 1995, 1085). Dadurch können die nach Erledigung entstehenden Gebühren sehr niedrig sein, was sich auch auf die vorläufige Vollstreckbarkeit und die Höhe der Sicherheitsleistung auswirkt. 45

e) Kostenanerkenntnis. Der Beklagte kann seine Kostentragungspflicht anerkennen. Das hat in Anwendung des Gedankens von § 307 ZPO zur Folge, dass ihm im Beschluss ohne weiteres die Kosten aufzuerlegen sind (*BGH,* MDR 1985, 914; *BAG* NJW 2004, 533; *Thomas/Putzo/Hüßtege,* § 91 a Rn. 46). Damit dürfte sich auch die Gebühr für das Verfahren im allgemeinen nach KV Nr. 1211 Nr. 2 auf eine Gebühr ermäßigen. Auch ein auf die Kosten beschränktes Anerkenntnisurteil wird von der Praxis zum Teil für zulässig gehalten. 46

f) Kostenvergleich. Die Parteien können nach übereinstimmender Erledigungserklärung auch einen Vergleich über die Kosten schließen und damit einen Beschluss nach § 91 a ZPO vermeiden. Ein solcher Vergleich erspart dem Gericht Arbeit und ist für die Parteien aus Kostengründen (KV 1211 Nr. 4) interessant, weil sich die Gerichtskosten auf eine Gebühr reduzieren (s. Rn. 43). 47

g) Erledigung bei Säumnis des Beklagten. Wenn der Beklagte die Klageforderung ganz oder zum Teil bezahlt hat, aber im Termin säumig ist, liegt eine übereinstimmende Erledigungserklärung nicht vor. Dennoch kann nach herrschender Praxis ein **Versäumnisurteil über die Kosten** erlassen werden (vgl. *Zöller/Vollkommer,* § 91 a Rn. 58 „Versäumnisverfahren"). Das ist bei teilweiser Zahlung oder Zahlung nur der Hauptforderung unproblematisch; dann erklärt der Kläger die Hauptsache im Termin in- 48 soweit für erledigt und beantragt im übrigen ein Versäumnisurteil, das hinsichtlich der restlichen Hauptforderung oder der Zinsforderung mit Kostenentscheidung für den gesamten Rechtsstreit ergeht. Die Einlassungsfrist braucht hinsichtlich der Erledigung nicht gewahrt zu sein, weil der Kläger nur ein Minus geltend macht. Genauso wird verfahren, wenn die Hauptsache vollständig erledigt ist. Das Versäumnisurteil geht dann nur über die Kosten. Manche Gerichte stellen die Feststellung voran, dass sich die Hauptsache erledigt hat.

49 **h) Entscheidung.** Die Entscheidung ergeht nach § 91 a I ZPO bei übereinstimmender Erledigungserklärung des gesamten Klageanspruches immer durch Beschluss. Der Beschluss ist zu begründen, es sei denn es liegt ein Fall nach Rn. 44, 46 oder 47 vor. In den Gründen ist kurz auf den Sach- und Streitstand einzugehen und die Ermessensabwägung zu darzulegen. Fassung des Beschlusstenors:

Die Kosten des Rechtsstreits hat der Beklagte zu tragen.

Oder bei vorangegangenem Versäumnisurteil gegen den Beklagten:

Die Kosten des Rechtsstreits werden gegeneinander aufgehoben. Das gilt nicht für die Kosten der Säumnis des Beklagten im Termin vom …, die der Beklagte allein zu tragen hat.

Oder bei vorangegangener Verweisung:

Die Kosten des Rechtsstreits hat der Beklagte zu tragen mit Ausnahme der Kosten, die durch die Anrufung des unzuständigen Gerichts entstanden sind; diese trägt der Kläger.

Für die Zustellung des Beschlusses gilt § 329 III ZPO. Förmliche Zustellung ist erforderlich.

50 **i) Rechtsmittel.** Gegen den Beschluss nach § 91 a ZPO findet die **sofortige Beschwerde** statt (§ 91 a II ZPO). Voraussetzung ist, wie bei § 269 III ZPO, dass der Streitwert der Hauptsache die Berufungssumme von 600,– EUR übersteigt. Außerdem muss der Wert des Beschwerdegegenstandes, also der Betrag der Kosten, um die es für den Beklagten geht, 200,– EUR übersteigen (§ 567 II ZPO). Dem Beschwerdegegner ist im Beschwerdeverfahren rechtliches Gehör zu geben (§ 91 a II 2 ZPO). Die sofortige Beschwerde ist auch statthaft, wenn bei teilweiser Erledigung über die Kosten dieses Teils im Urteil nach § 91 a ZPO entschieden wurde. Wird gegen das Urteil Berufung eingelegt, ist die auf § 91 a I ZPO beruhende Kostenentscheidung auch nachzuprüfen, wenn daneben keine sofortige Beschwerde eingelegt wurde (hM; vgl. *Thomas/Putzo/Hüßtege,* § 91 a Rn. 56 mwN).

5. Einseitige Erledigungserklärung

51 **a) Widerspruch des Beklagten.** Der Beklagte ist nicht verpflichtet, sich der Erledigungserklärung anzuschließen. Zwar liegt es wegen des einfacheren Weges über § 91 a ZPO im Interesse des Gerichts, den Beklagten zur Zustimmung zu veranlassen; das verstößt auch in der Regel nicht gegen seine Interessen, die ja im Rahmen der Abwägung nach § 91 a ZPO berücksichtigt werden. Wenn er aber auch nach Hinweis des Gerichts bei seinem Widerspruch bleibt, liegt eine einseitige Erledigungserklärung vor, die den Prozess in der Hauptsache nicht beendet.

52 **b) Sachdienliche Anträge der Parteien.** Die einseitige Erledigungserklärung des Klägers ist nach gängiger Praxis als Antrag auf Feststellung auszulegen, dass sich die Hauptsache erledigt hat (BGH WM 2008, 1510; vgl. *Thomas/Putzo/Hüßtege,* § 91 a ZPO Rn. 32 mwN). Dieser **Antrag des Klägers** braucht nicht ausdrücklich gestellt zu werden, er ergibt sich aus der einseitig gebliebenen Erklärung des Klägers. Gegenüber dem bisher gestellten Sachantrag liegt eine **Klageänderung** vor, die sachdienlich im Sinne des § 263 ZPO ist. Der Kläger kann auf den Widerspruch des Beklagten auch anders reagieren: Muss er erkennen, dass keine Erledigung eingetreten ist, also zB bei Zahlung vor Anhängigkeit, ist ihm die Rücknahme der Klage nahe zu legen (vgl. Rn. 26). Der Kläger kann auch zu seinem ursprünglichen Antrag zurückkehren oder ihn hilfsweise für den Fall stellen, dass die Erledigung der Hauptsache nicht festgestellt wird (*BGH,* NJW 2003, 3202). Dazu kann dem Kläger geraten werden, wenn er unsicher ist, ob das Gericht eine Erledigung annehmen wird. Der Kläger kann auch den bisherigen Klageantrag beibehalten und hilfsweise die Hauptsache für erledigt erklären (*BGH,* NJW 2006, 1378).

53 Gegenüber dem Feststellungsantrag des Klägers geht der **Antrag des Beklagten** auf Klageabweisung. Die Erklärung des Beklagten und sein Antrag können zB mit den Worten zu Protokoll genommen werden: „Der Beklagte widerspricht der Erledigung und beantragt, die Klage abzuweisen."

54 **c) Verfahren.** Über den Feststellungsantrag ist nach mündlicher Verhandlung zu entscheiden. Es handelt sich um ein normales Erkenntnisverfahren. Die Feststellungsklage ist begründet, wenn die Hauptsache erledigt ist. Das ist der Fall, wenn ein erledigendes Ereignis festgestellt wird und die Klage bei dessen Eintritt zulässig und begründet war (vgl. *BGH,* NJW 1992, 2236; zu den einzelnen Fallgestaltungen vgl. *Thomas/Putzo/Hüßtege,* § 91 a Rn. 34 ff.; *Knöringer,* JuS 2010, 569, 573; *Bergerfurth,* NJW 1992, 1655, 1659). Diese Voraussetzungen sind gegebenenfalls im Wege der Beweisaufnahme festzustellen (*BGH,* NJW 1992, 2236), die Beweislast trägt der die Erledigung behauptende Kläger.

d) Entscheidung, Kosten, Streitwert. Über die Feststellungsklage ist durch **Urteil** zu entscheiden, nicht durch Beschluss. Darin wird entweder die Erledigung der Hauptsache festgestellt oder, wenn eine Erledigung nicht oder nicht während des Rechtsstreits eingetreten ist, die Klage abzuweisen (vgl. *Thomas/Putzo/Hüßtege,* § 91 a Rn. 34 ff.). Das Urteil beendet nicht nur den Streit über die Erledigung, sondern den Rechtsstreit in der Instanz; anders ist es nur, wenn über weitere Anträge oder Hilfsanträge noch nicht entschieden wird. Dann handelt es sich um ein Teilurteil. Bei teilweiser einseitiger Erledigungserklärung ist daneben über den verbliebenen Leistungsantrag zu entscheiden. 55

Die **Kostenentscheidung** folgt aus § 91 ZPO, nicht aus § 91 a ZPO (hM). Wird die Feststellungsklage abgewiesen, trägt der Kläger die Kosten, im umgekehrten Fall der Beklagte. Das Urteil ist wegen der Kosten für vorläufig vollstreckbar zu erklären. 56

Sehr umstritten ist der **Streitwert** (vgl. *BGH,* NJW-RR 1996, 1210), der vom Gericht, wie immer bei Feststellungsklagen, festzusetzen ist. Dabei ist zu unterscheiden zwischen dem Streitwert bis zur Erledigungserklärung und dem Streitwert ab Erledigungserklärung. Zum letzteren werden drei Meinungen vertreten (vgl. *Thomas/Putzo/Hüßtege,* § 91 a Rn. 59 ff.): 57

- Nach einer Auffassung ist der Wert der Hauptsache, um deren Erledigung es geht, maßgeblich.
- Nach Ansicht mancher Oberlandesgerichte kommt es auf den Feststellungswert an; danach ist vom Hauptsachewert, weil es sich um eine Feststellungsklage handelt, ein Abschlag zu machen (zB 50%).
- Eine dritte, verbreitete Ansicht, der sich der Bundesgerichtshof angeschlossen hat (BGH NJW-RR 1996, 1210; WuM 2008, 35) hält den Kostenwert für maßgebend. Diese Ansicht leuchtet in den Fällen nicht ein, in denen der Beklagte den Anspruch von Anfang an bestritten hat und der Kläger in die Erledigung der Hauptsache ausweicht.

Die gleichen Streitfragen bestehen zum Wert der Beschwer, von dem die Zulässigkeit der Berufung abhängig sein kann.

e) Fassung der Entscheidung

Beispiele: 58

Bei einseitiger Erledigung und stattgebendem Urteil:

Es wird festgestellt, dass die Hauptsache erledigt ist.

oder:

Der Rechtsstreit ist in der Hauptsache erledigt.

Bei teilweiser einseitiger Erledigung und (auch im übrigen) stattgebendem Urteil:

Der Beklagte wird verurteilt, an den Kläger ... EUR zu zahlen.
Im Übrigen wird festgestellt, dass der Rechtsstreit in der Hauptsache erledigt ist.

oder:

Im Übrigen wird festgestellt, dass sich die Hauptsache in Höhe von ... EUR erledigt hat.

Bei teilweise übereinstimmender Erledigungserklärung wird die Erledigung im Tenor nicht zum Ausdruck gebracht. 59

Bei einseitiger Erledigung und abweisendem Urteil genügt die Formulierung:

Die Klage wird abgewiesen.

Bei vollständiger Erledigung der Hauptsache und Säumnis des Beklagten lautet das Versäumnisurteil:

Die Hauptsache hat sich erledigt.
Die Kosten des Rechtsstreits trägt der Beklagte.

Der erste Satz dient der Klarstellung.

III. Prozessvergleich

1. Bedeutung

Zivilprozesse entstehen, weil eine außergerichtliche Verständigung zwischen den Parteien nicht möglich war. Nach § 279 I ZPO ist das Gericht zu Beginn des Rechtsstreits und im weiteren Verlauf gehalten, auf diese Verständigung hinzuwirken. In der Tat wird in der gerichtlichen Praxis ein erheblicher Anteil der Prozesse durch einen Vergleich beendet. Der Vorteil für die Parteien liegt vor allem in der schnelleren, endgültigen und gütlichen Beilegung des Rechtsstreits, die eine lange dauernde, belastende Ungewissheit über den Prozessausgang vermeiden kann. Andererseits sind auch die Vorteile für den Richter unübersehbar, die seine Bemühungen um einen Vergleich lohnenswert machen: Ein abschließendes Durchdenken und Entscheiden der streitigen Fragen und die zeitraubende Abfassung des Urteils erübrigen sich, in vielen Fällen wird auch der Aufwand einer Beweisaufnahme vermieden; zudem ist die Rolle des Vermittlers zwischen den Parteien angenehmer als die des Entscheiders, gerade wenn es um zweifelhafte Fragen geht. 60

61 Wegen seiner die Justiz entlastenden Wirkung wird der Vergleich nicht nur durch § 279 I ZPO gefördert, sondern auch durch die Kostenvorschriften. Einerseits schafft das RVG durch die zusätzliche Einigungsgebühr (VV 1000) für Anwälte einen Anreiz, andererseits ermäßigen sich die für das Verfahren im allgemeinen zu erhebenden drei Gerichtsgebühren bei Beendigung des Verfahrens durch gerichtlichen Vergleich auf eine Gebühr (KV Nr. 1211 Nr. 3). So erstrebenswert ein Prozessvergleich für Gericht und Parteien demnach auch sein kann, der Richter sollte nicht übersehen, dass der Vergleich die Parteien mit erheblichen Kosten belastet und er immer auch ein Abgehen von der materiellen Gerechtigkeit bedeutet, weil auch die Partei, die eigentlich im Recht wäre, nachzugeben hat.

2. Anwendungsbereich

62 Ein Vergleich kann nicht nur im Erkenntnisverfahren nach §§ 253 ff. ZPO geschlossen werden. Er ist auch möglich

- im Prozesskostenhilfeverfahren (§ 118 I 3 ZPO),
- im selbständigen Beweisverfahren (§ 492 III ZPO),
- im Arrestverfahren nach §§ 916 ff. ZPO (*BGH,* NJW-RR 1991, 1021),
- im Verfahren über eine einstweilige Verfügung nach §§ 935 ff. ZPO,
- in Scheidungsfolgesachen im Sinne des § 137 II FamFG,
- in Kindschaftssachen nach § 156 II FamFG,
- im Zwangsvollstreckungsverfahren.

Ein Vergleich setzt aber immer die Dispositionsbefugnis der Parteien über den Streitgegenstand voraus (vgl. *Thomas/Putzo/Seiler,* § 794 Rn. 13).

In zeitlicher Hinsicht kann ein Prozessvergleich nur nach Rechtshängigkeit der Klage bzw. nach Anhängigkeit des Verfahrens geschlossen werden, jedoch in jedem Verfahrensstadium bis hin zur rechtskräftigen Entscheidung. Auch nach einer im Zusammenhang mit Vergleichsverhandlungen stehenden Rücknahme soll ein Prozessvergleich noch zulässig sein (*OLG München,* NJW 1997, 2331). Er ist auch vor Rechtsmitteleinlegung zwischen den Instanzen möglich und wird dann von der Vorinstanz protokolliert.

3. Wirksamkeitsvoraussetzungen

63 Der Vergleich ist sowohl Prozesshandlung der Parteien als auch materieller Vertrag (h. M.); man spricht von der sog. **Doppelnatur.** Daraus folgt, dass er zum einen als Prozesshandlung wirksam sein muss, zum anderen die Voraussetzungen des materiellen Rechtsgeschäfts zu erfüllen hat.

64 a) **Prozessuale Voraussetzungen.** *aa)* Der Vergleich muss durch die **Parteien** des Rechtsstreits abgeschlossen werden, weil nur sie den Rechtsstreit iS des § 794 I Nr. 1 ZPO erledigen können. Für die Parteien besteht **Anwaltszwang** nach § 78 ZPO wie für den Rechtsstreit selbst, Denkbar ist auch, dass sich bei einer Mehrheit von Klägern oder Beklagten nicht alle Parteien am Vergleich beteiligen. Ein solcher Vergleich sollte eine Regelung über die außergerichtlichen Kosten der aus dem Prozess ausscheidenden Parteien enthalten. Zwischen der verbliebenen Parteien wird der Prozess fortgesetzt.

65 *bb)* Wie der Wortlaut des § 794 I Nr. 1 ZPO zeigt, können auch **Dritte** am Vergleich beteiligt werden. Das kann sich im Interesse einer endgültigen Regelung des Streites anbieten, wenn der Vergleichsschuldner Rückgriffsansprüche zB gegen seinen Lieferanten oder einen Mitschuldner hat, insbesondere wenn dieser als Nebenintervenient beteiligt ist. Durch einen solchen Vergleich kann auch ein am Prozess nicht beteiligter Gesamtschuldner, zB die Komplementär-GmbH einer GmbH & Co. KG, einbezogen werden. Der Dritte kann den Vergleich auch ohne Anwalt abschließen (*BGH,* NJW 1983, 1433; vgl. *Thomas/Putzo/Seiler,* § 794 Rn. 12). Ist der Dritte bereits Nebenintervenient, genügt es, in die Eingangsformel aufzunehmen:

Die Parteien und der Nebenintervenient schließen zur Erledigung des Rechtsstreits folgenden Vergleich . . .

Ist der Dritte bisher nicht beteiligt, ist dem Vergleichsprotokoll hinzuzufügen, dass der Dritte (vollständiger Name und Anschrift, ggf. Prozessbevollmächtigter) dem Rechtsstreit zum Abschluss des Vergleichs beitritt.

66 *cc)* Der Vergleich ist vor dem mit dem Prozess befassten **Gericht** in mündlicher Verhandlung abzuschließen. Ladungs- und Einlassungsfrist brauchen bei der Terminierung nicht gewahrt zu werden. Bei Kollegialgerichten kann der Vergleich vor dem Einzelrichter oder dem Vorsitzenden geschlossen werden, auch wenn dieser zur Entscheidung nicht befugt wäre. Auf die vorschriftsmäßige Besetzung und die Zuständigkeit des Gerichts kommt es nicht an.

67 *dd)* Für die **Form** ist unbedingt darauf zu achten, dass der Vergleich ordnungsgemäß protokolliert wird. Er ist nach § 160 III Nr. 1 ZPO im **Protokoll** festzustellen. Der Vergleich ist den Parteien anschließend aus dem Protokoll oder der vorläufigen Aufzeichnung vorzulesen und von ihnen zu genehmigen (§ 162 I ZPO). Wird das Protokoll vorläufig auf einen Tonträger aufgezeichnet, ist der Vergleich abzuspielen und zu genehmigen. Auch das ist nach § 162 I 2 ZPO im Protokoll zu vermerken, zB „Vor-

gelesen und genehmigt" oder „Abgespielt und genehmigt". Liegt der Vergleichstext schriftlich vor, ist er als Anlage zu Protokoll zu nehmen, zu verlesen und zu genehmigen; auch das ist im Protokoll festzuhalten (vgl. *Zöller/Stöber,* § 160 Rn. 5). Fehlt es an diesen förmlichen Voraussetzungen, ist der Prozessvergleich – anders als einseitige Prozesshandlungen wie Anerkenntnis, Verzicht, Rücknahme – unwirksam (vgl. *BGH,* NJW 1984, 1465 [1466]; *OLG Zweibrücken,* NJW-RR 1992, 1408; *Zöller/Stöber,* § 160 Rn. 5). Allerdings bleibt der Vergleich materiell wirksam und ersetzt gem § 127a BGB die notarielle Beurkundung auch dann, wenn der Vermerk unterblieben ist (BGH NJW 1999, 2806). Wenn die Formalien zwar eingehalten wurden, aber nicht im Protokoll festgehalten wurden, ist eine Protokollberichtigung nach § 164 ZPO erforderlich und möglich. Fehlt es an der Form, empfiehlt es sich, den Vergleich neu abzuschließen; für seine Funktion als Vollstreckungstitel ist die Form nicht verzichtbar, ihr Fehlen grundsätzlich nicht heilbar.

Außerdem muss das Vergleichsprotokoll, anders als ein gewöhnliches Sitzungsprotokoll, ein **vollständiges Rubrum** haben. Das ist Voraussetzung für die Zwangsvollstreckung aus dem Vergleich, allerdings keine Voraussetzung für die Wirksamkeit des protokollierten Vergleichs. 68

ee) Der Vergleich muss nach seinem **Inhalt** den Streitgegenstand ganz oder zum Teil erledigen. Darüberhinaus kann er Streitpunkte, die nicht Gegenstand des Rechtsstreits waren, regeln. Soweit er als Vollstreckungstitel dienen soll, muss er so formuliert werden, dass für die Vollstreckungsorgane die übernommenen Verpflichtungen unzweideutig festzustellen sind. Eine Kostenregelung sollte enthalten sein, ist aber nicht notwendiger Inhalt (vgl. § 98 ZPO). 69

b) Materielle Voraussetzungen. *aa)* Ein Vergleich setzt nach § 779 BGB ein **gegenseitiges Nachgeben** voraus, ein einseitiges Nachgeben nur einer Partei genügt nicht. Ein wirksamer Vergleich liegt also nicht vor, wenn der Kläger im Ergebnis die Klage zurücknimmt und auch die Kosten trägt, oder wenn der Beklagte sich verpflichtet, den Anspruch einschließlich Zinsen und Kosten zu erfüllen und der Kläger anschließend die Klage zurücknehmen will (vgl. *Thomas/Putzo/Seiler,* § 794 Rn. 15). Als Nachgeben genügt es aber, einen Teil der Kosten zu übernehmen oder eine (teilweise) Stundung mit oder ohne Ratenzahlungsvereinbarung zu gewähren. Allerdings ist dann in Hinblick auf VV 1000 zu überlegen, ob nicht für die Parteien andere Lösungen, die keine Einigungsgebühr auslösen, kostengünstiger sind, zB ein Anerkenntnis. 70

bb) Das Gericht darf keinen Vergleich beurkunden, dessen Verpflichtungen gegen §§ 134, 138 BGB verstoßen. **Nichtigkeit** nach materiellem Recht macht den Prozessvergleich unwirksam. Das gilt auch bei Anfechtung nach §§ 119, 123 BGB oder bei Unwirksamkeit nach § 779 BGB (vgl. *Zöller/Stöber,* § 794 Rn. 15). Die Verpflichtung, keinen Strafantrag oder keine Strafanzeige zu stellen oder den Strafantrag zurückzunehmen, soll zulässig sein (*Thomas/Putzo/Seiler,* § 794 Rn. 16). 71

cc) **Bedingungen** und Befristungen nach §§ 158 ff. BGB sind wie bei jedem materiellem Rechtsgeschäft zulässig. Der Widerrufsvorbehalt stellt eine aufschiebende Bedingung dar (*BGH,* NJW 1984, 312). Aus diesem Grund darf ein Vergleich, der eine Auflassung enthält, nicht unter Widerrufsvorbehalt vereinbart werden (*BGH* NJW 1988, 415, 416). 72

dd) Der gerichtliche Vergleich ersetzt jede nach materiellem Recht erforderliche **Form,** also auch die des § 311 b BGB (vgl. § 127a BGB) und des § 925 BGB (§ 925 I 3 BGB). 73

c) Vergleich auf schriftlichen Vorschlag, § 278 VI ZPO. Im Regelfall werden Vergleiche in der mündlichen Verhandlung geschlossen und protokolliert. Nach § 278 VI ZPO können Prozessvergleiche auch außerhalb der mündlichen Verhandlung und ohne Protokollierung zustande kommen. Voraussetzung ist entweder ein schriftlicher Vorschlag des Gerichts und seine Annahme durch die Parteien mit bestimmendem Schriftsatz oder ein übereinstimmender schriftlicher Vorschlag beider Parteien. Ein solcher Vergleich wird dadurch zum Vollstreckungstitel im Sinne des § 794 I Nr. 1 ZPO, dass das Gericht Zustandekommen und Inhalt des Vergleichs durch **Beschluss** feststellt (§ 278 VI 2 ZPO). Das Verfahren hat den Vorteil, dass der genaue Inhalt des Vergleichs genauer überlegt werden kann und ein Termin zur Protokollierung überflüssig wird. 74

Wenn der **Vergleichsvorschlag durch die Parteien** unterbreitet wird, besteht die Aufgabe des Gerichts nur darin, den Beschluss nach § 278 VI 2 ZPO zu erlassen. Es muss sich nicht um einen gemeinsamen Vorschlag handeln, es kann auch zunächst eine Partei einen Vorschlag über das Gericht unterbreiten, dem dann die andere – wiederum über das Gericht – zustimmt (vgl. *OLG Karlsruhe,* NJW-RR 2011, 7). In jedem Fall hat das Gericht eine Prüfungspflicht, unwirksame Vergleichsvorschläge sind zurückzuweisen. Auch Vergleiche, die unklar oder unzweckmäßig formuliert sind, sollte das Gericht nicht feststellen. Sinnvoll ist es dann, den Parteien eine Formulierung des Vergleichs vorzuschlagen, die ihren erkennbaren Interessen und Absichten besser entspricht. Der Beschluss muss den gesamten Vergleichstext enthalten, zB: 75

Nachdem die Parteien der Kammer mit Schriftsatz vom . . . einen gemeinsamen Vergleichsvorschlag unterbreitet haben, werden das Zustandekommen und der Inhalt des Vergleichs wie folgt gem. § 278 VI ZPO festgestellt:
(Es folgt der gesamte Vergleichstext.)

76 Ein **Vergleichsvorschlag durch das Gericht** kann sich zB empfehlen, wenn die Erörterungen in der mündlichen Verhandlung noch nicht zu einem abschließenden Ergebnis geführt haben, aber die Vergleichsvorhandlungen noch Erfolg versprechend erscheinen. In jedem Fall sollten die Parteien gefragt werden, ob sie einen Vorschlag wünschen. Ein gerichtlicher Vorschlag kann insbesondere dann aussichtsreich sein, wenn er nach rechtlichen und tatsächlichen Problemen und den beiderseitigen Chancen und Risiken aus der Sicht des Gerichts begründet wird. Ein **begründeter Vergleichsvorschlag** ist auch sonst, gerade bei umfangreicheren Verfahren, sinnvoll. Kleinere Änderungen können dann bei der Protokollierung im Termin vorgenommen werden. Beabsichtigt das Gericht, den Rechtsstreit nach § 278 VI ZPO zu erledigen, sollte das im Vorschlag gesagt werden und den Parteien eine Annahmefrist gesetzt werden.

4. Richterliche Vergleichstechnik

77 a) **Allgemeines.** Der Anteil der Vergleiche an den Erledigungen im Zivilprozess schwankt bei den verschiedenen Gerichten, aber auch innerhalb eines Gerichts erheblich. Das liegt nicht nur an der unterschiedlichen Art der Prozesse, sondern auch an der Bereitschaft und am Talent der Richter, sich auf eine Streitvermittlung einzulassen. Ein Richter, der erfolgreich vergleichen will, sollte sich darüber im klaren sein, dass er den Parteien mit seinem Vergleichsvorschlag zunächst nichts Erfreuliches anbietet. Die Parteien gehen nicht immer, aber doch meistens mit der Erwartung in den Prozess, sie – oder der von ihnen beauftragte Anwalt – werde ihn gewinnen. Ein Vergleich bedeutet meist eine herbe Abweichung von dieser Erwartung. Das gilt erst recht, wenn die Parteien berechnen, was ihnen nach dem Vergleich unter Berücksichtigung der zu tragenden Kosten bleibt oder von ihnen zu zahlen ist. Bei einer Einigung auf der Hälfte wird für den Kläger nach Abzug der vierfachen Gebühr für seinen Anwalt und der Hälfte der Gerichtskosten oft nicht mehr viel bleiben, oder es wird für den Beklagten nicht viel weniger zu zahlen sein, als wenn er gleich freiwillig geleistet hätte. Weist der Richter zur Begründung seines Vergleichsvorschlags noch auf die künftigen Prozessrisiken und Prozesskosten hin, so kann es sich für die Parteien eher um die Wahl zwischen zwei Übeln handeln.

78 b) **Vorgehensweise im Einzelnen.** Ein Vergleich setzt regelmäßig eine **gründliche Vorbereitung** der Sache voraus. Der Richter muss die Akte kennen und überlegt haben, auf welche Fragen es ankommt; insbesondere muss er den Parteien deutlich machen können, welche tatsächlichen und rechtlichen Fragen offen sind und wer die Beweislast trägt.

79 Wenn das Gericht einen Vergleich beabsichtigt, sollten die **Parteien** zum Termin **persönlich** geladen werden. Sind sie im Termin nicht anwesend, kann der Anwalt oft nur einen Vergleich unter Widerrufsvorbehalt schließen. Auch ist es zweckdienlich, den Parteien selbst die Überlegungen des Gerichts mitzuteilen, denn sie tragen die wirtschaftlichen Folgen.

80 Die Wahl des richtigen **Zeitpunktes** für den Beginn eines Vergleichsgespräches hat große Bedeutung. Der Richter sollte die Verhandlung nicht sofort auf diese Frage führen, sondern den Parteien zunächst seine Sicht des Rechtsstreites und der maßgeblichen Sach- und Rechtsfragen vermitteln. Anschließend sollten die Parteien Gelegenheit erhalten, ihren Standpunkt darzulegen; das gilt auch für die persönlich erschienenen Parteien (§ 278 I 2 ZPO). Erst jetzt dürfte es in der Regel angebracht sein, das Thema auf Vergleichsmöglichkeiten zu lenken. Ein Vergleichsschluss zu Beginn der mündlichen Verhandlung, noch vor Erörterung oder Antragstellung, wäre zwar am billigsten, ist aber kaum zu erreichen, weil jedes Vergleichsgespräch eine Erörterung voraussetzt.

81 **Anknüpfungspunkt** für das Vergleichsgespräch kann die Frage sein, ob die Parteien bereits vorprozessual eine Verständigung überlegt haben (was in der Regel der Fall ist) und woran sie gescheitert ist. Die Frage kann gegebenenfalls mit der Feststellung verbunden werden, dass das Gericht den Ausgang des Rechtsstreits für offen hält. Ein Hinweis auf die richterliche Pflicht nach § 279 ZPO ist kein günstiger Einstieg. Ist das Gericht der Auffassung, dass die Klage wohl erfolgreich sein wird, die Beklagte aber aus wirtschaftlichen Gründen nicht zahlen kann, sollte offen die Möglichkeit eines Anerkenntnisses oder eines Ratenzahlungsvergleichs angesprochen werden.

82 Sind die Parteien grundsätzlich vergleichsbereit, ist es Zeit für einen **Vergleichsvorschlag** des Gerichts, der vor dem Termin überlegt sein und für den eine kurze Begründung gegeben werden sollte. Zu der Frage, ob ein schriftlicher Vergleichsvorschlag vor dem Termin sinnvoll ist, bestehen unterschiedliche Auffassungen. Er sollte jedenfalls sorgfältig abgefasst sein und keine Festlegungen enthalten, die sich bei näherer Betrachtung nicht aufrechterhalten lassen. Gelegentlich bitten Anwälte auch im Termin um einen schriftlichen Vergleichsvorschlag; hierauf sollte sich das Gericht nur einlassen, wenn konkrete Aussichten auf dessen Annahme bestehen. Ein solcher Vorschlag kann auch mit kurzer Begründung zu Protokoll diktiert werden. In beiden Fällen ist aber ein Widerrufsvergleich vorzuziehen.

83 Besteht grundsätzlich Vergleichsbereitschaft, ist der Umfang des Nachgebens aber streitig, geht es für den Richter um das **Einwirken auf die Parteien.** Das ist die heikelste Phase des Vergleichsgespräches; sie erfordert Geduld, aber auch, dass sich der Richter aus der Sicht der Parteien neutral verhält, und Ihnen das Gefühl vermittelt, er habe ihre Argumente verstanden und nehme sie ernst, auch wenn er sie nicht teilt. Hinweise auf die Beweislast und auch auf die begrenzten Erkenntnismöglichkeiten des Gerichts

können einen Vorschlag unterstützen; die Erleichterung, die für den Richter mit einem Vergleich verbunden ist, ist für Parteien und Anwälte nie ein Argument.

Vor der Entscheidung über die Annahme eines Vergleichsvorschlages kann eine Beratung des Mandanten durch seinen Anwalt erforderlich sein, und zwar ohne Anwesenheit des Richters. Dann empfiehlt sich eine kurze **Unterbrechung des Termins,** um beiden Gelegenheit zu einem Gespräch außerhalb des Gerichtssaals zu geben. 84

Ein **Drängen und Feilschen,** um den Vergleich durchzusetzen, ist unangebracht. Der Richter sollte auch nicht in zu schwarzen Farben malen, was die Fortsetzung des Prozesses für die nicht vergleichsbereite Partei bedeuten könnte. Der Vergleichsschluss darf schließlich nicht die Reaktion auf ein als frustrierend empfundenes Erlebnis vor Gericht sein. 85

5. Inhalt des Vergleichs

a) **Eingangsklausel.** Dem eigentlichen Vergleich wird eine Klausel vorangestellt, aus der sich ergibt, dass die Parteien (und ggf. ein Dritter) den Vergleich „zur Erledigung des Rechtsstreits" schließen (vgl. § 794 I Nr. 1 ZPO). Wenn es zB den Anwälten darum geht, den Vergleich vor ihrer Partei, dem Rechtsschutzversicherer oder dem hinter dem Schuldner stehenden Haftpflicht- oder Schadensversicherer zu rechtfertigen, kann sich die Hinzufügung empfehlen: „Auf (dringenden) Vorschlag/Anraten des Gerichts ...". Auch eine weitergehende Begründung (zB „zur Vermeidung einer umfangreichen Beweisaufnahme") oder die Bemerkung, dass beide Parteien ihren Rechtsstandpunkt aufrechterhalten, kann aufgenommen werden, wenn hiervon die Vergleichsbereitschaft abhängen sollte. 86

b) **Vom Vergleich erfasste Ansprüche.** Im Eingangssatz oder im Vergleich selbst ist klarzustellen, welche gegenseitigen Ansprüche durch den Vergleich erledigt werden sollen. Hat nur der Kläger einen Anspruch erhoben und nicht nur eine Teilforderung geltend gemacht, ergibt sich kein Problem. Wenn jedoch weitere Ansprüche des Klägers im Raum sind oder wenn der Beklagte Gegenforderungen zur Aufrechnung gestellt hat, muss der Vergleich ergeben, wie weit der Streit beigelegt ist. Dabei sollte möglichst der gesamte Streit mit allen Forderungen und Gegenforderungen geregelt werden. In einem solchen Fall kann formuliert werden: 87

Beispiel:
- zur Erledigung sämtlicher gegenseitiger Ansprüche aus dem Unfall am ...,
- zur Erledigung sämtlicher Ansprüche und Gegenansprüche aus dem streitigen Kaufvertrag vom ...,
- zur Erledigung sämtlicher Forderungen und Gegenforderungen zwischen den Parteien in Zusammenhang mit dem Bauvertrag vom ...,
- zur Erledigung dieses Rechtsstreits und des zwischen den Parteien vor dem Landgericht ... unter dem Aktenzeichen ... anhängigen Rechtsstreits ... .

Eine entsprechende Formulierung kann auch oder zusätzlich in den Vergleich selbst aufgenommen werden, zB mit den Worten:

- Mit diesem Vergleich sind sämtliche Ansprüche aus ... erledigt.

c) **Regelungen in der Hauptsache.** Damit der Vergleich einen eindeutigen vollstreckungsfähigen Inhalt hat, sind die übernommenen Verpflichtungen der Parteien am besten wie ein Urteilstenor zu formulieren. Bei Zahlungsverpflichtungen sollte aufgenommen werden, auf welches Konto überwiesen werden soll. 88

Formulierungsbeispiel
- Der Beklagte verpflichtet sich, an den Kläger ... EUR nebst 5 Prozentpunkten über dem jeweiligen Basiszinssatz seit dem ... zu zahlen, und zwar auf folgendes Konto: ...
- Die Kosten des Rechtsstreits trägt der Kläger zu $1/4$, der Beklagte zu $3/4$; die Kosten des Vergleichs trägt jede Partei selbst.

Nicht erforderlich, aber nicht unüblich ist der Zusatz, dass der Kläger im Übrigen auf seine Forderung verzichtet und der Beklagte diesen Verzicht annimmt; das versteht sich von selbst.

Im Übrigen können im Vergleich sämtliche nach materiellem Recht zulässige Verpflichtungen vereinbart werden. Darüberhinaus kann der Vergleich auch dingliche Erklärungen enthalten, so zB die Einigung nach §§ 929, 873 BGB, die **Auflassung** nach § 925 BGB, die Abtretung nach § 398 BGB. Im Falle der Grundstücksübertragung oder der Löschung von Grundstücksrechten sollte auch die **Eintragungsbewilligung** in das Grundbuch erklärt und der Eintragungsantrag an das Grundbuchamt gestellt werden: 89

Beispiel:
Die Parteien sind sich darüber einig, dass das Eigentum an dem Grundstück ..., eingetragen im Grundbuch von ..., vom Beklagten auf den Kläger übergeht. Der Beklagte bewilligt die Eintragung des Klägers in das Grundbuch. Beide Parteien beantragen die Eintragung der Eigentumsänderung.

In einem solchen Fall sollten auch die Grundbuchkosten im Vergleich geregelt werden. Zu beachten ist, dass ein Widerrufsvorbehalt die Auflassung unwirksam machen würde (vgl. Rn. 71).

90 Haben beide Parteien Leistungspflichten übernommen, ist zum Ausdruck zu bringen, ob eine Partei zur Vorleistung verpflichtet sein soll oder ob die Leistungen **Zug um Zug** erbracht werden sollen.

91 d) **Ratenzahlungsvergleich und Verfallklausel.** Wenn sich ergibt, dass der Beklagte zwar seine Zahlungspflicht einsieht, aber nicht oder nur mit Schwierigkeiten zahlen kann, kann sich eine **Ratenzahlungsvereinbarung** empfehlen. Darin wird nicht nur die Summe des zu zahlenden Gesamtbetrages festgelegt, sondern auch deren ratenweise Fälligkeit.

Beispiel:

Der Beklagte verpflichtet sich, an den Kläger 10.000,– EUR zu zahlen.
Der Beklagte kann diesen Betrag in monatlichen Raten von 500,– EUR jeweils bis zum dritten Werktag eines jeden Monats zahlen. Die erste Rate ist fällig am ...
Die Raten sind auf folgendes Konto zu leisten: ...

Wenn allerdings das Nachgeben des Klägers nur darin liegt, dass er die Klageforderung nicht sofort verlangt, ist dieser Vergleich für den Beklagten besonders ungünstig, weil er ihn zusätzlich mit den Vergleichsgebühren beider Rechtsanwälte belastet. In diesem Fall ist der Beklagte mit einem Anerkenntnisurteil oder auch mit einem Versäumnisurteil besser bedient.

92 Hat der Kläger auf einen Teil seiner Klageforderung verzichtet, weil er an schnellen, freiwilligen Erfüllungsleistungen des Beklagten interessiert ist und Probleme in der Vollstreckung sieht, wird er sich auf eine Ratenzahlung nicht ohne weiteres einlassen. Es empfiehlt sich dann eine sogenannte **Verfallklausel,** die lauten kann:

Geht eine Rate nicht rechtzeitig ein, kann der Kläger den gesamten noch offenen Betrag sofort verlangen.

Ist der Vergleichsbetrag niedriger als die Klageforderung, kann die Verfallklausel auch bestimmen, dass der Vergleich bei Nichtzahlung wirkungslos und die ursprüngliche Klageforderung geschuldet wird. Mögliche Formulierung (vgl. *BGH,* NJW 1981, 2686);

Geht eine Rate nicht bis zum 5. Werktag eines Monats ein, wird der Vergleich wirkungslos; die Klageforderung von ... EUR nebst 8% Zinsen seit dem ... lebt abzüglich schon gezahlter Raten wieder auf.

Dieses Ziel kann noch wirkungsvoller erreicht werden, wenn der Kläger für den Fall, dass die Raten eine bestimmte Summe erreicht haben, auf die restliche Forderung verzichtet:

Für den Fall, dass die monatlichen Raten eine Summe von ... EUR erreicht haben, verzichtet der Kläger auf den Restbetrag; der Beklagte nimmt diesen Verzicht an.

93 e) **Regelungen zugunsten Dritter.** Mit dem Vergleich können auch Regelungen zugunsten Dritter im Sinne des § 328 BGB getroffen werden. Der begünstigte Dritte, der am Vergleich nicht beteiligt war, erhält dadurch jedoch keinen Vollstreckungstitel. Der Vergleich ist nur auf Antrag einer Partei vollstreckbar (vgl. *Zöller/Stöber,* § 794 Rn. 6). Anders ist es, wenn der begünstigte Dritte dem Vergleich beitritt (s. Rn. 65).

94 f) **Vorhandene Vollstreckungstitel.** Im Laufe des Rechtsstreits ergangene Vollstreckungstitel (Vollstreckungsbescheid, Versäumnisurteil, Vorbehaltsurteil), werden durch den Vergleich wirkungslos. Zur Klarstellung und Sicherheit kann es sich empfehlen, einen Verzicht in den Vergleich aufzunehmen:

Der Kläger verzichtet auf die Rechte aus dem
- Versäumnisurteil dieses Gerichts vom ...
- Vollstreckungsbescheid des Amtsgerichts ... vom ...

Möglich ist aber auch eine Vereinbarung, dass die Vollstreckung aus dem Titel vollen Umfangs oder in Höhe eines Teils zulässig sein soll (vgl. *Thomas/Putzo/Seiler,* § 794 Rn. 28).

6. Kostenregelung

95 a) **Kosten des Rechtsstreits und des Vergleichs.** Die ZPO unterscheidet zwischen Kosten des Rechtsstreits und des Vergleichs. Über beide Kosten sollte der Vergleich nach Möglichkeit eine Regelung enthalten, um den Streit vollständig zu erledigen. Hierbei empfiehlt sich besondere Sorgfalt. Die Kostenregelung wird in der Praxis wie die Kostenentscheidung eines Urteils formuliert (auch üblich: „Die Kosten werden gegeneinander aufgehoben"), obwohl es sich eigentlich nur um Verpflichtungen handelt, die die Parteien im Verhältnis zueinander übernehmen. Grundsätzlich empfehlen sich Regelungen, die darauf hinauslaufen, dass die Parteien ihre außergerichtlichen Kosten selbst tragen, und ein Ungleichgewicht im gegenseitigen Nachgeben bei der Tragung der Gerichtskosten zum Ausdruck kommt. Wenn das dem Ergebnis nicht gerecht wird, können die Kosten auch quotenmäßig übernommen werden. Auch dann sollte den Parteien nahegelegt werden, jedenfalls die Kosten des Vergleichs gegeneinander aufzuheben.

b) Besondere Kostenregelungen

Beispiele:

Die Gerichtskosten trägt die Klägerin zu einem Viertel, der Beklagte zu drei Vierteln. Ihre außergerichtlichen Kosten trägt jede Partei selbst. 96

oder

Von den Kosten des Rechtsstreits trägt die Klägerin 25%, der Beklagte 75%. Die Kosten des Vergleichs werden gegeneinander aufgehoben.

oder

Von den Kosten des Rechtsstreits und den Kosten des Vergleichs trägt die Klägerin 30%, der Beklagte 70%.

Für Säumniskosten (§ 344 ZPO) und Kosten wegen der Anrufung des unzuständigen Gerichts gilt die gesetzliche Regelung in § 344 ZPO und § 281 III ZPO nur, wenn eine entsprechende Vereinbarung getroffen wird. Werden die Kosten nach Quoten verteilt, empfiehlt es sich, eine Regelung aufzunehmen, wonach der Kläger die Kosten für die Anrufung des unzuständigen Gerichts oder der Beklagte die Kosten seiner Säumnis trägt. Auch über die Kosten eines vorangegangenen selbständigen Beweisverfahrens (vgl. *OLG Koblenz* MDR 2003, 409; *OLG Hamburg,* MDR 1983, 409;), über vorausgegangene Vollstreckungskosten (vgl. *BGH,* NJW 2004, 503) oder die Kosten der Nebenintervention (vgl. *BGH,* NJW 2003, 1948; aA *KG,* NJW-RR 2004, 719) sollten ausdrückliche Regelungen getroffen werden, um einem späteren Streit hierüber vorzubeugen. 97

Beispiele:

- Die Kosten des Rechtsstreits einschließlich des Beweissicherungsverfahrens zwischen den Parteien vor dem Landgericht Köln (Gesch.-Nr. 23 OH 12/99) und die Kosten des Vergleichs tragen die Klägerin zu 70%, der Beklagte zu 30%.
- Die Kosten der Anrufung des unzuständigen Landgerichts Stuttgart trägt die Klägerin allein.
- Die Kosten seiner Säumnis im Termin vom ... fallen dem Beklagten zur Last. Der Beklagte hat auch die vom Kläger gezahlten Kosten der Zwangsvollstreckung zu tragen.
- Die Kosten des Nebenintervenienten trägt die Klägerin zu 70%.

c) **Vergleich ohne Kostenregelung.** In der Praxis zeigt es sich, dass ein Vergleich nach langen Verhandlungen schließlich noch an der Kostenfrage scheitern kann. In einem solchen Falle kann der Vorschlag, den **Vergleich ohne Kostenregelung** zu schließen, weiterhelfen. Hier sind zwei Wege denkbar: 98

- Treffen die Parteien im Vergleich gar keine Regelung, sind die Kosten des Vergleichs und die Kosten des Rechtsstreits als gegeneinander aufgehoben anzusehen (§ 98 ZPO)
- Schließen die Parteien im Vergleich die Anwendung des § 98 ZPO aus oder vereinbaren die Parteien, die Kosten gerichtlicher Entscheidung zu unterstellen, hat das Gericht über die Kosten nach § 91 a ZPO zu entscheiden (vgl. *Thomas/Putzo/Seiler,* § 98 Rn. 4 mwN).

Der zweite Weg verursacht zwar weitere Kosten, wird aber in der Regel dem Willen der Parteien entsprechen. Das sollte im Vergleich zB mit folgender Formulierung klargestellt werden: „Die Kosten werden gerichtlicher Entscheidung nach § 91 a ZPO unterstellt." Über die Kosten ist dann durch Beschluss nach den Grundsätzen des § 91 a ZPO zu entscheiden, also nach billigem Ermessen unter Berücksichtigung der Prozessaussichten im Zeitpunkt des Vergleichs (*BGH*, NJW 2007, 835, 837). Allerdings kann und sollte auch der Umfang des gegenseitigen Nachgebens im Rahmen des billigen Ermessens berücksichtigt werden (vgl. *Thomas/Putzo/Seiler,* § 98 Rn. 4); eine erhebliche Divergenz von Kostenentscheidung und Vergleich würde bei den Parteien kein gutes Gefühl hinterlassen.

7. Widerrufsvorbehalt

In vielen Fällen kann sich eine Seite im Termin noch nicht endgültig entscheiden, ob sie den vorgeschlagenen Vergleich abschließen soll. Das kann zB daran liegen, dass der Anwalt sich noch mit seinem Mandanten besprechen muss (hierzu ist er nicht nur bei anders lautenden Weisungen verpflichtet, sondern schon dann, wenn sein Mandant erkennbar andere Erwartungen hat, *BGH,* NJW 1993, 1325, oder wenn es um Regelungen von erheblicher Tragweite geht, *BGH,* NJW 1994, 2085), dass die Partei noch Geschäftspartner oder Angehörige fragen möchte, dass ein Versicherer zustimmen muss oder dass die Finanzierung zu klären ist. In solchen Fällen hat es keinen Sinn, den Vergleich unbedingt durchsetzen zu wollen. Das Gericht sollte dann zu einem Abschluss unter Widerrufsvorbehalt raten, es sei denn, dass der Widerruf ziemlich sicher ist und sich ein Stillstand des Prozesses nicht lohnt. 99

a) **Inhalt der Widerrufsklausel.** Der Widerrufsvorbehalt ist in den Vergleichstext selbst aufzunehmen. Damit wird der Vergleich unter die **aufschiebende Bedingung** gestellt, dass er bis zum Ablauf der Frist nicht widerrufen wird (vgl. Rn. 73). Folgende Punkte sind zu regeln: 100

aa) Den **Empfänger** des vorbehaltenen Widerrufs können die Parteien bestimmen; regelmäßig wird vereinbart, ihn an das Prozessgericht zu richten. Wenn nichts vereinbart wird, kann der Widerruf sowohl gegenüber dem Gericht als auch gegenüber dem Gegner erklärt werden (*BGH*, NJW 2005, 3676) 101

Der durch schriftliche Anzeige an das Gericht vorbehaltene Widerruf kann nicht wirksam gegenüber dem Prozessgegner ausgeübt werden (*BAG*, NJW 1992, 1127).

102 *bb)* Der Widerruf bedarf an sich keiner **Form,** er könnte auch formfrei vereinbart werden; aus Beweisgründen empfiehlt es sich, im Vergleichstext die Schriftsatzform zu festzulegen, die dann auch – im Anwaltsprozess unter Anwaltszwang – einzuhalten ist. Ein Widerruf durch Telefax in der Form des § 130 Nr. 6 ZPO genügt; die Unterschrift auf dem Original muss aber im Telefax wiedergegeben werden.

103 *cc)* Die **Frist** kann beliebig bestimmt werden; sie sollte so ausreichend bemessen sein, dass die Parteien die erforderlichen Gespräche in Ruhe führen können. Sinnvoll ist es, ein Enddatum festzulegen. Eine Verlängerung der Frist durch das Gericht nach § 224 ZPO ist nicht möglich, da es sich nicht um eine richterliche Frist handelt (*BGH*, NJW 1974, 107, 108); sie kann aber durch Vereinbarung der Vergleichsparteien verlängert werden (*Zöller/Stöber*, § 794 Rn. 10 c), und zwar auch ohne gerichtliche Mitwirkung.

104 *dd) Formulierungsbeispiel:*

Der Kläger (Beklagte) kann (beide Parteien können) den Vergleich durch Schriftsatz an das Gericht bis zum ... widerrufen.

105 **b) Maßnahmen bei Widerrufsvorbehalt.** Vereinbaren die Parteien einen Widerrufsvorbehalt, sollte das Gericht der Partei noch einmal die Gründe verdeutlichen, die für den Vergleich sprechen, damit die Frage des Widerrufs von ihr sachgerecht überlegt und geklärt werden kann. Es kann sich auch empfehlen, die maßgeblichen Gründe in das Sitzungsprotokoll zu diktieren, jedoch sollte die Formulierung gut überlegt sein, wenn das Gericht einerseits überzeugen, sich aber andererseits nicht für die spätere Entscheidung präjudizieren will.

Unbedingt geboten ist es, durch noch im Termin zu verkündenden Beschluss zu bestimmen, wie der Prozess nach einem Widerruf weitergehen soll. Es kann zweckmäßig sein, für den Fall des Widerrufs prozessleitende Anordnungen zu treffen, also Hinweise und Auflagen zu geben und Beweisanordnungen nach § 273 ZPO zu erlassen. Das kann sich das Gericht auch erst für den Zeitpunkt nach Widerruf vornehmen, nimmt dann aber eine Verzögerung in Kauf. Nicht zulässig ist es, einen Entscheidungstermin zu bestimmen und in diesem ein Urteil zu verkünden; denn die Parteien haben nicht streitig verhandelt, sondern sich verglichen. Will das Gericht für den Fall des Widerrufs ein Urteil erlassen, empfiehlt es sich, mit Zustimmung der Parteien (die regelmäßig erteilt werden wird), nach § 128 II ZPO in das schriftliche Verfahren überzugehen. Der Beschluss kann lauten:

Beispiel:

1. Für den Fall des Widerrufs soll mit Zustimmung der Parteien nach § 128 II ZPO eine Entscheidung ohne mündliche Verhandlung nach den bisher gestellten Anträgen getroffen werden.
2. Die Parteien können Schriftsätze bis zum ... einreichen.
3. Termin zur Verkündung einer Entscheidung am ....

8. Streitwert

106 Wenn eine Streitwertfestsetzung nach § 63 GKG erforderlich ist, sollte der Streitwertbeschluss auch berücksichtigen, ob für die Vergleichsgebühr ein höherer Gebührenstreitwert gilt, weil weitere Ansprüche oder Gegenansprüche geregelt wurden. In diesem Fall ist der Wert des Vergleichs auch dann besonders festzusetzen, wenn im übrigen kein Streitwertbeschluss ergeht, und zwar zweckmäßigerweise im Anschluss an die Protokollierung des Vergleichs nach Abstimmung mit den Parteien. Die Praxis erlässt einen Streitwertbeschluss vielfach auch zur Klarstellung, dass der Wert des Vergleichs nicht höher ist als der Wert im übrigen (zB: „Der Wert des Vergleichs übersteigt den der Hauptsache nicht".).

9. Teilvergleich

107 Wenn die Vergleichsbemühungen nicht zu einer vollständigen Erledigung des Rechtsstreits führen, bleibt die Möglichkeit, einen Teilvergleich über einzelne Punkte abzuschließen. Auf diese Weise lässt sich zB in Bausachen oder in anderen Punktesachen eine sinnvolle Entlastung und eine Konzentration auf die wesentlichen Streitpunkte erzielen. Ein Teilvergleich enthält keine Kostenregelung, über die Kosten wird im Urteil über die nicht verglichenen Ansprüche entschieden, und zwar nach § 98 ZPO oder, wenn die Parteien das im Teilvergleich bestimmen, nach § 91 a ZPO.

10. Streit um die Wirksamkeit des Vergleichs

108 Umstritten ist, wie zu verfahren ist, wenn eine Partei den Vergleich für unwirksam hält und entweder der Kläger den Prozess mit dem alten Antrag fortsetzen oder der Beklagte den Vergleich als Vollstreckungstitel beseitigen möchte. Nach hM ist die Unwirksamkeit nicht in einem neuen Prozess geltend zu machen, sondern der alte Rechtsstreit auf Antrag einer der Parteien durch Bestimmung eines Termins

fortzusetzen (vgl. *Thomas/Putzo/Seiler,* § 794 Rn. 37; *BGH,* NJW 1999, 2903; aA *BVerwG,* MDR 1994, 618). Hält das Gericht den Vergleich für wirksam, stellt es fest, dass der Rechtsstreit durch den Vergleich erledigt wurde; hält es den Vergleich für unwirksam, ist über die ursprünglich gestellten Anträge zu entscheiden (*Thomas/Putzo/Seiler,* § 794 Rn. 39). Streitig ist, ob die Parteien die Wirksamkeit des Vergleichs auch über eine Zwischenfeststellungsklage nach § 256 II ZPO klären können.

A. XV. Klagearten, Anträge und Tenorierungen

Dr. Stefan Bruinier

Übersicht

Literatur: *Balzer,* Die negative Feststellungsklage aus § 256 I ZPO, 1980; *Roth,* Die Klage auf künftige Leistung nach §§ 257 bis 259 ZPO, ZZP 98, 287; zur allg. Literatur siehe Literaturverzeichnis A. I.

I. Leistungsklage

1 Leistungsklagen können auf eine Handlung und auf ein Unterlassen gerichtet sein (§ 241 BGB). Das Handeln kann in einer Zahlung, Herausgabe, Übereignung, Auflassung, vertretbaren oder unvertretbaren Handlung, Abgabe einer Willenserklärung oder eines Widerrufes bestehen, das Unterlassen in der Verpflichtung, etwas nicht zu tun bzw. etwas zu dulden. Bei einer Zahlungsklage bereitet die exakte Fassung des Antrags und des späteren Urteilstenors idR keine Probleme, sie können sich aber bei den anderen Leistungsklagen ergeben. Nicht erst bei der Abfassung des Urteils ist darauf zu achten, den Gegenstand der Verurteilung so genau zu formulieren, dass den Parteien eine Vollstreckung aus dem Urteil ohne Schwierigkeiten möglich ist. Das Gericht sollte schon bei Klageerhebung nach § 273 ZPO, spätestens im Termin nach § 139 ZPO auf einen Antrag hinwirken, der hinreichend bestimmt ist (§ 253 II Nr. 2 ZPO), im Hinblick auf das Ziel der Klage sachdienlich ist und einen vollstreckungsfähigen Inhalt hat. Grundsätzlich sollte eine Formulierung des Klageantrags erreicht werden, die der späteren Tenorierung eines stattgebenden Urteils entspricht.

1. Unbestimmter Antrag bei Zahlungsklage

2 Bei einer auf Zahlung gerichteten Klage ergibt sich der bestimmte Antrag regelmäßig aus dem verlangten Geldbetrag. In einigen Fällen gestattet es die Rechtsprechung, den Betrag nicht beziffern zu müssen, so wenn die Höhe eines Schadensersatzanspruchs von der Ausübung richterlichen Ermessens abhängt (*BGH,* NJW 1967, 1420, vgl. *Thomas/Putzo/Reichold,* § 253 Rn. 12). Hauptanwendungsfall ist der **Schmerzensgeldanspruch** nach § 253 II BGB. Ein unbezifferter Antrag ist aber auch zulässig, wenn der Schadensumfang von einer richterlichen Schätzung nach § 287 ZPO abhängt oder wenn es um andere Ansprüche geht, deren Höhe nach Angemessenheit oder Billigkeit festzusetzen ist, wie zB der Ausgleichsanspruch des Handelsvertreters nach § 89 b HGB. Der Sinn liegt darin, das Gericht, dessen Schätzung schwer vorhersehbar ist, nicht durch einen bezifferten Antrag nach oben festzulegen und im Hinblick auf § 92 I ZPO das Kostenrisiko zu verringern; auch wenn das Gericht niedriger schätzt, als es sich der Kläger vorgestellt hat, kann es dem Beklagten die Kosten ganz auferlegen (vgl. A. XVIII. Rn. 12). Es ist aber darauf zu achten, dass der Kläger den Betrag, den er sich vorstellt, oder zumindest dessen Größenordnung angibt; sonst ist die Klage wegen Verstoßes gegen § 253 II Nr. 2 ZPO unzuläs-

sig (vgl. *BGH,* NJW 1982, 340; 1992, 311; vgl. A. II. Rn. 15). Ein unbezifferter Antrag hindert das Gericht nicht, Zinsen bereits ab Rechtshängigkeit zuzusprechen (*BGH,* NJW 1965, 531).

2. Teilklage

Bei einer Teilklage muss der Kläger angeben, wie sich der eingeklagte Teilbetrag aus den behaupteten Einzelforderungen zusammensetzt (vgl. *BGH,* NJW 1990, 2068, 2069). Das kann dadurch geschehen, dass die Forderungen in einer bestimmten Reihenfolge geltend gemacht werden, dass jede Forderung zu einem Teil erhoben wird, oder durch eine Vermischung beider Methoden (vgl. *Thomas/Putzo/Reichold,* § 253 Rn. 9). Sonst ist die Klage wegen unbestimmter Angabe des Gegenstandes des erhobenen Anspruchs nach § 253 II Nr. 2 ZPO unzulässig. Zur sog. verdeckten Teilklage und ihrer Rechtskraftwirkung vgl. *BGH,* NJW 1994, 3165; 1997, 1990; 3019. 3

3. Klage gegen Gesamtschuldner

Bei einer Inanspruchnahme mehrerer Streitgenossen als Gesamtschuldner ist darauf zu achten, dass der Antrag und die Urteilsformel die gesamtschuldnerische Haftung zum Ausdruck bringen: Sachdienlich ist also der Antrag, „... die Beklagten zu verurteilen, als Gesamtschuldner an den Kläger ... EUR zu zahlen". 4

4. Zinsantrag

Neben der Zahlung eines Geldbetrages werden regelmäßig Zinsen verlangt. Sie können, auch als Prozesszinsen nach § 291 BGB, nur auf Antrag zugesprochen werden (§ 308 I ZPO). In der Praxis ist die Begründung des Zinsanspruchs oft unzureichend, obwohl ihm erhebliche wirtschaftliche Bedeutung zukommen kann; bei mehrjährigen Prozessen können die Zinsen einen wesentlichen Anteil der Klageforderung ausmachen. Auch aus diesem Grund empfiehlt sich eine sorgfältige Behandlung. 5

a) **Zinsansprüche nach materiellem Recht.** Zinsen stehen dem Kläger nach materiellem Recht zu: 6

- in Höhe von fünf Prozentpunkten über dem Basiszinssatz seit Zustellung der Klage oder des Mahnbescheids als **Prozesszinsen** nach § 291 iVm § 288 I BGB (dabei beginnt die Zinspflicht erst am Tag nach der Zustellung, § 187 I BGB entsprechend; vgl. *BGH,* NJW-RR 1990, 518, 519); bei Rechtsgeschäften, an denen ein Verbraucher nicht beteiligt ist, **für Entgeltforderungen** sogar in Höhe von acht Prozentpunkten über dem Basiszinssatz, § 288 II BGB.
- in gleicher Höhe seit Verzugseintritt als **Verzugszinsen** nach § 286 iVm § 288 I, II BGB, also regelmäßig seit Zugang der Mahnung (§ 286 I BGB) oder bei deren Entbehrlichkeit unter den in § 286 II BGB genannten Voraussetzungen;
- in Höhe von 4% seit Abnahme nach § 641 II BGB oder seit der Entziehung oder Beschädigung einer Sache nach § 849 BGB (bei Wert- bzw. Wertminderungsersatz), jeweils iVm § 246 BGB;
- in Höhe von 5% seit Fälligkeit bei beiderseitigen Handelsgeschäften nach §§ 352, 353 HGB (**kaufmännische Zinsen**);
- in Höhe von 2% über dem jeweiligen Basiszinssatz, mindestens aber 6%, für Ansprüche aus einem **Wechsel** (§ 48 I Nr. 2 WG) oder **Scheck** (§ 46 Nr. 2 ScheckG);
- in Höhe des für den Fall des Verzugs vereinbarten Zinssatzes, soweit die Vereinbarung der Inhaltskontrolle für AGB und nach §§ 138, 242 BGB standhält;
- in Höhe der vom Kläger seiner Bank zu zahlenden **Kreditzinsen** nach §§ 288 III, 286 BGB, wenn er Kredit in Höhe der Klageforderung in Anspruch nimmt und diesen bei rechtzeitiger Leistung zurückgeführt hätte; diese Behauptung genügt, wenn der verlangte Zinssatz die banküblichen Zinsen nicht überschreitet, darüberhinaus ist der Zinsanspruch unschlüssig und im Urteil zu reduzieren; bestreitet der Beklagte diese Voraussetzungen, hat der Kläger eine Zinsbescheinigung seiner Bank einzureichen, aus der sich Höhe und Verzinsung seines Kredits ergibt; das lässt die Praxis idR genügen; bei Kaufleuten braucht der Nachweis, dass der Kredit bei rechtzeitiger Zahlung zurückgeführt worden wäre, nicht geführt zu werden (*BGH,* NJW-RR 1991, 793); auch sonst wird das in der Praxis meist nicht verlangt (aA *LG Koblenz,* NJW-RR 1991, 171; vgl. *Palandt/Heinrichs,* § 288 Rn. 7);
- in Höhe der **entgangenen Anlagezinsen** nach §§ 288 III, 286 BGB, deren Verlust vom Kläger allerdings konkret dargelegt und im Bestreitensfall bewiesen werden muss (vgl. *Palandt/Heinrichs,* § 288 Rn. 6); für Banken gelten besondere Berechnungsmöglichkeiten (*BGH,* NJW 1988, 1967).

Mehrwertsteuer auf die Zinsen kann nicht verlangt werden (vgl. *Palandt/Heinrichs,* § 288 Rn. 8 mN).

b) **Verfahren.** Verlangt der Kläger Zinsen aus der Zeit vor Verzugseintritt oder macht er einen zu hohen Zinssatz geltend, lässt sich im Termin oft eine teilweise Rücknahme erreichen; das erspart Begründungsaufwand für das Urteil. Ob der über 4% bzw. 5 Prozentpunkte über Basiszins hinausgehende Zinsanspruch begründet ist, kann insbesondere in den Fällen des § 288 III BGB zweifelhaft und bezüglich der Voraussetzungen streitig sein. Jedoch sollte das Gericht nach Möglichkeit eine Beweisaufnahme 7 vermeiden und nach Darlegungslast entscheiden, also die Darlegung entweder ausreichen lassen oder als nicht substantiiert ansehen. Hinweise, zB auf Vorlage einer Bankbescheinigung können gegeben werden, sind aber nach § 139 II ZPO nicht erforderlich.

8 c) **Fassung des Antrags.** Der Zinsantrag muss nicht nur die genaue Zinshöhe, sondern auch den Tag des Zinsbeginns enthalten; das Vollstreckungsorgan muss aufgrund des Tenors einen bestimmten Betrag ausrechnen können. Schwierigkeiten ergeben sich, wenn der Zinssatz, wie bei Überziehungskrediten üblich, variiert und wenn nach Zinsbeginn in Raten gezahlt wird. Nach Schluss der mündlichen Verhandlung eintretende Änderungen der Zinshöhe werden nach gängiger Praxis im Urteil nicht berücksichtigt; andererseits wird auch eine Zwangsvollstreckungsgegenklage bei Sinken des Zinsniveaus als unzulässig angesehen (*BGH,* NJW 1987, 3266; vgl. zu diesem Problem *Kahlert,* NJW 1990, 1715).

d) Beispiele für Antrag und Tenor

9 • bei wechselnder Zinshöhe:

Der Beklagte wird verurteilt, an den Kläger 20.000,– EUR nebst Zinsen in Höhe von
10,5% vom 3. 8. 2002 bis 31. 3. 2003,
10% vom 1. 4. 2003 bis 20. 8. 2003,
9,75% vom 21. 8. 2003 bis 31. 1. 2004 und
9,5% seit dem 1. 2. 2004
zu zahlen.

• bei unterschiedlichen Forderungen oder unter Berücksichtigung von Teilzahlungen:

Der Beklagte wird verurteilt, an den Kläger 5.000,– EUR nebst Zinsen in Höhe von 8%
auf 20.000,– EUR vom 3. 8. 2002 bis 31. 3. 2003,
auf 14.000,– EUR vom 1. 4. 2003 bis 20. 8. 2003,
auf 10.000,– EUR vom 21. 8. 2003 bis 31. 1. 2004
und auf 5.000,– DM seit dem 1. 2. 2004 zu zahlen.

• Antrag und Tenor lassen sich bei Zahlungen des Schuldners auch so fassen:

Der Beklagte wird verurteilt, an den Kläger 20.000,– EUR nebst 8% Zinsen seit dem 3. 8. 2002 zu zahlen, abzüglich
am 31. 3. 2003 gezahlter 6.000,– EUR,
am 20. 8. 2003 gezahlter 4.000,– EUR,
am 31. 1. 2004 gezahlter 5.000,– EUR.

Bei unterschiedlicher Forderungshöhe und wechselndem Zinssatz können beide Formulierungsarten miteinander verbunden werden.

10 e) **Entscheidung.** Der Zinsanspruch wird im Urteil immer nach dem Hauptanspruch begründet, und zwar, weil es sich nur um einen Nebenanspruch handelt, in gebotener Kürze. Wenn nicht der Verzug oder die Höhe des Zinsschadens streitig sind, genügt die Nennung der Vorschriften. Soweit auch nur ein Teil des Zinsanspruchs abgewiesen wird, ist das im Tenor zum Ausdruck zu bringen („Im Übrigen wird die Klage abgewiesen" oder „Wegen des weitergehenden Zinsanspruchs wird die Klage abgewiesen").

11 *aa) Streitwert.* Zinsen, die als Nebenforderung geltend gemacht werden, berühren weder den Zuständigkeitsstreitwert noch den Gebührenstreitwert, § 4 I Hs. 2 ZPO iVm § 43 I GKG. Zinsen bleiben auch Nebenforderung, wenn sie als fester Betrag eingeklagt oder der Hauptforderung zugeschlagen werden. Anders ist es, wenn mit der Klage von Anfang an nur Zinsen geltend gemacht werden oder wenn sie aus einem nicht oder nicht mehr im Streit stehenden Hauptanspruch geltend gemacht werden (*BGH,* NJW 1994, 1869).

12 *bb) Kosten.* Für die Kostenentscheidung kommt es allein auf das Obsiegen bzw. Unterliegen an. Bei einer erheblichen Zuvielforderung von Zinsen kann dem Kläger also nach § 92 I ZPO ein Teil der Kosten auferlegt werden; im Regelfall gilt aber § 92 II Nr. 1 ZPO. Wegen weiterer Einzelheiten vgl. A. XVIII. Rn. 11, 27.

5. Antrag und Tenor bei anderen Leistungsklagen

13 Neben der in der gerichtlichen Praxis häufigsten Leistungsklage, der Zahlungsklage, kommen weitere Leistungsklagen vor, bei denen die exakte Fassung des Antrags und des späteren Urteilstenors nicht immer einfach sind; im Hinblick auf die Hinweispflicht des Gerichts nach § 139 ZPO, dass der Klageantrag hinreichend bestimmt, sachdienlich und vollstreckungsfähig ist, folgende Tenorierungsbeispiele:

a) Herausgabe

14 Der Beklagte wird verurteilt, das Kraftfahrzeug Marke …, Farbe …, amtliches Kennzeichen …, Fahrgestell-Nr. … nebst Kraftfahrzeugbrief und Kraftfahrzeugschein an den Kläger herauszugeben.

Andere Sachen, zB Einrichtungsgegenstände, sind so genau wie möglich nach Art, Hersteller, Marke, Farbe, Maß, Zahl und besonderen Merkmalen zu bezeichnen.

b) Übereignung. Bei beweglichen Sachen: 15

Der Beklagte wird verurteilt, das Kraftfahrzeug ... (wie unter a) an den Kläger zu übereignen und es nebst Kraftfahrzeugbrief und Kraftfahrzeugschein an ihn herauszugeben.

Bei Grundstücken (mit Eintragungsbewilligung):

Der Beklagte wird verurteilt, das im Grundbuch von ..., Band ..., unter der laufenden Nr. ... eingetragene Grundstück an den Kläger aufzulassen und dessen Eintragung im Grundbuch zu bewilligen.

Soweit es um die Einigung oder Auflassung geht, handelt es sich um ein Urteil auf Abgabe einer Willenserklärung iSd § 894 ZPO.

c) Leistung Zug um Zug. Zahlung gegen Übereignung: 16

Der Beklagte wird verurteilt, an den Kläger ... EUR zu zahlen Zug um Zug gegen Übereignung und Herausgabe des Kraftfahrzeugs ... (wie unter a).

Zahlung gegen Werkleistung:

Der Beklagte wird verurteilt, an den Kläger ... EUR zu zahlen Zug um Zug gegen fachgerechte Erneuerung des Anstrichs an der rückseitigen Fassade des Hauses ... mit Farbmaterial der Fa. H. ... (genaue Bezeichnung).

Zu einer Verurteilung Zug-um-Zug kann es nur kommen, wenn der Kläger sie selbst beantragt hat oder wenn der Beklagte die Einrede des nicht erfüllten Vertrages (§ 322 BGB) oder des Zurückbehaltungsrechts (§ 274 BGB) erhoben hat. Ein mit der Zahlungsklage verbundener Feststellungsantrag des Klägers, dass der Beklagte mit der Annahme der Leistung in Verzug ist, ist im Hinblick auf § 274 II BGB und § 756 ZPO zulässig (*Thomas/Putzo/Hüßtege,* § 756 Rn. 10).

d) Vornahme einer vertretbaren Handlung. Nachbarklage aus § 1004 BGB: 17

Der Beklagte wird verurteilt, die im hinteren Garten seines Grundstücks an der Grenze zum Grundstück des Klägers stehenden 4 Tannen zu beseitigen und den dort befindlichen Zaun in einen ordnungsgemäßen Zustand zu versetzen.

Vornahme einer Handlung mit Fristsetzung und Entschädigung nach § 510 b ZPO:

Der Beklagte wird verurteilt, die auf der Grenze der Grundstücke der Parteien errichtete Gartenmauer zu beseitigen.
Dem Beklagten wird hierzu eine Frist von einem Monat ab Zustellung des Urteils gesetzt.
Für den Fall des ergebnislosen Fristablaufs wird der Beklagte verurteilt, an den Kläger eine Entschädigung von ... EUR zu zahlen.

e) Vornahme einer nicht vertretbaren Handlung (Widerruf). Uneingeschränkter Widerruf einer ehrverletzenden Behauptung: 18

Der Beklagte wird verurteilt, die Behauptung, dem Kläger sei wegen Betruges von seinem letzten Arbeitgeber, der Fa. ..., fristlos gekündigt worden, schriftlich gegenüber folgenden Personen zu widerrufen
1. ..., 2. ..., 3. ... (Bezeichnung der Personen).

Eingeschränkter Widerruf (vgl. *BGH,* NJW 1977, 1681):

Der Beklagte wird verurteilt, gegenüber den Personen 1. ..., 2. ... (genaue Bezeichnung) eine schriftliche Erklärung mit dem Inhalt abzugeben, dass er die Behauptung, der Kläger sei von seinem Arbeitgeber, der Fa. ..., wegen Betruges fristlos entlassen worden, nicht aufrechterhalten könne.

6. Unterlassungsklage

19 Eine Klage auf Unterlassung kommt vor allem im Wettbewerbs-, Patent-, Urheber- und Presserecht sowie zum Schutz des allgemeinen Persönlichkeitsrechts, jedoch auch zur Abwehr allgemeiner Beeinträchtigungen der absoluten Rechte des § 823 I BGB und sonstiger geschützter Rechtsgüter vor (vgl. *Palandt/Bassenge,* § 1004 Rn. 2). Mit der Unterlassungsklage soll eine künftige Störung abgewendet werden, dennoch ist § 259 ZPO nicht anwendbar.

20 **a) Voraussetzungen.** Die Voraussetzungen ergeben sich allein aus § 1004 BGB (*Palandt/Bassenge,* § 1004 Rn. 28). Nach dem Gesetzeswortlaut muss eine Wiederholungsgefahr gegeben sein, jedoch kann auch eine erstmals drohende Beeinträchtigung genügen. Wenn der Beklagte vor Klageerhebung schriftlich abgemahnt worden ist, verdeutlicht das die Wiederholungsgefahr und schließt eine Kostenentscheidung nach § 93 ZPO aus. Mit dem Unterlassungsantrag darf nicht mehr verlangt werden, als zur Abwehr der Beeinträchtigung erforderlich ist, anderenfalls ist die Klage teilweise abzuweisen. Nach § 890 II ZPO kann die Androhung von Ordnungsgeld für den Fall der Zuwiderhandlung auf Antrag des Klägers bereits in den Urteilstenor aufgenommen werden. Sonst hat das Prozessgericht vor Verhängung der Ordnungsmittel auf Antrag des Klägers einen besonderen Beschluss zu erlassen, der dem Gegner erneut zugestellt werden muss.

b) Beispiele für Antrag und Tenor:

21 Unterlassung von Eigentumsbeeinträchtigungen:

Der Beklagte wird verurteilt, es zu unterlassen, mit seinem Kraftfahrzeug das Grundstück des Klägers ... zu befahren und es dort abzustellen. Für jeden Fall der Zuwiderhandlung wird dem Beklagten ein Ordnungsgeld bis zur Höhe von 250.000,– EUR, ersatzweise für den Fall, dass dieses nicht beigetrieben werden kann, Ordnungshaft bis zu sechs Monaten angedroht.

Unterlassung von Ehrverletzungen:

Der Beklagte wird verurteilt, die Behauptung, dem Kläger sei von seinem Arbeitgeber, der Fa. ..., wegen Betrugs fristlos gekündigt worden, zu unterlassen. Für jeden Fall der Zuwiderhandlung wird ein Ordnungsgeld bis zur Höhe von 250.000,– EUR, ersatzweise für den Fall, dass dieses nicht beigetrieben werden kann, Ordnungshaft bis zu 6 Monaten angedroht.

Bei der Androhung sollte das gesetzliche Höchstmaß angegeben werden, es genügt nicht, Ordnungsmittel „in gesetzlich zulässiger Höhe“ anzudrohen (vgl. *BGH*, NJW 2004, 506; *Zöller/Stöber*, § 890 Rn. 12b).

7. Duldungsklage

22 Eine Klage auf Duldung kommt vor allem im Nachbarrecht vor, und zwar dann, wenn der Eigentümer zur Duldung iSd § 1004 II BGB verpflichtet ist (vgl. zu den einzelnen Fällen *Palandt/Bassenge*, § 1004 Rn. 31f.); die Duldungspflicht kann sich zB aus §§ 906f. BGB ergeben (*BGH*, NJW 1991, 2826), aber auch aus öffentlich-rechtlichen Normen (vgl. *OLG Düsseldorf*, NJW 1989, 1807). Die Beweislast für die Duldungspflicht liegt beim Störer (*BGH*, NJW 1989, 1032). Für die Vollstreckung gilt wie bei der Unterlassung § 890 ZPO.

Beispiel für Antrag und Tenor:

Der Beklagte wird verurteilt, es zu dulden, dass der Kläger auf dem von der X-Straße auf sein Grundstück führenden Weg über das Grundstück des Beklagten geht oder fährt. Für jeden Fall der Zuwiderhandlung ... (Androhung der Ordnungsmittel wie Rn. 20).

8. Stufenklage

23 Die Stufenklage ermöglicht es dem Kläger, für einen Anspruch, den er mangels tatsächlicher Kenntnisse noch nicht beziffern kann, im selben Rechtsstreit auf die erforderliche Auskunft zu klagen, deren Richtigkeit an Eides Statt versichern zu lassen und anschließend den zunächst unbeziffert gestellten Zahlungsantrag zu konkretisieren. Die Stufenklage hat erhebliche praktische Bedeutung für Unterhalts-, Erbschafts- und Provisionsansprüche, ist aber auch für Schadensersatzansprüche wichtig, bei denen nur der Schädiger die zur Berechnung des Anspruchs erforderlichen Kenntnisse besitzt (vgl. *Palandt/Heinrichs*, §§ 259–261 Rn. 8ff.).

24 **a) Bedeutung des § 254 ZPO.** Die Vorschrift ist unklar und unvollständig formuliert. Sie regelt drei Besonderheiten:

Verbindung der Anträge: § 254 ZPO gestattet dem Kläger zunächst eine Verbindung von drei Anträgen (objektive Klagenhäufung, § 260 ZPO), nämlich

- **(1. Stufe)** dem Antrag auf Rechnungslegung, Vorlage eines Vermögensverzeichnisses und vor allem, in der Vorschrift nicht genannt, auf Auskunft;
- **(2. Stufe)** dem Antrag, die Vollständigkeit der Auskunft an Eides Statt zu versichern;
- **(3. Stufe)** dem Zahlungsantrag.

Die zweite Stufe kann fehlen. Der Antrag wird oft erst im Laufe des Rechtsstreits im Wege der zulässigen Klageerweiterung gestellt, wenn der Kläger eine Auskunft erhalten hat, die er für unsorgfältig hält.

Stufenweise Verhandlung und Entscheidung: Die eigentliche Bedeutung des § 254 ZPO liegt darin, dass die Vorschrift eine sukzessive Verhandlung und Entscheidung über jede Stufe ermöglicht. Zwar kann die Klage, wenn sie unzulässig ist oder es an einem Anspruch überhaupt fehlt, insgesamt abgewiesen werden. Besteht jedoch dem Grunde nach ein Anspruch, darf über die nächste Stufe erst verhandelt werden, wenn die vorhergehende erledigt ist.

Unbestimmter Zahlungsantrag: Der Zahlungsantrag braucht, als Ausnahme von § 253 II Nr. 2 ZPO, nicht bestimmt gestellt zu werden. Der Vorteil für den Kläger liegt darin, dass er mit Erhebung der Auskunftsklage den Zahlungsanspruch rechtshängig machen und damit die Hemmung der Verjährung erreichen kann (vgl. *BGH*, NJW 1992, 2563; NJW-RR 1995, 770). Die Auskunftsklage allein unterbricht die Verjährung des Zahlungsanspruchs nicht (vgl. *Palandt/Heinrichs*, § 209 Rn. 2 mwN).

25 **b) Materielle Voraussetzungen.** Ob die Klage auf der 1. oder 2. Stufe begründet ist, ist keine Frage des Prozessrechts, sondern des materiellen Rechts.

Voraussetzung für den **Anspruch der 1. Stufe** ist, dass der Beklagte nach materiellem Recht zur Auskunft, Rechnungslegung, Vorlage des Vermögensverzeichnisses etc. verpflichtet ist. Anspruchsgrundlagen sind zB

- im Auftragsrecht und bei Geschäftsbesorgungsverträgen § 666 iVm § 675 BGB,
- im Familienrecht §§ 1379, 1580, 1605 (auch iVm § 1361 IV) BGB,
- im Erbrecht vor allem § 2314, aber auch §§ 2057, 2027 f. BGB,
- für den Handelsvertreter § 87 c HGB.

§§ 259–261 BGB sind hingegen keine Anspruchsgrundlagen, sie treffen nur Regelungen für aus anderen Bestimmungen folgende Auskunftspflichten. Jedoch kann sich ein Auskunftsanspruch aus § 242 BGB ergeben, wenn der aus einem vertraglichen oder gesetzlichen Schuldverhältnis Berechtigte über Bestehen oder Umfang des Anspruchs im Unklaren ist und der andere Teil die Klärung unschwer herbeiführen kann (Beispiele bei *Palandt/Heinrichs,* §§ 259–261 Rn. 8 ff.).

Voraussetzung für den **Anspruch der 2. Stufe** (Leistung der eidesstattlichen Versicherung) ist, dass die Auskunft, die Rechnungslegung oder das Verzeichnis nicht mit der erforderlichen Sorgfalt erteilt worden sind (§ 260 II BGB).

Anspruchsgrundlage für die **3. Stufe** (Zahlung) kann jede Norm des materiellen Rechts sein, die zu einem Geldanspruch führt.

c) **Sachliche Zuständigkeit.** Für den Zuständigkeitsstreitwert sind nach § 5 ZPO die Einzelwerte der 26
Ansprüche zusammenzurechnen (str., vgl. *Zöller/Herget,* § 3 Rn. 16 „Stufenklage"). Auszugehen ist vom unbezifferten Zahlungsanspruch, der nach § 3 ZPO aufgrund der objektiven Angaben in der Klageschrift unter Berücksichtigung der realistischen Erwartungen des Klägers zu schätzen ist. Dazu ist der Wert des Auskunftsanspruchs zu addieren, der idR mit $1/_{10}$ bis $1/_{4}$ des Leistungsanspruchs bemessen wird (*BGH,* NJW 1997, 1016). Bei der Schätzung ist auch die Streitwertangabe des Klägers in der Klageschrift zu berücksichtigen. Maßgeblicher Zeitpunkt ist die Einreichung der Klage.

d) **Sachdienliche Anträge.** Der Kläger kann mit der Auskunft auch die Vorlage von Urkunden und Bi- 27
lanzen verlangen, die für die Bewertung des Nachlasses und etwaiger Ergänzungsansprüche einschlägig sind; diese Urkunden sind im Antrag zu 1. genau zu bezeichnen (vgl. *BGH,* NJW 1983, 1056).

Zum Antrag zu 2. sollte das Gericht vor Erteilung der Auskunft nicht raten; denn seine Begründetheit hängt vom Ergebnis der Auskunft ab.

Soweit ein Teil des Anspruchs bereits feststeht und der Kläger nur noch ergänzende Auskünfte für den Rest benötigt, kann er den Antrag zu 3. mit einem bezifferten Antrag verbinden, der außerhalb der Stufenklage steht (vgl. *BGH,* NJW 1989, 2821).

Beispiel für Anträge der vollständigen Stufenklage nach § 2314 BGB:

den Beklagten im Wege der Stufenklage zu verurteilen,

1. Auskunft über den Bestand des Nachlasses des am ... verstorbenen Vaters der Parteien, Herrn ..., zu geben,
2. an Eides Statt zu versichern, dass er den Bestand so vollständig angegeben hat, wie er dazu imstande ist,
3. an den Kläger ein Achtel des sich aus der Auskunft ergebenden Nachlasswertes zu zahlen.

e) **Verfahren.** Wenn die Klage unzulässig oder unbegründet ist, weil der vertragliche oder gesetzliche 28
Anspruch nicht besteht, ist die Klage insgesamt abzuweisen; die Klageabweisung erfasst auch den unbezifferten Zahlungsanspruch (*Thomas/Putzo/Reichold,* § 254 Rn. 5). Ist nur der Auskunftsanspruch unbegründet, zB weil die Auskunft bereits erteilt ist, darf nur der Auskunftsantrag, nicht die gesamte Klage abgewiesen werden.

aa) Auf der 1. Stufe. Wenn der Anspruch dem Grunde nach besteht, ist zunächst nur über die erste 29
Stufe streitig zu verhandeln, in der mündlichen Verhandlung also nur der Auskunftsantrag zu stellen. Die Stellung aller Anträge ist aber unschädlich (*Zöller/Greger,* § 254 Rn. 7). Eine Verhandlung und Entscheidung der späteren Stufen ist unzulässig, solange die 1. Stufe nicht durch Teilurteil oder auf andere Weise erledigt ist. Etwas anderes gilt nur für einen Teilanspruch, den der Kläger bereits beziffert hat (*Zöller/Greger,* § 254 Rn. 3); über ihn kann gleich, auch durch gesondertes Teilurteil, entschieden werden (*BGH,* NJW 1989, 2821).

Wenn der Beklagte die Auskunft schuldet, sollte es Ziel der Verhandlung sein, ihn zur Erteilung einer vollständigen und korrekten Auskunft zu veranlassen. Hat der Beklagte die Auskunft erteilt, muss der Kläger die Hauptsache für erledigt erklären. Das gilt auch, wenn sie nach Meinung des Klägers unvollständig oder unrichtig ist. Der Streit darüber ist mit dem Antrag auf Leistung der eidesstattlichen Versicherung zu führen (*BGH,* LM Nrn. 3 und 6 zu § 254; *Zöller/Greger,* § 254 Rn. 10). Keine Erledigung tritt ein, wenn die Auskunft ergibt, dass kein Leistungsanspruch besteht (*BGH,* NJW 1994, 2895). Eine Ergänzung der Auskunft kann nur unter besonderen Voraussetzungen verlangt werden (vgl. *Palandt/Edenhofer,* § 2314 Rn. 8). Kommt es zu keiner Erledigung, ist über den Auskunftsanspruch durch Teilurteil zu entscheiden. Zu einer Abweisung durch Teilurteil kann es auch kommen, wenn eine formell ordnungsgemäße Auskunft bereits vorprozessual erteilt war.

bb) Auf der 2. Stufe. Zur Abgabe der eidesstattlichen Versicherung kann der Beklagte nur verurteilt 30
werden, wenn der Kläger einen begründeten Verdacht darlegt und beweist, dass die Auskunft nicht mit

der erforderlichen Sorgfalt erteilt wurde (§ 260 II BGB; zu den Voraussetzungen im Einzelnen vgl. *Palandt/Grüneberg,* § 259 Rn. 13). Die eidesstattliche Versicherung setzt also eine Auskunft voraus. Liegt die Auskunft vor, kann der Kläger auch die zweite Stufe überschlagen und den Leistungsantrag beziffern (*BGH,* NJW 1991, 1893). Die Abgabe der eidesstattlichen Versicherung kann freiwillig im FamFG-Verfahren erfolgen (*Palandt/Grüneberg,* § 261 Rn. 4), sonst ist das Prozess- oder Vollstreckungsgericht zuständig (*Palandt/Grüneberg,* § 261 Rn. 4).

31 *cc) Auf der 3. Stufe.* Nach Erledigung der 1. und ggf. auch der 2. Stufe durch Teilurteil oder Erteilung der Auskunft bzw. der Versicherung wird das Verfahren auf Antrag einer Partei auf der dritten Stufe fortgeführt. Der Kläger muss dazu seinen Leistungsantrag beziffern. Hat die Auskunft ergeben, dass kein Anspruch mehr besteht, ist eine Fortsetzung des Rechtsstreits auf der 3. Stufe sinnlos; es würde im Schlussurteil zur Klageabweisung auf Kosten des Klägers kommen. Das Gericht sollte dem Kläger zur Rücknahme des Leistungsantrags raten. Zum Teil wird ihm jedoch die Möglichkeit eingeräumt, auf den Anspruch nach § 306 ZPO bei entsprechender Anwendung des § 93 ZPO zu verzichten (vgl. hierzu und zur Folge einer Erledigungserklärung *Zöller/Greger,* § 254 Rn. 15 mwN; *BGH,* NJW 1994, 2895, der eine analoge Anwendung des § 93 ZPO ablehnt, dem Kläger jedoch das Recht einräumt, einen materiellen Kostenerstattungsanspruch im anhängigen Rechtsstreit geltend zu machen).

32 **f) Tenorierung.** Die Urteile auf der 1. und 2. Stufe sind als Teilurteile zu bezeichnen, das Urteil über den Zahlungsantrag als Schlussurteil. Die Teilurteile enthalten keine Kostenentscheidung, sind aber nach allgemeinen Regeln für vorläufig vollstreckbar zu erklären.

Teilurteil über den Antrag auf Rechenschaftsablegung, Auskunft, Buchauszug etc.:

Der Beklagte wird verurteilt,
- über die Ausführung des Auftrages vom … Rechenschaft abzulegen (§ 666 BGB);
- dem Kläger Auskunft über den Bestand des Nachlasses des am … verstorbenen Herrn … zu erteilen (§ 2314 BGB);
- dem Kläger ein Bestandsverzeichnis über den Nachlass der am … verstorbenen Frau … vorzulegen und über den Verbleib der Erbschaftsgegenstände Auskunft zu erteilen (§§ 2018, 2027, 260 I BGB);
- dem Kläger einen Buchauszug über alle in der Zeit vom … bis … im Bezirk Bayern und Baden-Württemberg geschlossenen Geschäfte einschließlich der Folgegeschäfte sowie der direkt oder über andere Vertreter zustandegekommenen Geschäfte zu erteilen (Bezirksvertreter, § 87 c HGB).

Teilurteil über die Abgabe einer eidesstattlichen Versicherung:

Der Beklagte wird verurteilt,
an Eides Statt zu versichern, dass er
- den Bestand im Verzeichnis vom … so vollständig angegeben hat,
- die Auskunft im Schreiben vom … so vollständig erteilt hat,
- den Buchauszug vom … so vollständig erstellt hat,

wie er dazu imstande ist.

Das Gericht kann nach § 261 II BGB später eine Änderung, insbesondere eine Erweiterung der eidesstattlichen Versicherung beschließen.

Das **Schlussurteil** entscheidet über den Zahlungsantrag. Darin ist außerdem über die gesamten Kosten zu befinden. Soweit die Parteien die vorangegangenen Stufen für erledigt erklärt haben, folgt die Kostenentscheidung insoweit aus § 91 a I ZPO.

33 **g) Streitwert und Kosten.** Für den Gebührenstreitwert werden, anders als für den Zuständigkeitsstreitwert nach § 5 ZPO, die Werte der einzelnen Stufen nicht zusammengerechnet, maßgeblich ist vielmehr der höchste der Ansprüche (§ 44 GKG). Das ist regelmäßig der Zahlungsanspruch, auch wenn dieser noch unbestimmt ist. Da die einzelnen Stufen einen unterschiedlichen Streitwert haben und sich der Streitwert nach erteilter Auskunft verändern kann, können die Gebühren des Gerichts und die Verfahrens-, Termins- und ggf. Vergleichsgebühr des Rechtsanwalts unterschiedlich hoch sein. In einem solchen Fall ist daher der Streitwert für jede Stufe gesondert festzusetzen. In der Summe können die Kosten und Gebühren nicht höher sein, als wenn nur über den Gesamtbetrag verhandelt und entschieden worden wäre, § 36 II GKG, § 15 III RVG (vgl. *Zöller/Greger,* § 254 Rn. 18, vgl. im Übrigen A. XVIII. Rn. 32).

34 **h) Rechtsmittel und Beschwer.** Gegen jedes Urteil kann gesondert Berufung eingelegt werden, wenn die Beschwer erreicht ist. Eine Berufung des Beklagten gegen das Auskunftsurteil oder das Urteil auf Abgabe der eidesstattlichen Versicherung kann an der zu geringen Beschwer scheitern. Nach der Rechtsprechung des *BGH,* ist auf den Aufwand des Beklagten an Zeit und Kosten, der die Erfüllung des titulierten Anspruchs erfordert, sowie auf ein etwaiges Geheimhaltungsinteresse des Beklagten, nicht aber auf den Wert des Auskunftsanspruchs abzustellen (*BGH Großer Senat,* NJW 1995, 664; *BGH,* AGS 2011, 34); der Wert der Beschwer wird mithin häufig 600,– EUR nicht übersteigen (anders als beim Angriffsinteresse des Klägers bei abgewiesener Auskunftsklage, vgl. Rn. 25 und *Zöller/Herget,* § 3 Rn. 16 „Auskunft"). Vor rechtskräftiger Entscheidung über eine Stufe kann die Vorinstanz über die nächste nicht verhandeln. Wird der Anspruch auf Auskunft in zweiter Instanz zuerkannt, bedarf es kei-

ner Zurückverweisung, weil der Zahlungsanspruch in erster Instanz anhängig geblieben ist. Eine Zurückverweisung ist analog § 538 II Nr. 4 ZPO möglich, wenn die erste Instanz die Stufenklage ausnahmsweise insgesamt abgewiesen hatte (vgl. *BGH,* NJW 2006, 2626, *Zöller/Greger,* § 254 Rn. 13).

9. Klage auf künftige Leistung

Bei der Klage auf künftige Leistung sind die Fälle des § 257 und des § 259 ZPO zu unterscheiden. 35
Nach § 257 ZPO besteht für bestimmte Forderungen ein Rechtsschutzinteresse, schon vor Fälligkeit einen Titel zu erhalten, um im Zeitpunkt der Fälligkeit sofort vollstrecken zu können. Nach § 259 ZPO kann eine erst künftig fällig werdende Leistung eingeklagt werden, wenn hierfür ein besonderes Rechtsschutzbedürfnis besteht, was dann der Fall ist, wenn glaubhaft gemacht ist, dass der Schuldner sich der rechtzeitigen Leistung entziehen wird, zB aus Bösgläubigkeit oder Fahrlässigkeit oder weil er seine Schuld bestreitet; dass er lediglich kein Geld hat, reicht nicht für die in § 259 ZPO vorausgesetzte Besorgnis.

§ 257 ZPO gilt nur für Geldforderungen, die nicht von einer Gegenleistung abhängen; die Vorschrift ist damit nicht auf künftige Mietzahlungen anwendbar, weil im Gegenzug der Gebrauch der Mietsache zu gewähren ist; es kann aber die Klage nach § 259 ZPO zulässig sein (*Henssler,* NJW 1989, 138, 140). Zu beachten ist, dass Prozesszinsen erst ab Fälligkeit verlangt werden können (§ 291 Satz 1 Hs. 2 BGB).

§ 257 ZPO wird durch § 258 ZPO ergänzt; hiernach kann bei wiederkehrenden Leistungen auch wegen der erst nach Erlass des Urteils fällig werdenden Leistungen Klage auf künftige Entrichtung erhoben werden.

II. Positive Feststellungsklage

Gegenstand der Feststellung nach § 256 I ZPO können auf Vertrag oder Gesetz beruhende Rechtsbeziehungen oder auch einzelne Ansprüche aus einer solchen Rechtsbeziehung sein. Nicht zulässig ist die Feststellung von Tatsachen oder von einzelnen Tatbestandsvoraussetzungen einer Anspruchsnorm (vgl. *Thomas/Putzo/Reichold,* § 256 Rn. 10); auch die Feststellung der Wirksamkeit oder Unwirksamkeit von Willenserklärungen oder sonstigen Rechtshandlungen kann nicht verlangt werden (*BGH,* NJW 1990, 811). Die positive Feststellungsklage kommt vor allem dann in Betracht, wenn der Umfang des Anspruchs noch nicht feststeht (häufig im Schadensersatzrecht oder in Deckungsprozessen gegen den Versicherer). Ihr Sinn liegt in solchen Fällen darin, die Verjährung nach § 204 I Nr. 1 BGB zu hemmen. 36

1. Feststellungsinteresse

Die Feststellungsklage ist nur zulässig, wenn der Kläger ein Interesse an alsbaldiger Feststellung hat. 37
Es liegt nach der Formel der Rechtsprechung vor, wenn das behauptete Recht durch eine gegenwärtige Unsicherheit gefährdet ist und das Feststellungsurteil geeignet ist, diese Gefahr zu beseitigen (*BGH,* NJW 1986, 2507; 1992, 437). Bei der positiven Feststellungsklage liegt die Gefährdung regelmäßig schon darin, dass der Beklagte das Recht des Klägers ernsthaft bestreitet oder dass der Ablauf der Verjährung oder anderer Fristen droht.

a) Bei möglicher Leistungsklage. Das Feststellungsinteresse fehlt in der Regel, wenn bereits eine Leistungsklage möglich ist. Gegen Behörden und Versicherer lässt die Rechtsprechung die Feststellungsklage jedoch zu, auch wenn der Kläger schon auf Leistung klagen könnte (*BGH,* NJW 1984, 1118, 1119). Auch das Einvernehmen der Parteien, die Streitpunkte durch eine Feststellungsklage klären zu lassen, soll genügen (*BGH,* NJW 1995, 2221, 2222). Die Möglichkeit einer Klage auf zukünftige Leistung gemäß § 259 ZPO steht der Feststellungsklage nicht entgegen (*BGH,* NJW 1986, 2507). 38

Eine Feststellungsklage ist insgesamt zulässig, wenn nur eine teilweise Bezifferung möglich wäre, weil der Sachverhalt noch in der Entwicklung ist (*BGH,* NJW 1984, 1552, 1554). Wird eine Bezifferung im Laufe des Rechtsstreits, auch in der zweiten Instanz, möglich, kann der Kläger von der Feststellungsklage zur Leistungsklage übergehen (*BGH,* NJW 1985, 1784); er kann aber auch den Feststellungsantrag weiterverfolgen (vgl. *BGH,* NJW 1984, 1552, 1554).

b) Bei Schadensersatzanspruch. Für das Feststellungsinteresse bei Schadensersatzansprüchen reicht es schon aus, dass weitere Schadensfolgen nicht auszuschließen sind; das Interesse fehlt nur dann, wenn aus der Sicht des Klägers bei verständiger Beurteilung kein Grund bestehen kann, mit Spätfolgen zu rechnen (*BGH* VersR 1989, 1055; NJW 1991, 2707); an die Darlegungen stellt die Rechtsprechung keine hohen Anforderungen. 39

2. Verfahren

Die örtliche Zuständigkeit richtet sich nach denselben Regeln wie bei der Leistungsklage. Für die 40
sachliche Zuständigkeit ist der Streitwert gemäß § 3 ZPO nach dem wirtschaftlichen Interesse des Klä-

gers an der begehrten Feststellung festzusetzen (*Thomas/Putzo/Hüßtege*, § 3 Rn. 65). Obergrenze ist der Wert einer entsprechenden Leistungsklage. Die Praxis macht vom Wert einer entsprechenden Leistungsklage einen Abschlag von idR 20% (vgl. *BGH*, NJW-RR 1988, 689). Zum Streitwert einer Feststellungsklage bei ungewissem Zukunftsschaden vgl. *BGH*, NJW-RR 1991, 509). Zuständigkeits- und Gebührenstreitwert sind gleich hoch.

Für die positive Feststellungsklage gilt gegenüber Leistungsklagen eine Ausnahme von dem Grundsatz, dass auf den sachlichen Anspruch erst eingegangen werden darf, wenn die Zulässigkeit der Klage feststeht (Vorrang der Zulässigkeit vor der Begründetheit). Zwar wäre die Klage bei fehlendem Feststellungsinteresse als unzulässig abzuweisen; steht jedoch fest, dass der Anspruch auch dem Grunde nach nicht gegeben ist, kann die Klage ohne weitere Prüfung des Feststellungsinteresses als unbegründet abgewiesen werden (vgl. *BGH*, NJW 1987, 2808, 2809).

3. Entscheidung

41 Die Entscheidung in der Sache hängt davon ab, ob die begehrte Feststellung getroffen werden kann, ob also das Rechtsverhältnis besteht. Diese Feststellung ist nach denselben Verfahrens- und Beweisregeln zu treffen wie bei einer Leistungsklage. Auch die Beweislast folgt den allgemeinen Regeln. Der Kläger muss also die Voraussetzungen des Rechtsverhältnisses darlegen und beweisen, der Beklagte seine Einwendungen (vgl. *Thomas/Putzo/Reichold*, § 256 Rn. 21). Wenn es um eine Schadensersatzpflicht geht, ist auch ein etwaiges Mitverschulden zu prüfen.

Das Feststellungsurteil ist nur wegen der Kosten vollstreckbar. Mit dem stattgebenden Urteil steht zwischen den Parteien rechtskräftig fest, dass das Rechtsverhältnis besteht. Wenn es keine Einschränkungen enthält, sind dem Beklagten der Einwand des Mitverschuldens und alle anderen Einwendungen abgeschnitten, die sich auf Tatsachen stützen, die schon zur Zeit der letzten mündlichen Verhandlung vorgelegen haben (*BGH*, NJW 1989, 105). Wird die Feststellungsklage rechtskräftig abgewiesen, ist der Kläger an einer späteren Leistungsklage, die sich auf dasselbe Rechtsverhältnis stützt, gehindert.

4. Tenorierungsbeispiele

42 Eine erfolglose Feststellungsklage wird ohne weiteren Zusatz abgewiesen. Bei stattgebender Klage ist im Hinblick auf die Rechtskraftwirkung darauf zu achten, dass das Rechtsverhältnis oder auch der Umfang der festgestellten Verpflichtung genau bezeichnet wird.

a) Klage gegen Halter, Fahrer und Versicherer aus Verkehrsunfall:

43 Es wird festgestellt, dass die Beklagten verpflichtet sind, als Gesamtschuldner dem Kläger sämtliche entstandenen und künftig entstehenden materiellen Schäden aus dem Verkehrsunfall am … in … zur Hälfte zu ersetzen, soweit der Anspruch nicht auf einen Sozialversicherungsträger oder einen anderen Dritten übergegangen ist oder übergeht. Im Übrigen wird die Klage abgewiesen.

b) Klage auf Ersatz künftigen materiellen und immateriellen Schadens:

44 Es wird festgestellt, dass der Beklagte verpflichtet ist, dem Kläger den künftigen materiellen Schaden aus dem Unfall vom … zu 75% zu ersetzen, soweit der Anspruch nicht … (s. o.) übergegangen ist oder übergeht.
Es wird weiter festgestellt, dass der Beklagte verpflichtet ist, dem Kläger den künftigen immateriellen Schaden aus diesem Unfall unter Berücksichtigung einer Mithaftungsquote von 25% zu ersetzen.

Ein Mitverschulden führt beim Schmerzensgeld nicht automatisch zu einer Reduzierung um die Mitverschuldensquote.

c) Kündigung eines Vertragsverhältnisses:

45 Es wird festgestellt, dass der zwischen den Parteien bestehende Handelsvertretervertrag vom … durch die Kündigung des Klägers vom … fristlos beendet worden ist.

oder:

Es wird festgestellt, dass der zwischen den Parteien bestehende Handelsvertretervertrag vom … durch die Kündigung vom … mit Wirkung zum 31. 12. 20. . beendet worden ist. Im Übrigen wird die Klage abgewiesen.

d) Deckungsklage gegen Versicherer:

46 Es wird festgestellt, dass die Beklagte verpflichtet ist, dem Kläger für den Einbruch in seine Wohnung am … Deckung (auch: Versicherungsschutz) zu gewähren.

e) Feststellung zur Insolvenztabelle:

47 Die von der Klägerin im Insolvenzverfahren über das Vermögen der Fa. …, Amtsgericht A., Aktenzeichen … angemeldete Forderung wird in Höhe von 25.500,– EUR nebst 4% Zinsen seit dem … zur Tabelle festgestellt.

III. Negative Feststellungsklage

Um eine negative Feststellungsklage handelt es sich, wenn die Feststellung begehrt wird, dass ein Rechtsverhältnis nicht besteht. Ein solches Rechtsverhältnis kann auch ein einzelner Anspruch sein (*BGH,* NJW 1984, 1556). In der Praxis wird sie oft als Widerklage erhoben, wenn der Kläger nur einen Teilanspruch geltend gemacht hat (negative Feststellungswiderklage, vgl. A. XII. Rn. 24). 48

1. Feststellungsinteresse

Das Feststellungsinteresse ist vor allem dann gegeben, wenn sich der Beklagte ernsthaft eines Anspruchs gegen den Kläger „berühmt" (*BGH,* NJW 1992, 437; *Zöller/Greger,* § 256 Rn. 14a). Nicht erforderlich ist, dass der Beklagte den Anspruch beziffert hat (*BGH,* NJW 1986, 2508). Der Beklagte kann der Klage das rechtliche Interesse dadurch nehmen, dass er seinerseits auf die Leistung klagt, die er für sich in Anspruch nimmt, oder positive Feststellungsklage erhebt; das rechtliche Interesse entfällt dann, sobald die Leistungsklage oder die positive Feststellungsklage nicht mehr einseitig zurückgenommen werden kann, also nach streitiger Verhandlung iSv § 269 I ZPO (*BGH,* NJW 1973, 1500; 1987, 2680). In einem solchen Fall ist dem Kläger gem. § 139 ZPO zu empfehlen, die Hauptsache für erledigt zu erklären. 49

2. Verfahren

Der Rechtsstreit wird praktisch mit umgekehrten Parteirollen geführt. Es ist jedoch darauf zu achten, dass der Kläger einen bestimmten Antrag stellt. Ein Antrag auf Feststellung, dass er dem Beklagten nichts schulde, wäre unzulässig; es bedarf vielmehr der Angabe des konkreten Schuldgrundes und Schuldgegenstandes (*BGH,* NJW 1984, 1556 mwN). Die Darlegungs- und Beweislast entspricht den vertauschten Parteirollen: Der Kläger muss zunächst nur darlegen, dass der Beklagte eine Forderung für sich in Anspruch nimmt. Im Übrigen befindet sich der Kläger in der Beweisposition des Beklagten bei der Leistungsklage; die Darlegungs- und Beweislast für die anspruchsbegründenden Tatsachen trifft nicht ihn, sondern den Beklagten (*BGH,* NJW 1992, 1101, 1103; 1993, 1716). Die Einwendungen gegen den entstandenen Anspruch hat aber wiederum der Kläger darzulegen und zu beweisen. 50

3. Entscheidung

Die negative Feststellungsklage darf nur abgewiesen werden, wenn der Anspruch, dessen sich der Feststellungsbeklagte berühmt, feststeht; bleibt unklar, ob die streitige Forderung besteht, muss der Feststellungsklage stattgegeben werden (*BGH,* NJW 1993, 1716). Wird der Klage stattgegeben, steht fest, dass der Anspruch nicht besteht. Wird sie rechtskräftig abgewiesen, ist das Bestehen der Forderung idR rechtskräftig festgestellt (*BGH,* NJW 1986, 2508; 1995, 1797). Ob das in allen Fällen gilt, ist streitig (vgl. *Zöller/Vollkommer,* § 322 Rn. 11). Einen vollstreckungsfähigen Inhalt hat das Urteil nur wegen der Kosten. Der **Streitwert** ist derselbe wie bei der Leistungsklage; ein Abschlag wie bei der positiven Feststellungsklage wird nicht gemacht. 51

4. Tenorierungsbeispiele

Ansprüche nach Beendigung des Vertragsverhältnisses: 52

Es wird festgestellt, dass dem Beklagten aus dem Mietverhältnis zwischen den Parteien über die Wohnung … keine Ansprüche mehr zustehen.

Negative Feststellungswiderklage:

Auf die Widerklage wird festgestellt, dass dem Kläger über den zuerkannten Betrag hinaus keine Ansprüche aus dem Verkehrsunfall zwischen den Parteien am … in … zustehen.

Wegen der Rechtskraftwirkung ist der nicht bestehende Anspruch möglichst genau zu kennzeichnen.

IV. Zwischenfeststellungsklage

Eine Zwischenfeststellungsklage nach § 256 II ZPO kann nicht selbständig, sondern nur im Laufe eines Rechtsstreits erhoben werden. Sie kommt dann in Betracht, wenn nur ein Teil der Ansprüche aus einem Vertrag rechtshängig ist, aber die Wirksamkeit des gesamten Vertrags im Streit ist. Beide Parteien können dann auf Feststellung klagen, dass der gesamte Vertrag wirksam bzw. unwirksam ist, die Rechtskraft des Urteils also hierauf erstrecken und damit weitere Prozesse vermeiden. 53

1. Zulässigkeit, Vorgreiflichkeit

54 Für die Zulässigkeit genügt die bloße Möglichkeit, dass der Vertrag über den gegenwärtigen Streit hinaus Bedeutung finden kann (*BGH*, NJW 1977, 1637; 1983, 1791). Die Zwischenfeststellungsklage ist dagegen unzulässig, wenn sie nicht auf die Klärung der Rechtsbeziehung der Parteien, sondern nur auf die Klärung einer Vorfrage für diese Rechtsbeziehung gerichtet ist (*BGH*, NJW 1985, 1959). Für die Zulässigkeit hat der Kläger zwei besondere Voraussetzungen darzulegen: Die Entscheidung des Hauptanspruchs muss vom Bestehen oder Nichtbestehen des Rechtsverhältnisses abhängig sein, außerdem muss die konkrete Möglichkeit bestehen, dass weitere Ansprüche aus dem Rechtsverhältnis erwachsen (Vorgreiflichkeit, vgl. *BGH*, NJW 1981, 228, 229; *Thomas/Putzo/Reichold*, § 256 Rn. 32 f.), ein besonderes Feststellungsinteresse wie nach § 256 I ZPO braucht nicht vorzuliegen. Die Vorgreiflichkeit fehlt bei unzulässiger Hauptklage, *BGH*, NJW-RR 1994, 1272.

2. Verfahren und Entscheidung

55 Die Zwischenfeststellungsklage wird nach § 256 II ZPO vom Kläger mit der Hauptklage im Wege der objektiven Klagenhäufung (§ 260 ZPO) oder durch nachträgliche Klageerweiterung erhoben, vom Beklagten im Wege der Widerklage (Zwischenfeststellungswiderklage, vgl. A. XII. Rn. 24). Ist der Rechtsstreit vor dem Amtsgericht anhängig, kann die nachträglich erhobene Klage zur sachlichen Unzuständigkeit und zur Verweisung an das Landgericht nach § 506 ZPO führen. Über die Zwischenfeststellungsklage kann vorab durch Teilurteil oder zusammen mit der Hauptklage im Endurteil entschieden werden (vgl. *Zöller/Greger*, § 256 Rn. 22).

V. Gestaltungsklage

56 Man unterscheidet materielle (sie haben ihre Grundlage im materiellen Recht) und prozessuale (Grundlage im Verfahrensrecht) Gestaltungsklagen. Gestaltungsurteile wirken erst ab Rechtskraft. Die materiellen Gestaltungsurteile werden daher nur im Kostenpunkt für vorläufig vollstreckbar erklärt, anders die prozessualen Gestaltungsurteile (vgl. A. XVII. Rn. 6).

Tenorierungsbeispiele:

- Auflösungsklage nach § 133 HGB:

Die Werner Petersen OHG in … (Sitz), eingetragen im Handelsregister des Amtsgerichts A. unter der Nr. …, wird aufgelöst.

- Drittwiderspruchsklage nach § 771 ZPO:

Die Zwangsvollstreckung in den nach dem Pfändungsprotokoll des Gerichtsvollziehers … am … gepfändeten PKW … (genaue Bezeichnung) wird für unzulässig erklärt.

- Zwangsvollstreckungsgegenklage nach § 767 ZPO:

Die Zwangsvollstreckung aus dem Urteil des Landgerichts … vom …, Aktenzeichen … wird
- für unzulässig erklärt,
- insoweit für unzulässig erklärt, als sie über einen Betrag von … EUR nebst Zinsen hinausgeht.

A. XVI. Besondere Urteilsarten

Dr. Stefan Bruinier

Übersicht

Literatur: Zur allg. Literatur siehe Literaturverzeichnis A. I.

I. Anerkenntnisurteil

1 Der Beklagte kann den Klageanspruch in jeder Lage des Verfahrens ganz oder zum Teil anerkennen. Das führt für den Kläger zu einem schnellen Titel, dem Anerkenntnisurteil, und ist für den Beklagten unter Umständen ein kostengünstiger Weg, eine Verurteilung durch streitiges Urteil zu vermeiden. Die drei Gebühren für das Verfahren im allgemeinen (KV Nr. 1210) ermäßigen sich in erster Instanz auf eine Gebühr (KV Nr. 1211), die vier Gebühren für das Verfahren in der Berufungsinstanz (KV Nr. 1220) ermäßigen sich auf zwei Gebühren (KV Nr. 1222), die fünf Gebühren in der Revision (KV Nr. 1230) auf drei Gebühren (KV Nr. 1232). Da bei den Anwaltsgebühren nach dem RVG nicht mehr zwischen streitiger und unstreitiger Verhandlung unterschieden wird, spart der Beklagte bei den Anwaltsgebühren durch ein Anerkenntnis allerdings in der Regel nichts mehr. Dem Anwalt steht neben der Verfahrensgebühr bei einem Anerkenntnis auch eine volle Terminsgebühr zu, dies auch bei einem Anerkenntnis ohne mündliche Verhandlung (Nr. 3104 I Nr. 1 VV RVG). Für den Beklagten kann es daher unter Umständen sogar kostengünstiger sein, ein Versäumnisurteil gegen sich ergehen zu lassen, weil er dabei gegenüber dem Anerkenntnis Anwaltskosten spart (vgl. im Einzelnen *Zöller/Vollkommer,* § 308 Rn. 12; *König,* NJW 2005, 1243; *Schroeder/Riechert,* NJW 2005, 2187).

1. Gegenstand des Anerkenntnisses

2 Das Anerkenntnis ist kein Rechtsgeschäft des materiellen Rechts, sondern eine reine Prozesshandlung (hM, vgl. *Zöller/Vollkommer,* § 306 Vorbem. 5). Es kann den gesamten prozessualen Anspruch, einen Teil des Anspruchs, einen von mehreren Ansprüchen oder auch nur einen Streitgenossen betreffen. Es kann nicht nur gegenüber Zahlungsklagen, sondern gegenüber jeder Klageart abgegeben werden, also gegenüber anderen Leistungsklagen, gegenüber positiven und negativen Feststellungsklagen und gegenüber Gestaltungsklagen (zB aus §§ 767, 771 ZPO). Es kann auch auf den Anspruchsgrund beschränkt werden (vgl. § 304 ZPO) oder im Urkunden-, Wechsel- oder Scheckprozess unter Vorbehalt der Rechte im Nachverfahren erklärt werden (vgl. *Zöller/Vollkommer,* § 307 Rn. 7).

2. Anerkenntniserklärung

3 Das Anerkenntnis muss als Prozesshandlung eindeutig und bedingungslos sein. Der Beklagte (oder Widerbeklagte) muss also erklären, dass er den vom Kläger geltend gemachten Anspruch ganz oder zum Teil anerkenne. Er kann es allerdings „**unter Protest** (oder Verwahrung) **gegen die Kosten**" erklären (*Thomas/Putzo/Reichold,* § 307 Rn. 3); ein solches Anerkenntnis betrifft den gesamten Streitgegenstand, der Beklagte bringt damit nur zum Ausdruck, das Gericht solle dem Kläger nach § 93 ZPO die Kosten auferlegen. Ein wirksames **Anerkenntnis** liegt auch vor, wenn es **Zug um Zug** gegen eine vom Kläger zu erbringende Leistung erklärt wird (vgl. *BGH,* NJW 1989, 1934), zB Zahlung gegen Rückgabe der Kaufsache, Werklohn gegen Nachbesserung.

4 a) **Im Termin.** Nach § 307 S. 1 ZPO in der Fassung nach dem ZPO-RG muss das Anerkenntnis nicht mehr „bei der mündlichen Verhandlung", also im Termin abgegeben werden. Wird das Anerkenntnis in der mündlichen Verhandlung erklärt, ergeht das Anerkenntnisurteil daher nicht mehr auf ihrer Grundlage. Die Erklärung unterliegt dem Anwaltszwang, weshalb ein Anerkenntnisurteil für den Beklagten teurer sein kann als ein Versäumnisurteil (s. o. Rn. 1). Eine Zustimmung des Klägers ist nicht erforderlich. Der Beklagte ist an das Anerkenntnis gebunden, es ist grundsätzlich unwiderruflich, auch wenn es im nächsten Termin nicht zu einem Anerkenntnisurteil kommt (*BGH,* NJW 1993, 1717, 1718).

5 b) **Außerhalb des Termins.** Der Beklagte kann nach der ZPO-Reform das Anerkenntnis auch außerhalb der mündlichen Verhandlung erklären (vgl. § 307 S. 2 ZPO). In diesem Fall genügt die schriftsätzliche Erklärung des Anerkenntnisses. Voraussetzungen und Wirkungen sind dieselben wie bei einem in mündlicher Verhandlung abgegebenen Anerkenntnis (*BGH,* NJW 1993, 1717, 1718).

6 c) **Protokollierung.** Wird das Anerkenntnis im Termin erklärt, ist zunächst der Sachantrag des Klägers, dann das Anerkenntnis des Beklagten zu Protokoll zu nehmen (§ 160 III Nr. 1 ZPO). Nach § 162 I 1 u. 2 ZPO ist das Anerkenntnis aus dem Protokoll oder aus der vorläufigen Aufzeichnung vorzulesen oder vom Tonträger abzuspielen Es ist weiter im Protokoll zu vermerken, dass dies geschehen und die Genehmigung des Beklagten erteilt ist (§ 162 I 3 ZPO). Das geschieht zB mit den Worten: „Vorgelesen und genehmigt" bzw. „abgespielt und genehmigt".

Fehlt dieser Vermerk, hat das Protokoll nicht die Beweiskraft nach § 165 ZPO; ein bei genauer Protokollierung zu vermeidender Streit über das Anerkenntnis kann die Folge sein. Allerdings führt das Fehlen des Vermerks nicht zur Unwirksamkeit des Anerkenntnisses (vgl. *BGH,* NJW 1989, 1934), seine Wirksamkeit kann anderweitig festgestellt werden.

7 d) **Weiteres Verfahren.** Wenn die Prozessvoraussetzungen vorliegen und das Anerkenntnis wirksam ist, darf das Gericht, soweit das Anerkenntnis reicht, nicht mehr streitig verhandeln. Eine Ausnahme kann hinsichtlich der Kosten gelten, wenn die Voraussetzungen des § 93 ZPO streitig sind. Darüber kann es auch zu einer Beweisaufnahme kommen. Eine Schlüssigkeitsprüfung findet in der Sache nicht statt. Der Kläger hat auch kein Rechtsschutzbedürfnis mehr für ein streitiges Urteil. Eines besonderen Verfahrensantrages bedarf es für das Anerkenntnisurteil nach dem ZPO-RG nicht mehr.

Wird das **Anerkenntnis** schriftsätzlich erklärt, kann das Gericht ohne weiteres ein Anerkenntnisurteil erlassen. Einer mündlichen Verhandlung bedarf es nicht mehr.

Anders ist die Rechtslage bei einem **Zug-um-Zug-Anerkenntnis** (vgl. Rn. 3). Wenn der Kläger weiter die unbedingte Leistung fordert, kann er eine Entscheidung darüber durch streitiges Urteil erreichen. Zu einem Anerkenntnisurteil kann es nur kommen, wenn der Kläger seinen Sachantrag anpasst (*BGH,* NJW 1989, 1934, 1935).

3. Anerkenntnisurteil

8 Das Anerkenntnisurteil wird aus Gründen der Vereinfachung regelmäßig im Termin verkündet, ein besonderer Verkündungstermin nach § 310 I ZPO ist nicht erforderlich. Die Urteilsformel braucht bei der Verkündung nicht schriftlich abgefasst zu sein (§ 311 II ZPO). Das Anerkenntnisurteil ist im Eingang als solches zu bezeichnen (§ 313 b I 2 ZPO). Der Tenor entspricht dem eines stattgegebenen Urteils. Es ist immer ohne Sicherheitsleistung und ohne Abwendungsbefugnis für vorläufig vollstreckbar zu erklären (§§ 708 Nr. 1, 711 ZPO). Das Urteil bedarf keines Tatbestandes und keiner Entscheidungsgründe (§ 313 b I 1 ZPO) und enthält sie auch regelmäßig nicht. Anders ist es, wenn die Kostenentscheidung im Hinblick auf § 93 ZPO streitig ist. In diesem Fall ist das die Voraussetzung des § 93 ZPO betreffende Vorbringen in den Tatbestand aufzunehmen; in den Entscheidungsgründen ist dann die Kostenentscheidung zu begründen.

9 a) **Teilanerkenntnisurteil.** Hat der Beklagte den Anspruch nur zum Teil anerkannt, muss immer ein Teilanerkenntnisurteil ergehen. Auch dieses Urteil kann und sollte im Termin verkündet werden. Es enthält keine Kostenentscheidung. Sie wird, auch soweit es das Anerkenntnis betrifft, einheitlich im Schlussurteil getroffen. Bei einem Streit über die Kosten hinsichtlich des anerkannten Teils hat das Gericht also im Schlussurteil die Voraussetzungen des § 93 ZPO zu prüfen. Die Praxis lässt ein Teilaner-

kenntnisurteil auch zu, wenn der Beklagte den Anspruch insgesamt, aber unter Protest gegen die Kosten anerkannt hat. Wenn der Streit über die Kosten noch nicht entscheidungsreif ist, kann ein Teilurteil hinsichtlich der Hauptforderung ergehen; das Schlussurteil befasst sich dann nur noch mit den Kosten (vgl. *Thomas/Putzo/Reichold,* § 307 Rn. 12).

b) Anerkenntnisgrundurteil. Betrifft das Anerkenntnis nur den Anspruchsgrund im Sinne des § 304 ZPO, erkennt der Beklagte also an, dass der Klageanspruch dem Grunde nach besteht, und bestreitet er nur die Höhe, ist ein Anerkenntnisgrundurteil zu erlassen. Es ist wie ein Zwischenurteil über den Grund abzufassen, enthält also keine Entscheidung über die Kosten oder die vorläufige Vollstreckbarkeit (vgl. Rn. 34). 10

c) Anerkenntnisvorbehaltsurteil. Ist das Anerkenntnis im Urkunden-, Wechsel- oder Scheckprozess unter dem Vorbehalt erklärt worden, die Rechte im Nachverfahren ausführen zu können (vgl. A. XX. Rn. 18), ergeht ein Anerkenntnisvorbehaltsurteil, das wie ein sonstiges Vorbehaltsurteil abzufassen ist und insbesondere den Zusatz enthält: „Dem Beklagten bleibt die Ausführung seiner Rechte im Nachverfahren vorbehalten" (§ 599 I ZPO; A. XX. Rn. 29). 11

4. Kostenentscheidung nach § 93 ZPO

Grundsätzlich wird der Beklagte im Anerkenntnisurteil auch zur Kostentragung verurteilt. Hat er jedoch keinen Anlass zur Klageerhebung gegeben und erkennt er den Anspruch sofort an, trägt der Kläger nach § 93 ZPO die Kosten. 12

a) Sofortiges Anerkenntnis. Für ein sofortiges Anerkenntnis ist in der Regel erforderlich, dass es im ersten Termin vor streitiger Verhandlung abgegeben wird. Es ist nicht mehr sofort, nachdem der Beklagte den Anspruch im Prozess bestritten hat (*Thomas/Putzo/Hüßtege,* § 93 Rn. 10). Im schriftlichen Vorverfahren ist die Verteidigungsanzeige jedenfalls dann unschädlich, wenn mit ihr nicht auch noch ein Sachantrag auf Klageabweisung gestellt wird (*BGH,* NJW 2006, 2490). Der Beklagte kann dann noch innerhalb der Klageerwiderungsfrist „sofort" anerkennen. Hat der Beklagte einen Sachantrag auf Klageabweisung gestellt, dürfte dies nicht gelten (vgl. *Zöller/Herget,* § 93 Rn. 4). Die Kosten können dem Kläger noch auferlegt werden, wenn der Beklagte gegen einen Mahnbescheid einen auf die Kosten beschränkten Widerspruch eingelegt hat (*BGH,* NJW 1979, 2040; anders wenn im Widerspruch der Anspruch bestritten wurde, *OLG Frankfurt,* MDR 1984, 149) oder wenn gegen den Beklagten ein Versäumnisurteil ergangen ist (*Zöller/Herget,* § 93 Rn. 6 „Versäumnisurteil"). 13

b) Anlass zur Klageerhebung. Diesen hat der Beklagte gegeben, wenn er sich vor dem Prozess so verhalten hat, dass der Kläger annehmen durfte, ohne Prozess sein Ziel nicht erreichen zu können (*Zöller/Herget,* § 93 Rn. 3). Das ist immer der Fall, wenn der Beklagte sich vor Klageerhebung in Verzug befand. Streitig ist die praktisch bedeutsame Frage, ob der Beklagte schon dann Anlass zur Klageerhebung gegeben hat, wenn er eine vor Klageerhebung **fällige Geldschuld** nicht beglichen hat. Die Rechtsprechung verlangt häufig, dass das Anerkenntnis mit alsbaldiger Erfüllung verbunden ist (vgl. *Zöller/Herget,* § 93 Rn. 6 „Geldschulden" mwN; *OLG Düsseldorf,* NJW-RR 1994, 827). Demgegenüber stellt der *BGH* (NJW 1979, 2040, 2041) allein auf das prozessuale Verhalten ab und verlangt nicht zusätzlich die Erfüllung; dann wäre auch kein Raum für § 93 ZPO mehr, nur noch für § 91a ZPO (vgl. auch *OLG Frankfurt,* NJW-RR 1993, 1472). Richtig ist es aber, eine mangelnde Erfüllungsbereitschaft sowie auch das übrige Verhalten im Prozess zur Beurteilung der Frage heranzuziehen, ob ein Anlass zur Klageerhebung bestand (vgl. *Thomas/Putzo/Hüßtege,* § 93 Rn. 5). Die Beweislast liegt wegen des Kostenvorteils des § 93 ZPO beim Beklagten; er hat also uU den Beweis zu führen, nicht gemahnt worden zu sein. Wie immer bei einem negativen Beweis sind dann aber vom Kläger genaue Darlegungen zur Mahnung zu verlangen. 14

5. Rechtsmittel

Der Beklagte hat gegen das Anerkenntnisurteil dieselben Rechtsmittel wie gegen ein streitiges Urteil. Eine Sachprüfung findet aber regelmäßig nur dann statt, wenn dem Urteil ein wirksames Anerkenntnis nicht zugrundegelegen hat. Die Kostenentscheidung ist für beide Parteien mit der sofortigen Beschwerde nach §§ 99 II, 567 ZPO anfechtbar, falls die Beschwerdesumme von über 200,– EUR (§ 567 II ZPO) erreicht ist und auch ein Rechtsmittel in der (nicht angefochtenen) Hauptsache zulässig wäre, es also um einen Streitwert von mehr als 600,– EUR ging (§ 99 II 2 ZPO). Auch wenn nach einem Teilanerkenntnis die abschließende Kostenentscheidung nur zum Teil auf § 93 ZPO beruht, ist die sofortige Beschwerde statthaft (*OLG Köln,* NJW-RR 1994, 767; *Thomas/Putzo/Hüßtege,* § 99 Rn. 15). 15

II. Verzichtsurteil

Das Verzichtsurteil kommt in der gerichtlichen Praxis selten vor; meistens wählt der Kläger die Klagerücknahme als den einfacheren und billigeren Weg. Nur wenn der Beklagte die nach § 269 I ZPO er- 16 forderliche Einwilligung zur Rücknahme verweigert, hat der Kläger Anlass, einen Verzicht zu erklären. Dadurch ermäßigen sich, wie beim Anerkenntnis, die Urteilsgebühren des Gerichts (s. o. Rn. 1); außerdem unterbleiben ihn möglicherweise belastende Entscheidungsgründe.

1. Verfahren

17 Der Verzicht muss nach § 306 ZPO bei der mündlichen Verhandlung, also im Termin erklärt werden, soweit nicht das schriftliche Verfahren nach § 128 II, III ZPO angeordnet ist. Die Erklärung des Verzichts unterliegt im Anwaltsprozess dem Anwaltszwang (*BGH*, NJW 1988, 210). Der Verzicht kann den gesamten Anspruch, aber auch nur einen Teil betreffen. Eine dem Anerkenntnis entsprechende Kostenvorschrift fehlt; § 93 ZPO ist nicht anwendbar (*Zöller/Vollkommer*, § 306 Rn. 11; für analoge Anwendung *OLG Frankfurt*, NJW-RR 1994, 62). Die Verzichtserklärung ist wie das Anerkenntnis zu Protokoll zu nehmen (§§ 160 III Nr. 1, 162 I ZPO).

2. Entscheidung

18 Das Verzichtsurteil ist im Eingang als solches zu bezeichnen (§ 313 b I 2 ZPO). Der Tenor enthält den Ausspruch, dass der Kläger mit dem Anspruch … abgewiesen wird. Das Urteil ist immer ohne Sicherheitsleistung und ohne Abwendungsbefugnis für vorläufig vollstreckbar zu erklären (§§ 708 Nr. 1, 711 ZPO).

III. Teil- und Schlussurteil

19 Der Vorteil des Teilurteils liegt darin, dass eine Entscheidung wegen eines Teils erheblich früher ergehen kann, der Kläger insoweit den ihm zustehenden Titel erhält und der Prozess um den erledigten Streitstoff entlastet wird; weiteres Vorbringen zu dem bereits entschiedenen Punkt ist abgeschnitten. Das Teilurteil hilft mithin, einer Ausuferung des Prozesses vorzubeugen.

Ein Nachteil des Teilurteils zeigt sich, wenn Berufung eingelegt wird, und dann zwei Prozesse mit derselben Gerichtsakte in verschiedenen Instanzen geführt werden müssen. Meistens empfiehlt es sich, erst das Berufungsverfahren durchzuführen. Daraus ergibt sich eine erhebliche Verzögerung; allerdings kann eine Verjährung in dieser Wartezeit nicht eintreten (*BGH*, NJW 1979, 810).

1. Voraussetzungen des Teilurteils

20 § 301 I ZPO ist missverständlich formuliert: Danach hat das Gericht ein Teilurteil zu erlassen, wenn:

- bei objektiver Klagenhäufung ein Anspruch von mehreren,
- bei subjektiver Klagenhäufung nur der durch oder gegen einen Streitgenossen geltend gemachte Anspruch,
- bei Klage und Widerklage nur die Klage oder die Widerklage,
- nur der abgrenzbare Teil eines Anspruchs

zur Endentscheidung reif ist. Tatsächlich steht der Erlass des Teilurteils in diesen Fällen im Ermessen des Gerichts, wie sich aus § 301 II ZPO ergibt; entscheidend ist der Gesichtspunkt der Prozesswirtschaftlichkeit. Ein Antrag des Klägers ist nicht erforderlich, Anregungen der Parteien können aber zu berücksichtigen sein.

2. Notwendiges Teilurteil

21 Ein Teilurteil muss, bei Vorliegen der entsprechenden Voraussetzungen in folgenden Fällen ergehen:

- bei einem Teilanerkenntnis nach § 307 ZPO,
- bei einem Teilverzicht nach § 306 ZPO,
- wenn die Voraussetzungen für ein Versäumnisurteil gegen den Beklagten nur zum Teil vorliegen (zB bei nur teilweiser Schlüssigkeit oder wenn nur ein Beklagter geladen worden ist),
- wenn bei der Stufenklage eine Stufe entscheidungsreif ist.

3. Unzulässiges Teilurteil

22 Ein Teilurteil ist unzulässig, wenn die verschiedenen Ansprüche oder Anspruchsteile nicht selbständig abgrenzbar sind (*BGH*, NJW 1989, 2745, 2746) oder wenn die Gefahr widersprüchlicher Entscheidungen besteht (*BGH*, NJW 1991, 570; 1993, 784, 785; NJW-RR 1995, 575; NJW 1997, 453 u. 3448; weitere Beispiele bei *Zöller/Vollkommer*, § 301 Rn. 5–9 c). Auch über Klage und Widerklage kann nicht immer getrennt entschieden werden (*BGH*, NJW 1987, 441). Darüber hinaus ist ein Teilurteil immer unzulässig, wenn auch der restliche Teil entscheidungsreif ist; auf die Schwierigkeit der Entscheidung kommt es nicht an. Unangebracht ist ein Teilurteil, wenn durch die Aufspaltung ein an sich rechtsmittelfähiger Streitgegenstand unter die Rechtsmittelsumme gedrückt würde.

4. Abfassung des Teilurteils

23 Das Urteil ist im Eingang als Teilurteil zu bezeichnen. Über die **Kosten** wird in der Regel einheitlich im Schlussurteil entschieden. Das Teilurteil enthält im Tenor stattdessen den Satz: „Die Kostenentscheidung bleibt dem Schlussurteil vorbehalten". Wenn durch Teilurteil über die Klage eines Streitgenossen oder gegen einen Streitgenossen entschieden wird, kann ausnahmsweise über dessen außergerichtliche Kosten entschieden werden (vgl. *Thomas/Putzo/Reichold,* § 301 Rn. 5).

Wenn das Urteil einen vollstreckungsfähigen Inhalt hat, muss es im Tenor einen Ausspruch über die **vorläufige Vollstreckbarkeit** enthalten, die den allgemeinen Regeln folgt (§§ 708 ff. ZPO).

Im **Tatbestand** stellt sich die Frage, ob das gesamte Parteivorbringen aufzunehmen ist oder nur das Vorbringen, das den Teilanspruch betrifft. Wenn die entschiedenen und die noch offenen Streitpunkte miteinander zusammenhängen, empfiehlt sich ein umfassender Tatbestand, auf den dann im Schlussurteil im Wesentlichen Bezug genommen werden kann. Haben die Ansprüche wenig miteinander zu tun, kann eine Beschränkung auf den das Teilurteil betreffenden Streit angebracht sein. Das unstreitige Vorbringen sollte aber in der Regel vollständig aufgeführt werden. Die **Entscheidungsgründe** brauchen zur Zulässigkeit des Teilurteils keine näheren Ausführungen zu enthalten; hier genügt es, die Vorschrift des § 301 ZPO zu erwähnen. Ausführungen zu den noch nicht entschiedenen Ansprüchen sind unangebracht.

5. Rechtsmittel

24 Das Teilurteil ist hinsichtlich der Rechtsmittel ein gewöhnliches Endurteil (vgl. § 301 I ZPO). Die Beschwer richtet sich nur nach dem Streitwert, über den im Teilurteil entschieden wurde. Rechtskraft tritt für jedes Teilurteil und das Schlussurteil gesondert ein. Das Rechtsmittelgericht kann unter Umständen weitere Teile zur Entscheidung an sich ziehen (vgl. *BGH,* MDR 1983, 1014).

6. Schlussurteil

25 Nach Erlass des Teilurteils ist unverzüglich von Amts wegen Termin zur Verhandlung über den Rest anzuberaumen (*Thomas/Putzo/Reichold,* § 301 Rn. 7). Falls nicht ein weiteres Teilurteil angebracht ist, wird die Instanz durch das Schlussurteil beendet. Es entscheidet über den verbliebenen Streitgegenstand und nach §§ 91 ff. ZPO einheitlich über die gesamten Kosten des Rechtsstreits, also auch hinsichtlich der vorangegangenen Teilurteile. Das Urteil ist als Schlussurteil zu bezeichnen.

IV. Vorbehaltsurteil und Urteil im Nachverfahren

26 Vorbehaltsurteile sind streitige Endurteile, die unter dem Vorbehalt einer anderen Entscheidung im Nachverfahren derselben Instanz stehen. Die ZPO kennt zwei Formen:

a) Vorbehaltsurteil über die Klageforderung bei Aufrechnung mit einer nicht konnexen Gegenforderung (§ 302 ZPO, vgl. A. XII. Rn. 15); hier steht das Urteil unter dem Vorbehalt der Entscheidung über die Aufrechnung;
b) Vorbehaltsurteil im Urkunden-, Wechsel- und Scheckprozess (§ 599 ZPO, vgl. A. XX. Rn. 28, 70, 92); hier steht das Urteil unter dem Vorbehalt, dass die Einwendungen des Beklagten im Nachverfahren durchgreifen.

Über die Aufrechnungsforderung bzw. über die Einwendungen des Beklagten im Nachverfahren wird jeweils durch Urteil im Nachverfahren entschieden, das das Vorbehaltsurteil entweder ganz oder zum Teil für vorbehaltslos erklärt (vgl. § 708 Nr. 5 ZPO) oder die Klage ganz oder zum Teil abweist.

V. Zwischenurteil

27 Mit dem in der gerichtlichen Praxis seltenen Zwischenurteil wird ein zur Entscheidung reifer Zwischenstreit entschieden (§ 303 ZPO); es wird nicht über den materiellrechtlichen Streitgegenstand (wie bei einem Teilurteil), sondern nur über einzelne Streitpunkte, idR über Verfahrensfragen entschieden (anders bei dem Zwischenurteil über den Grund nach § 304 ZPO). Man unterscheidet die **echten Zwischenurteile** nach den §§ 280, 303, 304 ZPO, die nur ergehen dürfen, solange die Entscheidung noch nicht entscheidungsreif ist (ansonsten werden die Streitpunkte im Endurteil abgehandelt), und die sog. **unechten Zwischenurteile** nach den §§ 71, 135 II, 387, 402 ZPO. Die Zwischenurteile sind ihrer Rechtsnatur nach Feststellungsurteile und bezwecken, vorgelagerte Streitpunkte mit der Bindungswirkung nach § 318 ZPO abzuschichten, was zu einer Entlastung des Prozessstoffs führt.

1. Zwischenurteil nach § 280 ZPO

28 Das in der gerichtlichen Praxis manchmal vorkommende Zwischenurteil nach § 280 ZPO entscheidet vorweg über die Zulässigkeit der Klage; wenn sie unzulässig ist, ist der Rechtsstreit insgesamt ent-

scheidungsreif (§ 300 I ZPO) und die Klage durch Endurteil als unzulässig abzuweisen; sonst kann die Zulässigkeit der Klage im Zwischenurteil ausgesprochen werden. Es enthält keine Kostenentscheidung und keine Entscheidung zur vorläufigen Vollstreckbarkeit. Gegen das Urteil gibt es das Rechtsmittel der Berufung (§ 280 II 1 ZPO, nicht im Fall des § 513 II ZPO), mit demselben Streitwert wie in der Hauptsache (vgl. *Thomas/Putzo/Reichold,* § 280 Rn. 2). Mit dem Zwischenurteil nach § 280 ZPO kann neben der Zulässigkeit der Klage auch die Zulässigkeit eines gewillkürten Parteiwechsels vorab entschieden werden (vgl. *Thomas/Putzo/Hüßtege,* vor § 50 Rn. 27 u. A. IX. Rn. 27).

2. Zwischenurteil nach § 303 ZPO

29 Unter die Zwischenurteile nach § 303 ZPO fällt zB die Entscheidung über Fragen der Zulässigkeit der Wiedereinsetzung, des Rechtsmittels, des Einspruchs gegen ein Versäumnisurteil, der Klageänderung, der Unwirksamkeit eines Prozessvergleichs (vgl. im Einzelnen *Zöller/Vollkommer,* § 303 Rn. 6). Die Zwischenurteile nach § 303 ZPO sind nur zusammen mit dem Endurteil mit den gewöhnlichen Rechtsmitteln anfechtbar.

3. Unechte Zwischenurteile

30 Die sog. unechten Zwischenurteile nach den §§ 71, 135 II, 387, 402 ZPO erledigen den Zwischenstreit gegenüber einem Dritten, sie fallen nicht unter § 303 ZPO und sind gesondert anfechtbar mit der sofortigen Beschwerde (vgl. *Zöller/Vollkommer,* § 303 Rn. 3).

4. Beispiele für Tenorierung

31 **Zwischenurteile nach § 280 ZPO**

Der Rechtsweg zu den ordentlichen Gerichten ist gegeben.
Das angerufene Gericht ist international/sachlich/örtlich zuständig.
Es wird festgestellt, dass der Kläger prozessfähig ist.
Die Einrede des Schiedsvertrages ist nicht begründet (§ 1032 ZPO).

Zwischenurteile nach § 303 ZPO

Dem Beklagten wird Wiedereinsetzung gegen die Versäumung der Einspruchsfrist gewährt (§ 238 I 2 ZPO).
Die Klageänderung ist zulässig (§ 264 ZPO).
Der Kläger ist verpflichtet, dem Beklagten wegen der Prozesskosten Sicherheit in Höhe von ... EUR zu leisten. Hierzu wird dem Kläger eine Frist von 1 Monat ab Zustellung dieses Urteils gesetzt (§§ 110 f. ZPO; vgl. *BGH,* NJW 1988, 1733).

Unechte Zwischenurteile

Die Nebenintervention des ... wird zugelassen/nicht zugelassen (§ 71 ZPO).
Der Zeuge ist (nicht) berechtigt, die Aussage zu verweigern (§ 387 ZPO).

VI. Zwischenurteil über den Grund

32 Das Grundurteil nach § 304 ZPO ist eine besondere Form des Zwischenurteils; es klärt nicht eine prozessuale Vorfrage ab, sondern erledigt die **materiellrechtliche Vorfrage des Anspruchsgrundes,** bevor über die Höhe des Anspruchs entschieden wird. Der Erlass des Grundurteils liegt im Ermessen des Gerichts. Das Grundurteil empfiehlt sich, wenn zur Feststellung der Höhe noch eine umfangreiche und kostspielige Beweisaufnahme erforderlich ist und das Risiko besteht, dass das Rechtsmittelgericht den Anspruch schon dem Grunde nach versagt (vgl. *Zöller/Vollkommer,* § 304 Rn. 1). Ein weiterer Vorteil liegt darin, dass der Streit über den Grund mit der Bindungswirkung des § 318 ZPO abgeschichtet und das weitere Verfahren zur Höhe entlastet wird. Der Nachteil des Grundurteils liegt darin, dass sich der Rechtsstreit bei einem Rechtsmittel gegen das Grundurteil verzögert; nach Erlass des Grundurteils empfiehlt es sich abzuwarten, ob ein Rechtsmittel eingelegt wird, bevor im **Betragsverfahren** terminiert wird; nach Rechtskraft des Grundurteils muss das Gericht von Amts wegen im Betragsverfahren terminieren (*BGH,* NJW 1979, 2307); das Verfahren kann auf Antrag aber auch schon vorher fortgesetzt werden (*Zöller/Vollkommer,* § 304 Rn. 19). Zweckmäßig ist ein Grundurteil insbesondere, wenn zum Grund und zum Betrag unterschiedliche Fragen durch Beweiserhebung zu klären sind, wie dies beispielsweise in Verkehrsunfallprozessen oft der Fall ist.

1. Unzulässiges Grundurteil

33 Ein Grundurteil darf nicht ergehen, wenn Grund oder Höhe unstreitig sind (*BGH,* NJW 1992, 2487). Ein Grundurteil darf weiter nicht ergehen, wenn der Anspruch dem Betrag nach möglicherweise unbegründet sein könnte (*BGH,* NJW-RR 1988, 1405; NJW 1995, 2107 u. 2557). Problematisch ist häufig, was zum Grund und was zum Betrag gehört (vgl. *Zöller/Vollkommer,* § 304 Rn. 7–9; zu weiteren Zulässigkeitsfragen vgl. *BGH,* NJW 1991, 1896; NJW-RR 1994, 319; NJW 1994, 1296; 1997, 774; 1998, 1709).

2. Abfassung des Grundurteils

Das Urteil ist im Eingang als Grundurteil zu bezeichnen. Es enthält keine Kostenentscheidung und keine Entscheidung zur vorläufigen Vollstreckbarkeit. In den Entscheidungsgründen ist festzustellen, dass sowohl der Grund als auch die Höhe streitig sind (*BGH,* NJW 1992, 2487). Das Urteil kann oft mit einem Teilurteil zur Höhe verbunden werden. Es ist hinsichtlich der Rechtsmittel ein Endurteil (§ 304 II ZPO). 34

3. Beispiele für Tenorierung

Normales Grundurteil: 35

Die Klage ist dem Grunde nach gerechtfertigt.

Grundurteil bei Mitverschulden:

Die Klage ist dem Grunde nach zur Hälfte des aus dem Unfall vom . . . entstandenen Schadens . . . gerechtfertigt, soweit der Anspruch nicht auf einen Sozialversicherungsträger oder einen anderen Dritten übergegangen ist

(vgl. *BGH,* NJW 1979, 1933; 1980, 1579; zur Quotierung des Schmerzensgeldes *Thomas/Putzo/Reichold,* § 304 Rn. 17).

Grundurteil verbunden mit stattgebendem/abweisendem Teilurteil:

Der Beklagte wird verurteilt, an den Kläger . . . EUR zu zahlen.
Hinsichtlich des weitergehenden Schadens wird die Klage dem Grunde nach für gerechtfertigt erklärt.
Die Klage wird, soweit der Kläger Ersatz eines immateriellen Schadens verlangt, abgewiesen.
Soweit der Kläger Ersatz seines materiellen Schadens verlangt, ist die Klage dem Grunde nach gerechtfertigt.

A. XVII. Vorläufige Vollstreckbarkeit und Vollstreckungsschutzanträge

Dr. Stefan Bruinier

Übersicht

Literatur: *Schneider,* Die Kostenentscheidung im Zivilurteil, 2. Aufl. 1977 – zur allg. Literatur siehe Literaturverzeichnis A. I.

I. Vorläufige Vollstreckbarkeit

1 Nach § 704 I ZPO findet die Zwangsvollstreckung statt aus Urteilen, die rechtskräftig oder für vorläufig vollstreckbar erklärt sind. Der Ausspruch zur vorläufigen Vollstreckbarkeit ist grundsätzlich bei allen Urteilen erforderlich.

1. Nicht für vorläufig vollstreckbar zu erklärende Urteile

2 Nicht für vorläufig vollstreckbar zu erklären sind die Urteile, die mit ihrer Verkündung rechtskräftig werden oder die schon kraft Gesetzes vorläufig vollstreckbar sind.

3 a) **Mit Verkündung rechtskräftig** (und mithin endgültig vollstreckbar) werden Urteile, gegen die kein Rechtsmittel stattfindet, also Revisionsurteile des BGH und des BayObLG, Urteile des OLG bei Arrest und einstweiliger Verfügung (§ 542 II ZPO) und das Zwischenurteil nach § 280 ZPO in den Fällen der §§ 513 II, 545 II ZPO. Urteile, die wegen fehlender Berufungs- bzw. Revisionssumme nicht angegriffen werden können, sind dagegen für vorläufig vollstreckbar zu erklären; denn das festzustellen ist allein Sache des Rechtsmittelgerichts, auch bei Eindeutigkeit (vgl. *BGHZ,* 109, 211; NJW-RR 2008, 1673).

4 b) **Kraft Gesetzes vorläufig vollstreckbar** (Ausspruch mithin entbehrlich) sind einen Arrest anordnende und eine einstweilige Verfügung erlassende Beschlüsse oder Urteile bzw. Arrest und einstweilige Verfügung bestätigende Urteile (§§ 922, 925 II, 936 ZPO), weil diese Entscheidungen aus sich selbst heraus vorläufig vollstreckbar sind (das folgt aus der Natur des vorläufigen Rechtsschutzes als einer Eilmaßnahme); die einen Arrest bzw. eine einstweilige Verfügung ablehnenden oder aufhebenden Urteile sind dagegen nach § 708 Nr. 6 ZPO für vorläufig vollstreckbar zu erklären (s. Rn. 12). Kraft Gesetzes vorläufig vollstreckbar sind ferner Urteile der Arbeitsgerichte (§ 62 I ArbGG).

2. Nur im Kostenpunkt für vorläufig vollstreckbar zu erklärende Urteile

6 Bei klageabweisenden Urteilen, Feststellungs- und Gestaltungsurteilen sowie Urteilen auf Abgabe einer Willenserklärung ist nicht die Hauptsache, sondern sind nur die Kosten für vorläufig vollstreckbar zu erklären.

Dass bei klageabweisenden Urteilen außer den Kosten nichts zu vollstrecken ist, liegt auf der Hand; Feststellungsurteile (hierzu gehören auch die Zwischenurteile nach §§ 303, 304 ZPO) besagen nur, dass ein Rechtsverhältnis besteht oder nicht; Gestaltungsurteile erhalten ihre Wirkung aus sich selbst heraus mit Eintritt der Rechtskraft; für Urteile auf Abgabe einer Willenserklärung gilt die Fiktion des § 894 ZPO, die die Vollstreckung ersetzt. Eine Ausnahme gilt für die prozessualen Gestaltungsurteile nach den §§ 767, 768, 771 ZPO, die im Hinblick auf eine Einstellung der Zwangsvollstreckung nach den §§ 775 Nr. 1, 776 ZPO auch in der Hauptsache für vorläufig vollstreckbar zu erklären sind, ferner für die Urteile auf Abgabe einer Willenserklärung nach § 895 ZPO; wenn das Urteil keinen Ausspruch zur vorläufigen Vollstreckbarkeit enthält, kann der Kläger vor Rechtskraft weder die Einstellung der Zwangsvollstreckung nach § 775 Nr. 1 ZPO noch die Aufhebung von Vollstreckungsmaßnahmen nach § 776 ZPO erreichen, noch kann er seinen Anspruch auf Auflassung durch eine Vormerkung, seinen Anspruch auf Grundbuchberichtigung nicht durch einen Widerspruch absichern.

Beispiel für Tenorierung:

Das Urteil ist wegen der Kosten (hinsichtlich der Kostenentscheidung) vorläufig vollstreckbar.

(ohne Sicherheitsleistung und mit Abwendungsbefugnis nach §§ 708 Nr. 11, 711 ZPO oder gegen Sicherheitsleistung nach § 709 ZPO)

3. Ohne Sicherheitsleistung für vorläufig vollstreckbar zu erklärende Urteile

Die vorläufige Vollstreckbarkeit gegen Sicherheitsleistung (§ 709 ZPO) ist die Regel, die vorläufige Vollstreckbarkeit ohne Sicherheitsleistung (§ 708 ZPO) die Ausnahme; bei den in Nr. 4–11 aufgezählten Urteilen kann die Abwendungsbefugnis nach § 711 ZPO hinzukommen. Vor der Anwendung des § 709 ZPO ist der Katalog des § 708 ZPO durchzugehen; alle dort aufgeführten Urteile sind grundsätzlich ohne Sicherheitsleistung für vorläufig vollstreckbar zu erklären. 7

a) Nach Nr. 1 entfällt eine Sicherheitsleistung für **Anerkenntnis- und Verzichtsurteile.** Das gilt auch für Teilurteile, die nach § 306 ZPO oder § 307 ZPO ergehen; bei teilweise streitiger Entscheidung gilt für den streitigen Teil § 709 ZPO, wenn nicht ein anderer Fall des § 708 ZPO einschlägig ist. Wenn nur die Entscheidung über die Kosten vollstreckbar ist und die Grenze von 1.500,– EUR nach Nr. 11 überschritten ist, gilt allein Nr. 1. 8

b) Nach Nr. 2 entfällt die Sicherheitsleistung für **Versäumnisurteile und Urteile nach Aktenlage gegen die säumige Partei.** Die Regelung gilt nur für die sog. echten Versäumnisurteile nach den §§ 330, 331 II Hs. 1 ZPO, wozu auch das zweite Versäumnisurteil nach § 345 ZPO gehört. Die Regelung gilt nicht für die nach Einspruch streitigen Urteile nach § 343 ZPO (bei Aufrechterhaltung des Versäumnisurteils gilt § 709 Satz 2 ZPO, s. Rn. 23), auch nicht für Urteile nach Aktenlage gegen die nicht säumige Partei (mithin nicht für alle Fälle des § 251 a ZPO, sondern nur für den Fall des § 331 a ZPO). 9

Wenn die Berufung durch Versäumnisurteil zurückgewiesen wird (§ 542 I ZPO), entfällt zudem auch die Sicherheitsleistung aus dem Ersturteil (wegen Nr. 10).

c) Nach Nr. 3 bedürfen **Urteile, durch die gemäß § 341 ZPO der Einspruch als unzulässig verworfen wird,** keiner Sicherheitsleistung; das bezieht sich nur auf die Kosten und ist wegen der nicht zulässigen Abwendungsbefugnis (vgl. § 711 ZPO) günstiger als die sonst häufig eingreifende Nr. 11. 10

Wenn der Einspruch ohne mündliche Verhandlung nach § 341 II ZPO als unzulässig verworfen wird, ist der Beschluss nach § 794 I Nr. 3 ZPO ohne weiteres vollstreckbar.

d) Nach Nr. 4 bedürfen alle **Urteile, die im Urkunden-, Wechsel- oder Scheckprozess** erlassen werden (§§ 592, 602, 605 a ZPO), nicht einer Sicherheitsleistung, das gilt auch bei Klageabweisung. Die Regelung umfasst auch Vorbehaltsurteile nach § 599 ZPO, aber nicht die Urteile im Nachverfahren (s. Nr. 5). Bei Anerkenntnisurteilen geht Nr. 1 vor, so dass die Abwendungsbefugnis nach § 711 ZPO nicht eingreift (*OLG Koblenz,* NJW-RR 1991, 512; *Zöller/Herget,* § 711 Rn. 3; aA *LG Aachen,* NJW-RR 1986, 306). 11

Die Regelung in Nr. 5 betrifft nur die **bestätigenden Urteile** im Urkunden-, Wechsel- oder Scheckprozess (§ 600 ZPO). Wenn das Vorbehaltsurteil aufgehoben wird, kommt Nr. 11 oder § 709 ZPO zur Anwendung.

e) Nr. 6 betrifft **Urteile, durch die Arreste oder einstweilige Verfügungen abgelehnt oder aufgehoben** werden (§§ 922, 925, 927, 936 ZPO). Erfasst werden auch abändernde Urteile, die (für den Antragsgegner günstig) teilweise aufheben. 12

Bei Urteilen, die einen Arrest oder eine einstweilige Verfügung bestätigen, bedarf es keines neuen Ausspruchs zur vorläufigen Vollstreckbarkeit, weil mit der Bestätigung auch die Vollstreckbarkeit der Erstentscheidung bestätigt wird. Bei Urteilen, die einen Arrest anordnen oder eine einstweilige Verfügung erlassen, ist ein Ausspruch zur vorläufigen Vollstreckbarkeit von vornherein überflüssig (s. Rn. 4). Das gleiche gilt bei Urteilen der Oberlandesgerichte, die nach § 542 II ZPO mit ihrer Verkündung rechtkräftig werden (s. Rn. 3).

f) Nr. 7 gilt nur für **Mietverhältnisse** (vgl. § 23 Nr. 2 a GVG), nicht für Pachtverhältnisse. Auch klageabweisende Urteile werden erfasst. Wegen „Wohnräume“ vgl. *Thomas/Putzo/Hüßtege,* § 23 GVG Rn. 12, wegen „andere Räume“ § 29 a Rn. 6, wegen „Räumung und Überlassung“ § 885 Rn. 1. Zur „Untermiete“ siehe § 553 BGB und zur „Zurückbehaltung von Sachen“ siehe § 562 b BGB. 13

Wenn auch zur Zahlung (vor allem Mietzins) verurteilt worden ist, gilt für diesen Ausspruch Nr. 11 oder § 709 ZPO.

g) Die Regelung in Nr. 8 betrifft **jegliche Art von Unterhalt,** gleich ob gesetzlich oder vertraglich, **ferner Renten** wegen Unterhaltsentziehung oder Körperverletzung (beispielsweise nach §§ 843, 844 BGB, 13 II StVG), nicht jedoch andere fortlaufende Leistungen (beispielsweise nicht die an einen Dritten zu 14 leistende Rente nach § 845 BGB). Unter Nr. 8 fallen auch die Abänderungsurteile nach § 323 ZPO und Urteile auf Zahlung einer Abfindung nach den §§ 9, 10 KSchG (vgl. *LAG Hamburg,* NJW 1983, 1344). Ob Nr. 8 auch für Auskunftsansprüche bei einer Unterhalts-Stufenklage gilt, ist umstritten (bejahend *AG Hamburg,* FamRZ 1977, 815; *Zöller/Herget,* § 708 Rn. 10; verneinend *OLG München,* FamRZ 1990, 84). Für nicht in Nr. 8 genannte Rückstände gilt Nr. 11 oder § 709 ZPO. Für Urteile der Oberlandesgerichte ist Nr. 10 einschlägig. Bei Versäumnisurteilen ist Nr. 2 vorrangig.

15 h) Nach Nr. 9 bedürfen **Urteile auf Wiedereinräumung des Besitzes oder auf Beseitigung oder Unterlassung einer Besitzstörung** keiner Sicherheitsleistung; es geht um stattgebende Urteile, die auf den Anspruchsgrundlagen der §§ 861, 862 BGB beruhen. Die Regelung gilt auch bei teilweisem (§ 865 BGB) und mittelbarem (§ 869 BGB) Besitz.

16 i) Nach Nr. 10 sind **Berufungsurteile in vermögensrechtlichen Streitigkeiten** ohne Sicherheitsleistung für vorläufig vollstreckbar zu erklären. Die Regelung erfasst auch die aufhebenden und zurückverweisenden Urteile nach den §§ 538 ZPO (*OLG München,* MDR 1982, 238; *OLG Karlsruhe,* JZ 1984, 635). Nr. 10 betrifft nur Urteile in vermögensrechtlichen Streitigkeiten; in nichtvermögensrechtlichen Streitigkeiten gilt § 709 ZPO (vgl. *OLG München,* MDR 1980, 408). Nichtvermögensrechtlich ist eine Forderung, die nicht auf Geld oder einen Geldeswert gerichtet oder nicht aus einem Vermögensrecht abzuleiten ist; zur Abgrenzung hilft die Frage, ob der Anspruch vorwiegend wirtschaftlichen oder ideellen Interessen dient (*BGH,* NJW 1974, 1470), beispielsweise Klage auf Unterlassen ehrenrühriger Äußerungen (= nichtvermögensrechtlich) und Klage auf Ausschluss aus einer Gesellschaft (= vermögensrechtlich).

Wenn die Berufung zurückgewiesen, mithin das Urteil der ersten Instanz bestätigt wird, wird dieses, auch wenn es nach § 709 Satz 1 ZPO nur gegen Sicherheitsleistung für vorläufig vollstreckbar erklärt worden war, ohne Sicherheitsleistung vorläufig vollstreckbar (*OLG Hamm,* NJW 1971, 1187; vgl. auch *OLG München,* OLGZ 1985, 458). Anders ist es bei Beschlüssen, die nach § 522 I ZPO die Berufung als unzulässig verwerfen; für sie gilt nur § 794 I Nr. 3 ZPO (*LG Stuttgart,* NJW 1973, 1050). Bei der Abwendungsbefugnis nach § 711 ZPO wird die Höhe der Sicherheitsleistung nicht nur nach den zu vollstreckenden Kosten des Berufungsbeklagten, sondern auch unter Einschluss der erstinstanzlichen Verurteilung nebst Kosten berechnet (vgl. *Höhne,* MDR 1987, 626).

Wenn nach dem Urteil des Berufungsgerichts die Revision nicht zugelassen ist, bedarf es dennoch des Ausspruchs zur vorläufigen Vollstreckbarkeit (s. Rn. 3).

Nr. 10 gilt nicht bei Urteilen über Arrest oder einstweilige Verfügung (§ 542 II ZPO, s. Rn. 12 u. 3).

17 j) Nach Nr. 11 bedarf es keiner Sicherheitsleistung bei einer **Hauptsacheentscheidung bis zu 1.250,– EUR** oder bei einer **Kostenentscheidung und Vollstreckungsmöglichkeit bis zu 1.500,– EUR.** Bei einer Verurteilung zu so geringen Leistungen ist ein Vollstreckungsschaden in der Regel nicht groß und die Chance, Schadensersatz zu erlangen (vgl. § 717 II ZPO), nicht besonders gefährdet, so dass eine Sicherheitsleistung entbehrlich ist.

Bei der Wertgrenze von 1.250,– EUR für die Verurteilung in der Hauptsache sind Zinsen, Kosten und andere Nebenforderungen nicht zu berücksichtigen (§ 4 I ZPO). Bei einer objektiven Klagenhäufung ist nach § 5 ZPO zu addieren, jedoch zu beachten, dass solche Ansprüche nicht zu berücksichtigen sind, bei denen bereits nach den Nrn. 1–10 eine Sicherheitsleistung entfällt. Bei subjektiver Klagenhäufung (Streitgenossen) ist darauf abzustellen, ob der für den einzelnen Streitgenossen vollstreckbare Betrag 1.250,– EUR bzw. 1.500,– EUR nicht übersteigt; die Gesamtsumme kann deshalb nicht maßgeblich sein, weil mehrere, lediglich miteinander verbundene Prozesse vorliegen und für einen Vollsteckungsschaden (§ 717 II ZPO) jeder Streitgenosse getrennt haftet.

Wenn nur die Kostenentscheidung vorläufig vollstreckbar ist (beispielsweise bei Klageabweisung oder Feststellungsurteil), kommt es auf den zu schätzenden Kostenerstattungsanspruch an, der nicht über 1.500,– EUR liegen darf. Bei teilweisem Obsiegen gilt für den Kläger die Wertgrenze von 1.250,– EUR, für den Beklagten wegen der Kosten die von 1.500,– EUR.

Nr. 11 gilt nur für vermögensrechtliche Streitigkeiten; für nichtvermögensrechtliche gilt bei Verurteilung § 709 ZPO, bei Klageabweisung wegen der Kosten § 708 Nr. 11 ZPO analog (*Zöller/Herget,* § 708 Rn. 13).

4. Abwendungsbefugnis

18 In den Fällen des § 708 Nr. 4 bis 11 ZPO hat das Gericht auszusprechen, dass der Schuldner die Vollstreckung durch Sicherheitsleistung oder Hinterlegung abwenden darf, wenn nicht der Gläubiger vor der Vollstreckung Sicherheit leistet (§ 711 Satz 1 ZPO); die Abwendungsbefugnis ist von Amts wegen ohne Antrag (vgl. § 714 ZPO) anzuordnen. Der Ausspruch nach § 711 ZPO hat zu unterbleiben, wenn die Voraussetzungen, unter denen ein Rechtsmittel gegen das Urteil stattfindet, unzweifelhaft nicht vorliegen (§ 713 ZPO), also wenn nach Ansicht des Gerichts die Berufungssumme nicht erreicht ist (§ 511 II Nr. 1 ZPO). Bei den wertgrenzenfreien Rechtsmittelzulassungen (§§ 511 IV, 543 II ZPO) ist § 713 ZPO nicht anwendbar. Gleiches gilt für den Fall, dass die Revision nicht zugelassen wird, weil hier Nichtzulasssungsbeschwerde eingelegt werden kann. Bis 31. 12. 2011 ist die Nichtzulassungsbeschwer-

de allerdings nur zulässig, wenn der Wert der Beschwer 20.000,– EUR übersteigt. Bleibt der Wert zweifelsfrei darunter, sind §§ 708 Nr. 10, 713 ZPO auf Berufungsurteile insoweit noch anwendbar (vgl. *Zöller/Herget,* § 713 Rn. 2).

a) **Zweck.** Der Vollstreckungsschutz für den Schuldner bewirkt Folgendes: 19

Wenn der Schuldner die Sicherheit nicht erbringt, darf der Gläubiger vollstrecken. Wenn der Schuldner die Sicherheit erbringt, ist die Vollstreckung nach § 775 Nr. 3 ZPO einzustellen (vgl. auch § 720 ZPO).

Wenn auch der Gläubiger Sicherheit erbringt, darf er wieder vollstrecken, weil jetzt der Schuldner durch die Sicherheitsleistung des Gläubigers ausreichend gesichert ist. Das Gericht sollte darauf achten, dass die Abwendungsbefugnis nicht für die Fälle des § 708 Nr. 1 bis 3 ZPO gilt.

In § 711 S. 2 ZPO wird für die Abwendungsbefugnis (Fälle des § 708 Nr. 4 bis 11 ZPO) bei Geldforderungen auf § 709 S. 2 ZPO verwiesen. Hier ist § 711 S. 2 Hs. 2 ZPO zu beachten: Der Vollstreckungsschuldner muss Sicherheit in Höhe des **aufgrund des Urteils vollstreckbaren** Betrages leisten, um die Vollstreckung abzuwenden. Für den Vollstreckungsgläubiger reicht die Sicherheitsleistung in Höhe des **jeweils zu vollstreckenden** Betrages, um vollstrecken zu können. Dem Schuldner ist also die Möglichkeit einer Teilsicherheit verwehrt, wohingegen der Gläubiger stets teilweise vollstrecken können soll.

b) Beispiele für Tenorierung:

Das Urteil ist vorläufig vollstreckbar. Der Beklagte kann die Vollstreckung durch Sicherheitsleistung in Höhe von . . . 20
EUR abwenden, wenn nicht der Kläger vor der Vollstreckung Sicherheit in derselben Höhe leistet.

(Bei Geldforderungen, vgl. § 711 Satz 2, 709 S. 2 ZPO):

Das Urteil ist vorläufig vollstreckbar. Der Beklagte kann die Vollstreckung durch Sicherheitsleistung in Höhe von 120% des aufgrund des Urteils vollstreckbaren Betrages abwenden, wenn nicht der Kläger vor der Vollstreckung Sicherheit in Höhe von 120% des jeweils zu vollstreckenden Betrages leistet.

5. Gegen Sicherheitsleistung für vorläufig vollstreckbar zu erklärende Urteile

Alle nicht in § 708 ZPO aufgezählten Urteile sind gegen Sicherheitsleistung für vorläufig vollstreck- 21
bar zu erklären (§ 709 S. 1 ZPO), also auch alle Urteile in nichtvermögensrechtlichen Streitigkeiten. Bei teilweisem Obsiegen können in der Regel beide Parteien vorläufig vollstrecken, jedoch mit verschieden hoher Sicherheitsleistung.

Bei Streitgenossen muss angegeben werden, für wen bzw. wem gegenüber das Urteil gegen Sicherheitsleistung in Höhe von . . . vorläufig vollstreckbar ist.

a) **Geldforderungen.** Schon früher wurde es bei wiederkehrenden Leistungen als zulässig angesehen, die Sicherheit „in Höhe des jeweils zu vollstreckenden Betrages" zu bemessen. Für Geldforderungen genügt dies jetzt gemäß § 709 S. 2 ZPO allgemein. Dabei ist wegen eventueller Schäden des Schuldners ein prozentualer Zuschlag zu machen.

Beispiel für Tenorierung:

Das Urteil ist vorläufig vollstreckbar gegen Sicherheitsleistung in Höhe von 120% des jeweils zu vollstreckenden Be- 22
trages.

Das Urteil ist vorläufig vollstreckbar, für den Kläger jedoch nur gegen Sicherheitsleistung in Höhe von 120% des jeweils zu vollstreckenden Betrages. Der Kläger kann die Vollstreckung gegen Sicherheitsleistung in Höhe von 120% des aufgrund des Urteils zu vollstreckenden Betrages abwenden, wenn nicht der Beklagte vor der Vollstreckung Sicherheit in Höhe von 120% des jeweils zu vollstreckenden Betrages leistet.

b) **Aufrechterhaltung Versäumnisurteil.** Wenn ein Versäumnisurteil aufrechterhalten wird (§ 343 S. 1 23
ZPO), muss die Frage der Sicherheitsleistung erneut beurteilt werden. Wenn das neue Urteil unter § 708 ZPO fällt, bedarf es weiterhin keiner Sicherheit; ansonsten gilt § 709 S. 2 ZPO, wonach die Vollstreckung aus dem Versäumnisurteil nur gegen Leistung der Sicherheit fortgesetzt werden darf.

Dabei bleiben Vollstreckungsmaßnahmen, die bislang ohne Sicherheitsleistung erfolgt sind (§ 708 Nr. 2 ZPO), wirksam; die weitere Vollstreckung ist jedoch nur gegen Sicherheitsleistung zulässig (§ 775 Nr. 2 ZPO).

Beispiel für Tenorierung:

Das Versäumnisurteil vom . . . wird aufrechterhalten. Der Beklagte trägt auch die weiteren Kosten des Rechtsstreits. Das Urteil ist gegen Sicherheitsleistung in Höhe von 120% des jeweils zu vollstreckenden Betrages vorläufig vollstreckbar. Die Vollstreckung aus dem Versäumnisurteil darf nur gegen Leistung der Sicherheit fortgesetzt werden.

6. Höhe der Sicherheitsleistung

Die Höhe der Sicherheitsleistung richtet sich danach, welcher Vollstreckungsschaden der verurteilten 24
Partei droht; denn die Sicherheitsleistung soll den möglichen Schadensersatzanspruch der verurteilten Partei aus § 717 II 1 ZPO (prozessuale Gefährdungshaftung) decken. Die Sicherheitsleistung setzt sich mithin aus dem Wert der Hauptsache, Zinsen und sonstigen Nebenforderungen und den Kosten, die die

verurteilte Partei der anderen (nicht dem Gericht) nach dem Urteil erstatten muss, zusammen. Dabei sind die **Zinsen** nicht nur bis zum Tag der Verkündung des Urteils zu berechnen, vielmehr ist die Zeit bis zur Vollstreckung überschlägig zugrundezulegen (beispielsweise sechs Monate nach Urteilsverkündung).

Bei berufungsverwerfenden Urteilen der Oberlandesgerichte (s. Rn. 16) ist die Höhe der Sicherheitsleistung für § 711 ZPO (wenn nicht § 713 ZPO eingreift) unter Einschluss der erstinstanzlichen Verurteilung zuzüglich Kosten zu bestimmen.

25 a) **Kosten.** Bei den Kosten geht es um die Auslagen der Partei, also beim Kläger um den von ihm gezahlten Prozessgebührenvorschuss (§ 12 I 1 GKG, jedoch nicht bei bewilligter Prozesskostenhilfe, § 14 Nr. 1 GKG) und die entstandenen Rechtsanwaltsgebühren nebst Auslagenpauschale sowie gesetzliche Mehrwertsteuer auf Gebühren und Auslagenpauschale; hinzu kommen etwa gezahlte Auslagenvorschüsse für Zeugen und Sachverständige; beim Beklagten entfällt naturgemäß der Prozessgebührenvorschuss. Der Gesamtbetrag wird nach oben hin aufgerundet; er ist zu erhöhen, wenn es einen Anhaltspunkt dafür gibt, dass ein weiterer Vollstreckungsschaden droht (in der gerichtlichen Praxis selten).

Bei klageabweisenden Urteilen, bei denen der Beklagte nur wegen seiner Kosten vorläufig vollstrecken kann, sind diese im Hinblick auf §§ 708 Nr. 11, 711 bzw. § 709 ZPO gleichfalls auszurechnen.

26 b) **Teilweises Obsiegen.** Bei teilweisem Obsiegen ist getrennt zu rechnen: Für den Kläger ausgeurteilte Hauptforderung nebst Zinsen und von seinen Kosten die für ihn ausgeurteilte Quote, für den Beklagten nur letzteres (es wird sich dann zeigen, ob jeweils §§ 708 Nr. 11, 711 ZPO oder § 709 ZPO anzuwenden sind).

7. Art der Sicherheitsleistung

27 Die Art der Sicherheitsleistung kann das Gericht nach freiem Ermessen bestimmen (§ 108 I ZPO). Davon wird in der gerichtlichen Praxis kaum Gebrauch gemacht; in der Regel wird die Sicherheitsleistung durch Geldzahlung bestimmt; es gilt dann § 108 I 2 ZPO, wonach die Sicherheit durch schriftliche, unwiderrufliche, unbedingte und unbefristete Bankbürgschaft (Einzelheiten bei *Zöller/Herget,* § 108 Rn. 7 bis 9), durch Hinterlegung von Geld oder geeigneten Wertpapieren zu leisten ist. Wegen der weiteren Regelungen zur Sicherheitsleistung vgl. §§ 109 f. ZPO und die Hinterlegungsordnung.

Entscheidungen über Art und Höhe der Sicherheitsleistung sind (eingeschränkt) anfechtbar, vgl. *Zöller/Herget,* § 108 Rn. 16; aA *OLG München,* MDR 1984, 321.

II. Vollstreckungsschutzanträge

28 Schutzanträge kann sowohl der Gläubiger (§§ 710, 711 S. 2 ZPO) als auch der Schuldner (§ 712 ZPO) stellen; nach § 714 I ZPO müssen die Anträge vor Schluss der mündlichen Verhandlung gestellt sein, sie können aber im Berufungsrechtszug in Anwendung des § 718 ZPO nachgeholt werden (*OLG Schleswig,* SchlHA 1985, 156 für den Antrag nach § 710 ZPO; *OLG Hamm,* NJW-RR 1987, 252; *OLG Frankfurt,* FamRZ 1990, 539; aA *OLG Karlsruhe,* NJW-RR 1989, 1470). Nach § 714 II ZPO sind die tatsächlichen Voraussetzungen glaubhaft zu machen (§ 294 ZPO), woran es in der gerichtlichen Praxis häufig fehlt. Die Ablehnung eines Schutzantrags wird in den Entscheidungsgründen behandelt, wobei knappe Hinweise ausreichen (vgl. *Baumbach/Lauterbach/Albers/Hartmann,* § 712 Rn. 5). Wenn die Anträge übersehen wurden, kann nach §§ 716, 321 ZPO ergänzt werden.

1. Antrag des Gläubigers nach § 710 ZPO

29 Der Schutzantrag des Gläubigers nach § 710 ZPO kann nur bei Urteilen nach § 709 ZPO gestellt werden. Voraussetzung ist, dass der Gläubiger die Sicherheit überhaupt nicht oder nur unter erheblichen Schwierigkeiten leisten kann und dass die Aussetzung der Vollstreckung ihm einen schwer zu ersetzenden oder schwer abzusehenden Nachteil bringt oder aus einem sonstigen Grunde für ihn unbillig wäre, insbesondere weil er die Mittel für seine Lebenshaltung oder seine Erwerbstätigkeit dringend benötigt. Weitere Voraussetzungen (außer dem Antrag nach § 714 I und der Glaubhaftmachung nach § 714 II ZPO) sind nicht nötig, insbesondere erfolgt keine Abwägung mit den Interessen des Schuldners. Wenn aber dieser seinerseits auch einen Schutzantrag nach § 712 ZPO stellt, führt das nach § 712 II 1 ZPO zur Interessenabwägung; überwiegen die des Schuldners, wird nach § 712 I ZPO entschieden (*Thomas/Putzo/Reichold,* § 710 Rn. 5).

Beispiel für Tenorierung:

Das Urteil ist vorläufig vollstreckbar.

(bei erfolgreichem Antrag)

Das Urteil ist vorläufig vollstreckbar (wegen § 710 ZPO). Der Beklagte kann die Vollstreckung durch Sicherheitsleistung in Höhe von ... abwenden.

(bei erfolgreichem Gegenantrag des Schuldners nach § 712 I 1 ZPO)

2. Antrag des Gläubigers nach § 711 Satz 2 ZPO

Der Schutzantrag des Gläubigers nach § 711 S. 2 ZPO ist auf die Urteile nach § 708 Nr. 4 bis 11 ZPO gerichtet (§ 711 S. 1 ZPO). Der Gläubiger, der schon im Normalfall des § 711 ZPO die sofortige Vollstreckung erzwingen kann (nach Erbringung einer eigenen Sicherheitsleistung), kann davon nach den §§ 711 S. 2, 710 ZPO befreit werden, so dass er ohne eigene Sicherheitsleistung sofort und unabhängig von einer etwaigen Sicherheitsleistung des Schuldners vollstrecken kann. 30

Beispiel für Tenorierung:

Das Urteil ist vorläufig vollstreckbar.

3. Antrag des Schuldners nach § 712 ZPO

Der Schutzantrag des Schuldners nach § 712 ZPO ist auf alle Urteile nach den §§ 708, 709 ZPO anwendbar. Voraussetzung ist, dass die Vollstreckung dem Schuldner einen nicht zu ersetzenden Nachteil bringen würde (anders als nach § 710 ZPO, dort genügt ein schwer zu ersetzender Nachteil) und dass keine überwiegenden Interessen des Gläubigers entgegenstehen (§ 712 II ZPO); hier sind mithin die Interessen von Schuldner und Gläubiger abzuwägen, im Zweifel gebührt den Interessen des Gläubigers der Vorzug (vgl. *Thomas/Putzo/Reichold,* § 712 Rn. 5). Für einen „nicht zu ersetzenden Nachteil" reicht drohende Insolvenz nicht (vgl. *BGH,* NJW-RR 1987, 62). 31

Beispiel für Tenorierung:

bei § 708 ZPO

Das Urteil ist vorläufig vollstreckbar. Der Beklagte kann die Vollstreckung durch Sicherheitsleistung in Höhe von . . . abwenden.

(bei Nr. 1 bis 3 kommt die Abwendungsbefugnis hinzu; bei Nr. 4 bis 11 entfällt der letzte Teil des Satzes nach § 711 S. 1 ZPO: „Wenn nicht der Gläubiger . . . leistet")

bei § 709 S. 1 ZPO

Das Urteil ist gegen Sicherheitsleistung des Klägers in Höhe von . . . vorläufig vollstreckbar. Der Beklagte kann die Vollstreckung durch Sicherheitsleistung in derselben Höhe abwenden.

(der Kläger muss zunächst selbst Sicherheit erbringen und selbst dann kann der Beklagte mit seiner Sicherheitsleistung die Vollstreckung abwenden)

Wenn der Schuldner zur Sicherheitsleistung nach § 712 I 1 ZPO nicht in der Lage ist, kann nach S. 2 das Urteil nicht für vorläufig vollstreckbar erklärt oder die Vollstreckung auf die in § 720 a I, II ZPO bezeichneten Maßregeln beschränkt werden.

Beispiel für Tenorierung:

Das Urteil ist nicht vorläufig vollstreckbar.

oder

Das Urteil ist vorläufig vollstreckbar (ohne/gegen Sicherheitsleistung). Die Zwangsvollstreckung ist nach Maßgabe des § 720 a ZPO beschränkt.

A. XVIII. Kostenentscheidung und Streitwert

Dr. Stefan Bruinier

Übersicht

Literatur: *Butzer,* Prozessuale und kostenrechtliche Probleme beim unbezifferten Klageantrag, MDR 1992, 539; *Dunz,* Der unbezifferte Leistungsantrag nach der heutigen Rechtsprechung des Bundesgerichtshofs, NJW 1984, 1734; *Furtner,* Das Urteil im Zivilprozeß, 1985; *Hartmann,* Kostengesetze, 27. Aufl. 1997; *Held,* Tabelle zur Ermittlung der Kostenverteilung bei teilweisem Obsiegen im Zivilprozeß, DRiZ 1984, 317; *Hensen,* Die Kostenlast beim Zug-um-Zug-Urteil, NJW 1999, 395; *Herr,* Was genau ist „verhältnismäßig geringfügig" in § 92 II ZPO?, MDR 1993, 837; *Jaeger,* Klageantrag bei der Geltendmachung von Schmerzensgeld, MDR 1996, 886; *Kroiß,* Die Entwicklung des Gerichts- und Notarkostenrechts im Jahr 2010, NJW 2011, 498; *Olivet,* Die Kostenverteilung im Zivilurteil, 2. Aufl. 1988; *Schneider,* Die Kostenentscheidung im Zivilurteil, 2. Aufl. 1977; *Steinle,* Kostenrisiko beim unbezifferten Schmerzensgeldantrag, VersR 1992, 425; *Volker,* Die Kostenverteilung bei teilweisem Obsiegen im Zivilprozeß, DRiZ 1985, 57; *Wurm,* Der unbezifferte Zahlungsantrag, JA 1989, 65 – zur allg. Literatur siehe Literaturverzeichnis A. I.

I. Kostenentscheidung

1 Weil über die Prozesskosten von Amts wegen zu entscheiden ist (§ 308 II ZPO), muss grundsätzlich jedes Urteil eine Kostenentscheidung enthalten. Keine Kostenentscheidung enthalten die Urteile, die in der Sache keine Endentscheidung treffen, mithin Teil-, Zwischen- und Grundurteile (s. auch Rn. 7).

1. Teilurteil

2 Das Teilurteil (§ 301 ZPO) erledigt nur einen abtrennbaren Teil des Streitgegenstandes, über die anderen Teile ist weiter zu prozessieren und vom Gericht zu entscheiden; erst wenn die Schlussentscheidung vorliegt, kann der Richter den Umfang des Obsiegens und Unterliegens feststellen und die Kostenentscheidung treffen. Es wäre mithin verfehlt, schon im Teilurteil eine Kostenentscheidung zu treffen oder etwa über die bis zum Teilurteil angefallenen Kosten getrennt zu entscheiden (Verbot der Kostentrennung, s. Rn. 7, 8). Eine Ausnahme gilt bei einem **klageabweisenden Teilurteil gegen einen Streitgenossen;** weil dieser aus dem Rechtsstreit ausscheidet, hat er ein Recht darauf, dass seine außergerichtlichen Kosten dem Kläger im Teilurteil auferlegt werden (vgl. *BGH,* NJW 1960, 484; *OLG München,* NJW 1969, 1123; s. auch Rn. 14).

2. Zwischen- und Grundurteil

3 Das Zwischen- und Grundurteil (§§ 280, 303, 304 ZPO) erledigt einen Teil des Prozessstoffes; auch hier kann über die Kosten erst und damit einheitlich im Schlussurteil entschieden werden. Eine ähnliche Ausnahme wie beim Teilurteil gegen einen Streitgenossen gibt es auch beim Zwischenurteil zwischen einer Partei und einem Dritten; denn auch für ihn ist es die Endentscheidung (vgl. §§ 71, 135 II, III, 387, 402 ZPO).

Beispiel für Tenorierung:

Die Kostenentscheidung bleibt dem Schlussurteil vorbehalten.

3. Kosten des Rechtsstreits

Unter Kosten des Rechtsstreits nach § 91 ZPO fallen Gerichtskosten und außergerichtliche Kosten (insbesondere Anwaltsgebühren). Die Gerichts- und Anwaltsgebühren sind keine Rahmengebühren, die im Einzelfall zwischen Mindest- und Höchstsätzen festgelegt werden (so bei den Verteidigergebühren nach Nr. 4100 VV RVG), sondern **Fixgebühren,** die anhand des Streitwerts aus den Gebührentabellen zu ersehen sind. Sie entstehen unabhängig von der Zahl der Termine für jeden Rechtszug einmal (§§ 35 GKG, 15 I, II RVG); Dauer und Schwierigkeit des Prozesses sind ohne Bedeutung, maßgeblich ist nur der Streitwert. 4

a) **Gerichtskosten.** Bei den Gerichtskosten wird nach Gebühren und Auslagen unterschieden (§ 1 I GKG). Das Kostenverzeichnis (KV, Anlage 1 zum GKG, § 3 I GKG) regelt, welche Gebühren anfallen (Gebührentatbestände); die Gebührenhöhe folgt aus dem Gebührensatz (beispielsweise ½, 1, 2 oder 3 Gebühren, s. rechte Spalte des KV) und dem Gebührenstreitwert, der sich nach den §§ 39 f. GKG und der Tabelle in Anlage 2 bestimmt (§ 34 I GKG). An Gerichtsgebühren können in erster Instanz höchstens drei Gebühren anfallen, in der Berufungsinstanz höchstens vier Gebühren und in der Revision höchstens fünf Gebühren (vgl. Nr. 1210, 1220, 1230 VV GKG). Auslagen des Gerichts fallen für Zustellungen, Anfertigung von Abschriften, für Zeugen und Sachverständige an (KV Teil 9). 5

Bei **unrichtiger Sachbehandlung** sind nach § 21 GKG Kosten nicht zu erheben.

b) **Außergerichtliche Kosten.** Außergerichtliche Kosten sind die eigenen Kosten der Partei (§ 91 I ZPO) und die gesetzlichen Gebühren und Auslagen des Rechtsanwalts (§ 91 II ZPO). Die Kosten der Partei müssen zur zweckentsprechenden Rechtsverfolgung oder Rechtsverteidigung notwendig gewesen sein; hierüber entscheidet nicht der Richter, sondern der Rechtspfleger im Kostenfestsetzungsverfahren (s. Rn. 21). 6

Gesetzliche Gebühren des Anwalts sind die Verfahrensgebühr (für die Prozessführung im allgemeinen (Vorbem. 3 (2) VV RVG), die Terminsgebühr (für die Vertretung der Partei in der mündlichen Verhandlung (Vorbem. 3 (3) VV RVG) und im Falle eines Vergleichs (weit zu verstehen) die Einigungsgebühr (Nr. 1000 VV RVG). Hinzu kommen **Auslagen des Anwalts** wie Erstattung der Mehrwertsteuer (Nr. 7008 VV RVG), für Post- und Telekommunikationsdienstleistung zu zahlende Entgelte, Schreibauslagen, Fotokopie- und Reisekosten (Nr. 7000 ff. VV RVG), nicht jedoch die allgemeinen Geschäftsunkosten, die mit den gesetzlichen Gebühren abgegolten sind (Vorbem. 7 (1) VV RVG).

c) **Kosteneinheit.** Nach dem Grundsatz der Kosteneinheit ist über die Kosten des Rechtsstreits idR einheitlich zu entscheiden. Deshalb kann bei Teil-, Zwischen- und Grundurteilen keine Kostenentscheidung ergehen, vielmehr muss sie dem Schlussurteil vorbehalten bleiben (s. Rn. 2 u. 3). Auch bei Veränderung des Streitgegenstands, beispielsweise einer teilweisen Erledigung oder einem teilweisen Anerkenntnis, bei einer Erhöhung oder Minderung des Klageantrags, bei einer Klage gegen mehrere Streitgenossen oder bei der Erhebung einer Widerklage muss über die gesamten Kosten des Rechtsstreits einheitlich entschieden werden. Hier ist in der Regel eine Kostentrennung, etwa nach Verfahrensabschnitten nicht zulässig. 7

Wenn das Gericht gegen den Grundsatz der Kosteneinheit verstößt, macht das die Kostenfestsetzung meistens undurchführbar, weil der Rechtspfleger an den falschen Kostentenor gebunden ist; häufige Fehler sind beispielsweise: „Die Kosten bis zur teilweisen Klagerücknahme trägt der Kläger, die anderen Kosten der Beklagte" oder: „Der Kläger trägt die Kosten der Klage, der Beklagte die Kosten der Widerklage." Im Rahmen der einheitlichen Kostenentscheidung muss in solchen und ähnlichen Fällen eine sog. **Kostenmischentscheidung** aus den §§ 91, 92 ZPO und den §§ 91 a, 93, 269 III ZPO erfolgen.

d) **Kostentrennung.** Eine zulässige Kostentrennung (die Abtrennung einzelner Kosten, wobei bezüglich der übrigen Kosten eine einheitliche Entscheidung nach den §§ 91, 92 ZPO zu ergehen hat) ist nur in den Fällen der §§ 75, 94–97, 100 III, 101, 238 IV, 281 III 2, 344 ZPO vorgesehen (vgl. zu den einzelnen Kostenentscheidungen bei Kostentrennung *Furtner,* S. 48 f.). 8

Tenor (am Beispiel des § 344 ZPO):

Der Beklagte trägt die Kosten des Rechtsstreits mit Ausnahme der Kosten, die durch die Säumnis des Klägers entstanden sind.

4. Obsiegen und Unterliegen

Die Kostenentscheidung des Richters orientiert sich am Maßstab des Obsiegens und Unterliegens (§ 91 I ZPO). Besondere, nicht an das Unterliegen einer Partei geknüpfte Kostenregelungen, trifft das Gesetz für die übereinstimmende Erledigungserklärung (§ 91 a ZPO), das sofortige Anerkenntnis (§ 93 ZPO), für Räumungsklagen (§ 93 b ZPO), den Fall der Säumnis und erfolgloser Angriffs- oder Verteidigungsmittel (§§ 95, 96, 344 ZPO), den Vergleich (§ 98 ZPO), die Klagerücknahme (§ 269 III ZPO) und die Berufungsrücknahme (§ 516 III ZPO). 9

10 a) **Teilunterliegen.** Bei teilweisem Unterliegen sind die Kosten nach § 92 I ZPO gegeneinander aufzuheben oder verhältnismäßig zu teilen. Das kann bei hälftigem Obsiegen, je nach Tenorierung zu verschiedenen Ergebnissen führen; bei Halbierung der Kosten trägt die Partei, die beim Amtsgericht keinen Anwalt hatte, die Hälfte der gegnerischen Anwaltskosten, was bei Kostenaufhebung nicht der Fall wäre; ähnliches gilt bei Vertretung beider Parteien durch Anwälte, wenn die Parteiauslagen infolge Zuziehung eines Korrespondenzanwalts oder Reisekosten oder Kosten für ein Privatgutachten unterschiedlich hoch sind.

Teilunterliegen ist insbesondere gegeben, wenn

- bei objektiver Klagenhäufung nicht alle Ansprüche zuerkannt werden,
- bei Stufenklage einer der prozessualen Ansprüche abgewiesen wird (vgl. *OLG München,* MDR 1990, 636),
- Haupt- oder Nebenforderung abgewiesen wird (vgl. *BGH,* NJW 1988, 2173),
- nur dem Hilfsantrag und nicht dem Hauptantrag stattgegeben wird (vgl. § 45 I 2 GKG u. Rn. 35),
- nur Zug-um-Zug statt unbedingt verurteilt wird (vgl. *OLG Hamm,* MDR 1978, 403),
- der Klage und der Widerklage stattgegeben wird oder beide abgewiesen werden (vgl. *BGH,* NJW 1956, 182),
- die Klage teilweise zurückgenommen wird (*BGH,* NJW-RR 1996, 256),
- wenn von mehreren Streitgenossen der eine obsiegt und die anderen unterliegen (s. Rn. 13, 14).

Ein Teilunterliegen des Beklagten liegt auch dann vor, wenn die streitige Klageforderung wegen einer **Hilfsaufrechnung** mit einer Gegenforderung ganz (dann Kostenaufhebung, *OLG Köln,* MDR 1982, 941) oder teilweise abgewiesen wird (*BGH,* NJW 1985, 1556; *OLG Oldenburg,* JurBüro 1991, 1257). Kein Teilunterliegen des Beklagten liegt vor, wenn die Klage wegen einer Primäraufrechnung abgewiesen wird, weil die Gegenforderung den Streitwert nicht erhöht (vgl. § 45 III GKG u. Rn. 34).

11 b) **Geringfügige Mehrforderung.** Trotz Teilunterliegens einer Partei kann das Gericht die Kosten des Rechtsstreits der anderen Partei voll auferlegen, wenn die Zuvielforderung verhältnismäßig geringfügig war und keine oder nur geringfügig höhere Kosten veranlasst hat, § 92 II Nr. 1 ZPO. Eine geringfügige Mehrforderung liegt in der Regel vor, wenn die Hauptforderung bis zu 5% oder lediglich Nebenforderungen oder Zinsen abgewiesen werden (vgl. *Zöller/Herget,* § 92 Rn. 10 f.).

12 c) **Richterliches Ermessen bei Anspruchshöhe.** Das Gericht kann ferner gemäß § 92 II Nr. 2 ZPO die Kosten einer Partei voll auferlegen, wenn die Festsetzung der Forderungshöhe vom richterlichen Ermessen abhängig war, so bei der Schadensermittlung nach § 287 ZPO, bei § 315 BGB und insbesondere bei der **Schmerzensgeldbemessung** nach § 253 II BGB.

Wenn jedoch in diesen Fällen im Klageantrag ein bestimmter Betrag verlangt und ein geringerer zugesprochen worden ist, ist in der Regel für § 92 II ZPO kein Raum und sind die Kosten entsprechend § 92 I ZPO zu verteilen. Allein eine unverbindliche Erklärung über die Höhe des ins Ermessen des Gerichts gestellten Schmerzensgeldes berechtigt jedoch noch nicht, dem Kläger einen Teil der Kosten aufzuerlegen, wenn ihm weniger Schmerzensgeld als vorgestellt zugesprochen wird (vgl. *OLG Koblenz,* AnwBl 1990, 398; *BGH,* KoRsp ZPO, § 92 Nr. 4); zur Kostenentscheidung beim unbezifferten Zahlungsantrag vgl. insbesondere *Wurm,* JA 1989, 70, der einen Spielraum von 20% nach oben und unten vorschlägt, anderenfalls nach § 92 I ZPO verhältnismäßig zu verteilen ist (anders *BGH,* NJW 1996, 2425).

5. Gesamtschuldner

13 Wenn mehrere Beklagte als Gesamtschuldner verurteilt werden, haften sie auch für die Kosten gesamtschuldnerisch (§ 100 IV ZPO); dabei gilt neben Absatz IV auch Absatz III, so dass auch bei gesamtschuldnerischer Verurteilung zu prüfen ist, ob nicht einer der Gesamtschuldner nach Absatz III alle Kosten zu tragen hat (vgl. *OLG Köln,* MDR 1988, 325).

Wenn bei Gesamtschuldnern eine unterschiedliche Verurteilung erfolgt, gilt die sog. **Baumbach'sche Formel,** nach der in entsprechender Anwendung des § 92 I ZPO gerichtliche und außergerichtliche Kosten getrennt verteilt werden müssen (was kein Fall einer unzulässigen Kostentrennung ist); daraus folgt beispielsweise bei voller Verurteilung des einen und Klageabweisung gegen den anderen:

Der voll obsiegende Gesamtschuldner trägt keine Kosten, seine außergerichtlichen Kosten hat der insoweit unterliegende Kläger zu tragen; weil der Kläger mit seinem zweigeteilten Angriff nur zur Hälfte gewinnt, muss er die Hälfte der Gerichtskosten und seiner eigenen außergerichtlichen Kosten tragen; die zweite Hälfte der Gerichtskosten und der außergerichtlichen Kosten des Klägers trägt der andere Gesamtschuldner; weil dieser aus seiner eigenen Sicht voll unterliegt, muss er auch seine eigenen außergerichtlichen Kosten voll tragen (vgl. im Einzelnen *Schellhammer,* Rn. 786).

6. Streitgenossen

14 Wenn die Entscheidung dahin lautet, dass die Kläger oder die Beklagten die Kosten des Rechtsstreits zu tragen haben, so haften sie als Streitgenossen **nach Kopfteilen,** dh zu gleichen Teilen; wenn beispielsweise die Klage dreier Gesellschafter gegen einen vierten auf Ausschluss aus der Gesellschaft ab-

gewiesen wird, geht der Kostenausspruch dahin, dass die Kläger die Kosten des Rechtsstreits je zu einem Drittel zu tragen haben.

Wenn auch der Wortlaut des § 100 ZPO nur von einem Unterliegen spricht, so ist anerkannt, dass die Vorschrift auch bei einem Obsiegen (ganz oder teilweise) und für jede Art der Streitgenossenschaft gilt. Bei einem Unterliegen eines Streitgenossen gilt auch hier die Baumbach'sche Kostenformel.

Bei einem vorzeitigen Ausscheiden eines Streitgenossen aus dem Rechtsstreit (beispielsweise durch Rücknahme der Klage gegen ihn oder bei Teilurteil), kann dieser ein Recht darauf haben, dass über seine Kosten nicht einheitlich im Schlussurteil, sondern schon zuvor entschieden wird (vgl. Rn. 2); dabei wird teilweise verlangt, dass ein schutzwürdiges Interesse an einer Teilkostenentscheidung darzulegen ist (*BGH*, NJW-RR 1991, 187).

a) Verschiedene Beteiligung, besondere Angriffs- oder Verteidigungsmittel. Bei einer erheblichen Verschiedenheit der Beteiligung am Rechtsstreit oder bei besonderen Angriffs- oder Verteidigungsmitteln gilt § 100 II, III ZPO (beispielsweise wenn gegen einen Streitgenossen ein Anerkenntnisurteil ergeht, nach Erlass des Urteils Beweis erhoben wird und gegen den anderen Streitgenossen ein streitiges Urteil ergeht; vgl. im Einzelnen *Schneider,* S. 201 f.). Dabei steht es im Ermessen des Gerichts, ob es Abs. II anwenden will. Unter besondere Angriffs- oder Verteidigungsmittel (vgl. § 96 ZPO) fallen die, die sich die anderen Streitgenossen nicht zu eigen gemacht haben. Wenn ein Ausspruch nach Abs. II, III im Urteilstenor nicht erfolgt, kann das im Kostenfestsetzungsverfahren nicht berichtigt werden (*OLG München,* MDR 1989, 166); ggf. hilft eine Auslegung (vgl. *OLG Frankfurt,* JurBüro 1981, 1400; *OLG Schleswig,* JurBüro 1983, 1883; *KG,* MDR 2002, 722). 15

b) Kostenerstattung. Im Rahmen der Kostenerstattung sind die Streitgenossen nicht etwa Gesamtgläubiger, sondern Anteilsgläubiger, d. h. jeder Streitgenosse kann die Kostenerstattung entsprechend seinem ausgeurteilten Anteil aus den für ihn entstandenen Prozesskosten verlangen, das Innenverhältnis zu den anderen Streitgenossen ist ohne Bedeutung (*OLG Schleswig,* SchlHA 1986, 155; *OLG Koblenz,* JurBüro 1988, 1691; *OLG Stuttgart,* JurBüro 1990, 625; *OLG Karlsruhe,* JurBüro 1992, 456; JurBüro 2006, 205; zur Erstattungspflicht des Gegners bei mehreren Anwälten auf Seiten der Streitgenossen vgl. *BGH,* NJW-RR 2004, 536; *OLG Düsseldorf,* MDR 1988, 324; *OLG Frankfurt,* AnwBl 1988, 73; *OLG Hamburg,* JurBüro 1988, 762; *OLG Hamm,* MDR 1990, 1019; *OLG Schleswig,* JurBüro 1992, 473). 16

7. Nebenintervention

Nach § 101 ZPO sind die Kosten einer Nebenintervention dem Gegner der Hauptpartei aufzuerlegen, soweit er nach den Vorschriften der §§ 91 bis 98 ZPO die Kosten des Rechtsstreits zu tragen hat; soweit dies nicht der Fall ist, sind sie dem Nebenintervenienten aufzuerlegen. Dabei gilt Abs. I nur für die einfache Nebenintervention des § 66 ZPO, bei einer streitgenössischen Nebenintervention (§ 69 ZPO) gilt § 100 ZPO (§ 101 II ZPO). Das Gericht sollte darauf achten, dass die Kosten der Nebenintervention im Urteilstenor erfasst werden, weil ansonsten ein besonderer Beschluss zu ergehen hat. 17

a) Kosten im Verhältnis zur unterstützten Partei. Wie dem Wortlaut des § 101 I ZPO zu entnehmen ist, können die Kosten einer Nebenintervention niemals der unterstützten Partei auferlegt werden; denn zwischen ihr und dem Nebenintervenienten gibt es keinen Rechtsstreit und damit auch keine Kostenerstattung (vgl. *OLG Köln,* NJW-RR 1995, 1251; *OLG Düsseldorf,* BauR 2007, 148). Bei einem Rücktritt von der Nebenintervention trägt der Nebenintervenient seine Kosten gemäß § 269 III ZPO entsprechend. 18

b) Kosten beim Prozessvergleich. Bei einem Prozessvergleich gilt die darin getroffene Kostenregelung auch für den Nebenintervenienten im Vergleich, wenn er dem Vergleich beigetreten ist. Ansonsten ist der Kostenerstattungsanspruch des Nebenintervenienten auf Antrag (nach *OLG Frankfurt,* MDR 1990, 929 von Amts wegen) durch Beschluss auszusprechen (*Zöller/Herget,* § 101 Rn. 9); bei einem Prozessvergleich im zweiten Rechtszug ist das Berufungsgericht zuständig, auch wenn der Nebenintervenient am Berufungsverfahren nicht näher beteiligt war (*OLG Frankfurt,* MDR 1990, 929). Der Kostenausspruch muss der Kostenverteilung im Vergleich entsprechen (*OLG Schleswig,* JurBüro 1989, 424; *OLG München,* NJW-RR 1995, 1403; *OLG Zweibrücken,* NJW-RR 2003, 142). Bei einer Aufhebung der Kosten gegeneinander hat der Nebenintervenient nach jüngerer Rechtsprechung des Bundesgerichtshofs (NJW 2003, 1948, 3354; NJW-RR 2005, 1159 unter Aufgabe von NJW 1961, 460) seine Kosten unter dem Gesichtspunkt der Kostenparallelität selbst zu tragen; ein Kostenerstattungsanspruch gegen den Gegner der unterstützten Partei steht ihm nur bei vereinbarter hälftiger Kostenteilung zu. Eine andere Entscheidung ist grundsätzlich auch dann nicht geboten, wenn die Parteien die Aufhebung der Kosten mit dem Ziel vereinbart haben, Kostenerstattungsansprüche des Streithelfers auszuschließen. Dies gilt auch, wenn der Gegner der unterstützten Partei die Klage aufgrund eines Vergleichs mit Kostenaufhebung zurücknimmt (*BGH,* NJW-RR 2004, 1506). 19

8. Berufungsrechtszug

20 Im Berufungsrechtszug gilt § 97 ZPO. Die Vorschrift ist überflüssig; ihr Abs. I ergibt sich bereits aus § 91 I 1 ZPO mit dem Grundsatz, dass die unterliegende Partei wegen ihres Unterliegens die Kosten des Rechtsstreits zu tragen hat; § 97 II ZPO entspricht inhaltlich § 96 ZPO. Da es mithin eine selbständige Regelung der Kostenentscheidung im Berufungsrechtszug nicht gibt, sind insgesamt die Vorschriften der §§ 91 f. ZPO anzuwenden.

An die Kostenpflicht der obsiegenden Partei nach **§ 97 II ZPO** ist das Gericht gebunden. Abs. II gilt auch, wenn die obsiegende Partei im ersten Rechtszug nicht unterlegen war (*OLG Hamm,* NJW 1973, 198). Das Obsiegen muss allein auf dem neuen Vorbringen beruhen; es muss mithin feststehen, dass das Rechtsmittel ohne das neue Vorbringen keinen Erfolg gehabt hätte.

Die obsiegende Partei muss in der Lage gewesen sein, das neue Vorbringen im ersten Rechtszug geltend zu machen. Es muss ihr also nicht nur möglich gewesen sein, sondern es muss für sie auch Anlass bestanden haben, das Angriffs- oder Verteidigungsmittel im ersten Rechtszug geltend zu machen. Dabei ist, wie auch sonst bei Verzögerungsfragen, auf die sorgfältige Prozessführung einer ordentlichen Partei abzustellen. Tatsachen, die erst nach Abschluss der ersten Instanz eingetreten sind, schaden nicht, wohl aber, wenn die Partei den Eintritt der Tatsache schon in erster Instanz hätte bewirken können (*KG,* Rpfleger 1986, 445; *OLG Hamm,* MDR 1990, 450; *BGH,* NJW-RR 1992, 341). Der obsiegenden Partei schadet es auch nicht, wenn sie die Verjährungseinrede nicht im ersten Rechtszug erhoben hat, wenn diese rechtlich zweifelhaft war (*BGH,* MDR 1974, 36). Wegen weiterer Einzelheiten, insbesondere praktisch wichtiger Anwendungsfälle vgl. *Zöller/Herget,* § 97 Rn. 13).

9. Kostenfestsetzung

21 Die Kostenentscheidung im Urteil (oder im Beschl. nach §§ 91 a, 269 III ZPO) ist eine Kostengrundentscheidung; das Gericht entscheidet nur, wer die Kosten dem Grunde nach zu tragen hat. Die Feststellung der Kostenschuld der Höhe nach (Kostenerstattung) erfolgt im **Kostenfestsetzungsverfahren** durch den Rechtspfleger (§§ 103 f. ZPO, 21 Nr. 1 RPflG).

Die Kostenfestsetzung erfasst neben dem prozessualen Kostenerstattungsanspruch nach den §§ 91 f., 269 III ZPO auch den sog. **materiellrechtlichen Kostenerstattungsanspruch,** wenn er im Kostenfestsetzungsverfahren geltend gemacht wird. Es handelt sich um einen bürgerlich-rechtlichen Anspruch auf Erstattung von vorgerichtlichen Auslagen, die zur Sicherung, Durchsetzung oder Abwehr eines Hauptanspruchs gemacht werden; er setzt eine materiellrechtliche Anspruchsgrundlage voraus, beispielsweise Mahnkosten eines Inkassobüros bzw. eines Rechtsanwalts (§ 286 BGB) oder Kosten eines Privatgutachtens (§§ 823, 249 BGB). Ob der Gläubiger solche „Vorbereitungskosten" im oder außerhalb des Kostenfestsetzungsverfahrens geltend macht, bleibt ihm überlassen (*Zöller/Herget,* vor § 91 Rn. 12, 13).

10. Kostenanfechtung

22 Gegen den Kostenfestsetzungsbeschluss (Titel nach § 794 I 2 ZPO), in dem der Rechtspfleger auch darüber entscheidet, welche Auslagen nach § 91 I, II ZPO notwendig waren, kann je nach Beschwerdewert **befristete Erinnerung oder sofortige Beschwerde** (§§ 11 II RpflG, 104 III 1 ZPO) eingelegt werden (vgl. im Einzelnen *Zöller/Herget,* § 104 Rn. 9 ff.). Gegen den Kostenansatz (Kostenrechnung der Gerichtskasse nach § 19 GKG) stehen dem Kostenschuldner die **Erinnerung,** bei einer Beschwer über 200 EUR ferner die **Beschwerde** und gegen Entscheidungen des Landgerichts uU die **weitere Beschwerde** zu (vgl. § 66 GKG).

Die Kostengrundentscheidung im Urteil kann nur zugleich mit dem Urteil angefochten werden (§ 99 I ZPO); eine **isolierte Kostenanfechtung** ist nur bei übereinstimmender Erledigungserklärung (§ 91 a II ZPO), beim Anerkenntnis (§ 99 II ZPO) und bei der Klagerücknahme (§ 269 III ZPO) zulässig. Wegen Einzelheiten vgl. *Thomas/Putzo/Hüßtege,* zu § 99 ZPO.

II. Streitwertfestsetzung

23 Grundlage einer richtigen Kostenentscheidung ist eine richtige Streitwertfestsetzung. Die §§ 39 ff GKG regeln den Gebührenstreitwert, die §§ 3 ff. ZPO den Zuständigkeitsstreitwert; dabei gelten die §§ 3 ff. ZPO auch für den Gebührenstreitwert, soweit sich aus den §§ 39 ff. GKG nichts anderes ergibt (§ 48 I 1 GKG). Das Gericht setzt den Gebührenstreitwert auf Antrag oder von Amts wegen durch Beschluss fest. Das geschieht entweder nach Eingang der Klage zur Bestimmung des Gerichtskostenvorschusses (§ 62 I GKG) oder nach Beendigung des Rechtsstreits (§ 62 II GKG). Es kann den Beschluss innerhalb von sechs Monaten ändern, nachdem die Entscheidung in der Hauptsache Rechtskraft erlangt oder das Verfahren sich anderweitig erledigt hat. Das kann auch das Berufungsgericht, wenn der Rechtsstreit wegen der Hauptsache oder wegen der Entscheidung über den Streitwert, den Kostenansatz oder die Kostenfestsetzung in der Berufungsinstanz anhängig ist (§ 25 III GKG).

1. Freies Ermessen

Nach § 3 ZPO liegt die Wertfestsetzung im freien Ermessen des Gerichts, wenn das Gesetz in den §§ 3 f. ZPO oder 39 ff. GKG keine spezielle Regelung vorsieht. 24

Bei der Festsetzung des Zuständigkeitsstreitwerts orientiert sich das Gericht allein am Streitgegenstand, an dem, was die Partei begehrt und mit ihrem Angriff erreichen will. Es entscheidet das **Interesse des Klägers,** das Vorbringen des Beklagten ist grundsätzlich ohne Einfluss auf den Streitwert, außer es ist für das Interesse des Klägers mitbestimmend. Bei der Wertfestsetzung nach freiem Ermessen darf das Gericht nicht willkürlich verfahren, es muss den objektiven Wert ermitteln und kann dazu auch Beweise erheben; die subjektive Einschätzung des Klägers ist aber als Anhaltspunkt heranzuziehen. Wenn die Klagebegründung bzw. der sonstige Vortrag keine genügenden Anhaltspunkte geben (was selten der Fall sein wird), sollte der Richter bei den Parteien, insbesondere dem Kläger nachfragen. Einer Schätzung nach § 3 ZPO unterliegen beispielsweise Klagen auf Abgabe von Willenserklärungen, Unterlassungsklagen und Feststellungsklagen (wegen der einzelnen Fälle aus Rechtsprechung und Schrifttum s. den Katalog bei *Zöller/Herget,* § 3 Rn. 16).

2. Änderung des Streitgegenstandes

Wenn sich der Streitgegenstand nach Klageerhebung bis zum Urteil ändert, müssen für die einzelnen Verfahrensabschnitte verschiedene Streitwerte festgesetzt werden, für die Verfahrensgebühren des Gerichts und des Anwalts, für die Terminsgebühr und ggf. die Einigungsgebühr des Anwalts; dabei werden die Verfahrensgebühren nach dem höchsten Streitwert nach Eingang der Klage bis zum Urteil und die Terminsgebühr nach dem höchsten verhandelten Wert berechnet. Üblich (und einfacher) ist es, den Streitwert nach zeitlichen Abschnitten festzusetzen. 25

Beispiel für Tenorierung:

Der Streitwert wird für die Zeit bis zum ... (vor der mündlichen Verhandlung) auf ... EUR und für die Zeit danach (mündliche Verhandlung) auf ... EUR festgesetzt.

3. Wertberechnung

Bei der Fülle der Fragen zur Wertberechnung können nur einige in der gerichtlichen Praxis häufig vorkommenden Streitwertfragen herausgestellt werden. 26

a) Nebenforderungen. Nach §§ 4 I ZPO, 43 I GKG beeinflussen Nebenforderungen, wenn sie als solche geltend gemacht werden, den Streitwert nicht. Dazu zählen Früchte (§ 99 BGB), Nutzungen (§ 100 BGB), Zinsen und Kosten, zu denen auch außergerichtliche gehören, beispielsweise für Mahnungen und Privatgutachten. 27

Ob die Nebenforderung ausgerechnet (beispielsweise Zinsen) und im Hauptanspruch mitenthalten ist, spielt keine Rolle; sie bleibt weiterhin streitwertunabhängige Nebenforderung. Eine Nebenforderung wird Hauptforderung und damit streitwertbestimmend, wenn der Hauptanspruch sich, auch nur teilweise erledigt, zB bei Zinsen für den erledigten Teil (*BGHZ* 26, 174; MDR 1994, 720). Wenn eine Forderung sich außergerichtlich erledigt hat (durch Zahlung) und nur Zinsen eingeklagt sind, ist sie von vornherein Hauptforderung (*BGH,* NJW 1994, 1869, *OLG Frankfurt,* JurBüro 1978, 590). Wenn Zinsen auf die weiterhin streitige Hauptforderung erst mit der Anschlussberufung geltend gemacht werden, bleiben sie Nebenforderung (*OLG Schleswig,* SchlHA 1976, 14). Wenn jedoch der Berufungskläger seinen Antrag auf die Zinsen reduziert, werden diese zur Hauptforderung (wegen weiterer Einzelheiten vgl. *Zöller/Herget,* § 4 Rn. 11).

Als Nebenforderungen gelten nach § 4 II ZPO ferner Zinsen, Kosten und Provisionen, die bei Ansprüchen aus Wechseln außer der Wechselsumme gefordert werden; Absatz II gilt sowohl im ordentlichen Verfahren als auch im Wechselprozess einschließlich des Nachverfahrens, ferner entsprechend auch im Scheckprozess (*Thomas/Putzo/Hüßtege,* § 4 Rn. 10).

b) Besitz, Pfandrecht, Grunddienstbarkeit. In einem Rechtsstreit um Besitz (und nach hM erst recht um Eigentum) wird nach § 6 ZPO (bei Miete und Pacht gelten § 8 ZPO, § 41 GKG) der Streitwert durch den Wert der Sache bestimmt. Es gilt der Verkehrswert (der Wert bei einer Veräußerung, *BGH,* NJW-RR 1991, 1210), den das Gericht nach § 3 ZPO gegebenenfalls zu schätzen hat; nach hM sind Hypotheken und Grundschulden nicht abzusetzen (*BGH,* NJW-RR 2001, 518; *OLG Karlsruhe,* FamRZ 2004, 43, 45); Nutzungsbeschränkungen wie beispielsweise Wegerechte mindern jedoch den Wert (*BGH,* JurBüro 1958, 387; *OLG Bamberg,* JurBüro 1992, 629). Bei der Auflassungsklage dürfte sich der Gebührenstreitwert für den Fall, dass der weit überwiegende Teil des Kaufpreises bereits bezahlt ist und die Auflassung nur mit der Begründung verweigert wird, der Auflassungsanspruch sei wegen des offenen Restes noch nicht fällig, nach der Höhe des streitigen Restkaufpreises richten (str., vgl. *OLG Nürnberg,* MDR 2011, 514; *Zöller/Herget,* § 3 Rn. 16 „Auflassung" mwN). 28

In einem Rechtsstreit, in dem es um die Sicherstellung einer Forderung geht (idR Geldforderungen), wird der Wert durch den Betrag der Forderung bestimmt (vor allem bei Sicherungseigentum, Sicherungsabtretung oder Bürgschaft).

In einem Rechtsstreit um ein Pfandrecht bestimmt gleichfalls der Forderungsbetrag den Wert, bei Grundschulden gilt der Nennbetrag; wenn aber der Wert des Pfandgegenstandes geringer ist, dann gilt dieser (§ 6 S. 2 ZPO). Der Wert einer Grunddienstbarkeit ist in § 7 ZPO geregelt. Wegen Einzelheiten vgl. *Zöller/Herget,* zu §§ 6 u. 7 ZPO.

29 c) **Nichtvermögensrechtliche Streitigkeiten.** Der Wert nichtvermögensrechtlicher Streitigkeiten ist für den Gebührenstreitwert in § 48 II GKG abschließend geregelt; nichtvermögensrechtlich ist ein Anspruch, der nicht auf Geld oder einen Geldwert gerichtet oder nicht aus einem Vermögensrecht abzuleiten ist; zur Abgrenzung hilft die Frage, ob der Anspruch vorwiegend wirtschaftlichen oder ideellen Interessen dient (*BGH,* NJW 1974, 1470), beispielsweise Klage auf Ausschluss aus einer Gesellschaft als vermögensrechtlicher Anspruch und Klage auf Unterlassen ehrenrühriger Äußerungen als nichtvermögensrechtlicher Anspruch.

Nach § 48 II GKG ist der Streitwert unter Berücksichtigung aller Umstände des Einzelfalls, insbesondere des Umfangs und der Bedeutung der Sache und der Vermögens- und Einkommensverhältnisse der Parteien, nach Ermessen zu bestimmen. Der Wert darf nicht über eine Million Euro angenommen werden.

30 d) **Miet-, Pacht- und ähnliche Nutzungsverhältnisse.** Der Streitwert bei Miet-, Pacht- und ähnlichen Nutzungsverhältnissen ist in § 41 GKG geregelt. Die Bestimmung gilt für Leistungs- und Feststellungsklagen, soweit es über den Bestand und die Dauer des Nutzungsrechts geht; eine Räumungsklage aus einem beendeten Nutzungsverhältnis fällt unter § 41 II GKG. Wenn nur aus Eigentum oder Besitz geklagt wird, gelten §§ 48 I GKG, 6 ZPO.

Für die Wertberechnung gilt der auf die streitige Zeit entfallende Mietzins; wenn der einjährige geringer ist, gilt er. Zum Nettozins sind vertraglich übernommene öffentliche Abgaben (beispielsweise Grundsteuer) und sonstige vertragliche Gegenleistungen (beispielsweise Prämie für Feuerversicherung) hinzuzusetzen; Kosten für Warmwasser und Heizung sind nach § 41 I 2 GKG wegen des Entgeltcharakters dann hinzuzurechnen, wenn sie als Pauschale vereinbart sind und nicht gesondert abgerechnet werden.

31 e) **Schadensersatzrenten.** Der Streitwert für Schadensersatzrenten ist in § 42 GKG geregelt; die vertraglichen Renten (beispielsweise aus einem Vergleich oder einem Versicherungsvertrag) regeln sich nach den §§ 48 I GKG, 9 ZPO (vgl. § 42 I 2 GKG).

Maßgebend ist der fünffache Betrag des einjährigen Bezugs, wenn nicht der Gesamtbetrag der geforderten Leistungen geringer ist (Absatz I S. 1).

In der gerichtlichen Praxis wird häufig § 42 IV GKG übersehen, wonach die bei Einreichung der Klage fälligen Beträge dem Streitwert hinzugerechnet werden (also nicht bis zur Klagezustellung, *OLG Schleswig,* SchlHA 1988, 145); der Einreichung der Klage steht die Einreichung eines Antrags auf Bewilligung der Prozesskostenhilfe gleich, wenn die Klage alsbald nach Mitteilung der Entscheidung über den Antrag oder über eine alsbald eingelegte Beschwerde eingereicht wird (§ 42 IV 2 GKG).

Feststellungsklagen über Schadensersatzrenten regeln sich dagegen nach den §§ 48 I GKG, 3 ZPO, allerdings in den Grenzen des § 42 GKG.

32 f) **Stufenklage.** Für den Zuständigkeitsstreitwert ist der Wert der einzelnen Stufen zu addieren (§ 5 ZPO).

Der Gebührenstreitwert ergibt sich aus § 44 GKG. Danach ist bei den verbundenen Ansprüchen für die Wertberechnung nur einer, und zwar der höchste maßgebend. Der Richter muss mithin sämtliche verbundenen Ansprüche nach § 3 ZPO schätzen (vgl. A. XV. Rn. 33).

Der Wert des Rechnungslegungsanspruchs bestimmt sich nach dem Interesse des Klägers, sich mit der Rechnungslegung die Begründung des Zahlungsanspruchs zu erleichtern (*OLG Köln,* VersR 1976, 1154); dieses Interesse kann im Einzelfall fast so hoch sein wie der Wert des Hauptanspruchs, wenn nämlich der Kläger ohne die Rechnungslegung überhaupt keine Anhaltspunkte hätte (vgl. *BGH,* MDR 1962, 564: 4/5). Der Wert des Rechnungslegungsanspruchs ist aber in jedem Fall durch den des Hauptanspruchs begrenzt. In der Regel wird der Wert des Rechnungslegungsanspruchs niedriger sein, etwa ein Viertel (*OLG Köln,* VersR 1976, 1154).

Der Wert der Offenbarungsversicherung bestimmt sich nach dem Mehrbetrag, den der Kläger mit der Abgabe der Versicherung erstrebt (*Hartmann,* § 44 Rn. 6).

33 g) **Klage und Widerklage.** Bei Klage und Widerklage gilt für die Zuständigkeit § 5 ZPO, für die Gebühren § 45 I GKG. Nur wenn Klage und Widerklage nicht denselben Streitgegenstand betreffen, sind die Gegenstände zusammenzurechnen; ansonsten ist nur der Wert des höheren Anspruchs maßgebend (§ 45 I 3 GKG). Voraussetzung ist, dass eine echte Widerklage vorliegt und nicht nur eine rechtsvernichtende Einrede. Für die Anwendung des § 45 I GKG genügt es, wenn die Widerklage bei Gericht einge-

reicht ist, eine förmliche Zustellung ist nicht erforderlich; auch spielt es keine Rolle, ob die Widerklage zulässig ist. Bei einer Hilfswiderklage erfolgt gleichfalls eine Zusammenrechnung, jedoch nur dann, wenn der Eventualfall eintritt, für den sie erhoben wurde (*Hartmann,* § 45 GKG Rn. 28; wegen weiterer Einzelheiten, insbesondere Beispiele für Identität und Verschiedenheit der Streitgegenstände vgl. § 45 Rn. 13–25).

Die gleiche Regelung für Klage und Widerklage gilt nach § 45 II GKG für **wechselseitig eingelegte Rechtsmittel,** die nicht in getrennten Prozessen verhandelt werden.

h) **Aufrechnung.** Die Aufrechnung ist für den Zuständigkeitswert irrelevant. 34

Für die Gebühren (jedoch nur bei hilfsweise erklärter Aufrechnung, nicht bei Primäraufrechnung, vgl. *KG,* JurBüro 1986, 416) gilt § 45 III GKG. Danach erhöht sich der Streitwert um den Wert der Gegenforderung nur, soweit eine der Rechtskraft fähige Entscheidung über sie ergeht (vgl. § 322 II ZPO). Dabei ist insbesondere streitig, ob sich bei mehreren hilfsweise zur Aufrechnung gestellten Gegenforderungen (über die negativ entschieden wird) der Streitwert um die Höhe der Gegenforderungen nur jeweils bis zur Höhe der Klageforderung (*BGH,* NJW-RR 1992, 316; EWiR 2000, 1043; hM) oder allenfalls bis zur doppelten Höhe der Klageforderung (so *OLG Frankfurt,* JurBüro 1980, 1544) bzw. um die höchste der zur Aufrechnung gestellten Gegenforderungen (so *OLG Köln,* KostRsp. GKG, § 19 Nr. 23) erhöht (vgl. auch *Zöller/Herget,* § 3 Rn. 16 „Aufrechnung"). Vgl. im Übrigen A. XII. Rn. 18.

i) **Haupt- und Hilfsantrag.** Die Streitwertfestsetzung bei Haupt- und Hilfsantrag ist in § 45 I 2 GKG 35
ähnlich wie bei Klage und Widerklage geregelt: Es wird zusammengerechnet, soweit über den Hilfsantrag eine Entscheidung ergeht; wenn die Ansprüche denselben Gegenstand betreffen, ist nur der Wert des höheren Anspruchs maßgebend (§ 45 I 3 GKG).

j) **Arrest und einstweilige Verfügung.** Für Arrest und einstweilige Verfügung verweist § 53 I Nr. 1 36
GKG auf § 3 ZPO. Der Wert bestimmt sich mithin nach dem Interesse des Antragstellers an der Sicherstellung (vgl. *OLG Schleswig,* SchlHA 1978, 22); da es jedoch nur um eine vorläufige Maßnahme geht, erreicht der Wert in der Regel nicht den der Hauptsache, er dürfte im allgemeinen etwa bei $\frac{1}{3}$ bis $\frac{1}{2}$ des Werts der Hauptsache liegen (vgl. *OLG Bamberg,* JurBüro 1991, 1690; *OLG Brandenburg,* MDR 2007, 1225); der Wert kann aber dann den der Hauptsache erreichen, wenn das Gericht im vorläufigen Verfahren praktisch schon endgültig über die Sache entscheiden muss (vgl. *OLG Schleswig,* SchlHA 1978, 22; OLGR 2008, 628; *OLG Celle,* OLGR 2008, 91).

4. Rechtsmittel

Die Festsetzung des Zuständigkeitswertes ist unanfechtbar (vgl. *Zöller/Herget,* § 3 Rn. 7). 37

Gegen den Streitwertbeschluss nach GKG findet die **Beschwerde** statt, wenn der Wert des Beschwerdegegenstandes 200,– EUR übersteigt (§ 68 I GKG) oder das Gericht, das die angefochtene Entscheidung erlassen hat, die Beschwerde zulässt (§ 68 I 2 GKG); dabei ist die 6-Monatsfrist nach Absatz I 3 iVm § 63 III 2 GKG zu beachten. Bei Entscheidungen des Landgerichts als Beschwerdegericht ist die weitere Beschwerde zulässig (§§ 68 I 5, 66 IV GKG). Das Verfahren über die Beschwerde ist gebührenfrei, Kosten werden nicht erstattet (§ 68 III GKG).

Weil die Festsetzung für die Gerichtsgebühren auch für die Gebühren des Rechtsanwalts maßgeblich ist, kann dieser aus eigenem Recht Beschwerde einlegen (§ 32 II RVG). Er kann sich jedoch nur über eine zu niedrige Wertfestsetzung (die Partei nur über eine zu hohe) beschweren, weil wie bei jedem Rechtsmittel auch für eine Beschwerde gegen die Festsetzung des Streitwerts eine **Beschwer** erforderlich ist; unter Umständen muss die aus dem Recht der Partei eingelegte Beschwerde in eine eigene des Rechtsanwalts umgedeutet werden; im Zweifel empfiehlt sich, bevor bei einer Beschwerde über die Abhilfe entschieden wird (§ 572 I 1 ZPO), zunächst eine Rückfrage beim Rechtsanwalt.

Wenn das **Beschwerdegericht** zu entscheiden hat, tritt an die Stelle des Ermessens der ersten Instanz dasjenige des Beschwerdegerichts; wegen der Abänderungsmöglichkeit von Amts wegen nach § 63 III 1 GKG gilt das Verschlechterungsverbot nicht.

A. XIX. Urteilsberichtigung, Urteilsergänzung und Gehörsrüge

Dr. Helmut Büchel

Übersicht

Literatur: Zur allg. Literatur siehe Literaturverzeichnis A. I.

I. Allgemeines

1 Das Gericht kann sein Urteil, wenn es verkündet oder nach § 310 III ZPO an Verkündungs Statt zugestellt ist, grundsätzlich nicht mehr abändern oder ergänzen. Denn nach § 318 ZPO ist das Gericht an das Urteil in der verkündeten oder zugestellten Fassung gebunden. Zu korrigieren sind allenfalls noch Rechtschreibfehler, die der Richter bemerkt, bevor das verkündete Urteil zur Zustellung gegeben wird. Darüber hinaus kommt eine Änderung oder Ergänzung des formulierten Textes nur in den folgenden gesetzlich bestimmten Fällen unter Beachtung besonderer Verfahrensregeln in Betracht:

- Berichtigung des Urteils nach § 319 ZPO
- Berichtigung des Tatbestandes nach § 320 ZPO
- Ergänzung des Urteils nach §§ 321
- Ergänzung der Entscheidung über die Vollstreckbarkeit nach §§ 302 II, 599 II, 716, 721 I 3 in Verbindung mit § 321 ZPO
- Erfolgreiche Gehörsrüge nach § 321 a ZPO

Der erkennbare Sinn dieser Regelungen liegt darin, Verfälschungen der Entscheidung, die auf technischen Fehlleistungen und banalen Irrtümern des Richters beruhen, im Interesse der Parteien noch in derselben Instanz zu korrigieren (*BVerfG*, NJW 1992, 1496). Darüber hinaus können Verletzungen des rechtlichen Gehörs durch das entscheidende Gerichts geheilt werden. Die Vorschriften sollten großzügig angewendet werden, schon um den Betroffenen nicht in Rechtsmittel oder einen weiteren Rechtsstreit zu zwingen.

II. Urteilsberichtigung nach § 319 ZPO

1. Anwendungsbereich

§ 319 ZPO gestattet die Berichtigung des Urteils wegen offenbarer Unrichtigkeiten. Der Anwendungsbereich der Vorschrift ist nicht auf Urteile beschränkt, auch **Beschlüsse,** die der Bindung des § 318 ZPO unterliegen (vgl. *Zöller/Vollkommer,* § 319 Rn. 3), können nach § 319 ZPO berichtigt werden. Das gilt insbesondere für Beschlüsse, gegen die die Rechtsbeschwerde nach § 574 ZPO gegeben ist oder die aus anderen Gründen bindend sind, wie zB Verweisungsbeschlüsse nach § 281 II ZPO. So kann ein Verweisungsbeschluss geändert werden, wenn das Gericht, an das verwiesen wird, irrtümlich als zuständig angesehen wurde, nicht aber, wenn sich die Unzuständigkeit erst aus einer nachträglich korrigierten Anschrift des Beklagten ergibt (vgl. *BGH,* NJW-RR 1993, 700; *OLG Stuttgart,* MDR, 2004, 1377). § 319 ZPO gilt auch für Beschlüsse, die über eine Rechtsbeschwerde entscheiden, und Beschlüsse, die die Berufung nach § 519 b ZPO verwerfen. Beschlüsse, die der Abhilfe nach § 572 I ZPO unterliegen, aber auch Beweisbeschlüsse (§ 360 ZPO) und Auflagenbeschlüsse können außerhalb des Verfahrens nach § 319 ZPO geändert werden. 2

Keine Urteilsberichtigung ist erforderlich, wenn nicht das verkündete Urteil, sondern nur die **Urteilsausfertigung** unrichtig ist, insbesondere also bei Übertragungsfehlern im Geschäftsstellenbereich. Hier ist es Aufgabe der Geschäftsstelle, die Übereinstimmung zwischen verkündeter und ausgefertigter Fassung herzustellen. Zur Korrektur hat sie erforderlichenfalls die den Parteien erteilten Ausfertigungen zurückzufordern. 3

Gerichtliche **Vergleiche** können nicht nach § 319 ZPO berichtigt werden (vgl. *BAG,* NJW 2009, 1161; *Zöller/Vollkommer,* § 319, Rn. 3). Hier kommt nur eine Berichtigung des Protokolls nach § 164 ZPO in Betracht.

2. Offenbare Unrichtigkeit

Die **Unrichtigkeit** kann betreffen 4

- das Rubrum des Urteils bzw. des Beschlusses (*BGH,* NJW-RR 2004, 501, NJW 2007, 518),
- den Tenor (*BGH,* NJW 2004, 949),
- den Tatbestand,
- die Entscheidungsgründe,
- die Unterschriften der Richter (vgl. *BGH,* NJW 2003, 3057; *OLG Frankfurt,* NJW 1983, 2395 [2396]).

Gesetzliche Beispiele sind Schreibfehler und Rechnungsfehler. Damit sind die Korrekturmöglichkeiten nicht erschöpft. Auch Auslassungen (vgl. *OLG München,* NJW-RR 2003, 1440), Übertragungsfehler, Ungenauigkeiten im Ausdruck (*OLG Zweibrücken,* MDR 1994, 831) fallen darunter. Eine Berichtigung soll aber nur in Betracht kommen, wenn die vom Gericht gewollte und die zum Ausdruck gekommene Entscheidungsfassung divergieren, eine falsche Willensbildung soll nicht korrigiert werden können (*BGH,* NJW 1985, 742; 1989, 1281; FamRZ 2004, 1270). Diese theoretische Unterscheidung zwischen Willensbildung und Willenserklärung ist für die Praxis wenig aussagekräftig und lässt sich zB bei Rechenfehlern, die § 319 ZPO ausdrücklich nennt, nicht treffen. Keine Berichtigung ist aber bei Fehlern in der Gesetzesanwendung oder bei Denkfehlern des Richters möglich, auch wenn sie offenbar sind.

Die Unrichtigkeit ist nach der Formel der Rechtsprechung **offenbar,** wenn sie sich ohne weiteres dem Urteil selbst oder den Vorgängen bei seiner Verkündung entnehmen lässt (*BGH,* NJW 1980, 2813; 1989, 1281). Die Fehlleistung des Richters muss sich also aus objektiven Umständen ergeben, sie muss für einen Dritten, nicht nur für den oder die entscheidenden Richter erkennbar sein (*BGH,* NJW-RR 2001, 61). Das ist unproblematisch bei Schreibfehlern (hierunter fallen auch Falschbezeichnungen) und Rechenfehlern (hier ist eine Berichtigung des tenorierten Betrages auch bei komplizierten Abrechnungen möglich, vgl. *BGH,* NJW 1995, 1033). Nicht offenbar ist ein gerichtsintern gebliebenes, schwer nachzuprüfendes Versehen. 5

3. Parteiberichtigung

Häufig und für die Parteien besonders wichtig sind Anträge, die auf eine **Berichtigung der Parteibezeichnung** gerichtet sind; hiervon kann die Vollstreckungungsfähigkeit und damit der Wert des Urteils abhängen. Es gelten die gleichen Grundsätze wie bei einer Parteiberichtigung vor Erlass des Urteils: sie ist möglich, soweit die Identität der Partei gewahrt bleibt (*BGH,* NJW 2007, 518; *OLG Koblenz,* NJW-RR 1997, 1352) und nicht eine andere Person in den Rechtsstreit hineingezogen wird; eine Parteiauswechslung im Wege der Berichtigung ist nicht möglich (vgl. den Fall *BGH,* NJW 1994, 2832; weitergehend *OLG Düsseldorf,* MDR 1990, 930). Eine unrichtige oder unvollständige Bezeichnung der Partei selbst oder ihres gesetzlichen Vertreters kann daher korrigiert werden, ohne dass es darauf ankommt, 6 ob die Partei bereits in der Klageschrift falsch bezeichnet wurde oder ob die Bezeichnung erst im Laufe des Rechtsstreits unrichtig geworden ist. Bei mehrdeutiger Bezeichnung des Beklagten ist die Person als Partei anzusehen, die erkennbar gemeint war (*BGH,* NJW 2003, 1043). Maßstab für die richtige und vollständige Bezeichnung einer Firma oder einer juristischen Person ist das Handelsregister. Ist eine Partei mit einer nicht eingetragenen Firma aufgeführt, kann die Bezeichnung in die dahinterstehende Person geändert werden. Führt das Rubrum nicht den richtigen Prozessbevollmächtigten auf, ist eine Änderung selbstverständlich geboten. Zu Einzelfällen vgl. MünchKomm/*Musielak,* § 319 Rn. 8; *Zöller/Vollkommer,* § 319 Rn. 7).

4. Berichtigung des Tenors

7 Fehler in der Tenorierung können nach § 319 ZPO berichtigt werden, auch soweit der Ausspruch zur Hauptsache missglückt ist. Keine Probleme ergeben sich, wenn die Abweichung aus dem Urteil selbst ersichtlich ist, so bei einem Widerspruch zwischen Tenor und Entscheidungsgründen. Wenn zB die Gründe belegen, dass der Klage stattgegeben werden soll, sie aber im Tenor abgewiesen wurde, kann der Tenor berichtigt werden; das gilt auch, wenn nach den Gründen ein Teilanspruch oder nur der Anspruch eines von mehreren Klägern abgewiesen werden sollte, der Tenor das aber nicht berücksichtigt (vgl. *BGH,* NJW-RR 1991, 1278). Auch im umgekehrte Fall, dass ein Teilanspruch nach den Gründen zuerkannt, im Tenor aber vergessen wurde, ist eine Berichtigung möglich. Wenn der Zinsanspruch in den Gründen bejaht, aber im Tenor übergangen wurde, hilft die Berichtigung. Streitig ist, ob das auch bei versehentlich übergangenem Erbenvorbehalt nach § 780 ZPO oder vergessenem Zug-um-Zug-Vorbehalt gilt (vgl. *Zöller/Vollkommer,* § 319 Rn. 15). Nach anderer Ansicht kommt nur eine (fristgebundene) Berichtigung nach § 321 ZPO in Betracht. Nicht ausreichend für § 319 ZPO ist es jedenfalls, wenn die Parteien einen entsprechenden Antrag gestellt haben, das Gericht dies aber übersehen hat. Dann helfen nur Anträge nach §§ 320, 321 ZPO.

5. Berichtigung der Kostenentscheidung

8 Eine Berichtigung der Kostenentscheidung kommt in mehrfacher Hinsicht in Betracht: hat das Gericht im Tenor versehentlich die Kosten der Partei auferlegt, die nach den Gründen gewonnen hat, ist eine Korrektur angebracht. Das gilt auch, wenn das Gericht im Tenor einen Streitgenossen oder den Nebenintervenienten vergessen hat. Eine Berichtigung wird weiter für möglich gehalten, wenn sich durch eine Neufestsetzung des Streitwertes das Verhältnis von Obsiegen und Unterliegen nach § 92 ZPO verändert hat (vgl. *OLG Düsseldorf,* NJW-RR 1992, 1407; *Zöller/Vollkommer,* § 319 Rn. 18 mwN; allerdings hat der Bundesgerichtshof (MDR 2008, 1292) die Streitfrage anders entschieden, was zu unbilligen Kostenentscheidungen führen kann. Auch eine Berichtigung des Tenors zur Hauptsache kann sich auf die Kostenquote auswirken und zu einer Korrektur führen. Problematisch ist die Ergänzung der Kostenentscheidung um den Ausspruch nach § 281 III oder § 344 ZPO, wenn dieser Punkt auch in den Entscheidungsgründen übergangen wurde. Dann soll nur die umständliche und fristgebundene Urteilsergänzung nach § 321 ZPO möglich sein (vgl. *OLG Hamm,* NJW-RR 2000, 1524; *Zöller/Vollkommer,* § 319 Rn. 15).

6. Verfahren

9 Nach § 319 ZPO ist die Berichtigung jederzeit möglich; eine **Frist** ist nicht einzuhalten. Das Verfahren kann von Amts wegen – das Gericht ist zur Herstellung eines korrekten Urteils verpflichtet – oder auf Antrag einer Partei eingeleitet werden. **Zuständig** ist das Gericht, welches das Urteil oder den Beschluss erlassen hat, die Mitwirkung derselben Richter ist nicht erforderlich (*BGH,* NJW 1989, 1281). Im Rechtsmittelverfahren ist auch das Rechtsmittelgericht zuständig (*BGH,* NJW 1989, 1281 und NJW 1996, 2101); es sollte hiervon aus Vereinfachungsgründen auch Gebrauch machen, kann Entscheidungen der unteren Instanz aber nur berichtigen, soweit sie Gegenstand des Rechtsmittelverfahrens sind (*BayObLG,* FamRZ 1992, 1326).

10 Beantragt eine Partei die Berichtigung nach § 319 ZPO, ist dem Gegner **rechtliches Gehör** zu geben. Dazu ist ihm die Antragsschrift zur Stellungnahme innerhalb einer angemessenen Frist zuzuleiten. Hiervon kann nur abgesehen werden, wenn eine Berichtigung offenbar nicht in Betracht kommt. Will das Gericht von Amts wegen berichtigen, ist beiden Parteien rechtliches Gehör zu geben, wenn die Korrektur nicht nur Schreibfehler, sondern die Parteibezeichnung oder den Entscheidungsinhalt betrifft. Es empfiehlt sich, diese Absicht den Parteien per Verfügung mitzuteilen:

Beispiel:

Das Gericht beabsichtigt, die Kostenentscheidung des Urteils … gemäß § 319 ZPO wegen offenbarer Unrichtigkeit dahin zu berichtigen, dass … Die Parteien erhalten Gelegenheit, hierzu binnen zwei Wochen Stellung zu nehmen.

7. Entscheidung

Die Entscheidung ergeht durch Beschluss, nicht durch Urteil. Eine **mündliche Verhandlung** kann und sollte unterbleiben. Anders kann es sein, wenn der Antragsteller den Berichtigungsantrag mit Anträgen nach §§ 320, 321 ZPO verbunden hat und einen Antrag auf mündliche Verhandlung gestellt hat. Dann empfiehlt es sich, auch über die Berichtigung nach mündlicher Verhandlung zu entscheiden. 11

Der **Berichtigungsbeschluss** wird mit dem Urteil verbunden. Dazu sind die Ausfertigungen von den Parteien zurückzufordern. Die so ergänzte Ausfertigung wird den Parteien erneut zugestellt. Eine formelle Zustellung ist notwendig, denn zum einen ist gegen den berichtigenden Beschluss die sofortige Beschwerde gegeben (§ 319 III ZPO), zum anderen kann mit der Zustellung die Rechtsmittelfrist gegen das Urteil in Lauf gesetzt werden (vgl. *BGH*, NJW 1986, 935; NJW 1991, 1834). Der Berichtigungsbeschluss kann den Parteien auch vor der Verbindung mit der Ausfertigung zugestellt werden. Ein ablehnender Beschluss kann den Parteien formlos übermittelt werden; ein Rechtsmittel findet in diesem Fall nicht statt (§ 319 III). 12

8. Fassung des Berichtigungsbeschlusses

Beispiele:

Das Urteil dieses Gerichts vom ... 13
wird im Rubrum dahin berichtigt, dass
- die Parteibezeichnung des Klägers nicht ..., sondern ... lautet;
- dass der Beklagte mit Vornamen ... heißt;
- dass Prozessbevollmächtigter des Beklagten nicht Rechtsanwalt A., sondern Rechtsanwalt B. ist;

wird im Tenor dahin berichtigt,
- dass der Beklagte zur Zahlung von Zinsen nicht erst seit dem ..., sondern seit dem ... verurteilt wird;
- dass die Kosten nicht gegeneinander aufgehoben werden, sondern der Kläger die Kosten zu 25%, der Beklagte zu 75% trägt;
- dass das Urteil gegen Sicherheitsleistung des Klägers nicht in Höhe von 110%, sondern von 120% des jeweils zu vollstreckenden Betrages vorläufig vollstreckbar ist;

wird im Tatbestand/in den Entscheidungsgrunden dahin berichtigt,
- dass es Seite ..., Absatz ..., Zeilen ..., nicht ..., sondern ... heißt.

Der Berichtigungsbeschluss und auch ein ablehnender Beschluss enthalten **keine Kostenentscheidung.** In beiden Fällen ist der Beschluss zu begründen. Dabei ist zu berücksichtigen, dass gegen den berichtigenden Beschluss die sofortige Beschwerde gegeben ist. 14

III. Tatbestandsberichtigung nach § 320 ZPO

1. Anwendungsbereich

Der Tatbestand eines Urteils kann nach § 320 ZPO auf Antrag einer Partei berichtigt werden. Ein solcher Antrag hat aus der Sicht der betroffenen Partei den Sinn, der aus § 314 ZPO folgenden **positiven Beweiskraft** des vom Gericht formulierten Tatbestandes zu entgehen und zu verhindern, dass ein unrichtiger Tatbestand Grundlage des Rechtsmittelverfahrens wird (vgl. *BGH* NJW 1983, 2030, 2032). Das Tatbestandsberichtigungsverfahren dient also regelmäßig der **Vorbereitung eines Rechtsmittels** (Berufung oder Revision). Durch eine Berichtigung des Tatbestandes kann der Urteilsausspruch selbst unrichtig werden, etwa wenn das Gericht einen Anspruch übergangen oder erhebliches Vorbringen zu Unrecht als unbestritten angesehen hatte. Den entstandenen Widerspruch zwischen korrigiertem Tatbestand und Tenor oder Urteilsgründen kann das Gericht im Verfahren nach § 320 ZPO nicht korrigieren (§ 320 V ZPO). Diese Möglichkeit hat, soweit nicht die besonderen Voraussetzungen des § 321 ZPO gegeben sind (vgl. Rn. 29), nur das Rechtsmittelgericht. 15

Das **Rechtsschutzinteresse** für einen Antrag nach § 320 ZPO entfällt nicht, wenn die Entscheidung, um deren Berichtigung es geht, rechtskräftig geworden ist (*Zöller/Vollkommer,* § 320 Rn. 10). Auch die obsiegende Partei kann Interesse an einer Tatbestandsberichtigung haben. 16

2. Beweiskraft des Tatbestandes

Die praktische Bedeutung des § 320 ZPO ist nicht groß, weil eine Berichtigung nur zulässig ist, soweit der Tatbestand die verstärkte **Beweiskraft nach § 314 ZPO** besitzt (*BGH,* NJW 1983, 2032). Die Beweiskraft des Tatbestandes ist aber begrenzt, denn 17
- der Tatbestand enthält keine vollständige Wiedergabe des Parteivorbringens, sondern nur eine knappe Darstellung der Angriffs- und Verteidigungsmittel ihrem wesentlichen Inhalt nach (§ 313 II ZPO),
- in vielen Urteilen wird von der Darstellung des Tatbestandes ganz abgesehen (§§ 313 a I, 495 a, 543 I ZPO),
- bei Urteilen im schriftlichen Verfahren nach § 128 II und III ZPO entfaltet der Tatbestand keine Beweiskraft, § 314 ZPO bezieht sich nur auf das mündliche Vorbringen,

- § 314 ZPO gilt nicht für das Prozessgeschehen, soweit es im Tatbestand dargestellt wird,
- das Berufungsgericht beurteilt das Vorbringen der Parteien in der Vorinstanz weniger nach dem Tatbestand, mehr nach dem Inhalt der Schriftsätze; in den Grenzen der §§ 529 ff. ist der gesamte Inhalt der vorbereitenden Schriftsätze, die Gegenstand der mündlichen Verhandlung waren, zu berücksichtigen, ohne dass es auf die Wiedergabe im Tatbestand ankommt (vgl. *BGH,* NJW 2005, 1583; 2004, 1876).
- Vorbringen nach Schluss der mündlichen Verhandlung, das nicht nach § 283 ZPO nachgelassen wurde, unterliegt nicht der Tatbestandsberichtigung.

3. Praktische Bedeutung des § 320 ZPO

18 Ungeachtet der eingeschränkten Beweiskraft werden Tatbestandsberichtigungsanträge nicht selten gestellt, und sei es nur, um die Unzufriedenheit mit dem Urteil zum Ausdruck zu bringen. Gegenüber erstinstanzlichen Urteilen des Amtsgerichts und des Landesgerichts haben sie weniger **Bedeutung,** weil eine zweite Tatsacheninstanz gegeben ist; hier liegt die Absicht des Antragstellers vor allem darin, eine Zurückweisung von im ersten Rechtszug vorgetragenen, nicht in den Tatbestand aufgenommenen Vorbringens in der Berufungsinstanz nach §§ 528 ff. ZPO oder die Kostenfolge nach § 97 II ZPO zu vermeiden. Wegen der aus § 561 ZPO folgenden Beschränkung der revisionsgerichtlichen Beurteilung auf das Parteivorbringen, das aus dem Tatbestand des Berufungsurteils oder aus dem Sitzungsprotokoll ersichtlich ist, hat das Verfahren bei Berufungsurteilen der Oberlandesgerichte mehr Sinn. Darüber hinaus kann mit dem Antrag die Absicht verfolgt werden, eine Ergänzung des Urteils nach § 321 ZPO in derselben Instanz vorzubereiten.

19 Das **Verhältnis zu § 319 ZPO** ergibt sich aus dem Wortlaut des § 320 I ZPO: Eine Tatbestandsberichtigung kommt nur in Betracht, wenn eine Korrektur nach § 319 ZPO nicht möglich ist. Schon wegen des weniger umständlichen Verfahrens empfiehlt sich das Vorgehen nach § 319 ZPO, soweit sich das rechtfertigen lässt.

20 § 320 ZPO gestattet in erster Linie eine Berichtigung von Urteilstatbeständen. Der **Geltungsbereich** der Vorschrift erfasst aber auch Beschlüsse, die eine Instanz beenden, sofern sie eine Darstellung des Parteivorbringens aufweisen, nicht aber Beschlüsse, die einen Tatbestand berichtigen (*BGH,* NJW-RR 1988, 407, 408). Zum Tatbestand gehört auch das mündliche Parteivorbringen, das vom Gericht erst in den Entscheidungsgründen festgestellt wird; denn auch solchen Tatsachenfeststellungen kommt die Beweiskraft des § 314 ZPO zu (*BGH,* NJW 1993, 534, 535). Auch Urteile, die keinen Tatbestand aufweisen, können hinsichtlich der tatbestandlichen Feststellungen in den Entscheidungsgründen berichtigt werden (*BGH,* NJW 1997, 1931; 2000, 3007).

4. Gegenstand der Berichtigung

21 Zu berichtigen sind nach § 320 I ZPO Auslassungen, Dunkelheiten oder Widersprüche, soweit sie nicht von § 319 ZPO erfasst sind. Meist wird es um die Ergänzung von weder im Tatbestand noch in den Gründen berücksichtigtem Vorbringen gehen, das der Antragsteller für entscheidungserheblich hält; zB:

- weil das Gericht anspruchs- oder einwendungsbegründendes Vorbringen (zB eine Aufrechnung) übergangen hat;
- weil das Gericht Vorbringen übersehen hat, das eine als unstreitig zugrunde gelegte Tatsache streitig gemacht hätte;
- weil das Gericht einen weiteren Anspruch oder Gegenanspruch nicht berücksichtigt hat (bedeutsam zur Vorbereitung einer Urteilsergänzung nach § 321 ZPO, siehe Rn. 30).

22 **Keine Berichtigung** des Tatbestandes ist veranlasst,

- wenn es um Vorbringen geht, das das Gericht nicht zum wesentlichen Inhalt des Parteivorbringens im Sinne des § 313 II rechnet;
- wenn das Gericht nur die Behauptung der Partei, nicht aber den Beweisantritt dargestellt hat;
- wenn es um die Berücksichtigung nicht nachgelassener Schriftsätze oder um den Inhalt eines nachgelassenen Schriftsatzes geht, soweit er sich nicht auf die Erklärung zum Schriftsatz der Gegenseite nach § 283 ZPO beschränkt (vgl. *OLG Köln,* NJW-RR 1991, 1536);
- wenn es um die Darstellung der Prozessgeschichte, zB des Setzens einer Erklärungsfrist geht (*BGH,* NJW 1983, 2030, 2032);
- wenn die Berichtigung oder Ergänzung Vorbringen betrifft, auf das sich die Beweiskraft des Tatbestandes nicht erstreckt (vgl. Rn. 16).

5. Verfahren

23 Die Berichtigung setzt immer einen entsprechenden **Antrag** voraus, der mit einem Schriftsatz zu stellen ist. Oft wird dieser Antrag mit einem Antrag auf Berichtigung nach § 319 oder § 321 ZPO verbunden sein (zB Berichtigungsantrag nach § 319 ZPO, hilfsweise nach § 320 ZPO oder umgekehrt). Der

Antrag muss innerhalb einer **Frist** von zwei Wochen nach Zustellung des vollständigen Urteils gestellt werden, spätestens drei Monate nach Verkündung des Urteils, § 320 I, II ZPO.

Bei Eingang des Antrags ist Termin zur **mündlichen Verhandlung** zu bestimmen, aber nur, wenn dies beantragt wird (§ 320 III ZPO). Das gilt auch, wenn der Gegner in seiner Erwiderung einen solchen Antrag stellt. Der Richter sollte aber nach Möglichkeit auf eine Entscheidung ohne mündliche Verhandlung hinwirken. Die mündliche Verhandlung ist entbehrlich, wenn das Gericht eine Berichtigung nach § 319 ZPO für angebracht hält. Dem Gegner ist die Antragsschrift zuzustellen. Eine Beweisaufnahme findet nicht statt, § 320 IV 1 ZPO. Bei der Verhandlung und Entscheidung wirken nur die Richter mit, die bei der Abfassung des Urteils mitgewirkt haben; bei Verhinderung eines oder zweier Richter entscheidet die Kammer oder der Senat mit nur zwei bzw. nur einem Richter; sind alle Richter verhindert, zB bei erfolgreicher Ablehnung, kann nicht verhandelt und entschieden werden. 24

6. Entscheidung

Die ablehnende oder stattgebende **Entscheidung** ergeht durch Beschluss, der den Parteien formlos mitzuteilen ist (§ 329 II ZPO). Hat eine mündliche Verhandlung stattgefunden, ist der Beschluss wie ein Urteil zu verkünden und den Parteien förmlich zuzustellen (§ 329 I ZPO). Er kann mit einem Beschluss nach § 319 ZPO oder § 321 ZPO verbunden werden. 25

Die **Berichtigung** des Tatbestandes geschieht in der Weise, dass der Berichtigungsbeschluss auf dem Urteil und den Ausfertigungen vermerkt wird, § 320 IV 5 ZPO (vgl. Rn. 12).

7. Fassung des Berichtigungsbeschlusses

Beispiele:

Der Tatbestand des Urteils vom ... wird wie folgt berichtigt: 26
- Im unstreitige Teil wird auf Seite ... als letzter Absatz eingefügt ...
- Der Antrag der Klägerin (Seite ... des Urteils) wird dahin ergänzt, dass die Klägerin hilfsweise beantragt, ...
- Im streitigen Klägervorbringen wird auf Seite ... Zeile ... das Wort ... durch das Wort ... ersetzt und in Zeile ... vor dem Wort ... ein „nicht" eingefügt.
- Der Antrag des Beklagten (Seite ... des Urteils) wird dahin ergänzt, dass der Beklagte beantragt hat, ihm die beschränkte Erbenhaftung nach § 780 ZPO vorzubehalten.

Im übrigen wird der Antrag zurückgewiesen.

Der Beschluss enthält **keine Kostenentscheidung.** Er ist zu begründen, auch wenn nach § 320 IV 4 ZPO eine Anfechtung nicht stattfindet; bei groben Verfahrensverstößen kann gleichwohl die Beschwerde gegeben sein (vgl. *Zöller/Vollkommer,* § 320 Rn. 14). 27

IV. Urteilsergänzung nach § 321 ZPO

1. Anwendungsbereich

Anders als §§ 319, 320 ermöglicht § 321 ZPO nicht die Berichtigung des vorliegenden Urteils, sondern seine Ergänzung durch eine nachträgliche Entscheidung (Ergänzungsurteil), die einen selbständigen Vollstreckungstitel bildet. Die Vorschrift erfasst zwei Fälle: Zum einen kann über einen weiteren mit Klage oder Widerklage geltend gemachten Anspruch ergänzend entschieden werden, wenn das Gericht die beantragte Entscheidung versehentlich nicht getroffen hat. Zum anderen kann das Gericht eine von Amts wegen (zB über die Kosten) oder auf Antrag (zB Vorbehalt der beschränkten Erbenhaftung) zu treffende Nebenentscheidung nachholen, wenn es sie vergessen hat. Die Urteilsergänzung setzt eine **Entscheidungslücke im Tenor** voraus, die zu einem unfreiwilligen Teilurteil geführt hat. Folglich kann nur eine **Ergänzung des Tenors,** nicht des Tatbestandes oder der Entscheidungsgründe erreicht werden. Aus der Sicht der betroffenen Partei handelt es sich oft um die einzige Möglichkeit, den Fehler des Gerichts zu korrigieren; denn das Übergehen des Teilanspruches macht das Urteil in der Regel nicht unrichtig, so dass ein Rechtsmittel darauf nicht gestützt werden kann (vgl. *Thomas/Putzo,* § 321 Rn. 3). 28

2. Abgrenzung zu §§ 319, 320 ZPO

Verhältnis zu § 319 ZPO: Auch im Wege der Urteilsberichtigung kann eine Ergänzung des Tenors möglich sein. Immer dann, wenn sich aus den Entscheidungsgründen ergibt, dass eine Entscheidung über den Anspruch oder eine Nebenentscheidung gewollt war, sie aber im Tenor unterlassen wurde, ist die einfachere Berichtigung nach § 319 ZPO auch der richtige Weg. Wenn der Anspruch hingegen ganz übergangen wurde, bleibt allein die Ergänzung nach § 321 ZPO. In der Praxis wird oft ein Antrag nach § 319 mit dem Antrag nach § 321 ZPO verbunden. 29

Eine **Konkurrenz zu § 320 ZPO** kann sich nicht ergeben; denn eine Ergänzung des Tatbestandes ist nach § 321 ZPO nicht möglich. Das Verfahren nach § 320 ZPO kann aber einen Antrag nach § 321 ZPO vorbereiten. Denn ob ein Haupt- oder Nebenanspruch übergangen wurde, hängt nach § 321 I ZPO vom Inhalt des Tatbestandes ab. Ist der Anspruch aber bereits im Tatbestand übergangen worden, 30 muss zunächst der Tatbestand nach § 320 ZPO berichtigt werden. In diesem Fall kann der Antrag nach § 320 mit dem nach § 321 ZPO verbunden werden und es kann gemeinsam über beide Anträge verhandelt und entschieden werden.

3. Beispiele für Urteilsergänzung

31 Eine Ergänzung des Tenors ist nicht nur bei Urteilen möglich, der Geltungsbereich des § 321 ZPO erstreckt sich auch auf **Beschlüsse**, wenn sie tatsächliche Feststellungen enthalten, die als Tatbestand iSd § 321 Abs. 1 ZPO gelten können, oder wenn sie eine Kostenentscheidung enthalten müssen (vgl. *OLG Celle*, MDR 2008, 1180). § 321 ZPO ist gem. § 113 I 2 FamFG insbesondere auf Beschlüsse in Familien- und Ehesachen anwendbar.

32 Eine Ergänzung des Tenors ist möglich hinsichtlich übergangener **Haupt-** und **Nebenansprüche,** sofern sie ausweislich des Tatbestandes geltend gemacht wurden. Zu den Hauptansprüchen zählen auch mit einem Hilfsantrag geltend gemachte Ansprüche, wenn das Gericht den Hauptantrag abweist. Nebenansprüche sind insbesondere Zinsansprüche.

33 Außerdem kann die **Kostenentscheidung,** soweit sie notwendig war, ergänzt werden. Das gilt auch, wenn das Gericht versehentlich nicht über die Kosten der Anrufung des unzuständigen Gerichts nach § 281 III, 2 ZPO (vgl. *OLG Koblenz,* NJW-RR 1992, 892; *OLG Hamm,* NJW-RR 2000, 1524), über die Kosten der Säumnis nach § 344 ZPO oder über die Kosten der Nebenintervention nach § 101 ZPO (*BGH,* NJW-RR 2005, 295) entschieden hat. Voraussetzung ist in allen Fällen, dass das Gericht die Entscheidung nicht bewusst unterlassen hat (*BGH,* NJW 1980, 840).

34 In einer Reihe von Fällen ist die **entsprechende Anwendung** des § 321 ZPO auf Nebenentscheidung gesetzlich vorgesehen, so in

- § 716 ZPO, wenn über die vorläufige Vollstreckbarkeit gar nicht entschieden wurde, wenn die Abwendungsbefugnis nach § 711 ZPO fehlt (*BGH,* NJW 1984, 1240) oder wenn Schutzanträge nach §§ 710, 712 ZPO übergangen wurden;
- § 302 II und § 599 II ZPO, wenn der Tenor eines Vorbehaltsurteils dem Beklagten nicht die Ausführung seiner Rechte im Nachverfahren vorbehält;
- § 721 I 3 ZPO, wenn das Gericht den Antrag auf Gewährung einer Räumungsfrist übergangen hat.

Auch das Unterlassen weiterer Nebenentscheidungen kann nach § 321 korrigiert werden:

- der Vorbehalt der beschränkten Erbenhaftung nach §§ 305 I, 780 ZPO, sofern er beantragt ist;
- die Begrenzung der Haftung auf die Höchstsumme bei Feststellungsurteilen (*BGH,* NJW-RR 1996, 1238);
- die Festsetzung der Lösungssumme im Arrestbefehl (Abwendungsbefugnis) nach § 923 ZPO;
- die Fristbestimmung nach § 255 ZPO, sofern sie beantragt ist;
- die Streitwertfestsetzung nach § 61 I ArbGG.

35 Hingegen kann in folgenden Fällen **keine Ergänzung** verlangt werden:

- wenn die Revision oder die Rechtsbeschwerde nicht zugelassen wurden (*BGH,* NJW 2004, 779, str., vgl. *Zöller/Vollkommer,* § 321 Rn. 5); hier kommt nach hM, wenn die Voraussetzungen gegeben sind, nur § 319 BGB in Betracht;
- wenn eine Hilfsaufrechnung übergangen wurde (*BGH,* NJW-RR 1996, 379; *OLG Frankfurt,* NJW-RR 1989, 640);
- wenn Angriffs- und Verteidigungsmittel übergangen wurden, auch wenn ihre Berücksichtigung zu einer anderen Entscheidung geführt hätte; das gilt für die Aufrechnung (s. o.), aber auch bei Übergehung eines Zurückbehaltungsrechts oder eines Zug-um-Zug-Antrages (*BGH,* NJW 2003, 1463).

4. Verfahren

36 Die Ergänzung des Tenors durch eine nachträgliche Entscheidung setzt einen **Antrag** voraus, § 321 I ZPO. Der Antrag muss binnen einer **Frist** von zwei Wochen mit einem Schriftsatz gestellt werden (§ 321 II ZPO). Die Frist beginnt mit der Zustellung des zu ergänzenden Urteils. Wenn zur Vorbereitung der Urteilsergänzung zunächst eine Tatbestandsberichtigung nach § 320 ZPO vorzunehmen war, beginnt die Frist erst mit Zustellung des Berichtigungsbeschlusses (*BGH,* NJW 1982, 1821, 1822). Handelt es sich um die Berichtigung eines Beschlusses, ist der Antrag gleichfalls binnen zwei Wochen nach Zustellung zu stellen. Bei Versäumung der Frist bleibt zu überlegen, ob nicht doch eine Berichtigung nach § 319 ZPO möglich ist; die Grenzen sind fließend.

37 Nach Eingang der Antragsschrift ist **Termin zur mündlichen Verhandlung** anzuberaumen, § 321 III ZPO, sofern die Parteien nicht ihr Einverständnis mit einer Entscheidung ohne mündliche Verhandlung nach § 128 II ZPO erklären oder die Voraussetzungen des § 128 III gegeben sind. In der Regel empfiehlt es. sich, den Parteien den Verzicht auf eine mündliche Verhandlung nahe zu legen, zB:

Das Gericht möchte die Kostenentscheidung des Urteils gem. § 321 ZPO um einen Ausspruch nach § 281 III/§ 344 ZPO ergänzen. Die Parteien werden um Mitteilung binnen zwei Wochen gebeten, ob sie einer Entscheidung ohne mündliche Verhandlung zustimmen.

Soll ein Beschluss, der ohne mündliche Verhandlung ergeht, ergänzt werden, ist eine mündliche Verhandlung nicht erforderlich. Bei der Verhandlung und Entscheidung über den Antrag können auch Richter mitwirken, die an der zu ergänzenden Entscheidung nicht beteiligt waren (vgl. *Zöller/Vollkommer,* § 321 Rn. 10).

5. Entscheidung

Sie ergeht, gleich ob ablehnend oder stattgebend, durch **Urteil,** für dessen Verkündung und Abfassung die §§ 310 ff. ZPO gelten. Das Urteil ist selbständig anfechtbar; ob von der Darstellung eines Tatbestandes abgesehen werden kann (vgl. §§ 313 a I, 543 I ZPO), richtet sich daher nach der Beschwer des Ergänzungsurteils. Bei Säumnis oder Anerkenntnis kann durch Versäumnisurteil oder Anerkenntnisurteil entschieden werden (vgl. *Zöller/Vollkommer,* § 321 Rn. 10). Wird ein Beschluss ergänzt, ergeht auch die ergänzende Entscheidung durch Beschluss. 38

6. Formulierung des Ergänzungsurteils

Beispiel:

Der Tenor des Urteils vom ... wird in der Hauptsache/hinsichtlich des Zinsanspruches/hinsichtlich der Kosten etc. wie folgt ergänzt: 39

- Auf die Widerklage des Beklagten wird der Kläger verurteilt, ...
- Der Beklagte wird verurteilt, auf den unter Nr. 1 zuerkannten Schmerzensgeldanspruch Zinsen in Höhe von 4% seit dem 1. 2. 20.. zu zahlen.
- Die durch die Anrufung des unzuständigen Gerichts entstandenen Kosten hat die Klägerin zu tragen.
- Die Kosten der Nebenintervention hat der Nebenintervenient zu tragen.
- Der Beklagte kann die Vollstreckung durch Sicherheitsleistung in Höhe von 110% des vollstreckbaren Betrages abwenden, sofern nicht der Kläger vor der Vollstreckung Sicherheit in Höhe von 110% des zu vollstreckenden Betrags leistet.

Es handelt sich um ein selbständiges Urteil, das – anders als Berichtigungsbeschlüsse nach §§ 319, 320 ZPO – nicht mit dem Haupturteil verbunden wird. Für das Ergänzungsurteil gelten die §§ 313 ff. ZPO, daher muss das Urteil idR Tatbestand und Entscheidungsgründe enthalten und, jedenfalls wenn es die Entscheidung über einen Haupt- oder Nebenanspruch oder die Kostenentscheidung ergänzt, auch einen Ausspruch über die **vorläufige Vollstreckbarkeit.** Wenn eine Partei aufgrund der Ergänzung zusätzlich obsiegt oder unterliegt, hat das Gericht auch über die **Kosten** zu entscheiden (vgl. *Zöller/Vollkommer,* § 321 Rn. 10). 40

V. Gehörsrüge nach § 321 a ZPO

1. Allgemeines

Als weitere Möglichkeit der Selbstkorrektur von Entscheidungen hat der Gesetzgeber mit dem Anhörungsrügegesetz vom 14. 12. 2004 (BGBl. I 2004, 3220, in Kraft seit 1. 1. 2005) § 321 a neu gefasst. Damit sollte dem Plenarbeschluss des BVerfG vom 30. 4. 2003 (NJW 2003, 1924) entsprochen werden. Darin hatte das BVerfG den Gesetzgeber aufgefordert, in den Fällen der Verletzung rechtlichen Gehörs eine Abhilfe durch die Fachgerichte vorzusehen. Der Gesetzgeber hat dies nicht durch Ausweitung des Rechtsmittelsystems umgesetzt, sondern – wie schon im Beschluss des BVerfG angeregt – durch einen Rechtsbehelf an das Gericht – dessen Entscheidung gerügt wird (iudex a quo). 41

Gemessen an den Zielen sind die Erfahrungen mit § 321 a ZPO eher enttäuschend (vgl. *Sangmeister,* NJW 2007, 2363). Die Gehörsrüge wird wenig erhoben und ist selten erfolgreich. Eine Entlastung des BVerfG dürfte sie wohl nicht gebracht haben. Erreicht wurde aber: 42

- Dem BVerfG wurde die Möglichkeiten gegeben, Verfassungsbeschwerden mit der Begründung nicht anzunehmen, dass der Antragsteller zunächst nach § 321 a ZPO hätte vorgehen müssen (*BVerfG,* NJW 2005, 3059).
- Die außerordentliche Beschwerde wegen greifbarer Gesetzeswidrigkeit, die die Rechtsprechung zunehmend zur Korrektur grob fehlerhafter, aber unanfechtbarer Beschlüsse, zugelassen hatte, ist durch den Weg der Selbstkontrolle nach § 321 a ZPO versperrt worden (*BVerfG,* NJW 2009, 2538; *BGH,* FamRZ 2006, 696; vgl *Zöller/Vollkommer,* § 321 a Rn. 4).
- Die Gegenvorstellung wird in analoger Anwendung des § 321 a ZPO einer Frist von zwei Wochen unterworfen (*OLG Koblenz,* MDR 2008, 694).

2. Anwendungsbereich

Die Gehörsrüge ist nur gegenüber einer **unanfechtbaren Endentscheidung** statthaft (§ 321 a I 1 Nr. 1 ZPO). Es darf also kein Rechtsmittel oder Rechtsbehelf gegen die Entscheidung gegeben sein. Gegenüber Berufung, Revision, Beschwerde, Einspruch oder Widerspruch (zB nach § 924 ZPO) ist die Rüge subsidiär. Die Form der Entscheidung – Urteil oder Beschluss – ist unerheblich. 43

44 Ausnahmsweise kann die Rüge auch gegen selbständige **Zwischenentscheidungen** erhoben werden, obwohl § 321 a I 2 ZPO dies eigentlich ausschließt. Das soll zB gelten:
- Bei Gewährung von Wiedereinsetzung für den Gegner, dem nach § 238 III kein Rechtsmittel zusteht (*BGH,* NJW-RR 2009, 642);
- Bei unanfechtbarer Zurückweisung eines Ablehnungsgesuches (*BVerfG* NJW 2009, 833);
- Bei unanfechtbarer Ablehnung von Prozesskostenhilfe (str., vgl. *Zöller/Vollkommer,* § 321 a Rn. 5).

3. Voraussetzungen

45 Rügeberechtigt ist die Partei, die durch die Entscheidung beschwert ist. Auch der Nebenintervenient kann rügeberechtigt sein (*Zöller/Vollkommer,* § 321 a Rn. 6). Mit der Anhörungsrüge muss ein **Gehörsverletzung** geltend gemacht werden. Andernfalls ist die Rüge nicht statthaft. Ob tatsächlich das rechtliche Gehör verletzt wurde, ist eine Frage der Begründetheit. Die Rüge kann gestützt werden auf eine Verletzung von Art. 103 I GG oder auch auf die Nichteinhaltung zentraler Verfahrensvorschriften wie zB §§ 139 II, 296 ZPO oder auf die Umgehung von wesentlichem Parteivortrag und erheblichen Beweisantritten. Näher zu den einzelnen Fallgruppen vgl. *Zöller/Vollkommer,* § 321 a Rn. 9 ff.

46 In folgenden Fällen ist die Rüge nicht gegeben:
- Wenn die Vorinstanz gegen das rechtliche Gehör verstoßen hat und die Entscheidung der nächsten Instanz nur die Gehörsverletzung aufrecht erhält; erforderlich ist eine sog. **originäre Verletzung** (*BGH,* NJW 2008, 2635).
- Wenn nicht die Verletzung des rechtlichen Gehörs geltend gemacht wird, sondern ein Verstoß gegen andere Verfassungsgarantien (*BGH,* NJW 2008, 2126).
- Wenn das Gericht Vorbringen der Partei in der Verhandlung oder in den Entscheidungsgründen erörtert, aber für unerheblich gehalten hat, also im Grunde nur eine Überprüfung der inhaltlichen Richtigkeit verlangt wird (vgl. *Zöller/Vollkommer*, § 321 a Rn. 8).

47 In vielen Fällen entspricht die **Rügeschrift** nicht den Anforderungen. Nach § 321 a II 5 iVm § 321 a I 1 Nr. 2 ZPO hat die Partei darzulegen, dass das Gericht den Anspruch auf rechtliches Gehör entscheidungserheblich verletzt hat. Dazu ist zum einen die Gehörsverletzung durch die angegriffene Entscheidung substantiiert darzulegen (vgl. *BGH,* NJW 2009, 1609). Zum anderen ist darzustellen, dass sich die Gehörsverletzung auf das Ergebnis der Entscheidung ausgewirkt hat (**Entscheidungserheblichkeit,** vgl. *Zöller/Vollkommer,* § 321 a Rn. 12). Wenn also eine Partei behauptet, das Gericht habe seine Hinweispflicht nach § 139 II ZPO verletzt, muss sie gleichzeitig darlegen, was sie auf den fehlenden Hinweis vorgetragen hätte und dass dadurch Gericht zu einem anderen Ergebnis hätte kommen können (*BGH,* NJW 2008, 378). Hierbei handelt es sich um eine Frage der Zulässigkeit.

48 Zur Zulässigkeit gehört auch, dass die Rüge innerhalb einer **Frist** von zwei Wochen erhoben wird. Die Frist beginnt mit der Kenntnis von der Gehörsverletzung, regelmäßig also mit Zustellung der Entscheidungsgründe an die Partei oder ihren Prozessbevollmächtigten. Es handelt sich um eine Notfrist, sie kann also nicht verlängert werden (§ 224 I ZPO), Wiedereinsetzung (§ 233 ZPO) ist aber möglich. Der Fristbeginn ist nach § 321 a II 1 ZPO glaubhaft zu machen; das ist vor allem zu verlangen, wenn die Partei eine spätere Kenntniserlangung behauptet. Die Frist beginnt auch, wenn sich die Partei bewusst einer Kenntnisnahme verschließt (*BVerfG,* NJW-RR 2010, 1215). Wie bei der Wiedereinsetzung beträgt die Höchstfrist ein Jahr (§ 321 a II 2 ZPO).

4. Verfahren

49 Das vom Gericht einzuhaltende Verfahren ist in § 321 a IV ZPO geregelt. Zunächst ist die **Zulässigkeit** der Rüge zu prüfen, dazu gehört die Prüfung, ob die Rüge statthaft ist (§ 321 a I 1 Nr. 1 ZPO) und ob sie zulässig, d. h. form- und fristgerecht ist (§ 321 a II ZPO). Fehlt es daran, ist die Rüge als unzulässig zu verwerfen. Eine zulässige Rüge ist dem Gegner zur **Stellungnahme** zuzustellen (§ 321 a III ZPO). Nach Eingang der Stellungnahme ist die **Begründetheit** zu prüfen. Die Rüge ist begründet, wenn das Gericht – sei es mit oder ohne Verschulden – das rechtliche Gehör verletzt hat und es ohne die Verletzung zu einem anderen Ergebnis gekommen wäre. Nach anderer Ansicht (*Zöller/Vollkommer,* § 321 a Rn. 12) soll die bloße Möglichkeit einer günstigeren Entscheidung für die Begründetheit genügen und die endgültige Entscheidung im Verfahren nach § 321 a V ZPO geprüft werden. Das wird aber vom Gesetz, das auf Entscheidungserheblichkeit abstellt, nicht verlangt und würde das Gericht in ein Fortsetzungsverfahren zwingen, von dem es bereits weiß, dass es erfolglos sein wird.

5. Entscheidung

50 Das Gericht entscheidet in der Besetzung der angegriffenen Entscheidung. Es können aber andere Richter mitwirken; § 320 IV 2 ZPO gilt nicht entsprechend. Es sind mehrere Entscheidungssituationen denkbar:
- Hält das Gericht die Rüge für nicht statthaft oder für unzulässig, ist sie durch unanfechtbaren Beschluss zu verwerfen, § 321 a IV 1, 2 ZPO.

- Hält das Gericht die Rüge für unbegründet, ist sie durch unanfechtbaren Beschluss zurückzuweisen, § 321 a IV 3 ZPO.
- Ist die Rüge begründet, hilft das Gericht ihr ab und setzt das Gericht das Verfahren wie nach Einspruch gegen ein Versäumnisurteil fort, § 321 a V ZPO verweist ausdrücklich auf § 343 ZPO. In diesem **Fortsetzungsverfahren** ist das rechtliche Gehör nachzuholen. Ein einleitender Fortsetzungsbeschluss ist nicht erforderlich. Das fortgeführte Verfahren bezieht sich nur auf den von der begründeten Rüge betroffenen Teil des Rechtsstreits.
- Die Entscheidung im Fortsetzungsverfahren ist entsprechend § 343 ZPO zu fassen (vgl. *Thomas/Putzo*, § 321 a Rn. 15). Die alte Entscheidung kann ganz oder zum Teil aufrechterhalten werden, sie kann ganz oder zum Teil aufgehoben werden. Soweit sie aufgehoben wird, ist neu zu entscheiden, auch über die Kosten und die vorläufige Vollstreckbarkeit.

Der Beschluss, mit dem die Rüge verworfen oder zurückgewiesen wird, ist kurz zu begründen (321 a IV 5 ZPO).

6. Rechtskraft und Vollstreckbarkeit

Die Rüge nach § 321 a ZPO hindert nicht die formelle Rechtskraft der angegriffenen Entscheidung. 51
Eine einstweilige Einstellung der Zwangsvollstreckung nach § 707 ZPO ist möglich, die Vorschrift verweist auf § 321 a ZPO.

A. XX. Urkunden-, Wechsel- und Scheckprozess

Dr. Helmut Büchel

Übersicht

Literatur: *Baumbach/Hefermehl,* Wechselgesetz und Scheckgesetz, 23. Aufl. 2007; *Bülow,* Wechselgesetz, Scheckgesetz, Allgemeine Geschäftsbedingungen, 4. Aufl. 2004; *Nobbe,* Die neuere Rechtsprechung des Bundesgerichtshofes zum Wechsel- und Scheckrecht, WM 2000, Sonderbeilage Nr. 5; zur allg. Literatur siehe Literaturverzeichnis A. I.

I. Urkundenprozess

1. Allgemeines

1 Ergeben sich sämtliche anspruchsbegründenden Tatsachen aus einem Wechsel, Scheck oder einer anderen Urkunde, die der Kläger in Händen hat, kann er seinen Anspruch im Urkundenprozess nach §§ 592 ff. ZPO geltend machen. Die ZPO stellt hier ein besonderes Verfahren zur Verfügung, das dem Kläger zu einer schnellen, allerdings nur vorläufigen Entscheidung verhelfen kann, dem Vorbehaltsurteil. Für den Richter bringen vor allem die Aufspaltung in Urkundenprozess und Nachverfahren, die für den Urkundenbeweis geltenden Beweisregeln der §§ 416 ff. ZPO und die Beschränkung der Beweismittel im Urkundenprozess nach § 595 II ZPO Besonderheiten. Verteuernd wirkt sich aus, dass zwar nicht die Gerichtskosten, aber die Anwaltsgebühren mit Ausnahme der Prozessgebühr im Nachverfahren erneut entstehen, § 17 Nr. 5 RVG. Vor allem wenn sowohl gegen das Vorbehaltsurteil als auch gegen das Urteil im Nachverfahren Berufung eingelegt wird, kommt es zu einem kostenaufwendigen Rechtsstreit.

2. Statthaftigkeit

2 a) Besondere Prozessvoraussetzung ist, dass Zahlung einer bestimmten Geldsumme verlangt wird; die anderen in § 592 II ZPO genannten Fälle spielen praktisch keine Rolle.

3 b) Die Klageschrift muss die Erklärung enthalten, dass im Urkundenprozess geklagt wird, § 593 I ZPO; oft wird die Klage überschrieben als **Klage im Urkundenprozess.** Die Erklärung kann nicht später nachgeholt werden, das liefe auf eine Klageänderung hinaus, die in der Regel nicht sachdienlich wäre (vgl. *Thomas/Putzo/Reichold,* § 593 Rn. 1).

4 c) Alle anspruchsbegründenden Tatsachen müssen durch die **Urkunde** (auch durch mehrere sich ergänzende Urkunden) belegt sein. Das bedeutet: Die Schlüssigkeit des Hauptanspruches und der Neben-

ansprüche (zB Zinsen, soweit sie über den gesetzlichen Zinssatz von 5 vH über dem Basiszinssatz ab Rechtshängigkeit hinausgehen) muss aus der Urkunde folgen. Erforderlich ist aber nicht, dass sich der Anspruch selbst aus der Urkunde ergibt; er muss lediglich durch die Urkunde zu beweisen sein (*BGH,* NJW 1996, 400). Etwas anderes gilt aber für unstreitige Tatsachen, da sie nicht durch Urkunden bewiesen zu werden brauchen (*BGH,* NJW 2008, 523; einschränkend *Zöller/Greger,* § 592 Rn. 11); in der Praxis wird das vor allem für Nebenansprüche bedeutsam, zB für die Höhe des Verzugsschadens bei Zinsansprüchen (vgl. *BGH,* WM 2007, 2352). Auch eine negative Anspruchsvoraussetzung, wie das Fehlen des rechtlichen Grundes bei § 812 BGB, soll durch Urkunden belegt werden können (*OLG Dresden,* WM 1997, 2249).

Als Urkunden kommen in Betracht: Schuldversprechen, Schuldanerkenntnis, Darlehensvertrag (soweit sich auch die Fälligkeit urkundlich belegen lässt), Bürgschaft (nur wenn sich auch Bestehen und Fälligkeit der Hauptforderung aus der Urkunde ergeben), Bürgschaft auf erstes Anfordern (*BGH,* NJW 1998, 2280, 2281), Dienstvertrag (*KG,* NJW-RR 1997, 1059), sogar Mietverträge (*BGH,* NJW 1999.1408, nach *BGH,* NJW 2005, 2701 auch bei Wohnraummiete); auch ein Telefax soll eine Urkunde sein (*OLG Köln,* NJW 1991, 901). Die Ablichtung einer Urkunde genügt nicht (*BGH,* NJW 1992, 829, 830).

d) Die Urkunden müssen der Klageschrift oder einem späteren, die Einlassungsfrist wahrenden Schriftsatz im Original oder in beglaubigter Abschrift beigefügt sein, § 593 II ZPO. 5

e) Spätestens im Termin ist die **Vorlage der Urkunde** im Original erforderlich (vgl. *OLG Frankfurt,* MDR 1982, 153). Sonst ist der Urkundenprozess unstatthaft iSd § 597 II ZPO; auch ein Versäumnisurteil kann dann nicht ergehen (*Zöller/Greger,* § 592 Rn. 11). 6

3. Zuständigkeit

Die örtliche und sachliche Zuständigkeit brauchen nicht durch Urkunden bewiesen zu werden (vgl. *Thomas/Putzo/Reichold,* § 592 Rn. 5). In folgenden Fällen ist bei landgerichtlichen Prozessen die **Kammer für Handelssachen** zuständig, auch wenn der Beklagte kein Kaufmann ist und kein Handelsgeschäft zugrundeliegt: 7

- bei Ansprüchen aus einem Wechsel, gleich ob sich die Klage gegen den Aussteller, Akzeptanten oder Indossanten richtet (§ 95 I Nr. 2 GVG),
- bei Ansprüchen aus einem kaufmännischen Wertpapier nach § 363 HGB (§ 95 I Nr. 2 GVG),
- bei Ansprüchen aus einem Scheck (§ 95 I Nr. 3 GVG).

4. Beweiswert der Urkunde (Beweisregeln und Beweiskraft)

Die ZPO unterscheidet in §§ 415 ff. hinsichtlich der Beweiskraft zwischen öffentlichen und privaten Urkunden. 8

a) **Beweis durch Privaturkunden.** Im Urkundenprozess und auch sonst beim Urkundenbeweis geht es meist um Privaturkunden im Sinne des § 416 ZPO. Wird von einer Partei eine Urkunde vorgelegt, ist zunächst die **Echtheit der Urkunde** zu prüfen, allerdings nur dann, wenn diese vom Gegner bestritten, also, wie § 440 I ZPO es ausdrückt, nicht anerkannt wird. Dabei geht es, der Vorschrift des § 440 ZPO entsprechend, zum einen um die Echtheit der Unterschrift (§ 440 I ZPO), zum anderen um die Echtheit der unterschriebenen Erklärung (§ 440 II ZPO), dh um die Frage, ob es sich um eine vom Aussteller selbst oder mit seinem Willen wirksam abgegebene Erklärung handelt (vgl. *BGH,* NJW 1988, 2741). 9

Im Einzelnen gelten folgende **Beweisregeln:**

aa) Bestreitet der Beklagte, die Urkunde unterschrieben zu haben, muss der Kläger den **Beweis der Unterschrift** führen. Das gilt auch dann, wenn die Urkunde mit dem Namen des Beklagten unterzeichnet wurde. Der Beweis kann grundsätzlich mit allen Beweismitteln geführt werden; in Betracht kommen Schriftvergleichung nach § 441 I ZPO, ein Schriftsachverständigengutachten nach § 442 ZPO, Parteivernehmung, uU auch der Zeugenbeweis. Es gilt der Grundsatz der freien Beweiswürdigung (*Thomas/Putzo/Reichold,* § 440 Rn. 1). Im Urkundenprozess ist allerdings der Beweis durch Sachverständige und Zeugen ausgeschlossen (§ 595 II ZPO); auch die Schriftvergleichung nach § 441 ZPO ist nicht möglich, denn sie ist Augenscheinsbeweis (vgl. *Zöller/Greger,* § 595 Rn. 7). Dem Kläger bleibt im Urkundenbeweis praktisch nur die Parteivernehmung des Beklagten (vgl. Rn. 15). 10

bb) Wenn die Unterschrift des Beklagten feststeht, greift nach § 440 II ZPO die **Vermutung der Echtheit der Urkunde** dafür ein, dass der unterschriebene Text vom Aussteller stammt oder mit seinem Willen dort steht (*BGH,* NJW 1988, 2741; NJW-RR 2003, 394). Die Vermutung besteht nicht: 11

- wenn sich der Namenszug oberhalb des Urkundentextes befindet (sog. **Oberschrift,** *BGH,* NJW 1991, 487),
- wenn sich der Namenszug neben dem Urkundentext befindet (sog. **Nebenschrift,** *BGH,* NJW 1992, 829),
- wenn die Urkunde **äußere Mängel** im Sinne des § 419 ZPO aufweist, also zB Durchstreichungen, Radierungen, Einschaltungen und andere äußere Mängel (Beispiele *Thomas/Putzo,* § 419 Rn. 1); wieweit solche Mängel die Beweiskraft aufheben oder mindern, unterliegt der freien Beweiswürdigung.

Die Vermutung des § 440 II ZPO ist nach § 292 ZPO widerleglich. Der Aussteller kann sich ua darauf berufen, dass die Urkunde nachträglich gegen seinen Willen geändert oder ergänzt wurde, dass die von ihm blanco unterschriebene Urkunde abredewidrig ausgefüllt wurde (**Blankettmissbrauch**), dass er die Erklärung wegen Irrtums oder Täuschung angefochten hat oder dass ihm die Urkunde gegen seinen Willen entzogen wurde vgl. *BGH,* NJW-RR 2006, 847, 848). Die tatsächliche Grundlage für diese Einwendungen muss immer der Aussteller beweisen, auch bei behauptetem Blankettmissbrauch (*BGH,* NJW 1986, 3086, 3087). Dieser Beweis kann, von den Beschränkungen im Urkundenprozess nach § 595 II ZPO abgesehen, mit allen Beweismitteln geführt werden. Auch ein Antrag auf Parteivernehmung des Gegners ist zulässig, § 445 II ZPO steht nicht entgegen (*BGH,* NJW 1988, 2741).

12 *cc)* Erst wenn die Vermutung des § 440 II ZPO eingreift und nicht widerlegt wird, gilt die Beweisregel des § 416 ZPO (*BGH* NJW 1988, 2741; NJW-RR 2006, 847). Danach begründet die Urkunde vollen Beweis dafür, dass die Erklärung vom Aussteller abgegeben ist (**formelle Beweiskraft**). Für eine freie Beweiswürdigung nach § 286 ZPO ist hier kein Raum (*BGH* NJW 1986, 3086).

13 *dd)* Die formelle Beweiskraft erschöpft sich darin, dass der Aussteller die im Schriftstück enthaltene Erklärung abgegeben hat. Die materielle Bedeutung der Erklärung unterliegt wieder der freien Beweiswürdigung des Gerichts nach § 286 ZPO (**materielle Beweiskraft**). Hier greift oftmals die Vermutung der Vollständigkeit und Richtigkeit der Vertragsurkunde ein (vgl. *Palandt/Ellenberger,* § 125 Rn. 115 mN). Sie gilt nicht nur bei Verträgen mit gesetzlich vorgesehener Form, sondern für alle schriftlich abgeschlossenen Verträge. Beide Parteien können sich auf diese Vermutung berufen.

14 b) **Beweis durch öffentliche Urkunden.** Als öffentliche Urkunden, die Grundlage für einen Urkundenprozess sein könnten, kommen vor allem notariell beurkundete Erklärungen in Betracht. Ihre Echtheit wird nach § 437 ZPO vermutet, wenn sie sich nach Form und Inhalt als notarielle Urkunden darstellen (§ 437 I ZPO). Wenn von der Echtheit der Urkunde auszugehen ist, begründet die Urkunde nach § 415 I ZPO vollen Beweis dafür, dass die Erklärung abgegeben wurde. Der Beweis, dass der Vorgang unrichtig beurkundet wurde, ist nach § 415 II zulässig (vgl. *Thomas/Putzo/Reichold,* § 415 Rn. 6).

5. Beschränkung der Beweismittel

15 Die anspruchsbegründenden Tatsachen müssen sich aus der Urkunde ergeben. Andere Tatsachen können nur durch Vorlage von **Urkunden oder** Antrag auf **Parteivernehmung** bewiesen werden (§ 593 II ZPO); das gilt insbesondere für die Echtheit der Unterschrift und für Einwendungen des Beklagten, wenn sie sich nicht aus dem Gesetz ergeben (wie zB Verjährung). Gegen die Behauptung, die Unterschrift sei gefälscht, ist der Kläger im Urkundenprozess praktisch machtlos: eine Schriftvergleichung oder das Gutachten eines Schriftsachverständigen sind unzulässig (vgl. Rn. 10), der Antrag auf Parteivernehmung des Gegners wäre unvernünftig. Hingegen wird der Beklagte seine Einwendungen gegen den Anspruch nur selten mittels Urkunden belegen können, anders zB, wenn er eine Quittung vorlegen kann. Der Urkundenbeweis kann nur durch Vorlage der Urkunde selbst angetreten werden, nicht durch einen Antrag auf Vorlegung der Urkunde nach §§ 421, 428, 432 ZPO oder auf Beiziehung der Akten (*BGH,* NJW 1994, 3295, 3296).

16 **Wichtig:** Die Beschränkung der Beweismittel wirkt sich erst aus, wenn die materielle Tatsache, also zB die Unterschrift, streitig ist; sonst bedarf sie keines Beweises.

6. Abstandnahme vom Urkundenprozess

17 Der Kläger kann **in erster Instanz** jederzeit vom Urkundenprozess Abstand nehmen und seinen Anspruch im ordentlichen Verfahren mit denselben Anträgen weiterverfolgen, § 596 ZPO; die Einwilligung des Beklagten ist nicht erforderlich. Der Kläger braucht seinen Anspruch nicht mehr nur auf die Urkunde, zB das Schuldanerkenntnis, zu stützen, er kann ihn jetzt auch aus dem zugrundeliegenden Rechtsgeschäft herleiten (*BGH,* NJW-RR 1987, 58). Ob ein Abstehen vom Urkundenprozess **in zweiter Instanz** zulässig ist, ist wegen § 513 ZPO fraglich (vgl. *Zöller/Greger,* § 596 Rn. 4).

7. Einwendungen des Beklagten

18 Der Beklagte kann bereits im Urkundenprozess sämtliche Einwendungen, die ihm zur Verfügung stehen, geltend machen. Er kann also zB Mängel darlegen, sich auf Nichtigkeit des Vertrages berufen oder auch die Aufrechnung erklären. Das führt bei schlüssigem Vorbringen des Beklagten erst dann zu einer Zurückweisung als im Urkundenprozess unstatthaft nach § 598 ZPO, wenn der Kläger die vorgetragenen Tatsachen bestreitet. Bei unstreitigen Einwendungen wirkt sich die Beschränkung der Beweismittel nicht aus. Hingegen sind unschlüssige Einwendungen im Urteil nicht nach § 598 ZPO, sondern wie sonst auch als unschlüssig zurückzuweisen.

8. Anerkenntnis im Urkundenprozess

Macht der Beklagte Einwendungen gegen den Anspruch geltend, die er beweisen müsste aber im Urkundenprozess nicht mit den zulässigen Mitteln beweisen kann, ist ihm im Interesse einer Vereinfachung des Verfahrens zu einem Anerkenntnis unter Vorbehalt seiner Rechte im Nachverfahren zu raten. Dadurch kann der Übergang in das Nachverfahren und die Verhandlung über die im Urkundenprozess nicht statthaften Einwendungen schnell und kostengünstig erreicht werden. Die Rechtsprechung lässt diese Möglichkeit aus Gründen der Prozessökonomie überwiegend zu (*Zöller/Greger,* § 599 Rn. 8). Auf Antrag des Klägers erlässt das Gericht ein Anerkenntnisurteil nach § 307 ZPO, das zugleich ein Vorbehaltsurteil nach § 599 ZPO ist (**Anerkenntnis-Vorbehaltsurteil**). Dem Beklagten bleiben sämtliche Einwendungen im Nachverfahren erhalten, auch wenn er sie bereits im Urkundenprozess hätte geltend machen können (*BGH,* NJW-RR 1992, 254). Hinsichtlich der Schlüssigkeit der Klage ist das Urteil aber für das Nachverfahren bindend (*OLG Düsseldorf,* NJW-RR 1999, 68). 19

9. Verfahrensleitung

a) Im Urkundenprozess wird regelmäßig ein **früher erster Termin** (§ 275 ZPO) bestimmt; wegen der Eilbedürftigkeit und wegen der Beschränkung der Beweismittel eignet sich das schriftliche Vorverfahren nicht. 20

b) Der Klageschrift fehlen oft beglaubigte **Abschriften der Urkunden,** die dem oder allen Beklagten zugestellt werden können. Da das den Urkundenprozess unstatthaft macht, ist der Kläger aufzufordern, beglaubigte Abschriften für jeden Beklagten nachzureichen. Ohne deren rechtzeitige Zustellung kann kein Versäumnisurteil ergehen (§ 593 II 2 ZPO). 21

c) Ist der Urkundenprozess aus einem der genannten Gründe unstatthaft oder kann der Kläger den ihm obliegenden Beweis nicht mit den nach § 595 II ZPO zulässigen Beweismitteln führen, sollte dem Kläger nahegelegt werden, gem. § 596 ZPO vom Urkundenprozess Abstand zu nehmen. Eine Abweisung als im Urkundenprozess unstatthaft nach § 597 II ZPO wird in der Praxis kaum vorkommen, da sie doch nicht zur Beendigung des Rechtsstreits führt. Im Fall der **Abstandnahme vom Urkundenprozess** kann noch im selben Termin im ordentlichen Verfahren weiterverhandelt werden (vgl. *Zöller/Greger,* § 596 Rn. 9). Dem Beklagten ist aber Gelegenheit zu geben, seine Einwendungen im ordentlichen Verfahren schriftsätzlich geltend zu machen. Ein Versäumnisurteil kann in diesem Termin nicht gegen ihn ergehen; eine Zurückweisung von Beweisantritten des Beklagten als verspätet kommt nicht in Betracht (*SächsVerfGH,* NJW 1998, 3266). 22

d) Wenn der Kläger im Termin das Original der Urkunde vorlegt, hat das Gericht den Beklagten nach § 439 I, II ZPO aufzufordern, sich darüber zu erklären, ob er die Urkunde unterschrieben hat und die Urkunde seine Erklärung wiedergibt. Bestreitet er die Echtheit der Unterschrift, sollte das Gericht den Kläger auf die Beschränkung der Beweismittel hinweisen und ihm, da praktisch nur die unvorteilhafte Parteivernehmung bleibt, raten, vom Urkundenprozess nach § 596 ZPO Abstand zu nehmen. Erst dort besteht die Möglichkeit, das Gutachten eines **Schriftsachverständigen** einzuholen. Zu den Beweisregeln im Übrigen vgl. Rn. 9 ff. 23

e) Hat der Beklagte keine Einwendungen, die er mit den im Urkundenprozess zulässigen Beweismitteln verfolgen kann, bestehen zwei Möglichkeiten: 24

- hält das Gericht mit der überwiegenden Meinung (vgl. Rn. 18) ein Anerkenntnisurteil unter Vorbehalt der Rechte im Nachverfahren für zulässig, sollte der Beklagte schon aus Kostengründen hierzu veranlasst werden (vgl. Rn. 18);
- andernfalls sollte der Beklagte im Urkundenprozess Abweisung der Klage beantragen und erklären, dass er seine Einwendungen im Nachverfahren geltend machen will.

In beiden Fällen kann noch im selben Termin das Anerkenntnisurteil bzw. das Vorbehaltsurteil verkündet und dann im Nachverfahren weiterverhandelt werden. Eine Aussetzung des Rechtsstreits bis zur Rechtskraft des Vorbehaltsurteils ist unzulässig (*BGH,* LM Nr. 4 zu § 600 ZPO).

10. Nachverfahren

Das Nachverfahren beginnt, wenn der Beklagte durch ein Vorbehaltsurteil im Sinne des § 599 ZPO verurteilt oder durch einen Vollstreckungsbescheid nach § 703 a II Nr. 4 ZPO verpflichtet worden ist. Das Gericht trifft die erforderlichen verfahrensleitenden Anordnungen (früher erster Termin oder schriftliches Vorverfahren), sobald eine Partei beantragt, das Verfahren fortzusetzen; beide Parteien können diesen Antrag stellen. Nach anderer Meinung wird das Verfahren von Amts wegen fortgesetzt (*Zöller/Greger,* § 600 Rn. 8). Im Nachverfahren gelten die allgemeinen Verfahrens- und Beweisregeln. Probleme bereitet oft die Frage, wieweit eine **Bindung** des Gerichts **an das Vorbehaltsurteil** besteht und der Beklagte aus diesem Grund mit Einwendungen ausgeschlossen ist (vgl. *BGH* NJW 2004, 1159; *Zöller/Greger,* § 600 Rn. 19 ff.). Soweit das Vorbehaltsurteil Einwendungen des Beklagten nicht nach § 598 25

ZPO mangels zulässiger Beweismittel als unstatthaft, sondern als unsubstantiiert oder sachlich unerheblich zurückgewiesen hat, ist das Gericht hieran gebunden (vgl. *BGH*, NJW 1982, 183). Soweit der Beklagte aber dem Anspruch ohne Begründung widersprochen hat, kann er seine Einwendungen immer noch im Nachverfahren geltend machen (*BGH*, NJW 1982, 183; 1988, 1468). Das gilt auch, wenn der Beklagte seine Einwendungen zwar genannt aber den Anspruch unter Vorbehalt anerkannt hat oder wenn er erklärt hat, die Einwendungen erst im Nachverfahren geltend machen zu wollen.

Die Echtheit der Urkunde kann der Beklagte noch im Nachverfahren bestreiten, auch wenn er den Einwand im Urkundenprozess nicht erhoben hat.

11. Anträge

26 a) **Im Urkundenprozess** kann der Kläger mit seinem Antrag nur die Ansprüche verfolgen, die sich aus der Urkunde ergeben. Zinsansprüche aus dem Gesichtspunkt des Verzugsschadens sind oft nicht urkundlich belegt, hier ist es zweckmäßig, den Kläger zur Rücknahme zu veranlassen; anders ist es, wenn der Beklagte den Verzugsschaden nicht bestreitet.

Für den Beklagten genügt es, Klagabweisung zu beantragen, § 599 ZPO. In der Praxis ist es üblich, mit aufzunehmen, dass er hilfsweise die Ausführung seiner Rechte im Nachverfahren beantragt; notwendig ist dieser Zusatz nicht.

27 b) **Im Nachverfahren** geht der Antrag des Klägers dahin, das Vorbehaltsurteil für vorbehaltlos zu erklären oder es unter Wegfall des Vorbehalts aufrechtzuerhalten. Eine Erweiterung der Klage, nicht nur hinsichtlich durch Urkunden nicht belegter Nebenansprüche, ist möglich. Der Beklagte beantragt, das Vorbehaltsurteil aufzuheben und die Klage abzuweisen.

12. Beispiele für die Fassung des Urteils

28 a) **Bei unstatthaftem Urkundenprozess, § 597 II ZPO.** Die Klage wird als im Urkundenprozess unstatthaft abgewiesen. Kostenentscheidung wie üblich; vorläufige Vollstreckbarkeit ohne Rücksicht auf den Streitwert nach §§ 708 Nr. 4, 711 ZPO.

29 b) **Bei begründeter Klage im Urkundenprozess, § 599 I ZPO.** Das Urteil ist als „Vorbehaltsurteil im Urkundenprozess" zu überschreiben.

Beispiel:

Der Beklagte wird verurteilt, an den Kläger ... zu zahlen.
Die Kosten des Rechtsstreits hat der Beklagte zu tragen.
Das Urteil ist vorläufig vollstreckbar. Der Beklagte kann die Vollstreckung durch Sicherheitsleistung in Höhe von 110% des vollstreckbaren Betrages abwenden, wenn nicht der Kläger vor der Vollstreckung Sicherheit in Höhe von 110% des jeweils zu vollstreckenden Betrages leistet.
Dem Beklagten bleibt die Ausführung seiner Rechte im Nachverfahren vorbehalten.

Das Urteil ist nach §§ 708 Nr. 4, 711 ZPO immer ohne Sicherheitsleistung für vorläufig vollstreckbar zu erklären, § 709 ZPO ist nicht anwendbar.

30 c) **Anerkenntnisurteil im Urkundenprozess.** Das Urteil ist als „Anerkenntnis-Vorbehaltsurteil im Urkundenprozess" zu überschreiben.

Tenorierung wie im Fall b); die vorläufige Vollstreckbarkeit richtet sich nicht nach § 708 Nr. 1 ZPO, sondern wegen des Vorbehalts auch hier nach §§ 708 Nr. 4, 711 ZPO.

31 d) **Versäumnisurteil im Urkundenprozess gegen den Beklagten.** Bei schlüssiger Klage und Säumnis des Beklagten ergeht ein gewöhnliches Versäumnisurteil nach § 331 ZPO, das kein Vorbehaltsurteil ist. Da der Beklagte dem Anspruch nicht widersprochen hat, wird dem Beklagten im Tenor nicht die Ausführung seiner Rechte im Nachverfahren vorbehalten.

32 e) **Bei schon im Urkundenprozess unbegründeter Klage, § 599 I ZPO.** Klageabweisung wie sonst auch, vorläufige Vollstreckbarkeit nach §§ 708 Nr. 4, 711 ZPO.

33 f) **Bei auch im Nachverfahren begründeter Klage.** Das Urteil ist als „Urteil im Nachverfahren" zu überschreiben.

Beispiel:

Das Vorbehaltsurteil dieses Gerichts vom ... wird für vorbehaltlos erklärt.
Der Beklagte hat die weiteren Kosten des Rechtsstreits zu tragen.
Das Urteil ist vorläufig vollstreckbar. Der Beklagte kann die Vollstreckung durch Sicherheitsleistung in Höhe von 110% des vollstreckbaren Betrages abwenden, wenn nicht der Kläger vor der Vollstreckung Sicherheit in Höhe von 110% des jeweils zu vollstreckenden Betrages leistet.

Die Fassung des Tenors zur Hauptsache entspricht § 708 Nr. 5 ZPO. Gebräuchlich, aber nicht der ZPO entsprechend, sind auch Formulierungen wie „Das Vorbehaltsurteil wird unter Wegfall des Vorbehalts aufrechterhalten" oder „Das Vorbehaltsurteil wird bestätigt; der Vorbehalt entfällt". Die vorläufige Vollstreckbarkeit richtet sich nach §§ 708 Nr. 5, 711 ZPO.

g) **Bei aufgrund des Nachverfahrens unbegründeter Klage, § 600 II ZPO**

Beispiel: 34

Das Vorbehaltsurteil dieses Gerichts vom ... wird aufgehoben und die Klage abgewiesen.

Entscheidung über Kosten und vorläufige Vollstreckbarkeit wie sonst bei klageabweisenden Urteilen.

h) **Bei teilweisem Obsiegen/Unterliegen im Nachverfahren**

Beispiel: 35

Das Vorbehaltsurteil dieses Gerichts wird insoweit für vorbehaltlos erklärt, als der Beklagte darin verurteilt wurde, an den Kläger ... EUR nebst Zinsen zu zahlen.
Im übrigen wird das Vorbehaltsurteil aufgehoben und die Klage abgewiesen.

II. Wechselprozess

1. Allgemeines

Der Wechselprozess ist eine Sonderform des Urkundenprozesses, bei dem die anspruchsbegründenden 36
Tatsachen durch den Wechsel und – bei einer Klage gegen den Annehmer nicht erforderlich – durch die Protesturkunde bewiesen werden. Die wirtschaftliche Bedeutung des Wechsels und damit die Zahl der Wechselprozesse ist erheblich zurückgegangen. Als Zahlungsmittel spielt der Wechsel in einigen Branchen noch eine Rolle, weil dadurch eine Kreditierung der Kaufpreisforderung bis zum Fälligkeitstag (oft in drei Monaten, sog. Dreimonatsakzeptanz) verbunden werden und der Lieferant den Wechsel seinerseits als Zahlungs- oder Finanzierungsmittel verwenden kann. Für den Lieferanten, der in einem solchen Fall zugleich Wechselnehmer (Remittent) ist, wird neben der Kaufpreisforderung die davon abstrakte Wechselforderung begründet, und zwar erfüllungshalber iSv § 364 II BGB. Im Wechselprozess kann der Wechselberechtigte nur den Anspruch aus dem Wechsel geltend machen; denn nur dieser ist durch den Wechsel belegt. Im ordentlichen Verfahren oder im Nachverfahren kann der Kläger seine Klage zugleich auf das zugrundeliegende Rechtsgeschäft stützen. Die entscheidende Frage im Nachverfahren ist oft, ob Einwendungen aus dem Grundverhältnis bestehen, die der Beklagte gegenüber dem Inhaber des Wechsels geltend machen kann.

Für den Wechselprozess gelten die speziellen Vorschriften der §§ 602–605 ZPO; soweit sie keine besonderen Regelungen enthalten, sind die Vorschriften über den gewöhnlichen Urkundenprozess anzuwenden.

2. Besonderheiten des Wechselprozesses

a) **Bezeichnung der Klage.** Nach § 604 I ZPO muss bereits die Klage die Erklärung enthalten, dass im 37
Wechselprozess geklagt wird. Fehlt die Erklärung, ist die Klage im ordentlichen Verfahren anhängig. Ein späteres Nachholen ist unzulässig. Hat der Prozess im Mahnverfahren begonnen, muss der Kläger einen Wechselmahnbescheid nach § 703 a ZPO beantragt haben, um in den Wechselprozess zu gelangen. Klagt der Kläger aus einem Wechsel „im Urkundenprozess", sind nur die Vorschriften der §§ 592 ff. ZPO anwendbar, nicht die Sondervorschriften für den Wechselprozess §§ 602–605 ZPO.

b) **Zuständigkeit.** *aa) Örtliche Zuständigkeit:* § 603 I ZPO eröffnet dem Kläger für den Wechselpro- 38
zess den besonderen **Gerichtsstand des Zahlungsortes,** dh des Ortes, der im Wechsel als Zahlungsort bezeichnet ist (Art. 1 Nr. 5 WG). Ist kein Zahlungsort angegeben, gilt der beim Namen des Bezogenen angegebene Ort als Zahlungsort (Art. 2 III WG). Werden mehrere Wechselverpflichtete nach Art. 47 WG als Gesamtschuldner verklagt, ist auch jedes Gericht des allgemeinen Gerichtsstandes eines der Beklagten zuständig, § 603 II ZPO.

bb) Die **sachliche Zuständigkeit** richtet sich allein nach dem Streitwert. Werden Wechsel für Mietfor- 39
derungen gegeben, kann somit das Landgericht zuständig sein. Wenn für das zugrundeliegende Rechtsverhältnis das Arbeitsgericht zuständig wäre, gilt das nach neuerer Ansicht auch für die Wechselklage (vgl. *BAG*, NJW 1997, 758; *Musielak,* § 603 Rn. 2). Vor den Arbeitsgerichten ist allerdings ein Urkunden- oder Wechselprozess ausgeschlossen (§ 46 II ArbGG). Für die Bemessung des Streitwerts bleiben nach § 4 II ZPO alle Nebenforderungen (Protestkosten, Wechselprovision etc.) außer Betracht.

cc) Innerhalb des Landgerichts ist stets die **Kammer für Handelssachen** zuständig, § 95 I Nr. 2 GVG. 40
Das gilt unabhängig davon, ob der Wechselanspruch im Wechselprozess oder im ordentlichen Verfahren erhoben wird. Im Wechselprozess, nicht im Nachverfahren, entscheidet der Vorsitzende allein, § 349 II Nr. 8 ZPO.

dd) Wenn der Kläger nach Klageerhebung vom Wechselprozess Abstand nimmt und in das ordentli- 41
che Verfahren übergeht oder wenn sich der Prozess nach Vorbehaltsurteil im Nachverfahren befindet, ändert das an der einmal begründeten örtlichen oder sachlichen Zuständigkeit nichts (*Zöller/Greger,* § 603 Rn. 1, 8). Unerheblich ist, ob der Anspruch nunmehr (auch) auf das Grundgeschäft gestützt wird. Es gilt der Grundsatz der **Fortdauer der Zuständigkeit** (§ 261 III Nr. 2 ZPO, § 17 I GVG).

42 c) **Terminsverlegung.** Die Zivilprozessordnung trägt der Eilbedürftigkeit von Wechselsachen dadurch Rechnung, dass einem Antrag auf **Terminsverlegung** auch in der Zeit vom 1. Juli bis 31. August nicht ohne weiteres zu entsprechen ist (§ 227 III Nr. 4 ZPO). Das Gericht kann und sollte daher die Ferienzeit zur kurzfristigen Terminierung nutzen. Möglich bleibt eine Terminsverlegung aus erheblichen Gründen nach § 227 I ZPO; an diese Gründe sind aber besondere Anforderungen zu stellen. Die Ausnahmeregelung in § 227 II Nr. 4 ZPO gilt nur für den Wechsel- und Scheckprozess selbst, nicht für Wechsel- und Scheckansprüche im ordentlichen Verfahren oder im Nachverfahren.

43 d) **Beschleunigungsgebot.** Wechselprozesse sollten idR vorrangig vor anderen Prozessen verhandelt und entschieden werden. § 604 II ZPO sieht hierfür eine verkürzte **Ladungsfrist** vor. Auch dann beträgt aber die **Einlassungsfrist** zwei Wochen, § 274 III ZPO gilt auch für den Wechselprozess. Auf Antrag des Klägers kann die Einlassungsfrist zwar nach § 226 ZPO abgekürzt werden. In der Praxis wird das aber meist nicht erforderlich sein; bereits eine Terminsladung unter Wahrung der Einlassungsfrist trägt den Interessen des Wechselberechtigten angesichts der sonst üblichen Verfahrensdauer in der Regel hinreichend Rechnung.

44 e) **Zug-um-Zug-Antrag.** Nach Art. 39 I und 50 I WG kann der Wechselverpflichtete verlangen, dass ihm bei Zahlung der Wechsel ausgehändigt wird. In der Praxis wird daher zum Teil ein Zug-um-Zug-Antrag gestellt und im Falle einer entsprechenden Einrede nur eine Zug-um-Zug-Verurteilung für richtig gehalten (vgl. *Zöller/Greger,* § 602 Rn. 12). Da es sich aber nicht um eine echte Gegenleistung, sondern um ein besonderes Recht auf Quittung handelt (*Thomas/Putzo,* § 756 Rn. 2), ist die Einschränkung von Antrag und Urteil nicht erforderlich. Der Wechsel ist dem Vollstreckungsorgan mit dem Titel vorzulegen und von diesem dem Schuldner bei Zahlung auszuhändigen, auch wenn kein Zug-um-Zug-Titel vorliegt (*Thomas/Putzo,* § 756 Rn. 2). Keinesfalls führt die eingeschränkte Verurteilung zu einer Teilabweisung mit der Kostenfolge des § 92 ZPO.

3. Anspruchsvoraussetzungen

45 Voraussetzung für einen Wechselanspruch gegen einen Wechselverpflichteten ist, dass der Kläger legitimierter Inhaber eines formal gültigen Wechsels ist (vgl. *Baumbach/Hefermehl,* Einl. WG Rn. 35 f.).

46 a) **Formal gültiger Wechsel.** In der Praxis werden regelmäßig vorgedruckte Wechselformulare benutzt, die im Fachhandel erhältlich sind. Das ausgefüllte Formular muss nach Art. 1 WG folgende Bestandteile enthalten, wenn der Wechsel wirksam sein soll:

- nach Nr. 2 die Anweisung, eine bestimmte Geldsumme zu zahlen;
- nach Nr. 3 den Namen des Bezogenen, also desjenigen, der zahlen soll;
- nach Nr. 5 den Zahlungsort; es genügt die Angabe eines Ortes beim Namen des Bezogenen, Art. 2 III WG;
- nach Nr. 6 den Namen des Nehmers, also desjenigen an den oder an dessen Order gezahlt werden soll;
- nach Nr. 7 das Ausstellungsdatum und der Ausstellungsort; es genügt die Angabe eines Ortes bei der Unterschrift des Ausstellers, Art. 2 IV WG;
- nach Nr. 8 die Unterschrift des Ausstellers.

Die Angabe der Verfallzeit nach Nr. 4 ist nicht notwendig; fehlt sie, gilt der Wechsel nach Art. 2 II WG als Sichtwechsel.

47 Der Wechsel braucht nicht bereits bei seiner Begebung vollständig ausgefüllt zu sein, ein später **vervollständigter Wechsel** kann genügen. Bei einem unvollständigen Wechsel kommt es darauf an, ob wesentliche Angaben versehentlich unterblieben sind – dann liegt keine wirksame Wechselverbindlichkeit vor –, oder ob sie bewusst unterblieben sind – dann ist der Nehmer im Zweifel zur Vervollständigung ermächtigt (vgl. *OLG Hamm,* NJW-RR 1995, 1134; *OLG Köln,* NJW-RR 1993, 946; *Baumbach/Hefermehl,* § 10 WG Rn. 1). Auch im ersten Fall kann sich eine Haftung gegenüber dem gutgläubigen Erwerber des Wechsels ergeben.

48 b) **Legitimation des Klägers.** Der Kläger muss Inhaber des Wechsels sein und, wenn er nicht erster Nehmer des Wechsels ist, sein Recht durch eine ununterbrochene Reihe von Indossamenten nachweisen (Art. 16 I WG). Der Kläger kann aber auch als Einlöser des Wechsels nach Art. 49 WG berechtigt sein, seine Vormänner in Anspruch zu nehmen; dann gilt Art. 16 I WG nicht (vgl. *Baumbach/Hefermehl,* Art. 16 WG Rn. 12).

49 c) **Begebungsvertrag.** Die Inanspruchnahme des Beklagten setzt grundsätzlich voraus, dass er sich durch einen wirksamen Begebungsvertrag wechselmäßig verpflichtet hat. Der Begebungsvertrag braucht jedoch nicht vom Kläger bewiesen zu werden. Denn dessen förmliche Berechtigung nach Art. 16 I WG begründet die Vermutung, dass er Wechselgläubiger ist, und es ist Sache des Beklagten, das Fehlen oder die Unwirksamkeit des Begebungsvertrages darzulegen und zu beweisen. An einem Begebungsvertrag fehlt es zB, wenn dem Schuldner der **Wechsel** im Sinne des Art. 16 II WG **abhanden gekommen** ist. Die Sittenwidrigkeit des Grundgeschäftes nach § 138 I BGB erfasst regelmäßig nicht den Begebungsvertrag, es sei denn, dass das Institut des Wechsels missbraucht wird (vgl. *Baumbach/Hefermehl,* Art. 17

Rn. 52). Im Fall des wucherischen Darlehens nach § 138 II BGB ist auch der Begebungsvertrag nichtig (*BGH,* NJW 1990, 384). Auch die Begebung eines Wechsels in einem Animierlokal kann nichtig sein (*BGH,* NJW 1980, 1742; WM 1987, 692).

Wird ein **Blankowechsel** ausgestellt, liegt ein Begebungsvertrag vor; Entstehen und Umfang der Wechselverpflichtung sind aber durch das abredegemäße Ausfüllen bedingt (*BGH,* NJW 1992, 1893). Die Ausfüllungsermächtigung bedarf nicht der Schriftform (*OLG Hamburg,* NJW-RR 1998, 407). Wird das Blankett abredewidrig ausgefüllt (**Blankettmissbrauch**), fehlt es demnach an einer wirksamen Wechselverpflichtung. 50

Bei fehlendem oder unwirksamem Begebungsvertrag ist aber ein **gutgläubiger Erwerb** nach Art. 16 II WG möglich (vgl. *Baumbach/Hefermehl,* Art. 16 WG Rn. 13 ff.). Auch derjenige, der einen vom ersten Nehmer abredewidrig ausgefüllten Wechsel erwirbt, wird bei gutem Glauben geschützt (*Baumbach/Hefermehl,* Art. 10 WG Rn. 17). In beiden Fällen trägt der Beklagte für seinen Einwand, der Kläger sei beim Erwerb bösgläubig gewesen oder habe grob fahrlässig gehandelt, die Beweislast. 51

d) Haftung der Wechselverpflichteten. Nach Art. 47 WG haften die Wechselverpflichteten dem Inhaber als Gesamtschuldner. Der Kläger kann nach Belieben einen, mehrere oder alle in Anspruch nehmen. 52

aa) Es haften folgende **Personen:** 53

- der **Akzeptant,** also derjenige, der den Wechsel mit seiner Unterschrift angenommen hat, nach Art. 28, 47, 48 WG; Zusätze zur Unterschrift, die auf eine Abhängigkeit der Wechselverpflichtung vom Grundgeschäft hindeuten, machen die Annahmeerklärung unwirksam, *BGH* NJW 1994, 447, *OLG Saarbrücken,* NJW-RR 1998, 190;
- der **Aussteller,** also derjenige, der den Wechsel als Aussteller unterschrieben hat, nach Art. 43, 47, 48 WG;
- der **Indossant,** also derjenige, der den Wechsel durch Indossament (Art. 11 WG) übertragen hat, nach Art. 43, 47, 48 WG;
- der **Wechselbürge** nach Art. 31, 32 WG in gleicher Weise wie derjenige, für den er sich verbürgt hat; zur Begründung einer Wechselbürgschaft vgl. *OLG Hamm,* NJW-RR 1993, 1203;
- der **vollmachtlose Vertreter** nach Art. 8 WG wie derjenige, den er vorgibt zu vertreten.

bb) Protest. Voraussetzung für die Rückgriffshaftung gegen den Aussteller und gegen den Indossanten ist ein wirksamer **Protest** nach Art. 44 WG, in der Regel mangels Zahlung, seltener mangels Annahme. Gegenüber dem Akzeptanten, der als Hauptschuldner haftet, ist ein Protest nicht erforderlich (Art. 28 WG). Der Protest mangels Zahlung muss an einem der beiden auf den Zahlungstag folgenden Werktage erhoben werden (Art. 44 III WG), bei einem Sichtwechsel innerhalb der Vorlegungsfrist nach Art. 34 WG (Art. 44 II WG). Die nach Art. 44 I WG aufzunehmende Protesturkunde ist im Wechselprozess vorzulegen. 54

cc) Haftungsumfang. Was der Inhaber vom Akzeptanten oder von einem Rückgriffsschuldner verlangen kann, ergibt sich aus Art. 48 I WG, nämlich: 55

- nach Nr. 1 die Wechselsumme;
- nach Nr. 2 Zinsen, und zwar bei Inlandswechseln 2 vH über dem jeweiligen Basiszinssatz, mindestens aber 6 vH, bei Auslandswechseln nur 6 vH;
- nach Nr. 3 Protestkosten und andere Auslagen;
- nach Nr. 4 Wechselprovision in Höhe von $^1/_3$ vH der Wechselsumme.

4. Vertretungsfragen

Im Wechsel und Scheckprozess können sich Probleme ergeben, wenn eine Person nicht selbst, sondern durch einen Vertreter als Aussteller, Annehmer oder Indossant unterschrieben hat. 56

a) Inanspruchnahme des Vertretenen. Der Schuldner kann einwenden, der Wechsel sei durch einen Vertreter ohne Vertretungsmacht unterschrieben. Dann fehlt es an einem wirksamen Begebungsvertrag. Diesen Einwand muss sich auch der Zweiterwerber entgegenhalten lassen (*BGH,* NJW 1992, 117 zum Scheck; *Baumbach/Hefermehl,* Art. 17 Rn. 36 mwN). Die Vertretungsmacht hat der Wechselkläger zu beweisen. Das kann im Wechselprozess wegen der Beschränkung der Beweismittel schwierig sein; wenn sich die Vertretungsmacht aus dem Gesellschaftsvertrag oder aus dem Handelsregister ergibt, lässt sie sich jedoch mit den im Wechselprozess zulässigen Beweismitteln belegen oder ist offenkundig. Besteht bei einer juristischen Person Gesamtvertretung, müssen nicht alle Gesamtvertreter unterschreiben; es genügt eine Unterschrift und Zustimmung der übrigen (vgl. *Baumbach/Hefermehl,* Art. 17 WG Rn. 42). Nach der Rechtsprechung ist auch die BGB-Gesellschaft wechsel- und scheckrechtsfähig (*BGH,* NJW 1997, 2754). Also kann der Gesellschafter einer BGB-Gesellschaft aus einem Wechsel oder Scheck in Anspruch genommen werden, den der geschäftsführungsbefugte Gesellschafter für die Gesellschaft gezeichnet hat. 57

b) Inanspruchnahme des Vertreters. Fehlt es an der Vertretungsmacht, haftet der Vertreter nach Art. 8 WG (s. Rn. 52). Der Vertreter muss darlegen und beweisen, dass er bevollmächtigt war, den Wechsel für 58 den Vertretenen zu unterzeichnen (*BGH,* NJW 1987, 649). Macht der Vertreter bei seiner Unterschrift nicht deutlich, dass er für eine andere Person handeln will, trifft die eingegangene Verpflichtung ihn selbst. Das kann auch gelten, wenn der Geschäftsführer und Alleingesellschafter einer GmbH die Verpflichtung zugunsten einer Schuld der GmbH eingeht, aber ohne Vertretungszusatz unterschreibt (vgl. *BGH,* NJW 1992, 1381 zum Scheck); anders wenn aus den Umständen das Handeln im Namen der GmbH deutlich wird (*OLG Düsseldorf,* NJW-RR 1996, 1141).

5. Einwendungen des Beklagten

59 a) **Gegen die Aktivlegitimation des Klägers.** Der Beklagte kann die sachliche Berechtigung des Klägers bestreiten. Er hat dann die aus Art. 16 I WG folgende Vermutung zu widerlegen. War ein früherer Inhaber sachlich nicht berechtigt, kommt gutgläubiger Erwerb nach Art. 16 II in Betracht (vgl. *Baumbach/Hefermehl,* Art. 17 WG Rn. 3). Der Beklagte muss dann zusätzlich die Bösgläubigkeit des Klägers beim Erwerb beweisen.

60 b) **Einwendungen gegen die Wechselverpflichtung.** Der Beklagte kann Einwendungen gegen seine Verpflichtung aus dem Wechsel erheben. Diese Einwendungen werden üblicherweise in drei Kategorien eingeteilt:

- Einwendungen, die sich aus dem Inhalt der Urkunde ergeben;
- Einwendungen, die den Bestand der Wechselverpflichtung betreffen;
- Persönliche Einwendungen des Wechselschuldners gegen den Inhaber.

Das Vorliegen der Voraussetzungen dieser Einwendungen hat der Beklagte zu beweisen.

61 *aa)* **Einwendungen,** die sich **aus dem Inhalt der Urkunde** ergeben, spielen in der Praxis keine Rolle (Beispiele bei *Baumbach/Hefermehl,* Art. 17 WG Rn. 28 f.). Soweit es um das Fehlen wesentlicher Bestandteile des Wechsels geht, handelt es sich nicht um eine Einwendung, sondern um eine Voraussetzung für die förmliche Legitimation (s. Rn. 45).

62 *bb)* **Einwendungen gegen den Bestand der Wechselverpflichtung** lassen sich insbesondere darauf stützen, dass der Begebungsvertrag unwirksam ist (vgl. Rn. 48), so zB bei Geschäftsunfähigkeit, § 138 I und II BGB, Anfechtung nach §§ 119, 123 BGB, Fälschung der Unterschrift oder des Wechseltextes (zB der Summe, vgl. *BGH,* NJW 1986, 1834), Blankettfälschung nach Art. 10 WG, auch Erfüllung und Aufrechnung oder Hilfsaufrechnung (*BGH,* NJW 1982, 1536; in der Vereinbarung einer Wechsel- oder Scheckzahlung kann allerdings ein Aufrechnungsausschluss liegen, *OLG Köln,* NJW 1987, 262).

63 Diese Einwendungen können alle gegen den unmittelbaren Nehmer geltend gemacht werden. Entscheidend kann die Frage sein, ob sie auch einem **Zweiterwerber** entgegengesetzt werden können (vgl. *Baumbach/Hefermehl,* Art. 17 WG Rn. 32): (1) Gegenüber jedem Inhaber kann sich der Schuldner auf Geschäftsunfähigkeit, fehlende Vertretungsmacht, Fälschung der Unterschrift oder des Wechseltextes (nicht auf Blankettmissbrauch) berufen. (2) Andere Einwendungen können dem gutgläubigen Erwerber nicht entgegengehalten werden (*BGH,* NJW 1989, 1009); dabei ist unerheblich, ob es bereits an einem wirksamen Begebungsvertrag fehlte oder dieser nachträglich entfallen ist.

64 *cc)* **Persönliche Einwendungen** beruhen auf der unmittelbaren Rechtsbeziehung zwischen Wechselinhaber und Schuldner. Hierzu gehört ua die **Prolongation** des Wechsels (vgl. *Baumbach/Hefermehl,* Art. 17 WG Rn. 86 ff.).

Praktisch wichtigster Fall sind **Einwendungen aus dem** der Wechselbegebung **zugrundeliegendem Rechtsverhältnis** (vgl. *Baumbach/Hefermehl,* Art. 17 WG Rn. 73 ff.). Eine solche Einwendung ist gegeben, wenn das Grundgeschäft, also zB der Kauf- oder Darlehensvertrag, unwirksam war, durch Anfechtung, Rücktritt, Wandlung etc. entfallen ist oder wenn die zu sichernde Forderung noch nicht durchsetzbar ist (*BGH,* NJW 1983, 1059). Die Einwendung ist rechtlich als Bereicherungseinrede einzuordnen.

Einwendungen aus dem Grundverhältnis stehen den Beklagten grundsätzlich nur zu, wenn der Inhaber des Wechsels Vertragspartner des Grundverhältnisses ist. Gegenüber einem Zweiterwerber des Wechsels versagt die Einwendung, es sei denn, der Schuldner beweist, dass dieser beim Erwerb bewusst zu seinem Nachteil gehandelt hat (Art. 17 WG). Die Einwendung kommt also für den Akzeptanten, den Aussteller und den Indossanten vor allem gegenüber ihrem unmittelbaren Nehmer in Betracht, dem sie den Wechsel zur Sicherung einer Forderung aus dem Grundgeschäft ausgehändigt haben (*Baumbach/Hefermehl,* Art. 17 WG Rn. 66). Allerdings kann sich der Erwerber nicht auf Art. 17 WG berufen, wenn er den Wechsel nicht durch ein Verkehrsgeschäft, dh durch eine dem Wechselumlauf dienende Indossierung erhalten hat. An einem Verkehrsgeschäft fehlt es zB bei Zusammenwirken von Verkäufer und Kreditgeber bei einem verbundenen Geschäft nach **§ 358 BGB** (vgl. *Baumbach/Hefermehl,* Art. 17 WG Rn. 24), oder wenn Indossant und Indossatar die sofortige Rückindossierung vereinbaren (*BGH,* NJW-RR 1998, 1124). Der Einwendungsausschluss nach Art. 17 WG greift hingegen ohne Rücksicht darauf ein, ob mit dem Wechsel auch die Grundforderung übertragen wird (*BGH,* NJW 1994, 113).

65 *dd)* Auch die Berufung auf das **Wechselverbot nach § 496 III BGB** ist eine persönliche Einwendung. Nach § 496 III 1 BGB ist zwar nicht die Wechselbegebung selbst unwirksam, sondern nur die Verpflich-

tung, eine Wechselverbindlichkeit einzugehen. Die aus § 134 BGB folgende Nichtigkeit kann der Schuldner aber dem ersten Nehmer des Wechsels im Wechselprozess entgegensetzen. Den nach § 595 II ZPO statthaften Urkundenbeweis wird er idR durch Vorlage des Vertrages führen können. Gegenüber einem Zweiterwerber soll die Einwendung nur unter den Voraussetzungen des Art. 17 WG (bewusstes Handeln zum Nachteil des Schuldners) durchgreifen (*Baumbach/Hefermehl*, Art. 17 Rn. 98). Allerdings hat die Rechtsprechung früher zum Schutz des Abzahlungskäufers die Berufung auf Art. 17 WG als missbräuchlich angesehen (*BGH*, NJW 1986, 3197, 3199 unter II.1); diese Grundsätze sollten auch für das Verbraucherdarlehen gelten. Wird der Wechsel vom Verkäufer an eine Bank indossiert, die ihm das Geschäft mit seinem Kunden finanziert, liegt auch hier kein Verkehrsgeschäft vor; Art. 17 WG ist bereits aus diesem Grund unanwendbar (*Baumbach/Hefermehl*, Art. 17 Rn. 98).

ee) Verjährung. Wechselansprüche unterliegen nach Art. 70 WG einer besonderen Verjährung: 66

- Ansprüche gegen den Annehmer verjähren in drei Jahren vom Verfalltag, Art. 70 I WG,
- Rückgriffsansprüche des Inhabers gegen die Indossanten und den Aussteller verjähren in einem Jahr vom Tag der rechtzeitigen Protesterhebung, Art. 70 II,
- Rückgriffsansprüche des einlösenden Indossanten gegen den Aussteller oder die Vorindossanten verjähren in sechs Monaten vom Tage der Einlösung oder der gerichtlichen Geltendmachung gegen ihn, Art. 70 III WG.

Die Verjährung ist, wie nach § 222 BGB, nur auf Einrede zu beachten.

c) **Geltendmachung der Einwendungen im Wechselprozess.** Der Beklagte kann bereits sämtliche Einwendungen im Wechselprozess erheben, unterliegt dann aber der Beschränkung der Beweismittel (vgl. Rn. 15). Er kann seine Einwendungen auch erstmals im Nachverfahren geltend machen, ohne dass eine Zurückweisung als verspätet möglich wäre. Lediglich Widerklagen sind im Wechselprozess unstatthaft (§ 595 I ZPO). 67

d) Die Einrede des Schiedsvertrages greift im Wechselprozess nicht durch, sie ist erst im Nachverfahren zu beachten (*BGH*, NJW 1994, 136). Anders ist es im gewöhnlichen Urkundenprozess (*BGH*, NJW 2006, 779). 68

6. Umdeutung eines formungültigen Wechsels

Wenn es an den Wirksamkeitsvoraussetzungen nach Art. 1, 2 WG fehlt, stellt sich die Frage, ob der Wechsel nach § 140 BGB in eine andere den Beklagten zur Zahlung verpflichtende Urkunde umgedeutet werden kann (vgl. *Baumbach/Hefermehl*, Art. 2 WG Rn. 9 ff.). 69

- Das Akzept des Annehmers kann uU in ein abstraktes Schuldversprechen oder Schuldanerkenntnis nach §§ 780, 781 umgedeutet werden (*BGH*, NJW 1994, 447, der Kläger muss dann vom Wechselprozess in den gewöhnlichen Urkundenprozess übergehen); das gilt auch für einen ungültigen eigenen Wechsel.
- Für die Erklärung des Ausstellers und des Indossatars kommt eine Umdeutung in eine Schuld(mit-)übernahme oder in einen Garantievertrag nicht in Betracht.

Ein formgültiger Wechsel, der nicht rechtzeitig zu Protest gegangen ist, oder aus dem die Wechselansprüche verjährt sind, kann nicht umgedeutet werden (*Baumbach/Hefermehl*, Art. 2 WG Rn. 14).

7. Verfahren

Für das Verfahren gelten, soweit sich nicht aus §§ 602–605 ZPO etwas Besonderes ergibt, die Vorschriften des allgemeinen Urkundenprozesses; auf die Anmerkungen zum Urkundenprozess wird ergänzend verwiesen (Rn. 1 ff.). 70

a) **Mündliche Verhandlung.** Regelmäßig ist ein früher erster Termin zu bestimmen. Im Termin hat der Kläger den Wechsel im Original vorzulegen, im Regressprozess gegen Aussteller und Indossanten auch die Protesturkunde. Der Beklagte ist nach § 439 I ZPO aufzufordern, sich darüber zu erklären, ob er den Wechsel unterschrieben hat. Ist die Echtheit der Unterschrift streitig, hat der Kläger sie zu beweisen, was im Wechselprozess kaum möglich sein wird (vgl. Rn. 22). Steht die Echtheit der Unterschrift fest und ergibt sich die förmliche Legitimation des Klägers aus dem Wechsel, geht es um die Einwendungen des Beklagten. Regelmäßig wird er sie im Wechselprozess nicht beweisen können. Das Gericht sollte ihm dann raten, den Anspruch unter Vorbehalt seiner Rechte im Nachverfahren anzuerkennen oder Klageabweisung zu beantragen und zu erklären, dass er seine Rechte im Nachverfahren geltend machen will (vgl. Rn. 23). In beiden Fällen kann noch im Termin ein Vorbehaltsurteil im Wechselprozess ergehen, sei es als Anerkenntnisurteil oder als streitiges Urteil, und anschließend im Nachverfahren weiter verhandelt werden. 71

b) **Abfassung des Vorbehaltsurteils im Wechselprozess.** Ob es sich um ein Anerkenntnisurteil oder ein streitiges Vorbehaltsurteil im Wechselprozess handelt, wird nur aus der Überschrift deutlich. Der **Tenor** lautet, einen entsprechenden Antrag hinsichtlich der Zinsen und Nebenkosten vorausgesetzt: 72

Beispiel:

Die Beklagten werden als Gesamtschuldner verurteilt, an den Kläger ... DM sowie Zinsen in Höhe von 2 vH über dem jeweiligen Basiszinssatz, mindestens aber 6 vH seit dem ... (Verfalltag), Protestkosten in Höhe von ... EUR und Wechselprovision in Höhe von ... EUR (1/3 vH der Wechselsumme) zu zahlen.
Die Kosten des Rechtsstreits tragen die Beklagten.
Das Urteil ist vorläufig vollstreckbar ... (Abwendungsbefugnis).
Den Beklagten bleibt die Ausführung ihrer Rechte im Nachverfahren vorbehalten.

Eine eingeschränkte Verurteilung Zug um Zug gegen Aushändigung des Wechsels ist nicht erforderlich (vgl. Rn. 43). In den **Entscheidungsgründen** ist zunächst die formelle Legitimation nach Art. 16 I WG festzustellen und dann auf die Einwendungen des Beklagten einzugehen, sofern er sie nicht dem Nachverfahren vorbehalten hat. Zu weiteren Einzelheiten und der Tenorierung in anderen Fällen vgl. Rn. 28 ff.

III. Scheckprozess

1. Allgemeines

73 Auch der Scheckprozess ist eine Sonderform des Urkundenprozesses. Anders als der Wechsel dient der Scheck nicht der Kreditierung eines fälligen Anspruches, sondern ist Barzahlungsersatz. Die Bedeutung des Schecks vor allem als Zahlungsmittel des Verbrauchers hat seit Einführung der EC-Karte stark abgenommen. In rechtlicher Hinsicht ist der Scheck zunächst nur eine Zahlungsanweisung des Ausstellers an seine Bank, aus seinem Guthaben einen Geldbetrag an den Schecknehmer zu zahlen. Hierfür geben die Banken Formulare aus, für die nach den **Bankbedingungen für den Scheckverkehr** idF v. 1. 10. 2000 (Abschnitt I Nr. 2.2; abgedruckt bei *Baumbach/Hefermehl*, Bankbedingungen) Benutzungszwang besteht. In aller Regel handelt es sich um **Inhaberschecks,** die die Bank berechtigen, an jeden Überbringer zu zahlen (Art. 5 II, III SchG). In der Praxis wird der Scheck meist über die Bank des Schecknehmers oder Scheckerwerbers eingezogen, so dass im Ergebnis eine bargeldlose Zahlung von Konto zu Konto durch Abrechnung der beteiligten Banken stattfindet.

Zu einem für den Scheckprozess relevanten Wertpapier wird der Scheck erst, wenn er der bezogenen Bank vorgelegt, aber nicht eingelöst wird. Dadurch entsteht eine Rückgriffsforderung des Inhabers gegen den Aussteller, die von der zugrundeliegenden Forderung abstrakt ist.

2. Belegloses Scheckeinzugsverfahren (BSE)

74 Scheckprozesse über Beträge von derzeit bis zu 6.000,– EUR kommen kaum noch vor. Aufgrund eines Abkommens der Verbände der Kreditwirtschaft (Neufassung in Kraft seit 3. 9. 2007; abgedruckt bei *Baumbach/Hefermehl*, Bankbedingungen), werden Inlandsschecks im sogenannten beleglosen Scheckeinzugsverfahren (**BSE-Verfahren**) eingezogen. Dabei wird der Scheck der bezogenen Bank nicht mehr durch die vom Inhaber mit der Einziehung beauftragten Inkassostelle vorgelegt, es werden nur noch die für die Einziehung erforderlichen Daten weitergeleitet. Der Scheck oder auch nur eine Scheckkopie wird von der Inkassostelle, nicht von der bezogenen Bank, mit dem Vermerk versehen „Vom bezogenen Kreditinstitut am ... nicht bezahlt“. Damit fehlen die Voraussetzungen für einen Rückgriffsanspruch gegen den Aussteller, sei es im Scheckprozess oder im ordentlichen Verfahren (vgl. *Baumbach/Hefermehl,* Art. 28 SchG Rn. 31). Es bleibt dem Inhaber des Schecks ein Scheckbereicherungsanspruch nach Art. 58 SchG oder ein Anspruch aus dem zugrundeliegenden Rechtsverhältnis, die beide im ordentlichen Verfahren geltend zu machen sind. Der Inhaber, der durch diese Handhabung die Möglichkeit des Scheckprozesses verloren hat, kann auch Schadensersatzansprüche gegen die Inkassostelle geltend machen (vgl. *Baumbach/Hefermehl,* § 28 ScheckG Rn. 20); ein konkreter Schaden dürfte aber kaum darzulegen sein. Ob das von der Kreditwirtschaft gleichfalls am 3. 9. 2007 in Kraft gesetzte ISE-Verfahren die Nachteile für den Schecknehmer kompensieren kann, ist unklar (vgl. *Baumbach/Hefermehl,* § 28 ScheckG Rn. 20 a).

3. Besonderheiten des Scheckprozesses

75 a) Für den Scheckprozess gelten die **Regeln des Wechselprozesses** und, soweit §§ 602–605 ZPO keine Sonderregelungen enthalten, die allgemeinen Bestimmungen des Urkundenprozesses. Auf die Anmerkungen zum Wechselprozess kann daher verwiesen werden.

76 b) Die Klage ist als **Scheckklage** zu bezeichnen, eine Nachholung ist auch hier unzulässig. Die Bezeichnung als Wechselklage ist unschädlich (*Thomas/Putzo,* § 605 a Rn. 1).

77 c) **Zuständigkeit.** Auch für die Scheckklage besteht der besondere **Gerichtsstand** des **Zahlungsortes** nach § 603 ZPO. Da auf den üblichen Scheckformularen kein Zahlungsort vermerkt ist, gilt der beim Namen des bezogenen Bankinstitutes angegebene Ort als Zahlungsort (Art. 2 II SchG).

Die **sachliche Zuständigkeit** richtet sich allein nach dem Wert der geltendgemachten Hauptforderung. Auf das zugrundeliegende Rechtsverhältnis kommt es, wie beim Wechsel, nicht an.

Beim Landgericht ist die **Kammer für Handelssachen** zuständig, der Vorsitzende entscheidet im Scheckprozess – nicht im Nachverfahren – allein, § 349 II Nr. 8 ZPO.

d) Scheckprozesse können auch in der Zeit vom 1. Juli bis 31. August terminiert werden, ohne dass einem Antrag auf **Terminsverlegung** ohne weiteres entsprochen werden müsste (vgl. Rn. 41). 78

4. Anspruchsvoraussetzungen

Anspruchsgrundlage für den Rückgriffsanspruch des Inhabers gegen den Aussteller sind Art. 12, 40, 45 SchG. Der Kläger muss im Scheckprozess durch Vorlage des Originals belegen, dass er Inhaber eines formal gültigen, rechtzeitig vorgelegten Schecks ist. 79

a) **Formal gültiger Scheck.** Die Voraussetzungen für einen wirksamen Scheck ergeben sich aus Art. 1, 2 SchG. Die von den Banken zur Verfügung gestellten Formulare bedürfen in folgenden Punkten der Ausfüllung, damit eine gültige Scheckverpflichtung bestehen kann: 80
- Bestimmte Geldsumme (Art. 1 Nr. 2);
- Ausstellungsdatum (Art. 1 Nr. 5);
- Ausstellungsort (Art. 1 Nr. 5);
- Unterschrift des Ausstellers (Art. 1 Nr. 6).

Das Fehlen eines Zahlungsortes berührt nach Art. 2 II, III SchG nicht die Wirksamkeit des Schecks. Fehlt der Ausstellungsort, gilt der beim Namen des Ausstellers angegebene Ort; steht auch dort keine Ortsangabe, ist der Scheck nichtig (*Baumbach/Hefermehl,* Art. 2 SchG Rn. 4).

Die Gültigkeit des Schecks hängt nicht davon ab, ob Ausstellungsdatum und Ausstellungsort richtig sind, sie müssen nur möglich sein (*Baumbach/Hefermehl,* Art. 1 SchG Rn. 6). Schecksumme, Ausstellungsdatum und Ausstellungsort können auch später nachgetragen werden; für einen Blankoscheck (Art. 13 SchG) gilt das gleiche wie für den Blankowechsel nach Art. 10 WG (Rn. 47, 50). Im Scheckprozess kann ein unvollständiger Scheck nicht mehr vervollständigt werden. Ist die Echtheit der Unterschrift streitig, muss der Kläger sie, wie auch sonst im Urkundenprozess, beweisen. 81

b) **Vorlegungsfrist.** Der Rückgriffsanspruch setzt voraus, dass der Scheck der bezogenen Bank rechtzeitig im Sinne des Art. 29 SchG vorgelegt wurde. die Vorlegungsfrist beträgt bei Inlandsschecks 8 Tage. Das gilt auch für im Ausland ausgestellte Schecks, die einen inländischen Ausstellungsort tragen (*OLG München,* NJW 1985, 567), auch wenn der Begebungsakt im Ausland stattgefunden hat (*BGH,* NJW 1992, 118). Bei Auslandsschecks ist die Vorlegungsfrist länger. Für den Beginn der Vorlegungsfrist ist allein das im Scheck angegebene Datum maßgeblich, auch wenn der Scheck tatsächlich vorher ausgestellt wurde (Art. 29 IV SchG). Eine **verspätete Vorlegung** führt zum Verlust des Rückgriffs (*Baumbach/Hefermehl,* Art. 29 SchG Rn. 6). 82

c) **Vorlegungsvermerk.** Besondere Aufmerksamkeit ist darauf zu richten, ob die bezogene Bank die Verweigerung der Zahlung ordnungsgemäß festgestellt hat. Das geschieht üblicherweise durch eine **datierte Erklärung der Bank** auf dem Scheck, aus der sich die Nichteinlösung ergibt (Art. 40 Nr. 2 SchG). Der auf den Scheck gesetzte Vermerk ist Voraussetzung für den Rückgriff, auch die Datierung ist unverzichtbar (*BGH,* NJW 1989, 1675; einschränkend *OLG Stuttgart,* NJW 1990, 3279; *OLG Hamm,* NJW-RR 1993, 1268 hält auch die Angabe der Jahreszahl für notwendig). Der Ablauf der Vorlegungsfrist lässt sich nicht durch eine nachträgliche Datumskorrektur des Bankvermerks beheben (*BGH* NJW-RR 1995, 240). Der im BSE-Verfahren (vgl. hierzu Rn. 74) von der Inkassostelle gem. Nr. V.3 des Scheckabkommens angebrachte Vermerk „Vom bezogenen Kreditinstitut am … nicht bezahlt“ genügt nicht (*Baumbach/Hefermehl,* Art. 40 Scheck Rn. 9). 83

d) **Aktivlegitimation.** Der Kläger im Scheckprozess muss **Inhaber** des Schecks sein. Kann er ihn nicht im Original vorlegen, ist die Scheckklage unstatthaft. Eine Fotokopie des Schecks kann die Vorlage des Originals nicht ersetzen; einem Beweisantrag, dass das Original vorhanden war, aber verloren wurde, ist nicht nachzugehen (*Baumbach/Hefermehl,* Einl. SchG Rn. 51). 84

e) **Umdeutung des ungültigen Schecks.** Ist der Scheck unwirksam oder wurde er nicht rechtzeitig vorgelegt, kommt eine Umdeutung nach § 140 BGB in ein Schuldversprechen nicht in Betracht (*BGH,* NJW 1989, 1675 [1676]; *Baumbach/Hefermehl,* Art. 2 SchG Rn. 5). Dem Kläger ist zu raten, vom Scheckprozess Abstand zu nehmen und den Anspruch aus dem Grundgeschäft im ordentlichen Verfahren zu begründen. 85

f) **Umfang des Rückgriffsanspruchs.** Art. 45 SchG entspricht Art. 48 I WG. Der Inhaber kann im Wege des Rückgriffs verlangen: 86
- die Schecksumme, soweit der Scheck nicht eingelöst wurde, Art. 45 Nr. 1 SchG;
- Zinsen in Höhe von 2 vH über dem jeweiligen Basiszinssatz, mindestens 6 vH; bei Auslandsschecks 6 vH;
- die Kosten der Vorlegung einschließlich der Bankauslagen;
- Scheckprovision in Höhe von 1/3 vH der Schecksumme.

Weitere Zinsen und Kosten können im Scheckprozess nicht geltend gemacht werden, es sei denn, sie werden nicht bestritten (vgl. Rn. 4).

87 g) **Haftung bei Vertretung.** Wer einen Scheck für einen anderen als Aussteller unterschrieben hat, ohne hierzu ermächtigt zu sein, haftet nach Art. 11 SchG selbst aus dem Scheck. Es gelten die gleichen Grundsätze wie für den Wechsel (Rn. 57f.). Die Beweislast für seine Vertretungsmacht hat der aus dem Scheck in Anspruch genommene Vertreter. Der Einwand, der Scheck sei von einem Vertreter ohne Vertretungsmacht ausgestellt worden, kann jedem Scheckinhaber entgegengesetzt werden (*BGH*, NJW 1992, 117).

5. Einwendungen des Beklagten

88 Der Beklagte kann sich auf die gleichen Einwendungen wie gegenüber einem Wechsel berufen (vgl. Rn. 60ff.), nämlich auf:

- Einwendungen, die sich aus dem Inhalt der Urkunde ergeben,
- Einwendungen, die den Bestand der Scheckverpflichtung betreffen,
- persönliche Einwendungen gegen den Inhaber.

89 a) **Unwirksamer Begebungsvertrag.** Der Beklagte kann insbesondere einwenden, dass der Begebungsvertrag unwirksam sei (vgl. Rn. 62). Ist der Scheck ohne wirksamen Begebungsvertrag vom ersten Nehmer weiter übertragen worden, können ihm die daraus hergeleiteten Einwendungen nur entgegengehalten werden, wenn er bösgläubig war; die Regelung in Art. 21 SchG entspricht Art. 16 II WG.

90 b) **Einwendungen aus dem Grundverhältnis.** Sie können dem Inhaber in gleicher Weise entgegengehalten werden wie gegenüber einem Wechsel, Art. 22 SchG stimmt wörtlich mit Art. 17 WG überein (vgl. Rn. 64). Der Aussteller kann sich also bei unwirksamem Grundgeschäft gegenüber dem Schecknehmer auf die Einrede der ungerechtfertigten Bereicherung berufen. Auch der Einwand, dass der Kaufpreisanspruch wegen Rücktritts vom Vertrag oder durch Geltendmachung des großen Schadensersatzes entfallen ist, kann dem Scheck entgegengesetzt werden; die Beweislast für die Voraussetzungen der §§ 434ff. BGB, trägt dann der Aussteller (*BGH*, NJW-RR 1994, 114). Dem Scheckanspruch kann bei Lieferung einer mangelhaften Sache auch entgegengehalten werden, dass gegenüber dem Kaufpreisanspruch die Einrede des nicht erfüllten Vertrages nach § 320 BGB gegeben ist (vgl. *BGH*, NJW 1986, 1872).

Gegenüber einem **Zweiterwerber** des Schecks versagt die persönliche Einwendung, wenn dieser nicht beim Erwerb des Schecks bewusst zum Nachteil des Schuldners gehandelt hat, Art. 22 SchG.

91 c) **Scheckverbot bei Verbraucherdarlehen.** Nach § 496 III 2 BGB gilt bei Verbraucherdarlehen ein Scheckverbot. für Kreditverträge und Teilzahlungsverträge ein Scheckverbot. Der Kreditgeber darf zugunsten seiner Forderung keinen Scheck entgegennehmen. Zwar kann der Darlehensnehmer seine Zahlungspflicht per Scheck erfüllen. Schecks dürfen aber nicht zur Sicherung der Darlehensforderung verwendet werden (vgl. *Palandt/Weidenkaff*, § 496 Rn. 4). Gegenüber dem ersten Nehmer ergibt sich daraus für den Aussteller eine persönliche Einwendung. Ob er sie auch einem Erwerber des Schecks entgegenhalten kann, ist fraglich (vgl. Rn. 65 und *Baumbach/Hefermehl*, Art. 22 SchG Rn. 5).

92 d) **Verjährung.** Der Rückgriffsanspruch gegen den Aussteller verjährt nach § 52 I SchG bereits in sechs Monaten. Die Verjährungsfrist beginnt mit Ablauf der Vorlegungsfrist nach Art. 29 SchG, nicht mit der Vorlegung selbst. Die Verjährung ist nur zu beachten, wenn sich der Aussteller darauf beruft.

6. Verfahren, Entscheidung

93 Im **frühen ersten Termin**, der regelmäßig anzuberaumen ist, hat der Kläger zunächst den Scheck im Original vorzulegen und der Beklagte sich zur Echtheit der Unterschrift zu erklären. Ist der Scheck formal gültig, hat das Gericht zu klären, welche Einwendungen der Beklagte erhebt und ob sie im Scheckprozess geltend gemacht werden sollen. Andernfalls sollte der Scheckprozess durch ein Anerkenntnisurteil oder durch ein sonstiges Vorbehaltsurteil abgeschlossen und im Nachverfahren weiterverhandelt werden (vgl. Rn. 24).

94 Das **Urteil** ist als Vorbehaltsurteil im Scheckprozess zu bezeichnen. Es entspricht in der Tenorierung dem Wechselvorbehaltsurteil (Rn. 72). Als Nebenforderung steht dem Kläger auch Ersatz der Vorlegungskosten (anstelle der Protestkosten beim Wechsel) und eine Scheckprovision zu (vgl. Rn. 86).

A. XXI. Vorläufiger Rechtsschutz im Zivilverfahren

Dr. Eva-Maria Spangler

Übersicht

Literatur: *Ahrens/Spätgens,* Einstweiliger Rechtsschutz und Vollstreckung in UWG-Sachen, 4. Aufl. 2001; *Berger*, Einstweiliger Rechtsschutz im Zivilrecht, 2003; *Berneke*, Die einstweilige Verfügung in Wettbewerbssachen, 2. Aufl. 2003; *Dunkl/Moeller/Baur/Feldmeier*, Handbuch des vorläufigen Rechtsschutzes, 3. Aufl. 1999; *Ganslmayer,* Die einstweilige Verfügung im Zivilverfahren, 1991; *Retzer*, Einstweilige Verfügung, § 12 C. in: *Harte-Bavendamm/Henning-Bodewig,* UWG, 2. Aufl.; *Spangler*, Einstweiliger Rechtsschutz, § 55 in: Götting/Schertz/Seitz, Handbuch des Persönlichkeitsrechts, 2008; *Schuschke/Walker*, Vollstreckung und Vorläufiger Rechtsschutz, 4. Aufl. 2008 – zur allg. Literatur siehe Literaturverzeichnis A. I.

I. Arten des vorläufigen Rechtsschutzes

Im Folgenden wird nur der vorläufige Rechtsschutz durch Arrest und einstweilige Verfügung behandelt. **Sonderregelungen** des einstweiligen Rechtsschutzes, bei denen die Vorschriften über Arrest und einstweilige Verfügung allenfalls ergänzend heranzuziehen sind, sind etwa: 1

- einstweilige Anordnung in **Familiensachen und in den Angelegenheiten der freiwilligen Gerichtsbarkeit** nach § 49 FamFG
- einstweilige Einstellung der **Zwangsvollstreckung** nach §§ 707, 719, 769 ZPO
- einstweilige Anordnungen im **Insolvenzverfahren** nach § 21 InsO.

II. Arrest

1. Abgrenzung

Arrestanordnungsverfahren/Arrestvollziehungsverfahren: Das **Arrestanordnungsverfahren** ist ein summarische Erkenntnisverfahren, das auf schnellstem Wege zu einem Titel auf Sicherung der Zwangsvollstreckung wegen Geldforderungen in das bewegliche und unbewegliche Vermögen des Schuldners führen soll. Das **Arrestanordnungsverfahren** ist in den §§ 916–927 ZPO geregelt. Die **Vollziehung/Vollstreckung** des Arrestes ist in den §§ 928–934 ZPO geregelt. 2

Dinglicher Arrest/persönlicher Arrest: Beide Alternativen dienen nur zur Sicherung der Zwangsvollstreckung in das bewegliche und unbewegliche Vermögen des Schuldners. Der – nur subsidiär zulässige – persönliche Arrest (Vollziehung: § 933 ZPO iVm §§ 904–918 ZPO) soll verhindern, dass der Schuldner Vermögensgegenstände beiseite schafft, die Herbeischaffung von Vermögensgegenständen kann nicht erreicht werden (*Zöller/Vollkommer,* § 918 Rn. 1). 3

Arrest/einstweilige Verfügung: Arrest und einstweilige Verfügung schließen sich grundsätzlich gegenseitig aus. Mit dem **Arrest** kann die Zwangsvollstreckung wegen einer **Geldforderung** und eines Anspruchs, der in eine Geldforderung übergehen kann, gesichert werden, § 916 ZPO. Die **einstweilige Ver-**

fügung dient der Sicherung eines Individualanspruchs oder der vorläufigen Regelung eines streitigen Rechtsverhältnisses oder – ausnahmsweise – der teilweisen oder endgültigen Befriedigung, wie etwa beim Unterlassungsanspruch.

4 Nur unter besonderen Umständen kann ein falsch gewählter Antrag (einstweilige Verfügung statt Arrest oder umgekehrt) umgedeutet werden. Der Antragsteller kann grundsätzlich von einem summarischen Verfahren in das andere Verfahren übergehen, der Übergang vom summarischen Verfahren in das Hauptsacheverfahren ist nach ganz überwiegender Meinung unzulässig (*Zöller/Vollkommer,* Rn. 3 vor § 916; *Thomas/Putzo/Reichold,* § 920 Rn. 3).

2. Zuständigkeit

5 Nach § 919 ZPO ist das Gericht der Hauptsache (§ 943 ZPO) zuständig, also das Gericht, bei dem die Hauptsache bereits anhängig ist oder – falls die Hauptsache noch nicht anhängig ist – das für die Hauptsache örtlich und sachlich zuständig wäre. **Daneben** (nach Wahl des Antragstellers, § 35 ZPO) ist immer auch das Amtsgericht zuständig, in dessen Bezirk sich (wenigstens) einer der mit Arrest zu belegenden Gegenstände oder (beim seltenen persönlichen Arrest) die in der persönlichen Freiheit zu beschränkende Person befindet. Der dingliche Arrest beschränkt sich dann nicht auf Gegenstände im Bezirk des Amtsgerichts, sondern erfasst auch die außerhalb des Gerichtsbezirks belegenen Gegenstände (*Thomas/Putzo/Reichold,* § 919 Rn. 7).

6 Die Zuständigkeit ist nach § 802 ZPO ausschließlich. Beim Kollegialgericht kann nach § 944 ZPO der Vorsitzende allein entscheiden. In Handelssachen ist als Gericht der Hauptsache die Kammer für Handelssachen zuständig, § 96 GVG.

3. Allgemeine Verfahrensvoraussetzungen

7 Das Arrestanordnungsverfahren (§§ 916–927 ZPO) ist trotz seiner Regelung im 8. Buch der ZPO kein Zwangsvollstreckungsverfahren, sondern die **besondere Form eines beschleunigten/summarischen Erkenntnisverfahrens.** Es müssen deshalb die allgemeinen Prozessvoraussetzungen vorliegen. Soweit sich aus den Besonderheiten des Eilverfahrens nichts anderes ergibt, finden die Vorschriften für das Hauptsacheverfahren Anwendung (*Zöller/Vollkommer,* Rn. 3 vor § 916).

8 Das anhängige Hauptsacheverfahren begründet keine anderweitige Rechtshängigkeit (vgl. etwa § 926 ZPO), denn der **Streitgegenstand** des Arrestverfahrens ist nicht der Geldanspruch selbst, sondern die Zulässigkeit seiner zwangsweisen Sicherung. Das Hauptsache- und das Arrestverfahren sind daher nebeneinander zulässig. Solange ein Arrestantrag rechtshängig ist, ist dagegen ein weiterer Arrestantrag gemäß § 261 III Nr. 1 ZPO unzulässig. **Rechtshängigkeit** tritt im Arrestverfahren bereits mit Einreichung des Antrags, nicht, wie im Hauptsacheverfahren, mit Zustellung der Klage, ein (*Zöller/Vollkommer,* Rn. 5 vor § 916). Es ist daher unzulässig, vorsorglich mehrere Arrestanträge bei verschiedenen Gerichten einzureichen.

9 Urteile und Beschlüsse, durch die der Arrestantrag zurückgewiesen wurde, erwachsen in **formelle Rechtskraft,** ebenso stattgebende Urteile. Da gegen stattgebende Beschlüsse der nicht fristgebundene Widerspruch statthaft ist (§ 924 ZPO), tritt insoweit keine formelle Rechtskraft ein.

10 Gegenüber dem Hauptsacheverfahren scheidet wegen des unterschiedlichen Streitgegenstandes jede materielle Rechtskraftwirkung der Arrestentscheidung aus (zum Schadensersatzanspruch gem. § 945 ZPO vgl. unten Rn. 65 ff.). Für Arrestverfahren untereinander gilt im Ergebnis eine **beschränkte materielle Rechtskraftwirkung der ablehnenden Entscheidung.** So ist etwa nach (formell) rechtskräftiger Abweisung eines Arrestantrags (durch Urteil oder Beschluss) ein neuerlicher Antrag unzulässig, der auf die gleichen Tatsachen und dieselben Mittel der Glaubhaftmachung gestützt ist. Der **stattgebenden Urteilsentscheidung** kommt in den Grenzen von § 927 ZPO materielle Rechtskraftwirkung zu. Der **stattgebende Beschlussentscheidung** kommt mangels formeller Rechtskraft **keine materielle Rechtskraft** zu (*Baumbach/Lauterbach/Albers/Hartmann,* § 322 Rn. 29; *Zöller/Vollkommer,* Rn. 13 vor § 916; *MünchKommZPO/Drescher*, Rn. 27 ff. vor § 916). Ist die Vollziehung wegen **Ablaufs der Vollziehungsfrist** (§ 929 Abs. 2, Abs. 3 ZPO) unstatthaft, so kann grundsätzlich ein neuer Arrest mit gleichem Inhalt erwirkt werden.

Wird ein Antrag mit höherem Streitwert beim Amtsgericht eingereicht, empfiehlt sich eine Nachfrage beim Gericht der Hauptsache.

Eine **anwaltliche Vertretung** ist für die Einreichung des Arrestantrags auch beim Landgericht nicht erforderlich, §§ 920 III, 78 III ZPO.

4. Begründetheit

11 Das Gesuch ist begründet, wenn Arrestanspruch und Arrestgrund jeweils schlüssig dargelegt und nach § 920 I, § 294 ZPO glaubhaft gemacht sind. Ist eine **Schutzschrift** hinterlegt, ist das Vorbringen zu berücksichtigen (vgl. unten Rn. 84). Von der **Glaubhaftmachung** kann nach § 921 S. 1 ZPO abgesehen werden. In diesem Fall ergeht – ohne dass ein Erbieten des Antragstellers zur Sicherheitsleistung erfor-

derlich wäre – ein Beschluss, der nur dem Antragsteller mitzuteilen ist, auf Anordnung einer Sicherheitsleistung. Ist vom Antragsteller der Nachweis der Sicherheitsleistung erbracht, erfolgt die Anordnung des Arrestes. Die Sicherheitsleistung erlaubt bei dieser Alternative einen geringeren Grad der Überzeugung bzgl. des Arrestanspruchs und -grundes. Das Gericht kann aber auch dann, wenn eine ausreichende Glaubhaftmachung vorliegt, die Anordnung des Arrestes von einer vorherigen, durch gesonderten Beschluss festzusetzenden Sicherheitsleistung abhängig machen, § 921 S. 2 ZPO. Als dritte und häufigste Alternative hat sich durchgesetzt, den Arrestbefehl zu erlassen und erst die Vollziehung des Arrestbefehls von einer Sicherheitsleistung abhängig zu machen, §§ 921 S. 1, 751 II ZPO.

a) **Arrestanspruch.** Der zu sichernde materiell-rechtliche Anspruch muss eine Geldforderung betreffen 12
oder in eine solche übergehen können (zB bei Nichterfüllung), § 916 ZPO. Der Anspruch kann nach § 916 II ZPO auch bedingt oder betagt sein, sofern nicht der Schuldner glaubhaft macht, dass ein solcher Anspruch keinen gegenwärtigen Vermögenswert hat (*Thomas/Putzo/Reichold,* § 916 Rn. 4). Er kann auch von einer Gegenleistung abhängen. Aus § 926 I ZPO ergibt sich, dass ein künftiger Anspruch durch einen Arrest nur gesichert werden kann, wenn er auch einklagbar ist (*Thomas/Putzo/Reichold,* § 916 Rn. 5).

b) **Arrestgrund.** Arrestgrund nach § 917 I ZPO ist die Besorgnis, dass ohne die Verhängung des Ar- 13
restes die Vollstreckung aus einem Urteil oder einem anderen Vollstreckungstitel (§ 794 ZPO) vereitelt oder wesentlich erschwert würde. Wie sich aus § 926 ZPO ergibt, muss der Titel noch nicht vorliegen. Es muss die Gefahr bestehen, dass sich die Vermögensverhältnisse des Schuldners nachteilig verändern. Häufig, aber nicht notwendigerweise, wird die Gefahr auf einem rechtswidrigen und schuldhaften Verhalten des Schuldners beruhen, zB Verschwendungssucht, leichtfertige Geschäftsführung, Verschleuderung oder Beiseiteschaffen von Vermögensstücken, häufiger Wohnsitzwechsel (*Thomas/Putzo/Reichold,* § 917 Rn. 1; *Zöller/Vollkommer,* § 917 Rn. 5; *Baumbach/Lauterbach/Albers/Hartmann,* § 917 Rn. 2 ff.). Es genügen auch Naturereignisse oder Handlungen Dritter, wenn dadurch ein Vermögensverfall droht. Ein vertragswidriges Verhalten des Schuldners allein genügt nicht als Arrestgrund, ebenso nicht die unverändert schlechte Vermögenslage des Schuldners, bloßes vertragswidriges Verhalten des Schuldners oder die drohende Konkurrenz anderer Gläubiger. Der Arrest dient nicht dazu, dem Antragsteller einen Vorsprung vor anderen Gläubigern zu sichern (*Musielak/Huber,* § 917 Rn. 12).

Ein Arrestgrund **fehlt,** wenn der Gläubiger bereits anderweitig gesichert ist, zB durch ein Pfandrecht 14
oder einen Eigentumsvorbehalt. Wenn der Gläubiger aus einem gegen Sicherheit vorläufig vollstreckbarem Urteil deswegen nicht vorgehen kann, weil er nicht in der Lage ist, die Sicherheit zu leisten, soll dies nach hM dem Erlass eines Arrestes nicht entgegenstehen (*Baumbach/Lauterbach/Albers/Hartmann,* § 917 Rn. 10 aE).

Nach § 917 II ZPO besteht ein Arrestgrund auch, wenn ein Urteil im **Ausland** vollstreckt werden 15
müsste. Gemeint sind hier nur inländische Urteile. Die Staatsangehörigkeit und der Wohnsitz des Antragsgegners sind ohne Bedeutung. Wenn ein ausländischer Schuldner im Inland genügend Vermögen besitzt, kann ein Arrestgrund jedenfalls nicht auf § 917 II ZPO gestützt werden.

Der **persönliche** Sicherheitsarrest nach § 918 ZPO, der in der gerichtlichen Praxis kaum eine Rolle 16
spielt, ist im Arrestgesuch und Arrestbefehl anzugeben.

5. Das Verfahren ohne mündliche Verhandlung

a) **Freigestellte mündliche Verhandlung.** Nach § 922 I 1 ZPO kann das Gericht über das Arrestgesuch 17
nach seinem Ermessen ohne mündliche Verhandlung – **durch Beschluss** – entscheiden. Nicht selten wird der Antrag gestellt, den Arrest nur ohne mündliche Verhandlung zu erlassen. Da die Anhörung des Gegners im Beschlussverfahren nicht geboten und auch nicht üblich ist, soll dadurch verhindert werden, dass der Gegner vom Arrestantrag Kenntnis erlangt. Hierin ist ein wirksamer Arrestantrag mit einer bedingten und deshalb unwirksamen Rücknahme des Arrestantrags für den Fall der Anordnung der mündlichen Verhandlung zu sehen (*Thomas/Putzo/Reichold,* § 922 Rn. 1). Das Gericht kann trotz eines solchen Antrags nach seinem Ermessen mündliche Verhandlung anordnen. Sinnvoller ist es aber, dem Antragsteller vorher mit einem Hinweis die Möglichkeit zu einer – wirksamen – Rücknahme seines Antrags zu geben.

b) **Ablehnende Entscheidung.** Die Zurückweisung des Arrestgesuchs durch Beschluss muss begründet 18
werden (*Zöller/Vollkommer,* § 922 Rn. 10). Über die **Kosten** ist nach Maßgabe von §§ 91 ff. ZPO (nicht nach § 788 ZPO) zu entscheiden. Ein Ausspruch zur **vorläufigen Vollstreckbarkeit** ist entbehrlich, weil der Beschluss nach § 794 I Nr. 3 ZPO vollstreckbar ist (*MünchKommZPO/Drescher,* § 922 Rn. 9).

Der Beschluss ist dem Antragsteller von Amts wegen zuzustellen (§ 329 III ZPO), da die sofortige Beschwerde (§ 567 1 Nr. 2 ZPO) statthaft ist. Dem Antragsgegner ist der Beschluss abweichend von § 922 III ZPO ausnahmsweise – formlos – mitzuteilen, wenn er vorher gehört worden ist.

19 **Muster**

Beschluss

<Rubrum ...>

1. Der Antrag vom ... auf Erlass des dinglichen Arrestes wird zurückgewiesen.
2. Die Kosten des Verfahrens trägt d. Antragsteller/in.
3. Der Streitwert wird auf ... Euro festgesetzt.

Gründe

Der Antrag ist unbegründet.
Ein Arrestanspruch besteht nach dem Vorbringen d. Antragsteller/in nicht ...

oder

Ein Arrestanspruch wurde nicht glaubhaft gemacht ...

20 c) **Stattgebende Entscheidung.** Der stattgebende **Beschluss** muss die Geldforderung nach Grund und Betrag, die Art des Arrestes (§§ 917, 918 ZPO) und die Lösungssumme (§ 923 ZPO) angeben. Sie muss nach hM nicht begründet werden, außer die Entscheidung wird im Ausland geltend gemacht, § 922 I 2 ZPO. Eine **Kostenentscheidung** nach §§ 91 ff. ZPO ist unabhängig von einem Antrag erforderlich, da § 308 II ZPO für alle verfahrensbeendenden Entscheidungen gilt (*Zöller/Vollkommer,* § 329 Rn. 29). Zur **vorläufigen Vollstreckbarkeit** siehe oben Rn. 13 ff. Eventuell kann auch angeordnet werden, dass die Vollziehung des Arrestes von einer Sicherheitsleistung abhängig ist (siehe oben Rn. 11).

21 **Muster**

Beschluss

<Rubrum ...>

1. Zur Sicherung der Zwangsvollstreckung wegen eines Anspruchs d. Antragstellers/Antragstellerin in Höhe von ... Euro nebst ...% Zinsen hieraus seit ... und einer Kostenpauschale von ... Euro wird der dingliche Arrest in das bewegliche und unbewegliche Vermögen d. Antragsgegners/Antragsgegnerin angeordnet (sofern der Antragsteller Sicherheit in Höhe von ... Euro leistet.)
2. Die Kosten des Verfahrens trägt d. Antragsgegner/in.
3. Hinterlegt d. Antragsgegner/in ... Euro, wird die Vollziehung des Arrestes gehemmt und d. Antragsgegner/in berechtigt, die Aufhebung des vollzogenen Arrestes zu beantragen.
4. Der Streitwert wird auf ... Euro festgesetzt.

Gründe

Die Anordnung des Arrestes ist nach §§ 916 f. ZPO gerechtfertigt.
<Glaubhaftmachung des Arrestanspruchs>
<Glaubhaftmachung des Arrestgrunds>
<Eventuell: Sicherheitsleistung nach §§ 921 S. 1, 751 II ZPO>
<Kostenentscheidung: §§ 91 f. ZPO>
<Anordnung der Abwendungsbefugnis: § 923 ZPO>
<Streitwertfestsetzung: § 53 I Nr. 1 GKG, § 3 ZPO>

22 Der stattgebende Beschluss wird vom Gericht **nur dem Antragsteller** bzw. seinem Prozessbevollmächtigten von Amts wegen **zugestellt.** Dem Antragsgegner muss der Antragsteller den Beschluss im **Parteibetrieb** durch den Gerichtsvollzieher zustellen lassen, § 922 II ZPO.

6. Das Verfahren mit mündlicher Verhandlung

23 a) **Verfahrensbesonderheiten.** Das Arrest(anordnungs)verfahren ist eine besondere Form des Erkenntnisverfahrens. Falls das Gericht mündliche Verhandlung anordnet, gelten daher die allgemeinen Vorschriften, soweit nicht die besondere Eilbedürftigkeit Ausnahmen erfordert. Die Entscheidung ergeht durch **Urteil.**

24 *aa) Terminsbestimmung, Ladung.* Es muss ein möglichst naher Termin bestimmt werden. Eine verdeckte Ablehnung des Antrags durch eine weit hinausgeschobene Terminierung, die einer Rechtsverweigerung gleichkommt, ist mit sofortiger Beschwerde entsprechend § 252 ZPO anfechtbar (*Zöller/Stöber,* § 216 Rn. 21). Die Parteien sind von Amts wegen zu laden; eine Abkürzung der Ladungsfrist (§ 217 ZPO) ist gemäß § 226 ZPO nur auf Antrag möglich. Die Terminsbestimmung ist nicht von der Einzahlung der Verfahrensgebühr nach § 12 GKG abhängig. Die Notwendigkeit anwaltlicher Vertretung bestimmt sich nach § 78 ZPO.

25 *bb) Vorbereitende Maßnahmen.* § 273 ZPO ist auch im Arrestverfahren anwendbar. Soweit nicht ausschließlich um Rechtsfragen gestritten wird, ist die Anordnung des persönlichen Erscheinens der Parteien oft zweckmäßig. Die Ladung von Zeugen nach § 273 II Nr. 4 ZPO kommt nur ganz ausnahmsweise in Frage, wenn das Verfahren nicht verzögert wird. Grundsätzlich ist es nämlich Sache der Parteien, Zeugen zum Termin zu stellen, §§ 920 II, 294 II ZPO.

26 *cc) Verweisung.* Bei Unzuständigkeit des Gerichts kann auf Antrag nach § 281 ZPO das Arrestverfahren an das zuständige Gericht verwiesen werden. Dies ist bis zur Entscheidung möglich. Da Rechtshängigkeit bereits mit Eingang des Antrags eintritt, kommt eine formlose Abgabe nicht in Frage.

dd) Verlegung, Vertagung. Die Terminsverlegung nach § 227 ZPO kommt im Arrestverfahren wegen der Eilbedürftigkeit nur ganz selten in Betracht. Die Vertagung ist nicht völlig ausgeschlossen; hiervon sollte aber nur ausnahmsweise Gebrauch gemacht werden, zB wenn wegen zu knapper Terminierung nicht alle mitgebrachten Zeugen gehört werden konnten (§§ 920 II, 294 II ZPO). Schriftsatzfristen nach § 283 ZPO dürfen nicht eingeräumt werden. 27

ee) Rücknahme. Der Antrag kann gemäß § 269 ZPO jederzeit zurückgenommen werden. Die Zustimmung des Gegners ist nicht erforderlich, auch wenn bereits streitig verhandelt worden ist (*Zöller/Greger,* § 269 Rn. 14). 28

ff) Glaubhaftmachung/Glaubhaftmachungslast. Als **Mittel der Glaubhaftmachung** nach §§ 920 II, 294 ZPO kommen vor allem eidesstattliche Versicherungen, Urkunden und die Vernehmung präsenter Zeugen in Betracht. Glaubhaft gemacht ist eine Tatsache, wenn das Gericht sie nach freier Überzeugung (§ 286 ZPO) für überwiegend wahrscheinlich hält (*Baumbach/Lauterbach/Albers/Hartmann,* § 294 Rn. 1). Für die **Glaubhaftmachungslast** gelten bei Anhörung des Gegners, also im zweiseitigen Verfahren, die allgemeinen Beweislastregeln. Ob im einseitigen Beschlussverfahren den Antragsteller die volle Glaubhaftmachungslast (also etwa für das Fehlen von Einwendungen) trifft und ob im einseitigen Verfahren aus Beweislastgründen der Antrag zurückgewiesen werden kann, ist streitig (dazu *Zöller/Vollkommer,* Rn. 6 a vor § 916). 29

b) **Entscheidung.** *aa) Möglichkeiten der Verfahrensbeendigung.* Die Entscheidung nach mündlicher Verhandlung kann durch Endurteil, Versäumnis-, Verzichts- oder Anerkenntnisurteil ergehen. Bei Beendigung durch Prozessvergleich sollte versucht werden, den Hauptsachestreit mitzuerledigen. 30

bb) Ablehnende Entscheidung. Bei vollständiger Zurückweisung des Arrestantrags ist über die **Kosten** nach § 91 ZPO zu entscheiden. Das Urteil ist gemäß §§ 708 Nr. 6, 711 ZPO ohne Sicherheitsleistung für **vorläufig vollstreckbar** zu erklären. Bei teilweiser Zurückweisung gilt für die Kostenentscheidung § 92 ZPO, für die vorläufige Vollstreckbarkeit ebenfalls §§ 708 Nr. 6, 711 ZPO. 31

cc) Stattgebende Entscheidung. Bei zulässigem und begründetem Antrag ist der Arrestbefehl durch Endurteil gemäß § 922 I ZPO zu erlassen. Die Vollziehung kann nach §§ 921 S. 1, 751 II ZPO (siehe oben Rn. 11) von einer Sicherheitsleistung abhängig gemacht werden, deren Höhe sich nach § 108 ZPO bemisst. 32

Der dingliche Arrest wird regelmäßig in das gesamte Vermögen des Schuldners angeordnet. Ferner sind Grund und Betrag des Anspruchs anzugeben, der gesichert werden soll, sowie die **Lösungssumme** gemäß § 923 ZPO. Die **Kostenentscheidung** ergibt sich aus §§ 91 ff. ZPO. Das Arresturteil ist **ohne Weiteres vorläufig vollstreckbar**, ein gesonderter Ausspruch ist nicht erforderlich. Der Streitwert wird im Tenor festgesetzt. Mit der Entscheidung über den Arrest kann ein (gesondert anfechtbarer) **Pfändungsbeschluss** nach §§ 928, 930 I 3, 829 ZPO verbunden werden. 33

7. Rechtsmittel, Rechtsbehelfe

a) **Beschlussverfahren.** *aa) Sofortige Beschwerde gegen ablehnende Entscheidung und bei Anordnung gegen Sicherheitsleistung.* Gegen eine Ablehnung des Arrestantrags im Beschlussverfahren und bei Anordnung des Arrestes gegen Sicherheitsleistung durch Beschluss ist die sofortige Beschwerde des Antragstellers nach § 567 I Nr. 2 ZPO statthaft. Für die Einlegung der Beschwerde besteht kein Anwaltszwang, §§ 569 III Nr. 1, 78 III ZPO. 34

bb) Widerspruch. Gegen einen Arrestbefehl, der durch Beschluss erlassen worden ist, kann der Antragsgegner Widerspruch gemäß § 924 I ZPO einlegen und geltend machen, dass eine der Voraussetzungen für den Erlass des Arrestbefehls fehlte, dass die Hauptsacheklage nicht fristgemäß erhoben wurde (§ 926 II ZPO) oder dass sich nachträglich Umstände verändert haben (§ 927 ZPO). Zum Verhältnis des Widerspruchs zum Aufhebungsverfahren siehe unten Rn. 37. Der Widerspruch kann auf einen abgrenzbaren Teil der Entscheidung, zB auf den Kostenausspruch beschränkt werden. Er ist schriftlich, beim Amtsgericht auch zu Protokoll der Geschäftsstelle, einzulegen, § 924 II 3 ZPO. Er ist an keine Frist gebunden. Verwirkung ist jedoch möglich (*Zöller/Vollkommer,* § 924 Rn. 10). Rücknahme ist bis zur Rechtskraft der Widerspruchsentscheidung jederzeit ohne Zustimmung des Gegners möglich (*Baumbach/Lauterbach/Albers/Hartmann,* § 924 Rn. 5); die Kostenentscheidung ergeht analog § 516 III ZPO. 35

Örtlich und sachlich **zuständig** ist das Gericht, das den Arrestbeschluss erlassen hat. Es ist gemäß § 924 II 2 ZPO mündliche Verhandlung durchzuführen. Die Entscheidung über den Arrest (nicht über den Widerspruch) ergeht durch Endurteil, § 925 I ZPO. Versäumnis-, Verzichts- und Anerkenntnisurteil sind auch hier möglich. Ein unzulässiger Widerspruch ist entsprechend § 341 I 2 ZPO durch Urteil zu verwerfen (*Thomas/Putzo/Reichold,* § 925 Rn. 2). Bei zulässigem Widerspruch kann das Gericht den Arrest ganz oder teilweise bestätigen, aufheben oder abändern. Es kann auch die Bestätigung, Aufhebung oder Abänderung von einer Sicherheitsleistung abhängig machen, § 925 II ZPO. Die **Kostenentscheidung** ergibt sich aus §§ 91 ff. ZPO. Ein bestätigendes Urteil ist – auch hinsichtlich der Kosten – **ohne Weiteres vorläufig vollstreckbar.** Soweit das Urteil den Arrest aufhebt, abändert oder von einer 36

Sicherheitsleistung abhängig macht, ergibt sich die Entscheidung über die vorläufige Vollstreckbarkeit aus §§ 708 Nr. 6, 711 ZPO (*Thomas/Putzo/Seiler*, § 708 Rn. 7).

Muster (Aufhebung)

37 <Rubrum>
Der Arrestbefehl vom ... wird aufgehoben und der Antrag zurückgewiesen.
Die Kosten des Verfahrens trägt der Arrestkläger.
Das Urteil ist vorläufig vollstreckbar. Der Arrestkläger kann die Vollstreckung durch Sicherheitsleistung in Höhe von ... Euro abwenden, wenn nicht der Arrestbeklagte vor der Vollstreckung Sicherheit in gleicher Höhe leistet.

Tatbestand

...

Entscheidungsgründe

<Zuständigkeit des Gerichts>
<fehlender Arrestanspruch oder Arrestgrund; keine Klageerhebung trotz Anordnung nach § 926 II ZPO>
<Kostenentscheidung: § 91 ZPO>
<vorläufige Vollstreckbarkeit: §§ 708 Nr. 6, 711 S. 1 ZPO>

Beschluss

Der Streitwert wird auf ... Euro festgesetzt.

38 b) **Urteilsverfahren.** Gegen ein Urteil, mit dem nach mündlicher Verhandlung über einen Arrestantrag entschieden worden ist (auch nach Widerspruch), findet die Berufung nach den allgemeinen Vorschriften statt (§§ 511 ff. ZPO). Das Berufungsgericht entscheidet im Urteilsverfahren ohne Anwendung von § 531 ZPO. Gegen ein Versäumnisurteil findet der Einspruch statt, ein Rechtsmittel findet gegen das Berufungsurteil nicht statt.

39 c) **Aufhebungsverfahren.** *aa) Aufhebung nach § 926 ZPO.* Da im Arrestverfahren der Anspruch nur summarisch geprüft worden ist, kann der Antragsgegner verlangen, dass der Antragsteller im ordentlichen Verfahren die Begründetheit seines Anspruchs nachweist. (Der Schuldner könnte aber auch mittels einer negativen Feststellungsklage ein Hauptsacheverfahren einleiten.) Wegen des Verhältnisses zum Widerspruch siehe unter Rn. 48.

40 Für die Anordnung der Klageerhebung ausschließlich **zuständig** (§ 802 ZPO) ist das Arrestgericht erster Instanz, nach hM auch dann, wenn der Arrest vom Beschwerde- oder Berufungsgericht erlassen worden ist (*Zöller/Vollkommer*, § 926 Rn. 6; *Musielak/Huber*, § 926 Rn. 9), und dort funktionell nach § 20 Nr. 14 RPflG der **Rechtspfleger**.

41 Es müssen die allgemeinen Prozessvoraussetzungen gegeben und die Hauptsache darf nicht (mehr) anhängig sein. Der Rechtspfleger entscheidet über den Antrag ohne mündliche Verhandlung. Eine Anhörung des Gläubigers ist nicht notwendig. Gegen einen ablehnenden Beschluss, der nur dem Schuldner (Antragsteller nach § 926 ZPO und Antragsgegner des Ausgangsverfahrens) zugestellt wird, kann dieser sofortige Beschwerde gem. § 11 I RPflG, § 567 I Nr. 2 ZPO einlegen (*Thomas/Putzo/Reichold*, § 926 Rn. 6). Das gleiche gilt, wenn die Frist zu lang ist.

42 Der Beschluss, mit dem Klageerhebung binnen einer bestimmten Frist (üblich: 2–4 Wochen) angeordnet wird, ist zu begründen. Er wird dem Gläubiger von Amts wegen **zugestellt** (§ 329 II 2 ZPO) und dem Schuldner formlos mitgeteilt. Gegen den Beschluss kann der Gläubiger mit der sofortigen Erinnerung nach § 11 II 1 RPflG vorgehen.

43 Mit der Zustellung an den Gläubiger beginnt die gesetzte **Frist** zu laufen. Nach fruchtlosem Fristablauf kann der Arrestgegner nach § 926 II ZPO die **Aufhebung** des Arrestes beantragen. Ausschließlich **zuständig** ist das Gericht, das die Frist gesetzt hat, auch wenn der Arrestprozess bereits beim Berufungsgericht anhängig ist (str.; vgl. *Musielak/Huber*, § 926 Rn. 21; *Thomas/Putzo/Reichold*, § 926 Rn. 10).

44 Der Antrag ist schriftlich zu stellen. Die Notwendigkeit anwaltlicher Vertretung richtet sich nach § 78 ZPO. Das Verfahren mit notwendiger mündlicher Verhandlung ist Teil des **Arrestverfahrens.** Es gelten daher auch dessen Grundsätze, zB Ersetzung des Strengbeweises durch Glaubhaftmachung (*Zöller/Vollkommer*, § 926 Rn. 22). Das Verfahren ist nach § 227 III 2 Nr. 1 ZPO Sommersache. Analog § 924 III ZPO kann das Gericht die Zwangsvollstreckung einstweilen einstellen.

45 Der Antrag ist **begründet**, wenn zum Zeitpunkt der letzten mündlichen Verhandlung des Aufhebungsverfahrens der Gläubiger die **Hauptsacheklage** nicht oder nicht rechtzeitig erhoben hat. Dem steht es gleich, wenn eine eingereichte Klage zurückgenommen oder als unzulässig abgewiesen worden ist oder – mit Einschränkungen – soweit der Gläubiger auf die Rechte aus dem Arrestbefehl verzichtet hat (*Thomas/Putzo/Reichold*, § 926 Rn. 13). Beim **Mahnbescheid** reicht nur die Zustellung aus, nicht, dass diese demnächst (§ 167 ZPO) erfolgen wird (*Musielak/Huber*, § 926 Rn. 15). Ob ein (nicht zurückgewiesener) Antrag auf Bewilligung von Prozesskostenhilfe reicht, ist streitig (*Thomas/Putzo/Reichold*, § 926 Rn. 7; *Zöller/Vollkommer*, § 926, Rn. 32). Die Klage muss den Anspruch betreffen, den der Arrest sichern sollte.

Die Frist ist gewahrt, wenn die Hauptsacheklage fristgerecht eingereicht und demnächst zugestellt wird (§ 167 ZPO) und der Gläubiger glaubhaft macht, alles getan hat zu haben, um eine alsbaldige Zustellung zu ermöglichen (str.; *Zöller/Vollkommer*, § 926 Rn. 32).

Mit dem **Urteil** wird auf Aufhebung des Arrestes oder auf Abweisung des Aufhebungsantrags erkannt. Die **Kostenentscheidung** richtet sich nach §§ 91 ff. ZPO. Bei Aufhebung des Arrestes ist das Urteil nach §§ 708 Nr. 6, 711 ZPO für **vorläufig vollstreckbar** zu erklären. Wenn der Antrag abgelehnt wird, ist nur die Kostenentscheidung gemäß §§ 708 Nr. 11, 711 bzw. § 709 S. 1 ZPO (je nach der Höhe der Kosten) für vorläufig vollstreckbar zu erklären. 46

Bei Aufhebung des Arrestbefehls entfällt dessen Wirkung bereits mit **Verkündung** des Urteils, nicht erst mit dessen Rechtskraft (*Zöller/Vollkommer,* § 925 Rn. 10; str.). 47

bb) Aufhebung nach § 927 ZPO. Der Schuldner kann wegen **veränderter Umstände** die Aufhebung des Arrestes beantragen. Er kann grundsätzlich zwischen den Rechtsbehelfen Widerspruch (§ 924 ZPO) und Aufhebungsverfahren (§§ 926, 927 ZPO) **wählen.** Ein Antrag nach § 927 ZPO kann aber während eines anhängigen Widerspruchs- oder Berufungsverfahrens mangels Rechtsschutzbedürfnisses unzulässig sein (*Baumbach/Lauterbach/Albers/Hartmann,* § 924 Rn. 1). Das Rechtsschutzbedürfnis fehlt etwa, wenn weitere Wirkungen des Arrestes nicht mehr drohen, insbesondere wenn der Gläubiger auf seine Rechte aus dem Arrest wirksam verzichtet hat. 48

Wenn die Hauptsache anhängig ist, ist das Gericht der Hauptsache **zuständig**; wenn die Hauptsache in der Berufungsinstanz anhängig ist, das Berufungsgericht, § 943 I ZPO. Erst ab Einlegung der Revision wird wieder das Gericht des ersten Rechtszugs zuständig (*Baumbach/Lauterbach/Albers/Hartmann,* § 927 Rn. 9). Wenn die Hauptsache nicht (mehr) anhängig ist, entscheidet nach § 927 II Hs. 2 ZPO das Gericht, das den Arrest erlassen hat. Wenn das Berufungs- oder Beschwerdegericht den Arrest erlassen hat, ist das erstinstanzliche Gericht zuständig (*Zöller/Vollkommer,* § 927 Rn. 10). 49

Der Antrag ist schriftlich zu stellen, die Notwendigkeit anwaltlicher Vertretung bestimmt sich nach § 78 ZPO.

Das Verfahren ist Teil des **Arrestverfahrens.** Es gelten daher die Grundsätze wie beim Urteilsverfahren nach § 922 I ZPO (*Thomas/Putzo/Reichold,* § 927 Rn. 1). Der Antrag ist begründet, wenn der Schuldner zum Schluss der mündlichen Verhandlung veränderte Umstände schlüssig dargelegt und glaubhaft gemacht hat. Bereits vor Erlass des Arrestes eingetretene Umstände können geltend gemacht werden, wenn der Schuldner die veränderte Sachlage erst nach Erlass des Arrestbefehls erfahren hat. Ein veränderter Umstand ist auch eine geänderte Beweislage. Schon bei Arrestanordnung bekannte Umstände können neben veränderten Umständen geltend gemacht werden. Der Schuldner braucht in diesem Falle nicht neben dem Verfahren nach § 927 ZPO noch ein Widerspruchs- oder Rechtsmittelverfahren einzuleiten. 50

Veränderte Umstände können den **Arrestanspruch** oder den **Arrestgrund** betreffen. Beispiele sind: Verjährung des Hauptsacheanspruchs oder rechtskräftige Abweisung der Hauptsacheklage (strittig ist, ob eine noch nicht rechtskräftige, vorläufig vollstreckbare Klageabweisung ausnahmsweise ausreicht, wenn mit dem Erfolg eines Rechtsmittels nicht zu rechnen ist), ferner der Ablauf der Vollziehungsfrist nach § 929 II ZPO (*Baumbach/Lauterbach/Albers/Hartmann,* § 927 Rn. 5; *Zöller/Vollkommer*, § 926 Rn. 5). 51

Die Entscheidung ergeht durch **Endurteil.** Der Arrest kann – mit Wirkung für die Zukunft – ganz oder teilweise aufgehoben oder abgeändert werden. Die **Kostenentscheidung** nach §§ 91 ff. ZPO betrifft grundsätzlich nur das Aufhebungsverfahren und berührt die Kostenentscheidung des Arrestverfahrens nicht (*Zöller/Vollkommer,* § 927 Rn. 12). Ausnahmsweise ist über die gesamten **Kosten** zu entscheiden, wenn der Arrest von Anfang an nicht hätte erlassen werden dürfen (*Baumbach/Lauterbach/Albers/Hartmann,* § 927 Rn. 10). 52

Die Entscheidung über die **vorläufige Vollstreckbarkeit** richtet sich bei (auch Teil-)Aufhebung des Arrestes nach §§ 708 Nr. 6, 711 ZPO, sonst nach §§ 708 Nr. 11, 711 ZPO oder § 709 S. 1 ZPO (je nach Höhe der Kosten). 53

Der Gläubiger darf aus einem Arrestbefehl ab Verkündung eines aufhebenden Urteils **nicht** mehr weiter **vollstrecken.** Für die Aufhebung von Vollstreckungsmaßnahmen nach § 776 ZPO muss dagegen die Rechtskraft des Urteils abgewartet werden. 54

Zur **Abschlusserklärung,** die auch im Arrestverfahren möglich ist, vgl. unten Rn. 89. 55

8. Vollziehung des Arrestes

a) **Grundsatz.** Für die Vollziehung des Arrestbefehls gelten nach § 928 ZPO grundsätzlich die allgemeinen Vorschriften. Besonderheiten ergeben sich nach §§ 929–934 ZPO für die Vollstreckungsklausel, die Vollziehungsfrist, den Beginn der Vollziehung, die Pfändung und Vollziehung in unbewegliches Vermögen und für die Aufhebung der Arrestvollziehung. 56

b) **Vollstreckungsklausel.** Aus Arrestbefehlen kann grundsätzlich ohne Vollstreckungsklausel (§§ 724, 725 ZPO) vollstreckt werden. Erforderlich ist sie nach § 929 I ZPO nur, wenn nach § 727 ZPO (entsprechendes gilt etwa auch bei §§ 728, 729, 738, 742, 749 ZPO) für oder gegen eine **andere Person** vollstreckt werden soll. Wenn die Entscheidung im Ausland vollstreckt werden soll, ist eine Ausfertigung mit einer Vollstreckungsklausel zu versehen, § 31 AVAG. 57

58 c) **Vollziehungsfrist.** *aa) Bedeutung.* Zum Schutz des Schuldners ist die Vollziehung eines Arrestes nicht mehr zulässig, wenn seit Verkündung (des Arresturteil) oder Zustellung (des Urteils nach § 310 III ZPO/des Arrestbeschlusses an den Gläubiger) mehr als ein Monat vergangen ist, § 929 II ZPO. Damit soll verhindert werden, dass der Arrest erst unter wesentlich veränderten Umständen vollzogen wird. Die Vollziehungsfrist ist keine Notfrist, Wiedereinsetzung oder Verlängerung sind nicht möglich.

59 *bb) Beginn der Frist.* Die Frist beginnt bei Erlass des Arrestes durch **Urteil** mit dessen Verkündung oder in den Fällen von § 310 III ZPO mit der Urteilszustellung. Beim Erlass des Arrestes durch **Beschluss** muss dem Antragsteller die vollständige Entscheidung zugestellt worden sein; es genügt auch die – nachweisbare – formlose Aushändigung (*Thomas/Putzo/Reichold*, § 929 Rn. 3). Die Frist beginnt jedenfalls, wenn zweifelsfrei feststeht, dass der Antragsteller in den Besitz der Ausfertigung gelangt ist.

60 Die Vollziehungsfrist **beginnt neu** zu laufen, wenn der Arrest auf Widerspruch unter wesentlichen Änderungen bestätigt wird oder ein aufgehobener Arrestbefehl auf Einspruch oder Berufung neu erlassen wird. Viele Einzelfragen zum Neubeginn der Vollziehungsfrist sind streitig (*Zöller/Vollkommer*, § 929 Rn. 7).

61 *cc) Fristwahrung.* Soweit die Vollziehung des Arrestes nicht auch von einer Sicherheitsleistung abhängig gemacht worden ist (der Nachweis muss dann vom Gläubiger fristgerecht erbracht werden), muss zur Wahrung der Vollziehungsfrist der **Arrestbefehl rechtzeitig dem Schuldner zugestellt** werden und der Gläubiger muss beim zuständigen Vollstreckungsorgan **rechtzeitig Antrag auf Vornahme von Vollstreckungshandlungen** stellen. Ob die Vollstreckung darüberhinaus noch innerhalb der Vollziehungsfrist eingeleitet worden sein muss, ist streitig; dies wird mit beachtlichen Argumenten abgelehnt (*Zöller/Vollkommer*, § 929 Rn. 10; aA *Thomas/Putzo/Reichold*, § 929 Rn. 4). Beim **Arrestbeschluss** ist Zustellung im Parteibetrieb erforderlich (§ 922 II). Beim – von Amts wegen zuzustellenden – **Arresturteil** genügt es, dass dieses innerhalb der Monatsfrist zugestellt wurde und der Gläubiger rechtzeitig Vollstreckungsantrag stellt. Wurde die Vollziehungsfrist nicht gewahrt, ist nach Fristablauf jegliche Vollstreckung aus dem Arrest unzulässig.

62 In Ausnahme von §§ 750, 751 ZPO ist nach § 929 III ZPO die Vollziehung bereits **vor Zustellung** zulässig. Die Zustellung des Arrestbefehls (im Parteibetrieb nach § 922 II ZPO) muss aber innerhalb einer Woche nachgeholt werden. Es muss aber auf jeden Fall innerhalb der Vollziehungsfrist durch einen Antrag auf Vornahme von Vollstreckungshandlungen vom Gläubiger manifestiert werden, dass er vom Arrestbeschluss Gebrauch machen will.

63 *dd) Vollziehung in bewegliches Vermögen und Forderungen.* Mit einem Arrest kann der Gläubiger grundsätzlich in das gesamte Vermögen des Schuldners vollstrecken. Für die Pfändung ergeben sich keine Besonderheiten, § 930 ZPO. Eine Verwertung, insbesondere eine Versteigerung ist aber, vom Ausnahmefall des § 930 III ZPO abgesehen, nicht zulässig. Erst wenn der Gläubiger einen vollstreckbaren Hauptsachetitel erwirkt, wird aus dem Arrestpfandrecht ein normales Vollstreckungspfandrecht. Eine erneute Pfändung ist überflüssig. Eine Entscheidung über eine **Forderungspfändung** (§ 930 I 3 ZPO) kann auf entsprechenden Antrag mit dem Arrestbefehl verbunden werden, wenn der Arrest von keiner Sicherheitsleistung abhängig gemacht wird (*Zöller/Vollkommer*, § 930 Rn. 3).

64 *ee) Vollziehung in unbewegliches Vermögen.* Nach § 932 ZPO kann zur Arrestvollziehung eine Sicherungshypothek im Grundbuch eingetragen werden. Zuständig ist das Grundbuchamt, das demgemäß nicht nur die grundbuchrechtlichen, sondern auch die vollstreckungsrechtlichen Voraussetzungen zu prüfen hat, also auch die Einhaltung der Frist des § 929 II ZPO.

9. Schadensersatzpflicht

65 a) **Bedeutung.** Der Gläubiger, der aufgrund eines nur vorläufigen Titels vollstreckt, trägt das Risiko, dass das Ergebnis des summarischen Verfahrens im Hauptverfahren oder im Rechtsmittelzug des Arrestverfahrens keinen Bestand hat. Er ist daher dem Schuldner gegenüber nach § 945 ZPO – verschuldensunabhängig – schadensersatzpflichtig.

66 b) **Voraussetzungen.** Der Gläubiger ist dem ursprünglichen Gegner des Arrestverfahrens, gegen den der Arrest als Schuldner vollzogen wurde, zum Ersatz des adäquat kausal verursachten **Vollziehungsschadens** (vgl. dazu *Zöller/Vollkommer*, § 945 Rn. 14) verpflichtet, wenn zum Zeitpunkt der Anordnung des Arrestes der Arrestgrund oder der Arrestanspruch fehlten. Das gleiche gilt, wenn der Arrest wegen Versaumung der nach § 926 II ZPO gesetzten Frist zur Klageerhebung aufgehoben wurde. § 845 ZPO gilt nicht in Fällen verspäteter Vollziehung nach § 929 II ZPO (hM *Zöller/Vollkommer*, § 945 Rn. 12) oder wenn der Anspruch später wegfällt.

67 c) **Verfahren.** Der Schadensersatzanspruch kann nicht im Rahmen eines wegen des Arrestes noch schwebenden Verfahrens geltend gemacht werden, sondern ist im Rahmen eines eigenen Verfahrens nach allgemeinen Regeln zu verfolgen. Der Schuldner kann am Gerichtsstand der unerlaubten Handlung nach § 32 ZPO klagen. Das Gericht, das über den Schadensersatz zu entscheiden hat, ist hinsichtlich des **Arrestanspruchs** im Umfang der materiellen Rechtskraft an eine rechtskräftige **Hauptsacheent-**

scheidung, soweit durch Sachurteil entschieden worden ist, **gebunden.** Bezüglich des **Arrestgrundes** besteht **keine Bindung,** da der Hauptsacheprozess darüber nicht entschieden hat.

An eine Aufhebungsentscheidung nach **§ 926 II ZPO** besteht **Bindung;** das Gesetz knüpft an einen 68
reinen Formaltatbestand an.

An **Entscheidungen im Arrestverfahren** – Aufhebung des Arrests auf Widerspruch oder Berufung –, 69
besteht nach jetzt überwiegender Meinung schon wegen des unterschiedlichen Streitgegenstands **keine Bindung** (*Zöller/Vollkommer,* § 945 Rn. 9; *Thomas/Putzo/Reichold,* § 945 Rn. 9).

III. Einstweilige Verfügung

1. Arten

Die einstweilige Verfügung dient als **Sicherungsverfügung** nach § 935 ZPO der Sicherung eines nicht 70
auf Geld (dann Arrest, soweit keine Leistungsverfügung in Betracht kommt) gerichteten Anspruchs. Voraussetzung ist eine objektive Gefährdung der Verwirklichung des Rechts des Gläubigers.

Eine **Regelungsverfügung** ist nach § 940 ZPO dann zulässig, wenn dadurch der Rechtsfrieden bis zur 71
endgültigen Entscheidung eines streitigen Rechtsverhältnisses gewahrt werden kann.

Über die bloße vorläufige Sicherung hinaus geht die von der Rechtsprechung zugelassene **Leistungs-** 72
oder Befriedigungsverfügung. Mit ihr wird der Anspruch des Gläubigers wenigstens vorläufig (oft teilweise endgültig) befriedigt, wenn auf andere Weise wesentliche Nachteile nicht abgewendet werden können. Ein häufiger Fall ist die einstweilige Verfügung auf Unterlassung einer Äußerung.

Für das Verfahren sind nach § 936 ZPO die **Arrestvorschriften** heranzuziehen, soweit sich nicht aus 73
§§ 935 ff. ZPO Besonderheiten ergeben.

2. Zuständigkeit

Grundsätzlich ist für die Entscheidung über den Antrag auf Erlass einer einstweiligen Verfügung nach 74
§ 937 I ZPO das Gericht der Hauptsache (§ 943 ZPO) zuständig.

Anders als im Arrestverfahren (§ 919 ZPO), ist das Amtsgericht der belegenen Sache nur in **dringen-** 75
den Fällen für die **Anordnung** der einstweiligen Verfügung (§ 942 I ZPO) und für deren **Aufhebung wegen Fristversäumung** (§ 942 III ZPO) zuständig. Fälle, in denen – in Abgrenzung zu § 937 II ZPO – durch die Anrufung des zuständigen Gerichts der Hauptsache ein nicht hinnehmbarer Rechtsverlust für den Gläubiger entstehen würde, werden selten glaubhaft gemacht werden können. Insbesondere reicht es regelmäßig nicht aus, dass der antragstellende Rechtsanwalt seinen Kanzleisitz am Sitz des Amtsgerichts hat. Auch die Behauptung, dass das Landgericht als Kollegialgericht generell langsamer als das Amtsgericht arbeite, ist angesichts der Entscheidungsmöglichkeit des Vorsitzenden nach § 944 ZPO nicht überzeugend. In den Fällen des § 942 II ZPO (Vormerkung, Widerspruch) ist eine besondere Dringlichkeit nicht erforderlich.

Das **Amtsgericht,** das nicht Gericht der Hauptsache ist, ist im Rahmen von § 942 I ZPO nur für die 76
Anordnung der einstweiligen Verfügung und für deren Aufhebung nach Fristablauf (§ 941 III ZPO) zuständig, nicht für alle anderen gerichtlichen Maßnahmen, wie etwa die Aufhebung nach §§ 924–927 ZPO (*Thomas/Putzo/Reichold,* § 942 Rn. 1). Zuständiges Verfügungsgericht bleibt das Gericht der Hauptsache.

3. Allgemeine Verfahrensvoraussetzungen

Hier kann auf die Ausführungen zum Arrestverfahren (s. o. Rn. 2 ff.) verwiesen werden. Besonderhei- 77
ten ergeben sich für die **Bestimmtheit** des Antrags nach § 253 II 2 ZPO. Bei Sicherungs- und Regelungsverfügungen genügt es nach § 938 ZPO, wenn der Antragsteller sein Rechtsschutzziel angibt (*Zöller/Vollkommer,* § 938 Rn. 2). Anders ist es bei der Leistungsverfügung. Da hier eine Befriedigung begehrt wird, gilt das Bestimmtheitserfordernis uneingeschränkt. Insbesondere bei der Unterlassungsverfügung, die eine Befriedigung des Unterlassungsanspruchs für eine bestimmte Zeit erstrebt, gilt § 253 II 2 ZPO ohne Einschränkung (*Stein/Jonas/Grunsky,* vor § 935 Rn. 10). Der Antrag darf also vom Gericht nur nach allgemeinen Grundsätzen ausgelegt, nicht aber nach freiem Ermessen formuliert werden.

4. Begründetheit

a) **Verfügungsanspruch.** *aa) Sicherungsverfügung.* Sicherbar nach § 935 ZPO sind alle Ansprüche, die 78
auch in einem Hauptsacheprozess geltend gemacht werden könnten, zB Sicherung eines Herausgabeanspruchs bei Sicherungsübereignung, Sicherung eines gesetzlichen Pfandrechts. Im BGB ist diese Art der einstweiligen Verfügung ausdrücklich etwa in §§ 885, 899 BGB geregelt.

bb) Regelungsverfügung. § 940 ZPO verlangt im Gegensatz zu § 935 ZPO keinen Anspruch, sondern 79
ein streitiges Rechtsverhältnis zwischen den Parteien. Es müssen noch keine Ansprüche aus dem Rechtsverhältnis entstanden sein. Das Rechtsverhältnis, das auf einen Zustand insbesondere von gewis-

ser Dauer gerichtet sein muss, ist streitig, wenn der Gegner das Recht des Antragstellers bestreitet. Die bereits eingetretene Verletzung beweist, dass das Rechtsverhältnis streitig ist. Beispiel: Der Vermieter sperrt dem Mieter die Heizung.

80 *cc) Leistungsverfügung.* Gegenstand kann jeder Anspruch sein. Bei Dauerverhältnissen oder der Gefahr ernster Dauerschäden kommen auch Geldansprüche in Betracht (zB Abschlagszahlungen auf Lohn- und Unterhaltszahlungen; Heilungskosten nach Unfällen), ferner häufig Unterlassungsansprüche. Auch Herausgabeansprüche (zB auf Räumung von Wohnraum unter den Voraussetzungen von § 940 a ZPO) und Lieferungsansprüche (zB auf Strom) können durchgesetzt werden. Wenn es sich – wie etwa beim Auskunftsanspruch oder dem Anspruch auf Widerruf einer unwahren Tatsache – um eine vollständige Vorwegnahme der Hauptsache handelt, ist die Leistungsverfügung grundsätzlich unzulässig (*Thomas/Putzo/Reichold,* § 940 Rn. 17).

81 **b) Verfügungsgrund.** *aa) Sicherungsverfügung.* § 935 ZPO verlangt eine Bedrohung eines Individualanspruchs. Es muss die Besorgnis bestehen, dass wegen einer drohenden Veränderung die Durchsetzung eines Rechts nicht mehr oder nur mehr unter erschwerten Bedingungen möglich ist.

82 *bb) Regelungsverfügung.* Eine einstweilige Verfügung muss zur Abwendung wesentlicher Nachteile oder zur Verhinderung drohender Gewalt oder aus anderen Gründen dringlich sein. Hier ist vor allem langes Zuwarten des Gläubigers trotz Kenntnis der Tatsachen ein Indiz dafür, dass eine Regelung nicht mehr dringlich ist.

83 *cc) Leistungsverfügung.* Da die Hauptsache hier teilweise vorweggenommen wird, sind an den Verfügungsgrund besonders strenge Anforderungen zu stellen. Eine einstweilige Verfügung auf Leistung kommt nur dann in Betracht, wenn auf andere Weise eine dringliche Notlage nicht beseitigt oder sonstige schwere Nachteile für den Gläubiger nicht abgewendet werden können. Zu prüfen ist immer, ob auch dann endgültige Verhältnisse geschaffen würden, wenn die einstweilige Verfügung nicht erginge. Geldleistungsverfügungen sind zeitlich (in der Regel auf 6 Monate ab Eingang des Antrags) zu befristen (*Thomas/Putzo/Reichold,* § 940 Rn. 9).

5. Das Verfahren ohne mündliche Verhandlung

84 **a) Grundsatz.** Anders als im Arrestverfahren ist die Durchführung einer mündlichen Verhandlung nicht generell freigestellt, sondern nach § 937 II ZPO bei beabsichtigtem Erlass einer einstweiligen Verfügung von einer **besonderen Dringlichkeit** abhängig. Entscheidend ist, ob selbst eine kurz terminierte Verhandlung nicht mehr abgewartet werden, sondern nur der Überraschungseffekt einer Beschlussentscheidung den gewünschten Erfolg erzielen kann (*Zöller/Vollkommer,* § 937 Rn. 2). Nach § 937 II ZPO ist eine mündliche Verhandlung auch bei Zurückweisung des Antrags entbehrlich.

85 **b) Entscheidung.** Hier kann auf die Ausführungen zum Arrest verwiesen werden (Rn. 2 ff.). Häufiger als bei einem drohenden Arrest hinterlegt der Schuldner, wenn eine einstweilige Verfügung droht, beim zuständigen Gericht als vorbeugendes Verteidigungsmittel eine **Schutzschrift**, deren Inhalt zu berücksichtigen ist (*Thomas/Putzo/Reichold,* § 936 Rn. 9).

Hinsichtlich der Bindung an den Antrag gibt § 938 ZPO bei Sicherungs- und Regelungsverfügungen dem Gericht einen gewissen Spielraum (*Zöller/Vollkommer,* § 938 Rn. 2). Bei Leistungsverfügungen – wie etwa Unterlassungsverfügungen – muss sich das Gericht streng an den Antrag halten. Bei Unterlassungsverfügungen können auf Antrag zugleich Ordnungsmittel nach § 890 ZPO angedroht werden.

86 **Muster (Leistungsverfügung)**

<Rubrum>

Einstweilige Verfügung:

Der Antragsgegner hat an die Antragstellerin ab ... einen monatlichen, im Voraus bis zum 3. eines jeden Monats fälligen Unterhalt von ...Euro auf die Dauer von 6 Monaten zu bezahlen.
Der Antragsgegner trägt die Kosten des Verfahrens.

Gründe:

<Anspruch>
<Verfügungsgrund, § 940 ZPO>
<Kosten: § 91 ZPO>

87 Das nach § 942 ZPO entscheidende **Amtsgericht** hat im Fall des § 942 I ZPO von Amts wegen, nach § 942 II ZPO auf Antrag, eine **Frist zu bestimmen,** innerhalb der die Ladung des Gegners bei dem Gericht der Hauptsache zu beantragen ist.

6. Das Verfahren mit mündlicher Verhandlung

88 Hier kann auf die Ausführungen zum Arrest (Rn. 2 ff.) verwiesen werden. Besonderheiten gibt es beim **Rechtfertigungsverfahren** nach § 942 ZPO. Hier kann das Amtsgericht die Verfügung nur im Fall

des § 942 III ZPO (Fristablauf) selbst aufheben. Ansonsten entscheidet auf Antrag des Antragstellers oder Antragsgegners (*Zöller/Vollkommer*, § 942 Rn. 4) das Gericht der Hauptsache.

7. Rechtsmittel, Rechtsbehelfe

Auch hier kann auf die Ausführungen beim Arrest Bezug genommen werden (Rn. 2 ff.). Besonders in 89
äußerungs- und wettbewerbsrechtlichen Verfahren wird die stattgebende Entscheidung im einstweiligen Verfügungsverfahren durch die sog. **Abschlusserklärung,** in der der Schuldner im Wesentlichen auf alle Rechtsmittel und Rechtsbehelfe verzichtet, zur endgültigen Entscheidung gemacht (vgl. *Zöller/Vollkommer*, § 926 Rn. 4).

8. Vollziehung der einstweiligen Verfügung

Gem. §§ 936, 928 ZPO ist § 929 ZPO auf die einstweilige Verfügung entsprechend anwendbar (vgl. 90
oben Rn. 70 ff.). Unterschiede bei den verschiedenen Arten der einstweiligen Verfügung sind zu berücksichtigen (zur einstweiligen Verfügung auf Geldzahlung vgl. etwa *Thomas/Putzo/Reichold*, § 936 Rn. 13). Wie die Vollziehungsfrist gewahrt wird, ist vor allem bei **Unterlassungsverfügungen** streitig, da diese durch reale Handlungen nicht vollstreckbar sind. Bei **Unterlassungsverfügungen durch Beschluss** besteht überwiegend Einigkeit, dass der Wille des Gläubigers zur Vollziehung durch die fristgerechte Zustellung der Verfügung im Parteibetrieb (durch die einstweilige Verfügung gegenüber dem Antragsgegner erst wirksam wird) nur dann ausreichend erkennbar wird, wenn die einstweilige Verfügung eine Ordnungsmittelandrohung im Sinn von § 890 II ZPO enthält (*Zöller/Vollkommer*, § 929 Rn. 13), Strittig ist die Lage bei **Urteilsverfügungen,** die bereits mit Verkündung wirksam und von Amts wegen zugestellt werden. Nach überwiegender Meinung muss der Gläubiger auch hier dem Schuldner gegenüber innerhalb der Vollziehungsfrist auf irgendeine Weise (zB durch die Beantragung von Ordnungsmitteln) klarstellen, dass er die Rechte aus der einstweiligen Verfügung wahrnehmen will (vgl. *Zöller/Vollkommer*, § 929 Rn. 12).

9. Schadensersatzpflicht

Hier wird auf die Erörterungen zum Arrest (Rn. 65 ff.) verwiesen. Da von § 945 ZPO nur der Voll- 91
ziehungsschaden erfasst wird und nicht der Schaden auf Grund freiwilliger Leistung des Schuldners, ist zu beachten, ob die Kundgabe des Vollziehungswillens bei den nicht der unmittelbaren Vollstreckung zugänglichen einstweiligen Verfügungen erfolgt ist. Der Antragsteller macht sich zudem schadensersatzpflichtig, wenn die einstweilige Verfügung auf Grund von § 945 III ZPO aufgehoben wird.

A. XXII. Das Berufungsverfahren

Dr. Nikolaus Stackmann

Übersicht

Literatur: *Doukoff*, Zivilrechtliche Berufung, 4. Aufl. 2010; *Schumann/Kramer*, Die Berufung in Zivilsachen, 7. Aufl. 2007; *Stackmann*, Der Einzelrichter im Verfahren vor den Land- und Oberlandesgerichten, 2006; *ders.*, Rechtsbehelfe im Zivilprozess, 2004 – zur allg. Literatur siehe Literaturverzeichnis A I.

Grundlage der Neubearbeitung dieses Kapitels ist der durch das am 7. 7. 2011 verabschiedete Gesetz zur Änderung des § 522 der Zivilprozessordnung geschaffene Rechtszustand.

1. Abschnitt. Die Referatsarbeit des Berufungsrichters

I. Die interne Zuständigkeit nach dem Geschäftsverteilungsplan

1 Nach **Eingang der Berufungsschrift** beim Berufungsgericht und ihrer Registrierung durch die Geschäftsstelle (näheres bei *Stackmann*, Einzelrichter, Rn. 416) fordert diese die Akte beim Erstgericht an und legt diese nach deren Eingang erstmals dem Berufungsrichter vor. In diesem Zeitpunkt wäre es verfehlt, das Urteil der ersten Instanz bis in die letzten Einzelheiten durchzuarbeiten oder die Akte von Blatt 1 beginnend durchzulesen. Eine solche Arbeitsweise führt nicht nur zu unnötigem Zeitverlust,

sondern auch zu einer Verschwendung der Arbeitskraft, die zu einem späteren Zeitpunkt wesentlich effektiver eingesetzt werden kann. Vielmehr empfiehlt es sich, als erstes zu prüfen, ob der jeweilige Spruchkörper nach dem internen Geschäftsverteilungsplan des Gerichts für die eingegangene Berufung zuständig ist. Zur Abklärung dieser Frage reicht es aus, anhand der Kriterien des Geschäftsverteilungsplans (Turnus-, Buchstaben- und Spezialzuständigkeit) zu überprüfen, ob das Verfahren der Zuständigkeit der Kammer/des Senats unterfällt. Die Frage nach einer Spezialzuständigkeit lässt sich idR nach Studium des ersten Satzes des Tatbestands des Ersturteils beantworten, falls der Erstrichter dem Sinn dieser Einleitung entsprechend etwaige Sonderzuständigkeiten hervorgehoben hat, also etwa für den Fall einer Sonderzuständigkeit für Banksachen: „Der Kläger nimmt die beklagte Bank auf Rückabwicklung des von dieser finanzierten Erwerbs einer Eigentumswohnung in Anspruch“. Fehlen entsprechende Hinweise, sollte sich die Frage einer Spezialzuständigkeit nach Überfliegen des Tatbestands des angefochtenen Urteils beantworten lassen.

Die **Prüfung der internen Zuständigkeit** ist keine Besonderheit des Berufungsverfahrens, sondern auch in erster Instanz geboten. In der Berufungsinstanz kann diese Frage in der Regel bereits mit der ersten Vorlage der Akte anhand des Verfahrensstoffs erster Instanz geklärt werden. Dies empfiehlt sich, bevor mit der Prüfung von Zulässigkeit und Begründetheit der Berufung begonnen wird. Sonst wird wohlmöglich erst kurz vor dem bereits anberaumten Verhandlungstermin erkannt, dass keine interne Zuständigkeit besteht. Eine Abgabe zu diesem Zeitpunkt an den jeweils zuständigen Spruchkörper ist zwar rechtlich noch zulässig, fördert aber das Klima der einzelnen Kammern/Senate untereinander nicht und ist häufig auch für die Parteien eine unerfreuliche Überraschung. Sollte im Einzelfall die interne Zuständigkeit nach dem Geschäftsverteilungsplan nicht gegeben sein, sollte die Sache – wie eben ausgeführt – rechtzeitig dem zuständigen Spruchkörper zugeleitet werden. Insoweit geht es um den gesetzlichen Richter, so dass Skrupel, in den Ruf eines Abgabespezialisten zu kommen, keine Rolle spielen dürfen. Bei Meinungsverschiedenheiten zwischen mehreren Spruchkörpern über die geschäftsplanmäßige Zuständigkeit entscheidet das im Geschäftsverteilungsplan dafür vorgesehene Gremium, im Regelfall das Präsidium (vgl. *BGH*, NJW 2000, 80, 81 u. § 21 i II GVG). Ergibt die Prüfung einer von einem anderen Spruchkörper mangels interner Zuständigkeit abgegebenen Akte, dass tatsächlich dessen Zuständigkeit gegeben ist, sollte zunächst das Gespräch mit der/dem abgegebenden Kammer/Senat gesucht werden. Findet sich keine Lösung, muss die Frage der Zuständigkeit durch das Gerichtspräsidium entscheiden werden. 2

II. Prüfung der Zulässigkeitsvoraussetzungen der Berufung

1. Prüfungsschema (*Thomas/Putzo/Reichold*, § 511 Vorbem. Rn. 13 ff.)

3

- Sachliche und örtliche Zuständigkeit
- Statthaftigkeit der Berufung (§ 511 ZPO)
- Frist zur Berufungseinlegung (§ 517 ZPO)
- Form der Berufung (§ 519 ZPO)
- Frist zur Berufungsbegründung (§ 520 II 1 ZPO)
- Form der Berufungsbegründung (§ 520 III – V ZPO)
- Beschwer des Berufungsklägers
- Berufungssumme (§ 511 II Nr. 1 ZPO) oder Berufungszulassung
- Rechtsschutzbedürfnis des Berufungsführers
- Kein Rechtsmittelverzicht des Berufungsführers

2. Die Zulässigkeitsvoraussetzungen im Einzelnen

Was das **Rangverhältnis der Zulässigkeitsvoraussetzungen** anbelangt, gibt es keine Gründe für eine zwingende Prüfungsreihenfolge. Allenfalls kann man mit *Schumann/Kramer*, Rn. 29 der sachlichen und örtlichen Zuständigkeit des angerufenen Gerichts einen gewissen Vorrang einräumen. Dieser Vorrang ergibt sich daraus, dass nur das sachlich und örtlich zuständige Gericht als gesetzlicher Richter berufen ist, über alle sonstigen Rechtsmittelvoraussetzungen zu befinden. Im Übrigen müssen ohnehin sämtliche Zulässigkeitsvoraussetzungen der Berufung durchgeprüft werden, um abschließend entscheiden zu können, ob die Berufung zulässig ist. Allerdings besteht kein Anlass, noch weitere Zulässigkeitsvoraussetzungen zu prüfen, wenn ein Grund für die Unzulässigkeit der Berufung zweifelsfrei feststeht. Dann ist es vertretbar, die Berufung schon allein deswegen zu verwerfen und die Prüfung anderer Zulässigkeitsvoraussetzungen dahingestellt sein zu lassen. Im Regelfall ist es ausreichend, eine klar erkennbare Fristversäumnis oder einen Formmangel der Berufung herauszugreifen und andere schwierigere Rechtsfragen im Zusammenhang mit der Prüfung des Rechtsschutzbedürfnisses oder der Beschwer offen zu lassen (zu den Ausnahmen vgl. unten Rn. 29). 4

a) **Sachliche und örtliche Zuständigkeit.** Die **sachliche Zuständigkeit** der Oberlandesgerichte für Berufungen gegen erstinstanzielle landgerichtliche Urteile und Urteile der Familiengerichte folgt aus § 119 GVG, die der Landgerichte für Berufungen gegen Urteile der Amtsgerichte aus § 72 GVG. Von familien- 5 rechtlichen Rechtsstreitigkeiten abgesehen, bereitet die sachliche Zuständigkeit im Regelfall keine großen Schwierigkeiten. Gleiches gilt für die **örtliche Zuständigkeit,** die sich an der Einteilung der Gerichtsbezirke orientiert. Dass ein Rechtsanwalt sich an ein örtlich unzuständiges Oberlandesgericht als Berufungsgericht wendet, dürfte kaum vorkommen. Zu prüfen ist diese Frage aber dann, wenn es Zuständigkeitskonzentrationen gibt, vgl. § 13 a GVG oder zB § 1062 V ZPO. Bei Vorliegen von „Binnen"-streitigkeiten innerhalb einer WEG nach § 43 I Nr. 1–4, 6 WEG kann fristwahrend nur bei dem von der Regelung des § 72 II GVG vorgegebenen Berufungsgericht eingelegt werden (*BGH*, NJW-RR 2010, 1096).

6 b) **Statthaftigkeit der Berufung.** Berufungsfähig sind gem. § 511 I ZPO generell alle – scheinbaren (Stichwort: „Meistbegünstigungsgrundsatz", vgl. etwa *Thomas/Putzo/Reichold*, Rn. 6 vor § 511 ZPO) – die erste Instanz ganz oder teilweise beendigenden Urteile. Den Gegensatz bilden die Zwischenurteile, die der Instanz beendigenden Entscheidung gem. § 303 ZPO nur vorausgehen. Für diese gelten allerdings zahlreiche Ausnahmen, vgl. etwa § 280 II ZPO. Ebenso sind Zwischenurteile, die eine Unterbrechung des Verfahrens feststellen, mit der Berufung angreifbar. Deshalb muss bei Vorlage einer Berufung gegen in der Praxis seltene Zwischenurteile die Rechtsmittelmöglichkeit genau geprüft werden. Nicht berufungsfähig sind grundsätzlich Versäumnisurteile mit der Ausnahme des § 514 II ZPO für 2. Versäumnisurteile, wenn geltend gemacht werden soll, dass kein Fall der schuldhaften Säumnis vorgelegen hat. Die Kostenentscheidung kann nach § 99 I ZPO nicht isoliert angefochten werden, dies gilt auch für zur Umgehung der Vorschrift eingelegte Berufungen. Nach umstrittener Auffassung kann die Berufung auf den Ausspruch über die vorläufige Vollstreckbarkeit beschränkt werden. Könne die Partei keine Urteilsergänzung verlangen, was nur im Fall einer übergangenen, lückenhaften oder unvollständigen Entscheidung zur vorläufigen Vollstreckbarkeit möglich sei, verbliebe ihr nur das Rechtsmittel der Berufung. Beseitigt werden könne die Fehlentscheidung zur Vollstreckbarkeit im Urteil erster Instanz nur durch ein Urteil der zweiten Instanz. Deshalb sei schon aus Gründen des formellen Rechts nicht an dem Rechtsschutzbedürfnis für ein Rechtsmittel zu zweifeln, welches sich auf die Frage der vorläufigen Vollstreckbarkeit beschränke. Es sei bei entsprechend früher Rechtsmitteleinlegung möglich, eine Entscheidung vor Ablauf der Rechtsmittelfrist gegen das angegriffene Urteil und damit vor Eintritt der mit formellen Rechtskraft einhergehenden einschränkungslosen Vollstreckbarkeit des Urteils herbeizuführen (*OLG Rostock*, NJW-RR 2009, 498).

7 c) **Frist zur Berufungseinlegung.** Die **Berufungsfrist** beträgt einen Monat und beginnt mit der Zustellung des erstinstanziellen Urteils zu laufen. Die Frist beginnt erst, wenn ein den Förmlichkeiten entsprechendes, insbesondere unterschriebenes **Verkündungsprotokoll** vorliegt und eine vollständige Urteilsausfertigung zugestellt wurde. Der BGH hat mehrfach die Zustellung beglaubigter Abschriften, die den Beglaubigungsvermerk nicht enthielten oder ihn unvollständig wiedergaben, für unwirksam gehalten, weil es damit für den Zustellungsempfänger an der Gewähr fehle, dass das ihm zugestellte Schriftstück der Urschrift entspreche (*BGH*, NJW 2010, 2519). Ergibt sich aus der Akte, dass kein ordnungsgemäßes Verkündungsprotokoll vorliegt oder nur eine beglaubigte Urteilsabschrift zugestellt wurde, läuft die Berufungsfrist nicht, so dass auch nach Ablauf der 5-Monatsfrist des § 517 Berufung eingelegt werden kann. Wird nach Berufungseinlegung nachträglich ein formgültiges Verkündungsprotokoll erstellt, hat dies keinen Einfluss auf die Rechtzeitigkeit der Berufungseinlegung, diese bleibt zulässig (*BGH*, NJW 2007, 3210). Ansonsten kann eine Fristwahrung nach Überschreiten der nach § 222 ZPO in Verbindung mit §§ 187–189 BGB unter Heranziehung eines Kalenders zu berechnenden Monatsfrist, nur dann in Betracht kommen, wenn die Voraussetzungen der §§ 233 ff. ZPO vorliegen. Im Übrigen ist eine verfristete Berufung bei fristgerechter Einlegung der Berufung durch den Gegner als Anschlussberufung zu bewerten. Die Berufungsfrist wird wie die zweimonatige Berufungsbegründungsfrist mit der Zustellung des zunächst verkündeten Urteils in Lauf gesetzt. Daran ändert das Hinzutreten eines Ergänzungsurteils nichts. Wenn es nach Ablauf der Berufungsfrist ergangen ist, findet die Regelung des § 518 ZPO keine Anwendung, nach der mit der Zustellung der nachträglichen Entscheidung der Lauf der Berufungsfrist – und damit zugleich der Berufungsbegründungsfrist – auch für die Berufung gegen das zuerst ergangene Urteil von neuem beginnt. Diese Regelung gilt nur, wenn das Ergänzungsurteil nach § 321 ZPO vor Ablauf der Frist für die Berufung gegen das ursprüngliche Urteil erlassen wird. Eine erweiternde Auslegung oder eine analoge Anwendung dieser Bestimmung auf den Fall, dass die Ergänzung zwar nach Ablauf der Berufungsfrist, aber noch vor Ablauf der Berufungsbegründungsfrist getroffen worden ist, ist nicht möglich (*BGH*, NJW 2009, 442, 443, Rn. 6).

8 d) **Form der Berufung.** Nach § 519 II ZPO muss die Berufungsschrift das **Ersturteil bezeichnen** und, wenn auch nicht durch die Verwendung dieses Begriffes, erkennen lassen, dass Berufung eingelegt wird. Außerdem ist eindeutig kenntlich zu machen, für und gegen wen Berufung eingelegt wird, ebenso müssen die Parteirollen und die Parteien richtig bezeichnet werden. Da die Vorschriften über vorbereitende Schriftsätze über § 519 IV ZPO anzuwenden sind und darüber hinaus Berufungen bestimmende Schriftsätze sind, müssen sie zwingend **unterschrieben** (§§ 129, 130 ZPO) oder gem. § 130 a I 2 ZPO mit einer qualifizierten elektronischen Signatur versehen sein. Wegen des gemäß § 78 I 1 ZPO vor den Land- und Oberlandesgerichten geltenden Anwaltszwangs müssen Unterschrift bzw. qualifizierte Signa-

tur von einem im Zeitpunkt der Unterschriftsleistung zugelassenen **Rechtsanwalt** stammen. Wegen § 155 V 1 BRAO ist es ohne Bedeutung, ob gegen den Rechtsanwalt ein Berufsverbot verhängt ist, selbst wenn er in eigener Sache tätig wird (*BGH,* BeckRS 2010, 07168, Rn. 14).

Es ist guter Brauch und entspricht der anwaltlichen Vorsicht, ist aber nicht zwingend, dass der Berufungsschrift (§ 519 III ZPO ist eine Ordnungsvorschrift) das **Ersturteil** in einer gerichtlichen **Ausfertigung** oder in Abschrift beigefügt wird. Anerkannt ist, dass – gemessen an den formalen Anforderungen des § 519 II ZPO – an sich unzureichende Angaben unschädlich sein können, wenn sich vor Ablauf der Berufungsfrist im Zusammenhalt mit den Prozessakten für das Berufungsgericht zweifelsfrei ergibt, welches Urteil von wem angegriffen wird. Denn die prozessualen Formvorschriften sind kein Selbstzweck. Sie sollen insbesondere dem Rechtsmittelgericht eine rasche und unkomplizierte Anforderung der erstinstanzlichen Akten ermöglichen und damit den Geschäftsgang erleichtern und ihm zu einer eindeutigen Identifizierung des angefochtenen Urteils und der Klärung des Anliegens des Rechtsmittelführers verhelfen (vgl. etwa *BGH,* NJW-RR 2010, 424, 425, Rn. 10). 9

An die **Bezeichnung des Rechtsmittelgegners** sind nach ständiger Rechtsprechung des Bundesgerichtshofs weniger strenge Anforderungen zu stellen als an die Bezeichnung des Rechtsmittelführers. Wenn der in der Vorinstanz obsiegende Gegner aus mehreren Streitgenossen besteht, richtet sich das Rechtsmittel im Zweifel gegen die gesamte angefochtene Entscheidung und somit gegen alle gegnerischen Streitgenossen, es sei denn, die Rechtsmittelschrift lässt eine Beschränkung der Anfechtung erkennen (*BGH,* NJW-RR 2011, 359, Rn. 12). 10

Ein Antrag auf **Prozesskostenhilfe** wird immer dann als gleichzeitig eingelegte Berufung und ggf. als -begründung gesehen, wenn die geschilderten gesetzlichen Anforderungen an eine Berufungsschrift bzw. eine Berufungsbegründung erfüllt sind. Dies kommt nur dann nicht in Betracht, wenn sich aus den Begleitumständen mit einer jeden vernünftigen Zweifel ausschließenden Deutlichkeit ergibt, dass das Rechtsmittel nur für den Fall der Gewährung von Prozesskostenhilfe eingelegt sein soll (*BGH,* NJW-RR 2009, 433). Im Übrigen ist das Berufungsgericht verpflichtet, rechtzeitig auf formale Mängel der Berufungsschrift **hinzuweisen**, wenn diese einige Tage vor Fristeinlauf bei Gericht eingeht. Wenn etwa die vom Prozessbevollmächtigten nicht unterzeichnete Berufungsschrift zehn Tage vor Ablauf der Berufungsfrist beim Rechtsmittelgericht eingeht, muss das Gericht den Prozessbevollmächtigten auf das Fehlen der Unterschrift hinweisen (*BGH,* NJW-RR 2009, 564, 565 Rn. 11). 11

e) **Frist für die Berufungsbegründung.** *aa) Berechnung der Berufungsbegründungsfrist.* Nach § 520 II 1 ZPO ist die Berufung innerhalb zwei Monaten nach Zustellung des Ersturteils in vollständiger Form, spätestens jedoch mit Ablauf von 7 Monaten nach der Verkündung des Ersturteils zu begründen. Sie wird wie die Berufungsfrist gemäß § 222 I ZPO nach §§ 187 I, 188 BGB berechnet. Anders als die Berufungsfrist ist die Berufungsbegründungsfrist keine Notfrist. Der Lauf der Berufungsbegründungsfrist wird weder durch die Verwerfung der Berufung noch durch ein Wiedereinsetzungsverfahren berührt (*BGH,* BeckRS 2009, 11994, Rn. 3 mwN). 12

bb) Verlängerung der Berufungsbegründungsfrist. Auf Antrag des Berufungsführers kann die Berufungsbegründungsfrist gemäß § 520 II 2 ZPO verlängert werden. Der erforderliche Antrag muss schriftlich gestellt werden und ähnlich wie bei der Berufungsschrift von einem zugelassenen Rechtsanwalt unterschrieben werden. Ferner muss der Antrag die Erklärung enthalten, bis zu welchem Datum die Verlängerung gewünscht wird und die Gründe darlegen, die eine Verlängerung der Berufungsbegründungsfrist rechtfertigen. Für den ersten Antrag auf Verlängerung der Berufungsbegründungsfrist gilt die bewährte Routine fort, dass sich der Rechtsanwalt bei Geltendmachen eines anerkannten Verlängerungsgrundes auf das Gewähren der Fristverlängerung verlassen kann. Die Fristverlängerung bezieht sich bei mehreren Berufungsklägern immer nur auf denjenigen, der die Fristverlängerung beantragt hat (*BGH,* NJW-RR 2009, 643, 644 Rn. 10 ff.). Kritischer wird die Lage bei weiteren Fristverlängerungen über die Monatsfrist des § 520 II 3 ZPO hinaus. Der *BGH* stellt bei einem weiteren Fristverlängerungsantrag nach § 520 II 2 ZPO darauf ab, dass bei Vorlage der gegnerischen Zustimmung das richterliche Ermessen eröffnet ist. Jedenfalls in dem Fall, in dem mit Einverständnis des Gegners eine zweite Verlängerung der Berufungsbegründungsfrist von lediglich sieben Tagen beantragt werde, könne der Berufungskläger darauf vertrauen, dass seinem Verlängerungsantrag stattgegeben werde (*BGH,* NJW 2009, 3100, 3101, Rn. 10). 13

Zu warnen ist davor, auf einen entsprechenden Anruf am **Telefon** die Zusicherung zu geben, dass die Berufungsbegründungsfrist verlängert werde. Während eines Telefonats lässt sich nicht zuverlässig feststellen, ob die Voraussetzungen für eine Verlängerung der Berufungsbegründungsfrist vorliegen, zumal die Akten in aller Regel nicht griffbereit auf dem Schreibtisch des Richters liegen. Der telefonisch um Verlängerung nachsuchende Rechtsanwalt sollte darauf verwiesen werden, sein Verlängerungsgesuch noch vor Fristablauf schriftlich zu stellen: Dieses muss bei Eingang selbstverständlich unverzüglich verbeschieden werden. Ausreichend ist es, dass der Verlängerungsantrag am letzten Tag der Berufungsbegründungsfrist beim Berufungsgericht eingeht. Dann bestehen keine Bedenken, dass das Berufungsgericht die Frist auch noch nach deren Ablauf verlängert. Wird ein Verlängerungsgesuch rechtzeitig vor Ablauf der Berufungsbegründungsfrist gestellt, ist der Berufungsrichter auf Grund seiner prozessualen 14

Fürsorgepflicht gehalten, eine etwaige Ablehnung des Verlängerungsantrags, erforderlichenfalls auch fernmündlich, jedenfalls so rechtzeitig dem Berufungsführer mitzuteilen, dass dieser noch in der Lage ist, eine den Mindestanforderungen des § 520 III ZPO genügende Berufungsbegründung vor Ablauf der Frist einreichen zu können. Es ist unzulässig, einen rechtzeitig eingereichten Verlängerungsantrag erst am letzten Tag der laufenden Berufungsbegründungsfrist abzulehnen, und damit sehenden Auges die Unzulässigkeit der eingelegten Berufung herbeizuführen.

15 **Erhebliche Gründe** im Sinne des Gesetzes, die eine Verlängerung der Berufungsbegründung rechtfertigen können, sind: Arbeitsüberlastung des Prozessbevollmächtigten, Informationsschwierigkeiten zwischen Anwalt und Mandanten (soweit solche im Handy- und Internetzeitalter noch bestehen), schwebende Vergleichsverhandlungen unter den Parteien, Erkrankung des Prozessbevollmächtigten usw. (vgl. dazu *Doukoff*, Rn. 584). Wird die Berufungsbegründungsfrist verlängert, ist es sinnvoll, die Frist datumsmäßig genau festzulegen, um Zweifel und Berechnungsprobleme von vornherein auszuschließen. Die Verlängerungsverfügung muss den Parteien mitgeteilt werden, sie bedarf keiner bestimmten Form (§ 329 II ZPO), es ist auch keine Zustellung nach § 329 II 2 ZPO erforderlich, weil die bloße Verlängerung einer bereits laufenden Frist keiner Zustellung bedarf (*BGH*, NJW 1994, 2364, 2365). Sie muss aber aktenkundig gemacht werden.

Beispiel:

Verfügung
1. Die Berufungsbegründungsfrist wird bis zum 3. 6. 2011 verlängert.
2. Mitteilung von 1. an Parteivertreter, Berufungsbeklagtenvertreter mit Abschrift Fristverlängerungsantrag.
3. WV mE, sp. 10. 6. 2011.

16 **f) Form und Inhalt der Berufungsbegründung.** Die eigentliche Berufungsbegründung kann zwar schon in der Berufungsschrift selbst enthalten sein. Im Regelfall reichen die Rechtsanwälte jedoch einen eigenen Schriftsatz ein, der die Berufungsanträge (§ 520 III Nr. 1 ZPO) und die Berufungsgründe (§ 520 III Nr. 2 und 3 ZPO) enthalten muss. Aus den **Berufungsanträgen** muss sich ergeben, inwieweit das erstinstanzielle Urteil angefochten wird. Damit wird auch der Umfang der berufungsgerichtlichen Überprüfungskompetenz festgeschrieben. Nur in dem von den Anträgen vorgegebenen Rahmen kann das Berufungsgericht das erstinstanzielle Urteil überprüfen; ansonsten ist das Urteil der ersten Instanz rechtskräftig geworden. Wurden die Berufungsanträge bereits in der Berufungsschrift selbst gestellt und in der Berufungsbegründungsschrift später eingeschränkt, liegt darin eine teilweise Berufungsrücknahme mit der Kostenfolge aus § 516 III ZPO.

17 Nach § 513 I ZPO kann die Berufung nur darauf gestützt werden, dass die Entscheidung auf einer **Rechtsverletzung** beruht oder dass die nach § 529 ZPO zugrundezulegenden Tatsachen eine **andere Entscheidung rechtfertigen**. Schlagwortartig kann man daher von materiellen und Verfahrensrügen ausgehen. Damit soll allerdings nicht behauptet werden, dass sich die Bereiche der Rügen trennscharf unterscheiden lassen. Dies zeigt schon der Wortlaut von § 513 ZPO, denn wenn das Ersturteil, wie in der ersten Alternative vorausgesetzt, auf einer Rechtsverletzung beruht, rechtfertigen die nach § 529 ZPO zu berücksichtigenden Tatsachen eine andere Entscheidung. Andererseits ist auch die Verletzung von Verfahrensnormen eine Rechtsverletzung, auf der die getroffene Entscheidung beruhen kann.

18 Die Berufungsbegründung muss sich mit dem Ersturteil **inhaltlich auseinandersetzen** und darlegen, dass es unter einem entscheidenden Fehler leidet. Eine pauschale Berufungsbegründung, in der außerdem kein Antrag gestellt wird, genügt nach *BGH*, NJW-RR 2005, 793 den Kriterien des § 520 II ZPO nicht. Allgemeine formelhafte Wendungen sind nicht ausreichend (*BGH*, NJW 1995, 1559). Vielmehr muss der Berufungsführer konkret und detailliert darlegen, was er am Verfahrensablauf, an der Beweiswürdigung oder Rechtsanwendung des Erstgerichts zu beanstanden hat. Eine allgemeine Verweisung auf erstinstanzielles Vorbringen, das vom Erstgericht nicht zutreffend verbeschieden worden sein soll, genügt nicht (*BGH*, NJW 1995, 1559; NJW-RR 1997, 866). Das Berufungsgericht ist nämlich nicht verpflichtet, die Akten darauf zu durchforschen, ob sich in ihnen Vorbringen befindet, das zum Erfolg des Rechtsmittels geeignet sein könnte (*BGHZ* 35, 106). Vielmehr ist der Berufungsführer verpflichtet, konkret darzulegen, welches Beweisangebot etwa in einem erstinstanziellen Schriftsatz vom Berufungsgericht zu Unrecht übergangen worden ist.

19 Nach § 531 II Nr. 1 ZPO sind **neue Angriffs- bzw. Verteidigungsmittel** (zum Begriff *Thomas/Putzo/Reichold*, Rn. 2 zu § 146 ZPO) nur zuzulassen, wenn sie einen vom Erstgericht erkennbar übersehenen oder für unerheblich gehaltenen Punkt betreffen (siehe dazu schulmäßig, *BGH*, NJW-RR 2010, 1508, 1509, Rn. 20ff.). Eine entsprechende Rüge muss also zunächst darlegen, wann und wo erstinstanzlich eine entsprechende Behauptung aufgestellt wurde und warum diese Äußerung zu berücksichtigen oder anders zu bewerten sein sollte. Dies schreibt § 520 III Nr. 3 ZPO auch in formeller Hinsicht vor. Denn dort wird nicht nur das Darlegen der Gründe der Zweifel an der Richtigkeit oder der Vollständigkeit der Tatsachenfeststellung verlangt, sondern auch der Umstände, die deshalb eine Neufeststellung gebieten. Außerdem muss nach § 520 II Nr. 4 ZPO angegeben werden, aus welchem der Gründe des § 531 II ZPO neu angebrachte Angriffs- und Verteidigungsmittel zu berücksichtigen sind.

Die Berufungsbegründung bindet das Berufungsgericht aber nicht in der Weise, dass es nur den darin enthaltenen Rügen nachzugehen hätte. Vielmehr hat das Berufungsgericht den Streitstoff **in jeder Hinsicht rechtlich zu würdigen.** Weist zB das Erstgericht eine Klage aus § 823 BGB ab und greift der Berufungsführer zu Unrecht die rechtliche Würdigung des Erstgerichts an, ist das Berufungsgericht nicht gehindert, die Klageforderung aus positiver Vertragsverletzung zuzusprechen, auch wenn der Berufungsführer insoweit keinerlei Ausführungen gemacht hat, aber die festgestellten Umstände einen entsprechenden rechtlichen Schluss ermöglichen. Ebenso muss das Berufungsgericht ein Urteil wegen fehlerhafter Beweiswürdigung des Erstgerichts aufheben, obwohl der Berufungsführer diese nicht gerügt hat und seine Berufung lediglich auf unerhebliche neue Tatsachen und Beweismittel gestützt hat. Nach *BGH*, NJW 2004, 1876, 1878, reicht es aus, wenn bei jedenfalls einer zulässigen Rüge aus dem bis dahin angefallenen Akteninhalt für das Berufungsgericht Zweifel iSv § 529 I Nr. 1 ZPO folgen, unabhängig davon, ob diese nun aus rügepflichtigen Umständen folgen oder nicht. 20

Schließlich muss die Berufungsbegründung von einem zugelassenen Rechtsanwalt unterzeichnet werden. Unzulässig ist jegliche Bezugnahme auf Schriftstücke, die nicht von einem Rechtsanwalt unterschrieben worden sind. Die Berufungsbegründung kann auch aber dadurch erfolgen, dass auf andere Schriftsätze Bezug genommen wird, die von einem zugelassenen Rechtsanwalt unterzeichnet sind und inhaltlich den Anforderungen der Berufungsbegründung gerecht werden. Es muss dabei nicht ausdrücklich auf das zur Begründung der Berufung geeignete frühere Vorbringen Bezug genommen werden; es genügt, wenn sich die entsprechende Bestimmung aus den Begleitumständen und aus dem Zusammenhang ergibt (vgl. *BGH*, BeckRS 2008, 06376, Rn. 11). 21

g) Beschwer des Berufungsführers. Der Rechtsmittelführer muss durch die Erstentscheidung, die er angreift, beschwert sein. Dieses Erfordernis ist zwar im Gesetz nicht ausdrücklich aufgeführt, jedoch in Rechtsprechung und Schrifttum anerkannt (*Schumann/Kramer*, Rn. 257). Im praktischen Alltag des Berufungsrichters tauchen Probleme insoweit nur selten auf. Daher sei nur auf einige Grundsätze verwiesen. Legt der Kläger Berufung ein, ist grundsätzlich die sogenannte **formelle Beschwer** erforderlich, während bei einer Berufung des Beklagten die sogenannte **materielle Beschwer** ausreichend ist. Unter formeller Beschwer versteht man das Minus, das dem Kläger im Urteil zugesprochen wird, gegenüber dem Plus, das er beantragt hat. Für die materielle Beschwer des Beklagten ist es ausreichend, wenn die ergangene Entscheidung ihrem Inhalt nach für den Beklagten nachteilig ist. Selbstverständlich muss die Beschwer sich auf die Hauptsache beziehen und darf nicht nur im Kostenpunkt bestehen, sieht man von den Ausnahmen der §§ 91 a, 99 II, 269 III 5 ZPO ab. Nach ständiger Rechtsprechung des Bundesgerichtshofs richtet sich der Beschwerdewert nach dem Interesse des Rechtsmittelklägers. Die Beschwer erhöht sich nicht, wenn in der ersten Instanz nach Schluss der mündlichen Verhandlung die Klage erweitert oder Widerklage eingereicht wird, da entsprechende Anträge nach Schluss der mündlichen Verhandlung unzulässig sind (*BGH*, NJW-RR 2009, 853, Rn. 8). Die in erster Instanz laut Urteilsrubrum unterlegene Partei ist rechtsmittelbefugt, unabhängig davon, ob sie tatsächlich am materiellen Rechtsverhältnis beteiligt und die „richtige Partei" ist (*BGH*, NJW-RR 2005, 118). Sofern Einzelfragen der Beschwer in der Praxis auftauchen, ist es unerlässlich, in den einschlägigen Kommentaren nachzulesen. Eine Darstellung sämtlicher Probleme der Beschwer würde den Rahmen des hier beabsichtigten Leitfadens für die Praxis sprengen. 22

h) Berufungssumme. Der Wert des Beschwerdegegenstandes muss, abgesehen vom Fall der Zweiten Versäumnisurteile (§ 514 II 2 ZPO), **mindestens 600,– EUR** betragen. Dieser muss gegebenenfalls gem. § 511 III ZPO glaubhaft gemacht werden. Letzteres ist bei Zahlungsklagen nicht relevant, etwa für die Räumung einer Wohnung gelten §§ 3 ZPO, 41 II GKG. Im Übrigen kann der Wert der Beschwer bei unzureichender Glaubhaftmachung gem. § 3 ZPO geschätzt werden. 23

Ist der erforderliche Beschwerdewert nicht erreicht, muss die Berufung gem. § 511 II ZPO vom Erstgericht **zugelassen** sein. Die nicht sonderlich glückliche Abfassung von § 511 II Nr. 1 ZPO hat zunächst zu Diskussionen geführt, wann das Erstgericht über die Zulassung der Berufung zu entscheiden hat. Diese sind durch die 2004 erfolgte Neufassung des § 511 IV ZPO gelöst. Nach Nr. 2 der genannten Vorschrift muss über die Berufungszulassung nur entschieden werden, wenn die Beschwer einer Partei durch das Urteil insgesamt unter 600,– EUR liegt. Bei höherem Unterliegen besteht nun auch bei Grundsatzbedeutung eines unter 600,– EUR liegenden Teilangriffs auf das Ersturteil keine Berufungsmöglichkeit mehr, weil dann immer § 511 I Nr. 1 ZPO greift und eine nach § 511 I Nr. 2 ZPO notwendige Berufungszulassung nicht ausgesprochen werden kann. 24

Eine **ausdrückliche Äußerung** im Ersturteil zur Frage der Berufungszulassung ist nicht nötig, da wegen der Pflicht zur ausdrücklichen Erklärung des Gerichts hierzu Schweigen Nichtzulassung bedeutet (vgl. etwa *BGH*, NJW 1980, 344). Sieht man das Schweigen des Ersturteils als Übergehen dieses Gesichtspunktes, kommt eine Korrektur nur über einen Berichtigungsantrag beim Erstgericht in Betracht (*BGH*, NJW-RR 2009, 1349, 1350, Rn. 7 f.). Hat das erstinstanzliche Gericht keine Veranlassung gesehen, die Berufung nach § 511 IV ZPO zuzulassen, weil es von einer Beschwer der unterlegenen Partei ausgegangen ist, die 600,– EUR übersteigt, muss das Berufungsgericht, wenn es von einer geringeren Beschwer ausgeht, die Entscheidung darüber nachholen, ob die Voraussetzungen für die Zulassung der 25

Berufung nach § 511 IV ZPO erfüllt sind (*BGH*, NJW 2011, 615, Rn. 12). Dies gilt aber nicht in dem Fall, in dem das Erstgericht ersichtlich von einer Beschwer von unter 600,– EUR ausgegangen ist und die Berufung nicht zugelassen hat. Dies kann etwa dann der Fall sein, wenn im angegriffenen Urteil der Streitwert einer Auskunftsklage auf über 600,– EUR festgesetzt ist, was für die Beschwer des Beklagten nichts besagt, da diese danach zu bemessen ist, welchen Aufwand die zu erteilende Auskunft verursacht und die in aller Regel unter 600,– EUR liegt (vgl. *BGH,* NJW 2011, 926, 928, Rn. 16 ff. und NJW-RR 2011, 998, 999, Rn. 14 ff.).

26 i) **Rechtsschutzbedürfnis.** Wie für jeden gerichtlichen Rechtsbehelf muss auch für das Rechtsmittel der Berufung ein Rechtsschutzbedürfnis bestehen. Insoweit handelt es sich jedoch um keine Besonderheit der Berufung, sondern um eine allgemeine Zulässigkeitsvoraussetzung, die im Berufungsverfahren im Regelfall keine Schwierigkeiten aufwirft. Das für das Einlegen der Berufung erforderliche Rechtsschutzbedürfnis ist regelmäßig gegeben, wenn das Ersturteil hinter den Anträgen des Klägers zurückbleibt oder den Beklagten materiell belastet (s. schon oben Rn. 22 zur Beschwer).

3. Die Verwerfung einer unzulässigen Berufung

27 Fehlt eine Zulässigkeitsvoraussetzung der Berufung, ist das Rechtsmittel gemäß § 520 I 2 ZPO zu verwerfen. Das Gesetz gibt in § 522 I 3 ZPO dem Gericht die Wahlmöglichkeit, die Verwerfung durch **Beschluss oder** durch **Urteil** auszusprechen (*„kann“*). In der Praxis sollte dem ersteren Weg der absolute Vorrang eingeräumt werden. Im Regelfall ergibt sich die Unzulässigkeit einer Berufung ohne weiteres aus den Akten, ohne dass es einer weiteren Sachaufklärung oder gar einer Beweisaufnahme bedarf. Es empfiehlt sich, nach Erkennen der Unzulässigkeit einer Berufung diese durch Beschluss möglichst bald zu verwerfen. Dies entspricht dem Interesse des Berufungsgegners daran, dass das in erster Instanz erlassene Urteil möglichst rasch rechtskräftig wird.

28 Der Verwerfungsbeschluss kann aber erst nach Ablauf der hierzu gesetzten **Äußerungsfrist** ergehen. Nach Auffassung des Bundesverfassungsgerichts soll dies sogar dann gelten, wenn sich die betroffene Partei vor Ablauf der Äußerungsfrist umfassend äußert, ohne sich weitere Erklärungen vorzubehalten (*BVerfG*, BeckRS 2003, 24346). Der Beschluss beendet die Instanz, er ist daher mit einer **Kostenentscheidung** zu versehen. Er ist nach § 329 II ZPO zuzustellen, weil gem. § 575 I 1 ZPO gegen einen Verwerfungsbeschluss binnen einer Notfrist von einem Monat Rechtsbeschwerde eingelegt werden kann. Eines Ausspruches über die **Vollstreckbarkeit** bedarf es nicht, denn in der Hauptsache ist wegen der Verwerfung der Berufung nichts zu vollstrecken. Die Vollstreckung der Kostenentscheidung bedarf zunächst der Festsetzung der zu vollstreckenden Kosten im Kostenfestsetzungsverfahren, das gem. § 103 I ZPO die Existenz eines zur Vollstreckung geeigneten Titels voraussetzt. Der Kostenfestsetzungsbeschluss ist dann gem. § 794 II ZPO die Vollstreckungsgrundlage. Im Tenor sollte gem. § 63 II 1 GKG ferner über den **Gebührenstreitwert** entschieden werden, soweit dies noch nicht mit bindender Wirkung geschehen ist. Daher empfiehlt es sich, dass das Gericht in seinem der Anhörung der Partien vorausgehenden Hinweis auf die Absicht, die Berufung zu verwerfen auch auf die beabsichtigte Wertfestsetzung hinweist. Sollte es einmal zu einem Verstoß gegen das rechtliche Gehör kommen, kann dieser im Verfahren nach § 63 III 1 GKG geheilt werden.

29 Der Beschluss bedarf insoweit einer **Begründung**, als sich diese nicht bereits aus dem vorher erteilten Hinweisbeschluss ergibt. Denn das Gericht hat zu dokumentieren, dass es sich mit dem Parteivorbringen auseinandergesetzt und unter sachlichen Kriterien eine Entscheidung gefällt hat. Weist zB das Amtsgericht eine auf Zahlung von 150,– EUR gerichtete Klage im Verfahren nach § 495 a ZPO ab und lässt es die Berufung zu, wird das Landgericht diese Berufung nicht ohne nähere Begründung verwerfen können, weil dann die Annahme sehr nahe liegt, dass das Gericht die Tatsache der Berufungszulassung übersehen hat. Die Begründung wird sich im Übrigen unter Bezugnahme auf die bereits erteilten Hinweise mit den Darlegungen in der Stellungnahme des Berufungsführers auseinander zu setzen haben. Die Verwendung von Begründungsformularen, die keinen Raum für das Eingehen auf die Besonderheiten des Einzelfalles lassen, sollte vermieden werden. Eine solche Verfahrensweise kann allzu leicht den Vorwurf von Willkür nach sich ziehen. Der Bundesgerichtshof hat im Hinblick auf Urteile mehrfach festgestellt, dass ein Verstoß gegen die Vorschriften über die in einem Berufungsurteil erforderlichen tatsächlichen Angaben auch dann einen von Amts wegen zu beachtenden Mangel darstellt, der zur Aufhebung des Urteil führt, wenn das Urteil aufgrund einer statthaften Nichtzulassungsbeschwerde der Revision unterliegen kann. Dies gilt auch für Beschlüsse, die einem Rechtsmittel unterliegen. Deshalb müssen die rechtsmittelfähigen Verwerfungsbeschlüsse eine Begründung enthalten, die den **Anforderungen des § 540 ZPO** entspricht. Verwerfungsbeschlüsse sollten also in Ziffer I der Gründe den Streitgegenstand unter Bezugnahme auf die Feststellungen und die Entscheidung des Erstgerichts wiedergeben, außerdem die weitere Prozessgeschichte bezogen auf das nun entscheidende Zulässigkeitshindernis. Auch die Anträge der Parteien im Berufungsverfahren und deren Reaktion auf die erteilten Hinweise sind wiederzugeben (vgl. *BGH,* NJW-RR 2010, 1582, Rn. 5). Fehlen mehrere Zulässigkeitsvoraussetzungen einer Berufung, reicht es an sich, einen Unzulässigkeitsgrund anzuführen. Es sollte aber bedacht werden, dass ein Verwerfungsbeschluss der Rechtsbeschwerde unterliegt. Es empfiehlt sich daher, alle

gegebenen Unzulässigkeitsgründe aufzuführen, um sicher zu stellen, dass wenigstens ein Verwerfungsgrund einer rechtlichen Nachprüfung durch den Bundesgerichtshof standhält. Da die Rechtsbeschwerde das statthafte Rechtsmittel gegen einen Verwerfungsbeschluss darstellt, besteht keine Möglichkeit für das Berufungsgericht, seine eigene möglicherweise falsche Entscheidung über die Zulässigkeit der Berufung trotz nachträglicher besserer Erkenntnis abzuändern (*BAG*, NJW 2004, 174).

Beispiele:

Verfügung

1. Die Kammer beabsichtigt, die Berufung als unzulässig zu verwerfen. Das Ersturteil ist den Klägervertretern ausweislich deren Empfangsbekenntnisses am 3. 1. 2011 zugestellt worden, mithin lief die Berufungsfrist am 3. 2. 2011 ab. Die Berufungsschrift ist ausweislich Eingangsstempel erst am 4. 2. 2011 hier eingegangen. Dies stimmt mit dem Faxaufdruck überein, nach dem die Berufungsschrift am 4. 2. 2011 um 00:32 hier eingegangen ist. Der Streitwert für das Berufungsverfahren soll auf 3.250,– EUR festgesetzt werden. Es besteht Gelegenheit zur Äußerung innerhalb von 2 Wochen. 30
2. Ausfertigung von 1. Klägervertr. zustellen, Beklagtenvertr. mit Abschrift Bl. 73/75 mitt.
3. WV mit Fristablauf

Beschluss

I. Die Berufung des Klägers gegen das Endurteil des Amtsgerichts München vom 29. 12. 2010 wird verworfen. 31
II. Der Kläger trägt die Kosten des Berufungsverfahrens.
III. Der Streitwert für das Berufungsverfahren wird auf 3.250,– EUR festgesetzt.

I.

Die Parteien streiten über die Pflicht der Beklagten, an den Kläger für Juli 2010 Gewerbemiete zu zahlen.
Das Amtsgericht hat die Klage durch Endurteil vom 29. 12. 2010 abgewiesen, auf das zur Vermeidung von Wiederholungen ergänzend Bezug genommen wird. Der Kläger hatte in der ersten Instanz beantragt, die Beklagte zur Zahlung von 3.250,– EUR zu verurteilen. Gegen das ihm am 3. 1. 2011 zugestellte Urteil hat er mit bei Gericht per Fax am 4. 2. 2011 um 00:32 Uhr eingegangenem Schriftsatz Berufung einlegen lassen. Er beantragt,

das Ersturteil aufzuheben und die Beklagte zur Zahlung von 3.250,– EUR nebst Zinsen hieraus in Höhe von 5 Prozentpunkten über dem Basiszinssatz seit 3. 7. 2010 zu verurteilen.

Die Beklagte beantragt,

die Berufung zurückzuweisen.

Der Vorsitzende hat mit Verfügung vom 15. 2. 2010 darauf hingewiesen, dass die Kammer beabsichtige, die Berufung wegen Verfristung zu verwerfen. Innerhalb der gesetzten Äußerungsfrist ist keine Erklärung des Klägers eingegangen.

II.

Die Berufung ist unzulässig.
Nach § 517 ZPO ist die Berufung innerhalb eines Monats nach Zustellung des Ersturteils einzulegen, die hier am 3. 1. 2011 erfolgt ist. Die Fristberechnung richtet sich dabei gem. 222 I ZPO nach §§ 187,188 BGB. Die Berufungsfrist endete damit mit Ablauf des 3. 2. 2011 (§ 188 II BGB), mithin erfolgte die Berufungseinlegung am Freitag, den 4. 2. 2011 verspätet. Deshalb war die Berufung gem. § 521 I 2 ZPO zu verwerfen.
Der Streitwert ergibt sich aus dem Leistungsantrag des Klägers.

III. Sachbearbeitung bei zulässiger Berufung

1. Vorschläge zur Vorbereitung der Entscheidung, ob nach § 522 II ZPO zu verfahren oder zu terminieren ist

Das Berufungsgericht prüft mit Eingang der Berufungsbegründung die Frage, ob die Berufung im **Beschlussverfahren** ohne mündliche Verhandlung zurückgewiesen werden *soll* (so der Wortlaut von § 522 II 1 ZPO). Dabei besteht gem. § 521 II ZPO die Möglichkeit, zunächst unter Fristsetzung eine Stellungnahme des Gegners zu erholen und gegebenenfalls eine Replik des Berufungsführers anzuordnen. Hierzu besteht unter praktischen und kostenrechtlichen Gesichtspunkten dann ausnahmsweise Veranlassung, wenn der Berufungsbegründung ohne weiteres zu entnehmen ist, dass es sich um einen kompliziert gelagerten Fall handelt, der sich möglicherweise nicht hinreichend beurteilen lässt, ohne zuvor den Gegner zu hören. Regelmäßig kann das Berufungsgericht jedoch unter Heranziehung des Ersturteils und der Berufungsbegründung beurteilen, ob diese bei Zugrundelegen des Vortrags in der Berufungsbegründung Erfolgsaussicht bietet. Ist letzteres der Fall, bietet sich schon aus verfahrensökonomischen Gründen Terminierung an. Stellt sich dann bei Vorlage der Berufungserwiderung heraus, dass die Berufung doch keine hinreichende Erfolgsaussicht bietet, kann immer noch ein Hinweis gem. § 522 II 2 ZPO mit Fristsetzung erfolgen (dies schließt *Doukoff*, Rn. 742 mit beachtlichen Gründen aus). Der Termin kann abgesetzt werden, falls es tatsächlich zu einer Beschlusszurückweisung kommt. Ist dies nicht der Fall, besteht Gelegenheit, mit den Parteien im schon bestimmten Termin das erforderliche Rechtsgespräch zu führen. Der Berufungsführer muss also generell einkalkulieren, dass es ohne Äußerung des Gegners zu einem Dialog mit dem Gericht kommt, ob der Schritt in die mündliche Verhandlung gelingt, ohne die ein obsiegendes Berufungsurteil nicht denkbar ist. 32

33 a) **Prüfungsgrundlage.** Seiner Prüfung, ob die Berufung erfolgversprechend ist bzw. die allgemeinen Revisionszulassungsgründe eine mündliche Verhandlung erfordern oder diese aus sonstigen Gründen geboten ist, hat das Berufungsgericht nach § 529 I Nr. 1 ZPO nur die vom Erstgericht festgestellten Tatsachen zugrunde zu legen. Dies gilt nur dann nicht, wenn konkrete Anhaltspunkte Zweifel an der Richtigkeit der erstinstanzlichen Feststellungen gebieten oder neue Tatsachen zu berücksichtigen sind. Daneben muss das Berufungsgericht infolge der gesetzlichen Anordnung der Berufungsbegründung durch § 520 I ZPO auch den Vortrag in dieser zur Kenntnis nehmen. Aus letzterer Überlegung ergibt sich allerdings nicht, dass das Berufungsgericht jeden Vortrag in der Berufungsbegründung auch inhaltlich zur Kenntnis nehmen dürfte. Hier baut § 529 I Nr. 2 ZPO eine Hürde auf, indem er die Berücksichtigung neuer Tatsachen, also aller, die das Erstgericht nicht festgestellt hat, davon abhängig macht, dass deren Berücksichtigung zulässig ist. Es muss also geprüft werden, welches Vorbringen von den erstinstanzlichen Feststellungen abweicht und ob insoweit die Filterwirkung des § 531 II ZPO greift. Ist dies der Fall, ist zu überlegen, ob die Berufungsbegründung entsprechend § 520 III Nr. 2–4 ZPO schlüssig Mängel des Ersturteils darlegt bzw. mit auch inhaltlich ausreichender Begründung neue Tatsachen einführt. An diesem Punkt der Prüfung scheitern nicht nur Berufungen, die schon nicht den nach § 520 III Nr. 2–4 geforderten Mindestinhalt aufweisen, sondern auch diejenigen, die zwar eine zulässige Rüge eingeführt haben, deren Begründung aber inhaltlich nicht trägt und auch keine Zweifel an der Richtigkeit der getroffenen Feststellungen weckt.

34 b) **Durcharbeiten der Akte.** Zwar muss jeder Kollege für sich selbst eine Arbeitsmethode entwickeln, die eine rationelle und dennoch sorgfältige **Aktenbearbeitung** sicherstellt. Insoweit liegt keine spezifische Eigenart berufungsrichterlicher Tätigkeit vor. Andererseits darf nicht übersehen werden, dass die Akte in der Berufungsinstanz regelmäßig einen beträchtlichen Umfang angenommen hat, so dass die Bewältigung der Stoffmenge innerhalb einer vernünftigen Zeit unerlässlich ist. Deshalb wäre es auch arbeitsökonomisch verfehlt, wollte ein Richter in Berufungssachen die ihm vorgelegte Akte von Blatt 1 beginnend chronologisch bis zum Eingang der Berufungserwiderung durcharbeiten. Abgesehen davon, dass eine solche Methode zeitlich nicht zu bewältigen ist, würde dies dazu führen, dass er viele Aktenstücke zu lesen hätte, die für die zu treffende Entscheidung nicht erheblich sind. So tritt häufig der Fall ein, dass die ursprünglich erhobene Klage während des Verfahrens teilweise zurückgenommen oder übereinstimmend für erledigt erklärt worden ist und damit gar nicht mehr Gegenstand des Ersturteils und erst recht nicht Gegenstand der Berufung geworden ist. Zu denken ist auch an den Fall, dass durch erstinstanzielles Urteil eine Widerklage abgewiesen worden ist, der Beklagte jedoch nur seine Verurteilung, nicht aber die Abweisung seiner Widerklage mit der Berufung angreift. Ebenso wenig ergiebig ist es, das Protokoll über die Vernehmung mehrerer Zeugen in erster Instanz durchzuarbeiten, wenn gar nicht feststeht, ob sich der Berufungsführer etwa gegen die Beweiswürdigung des Landgerichts bezüglich der vernommenen Zeugen in der Berufungsinstanz wendet. Anhand der genannten Beispielsfälle wird klar, dass das Durcharbeiten der Akte, beginnend mit der ersten Seite der Klageschrift, eine unrationelle Arbeitsmethode darstellt.

35 Das **Aktenstudium** des Berufungsgerichts sollte vielmehr der Rechtslage entsprechend mit der Durcharbeitung des erstinstanziellen Urteils beginnen. Auf diese Weise wird der Berufungsrichter schnell in den Streitstoff des Verfahrens eingeführt. Abzuraten ist von der Methode, das Ersturteil nur flüchtig zu überfliegen, um sich kurz zu informieren. Vielmehr bedarf es der eingehenden und sorgfältigen Lektüre des erstinstanziellen Urteils. Soweit im Urteil der ersten Instanz auf ein bestimmtes Schriftstück Bezug genommen wird, etwa auf die Kaufvertragsurkunde als Anlage K3 zur Klageschrift, sollte diese Anlage sofort im Zusammenhang mit der jeweiligen Passage des Ersturteils gelesen werden. Nur auf diese Weise kann man die rechtliche Würdigung des Erstgerichts nachvollziehen, soweit sie sich mit der genannten Kaufvertragsurkunde auseinandersetzt. Im Übrigen kann das unvoreingenommene Lesen des Ersturteils dazu führen, dass bereits durch diese Lektüre Zweifel oder Bedenken gegen den Inhalt des Ersturteils aufkommen, ohne Rücksicht darauf, ob sich diese in der später zu lesenden Berufungsbegründung niedergeschlagen haben.

36 Nach dem Studium des Urteils muss die Berufungsbegründung sorgfältig durchgearbeitet werden. Als erstes ist zu klären, welchen Antrag der Berufungsführer gestellt hat, also in **wieweit** das erstinstanzielle Urteil überhaupt **angegriffen** worden ist. Danach sind die Berufungsgründe im Einzelnen zu prüfen, insbesondere ist zu klären, ob dem Erstgericht Verfahrensfehler oder Fehler in der Beweiswürdigung bzw. Rechtsanwendung vorgeworfen werden. Ferner ist darauf zu achten, ob in der Berufungsbegründung neue Tatsachen und Beweismittel angeführt worden sind. Dazu können am Rande der Berufungsbegründung die einzelnen Rügen nummeriert werden, um auf diese Weise die Quintessenz des Berufungsvorbringens vor Augen zu haben. Beim Durcharbeiten der Berufungsbegründung wird der Berufungsrichter zwangsläufig mit den Aktenteilen des erstinstanziellen Verfahrens konfrontiert, die in der Berufungsinstanz noch von Bedeutung sind. Wenn etwa der Berufungsführer die Beweiswürdigung des Erstgerichts bezüglich der erstinstanziell vernommenen Zeugen beanstandet, ist im Rahmen dieser Rüge das Protokoll der Zeugenvernehmung der ersten Instanz durchzulesen, um feststellen, ob die Beweiswürdigung des Erstgerichts im Einklang mit den Zeugenaussagen steht. Ebenso kommt der Beru-

fungsrichter mit Urkunden, Schreiben der Parteien und dergleichen in Berührung, wenn im Rahmen der Berufungsbegründung gerügt wird, dass sich etwa aus einem Schriftwechsel der Parteien der vom Erstgericht gezogene Schluss nicht ableiten lässt.

c) **Prüfung der Beschlusszurückweisung.** Stellen sich bei der Prüfung keine relevanten Mängel des Ersturteils heraus, soll bei Vorliegen der Voraussetzungen des § 522 II 1 Nr. 1–4 ZPO die Berufung zurückgewiesen werden. Bejaht das Berufungsgericht die Voraussetzungen des § 522 II 1 ZPO, muss es gem. § 522 II 2 ZPO durch natürlich nicht anfechtbaren Beschluss (*KG*, BeckRS 2007, 16755) oder Verfügung unter Setzen einer Äußerungsfrist auf die beabsichtigte Zurückweisung und deren Gründe **hinweisen.** Es muss also einstimmig der Auffassung sein, dass die Rechtssache **offensichtlich** keine Aussicht auf Erfolg hat. Das Kriterium der Offensichtlichkeit bedeutet nach der Begründung des *Rechtsausschusses des Deutschen Bundestags*, der die Einführung dieses Kriteriums angeregt hat, dass für jeden Sachkundigen ohne längere Nachprüfung erkennbar ist, dass die vorgebrachten Berufungsgründe das angefochtene Urteil nicht zu Fall bringen können. Das Berufungsgericht muss also die durch die Berufung aufgeworfenen Tat- und Rechtsfragen nicht nur einstimmig, sondern auch zweifelsfrei beantworten können und sich von der Durchführung einer mündlichen Verhandlung keine neuen Erkenntnisse versprechen. Offensichtlichkeit setzt aber nicht voraus, dass die Aussichtslosigkeit gewissermaßen auf der Hand liegt; sie kann auch das Ergebnis vorgängiger gründlicher Prüfung sein (BT-Drs 17/6406, S. 11). 37

Wenn diese Voraussetzung bejaht wird, muss zusätzlich von Amts wegen gem. § 522 II 1 Nr. 2 und 3 ZPO geprüft und **einstimmig** verneint werden, dass eine grundsätzliche Bedeutung vorliegt oder die Fortbildung des Rechts bzw. die Sicherung einer einheitlichen Rechtsprechung eine Entscheidung aufgrund mündlicher Verhandlung erfordern. Außerdem ist nach § 522 II 1 Nr. 4 ZPO geprüft werden ob nicht – ausnahmsweise – mündliche Verhandlung geboten ist. Vor dem Hintergrund des Rechtsmittelsystems der Zivilprozessordnung besteht das Erfordernis der mündlichen Verhandlung immer dann, wenn im Zeitpunkt der Entscheidung über die Terminierung der Sache eine Entscheidung denkbar ist, gegen die gem. § 543 ZPO die Revision zuzulassen wäre. Denn die Revision kann nur gegen Urteile aufgrund mündlicher Verhandlung zugelassen werden, weil bei Vorliegen der Revisionszulassungsgründe der Erlass eines Beschlusses nach § 522 II ZPO ausgeschlossen ist. Dieser Gesichtspunkt greift in Eilverfahren nicht, weil hier der Rechtsweg gem. § 542 II ZPO bei den Berufungsgerichten endet. Insoweit ist bei Einstimmigkeit innerhalb des Spruchkörpers über die fehlende Erfolgsaussicht eine mündliche Verhandlung im Regelfall nicht erforderlich. Denn dann besteht nicht die Möglichkeit, Grundsatzprobleme im Sinne von § 522 II ZPO über den Einzelfall hinaus verbindlich zu lösen. 38

Der klassische Fall der **Grundsatzbedeutung** iSv § 522 II 1 Nr. 2 ZPO liegt vor, wenn eine entscheidungserhebliche, klärungsbedürftige und klärungsfähige Frage zu lösen ist, die über den Einzelfall hinaus Bedeutung hat (vgl. etwa *BGH*, NJW 2003, 65, 67). Eine Rechtsfrage ist nur dann entscheidungserheblich, wenn sich die Frage des Erfolgs der Berufung ohne ihre Klärung nicht beantworten lässt. Grundsatzbedeutung kann aber auch vorliegen, wenn es nicht um die Klärung einer für eine Vielzahl von Fällen bedeutsame Rechtsfrage geht, aber andere Auswirkungen des Rechtsstreits das Interesse der Allgemeinheit in besonderem Maße berühren. Das kann sich besonders aus dem tatsächlichen oder wirtschaftlichen Gewicht der Sache für die Allgemeinheit ergeben. Diese nicht sonderlich erhellenden Definitionen besagen letztlich nur, dass eine Grundsatzbedeutung dann ausscheiden muss, wenn der Sache über den Einzelfall hinaus keine Bedeutung zukommt, wie das bei auslaufendem Recht der Fall sein kann. Es sollte allerdings nicht aus den Augen verloren werden, dass sich zunächst eine „Frage“ stellen muss. Lässt sich das aufgeworfene Rechtsproblem ohne weiteres lösen, kann auch die Existenz von Lobbyistenmeinungen kaum geeignet sein, eine nun klärungsbedürftige Rechtsfrage aufzuwerfen. Grundsatzbedeutung liegt immer vor, wenn sich voraussichtlich die Notwendigkeit ergeben wird, nach Art. 234 EGV eine Vorabentscheidung des Gerichtshofs der Europäischen Gemeinschaften einzuholen. 39

Eine mündliche Verhandlung wird unabhängig von den Erfolgsaussichten der Berufung dann erforderlich, wenn im konkreten Fall Anlass zu der Annahme besteht, dass allgemeine Regeln für die Auslegung von Gesetzesbestimmungen des materiellen oder formellen Rechts aufzustellen oder Gesetzeslücken auszufüllen sind, also ein **Bedürfnis für die Fortbildung des Rechts** iSv § 522 II 1 Nr. 3 ZPO besteht. Dies ist dann der Fall, wenn es für die rechtliche Beurteilung typischer oder verallgemeinerungsfähiger Sachverhalte an einer richtungsweisenden Orientierungshilfe ganz oder teilweise fehlt (*BGH*, NJW 2002, 3029), also nicht, wenn es bereits eine ständige Rechtsprechung zu dem Problem gibt, der das Berufungsgericht folgen will. Es wird also in der Regel um die Bewältigung neuer Rechtsmaterien gehen. 40

Die beabsichtigte **Abweichung von der Rechtsprechung** eines anderen höher- oder gleichrangigen Gerichts veranlasst nach § 522 II 1 Nr. 3 ZPO mündliche Verhandlung und Entscheidung des Berufungsgerichts durch Urteil, das gegebenenfalls durch die Revision angegriffen werden kann. Es muss also zu geprüft werden, ob von der Rechtsprechung eines anderen Berufungsgerichts abgewichen werden soll, ohne dass dafür sachverhaltsbezogene Gründe vorliegen. Ein anderes Gericht kann auch eine andere Berufungskammer desselben Landgerichts oder ein anderer Senat des gleichen Oberlandesgerichts sein, weil es insoweit an einer anderen Möglichkeit fehlt, zu einer verbindlichen gemeinsamen Auffassung zu 41 kommen. Deshalb scheidet die Annahme einer die Revisionszulassung rechtfertigenden Abweichung von der Rechtsprechung anderer Gerichte aus, wenn das Berufungsgericht im Einklang mit der höchstrichterlichen Rechtsprechung urteilt. Dass andere Berufungsgerichte eine andere Auffassung vertreten, kann dann die Annahme einer relevanten Rechtsprechungsabweichung nicht rechtfertigen (*BGH*, BKR 2011, 242, 244 Rn. 19).

42 **Mündliche Verhandlung** ist trotz Vorliegens der Voraussetzungen § 522 II 1 Nr. 1–3 gem. § 522 II Nr. 4 **geboten**, wenn die Rechtsverfolgung für den Berufungsführer existenzielle Bedeutung hat oder wenn das Urteil erster Instanz zwar im Ergebnis richtig, aber unzutreffend begründet ist (so die Gesetzesbegründung der Bundesregierung in BT-Drs. 17/5334, S. 7). Insoweit steht dem Berufungsgericht ein „gebundenes Ermessen" zu (so die Stellungnahme des *Rechtsausschusses*, BT-Drs 17/6406, S. 11), das im Interesse der Verfahrensbeschleunigung zu Gunsten der in erster Instanz von der Regel der (zeitsparenden) Beschlusszurückweisung auszugehen hat, falls nicht besondere Gründe die mündliche Verhandlung gebieten. Nach Meinung des *Rechtsausschusses* sind dies die Fälle, in denen „die prozessuale Fairness" die mündliche Verhandlung gebietet. Insoweit wird es die Aufgabe der Rechtsprechung sein, Fallgruppen zu bilden, in denen ausnahmsweise mündliche Verhandlung geboten ist. Greifbar ist der Fall, in denen sich das Ersturteil unter anderen als dort angestellten rechtlichen Erwägungen als richtig erweist, diese sollten dann in einer mündlichen Verhandlung mit den Parteien erörtert werden. Wann eine „existenzielle Betroffenheit" vorliegt, ist dagegen schwer zu entscheiden. Hintergrund der Änderung von § 522 II 1 ZPO war nach den Äußerungen in der der ersten Lesung des Gesetzentwurfs vorhergehenden Debatte im *Deutschen Bundestag* ua der Fall „Deike" (so Abg. *Dr. Luczak*, BT Prot. 17/102, S. 11739 [D] und 11741 [B]). In diesem war das *Bundesverfassungsgericht* der Auffassung, dass die Besonderheiten des Arzthaftungsprozesses nicht von Verfassungs wegen dazu zwängen, von einer Zurückweisung der Berufung durch Beschluss Abstand zu nehmen. Für eine solche Einschränkung des Anwendungsbereichs der verfassungsgemäßen Vorschrift böten schon Wortlaut und Gesetzesbegründung keinen Ansatzpunkt. Auch könne nicht allgemein von einer Ungleichgewichtslage zwischen den Parteien eines Arzthaftungsprozesses ausgegangen werden, bei der der Grundsatz der „Waffengleichheit" als Ausprägung der Rechtsstaatlichkeit und des allgemeinen Gleichheitssatzes im Zivilprozess die Anwendung des Beschlussverfahrens nach § 522 II ZPO generell ausschlösse. Streitgegenstand des Ausgangsverfahrens waren Schadensersatz- und Schmerzensgeldansprüche der schwerstbehinderten Klägerin wegen ärztlicher Versäumnisse im Zusammenhang mit ihrer Geburt gewesen. Die Klage hatte das Landgericht nach Beweisaufnahme abgewiesen, das Oberlandesgericht hatte die Berufung durch Beschluss zurückgewiesen (*BVerfG*, NJW 2009, 137). Die mündliche Verhandlung ist demnach auch dann geboten, wenn der Streitgegenstand des zu entscheidenden Rechtsstreits für das Leben der betroffenen Prozesspartei so wichtig ist, dass „alles" davon abhängt. Dies wird man nicht nur bei körperlichen Schädigungen zu bejahen haben, sondern auch dann, wenn die materielle Existenz der Partei auf dem Spiel steht.

43 In der Regel empfiehlt es sich den **Hinweis** nach § 522 II ZPO in **Beschlussform** zu erlassen, da dann gegenüber dem Berufungsführer dokumentiert ist, dass der gesamte Spruchkörper hinter dem Hinweis steht. Insofern ist der Anreiz geringer, den verfügenden Richter wegen der erteilten Hinweise abzulehnen. Dies geschieht immer wieder, obwohl eine auf das Vertreten einer Rechtsaufassung gestützte Ablehnung von vornherein aussichtlos ist. Dies gilt bei Hinweisen durch den gesamten Spruchkörper umso mehr, als nach ständiger Rechtsprechung des BGH die pauschale Ablehnung eines Spruchkörpers rechtsmissbräuchlich und unbeachtlich ist (NJW-RR 2002, 789).

44 **Beispiel:**

Hinweisbeschluss nach § 522 II ZPO

Der Senat beabsichtigt, die Berufung der Beklagten gegen das Endurteil des LG München I vom 9. 11. 2010 durch einstimmigen Beschluss nach § 522 II S. 1 ZPO zurückzuweisen.

Gründe:

Die Berufung hat keine Aussicht auf Erfolg. Die Beklagte greift die rechtsfehlerfreie und den Senat überzeugende Beweiswürdigung des Landgerichts schon nicht an, die gerügten Rechtsverletzungen sind dem Landgericht nicht unterlaufen.

Zwischen dem Kläger und der beklagten Bank ist hinsichtlich der streitigen Beteiligung an dem Medienfonds XYZ fraglos ein Beratungsvertrag zu Stande gekommen, wie dies auch der Mitarbeiter der Beklagten bei seiner Einvernahme durch das Landgericht ausdrücklich bekundet hat („Ich kann mich an den konkreten Ablauf des Beratungsgespräches nicht erinnern, ich habe den Kläger nicht anders beraten, als andere Kunden, die ich in Angelegenheiten dieses Fonds beraten habe", Sitzungsniederschrift vom 9. 11. 2011, S. 5). Ebenso steht aufgrund der zitierten Aussage fest, dass die Beklagte nicht auf die von ihr erhaltene Provision hingewiesen hat (aaO). Die Provision ist hinter dem Rücken des Klägers geflossen, weil die Beklagte im Prospekt nicht als Empfängerin der dort ausgewiesenen Eigenkapitalvermittlungskosten genannt ist. ... Das Landgericht hat in Auseinandersetzung mit den Angaben des Klägers dargelegt, warum davon auszugehen ist, dass dieser bei Kenntnis der Provision der Beklagten nicht gezeichnet hätte. Insoweit streitet entgegen der Rechtsauffassung der Beklagten die auch in diesem Fall anzuwendende Vermutung beratungsrichtigen Verhaltens zu Gunsten des Klägers ...

Der Senat beabsichtigt, die Berufung der Beklagten gegen das Endurteil des LG München I vom 9. 11. 2010 durch einstimmigen Beschluss nach § 522 II 1 ZPO zurückzuweisen. Eine mündliche Verhandlung ist weder erforderlich, noch geboten. Die vorstehende rechtliche Würdigung ist in der Rechtsprechung des Bundesgerichtshofs geklärt, vgl. dazu etwa *BGH*, WM 2009, 405, Rn. 12 oder 1274, Rn. 22. Dies gilt auch für das Verschulden der Beklagten, *BGH*, NJW 2010, 2339 (2340), Rn. 4 ff. Gesichtspunkte, die ausnahmsweise eine mündliche Verhandlung erforderlich erscheinen lassen würden, sind nicht ersichtlich.
Der Senat beabsichtigt, den Streitwert für das Berufungsverfahren auf 12.500,– EUR (125% des Werts der strittigen Beteiligung) festzusetzen.
Es besteht Gelegenheit zur Äußerung innerhalb 4 Wochen nach Zustellung dieses Beschlusses.

d) **Zurückweisungsbeschluss.** Der Zurückweisungsbeschluss kann ebenso wie der bereits angesprochene Verwerfungsbeschluss erst **nach Ablauf** der hierfür gesetzten **Äußerungsfrist** ergehen (s. o. Rn. 28). Er muss, weil instanzbeendend, mit einer **Kostenentscheidung** versehen werden. Er soll wegen seiner urteilsersetzenden Funktion zuzustellen sein (*OLG München*, MDR 2003, 522), bei einer Beschwer von über 20.000,– EUR ergibt sich diese bereits aus dem Umstand, dass nach § 520 III ZPO Nichtzulassungsbeschwerde eingelegt werden kann (vgl. § 329 II 2 ZPO). Eines Ausspruches über die Vollstreckbarkeit bedarf es nicht, denn in der Hauptsache ist wegen der Zurückweisung der Berufung nichts zu vollstrecken. Allerdings muss nach **§ 708 Nr. 10 ZPO** das angefochtene Urteil für ohne Sicherheitsleistung vorläufig vollstreckbar erklärt werden. Außerdem sollte nach vorheriger Ankündigung im gerichtlichen Hinweis der **Streitwert** festgesetzt werden. Der Beschluss bedarf insoweit einer Begründung, als sich diese nicht bereits aus dem vorher erteilten Hinweisbeschluss ergibt (so ausdrücklich § 522 II 3 ZPO). Ist der Zurückweisungsbeschluss nach § 522 III, 544 I ZPO, 26 Nr. 8 EGZPO mit der Nichtzulassungsbeschwerde angreifbar, weil die Beschwer 20.000,– EUR übersteigt, wachsen die Anforderungen an die Beschlussbegründung erheblich. Nach § 522 II 4 ZPO muss er eine Bezugnahme auf die tatsächlichen Feststellungen im angefochtenen Urteil und eine Darstellung etwaiger Änderungen oder Ergänzungen enthalten. Die Bezugnahme auf die erteilten Hinweise allein reicht also nicht. Die Berufungsanträge müssen in jedem Fall wiedergegeben werden. Die nach § 522 II 4 ZPO mögliche Verweisung auf das Ersturteil kann sich nicht auf den in der zweiten Instanz gestellten Antrag des Berufungsführers erstrecken. Daher ist eine Aufnahme der Berufungsanträge in den Zurückweisungsbeschluss nicht entbehrlich (vgl. *BGH*, NJW 2003, 1743 zu § 540 ZPO). Außerdem sollte auf den wegen der beabsichtigten Zurückweisung der Berufung erteilten Hinweis mit genauer Fundstelle in der Akte Bezug genommen werden. 45

Beispiele (zum gleichen Sachverhalt): 46

Beschluss ***(nicht anfechtbar)***

I. Die Berufung der Beklagten gegen das Endurteil des LG München I vom 9. 11. 2010 wird einstimmig zurückgewiesen.
II. Die Beklagte trägt die Kosten des Berufungsverfahrens.
III. Das Endurteil des LG München I vom 9. 11. 2010 ist ohne die dort in Ziffer III. des Tenors angeordnete Sicherheitsleistung vorläufig vollsteckbar.
IV.Der Streitwert für das Berufungsverfahren wird auf 12.500,– EUR festgesetzt.

Gründe

Die Berufung der Beklagten wird durch Beschluss nach § 522 II 1 ZPO zurückgewiesen, weil sie keine Aussicht auf Erfolg hat und die Rechtssache weder Grundsatzbedeutung hat, noch die Fortbildung des Rechts oder die Sicherung einer einheitlichen Rechtsprechung eine Entscheidung aufgrund mündlicher Verhandlung erfordert, diese ist auch nicht geboten.
Zur Vermeidung von Wiederholungen wird auf den Hinweisbeschluss vom 26. 4. 2011 Bezug genommen. Die ergänzenden Ausführungen der Beklagten im Schriftsatz vom 12. 5. 2011 sind nicht geeignet, der Berufung zur notwendigen Erfolgsaussicht zu verhelfen oder die Notwendigkeit einer mündlichen Verhandlung zu begründen.
Die von der Beklagten angeführte Divergenz zu der Entscheidung anderer Gerichte ist nur insoweit gegeben, als auch das Oberlandesgericht Dresden seinen Entscheidungen die im Hinweisbeschluss des Senats zitierte Rechtsprechung zu Grunde legt und lediglich im dort entschiedenen Einzelfall aufgrund hier nicht gegebener Umstände zu einer anderen Entscheidung gekommen ist. Die Frage der Kausalität hat das Landgericht aufgrund der von ihm durchgeführten Beweisaufnahme zu Lasten der Beklagten entschieden. Die Beweiswürdigung des Landgerichts hat die Beklagte nicht angegriffen, ihre Rechtsausführungen zum Thema sind für die Entscheidung des Rechtsstreits irrelevant.
Mündliche Verhandlung ist nicht geboten. Diese kann abweichend vom Regelfall der Beschlusszurückweisung ausnahmsweise etwa dann geboten sein, wenn das Ersturteil aus anderen als den dort genannten Gründen der berufungsgerichtlichen Prüfung stand hält oder die Entscheidung für die berufungsführende Partei existenzielle Bedeutung hat. Beides ist hier ersichtlich nicht der Fall, es liegen auch keine vergleichbaren Umstände vor, daher sieht der Senat von der Anordnung einer mündlichen Verhandlung ab.
Die Kostenentscheidung ergeht gem. § 97 I ZPO. Gem. § 708 Nr. 10 ZPO war auszusprechen, dass das Urteil des Landgericht nunmehr ohne Sicherheitsleistung vorläufig vollstreckbar ist. Der Streitwert wird mit 125% des Nennwerts der Beteiligung festgesetzt, da auch das Agio und weitere derzeit nicht bezifferbare Schadenersatzpflichten der Beklagten im Streit stehen (§ 3 ZPO).

Beschluss ***(anfechtbar)***

I. Die Berufung der Beklagten gegen das Endurteil des LG München I vom 9. 11. 2010 wird einstimmig zurückgewiesen.
II. Die Beklagte trägt die Kosten des Berufungsverfahrens.
III. Das Endurteil des LG München I vom 9. 11. 2010 ist ohne die dort in Ziffer III. des Tenors angeordnete Sicherheitsleistung vorläufig vollsteckbar.
IV.Der Streitwert für das Berufungsverfahren wird auf 31.250,– EUR festgesetzt.

Gründe

I.

Die Parteien streiten über die Verpflichtung der beklagten Bank, dem Kläger wegen des unterlassenen Hinweises auf ihre Provision für die Vermittlung der Beteiligung an dem Medienfonds XYZ Schadensersatz zu leisten.
Der Kläger ist seit 1975 Kunde bei der Beklagten. Diese empfahl ihm unter zwischen den Partien im Einzelnen streitigen Umständen die am 20. 5. 2004 gezeichnete Beteiligung an dem Medienfonds XYZ mit einem Nennbetrag von 25.000,– EUR. Der Kläger begehrte vor dem Landgericht ua mit der Begründung Schadensersatz, dass die Beklagte ihn über die von ihr erhaltene Vermittlungsprovision nicht aufgeklärt habe. Die Beklagte hat die Behauptungen des Klägers zum Inhalt des Beratungsgesprächs bestritten und geltend gemacht, sie sei jedenfalls nicht zur Aufklärung über die Höhe der von ihr erhaltenen Provision verpflichtet gewesen. Das Landgericht hat die Beklagte antragsgemäß zum Schadenssatz verurteilt, wegen der Einzelheiten wird auf das Endurteil des LG München I vom 9. 11. 2010 (Bl. 310–325 d. A.) Bezug genommen.
Mit der Berufung verfolgt die Beklagte ihr Klageabweisungsbegehren fort, sie ist der Auffassung, sie habe nicht die Verpflichtung gehabt, den Kläger über die genaue Höhe der von ihr erhaltenen Provision aufzuklären und verweist insoweit auf das als Anlage B 25 vorgelegte Endurteil des OLG Dresden vom 16. 9. 2009.
Die Beklagte und Berufungsführerin beantragt,
das Endurteil des LG München I vom 9. 11. 2010 aufzuheben und die Klage abzuweisen.
Der Kläger beantragt,
die Berufung zurückzuweisen.
Der Senat hat die Beklagte durch Beschluss vom 26. 4. 2011 (Bl. 401–404 d. A.) auf seine Absicht hingewiesen, die Berufung durch Beschluss nach § 522 II ZPO zurückzuweisen. Die Beklagte ist der Meinung, dass die Auffassung des Senats in Divergenz zu dem als Anlage B 25 vorgelegten Endurteil des OLG Dresden steht. außerdem sei es nach wie vor unrichtig, anzunehmen, dass ihre Mitarbeiter die Verpflichtung gehabt hätten, auf die von ihr vereinnahmte Provision hinzuweisen. Mündliche Verhandlung sei geboten, weil es sich bei dem hier angebrachten Schadensersatzbegehren um ein Massenphänomen handele.

II.

Die Berufung der Beklagten wird durch Beschluss nach § 522 II 1 ZPO zurückgewiesen, weil sie keine Aussicht auf Erfolg hat und die Rechtssache weder Grundsatzbedeutung hat, noch die Fortbildung des Rechts oder die Sicherung einer einheitlichen Rechtsprechung eine Entscheidung aufgrund mündlicher Verhandlung erfordert, diese ist auch nicht geboten.
Zur Vermeidung von Wiederholungen wird auf den bereits zitierten Hinweisbeschluss vom 26. 4. 2011 Bezug genommen. Die ergänzenden Ausführungen der Beklagten im Schriftsatz vom 12. 5. 2011 sind nicht geeignet, der Berufung zur notwendigen Erfolgsaussicht zu verhelfen oder die Notwendigkeit einer mündlichen Verhandlung zu begründen.
Die von der Beklagten angeführte Divergenz zu der Entscheidung anderer Gerichte ist nur insoweit gegeben, als auch das Oberlandesgericht Dresden seinen Entscheidungen die im Hinweisbeschluss des Senats zitierte Rechtsprechung zu Grunde legt und lediglich im dort entschiedenen Einzelfall aufgrund hier nicht gegebener Umstände zu einer anderen Entscheidung gekommen ist. Denn im Unterscheid zur vorliegenden Konstellation war der klagende Kunde im Fall des OLG Dresden nicht bereits Kunde der Beklagten gewesen, vielmehr war von dieser erst auf die Möglichkeit einer steuersparenden Anlage angesprochen und anschließend beraten worden. Damit lag für den dortigen Kläger auf der Hand, dass die Beklagte mit ihrer Beteiligungsempfehlung eigene finanzielle Interessen verfolgte. Damit hätte es am dortigen Kläger gelegen, sich durch entsprechende Nachfragen Klarheit über die Höhe der Provision zu verschaffen, die auch im Hinblick auf das ausgewiesene Agio nicht falsch prospektiert war. Die Frage der Kausalität hat das Landgericht hier aufgrund der von ihm durchgeführten Beweisaufnahme zu Lasten der Beklagten entschieden. Die Beweiswürdigung des Landgerichts hat die Beklagte nicht angegriffen, ihre Rechtsausführungen zum Thema sind für die Entscheidung des Rechtsstreits irrelevant, weil es feststehende Rechtssprechung des Bundesgerichtshofs ist, dass hier die Vermutung aufklärungsrichtigen Verhaltens greift (vgl. etwa *BGH*, Urt. v. 19. 11. 2009, III ZR 169/08, Rn. 26 mwN).
Mündliche Verhandlung ist nicht geboten. Diese kann abweichend vom Regelfall der Beschlusszurückweisung ausnahmsweise etwa dann geboten sein, wenn das Ersturteil aus anderen als den dort genannten Gründen der berufungsgerichtlichen Prüfung stand hält oder die Entscheidung für die berufungsführende Partei existenzielle Bedeutung hat. Beides ist hier ersichtlich nicht der Fall, es liegen auch keine vergleichbaren Umstände vor, daher sieht der Senat von der Anordnung einer mündlichen Verhandlung ab.
Die Kostenentscheidung ergeht gem. § 97 I ZPO. Gem. § 708 Nr. 10 ZPO war auszusprechen, dass das Urteil des Landgericht nunmehr ohne Sicherheitsleistung vorläufig vollstreckbar ist. Der Streitwert wird mit 125% des Nennwerts der Beteiligung festgesetzt, da auch das Agio und weitere derzeit nicht bezifferbare Schadenersatzpflichten der Beklagten im Streit stehen (§ 3 ZPO).

47 **e) Einzelrichterübertragung?** Steht fest, dass das Berufungsgericht nur aufgrund mündlicher Verhandlung entscheiden kann, weil ein Beschluss gem. § 522 ZPO nicht ergehen kann, ist über die Übertragung des Rechtsstreits auf den Einzelrichter zu entscheiden. Deshalb soll bereits gem. § 520 IV Nr. 1

ZPO die Berufungsbegründung eine Äußerung zur Frage der Übertragung auf den Einzelrichter enthalten. Dagegen liegt eine Berufungserwiderung, die sich über §§ 521 II 2, 277 I 2 ZPO zur Frage der Einzelrichterübertragung äußern soll, in der Regel noch nicht vor. Deshalb muss das Berufungsgericht eine Äußerung des Berufungsbeklagten zu dieser Frage antizipieren, der gegebenenfalls über § 526 II ZPO die Rückübertragung auf den gesamten Spruchkörper verlangen kann. Nach der Gesetzessystematik verbietet sich eine Übertragung von vornherein, wenn die Berufung nach Meinung des Berufungsgerichts zwar keine Erfolgsaussicht hat, aber wegen der **Grundsatzbedeutung** der Angelegenheit terminiert wird. In diesem Sinne sind natürlich auch die Gründe des § 522 II Nr. 3 ZPO als der Einzelrichterübertragung hinderlich anzusehen, auch wenn § 526 I Nr. 3 diese nicht ausdrücklich erwähnt, da dann regelmäßig von dem Vorliegen rechtlicher Schwierigkeiten gem. § 526 I Nr. 2 ZPO auszugehen ist. Die Übertragung auf den Einzelrichter ist gem. § 526 I Nr. 1 ZPO von vornherein ausgeschlossen, wenn die angefochtene Entscheidung nicht von einem Einzelrichter (also Zivil- oder Handelskammer des Landgerichts) stammt. Das gleiche gilt, wenn die Parteien bereits zur Hauptsache verhandelt haben. Dies wird im Berufungsverfahren, das einen vorbereitenden frühen ersten Termin nicht kennt, regelmäßig dann der Fall sein, wenn die Parteivertreter entsprechend § 137 I ZPO zu Beginn der Sitzung ihre Sachanträge gestellt haben.

In der Regel wird der nur selten gestellte Antrag auf **Rückübertragung** des Berufungsverfahrens auf 48
den gesamten Spruchkörper nach § 526 II ZPO darauf beruhen, dass im Nachhinein ein zunächst verkanntes Problem entdeckt wird. In einem solchen Fall sollte der übereinstimmende Rückübertragungsantrag nach § 526 II Nr. 2 ZPO in jedem Fall angeregt werden, da sich kein Richter weigern sollte, ein zunächst übersehenes Problem zu berücksichtigen. Anderseits ist die Tatsache, dass die negativ betroffene Partei die Rechtsauffassung des Einzelrichters zu einem Problem nicht akzeptiert, kein Rückübertragungsgrund. Denn die Voraussetzung der Übertragung einer Sache auf den Spruchkörper ist insoweit nach § 526 II Nr. 1 ZPO eine wesentliche Änderung der Prozesslage.

f) **Terminsbestimmung.** Ist die Entscheidung getroffen, dass die Berufung nicht im Beschlussverfahren 49
zurückgewiesen wird und keine Vorbereitung durch den Einzelrichter erforderlich ist, bestimmt das Berufungsgericht entweder durch den Einzelrichter oder den Vorsitzenden gem. §§ 523, 216 II ZPO **Termin zur mündlichen Verhandlung**. Dabei muss zwischen der Zustellung der Ladung und dem Termin mindestens die zweiwöchige Ladungsfrist gem. §§ 523 II, 274 III ZPO liegen. Diese Frist gilt gem. §§ 525, 275 I, III, 277 III ZPO auch für die gleichzeitig zu setzende Berufungserwiderungsfrist. Die Länge der zu gewährenden Frist, die mit der Mindestfrist regelmäßig zu kurz bemessen ist, richtet sich nach den Umständen des Einzelfalles, sollte aber nur ausnahmsweise 4 Wochen unterschreiten. Zweckmäßigerweise sollte anschließend noch eine Schlussfrist für terminsvorbereitendes Sachvorbringen gesetzt werden, um zu verhindern, dass noch im Termin entgegen § 132 I ZPO ein über Rechtsausführungen hinausgehender Schriftsatz vorgelegt wird, der sich meist ad hoc nicht behandeln lässt. Wird gem. §§ 525, 273 II ZPO Direktzustellung der Berufungserwiderung und etwaiger weiterer Schriftsätze angeordnet, lassen sich Verzögerungen durch den Weiterversand der zunächst bei Gericht eingereichten Abschriften vermeiden.

In Einzelfällen kann es sich empfehlen, nicht sofort einen Termin zur Berufungsverhandlung zu 50
bestimmen, etwa dann, wenn eine **Erwiderung des Berufungsbeklagten** auf für wesentlich gehaltenes Vorbringen aussteht und daher auch nicht absehbar ist, ob eine Beweisaufnahme welchen Umfangs erforderlich wird. Insoweit fordert § 523 I 2 ZPO zwar „unverzügliche“ Terminsbestimmung. Daraus folgt aber nicht, dass immer sofort Termin bestimmt werden muss, den man nicht hinreichend planen kann. Denn selbst wenn zunächst Verhandlungstermin bestimmt wird, kann dieser wieder abgesetzt werden, falls sich aus der nach Terminsbestimmung eingehenden Berufungserwiderung ergibt, dass der Termin weiterer Vorbereitung durch eine Replik des Berufungsklägers bedarf. Dies sieht im Übrigen § 521 II 1 ZPO ausdrücklich für die Zustellung der Berufungsbegründung im Stadium der Prüfung einer Berufungszurückweisung nach § 522 II ZPO so vor.

Bei Streitigkeiten, in denen bereits vor dem Termin feststeht, dass eine Sachverständigenbeweiserhe- 51
bung erforderlich wird, kann es sinnvoll sein, zunächst gem. §§ 525, 358 a Nr. 4 ZPO **Beweisbeschluss** zu erlassen. Das empfiehlt sich etwa dann, wenn der Berufungskläger zu Recht darauf hinweist, dass das Erstgericht ein Sachverständigengutachten nicht erholt hat, ohne das sich der Rechtsstreit voraussichtlich nicht erledigen lässt. Dann kann das Berufungsverfahren nach Vorlage des Gutachtens in einem Termin zu Ende gebracht zu werden.

Für das Mitteilen der Ergebnisse der vom Berufungsgericht bis zur Anordnung der Terminsladung 52
angestellten Überlegungen in Form eines **Hinweises** an die Parteien sprechen schon praktische Gesichtspunkte. Eine Berufungsbegründung wird in der Regel nicht nur eine Rüge enthalten, sondern sich häufig zur Absicherung ihres Verfassers mit allen in Betracht kommenden Gesichtspunkten befassen. Daneben muss der mit der Berufungserwiderung beauftragte Prozessbevollmächtigte ins Kalkül ziehen, dass das Berufungsgericht auch von Amts wegen zu beachtende Gesichtspunkte berücksichtigt, wie etwa die fehlerhafte Anwendung materiellen Rechts. Die typische Reaktion auf ein nicht durch Hinweise frühzeitig strukturiertes Verfahren ist, dass in alle erdenklichen Richtungen vorgetragen wird. Dies

vergrößert die Arbeit des Berufungsrichters, da er auch ihm zunächst unwesentlich erscheinendes Vorbringen darauf zu prüfen hat, ob sich in diesem noch Einzelheiten befinden, die für die von ihm als entscheidungserheblich betrachteten Gesichtspunkte erheblich sind.

53 Außerdem wird ohne Hinweis auf die nach vorläufiger Auffassung des Berufungsgerichts entscheidungserheblichen Gesichtspunkte ohne Not ein gewichtiges Instrument der **Fehlerkontrolle** aus der Hand gegeben. Wird die voraussichtlich unterliegende Partei auf die vermeintlich für den Verfahrensausgang wesentlichen Gesichtspunkte hingewiesen, obliegt es ihr, das Gericht auf etwa übersehene Punkte und Irrtümer aufmerksam zu machen. Sie wird am besten wissen, ob zu ihren Gunsten sprechende Gesichtspunkte nicht oder falsch behandelt werden. Wird hierzu nichts vorgebracht, kann dem Berufungsgericht, selbst wenn es falsch entscheiden sollte, nicht der Vorwurf gemacht werden, es habe willkürlich gehandelt.

54 In rechtlicher Hinsicht gebietet **§ 139 II, IV ZPO** den möglichst frühzeitigen Hinweis auf übersehene oder von beiden Parteien anders bewertete Gesichtspunkte. Die berufungsbeklagte Partei wird sich regelmäßig darauf beziehen können, dass sie auf die Richtigkeit der vom Erstgericht eingenommenen Rechtsstandpunkte vertraut. Schon deshalb ist auf die Punkte hinzuweisen, die das Berufungsgericht bei der Amtsprüfung des Ersturteils unabhängig von den erhobenen Rügen anders sieht, als dies bisher im Verfahren der Fall war. Reagiert die berufungsbeklagte Partei nicht auf eine Rüge des Gegners, wird sich bei objektiver Sicht nicht ausschließen lassen, dass sie diesen Punkt übersehen hat, so dass insoweit spätestens bei Vorlage der Berufungserwiderung ein Hinweis notwendig wird. Ohnehin verlangt eine verfassungsrechtlichen Grundsätzen genügende Anhörung, dass die Verfahrensbeteiligten bei Einhaltung der von ihnen zu erwartenden Sorgfalt erkennen können, auf welchen Tatsachenvortrag es für die Entscheidung ankommen kann. Deshalb sollte das Berufungsgericht bei Terminierung die ausschlaggebenden Gesichtspunkte dafür mitteilen, warum es nicht im Beschlussverfahren entscheidet (mgw. aA die eher emotionalen Ausführungen von *Doukoff*, Rn. 795).

55 Dies wird bei **gegebener Erfolgsaussicht** darauf hinauslaufen, dass etwa mit erneuter Ladung von Zeugen mitgeteilt wird, dass das Ersturteil insoweit an einem Fehler leidet, als es sich nicht hinreichend mit dem Umstand auseinandergesetzt habe, dass die als widerspruchsfrei gewürdigte Aussage des Zeugen, dem das Erstgericht gefolgt ist, tatsächlich Widersprüche aufweist. Bei materiellen Rechtsfehlern wird darauf hinzuweisen sein, in welchem Punkt das Berufungsgericht die rechtliche Bewertung des Erstgerichts nicht teilt. Also etwa, dass das Berufungsgericht die Meinung nicht teilt, der Klageanspruch sei verwirkt. Dieser Hinweis würde der davon betroffenen und bisher obsiegenden beklagten Partei die Möglichkeit geben, ihren Sachvortrag im Hinblick auf die bisher als gegeben angesehene Verwirkung zu ergänzen.

56 Bei **Abfassung der Hinweise** sollte bedacht werden, dass besonders in Fällen der Aufhebung und Zurückverweisung der Erstrichter die Akten gründlich durcharbeiten wird. Stößt er dabei auf Terminsverfügungen, die den vom Berufungsgericht selbst zB im Punkt Gewährung von rechtlichem Gehör an das Vordergericht gestellten Anforderungen nicht genügen, wird dies die Akzeptanz von Berufungsurteilen in der ersten Instanz deutlich schwächen. Besonders problematisch sind Fälle, in denen im Berufungstermin mitgeteilt wird, das Erstgericht habe diesen oder jenen Punkt im Parteivorbringen übersehen, daher sei an eine Rückverweisung gem. § 538 II Nr. 1 ZPO gedacht. Hier ist immer wieder zu beobachten, dass die Parteivertreter wegen der ihnen eindeutig erscheinenden Begründung des Berufungsgerichts gem. § 313 a ZPO auf die Urteilsbegründung verzichten, weil damit gem. KV 1423 eine Gerichtsgebühr eingespart werden kann. Dann kann es zu einer Aufhebung und Zurückverweisung kommen, ohne dass der Erstrichter genau weiß, welche Mängel das Berufungsgericht gesehen hat. Diese Gefahr besteht insbesondere, wenn es auch an einer ausreichenden Protokollierung des Termins zur mündlichen Verhandlung fehlt. Selbst wenn dem Protokoll das im Termin verlesene terminsvorbereitende Votum des Berechterstatters beigefügt wird, kann diese Verfahrensweise Missstimmungen auslösen.

57 Beanstandet das Berufungsgericht in seinem Urteil, das Erstgericht habe **rechtzeitige Hinweise** unterlassen und teilt es diese Rechtsauffassung den Parteien erst im Termin mit, wirkt diese Vorgehensweise inkonsequent. Dies gilt auch für den nicht näher begründeten Hinweis in der Terminsladung, das Gericht erwäge, das Ersturteil aufzuheben und die Sache an das Erstgericht zurückzuverweisen. Wird nicht ausgeführt, warum dies geschehen soll, liegt für den Erstrichter die Annahme nahe, die Entscheidung über die Rückverweisung sei ohne ausreichendes Aktenstudium gefallen. Fälle dieser Art sind in der Praxis nicht selten. Es kommt immer wieder vor, dass das Berufungsgericht bei auf der Hand liegenden krassen Versäumnissen des Erstgerichts sofort die Aufhebung und Zurückverweisung androht, ohne sich mit der Sache selbst auseinanderzusetzen. Gelingt es dem Erstgericht nach Aktenrücklauf, den Rechtsstreit bereits im ersten Termin nach Rückverweisung oder gar zuvor durch schriftlichen Vergleich zu erledigen, können Zweifel an der korrekten Verfahrensführung durch das Berufungsgericht aufkommen. Auch der *BGH* hebt in Revisionsverfahren immer wieder hervor, dass es grundsätzlich Angelegenheit des Berufungsgerichts ist, die notwendigen Beweise zu erheben und die Sache selbst zu entscheiden. Kommt es zu einer Revision und stellt sich heraus, dass die Angelegenheit entgegen der Mitteilung in der Ladungsverfügung bereits zu diesem Zeitpunkt entscheidungsreif war, wird dies in Revisionsurteilen meist recht deutlich zum Ausdruck gebracht (vgl. etwa *BGH*, NJW 2005, 3208, 3209).

Es kann nur dringend vor so genannten **Formblattverfügungen** oder Pauschalhinweisen gewarnt werden (vgl. dazu etwa *BGH,* NJW-RR 2008, 860, 862, Rn. 16). Die Rechtslage sollte stets soweit wie möglich durchgeprüft werden. Erst im Anschluss daran sollten konkrete Hinweise zum beabsichtigten Vorgehen im Einzelfall erteilt werden. Ausführliche Hinweise haben im Übrigen den Vorteil, dass sie die Abfassung des Berufungsurteils erleichtern, soweit sie unwidersprochen bleiben. Denn in diesem Fall kann der Berufungsrichter davon ausgehen, dass der mitgeteilte Rechtsstandpunkt des Berufungsgerichts akzeptiert wird, und wegen der im Hinweis behandelten Rechtsfragen in seinem Urteil auf den erteilten Hinweis Bezug nehmen. Die Urteilsbegründung kann sich dann auf die tatsächlich zwischen den Parteien noch strittigen Fragen konzentrieren und insoweit die von den Parteien erwarteten Antworten erteilen. 58

Nicht unbeachtet sollte auch die **kostenrechtliche Seite** bleiben. Bemerkt der Berufungsbeklagte aufgrund eines Hinweises in der Ladungsverfügung rechtzeitig, dass er seinen Rechtsstandpunkt nicht halten kann, hat er die Möglichkeit, das Verfahren durch Klagerücknahme oder Anerkenntnis noch vor dem Termin unter Vermeiden des Anfalls weiterer Gebühren zu beenden. Ebenso können ein schriftlicher Vergleichsvorschlag und die Anregung, nach § 278 VI ZPO zu verfahren, kostensparend wirken. 59

g) Eingang der Berufungserwiderung. Spätestens mit Eingang der Berufungserwiderung stehen die unterschiedlichen Positionen der Parteien im Berufungsverfahren fest, so dass dann mit der **abschließenden Vorbereitung** des Verhandlungstermins begonnen werden kann. Anhand der Berufungserwiderung kann zunächst der eigene Standpunkt hinsichtlich der Notwendigkeit eines Termins überprüft werden, weil insbesondere bei bereits mit der Ladung erteilten Hinweisen die für das Ersturteil sprechenden Argumente von Seiten des Berufungsbeklagten nochmals aufbereitet werden. Jetzt sollte auch feststehen, ob im anstehenden Verhandlungstermin der Sachverhalt ganz oder teilweise neu festgestellt werden muss. Bei mehreren Streitgegenständen oder komplexen Sachverhalten stellt sich immer wieder heraus, dass Zweifel iSv § 529 I Nr. 1 ZPO hinsichtlich eines einzelnen Punktes angebracht sind. Dann wird zu fragen sein, ob diese Zweifel auch die weiter getroffenen Feststellungen erfassen, oder ob es bei diesen vorbehaltlich der Rügen des Berufungsbeklagten zu verbleiben hat. Hat das Erstgericht Beweise erhoben und nur mit dem Bemerken gewürdigt, den Angaben der klägerseits benannten Zeugen sei zu folgen, liegt es auf der Hand, dass die gesamte Beweisaufnahme zu wiederholen ist, wenn sie von entscheidender Bedeutung ist. Denn dann fehlt es an einem verwertbaren persönlichen Eindruck von den Zeugen, so dass widersprüchliche Zeugenaussagen nicht gewürdigt werden können. Will das Berufungsgericht eine Beweisaufnahme abweichend vom Erstgericht würdigen, kann dies regelmäßig nur aufgrund eines eigenen Eindrucks von den erhobenen Beweisen geschehen (vgl. etwa *BGH,* NJW-RR 2009, 1291, 1292, Rn. 6). Sind Tatsachen neu festzustellen, kommt es auch auf den Sachvortrag jedenfalls des Berufungsbeklagten erster Instanz an. Denn dieser hat in erster Instanz obsiegt und konnte sich daher bis Urteilserlass darauf verlassen, ausreichend vorgetragen zu haben. Damit ist er mit dem bis Urteilserlass angebrachten Vorbringen zu hören. Dies gilt nicht nur für das nach Auffassung des Erstgerichts relevante Vorbringen, sondern auch für alle übrigen Einwendungen gegen den Klageanspruch. Denn es ist denkbar, dass diese vom Erstgericht nicht geprüft wurden, weil nach Auffassung dieses Gerichts bereits ein anderer Einwand griff. Deshalb sollte sich der Richter spätestens mit Eingang der Berufungserwiderung einen exakten Überblick über den Vortragsstand verschaffen, um abschätzen zu könne, welche Feststellungen zu treffen sind. 60

Deshalb ist es sinnvoll, ebenso wie bei der Sitzungsvorbereitung erster Instanz, die **Akte insgesamt durchzugehen** und den entscheidungserheblichen Sachverhalt nach Art der erstinstanzlichen Sitzungsvorbereitung zu notieren. Dabei sollte man für das erstinstanzliche Vorbringen und das Vorbringen in der Berufungsinstanz unterschiedliche Farben wählen. Zunächst wird der erstinstanzliche Vortrag erfasst, soweit im Berufungsverfahren relevant. Anschließend sollte auf einem weiteren Blatt die rechtliche Begründung der Berufung nach Stichworten und Relevanz erfasst werden. Dabei kann man die oben (Rn. 36) vorgeschlagene Nummerierung der Argumente übernehmen und diesen die Gegenargumente des Berufungsbeklagten zuordnen. Soweit in der Berufungsbegründung weiterer Tatsachenvortrag enthalten ist, wird er mit der für das Berufungsvorbringen gewählten Farbe nach Sachzusammenhang ergänzend zu dem erstinstanzlichen Vorbringen notiert. Mit einer weiteren Farbe werden ggf. die erstinstanzlich erteilten Hinweise und Feststellungen mit Fundstellen notiert. 61

Kläger und Berufungsbeklagter	**Beklagter und Berufungskläger**
Anträge: Bl.1: 15.371,19 EUR nebst Zinsen Bl. 239: **B. zurückw.**	**Anträge:** Bl. 10: Abweisung Bl.198: **EU aufh. u. Kl. abw.**
Ze F. handelt in Vollm. (Bl. 3), 1 Ze, Bl. 16. bestätigt durch Zen F. im T 20.06 (Bl. 88)	Vollm. bestr., 1 Ze, Bl. 39 Gegenzeuge Bl. 39 (Anm.: n. vernommen) **Rüge** Bl. 126, *EU S. 6: Ausforschung!* **weiterer Ze Bl. 129**

62 Es empfiehlt sich, bereits in diesem Stadium eine **grobe Gliederung** des Aufbaus der Entscheidungsgründe anzufertigen, auf die man dann bei der Abfassung des Berufungsurteils zurückgreifen kann, falls der Rechtsstreit nicht gütlich beigelegt werden kann. Die Anfertigung der genannten Unterlagen hat viele Vorteile: So ist der Berichterstatter in der Lage, anhand seiner Ausarbeitungen die Sache in der Beratung umfassend darzustellen und zu vertreten, ohne jeweils jede Einzelheit in den Akten während der Beratung suchen zu müssen. Außerdem verfügt er über eine ausführliche Gesprächsgrundlage für die mündliche Verhandlung, wenn das Berufungsgericht mit den Prozessbevollmächtigten das Rechtsgespräch führt. Nicht zuletzt ist ein sorgfältiger und umfassend angefertigter Aktenauszug eine gute Arbeitsunterlage für das zu diktierende Urteil, ohne gezwungen zu sein, bei der Urteilsabfassung erneut Einzelheiten der Akte durchzuarbeiten. Sind die Unterlagen für die anderen Mitglieder des Spruchkörpers verständlich, bieten sie auch für die nicht mit der Berichterstattung befassten Kollegen eine solide Beratungsgrundlage. Außerdem sind sie bei Ausscheiden des Berichterstatters aus dem Spruchkörper für dessen Nachfolger eine gute Grundlage für die Einarbeitung in die zu übernehmenden Fälle.

2. Notwendigkeit einer Beweisaufnahme in der Berufungsinstanz

63 Nach Durcharbeiten der Akte muss sich der Berufungsrichter klar werden, ob der Rechtsstreit entscheidungsreif ist, oder ob vor dem Berufungsgericht eine **Beweisaufnahme** durchzuführen ist. Grundlage der Entscheidung ist zunächst der im Berufungsverfahren angefallene Prozessstoff, also die Schriftsätze der Parteivertreter, die in den Sitzungsniederschriften enthaltenen Feststellungen und die über § 529 I Nr. 1 ZPO zu übernehmenden tatsächlichen Feststellungen des Erstgerichts. Dabei handelt es sich nicht nur um die vom Erstgericht im Wege der Beweisaufnahme festgestellten Tatsachen. Vielmehr hat das Berufungsgericht entsprechend der Konzeption des Berufungsverfahrens anhand der vom Erstgericht aufgestellten Prämissen zu prüfen, ob das Verfahrensergebnis keine Fehler aufweist. Dies ergibt sich aus der in § 529 I Nr. 1 ZPO angeordneten grundsätzlichen Bindung an die Feststellungen des Erstgerichts. Denn dort ist nicht danach differenziert, auf welchem Wege die Tatsachen festgestellt wurden. Ergeben sich daraus Zweifel, weil das Berufungsgericht bemerkt, dass das Erstgericht nicht alle relevanten Tatsachen zur Kenntnis genommen hat, sind diese aufgrund des gesamten in der ersten Instanz angefallenen Vorbringens neu festzustellen. Dabei muss das Berufungsgericht, wenn es sich zB an die Würdigung eines Gutachtens durch das Erstgericht nicht gebunden fühlt, ggf. auch den Antrag einer Partei auf Anhörung des Gutachters erster Instanz berücksichtigen, falls es beabsichtigt, das erholte Gutachten anders zu würdigen als das Erstgericht (so ausdrücklich *BGH*, NJW 2004, 1876, 1878).

64 Die Rügemöglichkeiten der Parteien und die Amtsprüfungspflicht des Berufungsgerichts sollen garantieren, dass das Berufungsgericht sich an dem **tatsächlich richtigen Sachverhalt** orientiert. Das Berufungsgericht war und ist jedoch nicht verpflichtet, die Akten darauf zu durchforsten, ob im vorangegangenen Rechtszug Beweise angeboten wurden, die vielleicht hätten erhoben werden müssen (vgl. schon *BGHZ* 35, 103, 106 f.). Wegen § 529 I ZPO kann von den Feststellungen des Erstgerichts abweichendes Vorbringen aber nur dann berücksichtigt werden, wenn die Neufeststellung der Tatsachen geboten ist. Daher muss das Berufungsgericht zunächst prüfen, ob infolge durch konkrete Anhaltspunkte begründeten Zweifeln an der Richtigkeit der entscheidungserheblichen Feststellungen eine erneute Tatsachenfeststellung erforderlich ist. Grundlage für die Prüfung des Vorliegens von Zweifeln sind zunächst das Ersturteil sowie die sich aus dem in zweiter Instanz angefallenen Prozessstoff ergebenden Gesichtspunkte. Zweifel ergeben sich in jedem Fall, wenn aus diesem Prüfungsstoff hervorgeht, dass das Erstgericht das materielle Recht falsch angewendet oder einen von Amts wegen zu berücksichtigenden Verfahrensfehler gemacht hat, wie etwa den eines unzulässigen Teilurteils. Gem. § 295 ZPO verzichtbare und nach § 529 II 1 ZPO zu rügende Verfahrensfehler können nur dann berücksichtigt werden, wenn eine Rüge tatsächlich erhoben wird. Ergibt sich beispielsweise aus den Verhandlungsprotokollen des Erstgerichts nicht, dass der Zeuge, auf dessen Aussage hin der Beklagte verurteilt wurde, vor der Vernehmung über sein Zeugnisverweigerungsrecht aus § 383 Nr. 3 ZPO im Hinblick auf seine Verwandtschaft mit dem Beklagten belehrt wurde, belegt dieser Umstand für sich genommen keinen Zweifel an den erstinstanzlichen Feststellungen. Denn mangels einer entsprechenden Rüge hat das Berufungsgericht davon auszugehen, dass der Zeuge vor seiner Vernehmung ordnungsgemäß belehrt worden ist. Bei seiner Prüfung ist das Berufungsgericht nicht verpflichtet, von sich aus den gesamten Akteninhalt auf Fehler in der Tatsachenfeststellung zu durchforsten. Nach der Gesetzessystematik bleibt neben der durch § 529 I Nr. 1 ZPO geregelten Möglichkeit des Vorhandenseins relevanter Zweifel an den erstinstanzlichen Feststellungen nur ein geringer Spielraum für vom Gericht außerhalb des Prozessstoffs gewonnene Zweifel. Diese können nur dort Platz greifen, wo es der Partei ohne eigenes Verschulden nicht möglich war, diese Gesichtspunkte in erster Instanz vorzubringen. Behandelt also ein Ersturteil eine Zeugenaussage als widerspruchsfrei, obwohl sich aus der Protokollierung des Erstgerichts gravierende Widersprüche ergeben, kann das Berufungsgericht diese Zweifel von sich aus berücksichtigen, falls die Möglichkeit eines anderen Verfahrensausgangs nach Neubewertung der Zeugenaussage besteht. Teilt die berufungsführende Partei widersprechende Tatsachen erst in der Berufungsbegründung mit, können diese nicht berücksichtigt werden, falls nicht die Voraussetzungen des § 531 II ZPO vorlie-

gen. Bestehen keine durchgreifenden Zweifel an den Feststellungen des Erstgerichts, hat das Berufungsgericht von diesen auszugehen und zu beurteilen, ob Fehler in der materiellen Rechtsanwendung vorliegen. Ist dies nicht der Fall, kann die Berufung auf der Grundlage der erstinstanzlichen Feststellungen zurückgewiesen werden.

Stellen sich dagegen **Rechtsanwendungsfehler** des Erstgerichts heraus, muss den Parteien Gelegenheit 65
zur Stellungnahme gegeben werden. Tragen diese neue Tatsachen im Hinblick auf den nun eingeführten Rechtsstandpunkt vor, sind sie mit diesem Vorbringen zu hören (*BGH*, NJW 2010, 363, 365, Rn. 26). Dementsprechend bildet so eingeführtes Vorbringen den weiter zu berücksichtigenden Prozessstoff. Stellt sich das erstinstanzliche Verfahren sogleich als entscheidend rechtsfehlerhaft heraus, sind die Tatsachen jedenfalls in den durch den Fehler betroffenen Punkten neu festzustellen. Dabei sind die Parteien infolge ihrer Angriffs- und Verteidigungspflichten im Berufungsverfahren nicht in jedem Fall verpflichtet, ihr erstinstanzliches Vorbringen ausdrücklich zu wiederholen. Ihnen obliegt es vielmehr, schlüssige Angriffe bzw. Verteidigungen in Bezug auf das Ausgangsurteil zu formulieren. Dabei können sie damit rechnen, mit ihrem bisher schon angebrachten Vorbringen gehört zu werden, wenn dieses vom Erstgericht als unerheblich behandelt wurde und daher unbeachtet blieb. Stellt sich nun die Entscheidungserheblichkeit dieses Vorbringens heraus, ist dieses zur Kenntnis zu nehmen (*BGH*, NJW 2007, 3070, Rn. 3). Dieses sich aus dem Verfassungsrecht ergebende Ergebnis folgt auch aus § 529 I Nr. 1 ZPO. Denn wenn das Berufungsgericht die erstinstanzlichen Tatsachenfeststellungen nicht zugrundelegen kann, muss es selbst Feststellungen treffen. Dabei muss der gesamte feststellungsrelevante Prozessstoff berücksichtigt werden, ohne dass es darauf ankäme, wann er angebracht wurde. Denn insoweit befindet sich das Berufungsgericht in der Rolle der umfassenden Tatsacheninstanz, die ihre Feststellungen aufgrund des gesamten bisher dem Gericht unterbreiteten Vorbringens zu treffen hat. Deshalb muss auch einem Beweisantritt durch Antrag auf Einvernahme eines Zeugen nachgegangen werden, auf dessen Einvernahme die Partei im Hinblick auf die Prozessleitung des Erstgerichts abgesehen hat, weil es auf dessen Einvernahme nach den Äußerungen des Erstgerichts nicht mehr ankam (*BGH*, NJW-RR 2007, 774, 775, Rn. 8).

3. Berücksichtigung von neuem Vorbringen

Nach § 531 II ZPO ist in der ersten Instanz nicht angebrachtes tatsächliches Vorbringen im Beru- 66
fungsverfahren nur ausnahmsweise zu berücksichtigen. Dieser Grundsatz gilt allerdings nicht für **unstreitiges Vorbringen**. Mangels Notwendigkeit einer Beweiserhebung zu unstreitigen Tatsachen kann eine relevante Verfahrensverzögerung infolge neu angebrachtem, unstreitigem Vorbringen nicht eintreten. Deshalb scheidet unstreitiges Vorbringen nach der ratio legis aus dem Anwendungsbereich von § 531 I ZPO aus, dies gilt insbesondere für die Anbringung der Verjährungseinrede in zweiter Instanz (*BGH*, NJW 2008, 3434). Die Frage, ob ein Vorbringen „neu" ist, kann sich bei einer ersten Prüfung des Berufungsgerichts nur daraus ergeben, ob die anzubringende Tatsache im Ersturteil aufgeführt ist oder nicht. Ist dies nicht der Fall, ist sie für das Berufungsgericht „neu", wenn sie auch in erster Instanz angebracht worden sein mag. Denn Gegenstand der Prüfung des Berufungsgerichts, ob Zweifel an der Richtigkeit oder der Vollständigkeit der entscheidungserheblichen Feststellungen bestehen, sind zunächst nur die seiner Amtsprüfung zugänglichen Fakten, also die vom Erstgericht im Urteil (als streitig oder unstreitig, als bewiesen oder nicht bewiesen) behandelten Tatsachen. Alle anderen Tatsachen sind zunächst „neu", auch wenn sie im Berufungsverfahren gem. § 531 II Nr. 1 ZPO als schon angebracht eingeführt werden können. Ebenso können Hinweise in der Berufungsbegründung auf übergangenes Vorbringen Zweifel im Sinne von § 529 I Nr. 1 ZPO wecken, denen das Berufungsgericht von Amts wegen nachzugehen hat. Ergeben sich dann tatsächlich berücksichtigungsfähige Zweifel, entfällt die Tatsachenbindung des Berufungsgerichts schon unter diesem Gesichtspunkt.

Die Frage danach, ob eine berufungsführende Partei im Berufungsverfahren tatsächlich auf das in 67
erster Instanz Vorgebrachte beschränkt ist, hat sich zunächst am verfassungsrechtlich garantierten Anspruch auf **rechtliches Gehör** zu orientieren. Dieser gewährt den Parteien grundsätzlich das Recht auf Äußerung zu dem der zu treffenden Entscheidung zugrundeliegenden Sachverhalt. Diesen hat das Gericht zur Kenntnis zu nehmen. Diese Möglichkeiten zur Rechtsverfolgung hat der Gesetzgeber zunächst durch die Vorschriften des Verspätungsrechts eingeschränkt und die Parteien durch das geltende Berufungsrecht grundsätzlich auf das in erster Instanz angebrachte Vorbringen beschränkt. Eine solche Sanktion greift massiv in die Rechte der betroffenen Partei ein. Damit besteht ein Spannungsverhältnis zwischen der vom Gesetzgeber gewünschten Straffung und Beschleunigung des Zivilprozesses einerseits und der Wahrung der Parteirechte andererseits. Deshalb hat der Richter Verfahrensvorschriften nur so anzuwenden, wie es die Grundsätze der Rechtsstaatlichkeit, des rechtlichen Gehörs und der Gleichheit vor dem Gesetz es gebieten. Überspannt er dabei die Anforderungen an die Pflichten der Prozessparteien, wird das Bestreben nach einer materiell gerechten Entscheidung dem Verlangen des Gesetzgebers nach einem schnellen Prozess geopfert. Deshalb ist das Gericht generell verpflichtet, alles ihm zumutbare zu unternehmen, um die Verschleppung des Verfahrens durch neues Vorbringen in der zweiten Instanz zu verhindern. Denn die Einschränkung der Parteirechte durch die Präklusion darf schon wegen

des Grundsatzes der Verhältnismäßigkeit nicht weiter gehen, als durch das Interesse an der Verfahrensbeschleunigung geboten. Im Zweifel ist die Auslegung zu wählen, die dem Anspruch auf rechtliches Gehör die größte Wirkung verleiht. Deshalb kann die Präklusion aus § 529 I Nr. 2 iVm 531 II Nr. 1–3 ZPO nur dann Platz greifen, wenn das Erstgericht seine richterlichen Pflichten erfüllt hat. Denn wenn für das Unterlassen von Vorbringen eine gerichtliche Fehlleistung auch nur mitursächlich war, kann sich das Berufungsgericht auf die Präklusion nicht berufen (*BGH*, NJW-RR 2004, 927, 928).

68 Die Sperre des § 531 II ZPO für neues Vorbringen gilt auch für streitiges Vorbringen **nicht ausnahmslos.** Der Gedanke der Beschränkung des Prozessstoffes in der zweiten Instanz verliert dann an Gewicht, wenn die Berücksichtigung der neuen Umstände keine nennenswerte Mehrarbeit verursacht und die Belange des Prozessgegners gewahrt bleiben. Dann ist es aus Gründen der Prozessökonomie nicht geboten, den Berufungsführer auf einen neuen, möglicherweise mehrere Instanzen dauernden Prozess zu verweisen. In einem solchen Falle muss durch eine Zulassung des Vorbringens im Berufungsverfahren eine rasche und end-gültige Streitbeilegung herbeigeführt werden. Insoweit haben sich im Laufe der Zeit einige typische Fallgruppen herausgebildet: Die Berücksichtigung von Umständen, die die prozessuale Rechtslage erst nach Ergehen des Ersturteils, also im Verlaufe des Berufungsverfahrens ändern, wird durch § 531 II ZPO nicht ausgeschlossen. Tatsachen, die von Amts wegen zu prüfende Sachurteilsvoraussetzungen betreffen, sind jederzeit zu berücksichtigen. Etwa die Rücknahme eines im Berufungsrechtzug noch hilfsweise geltend gemachten Klageantrags erst im Revisionsverfahren ist für die Entscheidung des Revisionsgerichts als in dessen Verfahren geschaffene Tatsache zu berücksichtigen. Ebenso muss die Vorlage der zunächst nicht auffindbaren Zustellungsurkunde für ein Versäumnisurteil von Amts wegen als Prozessfortsetzungsvoraussetzung berücksichtigt werden, weil nach Einlegen des Einspruchs dessen Rechtzeitigkeit Sachverhandlungs- und Sachurteilsvoraussetzung ist. Auch der Tod einer Partei und der dadurch eingetretene Parteiwechsel ist kraft Gesetzes als das Berufungsverfahren betreffende Tatsache zu berücksichtigen. Schließlich kann die Änderung eines Klageantrags auf Zahlung an einen Abtretungsempfänger beachtlich und im Sinne von § 533 I Nr. 1 ZPO sachdienlich sein, weil er nur die Modifikation des in erster Instanz gestellten Antrags bedeutet.

69 Die Präklusionsregelungen beziehen sich auch nicht auf die in der Herbeiführung der Fälligkeit liegende Verwirklichung einer Anspruchsvoraussetzung etwa in Bausachen durch die **Erstellung Schlussrechnung** nach Erlass des erstinstanzlichen Urteils. Erst durch diese werden im Laufe des Verfahrens die materiell-rechtlichen Voraussetzungen für den geltend gemachten Anspruch geschaffen und in den Prozess eingeführt. In einem solchen Fall war die Partei in erster Instanz daran gehindert, zu der Schlussrechnung vorzutragen, da diese noch nicht existiert hat. Insofern kann sie prozessrechtlich auch keine Verfahrensverzögerung herbeigeführt werden. Dementsprechend hält es der *BGH* auch für zulässig, dass der Vermieter in einem Räumungsprozess, in dem der Anspruch auf Räumung auch auf eine hilfsweise erklärte ordentliche Kündigung gestützt wird, sich in seiner Berufung ausschließlich darauf stützt, dass **infolge Zeitablaufs** die vom Erstgericht verneinte Fälligkeit des Räumungsanspruchs nun eingetreten sei. Ein bisher noch nicht höchstrichterlich entschiedenes Problem ist es, wie der Fall zu behandeln ist, in dem in erster Instanz zunächst auf Schadensersatz geklagt wird und erstmals in der Berufungsinstanz auf der Basis des **nun erklärten Widerrufs** des Vertrages vorgegangen wird, dessen Pflichtenprogramm verletzt worden sein soll. In der Rechtsprechung wird vertreten, es handele sich um eine neu geschaffene Tatsache, die bei einem Vorgehen nach § 522 II ZPO nicht zu berücksichtigen sei (*OLG München*, BeckRS 2010, 01802), es wird aber auch vertreten, dass der Widerruf kein Angriffs- und Verteidigungsmittel im Sinne der Präklusionsvorschriften sei und daher der Widerruf – bei Unstreitigkeit seiner Ausübung – im Berufungsverfahren zu berücksichtigen sei (*Rohlfing*, NJW 2010, 1787, 1788).

70 **§ 531 II Nr. 1 ZPO** fügt sich ohne weiteres in die dargestellte Systematik ein. Hat es das Erstgericht übersehen, eine für seinen Rechtsstandpunkt erhebliche Tatsache festzustellen, hat es verfahrensfehlerhaft gegen seine Pflicht zur Kenntnisnahme verstoßen, so dass der Berufungsführer mit dem entsprechenden Einwand zu hören ist. Ist das Berufungsgericht der Auffassung, dass der Rechtsstreit nicht auf der Grundlage der Rechtsauffassung des Erstgerichts zu entscheiden ist, muss es hierzu den Berufungsführer hören, weil dieser sich in erster Instanz nur auf die Meinung des Erstgerichts, nicht aber auf den nun für entscheidend gehaltenen Rechtsstandpunkt einstellen konnte. Macht er in der Berufungsbegründung geltend, entgegen der Auffassung der ersten Instanz sei die Frage der Verwirkung des Klageanspruchs zu prüfen, zu dem er bereits in erster Instanz vorgetragen habe, ohne dass diese Ausführungen festgestellt worden seien, muss dieses Vorbringen berücksichtigt werden, wenn dieser Vortrag bei Wahrunterstellung tatsächlich den Verwirkungseinwand trägt. Macht der Berufungsführer geltend, dass das Erstgericht jedenfalls Anlass zu dem Hinweis gehabt habe, dass sein erstinstanzliches Vorbringen etwa mangels Substanziierung (noch) nicht geeignet sei, den Einwand der Verwirkung zu stützen, können insoweit auch noch nicht dargetane Tatsachen Berücksichtigung finden. Es muss allerdings auch immer geprüft werden, ob der unterlassene Hinweis oder die entsprechende Pflichtverletzung ursächlich für den unterbliebenen Vortrag war. Denn § 531 II 1 Nr. 1 ZPO findet nur dann Anwendung, wenn der Verfahrensfehler dafür (mit-)ursächlich ist, dass sich das Parteivorbringen in die Berufungsinstanz verlagert. Dies ist nicht der Fall, wenn die Partei nicht darauf vertrauen konnte, dass der nun angebrachte Vortrag unerheblich sein würde (*BGH*, NJW-RR 2006, 1292, 1293, Rn. 17).

§ 531 II Nr. 2 ZPO nimmt den Gedanken von § 531 II Nr. 1 ZPO auf und weist nochmals auf die Möglichkeit des Einführens neuer Tatsachen hin, die infolge eines Verfahrensmangels unberücksichtigt geblieben sind. 71

§ 531 II Nr. 3 ZPO ist im Zusammenhang mit § 531 II 2 und § 520 III Nr. 4 ZPO zu lesen. Bereits in der Berufungsbegründung muss schlüssig dargelegt werden, warum die nun einzuführende Tatsache in erster Instanz unverschuldet nicht eingeführt wurde. Dagegen ist die Glaubhaftmachung keine Zulässigkeitsvoraussetzung und kann daher auf Verlangen des Berufungsgerichts auch nach Ablauf der Berufungsbegründungsfrist nachgebracht werden kann. Inhaltlich wird man auf die konkreten Umstände der ersten Instanz abzustellen haben. Wird etwa eine den Nachweis der Erfüllung erbringende Quittung nachgebracht, muss dargelegt sein, warum diese in erster Instanz nicht vorgelegt werden konnte. Auch im Fall der Restitutionsklage nach § 580 Nr. 7 b ZPO ist es gem. § 582 ZPO Voraussetzung, dass dargetan und gegebenenfalls nachgewiesen wird, dass die Partei unverschuldet gehindert war, im Vorprozess die den Restitutionsgrund bildende Urkunde vorzulegen. Wird also geltend gemacht, man habe die Quittung zunächst nicht auffinden können, muss dargelegt werden, dass es nicht möglich war, diese Gründe in erster Instanz mit dem Ziel einer Fristverlängerung geltend zu machen. Wusste die Partei bereits in erster Instanz, dass sich die nun vorgelegte Urkunde bei damals nicht verfügbaren Unterlagen befand oder hätte befinden können, hätte in erster Instanz jedenfalls erwogen müssen, im Hinblick darauf eine Frist zur Urkundsvorlage zu erwirken. Hatte die Quittung, wie es oft der Fall ist, einen Durchschlag, der sich in den Händen des Prozessgegners befinden musste, wäre ein Antrag nach § 421 ZPO zu erwägen gewesen. Wusste der Beweisführer, dass sich die Urkunde in den Händen eines Dritten oder gar einer Behörde befindet, wären Anträge nach §§ 428, 432 ZPO möglich gewesen. Für all diese Möglichkeiten muss sich die Partei entlasten (*Thomas/Putzo/Reichold*, Rn. 16 zu § 531 ZPO). 72

Die **formalen Erfordernisse** des § 520 III Nr. 4 ZPO sind erfüllt, wenn mit der Berufungsbegründung zB geltend gemacht wird, der Berufungsführer habe der Aussage eines erstinstanzlichen Zeugen Glauben geschenkt, dass dieser die ganze Nacht bis morgens um sieben an einem bestimmten Ort anwesend gewesen sei. Erst im Nachhinein habe er von der nun benannten Zeugin erfahren, dass dies nicht der Fall gewesen sei (*BGH*, NJW 2003, 2531, 2532). Dieses Vorbringen ist aber nur geeignet, die Zulässigkeit des Berufungsangriffs zu begründen. Erfolg kann er aber nur dann haben, wenn der Kläger tatsächlich keinen Anlass hatte, am Wahrheitsgehalt der Angaben des Zeugen zu zweifeln bzw. diese im Vorfeld der Beweisaufnahme zu überprüfen. Wusste der Kläger schon in erster Instanz, dass auch die nun nachbenannte Zeugin vor Ort war, wird man nicht davon ausgehen können, dass die Nachbenennung der Zeugin unverschuldet erfolgte. Dies gilt jedenfalls dann, wenn er die entsprechende Behauptung der Gegenseite lediglich mit Nichtwissen bestritten hatte, ohne diese naheliegende Informationsquelle zu nutzen 73

4. Aufrechnung, Widerklage und Klageänderung

Die Einführung **weiterer Streitgegenstände** im Berufungsverfahren durch Klageerweiterung, Aufrechnung und Widerklage ist durch § 533 Nr. 2 ZPO so gut wie ausgeschlossen, es sei denn, etwa das Unterlassen der Aufrechnung beruht auf einem Verfahrensfehler des Erstgerichts. Durfte der Beklagte zunächst davon ausgehen, dass die Klage wegen der erhobenen Verjährungseinrede abgewiesen werde, steht es ihm frei, den bisher unterlassenen Aufrechnungseinwand gem. § 531 II Nr. 2 ZPO in zweiter Instanz anzubringen, weil dieser infolge des ausgebliebenen Hinweises auf die fehlende Erfolgsaussicht des Verjährungseinwands unterblieben sei. Eine vergleichbare Begründung findet sich für das Unterlassen einer Klageerweiterung oder Widerklageregelmäßig nicht. Denn der Entschluss, einen weiteren Anspruch selbständig geltend zu machen, mag zwar faktisch auch von dem Ausgang eines Rechtsstreits zu einem anderen Streitgegenstand abhängen, ist aber ein solcher der klagenden oder widerklagenden Partei. Auf diese Entscheidung beziehen sich die richterlichen Pflichten aus dem Verfahren mit einem anderen Streitgegenstand nicht. Dagegen besteht eine Verknüpfung zwischen einer (unterlassenen) Aufrechnungserklärung und dem Streitgegenstand des Ausgangsverfahrens, als diese nur dann notwendig wird, wenn der Prozessgegner tatsächlich Erfolgsaussichten hat. Die hinreichend sichere Beurteilung dieser Frage hängt damit unmittelbar von der Erfüllung der richterlichen Pflichten in diesem Verfahren ab. 74

Die Klageänderung, Aufrechnung oder Widerklage in der Berufungsinstanz werden in den meisten Fällen gem. § 533 ZPO daran scheitern, dass sie zwar sachdienlich sind, aber nicht auf **Tatsachen** gestützt werden können, die das Berufungsgericht seiner Entscheidung ohnehin **nach § 529 ZPO zugrunde zu legen hat**. Am ehesten kann dies der Fall sein, wenn ein in erster Instanz geltend gemachter Schmerzensgeldanspruch aufgrund der Feststellungen eines bereits in erster Instanz erholten Gutachtens erhöht wird oder das Berufungsgericht zur Frage der erlittenen Schmerzen ohnehin noch Feststellungen zu treffen hat. Ähnlich ist zu bewerten der Fall, in dem eine Seite die Rückzahlung eines ausbezahlten Darlehens samt Zinsen begehrt, während die Gegenseite widerklageweise die Rückzahlung der vor der Kündigung geleisteten Zinszahlungen mit dem Argument der Unwirksamkeit der ursprünglich getroffenen vertraglichen Vereinbarungen verlangt. Da der Klageantrag auch auf Rückzahlung der Darlehensvaluta gerichtet ist, ist er wegen der ggf. vorzunehmenden Verrechnung mit zurückzuzahlenden Zinsen 75 im Widerklageantrag mit enthalten. Stimmt der Gegner zu und ist der Sachvortrag im Übrigen unstreitig, ist die im Berufungsrechtzug erhobene Widerklage zulässig (*BGH*, NJW-RR 2005, 437). Das *OLG Köln* (NJW 2005, 3074) hat bei einer Schmerzensgeldklage, die zunächst die Eltern für ihre minderjährigen Kinder erhoben hatten, die Parteierweiterung um die Kinder selbst im Berufungsverfahren für zulässig gehalten, nachdem die Beklagte nicht bestritten hatte, dass die Kinder bei einer unterstellten Haftung Anspruchsinhaber seien. Dagegen hält das *OLG München* die Parteierweiterung im Berufungsverfahren schlechterdings für unzulässig (MDR 2006, 1186). Das *Kammergericht* (NJW 2006, 3505) hält einen erst im Berufungsverfahren gestellten Hilfsantrag des berufungsführenden Klägers im Beschlussverfahren nach § 522 II ZPO für unbeachtlich. Wenn das Erstgericht zunächst von der Aktivlegitimation ausgehend Beweis erhebt, hält es der *BGH* für sachdienlich, wenn die Klagepartei sich in der zweiten Instanz im Wege der Klageerweiterung auch auf abgetretenes Recht stützt und die streitigen Behauptungen zu Zusicherungen bei Vertragsschluss bereits Gegenstand der Beweisaufnahme waren. Maßgebend sei der Gesichtspunkt der Prozesswirtschaftlichkeit. Unter diesem sei nicht die beschleunigte Erledigung des anhängigen Rechtsstreits sondern die Erledigung der Streitpunkte der Parteien entscheidend (NJW 2007, 2414, 2415, Rn. 12).

76 Entsprechendes kann für das Vorliegen von **Baumängeln** gelten, die im Wege der **Verrechnung** der Werklohnforderung des Bauunternehmers entgegengehalten werden sollen. Denn in der Regel drückt sich bei Vorliegen eines Mangels der Minderwert in dem Betrag aus, der für dessen Beseitigung aufgewandt werden muss. Stellt sich also nach Ergehen des Ersturteils ein weiterer Mangel der Werkleistung heraus, kann dieser über §§ 529 I Nr. 2, 531 II ZPO im Berufungsverfahren eingeführt werden, weil er die Höhe der eingeklagten Werklohnforderung unmittelbar beeinflusst, ohne dass zusätzlich eine Aufrechnungserklärung erforderlich wäre. Wäre dagegen eine solche nötig, könnte der Mangel schon wegen § 533 Nr. 2 ZPO nicht eingeführt werden, weil das Erstgericht zu dessen Vorliegen keine Feststellungen getroffen haben kann. Dagegen kann der im ersten Rechtszug erfolgreich auf Kostenvorschuss wegen Mangelbeseitigung klagende Bauherr im Berufungsverfahren seinen Klageantrag ohne Einlegen der Anschlussberufung auf Erstattung der nun verauslagten Beträge anpassen, weil er nun unter Aufrechterhaltung des Klagegrundes einen anderen als den ursprünglich verlangten Gegenstand verlangt (*BGH*, NJW-RR 2006, 669, Rn. 9).

77 Bei einer **Mietzinsklage** kann in zweiter Instanz die Klage nicht auf die weiteren mittlerweile ausgebliebenen Zahlungen erweitert werden, weil die Zahlung für jeden vereinbarten Zahlungsabschnitt einen eigenen Streitgegenstand bildet und damit bei einer Erweiterung der Klage auf weitere Zeitabschnitte kein Fall des § 264 Nrn. 2 oder 3 ZPO vorliegt, auf den § 533 ZPO nicht anwendbar ist. Hat also das Erstgericht zur Zahlung der Mieten von Mai bis Oktober verurteilt, liegen für die im Verlauf des Berufungsverfahrens fällig gewordenen Mieten November bis März keine hinreichenden Feststellungen vor. Diese können vom Berufungsgericht auch nicht getroffen werden, weil es für die Überprüfung des Urteils des Vordergerichts auf das Bestehen der Mietzinsschuld im letztgenannten Zeitraum nicht ankommt. Hat das Berufungsgericht dennoch **Vorbringen zugelassen**, kann dies mit der Revision nicht mehr angegriffen werden, weil nach einer Entscheidung des Berufungsgerichts in der Sache insoweit das Ziel der Beschränkung des Berufungsverfahrens auf Fehlerkontrolle nicht mehr erreicht werden kann (*BGH*, NJW-RR 2008, 262, 263, Rn. 9).

5. Die Anschlussberufung

78 Der Berufungsbeklagte kann sich gem. § 524 II 2 ZPO der vom Gegner eingelegten Berufung (**unselbständig**) bis zum Ablauf der Berufungserwiderungsfrist mit der Folge anschließen, dass die Anschließung gem. § 524 IV ZPO wirkungslos wird, wenn die Hauptberufung zurückgenommen oder durch Beschluss verworfen oder zurückgewiesen wird. Da auf diese spezielle Berufung gem. § 524 III 2 ZPO von den allgemeinen Berufungsvorschriften nur § 519 II und IV (Formalien der Berufungsschrift) sowie § 520 III (Abfassen der Berufungsrügen) und § 521 ZPO (Zustellungserfordernis, Erwiderungsfrist) gelten, **fehlt** es für diese an einer **Wertbeschränkung**. Deshalb eröffnet sie dem Teilobsiegenden im Hinblick auf ein Teilunterliegen mit einer Beschwer von unter 600,– EUR den Berufungsrechtsweg abhängig vom Erfolg des Hauptrechtsmittels. Ein als „Selbständige Anschlussberufung" innerhalb der Berufungsfrist eingelegtes Rechtsmittel ist als Hauptberufung zu bewerten (*BGH*, NJW-RR 2004, 1502). Bestehen insoweit Zweifel, ist von dem Grundsatz auszugehen, dass das gewollt ist, was nach den Maßstäben der Rechtsordnung vernünftig ist und der wohlverstandenen Interessenlage entspricht. Deshalb muss vor dem Verwerfen einer selbständigen Berufung geprüft werden, ob es möglich ist, diese als unselbständige Anschlussberufung zu behandeln (*BGH*, NJW 2009, 442, 443, Rn. 10 ff.).

79 Bezieht sich das Rechtsmittel der sich anschließenden Partei auf einen Teil des Streitgegenstandes, der **von der Hauptberufung nicht erfasst** ist, wie dies bei einer Zahlungsklage aus zwei Kaufverträgen der Fall sein kann, erscheint es zweifelhaft, ob im Wege der Anschlussberufung der vom Hauptberufungsführer nicht angegriffene Streitgegenstand in die Berufungsinstanz gelangen kann. Wenn etwa der Kläger bezüglich eines Kaufpreises von 1.000,– EUR aus dem einen Kaufvertrag obsiegt und wegen des weiteren Kaufvertrages mit einer Forderung von 300,– EUR unterliegt, gelangt bei einer Berufung des

Beklagten streng genommen nur der Sachverhalt in das Berufungsverfahren, der den Kaufvertrag betrifft, aus dem er zur Zahlung von 1.000,– EUR verurteilt worden ist. Für das Revisionsverfahren folgert der Bundesgerichtshof aus der Funktion des Revisionsverfahrens und dem Wesen der Anschließung, dass diese nur innerhalb des mit dem Hauptsacherechtsmittel angegriffenen Streitgegenstandes erfolgen könne (*BGH*, NJW 2009, 3787, 3789, Rn. 29). Einen solchen Zusammenhang auch im Verfahren der Anschlussberufung zu verlangen, erscheint gut vertretbar, nachdem das Berufungsverfahren keine vollwertige zweite Tatsacheninstanz mehr ist (aA *Rosenberg/Schwarz/Gottwald,* § 137, Rn. 7). Infolge des fehlenden Verweises auf die Regelung des § 520 II ZPO (Verlängerung der Berufungsbegründungsfrist) ist gem. § 224 II ZPO die Verlängerung der Frist zur Begründung der Anschlussberufung nicht möglich. Damit muss die in der Anschlussschrift zu begründende Berufung mit Ablauf der Berufungserwiderungsfrist vorgelegt werden. Die in der Praxis gelegentlich auf die Zustellung der Berufungsschrift begründungslos eingereichte Anschlussberufung ist unzulässig. Dieser Mangel kann allerdings durch Einreichung einer Begründung innerhalb der Berufungserwiderungsfrist geheilt werden. Zu beachten ist, dass nach der Ausnahmeregelung des § 524 II 3 ZPO, nach der bei der Anschließung im Hinblick auf die Verurteilung zu **künftig fällig werdenden Leistungen** die Frist des § 524 II 2 nicht gilt. Diese Regelung gilt unabhängig davon, ob sich die Berufung auf Umstände stützt, die erst im Verlaufe des Berufungsverfahrens eingetreten sind und innerhalb der Berufungserwiderungsfrist nicht mehr geltend gemacht werden konnten, in jedem Fall einer Verurteilung zu künftig fällig werdenden wiederkehrenden Leistung (*BGH*, NJW 2009, 1271, 1273, Rn. 25).

2. Abschnitt. Die Vorbereitung und Durchführung der mündlichen Verhandlung

I. Die Vorbereitung der mündlichen Verhandlung

1. Telefonische Kontaktaufnahme

§ 139 IV 1 ZPO postuliert das Erfordernis, den Parteien die erforderlichen **Hinweise** so früh wie möglich zu erteilen. Diese können auch telefonisch oder fernschriftlich erteilt werden. Wird zu diesen Mitteln gegriffen, muss allerdings auch die ebenso in § 139 IV 1 ZPO festgehaltene **Dokumentationspflicht** für Hinweise bedacht werden. Im Regelfall wird es von den Prozessbevollmächtigten begrüßt, wenn schon vor der mündlichen Verhandlung über die Erfolgsaussichten der Berufung kommuniziert wird. Es kann die Arbeit der Anwälte erleichtern, wenn sie ihre Mandanten vor dem Termin darauf einstimmen können, dass das Gericht die Erfolgsaussichten der Berufung nicht besonders günstig einschätzt. In diesem Fall ist es für sie wesentlich einfacher, im Termin eine Berufungsrücknahme zu erklären. Selbstverständlich muss ein Telefongespräch vor der mündlichen Verhandlung gut vorbereitet werden, um den Prozessbevollmächtigten der Parteien deutlich machen zu können, dass die Berufung eingehend geprüft worden ist. Unerlässlich ist es, solche Gespräche rechtzeitig vor dem Termin zu führen, damit der jeweilige Prozessbevollmächtigte nach Rücksprache mit seiner Partei im Termin auch in der Lage ist, die Berufungsrücknahme zu erklären oder auf Vorschlag des Gerichts einen Vergleich zu schließen. Telefongespräche, die einen Vergleich vorbereiten sollen, müssen in beide Richtungen geführt werden. Sonst entsteht leicht der Eindruck, dass im Vorhinein einseitige Absprachen zwischen dem Gericht und einer Partei stattgefunden haben, ohne dass die andere Seite davon Kenntnis erlangen sollte. 80

Bei allen Telefongesprächen muss der Berufungsrichter deutlich zum Ausdruck bringen, dass die **Einschätzung** der Rechtslage **vorläufig**, vorbehaltlich neuen Vorbringens in der mündlichen Verhandlung nach dem gegenwärtigen Aktenstand erfolgt. Sinnvoll ist es auch, dass der Berichterstatter nicht nur aufgrund seiner eigenen Meinungsbildung telefoniert, sondern die Angelegenheit jedenfalls im Groben beraten ist. Andernfalls ist er nicht dagegen gefeit, dass entgegen der den Partievertretern kundgetanen Meinung im Termin eine andere Auffassung des Spruchkörpers offenbar wird, weil sich das Ergebnis der terminsvorbereitenden Beratung nicht mit seiner zunächst geäußerten Auffassung deckt. 81

Unbegründet ist die Sorge, dass Telefongespräche vor dem Termin die Gefahr der **Ablehnung des jeweiligen Richters** in sich bergen. Nach § 42 II ZPO findet eine Ablehnung wegen Besorgnis der Befangenheit nur statt, wenn ein Grund vorliegt, der geeignet ist, Misstrauen gegen die Unparteilichkeit eines Richters zu rechtfertigen. Dieser Grund muss vom Standpunkt der Partei aus objektiv und vernünftig betrachtet vorliegen. Bei Zugrundelegung dieser Kriterien können Telefongespräche über die Erfolgsaussichten der Berufung bzw. einen möglichen Vergleich vor der mündlichen Verhandlung keine Ablehnung rechtfertigen. Die Äußerung von Rechtsansichten durch die zur Entscheidung berufenen Richter begründet nämlich nicht die Besorgnis der Befangenheit (*Thomas/Putzo/Hüßtege,* § 42 Rn. 15). Bedacht werden muss allerdings, dass nicht der Anschein erweckt werden darf, dass einseitige Kontaktaufnahmen gepflogen werden. Daher sollte jederzeit – ob ausgesprochen oder unausgesprochen – Klarheit darüber herrschen, dass die erteilten Informationen zur rechtlichen Einschätzung des Gerichts nicht isoliert und einseitig einer Partei, sondern jederzeit beiden Parteien erteilt werden. Der Fairness halber 82 sollte dem Prozessbevollmächtigten auch mitgeteilt werden, dass und was aufgrund des Telefonats als Aktenvermerk aktenkundig gemacht werden soll. Zieht man die Hinweispflicht aus § 522 II 2 ZPO, die Dokumentationspflicht aus § 139 IV 1 ZPO und die Möglichkeiten moderner Kommunikationsmittel wie Internet oder Faxgeräte in Betracht, sollte jedenfalls gehaltvollere Hinweise nicht telefonisch, sondern an beide Seiten fernschriftlich erteilt werden. Denn der Hinweis ist zur Dokumentation ohnehin schriftlich niederzulegen, so dass dies auch sogleich geschehen kann. Dann sind die Parteien durch Übermittlung dieser Unterlage auf dem gleichen Stand. Werden dann weiter (Detail-)Gespräche, etwa über die Einzelheiten eines noch vorzubereitenden Vergleichs erforderlich, können diese telefonisch geführt werden.

83 Entscheidend für die Ausübung der richterlichen Hinweispflicht ist, dass es im Hinblick auf **§ 139 ZPO** geboten ist, vorläufige Äußerungen zu den Erfolgsaussichten eines Rechtsmittels abzugeben. Solche Hinweise können und sollen auch außerhalb der mündlichen Verhandlung gegeben werden. Es ist für alle Prozessbeteiligten offenkundig, dass es sich dabei nur um die Mitteilung des Ergebnisses der Vorberatung nach Aktenlage handelt, ohne dass deswegen schon eine endgültige Festlegung in der Sache selbst eingetreten ist. Schließlich soll das Gericht gemäß §§ 525, 278 I ZPO in jeder Lage des Verfahrens auf eine gütliche Beilegung des Rechtsstreits hinwirken. Diese Verpflichtung besteht auch vor der mündlichen Verhandlung. Im Hinblick darauf ist es durchaus sachgerecht und sogar geboten, bereits vor dem Termin zur mündlichen Verhandlung die Möglichkeiten einer gütlichen Einigung abzuklären bzw. eine solche einzuleiten. Daraus lässt sich auch nicht unter dem Gesichtspunkt einer Verletzung des Grundsatzes der mündlichen Verhandlung die Besorgnis der Befangenheit herleiten. Diese Verfahrensmaxime beinhaltet nämlich nur die Forderung, dass überhaupt eine mündliche Verhandlung stattzufinden hat und Entscheidungsgrundlage eines Urteils nur das sein darf, was Gegenstand einer mündlichen Verhandlung war (*Thomas/Putzo/Reichold,* § 128 Rn. 6 f.). Dagegen verstößt das Berufungsgericht nicht, wenn es bereits vor dem Termin Kontakt mit den Prozessbevollmächtigten aufnimmt.

2. Abgabe eines schriftlichen Kurzvotums

84 Sollen die Parteien dazu motiviert werden, den im Berufungsverfahren anhängigen Rechtsstreit gütlich beizulegen, kann dieses Anliegen durch ein schriftliches Kurzvotum aller Mitglieder des Spruchkörpers gefördert werden. In einem solchen Fall kann der Berichterstatter die **wesentlichen Gerichtspunkte**, die dafür sprechen, dass sich im Berufungsverfahren kein eindeutiger Erfolg der einen oder anderen Seite ergeben wird, zusammentragen und eine **Einschätzung der wechselseitigen Prozessrisiken** sowie einen **konkreten Einigungsvorschlag** vorbereiten. Dabei können natürlich auch die wirtschaftlichen Begleitumstände des Rechtsstreits eine Rolle spielen, wie etwa die Überlegung, dass es bei geringem Streitwert wenig Sinn macht, eine komplizierte technische Frage auszustreiten, wenn unwahrscheinlich ist, dass eine Partei ganz obsiegt, während die andere Seite unterliegen wird. Ebenso gibt es aufwändige Streitigkeiten, in denen absehbar ist, dass die zu erwartenden Prozesskosten nicht von der Deckungssumme der Rechtsschutzversicherung gedeckt sind, so dass es sinnvoll sein kann, über eine frühzeitige Einigung nachzudenken. In einem solchen Fall empfiehlt es sich, den Einigungsvorschlag in Form eines Beschlusses zu unterbreiten, der von allen Spruchköpermitgliedern unterschrieben wird:

85 **Beispiel:**

15 U 6069/98 München, den . . .

Beschluss

I. Der Senat beurteilt nach der derzeitigen Aktenlage den Rechtsstreit wie folgt:
Es wurde durch den Kläger bisher noch kein geeigneter Beweis hinsichtlich des bestrittenen Anfalls der geltend gemachten Gutachterkosten angeboten. Dies dürfte wohl auch auf den Umstand zurückzuführen sein, dass das Landgericht ohne weitere Erörterung von der insoweit geltend gemachten Position ausgegangen ist. Ggf. wird insoweit eine Beweisaufnahme erforderlich.
Ebenfalls bestritten wurde der behauptete Fahrzeugschaden. Das vorgelegte Privatgutachten ist für sich genommen entgegen der Auffassung des Landgerichts kein geeignetes Beweismittel. Das tatsächliche Vorliegen genau zu bezeichnender Beschädigungen müsste zunächst substantiiert vorgetragen und je nach Stellungnahme der Beklagten unter Beweis gestellt werden. Ggf. müsste nach Feststellung des Schadensbildes Beweis über Art und Umfang der erforderlichen Reparaturkosten und der behaupteten Wertminderung durch Erholung eines Sachverständigengutachtens erhoben werden.
Seitens der Streithelferin der Beklagten wurde ein „Originaldurchschlag" der Kaufvertragsurkunde zwischen ihr und der Beklagten vorgelegt, wobei die Beklagte deren Echtheit bestreitet. Die Erholung eines Schriftgutachtens kann dann zielführend werden, wenn ein original unterschriebenes Exemplar des Kaufvertrages vorgelegt wird. In diesem Falle müssten aber noch Vergleichsschriftproben der Beklagten vorgelegt werden. Ggf. wird ein Schriftvergleichsgutachten erholt werden. Die Bearbeitungszeit beträgt allerdings nach den Erfahrungen des Senats 6–9 Monate.

II. In Anbetracht des zu erwartenden Umfangs der bisher noch nicht begonnenen Beweisaufnahme, dürften die zu erwartenden Kosten und Auslagen die Klageforderung deutlich übersteigen und die bereits angefallenen Kosten des Rechtsstreits noch einmal deutlich erhöhen. Die zu erwartende Dauer einer Beweisaufnahme dürfte mindestens ein Jahr betragen. Außerdem ist mit einem ebenso kostenträchtigen Folgeprozess gegen die Streithelferin zu rechnen. Im Interesse aller Beteiligter regt der Senat deswegen eine gütliche Beilegung des Rechtsstreits unter Einbeziehung der Streithelferin an. Das Ergebnis der Beweisaufnahme ist offen, die prognostizierbaren Erfolgsaussichten liegen für die Beteiligten bei etwa 50 Prozent. In Anbetracht dessen empfiehlt sich der Abschluss folgenden Vergleichs:

1. Die Beklagte verpflichtet sich, an den Kläger 10.600,– EUR und die Nebenintervenientin an den Beklagten 8.000,– EUR zu bezahlen. Damit sind sämtliche Ansprüche der Parteien untereinander und im Verhältnis zur Streithelferin aus den jeweiligen Kaufverträgen betreffend den PKW XYZ abgegolten.
2. Von den Gerichtskosten tragen der Kläger 1/2, der Beklagte und die Streithelferin je 1/4. Die außergerichtlichen Kosten tragen die Parteien und die Streithelferin jeweils selbst.

III. Einer Erklärung wird bis zum 4. 4. 2011 entgegengesehen.

3. Anordnung des persönlichen Erscheinens

Es versteht sich von selbst, dass das **persönliche Erscheinen** der Parteien dem Verfahrensablauf förderlich ist. So hat das Gericht die Möglichkeit, ergänzende Fragen an die Parteien zu stellen, die die Prozessbevollmächtigten erfahrungsgemäß nicht beantworten können und nicht selten zum Anlass nehmen, Schriftsatzfristen zur Erklärung zu beantragen. Die Vergleichschancen steigen häufig, wenn die Parteien im Termin anwesend sind, ganz davon abgesehen, dass es dann im Termin zum unwiderruflichen Vergleichsschluss kommen kann. Daneben sprechen im Berufungsverfahren zusätzliche gewichtige Argumente für die Anordnung des persönlichen Erscheinens der Parteien im Termin. Vertritt das Berufungsgericht etwa die Auffassung, die Berufung im Ergebnis ohne Erfolgsaussicht, kann es seine Auffassung dem Berufungsführer persönlich unterbreiten. Dann wird dieser möglicherweise bereit sein, noch im Termin die Rücknahme der Berufung erklären zu lassen. Umgekehrt ist die Anwesenheit des Berufungsgegners einer zeitnahen Lösung förderlich, wenn das Berufungsgericht dazu tendiert, das erstinstanzielle Urteil aufzuheben. In diesem Fall bedarf es einer eingehenden Erörterung der Sach- und Rechtslage mit dem Berufungsgegner, damit diesem, obwohl er in erster Instanz obsiegt hat, seine schlechten Prozessaussichten erläutert werden können. Schließlich ist die Anordnung des persönlichen Erscheinens beider Parteien anzuraten, wenn das Berufungsgericht Vergleichsgespräche führen möchte. Auf diese Weise kann dem Berufungsgegner in der Verhandlung erläutert werden, dass das scheinbar obsiegende Urteil der ersten Instanz nicht unangreifbar ist und umgekehrt dem Berufungsführer, dass er mit seiner Berufung nicht ohne weiteres durchdringen wird. Dann lässt sich häufig eine beiden Partien entsprechende wirtschaftlich vernünftige Lösung finden. 86

Bei Schadensersatzklagen kann es sich empfehlen, das persönliche Erscheinen des **Sachbearbeiters der beteiligten Versicherung** anzuregen. Nicht selten muss der auf Schadensersatz in Anspruch genommene Beklagte einen Prozess nur führen, weil die hinter ihm stehende eigene Haftpflichtversicherung die Schadensregulierung abgelehnt hat. Ist der Beklagte in erster Instanz verurteilt worden und hat die Haftpflichtversicherung das Urteil zur Kenntnis genommen und ihn gedrängt, Berufung einzulegen, kann es zielführend sein, die Haftpflichtversicherung in das Berufungsverfahren einzubeziehen. Zwar kann nicht das persönliche Erscheinen des jeweiligen Sachbearbeiters der Versicherung angeordnet werden, da die Versicherung nicht am Verfahren beteiligt ist. Es empfiehlt sich jedoch, rechtzeitig vor dem Termin den Prozessbevollmächtigten des Beklagten anzurufen, und diesen zu bitten, den zuständigen Sachbearbeiter der Versicherung von sich aus **zu Informationszwecken zum Termin mitzubringen.** Diese Mühe lohnt sich in der Regel. Sieht dieser in der Rolle des Prozessbeobachters im Termin, dass die Aussichten der Berufung nicht besonders gut einzuschätzen sind, wird die Versicherung häufig bereit sein, einem Vergleichsschluss durch die Partei oder einem eigenem Streitbeitritt zum Zwecke des Vergleichsschlusses näher zu treten. Dabei kann sie sich vom Prozessbevollmächtigten des Beklagten vertreten lassen. Bei größeren Schadensfällen kann es sich empfehlen, die Entscheidungshierarchie innerhalb der Versicherung zu klären. Arbeitet der Sachbearbeiter einem insoweit zuständigen Vorstandsmitglied zu, kann es sinnvoll sein, abzuklären, ob dieses ggf. bereit ist, an einem Termin teilzunehmen. 87

4. Verbescheidung eines Antrags auf Prozesskostenhilfe vor dem Termin

Für das Prozesskostenhilfeverfahren im zweiten Rechtszug ist vor allem die Vorschrift des § 119 I 2 ZPO zu beachten. Danach sind die sachlichen Voraussetzungen für die Gewährung der Prozesskostenhilfe (Erfolgsaussicht, fehlende Mutwilligkeit) nicht zu prüfen, soweit die **im ersten Rechtszug obsiegende Partei** den Antrag auf Prozesskostenhilfe stellt. Lediglich die persönlichen und wirtschaftlichen Verhältnisse des Berufungsgegners sind auch in der Berufungsinstanz erneut zu prüfen. Im Falle des § 119 I 2 ZPO ist der Antrag auf Gewährung von Prozesskostenhilfe entsprechend dem hierzu von der Justizverwaltung vorgehaltenen Formular zu verbescheiden. Von der vereinzelt gesehenen Möglichkeit, entgegen dem Gesetzeswortlaut auch bei einer in erster Instanz obsiegenden Partei in krassen Ausnahmefällen wegen mangelnder Erfolgsaussicht die Prozesskostenhilfe zu verweigern, sollte jedenfalls sehr zurückhaltend Gebrauch gemacht werden (vgl. *BVerfG*, NJW 2010, 987). 88

Anders ist die Situation, wenn der Berufungsführer für den **zweiten Rechtszug Prozesskostenhilfe** beantragt. Hier muss das Berufungsgericht den gestellten Antrag ggf. aus Gründen der Rechtsmittelgleichheit auch dann prüfen, wenn er nicht begründet wird (*BGH*, BeckRS 2007, 10136, Rn. 12; aA die 89

Vorauflage, Rn. 39, kritisch dazu *Doukoff*, Rn. 468). Insoweit wird der Prüfungsmaßstab sein müssen, ob sich aus dem Ersturteil selbst von Amts wegen zu beachtende Rechtsanwendungsfehler ergeben. Dagegen muss die erstinstanzliche Akte nicht gutachterlich auf Fehler geprüft werden, die in der noch anzufertigenden Berufungsbegründung gerügt werden könnten. Insoweit gilt der Grundsatz, dass es nicht Aufgabe des Gerichts ist, durch Fragen oder Hinweise neue Anspruchsgrundlagen, Einreden oder Anträge in das Verfahren einzuführen, die in dem Vorbringen der Parteien nicht zumindest andeutungsweise eine Grundlage haben (*BGH*, NJW 2004, 164). Ergibt die Prüfung, dass die Berufung keine Aussicht auf Erfolg hat, kann der entsprechende Hinweis mit einem Hinweis nach § 522 II ZPO verbunden werden, falls die Berufung unbedingt eingelegt worden ist. Dann kann die Berufung zur Kostenersparnis zurückgenommen werden. Eine Berufungsrücknahme wird das Berufungsgericht allerdings nur dann erreichen, wenn sich der Beschluss in dem gebotenen Maße mit dem (beabsichtigten) Berufungsvorbringen auseinandersetzt. Bloße floskelhafte, oberflächliche Kurzformeln werden den Berufungsführer nicht überzeugen, das eingelegte Rechtsmittel zurückzunehmen. Hat die Partei vor Ablauf der Berufungsbegründungsfrist Prozesskostenhilfe beantragt und beabsichtigt das Gericht, Prozesskostenhilfe zu versagen, weil keine von einem Rechtsanwalt unterzeichnete Berufungsbegründung vorgelegt worden ist, so hat es vor Verwerfung der Berufung über das Prozesskostenhilfegesuch zu entscheiden. Durch die gleichzeitige Verwerfung der Berufung als unzulässig und die Versagung von Prozesskostenhilfe für das Berufungsverfahren würde die Durchführung des Berufungsverfahrens für die Partei in unzumutbarer Weise erschwert und dadurch der Anspruch der Partei auf Gewährung wirkungsvollen Rechtsschutzes verletzt. Denn die Partei muss im Falle der Versagung von Prozesskostenhilfe die Gelegenheit haben, einen Antrag auf Wiedereinsetzung in den vorigen Stand zu stellen, wenn sie beabsichtigt, das Berufungsverfahren auf eigene Kosten durch Begründung der Berufung fortzuführen (*BGH*, NJW-RR 2011, 995, 996, Rn. 10).

90 Erwägt umgekehrt das Berufungsgericht, dem Berufungsführer Prozesskostenhilfe zu bewilligen, ist der **Gegner** vor der Entscheidung **zu hören** (§ 118 I 1 ZPO). Wird diese Vorschrift übersehen, stellt dies eine Verletzung des Grundsatzes des rechtlichen Gehörs dar. Auch ein Bewilligungsbeschluss sollte begründet werden, nicht zuletzt im Hinblick auf den Berufungsgegner und die richterliche Hinweispflicht diesem gegenüber, der sich zunächst darauf verlassen kann, dass die rechtlichen Erwägungen des Erstgerichts zutreffend sind. Sieht der Berufungsbeklagte an einem sorgfältig abgefassten Gerichtsbeschluss, dass die Berufung Erfolgsaussicht ist, wird er Vergleichsgesprächen im Termin wesentlich geneigter gegenüberstehen, obwohl er in erster Instanz obsiegt hat.

II. Die Durchführung der mündlichen Verhandlung

1. Offenes Verhandeln

91 Es ist unbedingt zu empfehlen, den Parteien in aller Offenheit zu sagen, welche Rechtsansicht das Berufungsgericht zu den entscheidungserheblichen Fragen vertritt. Ein solches **offenes Rechtsgespräch** ist im Interesse aller Beteiligten. Hält das Gericht mit seiner Meinung zurück, ist die logische Konsequenz, dass der Rechtsstreit durch ein Urteil entschieden werden muss. Das ist weder im Interesse der Parteien noch im Interesse des Gerichts. Allein ein offenes Verhandeln seitens des Berufungsgerichts eröffnet dem Berufungskläger die Möglichkeit, vor allem in nichtrevisiblen Streitigkeiten eine im Ergebnis aussichtslose Berufung zurückzunehmen und auf diese Weise Kosten zu sparen. Das Berufungsgericht wiederum erspart sich die Abfassung eines möglicherweise umfangreichen und zeitaufwendigen Urteils. Offenes Verhandeln hat aber auch dann seinen Sinn, wenn die Parteien der Rechtsauffassung des Gerichts nicht folgen wollen. Dann wissen sie jedenfalls, an welchen Punkten sie ansetzen müssen, um das Gericht noch umstimmen zu können. Der Wert der mündlichen Verhandlung liegt gerade darin, dass die aufgeworfenen Rechtsfragen noch einmal diskutiert und gegebenenfalls überdacht werden. So gesehen ist das Rechtsgespräch mit den Parteien Fehlerkontrolle, da diese Gelegenheit, haben, die Gesichtspunkte vorzutragen, die aus ihrer Sicht gegen den vom Berufungsgericht eingenommenen Rechtstandpunkt sprechen. Es bedeutet keinen Gesichtsverlust, wenn der Vorsitzende am Ende des Termins feststellt, dass das Berufungsgericht unter dem Eindruck der in der mündlichen Verhandlung vorgebrachten neuen Argumente die Sache nochmals überdenken werde. Im Gegenteil, die Situation wird sogar entschärft, wenn die Parteien den Eindruck gewinnt, dass die mündliche Verhandlung nicht nur eine Formalie war, sondern sich das Gericht mit seinem neuen Vortrag nochmals eingehend auseinandersetzen wird. Dieses offene Verhandeln rechtfertigt die Ablehnung des Berufungsgerichts nicht, wenn in der Sitzung deutlich gemacht wird, dass die Rechtsauffassung des Gerichts auf dem Ergebnis der Vorberatung vorbehaltlich der mündlichen Verhandlung beruht (vgl. oben Rn. 82).

2. Rücknahme der Berufung

92 In eindeutigen Fällen sollte das Berufungsgericht darauf hinwirken, dass die Parteien eine Möglichkeit finden, das Berufungsverfahren kostengünstig zu erledigen. Ergibt sich die Möglichkeit eines Vergleichs nicht, sollte die Möglichkeit im Auge behalten werden, dass Rechtsmittel ggf. durch teilweise

Rücknahme und teilweises Anerkenntnis zu erledigen, da dann zwei Urteilsgebühren gespart werden können (KV Nr. 1222 Ziffer 2). Solche Einigungsmöglichkeiten können gefördert werden, wenn das Ergebnis der Vorberatungen des Spruchkörpers zu Protokoll mitgeteilt und den Parteivertretern die angestrebte Lösung skizziert wird. Sollte diese nicht zu Stande kommen, können die Parteien gem. KV Nr. 1223 noch eine Urteilsgebühr sparen, wenn das Berufungsurteil nicht begründet werden muss. Ein Tatbestand ist nach § 313 a I 1 ZPO dann nicht erforderlich, wenn nach §§ 26 Nr. 8 EGZPO eine Nichtzulassungsbeschwerde nicht eingelegt werden kann. Verzichten die Partien in diesem Fall auf die Urteilsbegründung, bleibt es bei insgesamt 3 Gerichtsgebühren für das Berufungsverfahren. Verzichten die Parteien bei jedenfalls für eine der Parteien gegebener Rechtsmittelmöglichkeit gem. § 313 a II ZPO auf eine Urteilsbegründung, reduzieren sich die Gerichtsgebühren wie im Falle des Anerkenntnisses nach KV Nr. 1222 Ziffer 2 auf 2.

3. Vergleichsabschluss

Für einen Vergleichsabschluss vor dem Berufungsgericht gelten zunächst die Grundsätze, die auch für 93
einen Prozessvergleich in erster Instanz maßgeblich sind. Darüber hinaus weist das Berufungsverfahren einige Besonderheiten auf, die beim Abschluss eines **Prozessvergleichs vor dem Berufungsgericht** zu beachten sind. So empfiehlt es sich nicht, dass das Berufungsgericht sofort von sich aus den Parteien einen Vergleichsvorschlag unterbreitet. Vielmehr sollten Vergleichsanregungen oder widerrufliche Vergleiche der ersten Instanz, die man den Protokollen des erstinstanziellen Verfahrens entnehmen kann, vom Berufungsgericht aufgegriffen werden und ausgelotet werden, inwieweit an die früheren Vergleichsgespräche angeknüpft werden kann. Dies ist nicht immer ein leichtes Unterfangen, da der in erster Instanz Obsiegende, gestärkt durch das Ersturteil, zunächst Vergleichsgesprächen generell abgeneigt gegenübersteht. In diesem Fall muss das Berufungsgericht eingehend darlegen können, dass die Rechtsauffassung des Erstgerichts nicht unbedingt zwingend ist, wenn der Berufungsgegner Vergleichsgesprächen nähertreten soll. Auch bei Vergleichsgesprächen ist es sachgerecht, die Rechtsauffassung des Berufungsgerichts offen darzulegen, etwa dass der Berufungsführer in zweiter Instanz nach Auffassung des Spruchkörpers obsiegen wird, es jedoch angesichts der aufgeworfenen Rechtsfragen fraglich erscheint, ob auch das Revisionsgericht im Falle einer Revision die Rechtsauffassung des Berufungsgerichts teilen wird. Im Hinblick auf dieses Prozessrisiko, das beide Parteien gleichermaßen trifft, sind diese häufig bereit, den Rechtsstreit gütlich zu bereinigen. Dagegen ist es nicht ohne weiteres zu empfehlen, auch bei aussichtsloser Berufung bzw. Rechtsverteidigung den Parteien einen Vergleichsvorschlag zu unterbreiten. Zum einen ist es – abgesehen von Sonderkonstellationen, die nicht auf rechtlichen Erwägungen fußen (etwa drohende Insolvenz der unterliegenden Partei) – nicht vertretbar, die zu Recht obsiegende Partei um den Vorteil des erstinstanziellen Urteils zu bringen. Zum anderen spricht sich in der Anwaltschaft schnell herum, dass bei bestimmten Spruchkörpern des Berufungsgerichts ein Rechtsmittel stets lohnenswert erscheint, da zumindest der Abschluss eines Vergleichs zu erwarten ist. Mit einer solchen Praxis „züchtet“ man sich Berufungen und darf sich dann über Arbeitsüberlastung nicht beklagen.

4. Erlass von sogenannten Stuhlurteilen im Termin

Sieht sich der Prozessbevollmächtigte des Berufungsführers trotz gerichtlichen Hinweises nicht in der 94
Lage, eine aussichtslose Berufung zurückzunehmen, sollte an die Möglichkeit gedacht werden, noch im Termin ein sogenanntes **Stuhlurteil** zu verkünden. Dies ist zB sinnvoll, wenn für das Urteil ein Tatbestand nicht erforderlich ist. Die tatbestandlichen Darstellungen sind gem. § 540 II ZPO in Verbindung mit § 313 a I ZPO nicht erforderlich, wenn ein Rechtsmittel gegen das Urteil unzweifelhaft nicht zulässig ist. Dies betrifft nach § 26 Nr. 8 EGZPO bis zum 31. 12. 2014 solche Urteile, gegen die die Revision nicht vom Berufungsgericht zugelassen wird und durch die eine mit der Revision geltend zu machende Beschwer von unter 20.000,01 EUR ausgelöst wird. Es darf also für keine der Parteien eine Beschwer von über 20.000,– EUR vorliegen. Ergibt also die Prüfung des Berufungsgerichts, dass diese Ausnahmen zweifelsfrei vorliegen, kann es sich ggf. auf die Darstellung der Gründe für die Abänderung, Aufhebung oder Bestätigung der angefochtenen Entscheidung beschränken. In allen anderen Fällen empfiehlt es sich, einen Verkündungstermin anzusetzen und das Berufungsurteil in Ruhe abzufassen, da ein Stuhlurteil ohnehin keine Arbeitsersparnis mit sich bringt. Einem Verzicht auf Urteilsgründe wird der Prozessbevollmächtigte des Berufungsführers dann näher treten, wenn das Berufungsgericht bereit ist, die tragenden Erwägungen, auf denen die Zurückweisung der Berufung beruht, als Hinweis in das Protokoll zu diktieren, bevor das Urteil erlassen wird. Ausgerüstet mit einer solchen Protokollabschrift ist der Prozessbevollmächtigte in der Lage, den Ausgang des Prozesses seiner Partei zu vermitteln und ihr klarzulegen, dass ein Verzicht auf weitere Gründe in einem ohnehin aussichtslosen Prozess wenigstens zusätzliche Kosten gespart hat. Umgekehrt bedeutet der Erlass eines Stuhlurteils mit Verzicht auf Entscheidungsgründe für das Berufungsgericht eine nicht zu unterschätzende Arbeitserleichterung. Die Begründungspflicht entfällt nach §§ 540 II, 313 a II und 3 ZPO ganz, wenn die anfechtungsberechtigte(n) Partei(en) auf eine solche bis spätestens eine Woche nach Schluss der mündlichen Verhandlung verzichten. Alle genannten Ausnahmen von der Begründungspflicht gelten gem. § 313 a IV Nr. 1–5 nicht in den

dort näher bezeichneten Familiensachen, bei der Verurteilung zu künftig fällig werdenden wiederkehrenden Leistungen oder wenn zu erwarten ist, dass das Urteil im Ausland geltend gemacht werden soll.

95 Das **Diktieren der Urteilsgründe** gem. § 540 I S. 2 ZPO in das Sitzungsprotokoll empfiehlt sich nur dann, wenn infolge fehlender Rechtsmittelfähigkeit gem. § 313 a I 1 ZPO nur die Entscheidungsgründe mitzuteilen sind und diese wegen der terminsvorbereitend erteilten Hinweise knapp sein können. Nach ständiger Rechtsprechung des *BGH* (vgl. etwa NJW 2006, 1523, Rn. 5 f.) gelten für ein solches Urteil („Protokollurteil") dieselben Anforderungen wie für ein schriftlich niedergelegtes Urteil. Die Bezugnahme auf erteilte Hinweise reicht nicht, wenn zu deren Verständnis die Kenntnis des nicht in Bezug genommenen Ersturteils erforderlich ist und auf dieses nicht wirksam Bezug genommen ist. Die Berufungsanträge müssen in jedem Fall wiedergegeben werden. Das Urteil kann auch erst am Schluss der Sitzung nach Verhandlung über andere Sachen verkündet werden. Die Gründe müssen nicht mehr in das Urteil eingefügt werden, es genügt die Verbindung des Urteils mit dem Protokoll (*BGH*, NJW-RR 2010, 911, 912, Rn. 8). Für das Protokollurteil fallen dieselben Kosten an, wie für ein später abgesetztes Urteil, so dass der Zusatzbelastung des Protokollführers kein nennenswerter Einsparungseffekt gegenübersteht. Denn es dürfte keine Mühe bereiten, in einer Sitzungspause ein entsprechendes Tonbanddiktat abzusetzen, das sich mit geringem Zeitaufwand abschreiben lässt. Dagegen kann es effektiv sein, wenn ein vom Berichterstatter in der entsprechenden Form vorbereitetes Votum, das nach Durchführung der mündlichen Verhandlung weiter Bestand hat, vom Vorsitzenden verlesen und als Anlage zu Protokoll gegeben wird. Aus formaler Sicht ist es unabdingbar, dass das Originalurteil, bei Verkündung in der Sitzung also der vorbereitete Tenor unterschrieben und fest mit dem Protokoll verbunden wird, in dem sich die Urteilsbegründung befindet. Denn es fehlt ansonsten an den gem. § 315 I 1 ZPO erforderlichen Richterunterschriften unter dem Originalurteil (*BGH*, NJW-RR 2007, 141, 142, Rn. 7). Die fehlende Verbindung eines so genannten Protokollurteils, das lediglich die nach § 313 I Nrn. 1 bis 4 ZPO erforderlichen Bestandteile enthält, mit dem Verhandlungsprotokoll, das die Darlegungen nach § 540 I 1 ZPO umfasst, kann nicht mehr nachgeholt werden, wenn die für die Einlegung eines Rechtsmittels längste Frist von fünf Monaten nach der Verkündung des Urteils abgelaufen ist (*BGH*, NJW-RR 2008, 1521, Rn. 13).

96 Die innerprozessuale Bedeutung der Urteilsbegründung ergibt sich aus § 559 I 1 ZPO, da das Parteivorbringen nur insoweit der Beurteilung durch das Revisionsgericht unterliegt, als es aus dem Berufungsurteil und dem Sitzungsprotokoll ersichtlich ist. Damit verfügt der Bundesgerichtshof nur dann über eine hinreichende Grundlage für die Prüfung der Revision oder der Nichtzulassungsbeschwerde, wenn das für die Entscheidung **wesentliche tatsächliche Vorbringen** im Berufungsurteil festgehalten ist. Damit dürfte ein solcher Mangel regelmäßig entscheidungserheblich sein, weil es jedenfalls denkbar ist, dass die Revision bei Vorliegen einer tatbestandlichen Darstellung etwa im Hinblick auf die vom Revisionsgericht nach § 557 III 1 ZPO vorzunehmende Prüfung auf Fehler bei der materiellen Rechtsanwendung Erfolg hat. Dagegen wird die Nichtzulassungsbeschwerde, die sich nur auf das Fehlen der Wiedergabe des Parteivortrags stützt, nicht durchgehend Erfolg haben. Denn es ist dem Grunde nach geklärt, dass eine solche Darstellung notwendig ist. Damit bleibt nur der Zulassungsgrund der Sicherung einer einheitlichen Rechtsprechung. Dieser wird dann ausscheiden, wenn es zB wegen einer irrtümlich falschen Einschätzung des Wertes der potentiellen Beschwer an der Sachdarstellung fehlt (*BGH*, NJW 2003, 3208).

3. Abschnitt. Die Abfassung des Berufungsurteils

97 An dieser Stelle geht es nicht darum, allgemeine Ratschläge zur Abfassung eines Zivilurteils zu geben. Es geht allein darum, die Besonderheiten eines Berufungsurteils darzustellen, die sich für die Abfassung von Rubrum, Tenor, Tatbestand und Entscheidungsgründen ergeben.

I. Das Rubrum des Berufungsurteils

98 **1. Beispiel für das Rubrum**

15 U 792/10
10 O 17875/09 LG München I

Im Namen des Volkes

Urteil

In dem Rechtsstreit

Heinrich Mayer, Vogelstr. 6, 82327 Tutzing
– Kläger und Berufungsbeklagter –
Prozessbevollmächtigte: Rechtsanwälte Walter Klug und Kollegen,
Marienplatz 20, 80432 München

gegen

Anna Huber, Bischofstr. 8, 80512 München
– Beklagte und Berufungsklägerin –

Prozessbevollmächtigter: Rechtsanwalt Dr. Harald Weise, Ottostr. 31, 80430 München

wegen Schadensersatzes

erlässt der 15. Zivilsenat des Oberlandesgerichts München durch den Vorsitzenden Richter am Oberlandesgericht X und die Richter am Oberlandesgericht Y und Z aufgrund der mündlichen Verhandlung vom 17. 1. 2011 folgendes

Endurteil

2. Anmerkungen zum Rubrum

Das **Rubrum des Berufungsurteils** ist weitgehend identisch mit dem Rubrum eines üblichen Zivilurteils. Zu beachten ist allerdings, dass die Parteien nicht nur hinsichtlich ihrer Ausgangsstellung als Kläger bzw. Beklagter aufzuführen sind, sondern auch ihre Stellung im Berufungsverfahren zu kennzeichnen ist. Es empfiehlt sich daher, zu schreiben: „Kläger und Berufungsbeklagter" bzw. „Beklagter und Berufungskläger". Von dieser Kennzeichnung im Rubrum abgesehen, spricht man jedoch ansonsten im Berufungsurteil sowohl im Tenor wie im Tatbestand als auch in den Entscheidungsgründen nur und nur vom Kläger oder vom Beklagten. Im gesamten übrigen Text des Urteils stets die Floskel Kläger und Berufungsbeklagter bzw. Beklagter und Berufungskläger zu wiederholen, würde die Gefahr von Verwechslungen in sich bergen und darüber hinaus den Leser des Urteils überfordern bei der Frage, von welcher Partei im Urteil konkret gerade die Rede ist. 99

Zu warnen ist vor der häufigen Übung, das Rubrum des Ersturteils ungeprüft für das Berufungsurteil zu übernehmen. Dabei wird nicht selten übersehen, dass seit dem Erlass des Ersturteils prozessuale Veränderungen eingetreten sind, die im Rubrum des Berufungsurteils aufzuführen sind. Zu denken ist etwa an den Fall, dass der Prozessbevollmächtigte in zweiter Instanz gewechselt hat, der klagende Minderjährige inzwischen volljährig geworden ist, der Beklagte in Insolvenz gefallen ist und der Insolvenzverwalter als Partei kraft Amtes den Rechtsstreit fortführt, eine Gesellschaft sich inzwischen in Liquidation befindet und nunmehr nicht durch den früheren gesetzlichen Vertreter sondern durch den Liquidator vertreten wird und ähnliche Fallkonstellationen. Solche Besonderheiten sollte man sich bereits beim Durcharbeiten der Akten notieren (vgl. oben unter Rn. 34 ff.). 100

Soll das Berufungsurteil im schriftlichen Verfahren erlassen werden, ist folgende Formulierung zu wählen: „... erlässt der 15. Zivilsenat des Oberlandesgerichts München ... im schriftlichen Verfahren, in dem der ... (Datum des Endes der Schriftsatzfrist) dem Schluss der mündlichen Verhandlung entspricht folgendes Endurteil." 101

II. Der Tenor des Berufungsurteils

1. Beispielsfälle der Tenorierung

a) Zurückweisendes Berufungsurteil

I. Die Berufung des Beklagten gegen das Endurteil des Landgerichts München I vom 25. 5. 2010 wird zurückgewiesen. 102
II. Der Beklagte trägt die Kosten des Berufungsverfahrens.
III. Das Urteil ist ebenso wie das Endurteil des Landgerichts München I vom 25. 5. 2010 ohne Sicherheitsleistung vorläufig vollstreckbar.
IV. Die Revsion wird nicht nicht zugelassen.
V. Der Streitwert für das Berufungsverfahren wird auf € 31.500,– EUR festgesetzt.

b) Aufhebendes Berufungsurteil mit Klageabweisung

I. Auf die Berufung des Beklagten wird das Endurteil des Landgerichts München I vom 12. 4. 2010 aufgehoben. 103
II. Die Klage wird abgewiesen.
III. Die Kosten des Rechtsstreits trägt der Kläger.
IV. Das Urteil ist vorläufig vollstreckbar. Der Kläger kann kann die Vollstreckung durch Sicherheitsleistung in Höhe des insgesamt zu vollstreckenden Betrages abwenden, falls nicht der Beklagte vor der Vollstreckung Sicherheit in Höhe des zu vollstreckenden Betrags leistet.
V. Die Revsion wird zugelassen.
VI. Der Streitwert wird für das Berufungsverfahren wird auf 22.000,– EUR festgesetzt.

c) Aufhebendes Berufungsurteil mit Verurteilung des Klägers

I. Auf die Berufung des Klägers wird das Endurteil des Landgerichts München I vom 19. 4. 2010 aufgehoben und der Beklagte zur Zahlung von 10.000,– EUR nebst Zinsen hieraus in Höhe von 5 Prozentpunkten über dem Basiszinssatz seit dem 1. 4. 2009 verurteilt. 104
II. Der Beklagte trägt die Kosten des Rechtsstreits.
III. Das Urteil ist vorläufig vollstreckbar.
IV. Der Streitwert für das Berufungsverfahren wird auf 10.000,– EUR festgesetzt.

d) **Teilweise abänderndes Berufungsurteil**

105 I. Auf die Berufung des Beklagten wird das Endurteil des Landgerichts München I vom 6. 4. 2010 dahingehend abgeändert, dass der Beklagte verurteilt wird, an den Kläger statt 150.000,– EUR einen Betrag von 30.000,– EUR nebst Zinsen hieraus in Höhe von 5 Prozentpunkten über dem Basiszinssatz seit 1. 1. 2008 zu zahlen.
II. Im Übrigen werden die Berufung zurück- und die Klage abgewiesen.
III. Von den Kosten des Rechtsstreits tragen die Kläger $^4/_5$ und der Beklagte $^1/_5$.
IV. Das Urteil ist ebenso wie das Endurteil des Landgerichts München I nach Maßgabe von titter I. ohne Sicherheitsleistung vorläufig vollstreckbar.
V. Der Streitwert für das Berufungsverfahren wird auf 150.000,– EUR festgesetzt.

e) **Aufhebendes und zurückverweisendes Berufungsurteil**

106 I. Auf die Berufung des Klägers wird das Endurteil des Landgerichts München I vom 10. 5. 2010 samt den zugrunde liegenden Feststellungen aufgehoben.
II. Die Sache wird zur erneuten Verhandlung und Entscheidung – auch über die Kosten des Berufungsverfahrens – an das Landgericht München I zurückverwiesen.
III. Das Urteil ist vorläufig vollstreckbar.
IV. Der Streitwert für das Berufungsverfahren wird auf 80.000,– EUR festgesetzt.

2. Anmerkungen zu den Tenorierungsfällen

107 • Überflüssig ist es, die Berufung als „unbegründet zurückzuweisen". In dem Wort **„zurückweisen"** steckt bereits der Hinweis, dass die Berufung unbegründet ist. Wäre sie unzulässig, wäre die Berufung zu „verwerfen".

108 • Hinsichtlich der **Kosten des Berufungsverfahrens** ist auf § 97 I ZPO hinzuweisen. Häufig übersehen wird in diesem Zusammenhang, die Vorschrift des § 97 II ZPO und gegebenenfalls die Regelungen der §§ 344, 101 ZPO bei der Kostenentscheidung zu berücksichtigen.

109 • Die **vorläufige Vollstreckbarkeit** bei Berufungsurteilen in vermögensrechtlichen Streitigkeiten folgt aus § 708 Nr. 10 ZPO, dort ist auch geregelt, dass auszusprechen ist, dass das erfolglos angegriffene Urteil nunmehr ohne Sicherheitsleistung vorläufig vollstreckbar ist. Andere Urteile sind gem. § 709 ZPO für vorläufig vollstreckbar zu erklären, außerdem ist die Abwendungsbefugnis des Schuldners auszusprechen. Denn nach § 705 1 ZPO tritt die Rechtskraft vor Ablauf der für die Einlegung des zulässigen Rechtsmittels bestimmten Frist nicht ein. Sie ist auch dort bis zum Ablauf der Rechtsmittelfrist herausgeschoben, wo ein Rechtsmittel zwar an sich gegeben ist, aber an im konkreten Fall fehlende Voraussetzungen geknüpft ist, wie etwa das Erreichen der gem. § 26 Nr. 8 EGZPO geltenden Rechtsmittelgrenze von 20.000,– EUR für Nichtzulassungsbeschwerden nach § 544 ZPO. Die Rechtskraft und damit die Vollstreckbarkeit tritt so lange nicht ein, bis das Verfahren durch ungenutztes Verstreichen einer Rechtsmittelfrist, Rechtsmittelverzicht oder eine nicht mehr anfechtbare Entscheidung über ein an sich gegebenes Rechtsmittel zum Abschluss gekommen ist. Rechtskräftig werden damit mit Verkündung gem. § 542 II ZPO die Berufungsurteile in Verfahren des einstweiligen Rechtsschutzes, die damit gem. § 704 I ZPO vollstreckbar sind, ohne dass es eines gesonderten Ausspruches dieses Umstands bedarf. Dies gilt aber nicht für Urteile, durch die ein vom Erstgericht erlassener Arrest oder eine einstweilige Verfügung aufgehoben wird, die nach § 708 Nr. 6 ZPO für vorläufig vollstreckbar zu erklären sind.

110 • Wird die **Revision zugelassen,** muss dies ausdrücklich in den Tenor des Urteils aufgenommen werden. Sieht das Berufungsgericht dagegen keinen Anlass, die Revision zuzulassen, bedarf es in soweit keines Hinweises im Tenor. Schweigen bedeutet Nichtzulassung der Revision. Eine Zulassung der Revision ist nur geboten, wenn die Angelegenheit Grundsatzbedeutung hat oder die Fortbildung des Rechts oder die Sicherung der einheitlichen Rechtsprechung eine Entscheidung des Bundesgerichtshofs erfordert (§ 543 II ZPO, s. dazu schon oben Rn. 39–41 zu § 522 ZPO). Die Revisionszulassung kann auf einen Teil des Streitgegenstands beschränkt werden, der Gegenstand eines Zwischen- oder Teilurteils sein könnte (*BGH*, BeckRS 2011, 08813, Rn. 9 mwN), oder auf den der Revisionskläger selbst seine Revision beschränken könnte. Eine Beschränkung der Zulassung auf einzelne Angriffs- oder Verteidigungsmittel ist möglich, soweit es sich um rechtlich oder tatsächlich selbständige und abtrennbare Teile eines Gesamtstreitstoffs handelt (st. Rechtsprechung des *BGH*, vgl. etwa NJW-RR 2010, 664, Rn. 5).

111 • In Beispiel b) folgt die **vorläufige Vollstreckbarkeit** aus §§ 708 Nr. 10, 711 1 ZPO. § 713 ZPO kommt nicht zum Tragen, da das Urteil revisibel ist.

112 • Die **Kostenentscheidung** ergibt sich bei einem aufhebenden Urteil aus § 91 ZPO (Beispiele b und c).

113 • Häufig wird übersehen, die Berufung **im Übrigen**, nämlich soweit sie keinen Erfolg hatte, **zurückzuweisen.** (Beispiel d). Ebenso muss die Ausgangsklage abgewiesen, falls die Verurteilung erster Instanz – teilweise – aufgehoben wird.

114 • Die **Kostenentscheidung** bei einem teilweise abändernden Urteil folgt aus § 92 I ZPO. (Beispiel d).

115 • Hinsichtlich der **vorläufigen Vollstreckbarkeit** ist zu differenzieren. Schutzanordnungen nach § 711 ZPO unterbleiben, wenn mangels Zulassung der Revision (s. a. § 542 II ZPO) und Unterschreiten der

Wertgrenze des § 26 Nr. 8 EGZPO kein Rechtsmittel gegen das Urteil zulässig ist (Beispiel d und *BGH*, NJW-RR 2007, 1138).

- Bei einem **zurückverweisenden Berufungsurteil** bleibt die Kostenentscheidung dem Erstgericht vorbehalten (*Thomas/Putzo/Hüßtege*, § 97 Rn. 9; Beispiel e). 116
- Obwohl bei einer Zurückverweisung eine Kostenentscheidung nicht ergeht, und an sich daher ein Ausspruch über die **vorläufige Vollstreckbarkeit** obsolet ist, entspricht es dem Wortlaut des Gesetzes, auch ein zurückverweisendes Berufungsurteil nach § 708 Nr. 10 ZPO für vorläufig vollstreckbar zu erklären (*BGH*, JZ 1977, 232, 233; Beispiel e). 117
- Nach § 63 II 1 GKG muss bei einer Entscheidung über den gesamten Verfahrensgegenstand der **Gebührenstreitwert** festgesetzt werden. Dies geschieht zweckmäßigerweise routinemäßig in oder bei jeder instanzbeendenden Entscheidung. Wird das Berufungsverfahren durch Urteil beendet, kann die Festsetzung des Streitwerts in der Urteilsformel erfolgen. Dies empfiehlt sich auch zur Arbeitserleichterung. Denn wenn die Akten nach einigen Wochen vom Kostenbeamten oder auf Antrag einer Partei zur Streitwertfestsetzung wieder vorgelegt werden, zeigt es sich immer wieder, dass sich die Frage nach dem Streitwert nur unter erneutem Heranziehen des Akteninhalts zu beantworten ist. Eine sogleich erfolgte Wertfestsetzung erspart dem Richter und dem Kostenbeamten Zeit und vermeidbare Zweifel. 118

III. Die Abfassung des Tatbestands

Wie in erster Instanz muss auch im Berufungsverfahren der Anfertigung des Tatbestands besondere Aufmerksamkeit zuteil werden. Ein sorgfältig abgefasster und das relevante Vorbringen erschöpfender Urteilstatbestand ist eine gute **Selbstkontrolle** für den Berufungsrichter. Sie gibt ihm die Sicherheit, dass die Entscheidungsgründe ein vollständiges Spiegelbild des festgestellten Sachverhalts sind und dass tatsächlich über alles entschieden worden ist, was die Parteien als rechtserheblich vorgetragen haben. Hinzu kommt, dass ein Urteil für die Parteien an Überzeugungskraft gewinnt, wenn diese die Gewissheit haben, dass ihr Sachvortrag im Tatbestand vollständig aufgeführt und zum Gegenstand der Urteilsfindung gemacht worden ist. Nicht zuletzt ist es unter dem Gesichtspunkt des § 559 ZPO geboten, der Revisionsinstanz einen vollständigen und sorgfältigen Tatbestand zu liefern. 119

1. Aufbauschema für den Tatbestand eines Berufungsurteils

- Einleitungssatz zur Kennzeichnung des Streitgegenstands 120
- Bezugnahme auf das Ersturteil
- tragende Gründe des Ersturteils
- noch relevante Berufungsangriffe
- Antrag des Berufungsführers
- Antrag des Berufungsgegners
- streitiges Vorbringen des Berufungsgegners in zweiter Instanz
- relevante Prozessgeschichte des Berufungsverfahrens

2. Anmerkungen zum Tatbestandsschema

Außer der **Bezugnahme auf die tatsächlichen Feststellungen** des Erstgerichts müssen im Berufungsurteil die **Berufungsanträge** wiedergegeben werden, denn diese fallen erst nach Abschluss der ersten Instanz an und kennzeichnen den Umfang des in die Berufung gelangten Streitgegenstandes. Weitere Ausführungen sind dann erforderlich, wenn die tatsächlichen Feststellungen des Erstgerichts zu ändern oder zu ergänzen sind. Daraus ergibt sich, dass im Ersturteil nicht erscheinendes Parteivorbringen dann wiedergegeben werden muss, wenn es vom Berufungsgericht auch tatsächlich berücksichtigt wird. Aus dem Berufungsurteil muss zu ersehen sein, von welchem Sach- und Streitstand es ausgegangen ist, welches Rechtsmittelbegehren die Parteien verfolgt haben und welche tatsächlichen Feststellungen der Entscheidung zugrunde liegen (vgl. etwa *BGH*, NJW 2011, 2300, Rn. 5). 121

Dagegen müssen Behauptungen, die im Ergebnis keine Berücksichtigung finden, nicht dargestellt werden. Allerdings wird in der rechtlichen Begründung darauf eingegangen werden müssen, warum an sich erhebliches Vorbringen im Berufungsverfahren nicht berücksichtigt worden ist. Es muss also in keinem Fall eine vollständige Darstellung des Verfahrensablaufes erster und zweiter Instanz geliefert werden. Weil aber ein Urteil generell die kurze und verständliche Darstellung der getroffenen Entscheidung enthalten sollte, empfiehlt sich eine knappe Einführung in den Gegenstand des Verfahrens. Streiten die Parteien über Zahlungspflichten aus einem Bauwerkvertrag, wäre dies im **Einleitungssatz** der tatbestandlichen Darstellung zu erwähnen. Anschließend kann wegen der weiteren Einzelheiten auf das Ersturteil **Bezug genommen** werden. Nachfolgend sollten die **tragenden Gründe des Ersturteils** jedenfalls knapp angesprochen werden. Es könnte also heißen, dass das Erstgericht die Klage abgewiesen habe, weil der Klageanspruch mangels Abnahme nicht fällig sei. Nun schließt sich das eigentliche Thema des Berufungsverfahrens an, nämlich eine kurze **Wiedergabe der noch wesentlichen Berufungsan-** 122

griffe. Im Beispielsfall könnte der Angriff des Klägers darin bestehen, dass er zum Ausdruck bringt, dass das Erstgericht verkannt habe, dass Fälligkeit infolge Abnahme infolge rügeloser Ingebrauchnahme eingetreten sei. Sind seine diesbezüglichen Argumente aufgrund der bereits getroffenen Feststellungen zu bewerten, kann der Abschnitt zum Vorbringen des Berufungsklägers mit dessen **Antrag im Berufungsverfahren** abgeschlossen werden. Waren im Berufungsverfahren weitere, bisher nicht festgestellte Behauptungen zu berücksichtigen, müssen diese dargestellt werden. Es könnte also formuliert werden, dass der Kläger behauptet, der Beklagte nutze das errichtete Bauwerk bereits seit Übergabe vor vier Jahren, ohne jemals irgendwelche Mängel geltend gemacht zu haben. Anschließen sollte sich die hier nicht zwingend erforderliche, aber dem besseren Verständnis des Lesers dienende Erklärung, warum der Kläger meint, mit diesem Vorbringen noch gehört werden zu müssen.

123 Nach Wiedergabe des **Gegenantrags** des Berufungsbeklagten müssen sich spiegelbildlich dessen Gegenäußerungen zu den Behauptungen des Berufungsklägers anschließen. Hat der Berufungsbeklagte in Erwiderung auf das neue Vorbringen des Klägers weitere Verteidigungsmittel angebracht, wären diese, soweit noch relevant, unter Wiedergabe der Gegenäußerung, anzuschließen. Soll wegen der Einzelheiten, etwa wegen der Details minuziös geschilderter Mängel, auf schriftsätzliches Vorbringen Bezug genommen werden, ist dieses mit genauer Fundstelle zu bezeichnen. Etwa: Wegen weiterer Einzelheiten der Mängelbehauptungen des Beklagten wird auf den Schriftsatz des Beklagtenvertreters vom 1. 10. 2003, S. 5–17 (Blatt 95–107 der Akten) Bezug genommen.

124 Abschließend ist die **relevante Prozessgeschichte** aufzuführen. Hat der Spruchkörper im Verlaufe des Berufungsverfahrens rechtliche Hinweise erteilt, sollten diese mit genauer Fundstelle bezeichnet und in Bezug genommen werden. Wurden Hinweise erst in der Sitzung erteilt und dort nicht hinreichend protokolliert, akzeptiert der *BGH* die Wiedergabe der Hinweise im Berufungsurteil nur, wenn dort festgehalten ist, dass diese versehentlich nicht protokolliert wurden und warum es einer Äußerungsfrist für die betroffene Partei nicht bedurfte (NJW 2006, 60, 62). Hilfreich ist sicher auch der Hinweis auf durchgeführte Beweisaufnahmen mit der Angabe von Blattzahlen. Gerade dieser Teil des Urteils sollte einem Berufungsrichter nicht schwer fallen. Denn er muss an seine eigenen Ausführungen den Maßstab an Genauigkeit und Vollständigkeit anlegen, den er selbst von einem Ersturteil erwartet.

3. Abgekürzter Tatbestand

125 Nach § 313 a I ZPO kann das Berufungsgericht in einer nichtrevisiblen Sache von der **Abfassung eines Urteilstatbestands absehen.** Von dieser Möglichkeit wird in der Praxis häufig Gebrauch gemacht. Dennoch bestehen gegen diese Übung trotz der Vorschrift des § 313 a I ZPO gewisse Bedenken. So kann es vorkommen, dass das Oberlandesgericht von einer Beschwer von 15.000,– EUR ausgeht, daher der Meinung ist, die Sache sei nicht rechtsmittelfähig (§ 26 Nr. 8 EGZPO) und so auf einen Urteilstatbestand verzichtet. Der Beklagte legt jedoch dessen ungeachtet Nichtzulassungsbeschwerde ein und überzeugt den Bundesgerichtshof davon, dass seine Beschwer 25. 000,– EUR beträgt. Dann verfügt der Bundesgerichtshof über keine hinreichende Grundlage für die Prüfung der Nichtzulassungsbeschwerde. Ein solcher Mangel wird regelmäßig entscheidungserheblich sein, weil es jedenfalls denkbar ist, dass die zuzulassende Revision bei Vorliegen einer tatbestandlichen Darstellung etwa im Hinblick auf die vom Revisionsgericht nach § 557 III 1 ZPO vorzunehmende Prüfung auf Fehler bei der materiellen Rechtsanwendung Erfolg haben kann. Allerdings wird eine Nichtzulassungsbeschwerde, die sich nur auf das Fehlen der Wiedergabe des Parteivortrags stützt, nicht durchgehend Erfolg haben. Denn es ist dem Grunde nach geklärt, dass eine solche Darstellung notwendig ist. Damit bleibt nur der Zulassungsgrund der Sicherung einer einheitlichen Rechtsprechung. Dieser wird dann ausscheiden, wenn es wegen einer irrtümlich falschen Einschätzung des Wertes der potentiellen Beschwer an der Sachdarstellung fehlt (vgl. *BGH*, NJW 2003, 3208). Selbst in den Fällen, in denen die Sache zweifelsfrei nicht revisibel ist, erscheint es sinnvoll, wenigstens einen kurzen Tatbestand abzufassen. Sollte in einem späteren Prozess von einer Partei auf das Berufungsurteil Bezug genommen werden, oder ein Gericht die Akten des Ausgangsprozesses zur Entscheidung eines weiteren Verfahrens beiziehen, sind die Entscheidungsgründe für den künftigen Leser nur sehr schwer nachvollziehbar, wenn in tatsächlicher Hinsicht nicht jedenfalls kurz angedeutet wird, um was es im Ausgangsprozess gegangen ist. Ein mühseliges Durcharbeiten der Akte des Ausgangsprozesses ist die Folge, um die Entscheidungsgründe überhaupt nachvollziehen zu können. Besteht die Möglichkeit, dass das Urteil im Ausland vollstreckt werden muss, erspart die sofortige Begründung den Aufwand für eine mgw. nach Monaten beantragte Begründung (vgl. §§ 313 a V ZPO und 30 AVAG, abgedruckt etwa bei *Zöller/Geimer*, Anhang III). Selbstverständlich ist der Tatbestand dann in der gebotenen Kürze abzufassen:

126 **Beispiel:**

Die Parteien streiten nach dem Ausscheiden des Beklagten aus einer BGB-Gesellschaft um dessen Verpflichtung, an der Berichtigung von Gesellschaftsschulden mitzuwirken.

Nach § 1 des zwischen der Klägerin und dem Beklagten geschlossenen Gesellschaftsvertrags vom 15. 2. 2007 war Zweck der Gesellschaft die Entwicklung und der Vertrieb von Softwareprodukten. Der Beklagte schied am 2. 5. 2008 aus der Gesellschaft aus. Die Klägerin ließ mit Schreiben vom 15. 7. 2008 dem Beklagten erklären, dass sie seinen An-

teil übernehme und die Gesellschaft als Einzelfirma fortführe. Mit der vorliegenden Klage macht die Klägerin unter Vorlage einer Auseinandersetzungsbilanz einen Teilanspruch auf Ausgleich eines bestehenden Sollsaldos in Höhe von 10.000,– EUR geltend.
Das Landgericht hat die Klage mit Endurteil vom 29. 4. 2009 abgewiesen. Mit ihrer Berufung verfolgt die Klägerin ihren Anspruch in vollem Umfang weiter, während der Beklagte Zurückweisung der Berufung beantragt.
Von der weiteren Darstellung des Tatbestands wird abgesehen (§ 313 a ZPO).

IV. Entscheidungsgründe

1. Abfassen der Entscheidungsgründe

Einleitend ist das Ergebnis des Berufungsverfahrens in einem oder zwei knappen Sätzen zu erläutern. 127
Hatte die Berufung insgesamt Erfolg oder keinen Erfolg, heißt es, die Berufung hatte (keinen) Erfolg, weil zB die durchgeführte Beweisaufnahme ergeben hat, dass die Werkleistung abgenommen wurde, beziehungsweise der Kläger für die behauptete Abnahme beweisfällig geblieben ist. Bei Teilerfolg bietet sich die Aufteilung in zwei knappe **Einleitungssätze** an. Nicht mehr relevante Verfahrensergebnisse, wie etwa die bereits durch Terminierung festgestellte Zulässigkeit der Berufung können unerwähnt bleiben, falls sich die Parteien hierüber nicht bis zum Schluss des Verfahrens gestritten haben. Entsprechendes gilt für im Verlaufe des Verfahrens erledigte Streitpunkte. Ist etwa im Hinblick auf unbehelfliche Berufungsangriffe bereits mit Terminierung auf die insoweit maßgeblichen Gesichtspunkte verwiesen worden, ohne dass hierzu erneut Stellung bezogen wurde, reicht ein kurzer Hinweis auf die Erledigung dieser Rügen aus. An passender Stelle könnte der Satz eingefügt werden, der Spruchkörper habe zu den weiteren, dort näher bezeichneten Rügen im Beschluss vom 17. 12. 2010 Hinweise erteilt, zu denen der Berufungskläger sich nicht mehr geäußert habe, auf diese werde zur Vermeidung von Wiederholungen Bezug genommen. Es ist ebenso zulässig in einem zweiten Berufungsurteil, das nach erneutem Ende der ersten Instanz durch ein erneutes Endurteil ergeht, auf die Gründe des ersten zurückverweisenden Urteils Bezug zu nehmen, die aber nur insoweit bindend sind, als sie die Aufhebung und Zurückverweisung unmittelbar begründet haben (*BGH*, NJW 2005, 3071, 3073). Eine Bezugnahme nur auf die rechtlichen Erwägungen des Erstgerichts verbietet sich dann, wenn im Berufungsverfahren neue Gesichtspunkte aufgetaucht sind, dann muss begründet werden, warum diese (im Ergebnis) an den rechtlichen Erwägungen des Erstgerichts nichts ändern (*BGH*, NJW-RR 2007, 1412, Rn. 10).

Entsprechendes gilt für die **Berücksichtigung neuer Tatsachen**. Gegen deren Einbeziehung kann sich 128
die davon negativ betroffene Partei nicht mehr wehren, weil insoweit der Gesichtspunkt der materiellen Gerechtigkeit Vorrang vor der Bewahrung einer verfahrensrechtlichen Position hat (vgl. etwa *BGH*, NJW 2007, 3127, 3128, Rn. 19). Dies mag zwar in Fällen prozessualer Willkür anders sein, dann allerdings ist es Sache desjenigen, der dies mit einem Rechtsbehelf angreifen will, die entsprechenden Tatsachen in seiner Revisions- oder Beschwerdebegründung anzubringen. Gleichwohl sollte schon, um jeden Anschein der Willkür zu Lasten einer in diesem Punkt erklärtermaßen nicht einsichtigen Partei zu vermeiden, knapp angedeutet werden, warum das Berufungsgericht neue Tatsachenfeststellungen zu treffen hatte.

Gerade in der Entscheidungsbegründung ist eine klare, insbesondere für die Verfahrensbeteiligten 129
verständliche Sprache zu wählen. Diese werden zwar je nach Grad ihrer Kenntnisse in Rechtsangelegenheiten auch eine juristisch ausgereifte Begründung unter Auseinandersetzung mit den zu einem Problem vertretenen Rechtsauffassungen erwarten. Das kann aber nur dort gelten, wo entscheidende Punkte einer Auseinandersetzung betroffen sind. Daher sind vor Abfassen einer Entscheidung gedanklich der oder die streitentscheidenden Punkte herauszuarbeiten. Ist dies geschehen, sollten diese in eine streng logische und verständliche Reihenfolge gebracht werden. Dabei fördert das Verwenden von Gliederungspunkten die Übersichtlichkeit der Darstellung. Ist im oben besprochenen Fall (Rn. 122 ff.) die Abnahme durch Ingebrauchnahme nach Beweiserhebung festzustellen, werden die Parteien sicher wissen wollen, aufgrund welcher Überlegungen das Berufungsgericht zu der entsprechenden Beweiswürdigung gelangt ist. Dagegen dürfte die nicht umstrittene rechtliche Einordnung der rügelosen Ingebrauchnahme ohne besondere Relevanz sein, falls nicht eine der Parteien hierzu dezidiert einen von der allgemeinen Auffassung abweichenden Standpunkt vertritt. Selbst in diesem Fall ist keine nähere Darlegung eines unumstrittenen Rechtsstandpunktes erforderlich, weil weder eine Revision noch eine Gehörsrüge oder eine Verfassungsbeschwerde darauf gestützt werden könnte, dass die unterlassene nähere Begründung eine entscheidungserhebliche Rechtsverletzung darstelle. Allerdings dürfen zentrale Einwände gegen das Ersturteil nicht nur mit formelhaften Wendungen abgetan werden, hinreichende Anhaltspunkte für die inhaltlich präzise Darstellung des Berufungsführers seien „nicht ersichtlich“. Eine solche Begründung lässt nicht erkennen, ob das Berufungsgericht den Vortrag des Berufungsführers zur Kenntnis genommen und erwogen hat. Bei zurückverweisenden Entscheidungen sollte die Bindungswirkung für das Erstgericht, aber auch die Selbstbindung des Berufungsgerichts an die aufhebungsrelevanten Ausführungen bedacht werden (vgl. dazu etwa BGH, NJOZ 2005, 3983, 3984).

Es kann sich empfehlen, das Urteil „auf zwei Füße zu stellen“. 130

Beispiel:

Das Berufungsgericht kommt im Rahmen der Prüfung des § 823 BGB zu dem Ergebnis, dass die Handlung des Schädigers für den eingetretenen Schaden nicht kausal geworden ist. An sich reicht diese Begründung aus, um § 823 BGB im Urteil zu verneinen. Ist jedoch die Frage der Kausalität äußerst problematisch, empfiehlt es sich dringend, zusätzlich noch darauf hinzuweisen, dass der an sich nicht gegebene Schadensersatzanspruch zudem noch nach § 195 BGB verjährt ist. Auf diese Weise ist sichergestellt, dass das Revisionsgericht, falls es die Auffassung zur Kausalität nicht teilt, das Urteil wenigstens über die Argumentation „Verjährung" bestätigen kann.

2. Beispiele für die Entscheidungsgründe

a) Bestätigendes Berufungsurteil

131 Die zulässige Berufung des Beklagten gegen das Endurteil des Landgerichts München I vom 11. 3. 2010 war zurückzuweisen, da die zulässige Klage in vollem Umfang begründet ist. Der Beklagte ist nämlich aufgrund seiner Verpflichtungserklärung vom 6. 8. 2005 gemäß §§ 675, 670 BGB verpflichtet, an die Klägerin einen Betrag von 100.000,– EUR zu bezahlen.

1. Zutreffend hat das Landgericht entschieden, dass die vom Beklagten schriftlich übernommene Verpflichtung nicht deshalb unwirksam ist, weil dem Beklagten anlässlich der Unterschriftsleistung erklärt worden sei, es handle sich dabei um eine reine Formsache …
2. Zu Unrecht will der Beklagte aus dem Umstand, dass das für die Erklärung vom 6. 8. 2005 verwendete Formular keine rechtliche Qualifikation seiner Verpflichtung enthielt, den Schluss ziehen, dass er deshalb überhaupt keine Verpflichtung übernehmen wollte …
3. Unzutreffend ist auch der Hinweis des Beklagten, seine Haftung würde deshalb entfallen, weil die Klägerin ihre Pflicht zur Überprüfung des ihr hingegebenen Wechsels schuldhaft verletzt habe …

b) Aufhebendes Berufungsurteil

132 Auf die zulässige Berufung des Beklagten war das Endurteil des Landgerichts München I vom 12. 4. 2011 aufzuheben und die Klage in vollem Umfang abzuweisen.

Der Kläger besitzt gegenüber dem Beklagten keinen Zahlungsanspruch in Höhe von 10.000,– EUR. Zwar haftet der Beklagte nach § 280 BGB wegen schuldhafter Verletzung seiner Pflichten als Steuerberater, jedoch ist dieser Schadensersatzanspruch nach § 195 BGB verjährt. Zu Unrecht hat das Landgericht den gegenteiligen Rechtsstandpunkt eingenommen.

Schon der Ausgangspunkt des Landgerichts, dass die Verjährungsfrist mit dem Erlass des Steuerbescheids grundsätzlich beginne, ist in dieser Allgemeinheit unrichtig … Die vom Landgericht zitierten Entscheidungen des Bundesgerichtshofs … sind auf den Sonderfall der Betriebsprüfung zugeschnitten. Um einen solchen Fall handelt es sich jedoch im vorliegenden Rechtsstreit nicht …

Von den erwähnten Ausnahmefällen abgesehen, muss sich bei einem Schadensersatzanspruch gegen einen Steuerberater die Verjährungsfrist grundsätzlich an der Entstehung des Schadens orientieren …

Bei Zugrundelegung dieser Kriterien ist der Schaden im vorliegenden Fall bereits mit der Versäumung der Ausschlussfrist durch den Beklagten eingetreten …

Vollständigkeitshalber sei darauf hingewiesen, dass dem Kläger gegen den Beklagten auch keine sog. Sekundäransprüche zustehen … Nach alledem kann der Beklagte gegenüber dem Anspruch des Klägers die Einrede der Verjährung mit Erfolg geltend machen.

c) Zurückverweisendes Berufungsurteil

133 Auf die zulässige Berufung des Klägers war das Endurteil des Landgerichts München I vom 10. 5. 2010 aufzuheben und der Rechtsstreit zur erneuten Verhandlung und Entscheidung zurückzuverweisen (§ 538 II Nr. 1 ZPO), weil das Verfahren an einem wesentlichen Mangel leidet.

Zu Unrecht hat das Landgericht unmittelbare Rechtsbeziehungen zwischen den Parteien des Prozesses von vornherein verneint. Es hat dabei übersehen, dass der Kläger bereits in erster Instanz für den Abschluss einer solchen Vereinbarung fünf Zeugen benannt hat. Auf Blatt 47, 52, 61 und 72 d. A. wird verwiesen. Bei dieser Sachlage war das Landgericht verpflichtet, die Vernehmung der fünf angebotenen Zeugen durchzuführen. Die Nichteinvernahme von fünf entscheidungserheblichen Tatzeugen stellt sich als erheblicher Verfahrensfehler im Sinn des § 286 ZPO dar. Das Urteil beruht auch auf diesem Fehler, da das Landgericht bei einer durchgeführten Beweisaufnahme möglicherweise zu einem anderen Ergebnis gekommen wäre.

Der Senat hält es nicht für sachdienlich, von einer Zurückverweisung abzusehen und selbst zu entscheiden. Bei der Ermessensentscheidung nach § 538 ZPO ist gegeneinander abzuwägen der Vorteil, dass den Parteien der Instanzenzug voll gewahrt bleibt gegenüber dem Nachteil, den die Zurückverweisung infolge Verzögerung und Verteuerung bedeutet. Bei dieser Abwägung kann im vorliegenden Fall nicht außer Acht bleiben, dass nicht nur die Einvernahme der fünf erstinstanziell angebotenen Zeugen ansteht, sondern der Kläger nunmehr die Einvernahme eines weiteren Zeugen angeboten sowie zur bestrittenen Höhe des geltend gemachten Zahlungsanspruchs die Einholung eines Sachverständigengutachtens beantragt hat. Erforderlich ist also eine umfangreiche Beweisaufnahme. Der Senat ist nicht gehalten, in diesem Umfang erstinstanziell nicht geschaffene Entscheidungsgrundlagen im zweiten Rechtszug zu erarbeiten. Bei einer Entscheidung durch den Senat ginge den Parteien zudem eine Tatsacheninstanz verloren, was ihnen bei dem Umfang der erforderlichen Beweisaufnahme nicht zugemutet werden kann. Damit ist nach entsprechendem Antrag des Klägers eine Zurückverweisung an das Landgericht geboten …"

134 Auch wenn das erstinstanzielle Urteil aufzuheben ist, ist es völlig unangebracht, in irgendeiner Form eine Urteilsschelte anzubringen. Eine Herabsetzung des Erstgerichts im Berufungsurteil sollte unbedingt vermieden werden. Formulierungen wie „völlig verfehlt hat das Erstgericht angenommen …" oder „rechtsirrig meint der Vorrichter …" sind tunlich zu unterlassen. Von der Möglichkeit einer Zurück-

verweisung sollte das Berufungsgericht nur behutsam Gebrauch machen. Abgesehen davon, dass bei häufigen Zurückverweisungen das Klima zwischen dem Erstgericht und dem Berufungsgericht leidet, darf nicht übersehen werden, dass nach einer Zurückverweisung damit zu rechnen ist, dass das nunmehr erlassene Urteil des Landgerichts erneut mit der Berufung angegriffen wird und die Sache wieder an das Berufungsgericht gelangen wird. Im Übrigen wäre es verfehlt, etwa wegen der Nichteinvernahme eines erstinstanziell benannten Zeugen den Rechtsstreit zurückzuverweisen. Unterlässt das Erstgericht allerdings wie im obigen Muster gänzlich die Durchführung einer Beweisaufnahme, ist kein Grund ersichtlich, warum das Berufungsgericht die dem Erstgericht obliegende Arbeit erledigen sollte.

Das Diktieren der Urteilsgründe in die Sitzungsniederschrift ist nur bei mit Verkündung rechtskräfti- 135
gen Urteilen sinnvoll. Selbst in solchen Fällen ist es wegen der insoweit vom Bundesgerichtshof gestellten Anforderungen ratsam, ein vollständiges Urteil abzusetzen, vgl. dazu oben Rn. 95.

A. XXIII. Das Beschwerdeverfahren

Dr. Nikolaus Stackmann

Übersicht

Literatur: *Stackmann*, Der Einzelrichter im Verfahren vor den Land- und Oberlandesgerichten, 2006; *ders.*, Rechtsbehelfe im Zivilprozess, 2004 – zur allg. Literatur siehe Literaturverzeichnis A. I.

1. Abschnitt. Wesen und Arten der Beschwerde

1 Im Zivilprozess ergehen Entscheidungen für und gegen die Parteien nicht nur durch Urteile, sie werden auch durch Beschlüsse und Verfügungen des Gerichts, des Vorsitzenden, des Rechtspflegers und des Urkundsbeamten der Geschäftsstelle getroffen, die weder über den Streitgegenstand insgesamt, noch einzelne Teile davon endgültig befinden. Auch wenn diese Maßnahmen in der Regel der Vor- und Nachbereitung einer Entscheidung dienen, die den Prozessstoff insgesamt erledigt, können sie erhebliche Auswirkungen auf die Parteirechte haben. Deshalb stellen die Zivilprozessordnung, aber auch die anderen das Prozessrechtsverhältnis regelnden Gesetze wie etwa das Gerichtsverfassungsgesetz oder das Gerichtskostengesetz Rechtsbehelfe gegen solche Anordnungen zur Verfügung. Schon die ZPO kennt nicht nur die sofortige Beschwerde, die regelmäßig gegen gerichtliche Entscheidungen gegeben ist, die nicht

durch Urteil getroffen werden, sondern auch die Erinnerung, allgemein geläufig ist etwa die (unbefristete) Vollstreckungserinnerung gem. § 766 ZPO gegen die Art und Weise der Zwangsvollstreckung. Die Erinnerung findet (befristet) auch gegen Entscheidungen des Rechtspflegers gem. § 11 II 1 RPflG statt, falls die ZPO keine eigene Regelung trifft, wie dies etwa im Kostenfestsetzungsverfahren gem. § 567 III 2 ZPO der Fall ist, wenn der Wert der Beschwer 200,– EUR nicht übersteigt. Gegen Entscheidungen des Urkundsbeamten der Geschäftsstelle sieht § 573 ZPO die befristete Erinnerung vor. Im Kostenrecht ist innerhalb der 6-Monatsfrist des § 68 I 3, 63 III 2 GKG die (einfache) Beschwerde gegen die Wertfestsetzung zulässig. Gelegentlich wird übersehen, dass das Gesetz auch eine Anschlussbeschwerde kennt (vgl. § 567 III ZPO). Den hier zu behandelnden Beschwerdeverfahren ist gemeinsam, dass sie nach Durchführung des Nichtabhilfeverfahrens in der Ausgangsinstanz im Falle der Nichtabhilfe durch das Erstgericht beim Beschwerdegericht anfallen und von diesem zu entscheiden sind.

2. Abschnitt. Prüfung der Zulässigkeitsvoraussetzungen

I. Prüfungsschema

- Zuständigkeit 2
- Statthaftigkeit
- Frist
- Form
- Beschwer
- Beschwerdesumme
- Rechtsschutzbedürfnis

II. Die Zulässigkeitsvoraussetzungen im Einzelnen

1. Zuständigkeit

Zuständig zur Entscheidung über die Beschwerde gegen einen Beschluss des Amtsgerichts ist das Landgericht, in Familiensachen das Oberlandesgericht (§ 119 I Nr. 1.a GVG). Gegen einen – erstinstanzlichen – Beschluss des Landgerichts muss man sich an das Oberlandesgericht wenden (§ 568 I ZPO). Eine weitere Beschwerde gegen Entscheidungen des Landgerichts in Beschwerdeverfahren ist der ZPO unbekannt, allerdings sehen die Kostengesetze diese Möglichkeit vor (§§ 33 VI RVG, 66 IV GKG, 4 V JVEG). 3

2. Statthaftigkeit

Gem. § 567 I Nr. 1 ZPO findet die sofortige Beschwerde nur dann statt, wenn dies gesetzlich ausdrücklich angeordnet ist. Anderes gilt gem. § 567 I Nr. 2 ZPO nur dann, wenn es sich um eine Entscheidung handelt, die eine mündliche Verhandlung nicht erfordert und durch die ein das Verfahren betreffendes Gesuch abgelehnt wird. Insoweit ist zunächst zu unterscheiden zwischen Verfahrenshandlungen, die nur auf Antrag vorgenommen werden und solchen, die der amtswegigen Verfahrensleitung zugehören, wie etwa die Frage, ob einem Vertagungs- oder Terminsverlegungsantrag stattgegeben wird (*OLG Frankfurt*, NJW 2004, 3049 – keine Beschwerde). Deshalb gibt es auch keine Beschwerdemöglichkeit gegen Beweisbeschlüsse, Verfahrenstrennung oder -verbindung und ähnliche verfahrensleitende Anordnungen, die gegebenenfalls nach Ergehen eines Urteiles dadurch angegriffen werden können, dass die Berufung auf insoweit vorliegende Fehler gestützt wird. Angegriffen werden kann aber die Aussage des Gerichts zu einem Antrag überhaupt keine Entscheidung treffen zu wollen. Hierher gehört auch der Fall der Untätigkeit der Vorinstanz (vgl. etwa *KG*, NJW-RR 2008, 598 oder die Verweigerung der öffentlichen Zustellung einer Klage (*BGH*, NJW-RR 2009, 855). 4

3. Frist

Die durch § 569 I 1 ZPO bestimmte zweiwöchige Beschwerdefrist (Ausnahme: § 127 II 3 und III 3 in Prozesskostenhilfesachen: 1 Monat) ist eine Notfrist im Sinne von § 224 I 1 ZPO, die wegen § 224 II 2. Hs ZPO nicht verlängert werden kann. Sie läuft ab der gem. § 329 II 2 ZPO erforderlichen Zustellung des erstinstanzlichen Beschlusses. Gelegentlich teilt eine Partei anlässlich ihrer Anhörung vor einer noch zu treffenden Entscheidung des Erstgerichts mit, sie wolle neben ihrer nunmehr abzugebenden Stellungnahme zugleich vorsorglich Rechtsmittel gegen eine von ihrer Rechtsauffassung abweichende Entscheidung einlegen. Dies ist unzulässig, weil eine Beschwerde nur während des Laufs der Rechtsmittelfrist eingelegt werden kann. Diese beginnt aber erst, wenn die Entscheidung existent ist, sich also das Gericht ihr nach außen sichtbar „entäußert" hat. Dies ist regelmäßig nicht mit Unterschrift unter einen Beschluss der Fall, sondern dann, wenn das Schriftstück den inneren Geschäftsbetrieb verlässt, also von 5 der Geschäftsstelle zur Post gegeben oder in das Zustellfach des Prozessbevollmächtigten eingelegt wird (*BGH*, NJW-RR 2004, 1575).

6 Ist die Zustellung des angefochtenen Beschlusses unterblieben und die Bekanntmachung formlos erfolgt, gilt gem. § 189 ZPO als Zeitpunkt der Zustellung der tatsächliche Zugang. Eine Berichtigung des Ausgangsbeschlusses hat grundsätzlich keinen Einfluss auf den Lauf der Beschwerdefrist (*KG*, NJW-RR 2010, 142). Ist eine mit der Hauptsache nicht zweifelsfrei in Verbindung stehende Entscheidung, wie etwa ein Ordnungsgeldbeschluss gem. § 141 III 1 ZPO angegriffen, muss bei Zustellung des angegriffenen Beschlusses an den Prozessbevollmächtigten geprüft werden, ob dessen Vollmacht auch für diese Zustellung gilt. Ist dies nicht der Fall, läuft die Beschwerdefrist erst mit Bekanntgabe des Beschlusses an die Partei selbst. Lässt sich die Bekanntgabe an die Partei nicht feststellen, gilt bei verkündeten Beschlüssen die Fünfmonatsfrist des § 569 I 2 ZPO. Ist der Beschluss nicht verkündet worden und lässt sich eine Bekanntgabe an den Beschwerdeführer nicht feststellen, ist nach Meinung des *Bundesgerichtshofs* auch nach 2½jährigem Zuwarten des Beschwerdeführers und seiner Prozessbevollmächtigten auf eine Entscheidung im PKH-Verfahren keine Verwirkung anzunehmen (BeckRS 2010, 30061, Rn. 9).

7 Bei Versäumnis der Beschwerdefrist muss die Frage der Wiedereinsetzung gem. §§ 233 ff. ZPO geprüft werden. Im Hinblick auf die teilweise unterschiedlichen und eigenständigen Regelungen zu den Beschwerden hat der *Bundesgerichtshof* ausdrücklich entschieden, dass dem durch eine fehlerhafte Rechtsmittelbelehrung Benachteiligten auch das Rechtsmittel zur Verfügung steht, auf das das Ausgangsgericht rechtsfehlerhaft hingewiesen hat (NJW-RR 2003, 277, 279). Allerdings kann eine fehlerhafte Rechtsmittelbelehrung ein unstatthaftes Rechtsmittel nicht statthaft machen und die erforderliche Zulassung des Rechtsmittels nicht ersetzen. Sie dient nicht der Ergänzung oder Interpretation der Entscheidung, sondern allein der Information der unterlegenen Partei über die Möglichkeit von Rechtsmitteln (*BGH*, NJW-RR 2007, 1071, Rn. 9).

4. Form

8 Nach § 569 II 2 ZPO muss die Beschwerdeschrift die angefochtene Entscheidung bezeichnen und, wenn auch nicht wörtlich, erkennen lassen, dass Beschwerde eingelegt wird. Werden der Partei an einem Tag zwei Beschlüsse zugestellt, muss in der Beschwerdeschrift klargestellt werden, ob beide Beschlüsse oder nur einer und zwar welcher angegriffen wird. Ist nur eine der beiden Entscheidungen angreifbar liegt es auf der Hand, dass sich die Beschwerde gegen den anfechtbaren Beschluss richtet. Anders sieht dies das *OLG Brandenburg*, FamRZ 2004, 388, mit ablehnender Anmerkung Gottwald, wenn auf Anfrage keine Klarstellung des Beschwerdebegehrens erfolgt. Die Vorschriften über vorbereitende Schriftsätze gelten auch im Beschwerdeverfahren. Deshalb müssen Beschwerdeschriften als bestimmende Schriftsätze von einem Rechtsanwalt unterschrieben (§§ 129, 130 ZPO) oder gem. § 130 a I 2 ZPO mit einer qualifizierten elektronischen Signatur versehen sein. Der Bezirksrevisor hat im Verfahren der Prozesskostenhilfe nach § 127 III ZPO eine besondere Stellung, so dass er auch ohne anwaltliche Vertretung sogar beim Bundesgerichtshof postulationsfähig ist (*BGH*, NJW-RR 2005, 1237). Der Anwaltszwang gilt gem. § 569 III Nr. 1 ZPO nicht, wenn das Verfahren erster Instanz vor dem Amtsgericht geführt wurde und nicht dem Anwaltszwang unterlag. Auch im Eilverfahren soll gegen die Ablehnung einer einstweiligen Anordnung oder eines Arrestes die sofortige Beschwerde nicht dem Anwaltszwang unterliegen (*OLG Celle*, NJW-RR 2009, 977, 978 mit Nachweisen zum Meinungsstand). In den Fällen, in denen die Beschwerdeeinlegung nicht dem Anwaltszwang unterliegt, kann die Beschwerde gem. § 569 III 1. Hs ZPO auch zu Protokoll der Geschäftsstelle eingelegt werden, allerdings nicht telefonisch (*BGH*, NJW-RR 2009, 852, Rn. 7 ff.). Nach § 569 III Nr. 3 ZPO können sich auch Zeugen, Sachverständige und Dritte im Sinne von §§ 142, 144 ZPO ohne Inanspruchnahme eines Rechtsanwalts beschweren. Die Erklärung zu Protokoll der Geschäftsstelle kann auch durch Übersendung einer Beschwerdeschrift geschehen, bei deren Auslegung großzügige Maßstäbe anzulegen sind. Deshalb sind in diesen Verfahren auch die Erklärungen von Rechtsanwälten wirksam, die im Verlaufe der Verfahrens ihre Zulassung verlieren, da die Partei ggf. auch deren vollmachtslose weitere Prozessführung im Nachhinein genehmigen kann (*BGH*, NJW 2006, 2260, 2261, Rn. 15).

5. Beschwer

9 Die Beschwerde ist nur zulässig, wenn sich mit ihr ein Verfahrensbeteiligter gegen eine durch den Ausgangsbeschluss verursachte Beschwer wendet. Dabei darf es nicht lediglich um ideelle Motive gehen, wie etwa das, das einer Partei die vom Erstgericht gewählte Beschlussbegründung nicht zusagt Denn dann fehlt es an einem Angriff auf materiellen Inhalt der Entscheidung. Hat sich die Entscheidung mittlerweile erledigt, etwa weil der Drittschuldner die durch die ihm durch den nun aufgehobenen Pfändungs- und Überweisungsbeschluss auferlegte Zahlung bereits erbracht hat, bleibt dem beschwerdeführenden Gläubiger nur noch das Erklären der Hauptsacheerledigung, falls die Zahlung während der Anhängigkeit des Beschwerdeverfahrens erfolgt. Im Kostenfestsetzungsverfahren ist eine Beschwerde nur zulässig, wenn ein im Antragsverfahren bereits geltend gemachter Anspruch zur Entscheidung gestellt wird. Dagegen ist das Rechtsmittel unzulässig, wenn mit ihm lediglich im Wege der Anspruchs-

erweiterung ein neuer, bislang nicht geltend gemachter Anspruch zur Entscheidung gestellt wird (*BGH*, BeckRS 2011, 01160, Rn. 3).

Beschwerde einlegen kann nur derjenige Verfahrensbeteiligte, der von einer gerichtlichen Anordnung unmittelbar betroffen ist. Dies ist nicht immer die Partei der Hauptsache. Im Entschädigungsverfahren nach dem Justizvergütungs- und -entschädigungsgesetz wird unmittelbar nur zu Gunsten und zu Lasten der zu entschädigenden Personen bzw. der Staatskasse entschieden. Das mittelbare Interesse der Parteien an der Höhe der letztlich von ihnen zu tragenden Vergütung verhilft ihr dort nicht zu einem Beschwerderecht. Ggf. muss mit einem Rechtsbehelf zugewartet werden, bis die Ausgangsentscheidung so umgesetzt ist, dass sie tatsächlich konkret in Parteirechte eingreift. Dies ist aber erst dann der Fall, wenn gegen eine Partei Kostenansatz ergeht. Dagegen kann sie sich mit der Erinnerung gem. § 66 I GKG zur Wehr setzen. 10

6. Beschwerdesumme

Nach § 567 II ZPO kann bei Entscheidungen über Kosten nur dann sofortige Beschwerde eingelegt werden, wenn die Beschwer über 200,– EUR liegt. Neben dieser Reduktion des Rechtswegs findet sich in Bezug auf die Hauptsacheerledigung in § 91 a II 2 ZPO ein weiterer allgemeiner Rechtsgedanke. Der Rechtsweg im Beschwerdeverfahren soll nicht weiter gehen, als dies in der Hauptsache der Fall gewesen wäre. Daher kann gegen Kostenentscheidungen in Sachen, in denen der Streitwert der Hauptsache 600,– EUR nicht überstiegen hat, keine Beschwerde eingelegt werden. Eine ähnliche Regelung enthält § 127 II 2 ZPO für die Beschwerde gegen Entscheidungen im Prozesskostenhilfeverfahren. Insoweit gibt es Fälle, die sich nur im Wege der Auslegung lösen lassen. Denn es ist durchaus denkbar, dass bei einer Entscheidung nach § 91 a ZPO der Hauptsachestreitwert über 600,– EUR, also etwa bei 800,– EUR gelegen hat. Muss eine Seite ¼ der Kosten des Rechtsstreits tragen, würde der Wert der Beschwer bei einer Hauptsacheentscheidung mit 200,– EUR hinter 600,– EUR zurückgeblieben, dennoch könnte sie sich jedenfalls nach dem Wortlaut des § 91 a II 2 ZPO gegen die Kostenentscheidung nach Erledigung der Hauptsache beschweren. Nach Auffassung des *Bundesgerichtshofs* ist jedoch ausschlaggebend, ob das unterstellte Unterliegen der beschwerdeführenden Partei 600,– EUR übersteigt (NJW-RR 2003, 1504, 1505). 11

7. Rechtsschutzbedürfnis

Wie bei jedem Rechtsmittel ist auch bei der Beschwerde das Rechtsschutzbedürfnis zu prüfen. Insoweit ergeben sich keine Besonderheiten. 12

8. Beschwerdebegründung

Eine Beschwerdebegründung ist gesetzlich nicht vorgeschrieben. Die sofortige Beschwerde „soll" gem. § 571 I ZPO begründet werden. Deshalb muss eine Beschwerdebegründung auch nicht zwingend mit der Einlegung einer sofortigen Beschwerde vorgelegt werden. Soll eine solche noch erfolgen, wird dies meist in der Beschwerdeschrift mitgeteilt. Dabei teilt der Beschwerdeführer häufig mit, innerhalb welcher selbst gewählten Frist er die Beschwerde begründen will. Äußert sich hierzu das Gericht nicht, kann er davon ausgehen, dass er die Beschwerde innerhalb dieser Frist begründen kann. Will das Gericht eine deutlich zu lang gesetzte Begründungsfrist nicht akzeptieren, wird es dies dem Beschwerdeführer unter Mitteilung der nach Meinung des Gerichts angemessenen Frist gem. § 571 III 1 ZPO mitteilen müssen. Wird diese Frist überschritten, gilt gem. § 571 III 2 und 3 ZPO Verspätungsrecht. 13

Erklärt der Beschwerdeführer nur, er wolle sein Rechtsmittel noch begründen, ist das Gericht nicht verpflichtet, ihm ausdrücklich eine Äußerungsfrist zu setzen. Dem Anspruch des Beschwerdeführers auf rechtliches Gehör ist dadurch Genüge getan, dass eine angemessene Zeit zugewartet wird, in der dieser Gelegenheit zur Äußerung hat. Diese Frist wird üblicherweise mit 2–3 Wochen bemessen (vgl. etwa *BVerfG*, ZIP 1986, 1336, 1337). 14

3. Abschnitt. Verfahren des Beschwerdegerichts

I. Spruchkörper- oder Einzelrichterzuständigkeit

In Beschwerdeverfahren nach der ZPO entscheidet gem. § 568 I 1 ZPO der originäre Einzelrichter, wenn der angegriffene Beschluss durch den Einzelrichter oder durch den Rechtspfleger erlassen wurde. Damit ist am Landgericht immer der Einzelrichter zuständig. Die Kammer kann nur dann zuständig werden, wenn dieser das Verfahren auf diese überträgt. Am Oberlandesgericht muss zunächst geprüft werden, ob der angegriffene Beschluss von der erstinstanzlich zuständigen Kammer in voller Besetzung oder aber vom Einzelrichter bzw. Rechtspfleger getroffen wurde. Die Zuständigkeit des Senats in Angelegenheiten, die erstinstanzlich von der Kammer entschieden worden sind, ist zwingend, eine Übertra- 15 gungsmöglichkeit gibt es nicht. Die Übertragung eines Beschwerdeverfahrens nach § 568 2 Nr. 2 ZPO auf den Spruchkörper ist immer dann zwingend, wenn der Einzelrichter beabsichtigt, die Rechtsbeschwerde zuzulassen. Denn diese kann nach §574 I Nr. 2, II Nr. 1und 2 ZPO nur zugelassen werden, wenn die Angelegenheit Grundsatzbedeutung hat (vgl. dazu bereits Kapitel XXII, Rn. 39ff.). Nimmt also der Einzelrichter hinsichtlich der Rechtsmittelzulassung Grundsatzbedeutung an, wäre es willkürlich, wenn er dasselbe nicht auch für seine Zuständigkeit annehmen wollte. Unterläuft dem Einzelrichter ein solcher Fehler, kann er bei Einlegung der Rechtsbeschwerde davon ausgehen, dass der Bundesgerichthof den Beschluss aufhebt und die Sache zur erneuten Verhandlung und Entscheidung zurückverweist (s. etwa *BGH*, NJW 2003, 1254). Liegt auch nach der Rückverweisung mangels einer mittlerweile ergangenen präjudiziellen Entscheidung weiterhin Grundsatzbedeutung vor, muss der infolge der Rückverweisung zunächst wieder zuständige Einzelrichter das Beschwerdeverfahren auf den Spruchkörper übertragen.

II. Vorbereitung der Entscheidung

16 Das Gericht prüft mit Vorlage der Beschwerde, ob über diese sogleich entschieden werden kann, bzw. welche Verfahrenshandlungen noch erforderlich sind, um die Entscheidungsreife der Angelegenheit herbeizuführen.

1. Beim Beschwerdegericht eingelegte Beschwerde

17 Wenn das Erstgericht noch kein Abhilfeverfahren durchgeführt hat, weil die Beschwerde gem. § 569 I 1 ZPO beim Beschwerdegericht eingelegt wurde, ist ihm regelmäßig Gelegenheit zur Durchführung des Abhilfeverfahrens zu geben. Dies gilt auch dann, wenn das Beschwerdegericht der Auffassung ist, dass der Beschwerde nicht abzuhelfen ist. Denn die Entscheidung über die Abhilfe liegt im Ermessen des Erstgerichts. Zwar ist die Durchführung des Abhilfeverfahren keine zwingende Voraussetzung einer Beschwerdeentscheidung, aber die prozessuale Fairness gebietet es, der beschwerdeführenden Partei nicht ohne Not die Chance einer Abhilfe zu nehmen. Ist allerdings die Zurückweisung der Beschwerde von vornherein vorprogrammiert, etwa weil es an einer Begründung der Beschwerde gegen eine ausführlich begründete Ausgangsentscheidung fehlt, kann im Einzelfall von der Rückgabe abgesehen und sofort entschieden werden. Im Regelfall wird allerdings ohnehin die Sachakte nicht vorliegen, weil diese beim Erstgericht geführt wird. Der Routine, die Sachakte ohne Richtervorlage sogleich anzufordern, sollte man im Beschwerdeverfahren entgegenwirken, weil das Erstgericht ohnehin das Abhilfeverfahren durchzuführen hat. Demgemäß ist es sinnvoll, dem Erstgericht die Beschwerdeschrift mit der Bitte zuzuleiten, diese nach Durchführung des Abhilfeverfahrens mit der Sachakte vorzulegen. Dies gilt unabhängig vom Ausgang des Abhilfeverfahrens, da das Beschwerdeverfahren solange als anhängig geführt wird, bis eine Erledigung – ggf. im Abhilfeverfahren – beim Beschwerdegericht bekannt wird und die Schlussbehandlung erfolgen kann.

Beispiel für eine Zuleitungsverfügung:

1. Mit 1 Beschwerdeschrift
   an das Landgericht München I
   m. d. B. hinsichtlich der sofortigen Beschwerde gegen den Beschluss vom 10. 3. 2011 das Abhilfeverfahren durchzuführen und anschließend die Akte vorzulegen.
2. Ausf. von 1) an PV mitt.
3. Fehlblatt mit Ablichtung dieser Verfügung anlegen, WV sp. 6 Wochen.

2. Abhilfeverfahren vor dem Ausgangsgericht

18 Das Erstgericht hat das Abhilfeverfahren in derselben Besetzung wie im Ausgangsverfahren (beim Landgericht Einzelrichter oder Kammer) gem. § 572 I ZPO durchzuführen. Dafür gelten die allgemeinen Vorschriften der Zivilprozessordnung genauso wie im Hauptsacheverfahren und damit auch die dieselben richterlichen Pflichten. Das Erstgericht ist verpflichtet, den Vortrag in der Beschwerdebegründung zur Kenntnis zu nehmen (*OLG Brandenburg*, BeckRS 2001, 30213395), beziehungsweise bei nicht begründeter Beschwerde entweder der Partei Gelegenheit zur Begründung zu geben oder jedenfalls einen angemessenen Zeitraum abzuwarten, ob noch eine Begründung vorgelegt wird.

3. Vorlage der Beschwerde ohne Begründung

19 Ist die Beschwerde nicht begründet worden, obwohl das Erstgericht erst nach Ablauf einer angemessenen Frist über die Abhilfe entschieden hat, kann davon ausgegangen werden, dass eine Beschwerdebegründung nicht mehr zu erwarten ist und bei Entscheidungsreife sogleich ein Beschluss abgesetzt werden. Ist eine Beschwerdebegründung angekündigt und noch keine angemessene Frist seit Einlegung der Beschwerde verstrichen, muss abgewartet werden, ob eine Begründung vorgelegt wird. Zweckmäßigerweise ist dem Beschwerdeführer eine entsprechende Frist zu setzen und Wiedervorlage nach Fristablauf anzuordnen.

4. Verfahrensgang bis zur Entscheidung

Im Beschwerdeverfahren gelten dieselben richterlichen Pflichten, wie im Erkenntnisverfahren. Beabsichtigt also das Beschwerdegericht, seine Entscheidung, der gem. § 128 IV ZPO keine mündliche Verhandlung vorhergehen muss, auf einen Gesichtspunkt zu stützen, auf den die Parteien noch nicht hinreichend hingewiesen wurden oder der für sie überraschend wäre, ist zunächst ein entsprechender Hinweis mit anschließender Äußerungsfrist zu setzen. Dies wird regelmäßig dann erforderlich sein, wenn die Beschwerde als unzulässig verworfen werden soll, die Erstentscheidung abgeändert oder die Beschwerde unter einem Gesichtspunkt zurückgewiesen werden soll, der im bisherigen Verfahren keine Rolle gespielt hat. 20

Eine mündliche Verhandlung wird in Beschwerdeverfahren nur in seltenen Ausnahmefällen erforderlich. Ein Termin kann dann erforderlich sein, wenn das Beschwerdegericht in Vollstreckungsangelegenheiten selbst Beweis erheben will oder der persönliche Eindruck von den Parteien für eine Entscheidung nötig oder förderlich ist (Ermessen des Gerichts!). Ggf. wird Termin zur Beweisaufnahme bestimmt und die Parteien sowie die Zeugen geladen: 21

Beispiel:

1. Termin zur Beweisaufnahme wird bestimmt auf Dienstag, den 19. 4. 2011, 11.15 Uhr, Sitzungssaal 12, Justizpalast am Karlsplatz
2. Das persönliche Erscheinen des Beschwerdeführers wird angeordnet.
3. Außerdem werden die Zeugen X und Y geladen (Beweisthema: Kontaktaufnahme des Beschwerdeführers mit der Beschwerdegegnerin am 18. 11. 2010 gegen 13.00 Uhr in der Amalienstraße in München auf der Höhe des Universitätshauptgebäudes).
4. Ausschlussfrist für terminsvorbereitendes Sachvorbringen: 5. 4. 2011. Mit Fristverlängerung kann angesichts der erforderlichen Terminsvorbereitung (weitere Zeugenladung?) nicht gerechnet werden.
5. Alle weiteren Schriftsätze sind direkt zuzustellen.

In Beschwerdeverfahren kann nahezu immer ohne Abhaltung eines Termins entschieden werden. Denn der im Erkenntnisverfahren geltende Grundsatz des Vollbeweises mit den nach der ZPO zulässigen Beweismitteln gilt hinsichtlich vieler Beschwerden nicht. Im zivilprozessualen Beschwerdeverfahren ist das Gericht nicht an das strenge Beweisverfahren nach §§ 355 ff. ZPO gebunden. Das bedeutet aber nicht, dass für die richterliche Überzeugungsbildung andere Grundsätze gelten als im Hauptsacheverfahren. Etwa bei widerstreitenden Sachdarstellungen unter der Vorlage wechselseitiger eidesstattlicher Versicherungen wird das Gericht die angebotenen Zeugen hören müssen, soweit der Streitpunkt entscheidungserheblich ist. 22

Andere Beweisgrundsätze müssen wie beispielsweise im Kostenfestsetzungsverfahren ausdrücklich gesetzlich festgelegt sein. Beim Angriff auf Kostenfestsetzungsbeschlüsse wird häufig geltend gemacht, dass die Umsatzsteuer nicht hätte festgesetzt werden dürfen, weil der Gegner Unternehmer sei. Dabei wird immer wieder übersehen, dass das Kostenfestsetzungsverfahren grundsätzlich nur der Nachprüfung der geltend gemachten Kosten dient und der Gesetzgeber für die Berücksichtigung eines Kostenansatzes generell Glaubhaftmachung und im Fall des Vorsteuerabzugs die Erklärung des Antragstellers über seine Vorsteuerabzugsberechtigung genügen lässt (§ 104 II 1 u. 3 ZPO). 23

5. Eilanträge

Nach § 570 I ZPO hat die Beschwerde nach der ZPO nur in Ausnahmefällen aufschiebende Wirkung, nämlich wenn sie sich gegen die Festsetzung eines Ordnungs- oder Zwangsmittels richtet. Deshalb sieht § 570 III ZPO vor, dass das Beschwerdegericht einstweilige Anordnungen in Bezug auf den Streitgegenstand erlassen kann. Insoweit ist das Verfahren nicht so formalisiert, wie das nach §§ 707, 719 und § 769 ZPO im Urteilsverfahren der Fall ist. Eine Aussetzung der Vollziehung ohne Sicherheitsleistung kommt im Beschwerdeverfahren deshalb auch dann in Betracht, wenn der Schuldner nicht glaubhaft macht, dass ihm eine Sicherheitsleistung nicht möglich ist und ihm durch die Vollstreckung unwiederbringliche Nachteile drohen. Diese formfreiere Handhabung ist möglich, weil aus Beschlüssen, gegen die die Beschwerde stattfindet, gem. § 794 I Nr. 3 ZPO generell die Zwangsvollstreckung ohne besondere Anordnung stattfindet. Daher muss auch die Vollstreckung durch das Beschwerdegericht unter erleichterten Voraussetzungen ausgesetzt werden können. 24

Im Rahmen der erforderlichen Interessenabwägung zwischen Gläubiger und Schuldner hat die Frage der Erfolgsaussicht der Beschwerde eine entscheidende Rolle zu spielen. Je wahrscheinlicher ein Erfolg des Rechtsmittels ist, desto eher kommt die Aussetzung des Vollzugs des Ausgangsbeschlusses bzw. die Anordnung der aufschiebenden Wirkung der Beschwerde in Betracht. Je unwahrscheinlicher ein solcher Erfolg ist, desto sicherer muss die Position des Gläubigers sein, wenn die Vollziehung auch im Hinblick auf eine nur geringe Erfolgsaussicht der Beschwerde ausgesetzt werden soll. In solchen Fällen muss der Gläubiger durch die vom Schuldner zu leistende Sicherheit in jeder Beziehung abgesichert sein. Deshalb wird ein vor Vorlage der Begründung der Beschwerde gestellter Antrag auf Erlass einer einstweiligen 25

Anordnung nur dann Erfolg haben können, wenn der Gläubiger durch eine angebotene Sicherheit des Schuldners hinreichend gesichert ist.

4. Abschnitt. Entscheidung des Beschwerdegerichts

26 Die Entscheidung des Beschwerdegerichts ergeht durch Beschluss. Es ist üblich, diesen ähnlich wie ein Urteil aufzubauen. Der Beschluss soll daher Rubrum, Ausspruch in der Sache selbst und Gründe enthalten.

I. Beispiel für ein Rubrum

27 Aktenzeichen: 15 W 2016/08
20 0 23536/07 LG München I

In dem Rechtsstreit

Hans Huber, Höllenweg 16, 80993 München – Kläger und Beschwerdeführer –
Prozessbevollmächtigter: Rechtsanwalt Andreas Schick, Josefstr. 21, 80241 München

gegen

Hans-Peter Mayer, Karlsbergstr. 15, 80223 München – Beklagter und Beschwerdegegner
Prozessbevollmächtigte: Rechtsanwälte Hartmut Klug und Kollegen, Abendstr. 24, 80551 München

wegen Forderung;
hier: Kosten

erlässt der 15. Zivilsenat des Oberlandesgerichts München durch die unterzeichnenden Richter ohne mündliche Verhandlung am 16. 3. 2011 folgenden

Beschluss

II. Ausspruch in der Sache selbst

28 Auch im Beschwerdeverfahren muss vor Erlass einer Entscheidung und deren Ausformulierung die grundsätzliche Entscheidung getroffen werden, ob das Beschwerdegericht ggf. aufgrund eigener Feststellungen in der Sache entscheiden oder aber die Sache an das Ausgangsgericht zurückgeben will. Denn auch im Beschwerdeverfahren ist ausnahmsweise die Aufhebung und Zurückverweisung an das Erstgericht möglich, wenn sich dieses dem Vorbringen der Parteien verschlossen und grundlegende Verfahrenshandlungen bisher nicht vorgenommen hat. Generell sollte aber das Beschwerdegericht die vom Erstgericht unterlassenen Verfahrenshandlungen nachholen und das Beschwerdeverfahren zu einem Abschluss durch eine Entscheidung in der Sache selbst zu einem Abschluss führen (*OLG Karlsruhe*, BeckRS 2006, 08296). Dies kann nur dann anders sein, wenn das Erstgericht sich auch nicht im Abhilfeverfahren mit dem Vorbringen des Beschwerdeführers auseinandergesetzt und ihm daher die Chance genommen hat, eine seinen Interessen entsprechende Entscheidung des Erstgerichts zu erlangen. Wird ihm das rechtliche Gehör auch im Abhilfeverfahren genommen, fehlte es insgesamt an der Möglichkeit, in der ersten Instanz durchzudringen. Besteht aber die Möglichkeit, dass der Beschwerdeführer sich mit seinen Argumenten durchsetzt, sollte ihm diese nicht durch eine abschließende Entscheidung des Beschwerdegerichts genommen werden.

29 Nach § 572 III ZPO können dem Erstgericht nach einer Entscheidung in der Sache die erforderlichen Anordnungen überlassen werden. Damit ist nicht die Aufhebung und Zurückverweisung an das Erstgericht gemeint, sondern der Fall, dass die vom Berufungsgericht getroffene Entscheidung die Notwendigkeit weiterer Verfahrenshandlungen nach sich zieht. Hat etwa das Erstgericht den Antrag auf Beweissicherung zurückgewiesen, kann das Berufungsgericht dem Antrag stattgeben, aber die erforderlichen weiteren Anordnungen, wie etwa die Bestellung des Gutachters oder die Anordnung der Vorschussleistung dem Erstgericht überlassen.

30 **1.** Ist die Beschwerde unzulässig, ist diese gemäß § 574 S. 2 ZPO zu verwerfen. Die Entscheidung lautet wie folgt:

Beispiel:

I. Die sofortige Beschwerde des Klägers gegen den Beschluss des Landgerichts München I vom 21. 3. 2011 wird verworfen.
II. Der Kläger hat die Kosten des Beschwerdeverfahrens zu tragen.
III. Der Streitwert für das Beschwerdeverfahren wird auf 15.000,– EUR festgesetzt.

31 **2.** Ist die Beschwerde zulässig, aber in der Sache unbegründet, wird die Beschwerde zurückgewiesen. Der Ausspruch der Entscheidung ist wie folgt zu formulieren:

Beispiel:

I. Die sofortige Beschwerde des Klägers gegen den Beschluss des Landgerichts München I vom 21. 3. 2011 wird zurückgewiesen.
II. Der Kläger hat die Kosten des Beschwerdeverfahrens zu tragen.
III. Der Streitwert für das Beschwerdeverfahren wird auf 15.000,– EUR festgesetzt.

3. Ist die Beschwerde zulässig und begründet, wird das Beschwerdegericht den erstinstanziellen Beschluss aufheben und im Regelfall selbst entscheiden: 32

Beispiel:

I. Auf die Beschwerde des Klägers wird der Beschluss des Landgerichts München I vom 21. 3. 2011 aufgehoben.
II. Dem Kläger wird für das Verfahren des ersten Rechtszugs Prozesskostenhilfe gewährt und Rechtsanwalt Günther Maier beigeordnet.

4. Sind dem Erstgericht schwerwiegende Verfahrensverstöße unterlaufen, wird das Beschwerdegericht den Beschluss aufheben und ausnahmsweise das Verfahren an die erste Instanz zurückverweisen. Die Entscheidung lautet dann wie folgt: 33

Beispiel:

I. Auf die Beschwerde des Beklagten wird der Beschluss des Landgerichts München I vom 21. 3. 2011 aufgehoben.
II. Die Sache wird zur erneuten Entscheidung an das Landgericht München I zurückverwiesen.

5. Soll das Erstgericht die weiteren Anordnungen übernehmen, kann formuliert werden: 34

I. Der Beschluss des Amtsgerichts München vom 17. 3. 2011 wird aufgehoben.
II. Es wird durch Erholung eines schriftlichen Sachverständigengutachtens Beweis erhoben über die Behauptung des Antragstellers, der von dem Antragsgegner mit Kaufvertrag vom 1. 6. 2010 erworbene und dort näher bezeichnete Pkw habe vor diesem Zeitpunkt einen Unfallschaden durch einen Frontalaufprall erlitten.
III. Alle weiteren Anordnungen werden dem Amtsgericht München übertragen.

6. Anmerkungen

Man sollte Beschwerden nicht als „unzulässig verwerfen", weil in dem Wort **„verwerfen"** bereits zum Ausdruck kommt, dass eine Zulässigkeitsvoraussetzung der Beschwerde fehlt. 35

Die **Kostenentscheidung** in den ersten beiden Beispielen folgt aus § 97 I ZPO. 36

Im Beschwerdeverfahren hat sich eingebürgert, den **Streitwert** bereits im Tenor festzusetzen. Dies ist allerdings nur dann ohne Weiteres zulässig, wenn die Gerichtskosten für das Beschwerdeverfahren nach einer Wertgebühr erhoben werden, wie dies etwa bei sofortigen Beschwerden gegen die Ablehnung des Erlasses einer einstweiligen Anordnung der Fall ist (VV Nr. 1430, Festgebühren regeln VV Nr. 1810–1812). Zwar richten sich die Rechtsanwaltsgebühren regelmäßig nach dem Wert des Beschwerdegegenstands. Insoweit ist allerdings nach § 33 I RVG ein ausdrücklicher Antrag erforderlich, der regelmäßig bei Beschlussfassung (noch) nicht vorliegt. Ein Ausspruch über die vorläufige Vollstreckbarkeit erfolgt nicht, da nach § 794 I Nr. 3 ZPO die Entscheidung gegebenenfalls ohnehin einen Vollstreckungstitel darstellt (vgl. etwa *Thomas/Putzo-Seiler*, Rn. 43 zu § 794 ZPO). 37

Hebt das Beschwerdegericht den Ausgangsbeschluss auf, trägt der Beschwerdegegner die **Kosten** des Beschwerdeverfahrens (§ 91 I ZPO). Im hier vorgestellten Beispiel Rn. 32 ist eine Kostenentscheidung allerdings obsolet, da sich die Beschwerde gegen eine ablehnende Entscheidung im Prozesskostenhilfeverfahren gerichtet hat (*Thomas/Putzo*, § 127 Rn. 11). 38

Eine **Kostenentscheidung** im Beispiel Rn. 33 ist **nicht veranlasst**, weil das Ausgangsgericht bei seiner erneuten Entscheidung auch über die Kosten des Beschwerdeverfahrens mitzuentscheiden hat. Im Beispiel Rn. 34 sind die Kosten des Beschwerdeverfahrens Teil des Beweissicherungsverfahrens, über dessen Kosten entweder im Hauptsacheverfahren oder nach Fristsetzung zur Klageerhebung im Beschluss nach § 494 a II ZPO entscheiden wird. 39

III. Gründe der Beschwerdeentscheidung

Auch wenn das Gesetz in § 572 III ZPO nicht ausdrücklich vorschreibt, dass die Beschwerdeentscheidung **mit Gründen** zu versehen ist, ist dies jedoch allgemein üblich und unter bestimmten Voraussetzungen sogar geboten (*Musielak/Ball*, 8. Aufl. 2011, Rn. 19 zu § 572 ZPO). Die Meinung des *Bundesverfassungsgerichts* zu Formularbegründungen ergibt sich zB aus NJW 2002, 1941, 1942. Anders als beim Berufungsurteil ist nicht zwischen Tatbestand und Entscheidungsgründen zu trennen. Vielmehr sind die Gründe einer Beschwerdeentscheidung nach dem nachfolgenden Schema aufzubauen: 40

I. Kurze Sachverhaltsschilderung
II. Rechtliche Würdigung
  1) Zulässigkeit der Beschwerde
  2) Begründetheit der Beschwerde
  3) Kostenentscheidung
  4) Ggf. Wertfestsetzung
III. Unterschriften

41 Das Beschwerdegericht muss von Amts wegen über die Frage entscheiden, ob die **Rechtsbeschwerde** oder die weitere Beschwerde **zuzulassen** ist. Zunächst sollte geprüft werden, ob im konkreten Fall der Rechtsweg zum Rechtsbeschwerdegericht eröffnet ist. Dies verneint der Bundesgerichtshof bei Kostenentscheidungen, wenn der Rechtsmittelzug in der Hauptsache begrenzt ist, wie das im Eilverfahren gem. § 542 II ZPO der Fall ist (*BGH*, NJW 2003, 1531). Bei Prozesskostenhilfeentscheidungen kann nur hinsichtlich der Frage der persönlichen Voraussetzungen oder Verfahrensproblemen die Rechtsbeschwerde – beschränkt – zugelassen werden (*BGH*, NJW-RR 2011, 427, Rn. 7). Liegen dagegen in der Sache die Voraussetzungen der Rechtsbeschwerdezulassung vor, ist die Prozesskostenhilfe zu bewilligen (*BGH*, NJW 2003, 1126). Eine gewährte Wiedereinsetzung kann wegen deren Unanfechtbarkeit aus § 238 III ZPO nicht mit der Rechtsbeschwerde angegriffen werden (*BGH*, NJW 2003, 211, 212). Etwa das GKG oder das ZSEG sehen eine Rechtsbeschwerde nicht vor. Im Verfahren der Rechtswegentscheidung gem. § 17a GVG ist nach dem Wortlaut der Vorschrift nur gegen Entscheidungen der Oberlandesgerichte die Rechtsbeschwerde zum Bundesgerichtshof möglich, während nach dem Gesetzeswortlaut gegen Entscheidungen der Landgerichte ein Rechtsmittel nicht stattfindet. Der *Bundesgerichtshof* hält eine Auslegung von § 17a IV 4 GVG im Wege der Rechtsfortbildung für möglich, die auch den Landgerichten die Befugnis gibt, aus den Gründen des Satzes 5 die Rechtsbeschwerde zum Bundesgerichtshof zuzulassen (NJW 2009, 1968, Rn. 6).

42 Ferner muss geprüft werden, ob hinsichtlich der Normen, die eine Rechtsmittelzulassung veranlassen, die Möglichkeit besteht, deren Verletzung mit der Rechtsbeschwerde zu rügen. Rügen können im Rechtsbeschwerdeverfahren nach § 576 I ZPO nur auf eine **Verletzung des Bundesrechts** oder solcher Vorschriften gestützt werden, deren Geltungsbereich sich über den Bezirk eines Beschwerdegerichts hinaus erstreckt. Zuständigkeitsrügen sind gem. § 576 II ZPO ausgeschlossen (*BGH*, NJW 2009, 1974, Rn. 3). Nur die Annahme einer internationalen Zuständigkeit kann im Wege der Rechtsbeschwerde nachgeprüft werden.

43 In der Frage der Rechtsmittelzulassung muss das Gericht **nicht ohne Anlass** nachforschen, ob aus einem ihm nicht bekannten Grund die Rechtsbeschwerde zuzulassen sein könnte. Bietet weder der Parteivortrag noch die zu entscheidende Rechtsfrage hierzu Anlass, wird regelmäßig entschieden werden können, ohne auf die Frage der Zulassung der Rechtsbeschwerde überhaupt einzugehen. Stellt sich allerdings im Einzelfall die Frage, ob die Rechtsbeschwerde gem. § 574 II Nr. 2 ZPO zuzulassen ist, muss sich der gesamte Spruchkörper zur Frage der Grundsätzlichkeit, beziehungsweise der Sicherung der Einheitlichkeit der Rechtsprechung oder der Fortbildung des Rechts äußern. Der Einzelrichter müsste sich ggf. dazu erklären, warum gem. § 568 2 ZPO die Voraussetzungen für eine Übertragung der Angelegenheit auf den Spruchkörper nicht vorliegen. Festzustellen ist jeweils, ob im Zeitpunkt des Entscheidungserlasses die Voraussetzungen für die Zulassung der Rechtsbeschwerde beziehungsweise der Übertragung der Angelegenheit auf den Spruchkörper vorliegen. Wird dies bejaht, muss dies schon deshalb nicht zwangsläufig zur Zulassung der Rechtsbeschwerde in der Spruchkörperentscheidung führen, weil sich etwa das Divergenzproblem durch Bekanntwerden einer Entscheidung des Bundesgerichtshofs nach der Übertragung erledigen kann.

44 Bei Zulassung der Rechtsbeschwerde oder der weiteren Beschwerde wachsen die Anforderungen an eine Beschlussbegründung beträchtlich. Denn das Rechtsbeschwerdegericht ist zur eigenen Tatsachenfeststellung nicht befugt. Damit muss es seiner Entscheidung die vom Beschwerdegericht getroffenen Feststellungen zu Grunde legen. Sind diese mangels tatbestandlicher Feststellungen im Beschwerdebeschluss nicht feststellbar, führt dies auf die Rechtsbeschwerde von Amts wegen zur Aufhebung und Zurückverweisung an das Beschwerdegericht (vgl. etwa *BGH*, BeckRS 2011, 08349, Rn. 3). Dies gilt auch, wenn das Rechtsbeschwerdegericht die Statthaftigkeit der Beschwerde mangels Sachverhaltsdarstellung in dem angegriffenen Beschluss nicht feststellen kann (*BGH*, NJW-RR 2010, 1582, 1583, Rn. 5). Das Fehlen einer Sachdarstellung bleibt nur dann folgenlos, wenn sich der maßgebliche Sachverhalt und das Rechtsschutzziel mit noch hinreichender Deutlichkeit aus den Beschlussgründen ergeben.

1. Beispiel für die Verwerfung einer Beschwerde

45 Gründe:

I.

Mit Beschluss vom 7. 4. 2011 hat das Landgericht München I den Antrag der Beklagten zurückgewiesen, die Zwangsvollstreckung aus dem Vorbehaltsurteil des Landgerichts München I vom 2. 2. 2011 einstweilen einzustellen. Mit Beschluss vom 21. 4. 2011 hat das Landgericht München I den Beschluss vom 7. 4. 2011 aufgehoben und die Zwangsvollstreckung aus dem Vorbehaltsurteil des Landgerichts München I vom 2. 2. 2011 gegen Sicherheitsleistung in Höhe von 62.400,– € einstweilen eingestellt. Gegen diesen Beschluss hat der Kläger mit Schriftsatz vom 25. 4. 2011, eingegangen bei Gericht am 28. 4. 2011, „Beschwerde" eingelegt.

II.

Zwar bestehen keine Bedenken, den Schriftsatz des Klägers vom 25. 4. 2011 als *sofortige* Beschwerde im Sinn des § 793 ZPO auszulegen. Diese ist jedoch als unzulässig zu verwerfen, da eine Anfechtung des landgerichtlichen Beschlusses gemäß § 707 II 2 ZPO ausgeschlossen ist. Eine Ausnahme besteht allenfalls dann, wenn seitens des Landgerichts eine greifbare Gesetzeswidrigkeit vorliegt (*BGH*, NJW 2002, 1577 u. *Thomas/Putzo-Seiler*, 32. Aufl. 2011, Rn. 18

zu § 707 ZPO). Dies ist jedoch hier nicht der Fall. Entgegen der Auffassung des Klägers kann aus dem Umstand der sehr knappen Begründung des Anordnungsbeschlusses allein nicht entnommen werden, dass dem Landgericht ein Ermessensfehler unterlaufen ist.

Die Kostenentscheidung folgt aus § 97 I ZPO.

Die Wertfestsetzung für das Beschwerdeverfahren erfolgt auf Antrag des Klägervertreters und wird mit $^1/_5$ des Betrags der Hauptsache bemessen (*Thomas/Putzo/Hüßtege,* 32. Aufl. 2011, Rn. 188 zu § 3 ZPO). Damit ist bei einem Streitwert in der Hauptsache in Höhe von 50.000,– EUR für das Beschwerdeverfahren von einem Gegenstandswert in Höhe von 10.000,– EUR auszugehen.

2. Beispiel für die Zurückweisung einer Beschwerde ohne Zulassung der Rechtsbeschwerde

Gründe: 46

I.

Der Kläger nimmt den Beklagten auf Schadensersatz wegen behaupteter fehlerhafter Prozessführung in Anspruch. Mit Beschluss vom 9. 3. 2011 hat das Landgericht München I den Rechtsstreit gemäß § 149 ZPO ausgesetzt. Gegen diesen Beschluss hat der Kläger mit Schriftsatz vom 21. 3. 2011 Beschwerde eingelegt. Mit Beschluss vom 23. 3. 2011 hat das LG München I der Beschwerde nicht abgeholfen.

II.

Die nach § 252 ZPO zulässige Beschwerde ist nicht begründet. Die Aussetzung des Rechtsstreits nach § 149 ZPO liegt im Ermessen des Gerichts (*Thomas/Putzo/Reichold,* 32. Aufl. 2011, Rn. 4 zu § 149 ZPO). Im Falle des § 149 ZPO müssen die streitigen Umstände, auf die es im Zivilverfahren ankommt und die im Strafverfahren leichter oder einfacher geklärt werden können, so konkret und eingehend dargestellt werden, dass das Beschwerdegericht die Ermessensausübung des Landgerichts auf Ermessensfehler überprüfen kann. Dies ist möglich, wenn dargestellt wird, welche konkreten Ansprüche mit der Klage geltend gemacht werden und inwieweit diese auf strafbare Handlungen gestützt werden, die Gegenstand des Strafverfahrens sind (*BGH,* NJW-RR 2010, 423, Rn. 5). Das ist hier geschehen. Das Landgericht hat den für und gegen eine Aussetzung sprechenden Vortrag der Parteien dargestellt und sich konkret damit auseinandergesetzt, dass der von dem Kläger geltend gemachte Schadensersatzanspruch allenfalls auf einer deliktischen Anspruchsgrundlage beruhen kann. Insoweit geht es auch um die Feststellung der Beziehungen zwischen dem hiesigen Beklagten und der Beklagten des Vorprozesses. Hierzu bietet die Auswertung der von den Strafverfolgungsbehörden beschlagnahmten Unterlagen ebenso wie die laufenden Zeugenvernehmungen eine überlegene Erkenntnisquelle. Insofern ist die Entscheidung nachvollziehbar und nicht ermessensfehlerhaft, zunächst den Ausgang des Strafverfahrens abzuwarten.

Die Kostenentscheidung folgt aus § 97 I ZPO.

Es besteht kein Anlass, die Rechtsbeschwerde zuzulassen, da die Entscheidung im vorliegenden Einzelfall unter Zugrundelegung der oben zitierten aktuellen Rechtsprechung des Bundesgerichthofs ergeht.

3. Beispiel für eine Aufhebung und eigene Sachentscheidung

Gründe: 47

I.

Im Termin vom 29. 4. 2011 haben die Parteien hinsichtlich der Klage einen Prozessvergleich abgeschlossen und die Widerklage übereinstimmend für erledigt erklärt. Ferner haben die Parteien vereinbart, dass die Kostenentscheidung durch das Gericht unter Anwendung der Grundsätze des § 91 a ZPO erfolgen solle. Mit Beschluss vom 3. 5. 2011 hat das Landgericht die Kosten des Rechtsstreits zu $^9/_{10}$ den Klägern und zu $^1/_{10}$ den Beklagten auferlegt. Gegen diesen Beschluss haben die Kläger durch Schriftsatz vom 11. 5. 2011, eingegangen bei Gericht am gleichen Tage, sofortige Beschwerde eingelegt.

II.

Die nach §§ 91 a I, 98 ZPO zulässige sofortige Beschwerde ist begründet.

1. Da die Parteien die Hauptsache übereinstimmend für erledigt erklärt haben, ist über die Kosten nach § 91 a ZPO zu entscheiden. Dabei ist das Gericht an die Erledigterklärung gebunden und hat nicht zu prüfen, wann und auf welche Weise sich die Hauptsache erledigt hat (hM, vgl. etwa *Thomas/Putzo/Hüßtege,* 32. Aufl. 2011, Rn. 22 zu § 91 a ZPO). Gemäß § 91 a ZPO ist über die Kosten des Rechtsstreits unter Berücksichtigung des bisherigen Sach- und Streitstands nach billigem Ermessen zu entscheiden. Dabei gilt der Grundsatz des Kostenrechts, dass derjenige, der bei Beendigung des Rechtsstreits durch streitige Entscheidung unterlegen wäre, die Kosten zu tragen hat. Wurde die Hauptsache wie hier auch durch einen Prozessvergleich erledigt, kann auch der Umfang des wechselseitigen Nachgebens berücksichtigt werden (*Thomas/Putzo/Hüßtege,* 32. Aufl. 2011, § 91 a Rn. 48, mwN). Bei Berücksichtigung dieser Kriterien ist die Kostenentscheidung des Landgerichts nicht gerechtfertigt.

2. Bezüglich der Klageforderung haben sich die Parteien im Prozessvergleich vom 29. 4. 2011 auf etwa die Hälfte des eingeklagten Betrages geeinigt. Dieses gegenseitige Nachgeben berücksichtigt der Senat im Rahmen der Kostenentscheidung. Zur Widerklage weisen die Kläger zu Recht darauf hin, dass das Landgericht mit Verfügung vom 11. 12. 2010 ausdrücklich festgestellt hat, dass an die Widerbeklagte zu 2) bislang keine Zustellung erfolgt ist. Nach dem unwidersprochenen Vortrag der Kläger ist die Erledigung der Widerklage nicht erst im Termin vom 29. 4. 2011, sondern bereits vor Zustellung der Widerklage an die Widerbeklagte zu 2) eingetreten. Bei dieser Sachlage wäre die Widerklage jedenfalls gegen die Widerbeklagte zu 2) auch bei Beachtung von § 269 III 3 ZPO nicht aussichtsreich gewesen. Bei Abwägung der genannten Gesichtspunkte entspricht es daher der Billigkeit, die Kosten des Rechtsstreites gegeneinander aufzuheben.

Die Kostenentscheidung für das Beschwerdeverfahren folgt aus § 91 ZPO.

4. Beispiel für eine zurückverweisende Entscheidung

48 Gründe:

I.

Mit Beschluss vom 16. 3. 2011 hat die X. Zivilkammer des Landgerichts München I den Antrag des Beklagten zurückgewiesen, den Tatbestand des Teilurteils vom 1. 3. 2011 zu berichtigen. Dieser Beschluss wurde von den Richtern am Landgericht A, B und C erlassen, während das Teilurteil vom 27. 5. 1997 von dem Vorsitzenden Richter am D und den Richtern am Landgericht B und C unterzeichnet worden ist. Gegen den Beschluss des Landgerichts München I vom 1. 3. 2011 hat der Beklagte mit Schriftsatz vom 24. 3. 2011, eingegangen bei Gericht am gleichen Tag, sofortige Beschwerde eingelegt.

II.

Die – ausnahmsweise – zulässige Beschwerde ist begründet.
Grundsätzlich ist zwar gegen einen Beschluss, der die Berichtigung des Tatbestands anordnet oder eine Berichtigung ablehnt, kein Rechtsmittel gegeben, wie der Bestimmung des § 320 IV 4 ZPO zu entnehmen ist. Es besteht jedoch Einigkeit, dass ausnahmsweise das Rechtsmittel der sofortigen Beschwerde eröffnet ist, wenn der Beschluss auf einem unzulässigen Verfahren beruht (*vgl. etwa Hirte,* JR 1985, 139 und *Musielak,* 8. Aufl. 2011, Rn. 10 zu § 320 ZPO). Insbesondere ist ein Rechtsmittel eröffnet, wenn die Kammer, die über den Berichtigungsantrag zu entscheiden hat, im Rahmen des § 320 IV 2 ZPO nicht richtig besetzt ist. Davon ist im vorliegenden Fall auszugehen. An der Entscheidung über den Tatbestandsberichtigungsantrag darf kein Richter mitwirken, der nicht am Urteil ebenfalls mitgewirkt hat (*Hirte,* JR 1985, 139). Richter am Landgericht A war am Erlass des Beschlusses vom 16. 9. 1997 beteiligt, nicht jedoch am Erlass des Teilurteils vom 1. 3. 2011, das nach dem Antrag des Beklagten berichtigt werden sollte. Dies ergibt sich im Übrigen auch aus der dienstlichen Stellungnahme des Vorsitzenden der X. Zivilkammer des Landgerichts München I (Bl. 1061 d. A.). Bei dieser Sachlage war ausnahmsweise die sofortige Beschwerde des § 567 I ZPO als zulässig anzusehen.
Die Beschwerde ist auch begründet. Entscheidend ist, dass nicht ausgeschlossen werden kann, dass die X. Zivilkammer des Landgerichts München I bei zutreffender Besetzung zu einer anderen Entscheidung gekommen wäre. Die Verletzung des § 320 IV 2 ZPO muß zur Aufhebung des angefochtenen Beschlusses und zur Zurückverweisung der Sache zur erneuten Verhandlung und Entscheidung führen.
Eine Kostenentscheidung ist nicht veranlasst

5. Beispiel für eine Sachentscheidung unter Übertragung der weiteren Anordnungen auf das Ausgangsgericht

49 Gründe:

Entgegen der Auffassung des Amtsgerichts besteht für den Antrag auf gutachterliche Feststellung des Schadensbildes am Pkw des Klägers schon deshalb ein rechtliches Interesse, weil diesem nicht angesonnen werden kann, das Fahrzeug bis zur Begutachtung in einem Hauptsacheprozess unrepariert zu lassen und damit ggf. Folgeschäden in Kauf zu nehmen. Daher war unter Aufhebung des Ausgangsbeschlusses die Begutachtung anzuordnen. Die weiteren Anordnungen im Beweissicherungsverfahren hat das Amtsgericht zu treffen (§ 568 III ZPO). Über die Kosten des Beschwerdeverfahrens ist im Hauptsacheverfahren bzw. nach entsprechender Fristsetzung im Beschluss nach § 494 a II ZPO zu befinden.

6. Beispiel für die Zulassung der Rechtsbeschwerde (vgl. *BVerfG,* NJW 2011, 1276)

50 Gründe:

I.

Die beschwerdeführenden Kläger haben im Kostenfestsetzungsverfahren vor dem Landgericht die Festsetzung von Privatgutachterkosten von 2.235,– EUR beantragt. Der Rechtspfleger hat dies mit Beschluss vom 20. 3. 2011 abgelehnt, weil die Tätigkeit des Privatsachverständigen ohne Einfluss auf das Prozessergebnis gewesen sei, auf den zitierten Beschluss (Bl. 567–569 d. A.) wird ergänzend Bezug genommen.
Mit ihrer nach Zustellung am 27. 3. 2011 rechtzeitig am 5. 4. 2011 eingelegten sofortigen Beschwerde verfolgen die Kläger die Festsetzung der Privatgutachterkosten weiter. Sie verweisen insbesondere darauf, dass sie die Aufhebung des klageabweisenden Ersturteils vom 15. 9. 2010 (vgl. zum Inhalt Bl. 471–479) nur durch die Erholung und die Vorlage des Gutachtens des Privatsachverständigen X vom 18. 10. 2010 erreicht hätten, dessen Kosten sie unter Vorlage von dessen Rechnung vom 18. 10. 2010 (Kostenheft Bl. 17) geltend machen.
Die Kläger beantragen,

den Beschluss des Landgerichts München I aufzuheben, soweit der Kostenfestsetzungsantrag vom 19. 2. 2011 zurückgewiesen wurde und die von der Beklagten zu erstattenden Kosten auf insgesamt 10.700,23 EUR nebst Zinsen festzusetzen.

Die Beklagte beantragt,

die sofortige Beschwerde der Kläger zurückzuweisen.

Zur Begründung verweist die Beklagte auf die Ausführungen im Ausgangsbeschluss und darauf, dass Privatgutachterkosten mangels gerichtlicher Anordnung der Erholung des Gutachtens nicht ersatzfähig seien.

II.

Die sofortige Beschwerde bleibt ohne Erfolg, weil die Kosten des Privatgutachtens nicht erstattungsfähig sind.
Nach der Rechtsprechung zu § 91 ZPO sind die Kosten eines im Laufe des Rechtsstreits eingeholten Privatgutachtens nur ausnahmsweise erstattungsfähig. Eine Erstattung kommt nur in Betracht, wenn das im Rechtsstreit vorgelegte Gutachten den Verlauf dieses zu Gunsten der vorlegenden Partei beeinflusst hat. Insofern schließt sich der Senat der Auf-

fassung des *OLG Bamberg,* JurBüro 1990, 293 an. Eine solche Beeinflussung kann im vorliegenden Fall aber nicht angenommen werden, weil sich das Berufungsurteil (Bl. 522–529) ausschließlich auf die Einvernahme der Zeugen Y und Z sowie die ergänzenden Erläuterungen des Gerichtsachverständigen stützt. Da die insoweit ergangene Beweisanordnung des Berufungssenats bereits deutlich vor Vorlage des Privatgutachtens vom 18. 10. 2010 mit Schriftsatz Klägervertreter vom 2. 2. 2011 (Bl. 513–515) am 3. 2. 2011 erfolgt ist (vgl. Ladungsverfügung vom 29. 12. 2010, Bl. 499/501), kann eine Beeinflussung des Verfahrens ausgeschlossen werden.
Die Rechtbeschwerde war zuzulassen, weil die Frage der Erstattungsfähigkeit von Privatgutachterkosten in hier entscheidungserheblicher Weise umstritten ist. Etwa die Oberlandesgerichte Hamm, Saarbrücken und Stuttgart machen eine Beeinflussung des Prozesses zu Gunsten der das Privatgutachten vorlegenden Partei nicht zur Voraussetzung der Erstattungsfähigkeit der Kosten (vgl. *OLG Hamm,* Rpfleger 2001, 616; *OLG Saarbrücken,* JurBüro 1998, 1360; *OLG Stuttgart,* ZEV 2007, 536 = DS 2008, 190; wohl auch *OLG Frankfurt a. M.,* JurBüro 1984, 1083). Das *OLG Hamm* (Rpfleger 2001, 616) und das *OLG Saarbrücken* (JurBüro 1998, 1360) machen nicht einmal eine (nachweisliche) Förderung des Prozesses durch das Gutachten zur Voraussetzung für die Erstattung der Gutachterkosten. Wie die vielfache Befassung in der obergerichtlichen Judikatur belegt, handelt es sich bei der Frage nach den Voraussetzungen der Erstattungsfähigkeit der Kosten eines Privatgutachtens um eine Frage von allgemeinem Interesse. Diese ist einer allgemeinen Klärung zugänglich und auch klärungsbedürftig, da der Bundesgerichtshof zu dem geschilderten Problem bislang keine Stellung genommen hat. Die Frage, ob die Kosten eines während des Rechtsstreits zur Widerlegung gerichtlicher Gutachten eingeholter Privatgutachten nur dann in Betracht kommt, wenn das Gutachten den Verlauf des Rechtsstreits zu Gunsten der Partei beeinflusst oder jedenfalls nachweislich gefördert hat, ist im vorliegenden Fall entscheidungserheblich, weil sich das Privatgutachten zu der in erster Instanz erholten schriftlichen Äußerung des Gerichtsgutachters verhält, auf die sich das Ersturteil gestützt hat.

5. Abschnitt. Beschwerde und weitere Beschwerde

I. Beschwerde

Die Zivilprozessordnung selbst sieht die Beschwerde nicht mehr vor. Vorgesehen ist sie aber etwa 51
noch in **§§ 33 III 1 RVG, 66 II, 68 I GKG.** Diese kann sich auch gegen Entscheidungen des Landgerichts als Berufungs- oder Beschwerdegericht richten, da im Kostenrecht die weitere Beschwerde nur dann zulässig ist, wenn das Landgericht in der den Streitgegenstand bildenden Angelegenheit als Beschwerdegericht tätig war (s. a. *OLG Koblenz*, BeckRS 2008, 04611). Ansonsten ist unabhängig vom Instanzenzug in der Hauptsache etwa gem. § 66 III 2 GKG Beschwerde zum nächsthöheren Gericht einzulegen. Für die Einlegung und Behandlung der Beschwerden gelten keine wesentlichen Besonderheiten, weil auch bei diesen ein Abhilfeverfahren durchzuführen ist. Dagegen gibt es abgesehen von § 33 III 3 RVG **keine Beschwerdefrist,** aber gelegentlich, wie in § 68 I 3 GKG eine **Ausschlussfrist,** innerhalb derer die Beschwerde einzulegen ist. In Beschwerdesachen findet in der Regel **keine Rechtsbeschwerde** statt, weil der Rechtsmittelzug insoweit gesondert in der jeweiligen Spezialvorschrift geregelt ist und spätestens beim Gericht der weiteren Beschwerde endet. Auch in diesen Verfahren gilt gem. § 33 IV 2 RVG, 66 III 2 GKG die **besondere Zuständigkeit der Oberlandesgerichte** aus § 119I Nr. 1 GVG. Da die Beschwerde aber gem. §§ 33 VII 3 RVG, 66 V 5 GKG **beim Ausgangsgericht einzulegen** ist, können sich hieraus keine Probleme ergeben. Insoweit haben die Gerichte selbst über die Zuständigkeit zu befinden. Diese Beschwerden sind bei **Ausschluss der Kostenerstattung** regelmäßig **gebührenfrei** (§§ 33 IX RVG, 66 VIII, 68 III GKG, § 4 VIII JVEG). Daher bedarf es eines Ausspruchs über die Kostentragungspflicht entsprechend § 516 III ZPO nach Beschwerderücknahme nicht.

Hinsichtlich der **Zulassung der weiteren Beschwerde** „wegen der grundsätzlichen Bedeutung der zur 52
Entscheidung stehenden Frage" gelten grundsätzlich keine anderen Erwägungen als zur Zulassung der Rechtsbeschwerde (oben Rn. 41 ff. und 50). Zwar sind die Fortbildung des Rechts und die Sicherung einer einheitlichen Rechtsprechung im Gesetz jeweils nicht erwähnt (vgl. etwa § 33 VI 1RVG), dies hat seinen Grund aber darin, dass die Grundsatzbedeutung als Oberbegriff diese Unterfälle enthält. Auch wenn in Angelegenheiten, die der weiteren Beschwerde unterliegen, die Oberlandesgerichte entscheiden, liegt eine zulassungspflichtige Divergenz vor, wenn das Landgericht von einer Entscheidung eines Berufungs- und Beschwerdegerichts außerhalb des eigenen Oberlandesgerichtsbezirks entscheiden will. Dies kann nur dann anders sein, wenn das zuständige Oberlandesgericht bereits Gelegenheit hatte, sich mit dieser abweichenden Auffassung auseinander zu setzen und klar zu erkennen gegeben hat, bei einer bereits festgelegten Linie bleiben zu wollen.

II. Weitere Beschwerde

Die weitere Beschwerde kann nur dann eingelegt werden, wenn diese vom Landgericht als Beschwer- 53
degericht **zugelassen** worden ist (§§ 33 VI 1 RVG, 66 IV 1 GKG, 4 V 1 JVEG). Die Nichtzulassung der Beschwerde ist nicht anfechtbar (§§ 33 VI 4, IV 4 RVG; 66 IV 4, III 4 GKG, 4 V 4, 4 IV 4 JVEG). Die Entscheidung ist auch nicht nachholbar, es sei denn, dass eine bereits beschlossene Zulassung versehentlich nicht verlautbart wurde.

Für die weitere Beschwerde sehen GKG, JVEG und RVG eine **Wertgrenze** für die Beschwer nicht vor, 54
insoweit findet sich weder in § 33 VI 4 RVG, § 4 V 4 JVEG noch in § 66 IV 4 GKG eine förmliche

Verweisung auf die Wertbegrenzung für die einfache Beschwerde. Allerdings muss sich die Zulassung auch auf den Beschwerdegegenstand beziehen. Hat also das Landgericht wegen eines abtrennbaren Teils der Wertfestsetzung die weitere Beschwerde zugelassen, muss sich die dann eingelegte weitere Beschwerde auf diesen Punkt beziehen. Ist dies der Fall, gilt für die Statthaftigkeit der weiteren Beschwerde keine Wertgrenze. Wendet sich dagegen der Beschwerdeführer nur gegen solche abtrennbaren Teile der Entscheidung, auf die sich die Beschwerdezulassung nicht bezieht, ist die Beschwerde unzulässig.

55 Explizite Vorschriften über den **Inhalt der Beschwerdeschrift** gibt es nicht. Gemäß §§ 33 VI 2 RVG und 66 IV 2 RVG die weitere Beschwerde nur darauf gestützt werden kann, dass die Entscheidung des Landgerichts auf einem Rechtsfehler beruht. Der Beschwerdeführer wird also zum Ausdruck bringen müssen, dass er den beanstandeten Beschluss in einem entscheidungserheblichen Punkt für rechtsfehlerhaft hält. Mangels Verweises auf § 577 II 4, 559 ZPO auf die **Tatsachenbindung** des Rechtsbeschwerdegerichts können mit der weiteren Beschwerde neue Tatsachen eingeführt werden. Danach kann sich die Rechtsverletzung auch daraus ergeben, dass die angefochtene Entscheidung von einem unvollständigen Sachverhalt ausgegangen ist. Deshalb muss der Ausgangsbeschluss im Hinblick auf eine Beschwerde zunächst darauf geprüft werden, ob er auf der richtigen Tatsachen- und Rechtsgrundlage ergangen ist. Diese Prüfung fällt schwer, wenn der Ausgangsbeschluss nicht begründet ist, sondern nur aus der Mitteilung der Entscheidung besteht. Dann muss das Landgericht im Wege der Abhilfe seine Entscheidung begründen.

56 Das Oberlandesgericht entscheidet gem. § 122 GVG durch den **Senat**. Eine Möglichkeit der Übertragung der Entscheidung auf den **Einzelrichter** ist nicht vorgesehen. Im Beschwerdeverfahren gelten generell dieselben richterlichen Pflichten wie im Verfahren der sofortigen Beschwerde, auch hier ist das Gericht jederzeit zu Hinweisen und zur Gewährung rechtlichen Gehörs verpflichtet. Für die durch Beschluss zu treffende Entscheidung gelten dieselben Erwägungen wie für die sofortige Beschwerde. Sie ist prinzipiell mit einer **Begründung** zu versehen. Diese kann bei einer weiteren Beschwerde, die in einer Wiederholung des Vorbringens im Beschwerdeverfahren besteht, im Wesentlichen aus einer Bezugnahme auf die Ausführungen des Vordergerichts bestehen. Voraussetzung ist allerdings, dass insoweit eine brauchbare Begründung vorliegt. Eine Kostenentscheidung ist nicht erforderlich, über den Gegenstandswert muss nur auf Antrag nach § 33 I RVG entschieden werden. Die Entscheidung ist endgültig.

A. XXIV. Ausschluss, Ablehnung und Selbstablehnung des Richters

Dr. Helmut Büchel

Übersicht

Literatur: *Vossler,* Entscheidungszuständigkeit bei Ablehnungsgesuchen gegen den Einzelrichter; – zur allg. Literatur siehe Literaturverzeichnis A. I.

I. Allgemeines

1 Der Richter ist den Prozessbeteiligten zur **Unparteilichkeit** verpflichtet. Die in Art. 97 GG garantierte Unabhängigkeit dient nicht seinen eigenen Interessen, sondern schafft die Voraussetzung für eine unabhängige Rechtsprechung im Sinne des Grundgesetzes. Die Unparteilichkeit muss nicht nur objektiv gegeben sein, sondern auch aus der Sicht der Prozessbeteiligten, deren Rechtsstreit der Richter verhandelt und entscheidet. Nur so ist die für das Funktionieren der Dritten Gewalt erforderliche Akzeptanz zu erreichen. §§ 41 ff. ZPO haben die Aufgabe, die Unparteilichkeit des Richters und seine Offenheit gegenüber den Argumenten der Parteien im konkreten Rechtsstreit zu sichern. Sie ermöglichen es, den nach der Geschäftsverteilung zuständigen Richter, dessen Unvoreingenommenheit aus der Sicht der Parteien oder aus seiner eigenen Sicht nicht gewährleistet ist, unter besonderen Voraussetzungen durch seinen Vertreter zu ersetzen, der dadurch zum gesetzlichen Richter wird. Fragen der Richterablehnung und ihrer prozessualen Behandlung haben im Zivilprozess nicht die gleiche praktische Bedeutung wie im Strafprozess, schon weil sich damit für die Parteien nur selten Vorteile für den Prozessablauf ergeben. Dennoch steht insbesondere die Frage der richterlichen Befangenheit immer wieder im Brennpunkt der Diskussion, weil hieran die unterschiedlichen Auffassungen über die Stellung des Richters im Zivilprozess, sein Selbstverständnis und seine Auffassung vom richtigen Ablauf des Zivilprozesses zutage treten.

2 Die ZPO sieht drei unterschiedliche Möglichkeiten vor, den an sich zuständigen Richter durch einen anderen zu ersetzen, nämlich:
- den Ausschluss von der Ausübung des Richteramtes nach § 41 ZPO,
- die Ablehnung eines Richters wegen Ausschlusses oder wegen Besorgnis der Befangenheit nach §§ 42 ff. ZPO,
- die Selbstablehnung des Richters nach § 48 ZPO.

Die Vorschriften gelten für Richter, ehrenamtliche Richter, Rechtspfleger (§ 10 RPflG), Urkundsbeamte (§ 49 ZPO) in allen Verfahren der ZPO.

II. Ausschluss des Richters nach § 41 ZPO

1. Anwendungsbereich

3 Die Vorschrift des § 41 ZPO führt unter Nr. 1–6 enumerativ Fälle auf, für die unterstellt wird, dass dem Richter die Unvoreingenommenheit fehlt, sei es wegen besonderer Nähe zu einer Partei (Nrn. 1–3), sei es, weil er vorher mit dieser Sache befasst war. Eine erweiternde Auslegung der einzelnen Ausschluss-

gründe wird von der Rechtsprechung abgelehnt, schon weil immer dann, wenn kein Ausschlussgrund vorliegt, noch eine Ablehnung nach § 42 ZPO möglich bleibt (zB *BGH*, NJW 1991, 425).

2. Ausschlussgründe im Einzelnen

4 **Nr. 1** erfasst die Fälle, in denen der Richter selbst Partei des Rechtsstreits oder Gesamtgläubiger bzw. Gesamtschuldner mit einer Partei ist oder in denen eine Regresspflicht der unterliegenden Partei gegen ihn in Frage käme, die nach § 72 ZPO zur Streitverkündung berechtigte (vgl. A. X. Rn. 18, 19). Nicht genügt ein mittelbares Interesse, das allerdings eine Ablehnung begründen kann (*BGH*, NJW 1991, 425). Die Mitgliedschaft in einer juristischen Person reicht nicht aus (*Zöller/Vollkommer*, § 41 Rn. 6).

5 **Nrn. 2, 2 a und 3** erstrecken den Ausschluss nach Nr. 1 auf Ehegatten, Lebenspartner, Verwandte und, Verschwägerte bis zur dort bezeichneten Linie. Ehe, Verwandtschaft, Schwägerschaft oder Lebenspartnerschaft mit anderen Prozessbeteiligten, insbesondere mit den Prozessbevollmächtigten, reichen nicht aus. Der Richter sollte ein solches Verhältnis aber gegenüber seinen Richterkollegen im Spruchkörper und vor allem gegenüber der anderen Partei offen legen, damit die Frage der Ablehnung wegen Befangenheit sogleich geklärt werden kann (vgl. *Zöller/Vollkommer*, § 48 Rn. 1).

6 **Nr. 4** regelt den seltenen Fall, dass der Richter gesetzlicher Vertreter oder zum Vertreter oder Beistand einer Partei bestellt ist oder gewesen ist.

7 **Nr. 5** setzt voraus, dass der Richter als Zeuge oder Sachverständiger vernommen, nicht nur benannt wurde. Das kann auch in einem anderen Rechtsstreit geschehen sein, in dem es um den gleichen Streitpunkt ging (vgl. *Zöller/Vollkommer*, § 41 Rn. 11).

8 **Nr. 6** bestimmt den in der Praxis wichtigsten Ausschlussgrund, nämlich die Vorbefassung des Richters mit einer Entscheidung in derselben Sache. Sie führt unter zwei Voraussetzungen zum Ausschluss: Der Richter muss in einem früheren Rechtszug tätig geworden sein und er muss bei der angefochtenen Entscheidung mitgewirkt haben. Das ist vor allem bei einem Wechsel des Richters zwischen der ersten und zweiten Instanz während des laufenden Rechtsstreits möglich. Die Voraussetzungen sind nicht erfüllt, wenn der Richter zwar im ersten Rechtszug mitgewirkt hat, nicht aber an der abschließenden Entscheidung beteiligt war; ein Zwischen-, Grund- oder Vorbehaltsurteil ist keine Entscheidung im Sinne dieser Vorschrift. Unschädlich ist es, wenn er nur an der Verkündung, nicht an der Entscheidung selbst beteiligt war. Der Richter ist auch nicht ausgeschlossen, wenn er in derselben Instanz ein weiteres Mal mit der Sache befasst wird, sei es nach Zurückverweisung oder in einem Wiederaufnahmeverfahren (*BGH*, NJW 1981, 1273). Ein Ausschlussgrund liegt auch nicht vor, wenn nicht der Richter selbst, sondern sein Ehegatte im ersten Rechtszug mitgewirkt hat (*BGH*, NJW 2004, 163).

Nr. 7: Hier beabsichtigt der Gesetzgeber, eine entsprechende Reglung für Mediationsverfahren einzufügen (vgl. *Thomas/Putzo/Hüßtege*, § 41 vor Rn. 1).

3. Wirkung des Ausschlusses

9 Der Ausschluss tritt kraft Gesetzes ein, ohne dass eine Prozesshandlung des Gerichts oder einer Partei erforderlich wäre und ohne Rücksicht darauf, ob der ausgeschlossene Richter den Grund kennt oder nicht. Eine Heilung nach § 295 ZPO ist nicht möglich (vgl. *Zöller/Vollkommer*, § 41 Rn. 16; str.). Prozesshandlungen der Parteien vor dem ausgeschlossenen Richter bleiben wirksam (Anträge, Anerkenntnis, Verzicht, Erledigung, Rücknahme, Einspruch etc.). Entscheidungen des Gerichts (nicht nur deren Verkündung) unter sachlicher Mitwirkung des ausgeschlossenen Richters sind nicht nichtig, aber anfechtbar. Auch eine Nichtigkeitsklage nach § 579 I Nr. 2 ZPO kann darauf gestützt werden.

4. Verfahren

10 a) **Bei eindeutigem Ausschlussgrund:** Beim **Amtsgericht** ist an die Stelle des an sich zuständigen Richters dessen im Geschäftsverteilungsplan vorgesehenen Vertreters zuständig geworden. Der Amtsrichter sollte den Ausschlussgrund in einem Aktenvermerk niederlegen und die Sache an den Vertreter weiterleiten. Dieser sollte gegenüber den Parteien in geeigneter Weise offenlegen, wie es zu seiner Zuständigkeit gekommen ist.

11 Beim **Landgericht** und bei anderen Kollegialgerichten tritt an die Stelle des ausgeschlossenen Richters dessen aufgrund der kammerinternen Geschäftsverteilung zuständiger Vertreter. Ist in der Kammer kein weiterer Richter vorhanden, wird der nach der Geschäftsverteilung zuständige Richter der Vertretungskammer zuständig. Auch hier empfiehlt sich zunächst ein Aktenvermerk, der die Gründe für die Abweichung von der ordentlichen Besetzung niederlegt.

12 b) **Bei zweifelhaftem Ausschluss:** Hier sollte das Verfahren nach § 48 ZPO (vgl. Rn. 42) eingeschlagen werden, um eine Prüfung und Entscheidung über den Ausschluss zu erreichen. Allerdings lässt sich auf diese Weise nicht ein späteres Ablehnungsgesuch der Parteien vermeiden, auch eine Anfechtung des Urteils oder eine spätere Nichtigkeitsklage bleiben möglich; denn die Selbstanzeige steht einem Ablehnungsgesuch nicht iSd §§ 551 Nr. 2, 579 I Nr. 2 ZPO gleich (*Stein/Jonas/Bork*, § 48 Rn. 4).

III. Ablehnung des Richters nach § 42 ZPO wegen eines Ausschlussgrundes

Liegt in der Person des Richters ein Ausschlussgrund vor, müssen die Parteien nicht abwarten, bis das Gericht ihn feststellt und die richtigen Schlüsse für die Besetzung der Richterbank daraus zieht. Die Parteien können den Ausschluss im Wege der Ablehnung nach § 42 I ZPO geltend machen und eine Entscheidung nach §§ 45, 46 ZPO erreichen. Ein solches Verfahren ist selten, kommt aber bei unklarem Ausschlussgrund vor. Es gelten dieselben Verfahrensregeln wie bei der Ablehnung wegen Besorgnis der Befangenheit. 13

IV. Ablehnung des Richters nach § 42 ZPO wegen Besorgnis der Befangenheit

1. Allgemeines

In der Praxis bedeutsam sind in erster Linie Anträge auf Ablehnung des Richters wegen Besorgnis der Befangenheit. Sie können dem Richter, der sich um eine beiden Parteien gerecht werdende Verhandlung bemüht hat, Probleme bereiten, zumal er so unmittelbare Kritik an seiner Arbeit sonst nicht erfährt, die Kritik ungerecht sein kann und er sich auch nicht ohne weiteres Voreingenommenheit unterstellen lassen will. Andererseits gibt es, wie die Rechtsprechung zeigt, vor Gericht zahlreiche Situationen, die eine Ablehnung verständlich machen. Auch ist ein solches Gesuch für die Parteien vielleicht das einzige Mittel, auf eine als ungerecht empfundene Behandlung durch den Richter zu erwidern und die Prozesssituation zugunsten des für gerecht gehaltenen Ergebnisses und durch Ersetzung des als voreingenommen empfundenen Richters zu verbessern. 14

Ablehnungsanträge können das Ergebnis eines emotional aufgeladenen Prozessklimas sein. Ihre Behandlung sollte darauf zielen, den Konflikt durch ein möglichst sachliches Verfahren über den Antrag zu entschärfen und den Prozess durch die Verhandlung und Entscheidung des Ablehnungsgesuches, auch im Interesse der anderen Partei, nur möglichst kurz zu unterbrechen. Das Gericht sollte nicht den Eindruck erwecken, es ginge nur darum, mit einer als lästig oder gar unverschämt empfundenen Störung möglichst schnell fertig zu werden.

2. Voraussetzungen

Die Ablehnung ist unter drei Voraussetzungen erfolgreich: 15

- Es muss ein Ablehnungsgrund vorliegen,
- Der Antrag muss zulässig sein,
- Das Ablehnungsrecht darf nicht nach § 43 ZPO verloren sein.

a) **Ablehnungsgrund.** Erforderlich ist ein Grund, der geeignet ist, Misstrauen gegen die Unparteilichkeit des Richters zu rechtfertigen (§ 42 II ZPO). Nach der **Formel der Rechtsprechung** liegt ein solcher Grund vor, wenn ein am Verfahren Beteiligter bei vernünftiger Würdigung aller Umstände Anlass hat, an der Unvoreingenommenheit des Richters zu zweifeln (*BVerfG*, NJW 1987, 430; NJW 1999, 133; *BGH*, NJW-RR 2003, 1220). Unerheblich ist dabei, ob der Richter tatsächlich „parteilich" oder „befangen" ist oder ob er sich selbst für befangen hält (*BVerfG*, NJW 1987, 430). Aus der umfangreichen Rechtsprechung lassen sich drei größere Fallgruppen herausbilden: 16

aa) **Persönliche oder sachliche Nähe** zu einer Partei kann ein Ablehnungsgrund sein, soweit sie nicht bereits zum Ausschluss nach § 41 ZPO führt. Darunter können Verlöbnis, Freundschaft, Feindschaft, wirtschaftliche Beziehungen, Mitgliedschaft bei der klagenden juristischen Person etc. fallen. Je weiter sich die Beziehung aber von den in § 41 Nrn. 1–3 ZPO aufgeführten Fällen entfernt, umso mehr wird ein zusätzliches Element zu verlangen sein, das über das bloße Näheverhältnis hinausgeht (vgl. *BVerfG*, NJW 1993, 2230). Zu Einzelheiten vgl. *Zöller/Vollkommer*, § 42 Rn. 11–14. 17

bb) **Vorbefassung** in gleicher oder vergleichbarer Sache kann, auch wenn sie keinen Ausschluss nach § 41 Nr. 6 ZPO rechtfertigt, die Besorgnis begründen, allerdings nicht, wenn die erneute Befassung dem typischen Prozessverlauf entspricht, wie zB im Rahmen des an das Prozesskostenhilfeverfahren anschließenden Klageverfahrens, nach Zurückverweisung aus der höheren Instanz, bei Vorbehaltsurteil und Nachverfahren (vgl. *Zöller/Vollkommer*, § 42 Rn. 16). Auch im Wiederaufnahmeverfahren können, wenn nicht zusätzliche Gründe für eine Befangenheit vorliegen, dieselben Richter mitwirken (*OLG Hamburg*, FamRZ 1988, 186). Eine in einer fachwissenschaftlichen Veröffentlichung geäußerte Rechtsauffassung allein reicht gleichfalls nicht aus, um Misstrauen zu begründen (st. Rspr.; vgl. zB *BSG* NJW 1993, 2261). Das gilt auch für die Kundgabe politischer Meinungen vor dem Prozess (vgl. *BVerfG*, NJW 1999, 133). 18

cc) **Unsachgemäße Verhandlungsführung** in oder außerhalb der mündlichen Verhandlung, durch die sich eine Partei unangemessen benachteiligt fühlen kann, ist der Hauptanlass für eine berechtigte Richterablehnung. Hierher gehören Fälle, in denen ein Richter: 19

- grundlos prozessuale Rechte verweigert, zB bei Ablehnung einer Terminsverlegung (vgl. *OLG Frankfurt,* NJW 2009, 1007; *KG,* NJW 2006, 2787; *OLG Bamberg,* NJW 2006, 2341); nach *BGH,* NJW 2006, 2492, 2494 aber nur, wenn erhebliche Gründe iSd § 227 ZPO offensichtlich vorliegen, die Zurückweisung des Verlegungsantrags für die Partei schlechthin unzumutbar wäre und somit deren Grundrecht auf rechtliches Gehör verletzt. Auch die zu späte Terminierung einer eilbedürftigen Sache kann die Ablehnung begründen (*OLG Hamm,* NJW-RR 1999, 1291;
- die Aufnahme von Prozesshandlungen in das Sitzungsprotokoll entgegen § 160 ZPO ablehnt, (*OLG Köln,* OLGZ 1971, 376; vgl. *OLG Naumburg,* OLGR 2005, 830) oder Vorgänge zu Lasten einer Partei entstellt in das Protokoll aufnimmt (*OLG Celle,* MDR 1988, 970) oder sonst parteiisch protokolliert (*OLG Köln,* NJW-RR 1999, 288);
- sich verletzend äußert, soweit sein Unmut über das Maß, das ein Prozessbeteiligter in einer gereizten Prozesssituation hinnehmen muss, hinausgeht (vgl. *BGH,* MDR 2007, 669; *OLG Hamburg,* NJW 1992, 2036; *OLG Stuttgart,* NJW-RR 1995, 928 u. MDR 2003, 50);
- mangelnde Bereitschaft zeigt, das Vorbringen einer Partei zur Kenntnis zu nehmen (*OLG Oldenburg,* FamRZ 1992, 193; *OLG Köln,* MDR 1998, 432; *OLG Frankfurt,* NJW-RR 2008, 1080);
- das persönliche Erscheinen in einer Weise anordnet, die nur als Schikane empfunden werden kann (*OLG Köln,* NJW-RR 1997, 1083);
- das Neutralitätsgebot zB dadurch verletzt, dass er den Rechtsstreit allein mit einer Partei erörtert (*OLG Frankfurt,* NJW 1972, 2310), sich bei einem Ortstermin von einer Partei bewirten lässt (vgl. *MünchKomm-ZPO/Feiber,* § 42 Rn. 34) oder sonst gegen das prozessuale Gleichbehandlungsgebot verstößt (*OLG Celle,* OLGR 2002, 172);
- die Verhandlung ohne Rücksicht darauf fortführt, dass eine Partei einen Ablehnungsantrag stellen will (*OLG Köln,* NJW-RR 1998, 857);
- Sonstige Verfahrensverstöße, die den Anschein der Willkür oder der unsachlichen Einstellung gegenüber einer Partei erwecken (*OLG Frankfurt,* NJW 2008, 1007, 1008; *OLG Köln,* NJW-RR 2000, 591; *OLG München,* MDR, 2002, 862).

20 Äußerungen im Rahmen der richterlichen **Hinweis- und Aufklärungspflicht** nach §§ 139 und § 278 III ZPO begründen keine Ablehnung, solange der Richter seine Neutralität wahrt. Gegenüber anwaltlich nicht vertretenen Parteien können umfangreichere Klärungen und Hinweise erforderlich sein. Der Richter kann auch freimütig seine Prognose über den nach dem derzeitigen Stand zu erwartenden Prozessausgang äußern (*OLG Hamm,* MDR 2010, 1282; Einzelheiten bei *Zöller/Vollkommer,* § 42 Rn. 26); schließlich schiebt er den Vorgang der Meinungsbildung nicht bis zur Abfassung des Urteils auf und braucht seine bisher gebildete Auffassung nicht zu verschweigen. Auf dieser Basis kann er auch Anregungen geben und Vorschläge machen, die die Stellung, Änderung und Rücknahme von Anträgen, fehlendes Vorbringen oder auch Vergleichsmöglichkeiten betreffen. Anders ist es, wenn der Richter ohne tatsächliche Grundlage einen extremen Rechtsstandpunkt vertritt („Prozessbetrug", vgl. *OLG Frankfurt,* NJW-RR 1997, 1084). Umstritten und problematisch sind Hinweise des Richters, deren Befolgung einer Partei die erfolgreiche Prozessführung ermöglicht, insbesondere Hinweise auf bestehende Einreden (Verjährung, vgl. hierzu *BGH,* NJW 2004, 164; *Zöller/Vollkommer,* § 42 Rn. 27 f. mwN), auf Gestaltungsrechte (Anfechtung, Kündigung) oder auf die Ausübung besonderer prozessualer Möglichkeiten (Aktivlegitimation durch Abtretung, vgl. *BGH,* NJW 2007, 2414; Flucht in das Versäumnisurteil, vgl. *OLG München,* NJW 1994, 60). Zu prozessualen Tricks sollte der Richter nicht raten (*MünchKomm-ZPO/Gehrlein,* § 42, Rn. 33).

21 b) **Zulässigkeit des Gesuchs.** *aa) Form.* Das Gesuch kann schriftlich, aber auch im Termin zu Protokoll gestellt werden. Es ist dann mit der notwendigen Begründung zu Protokoll zu nehmen; andernfalls kann ein Ablehnungsgrund entstehen (*OLG Köln,* NJW-RR 1998, 797). Es besteht kein Anwaltszwang. Auch die anwaltlich vertretene Partei kann den Richter persönlich ablehnen. Der Antrag ist an das Gericht, dem der Richter angehört, zu richten (§ 44 I ZPO). Antragsberechtigt sind immer beide Parteien (§ 42 III ZPO), auch der Nebenintervenient (§ 67 ZPO); der Prozessbevollmächtigte hat kein eigenes Ablehnungsrecht.

22 *bb) Begründung.* Das Gericht muss den oder die Richter identifizierbar benennen und die Tatsachen bezeichnen, aus denen sich die Befangenheit ergeben soll. Eine bloße Ablehnungserklärung verbunden mit der Ankündigung, die Begründung werde nachgereicht, wird als nicht ausreichend angesehen (*Zöller/Vollkommer,* § 44 Rn. 2). Zulässig ist es aber, ein Ablehnungsgesuch bis zur Entscheidung zu ergänzen, wie es insbesondere bei Ablehnungen während der mündlichen Verhandlungen vorkommen wird.

23 *cc) Glaubhaftmachung.* Nach § 44 ZPO ist eine **Glaubhaftmachung** des Ablehnungsgrundes erforderlich. Sie ist entbehrlich, wenn die Tatsachen, auf die die Ablehnung gestützt wird, offenkundig sind (§ 291 ZPO) oder sich aus der Akte ergeben. Der Antragsteller kann sich nach § 44 II 2 ZPO zur Glaubhaftmachung auf das Zeugnis des Richters, damit ist dessen dienstliche Äußerung gemeint, beziehen; eine weitere Glaubhaftmachung ist für die Zulässigkeit nicht erforderlich. Ein Gesuch, das diese Bezugnahme nicht enthält und einem – nicht offenkundigen – Ablehnungsgrund auch sonst nicht glaubhaft macht, kann ohne weitere Prüfung zurückgewiesen werden (vgl. *MünchKomm-ZPO/Feiber,* § 44 Rn. 8). Im Fall des § 44 IV ZPO ist auch die spätere Kenntnis glaubhaft zu machen.

dd) Missbrauch. **Missbrauch** des Ablehnungsrechts macht das Gesuch unzulässig. Auch für die Fortsetzung des Prozesses entgegen § 47 ZPO und für die Frage, ob der Richter an der Entscheidung über die Ablehnung mitwirken kann, ist die Feststellung wichtig, ob ein Missbrauch vorliegt (vgl. Rn. 27). Hier ist aber Zurückhaltung geboten. Kein Missbrauch liegt zB vor, wenn eine Partei die Ablehnung an einen prozessualen Fehler des Gerichts anknüpft (vgl. *OLG Frankfurt,* FamRZ 1993, 1467; *OLG Hamburg,* NJW 1992, 1462). Auch beleidigende Äußerungen in einem sonst zulässigen Gesuch reichen dazu nicht aus (vgl. *Zöller/Vollkommer,* § 42 Rn. 6). Wenn mit dem Gesuch aber offensichtlich die Absicht verfolgt wird, das Verfahren zu verschleppen (*BGH,* NJW 1995, 1030), sachfremde Ziele zu erreichen (*BVerfG,* 2007, 3771, das Gericht zu beschimpfen oder wenn eine nachvollziehbare Begründung fehlt (*BVerwG,* NJW 1997, 3327), ist es unzulässig (*Zöller/Vollkommer,* § 42 Rn. 6 mwN). Das gleiche gilt bei Wiederholung eines Ablehnungsgesuches ohne neuen Inhalt. 24

Wenn der Richter, zB weil die Instanz durch eine abschließende Entscheidung beendet ist, wegen einer Änderung der Geschäftsverteilung oder wegen Ausscheidens aus diesem Gericht, mit der Sache nicht mehr befasst werden kann, fehlt der Ablehnung das **Rechtsschutzinteresse** (vgl. *Thomas/Putzo,* § 42 Rn. 7). 25

c) **Verlust des Ablehnungsrechts nach § 43 ZPO.** Grundsätzlich kann der Richter von der Anhängigkeit des Rechtsstreits bis zu seiner rechtskräftigen Entscheidung abgelehnt werden. Das Gesuch ist aber unzulässig, wenn die Partei sich in Kenntnis des Ablehnungsgrundes auf eine mündliche Verhandlung eingelassen oder Anträge gestellt hat, § 43 ZPO. Hieran können vor allem Ablehnungsanträge scheitern, die sich auf Ereignisse während des Termins stützen, aber erst anschließend gestellt werden. Denn für eine Einlassung im Sinne der Vorschrift genügt nach der Rechtsprechung bereits jede sich anschließende aktive Beteiligung an der Verhandlung, zB Verhandeln zu Prozessvoraussetzungen, Einverständnis mit dem schriftlichen Verfahren, Teilnahme an einem Vergleichsgespräch, das Stellen von Fragen an Zeugen oder Sachverständige (vgl. *Thomas/Putzo,* § 43 Rn. 4). Wurden nach Entstehung des Ablehnungsgrundes die Anträge gestellt, scheidet eine Ablehnung aus. 26

Kein Verlust des Ablehnungsrechts tritt ein, wenn der abgelehnte Richter entgegen § 47 ZPO weiterverhandelt und ein zulässig begründetes Gesuch nicht zu Protokoll nimmt (vgl. *Zöller/Vollkommer,* § 43 Rn. 8; *Thomas/Putzo,* § 43 Rn. 4). § 43 ZPO ist auch nicht anwendbar, wenn der Partei der Ablehnungsgrund erst bekannt geworden ist, nachdem sie sich auf die Verhandlung eingelassen hat. Das hat die Partei dann aber glaubhaft zu machen (§ 44 IV ZPO).

3. Verfahren

a) **Wartepflicht in der Hauptsache nach § 47 ZPO.** Geht ein Ablehnungsgesuch ein, hat das praktisch den **Stillstand des Prozesses** bis zur rechtskräftigen Entscheidung über die Ablehnung zur Folge. Das ist besonders störend, wenn die Ablehnung während eines Verhandlungstermins erklärt wird, zumal wenn sich bereits abzeichnet, dass sie unbegründet sein wird, lässt sich aber nicht ändern. Der Richter darf nur noch solche Handlungen vornehmen, die keinen Aufschub gestatten, im übrigen besteht nach § 47 ZPO eine Wartepflicht. Unaufschiebbar können typische Eilmaßnahmen sein wie Arrest und einstweilige Verfügung, aber auch Maßnahmen, die dem Stillstand des Prozesses Rechnung tragen, wie zB Terminsaufhebungen. Termine ansetzen darf der Richter nicht (vgl. *OLG Hamburg,* NJW 1992, 1463). Nur wenn ein offensichtlicher Missbrauch des Ablehnungsrechts vorliegt, besteht nach überwiegender Meinung keine Wartepflicht (*BGH,* FamRZ 2005, 1564; vgl. *Zöller/Vollkommer,* § 47 Rn. 3 und § 42 Rn. 6); hieran werden aber strenge Anforderungen gestellt (*BVerfG,* NJW 2007, 3771). 27

Eine **Verletzung der Wartepflicht** macht die getroffenen Anordnungen nicht unwirksam, führt jedoch zu einem schweren Verfahrensmangel. Hierauf kann ein erfolgreiches Ablehnungsgesuch gestützt werden (*OLG Karlsruhe,* NJW-RR 1998, 1350). Führt die nach § 46 II ZPO eingelegte Beschwerde zu einer erfolgreichen Ablehnung des Richters, wäre ein Rechtsmittel in der Hauptsache begründet; bei rechtskräftiger Entscheidung in der Hauptsache kann hierauf unter Umständen ein Wiedereinsetzungsantrag oder die Nichtigkeitsklage nach § 579 I Nr. 3 ZPO gestützt werden (*Zöller/Vollkommer,* § 47 Rn. 6). 28

Dauer der Wartepflicht: Sie besteht bis zur rechtskräftigen Entscheidung über das Ablehnungsgesuch, also nicht nur bis zum Beschluss nach § 45 ZPO, sondern bis zum Ablauf der Frist für die sofortige Beschwerde nach § 46 II ZPO bzw. bis zur Entscheidung über die Beschwerde (hM, vgl. *Zöller/Vollkommer,* § 47 Rn. 1; *Thomas/Putzo,* § 47 Rn. 1). Die Wartepflicht dauert an bis zur Entscheidung über eine Gehörsrüge nach § 321 a ZPO, nicht jedoch bis zur Entscheidung über eine Verfassungsbeschwerde (*BGH,* WM 2010, 1424). 29

b) **Maßnahmen im Ablehnungsverfahren.** Das Ablehnungsverfahren liegt allein in Händen der Richter, die nach § 45 ZPO zur Entscheidung über das Ablehnungsgesuch berufen sind; der abgelehnte Richter wirkt nicht mit. Es gilt der **Untersuchungsgrundsatz,** das entscheidende Gericht hat also selbst zu ermitteln. 30

Der abgelehnte Richter hat nach § 44 II ZPO unverzüglich seine **dienstliche Äußerung** über den Ablehnungsgrund abzugeben. Hierauf haben die Richter, die nach § 45 ZPO über das Ablehnungsgesuch 31 entscheiden, erforderlichenfalls hinzuwirken. Der abgelehnte Richter ist zur dienstlichen Äußerung verpflichtet und sollte sie sorgfältig und frei von Emotionen abfassen. Eine in unangemessenem Ton abgefasste Äußerung kann ihrerseits eine vorher unbegründete Ablehnung rechtfertigen (*OLG Frankfurt,* NJW-RR 1998, 858). Vor allem sollte er der Versuchung widerstehen, damit zu argumentieren, dass sein Verhalten richtig war, oder zu begründen, warum die Ablehnung unzulässig ist oder in der Sache keinen Erfolg haben kann. Vielmehr geht es darum, sich zu den im Ablehnungsgesuch vorgetragenen Tatsachen zu äußern, also den tatsächlichen Hergang darzustellen; der Sache nach handelt es sich um eine Zeugenaussage. Die Würdigung obliegt allein den Richtern, die über die Ablehnung entscheiden. Auch auf den in der Praxis anzutreffenden Satz „Ich fühle mich nicht befangen", sollte verzichtet werden (vgl. *Thomas/Putzo,* § 44 Rn. 3). Dass sich der Richter nicht befangen fühlt, ist nicht entscheidend; maßgeblich ist die Sicht einer vernünftigen Partei. Wenn der Richter sich aber befangen fühlt, hätte er das nach § 48 ZPO anzeigen müssen, beim Amtsgericht wäre er ohne Entscheidung ausgeschieden (§ 45 II 2 ZPO).

32 Beiden Parteien ist im Ablehnungsverfahren **rechtliches Gehör** zu gewähren (*BGH,* NJW 2005, 2233, 2234). Ihnen ist also die dienstliche Äußerung zur Stellungnahme zuzuleiten. Das Gericht darf die Entscheidung nicht auf eine dienstliche Äußerung des betroffenen Richters stützen, die die Prozessbeteiligten nicht kennen (*BVerfG,* NJW 1993, 2229, 2230). Nur bei einem offensichtlich unzulässigen oder unbegründeten Gesuch braucht der Gegner der ablehnenden Partei nicht gehört zu werden (vgl. *Zöller/Vollkommer,* § 46 Rn. 3).

4. Entscheidung

33 Die Entscheidung ergeht durch **Beschluss,** der nach § 46 I ZPO keine mündliche Verhandlung erfordert. Diese wäre auch unpraktisch. Der Beschluss ist den Parteien mit Rücksicht auf die Möglichkeit der sofortigen Beschwerden förmlich zuzustellen, wenn die Ablehnung für unbegründet gehalten wird. Bei unbegründeter Ablehnung genügt die formlose Übersendung.

34 a) Bei **Ablehnung** eines **Richters am Landgericht** entscheidet die Kammer über das Gesuch. Der abgelehnte Richter wirkt nicht mit, an seine Stelle tritt der für den Fall der Ablehnung oder seiner Verhinderung im Geschäftsplan vorgesehene Vertreter. Das gilt auch bei Ablehnung des Einzelrichters nach §§ 348, 526 ZPO (*BGH,* NJW 2006, 2492; vgl. *Zöller/Vollkommer,* § 45 Rn. 2) oder des Vorsitzenden einer Kammer für Handelssachen (*OLG Celle,* OLGR 2009, 392). Werden alle Richter einer Kammer abgelehnt, entscheidet die Vertretungskammer. Auch bei der Entscheidung über ein unzulässiges Gesuch darf der abgelehnte Richter nicht mitwirken. Nur bei einer offensichtlich unzulässigen oder missbräuchlichen Ablehnung kann das Ablehnungsgesuch unter Mitwirkung des abgelehnten Richters zurückgewiesen werden (vgl. *BVerfG,* NJW 2005, 4310, *BGH,* NJW-RR 2005, 1226). Wenn der abgelehnte Richter sich in seiner dienstlichen Äußerung für befangen hält, macht das die Entscheidung nicht entbehrlich; § 45 II 2 ZPO gilt nicht entsprechend, auch nicht für den Einzelrichter. Im übrigen ist die Kammer nicht an die dienstliche Äußerung gebunden; sie kann anders entscheiden.

35 b) Für die Ablehnung eines Richters oder Spruchkörpers anderer **Kollegialgerichte** gelten dieselben Grundsätze.

36 c) Bei **Ablehnung** eines **Richters am Amtsgericht** kommt es zunächst auf dessen Sicht an. Hält er sich für befangen, bedarf es keiner Entscheidung (§ 45 II 2 ZPO). Der abgelehnte Richter macht einen Aktenvermerk, in dem er seine Befangenheit und den Grund dafür niederlegt, und gibt die Sache an seinen Vertreter ab. Hieran sind die Parteien und ihre Vertreter gebunden (vgl. *Zöller/Vollkommer,* § 45 Rn. 5; *Thomas/Putzo,* § 45 Rn. 2). Hält sich der Amtsrichter nicht für befangen, entscheidet nach § 45 II 1 ZPO der im Geschäftsverteilungsplan bestimmte Vertreter über das Gesuch; ihm ist die Akte zuzuleiten. Offensichtlich unzulässige oder missbräuchliche Ablehnungsgesuche kann er selbst zurückweisen (vgl. Rn. 34). Das sollte dann aber durch ausdrücklichen Beschluss geschehen, nicht durch Übergehen der als rechtsmissbräuchlich empfundenen Ablehnung. Zur Beschwerdezuständigkeit in diesen Fällen vgl. *Zöller/Vollkommer,* § 45 Rn. 5.

37 d) Bei **Ablehnung eines Familienrichters** gilt § 45 II 2 ZPO über § 6 FamFG in gleicher Weise. Hält der Richter die Ablehnung für unzulässig oder für unbegründet, ist sie nicht dem Familiensenat, sondern dem im Geschäftsverteilungsplan bestimmten Richter des Amtsgerichts vorzulegen.

5. Wirkung der Entscheidung

38 a) Wird die **Ablehnung** für **begründet** erklärt, ist der Richter mit sofortiger Wirkung ausgeschlossen; der mit Erfolg abgelehnte Richter steht dem nach § 41 ZPO ausgeschlossenen gleich (*Thomas/Putzo,* § 47 Rn. 4; zu den weiteren Folgen vgl. oben Rn. 9); gesetzlicher Richter ist nunmehr der für diesen Fall vorgesehene Vertreter. Ist der Richter in der Zwischenzeit entgegen § 47 ZPO tätig geworden, liegt ein schwerer Verfahrensfehler vor (zu den Folgen vgl. Rn. 28). Das gleiche gilt, wenn die Ablehnung auf die sofortige Beschwerde nach § 46 II ZPO für begründet erklärt wird.

b) Bei **Zurückweisung des Ablehnungsgesuches** darf der Richter noch nicht gleich wieder tätig werden. Die Wartepflicht gilt bis zur Rechtskraft des Beschlusses und ggf. auch bis zur Erledigung einer Anhörungsrüge nach § 321 a ZPO (vgl. Rn. 29). Mit Rechtskraft des zurückweisenden Beschlusses, also nach Ablauf der Frist für die sofortige Beschwerde oder mit deren Zurückweisung werden über § 47 hinausgehende Handlungen des erfolglos abgelehnten Richters geheilt (hM, vgl. *Zöller/Vollkommer,* § 47 Rn. 5). 39

6. Fassung des Beschlusses

Weil ein erstes Ablehnungsgesuch erfahrungsgemäß weitere Ablehnungen zur Folge haben kann, empfiehlt es sich, zur Unterscheidung jeweils das Datum und den oder die betroffenen Richter in den Tenor aufzunehmen. Der Beschluss enthält keine Kostenentscheidung. Er ist, auch in Hinblick auf die nach § 46 II ZPO statthafte Beschwerde, zu begründen. Die Beschlussformel kann zB lauten: 40

Beispiele: 41

Bei unzulässiger Ablehnung:

Das Ablehnungsgesuch des Klägers/Beklagten/Nebenintervenienten vom . . . gegen den Richter R. wird als unzulässig zurückgewiesen.

Bei rechtsmissbräuchlicher Ablehnung kann auch formuliert werden:

Das Ablehnungsgesuch . . . wird verworfen.

Bei unbegründeter Ablehnung (vgl. *Zöller/Vollkommer,* § 46 Rn. 7):

Das Ablehnungsgesuch des Klägers/Beklagten/Nebenintervenienten vom . . . gegen den Richter R. wird als unbegründet zurückgewiesen.

oder:

Das Ablehnungsgesuch . . . wird für unbegründet erklärt.

Bei begründeter Ablehnung (vgl. § 46 II ZPO):

Das Ablehnungsgesuch des Klägers/Beklagten/Nebenintervenienten vom . . . gegen den Richter R. wird für begründet erklärt.

V. Die sogenannte Selbstablehnung des Richters nach § 48 ZPO

1. Voraussetzungen

Ist der Richter im Zweifel darüber, ob ein Ausschlussgrund nach § 41 ZPO (vgl. Rn. 12) oder ein Ablehnungsgrund nach § 42 ZPO gegeben ist, sollte er nicht ein Ablehnungsgesuch der Parteien abwarten. Er ist, jedenfalls bei ernsthaften Zweifeln, verpflichtet, unverzüglich eine Anzeige nach § 48 ZPO zu machen und damit eine Entscheidung herbeizuführen. Die **Pflicht zur Anzeige** ist eine verfahrensrechtliche Pflicht des Richters und zugleich eine Dienstpflicht (*BGH,* NJW 1995, 1677, 1679; vgl. *Thomas/Putzo/Hüßtege,* § 48 Rn. 1; *Zöller/Vollkommer,* § 48 Rn. 4; s. auch Kap. G); sie besteht für den Richter am Amtsgericht genauso wie für den Richter an einem Kollegialgericht, und zwar unabhängig davon, ob sich der Richter befangen fühlt (*BVerfG,* NJW 1997, 1500). Geht es nicht um einen Ausschlussgrund nach § 41 ZPO, sondern um die Besorgnis der Befangenheit, hat der Richter nicht darauf abzustellen, ob er sich befangen fühlt, sondern auf die Sicht der Partei. Kann sie Anlass zur Besorgnis haben, muss der Richter anzeigen. Nicht ausreichend ist es allerdings, dass dem Richter die Entscheidung wegen einer Beziehung zu einer Partei oder zum Streitgegenstand unangenehm ist; das muss der Richter tragen. Die Anzeigepflicht besteht aber auf jeden Fall, wenn der Richter einen Ausschluss- oder Befangenheitsgrund für gegeben hält. Unabhängig hiervon sollte der Richter den Parteien gegenüber alle Umstände offen legen, die Zweifel an seiner Unparteilichkeit wecken könnten, um ihnen Gelegenheit zu einer Ablehnung nach § 42 ZPO zu geben und auch, um einer Ablehnung im späteren Verlauf vorzubeugen (vgl. *Zöller/Vollkommer,* § 48 Rn. 1). 42

2. Verfahren

a) Es handelt sich nicht um eine gerichtsinterne Angelegenheit, sondern nur um eine andere Art der Verfahrenseinleitung. **Der anzeigende Richter,** der die Voraussetzungen des § 48 ZPO für gegeben hält, legt die Anzeige in Form eines Vermerkes in der Akte nieder und leitet die Akte an das Gericht weiter, das nach § 45 ZPO für die Entscheidung zuständig wäre. Auch der Richter am Amtsgericht, der sich für befangen hält, hat die Anzeige dem Landgericht vorzulegen; § 45 II 2 ZPO gilt nicht für die Selbstablehnung (*Zöller/Vollkommer,* § 48 Rn. 4), der Richter kann also nicht im Wege der Selbstablehnung formlos ausscheiden (*OLG Hamburg* OLGR 2008, 871). Bis zur Entscheidung trifft den Richter die Wartepflicht nach § 47 ZPO (*Thomas/Putzo,* § 48 Rn. 3). 43

44 b) **Das entscheidende Gericht** hat wie bei einer Ablehnung zu verfahren. Es gilt der Untersuchungsgrundsatz. Falls es die Begründung der Anzeige für unvollständig hält, hat es eine ergänzende dienstliche Äußerung nach § 44 III ZPO anzufordern.

45 Das Verfahren ist nicht als gerichtsinterne Angelegenheit zu behandeln. Vielmehr ist den Parteien, **rechtliches Gehör** zu gewährten (vgl. *BGH,* NJW 1995, 1677, 1679). Die Anzeige ist daher beiden Parteien zur Stellungnahme zuzuleiten.

3. Entscheidung

46 Das nach § 45 ZPO zuständige Gericht entscheidet in gleicher Weise wie auf ein Ablehnungsgesuch, es gilt § 46 ZPO (vgl. Rn. 33 ff.). Der Beschluss ist den Parteien, nachdem ihnen rechtliches Gehör geboten wurde, bekanntzugeben und, wenn die Selbstablehnung für begründet erklärt wird, förmlich zuzustellen. Zur Wirkung der Entscheidung im übrigen vgl. *Zöller/Vollkommer,* § 48 Rn. 11.

Beispiel für die Beschlussformel:

Die Selbstablehnung des Richters am Amtsgericht X wird für begründet/unbegründet erklärt.

A. XXV. Grundzüge des Internationalen Privat- und Verfahrensrechts

Dr. Katrin Herresthal/Dr. Rainer Hüßtege

Übersicht

Literatur zu Teil 1: 1. Kommentare: *Bamberger/Roth*, BGB, Bd. III, 2. Aufl. 2008; *Dauner-Lieb/Heidel/Ring*, Anwalt-Kommentar BGB, Bd. I, 2005; *Erman*, BGB, Bd. II, 12. Aufl. 2008; *Münchner Kommentar*, BGB, Bd. X, 5. Aufl. 2010, Bd. XI, 4. Aufl. 2006; *Palandt*, BGB, 70. Aufl. 2011; *Prütting/Wegen/Weinreich*, BGB, 5. Aufl. 2010; *Soergel*, BGB, Bd. X, 12. Aufl. 1996; *Staudinger*, BGB, Neubearbeitung 1998 ff. **2. Lehrbücher:** *von Bar/Mankowski*, Internationales Privatrecht, Bd. I, Allgemeine Lehren, 2. Aufl. 2003, Bd. II, Besonderer Teil, 1991; *Brödermann/Rosengarten*, Internationales Privat- und Zivilverfahrensrecht – (IPR/IZVR), 4. Aufl. 2007; *von Hoffmann/Thorn*, Internationales Privatrecht, 9. Aufl. 2007; *Hüßtege*, Internationales Privatrecht, 4. Aufl. 2005; *Junker*, Internationales Privatrecht, 3. Aufl. 2011; *Kegel/Schurig*, Internationales Privatrecht, 4. Aufl. 2010; *Koch/Magnus/Winkler von Mohrenfels*, IPR und Rechtsvergleichung, 4. Aufl. 2010; *Kropholler*, Internationales Privatrecht, 6. Aufl. 2006; *Rauscher*, Internationales Privatrecht, 3. Aufl. 2009; *Siehr*, Internationales Privatrecht, 2001.

Literatur zu Teil 2: 1. Kommentare: *Bülow-Böckstiegel-Geimer-Schütze*, Internationaler Rechtsverkehr in Zivil- und Handelssachen, Loseblattsammlung; *Geimer/Schütze*, Europäisches Zivilverfahrensrecht (EuZVR), 3. Auflage, 2009; *Kropholler/von Hein*, Europäisches Zivilprozessrecht, 9. Auflage, 2011; *Rauscher*, Europäisches Zivilprozess- und Kollisionsrecht, EuZPR/EuIPR, 2010; *Schlosser*, EU-Zivilprozessrecht, 3. Auflage 2009; *Schütze*, Das internationales Zivilprozessrecht in der ZPO, 2008; **2. Lehrbücher:** *von Hoffmann/Thorn*, IPR, 9. Auflage, 2007; *Geimer*, Internationales Zivilprozessrecht (IZPR), 6. Auflage, 2009; *Linke/Hau*, Internationales Zivilprozessrecht, 5. Auflage, 2011; *Nagel/Gottwald*, Internationales Zivilprozessrecht, 6. Auflage, 2007; *Schack*, Internationales Zivilverfahrensrecht, 5. Auflage, 2010 – Zur allgemeinen Literatur vgl. Literaturübersicht A. I.

1. Teil. Grundzüge des Internationalen Privatrechts

I. Sachverhalte mit Auslandsberührung

1 Nicht selten weisen Rechtsfälle einen Auslandsbezug auf, zB weil

- eine Partei nicht die deutsche Staatsangehörigkeit besitzt,
- ein Kaufvertrag im Ausland oder mit einem Ausländer geschlossen wurde oder
- der Tatort einer unerlaubten Handlung sich im Ausland befindet.

Bei derartigen Konstellationen bedarf es der Prüfung der Regeln des Internationalen Privatrechts (IPR), da ein Fall mit Auslandsberührung vorliegt (Art. 3 EGBGB).

1. Begriff des Internationalen Privatrechts

2 Der Regelungsbereich des Internationalen Privatrechts lässt sich wie folgt definieren: **Das Internationale Privatrecht stellt den Inbegriff derjenigen Rechtsnormen dar, die bestimmen, welche von mehreren nebeneinander bestehenden Privatrechtsordnungen zur Anwendung kommen soll.**

Die Bezeichnung „international" ist irreführend: Es handelt sich bei diesen Regeln um nationales Recht. Jeder Staat besitzt sein eigenes Internationales Privatrecht, um mit Hilfe dieser Normen das anwendbare materielle Recht (Sachrecht) zu ermitteln. Man spricht in diesem Zusammenhang auch von Kollisionsrecht, dh das Internationale Privatrecht soll klären, welche Privatrechtsordnung im konkreten Sachverhalt vorrangig ist.

Unabhängig davon wendet jedes Gericht auf das bei ihm anhängige Verfahren seine eigenen Verfahrensvorschriften an (*lex-fori*-Grundsatz). Der deutsche Richter hat also grundsätzlich nur die Vorschriften der ZPO, des FamFG, der GBO und andere Verfahrensvorschriften zu beachten.

2. Abgrenzung zu anderen Rechtsgebieten

3 Bei Sachverhalten mit Auslandsberührung spielen regelmäßig auch noch andere Rechtsgebiete eine Rolle.

4 a) **Internationales Einheitsrecht.** Das Internationale Einheitsrecht ersetzt innerstaatliches materielles Recht. Es ist gegenüber dem Internationalen Privatrecht vorrangig, da eine Prüfung des nationalen Rechts durch staatsvertragliche Regelungen ausgeschlossen wurde. Im Internationalen Kaufrecht ist zB das Wiener UN-Übereinkommen über Verträge über den internationalen Warenkauf (CISG) vom 11. 4. 1980 ein bedeutender Staatsvertrag. Im Transportrecht ist das Übereinkommen über den Beförderungsvertrag im internationalen Straßengüterverkehr (CMR) vom 19. 5. 1956 zu beachten.

5 b) **Internationales Zivilprozessrecht.** Nachdem jedes Gericht nach seiner eigenen nationalen Prozessordnung vorgeht, beschränkt sich das Internationale Prozessrecht auf die Fragen der internationalen Zuständigkeit der Gerichte und die Anerkennung und Vollstreckung ausländischer Entscheidungen.

6 c) **Interlokales Privatrecht.** Eine dem Internationalen Privatrecht vergleichbare Funktion hat das Interlokale Privatrecht. Zahlreiche Staaten besitzen kein einheitliches Privatrecht, sondern in diesen Staaten existieren mehrere Privatrechtsordnungen nebeneinander, wie zB in den USA, in Kanada, Australien, Mexiko, Großbritannien und Spanien. In diesen sog. Mehrrechtsstaaten wird die jeweils maßgebliche Teilrechtsordnung durch die Regeln des Interlokalen Privatrechts bestimmt. Das Interlokale Privatrecht hat innerhalb eines Mehrrechtsstaates mithin die gleichen Funktionen wie das Internationale Privatrecht im Verhältnis mehrerer Staaten zueinander.

7 d) **Interpersonales Recht.** Einzelne Staaten sehen eine personale Rechtsspaltung vor, die insbesondere an die Stammes- oder Religionszugehörigkeit anknüpft. Das Interpersonale Privatrecht bestimmt innerhalb dieser Staaten die für die jeweiligen Bevölkerungsgruppen geltende Privatrechtsordnung. Interpersonales Privatrecht findet sich vor allem in vielen islamischen Staaten.

II. Gesetzliche Grundlagen

1. Staatsverträge

8 Eine wichtige Quelle des deutschen Internationalen Privatrechts sind die zweiseitigen (bilaterale) bzw. mehrseitige (multilateralen) Staatsverträge. Staatsvertragliche Regelungen gehen nationalen Rechtsvorschriften vor, soweit sie völkerrechtlich in Kraft getreten und in unmittelbar anwendbares innerstaatliches Recht transformiert oder in das EGBGB inkorporiert worden sind, Art. 3 Nr. 2 EGBGB. Die wichtigsten Verträge sind in der Textsammlung *Jayme/Hausmann*, Internationales Privat- und Verfahrensrecht, 15. Aufl. 2010 und den einschlägigen Kommentaren enthalten.

Bei der Ermittlung des auf einen Sachverhalt anwendbaren Rechts muss also zunächst geprüft werden, ob etwaige staatsvertragliche Regelungen vorrangig zur Anwendung kommen.

2. EU-Verordnungen

Dem autonomen Kollisionsrecht vorrangig sind ferner die kollisionsrechtlichen EU-Verordnungen, Art. 3 Nr. 1 EGBGB. Die EU-Verordnungen haben mittlerweile zu einem großen Teil die nationalen Kollisionsregeln des EGBGB verdrängt. Die Rom II-VO (ABl. EU Nr. L 199 S. 40) ist am 11. 1. 2009 in Kraft getreten und löst weitgehend die autonomen Kollisionsnormen für außervertragliche Schuldverhältnisse (Art. 38–42 EGBGB) ab. Die Rom I-VO (ABl. EU Nr. L 177 S. 6) ist am 17. 12. 2009 in Kraft getreten und ersetzt weitgehend das autonome Kollisionsrecht betreffend die vertraglichen Schuldverhältnisse (Art. 27–37 EGBGB). Seit dem 18. 6. 2011 ist die EuUnterhaltVO (Verordnung über die Zuständigkeit, das anwendbare Recht, die Anerkennung und Vollstreckung von Entscheidungen und die Zusammenarbeit in Unterhaltssachen, ABl. EU Nr. L 7 S. 1) anwendbar und verdrängt die nationalen Kollisionsregeln zum Unterhaltsrecht (Art. 18 EGBGB aF). 9

3. EGBGB

Das deutsche Internationale Privatrecht ist im EGBGB kodifiziert. Regelungen zum Gesellschaftsrecht fehlen nach wie vor. 10

Der Aufbau des EGBGB lässt sich im Hinblick auf die wesentlichen Regelungsbereiche wie folgt skizzieren:

- Art. 3–6 EGBGB: Allgemeine Grundsätze
- Art. 7–10 EGBGB: Recht der natürlichen Personen
- Art. 11 EGBGB: Formstatut für Rechtsgeschäfte
- Art. 12 EGBGB: Verkehrsschutz bei Verträgen
- Art. 13–24 EGBGB: Familienrecht
- Art. 25, 26 EGBGB: Erbrecht
- Art. 27–37 EGBGB: Vertragliche Schuldverhältnisse (weitgehend aufgehoben und ersetzt durch die Rom I-VO)
- Art. 38–42 EGBGB: Außervertragliche Schuldverhältnisse (weitgehend abgelöst durch die Rom II-VO)
- Art. 43–46 EGBGB: Sachenrecht
- Art. 220 EGBGB Übergangsvorschriften

4. Einzelbestimmungen

Neben den Kollisionsnormen des EGBGB sind weitere Regelungen des deutschen Internationalen Privatrechts in verschiedenen Gesetzen enthalten, zum Beispiel Art. 91–98 WechselG, Art. 60–66 ScheckG, § 32 b UrhG oder §§ 335–358 InsO. 11

5. Gewohnheits- und Richterrecht

Soweit kodifizierte Kollisionsnormen fehlen, wie zB für das Gesellschaftsrecht, sind die von der Rechtsprechung und Lehre entwickelten Regeln zu beachten. 12

III. Feststellung des anwendbaren Rechts

Die einzelnen Regeln des Internationalen Privatrechts (= Kollisionsnormen) besagen, welches Recht auf einen im Tatbestand der Vorschrift abstrakt formulierten Sachverhalt anzuwenden ist. 13

Der Tatbestand einer Kollisionsnorm setzt sich regelmäßig aus dem Anknüpfungsgegenstand, der einen materiellrechtlich geprägten Systembegriff verwendet (zB Ehe, Vertrag oder unerlaubte Handlung), und dem Anknüpfungsmoment (zB Staatsangehörigkeit, gewöhnlicher Aufenthalt, Handlungsort oder Parteiwille) zusammen. Die Rechtsfolge einer Kollisionsnorm besteht in der Anwendbarkeit einer bestimmten Rechtsordnung.

1. Qualifikation

Um einen Sachverhalt mit Auslandsbezug rechtlich nach der richtigen Rechtsordnung zu beurteilen, muss zunächst die maßgebliche Kollisionsnorm ermittelt werden. Die Subsumtion des in Frage stehenden Lebenssachverhalts unter die vorhandenen Kollisionsnormen bezeichnet man als „Qualifikation". 14

In der Regel bereitet die Qualifikation keine Probleme. Allerdings ergeben sich dann Schwierigkeiten, wenn für ein Rechtsinstitut keine spezielle Kollisionsnorm existiert bzw. verschiedene Kollisionsnormen in Betracht kommen. Qualifikationsprobleme ergeben sich ferner, wenn das deutsche Recht ein Rechtsinstitut anders einordnet als das ausländische Recht, auf das die deutsche Kollisionsnorm verweist. Schließlich ist die Qualifikation problematisch, wenn ein ausländisches Rechtsinstitut dem deutschen Recht unbekannt ist.

Beispiele:

a) Umstritten ist, ob § 1357 BGB schuldrechtlich oder familienrechtlich zu qualifizieren ist.

b) Das Rechtsinstitut der Verjährung ist in Deutschland im materiellen Recht geregelt, im anglo-amerikanischen Recht ist die Verjährung ein prozessuales Institut. Umstritten ist, ob die anglo-amerikanischen Klagefristen nur zu beachten sind, wenn anglo-amerikanische Gerichte den Streit zu entscheiden haben oder ob sie auch zur Anwendung gelangen, wenn deutsche Gerichte über den Fall unter Anwendung anglo-amerikanischen Rechts entscheiden.

c) Dem deutschen Recht ua unbekannt sind das islamische Rechtsinstitut der „Morgengabe" sowie das italienische Institut der „Trennung von Tisch und Bett".

15 Ausgangspunkt für die jeweilige Qualifikation ist nach hM (*Palandt/Thorn,* Einl. vor Art. 3 EGBGB Rn. 27) die *lex fori*, dh das Recht des Staates, in dem das angerufene Gericht seinen Sitz hat. Allerdings kann die *lex fori* lediglich den Ausgangspunkt der Qualifikation bilden, denn die deutschen Kollisionsnormen müssen, wie dargelegt, auch Rechtserscheinungen erfassen, die das deutsche Recht nicht kennt. Entscheidend muss letztendlich sein, welche Lebenssachverhalte der von der Kollisionsnorm verwendete Anknüpfungsgegenstand seiner Funktion und seinem Zweck nach erfassen will. Man spricht deshalb auch von funktionaler oder teleologischer Qualifikation.

2. Vorrang staatsvertraglicher Regeln

16 Führt die Qualifikation der Rechtsfrage sowohl zur Einordnung unter eine kodifizierte nationale als auch unter eine staatsvertraglich geregelte Kollisionsnorm, ist auf letztere abzustellen, soweit sie völkerrechtlich in Kraft getreten und in unmittelbar anwendbares innerstaatliches Recht transformiert oder in das EGBGB inkorporiert worden ist, Art. 3 Nr. 2 EGBGB. Dabei muss zunächst geprüft werden, ob der

- sachliche,
- räumliche,
- persönliche und
- zeitliche

Anwendungsbereich des völkerrechtlichen Übereinkommens eröffnet ist. Gegebenenfalls ist auch danach zu fragen, ob die Anwendbarkeit des Übereinkommens die Verbürgung der Gegenseitigkeit voraussetzt, dh, dass es nur anwendbar ist, wenn auf das Recht eines Vertragsstaates verwiesen wird.

Ein besonderes Problem bilden dabei die inkorporierten Staatsverträge.

Beispiel:

Das Verhältnis des Haager Unterhaltsabkommens vom 24. 10. 1956 und 2. 10. 1973 zu Art. 18 EGBGB sowie des Haager Testamentsabkommens zu Art. 26 EGBGB ist umstritten.

Auch wenn die staatsvertragliche Regelung weitgehend mit dem Wortlaut der nationalen Kollisionsnorm übereinstimmt, ist sie gem. Art. 3 Nr. 2 EGBGB vorrangig. Sofern aber die in das EGBGB eingefügte staatsvertragliche Kollisionsnorm inhaltlich vollständig mit dem Staatsvertrag übereinstimmt, wird der Vorrang des Staatsvertrags durch Zitierung der entsprechenden Kollisionsnorm des EGBGB nach hM nicht verletzt (*Palandt/Thorn,* Art. 3 Rn. 12). Allerdings ist bei der Anwendung der inkorporierten Kollisionsnormen staatsvertraglichen Ursprungs zu berücksichtigen, dass diese im Geltungsbereich des Staatsvertrags nicht nach der *lex fori,* sondern autonom, dh nach den gemeinsamen Vorstellungen der am Übereinkommen beteiligten Staaten auszulegen sind (*Palandt/Thorn,* Art. 3 Rn. 12).

3. Vorrang von EU-Verordnungen

17 Ebenfalls vorrangig vor den Kollisionsnormen des EGBGB sind die kollisionsrechtlichen EU-Verordnungen, Art. 3 Nr. 1 EGBGB. Auch insoweit ist zunächst jeweils deren sachliche, räumliche, persönliche und zeitliche Anwendbarkeit zu prüfen. Dabei ist zu berücksichtigen, dass die Auslegung der EU-Verordnungen europarechtlich-autonom zu erfolgen hat.

18 a) **Rom I-VO.** Die Rom I-VO ist in *sachlicher* Hinsicht auf nahezu sämtliche schuldvertraglichen Ansprüche anwendbar. Aus dem sachlichen Anwendungsbereich ausdrücklich ausgenommen sind der Personenstand, wie zum Beispiel die Schließung und Auflösung von Ehen, und die Rechts-, Geschäfts- und Handlungsfähigkeit von natürlichen Personen. Ferner ausgenommen sind Schuldverhältnisse aus familien- und erbrechtlichen Verhältnissen, Verpflichtungen aus wertpapierrechtlichen Verhältnissen, Schieds- und Gerichtsstandsvereinbarungen, Ansprüche aus gesellschaftsrechtlichen und Trust-Verhältnissen, organschaftliche und rechtsgeschäftliche Vertretung, Schuldverhältnisse aus Verhandlungen bei Vertragsschluss sowie Verträge der betrieblichen Altersvorsorge, Art. 1 I, II Rom I-VO. Insoweit gelten die Art. 11, 12 und 27–37 EGBGB fort.

In *räumlicher* Hinsicht gilt die Rom I-VO in sämtlichen Mitgliedstaaten der EU mit Ausnahme von Dänemark, Art. 1 IV Rom I-VO. Die Rom I-VO ist dabei als sog. *loi uniforme* auch anwendbar, wenn ihre Kollisionsregeln zum Recht eines Staates führen, der nicht Mitgliedstaat der EU ist, Art. 2 Rom I-VO.

Besondere *persönliche* Anwendungsvoraussetzungen sieht die Rom I-VO nicht vor.

In *zeitlicher* Hinsicht ist die Rom I-VO auf Verträge anzuwenden, die am 17. 12. 2009 oder später geschlossen wurden, Art. 28 Rom I-VO.

b) **Rom II-VO.** Die Rom II-VO erfasst in *sachlicher* Hinsicht nahezu sämtliche Ansprüche aus außervertraglichen Schuldverhältnissen. Ausdrücklich aus dem sachlichen Anwendungsbereich ausgenommen sind außervertragliche Ansprüche, die aus staatlichen Hoheitsakten, aus familien- und erbrechtlichen Verhältnissen, aus wertpapierrechtlichen Verhältnissen sowie aus gesellschaftsrechtlichen und Trust-Verhältnissen, aus Kernenergieschäden und aus Persönlichkeitsrechtverletzungen resultieren, Art. 1 I, II Rom II-VO. Insoweit bleibt es bei der Geltung der Art. 38–42 EGBGB. 19

Im Hinblick auf den Anwendungsbereich in *räumlicher* Hinsicht entsprechen sich die Rom II-VO und die Rom I-VO, Art. 1 IV Rom II-VO, einschließlich des Charakters als *loi uniforme*, Art. 3 Rom II-VO.

Besondere *persönliche* Anwendungsvoraussetzungen sieht auch die Rom II-VO nicht vor.

In *zeitlicher* Hinsicht ist die Rom II-VO anzuwenden, wenn das schadensbegründende Ereignis am oder nach dem 11. 1. 2009 eingetreten ist, Art. 31, 32 Rom II-VO.

c) **EuUnterhaltVO.** Die EuUnterhaltVO (Verordnung über die Zuständigkeit, das anwendbare Recht, die Anerkennung und Vollstreckung von Entscheidungen und die Zusammenarbeit in Unterhaltssachen, ABl. EU Nr. L 7 S. 1) ist in *sachlicher* Hinsicht anwendbar auf Unterhaltspflichten, die aus einem Familien-, Verwandtschafts- oder eherechtlichen Verhältnis oder auf Schwägerschaft beruhen, Art. 1 I EuUnterhaltVO. 20

In *räumlicher* Hinsicht gilt die EuUnterhaltVO in sämtlichen Mitgliedstaaten der EU mit Ausnahme des Vereinigten Königreichs und Dänemark, Art. 1 II EuUnterhaltVO. Die EuUnterhaltVO ist dabei wie die Rom I-VO und die Rom II-VO als *loi uniforme* ausgestaltet, Art. 15 EuUnterhaltVO iV mit Art. 2 Haager UnterhaltProt.

Besondere *persönliche* Anwendungsvoraussetzungen sieht die EuUnterhaltVO nicht vor.

In *zeitlicher* Hinsicht ist die EuUnterhaltVO gem. Art. 76 EuUnterhaltVO seit dem 18. 6. 2011 anzuwenden.

Die EuUnterhaltVO enthält keine eigenen Kollisionsnormen, sondern verweist für die Mitgliedstaaten, die durch das Haager Protokoll vom 23. 11. 2007 über das auf Unterhaltspflichten anzuwendende Recht, Art. 15 EuUnterhaltVO.

d) **Weitere geplante kollisionsrechtliche Vereinheitlichungen.** Weitere kollisionsrechtliche Vereinheitlichungen sind in Ehe- (Rom III), Güterstands- (Rom IV) und Erbschaftssachen (Rom V) geplant (*Palandt/Thorn*, Art. 3 EGBGB Rdnr. 8). 21

4. Prüfung des EGBGB

a) **Zeitlicher Anwendungsbereich.** Vor der Frage, welche Kollisionsnorm des EGBGB zur Anwendung gelangt, ist zunächst der zeitliche Anwendungsbereich der aktuellen Fassung des EGBGB zu prüfen. Gerade im Erbrecht und im Güterrecht kann es sein, dass Sachverhalte in die Zeit vor die IPR-Reform von 1986 fallen. Nach der in Art. 220 EGBGB getroffenen Übergangsregelung ist das alte Recht nach wie vor auf Sachverhalte anwendbar, die vor dem 1. 9. 1986 abgeschlossen wurden. 22

b) **Anwendbare Kollisionsnorm.** Ist der zeitliche Anwendungsbereich des EGBGB eröffnet, so ist des Weiteren zu prüfen, ob eine zulässige Rechtswahl getroffen worden ist. Diese ist vorrangig. 23

Soweit für den Sachverhalt keine passenden Normen im EGBGB vorhanden sind, wie im Bereich des Gesellschaftsrechts, ist ein Rückgriff auf die allgemeinen Lehren erforderlich (vgl. hierzu die Darstellungen in den einzelnen Kommentaren).

c) **Prüfung der Kollisionsnorm.** Wird eine einschlägige Kollisionsnorm gefunden, zB bei einem Erbfall Art. 25 EGBGB, sind die Anknüpfungstatbestände zu klären: 24

- Staatsangehörigkeit
  Ist auf die Staatsangehörigkeit als Anknüpfungspunkt abzustellen, wird die Frage, ob jemand deutscher Staatsangehöriger war, nach dem Staatsangehörigkeitsgesetz beantwortet. Probleme ergeben sich bei Doppel- und Mehrstaatern. Gemäß Art. 5 I 1 EGBGB ist dann auf die effektive Staatsangehörigkeit abzustellen. Dabei ist aber zu beachten, dass deutsches Recht immer dann zur Anwendung gelangt, wenn die Person „auch Deutscher" ist, Art. 5 I 2 EGBGB. Man bezeichnet diese Regelung als „Heimwärtsstreben", was zur Konsequenz haben kann, dass international widersprechende Entscheidungen ergehen können.
- Gewöhnlicher Aufenthalt
  Wird auf den gewöhnlichen Aufenthalt als Anknüpfungsgrund abgestellt, was vor allem bei Staatsverträgen jüngeren Datums der Fall ist, meint dieses den Daseinsmittelpunkt einer Person.
- Weitere Anknüpfungspunkte sind zB der Ort der Vornahme einer Handlung oder die Belegenheit einer Sache.

IV. Die Anwendung ausländischen Rechts

1. Die Ermittlung ausländischen Rechts

25 Führt die Anwendung der deutschen Kollisionsnorm zu einer Verweisung in eine fremde Rechtsordnung, so muss das ausländische Recht, also das jeweilige IPR und gegebenenfalls das Sachrecht, ermittelt werden. Im Prozess muss dazu das Gericht unter Umständen gemäß § 293 ZPO bzw. § 26 FamFG Sachverständigengutachten in Auftrag geben. Erstellt werden diese in der Regel von Universitätsinstituten für Internationales Recht, wobei insbesondere das Max-Planck-Institut für Internationales Recht der Universität Hamburg über einen großen Fundus an einschlägiger Literatur verfügt. Eine Übersicht über Sachverständige, die Rechtsgutachten über ausländisches Privatrecht anfertigen, findet sich in der DNotZ 2003, 310 ff. (zusammengestellt von *Hetger*).

Ein Gutachten eines wissenschaftlichen Instituts kann aber im Ausnahmefall nicht ausreichend sein. Der *BGH* (NJW-RR 1991, 1211) hat entschieden, dass der Tatrichter mit der im Regelfall zur Ermittlung ausländischen Rechts hinreichenden Einholung des Gutachtens eines mit dem fremden Recht vertrauten wissenschaftlichen Instituts dann nicht seiner aus § 293 ZPO folgenden Erforschungspflicht genügt, wenn es entscheidend auf die ausländische Rechtspraxis ankommt und der Gutachter nicht über spezielle Kenntnisse derselben verfügt, vielmehr allein auf die Auswertung der ihm zugänglichen Literatur angewiesen ist. Nach § 293 ZPO ist das Gericht nicht nur befugt, sondern verpflichtet, das ausländische Recht zu ermitteln und von den ihm zugänglichen Erkenntnisquellen Gebrauch zu machen. Der Richter hat dabei nicht nur auf die positiven Rechtsnormen abzuheben, sondern auch zu berücksichtigen, wie diese auf Grund der Rechtslehre und der Rechtsprechung in der Wirklichkeit gestaltet sind (*BGH,* NJW 1991, 1418, 1419). Daher sind gegebenenfalls Rechtsauskünfte ausländischer Behörden nach dem Europäischen Übereinkommen betreffend Auskünfte über ausländisches Recht vom 7. 6. 1968 (BGBl. 1974 II S. 938) einzuholen.

Kann das ausländische Recht nicht ermittelt werden, hat eine Ersatzanknüpfung zu erfolgen. Nach der Rechtsprechung des *BGH* sind in diesem Fall grundsätzlich die Sachnormen des deutschen Rechts anzuwenden. Sofern die Anwendung inländischen Rechts zu einem äußerst unbefriedigenden Ergebnis führen würde, ist das dem an sich berufenen Recht nächstverwandte oder das wahrscheinlich geltende Recht anzuwenden (*BGH,* NJW 1982, 1215).

Ob nach der Neufassung des *§ 545 I ZPO* das vom deutschen Richter angewandte ausländische Recht nunmehr revisibel ist, ist umstritten; der *BGH* hat diese Frage bislang offen gelassen (*BGH,* NJW 2010, 1070, 1072).

2. Ausländisches IPR

26 a) **Gesamtverweisung.** Wird auf das Recht eines anderen Staates verwiesen, so ist gemäß Art. 4 I EGBGB auch dessen Internationales Privatrecht anzuwenden. Man spricht insoweit von einer Gesamtverweisung. Bevor ausländische Sachnormen angewendet werden, sind also die IPR-Vorschriften jenes Staates zu prüfen. Ausnahmsweise wird nur auf ausländisches Sachrecht verwiesen. So ordnet zB Art. 17 b I 1 EGBGB, der das auf die Begründung, die allgemeinen und die güterrechtlichen Wirkungen sowie die Auflösung von eingetragenen Lebenspartnerschaften anzuwendende Recht regelt, eine Sachnormverweisung an (vgl. Art. 3 a I EGBGB).

Im Anwendungsbereich der EU-Verordnungen wird der Grundsatz der Gesamtverweisung durch Art. 20 Rom I-VO, Art. 24 Rom II-VO bzw. Art. 15 EuUnterhaltVO iV mit Art. 12 Haager UnterhaltProt verdrängt, die jeweils Sachnormverweisungen vorsehen.

27 b) **Rückverweisung.** Verweist das ausländische Internationale Privatrecht auf das deutsche Recht zurück, spricht man von einer Rückverweisung. In diesem Fall ist dann deutsches Sachrecht anzuwenden, Art. 4 I 2 EGBGB, dh die Rückverweisung wird angenommen.

28 c) **Weiterverweisung.** Im Fall der Weiterverweisung verweist das vom deutschen Internationalen Privatrecht berufene ausländische Internationale Privatrecht auf eine dritte Rechtsordnung. Ob es sich bei der Weiterverweisung um eine Gesamt- oder eine Sachnormverweisung handelt, hängt von jener Rechtsordnung ab, die die Weiterverweisung vornimmt. Handelt es sich um eine Gesamtverweisung, so führt diese grundsätzlich auch zum Internationalen Privatrecht des dritten Staates. Führt letzteres zum deutschen Recht, so wird die Verweisungskette hier abgebrochen, Art. 4 I 2 EGBGB.

29 d) **Unteranknüpfung bei Mehrrechtsstaaten.** Wird auf das Recht eines Staates mit mehreren Teilrechtsordnungen verwiesen, so bestimmt gemäß Art. 4 III 1 EGBGB das Recht dieses Staates, welche Teilrechtsordnung anzuwenden ist. Mangels einer solchen Regelung ist das Recht des Teilstaates anzuwenden, mit welchem der Sachverhalt am engsten verbunden ist (Art. 4 III 2 EGBGB).

3. Vorrang des Einzelstatuts

Die familien- und erbrechtlichen Kollisionsnormen unterstellen die Rechtsverhältnisse einer Person grundsätzlich einer einzigen Rechtsordnung als „Gesamtstatut", ohne dabei auf den Lageort ihrer Vermögensgegenstände Rücksicht zu nehmen. Art. 3a II EGBGB ordnet den Vorrang eines von diesem Gesamtstatut verschiedenen Belegenheitsstatut an, soweit dieses für in einem Gebiet befindliche Vermögensgegenstände „besondere Vorschriften" vorsieht. Vom Vorrang des Einzelstatus gem. Art. 3a II EGBGB ist mithin auszugehen, wenn folgende drei Voraussetzungen kumulativ erfüllt sind: 30
- Es muss sich um eine Verweisung im Familien- oder Erbrecht handeln,
- das Vermögen einer Person muss betroffen sein und
- in dem Staat, wo sich das Vermögen befindet, muss es besonderen Vorschriften unterliegen.

Beispiel:

Ein deutscher Staatsangehöriger stirbt in München. Er hinterlässt neben beweglichem Vermögen in Deutschland auch ein Grundstück in Nizza. Fraglich ist, welches Erbrecht anzuwenden ist. Da sich ein Nachlassgegenstand im Ausland befindet, handelt es sich um einen Fall mit Auslandsberührung, Art. 3 EGBGB. Gemäß Art. 25 EGBGB ist grundsätzlich deutsches Erbrecht anzuwenden. Allerdings ist hier Art. 3a II EGBGB einschlägig. Das französische Recht sieht eine Vermögensspaltung zwischen beweglichem und unbeweglichem Nachlass vor. Während nach französischem Internationalen Privatrecht für beweglichen Nachlass der letzte Wohnsitz des Erblassers maßgeblich ist, bestimmt sich die Vererbung von unbeweglichem Vermögen nach der *lex rei sitae*, dh nach dem Recht des Ortes der belegenen Sache. In diesem Fall wäre dies das französische Recht. Da die Voraussetzungen des Art. 3a II EGBGB gegeben sind, wird das Erbstatut nach Art. 25 EGBGB durch das Einzelstatut („Lagerecht") durchbrochen.

4. Vorfragen

Unter einer Vorfrage versteht man nach der hM jede Frage nach dem Bestehen eines präjudiziellen Rechtsverhältnisses, das im Tatbestand einer in- bzw. ausländischen Kollisions- oder Sachnorm vorausgesetzt wird. Taucht die Vorfrage in einer deutschen Kollisionsnorm auf, wird sie auch als Erstfrage bezeichnet. 31

Beispiel:

Ein griechischer Staatsangehöriger hatte mit einer griechischen Staatsangehörigen die Ehe nach griechisch-orthodoxem Ritus in München geschlossen; eine standesamtliche Trauung fand nicht statt und wurde auch nicht nachgeholt. Der Mann stirbt ohne Nachkömmlinge an seinem letzten gemeinsamen Wohnort in Griechenland. Wer wurde mit welcher Quote Erbe?

Art. 25 I EGBGB verweist in das griechische IPR, das die Verweisung auch annimmt. Nach griechischem Erbrecht erbt die Ehefrau allein. Es stellt sich hier die Vorfrage, ob eine wirksame Ehe vorliegt.

Umstritten ist, ob Vorfragen selbständig, dh nach den Kollisionsnormen der *lex fori* oder unselbständig, dh nach dem Internationalen Privatrecht der Hauptfrage anzuknüpfen sind. Die hM (vgl. *BGH*, NJW 1981, 1900) bevorzugt vor dem Hintergrund einer inneren Entscheidungsharmonie grundsätzlich die selbständige Anknüpfung. Die Gegenansicht (*von Hoffmann/Thorn,* § 6 Rn. 71) verweist auf die internationale Entscheidungsharmonie und knüpft unselbständig an. 32

Im vorstehenden Beispielsfall führt die selbständige Anknüpfung zur Nichtehe über Art. 13 III 1 EGBGB. Würde man unselbständig anknüpfen, käme man zum griechischen Recht und damit zu einer wirksamen Ehe. Man spricht in einer solchen Situation von einer hinkenden Ehe.

Um diese missliche Lage zu lösen, nimmt eine vermittelnde Meinung eine Abwägung dahin gehend vor, dass geprüft wird, welches Interesse überwiegt.

Übertragen auf den Beispielsfall hieße dies, dass sich die Vorfrage des Bestehens der Ehe nach griechischem Recht richtet, vor allem weil die Ehegatten zuletzt in Griechenland lebten.

5. Anpassung, Angleichung

Eine Anpassung oder Angleichung ist dann erforderlich, wenn verschiedene nebeneinander anwendbare Rechtsordnungen zu einem Normenwiderspruch kommen. 33

Beispiel:

Ein österreichischer Staatsangehöriger ist mit einer deutschen Staatsangehörigen verheiratet. Gemeinsamer Wohnsitz ist München. Der österreichische Staatsangehörige stirbt. Das Ehepaar hat zwei Kinder. Welche Ansprüche stehen der Ehefrau zu?

Die güterrechtlichen Ansprüche richten sich gemäß Art. 15 iV mit 14 I EGBGB nach deutschem Recht. Erbstatut ist nach Art. 25 I EGBGB österreichisches Recht. Da das österreichische Erbrecht einen güterrechtlichen Ausgleich (§§ 1931 III, 1371 BGB) nicht kennt, ist eine Anpassung durch Interessenabwägung vorzunehmen. Dies ist entweder möglich durch eine Einschränkung des Umfangs der Verweisung oder durch einen Ausgleich auf sachrechtlicher Ebene (vgl. hierzu *Palandt/Thorn,* Art. 15 EGBGB Rn. 26).

6. Ordre public

34 Führt die Verweisung in ausländisches Sachrecht, so ist dies nicht schrankenlos anwendbar. Grenzen ergeben sich aus der *ordre public*-Klausel des Art. 6 EGBGB. Im Anwendungsbereich der EU-Verordnungen wird Art. 6 EGBGB von Art. 21 Rom I-VO, Art. 26 Rom II-VO bzw. Art. 15 EuUnterhaltVO iV mit Art. 13 Haager UnterhaltProt verdrängt.

Zu berücksichtigen ist, dass es sich bei Art. 6 EGBGB um eine die regelmäßige Anknüpfung durchbrechende Ausnahmevorschrift handelt, die eng auszulegen ist. Voraussetzung für die Anwendung des *ordre public* Vorbehalts ist:

- ein eklatanter Verstoß gegen die deutschen Wertvorstellungen,
- das Anwendungsergebnis muss im konkreten Fall unerträglich sein (Entscheidungserheblichkeit) und
- der Sachverhalt muss eine Binnenbeziehung aufweisen.

V. Prüfungsschema

35 Mit nachfolgendem Prüfungskurzschema kann bei einem Sachverhalt mit Auslandsbezug das anwendbare Recht ermittelt werden. In der rechten Spalte wird als Fundstelle die Kommentierung bei *Palandt/Thorn* (P/T) angegeben.

Checkliste

Vorüberlegung: Hat der Sachverhalt Auslandsbezug (vgl. hierzu auch Art. 3 EGBGB), zB durch die ausländische Staatsangehörigkeit eines Beteiligten, durch die Lage des Grundstücks, durch den Wohnsitz etc.?

Falls nein: Vorschriften des IPR sind nicht zu berücksichtigen.

Falls ja: Folgendes ist zu prüfen:

1. Ermittlung des anwendbaren Rechts	
1.1 Qualifikation (Einordnung) der Rechtsfrage	P/T, Einl. v. Art. 3 Rn. 27
Ausgangspunkt: *lex fori* (h. M.)	P/T, Einl. v. Art. 3 Rn. 27
1.2 Vorrang staatsvertraglicher Kollisionsnormen, Art. 3 Nr. 2 EGBGB	P/T, Einl. v. Art. 3 Rn. 10
a) Problem der inkorporierten Staatsverträge	P/T, Art. 3 Rn. 12
b) Anwendungsbereich des Vertrags	
• räumlich	
• sachlich	
• persönlich	
• zeitlich	
c) Qualifikation: autonom	P/T, Einl. v. Art. 3 Rn. 28
d) unselbständige Anknüpfung von Vorfragen	P/T, Einl. v. Art. 3 Rn. 30
1.3 Vorrang von EU-Verordnungen, Art. 3 Nr. 1 EGBGB	P/T, Art. 3 Rn. 5
a) Rom I-VO	P/T, Anh. zu Art. 26 Rn. 1
b) Rom II-VO	P/T, Anh. zu Art. 38–42 Rn. 1
c) EuUnterhaltVO	P/T, Art. 18 Rn. 2
1.4 EGBGB	
a) Altes oder neues Recht?	P/T, Art. 220 Rn. 2
b) Welche konkrete Kollisionsnorm ist anwendbar?	
aa) Qualifikationsergebnis heranziehen	P/T, Einl. v. Art. 3 Rn. 20
bb) Vorrangige zulässige Rechtswahl beachten	P/T, Anh. zu Art. 12 Rn. 1
cc) Falls Kollisionsnorm fehlt: Allgemeine Regeln beachten	
c) Klärung der Anknüpfungstatbestände	
aa) Staatsangehörigkeit,	P/T, Art. 5 Rn. 1 ff.
• Deutsche Staatsangehörigkeit, vgl. Staatsangehörigkeitsgesetz (Sartorius Nr. 15)	
• Mehrstaater, Art. 5 I EBGBG	
• Staatenlose, Art. 5 II EGBGB	P/T, Art. 5 Rn. 2 ff.
bb) Gewöhnlicher Aufenthalt	P/T, Art. 5 Rn. 6 ff.
cc) Sonstige Anknüpfungen	P/T, Art. 5 Rn. 10 ff.
d) Vorfrage: deutsches IPR	
e) Teilfrage: selbständige Anknüpfung	
2. Die Anwendung ausländischen Rechts	
2.1 Ermittlung ausländischen Rechts: § 293 ZPO, § 26 FamFG	P/T, Einl. v. Art. 3 Rn. 34 ff.
2.2 Gesamtverweisung, Art. 4 I EGBGB	P/T, Art. 4 Rn. 1
a) Prüfung des ausländischen IPR, ob	
aa) Rückverweisung auf deutsche Sachnormen oder	P/T, Art. 4 Rn. 3
bb) Weiterverweisung auf andere ausländische Rechtsordnung als	P/T, Art. 4 Rn. 3

• Gesamtverweisung oder	
• Sachnormverweisung	
cc) Qualifikation ausländischer Rechtsinstitute nach dortigem Recht	P/T, Einl. v. Art. 3 Rn. 28
b) Kein Ausschluss der Gesamtverweisung durch	
aa) Art. 20 Rom I-VO, Art. 24 Rom II-VO, Art. 15 EuUntVO iV mit Art. 12 Haager UnthProt	P/T, Art. 3 a Rn. 2 P/T, Art. 4 Rn. 10
bb) Art. 3 a I EGBGB	P/T, Art. 4 Rn. 6
cc) Art. 4 II EGBGB	P/T, Art. 4 Rn. 9
dd) Art. 4 I 1 Hs. 2 EGBGB	P/T, Art. 4 Rn. 12 ff.
ee) Verweisung auf Sachvorschriften	P/T, Art. 3 a Rn. 3 ff.
2.3 Unteranknüpfung bei Mehrrechtsstaaten Art. 4 III EGBGB	
2.4 Vorrang des Einzelstatuts beachten, Art. 3 a II EGBGB, bei Verweisungen gem. Art. 13–24 EGBGB und Art. 25–26 EGBGB	
2.5 Anwendung ausländischen Rechts	
a) Vorfragen hM: selbständige Anknüpfung	P/T, Einl. v. Art. 3 Rn. 29 ff.
b) Anpassung	P/T, Einl. v. Art. 3 Rn. 32
3. Schranken gegenüber der Anwendung ausländischen Rechts *(ordre public):* Art. 6 EGBGB (Art. 21 Rom I-VO, Art. 26 Rom II-VO, Art. 15 EuUntVO iV mit Art. 13 Haager UnthProt)	
3.1 Ausnahmevorschrift	P/T, Art. 6 Rn. 4 ff.
3.2 Voraussetzungen:	P/T, Art. 6 Rn. 4
a) Offensichtliche Unvereinbarkeit mit wesentlichen Grundsätzen des deutschen Rechts, insb. mit den Grundrechten	
b) Anwendungsergebnis ist im konkreten Fall unerträglich	P/T, Art. 6 Rn. 5
c) Binnenbezug	
3.3 Falls Verstoß gegeben: Lücke durch ausländisches Recht schließen, hilfsweise deutsches Recht	P/T, Art. 6 Rn. 6 P/T, Art. 6 Rn. 13

2. Teil. Grundzüge des Internationalen Prozessrechts

I. Internationale Zuständigkeit

Das internationale Verfahrensrecht hat bisher noch keine einheitliche Kodifizierung erfahren. Zwar enthalten die ZPO und das FamFG (§§ 97 ff.) Regelungen zur Bestimmung der internationalen Zuständigkeit, die jedoch weitgehend durch das vorrangige europäische internationale Verfahrensrecht und durch Staatsverträge verdrängt werden. 1

Bevor auf die Regeln zur Bestimmung der Internationalen Zuständigkeit der deutschen Gerichte einzugehen ist, müssen einige allgemeine Problemkreise erörtert werden.

1. Begriff

Die **Internationale Zuständigkeit** (abgekürzt: **IZ**) betrifft „die Grenzziehung zwischen der Zuständigkeit deutscher Gerichte und der Zuständigkeit ausländischer Gerichte" (*BGHZ* 44, 46 f.). Es geht dabei um die Frage, welchen Staates Gerichte einen Sachverhalt **mit Auslandsberührung** entscheiden dürfen. 2

Wichtig ist hierbei und dieses ist zu allererst festzuhalten, dass die IZ dann zu prüfen ist, wenn der Sachverhalt einen – wenn auch noch so geringen – **Auslandsbezug** aufweist.

Beispiel:

Ein Münchner vermietet an seinen unmittelbaren Wohnungsnachbarn in München sein in der Toskana gelegenes Ferienhaus für sieben Monate. Der Nachbar zahlt den vereinbarten Mietzins nicht. Der Vermieter überlegt, ob er seinen Mieter in München mit Aussicht auf Erfolg verklagen kann oder ob er ihn in Italien verklagen muss.

An diesem Beispiel wird deutlich, dass es nicht selbstverständlich ist, dass deutsche Gerichte bei einer Auslandsberührung den streitigen Fall entscheiden dürfen (und wie sich aus Art. 22 Nr. 1 EuGVVO ergibt, sind die deutschen Gerichte in diesem Fall in der Tat nicht befugt, über die Klage zu entscheiden).

Sie müssen hierfür **international zuständig** sein. Wie sich aus Vorstehendem ergibt, ist die IZ also Teil der **Zulässigkeitsprüfung** und gehört somit zu den allgemeinen **Prozessvoraussetzungen** (vgl. Thomas/Putzo/*Reichold* Vorb. vor § 253 Rn. 18). Sie ist daher von **Amts wegen** im Klage- bzw. im Beschlussverfahren der **1. Instanz** bei der **Zulässigkeit** zu prüfen. Die Berufung bzw. Beschwerde kann auf das Fehlen der IZ gestützt werden. Denn anders als für die örtliche bzw. sachliche Zuständigkeit fehlt für die Prüfung der IZ eine den §§ 513 II, 545 II, 571 II 2 ZPO, 65 IV FamFG vergleichbare Vorschrift. Diese Vorschriften sind auch nicht analog auf die internationale Zuständigkeit anzuwenden (*BGH*, NJW 2004, 1456). 3

In der **Rechtsmittelinstanz** ist die IZ im Rahmen der **Begründetheit** zu prüfen, da die Zulässigkeitsfragen der 1. Instanz Begründetheitsfragen der 2. Instanz sind. Es braucht grds. nicht besonders geklärt 4 zu werden, ob das Berufungs- oder Beschwerdegericht selbst international zuständig ist. Diese Frage ist in der Regel positiv zu beantworten, da für die Rechtsmittelinstanz nur Voraussetzung ist, dass eine nach den deutschen Verfahrensvorschriften anfechtbare erstinstanzielle Entscheidung vorliegt. Aus der Bejahung oder Ablehnung der IZ durch die 1. Instanz ergibt sich automatisch, dass das Rechtsmittelgericht trotz Berührung des Sachverhalts zum Ausland entscheiden darf. Eine Ausnahme besteht lediglich dann, wenn bei zunächst gegebener IZ der 1. Instanz das die Zuständigkeit begründende Merkmal (zB der gewöhnlich Aufenthalt) in der 2. Instanz wegfällt und der Grundsatz der perpetuatio fori nicht eingreift.

5 In Verfahren, auf die die Vorschriften der ZPO anzuwenden sind, gilt § 261 III Nr. 1 ZPO auch für die IZ (*Thomas/Putzo/Reichold*, § 261 Rn. 16). Im FamFG ist für Angelegenheiten, die ausschließlich diesem Gesetz unterliegen, der Grundsatz zwar in § 2 II FamFG verankert (*Thomas/Putzo/Hüßtege*, § 2 FamFG Rn. 4), es ist jedoch umstritten ist, ob dieser auch für die IZ gilt (vgl. *Hau*, FamRZ 2009, 821/823).

6 Die IZ hat **zwei** Ausprägungen:

- **Entscheidungszuständigkeit**
  Dabei geht es um die Frage, ob deutsche Gerichte für die Entscheidung eines Falls mit Auslandsberührung zuständig sind.
- **Anerkennungszuständigkeit**
  Dabei geht es um die Frage, ob deutsche Gerichte die Entscheidung eines ausländischen Gerichts im Inland anerkennen können. Im Vordergrund steht dabei das Problem, ob bei der Anerkennung ausländischer Entscheidungen die Gerichte des Entscheidungsstaates international zuständig waren.

2. Abgrenzung

7 a) **Deutsche Gerichtsbarkeit.** Der Begriff der IZ ist streng vom Begriff der deutschen Gerichtsbarkeit zu unterscheiden. Hiermit ist die Frage angesprochen, welche Grenzen das **Völkerrecht** der Befugnis eines Staates zieht, auf seinem Gebiet hoheitlichen Gerichtszwang auszuüben. Dieses Problem ist z. T. in den §§ 18–20 GVG, vor allem aber in staatsvertraglichen Übereinkommen geregelt. Sie ist allgemeine Verfahrensvoraussetzung für jeden Zivilprozess und ist auch im Vollstreckungsverfahren zu beachten (*BGH*, Rpfleger 2007, 556; *Thomas/Putzo/Seiler*, Vorbem. § 704 Rn. 60).

8 In diesem Rahmen stellt sich also die Frage, ob ausländische Staaten im Inland verklagt werden können und ob gegen sie vollstreckt werden kann. Es hat sich die Unterscheidung herausgebildet, wonach fremde Staaten zwar nicht als **Völkerrechtssubjekte und Träger von Hoheitsrechten** (acta iure imperii), wohl aber als **Träger von Privatrechten** (acta iure gestionis) gerichtlich belangt werden können (vgl. *BGH*, NJW 2010, 769; siehe auch *Thomas/Putzo/Hüßtege*, § 18 GVG Rn. 2). Für die Frage, ob die Tätigkeit hoheitlich ist oder nicht, gilt das Recht des Gerichtsstaates, aus unserer Sicht also deutsches Recht (*BVerfG*, NJW 1963, 1732).

9 b) **Zuständigkeiten.** Die IZ ist von der örtlichen, sachlichen und funktionellen Zuständigkeit zu unterscheiden. Während die letzten drei genannten Zuständigkeiten die **deutschen** Gerichte **untereinander** abgrenzen und anhand der hierfür aufgestellten Regeln ein ganz bestimmtes Gericht ermittelt werden kann, grenzen die Regeln über die IZ die **deutschen** Gerichte von **ausländischen** Gerichten ab, ohne hierdurch das im Einzelfall zuständige Gericht festzulegen. Daher ist es grundsätzlich unzutreffend, von der IZ zB des Amtsgerichts München zu sprechen, denn ob dieses Gericht zuständig ist, bestimmt sich – soweit nicht aus dem EU-Recht oder einer Staatsvertrag etwas anderes folgt – allein nach den Vorschriften über die sachliche und örtliche Zuständigkeit. **Richtigerweise** muss es daher heißen: **„Die deutschen Gerichte** sind international zuständig".

Hieraus ergibt sich auch, dass die IZ stets vor der örtlichen, sachlichen und funktionellen Zuständigkeit zu prüfen ist (*von Hoffmann/Thorn*, S. 73). Welches Gericht aber bei fehlender IZ die Klage/den Antrag als unzulässig abzuweisen hat, beurteilt das innerstaatliche Recht, somit richtet sich dies nach der hypothetischen örtlichen Zuständigkeit für den Rechtsstreit.

3. Anwendbares Verfahrensrecht

10 Das anwendbare Verfahrensrecht ist immer das Recht am Gerichtsort (**lex fori**). Also wenden deutsche Gerichte immer **deutsches Verfahrensrecht** (ZPO, FamFG, GBO) an (*BGH*, NJW 1985, 552/553). Das deutsche Verfahrensrecht bestimmt den Gang des Verfahrens, die Rechtsmittel und den Ablauf des Zwangsvollstreckungsverfahrens (*Palandt/Thorn*, Einl. vor Art. 3 Rn. 33).

Ob eine Norm dem materiellen Recht oder dem Verfahrensrecht zuzuordnen ist, beurteilt sich nach der auf Grund der lex fori vorzunehmenden Qualifikation. Ist zB nach dem anwendbaren Vertragsstatut die Frage der Verjährung prozessrechtlicher Art, so wird gleichwohl die Verjährung dem Vertragsstatut unterstellt, weil aus unserer Sicht die Verjährung materiell-rechtlicher Natur ist (*Geimer*, IZPR, Rn. 351; *Palandt/Thorn*, Einl. v. Art. 3 Rn. 27). Auch das **Beweisverfahren**, dh der Beweisantritt, die

Beweiserhebung, die Beweismittel und die Beweisführung unterliegen der lex fori (*Palandt/Thorn*, Einl. v. Art. 3 Rn. 33).

11 **Darlegungs- und Beweislastregeln** hingegen sind der anwendbaren lex causae zu entnehmen (*Palandt/Thorn*, Einl. vor Art. 3 Rn. 33).

Die **Partei- und Prozessfähigkeit** unterliegen als Prozessvoraussetzung der lex fori. Damit ist aber noch nicht gesagt, dass sie ausschließlich nur nach deutschem materiellen Recht zu beurteilen sind. Vielmehr muss auch hier der Auslandsbezug berücksichtigt werden.

12 Umstritten ist, ob die **Parteifähigkeit** eines Ausländers sich nach dem **ausländischen Prozessrecht** oder aber über Art. 7 I 1 EGBGB nach dem Recht richtet, das die Rechtsfähigkeit bestimmt (vgl. *Palandt/Thorn*, Art. 7 Rn. 2) Neuerdings wird eine Alternativanknüpfung vertreten (*Geimer*, Rn. 2203; *Schack*, Rn. 530).

13 Auch das die **Prozessfähigkeit** eines Ausländers regelnde Recht ist umstritten. Nach überwiegender Auffassung in der Literatur (vgl. *Thomas/Putzo/Hüßtege*, § 52 Rn. 1 und § 55 Rn. 1; *Schack*, Rn. 535; *MünchKomm/Sonnenberger*, Einl., Rn. 413) beurteilt sich die Prozessfähigkeit nach dem Prozessrecht des Heimatstaates der betroffenen Person. Diese Meinung stützt sich auf § 55 ZPO. Denn diese Vorschrift setzt voraus, dass die Prozessfähigkeit sich nach dem Prozessrecht im Heimatstaat des Ausländers richtet (so *Lindacher*, FamRZ 1964, 467).

Demgegenüber wollen der *BGH* (JZ 1956, 535) und das *BayObLG* (FamRZ 1964, 469) die Prozessfähigkeit nach Art. 7 EGBGB beurteilen, also nach der heimatrechtlichen **Geschäftsfähigkeit** (so auch *Palandt/Thorn*, Art. 7 Rn. 4). Für die Beurteilung der **Verfahrensfähigkeit** im Verfahren der freiwilligen Gerichtsbarkeit ist dies sogar die hM (*BGHZ* 35, 4; *BGHZ* 52, 1). Zu beachten ist, dass bei juristischen Personen nicht auf Art. 7 EGBGB abgestellt werden kann, sondern das Gesellschaftsstatut (= Recht am effektiven Verwaltungssitz oder Gründungsrecht) herangezogen werden muss (vgl. hierzu *Palandt/Thorn*, Anh. zu Art. 12 Rn. 1 ff.).

14 Die Zulässigkeit einer gewillkürten **Prozessstandschaft** beurteilt sich ebenfalls grds. nach deutschem Prozessrecht als der lex fori. Nach diesem Recht richtet sich insbesondere, wie das erforderliche eigene Interesse des Prozessstandschafters an der Prozessführung beschaffen sein muss (*BGHZ* 125, 196, 199).

15 Wann eine inländische Klage **rechtshängig** wird, beurteilt sich als verfahrensrechtliche Frage nach der lex fori, also aus deutscher Sicht nach deutschem Recht.

Da eine denselben Streitgegenstand betreffende Klage die Unzulässigkeit einer neuen Klage zur Folge hat, muss gefragt werden, ob dies auch für die Rechtshängigkeit vor einem ausländischen Gericht gilt. Hierzu werden **zwei** Auffassungen vertreten:

- das frühere Verfahren soll vorgehen (Mindermeinung; anders jedoch im europäischen Zivilprozessrecht, vgl. Art. 27 EuGVVO, Art. 19 EuEheVO, Art. 12 EuUnterhaltVO)
- die ausländische Rechtshängigkeit steht gem. § 261 III Nr. 1 ZPO einem neuerlichen Verfahren im Inland entgegen, wenn **zu erwarten ist, dass das ausländische Urteil in der Bundesrepublik anerkannt wird** (hM; *BGH*, NJW 1986, 2195). Die Klage ist daher als unzulässig abzuweisen; bei unsicherer Anerkennungsprognose kann gem. § 148 ZPO analog ausgesetzt werden (*Thomas/Putzo/Reichold*, § 261 Rn. 15). Ob ein ausländisches Verfahren vor einem inländischen Verfahren rechtshängig geworden ist, beurteilt sich hingegen nach dem ausländischen Verfahrensrecht (*BGH*, NJW 1986, 662, 663). Tritt nach dem so anwendbaren ausländischen Verfahrensrecht die Rechtshängigkeit bereits mit Einreichung der Klage ein, so ist das jedenfalls für die **prozessualen** Wirkungen zu berücksichtigen (*BGH*, FamRZ 1987, 580, 581). Ob dies in diesem Fall auch für die **materiellen** Wirkungen der Rechtshängigkeit gilt oder diese erst mit Zustellung der Klage eintreten, ist streitig (vgl. hierzu *BGH*, FamRZ 1987, 580, 581).

4. Bestimmung der internationalen Zuständigkeit

16 **a) Vorrang von EU-Verordnungen und Staatsverträgen.** Auch im internationalen Zivilverfahrensrecht haben **EU-Verordnungen** und **Staatsverträge** vor den allgemeinen innerstaatlichen gesetzlichen oder ungeschriebenen Regelungen den **Vorrang.** Soweit also ihr **sachlicher, räumlicher, persönlicher** und gegebenenfalls auch ihr **zeitlicher Anwendungsbereich** eröffnet ist, **verdrängen** sie die autonomen (= allgemeinen) Regeln zur Bestimmung der IZ.

17 Die wichtigste EU-Verordnung im Bereich des **streitigen** Verfahrens außerhalb des Familienrechts ist die **VO (EG) 44/2001 des Rates über die gerichtliche Zuständigkeit und die Anerkennung und Vollstreckung Entscheidungen in Zivil- und Handelssachen** (EuGVVO oder auch Brüssel I-VO genannt) vom 22. 12. 2000 (ABl. L 2001 Nr. 12 S. 1; Text und Kommentierung bei *Thomas/Putzo/Hüßtege*).

Eine umfangreiche Reform der EuGVVO ist geplant (Text: KOM(2010) 748 endgültig oder BR-Drs. 833/10) mit folgenden Zielen:

- Abschaffung des Exequaturverfahrens sowie des bislang geltenden ordre public Vorbebehalts außer bei Angelegenheiten des kollektiven Rechtsschutzes sowie bei Streitsachen betreffend die Verletzung von Persönlichkeitsrechten,

- Ausdehnung der Zuständigkeitsvorschriften auf Drittstaatensachverhalte, Schaffung zusätzlicher Gerichtsstände sowie die Einführung einer diesbezüglichen Rechtshängigkeitsregel,
- Verbesserung der Wirksamkeit von Gerichtsstandsvereinbarungen, einschließlich der Harmonisierung des hierauf anwendbaren Rechts,
- bessere Verzahnung von Schiedsgerichtsbarkeit und streitiger Gerichtsbarkeit,
- bessere Koordinierung von Rechtsstreitigkeiten in verschiedenen Mitgliedstaaten,
- Stärkung der Kompetenz des Hauptsachegerichts bei vorläufigen Rechtschutzmaßnahmen.

Wann die Reform in Kraft treten wird und welche der angestrebten Ziele umgesetzt werden, ist noch nicht absehbar. Einen ersten Überblick gibt *Mankowski*, Interdisziplinäre Studien zur Komparatistik und zum Kollisionsrecht (Bd I, 2010, S. 31 ff.); ferner *Hess*, IPRax 2011, 125. Kritisch zur Abschaffung des Exequaturverfahrens äußern sich *Wagner/Beckmann*, RIW 2011, 44.

18 Die VO 44/2001 steht in einem besonderen Verhältnis zu weiteren europäischen Verordnungen, die von der EU im Rahmen der justiziellen Zusammenarbeit erlassen wurden, um innerhalb Europas schneller und effektiver zu Vollstreckungstiteln zu gelangen.

- **Verhältnis** der VO 44/2001 **zur Verordnung Nr. 805/2004 des Rates zur Einführung eines europäischen Vollstreckungstitels für unbestrittene Forderungen.** Diese VO vom 21. 4. 2004 (EuVTVO; ABl. L 143 S. 15) gilt ab 21. 10. 2005 in den Mitgliedstaaten mit Ausnahme Dänemarks. Nach dem In-Kraft-Treten dieser VO beurteilt sich das Verhältnis der EuGVVO zu dieser VO nach deren Art. 27. Dieser lässt die Anerkennung und Vollstreckung auch im Anwendungsbereich der neuen VO nach der EuGVVO zu, sodass ein Wahlrecht zwischen beiden Verfahren solange besteht, bis eine Bestätigung als Europäischer Vollstreckungstitel vorliegt; danach kann, weil damit bereits die inländische Vollstreckbarkeit feststeht, mangels Rechtschutzbedürfnis nicht mehr das Exequaturverfahren nach der EuGVVO eingeleitet werden (*BGH*, NJW-RR 2010, 571 m. Anm. *Streicher*, FamRBInt 2010, 30 und *Bittmann*, IPRax 2011, 55; *OLG Stuttgart*, NJW-RR 2010, 134 m. Anm. *Strasser*, Rpfleger 2009, 690; *Kienle*, EuZW 2010, 334). Ein Rückgriff auf die EuGVVO wird vor allem dann angezeigt sein, wenn die Voraussetzungen für das Vorliegen einer unbestrittenen Forderung unklar sind.
- **Verhältnis** der VO 44/2001 **zur Verordnung Nr. 861/2007 des europäischen Parlaments und des Rates zur Einführung eines europäischen Verfahrens für geringfügige Forderungen.** Diese VO vom 11. 7. 2007 (EuGFVO; ABl. L 199 S. 1) ist am 1. 8. 2007 in Kraft getreten, sie ist jedoch gem. Art. 29 EuGFVO erst ab 1. 1. 2009 anwendbar und wird durch die §§ 1097 ff. ZPO innerstaatlich ergänzt. Die VO enthält keine Regelungen zur Bestimmung der internationalen Zuständigkeit; insoweit gilt die EuGVVO (*Jahn*, NJW 2007, 2890/2893); im Übrigen steht sie in ihrem Anwendungsbereich (Art. 2 EuGFVO) neben der EuGVVO; wenn der Antragsteller sich auf die EuGFVO stützt, erlangt er in einem schnelleren Verfahren einen Vollstreckungstitel, der insbesondere keines Vollstreckbarerklärungsverfahrens nach Art. 38 ff. EuGVVO bedarf. Mit der EuGFVO soll ein erleichterter Zugang zur Justiz gewährleistet werden (hierzu *Haibach*, EuZW 2008, 137): Sie führt bei grenzüberschreitenden Streitigkeiten zusätzlich zu nationalen Verfahren für Bagatellsachen ein fakultatives Instrument ein, mit Hilfe dessen Streitigkeiten in Zivil- u. Handelssachen mit einem Streitwert von bis zu 2000,– EUR einfacher, schneller und kostengünstiger beigelegt werden sollen. Es ist – sofern das Gericht keine mündliche Verhandlung für erforderlich hält oder einem Antrag einer Partei nachgibt – ein schriftliches Verfahren (unter Verwendung von Formblättern) vorgesehen. Ein Anwaltszwang besteht nicht. Nach der EuGFVO sind Urteile ungeachtet möglicher Rechtsmittel und ohne Erbringung einer Sicherheitsleistung vollstreckbar. Dabei bedarf die Anerkennung und Vollstreckung des in einem anderen Mitgliedstaat ergangenen Urteils keiner Vollstreckbarkeitserklärung und darf nicht angefochten werden.
- **Verhältnis** der VO 44/2001 **zur Verordnung (EG) Nr. 1896/2006 des Europäischen Parlaments und des Rates zur Einführung eines Europäischen Mahnverfahrens.** Diese VO v 12. 12. 2006 (ABl. L 399 S. 1 trat gem Art. 33 S. 1 EuMVVO am 31. 12. 2006 in Kraft. Anwendbar ist sie gem Art. 33 S. 2 EuMVVO in ihren wesentlichen Teilen erst ab 12. 12. 2008. Sie ist ab diesem Tag im Verhältnis zu den Mitgliedstaaten der EU mit Ausnahme Dänemarks (Art. 2 III) anwendbar. Ergänzt wird die VO durch §§ 1087 ff. ZPO. Die EuMVVO verweist für zur Bestimmung der internationalen Zuständigkeit für ein Europäisches Mahnverfahren in Art. 6 auf die EuGVVO. Hinsichtlich der Anerkennung u. Vollstreckung ist die EuMVVO jedoch grds. vorrangig, insbesondere entfällt das Exequaturverfahren gem Art. 19 EuMVVO.

19 Daneben hat die Europäische Union mit den EFTA-Staaten (Island, Norwegen und Schweiz) am 18. 5. 2009 in Lugano ein **Übereinkommen über die gerichtliche Zuständigkeit und die Vollstreckung gerichtlicher Entscheidungen in Zivil- und Handelssachen** (**sog. LGVÜ II oder LuGÜ II,** das das bisherige LuGÜ vom 16. 9. 1988 abgelöst hat) abgeschlossen, das sich weitgehend an die EuGVVO orientiert. Das Übereinkommen ist am 1. 10. 2010 in Kraft getreten (BGBl. I 2009 S. 2862). Im Verhältnis zwischen den Mitgliedstaaten der EU untereinander ist das Luganer Übereinkommen nicht anzuwenden, vielmehr geht die EuGVVO vor.

Dänemark ist auf Grund seiner Sonderstellung in der EU nicht Mitgliedstaat der EuGVVO, hat aber mit der EU ein am 1. 7. 2007 in Kraft getretenes Übereinkommen zur Anwendbarkeit der EuGVVO in Dänemark geschlossen (ABl. L 05, 299 S. 62; vgl. *Wagner*, EuZW 2006, 424, 426).

20 **Hinweis:** Die Anwendung des Luganer Übereinkommens II bereitet keine allzu großen Probleme, da die EuGVVO und das Luganer Übereinkommen II sich in den Kernbereichen der Zuständigkeit sowie der Anerkennung und Vollstreckung in Aufbau, Artikelfolge und Wortlaut nahezu entsprechen. Die nachfolgende Erläuterung der EuGVVO gilt daher auch grds. für das Luganer Übereinkommen.

21 Für das **Familienrecht** sind zwei Verordnungen vorrangig zu beachten:

- **VO (EG) 2201/2003 des Rates über die Zuständigkeit und die Anerkennung und Vollstreckung von Entscheidungen in Ehesachen und in Verfahren betreffend die elterliche Verantwortung und zur Aufhebung der VO (EG) 1347/2000, die ab 1. 3. 2005 anwendbar ist** (EuEheVO; Text und Kommentierung bei Thomas/Putzo/*Hüßtege*);
- **VO (EG) 4/2009 des Rates über die Zuständigkeit, das anwendbare Recht, die Anerkennung und Vollstreckung von Entscheidungen und die Zusammenarbeit in Unterhaltssachen,** die ab 18. 6. 2011 anzuwenden ist (EuUnterhaltVO; Text und einführende Hinweise bei Thomas/Putzo/*Hüßtege*).

Weitere Rechtsakte zum ehelichen Güterrecht sind in Vorbereitung.

22 Bei der Anwendung der EuGVVO, der EuEheVO und der EuUnterhaltVO ist insbesondere die Rechtsprechung des **EuGH** in Luxemburg von besonderer Bedeutung, da dieses Gericht letztlich über die Auslegung der Verordnung entscheidet (vgl. 267 AEUV). Danach können alle Gerichte **Auslegungsfragen** zur Verordnung dem EuGH zur **Vorabentscheidung** vorlegen. Entscheidet das Gericht letztinstanzlich (konkrete Betrachtungsweise), muss es gem. Art. 267 III AEUV die Frage dem EuGH zwingend vorlegen.

23 **b) VO (EG) 44/2001 des Rates über die gerichtliche Zuständigkeit und die Anerkennung und Vollstreckung Entscheidungen in Zivil- und Handelssachen.** 24 *aa) Anwendungsbereich.* Die Anwendungsnormen der EuGVVO sind zwingend und können von den Parteien nicht abbedungen werden.

25 *(1) Zeitlich.* Der zeitliche Anwendungsbereich wird durch Art 66 EuGVVO bestimmt. Hierbei ist zu differenzieren zwischen der Frage der Entscheidungszuständigkeit (Art. 66 I EuGVVO) und der Anerkennung bzw. Vollstreckung (Art. 66 II EuGVVO).

- **Entscheidungszuständigkeit.** Die EuGVVO ist ab 1. 3. 2002 (Art. 76 EuGVVO) auf alle danach erhobenen Klagen bzw. errichteten Urkunden anzuwenden. Wie beurteilt wird, wann eine Klage erhoben ist, ist umstritten und ist wegen des Beitritts der neuen EU-Mitgliedstaaten zum 1. 5. 2004 von Bedeutung. Nach hM beurteilt sich diese Frage nach nationalem Recht (Thomas/Putzo/*Hüßtege* Art. 66 Rn. 2). In Deutschland ist daher die Klagezustellung maßgeblich (§ 253 ZPO; *BGH*, NJW 1993, 1070; *BGH*, WM 1997, 980). Andere wollen Art. 30 EuGVVO analog anwenden.
- **Anerkennung und Vollstreckung.** Hierfür ist eine Anwendung der Art 32–56 EuGVVO für den Fall vorgesehen, dass das Ersturteil nach dem Inkrafttreten der EuGVVO (Art. 76 EuGVVO: 1. 3. 2002) für die beteiligten Staaten ergangen ist, die dem Urteil zugrunde liegende Klage aber schon vor diesem Zeitpunkt erhoben worden ist. Ergangen ist die Entscheidung mit ihrem Wirksamwerden nach dem innerstaatlichen Recht des Gerichtsstaats (*Wagner*, RIW 1998, 590/591; aA *Geimer*, RIW 1976, 149: Rechtskraft). Auf Entscheidungen, die vor dem Inkrafttreten der EuGVVO ergangen sind und auf vorher errichtete Urkunden ist Art. 66 II EuGVVO nicht anzuwenden; insoweit sind die bisherigen Anerkennungs- und Vollstreckungsvorschriften anzuwenden, insbesondere also das EuGVÜ, das LGVÜ, mulitlaterale Übereinkommen oder bilaterale Abkommen. Dies gilt auch für die Berufungs- und Revisionsinstanz. Eine Anerkennung und Vollstreckung von unter Art. 66 II EuGVVO fallenden Entscheidungen setzt alternativ voraus, dass das Erstgericht seine Zuständigkeit auf das EuGVÜ oder LGVÜ gestützt hat oder seine Zuständigkeit auf Vorschriften gestützt hat, die den Art. 2–31 EuGVVO entsprechen oder sich die Zuständigkeit aus einem bilateralen Vertrag ergibt. Ist das nicht der Fall oder ist Art. 66 Abs. 2 EuGVVO nicht anwendbar, ist die Anerkennung und Vollstreckung nach autonomem Recht (§§ 328, 722, 723 ZPO) oder nach bilateralen Staatsverträgen (vgl. Art. 69, 70 EuGVVO) zu beurteilen. Dasselbe gilt für Urkunden (Art. 70 II EuGVVO).

26 *(2) Räumlich.* Die EuGVVO gilt grundsätzlich für das Hoheitsgebiet aller Mitgliedstaaten der EU mit Ausnahme Dänemarks (vgl. Präambel Nr. 21, Art. 1 III EuGVVO). Das Hoheitsgebiet der Mitgliedstaaten ergibt sich aus Art. 299 EG und umfasst die 24 Mutterstaaten. Es gilt für die französischen überseeischen Départements. Für Portugal gilt es einschließlich Madeira und den Azoren, für Spanien auch hinsichtlich den Balearen, den Kanarischen Inseln und den „Presidos". Hinsichtlich den Niederlanden gilt es auch für Aruba, nicht aber für den übrigen Teil der niederländischen Antillen. Ferner gilt es nicht für die Färöer Inseln. Das Vereinigte Königreich umfasst nicht die Kanalinseln (vgl. zu Jersey *BGH*, NJW 1995, 264), die Insel Man (vgl. aber *Jayme/Kohler*, IPRax 1994, 409), Gibraltar und die Hoheitszonen auf Zypern und die außereuropäischen britischen Hoheitsgebiete (Art. 355 V lit. b) u. c) AEUV). Trotz Verbindung zu Italien oder Frankreich ist es nicht für den Vatikanstaat, San Marino, Andorra und Monaco anwendbar.

27 *(3) Persönlich.* Die EuGVVO ist unabhängig von der Staatsangehörigkeit des Beklagten anwendbar und gilt für alle Staatsangehörigen, die ihren Wohnsitz bzw. bei juristischen Personen, die ihren Sitz (vgl. hierzu Art. 60 EuGVVO) in einem Mitgliedsstaat haben (vgl. Art. 2 I EuGVVO), soweit nicht Ausnahmen nach Art. 4, 9 II, 13 Nr. 4, 15 II EuGVVO eingreifen.

28 *(4) Ungeschriebene Anwendungsvoraussetzungen.* Ob weitere Voraussetzungen zur Anwendbarkeit der EuGVVO erfüllt sein müssen, ist umstritten.

- **Grenzüberschreitender Bezug.** Nach überwiegender Auffassung (vgl. hierzu Thomas/Putzo/*Hüßtege* Rn. 11 vor Art. 1 EuGVVO) muss der Rechtsstreit einen grenzüberschreitenden Bezug haben. Ein reiner Inlandssachverhalt wird von der EuGVVO nicht erfasst (*OGH*, IPRax 2006, 607 m. Anm. *Heiderhoff,* S. 612; *Piltz,* NJW 2002, 789/790; aA *Zöller/Geimer,* Art. 2 Rn. 14).
- **Berührungspunkt zu einem anderen Mitgliedstaat** (sog Drittstaatenproblematik; hierzu *Gebauer,* ZEuP 2001, 943). Es ist umstritten, ob der Rechtsstreit einen solchen aufweisen muss oder ob auch Beziehungen zu einem Nichtmitgliedstaat ausreichen, um die Zuständigkeitsnormen der EuGVVO eingreifen zu lassen (grds. dafür im Anwendungsbereich des EuGVÜ, *EuGH,* NJW 2000, 3121 m. Anm. *Staudinger,* IPRax 2000, 483). Gegen die Auffassung, dass der Rechtsstreit Berührungspunkte zu einem weiteren Mitgliedstaat haben muss, spricht nunmehr der Erwägungsgrund Nr. 8 der Präambel, der ausdrücklich nur einen Anknüpfungspunkt zu einem Mitgliedstaat verlangt (zustimmend *Geimer/Schütze,* EuZVR, Einl. Rn. 236; *Piltz,* NJW 2002, 789/790).

Entscheidend für den Anwendungsbereich ist also grundsätzlich, dass der Beklagte in einem Mitgliedstaat einen Wohnsitz hat, sofern nicht auf ihn die in Art. 4, 9 II und 15 II EuGVVO geregelten Ausnahmen zutreffen.

Beispiel:

Ein türkischer Staatsangehöriger mit Wohnsitz in Istanbul mietet zu Ferienzwecken von einem deutschen Staatsangehörigen mit Wohnsitz in München dessen Ferienwohnung in Garmisch-Partenkirchen. Zahlt der Mieter den vereinbarten Mietzins nicht, so sind für eine solche Klage die deutschen Gerichte international zuständig, weil gem. Art. 22 Nr. 1 S. 1 EuGVVO für Mietstreitigkeiten, wozu auch die nur vorübergehende Vermietung von Ferienwohnungen gehört (*EuGH,* NJW 1985, 905), die Gerichte am Belegenheitsort der Mietsache zuständig sind. Dass der Beklagte in Deutschland keinen Wohnsitz hat, ist gem. Art. 4 I EuGVVO unbeachtlich, weil Art. 22 Nr. 1 S. 1 EuGVVO hier eine Ausnahme zulässt.

29 *(5) Sachlich.* Der sachliche Anwendungsbereich ist Art. 1 I 1 EuGVVO zu entnehmen.

Danach gilt die EuGVVO für Zivil- und Handelssachen. Was hierunter zu verstehen ist, ist durch eine **autonome Auslegung** zu ermitteln, das heißt, die Begriffe sind unter Berücksichtigung der Ziele und des Aufbaus der VO unter Beachtung der sich aus der Gesamtheit der nationalen Rechtssysteme ergebenden allgemeinen Grundsätze nach Sinn und Zweck der VO auszulegen (vgl. *EuGH,* IPRax 2008, 250 m. Anm. *Geimer,* S. 225; *EuGH,* NJW-RR 2009, 405). Daher fallen in den Anwendungsbereich auch Schadensersatzklagen vor einem Strafgericht gegen den Lehrer einer öffentlichen Schule (*EuGH,* EuZW 1993, 417, 418; *BGH,* EuZW 1994, 29).

Ausgenommen von den Zivil- und Handelssachen sind die in Art. 1 II EuGVVO aufgeführten Rechtsgebiete, also insbesondere die Statusklagen (Ehe- und Kindschaftssachen), der Kernbereich der freiwilligen Gerichtsbarkeit (Abstammungs-, Kindschafts-, Vormundschafts-, Pflegschafts-, Betreuungs- und Nachlasssachen) und eheliche Güterstände einschließlich des Versorgungsausgleichs (Thomas/Putzo/*Hüßtege* Art. 1 Rn. 5); auch Ehewohnungs- und Haushaltssachen sind vom Anwendungsbereich ausgenommen (Thomas/Putzo/*Hüßtege* Art. 1 Rn. 5; aA *Jayme,* IPRax 1981, 49).

Unterhaltssachen fallen bis zum 17. 6. 2011 in den Anwendungbereich der EuGVVO, ab 18. 6. 2011 werden sie ausschließlich durch die VO (EG) 4/2009 des Rates über die Zuständigkeit, das anwendbare Recht, die Anerkennung und Vollstreckung von Entscheidungen und die Zusammenarbeit in Unterhaltssachen (EuUnterhaltVO) erfasst. Lediglich für bereits am 18. 6. 2011 eingeleitete Anerkennungs- und Vollstreckungsverfahren findet die VO 44/2001 weiterhin Anwendung (vgl. Art. 75 II EuUnterhaltVO).

30 *(6) Subsidiarität.* Art. 71 EuGVVO ermöglicht die Anwendung eines anderen Staatsvertrags, falls dieser als lex specialis ausdrücklich den Fall regelt.

31 *bb) Bestimmung der internationalen Zuständigkeit.* Ist der Anwendungsbereich des Übereinkommens eröffnet, so darf die IZ nur noch nach der EuGVVO geprüft werden.

Bei der Prüfung des IZ nach der EuGVVO ist wie folgt vorzugehen:

Checkliste für die EuGVVO

I. Anwendungsbereich:

1. Räumlicher Anwendungsbereich: Der Rechtsstreit muss in einem Mitgliedsstaat der EuGVVO geführt werden.
2. Persönlicher Anwendungsbereich: Der Beklagte muss seinen (Wohn)-Sitz in einem Mitgliedsstaat haben (Ausnahme Art. 4, 9 II und 15 II EuGVVO).
3. Zeitlicher Anwendungsbereich: Abhängig vom jeweiligen Beitritt.
4. Sachlicher Anwendungsbereich: Art. 1 EuGVVO

Ist der Anwendungsbereich eröffnet:

II. Prüfung der Internationalen Zuständigkeit nur noch nach der EuGVVO:

1. Ausschließlicher Gerichtsstand: Art. 22 EuGVVO?
2. Rügelose Einlassung: Art. 24 EuGVVO?

a) Grds. immer möglich
b) Ausnahme: Nicht bei Art. 22 EuGVVO zulässig
3. Liegt eine zulässige Gerichtsstandsvereinbarung nach Art. 23 EuGVVO vor?
a) Form und Inhalt: Art. 23 EuGVVO
b) Kein Verstoß gegen Art. 13 (Versicherungssachen), 17 (Verbrauchersachen), 21 (Arbeitssachen) EuGVVO
4. Falls 1–3 nicht gegeben:
a) Klage ist grds. am (Wohn-)sitzgericht des Beklagten (Art. 2 I iVm Art. 59 oder 60 EuGVVO) zu erheben, es sei denn,
b) die Klage wird am besonderen Gerichtsstand nach Art. 5 oder 6 EuGVVO erhoben, es sei denn,
c) eine Versicherungssache (Art. 8 ff. EuGVVO),
d) eine Verbrauchersache (Art. 15 ff. EuGVVO)
e) eine Arbeitssache (Art. 18 EuGVVO)
liegt vor, die als lex specialis den Art. 2–7 EuGVVO vorgehen.

Im Folgenden werden die wichtigsten Bestimmungen der EuGVVO dargestellt. Zur Vertiefung wird empfohlen, die Erläuterungen in den einschlägigen Kommentaren (zB *Thomas/Putzo*) und die hier zitierten Entscheidungen nachzulesen.

(1) Allgemeiner Gerichtsstand (Art. 2 EuGVVO). Der allgemeine Gerichtsstand ist gegenüber den 32 ausschließlichen und besonderen Gerichtsständen **nachrangig.** Dies ist bei der Prüfung der IZ zu beachten, so dass erst dann auf Art. 2 EuGVVO zurückgegriffen werden darf, wenn keine Zuständigkeit nach einer anderen Norm gegeben ist. Andererseits enthält Art. 2 EuGVVO den Grundtatbestand zur Bestimmung der IZ nach der EuGVVO. Die Art. 5–7 EuGVVO enthalten Ausnahmetatbestände, die mit Rücksicht auf Art. 2 EuGVVO auszulegen sind (*EuGH,* EuZW 2008, 369). Daraus folgt, dass die besonderen Zuständigkeitsregeln keiner Auslegung zugänglich sind, die über die in der EuGVVO ausdrücklich vorgenommenen Fälle hinausgeht (*EuGH*, EuZW 2008, 369). Auf Grund dieses Wechselspiels zwischen dem allgemeinen Gerichtsstand und den besonderen Gerichtsständen ist zunächst Art. 2 EuGVVO zu behandeln.

Gem. Art. 2 I EuGVVO kann der Beklagte, der seinen **Wohnsitz** in einem Mitgliedstaat hat, vor den 33 Gerichten dieses Staates verklagt werden. Die örtliche Zuständigkeit wird in Deutschland durch §§ 12 ff. ZPO geregelt.

Ist der Beklagte eine **natürliche Person,** definiert Art. 59 I EuGVVO, was unter Wohnsitz zu verstehen ist; danach bestimmt sich der inländische Wohnsitz grundsätzlich nach §§ 7 ff. BGB.

Geht es um den **Sitz einer Gesellschaft** oder juristischen Personen, so wird dieser in Art. 60 EuGVVO 34 dem Wohnsitz gleichgestellt, wobei jedoch die Entscheidung darüber, wo sich der Sitz befindet, autonom und nicht nach dem nach dem IPR zu bestimmenden Gesellschaftsstatut bestimmt wird. Er wird alternativ,
- (1) an den satzungsmäßigen Sitz,
- (2) an die Hauptverwaltung,
- (3) an die Hauptniederlassung

angeknüpft.

Die alternativen Anknüpfungen eröffnen allerdings die Möglichkeit, vorbehaltlich von Art. 22 Nr. 2 EuGVVO die Gesellschaft in jedem betreffenden Staat zu verklagen (*Piltz,* NJW 2002, 789/792). Bei doppelter Rechtshängigkeit ist dann Art. 27 EuGVVO zu beachten.

Für die Begründung der IZ nach Art. 2 I EuGVVO reicht es aus, dass diese erst im Laufe des Rechts- 35 streits eintritt (*BGH,* NJW 2011, 2515): Die danch einmal begründet IZ bleibt nach dem **perpetuatio-fori-Grundsatz** auch dann erhalten, wenn die sie begründenden Umstände im Laufe des Rechtsstreits wegfallen (§ 261 III Nr. 2 ZPO; *BGH,* NJW 2011, 2515).

Hat der Beklagte seinen Wohnsitz in einem Mitgliedstaat, so kann er **in einem anderen Mitgliedstaat nur verklagt werden,** wenn ein besonderer bzw. sonstiger Gerichtsstand nach Art. 5–21 EuGVVO, ein ausschließlicher Gerichtsstand nach Art. 22 EuGVVO, eine Gerichtsstandsvereinbarung nach Art. 23 EuGVVO oder eine rügelose Einlassung gem. Art. 24 EuGVVO vorliegt. Die internationale Zuständigkeit deutscher Gerichte kann insbesondere nicht auf § 23 ZPO gestützt werden, da Art. 3 II EuGVVO iVm Anhang I zur EuGVVO ausdrücklich die Anwendung dieser Vorschrift verbietet.

Hat der Beklagte in keinem Mitgliedstaat seinen Wohnsitz, so sind – sofern nicht eine ausschließliche Zuständigkeit nach Art. 22 EuGVVO gegeben ist – die nationalen autonomen Zuständigkeitsregeln zur Bestimmung der IZ heranzuziehen (Art. 4 I EuGVVO).

(2) Besonderer Gerichtsstand (Art. 5–7 EuGVVO). Art. 5 EuGVVO statuiert einen besonderen Ge- 36 richtsstand in dem Mitgliedstaatstaat, in dem der Beklagte nicht seinen Wohnsitz hat.

Wichtig hierbei ist, dass Art. 5 EuGVVO (Ausnahme Art. 5 Nr. 6 EuGVVO) sowohl eine internationale als auch örtliche Zuständigkeit begründet. Dies folgt jeweils aus der Formulierung „... vor dem Gericht des Ortes ...“

Die wichtigsten Regelungen in Art. 5 EuGVVO sind die folgenden:

37 • **Gerichtsstand des Erfüllungsortes (Nr. 1)**

Art. 5 Nr. 1 EuGVVO lässt eine Klage auch am Erfüllungsort der vertraglichen Verpflichtung zu, wobei der Vertrag unmittelbar zwischen den Klageparteien geschlossen worden sein muss (*EuGH*, EWS 1994, 245).

Was ein Vertrag ist, ist autonom auszulegen (*BGH*, NJW 2009, 2606), aber nicht eng auszulegen (*EuGH*, NJW 2005, 811). Die Vorschrift setzt **zwingend eine freiwillig eingegangene Verpflichtung** voraus (*EuGH*, EuZW 2004, 351)). Ansprüche aus cic fallen daher nicht unter Nr. 1, weil es an einer freiwillig eingegangenen Verpflichtung fehlt und Verstöße gegen Treu und Glauben nicht ausreichen (*EuGH*, NJW 2002, 3159 mit differenzierender Anm. *Mankowski*, IPRax 2003, 127 und *Schmidt Kessel*, ZEuP 2004, 1019); es gilt daher Nr. 3.

Die **schlüssige Behauptung** hierfür reicht aus (*BGH*, NJW 2009, 2606). Nr. 1 ist deshalb auch anwendbar, wenn der Vertrag als solches und nicht nur einzelne Ansprüche hieraus streitig ist (*BGH*, NJW 2010, 2442 zum LGVÜ). Der Anspruch kann auch auf einem abgetretenen Recht beruhen (*BGH*, NJW 2010, 2442).

Die Regelung ist anwendbar auf alle Klagearten (*OLG München*, RIW 1996, 1035), bei denen der Vertrag streitig ist (*EuGH*, IPRax 1983, 31; *BGH*, NJW 2001, 1936), sofern nicht bei Versicherungsverträgen Art. 8 ff. EuGVVO, bei Verbraucherverträgen Art. 15 EuGVVO und bei Arbeitsverträgen Art. 18 ff. EuVVO als lex specialis Vorrang haben (*EuGH*, NJW 2002, 2697). Er gilt ferner zB für Klagen im Falle einer missbräuchlichen Auflösung des Vertrags (*EuGH*, IPRax 1989, 227), für Klagen einer GmbH gegen ihren Geschäftsführer (*OLG München*, IPRax 2000, 416 m. Anm. *Haubold*, S. 375).

Zur Frage, auf welche **Vertragstypen** Art. 5 Nr. 1 EuGVVO im Einzelnen anzuwenden ist vgl. Thomas/Putzo/*Hüßtege*, Art. 5 Rn. 2 a ff.; *Kropholler/von Hein*, Art. 5 Rn. 5 ff.

38 Wie der **Erfüllungsort** zu bestimmen ist, war im Anwendungsbereich des EuGVÜ umstritten. In Abweichung von der bisherigen Praxis zum EuGVÜ wird der Erfüllungsort grundsätzlich (Ausnahme lit. c) nicht mehr mit Hilfe des IPR des angerufenen Gerichts bestimmt (sog. Tessili-Regel; *EuGH*, NJW 1977, 491 und 2000, 719), vielmehr wurde mit Nr. 1 lit. b ein selbstständiger Erfüllungsortbegriff geschaffen (eingehend *Rauscher*, NJW 2010, 2251). Lässt sich der Erfüllungsort nach diesen Vorgaben nicht eindeutig ermitteln, ist umstritten (zum Meinungsstand *Thorn*, IPrax 2004, 354/357), wie er zu bestimmen ist; nach hM bestimmt er sich dann nach dem mit Hilfe des IPR ermittelten Vertragsstatut (Thomas/Putzo/*Hüßtege*, Art. 5 Rn. 4).

39 Bei der Ermittlung des Erfüllungsortes ist zunächst zu prüfen, ob eine **Vereinbarung** vorliegt. Eine solche geht der gesetzlichen Bestimmung des Erfüllungsortes nach lit. b vor. Wird der konkrete Erfüllungsort vertraglich vereinbart, so ist die Form des Art. 23 I EuGVVO hierfür nicht zu beachten (*EuGH*, NJW 2010, 1059; *Geimer/Schütze*, EuZVR, Art. 23 Rn. 52). Das Zustandekommen und die Wirksamkeit der Vereinbarung beurteilt sich nach der lex causae (*BGH*, NJW-RR 2005, 1518). Art. 23 I EuGVVO gilt aber für den Fall der abstrakten, eine Gerichtsstandsvereinbarung verschleiernde Erfüllungsortsvereinbarung (*EuGH*, NJW 1997, 1431; *BGH*, NJW-RR 1998, 755).

Nach dem System des Art. 5 Nr. 1 EuGVVO, für alle Streitigkeiten aus dem Vertrag einen einzigen Gerichtsstand zu begründen, dürfte der Erfüllungsort wirksam nur insgesamt vereinbart werden können, nicht nur für einzelne vertragliche Verpflichtungen (*Micklitz/Rott*, EuZW 2001, 325, 328).

40 Liegt keine Vereinbarung vor, ist zu differenzieren. Geht es in dem Vertrag um die **Lieferung beweglicher Sachen**, so ist die erste Alternative des Buchstaben b zu prüfen. Ob die Sachen beweglich sind, beurteilt sich nach dem Lagerecht (lex rei sitae). Für einen Vertrag über bewegliche Sachen ist das Gericht des Mitgliedstaats international und örtlich zuständig, in dessen Bezirk die Sache geliefert wurde oder hätte geliefert werden müssen. Dies ist derjenige Ort, an dem der Käufer die Ware entgegennimmt oder hätte entgegennehmen müssen (*Hager/Bentele*, IPRax 2004, 73).

Die Abgrenzung zur Dienstleistung kann im Einzelfall schwierig sein (BGH NJW 2008, 3001 – Vorlagebeschluss). Entscheidend für die Abgrenzung ist die für den Vertrag charakteristische Verpflichtung; besteht sie in der Lieferung eines Gegenstandes, ist sie als Verkauf beweglicher Sachen einzustufen (*EuGH*, NJW 2010, 1059, Rn. 31 m. Anm. *Leible*, EuZW 2010, 303 und *Metzger*, IPRax 2010, 420). Wird die Ware erst hergestellt oder erzeugt, so ist zur Auslegung auch auf das Unionsrecht oder auf internationale Verträge (zB Art. 3 I CISG) abzustellen (*EuGH*, NJW 2010, 1059, Rn. 34). Stellt der Verkäufer den Rohstoff, aus dem die Ware herzustellen ist, liegt auch dann ein Vertrag über die Lieferung beweglicher Sachen vor, wenn der Käufer bestimmte Vorgaben zur Beschaffung, Verarbeitung u. Lieferung macht (*EuGH*, NJW 2010, 1059, Rn. 40). Letztlich kann auch der Umstand, dass der Verkäufer für die Qualität und Vertragsgemäßheit der Ware haftet, für einen Vertrag über den Verkauf beweglicher Sachen sprechen (*EuGH*, NJW 2010, 1059, Rn. 42). Der Kauf von Wertpapieren fällt nicht hierunter (*LG Darmstadt*, IPRax 1995, 318 m. Anm. *Thorn* S. 294).

41 **International und örtlich zuständig** für eine solche Streitigkeit ist das Gericht des Mitgliedstaats, in dessen Bezirk die Sache geliefert wurde oder hätte geliefert werden müssen. Der Begriff „Lieferort" ist autonom, ohne Rückgriff auf das IPR zu bestimmen (*EuGH*, NJW 2010, 1059, Rn. 53 m. Anm. *Metzger*, IPRax 2010, 420). Maßgeblich ist zunächst der Ort, der im Vertrag als Lieferort bestimmt wird (*EuGH*, NJW 2010, 1059, Rn. 54). Dies ist unter Berücksichtigung aller Vertragsbestimmungen (und

der Incoterms) zu bestimmen (*EuGH*, EuZW 2011, 603 m. Anm. *Leible* S. 604). Fehlt eine vertragliche Vereinbarung, so ist Lieferort derjenige Ort, an dem der Käufer die Ware tatsächlich entgegengenommen und die tatsächliche Verfügungsgewalt über sie erlangt hat (*EuGH*, NJW 2010, 1059, Rn. 58; *BGH*, NJW 2009, 2606) oder hätte entgegennehmen müssen (*EuGH*, NJW 2010, 1059, Rn. 60). Dieser Ort ist auch im Falle eines Versendungskaufs maßgeblich (*EuGH*, NJW 2010, 1059, Rn. 58). Damit hat der *EuGH* eine lange Diskussion über den Erfüllungsort beim Versendungskauf beendet (vgl hierzu auch *Pilz*, NJW 2010, 1061) und der vom BGH (nunmehr aber aufgegeben in *BGH*, NJW 2010, 3452) vertretenen Auffassung, dass Erfüllungsort derjenige Ort ist, an dem die Ware dem ersten Beförderer übergeben worden ist, eine Absage erteilt. Zuständig für sämtliche Klagen ist das Gericht, in dessen Bezirk sich der nach wirtschaftlichen Kriterien zu bestimmende Ort der Hauptlieferung befindet; lässt sich dieser nicht ermitteln, so hat der Kläger das Wahlrecht (*EuGH*, NJW 2010, 1059).

Geht es in dem Vertrag um **Dienstleistungen**, so ist die zweite Alternative des lit. b zu prüfen. Was unter Dienstleistungen zu verstehen ist, ist autonom zu qualifizieren (*EuGH*, EuZW 1999, 727) und weit auszulegen (*BGH*, NJW 2006, 1806; aA *EuGH*, NJW 2009, 1865). Art. 57 AEUV kann zur Auslegung herangezogen werden (*BGH*, NJW 2006, 1806; aA *EuGH*, NJW 2009, 1865). Der Begriff umfasst entgeltliche gewerbliche, kaufmännische, handwerkliche und freiberufliche Tätigkeiten (*Micklitz/Rott*, EuZW 2001, 325/328), also auch Werkverträge (*Gsell*, IPRax 2002, 484). Bei gemischten Verträgen kommt es auf den Schwerpunkt an. Hierunter fallen nicht Versicherungsverträge, Verbraucherverträge und Arbeitsverträge, da Art. 8–21 EuGVVO insoweit vorrangige Spezialregelungen enthalten (*Hau*, IPRax 2000, 354, 359), wohl aber Kreditgeschäfte (*Hau*, IPRax 2000, 354/359, aA *Neumann*, IPRax 2001, 257). Erfasst werden Kommissionsverträge, die auf die Durchführung von Warentermingeschäften gerichtet sind, ferner Treuhandverträge (*BGH*, NJW 1994, 262), nicht aber Verträge über ein schuldrechtliches Teilzeitwohnrecht, selbst wenn die Bewirtschaftung und Verwaltung vereinbart ist (*BGH*, NJW 1997, 1697). Auch (Luft-)Beförderungsverträge werden erfasst (*EuGH*, NJW 2009, 2801 m. Anm. *Leible*, EuZW 2009, 571, *Lehmann*, NJW 2010, 655, *Staudinger*, IPRax 2010, 140, *Wagner*, IPRax 10, 143; auf Vorlage *BGH*, NJW 2008, 2121 m. Anm. *Staudinger*, IPRax 2008, 493). Nicht erfasst werden Verträge mit dem Inhaber eines Rechts des geistigen Eigentums zur entgeltlichen Nutzung dieses Rechts (*EuGH*, NJW 2009, 1865 Anm. *Mankowski*, JZ 2009, 958; *Brnkmann*, IPRax 2009, 487); es gilt lit. c. 42

International und örtlich für Streitigkeiten aus Dienstleistungsverträgen ist das Gericht des Mitgliedstaats zuständig, in dessen Bezirk die (bei mehreren, wo die hauptsächliche, *EuGH*, NJW 2010, 1189 m. Anm. *Leible*, EuZW 2010, 380; kritisch *Lehmann/Duczek*, IPRax 2011, 41) Dienstleistung erbracht worden ist oder hätte erbracht werden müssen. Liegt der Ort außerhalb eines Mitgliedstaats gilt lit. c. 43

Die Zuständigkeit nach lit. b gilt für alle Streitigkeiten aus dem Vertrag, also für die Zahlungsverpflichtung des Schuldners, die Schadensersatzklage wegen Leistungsstörungen oder Verletzung von Nebenrechten (*BGH*, NJW 2004, 1456). Die Regelung ist auch anwendbar, wenn mit der Klage gleichzeitig mehrere Ansprüche geltend gemacht werden (*Piltz*, NJW 2002, 789/793), sofern sie vertraglicher Natur sind.

Für **Verträge, die nicht unter lit. b** fallen oder falls danach auf einen Staat verwiesen wird, der nicht Mitgliedstaat der EuGVVO ist, beurteilt sich der Erfüllungsort nach lit. a und damit nach der Tessili-Regel – die Regel trägt den Namen eines Beteiligten in diesem Verfahren –, dh der Erfüllungsort beurteilt sich grundsätzlich nach dem Vertragsstatut (Rom I-VO oder CISG), das nach dem IPR des angerufenen Gerichts zu bestimmen ist (*EuGH*, NJW 1977, 491; bestätigt durch *EuGH*, NJW 2009, 1865; siehe auch *BGH*, NJW 2009, 148). Maßgeblich ist der Erfüllungsort der konkret streitigen Verpflichtung, die Gegenstand der Klage ist (*BGH*, NJW-RR 2003, 1582), wobei auf die primäre Hauptverpflichtung abzustellen ist (*BGH*, NJW-RR 2003, 1582). Für jeden gleichrangigen Anspruch muss der Erfüllungsort selbstständig festgestellt werden (*EuGH*, NJW 2000, 721; *BGH*, NJW 1997, 870), auf die vertragscharakteristische Leistung kommt es somit nicht an. Jedoch werden Sekundäransprüche, wie zB Schadensersatzansprüche wegen Nichterfüllung zuständigkeitsrechtlich der Hauptverpflichtung zugeordnet (*OLG Hamm*, NJW-RR 1995, 188; *Geimer/Schütze*, EuZVR, Art. 5 Rn. 108). Die Bestimmung des Erfüllungsorts durch die durch das IPR der lex fori ermittelte lex causae ist auch dann maßgeblich, wenn nach Art. 3 EGBGB der Erfüllungsort statt mit Hilfe des nach der Rom I-VO ermittelten Vertragsstatuts durch das CISG bestimmt wird (*EuGH*, NJW 1995, 183; *BGH*, NJW 1997, 870; *Piltz*, NJW 2002, 789/793). Will der Verkäufer einer Ware den Kaufpreis gegen den Käufer einklagen und ist auf den Vertrag das Wiener UN-Kaufrechtsübereinkommen (CISG) anwendbar, so ist gem. Art. 57 lit. a CISG Erfüllungsort für die Kaufpreisforderung der Ort der Niederlassung des Verkäufers. Der *EuGH* (NJW 1995, 183) hat dieses Ergebnis gebilligt, mit der Folge, dass es auf diese Weise zu einem zusätzlichen Verkäufergerichtsstand kommt. Wäre hingegen das nicht vereinheitlichte deutsche Recht Vertragsstatut, wäre gem. § 269 BGB Erfüllungsort für die Kaufpreisklage der Wohnsitz des Käufers. 44

• **Gerichtsstand für Unterhaltssachen (Nr. 2)** 45

Dieser Gerichtsstand ist mit der Anwendbarkeit (ab 18. 6. 11) der EuUnterhaltVO v 18. 12. 08 (ABl. 2009 L 7 S. 1) für neu eingeleitete Unterhaltsverfahren obsolet geworden.

46 • **Gerichtsstand der unerlaubten Handlung (Nr. 3)**

Art. 5 Nr. 3 EUGVVO eröffnet eine internationale Zuständigkeit für Klagen aus **Delikt und gleichgestellten Ansprüchen**, zB Gefährdungshaftung. Der Begriff unerlaubte Handlung ist als autonom auszulegen (*EuGH*, NJW 2009, 3501); er bezieht sich auf alle Klagen, mit denen eine Schadenshaftung des Beklagten geltend gemacht wird und die nicht an einen „Vertrag" iSv Art. 5 Nr. 1 EuGVVO anknüpfen (*EuGH*, NJW 2005, 811). Er umfasst somit Straßenverkehrsunfälle, Umweltbeeinträchtigungen, Schädigungen durch fehlerhafte Produkte, Kartellverstöße, unlauteren Wettbewerb und Verletzung von Immaterialgütern. Auch eine vorbeugende Unterlassungsklage fällt unter Art. 5 Nr. 3 EuGVVO, weil die VO auch die Drohung eines Schadenseintritts berücksichtigt.

Ein Gericht darf nach Art. 5 Nr. 3 EuGVVO **nur über Klagen deliktischer Natur entscheiden**, nicht jedoch diese Klage unter einem anderen, nicht-deliktischen Gesichtspunkt untersuchen (*EuGH*, IPRax 1989, 288 ff.). Der *BGH* (NJW-RR 2005, 581) hat dies in seiner Entscheidung zum § 32 ZPO ausdrücklich hervorgehoben (vgl. auch Thomas/Putzo/*Hüßtege*, § 32 Rn. 5).

Nach Art. 5 Nr. 3 EuGVVO kann somit an dem Gericht des Ortes geklagt werden, wo das schädigende Ereignis eingetreten ist. Tatort kann der **Handlungs- und Erfolgsort sein**. Fallen beide auseinander, so räumt der EuGH dem Kläger die Wahlmöglichkeit ein, seine Klage entweder an dem Ort, an dem sich der Schadenserfolg verwirklicht hat, oder am Ort des ursächlichen Geschehens zu erheben (*EuGH*, NJW 1977, 493; *BGH*, WM 2010, 1590).

Bei **Ehrverletzungen durch Presseartikel** kann die Klage am Ort der Niederlassung des Herausgebers oder am (bestimmungsgemäßen, vgl *Huber*, ZEuP 1996, 300, 309) Verbreitungsort (*OLG München*, IPRax 2009, 256 m. Anm. *Heinze*, S. 231, der allgemein die internationalen Gerichtsstände bei Lauterkeitsverstößen untersucht), wo also das Ansehen des Betroffenen beeinträchtigt ist, erhoben werden. Die erstgenannten Gerichte sind für die Entscheidung über alle Schadensersatzansprüche zuständig, die letztgenannten Gerichte nur für Ansprüche aus Schadensereignissen, die in diesem Staat verursacht wurden (*EuGH*, NJW 1995, 1881; *Huber*, ZEuP 1996, 300; *Kreuzer/Klötgen*, IPRax 1997, 90).

Bei **Übermittlung einer Willenserklärung im Rahmen der Telekommunikation** ist Handlungsort auch der Ort, an dem die Kundgabehandlung optisch oder akustisch wahrgenommen wird (*OLG Koblenz*, NJW-RR 2008, 148 m. Anm. *Spickhoff*, IPRax 2009, 128).

Für unerlaubte Handlungen im **Internet** gilt als Tatort jeder Ort, an dem das Medium bestimmungsgemäß abgerufen werden kann (*OLG Hamburg*, IPRax 2004, 125 m. Anm. *Kurtz*, S. 107; vgl. *Bachmann*, IPRax 1998, 179); bei **Persönlichkeitsverletzung** ist jedoch erforderlich, dass der als rechtsverletzend beanstandete Inhalt objektiv einen deutlichen Bezug zum Inland aufweist, um zuständigkeitsbegründend zu sein (*BGH*, NJW 2010, 1752 mit kritischer Anm. *Staudinger*, S. 1754 und *Spickhoff*, IPRax 2011, 131); das setzt voraus, dass die widerstreitenden Interessen des Persönlichkeitsrechtsinhabers einerseits und des für den Inhalt der Website Verantwortlichen andererseits im Inland kollidieren (können) und eine Kenntnisnahme des Inhalts der Website im Inland erheblich näher liegt als dies auf Grund der bloßen Abrufbarkeit des Angebots der Fall wäre (*BGH*, NJW 2010, 1752). Bei einer Persönlichkeitsverletzung durch eine Webseite im Internet ist umstritten, ob die Klage in jedem Mitgliedstaat erhoben werden kann, in dem die Seite abgerufen werden kann oder ob die Klage einen besonderen Inlandsbezug voraussetzt (*BGH*, VersR 2010, 226), wobei unklar ist, was hierzu Voraussetzung ist.

Art. 5 Nr. 3 EuGVVO gilt nur für den unmittelbar Geschädigten (*EuGH*, NJW 1991, 631).

47 • **Gerichtsstand für Adhäsionsklagen (Nr. 4)**

Art. 5 Nr. 4 EuGVVO betrifft Verfahren iSv von §§ 403 ff. StPO und ähnliche Verfahren vor ausländischen Gerichten (vgl. *EuGH*, EuZW 1993, 418). Nr. 4 eröffnet eine Zuständigkeit nur für deliktische Ansprüche. Bei Anwendung von Nr. 4 ist Art. 61 EuGVVO zu beachten. Diese Vorschrift ergänzt Art. 5 Nr. 4 EuGVVO. Sie schafft dann ein Anerkennungs- und Vollstreckungshindernis für den zivilrechtlich zuerkannten Anspruch, falls im Falle einer fahrlässig begangenen Straftat der Angeklagte trotz persönlicher Ladung nicht zum Termin erschienen ist und sich deshalb nach dem nationalen Recht nicht verteidigen konnte.

48 • **Gerichtsstand für Streitigkeiten aus Niederlassungen (Nr. 5)**

Art. 5 Nr. 5 EuGVVO schafft einen besonderen Gerichtsstand für Streitigkeiten aus Niederlassungen. Zweigniederlassung und Agentur sind Unterbegriffe. Der Begriff der Niederlassung ist autonom auszulegen (eingehend *Thorn*, IPRax 1997, 98). Die Niederlassung ist dadurch gekennzeichnet, dass sie der Aufsicht und Leitung des Stammhauses unterliegt (*EuGH*, NJW 1977, 490), über eine hinreichende materielle und personelle Ausstattung verfügt, um Geschäfte mit Dritten zu betreiben (*OLG Düsseldorf*, IPRax 1998, 210) und als Außenstelle eines ausländischen Stammhauses hervortritt (*Thorn*, IPRax 1997, 98.). Ein selbstständiger Handelsvertreter ist daher keine Außenstelle (*EuGH*, NJW 1982, 507). Ob die Niederlassung Befugnis zum eigenständigen Vertragsschluss haben muss, ist umstritten. Maßgeblich ist die Dauer der Betätigung an einem Ort. Kurzfristige Arbeiten, zB auf Messen reichen hierfür nicht aus (*OLG Düsseldorf*, IPR 1998, 210). Ein Warenlager genügt nicht; ebenso ist eine aktive Website im e-commerce keine virtuelle Niederlassung.

Die Vorschrift ist nach der Rechtsprechung des EuGH dahingehend auszulegen, dass hierunter auch die Tätigkeit einer juristischen Person fällt, die diese mit Hilfe einer gleichnamigen selbstständigen Gesellschaft mit identischer Geschäftsführung entfaltet, die in ihrem Namen verhandelt und Geschäfte abschließt und derer sie sich wie einer Außenstelle bedient (*EuGH*, IPRax 1980, 96). Im Vordergrund steht der Rechtsscheingedanke.

Für eine Klage am Gerichtsstand gem. Art. 5 Nr. 5 EuGVVO ist eine Betriebsbezogenheit der Klage notwendig, dh sie muss sich auf den Betrieb der Niederlassung beziehen (*OLG München*, RIW 1999, 872). Der Beklagte muss selbst einen Wohnsitz oder eine Niederlassung in irgend einem Mitgliedstaat haben (vgl. Einleitungssatz von Art. 5), andernfalls finden gem. Art. 4 I EuGVVO die autonomen Zuständigkeitsregeln Anwendung. Nicht notwendig für die Zuständigkeit am Ort der Zweigniederlassung ist aber, dass die von der Zweigniederlassung im Namen des Stammhauses eingegangenen Verpflichtungen in dem Mitgliedstaat zu erfüllen sind, in dem sich die Zweigniederlassung befindet (*EuGH*, EuZW 1995, 409).

Aktivprozesse des Inhabers einer Niederlassung werden von Nr. 5 nicht erfasst.

- **Weitere besondere Gerichtsstände (Art. 6 EuGVVO)** 49

Auch Art. 6 EuGVVO eröffnet besondere Gerichtsstände

Art. 6 Nr. 1 EuGVVO ist **nicht auf Verfahren nach Art. 18–21 EuGVVO** anzuwenden (*EuGH*, NJW-RR 2008, 1658). Er schafft einen Gerichtsstand für die **subjektive Klagehäufung.** Er verlangt, dass zwischen den verschiedenen Klagen eines Klägers gegen verschiedene Beklagte ein Zusammenhang besteht, der eine gemeinsame Entscheidung geboten erscheinen lässt, um zu vermeiden, dass in getrennten Verfahren widersprechende Entscheidungen ergehen könnten. Die Klagen müssen nicht auf derselben Rechtsgrundlage beruhen, sofern zwischen ihnen ein enger Zusammenhang besteht (*EuGH*, EuZW 2007, 703 m. Anm. *Althammer,* IPRax 2008, 228); das ist zB der Fall bei einem einheitlichen Lebenssachverhalt, bei dem die Beklagten sowohl aus Delikt als auch vertraglichen Pflichtverletzungen in Anspruch genommen werden (*BGH,* NJW-RR 2010, 644 mit kritischer Anm. *Mock,* IPRax 2010, 510). Kein Zusammenhang besteht bei einer Schadensersatzklage gegen zwei Beklagte, mit der einer aus Vertrag oder Bereicherungsrecht, der andere aus Delikt in Anspruch genommen wird (*EuGH*, EuZW 1999, 59 m. Anm. *Koch,* IPRax 2000, 186; *BGH*, BB 2002, 170). Der Grundsatz der perpetuatio fori gilt, zB bei Klagerücknahme gegen einen Streitgenossen. 50

Art. 6 Nr. 2 EuGVVO ist in Deutschland auf Grund eines in Art. 65 lit. a) EuGVVO erklärten Vorbehalts nicht anwendbar. 51

Art. 6 Nr. 3 EuGVVO enthält einen besonderen Gerichtsstand für **Widerklagen.** Eine Widerklage setzt zunächst eine zulässige Klage nach der EuGVVO voraus. Die Vorschrift gilt nur für konnexe Widerklagen. Damit ist die Vorschrift enger als § 33 I ZPO, der nur einen Zusammenhang zwischen Klage und Widerklage verlangt. Beruht die Widerklage auf einem anderen Vertrag, sind die Voraussetzungen der Nr. 3 nicht gegeben, es sei denn, es liegt ein einheitlicher Sachverhalt zugrunde (*BGH*, NJW 1993, 2753). Nr. 3 ist auch auf Wider-Widerklagen anzuwenden, nicht aber auf die Drittwiderklage. Dies dürfte trotz der inzwischen zumindest teilweise geänderten Rechtsprechung des *BGH* (NJW 2011, 460) zu § 33 ZPO weiterhin gelten. 52

Der dem Art. 6 Nr. 3 EuGVVO zugrundeliegende Gedanke der Konnexität gilt entgegen der Rechtsprechung des *BGH* (NJW 1993, 2753 m. Anm. *Geimer*, IPRax 1994, 82; vgl. *Piekenbrock*, RIW 2000, 751; offengelassen nunmehr in *BGH*, NJW 2002, 2182 m. Anm. *Vollkommer*, MDR 2002, 288) nicht für die **Aufrechnung** (*EuGH*, NJW 1996, 42; ausführlich *Gruschinske,* EuZW 2011, 171; *Mankowski,* ZZP 109, 376). Wird eine Gegenforderung im Wege der Aufrechnung als Verteidigungsmittel in den Rechtsstreit eingeführt, so beurteilen sich die Voraussetzungen, unter denen das geschehen kann, nach dem nationalen Recht. Ein Teil des Schrifttums (*Jayme/Kohler*, IPRax 1995, 349; zustimmend *Kropholler*, EuGVVO Art. 6 Rn. 45; differenzierend *Wagner,* IPRax 1999, 65; abl. *Geimer/Schütze*, EuZVR, Art. 6 EuGVVO Rn. 79) vertritt daher die Auffassung, dass die deutschen Gerichte deshalb an sich nicht gehindert wären, die Zulässigkeit der Prozessaufrechnung davon abhängig zu machen, dass das Gericht der Hauptsache auch für die klageweise Geltendmachung der Aufrechnungsforderung international zuständig ist. Dem kann nicht gefolgt werden. Zum einen eröffnet die ZPO hierzu keine Möglichkeit, sondern sieht bei inkonnexen Forderungen die Abtrennung (§ 145 III ZPO) vor (*Roth*, RIW 1999, 819/823; *Gebauer*, IPRax 1998, 79/85); zum anderen zählen zu den Voraussetzungen der Aufrechnung, die der EuGH dem nationalen Recht zugewiesen hat, nur solche Fragen, die in der EuGVVO selbst nicht abschließend geregelt sind, wie zB die Form und die Frist für die Prozessaufrechnung. Die internationale Zuständigkeit des mit der Aufrechnung befassten Gerichts gehört nicht zu den Voraussetzungen, die dem nationalen Recht überlassen sind (zustimmend *Busse*, MDR 2001, 729/731; *Schlosser*, Art. 6 EuGVVO Rn. 15; aA *Gruber*, IPRax 2002, 285). Zudem muss berücksichtigt werden, dass die Prozessaufrechnung eine Einwendung ist, so dass die Prozessvoraussetzungen, die bei klageweiser Geltendmachung der Gegenforderung vorliegen müssen, nicht vorzuliegen brauchen (Thomas/Putzo/*Reichold*, § 145 Rn. 22). 53

(3) Sonstige Gerichtsstände (Art. 8–21 EuGVVO). Für **Versicherungssachen** (Art. 8 ff. EuGVVO), **Verbrauchersachen** (Art. 15 ff. EuGVVO) und Streitigkeiten aus **individuellen Arbeitverträgen** (Art. 18 ff. EuGVVO) bestehen besondere internationale Gerichtsstände. 54

55 • **Gerichtsstand für Versicherungssachen (Art. 8–14 EuGVVO)**

Art. 8–14 EuGVVO enthalten **Schutzvorschriften für den Versicherungsnehmer.** Sie sind grundsätzlich zwingend und erschöpfend (Thomas/Putzo/*Hüßtege*, vor Art. 8 Rn. 1). Art. 9 EuGVVO bestimmt die Zuständigkeit für Klagen gegen den Versicherer, Art. 12 für diejenigen des Versicherers gegen den Versicherten.

Gerichtsstandsvereinbarungen sind eingeschränkt zulässig (Art. 23 V iVm Art. 13 EuGVVO). Denn Art. 23 V EuGVVO stellt klar, dass eine dem Art. 13 EuGVVO zuwiderlaufende Vereinbarung unwirksam ist. Art. 23 I 3 EuGVVO gilt gleichwohl für die Form der Art. 13 EuGVVO unterliegenden Gerichtsstandsvereinbarungen.

Eine **rügelose Einlassung** (Art. 24 EuGVVO) ist wirksam. Materiell-rechtlich sind die in Art. 7 Rom I-VO enthaltenen Kollisionsnormen zu beachten. Die Nichtbeachtung der Vorschriften des 3. Abschnitts hat die Nichtanerkennung einer in einem anderen Mitgliedstaat ergangenen Entscheidung zur Folge (Art. 35 I EuGVVO).

56 • **Gerichtsstand für Verbrauchersachen (Art. 15–17 EuGVVO)**

Art. 15–17 EuGVVO enthalten für den Verbraucher **Schutzbestimmungen**, die grundsätzlich zwingend und abschließend sind (Thomas/Putzo/*Hüßtege*, Rn. 1 vor Art. 15). Die Anwendung dieser Vorschriften setzt den Anwendungsbereich der EuGVVO voraus. Art. 2, 5 Nr. 1–4, 6 EuGVVO sind in der Regel nicht anwendbar.

57 **Gerichtsstandsvereinbarungen** (Art. 17 EuGVVO) sind nur eingeschränkt möglich (vgl. Art. 23 V EuGVVO). Art. 23 I 3 EuGVVO gilt gleichwohl für die Form der Art. 17 EuGVVO unterliegenden Gerichtsstandsvereinbarungen

58 Eine **rügelose Einlassung** (Art. 24 EuGVVO) ist jedoch zulässig. Die Nichtbeachtung der Vorschriften dieses 4. Abschnitts der EuGVVO hat die Nichtanerkennung der Entscheidung aus einem anderen Mitgliedstaat zur Folge (Art. 35 I EuGVVO).

59 Art. 15 EuGVVO enthält eine **Definition des Begriffs** des Verbrauchers, wobei der *EuGH* (NJW 1993, 1251/1252) diese dahingehend präzisiert hat, dass darunter nur der nicht berufs- oder gewerbebezogene handelnde private Endverbraucher zu verstehen ist. Die Verbrauchereigenschaft muss in der Person eines Beteiligten des Rechtsstreits vorliegen. Macht er eine Forderung aus abgetretenem Recht geltend, so sind die Art. 15–17 EuGVVO nicht anzuwenden (*BGH*, NJW 1993, 2684). Handelt der Verbraucher für einen zu errichtenden Gewerbebetrieb, so greifen diese Vorschriften ebenfalls nicht ein (*EuGH*, WM 1997, 1549), ebenso nicht bei gemischten Verträgen, es sei denn die gewerbliche Tätigkeit ist völlig untergeordnet (*EuGH*, NJW 2005, 653).

60 Die **internationale Zuständigkeit** für Klagen des Verbrauchers ist in Art. 16 I EuGVVO geregelt, diejenige für Klagen gegen den Verbraucher in Art. 16 II EuGVVO.

Das in Verbrauchersachen **anzuwendende Recht** richtet sich grundsätzlich nach der Art. 6 Rom I-VO.

61 Die Art. 15 ff. EuGVVO sind nur anzuwenden, wenn der Vertrag mit dem Verbraucher zu den in Art. 15 I lit. a–c EuGVVO alternativ aufgeführten Voraussetzungen geschlossen worden ist.

Bei dem Vertrag kann es sich um einen **Teilzahlungskauf** iSv Art. 15 I lit. a EuGVVO handeln. Der Begriff ist autonom auszulegen (*EuGH*, EuZW 1999, 727). Er ist durch die Rechtsprechung des EuGH noch nicht abschließend geklärt. Auf Grund des Schutzzwecks der Norm liegt ein Teilzahlungskauf nur vor, wenn der Verkäufer dem Käufer ein Darlehen gewährt, er ihm also den Besitz an der Sache übertragen hat, bevor der Erwerber den gesamten Kaufpreis gezahlt hat (*EuGH*, EuZW 1999, 727). Ein Kauf liegt vor, wenn eine fertig bereitliegende oder auf Vorrat für allgemeine Verwendung gefertigte Ware übertragen wird (zweifelnd *BGH*, NJW 1997, 2685). Ausgehend vom Schutzzweck der Art. 15–17 liegt eine Teilzahlung bei Aufspaltung des Kaufpreises in mindestens 2 Teilleistungen vor (*Geimer/Schütze*, EuZVR Art. 15 Rn. 29; aA *Geimer/Schütze/Auer*, S. 540.296 Rn. 34: 3 Raten; zustimmend *Schlosser*, Art. 15 EuGVVO Rn. 5). Wird bei Abschluss des Kaufvertrags eine Rate angezahlt und der Rest bei Lieferung fällig, so dürfte keine Teilzahlung vorliegen, wenn damit nur die Abnahme der Ware gesichert werden sollte (*OLG Oldenburg*, NJW 1976, 1043; *Geimer/Schütze*, EuZVR, Art. 15 Rn. 29); anders ist die Rechtslage zu beurteilen, wenn dem Käufer damit die Anschaffung kreditiert werden sollte.

62 Es kann aber auch ein **Finanzierungskauf** iSv Art. 15 Abs. 1 lit. b EuGVVO geschlossen worden sein. Für die Anwendung von Art. 15–17 EuGVVO auf Kreditgeschäfte ist die Zweckgebundenheit des zur Verfügung gestellten Darlehens für die Finanzierung eines Kaufs beweglicher Sachen iSv Art. 15 I lit. b EuGVVO wesentlich (*Geimer/Schütze*, EuZVR, Art. 15 Rn. 31). Wird nur ein nicht zweckgebundenes Darlehen gewährt, so liegt kein Kreditgeschäft nach lit. b vor (*Geimer/Schütze*, EuZVR Art. 15 Rn. 31). Die Voraussetzungen des lit. b sind auch erfüllt, wenn die bewegliche Sache iSv Art. 15 I lit. a selbst, zB mit dem Darlehen, auf einmal bezahlt wird. Erfasst wird dann allerdings nur der Darlehensvertrag; der Kaufvertrag unterfällt dem Buchst a, falls ein Teilzahlungskauf vorliegt. Das dürfte nur dann nicht gelten, wenn ein verbundenes Geschäft iSv §§ 358, 359 BGB vorliegt, da sonst der Schutzzweck dieser Norm unterlaufen werden würde.

63 Von besonderer Bedeutung ist **Art. 15 I lit. c EuGVVO.**

Die Regelung erfasst Verbraucherverträge, die nicht unter lit. a oder b fallen, sofern eine **räumliche Verknüpfung der Geschäftsanbahnung mit dem Wohnsitzstaat des Verbrauchers besteht** und der Unternehmer seine Tätigkeit auf den Abschluss von Verträgen der fraglichen Art ausgerichtet hat.

Da lit. c keine Einschränkung hinsichtlich der Vertragsart vornimmt, werden grds. **alle Verträge** von der Regelung erfasst. Die Vorschrift ist daher auch anwendbar auf Time-sharing-Verträge iSd Time-sharing-Richtlinie 94/47 EG vom 26. 10. 1994 (ABl. L 280 S. 83; vgl. *Micklitz/Rott*, EuZW 2001, 325/330), reine Kreditverträge (*Piltz*, NJW 2002, 789, 791; einschränkend *BGH*, WM 2011, 1324 Rn. 39: erforderlich ist der Zusammenhang mit einer Dienstleistung); Pauschalreiseverträge gem. Art. 15 III EuGVVO, Kommissionsverträge, die auf die Durchführung von Warentermingeschäften gerichtet sind, wenn der Teilnehmer seinerseits Verbraucher ist (*OLG Düsseldorf*, IPRax 1997, 118), Treuhandverträge, bei einseitigen Rechtsgeschäften wie zB § 661 a BGB nur, wenn neben der Gewinnanforderung der gewerbsmäßige Verkäufer sich rechtlich gebunden hat, dem Verbraucher den Preis auszubezahlen (*EuGH*, EuZW 2009, 489 m. Anm. *Beig/Reuß*, S. 492) oder ein Vertrag – wobei nicht notwendig ist, dass die Gewinnzusage hiervon abhängt – über die Lieferung von Waren oder über eine Dienstleistung geschlossen wurde, da sonst die für die Anwendung von Art. 15 EuGVVO notwendige synallagmatische Verpflichtung fehlt (*EuGH*, EuZW 2009, 489 und NJW 2005, 811 m. Anm. *Mörsdorf-Schulte,* JZ 2005, 770); dafür kann Art. 5 Nr. 1 EuGVVO anzuwenden sein (*BGH,* NJW 2006, 230 m. Anm. *Schäfer,* JZ 20, 522 unter Aufgabe seiner bisherigen Rspr). Nicht anzuwenden ist die Vorschrift auf Versicherungsverträge, weil die Art. 8 ff. EuGVVO insoweit lex specialis sind.

Art. 15 I lit. c EuGVVO stellt zwei Alternativen für die räumliche Verknüpfung der Geschäftsanbahnung im Wohnsitzstaat des Verbrauches auf, wobei für die Anwendung der beiden Alternativen des lit. c Voraussetzungen ist, dass der geschlossene Vertrag in den Geschäftsbereich des Unternehmers fällt.

Zum einen liegt ein Verbrauchervertrag iSv Art. 15 EuGVVO vor, wenn der Unternehmer seine **beruf- 64 liche oder gewerbliche Tätigkeit im Wohnsitzstaat des Verbrauchers ausübt** (1. Alt). Dies trifft zu, wenn er seine Haupt- oder Zweigniederlassung im Wohnsitzstaat des Verbrauchers hat oder wenn er grenzüberschreitend Dienstleistungen in diesem Staat verrichtet.

Des weiteren liegt ein Verbrauchervertrag im Sinne von Art. 15 EuGVVO vor, wenn der Unternehmer 65 seine **berufliche oder gewerbliche Tätigkeit auf** den Wohnsitzstaat des Verbrauchers oder auf mehrere Staaten **ausgerichtet** hat (2. Alt). Der Unternehmer übt also keine Tätigkeit im Wohnsitzstaat des Verbrauchers iSd 1. Alt aus. Vielmehr bewirbt er seine Tätigkeit vom Ausland aus, wobei in jedem Fall erforderlich ist, dass die Tätigkeit auch auf den Staat des Verbrauchers ausgerichtet ist. „Doing business" allein reicht daher nicht aus (*OGH*, ZIP 2010, 1154). Vielmehr muss die im Verbraucherstaat entfaltete Tätigkeit gerade auf den Abschluss von Verträgen der fraglichen Art gerichtet, also kausal sein. Der Abschluss des Vertrages muss nicht im Wohnsitzstaat des Verbrauchers erfolgen. Entscheidend ist, dass der Verbraucher in seinem Wohnsitzstaat durch den Unternehmer zum Vertragsabschluss animiert wurde. Zufälliger Vertragsschluss ohne Beeinflussung durch die Geschäftstätigkeit im Verbraucherstaat reicht nicht aus (*BGH*, NJW 2009, 298 m. Anm. *Leible/M. Müller,* EuZW 2009, 26; *Mankowski,* IPRax 2009, 238). Nicht erforderlich ist aber, dass die Initiative zur Unterbreitung des Angebots vom Unternehmer ausgegangen ist (*BGH*, WM 2011, 1324).

Ausgerichtet auf den Wohnsitzstaat des Verbrauchers ist die Tätigkeit auch, wenn sie über das **Inter- 66 net** aus dem Ausland angeboten wird (hierzu *Clausnitzer,* EuZW 2010, 374), wobei die bloße Zugänglichkeit einer Webseite nicht ausreicht (*EuGH*, NJW 2011, 505 m. Anm. *Leible/Müller* S. 495 und *Clausnitzer* EuZW 2011, 104). Der Gewerbetreibende muss vielmehr seinen Willen zum Ausdruck gebracht haben, Geschäftsbeziehungen zu Verbrauchern in anderen Mitgliedstaaten herzustellen (*EuGH*, NJW 2011, 505). Hierfür reichen alle Ausdrucksformen des Willens des Gewerbetreibenden, Verbraucher anderer Mitgliedstaaten als Kunden zu gewinnen, wie zB der internationale Charakter der Tätigkeit, die Angabe von Anfahrtsbeschreibungen von anderen Mitgliedstaaten aus zu dem Ort, an dem der Gewerbetreibende niedergelassen ist, die Verwendung einer anderen Sprache oder Währung als der in dem Mitgliedstaat der Niederlassung des Gewerbetreibenden üblicherweise verwendeten Sprache oder Währung mit der Möglichkeit der Buchung und Buchungsbestätigung in dieser anderen Sprache, die Angabe von Telefonnummern mit internationaler Vorwahl, die Tätigung von Ausgaben für einen Internetreferenzierungsdienst, um in anderen Mitgliedstaaten wohnhaften Verbrauchern den Zugang zur Webseite des Gewerbetreibenden oder seines Vermittlers zu erleichtern, die Verwendung eines anderen Domänennamens oberster Stufe als desjenigen des Mitgliedstaats der Niederlassung des Gewerbetreibenden u die Erwähnung einer internationalen Kundschaft, die sich aus in verschiedenen Mitgliedstaaten wohnhaften Kunden zusammensetzt (*EuGH,* NJW 2011, 505). Der *EuGH* (NJW 2011, 505) hat ferner klargestellt, dass es sich bei der Webseite nicht um eine interaktive Website handeln muss (so aber *OLG Köln*, NZM 2010, 495; *Micklitz/Rott*, EuZW 2001, 325, 331; hierzu eingehend *von Hein,* IPRax 2006, 17; *Mankowski* IPRax 2009, 238). Unklar ist weiterhin, ob ein Kausalzusammenhang zwischen dem Ausrichten der Tätigkeit und dem Vertragsschluss bestehen muss (*Leible/Müller,* NJW 2011, 495, 497), was vom *BGH* (NJW 2009, 298) bejaht wurde und ob der Vertrag im Fernabsatz geschlossen sein muss (*Clausnitzer,* EuZW 2011, 104, 105). Liegt nur eine Webseite vor, auf der der Unternehmer seine Leistungen ausdrücklich unter Ausschluss des Wohnsitzstaates des Verbrauchers über das Internet bewirbt, so liegt lit. c 2. Alt nicht vor (*OLG Karlsruhe*, NJW 2008, 85).

67 • **Gerichtsstand für individuelle Arbeitsverträge (Art. 18–21 EuGVVO)**

Art. 18–21 EuGVVO enthalten Regelungen für die internationale Zuständigkeit für Streitigkeiten aus individuellen Arbeitsverträgen.

Der **Begriff Arbeitsvertrag** (Art. 18 I EuGVVO) ist autonom auszulegen. In Anlehnung an Art. 8 Rom I-VO ist darunter eine Vereinbarung zu verstehen, die eine abhängige, weisungsgebundene Tätigkeit während einer bestimmten Zeit zum Gegenstand hat, bei der der Arbeitnehmer regelmäßig in einer bestimmten Weise in den Betrieb des Arbeitgebers eingebunden ist und für die er als Gegenleistung eine Vergütung erhält (*EuGH*, NJW 1992, 1493; *ArbG Münster*, TranspR 2001, 273).

Der Begriff ist vom Dienstleistungsvertrag abzugrenzen. Daher liegt kein Arbeitsvertrag vor, wenn die Dienste in wirtschaftlicher und sozialer Selbstständigkeit erbracht werden und die Tätigkeit im Wesentlichen frei gestaltet werden kann (*ArbG Münster*, TranspR 2001, 273; *OLG Hamburg*, NJW 2004, 3126 zum Handelsvertreter).

Kollektive Arbeitsverträge werden nicht erfasst. Für diese gelten die allgemeinen Regeln.

Die Art. 18 ff. EuGVVO sind aber dann nicht anzuwenden, wenn der Arbeitsvertrag vollständig außerhalb des Hoheitsgebiets der Mitgliedstaaten erfüllt wird (*EuGH,* EuZW 2002, 220). Der Arbeitsvertrag muss daher eine Verknüpfung mit mindestens einem Mitgliedstaat aufweisen.

Die Art. 18–21 EuGVVO enthalten eine in sich abgeschlossene Regelung in der Form von ausschließlichen Gerichtsständen, so dass die Vorschriften des 1. und 2. Abschnitts (Art. 2–7) keine Anwendung mehr finden (*Mankowski*, IPRax 2003, 21, 27). Eine Ausnahme gilt lediglich für die Art. 4 und 5 Nr. 5 EuGVVO, auf die in Art. 18 I ausdrücklich verwiesen wird. § 7 ArbeitnehmerentsendeG (BGBl. 1997 I S. 2970 ff.), mit dem Art. 6 der Entsenderichtlinie (vgl. *Koenigs*, DB 1997, 110) umgesetzt wurde, enthält eine vorrangige, aber nicht ausschließliche besondere Zuständigkeit für Klagen während der Entsendung in den Geltungsbereich des Gesetzes (vgl. *Gaul*, NJW 1998, 644, 648).

68 Liegt ein **individueller Arbeitsvertrag** vor, bestimmt sich für Streitigkeiten hieraus die internationale Zuständigkeit grds. nach Art. 19–21 EuGVVO, soweit nicht ausnahmsweise Art. 4 oder Art. 5 Nr. 5 EuGVVO anzuwenden sind. Grds. muss der Arbeitgeber seinen Wohnsitz in einem Mitgliedstaat haben. Trifft dies nicht zu, so ist zunächst zu prüfen, ob ein Fall des Art. 18 II EuGVVO (Wohnsitzfiktion) vorliegt. In den übrigen Fällen ist gem. Art. 4 EuGVVO das autonome Recht anzuwenden.

69 Art. 19 EuGVVO regelt den **Arbeitgebergerichtsstand,** Art. 20 EuGVVO den **Arbeitnehmergerichtsstand.**

Die Zuständigkeit für Klagen **gegen den Arbeitgeber** ist nach Art. 19 EuGVVO zu prüfen. Hat der Arbeitgeber einen Wohnsitz in einem Mitgliedstaat, so stehen dem Arbeitnehmer alternative Gerichtsstände nach Nr. 1 oder Nr. 2 zur Verfügung, sofern nicht eine wirksame Gerichtsstandsvereinbarung gem. Art. 21 EuGVVO getroffen wurde.

Wo ein Arbeitgeber seinen Wohnsitz hat, bestimmt sich bei natürlichen Personen nach Art. 59 EuGVVO und bei juristischen Personen und Gesellschaften nach Art. 60 EuGVVO.

Wird er nicht an seinem Wohnsitz (Nr. 1) verklagt, kann er an dem in Nr. 2 genannten Gerichtsständen verklagt werden. Bei Nr. 2 handelt es sich im Wesentlichen um eine Normierung der vom EuGH zuvor aufgestellten Grundsätze (*EuGH*, NJW 2002, 1635).

Der Begriff „Gewöhnlicher Arbeitsort" (Nr. 2 lit. a) ist autonom auszulegen (*Mankowski,* IPRax 2003, 21). Das ist der Ort, an dem der Arbeitnehmer unter Berücksichtigung aller Umstände des Einzelfalls seine Tätigkeiten schwerpunktmäßig verrichtet hat und vom Arbeitgeber eingesetzt wurde (*EuGH*, EuZW 2003, 413 m. Anm. *Krebber*, IPRax 2004, 309). Mangels anderer Kriterien ist dies der Ort, an dem der Arbeitnehmer den größten Teil seiner Arbeitszeit geleistet hat (*BAG*, MDR 2002, 1268), es sei denn, der Rechtsstreit weist engere Verknüpfungen mit einem anderen Arbeitsort auf (*EuGH*, NJW 2002, 1635). Es reicht aus, dass der Arbeitnehmer einmal einen solchen Arbeitsort gehabt hat. Der letzte Arbeitsort ist dann für alle künftigen Klagen neben Nr. 1 maßgeblich. Leistet der Arbeitnehmer auf Grund eines zweiten Arbeitsvertrags mit einem anderen Arbeitgeber mit Zustimmung des ersten Arbeitgebers und in dessen Interesse seine Arbeit an einem Ort, so ist dieser für die Bestimmung der Zuständigkeit maßgeblich (*EuGH*, EuZW 2003, 413).

Arbeitet der Arbeitnehmer nur in verschiedenen Mitgliedstaaten (lit. b), so kann er den Arbeitgeber am Ort der einstellenden Niederlassung (vgl. auch *EuGH*, IPRax 1990, 173 m. Anm. *Rauscher,* S. 156) verklagen. Dieser hilfsweise Gerichtsstand kommt aber nur dann in Betracht, wenn der Arbeitgeber seine Arbeit nie gewöhnlich in ein und demselben Staat verrichtet hat.

Der Arbeitnehmergerichtsstand ergibt sich aus Art. 20 EuGVVO. Die Klage des Arbeitgebers gegen den Arbeitnehmer kann nur am Wohnsitz (Art. 59 EuGVVO) des Arbeitnehmers – vorbehaltlich einer wirksamen Gerichtsstandsvereinbarung nach Art. 21 EuGVVO – erhoben werden. Maßgeblich ist der Wohnsitz im Zeitpunkt der Klageerhebung (§ 253 ZPO). Eine Ausnahme lässt Abs. 2 nur für den Fall der Widerklage des Arbeitgebers gegen eine Klage des Arbeitnehmers vor einem nach Art. 19 EuGVVO zuständigen Gericht zu.

Eine **Gerichtsstandsvereinbarung** ist nur unter den Voraussetzungen des Art. 21 EuGVVO zulässig. 70
Gem. Art. 23 V EuGVVO sind Gerichtsstandsvereinbarungen, die dem Art. 21 EuGVVO zuwiderlaufen, in Arbeitssachen unwirksam.

Die Prüfung von Art. 21 EuGVVO setzt einen Arbeitsvertrag iSv Art. 18 EuGVVO voraus. Die Formerfordernisse einer nach Art. 21 EuGVVO zulässigen Gerichtsstandsvereinbarung sind dem Art. 23 I 3 EuGVVO zu entnehmen. Eine Verletzung der Vorschriften des 5. Abschnitts stellt kein Anerkennungs- und Vollstreckungshindernis für Entscheidungen aus einem anderen Mitgliedstaat dar, da sie in Art. 35 I EuGVVO nicht aufgeführt werden.

- **Ausschließlicher Gerichtsstand (Art. 22 EuGVVO)** 71

Von besonderer Bedeutung ist der ausschließliche Gerichtsstand nach Art. 22 EuGVVO.

Ausschließlich ist die internationale Zuständigkeit. Die örtliche Zuständigkeit bestimmt sich nach dem nationalen Recht. In seinem Anwendungsbereich verdrängt Art. 22 EuGVVO den allgemeinen (Art. 2 EuGVVO) und den besonderen Gerichtsstand (Art. 5 ff. EuGVVO). Gerichtsstandsvereinbarungen sind gem. Art. 23 V EuGVVO unzulässig. Eine rügelose Einlassung (Art. 24 S. 2 2. Alt EuGVVO) ist nicht möglich. Wird ein unzuständiges Gericht in den Fällen des Art. 22 EuGVVO angerufen, so hat es sich gem. Art. 25 EuGVVO von Amts wegen für unzuständig zu erklären und die Klage ggf. als unzulässig abzuweisen, auch in der Berufung. Die Nichtbeachtung des Art. 22 EuGVVO hat die Nichtanerkennung der Entscheidung in einem anderen Mitgliedstaat zur Folge (Art. 35 I EuGVVO).

- **Dingliche Klage; Miet- und Pachtsachen (Art. 22 Nr. 1 EuGVVO).** 72

Diese Vorschrift regelt zum einen den Gerichtsstand für dingliche Klagen in Bezug auf unbewegliche Gegenstände, zum anderen den für Klagen aus Miete oder Pacht unbeweglicher Gegenstände.

Ob ein **dingliches Recht** vorliegt und ob eine unbewegliche Sache gegeben ist, ist autonom zu 73
bestimmen (*EuGH*, EuZW 2006, 435; *BGH*, NJW 2008, 3502).

Entscheidend ist danach die Abgrenzung zum persönlichen Recht: Das dingliche Recht an einer Sache wirkt zu Lasten von jedermann, der persönliche Anspruch kann nur gegen den Schuldner geltend gemacht werden (*EuGH*, EuZW 1994, 634).

Das dingliche Recht ist Gegenstand der Klage, wenn es durch die Klage selbst betroffen wird (*BGH*, RIW 2004, 783)

Art. 22 Nr. 1. EuGVVO greift also ein, wenn über das dingliche Recht selbst im Tenor, zB einer positiven Feststellungsklage, entschieden wird, oder auch, wenn das dingliche Recht den wesentlichen Klagegrund bildet (zB Herausgabeklage).

Beispiel:

1. Zwei Italiener mit Wohnsitz in Meran streiten um das Eigentum an einem in Würzburg gelegenen Grundstück. Für diesen Rechtsstreit sind die deutschen Gerichte ausschließlich international zuständig.
2. Ein Österreicher verlangt von einem Franzosen die Übereignung eines in Hamburg gelegenen Grundstücks auf Grund eines schriftlichen Kaufvertrags. Ob es sich hierbei um eine dingliche Klage im Sinne von Art. 22 Nr. 1 EuGVVO handelt, ist autonom auszulegen. Da der Anspruch auf Grund eines persönlichen Anspruchs geltend gemacht wird, liegt keine dingliche Klage vor. Die deutschen Gerichte sind daher nicht ausschließlich international zuständig.

Der Begriff **Miete** in Art. 22 Nr. 1 EuGVVO wird vom EuGH autonom qualifiziert, indem er auf den 74
Sinn und Zweck dieser Vorschrift abstellt (*EuGH*, NJW 1985, 905; *BGH*, NJW-RR 2010, 712). Mit der Zuständigkeit der Gerichte am Belegenheitsort sollen die in der Regel zwingenden Mieterschutzvorschriften durchgesetzt werden, so dass dieser Begriff vom EuGH weit ausgelegt wurde. Unter Zugrundelegung dieses Schutzzwecks hat der EuGH aber auch entschieden, dass Art. 22 Nr. 1 EuGVVO nicht auf die Vermietung eines Ferienhauses durch Reiseveranstalter, die nicht Eigentümer der Unterkunft sind, anzuwenden ist, weil auf Grund des Vertrags weitere Leistungen, zB Ratschläge, Auskünfte, Reservierungen, Empfang am Ort, geschuldet werden (*EuGH*, NJW 1992, 1029).

Seit der sog. Ferienhausentscheidung des EuGH vom 15. 1. 1985 (*EuGH*, NJW 1985, 905) fallen auch Rechtsstreitigkeiten anlässlich einer **kurzfristigen, privaten Vermietung von Ferienwohnungen** in den Anwendungsbereich des EuGVVO, sofern die Wohnung in einem Mitgliedstaat liegt. Die in Art. 22 Nr. 1 EuGVVO begründete ausschließliche Zuständigkeit der Gerichte am Lageort der unbeweglichen Sache gilt sowohl für Streitigkeiten hinsichtlich des Mietzinses und der Nebenkosten, als auch für unmittelbare Schadensersatzansprüche. Dieser Gerichtsstand kann weder abbedungen werden (Art. 23 V EuGVVO), noch ist eine rügelose Einlassung des Beklagten möglich (Art. 24 EuGVVO). Diese durch diese Rechtsprechung des EuGH entstandene wenig erfreuliche Rechtslage ist jedoch durch Art. 22 Nr. 1 S. 2 EuGVVO gemildert worden, indem für kurzfristige Mietverträge von nicht länger als 6 Monaten eine Zuständigkeit der Wohnsitzgerichte des Beklagten begründet worden ist, wenn beide Parteien in demselben Staat wohnen und natürliche Personen sind.

- **Gesellschaften und juristische Personen (Art. 22 Nr. 2 EuGVVO).** 75

Wegen der in Deutschland wohl noch herrschenden, aber sehr umstrittenen **Sitztheorie** (*Palandt/Thorn*, Anh. zu Art. 12 EGBGB Rn. 1), die gem. S. 2 (Art. 60 EuGVVO ist hier nicht anzuwenden; vgl. *Schaper*, IPRax 2010, 513, 514; dies ist umstritten und wird vom *OLG Frankfurt*, IPRax 2010, 534 wohl zu Recht in Frage gestellt) zu beachten ist, gilt die Vorschrift nur für OHG, KG, Partnerschaft, nicht rechtsfähigen Verein, BGB-Gesellschaft, AG, GmbH, eingetragene Genossenschaft, KGaA, VVaG, bergrechtliche Gewerkschaft, eingetragenen Verein, eingetragene Stiftung, Europäische Wirtschaftliche Interessenvereinigung, nicht aber für die stille Gesellschaft (*MünchKomm/Gottwald*, Art. 22 EuGVVO Rn. 23) und für **ausländische Gesellschaften und juristische Personen, die ihren Sitz rechtswahrend ins Inland verlegt haben** (insoweit ist die Gründungstheorie zu beachten). Nr. 2 bezieht sich nur auf kontradiktorische Klagen, wie zB §§ 246 ff., 275 AktG, §§ 61, 75 GmbHG, § 94 GenG, §§ 133, 161 II HGB, §§ 723, 724 BGB, nicht aber auf einseitige Amtsverfahren. Unter Auflösung ist auch die Liquidation der Gesellschaft zu verstehen, wegen Art. 1 II Nr. 2 nicht aber die Liquidation durch Insolvenzen. Unanwendbar ist die Vorschrift bei Klagen auf Ausschließung eines Gesellschafters (§ 140 HGB) und auf Entziehung der Vertretungsmacht (§ 127 HGB).

76 • **Registersachen (Art. 22 Nr. 3 EuGVVO).**

Diese Vorschrift bezieht sich auf Grund- und Hypothekenbücher, Handels- und Vereinsregister sowie andere sonstige öffentliche Register. Die Zuständigkeit ist nur hinsichtlich der Gültigkeit einer Eintragung ausschließlich, nicht aber hinsichtlich ihrer Wirkungen.

77 • **Zwangsvollstreckung (Art. 22 Nr. 5 EuGVVO).**

Darunter fallen **alle Verfahren, die sich aus der Inanspruchnahme von Zwangsmitteln,** insbesondere bei der Herausgabe oder Pfändung von beweglichen oder unbeweglichen Sachen im Hinblick auf die Vollstreckung von Entscheidungen oder Urkunden ergeben. Hierzu gehören die Verfahren nach §§ 766, 767 ZPO (*EuGH*, NJW 1985, 2892 m. Anm. *Geimer*, IPRax 1986, 208; *OLG Thüringen,* FamRZ 2010, 1364), § 771 ZPO (*OLG Hamm*, NJW-RR 2001, 1575 m. Anm. *Roth*, IPRax 2001, 323) und ähnliche Rechtsbehelfe, Anträge nach §§ 719, 765 a ZPO, nicht aber die Abänderungsklage nach § 323 ZPO und die Gläubigeranfechtungsklage (*EuGH*, IPRax 1993, 28 m. Anm. *Schlosser,* S. 17). Schadensersatzklagen nach §§ 717, 945 ZPO fallen nicht in den Anwendungsbereich der Nr. 5 (hM; aA *Wolf*, NJW 1973, 401). Auch Auskehrungsklagen nach rechtswidriger Zwangsvollstreckung fallen nicht unter Nr. 5 (*OLG Hamm*, NJW-RR 2001, 1575). Gestützt auf Nr. 5 kann die Aufrechnung im Vollstreckungsverfahren auch nicht mit einer Forderung eingewendet werden, für deren selbstständige Geltendmachung die Gerichte dieses Mitgliedstaates unzuständig wären. Für die Verhängung von Zwangsgeld sind die Gerichte der Hauptsache zuständig (vgl. Art. 49 EuGVVO).

Anträge im **einstweiligen Rechtsschutz** (Arrest, einstweilige Verfügung, einstweilige Anordnung) fallen nicht unter Nr. 5, da Art. 31 EuGVVO hierfür lex specialis ist.

78 *(4) Gerichtsstandsvereinbarungen (Art. 23 EuGVVO).* Die Vorschrift umfasst die **Prorogation und Derogation** der Gerichte eines Mitgliedstaats. Zwischen Kaufleuten und privaten Personen wird (anders als bei § 38 ZPO) nicht differenziert. Bei der Auslegung und Anwendung bestehen zahlreiche Probleme. Grundsätzlich ist Art. 23 EuGVVO für seine Voraussetzungen eng auszulegen und schließt die Anwendbarkeit von Art. 2, 5, 6 EuGVVO aus (*EuGH*, NJW 1997, 1431).

79 Die Vorschrift setzt voraus, dass der **Anwendungsbereich der EuGVVO eröffnet** ist.

Die Gerichtsstandsvereinbarung muss daher einen Auslandsbezug aufweisen (hM, *OLG Hamm*, IPRax 1999, 244; aA *Geimer/Schütze*, EuZVR, Art. 23 Rn. 36 ff.).

Außerdem muss mindestens eine Partei einen (Wohn-)Sitz in einem Mitgliedstaat haben und die Zuständigkeit eines Gerichts oder der Gerichte eines Mitgliedstaates vereinbart sein. Trifft dies nicht zu, beurteilt sich die Gerichtsstandsvereinbarung nach autonomem Recht (*EuGH*, NJW 2001, 501).

Umstritten ist, ob darüber hinaus noch ein Bezug zu einem weiteren Mitgliedstaat bestehen muss.

Die – allerdings umstrittene – Rechtsprechung des *BGH* (IPRax 1990, 41; IPRax 1992, 377) verlangt, dass neben dem Wohnsitz einer Partei in einem Vertragsstaat und Prorogation eines mitgliedstaatlichen Gerichts noch ein weiterer Bezug zu einem anderen Mitgliedstaat bestehen muss, damit Art. 23 EuGVVO anwendbar ist (sog. Reduktionstheorie; ebenso *OLG München*, IPRax 1991, 46; falls diese Voraussetzung nicht gegeben ist, soll die Gerichtsstandsvereinbarung an § 38 ZPO zu messen sein). Im älteren Schrifttum hat diese Auffassung Anhänger gefunden (vgl. *Samtleben*, NJW 1974, 1593; *Kohler*, IPRax 1983, 266).

Die wohl hM im Schrifttum lehnt die Rechtsprechung des BGH jedoch ab (vgl. Thomas/Putzo/*Hüßtege*, Art. 23 EuGVVO Rn. 2 mwN). weil dessen Auffassung weder durch den Wortlaut der Vorschrift, noch durch den Bericht zur EuGVVO gestützt werde. Sie ist auch dogmatisch angreifbar. Grds. kann nicht der Anwendungsbereich einer einzelnen Norm der EuGVVO isoliert geprüft werden. Vielmehr muss, bevor die VO angewendet wird, deren gesamter Anwendungsbereich festgestellt werden. Die hier aufgeworfene Frage stellt sich also nicht erst bei der Prüfung von Art. 23 EuGVVO, sondern bereits bei der Feststellung des Anwendungsbereichs der VO und wurde bereits oben bei der Drittstaatenproblematik diskutiert. Zu folgen ist daher dem EuGH und der hM im Schrifttum, weil für die vom BGH vorgenommene einschränkende Auslegung des Anwendungsbereichs kein anerkennenswertes Bedürfnis besteht und die EuGVVO hierfür selbst kaum Anlass bietet.

80 Ist der **Anwendungsbereich** der EuGVVO **nicht eröffnet** und Art. 23 EuGVVO damit auch nicht anwendbar, so richten sich die Zulässigkeit und Wirkungen einer Gerichtsstandsvereinbarung nach §§ 38 ff. ZPO.

Die Problematik der unterschiedlichen Auffassungen zum Anwendungsbereich des Art. 23 EuGVVO soll anhand der folgenden Fälle aufgezeigt werden:

Beispiel:

Fall 1. Ein deutscher Staatsangehöriger mit Wohnsitz in München vereinbart mit einem US-amerikanischen Staatsangehörigen mit Wohnsitz in Florida schriftlich für alle Rechtsstreitigkeiten aus einem zwischen ihnen abgeschlossenen Kaufvertrag die Zuständigkeit des Landgerichts Frankfurt/Main. Beide Parteien sind keine Kaufleute.
Vom Wortlaut des Art. 23 I lit. a und 3 lit. a EuGVVO her ist diese Gerichtsstandsvereinbarung gedeckt, da Deutschland Mitgliedstaat der EuGVVO ist, die EuGVVO gem. Art. 1 I sachlich anwendbar ist und die Voraussetzungen des Art. 23 EuGVVO erfüllt sind. Fraglich ist nur, ob der Anwendungsbereich der EuGVVO in Bezug auf Drittstaaten bzw. der des Art. 23 EuGVVO gegeben ist, da die USA kein Mitgliedstaat der EuGVVO sind.
Nach der hM des BGH ist Art. 23 EuGVVO gegenüber einem Drittstaat nicht anzuwenden, sondern § 38 ZPO. Dessen Voraussetzungen liegen jedoch nicht vor: § 38 I ZPO greift nicht ein, weil die Parteien keine Kaufleute sind, § 38 II ZPO wurde nicht beachtet, weil danach nur das Wohnsitzgericht der inländischen Partei (München) bzw. das Gericht am besonderen Gerichtsstand, der jedenfalls nicht in Frankfurt liegt, gewählt werden kann, § 38 III ZPO ist ebenfalls nicht erfüllt, weil diese Vorschrift – im Gegensatz zu Art. 23 I 1 EuGVVO – nur eine Vereinbarung nach dem Entstehen der Rechtsstreitigkeit zulässt.
Die Vereinbarung wäre nach der Rechtsprechung des BGH damit unwirksam, wohingegen mit der gegenteiligen Auffassung eine wirksame Vereinbarung vorläge.

Fall 2. Vereinbaren die Parteien des Fall 1 die Zuständigkeit der englischen Gerichte, so ist die Anwendbarkeit des EuGVVO völlig unklar. Die hM in der Literatur würde in diesem Fall ohne weiteres zur Anwendbarkeit von Art. 23 EuGVVO gelangen.
Mit der Rechtsprechung des BGH wäre wohl auch Art. 23 EuGVVO anzuwenden, da der Sachverhalt nunmehr auch Beziehungen zu einem weiteren Mitgliedsstaat aufweist. Denn die Zuständigkeit des Mitgliedstaats Deutschland wäre derogiert und die des Mitgliedstaats Vereinigtes Königsreich prorogiert worden.
Verlangt man hingegen einen Wohnsitz beider Parteien in einem der Mitgliedstaaten der EuGVVO, so wäre die VO nicht anzuwenden.

Fall 3. Würde der US-Amerikaner in Italien wohnen, so wäre die Gerichtsstandsvereinbarung nach allen Auffassungen ausschließlich an Art. 23 EuGVVO zu messen, weil nunmehr ein Bezug zu einem weiteren Mitgliedstaat – Italien – in jedem Fall besteht und die Zuständigkeit dessen Gerichte derogiert worden sind.

Was unter **Gerichtsstandsvereinbarung** iSv Art. 23 EuGVVO zu verstehen ist, ist durch eine autonome Auslegung dieses Begriffs zu klären (*EuGH*, EuZW 1992, 252,253). Daher kann auch eine in einer Satzung einer Aktiengesellschaft enthaltene Klausel, nach der ein bestimmtes Gericht eines Mitgliedstaats der EuGVVO über Rechtsstreitigkeiten zwischen einer Gesellschaft und ihren Aktionären entscheiden soll, eine Gerichtsstandsvereinbarung iSv Art. 23 EuGVVO darstellen (*EuGH*, EuZW 1992, 252, 253; *BGH*, NJW 1994, 51). 81

Gerichtsstandsvereinbarungen sind im Rahmen der EuGVVO grundsätzlich zulässig, falls nicht ein Fall von **Art. 23 V EuGVVO** gegeben ist: 82
- es darf keine ausschließliche Zuständigkeit nach Art. 22 EuGVVO bestehen,
- die Vereinbarung darf nicht gegen Art. 13 EuGVVO (Versicherungssachen) oder
- gegen Art. 17 EuGVVO (Verbrauchersachen) oder
- gegen Art. 21 EuGVVO (Arbeitssachen)

verstoßen.

Nach Art. 23 EuGVVO kann sich auch die **örtliche Zuständigkeit** nach der Gerichtsstandsvereinbarung bestimmen („die Gerichte eines Mitgliedstaates"). 83

Die **Form** der Gerichtsstandsvereinbarung ist in Art. 23 I 3, II EuGVVO geregelt. 84

I 1 lit. a 1. Alt. verlangt eine **schriftliche Vereinbarung**, dh es muss eine doppelte Schriftlichkeit vorliegen. Beide Parteien müssen die Vereinbarung unterzeichnet haben (*BGH*, MDR 2004, 1371). Abweichend von § 126 II BGB (*BGH*, NJW 2001, 1731 m. abl. Anm. *Kröll*, IPRax 2002, 113) kann dies auch in 2 getrennten Schriftstücken geschehen, sofern aus ihnen die Übereinstimmung hinsichtlich des gewählten Gerichtsstandes ausreichend deutlich hervorgeht (*BGH*, EuZW 1994, 635). Unter diesen Voraussetzungen kann auch eine in Allgemeinen Geschäftsbedingungen enthaltene Gerichtsstandsvereinbarung Vertragsbestandteil durch einen Briefwechsel oder durch den Austausch von Telefaxen werden, falls in beiden Willenserklärungen oder zumindest im dann angenommen Angebot ausdrücklich auf die AGB Bezug genommen wird (*BGH*, EuZW 1994, 635, 636). Die Schriftform ist aber nicht eingehalten, wenn die Partei, zu deren Lasten die vorgesehene Gerichtsstandsvereinbarung geht, eine schriftliche Erklärung abgibt, dass sie von der in einem Vertragsentwurf enthaltenen Gerichtsstandsklausel Kenntnis erhalten hat. Nach Auffassung des *BGH* (MDR 2004, 1371, 1372) würde eine solche Betrachtungsweise dem Sinn und Zweck des Schriftformerfordernisses widersprechen, da der Vertragsentwurf nur von einer Partei unterzeichnet ist und damit nicht dem entspricht, was im Rechtsverkehr allgemein unter einer schriftlichen Vereinbarung verstanden wird.

I lit. a 2. Alt. verlangt eine **mündliche Einigung mit schriftlicher Bestätigung**, wobei unerheblich ist, welche Partei dann die mündlich getroffene Vereinbarung schriftlich bestätigt. 85

Voraussetzung nach der Rspr. des EuGH ist jedoch, dass eine tatsächliche mündliche Einigung der Parteien über die Gerichtsstandsvereinbarung vorlag (*EuGH*, NJW 1977, 494).

Die Vereinbarung über die Gerichtsstandsvereinbarung erfolgt also **zweistufig**: Zunächst muss eine zumindest konkludente (*OLG Hamburg*, EWS 1996, 365) mündliche Einigung über die Gerichtsstandsklausel erzielt worden sein (*BGH*, NJW 2001, 1731), die dann anschließend schriftlich von einer der Parteien innerhalb angemessener Frist (*Hau*, IPRax 1999, 24) bestätigt worden ist (sog. Halbschriftlichkeit; vgl. *BGH*, NJW 1995, 2700). Die Bestätigung muss sich inhaltlich mit der mündlichen Einigung decken. Für die Form reicht elektronische Übermittlung gem. Abs. 2 aus. Die Bestätigung ihrerseits bedarf einer Annahme oder einer gleichlautenden Bestätigung nur, wenn sie eine Gerichtsstandsvereinbarung erstmals enthält (*EuGH*, NJW 1977, 495), dann liegt eine Vereinbarung nach der 1. Alt. vor. Nicht ausreichend ist die Erklärung des Verkäufers, er wolle auf der Grundlage seiner AGB abschließen, ohne die Gerichtsstandsklausel zu benennen, auch wenn er danach den abgeschlossenen Vertrag schriftlich bestätigt und hierbei seine, eine Gerichtsstandsklausel enthaltende AGB beifügt (*EuGH*, NJW 1977, 495), selbst wenn es sich um Kaufleute handelt (*BGH*, NJW 1996, 1819) und der Käufer nicht widerspricht. Anders ist es jedoch, falls die AGB in die mündliche Einigung einbezogen wurde und dabei dem anderen vorlag (*BGH*, NJW 1994, 2699). Ausreichend für eine Einbeziehung ist, wenn ein Vertrag im Rahmen laufender Geschäftsbeziehungen zwischen den Parteien mündlich geschlossen wird und feststeht, dass diese Beziehungen in ihrer Gesamtheit den eine Gerichtsstandsklausel enthaltenden AGB des Urhebers der Bestätigung unterliegen (*EuGH*, NJW 1977, 495; *BGH*, NJW 1994, 2699). Schweigen auf ein kaufmännisches Bestätigungsschreiben, das erstmals eine Gerichtsstandsklausel enthält, führt daher nicht zu einer Einigung. Für die schriftliche Bestätigung gelten dieselben Regeln wie für den schriftlichen Vertrag.

Eine analoge Anwendung dieser Alternative (schriftliches Angebot, schlüssige Annahme, vgl. *LG Berlin*, IPRax 2000, 526) dürfte wegen des Ausnahmecharakters von Art. 23 EuGVVO unzulässig sein (*Hass*, IPRax 2000, 494).

86 **I 3 lit. b** soll eine Präzisierung der bereits in der Rechtsprechung des EuGH angeklungenen Auslegung des lit. a darstellen, so dass insbesondere **bei laufenden Geschäftsbeziehungen** eine erleichterte Einbeziehung einer Gerichtsstandsklausel möglich ist (*BGH*, ZIP 2003, 213/215). Der laufende Abdruck einer Gerichtsstandsklausel auf Rechnungen oder Auftragsbestätigungen als solcher reicht hierfür nicht aus (*BGH*, NJW-RR 2004, 1292), vielmehr muss feststehen, dass die Gerichtsstandsvereinbarung im Rahmen der laufenden Geschäftsbeziehungen der Parteien Gegenstand einer Willensüberstimmung geworden ist; denn Buchst. b ersetzt nur die Schriftform, nicht aber die Einigung der Parteien (*BGH*, MDR 2004, 1371).

87 **I 3 lit. c**: Diese Alternative erlaubt den Abschluss einer Gerichtsstandsvereinbarung im **internationalen Handelsverkehr** in einer Form, die einem internationalen Handelsbrauch entspricht, den die Parteien kannten oder den sie kennen müssen, sofern ihn Parteien von Verträgen dieser Art in dem betreffenden Geschäftszweig allgemein kennen und regelmäßig beachten.

Die Tragweite dieser Vorschrift ist nach anfänglichen Unklarheiten (vgl. *BGH*, EuZW 1992, 517; 1995, 716; *Koch*, RIW 1996, 379) durch den *EuGH* (NJW 1997, 1431) präzisiert worden. lit. c gilt (im Gegensatz zu lit. a und b nur für den **kaufmännischen Rechtsverkehr**. Die Vorschrift enthält sowohl die **formellen als auch die materiellen Voraussetzungen** für die Willenseinigung der Parteien (*EuGH*, NJW 1997, 1431). Sie setzt keine schriftliche Vereinbarung oder Bestätigung voraus.

88 Der autonom auszulegende Begriff **Handelsbrauch** (*EuGH*, NJW 1997, 1431) ist nur für den jeweiligen Geschäftszweig, in dem die Parteien tätig sind, zu bestimmen. Ein Handelsbrauch setzt voraus, dass die dort tätigen Kaufleute bei Abschluss einer bestimmten Art, von Verträgen allgemein oder regelmäßig ein bestimmtes Verhalten befolgen (*EuGH*, NJW 1997, 1431). Er knüpft nicht an eine formelle Kaufmannseigenschaft an und verlangt auch keine bestimmte Häufigkeit für das Auftreten. Es genügt, wenn am (Wohn-)Sitz irgendeiner der Prorogationsparteien ein entsprechender Handelsbrauch besteht, da durch das Erfordernis der Kenntnis oder des Kennenmüssens sowie der Branchenüblichkeit die andere Partei genügend geschützt wird. Dass die Vertragsparteien einen solchen Handelsbrauch kennen, steht dann fest oder wird vermutet, wenn sie untereinander oder mit anderen in dem betreffenden Geschäftszweig tätigen Vertragspartnern schon früher Geschäftsbeziehungen angeknüpft hatten oder wenn in diesem Geschäftszweig ein bestimmtes Verhalten bei Abschluss einer bestimmten Art von Verträgen allgemein und regelmäßig befolgt wird und daher hinreichend bekannt ist, um als ständige Übung angesehen werden zu können (*EuGH*, NJW 1997, 1431). Ob die andere Partei den Handelsbrauch kennen muss, beurteilt sich in erster Linie nach dem Recht am Sitz der Partei, es sei denn, sie hat Kenntnisse von einem entsprechenden Handelsbrauch am Sitz des Vertragspartners.

89 Enthält ein **kaufmännisches Bestätigungsschreiben** erstmals (ohne vorherige mündliche Vereinbarung) eine Gerichtsstandsvereinbarung, so kann das Schweigen des Empfängers oder die widerspruchslose Bezahlung von Rechnungen mit entsprechenden Gerichtsstandshinweisen (*BGH*, EWS 1997, 322) als Zustimmung gelten, wenn ein solches Verhalten einem Brauch in dem Bereich des internationalen Handelsverkehrs entspricht, in dem beide Parteien tätig sind (*Holl*, RIW 1997, 418) und wenn die subjektiven Komponenten (kennen oder kennen müssen, regelmäßig beachten) erfüllt sind (*EuGH*, NJW 1997, 1431; vgl. *BGH*, NJW 1994, 2700).

Die Ermittlung der Branchenüblichkeit ist Tatfrage und von den nationalen Gerichten zu klären (*EuGH*, NJW 1997, 1431). Notwendig ist hierzu ein Tatsachenvortrag einer Partei, aus dem sich ergibt, dass sich in bestimmten Ländern ein grenzüberschreitender und somit internationaler Handelsbrauch mit einem entsprechenden, näher zu bezeichnenden Inhalt und dementsprechenden Folgen entwickelt hat (*OLG Hamburg*, IPRax 1997, 419).

Die Frage, welches Recht auf die **materielle Einigung** der Parteien über eine Gerichtsstandsvereinba- 90
rung anzuwenden ist, ist äußerst umstritten.

Die Vereinbarung (Einigung) der Parteien ist materielle Voraussetzung. Umstritten ist, ob Art. 23 I EuGVVO neben den prozessualen Voraussetzungen und der Form für das Zustandekommen einer Gerichtsstandsvereinbarung auch die Einigung der Parteien regelt (*BGH*, EuZW 1992, 517 – Vorlagebeschluss –; vom *EuGH*, NJW 1995, 183 nicht beantwortet).

Für Art. 23 I 3 lit. c EuGVVO hat der *EuGH* (NJW 1997, 1431) entschieden, dass diese Alternative im Interesse des internationalen Handelsverkehrs in Bezug auf Formfreiheit, Einfachheit und Schnelligkeit die Voraussetzungen für eine Willenseinigung enthält. Das Vorliegen einer Einigung wird vermutet, wenn der Tatbestand von lit. c erfüllt ist (*EuGH*, NJW 1997, 1431).

In den Fällen von lit. a und b hingegen ist die Ansicht vorzuziehen, dass mangels einer ausdrücklichen Regelung im EuGVVO das nach dem IPR der lex fori (hierzu *BGH*, WM 1996, 2294) zu bestimmende Recht (also die lex causae) auf die Vereinbarung anzuwenden ist (*OLG Düsseldorf*, RIW 1990, 579; *OLG Saarbrücken*, NJW 1992, 987; Thomas/Putzo/*Hüßtege*, Art. 23 Rn. 4; ebenso für das Zustandekommen einer Gerichtsstandsvereinbarung in einer Satzung einer AG, *EuGH*, NJW 1992, 1671).

Die andere Meinung beruft sich auf *EuGH*, NJW 1977, 494 und beurteilt auch hier die Einigung nach europäischem Einheitsrecht, das unmittelbar dem Art. 23 I EuGVVO zu entnehmen sei (*Geimer/Schütze*, EuZVR, Art. 23 Rn. 75; *Geimer*, IPRax 1991, 34; *Kohler*, IPRax 1991, 300; *BGH*, NJW 1996, 1819 m. Anm. *Koch*, IPRax 97, 405). Denn die Einigungsvoraussetzungen und die Formerfordernisse dürften nicht isoliert gesehen werden. Lediglich alle nicht in Art. 23 EuGVVO angesprochenen Fragen, wie Geschäftsfähigkeit, Willensmängel, Stellvertretung etc. seien nach dem IPR zu beurteilen.

(5) Rügelose Einlassung (Art. 24 EuGVVO). Die Prüfung der IZ nach dem EuGVVO erfolgt von 91
Amts wegen nur, wenn der Beklagte am Verfahren nicht teilnimmt. Dies folgt aus Art. 25 I EuGVVO. In den übrigen Fällen muss der Beklagte die fehlende IZ rügen, andernfalls lässt er sich rügelos ein, Art. 24 EuGVVO.

Art. 24 EuGVVO verdrängt Art. 8 ff. EuGVVO, Art. 15 ff. EuGVVO (*EuGH*, VersR 2010, 1099) und Art. 18 ff. EuGVVO und geht einer behaupteten Gerichtsstandsvereinbarung nach Art. 23 EuGVVO vor (*EuGH*, IPRax 1982, 234 und NJW 1985, 2983), nicht jedoch Art. 22 EuGVVO.

Art. 24 EuGVVO ist strenger als § 39 ZPO, da eine Einlassung zur Hauptsache nicht notwendig ist. Auch Einreden zum Verfahren (außer zur IZ) genügen, um die IZ nach Art. 24 EuGVVO zu begründen (*OLG Koblenz*, RIW 1991, 63).

(6) Säumnisverfahren (Art. 26 EuGVVO). Art. 26 EuGVVO regelt das Säumnisverfahren. Wie bereits 92
erwähnt, muss das Gericht bei Säumnis des Beklagten seine IZ vom Amts wegen prüfen. Ferner kommt der ordnungsgemäßen Zustellung der Klage eine besondere Bedeutung zu. Diese beurteilt sich nach der in Art. 26 III EuGVVO genannten VO (EG) 1393/2007 des Europäischen Parlaments und des Rates vom 13. 11. 2007 über die Zustellung gerichtlicher und außergerichtlicher Schriftstücke in Zivil- und Handelssachen in den Mitgliedstaaten und zur Aufhebung der VO (EG) 1348/2000 des Rates (abgedruckt in: *Thomas/Putzo* nach § 1069 ZPO) mit Ausführungsvorschriften in §§ 1067 ff. ZPO, sonst (vgl. Art. 26 IV EuGVVO) nach dem Haager Zustellungsübereinkommen. Ist die VO 1393/2007 anzuwenden, darf die Zustellung nur nach dieser VO in den Mitgliedstaaten erfolgen. Auf §§ 183, 184 ZPO darf nicht mehr zurückgegriffen werden (*BGH*, EuZW 2011, 276).

(7) Doppelte Rechtshängigkeit (Art. 27 EuGVVO). Art. 27 EuGVVO löst die Konflikte, die aus einer 93
doppelten Rechtshängigkeit entstehen können.

Art. 27 EuGVVO greift ein, wenn wegen **desselben Anspruchs** zwei Gerichte eines Mitgliedstaats angerufen werden. Dann soll das später angerufene Gericht den Rechtsstreit aussetzen, bis das zuerst angerufene seine Zuständigkeit bejaht hat.

Art. 27 EuGVVO setzt also zwei Verfahren über denselben Anspruch voraus. „Derselbe Anspruch" ist **nicht identisch mit dem Streitgegenstandsbegriff** der ZPO. Der Begriff wird vom *EuGH* vielmehr autonom und weit ausgelegt (*EuGH*, EuZW 1998, 443; *BGH*, NJW 1997, 870) unter Berücksichtigung von Art. 34 Nr. 4 EuGVVO, um Anerkennungshindernisse zu vermeiden. Entscheidend ist, ob der Kernpunkt beider Rechtsstreitigkeiten derselbe ist (*BGH*, NJW 2002, 2795), wobei nur die Klageansprüche des jeweiligen Klägers und nicht auch die vom Beklagten erhobenen Einwendungen, insbesondere die Aufrechnungseinrede zu berücksichtigen sind (*EuGH*, NJW 2003, 2596 m. Anm. *Reischl*, IPRax 2003, 426). Derselbe Anspruch liegt dann vor, wenn dieselben Parteien in verschiedenen Mitgliedstaaten zwei auf derselben Grundlage, zB einem Kaufvertrag, beruhende Rechtsstreitigkeiten führen. Eine Klage, die auf die Feststellung, dass der Beklagte für einen Schaden haftet, und auf dessen

Verurteilung zur Zahlung von Schadensersatz gerichtet ist, betrifft auch denselben Anspruch wie eine von diesem Beklagten früher erhobene Klage auf Feststellung, dass er für diesen Schaden nicht haftet.

Art. 27 EuGVVO greift nur bezüglich **derselben Beteiligten** der zwei Rechtsstreite ein (*EuGH*, EuZW 1998, 443), es sei denn, dass trotz fehlender Parteiidentität ein Urteil Rechtskraft gegenüber einem Dritten erlangt, ihre Interessen also identisch und voneinander untrennbar sind (*EuGH,* EuZW 1998, 443). Die Parteirolle in den verschiedenen Verfahren ist unerheblich (*BGH*, NJW 1995, 1758). Sind die Parteien nur teilweise identisch, kann das Verfahren fortgesetzt werden, soweit keine Identität besteht (*EuGH,* EuZW 1995, 311).

Ist in beiden Verfahren derselbe Anspruch Gegenstand des Rechtsstreits, kommt es darauf an, welches Verfahren früher eingeleitet wurde. Wann eine Sache anhängig geworden ist, beurteilt sich nach Art. 30 EuGGVO. Auf das jeweilige nationale Recht zur Beurteilung der Frage, wann Rechtshängigkeit eingetreten ist, kommt es somit nicht mehr an. Art. 30 EuGVVO nimmt aber auf die unterschiedlichen Zustellungsarten der verfahrenseinleitenden Schriftstücke in den Mitgliedstaaten Rücksicht, indem differenziert wird, ob das verfahrenseinleitende Schriftstück nach Einreichung bei Gericht (Nr. 1) oder vor dessen Eingang bei Gericht (Nr. 2) zugestellt wird. Art. 30 EuGVVO schlägt für beide Zustellungsarten einen Mittelweg vor, um Ungerechtigkeiten durch den zeitlichen Ablauf zu vermeiden, indem die verschiedenen Verfahrensordnungen miteinander in Einklang gebracht werden und gleichzeitig die Waffengleichheit der Kläger sowie der Schutz vor einem Verfahrensmissbrauch gewährleistet wird.

94 Gem. Art. 30 Nr. 1 EuGVVO ist unter **verfahrenseinleitenden Schriftstück** oder gleichwertigen Schriftstück jedes Schriftstück zu verstehen, durch welches der Beklagte von der Einleitung des Rechtsstreits in Kenntnis gesetzt wird, damit er seine Rechte im Erkenntnisverfahren des Erstgerichts geltend machen kann (*EuGH*, EuZW 1995, 803). Welches dies ist, bestimmt das Recht des Urteilsstaats. Es muss nicht unbedingt die Klagebegründung enthalten, es muss aber so bestimmt sein, dass der Beklagte über die wesentlichen Elemente des Rechtsstreits in Kenntnis gesetzt worden ist (*EuGH*, NJW 1893, 2091).

95 **Einreichung** bei Gericht bedeutet Eingang des Schriftstücks in den Geschäftsbereich des angerufenen Gerichts. Die Einreichung hat nur dann die Wirkung eines Eingangs bei Gericht an diesem Tage, wenn der Kläger alle Maßnahmen getroffen hat, um die Zustellung an den Beklagten zu bewirken. Diese Maßnahmen sind von Rechtssystem zu Rechtssystem unterschiedlich und beurteilen sich nach der jeweiligen lex fori. Für Deutschland kann mit dieser Formulierung auf die Rechtsprechung zu § 167 ZPO zurückgegriffen werden (vgl. hierzu Thomas/Putzo/*Hüßtege*, § 167 ZPO Rn. 10 ff.; vgl. *Heß*, JZ 2001, 573/578). Hierzu gehören die richtige Adresse, die erforderlichen Abschriften der Antragsschrift, die Einzahlung eines Kostenvorschusses nach Aufforderung durch das Gericht gem. § 12 I iVm § 63 Abs 1 GKG, ordnungsgemäßer PKH-Antrag. Werden die erforderlichen Maßnahmen nicht getroffen, um die Zustellung zu bewirken, so tritt die Rechtshängigkeit mit Behebung des Mangels ein (*Gruber*, FamRZ 2000, 1129, 1133).

Art. 30 Nr. 2 EuGVVO regelt die Fälle, in denen das Klageverfahren nicht durch eine gerichtliche Zustellung in Gang gesetzt wird. Ob und wann die Zustellung eines Schriftstücks vor Einreichung bei Gericht zulässig ist, bestimmt die maßgebliche lex fori des angerufenen Gerichts. Wann das Schriftstück bei Gericht eingereicht ist, beurteilt sich nach denselben Kriterien, die für Nr. 1 maßgeblich sind. Die Wirkung der Zustellung des Schriftstücks nach Nr. 2 tritt mit Übergabe des Schriftstücks an die für die Zustellung zuständige Behörde ein und nicht erst mit dem Zeitpunkt der Zustellung selbst, sofern der Kläger das Schriftstück fristgerecht nach Maßgabe des am Gerichtsstand geltenden Rechts bei Gericht eingereicht hat.

96 Liegt möglicherweise eine **doppelte Rechtshängigkeit** vor, so ist die Aussetzung unabhängig von der Dauer des ausländischen Verfahrens (*BGH*, NJW 2002, 2795), da die EuGVVO vom Prinzip der Gleichwertigkeit der Justizgewährung in allen Mitgliedstaaten ausgeht. Eine Ausnahme besteht nur, wenn eine überlange Verfahrensdauer zu einem Verstoß gegen Art. 6 EMRK führen würde (*BGH*, NJW 2002, 2795).

Als Entscheidung kommt idR **zunächst eine Aussetzung** nach Art. 27 I EuGVVO in Betracht. Nur wenn die internationale Zuständigkeit des zuerst angerufenen Gerichts feststeht, kann die Klage nach Art. 27 II EuGVVO wegen doppelter Rechtshängigkeit als unzulässig abgewiesen werden.

97 *(8) Zusammenhängende Klagen (Art. 28 EuGVVO).* Nach Art. 28 EuGVVO können spätere Klagen, die im Zusammenhang mit früher erhobenen Klagen stehen, ausgesetzt oder abgewiesen werden.

Art. 28 III EuGVVO definiert den Begriff des Zusammenhangs. Hierfür ist nicht erforderlich, dass, falls unterschiedliche Urteile ergehen würden, die Gefahr sich gegenseitig ausschließender Rechtsfolgen besteht (vgl. *EuGH,* EuZW 1995, 312).

98 *(9) Einstweilige Maßnahmen (Art. 31 EuGVVO).* Der **Begriff** „einstweilige Maßnahmen (vgl. *EuGH,* EuZW 1992, 449) ist autonom und weit auszulegen. Er umfasst die einstweilige Verfügung (§ 935 ZPO) einschließlich der Leistungsverfügung und den Arrest (§ 916 ZPO); das selbstständige Beweisverfahren (§ 485 ZPO) dürfte hingegen nicht hierunter fallen (vgl. *EuGH*, IPRax 2007, 208 m. Anm. *Hess/Zhou*, S. 183). Die Anwendung des Art. 31 EuGVVO setzt voraus, dass zwischen dem Gegenstand der einstweiligen Maßnahme und der gebietsbezogenen Zuständigkeit des Mitgliedstaats des angerufenen

Gerichts eine reale Verknüpfung besteht (*EuGH*, EuZW 1999, 413 m. Anm. *Heß/Vollkommer*, IPRax 1999, 220; *Stadler*, JZ 1999, 1089).

Die **IZ** für einstweiligen Maßnahmen können auf die **EuGVVO** gestützt werden, sofern deren Anwendungsbereich eröffnet ist (Art. 1). Für einstweilige Maßnahmen enthält Art. 31 EuGVVO aber auch eine Verweisung auf das **nationale Recht.** 99

Die IZ kann sich demgemäß aus **Art. 2 EuGVVO und Art. 5 bis 24 EuGVVO** ergeben. Insbesondere ist das nach Art. 5 Nr. 1 EuGVVO zuständige Gericht auch für die Anordnung einstweiliger oder sichernder Maßnahmen zuständig, ohne dass diese Zuständigkeit von weiteren Voraussetzungen abhängt, es sei denn die Parteien haben eine Schiedsabrede getroffen, so dass die Hauptsachezuständigkeit im konkreten Fall nicht zur Verfügung steht (*EuGH*, EuZW 1999, 413 m. Anm. *Heß/Vollkommer*, IPRax 1999, 220; *EuGH*, EuZW 1999, 727).

Art. 31 EuGVVO kann unabhängig von Art. 2 EuGVVO und Art. 5 bis 24 EuGVVO die Zuständigkeit des Gerichts des vorläufigen Rechtsschutzes auch dann begründen, wenn ein Hauptsacheverfahren bereits eingeleitet wurde oder eingeleitet werden kann, selbst wenn dieses Verfahren vor einem Schiedsgericht stattfinden müsste (*EuGH*, EuZW 1999, 413). Voraussetzung für eine **Leistungsverfügung** ist aber dann, dass die Rückzahlung des zugesprochenen Betrages an den Antragsgegner im Falle einer Klageabweisung im Hauptsacheverfahren gewährleistet ist (was für das deutsche Recht zutrifft, § 945 ZPO) und dass die Maßnahme nur bestimmte Vermögensgegenstände betrifft, die sich im örtlichen Zuständigkeitsbereich des angerufenen Gerichts befinden oder befinden müssen (*EuGH*, EuZW 1999, 413; EuZW 1999, 727). Damit ist die reale Verknüpfung zum Gerichtsstaat hergestellt (*Schulz*, ZEuP 2001, 805/815). Für den Arrest dürften diese Einschränkungen nicht gelten, weil die Gefahr der Vorwegnahme der Hauptsache nicht besteht (*OLG München*, RIW 2000, 464).

Sofern die internationale Zuständigkeit für den Erlass einstweiliger Maßnahmen auf das **autonome deutsche Verfahrensrecht** gestützt wird, ist bei Anwendung von § 919 1. Alt ZPO iVm § 943 ZPO umstritten, ob die Hauptsachezuständigkeit nach der EuGVVO (*OLG Koblenz*, IPRax 1991, 24; *Hanisch*, IPRax 1991, 215) oder unabhängig hiervon abstrakt nach der ZPO, also auch nach § 23 ZPO, zu bestimmen ist, selbst wenn dann keine Zuständigkeit für das Hauptsacheverfahren gegeben ist (*OLG Karlsruhe*, MDR 2002, 231). Für die letztgenannte Auffassung sprechen *EuGH*, EuZW 1999, 413 und EuZW 1999, 727. 100

Der Arrestgrund des § 917 II ZPO ist gem. § 917 II Hs. 2 dann nicht anzuwenden, wenn in Bezug auf die Hauptsacheentscheidung die Gegenseitigkeit verbürgt ist. Dies ist in Bezug zu den Mitgliedstaaten der EuGVVO stets zu bejahen. Ob gem. Art. 34, 35 EuGVVO anerkennungsfähige Titel aus einem Mitgliedstaat deutschen Urteilen gleichzustellen sind, erscheint erwägenswert (*LG Hamburg*, WM 1997, 685 m. zust. Anm. *Meinnicke*, EWS 1997, 117; *Musielak/Huber*, § 917 Rn. 7; aA *OLG München*, NJW-RR 1988, 1023).

b) Autonome Regeln. Greift kein Staatsvertrag zur Bestimmung der internationalen Zuständigkeit ein, so muss auf die autonomen Regeln des deutschen Internationalen Zivilprozessrechts zur Bestimmung der IZ zurückgegriffen werden. 101

aa) Grundregel. Die ZPO, anders als das FamFG (vgl. §§ 98 ff.) enthält selbst keine allgemeinen Regeln zur Bestimmung der IZ bei Sachverhalten mit Auslandsbezug. Hier muss vielmehr auf eine von der Rechtsprechung und Literatur erarbeiteten Grundregel zurückgegriffen werden. 102

Diese Grundregel, die für Verfahren, die dem FamFG unterstehen, in § 105 FamFG kodifiziert ist, lautet (vgl. Thomas/Putzo/*Hüßtege*, Vorb. zu § 1 Rn. 6):

Die örtliche Zuständigkeit indiziert die internationale Zuständigkeit.

Ist also ein deutsches Gericht für den Rechtsstreit örtlich zuständig, so sind die deutschen Gerichte auch international zuständig. 103

Beispiel:

Ein deutscher Staatsangehöriger wird bei einem Verkehrsunfall in München von einem kroatischen Staatsangehörigen, der seinen Wohnsitz in Pula hat und hier geschäftliche Kontakte unterhält, erheblich verletzt. Er begehrt Schmerzensgeld in Höhe von 4.000,– €.

Aus § 32 ZPO ergibt sich für die Klage eine örtliche Zuständigkeit des AG München. Aus dieser örtlichen Zuständigkeit lässt sich auch die internationale Zuständigkeit der deutschen Gerichte ableiten.

Hat sich umgekehrt der Unfall in Kroatien ereignet, so besteht für die Klage auf Schmerzensgeld keine internationale Zuständigkeit der deutschen Gerichte, weil der Beklagte keinen Wohnsitz in der Bundesrepublik Deutschland hat und sich die unerlaubte Handlung in Kroatien ereignet hat. Allenfalls könnte aus § 23 ZPO eine internationale Zuständigkeit der deutschen Gerichte abgeleitet werden, falls der Beklagte aus seinen Geschäftsbeziehungen inländische Forderungen hat (vgl. hierzu Thomas/Putzo/*Hüßtege* § 23 Rn. 2 u. 6; § 23 ZPO ist nach der Rechtsprechung des *BGH*, NJW 1991, 3092 restriktiv auszulegen: Neben der Vermögensbelegenheit muss ein Inlandsbezug des Rechtsstreits bestehen. Diese Voraussetzung ist hier wegen der deutschen Staatsangehörigkeit des Geschädigten gegeben).

bb) Ausnahmen. Die ZPO selbst enthält keine Ausnahmen von dieser Grundregel. 104

- Für Streitigkeiten aus dem **Übereinkommen über den Beförderungsvertrag im internationalen Straßengüterverkehr (CMR)** v. 19. 5. 1956 (BGBl. 1961 II, S. 1120) sind ausschließliche Gerichtsstände in Art. 31 des Übereinkommens vorgesehen.

Darüber hinaus werden in der Literatur und Rechtsprechung weitere Ausnahmen diskutiert, in denen auch eine IZ der deutschen Gerichte bestehen soll. Die wichtigsten sind die folgenden:

- Für **Abänderungsklagen** gem. § 323 ZPO ist zwar kein besonderer Gerichtsstand in der ZPO vorgesehen. Gleichwohl wird hier eine konkurrierende IZ der deutschen Gerichte für die Abänderung der **hier** erlassenen Entscheidungen anerkannt, ohne Rücksicht darauf, ob nach §§ 12 ff. ZPO eine inländische Zuständigkeit gegeben ist. Die IZ soll für Abänderungsklagen als Annex aus der IZ für den Erstprozess folgen (vgl. *Geimer,* RIW/AWD 1975, 84, Fn. 26). Dies gilt aber nur, soweit die EuGVVO bzw. das LGVÜ II nicht eingreifen.
  Aber auch die Abänderung eines **ausländischen** Urteils in der Bundesrepublik Deutschland ist zulässig, sofern hierfür eine IZ auf Grund eines Staatsvertrags oder nach allgemeinen Vorschriften besteht (*BGH,* NJW 1983, 1976). Die IZ hierfür ist also nach denselben Regeln zu bestimmen wie bei jeder gewöhnlichen Klage.
  Voraussetzung für die Abänderung einer ausländischen Entscheidung ist (vgl. hierzu auch Thomas/Putzo/*Hüßtege,* § 323 Rn. 8; *BGH,* NJW-RR 1993, 5/6), dass das Urteil **anerkennungsfähig** ist. Weitere Voraussetzung ist, dass das Urteil abänderbar ist. Wonach sich diese Frage beurteilt, ist umstritten. Der *BGH* (NJW-RR 1993, 5/6) hat es offengelassen, ob die Abänderbarkeit an § 323 ZPO als der lex fori zu messen ist oder ob dies wegen des engen Zusammenhangs mit dem jeweiligen Sachstatut nach diesem zu beurteilen ist. Welchem Recht die Abänderung unterliegt, ist gleichfalls streitig. Der BGH unterstellt diese Frage dem Recht, das dem abzuändernden Titel zugrunde lag (*BGH,* NJW 1983, 1976 für Unterhaltsansprüche), da das Sachrecht nicht ausgetauscht werden könne. Ob dies auch gilt, wenn nach dem Erlass des Urteils ein Statutenwechsel eintritt, wurde vom BGH ausdrücklich offengelassen.
- Schließlich wird noch vertreten, dass die deutschen Gerichte international zuständig sein müssen im Falle eines **negativen internationalen Kompetenzkonfliktes.** Das ist dann der Fall, wenn alle in Betracht kommenden Staaten sich für unzuständig erklären. Ferner sollen die deutschen Gerichte international zuständig sein, wenn das im Ausland erstrittene Urteil hier **nicht anerkannt** werden würde.
  In diesen Fällen soll eine internationale **Notzuständigkeit** bestehen (vgl. *Geimer,* IZPR, Rn. 1030). Diese muss jedoch äußerst **restriktiv** gehandhabt werden und darf nur eingreifen, wenn die Nichtannahme der Klage eine Justizverweigerung wäre (*Geimer,* IZPR, Rn. 1035).

105 *cc) Ausschluss der Internationalen Zuständigkeit. (1) Wesenseigene Zuständigkeit.* Grundsätzlich bejahen die deutschen Gerichte ihre IZ unabhängig von dem auf den zu beurteilenden Sachverhalt anzuwendenden Recht. Da das ausländische Recht nicht selten andere Rechtsinstitute als das deutsche Recht kennt, wird die Frage diskutiert, ob nicht in diesen Fällen, die an sich gegebene IZ abgelehnt werden soll, weil ein deutsches Gericht nicht ihm unbekannte Rechtshandlungen, die sich nach einem fremden Recht richten, vornehmen kann.

Der *BGH* (JZ 1967, 671) vertritt hierzu die Auffassung, dass der Umstand, dass ein bestimmtes Rechtsinstitut dem deutschen Recht nicht bekannt sei, noch nicht zur Annahme der internationalen Unzuständigkeit reiche. Notwendig sei vielmehr eine **völlige Wesensverschiedenheit** und **Unvergleichbarkeit** mit ähnlichen deutschen Instituten.

106 *(2) Forum non conveniens.* In der Literatur (*Jayme,* StAZ 1975, 91/95; *Wahl,* Die verfehlte internationale Zuständigkeit – Forum non conveniens und internationales Rechtsschutzbedürfnis, 1974, S. 115 f.; *Schröder,* Internationale Zuständigkeit, 1971, S. 486 ff.) wird des öfteren die Übernahme der im angloamerikanischen Rechtskreis vertretenen Lehre vom forum non conveniens befürwortet, um die an sich gegebene IZ der deutschen Gerichte abzulehnen. Die forum-non-conveniens-Lehre bedeutet, dass bei konkurrierender IZ (vgl. hierzu *Linke/Hau,* Rn. 167) das Gericht des Landes, dessen Gerichte auch zuständig sind, seine Zuständigkeit ablehnen kann, wenn der Fall so enge Beziehungen zum Ausland aufweist, dass er besser dort entschieden werden sollte (eingehend *Schack,* Rn. 559 ff.).

Die Lehre vom forum non conveniens wird jedoch – derzeit noch – vom überwiegenden Schrifttum (*Schack,* Rn. 565 ff; *v. Hoffmann/Thorn,* § 3 Rn. 68) und der Rechtsprechung (vgl. zB *LG München* I, IPRax 1984, 318; *OLG München,* IPRax 1984, 319) abgelehnt, weil diese Lehre dem deutschen Zivilprozessrecht fremd sei, der Justizgewährungsanspruch ausgehöhlt werden würde und mit der Annahme dieser Lehre jeder Prozessausgang unvorhersehbar werde.

107 *dd) Gerichtsstandsvereinbarungen.* Auch eine Gerichtsstandsvereinbarung nach § 38 ZPO kann eine IZ der deutschen Gerichte begründen. Zu unterscheiden ist die **Prorogation** der (an sich nicht gegebenen) IZ der deutschen Gerichte und die **Derogation** der (an sich gegebenen) IZ der deutschen Gerichte.

Vorweg zu prüfen ist jedoch, ob § 38 ZPO nicht durch den vorrangigen Art. 23 EuGVVO/LGVÜ II verdrängt wird.

108 Bei einer Vereinbarung gem. § 38 ZPO müssen **zwei Fragen** differenziert werden:

- Nach welchem Recht beurteilt sich das **Zustandekommen** einer solchen Vereinbarung?
- Nach welchem Recht beurteilen sich die **prozessuale Zulässigkeit** und die **Wirkungen** einer Gerichtsstandsvereinbarung?

Da eine Gerichtsstandsvereinbarung ein materiell-rechtlicher Vertrag über ein Prozessrechtsverhältnis ist, beurteilt sich das **Zustandekommen** einer Gerichtsstandsvereinbarung nach dem speziell für diese Frage zu ermittelnden **Vertragsstatut** (vgl. *BGH,* NJW 1986, 1438), das jedoch nicht unbedingt mit dem Statut des Hauptvertrags (gemeint ist damit der Vertrag, weswegen die Parteien überhaupt in vertraglichen Beziehungen stehen, also zB der Kaufvertrag. Es können also uU 2 Statute zu bestimmen sein) identisch sein muss (vgl. *Schack,* IPRax 1990, 19). Wie dieses zu bestimmen ist, ist jedoch streitig. In seiner Entscheidung v. 24. 11. 1988 hat der *BGH* (NJW 1989, 1431, 1432) es offengelassen, ob auf Gerichtsstandsvereinbarungen die damals noch gültigen Art. 27ff. EGBGB anzuwenden sind. In neueren Entscheidungen hat der BGH auf eine Gerichtsstandsvereinbarung Art. 27ff. EGBGB ohne weiteres angewendet. Trotz vereinzelter Kritik (vgl. *Jayme/Kohler,* IPRax 1989, 337, 342) sollte man hieran festhalten (vgl. auch *BGH,* NJW 1996, 2294). Nach der nunmehr anwendbaren Rom I-VO sind gem. Art. 1 II lit. e deren Vorschriften jedoch nicht auf Gerichtsstandsvereinbarungen anzuwenden. Sollte ein eigenes Vertragsstatut nicht ermittelbar sein, so kann auch auf das auf den Hauptvertrag anwendbare Recht zurückgegriffen werden.

Ist deutsches Recht Vertragsstatut, so ist das Zustandekommen einer Gerichtsstandsvereinbarung, die in einer AGB steht, grundsätzlich nach §§ 305ff. BGB zu beurteilen.

Die **prozessuale Zulässigkeit** und die **Wirkungen** einer wirksamen Vereinbarung richten sich hingegen 109
nach dem Recht des Gerichtsstaates, somit also nach der lex fori (*BGH,* NJW 1989, 1431, 1432). Ob die Derogation bzw. die Prorogation zulässig ist, entscheidet also das Recht des prorogierten bzw. des derogierten Staates.

Damit gelten für die Prorogation bzw. Derogation deutscher Gerichte (nur um diese geht es grundsätzlich, so dass die Frage, ob das ausländische Gericht wirksam prorogiert oder derogiert wurde, nicht zu prüfen ist; vgl. *Schack,* IPRax 1990, 19, 20) die §§ 38–40 ZPO.

Zu beachten ist, dass § 38 I ZPO keine schriftliche Vereinbarung verlangt, sofern die Parteien zu dem in dieser Vorschrift genannten Personenkreis gehören (zur Kaufmannseigenschaft vgl. *Palandt/Thorn,* Art. 7 Rn. 7, der zur Beurteilung dieser Eigenschaft auf das Recht an der gewerblichen Niederlassung abstellt; diese Anknüpfung ist jedoch äußerst umstritten und bedarf im Einzelfall einer anderen Betrachtung, vgl. *v. Bar,* IPR, Bd. II, S. 442; richtig dürfte es deshalb sein, bei der Beurteilung dieser Frage auf die lex fori abzustellen, vgl. *Schack,* Rn. 503). Beurteilt sich die Vereinbarung hingegen nach § 38 II ZPO muss die Vereinbarung schriftlich erfolgen oder zumindest nach mündlicher Absprache schriftlich bestätigt werden. § 38 III ZPO verlangt hingegen in jedem Fall eine ausdrückliche und schriftliche Vereinbarung.

ee) Rügelose Einlassung. Auch durch eine rügelose Einlassung des Beklagten gem. § 39 ZPO kann 110
sich eine IZ der deutschen Gerichte ergeben. Dabei ist zu beachten, dass eine rügelose Einlassung nicht möglich ist, wenn ein **ausschließlicher** Gerichtsstand gegeben ist (§ 40 II 2 ZPO).

5. Checkliste zur Bestimmung der internationalen Zuständigkeit (IZ)

Die IZ der deutschen Gerichte ist in jeder Lage des Verfahrens von Amts wegen zu prüfen: 111

1. Hat der Sachverhalt Auslandsbezug?
   a) Falls nein: IZ ist *nicht* zu prüfen
   b) Falls ja: siehe 2.
2. Vorrang von EU-Verordnungen oder Staatsverträgen (EuGVVO, LGVÜ II, etc.) beachten, wobei die EU-VO/der Staatsvertrag
   a) sachlich
   b) räumlich
   c) persönlich
   d) zeitlich
   anwendbar sein muss.

Ist der Anwendungsbereich der EU-VO/des Staatsvertrags eröffnet, so darf *nicht* mehr auf die autonomen Zuständigkeitsregeln zurückgegriffen werden.

3. Bestimmung der IZ
   a) falls Anwendungsbereich der EU-VO/des Staatsvertrags eröffnet ist: IZ hiernach prüfen
   b) falls Anwendungsbereich nicht eröffnet: autonome Regeln anwenden
   - Grundregel anwenden,
     es sei denn,
   - Ausnahmevorschrift greift ein
     oder
   - es besteht eine wirksame Gerichtsstandsvereinbarung

II. Anerkennung ausländischer Entscheidungen

Die Anerkennung einer ausländischen Entscheidung ist ein weiteres Teilgebiet des internationalen Zi- 112
vilprozessrechts. Hier geht es um die Frage, ob und unter welchen Voraussetzungen Entscheidungen eines ausländischen Gerichts in Deutschland Wirksamkeit erlangen können. Grundsätzlich kann jedes Ge-

richt **selbständig** (mit Ausnahme im **Eherecht**, soweit keine Entscheidung aus einem EU-Mitgliedstaat vorliegt) die Anerkennungsvoraussetzungen prüfen.

1. Gesetzliche Grundlagen

113 Für die Anerkennung ausländischer Entscheidungen gibt es ebenso wie für die Bestimmung der IZ drei Rechtsquellen: **EU-Verordnungen, Staatsverträge** und **autonomes Recht.**

2. Voraussetzungen

114 a) **EU-Verordnungen/Staatsverträge.** Soweit für ein Rechtsgebiet eine EU-VO oder ein Staatsvertrag vorliegt, verdrängt diese die autonomen Regeln, sofern deren Anwendungsbereich eröffnet ist. Die wichtigsten EU-Verordnungen sind auch hier die

- **VO (EG) 44/2001 des Rates über die gerichtliche Zuständigkeit und die Anerkennung und Vollstreckung Entscheidungen in Zivil- und Handelssachen,**
- **VO (EG) 805/2004 des Rates zur Einführung eines europäischen Vollstreckungstitels für unbestrittene Forderungen**
- **VO (EG) 861/2007 des europäischen Parlaments und des Rates zur Einführung eines europäischen Verfahrens für geringfügige Forderungen und**
- **VO (EG) 1896/2006 des Europäischen Parlaments und des Rates zur Einführung eines Europäischen Mahnverfahrens**

115 Daneben gibt es weitere Eu-Verordnungen im Bereich des Familienrechts (EuEheVO; EuunterhaltVO; weitere Rechtsakte zum ehelichen Güterrecht sind in Vorbereitung), die die Anerkennung der Entscheidungen eines anderen Mitgliedstaats regeln

Diesen Verordnungen ist gemein, dass sämtliche Entscheidungen eines anderen Mitgliedstaats ohne weiteres anerkannt werden.

Dasselbe gilt für Entscheidungen, die dem LGVÜ II unterliegen.

116 *aa) EuGVVO.* Nach Art. **33 I EuGVVO** werden gerichtliche Entscheidungen iSv Art. 32 EuGVVO eines anderen **Mitgliedstaates** ohne ein besonderes Verfahren anerkannt, es sei denn, eine Partei beantragt die Durchführung eines selbständigen Anerkennungsverfahrens nach Art. 33 II EuGVVO. In diesem Fall sind die Art. 38–56 EuGVVO anzuwenden.

Die Vorschriften über die Anerkennung nach der EuGVVO sind dann nicht anzuwenden, wenn eine speziellere VO, wie die EuVTVO, EuGFVO, EuMVVO, eingreift.

Art. 34 und 35 EuGVVO zählen die Ausnahmen auf, in denen eine Anerkennung ausgeschlossen ist, wobei die Prüfung sich niemals auf die Gesetzmäßigkeit der ausländischen Entscheidung beziehen darf (Art. 36 EuGVVO), dh mit Ausnahme der auf Art. 8–17, 22 und 72 EuGVVO gestützten IZ (vgl. Art. 35 I EuGVVO), sind die Zulässigkeitsvoraussetzungen (vgl. hierzu auch Art. 35 III EuGVVO) und die Anwendung des materiellen Rechts der Prüfung des anerkennenden Gerichts entzogen.

Die Beweislast für ein Anerkennungshindernis trägt derjenige, der die Anerkennung verhindern will (*BGH,* NJW 2006, 701)

Danach ist die Anerkennung einer ausländischen Entscheidung ausgeschlossen, wenn entweder **Art. 35 I** EuGVVO verletzt wurde, also

- die Zuständigkeit für Versicherungssachen (Art. 8 ff.),
- die Zuständigkeit für Verbrauchersachen (Art. 15 ff.) oder
- die ausschließliche Zuständigkeit (Art. 22)

bei Erlass der Entscheidung nicht beachtet wurde oder ein Fall des Art. 72 EuGVVO vorliegt.

Ferner dürfen die in **Art. 34** EuGVVO genannten Tatbestände einer Anerkennung nicht entgegenstehen.

117 *(1) Ordre public (Art. 34 Nr. 1 EuGVVO).* **Art. 34 Nr. 1 EuGVVO** verbietet die Anerkennung einer ausländischen Entscheidung, wenn diese gegen den **ordre public** verstößt. Für das Anerkennungsverfahren in Deutschland stellt die Vorschrift ab auf den deutschen (*BGH,* NJW 1993, 1801; dahingestellt in BGH, NJW 1994, 3269) verfahrens- (*BGH,* NJW-RR 2002, 1151) und materiell-rechtlichen (*OLG Hamburg,* RIW 1995, 680) ordre public.

Nr. 1 ist als **Ausnahmevorschrift** eng auszulegen (*EuGH,* NJW 2000, 1853 und 2185; Arg.: „offensichtlich") und greift nur in Ausnahmefällen bei konkreter Bejahung „rechtsstaatswidrigen" Zustandekommens der Entscheidung ein (*BGH,* NJW 2009, 3306). Die Mitgliedstaatengerichte legen selbst fest, welche Anforderungen sich nach ihren innerstaatlichen Anschauungen aus ihrer öffentlichen Ordnung ergeben; die Abgrenzung dieses Begriffs unterliegt aber der Auslegung des EuGH (*EuGH,* NJW 2009, 1938). Er ist gegenüber Art. 34 Nr. 2–5 EuGVVO und Art. 35 I und II EuGVVO subsidiär.

Eine **Unvereinbarkeit** der ausländischen Entscheidung mit deutschen Vorstellungen besteht demnach, wenn die Anerkennung in ihrem Ergebnis im konkreten Fall die tragenden Grundlagen des deutschen staatlichen, wirtschaftlichen oder sozialen Lebens angreift (*BGHZ* 28, 376, 385), wenn das Ergebnis zu den Grundgedanken der deutschen Rechtsordnung und der in ihr liegenden Gerechtigkeitsvorstellungen in so starkem Widerspruch steht, dass wir es in Deutschland für untragbar halten (*BGHZ* 50, 370, 375; 75, 32, 43). Offensichtlich ist die Unvereinbarkeit, wenn sie eklatant, unzweifelhaft ist, auf der Hand liegt.

Maßgebender Zeitpunkt ist der der Entscheidung des deutschen Gerichts über die Anerkennung (*BGHZ* 51, 290; 52, 184, 192), wobei von den tatsächlichen Feststellungen des ausländischen Gerichts auszugehen ist. Die Richtigkeit der ausländischen Entscheidung darf wegen Art. 36 EuGVVO grundsätzlich nicht überprüft werden (Verbot der révision au fond, *BGH*, NJW 1992, 3100), soweit sie verfahrensrechtlich ohne Verletzung des deutschen ordre public getroffen sind (*BGH*, NJW 1980, 529). Dabei kommt es nicht auf einen Vergleich zwischen dem ausländischen und dem deutschen Recht an, sondern nur darauf, ob das konkrete Ergebnis der Anerkennung des ausländischen Urteils vom Standpunkt des deutschen Rechts zu missbilligen ist (*BGH*, WM 1979, 1392).

(2) Verletzung von Verfahrensvorschriften bei einseitigen Verfahren (Art. 34 Nr. 2 EuGVVO). Wichtig ist auch **Art. 34 Nr. 2 EuGVVO,** der gewährleisten will, dass dem Beklagten in einem einseitig gebliebenen Verfahren (wozu aber nicht einstweilige Rechtsschutzverfahren ohne Anhörung des Beklagten zählen) ordnungsgemäß das rechtliche Gehör gewährt wurde. Hat der Beklagte sich eingelassen, so ist Nr. 2 nicht anzuwenden. 118

Die Vorschrift ergänzt Art. 26 II–IV EuGVVO und dient im Anerkennungsverfahren der Durchsetzung des bei Verfahrenseinleitung zu beachtenden Anspruchs auf **Gewährung rechtlichen Gehörs** (*EuGH*, EuZW 1995, 803). Spätere Verletzungen dieses Rechts im Erkenntnisverfahren fallen allenfalls unter Nr. 1 (*BGH*, NJW 1990, 2201).

Nr. 2 ist autonom und weit auszulegen (*BGH*, NJW-RR 2009, 1292 m. zust. Anm. *Geimer*, IPRax 2010, 224). Die Prüfung der Voraussetzungen der Nr. 2 erfolgt von Amts wegen (*BGH*, NJW-RR 2008, 586).

Unter **verfahrenseinleitendes Schriftstück** oder ein gleichwertiges ist jedes Schriftstück zu verstehen, durch welches der Beklagte von der Einleitung des Rechtsstreits in Kenntnis gesetzt wird, damit er seine Rechte im Erkenntnisverfahren des Erstgerichts geltend machen kann (*EuGH*, EuZW 1995, 803). Welches dies ist, bestimmt das Recht des Urteilsstaats. Es muss nicht unbedingt die Klagebegründung enthalten, es muss aber so bestimmt sein, dass der Beklagte über die wesentlichen Elemente des Rechtsstreits in Kenntnis gesetzt worden ist (*EuGH*, NJW 1993, 2091).

Die Zustellung muss **rechtzeitig** erfolgt sein. Hierbei handelt sich um ein eigenständiges und neben der Art und Weise der Zustellung kumulatives Element der Zustellung. Die Anerkennung ist daher zu versagen, wenn die Zustellung zwar ordnungsgemäß, aber nicht rechtzeitig war. Die Vorschrift will gewährleisten, dass der Beklagte nach der Zustellung bis zum Termin ausreichend Zeit hat, einen Anwalt zu beauftragen, um eine vollstreckbare Versäumnisentscheidung zu verhindern (*BGH*, NJW 1986, 2197; 1991, 641; *Linke*, IPRax 1993, 295). Die Rechtzeitigkeit ist nach den tatsächlichen Umständen des konkreten Falls (*Linke*, IPRax 1993, 295) unter Berücksichtigung des Rechts des Vollstreckungsstaates zu bestimmen (*EuGH*, IPRax 1982, 14; *OLG Düsseldorf*, NJW 2000, 3290). Außergewöhnliche Umstände nach der ordnungsgemäßen Zustellung sind zu berücksichtigen. Nach Auffassung des *BGH* können zB $2^1/_2$ Monate zwischen der Zustellung einer dänischen Klage und Termin ausreichend sein (*BGH*, NJW 2004, 2386). Eine öffentliche oder fiktive Zustellung nach nationalem Recht bei notwendiger Zustellung im Ausland ist jedoch nicht ausreichend, weil die insoweit anzuwendende VO (EG) 1393/2007 des Europäischen Parlaments und des Rates vom 13. 11. 2007 über die Zustellung gerichtlicher und außergerichtlicher Schriftstücke in Zivil- oder Handelssachen in den Mitgliedstaaten und zur Aufhebung der VO (EG) 1348/2000 des Rates (ABl. L 324, S. 79 ff.; abgekürzt EuZustVO) eine solche Zustellungsform nicht kennt und diese VO Vorrang gegenüber dem nationalen Recht genießt (*EuGH*, EuZW 2005, 753). 119

Bei der **Art und Weise der Zustellung** handelt es sich um eine eigenständige und kumulative Voraussetzung neben der Rechtzeitigkeit (*EuGH*, EuZW 1993, 39). Eine Anerkennung scheidet daher aus, wenn trotz Rechtzeitigkeit die Zustellung nicht ordnungsgemäß war (*EuGH*, EuZW 1990, 352) und der Schuldner deshalb an seiner Verteidigung gehindert wurde. Trifft das Letztere nicht zu, so ist die Ordnungsgemäßheit der Zustellung nicht zu prüfen (*Geimer*, IPRax 2002, 378). Ein formaler Zustellungsfehler reicht demnach nicht aus, um die Anerkennung zurückzuweisen. Zustellungsmängel sind nur ein Indiz für die Verletzung rechtlichen Gehörs. Erfasst wird nur der Zustellungsakt als solcher. 120

Beurteilt wird die Zustellung nach den Vorschriften des Erststaats (*EuGH*, EuZW 1990, 352; differenzierend *Brand/Reichhelm*, IPRax 2001, 173). Hierbei kann es sich um autonomes Recht oder um einen Staatsvertrag handeln. Zwischen den EU-Staaten mit Ausnahme Dänemarks (mit Dänemark hat die EU einen eigenen Staatsvertrag zur Anwendung dieser VO im Verhältnis zu Dänemark geschlossen) ist die EuZustVO zu beachten. Subsidiär wird das Haager Zustellungsübereinkommen von 1965 (BGBl. 77 II 1453) anzuwenden sein. Die Beweislast für die Ordnungsgemäßheit trägt der Kläger des Ausgangsverfahrens (*OLG Karlsruhe*, IPRax 1996, 426). Die Heilung von Zustellungsmängeln beurteilt sich grds. nach dem Recht des Erststaats einschließlich der einschlägigen Staatsverträge (*EuGH*, EuZW 1990, 352; *BGH*, NJW 1991, 641). Das Haager Zustellungsübereinkommen und die EuZustVO 121

(*Brand*, NJW 2004, 1138) sehen keine Heilung von Zustellungsmängeln vor; § 189 ZPO ist unanwendbar (*BGHZ* 120, 305). Nach Nr. 2 kommt es aber auf die Heilung von Zustellungsmängeln nicht an, sofern der Beklagte durch den Zustellungsmangel in seiner Verteidigung nicht gehindert wurde.

122 War die Zustellung fehlerhaft, hat der Beklagte aber später von der ergangenen Entscheidung Kenntnis erlangt und dagegen **keinen zulässigen Rechtsbehelf eingelegt**, obwohl ihm dies möglich war – was von Amts wegen zu prüfen ist (*BGH*, NJW-RR 2010, 1001) –, so entfällt das Anerkennungshindernis nach Nr. 2 und die Entscheidung ist anzuerkennen. Der Begriff Rechtsbehelf ist zwar weit auszulegen, jedoch muss er sich auf den Verfahrensfehler iSv Nr. 2 beziehen (*BGH*, NJW-RR 2010, 1001), so dass Rechtsbehelfe aus anderen Gründen nicht erfasst werden. Rechtsbehelf ist insbesondere auch ein Wiedereinsetzungsantrag (*BGH*, NJW-RR 2010, 1001).

123 *(3) Unvereinbarkeit mit einer inländischen Entscheidung (Art. 34 Nr. 3 EuGVVO).* Nach **Art. 34 Nr. 3 EuGVVO** liegt ein Anerkennungshindernis bei Unvereinbarkeit einer inländischen Entscheidung mit einer Entscheidung aus dem Anerkennungsstaat vor. Die Vorschrift geht als lex specialis der Nr. 1 vor (*EuGH*, IPRax 1989, 159). Unter Entscheidung sind nur solche i. S. von Art. 32 EuGVVO zu verstehen, nicht aber vollstreckungsfähige Prozessvergleiche (*EuGH*, IPRax 1989, 159); für diese gilt Art. 58 iVm Art. 57 EuGVVO. Es kann sich bei der Entscheidung aber auch um eine des einstweiligen Rechtsschutzes handeln (*EuGH*, NJW 2002, 2087).

Nur **unvereinbare Inlandsentscheidungen** werden erfasst. Wird die Anerkennung zweier unvereinbarer Entscheidungen anderer Mitgliedstaaten beantragt, so ist nach dem Prioritätsprinzip grundsätzlich nur die früher ergangene Entscheidung anzuerkennen. Die Entscheidung des Anerkennungsstaats muss nicht rechtskräftig sein. Die Entscheidungen müssen zwischen denselben Parteien ergangen sein. IdR sollten bereits die Art. 27–30 EuGVVO, also die Vorschriften über die doppelte Rechthängigkeit, eine Kollision vermeiden. Nr. 3 ist deshalb eng auszulegen.

Eine Unvereinbarkeit liegt vor, wenn sich die rechtskraftfähigen Feststellungen widersprechen, sich die jeweils festgelegten Rechtsfolgen also wechselseitig ausschließen (*EuGH*, NJW 2002, 2087), wobei die Entscheidungen mit gleicher Wirkung zu gleichen Fragen ergangen sein müssen. Identität des Streitgegenstandes ist nicht erforderlich. Auf die zeitliche Reihenfolge kommt es nicht an.

Liegt das Anerkennungshindernis nach Nr. 3 vor, so ist die Nichtanerkennung zwingend (*EuGH*, NJW 2002, 2087).

124 *(4) Unvereinbarkeit mit einer früheren Mitglied- oder Drittstaatsentscheidung (Art. 34 Nr. 4 EuGVVO).* Nach **Art. 34 Nr. 4 EuGVVO** besteht bei Unvereinbarkeit der anzuerkennenden Entscheidung **mit einer früheren Mitglied- oder Drittstaatsentscheidung** ein Anerkennungshindernis. Die Vorschrift ergänzt Nr. 3. Sie regelt die Konkurrenz, die daraus entstehen kann, dass das Urteil eines anderen Mitglied- oder Drittstaats, das in einem Mitgliedstaat auf Grund autonomen Rechts oder eines Staatsvertrags anzuerkennen ist, anerkannt werden soll, obgleich auch ein Urteil eines anderen Mitgliedstaats, in dem aber keine Anerkennungspflicht des Ersturteils besteht, wegen desselben Anspruchs ergangen ist und ebenfalls im Zweitstaat anerkannt werden soll.

Liegt Unvereinbarkeit vor, so gilt das Prioritätsprinzip, wobei es auf den Wirksamkeitszeitpunkt der Entscheidungen ankommt. Das früher ergangene Urteil des Drittstaats ist nicht anzuerkennen.

125 *bb) LGVÜ II.* Die Anerkennungshindernisse nach Art. 34 LGVÜ II entsprechen im Wesentlichen denjenigen der EuGVVO, so dass hierauf verwiesen werden kann.

126 **b) Autonomes Recht.** Greift kein Staatsvertrag ein, so beurteilen sich die Anerkennungsvoraussetzungen nach den autonomen Regeln. Dieses ist **§ 328 ZPO** für die streitige Gerischtsbarkeit und **§ 109 FamFG** für Angelegenheiten, die dem FamFG unterliegen. Welche der genannten Vorschriften im konkreten Fall einschlägig ist, beurteilt sich danach, in welchem Verfahren (streitiges Verfahren oder Verfahren nach dem FamFG) entsprechende Entscheidungen deutscher Gerichte in Deutschland ergangen wären (*BGH*, NJW 1977, 150; dieser Grundsatz ist auch bei der Vollstreckung zu berücksichtigen).

127 *aa) § 328 I Nr. 1 ZPO.* Diese Vorschrift enthält die **Grundregel** für die Anerkennung einer ausländischen Entscheidung, die wie folgt lautet:

Die Kriterien, die für die Entscheidungszuständigkeit der deutschen Gerichte aufgestellt sind, bestimmen spiegelbildlich zugleich die IZ des ausländischen Gerichts (sog. Spiegelbildtheorie; vgl. Thomas/Putzo/*Hüßtege*, § 328 Rn. 8 a).

Man muss sich also folgende Frage stellen: **Wäre das ausländische Gericht zuständig gewesen, wenn die deutsche ZPO im Ausland gegolten hätte?** Für die Anerkennung wird also nur gefragt, ob das ausländische Gericht aus **deutscher** Sicht zuständig war.

Beispiel:

Ein kroatischer Staatsangehöriger verklagt einen deutschen Staatsangehörigen vor einem Gericht in Pula auf Schadensersatz für Schäden, die durch einen von dem Deutschen schuldhaft verursachten Verkehrsunfall in Pula entstanden sind. Der Schädiger wird zur Zahlung von Schadensersatz verurteilt. Der kroatische Kläger möchte aus dem Urteil gegen den Deutschen vollstrecken. Dieser wohnte ausschließlich in München, er hat sich jedoch auf das Verfahren eingelassen.

Mangels eines Staatsvertrags zwischen Kroatien und der Bundesrepublik Deutschland über die Anerkennung und Vollstreckung von Urteilen beurteilt sich die Anerkennung der kroatischen Entscheidung nach den autonomen Vorschriften. Gem. § 723 II 2 ZPO ist Voraussetzung für die Vollstreckung, dass kein Grund gem. § 328 ZPO vorliegt, das Urteil nicht anzuerkennen.

Da nach deutschem internationalen Zivilprozessrecht die örtliche Zuständigkeit die internationale Zuständigkeit indiziert, muss nunmehr eine örtliche Zuständigkeit gesucht werden. Da der Beklagte seinen Wohnsitz in München hatte, kann die IZ der kroatischen Gerichte nicht auf eine spiegelbildliche Anwendung von §§ 12, 13 ZPO gestützt werden, weil der Beklagte in Kroatien keinen Wohnsitz hatte.

Der Tatort für die unerlaubte Handlung lag jedoch in Kroatien, so dass durch eine spiegelbildliche Anwendung von § 32 ZPO eine IZ der kroatischen Gerichte bejaht werden kann. § 328 I Nr. 1 ZPO steht damit einer Anerkennung nicht entgegen.

Wäre im vorliegenden Fall streitig, ob überhaupt eine unerlaubte Handlung vorliegt, so reicht die bloß schlüssige Behauptung eines Delikts nicht zur Begründung der internationalen Anerkennungszuständigkeit aus. Diese muss vielmehr selbständig festgestellt werden (*BGHZ* 124, 237, 242).

Für die Anerkennung einer ausländischen Entscheidung ist irrelevant, ob die örtliche Zuständigkeit des ausländischen Gerichts gegeben war, denn aus unserer Sicht ist nur entscheidend, dass die IZ des ausländischen Gerichts vorlag (Thomas/Putzo/*Hüßtege* § 328 Rn. 8 a).

128 *bb) § 328 I Nr. 2 ZPO.* Diese Vorschrift ermöglicht es dem Beklagten sich **darauf zu berufen** (also keine Berücksichtigung von Amts wegen), dass ihm **kein ausreichendes rechtliches Gehör** gewährt wurde. Der Beklagte kann also auf seine Rechte durch Nichtausübung verzichten. Die Anerkennung wird aus 2 Gründen versagt: Entweder scheitert sie daran, dass die Zustellung nicht den Vorschriften des Erstgerichts genügt, oder daran, dass trotz erststaatlicher Ordnungsgemäßheit die tatsächlichen Verteidigungsmöglichkeiten eingeschränkt waren. (Zu den einzelnen weiteren Voraussetzungen dieser beiden Vorschriften vgl. Thomas/Putzo/*Hüßtege*, § 328 Rn. 9 ff.).

129 *cc) § 328 I Nr. 3 ZPO.* Die Vorschriften behandelt den Vorrang bei Kollision mehrerer Entscheidungen. Eine Anerkennung eines ausländischen Urteils scheidet in folgenden Fällen aus:

130 *(1)* **Bei Unvereinbarkeit** mit einem **früheren** deutschen **Urteil,** also wenn es mit dessen Ergebnis in Widerspruch steht. Nach dem Gesetzeswortlaut ist Rechtskraft des deutschen Urteils nicht nötig. Hauptanwendungsfall ist aber sicher die entgegenstehende Rechtskraftwirkung eines früheren deutschen Urteils. Gleiches gilt, wenn das jetzt anzuerkennende ausländische Urteil unvereinbar ist mit einem bereits anerkannten oder einem anzuerkennenden früheren ausländischen Urteil, gleichgültig ob das Anerkennungsverfahren bereits läuft oder nicht.

131 *(2)* **Bei Unvereinbarkeit** des dem ausländischen Urteil zugrunde liegende **Verfahrens** mit einem in Deutschland **früher** rechtshängig gewordenen Verfahren. Der Zeitpunkt der ausländischen Rechtshängigkeit beurteilt das ausländische Recht (*BGH*, NJW 1987, 3083; NJW-RR 1992, 642). Dies gilt auch für den Fall, dass das deutsche Verfahren bereits anhängig war, bevor das ausländische Verfahren rechtshängig geworden ist (hM; aA *Schack*, Rn. 946). Das Anerkennungshindernis nach Nr. 3 kann durch Rücknahme der inländischen Klage beseitigt werden (*OLG Frankfurt*, FamRZ 1997, 92). Nr. 3 setzt voraus, dass der Streitgegenstand in beiden Verfahren identisch ist. Versagung von PKH im Inland wegen fehlender Erfolgsaussicht reicht nicht (*BGH*, JZ 1983, 903).

132 *dd) § 328 I Nr. 4 ZPO.* Nach dieser Vorschrift ist eine ausländische Entscheidung nicht anzuerkennen, wenn sie gegen den deutschen **ordre public** verstößt. Mit dieser Regelung wird der Grundsatz durchbrochen, dass eine anzuerkennende ausländische Entscheidung inhaltlich grundsätzlich nicht überprüft werden darf (Verbot der révision au fond). § 328 ZPO lehnt sich hiermit an den Wortlaut von Art. 6 EGBGB an und ist Ausprägung des prozessualen ordre public. Daher bezieht sich die ordre public Prüfung sowohl auf das ausländische Gerichtsverfahren, das dem Urteil vorangeht, als auch auf die Urteilsfindung selbst.

133 Die Urteilsanerkennung darf dann nicht erfolgen, **wenn das ausländische Verfahren mit grundlegenden Verfahrensmaximen des deutschen Prozessrechts unvereinbar ist** (*BGH*, NJW 1978, 1115). Nicht jede Abweichung, sei sie auch noch so erheblich, führt zur Anwendung des ordre public. Vielmehr muss sich das ausländische Verfahren außerhalb der Grenzen der Rechtsstaatlichkeit bewegt haben, dies ist insbesondere dann der Fall, wenn das Gericht parteiisch und nicht unabhängig war oder der Grundsatz des rechtlichen Gehörs verletzt wurde. Bei der Überprüfung der Urteilsfindung ist das Gericht an den im anzuerkennenden Urteil festgestellten Sachverhalt gebunden. Neue Tatsachen dürfen nicht vorgebracht werden. Dies dürfte nur für die Tatsachen gelten, die im Zeitpunkt der letzten mündlichen Verhandlung vor dem ausländischen Gericht hätten vorgebracht werden können, aber nicht vorgetragen wurden. Die unzureichende Sachverhaltsaufklärung kann aber eine Berufung auf den ordre public rechtfertigen. Die Urteilsfindung wird dann gegen den ordre public verstoßen, wenn das Ergebnis der Urteilsanerkennung aus der Sicht des deutschen Rechts zu missbilligen ist. Hierbei ist auch auf das Ausmaß und die Bedeutung der Inlandsbeziehung des Sachverhalts abzustellen, der dem ausländischen Urteil zugrunde liegt (*BGH*, NJW 1992, 3096). Daher kann ein US-amerikanisches Urteil auf Strafschadensersatz (punitive damages) von nicht unerheblicher Höhe regelmäßig nicht für vollstreckbar erklärt werden (*BGH*, NJW 1992, 3096/3102).

134 Die **Unvereinbarkeit mit den Grundrechten** ist ein Unterfall des ordre public, wie dies aus der Gesetzesfassung „insbesondere“ ersichtlich ist. Grundrechte sind die des GG, der Länderverfassungen und der europäischen Menschenrechtskonvention (*EuGH*, NJW 2000, 1853; *BGH*, NJW-RR 10, 1221).

135 *ee) § 328 I Nr. 5 ZPO.* Die ZPO verlangt ferner für die Anerkennung eines streitigen Urteils die **Verbürgung der Gegenseitigkeit** (mit Ausnahme der in § 328 II ZPO genannten Fälle). Diese ist dann gewährleistet, wenn die Anerkennung eines deutschen Urteils im Entscheidungsstaat auf keine wesentlich größeren Schwierigkeiten stößt, als die Anerkennung des ausländischen Urteils im Inland (*Zöller/Geimer*, § 328 Rn. 177). Daher braucht **keine** absolute Sicherheit bestehen, dass die Gegenseitigkeit gegeben ist (vgl. die bei *Zöller/Geimer*, Anh. V aufgeführte Liste derjenigen Länder, mit denen die Gegenseitigkeit verbürgt ist).

III. Vollstreckung ausländischer Entscheidungen

1. Rechtsquellen

136 Für die Prüfung der Vollstreckungsvoraussetzungen ausländischer Entscheidungen gibt es ebenso wie für die Anerkennung von ausländischen Entscheidungen drei bedeutsame Rechtsquellen:

- VO (EG) **44/2001 des Rates über die gerichtliche Zuständigkeit und die Anerkennung und Vollstreckung Entscheidungen in Zivil- und Handelssachen,**
- **Staatsverträge** (insb. LGVÜ II),
- **§§ 722 und 723 ZPO,** wobei diese wegen des Vorrangs der Brüssel I-VO und von Staatsverträgen nur dann eingreifen, wenn solche nicht einschlägig sind.

Soweit jedoch im Einzelnen die **EuVTVO, die EuGFVO und die EuMVVO** anzuwenden sind, findet das Exequaturverfahren nach der Brüssel I-VO nicht statt, weil mit diesen Verordnungen das Vollstreckbarerklärungsverfahren abgeschafft worden ist, sodass unmittelbar aus dem ausländischen Titel in Deutschland ohne Einschaltung eines Richters die Vollstreckung betrieben werden kann. Für Unterhaltssachen gilt im Verhältnis der Mitgliedstaaten (mit Ausnahme von Dänemark und dem Vereinigten Königreich) auf Grund der VO (EG) 4/2009 des Rates über die Zuständigkeit, das anwendbare Recht, die Anerkennung u Vollstreckung von Entscheidungen u die Zusammenarbeit in Unterhaltssachen v 18. 12. 2009 dasselbe; auch für Titel, die auf dieser VO beruhen ist das Exequaturverfahren abgeschafft worden.

2. Verfahren

137 a) **AVAG.** Für die EuGVVO, das LGVÜ I und II und andere in § 1 AVAG aufgeführte Staatsverträge werden die die dortigen Verfahrensbestimmungen durch das Anerkennungs- und Vollstreckungsausführungsgesetz (AVAG) vom 19. 2. 2001 (BGBl. I S. 288; die Neubekanntmachung datiert vom 3. 12. 2009) ergänzt.

Für die übrigen Staatsverträge , die nicht in § 1 AVAG erwähnt sind, (vgl. die Zusammenstellung bei Thomas/Putzo/*Hüßtege*, § 328 Rn. 24 ff.) sind die einschlägigen Ausführungsgesetze zu beachten, die häufig auf § 1063 ZPO verweisen.

138 *aa)* Wenn der Titel aus einem Mitgliedstaat der **EuGVVO** stammt, ist das AVAG nur insoweit anzuwenden, als sich aus §§ 55 ff. AVAG nichts Abweichendes ergibt.

Es ist folgende Prüfung vorzunehmen:

Checkliste

138a **A.** Gibt es für die anzuerkennende Entscheidung eine speziellere Regelung als die EuGVVO (EU-VO oder gem. Art. 71)?

B. Falls nein:

I. Anwendungsbereich der EuGVVO eröffnet?

II. Liegt eine Entscheidung iSv Art. 32 vor?
Für öffentliche Urkunden (Art. 57) und Prozessvergleiche (Art. 58) sind die Vorschriften über Entscheidungen entsprechend anzuwenden (Zuständigkeit bei notariellen Urkunden: § 55 III AVAG)

III. Für die Anerkennung gilt:
1. Grds. wird jede Entscheidung anerkannt, ohne dass es eines besonderen Verfahrens bedarf, Art. 33 I (Ausnahme II: selbständiges Anerkennungsverfahren; Zuständigkeit und Verfahren: § 25 AVAG)
2. Kein Anerkennungshindernis nach Art. 34, 35
3. Keine Sachprüfung, Art. 36

IV. Für die Vollstreckung gilt:
1. Ohne förmliches Vollstreckbarerklärungsverfahren nach Art. 38 ff keine Vollstreckung
2. Zuständigkeit: Art. 39 Abs. 1 iVm Anh. II; Art. 39 Abs. 2 (Landgericht, dort der Vorsitzende einer Zivilkammer)
3. Antrag: Art. 40 I, 3 iVm Art. 53, 54, iVm Anh. V:
   - Vorlage der vollstreckungsfähigen Entscheidung
   - Bestätigung gem. Art. 54

4. Verfahren: Art. 41, keine Anhörung des Schuldners
5. Prüfungsumfang: Art. 41 (nur Formalien)
6. Entscheidung: § 8 AVAG (Anordnung, dass die ausländische Entscheidung mit der Vollstreckungsklausel zu versehen ist)
7. Erteilung der Vollstreckungsklausel durch den Urkundsbeamten der Geschäftsstelle, § 9 AVAG
8. Bekanntgabe der Entscheidung: § 10 AVAG

V. Rechtsbehelf: Art. 43 ff. iVm Anh. III (befristete Beschwerde)
- Frist: Art. 43 Abs. 5 (grds. 1 Monat nach Zustellung)
- Zuständigkeit: Art. 43 II iVm Anh. III (Oberlandesgericht)
- kontradiktorisches Verfahren (Art. 43 III)
- Prüfungsmaßstab: Art. 45 iVm Art. 34, 35
- keine Sachprüfung, Art. 45 II
- gegen Entscheidung des OLG: Rechtsbeschwerde: Art. 44 iVm Anh. IV

Wichtig: Im Verfahren nach der Brüssel I-VO prüft der Vorsitzende am LG im Exequaturverfahren gem. Art. 41 EuGVVO nur Formalien für die Vollstreckbarerklärung, erst in der Beschwerde werden die Anerkennungshindernisse durch das OLG geprüft (Art. 45 iVm Art. 34, 35 EuGVVO).

bb) Stammt der Titel nicht aus einem Mitgliedstaat der Brüssel I-VO, so gelten für Titel aus einem **LGVÜ II-Vertragsstaat oder aus Dänemark** dieselben Regeln wie sie für die EuGVVO anzuwenden sind (vgl. § 1 I Nr. 2 iVm §§ 55 ff. AVAG). 139

Soweit Titel aus einem **Vertragsstaat eines in § 1 I Nr. 1 AVAG** aufgeführten weiteren Staatsvertrags vorliegen, ist das AVAG unmittelbar anwendbar. Die Verfahren haben sich also angenähert, lediglich der Prüfungsmaßstab kann je nach anwendbarem Staatsvertrag unterschiedlich sein.
- Gem. § 3 AVAG ist zuständig der Vorsitzende der nach der Geschäftsverteilung zuständigen Kammer des Landgerichts, in dessen Bezirk der Wohnsitz des Schuldners liegt; hat er keinen Wohnsitz, so ist das LG zuständig, in dessen Bezirk die Zwangsvollstreckung durchgeführt werden soll.
- Die Erteilung der Vollstreckungsklausel setzt gem. § 4 AVAG den schriftlichen oder zu Protokoll der Geschäftsstelle gestellten Antrag eines Berechtigten voraus. Hierbei ist gem. § 5 AVAG ein Zustellungsbevollmächtigter zu benennen. Anwaltszwang besteht nicht (§ 6 III AVAG). Dem Antrag sind die zur Beurteilung der Erteilung der Vollstreckungsklausel notwendigen Urkunden beizulegen.
- Die Klausel wird ohne mündliche Verhandlung und ohne Anhörung des Gegners erteilt. Der Vorsitzende ordnet entweder die Erteilung der Vollstreckungsklausel nach Prüfung der Vollstreckungsvoraussetzungen nach dem Staatsvertrag an oder weist den Antrag durch Beschluss zurück (§ 8 AVAG). Die Klausel erteilt der Urkundsbeamte (§ 9 AVAG).
- Gegen die Anordnung, die Vollstreckungsklausel zu erteilen oder gegen den ablehnenden Beschluss findet die befristete Beschwerde an das OLG gem. §§ 11–16 AVAG statt. Die Rechtsbeschwerde an den BGH findet mit einer Notfrist von einem Monat gegen den Beschluss des OLG statt (§§ 15–17 AVAG).

b) **§§ 722, 723 ZPO.** Soweit die EuGVVO oder ein anderer **multi- bzw. bilateraler Staatsvertrag** (vgl. hierzu auch die Zusammenstellung bei Thomas-Putzo/*Hüßtege*, Anh. nach § 723 ZPO Rn. 3 ff.) **nicht anwendbar** ist, beurteilt sich die Vollstreckung aus einem ausländischen Urteil nach §§ 722, 723 ZPO. Danach ist für die **Vollstreckung** ein Vollstreckungs**urteil**, dass grds. auf Grund mündlicher Verhandlung nach 128 I ZPO ergeht, notwendig. 140

Für die Klage auf Erlass des **Vollstreckungsurteils** beurteilt sich gem. § 722 II ZPO
- die **örtliche Zuständigkeit** nach §§ 13–19 ZPO, hilfsweise nach § 23 ZPO (hierbei ist zu beachten, dass es sich um einen ausschließlichen Gerichtsstand handelt, § 802 ZPO) und
- die **sachliche Zuständigkeit** nach dem Streitwert.
- Das **Rechtsschutzbedürfnis** für eine solche Klage ist gegeben, wenn das Urteil einen vollstreckungsfähigen Inhalt hat.

Die Klage ist **begründet,** wenn
- eine **rechtskräftige** ausländische Entscheidung vorliegt,
- die nach **§ 328 ZPO anerkennungsfähig** ist und
- gegen den Anspruch keine nach **§ 767 II ZPO** zulässigen und begründeten **Einwendungen** geltend gemacht werden können.

In dem Tenor des Vollstreckungsurteils ist die nach Gericht, Datum, Aktenzeichen und vollstreckbaren Inhalt genau bezeichnete ausländische Entscheidung **für vollstreckbar zu erklären** (zum Ganzen vgl. Thomas/Putzo/*Hüßtege*, § 723 Rn. 8 ff.).

A. XXVI. Schiedsgerichtsverfahren

Dr. Heinrich Merl

Übersicht

Literatur: *Schütze,* Schiedsgericht und Schiedsverfahren, 4. Aufl. 2007; für den Rechtszustand bis 1. 1. 1998: *Schütze/Tschernig/Wais,* Handbuch des Schiedsverfahrens, 2. Aufl. 1990; *Schwab/Walter,* Schiedsgerichtsbarkeit, 1979. – Zur allg. Literatur siehe Literaturverzeichnis A. I.

I. Vorbemerkung

1 Der staatliche Richter wird mit dem Bereich des Schiedsverfahrens in mehrfacher Hinsicht befasst, nämlich zum einen aufgrund einer im Prozess vorgebrachten Einrede der Unzuständigkeit des Schiedsgerichts (die zur Klagabweisung führt) oder im Rahmen der nach §§ 1062 f. ZPO ausschließlich durch das jeweils zuständige Oberlandesgericht zu entscheidenden Anträge (insbesondere auf Bestellung oder Ablehnung eines Schiedsrichters sowie hinsichtlich der Vollstreckbarkeitserklärung). Zum anderen werden staatliche Richter häufig zu vorsitzenden Schiedsrichtern bestellt. Die hierbei für das Schiedsverfahren maßgeblichen Rechtsnormen finden sich im 10. Buch der ZPO, nämlich in §§ 1025–1066 ZPO.

II. Prüfungs-/Mitteilungspflichten des Schiedsrichters

2 Vor einem Tätigwerden als Schiedsrichter hat dieser zunächst zu prüfen, ob er entsprechend der Schiedsvereinbarung und in der nach § 1035 ZPO vorgesehenen Weise wirksam zum Schiedsrichter bestellt ist. Dazu bedarf es der Kenntnis der Schiedsvereinbarung der Parteien und des Bestellungsvorgangs. Entsprechende Unterlagen sind von den Parteien des Schiedsgerichtsverfahrens bzw. ihren anwaltlichen Vertretern anzufordern, zudem ggf. auch einschlägige Teile des Hauptvertrags. Von Bedeutung in diesem Stadium des Schiedsverfahrens ist die Offenbarungspflicht des Schiedsrichters nach § 1036 ZPO. Danach hat der Schiedsrichter alle Umstände offenzulegen, die Zweifel an seiner Unparteilichkeit oder Unabhängigkeit wecken können. Das betrifft insbesondere etwaige persönliche oder wirtschaftliche Beziehungen zu einer Partei (nicht allerdings zu einem Mitschiedsrichter, nachdem dieser ja selbst wiederum gegenüber den Parteien unabhängig und unparteiisch zu sein hat). Die nahe Beziehung des Schiedsrichters zum Bevollmächtigten einer Partei begründet als solche noch keine Befangenheit (*Zöller/Geimer,* § 1036 Rn. 11). Siehe zudem Rn. 4. Zu prüfen ist entsprechend § 1038 ZPO, ob dem Schiedsrichter die Tätigkeit rechtlich und tatsächlich möglich ist.

III. Annahmeerklärung des Schiedsrichters

3 Bei der alsbald gegenüber allen Parteien abzugebenden Erklärung, ob das Amt angenommen wird, bedarf es für den staatlichen Richter des Hinweises darauf, dass die Annahme ggf. nur vorbehaltlich einer noch zu erholenden dienstlichen Nebentätigkeitsgenehmigung angenommen wird. Diese Einschränkung der Annahmeerklärung ist für die Verbindlichkeit der Schiedsrichterbenennung ohne Einfluss, insbesondere liegt darin nicht etwa eine Ablehnungserklärung des Schiedsrichters. Sie eröffnet also insbesondere keiner Partei die Möglichkeit zur Bestellung eines Ersatzschiedsrichters nach § 1039 ZPO, das Ersatzbenennungsrecht wird erst dann von Bedeutung, wenn dem Schiedsrichter die erforderliche dienstliche Genehmigung für sein Tätigwerden als Schiedsrichter versagt wird. Für die Nebentätigkeitsgenehmigung wesentlich ist, das Einverständnis der übrigen Parteien mit der Schiedsrichterbenennung herbeizuführen, soweit die Benennung gem. §§ 1034, 1035 ZPO durch eine der Parteien erfolgt ist. Ist

der Vorsitzende des Schiedsgerichts durch die zuvor von den Parteien bestellten beisitzenden Schiedsrichter bestellt worden, so bedarf es keiner Zustimmungserklärung der Parteien.

IV. Schiedsrichterablehnung

Den Schiedsparteien steht gegenüber den bestellten Schiedsrichtern die Möglichkeit der Ablehnung wegen berechtigter Zweifel an der Unparteilichkeit oder Unabhängigkeit des Schiedsrichters gem. §§ 1036 f. ZPO zu. 4

Solche Gründe zu offenbaren, ist der Schiedsrichter verpflichtet (§ 1036 I 2 ZPO). Die Offenbarungspflicht besteht auch, wenn die Ernennung des Schiedsrichters durch das staatliche Gericht gem. § 1035 ZPO oder durch (von den Schiedsparteien unabhängige) Dritte erfolgt ist, denn auch der von Dritten oder dem Gericht ernannten Schiedsrichter kann gemäß § 1036 II ZPO abgelehnt werden (*Musielak/Voit,* ZPO, § 1035 Rn. 13).

Berechtigte Zweifel an der Unparteilichkeit oder Unabhängigkeit des Schiedsrichters liegen vor, wenn die Besorgnis der Befangenheit entspr. § 42 ZPO besteht wie auch bei einem gesetzlichen Ausschluss vom Richteramt gem. § 41 ZPO (Zusammenstellung von Beispielsfällen bei *Baumbach/Lauterbach/Albers/Hartmann,* § 1036 Rn. 4).

Den Parteien steht es frei, Ablehnungsgründe zu erweitern oder einzuschränken oder besondere Voraussetzungen für das Amt des Schiedsrichters zu vereinbaren (*Musielak/Voit,* § 1036 ZPO Rn. 9). Erfüllt ein Schiedsrichter die vereinbarten besonderen Voraussetzungen nicht, kann er nach § 1036 ZPO abgelehnt werden. Die Schiedspartei, die einen Schiedsrichter bestellt hat, ist zur Ablehnung dieses Schiedsrichters nur dann berechtigt, soweit ihr Gründe erst nach der Bestellung bekannt geworden sind (§ 1036 II 2 ZPO).

Der Antrag richtet sich zunächst an das Schiedsgericht(§ 1037 II ZPO), bei der Entscheidung über das Ablehnungsgesuch wirkt auch der abgelehnte Schiedsrichter mit (*Baumbach/Lauterbach/Albers/Hartmann,* § 1037 Rn. 4). Gibt das Schiedsgericht dem Ablehnungsantrag nicht statt, kann der Antrag sodann gem. § 1037 III ZPO vor dem staatlichen Gericht weiter verfolgt werden. Zuständig für die Entscheidung über die Ablehnung des Schiedsrichters ist sodann das jeweilige zuständige OLG gem. § 1062 ZPO. Stimmt die andere Partei der Ablehnung zu, scheidet der Schiedsrichter gem. § 1037 II ZPO ohne Entscheidung des Schiedsgerichts aus. Der Schiedsrichter kann auch seinerseits vom Amt des Schiedsrichters zurücktreten. Sodann kommt es zu Bestellung eines Ersatzschiedsrichters gem. § 1039 ZPO.

V. Konstituierung des Schiedsgerichts

Sind sämtliche Schiedsrichter wirksam bestellt, hat sich das Schiedsgericht zu konstituieren, dh nach außen seine Tätigkeit aufzunehmen, was zweckmäßigerweise durch einen schriftlichen Konstituierungsbeschluss erfolgt, der den Parteien zugestellt wird. Zusammenhängend damit empfehlen sich Regelungen über Formalien des Verfahrensablaufs (zB über Zustellung von Ladungen und Entscheidungen des Schiedsgerichts, über die unmittelbare Zustellung von Schriftsätzen zwischen den Parteien bzw. Parteivertretern). Daneben wird in den begleitenden Anordnungen zur Konstituierung ein Auslagen- und Gebührenvorschuss den Parteien abverlangt, ggf. der Ort des schiedsrichterlichen Verfahrens (§ 1043 I ZPO) und der Sitzungsort des Schiedsgerichts benannt (§ 1043 II ZPO) und Frist zur Einrichtung der Klage gem. § 1046 ZPO gesetzt werden. 5

VI. Verfahrensablauf

Wesentlicher Grundsatz des weiteren Verfahrensablaufs ist der Grundsatz fairen Verfahrens, der insbesondere erfordert, jeder Partei hinreichend rechtliches Gehör zu gewähren, wie dies insbesondere durch § 1047 II, III ZPO gesichert wird. Ob mündlich verhandelt oder das Verfahren auf der Grundlage von Schriftstücken und anderen Unterlagen durchgeführt wird, entscheidet das Schiedsgericht vorbehaltlich einer Vereinbarung der Parteien (§ 1047 I ZPO). In aller Regel wird sich empfehlen, mündliche Verhandlung durchzuführen. 6

Das Verfahren kann auch teils mündlich, teils schriftlich geführt werden, wobei vorgelegte Schriftstücke als Prozessstoff auch dann zu berücksichtigen sind, wenn die Schiedsparteien in der mündlichen Verhandlung hierauf nicht Bezug genommen haben (*Thomas/Putzo/Reichold/Hüßtege,* § 1048 Rn. 1). Die Parteien können durch Vereinbarung die mündliche Verhandlung ausschließen.

Haben die Parteien eine mündliche Verhandlung nicht durch Vereinbarung ausgeschlossen, hat das Schiedsgericht eine mündliche Verhandlung in einem geeigneten Abschnitt des Verfahrens durchzuführen, wenn eine Partei dies beantragt (§ 1047 I 2 ZPO). Es steht in der Beurteilung des Schiedsgerichts, wann es ein Verfahrensstadium als geeignet ansieht, eine beantragte mündliche Verhandlung durchzuführen.

Der Schiedsspruch kann auch dann schriftlich verkündet werden (mit Zustellung an die Parteien bzw. ihre Vertreter), wenn die Schiedsparteien die mündliche Verhandlung vereinbart haben. Schriftlich erlassen werden wird insbesondere ein Schiedsspruch mit vereinbartem Inhalt, wenn die Parteien zunächst einen widerruflichen und sodann nicht widerrufenen Vergleich geschlossen haben.

Die Parteien sind von jeder Verhandlung und von jeder Beweisaufnahme rechtzeitig in Kenntnis zu setzen (§ 1047 II ZPO). Schriftsätze, Schriftstücke und sonstige Mitteilungen, die dem Schiedsgericht von einer Partei vorgelegt werden, sind der anderen Partei zu Kenntnis bringen (§ 1047 II ZPO). Zur Entlastung des Schiedsgerichts, insbesondere des Vorsitzenden des Schiedsrichters, ist es zweckmäßig, die unmittelbare Zustellung von Schriftsätzen mit Anlagen durch die Parteien zu vereinbaren. Das Schiedsgericht kommt aber nicht umhin, sich der unmittelbaren Parteizustellung zu versichern.

VII. Schiedsgerichtsvereinbarung

7 Nach Eingang der Schiedsklage hat sich die Prüfung des Schiedsgerichts der Frage der eigenen Zuständigkeit zuzuwenden. Insoweit besteht eine Prüfungs- und Hinweispflicht (*Baumbach/Lauterbach/Albers/Hartmann,* § 1040 Rn. 2) .

8 Dies bedeutet unter anderem die Prüfung, ob eine wirksame Schiedsvereinbarung vorliegt, die Vereinbarung sich auf schiedsfähige, also vermögensrechtliche Ansprüche bezieht (§ 1030 ZPO), und ob diese insbesondere den geltend gemachten Anspruch erfasst.

9 Die Schiedsvereinbarung kann wirksam bereits bei Abschluss des Hauptvertrages im Hinblick auf künftig auftretende Fragen geschlossen werden oder im Nachhinein, auch beschränkt auf eine bereits aufgetretene Rechtsstreitigkeit (§ 1029 ZPO). In der Mehrzahl der Fälle wird die Schiedsvereinbarung bereits bei Abschluss des Hauptvertrages getroffen. Zum notwendigen Mindestinhalt der Schiedsvereinbarung vgl. § 1029 ZPO. (In der Regel enthalten Schiedsvereinbarungen zudem Verfahrensregeln, insbesondere zur Bestellung der Schiedsrichter.)

10 Die Formvorschriften für die Schiedsvereinbarung sind für den gewerblichen (nicht nur kaufmännischen) Bereich durch die zum 1. 1. 1998 eingetretene Rechtsänderung gelockert worden. Nach § 1031 I ZPO muss die Schiedsvereinbarung für den **gewerblichen Bereich** entweder in einem von beiden Parteien unterzeichneten Schriftstück enthalten sein oder in zwischen den Parteien gewechselten Schreiben, Fernkopien, Telegrammen oder andere Formen der Nachrichtenübermittlung, soweit diese einen sicheren Nachweis der Schiedsvereinbarung ermöglichen.

11 Zudem genügt für den **gewerblichen Bereich** bereits, wenn die Schiedsvereinbarung in einem von der einen Partei an die andere Partei oder von einem Dritten beiden Parteien übermittelten Schriftstück enthalten ist und der Inhalt des Schriftstücks im Fall des nicht rechtzeitig erfolgten Widerspruchs nach der Verkehrssitte als Vertragsinhalt angesehen wird. Damit sind auch Schiedsvereinbarungen mittels **kaufmännischem Bestätigungsschreiben** wirksam (*Baumbach/Lauterbach/Albers/Hartmann,* § 1031 Rn. 6).

12 Ist ein Verbraucher beteiligt, nämlich eine natürliche Person, die **weder zu gewerblichen noch freiberuflichen Zwecken** handelt, so ist die Schiedsvereinbarung nur dann wirksam, wenn sie in einer von beiden Parteien eigenhändig unterzeichneten Urkunde enthalten ist, die – sofern es sich nicht um eine notarielle Urkunde handelt – keine andere Vereinbarungen als zum schiedsrichterlichen Verfahren enthalten darf (§ 1031 V ZPO).

VIII. Zuständigkeitsrüge

13 Der Mangel der Form wird durch die **rügelose Einlassung** der Parteien zur Hauptsache in der schiedsgerichtlichen Verhandlung geheilt. Ausreichend ist auch die rügelose Einlassung zur Hauptsache in einem Schriftsatz (*Baumbach/Lauterbach/Albers/Hartmann,* § 1031 Rn. 13) Für den Schiedskläger liegt dies bereits in der an das Schiedsgericht eingereichten Klage (§ 1044 S. 1 ZPO). Rügt der Schiedsbeklagte bei schriftlichem Verfahren die Unzuständigkeit des Schiedsgerichts, so führt seine gleichzeitige vorsorgliche Erklärung zur Hauptsache nicht zur Heilung einer formunwirksamen Schiedsvereinbarung.

14 Gemäß § 1040 ZPO entscheidet das Schiedsgericht über die eigene Zuständigkeit und im Zusammenhang damit über das Bestehen oder die Gültigkeit der Schiedsvereinbarung. Diese ist hierbei gem. § 1040 I 2 ZPO in Abweichung von § 139 ZPO nicht von der Wirksamkeit des Hauptvertrags im Übrigen abhängig, auch wenn die Schiedsvereinbarung Bestandteil des Hauptvertrages sein sollte.

15 Die Rüge der Unzuständigkeit des Schiedsgerichts ist von den Schiedsbeklagten gem. § 1040 II 1 ZPO spätestens mit der Klageerwiderung vorzubringen. Tritt ein Verlust des Rügerechts ein, ist die Unzuständigkeitsrüge auch für das Vollstreckbarerklärungsverfahren (§ 1060 f. ZPO) sowie für das Aufhebungsverfahren (§ 1059 ZPO) ausgeschlossen (*Baumbach/Lauterbach/Albers/Hartmann,* § 1040 Rn. 3).

16 Hält sich das Schiedsgericht auf Rüge gem. § 1040 II ZPO für unzuständig, so weist es die Klage als unzulässig ab. Geht das Schiedsgericht von der Zuständigkeit aus, ist gem. § 1040 III ZPO in der Regel ein entsprechender Zwischenentscheid zu erlassen, der wiederum nach § 1059 ZPO mit Klage zum staatlichen Gericht angefochten werden kann.

IX. Säumnisregeln

Die Verfahrensregeln der §§ 1042 f. ZPO entsprechen weitgehend dem Verfahren vor den staatlichen Gerichten, freilich ua mit der wesentlichen Abweichungen, dass bei Säumnis des Schiedsbeklagten kein allein darauf gestützter Säumnisschiedsspruch erlassen werden kann. Vielmehr ist der Schiedsspruch gem. § 1048 ZPO „nach den vorliegenden Erkenntnissen" zu erlassen (entspr. § 251 a ZPO). Bei Säumnis der Klagepartei mit der Klageeinreichung ist das schiedsrichterliche Verfahren gem. § 1048 I ZPO zu beenden, und zwar durch Beschluss entsprechend § 1056 ZPO. § 1056 ZPO enthält zudem weitere Beendigungsgründe, die dem Verfahren vor dem staatlichen Gericht unbekannt sind (s. § 1056 II 2, 3 ZPO). 17

X. Schiedsspruch

Form und Inhalt eines Schiedsspruchs sind in § 1054 ZPO geregelt, wobei insbesondere auf die Notwendigkeit hinzuweisen ist, nicht nur den Tag, sondern auch den nach § 1043 I ZPO bestimmten Ort des Schiedsverfahrens im Schiedsspruch anzugeben. Ausgenommen bei gütlicher Einigung und einem Schiedsspruch mit vereinbartem Inhalt besteht Begründungspflicht. Jeder Partei ist ein von dem Schiedsrichtern unterschriebener Schiedsspruch (Original) zuzustellen. Zur Ergänzung und Berichtigung des Schiedsspruchs vgl. § 1058 ZPO. Zu den gegen den Schiedsspruch möglichen Rechtsbehelfen vgl. §§ 1059 f. ZPO. 18

XI. Schiedsvergleich/Schiedsspruch mit vereinbartem Inhalt

Vergleichen sich die Parteien während des schiedsrichterlichen Verfahrens, so beendet das Schiedsgericht das Verfahren (§ 1053 I 1 ZPO). Nur auf Antrag aller Parteien hält es den Vergleich in der Form eines Schiedsspruchs mit vereinbartem Wortlaut fest (§ 1053 I 2 ZPO), der sodann von den staatlichen Gerichten, mit Zustimmung der Parteien aber auch durch einen Notar gem. § 1060 I ZPO bzw. § 1053 IV ZPO für vollstreckbar erklärt werden kann. Schließen die Parteien einen widerruflichen oder unter einer aufschiebenden Bedingung stehenden Vergleich, so kann ein Schiedsspruch mit vereinbartem Wortlaut erst nach Verlust des Widerrufsrechts bzw. dem Eintritt der aufschiebenden Bedingung ergehen. Der Antrag der Partei auf Erlass eines Schiedsspruchs mit vereinbartem Inhalt kann jedoch bereits vorher gestellt werden und bindet die Parteien insoweit. 19

B. Sonderbereiche des Zivilprozesses

B. I. Der Arzthaftungsprozess

Prof. Dr. Gerhard H. Schlund

Übersicht

Literatur: *Andreas/Debong/Bruns,* Handbuch Arztrecht in der Praxis, 2001; *Bayerlein,* Praxishandbuch Sachverständigenrecht 4. Aufl. 2008; *Bergmann/Wever,* Die Arzthaftung, 3. Aufl. 2009, *Deutsch/Spickhoff,* Medizinrecht 6. Aufl. 2008; *Dörfler/Eisenmenger/Lippert/Wandl,* Medizinische Gutachten 2008; *Ehlers/Broglie* (Hrsg.), Arzthaftungsrecht 4. Aufl. 2008; *Ehlers* (Hrsg.), Medizinisches Gutachten im Prozess 3. Aufl. 2005; *Frahm/Nixdorf/Walter,* Arzthaftungsrecht 4. Aufl. 2009; *Franzki,* Der Arzthaftungsprozess 1984, *Gehrlein,* Grundriss der Arzthaftung 2. Aufl. 2006; *Geiß/Greiner,* Arzthaftpflichtrecht 6. Aufl. 2009; *Laufs/Katzenmeier/Lipp,* Arztrecht 6. Aufl. 2009; *Laufs/Kern* (Hrsg.), Handbuch des Arztrechts 4. Aufl. 2010; *Martis/Winkhart-Martis,* Arzthaftungsrecht 3. Aufl. 2010; *Schmid,* Die Passivlegitimation im Arzthaftpflichtprozess 1988; *Seehafer,* Der Arzthaftungsprozess in der Praxis 1991; *Steffen/Pauge,* Arzthaftungsrecht 11. Aufl. 2010; *Stegers/Hansis/Alberts/Scheuch,* Sachverständigenbeweis im Arzthaftungsrecht 2. Aufl. 2008; *Terbille* (Hrsg.), Münchener Anwaltshandbuch Medizinrecht 2009; *Wenzel* (Hrsg.) Handbuch des Fachanwalts Medizinrecht 2. Aufl. 2009.

I. Vorbemerkung

Ehe die Besonderheiten des Arzthaftungsprozess thematisiert werden, erscheinen einige wenige Fakten und Zahlen vorausschickungswürdig: 1

Nach verschiedenen Hochrechnungen soll es angeblich jährlich zu ca. 650–700 Mio. ambulanten Arzt-Patienten-Kontakten kommen, und ca. 16–17 Mio. Patienten werden stationär behandelt. Im Rahmen dieser Gesamtmenge an Patienten, die sich ihren Ärzten anvertrauen, sollen zwischen 100.000 und 400.000 ärztliche Behandlungsfehler geschehen. Die Konsequenz hieraus ist, dass es jährlich zu ca. 30.000 und mehr Zivilverfahren gegen Ärzte kommt, von denen aber nicht einmal die Hälfte zu Lasten der behandelnden Mediziner ausgehen. Dafür muss jeder Arzt gemäß seiner Berufsordnung angemessen – sprich ausreichend – berufshaftpflichtversichert sein.

Dass ein Zivilrechtsstreit des Patienten gegen seinen Arzt vor allem dessen Reputation schädigt, denn die allgemeinen Medien interessieren sich sehr für diese Art von gerichtlichen Auseinandersetzungen, versteht sich an und für sich von selbst. Zudem kann ein solches Verfahren auch ziemlich teuer werden. Erwähnt seien hier nur einige wenige Gerichtsentscheidungen, die sich zur Haftungshöhe bei während der Geburt nachhaltig geschädigten Kindern geäußert haben. Hierfür sei stellvertretend das OLG Hamm (VersR 2002, 1165) erwähnt, das mit Urteil vom 16. 1. 2002 einem durch Geburt schwerst geschädigten Kind ein Schmerzensgeld von 500.000 EUR zusprach. Auch das LG Kiel (DAR 2006, 396) erkannte einem schwerst unfallverletzten Kind einen Schmerzensgeldkapitalbetrag von ebenfalls 500.000 EUR und eine lebenslang zu zahlende monatliche Schmerzensgeldrente von 500 EUR zu. Zu diesen Schadenspositionen kommen u. a. auch dann noch ein behindertengerechter Umbau der Wohnung oder des Hauses der Eltern und evtl. Betreuungskosten „rund um die Uhr". Im Streitfall des LG Kiel waren es neben den Eltern sieben Krankenschwestern und ein Pfleger. Solche Dienstleistungen gehen dann leicht in die tausende Euro pro Monat.

Wie jede Spezialmaterie, so hat auch der Arzthaftungsprozess in den vergangenen Jahrzehnten gewisse „Eigenarten" angenommen und haben sich bei ihm bestimmte prozessuale „Verhaltensmuster" herausgebildet. Diese kurz aufzulisten bzw. darzustellen, soll in diesem Kapitel geschehen.

II. Haftungstatbestände und Passivlegitimation

2 Bei den Haftungstatbeständen im Rahmen eines Arzthaftungsprozess muss – nicht nur, weil sie meist anspruchshäufend vorgetragen werden – zwischen **vertraglichen** einerseits und **deliktischen** Ansprüchen andererseits unterschieden werden. Diese treffen idR nicht nur im Krankenhausbereich, sondern auch bei jedem niedergelassenen Arzt zu.

In diesem Zusammenhang erscheint der Hinweis angebracht, dass vertragliche Ansprüche auch dem sog. Kassenpatienten zustehen, denn nach der Rechtsprechung des BGH (*BGHZ* 76, 259, 261; 97, 273, 276; 100, 363, 367) besteht für diesen mit seinem Arzt ebenfalls ein zivilrechtlicher Vertrag, mit dienstvertraglicher Natur.

1. Vertragliche Ansprüche

3 Erwähnt werden sollen hier lediglich die etwas komplizierteren Vertragsverhältnisse im **Krankenhaus-** und **Klinikbereich.**

4 a) **Einheitlicher (totaler) Krankenhausaufnahmevertrag.** Dieser umfasst die ärztliche wie auch die pflegerische Fürsorge. Bei schuldhaften Verstößen gegen dessen Pflichten haftet allein der **Anstaltsträger** (Träger einer Universitätsklinik kann sowohl das Land [wie etwa in Bayern], aber auch die Universität selbst sein [wie etwa in Rheinland-Pfalz]; vgl. hierzu *BGHZ* 96, 360; NJW 1988, 2298) gemäß § 278 BGB für alle seine Erfüllungsgehilfen; somit für die Ärzte (für die leitenden Krankenhausärzte gemäß §§ 278, 31, 89 BGB), die Krankenschwestern, die Pfleger und die sonstigen Hilfspersonen (diese selbst trifft nur eine deliktische Einstandspflicht, vgl. hierzu *BGHZ* 95, 63, 67).

5 b) **Gespaltener Krankenhausaufnahmevertrag.** Danach trägt der Krankenhausbetreiber in aller Regel die Haftung für die allgemeine ärztliche Assistenz sowie für das nichtärztliche Personal der Grund-, Funktions- und Behandlungspflege.

Auf der anderen Seite tragen der **Belegarzt** (zu den Pflichten des Trägers eines Belegkrankenhauses vgl. *OLG Stuttgart,* NJW 1993, 2384) und der **selbstliquidierende leitende Krankenhausarzt** die Verantwortung für die von ihnen in ihrem Leistungsbereich zugezogene ärztliche Assistenz (§ 278 BGB), denn diese Kräfte nehmen deren Pflichten und Aufgaben wahr. Der selbstliquidierende leitende Krankenhausarzt ist in seinem eigenen ärztlichen Leistungsbereich auch der alleinige Vertragsschuldner des Patienten (*BGHZ* 85, 393, 397 = NJW 1983, 1347 = VersR 1983, 244). Der Krankenhausträger ist hingegen nur Vertragspartner (und damit Haftungsverantwortlicher) im Bereich der allgemeinen Krankenhausleistungen wie der Bereitstellung der technisch-apparativen Einrichtungen des Krankenhauses und hinsichtlich der Verrichtungen des nichtärztlichen Pflegedienstes.

6 c) **Einheitlicher Krankenhausaufnahmevertrag mit ärztlichem Zusatzvertrag.** Sinn und Zweck dieser für den Arzt-Wahlleistungs-Patienten (iSd Bundes-Pflegesatz-Verordnung vom 26. 9. 1994 (BGBl. I S. 2750), zuletzt geändert am 24. 7. 2010 (BGBl. I S. 983, 986) als **Regelfall** geltenden Vertragsverbindung ist die Konzentration der Vertragshaftung beim Krankenhausträger und zwar für alle im stationären Behandlungsverhältnis zu erbringenden Leistungen; seien es solche der ärztlichen oder der nichtärztlichen Betreuung. Der vertraglichen Verpflichtung zur Erbringung aller Behandlungsleistungen entspricht hier die Haftungszuweisung zu Lasten des Krankenhausträgers für alle an der Behandlung Beteiligten (§ 278 BGB). Dies gilt für die gesamte nichtärztliche Pflege, die nachgeordnete ärztliche Assistenz und auch für den selbstliquidierenden Arzt, der im Leistungsbereich der übernommenen ärztlichen Wahlleistungen zwar vertraglicher Selbsthafter ist, zugleich aber auch Haftungsvermittler im Sinn von § 278 BGB für den Träger (*BGHZ* 95, 63, 70 = NJW 1985, 2189, 2190 = VersR 1985, 1043, 1044; MDR 1993, 423; *BGHZ* 121, 107, 110 ff.; sowie *Geiß/Greiner,* S. 29).

Der zwischen den Patienten und dem selbstliquidierenden leitenden Krankenhausarzt über die ärztliche Wahlleistung geschlossene Arzt**zusatz**vertrag begründet aber auch noch ein **zusätzliches vertragliches** Haftungsband zu dem jeweils selbstliquidierenden Arzt.

2. Deliktische Ansprüche

7 Bei der Übernahme der Behandlung durch den Arzt oder der Beteiligung an einer derartigen Behandlung durch den Arzt oder das nichtärztliche Personal erwachsen allen daran Beteiligten gesetzliche Pflichten zum Schutze und zur Erhaltung der Gesundheit des Patienten nach den Vorschriften der §§ 823 ff. BGB. Gehaftet wird hier jedoch nur aufgrund Verschuldens, für Verstöße gegen Behandlungspflichten sowie gegen Sorgfaltsverpflichtungen und bei entsprechender Bejahung der Kausalität.

8 a) **Eigenhaftung.** Jeder an der Behandlungsaufgabe Beteiligte haftet selbstverständlich stets für eigenes Verschulden persönlich.

9 b) **Haftung für Dritte.** *aa) Organhaftung.* Diese stützt sich auf §§ 823, 839, 31, 89 BGB. Die in der Rechtsform der juristischen Person betriebenen Krankenhausträger – ob privat-, oder öffentlich-recht-

lich verfasst – haften insoweit für ihre verfassungsmäßigen Vertreter deliktisch nach den Grundsätzen der **Organhaftung** unmittelbar und **ohne** Exkulpationsmöglichkeit (§§ 31, 89 BGB). Hierzu besteht eine umfangreiche höchstrichterliche Rechtsprechung (vgl. statt vieler: *BGHZ* 77, 74, 79; 95, 63, 70; 121, 107, 110 ff.; sowie *Laufs/Kern* in: Laufs/Kern, S. 1253 ff.).

bb) Haftung für Verrichtungsgehilfen. Die deliktische Geschäftsherrenhaftung für Verrichtungsgehilfen untersteht gleichwohl der Verschuldenshaftung. Geschäftsherr für diese deliktische Haftungszuweisung ist derjenige, dessen Behandlungsaufgabe der Gehilfe wahrnimmt. Da die widerrechtliche Schadenszufügung durch den Verrichtungsgehilfen ein Verschulden des Geschäftsherrn bei der Auswahl oder der Leitung dieses Verrichtungsgehilfen und dessen Kausalität für den Schaden vermuten lässt, steht dem Geschäftsherrn dieser Vermutung des (Eigen-)Verschuldens und der Kausalität für den Schaden gegenüber der Entlastungsbeweis des § 831 I 2 BGB zu. 10

cc) Organisationsverschulden. Es dürfte bekannt sein, dass sich vertragliche und deliktsrechtliche Bezüge überlagern (können). Der Unterschied beim Einstehenmüssen für das Verhalten von Hilfspersonen nach § 278 BGB oder § 831 BGB erscheint heutigem Verständnis entsprechend von geringerem Gewicht. Zudem haben die Gerichte die Exkulpationsmöglichkeit gemäß § 831 I 2 BGB durch hohe Anforderungen an dieselbe derart erschwert, dass damit die verschiedenen Einstandspflichten für diese Hilfspersonen im Endergebnis quasi einander angeglichen sind. 11

Das von der Rechtsprechung entwickelte Rechtsinstitut des **Organisationsverschulden** schließt (im Übrigen) noch vorhandene Lücken des alt überkommenen Deliktsrechts (*Laufs/Kern* in: Laufs/Kern, S. 1253 ff.).

Unter dem Begriff des organisatorischen Fehlverhaltens als Behandlungsfehler ist folgendes zu verstehen: Sowohl unter vertrags- wie auch deliktsrechtlichen Aspekten gewinnen die organisatorischen Sorgfaltspflichten eines jeden Arztes wie auch der Krankenhausträger immer mehr an Gewicht, denn je größer die Zahl der an den Diagnose- und Therapiemaßnahmen beteiligten Ärzte, Techniker und nichtärztlichen Hilfskräfte, je komplizierter und gefährlicher die apparativen und medikamentösen Mittel, je komplexer das arbeitsteilige Medizingeschehen in einem großen (Krankenhaus-)Betrieb ist, desto mehr Umsicht und Einsatz erfordern **Planung, Koordination** und die **Kontrolle** der (klinischen) **Abläufe.** Deshalb stellen die Gerichte sehr hohe Ansprüche an die Sorgfalt der Verantwortlichen. Derartige organisatorische Nachlässigkeiten und Versäumnisse der Verantwortlichen, etwa bei der Auswahl, Einteilung und Anleitung von Mitarbeitern/innen mit mangelnder und/oder den Anforderungen nicht gewachsener Qualifikation, aus unzulänglicher Kommunikation oder Koordination, können dem Patienten zum Verhängnis werden. Daher wertet die Rechtsprechung (vgl. *Laufs/Kern* in: Laufs/Kern, S. 1253 ff.) Verstöße der Ärzte und Krankenhausverantwortlichen gegen diese zum Schutz der Patienten bestehenden organisatorischen Pflichten als **Behandlungsfehler** (Beispiel: *BGH,* NJW 1993, 2989; vgl. hierzu auch die umfangreich zitierte Rechtsprechung bei *Steffen/Pauge,* Rn. 196 ff.).

c) **Ärztliche Tätigkeit im hoheitlichen Bereich.** Statt der Haftungsgrundlagen des privaten Behandlungsvertrags und der allgemeinen Deliktshaftung kann auch eine **Staatshaftung** für **hoheitliches Handeln** in Frage kommen. Verwiesen sei für den **ambulanten** Bereich auf: 12

- beamtete Ärzte der Gesundheits- und Versorgungsämter (*BGHZ* 59, 310, 313; 126, 386, 387 ff.);
- Vertrauensärzte der LVA (*BGH,* VersR 1978, 252);
- Vertrauensärzte einer Knappschaft (*BGH,* VersR 1961, 225);
- Durchgangsärzte eines gesetzlichen Unfallträgers (*BGHZ* 63, 265);
- Amtsärzte (im Auftrag) des Arbeitsamtes (*BGH,* LM Nr. 2 zu § 839 [Fc] BGB).

Im **stationären** Bereich auf: 13

- truppenärztliche Versorgung in Bundeswehrkrankenhäusern (*BSGE* 57, 171, 173);
- bei stationärer Zwangsbehandlung von Untergebrachten (ständige Rechtsprechung; vgl. *Geiß/Greiner,* S. 46).

Besonders beachtet werden muss zu § 839 BGB jedoch, dass ein beamteter Arzt für Schäden aus Versäumnissen einer **ambulanten** Behandlung seines **Privatpatienten** nicht nach § 839 BGB haftet, so dass er sich auch nicht auf das Verweisungsprivileg des Abs. 1 Satz 2 BGB berufen kann. Dies gilt zudem auch für seinen Vertreter, nicht aber für nachgeordnete Ärzte (*BGH,* VersR 1993, 357).

III. Arzthaftungsprozesse vor Spezialkammern und -senaten

Schon seit vielen Jahren vertritt der BGH die Ansicht (*BGH,* NJW 1980, 2751 = VersR 1980, 940; VersR 1985, 342; VersR 1993, 836), dass im Hinblick auf die doch oft sehr komplexen und für jeden Juristen nicht zu selten äußerst schwierigen Fragen in Arzthaftungsprozessen der Bildung von Fachkammern und Spezialsenaten eine besondere Bedeutung zukommt. Denn Schwierigkeiten können gleichermaßen auftreten etwa beim Erfassen des Sachverhalts, bei der Erhebung der Beweise, bei ihrer Würdigung und bei der Rechtsanwendung. 14

IV. Keine Übertragung auf und keine Beweisaufnahme vor dem Einzelrichter

15 Im übrigen meinen verschiedene Oberlandesgerichte (etwa: *OLG Nürnberg,* NJW-RR 1993, 573; *OLG Celle,* VersR 1993, 483; *OLG Karlsruhe,* VersR 1994, 860, zuletzt wieder MDR 2006, 332), dass es einen **wesentlichen Verfahrensmangel** (iSd ZPO) darstelle, wenn ein Arzthaftungsprozess an den Einzelrichter übertragen wird, denn dies verbiete sich schon deshalb, weil es sich insoweit meist um tatsächlich und rechtlich besonders schwierig gelagerte Fälle handelt. Mit Einverständnis der Parteien kann dies jedoch anders gehandhabt werden (so *BGH,* NJW 1989, 2321). Es hat deshalb auch die mündliche Erläuterung eines schriftlich erstatteten medizinischen Sachverständigengutachtens vor dem vollbesetzten Spezialspruchkörper und nicht vor dessen Einzelrichter stattzufinden (vgl. hierzu auch noch *BGH,* NJW 1980, 2751, NJW 1993, 2375, 2377 und NJW 1994, 801 = VersR 1994, 52; sowie *Spickhoff,* NJW 2006, 1630, 1636).

V. Sachverhaltsermittlung von Amts wegen

16 Entgegen der ansonsten im Zivilverfahren herrschenden Parteimaxime erachtet es der BGH in seiner ständigen Rechtsprechung (vgl. ua VersR 1980, 533; 1982, 168; NJW-RR 1989, 1275; NJW 1991, 1541; 1992, 722; VersR 1992, 747) im Arzthaftungsprozess für erforderlich, die entsprechende Sachverhaltsaufklärung/-ermittlung von **Amts wegen** zu betreiben. Der BGH folgert diese Verpflichtung aus dem Umstand, dass „in Arzthaftprozessen der Patient im allgemeinen die medizinischen Vorgänge und Zusammenhänge nur unvollkommen zu überblicken vermag und deshalb in gewissem Umfang darauf angewiesen ist, dass der Sachverhalt (erst) durch Erholung eines Sachverständigengutachtens aufbereitet wird“ und vielfach sich die „genauere Problemstellung erst aus dem Sachverständigengutachten ergeben“ kann. Dann erst kann nämlich die Partei auf dieser Grundlage ihr Vorbringen präzisieren. Hierzu muss der Tatsachenrichter den klagenden Parteien gewisse Hilfestellungen geben (vgl. hierzu *Ulsenheimer* in: Laufs/Kern, S. 1308/1309; sowie die unter IX. 1 a, b zitierten BGH- und OLG-Urteile).

Das heißt aber noch lange nicht, dass es dem Instanzrichter gestattet ist, vom klagenden Patienten fordern zu können, seine **sämtlichen** Ärzte von der Verschwiegenheit entbinden zu müssen. Eine solche Aufforderung erscheint nur dann zulässig, wenn sie wenigstens (im weitesten Sinne) im Zusammenhang mit dem behaupteten iatrogenen Schaden steht.

VI. Allgemeine Grundsätze für das Beweisverfahren im Arzthaftungsprozess

17 Bereits seit vielen Jahren hat der BGH (vgl. etwa NJW 1980, 2751) allgemeine Grundsätze für das **Beweisverfahren** im Arzthaftungsprozess aufgestellt. Diese geben zusammengefasst folgendes Bild:

- Die Beweisaufnahme und das Absetzen des späteren Urteils erfordern ein besonderes Maß an kritischer Sorgfalt;
- die Tatsachenfeststellungen zwingen zu gesteigerter Aufmerksamkeit (vgl. hierzu *OLG Karlsruhe,* MDR 2010, 1055);
- die Frage der Objektivität des Gutachters muss absolut zweifelsfrei zu beantworten sein und die Gründe hierzu dürfen in der Entscheidung nicht zu knapp ausfallen;
- das Gebot der „Waffengleichheit“ (vgl. hierzu *Franzki/Franzki,* NJW 1975, 2225) im Arzthaftungsprozess verpflichtet den Richter, in besonderem Maße sogar den Sachverständigen im Zuge der ihm gleichwohl anvertrauten mündlichen Bekundungen zu Erläuterungen zu veranlassen, die seine sachkundige Meinungsbildung auch für einen aufgeschlossenen Nichtmediziner in möglichst weitem Umfang logisch überprüfbar und nachvollziehbar machen. Insoweit besteht eine strikte richterliche Kontrollpflicht;
- drängt sich (für den Richter) der Verdacht auf, dass der Gutachter auf ein rein theoretisches, praktisch als Möglichkeit zu vernachlässigendes zeitliches Zusammentreffen zweier Ereignisse (beispielsweise: präoperative Hodenbrüche und Leistenoperation mit postoperativer Hodenathrophie) abstellt, was forensisch (jedoch) außer Betracht bleiben muss, dann darf sich der Richter nicht ohne konkrete Ergänzungsfragen mit dieser Erklärung zufrieden geben. Gibt der Sachverständige trotz seiner entsprechenden ergänzenden Frage des Richters keine befriedigende Erläuterung, oder kann er eine solche auch nicht aus der wissenschaftlichen Literatur geben, dann ist es nicht (mehr) vertretbar, keine Zweifel an der Objektivität des Gutachters zu hegen und weiterhin seiner Sachkunde zu vertrauen (vgl. hierzu *BGH,* VersR 1993, 969; sowie NJW 1993, 1524).

VII. Zur Beweislastverteilung im Arzthaftungsprozess

18 Wer im Zivilprozess die Beweislast trägt (vgl. hierzu *G. Müller,* Beweislast und Beweisführung im Arzthaftungsprozess, NJW 1997, 3053 ff. sowie MedR 2001, 487, 489), verliert bekanntlich diesen bei einem „non liquet“. Die Haftungsverlagerung durch beweisrechtliche Mittel hat im Arzthaftungsprozess in den letzten vier Jahrzehnten eine immer breitere und größere Bedeutung eingenommen. Der ge-

schädigte Patient trägt die Last des Verschuldens- und des Kausalitätsnachweises, wenn er Arzt und/oder Krankenhausträger wegen eines – gleichfalls von ihm zu beweisenden – Diagnose- oder Behandlungsfehlers verklagt. Der Arzt muss lediglich insoweit nachweisen, dass er den abgesprochenen und geplanten Eingriff überhaupt durchgeführt hat und dass die von ihm angewandte Behandlungsweise zur Zeit der Behandlung (noch) dem Stand der wissenschaftlichen Erkenntnis seines Faches entsprach.

Hingegen hat (schon aus Gründen der „Waffengleichheit") der Arzt zu beweisen, dass er nach ordnungsgemäßer **Aufklärung** seines Patienten dessen wirksame Einwilligung zur Behandlung hatte. Das Bundesverfassungsgericht meinte in seinem stark beachteten Beschluss zur Beweislastverteilung im Arzthaftpflichtprozess (vgl. NJW 1979, 1925), es müsse „von Mal zu Mal geprüft werden, ob dem Patienten nach allem die regelmäßige Beweislastverteilung noch zugemutet werden darf".

Um offensichtliche Beweisschwierigkeiten zu mindern, hat die Rechtsprechung schon seit längerer 19
Zeit (vgl. hierzu *Laufs/Kern* in: Laufs/Kern, S. 1262 ff.) dem § 287 ZPO ständig mehr an Gewicht und Bedeutung zukommen lassen. Bei dieser Vorschrift geht es bekanntlich nicht um die vom Kläger regelmäßig voll zu beweisende, eine Einstandsverpflichtung begründende Ursächlichkeit im Rahmen eines konkreten Haftungsgrundes; es geht vielmehr um die haftungsausfüllende Kausalität – kurzum nicht um das Schadensereignis, sondern um den Schaden bei einer dem Grunde nach feststehenden Haftpflicht (vgl. *BGH,* NJW 1987, 705; 1987, 1481 sowie MDR 1994, 303 = NJW 1994, 801 und *Steffen/Pauge,* Rn. 590 ff.).

Neben dem § 287 ZPO wird in diesen (Arzt-)Haftpflichtverfahren auch der **Anscheinsbeweis** als wei- 20
teres dem Patienten günstiges Prozessmittel von den Gerichten angewandt bzw. eingesetzt (vgl. *BGH,* VersR 1991, 195; 816; *BGHZ* 100, 31, 33; sowie *Steffen/Pauge,* Rn. 594 ff.).

Eine **Umkehr** der **Beweislast** findet hingegen im Falle des Vorliegens eines **groben Fehlers** (zur gene- 21
rellen Definition des Begriffs „grober Behandlungsfehler" vgl. *BGH,* NJW 1996, 2428 mwN) des Arztes statt. Problematisch erscheint dabei lediglich bzw. vor allem die Frage, was unter einem „groben Behandlungsfehler" zu verstehen ist. Hierzu existiert eine breite Palette obergerichtlicher- und höchstrichterlicher Entscheidungen (vgl. hierzu ua *OLG Hamburg,* VersR 1992, 1405; *OLG Köln,* VersR 1992, 1003; *OLG Stuttgart,* NJW 1992, 2970; *BGHZ* 85, 212 ff.; sowie *BGH,* VersR 1993, 969 und *Steffen/Pauge,* Rn. 629 ff.).

Von Beweiserleichterung bis hin zur Umkehr der Beweislast geht die Rechtsprechung schon seit ge- 22
raumer Zeit auch dann davon aus, wenn der Arzt seine **Dokumentationsverpflichtung** schuldhaft verletzt hat (vgl. statt vieler *BGH,* NJW 1972, 1520; 1978, 2337; 1986, 2365; 1988, 2949; sowie die Zitate bei *Steffen/Pauge,* Rn. 689 ff.).

Beseitigt ein Arzt gar vorsätzlich/willkürlich Gegenstände, die als corpora delicti für die Frage des Vorliegens eines Behandlungsfehlers bedeutsam sein könnten (etwa ein im Verdacht der Schadensverursachung stehendes medizinisches Gerät), dann nimmt die Rechtsprechung den Gesichtspunkt der **Beweisvereitelung** an; dies führt ebenfalls zur Korrektur der Beweislast (vgl. *BGHZ* 72, 132, 140 f.).

VIII. Der Richter und der medizinische Sachverständige im Arzthaftungsprozess gem. §§ 404 a, 407 a ZPO

Einer der „heikelsten" Punkte war bislang das Verhalten und die tatsächliche Bedeutung sowie 23
Macht der medizinischen Sachverständigen im Arzthaftungsprozess. In Zukunft können hier uU die zum 1. 4. 1991 (Art. 1 Nr. 22 des Rechtspflegevereinheitlichungsgesetzes) eingeführten §§ 404 a und 407 a ZPO eine „Besserung" und Veränderung bewirken. Diese geben zur rascheren Erledigung des Prozesses dem Richter im Rahmen der Erholung von Sachverständigengutachten eine Reihe von prozessualen Mitteln in die Hand; ua **in § 404 a ZPO:**

- eine allgemeine Leitungs- und Verweisungsbefugnis (Abs. 1); 24
- eine informatorische Vorabbefragung des Sachverständigen vor Abfassung der Beweisfrage, Einweisung desselben in seine Aufgabe, sowie Erläuterung seiner Aufgabe (Abs. 2);
- eine Festlegung der (streitigen) Tatsachen, welche der Sachverständige seiner Begutachtung zugrunde zulegen hat (Abs. 3).

Und in § 407 a ZPO die Pflicht des Sachverständigen: 25

- zur Prüfung seiner Kompetenz (Abs. 1);
- zum Verbot, den Gutachtensauftrag an einen anderen zu übertragen. Soweit (wie nicht selten geschehen) der medizinische Chefarzt oder Ordinarius und Klinikdirektor sich der Mitarbeit einer anderen Person (= Assistenz- oder Oberarzt) bedient, hat er diese namhaft zu machen und den Umfang deren Tätigkeit **exakt** anzugeben. Letzteres ist nur dann entbehrlich, sofern es sich um Hilfsdienste von untergeordneter Bedeutung handelt (Abs. 2);
- zur unverzüglichen Kundgabe evtl. aufkommender Zweifel an Inhalt und Umfang des Gutachtensauftrages. Dies trifft auch für erkennbar außer Verhältnis zum Streitgegenstandswert stehende Gutachtenskosten zu (Abs. 3).

IX. Das Zusammenwirken von Gericht, medizinischen Sachverständigen und den jeweiligen Parteien im Arzthaftungsprozess

26 Hierzu werden eine Reihe von Entscheidungen von Oberlandesgerichten und dem Bundesgerichtshof zitiert, die die prozessualen Besonderheiten des Arzthaftungsprozess, die Pflichten des Gerichts zur Sachverhaltsaufklärung, die gerichtlichen Pflichten zur Erhebung und Würdigung des Sachverständigenbeweises und prozessuale Einzelfragen in Form von Leitsätzen bzw. Schlagwörtern wiedergeben.

Die Auflistung selbst orientiert sich fast ausschließlich an der Veröffentlichung von *Steffen/Pauge*, Arzthaftungsrecht, 11. Aufl. ab den Rn. 712 ff.

1. Prozessuale Besonderheiten des Arzthaftungsprozesses

27 Das verfassungsrechtliche Prinzip eines fairen, der Rechtanwendungsgleichheit Rechnung tragenden Gerichtsverfahren (Art. 2 I, 3 I GG), verlangt für den Arzthaftungsprozess prozessuale Modifizierungen, durch die der Informations- und Argumentationsunterschied zwischen den Parteien verringert, die Verständigungsschwierigkeiten zwischen Medizinern und Juristen überbrückt und die faktische Entscheidungskompetenz des medizinischen Sachverständigen auf ein adäquates Maß zurückgeführt werden sollen (*BVerfG*, NJW 1979, 1925; *BGH*, NJW 1988, 2302).

28 In allerdings sehr engen Grenzen berührt das Gebot für das Gericht zur Herstellung von „Waffengleichheit" (*Franzki/Franzki*, NJW 1975, 2225) sogar unmittelbar das Prozessverhalten der beklagten Behandlungsseite. Zwar ist es als solches keine tragfähig Grundlage für Beweiserleichterungen zugunsten des klagenden Patienten. Grundsätzlich muss der Beklagte den Kläger auch nicht bei der Suche nach dem Haftungszuständigen helfend unterstützen. Hat sich aber das beklagte Land, das für einen Fehler bei der Behandlung in der Universitätsklinik in Anspruch genommen wird, obwohl hierfür die Universität als Körperschaft zuständig ist, jahrelang gegen seine Passivlegitimation nicht gewehrt und stellt es auch im Prozess nicht wenigstens alsbald nach Klageerhebung die Passivlegitimation der Universität klar, dann muss es sich nach § 242 BGB als richtiger Beklagter behandeln lassen (*BGH*, NJW 1986, 1542; NJW 1999, 1779; vgl. hierzu auch noch *Zoll*, MedR 2009, 569).

29 **a) Pflichten des Gerichts bei der Sachverhaltsaufklärung.** An die Substanziierungspflichten des Klägers sind lediglich maßvolle und verständige Anforderungen zu stellen, weil dem klagenden Patienten bzw. seinem Anwalt regelmäßig nicht nur die genaue Einsicht in das Behandlungsgeschehen, sondern auch das nötige Fachwissen zur Erfassung und Darstellung des Konfliktstoffes fehlt (*BGH*, VersR 1981, 752; NJW 1987, 500; zuletzt auch *OLG Dresden*, VersR 2003, 1257).

Der Patient und sein Prozessbevollmächtigter sind nicht verpflichtet, sich zur ordnungsgemäßen Prozessführung medizinisches Fachwissen anzueignen (*BGH*, NJW 2004, 2825). Der Tatsachenvortrag muss aber zumindest in groben Zügen erkennen lassen, welches ärztliche Verhalten fehlerhaft gewesen und welcher Schaden hieraus entstanden ist. Wenn der Patient einen Fehler lediglich vermutet und nicht begründen kann, hat er wenigstens Verdachtsgründe darzulegen, damit sich die Gegenseite oder ein Gutachter damit sachlich befassen können (*OLG Düsseldorf*, VersR 2005, 1737).

Für eine Vereinbarung, die die Behandlungsaufgabe des Arztes über den medizinischen Standard hinaus erweitert, ist der Patient darlegungs- und beweispflichtig (*OLG Karlsruhe*, NJW 2006, 1442; NJW-RR 2006, 458).

Ein verspätetes Bestreiten erst in der Berufungsbegründung verzögert die Erledigung des Rechtsstreits jedenfalls dann nicht, wenn das Gericht den Sachverständigen zwecks Klärung einer Frage zur Erstattung eines mündlichen Gutachtens laden kann (*BGH*, NJW-RR 2004, 427; NJW-RR 2007, 414; *OLG Oldenburg*, VersR 2008, 124).

30 Lücken im Klagevorbringen dürfen, wo es um den medizinischen Sachverhalt geht, dem Kläger nicht angelastet, insbesondere nicht als Zugeständnis gewertet werden (*BGH*, NJW 1981, 630; *OLG Stuttgart*, VersR 1991, 229).

31 Andererseits kann, falls sich der Patient auf den Vortrag der Arztseite zum Behandlungsgeschehen beruft, dieser Vortrag iSd § 288 ZPO zugestanden sein (*OLG Oldenburg*, VersR 1998, 1381).

32 Behauptet der Patient, er habe dem Arzt Tatsachen mitgeteilt, aus denen sich eine ergänzende Befunderhebungspflicht ergab, kann es im Rechtsstreit erforderlich sein, die Parteien dazu nach § 141 ZPO persönlich anzuhören (*OLG Koblenz*, NJW-RR 2008, 342).

33 Zweckmäßig ist der Kläger in Gegenwart des Sachverständigen zu befragen, welche genauen medizinischen Vorgänge er ansprechen wollte (*BGH*, VersR 1979, 939).

34 Regelmäßig wird sich der Patient die ihm günstigen Darstellungen der medizinischen Vorgänge und Zusammenhänge aus dem Gutachten des Sachverständigen hilfsweise zu eigen machen (*BGH*, NJW 1991, 1541; MDR 2010, 227).

35 In der Konsequenz dieser Rechtsprechung, aber auch im Blick auf das Prozessvorgehen einer „reichen" Partei und die eingeschränkten Verfahrensgarantien für eine umfassende Sachverhaltsaufklärung in diesem Vorstadium, kann die Bewilligung von Prozesskostenhilfe nicht schon daran scheitern, dass

der Kläger nicht die Gutachter- und Schlichtungsstelle angerufen hat (*OLG Köln*, VersR 1985, 791; aA *LG Dortmund*, VersR 1988, 606).

36 b) **Erhebung und Würdigung des Sachverständigenbeweises.** Die verstärkte Pflicht des Gerichts zur Aufklärung des Sachverhalts setzt sich für das Beweisverfahren schon in der Präzisierung der Beweisfrage fort. Es hat durch Formulierungshilfe darauf hinzuwirken, dass die Beweisaufnahme auf die medizinisch wesentlichen Umstände ausgerichtet wird, auch auf das vom Kläger expressis verbis nicht angesprochene Umfeld. Spontane Erweiterungen der Beweisfrage durch den Sachverständigen kann das Gericht im Allgemeinen nicht erwarten. Deshalb muss die Beweisfrage hinreichend präzise sein; allerdings nicht so präzise, dass sie den Sachverständigen zu Aussparungen veranlassen kann, die die Schwerpunkte in der erforderlichen Gesamtbetrachtung verlagern (*BGH*, VersR 1982, 168; *Saarländisches OLG*, MedR 2001, 641).

37 Soweit der gerichtliche Sachverständige seinem Gutachten Anknüpfungstatsachen zugrunde legt, deren Berücksichtigung der Tatrichter für falsch hält, muss er das durch Erörterung mit dem Sachverständigen, gegebenenfalls unter Hinzuziehung **weiterer** Sachverständiger, klären (*BGH*, NJW 1997, 1446).

38 Die Auswahl des Sachverständigen obliegt dem Gericht (§ 404 I ZPO). Zur Frage, ob der Gutachtenauftrag auch einer fachlichen Einrichtung, etwa einem Universitätsinstitut, erteilt und diesem die interne personelle Bestimmung des Sachverständigen überlassen werden kann vgl. *OLG Koblenz*, VersR 1998, 897.

39 Wird das Gutachten von einem anderen als dem im Beweisbeschluss benannten Sachverständigen erstattet, kann das Gericht dies billigend legitimieren (§ 360 S. 2 ZPO). Der Sachverständige selbst ist nicht befugt, den Auftrag auf einen anderen zu übertragen (§ 407 a II ZPO). Wenn eine Partei die Abweichung bezüglich der Person des Gutachters vom Beweisbeschluss ausdrücklich rügt, muss das Gericht rechtzeitig zu erkennen geben, dass es das Gutachten verwerten wird, damit die Parteien Gelegenheit zu materiellen Einwänden gegen das Gutachten erhalten (*BGH*, VersR 1985, 361, 363).

40 Der beauftragte Sachverständige hat das Gutachten **selbständig** zu erstatten, kann sich aber geeigneter Hilfspersonen bedienen (vgl. § 407 a II ZPO); diese Mitarbeiter muss er namhaft machen. Zur Frage, unter welchen Umständen sich der Sachverständige die gutachterliche Arbeit eines qualifizierten Mitarbeiters „zu eigen machen" kann vgl. *OLG Zweibrücken*, VersR 2000, 605.

41 Der beweisbelastete Patient kann nicht einerseits durch die Benennung von Ärzten als sachverständigen Zeugen, andererseits durch die Weigerung, sich von einem gerichtlichen Gutachter untersuchen zu lassen, das Bestimmungsrecht des Gerichts über die Auswahl des Sachverständigen unterlaufen (*OLG Hamm*, VersR 2001, 249).

42 Auch wenn der fachkundige Arzt (versehentlich) als sachverständiger Zeuge geladen wurde, aber – als Sachverständiger belehrt – aus seiner gutachterlichen Sicht Sachverständigenfragen beantwortet, geht es der Sache nach um Sachverständigenbeweis, nicht um Zeugenbeweis (*OLG Celle*, VersR 2000, 58).

43 Gemäß §§ 402, 379 ZPO ist die antragsgemäße Einholung eines Sachverständigengutachtens davon abhängig zu machen, dass der Beweisführer einen hinreichenden Vorschuss zur Deckung der Sachverständigenkosten einzahlt. Berufen sich beide Parteien auf ein Sachverständigengutachten, so trifft die Vorschusspflicht denjenigen, der für die betreffende Behauptung nach den für den Arzthaftungsprozess geltenden Regeln die Beweislast trägt (*BGH*, NJW 1999, 2823).

44 Jede Partei hat ein Recht auf mündliche Erläuterung durch den medizinischen Sachverständigen, wenn es aufgrund sachlicher Einwände gegen das Gutachten einer weiteren sachverständigen Stellungnahme bedarf (zur Mitteilung der Parteieinwendungen im Prozess vgl. § 411 IV ZPO) (*BGH*, NJW 1986, 2886; VersR 2003, 926).

45 Hat das Erstgericht dem rechtzeitig gestellten Antrag einer Partei auf erstmalige mündliche Anhörung des gerichtlichen Sachverständigen nicht entsprochen, kann die Bindung des Berufungsgerichts an die vom Gericht des ersten Rechtszuges festgestellten Tatsachen entfallen. Ist dies der Fall, muss das Berufungsgericht dem in zweiter Instanz wiederholten Antrag auf Ladung des Sachverständigen stattgeben (*BGH*, VersR 2005, 1555; zum Anspruch auf Anhörung des Sachverständigen im Arzthaftungsprozess s. *KG*, GesR 2007, 544).

46 Das Gericht muss einem dementsprechenden rechtzeitigen Antrag der Partei auf Anhörung des Gutachters auch dann stattgeben, wenn die schriftliche Begutachtung aus der Sicht des Gerichts ausreichend und überzeugend ist (*BGH*, NJW 1997, 802; *BGH*, NJW-RR 2003, 208 sowie *BGH*, VersR 2007, 1697; zum **Antrag** auf Anhörung eines Sachverständigen im Arzthaftungsprozess s. auch noch *OLG Saarbrücken*, GesR 2004, 235).

Wenn das Gutachten des vom Gericht beauftragten Sachverständigen auf einer lediglich telefonischen Erläuterung eines anderen Gutachters beruhen kann, muss das Gericht diesen anderen Gutachter auf Antrag einer Partei anhören (*BGH*, NJW-RR 2009, 409).

47 Anderes gilt nur dann, wenn der Antrag auf Anhörung verspätet oder rechtsmissbräuchlich gestellt ist (*BGH*, NJW 1998, 162; NJW-RR 2001, 1431).

48 Hat ein Patient das Recht zur Anhörung des gerichtlichen Sachverständigen durch grobe Nachlässigkeit im ersten Rechtszug verloren, kann das Berufungsgericht gleichwohl verpflichtet sein, substantiier-

ten Einwänden gegen das Gutachten durch eine Anhörung des Sachverständigen von Amts wegen nachzugehen (vgl. auch § 411 III ZPO) (*BGH,* NJW 1992, 1459).

49 Hat der Sachverständige erklärt, er könne zu einer bestimmten Frage nicht Stellung nehmen, weil diese nur von den am Eingriff beteiligten Ärzten beantwortet werden könne, so muss das Gericht den Gutachter zu diesem Punkt nicht nochmals mündlich befragen (OLG *Hamm*, VersR 1996, 332).

50 Sind Unklarheiten und Widersprüche nicht durch schriftliches Ergänzungsgutachten zu beseitigen, so hat das Gericht die mündliche Anhörung des Sachverständigen von Amts wegen anzuordnen (*BGH,* NJW-RR 1989, 1275; NJW 1996, 1597; MedR 2002, 28; NJW 1997, 1638; *OLG Koblenz*, GesR 2007, 591).

51 Eine Unvollständigkeit des Gutachtens muss das Gericht durch Anhörung des Sachverständigen oder Einholung eines **weiteren** Gutachtens zu beheben suchen (*BGH,* NJW 1997, 803; NJW 2001, 1786; NJW 2001, 2791; NJW 2003, 3411; NJW 2008, 2846).

52 Die Einholung eines weiteren Gutachtens ist insbesondere dann geboten, wenn die Sachkunde des bisherigen Gutachters zweifelhaft ist oder ein anderer Sachverständiger über Forschungsmittel verfügt, die denen des früheren Gutachters überlegen erscheinen (*BGH,* NJW 1999; NStZ 2006, 511).

Ein weiteres Gutachten muss der Tatrichter einholen, wenn ein im Wege des Urkundsbeweises verwertetes Gutachten (zB aus einem vorangegangenen Verfahren einer ärztlichen Schlichtungsstelle) nicht alle Fragen beantwortet (*BGH,* VersR 2008, 1216).

Ein weiteres Gutachten muss aber nicht allein deshalb eingeholt werden, weil anzunehmen ist, dass ein anderer Sachverständiger einer anderen Ansicht zuneigt (*KG,* VersR 2002, 438).

53 Meist wird sich die genauere Problem- und Fragestellung erst aus dem Gutachten des Sachverständigen ergeben; oft erst auf dieser Grundlage können die Parteien ihr Vorbringen genauer präzisieren. Deshalb hat der BGH Bedenken gegen eine Gerichtspraxis, die auf das schriftliche Gutachten verzichtet und den Sachverständigen nur mündlich anhört. In diesem Fall muss den Parteien wenigstens ausreichend Gelegenheit gegeben werden, nach Vorliegen des Vernehmungsprotokolls Stellung zu nehmen und ihr Vorbringen zu ergänzen. Dieses Recht kann ihnen nicht dadurch abgeschnitten werden, dass sie sich schon vorher – etwa durch Erholung eines Privatgutachtens – auf die Befragung des Sachverständigen im Termin hätten einrichten müssen (*BGH,* NJW 1984, 1823, MDR 2011, 160, sowie *OLG Celle,* NJW 1982, 1335).

54 Entsprechendes gilt, wenn die mündliche Anhörung des Sachverständigen gegenüber seinem schriftlich erstatteten Gutachten neue oder ausführlichere Beurteilungen ergibt (*BGH,* NJW 1984, 1823).

55 In diesen Fällen muss die Partei, wenn sie das beantragt, Gelegenheit zur schriftsätzlichen Stellungnahme erhalten. Auch wenn das nicht beantragt war, ist ein nicht nachgelassener Schriftsatz vom Gericht zu beachten und, sofern dieser durch Aufzeigen neuer Gesichtspunkte oder Fragestellungen Anlass zu weiterer tatsächlicher Aufklärung gibt, die mündliche Verhandlung wieder zu eröffnen (*BGH,* NJW 1988, 2302; sowie *OLG Oldenburg,* VersR 1991, 229 (LS)).

56 Dies gilt nicht nur zugunsten der nicht sachkundigen Partei, also der Patientenseite, sondern als Ausfluss des Grundsatzes des rechtlichen Gehörs auch zugunsten der sachkundigen Partei, also der Arztseite (*BGH,* NJW 2001, 2796).

57 Die Tatsachengrundlage für den Sachverständigen hat das Gericht selbst zu ermitteln. Es kann die Ermittlung nicht durch bloße Parteianhörung des beklagten Arztes treffen oder sie einfach dem Sachverständigen überlassen. Allerdings kann es angezeigt sein, die Beweisaufnahme in Gegenwart des Sachverständigen durchzuführen (*BGH,* VersR 1979, 939; OLG Stuttgart VersR 1991, 229).

58 Vorhandenen weiteren Erfolg versprechenden Aufklärungsmöglichkeiten hat das Gericht nachzugehen, wenn sie sich anbieten (*BGH,* VersR 1980, 533).

59 Dass es keine objektivierbaren medizinischen Befunde zum Nachweis von Schmerzen gibt, ist allein kein Grund, von der Erhebung der vom Patienten angebotenen Zeugenbeweise als ungeeignet abzusehen (*BGH,* VersR 1986, 183).

60 Der Informationsfluss zwischen dem Gericht und dem Sachverständigen verlangt Transparenz für die Parteien. Es darf nicht allzu sehr Fachdisput zwischen Vorsitzendem und Sachverständigem sein, sondern muss auch für Laien möglichst nachvollziehbar bleiben (*BGH,* NJW 1980, 2751).

61 Zum prozessordnungsgemäßen Zusammenwirken von Seiten des Gericht und dem Gutachter im Rahmen der Erhebung des Sachverständigenbeweises vgl. iÜ auch §§ 404 a, 407 a ZPO.

62 Der Richter darf den Sorgfaltsmaßstab, der sich weitgehend nach dem medizinischen Standard des jeweiligen Fachgebiets bestimmt, nicht ohne Sachverständigengrundlage allein aus eigener rechtlicher Beurteilung heraus festlegen (*BGH,* NJW 1995, 776).

63 Auch bei der Beurteilung eines Behandlungsfehlers als **grob** darf der Richter die Würdigung des medizinischen Sachverständigen nicht außer Acht lassen (*BGH,* NJW 1997, 798; NJW 2001, 2791; NJW 2001, 2792; NJW 2001, 2794, NJW 2001, 2795).

64 Auch ob das Krankheitsbild selbstschädigende Handlungen des Patienten befürchten lässt und welche Schutzmaßnahmen zu treffen sind, kann der Richter regelmäßig nicht ohne Hinzuziehung eines medizinischen Sachverständigen beurteilen (*BGH,* NJW 1994, 794).

Grundsätzlich kommt es dabei auf die Fachkenntnisse des Sachverständigen aus dem betreffenden medizinischen Sachgebiet an (*OLG Hamm,* VersR 2002, 613). 65

Hat jedoch zB der gynäkologische Gutachter hinsichtlich einer Gesundheitsschädigung des neugeborenen Kindes unter Auswertung der Unterlagen der Kinderklinik Stellung genommen und die Einschaltung eines Pädiaters für entbehrlich erachtet, so kann das Gericht der Einholung eines kinderärztlichen Gutachtens enthoben sein (*OLG Hamm,* VersR 1995, 967).

Über die Frage, welche Kenntnisse ein Facharzt über schädliche Nebenwirkungen eines Medikaments hätte haben müssen, ist grundsätzlich ein fachärztliches Sachverständigengutachten einzuholen. Eine Internetrecherche kann allenfalls im Ausnahmefall genügen (*OLG Naumburg,* NJW-RR 2004, 964 (hier verneint)).

Auch im Bereich der Schadensfolgen, bei deren Beurteilung der Richter gemäß § 287 ZPO freier gestellt ist, darf er, wenn es – wie auf medizinischem Gebiet regelmäßig – um die Beurteilung einer Fachwissen voraussetzenden Frage geht, auf die Einholung sachverständigen Rats regelmäßig nicht verzichten (*BGH,* NJW 1995, 1619). 66

Reichen die Ausführungen eines in einem anderen Verfahren erstatteten Gutachtens, das der Richter auch gegen Parteiprotest im Wege des Urkundenbeweises verwerten kann, nicht aus, um die von einer Partei dazu gestellten aufklärungsbedürftigen Fragen zu beantworten, dann muss er einen Sachverständigen hinzuziehen und eine schriftliche oder mündliche Begutachtung anordnen (*BGH,* NJW 1995, 1294; VersR 1997, 1158; *OLG Oldenburg,* VersR 1997, 318). 67

Generell zur **Ablehnung** des gerichtlich bestellten **Sachverständigen** wegen persönlicher, beruflicher Verbundenheit oder aus einem sonstigen Grund vgl. *OLG Oldenburg,* MedR 2007, 716; *OLG München,* OLG-Report 2006, 135; MedR 2007, 359; *OLG Frankfurt/M.,* GesR 2010, 322, 545; *OLG Hamm,* MedR 2010, 640; GesR 2010, 247; *OLG Naumburg,* GesR 2010, 203; *OLG Dresden,* GesR 2010, 136; *OLG Stuttgart,* MedR 2010, 510; *Thüringer OLG,* ArztR 2010, 137; *OLG Bamberg,* VersR 2009, 1428; *OLG Köln,* MedR 2009, 735 sowie *LG Traunstein,* ArztR 2010, 162 und *LG Kleve,* GesR 2011, 32. 68

Zur **Ablehnung** eines **Richters** im Arzthaftungsprozess s. *OLG Hamm,* MedR 2010, 711, *OLG Oldenburg,* MDR 2008, 527, sowie ArztR 2009, 49.

Ergibt sich der Grund zur Ablehnung des Sachverständigen wegen Besorgnis der Befangenheit aus dem Inhalt des schriftlichen Gutachtens, läuft im allgemeinen die Frist zur Ablehnung des Sachverständigen gleichzeitig mit der vom Gericht gesetzten Frist zur Stellungnahme nach § 411 IV ZPO ab, wenn sich die Partei zur Begründung des Antrags mit dem Inhalt des Gutachtens auseinandersetzen muss (*BGH,* NJW 2005, 1869; *OLG Saarbrücken,* MedR 2007, 484; vgl. aber andererseits *OLG Bamberg,* VersR 2009, 1427).

Lehnt der klagende Patient die Begutachtung durch den gerichtlich bestellten Sachverständigen ab und erscheint nicht zu der von diesem anberaumten Untersuchung, kann das Gericht auf das in einem anderen Verfahren erstattete Gutachten zurückgreifen (*OLG Koblenz,* VersR 1996, 908).

Das Gericht muss sich aber bewusst bleiben, dass es sich selbst ein Bild von dem Behandlungsgeschehen und seinen Ursachen machen muss (*BGH,* NJW 1980, 2751; VersR 1981, 752; NJW 1985, 2193). 69

Das Gericht darf und soll sich dazu aus einschlägigen medizinischen Fachbüchern sachkundig machen; auch von den Parteien eingeführte, dem Gutachten entgegenstehende Zitate aus der medizinischen Literatur muss es, soweit sie einschlägig erscheinen, aufgreifen und zur Diskussion stellen (*BGH,* NJW 1986, 1541; NJW 1988, 762; NJW 1994, 1592). 70

Allerdings darf es eine abweichende Beurteilung auf so erworbene Kenntnisse erst dann stützen, wenn es die Widersprüche dem Sachverständigen vorgehalten und sich durch ihn über Stellenwert und Reichweite des Angelesenen vergewissert hat (*BGH,* NJW 1984, 1408; NJW 1993, 2373; NJW 1994, 2419). 71

Außerdem muss das Gericht seine abweichende Überzeugung im Einzelnen begründen und dabei erkennen lassen, dass seine Beurteilung nicht von einem Mangel an Sachkunde beeinflusst ist (*BGH,* NJW 1989, 2948; NJW 1994, 2419; NJW 1997, 1446). 72

Der Richter muss darauf achten, dass sich der Sachverständige an den für den Patienten faktisch erreichbaren Gegebenheiten und nicht generell an den Möglichkeiten von Universitätskliniken und Spezialkrankenhäusern oder an dem medizinisch Machbaren ohne Rücksicht auf das Gebot der Wirtschaftlichkeit sowie auf Ressourcen- und Finanzierungsgrenzen ausrichtet (*BGH,* NJW 1994, 1596). 73

Ebenso muss er darauf achten, dass der Sachverständige nicht ausschließlich nach den Parametern und Präferenzen seiner Schule gutachtet. 74

Kritische Beurteilung hat sich darauf einzustellen, dass Sachverständige gelegentlich geneigt sind, Behandlungsfehler als solche nur mit Zurückhaltung anzusprechen oder gar sie, etwa weil sie jedem Arzt einmal unterlaufen können, als medizinisch nicht vermeidbar bezeichnen (*BGH,* NJW 1993, 1524; NJW 1996, 1589; NJW 1997, 803; NJW 1998, 2735; NJW 1999, 3408; NJW 2001, 1787). 75

Deshalb kommt den Formulierungen des Gutachters besondere Bedeutung für den Inhalt seiner Aussage zu; grundsätzlich sollten sie festgehalten werden. Der BGH hat es als bedenklich angesehen, die 76 mündlich gehörten beiden Sachverständigen sich zunächst „ins Unreine“ abstimmen zu lassen und erst diese Abstimmung dann in das Protokoll aufzunehmen (*BGH,* NJW 1983, 333).

77 Wird das Ergebnis einer mündlichen Anhörung des Sachverständigen in einem Vermerk des Berichterstatters festgehalten, so muss dieser so klar und vollständig abgefasst sein, dass das Revisionsgericht nachprüfen kann, ob der Tatrichter den Sachverständigen richtig verstanden hat (*BGH,* NJW 1995, 779).

78 Der Richter hat Einwendungen einer Partei gegen ärztliche Gutachten auch eines gerichtlich bestellten Sachverständigen ernst zu nehmen und sich sorgfältig damit auseinander zu setzen, insbesondere, wenn die Partei ein **Privatgutachten** vorlegt, auf das sie ihre Bedenken stützt (*BGH,* NJW 1992, 1459; NJW 1993, 2382; NJW 1994, 1592; NJW 1998, 2735; NJW 2000, 1788).

79 **Privatgutachten** ist dieselbe Aufmerksamkeit zu schenken wie dem gerichtlich bestellten Sachverständigen (*BGH,* VersR 1981, 752;VersR 1986, 467; NJW 1993, 2989; NJW 1996, 1597; MDR 1998, 840; NJW 2001, 77; ArztR 2001, 304; VersR 2009, 1406; *LG Zweibrücken,* VersR 1998, 1114).

80 Widersprüchen im Gutachten bzw. zwischen Gutachtern muss das Gericht von Amts wegen nachgehen und hat sich mit ihnen auch im Urteil auseinander zu setzen (*BGH,* NJW 1994, 1596; NJW 1994, 2419; NJW 1996, 1597; NJW 1997, 794; NJW 1998, 2735; NJW 2001, 77; NJW 2001, 2796; sowie Zfs 2010, 502).

Das kann auch für Widersprüche zwischen gutachterlichen Beurteilungen aus verschiedenen medizinischen Fachrichtungen gelten. So dürfen die abweichenden Ausführungen eines toxikologischen Sachverständigen nicht mit der Begründung unberücksichtigt bleiben, ihm fehle der erforderliche Sachverstand auf orthopädisch-chirurgischem Fachgebiet, wenn der Toxikologe Symptome beurteilt, bei denen es sich um „medizinisches Allgemeingut“ handelt, die also gerade kein orthopädisch-chirurgisches Fachwissen erfordern (*BGH,* VersR 2009, 1405).

81 Vorzuziehen ist dann die Gegenüberstellung in einer mündlichen Anhörung; jedoch kann ihnen auch durch schriftliche Ergänzungsgutachten nachgegangen werden, insbesondere, wenn jedes der Gutachten in sich widerspruchsfrei ist (*BGH,* VersR 1980, 533).

82 Eine Pflicht zur Ladung und Anhörung des Privatgutachters besteht dann nicht, wenn sich der gerichtliche Sachverständige mit seinen Ausführungen gründlich auseinandergesetzt hat (*OLG Karlsruhe,* VersR 1990, 53).

83 Ein beklagter Arzt ist nicht verpflichtet, ein dem gerichtlichen Sachverständigengutachten entgegenstehendes Privatgutachten beizubringen. Das Gericht muss von sich aus Zweifel und Unklarheiten in den Ausführungen des gerichtlichen Gutachtens klären (*BGH,* VersR 2009, 499).

84 Will das Berufungsgericht die mündlichen Ausführungen des Sachverständigen vor dem Landgericht anders verstehen oder beurteilen als das Landgericht, so hat es den Sachverständigen noch einmal selbst zu hören (*BGH,* NJW 1986, 1540; NJW 1993, 2380; NJW 1994, 803). Hinsichtlich der Anhörung eines neuen Sachverständigen im 2. Rechtszug sei auf die BGH-Entscheidung vom 7. 12. 2010 (MDR 2011, 317) verwiesen.

85 Dasselbe gilt für Zeugenvernehmung und Augenschein; auch Zeugen sind vom Berufungsgericht erneut zu vernehmen, wenn das Gericht ihre Glaubwürdigkeit anders beurteilen oder ihre protokollierte Aussage anders verstehen will als das Landgericht, oder wenn das Landgericht die Glaubwürdigkeit der Zeugen gar nicht gewürdigt hat (*BGH,* NJW 1984; 2629; VersR 1985, 839; NJW 1986, 2365; NJW 1986, 2885; NJW 1992, 741; NJW 1997, 466).

2. Prozessuale Einzelfragen und -probleme beim Arzthaftungsprozess

86 Gutachten der Gutachter- und Schlichtungsstellen kann das Berufungsgericht im Wege des Urkundenbeweises würdigen. Rügt die Partei mangelnde Sachkunde der gutachtenden Ärzte, dann hat der Richter die sachverständige Begutachtung durch einen auf dem einschlägigen Fachgebiet erfahrenen Sachverständigen zu veranlassen (*BGH,* NJW 1987, 2300).

87 Für den Nachweis der Selbstbestimmungsaufklärung muss das Gericht auch den Schwierigkeiten des Arztes Rechnung tragen, einen Vorgang zu belegen, der nach Möglichkeit von Formalismen und Formularen freigehalten werden muss. Insbesondere, wenn die Aufklärung in den Krankenpapieren dokumentiert ist, kann eine Parteivernehmung des Arztes in Betracht kommen (*BGH,* NJW 1985, 1399; NJW 1990, 3152; *OLG Oldenburg,* VersR 1998, 854, 855).

88 Ob der Patient plausibel darlegen kann, dass er bei ordnungsgemäßer Aufklärung in einen Entscheidungskonflikt geraten wäre, lässt sich in der Regel nur seiner persönlichen Anhörung beurteilen (*BGH,* NJW 1990, 2928; NJW 1991, 1543; NJW 1993, 2378; NJW 1995, 2410).

89 Wird der Einwand der hypothetischen Einwilligung erst im zweiten Rechtszug erhoben, handelt es sich grundsätzlich um ein neues Verteidigungsmittel im Sinne des § 531 Abs. 2 ZPO (*BGH,* NJW 2009, 1209).

90 Soweit das Gericht im Rahmen der beweiswürdigenden Auswertung von Krankenakten auf mechanische Aufzeichnungen zurückgreift, die aufgrund mündlicher Mitteilungen Dritter erstellt werden (zB Datenblatt), sind die den Aufzeichnungen eigenen Fehlerquellen zu berücksichtigen (*BGH,* NJW 1998, 2736).

91 Das Gericht kann keine Beweiserhebung anordnen, die mit einem operativen Eingriff beim Patienten verbunden ist (*OLG Düsseldorf*, VersR 2001, 1117).

92 Haben der Arzt oder sein Versicherer Haftungsansprüche dem Grunde nach (deklaratorisch) anerkannt, so sind sie im Rechtsstreit zwar mit allen Einwendungen ausgeschlossen, die ihnen bei Abgabe des Anerkenntnisses bekannt waren, nicht aber mit solchen, die erst aus einer späteren Weiterentwicklung der medizinischen Wissenschaft folgen; letztere Einwendungen stehen dann aber zur Beweislast der Behandlungsseite (*OLG Köln*, VersR 1997, 1280).

93 Zur Unzweckmäßigkeit einer Aussetzung des Zivilverfahrens wegen eines laufenden Straf- oder Ermittlungsverfahrens vgl. *OLG Stuttgart*, VersR 1991, 1027; *OLG Koblenz*, VersR 2006, 1140.

94 Besondere Bedeutung kommt der Bildung von Fachkammern und Fachsenaten in Arzthaftungsprozessen zu (s. Kapitel III Rn. 14). Im ersten Rechtszug scheiden Arzthaftungsprozesse gemäß § 348 I Nr. 2e ZPO für den „originären" Einzelrichter aus, wenn nach dem Geschäftsverteilungsplan des Landgerichts entsprechende Fachkammern gebildet sind; ist dies der Fall, kommt auch eine Übertragung auf den „obligatorischen" Einzelrichter nach § 348a I ZPO nur dann in Frage, wenn die Sache keine besonderen Schwierigkeiten aufweist, was häufig nicht zu bejahen sein dürfte. Fehlt eine Zuweisung der Arzthaftungssachen zu einer Fachkammer, bleibt es zwar beim „originären" Einzelrichter; dieser wird aber sorgfältig zu prüfen haben, ob er nicht gemäß § 348 III ZPO den Rechtsstreit der Kammer im Hinblick auf die besonderen Schwierigkeiten tatsächlicher oder rechtlicher Art zur Übernahme vorzulegen hat (vgl. *BGH*, NJW 1993, 2375 zum früheren Recht).

95 Im Berufungsrechtszug ist gemäß § 526 I ZPO eine Übertragung der Entscheidung auf den Einzelrichter (auch ohne Zustimmung der Parteien) möglich, allerdings nur dann, wenn die Sache im ersten Rechtszug vom Einzelrichter entschieden wurde und wenn sie keine besonderen Schwierigkeiten tatsächlicher oder rechtlicher Art aufweist; diese Voraussetzungen dürften in Arzthaftungssachen meist nicht erfüllt sein. Der nach § 527 ZPO mögliche „vorbereitende" Einzelrichter sollte grundsätzlich nicht die gesamte Beweisaufnahme im Arzthaftungsprozess durchführen (*BGH*, NJW 1994, 801).

96 Soweit der Patient seinen Schadensersatzanspruch mittels eines **Feststellungsbegehrens** geltend macht, gilt auch im Arzthaftungsprozess der Grundsatz, dass an die Darlegung der erforderlichen Wahrscheinlichkeit des Eintritts späterer Schadensfolgen nur maßvolle Anforderungen gestellt werden dürfen (*BGH*, VersR 1991, 779; NJW-RR 2007, 601; *OLG Oldenburg*, NJW-RR 1996, 405; *OLG Dresden*, VersR 2003, 1257; zur **Streitverkündung** gegenüber einem gerichtlichen Sachverständigen zur Vorbereitung von Haftungsansprüchen s. *BGH*, EBE/BGH 2006, 323; zur unzulässigen **Nebenintervention** des Krankenversicherers im Arzthaftungsprozess s. *OLG Koblenz*, MedR 2010, 716; zum **Nebeneinander** von Leistungs- und Feststellungsklage im Arzthaftungsprozess s. *OLG Koblenz*, MedR 2010, 507).

97 Zur Frage, unter welchen Voraussetzungen über einen Teil des vom Patienten geltend gemachten Schadensersatzanspruchs wegen ärztlichen Behandlungsfehlers in zulässiger Weise durch **Teilurteil** entschieden werden kann vgl. *BGH*, NJW 1996, 1478; NJW 1997, 1709; *OLG München*, VersR 1997, 1491; *OLG Koblenz*, NJW-RR 2003, 1722.

98 Zum Problem der Zulässigkeit eines Teilurteils gegenüber einem der Beklagten, wenn die Klage gegen einen Arzt und gegen den Klinikträger oder gegen zwei Operateure gerichtet ist vgl. *BGH*, NJW 1999, 1035; NJW 2005, 288; *OLG Karlsruhe*, NJW-RR 2005, 798.

99 Zur Frage der Zulässigkeit der Vorabentscheidung über den Grund im Arzthaftungsprozess vgl. *BGH*, NJW 2000, 3423; NJW 2001, 2794.

100 Die rechtskräftige Abweisung einer auf Behandlungsfehler gestützten Haftungsklage steht der späteren Geltendmachung eines auf weitere Behandlungsfehler aus demselben Behandlungsgeschehen gegründeten Anspruchs entgegen (*OLG Saarbrücken*, VersR 2002, 193).

101 Zum Umfang der Rechtskraft von Urteilen über Klagen auf Zahlung von Schmerzensgeld und auf Feststellung der Verpflichtung zum Ersatz künftiger immaterieller Schäden und zum „immateriellen Vorbehalt" vgl. *BGH*, NJW-RR 2006, 712.

102 Ist die auf einen Behandlungs- sowie einen Aufklärungsfehler gestützte Klage unter beiden Gesichtspunkten abgewiesen worden, so muss die Berufungsbegründung erkennen lassen, ob das Urteil hinsichtlich beider Fehler angegriffen wird (*BGH*, NJW-RR 2007, 414).

103 In Arzthaftungssachen ist ein **selbständiges Beweisverfahren** unter den Voraussetzungen des § 485 I ZPO grundsätzlich zulässig (*BGH*, NJW 2003, 1741; weitere Entscheidungen hierzu: *OLG Oldenburg*, GesR 2008, 421; VersR 2009, 805; VersR 2010, 927; GesR 2010, 76; *KG*, ArztR 2007, 163; *OLG Nürnberg*, VersR 2009, 803; *OLG Hamm*, GesR 2010, 254; *OLG Köln*, MedR 2010, 197); dies gilt insbesondere auch in Zahnarzthaftungsverfahren (*OLG Karlsruhe*, VersR 2003, 374; *OLG Köln*, VersR 2003, 375).

Die mündliche Erläuterung des Gutachtens durch den Sachverständigen und dessen Anhörung sind auch im selbständigen Beweisverfahren nach § 485 II ZPO zulässig (BGHZ 164, 95).

104 Als ladungsfähige Anschrift eines beklagten Arztes in der Klageschrift kann die Angabe seiner Arbeitsstelle (in einem Krankenhaus) genügen, wenn diese und die dortige Funktion des betreffenden Arztes so konkret bezeichnet werden, dass von der ernsthaften Möglichkeit ausgegangen werden muss, die Zustellung durch Übergabe der Klageschrift werde gelingen (*BGH*, NJW 2001, 885).

Im Arzthaftungsprozess ist nicht nur die örtliche Zuständigkeit am Behandlungsort, sondern auch am Verletzungserfolgsort im Sinne des Ortes der Rechtsgutverletzung (sog. Primärverletzung) gegeben (*OLG Köln,* GesR 2009, 267; *OLG Hamm,* GesR 2009, 665).

Bei Zahlungsklagen aus einem Krankenhausaufnahmevertrag oder medizinischen Behandlungsvertrag richtet sich der Erfüllungsort (gem. § 269 BGB iVm § 29 ZPO) nach dem Wohnsitz des Patienten (so *LG Hagen,* MedR 2009, 675 – aber umstritten).

105 Im Rahmen der Prüfung der Erfolgsaussichten einer beabsichtigten Klage darf ein **Prozesskostenhilfeantrag** nicht mit der Begründung abgelehnt werden, das beantragte Sachverständigengutachten werden den ärztlichen Fehler oder den Ursachenzusammenhang nur schwerlich nachweisen können und die Inanspruchnahme des hohen Kostenrisikos sei mutwillig (*OLG Hamm,* MedR 2006, 43).

106 Zur internationalen Zuständigkeit der deutschen Gerichte für eine auf deliktische Ansprüche gestützte Arzthaftungsklage vgl. *BGH,* NJW 2008, 2344.

X. Schlussbemerkung

107 Arzthaftungsprozesse haben schon seit Jahrzehnten eine stetige „Zunahmetendenz" zu verzeichnen. Man rechnet in Kreisen der Arzthaftpflichtversicherer derzeit mit jährlich bis zu 30.000 (Tendenz steigend) anspruchstellenden Patienten. Davon werden ca. 50% von den Versicherern – weil keine Haftung gegeben ist – endgültig abgelehnt; bei ca. 30% wird die Haftung anerkannt und der Schaden außergerichtlich reguliert. Nur ca. 20% dieser Ansprüche gelangen letztlich zu Gericht. Von diesen enden dann (nach der statistischen Auswertung eines großen Arzthaftpflichtversicherers vor Jahren) ca. 10% mit einer vollen Verurteilung und ca. 22% mit einer teilweisen Verurteilung des Arztes. In ca. 24% der Fälle kommt es zu einem gerichtlichen Vergleich und rund 44% erfahren eine volle Klageabweisung (vgl. *W. Jahn,* Der Gynäkologe, 1989, S. 411 ff.).

B. II. Massenverfahren in Finanzanlagesachen

Dr. Nikolaus Stackmann

Übersicht

I. Abschnitt. Vorüberlegungen

Die normale Berufspraxis des Zivilrichters ist nicht auf Massenverfahren ausgerichtet. Dies gilt auch 1 für das relativ neue Phänomen der auf Prospekt- und Beratungsfehler gestützten **massenhaften Klagen** von Kapitalanlegern zB gegen Emittenten von Publikumsfonds oder Aktien und Beratungsunternehmen bzw. Banken. Typischerweise finden hier Anleger und Anwaltskanzleien über das Internet zusammen. Es folgen dann erste Klagen, mit denen zunächst ein passender Gerichtsstandort für weitere Verfahren gesucht wird. Ergeben sich Anhaltspunkte für das Vorliegen von Prospekt- und Beratungsfehlern kann es je nach Verbreitung des Anlageprodukts zu hunderten, ggf. sogar zu tausenden von Klagen vorzugsweise an einem Gerichtsstandort kommen. Darauf ist die Verfahrensordnung ebenso wenig eingerichtet, wie der einzelne Richter. Denn das Prinzip der richterlichen Unabhängigkeit und der Wunsch nach einer effektiven Erledigung von Massenklagen stehen sich in der Regel unvereinbar gegenüber. Gehen zu einem Sachverhalt mehrere Klagen ein, so werden in einem Gericht, das die interne Zuständigkeit nach Turni und nicht nach den Namen der Beklagten verteilt, in aller Regel mehrere Spruchkörper für die Entscheidung zuständig sein. Dies gilt ebenso für das Berufungsgericht, falls es keine Spezialzuständigkeit für die entsprechenden Sachverhalte eingerichtet hat. Dies bedeutet beim ersten Eingang einer Klage zu solchen Sachverhalten, dass die Hoffnung auf eine schnelle gütliche Einigung sehr gering ist, weil die Partei, die im ersten Klageverfahren unterliegt, nicht diejenige sein muss, die am Ende tatsächlich als Verlierer dasteht. Da beide Seiten daran interessiert sein müssen, Urteile zu erlangen, die die eigene Rechtsauffassung stützen, werden zunächst alle Verfahren ausgestritten werden müssen, bis sich der *Bundesgerichtshof* eindeutig positioniert. Dies kann nach derzeitiger Konstellation Jahre dauern.

Dies gilt auch, wenn die Parteien sich an der Durchführung eines **Musterverfahrens** nach dem Kap- 2 MuG interessiert zeigen. Denn wegen des Quorums von mindestens 10 gleichgerichteten Musterfeststellungsanträgen aus § 4 I KapMuG dauert es in der Regel einige Zeit, bis es zu einem Vorlagebeschluss an das zuständige Oberlandesgericht kommen kann. Anschließend geht weitere Zeit ins Land, bis es zu der Bekanntmachung des Musterverfahrens durch das Oberlandesgerichts im elektronischen Bundesanzeiger kommt, die wiederum Voraussetzung für die Aussetzung einzelner Klageverfahren nach § 7 KapMuG ist. Bis dahin müssen die einzelnen Verfahren in jedem Fall betrieben werden.

Daher empfiehlt es sich, wenn Klagen zu einer neuen Kapitalanlage eingehen, zunächst eine **Strategie** 3 innerhalb des Spruchkörpers festzulegen, wie mit entsprechenden Klagen umgegangen werden soll. Eine **Einzelrichterübertragung** ist jedenfalls in Gerichten, die es üblicherweise mit einer hohen Fluktuation auf den Beisitzerstellen zu tun haben, nicht sonderlich sinnvoll. Denn jeder neu hinzukommende Kollege muss sich zunächst in sein Einzelrichterreferat einarbeiten, dabei besteht die Gefahr, dass in der alten Besetzung erarbeitete Lösungsansätze verloren gehen. Dann wird der neue Kollege die gesamte Arbeit, die zuvor bereits geleistet wurde, erneut erbringen müssen. Es erscheint daher sinnvoller, die erarbeiteten Ergebnisse innerhalb des Spruchkörpers dadurch zu erhalten, dass es bei der Kammerzuständigkeit bleibt. Das schließt natürlich nicht aus, dass infolge Neubesetzung und neuen Ideen die Kammermeinung zu einem Problem revidiert wird. Die Mitwirkung aller Mitglieder der Spruchgruppe garantiert aber, dass bereits gewonnene Einsichten in die Meinungsbildung mit eingebracht werden. Im Übrigen wirkt es eher gezwungen, wenn zu demselben Sachverhalt zwei Richter einer Kammer terminieren, die dann wegen der weiten Anreise eines Parteivertreters abwechselnd in einem Sitzungssaal dieselbe Angelegenheit mit unterschiedlichen Klägern aufrufen. Auch deshalb ist es ökonomischer, solche Sachverhalte in der Kammer zu belassen bzw. auf diese zu übertragen, und sämtliche auf einen Tag terminierten Verfahren gemeinsam aufzurufen. Sind Beweisaufnahmen zu behaupteten Prospektfehlern nötig, so werden diese gemeinsam für alle Verfahren durchgeführt und anschließend die notwendigen Anhörungen der einzelnen Anleger durchgeführt. Für die Schreibkraft hat diese Vorgehensweise den Vorteil, dass sie für mehrere Sachen nur ein durch den protokollführenden Richter zu korrigierendes Protokoll erstellt. Nach dessen Korrektur können in der Regel nur unter Abänderung des Aktenzeichens für die übrigen Akten identische Protokolle mit wenigen Handgriffen erstellt werden.

4 Wesentlich ist es, innerhalb der Gerichte eine **Kommunikationsstruktur** zu schaffen, die üblicherweise in den Zivilabteilungen großer Gerichte nicht anzutreffen ist. Denn unabhängig davon, dass jeder Spruchkörper in eigener richterlicher Verantwortung entscheidet, ist es schon für das Verständnis der Parteistrategie unerlässlich, zeitnah zu wissen, nach welchen Kriterien andere Spruchkörper vorgehen und wie die Reaktionen des zuständigen Oberlandesgerichts sind. Ergibt sich ein eindeutiger Trend, der auch vom Rechtsmittelgericht so gesehen wird, werden abweichende Auffassungen besonders gut begründet werden müssen. Allerdings bedeutet der genannte Trend nicht, dass mit diesem das letzte Wort gesprochen ist. So gibt es Fälle, in denen sich Beklagtenvertreter jahrelang damit gebrüstet haben, sie hätten bisher alle, mehrere hundert Streitverfahren gewonnen. Dies ging genau bis zu dem Moment gut, in dem der BGH entschied, bei dem betroffenen Fonds sei die Darstellung des worst case nicht in Ordnung (*BGH*, NJW-RR 2007, 1329, 1330, Rn. 11 ff.). In diesem Fall konnten sich nicht einmal die damals tätigen Berater darauf berufen, dass sie diesen Fehler im Prospekt nicht hätten erkennen können, weil dies auch diversen zunächst mit Fonds beschäftigten Richtern nicht gelungen sei (*BGH*, BeckRS 2010, 04713, Rn. 11).

5 Die aktuelle Kenntnis von Parallelentscheidungen fördert in jedem Falle das **Bilden und Formulieren eigener Standpunkte**. Insoweit hat es sich immer wieder bezahlt gemacht, den Prozessparteien die Auffassung des Spruchkörpers mitzuteilen und außerdem, dass diese bis zur Mitteilung einer geänderten Auffassung gelte. Dies schafft auf Seiten der Parteivertreter insofern Beruhigung, als sich diese nicht in jeder Sitzung auf eine andere richterliche Meinung einstellen müssen, sondern anhand der vorherigen Mitteilungen des Gerichts den Terminsverlauf vorbereiten können.

II. Abschnitt: Das Erstellen von Formularen

6 Kläger-, Beklagtenvertreter und Richter müssen generell dieselben Überlegungen anstellen, wenn sie eine Klageschrift, eine -erwiderung, eine Zwischenverfügung oder ein Urteil für ein Verfahren entwerfen, die oder das wegen künftiger Parallelfälle in mehreren Verfahren Verwendung finden kann. Aus juristischer Sicht wird das Thema ganz oben stehen müssen, ob es zum Nachweis „anständiger" und rechtsfehlerfreier Arbeit erforderlich ist, in jedem Verfahren eine **individualisierte Ausarbeitung** zu fertigen. Denn unabhängig davon, welchem Zweck das Elaborat dient, wird es den dieses bearbeitenden (angreifenden) Kollegen immer wieder zu Äußerungen in die Richtung animieren, es fehle schon an der erforderlichen Substanziierung, weil die Äußerungen ersichtlich vorgefertigt seien, ohne auf den jeweiligen Einzelfall einzugehen.

7 Unabhängig von der genauen juristischen Einordnung solcher Einwände empfiehlt sich vor **Fertigung eines Konzepts** für die Abarbeitung von Massensachverhalten die Besinnung auf die Typisierung entsprechender Sachverhalte. Die Anlageentscheidung fällt jeweils **individuell**, Schutzgut entsprechender Pflichten von Prospektverantwortlichen und Vermittlern ist die Freiheit der Willensentschließung (*BGH*, BeckRS 2008, 16672). Deshalb wird es regelmäßig erforderlich sein, den Sachverhaltsabschnitt, der mit dem Zustandekommen der Anlageentscheidung im Zusammenhang steht, zunächst individuell abzuklären und das Ergebnis dieser Recherche bzw. Beweisaufnahme in das Urteil einzufügen. Entsprechendes gilt für den Schaden, der jeweils individuell zu bestimmen ist. Bei uniformen Schadensberechnungen ergibt sich immer wieder, dass sich die Pauschalbehauptung, der Schaden bestehe im Zeichnungsbetrag nebst Agio als falsch erweist. Denn es gibt regelmäßig Einzelfälle, in denen es zu einer Agioerstattung gekommen ist. Dagegen können die Passagen, in denen Prospekt- oder typische Beratungsfehler behandelt werden, in aller Regel **allgemein** verwendet werden. Hier hat es sich bewährt, möglichst Formulierungen zu wählen, die keine Rückschlüsse auf Geschlecht und Anzahl der klagenden Anleger zulassen.

8 Es ist zu empfehlen, zunächst festzulegen, welche **Passagen einzelfallbezogen** dargestellt werden müssen. Diese sollten keinesfalls mit Bausteinen vorgefertigt, sondern in das ansonsten vorgefertigte Schriftstück eingearbeitet werden. Zunächst sollte für eine beliebige Partei eine Ausarbeitung erstellt und diese so lange beraten und korrigiert werden, bis Sicherheit besteht, dass das Schriftstück tatsächlich verwendet werden soll. Dann sollte dessen Word-Datei in einen Ordner eingestellt und genau bezeichnet werden, wichtig sind das Geschlecht der Klagepartei, die Anlagesumme und das Erstellungsdatum. Besonderheiten können, soweit sie gruppenspezifisch sind, etwa die Anlage in mehreren Fonds (X KG I–III) oder unterschiedliche Finanzierung (mit oder ohne Darlehensfinanzierung) durch die Erstellung von entsprechenden Unterordnern erfasst werden. Ist dann das nächste Schriftstück der Serie zu fertigen, fällt nochmals größerer Aufwand an, wenn dieses für das jeweils andere Geschlecht oder eine Mehrzahl von

Klägern zu fertigen ist. Hier bedarf es ggf. unter Zuhilfenahme der Suchfunktion des Computerprogramms größerer Korrekturen. Die exakte Bezeichnung der Dateien empfiehlt sich im Übrigen auch deshalb, weil sich die Verfahren bei größeren Fonds ohne weiteres über 10 Jahre erstrecken können und bei längeren Bearbeitungsunterbrechungen die Erinnerung an Einzelheiten oft schwer fällt. Außerdem sollte immer mitbedacht werden, dass entweder weitere Kollegen mit einer Angelegenheit betraut werden können oder die eigene Arbeit von einem Nachfolger übernommen wird, der sich zwangsläufig mit Details nicht auskennt.

Dringend abzuraten ist davon, das Problem, Ein- oder Mehrzahl, unterschiedliches Geschlecht der 9
klagenden Personen durch Verwendung des Begriffes **„Klagepartei"** zu lösen. Dadurch verstellt sich der Blick auf die individuellen Besonderheiten des Falles. Außerdem besteht die Gefahr, dass Besonderheiten übersehen werden. Etwa, dass für eine Mehrheit von Klägern jeweils auch der Schaden und der Anlageentschluss individuell dargestellt werden muss. Sind die **individuellen Daten** eines für das Geschlecht bzw. die Anzahl der Kläger bereits existierenden Schriftstücks zu ändern, geschieht dies am besten dadurch, dass man dieses durchgeht und überlegt, wo überall Änderungen veranlasst sind, etwa Aktenzeichen, Namen, Klageantrag, Vertragsanbahnung. Man sollte diese jeweils durch **Fettdruck** kenntlich machen, weil dies bei der Fertigung weiterer Schriftstücke das Auffinden zu ändernder Passagen erleichtert. Sind auch in den nicht variablen Textpassagen Änderungen erforderlich, etwa weil eine neuere Entscheidung zum Thema verarbeitet werden soll, nimmt man dies am günstigsten auch am bereits zur Bearbeitung anstehenden Schriftstück vor. Allerdings sollte dann in einer mit Datum zu versehenden Datei jeweils durch Einkopieren festgehalten werden, wo genau Änderungen vorgenommen wurden (dies kann aber auch durch das Verwenden der Mark up Funktion am [Ausgangs-]„Masterdokument" geschehen). Mittels solcher Dateien können dann auch Folgedateien geändert werden, ohne dass wegen der unterbliebenen Aktualisierung für ein Geschlecht bzw. die Mehrzahl von Klägern die aktuellste Datei insoweit wieder komplett überarbeitet werden müsste (s. a. unten Rn. 36 f.).

III. Abschnitt. Gang des Verfahrens

1. Zuständigkeitsfragen

Für die Frage der Zuständigkeit kommt es zunächst darauf an, ob der **Prospekt** für eine Kapitalanla- 10
ge als falsche Kapitalmarktinformation die geltend gemachten Forderungen begründen soll. Dabei kommt es nicht entscheidend darauf an, ob der potenzielle Kläger diesen tatsächlich erhalten und zur Kenntnis genommen hat, es reicht aus, wenn der Inhalt des Prospekts Grundlage des Anlageberatungsgesprächs war. Insofern reicht wegen der Relevanz dieser Behauptung sowohl für die Begründetheit als auch für die Zuständigkeit die schlüssige Behauptung aus (*OLG Nürnberg,* NZG 2008, 759).

Zuständig ist nach **§ 32 b I 1 ZPO, 71 II Nr. 3 GVG** das Landgericht am **Sitz des Emittenten,** soweit 11
sich dieser im Inland befindet (§ 32 b I 2 ZPO). „Emittent" ist nach § 2 Nr. 9 WPpG eine Person oder Gesellschaft, die Wertpapiere begibt oder zu begeben beabsichtigt. Handelt es sich bei den erworbenen Vermögensanlagen nicht um Wertpapiere, ist der Sitz des „betroffenen Anbieters" entscheidend. Bei Neugründung einer Gesellschaft wird man sich insoweit an der Person des im Prospekt genannten Prospektherausgebers orientieren können, im Übrigen dürfte es regelmäßig auf den Sitz bzw. bei deren Erlöschen auf den vormaligen Sitz der Anlagegesellschaft ankommen (*OLG München,* NJW-RR 2007, 1644). Ist auch der **Vermittler/Berater mitverklagt,** ist zu beachten, dass der Gerichtsstand des § 32 b ZPO **nicht** für diesen gilt. Denn dieser wird wegen seiner falschen oder unzureichenden Beratung im Rahmen eines Anlageberatungsvertrags in Anspruch genommen und nicht aufgrund falscher, irreführender oder unterlassener öffentlicher Kapitalmarktinformationen. Anspruchsgrundlage ist insoweit eine **Verletzung des Anlageberatungsvertrags,** der nicht schon deshalb öffentliche Kapitalmarktinformationen zum Gegenstand hat, weil sich der Berater bei seiner Beratung auch auf öffentliche Kapitalmarktinformationen bezogen hat. Berater sind auch nicht Anbieter iSv § 32 b ZPO. Anbieter ist nur derjenige, der für das öffentliche Angebot von Vermögensanlagen verantwortlich ist und so auch den Anlegern gegenüber auftritt (*BGH,* NJW 2007, 1364, Rn. 11).

Wenn der Berater nicht zufällig einen Gerichtsstand am Sitz des Emittenten hat, wird spätestens nach 12
der Zuständigkeitsrüge des Beraters ein **Gerichtsstandsbestimmungsverfahren** nach § 36 I Nr. 3 ZPO erforderlich. Dessen Ausgang lässt sich in der Regel nicht zuverlässig vorhersagen. Häufig wird es so sein, dass hinsichtlich der Beratungssituation eine Beweisaufnahme erforderlich wird, zu der die Berater und Parteien anreisen müssen, wenn das Gericht am Sitz des Emittenten als zuständig bestimmt wird. Das allein wird aber in der Regel nicht als Argument dafür gesehen, das Gericht als zuständig zu bestimmen, das für den Ort der Beratung zuständig ist. Regelmäßig wird das Gericht als zuständig bestimmt, dass für einen oder mehrere Streitgenossen unter dem Gesichtspunkt des § 32 b ZPO zuständig ist. Diese Rechtsprechung hat das Bundesverfassungsgericht nicht beanstandet (NJW 2009, 907). Allerdings bedeutet das nicht, dass diese Rechtsprechung durchgehend angewendet werden müsste. Das *OLG München*, dessen Auffassung, grundsätzlich sei das Gericht am Sitz des Emittenten für zuständig zu erklären, Gegenstand der zitierten Verfassungsbeschwerde gewesen ist, vertritt in Verfahren mit gleicher Grundkonstellation auch die Auffassung, dass in Verfahren, deren Schwerpunkt bei der fehlerhaf-

ten Anlageberatung läge, auch das Gericht am Sitz des Klägers und der beratenden Bank als zuständig bestimmt werden könne (vgl. etwa Beschl. v. 22. 4. 2009, 31 AR 229/09 – nicht veröffentlicht). Auch der Bundesgerichtshof sieht bei einer Klage gegen den Vermittler und Verantwortliche eines Publikumsfonds einen Schwerpunkt am Ort der Vermittlung (*BGH*, NJW-RR 2011, 1137, Rn. 20).

13 Bei im Ausland ansässigen Anbietern lässt sich eine **internationale Zuständigkeit** deutscher Gerichte bei Vorliegen von Täuschungshandlungen meist am Wohnsitz des Geschädigten begründen, weil dieser in der Regel Tatort sein wird (*BGH*, NJW-RR 2008, 516, 517, Rn. 13 ff.). Bei der Überweisung der Anlagesumme von einem Konto im Inland in das Ausland besteht regelmäßig eine Zuständigkeit deutscher Gerichte (*BGH*, BKR 2010, 421, 424, Rn. 29 f. oder BKR 2010, 509, 512, Rn. 32 ff.). Im Übrigen wird regelmäßig zu klären sein, ob nicht über die Herausgabe des im Inland erhältlichen Prospekt eine Ausrichtung auf den deutschen Markt iSv Art. 15 I c) EuGVVO erfolgt ist (vgl. a. *Zöller/Geimer*, 28. Aufl. 2010, Rn. 14 zu Art. 15–17 EuGVVO).

14 Wird direkt aufgrund §§ 44 ff. BörsG vorgegangen, ergibt sich neben der Zuständigkeit der allgemeinen Zivilkammer auch die Zuständigkeit der **Handelskammer** aus § 95 I Nr. 6 GVG. Ist der geschädigte Anleger Mitglied einer KG geworden und will er gegen Mitgesellschafter vorgehen, ergibt sich eine Zuständigkeit der Handelskammer aus § 95 I Nr. 4 a) GVG. Dagegen obliegt die Prospekthaftung bei Gesellschaften bürgerlichen Rechts den allgemeinen Zivilkammern.

2. Subjektive Klagehäufung; Verfahrenstrennung

15 Klagen mit mehreren, bis zu 100 oder 200 Klägern sind jedenfalls dann nicht zu bewältigen, wenn bei Bejahung eines Anspruchsgrundes im Falle jedes einzelnen Anlegers dessen **individueller Anlageentschluss** zu prüfen ist. Bei den von der Beklagtenseite meist routinemäßig erhobenen Einwendungen zur Kausalität ist häufig jedenfalls die Anhörung jedes einzelnen Klägers und ggf. die Einvernahme von gegenbeweislich benannten Zeugen erforderlich. Schon bei mehr als einem Kläger erweist es sich immer wieder als schwierig, sämtliche Prozessparteien und Zeugen zu einem Termin zu laden. Hinzutritt, dass bei Entscheidungsreife des Verfahrens einer Partei – denkbar, wenn der geltend gemachte Schaden jedenfalls gegen einen Beklagten zugesprochen werden kann – möglicherweise ein Teilurteil gesprochen werden kann. Dann muss allerdings die Kostenentscheidung aufgeschoben werden. Diese kann erst dann ergehen, wenn hinsichtlich aller Klageparteien verhandelt und Entscheidungsreife erreicht worden ist. Deshalb ist es kaum überraschend, dass der *Bundesgerichtshof* die gemeinsame Verhandlung der Anlageentscheidungen vieler Kläger in einem Verfahren für **nicht zweckmäßig** hält (NJW 2005, 2450, 2453 sub III.1).

16 Hier lohnt es sich für Spruchkörper bzw. Gerichte, die mit solchen Verfahren häufiger konfrontiert werden, sich **eindeutig zu positionieren** und eingehende Klagen mehrerer Kläger **sogleich aufzutrennen**, falls nicht einmal ein besonderer Grund (Ehegatten, mehrere Anleger mit demselben Berater) die Behandlung in einem Verfahren rechtfertigt. Logistisch ist zu bedenken, dass die Bildung neue Akten unter Ablichtung der kompletten bis zum Trennungszeitpunkt angefallenen Unterlagen umso fehleranfälliger wird, je länger sie hinausgeschoben wird. Daher sollte möglichst schon mit Eingang der Klage abgetrennt und dem Klägervertreter aufgegeben werden, für jedes neu zu bildende Verfahren eine Klageschrift für den Kläger einzureichen, der Partei des jeweiligen Verfahrens ist. Bei Abfassen des Trennungsbeschlusses muss außerdem bedacht werden, das für den Kostenbeamten ein Streitwert für das Ausgangsverfahren vor Abtrennung und für jedes neue Verfahren sowie das Ausgangsverfahren nach Abtrennung gebildet werden muss, damit bereits eingezahlte Gerichtskosten zugeordnet bzw. Kostenrechnungen für die neuen Verfahren erstellt werden können. Die Zustellung der Klageschriften in den neu zu bildenden Verfahren sollte ausdrücklich von der Vorschusszahlung (§ 12 I 1 GKG) und der Vorlage der Klageschrift nebst erforderlichen Abschriften abhängig gemacht werden (vgl. dazu und zur Vorlage von Abschriften für etwaige Streithelfer (*OLG München*, NJOZ 2010, 1484).

17 Natürlich kann die Verfahrenstrennung nicht ohne **rechtliches Gehör** vorgenommen werden. Den Klägern kann dieses sogleich – schriftlich (mündliche Verhandlung gem. § 128 IV ZPO nicht erforderlich) – gewährt werden, auf der Beklagtenseite muss dieses bei frühzeitiger Abtrennung ggf. nachgeholt werden. Soweit Klagen kurz vor Jahresende eingehen, werden Klägervertreter häufig damit argumentieren, dass zum Zwecke der Verjährungsunterbrechung sogleich zugestellt werden müsse. Dies muss für das Gericht nicht zwingend ein Grund sein, die Zustellung sofort vorzunehmen, denkbar ist auch die vorherige Trennung, die dadurch entstehende Verzögerung der Zustellung fällt den Klägern dann nicht zur Last, wenn sie Verfahrenstrennung zurückzuführen ist (vgl. dazu *BGH*, NJW 2006, 3206, 3207, Rn. 20). Bewährt hat es sich aber auch, insoweit mit den Parteivertretern Absprachen zu treffen. So gab es Einzelfälle, in denen Beklagtenvertreter mit der sofortigen Zustellung einer Massenklage einverstanden waren, weil das Verfahren absprachegemäß vor Klageerwiderung zum Ruhen gebracht wurde. In diesen Verfahren sollten jeweils Entscheidungen in Parallelverfahren abgewartet bzw. ein Musterverfahren betrieben werden.

18 Eine Verfahrenstrennung darf nicht mehr erfolgen, wenn das Verfahren insgesamt **entscheidungsreif** ist (*OLG München*, NJOZ 2001, 676). Ansonsten ist die Grenze für Verfahrenstrennungen ist die **Will-**

kür, etwa wenn sie ersichtlich dem Zweck dienen soll, durch Aufspalten der Verfahren das Erreichen der Rechtsmittelsumme zu erreichen (*BVerfG*, NJW 1997, 649, 650). Die andere zu beachtende Grenze ist der **Justizgewährungsanspruch**. Der Weg zu den Gerichten muss für den Einzelnen erreichbar sein. Dies ist dann nicht erreichbar, wenn Gebühren erhoben werden, die außer Verhältnis zu dem angestrebten wirtschaftlichen Wert stehen (*BVerfG*, NJW 1992, 1673). In Kapitalanlagesachen scheint diese Grenze, die das Bundesverfassungsgericht in WEG-Sachen festgelegt hat, angesichts der Anlagesummen regelmäßig nicht erreicht. Im Übrigen wäre es Sache der Kläger hierzu im Einzelnen vorzutragen. Dieser Grundsatz kann aber zum Tragen kommen, wenn ein Kläger **mehrere Beklagte** wegen des Scheiterns einer Kapitalanlage in Anspruch nimmt. Zwar mag es sich anbieten, die Beklagten in Verantwortungsgruppen wie Vorstand, Aufsichtsrat des Emittenten, Berater und finanzierende Bank aufzuteilen, es sollte aber bedacht werden, dass gerade die mehrfache Abtrennung eines Verfahrens zu einer Multiplikation der Kosten führt, die auch die Deckungsgrenzen einer Rechtsschutzversicherung überschreiten und zum **Existenzrisiko** für einen Kläger werden kann.

3. Wahl der Verfahrensart

In Prospekthaftungssachen sprechen viele Gesichtspunkte dafür, auf einen frühen ersten Termin zu verzichten und erst, wenn das Verfahren im **schriftlichen Vorverfahren** ausgeschrieben ist, einen Haupttermin zu bestimmen, zu dem jedenfalls die Klagepartei zum Zwecke ihrer Anhörung geladen wird. In Verfahren, in denen die ersten Entscheidungen Signalwirkung für den großen Rest der schon betriebenen oder noch zu erwartenden Verfahren haben, ist die Aussicht nahezu Null, in einer Erörterung im ersten Termin einen Vergleich zu erzielen. Die Prüfung, ob die Angelegenheit einseitig bleibt, kann auch im schriftlichen Verfahren erfolgen und ggf. in diesem Versäumnisurteil erlassen werden. Das schriftliche Vorverfahren gibt dem Richter Gelegenheit, frühzeitig die streitigen Punkte zu erkennen und **einen umfassenden Termin** mit Beweisaufnahme vorzubereiten bzw. ein etwa notwendiges Gutachten nach § 358 a ZPO vorab zu erholen und damit die Angelegenheit entscheidungsreif zu machen. Ein solches Verfahren bedeutet aber nicht, dass man die Parteien erst einmal ungebremst schreiben lässt, da dies häufig in mehrhundertseitigen Schriftsätzen ausartet, deren Inhalt kaum noch geordnet zu erfassen ist. Insbesondere bei neu zu entscheidenden Angelegenheiten empfiehlt es sich, nach Eingang von Klage- und Klageerwiderung den Sachstand genau zu prüfen und gezielte Hinweise zu erteilen, die es den Parteivertretern ermöglichen, ihre Schriftsätze auf die nach Auffassung des entscheidenden Spruchkörpers wesentlichen Gesichtspunkten auszurichten. 19

Es wird immer wieder Fälle geben, in denen das Gericht mit zur Rechtswahrnehmung an allen erstinstanzlichen Gerichten der Republik verfassten **Standardschriftsätzen** konfrontiert wird. In solchen Fällen lohnt es sich, die eigenen Aufzeichnungen über deren Inhalt in einer Computerdatei zu erfassen und die Fundstellen nicht mit Blattzahlen in den Akten zu kennzeichnen, sondern mit Datum und Seitenzahl des Schriftsatzes. Gehen dies Schriftsätze dann auch in Folgefällen ein, können diese Aufzeichnungen kopiert und für den neuen Fall verwendet werden, in dem über die Suchfunktion das jeweilige Schriftsatzdatum geändert wird. Wird der Spruchkörper über Jahre mit demselben Fonds konfrontiert, werden solche Aufzeichnungen mit fortschreitender Zeit überflüssig. Die Sitzungsvorbereitung wird in solchen Fällen am effektivsten durch das **Einsetzen der individuellen Daten in ein Urteilsformular** erreicht, das in anderen Fällen des gerade tätigen Klägervertreters bereits verwendet wurde. Die Beklagtenvertreter werden in den Angelegenheiten einer Anlagegesellschaft idR dieselben sein. 20

4. Aussetzung des Verfahrens

In Massenverfahren ist die Verfahrensaussetzung schon deshalb reine verlockende Alternative zur Fortführung einer Vielzahl von erstinstanzlichen Verfahren, weil damit die Chance besteht, zunächst die ersten Entscheidungen des *Bundesgerichtshofs* zu einem Fonds abzuwarten. Allerdings ist diese Hoffnung häufig bereits deshalb trügerisch, weil selten bis nie in den ersten Revisionsverfahren Entscheidungen ergehen, die eine endgültige Beurteilung der Frage des Vorliegens eines mitteilungspflichtigen Prospektfehlers zulassen. Denn oft fehlt es nach Auffassung des Revisionsgerichts an den erforderlichen Feststellungen, so dass der Vortrag der revisionsführenden Partei als wahr unterstellt und das Berufungsgericht damit beauftragt wird, die erforderlichen Feststellungen zu treffen. Deshalb kann in der Regel nur dann die endgültige Lösung eines Konflikts über Prospektfehler abgewartet werden, wenn sich die Parteien selbst auf das **Ruhen des Verfahrens** gem. § 251 ZPO einigen. Solche Regelungen lassen sich aber wegen des Zwangs für die Klägervertreter, der eigenen Partei möglichst rasch eine Vollstreckungsmöglichkeit zu sichern, nur selten erzielen. 21

a) **Aussetzung nach § 149 ZPO.** Die Aussetzung eines Zivilverfahrens wegen der Vorgreiflichkeit eines gegen Prospektverantwortliche anhängigen Strafverfahrens setzt zunächst einige technische Vorüberlegungen voraus. Wesentlich ist, dass die Parteien dokumentiertermaßen **Gelegenheit haben**, sich zur Frage der Aussetzung des Verfahrens **zu erklären**. Setzt das Gericht die Verhandlung bis zur Erledigung eines Strafverfahrens aus, so muss für das Beschwerdegericht auf Grund der Begründung des Aus- 22 setzungsbeschlusses nachprüfbar sein, dass das Gericht den Vorteil einer gründlicheren Klärung im Strafprozess auf Grund der konkreten Umstände des Falls gegen den Nachteil der Verzögerung einer Entscheidung im Zivilprozess abgewogen hat.

23 Im Falle des § ZPO § 149 ZPO müssen die streitigen Umstände, auf die es im Zivilverfahren ankommt und die im Strafverfahren leichter oder einfacher geklärt werden können, so **konkret und eingehend dargestellt** werden, dass das Beschwerdegericht die Ermessensausübung auf Fehler überprüfen kann. Dies ist nicht möglich, wenn nicht dargestellt ist, welche konkreten Ansprüche mit der Klage geltend gemacht werden und inwieweit diese auf strafbare Handlungen gestützt werden, die Gegenstand des Strafverfahrens sind. Es reicht also nicht, in dem Aussetzungsbeschluss nur formale Kriterien anzuführen. Es muss vielmehr zunächst der Streitgegenstand des Klageverfahrens herausgearbeitet werden. Denn nur dann ist erkennbar, ob die richterliche Ermessensausübung auf ausreichenden Erwägungen beruht.

24 Dabei reicht es nach ausdrücklicher Rechtsprechung des *Bundesgerichtshofs* nicht, sich auf die **Standardbegründung** zu stützen, dass der Ausgang des Strafverfahrens sowie die dortigen Beweiserhebungen einen zusätzlichen, **erheblichen Erkenntnisgewinn** versprächen. Dies gilt in komplexen Fällen möglicher Wirtschaftskriminalität in besonders hohem Maße. Es kommt hinzu, dass es sich häufig nicht nur um mehrere Beteiligte und verschiedene Klageanträge handelt, sondern dass eine Vielzahl von Einzelpunkten eines umfangreichen Geschehens zwischen den Parteien streitig ist. Die Abwägung zwischen dem erhofften Erkenntnisgewinn und der zu befürchtenden Verzögerung des Verfahrens muss zu Gunsten der Aussetzung ausfallen. Daher müssen sich nachprüfbare Argumente dafür ergeben, dass die Erkenntnisse im Ermittlungsverfahren – dessen Fortschritt, etwa durch Anklageerhebung oder Zulassung der Anklage, festzustellen ist – für die konkret geltend gemachten Ansprüche von Bedeutung sein können. Der allgemeine Hinweis darauf, dass das Ermittlungs- bzw. Strafverfahren in komplexen Wirtschaftsstrafsachen regelmäßig einen erheblichen Erkenntnisgewinn verspreche, reicht nicht aus. Zwar ist es nicht zu beanstanden, wenn ein Gericht bestrebt ist, einen Zivilrechtsstreit möglichst prozessökonomisch zu führen und doppelte Ermittlungsarbeit sowie zusätzliche Kosten zu sparen. Das kann eine Aussetzung des Zivilverfahrens aber nur dann rechtfertigen, wenn in dem Aussetzungsbeschluss die streitigen Punkte aus dem Zivilverfahren angeführt werden und dargelegt wird, dass mit der Aufklärung gerade dieser Umstände im Strafverfahren zu rechnen sei. Daher werde eine Klärung dieser Umstände im Zivilverfahren voraussichtlich nach Abschluss des Strafverfahrens nicht mehr nötig. Das Beschwerdegericht muss auf Grund dieser Ausführungen nachprüfen können, ob das Erstgericht den Vorteil einer gründlicheren Klärung im Hinblick auf den Untersuchungsgrundsatz im Strafprozess auf Grund der konkreten Umstände des Falls gegen den Nachteil der Verzögerung einer Entscheidung im Zivilprozess abgewogen hat (*BGH*, NJW-RR 2010, 423, Rn. 5 ff.).

25 **b) Keine Aussetzung wegen der Vorgreiflichkeit der Entscheidungen in Parallelverfahren.** Eine Aussetzung nach **§ 148 ZPO** analog wird immer wieder angedacht, wenn bekannt wird, dass in Parallelverfahren Nichtzulassungsbeschwerden bzw. Revisionen anhängig sind. So sinnvoll für einen Erstrichter die Überlegung sein mag, vor Fortsetzung zahlreicher ähnlich gelagerter Verfahren zunächst die Meinung der Rechtsmittelgerichte kennen lernen zu wollen, so eindeutig ist die Meinung des *Bundesgerichtshofs* zu einem solchen Vorgehen. Die Aussetzung der Verhandlung setzt Vorgreiflichkeit der in dem anderen Rechtstreit zu treffenden Entscheidung im Sinne einer (zumindest teilweise) präjudiziellen Bedeutung voraus. Diese Voraussetzung ist in Kapitalanlagesachen regelmäßig nicht erfüllt, da den anderen Verfahren im Hinblick auf das Verfahren eines anderen Anlegers allenfalls die Bedeutung eines **Musterprozesses** zukommt. § 148 ZPO stellt aber nicht auf sachliche oder tatsächliche Zusammenhänge zwischen verschiedenen Verfahren, sondern auf die Abhängigkeit vom Bestehen oder Nichtbestehen eines Rechtsverhältnisses ab. Allein die tatsächliche Möglichkeit eines Einflusses einer zu erwartenden gerichtlichen Entscheidung auf das zur Aussetzung anstehende Verfahren genügt dieser gesetzlichen Voraussetzung nicht. Nach Meinung des *Bundesgerichtshofs* würde eine solche Auslegung des § 148 ZPO das aus dem **Justizgewährleistungsanspruch** folgende grundsätzliche Recht der Prozessparteien auf Entscheidung ihres Rechtsstreits in seinem Kern beeinträchtigen. Auch eine analoge Anwendung der Vorschrift sei nicht möglich. Sie diene zwar auch der Prozessökonomie, indem sie die Gerichte vor der doppelten Befassung mit zumindest teilweise identischem Streitstoff bewahre, § 148 ZPO enthalte aber keine allgemeine Ermächtigung, die Verhandlung eines Rechtsstreits zur Abwendung einer vermeidbaren Mehrbelastung des Gerichts auszusetzen. Vielmehr sei der Weg der Aussetzung nur dann eröffnet, wenn die Entscheidung in dem einen Rechtsstreit die Entscheidung des anderen rechtlich beeinflussen könne (*BGH*, NJW 2005, 1947). Bisher hat der *Bundesgerichtshof* allerdings noch nicht entschieden, ob bei „Massenverfahren" die Unmöglichkeit einer angemessenen Bewältigung der Gesamtheit der Verfahren das Gewicht verfahrenswirtschaftlicher Erwägungen gegebenenfalls so zu erhöhen vermag, dass hierin ein nicht nur quantitativ, sondern qualitativ anderer Wertungsgesichtspunkt als die „normale" Prozessökonomie hervortritt. Sollen solche Erwägungen eine Aussetzung rechtfertigen, wird ein entsprechender Beschluss nachprüfbare Feststellungen zur Zahl der anhängigen Verfahren, zu den sich parallel stellenden Fragen, aber auch dazu treffen müssen, ob die Überprüfung tatsächlicher Feststellun-

gen in einem anderen Zivilprozess tatsächlich Auswirkungen auf Folgeverfahren hinsichtlich derselben Frage haben kann. Dabei sollte beachtet werden, dass es unbestritten ist, dass obergerichtliche Aussagen in solchen Fällen tatsächliche Auswirkungen auf die noch anhängigen Parallelverfahren haben, aber eine rechtliche Bindungswirkung für Parallelverfahren fehlt.

c) **Aussetzung wegen Musterverfahrens.** Auf Rechtsstreitigkeiten wegen fehlerhafter **Anlageberatung,** in denen kein Musterfeststellungsantrag nach § 1 Kapitalanleger-Musterverfahrensgesetz (KapMuG) gestellt werden kann, findet § 7 I KapMuG keine Anwendung (*BGH,* NJW 2009, 2539). Denn Gegenstand dieser Verfahren ist die falsche oder unzureichende Beratung im Rahmen eines Anlageberatungsvertrags und nicht aufgrund falscher, irreführender oder unterlassener öffentlicher Kapitalmarktinformationen. Anspruchsgrundlage ist damit eine Verletzung des Anlageberatungsvertrags, der nicht schon deshalb öffentliche Kapitalmarktinformationen zum Gegenstand hat, weil sich der Vermittler/Berater auch auf öffentliche Kapitalmarktinformationen bezogen hat. Er ist auch nicht Anbieter iSv § 32 b ZPO. Anbieter ist nur derjenige, der für das öffentliche Angebot von Vermögensanlagen verantwortlich ist und so auch den Anlegern gegenüber auftritt (*BGH,* NJW 2009, 513, 514, Rn. 15). Selbst in Fällen, in denen gegen die beratende juristische Person ein **Musterverfahren anhängig** ist, weil sie in anderer Funktion an der Emission der Kapitalanlage mitgewirkt hat, soll aufgrund des Umstands, dass im Verfahren gegen diese **zwei Streitgegenstände** zu prüfen sind, erst dann die Möglichkeit der Aussetzung bestehen, wenn die Möglichkeit des individuellen Beratungsfehlers geprüft und verneint ist. Ähnlich dürfte es sich in den Fällen verhalten, in denen ein Schadensersatzanspruch aufgrund einer Anspruchsgrundlage in Frage kommt, die in keinem Zusammenhang mit der öffentlichen Bewerbung der Kapitalanlage steht. Denkbar wäre dies etwa im Falle einer Bank, die im Rahmen des Kapitalanlagemodells einen Teil der zu leistenden Einlage obligatorisch finanziert, aber auch in anderer Funktion an dem Anlagemodell mitwirkt. Dann wären die Ansprüche, die etwa aus dem Widerruf des Finanzierungsdarlehens folgen, zunächst abschließend zu prüfen, bevor eine Aussetzung des Verfahrens im Hinblick auf das gegen die Bank anhängige Musterverfahren in Betracht kommt (*BGH,* NJW-RR 2011, 327). 26

Beispiel für einen Aussetzungsbeschluss nach § 7 KapMuG:

Beschluss

Das Verfahren wird gemäß § 7 KapMuG ausgesetzt. Dem Oberlandesgericht München wird mitgeteilt, dass der Kläger Schadensersatzansprüche wegen des Erwerbs von Aktien der Beklagten am 7. 4. 2008 in Höhe von mindestens 3.800,– EUR geltend macht.
Der Kläger wird gemäß § 8 III 2 KapMuG darauf hingewiesen, dass die anteiligen Kosten des Musterverfahrens zu den Kosten seines Prozessverfahrens gehören und dass dies nur dann nach § 17 S. 4 KapMuG nicht gilt, wenn die Klage innerhalb von 2 Wochen ab Zustellung des Aussetzungsbeschlusses in der Hauptsache zurückgenommen wird.

Die genannte Meinung des *Bundesgerichtshofs*, die im Übrigen den Rechtsmittelausschluss des § 7 I 4 KapMuG nicht anwendet und daher dennoch ergangene Aussetzungsbeschlüsse auf außerordentliche Beschwerde hin aufhebt, ist vor dem Hintergrund von Prospekthaftungsklageverfahren gegen Prospektverantwortliche und andere Personen **nicht konsequent.** Werden auf Beklagtenseite mehrere Personen auf der Basis unterschiedlicher Anspruchsgrundlagen für ein und dieselbe Kapitalanlage in Anspruch genommen, ist eine abweisende Entscheidung gegen einen der Beteiligten in der Regel nur dann möglich, wenn dessen Verfahren abgetrennt wird. Denn wenn es nur in einem tatsächlichen Punkt – beispielsweise ein behaupteter und vom Berater nicht korrigierter Prospektfehler – einen tatsächlichen Zusammenhang gibt, kann ein **Teilurteil** wegen der Möglichkeit sich widersprechender Entscheidungen nicht ergehen. Macht also das Gericht von der Möglichkeit der Abtrennung keinen Gebrauch, etwa weil es das Kostenargument auf Seiten des Anlegers sieht und vermag es auch in einer Beweisaufnahme einen anderen individuellen Beratungsfehler nicht zu erkennen, ist es an einer Entscheidung gehindert. Dies gilt nur dann nicht, wenn es im Hinblick auf die vom Berater anzustellende Plausibilitätsprüfung selbst zur Frage des Vorliegens eines (erkennbaren) Prospektfehlers Stellung nimmt. Dies ist auch erforderlich, weil die Pflichtverletzung eines Anlageberaters in der Übergabe eines falschen Prospektes liegen kann (*BGH*, BeckRS 2010, 04713, Rn. 7). In einem solchen Fall wird das Ziel des KapMuG, nämlich das Vorliegen eines Prospektfehlers in einem den individuellen Klagen vorgeschalteten Musterverfahren zu prüfen, auf den Kopf gestellt. Es bleibt die Frage, ob und wann sich die Erkenntnis durchsetzt, dass sich die Frage nach dem Vorliegen haftungsbegründender Fehler im Zusammenhang mit dem Erwerb einer Kapitalanlage verbindlich nur dann beantworten lässt, wenn zunächst in einem allgemeinen Verfahren die abstrakten und in den einzelnen Verfahren möglicherweise entscheidungserheblichen Aspekte allgemeinverbindlich geklärt werden, um ansonsten zwangsläufig unterschiedliche Verfahrensergebnisse zu den gleichen Fragen zu vermeiden. 27

d) **Die Meinung des Bundesverfassungsgerichts zur Aussetzung von PKH-Verfahren bei unechten Musterverfahren.** Nach Meinung des Bundesverfassungsgerichts ist die Aussetzung von Prozesskostenhilfeverfahren im Hinblick auf andere Rechtsstreitigkeiten, in denen die auch im Prozesskostenhilfeverfahren entscheidungserhebliche Frage entschieden wird, verfassungsrechtlich nicht unbedingt zu beanstanden. Ein sein Kostenrisiko vernünftig abwägender Bürger, der die Prozesskosten aus eigenen Mit- 28 teln finanzieren müsse, werde ein Verfahren nicht (weiter) betreiben, solange dieselbe Rechtsfrage bereits in anderen Verfahren in der Revisionsinstanz (sog. unechte Musterverfahren) anhängig sei. Er könne auf diesem Wege – im Falle einer in seinem Sinne positiven Entscheidung des Revisionsgerichts – vom Ausgang dieser Verfahren profitieren, ohne selbst einem (weiteren) Kostenrisiko zu unterliegen. Gehe das Revisionsverfahren hingegen aus Sicht des Betroffenen negativ aus, sei er nicht gehindert, sein Rechtsschutzziel im eigenen Verfahren weiter zu verfolgen.

29 Es reiche aus verfassungsrechtlicher Sicht aus, wenn dem Betroffenen nach Ergehen der „Musterentscheidungen“ noch alle prozessualen Möglichkeiten offenstünden, umfassenden gerichtlichen Schutz zu erlangen. Solange ein Betreiben des eigenen Verfahrens in zumutbarer Weise zurückgestellt bzw. dies auch formell ruhend gestellt werden könne, sei es nicht zu beanstanden, wenn die Fachgerichte davon ausgingen, dass eine anwaltliche Vertretung nicht erforderlich sei (*BVerfG*, NJW 2010, 988). In Anlagefällen wird jeweils zu prüfen sein, ob die Verjährung durch den PKH-Antrag unterbrochen und sichergestellt ist, dass diese innerhalb des Zeitraums, in dem das Verfahren nicht betrieben wird, nicht eintreten kann. Es dürfte auch hier die Kardinalfrage sein, ob dem Antragsteller infolge des Nichtbetreibens des Verfahrens dadurch Nachteile drohen können, dass andere Parteien ihre Verfahren vorrangig betreiben und im Falle eines Obsiegens eine vorrangige Vollstreckungsmöglichkeit erhalten. Hinsichtlich der Verjährung gilt, dass die Unterbrechungswirkung der gerichtlichen Aussetzung iSv § 214 II BGB solange anhält, bis der Aussetzungsgrund wegfällt und die Parteien dennoch nichts unternehmen (*Palandt/Heinrichs*, 68. Aufl. 2010, Rn. 47 zu § 214 BGB mwN). Komplexer ist die Frage, ob der auf PKH ansuchenden Partei durch den Nichtbetrieb des Verfahrens Nachteile drohen. Hat ein Anlagemodell mehrere tausend Anleger, dürfte für den Fall des Obsiegens der Anleger bei vielen Beklagten anzunehmen sein, dass sich finanzielle Engpässe bei der Befriedigung der Gläubiger ergeben werden. Ist das der Fall, dürfte ein Aussetzen der PKH-Verfahren eine gleichheitswidrige Einschränkung der Rechte der betroffenen Anleger sein.

5. Permanente Wiederholung bereits durchgeführter Beweisaufnahmen?

30 Es gibt Beklagtenvertreter, die es nach ersten Niederlagen in Parallelverfahren erklärtermaßen darauf absehen, die Gerichtsverfahren so lange in die Länge zu ziehen, bis weitere Klagen nicht mehr zu erwarten sind bzw. entsprechenden Ansinnen das Verjährungsargument entgegengehalten werden kann. Wegen der Unsicherheiten bei der kenntnisabhängigen 3-jährigen Frist des § 195 BGB bzw. der Spezialgesetze wird es jedenfalls in den Fällen, in denen auch eine deliktische Haftung bzw. Prospekthaftung im weiteren Sinne in Betracht kommt, um den Ablauf der 10-Jahresfrist des § 199 II BGB gehen. Um diese Grenze zu erreichen, scheint jedes Mittel recht. So häufen sich die Fälle, in denen allen Ernstes verlangt wird, dass der erstinstanzlich für hundert oder mehr Parallelfälle zuständige Spruchkörper für das Vorliegen verallgemeinerungsfähiger Fehler im Prospekt immer wieder dieselben Zeugen hört, auch wenn dies schon mehrfach geschehen ist. Das stereotype Argument lautet jeweils, die Partei habe in jedem einzelnen Fall Anspruch auf eine der ZPO entsprechenden Beweisaufnahme. Dieses Argument gilt jedenfalls so lange, bis sich der erkennende Spruchkörper und zwar **jedes einzelne Mitglied** ein Bild von den Zeugen gemacht hat (*BVerfG*, NJW 2008, 2243, 2244, Rn. 18 und *BGH*, NJW 1991, 1180), soweit es auch nur im Entferntesten um deren persönliche Glaubwürdigkeit geht. Das bedeutet, dass die Verwertung bereits erhobener Beweise gegen den Widerstand der von der Verwertung betroffenen Partei nur dann denkbar ist, wenn die Kammer oder der Senat in der in Betracht kommenden Besetzung den Zeugen bereits gehört hat (diese Möglichkeit kommt wegen § 355 ZPO aber nur ausnahmsweise in Betracht, vgl. *BGH*, NJW-RR 2011, 568, 569, Rn. 10). Bei einer Überbesetzung des Spruchkörpers werden solche Situationen dadurch vermieden, dass die ersten Beweisaufnahmen so terminiert werden, dass alle Mitglieder des Spruchkörpers in einem der zur Beweisaufnahme anstehenden Fälle gesetzlicher Richter sind, so dass ggf. auch in **Besetzung mit mehr als drei Richtern** Beweis erhoben wird. Ist dies geschehen, wird die Partei, die meint, auf einer Wiederholung der Beweisaufnahme bestehen zu müssen, dieses Ansinnen begründen müssen. Denn bei Prüfung der Frage, ob die Beweisaufnahme zu wiederholen ist, muss auch der Grundsatz der Verhältnismäßigkeit in Bezug auf die Person der Zeugen geprüft werden. Man wird diesen nicht zumuten können, ohne Rücksicht auf eine verfahrensbedingte Notwendigkeit (etwa: Richterwechsel, neue Gesichtspunkte) beliebig häufig bei Gericht zu erscheinen. Für die Verwertung der bereits durchgeführten Beweisaufnahme sind dagegen die zu fordernden Kriterien erfüllt: Die Zeugenaussage liegt nicht nur schriftlich vor, die Mitglieder des Spruchkörpers haben sich auch einen Eindruck von der Person des Zeugen verschafft, damit kann vertreten werden, dass der Grundsatz der Unmittelbarkeit der Beweisaufnahme gewahrt ist.

31 Außerdem wird sich regelmäßig die Frage stellen, ob nicht die einen aufklärungspflichtigen Prospektfehler behauptende Partei ihren Beweis bereits nach Urkundslage, ggf. über das eingeführte Protokoll der bereits gepflogenen Beweisaufnahme geführt hat. Dann muss der eventuell gestellte Gegenbeweisantrag auf seine **Beweiseignung** geprüft werden. Das Gericht kann sich dabei an die das Ergebnis jahrzehntelanger Rechtsprechung enthaltende Vorschrift des § 244 III StPO anlehnen. Danach darf es einen Beweisantrag unter anderem dann ablehnen, wenn das Beweismittel **völlig ungeeignet** ist, wobei bei der

Zurückweisung eines Beweismittels als ungeeignet allerdings größte Zurückhaltung geboten ist (*BGH*, NJW 2003, 2527, 2528). Ungeeignetheit kann vorliegen, wenn sich der Spruchkörper in der aktuellen Besetzung ein unmittelbares Bild von den Zeugen gemacht hat, deren erneute Einvernahme angeboten wird und daher in der Lage ist, zu beurteilen, ob die angebotene Aussage geeignet ist, den angebotenen Gegenbeweis zu führen. Solange keine neuen Tatsachen in das Wissen der Zeugen gestellt sind und lediglich die (beliebige) Wiederholung von deren Aussagen beantragt wird, erscheint ein Ablehnen der erneuten Vernehmung unter dem Gesichtspunkt der Ungeeignetheit des Beweisangebots jedenfalls vertretbar. Allerdings sollte beachtet werden, dass hier die Grenze in der unzulässigen Antizipation des Aussageverhaltens liegt. Werden also noch nicht gewürdigte Aspekte des relevanten Geschehens behauptet, wird sich die erneute Vernehmung der angebotenen Zeugen kaum vermeiden lassen.

6. Vergleiche

a) **Schweigepflichten.** In Massenverfahren werden jedenfalls vom massenhaft Beklagten zu Beginn der Klagewelle keine Vergleiche geschlossen. Geschieht dies doch einmal, ist dies regelmäßig einzelfallbezogenen Überlegungen und der Befürchtung geschuldet, **andere Klageparteien könnten etwas** von den streitgegenständlichen Überlegungen **erfahren**. Daher wird regelmäßig eine Vergleichsklausel verlangt werden, nach der sich die Klagepartei und ihr Prozessbevollmächtigter zum Stillschweigen verpflichtet. Häufig lautet das Ansinnen, sich zum Stillschweigen über den Vergleichsschluss und den Inhalt des Vergleichs zu verpflichten. Hier sollte das Gericht zu bedenken geben, dass für eine Klagepartei die Verpflichtung zum Stillschweigen über die Tatsache des Vergleichsschlusses idR schon deshalb nicht erfüllbar ist, weil der Umstand, dass diese einen Prozess führt, als etwas Besonderes im privaten Umfeld regelmäßig bekannt ist. Es kann also nur eine Verpflichtung zum Stillschweigen über den Inhalt des Vergleichs in Frage kommen. Hierzu ist der Prozessbevollmächtigte regelmäßig kraft anwaltlicher Schweigepflicht ebenfalls verpflichtet, so dass ihm eine (deklaratorische) Mitverpflichtung im Vergleich nicht schwer fallen sollte. 32

b) **Schriftliche Vergleiche.** Stehen auf Beklagtenseite finanziell leistungsfähige Parteien, kommt es nicht selten vor, dass nach einer gewissen obergerichtlichen Klärung massenhaft Vergleiche geschlossen werden sollen. Für eine für alle Verfahrensbeteiligten möglichst effektive Abwicklung kann die Variante des schriftlichen Vergleichs gewählt werden. Dann muss ein Parteivertreter den Vergleichstext einreichen und das Gericht die Zustimmung der übrigen Parteivertreter erholen. Wird der Vergleichstext direkt zugestellt und sind nach vorheriger Absprache die Zustimmungserklärungen ohnehin zu erwarten, reicht es für den Richter aus, die Akte auf Wiedervorlage zu legen, um nach Eingang der letzten Zustimmungserklärung den Vergleich festzustellen. Hier hat es sich insbesondere bei umfangreichen und in Details variierenden Vergleichstexten bewährt, dass der den Vergleichstext mitteilende Prozessbevollmächtigte dem Gericht entweder mit Einreichung **per mail eine Word-Datei** mit dem Vergleichstext überlässt oder dass das Gericht bei Eingang der letzten Zustimmungserklärung eine entsprechende Datei bei dem betreffenden Rechtsanwalt anfordert. Verfügt das Gericht ein Formular zu Vergleichsfeststellung, muss es nur die Daten der zustimmenden Schriftsätze „... haben sich durch Schriftsätze vom ... und vom .... Wie folgt verglichen:" erfassen, um anschließend den übermittelten Vergleichstext in das Dokument einzufügen. Eine solche Vorgehensweise erspart im Gericht nicht nur (Ab-)Schreibarbeit, sondern auch den Aufwand, jeweils den Vergleichstext Korrektur zu lesen. Die beteiligten Anwälte brauchen bei Eingang des Feststellungsbeschlusses nur noch die Übereinstimmung mit dem Originaltext überprüfen zu lassen. Hat sich das Verfahren eingespielt, dürfte die Kontrolle, der im Vergleichstext fett zu druckenden Variablen ausreichen. 33

c) **Beauftragter Richter.** Eine ebenso effektive Methode, die für die Prozessbevollmächtigten den Aufwand für den Austausch der Zustimmungsschriftsätze entfallen lässt, ist die Bestimmung eines **Sammeltermins** vor dem beauftragten Richter zur Feststellung der anstehenden Vergleiche in allen vor dem Spruchkörper anstehenden Verfahren. Insoweit bedarf es nicht eines Termins vor dem jeweils nach der internen Geschäftsverteilung zuständigen Richter, da ein Vergleich nicht nur vor dem vollbesetzten Gericht, sondern wegen § 278 V 1 ZPO auch von einem beauftragten Richter beurkundet werden darf (*BGH*, NJW 1954, 1886, 1887). Der beauftragte Richter informiert die Parteien von dem ohnehin abgesprochenen Zimmertermin durch Übermittlung des Beauftragungsbeschlusses, in dem sämtliche zu vergleichenden Verfahren angeführt werden. Für den Termin wird ein Protokoll vorbereitet, dass der Richter sofort fertig stellen und unterschreiben kann. Nach Feststellung der vermutlich in allen Verfahren gleichen Präsenz wird festgehalten, dass die Parteien unter Verzicht auf die Einhaltung jeglicher Frist Terminsbestimmung auf sofort beantragen. Nach Terminsbestimmung auf sofort wird festgehalten, dass die Parteien den nachstehenden Vergleich schließen, der ihnen zunächst zur Durchsicht ausgehändigt wird (vgl. § 162 I 1 iVm § 160 III Nr. 1 ZPO). Anschließend wird der von den Parteivertretern ohne Seitenzahlen niedergelegte Vergleich sämtlichen Anwesenden zur Genehmigung vorgelegt. Wird die Genehmigung allseits erteilt, werden die vorgelegten Seiten in das Protokoll eingeheftet, auf der folgenden letzten Seite befindet sich der Genehmigungsvermerk und die Unterschrift des beauftragten Richters für die Richtigkeit des von ihm aufgenommenen Protokolls. Sinnvoll ist es, anschließend per 34

Kammerbeschluss den Streitwert für Verfahren und Vergleich festzustellen, soweit es sich gem. § 348 II ZPO um eine Kammersache handelt. Ist dies geschehen, kann der beauftragte Richter nach Errichtung des Vergleichsprotokolls und der Herbeiführung der Wertfestsetzung Schlussbehandlung verfügen.

IV. Abschnitt. Urteile

1. Teilurteile

35 Wie in andern Verfahren ist die Möglichkeit, Teilurteile zu erlassen, auch in Finanzanlageverfahren beschränkt. Es gilt nach wie vor, dass die Möglichkeit **späterer widersprechender Entscheidungen** den Erlass eins Teilurteils ausschließt. Dies ist schon dann der Fall, wenn gegen mehrere Beklagte derselbe (Prospekt)Fehler geltend gemacht wird und damit bei Fortsetzung des Verfahrens gegen auch nur einen dieser Beklagten die Möglichkeit besteht, dass noch ein (Prospekt-)Fehler festgestellt wird (vgl. dazu *OLG Karlsruhe*, NJW-RR 2005, 798). Damit sind Teilurteile faktisch nur dann möglich, wenn gegen einen von mehreren Beklagten die Klageforderung wegen eines individuellen Beratungsfehlers die Klageforderung zugesprochen wird. Nach *BGH*, BeckRS 2010, 30444, Rn. 11, scheidet ein voll zusprechendes Teilurteil wegen Teilbeträgen eines einheitlichen Schadensersatzanspruches aus, wenn im fortzusetzenden Verfahren die Frage des Mitverschuldens des Klägers erneut zu erörtern wäre. Eine Ausnahme vom Verbot des Teilurteils gilt nur im Falle der Verfahrensunterbrechung mit unabsehbarer Dauer, etwa nach § 240 ZPO (*BGH*, BeckRS 2010, 04529, Rn. 2).

2. Abfassen von Urteilen

36 Urteile in Massenverfahren haben für die Prozessparteien häufig über den zu entscheidenden Fall insofern **Bedeutung**, als ständig die Befürchtung geäußert wird, die Gegenseite könne mit dem missliebigen Urteilsinhalt insofern „hausieren" gehen, als sie es in jedem Parallelverfahren vorlegen würde. Diese Befürchtung ist nicht unberechtigt, weil es immer wieder Prozessbevollmächtigte gibt, die meinen, in jedem Verfahren jede Äußerung von noch so begrenzter Relevanz vorlegen zu müssen. Verfügt ein solcher Rechtsanwalt über einen Scanner, wird er die aus seiner Sicht bedeutsamen Passagen aus ihm zusagenden Urteilen in seinen Schriftsatz einkopieren, auch wenn sie über Seiten gehen. Solche Verhaltensweisen beruhen auf dem scheinbar nicht auszurottenden Missverständnis, dass Gerichte ihre Urteile voneinander abschreiben. Dies ist in aller Regel nicht der Fall. Sollte diese Methode doch einmal angewandt werden, darf man sich so gut wie sicher sein, dass dies aus Überzeugung von der Richtigkeit dieser Entscheidung und unter eigener Prüfung und ggf. Änderung der Formulierung geschieht. Unabhängig davon, wie das beschriebene Verhalten der Prozessbeteiligten zu bewerten ist, führt es jedenfalls dazu, dass Urteile in Prospekthaftungsverfahren von Parteiseite mit besonderer Akribie geprüft werden und sehr häufig **Berichtigungsanträge** gestellt werden. Um solchen aus dem Weg zu gehen, aber auch, um einen einmal entwickelten Tatbestand auch in weiteren Fällen verwenden zu können, empfiehlt es sich, nur das **Allernotwendigste** möglichst allgemein **in den Tatbestand** aufzunehmen und sich die Besonderheiten, etwa die einzelnen **Prospektfehler** für die Ausführungen in den **Entscheidungsgründen** vorzubehalten. Der *Bundesgerichtshof* akzeptiert es, wenn sich tatsächliche Feststellungen nur in den Entscheidungsgründen wieder finden, siehe etwa NJW 2003, 3352, 3353 oder NJW 1985, 1784, 1785. Nicht fehlen sollte am Ende des Tatbestands die Bezugnahme auf die gewechselten Schriftsätze, weil dann den meisten Änderungs- oder Ergänzungswünschen mit dem Argument begegnet werden kann, die nach Meinung der rügenden Partei fehlende Einzelheit sei durch die Bezugnahme auf die Schriftsätze erfasst. Abgesehen davon ist nach § 313 II 1 ZPO im Tatbestand ohnehin nur das aus Sicht des entscheidenden Richters Wesentliche wiederzugeben (vgl. dazu *Stackmann*, NJW 2009, 1537 ff.).

37 In den Entscheidungsgründen empfiehlt es sich, nur die wirklich entscheidenden Dinge anzusprechen und jede Art von **obiter dicta** zu vermeiden. Legt man sich ohne Not zu noch zu entscheidenden Angelegenheiten fest, führt dies dann, wenn die entsprechende Entscheidung zu fällen ist, zu erhöhtem Begründungsaufwand, falls begründet werden muss, warum das Gericht an seiner zunächst geäußerten Rechtsauffassung nicht mehr festhält. Ein erstinstanzliches Gericht ist im Übrigen nicht gehalten, seine Entscheidung mit mehreren Hilfsbegründungen zu versehen. Nimmt das Gericht einen Prospektfehler an, der zur Haftung der Beklagten führt, ist es unnötig, die Entscheidung mit weiteren Argumenten zu unterlegen. Wird dagegen die Klage abgewiesen, wird sich das Gericht mit sämtlichen gerügten Prospektfehlern auseinanderzusetzen haben. Da dies wesentlich in den Entscheidungsgründen zu geschehen hat, empfiehlt es sich, den gerade geprüften und im Ergebnis nicht angenommenen Fehler am Anfang der entsprechenden Passage in den Entscheidungsgründen tatbestandlich anzusprechen und sodann in einem Aufwasch abzuarbeiten. Kein Leser eines langen Urteils kann sich einen gerügten Prospektfehler vom streitigen Vorbringen der Klagepartei bis zur Begründung der Ablehnung eines solchen Fehlers in den Entscheidungsgründen merken. Deshalb empfiehlt es sich, solche Fehler nur einmal – umfassend – anzusprechen (s. a. o. Rn. 6 ff.).

B. III. Der Bauprozess

Dr. Heinrich Merl

Übersicht

Literatur: Siehe zunächst die allgemeine Literatur zum Zivil- und Zivilprozessrecht vor A. I. – **Speziell zu B. III:** – **Handbücher zum Bauvertragsrecht/Bauprozessrecht:** *Kleine-Möller/Merl* Handbuch des privaten Baurechts, 4. Aufl. München 2009; *Werner/Pastor,* Der Bauprozeß, 13. Aufl. Düsseldorf 2011. – **Kommentare zur VOB:** Beck'scher VOB-Kommentar hrsg. von *Ganten, Jagenburg, Motzke,* München, 2. Aufl., 2008 *Heiermann/Riedl/Rusam,* VOB, 11. Aufl. Wiesbaden 2008; *Ingenstau/Korbion,* VOB, 17. Aufl. Düsseldorf 2010; *Nicklisch/Weick,* VOB/B, 2. Aufl. München 1996. – **Kommentare zur HOAI:** *Hesse/Korbion/Mantscheff/Vygen,* HOAI, 6. Aufl. München 2004; *Locher/Koeble/Frik,* HOAI, 10. Aufl. Düsseldorf 2010. – **Spezialliteratur:** *Bayerlein* (hrsg.) Handbuch Sachverständigenrecht, 4. Aufl., 2008; *Frieling,* Klauseln im Bauvertrag, München 1993; *Glatzel/Hofmann/Frikell,* Unwirksame Bauvertragsklauseln nach dem AGB-Gesetz, 11. Aufl. München 2008; – **Spezialzeitschrift:** Baurecht (**BauR**), Zeitschrift für das gesamte öffentliche und zivile Baurecht, Düsseldorf.

I. Hinweise zur Verfahrenstechnik

1 Die zweckmäßige Verfahrenstechnik ergibt sich aus den Besonderheiten des Bauprozesses. Diese liegen in rechtlicher Hinsicht insbesondere darin, dass die Mehrzahl der Bauverträge unter Einbeziehung der VOB/B (Vergabe- und Vertragsordnung für Bauleistungen Teil B) geschlossen wird. Hinzu treten bei einer Vielzahl von Verträgen Allgemeine Geschäftsbedingungen, durch welche insbesondere Auftraggeber sowohl die gesetzlichen Bestimmungen als auch die Regelungen der VOB/B abzuändern trachten. Das hat zur Folge, dass der mit Bausachen befasste Richter die Mehrzahl der Baustreitigkeiten nicht allein auf der Grundlage des gesetzlichen Werkvertrags entscheiden kann. Er muss sich vielmehr in das System der VOB/B und in die obergerichtliche Rechtsprechung hierzu und zu Bauvertragsklauseln einarbeiten. Für den nicht häufig mit Bausachen befassten Richter stellt sich somit das Problem, in welcher Weise er sich möglichst schnell und sicher Kenntnis der einschlägigen Vorschriften der VOB verschaffen kann. Dies ist zwar nicht zuletzt eine Frage der persönlichen Arbeitstechnik. Zu empfehlen dürfte es aber in der Regel sein, die Problemklärung zunächst anhand eines nach Anspruchsarten und Anspruchsgrundlagen gegliederten Handbuchs anzugehen und sodann auf Kommentare sowie Rechtsprechung zurückzugreifen.

2 In tatsächlicher Hinsicht sind Bauprozesse meist durch eine Vielzahl streitiger Tatsachenbehauptungen gekennzeichnet. Dies erfordert, den Streitstoff nicht nur in rechtlicher Hinsicht, sondern auch nach den betragsmäßig wesentlichen und unwesentlichen Streitpunkten zu sortieren. **Kleinpositionen** durch eine aufwendige Zeugeneinvernahme zu klären, ist zu Beginn eines Bauprozesses nicht sinnvoll. Vielmehr bietet es sich an, Kleinpositionen zurückzustellen bzw. eine gütliche Einigung der Parteien insoweit anzustreben. Selbst ein nur an den Regeln der Beweislast und des sich hieraus ergebenden Parteirisikos ausgerichteter Vergleichsvorschlag findet in der Regel das Interesse der Parteien.

3 Schließlich kennzeichnet den Bauprozess das erhebliche Gewicht, das technischen Fragen zukommt. Das erfordert naturgemäß, sich frühzeitig der Mithilfe eines **Sachverständigen** zur Klärung technischer Fragen mittels eines Gutachtens zu bedienen, wobei in aller Regel zunächst ein schriftliches Gutachten eingeholt wird. Der rechtzeitigen Beauftragung und der richtigen Auswahl des Sachverständigen kommt für den Verlauf des Bauprozesses entscheidende Bedeutung zu. Für die Auswahl des Sachverständigen ist zwar auch zu berücksichtigen, in welcher Zeit der Sachverständige das Gutachten zu erstatten in der Lage ist. Dies kann aber nicht das letztlich ausschlaggebende Kriterium für die Auswahl des Sachverständigen sein. Wesentlich sind die Sachkunde des Sachverständigen und seine Befähigung, technische Probleme und ihre Lösung richter- und parteiengerecht darzustellen.

4 Dem zur Begutachtung beigezogenen **Sachverständigen** kann allerdings nicht die Führung des Rechtsstreits überlassen werden, Rechtsfragen hat der Richter, nicht der Sachverständige zu entscheiden. So kann nicht dem Sachverständigen überlassen werden zu entscheiden, ob eine Mangelbeseitigung unverhältnismäßig ist oder in welcher Höhe ein Minderungsbetrag anzusetzen ist. Schon im Beweisbeschluss kann der Sachverständige nur nach den technischen Kriterien für die letztlich durch den Richter zu treffende Entscheidung befragt werden, also zB nach der Höhe von Nachbesserungskosten als Anhaltspunkt für die Wertminderung bzw. als eine Ausgangsgröße für die mögliche Unverhältnismäßigkeit einer geforderten Mangelbeseitigung, wenn diese auf entsprechenden Einwand des Auftragnehmers zu prüfen ist. Dagegen kann dem Gutachter nicht aufgegeben werden, den Minderungsbetrag festzusetzen oder anzugeben, ob die Mängelbeseitigung unverhältnismäßig ist. Dies bedarf der rechtlichen Wertung des Richters.

5 Ob zuerst **Sachverständigen- oder Zeugenbeweis** zu erheben ist, ist von den Umständen des Einzelfalls abhängig. Sofern nicht die Einvernahme von Zeugen unabdingbare Voraussetzung einer Begutachtung ist, wird es sich anbieten, als erstes ein Sachverständigengutachten zu erholen. Das setzt aber voraus, dass vom Gutachter zu berücksichtigende Umstände nicht vom Zeugenbeweis abhängig sind. Einen Sachverständigen mit einer alternativen Begutachtung zu beauftragen, also auf der Basis widerstreitender Behauptungen der Parteien kommt schon aus Kostengründen kaum in Betracht. Durch eine

alternative Begutachtung unnötig verursachte Verfahrenskosten müssen gegebenenfalls niedergeschlagen werden und fallen dann der Staatskasse zur Last.

Beantragen die Parteien die Ergänzung erholter Gutachten, stellt sich die Frage, ob dies im Wege **mündlicher Anhörung** des Gutachters oder durch **schriftliches Ergänzungsgutachten** erfolgen soll. Umfangreiche Fragen, die insbesondere umfangreicher Berechnungen und Untersuchungen bedürfen, eignen sich meist nur für ein schriftliches Ergänzungsgutachten. Bei einem begrenzten Fragenkatalog bietet sich dagegen die mündliche Anhörung an, zumal den Parteien auch nach schriftlicher Gutachtensergänzung das Recht zusteht, nochmals die mündliche Anhörung des Sachverständigen zu beantragen. 6

II. Probleme der Zuständigkeitsprüfung

1. Gerichtsstand am Ort des Bauwerks

Neben dem allgemeinen Gerichtsstand gem. §§ 12, 13, 17ff. ZPO (Wohnsitz/Sitz der Verwaltung der beklagten Partei) und dem besonderen Gerichtsstand der gewerblichen Niederlassung der beklagten Partei (§ 21 ZPO) ist für den Bauprozess der Gerichtsstand des Erfüllungsorts (§ 29 ZPO) von wesentlicher Bedeutung. **Gemeinsamer Erfüllungsort** gem. § 269 BGB ist für die gegenseitigen Ansprüche der Parteien aus einem Bauvertrag der Ort des Bauvorhabens (*BGH*, NJW 2001, 1936; NJW 1986, 935; *OLG Schleswig*, NJW-RR 2010, 1111; *OLG Saarbrücken*, NJW 1992, 988). 7

Das für den Ort des Bauvorhabens zuständige Gericht ist sowohl für Werklohnklagen des Auftragnehmers wie auch für Erfüllungs- und Gewährleistungsklagen des Auftraggebers zuständig. Dies gilt auch für den **Architekten- und Ingenieurprozess**, soweit Architekt und Ingenieur nicht nur mit der Beratung, Planung oder Projektierung befasst sind, sondern auch Leistungen am Bauwerk selbst erbringen, etwa bauüberwachend tätig sind (*BGH*, NJW 2001, 1936; *OLG Stuttgart*, BauR 1977, 72; *OLG Zweibrücken*, BauR 1990, 513). 8

Für Vollstreckungsabwehrklagen gem. §§ 767, 794, 797 ZPO, die sich etwa gegen einen notariell beurkundeten Kaufpreisanspruch des Bauträgers richten, ist gem. §§ 797, 802 ZPO ausschließlich das Wohnsitzgericht des Käufers zuständig.

2. Gerichtsstand bei Klagen gegen Wohnungseigentümer

Für Klagen Dritter gegen eine Wohnungseigentümergemeinschaft oder gegen Mitglieder bzw. frühere Mitglieder einer Wohnungseigentumsgemeinschaft, die sich auf das Gemeinschaftseigentum oder das Sondereigentum beziehen, ist gem. § 43 WEG ausschließlich das Gericht zuständig, in dessen Bezirk das Grundstück liegt. 9

3. Gerichtsstandsvereinbarungen, § 18 VOB/B

Vereinbarungen der Parteien zum Gerichtsstand unterliegen den allgemeinen Geltungsvoraussetzungen gemäß **§ 38 ZPO.** Dies gilt auch für die in § 18 I VOB/B enthaltene Gerichtsstandsvereinbarung, die somit nur dann eingreift, wenn beide Vertragsparteien entweder juristische Personen des öffentlichen Rechts, öffentlich-rechtliche Sondervermögen oder Vollkaufleute sind. Haben die Parteien wirksam die Geltung der VOB/B vereinbart und liegen die Voraussetzungen nach § 38 ZPO vor, so ist für alle Streitigkeiten aus dem mit einem öffentlichen Auftraggeber geschlossenen Bauvertrag der „Sitz der für die Prozessvertretung des Auftraggebers zuständigen Stelle“ maßgebend. Ob § 18 I VOB/B auch für private Auftraggeber gilt, ist strittig. Geht man von Sinn und Zweck des § 18 I VOB/B aus, der gerade dem öffentlichen Auftraggeber die Prozessführung erleichtern soll, wird man mit dem VII. ZS des BGH (Beschl. v. 29. 1. 09 – VII ZB 79/08) die Regelung des § 18 I nur auf den öffentlichen Auftraggeber anwenden. Eine von § 18 VOB/B abweichende Gerichtsstandsvereinbarung der Parteien geht vor. 10

4. Schiedsgerichtsvereinbarung, Schiedsgutachterabrede

Haben die Parteien die Zuständigkeit des Schiedsgerichts vereinbart (vgl. §§ 1025ff. ZPO), so ist dies nicht von Amts wegen, sondern nur auf Einrede des Beklagten vor Beginn der mündlichen Verhandlung zur Hauptsache zu berücksichtigen (§ 1032 ZPO). Zur Wirksamkeit der **Schiedsabrede** ist insbesondere auf die Formvorschriften in §§ 1029 II, 1031 ZPO zu verweisen. Die infolge Schiedsabrede unzulässige Klage ist auf Einrede des Beklagten als unzulässig abzuweisen. 11

Eine **Schiedsgutachterabrede** steht der Zuständigkeit des staatlichen Gerichts nicht entgegen. Bei vereinbartem Schiedsgutachten ist das Gericht jedoch gehindert, die vom Gutachter festzustellenden Tatsachen selbst festzustellen bzw. feststellen zu lassen. Das Gericht ist, wenn ihm das von den Parteien erholte Schiedsgutachten vorgelegt wird, an die Feststellungen des Schiedsgutachters im Rahmen der §§ 317–319 BGB gebunden (*OLG Düsseldorf*, Baurecht 1998, 195). Ist die Höhe eines geltend gemachten Anspruchs von einem Schiedsgutachten abhängig, darf ein Grundurteil nicht erlassen werden, bevor das Schiedsgutachten vorliegt (*BGH*, NJW-RR 1988, 1405). Vielmehr ist gemäß §§ 356, 431 ZPO Frist zur Vorlage des Schiedsgutachtens zu setzen (*BGH*, NJW 1994, 586; NJW 1988, 1404). Liegt das 12 erforderliche Schiedsgutachten zu einem für die Begründetheit der Klage wesentlichen Punkt auch bei Schluss der mündlichen Verhandlung noch nicht vor, ist die Klage als unbegründet abzuweisen.

III. Parteifähigkeit von Wohnungseigentümergemeinschaft, Bauherrengemeinschaft und ARGE

13 Die Wohnungseigentümergemeinschaft ist gemäß § 10 WEG teilrechtsfähig und parteifähig. Die Gemeinschaft klagt unter der gemäß § 10 VI 4 WEG festgelegten Bezeichnung und ist unter dieser zu verklagen. (Vgl. § 44 WEG für Klagen eines Wohnungseigentümers gegen die übrigen Wohnungseigentümer oder umgekehrt.) Ältere Rechtsprechung, wonach bei einer Klage durch die WEG die namentliche Bezeichnung der Wohnungseigentümer erforderlich war, ist überholt.

14 Inwieweit Arbeitsgemeinschaften (ARGE) und Bauherrengemeinschaften parteifähig sind, ist davon abhängig, in welcher Form sie auftreten. Bauherrengemeinschaften sind in der Regel Innengesellschaften entsprechend §§ 705 f. BGB, nach außen treten die Bauherren als Bruchteilsgemeinschaft auf (*BGH*, NJW 1992, 1881, 1882). In dieser Form sind nur die einzelnen Bauherren aktiv- und passivlegitimiert. Eine Bauherrengemeinschaft in Form einer BGB-Außengesellschaft, die zur Errichtung des Bauwerks selbst Verträge schließt und eigene Rechte und Pflichten begründet, ist dagegen hinsichtlich der von ihr getätigten Rechtsgeschäfte und der sie betreffenden Rechte und Pflichten rechts- und parteifähig. (Zur Bezeichnung der BGB-Außengesellschaft vgl. *Baumbach/Lauterbach/Albers/Hartmann,* § 253 Rn. 26). Dies gilt entsprechend für Arbeitsgemeinschaften von Unternehmern die als solche Verträge schließen, die ARGE ist hinsichtlich der von ihr getätigten Rechtsgeschäfte und bezüglich der ihr daraus erwachsenden Rechte und Pflichten rechts- und parteifähig.

IV. Materiellrechtliche Grundlagen des Bauprozesses

1. Rechtsgrundlagen des Bauvertrags nach BGB

15 Das Bürgerliche Gesetzbuch enthält keine auf den Bauvertrag speziell abgestimmten Rechtsnormen. Bauverträge sind in aller Regel Werkverträge, so dass die Rechtsbeziehungen der Vertragsparteien insbesondere nach §§ 631 ff. BGB zu beurteilen sind. Reine BGB-Verträge sind allerdings selten. Sofern nicht ohnedies die VOB/B als Ganzes oder hinsichtlich einzelner Teile in den Vertrag einbezogen ist, werden die vertraglichen Rechte und Pflichten häufig durch Allgemeine Geschäftsbedingungen einer Vertragspartei geregelt. Im Ausgangspunkt ist daher zu prüfen, inwieweit die zum Bestandteil des Vertrags erklärten Allgemeinen Geschäftsbedingungen wirksam in den Vertrag einbezogen sind.

2. Rechtsgrundlagen des VOB-Vertrags

16 **a) Übersicht.** In der gewerblichen Wirtschaft sind Bauverträge in aller Regel VOB-Verträge, dh die Vertragsparteien vereinbaren die Geltung der Vergabe- und Vertragsordnung (VOB). Die VOB enthält einen speziell und ausschließlich für Bauausführungsleistungen anwendbaren Regelungskatalog. Sie ist entsprechend dem tatsächlichen Ablauf der Vertragsbeziehungen gegliedert in die Allgemeinen Bestimmungen für die Vergabe von Bauleistungen (VOB Teil A = VOB/A), die Allgemeinen Vertragsbedingungen für die Ausführung von Bauleistungen (VOB Teil B = VOB/B) und in die Allgemeinen Technischen Vertragsbedingungen für Bauleistungen (ATV) (VOB Teil C = VOB/C).

17 Vereinbaren die Vertragsparteien die VOB/B, so gehen ihre Regelungen den nicht bindenden Normen des Werkvertrags vor. Sofern die Vertragsparteien nichts anderes vereinbaren, wird die bei Vertragsschluss veröffentlichte Fassung der VOB/B Vertragsbestandteil, bei Verträgen unter Beteiligung des öffentlichen Auftraggebers die jeweils bei Vertragsschluss verbindlich eingeführte VOB-Fassung. (Die VOB/B 2009 wurde im Bundesanzeiger am 15. 10. 2009 veröffentlich, für öffentliche Auftraggeber aber erst 2010 als verbindlich eingeführt.)

18 Für die richterliche Praxis von Bedeutung sind insbesondere die Vergütungs- und Abrechnungsregeln in §§ 2, 14, 15, 16 VOB/B, die Regeln zu Mängelhaftung, Abnahme und Sicherheitsleistung in §§ 4 III, 12, 13, 17 VOB/B, die Regeln zu Ausführungsfristen, Behinderung und Unterbrechung der Ausführung in §§ 5, 6 VOB/B und die Kündigungsvorschriften der §§ 8, 9 VOB/B. Die Regeln der VOB/A und VOB/B sind durch den damit befassten Richter selbst auszulegen. Soweit technische Vorschriften der VOB/C anzuwenden sind, ist bei Streit über deren Anwendung und Auslegung in aller Regel Sachverständigengutachten zu erholen.

19 **b) Geltungsvoraussetzungen.** *aa) Anwendungsvoraussetzung von VOB/A und VOB/C.* Die technischen Regeln der **VOB/C** sind insoweit auch ohne besondere Vereinbarung der Parteien anzuwenden, als es sich um anerkannte Regeln der Technik handelt oder sofern sie die in der Bauwirtschaft geltende gewerbliche Übung wiedergeben.

20 Die Anwendbarkeit der **VOB/A** ist davon abhängig, dass der Auftraggeber die VOB/A seiner Ausschreibung zugrunde gelegt hat oder hätte zugrunde legen müssen. Verpflichtet, die VOB/A der Ausschreibung zugrunde zu legen, sind insbesondere die öffentlichen Auftraggeber. Unterwirft sich der Auf-

traggeber bei der Ausschreibung der VOB/A, so wird der Auftragnehmer die Leistungsbeschreibung im Zweifel im Sinne einer VOB-gerechten Auslegung verstehen dürfen (*BGH,* NJW-RR 1997, 466).

bb) Vereinbarung der VOB/B. Die VOB/B ist nur bei entsprechender Vereinbarung der Parteien anzuwenden. Die VOB/B ist weder Gewohnheitsrecht, noch wird sie als Ganzes als Handelsbrauch oder Verkehrssitte automatisch Vertragsbestandteil. 21

Die Voraussetzungen, unter denen die VOB/B Vertragsbestandteil wird, werden wesentlich dadurch bestimmt, ob es sich bei dem Vertragspartner des Verwenders, um einen Verbraucher oder einen Unternehmer bzw. einen öffentlichen Auftraggeber handelt. 22

So muss der Verbraucher, dem gegenüber die VOB/B verwendet wird, gemäß § 305 II BGB ausdrücklich auf die Geltung der VOB/B hingewiesen werden. Dass die Geltung der VOB/B unter Umständen branchenüblich sein mag, führt beim Verbrauchervertrag allein noch nicht zur Geltung der VOB/B. Der Verbraucher muss zudem in die Lage versetzt werden, vom Inhalt der VOB/B und der Bedeutung ihrer Bestimmungen hinreichend Kenntnis zu nehmen. Dem Verbraucher ist der Vertragstext rechtzeitig vor Vertragsschluss auszuhändigen, das bloße Angebot in Allgemeinen Geschäftsbedingungen des Unternehmers, den Text der VOB/B zu übersenden, reicht nicht (*OLG München,* BauR 1992, 69). Von den in der Bauwirtschaft tätigen Personen wie zB Architekten wird die Kenntnis der VOB/B erwartet; ihnen gegenüber besteht daher keine Informationspflicht zum Inhalt der VOB/B, auch wenn sie Bauverträge außerhalb ihrer Geschäftstätigkeit abschließen. Dasselbe gilt für Verbraucher, die sich für die Vertragsverhandlungen eines Architekten bedienen (*OLG Bremen,* BauR 2006, 1001; *Kleine-Möller/Merl,* Handbuch des privaten Baurechts § 15 Rn. 72). Nicht zugerechnet wird dem Verbraucher allerdings die VOB-Kenntnis eines Architekten, den er auf Empfehlung des Unternehmers beigezogen hat, ohne zu wissen, dass er ständig für diesen tätig ist (*OLG Hamm,* NJW-RR 1993, 27). Ist der Verbraucher selbst als Verwender der VOB/B anzusehen, wird er in jedem Fall so behandelt, als kenne er ihren Inhalt. Dies wird allerdings die Ausnahme sein, Denn bei Verträgen unter Beteiligung eines Verbrauchers gilt die VOB/B nach § 310 III Nr. 1 BGB als vom Unternehmer gestellt, es sei denn, sie wurde vom Verbraucher in den Vertrag eingeführt, was der Unternehmer gegebenenfalls beweisen muss. 23

Auch bei Verträgen zwischen Unternehmen, unter Beteiligung öffentlicher Auftraggeber und aufgrund einer Ausschreibung nach VOB/A bedarf es der jeweiligen Vereinbarung der VOB/B. Ein Automatismus, wonach die VOB/B auch ohne entsprechende Vereinbarung der Parteien zum Vertragsinhalt würde, besteht auch bei diesen Verträgen nicht. Der Hinweis des Verwenders auf die beabsichtigte Einbeziehung der VOB/B muss so deutlich sein, dass er einem sorgfältigen Vertragspartner hinreichend zur Kenntnis gelangt. In der Bauwirtschaft müssen freilich die Beteiligten allgemein damit rechnen, dass die VOB/B Inhalt des Vertrags werden soll, so dass an die Deutlichkeit des Hinweises keine hohen Anforderungen gestellt werden können (*BGH,* NJW 1983, 816, 817). (Ebenso bedarf es in diesen Fällen regelmäßig keiner Information über den Inhalt der VOB/B, da die Kenntnis des Inhalts der VOB/B bei den in der Bauwirtschaft Tätigen und beim öffentlichen Auftraggeber vorausgesetzt werden kann.) 24

Der Hinweis des Verwenders darauf, dass die VOB/B Vertragsbestandteil werden soll, ist zwar wesentliche Voraussetzung für die Geltung der VOB/B, führt aber als solches noch nicht zur Geltung der VOB/B. Erforderlich ist eine entsprechende Einigung der Vertragsparteien, dh das Einverständnis des Vertragspartners mit der Einbeziehung der VOB/B. Vereinbaren die Parteien die Geltung der VOB/C, so ist damit im Zweifel noch nicht die Geltung der VOB/B vereinbart (*BGH,* NJW 1983, 816, 817). Bestätigt eine Partei mit **kaufmännischem Bestätigungsschreiben** die Vereinbarung der VOB/B, ohne dass eine entsprechende Einigung der Parteien vorliegt, so wird die VOB/B nicht Vertragsinhalt. Die VOB/B wird auch nicht dadurch nachträglich zum Vertragsinhalt, dass im Rechtsstreit alle Parteien davon ausgehen. Dh das Gericht hat von Amts wegen – auch ohne entsprechenden Vortrag einer Partei- zu prüfen, ob eine entsprechende Einigung der Parteien bezüglich der Geltung der VOB/B vorliegt. Ohne konkrete Vereinbarung der VOB/B können deren Regeln nur insofern von Bedeutung sein, als sie Hinweise auf ein gewerbeübliches Verhalten bzw. gewerbeübliche Erwartungen der Beteiligten geben. In Betracht kann dies zB kommen bezüglich der Verwendungstauglichkeit oder Beschaffenheit einer Leistung, aber auch bezüglich der Hinweispflicht des Unternehmers (entsprechend § 4 Nr. 3 VOB/B). 25

Die Vereinbarung der VOB/B bedarf keiner besonderen **Form,** soweit eine solche nicht für den Vertrag als Ganzes vorgeschrieben ist. Bei vereinbarter Schriftform ist die mündliche Vereinbarung der VOB/B dann gültig, wenn die Parteien die Einbeziehung der VOB/B ungeachtet der fehlenden Schriftform bindend vereinbaren wollen. 26

Übernimmt der Unternehmer im Rahmen seines Vertrags auch **Planungsleistungen,** so gilt die VOB/B nur für Bauleistungen, nicht für daneben selbständig übernommene Architekten- und Ingenieurleistungen (*BGH,* NJW 1988, 142). 27

3. Unwirksame Bauvertragsklauseln und VOB-Regeln

a) Prüfung Allgemeiner Geschäftsbedingungen. Für den Bauprozess von besonderer Bedeutung ist die Überprüfung der Allgemeinen Geschäftsbedingungen anhand der §§ 305 ff. BGB. Für die Prüfung wesentlich sind insbesondere: 28

- § 305 c BGB (überraschende und mehrdeutige Klauseln),
- § 307 BGB (unangemessene Benachteiligung des Vertragspartners entgegen Treu und Glauben),
- § 308 Nr. 2 BGB (unangemessene lange oder nicht hinreichend bestimmte Nachfristen),
- § 308 Nr. 5 BGB (Fiktion von Erklärungen),
- § 309 Nr. 2 BGB (Ausschluss oder Einschränkung von Leistungsverweigerungs- und Zurückbehaltungsrechten),
- § 309 Nr. 4 BGB (Freistellen von der gesetzlichen Verpflichtung, zu mahnen oder Nachfrist zu setzen),
- § 309 Nr. 8 b) BGB (Gewährleistungsausschluss bei neu erbrachten Leistungen).

29 **b) AGB-Inhaltsprüfung der VOB/B.** Im Ausgangspunkt unterliegen die Bestimmungen der VOB/B der AGB-Prüfung nach §§ 307 f. BGB, denn sie sind Allgemeine Geschäftsbedingungen iSv § 305 BGB und zwar im Grundsatz unabhängig davon, ob der Verwender eine Mehrfachverwendung der VOB/B beabsichtigt oder die VOB/B nur für ein Bauvorhaben oder einen Vertrag verwenden will. Ob eine Privilegierung der VOB/B, dh eine nur eingeschränkte Prüfung der Wirksamkeit der Einzelbestimmungen auf ihre Unwirksamkeit nach §§ 307 f. BGB, in Betracht kommt, ist seit Inkrafttreten des Forderungssicherungsgesetzes am 1. 1. 2009 davon abhängig, wem gegenüber die VOB/B verwendet werden soll.

30 Bei Verwendung der **VOB/B gegenüber einem Verbraucher** unterliegt die VOB/B einer umfassenden Inhaltsprüfung nach §§ 307 f. BGB, ungeachtet dessen, welche Fassung der VOB/B in den Vertrag einbezogen wurde. Auch wenn die bei Vertragsschluss neueste Fassung der VOB/B insgesamt und ohne jede Änderung zum Vertragsgegenstand gemacht wird, kommt es zur umfassenden Einzelprüfung aller Bestimmungen der VOB/B, sofern der Verbraucher nicht selbst Verwender der VOB/B ist (§ 310 I BGB).

31 Im Ergebnis bedeutet das, dass besonders das Mängelhaftungsrecht der VOB/B beim Vertrag mit einem Verbraucher im Regelfall in wesentlichen Teilen nicht zur Anwendung kommt. Dies betrifft insbesondere die zum Teil deutlich verkürzten Verjährungsfristen nach § 13 Nr. 4 VOB/B (*BGH,* NJW-RR 1989, 85; NJW-RR 1987, 1166). Betroffen ist auch § 13 Nr. 7 VOB/B, der Schadensersatzansprüche des Auftraggebers im Vergleich zur gesetzlichen Mängelhaftung erheblich einschränkt, ebenso § 4 VII 3 VOB/B, der Mängelansprüche vor Abnahme teils beschränkt (so hinsichtlich der Minderung), teils von einem förmlichen Vorgehen des Auftraggebers abhängig macht, das dem gesetzlichen Mängelhaftungsrecht fremd ist (indem für den Regelfall eine mit Fristsetzung verbundene Androhung der Vertragskündigung und – nach Fristablauf – die Kündigungserklärung erforderlich ist).

32 Wird die **VOB/B gegenüber einem Unternehmer, einer juristischen Person des öffentlichen Rechts** oder einem öffentlich-rechtlichen Sondervermögen verwendet, findet nur eingeschränkt eine Inhaltskontrolle statt: §§ 305 II und III BGB sowie §§ 308, 309 BGB finden keine Anwendung. § 307 I, II BGB finden dann keine Anwendung, wenn die VOB/B in der zum Zeitpunkt des Vertragsschlusses geltenden Fassung ohne inhaltliche Abweichungen und insgesamt in den Vertrag einbezogen wurde (§ 310 I BGB).

33 Soweit die Vereinbarung der VOB/B beim **Kauf vom Bauträger** inmitten steht, liegt eine unzulässige Verkürzung der Gewährleistungsfristen auch dann vor, wenn dem Wortlaut des Vertrags nach die VOB/B als Ganzes vereinbart ist. Bei der Durchführung des Bauträgervertrags kommen nämlich zwangsläufig wesentliche Bestimmungen der VOB/B nicht zur Anwendung (*BGH,* Baurecht 1987, 702, 704; Baurecht 1986, 208, 209; *OLG Nürnberg,* BB 1985, 1881). Selbst wenn es sich beim Käufer nicht um einen Verbraucher handeln sollte, wäre in jedem Fall eine AGB-Prüfung der vereinbarten VOB/B anhand von § 307 BGB erforderlich.

V. Klage des Auftraggebers auf Nacherfüllung/Mangelbeseitigung

1. Anzuwendende Rechtsnormen

34 Die Rechtsgrundlagen für einen Anspruch des Auftraggebers auf Nacherfüllung (Mangelbeseitigung) finden sich in §§ 633 ff. BGB, nämlich in § 635 BGB für die Zeit nach Abnahme, für die Zeit vor Abnahme in §§ 631, 633 I BGB; bei vereinbarter VOB/B in §§ 4 VII 1 VOB/B (vor Abnahme) bzw. in § 13 I VOB/B, sofern die mangelhafte Leistung abgenommen ist.

2. Schlüssigkeitsprüfung

35 Die schlüssige Klage setzt folgenden Vortrag voraus:
- Bestehen eines wirksamen Vertrags zwischen den Parteien, (zu den Mängelrechten bei nicht bestellter Leistung vgl. *Kleine-Möller/Merl,* Handbuch des privaten Baurechts, § 15 Rn. 84, 89 f.),
- Sachmangel der nach dem Vertrag zu erbringenden Leistung,
- Zurechenbarkeit des Mangels zum Leistungsbereich des Auftragnehmers,
- Fälligkeit des Nacherfüllungsanspruchs, Aufforderung des Auftraggebers zur Nacherfüllung.

3. Mangelhafte Leistung des Auftragnehmers

a) **Mangeldefinition nach § 633 BGB aF und VOB/B 2000.** *aa) Grundsatz.* Nach **§ 633 I BGB aF,** der bei Vertragsschluss bis 31. 12. 2001 Anwendung findet, ist die Leistung des Auftragnehmers für Verträge, die vor dem 1. 1. 2002 abgeschlossen wurden, mangelhaft, wenn ihr zugesicherte Eigenschaften fehlen oder wenn sie einen Fehler aufweist, der den Wert oder die Tauglichkeit der Leistung zum gewöhnlichen oder nach dem Vertrag vorausgesetzten Gebrauch beeinträchtigt. Dem entspricht die Definition des Leistungsmangels gemäß **§ 13 Nr. 1 VOB/B 2000,** wobei § 13 VOB/B zudem den Verstoß gegen anerkannte Regeln als selbständigen Mangeltatbestand ausweist. 36

bb) Zugesicherte Eigenschaften. Zugesichert sind solche Eigenschaften, für die der Auftragnehmer nach dem Vertrag die Gewährleistung unabhängig davon übernimmt, ob sich ihr Fehlen auf Wert oder Tauglichkeit der Leistung auswirkt (vgl. *Kleine-Möller/Merl,* Handbuch des privaten Baurechts, § 15 Rn. 296). Die Zusicherung bedarf einer vertraglichen **Vereinbarung,** eine bloß einseitige Erklärung einer Partei reicht nicht aus, sofern sie nicht die Zustimmung der anderen Vertragspartner findet (*BGH,* NJW-RR 1994, 1134, 1135). Im Stillschweigen einer Partei kann jedoch das konkludente Einverständnis mit der vom Vertragspartner geforderten Zusicherung liegen (vgl. *BGH,* NJW 1972, 1706; WM 1974, 1204). 37

Eine Zusicherung kann auch durch AGB erfolgen, wobei die zugesicherten Sacheigenschaften jedoch konkret bezeichnet werden müssen. Wird eine üblicherweise als bedeutungslos angesehene Sacheigenschaft in AGB als zugesichert festgelegt, kann dies wegen Verstoßes gegen § 307 BGB unwirksam sein.

Die Zusicherung bedarf keiner besonderen Form, soweit nicht für den Bauvertrag insgesamt von Gesetzes wegen oder aufgrund Abrede der Parteien besondere Formvorschriften gelten (zB für Bauträgervertrag mit Grundstückskauf).

Bei **Leistung auf Probe** gelten gemäß § 13 Nr. 2 VOB/B 2000 die Eigenschaften der Probe als zugesichert, was im Ergebnis meist auch für den BGB-Vertrag zutrifft. Der bloßen **Leistungsbeschreibung** (in Leistungsverzeichnissen, Baubeschreibungen, Plänen, technischen Geschäftsbedingungen uä) kommt in der Regel nicht der Charakter einer Zusicherung zu (*BGH,* NJW 1986, 711; NJW 1981, 1448; *OLG Düsseldorf,* NJW 1995, 82). Beispiele für gegebene oder fehlende Zusicherung in *Kleine-Möller/Merl,* Handbuch des privaten Baurechts, § 15 Rn. 298 f., 303 f.). 38

cc) Fehler der Bauleistung. Fehlerhaft iSv § 633 BGB aF, §§ 4 Nr. 7, 13 Nr. 1 VOB/B 2000 ist eine Bauleistung, wenn sie in ihren Sacheigenschaften von derjenigen Beschaffenheit ungünstig abweicht, die durch den Vertrag festgelegt ist oder die üblicherweise erwartet wird (subjektiver oder konkreter Fehlerbegriff; *BGH,* NJW-RR 1995, 472; NJW-RR 1989, 849; *OLG Hamm,* NJW-RR 1991, 221). **DIN-Normen** beschreiben häufig die im Rechtsverkehr erwartete Beschaffenheit einer Leistung. Ein „Fehler" der Leistung setzt aber nicht zwingend einen Verstoß gegen allgemein anerkannte Regeln der Technik voraus (*BGH,* NJW-RR 1995, 472). 39

Als Fehler in Betracht kommen zB Materialfehler, Verarbeitungsfehler, Konstruktionsfehler, Funktionseinschränkungen, erhöhte Betriebs- und Instandhaltungskosten, eine verkürzte Haltbarkeit, eine verringerte Belastbarkeit uä. Auch die optische Beeinträchtigung des äußeren Erscheinungsbildes eines Bauwerks stellt als **Schönheitsfehler** einen Mangel dar (*BGH,* BauR 1981, 577; *OLG München,* OLG-Report 1996, 86; *OLG Düsseldorf,* 1996, 712; NJW-RR 1996, 146; *OLG Hamm,* NJW-RR 1990, 523), es darf sich allerdings nicht nur um eine unerhebliche optische Verschlechterung handeln. 40

Übliche **Abnutzung** und **Verschleiß** stellen idR keinen Fehler dar, auch wenn dadurch die Bauleistung vor Ablauf der Gewährleistungsfrist einer Nachbehandlung oder Reparatur bedarf (*Kleine-Möller/Merl,* Handbuch des privaten Baurechts § 15 Rn. 232, 272 f.). 41

Besteht das nicht ausschließbare **Risiko eines Fehlers,** so ist die Leistung mangelhaft (zB bei Ungewissheit über die Folgen des Gebrauchs, bei Verwendung unerprobten Materials; *BGH,* NJW-RR 1995, 787; DB 1969, 877; BauR 1975, 346, 347; *OLG Hamm,* NJW-RR 1992, 347; *OLG München,* BauR 1984, 638). 42

Einen Mangel stellen nur solche Fehler dar, die objektiv den Wert oder die Tauglichkeit der Bauleistung zum gewöhnlichen oder nach dem Vertrag vorausgesetzten Gebrauch aufheben oder mindern. Unter **Wert der Bauleistung** ist ihr objektiver Verkehrswert zu verstehen. Der Minderwert kann sich im technischen oder merkantilen Minderwert äußern. Zum merkantilen Minderwert, dh dem nach Mängelbeseitigung verbleibenden Verlust hinsichtlich des Verkaufs- oder Beleihungswerts vgl. *BGH,* NJW 1986, 428; Baurecht 1979, 158; NJW 1971, 615. 43

Eine **verminderte Tauglichkeit** liegt ua vor, wenn zum dauernden Aufenthalt vorgesehene Räume baurechtlich nicht als solche genehmigt werden (*BGH,* NJW 1987, 2511), die vertraglich festgelegte Wohnfläche eines Hauses nicht erreicht wird (*OLG Düsseldorf,* NJW 1981, 1455; *OLG Hamm,* NJW 1995, 1481) oder Geruchsbelästigungen durch imprägnierte Holzteile auftreten (*OLG Saarbrücken,* NJW-RR 1987, 470; *OLG Nürnberg,* NJW-RR 1993, 1300). Zu **Feuchtigkeitsschäden** vgl. *OLG Köln,* NJW-RR 1995, 211; NJW-RR 1994, 981; *Frankfurt/Main,* NJW-RR 1992, 280; *OLG Hamm,* NJW-RR 1990, 158; zu **Gründungsschäden** *BGH,* NJW-RR 1992, 1104; *OLG Düsseldorf,* NJW-RR 1992, 44

156; *OLG Köln,* NJW-RR 1992, 1500; zur **Asbestverseuchung** *OLG Düsseldorf,* NJW-RR 1995, 82; zur mangelnden **Betonüberdeckung** *OLG Hamm,* NJW-RR 1990, 523; zum **Shading** bei Velourssteppichen, *OLG Düsseldorf,* NJW-RR 1991, 223; **optische Mängel** *BGH,* NJW 1988, 2238; *OLG Düsseldorf,* NJW-RR 1994, 342; *OLG Köln,* NJW-RR 1993, 593; *OLG Hamm,* NJW-RR 1990, 523.

45 *dd) Verstoß gegen anerkannte Regeln der Technik.* Die unter Verstoß gegen anerkannte Regeln der Technik erbrachte Leistung ist nach § 13 Nr. 1 VOB/B 2000 mangelhaft. Dies gilt im Ergebnis auch für den BGB-Vertrag: Verstößt die Leistung des Auftragnehmers nämlich gegen anerkannte Regeln der Technik, so weist sie regelmäßig einen Fehler oder das Risiko eines Fehlers auf, wobei Wert und Tauglichkeit der Leistung beeinträchtigt sind (*BGH,* Baurecht 1981, 577, 579). Soweit im Ausnahmefall ein Verstoß gegen anerkannte Regeln der Technik zu keiner Beeinträchtigung von Wert oder Tauglichkeit der Leistung führt, steht dem Auftraggeber kein Gewährleistungsanspruch zu. Insoweit trifft jedoch auch nach Abnahme den Auftragnehmer die Beweislast für das Nichtvorliegen einer Wert- oder Tauglichkeitseinschränkung (*OLG Hamm,* NJW-RR 1995, 17; *OLG München,* NJW-RR 1992, 1523).

46 Allgemein anerkannte Regeln der Technik sind diejenigen technischen Regeln für die Fertigung bzw. Konstruktion von Bauwerken und Bauleistungen, die in der Wissenschaft als theoretisch richtig anerkannt sind und sich in der Baupraxis als zutreffend bewährt haben (*OLG Hamm,* BauR 1998, 668; *OLG Celle,* BauR 1984, 522). In **Regelwerken,** wie zB der VOB/C, den DIN-Normen, Bestimmungen des Verbandes Deutscher Elektrotechniker (VDE) oder Richtlinien des Vereins Deutscher Ingenieure (VDI), enthaltene technische Regeln haben nach früherer Rechtsprechung den (widerlegbaren) Anschein für sich, dass es sich um allgemein anerkannte Regeln der Technik handelt (vgl. *OLG Hamm,* NJW-RR 1995, 17; *OLG Stuttgart,* BauR 1977, 129). Bezüglich der DIN-Normen bedarf dies im Einzelfall einer sehr genauen Prüfung. So hat der BGH hinsichtlich des Schallschutzes die Vorgaben der DIN 4109 Beiblatt 2 nur als „Anhaltspunkte" für die Ermittlung des nach den anerkannten Regeln der Technik geschuldeten Schalldämmmaßes bezeichnet (*BGH,* NJW 2009, 2439). Die allgemein anerkannten Regeln der Technik sind jedenfalls mit den oben genannten Regelwerken nicht identisch, sondern vielmehr privat aufgestellte Regelungen mit Empfehlungscharakter (*BGH,* BauR 2007, 1570; NJW-RR 1995, 472). Sie können im Einzelfall anerkannte Regeln der Technik wiedergeben, davon aber auch abweichen.

47 Maßgebend sind die im Zeitpunkt der **Abnahme** geltenden allgemein anerkannten Regeln der Technik (*OLG Köln,* NJW-RR 1994, 470). Bei einer nach Abnahme durchgeführten Mängelbeseitigung sind allerdings die zu diesem Zeitpunkt anerkannten technischen Regeln einzuhalten; zur Auswirkung von Regeländerungen zwischen Vertragsschluss und Abnahme (*Kleine-Möller/Merl* Handbuch des privaten Baurechts § 15 Rn. 259 f.).

48 *ee) Mangelhafte Leistung des Architekten/Ingenieurs.* Zu unterscheiden ist zwischen Planungsfehlern und Überwachungsfehlern. Ein **Planungsfehler** liegt vor, wenn die geplante Bauleistung bei plangerechter Ausführung notwendigerweise zu einem Mangel am Bauwerk führen muss, insbesondere gegen allgemein anerkannte Regeln der Technik verstößt (vgl. *BGH,* NJW 1991, 90 und 664; *OLG Düsseldorf,* NJW-RR 1994, 88; *OLG Hamm,* NJW-RR 1989, 470; *OLG München,* NJW-RR 1988. 85; *OLG Düsseldorf,* BauR 1985, 341). Ein Planungsfehler liegt auch im Unterlassen einer notwendigen Planung (*BGH,* BauR 1974, 125). Verwendet der Architekt neuartige, noch nicht in der Praxis erprobte Baustoffe, muss er sich vergewissern, dass sie den Anforderungen genügen (*BGH,* NJW 1981, 2243, 2244). Bei Verwendung unerprobter Baustoffe besteht eine besondere Hinweis- und Aufklärungspflicht des Architekten, insbesondere zu Art und Umfang des für den Bauherrn darin liegenden Risikos (*OLG Düsseldorf,* NJW-RR 1996, 146; *OLG Koblenz,* NJW-RR 1995, 787).

49 Im Rahmen der **Objektüberwachung** ist der Architekt nicht zu einer lückenlosen Überwachung sämtlicher Bauvorgänge verpflichtet. Art und Umfang der Überwachung ergeben sich nach der in Frage stehenden Bauleistung, ihrer Bedeutung für Bestand und Funktion des Bauwerks, nach dem im Einzelfall bestehenden Mangelrisiko sowie nach der Qualifikation und Zuverlässigkeit des ausführenden Unternehmers (*BGH,* NJW 1994, 1276; NJW 1977, 898). Gängige, einfache Bauarbeiten bedürfen keiner besonderen Überwachung (*BGH,* VersR 1969, 473). Unzuverlässige Handwerker muss der Architekt genauer überwachen (*BGH,* NJW 1994, 1276; NJW 1978, 322). Der besonderen Überwachung bedürfen zB Beton- und Bewehrungsarbeiten (*BGH,* BauR 1973, 255; *OLG Stuttgart,* NJW-RR 1989, 1428) und Hinterfüllungsarbeiten (*BGH,* VersR 1969, 473), Fundamentarbeiten (*OLG Düsseldorf,* NJW-RR 1995, 532) sowie Abdichtungsarbeiten. Führt die unzureichende Überwachung des Architekten/Ingenieurs zu keinem Baumangel (zB weil der Bauunternehmer von sich aus mangelfrei arbeitet) bleibt die fehlende Bauüberwachung ohne Auswirkung, auch der Honoraranspruch bleibt bei unzureichender, aber wenigstens teilweise erbrachter Überwachungstätigkeit des Architekten/Ingenieurs in vollem Umfang bestehen, sofern die mangelhafte Leistung des Architekten/Ingenieurs nicht dazu führt, dass seiner Leistung eine abgrenzbare Teilleistung fehlt.

Zur mangelhaften Leistung des **Sonderfachmanns** (Statikers, Projektanten) vgl. *OLG Köln,* NJW-RR 1986, 183. Zur Prüfungspflicht des Sonderfachmanns hinsichtlich der ihm als Arbeitsgrundlage übergebenen Architektenplanung vgl. *OLG Köln,,* NJW-RR 1986, 183.

ff) Vortrags- und Beweislast. Der Auftraggeber hat den behaupteten Mangel konkret anzugeben, wobei die **Mangelbeschreibung** anhand der (gegebenenfalls örtlich festzulegenden) Mangelerscheinungen genügt (*BGH,* NJW-RR 1989, 148). Der Angabe von Mängelursachen bedarf es nicht. Vgl. Rn. 73. 50

Behauptet der Auftraggeber, dass die Leistung gegen allgemein anerkannte **Regeln der Technik** verstößt, bedarf es der Angabe der regelwidrigen Umstände, aber nicht der Benennung der konkreten Regel, gegen die verstoßen sein soll. Behauptet der Auftraggeber (Kläger) einen Verstoß gegen namentlich genannte Regeln, darf das Gericht seine Nachprüfung darauf beschränken. Allerdings ist der Nachbesserungsklage auch dann stattzugeben, wenn sich erweist, dass durch die gerügte Mangelerscheinung zwar nicht die vom Kläger zitierte Norm, aber andere technische Regeln verletzt sind oder aus anderem Grund ein Fehler vorliegt.

Stützt sich der Auftraggeber auf das Fehlen **zugesicherter Eigenschaften,** muss er vortragen, was wie zugesichert worden sein soll. Ein nicht näher konkretisierter Hinweis auf den Vertrag, auf Allgemeine Geschäftsbedingungen, Leistungsbeschreibungen oÄ ist nicht hinreichend. Bei Planabweichungen ist der in Bezug genommene Plan zB nach Datum, Plannummer oder Planbezeichnung anzugeben. 51

Bezieht sich der Kläger bei seiner Mängelrüge auf erholte Privatgutachten, so erspart dies nicht, den gerügten Mangel schriftsätzlich in einer aus sich selbst heraus verständlichen, wenn auch uU kurz gefassten Form vorzutragen.

Vor Abnahme obliegt dem Auftragnehmer die Beweislast für das Nichtvorliegen der vom Auftraggeber behaupteten Mängel (*BGH,* Baurecht 1993, 469); zur Beweislast bei technischer Abnahme vgl. Rn. 149.

Nach Abnahme oder bei **unberechtigter Abnahmeverweigerung** trägt dagegen der Auftraggeber (Kläger) die Beweislast (§ 363 BGB). Dies gilt nicht für solche Mängel, hinsichtlich derer der Auftraggeber bei Abnahme einen Vorbehalt angemeldet, dh die Mängel gerügt hat (*BGH,* Baurecht 1997, 129 f.). Ein Anscheinsbeweis zu Lasten des Auftragnehmers, dass er Baumängel zu verantworten hat, kommt in Betracht, wenn seine objektive Pflichtverletzung feststeht. Verwendet der Auftragnehmer zB einen anderen als den im Vertrag vorgesehenen Werkstoff oder verstößt er gegen DIN-Normen, so besteht zu seinen Lasten meist der Anschein, dass auftretende Schäden des Bauwerks darauf beruhen (*BGH,* NJW 1974, 188; NJW 1975, 346; *OLG Hamm,* NJW-RR 1995, 17; *OLG München,* NJW-RR 1992, 1523).

b) Mangeldefinition nach BGB bei Vertragsschluss ab 1. 1. 2002 und ab VOB/B 2002. *aa) Grundsatz.* Die zum 1. 1. 2002 in Kraft getretene Schuldrechtsreform brachte eine völlig neue Mangeldefinition. Nach § 633 II BGB ist das Werk frei von Sachmängeln, 52

- wenn es die vereinbarte Beschaffenheit hat;
- soweit die Beschaffenheit nicht vereinbart ist, ist das Werk frei von Sachmängeln, wenn es sich für die nach dem Vertrag vorausgesetzte, sonst für die gewöhnliche Verwendung eignet und eine Beschaffenheit aufweist, die bei Werken der gleichen Art üblich ist und die der Besteller nach der Art des Werks erwarten kann.

Gesetz und VOB/B gehen von einem funktionalen Mangelbegriff aus. Allein das Vorhandensein der nach dem Vertrag geschuldeten Sacheigenschaften macht die Leistung nicht mangelfrei, wenn sie nicht zugleich die geschuldete Verwendungstauglichkeit besitzt. 53

Der Mängeldefinition des § 633 BGB nF entspricht im Grundsatz auch die Mängeldefinition in § 13 I VOB/B ab der Fassung 2002, insbesondere diejenige gemäß § 13 I VOB/B 2009. Der Mangelbegriff der VOB/B unterscheidet sich von der gesetzlichen Definition nur insoweit, als die anerkannten Regeln der Technik ausdrücklich als weiteres Beurteilungskriterium genannt werden. Nach § 13 I VOB/B handelt sich beim Verstoß gegen anerkannte Regeln der Technik um einen eigenständigen Mangeltatbestand, während nach § 633 BGB die anerkannten Regeln der Technik als stillschweigend vereinbarte Beschaffenheit anzusehen sind.

Ein weiterer Unterschied in der Formulierung der Mangeldefinition besteht darin, dass die VOB/B ausdrücklich die Leistung nach Probe regelt. Die Eigenschaften der Probe zählen zur vereinbarten Beschaffenheit, soweit sie nicht nach der Verkehrssitte als bedeutungslos anzusehen sind (§ 13 II VOB/B). Im Ergebnis trifft dies auch für den BGB-Vertrag zu. 54

bb) Vereinbarte Beschaffenheit. Als vereinbarte Beschaffenheit ist die Gesamtheit aller vertraglich vereinbarten Leistungsmerkmale zu verstehen. Darunter fallen auch die nach früherem Recht so genannten „zugesicherten Eigenschaften" (siehe Rn. 35), jedoch erfordert die Beschaffenheitsvereinbarung keine besondere „Zusicherung" des Auftragnehmers (Unternehmers). 55

Die vereinbarte Beschaffenheit umfasst alle vertraglich vereinbarten Sacheigenschaften des Bauwerks bzw. der Bauleistung, ohne Rücksicht darauf, welche Bedeutung sie für Funktion oder Wert haben. Vereinbart sein kann insbesondere die Beschaffenheit des Materials, die Art und Weise der Verarbeitung, die Konstruktion des Bauwerks, seine Funktionsweise, Belastbarkeit, Nutzungsdauer, Betriebskosten oder die baurechtliche Genehmigungsfähigkeit. Vereinbaren die Parteien die schlüsselfertige Erstellung eines Bauwerks, so ist dies eine Beschaffenheitsvereinbarung dergestalt, dass der Aufragnehmer (Unternehmer) alles schuldet, was zur unbeeinträchtigen ordnungsgemäßen Nutzung des Bauwerks erforderlich ist (*OLG Koblenz,* BauR 2003, 721). Eine Beschaffenheitsvereinbarung kann auch negativ formuliert sein, indem bestimmte (insbesondere nachteilige) Eigenschaften ausgeschlossen werden. (Zur Definition der vereinbarten Beschaffenheit iE *Kleine-Möller/Merl,* Handbuch des privaten Baurechts § 15 Rn. 168 f.) Nicht zur vereinbarten Beschaffenheit rechnet die Verwendungseignung der Bauleistung, die ein eigenständiges (und letztlich sogar entscheidendes) Mangelkriterium darstellt.

56 Die Beschaffenheitsvereinbarung muss hinreichend konkret sein. Die Vereinbarung einer „optimalen" Ausführung oder „erstklassigen „Arbeit" ist für sich allein genommen, wenn keine konkretisierenden Umstände hinzutreten, eine bloße Zielvorstellung, aus der keine bestimmte Beschaffenheit der Leistung abgeleitet werden kann (*OLG Celle,* BauR 2003, 1592). Dagegen enthält die Vereinbarung der „Modernisierung", „Renovierung" oder „Sanierung" bereits einen Mindestgehalt konkreter Beschaffenheit des Bauwerks (*BGH,* BauR 2005, 542 zur Beschaffenheitsvereinbarung eines „bis auf die Grundmauern zu sanierenden Altbaus"; sa *OLG München,* BauR 2003, 396). Aus der für die Leistung vereinbarten Vergütung kann nicht auf eine bestimmte Leistungsqualität geschlossen werden, auch ein geringer Preis beweist nicht die Vereinbarung einer minderen Qualität.

57 Einseitige Vorstellungen einer Partei werden stillschweigender Bestandteil der Beschaffenheitsvereinbarung, wenn die andere Partei sie erkennt und ohne dem zu widersprechen den Vertrag abschließt. Auch ohne weitere Anhaltspunkte als stillschweigend vereinbart gelten die anerkannten Regeln der Technik.

Vereinbaren die Parteien eine bestimmte Konstruktion, zB von Trennwänden zu errichtender Reihenhäuser, so sind damit stillschweigend auch diejenigen Schalldämmwerte vereinbart, die sich mit der vereinbarten Konstruktion bei einwandfreier handwerklicher Ausführung erreichen lassen (*BGH,* BauR 2007, 1570).

Die Beschaffenheit der Leistung kann durch Individualvereinbarung, aber auch im Rahmen Allgemeiner Geschäftsbedingungen vereinbart werden. Eine Inhaltsprüfung findet bezüglich der im Rahmen Allgemeiner Geschäftsbedingungen vorgegebenen Beschaffenheitsmerkmale im Grundsatz nur sehr eingeschränkt statt. Es kann sich insbesondere um überraschende Klauseln handeln.

Formbedürftig ist die Beschaffenheitsvereinbarung dann, wenn der Vertrag insgesamt nach dem Gesetz einer besonderen Form bedarf (wie beim Kauf vom Bauträger) oder die Parteien das Erfordernis der Schriftform vereinbart haben.

Weist die Leistung des Auftragnehmers (Unternehmers) nicht die vereinbarte Beschaffenheit auf, so ist sie bereits aus diesem Grund mangelhaft. Ob die Abweichung negative Folgen für die Leistung hat, ist nicht zu prüfen. Selbst eine Abweichung im Positiven stellt im Grundsatz einen Mangel dar. Verlegt zB der Bodenleger höherwertige Ware als vertraglich vereinbart, so ist seine Leistung selbst dann mangelhaft, wenn sie in keiner Hinsicht hinter dem Standard der vereinbarten Verlegeware zurückbleibt. Allerdings werden in einem solchen Fall in aller Regel keine Gewährleistungsansprüche des Auftraggebers in Betracht kommen. Ein Anspruch auf Nacherfüllung scheitert am Einwand der Unverhältnismäßigkeit, ein auszugleichender Minderwert oder Schaden liegt nicht vor.

Umgekehrt ist die Leistung aber noch nicht alleine deswegen mangelfrei, weil sie alle vereinbarten Eigenschaften aufweist. Sie muss zudem zur vertraglich vorausgesetzten oder üblichen Verwendung geeignet sein (siehe nachfolgend).

58 *cc) Eignung zur vertraglich vorausgesetzten Verwendung.* Nach § 633 II BGB bzw. § 13 I 3 VOB/B ist die Leistung mangelhaft, wenn sie sich nicht zur vertraglich vorausgesetzten oder gewöhnlichen Verwendung eignet. Bereits das Risiko einer beeinträchtigten Verwendungseignung stellt einen Mangel dar. So macht die naheliegende Gefahr von erheblichen Rostschäden die Leistung mangelhaft, auch wenn noch keine Rostschäden aufgetreten sind (*OLG Düsseldorf,* BauR 2007, 1254, 1256).

59 Vertraglich vorausgesetzt sind die Eigenschaften, die von den Parteien in den Vertrag aufgenommen oder zur Grundlage des Vertrags gemacht wurden. Die vertraglich vorausgesetzte Verwendungseignung kann sich auch ohne ausdrückliche Vereinbarung aus dem Charakter des Bauwerks bzw. der dafür zu erbringenden Leistung ergeben. Ist der Auftragnehmer erkennbar mit Leistungen für ein zu Wohnzwecken bestimmtes Bauwerk beauftragt, muss er Art und Weise seiner Leistung danach ausrichten. Das Dach einer Produktions- und Lagerhalle muss für eine entsprechende Nutzung der Halle auch insoweit geeignet sein, als die Regendichtigkeit des Dachs auch bei stärkerem Regen mit Windeinfall gewährleistet sein muss (*BGH,* NJW-RR 2000, 465). Eine Beeinträchtigung des vertraglich vorausgesetzten Gebrauchs liegt selbst dann vor, wenn eine nach dem Vertrag geschuldete, aber nach Art und Weise des derzeitigen Gebrauchs nicht in Anspruch genommene Nutzungsmöglichkeit beeinträchtigt ist (*BGH,* BauR 2003, 533).

60 Fehlt die Eignung zur vertraglich vorausgesetzten oder – hilfsweise – zur gewöhnlichen Verwendung, ist die Leistung auch dann mangelhaft, wenn sie als solches der vereinbarten Beschaffenheit entspricht (funktionaler Mangelbegriff). Stehen Beschaffenheitsvereinbarung und vertraglich vorausgesetzte bzw. übliche Verwendungseignung in Widerspruch, ist auf die geschuldete Verwendungseignung abzustellen, sofern sich kein anderer Parteiwille erkennen lässt (*BGH,* BauR 2008, 344, 347). Diese Annahme ist für den Regelfall gerechtfertigt, weil der Auftraggeber regelmäßig in erster Linie ein funktionsfähiges, seiner Verwendungsabsicht entsprechendes Werk erreichen will. Dementsprechend ist auch eine den an-

erkannten Regeln der Technik entsprechende Leistung mangelhaft, wenn sie nicht zugleich die geschuldete Verwendungseignung aufweist.

dd) Gewöhnliche Verwendung, übliche Beschaffenheit. Ist nichts anderes vereinbart, muss sich die Leistung nach § 633 II BGB und § 13 I 3 VOB/B mindestens „zur gewöhnlichen Verwendung ... (eignen) ... und die Beschaffenheit aufweisen, die bei Werken der gleichen Art üblich ist und die der Besteller nach der Art des Werks erwarten kann." Der Besteller (Auftraggeber) darf auch ohne besondere Vereinbarung erwarten, dass die Leistung bei Fertigstellung und Abnahme diejenigen Eigenschaften aufweist und sonstigen Qualitätsanforderungen erfüllt, die auch andere vergleichbare und zeitgleich fertiggestellte und abgenommene Bauwerke erfüllen (*BGH,* NJW 2009, 2439; BauR 1998, 872). Die Beschaffenheit, die der Besteller (Auftragnehmer) berechtigter Weise erwarten kann, ist beim Erwerb vom Bauträger nicht davon abhängig, in welcher Rechtsform dem Erwerber das Bauwerk übertragen wird. So ist der vom Bauträger bei neu errichteten Reihenhäusern geschuldete Schallschutz nicht davon abhängig, ob die Reihenhäuser zu Einzeleigentum des Erwerbers oder in Form von Wohnungseigentum übertragen werden (*OLG München,* BauR 1999, 399). 61

Entspricht die Leistung nicht den Hersteller-Richtlinien, so entspricht sie nicht der üblichen Beschaffenheit (*OLG Brandenburg,* BauR 2011, 283), ausgenommen die Richtlinien des Herstellers sind selbst fehlerhaft, insbesondere nicht regelkonform.

ee) Anerkannte Regeln der Technik. Beim BGB-Vertrag sind die anerkannten Regeln der Technik stillschweigender Bestandteil der Beschaffenheitsvereinbarung nach § 633 II BGB. Nach § 13 I VOB/B handelt es sich bei den anerkannten Regeln der Technik um ein eigenständiges Beurteilungskriterium, ohne dass sich daraus eine unterschiedliche Bewertung ergibt. Die anerkannten Regeln der Technik sind im Grundsatz auch bei der Sanierung und Modernisierung von Altbauten zugrunde zu legen. Aus der Beschaffenheit des Altbaus kann sich aber im Einzelfall ergeben, dass der Besteller (Auftraggeber) von vornherein mit gewissen Abweichungen von den anerkannten technischen Regeln rechnen muss (*BGH,* BauR 2005, 542). 62

Verstößt die Leistung gegen anerkannte Regeln der Technik, so ist sie auch dann mangelhaft, wenn sie zur vertraglich vorausgesetzten oder gewöhnlichen Verwendung geeignet ist. Gewährleistungsrechte des Bestellers (Auftragnehmers) werden in aller Regel aber aus dem Gesichtspunkt des Rechtsmissbrauchs oder der Unverhältnismäßigkeit bzw. wegen fehlendem Minderwert der Leistung und fehlender sonstiger Schäden ausscheiden. 63

Anerkannte Regeln der Technik sind diejenigen bautechnischen Regeln, die in der Wissenschaft als richtig anerkannt sind und sich in der Baupraxis bewährt haben. Anerkannte Regeln der Technik sind nicht notwendiger Weise mit den Bestimmungen des öffentlichen Baurechts, den DIN-Normen oder entsprechenden technischen Regelwerken identisch. Die Bestimmungen des öffentlichen Baurechts können zwar anerkannte Regeln der Technik wiedergeben, in erster Linie maßgebend sind sie aber insoweit, als sie die Genehmigungsfähigkeit des Bauwerks betreffen und damit zum Inhalt der Beschaffenheitsvereinbarung zählen. Hinweise auf anerkannte technische Regeln geben technische Regelwerke, wie etwa die Flachdachrichtlinien des Zentralverbands des Dachdeckerhandwerks. Zu den für den Schallschutz geltenden anerkannten Regeln der Technik vgl. *Kleine-Möller/Merl,* § 15 Rn. 251 f. 64

Die DIN-Normen sind private technische Regeln mit Empfehlungscharakter, sie können Regeln der Technik wiedergeben, von diesen aber auch abweichen (*BGH,* BauR 2007, 1570). 65

Nicht den anerkannten Regeln der Technik gleichzusetzen sind Hersteller-Richtlinien. Die sich aus ihnen ergebenden Sacheigenschaften sind aber als stillschweigend vereinbarte Beschaffenheit anzusehen (sofern nicht begründete Bedenken gegen die Tauglichkeit der Herstellerrichtlinien bestehen).

Beweispflichtig für das Bestehen von anerkannten Regeln der Bautechnik ist die Partei, die sich hierauf beruft und für sich daraus günstige Folgen ableitet.

Auf die oben unter Rn. 45 f. gemachten Ausführung wird ergänzend Bezug genommen.

ff) aliud-Leistung; Leistung in zu geringer Menge. Nach § 633 II 3 BGB steht es einem Sachmangel gleich, wenn der Unternehmer (Auftragnehmer) ein anderes als das bestellt Werk oder das Werk in zu geringer Menge herstellt. § 633 II 3 BGB ist auch auf den VOB-Vertrag anwendbar. 66

c) Zurechenbarkeit des Mangels, Prüfungs- und Hinweispflicht. Der Auftragnehmer trägt bis zur Abnahme grundsätzlich das Risiko der Mangelfreiheit seiner Leistung. Seine Haftung ist im Grundsatz auch nicht ausgeschlossen, wenn der Mangel auf einer Anordnung des Auftraggebers, auf von diesem zur Verfügung gestelltem Material oder auf Vorleistungen eines anderen Unternehmers beruht. Von der Mängelhaftung befreit ist der Auftragnehmer aber hinsichtlich der hieraus resultierenden Mängel, wenn er seiner Prüfungs- und Hinweispflicht genügt. Die sich aus §§ 13 Nr. 3, 4 Nr. 3 VOB/B ergebenden Grundsätze zur Hinweis- und Prüfungspflicht gelten auch für den BGB-Vertrag (vgl. iE *Kleine-Möller/Merl,* Handbuch des privaten Baurechts, § 15 Rn. 117 f., 131 f.). 67

Vortrags- und Beweislast: Steht fest, dass die Leistung des Auftragnehmers einen Mangel aufweist, so ist es Sache des Auftragnehmers, vorzutragen und den Nachweis zu führen, dass der Mangel auf den oben genannten Ursachen beruht und er seiner Prüfungs- und Hinweispflicht genügt hat. Der Auftrag- 68 nehmer muss zB die den Mangel verursachende Anordnung des Auftraggebers sowie diejenigen Umstände vortragen und nachweisen, wonach entweder keine Prüfungs- und Hinweispflicht bestand oder er seiner Prüfungs- und Hinweispflicht nachgekommen ist.

69 **d) Inhalt des Nacherfüllungsanspruchs/Mangelbeseitigungsanspruchs.** *aa) Nacherfüllungs-/Mangelbeseitigungsanspruch vor Abnahme.* **Rechtslage bei Vertragsschluss bis 31. 12. 2001.** Vor Abnahme steht dem Auftraggeber grundsätzlich der Anspruch auf Neuherstellung der mangelhaften Leistung zu. Der Auftraggeber kann verlangen, dass der bisher erbrachte Leistungsteil beseitigt und die Leistung insgesamt neu erbracht wird (*BGH,* NJW 1986, 711; NJW-RR 1988, 310).

70 Das Verlangen der **Neuherstellung** darf aber nicht grundlos erscheinen. Ist die Beseitigung des Mangels in gleicher Weise durch Nachbesserung der bereits erbrachten Leistung zu erreichen, so ist der Auftragnehmer zur Nachbesserung zuzulassen (*OLG München,* OLGZ 1971, 8). Erklärt sich der Auftraggeber mit der Nachbesserung einverstanden ist er hieran gebunden, sofern sich nicht die Nachbesserung als unzureichend oder unzumutbar erweist.

71 **Rechtslage bei Vertragsschluss ab 1. 1. 2002.** Ob das in § 635 I BGB verankerte Wahlrecht des Auftragnehmers, den Mangel entweder zu beseitigen oder ein neues Werk herzustellen, ohne weiteres auf die Zeit vor Abnahme übertragen werden kann, kann dogmatisch zweifelhaft sein. Denn im Gegensatz zu der nach Abnahme bestehenden Nacherfüllungspflicht ist die Herstellungspflicht des Auftragnehmers vor Abnahme noch nicht auf einen gelieferten bzw. hergestellten Gegenstand beschränkt. Dennoch führen interessengerechte Überlegungen dazu anzunehmen, dass der Auftragnehmer auch vor Abnahme seiner Herstellungspflicht auch mit einem Nacharbeiten des mangelhaft hergestellten Gegenstands genügen kann, wenn der Mangel sowohl durch Neuherstellung wie durch Mangelbeseitigung sicher und auf Dauer beseitigt werden kann, und auch unter Berücksichtigung berechtigter Interessen des Auftragnehmers beide Arten der Nacherfüllung gleichwertig nebeneinander stehen. So kann sich zB die Neuherstellung von Estrichflächen trotz niedrigen Aufwands verbieten, wenn dies für den Auftraggeber mit erheblichen Betriebseinschränkungen verbunden ist, die bei einer nach und nach durchgeführten Nachbesserung der schadhaften Teilflächen nicht oder in einem wesentlich geringeren Umfang eintreten.

72 *bb) Nacherfüllungs-/Mangelbeseitigungsanspruch nach Abnahme.* **Rechtslage bei Vertragsschluss bis 31. 12. 2001** Hinsichtlich der vor dem 1. 1. 2002 geschlossenen Verträge ist der Auftraggeber gemäß § 633 BGB aF, § 13 Nr. 5 VOB/B aF im Grundsatz auf den Nachbesserungsanspruch beschränkt (*BGH,* NJW 1965, 152; NJW 1973, 1792). Dabei schließt der **Nachbesserungsanspruch** die notwendige Erneuerung von Teilen der bisherigen Leistung ein. Ein Anspruch auf Neuherstellung besteht dann, wenn auf andere Weise die Mangelbeseitigung nicht oder nicht sicher erreicht werden kann bzw. mit unzumutbaren Folgen (zB Nutzungseinschränkungen, Verzögerungen) für den Auftraggeber verbunden wäre (*BGH,* NJW 1986, 711; *OLG Köln,* NJW-RR 1994, 1430; *OLG München,* NJW-RR 1987, 1234). Umgekehrt ist der Auftragnehmer zur Neuherstellung zuzulassen, wenn dem keine berechtigten Interessen des Auftraggebers entgegenstehen, und selbstredend erst recht dann, wenn ansonsten eine sichere Beseitigung des Mangels nicht möglich ist.

73 **Rechtslage bei Vertragsschluss ab 1. 1. 2002** Hinsichtlich der ab 1. 1. 2002 geschlossenen Verträge hat der Auftragnehmer (Unternehmer) nach Abnahme kraft ausdrücklicher gesetzlicher Regelung das Wahlrecht, ob er den Mangel beseitigen oder ein neues Werk herstellen will (§ 635 I BGB). Schrankenlos ist sein Wahlrecht allerdings nicht. Bei seiner Wahl muss der Auftragnehmer den berechtigten Interessen des Auftraggebers Rechnung tragen, so dass sich die Option, das Werk neu herzustellen, zB verbieten kann, wenn dadurch andere Bauarbeiten erheblich verzögert oder erschwert werden, oder die Nutzung des Bauwerks in wesentlich höherem Maß als bei einer Mangelbeseitigung durch Nachbearbeiten beeinträchtigt wäre. In Betracht kommt das Wahlrecht gemäß § 635 I BGB naturgemäß von vornherein nur dann, wenn auch die Beseitigung des Mangels durch Nachbearbeiten des übergebenen Leistungsgegenstands in gleich sicherer Weise dauerhaft erreicht werden kann. Das gilt auch für den VOB-Vertrag, der keine eigenständige Regelung enthält.

74 **e) Fälligkeit des Nacherfüllungs- bzw. Mangelbeseitigungsanspruchs. Nach Abnahme** kann der Auftraggeber die sofortige Beseitigung von Mängeln verlangen. Die Fälligkeit des Nacherfüllungs-/Mangelbeseitigungsanspruchs tritt mit der entsprechenden Aufforderung des Auftraggebers ein. Die Beschreibung des Mangels anhand der äußeren Mangelerscheinung erfasst sämtliche auf denselben Mangelursachen beruhende Mängelstellen (zur sog. Symptom-Rechtsprechung vgl. *BGH,* NJW-RR 1989, 208; NJW-RR 1989, 667, NJW-RR 1989, 979; *OLG Düsseldorf,* NJW-RR 1995, 532). Erhebt der Auftraggeber Klage auf Mangelbeseitigung, ohne dass er vorher zur Mängelbeseitigung aufgefordert hat, und erkennt der Auftragnehmer seine Verpflichtung zur Mangelbeseitigung sofort an, trägt der Kläger in der Regel gemäß § 93 ZPO die Kosten des Rechtsstreits.

75 **Vor Abnahme** kann der Auftraggeber nach **§§ 633 f. BGB** die Beseitigung von Mängeln grundsätzlich erst zum vereinbarten Fertigstellungstermin verlangen, sofern nicht eine spätere Mangelbeseitigung mit unzumutbaren Folgen für den Auftraggeber verbunden ist, der Auftragnehmer endgültig die Mangelbeseitigung verweigert oder der Auftragnehmer zu erkennen gibt, dass er die Leistungsausführung als beendet ansieht.

Bei vereinbarter **VOB/B** kann der Auftraggeber gemäß § 4 VII 1 VOB/B die Mangelbeseitigung auch vor Abnahme sofort verlangen, sobald der Mangel erkannt ist. Auf den vereinbarten Fertigstellungstermin kommt es für das Fälligwerden des Mangelbeseitigungsanspruchs ebensowenig an wie auf die Unmöglichkeit oder Unzumutbarkeit einer späteren Mangelbeseitigung (*BGH,* NJW 1968, 1525). 76

f) Nacherfüllungs-/Mangelbeseitigungsanspruch bei gekündigtem Vertrag. Nach Kündigung des Vertrags steht dem Auftraggeber der Anspruch auf Beseitigung von Mängeln an dem bis zur Kündigung erbrachten Leistungsteil zu. Beim BGB-Vertrag richtet sich der Nacherfüllungsanspruch nach denselben Grundsätzen wie hinsichtlich des ungekündigten Vertrags, allerdings beschränkt auf den bis zur Kündigung erbrachten Teil der Leistung, unter Umständen auch mit einem infolge der Kündigung reduzierten Leistungsziel, wenn nämlich eine wenn bestimmte Leistungsqualität erst im Lauf der nachfolgenden, infolge der Kündigung vom Auftragnehmer nicht mehr zu erbringenden Arbeiten erreicht wird. 77

Beim VOB-Vertrag richtet sich der Anspruch des Auftraggebers auf Beseitigung von Mängeln nach § 4 VII VOB/B, solange noch keine Abnahme des bis zur Kündigung erbrachten Leistungsteils erfolgt ist, sodann nach § 13 VOB/B. Eine bedeutsame Ausnahme besteht hinsichtlich solcher Mängel, die Grundlage einer Vertragskündigung nach § 4 VII 3 VOB/B sind. Hinsichtlich der vom Auftraggeber gemäß § 4 VII 3 VOB/B als Kündigungsgrund herangezogenen Mängel besteht kein Mangelbeseitigungsrecht des Auftragnehmers mehr, insoweit ist der Auftraggeber nach Kündigung zur Ersatzvornahme auf Kosten des Auftragnehmers berechtigt vgl. *Kleine-Möller/Merl,* Handbuch des privaten Baurechts § 15 Rn. 744 f. 78

g) Klage auf bestimmte Art und Weise der Nacherfüllung/Mangelbeseitigung. Der Auftraggeber kann keine bestimmte Art und Weise der Mangelbeseitigung einklagen, sofern nicht ausnahmsweise nur eine Art der Mangelbeseitigung als tauglich und zumutbar in Betracht kommt. Grundsätzlich steht dem Auftragnehmer das Bestimmungsrecht zu, wie er den Mangel beseitigen will (Rn. 69 f., 72 f.). Ist beantragt, den Auftragnehmer zur Mangelbeseitigung „unter Beachtung der anerkannten Regeln der Technik" zu verurteilen, so ist es nicht erforderlich, aber auch unschädlich, diesen Zusatz in den Urteilstenor aufzunehmen. Es handelt sich um eine selbstverständliche, auch ohne ausdrückliche Erwähnung im Urteil bestehende Verpflichtung des Auftragnehmers. 79

Der Auftragnehmer ist im Rahmen der Mangelbeseitigung zu allen Arbeiten verpflichtet, die für das Erreichen der Mangelfreiheit erforderlich sind. Er ist insbesondere verpflichtet, die zur Mangelbeseitigung geöffneten Bauteile wieder fachgerecht zu schließen, entfernte Bauteile wieder anzubringen und den ursprünglichen Bauzustand wiederherzustellen (*BGH,* NJW 1972, 1280; NJW 1979, 2095). Die Verpflichtung des Auftragnehmers, auch diese **Nebenarbeiten** durchzuführen, bedarf in der Regel keines eigenen Ausspruchs im Urteil. Eine darauf gerichtete Klage ist unzulässig, wenn sich nicht ein besonderes rechtliches Interesse des Auftraggebers an einer entsprechenden Feststellung erkennen lässt. Dies kommt zB in Frage, wenn die Parteien gerade über die Ausführung solcher Arbeiten streiten. 80

h) Kosten der Nacherfüllung/Mangelbeseitigung. Die Kosten der Nacherfüllung/Mangelbeseitigung fallen gem. § 635 II BGB (bzw. §§ 633 II 2, 476 a BGB aF) bzw. für den VOB-Vertrag gemäß §§ 4 VII 1, 13 V 5 I 1 VOB/B dem für den Mangel verantwortlichen Auftragnehmer zur Last. Eines gesonderten Ausspruchs im Urteil bedarf es bei einer Klage auf Mangelbeseitigung regelmäßig nicht, da sich die Verpflichtung des Auftragnehmers von selbst versteht, die Kosten seiner Nachbesserungsarbeiten selbst tragen zu müssen. Ein auf entsprechende Feststellung der Kostenpflicht des Auftragnehmers gerichteter Antrag bedarf daher eines besonderen Rechtsschutzinteresses. Dies kommt zB in Betracht, wenn zwischen den Parteien in Streit steht, ob und inwieweit sich der Auftraggeber an den Kosten der Mangelbeseitigung zu beteiligen hat, indem er (oder sein Architekt bei fehlerhafter Planung) für den Mangel mitverantwortlich ist oder wenn ein Vorteilsausgleich in Betracht kommt (vgl. *Kleine-Möller/Merl,* Handbuch des privaten Baurechts, § 15 Rn. 340 ff.). 81

i) Kostenbeteiligung des mitverantwortlichen Auftraggebers. Eine Beteiligung des Auftraggebers an den Kosten der Mangelbeseitigung kommt gem. §§ 254, 242 BGB in Betracht, wenn der Auftraggeber selbst oder seine Erfüllungsgehilfen (Architekt, Statiker, Projektant) zum Entstehen des Mangels beigetragen haben (*BGH,* NJW 1984, 1676). Der Auftragnehmer bleibt zwar im Regelfall zur Mangelbeseitigung verpflichtet, der Auftraggeber trägt aber einen seiner Mitverantwortung entsprechenden Kostenanteil. 82

Vor Mangelbeseitigung kann der Auftragnehmer nicht Zahlung, jedoch eine **Absicherung** seines nach Mangelbeseitigung bestehenden Zuschussanspruchs fordern, die nach Wahl des Auftraggebers gem. § 232 BGB zB durch Bürgschaft erfolgen kann (*BGH,* NJW 1984, 1679). Auf entsprechende Einrede des Auftragnehmers ist dieser zur Mangelbeseitigung Zug-um-Zug gegen Zahlung des Zuschussbetrags zu verurteilen. Klagt der Auftragnehmer seinerseits Werklohn ein, ergeht eine doppelte Zug-um-Zug Verurteilung: Der Auftraggeber wird zur Zahlung des Werklohns verurteilt Zug-um-Zug gegen Nacherfüllung/Mangelbeseitigung, die vom Auftragnehmer wiederum Zug-um-Zug gegen Zahlung des Zuschussbetrags zu erbringen ist. 83

j) Vorteilsausgleich. Erwachsen dem Auftraggeber durch die Mangelbeseitigung Vorteile, zB ersparte Renovierungskosten, so ist er zum Vorteilsausgleich verpflichtet, soweit dies zumutbar ist und den Auf- 84 tragnehmer nicht unbillig entlastet (*BGH,* NJW 1989, 2389). Unbillig ist zB ein Ausgleich von Vorteilen, die auf eine **verzögerliche Mangelbeseitigung** des Auftragnehmers zurückzuführen sind (*BGH,* NJW 1980, 2187; NJW 1984, 2457; *OLG Köln,* NJW-RR 1993, 533; zur Nichtanrechnung von sich konkret nicht auswirkenden Vorteilen *OLG Düsseldorf,* NJW-RR 1994, 719). Ein Vorteilsausgleich wegen verlängerter Nutzungsdauer eines Bauteils kommt nur in Betracht, wenn die bis zur Mangelbeseitigung erfolgte Nutzung durch den Sachmangel nicht beeinträchtigt war und in jeder Hinsicht der Nutzung der mangelfreien Sache gleichstand. Zur prozessualen Wirkung des Vorteilsausgleichs siehe Rn. 83. Die Vortrags- und Beweislast trifft den Auftragnehmer (*BGH,* NJW-RR 1992, 1300).

85 Beseitigt der Auftragnehmer den Mangel durch Neuherstellung, so kommt für die ab 1. 1. 2002 geschlossenen Verträge entsprechend §§ 635 IV BGB iVm §§ 346 I, 347 BGB ein Ausgleich der vom Auftraggeber aus der bisherigen Leistung gezogenen Nutzungsvorteile in Betracht, ohne dass dies grundsätzlich mit Billigkeitserwägungen ausgeschlossen werden kann. In entsprechender Anwendung einer Entscheidung des *BGH* zum Verbrauchsgüterkauf (*BGH,* VIII. ZS., NJW 2009, 427) wird dies allerdings nicht für den Verbrauchervertrag gelten. Vgl. iE *Kleine-Möller/Merl,* Handbuch des privaten Baurechts, § 15 Rn. 349.

86 k) **Ausgleich von Sowiesokosten (Ohnehin-Kosten).** Erbringt der Auftragnehmer bei Mangelbeseitigung Leistungen, die nach dem Vertrag nicht geschuldet werden, jedoch zur mangelfreien Leistung von Anfang notwendig waren, so hat der Auftraggeber darauf entfallende Nacherfüllungs-/Mangelbeseitigungskosten zu tragen bzw. dem Auftragnehmer zu erstatten (*BGH,* NJW-RR 1990, 89; NJW-RR 1990, 729). Zur prozessualen Wirkung des Ausgleichsanspruchs siehe entsprechend Rn. 83.

VI. Klage auf Kostenerstattung bei ersatzweiser Mängelbeseitigung

1. Voraussetzungen der Selbstvornahme/Ersatzvornahme nach BGB

87 a) **Selbstvornahmerecht bei Vertragschluss ab 1. 1. 2002.** Nach § 637 BGB kann der Auftraggeber (Besteller) den Mangel auf Kosten des verantwortlichen Auftragnehmers selbst beseitigen, wenn der Nacherfüllungsanspruch fällig ist und dem Auftragnehmer erfolglos eine angemessene Frist zur Nacherfüllung gesetzt wurde. Setzt der Auftraggeber eine unangemessen kurze Frist, so verlängert sich diese entsprechend, ohne dass der Auftragnehmer dies beantragen müsste. Darauf, ob der Auftragnehmer die gesetzte Frist verschuldet oder unverschuldet versäumt hat, kommt es nicht an. Es muss nur objektiv möglich sein, den Mangel innerhalb der gesetzten Frist zu beseitigen. Ist zB ein zur Nacherfüllung erforderliches Material nicht auf dem Markt erhältlich, so entsteht nach Fristablauf das Selbstvornahmerecht nicht.

88 Ob das Selbstvornahmerecht nach § 637 BGB bereits vor Abnahme bzw. Gefahrübergang entstehen kann, ist strittig. Geht man mit der wohl hM davon aus, dass die §§ 634f. BGB erst nach Abnahme bzw. Gefahrübergang Anwendung finden können, kommt ein Selbstvornahmerecht des Auftraggebers auch erst nach diesem Zeitpunkt in Betracht. Allerdings wird man zugestehen müssen, dass besondere Umstände ein Selbstvornahmerecht auch zu einem früheren Zeitpunkt rechtfertigen können, insbesondere dann, wenn ein Mangel bereits während der Bauausführung beseitigt werden muss, weil dies später nicht oder nicht mehr sicher erfolgen kann. Die Voraussetzungen für das Entstehen des Selbstvornahmerechts richten sich auch in einem solchen Fall nach § 637 BGB.

89 b) **Ersatzvornahmerecht bei Vertragsschluss bis 31. 12. 2001.** Nach § 633 III BGB aF ist der Auftraggeber zur Ersatzvornahme auf Kosten des Auftraggebers berechtigt, wenn der Auftragnehmer mit der Mangelbeseitigung in Verzug gerät. Dies gilt sowohl vor als auch nach Abnahme. Die Verzugsvoraussetzungen beurteilen sich nach § 284 BGB aF. Die für die Fälligkeit des Mangelbeseitigungsanspruchs erforderliche Beseitigungsaufforderung kann zugleich mit der für den Verzugseintritt erforderlichen Mahnung verbunden werden, zB durch Fristsetzung. Inhaltlich entspricht das Ersatzvornahmerecht nach § 633 Abs. 3 BGB aF demjenigen nach § 637 BGB nF. Die nachfolgenden Erörterungen gelten auch hier.

90 c) **Aufforderung zur Nacherfüllung/Mangelbeseitigung.** Die zu beseitigenden Mängel kann der Auftraggeber entweder nach den **Mangelerscheinungen** (zB eindringende Feuchtigkeit) oder nach der **Mangelursache** (zB fehlende Abdichtung) beschreiben. Bei umfangreichen Bauleistungen ist der Mangel auch zu lokalisieren, soweit nicht umfangreiche Mängelstellen eine solche Bezeichnung entbehrlich machen (*BGH,* BauR 1980, 574). Werden die gerügten Mängel nach dem Erscheinungsbild beschrieben, sind alle Mängelstellen erfasst, die auf derselben Ursache beruhen, wie die Mangelerscheinung an der konkret bezeichneten Mängelstelle (*BGH,* NJW-RR 1989, 979; NJW-RR 1987, 798; NJW-RR 1989, 148; *OLG Düsseldorf,* NJW-RR 1995, 532, 534). Dies gilt auch für erst später in Erscheinung tretende Mängelstellen (*BGH,* NJW-RR 1989, 79).

91 d) **Ausnahme: Selbstvornahme ohne Fristsetzung/Mahnung.** Nach §§ 637 II, 323 II BGB, entsteht das Selbstvornahmerecht des Auftraggebers ohne vorausgehende Fristsetzung zur Nacherfüllung, nämlich wenn

- der Auftragnehmer die Nacherfüllung bestimmt und endgültig verweigert,
- die Nachbesserung fehlgeschlagen ist, oder
- ein berechtigtes Interesse des Auftraggebers an der sofortigen Mangelbeseitigung besteht (zB bei drohender Gefahr für Leib und Leben, oder weil der Auftraggeber zu Recht das Vertrauen in die Zuverlässigkeit des Auftragnehmers bzw. in seine Fähigkeit, den Mangel zu beseitigen verloren hat).

Unter denselben Voraussetzungen war von der Rspr. ein Ersatzvornahmerecht ohne Fristsetzung und Verzug bereits für das Ersatzvornahmerecht nach § 633 BGB aF anerkannt worden (*BGH,* NJW-RR 1990, 786; *OLG München,* NJW-RR 1994, 785, 786). 92

e) **Verspätetes Nacherfüllungsangebot des Auftragnehmers.** Mit erfolglosem Fristablauf erlischt das Recht des Auftragnehmers, den Mangel selbst beseitigen zu dürfen. Nur ausnahmsweise kann der Auftraggeber nach Treu und Glauben verpflichtet sein, die verspätet angebotene Nacherfüllung anzunehmen, zB wenn der Auftragnehmer mit der Nacherfüllung begonnen und bei Fristablauf nur noch geringfügige Restarbeiten zu verrichten hat. Bedarf es keiner Fristsetzung erlischt das Nacherfüllungsrecht des Auftragnehmers, wenn der Auftraggeber das Selbstvornahmerecht (berechtigt) geltend macht. 93

2. Voraussetzungen der Selbstvornahme nach VOB/B

Bei vereinbarter VOB/B ergibt sich ein Selbstvornahmerecht des Auftraggebers **vor Abnahme** aus § 4 VII 3, § 8 III Nr. 2 1 VOB/B (vgl. iE *Kleine-Möller/Merl,* Handbuch des privaten Baurechts, § 15 Rn. 743 f.). Das Recht des Auftraggebers zur Selbstvornahme setzt im Regelfall voraus: 94

- Fristsetzung zur Mangelbeseitigung unter Kündigungsandrohung des Auftraggebers,
- erfolgloser Fristablauf (ob schuldhafte Säumnis erforderlich, ist streitig, meist wird dies verneint; siehe *Kleine-Möller/Merl,* Handbuch des privaten Baurechts, § 15 Rn. 734),
- schriftliche Kündigung des Auftraggebers gem. § 8 III 1, VI VOB/B.

Nach Abnahme steht dem Auftraggeber nach § 13 V II VOB/B das Recht zur Selbstvornahme zu, wenn der Auftragnehmer der Aufforderung zur Mangelbeseitigung nicht innerhalb angemessener, vom Auftraggeber gesetzter Frist nachkommt (iE *Kleine-Möller/Merl,* Handbuch des privaten Baurechts, § 15 Rn. 744 f.). Bezeichnet der Auftraggeber den gerügten Mangel nach den Mängelerscheinungen, entsteht das Selbstvornahmerecht für sämtliche Mängelstellen, die auf derselben Mangelursache beruhen (*BGH,* NJW-RR 1989, 979; NJW-RR 1989, 148; vgl. Rn. 90). 95

Wie beim BGB-Vertrag kommt die Selbstvornahme des Auftraggebers ohne Fristsetzung in Betracht, wenn der Auftragnehmer die Mangelbeseitigung erfolglos versucht hat (ohne dass die Anzahl der hinzunehmenden Nacherfüllungsversuche des Auftragnehmers generell festgelegt werden kann), der Auftragnehmer die Nacherfüllung endgültig und bestimmt verweigert oder es für den Auftraggeber aus anderen Gründen unzumutbar ist, den Auftragnehmer noch zur Mangelbeseitigung zuzulassen; dies ist insbesondere der Fall, wenn der Auftraggeber zu Recht das Vertrauen in die Sachkunde und Zuverlässigkeit des Auftragnehmers verloren hat (*BGH,* NJW-RR 1990, 786; *OLG München,* NJW-RR 1994, 785, 786; vgl. aber *OLG Köln,* Baurecht 1992, 540 LS).

3. Inhalt des Selbstvornahmerechts

Liegen die Voraussetzung für die Selbstvornahme (Ersatzvornahme) vor, so ist der Auftraggeber zur ersatzweisen Mangelbeseitigung in dem Umfang befugt, in dem der Auftragnehmer seinerseits zur Mangelbeseitigung verpflichtet ist Die hierfür notwendigen Aufwendungen und Kosten kann er vom Auftragnehmer erstattet verlangen. Zum Anspruch des Auftraggebers auf Kostenvorschuss siehe unten Rn. 98 f. 96

4. Darlegungs- und Beweislast

Die Darlegungs- und Beweislast für die Voraussetzungen des Selbstvornahmerechts sowie hinsichtlich **Höhe** und **Notwendigkeit** der Mangelbeseitigungskosten trifft den Auftraggeber. 97

Der Auftragnehmer ist beweispflichtig für seine Behauptung schuldloser Säumnis im Fall des § 633 III BGB aF bzw. im Fall des § 4 VII 3 VOB/B.

Die Voraussetzungen für eine Kostenbeteiligung des Auftraggebers, wenn dieser zB den Mangel mitverschuldet hat, hat der Auftragnehmer vorzutragen und zu beweisen (*BGH,* NJW-RR 1992, 1300).

VII. Klage auf Kostenvorschuss bei ersatzweiser Mangelbeseitigung

1. Voraussetzungen und Inhalt des Vorschussanspruchs

Ist der Auftraggeber zur Selbstvornahme (Ersatzvornahme) berechtigt, so kann er bereits vor Beginn der Arbeiten Kostenvorschuss in Höhe der zu erwartenden Aufwendungen und Auslagen verlangen (*BGH,* NJW 1992, 3297; *OLG Hamm,* NJW-RR 1996, 272; *OLG Düsseldorf,* NJW-RR 1996, 661; *OLG München,* NJW-RR 1994, 785; NJW 1977, 1336). Erstattet werden nur die Aufwendungen, die 98 für sachlich zutreffende, **angemessene Mangelbeseitigungsmaßnahmen** zu erwarten sind. Nebenkosten durch Schrift- oder Telefonverkehr sind nur ausnahmsweise, bei außergewöhnlich hohen Ausgaben, zu erstatten (vgl. *BGH*, NJW-RR 1994, 534). Auf eine billigere Art der Mangelbeseitigung muss sich der Auftraggeber nur dann verweisen lassen, wenn ein sicherer Erfolg auch insoweit zu erwarten ist.

99 Hat der Auftraggeber einen Teil der Beseitigungskosten gemäß §§ 254, 242 BGB selbst zu tragen oder ist er zum Vorteilsausgleich verpflichtet, so ermäßigt sich sein Vorschussanspruch entsprechend. Anzurechnen ist dem Auftragnehmer noch zustehender Werklohn (*OLG Oldenburg* NJW-RR 1994, 529). In der Regel auf den Vorschussanspruch nicht anzurechen ist ein dem Auftraggeber zur Verfügung stehender **Sicherheitseinbehalt**. Eine Anrechnung kann bei einem erheblichen Sicherheitseinbehalt in Betracht kommen, wenn weitere Mängelansprüche nicht zu erwarten sind. Eine zur Sicherheit gegebene Bürgschaft muss der Auftraggeber nicht in Anspruch nehmen (*BGH*, NJW 1982, 2294). Bei nicht ausreichendem Vorschuss kann nachgefordert werden (*OLG München*, NJW-RR 1994, 785).

100 Gerät der Auftragnehmer mit der Zahlung von Vorschuss in **Verzug**, so hat er auf den Vorschussbetrag Verzugs- bzw. nach Klageerhebung Prozesszinsen zu bezahlen (*BGH*, NJW 1980, 1955). Vom Auftragnehmer bei verspätetem Kostenvorschuss entrichtete Zinsen werden nicht auf die Kosten der Mangelbeseitigung verrechnet.

101 Voraussetzung des Vorschussanspruchs ist die Absicht des Auftraggebers, die Mangelbeseitigung **in angemessener Zeit** vorzunehmen (*OLG Düsseldorf*, BauR 1988, 607). Der Vorschussanspruch erlischt, wenn der Auftraggeber die Selbstvornahme/Ersatzvornahme nicht mehr in angemessener Zeit durchzuführen beabsichtigt oder sobald – nach erfolgter Selbst-/Ersatzvornahme – eine Endabrechnung bereits möglich ist (*BGH*, NJW 1990, 1475; *OLG Koblenz*, NJW-RR 1990, 981). In welcher Zeit die ersatzweise Mangelbeseitigung durchgeführt werden muss, kann nicht generell festgelegt werden. In der Literatur wird ein Zeitraum von einem Jahr als noch angemessen angesehen (*Koeble*, S. 57), in Ausnahmefällen ist auch eine längere Zeitspanne denkbar (*BGH*, BauR 1984, 406, 408). Zur Rückforderung geleisteter Vorschüsse vgl. *BGH*, NJW-RR 1989, 405; NJW 1989, 201; NJW 1988, 2728.

2. Darlegungs- und Beweislast

102 Der Auftraggeber hat die Voraussetzungen für das von ihm geltend gemachte Recht zu ersatzweisen Mangelbeseitigung vorzutragen und zu beweisen. Auch zur Höhe der voraussichtlichen Mangelbeseitigungskosten trifft den **Auftraggeber** die Darlegungs- und Beweislast. Beweis für die Höhe der zu erwartenden Kosten kann nicht mit bloßen Firmenangeboten geführt werden, wenn deren Richtigkeit bestritten wird. Trotz der grundsätzlich kursorischen Schätzung des Gerichts bedarf es der Erholung eines Sachverständigengutachtens.

103 Der **Auftragnehmer** ist darlegungs- und beweisbelastet, soweit er einwendet,

- der Auftraggeber beabsichtige nicht, die Mangelbeseitigung in angemessener Zeit durchzuführen,
- die vom Auftraggeber beabsichtigte Mangelbeseitigungsmaßnahme sei falsch oder überteuert,
- die Endabrechnung der Mangelbeseitigungskosten sei möglich.

VIII. Einwand der Unverhältnismäßigkeit der Mangelbeseitigung

104 Gem. § 635 III BGB bzw. § 633 II 3 BGB aF kann der Auftragnehmer die Nacherfüllung (Mangelbeseitigung) verweigern, wenn diese einen unverhältnismäßigen Aufwand erfordert. Dies gilt auch für die Zeit vor Abnahme (*OLG Hamm*, NJW-RR 89, 1180) und bei vereinbarter VOB/B (s. § 13 VI 1 VOB/B). Der Aufwand für die Mangelbeseitigung ist unverhältnismäßig, wenn er in **keinem vernünftigen Verhältnis** zu dem für den Auftraggeber zu erwartenden Vorteil steht (*BGH*, NJW 1973, 138). Auch hoher Aufwand ist dem Auftragnehmer zuzumuten, wenn damit die Beseitigung eines erheblichen Mangels erreicht wird (*BGH*, NJW 1992, 2481). Maßgebend ist die Gesamtbewertung aller Umstände, wobei auch die Schwere des Vertragsverstoßes zu berücksichtigen ist (*BGH*, NJW 1995, 1836; vgl. *Kleine-Möller/Merl*, Handbuch des privaten Baurechts, § 15 Rn. 410 f.). Dem Auftragnehmer ist der Unverhältnismäßigkeitseinwand nicht in jedem Fall abgeschnitten, wenn er den Mangel vorsätzlich oder grob fahrlässig herbeigeführt hat (*BGH*, NJW 2009, 2123).

105 **Darlegungs- und Beweislast** treffen grundsätzlich den Auftragnehmer. Stützt sich der Auftraggeber allerdings darauf, dass der Mangel vom Auftragnehmer vorsätzlich oder grobfahrlässig herbeigeführt wurde, so ist er insoweit beweispflichtig.

Die Unverhältnismäßigkeit des Mangelbeseitigungsaufwands wird auf **Einrede** des Auftragnehmers berücksichtigt.

IX. Unmögliche Nacherfüllung/Mangelbeseitigung

106 Ein Anspruch des Auftraggebers auf Nacherfüllung/Mangelbeseitigung besteht nicht, wenn die mangelfreie Herstellung des Bauwerks bzw. der Bauleistung von Anfang an nicht möglich war oder jedenfalls die Beseitigung aufgetretener Mängel nicht möglich ist. Vgl. iE *Kleine-Möller/Merl*, Handbuch des privaten Baurechts, Rn. 424 f.

X. Einwand der vorbehaltlosen Abnahme

Gem. § 640 II BGB verliert der Auftraggeber alle verschuldensunabhängigen Gewährleistungsrechte bezüglich solcher Mängel, die er bei Abnahme kennt, aber sich bei Abnahme nicht „vorbehält", dh rügt. Zum ausnahmsweise ausreichendem Vorbehalt vor Abnahme *OLG Düsseldorf,* Baurecht 1996, 298 LS. Dies gilt auch für den VOB-Vertrag. Bestehen bleibt allerdings ein etwaiger Schadensersatzanspruch gem. § 634 Nr. 4 BGB, § 635 BGB aF, § 13 VII VOB/B. Der Auftragnehmer seinerseits ist nach wie vor befugt, ihm zur Last fallende Mängel selbst zu beseitigen; dass der Auftraggeber bei Abnahme bekannte Mängel nicht rügt, schmälert die Rechtsposition des Auftragnehmers nicht. Kein Rechtsverlust des Auftraggebers tritt ein hinsichtlich solcher Mängel, die ihm bei Abnahme nicht bekannt sind, die er aber bei hinreichender Sorgfalt hätte erkennen können. 107

XI. Minderungsklage

1. Minderung nach §§ 634 Nr. 3, 638 BGB

Für die ab dem 1. 1. 2002 abgeschlossenen Verträge richtet sich das Minderungsrecht des Auftraggebers nach §§ 634 Nr. 3, 638 BGB. Es setzt im Regelfall den erfolglosen Ablauf einer zur Nacherfüllung gesetzten Frist voraus. Ohne Fristsetzung kann Minderung geltend gemacht werden, wenn der Auftragnehmer die Nacherfüllung ernsthaft und endgültig verweigert, die vom Auftragnehmer versuchte Nacherfüllung fehlgeschlagen oder unmöglich ist oder sonstige Umstände vorliegen, die bei Abwägung der beiderseitigen Interessen eine sofortige Minderung durch den Auftrageber rechtfertigen (§§ 636, 282 II, 323 II BGB). 108

Das Minderungsrecht nach § 634 Nr. 3 BGB ist ein Gestaltungsrecht. Der Auftraggeber übt es durch Erklärung gegenüber dem Auftragnehmer aus, er ist nach Zugang seiner Erklärung beim Auftragnehmer daran gebunden. Mit Zugang seiner Minderungserklärung geht sein Anspruch auf Nacherfüllung unter. Durch die Minderungserklärung wird die Vergütung entsprechend § 638 BGB herabgesetzt.

Die Vergütung ist nach § 638 III BGB in dem Verhältnis herabzusetzen, in dem der Wert des Werks in mangelfreiem Zustand zu dem wirklichen Wert der mangelhaften Bauleistung steht. Abzustellen ist nach § 638 III BGB auf den Zeitpunkt des Vertragsschlusses, so dass Wertentwicklungen zwischen Vertragsschluss und Abnahme unberücksichtigt bleiben. 109

Die Minderung bemisst sich bei beseitigbaren Mängeln in der Regel nach den Kosten der Mangelbeseitigung, bei völlig wertloser Leistung entfällt der Vergütungsanspruch des Auftragnehmers. Bei unmöglicher Mangelbeseitigung oder wenn der Auftragnehmer berechtigt den Einwand der Unverhältnismäßigkeit der Nacherfüllung erhebt, bemisst sich die Minderung nach dem Wertverlust und den Nutzungsnachteilen, die durch den Mangel verursacht sind (*Kleine-Möller/Merl,* aaO § 15 Rn. 466 f.).

2. Minderung nach § 634 Abs. 1, Abs. 2 BGB aF

Gemäß § 634 I, II BGB aF, der für die bis 31. 12. 2001 abgeschlossenen Verträge Anwendung findet, ist der Auftraggeber zur Minderung berechtigt, sofern die Beseitigung eines Mangels **unmöglich** ist, vom Auftragnehmer endgültig und bestimmt **verweigert** wird (vgl. zum Bestreiten des Mangels im Prozess *OLG Düsseldorf,* NJW-RR 1996, 16) oder ein **besonderes Interesse** des Auftraggebers besteht, Minderung zu verlangen. Einer Mängelanzeige bedarf es im Fall des § 634 II BGB aF nicht (*OLG Stuttgart,* Baurecht 1996, 717). 110

Weiterhin entsteht das Minderungsrecht des Auftraggebers nach **Fristsetzung mit Ablehnungsandrohung** (§ 634 I 1 BGB). Eine Ablehnungsandrohung liegt nicht vor, wenn der Auftraggeber für den Fall des fruchtlosen Fristablaufs mit Ersatzvornahme droht (*BGH,* NJW 1987, 889 = NJW-RR 1987, 468). Die zu setzende Frist muss angemessen sein. Eine zu kurze Frist ist nicht wirkungslos, sondern verlängert sich entsprechend (*BGH,* WM 1986, 1255). Die Fristsetzung mit Ablehnungsandrohung muss sich auf einen hinreichend bestimmten Mangel beziehen. Sie umfasst sämtliche, auch nicht konkret angeführte Mängelstellen, die auf derselben Mangelursache beruhen (*BGH,* NJW-RR 1989, 208, 667, 979). 111

Das Minderungsrecht nach § 634 BGB aF ist kein Gestaltungsrecht, der Auftraggeber hat vielmehr ein Recht auf Minderung, das er erst gerichtlich durchsetzen muss, sofern der Auftragnehmer nicht in eine Minderung seiner Vergütung einwilligt. Steht dem Auftraggeber ein Minderungsrecht zu, so kann er Herabsetzung der vertraglich vereinbarten Vergütung verlangen, wird es vom Auftragnehmer nicht zugestanden, tritt die Minderung erst bei entsprechender Verurteilung des Auftragnehmers ein. In Höhe der berechtigten Minderung ermäßigt sich ausstehender Werklohn bzw. steht dem Auftraggeber bei bereits bezahltem Werklohn ein Rückforderungsanspruch zu. Hinsichtlich der Höhe ist der mangelbedingte Wertverlust des Werks nach h. M. auf den Zeitpunkt der Abnahme zu berechnen (also nicht – wie bei § 638 III BGB nF) auf den Zeitpunkt des Vertragsschlusses). 112

3. Minderung nach § 13 Abs. 6 VOB/B

113 Für den VOB-Vertrag ist das Minderungsrecht in § 13 VI VOB/B geregelt. Nachdem § 13 VI VOB/B nur den Rechtszustand nach Abnahme regelt, ist streitig, ob Minderung auch vor Abnahme bzw. Gefahrübergang verlangt werden kann. Dies wird jedenfalls insoweit angenommen, als der Auftragnehmer die Mangelbeseitigung wegen Unverhältnismäßigkeit verweigert; nach hier vertretener Meinung steht nichts entgegen, das Minderungsrecht in analoger Anwendung von § 16 VI VOB/B grundsätzlich auch vor Abnahme einzuräumen.

Hinsichtlich der Anspruchsvoraussetzungen unterscheidet sich das Minderungsrecht nach VOB/B vom gesetzlichen Minderungsrecht dadurch, dass es kein Minderungsrecht aufgrund erfolglos gesetzter Nacherfüllungsfrist gibt. Dem Auftraggeber steht das Minderungsrecht nach § 13 VI VOB/B nur dann zu, wenn die Mangelbeseitigung unzumutbar oder unmöglich ist, vom Auftragnehmer wegen unverhältnismäßigen Aufwands verweigert wird oder für den Auftraggeber unzumutbar ist. Im Einzelnen *Kleine-Möller/Merl,* Handbuch des privaten Baurechts, § 15 Rn. 857f.

114 Bis zur VOB/B Fassung 2000 bestand das Minderungsrecht nicht als Gestaltungsrecht, sondern als Recht auf Minderung (der Auftraggeber konnte die Minderung nur „verlangen"). Seit Geltung der VOB/B 2002 ist dem Auftraggeber ein Gestaltungsrecht eingeräumt, der Auftraggeber führt durch ein berechtigtes Minderungsverlangen gegenüber dem Auftragnehmer die Minderung herbei (*Kleine-Möller/Merl,* Handbuch des privaten Baurechts, § 15 Rn. 876).

Hinsichtlich der Berechnung der Minderung gelten die obigen Ausführungen zum gesetzlichen Minderungsrecht nach §§ 634 Nr. 3, 638 BGB entsprechend (s. *Kleine-Möller/Merl,* Handbuch des privaten Baurechts, § 15 Rn. 881f.).

XII. Rücktritt vom Vertrag

115 Ein mangelbedingtes Rücktrittsrecht kommt für die ab 1. 1. 2002 geschlossenen BGB-Verträge in Betracht. Für die vor dem 1. 1. 2002 geschlossenen BGB-Verträge steht dem Auftraggeber anstelle des Rücktrittsrechts unter den nachfolgend erörterten Voraussetzungen ein Wandelungsrecht zu. Für VOB-Verträge kommt weder ein Rücktrittsrecht noch ein Recht auf Wandelung des Vertrags in Betracht.

116 Beim BGB-Vertrag mit Vertragsschluss ab 1. 1. 2002 kann der Auftraggeber nach § 634 Nr. 3 BGB iVm §§ 636, 323, 326 V BGB zurücktreten, wenn der Auftragnehmer Mängel nicht innerhalb der gesetzten bzw. angemessenen Frist beseitigt; ohne Fristsetzung kommt das Rücktrittsrecht in Betracht, wenn

- der Auftragnehmer die Nacherfüllung bestimmt und endgültig verweigert,
- der Versuch der Mangelbeseitigung fehlgeschlagen ist (keine generelle Festlegung der Anzahl notwendiger Fehlversuche!), oder wenn
- ein berechtigtes Interesse des Auftraggebers an einem sofortigen Rücktritt besteht (zB weil der Auftraggeber zu Recht das Vertrauen in die Zuverlässigkeit des Auftragnehmers oder in seine Fähigkeit, den Mangel zu beseitigen, verloren hat).

117 Fordert der Auftraggeber nach erfolglosem Fristablauf erneut zur Nacherfüllung auf, geht sein Rücktrittsrecht nicht unter; der Auftraggeber verhält sich aber widersprüchlich, wenn er bereits kurze Zeit nach der erneuten Aufforderung zur Nacherfüllung ohne besonderen Anlass den Rücktritt erklärt oder die rechtzeitig angebotene Nacherfüllung nicht annimmt (*BGH,* BauR 2006, 1134; BauR 2004, 501, 503).

118 Kein Rücktrittsrecht besteht nach § 323 V 2 BGB bei unerheblicher Pflichtverletzung, ebenso wenn der Auftraggeber zum Entstehen des Mangels selbst beigetragen und den Mangel überwiegend selbst verursacht hat (§ 323 VI BGB).

119 Erklärt der Auftraggeber berechtigt den Rücktritt, wandelt sich das Vertragsverhältnis in ein Abwicklungsverhältnis um. Die vertraglichen Leistungspflichten entfallen, bereits erbrachte Leistungen sind zurückzugewähren. Ist eine Rückgewähr der vom Auftragnehmer bis zum Rücktritt erbrachten Teilleistung nicht möglich, muss der Auftraggeber Wertersatz leisten. Der Wert der beim Auftraggeber verbleibenden Teilleistung richtet sich nach dem Vertragspreis.

XIII. Klage auf Wandelung

1. Anspruchsvoraussetzungen

120 Ein mangelbedingtes Wandelungsrecht besteht nur bezüglich der bis zum 31. 12. 2001 abgeschlossenen BGB-Verträge. Für die ab dem 1. 1. 2002 geschlossenen BGB-Verträge tritt an die Stelle des Wandelungsrechts das Rücktrittsrecht unter den vorangehend erörterten Voraussetzungen. Die VOB/B kennt weder ein Wandelungs- noch ein Rücktrittsrecht.

121 Gem. § 634 BGB aF kann der Auftraggeber anstelle der Minderung die Wandelung (Rückgängigmachung) des Vertrags verlangen. Dies gilt allerdings nicht, wenn die Parteien die Geltung der VOB/B wirk-

sam vereinbart haben (*OLG Koblenz,* NJW 1962, 741; *OLG Karlsruhe,* BauR 1971, 55). Die Voraussetzungen des Wandelungsrechts entsprechen denen der Minderung (vgl. Rn. 110f.). Allerdings steht dem Auftraggeber **kein Wandelungsrecht** zu, wenn der Mangel den Wert und die Tauglichkeit des Bauwerks/der Bauleistung nur unerheblich mindert (§ 634 III BGB aF).

2. Inhalt und Folgen der Wandelung

Nach Wandelung werden die Parteien so gestellt, wie sie stehen würden, wäre der Vertrag nicht geschlossen worden. Noch nicht erfüllte Leistungspflichten entfallen, erbrachte Leistungen sind – soweit möglich – in Natur **zurückzugewähren.** Gemäß § 634 IV BGB aF finden die für den Kauf geltenden Vorschriften der §§ 465–467, 469–471, 473–475 BGB aF entsprechende Anwendung. 122

XIV. Ersatz von mangelbedingten Schäden

1. Anspruchsvoraussetzungen

Trifft den Auftragnehmer an von ihm verursachten Mängeln ein Verschulden, kann der Auftraggeber Schadensersatz verlangen. Anspruchsgrundlage sind vor Abnahme/Gefahrübergang §§ 280f. BGB, nach Abnahme ergeben sich die Anspruchsvoraussetzungen aus §§ 634 Nr. 4, 636 BGB iVm §§ 280f. BGB. 123

Voraussetzung des Schadensersatzanspruchs ist neben der schuldhaften Mangelverursachung bei beseitigbaren Mängeln in der Regel der erfolglose Ablauf einer zur Nacherfüllung gesetzten Frist. Einer Fristsetzung bedarf es auch hinsichtlich der dem Auftraggeber bei Abnahme bekannten, aber nicht vorbehaltenen Mängel. Ohne Fristsetzung kommt ein Schadensersatzanspruch naturgemäß hinsichtlich solcher mangelbedingten Schäden in Betracht, die auch bei Nacherfüllung eintreten bzw. verbleiben. Im Übrigen bedarf es keiner Fristsetzung zur Mangelbeseitigung, wenn 124

- der Auftragnehmer die Nacherfüllung bestimmt und endgültig verweigert,
- der Versuch (Anzahl?) der Mangelbeseitigung fehlgeschlagen ist, oder
- der Auftraggeber aus anderen Gründen nicht mehr verpflichtet ist, den Auftragnehmer zur Nacherfüllung zuzulassen (zB weil der Auftraggeber zu Recht das Vertrauen in die Zuverlässigkeit des Auftragnehmers oder in seine Fähigkeit, den Mangel zu beseitigen verloren hat.

Die erforderlichen Anspruchsvoraussetzungen müssen spätestens bei Schluss der mündlichen Verhandlung vorliegen. War bei Klageerhebung die erforderliche Frist noch nicht gesetzt, so wächst dem Auftraggeber der Schadensersatzanspruch zu, wenn der Auftragnehmer in der Klageerwiderung die Beseitigung des streitbefangenen Mangels endgültig und bestimmt verweigert (*BGH,* BauR 2003, 386). 125

2. Art und Umfang des Schadensersatzanspruchs

Der Anspruch des Auftraggebers auf Schadensersatz umfasst im Grundsatz alle durch den jeweiligen Mangel hervorgerufenen Schäden einschließlich der zur Beseitigung des Mangels erforderlichen Kosten. Eine Abgrenzung enger und entfernter Mangelfolgeschäden, wie dies für die bis zum 31. 12. 2001 geschlossenen Verträge im Rahmen des § 635 BGB aF erforderlich ist, ist für §§ 280f. BGB (sei es in Verbindung mit § 634 Nr. 4 BGB oder nicht) nicht erforderlich. 126

Der Auftraggeber kann entweder das mangelhafte Werk behalten und Ersatz der sich daraus ergebenden Schäden verlangen (kleiner Schadensersatz) oder das mangelhafte Werk insgesamt zurückweisen unter Ausgleich der sich dann ergebenden Schäden (großer Schadensersatz). Großer Schadensersatz kann nicht verlangt werden, wenn nur eine unerhebliche Pflichtverletzung des Auftraggebers vorliegt (§ 281 I 3 BGB). Bei einem vorsätzlichen und grobfahrlässigen Verhalten kommt eine erhebliche Pflichtverletzung in aller Regel auch dann in Betracht, wenn sich der Mangel auf Wert und Verwendungstauglichkeit des Werks nur geringfügig auswirkt (so bei arglistigem Verhalten des Auftragnehmers bei Vertragsschluss *BGH,* BauR 2006, 1137). Großer Schadensersatz kommt nicht in Betracht hinsichtlich solcher Mängel, die dem Auftraggeber bei Abnahme bekannt waren, von ihm aber nicht vorbehalten wurden (BGH NJW 1974, 1143). 127

Zur Berücksichtigung von Nutzungsvorteilen beim Kauf vom Bauträger vgl. *BGH,* NZBau 2009, 376; BauR 2006, 103; BauR 2006, 983. 128

3. Vortrags- und Beweislast

Hinsichtlich des streitbefangenen Mangels trägt vor Abnahme und hinsichtlich der bei Abnahme vorbehaltenen Mängel der Auftragnehmer die Beweislast der Mangelfreiheit, im Übrigen trägt nach Abnahme der Auftraggeber die Beweislast für behauptete Mängel. 129

Für ein Verschulden des Auftragnehmers spricht im Wege des Anscheinsbeweises die Mangelhaftigkeit seiner Leistung.

Bezüglich der Schadenshöhe ist der Auftraggeber vortrags- und beweispflichtig.

XV. Klage auf Ersatz von Mängelschäden gemäß § 635 BGB aF

1. Anspruchsvoraussetzungen

130 Für die bis zum 31. 12. 2001 geschlossenen BGB-Verträge ist Anspruchsgrundlage § 635 BGB in der bis dahin geltenden Fassung. Danach kann der Auftraggeber statt Minderung und Wandelung dann Schadensersatz wegen Nichterfüllung verlangen, wenn der Mangel der Bauleistung auf einem Umstand beruht, den der Auftragnehmer zu vertreten hat. Anspruchsvoraussetzung ist die **schuldhafte Verursachung** des Mangels durch den Auftragnehmer. Dies gilt auch bei Fehlen zugesicherter Eigenschaften. Der Auftragnehmer handelt insbesondere schuldhaft, wenn er anerkannte Regeln der Technik außer Acht lässt (*BGH,* NJW 1971, 92). Dem Auftragnehmer zuzurechnen ist das schuldhafte Verhalten seiner Erfüllungsgehilfen, zB der von ihm eingesetzten Nachunternehmer, nicht dagegen das Verschulden von Lieferanten (*BGH,* NJW 1978, 1157; vgl. jedoch *OLG Düsseldorf,* Baurecht 1996, 263).

131 Nach hM setzt der Schadensersatzanspruch die **Abnahme** der Bauleistung bzw. den Abnahmeverzug des Auftraggebers voraus. Während der Ausführung entstehende Schäden sind nach den Grundsätzen der positiven Forderungsverletzung zu ersetzen (*BGH,* NJW 1973, 138).

2. Art und Umfang des Schadensersatzanspruchs

132 Der auf Ersatz in Geld gerichtete Schadensersatzanspruch erfasst Schäden, die der Leistung selbst anhaften oder mit dem Mangel in einem engen und unmittelbaren Zusammenhang stehen. **Entfernte Mängelfolgeschäden** kann der Auftraggeber nicht nach § 635 BGB aF sondern nach den Grundsätzen der positiven Forderungsverletzung ersetzt verlangen (*BGH,* NJW 1976, 1502). Maßgebend dafür, welche Schäden als engere und welche als entfernte Mängelfolgeschäden anzusehen sind, ist nach der Rechtsprechung des BGH insbesondere der lokale Zusammenhang von Leistung und Schaden (*BGH,* NJW-RR 1995, 684; NJW 1993, 923; NJW 1991, 2418; NJW-RR 1991, 218; NJW-RR 1990, 786).

133 Als **entfernte Mangelfolgeschäden** sind zB angesehen worden: Brandschäden aufgrund mangelhafter Feuerungsanlage (*BGH,* NJW 1972, 1195) und durch einen Sachmangel bedingte Körper- und Gesundheitsschäden des Auftraggebers oder Dritter (*BGH,* NJW 1972, 625). Von § 635 BGB als **enge Mangelfolgeschäden** erfasst sind zB die Kosten der Mangelbeseitigung (*BGH,* NJW 1973, 138; *OLG Frankfurt/Main,* NJW-RR 1994, 530; *OLG Düsseldorf,* NJW-RR 1998, 88; *OLG Hamm,* NJW 1998, 791) und Gutachtenskosten zur Feststellung von Mangelursachen und Verantwortlichkeit (*BGH,* NJW 1991, 1604; NJW 1985, 381).

134 Steht dem Auftraggeber ein Schadensersatzanspruch zu, kann er entweder die Bauleistung behalten und den Schaden unter Berücksichtigung der **erhaltenen Bauleistung** berechnen. Es steht ihm jedoch auch frei, die mangelhafte Bauleistung zurückzuweisen und Schadensersatz wegen Nichterfüllung des gesamten Vertrags zu fordern (*BGH,* NJW 1978, 814). Ersatz kann auch für (sicher zu erwartende) zukünftige Schäden verlangt werden, allerdings nicht im Wege eines Vorschusses.

XVI. Klage auf Ersatz von Mängelschäden nach VOB/B

1. Anspruchsvoraussetzungen

135 Vor Abnahme ergibt sich der Schadensersatzanspruch des Auftraggebers aus § 4 VII 2 VOB/B, nach Abnahme aus § 13 VII VOB/B. Schadensersatz hat der Auftragnehmer für die Folgen schuldhaft verursachter Mängel zu leisten.

Nach § 13 VII Nr. 1 VOB/B haftet der Auftragnehmer bei schuldhaft verursachten Mängeln für alle Schäden aus der Verletzung des Lebens, des Körpers und der Gesundheit. In ähnlicher Weise umfassend ist nach § 13 VII Nr. 2 VOB/B der Schadensersatzanspruch des Auftraggebers bezüglich aller Schäden aus vorsätzlich oder grobfahrlässig verursachten Mängeln. Ansonsten sind gemäß § 13 VII Nr. 3 S. 1 VOB/B mangelbedingte Schäden zu ersetzen, soweit ein wesentlicher Mangel vorliegt, der die Gebrauchsfähigkeit erheblich beeinträchtigt. Hinsichtlich solcher Schäden, die nicht an der baulichen Anlage auftreten, kommt nach § 13 VII Nr. 3 S. 2 VOB/B eine Schadensersatzpflicht nur dann in Betracht, wenn der Mangel zudem auf einem Verstoß gegen anerkannte Regeln der Technik beruht, im Fehlen einer vertraglich vereinbarten Beschaffenheit besteht, oder der Auftragnehmer den Schaden durch Versicherung seiner gesetzlichen Haftpflicht gedeckt hat oder zu tarifmäßigen, nicht auf außergewöhnliche Verhältnisse abgestellte Prämien bei einem im Inland zugelassenen Versicherer hätte decken können. Die Versicherbarkeit von Schäden ergibt sich anhand des Versicherungsvertragsgesetzes (VVG) sowie der Allgemeinen Versicherungsbedingungen für Haftpflichtversicherungen (AHB). Nicht versicherbar sind ua Schäden, deren Beseitigung sich als Leistungserfüllung (zB Mangelbeseitigung) darstellen würde.

2. Art und Umfang des Schadensersatzanspruchs

136 Der Schadensersatzanspruch geht hinsichtlich der Schäden am Bauwerk nur auf Ersatz in Geld. Hinsichtlich der drüber hinausgehenden Schäden kommt auch die Naturalrestitution in Betracht. Soweit

nicht die Voraussetzungen des § 13 VII Nr. 3 S. 2 VOB/B vorliegen, kann der Auftraggeber die Bauleistung nicht als Ganzes zurückweisen, also nur kleinen Schadensersatz fordern. Der Schadensersatz ist somit unter **Anrechnung des Vergütungswertes** der erhaltenen und beim Auftraggeber verbleibenden Leistung zu berechnen.

Kosten der Mangelbeseitigung können nach § 13 VII Nr. 3 S. 1 VOB/B in jedem Fall, nach § 4 VII 2 VOB/B dann verlangt werden, wenn der Auftragnehmer die Mangelbeseitigung unberechtigt und endgültig verweigert und der Auftraggeber den Vertrag nicht nach § 4 VII 3 VOB/B kündigt (*BGH*, NJW 1979, 549). Der Schadensersatzanspruch aus § 4 VII VOB/B erfasst auch entfernte Mängelfolgeschäden, ebenso der nach Abnahme bestehende Schadensersatzanspruch nach § 13 VII Nr. 3 S. 2 VOB/B. 137

Schadensersatz kann der Auftraggeber auch hinsichtlich zukünftig entstehender Schäden verlangen, allerdings nur im Wege endgültiger Abrechnung. Ein Vorschussanspruch steht ihm nicht zu (*BGH*, BauR 1979, 420, 426). 138

Ist der Auftraggeber für Mangel oder Mangelfolgen mitverantwortlich, so ermäßigt sich gemäß § 254 BGB sein Schadensersatzanspruch entsprechend (vgl. Rn. 82 f.). Vom Schadensersatzbetrag in Abzug zu bringen sind Sowiesokosten (Ohnehin-Kosten) sowie sonstiger Vorteilsausgleich (vgl. Rn. 84 f.). Zum Schadensersatzanspruch bei Mängelverursachung durch mehrere Baubeteiligte vgl. *Kleine-Möller/Merl*, Handbuch des privaten Baurechts, § 15 Rn. 1001 f. 139

XVII. Mängelhaftungsklage gegen Architekten/Ingenieur

Bei Leistungsmängeln, die sich noch nicht am Bauwerk manifestiert haben, steht dem Auftraggeber bei **Vertragsschluss ab dem 1. 1. 2002** und **vor Abnahme** der Anspruch auf Erfüllung gem. § 631 BGB, gegebenenfalls ein Schadensersatzanspruch nach §§ 280 f. BGB sowie das Rücktrittsrecht gem. § 323 BGB zu. **Nach Abnahme** richten sich die Mängelrechte des Auftraggebers grundsätzlich nach §§ 634 f. BGB, allerdings mit einer gewichtigen Einschränkung: Haben sich Leistungsmängel des Architekten bzw. Ingenieurs bereits in Bauwerksmängeln manifestiert, haften der Architekt und Ingenieur ausschließlich auf (verschuldensabhängigen) Schadensersatz. 140

Für die **vor dem 1. 1. 2002 geschlossenen Verträge** kommt neben dem Erfüllungsanspruch gem. § 631 BGB aF, den Rechten aus § 326 BGB aF, dem Mangelbeseitigungsanspruch gem. § 633 II BGB aF und den Rechten auf Minderung und Wandelung nach § 634 BGB aF das Recht auf Schadensersatz nach § 635 BGB aF in Betracht. Hinsichtlich des letztern ist zu unterscheiden zwischen Mangelschäden, also Schäden am Bauwerk, sowie engen und entfernten Mängelfolgeschäden. Für Mängelschäden und enge Mängelfolgeschäden haften Architekt und Ingenieur nach § 635 BGB aF, für entfernte Mangelfolgeschäden aus positiver Vertragsverletzung. Zur Unterscheidung von engen und entfernten Mängelfolgeschäden vgl. iE *Kleine-Möller/Merl*, Handbuch des privaten Baurechts, § 15 Rn. 668 f. 141

Unabhängig vom Zeitpunkt des Vertragsschlusses gilt: Einer Fristsetzung (mit Ablehnungsandrohung) oder der in § 634 II BGB aF aufgeführten Gründe bedarf es hinsichtlich des Schadensersatzanspruchs wegen Leistungsmängeln, die sich bereits als Baumängel realisiert haben, nicht. Da der Architekt nicht das Bauwerk als solches, sondern seinen Planungs- und sonstigen Tätigkeitsbeitrag schuldet, hat er für Mängel des Bauwerks nicht im Wege der Mängelbeseitigung sondern nur im Wege des **Schadensersatzes** einzustehen (*BGH*, NJW-RR 1989, 86). Nur ausnahmsweise steht dem Architekten zur Schadensminderung das Recht auf Beseitigung von Bauschäden durch eigenes Tätigwerden zu (*BGH*, NJW 1978, 1853). Nur in einem solchen Fall ist dem Architekten bzw. Ingenieur zunächst Gelegenheit zur Beseitigung der (mit-)verursachten Baumängel zu geben, ehe Mangelbeseitigungskosen im Wege des Schadensersatzes geltend gemacht werden können. Zum Leistungsmangel des Architekten/Ingenieurs sowie zu den Pflichten des Architekten im Rahmen der Objektüberwachung (*Kleine-Möller/Merl*, Handbuch des privaten Baurechts, § 15 Rn. 555 f.). 142

Die für die Architekten- bzw. Ingenieurleistung maßgebende Mangeldefinition ergibt sich aus § 633 BGB bzw. für die bis 1. 1. 2002 abgeschlossenen Verträge aus § 633 Abs. 1 BGB aF VOB/B-Regeln finden keine Anwendung, auch wenn einem Bauunternehmer im Rahmen eines VOB-Vertrags zusätzlich zur Bauleistung Architekten- oder Ingenieursleistungen beauftragt werden. 143

XVIII. Mängelrechte von Wohnungseigentümern

Das Sondereigentum betreffende Mängelrechte stehen dem jeweils betroffenen Wohnungseigentümer zu. Nacherfüllung bzw. **Mangelbeseitigung** am Gemeinschaftseigentum kann der einzelne Wohnungseigentümer selbstständig und zwar solange verlangen, als nicht die Gemeinschaft diesen Anspruch selbst verfolgt (*BGH*, NJW 1988, 1718), ihm steht auch das aus dem Mangelbeseitigungsanspruch folgende Leistungsverweigerungsrecht zu (*Kleine-Möller/Merl*, Handbuch des privaten Baurechts, § 15 Rn. 1030, 1037 f.). 144

Sache der Wohnungseigentümergemeinschaft ist es, **Minderung** oder kleinen **Schadensersatz** anstelle der Mangelbeseitigung zu verlangen und hierzu etwa erforderliche Fristen zu setzen (*BGH*, NJW 1979, 2207). Die Gemeinschaft kann es dem einzelnen Wohnungseigentümer überlassen, den sich aus Minde- 145 rung und Schadensersatz ergebenden Zahlungsanspruch durchzusetzen (*BGH,* NJW 1983, 453). Vgl. dazu auch *BGH,* NJW 1990, 1663; NJW 1991, 2480. Nur dem einzelnen Eigentümer steht das Recht auf Rücktritt/Wandelung bzw. auf großen Schadensersatz (unter Rückabwicklung des Vertrags) zu (*BGH,* NJW 1979, 2207). Vgl. im einzelnen *Kleine-Möller/Merl,* Handbuch des privaten Baurechts, § 15 Rn. 1056f.

XIX. Abnahme, Abnahmeverweigerung

146 Abnahme ist die Entgegennahme der Leistung durch den Auftraggeber mit der Erklärung, dass er die Leistung als in der Hauptsache vertragsgemäß anerkenne (*BGH,* NJW 1994, 942). Gemäß § 640 BGB, § 12 VOB/B ist der Auftraggeber zur Abnahme der **fertig gestellten Leistung** verpflichtet. Ist die Leistung mangelhaft, kann die Abnahme verweigert werden, sowohl beim BGB-Vertrag wie auch nach § 12 III VOB/B jedoch nur bei Vorliegen wesentlicher Mängel. Nach § 640 BGB aF, der auf die vor dem 1. 1. 2002 geschlossenen Verträge Anwendung findet, stehen der Abnahme dagegen auch unwesentliche Mängel entgegen, jedoch rechtfertigen völlig unerhebliche Mängel eine Verweigerung der Abnahme nicht.

147 Die Abnahme kann durch ausdrückliche Erklärung, insbesondere durch förmliche, mit einer Abnahmebegehung und der Anfertigung eines Abnahmeprotokolls verbundenen Abnahme erfolgen (vgl. § 12 I und IV VOB/B). In Betracht kommt auch eine stillschweigende Abnahme, insbesondere durch länger andauernde **Benutzung** der Bauleistung (*BGH,* NJW 1985, 731; *OLG Düsseldorf,* NJW-RR 1996, 532; *OLG Hamm,* NJW-RR 1993, 340).

148 Nur für den VOB-Vertrag in Betracht kommt die **fiktive Abnahme** (§ 12 V VOB/B). Danach gilt die Leistung als abgenommen mit Ablauf von 12 Werktagen nach schriftlicher Mitteilung der Fertigstellung (zB durch Schlussrechnung; *BGH,* Baurecht 1993, 473; NJW-RR 1992, 1078) bzw. nach 6 Werktagen nach Inbenutzungnahme. Die Abnahmewirkungen treten nicht ein, wenn der Auftraggeber innerhalb der genannten Fristen ausdrücklich die Abnahme verweigert.

149 **Teilabnahmen** sind im gesetzlichen Werkvertragsrecht nicht vorgesehen, können vom Auftraggeber aber freiwillig erfolgen, ohne dass der Auftraggeber Anspruch darauf hätte. Gemäß § 12 II VOB/B ist dagegen der Auftraggeber zur Teilabnahme in sich **abgeschlossener Leistungsteile** verpflichtet. Nur um eine **technische Zustandsfeststellung,** die der technischen Vorprüfung und Zustandsfeststellung dient, handelt es sich bei der in § 4 X VOB/B vorgesehenen Leistungsprüfung. Sie führt insoweit zu einer Beweislastumkehr, als der Auftraggeber zukünftig für von ihm behauptete, bei der technischen Zustandsfeststellung nicht festgestellte Mängel die Beweislast trägt.

XX. Verjährungseinrede des Auftraggebers bei Mängelhaftungsklagen

1. Verjährung nach BGB

150 Soweit die Parteien nicht die Geltung der VOB/B vereinbart haben, ist die Dauer der Verjährungsfrist zunächst davon abhängig, ob der zugrunde liegende Vertrag als Kauf-, Werklieferungs- oder Werkvertrag anzusehen ist. Kaufvertragliche Verjährungsfristen gelten bei bloßer Lieferung von Baustoffen oder von aus dem Vorrat zu entnehmenden, serienmäßig hergestellten und nach Katalog oder Muster vertriebenen Bauteilen. Vgl. dazu iE *Kleine-Möller/Merl,* Handbuch des privaten Baurechts, § 15 Rn. 1099f.

151 **Verjährungsfristen bei Vertragsabschluss ab 1. 1. 2002.** Für werkvertragliche Arbeiten am Bauwerk und darauf bezogenen Planungs- und Überwachungsleistungen beträgt die Verjährungsfrist für Gewährleistungsansprüche nach § 634a I Nr. 2 BGB 5 Jahre, bezüglich der Herstellung, Wartung oder Veränderung sonstiger Sachen einschließlich darauf bezogener Planungs- und Überwachungsleistungen 2 Jahre; im Übrigen gilt die regelmäßige Verjährungsfrist der §§ 195f. BGB.

152 Bei **BGB-Verträgen, die vor dem 1. 1. 2002 geschlossen** wurden, richtet sich die Verjährung nach § 638 BGB aF. Gemäß § 638 BGB aF beträgt die Verjährungsfrist bei Arbeiten am Bauwerk 5 Jahre, bei Arbeiten an einem Grundstück 1 Jahr und bei sonstigen Leistungen sechs Monate. **Arbeiten am Bauwerk** sind alle Leistungen, die der Herstellung unbeweglicher, mit dem Erdboden verbundener Sachen dienen, seien es Hoch- oder Tiefbauten, Gebäude oder Ingenieurbauten. Beispiele: Rohrbrunnen mit Vorschacht aus Betonringen (*BGH,* NJW 1971, 2219), Gleisanlagen (*BGH,* BauR 1972, 172). Arbeiten am Bauwerk sind die für Errichtung, Bestand oder Nutzbarkeit eines Bauwerks unmittelbar erforderlichen Arbeiten. Ist eine nicht vertretbare Sache herzustellen, richtet sich die Verjährungsfrist nach § 638 BGB aF gegebenenfalls iVm § 651 I 2 Hs. 2 BGB. Dies gilt in jedem Fall für ein fest mit Grund und Boden verbundenes und nicht nur zu einem vorübergehenden Zweck errichtetes Bauwerk (*BGH,* NJW 1983, 1490). Hinsichtlich der Übergangsregelung für die zum 1. 1. 2002 noch nicht verjährten Mängelansprüche vgl. *Kleine-Möller/Merl,* Handbuch des privaten Baurechts, § 15 Rn. 1085.

153 **Arbeiten an bestehenden Gebäuden** sind Arbeiten an Bauwerken, sofern sie für Bestand oder Nutzung des Bauwerks von wesentlicher Bedeutung sind, insbesondere nicht unerheblich in den Bestand des Gebäudes eingreifen. Ansonsten kommt hinsichtlich der bis 31. 12. 2001 abgeschlossenen Verträge die einjährige Verjährungsfrist für Arbeiten am Grundstück in Betracht, bezüglich der ab 1. 1. 2002 ab-

geschlossenen Verträge die 2-jährige Verjährungsfrist nach § 634 a I Nr. 1 BGB. Diese Verjährungsfrist gilt insbesondere für Schönheitsreparaturen an Altbauten (*OLG München,* NJW-RR 1990, 917).

Bei **Veräußerung neu errichteter Gebäude** kommt die fünfjährige Gewährleistungsfrist dann zur Anwendung, auch wenn das Gebäude bei Verkauf bereits erstellt und vom Verkäufer oder durch Dritte zwischenzeitlich genutzt war. Selbst eine Vornutzung von zwei Jahren stand dem nach einer Entscheidung des BGH nicht entgegen (*BGH,* NJW 1985, 1551). 154

Werden dem Auftragnehmer in einem Vertrag sowohl Arbeiten am Bauwerk als auch sonstige Werkleistungen übertragen, die nicht miteinander zusammenhängen, gelten unterschiedliche Gewährleistungsfristen.

2. Verjährung nach VOB/B

Die Verjährungsregelung der VOB/B findet sich in § 13 IV VOB/B. Haben die Parteien nichts anders vereinbart, so beträgt die Verjährungsfrist nach § 13 IV Nr. 1 VOB/B (in der derzeit geltenden Fassung 2009) für Bauwerke 4 Jahre, für Werkleistungen betreffend die Herstellung, Wartung oder Veränderung einer (sonstigen) Sache 2 Jahre, ebenso 2 Jahre für die vom Feuer berührten Teile von Feuerungsanlagen; für feuerberührte und abgasdämmende Teile industrieller Feuerungsanlagen beträgt sie nur 1 Jahr. Damit bleiben die Verjährungsfristen der VOB/B weit hinter den gesetzlichen Verjährungsfristen zurück. Deshalb hält § 13 IV Nr. 1 VOB/B einer AGB-Prüfung nicht stand, soweit der VOB/B nicht im Einzelfall die Privilegierung nach § 310 I 3 BGB zukommt. Das trifft erst recht auf die in § 13 IV Nr. 2 VOB/B enthaltenen Verjährungsfristen für wartungsbedürftige Teile von maschinellen und elektrotechnischen/elektronischen Anlagen zu, bei denen die Wartung Einfluss auf Sicherheit und Funktionsfähigkeit hat. Für diese Anlagenteile reduziert sich die VOB-Verjährungsfrist für Gewährleistungsansprüche auf 2 Jahre, wenn sich der Auftraggeber dafür entschieden hat, dem Auftrag nicht die Wartungsarbeiten für die Dauer der Verjährungsfrist nach § 13 IV Nr. 1 VOB/B zu übertragen. 155

Bezüglich der VOB-Verträge, denen die Fassung der VOB/B 2000 oder früher zugrunde liegt, sind die Verjährungsfristen im Grundsatz nochmals geringer, wobei allerdings eine Differenzierung nach feuerberührten, abgasdämmenden oder wartungsbedurftigen Teilen nicht vorgenommen wird. Die Gewährleistungsfrist nach § 13 Nr. 4 VOB/B 2000 beträgt – soweit die Parteien nichts anderes vereinbart haben – zwei Jahre bei Arbeiten am Bauwerk und für Holzerkrankungen sowie ein Jahr für von Feuer berührte Teile von Feuerungsanlagen und für Arbeiten am Grundstück. 156

Die gesetzlichen Verjährungsfristen gelten für den VOB-Vertrag, soweit sich der Auftragnehmer gegen Mangelfolgen durch eine **Haftpflichtversicherung** geschützt hat oder hätte schutzen konnen bzw. müssen (§ 13 Nr. 7 III VOB/B). 157

3. Verjährungsfrist bei arglistig verschwiegenen Mängeln sowie bei Organisationsverschulden

Vertragsschluss ab 1. 1. 2002 Nach § 634 a III BGB verjähren Mängelansprüche frühestens nach Ablauf der regelmäßigen Verjährungsfrist gem. §§ 195 f. BGB bezüglich solcher Mängel, die der Auftragnehmer bei Abnahme arglistig verschwiegen hat. Die in diesem Fall geltende Verjährungsfrist von 3 Jahren beginnt mit dem Schluss des Jahres, in dem der Auftraggeber Kenntnis vom verschwiegenen Mangel erhält oder ohne grob fahrlässiges Verhalten erlangt hätte. Die Verjährung tritt aber in jedem Fall frühestens zu dem Zeitpunkt ein, zu dem die normale Verjährungsfrist nach § 634 a I BGB endet. Dies gilt auch für VOB-Verträge. 158

Eine weit großzügigere Verjährungsregelung zugunsten des arglistig getäuschten Auftraggebers gilt für die **vor dem 1. 1. 2002 abgeschlossenen Verträge.** Gewährleistungsansprüche hinsichtlich der bei Abnahme durch den Auftragnehmer arglistig verschwiegenen Mängel verjähren in 30 Jahren (§§ 638 I 1, 195 BGB aF). Arglistig handelt der Auftragnehmer, der entgegen Treu und Glauben bei der Abnahme bekannte Mängel nicht offenbart (*BGH,* NJW 1992, 1754). Der Kenntnis des Auftragnehmers steht die Kenntnis seiner Vertreter und derjenigen Personen gleich, deren er sich zur Überwachung des Leistungsvorgangs oder zur Abnahme bedient. 159

In gleicher Weise, wie bei arglistig verschwiegenen Mängeln wird die Verjährungsfrist verlängert, wenn der Auftragnehmer es unterlässt, die organisatorischen Voraussetzungen für eine hinreichende Überwachung des Leistungsvorgangs zu schaffen, und ihm dadurch Mängel verborgen bleiben (*BGH,* BauR 2009, 515; BauR 2008, 87; BauR 2005, 550 NJW 1992, 1754; *OLG Düsseldorf,* BauR 2008, 1466; BauR 2007, 1758; *OLG Naumburg,* BauR 2007, 1888; *OLG Celle,* BauR 2007, 156; *OLG Stuttgart,* BauR 1997, 317; *OLG Köln,* Baurecht 1995, 107; *OLG Oldenburg* Baurecht 1995, 105). 160

Die **Vortrags- und Beweislast** für ein arglistiges Verhalten des Auftragnehmers bzw. für das Organisationsverschulden des Auftragnehmers obliegt dem Auftraggeber. Bei gravierenden Mängeln an besonders wichtigen Teilen des Bauwerks kann aber im Einzelfall der Schluss auf ein Organisationsverschulden berechtigt sei, ebenso bei einer Vielzahl augenfälliger Mängel, selbst wenn diese an weniger wichtigen Bauteilen auftreten. 161

4. Verjährung der gegen Architekten/Ingenieure gerichteten Mängelrechte

162 Für die Verjährung von Mängelansprüchen gegen den Architekten/Ingenieur gelten die oben aufgezeigten allgemeinen Grundsätze. Zu berücksichtigen ist jedoch, dass die Leistung des mit allen Leistungsphasen beauftragten Architekten erst nach erbrachter Leistungsphase 9 vollendet ist (*BGH,* NJW 1994, 1276; NJW-RR 1996, 533). Erst nach abgeschlossener Objektbetreuung kommt nach hM eine Abnahme des Architektenwerks in Betracht, soweit nicht ausnahmsweise Teilabnahmen erfolgt sind. Nachdem zur Leistungsphase 9 insbesondere auch die Objektbegehung zählt, ist der Beginn der Verjährungsfrist für die gegen den Architekten/Ingenieur gerichteten Mängelansprüche erheblich hinausgeschoben. Zur Beweislast des Architekten/Ingenieurs für eine Teilabnahme *BGH,* NJW 1994, 1276.

163 Der umfassend oder jedenfalls mit Bauüberwachung und Objektbetreuung beauftragte Architekt ist beim Auftreten eines Mangels zu umfassender Untersuchung der Ursachen verpflichtet und hat seinen Auftraggeber über das Ergebnis der Untersuchung und die sich daraus ergebende Rechtslage auch im Hinblick auf die eigene Haftung aufzuklären (*BGH,* BauR 1978, 235). Dem arglistigen Verschweigen eines Mangels steht es daher gleich, wenn der umfassend beauftragte Architekt beim Auftreten eines Mangels den Auftraggeber nicht über seine eigene mögliche Haftung bezüglich des Mangels aufklärt.

5. Beginn, Hemmung und Unterbrechung der Verjährung

164 a) **Beginn der Verjährung.** Die Verjährungsfristen beginnen mit Abnahme der Bauleistung durch den Auftraggeber. Der Abnahme steht die unberechtigte Abnahmeverweigerung des Auftraggebers gleich. Teilabnahmen lösen den Beginn der Verjährung für die abgenommenen Leistungsteile aus, sofern es sich um rechtsgeschäftliche Teilabnahmen handelt. Der technischen Vorprüfung dienende Zustandsfeststellungen nach § 4 X VOB/B sind für den Lauf der Gewährleistungsfristen dagegen ohne Bedeutung.

165 b) **Hemmung der Verjährung.** Gem. §§ 203 f. BGB wird der Lauf der Verjährungsfristen unter anderem gehemmt durch

- Klageerhebung oder Zustellung eines Mahnbescheids,
- Aufrechnung mit einem Mangelanspruch im Prozess mit dem Auftragnehmer,
- Zustellung der Streitverkündung,
- Zustellung des Antrags auf Durchführung eines selbstständigen Beweisverfahrens,
- Einleitung eines schiedsrichterlichen Verfahrens,
- Verhandlungen mit dem Auftragnehmer über den Anspruch oder anspruchsbegründende Umstände.

166 Ein Verhandeln gem. § 203 BGB liegt bereits vor, wenn der Auftragnehmer auf eine Mängelrüge des Auftraggebers reagiert, wenn er hierbei nicht zugleich seine Haftung ablehnt. Die Teilnahme des Auftragnehmers an einem Ortstermin zur Mangelbesichtigung führt zur Verjährungshemmung, sofern sich nicht der Ortstermin ausschließlich auf andere Baubeteiligte und deren Haftung bezieht (BGH NJW 2002, 288). Als Verhandeln iSv § 203 BGB sind auch die bis zur Schuldrechtsmodernisierung in § 639 II BGB aF geregelten Sachverhalte der einverständlichen Mängelprüfung anzusehen (*BGH,* BauR 2007, 380).

167 Bis zum 31. 1. 2002 fanden sich die für den Bauprozess maßgeblichen Verjährungsvorschriften in §§ 202 f. BGB aF, sowie in § 639 II BGB aF. Eine Hemmung der Verjährung tritt gemäß § 202 I BGB aF insbesondere beim Kauf vom Bauträger bei vereinbarter Subsidiärhaftung ein, wenn also der Erwerber zunächst Handwerker und Planer zur Mängelbeseitigung auffordern muss und erst danach auf den Bauträger zurückgreifen kann. Zu keiner Hemmung führt gemäß § 202 II BGB aF ein Zurückbehaltungsrecht des Auftragnehmers (§ 273 BGB) sowie die Einrede des nicht erfüllten Vertrags (§ 320 BGB) bzw. der fehlenden Sicherheitsleistung (§ 321 BGB). Zur Hemmung bei Schiedsgutachterabrede *BGH,* NJW 1983, 2496.

168 Gem. § 639 II BGB aF ist der Lauf der Verjährungsfrist gehemmt, soweit der Auftragnehmer mit Einverständnis des Auftraggebers das Vorhandensein von Mängeln prüft oder die Mangelbeseitigung in Angriff nimmt. Die Hemmung dauert an, bis der Auftragnehmer gegenüber dem Auftraggeber den Mangel für beseitigt erklärt oder die Fortsetzung der Prüfung bzw. Beseitigungstätigkeit ablehnt.

169 c) **Neubeginn/Unterbrechung der Verjährung.** Ein Neubeginn der Verjährung (§ 212 BGB) kommt für die Baurechtspraxis seit der Schuldrechtsreform, dh ab 1. 1. 2002, kaum mehr in Betracht, nämlich nur mehr aufgrund eines vom Auftragnehmer abgegebenen Schuldanerkenntnisses. Ein konkludentes Schuldanerkenntnis des Auftragnehmers kann in der Aufnahme von Mangelbeseitigungsarbeiten liegen, in der Regel allerdings nur bei umfangreichen, kostspieligen Mängelbeseitigungsarbeiten, so dass ein Kulanzverhalten des Auftragnehmers ausgeschlossen werden kann. Abzustellen ist hier vor allem auf den Umfang der Arbeiten, ihre Dauer und die mutmaßlich zu erwartenden Kosten (*BGH,* NJW 2006, 47).

170 Weit bedeutsamer war und ist für die Praxis die Verjährungsunterbrechung gem. §§ 208 ff. BGB aF. In der Zeit bis zum Inkrafttreten der Schuldrechtsreform am 1. 1. 2002 kamen gem. §§ 208 f. BGB aF zahlreiche Unterbrechungstatbestände in Betracht, die zu einem Neubeginn der ursprünglichen Verjäh-

rungsfrist führen konnten. Für die richterliche Spruchpraxis wesentlich war die Unterbrechung durch das selbständige Beweisverfahren gem. §§ 485 f. ZPO. Die Unterbrechungswirkung des selbständigen Beweisverfahrens gemäß §§ 639 I, 477 II BGB aF erstreckte sich auf sämtliche Mängelstellen, denen dieselbe Mangelursache zugrunde lag wie den im Beweisantrag angegebenen Mängelstellen (*BGH,* NJW-RR 1989, 148). Seit 1. 1. 2002 kommt dem zugestellten Antrag auf Durchführung eines selbstständigen Beweisverfahrens nur mehr eine verjährungshemmende Funktion zu.

Bei vereinbarter **VOB/B** wird die Verjährung zudem durch die erste schriftliche **Aufforderung zur Mangelbeseitigung quasi unterbrochen** (§ 13 V Nr. 1 S. 2 VOB/B). Hinsichtlich des gerügten Mangels beginnt eine neue, den Regelfristen des § 13 IV VOB/B entsprechende Verjährungsfrist. Fordert der Auftraggeber die Beseitigung von Mängeln, die er nach ihren Mangelerscheinungen beschreibt, so erfasst die Verjährungsunterbrechung sämtliche Mängelstellen, die auf denselben Mangelursachen beruhen (*BGH,* NJW-RR 1989, 148). Vgl. im Einzelnen *Kleine-Möller/Merl,* Handbuch des privaten Baurechts, § 15 Rn. 1221 f. 171

XXI. Klage des Auftragnehmers auf Schlusszahlung

1. Anspruchsgrundlagen

Die Rechtsgrundlagen ergeben sich für den **BGB-Vertrag** aus §§ 631, 632, 641 BGB, für den **VOB-Vertrag** ist zudem § 16 III VOB/B zu beachten. Der Werklohnanspruch setzt grundsätzlich voraus, dass die abgerechneten Leistungen beauftragt waren oder nachträglich genehmigt wurden. Weitere Anspruchsgrundlagen für einen Vergütungsanspruch können sich ergeben nach den Grundsätzen der Geschäftsführung ohne Auftrag (§§ 677 ff. BGB) und aus ungerechtfertigter Bereicherung (§§ 812 ff. BGB). 172

Bei vereinbarter VOB/B ist ein Vergütungsanspruch für **nicht bestellte Leistungen** nach § 2 VIII VOB/B zu prüfen. Danach steht dem Auftragnehmer Vergütung dann zu, wenn der Auftraggeber die Leistung nachträglich anerkennt oder wenn die Leistungen zur Erfüllung des Vertrags notwendig waren, dem mutmaßlichen Willen des Auftraggebers entsprachen und ihm unverzüglich angezeigt wurden. 173

2. Fälligkeit der Schlusszahlung

Gem. § 641 BGB ist der Vergütungsanspruch mit der rechtsgeschäftlichen **Abnahme** fällig, dem steht die unberechtigte Abnahmeverweigerung des Auftraggebers gleich (*BGH,* NJW 1996, 1280) oder wenn der Auftraggeber die Annahme der angebotenen Mangelbeseitigung endgültig ablehnt (*BGH,* NJW-RR 2002, 160). Gleiches gilt, wenn der Auftraggeber keine Erfüllung mehr beansprucht, etwa bei Mängeln nur mehr Minderung oder Schadensersatz fordert (*BGH,* NZBau 2005, 685). Ob der Auftragnehmer im Fall der unberechtigten Abnahmeverweigerung die Abnahmefiktion nach § 640 I 3 BGB herbeiführen muss oder sofort auf Zahlung klagen kann, ist streitig. 174

Von besondere Bedeutung ist die „Durchgriffsfälligkeit" der Vergütung gem. § 641 II BGB, wenn in einer Leistungskette

- der Auftraggeber von seinem eigenen Auftraggeber („Dritten") seine Vergütung oder einen Teil davon erhalten hat,
- das Werk vom „Dritten" abgenommen wurde oder als abgenommen gilt, oder
- wenn der Auftragnehmer dem Auftraggeber erfolglos eine angemessene Frist zur Auskunft über die vorangehend bezeichneten Umstände gesetzt hat.

Der Höhe nach wird die Vergütung aufgrund der „Durchgriffsfälligkeit" in dem Umfang fällig, in dem die Zahlung des Dritten an den Auftraggeber auf die vom Auftragnehmer erbrachte Werkleistung entfällt. Erhält der Auftraggeber von dem Dritten nur eine Teilvergütung, so reduziert sich auch der fällige Vergütungsanteil des Auftragnehmers entsprechend. 175

Hat der Auftraggeber dem Dritten (Endabnehmer) für die erhaltene Vergütung Sicherheit geleistet, tritt Fälligkeit nur bei Sicherheitsleistung auch des Auftragnehmers in „entsprechender Höhe" ein. Die Sicherheitsleistung des Auftragnehmers muss nach Art und Höhe der Sicherheit entsprechen, die der Auftraggeber an den Dritten geleistet hat, wobei als Obergrenze die Summe zu berücksichtigen ist, die der Auftragnehmer als Vergütung noch beansprucht. Weist die Leistung des Auftragnehmers Mängel auf, steht dem Auftraggeber gegenüber dem Vergütungsanspruch des Auftragnehmers ein § 641 III BGB entsprechendes Leistungsverweigerungsrecht zu. 176

Bei vereinbarter **VOB/B** wird der Vergütungsanspruch gemäß § 16 III VOB/B fällig nach Prüfung und Feststellung der vom Auftragnehmer vorgelegten **Schlussrechnung,** spätestens jedoch mit Ablauf der Prüfungsfrist von zwei Monaten (*BGH,* NJW 1984, 1757). Die Prüfungsfrist von zwei Monaten kann nur in Ausnahmefällen überschritten werden (*BGH,* NJW 1969, 428). Auf eine fehlende Prüfbarkeit der Schlussrechnung kann sich der Auftraggeber nicht berufen, wenn er die Rechnung trotz fehlender Prüfbarkeit tatsächlich geprüft hat oder den Einwand der fehlenden Prüfbarkeit nicht innerhalb der zweimonatigen Prüffrist nach § 16 III VOB/B erhoben hat. Fälligkeitsvoraussetzung ist zudem die Abnahme der Leistung bzw. ein entsprechendes Abnahmesurrogat. 177

178 Für den **BGB-Vertrag** ist die Prüfbarkeit der Schlussrechnung nicht Fälligkeitsvoraussetzung, der Auftraggeber kann aber die Zahlung verweigern, wenn er – wie etwa beim Einheitspreisvertrag – ohne prüfbare Rechnung nicht sicher erkennen kann, welche Vergütung erschuldet. Liegt in diesem Fall keine prüfbare Schlussrechnung vor, ist die Klage des Auftragnehmers als derzeit unbegründet abzuweisen.

3. Berechnung der Vergütung

179 Die Höhe der Vergütung ergibt sich aus den vertraglichen Vereinbarungen. In Betracht kommt die Abrechnung nach Einheitspreisen, nach vereinbartem Pauschalpreis oder nach Regie (Stundenlohn). Die Abrechnung nach Einheitspreisen ist als **übliche Vergütung** gemäß § 632 II BGB anzusehen. Besteht keine Preisvereinbarung der Parteien hat der Auftragnehmer nach Einheitspreisen abzurechnen. Behauptet der Auftraggeber eine bestimmte Preisvereinbarung, obliegt dem Auftragnehmer die Beweislast, wenn er eine andere Preisvereinbarung oder das Fehlen einer Preisvereinbarung behauptet (*BGH,* NJW 1983, 1782).

180 Ein Anspruch auf **Zusatzvergütung** steht dem Auftragnehmer bei Zusatzleistungen oder preisändernden Anordnungen des Auftraggebers zu. Für den VOB-Vertrag ergeben sich die Rechtsgrundlagen für die Abrechnung geänderter und zusätzlicher Leistungen aus § 2 V, VI VOB/B. Für den BGB-Vertrag ergibt die Anwendung allgemeiner Rechtsgrundsätze eine im Wesentlichen entsprechende Rechtslage.

181 Ein Anspruch auf Abrechnung nach **Stundenlohn** (Regie) besteht nur bei vorheriger Vereinbarung. Für den **VOB-Vertrag** ist dies in § 2 X VOB/B ausdrücklich festgehalten, für den BGB-Vertrag ergibt sich dies daraus, dass die Abrechnung auf Regiebasis nicht als übliche Abrechnung anzusehen ist. Art und Weise der Abrechnung von Stundenlohnarbeiten ist für den **VOB-Vertrag** in § 15 VOB/B geregelt. Für den **BGB-Vertrag** besteht keine gesetzliche Regelung der Stundenlohnarbeit. Ob nach Stundenlohn zu vergüten ist und zu welchem Stundensatz, ist in jedem Fall grundsätzlich Sache der Parteivereinbarung. Fehlt eine solche, gilt für den VOB-Vertrag nach § 15 Nr. 2 VOB/B die ortsübliche Vergütung. Dasselbe gilt gemäß § 632 II BGB für Stundenlohnarbeiten im Rahmen eines BGB-Vertrags. Abzustellen ist auf am Ort des Bauwerks allgemein für die entsprechende Stundenlohnarbeiten bezahlte Vergütung. Dabei ist auf die ortsübliche Vergütung zu dem Zeitpunkt abzustellen, zu dem die Stundenlohnarbeiten erbracht werden. Ist keine ortsübliche Vergütung zu ermitteln gibt § 15 I Nr. 2 VOB/B die Preisberechnung dergestalt vor, dass – zuzüglich Umsatzsteuer- die dem Auftragnehmer bei wirtschaftlicher Betriebsführung entstehenden Aufwendungen zuzüglich angemessener Zuschläge für Gemeinkosten und für Wagnis und Gewinn angesetzt werden. Eine entsprechende Abrechnungsregel fehlt für den BGB-Vertrag, im Ergebnis wird sich eine entsprechende Berechnung anbieten.

182 Wenn mangels rechtzeitiger Vorlage von Stundenzetteln Zweifel über den Umfang der Stundenlohnarbeiten bestehen, so kann der Auftraggeber bei vereinbarter **VOB/B** gemäß § 15 V VOB/B verlangen, dass eine Vergütung für die nachweisbar erbrachten Leistungen(!) vereinbart wird, und zwar auf der Grundlage eines wirtschaftlich vertretbaren Aufwands unter Berücksichtigung der in § 15 I Nr. 2 VOB/B enthaltenen Berechnungsmethode. Für den **BGB-Vertrag** kommt eine Vergütungspflicht des Auftraggebers nur für nachweisbar geleistete Stunden(!) in Betracht, was sich nicht mit der Berechnung des wirtschaftlich vertretbaren Aufwands nach § 15 V VOB/B decken muss. Zur Abrechnung von Stundenlohnarbeiten vgl. *Kleine-Möller/Merl,* Handbuch des privaten Baurechts, § 12 Rn. 24 f., 28 f., 176 f.

183 Verlangt der Auftragnehmer nach Kündigung des Vertrags gem. § 649 BGB bzw. § 8 I VOB/B Werklohn, hat er seine ersparten Aufwendungen im Einzelnen darzutun (*BGH,* Baurecht 1998, 121 f.). In welchem Umfang Vortrag erforderlich ist, hängt im Wesentlichen vom Informationsbedürfnis des Auftraggebers ab. Grundsätzlich wird nach § 649 S. 3 BGB vermutet, dass dem Auftragnehmer 5% der auf den noch nicht erbrachten Teil seiner Leistung entfallenden Werklohn zustehen. Behauptet der Antragsteller, dass höhere ersparte Aufwendungen anzusetzen sind, als sie der Pauschale nach § 649 BGB S. 3 BGB zugrunde liegen, obliegt ihm die Beweislast. Umgekehrt ist es Sache des Auftragnehmers Beweis für die Behauptung zu führen, dass weniger erspart wird.

4. Sicherheitseinbehalt, Leistungsverweigerungsrechte des Auftraggebers

184 In Abzug zu bringen sind von der verdienten Vergütung vereinbarte Sicherheitseinbehalte (für den VOB-Vertrag s. § 17 VI, VII VOB/B). Weist die abgerechnete Leistung Mängel auf, kann der Auftraggeber ein **Leistungsverweigerungsrecht** geltend machen. Verweigert werden kann gemäß § 641 III BGB „die Zahlung eines angemessenen Teils der Vergütung", in der Regel in Höhe des Zweifachen der Mangelbeseitigungskosten. In welcher Höhe dabei auf die Mängelbeseitigungskosten ein Sicherheitseinbehalt des Auftraggebers anzurechnen ist, ist strittig, ein beträchtlicher Sicherheitseinbehalt kann unter Umständen zu berücksichtigen sein (vgl. *BGH,* NJW 1981, 2801). Im Grundsatz wird man freilich berücksichtigen müssen, dass der Sicherheitseinbehalt auch noch nicht bekannte Gewährleistungsansprüche absichern soll, was in der Tendenz bei noch erheblich offener Gewährleistungsfrist einer Anrechnung des Sicherheitseinbehalts auf den zurückzubehaltenden Betrag entgegensteht.

5. Einrede der vorbehaltlosen Annahme der Schlusszahlung

Gem. § 16 III Nr. 2 VOB/B schließt die vorbehaltlose Annahme der Schlusszahlung Nachforderungen aus, wenn der Auftragnehmer über die Schlusszahlung schriftlich unterrichtet (*OLG Köln,* NJW 1994, 1501; getrenntes Schreiben, zur Unentbehrlichkeit der Schriftform *OLG Celle,* NJW-RR 1995, 915) und auf die Ausschlusswirkung hingewiesen wurde. Die Schlusszahlung ist vom Auftraggeber eindeutig als solche zu kennzeichnen (*BGH,* NJW 1984, 368; NJW 1982, 1594). Der Schlusszahlung steht es gleich, wenn der Auftraggeber unter spezifiziertem Hinweis auf geleistete Zahlungen weitere Zahlungen endgültig und schriftlich ablehnt (§ 16 III Nr. 3 VOB/B). Eine Schlusszahlung kann auch in einer Aufrechnung mit Gegenforderungen liegen *BGH,* NJW 1987, 2582). Voraussetzung der Schlusszahlung ist das Vorliegen einer Schlussrechnung, ohne dass diese prüfbar sein muss. Die Schlussrechnung kann auch vom Auftraggeber erstellt sein, wenn die Voraussetzungen nach § 14 IV VOB/B vorliegen. 185

Ein Vorbehalt gegen die Schlusszahlung ist vom Auftragnehmer binnen 24 Werktagen nach Zugang der Mitteilung über die Schlusszahlung zu erklären. Liegt noch keine prüfbare Abrechnung über die vom Auftragnehmer vorbehaltenen Forderungen vor, ist vom Auftragnehmer eine prüfbare Abrechnung der vorbehaltenen Forderung innerhalb von weiteren 24 Werktagen einzureichen oder – wenn dies nicht möglich ist – der Vorbehalt eingehend zu begründen (§ 16 III Nr. 5 VOB/B). Die Begründungsfrist beginnt unabhängig vom Zeitpunkt des Vorbehalts erst 24 Werktage nach Eingang der Schlusszahlung beim Auftragnehmer. 186

Nicht oder ohne die erforderliche Begründung vorbehaltene Forderungen kann der Auftragnehmer nach Ablauf der oben genannten Fristen nicht mehr durchsetzen. Auf entsprechende **Einrede** des Auftraggebers ist die Werklohnklage insoweit als unbegründet abzuweisen. 187

Die Einrede der Schlusszahlung kommt nur in Betracht, wenn dem Vertrag die **VOB/B** in der bei Vertragsschluss geltenden Fassung ohne (vom Auftraggeber zu verantwortende) inhaltliche Abweichungen insgesamt zugrunde liegt oder wenn der Auftragnehmer selbst die Schlusszahlungsregelung des § 16 Nr. 3 VOB/B zur Grundlage des Vertrags gemacht hat, also Verwender iSv § 305 BGB ist. Ist der Auftraggeber Verwender iSv § 305 BGB, so ist die isolierte Vereinbarung von § 16 III VOB/B unwirksam (*BGH,* Baurecht 1998, 614 f.). 188

6. Verjährung des Werklohnanspruchs

Nach §§ 195, 199 I BGB bzw. § 201 BGB aF beginnt die Verjährung des Vergütungsanspruchs mit dem Ende des Jahres, in dem die **Abnahme** erfolgt ist. Nach **VOB/B** beginnt die Verjährungsfrist mit Ablauf des Jahres, in dem die Abnahme erfolgt, die Schlussrechnung vorgelegt und die Prüfung der Schlussrechnung durchgeführt bzw. die Prüfungsfrist abgelaufen ist (*BGH,* NJW 1982, 1815; NJW 1984, 1757). 189

Nach der bis 31. 12. 2001 geltenden Gesetzeslage betrug die Verjährungsfrist vier Jahre, sofern die Leistung für den Gewerbebetrieb des Auftraggebers erbracht war, ansonsten zwei Jahre (§ 196 BGB aF). Nach dem ab 1. 1. 2002 geltenden Recht beträgt die Verjährungsfrist 3 Jahre ohne Differenzierung, ob sie für eine Gewerbebetrieb erbracht wird oder nicht. Zu Hemmung und Unterbrechung der Verjährung des Vergütungsanspruchs siehe §§ 203 f. BGB bzw. – für den bis 31. 12. 2001 geltenden Rechtszustand – §§ 202 f., 208 f. BGB aF. Vereinbaren die Parteien ein **Schiedsgutachten** über die streitige Vergütung zu erholen, so ist die Verjährung solange gehemmt, bis den Parteien das schriftliche Gutachten vorliegt. 190

XXII. Klage des Unternehmers auf Abschlagszahlung

1. VOB-Vertrag

Nach § 16 I VOB/B hat der Auftragnehmer Anspruch auf Abschlagszahlungen in Höhe der erbrachten Leistung einschließlich der darauf entfallenden **MWSt.** Dies gilt auch für Zusatzaufträge (*BGH,* NJW-RR 1986, 1149). Erbracht sind auch die auf die Baustelle angelieferten **Baustoffe** und die angefertigten und bereitgestellten **Bauteile,** wenn dem Auftraggeber nach seiner Wahl das Eigentum daran übertragen oder Sicherheit geleistet wird. Der Vergütungsanspruch wird fällig, wenn eine prüfbare Abschlagsrechnung vorliegt und die in der Abschlagsrechnung aufgeführten Leistungen erbracht sind. Voraussetzung sind erbrachte Leistungen, die einer getrennten Abrechnung zugänglich sind, also nicht nur in sich abgeschlossene Leistungsteile gem. § 12 II VOB/B (*BGHZ* 73, 140). Einer Abnahme oder Teilabnahme bedarf es nicht (*BGH,* NJW-RR 1986, 1149). 191

In Abzug zu bringen sind vereinbarte **Sicherheitseinbehalte** (§ 17 VI, VII VOB/B). Weist die abgerechnete Leistung Mängel auf, kann der Auftraggeber ein **Leistungsverweigerungsrecht** geltend machen, das gemäß § 641 III BGB idR das Zweifache der Mangelbeseitigungskosten beträgt (*BGH,* NJW 1981, 2801; NJW 1984, 727; *OLG Hamm,* Baurecht 1996, 123). Für die bis zum Inkrafttreten des Forderungssicherungsgesetzes am 1. 1. 2009 geschlossenen Verträge ist gem. § 641 III BGB aF ein höherer 192

Rückbehalt, nämlich mindestens das 3-fache der Mängelbeseitigungskosten möglich. Inwieweit ein Sicherheitseinbehalt des Auftraggebers angerechnet wird, ist fraglich und im Regelfall zu verneinen; ein beträchtlicher Sicherheitseinbehalt kann insbesondere bei nicht mehr lange dauernder Gewährleistungszeit eine teilweise Anrechnung im Einzelfall rechtfertigen (vgl. *BGH,* NJW 1981, 2801).

193 Der Anspruch auf **Abschlagszahlung** kann nur solange geltend gemacht werden, als die Leistung nicht abgenommen ist und – bei vereinbarter VOB/B – die Frist gemäß § 14 III VOB/B noch läuft. Eine vor der Abnahme bereits eingereichte Klage auf Abschlagszahlung kann auf eine Schlussrechnung gestützt fortgeführt werden (*BGH,* BauR 2009, 1724f.), wobei sie umzustellen oder ggfls. als auf die Schlusszahlung bezogene Teilklage umzudeuten ist (*Ingenstau/Korbion,* B § 16 I Rn. 46; *Kleine Möller/Merl* Handbuch des privaten Baurechts § 12 Rn. 110).

2. BGB-Vertrag

194 Das gesetzliche Werkvertragsrecht sieht Abschlagszahlungen in der Höhe vor, in der der Auftraggeber (Besteller) durch die Leistung einen Wertzuwachs erlangt hat (§ 632a BGB). Die Leistungen sind durch eine Aufstellung nachzuweisen, die eine rasche und sichere Beurteilung der Leistungen ermöglicht (§ 632a I 4 BGB). Ist der Auftraggeber Verbraucher entsprechend § 13 BGB und hat der Vertrag die Errichtung oder den Umbau eines Hauses oder eines vergleichbaren Bauwerks zum Gegenstand, so ist dem Auftraggeber bei der ersten Abschlagszahlung eine Sicherheit für die rechtzeitige Herstellung des Werks ohne wesentliche Mängel in Höhe von 5% des Vergütungsanspruchs zu leisten; auf Verlangen des Auftragnehmers kann der Auftraggeber anstelle der ihm zustehenden Sicherheit einen entsprechenden Betrag einbehalten (§ 632a III 1, 3 BGB).

B. IV. Der IT-Prozess

Prof. Dr. Manfred Mayer

Übersicht

Literatur: *Brandi-Dohrn,* Gewährleistung bei Hard- und Softwaremängeln, 2. Aufl. 1994; *Beckmann,* Computerleasing, 1993; *Bösert,* Missbrauch an Computerprogrammen, 1992; *Burhenne/Perbard,* EDV-Recht 1996, *Hoeren,* Softwareüberlassung als Sachkauf, 1989; *ders.,* Rechtsfragen des Internet, 1998; *ders.,* IT-Vertragsrecht, 2007; *ders.,* Internet- und Kommunikationsrecht, 2008; *Kilian/Heussen* (Hrsg.). Computerrechts-Handbuch, 2011; *Koch,* Computer-Vertragsrecht, 3. Aufl. 1988; *König,* Das Computerprogramm im Recht, 1991; *Lehmann* (Hrsg.), Rechtsschutz und Verwertung von Computerprogrammen, 2. Aufl. 1993; *Malzer,* Der Software-Vertrag, 1991; *Márly,* Softwareüberlassungsverträge, 4. Aufl. 2004; *ders.,* Praxishandbuch Softwarerecht, 5. Aufl. 2009; *ders.,* Rechtssprechung zum Computerrecht, 1997; *Martinek,* Moderne Vertragstypen, Bd. III, Computerverträge, 1993 (JuS-Schriftenreihe Heft 120); *Redeker* (Hrsg.), Handbuch der IT-Verträge, Grundwerk zur Fortsetzung, mit Lfg. 20, 2010; *Jochen Schneider,* Handbuch des EDV-Rechts, 4. Aufl. 2009; *Schneider/von Westphalen,* Software-Erstellungsverträge, 2006; *Jörg Schneider,* Software-Nutzungsverträge im Spannungsfeld von Urheber- und Kartellrecht, 1988; *Seidel,* Das Recht des elektronischen Geschäftsverkehrs, 1997; *Sickinger,* Vertrieb von Standardsoftware, 1993; *Ullrich/Körner,* Der internationale Softwarevertrag 1995.

Zur allg. Literatur siehe Literaturverzeichnis A. I.

I. Vertragrechtliche Einordnung von typischen IT-Leistungen

Der vertragsrechtlichen Einordnung von typischen IT-Leistungen kommt im Hinblick auf die unterschiedlichen Rechtsfolgen eine besondere Bedeutung zu. Kommt zB Kaufrecht für die Softwareerstellung zur Anwendung, müssen zB **öffentliche Äußerungen** des Anbieters iSv § 434 I 3 BGB bei der Beurteilung eines Mangels der Software berücksichtigt werden. Eine dem vergleichbare Regelung im Werkvertragsrecht ist hingegen nicht vorhanden. 1

Als typische IT-Leistungen kommen in Betracht:

1. Software

a) Lieferung von Standardsoftware, 2
- Parametrisierung von mitgelieferter Standardsoftware (oft auch „Customizing" genannt),

b) Erstellung und Überlassung von
- Standardsoftware,
- Individualsoftware,

c) IT-Projekte, meist im Sinne von Änderung/Anpassung/Portierung/Customizing von vom Lieferanten gestellter Standardsoftware oder von vom Kunden selbst gestellter Software

d) Pflege
- der Software (mängelbezogene Leistungen, Updates, Upgrades, Unterstützungsleistungen),
- der Softwarelösung, einschließlich Betriebssystem, Datenbank.

2. Systemverträge

dh meist eine Kombination aus folgenden Leistungen
- Lieferung und Wartung von Hardware einschließlich Netz/Vernetzung
- Lieferung und Implementierung von Standardsoftware (ggf. auch Implementierung in die Organisation des Kunden; evtl. Migration/Altdatenübernahme und Umstellung auf das neue System
- Anpassung und Ergänzung der Standardsoftware zur „Vertragssoftware", „Softwarelösung"
- Wartung
- Planung, Unterstützung, Beratung, Konzeption (Planung eines Systems/einer Anwendung (bis hin zur – Pflichtenhefterstellung)
- Schulungsmaßnahmen (inkl. Schulungskonzept uä)
- ggf. auch Rollout des Gesamtsystems.

3. Hardware

3 a) Lieferung von Hardware
b) Hardware-Wartung

4. Zusatzleistungen

a) Beratung, Unterstützung, Planung (bis hin zur Erstellung des „Pflichtenhefts"), Schulung und Einweisung, Support uÄ
b) Outsourcing
c) Rechenzentrumsleistungen

5. Provider-Leistungen

a) wie Host, Zugang/Access, ASP, Design, Content, Marketing, Domain
b) Netze, Erstellung und Betrieb
c) Verfügbarkeitsvereinbarungen (als Zusatzinhalte der Vereinbarungen), „Service Level Agreement (SLA)".

4 Die Rechtssprechung hat bisher alle IT-Verträge auf die Grundmuster der BGB-Vertragstypen zurückgeführt. Bei Verträgen mit unterschiedlichen Leistungsinhalten („gemischte Verträge") sind verschiedene Varianten möglich: Trennung nach den einzelnen Leistungen (Schwerpunkttheorie): Welche Leistung bildet den Schwerpunkt/Kern des Vertrages? Nach dieser richtet sich dann die Vertragstpyologie.

Die Erstellung von Software, auch die Anpassung von Software ist Werkvertrag gemäß §§ 631 ff. BGB (*BGH,* WM 1971, 615; sa *BGH,* CR 2002, 93 (Portierung)). Ausnahmsweise wurde Dienstvertragsrecht herangezogen. Die einzige Variante, die im Laufe der Zeit gelegentlich ins Spiel gekommen ist, ist der Charakter des Dauerschuldverhältnisses mit der Möglichkeit, dieses evtl. außerordentlich zu kündigen (s. dazu schon OLG *Frankfurt/M.,* CR 2001, 503; sa *BGH,* CR 1993, 759.

5 Überlassung von Standardsoftware auf Dauer gegen Einmalentgelt ist Kauf einer Sache. § 453 BGB muss insofern nicht bemüht werden.

Die Überlassung nicht auf Dauer oder nicht gegen Einmalentgelt, führt direkt oder indirekt zur Anwendung von Mietrecht.

6 Die Anpassung von Standardsoftware sowie auch die **Neu Herstellung von Software** wird ganz überwiegend als Werkvertrag, trotz § 651 BGB, qualifiziert.
- Software ist als bewegliche Sache anzusehen,
- Standardsoftware ist eine vertretbare Sache, dh für eine Vielzahl von Anwendern ohne Berücksichtigung individueller Anforderungen; Serienanfertigung
- Individualsoftware ist eine unvertretbare Sache, dh erstellt unter Berücksichtigung individueller Bedürfnisse; Spezialanfertigung

7 Daraus folgt eine vertragstypologische Einordnung unter Beachtung des § 651 BGB:
- Herstellung von Standardsoftware: „Reines Kaufrecht", da eine vertretbare Sache hergestellt wird (§ 651 BGB),

- Herstellung von Individualsoftware: Herstellung einer nicht vertretbaren Sache (§ 651 S. 3 BGB) mit der Folge, dass ein Teil der werkvertraglichen Regelungen Anwendung findet, wie zB die Mitwirkung des Auftraggebers, nicht jedoch die Abnahme.
- Anpassung von vom Lieferanten „mitgelieferter/beigestellter" Software: wie Herstellung von Individualsoftware: Herstellung einer nicht vertretbaren Sache: Kaufrecht mit werkvertraglichen Regelungen (Mitwirkung, aber keine Abnahme)
- Anpassung von vom Auftraggeber gestellter Software: reines Werkvertragsrecht (Mitwirkung, Abnahme!)
- Anpassung von vom Auftraggeber bei Dritten beschaffter Software: wohl so zu behandeln, wie wenn Auftraggeber die Software selbst beistellt: reines Werkvertragsrecht.

II. Kauf- oder Werkvertragsrecht

1. Kaufvertrag

Beim Kaufvertrag ist die Mangelfreiheit der Hard- und der Software, Inhalt der Leistungspflicht (Freiheit von Sach- und Rechtsmängeln). § 434 BGB wendet einen weiten Mangelbegriff an. Die Ansprüche bei Vorliegen eines Mangels umfassen Nacherfüllung, Rücktritt, Minderung und Schadensersatz, Ersatz vergeblicher Aufwendungen. Die Zahl der Nachbesserungsversuche ist auf zwei beschränkt. Abweichende Vereinbarungen beim Verbrauchsgüterkauf sind unwirksam. Die Frist für Geltendmachung von Mängelansprüchen beträgt 2 Jahre, die mit der Ablieferung, § 438 II BGB (*BGH,* CR 2000, 207) beginnt. 8

2. Werkvertrag

Auch hier ist die Mangelfreiheit Inhalt der Leistungspflicht. Der Mangelbegriff ist weit auszulegen. Es besteht aber keine Haftung für öffentliche Äußerungen. Bei Vorliegen eines Mangels bestehen folgende Ansprüche: Nacherfüllung, Rücktritt, Minderung und Schadensersatz, Ersatz vergeblicher Aufwendungen. Die Frist für die Geltendmachung von Mängelansprüchen beträgt drei Jahre ab Ende des Jahres der Anspruchsentstehung und Kenntnis des Mangels. Diese Frist beginnt mit der Abnahme (§ 634a Abs. 2 iVm I Nr. 1 und 2 BGB), vorausgesetzt Software wird als Sache behandelt (siehe Diskussion zu § 651 BGB). 9

III. Leistungsbeschreibung

Die meisten IT-Projekte scheitern in der praktischen Umsetzung daran, dass in der vorvertraglichen Phase die wechselseitigen Pflichten und Anforderungen nicht hinreichend spezifiziert und dokumentiert worden sind. So fehlt es häufig an einem Pflichtenheft des Auftraggebers (originäre Pflicht) und an der Festlegung seiner Mitwirkungspflichten. 10

Die Leistungsbeschreibung ist die Grundlage für die Beauftragung und enthält eine detaillierte Beschreibung aller für einen Projekterfolg relevanten Aktivitäten des Auftragnehmers sowie eine Beschreibung aller Leistungsteile. Ein Leistungsteil eines Projekts ist das zu beschaffende System selbst. Die fachlichen Anforderungen dieses Systems sind ebenfalls Bestandteil einer Leistungsbeschreibung. Diese muss so detailliert sein, dass die Vertragspartner aber auch ein Dritter sie Punkt für Punkt durchprüfen und so kontrollieren kann, ob die geschuldete Leistung überhaupt oder in der vertraglich vereinbarten Qualität erbracht ist. 11

Als Lastenheft, Pflichtenheft, Spezifikation können Dokumente bezeichnet werden, die als Grundlage für die Anforderungen eines Auftraggebers an ein zu beschaffendes System zu sehen sind, somit als eine „Leistungsbeschreibung" für das zu beschaffende System. 12

1. Lastenheft

Hierin sind nach DIN/VDI die (fachlichen) Anforderungen aus Sicht des Auftraggebers einschließlich aller Randbedingungen zu beschreiben. Die Anforderungen sollen quantifizierbar und prüfbar sein. Es soll im Lastenheft definiert werden, was und wofür eine Lösung vom Auftragnehmer zu erarbeiten ist. Das Lastenheft wird vom Auftraggeber oder vom Auftragnehmer im Auftrag des Auftraggebers erstellt. Es dient als Angebots- und Vertragsgrundlage, ggf. als Grundlage einer Ausschreibung. 13

2. Pflichtenheft

Nach VDI 2519 ist das Pflichtenheft eine Beschreibung der Realisierung aller Anforderungen des Lastenhefts. Im Pflichtenheft wird definiert, wie und womit die Anforderungen zu realisieren sind. Es wird in der Regel nach Vertragsschluss/Beauftragung durch den Auftragnehmer – falls erforderlich mit Unterstützung durch den Auftraggeber – erstellt. Der Auftragnehmer prüft bei der Erstellung des Pflich- 14 tenhefts die Widerspruchsfreiheit und Realisierbarkeit der im Lastenheft genannten Anforderungen. Das Pflichtenheft bedarf in der Regel einer Art „Genehmigung" durch den Auftraggeber („Freigabe" aus Sicht des Auftraggebers; „Teilabnahme" aus Sicht des Auftragnehmers). Nach DIN 66901 ist das Pflichtenheft die ausführliche Beschreibung der Leistungen (zB technische, wirtschaftliche, organisatorische Leistungen), die erforderlich sind, damit die Ziele des Projekts erreicht werden.

15 Es ist Sache des Kunden seine fachlichen Anforderungen beizubringen, dh er muss das „Pflichtenheft" beistellen. Liegt kein Pflichtenheft vor, schuldet der Auftragnehmer einen so genannten mittleren Ausführungsstandard.

16 „Haben die Vertragsparteien nicht im einzelnen vereinbart, was das zu erstellende Programm zu leisten hat, schuldet der Unternehmer ein Datenverarbeitungsprogramm, das unter Berücksichtigung des vertraglichen Zwecks des Programms dem Stand der Technik bei einem mittleren Ausführungsstandard entspricht. Welche Anforderungen sich hieraus im einzelnen ergeben, hat der Tatrichter ggf. mit sachverständiger Hilfe festzustellen" (*BGH,* CR 2004, 490).

3. Spezifikation

17 Unter Spezifikation wird ein formaler Text verstanden, der die Syntax und Semantik einer bestimmten Komponente oder eines Produkts beschreibt, dh eine deklarative Beschreibung, was etwas ist oder bewerkstelligt. Anhand einer guten Spezifikation lässt sich demnach ein detaillierter Vergleich zwischen Soll- und Istzustand vornehmen. Es wird in der Regel unterschieden zwischen fachlicher und technischer Spezifikation. Sie kann hinsichtlich Umfang und Detaillierungsgrad unterteilt werden in Grob- und Feinspezifikation.

4. Unterschiedliches juristisches und technisches Verständnis der Begriffe

18 Das „Lastenheft" im technischen Sinne scheint näher an dem zu sein, was Juristen aufgrund der BGH-Rechtsprechung unter dem Begriff „Pflichtenheft" verstehen.

Ist im juristischen Zusammenhang von „Pflichtenheft" die Rede, so ist damit eine Beschreibung der fachlichen Anforderungen gemeint und somit das, was im technischen Bereich als „Lastenheft" bezeichnet ist.

5. Leistungsbeschreibung und IT-Mangel

19 Die Leistungsbeschreibung ist maßgeblich für die Bewertung, wann ein IT-Mangel der erbrachten Leistung vorliegt und wann nicht (weiteres siehe unter V. IT-Mangel).

IV. Abnahme oder Ablieferung

20 Wie einführend unter der Vertragstypologie dargestellt, ist letztlich nicht klar, ob wegen § 651 BGB auf Softwareerstellung und -anpassung und IT-Projekte Werkvertragsrecht oder doch Kaufvertragsrecht (teils mit werkvertraglichen Regelungen) zur Anwendung gelangt.

21 Denn bei Kauf wird abgeliefert, es erfolgt keine Abnahme, also kein „Probebetrieb" (*BGH,* CR 2000, 207). Handelt es sich um einen Werkvertrag, dann erfolgt eine Abnahme nach § 640 BGB; es gibt aber keine gesetzlichen Vorgaben zur Gestaltung von Tests und Abnahme. Diese Unsicherheit bei der Vertragstypologie hat die Unwirksamkeit von AGB zur Folge, falls diese sich nicht am gesetzlichen Leitbild orientieren.

V. IT-Mangel

1. Mangelbegriff aus technischer Sicht

22 In der IT-Projektwelt werden statt Mangel folgende Begriffe verwendet:
Abweichung (DIN 66.271), Fehler (ISO 8402), Incident (aus ITIL), Bug, Defekt.

23 Unter einem „technischen Fehler" im IT-Bereich versteht man jegliche Abweichung in Inhalt, Aufbau und Verhalten eines Objekts zwischen ermittelten, beobachteten, gemessen Daten einerseits und den entsprechenden, in den Zielvorgaben spezifizierten oder theoretisch gültigen Daten andererseits.

Der technische Fehlerbegriff ist also vom rechtlichen Mangelbegriff zu unterscheiden (*Redeker*, CR 1993, 193 ff.)

2. Mangelbegriff aus rechtlicher Sicht

24 **a) Gesetzliche Mängelhierarchie versus Beschaffenheitsvereinbarung.** Im Zweifel lässt sich eine gewöhnliche Verwendung oder eine übliche Beschaffenheit nur schwer feststellen, selbst über Sachverständigengutachten. Je besser die Beschaffenheitsvereinbarung ist, desto leichter gelingt auch die Feststellung von Mängeln. Grundsätzlich schuldet der Auftraggeber die Beschreibung der von ihm geforderten Beschaffenheit, die er ggf. mit externer Unterstützung erstellen muss („Pflichtenheft"; vgl. *BGH,* CR 1989, 102; *BGH,* CR 1998, 393).

Auftragnehmer sollte seine Unterstützung bei der Gewinnung und Formulierung der fachlichen Anforderungen anbieten (*BGH,* CR 1998, 102). Fehlt das Pflichtenheft, so ist nur „mittlerer Ausführungsstandard" geschuldet, so *BGH,* CR 2004, 490. 25

b) Abgrenzung Mängel zur technischen Änderungsanforderung für Programm, Prozess- oder Produkt (Change Request). Bei unzureichender Beschaffenheitsvereinbarung ist es häufig schwer abzugrenzen, ob ein Mangel vorliegt oder ob der Auftraggeber eine neue Anforderung wünscht. 26

Diese Problem wird noch verstärkt, wenn ein ggf. vereinbartes Change Request-Verfahren nicht eingehalten oder beachtet wird. Auch hier gilt: Je besser die Beschaffenheitsvereinbarung ist, desto mehr werden Abgrenzungen zu Change Requests vermieden. Vereinbarte Change Request-Verfahren helfen nur dann, wenn sie in der Praxis auch umgesetzt werden und auf eine „gute Beschaffenheitsvereinbarung" referenzieren können.

3. Hierarchie der IT-Mängel (§ 434 I BGB)

- vereinbarte Beschaffenheit der Software fehlt, 27
- soweit Beschaffenheit nicht vereinbart: Eignung für die nach dem Vertrag vorausgesetzte Verwendung fehlt,
- sonst: Eignung für die gewöhnliche Verwendung und übliche Beschaffenheit, die der Käufer erwarten kann,
- Einbeziehung der Herstellerangaben und -werbung in die gewöhnliche Beschaffenheit („öffentliche Äußerungen", § 434 I 3 BGB), es sei denn der Verkäufer kannte die Äußerung nicht und musste sie nicht kennen, im Zeitpunkt des Vertragsschlusses war die öffentliche Äußerung in gleichwertiger Weise berichtigt oder die öffentliche Äußerung konnte die Kaufentscheidung nicht beeinflussen.

4. Zusicherung einer Eigenschaft und Garantie

Eine "zugesicherte Eigenschaft" einer Software wird als Garantie verstanden. Eine Zusicherung ist bereits das „ernsthafte Versprechen" einer bestimmten Eigenschaft, die damit regelmäßig garantiert wird. Die vertragliche Formulierung ist zur Abgrenzung von der „bloßen Leistungsbeschreibung" von einer Garantie maßgeblich. 28

5. Prüfungs- und Rügepflicht

Die Prüfungs- und Rügepflicht des § 377 HGB trifft den Auftraggeber nur bei Anwendung des Kaufvertragsrecht, nicht bei Werkvertrag (*BGH,* CR 2002, 93) oder bei Mietvertrag. Der Auftraggeber muss die gelieferte Hard- oder Software gem. § 377 HGB unverzüglich nach Ablieferung auf erkennbare Mängel untersuchen und diese unverzüglich rügen. Wird diese Verpflichtung nicht eingehalten, gilt die Lieferung hinsichtlich erkennbarer Mängel als genehmigt. Der Auftraggeber hat keine Möglichkeit, sich für die Prüfung monatelang Zeit zu lassen im Sinne einer Erprobungsphase (*BGH,* CR 2000, 207). 29

6. Mängel bei der Softwaremiete

Es besteht keine Mängelhierarchie wie bei Kauf- und Werkvertrag; der Gesetzeswortlaut kennt auch keine Mängeldefinition. Für den Software-Mieter zählt eine nachteilige Abweichung des tatsächlichen Zustands vom vertraglich vorausgesetzten Zustand (*BGH,* NJW 2000, 1714, st. Rspr.) als Mangel. Auch hier ist maßgeblich die vertraglich vereinbarte Beschaffenheit. Fehlt eine vertraglich vereinbarte Beschaffenheit, so ist der geschuldete Standard der Software (bei Vertragsabschluss) für die Auslegung heranzuziehen. Der Mangel muss zur Aufhebung oder Minderung der Gebrauchstauglichkeit des IT-Systems führen. Eine unerhebliche Minderung bleibt für Mietminderung außer Betracht. 30

7. Mängel beim IT-Dienstvertrag

Im Unterschied zum Werkvertrag ist kein Erfolg geschuldet. Es gibt keine speziellen Regelungen zu Mängeln, aber eine Schlecht- oder Nichtleistung ist eine Pflichtverletzung gem. § 280 BGB, die zu einem Schadensersatzanspruch führt. Das Verschulden wird vermutet. Der Anbieter kann einen Entlastungsbeweis antreten (§ 280 I 2 BGB). Als weitere Rechtsfolge bleibt die fristlose Kündigung nach § 626 BGB. 31

VI. IT-Beratung

Bei Verträgen über IT-Systeme kommen umfängliche Beratungspflichten in Betracht (*Palandt/Grüneberg,* § 311 Rn. 16). Es entstehen hauptvertragliche Erkundigungs-, Aufklärungs-, Hinweis- und Offenbarungs- und Beratungspflichten. 32

Auch ohne vertraglich begründete Beratungspflichten geht die Tendenz der Rechtssprechung zu umfassenden und weit vorverlagerten Aufklärungs-, Anzeige-, Hinweis-, Offenbarungs- und Beratungspflichten, deren Verletzung Schadenersatzansprüche auslösen können, insbesondere wenn der Auftraggeber über keine eigene IT-Kompetenz verfügt.

Gegenstand des Beratungsvertrages kann aber auch die der Beschaffung von Hard- und Software vorgeschaltete Phase der IT-Planung sein.

VII. Dokumentation

1. Dokumentationsarten

33 Folgende Arten von Dokumentationen können Gegenstand der Leistung des Auftragnehmers als Ergebnis des Projekts sein. Sie dienen dem Umgang mit der Software (Nutzung/Bedienung/Änderung):

- Anwenderdokumentation (nur diese ist in den Entscheidungen des BGH behandelt worden)
- Installationsanleitung/-beschreibung
- Quellcode mit Programmbeschreibung und Kommentierung
- Entwicklungsumgebung und deren Beschreibung
- Ergebnisse, die bei Generierung/Kompilierung entstandenen sind,
- Testkonzept, Testfälle, die bei Tests entstandenen Ergebnisse,
- Zustände/Ergebnisse (Befund), die bei Anpassung/Einstellung entstanden sind,
- Geschäftsmodell, Datenreferenzen, Datenmodell,
- Administratorhandbuch/-anweisung,
- Betriebshandbuch,
- Wartungs-/Pflegedokumentation,
- Schulungsunterlagen.

Von den aufgezählten Dokumentationen ist die IT-Projektdokumentation zu unterscheiden. Diese registriert die Vorgänge im Projekt während der Arbeiten und ermöglicht Reporting, Controlling uä Diese sollte gesondert vereinbart und hinsichtlich Führung und Ausgestaltung geregelt werden.

34 Die Pflicht zur Lieferung einer Dokumentation besteht auch ohne besondere Vereinbarung, auch bei Standardsoftware, angepasster Software und Individualsoftware zB durch Handbücher/Bedienungsanleitung mit Perpetuierungsfunktion. Mit Perpetuierungsfunktion ist gemeint, dass diese Handbücher das vorhandene Wissen des Benutzers konservieren und ergänzen, der Einweisung Dauer verleihen und schließlich sogar das Nutzungswissen von der subjektiven Beziehung zum Lieferanten ablösen bis hin, dass damit die neuen Benutzer vom Anwender selbst eingewiesen werden können (s. a. *BGH,* CR 1989, 189).

Damit keine Dokumentation in diesem Sinne geschuldet ist, müsste dies ausdrücklich geregelt sein.

35 Die Lieferung einer Installationsanweisung ist wohl mitgeschuldet, umso mehr, als häufig der Auftraggeber die Software auch selbst einzuspielen hat. Die Installationsanweisung soll den Kunden zumindest in die Lage versetzen, die Software im Bedarfsfall/Notfall auf einer anderen Anlage zu installieren.

Der im § 434 II BGB verwendete Begriff „Montageanleitung" ist nicht mit einer Installationsanweisung gleichzusetzen, weil auch die erstmalige erfolgreiche Installation nicht besagen würde, dass spätere Installationen mit der – mangelhaften – Installationsanleitung erfolgreich durchführbar sind.

36 Eine Verpflichtung zur Lieferung von Programmbeschreibung, Entwicklungsumgebung, Datenmodell besteht regelmäßig eher nicht. Es kann sich aber aus den Umständen ergeben, dass zB ein Datenmodell, Beschreibung der Schnittstellen/der Entwicklungsumgebung mitgeliefert werden muss, zB, wenn der Kunde die Software selbst pflegen will. Die Anforderungen an solche Dokumentationen sind um so größer, je mehr der Kunde vom Vertragszweck her selbst die Weiterentwicklung der Software vornehmen will und soll.

Die Dokumentation muss den Kunden auch in die Lage versetzen, mit kleineren, geringfügigen Bedienungsfehlern zurecht zu kommen und wieder einen ordnungsgemäßen Zustand bzw. eine normale Nutzbarkeit herzustellen (vgl. OLG *Köln,* NJW 1988, 2477).

2. Umfang der Dokumentation

37 Der Umfang der Anwenderdokumentation ist strittig; es besteht aber eine Wechselbeziehung zwischen Bedienungsanleitung und Onlinehilfen: denn, je komfortabler die Bedienerführung, umso knapper kann die Anwendungsdokumentation ausfallen; eine Online-Dokumentation ersetzt sie aber nicht. Die Anwenderdokumentation muss sich auf den aktuellen Stand der Software (auch der Anpassungen) beziehen; andernfalls liegt ein Mangel vor.

3. Fälligkeit der Dokumentation

38 Der Auftragnehmer muss die Dokumentation vor Abnahme bzw. bei Ablieferung, v. a. bei Einweisung vorlegen, sonst hat der Auftraggeber das Recht nach §§ 320 ff. BGB vorzugehen. Bei einem umfangreicheren IT-Projekt muss die Dokumentation nicht schon immer je (Änderungs-)Schritt vorliegen, son-

dern kann erst verlangt werden, wenn die Arbeiten an der Software fertig sind (*BGH,* CR 2001, 367 – Warentermingeschäft II).

Bei komplexeren IT-Projekten und insbesondere bei solchen, wo der Kunde häufig Änderungswünsche geäußert hatte, die dann auch realisiert wurden, wird man nicht zeitgleich mit der Fertigstellung der Software auch von der Fertigstellung der Dokumentation ausgehen können.

4. Mangelhafte Dokumentation

Ist die Dokumentation, z. B. die Bedienungsanleitung, falsch, so ist das Programm selbst fehlerhaft 39 (vgl. Montageanleitung: § 434 II BGB). Die Programmbeschreibung ist insbesondere auch dann mangelhaft, wenn sie für den Kunden nur schwer verständlich ist. Die Dokumentation muss den Kunden auch in die Lage versetzen, mit kleineren, geringfügigen Bedienungsfehlern zurecht zu kommen und wieder einen ordnungsgemäßen Zustand bzw. eine normale Nutzbarkeit herzustellen (ergibt sich sinngemäß aus OLG *Köln,* NJW 1988, 2477). Teilweises Fehlen von Dokumentation wäre teilweise Nichterfüllung (aM OLG *Celle,* CR 1997, 150).

Häufig „merkt" der Kunde erst im Prozess, wenn seine Chancen ansonsten nicht allzu gut zu stehen 40 scheinen, dass die Dokumentation noch fehlt. Es kann, muss aber nicht, treuwidrig sein, wenn sich der Käufer erst lange nach Lieferung, evtl. erst im Prozess, darauf besinnt, dass die Bedienungsanleitung bzw. die Dokumentation (noch) fehlt.

5. Quellcode und dessen Beschreibung

Die Überlassung des Quellcodes gehört nicht zum Vertragsgegenstand, wenn dies nicht ausdrücklich 41 vereinbart ist. Ist aber der Quellcode mit geschuldet, gehört auch eine entsprechend Beschreibung bzw. Kommentierung dazu. Unter Quellcode oder auch Sourcecode versteht man den für Menschen lesbaren Text eines Computerprogramms, der in einer Programmiersprache geschrieben ist. Der Quellcode als solcher kann in einer Mehrzahl der Fälle von einem Computer nicht automatisch ausgeführt werden. Es bedarf zunächst einer Übersetzung in so genannten Objektcode („Kompilierung").

B. V. Der Erbrechtsprozess

Walter Krug

Übersicht

Literatur: *Bengel/Reimann,* Handbuch der Testamentsvollstreckung, 4. Auflage 2010; *Brox/Walker,* Erbrecht, 24. Aufl. 2010; *Firsching/Graf,* Nachlassrecht, 9. Aufl. 2008; *Krug/Rudolf/Kroiß/Bittler,* Anwaltformulare Erbrecht, 4. Auflage 2010; *Klingelhöffer,* Pflichtteilsrecht, 3. Auflage 2009; *Krug,* Erbrecht-Examens-Kurs für Rechtsreferendare, 4. Auflage 2009; *Krug/Daragan,* Die Immobilie im Erbrecht, 1. Auflage 2010; *Lange/Kuchinke,* Erbrecht, 5. Auflage 2001; *Lei-*

pold, Erbrecht, 18. Auflage 2010; *Tanck/Krug,* Testamente in der anwaltlichen und notariellen Praxis, 4. Auflage 2010.

Zur allg. Literatur siehe Literaturverzeichnis A. I.

I. Vorbemerkung

Erbrechtliche Klagen haben in den vergangenen Jahren in der „Generation der Erben" deutlich zugenommen; Erbrecht gewinnt in der Praxis damit immer mehr Gewicht. Das Besondere an Erbrechtsstreitigkeiten liegt in erster Linie an den zeitlich oft weit zurückliegenden rechtlich relevanten Vorgängen (Testamente, Erbverträge, Eheverträge, Schenkungen, Ausstattungen, Dienstleistungen und die sie prägenden Motive), und an den nicht selten im Laufe von Jahrzehnten aufgebauten familiären Spannungen, die sich bei der Aufteilung des elterlichen Erbes emotional entladen. Häufig ist eine ganze „Familiengeschichte" vermögensmäßig aufzuarbeiten. Die Lösung solcher Zwistigkeiten erfordert vom Richter (und den Anwälten) nicht nur solide Rechtskenntnis, sondern auch Lebenserfahrung und wirtschaftliche Denkweise, wenn eine tragfähige und dauerhafte Befriedung unter den Parteien erzielt werden soll. Die Fähigkeit des Richters, weitreichende Streitigkeiten durch fair ausgehandelte und interessengerecht ausgewogene Vergleiche zu beenden, und sein Engagement hierfür, sind dabei in besonderem Maße gefragt. 1

Der im vorliegenden Handbuch zur Verfügung stehende Raum lässt nur eine Darstellung der in der Gerichtspraxis am häufigsten vorkommenden Fallkonstellationen zu. Wegen weitergehender Fragen wird auf die einschlägigen Kommentierungen und Fachliteratur verwiesen.

II. Pflichtteilsrecht

1. Grundsätzliches

a) Dem Pflichtteilsrecht liegt der Gedanke zugrunde, dass ein bestimmter Kreis von nahen Angehörigen des Erblassers einen **Mindestanspruch** an den Nachlass haben soll (*BVerfG,* NJW 2005, 1561). Die **Freiheit** des Erblassers, von Todes wegen zu verfügen, ist insoweit **eingeschränkt.** 2

Dieser Mindestanspruch, der **Pflichtteil,** ist ein **obligatorischer – schuldrechtlicher – Anspruch auf Zahlung einer Geldsumme,** die der Hälfte des dem Berechtigten an sich zustehenden gesetzlichen Erbteils entspricht (Modifikationen und Berechnungsgrundlagen: §§ 2310–2316 BGB), das Pflichtteilsrecht basiert also auf dem hypothetischen gesetzlichen Erbrecht. Es ist die Frage zu beantworten: Wie wäre das gesetzliche Erbrecht, wenn es das enterbende Testament nicht gäbe?

b) Soweit der Berechtigte eine **Zuwendung** (Erbteil: §§ 2305, 2306 BGB, Vermächtnis: § 2307 BGB) **angenommen** hat, wird diese auf den Pflichtteil **angerechnet** (Vorteilsausgleich: der Pflichtteilsberechtigte soll nicht weniger – aber auch nicht mehr – als den Pflichtteil erhalten). Der weitergehende, über die Zuwendung hinausgehende Pflichtteilsanspruch ist der **Zusatzpflichtteil** (nicht zu verwechseln mit dem Ergänzungspflichtteil!). 3

c) Der Pflichtteil ist **Nachlassverbindlichkeit** (§ 1967 BGB). Im Außenverhältnis haften mehrere Erben als Gesamtschuldner (§§ 2058, 2059 BGB); im Innenverhältnis regeln die §§ 2320, 2318 BGB die Tragung der Pflichtteilslast. 4

d) Es ist zu unterscheiden zwischen **Pflichtteilsanspruch** und **Pflichtteilsrecht** (*BGHZ* 28, 177). Der Pflichtteilsanspruch folgt aus dem Pflichtteilsrecht und kann erst nach dem Erbfall entstehen. Das Pflichtteilsrecht kann schon vor dem Erbfall Rechtsbeziehungen begründen, bspw. Vertrag über Pflichtteil (§ 311 b V BGB), Pflichtteilsverzichtsvertrag (§ 2346 II BGB). Es kann auch Gegenstand einer Feststellungsklage sein (*BGH,* ZEV 2004, 243; *BGH,* NJW 1974, 1084; 1984, 1118, 1119 mwN; NJW 1990, 130; 1990, 911; *OLG Hamburg,* NJW 1988, 977). 5

2. Der Kreis der pflichtteilsberechtigten Personen

a) Pflichtteilsberechtigt sind die **Abkömmlinge, der Ehegatte und die Eltern des Erblassers,** nicht Geschwister und andere Verwandte (§ 2303 BGB). Zu den Abkömmlingen zählen Kinder, auch **Adoptivkinder und nichteheliche Kinder,** Enkel, Urenkel etc. entsprechend dem Personenkreis der Erben der ersten Erbfolgeordnung des § 1924 I BGB. Wie dort, sind entferntere Abkömmlinge durch den näher verwandten Abkömmling ausgeschlossen (§§ 1924 II, 2309 BGB). Ein durch nachfolgende Eheschließung **legitimiertes Kind** hat dasselbe Pflichtteilsrecht wie ein originär eheliches Kind. 6

Mutterschaft: Das BGB definiert die Mutterschaft in § 1591 BGB: *„Mutter eines Kindes ist die Frau, die es geboren hat".* Maßgebend ist der Vorgang der Geburt. Es kommt also nicht auf die genetische Abstammung, bspw. auf die Herkunft der befruchteten Eizelle, an. Eine Anfechtung der Mutterschaft ist ausgeschlossen.

Vaterschaft: Die Regeln zur Vaterschaftsfeststellung sind zweigeteilt und unterscheiden danach, ob dieser im Zeitpunkt der Geburt mit der Mutter des Kindes verheiratet ist – dann gelten §§ 1592 Nr. 1, 1593 BGB. Besteht keine Ehe mit der Mutter, gelten §§ 1592 Nr. 2 und 3; 1594–1598, 1600 d, e BGB.

Vater eines Kindes ist der Mann, der entweder
- im Zeitpunkt der Geburt mit der Mutter verheiratet ist,
- die Vaterschaft anerkannt hat oder
- dessen Vaterschaft nach § 1600 d BGB gerichtlich festgestellt ist.

7 b) Nicht pflichtteilsberechtigt sind diejenigen, obwohl zum Kreis der Pflichtteilsberechtigten gehörend,
- die das ihnen Hinterlassene annehmen; in Betracht kommt noch der Zusatzpflichtteil nach § 2305 BGB,
- die auf das Pflichtteilsrecht **verzichtet** haben (§ 2346 II BGB) und auf die sich ein solcher Verzicht erstreckt (§ 2349 BGB),
- denen der Erblasser wirksam durch Verfügung von Todes wegen den **Pflichtteil entzogen** hat (§§ 2333 ff. BGB),
- die als nichteheliche Abkömmlinge mit dem Erblasser (vor dem 1. 4. 1998) einen **vorzeitigen Erbausgleich** vereinbart haben (§§ 1934 d, 4 e, BGB), Art. 227 I Nr. 2 EGBGB,
- die für **erbunwürdig** erklärt sind (§§ 2344 ff. BGB),
- die ohne die Voraussetzungen der §§ 2306 I, 1371 III BGB ausschlagen.

8 c) Der **überlebende Ehegatte** ist pflichtteilsberechtigt, wenn die Ehe im Zeitpunkt des Erbfalls wirksam besteht. Er hat dann kein Pflichtteilsrecht, wenn der Erblasser einen **Antrag auf Scheidung** oder Aufhebung der Ehe **rechtshängig** gemacht (§ 1933 BGB) oder wenn der Erblasser einem **Scheidungsantrag** des überlebenden Ehegatten **zugestimmt** hatte, das Verfahren sich aber – wegen des Todes – erledigt (§ 131 FamFG bzw. § 619 ZPO aF) und beim Erbfall die Voraussetzungen für die Scheidung oder Aufhebung der Ehe vorgelegen haben.

3. Ausschluss von der Erbfolge

9 Nur derjenige, der gesetzlicher Erbe würde, durch Verfügung von Todes wegen aber von der Erbfolge ausgeschlossen ist, hat einen Pflichtteilsanspruch. Die **Enterbung** kann ausdrücklich oder stillschweigend erfolgt sein (§ 1938 BGB). Seit 1. 4. 1998 sind die nichtehelichen Kinder den ehelichen im Grundsatz gleichgestellt (Gesetz zur erbrechtlichen Gleichstellung nichtehelicher Kinder vom 16. 12. 1997 – ErbGleichG, BGBl. 1997 I 2968 und Zweites Gesetz zur erbrechtlichen Gleichstellung nichtehelicher Kinder vom 12. 4. 2011 – BGBl. 2011 I 615). Die erbrechtlichen Wirkungen zwischen nichtehelichem Kind und Vater bzw. väterlichen Verwandten treten erst nach Vaterschaftsanerkenntnis oder rechtskräftiger Vaterschaftsfeststellung – mit Rückwirkung auf den Zeitpunkt der Geburt – ein (§§ 1594, 1600 d IV BGB). Zum Anerkenntnis ist die Zustimmung der Mutter in beurkundeter Form erforderlich, §§ 1595, 1597 BGB. Das Abstammungsverfahren wurde zum 1. 9. 2009 in den §§ 169 ff. FamFG neu geregelt. Vor dem 1. 9. 2009 begonnene Abstammungsverfahren werden nach den alten Vorschriften abgewickelt, Art. 111 FamFG.

War beim Tode des Vaters bereits ein Verfahren zur Feststellung der Vaterschaft rechtshängig, so tritt Erledigung des Verfahrens gem. §§ 169, 131 FamFG ein (bis 31. 8. 2009 Erledigung des Rechtsstreits – es war ein Klageverfahren – gem. §§ 640 I, 619 ZPO aF). Für Verfahren, die bis 31. 8. 2009 eingeleitet wurden, kann nach dem Tode des Vaters die Feststellung auf Antrag des Kindes oder der Mutter beim Familiengericht im Verfahren der freiwilligen Gerichtsbarkeit erfolgen gem. §§ 1600 e II BGB aF, 56 c FGG aF.

4. Das Pflichtteilsrecht der Abkömmlinge im Besonderen

10 Wie bei der Erbfolge sind die entfernteren Abkömmlinge durch die näheren verdeckt, dh vom Pflichtteilsrecht ausgeschlossen (§§ 1924 II, 2303, 2309 BGB).

a) **Der Nähere schließt den Entfernteren aus,**

aa) wenn der Nähere den Pflichtteil verlangen „kann“, dh ihn erhalten hat oder nicht geltend machen will

bb) wenn der Nähere das ihm Hinterlassene angenommen hat.
Hierher zählen die Fälle:
- **Annahme** des hinterlassenen **Erbteils** (unbeschwert: § 2305 BGB, beschränkt oder beschwert: § 2306 I BGB) – mit der **Möglichkeit, den Zusatzpflichtteil** zu verlangen, falls das Hinterlassene kleiner ist als der Pflichtteil. Verlangt er den Zusatzpflichtteil nicht, steht dieser nicht etwa dem Entfernteren zu. Schlägt der Erbe die Erbschaft aus, so kann er den Pflichtteil verlangen (§ 2306 I BGB in der Fassung des Gesetzes zur Änderung des Erb- und Verjährungsrechts vom 24. 9. 2009 – BGBl 2009 I 3142).
- **Annahme** irgend eines – noch so kleinen – **Vermögensvorteils** (Vermächtnis, § 2307 BGB). Es besteht für ihn die **Möglichkeit, den Zusatzpflichtteil** zu verlangen – aber nur für ihn, den Näheren. Schlägt er das Vermächtnis aus, so hat er einen vollen Pflichtteilsanspruch.

11 *cc)* wenn der Nähere auf sein gesetzliches Erbrecht unter **Vorbehalt des Pflichtteils** – oder umgekehrt auf sein Pflichtteilsrecht unter Vorbehalt seines gesetzlichen Erbrechts verzichtet hat (§ 2346 II BGB).

b) **Der Entferntere hat trotz des Vorhandenseins eines Näheren ein Pflichtteilsrecht, falls** er ebenfalls **ausgeschlossen** oder übergangen (enterbt) ist; 12

- bei wirksamer **Pflichtteilsentziehung des Näheren** (§§ 2333, 2309 BGB),
- bei **Erbunwürdigkeit des Näheren** (§§ 2344 II, 2309 BGB),
- bei **Ausschlagung** eines **unbeschwerten** vollen oder teilweisen Erbteils durch den Näheren (im Gegensatz zu § 2306 I BGB) unter der Voraussetzung, dass die **Entfernteren** durch Verfügung von Todes wegen ausgeschlossen sind und nicht etwa als Ersatzerben eintreten.
- wenn entgegen § 2349 BGB sich der **Erbverzicht** nur auf den Verzichtenden und nicht auch auf seine Abkömmlinge erstreckt.

5. Die Sicherung des Pflichtteils

Das Gesetz verfolgt die Absicht, dem Pflichtteilsberechtigten auf jeden Fall wertmäßig die Hälfte seines gesetzlichen Erbteils sicherzustellen. § 2303 BGB regelt den – bisher dargestellten – einfachsten Fall, dass der Pflichtteilsberechtigte **vollständig enterbt** ist. 13

Es sind aber auch Fälle denkbar, bei denen der Pflichtteilsberechtigte zwar Erbe oder Vermächtnisnehmer wird, das ihm Zugewandte aber wertmäßig trotzdem **hinter seinem rechnerischen Pflichtteilsanspruch zurückbleibt.** Für solche Fälle enthalten die §§ 2305 bis 2308 BGB Regelungen, die gewährleisten sollen, dem Pflichtteilsberechtigten wertmäßig seinen Pflichtteilsanspruch uneingeschränkt zukommen zu lassen und die Testierfreiheit des Erblassers konsequent zu begrenzen, um den harten Kern des Erbrechts, den Pflichtteil, nicht zu tangieren.

a) **Der Pflichtteilsrestanspruch des Erben („Zusatzpflichtteil").** Wird der Pflichtteilsberechtigte zwar Erbe, erreicht sein Erbteil aber nicht die Hälfte seines gesetzlichen Erbteils, so steht dem Erben zusätzlich die Differenz zwischen hinterlassenem Erbteil und halbem Erbteil (Pflichtteilsquote) als Pflichtteilsanspruch zu, der sog. Zusatzpflichtteil oder Pflichtteilsrestanspruch des § 2305 BGB – nicht zu verwechseln mit dem Ergänzungspflichtteil nach §§ 2325 ff. BGB. 14

Beispiel:

Erblasser E hinterlässt seinen Sohn S und seine Tochter T. In einem Testament setzt er S zu 20%, T zu 80% zu Erben ein.
Hier steht S neben seinem Erbteil ein Zusatzpflichtteil zu, weil sein Erbteil geringer ist als sein Pflichtteil: S wäre gesetzlicher Erbe zu $^1/_2$, sein Pflichtteil betrüge also $^1/_4$ oder 25%. Ihm steht ein Pflichtteilsrestanspruch in Höhe von 5% zu.

Schlägt der Erbe den ihm zugewandten Erbteil aus, so erlangt er damit nicht den vollen Pflichtteilsanspruch; vielmehr verbleibt ihm nur der Pflichtteilsrestanspruch, im obigen Beispielsfall also nur der Anspruch auf 5% des Nachlasses (*BGH*, NJW 1973, 995). 15

Bei der Bestimmung des Wertes des Pflichtteils sind für die Erbfälle, die vor dem 1. 1. 2010, dem Inkrafttreten des Gesetzes zur Änderung des Erb- und Verjährungsrechts vom 24. 9. 2009, eingetreten sind, die Anrechnungs- und Ausgleichungspflichten der §§ 2315, 2316 BGB in die Berechnung einzubeziehen (*RGZ* 93, 3; *Palandt/Edenhofer,* § 2305 BGB Rn. 3).

Beispiel:

Im vorhergehenden Beispielsfall beträgt in einem vor dem 1. 1. 2010 eingetretenen Erbfall der Wert des reinen Nachlasses 100.000,– EUR. T hat vom Erblasser eine Ausstattung erhalten, die den auf den Todestag indexierten Wert von 20.000,– EUR hat. Die Höhe des Pflichtteilsrestanspruchs von S ist zu bestimmen.

Reinnachlass:	100.000,– EUR
plus Ausstattung T:	20.000,– EUR
	120.000,– EUR
Pflichtteil des S: $^1/_4$ =	30.000,– EUR
abzüglich Erbteil S, 20% aus EUR 100.000,– =	20.000,– EUR
Pflichtteilsrestanspruch:	10.000,– EUR.

Der Gläubiger des Pflichtteilsrestanspruchs ist Miterbe, der mit seinem Erbteil an der Nachlassauseinandersetzung beteiligt ist. Die Berücksichtigung seines Restanspruchs als **Nachlassverbindlichkeit** erfolgt gemäß § 2046 II BGB.

In den seit dem 1. 1. 2010 eingetretenen Erbfällen kommt es nicht mehr darauf an, ob Ausgleichungs- und/oder Anrechnungspflichten zu berücksichtigen sind, jetzt ist allein entscheidend, ob ein Erbe beschränkt oder beschwert ist iSv § 2306 BGB; es kommt auch nicht mehr darauf an, ob das Erbe kleiner oder größer als der Pflichtteil ist, vgl. den Wortlaut von § 2306 I BGB in der seit 1. 1. 2010 geltenden Fassung.

b) **Beschränkungen und Beschwerungen des Pflichtteilsberechtigten.** *aa) Beschwerung mit Vermächtnissen.* Das Pflichtteilsrecht hat den Zweck, dem Pflichtteilsberechtigten den Pflichtteilsanspruch ohne 16

Abstriche zukommen zu lassen. Um den Pflichtteil „auf kaltem Wege" auszuhöhlen, könnte ein Erblasser auf den Gedanken kommen, einen Pflichtteilsberechtigten zwar zum Erben einzusetzen, ihn aber mit Vermächtnissen, Auflagen etc. so zu beschweren, dass dem Pflichtteilsberechtigten letztlich nichts oder nur viel weniger als sein rechnerischer Pflichtteil verbliebe.

Die Problematik soll an folgendem Beispiel aufgezeigt werden:

Beispiel:

Erblasser E hinterlässt seinen Sohn S und seine Tochter T. In einem Testament setzt er S zu 1/4, T zu 3/4 zu Erben ein. Außerdem ordnet er an, dass S als Vermächtnis an den Sportverein (e. V.) des E 10.000,– EUR zu zahlen habe.
Hier ist offenkundig, dass S letztlich weniger als der Pflichtteil verbliebe: Sein Pflichtteil beträgt 1/4 des Nachlasses, also dieselbe Quote wie sein testamentarischer Erbteil. Hat er das Vermächtnis an den Sportverein zu zahlen, so verbleibt ihm weniger, als wenn er nur den Pflichtteil erhielte. Wie das Gesetz dieses Problem nach dem bis 31. 12. 2009 geltenden Recht und nach dem seit 1. 1. 2010, dem Zeitpunkt des Inkrafttretens der Erbrechtsreform, geltenden Recht löst, soll unten gezeigt werden.
Eine weitere **Fallvariante** ist denkbar:
Erblasser E hinterlässt seine Kinder S und T. In einem Testament ordnet er ein Vermächtnis zugunsten seines Sportvereins (e.V.) in Höhe von 30.000,– EUR an, das vom Erbteil des Sohnes S zu zahlen sei. Über die Erbfolge selbst ist im Testament nichts ausgesagt. Der reine Nachlasswert beträgt 100.000,– EUR. Da die Erbfolge nicht geregelt ist, werden S und T gesetzliche Erben. S erbt also die Hälfte, was wertmäßig 50.000,– EUR ergibt. Hat er das Vermächtnis in Höhe von 30.000,– EUR zu erfüllen, so verbleiben ihm 20.000,– EURO. Sein Pflichtteil wäre 1/4 oder 25.000,– EUR. Ihm blieben also 5.000,– EUR weniger, als wenn er nur den Pflichtteil erhielte.

17 Die Rechtsfolgen dieser zwei Fallvarianten sind in § 2306 BGB geregelt:

Nach altem Recht, also in den bis 31. 12. 2009 und damit vor der Erbrechtsreform eingetretenen Erbfällen, gilt: Ist der dem pflichtteilsberechtigten Erben hinterlassene Erbteil **gleich groß oder kleiner als der Pflichtteil,** so sind die zu Lasten des Erbteils angeordneten Vermächtnisse, Auflagen, Testamentsvollstreckungsanordnung, Teilungsanordnung oder Nacherbeneinsetzung unwirksam (§ 2306 I 1 BGB aF). Gegebenenfalls steht dem Erben noch der Zusatzpflichtteil gemäß § 2305 BGB zu. Im ersten Beispielsfall ist die Vermächtnisanordnung zugunsten des Sportvereins also unwirksam.

Ist der dem pflichtteilsberechtigten Erben hinterlassene Erbteil **größer als der Pflichtteil** und sind zu seinen Lasten Beschränkungen oder Beschwerungen der bezeichneten Art angeordnet, so hat der pflichtteilsberechtigte Erbe die Möglichkeit, den Erbteil auszuschlagen. Er kann dann den Pflichtteil verlangen (§ 2306 I 2 BGB aF). In den weitaus meisten bis 31. 12. 2009 eingetretenen Erbfällen wird allerdings die Ausschlagungsfrist zwischenzeitlich abgelaufen sein.

Macht er von seinem Ausschlagungsrecht keinen Gebrauch, so bleiben die Beschränkungen und Beschwerungen bestehen, sie sind also zu erfüllen, gleichgültig, ob wertmäßig der Pflichtteil tangiert wird oder nicht (*BGHZ* 168, 210 = FamRZ 2006, 1519 = NJW 2006, 3353).

Im zweiten Beispielfall (Fallvariante) hat S also ein Wahlrecht:

- Er kann die Erbschaft ausschlagen, dann steht ihm der Pflichtteil zu.
- Er kann die Erbschaft annehmen, dann muss er das Vermächtnis zugunsten des Sportvereins in Höhe von 30.000,– EUR erfüllen, obwohl ihm dann wertmäßig weniger verbleibt als sein Pflichtteil.

18 **Beschränkungen und Beschwerungen** sind: Testamentsvollstreckungsanordnung (§§ 2197 ff. BGB), Teilungsanordnung (§ 2048 BGB), Vermächtnis (§§ 2147 ff. BGB), Auflage (§ 2192 BGB), Einsetzung als Vor- oder Nacherbe (§§ 2100 ff. BGB).

Ausnahme von § 2306 BGB: Der überlebende Ehegatte, der mit dem Erblasser im Güterstand der Zugewinngemeinschaft gelebt hat, kann gem. § 1371 III BGB den Weg der Ausschlagung wählen, um den Pflichtteil zu erlangen, auch wenn sein Erbteil nicht beschwert ist. Er eröffnet sich also mit der Ausschlagung den Weg zum Pflichtteil.

Hat der pflichtteilsberechtigte Erbe die Erbschaft ausgeschlagen, so werden die angeordneten Beschränkungen und Beschwerungen keineswegs unwirksam, sondern treffen den an die Stelle des Ausschlagenden tretenden Ersatzerben (§§ 2161, 2192 BGB).

Ersatzerbe wird derjenige, dem die Erbschaft angefallen wäre, wenn der Ausschlagende **vor dem Erbfall** weggefallen wäre, diesen Zeitpunkt also gar nicht erlebt hätte (§ 1953 BGB). Den Ersatzerben trifft nunmehr die Verpflichtung, den Pflichtteil des Ausschlagenden zu zahlen, die sog. **Pflichtteilslast** (§ 2320 BGB).

Er kann aber eventuell das Vermächtnis oder die Auflage wegen der ihn treffenden Pflichtteilslast kürzen (§ 2322 BGB).

19 *bb) Die Größe des „hinterlassenen Erbteils" in den „Altfällen".* Grundsätzlich kommt es in den bis 31. 12. 2009 eingetretenen Erbfällen bei der Bestimmung dessen, was dem pflichtteilsberechtigten Erben hinterlassen ist, **nicht auf den Wert** des Erbteils an, sondern auf die **Bruchteilsgröße** (*BGHZ* 19, 309). Auch der Begriff „Hälfte des gesetzlichen Erbteils" bestimmt sich nach der **Erbquote** (**Quotentheorie,** *BGH,* WM 1968, 543). Bei durch Tod beendeter Zugewinngemeinschaft ist der **erhöhte gesetzliche Erbteil** des Überlebenden – und damit auch der **„große Pflichtteil"** – maßgebend (MünchKomm § 2306 Rn. 2). Die Quotentheorie erfährt jedoch dann eine Ausnahme, wenn Anrechnungs- und/oder Ausgleichungspflichten zum Tragen kommen (§§ 2315, 2316 BGB). In diesen Fällen können sich große

Unterschiede zwischen dem konkret errechneten Pflichtteilsbetrag und dem Wert der Pflichtteilsquote ergeben; dann ist der Wert maßgebend (**Werttheorie,** *RGZ* 93, 3; *RGZ* 113, 45). Die Unterscheidung ist wichtig für die Abgrenzung der Fälle des § 2306 I 1 und des § 2306 I 2 BGB aF und damit für die Frage: Muss der pflichtteilsberechtigte Erbe ausschlagen, um den Pflichtteil zu erhalten (S. 2 aF), oder sind die Beschwerungen kraft Gesetzes unwirksam (S. 1 aF)? In den seit 1. 1. 2010 eingetretenen Erbfällen kommt es auf „kleiner" oder „größer" und damit auch auf Quoten- und Werttheorie nicht mehr an.

cc) Neues Recht. Durch das Gesetz zur Änderung des Erb- und Verjährungsrechts vom 24. 9. 2009 (BGBl 2009 I S. 3142) wurde für die seit 1. 1. 2010 eingetretenen Erbfälle die Differenzierung in § 2306 I BGB nach S. 1 (hinterlassener Erbteil kleiner oder gleich groß wie Pflichtteil) einerseits und S. 2 (hinterlassener Erbteil größer als Pflichtteil) andererseits aufgehoben.

Jeder pflichtteilsberechtigte Erbe, der Beschränkungen oder Beschwerungen unterliegt, kann in den seit 1. 1. 2010 eingetretenen Erbfällen das Erbe ohne Rücksicht auf dessen Höhe ausschlagen und statt seines Erbteils den Pflichtteil verlangen.

Ist der Erbteil kleiner als die Pflichtteilsquote, so kann der Pflichtteilsberechtigte gem. § 2305 BGB den **Zusatzpflichtteil** verlangen.

In § 2306 I BGB wurden die Wörter „so gilt die Beschränkung oder die Beschwerung als nicht angeordnet, wenn der ihm hinterlassene Erbteil die Hälfte des gesetzlichen Erbteils nicht übersteigt. Ist der hinterlassene Erbteil größer, so kann der Pflichtteilsberechtigte" durch die Wörter „so kann er" ersetzt.

Nach neuem Recht muss der mit einer der genannten Beschränkungen und Beschwerungen beschwerte Erbe in jedem Falle die Erbschaft ausschlagen, damit er seinen Pflichtteilsanspruch erlangt.

Dem belasteten pflichtteilsberechtigten Erben steht in seit 1. 1. 2010 eingetretenen Erbfällen – gleichgültig, ob das ihm Hinterlassene kleiner, gleich groß wie oder größer als sein Pflichtteil ist – ein Wahlrecht zu:

(1) **Er kann die Erbschaft mit allen Belastungen annehmen – und muss diese auch unter Verletzung seines Pflichtteilsanspruchs erfüllen** (*BGHZ* 168, 210 = FamRZ 2006, 1519 = NJW 2006, 3353 = ZEV 2006, 498 m. Anm. *Leipold* = ZErb 2006, 378 m. Anm. *Keim*)

oder

(2) **er schlägt die Erbschaft aus und verlangt den Pflichtteil.**

Quotentheorie und Werttheorie sind entfallen.

Ist der Erbteil kleiner als die Pflichtteilsquote, so kann der Pflichtteilsberechtigte gem. § 2305 BGB den Zusatzpflichtteil verlangen.

Aber: Die kurze Ausschlagungsfrist von sechs Wochen (§ 1944 I BGB) ist gerade für die Bewertung der Belastungen nach wie vor ein praktisches Problem. Nur ausnahmsweise beträgt die Ausschlagungsfrist bei Auslandsbezug sechs Monate, § 1944 III BGB. Bewertungsfragen sind auch für die Höhe eines evtl. Anspruchs auf einen Zusatzpflichtteil (§ 2305 BGB) zu lösen.

dd) Ausschlagungsfrist. Die Ausschlagungsfrist beginnt nach allgemeiner Regel nicht vor der Verkündung der Verfügung von Todes wegen (§ 1944 II 2 BGB). § 2306 I Hs. 2 BGB nF sieht eine Verzögerung des Fristbeginns vor: Sie beginnt erst, wenn der Pflichtteilsberechtigte von der Beschränkung oder Beschwerung Kenntnis hat. 20

ee) Nichtehelichenrecht für Erbfälle, die vor dem 1. 4. 1998 eingetreten sind: Vgl. hierzu die Vorauflage. 21

c) **Pflichtteilsberechtigter als Vermächtnisnehmer.** § 2307 BGB sieht für den pflichtteilsberechtigten Vermächtnisnehmer **ein Wahlrecht** vor: 22

aa) Er kann das **Vermächtnis ausschlagen** und den Pflichtteil geltend machen, gleichgültig, ob der Wert des Vermächtnisses den Pflichtteilsanspruch erreicht oder ihn sogar übersteigt. Die Ausschlagung ist weder an eine Form noch an eine Frist gebunden; sie ist gegenüber demjenigen zu erklären, der mit dem Vermächtnis beschwert ist (§ 2180 II 1 BGB).

Damit sich der pflichtteilsbeschwerte Erbe Klarheit verschaffen kann, ob er das Vermächtnis oder den Pflichtteil zu erfüllen hat, kann er dem Vermächtnisnehmer eine Frist setzen, sich darüber zu erklären, ob er das Vermächtnis annimmt: § 2307 II 1 BGB. Lässt der Vermächtnisnehmer die Frist ohne Erklärung verstreichen, so gilt das Vermächtnis als ausgeschlagen (§ 2307 II 2 BGB).

bb) Nimmt er das Vermächtnis an, so ist ein Vergleich zwischen dem Wert des Vermächtnisses und dem Pflichtteilsanspruch vorzunehmen. Reicht der Wert des Vermächtnisses nicht an die Höhe des Pflichtteilsanspruchs heran, so hat der pflichtteilsberechtigte Vermächtnisnehmer einen **Pflichtteils-Restanspruch** in Höhe der Differenz. Das Vermächtnis hat dann teilweise Pflichtteils-Ersatzfunktion. Ist das Vermächtnis seinerseits mit Beschränkungen oder Beschwerungen versehen, so bleiben diese nicht nur bestehen, sie werden bei der Wertermittlung des Vermächtnisses nicht einmal berücksichtigt (§ 2307 I 2 Hs. 2 BGB). Der Vermächtnisnehmer hat sie – wenn er das Vermächtnis einmal angenommen hat – zu erfüllen, auch wenn sein Pflichtteil dadurch geschmälert wird (*BGH,* NJW 1991, 188). 23

Beispiel:

Der Sohn S des Erblassers E ist mit einem Geldvermächtnis in Höhe von 50.000,– EUR bedacht, sein Pflichtteilsanspruch würde 40.000,– EUR betragen. S ist mit einem Untervermächtnis zugunsten eines Neffen in Höhe von 20. 000,– EUR beschwert. S kann das Vermächtnis ausschlagen und den Pflichtteil in Höhe von 40.000,– EUR verlangen. Nimmt er das Vermächtnis an, so hat er das Untervermächtnis in Höhe von 20.000,– EUR zu erfüllen; ihm verbleiben damit noch 30.000,– EUR und somit 10.000,– EUR weniger als sein Pflichtteil. S hat jetzt nicht etwa Anspruch auf die zum Pflichtteil fehlenden 10.000,– EUR.

24 d) **Außerordentliches Anfechtungsrecht.** In den Fällen der §§ 2306 und 2307 BGB stellen sehr häufig die vorhandenen Beschränkungen und Beschwerungen das Motiv für eine Ausschlagung der Erbschaft oder des Vermächtnisses dar. Waren Beschränkungen oder Beschwerungen im Zeitpunkt der Ausschlagung bereits weggefallen und der Wegfall dem Ausschlagenden nicht bekannt, so kann der Pflichtteilsberechtigte seine Ausschlagungserklärung anfechten (§ 2308 I BGB). Die Anfechtung richtet sich – gleichgültig, ob die Ausschlagung einer Erbschaft oder eines Vermächtnisses angefochten wird – nach den Vorschriften über die Anfechtung der Ausschlagung einer Erbschaft (§ 2308 II 1 BGB).

6. Die Berechnung des Pflichtteils

25 Drei Faktoren bestimmen die Höhe des Pflichtteilsanspruchs: der maßgebliche Erbteil (die Quote, § 2310 BGB), der Nachlassbestand und sein Wert (§§ 2311–2314 BGB).

26 a) **Der maßgebliche gesetzliche Erbteil.** Ausgangspunkt für die Feststellung der maßgeblichen Pflichtteils-Quote ist die **fiktive gesetzliche Erbfolge,** die bestehen würde, wenn der Pflichtteilsberechtigte nicht von der Erbfolge ausgeschlossen wäre (§ 2310 BGB).

Deshalb muss zunächst die **abstrakte gesetzliche Erbfolge** nach den Regeln der §§ 1924 ff. BGB bestimmt werden. Allerdings sind dabei einige **Abweichungen** zu beachten:

Nach § 2310 BGB ist ein von der Erbfolge ausgeschlossener Pflichtteilsberechtigter **mitzuzählen,** wenn

- er durch Verfügung von Todes wegen ausgeschlossen ist oder
- er die Erbschaft ausgeschlagen hat oder
- seine Erbunwürdigkeit festgestellt ist.

Auf diese Weise wird verhindert, dass sich die Pflichtteilsquoten Dritter erhöhen.

27 Ein infolge **Erbverzichts** ausgeschlossener Pflichtteilsberechtigter wird bei der Ermittlung des gesetzlichen Erbteils **nicht mitgezählt.** (Der Verzichtende ist meist abgefunden und damit am Nachlass schon beteiligt worden; die Pflichtteilsschuldner sollen keinen Vorteil und der Pflichtteilsberechtigte keinen Nachteil aus dem Verzicht haben.) Dieselben Überlegungen führen beim **vorzeitigen Erbausgleich** zwischen einem **nichtehelichen Vater** und seinem **nichtehelichen Kind** zum Wegfall des gesetzlichen Erb- und Pflichtteilsrechts des Kindes am Vater und umgekehrt des Vaters am Kind (§ 1934e BGB). Beim Tod des Vaters ist nach dem Erbausgleich das Kind nicht als gesetzlicher Erbe mitzuzählen, umgekehrt auch nicht der Vater beim Tod des Kindes (Art. 227 I Nr. 2 EGBGB).

28 b) **Zusammentreffen eines Ehegatten mit Abkömmlingen.** Ist neben Abkömmlingen des Erblassers auch dessen überlebender Ehegatte als gesetzlicher Erbe berufen, so hängt die Höhe der gesetzlichen Erbteile der Abkömmlinge davon ab, in welchem **Güterstand** die Ehegatten gelebt haben (§§ 1931, 1371 BGB). Zur Höhe des Pflichtteils des überlebenden Ehegatten s. nachfolgend Rn. 29 ff.

29 c) **Besonderheiten des Ehegattenpflichtteils.** Die Höhe des gesetzlichen Erbteils und damit auch des Pflichtteils des Ehegatten hängt davon ab, welcher **Güterstand** in der Ehe **im Zeitpunkt des Todes** bestanden hat. Bei **Gütertrennung** beträgt der gesetzliche Erbteil neben Abkömmlingen grundsätzlich $1/4$ (§ 1931 I 1 Hs. 1 BGB), der Pflichtteil also $1/8$. Ausnahmen: Ist neben dem Überlebenden **ein Kind** vorhanden, so ist der gesetzliche Erbteil des Ehegatten $1/2$, der Pflichtteil $1/4$; bei **zwei Kindern** ist der gesetzliche Erbteil $1/3$, der Pflichtteil $1/6$ (§ 1931 IV BGB).

Hatten die Ehegatten **Gütergemeinschaft** vereinbart, so erbt der Überlebende neben Verwandten der ersten Ordnung (Abkömmlingen) $1/4$, sein Pflichtteil ist also $1/8$ (§ 1931 I Hs. 1 BGB). Neben Verwandten der zweiten Ordnung oder neben Großeltern erbt er $1/2$, der Pflichtteil ist also $1/4$ (§ 1931 I 1, Hs. 2 BGB). Wenn neben Großeltern auch Abkömmlinge von Großeltern nach § 1926 BGB zu Erben berufen sind, so erhält der überlebende Ehegatte zusätzlich zur Hälfte die Anteile dieser Abkömmlinge (§ 1931 I 2 BGB). Die Hälfte der so ermittelten Quote ist die Pflichtteilsquote. Der Anteil des Erblassers am Gesamtgut der – beendeten, aber noch nicht auseinandergesetzten – Gütergemeinschaft bildet zusammen mit dem Vorbehaltsgut (§ 1418 BGB) und dem Sondergut (§ 1417 BGB) den Nachlass (§ 1482 BGB).

30 Lebten die Ehegatten im **gesetzlichen Güterstand der Zugewinngemeinschaft,** so gelten folgende, nicht ganz einfache Regeln:

aa) Zugewinn. Nach § 1371 I BGB wird der **Zugewinn** beim Tod eines Ehegatten dadurch **pauschal** ausgeglichen, dass der dem überlebenden Ehegatten nach § 1931 BGB zustehende Erbteil um $1/4$ erhöht wird. Das Gesetz wollte in dem in der Praxis am häufigsten vorkommenden Fall der Beendigung der Zugewinngemeinschaft durch Tod eines Ehegatten die aufwendige konkrete Ermittlung des Zugewinns vermeiden. Die **Pflichtteilsquote** bestimmt sich aber nur dann nach dem erhöhten Erbteil, wenn der überlebende Ehegatte tatsächlich Erbe oder Vermächtnisnehmer wird und es um Pflichtteilsrestansprüche (§§ 2305, 2307 BGB) oder Pflichtteilsergänzung geht (§ 2325 BGB). Erhöhter Pflichtteil = **großer Pflichtteil.**

Der gesetzliche Erbteil erhöht sich in **jedem Falle** um 1/4, auch wenn der verstorbene Ehegatte gar keinen Zugewinn erzielt oder wenn **keiner der Ehegatten** einen Zugewinn erzielt hat (§ 1371 I BGB). Selbst dann, wenn der **überlebende Ehegatte** den höheren Zugewinn erzielt hat, erhöht sich **sein Erbteil** am Nachlass dessen, der den **niedrigeren Zugewinn** erzielt hat. Der pauschale Ausgleich des Zugewinns durch Erhöhung des Erbteils wird **erbrechtliche Lösung** genannt.

bb) Wahlrecht. Der überlebende Ehegatte muss sich jedoch nicht zwingend mit der erbrechtlichen 31
Lösung abfinden. Er hat die **Wahl,** entweder die erbrechtliche Lösung zu akzeptieren oder aber die ihm angefallene Erbschaft oder ein ihm zugewandtes Vermächtnis **auszuschlagen,** den Ausgleich des Zugewinns nach **güterrechtlichen Vorschriften** zu verlangen (§§ 1372 ff. BGB) **und zusätzlich** den Pflichtteil geltend zu machen (§ 1371 III BGB). Dessen Quote richtet sich nach dem **nicht erhöhten gesetzlichen Erbteil = kleiner Pflichtteil.** Diese Alternative wird die **güterrechtliche Lösung** genannt. Die Regelung von § 1371 III BGB ist eine **Ausnahme** von dem Grundsatz, dass die Erbschaftsausschlagung nicht zum Pflichtteilsanspruch führt.

Erhält der überlebende Ehegatte nur den kleinen Pflichtteil, so hat dies zur Folge, dass sich die Pflichtteilsquoten der anderen Pflichtteilsberechtigten erhöhen. Dies ist auch gerechtfertigt, weil der Nachlass durch die Zugewinnausgleichsforderung des Überlebenden als bei der Pflichtteilsberechnung nach § 2311 BGB zu berücksichtigende Nachlassverbindlichkeit geschmälert wird.

d) Bestand und Wert des Nachlasses. *aa) Allgemeines.* Dem Pflichtteilsberechtigten steht eine **Geld-** 32
forderung zu; deshalb muss der **Geldwert des Nachlasses** festgestellt werden. Zum einen bedeutet dies, dass der **Bestand des Nachlasses** zu klären ist und zum anderen, dass die Nachlassgegenstände zu bewerten sind. Alle **aktiven Vermögenspositionen** und alle **Verbindlichkeiten** müssen festgestellt werden. Fremdgläubiger sind vorher zu bedienen, bevor Erben und Pflichtteilsberechtigte den Nachlass unter sich aufteilen. Ist der Bestand des Nachlasses geklärt, so müssen die aktiven und passiven Vermögenspositionen **bewertet** werden.

Es gilt das **Stichtagsprinzip:** Maßgebender Zeitpunkt für den Umfang des Nachlasses (Nachlassbe- 33
stand) und für dessen Wert ist der Erbfall (§ 2311 I 1 BGB).

§ 2311 I 2 BGB sieht erforderlichenfalls eine Schätzung zur Wertermittlung vor. Die Wertfeststellung gehört in der gerichtlichen Praxis mit zu den schwierigsten Streitfragen.

bb) Bestand. Zum Nachlass gehören alle **Vermögenswerte** – Begriff wie bei § 1922 BGB –; alle **geld-** 34
werten Rechte. Individuelle, persönliche Rechte fallen idR nicht darunter.

Mittels Rechtsgeschäften unter Lebenden auf den Todesfall (§ 2301 BGB) kann der Erblasser Vermögenswerte aus dem Nachlass heraushalten. Mit dem Zeitpunkt des Todes erwirbt ein anderer – nicht unbedingt der Erbe – einen bestimmten Nachlassgegenstand.

Durch **Verträge zugunsten Dritter** (§ 328 BGB) können ebenfalls Vermögenswerte am Nachlass „vorbeigeleitet" werden. Häufigster Fall ist die **Lebensversicherungsforderung,** die einem Bezugsberechtigten außerhalb des Nachlasses anfällt. Inwieweit in solchen Fällen **Pflichtteilsergänzungsansprüche** (§ 2325 BGB) ausgelöst werden, ist eine andere Frage (s. unten 9).

Bei den Passiva können Vermächtnisse und Auflagen **nicht abgesetzt werden,** sonst könnte der Erblasser auf einfache Weise den Pflichtteil aushöhlen (§§ 226 II 4, 5 KO, 327 InsO).

Abzusetzen ist allerdings die **Zugewinnausgleichsforderung** des überlebenden Ehegatten bei Zuge- 35
winngemeinschaft, falls die **güterrechtliche Lösung** zum Zuge kommt (§ 1371 II, III BGB; *BGH,* NJW 1962, 1719).

Der **Voraus des überlebenden Ehegatten** schmälert den Pflichtteil (§ 2311 I 2 BGB). Nach § 1932 36
I 2 BGB stehen dem überlebenden Ehegatten neben Abkömmlingen die Haushaltsgegenstände und Hochzeitsgeschenke zu, die er zur Führung eines angemessenen Haushalts benötigt. Im Einzelfall kann dies eine erhebliche wertmäßige Minderung des Pflichtteils für Abkömmlinge oder Eltern bedeuten.

cc) Wertfeststellung. Für die aktiven Vermögenswerte ist der wirkliche Wert – **Verkehrswert, Ver-** 37
kaufswert oder gemeiner Wert genannt – im Zeitpunkt des Erbfalls maßgebend (§ 2311 BGB). Spätere Wertveränderungen sind grundsätzlich nicht zu beachten, allenfalls im Rahmen von § 242 BGB. Wertbestimmungen des Erblassers sind unbeachtlich (§ 2311 II 2 BGB; Schutz des Pflichtteilsberechtigten!). **Ausnahme:** Landgut zum Ertragswert: § 2312 BGB (vgl. hierzu OLG München, ZErb 2009, 182 = ZEV 2009, 301; *Krug* jurisPR-FamR 13/2009 Anm. 2).

Für **Immobilien** ist der Verkehrswert durch **Schätzung (Sachverständigengutachten)** zu ermitteln. Das 38
Gesetz sieht keine bestimmte Bewertungsmethode vor.

Die Immobilienwertermittlungsverordnung (ImmoWertV) (BGBl I 2009 S. 639) trat am 1. 7. 2010 in Kraft und löste die bis dahin geltende Wertermittlungsverordnung aus dem Jahr 1988 ab. Sie findet überall dort Anwendung, wo der Verkehrswert (Marktwert) von Immobilien zu ermitteln ist.

Als Methoden kommen in Betracht:

- das **Vergleichswertverfahren** (§§ 15, 16 ImmoWertV),
- das **Ertragswertverfahren** (§§ 17–20 ImmoWertV),
- das **Sachwertverfahren** (§§ 21–23 ImmoWertV).

Am häufigsten werden **Sachwert- und Ertragswertmethode** angewandt. Für eigengenutzte Einfamilienhäuser und Eigentumswohnungen dürfte im Regelfall die Sachwertmethode zum richtigen Ergebnis führen, bei Mietshäusern die Ertragswertmethode, weil es dabei für einen Interessenten auf die Verzinsung seines Kapitaleinsatzes ankommt (*BGH*, NJW 1970, 2018). Aber auch **Mischwerte** aus Ertragswert und Sachwert kommen in Betracht. Letztlich ist es im Prozess Aufgabe des Tatsachenrichters, die maßgebende Methode bzw. den verbindlichen Wert festzustellen (*BGH*, FamRZ 2011, 199 = NJW 2011, 455; vgl. die lesenswerte Entscheidung *BGH*, NJW 2004, 2671). Wird ein Grundstück zeitnah zum Erbfall veräußert, so ist der Verkaufserlös maßgebend (*BGH*, ZEV 2011, 29; NJW-RR 1991, 900; FamRZ 1993, 698).

Der Verkehrswert ist nach der Definition in § 194 BauGB der

„Preis, der in dem Zeitpunkt, auf den sich die Ermittlung bezieht, im gewöhnlichen Geschäftsverkehr nach den rechtlichen Gegebenheiten und tatsächlichen Eigenschaften, der sonstigen Beschaffenheit und der Lage des Grundstücks ... ohne Rücksicht auf ungewöhnliche oder persönliche Verhältnisse zu erzielen wäre."

Fremd genutzte Betriebsgrundstücke sind nach dem Ertragswertverfahren zu bewerten (*BGH*, FamRZ 2011, 105 = ZEV 2011, 27).

39 Ist der Verkehrswert eines Grundstücks nur durch seine Veräußerung zu realisieren, so sind **latente Einkommensteuerbelastungen**, die bei einer Veräußerung anfallen, zu berücksichtigen (*BGH*, FamFR 2011, 156 = NJW 2011, 999; NJW 1987, 1260; FamRZ 1991, 43; beispielsweise die auf den Veräußerungsgewinn entfallenden Steuern bei bilanzierten Immobilien).

40 **Bewegliche Sachen** sind mit ihrem Marktwert (Verkaufswert) anzusetzen.

Als Schätzer (Sachverständige) für bewegliche Sachen kommen öffentlich bestellte – notfalls auch private – Versteigerer in Betracht. **Wertpapiere:** Mittlerer Tageskurs zZt des Erbfalls.

Forderungen: Richtet sich die Forderung auf eine Geldleistung, so ist der Wert grundsätzlich gleich dem Nominalbetrag. Die Bewertung von unsicheren und noch nicht endgültigen Rechten regelt § 2313 BGB.

41 **Handelsunternehmen, Gesellschaftsbeteiligungen und Praxen von Freiberuflern** sind mit ihrem wirklichen Wert unter Anwendung betriebswirtschaftlicher Bewertungsmethoden anzusetzen. Grundsätzlich ist **nicht** der aus der Bilanz ersichtliche **Buchwert** maßgebend (*RGZ* 106, 132; *BGHZ* 75, 195; *BGH*, NJW 1973, 509; NJW 1982, 575; FamRZ 1982, 571; NJW 1985, 192; NJW 1987, 321; weitere Nachweise bei MünchKomm § 2311 Rn. 26 oder *Eiselt*, NJW 1981, 2447).

Zu Bewertungsfragen s. auch *Schröder* „Bewertungen im Zugewinnausgleich", FamRZ – Buch 5, 1997; *Kleinle*, FamRZ 1998, 347; zum „good will" eines Unternehmens: *BGH*, FamRZ 1980, 37, 39; 1986, 1196, 1197, einer freiberuflichen Praxis: *BGH*, NJW 2011, 999. Arztpraxen: Empfehlungen der „Ständigen Konferenz der Rechtsberater der Landesärztekammern" in Dt. Ärzteblatt 1984, B-671. Anwaltspraxen: BRAK-Ausschuss „Bewertung von Anwaltspraxen" in BRAK-Mitteilungen 1992, 24 und *BGH*, FamRZ 1991, 43; *OLG Frankfurt*, FamRZ 1987, 485.

42 e) Der **Auskunftsanspruch des Pflichtteilsberechtigten.** Um einen bezifferten Klagantrag stellen zu können (§ 253 II 2 ZPO), muss der Pflichtteilsberechtigte seinen Anspruch exakt bestimmen können. § 2314 BGB gewährt ihm gegen den Erben einen **Auskunftsanspruch.**

Der Auskunftsanspruch richtet sich auf den

- Bestand des Nachlasses (§ 2314 I 1 BGB) und den
- Wert der Nachlassgegenstände (§ 2314 I 2 2. Hs. 2 BGB).

43 *aa) Der Kreis der Auskunftsberechtigten.* Einen Auskunftsanspruch hat derjenige, dem ein Pflichtteilsrecht nach §§ 2303, 2309 BGB zusteht und der nicht Erbe geworden ist (*BGH*, NJW 1981, 2051); auch der überlebende Ehegatte, der nach Ausschlagung der Erbschaft den Pflichtteil verlangen kann (§ 1371 III BGB). Unter **mehreren Pflichtteilsberechtigten** kann jeder die Auskunft verlangen.

44 *bb) Der Kreis der Auskunftsverpflichteten.* Adressat des Auskunftsanspruchs ist der Alleinerbe. Sind mehrere Erben vorhanden, so haftet jeder Miterbe. Bei bestehender **Testamentsvollstreckung** richten sich sowohl der Auskunftsanspruch als auch der Pflichtteilsanspruch nicht etwa gegen den Testamentsvollstrecker, sondern gegen den/die Erben (§ 2213 I 3 BGB). Aber der Erblasser kann den Testamentsvollstrecker abweichend von § 2213 I 3 BGB ermächtigen, dass er auch für Pflichtteilsansprüche legitimiert ist (*LG Stuttgart*, ZEV 2009, 396). Hat der Erblasser einen **Dritten beschenkt** und kommt gegen diesen ein **Pflichtteilsergänzungsanspruch** gemäß § 2329 BGB in Betracht, so ist auch der Dritte zur Auskunft verpflichtet (*BGHZ* 55, 378; 89, 24). Ob auch der pflichtteilsberechtigte Erbe analog § 2314

BGB vom beschenkten Dritten Auskunft verlangen kann, ist umstritten. Der BGH lehnt dies mit der Begründung ab, dass nach dem Normzweck des § 2314 BGB der Auskunftsanspruch nur auf den Nichterben zugeschnitten ist (*BGH,* NJW 1986, 127). UU kommt aber ein Auskunftsanspruch nach § 242 BGB in Betracht (*BGH,* NJW 1986, 1755).

cc) Inhalt der Auskunft. Die erteilte Auskunft muss den Pflichtteilsberechtigten in die Lage versetzen, seinen Pflichtteilsanspruch zuverlässig berechnen zu können. Deshalb hat der Erbe in einem **Verzeichnis gemäß § 260 BGB** über all die **Berechnungsfaktoren** Auskunft zu erteilen, die für die Pflichtteilsberechnung – einschließlich Ergänzungsanspruch – benötigt werden. 45

Darunter fallen:

- die tatsächlich vorhandenen Nachlassgegenstände (realer Nachlass),
- die Verbindlichkeiten,
- ausgleichungspflichtige Zuwendungen des Erblassers (§§ 2050, 2316 BGB),
- Schenkungen des Erblassers innerhalb der letzten 10 Jahre vor dem Todestag (§ 2325 BGB) – wegen des Pflichtteilsergänzungsanspruchs (fiktiver Nachlass); bei Schenkungen an Ehegatten ohne die zeitliche Beschränkung (§ 2325 III BGB), und zwar auch ehebedingte (unbenannte) Zuwendungen an den Ehegatten (*OLG Düsseldorf,* NJW 1996, 3156). Der Pflichtteilsergänzungsberechtigte hat Anspruch gegen den Erben auf Benennung des Beschenkten (*OLG Karlsruhe,* NJWE-FER 2000, 124),
- Angaben über den Güterstand, in dem der Erblasser gelebt hat – wegen der Auswirkungen auf die Höhe des gesetzlichen Erbteils und damit des Pflichtteils –, und über die Vereinbarung der Gütergemeinschaft – auch zu einem früheren Zeitpunkt – im Hinblick darauf, dass die Vereinbarung der Gütergemeinschaft wie eine pflichtteilsergänzungsrelevante Schenkung behandelt wird (*BGH,* NJW 1992, 598),
- Vorlage von Bilanzen samt Gewinn- und Verlustrechnung, wenn eine Beteiligung an einer oHG oder KG in den Nachlass fällt oder wenn der Erblasser Inhaber eines Unternehmens war, soweit zur Pflichtteilsberechnung erforderlich (*BGH,* NJW 1975, 1774, 1776; *OLG Düsseldorf,* NJW-RR 1997, 454 = FamRZ 1997, 58; *OLG Zweibrücken,* FamRZ 1987, 1197).

Der Auskunftsanspruch des Pflichtteilsberechtigten darf nicht auf eine reine Ausforschung hinauslaufen. Ausreichend ist jedoch, dass der Pflichtteilsberechtigte **konkrete Anhaltspunkte** für die von ihm behauptete unentgeltliche Verfügung des Erblassers darlegt. Der Auskunftsanspruch setzt demnach nicht voraus, dass die Unentgeltlichkeit der Zuwendung schon fest steht (*BGH,* NJW-RR 2010, 1378 = ZErb 2010, 213 = ZEV 2010, 312). 46

Verletzt der Erbe schuldhaft seine Auskunftspflicht nach § 2314 I 1 BGB gegenüber dem Pflichtteilsberechtigten, so folgt hieraus im Regelfall keine Umkehr der Beweislast dahin, dass nunmehr der Erbe beweispflichtig für das Nichtbestehen einer zunächst nicht angegebenen Nachlassverbindlichkeit ist (*BGH,* JW-RR 2010, 1378 = ZErb 2010, 213 = ZEV 2010, 312). Grundsätzlich hat derjenige, der aus einer ihm günstigen Norm Rechte herleitet, deren tatsächliche Voraussetzungen darzulegen und zu beweisen (*BGHZ* 113, 222, 224 f.; 116, 278, 288; *BGH,* NJW 2005, 2395 unter II 3 a). Der Pflichtteilsberechtigte ist für alle Tatsachen beweispflichtig, von denen der Grund und die Höhe des von ihm erhobenen Anspruchs abhängen (*BGH,* JW-RR 2010, 1378 = ZErb 2010, 213 = ZEV 2010, 312). Aus dieser allgemein anerkannten Verteilung der Darlegungs- und Beweislast folgt zugleich, dass der Pflichtteilsberechtigte das Nichtbestehen einer von ihm bestrittenen, vom Erben substantiiert dargelegten Nachlassverbindlichkeit zu beweisen hat (*BGH,* FF 2003, 218; *MüKo-BGB/Lange,* § 2311 Rn. 1).

Der Pflichtteilsberechtigte kann seine eigene Zuziehung bei Aufnahme des Verzeichnisses oder die Aufnahme durch eine Amtsperson – idR durch einen Notar – verlangen (§ 2314 BGB, § 20 I BNotO). Es spricht Überwiegendes dafür, dass der Erbe gegenüber dem pflichtteilsberechtigten Nichterben nicht nur – wie anerkannt – die Einholung eines Wertgutachtens iSd § 2314 I 2 BGB, sondern auch die von ihm nach § 2314 I 3 BGB verlangte Einholung eines notariellen Nachlassverzeichnisses gemäß § 1990 I 1 BGB verweigern darf, wenn ein Aktivnachlass, aus dem die Kosten für den Notar entnommen werden können, nicht vorhanden ist (*OLG Schleswig,* FamRZ 2011, 148 = ZErb 2010, 301 = ZEV 2011, 31).

Bei Grund zur Annahme, das Verzeichnis sei nicht sorgfältig genug aufgestellt worden, sind auf Verlangen Richtigkeit und Vollständigkeit an Eides statt zu versichern (§ 260 II BGB). Die eidesstattliche Versicherung ist – freiwillig – vor dem Amtsgericht abzugeben: §§ 410 Nr. 1, 413 FamFG; funktionell zuständig ist der Rechtspfleger: § 3 Nr. 1 b RPflG. Wird die eidesstattliche Versicherung verweigert, muss ein Urteil auf Abgabe der eidesstattlichen Versicherung erwirkt werden. Die Zwangsvollstreckung richtet sich nach §§ 889 II, 888 ZPO. Zuständig ist der Rechtspfleger beim Amtsgericht (§ 20 Nr. 17 RPflG); Erzwingungshaft kann aber nur vom Richter angeordnet werden (§ 4 II 2 RPflG). 47

dd) Der Anspruch auf Wertermittlung. Neben dem Auskunftsanspruch hat der Pflichtteilsberechtigte einen Anspruch auf Ermittlung des Wertes der Nachlassgegenstände (§ 2314 I 2 Hs. 2 BGB). Es handelt sich um **zwei selbstständige Ansprüche** (*Coing,* NJW 1983, 1298). Die Wertfeststellung erfolgt durch Einholung von **Sachverständigengutachten,** die Kosten dafür fallen dem Nachlass zur Last (§ 2314 II BGB). 48

Die Wertermittlungspflicht erstreckt sich auch auf solche Gegenstände, die nicht mehr zum Nachlass gehören, diesem aber (zur Ermittlung eines Pflichtteilsergänzungsanspruchs gemäß § 2325 BGB) hinzuzurechnen sind – sogenannter „fiktiver Bestand" – (*BGH,* NJW 1975, 258; NJW 1989, 2887; vgl. auch *Dieckmann,* NJW 1988, 1809).

Die so ermittelten Werte sind im Prozess nicht bindend, sie dienen dem Pflichtteilsberechtigten lediglich als Orientierung und zur Abschätzung des Prozessrisikos (*BGHZ* 107, 200). Bleibt die Bewertung im Prozess streitig, so hat das Gericht seinerseits ein Sachverständigengutachten einzuholen.

Die Vorlage von Bilanzen ersetzt in der Regel eine Wertermittlung nicht, weil die dort enthaltenen Buchwerte keine Aussage über den Verkehrswert zulassen (*BGHZ* 108, 393).

49 *ee) Die Stufenklage.* Der Pflichtteilsberechtigte kann den Auskunfts- und Wertermittlungsanspruch, den Anspruch auf eidesstattliche Versicherung und den Pflichtteils-(Zahlungs-)Anspruch mit einer **einzigen** Klage, der **Stufenklage,** geltend machen (§ 254 ZPO). Es steht ihm natürlich frei, jeden einzelnen Anspruch in einem selbstständigen Rechtsstreit einzuklagen. Die Stufenklage empfiehlt sich wegen der verjährungshemmenden Wirkung (§§ 2332, 204 BGB; *BGH,* NJW 1975, 1409); sie löst wegen des Zahlungsanspruchs auch Verzug aus (*BGHZ* 80, 276).

Die Reihenfolge bei der Stufenklage:

- unbedingter Auskunfts- und Wertermittlungsantrag,
- unbedingter Antrag auf eidesstattliche Versicherung; darüber kann erst entschieden werden, wenn die Auskunft erteilt ist, weil erst dann deren Qualität beurteilt werden kann („Besteht Grund zu der Annahme, ..."), § 260 II BGB;
- unbezifferter Zahlungsantrag.

Beispiel für Klagantrag:

Es wird beantragt, für Recht zu erkennen:

1. Der Beklagte wird verurteilt, dem Kläger Auskunft zu erteilen über den Bestand des Nachlasses des am ... verstorbenen XY zum ... durch Vorlage eines notariell aufgenommenen Verzeichnisses und über den Wert des Einzelunternehmens „XY" per ... ein Sachverständigengutachten vorzulegen;
2. Für den Fall, dass das Verzeichnis nicht mit der erforderlichen Sorgfalt aufgestellt sein sollte, wird der Beklagte weiter verurteilt, zu Protokoll an Eides statt zu versichern, dass er nach bestem Wissen den Bestand so vollständig angegeben habe, als er dazu im Stande sei.
3. Nach Auskunftserteilung wird der Beklagte verurteilt, an den Kläger den Pflichtteil in Höhe der Hälfte des Nachlasswertes zu zahlen.

50 Über die beiden ersten Anträge wird jeweils durch **Teilurteil** entschieden (§ 301 ZPO), über den Zahlungsantrag durch **Schlussurteil.** Die Kostenentscheidung ergeht erst im Schlussurteil (Grundsatz der Einheitlichkeit der Kostenentscheidung).

Das (erste) Teilurteil über den Klagantrag Nr. 1 ist gemäß § 708 Nr. 11 ZPO für vorläufig vollstreckbar zu erklären mit der Abwendungsbefugnis des § 711 oder § 709 ZPO. Die Höhe der Sicherheitsleistung richtet sich nach dem zu vollstreckenden Gegenstand der Verurteilung. Die Auskunftserteilung selbst dürfte im Regelfall keine höheren Kosten als 500 EUR verursachen, die Kosten des Sachverständigengutachtens sind zu schätzen. Werden sie mit 2.500 EUR angenommen, so ist Sicherheit in Höhe von 3.000 EUR zu leisten. Da das Teilurteil eine Kostenentscheidung nicht enthält, kann auch hierwegen nicht vollstreckt werden, deren Einbeziehung in die Sicherheitsleistung entfällt daher.

51 Wird der Beklagte durch **zweites Teilurteil** zur Abgabe der eidesstattlichen Versicherung verurteilt, so dürfte der Gegenstand der Verurteilung mit nicht mehr als 1.250 anzunehmen sein, so dass die Anordnung von Sicherheitsleistung entfällt (§ 708 Nr. 11 ZPO). **Wichtig:** Das Klägerinteresse wird oft über 600 EUR (Berufungssumme gemäß § 511 ZPO) liegen, das für die Zulässigkeit einer **Berufung** entscheidende Beklagteninteresse oft darunter (vgl. *Thomas/Putzo,* § 3 „Auskunftsanspruch"). Nach – freiwilliger oder vollstreckter – Abgabe der eidesstattlichen Versicherung kann der dritte Antrag auf Verurteilung zur Zahlung des Pflichtteils gestellt werden. Über diesen Antrag ist – wie über den ersten und zweiten – gem. § 128 I ZPO mündlich zu verhandeln. Es ergeht danach ein Schlussurteil, das auch über die Kosten des gesamten Rechtsstreits gem. §§ 91, 92 ZPO und über die vorläufige Vollstreckbarkeit der letzten Stufe (Zahlungs- und Kostenausspruch, § 708 Nr. 11 oder § 709 ZPO) zu entscheiden hat.

52 **f) Die Anrechnungspflicht.** *aa)* **Freigebige Zuwendungen** des Erblassers unter Lebenden können den Pflichtteil insofern schmälern, als der Wert dieser Zuwendung **auf den Pflichtteil anzurechnen** sein kann (§ 2315 BGB). Als Zuwendungen kommen **Ausstattungen** (§ 1624 BGB) und **Schenkungen,** auch gemischte Schenkungen, in Betracht.

bb) Bestimmung der Anrechnung. Nicht jede freigebige Zuwendung ist auf den Pflichtteil anzurechnen, vielmehr muss der Erblasser die Anrechnung **bestimmt haben,** und zwar entweder **vor der Zuwendung** oder **bei der Zuwendung.** Die Anrechnungsbestimmung durch den Erblasser kann auch stillschweigend erfolgen. Allerdings ist es erforderlich, dass ein Verhalten des Erblassers feststeht, also unstreitig, zugestanden oder erwiesen ist, das der Empfänger der Zuwendung spätestens bei ihrer Entgegennahme als Bestimmung der Anrechnung deuten musste. Die bloße Zuwendung als solche genügt dafür nicht. Vielmehr muss die – ausdrückliche oder stillschweigende – Anrechnungsbestimmung zu ihr hinzutreten. Dafür, dass der Erblasser eine solche Bestimmung getroffen hätte, streitet auch selbst bei höheren Zuwendungen kein Anscheinsbeweis (*OLG Köln,* NJW-RR 2008, 240 = ZEV 2008, 244). Der Erblasser muss in dem für § 2315 I BGB maßgeblichen Zeitpunkt den Willen zur Anrechnungsbestimmung gehabt und ausdrücklich oder konkludent erklärt und dem Antragsteller zum Bewusstsein gebracht haben.

Soll **nachträglich** die Anrechnungspflicht wirksam vereinbart werden, so kann dies nur in Form eines (teilweisen) Pflichtteilsverzichts erfolgen (notariell beurkundeter Vertrag: §§ 2346 II, 2348 BGB). Durch Verfügung von Todes wegen kann die Anrechnungspflicht grundsätzlich nicht mehr angeordnet werden, es sei denn, es läge ein Pflichtteilsentziehungsgrund vor (§§ 2333 ff. BGB).

Die Anrechnungsbestimmung ist eine einseitige empfangsbedürftige Willenserklärung. Die Übertragung eines Grundstücks auf einen Minderjährigen unter Bestimmung der Anrechnung auf den Pflichtteil ist im Grundsatz ein vorteilhaftes Rechtsgeschäft, das vom Familiengericht genehmigt werden kann (*OLG München,* ErbR 2008, 24).

Da Schenkungen in der Praxis häufig formlos vollzogen werden (wirksam gemäß § 518 II BGB), kommt der **beweisbelastete Erbe** nicht selten in Beweisschwierigkeiten für die Anrechnungsbestimmung.

cc) **Maßgebender Wert** ist der Verkehrswert des zugewandten Vermögensgegenstandes im Zeitpunkt 53
der Zuwendung (§ 2315 II 2 BGB).

Allerdings ist zum Ausgleich des Kaufkraftverlustes eine Hochrechnung nach den Lebenshaltungskostenindices auf den Tag des Erbfalls vorzunehmen (*BGH,* NJW 1975, 1831). Dies geschieht in der Weise, dass die Verbraucherpreisindices der beiden Zeitpunkte festgestellt und der Wert der Zuwendung auf den Geldwert zum Zeitpunkt des Erbfalls hochgerechnet werden (*BGH,* FamRZ 1992, 1071).

Die Berechnung erfolgt nach folgender Formel:

Indexierter Wert = Wert der Zuwendung × Index im Zeitpunkt des Erbfalls/Index im Zeitpunkt der Zuwendung.

Die Preisindices können dem Statistischen Jahrbuch für die Bundesrepublik Deutschland entnommen werden, in Auszügen abgedruckt in NJW und FamRZ, neuerdings auch bei *Palandt,* zu § 1376 BGB. Die jeweils aktuellen Indexzahlen können beim Statistischen Bundesamt in Wiesbaden jederzeit unter der Rufnummer 06 11/75 28 88 abgefragt werden.

Obwohl Geldzuwendungen und Sachzuwendungen ganz unterschiedliche Wertentwicklungen erfahren können, werden sie bei der Kaufkraftanpassung gleich behandelt.

dd) Durchführung der Anrechnung. Die Anrechnung erfolgt in der Weise, dass die Zuwendung mit 54
dem indexierten Wert zum Nachlass hinzugerechnet wird. Von dem so erhöhten Nachlass wird der Pflichtteilsanspruch entsprechend der Quote errechnet und der zuvor dem Nachlass hinzuaddierte Betrag vom Pflichtteil wieder abgezogen. Sind **mehrere Pflichtteilsberechtigte** vorhanden, von denen jeder eine anrechnungspflichtige Zuwendung erhalten hat, so werden **getrennte Berechnungen** durchgeführt; für jeden Pflichtteilsberechtigten wird jeweils nur seine eigene Zuwendung dem Nachlasswert zugeschlagen. Bei jeder Berechnung ergibt sich damit ein anderer (fiktiver) Nachlasswert.

ee) Anrechnung lebzeitiger Zuwendungen beim Berliner Testament. Bei einem Berliner Testament entsteht mit jedem Erbfall der Anspruch des durch Verfügung von Todes wegen von der Erbfolge ausgeschlossenen Abkömmlings gegen den Erben auf Auszahlung des Pflichtteils. Jedes von seinen Eltern enterbte Kind hat danach zwei Pflichtteilsansprüche, je einen beim Tode jedes Elternteils. Auch bei Errichtung eines gemeinschaftlichen Testaments ist die Erbfolge der Elternteile deutlich auseinander zu halten. Jeder der beiden eintretenden Erbfälle löst für den Enterbten einen Pflichtteilsanspruch aus. Daran ändert auch die irrige Vorstellung der Eltern nichts, es gäbe nur einen die Kinder begünstigenden Erbfall. Demzufolge müssen sich die Kinder nicht den vollen Wert der von beiden Eltern übertragenen Anteile an Immobilien auf den Pflichtteil anrechnen lassen, sondern nur dasjenige, was allein von dem letztversterbenden Ehepartner zugewendet worden ist (*OLG Koblenz,* FamRZ 2011, 146 = ZEV 2010, 473–475 m. Anm. *Keim*).

ff) Nichteheliche Pflichtteilsberechtigte. Für **nichteheliche Pflichtteilsberechtigte** gilt in den seit 1. 4. 55
1998 eingetretenen Erbfällen im Grundsatz – mit der nachfolgend beschriebenen Ausnahme – keine Sonderregelung mehr. Nach dem „Zweiten Gesetz zur erbrechtlichen Gleichstellung nichtehelicher Kinder, zur Änderung der Zivilprozessordnung und der Abgabenordnung" vom 12. 4. 2011 (BGBl. 2011 I S. 615) sind erb- und pflichtteilsberechtigt auch nichteheliche Kinder nach ihren Vätern und den väterlichen Verwandten, wenn sie vor dem 1. 7. 1949 geboren wurden (vgl. hierzu *Krug,* Die Umsetzung des EGMR-Urteils zum Nichtehelichenerbrecht in die forensische und rechtsgestalterische Praxis, ZEV 2010, 505).

Zwar waren schon vor der Reform nichteheliche und eheliche Kinder grundsätzlich im Erbrecht gleichgestellt. Es gab jedoch eine Ausnahmeregelung, wonach vor dem 1. 7. 1949 geborene nichteheliche Kinder ihre Väter nicht beerbten, sofern diese am 2. 10. 1990 in der damaligen Bundesrepublik (alte Bundesländer) lebten. Diese Ausnahme ist jetzt beseitigt. Das Zweite Erbrechtsgleichstellungsgesetz sieht vor, dass auch die vor dem 1. 7. 1949 geborenen nichtehelichen Kinder gesetzliche Erben bzw.

Pflichtteilsberechtigte ihrer Väter und der väterlichen Verwandten werden. Die Neuregelung ist auf Todesfälle erweitert worden, die sich nach dem 28. 5. 2009 ereignet haben. An diesem Tag hatte der Europäische Gerichtshof für Menschenrechte die alte Rechtslage beanstandet (FamRZ 2009, 1293 m. Anm. *Henrich* = ZEV 2009, 510. Vollständiger Wortlaut in BWNotZ 2009, 203 m. Anm. *Krug*. Vgl. auch *Leipold*, EGMR contra BVerfG: Die erbrechtliche Diskriminierung der „alten“ nichtehelichen Kinder ist nicht länger hinnehmbar, ZEV 2009, 488; Rechtsprechung deutscher Gerichte zu dieser Problematik: *OLG Stuttgart*, FamRZ 2010, 674 = ZErb 2010, 34 = ZEV 2010, 249; *KG*, FamRZ 2010, 2104 = ZErb 2010, 249 = ZEV 2010, 524; *OLG Köln*, ZEV 2011, 129 m. Anm. *Krug*). Seit der Entscheidung des EGMR können die nach altem Recht berufenen Erben nicht mehr auf ihre Rechtsstellung und damit auf ihr erlangtes Erbe vertrauen. Das Gesetz trat deshalb rückwirkend zum 29. 5. 2009 in Kraft.

Lag der Erbfall bereits vor dem 29. 5. 2009, muss es wegen des verfassungsrechtlich verankerten Rückwirkungsverbots grundsätzlich bei der früheren Rechtslage bleiben. Eine Ausnahme gilt für Fälle, in denen der Staat selbst Erbe geworden ist, zum Beispiel weil weder Verwandte ausfindig gemacht werden konnten noch Ehegatten bzw. Lebenspartner vorhanden waren oder weil die Erbschaft von diesen Personen ausgeschlagen worden war. In solchen Fällen soll der Staat den Wert des von ihm ererbten Vermögens an die betroffenen nichtehelichen Kinder auszahlen.

56 g) **Ausgleichungspflicht.** Bei der Erbauseinandersetzung unter Abkömmlingen als gesetzlichen Erben mindern Vorempfänge, die ausgleichungspflichtig sind, das Auseinandersetzungsguthaben des einzelnen Miterben (§§ 2050 ff. BGB). Konsequenterweise beeinflussen solche Vorempfänge – weil das Pflichtteilsrecht auf der gesetzlichen Erbfolge basiert – auch die Höhe des Pflichtteilsanspruchs (§ 2316 BGB). Zu Inhalt und Durchführung der Ausgleichung s. unten V.

57 h) **Ausgleichung und Anrechnung.** Wurden bei den Vorempfängen **sowohl Ausgleichung als auch Anrechnung** bestimmt, so ist zunächst der Pflichtteil nach den Regeln über die Ausgleichungspflicht zu berechnen. Auf den so ermittelten Pflichtteilsbetrag ist die Zuwendung noch einmal mit der **Hälfte** anzurechnen (§ 2316 IV BGB), um zu vermeiden, dass der Vorempfang doppelt berücksichtigt wird.

Zuwendung „im Wege vorweggenommener Erbfolge“: Erfolgt eine Zuwendung „im Wege vorweggenommener Erbfolge unentgeltlich“, ist für die Pflichtteilsberechnung im Auslegungsweg zu ermitteln, ob der Erblasser damit eine Ausgleichung gemäß §§ 2316 I, 2050 III BGB, eine Anrechnung gemäß § 2315 I BGB oder kumulativ Ausgleichung und Anrechnung gemäß § 2316 IV BGB anordnen wollte. Ausschlaggebend für den Willen des Erblassers ist, ob mit seiner Zuwendung zugleich auch eine Enterbung des Empfängers mit bloßer Pflichtteilsberechtigung festgelegt (Anrechnung) oder aber nur klargestellt werden sollte, dass der Empfänger lediglich zeitlich vorgezogen bedacht wird, es im Übrigen aber bei den rechtlichen Wirkungen einer Zuwendung im Erbfall verbleiben soll – Ausgleichung – (*BGH*, FamRZ 2010, 640 = NJW 2010, 3023 = ZErb 2010, 144 = ZEV 2010, 190).

57a i) **Ausgleichung bei Leistungen eines Abkömmlings nach § 2057 a BGB.** Siehe hierwegen unten Rn. 128.

7. Prozessuales

58 a) **Gerichtsstand** für die Pflichtteilsklage ist wahlweise der Wohnsitz des Beklagten (§§ 12, 13 ZPO) oder der **letzte Wohnsitz des Erblassers** (§ 27 ZPO, „Gerichtsstand der Erbschaft“).

b) Zur Sicherung der Zwangsvollstreckung im Wege des einstweiligen Rechtsschutzes kann ein **Arrestbefehl** ergehen, §§ 916 ff. ZPO, allerdings erst **nach dem Erbfall** (*LG Wiesbaden*, ErbR 2011, 30).

c) **Pfändbar** ist der Pflichtteilsanspruch erst nach Rechtshängigkeit oder nach vertraglicher Anerkennung (§ 852 I ZPO). Allerdings ist eine **rangerhaltende Pfändung** möglich (*BGH*, ZErb 2011, 86 = ZEV 2011, 87; NJW 1993, 2876).

d) **Stundung** kommt bei unbilliger Härte in Betracht.

- Über den Stundungsantrag entscheidet das **Nachlassgericht,** sofern der Anspruch selbst unstreitig ist (§ 2331 a II BGB; §§ 362, 264 FamFG; Rechtspfleger: § 3 Nr. 2 c RPflG).
- Ist der Anspruch selbst **streitig und ein Rechtsstreit anhängig,** so ist der Stundungsantrag beim Prozessgericht zu stellen. Mit der Entscheidung über den Zahlungsanspruch wird auch über den Stundungsantrag entschieden (§§ 2331 a II, 1382 V BGB).

e) Wegen **Feststellungsklage** bezüglich des Bestehens eines **Pflichtteilsrechts** siehe unten Rn. 76.

8. Verjährung

59 Mit dem Erbfall entsteht gem. § 2317 I BGB der Pflichtteilsanspruch. Die Verjährungsfrist beträgt drei Jahre (§§ 195, 199 I, 2332 I BGB) und beginnt am Ende des Jahres des **Todes des Erblassers** und der Pflichtteilsberechtigte von seinem Anspruch Kenntnis erlangt hat (§§ 195, 199 I BGB), ohne Kennt-

nis in 30 Jahren (§ 199 IIIa BGB). Der **Auskunftsanspruch** (§ 2314 BGB) verjährt nun, nachdem das Gesetz zur Änderung des Erb- und Verjährungsrechts vom 24. 9. 2009 zum 1. 1. 2010 im Grundsatz auch für erbrechtliche Ansprüche die Regelverjährungsfrist von drei Jahren eingeführt hat (§ 195 BGB), in drei Jahren. Für den Pflichtteilsergänzungsanspruch gegen den Beschenkten iSd § 2329 BGB beginnt die dreijährige Verjährungsfrist mit dem Erbfall (§ 2332 II BGB), auf die Kenntnis des Pflichtteilsberechtigten kommt es in diesem Fall nicht an.

9. Der Ergänzungspflichtteil

a) **Allgemeines.** Beeinträchtigungen des Pflichtteilsanspruchs können sich auch aus **Verfügungen des** 60
Erblassers unter Lebenden ergeben, wenn der Erblasser **unentgeltliche Zuwendungen** vornimmt und auf diese Weise den (künftigen) Nachlassbestand schmälert. Für diese Fälle sichern die §§ 2325 ff. BGB die Rechte des Pflichtteilsberechtigten.

Es liegt auf der Hand, nicht alle vom Erblasser jemals vorgenommenen Schenkungen pflichtteilserhöhend heranzuziehen; vielmehr gilt dies im Regelfall nur für Schenkungen innerhalb der letzten **zehn Jahre** vor dem Erbfall (§ 2325 III BGB).

Gleitende Ausschlussfrist für den Pflichtteilsergänzungsanspruch: Die Ausschlussfrist für Pflichtteilsergänzungsansprüche ist seit der Erbrechtsreform flexibler. In den seit 1. 1. 2010 eingetretenen Erbfällen findet die Schenkung für die Pflichtteilsberechnung graduell immer weniger Berücksichtigung, je länger sie zurück liegt: Eine Schenkung im ersten Jahr vor dem Erbfall wird demnach voll in die Berechnung des Nachlasses einbezogen, im zweiten Jahr jedoch nur noch zu $^9/_{10}$, im dritten Jahr zu $^8/_{10}$ usw. berücksichtigt. Damit wird sowohl dem Erben als auch dem Beschenkten mehr Planungssicherheit eingeräumt.

Der Zeitablauf seit der Schenkung wird daher zur Abmilderung der „Alles-oder-Nichts"-Lösung in Ansatz gebracht. So erfolgt eine **kontinuierliche Abschmelzung des Schenkungswerts.**

b) **Begriff der Schenkung.** *aa) Grundsatz.* Es gelten dieselben Kriterien wie bei § 516 I BGB: **objektive** 61
Bereicherung des Dritten und **Einigung** der (Schenkungsvertrags-)Parteien über die Unentgeltlichkeit.

Bei **gemischten Schenkungen** ist das Verhältnis von Leistung und Gegenleistung zu prüfen; nur der unentgeltliche Teil ist als Schenkung zu behandeln (*BGH,* FamRZ 1981, 765). Empfänger der Schenkung kann ein Dritter, ein Miterbe oder ein anderer Pflichtteilsberechtigter sein.

bb) Beweislast. Der Pflichtteilsberechtigte hat die **Beweislast für die Unentgeltlichkeit** der Zuwendung (*OLG Stuttgart,* Beschl. v. 26. 1. 2011 – 19 W 52/10 –). Allerdings spricht für die Unentgeltlichkeit eine tatsächliche Vermutung, wenn Leistung und Gegenleistung in einem groben Missverhältnis zueinander stehen. Insofern tritt der nach außen in Erscheinung getretene Parteiwille zurück (*BGH,* FamRZ 2009, 418; NJW 1972, 1709).

cc) **Pflicht- und Anstandsschenkungen** fallen zwar unter den Schenkungsbegriff, begründen aber kei- 62
nen Pflichtteilsergänzungsanspruch (§ 2330 BGB).

dd) **Unbenannte Zuwendungen unter Ehegatten** sind gesetzlich nicht geregelt, sondern ein von der 63
Rechtsprechung entwickeltes Rechtsinstitut. Darunter fallen Zuwendungen unter Ehegatten, die im Hinblick auf den Fortbestand der Ehe gemacht werden. Auch unbenannte Zuwendungen können Pflichtteilsergänzungsansprüche auslösen (*BGH* NJW 1992, 564 = FamRZ 1992, 300; *OLG Schleswig,* ZErb 2010, 148 = ZEV 2010, 369).

ee) Abschluss eines Ehevertrags. Durch Begründung der Gütergemeinschaft (§§ 1415 ff. BGB) werden 64
Vermögen des Mannes und der Frau gemeinschaftlich (Gesamtgut, § 1416 BGB). Auch wenn nur ein Ehegatte Vermögen einbringt, ist darin grundsätzlich keine den Ergänzungs-PT auslösende Schenkung zu sehen, es sei denn, es sollten andere Zwecke als die Verwirklichung der Ehe damit verfolgt werden (*BGH,* NJW 1992, 558).

ff) **Gegenleistungen für Erb- und Pflichtteilsverzichte** unterliegen grundsätzlich nicht dem Ergänzungs- 65
pflichtteil (*BGH,* FamRZ 2009, 418 – geänderte Rspr. des BGH). „Wegen der Abfindung, die der Erblasser für den Verzicht eines Abkömmlings auf das gesetzliche Erbrecht leistet, steht einem weiteren Abkömmling ein Pflichtteilsergänzungsanspruch im Hinblick auf die Erhöhung seiner Pflichtteilsquote nach § 2310 S. 2 BGB grundsätzlich nicht zu. Das setzt allerdings voraus, dass sich die Abfindung in dem Zeitpunkt, in dem sie erbracht wird, der Höhe nach im Rahmen der Erberwartung des Verzichtenden hält. Auf den Wert eines vom Verzichtenden zu beanspruchenden Pflichtteils kommt es insoweit nicht an" (*BGH,* FamRZ 2009, 418).

c) **Zeitschranke.** Nur Schenkungen, die innerhalb der letzten **zehn Jahre** vor dem Erbfall vorgenom- 66
men wurden, begründen einen Pflichtteilsergänzungsanspruch (§ 2325 III BGB). **Ausnahme:** Bei **Schenkungen an den Ehegatten** beginnt die Frist erst mit der Auflösung der Ehe. Diese Sonderregelung ist verfassungsgemäß (*BVerfG,* NJW 1991, 217 = FamRZ 1990, 729). Zum neuen „Abschmelzungsmodell" vgl. oben Rn. 60.

67 d) **Bewertung der Schenkung.** § 2325 II BGB unterscheidet zwischen **verbrauchbaren Sachen** und **anderen Gegenständen.**

aa) **Verbrauchbare Sachen,** Begriff: § 92 BGB (bspw. Geld, Wertpapiere, zu einem Warenlager gehörende Sachen). Sie werden mit dem **Verkehrswert** im Zeitpunkt der Schenkung angesetzt. Der **Kaufkraftverlust** ist unter Einbeziehung der Lebenshaltungskostenindices durch Umrechnung auszugleichen (*BGH,* NJW 1983, 1485 = FamRZ 1983, 377).

Formel für die Umrechnung:
indexierter Wert = Wert des Geschenks im Zeitpunkt der Schenkung × Lebenshaltungskostenindex im Zeitpunkt des Erbfalls/Lebenshaltungskostenindex im Zeitpunkt der Schenkung

bb) Andere Gegenstände. **Grundsatz:** Sie werden mit dem Wert zur Zeit des Erbfalls angesetzt. **Ausnahme:** Ist der Wert im Zeitpunkt des Erbfalls höher als zur Zeit der Schenkung (bei Wertsteigerungen), so ist der Wert **zur Zeit der Schenkung** maßgebend (Niederstwertprinzip). In diesem Fall ist die Kaufkraftveränderung zu berücksichtigen (s. o.). Vgl. beim nießbrauchbelasteten Grundstück *BGH,* FamRZ 1991, 552.

68 e) **Berechnung der Pflichtteilsergänzung.** Der Pflichtteils-Ergänzungsbetrag wird wie folgt berechnet:
Der Wert des verschenkten Gegenstandes – gegebenenfalls nach Indexierung – wird dem Wert des Nachlasses hinzuaddiert und daraus nach den allgemeinen Regeln der Pflichtteil errechnet. In einem zweiten Schritt wird der Pflichtteil **ohne den Wert der Schenkung** berechnet. Die **Differenz** zwischen den beiden so ermittelten Pflichtteilsbeträgen ist der **Pflichtteils-Ergänzungsbetrag.**

68a f) **Eigengeschenk.** Für ein **Geschenk des Erblassers an den Pflichtteilsberechtigten** gilt § 2327 BGB.

10. Die Pflichtteils-Last nach innen und nach außen

69 a) **Das Außenverhältnis.** *aa) Allgemeines.* Der Pflichtteilsanspruch ist auf der Seite des Erben **Erbfallschuld** und damit **Nachlassverbindlichkeit,** § 1967 II BGB, für die der Erbe haftet, § 1967 I BGB. Er haftet sowohl für den **ordentlichen Pflichtteil** als auch für den **Ergänzungspflichtteil** (Ausnahme: § 2329 BGB).

Der Pflichtteilsberechtigte als Nachlassgläubiger kann gemäß § 792 ZPO die Erteilung eines Erbscheins beantragen.

70 *bb) Pflichtteilsschuldner.* Bei der **Alleinerbfolge** ist Pflichtteilsschuldner der Alleinerbe, §§ 2303 I 1, 1967 I BGB. Für die Haftungsbeschränkung des Erben gelten die allgemeinen Vorschriften der §§ 1970 ff. BGB.

Miterben sind Gesamtschuldner, § 2058 BGB, und zwar grundsätzlich **vor und nach der Teilung.** Der Pflichtteil ist aus dem ungeteilten Nachlass zu erfüllen, §§ 2038 I, 2046 BGB. In den ungeteilten Nachlass wird aufgrund eines gegen die Miterben gerichteten Titels vollstreckt. § 2059 II BGB; § 747 ZPO (**Gesamtschuldklage**). Die Miterben sind einfache Streitgenossen.

71 **Vor der Nachlassauseinandersetzung** haftet jeder Miterbe vorläufig beschränkt, § 2059 I 1 BGB; die Haftungsbeschränkung ist einredeweise geltend zu machen.

Nach der Nachlassauseinandersetzung haftet jeder Miterbe grundsätzlich als Gesamtschuldner gem. § 2058 BGB; er haftet nur für den seiner Erbteilsquote entsprechenden Teil des Pflichtteils, wenn die Ausnahmetatbestände des § 2060 BGB erfüllt sind. § 2319 BGB gewährt dem selbst pflichtteilsberechtigten Miterben ein Leistungsverweigerungsrecht zum Schutz seines eigenen Pflichtteils.

72 b) **Das Innenverhältnis.** *aa) Gesamtschuldnerausgleich.* Nach der Teilung kann der als Gesamtschuldner in Anspruch genommene Miterbe von den übrigen Miterben Ausgleich im Verhältnis der Erbteile verlangen, § 426 I 2, II BGB.

§ 2319 BGB gilt in diesem Fall analog: Der selbst pflichtteilsberechtigte Miterbe kann die Erfüllung des Ausgleichsanspruchs insoweit verweigern, dass ihm sein eigener Pflichtteil verbleibt (*BGH,* FamRZ 1985, 1024).

bb) Pflichtteilslast des Ersatzmannes. Derjenige, der anstelle des Pflichtteilsberechtigten Erbe wird, hat die Pflichtteilslast zu tragen, weil ihm der Erbteil zufällt, der eigentlich dem Pflichtteilsberechtigten zugestanden hätte (§ 2320 BGB). Der Erblasser kann Abweichendes regeln: § 2324 BGB. Bei Vermächtnisausschlagung gilt eine entsprechende Regelung: § 2321 BGB.

73 *cc) Vermächtniskürzung.* Der Vermächtnisnehmer wird im Verhältnis des Wertes seiner Zuwendung zum Wert des dem Erben verbleibenden Nachlasses an der Pflichtteilslast beteiligt (§ 2318 BGB). Die Kürzungsvorschrift nimmt Rücksicht auf die wirtschaftliche Verteilung des Nachlasses und außerdem darauf, dass der Vermächtnisnehmer im Außenverhältnis für Nachlassverbindlichkeiten gar nicht haften kann.

Ist der Vermächtnisnehmer selbst pflichtteilsberechtigt, muss ihm auf jeden Fall der Pflichtteil bleiben (§ 2318 II BGB).

Ist der Erbe seinerseits pflichtteilsberechtigt, kann er Vermächtnisse und Auflagen soweit kürzen, dass ihm wegen der Pflichtteilslast (eines Dritten) – und nicht wegen seines eigenen Pflichtteils – sein eigener

Pflichtteil bleibt (§ 2318 III BGB – eine Regelung, die viele Missverständnisse hervor ruft, vgl. deshalb die wichtige Entscheidung des BGH in *BGHZ* 168, 210 = FamRZ 2006, 1519 = NJW 2006, 3353 = ZEV 2006, 498 = ZErb 2006, 378). Zur Vertiefung s. *Schlitt*, ZEV 1998, 91 ff.

c) **Pflichtteilslast bei der Pflichtteilsergänzung.** *aa) Grundsatz.* Auch bezüglich des Ergänzungsanspruchs ist grundsätzlich der Erbe Schuldner, der Ergänzungsanspruch ist Nachlassverbindlichkeit (§ 1967 BGB). Dem selbst pflichtteilsberechtigten Erben muss aber seinerseits der ordentliche Pflichtteil samt Ergänzungspflichtteil verbleiben; gegebenenfalls hat er gemäß § 2328 BGB ein Leistungsverweigerungsrecht. 74

bb) Haftung des Beschenkten. Der Beschenkte haftet im Verhältnis zum Erben **subsidiär** (§ 2329 BGB). Pflichtteilsberechtigte Erben können vom Beschenkten Pflichtteilsergänzung verlangen, wenn der Nachlass wertlos ist (*BGHZ* 157, 178 = FamRZ 2004, 453 = NJW 2004, 1382 = ZErb 2004, 129 = ZEV 2004, 115; *BGHZ* 80, 205).

11. Die Pflichtteilsentziehung

a) **Ausnahmecharakter.** Der Erblasser kann in seltenen Ausnahmefällen den Entzug des Pflichtteils verfügen. Die in den § 2333 I Nr. 1–4 BGB genannten Entziehungsgründe sind abschließend, eine Ausdehnung ist grundsätzlich nicht zulässig. 75

b) **Allgemeine Regeln.** *aa)* Der Pflichtteil braucht nicht ganz entzogen zu werden, die Anordnung von Beschränkungen und Beschwerungen wäre als Teilentziehung möglich.

bb) **Verschulden und Zurechnungsfähigkeit** beim Pflichtteilsberechtigten werden in den bis 31. 12. 2009 eingetretenen Erbfällen für alle Pflichtteilsentziehungsgründe vorausgesetzt (*OLG Düsseldorf,* NJW 1968, 944; *OLG Hamburg,* NJW 1988, 977). Bei dem in § 2333 I Nr. 4 BGB für die seit 1. 1. 2010 eingetretenen Erbfälle neu geschaffenen Entziehungsgrund der rechtskräftigen Verurteilung wegen einer Vorsatztat zu mindestens einem Jahr Freiheitsstrafe reicht nach § 2333 I Nr. 4 Satz 2 BGB auch die Unterbringung in einem psychiatrischen Krankenhaus oder in einer Entziehungsanstalt.

cc) Bereits zu **Lebzeiten des Erblassers** kann **dieser** auf **Feststellung** der Berechtigung der Pflichtteilsentziehung klagen (*BGH,* NJW 1974, 1084; FamRZ 1990, 398, 399; NJW 1984, 1118, 1119 mwN; NJW 1990, 911, 912; *OLG Hamburg,* NJW 1988, 977). Der BGH hat durch Urteil vom 10. 3. 2004 (FamRZ 2004, 944 = ZEV 2004, 243 = ZErb 2004, 260 m. Anm. *Kummer* in ZEV 2004, 274) auch ein prozessuales Feststellungsinteresse desjenigen Pflichtteilsberechtigten, zu dessen Lasten eine Pflichtteilsentziehung angeordnet wurde, bejaht. 76

dd) Für **nichteheliche** Abkömmlinge gelten seit 1. 4. 1998 die allgemeinen Regeln.

ee) Die wirksame Pflichtteilsentziehung kommt dem Erben zugute, die Quoten anderer Pflichtteilsberechtigter erhöhen sich nicht (MünchKomm Rn. 4 vor § 2333).

c) **Pflichtteilsentziehungsgründe**

- Für die seit 1. 1. 2010 eingetretenen Erbfälle gegenüber allen Pflichtteilsberechtigten (Abkömmlinge, Eltern und Ehegatte): § 2333 I Nr. 1–4 BGB nF, 77
- für die bis 31. 12. 2009 eingetretenen Erbfälle sind die Pflichtteilsentziehungsgründe für Abkömmlinge in § 2333 BGB aF, gegenüber Eltern in § 2334 BGB aF und gegenüber dem Ehegatten in § 2335 BGB aF abschließend aufgezählt.

d) **Formale Erfordernisse.** Die Pflichtteilsentziehung erfolgt **förmlich durch Verfügung von Todes wegen;** der die Pflichtteilsentziehung begründende **Sachverhalt** muss ausdrücklich angegeben werden (§ 2336 BGB). Beim Entziehungsgrund nach Nr. 4 von § 2333 I BGB nF muss auch die Unzumutbarkeit im Einzelnen begründet werden, § 2336 BGB nF.

e) **Verzeihung.** Ein Pflichtteilsentzug ist nicht mehr möglich, wenn der Entziehungsgrund verziehen ist (§ 2337 BGB). Die Verzeihung ist ein tatsächliches Verhalten des Erblassers, aus dem der Pflichtteilsberechtigte erkennen kann, der Erblasser habe die **Kränkung überwunden** (*BGHZ* 91, 273). 78

12. Die Pflichtteilsbeschränkung in guter Absicht

Sie ist ein Akt der **Zwangsfürsorge** im Eigeninteresse des **Abkömmlings** bei **Verschwendungssucht oder Überschuldung** (§ 2338 BGB). 79

13. Schema für die Pflichtteilsberechnung

a) **Reiner Nachlass** 80
ohne Abzug von Vermächtnissen u. Auflagen
- Bestand und Wert per Todestag –

b) **plus** anrechnungspflichtiger
Vorempfang des **betreffenden** Pflichtteilsberechtigten, dessen Pflichtteil berechnet wird
• **soviele Pflichtteile, soviele Berechnungen! –**

c) **minus** Erbteil des überlebenden Ehegatten
(weil dieser an der Ausgleichung der Abk. nicht teilnimmt)

d) **plus** alle ausgleichungspflichtigen Vorempfänge
Ergibt: Rechnerische Teilungsmasse für die Abkömmlinge

e) **bei Anrechnungspflicht (§ 2315 BGB):**
Erbteil, davon 1/2
minus
anrechnungspfl. Vorempfang
= Pflichtteil
bei Ausgleichungspfl. (§ 2316 BGB):
Erbteil minus ausgl. pfl.
Vorempfang, davon 1/2
= Pflichtteil
bei Anrechnungs- und Ausgleichungspfl. (§ 2316 IV BGB):
Erbteil minus anrechnungs- u. ausgl.pfl. Vorempfang,
davon 1/2, minus 1/2 des anrechnungs- u. ausgl.pfl. Vorempfangs
= Pflichtteil

14. Check-Liste für Pflichtteilsklage

81
- Schiedsgerichtsvereinbarung?
- Gerichtsstandsvereinbarung?
- Sachliche Zuständigkeit (Amtsgericht/Landgericht)
- Örtliche Zuständigkeit: §§ 12, 13, 27 ZPO
- Ordnungsgemäße Vertretung der Erben
- Gehört Kläger zum Kreis der Pflichtteilsberechtigten (§ 2303 BGB)?
- Ist Kläger durch Verfügung von Todes wegen enterbt?
- Wirksamkeit der enterbenden Verfügung von Todes wegen
- Sind Anfechtungsfristen noch offen?
- Sind Ausschlagungsfristen noch offen?
- Bei vorausgegangener Ausschlagung:
  - Liegt ausnahmsweise ein Fall des § 2306 I 2 BGB aF bei bis 31. 12. 2009 eingetretenen Erbfällen bzw. ein Fall des § 2306 I BGB nF bei seit 1. 1. 2010 eingetretenen Erbfällen oder liegt ein Fall des § 1371 III BGB vor?
  - Fristgerechte Ausschlagung (§ 1944 BGB)
  - Formgerechte Ausschlagung (§ 1945 BGB)
  - Gegenüber dem zuständigen Nachlassgericht (§§ 1945 BGB, 343 I, 344 VII FamFG)
- Erbrecht des/der Beklagten geklärt?
- Pflichtteils-Quote: Fiktive gesetzliche Erbfolge; Hälfte des gesetzl. Erbteils
- Bestand des Nachlasses am Todestag
- Wert des Nachlasses am Todestag (Stichtagsprinzip)
- Anrechnungspflichtige Vorempfänge (§ 2315 BGB), indexiert auf Todestag
- Ausgleichungspflichtige Vorempfänge (§ 2316 BGB), indexiert auf Todestag
- Beim Ergänzungs-PT: getrennte Berechnung nach ordentl. PT und Ergänzungs-PT
- Gesamtschuldnerische Haftung der Miterben (§§ 1967, 2058 BGB).

III. Vermächtniserfüllungsanspruch

1. Allgemeines

82 Nach der Erbeinsetzung ist die wichtigste und häufigste testamentarische Anordnung das **Vermächtnis.** In der Praxis verfügt der Erblasser durch die **Erbeinsetzung** idR zugunsten seiner nächsten Verwandten und des Ehegatten. Die Vermächtnisanordnung dient vor allem dazu, entferntere Verwandte und Fremde mit einem Vermögensvorteil zu bedenken.

83 a) **Begriff des Vermächtnisses.** Das Vermächtnis beinhaltet die **Zuwendung eines Vermögensvorteils,** ohne den Bedachten zum Gesamtrechtsnachfolger einzusetzen (§ 1939 BGB). Für den Vermächtnisnehmer wird ein **Forderungsrecht** gegen den Beschwerten – das kann der Erbe oder ein Vermächtnisnehmer sein – begründet (§ 2174 BGB). Umgekehrt handelt es sich um eine Nachlassverbindlichkeit (§ 1967 BGB).

aa) **Schuldner = Beschwerter** ist in der Regel der Erbe bzw. die Erbengesamtheit (§ 2147 BGB). Mehrere Erben oder Vermächtnisnehmer haften im **Außenverhältnis** als Gesamtschuldner (§ 2058 BGB) und tragen im **Innenverhältnis** die Vermächtnislast im Verhältnis der Erbteile bzw. im Verhältnis des Wertes der Vermächtnisse (§ 2148 BGB). Der Erblasser kann Abweichendes bestimmen.

bb) **Die Haftung** für den Vermächtnisanspruch setzt voraus, dass der Schuldner die zur Erfüllung er- 84
forderliche Deckungsmasse aus dem Nachlass erlangt hat. Die Haftung ist begrenzt durch den Umfang des erbschaftlichen Erwerbs (für den Erben: § 1992 BGB, für den Vermächtnisnehmer: § 2187 BGB).

b) **Subsidiär** gilt Schuldrecht, soweit spezielle Regelungen im Vermächtnisrecht fehlen. Das Vermächtnis ist der häufigste Fall eines **einseitigen Schuldverhältnisses** nach §§ 241–304 BGB.

c) **Gegenstand des Vermächtnisanspruchs** kann alles sein, was auch Gegenstand eines **Schuldverhält-** 85
nisses sein könnte, also jedes rechtserhebliche Tun oder Unterlassen, das auf die Verbesserung der Vermögenslage des Bedachten abzielt.

2. Anordnung des Vermächtnisses

a) Es kann durch **Testament** (§ 1939 BGB) oder **Erbvertrag** (§ 1941 BGB), im letzteren Falle ver- 86
tragsmäßig (§ 2278 BGB) oder einseitig, angeordnet werden.

b) **Auslegungsregel:** § 2087 II BGB; bestimmte Worte sind nicht erforderlich. Zuwendung eines bestimmten Gegenstandes ist i. d. R. Vermächtnisanordnung, vgl. *BGH,* NJW-RR 1990, 391; *BayObLG,* FamRZ 2005, 1933.

3. Arten des Vermächtnisses

Ersatzvermächtnis (§ 2190 BGB), **Nachvermächtnis** (§ 2191 BGB), **Verschaffungsvermächtnis** (§ 2170 87
BGB), **Untervermächtnis** (§ 2147 S. 1 Alt. 2 BGB), **Gattungsvermächtnis** (§ 2155 BGB), **Zweckvermächtnis** (§ 2156 BGB), **Vorausvermächtnis** (§ 2150 BGB; Abgrenzung zur Teilungsanordnung: *BGHZ* 82, 279; FamRZ 1987, 476; NJW 1985, 52; FamRZ 1985, 63; FamRZ 1995, 228; *OLG Braunschweig,* ZEV 1996, 69) und **Wahlvermächtnis** (§ 2154 BGB).

4. Die Bestimmung der Person des Vermächtnisnehmers

a) Nach dem Grundsatz des § 2065 II BGB hat der Erblasser die Person des Bedachten und den zu- 88
gewandten Gegenstand **höchstpersönlich** zu bestimmen. Dies gilt streng bei der **Erbeinsetzung.** Im Vermächtnisrecht ist der Grundsatz jedoch abgemildert.

b) Der Erblasser kann es in den Fällen der §§ 2151, 2152 BGB (mehrere und wahlweise Bedachte) **einem anderen** überlassen, aus einem **überschaubaren Personenkreis** die Person des Vermächtnisnehmers zu bestimmen. Der Erblasserwillen entscheidet, ob der Bestimmungsberechtigte bei seiner Auswahl frei ist oder nach billigem Ermessen zu handeln hat (*Lange/Kuchinke,* § 29 III 2).

5. Der Anfall des Vermächtnisses

Der Vermächtnisanspruch entsteht grundsätzlich **mit dem Erbfall** (§ 2176 BGB), allerdings **auflösend** 89
bedingt durch die Ausschlagung des Vermächtnisses (§ 2180 BGB).

Anfall des Vermächtnisses ist nicht gleich **Fälligkeit des Vermächtnisanspruchs.** Beides kann zusammenfallen (§ 271 BGB), dies ist in der Praxis der Regelfall. Aber häufig hat der Erblasser eine Stundung oder eine Zahlung in Raten vorgesehen. Vgl. im Übrigen §§ 2176–2178 BGB.

6. Haftung

Für die Vermächtnisforderung gelten die Haftungsvorschriften der §§ 275, 276, 278, 280 BGB, die 90
Vorschriften über den Leistungsort und die Gefahrtragung (§§ 269, 270 BGB) und über den Verzug (§§ 286ff. BGB). Wird der Vermächtnisgegenstand von einem Dritten zerstört, haftet dieser nach den Grundsätzen der Drittschadensliquidation (*BGH,* NJW 1992, 2152).

Ist der Nachlass infolge der Anordnung von Vermächtnissen überschuldet, so steht dem Erben die Überschwerungseinrede nach § 1992 BGB zu. Allerdings ist vorher im Wege der hypothetischen Testamentsauslegung (§§ 133, 2084 BGB) zu klären, ob der Erblasser im Falle der Überschuldung durch Vermächtnisse die Vermächtnisse nicht in anderer Höhe angeordnet hätte.

7. Ausschlagung des Vermächtnisses – § 2180 BGB

Im Gegensatz zur Ausschlagung der Erbschaft (§ 1944 BGB), ist die Ausschlagung des Vermächtnis- 91
ses **form- und fristlos.** Sie erfolgt **gegenüber dem Beschwerten** und nicht gegenüber dem Nachlassgericht. Im Übrigen sind die Vorschriften über die Erbausschlagung entsprechend anwendbar (§§ 1950, 1952, 1953 BGB) – **keine Bedingung, keine Teilausschlagung, Vererblichkeit** des Ausschlagungsrechts, **Rückwirkung** der Ausschlagung.

8. Erfüllung des Vermächtnisanspruchs

92 Der Vermächtnisanspruch wird durch die jeweiligen sachenrechtlichen Übertragungsakte erfüllt, bei Grundstücken insbesondere durch Auflassung und Eintragung im Grundbuch. Bei einem Grundstücksvermächtnis aufgrund privatschriftlichen Testaments wird eine Übertragungsverpflichtung ohne notarielle Beurkundung wirksam begründet.

Die Klage auf Erfüllung eines Grundstücksvermächtnisses richtet sich auf **Zustimmung zur Auflassung und Abgabe der grundbuchrechtlichen Eintragungsbewilligung** (§ 19 GBO). Mit Rechtskraft des Urteils gelten die Zustimmung zur Auflassung (und ggfls. die Bewilligung) als abgegeben (§ 894 ZPO).

Tenorierungsbeispiel:

Die Beklagten werden verurteilt, ihre Zustimmung zu erteilen zur Übertragung des Eigentums an dem Grundstück ... auf den Kläger, die Umschreibung des Eigentums an dem bezeichneten Grundstück auf ihn im Grundbuch zu bewilligen und es an ihn herauszugeben.

9. Check-Liste für Vermächtniserfüllungsklage

93
- Gerichtsstandsvereinbarung?
- Sachliche Zuständigkeit (Amtsgericht/Landgericht)
- Örtliche Zuständigkeit: §§ 12, 13, 27 ZPO
- Kläger = Vermächtnisnehmer?
- Beklagter = Beschwerter?
- Erbennachweis (Erbschein/Testament/Erbvertrag mit Eröffnungsprotokoll, § 35 GBO)
- Bei Grundstücksvermächtnis:
  - Erbennachweis in grundbuchmäßiger Form (§§ 29, 35 GBO)
  - Voreintragung des Beklagten (§ 39 GBO); Ausnahme: § 40 GBO
  - Erklärung der Auflassung (§ 925 BGB)
  - Eintragungsbewilligung des Beklagten (§ 19 GBO)
  - Werden Belastungen nach Abt. II und Abt. III des Grundbuchs vom Vermächtnisnehmer übernommen?
  - Zeitpunkt des Nutzungsübergangs
  - Zeitpunkt des Lastenübergangs (Grundsteuer, Versicherung)
  - Wer trägt die Erbschaftsteuer?
  - Zeitpunkt der Besitzübergabe
- Bei Wohnungsrechts-/Grundstücks-Nießbrauchsvermächtnis:
  - Erbennachweis in grundbuchmäßiger Form (§§ 29, 35 GBO)
  - Voreintragung des Beklagten (§ 39 GBO)
  - Eintragungsbewilligung des Beklagten (§ 19 GBO)
  - Lastentragung, ggf. Zeitpunkt
  - Zeitpunkt des Besitz- und Nutzungsübergangs
  - Kann die Ausübung des Rechts einem anderen überlassen werden?
  - Laufzeit des dinglichen Rechts (Lebenszeit oder kürzer).

IV. Feststellung der Erbfolge

1. Feststellungsklage

94 Die Frage, wem ein Erbrecht nach einem bestimmten Erblasser zusteht, kann – nach Eintritt des Erbfalles – Gegenstand einer **Feststellungsklage** (§ 256 I ZPO) sein. In der Praxis geht es dabei am häufigsten um die Problembereiche Testierunfähigkeit wegen Krankheit, Anfechtung und Sittenwidrigkeit, Widerruf und Auslegung einer Verfügung von Todes wegen; sie alle betreffen die Wirksamkeit einer Verfügung von Todes wegen.

2. Testierunfähigkeit wegen Krankheit – § 2229 IV BGB

95 a) Die Testierfähigkeit bezeichnet die persönlichen Voraussetzungen zur **Errichtung, Änderung** oder **Aufhebung** eines Testaments. Sie ist eine Unterart der **Geschäftsfähigkeit.** § 2229 IV BGB unterscheidet sich sachlich nicht von § 104 Nr. 2 BGB.

b) Volle Testierfähigkeit setzt voraus, dass der Erblasser nicht nur eine allgemeine Vorstellung davon hat, ein Testament zu errichten; er muss vielmehr in der Lage sein, die **persönliche und wirtschaftliche Tragweite seiner Verfügungen für den Betroffenen** zu erkennen und **frei von Einflüssen interessierter Dritter** zu handeln (*BGH,* FamRZ 1958, 128; 1984, 1003; NJW 1959, 1822; *BayObLG,* FamRZ 1986, 728; 1990, 318; *OLG Frankfurt,* NJW-RR 1998, 870). Es gibt keine nach der Schwierigkeit des Testaments abgestufte Testierfähigkeit (*BayObLG,* 1989, 1678). Allerdings ist eine **partielle Testierun-**

fähigkeit denkbar, beispielsweise bei Querulantenwahn und krankhafter Eifersucht (*BGHZ* 18, 184; *BayObLG,* Rpfleger 1984, 467); verneinend *BayObLG* NJW 1992, 248.

c) **Körperliche Gebrechen** führen nicht zur Testierunfähigkeit, können aber die rein **praktische Testamentserrichtung** hindern (*Palandt/Weidlich,* BGB, § 2229 Rn. 10–12). 96

d) Allein die Anordnung einer **Betreuung für den Erblasser** (§ 1896 BGB) lässt noch keinen Schluss auf dessen Testierunfähigkeit zu. Auch für den Betreuten besteht – wie für jeden Volljährigen – die Vermutung der Testierfähigkeit. Auf ein im Betreuungsverfahren eingeholtes Gutachten kann zur Klärung der Frage der Testierfähigkeit zurückgegriffen werden, § 411 a ZPO. 97

e) **Wechseln die Geisteszustände** des Erblassers, so ist die in einem lichten Augenblick (lucidum intervallum) errichtete Verfügung wirksam. **Psychopathie** und **Rauschgiftsucht** schließen die Testierfähigkeit im allgemeinen nicht aus (*BayObLGZ,* 1956, 377). Zur Testierfähigkeit bei **Cerebralsklerose** s. *BGH* NJW 1951, 481; *BayObLG* NJWE-FER 1996, 62), bei jahrelangem **Alkohol- und Medikamentenmissbrauch** s. *BayObLG,* NJOZ 2002, 2699. 98

f) **Die Beweislast** trifft grundsätzlich denjenigen, der sich auf Testierunfähigkeit beruft (*BayObLG,* FamRZ 1988, 1099; 86, 730; KG FamRZ 2000, 912). Das Gericht hat so lange Testierfähigkeit anzunehmen, solange es nicht von der Testierunfähigkeit überzeugt ist (*BayObLG,* FamRZ 1988, 1099, 1100). 99

Die eigenen Kenntnisse des Gerichts werden im allgemeinen nicht ausreichen, um die medizinischen Fragen der Testier(un)fähigkeit zu beurteilen. Deshalb ist ein Sachverständigengutachten eines **Nervenfacharztes** (nicht nur eines praktischen Arztes) einzuholen (*BGH,* FamRZ 1984, 1003; *OLG Köln,* FamRZ 1994, 1135 mwN; *BayObLG,* FamRZ 1998, 515). Damit der Sachverständige, der den Erblasser zu Lebzeiten nicht gekannt hat, die fachlichen Schlussfolgerungen ziehen kann, sind zunächst die konkreten auffälligen Verhaltensweisen des Erblassers – eventuell durch Zeugen – festzustellen, es ist Klarheit über den medizinischen Befund zu schaffen – idR durch den behandelnden Arzt als sachverständigen Zeugen – (*OLG Hamm,* OLGZ 89, 271; Rpfleger 1989, 23). Bestehen Zweifel darüber, ob ein Zeuge ein Zeugnisverweigerungsrecht hat, so kann ein Zwischenurteil ergehen, das mit der Beschwerde angefochten werden kann, § 387 ZPO. Die Frage, ob die Voraussetzungen der Testierunfähigkeit nach § 2229 IV BGB gegeben sind, ist im Wesentlichen tatsächlicher Natur (*BayObLG,* NJW-RR 2000, 6 = FamRZ 2000, 701).

Die Vernehmung von Zeugen und die Beurteilung ihrer Glaubwürdigkeit ist ureigene Aufgabe des Gerichts und nicht etwa des Sachverständigen. Dieser ist zur Zeugenvernehmung hinzuzuziehen, wenn es dafür auf seine Sachkunde ankommt (*BayObLG,* FamRZ 1985, 739; *BGH,* NJW 1962, 1770). Die Hinzuziehung empfiehlt sich schon wegen der Möglichkeit, dass der Sachverständige Fragen an die Zeugen stellen kann, vgl. auch § 404 a V ZPO.

Die Befugnis zur Entbindung von der **ärztlichen Schweigepflicht** ist unvererblich. Der Arzt hat nach dem **mutmaßlichen Willen** des Erblassers zu entscheiden; wobei davon ausgegangen werden kann, dass es dem mutmaßlichen Willen eines Erblassers entspricht, die Fragen der Wirksamkeit seines Testaments aufzuklären (*BGH,* NJW 1983, 2627; *BGHZ* 91, 396; *OLG Stuttgart,* OLGZ 83, 6). Das Sachverständigengutachten setzt grundsätzlich voraus, dass der zu begutachtende Sachverhalt (die sog. Anknüpfungstatsachen) vom Gericht selbst ermittelt wird (§ 404 a III ZPO). Das Gericht hat die Anknüpfungstatsachen selbst festzustellen und dem Sachverständigen als Grundlage seiner gutachterlichen Äußerung vorzugeben *(OLG Frankfurt,* NJW-RR 1998, 870, 871). 100

g) **Verhältnis zum Erbscheinsverfahren.** *aa)* **Ein Rechtsschutzbedürfnis** für die Feststellungsklage besteht, obwohl ein Erbscheinsverfahren anhängig gemacht werden könnte. Der vorhandene Erbschein bindet den Prozessrichter nicht (*BGHZ* 86, 41; NJW 1983, 277; *BGH,* FamRZ 2010, 1068. Vgl. zur Gesamtproblematik: *Zimmermann,* Das Verhältnis des Erbscheinsverfahrens zur Erbenfeststellungsklage, ZEV 2010, 457). 101

bb) Der Rechtsstreit über die Feststellung des Erbrechts kann nicht wegen des anhängigen Erbscheinsverfahrens gemäß § 148 ZPO ausgesetzt werden (*KG,* FamRZ 1968, 219).

cc) Der Erbschein erwächst nicht in Rechtskraft, wohl aber das ergehende Feststellungsurteil zwischen den Prozessparteien (*BGH,* FamRZ 2010, 1068).

h) **Zuständigkeit:** §§ 12, 13, 27 ZPO (Gerichtsstand der Erbschaft). **Streitwert:** Maßgebend ist gemäß § 3 ZPO das Interesse an der Feststellung. Bei der Feststellungsklage werden häufig 50 bis 80% der entsprechenden Leistungsklage angenommen (vgl. *Thomas/Putzo,* § 3 Rn. 65 Stichwort „Feststellungsklage"). 102

3. Die Anfechtung einer Verfügung von Todes wegen – §§ 2078 ff. BGB

a) **Vorrang der Auslegung.** Es gelten nicht die allgemeinen Vorschriften der §§ 119–124 BGB, sondern die Spezialregeln der §§ 2078 ff. BGB. Die Auslegung geht der Anfechtung vor. Erst wenn mit Hilfe der Auslegungsregeln der §§ 133, 2084 BGB der wirkliche oder hypothetische Wille des Erblassers 103 nicht festgestellt werden kann, sind die Voraussetzungen einer Anfechtung zu prüfen (*BGH*, NJW 1978, 264). Dem Erblasserwillen soll in erster Linie Geltung verschafft werden („Anfechtung kassiert, Auslegung reformiert").

104 b) **Anfechtungsgründe.** Wie § 119 I BGB sieht § 2078 I BGB eine Anfechtungsmöglichkeit vor bei **Erklärungs- und Inhaltsirrtum.** Wille und Erklärung des Erblassers decken sich nicht. Der Erblasser will nicht, was er tatsächlich erklärt hat.

Zwischen falscher Vorstellung des Erblassers und der Verfügung muss ein **Kausalzusammenhang** bestehen. Es muss festgestellt werden können, dass der Erblasser nach seiner **subjektiven Denkweise** die Verfügung bei **Kenntnis der wahren Sachlage** nicht getroffen hätte. Das objektive Moment der verständigen Würdigung des Falles – wie bei § 119 BGB – ist unerheblich. Zu prüfen ist also, ob die Verfügung – einmal existent – im Ergebnis vom Erblasser seinerzeit nicht doch gebilligt worden wäre.

105 Im Testamentsrecht ist, anders als bei § 119 II BGB, der **Motivirrtum ganz allgemein** ein Anfechtungsgrund und nicht nur der Eigenschaftsirrtum (§ 2078 II BGB). „Irrige Annahme" bezieht sich auf die Vergangenheit, „Erwartung des Eintritts oder Nichteintritts eines Umstandes" auf die Zukunft (*BGH,* NJW 1963, 247; *BayObLG,* Rpfleger 1984, 66; *BGH,* LM Nrn. 4 und 8 zu § 2078 BGB; FamRZ 1983, 898; *OLG München,* NJW 1983, 2577, *OLG Frankfurt,* FamRZ 1993, 613 mwN; *OLG Hamm,* FamRZ 1994, 849). Der Grund für die großzügige Zulassung des Motivirrtums als Anfechtungsgrund liegt darin, dass beim Testament auf die Interessen eines Erklärungsempfängers keine Rücksicht zu nehmen ist. Deshalb ist auch kein Ersatz des negativen Interesses vorgesehen.

Auch hier ist **Kausalzusammenhang** erforderlich: Es muss festgestellt werden können, dass der Erblasser **subjektiv** bei Kenntnis der wahren Sachlage oder der wirklichen Entwicklung der für die Motivierung maßgeblichen Umstände die Verfügung nicht getroffen haben würde.

Die Beweislast für den Irrtum trifft den Anfechtenden. Die Anhaltspunkte für den Willensmangel müssen sich nicht aus der Verfügung von Todes wegen selbst ergeben (*BGH,* NJW 1965, 584).

Drohung und Täuschung fallen unter § 2078 II BGB (Motivirrtum).

106 **Zum qualifizierten Irrtum im Motiv** bei Übergehung eines Pflichtteilsberechtigten vgl. § 2079 BGB. Das Gesetz geht davon aus, dass der Erblasser bei der Testamentserrichtung nicht mit dem Vorhandensein **weiterer Pflichtteilsberechtigter** beim Erbfall als der ihm (im Zeitpunkt der Testamentserrichtung) bekannten rechnet. Wenn er sich darin irrt (spätere Geburt, Eheschließung, Minderjährigenadoption), so wird **vermutet,** dass er bei vorausschauender Kenntnis einer solchen Veränderung den Pflichtteilsberechtigten nicht übergangen hätte. Für die Testamentserrichtung mit dem den betreffenden Pflichtteilsberechtigten nicht berücksichtigenden Inhalt war der Irrtum **kausal (Vermutung).** Wer die Kausalität leugnet und behauptet, das Testament wäre auch bei Kenntnis der späteren Pflichtteilsberechtigung **so** errichtet worden, hat die **Beweislast.**

Die **Wirkung der Anfechtung** reicht **nur soweit,** als der Anfechtungsberechtigte begünstigt wird. Er erlangt den **vollen gesetzlichen Erbteil.** Die Anfechtung wirkt nicht auch zu Gunsten anderer gesetzlicher Erben, zB nicht zu Gunsten von Ausgeschlossenen, weil die einzelne Verfügung nur insoweit von der Anfechtung erfasst wird, als sie sich nachteilig für den Pflichtteilsberechtigten auswirkt (*BayObLG,* NJW 1971, 1567).

107 c) **Anfechtungsberechtigt** ist jeder, dem die Anfechtung der Verfügung **unmittelbar zustatten kommt,** also bspw. der gesetzliche Erbe, der Ersatzerbe, der Beschwerte bei Vermächtnisanordnung. **Mehrere Anfechtungsberechtigte** sind je einzeln berechtigt. Der **Erblasser selbst hat kein Anfechtungsrecht, er kann das Testament widerrufen.** Anders beim **Erbvertrag:** Dort hat auch der Erblasser wegen der bestehenden Bindung ein Anfechtungsrecht (§§ 2281 ff. BGB). Das Gleiche gilt für das gem. § 2271 II BGB für den überlebenden Ehegatten bzw. eingetragenen Lebenspartner bindend gewordene wechselbezügliche Testament (§§ 2281 ff. BGB analog, BGHZ 37, 331).

d) **Die Anfechtungsfrist** beträgt **ein Jahr** seit Kenntnis vom Anfechtungsgrund (Erbfall, Berufungsgrund, Irrtum, Bedrohung), längstens 30 Jahre ab Erbfall (§ 2082 BGB).

Ausnahme: Einredeweise kann die Anfechtung bspw. gegen einen Vermächtnisanspruch auch nach Ablauf der Anfechtungsfrist geltend gemacht werden (§ 2083 BGB).

e) Die Anfechtungserklärung erfasst **alle Anfechtungsgründe,** wenn sie nicht auf einzelne beschränkt ist.

108 f) **Adressat der Anfechtungserklärung** ist **das Nachlassgericht,** soweit Erbeinsetzung, Enterbung, Testamentsvollstreckung oder Aufhebung einer solchen Anordnung betroffen ist (§ 2081 BGB), sonst **der Anfechtungsgegner,** dem der Vorteil unmittelbar entzogen wird (§ 143 I BGB), insbesondere bei **Vermächtnisanordnung** der Vermächtnisnehmer.

g) **Eine Form** ist für die Anfechtung nicht vorgeschrieben. Anders beim Erbvertrag und beim bindend gewordenen gemeinschaftlichen wechselbezüglichen Testament: § 2282 III BGB (notarielle Beurkundung); für den Erbvertrag direkte Anwendung, für das bindend gewordene wechselbezügliche Testament analoge Anwendung (BGHZ 37, 331).

h) Es tritt **rückwirkende Nichtigkeit** ein (§ 142 BGB), jedoch nur der **betreffenden Verfügung,** nicht des ganzen Testaments (§ 2085 BGB). 109

4. Die Sittenwidrigkeit

a) Verstößt der Inhalt einer Verfügung von Todes wegen gegen die guten Sitten, so ist sie **nichtig** (§ 138 I BGB). Die dem Erblasser gewährte **Testierfreiheit** findet hier ihre Grenze. Grundsätzlich ist der Erblasser befugt, ohne nähere Gründe von der gesetzlichen Erbfolge abzuweichen, das Pflichtteilsrecht sichert die nahen Angehörigen. Allerdings kommt in den gesetzlichen Erbrechten des Ehegatten und der Kinder des Erblassers eine **grundlegende rechtliche und sittliche Wertung** zum Ausdruck, die die Testierfreiheit begrenzen kann. Die Rechtsprechung hat am Beispiel des sog. „Geliebtentestaments" (Verheirateter Mann setzt unter Ausschluss seiner Ehefrau und seiner Kinder seine Geliebte zur Alleinerbin ein) Kriterien für die Sittenwidrigkeit eines Testaments erarbeitet. 110

b) Entscheidend für die Bewertung der Verfügung von Todes wegen ist deren **Gesamtcharakter,** für den sowohl Inhalt und Wirkungen als auch der Beweggrund des Erblassers und der verfolgte Zweck maßgebend sind (*BGHZ* 20, 71 [72]; 53, 369 [375]; 52, 17 [20]; *BGH,* FamRZ 1964, 140; FamRZ 1994, 162 = NJW 1994, 248 mit Anm. *Nieder* in: NJW 1994, 1264). Nach der Rechtsprechung des BGH kann die Zuwendung schon dann gültig sein, wenn **neben** einer erotischen Beziehung zu einem Partner auch **andere, achtenswerte Beweggründe maßgebend** waren, wenn die Verfügung **nicht allein die Belohnung** für den intimen Umgang oder die Bestärkung der Fortsetzung der Beziehung bezweckte (Beispiel: Unterstützung im Betrieb, Pflege im Krankheitsfall). Es kommt entscheidend auf die **Auswirkungen der Verfügung** für den Bedachten einerseits und für die **Zurückgesetzten** andererseits an (vgl. *OLG Düsseldorf,* FamRZ 1998, 583). 111

c) **Die Beweislast** für die Voraussetzungen der Sittenwidrigkeit trifft denjenigen, der sich darauf beruft (*BGHZ* 53, 369, 379). 112

d) **Als maßgebenden Zeitpunkt** für die Sittenwidrigkeit hat der BGH bei Änderung der Verhältnisse zwischen der Errichtung der Verfügung und dem Erbfall den Zeitpunkt der Testamentserrichtung angesehen (*BGHZ* 20, 71). Die kategorische Anwendung eines solchen Grundsatzes erscheint fraglich. Sollte beispielsweise der Erblasser, der im Zeitpunkt der Testamentserrichtung noch verheiratet war und seine nichteheliche Lebensgefährtin zur Alleinerbin eingesetzt hat, im Zeitpunkt des Erbfalls von seiner damaligen Ehefrau geschieden und mit der seinerzeitigen Lebensgefährtin verheiratet sein, so ist es kaum nachvollziehbar, das Testament dem Unwerturteil des § 138 BGB zu unterstellen.

5. Check-Liste für die Erbenfeststellungsklage 113

- Keine Gerichtsstandsvereinbarung
- Sachliche Zuständigkeit (Amtsgericht/Landgericht)
- Örtliche Zuständigkeit: §§ 12, 13, 27 ZPO
- Sind die Erben bzw. Erbprätendenten ordnungsgemäß vertreten?
- Hat das Nachlassgericht einen Erbschein erteilt?
- Wurde beim Nachlassgericht Antrag auf Einziehung des Erbscheins gestellt?
- Wurde Klage auf Herausgabe eines unrichtigen Erbscheins erhoben?
- Wurden alle Verfügungen von Todes wegen (Testament/Erbvertrag) an das Nachlassgericht abgeliefert und von dort eröffnet?
- Sind Ausschlagungsfristen noch offen?
- Ausschlagung form- und fristgerecht gegenüber Nachlassgericht (§§ 1944, 1945 BGB, 343, 344 FamFG)?
- Sind Anfechtungsfristen noch offen?
- Sind Anfechtungserklärungen
  - fristgerecht (§ 2082 BGB)?
  - formgerecht? (nur bei gemeinschaftl. Test. u. ErbV Beurkundung, § 2282 III BGB)
  - vom richtigen Anfechtungsberechtigten erklärt (§ 2080 BGB)?
  - gegenüber dem zuständigen Nachlassgericht abgegeben (§§ 2081 BGB, 343 FamFG)?
- Beweismittel:
  - Zeugen für Verhaltensauffälligkeiten des Erblassers
  - Notar als Zeuge über seine Wahrnehmungen, § 28 BeurkG (Befreiung von der Schweigepflicht: § 18 BNotO)
  - Behandelnder Arzt als sachverständiger Zeuge (Befreig. v. Schw.pfl. w. vermutet)
  - Psychiater als Sachverständiger
  - Urkunden, insbesondere Akten des Nachlassgerichts.

V. Die Erbauseinandersetzung

1. Erbengemeinschaft – Gesamthandsvermögen

a) Bei einer **Mehrheit von Erben** wird durch Gesetz eine **Gesamthandsgemeinschaft** am Nachlass begründet (**Erbengemeinschaft**). Zweck der gesamthänderischen Bindung ist die Absonderung der Nachlassbeteiligung des Erben von dessen sonstigem Vermögen und die Sicherung der Liquidation im Interesse der Erben und der Nachlassgläubiger. 114

b) Der Miterbe kann zwar über seinen Anteil am Nachlass **verfügen** (§ 2033 I BGB), nicht aber über den Anteil an einem einzelnen Nachlassgegenstand (§ 2033 II BGB).

115 c) **Der Wert des Anteils** realisiert sich bei der **Auseinandersetzung** der Erbengemeinschaft (**Auseinandersetzungsguthaben**) oder bei einer **Veräußerung** des Erbteils (§§ 2371 ff., 2033 I BGB).

d) Weil die Erbengemeinschaft der Auflösung zustrebt und nicht anderen, dauernden Zwecken dient, kann **grundsätzlich jeder Miterbe die Auseinandersetzung** des Nachlasses verlangen (§ 2042 BGB). **Ausnahmen:**

- Die Miterben können einen Auseinandersetzungsausschluss **vereinbaren,**
- Der Erblasser kann einen Teilungsausschluss auf Dauer oder auf Zeit anordnen – er wirkt nur im Rahmen des § 137 BGB schuldrechtlich; die Erben können sich einvernehmlich darüber hinwegsetzen (*BGHZ* 40, 115; 56, 275).
- Ordnet der Erblasser **Testamentsvollstreckung zur Verwaltung** des Nachlasses oder eines Teils davon an zur Erhaltung einer Wirtschaftseinheit (bspw. Unternehmen), so ist die Auseinandersetzung für die Dauer der Testamentsvollstreckung ebenfalls ausgeschlossen.

e) Der Erbteil ist **pfändbar** (§§ 859 II, 857 ZPO). Auf diese Weise kann ein Nachlassgläubiger die Auseinandersetzung betreiben, § 1258 II BGB (Zustellung des Pfändungsbeschlusses an die übrigen Miterben als Drittschuldner).

2. Die Nachlassauseinandersetzung im einzelnen

116 Die Erbengemeinschaft ist ihrer Natur nach eine **Liquidationsgemeinschaft.** Es gilt der Grundsatz der Vorwegerfüllung der Nachlassverbindlichkeiten (§ 2046 BGB). Soweit erforderlich, ist der Nachlass zu versilbern (§ 2046 III BGB). Der Überschuss gebührt den Erben nach dem Verhältnis der Erbteile (§ 2047 BGB) und unter Berücksichtigung der Ausgleichungspflichten (§§ 2050 ff. BGB). **Die Art und Weise** der Teilung erfolgt

- nach den Anordnungen des Erblassers, gegebenenfalls durch Testamentsvollstrecker (§§ 2048, 2049, 2204 BGB). Die Teilungsanordnung nach § 2048 BGB ist lediglich schuldrechtlicher Natur; deshalb können sich die Erben einvernehmlich über sie hinwegsetzen. Zur sog. „überquotalen Teilungsanordnung" siehe *Siegmann* in: ZEV 1996, 47 ff. Literatur zur Problematik der Abgrenzung von Teilungsanordnung und (Voraus)Vermächtnis: *BGHZ* 36, 115; 82, 274 [279]; *BGH,* NJW 1985, 51 [52]; FamRZ 1990, 396; 1995, 228; *OLG Braunschweig.* ZEV 1996, 69.
- nach den **Vereinbarungen** der Erben;
- nach den gesetzlichen Teilungsvorschriften: §§ 2042, 750–758 BGB.
- **subjektiv:** Übertragung des Erbteils eines Miterben auf die übrigen (§§ 2371 ff.; 2033 BGB);
- **objektiv:** Nur hinsichtlich eines Teils der Nachlassgegenstände.

Ein Anspruch auf eine **teilweise** Auseinandersetzung besteht **grundsätzlich** nicht. Unter dem Gesichtspunkt von Treu und Glauben kann aber unter Umständen eine Teilauseinandersetzung verlangt werden.

3. Nachlassauseinandersetzungsvertrag

117 Zu unterscheiden sind auch hier das **Verpflichtungsgeschäft** und das **Erfüllungsgeschäft.**

a) Die Miterben schließen einen **Auseinandersetzungsvertrag,** der die **Verpflichtung** zur Teilung des Nachlasses in einer bestimmten Art und Weise zum Gegenstand hat. Bezüglich der einzelnen zum Nachlass gehörenden Vermögensgegenstände wird die Verpflichtung begründet, sie auf einen der Miterben zu Eigentum bzw. Inhaberschaft zu übertragen. Der Vertrag ist **grundsätzlich formfrei,** es sei denn, dass formgebundene Verpflichtungen, bspw. zur Übertragung eines Nachlassgrundstücks oder eines GmbH-Anteils enthalten sind (§ 311 b BGB; § 15 GmbHG). Betreuungsgerichtliche, familiengerichtliche und sonstige Genehmigungserfordernisse sind zu beachten (§§ 1822, 1821, 1643 BGB).

118 b) Die **Erfüllung** – Übertragung der einzelnen Nachlassgegenstände auf den betreffenden Miterben – erfolgt nach **sachenrechtlichen Grundsätzen.** Auf der Veräußererseite handeln **alle** Miterben (Gesamthand, § 2040 I BGB).

c) Wenn ein Miterbe einzelne Nachlassgegenstände gegen Abfindung übernimmt (Abschichtung), gelten die Grundsätze des **gegenseitigen Vertrags** (*BGH,* LM Nr. 2 zu § 2040 BGB). Diese Form der Auseinandersetzung ist vom BGH anerkannt (ZEV 2011, 38; NJW 2005, 284 = ZEV 2005, 22; FamRZ 1998, 673 = ZEV 1998, 114).

4. Die gesetzlichen Teilungsvorschriften

119 a) **Grundsatz: Teilung in Natur** (§§ 2042 II, 752 BGB), wenn sich der Nachlassgegenstand ohne Verminderung seines Wertes in gleichartige, den Anteilen entsprechende Teile zerlegen lässt, Beispiel:

Bargeld, Forderungen; nicht: Grundstück, weil Teilgrundstücke verschiedene örtliche (wertbildende) Lagen haben.

b) Ist Teilung **in Natur ausgeschlossen,** erfolgt Verkauf beweglicher Sachen nach den Vorschriften über den **Pfandverkauf,** §§ 1233 ff. BGB; bei Grundstücken durch **Zwangsversteigerung (Teilungsversteigerung),** §§ 180 ff. ZVG (ohne Titel: § 181 ZVG, § 753 BGB). Der **Erlös** als Surrogat des Grundstücks (§ 2041 BGB) kann in Natur verteilt werden (§ 752 BGB). 120

c) **Nichtteilbare Forderungen** sind einzuziehen, nicht einziehbare zu verkaufen (§ 754 BGB). 121

d) Für den **Bestand des Nachlasses** ist der Zeitpunkt der Auseinandersetzung maßgebend, also einschließlich des Verwaltungsergebnisses (insbesondere Surrogation des § 2041 BGB), und nicht etwa der Zeitpunkt des Erbfalls! 122

e) Der Erblasser kann bestimmen, dass die Auseinandersetzung ausgeschlossen sein soll, § 2044 BGB. Er kann auch vom Gesetz abweichende Auseinandersetzungsregeln vorsehen (Teilungsanordnung, § 2048 BGB), vgl. oben Rn. 102. 123

5. Die Ausgleichung

Grund der Ausgleichung ist der vom Gesetz vermutete Wille des Erblassers, seine Abkömmlinge an der Rechtsnachfolge in sein Vermögen (zu Lebzeiten und nach seinem Tod) gleichmäßig teilhaben zu lassen; der Grundsatz aus § 1924 IV BGB – „Kinder erben zu gleichen Teilen" – wird im Ausgleichungsrecht fortgesetzt. **Vorempfänge** einer bestimmten Art gelten daher grundsätzlich als auf den künftigen Erbteil erfolgt. 124

Ausgleichung bedeutet nur eine **rechnerische Einbeziehung** der zu Lebzeiten erhaltenen Vermögenswerte in die Teilung **unter den Abkömmlingen,** eine Modalität der Berechnung der endgültigen Anteile am effektiven Nachlass (Auseinandersetzungsguthaben) und damit eine **Veränderung des Verteilerschlüssels.**

a) **Wer** hat auszugleichen? 125

- **Abkömmlinge** sind ausgleichspflichtig
  - **als gesetzliche Erben** (unbedingt), § 2050 BGB;
  - **als testamentarische Erben,** wenn die Erbteile den gesetzlichen entsprechen oder doch in solchem Verhältnis zueinander stehen (im Zweifel § 2052 BGB). Grundsätzlich sind nur diejenigen Vorempfänge auszugleichen, die der Abkömmling zu Lebzeiten vom Erblasser selbst erhalten hat. Anders aber, wenn die Eltern ein „Berliner Testament" (§ 2269 BGB) oder einen entsprechenden Erbvertrag gem. § 2280 BGB errichtet hatten: Hier ist im Sinne des Ausgleichsrechts auch der vorverstorbene Elternteil als Erblasser anzusehen. Man spricht vom „erweiterten Erblasserbegriff" (*BGH,* NJW 1982, 43; *BGHZ* 88, 102 = NJW 1983, 2875). Dies gilt aber nicht im Pflichtteilsrecht.
- **Eintretende oder durch Erhöhung bzw. Anwachsung begünstigte Abkömmlinge** sind an Stelle der Vormänner ausgleichspflichtig. Sie sollen **insgesamt** die „Stammportion" erhalten (§ 2051 I BGB).
- **Den Ersatzerben** trifft eine Ausgleichungspflicht nach §§ 2051 II, 2096 BGB.

b) **Was** ist auszugleichen? 126

- **Ausstattungen** ohne weiteres, etwas anderes müsste bestimmt sein (§ 2050 I; Begriff der Ausstattung: § 1624 BGB). Beachte: Die Ausstattung ist keine Schenkung. Sie beinhaltet vielmehr eine causa sui generis (Ausstattungscausa = Existenzhilfe).
- **Übermaß an Zuschüssen zu den Einkünften** zum Zweck der Bestreitung der laufenden Ausgaben (§ 2050 II BGB).
- **Übermaß an Berufsausbildungskosten** (§ 2050 II BGB).
- **Andere Zuwendungen,** insbesondere Schenkungen, falls die Ausgleichungspflicht bei der Zuwendung angeordnet wurde (§ 2050 III BGB). Die Anordnung muss für den Empfänger erkennbar sein (damit er die Zuwendung zurückweisen könnte). Formulierung im Schenkungsvertrag: „Die Schenkung ist auf den Tod des Schenkers auszugleichen."
- **Zahlungen** des Vaters an ein nichteheliches Kind vor dem 1. 4. 1998 auf einen beabsichtigten aber nicht zustandegekommenen vorzeitigen Erbausgleich (Art. 227 II EGBGB).

Nachträgliche Anordnung der Ausgleichungspflicht ist möglich: Erfolgt sie **testamentarisch,** so liegt darin eine Vermächtnisanordnung zugunsten der anderen Abkömmlinge; erfolgt sie **unter Lebenden,** so kommt sie einem teilweisen Erbverzicht gleich und bedarf deshalb der notariellen Beurkundung: § 2348 BGB. 127

Ausschluss der Ausgleichungspflicht:

Soll die Ausgleichung **von vornherein** ausgeschlossen sein, so genügt eine abweichende Anordnung des Erblassers bei der Zuwendung (§ 2050 I letzter Hs. BGB).

Nachträglicher Ausschluss kann auf zwei Arten erfolgen:

- **testamentarisch:** Er stellt eine Vermächtnisanordnung zugunsten des betreffenden Abkömmlings dar.

- **unter Lebenden:** Aufhebung des Ausstattungsvertrags und Neuabschluss unter Ausschluss der Ausgleichungspflicht (str.; vgl. *RGZ* 90, 419).

128 c) **Wie wird ausgeglichen?** – § 2055 BGB.

aa) Die Erbteile der an der Ausgleichung **nicht teilnehmenden Erben,** insbesondere der Erbteil des **überlebenden Ehegatten,** werden berechnet und **vorweg abgezogen.**

bb) **Der Rest** verbleibt für die **Abkömmlinge.** Dem so ermittelten Nachlass werden **sämtliche Ausgleichungspositionen zugerechnet.** Dies ergibt die **rechnerische Teilungsmasse.** Sie wird nach Erbquoten geteilt, der jeweilige Vorempfang wird darauf beim betreffenden Miterben angerechnet.

129 *cc)* Maßgebend ist der **Wert zur Zeit der Zuwendung.** Spätere Wertänderungen und Erträge bleiben ohne Ansatz. Allerdings ist der **Kaufkraftschwund des Geldes** zu berücksichtigen (*BGH,* NJW 1975, 1831; *BGHZ* 65, 75). Der ausgleichungspflichtige Wert errechnet sich nach folgender Formel:

Wert im Zeitpunkt der Zuwendung × Lebenshaltungskostenindex im Zeitpunkt der Auseinandersetzung/Lebenshaltungskostenindex im Zeitpunkt der Zuwendung

(Quelle der Indexzahlen: Statistisches Jahrbuch, abgedruckt in NJW und FamRZ und bei *Palandt* zu § 1376).

Der Erblasser kann bei der Zuwendung den anzurechnenden Wert festsetzen; eine solche Anordnung kann sich auch aus den Umständen des Falles ergeben (*OLG Hamm,* MDR 1966, 330; *Werner,* DNotZ 1978, 66).

130 *dd)* **Keine Rückgabe des Mehrempfangs** (§ 2056 BGB): Stellt sich bei der Berechnung des Auseinandersetzungsguthabens unter Einschluss aller ausgleichungspflichtigen Vorempfänge heraus, dass ein Miterbe **zu Lebzeiten des Erblassers** schon mehr erhalten hat als ihm nach dem Erbfall zustehen würde, so ist der betreffende Miterbe zur Rückzahlung **nicht verpflichtet.** Darin zeigt sich die Rechtsnatur der Ausgleichung als bloße **Veränderung des Verteilerschlüssels.** Unter Wegfall des betreffenden Miterben wird neu gerechnet (§ 2056 Satz 2 BGB).

131 d) **Die Beweislast** für das Bestehen einer Ausgleichungspflicht trifft im Prozess denjenigen, der die Ausgleichung verlangt. Den Ausschluss hat zu beweisen, wer sich darauf beruft (*Palandt/Weidlich,* BGB, § 2050 Rn. 5).

e) **Auskunftspflicht** hat bezüglich der Vorempfänge jeder Miterbe gegenüber den anderen Erben (§ 2057 BGB).

132 f) **Ausgleichung für besondere Leistungen** – § 2057 a BGB

Hat ein Abkömmling für den Erblasser besondere Leistungen erbracht, bspw. durch Mitarbeit im elterlichen Haushalt oder durch Pflege des Erblassers, so kann er von den Abkömmlingen, die mit ihm zusammen Erben werden, einen Ausgleich bei der Nachlassauseinandersetzung verlangen, sofern er kein – angemessenes – Entgelt dafür erhalten hat.

Durchführung der Ausgleichung (§ 2057 a IV BGB):

- Von der den ausgleichungspflichtigen Abkömmlingen verbleibenden Teilungsmasse ist der nach § 2057 a BGB auszugleichende Betrag abzuziehen.
- Von dem verbleibenden Betrag sind die Erbteile der Abkömmlinge zu berechnen.
- Zu dem für den ausgleichsberechtigten Abkömmling errechneten Erbteil ist der Ausgleichungsbetrag hinzuzurechnen.

6. Erbteilungsklage

133 a) Jeder Miterbe kann nach § 2042 BGB grundsätzlich jederzeit die Auseinandersetzung des Nachlasses verlangen. Diesen **Auseinandersetzungsanspruch** kann er durch **Klage auf Zustimmung zu einem Teilungsplan** (= Teilungsvertrag) geltend machen. Gerichtsstand: §§ 12, 13, 27 ZPO. Die Klage richtet sich auf den Abschluss eines **bestimmten Erbteilungsvertrags,** dh auf Zustimmung zu diesem Vertrag, und gegebenenfalls auf Abgabe etwa erforderlicher Grundbucherklärungen (Eintragungsbewilligung, § 19 GBO). Der Erbteilungsvertrag ist die Erfüllung des Auseinandersetzungsanspruchs, den § 2042 I BGB gewährt, dh das kausale Rechtsverhältnis ist bereits im Gesetz geregelt, es bedarf lediglich noch der Erfüllung.

b) Die Erbteilungsklage setzt voraus, dass der Nachlass **teilungsreif** ist (*BGH*, FamRZ 1984, 688; *OLG Koblenz*, FamRZ 2006, 40 m. Anm. *Bergschneider* in FamRZ 2006, 43; *OLG Karlsruhe*, NJW 1974, 956; *LG Erfurt*, ZEV 1998, 391). Das ist nicht der Fall, wenn die Parteien über den **Umfang des Nachlasses** streiten oder wenn die Nachlassverbindlichkeiten nicht erfüllt sind (für die parallele Regelung bei der Gütergemeinschaft in § 1475 I BGB: *OLG Oldenburg,* FuR 2011, 179).

134 c) Da gemäß § 253 II 2 ZPO ein bestimmter Antrag zu stellen ist, muss ein Teilungsplan vorgelegt werden, der allen Teilungsregeln entspricht – Anordnungen des Erblassers, § 2048 BGB, Vereinbarungen der Miterben, gesetzliche Auseinandersetzungsvorschriften. Der Richter darf – abgesehen von § 139

ZPO – nicht in den Plan eingreifen („ne ultra petita", § 308 I ZPO). Er hat über den gestellten Antrag zu entscheiden (*KG*, NJW 1961, 733; *Palandt/Weidlich*, BGB § 2042 Rn. 16). Kann der Klage zu den Bedingungen des vorgelegten Teilungsplans nicht entsprochen werden, empfiehlt sich die Stellung entsprechender Hilfsanträge. Eine Abweichung vom eingeklagten Plan wäre prozessual als aliud anzusehen und nicht als minus.

d) Es handelt sich um eine **Leistungsklage auf Abgabe einer Willenserklärung** (Zustimmung zum Erbteilungsvertrag). Mit Rechtskraft des Urteils wird die Zustimmung der beklagten Miterben ersetzt (§ 894 ZPO). Die Klage kann auch zugleich auf Abgabe etwa erforderlicher Grundbucherklärungen (Eintragungsbewilligung, § 19 GBO) gerichtet werden (*Soergel/Wolf*, § 2042 Rn. 7–10). 135

e) Bedarf der Erbteilungsvertrag der **Genehmigung des Betreuungsgerichts** oder des Familiengerichts (§ 1643 BGB), so ist diese vom Kläger **vor der Entscheidung** beizubringen. 136

f) Die Formulierung eines Klageantrags für einen Teilungsplan macht in der Praxis große Schwierigkeiten. Außerdem sind innerhalb des Planes oft nur einzelne Detailfragen streitig. Deshalb macht die Rechtsprechung eine Ausnahme von der grundsätzlichen Subsidiarität der Feststellungsklage gegenüber der Leistungsklage (*BGH*, NJW-RR 1990, 1220) und lässt die Feststellungsklage (§ 256 I ZPO) zur Vorbereitung der Nachlassteilung zu (*OLG Düsseldorf*, ZEV 1996, 395). 137

g) Check-Liste für Erbteilungsklage 138

- Gerichtsstandsvereinbarung?
- Sachliche Zuständigkeit (Amtsgericht/Landgericht)
- Örtliche Zuständigkeit: §§ 12, 13, 27 ZPO
- Ordnungsgemäße Vertretung der Erben
- Klärung der Erbfolge (Erbschein/notarielles Testament/Erbvertrag/Feststellungsurteil)
- Vollständigkeit des Aktiv-Nachlasses
- Erfüllung aller Verbindlichkeiten (§ 2046 BGB), einschl. Pflichtteilen u. Vermächtnissen (§ 1967 II BGB)
- Rückstellungen für noch nicht erfüllbare Verbindlichkeiten
- Auseinandersetzungsvereinbarung der Erben
- Auseinandersetzungsausschluss (§§ 2042 I, 2044 BGB)
- Teilungsanordnung des Erblassers (§ 2048 BGB)
- Gesetzliche Teilungsvorschriften (§ 2042 II BGB)
- Ausgleichungspflichtige Vorempfänge (§§ 2050 ff. BGB) und deren Indexierung auf den Tag der letzten mündlichen Verhandlung (nicht Todestag!)
- Behördliche Genehmigungen vor Urteilsverkündung einholen
- Güterrechtliche Zustimmungen vor Urteilsverkündung einholen.

7. Vermittlung durch das Nachlassgericht

Jeder Miterbe kann beim Nachlassgericht die Vermittlung der Auseinandersetzung beantragen (§§ 363 ff. FamFG „Teilungssachen"). Das Nachlassgericht darf nur vermitteln, nicht entscheiden. Ein vom Nachlassgericht bestätigter Auseinandersetzungsplan hat die Wirkung eines Auseinandersetzungsvertrags (§§ 368 I, 371 I FamFG) und ist Vollstreckungstitel (§ 371 II FamFG). 139

8. Auseinandersetzung durch Testamentsvollstrecker

Ist Testamentsvollstreckung angeordnet (§§ 2197 ff. BGB), so obliegt gemäß § 2204 BGB dem Testamentsvollstrecker die Durchführung der Nachlassauseinandersetzung, sofern nicht der Erblasser etwas anderes bestimmt hat. Er ist dabei nicht an die Weisungen der Miterben gebunden, sondern hat die Anordnungen des Erblassers und die gesetzlichen Teilungsvorschriften zu beachten. 140

9. Beispiel einer Teilung (unter den Erben vereinbart)

Erben sind die Witwe zu 1/4 (Gütertrennung) und die Kinder A, B und C zu je 1/4 141

A) Nachlassbestand (zur Zeit der Teilung)	
I. Grundstücke:	Schätzwert
1. Flst. Nr. 1	50.000,– EUR
2. Flst. Nr. 2	70.000,– EUR
3. Flst. Nr. 3	90.000,– EUR
II. Bewegliche Sachen:	
1. Pkw	30.000,– EUR
2. Mobiliar	10.000,– EUR
III. Forderungen:	
1. Sparguthaben	20.000,– EUR
2. Sparkassenbriefe	40.000,– EUR
3. Darlehensforderung	10.000,– EUR
Rohnachlass	320.000,– EUR

IV. Verbindlichkeiten	
1. Valuta auf Grundschuld	10.000,– EUR
2. Grabstein	10.000,– EUR
3. Schadensersatzforderungen des X	20.000,– EUR
	40.000,– EUR
Summe I.–III.	320.000,– EUR
Summe IV.	40.000,– EUR
Reinnachlass	280.000,– EUR

B) Anspruchsberechnung

I. Reinnachlass	280.000,– EUR
II. Gesetzlicher Erbteil der Witwe ¼	70.000,– EUR
	210.000,– EUR
III. Ausgleichungspflichtige Vorempfänge Addition nach erfolgter Indexierung	
1. Kind A	20.000,– EUR
2. Kind B	40.000,– EUR
Rechnerische Teilungsmasse für die Abkömmlinge	270.000,– EUR
IV. Erbteile der Kinder A–C	
1. Kind A: ⅓ aus 270.000,– =	90.000,– EUR
./. ausgl. pfl. Vorempfang	20.000,– EUR
Auseinandersetzungsguthaben des Kindes A	70.000,– EUR
2. Kind B: ⅓ aus 270.000,– =	90.000,– EUR
./. ausgl. pfl. Vorempfang	40.000,– EUR
Auseinandersetzungsguthaben des Kindes B	50.000,– EUR
3. Kind C: ⅓ aus 270.000,– = Auseinandersetzungsguthaben des Kindes C = 90.000,– EUR	
Summe der Auseinandersetzungsguthaben = effektive Teilungsmasse (s. oben A)	280.000,– EUR

C) Auseinandersetzungsplan: (zwischen den Erben vereinbart)

Auseinandersetzungsguth.:	Zuteilung:		
1. Witwe	70.000,– EUR	a) Mobiliar	10.000,– EUR
		b) Fordg. A. III	70.000,– EUR
		c) Flst. Nr. 1	50.000,– EUR
			130.000,– EUR
Sie erhält zuviel: 60.000,– EUR und hat deshalb zu zahlen an			
		a) die Gläubiger nach A./IV.	40.000,– EUR
		b) das Kind C	20.000,– EUR
2. Kind A	70.000,– EUR	Flst. Nr. 3	90.000,– EUR
Es erhält zuviel: 20.000,– EUR und hat deshalb zu zahlen an das Kind B		20.000,– EUR	
3. Kind B	50.000,– EUR	a) Pkw	30.000,– EUR
		b) von A zur Gleichstellg.	20.000,– EUR
			50.000,– EUR
4. Kind C	90.000,– EUR	a) Flst. Nr. 2	70.000,– EUR
		b) von Witwe z. Gleichstellg.	20.000,– EUR
			90.000,– EUR

VI. Die Erbenhaftung

1. Die Haftung des Alleinerben

142 **a) Ausgangssituation.** Obwohl § 1922 I BGB den nahtlosen Übergang aller aktiven und passiven Vermögenswerte des Erblassers auf den Erben vorsieht und § 1967 BGB lapidar bestimmt, dass der Erbe für die **Nachlassverbindlichkeiten** haftet, lassen sich die damit verbundenen Fragen der Veränderung bestehender Rechtsbeziehungen nicht ohne weiteres beantworten. Der Erbe, dem der Nachlass „über Nacht" zugefallen ist, verfügt ebenfalls über aktives und passives Vermögen, auch er hat Gläubiger. Die **widerstreitenden Interessen** von zumindest drei Gruppen sind zu regeln:

- **Die Gläubiger des Erblassers** haben ein Interesse daran, dass ihnen der aktive Nachlass als Haftungsgrundlage weiterhin zur Verfügung steht und nicht etwa Gläubiger des Erben darauf zugreifen.
- **Die Gläubiger des Erben** sind daran interessiert, dass ihnen das bisherige aktive Vermögen des Erben als Haftungsgrundlage verbleibt und nicht die Gläubiger des Erblassers ihnen ihr Recht streitig machen.

• **Der Erbe** will nicht plötzlich mit seinem bisherigen Vermögen (Eigenvermögen) für Schulden des Erblassers haften, wenn der aktive Nachlass nicht für alle Nachlassgläubiger ausreicht.

Das wäre nicht so problematisch, wenn Nachlass einerseits und bisheriges Vermögen des Erben andererseits rechtlich getrennte Vermögensmassen blieben. Dies ist aber gerade nicht der Fall. Das Gesetz ist mit § 1922 BGB den Weg der **Vermögensverschmelzung** gegangen: Bisheriges Vermögen des Erben und Nachlass stehen ab dem Erbfall **einem Rechtssubjekt,** dem Erben, zu. **Im Grundsatz** führt die Gesamtrechtsnachfolge dazu, dass den **Gläubigern des Erblassers** mit dem Erbfall auch das bisherige Vermögen des Erben haftet, und den Gläubigern des Erben auch der Nachlass. 143

b) Haftungsbeschränkungsmaßnahmen. Nur **ausnahmsweise,** durch im Gesetz im Einzelnen geregelte **Haftungsbeschränkungsmaßnahmen,** kann der Erbe die Haftung für Nachlassschulden auf den Nachlass beschränken: **Grundsatz der beschränkbaren Erbenhaftung.** (Schlagwort: Der Erbe haftet vorläufig unbeschränkt, aber beschränkbar.) 144

Haftungsbeschränkungsmaßnahmen sind im Wesentlichen
• **die Nachlassverwaltung** als Sonderfall der Nachlasspflegschaft (§ 1975 BGB),
• **das Nachlass-Insolvenzverfahren** (§§ 315–331 InsO),
• **die Einrede der Dürftigkeit** des Nachlasses (§§ 1990 ff. BGB),
• die **Überschwerungseinrede** (§ 1992 BGB),
• für den Miterben die **Einrede des ungeteilten Nachlasses** (§ 2059 I BGB).

c) **Inventar und Aufgebot.** Dem Erben stellen sich zunächst zwei dringende Fragen: 145
• Welche Vermögenswerte gehören überhaupt zum aktiven Nachlass und welchen Wert haben sie?
• Welche Verbindlichkeiten treffen den Nachlass und wie sind sie – wenn es sich nicht um Geldschulden handelt – zu bewerten?

Von der Beantwortung dieser Fragen hängt sein **Haftungsrisiko** ab. Das Gesetz hält dafür Lösungsansätze bereit: **Inventarerrichtung** (§§ 1993 ff. BGB) und **Gläubigeraufgebot** (§§ 1970–1974 BGB; §§ 454 ff. FamFG). Sie sind **keine** Haftungsbeschränkungsmaßnahmen, können solche aber **vorbereiten.**

d) Haftung vor Erbschaftsannahme. Die Erbenstellung ist bis zur Annahme der Erbschaft nur vorläufig. Schlägt der Erbe die Erbschaft aus, so gilt der Anfall an ihn als nicht erfolgt (§§ 1942, 1953 I BGB). Dann hat sich das Haftungsproblem für ihn erledigt. 146

Vor der Annahme der Erbschaft kann ein gegen den Nachlass gerichteter Anspruch gegen den Erben **nicht gerichtlich** geltend gemacht werden (§ 1958 BGB – **Prozessvoraussetzung,** die von Amts wegen zu beachten ist, §§ 239 V, 778, 779 ZPO). Die Klage gegen den Erben ist vor der Erbschaftsannahme im **Passiv-Prozess unzulässig** (§ 1958 BGB).

Trotz Mahnung tritt **kein Schuldnerverzug** ein (§ 286 BGB).

e) **Haftung nach Erbschaftsannahme.** *aa)* **Auch nach Annahme** der Erbschaft steht dem Erben die **Einrede** zu, die Erfüllung einer Nachlassverbindlichkeit **innerhalb der ersten drei Monate** nach Erbschaftsannahme zu verweigern, (§ 2014 BGB – **Dreimonatseinrede**). Ergänzt wird die Vorschrift durch § 305 I ZPO: Im Prozess führt die Geltendmachung der Einrede zur Aufnahme des Vorbehalts der beschränkten Erbenhaftung in das Urteil. Daneben hat sich der Erbe mit entsprechendem Prozessantrag die Beschränkung seiner Haftung auf den Nachlass nach § 780 I ZPO vorbehalten zu lassen. 147

Tenorierungsbeispiel (nach der üblichen Urteilsformel):

„Dem Beklagten bleibt die Geltendmachung seiner Rechte aus § 2014 BGB sowie die Beschränkung seiner Haftung auf den Nachlass des Erblassers (......) vorbehalten."

bb) Für die **Zwangsvollstreckung** gilt § 782 ZPO: Aufgrund des Vorbehalts ist eine etwaige Zwangsvollstreckung auf reine **Sicherungsmaßnahmen** (Pfändung ohne Verwertung) zu beschränken. Durchgesetzt wird der Vorbehalt mit der **Vollstreckungsgegenklage** (§§ 785, 767 ZPO). 148

cc) Eine weitere **Schonungseinrede** während des laufenden Gläubiger-Aufgebotsverfahrens gewährt § 2015 BGB. Auch hierfür ist ein Vorbehalt gem. § 305 I ZPO und ein solcher nach § 780 I ZPO in das Urteil aufzunehmen – es gilt Entsprechendes wie bei § 2014 BGB (vgl. zuvor Rn. 147).

f) **Die Nachlassverbindlichkeiten im Einzelnen.** § 1967 II BGB enthält bereits eine Aufgliederung: 149
• die vom Erblasser herrührenden Schulden (**Erblasserschulden**), dazu gehört auch die **Zugewinnausgleichsforderung** des überlebenden Ehegatten (§ 1371 II, III BGB; *BGHZ* 37, 64),
• die **Erbfallschulden,** wie Pflichtteile, Vermächtnisse, Auflagen; aber auch Bestattungskosten einschließlich Grabmal (§ 1968 BGB); weiter auch
• **Nachlasskosten und Nachlassverwaltungsschulden,** wie
Kosten der Testamentseröffnung, der Nachlasspflegschaft und dergleichen, Verbindlichkeiten aus Verwaltungshandlungen eines Nachlasspflegers, Nachlassverwalters etc. für den Nachlass, auch des vorläufigen oder endgültigen Erben bei privater Nachlassabwicklung in den Fällen der §§ 1990, 1992 BGB;
• **Nachlass-Erben-Schulden** resultierend aus Verwaltungshandlungen des Erben; hier haften sowohl der Erbe (aus rechtsgeschäftlicher Handlung) als auch der Nachlass, dh der Erbe haftet für diese Verbind-

lichkeiten unbeschränkt. Diese Rechtsfolge ergibt sich aus allgemeinem Vertrags- und Schuldrecht und bedarf deshalb keiner besonderen Erwähnung im Gesetz. Aus diesem Grund kommt der Begriff der „Nachlasserbenschuld" im Gesetz nicht vor, obwohl sie im Laufe der Zeit die häufigste Art der Nachlassverbindlichkeit wird – durch Verwaltungshandlungen des Erben.

Eine exakte Differenzierung ist erforderlich, weil eine Haftungsbeschränkung nur für Nachlassverbindlichkeiten in Betracht kommt, nicht aber für Verbindlichkeiten, die den Erben schon vor dem Erbfall getroffen haben (sogenannte Eigenverbindlichkeiten).

150 g) **Die Nachlassverwaltung.** *aa)* Mit der Nachlassverwaltung räumt das Gesetz dem Erben die Möglichkeit ein, die Vermögensmassen – Nachlass und Eigenvermögen – wieder zu trennen, um auf diese Weise eine Haftungsbeschränkung zu erreichen (**Gütersonderung**). Das **Nachlassgericht** ordnet sie auf Antrag an (§ 1981 BGB). Funktionell zuständig ist der **Rechtspfleger** (§§ 3 Nr. 2c, 16 I Nr. 1 RPflG).

151 *bb)* Der Nachlassverwalter hat die Rechtsstellung einer **Partei kraft Amtes** (hM *RGZ* 135, 307; 151, 62). Im Prozess ist er **gesetzlicher Prozessstandschafter.** Der Erbe **verliert die aktive und passive Prozessführungsbefugnis** (§ 1984 I BGB). Die durch den Tod des Erblassers unterbrochenen Prozesse nimmt der Nachlassverwalter auf (§§ 239, 246 ZPO).

152 *cc)* **Er hat Verwaltungs- und Verfügungsbefugnis über den Nachlass** (§§ 1984 I 1, 1985 I BGB). Rechtshandlungen des Erben sind ab der Anordnung der Nachlassverwaltung **absolut unwirksam** (§ 1984 I 2 BGB; § 81 InsO). Hauptaufgabe ist die Erfüllung der Nachlassverbindlichkeiten (§§ 1985 I, 1986 I BGB), nicht die Nachlassauseinandersetzung (*BayOLGZ* 25, 454).

153 *dd)* Die Verwaltung erstreckt sich auf den gesamten Nachlass, **soweit er der Zwangsvollstreckung unterliegt,** entsprechend § 811 ZPO, §§ 35, 36 InsO. Im Grundbuch ist sie als Verfügungsbeschränkung in Abteilung II eintragbar.

154 h) **Das Nachlassinsolvenzverfahren.** Die Insolvenzordnung (InsO) vom 5. 10. 1994 (BGBl. I 2866) sieht für das Nachlassinsolvenzverfahren in §§ 315–331 InsO im Wesentlichen folgende Regelungen vor:

- Es besteht eine Konzentration in der Zuständigkeit: Dasjenige Amtsgericht ist Insolvenzgericht für einen ganzen Landgerichtsbezirk, wo der Sitz des betreffenden Landgerichts ist (§ 2 InsO). Entscheidend ist der allgemeine Gerichtsstand des Erblassers zur Zeit seines Todes (§ 315 InsO).
- Es gibt drei Insolvenzgründe (§ 320 InsO):
  - Überschuldung,
  - drohende Zahlungsunfähigkeit,
  - Zahlungsunfähigkeit, wenn der Antrag vom Erben oder einem Fremdverwalter, wie Testamentsvollstrecker oder Nachlassverwalter, gestellt wird (§ 320 InsO). Entscheidend ist die Liquidität des Nachlasses und nicht die des Erben.
- Antragsberechtigt sind (§ 317 InsO)
  - jeder Miterbe,
  - jeder Nachlassgläubiger, befristet auf zwei Jahre nach Erbschaftsannahme (§§ 14, 319 InsO),
  - der Verwaltungstestamentsvollstrecker,
  - der Nachlassverwalter,
  - der Nachlasspfleger (§ 317 I InsO).

155
- Rechtswirkungen der Verfahrenseröffnung:
  - Zu dem im Eröffnungsbeschluss genannten Zeitpunkt verliert der Erbe Verwaltungs- und Verfügungsbefugnis über den Nachlass (§ 80 InsO),
  - der Insolvenzverwalter hat ab diesem Zeitpunkt alleiniges Verwaltungs- und Verfügungsrecht (§ 80 InsO),
  - der Nachlass wird den Nachlassgläubigern vorbehalten (§§ 325, 327 InsO),
  - die Haftung der Erben beschränkt sich gegenüber den Nachlassgläubigern auf den Nachlass (§ 2013 BGB),
  - die Verschmelzung von Nachlass und Eigenvermögen des Erben wird mit Rückwirkung ab Erbfall beseitigt (§ 1978 I BGB),
  - Einzelvollstreckungen sind während der Dauer des Insolvenzverfahrens unzulässig (§§ 89, 90 InsO).
- Insolvenzanfechtung und allgemeine Gläubigeranfechtung gelten auch hier (§§ 129 ff. InsO; AnfG vom 5. 10. 1994, BGBl. 1994 I 2911),
  - Restschuldbefreiung (§§ 286 ff. InsO),
  - Insolvenzplan (§§ 217 ff. InsO).

156 Den Nachlassgläubigern gegenüber besteht nach § 1980 I 1 BGB eine unverzügliche Insolvenzantragspflicht, wenn der Erbe Kenntnis von der Zahlungsunfähigkeit oder der Überschuldung erlangt. Der Kenntnis der Zahlungsunfähigkeit oder der Überschuldung steht die auf Fahrlässigkeit beruhende Unkenntnis gleich, § 1980 II 1 BGB. Fahrlässigkeit ist anzunehmen, wenn der Erbe das Aufgebot der Nachlassgläubiger nicht beantragt, obwohl er Grund hat, das Vorhandensein unbekannter Nachlass-

verbindlichkeiten anzunehmen. Mehrere Erben haften als Gesamtschuldner. Bei der Ermittlung der Überschuldung sind neben den Masseverbindlichkeiten nach § 334 InsO alle in §§ 325 ff. InsO genannten Verbindlichkeiten, also auch Vermächtnisse, Auflagen und Pflichtteilsansprüche zu berücksichtigen. Hat der Erbe vor der Eröffnung des Insolvenzverfahrens aus dem Nachlass Pflichtteilsansprüche, Vermächtnisse oder Auflagen erfüllt, so sind diese Rechtshandlungen in gleicher Weise insolvenzrechtlich anfechtbar wie eine unentgeltliche Leistung des Erben (§ 322 InsO), da die Begünstigten zu den nachrangigen Insolvenzgläubigern gehören (§ 327 InsO) und nicht besser gestellt werden sollen als der Erbe selbst, § 327 InsO.

i) Die Dürftigkeitseinrede. Nicht jeder Nachlass lohnt den finanziellen Aufwand einer Nachlassver- 157
waltung oder eines Nachlass-Insolvenzverfahrens. Unter wirtschaftlichen Gesichtspunkten verzichtet deshalb das Gesetz in den Fällen, in denen keine die Kosten deckende Masse vorhanden ist, auf eine Gütersonderung und lässt dem Erben den Vorteil der beschränkten Haftung trotzdem durch eine **einfache Einrede** (§ 1990 BGB) zukommen.

Wurde die Anordnung der Nachlassverwaltung mangels Masse abgelehnt (§ 1982 BGB) oder der Antrag auf Eröffnung des Nachlassinsolvenzverfahrens abgewiesen (§ 26 InsO), so ist mit den entsprechenden Gerichtsbeschlüssen der Nachweis der Dürftigkeit geführt. Dasselbe gilt, wenn die Verfahren mangels Masse aufgehoben wurden (§ 1988 I BGB; § 207 InsO). Liegen dem Erben entsprechende Beschlüsse als Nachweis nicht vor, so muss er die Tatsachen, die zur Dürftigkeit führen, dartun und erforderlichenfalls beweisen. Maßgebender Zeitpunkt für das Nichtvorhandensein einer entsprechenden Nachlassmasse ist nicht der Erbfall, sondern der Zeitpunkt der letzten mündlichen Verhandlung zur Entscheidung über die Einrede (*BGHZ* 85, 280). Der Nachlass kann auch nachträglich dürftig geworden sein.

Nach Erhebung der Einrede muss der Erbe den Nachlass an den Gläubiger herausgeben zur Befriedi- 158
gung **im Wege der Zwangsvollstreckung.** Rechtskräftige Verurteilungen zugunsten anderer Gläubiger kann er zuvor befriedigen bzw. abziehen (§ 1991 III BGB), ebenso eigene Forderungen gegen den Nachlass (*RGZ* 82, 278). Abwendung durch Zahlung des Wertes sieht das Gesetz nicht vor. Die Herausgabe dient der **Abwehr des Zugriffs** der Nachlassgläubiger auf das **Eigenvermögen des Erben.**

k) Die Überschwerungseinrede. Die Herbeiführung der Haftungsbeschränkung erleichtert das Gesetz 159
für den Fall, dass der Erblasser die Überschuldung durch Anordnung von **Vermächtnissen und Auflagen** verursacht hat. Es wird unterstellt, der Erblasser habe trotz seiner Verfügungen das Nachlassinsolvenzverfahren oder die Nachlassverwaltung vermeiden wollen. Deshalb lässt das Gesetz auch hier eine einfache **Einrede** für die Haftungsbeschränkung genügen. Dem Erben steht die Abwendungsbefugnis zu (§ 1992 Satz 2 BGB).

l) Unterlassungsverpflichtungen des Erblassers. Bei Unterlassungsverpflichtungen des Erblassers ist 160
zunächst von Bedeutung, ob sie personenbezogen sind oder ohne inhaltliche Veränderung auch personenunabhängig erfüllt werden können. Personenbezogene Verpflichtungen erlöschen mit dem Tod. Ist die Verpflichtung objektbezogen, was am ehesten bei Unterlassungsverpflichtungen im Wettbewerbsrecht und bei Stimmrechtsbindungen für Aktien der Fall sein kann, so trifft sie den Erben (vgl. *Schröder*, JZ 1978, 379; *BGH*, WM 1987, 10).

m) Die Erbenhaftung in der Zwangsvollstreckung und im Prozess. *aa)* **Vollstreckbare Titel gegen den** 161
Erblasser. Liegt gegen den Erblasser bereits ein vollstreckbarer Titel vor, so ist dieser auf den Erben gem. § 727 I ZPO umzuschreiben (Nachweis mittels Erbscheins, § 357 II FamFG bzw. § 792 ZPO) oder Klage gemäß § 731 ZPO zu erheben. Die Vollstreckungsklausel kann **vor der Annahme der Erbschaft nicht umgeschrieben werden** (Wirkung des § 1958 BGB im Vollstreckungsverfahren, vgl. *Lange/Kuchinke* § 48 II 1).

Im Übrigen ist nach dem **Stadium des Vollstreckungsverfahrens** zu unterscheiden:

- Sofern die Vollstreckung beim Erbfall noch nicht begonnen hatte, kann sie vor Annahme der Erbschaft nur in den Nachlass betrieben werden (§ 778 I ZPO). Ein **Eigengläubiger** des Erben kann vor Erbschaftsannahme nicht in den Nachlass vollstrecken (§ 778 II ZPO).
- Hatte die Zwangsvollstreckung bereits zu Lebzeiten des Erblassers begonnen, so wird sie in den Nachlass fortgesetzt (§ 779 I ZPO).

Will der Erbe gegen eine **bereits titulierte Forderung** seine beschränkbare Haftung geltend machen, so 162
muss er gegen den gegen den Erblasser ergangenen Titel mit der **Vollstreckungsgegenklage** gem. §§ 767, 785 ZPO vorgehen. Vorher bleiben die sich aus der Haftungsbeschränkung für den Erben ergebenden Einwendungen unberücksichtigt: § 781 ZPO.

- Ist eine Haftungsbeschränkung **noch nicht** eingetreten, so wird dem Einwand der beschränkbaren Haftung mit einem Vorbehalt nach § 780 ZPO Rechnung getragen.

Tenorierungsbeispiel für ein aufgrund der §§ 767, 785 ZPO zu erlassendes Urteil: „Die Zwangsvollstreckung aus dem Urteil ... wird insoweit für unzulässig erklärt, als dem Kläger die beschränkte Haftung auf den Nachlass des am ... verstorbenen ... vorbehalten bleibt."

- Ist die Haftungsbeschränkung bereits eingetreten, so braucht kein Vorbehalt gem. § 780 ZPO mehr aufgenommen zu werden, vielmehr ist die Zwangsvollstreckung in das Eigenvermögen für unzulässig zu erklären.

Tenorierungsbeispiel:

Die Zwangsvollstreckung aus dem Urteil . . . in Vermögensgegenstände des Klägers, die nicht zum Nachlass des am . . . verstorbenen . . . gehören, wird für unzulässig erklärt.

163 *bb) Rechtsstreit gegen den Erblasser.* Nimmt der Erbe den gemäß § 239 I ZPO unterbrochenen Rechtsstreit auf, so kann er sich die Haftungsbeschränkungsmöglichkeit prozessual nur erhalten, wenn er einen **Vorbehalt nach § 780 ZPO** in das Urteil aufnehmen lässt. Der Vorbehalt **muss in den Tenor** aufgenommen werden – Aufnahme in die Gründe reicht nicht. Nur der Vorbehalt ermöglicht ihm später die Durchsetzung der Haftungsbeschränkung mit der Vollstreckungsgegenklage (§§ 767, 785, 781 ZPO). Ein beantragter, aber im Urteil vergessener Vorbehalt kann noch gemäß § 321 ZPO aufgenommen werden (Zwei-Wochen-Frist!)

164 *cc)* **Rechtsstreit gegen den Erben. Vor Annahme der Erbschaft** kann keine Nachlassverbindlichkeit eingeklagt werden (§ 1958 BGB) – von Amts wegen zu beachtende **Prozessvoraussetzung. Nach Erbschaftsannahme** muss der Erbe einen Vorbehalt gemäß § 780 ZPO aufnehmen lassen, um sich die Haftungsbeschränkungsmöglichkeit zu erhalten. Der entsprechende Antrag ist spätestens in der letzten mündlichen Verhandlung der Tatsacheninstanz zu stellen; dies ist auch noch im Berufungsverfahren möglich (*BGH*, FamRZ 2010, 636 = NJW-RR 2010, 664 = ZErb 2010, 212 = ZEV 2010, 314. Anders noch *OLG Düsseldorf*, FamRZ 2004, 1222).

165 *dd)* Erhebt der Erbe die **Unzulänglichkeitseinreden** nach §§ 1990 bis 1992 BGB, so kann im Rechtsstreit entweder ein Vorbehalt nach § 780 ZPO in das Urteil aufgenommen werden – die effektive Haftungsbeschränkung erfolgt dann in der Zwangsvollstreckung (*OLG Oldenburg*, FamRZ 2001, 179) – oder die Unzulänglichkeit bereits im Erkenntnisverfahren geprüft und die Zwangsvollstreckung bereits im Urteil auf die vorhandenen Nachlassgegenstände beschränkt werden (*BayObLG*, Rpfleger 2000, 67). Ist kein Aktivnachlass vorhanden, ist die Klage abzuweisen (*Soergel/Stein,* § 1990 Rn. 10).

166 **n) Gerichtsstand.** §§ 27, 28 ZPO sehen einen **besonderen Gerichtsstand der Erbschaft** vor. Ein Nachlassgläubiger kann die Klage bei dem Gericht erheben, bei dem der Erblasser zuletzt seinen allgemeinen Gerichtsstand hatte, solange sich der Nachlass noch ganz oder teilweise im Bezirk des Gerichts befindet.

2. Die Haftung mehrerer Erben – §§ 2058 bis 2063 BGB

167 **a) Grundsätze.** *aa)* Auch für eine Erbenmehrheit gelten die Haftungsvorschriften der §§ 1967 bis 2017 BGB. Mehrere Erben haften also **unbeschränkt, aber beschränkbar.** Die **Besonderheiten,** die sich aus der **Miterbengemeinschaft** ergeben, sind in den §§ 2058 ff. BGB geregelt.

Vor der Teilung ist das **Gesamthandsvermögen** der Erbengemeinschaft rechtlich getrennt von den jeweiligen Eigenvermögen der Erben, ohne dass es einer besonderen Gütersonderung bedürfte.

bb) **Vor der Annahme** der Erbschaft kann jeder Miterbe – wie der Alleinerbe – die Erfüllung einer Nachlassverbindlichkeit verweigern (§ 1958 BGB).

cc) Der unbeschränkten Haftung des Alleinerben mit dem Nachlass und seinem Eigenvermögen entspricht bei der Erbengemeinschaft **die gesamtschuldnerische Haftung** jedes Erben (§ 2058 BGB). Es stellen sich vor allem **zwei Probleme:**

- Haftung der Erben im **Außenverhältnis und im Innenverhältnis,**
- Haftung **vor der Teilung und nach der Teilung** (Nachlassauseinandersetzung).

dd) Ein volljährig gewordener, bisher minderjähriger Miterbe kann seine Haftung auf sein vohandenes Vermögen beschränken, § 1629 a IV BGB.

168 **b) Haftung vor der Nachlassauseinandersetzung.** *aa)* Grundsätzlich haftet der Miterbe nach § 2058 BGB unbeschränkt. Er kann jedoch einen Zugriff der Nachlassgläubiger in sein Privatvermögen mit der **Einrede des ungeteilten Nachlasses** abwehren (§ 2059 I 1 BGB; §§ 781, 785 ZPO). Dem Nachlassgläubiger steht nur der Nachlass als Haftungsobjekt und nicht auch das Privatvermögen des Erben zur Verfügung. Die Vermögensmassen (Eigenvermögen und Nachlass) sind rechtlich und tatsächlich noch getrennt.

Ausnahme: Haftet ein Miterbe für eine Nachlassverbindlichkeit **unbeschränkt** (beispielsweise bei Versäumung der Aufnahme eines Vorbehalts nach § 780 ZPO), so wird die Haftungsgrundlage erweitert: Bezüglich eines seinem **quotenmäßigen Anteil** am Nachlass entsprechenden **Teils der Verbindlichkeit** haftet auch das Privatvermögen (§ 2059 I 2 BGB). Der Nachlass haftet daneben gemäß § 2059 II BGB ohnehin. Um diese quotale Haftung zu erreichen, ist ein entsprechender Vorbehalt im Urteil aufzunehmen (§ 780 ZPO).

Tenorierungsbeispiel:

Der Bekl. wird verurteilt, an den Kl. den Betrag von 9.000,– EUR zu zahlen. Hinsichtlich des Teilbetrags von 6.000,– EUR wird ihm die Herbeiführung der beschränkten Erbenhaftung vorbehalten (Miterbe zu ⅓).

bb) Rechtsstellung des Nachlassgläubigers. Die gegen den **einzelnen Miterben** erhobene Klage ist eine **Gesamtschuldklage,** die Haftungsbeschränkungsmöglichkeit muss gemäß § 780 ZPO vorbehalten werden. 169

Nimmt der Gläubiger **alle Miterben** als Gesamthänder gemäß § 2059 II BGB in Anspruch, so handelt es sich um eine **Gesamthandsklage** (§ 747 ZPO). Wird Übereignung eines Nachlassgegenstandes (beispielsweise eines Grundstücks) geschuldet, so führt die Gesamthandsklage zum Ziel, weil nur **alle Erben** gemeinsam den Anspruch erfüllen können (gemeinschaftliche Verfügung gemäß § 2040 I BGB).

cc) Der als Gesamtschuldner in Anspruch genommene Miterbe kann Ausgleich von den übrigen Miterben verlangen im Verhältnis der Erbquoten (§ 426 BGB) und unter Berücksichtigung der Ausgleichungsverpflichtungen der §§ 2050 ff. BGB. 170

c) **Haftung nach der Nachlassauseinandersetzung.** *aa) Grundsätzliches.* Ist die Nachlassauseinandersetzung vollzogen, so sind die Eigenvermögen der Erben einerseits und der Nachlass andererseits nicht mehr getrennt. Das Sondervermögen „Nachlass" existiert nicht mehr. Die Situation ist jetzt vergleichbar mit der beim Alleinerben, allerdings stehen die **mehreren Eigenvermögen** der Miterben zur Verfügung. 171

Nach der Teilung gibt es weder eine **gesamthänderische Haftung** mit dem Nachlass gemäß § 2059 II BGB noch eine beschränkte Haftung des Miterben mit seinem Erbteil gemäß § 2059 I 1 BGB.

bb) Die Haftungsbeschränkung. Nach § 2058 BGB haften die Miterben gesamtschuldnerisch unbeschränkt, aber beschränkbar. Allerdings scheidet **Nachlassverwaltung** als Haftungsbeschränkungsmaßnahme nach der Teilung aus, § 2062 Hs. 2 BGB. Ein **Nachlassinsolvenzverfahren** ist nach der Teilung noch möglich (§ 316 II InsO).

Die Erhebung der **Dürftigkeitseinrede bzw. der Überschwerungseinrede** (§§ 1990, 1992 BGB) führt dazu, dass der Erbe die Zwangsvollstreckung in die Gegenstände zu dulden hat, die er aus dem Nachlass erhalten hat.

Die Errichtung des **Inventars** kommt auch den übrigen Erben zugute.

cc) **Ausnahmsweise** haftet ein Miterbe nur als **Teilschuldner** in Höhe der Quote seines Erbteils einer Schuld in den Fällen der §§ 2060, 2061 BGB. In diesen Fällen ist kein Vorbehalt gemäß § 780 ZPO erforderlich. 172

VII. Der Testamentsvollstrecker im Prozess

1. Rechtsstellung und Befugnisse des Testamentsvollstreckers

a) Der Testamentsvollstrecker ist nach gefestigter Rechtsprechung Träger eines privaten Amtes, sogenannte **Partei kraft Amtes** (*BGH,* NJW 1983, 40). Er handelt **nicht als Vertreter des Erben,** sondern **im eigenen Namen,** muss aber die Tatsache, dass er für den Nachlass und nicht für sich persönlich tätig wird, angeben, damit ihn die Rechtswirkungen nicht persönlich treffen. (Beispiel: „XY, handelnd als Testamentsvollstrecker des am … verstorbenen Erblassers E.") Dies gilt sowohl für materiellrechtliche als auch für prozessrechtliche Handlungen des Testamentsvollstreckers. **Im Prozess handelt der Testamentsvollstrecker in Prozessstandschaft für den/die Erben.** 173

Als Legitimation für die Testamentsvollstrecker-Eigenschaft dient das Testamentsvollstrecker-Zeugnis (§ 2368 BGB).

b) Den **Umfang seiner Befugnisse** leitet der Testamentsvollstrecker – im Rahmen der gesetzlichen Möglichkeiten – aus den letztwilligen Anordnungen des Erblassers ab. 174

Die dem Testamentsvollstrecker – vom Erblasser – übertragenen Aufgaben können sehr vielfältig sein. Grundsätzlich stehen ihm die Verwaltungs- und damit Verpflichtungs- und Verfügungsbefugnis über die einzelnen Nachlassgegenstände zu (§§ 2205, 2206 BGB), der/die Erben sind davon ausgeschlossen. Weil der Erbe nicht über den Nachlass verfügen kann (§ 2211 BGB), muss die Tatsache der Anordnung einer Testamentsvollstreckung im Erbschein von Amts wegen vermerkt werden (§ 2364 I BGB, bspw.: „Testamentsvollstreckung ist angeordnet"). Aus dem gleichen Grund ist sie im Grundbuch (Abteilung II) ebenfalls von Amts wegen zu vermerken (§ 52 GBO).

c) Zu **unentgeltlichen Verfügungen** ist der Testamentsvollstrecker grundsätzlich **nicht befugt** (§ 2205 Satz 3 BGB), es sei denn, die Erben stimmen zu. Auch in einem **Vergleich** kann eine unentgeltliche Verfügung liegen (*BGH,* NJW 1991, 842). 175

2. Die Führung von Aktivprozessen

a) Der Erbe ist Rechtsträger bezüglich aller Nachlassgegenstände, er ist auch partei- und prozessfähig, besitzt aber **nicht die Prozessführungsbefugnis,** weil nicht ihm, sondern dem Testamentsvollstrecker die **Verwaltung des Nachlasses** übertragen ist (§ 2205 BGB). 176

Prozessführungsbefugt ist der Testamentsvollstrecker hinsichtlich derjenigen Nachlassgegenstände, die seiner Verwaltung unterliegen.

Würde der Erbe beispielsweise eine Nachlassforderung einklagen, obwohl sie der Testamentsvollstreckung unterliegt, so würde es an einer Prozessvoraussetzung, der Prozessführungsbefugnis, fehlen; die Klage wäre nicht als unbegründet, sondern als **unzulässig** abzuweisen. Andererseits wäre eine Klage dann auch unzulässig, wenn der Testamentsvollstrecker eine Nachlassforderung einklagen würde, obwohl sie nicht seiner Verwaltung unterliegt.

Gibt der Testamentsvollstrecker einen Nachlassgegenstand aus seiner Verwaltung frei (§ 2217 BGB), so steht insoweit dem Erben die Verwaltungs- und damit auch die Prozessführungsbefugnis zu.

177 b) Da nicht der Erbe als Rechtsträger Partei im Prozess ist, sondern der Testamentsvollstrecker als Prozessstandschafter, kann der Erbe **Zeuge** sein.

c) Die Wirkungen des Urteils treffen allerdings den Rechtsträger, also den Erben (§§ 327, 728 II ZPO).

d) Ein für den Erblasser existierender Titel kann auf den Testamentsvollstrecker **umgeschrieben** werden (§§ 727, 749 ZPO).

e) Nach dem **Tod einer Partei** kann der Testamentsvollstrecker den Rechtsstreit aufnehmen, sofern der streitbefangene Gegenstand seiner Verwaltung unterliegt (§§ 243, 241, 239 ZPO; *BGH*, NJW 1988, 1390).

3. Die Führung von Passivprozessen

178 a) Bei einem Anspruch, der sich **gegen den Nachlass** richtet, ist zu unterscheiden, ob dem Testamentsvollstrecker die **vollständige Verwaltungs- und Verfügungsbefugnis** über den Nachlass zusteht oder nur **die teilweise.** Für Pflichtteilsansprüche gelten Sonderregeln (§ 2213 I 3 BGB).

aa) Hat der Testamentsvollstrecker die volle Verwaltungs- und Verfügungsbefugnis, so sind **sowohl der Erbe** (nach Annahme der Erbschaft, § 1958 BGB) **als auch der Testamentsvollstrecker wahlweise** prozessführungsbefugt (§ 2213 I 1 BGB).

179 Das **gegen den Testamentsvollstrecker** ergangene Urteil wirkt für und gegen den Erben (§§ 327 II, 728 II ZPO). Die **Haftungsbeschränkungsmöglichkeit** bleibt dem Erben erhalten, auch wenn kein Vorbehalt in das Urteil aufgenommen wurde (§ 780 II ZPO).

Ist das Urteil **gegen den Erben** ergangen, so kann ohne Weiteres in sein **Eigenvermögen** vollstreckt werden. Zur **Vollstreckung in den Nachlass** ist zusätzlich ein **Leistungs- oder Duldungstitel gegen den Testamentsvollstrecker** erforderlich (§ 2213 III BGB, § 748 I ZPO). Für die Praxis ist deshalb zu empfehlen, entweder den Testamentsvollstrecker oder **Testamentsvollstrecker und Erbe** zu verklagen. Werden Erbe und Testamentsvollstrecker verklagt, so sind sie **notwendige Streitgenossen** (§ 62 ZPO).

180 *bb)* Steht dem Testamentsvollstrecker die Verwaltungs- und Verfügungsbefugnis nur **teilweise** zu, so ist der Erbe prozessführungsbefugt (§§ 2208 I 2, 2205 Satz 2 BGB), soweit dem Testamentsvollstrecker die Verwaltungsbefugnis nicht zusteht.

Der Testamentsvollstrecker ist prozessführungsbefugt, soweit gegen ihn gemäß § 748 II ZPO ein Duldungstitel erforderlich ist.

181 *cc)* Bereits ergangene Titel, die noch auf den Erblasser lauten, sind auf den Erben bzw. Testamentsvollstrecker umzuschreiben (§§ 727, 749 ZPO). Dies ist unter dem Gesichtspunkt des Rechtsschutzinteresses der prozessual einfachere und kostengünstigere Weg.

dd) Beim Tod des Erblassers während eines schwebenden Rechtsstreits können sowohl der Erbe als auch der Testamentsvollstrecker – soweit seine Verwaltungsbefugnis reicht – den Rechtsstreit aufnehmen (§§ 243, 241, 239 ZPO).

182 b) **Pflichtteilsansprüche** können nur gegen den Erben geltend gemacht werden. Insofern ist der Testamentsvollstrecker nicht prozessführungsbefugt (§ 2213 I 3 BGB). Die Zwangsvollstreckung in den Nachlass kann jedoch nur beginnen, wenn gegen den Testamentsvollstrecker ein Duldungstitel vorliegt (§ 748 III ZPO). Aber der Erblasser kann den Testamentsvollstrecker abweichend von § 2213 I 3 BGB ermächtigen, dass er auch für Pflichtteilsansprüche legitimiert ist (*LG Stuttgart*, ZEV 2009, 396).

VIII. Der Erbschaftsanspruch

1. Ausgangssituation

183 Der Nachlass geht gemäß § 1922 BGB im Wege der Gesamtrechtsnachfolge auf den Erben über; dies gilt gemäß § 857 BGB auch für den unmittelbaren und mittelbaren Besitz. Wo sich der Nachlass befindet und wer ihn tatsächlich in Besitz hat, ist für den Rechtserwerb auf Seiten des Erben nicht entscheidend. Verschiedene Umstände (Anfechtung einer Erbeinsetzung mit Rückwirkung auf den Erbfall, späteres Auffinden eines Testaments) können dazu führen, dass der Nachlass zunächst in die Hände eines vermeintlichen, letztlich aber nicht berechtigten Erben gelangt.

2. Gesamtanspruch – Einzelansprüche

Der Erbe kann die aus seiner Rechtsposition fließenden Einzelrechte geltend machen, zB Herausgabeansprüche (§§ 985 ff. BGB), Schadensersatz, Anspruch auf Besitzeinräumung (§ 861 BGB). **Neben den Einzelansprüchen** hat der Erbe einen **Gesamtanspruch** auf Herausgabe des gesamten Nachlasses, den **Erbschaftsanspruch** (§ 2018 BGB). Er hat das **Wahlrecht,** ob er die Einzelansprüche oder den Gesamtanspruch geltend machen will. Der Anspruch erstreckt sich auf **Surrogate** (§ 2019 BGB). 184

Anspruchsgläubiger ist der Erbe. Für Miterben gilt § 2039 BGB.

Anspruchsschuldner ist der Erbschaftsbesitzer, der den Nachlass oder Teile davon aufgrund einer **Erbrechtsanmaßung erlangt** hat. Vgl. im einzelnen *BGH,* FamRZ 1985, 693; NJW 1985, 3069. Nicht unter § 2018 BGB fällt der ausschlagende Erbe; für ihn gilt die Sonderregelung des § 1959 BGB.

3. Auskunftsanspruch

Damit der Erbe die herauszugebenden Gegenstände im Klagantrag genau bezeichnen kann, gewährt ihm das Gesetz einen Auskunftsanspruch (§ 2027 BGB). Auskunftsanspruch und Herausgabeanspruch können im Wege der **Stufenklage** (§ 254 ZPO) geltend gemacht werden (*OLG Nürnberg,* OLGZ 81, 115). Ist auch das Erbrecht selbst streitig, so empfiehlt es sich, mit der Stufenklage die Klage auf Feststellung des Erbrechts zu verbinden. Andernfalls wäre nur über den Herausgabeanspruch rechtskräftig entschieden, nicht aber auch über das Erbrecht selbst. 185

Darüber hinaus gewährt § 2028 BGB dem Erben einen Auskunftsanspruch gegen denjenigen, der mit dem Erblasser in Hausgemeinschaft gelebt hat, unabhängig davon, ob ein Erbschaftsanspruch besteht.

4. Haftungsumfang

Der Erbschaftsbesitzer hat auch die aus den Nachlassgegenständen gezogenen **Nutzungen** herauszugeben, kann aber seinerseits **Ersatz seiner Verwendungen** verlangen (§§ 2020, 2022 BGB). Ist die Herausgabe nicht möglich, so haftet er auf Wertersatz (§§ 2021, 818 II BGB), soweit er bereichert ist (§ 818 III BGB). Ist der Erbschaftsbesitzer **bösgläubig** oder ist Rechtshängigkeit eingetreten, so richtet sich die Haftung nach den Vorschriften über das Eigentümer-Besitzer-Verhältnis (§§ 2023, 2024, 987 ff. BGB). Dies gilt auch dann, wenn der Erbe nicht den Gesamtanspruch, sondern die Einzelansprüche geltend macht (§ 2029 BGB). 186

B. VI. Der Handelsvertreterprozess

Hartmut Fischer

Übersicht

Literatur: *HK/HGB/Ruß,* 7. Aufl. 2007; *Thume* in: Röhricht/Graf von Westphalen, HGB, 3. Aufl. 2008; *Baumbach/Hopt,* HGB, 34. Aufl. 2010; MünchKommHGB/*v. Hoyningen-Huene,* 3. Aufl. 2010; *Küstner/Thume,* Handbuch des gesamten Außendienstrechts, Band 1: Das Recht des Handelsvertreters (ohne Ausgleichsrecht), 3. Aufl. 2000; *Küstner/Thume,* Handbuch des gesamten Außendienstrechts, Band 2: Der Ausgleichsanspruch des Handelsvertreters, 8. Aufl. 2008; *Karsten Schmidt,* Handelsrecht, 5. Aufl. 1999; *Ebenroth/Boujong/Joost/Strohn/Löwisch,* HGB, 2. Aufl. 2008; *Koller/Roth/Morck,* HGB, 6. Aufl. 2007; GroßkommHGB, *Emde,* 5. Aufl. 2007; *Emde,* Rechtsprechungsreport, BB 2010, 2315 ff und 2447 ff.

Zur allg. Literatur siehe Literaturverzeichnis A. I.

Vorbemerkung

Das geltende Handelsvertreterrecht der §§ 84 ff. HGB beruht auf der Handelsvertreterrichtlinie vom 18. 12. 1986, RL 86/653/EWG, ABl. EG 1986, L 382 S. 17. Bei Zweifelsfragen über die Auslegung der Richtlinie ist daher ggf. die Vorlagepflicht an den EuGH nach Art. 267 AEUV (Art. 234 EGV aF) zu beachten. Nicht aus dem Augen verloren werden darf ferner der Umstand, dass eine Reihe von Vorschriften zwingend sind und daher nicht der Parteidisposition unterliegen (vgl. §§ 85, 86 IV, 86 a III, 87 a V, 87 c V, 88 a I, 90 a IV HGB).

I. Begriff

1 Das Gesetz kennt den Begriff **„Handelsvertreterprozess"** ebensowenig wie die juristischen Nachschlagewerke; dennoch ist er den meisten Rechtsanwälten und zumindest denjenigen Richtern, die mit Handelssachen zu tun haben, durchaus geläufig. Gemeint sind damit nicht alle Gerichtsverfahren, an denen ein Handelsvertreter als Kläger oder als Beklagter beteiligt ist, sondern nur die Prozesse zwischen dem Unternehmer (Prinzipal) und dem Handelsvertreter. Natürlich kann es in derartigen Prozessen um Streitigkeiten der verschiedensten Art gehen. In diesem Abschnitt sollen nur die wichtigsten und für das Handelsvertreterverhältnis typischen behandelt werden.

Wer Handelsvertreter ist, ergibt sich aus § 84 I HGB. Schwierig ist gelegentlich die Abgrenzung zum Handelsmakler nach §§ 93 ff. HGB. Entscheidend ist, dass der Handelsvertreter ständig mit der Vermittlung und dem Abschluss von Geschäften betraut ist. Zur Abgrenzung gegenüber Vertragshändler, Kommissionär und Franchisenehmer, vgl. *Baumbach/Hopt* § 84 Rn. 10 ff. Handelsvertreter können nicht nur natürliche Personen, sondern auch juristische Personen und Handelsgesellschaften ohne Rechtspersönlichkeit, wie oHG und KG, sein. Eine selbständige Tätigkeit ist nach § 84 II HGB erforderlich. Sonderregelungen gelten nach § 92 HGB für Versicherungs- und Bausparkassenvertreter, nach § 92 a HGB für arbeitnehmerähnliche Handelsvertreter und nach § 92 b HGB für Handelsvertreter im Nebenberuf.

II. Zuständigkeitsfragen

1. Sachliche und örtliche Zuständigkeit

a) Die **sachliche Zuständigkeit** der Zivilgerichte bestimmt sich nach den allgemeinen Vorschriften, also gemäß §§ 23 Nr. 1, 70 I GVG nach dem Streitwert der Klage. 2

b) Auch die **örtliche Zuständigkeit** ist gewöhnlich nach §§ 12, 13 ZPO zu bestimmen; allerdings ist zu beachten, dass die Handelsvertreter, die Kaufleute sind (§ 1 II HGB), nach § 38 I ZPO wirksam Gerichtsstandsvereinbarungen treffen können. Sofern der Gerichtsstand aus § 29 I ZPO abgeleitet werden soll, muss bedacht werden, dass für die verschiedenen Ansprüche aus dem Handelsvertreterverhältnis mangels ausdrücklicher Vereinbarung kein einheitlicher Erfüllungsort besteht (*BGH,* NJW 1988, 966). Zur **internationalen Zuständigkeit** vgl. *BGH,* NJW 1993, 2753 = WM 1993, 1755; *EuGH,* NJW 2010, 1189 zu Art. 5 Nr. 1 b EuGVVO. 3

2. Funktionelle Zuständigkeit

Da der Unternehmer meist im Handelsregister eingetragen ist und der Handelsvertreter einen Gewerbebetrieb unterhält (§ 1 II HGB), wird für Klagen des Handelsvertreters gegen den Unternehmer vor dem Landgericht idR die **funktionelle Zuständigkeit** der Kammer für Handelssachen nach § 95 I Nr. 1 GVG gegeben sein. Für Klagen des Unternehmers gegen den Handelsvertreter gilt das nur, wenn der Handelsvertreter im Handelsregister eingetragen ist. Die Kaufmannseigenschaft durch Eintragung im Handelsregister muss beim Entstehen des Anspruchs bestanden haben, der Beklagte muss sie auch noch bei Eintritt der Rechtshängigkeit besitzen (MünchKomm/*Zimmermann* ZPO § 95 GVG Rn. 7). Zunächst entscheidet allein der Kläger darüber, ob er zur Zivilkammer oder zur Kammer für Handelssachen Klage erhebt, § 96 I GVG. Hat der Kläger die Klage zur Zivilkammer erhoben, kann nur der Beklagte nach § 98 I 1 GVG die Verweisung des Rechtsstreits an die Kammer für Handelssachen beantragen; dies scheidet freilich aus, wenn der Beklagte nicht im Handelsregister eingetragen ist, § 98 I 2 GVG. Nach § 101 I GVG muss der Verweisungsantrag innerhalb der Klageerwiderungsfrist oder zu Beginn der mündlichen Verhandlung gestellt werden. Die §§ 96 ff. GVG finden nach § 100 GVG auch Anwendung, wenn das Landgericht als Berufungsinstanz tätig wird. 4

3. Rechtsweg

Streitigkeiten zwischen dem Prinzipal und dem Handelsvertreter, der unter § 84 HGB fällt, gehören zur Zuständigkeit der ordentlichen Gerichtsbarkeit. Dagegen sind für angestellte Handelsvertreter nach § 84 II HGB und für arbeitnehmerähnliche Handelsvertreter die Arbeitsgerichte zuständig. Arbeitnehmerähnliche Handelsvertreter sind gemäß § 5 III ArbGG Einfirmenvertreter nach § 92 a HGB, die während der letzten sechs Monate des Vertragsverhältnisses, bei kürzerer Vertragsdauer während dieser, im Durchschnitt monatlich nicht mehr als 1.000,– EUR an Vergütung (einschließlich Provision und Aufwendungsersatz) bezogen haben. Maßgebend ist das Entstehen der Ansprüche des Handelsvertreters, nicht deren tatsächliche Erfüllung durch den Unternehmer (*BGH,* NJW-RR 2008, 1420). Von der Möglichkeit, diese Vergütungsgrenze durch Rechtsverordnung anzupassen, wurde bisher kein Gebrauch gemacht. Außerdem kann sich die Zuständigkeit der Arbeitsgerichte aus §§ 2 I Nr. 3, 5 I 1 ArbGG ergeben, wenn dem Handelsvertreter die erforderliche Selbständigkeit fehlt. Die Abgrenzung ist nach dem Gesamtbild der Verhältnisse unter Würdigung der vertraglichen Verhältnisse und deren tatsächlicher Handhabung vorzunehmen. Hierüber ist ggf. Beweis zu erheben, da insoweit keine doppelrelevante Tatsache vorliegt (*BGH,* EWiR 2010, 569). Bedeutsames Abgrenzungskriterium ist die Weisungsgebundenheit hinsichtlich Zeit, Ort und Dauer der Tätigkeit (*BGH,* ZIP 1998, 863 = NJW 1998, 2057; MünchKomm, HGB, § 84 Rn. 25–48). Zur Einordnung im Einzelfall vgl. *BAG,* NJW 1997, 2973 und *BGH,* ZIP 1998, 2104 und *BGH,* NJW 2004, 461. Zu den Abgrenzungskriterien beim Versicherungsvertreter vgl. *BGH,* ZIP 2001, 36. 5

Bei Streit oder Zweifeln über den **richtigen Rechtsweg** ist § 17 a GVG anzuwenden (*BAG,* NJW 1998, 1092). Zur Rechtswegabgrenzung vgl. BGH, EWiR 2010, 569. Für die Einzelheiten wird auf A IV 45 ff. verwiesen.

III. Provisionsklagen

Der Anspruch des Handelsvertreters auf Provision für seine Tätigkeit setzt voraus, dass ein **Handelsvertretervertrag** zwischen ihm und dem Unternehmer zustandegekommen ist. Auch wenn § 85 HGB jedem Vertragsteil einen Anspruch gibt, den Inhalt des Vertrags in eine Urkunde aufzunehmen, ist der Handelsvertretervertrag auch formlos wirksam; er kann sogar durch schlüssiges Verhalten, etwa durch beiderseitigen Vollzug, zustande kommen (*BGH,* NJW 1983, 1727). 6

1. Entstehen des Provisionsanspruchs

7 a) **Während des Vertragsverhältnisses** entsteht nach § 87 I 1 HGB der Provisionsanspruch stets mit dem Abschluss des Vertrags zwischen dem Unternehmer und dem Kunden, wenn dabei die Vermittlungstätigkeit des Handelsvertreters wenigstens **mitursächlich** war oder wenn es sich um einen Vertrag mit einem früher vom Handelsvertreter geworbenen Kunden handelt (Nachbestellungen). Neben der Vermittlungsprovision kann dem Handelsvertreter eine zusätzliche Delkredereprovision zustehen, vgl. § 86 b HGB; außerdem kommt eine Inkassoprovision in Frage, § 87 IV HGB. Die Provisionsansprüche **verjähren** nunmehr nach §§ 195, 199 BGB in drei Jahren. Dies gilt auch für die Hilfsansprüche (*BGH*, NJW 1981, 457), die ferner erlöschen, wenn eine Einigung über den Hauptanspruch stattgefunden hat (BGH DB 1961, 533).

8 b) Für Geschäfte, die **nach Beendigung des Handelsvertreterverhältnisses** zustande gekommen sind, hat der ausgeschiedene Handelsvertreter nur dann einen Provisionsanspruch, wenn der Abschluss **überwiegend** auf seine Tätigkeit zurückzuführen ist, § 87 III BGH. Eine zeitliche Einschränkung der Überhangprovision durch allgemeine Geschäftsbedingungen ist nach § 87 a III und V HGB und § 307 BGB unwirksam (*BGH*, NJW-RR 1998, 629 und *BGH*, NJW 2010, 298).

9 c) Besonderheiten gelten für den sogenannten **Bezirksvertreter**, dem gemäß § 87 II HGB während des Vertragsverhältnisses Provision für alle Verträge zusteht, die zwischen Kunden in seinem Bezirk und dem Unternehmer abgeschlossen wurden.

Für den Provisionsanspruch des Versicherungs- und des Bausparkassenvertreters ist § 92 III HGB zu beachten.

2. Endgültigkeit und nachträglicher Wegfall des Provisionsanspruchs

10 a) Mit dem Abschluss des Vertrags zwischen Kunden und Unternehmer entsteht zwar der Provisionsanspruch; **endgültig** wird er aber erst dann, wenn und soweit der Unternehmer das Geschäft ausgeführt hat, § 87 a I 1 HGB (zu Vorschussansprüchen vgl. § 87 a I 2 HGB). Unabhängig von der Vertragserfüllung durch den Unternehmer wird nach § 87 a I 3 HGB der Provisionsanspruch in dem Umfang endgültig, in dem der Kunde das Geschäft ausführt.

11 b) Sehr prozessträchtig sind die Vorschriften von § 87 a II und III HGB. Danach **entfällt** der Provisionsanspruch **nachträglich,** wenn feststeht, dass der Kunde nicht leistet (§ 87 a II HGB) oder wenn der Unternehmer das Geschäft nicht ausführt, wenn und soweit die Ausführung unmöglich geworden ist oder dem Unternehmer die Ausführung nicht zuzumuten ist (§ 87 a III HGB). Zur Abgrenzung von § 87 a II und III HGB vgl. *BGH*, WM 2008, 923.

Ein **Feststehen der Nichtleistung** durch den Dritten kann nur dann angenommen werden, wenn der Unternehmer zumutbare Anstrengungen unternommen hat, die Leistung des Kunden zu erlangen. Dass der Unternehmer solche zumutbaren Anstrengungen nicht unternommen hat und deshalb der Provisionsanspruch trotz unterbliebener Leistung des Kunden bestehen geblieben ist, muss im Prozess der Handelsvertreter darlegen und beweisen. Anders ist dies in den Fällen des § 87 a III HGB. Hier muss der Unternehmer darlegen und beweisen, dass er die Unmöglichkeit der Ausführung nicht zu vertreten hat oder ihm die Ausführung nicht zumutbar ist (*BGH*, NJW-RR 1987, 865; s. a. Einzelfälle in MünchKomm, HGB/*v. Hoyningen-Huene*, § 87 a Rn. 54 f.).

Für die Endgültigkeit des Provisionsanspruchs bei Versicherungs- und Bausparkassenvertretern sieht § 92 IV HGB eine Sonderregelung vor (*BGH*, NJW-RR 2005, 762 und *BGH*, VersR 2011, 345).

3. Höhe des Provisionsanspruchs

12 In aller Regel wird die Höhe der Provision im Handelsvertretervertrag ausdrücklich und eindeutig geregelt sein. Wenn dies nicht der Fall ist (vor allem bei Vertragsabschluss durch schlüssiges Verhalten), gilt nach § 87 b I HGB der übliche Satz als vereinbart. Das ist der im Bezirk des Handelsvertreters für die betreffende Branche übliche Satz. Die Feststellung geschieht wie bei einem Handelsbrauch nach § 346 HGB. Die Kammer für Handelssachen kann diese Feststellung gegebenenfalls aufgrund der Sachkunde eines der ehrenamtlichen Handelsrichter selbst treffen. Sonst ist die Einschaltung eines Sachverständigen oder (kostengünstiger) eine Umfrage durch die zuständige Industrie- und Handelskammer der geeignete Weg. Wenn auch ein üblicher Provisionssatz nicht feststellbar ist, finden die §§ 315, 316 BGB Anwendung (*BGH*, NJW-RR 2005, 762).

4. Vorbereitungs- und Hilfsansprüche des Handelsvertreters

13 Da der Provisionsanspruch des Handelsvertreters in seiner Entstehung, seinem Endgültigwerden und seinem Wegfall von Umständen im Bereich des Unternehmers abhängt, gewährt das Gesetz dem Handelsvertreter mehrere **Hilfs- und Vorbereitungsansprüche** zur genauen Berechnung des Provisionsanspruchs.

In erster Linie schuldet der Unternehmer nach § 86 a II HGB dem Handelsvertreter unverzügliche **Mitteilung** aller für den Provisionsanspruch und für die weitere Tätigkeit maßgebenden Umstände. Zur leichteren Durchsetzung seiner Provisionsansprüche gewährt § 87 c HGB dem Handelsvertreter weitere Hilfsansprüche: 14

a) **Anspruch auf Abrechnung, § 87 c I HGB.** Der Unternehmer hat danach ohne Aufforderung jeden Monat über die vom Handelsvertreter verdiente Provision abzurechnen. Die **Provisionsabrechnung** ist eine Zusammenstellung über die dem Handelsvertreter aus der Sicht des Unternehmers zustehenden Provisionen; sie muss so ausgestaltet sein, dass sie dem Handelsvertreter ermöglicht, anhand seiner eigenen Unterlagen nachzuprüfen, ob ihm alle verdienten Provisionen gutgeschrieben worden sind. Welche Angaben dazu erforderlich sind, beurteilt sich im Einzelfall danach, welche Unterlagen der Unternehmer dem Handelsvertreter schon vorher in Erfüllung seiner Pflichten aus § 86 a II HGB übersandt hat (etwa Kopien von Auftragsbestätigungen, Lieferscheine und Rechnungen). Wenn derartige Unterlagen nicht übersandt wurden, erfordert die Nachprüfbarkeit der Abrechnung zumindest die folgenden Angaben: Name des Kunden, Auftragsdatum, Art und Menge der gelieferten Ware bzw. Dienstleistung, Preis oder andere Provisionsgrundlage, Provisionssatz und Provisionshöhe. Die Abrechnung ist von Seiten des Unternehmers ein abstraktes Schuldanerkenntnis und nur durch Nachweis ihrer Unrichtigkeit gemäß § 812 BGB rückforderbar. 15

Im Prozess auf Erteilung einer Abrechnung sollte schon im **Klageantrag** klargestellt werden (ggf. über § 139 I ZPO), welchen Zeitraum und welche Angaben im Einzelnen die Abrechnung umfassen soll. 16

Im Urteil ist dies schon deshalb unerlässlich, um eine Vollstreckung, die zunächst nach § 887 ZPO, ggf. nach § 888 ZPO erfolgt, sicherzustellen (*BGH*, NJW-RR 2007, 1475). Der Erfüllungseinwand ist im Vollstreckungsverfahren zu berücksichtigen (*BGH*, NJW 2005, 367).

b) **Anspruch auf Erteilung eines Buchauszugs.** Neben dem Anspruch auf Abrechnung hat der Handelsvertreter nach § 87 c II HGB einen Anspruch auf Erteilung eines **Buchauszugs.** Diesen hat der Unternehmer nur auf Verlangen des Handelsvertreters zu erteilen. Da das Gesetz den Anspruch „bei der Abrechnung" gewährt, braucht der Handelsvertreter sein Verlangen nach einem Buchauszug nicht mit Zweifeln an der Richtigkeit oder Vollständigkeit der Abrechnung zu begründen. Inhaltlich geht der Buchauszug über die Provisionsabrechnung hinaus. Er muss nicht nur Angaben über die nach Ansicht des Unternehmers provisionspflichtigen Geschäfte enthalten, sondern alle aus den Büchern und Unterlagen des Unternehmers ersichtlichen Angaben, die für die Berechnung, die Höhe und die Fälligkeit der Provision von Bedeutung sein **können** (zum Inhalt im Einzelnen: *BGH*, NJW 2001, 2333; NJW-RR 2007, 246 und NJW-RR 2011, 470; *OLG München*, VersR 2010, 1367). Wegen § 87 c V HGB sind Vereinbarungen zwischen Handelsvertreter und Unternehmer, dass Provisionsabrechnungen mangels Widerspruchs innerhalb einer bestimmten Frist als genehmigt gelten (womit der Anspruch auf Buchauszug für die betreffende Periode entfällt), in der Regel als unwirksam anzusehen. Auch bei einem Handelsvertreter, der als eingetragener Kaufmann hohe Umsätze und Provisionseinnahmen hatte und vom Unternehmer laufend Durchschläge der Auftragsbestätigungen und Rechnungen erhalten hatte, kann die jahrelang widerspruchslose Hinnahme der Abrechnungen und Unterlagen **nicht** als ein sich wiederholendes **negatives Schuldanerkenntnis** gewertet werden (*BGH*, WM 1996, 309 = NJW 1996, 588). 17

Für die Entscheidung, ob der Anspruch erfüllt ist, ist allein der Vollstreckungstitel maßgeblich (*BGH*, NJW-RR 2007, 1475). Bei Unvollständigkeit (iSv Lückenhaftigkeit) des Buchauszugs kann der Handelsvertreter (auch im Klageweg) entweder **Ergänzung** des Auszugs um bestimmt bezeichnete Angaben verlangen – im Vollstreckungsverfahren nach § 887 ZPO nur durch einen Wirtschaftsprüfer oder vereidigten Buchsachverständigen (*OLG Nürnberg*, BB 1999, 150; *OLG Bamberg*, NJW-RR 2008, 1422) – oder den 18

c) **Anspruch auf Bucheinsicht** aus § 87 c IV HGB geltend machen. Dieser Anspruch besteht auch bei Verweigerung eines Buchauszugs überhaupt. Die Bucheinsicht dient der Kontrolle des Buchauszugs. 19

d) **Der Anspruch auf Auskunft.** § 87 c III HGB soll dem Handelsvertreter Umstände zur Kenntnis bringen, die für die Provisionsberechnung erforderlich, aus den Büchern und Unterlagen aber nicht ersichtlich sind. Der Anspruch entsteht erst, wenn ein Buchauszug – notfalls im Weg der Zwangsvollstreckung – erteilt ist oder wegen Fehlens von Geschäftsbüchern nicht erstellt werden kann. Zu vollstrecken ist der Auskunftsanspruch als unvertretbare Handlung nach § 888 ZPO. 20

e) **Stufenklage nach § 254 ZPO.** § 254 ZPO ermöglicht es dem Handelsvertreter, die Hilfsansprüche nacheinander gestaffelt und zugleich einen unbezifferten Antrag auf Provisionszahlung in **einem** Verfahren zu stellen. Über die vorhergehenden Stufen ist durch Teilurteil zu entscheiden, wobei eine Bindungswirkung nach § 318 ZPO nicht besteht (*BGH*, NJW-RR 2011, 189). 21

Die gewöhnliche Reihenfolge beginnt mit dem Anspruch auf Provisionsabrechnung, geht dann über zum Buchauszug, dann ggf. zur Bucheinsicht, bei Lückenhaftigkeit der Bücher zur Auskunft und eidesstattlichen Versicherung nach § 259 BGB und schließlich zum Zahlungsantrag. Die Stufe des Buchauszugs kann unter Umständen auch übersprungen werden, wenn objektive Zweifel an der Richtigkeit oder Vollständigkeit der Abrechnung bestehen oder wenn der Unternehmer den Buchauszug außerprozessual verweigert hat.

22 Eine **Abweisung der Stufenklage** insgesamt schon bei der Prüfung der ersten Stufe hat dann zu erfolgen, wenn dem Handelsvertreter für die bezeichneten Geschäfte keine Provision zustehen kann, etwa wegen Verjährung oder wegen Bezahlung nach einverständlicher Abrechnung. Hat die Klage in der ersten Stufe deshalb keinen Erfolg, weil nach Ansicht des Gerichts die Abrechnung oder der Buchauszug bereits ordnungsmäßig erteilt wurde, darf nur diese Stufe durch Teilurteil abgewiesen werden; denn dem Handelsvertreter muss in einem solchen Fall Gelegenheit gegeben werden, seinen Anspruch auf Bucheinsicht und/oder Auskunft näher darzulegen und den Provisionsanspruch zu beziffern.

Für nähere Einzelheiten zu den Hilfsansprüchen und deren gerichtlicher Durchsetzung vgl. *Seetzen,* WM 1985, 213 ff. und *Emde,* MDR 2003, 1151 ff.

IV. Streit um Beendigung des Handelsvertreterverhältnisses

23 Das Handelsvertreterverhältnis kann durch einvernehmliche Aufhebung (Beendigungsvertrag), durch Kündigung, Tod des Handelsvertreters oder durch die Insolvenz des Unternehmers **beendet** werden.

1. Die ordentliche Kündigung

24 Die ordentliche Kündigung bietet nur selten Anlass für Rechtsstreitigkeiten. Die dabei zu beachtende Frist ergibt sich entweder aus § 89 HGB oder aus der Vereinbarung im Handelsvertretervertrag, wobei nach § 89 II HGB nur eine gleiche Frist für Handelsvertreter und Unternehmer vereinbart werden kann. Zu beachten ist, dass die ordentliche Kündigung das Vertragsverhältnis erst nach Ablauf der Kündigungsfrist beendet.

2. Die außerordentliche Kündigung

25 Die außerordentliche Kündigung ist in § 89 a I HGB geregelt. Sie kann auch Kündigung aus wichtigem Grund genannt werden. Vermieden werden sollte aber der Ausdruck fristlose Kündigung; denn eine Kündigung aus wichtigem Grund kann auch unter Einräumung einer Frist (die kürzer sein kann als die nach § 89 HGB zulässige) ausgesprochen werden, ohne dass sie in Voraussetzungen und Rechtsfolgen die Qualität als außerordentliche Kündigung verliert. Die Kündigung muss in einem solchen Fall allerdings eindeutig als außerordentliche oder eine aus wichtigem Grund bezeichnet werden. Ohne Bestimmung einer Auslauffrist durch den Kündigenden beendet die außerordentliche Kündigung das Vertragsverhältnis mit sofortiger Wirkung (*BGH,* DB 1999, 216).

26 Ein **wichtiger Grund** liegt stets dann vor, wenn dem Kündigenden das Abwarten des Vertragsablaufs oder der Frist zur ordentlichen Kündigung unzumutbar ist. Wann das der Fall ist, muss anhand der Umstände jedes Einzelfalls beurteilt werden. Nach § 314 II BGB besteht im Regelfall die Notwendigkeit einer Abmahnung (*BGH,* WM 2006, 873 und VersR 2009, 355). Andererseits setzt eine außerordentliche Kündigung nicht stets Vertragsverstöße der anderen Seite voraus. Auch eine von keiner Vertragspartei verursachte Zerrüttung der Vertrauensgrundlage oder die Geschäftseinstellung des Unternehmers (selbst bei höherer Gewalt) berechtigen beide Seiten zur außerordentlichen Kündigung. § 626 II BGB gilt für die außerordentliche Kündigung des Handelsvertreterverhältnisses nicht; allerdings muss auch hier die Kündigung innerhalb kurzer Frist ausgesprochen werden. Sonst wird das Recht zur außerordentlichen Kündigung verwirkt oder die Verfehlung des anderen Teils gilt als verziehen (vgl. *BGH,* WM 1994, 645).

Bei Ausspruch einer Kündigung – sowohl der ordentlichen als auch der außerordentlichen – durch einen Bevollmächtigten muss § 174 BGB beachtet werden.

27 Ist eine außerordentliche Kündigung wegen Fehlens eines wichtigen Grunds unwirksam, kann sie unter den Voraussetzungen des § 140 BGB in eine ordentliche **umgedeutet** werden. Eine unberechtigte außerordentliche Kündigung ist in der Regel für den Gekündigten ein wichtiger Grund, seinerseits das Vertragsverhältnis außerordentlich zu kündigen. In jedem Fall ist eine unberechtigte außerordentliche Kündigung eine Pflichtverletzung, die zum Schadensersatz führt (s. folgenden Abschnitt V.).

V. Schadensersatzklage wegen Pflichtverletzung

1. Bei Bestehen des Vertragsverhältnisses

28 Die Verletzung von Vertragspflichten aus dem Handelsvertreterverhältnis kann der Gegenseite nicht nur einen wichtigen Grund zur außerordentlichen Kündigung bieten, sondern stellt daneben eine **Pflichtverletzung iSv § 280 I BGB** dar. Bei vertraglichen Hauptpflichten besteht ein gerichtlich durchsetzbarer Erfüllungsanspruch; im Übrigen gelten die allgemeinen Vorschriften über Unmöglichkeit und Verzug.

Für den **Handelsvertreter** ergeben sich gegenüber dem Unternehmer im Wesentlichen folgende **Hauptpflichten aus § 86 HGB:** 29

a) Vermittlungs- und Abschlusspflicht; aus § 613 BGB ergibt sich ferner die Pflicht zum Tätigwerden in Person
b) Interessenwahrnehmungspflicht (aus dieser folgt auch die Verpflichtung, Wettbewerb zu unterlassen)
c) Informations- und Berichtspflicht
d) allgemeine Weisungsbefolgungspflicht

Daneben können weitere vertragliche **Nebenpflichten,** wie zB die Pflicht zur Geheimhaltung von Geschäftsgeheimnissen, bestehen (vgl. *Küstner/Thume,* Bd. 1 Rn. 431 ff. und *Baumbach/Hopt,* § 86 Rn. 12 ff.).

Für den **Unternehmer** bestehen im Wesentlichen folgende **Nebenpflichten:** 30

a) Überlassung von Unterlagen für die Tätigkeit des Handelsvertreters gem. § 86 a I HGB
b) Informationspflicht gem. § 86 a II HGB
c) allgemeine Unterstützungs- und Rücksichtnahmepflicht
d) Wettbewerbsverbot
e) Verschwiegenheit gegenüber Dritten

Wenn eine derartige Vertragspflicht schuldhaft verletzt wurde, wobei nach § 278 BGB auch für Personal gehaftet wird, erwächst dem anderen Teil ein Schadensersatzanspruch gem. § 280 BGB.

2. Bei und nach Kündigung

Hier können ebenfalls **Schadensersatzansprüche** entstehen. Im Vordergrund steht die Schadensersatzpflicht derjenigen Vertragspartei, die einen Grund zur außerordentlichen Kündigung zu vertreten hat, § 89 a II HGB, oder umgekehrt derjenigen, die ohne zureichenden Grund außerordentlich gekündigt hat. Zur Schadensberechnung vgl. *BGH,* NJW 2008, 3436. Nach Vertragsbeendigung kommen Schadensersatzansprüche wegen Verletzung eines nachvertraglich vereinbarten Wettbewerbsverbots, wegen Nichtbeachtung des Verschwiegenheitsgebots oder wegen Nichtrückgabe von Musterkollektionen und Unterlagen in Betracht. 31

Stets muss der Geschädigte die Vertragsverletzung des anderen und den daraus entstandenen Schaden darlegen; der Schädiger muss sich nach § 280 I 2 BGB entlasten. Besonders sorgfältig muss die Kausalität zwischen Vertragsverletzung und dem Schaden und der Schutzzweck der verletzten Vertragspflicht geprüft werden (vgl. etwa zu § 89 a II HGB *BGH,* NJW 1993, 1386; *BGH,* NJW 2008, 3436). Schadensersatzansprüche können sich ferner ergeben, falls gegen ein nachvertragliches Wettbewerbsverbot nach § 90 a HGB verstoßen wird; häufig finden sich hier auch Vertragsstrafenvereinbarungen.

VI. Klage wegen Ausgleichsanspruchs

Der Anspruch auf Zahlung eines **Ausgleichs** nach Beendigung des Vertragsverhältnisses ist eine Besonderheit des Handelsvertreterrechts, die allerdings entsprechend auf den Vertragshändler anzuwenden sein kann. 32

1. Allgemeines

§ 89 b I HGB regelt zugleich die **Anspruchsvoraussetzungen** und die Umstände, von denen die Höhe im Einzelnen abhängt. Für die Auslegung der Vorschrift ist stets zu beachten, dass der Ausgleichsanspruch eine Gegenleistung für den Kundenstamm ist, den der Handelsvertreter im Lauf seiner Tätigkeit für den Unternehmer geworben hat und den der Unternehmer nun allein nutzen darf. Oberste Richtschnur für die Zuerkennung und die Höhe des Anspruchs ist stets die Billigkeit, wobei die Rechtsprechung keinen sachlichen Unterschied in den Tatbestandsmerkmalen „angemessen" in § 89 b I 1 HGB und „der Billigkeit entspricht" in § 89 b I 1 Nr. 2 HGB erblickt. Voraussetzung ist in jedem Fall die Beendigung des Vertragsverhältnisses, gleichgültig wie und aus welchem Grund. 33

2. Berechnung der Höhe

Nach ständiger Rechtsprechung des BGH ist die **Bemessungsgrundlage** für den Anspruch allein in § 89 b I 1 Nr. 1 und 2 HGB geregelt, erst danach kommt die Vorschrift des § 89 b II HGB zur Anwendung (grundlegend *BGHZ* 56, 242; *BGH,* NJW-RR 1993, 221). Daraus ergibt sich folgende Vorgehensweise: 34

a) Es sind nach § 89 b I 1 Nr. 1 HGB die dem Unternehmer verbleibenden **Vorteile** zu ermitteln. Hierzu sind die vom Handelsvertreter **neu gewonnenen** „Stammkunden" festzustellen; das sind Kunden, bei denen in einem überschaubaren Zeitraum üblicherweise mit Nachbestellungen zu rechnen ist (*BGH,* NJW 1999, 2668); erweitert wird der Kreis durch § 89 b I 2 HGB. Die von ihm gewonnenen Stammkunden oder die wesentlich erweiterten Geschäftsverbindungen zu benennen und zu beweisen, 35 ist Sache des Handelsvertreters. Aufgrund der – evtl. in einer Beweisaufnahme überprüften – Angaben des Handelsvertreters hat dann der Richter eine **Prognose** im Weg der Schätzung nach § 287 II ZPO anzustellen, wie sich der Umsatz des Unternehmers mit diesen neu geworbenen Stammkunden in den folgenden 3 bis 5 Jahren nach Beendigung des Handelsvertreterverhältnisses entwickeln würde (*BGH*, WM 2003, 499; *BGH*, VersR 2008, 214). Dabei sind Umstände, die im Lauf des Gerichtsverfahrens eintreten, nur zu berücksichtigen, soweit sie im Zeitpunkt der Vertragsbeendigung bereits abzusehen sind (*BGH*, NJW 1998, 71).

36 Aus den geschätzten Umsätzen des Unternehmers mit den neu geworbenen Stammkunden während des Prognosezeitraums (abhängig von der Fluktuation der Kunden und der Langlebigkeit der vertriebenen Waren, vgl. *BGH*, NJW 2011, 1143) sind die **erheblichen Vorteile** des Unternehmers zu ermitteln; dies geschieht anhand der in der Vergangenheit erzielten Gewinnspannen des Unternehmers. Dass der Unternehmer in der Prognosezeit Betriebsverluste erleidet, schließt in der Regel erhebliche Vorteile aus der Tätigkeit des Handelsvertreters nicht aus; denn ohne den Umsatz mit den neu geworbenen Stammkunden wäre der Betriebsverlust noch höher ausgefallen. Bei einer Geschäftsaufgabe des Unternehmers kann der Ausgleichsanspruch uU entfallen (vgl. *BGH*, NJW 2011, 848).

37 Kann der darlegungs- und beweispflichtige Handelsvertreter keine Angaben zur **Gewinnspanne** des Unternehmers machen, hilft die Faustregel, dass die Vorteile des Unternehmers nicht niedriger als die Provisionsverluste des Handelsvertreters sind. Dies ist eine – vom Unternehmer widerlegbare – Vermutung.

38 b) In einem weiteren Schritt ist eine **Billigkeitsprüfung** nach § 89 b I 1 Nr. 2 HGB vorzunehmen. Zu berücksichtigen sind hierbei alle vertragsbezogenen Umstände des Einzelfalls, außer Betracht bleiben etwa Vermögensverhältnisse der Parteien oder die allgemeine Wirtschaftsentwicklung. Entgegen der früheren Rechtslage ist der Ausgleichsanspruch nach der Neufassung von § 89 b I 1 HGB im Jahr 2009 nicht mehr generell durch die **Provisionsverluste** des Handelsvertreters begrenzt. Die Provisionsverluste stellen aber weiterhin ein wesentliches Kriterium bei der Billigkeitsprüfung dar. Ausgangspunkt sind die Gesamtprovisionen des Handelsvertreters im letzten **Tätigkeitsjahr** aus den Geschäften mit den geworbenen Stammkunden. Maßgeblich für die Berechnung sind die Bruttoprovisionen, allerdings nur insoweit, als es sich um Vermittlungsprovisionen handelt; außer Betracht bleiben hier also Provisionen oder Provisionsanteile, die der Handelsvertreter für verwaltende Tätigkeiten erhalten hat. Was werbende und was verwaltende Tätigkeiten sind, ist branchenspezifisch zu bestimmen (*BGH*, NJW 1998, 71). Wie bei den Unternehmervorteilen ist auch hier eine **Prognose** anzustellen, weil erfahrungsgemäß pro Jahr eine gewisse Anzahl von Stammkunden abwandert. Um die festgestellte oder geschätzte Abwanderungsquote ist die entgangene Provision von Jahr zu Jahr zu vermindern. Erfahrungsgemäß liegt die Abwanderungsquote zwischen 10% und 20% (vgl. *BGH*, WM 2003, 499).

39 c) Die für den Prognosezeitraum von 3–5 Jahren berechnete Summe der Provisionsverluste ist dann noch abzuzinsen, weil der Ausgleichsanspruch sogleich mit Beendigung des Vertragsverhältnisses entsteht, der Handelsvertreter also einen Ausgleich für künftig erst entstehende Provisionsansprüche erhält. Für die Abzinsung ist ohne Bedeutung, wann die Ausgleichszahlung tatsächlich bewirkt wird. Den gerechten Ausgleich für verspätete Zahlung bieten Fälligkeits- oder Verzugszinsen (*BGH*, WM 1991, 602). Die **Abzinsung** erfolgt entweder nach einer anerkannten Abzinsungstabelle oder pauschal mit 20% über 5 Jahre bzw. 10% bis 16% über 4 Jahre. Eine bestimmte Abzinsungsmethode schreibt der BGH nicht vor (*BGH*, NJW 1998, 66; *BGH*, NJW-RR 2002, 1548).

Für die Einzelheiten, wie sich im Übrigen bestimmte Umstände auf den Ausgleichsanspruch auswirken, muss auf die einschlägigen Kommentare (zB *Baumbach/Hopt*, § 89 b Rn. 34 ff.) verwiesen werden.

40 d) In einem letzten Schritt ist der so bestimmte Ausgleichsbetrag an der Obergrenze nach § 89 b II HGB zu messen. Er darf nicht höher sein als eine nach dem **Durchschnitt** der letzten fünf Tätigkeitsjahre berechneten **Jahresbruttoprovision.** Hierbei sind allerdings alle Arten von Vergütungen zu berücksichtigen, also auch Delkredere-, Inkasso-, Auslieferungs-, Super- und Verwaltungsprovisionen.

Einen guten Überblick über die Berechnung des Ausgleichsanspruchs bieten *Christoph*, NJW 2010, 647 und *Thume*, BB 2009, 2490.

41 Etwas abweichende Berechnungsregeln enthält § 89 b V HGB für **Versicherungs- und Bausparkassenvertreter.** Beim Versicherungsvertreter tritt der Ausgleichsanspruch an die Stelle bereits entstandener Provisionsansprüche, die infolge der Vertragsbeendigung nicht mehr zur Auszahlung gelangen. Unberücksichtigt bleiben deshalb von vornherein Versicherungszweige, in denen nur Einmalprovisionen bezahlt werden. Bei den Folgeprovisionen darf zur Berechnung des Ausgleichsanspruchs nur derjenige Anteil berücksichtigt werden, der eine gestreckte Abschlussprovision darstellt. Zur Berücksichtigung einer Verwaltungsprovision vgl. *BGH*, NJW-RR 2006, 1542.

3. Ausschluss des Ausgleichsanspruchs

42 § 89 b III und IV 2 HGB enthalten einige Ausschlusstatbestände. Die Frist des § 89 b IV 2 HGB ist keine Verjährungs-, sondern eine **Ausschlussfrist,** deren ungenutzter Ablauf zum Erlöschen des Anspruchs führt

und die vom Gericht von Amts wegen zu beachten ist. Eine Wiedereinsetzung ist nicht möglich. Das Erlöschen des Anspruchs wird bereits dadurch vermieden, dass der Handelsvertreter den Anspruch außergerichtlich gegenüber dem Unternehmer geltend macht. Dies kann etwa auch schon im Kündigungsschreiben des Handelsvertreters geschehen.

In einem solchen Fall ist freilich § 89b III Nr. 1 HGB zu prüfen; bei einer Kündigung durch den Handelsvertreter bleibt der Ausgleichsanspruch nur dann erhalten, wenn ein Verhalten des Unternehmers **begründeten Anlass** zur Kündigung gegeben hat oder wegen seines **Alters** oder wegen **Krankheit** dem Handelsvertreter die Fortsetzung der Tätigkeit nicht zumutbar ist. „Begründeter Anlass" ist weniger als ein Grund zur außerordentlichen Kündigung. 43

Nach § 89b III Nr. 2 HGB ist der Anspruch nur ausgeschlossen, wenn ein unmittelbarer Ursachenzusammenhang zwischen schuldhaften Verhalten und Kündigung besteht (*BGH,* DB 2011, 645). § 89b III Nr. 3 HGB geht stillschweigend davon aus, dass der Handelsvertreter einer solchen **Vereinbarung** nicht ohne Abfindung für den Ausgleichsanspruch durch seinen Nachfolger oder den Unternehmer zustimmen wird. Allerdings ist eine Abfindung nicht Voraussetzung für den Ausschluss des Ausgleichsanspruchs. Der Handelsvertreter wird vor Übervorteilungen beim Ausgleichsanspruch dadurch geschützt, dass der Anspruch nach § 89b IV 1 HGB erst nach Beendigung des Vertragsverhältnisses ausgeschlossen oder eingeschränkt werden kann (vgl. *BGH,* NJW 1996, 2867 und *BGH,* NJW 2003, 3350); auch eine Vereinbarung nach § 89b III Nr. 3 HGB kann wirksam erst nach Beendigung geschlossen werden. Nach § 92b I 1 HGB hat **keinen** Ausgleichsanspruch der nebenberufliche Handelsvertreter, wobei allein entscheidend die Verkehrsauffassung ist (*BGH,* ZIP 1998, 2152 = BB 1999, 71). 44

4. Prozessuale Fragen

Der Ausgleichsanspruch ist einer der Fälle, in denen ein **unbezifferter Klageantrag** zulässig ist, weil der Umfang des Anspruchs weitgehend durch Schätzung ermittelt wird (§ 287 ZPO). Bedeutsam für die Ermittlung der Schätzungsgrundlagen, die der Handelsvertreter dem Gericht zu unterbreiten hat, ist der Auskunftsanspruch aus § 87c III HGB (vgl. *BGH,* NJW 1982, 235). 45

Ein **Grundurteil** (§ 304 ZPO) über den Ausgleichsanspruch ist grundsätzlich möglich, aber selten zweckmäßig, weil sich die Umstände, die für den Grund und den Umfang des Anspruchs maßgebend sind, kaum sauber trennen lassen, sondern eng miteinander verzahnt sind. Außerdem führt ein Grundurteil meist zu einer unerwünschten Verzögerung des Leistungsurteils. 46

5. Entsprechende Anwendung auf Vertragshändler

Nach gefestigter Rechtsprechung des Bundesgerichtshofs (aus neuerer Zeit *BGH,* NJW-RR 2010, 1263 und MDR 2010, 1402 = DB 2010, 2496 mwN) wird § 89b HGB entsprechend auf das Vertragsverhältnis eines Eigenhändlers angewendet, wenn 47

a) zwischen dem Eigenhändler und dem Hersteller (oder Lieferanten) ein Rechtsverhältnis besteht, das sich nicht in einer bloßen Käufer – Verkäufer – Beziehung erschöpft, sondern den Vertragshändler aufgrund vertraglicher Abmachungen so in die **Absatzorganisation** des Herstellers **eingliedert,** dass er wirtschaftlich in erheblichem Umfang dem Handelsvertreter vergleichbare Aufgaben zu erfüllen hat (*BGH,* NJW-RR 2007, 1327 = WM 2007, 1983) und 48

b) er verpflichtet ist, bei Vertragsbeendigung dem Hersteller seinen **Kundenstamm** zu **übertragen,** so dass sich dieser die Vorteile des Kundenstamms sofort und ohne weiteres nutzbar machen kann (*BGH,* NJW-RR 2006, 1692 = WM 2006, 1919). Dabei kommt es nicht darauf an, ob diese Verpflichtung erst im Zeitpunkt der Vertragsbeendigung oder schon während der Vertragszeit durch laufende Unterrichtung des Herstellers über die Geschäftsentwicklung und Geschäftsabschlüsse zu erfüllen ist. Zur Berechnung des Ausgleichsanspruchs eines Eigenhändlers vgl. etwa *BGH,* WM 1996, 1962; *BGHZ* 135, 14; *BGH,* NJW-RR 2006, 1328 und *BGH,* NJW-RR 2010, 1263; ferner *Emde,* MDR 2010, 537. 49

Auch von § 89b HGB abgesehen wendet die Rechtsprechung auf das Vertragsverhältnis des **Vertragshändlers** weitgehend Handelsvertreterrecht an (vgl. etwa *BGH,* NJW-RR 2003, 98 = DB 2003, 825 zur Kündigungsfrist). 50

B. VII. Der Maklerprozess

Ulrich Völker

Übersicht

I. Vorbemerkung

1 Das Maklerrecht hat in den letzten Jahrzehnten in der gerichtlichen Praxis eine wichtige Rolle gespielt, soweit es um die Verwertung von Informationen über Vertragsgelegenheiten, also um das Recht des Nachweismaklers ging.

Ob das in Zeiten der Internetnutzung so bleibt, ist abzuwarten. Das Recht des Vermittlungsmaklers war und ist dem gegenüber nicht von gleicher Bedeutung.

2 Der Gesetzgeber hat das Maklerrecht eher stiefmütterlich behandelt. Neben die im BGB enthaltenen §§ 652, 653, 654, 655 und 656 wurden durch das Schuldrechtsmodernisierungsgesetz die Vorschriften des Verbraucherkreditgesetzes in die §§ 655 a ff. BGB übernommen und mit Wirkung vom 11. 6. 2010 ergänzt. Daneben enthalten die §§ 93 ff. HGB ergänzende Regelungen zum Handelsmakler.

3 Die folgende Darstellung befasst sich mit den zwei zentralen Fragen des privaten Maklerrechts, die den Zivilgerichten immer wieder zur Entscheidung vorliegen, nämlich mit dem Provisionsanspruch des Maklers und mit der Haftung des Maklers gegenüber seinem Auftraggeber. Die Darstellung befasst sich nicht mit dem öffentlichen Maklerrecht (zB Makler- und Bauträger VO) und nicht mit dem Recht besonderer Makler (etwa Versicherungsmakler, Börsenmakler oder Schiffsmakler).

II. Der Provisionsanspruch des Maklers

4 Der in § 652 BGB geregelte Provisionsanspruch des Maklers setzt vier anspruchsbegründende Tatsachen voraus, nämlich einen Maklervertrag, eine in Nachweis oder Vermittlung bestehende Maklertätigkeit, den Abschluss des nach dem Maklervertrag intendierten Hauptvertrags sowie die Kausalität („infolge") zwischen Maklertätigkeit und Abschluss des Hauptvertrages.

1. Der Maklervertrag

5 **a) Der Abschluss des Maklervertrages.** Da Maklerverträge grundsätzlich formfrei abgeschlossen werden können (Ausnahme zB Verbraucherdarlehensvermittlung § 655 b BGB) und die Makler, insbesondere die Immobilienmakler, sich oft scheuen, die Vermarktung der Vertragsgelegenheit mit einem ausdrücklichen Provisionsverlangen zu belasten, steht der Zivilrichter immer wieder vor der Frage, ob der für den Provisionsanspruch vorausgesetzte Maklervertrag im Wege der Konkludenz zustande gekommen ist. Ein Vertragsschluss ist grundsätzlich zu bejahen, wenn der Makler gegenüber dem Interessenten seine Provisionserwartung offenlegt und der Interessent dann die Dienste des Maklers in Anspruch nimmt. Denn dann kann und darf der Makler seine Inanspruchnahme dahingehend verstehen, dass der Kunde mit der Provisionserwartung einverstanden ist (*BGH*, NJW 2002, 817).

6 Der klassische Fall ist der, dass der Makler dem Interessenten ein Exposé, das einen Hinweis auf die Provisionserwartung enthält, übersendet und der Interessent alsdann um die Organisation eines Besichtigungstermins bittet.

Die Offenlegung der Provisionserwartung kann auf vielfache Weise erfolgen: Im Zeitungsinserat, im Internet, im Exposé oder Aushang. Selbstverständlich kann die Offenlegung der Provisionserwartung auch mündlich oder schriftlich erfolgen; bei mündlichem Hinweis stellt sich im Prozess oft das Problem, dass der Makler die mündliche Offenlegung bei Bestreiten beweisen muss. Der als Zeuge benannte angestellte Mitarbeiter des Maklers bekundet bei seiner Vernehmung oft, bei der ersten Kontaktaufnahme am Telefon habe er den Interessenten auf die Provision hingewiesen, er mache es nämlich immer so. Eine konkrete Erinnerung kann er demgegenüber nicht bezeugen, so dass seine Aussage oft nur den Wert einer Schlussfolgerung hat („Wir machen das immer so."). 7

Ein Maklervertrag kommt indes nicht zustande, wenn der Makler dem Interessenten ein die Provisionserwartung ausweisendes Exposé mit Informationen zur Vertragsgelegenheit zuschickt und der Interessent dann ohne weitere Inanspruchnahme des Maklers die Informationen ausnutzt (*BGH*, NJW 1984, 232). 8

Ein Maklervertrag kommt auch nicht zustande, wenn der Makler dem Interessenten im Besichtigungstermin ein Exposé mit Provisionserwartung übergibt und der Interessent den Besichtigungstermin daraufhin nicht abbricht, weil dem Interessenten nicht zuzumuten ist, in einer solchen Situation das Exposé durchzulesen und im Fall des Nichteinverständnisses die Besichtigung abzubrechen *(BGH*, NJW-RR 1991, 371).

Schwieriger sind die Fälle im Streit des Immobilienmaklers mit dem Interessenten, in denen die Initiative zum Grundstücksgeschäft vom Verkäufer ausgeht und ein Kaufinteressent sich an den Makler wendet. Die bloße Anfrage an den Makler ist kein Angebot des Interessenten zum Abschluss eines Maklervertrages. Die Bitte um Benennung einer Vertragsgelegenheit begründet nur dann einen Maklervertrag, wenn der Interessent einen echten Suchauftrag erteilt, also der Makler nach außen hin suchend tätig werden soll. Ansonsten (Frage nach Vertragsgelegenheit aus dem Bestand des Maklers) darf der Interessent annehmen, dass das Provisionsinteresse des Maklers vom Verkäufer oder Vermieter bedient wird (*BGH*, NJW-RR 2007, 400). 9

Will der vom Verkäufer eingeschaltete Makler auch (oder nur) vom Kaufinteressenten eine Provision, muss er für klare Verhältnisse sorgen (*BGH*, NJW-RR 2007, 400). Für klare Verhältnisse sorgt er zum Beispiel nicht, wenn er den Kaufinteressenten im Exposé, Zeitungsinserat, Internet oder Aushang auf die Provision ohne Kennzeichnung als „Käuferprovision" im unmittelbaren textlichen Zusammenhang mit dem Kaufpreis („Kaufpreis x-tausend Euro zuzüglich 3% Provision") hinweist (*BGH*, NJW 2005, 3779). 10

b) Vertragsschluss unter Berücksichtigung von AGB-Recht. *aa) Der Vertragsschluss.* Die Offenlegung der Provisionserwartung findet sich oft in Allgemeinen Geschäftsbedingungen oder in vom Makler vorformulierten Vertragsbedingungen. 11

Eine Inhaltskontrolle gemäß §§ 307 ff. BGB findet in Bezug auf den Vertragsschluss selbst nicht statt, weil die Inhaltskontrolle mit Ausnahme des Transparenzgebotes (§ 307 I 2, § 307 III 2 BGB) grundsätzlich nicht für Vertragsschlussklauseln, also für Klauseln, die Art und Umfang der vertraglichen Hauptleistungspflicht und die dafür zu zahlende Vergütung unmittelbar bestimmen (*BGH*, NJW 2002, 2386; *BGH*, NJW 2010, 2789), nicht eröffnet ist. Legt deshalb der Makler seine Provisionserwartung in Allgemeinen Geschäftsbedingungen offen und nimmt der Interessent daraufhin Maklerdienste in Anspruch, kann auf diesem Wege ein Maklervertrag konkludent zustande kommen.

Davon zu unterscheiden ist der Fall, dass sich der Makler im Besichtigungstermin oder im Anschluss daran eine von ihm vorformulierte „Nachweisbestätigung" , in der die Provisionsklausel enthalten ist, unterschreiben lässt. In diesem Fall soll die Provisionsklausel unabhängig von der nicht eröffneten Inhaltskontrolle nach §§ 307 ff. BGB als überraschende Klausel gemäß § 305 c BGB unwirksam sein (*OLG Hamm*, NJW-RR 1988, 687). 12

bb) Der Vertragsinhalt. Nach seinem gesetzlichen Leitbild ist der Maklervertrag ein einseitig verpflichtender Vertrag, bei dem den Kunden die Hauptpflicht trifft, nach Nachweis- oder Vermittlungstätigkeit des Maklers im Erfolgsfalle eine Provision zu zahlen. 13

Die im Gesetz vorgesehene Reihenfolge (Maklervertrag, Maklertätigkeit, Abschluss des Hauptvertrages) braucht nicht eingehalten zu werden. Vielmehr kann auch bereits erbrachter Maklertätigkeit nachträglich ein Maklervertrag unterlegt werden (*BGH*, NJW-RR 2007, 55).

Den Kunden trifft nicht die Haupt- oder Nebenpflicht, die vom Makler beschaffte Vertragsgelegenheit wahrzunehmen; ein Provisionsanspruch bei verweigertem Nichtabschluss des Hauptvertrages lässt sich auch nicht mit einer entsprechenden Anwendung von § 162 BGB begründen, weil die Abschlussfreiheit des Kunden nicht beeinträchtigt werden kann (*BGH*, NJW 1966, 1404; *BGH*, NJW 1967, 1225). 14

Den Makler treffen nur Nebenpflichten, insbesondere Treue- und gegebenenfalls Aufklärungs- und Beratungspflichten (Näheres im Zusammenhang mit der Frage der Haftung des Maklers).

Da § 652 BGB dispositiv ist, können abweichend andere Voraussetzungen für den Provisionsanspruch vereinbart werden. Bei entsprechender Abrede kann zB eine Tätigkeitspflicht des Maklers bestehen (sog. Maklerdienstvertrag). 15

Der Makler kann sich auch verpflichten, einen Vertragsabschluss herbeizuführen (sog. Maklerwerkvertrag) oder den Erfolg garantieren. Diese Konstellationen sind indes sehr selten.

cc) Besondere Vertragsgestaltungen

• Eigenverkaufs- und Hinzuziehungsklauseln

16 Gelegentlich wird vereinbart, dass der Maklerkunde Provision auch dann schuldet, wenn er den Hauptvertrag ohne Mitwirkung oder ohne Hinzuziehung des Maklers in eigener Regie abschließt.

Derartige Vereinbarungen können nicht AGB-mäßig getroffen werden (*BGH*, NJW 1991, 1678).

• Der Makleralleinauftrag

17 Der Makleralleinauftrag ist ein Maklervertrag, bei dem der Maklerkunde sich verpflichtet, keine anderen Makler mit der Vermarktung der Vertragsgelegenheit zu beauftragen. Der Makler verpflichtet sich im Gegenzug zum Tätigwerden. Hier bestehen keine Besonderheiten. Die Verletzung der Verpflichtung, die Einschaltung anderer Makler zu unterlassen, löst eine Schadensersatzpflicht des Maklerkunden aus (siehe näher unten Rn. 81).

• Der qualifizierte Makleralleinauftrag

18 Unter dem qualifizierten Makleralleinauftrag versteht man einen Vertrag, bei dem sich der Maklerkunde verpflichtet, den Hauptvertrag nicht ohne Beteiligung des Maklers abzuschließen. Auch hier verpflichtet sich der Makler im Gegenzug zum Tätigwerden. Derartige Beteiligungsklauseln können (wie die schon genannten Eigenverkaufsklauseln) nicht AGB-mäßig vereinbart werden (*BGH*, NJW 1991, 1678).

• Übererlösklauseln

19 Unter einer Übererlösvereinbarung versteht man die Abrede, dass der Makler als Provision das erhalten soll, was einen bestimmten Kaufpreis übersteigt. Grundsätzlich sollen derartige Übererlösvereinbarungen unbedenklich sein (*BGH*, NJW 1969, 1628). Bei qualifizierten Alleinaufträgen hat der Makler indes gesteigerte Aufklärungspflichten (*BGH*, NJW 1994, 1475).

• Die Reservierungsvereinbarung

20 Unter Reservierungsvereinbarungen versteht man Abreden, in denen sich der Makler gegen Zahlung eines Entgeltes gegenüber dem Kaufinteressenten verpflichtet, für einen bestimmten Zeitraum das Objekt keinen anderen Interessenten anzubieten. Hier ist zu beachten, dass der die Reservierungsvereinbarung enthaltende Maklervertrag nach § 311 b BGB unwirksam sein soll, wenn das Reservierungsentgelt 10% der im Erfolgsfalle geschuldeten Provision übersteigt (*BGH*, NJW 1988, 1716; siehe auch Formunwirksamkeit unter Rn. 23).

21 **c) Der Drittbezug des Maklervertrages (Verflechtung).** *aa) Persönliche und wirtschaftliche Verflechtung.* Der Maklervertrag muss darauf ausgerichtet sein, dass ein Hauptvertrag mit einem Dritten zustande kommt. Ein Makler kann sich zB also nicht Provision für den Verkauf eines eigenen Grundstücks versprechen lassen. Lässt er sich Provision versprechen, so wäre dies eine verdeckte Erhöhung des Kaufpreises, so dass das Beurkundungserfordernis des § 311 b BGB zu beachten wäre.

Verflechtung liegt auch vor, wenn der Vertragsgegner des Maklerkunden eine Personenvereinigung oder juristische Person ist, auf deren Entscheidungsfindung der Makler maßgeblichen Einfluss hat. Man spricht in diesen Fällen von wirtschaftlicher Verflechtung (*Palandt/Sprau*, § 652 Rn. 31).

22 *bb) Der institutionalisierte Interessenkonflikt.* Bei der Verflechtungsproblematik werden oft (dogmatisch bedenklich) die Konstellationen erörtert, in denen sich der Makler in einem sogenannten institutionalisierten Interessenkonflikt befindet; ein Provisionsanspruch besteht dann nicht.

Als Fälle des institutionalisierten Interessenkonflikts sind in der Rechtsprechung insbesondere angesehen worden

• der Testamentsvollstrecker hinsichtlich der zum Nachlass gehörenden Grundstücke (*BGH*, NJW 2000, 3781);
• der Zwangsverwalter (*OLG Oldenburg*, NdsRpfl 1981, 214);
• der Ehepartner hinsichtlich der dem anderen gehörenden Grundstücke, wenn konkrete Anhaltspunkte für eine Interessenkollision bestehen (*BGH*, NJW 2009, 1809);
• der Wohnungseigentumsverwalter, wenn der Verkauf der Wohnung von seiner Zustimmung abhängt (*BGH*, NJW 2003, 1249), sonst provisionsunschädlich (*BGH*, NJW-RR 2005, 1033) und
• der Handelsvertreter (*BGH*, NJW 1974, 137).

In all diesen Fällen ist indes zu beachten, dass das Provisionsversprechen des Kunden jedenfalls dann unberührt bleibt, wenn der Makler den institutionalisierten Interessenkonflikt offenlegt. Ob man dann von Maklerprovision oder von einem selbständigen Provisionsversprechen spricht, ist eine Frage ohne entscheidungserhebliche Bedeutung (aufschlussreich *BGH*, NJW 2000, 3781 im Falle des Testamentsvollstreckers).

23 **d) Unwirksamkeit des Maklervertrages.** *aa) Formunwirksamkeit.* Der Maklervertrag bedarf mit Ausnahme des Kreditvermittlungsvertrages (§ 655 b BGB) grundsätzlich keiner Form. Da der Maklervertrag wegen der Abschlussfreiheit des Maklerkunden diesen nicht zwingt, den Hauptvertrag abzuschließen, ergibt sich beim Grundstücksgeschäft eine Formbedürftigkeit gemäß § 311 b BGB dann, wenn

durch den Maklervertrag ein mittelbarer Zwang ausgeübt wird, das Grundstücksgeschäft abzuschließen. Das ist der Fall, wenn der Maklervertrag für den Fall des Nichtabschlusses des Grundstücksgeschäfts nicht unerhebliche Nachteile vorsieht, etwa Aufwendungsersatz in Höhe von 10 bis 15 Prozent der Provision. Dann ist auch der Maklervertrag beurkundungsbedürftig (*BGH*, NJW 1980, 1622).

Wird in diesen Ausnahmefällen (Aufwendungsersatz, Reservierungsentgelt) die Form nicht eingehalten, so ist indes zu beachten, dass der notariell beurkundete Abschluss des Grundstückskaufvertrages die Formunwirksamkeit des Maklervertrages in Anwendung von § 311 b I 2 BGB heilen soll (*BGH*, NJW-RR 1994, 559). 24

bb) Andere Unwirksamkeitsgründe. Es gelten die Regeln des Allgemeinen Teils des BGB. Namentlich § 138 BGB ist als Unwirksamkeitsgrund in Erwägung zu ziehen, wenn der Maklerlohn das marktübliche Maß signifikant überschreitet oder wenn der Makler nach dem Inhalt der Vereinbarung Schmiergelder zahlen soll, um den Vertragsabschluss zu befördern. 25

Kein Unwirksamkeitsgrund ist der Umstand, dass der Makler nicht über die gemäß § 34 c Gewerbeordnung erforderliche gewerberechtliche Genehmigung verfügt (*BGH*, NJW 1998, 62).

f) **Die Maklerklausel im Hauptvertrag.** Die Grundstücksmakler versuchen nicht selten, im Grundstückskaufvertrag die Regelung unterzubringen, dass (meist) der Käufer oder der Verkäufer ihnen eine Provision zu zahlen haben. Die Vertragsparteien müssen sich hierauf unter keinem rechtlichen Gesichtspunkt einlassen. Tun sie es trotzdem, hat der Makler aus der Regelung im Grundstückskaufvertrag einen Provisionsanspruch, wenn die Regelung als Vertrag zu Gunsten Dritter, hier des Maklers, gemäß § 328 BGB ausgestaltet ist. Anspruchsgrundlage für den Provisionsanspruch ist dann nicht § 652 BGB, sondern die Regelung im Grundstückskaufvertrag. 26

Die Maklerklausel im Hauptvertrag ist dann dahingehend zu überprüfen, ob der Anspruch an die weiteren Voraussetzungen des § 652 BGB geknüpft oder ein von den Voraussetzungen des § 652 BGB unabhängiger selbständiger Provisionsanspruch gegeben sein soll (*BGH*, NJW 1998, 1552).

Im Provisionsprozess kann dem klagenden Makler anspruchskonkurrierend sowohl ein Anspruch aus § 652 BGB oder aus der Maklerklausel zustehen. Zu beachten ist, dass der Anspruch aus der Maklerklausel im Hauptvertrag ein eigenständiger Streitgegenstand ist, auch wenn der Makler die Provision nur einmal fordern kann. 27

Probleme treten auf, wenn die Vertragsparteien den Kaufvertrag einvernehmlich aufheben oder eine Vertragspartei vom Vertrage zurücktritt. Dann kommt es darauf an, ob dem Makler durch die Regelung im Hauptvertrag eine unentziehbare Rechtsposition eingeräumt werden sollte (siehe die Rechtsprechungshinweise bei *Palandt/Sprau*, § 328 Rn. 4).

g) **Beweisfragen.** Da das Bestehen des Maklervertrages anspruchsbegründende Tatsache ist, ist der Makler für Abschluss und Inhalt beweisbelastet. Wendet der Maklerkunde im Prozess ein, der Provisionsanspruch sei abweichend von § 652 BGB aufgrund der konkret getroffenen Vereinbarung an weitere Voraussetzungen geknüpft, so muss der Makler diesen Einwand widerlegen. 28

Wegen der Problematik, dass der Maklerkunde Unentgeltlichkeit behauptet, siehe Provisionshöhe (Rn. 63).

Hat beim Grundstücksgeschäft der Verkäufer den Makler entgeltlich oder unentgeltlich beauftragt und will der Makler auch von dem Käufer eine Provision, so muss er für klare Verhältnisse sorgen (*BGH*, NJW-RR 2007, 400), dh der Makler muss beweisen, dass er dem Interessenten gegenüber kenntlich gemacht hat, dass er gerade auch von ihm eine Provision erwartet. 29

Beruft sich der Maklerkunde im Prozess auf Verflechtung, so hat er diese zu beweisen. Allerdings dürften den Makler unter dem Gesichtspunkt der sekundären Behauptungslast besondere Darlegungsobliegenheiten treffen.

2. Die Maklertätigkeit

Wie bereits ausgeführt (Rn. 13), braucht die Maklertätigkeit, um den Provisionsanspruch auszulösen, dem Abschluss des Maklervertrages nicht nachzufolgen (*BGH*, NJW-RR 2007, 55). 30

a) **Nachweis und Vermittlung.** Nach der gesetzlichen Konzeption des § 652 BGB verdient der Makler seine Provision für eine Nachweis- oder Vermittlungstätigkeit. Nachweis ist die Mitteilung des Maklers an seinen Kunden, durch die dieser in die Lage versetzt wird, in konkrete Verhandlungen über den angestrebten Hauptvertrag einzutreten (*BGH*, NJW 2005, 753). Vermittlung ist die bewusste und finale Herbeiführung der Abschlussbereitschaft des Vertragspartners des angestrebten Hauptvertrages (*BGH*, NJW-RR 1997, 884). 31

Der Nachweis des Immobilienmaklers ist nur dann vollkommen, wenn das Grundstück, der Kaufpreis sowie Name und Anschrift des Käufers, Verkäufers, Mieters oder Vermieters benannt werden (*BGH*, NJW 2006, 3062). Ist der Nachweis unvollständig, verdient der Makler eine Nachweisprovision grundsätzlich nicht. 32

Es sind aber nicht wenige Ausnahmen zu beachten. Wohnt zB der Verkäufer in dem zu verkaufenden Haus, braucht der Makler dem Interessenten den Namen und die Anschrift des Verkäufers nicht zu benennen (*BGH*, NJW 2006, 3062). 33

34 Im Besichtigungstermin ist der Kaufinteressent oft noch gar nicht interessiert, den Namen und die Anschrift des Verkäufers zu erfahren, weil er sich zunächst nur einen Eindruck vom Kaufobjekt verschaffen will. Ermittelt er dann später ohne weitere Einschaltung des Maklers selbst den Namen und die Anschrift des Verkäufers, ist im Provisionsprozess zu erwägen, ob die Berufung auf die Unvollständigkeit des Nachweises gegen Treu und Glauben verstößt (*BGH*, NJW 2006, 3062).

35 Ein Nachweis ist misslungen, wenn der nachgewiesene Geschäftspartner nicht abschlussbereit ist (*BGH*, NJW-RR 1997, 884). Der Makler kann dann bei entsprechendem Auftrag nur eine Vermittlungsprovision verdienen.

36 Beim Grundstücksmakler wird überwiegend vertreten, dass der Provisionsanspruch nur dann entsteht, wenn der Maklerkunde Kenntnis von der Maklertätigkeit hat, also der verkaufsinteressierte Maklerkunde weiß, dass ihm Kaufinteressenten gerade vom Makler geschickt worden sind (*Palandt/Sprau*, § 652 Rn. 52). Allerdings soll es auf die Kenntnis von der Maklertätigkeit nicht ankommen, wenn feststeht, dass das Fehlen der Kenntnis für den Geschäftsabschluss nicht ursächlich geworden ist (*BGH*, NJW-RR 1994, 1260).

37 b) **Beweisfragen.** Da die Maklertätigkeit anspruchsbegründende Tatsache ist, trägt der Makler hierfür die Beweislast. Der Makler muss im Bestreitensfalle insbesondere die Vollständigkeit und Richtigkeit des Nachweises und gegebenenfalls beweisen, dass die Berufung auf die Unvollkommenheit des Nachweises gegen Treu und Glauben verstößt.

3. Der Hauptvertrag

38 Ohne Hauptvertrag hat der Makler Provision nicht verdient.

Jedenfalls besteht das Provisionsrisiko des Maklers nur bis zum Abschluss des unbedingten Hauptvertrages, der aber wirksam sein muss. Es gelten die Unwirksamkeitsregelungen des Allgemeinen Teils des BGB. Die Anfechtung des Hauptvertrages wegen Irrtums, arglistiger Täuschung oder wegen widerrechtlicher Drohung wirkt zurück (§ 142 I BGB).

Der Makler trägt nicht das Risiko der Vertragsausführung, so dass die nachträgliche Aufhebung oder Änderung des Hauptvertrages den Provisionsanspruch nicht berühren (*BGH*, NJW-RR 2005, 1506).

39 Weil ein Vertrag vorausgesetzt wird, ist im Falle des Erwerbs in der Zwangsvollstreckung eine Provision nicht verdient, weil der Zuschlag im Zwangsversteigerungsverfahren ein staatlicher Hoheitsakt (und kein Vertrag *BGH*, NJW 1993, 2271) ist.

Durch Individualvereinbarung (*BGH*, NJW 1997, 1581), nicht aber durch nicht ausgehandelte Allgemeine Geschäftsbedingungen (*BGH*, NJW-RR 1993, 504) kann Abweichendes vereinbart werden.

40 In zeitlicher Hinsicht kommt es für den Provisionsanspruch nicht darauf an, ob der Maklervertrag bei Abschluss des Hauptvertrages noch besteht; entscheidend ist allein, dass die zum Abschluss des Hauptvertrages führende Maklertätigkeit während Bestehens des Maklervertrages erbracht worden ist.

Kommt zwar der Hauptvertrag zustande, übt aber ein Dritter sein Vorkaufsrecht aus, kann der Makler vom gescheiterten Käufer keine Provision verlangen, weil der wirtschaftliche Erfolg ausgeblieben ist (*Palandt/Sprau*, § 652 Rn. 41). Enthält allerdings der Kaufvertrag die oben dargestellte Maklerklausel, kann der Makler einen Provisionsanspruch gegen den Vorkaufsberechtigten haben (*BGH*, NJW 1996, 654).

41 a) **Der unvollkommene Hauptvertrag.** Im Prozess stellt sich oft die Frage, ob der Makler seine Provision auch dann verdient, wenn der Hauptvertrag Defizite aufweist, also unvollkommen ist.

Der gesetzlich geregelte Fall der Unvollkommenheit des Hauptvertrages ist der der Vereinbarung einer aufschiebenden Bedingung. Hier entsteht der Provisionsanspruch erst nach Eintritt der Bedingung (§ 652 I 2 BGB). Bei Vereinbarung einer auflösenden Bedingung entsteht der Provisionsanspruch sofort, soll aber bei Eintritt der Bedingung nicht berührt werden, es sei denn, dass die Auslegung des Maklervertrages ergibt, dass die Provision nur bei unbedingtem Hauptvertrag verdient sein soll (*BGH*, WM 1977, 21).

42 Da der Makler nicht das Risiko der Vertragsausführung trägt, berührt die Ausübung von Gewährleistungsrechten oder gesetzlichen Rücktrittsrechten den Provisionsanspruch grundsätzlich nicht (*BGH*, NJW-RR 2005, 1506).

Von dieser Regel sind indes zahlreiche Ausnahmen zu machen:

- Die Auslegung des Maklervertrages ergibt, dass der Makler auch das Risiko der Vertragsdurchführung tragen soll.
- Die Parteien vereinbaren ein zeitlich befristetes aber sonst an keine Voraussetzungen geknüpftes Recht zum Rücktritt. Dann kommt der Rücktrittsvorbehalt einer aufschiebenden Bedingung gleich (*BGH*, NJW-RR 2007, 402).
- Die Auslegung des Maklervertrages ergibt, dass die Parteien den Provisionsanspruch in der Schwebe halten wollen, weil die Durchführung des Vertrages von unsicheren Umständen abhängig ist (*BGH*, NJW 1997, 1581), zB wenn die Durchführung des Kaufvertrages von der unsicheren Bebaubarkeit des Grundstücks abhängig ist und die Parteien deshalb den Rücktrittsvorbehalt vereinbaren. Auch in

diesen Fällen kommt der Rücktrittsvorbehalt einer aufschiebenden Bedingung gleich (*BGH*, NJW-RR 1998, 1205).

b) Die Kongruenz des Hauptvertrages. *aa) Die inhaltliche Kongruenz.* Ungeschriebenes Tatbestandsmerkmal des § 652 BGB ist die Kongruenz des verwirklichten Vertragsabschlusses mit dem nach dem Maklervertrag angestrebten Vertragsschluss und der vom Makler nachgewiesenen Vertragsgelegenheit. 43

Inhaltliche Kongruenz bedeutet wirtschaftliche Gleichwertigkeit, dh dass bei wirtschaftlicher Betrachtungsweise der gleiche Erfolg erzielt wird, wobei die Sicht des Maklerkunden maßgeblich ist. Marginale Abweichungen sind ohne Bedeutung.

Es ist auch zu berücksichtigen, dass der im Maklervertrag vorgegebene Preis meist Verhandlungssache ist und deshalb eine maßvolle Abweichung in der Regel im Rahmen liegt. 44

Z. T. wird vertreten, dass die wirtschaftliche Gleichwertigkeit nicht zweifelhaft ist, wenn der Hauptvertrag den Maklerkunden besser stellt als nach dem Maklervertrag angestrebt (*OLG Hamm,* NJW-RR 1998, 1070). 45

Sie ist demgegenüber zu verneinen, wenn der Hauptvertrag Tausch oder Untermiete, der angestrebte Vertrag aber Kauf oder Miete sind. Wirtschaftliche Gleichwertigkeit kann aber im Einzelfall bei Würdigung der Gesamtumstände gegeben sein, wenn der Kauf eines einer GmbH gehörenden Grundstücks erstrebt wird, der Maklerkunde aber stattdessen die GmbH-Anteile erwirbt (*BGH*, NJW 1998, 2277). 46

bb) Die persönliche Kongruenz. Wirtschaftliche Gleichwertigkeit ist auch dann zu bejahen, wenn statt des Maklerkunden ein Dritter die nachgewiesene Vertragsgelegenheit wahrnimmt, der zu dem Maklerkunden in einer festen, auf Dauer angelegten, in der Regel familienrechtlichen oder gesellschaftsrechtlichen Beziehung steht, also etwa statt des Maklerkunden dessen Kinder oder statt des Maklerkunden die von ihm beherrschte GmbH den Hauptvertrag abschließen (*BGH*, NJW-RR 2004, 851). Provisionspflichtig ist aber immer der Maklerkunde, weil **er** den Maklervertrag abgeschlossen hat und nicht etwa der wirkliche Erwerber oder Mieter (BGH NJW-RR 1997, 1276). 47

c) Beweisfragen. Auch der Abschluss des Hauptvertrages ist vom Makler zu beweisen. Äußert sich der Maklerkunde vorprozessual nicht zu der Anfrage des Maklers, ob der nach dem Maklervertrag angestrebte Hauptvertrag abgeschlossen worden ist, so kann der Makler im Wege der Stufenklage vorgehen und unter den Voraussetzungen des § 242 BGB Auskunft verlangen (*BGH*, NJW-RR 1990, 710). 48

Die Vorlage des Hauptvertrages kann der Makler dagegen nicht verlangen, weil die Voraussetzungen des § 810 BGB nicht vorliegen (*Palandt/Sprau*, § 652 Rn. 56).

Die Kongruenz ist vom Makler zu beweisen, allerdings kommen ihm Beweiserleichterungen und unter dem Gesichtspunkt der sekundären Behauptungslast (der Hauptvertrag ist der Sphäre des Maklerkunden zuzuordnen) Darlegungserleichterungen zugute (*BGH*, NJW 1998, 2277). 49

4. Die Ursächlichkeit der Maklerleistung für den Abschluss des Hauptvertrages

Da § 652 BGB den Provisionsanspruch daran knüpft, dass der Hauptvertrag **infolge** der Maklertätigkeit zustande gekommen ist, ist Ursächlichkeit erforderlich. Durch Individualvereinbarung kann auf dieses Erfordernis verzichtet werden. Mitursächlichkeit genügt (*BGH*, NJW-RR 1988, 942). 50

Die Ursächlichkeit ist zu vermuten, wenn zwischen der Maklerleistung und dem Abschluss des Hauptvertrages ein Zeitraum bis zu fünf Monaten liegt (*BGH*, NJW 1980, 123). Die Vermutung kann auch gelten bei Zeiträumen von mehr als sechs Monaten (*BGH*, NJW 2005, 3779), nicht aber bei Zeiträumen von mehr als einem Jahr (*BGH*, NJW 2006, 3062). 51

a) Vorkenntnis. Die Ursächlichkeit ist zu verneinen, wenn der Maklerkunde Vorkenntnis von der Geschäftsgelegenheit hatte, also Objekt, Geschäftspartner, dessen Abschlussbereitschaft und den Vertragspreis kannte. 52

Der im Provisionsprozess des Maklers darlegungsbelastete Maklerkunde zeigt sich oft nicht in der Lage, seine Vorkenntnis zureichend darzulegen (etwa: „Man habe in der Nachbarschaft gehört").

Jedenfalls ist die Vorkenntnisproblematik durch die Rechtsprechung des Bundesgerichtshofes mit dem Hinweis entschärft worden, dass die Vorkenntnis des Maklerkunden nicht provisionsschädlich sein soll, wenn der Makler dem Kunden weitere wesentliche Informationen beschafft hat (*BGH*, NJW-RR 1996, 114), also zB der Grundstücksmakler für den Kunden eine erstmalige Innenbesichtigung organisiert hat. Mit diesem Argument kann es dem etwa eingeschalteten Zweitmakler im Provisionsprozess eher gelingen, den Vorkenntniseinwand des Maklerkunden auszuräumen. 53

b) Unterbrechung des Ursachenzusammenhangs. Ursächlichkeit ist auch zu verneinen, wenn sich die Vertragsverhandlungen endgültig zerschlagen haben. Der auch insofern darlegungsbelastete Maklerkunde hat oft Mühe, die Unterbrechung substantiiert darzulegen. Oft beschränkt sich der Vortrag darauf, dass die Verhandlungen ins Stocken geraten oder versandet sind. Das reicht indes nicht. 54

Geht es um den Käuferprovisionsanspruch, ist der Ursachenzusammenhang unterbrochen, wenn der Verkäufer seine Verkaufsabsicht endgültig aufgibt; ob der Maklerkunde (Kaufinteressent) seine Erwerbsabsicht endgültig aufgegeben hat, ist irrelevant (*BGH*, NJW-RR 2007, 402).

Umgekehrt kommt es für die Unterbrechung des Ursachenzusammenhanges beim Verkäuferprovisionsanspruch darauf an, ob der Kaufinteressent seine Erwerbsabsicht endgültig aufgegeben hat (*OLG Karlsruhe*, NJW-RR 1995, 753).

Verkaufsabsicht oder Erwerbsabsicht sind eben durch den Vertragsabschluss wiederbelebt worden.

55 c) **Die Relevanz der Maklerleistung.** Die Bejahung des Ursachenzusammenhanges setzt weiter voraus, dass der Hauptvertrag sich bei wertender Betrachtung als Ergebnis einer für den Maklerkunden wesentlichen Maklerleistung darstellt, weil der Makler nicht für den Erfolg schlechthin (den Abschluss des Hauptvertrages), sondern für einen Arbeitserfolg bezahlt wird (*BGH*, NJW 2008, 651).

56 Besondere Bedeutung kommt der wertenden Betrachtung des Ursachenzusammenhanges bei der Entscheidung über den Provisionsanspruch des Erstmaklers bei Einschaltung eines Zweitmaklers zu. Grundsätzlich dürfte die Annahme gerechtfertigt sein, dass die Informationen des Erstmaklers fortwirken und damit – jedenfalls ohne wertende Betrachtung – für den Vertragsabschluss mitursächlich geworden sind. Bei wertender Betrachtung wird indes im Einzelfall zu prüfen sein, ob der Vertragsabschluss sich als Arbeitserfolg des Erstmaklers darstellt (im Einzelfall verneint von *OLG Hamm*, Urt. vom 17. 1. 2011 – 18 U 94/10 –, BeckRS 2011, 04913).

57 d) **Beispielhafte Einzelfälle aus der Rechtsprechung des Bundesgerichtshofes.** Die Kasuistik ist unübersichtlich.

- *BGH*, NJW-RR 1996, 691: Der Mietvertrag scheitert zunächst, weil der Altmieter nicht ausziehen will. Als er dann später doch auszieht, wendet sich der Vermieter ohne erneute Einschaltung des Maklers erneut an den Mietinteressenten. Der Mietvertrag wird abgeschlossen. Provisionsanspruch bejaht.
- *BGH*, NJW 1999, 1255: Der Kaufvertrag mit Kaufpreis von 420.000,– Deutsche Mark scheitert zunächst, weil der Maklerkunde das Dachgeschoss ausbauen will, was nicht genehmigungsfähig ist. Ein Kaufvertrag kommt später ohne erneute Einschaltung des Maklers zum Kaufpreis von 385.000,– Deutsche Mark zustande. Provisionsanspruch bejaht.
- *BGH*, NJW-RR 1988, 1197: Der Makler benennt eine nicht geeignete Person
- als Vertragspartner. Beim Besichtigungstermin trifft der Maklerkunde zufällig auf den zuständigen Bevollmächtigten der Eigentümer. Ein Kaufvertrag kommt zustande. Provisionsanspruch verneint.

58 e) **Beweisfragen.** Wie bereits ausgeführt, spricht bei zeitlichem Zusammenhang des Hauptvertrages mit der Maklertätigkeit eine Vermutung für den Ursachenzusammenhang. Der Bundesgerichtshof ist wohl dahin zu verstehen, dass es sich um eine echte Vermutung und nicht bloß um einen Anscheinsbeweis handelt, so dass der Maklerkunde im Prozess den Ursachenzusammenhang widerlegen muss und nicht bloß zu erschüttern braucht. Vorkenntnis und Unterbrechung des Kausalverlaufs sind vom Maklerkunden zu beweisen.

5. Provision für Folgeaufträge

59 Anders als beim Handelsvertreter (§ 87 I 2. Alt. HGB) hat der Makler trotz gegebener Kausalität einen Provisionsanspruch für Folgeaufträge nur dann, wenn die Auslegung des Maklervertrages eine Vergütungspflicht ergibt (*BGH*, NJW-RR 1991, 51).

6. Die Höhe des Provisionsanspruchs

60 a) **Allgemeines.** Die Provisionshöhe richtet sich nach der getroffenen Vereinbarung. Nicht selten behalten die Parteien des Maklervertrages die Höhe der Vergütung einer noch zu treffenden Vereinbarung vor. Kommt es dann nicht zu dieser Vereinbarung, ist der angemessene Betrag durch den Richter festzulegen (*BGH*, NJW 2002, 817).

Treffen die Parteien keine Vereinbarung zur Höhe der Provision, ist gemäß § 653 BGB letztlich der übliche Maklerlohn geschuldet, der gegebenenfalls durch Sachverständigenbeweis (auch Anfrage an eine Industrie- und Handelskammer) zu ermitteln ist.

61 b) **Beweisfragen.** Klagt der Makler eine bestimmte Provision ein, so muss er beweisen, dass die Provision vereinbart war. Das gilt jedenfalls auch gegenüber nicht kaufmännischen Maklerkunden für die Mehrwertssteuer. Bestreitet der Maklerkunde die vom Makler behauptete Vereinbarung einer bestimmten Provision oder behauptet er die Vereinbarung einer niedrigeren Provision, so muss der Makler die von ihm behauptete Provisionsvereinbarung beweisen (*Palandt/Sprau*, § 653 Rn. 3 unter Verweis auf § 632 BGB).

62 Verlangt der Makler (gegebenenfalls hilfsweise) die übliche Provision und behauptet der Maklerkunde die Vereinbarung einer bestimmten niedrigeren Provision, so muss der Makler den Einwand des Maklerkunden widerlegen (*BGH*, NJW 1982, 1523).

63 Behauptet der Maklerkunde, dass der Makler zugesagt habe, unentgeltlich tätig zu werden, so muss der Makler beweisen, dass ihm der Kunde die Erbringung einer Maklerleistung übertragen hat. Ist die Übertragung unstreitig oder kann der Makler diese beweisen, muss der Maklerkunde beweisen, dass Unentgeltlichkeit vereinbart war (*BGH*, NJW 1981, 1444, arg. § 653 BGB).

7. Die Verwirkung des Provisionsanspruchs

a) **Allgemeines.** Die Vorschrift des § 654 BGB ist eine besondere, nicht verallgemeinerungsfähige maklerrechtliche Regelung. Danach verliert der Makler seinen Provisionsanspruch, wenn er dem Vertrag zuwider auch für die andere Seite tätig wird. Die Vorschrift wird gelegentlich dahingehend missverstanden, dass allein die Doppeltätigkeit dem Provisionsanspruch entgegensteht. Dabei wird übersehen, dass die Doppeltätigkeit nur dann provisionsschädlich ist, wenn sie **dem Vertrag zuwider** erfolgt. Es gilt also der abgeschlossene Vertrag. 64

Ist in dem Vertrag die Zulässigkeit einer Tätigkeit für die Gegenseite nicht geregelt, kann der Makler für beide Seiten als Nachweismakler oder für eine Seite als Nachweismakler und für die andere Seite als Vermittlungsmakler tätig werden; er handelt insofern nicht dem Vertrag zuwider (*BGH*, NJW-RR 2003, 991). Allerdings können konkrete Interessenkonflikte im Einzelfall eine andere Betrachtung rechtfertigen. 65

§ 654 BGB ist – darin liegt seine besondere maklerrechtliche Bedeutung – über seinen Wortlaut hinaus auf alle Fälle anzuwenden, in denen der Makler in schwerwiegender Weise vorsätzlich oder leichtfertig seine Treuepflichten verletzt, so dass er seines Lohnes unwürdig erscheint (*BGH*, NJW-RR 2005, 1423). 66

Schwerwiegende Pflichtverstöße sind zB die Verhinderung eines günstigeren Vertragsabschlusses zugunsten seines Kunden, die interessenwidrige Begünstigung der Gegenseite, die Beleidigung des Kunden mit der Folge, dass dieser einen Zweitmakler einschaltet, die Einmischung in Preisverhandlungen bei Nichtoffenlegung eines konkreten Interessenkonfliktes usw.

Auf ein Mitverschulden des Maklerkunden oder auf den Eintritt eines Schadens kommt es nicht an, weil § 654 BGB Strafcharakter hat (*BGH*, VersR 1990, 266). 67

Verwirkung des Lohnanspruchs tritt ein, wenn die Treuepflichtverletzung **zeitlich** nach Abschluss des Maklervertrages und vor Abschluss des Hauptvertrages erfolgt. Treuepflichtverletzungen nach Abschluss des Hauptvertrages sind nicht provisionsschädlich, können aber Schadensersatzansprüche des Maklerkunden auslösen. 68

Es gilt die Vorschrift des § 278 BGB, der Makler muss sich also den Verwirkungseinwand auch bei vorsätzlichem oder leichtfertigem Verhalten seiner Hilfspersonen entgegenhalten lassen.

Die Verwirkung ist Einwand, nicht Einrede. Der Maklerkunde braucht sich also im Prozess nicht ausdrücklich auf Verwirkung zu berufen. Verwirkung ist von Amts wegen zu berücksichtigen, wenn die vorgetragenen Tatsachen den Schluss auf eine schwerwiegende vorsätzliche oder leichtfertige Treuepflichtverletzung zulassen können. 69

Hat der Maklerkunde die Provision trotz Verwirkung bezahlt, kann er die Provision unter dem Gesichtspunkt der ungerechtfertigten Bereicherung zurückfordern. § 814 BGB steht dem Bereicherungsanspruch nur entgegen, wenn der Maklerkunde bei Kenntnis der die Verwirkung begründenden Umstände auch die rechtliche Schlussfolgerung gezogen hatte, dass ein Provisionsanspruch wegen Verwirkung nicht bestand. 70

b) **Beweisfragen.** Der Maklerkunde trägt die Beweislast für die Voraussetzungen der Verwirkung. 71

8. Besonderheiten des Provisionsanspruchs im Bereich der Wohnungsvermittlung

Für den Wohnungsmakler gilt eine Reihe von Besonderheiten, die im Gesetz zur Regelung der Wohnungsvermittlung vom 4. 11. 1971 (BGBl. I, 1747), geändert durch Gesetz vom 21. 7. 1993 (BGBl. I, 1257) normiert sind. Das WohnungsvermittlungsG ist abgedruckt bei *Staudinger/Reuter*, vor § 652 BGB Rn 76. 72

Die Voraussetzungen des Provisionsanspruchs entsprechen denen des § 652 I BGB (*BGH*, NJW-RR 2010, 1385). 73

Nach § 2 V WohnungsvermittlungsG sind anders als bei § 652 BGB vom Gesetz (§ 2 I–IV WohnungsvermittlungsG) abweichende Vereinbarungen unwirksam. Insbesondere hat der Eigentumswohnungsverwalter keinen Anspruch auf Maklerprovision (§ 2 II Nr. 2 WohnungsvermittlungsG).

Der Verwalter einer Wohnungseigentumsanlage ist indes in dieser Eigenschaft nicht Verwalter der einzelnen Eigentumswohnung (*BGH*, NJW 2003, 1393), sondern nur dann wenn ihm vom Wohnungseigentümer auch die Verwaltung des Sondereigentums an der einzelnen Wohnung übertragen worden ist (*Bethge/Gause*, NJW 1997, 2800).

Die Höhe des Provisionsanspruches ist für den gewerblichen Makler auf zwei Monatsmieten beschränkt (§§ 3, 7 WohnungsvermittlungsG). 74

Anders als beim gewöhnlichen Zivilmakler darf der gewerbliche Wohnungsvermittler nur tätig werden, wenn ihm der Eigentümer der Wohnung oder sonstige Berechtigte hierzu einen Auftrag erteilt haben (§ 6 I, § 7 WohnunsvermittlungsG). Fehlt ein Auftrag, handelt der Makler ordnungswidrig, der Maklervertrag ist aber nicht deshalb unwirksam (*BGH*, NJW 2002, 3051). 75

9. Provisionsansprüche ohne Maklervertrag

76 Nach der Neufassung des HGB dürfte der gewerbliche Makler als Kaufmann einzuordnen sein. Das ist er ohnehin, soweit er sich als Offene Handelsgesellschaft, Kommanditgesellschaft oder als Kapitalgesellschaft aufgestellt hat. Es ist deshalb für den Provisionsanspruch ohne Maklervertrag an § 354 HGB als Anspruchsgrundlage zu denken.

Für den Anspruch ist erforderlich, dass der Makler befugtermaßen **für** den Interessenten tätig wird (*BGH*, NJW-RR 2005, 1572). Das setzt im Regelfall voraus, dass für den Interessenten klar ist, dass der Makler für ihn und nicht für die Gegenseite tätig wird.

Liegen aber klare Verhältnisse vor, wird die Anziehung von § 354 HGB oftmals überflüssig, weil dann auch der Abschluss eines Maklervertrages im Wege der Konkludenz naheliegt.

77 Zu beachten ist, dass Verbraucherschutz und Minderjährigenschutz nicht über eine Anwendung des § 354 HGB ausgehebelt werden können (aufschlussreich *BGH*, NJW-RR 2005, 1572 für den Fall der Nichtbeachtung der Formvorschrift des § 655 b BGB).

78 Im Übrigen sind Geschäftsführung ohne Auftrag und ungerechtfertigte Bereicherung als Anspruchsgrundlagen in Erwägung zu ziehen. Auch diese Anspruchsgrundlagen setzen aber voraus, dass für den Interessenten erkennbar ist, dass der Makler für ihn tätig wird oder ihm gegenüber eine Leistung erbringt. Gibt also ein Makler Informationen ohne Maklervertrag aus der Hand, hat er grundsätzlich keinen Provisionsanspruch, weil nicht erkennbar ist, dass der Makler gerade für den Interessenten tätig wird oder ihm gegenüber eine Leistung erbringen will (*BGH*, NJW 2000, 72).

III. Andere Ansprüche des Maklers

79 Fehlen die Voraussetzungen für einen Provisionsanspruch, kann der Makler gegen den Maklerkunden Aufwendungs- oder Schadensersatzansprüche haben. Der Aufwendungsersatzanspruch kann auch gegebenenfalls neben einem Provisionsanspruch bestehen.

1. Aufwendungsersatz

80 Aufwendungsersatz kann der Makler nur verlangen, wenn dies vereinbart ist (§ 652 II BGB). Wegen der etwaigen Formbedürftigkeit einer solchen Vereinbarung siehe oben II, 1 d.

In Allgemeinen Geschäftsbedingungen können Aufwendungsersatzansprüche nur mit der Beschränkung vereinbart werden, dass sie sich auf den Ersatz des tatsächlichen Aufwandes richten. Eine maßvolle Pauschalierung ist zulässig (*BGH*, NJW 1987, 1634).

2. Schadensersatzansprüche des Maklers

81 Der Maklerkunde ist auch ohne besondere Abrede verpflichtet, die Informationen des Maklers vertraulich zu behandeln. Verletzt der Maklerkunde diese Pflicht, ist er dem Makler gemäß §§ 280, 241 II BGB schadensersatzpflichtig.

Das Gleiche gilt, wenn der Maklerkunde bei einem (qualifizierten) Alleinauftrag gegen eine wirksam vereinbarte Hinzuziehungs- oder Verweisungsklausel verstößt oder einen anderen Makler beauftragt.

Verlangt der Makler in diesen Fällen als Schadensersatz die entgangene Provision, muss er beweisen, dass er einen Interessenten nachgewiesen oder vermittelt hätte, mit dem ein Hauptvertragsabschluss zustande gekommen wäre (*BGH*, NJW 1967, 1225; *OLG Dresden*, NJW-RR 1999, 846).

IV. Die Haftung des Maklers

82 Der Makler haftet seinem ihm durch den Maklervertrag verbundenen Kunden für Pflichtverletzungen gemäß §§ 280, 241 II BGB.

1. Die Pflichten des Maklers

83 Den Makler treffen, wenn nichts anderes vereinbart ist, nur Nebenpflichten, insbesondere Treuepflichten. Aufgrund des besonderen Treueverhältnisses ist der Makler grundsätzlich verpflichtet, den Maklerkunden mit dem Wissen zu versehen, das unerlässlich ist, um den Maklerkunden vor Schaden zu bewahren. Er muss seinem Kunden alle ihm, dem Makler, selbst bekannten Umstände mitteilen, die für die Entscheidung des Kunden relevant sein können. Er darf bei seinem Kunden keine unzutreffenden Vorstellungen wecken und muss erkannte Fehleinschätzungen des Kunden beseitigen; er darf keine Informationen erteilen, für die eine hinreichende Grundlage fehlt (*BGH*, NJW 2000, 3642).

Dem Makler ist es nicht verboten, selbst in das angestrebte Geschäft einzutreten, er muss bei Selbsteintritt aber seinen Kunden unterrichten (*Palandt/Sprau*, § 652 Rn. 29).

Der Makler ist nicht Anlagevermittler, er hat nicht dessen Aufklärungs- und Beratungspflichten (*BGH*, NJW-RR 2007, 711). Er schuldet auch keine Rechtsberatung.

Besonders im Bereich der Information über die Eigenschaften des Vertragsobjektes durch den Makler spielen Pflichtverletzungen in der gerichtlichen Praxis eine herausgehobene Rolle.

Für Falschangaben im Exposé, Aushang, Internet oder Zeitungsinserat haftet der Makler grundsätzlich nicht. Er muss nicht darauf hinweisen, dass er für die Richtigkeit der Angaben im Exposé usw. keine Gewähr übernimmt, weil der Maklerkunde die Angaben auch ohne besonderen Hinweis nur dahin verstehen kann und darf, dass die Angaben vom Verkäufer oder Vermieter stammen (*BGH*, NJW-RR 2007, 711); der Makler hat ohne besonderen Auftrag nicht die Pflicht, das Objekt zu untersuchen (*BGH*, a. a. O.). 84

Der Makler haftet indes, 85

- wenn ihm bekannt ist, dass die Angaben des Verkäufers oder Vermieters unzutreffend sind;
- wenn sich ihm aufdrängen musste, dass die Angaben des Verkäufers oder Vermieters falsch sind (BGH a. a. O.);
- wenn er einen besonderen Auftrag zur Untersuchung des Objekts hatte;
- wenn er erkennt, dass es dem Kunden auf besondere Umstände ankommt, und er nicht offenlegt, dass er diese Umstände nicht überprüft hat (*BGH*, NJW-RR 2003, 700 zur Bonität des Mieters, auf die es dem Vermieter ankam);
- wenn er sich die Angaben des Verkäufers oder Vermieters zu eigen macht oder sich für die Richtigkeit persönlich einsetzt, zB dadurch, dass er den Eindruck erweckt, er habe das Objekt überprüft (*OLG Hamm*, MDR 1998, 269);
- wenn er „ins Blaue hinein“ bestimmte Eigenschaften des Objektes unzutreffend anpreist.

2. Die Rechtsfolgen bei Pflichtverletzungen

Der sich aus § 280 BGB ergebende Schadensersatzanspruch des Maklerkunden ist auf Ersatz des negativen Interesses gerichtet. Allerdings soll der Immobilienmakler bei von ihm zu verantwortenden Falschinformationen über die Eigenschaften des Objektes auch auf Erstattung des Differenzbetrages haften, um den der Maklerkunde aufgrund der Falschangaben das Objekt zu teuer gekauft hat; dass der Verkäufer sich auf einen niedrigeren Preis eingelassen hätte, braucht der Maklerkunde nicht zu beweisen (*BGH*, NJW 2000, 3642). Der Maklerkunde braucht also nicht auf Schadensersatz Zug um Zug gegen Übertragung des Eigentums an dem erworbenen Objekt zu klagen. 86

Beweisfragen

Der Maklerkunde muss im Prozess die Pflichtverletzung, also zB die Falschberatung durch den Makler beweisen (*BGH*, NJW 1982, 1147; *OLG Hamm*, NJW-RR 1999, 217). Eine Pflicht, das Beratungsgespräch zu dokumentieren mit der Folge einer Umkehr der Beweislast bei unterlassener oder fehlerhafter Dokumentation besteht für den gewöhnlichen Makler nicht (anders zB beim Versicherungsmakler §§ 61, 62 VVG). 87

Den Makler treffen unter dem Gesichtspunkt der sekundären Darlegungslast indes gesteigerte Darlegungsobliegenheiten (*OLG Hamm*, NJW-RR 1999, 217). Behauptet der Maklerkunde also die Verletzung einer Beratungs- oder Aufklärungspflicht, muss der Makler darlegen, wann und bei welcher Gelegenheit er den Kunden beraten oder aufgeklärt haben will. 88

B. VIII. Der Mietprozess

Jost Emmerich

Übersicht

Literatur: *Blank/Börstinghaus,* Miete, 3. Aufl. 2008; *Bub/Treier,* Handbuch der Geschäfts- und Wohnraummiete, 3. Aufl. 1999; *Emmerich/Sonnenschein,* Miete, 10. Aufl. 2011; *Schmidt-Futterer,* Mietrecht, 10. Aufl. 2011; *Sternel,* Mietrecht aktuell, 4. Aufl. 2009; *Wetekamp,* Mietsachen, 4. Aufl. 2007; *Wolf/Eckert/Ball,* Handbuch des gewerblichen Miet-, Pacht- und Leasingrechts, 10. Aufl. 2009; **Fachzeitschriften:** Deutsche Wohnungswirtschaft (DWW), Grundeigentum GE (Berlin); Neue Zeitschrift für Miet- und Wohnungsrecht (NZM), Wohnungswirtschaft- und Mietrecht (WuM), Zeitschrift für Miet- und Raumrecht (ZMR).

Zur allg. Literatur siehe Literaturverzeichnis A. I.

I. Vorbemerkung

Der Schwerpunkt der folgenden Darstellung liegt auf der **Wohnraummiete.** Sie macht den Hauptgegenstand der Mietprozesse aus; ihre Bearbeitung kann zusätzliche Schwierigkeiten bereiten, weil zahlreiche Einschränkungen der Privatautonomie in Gesetzen und Verordnungen ebenso zu beachten sind wie die auf Grund ihrer Fülle nur schwer überschaubare Rechtsprechung des BGH und der Instanzgerichte. Der Bereich des öffentlich geförderten Wohnraums konnte nur vereinzelt berücksichtigt werden, hier muss auf die einschlägigen Kommentierungen verwiesen werden. Die Besonderheiten in den neuen Ländern sind kurz im materiellen Zusammenhang angeführt, dasselbe gilt für die Geschäftsraummiete. Zur leichteren Handhabung wurde die **Gliederung der Hauptsachgebiete** so aufgebaut, dass sie dem **jeweiligen Prüfungsschema** entspricht. 1

II. Allgemeine Zuständigkeiten

Für Streitigkeiten über Ansprüche aus Miet- oder Pachtverhältnissen über Räume oder über das Bestehen solcher Verhältnisse ist nach § 29 a I ZPO **örtlich** ausschl. das Gericht zuständig, in dessen Bezirk sich die Räume befinden. Auch für gewerbliche Mietverhältnisse ist die Prorogation eines anderen Gerichtsstandes wirkungslos (§ 40 II ZPO). Nach § 23 Nr. 1 GVG ist das Amtsgericht immer **sachlich** zuständig bis zu einem Streitwert von 5.000,– EUR, bei einem höheren Streitwert das Landgericht, es sei denn, es handelt sich ua um Streitigkeiten über Ansprüche aus einem Mietverhältnis über Wohnraum oder über den Bestand eines solchen Mietverhältnisses (§ 23 Nr. 2 a GVG); für diese ist ausschl. das Amtsgericht zuständig. 2

Bei **Mischmietverhältnissen** zwingt die rechtliche Einheit des Vertragsverhältnisses dazu, es insgesamt entweder als Wohnraum- oder Geschäftsraummiete zu qualifizieren. Welches Recht gilt, ist nach der sogenannten Übergewichtstheorie zu entscheiden, dh danach, welche Nutzungsart überwiegt; um dies festzustellen, ist vorrangig auf den Vertragszweck (*BGH,* NJW-RR 1986, 877), ergänzend auf objektive Kriterien, wie die jeweiligen Mietzins- und Flächenanteile abzustellen. Da nicht die Eignung des Mietobjekts zum Wohnen, sondern die vertragliche Zweckbestimmung maßgeblich ist, liegt Geschäftsraummiete auch vor bei der Vermietung einer Wohnung an einen gewerblichen Zwischenvermieter (*BGH,* NJW 1982, 178) oder an einen gemeinnützigen Verein, der die Räume zum Selbstkostenpreis weitervermieten will (*OLG Karlsruhe,* WuM 1984, 10), ferner bei einem Mietvertrag im Rahmen eines Werkförderungsvertrages (*BGH,* NJW 1981, 1377) und bei einem Mietvertrag der Bundesrepublik Deutschland zur Unterbringung von US-Streitkräften (*BGH,* NJW 1985, 1772). Für Werkmietwohnungen (§ 576 BGB) gilt Wohnungsmietrecht; das Amtsgericht ist daher ausschließlich zuständig (*BAG,* WuM 1990, 391). Bei Werkdienstwohnungen (§ 576 b BGB) ist die Zuständigkeit der Arbeitsgerichte gegeben, solange das Dienstverhältnis nicht beendet ist. Nach Beendigung des Dienstverhältnisses ist für Streitigkeiten über die Wohnung das Amtsgericht zuständig. Sonderfälle: Der Anspruch des Eigentümers gegen den Untermieter auf Zahlung eines Nutzungsentgelts ist vor dem gem. § 29 a ZPO zuständigen Amtsgericht geltend zu machen (*LG Köln,* WuM 1991, 563). Im Bereich der Vertragsstaaten 3 der EuGVVO ist nach Art. 22 Nr. 1 das Gericht der Belegenheit zuständig, wenn die Klage Miete oder Pacht von unbeweglichen Sachen zum Gegenstand hat (vgl. *Baumbach/Lauterbach,* Art. 22 EuGVVO).

III. Parteien des Mietvertrages

4 Vor der Prüfung der materiellen Rechtslage im einzelnen empfiehlt es sich, zunächst der Frage nachzugehen, ob dem Anspruch ggf. zugrunde liegende Willenserklärungen wirksam abgegeben und empfangen wurden und ob die klagende Partei – insbesondere allein – aktivlegitimiert ist. Bei einer Vermieter-/Mietermehrheit sind viele Willenserklärungen von allen Vertragsparteien an alle zu richten bzw. ist die Klage von allen gegen alle zu erheben, so zB bei Mieterhöhung, Modernisierungsankündigung, Kündigung; fehlt es an dieser Voraussetzung, ist die Klage schon deshalb unbegründet. Bei fristgebundener Klagerhebung (Mieterhöhung nach § 558 BGB) führt die nachträgliche subjektive Klagerweiterung zu einem Teilunterliegen; formelle Fehler können gemäß § 558 b III BGB nachträglich behoben werden. Zur Wirksamkeit von Vollmachtsklauseln vgl. unten Rn. 108.

1. Ursprüngliche Parteien

5 Wer Vertragspartei ist, wenn im Kopf des Vertrags mehr oder andere Personen als in der Unterschriftenzeile angegeben sind, ist anhand der konkreten Umstände des Einzelfalles durch Auslegung zu ermitteln. Sind bei Eheleuten beide im Kopf aufgeführt, hat aber nur ein Ehegatte unterschrieben, hat er den anderen vertreten, wenn nach den Vertragsverhandlungen beide Ehegatten Mieter werden sollten oder sich die Vertretungsabsicht aus der Vertragsurkunde ergibt, bspw. durch Zeichnung mit „iV" (bei einem langjährigen Landpachtvertrag: *BGH,* NJW 1994, 1649; bei Altmietverträgen in den östlichen Bundesländern ist § 100 III ZGB zu beachten). Dies gilt auch für Lebensgefährten. Wer unter der Bezeichnung Vermieter unterschreibt, obwohl er im Kopf des Vertrages nicht als solcher angegeben ist, wird nicht Vertragspartei. Wer als Mieter unterschreibt, ohne im Kopf aufgeführt zu sein, erlangt allein dadurch noch nicht die Stellung eines Mitmieters (*LG Berlin,* ZMR 1988, 103). Es ist die in der Unterzeichnung liegende Erklärung aus Sicht der anderen Seite zu beurteilen. Schließt der Zwangsverwalter einen Mietvertrag, wird er, da er den Schuldner dabei nicht vertritt, selbst Vermieter. Diese Vermieterstellung endet mit Aufhebung der Zwangsverwaltung (*LG Berlin,* WuM 1992, 9). Die Mitmieter einer Wohngemeinschaft sind regelmäßig als Mitglieder einer BGB-Gesellschaft miteinander verbunden (*KG,* WuM 1992, 323). Treten sie als Gruppe unter einem Namen auf, so wird die BGB-Gesellschaft Mieterin.

2. Nach Übergang des Mietverhältnisses

6 **a) Veräußerung der Mietsache.** Wird das vermietete Grundstück nach der Überlassung an den Mieter an einen Dritten veräußert, so tritt der Erwerber an die Stelle des Vermieters nach § 566 BGB in den Mietvertrag ein. Rechtlich handelt es sich um einen neuen Mietvertrag zu den alten Konditionen; der Erwerber muss daher grundsätzlich alle Absprachen des vormaligen Vermieters für und gegen sich gelten lassen, Mietzinsansprüche aus der Zeit vor dem Eigentumsübergang zB verbleiben hingegen beim Veräußerer (vgl. *BGH,* WuM 1989, 141). Kündigungen mit Zukunftswirkung, wie zB wegen Eigenbedarfs oder Hinderung angemessener wirtschaftlicher Verwertung, bei denen die Kündigungsgründe an der Person des Veräußerers hängen, werden wirkungslos.

7 Der Erwerber tritt an die Stelle des Veräußerers erst mit Grundstückserwerb, das heißt mit der Eintragung als neuer Eigentümer in das Grundbuch; dieser Stichtag ist nicht auf den Zeitpunkt der Eintragung einer Auflassungsvormerkung vorzuverlegen (*BGH,* WuM 1989, 141). Der Verkäufer kann den Käufer allerdings ermächtigen, schon vor seiner Eintragung zB den Mietvertrag im eigenen Namen zu kündigen (*BGH,* NZM 1998, 146) oder Modernisierungen durchzuführen (*BGH,* NJW 2008, 1218). Durch bloßes Rechtsgeschäft zwischen Veräußerer und Erwerber kann ein Mietverhältnis nicht übertragen werden, hierzu bedarf es eines dreiseitigen Vertrages. Die in Kaufverträgen übliche Vereinbarung eines Verrechnungstages hat nur die Wirkung einer Zession.

8 **b) Umwandlung in Wohnungseigentum.** Das rechtliche Schicksal des Mietverhältnisses ist nicht teilbar. Wird zB nach Umwandlung eines Wohnhauses in Eigentumswohnungen eine Garage, ein Boden- oder Kellerraum nach der Teilungserklärung von einem anderen Eigentümer erworben als die zugehörige Wohnung, tritt der Erwerber dieser Nebenräume als Mitvermieter in den einheitlichen Wohnungsmietvertrag ein (*BGH,* NJW 2005, 3781). Dies gilt nicht hinsichtlich solcher Räume, die dem Mieter nicht zur alleinigen Nutzung überlassen wurden und bei denen ansonsten alle Wohnungseigentümer Vermieter würden (*BGH,* NJW 1999, 2177).

9 **c) Beendigung eines Zwischenmietverhältnisses.** Die Rechtsfolgen der Beendigung eines gewerblichen Zwischenmietverhältnisses sind in § 565 BGB geregelt. Die Vorschrift ist entsprechend anzuwenden, wenn an einen Arbeitgeber zur Weitervermietung an Betriebsangehörige vermietet wurde (*BayObLG,* RE WuM 1995, 645), nicht jedoch, wenn der Eigentümer an einen karitativen Verein zur Unterbringung betreuter Personen (*BayObLG,* RE WuM 1995, 638) oder von Mitarbeitern (*BayObLG,* RE WuM 1995, 642) vermietet. Bei der Vermietung an einen Verein zur Förderung künstlerischer Berufe

hat der BGH die analoge Anwendung des § 565 BGB offen gelassen, den Herausgabeanspruch des Vermieters aber unter Berufung auf Art. 3 GG verneint (*BGH,* NJW 2003, 3054).

d) Belastung des Grundstücks. Veräußert der Eigentümer das vermietete Grundstück und behält er sich zugleich den Nießbrauch vor, so bleibt der frühere Eigentümer jetzt als Nießbraucher Vermieter, § 567 BGB. Dasselbe gilt bei einem dinglichen Wohnrecht iSv § 1093 BGB jedenfalls dann, wenn es sich auf sämtliche vermieteten Räume erstreckt (*BGHZ* 59, 51). 10

e) Tod einer Vertragspartei. Nach § 1922 BGB geht mit dem Tod einer Person deren Vermögen als Ganzes auf den oder die Erben über, sodass der Erbe neue Vertragspartei wird. Eine Beschränkung der Universalsukzession enthält § 563 BGB zugunsten des nicht mitmietenden Ehegatten oder Lebenspartners des verstorbenen Mieters und seiner Familienangehörigen, die mit ihm einen gemeinsamen Hausstand führten, § 563 a BGB zugunsten des überlebenden Ehegatten oder Lebenspartners, wenn ein gemeinsamer Mietvertrag bestand. Von § 563 II 4 BGB werden auch Partner einer gleich- oder verschiedengeschlechtlichen Lebensgemeinschaft erfasst. Die Eintrittsberechtigten können den Eintritt innerhalb eines Monats ab Kenntnis vom Tod des Mieters ablehnen, § 563 III BGB. Der Vermieter hat nach § 563 IV BGB ein Sonderkündigungsrecht, wenn in der Person des Eintretenden ein wichtiger Grund liegt. Nach § 564 BGB können sowohl der Erbe wie auch der Vermieter unter Einhaltung der gesetzlichen Frist (§ 573 d BGB) kündigen. 11

f) Übertragung eines Gesellschaftsanteils. Vermietet eine Kapitalgesellschaft, eine Personenhandelsgesellschaft oder eine Außen-BGB-Gesellschaft ein Grundstück, führt die Übertragung eines Geschäftsanteils zu keiner Änderung bei den Vertragsparteien. Der Rechtsträger bleibt identisch. 12

IV. Zahlungsklagen des Vermieters und Einwände des Mieters aus Gewährleistung

1. Kaution

Während bei gewerblichen Mietverhältnissen Sicherheitsleistungen wie Kaution und Bürgschaft nach Höhe und Zahlungsmodalitäten frei vereinbar und auch nebeneinander möglich sind, bestehen bei Wohnraummietverhältnissen Beschränkungen. 13

a) Höhe. Nach § 551 BGB ist die Kaution beschränkt auf das 3-fache des auf einen Monat entfallenden Netto-Mietzinses; maßgeblich ist der Mietzins zum Zeitpunkt des Abschlusses des Mietvertrages. Die Einschränkung des § 551 BGB betrifft auch andere Sicherheiten, wie zum Beispiel eine Bürgschaft (*BGH,* WuM 1989, 289). Ein Verstoß führt nur zu einer teilweisen Unwirksamkeit der Abrede, soweit die Obergrenze überschritten wird (*BGH,* NZM 2004, 613). Von dem Verbot des § 551 BGB werden solche Absprachen nicht erfasst, bei denen die Sicherheit nicht im Zusammenhang mit der Überlassung des Wohnraums, sondern später aus besonderem Anlass (zB zur Absicherung wegen Umbauarbeiten des Mieters) vereinbart wird. 14

b) Fälligkeit. Nach § 551 II BGB ist der Mieter berechtigt, die Kaution in drei gleichen monatlichen Teilleistungen zu erbringen. Eine Zahlungsklage auf die volle Kaution ist daher erst mit Beginn des 3. Monats begründet. Solange und soweit dem Vermieter aus dem Mietvertrag noch Forderungen zustehen, kann er eine fällige Kaution auch noch nach Beendigung des Vertrages verlangen (*BGH,* WuM 1981, 106). 15

c) Einwände des Mieters. Aus der Sicherungsabrede folgt, dass sich der Mieter nicht auf den mangelhaften Zustand der Mietsache berufen kann (*BGH,* NZM 2007, 401). Er kann weder mit Schadensersatzansprüchen aufrechnen (*LG Hamburg,* ZMR 1991, 344), noch steht ihm ein Zurückbehaltungsrecht zu (*KG,* GE 2003, 525). 16

2. Kleinreparaturen

Durch eine formularvertragliche Kleinreparaturklausel kann der Mieter verpflichtet werden, Kosten für Reparaturen an Gegenständen zu tragen, deren Zustand vom häufigen Umgang des Mieters mit ihnen abhängt. Der Höhe nach muss die Klausel auf Kosten pro Reparatur von 100,– EUR und auf jährlich 6% der Jahresbruttokaltmiete (*BGH,* RE WuM 1992, 355) beschränkt sein. Teuerere Reparaturen müssen vom Mieter auch nicht teilweise bis zur Obergrenze getragen werden. Diese Begrenzung gilt auch bei Formularklauseln in Verträgen über preisgebundenen Wohnraum. 17

3. Mietzins

a) Urkundenprozess. Den Mietzinsanspruch kann der Vermieter auch bei einem Wohnraummietverhältnis im Wege des Urkundenprozesses geltend machen (*BGH,* NJW 2005, 2701; NJW 2007, 1061). Die Vorlage des Mietvertrages in der mündlichen Verhandlung ist ausreichend, wenn sich aus der Vertragsurkunde die verlangte Miethöhe ergibt. 18

19 b) **Fälligkeit.** Nach § 556 b I BGB ist die Miete am 3. Werktag eines Monats fällig. Ohne besondere Abrede muss der Mieter zu diesem Zeitpunkt seine Leistung erbringen. Samstage gelten nicht als Werktage im Sinne von § 556 b BGB (*BGH,* NJW 2010, 2882).

20 c) **Betriebskostenvorschüsse.** Schuldet der Mieter neben der Miete Vorauszahlungen auf Betriebskosten, hat der Vermieter nach Eintritt der Abrechnungsreife (hierzu unten Rn. 31) den Saldo aus der Abrechnung einzuklagen. Tritt die Abrechnungsreife im Laufe eines Prozesses ein, kann der Vermieter auch auf Grundlage der Soll-Vorschüsse abrechnen und die Klage lediglich um den Nachzahlungsbetrag erweitern.

4. Einwände des Mieters aus Gewährleistung

a) **Minderung.** *aa) Grundlagen*

21
- Definition des Mangels in § 536 BGB; maßgeblich ist der subjektive Fehlerbegriff, dh ob die Mietsache noch zum vertragsmäßigen Gebrauch geeignet ist (allgM, zB *BGH,* NJW 2010, 3088). Fehler können nicht nur der Mietsache selbst anhaften, ein Mangel liegt auch vor, wenn der vertragsgemäße Gebrauch durch Einwirkungen von außen bspw. durch Baulärm beeinträchtigt wird. Gesundheitsgefährdende Gefahrenquellen in der Wohnung begründen selbst dann einen Mangel, wenn der Mieter zwar noch keinen Schaden erlitten hat, aber in der berechtigten Befürchtung lebt, die Gefahr könne sich ständig verwirklichen (*OLG Hamm,* neg. RE WuM 1987, 248);
- Kein Verschulden des Mieters; bei Mitverschulden am Entstehen des Mangels § 254 BGB analog
- Minderung von Gesetzes wegen; der Einwand des Vermieters, der Mieter hätte (zB wegen Urlaubs) die Wohnung ohnehin nicht genutzt, ist unerheblich (*BGH,* NJW 1987, 432 = WuM 1987, 53).

22 *bb) Voraussetzungen*

- Kein unerheblicher Mangel iSd § 536 I 3 BGB
- Erfüllung der Anzeigepflicht aus § 536 c I BGB; Verletzung dieser Pflicht schadet nicht, wenn dem Vermieter der Mangel bekannt ist (*OLG Saarbrücken,* WuM 1989, 133); sie schadet ferner nur, soweit der Vermieter infolge der Unterlassung dem Mangel nicht abhelfen konnte (*BGH,* WPM 1984, 1541).
- auch eine vorbehaltlose Zahlung des vollen Mietzinses in Kenntnis des Mangels über einen längeren Zeitraum führt nicht zum Verlust der Minderung für die Zukunft (*BGH,* NJW 2003, 2601).

23 *cc) Umfang*

- Minderungsquote je nach Einschränkung des Funktionswertes/Geltungswertes
- Berechnungsgrundlage ist die Bruttomiete (*BGH,* NJW 2005, 2773); die Minderung ist folglich bei der Betriebskostenabrechnung zu berücksichtigen (*BGH,* NZM 2011, 453).

24 *dd) Abdingbarkeit*

- Wohnraum: nein, § 536 IV BGB; es ist streitig, ob die Minderung von einer vorherigen Ankündigung abhängig gemacht werden darf.
- Geschäftsraum: ja; der Ausschluss des Minderungsrechts führt allerdings nur dazu, dass der Gewerberaummieter zunächst den vollen Mietzins zahlen muss, um sodann ggf. gerichtlich die Rückforderung des infolge des Mangels überzahlten Mietzinses durchzusetzen (*BGHZ* 91, 375, 382).

25 *ee) Beweislast.* Mieter für das Vorliegen eines Mangels, Vermieter für die Unerheblichkeit des Mangels. Ist streitig, ob der Mangel aus der Sphäre des Vermieters oder des Mieters stammt (häufig bei Feuchtigkeitsschäden), hat zunächst der Vermieter zu beweisen, dass keine Schadensursache aus seinem Verantwortungsbereich vorliegt; ist ihm dies gelungen, hat der Mieter nachzuweisen, dass ihm keine Obhutspflichtverletzung vorzuwerfen ist (*BGH,* WuM 1994, 466; NJW 2008, 2432 zum Fogging).

b) **Schadensersatz**

26
- Grundlagen: Mangel iSd § 536 BGB; Haftung nach § 536 a I BGB
- Voraussetzungen: Wie Minderung
- Abdingbarkeit: Die verschuldensunabhängige Haftung des Vermieters für anfängliche Sachmängel (Garantiehaftung nach § 536 a I BGB) kann durch Formularmietvertrag ausgeschlossen werden (*BGH,* WuM 1992, 316).
- Beweislast: Mieter für alle Voraussetzungen, es sei denn, der Mangel stammt aus der Risikosphäre des Vermieters (*BGH,* WuM 1994, 466; NJW 2006, 1061).

27 c) **Zurückbehaltungsrecht.** Dem Mieter steht wegen seines Erfüllungsanspruchs aus § 535 BGB bei Mängeln ein Zurückbehaltungsrecht gemäß § 320 BGB zu.

- Voraussetzung: Mängelanzeige (*BGH,* NZM 2011, 197): das bloße Bestehen eines Zurückbehaltungsrechts wegen eines Anspruchs auf Instandsetzung schließt den Verzug nicht aus, wenn dem Vermieter der Mangel nicht angezeigt wurde.

- Höhe: 3–5-faches des Minderungsbetrages oder 3–5-faches des zur Mängelbeseitigung erforderlichen Betrages
- Bei Mieterhöhung gemäß § 558 BGB: Kein Zurückbehaltungsrecht wegen behebbarer Mängel der Mietsache gegenüber dem Zustimmungsanspruch des Vermieters auf Mieterhöhung.

V. Zahlungsklagen des Vermieters auf Entrichtung von Betriebs- und Heizkosten

1. Zahlung von Betriebskostenvorschüssen

a) **Begründung der Vorauszahlungspflicht.** Erforderlich ist eine eindeutige und bestimmte Vereinbarung; bei Unklarheiten und Unsicherheit über den Inhalt der vertraglichen Regelung ist von der Vereinbarung einer Pauschale auszugehen, über die nicht abgerechnet wird. 28

b) **Höhe der Vorauszahlungen.** Es reicht aus, für die gesamten anfallenden Betriebskosten eine einheitliche Vorauszahlung anzusetzen. Die Höhe muss angemessen sein (§ 556 II 2 BGB, § 20 III NMV). 29

c) **Veränderung der Höhe.** Nach § 560 IV BGB können beide Vertragsparteien nach einer Betriebskostenabrechnung die Höhe der Vorauszahlungen anpassen (s. u. Rn. 66). Bei öffentlich gefördertem Wohnraum ist die Erhöhung der Vorauszahlungen nach § 20 IV NMV nur für die Zukunft zulässig. 30

d) **Wegfall der Vorauszahlungspflicht.** Nach Eintritt der **Abrechnungsreife** kann der Vermieter nur noch den Saldo der Betriebskostenabrechnung verlangen; eine schon anhängige Klage auf Zahlung rückständiger Betriebskostenvorschüsse kann auf die Zahlung des Saldos umgestellt werden, falls die Abrechnungsreife während des Prozesses eintritt und auf Grundlage der tatsächlichen Vorschüsse abgerechnet wurde. Abrechnungsreife tritt nach Ablauf der Abrechnungsfrist ein. Diese beträgt 12 Monate nach Ende des Abrechnungszeitraums, § 556 III 2 BGB. Mit Abrechnungsreife ist der Mieter aus § 273 BGB berechtigt, die Zahlung weiterer Betriebskostenvorschüsse abzulehnen bis ihm die Abrechnung zugeht (*BGH,* NJW 2005, 1499; *BGH,* WuM 1984, 127; *BGH,* RE WuM 1984, 185, 187). 31

2. Zahlung aus Betriebskostenabrechnung

a) **Umlagefähigkeit der Kosten.** *aa) Vereinbarung der Parteien.* Ob Betriebskosten gesondert abgerechnet werden dürfen, hängt von der Mietstruktur ab (Netto(kalt)miete, Teilinklusivmiete, Bruttokaltmiete, Bruttomiete dh einschließlich Heizkosten). Für öffentlich geförderten Wohnraum ist die Nettomiete vorgeschrieben (§§ 27 III II. BV, 20 I NMV). Soll bei preisfreiem Wohnraum eine reine Nettomiete gelten, müssen alle anfallenden Betriebskosten als umlagefähig vereinbart werden. Bei nur beispielhafter Aufzählung einiger Betriebskostenarten sind die nicht ausdrücklich aufgeführten nicht umlagefähig (vgl. *BGH,* NZM 2008, 81; für einen formularmäßigen Mietvertrag über Gewerberaum: *OLG Düsseldorf,* DWW 1991, 283). Es genügt, wenn im Mietvertrag festgelegt ist, dass der Mieter die Betriebskosten iSv § 2 BetrKV bzw. bei alten Mietverträgen iSv § 27 II. BV zu tragen hat (*BGH,* NZM 2007, 769). Neu eingeführte Betriebskosten können erst für die Zeit nach deren erstmaliger Geltendmachung umgelegt werden, es sei denn, der Vertrag enthält eine sog. Mehrbelastungsklausel. Die stillschweigende Übernahme von Betriebskosten durch den Mieter setzt einen entsprechenden erkennbaren, rechtsgeschäftlichen Erklärungswillen voraus; sie wird in der Rechtsprechung nur sehr eingeschränkt anerkannt (*BGH,* NZM 2008, 81; NZM 2008, 276; NZM 2010, 240). 32

bb) Umlagefähige Kostenarten. Der Begriff der Betriebskosten ist in § 556 I 2 BGB und § 1 BetrKV definiert. Für öffentlich geförderte Wohnungen verweist § 20 I NMV auf § 27 der II. BV. Die umlagefähigen Betriebskostenarten ergeben sich aus dem Katalog in § 2 BetrKV bzw. der Anlage 3 zu § 27 II. BV. 33

cc) Gebot der Wirtschaftlichkeit. Der Vermieter ist nach § 556 III 1 Hs. 2 BGB verpflichtet, den Grundsatz der Wirtschaftlichkeit zu beachten (*BGH,* NJW 2008, 440). 34

b) **Geordnete Zusammenstellung der Kosten.** Nach allgM ist die Abrechnung nach den Grundsätzen des § 259 BGB aufzumachen (grundlegend *BGH,* WuM 1982, 207). Eine formal ordnungsgemäße Abrechnung muss wenigstens aufweisen: 1. eine Zusammenstellung der Gesamtkosten, 2. die Angabe und Erläuterung der zugrundegelegten Verteilerschlüssel, 3. die Berechnung des Anteils des Mieters, 4. der Abzug der Vorauszahlungen des Mieters (*BGH,* WuM 1982, 207; st. Rspr. vgl. *BGH,* NJW 2009, 283). Die Abrechnungsposten und -schritte müssen so übersichtlich aufgegliedert werden, dass der Mieter in die Lage versetzt ist, den Anspruch des Vermieters gedanklich und rechnerisch nachzuprüfen. Der Vermieter darf den Mieter nicht auf sein Recht, die Abrechnungsunterlagen einzusehen, verweisen. Angaben wie „sonstige Nebenkosten" reichen nicht. 35

aa) Geordnete Zusammenstellung. Die Betriebskosten sind nach den einzelnen Nummern der Betriebskostenkataloge aufzuführen. Soweit dort verschiedene Betriebskostenarten zusammengefasst sind, sind diese in der Abrechnung aufzuschlüsseln (*BGH,* WuM 2010, 156; vgl. auch *BGH,* NZM 2009, 698 und *BGH,* NZM 2009, 906 zur zulässigen Zusammenfassung der Kosten der Wasserversorgung und Entwässerung und der Kosten der Sach- und Haftpflichtversicherung). 36

37 *bb) Verteilerschlüssel.* Maßgeblich ist der Mietvertrag, sofern nicht durch Gesetz oder Verordnung (HeizKV) bestimmte Umlageschlüssel vorgeschrieben sind. Fehlt eine Vereinbarung, sind die Betriebskosten gemäß § 556a I 1 BGB nach dem Anteil der Wohnfläche umzulegen. Die Betriebskostenabrechnung ist unzulänglich und der Saldo aus der Abrechnung mithin nicht fällig, wenn sich der Vermieter nicht an den vereinbarten Umlagemaßstab hält. Von einem vereinbarten Umlegungsmaßstab darf der Vermieter bei einem vertraglichen Änderungsvorbehalt abweichen; macht er hiervon Gebrauch, so kann dies nur für die Zukunft erfolgen (*OLG Hamburg,* WuM 1992, 76). Ohne vertragliche Vereinbarung kann eine Änderung nur durch den Vermieter gem. § 556a II BGB erfolgen, damit die Umlage besser dem Verbrauch oder der Verursachung durch den Mieter gerecht wird.

38 Die **Erläuterung des Verteilerschlüssels** ist nur dann entbehrlich, wenn sich die Einzelheiten bereits genau aus dem Mietvertrag ergeben oder aus früheren Abrechnungen bekannt sind (*BGH,* WuM 1982, 207). Auch allgemein verständliche Verteilerschlüssel bedürfen keiner Erläuterung (*BGH,* NJW 2009, 283).

39 Bei **gemischt genutzten Grundstücken** sind die auf die Gewerberäume entfallenden Betriebskosten nur dann vorweg abzuziehen, wenn diese Kosten zu einer ins Gewicht fallenden Mehrbelastung der Wohnraummieter führen (*BGH,* NJW 2006, 1419; *BGH,* NZM 2011, 118). Bei öffentlich gefördertem Wohnraum ist nach § 20 II 2 NMV immer ein Vorwegabzug der Kosten, die nicht auf Wohnraum entfallen, vorzunehmen.

40 Der Vermieter kann die Betriebskosten mehrerer Gebäude zu einer **Wirtschafts- bzw. Verwaltungseinheit** zusammenfassen (*BGH,* NJW 2011, 368).

41 *cc) Berechnung des Anteils des Mieters und Abzug der Vorauszahlungen.* Die Angabe eines bestimmten Prozentsatzes oder Anteils, der auf den Mieter entfallen soll, genügt nicht. Auch wenn die Vorauszahlungen erheblich zu niedrig angesetzt sind, kann der Vermieter den Ausgleich eines beträchtlichen Abrechnungssaldos verlangen (*OLG Stuttgart,* RE WuM 1982, 272).

42 **c) Vergleich Abrechnungs-/Verbrauchszeitraum.** Es dürfen nur die Kosten angesetzt werden, die in die Abrechnungsperiode fallen. Grundsätzlich sind die Kosten für die im Abrechnungszeitraum in Anspruch genommenen Leistungen anzusetzen. Es ist nach Auffassung des BGH aber auch zulässig, nur die Rechnungen einzustellen, die im Abrechnungszeitraum bezahlt wurden (*BGH,* NZM 2008, 277). Betriebskosten, die im Abstand von mehreren Jahren entstehen, können sowohl in die laufende Abrechnung eingestellt, als auch auf mehrere Jahre verteilt werden; ein „Ansparen“ erst künftig entstehender Kosten ist indes unzulässig.

43 **d) Abrechnungsfrist.** Die Abrechnungsfrist beträgt 1 Jahr (§ 556 III 2 BGB, § 20 III NMV). Danach ist der Vermieter mit einer evtl. Nachforderung ausgeschlossen, § 556 III 3 BGB. Verjährungsregeln sind auf die Ausschlussfrist nicht anzuwenden, so dass der Vermieter auch nicht nach § 215 BGB aufrechnen kann (*BGH,* NJW 2008, 2258).

44 **e) Fälligkeit des Saldos.** Nach *BGH* (*BGH,* NZM 2006, 340) ist der Saldo bereits mit Zugang der Abrechnung beim Mieter fällig. Durchsetzbar ist der Saldo jedoch erst nach Ablauf einer angemessenen Prüfungsfrist, nach Ansicht des *BGH* (aaO) aber schon mit Übersendung einer formell ordnungsgemäßen Abrechnung, außer der Vermieter verweigert bspw. die Belegeinsicht. Sind nur einzelne Punkte der Abrechnung formell nicht wirksam, wird die übrige Nachforderung fällig.

45 **f) Korrektur der Abrechnung.** Bis zum Ablauf der Ausschlussfrist des § 556 III 3 BGB (§ 20 III 4 NMV) kann der Vermieter ohne weiteres die Abrechnung korrigieren und auch eine höhere Nachforderung verlangen. Nach Ablauf der Ausschlussfrist ist eine Erhöhung des Saldos nicht mehr möglich. Der vorbehaltlose Ausgleich eines Saldos durch den Mieter stellt kein deklaratorisches Anerkenntnis dar und führt auch nicht zum Ausschluss von Einwendungen (*BGH,* NJW 2009, 580; *BGH,* NJW 2011, 843; *Milger,* NZM 2009, 497).

46 **g) Verjährung/Verwirkung des Saldos.** Der Anspruch auf Nachzahlung von Nebenkosten unterliegt der Regelverjährung von 3 Jahren, § 195 BGB. Die Verjährungsfrist beginnt mit dem Schluss des Jahres, in dem innerhalb der Abrechnungsfrist dem Mieter die Abrechnung zugeht. Der Ablauf der Abrechnungsfrist führt nicht zur Verjährung eines eventuellen Nachforderungsanspruches, sondern zum Ausschluss des Anspruches, mit der Folge, dass § 214 II BGB nicht zur Anwendung kommt (*BGH,* NZM 2006, 222). Für den öffentlich geförderten Wohnungsbau ergibt sich dies aus § 20 III NMV. Bei Gewerberaummietverhältnisses gilt § 556 III 3 BGB nicht entsprechend; es gelten die allg. Verjährungsregeln. Nur unter besonderen Voraussetzungen kann der Anspruch verwirkt sein.

47 **h) Abrechnung bei Vermieter-/Mieterwechsel.** Bei Vermieterwechsel innerhalb der Abrechnungsperiode hat der Erwerber über die gesamte Periode und unter Ansatz aller Vorauszahlungen des Mieters abzurechnen (*BGH,* NZM 2001, 158). Bei der Zwangsverwaltung hat der Zwangsverwalter dem Mieter Guthaben auch dann auszuzahlen, wenn dieser die Vorauszahlungen in zulässiger Weise noch an den Schuldner/Vermieter erbracht hatte (*OLG Hamburg,* RE WuM 1990, 10). Bei Mieterwechsel kann der ausziehende Mieter nach allgM keine Zwischenabrechnung verlangen; er hat jedoch einen An-

spruch auf Zwischenablesung, soweit die Betriebskosten nach erfasstem Verbrauch abgerechnet werden.

i) **Kontrollrechte des Mieters.** Aus §§ 8 IV WoBindG, 29 I NMV folgt für den Mieter preisgebundenen Wohnraums ein umfassendes Auskunfts- und Einsichtsrecht. Auch dem Mieter von preisfreiem Wohnraum und Gewerberaum steht nach allgM ein **Einsichtsrecht** zu, jedoch beschränkt auf die Abrechnungsunterlagen. Der Vermieter ist verpflichtet, dem Mieter im Original sämtliche Rechnungen und Belege einschl. der zugrunde liegenden Verträge zu präsentieren, und zwar in geordneter Form. Die Einsicht ist am **Sitz des Vermieters** zu gewähren, wenn dieser sich am Ort des Mietobjektes befindet. Der Mieter hat grundsätzlich keinen Anspruch auf Übersendung von Belegkopien (*BGH,* NJW 2006, 1419; *BGH,* NJW 2010, 2288). Etwas anderes kann gelten, wenn die Belegeinsicht vor Ort im Einzelfall nicht zumutbar ist (*BGH,* NJW 2010, 2288; *BGH,* WuM 2010, 296). Verweigert der Vermieter die Einsicht oder die Kopien, steht dem Mieter das Zurückbehaltungsrecht aus § 273 BGB zu. 48

j) **Prozessuales.** Der Mieter muss die Abrechnungspositionen **substantiiert bestreiten** und dazu idR **zuvor Einsicht in die Abrechnungsunterlagen** genommen haben (vgl. *OLG Düsseldorf,* NZM 2000, 762). Der Vermieter trägt die Beweislast für die Richtigkeit seiner Abrechnung. 49

3. Zahlung aus Heizkostenabrechnung

Die Bestimmungen der HeizkV gehen rechtsgeschäftlichen Regelungen grundsätzlich vor (§ 2 HeizkV). Die Umstellung der Abrechnung der Heizkosten nach Verbrauch ist grundsätzlich nur für die Zukunft möglich (§ 556a II 2 BGB, § 6 IV HeizKV) und erst zulässig, wenn vor Beginn des Abrechnungszeitraums die Ausstattung zur Verbrauchserfassung vollständig installiert worden ist. 50

a) **Begriff der Heizkosten.** Die Heizkosten sind in § 7 II HeizkV bzw. in § 2 Nr. 4a BetrKV abschließend geregelt; sie dürfen auch dann abgerechnet werden, wenn sie im Mietvertrag nicht als umlagefähig vereinbart sind. Kosten, die zwar wirtschaftlich zu den Heizkosten rechnen, aber nicht im Katalog aufgeführt sind, gehören zu den allgemeinen Betriebskosten. 51

b) **Umlagemaßstab.** In § 7 I HeizkV ist die Verwendung eines gemischten Maßstabes für die Abrechnung der Heizkosten vorgeschrieben. Welchen Maßstab der Vermieter wählt, ist seinem Ermessen überlassen; die volle verbrauchsabhängige Abrechnung bedarf jedoch einer ausdrücklichen Vereinbarung (§ 10 HeizkV). Sonderregelungen bestehen für die Verbrauchserfassung für Gemeinschaftsräume (§§ 4 III, 6 III HeizkV) und ungleiche Ausstattungen (§ 5 II HeizkV). 52

c) **Ablesung.** Der Vermieter hat gegenüber dem Mieter einen Anspruch auf Gewährung des Zutritts zu den Mieträumen, um die Wärmemessgeräte ablesen zu lassen, wobei die Ablesung rechtzeitig vorher anzukündigen ist. Dieses Recht kann er auch durch eine einstweilige Verfügung durchsetzen (*LG Hamburg,* DWW 1987, 164). 53

d) **Ableseprotokoll.** Nach § 6 I 2 HeizkV soll der Vermieter dem Mieter innerhalb eines Monats nach Ablesung das Ergebnis mitteilen. Den Mieter trifft die Beweislast, wenn er behauptet, das von ihm unterschriebene Ableseprotokoll sei unrichtig (*OLG Köln,* DWW 1985, 180). 54

e) **Abrechnung.** Es gelten zunächst die Grundsätze für die allgemeine Betriebskostenabrechnung. Wegen der schwierigen Materie sind aber erhöhte Anforderungen an die Verständlichkeit zu stellen. Ansatzfähig sind nur die Kosten der in der betreffenden Heizperiode verbrauchten Brennstoffe; Anfangs- und Endbestand müssen nach Auffassung des BGH (NZM 2010, 315) nicht ausgewiesen werden. Bedienungskosten können bei einer vollautomatisch gesteuerten Zentralheizungsanlage nicht angesetzt werden (allgM). 55

f) **Sonderfälle.** Geräteausfall: § 9a HeizkV (Voraussetzung der Schätzung). Mieterwechsel: § 9b HeizkV; die Kosten der Zwischenablesung bei Auszug eines Mieters sind als Verwaltungskosten von dem Vermieter zu tragen (*BGH,* NJW 2008, 575). Fehler der Heizkostenverteiler: Auch wenn Heizkostenverteiler nach dem Verdunstungsprinzip nur Hilfsgeräte zur relativen Verteilung des Wärmeverbrauchs darstellen, ist ihre Verwendung zulässig (*BGH,* WuM 1986, 214). Der Mieter kann jedoch Fertigungs-, Skalierungs-, Montage- und Ablesefehler rügen (*LG Hamburg,* DWW 1988, 14); die Beweislast für Fehler trägt der Mieter (*BGH* aaO). Nachteile der Wohnung: Die durch eine exponierte Lage im Haus entstehenden Kostennachteile hat der Mieter zu tragen (*AG Neuß,* WuM 1987, 229). 56

VI. Zahlungsklagen des Vermieters nach einseitiger Mieterhöhung

1. Mieterhöhung bei Modernisierung (§ 559 BGB)

§ 559 BGB regelt nur, bei welcher Art von Maßnahmen und in welcher Höhe ein Zuschlag möglich ist. Die Befugnis des Vermieters zu einem Eingriff in das Mietobjekt kann resultieren aus 57

- einem entsprechenden Abänderungsvertrag der Parteien gem. § 305 BGB,
- einer Pflicht bzw. einer Verurteilung des Mieters zur Duldung gem. § 554 BGB (siehe Rn. 100ff.),
- der tatsächlichen Duldung einer Verbesserungsmaßnahme durch den Mieter.

58 **a) Bauliche Maßnahmen.** Nicht nur Maßnahmen in den Wohnungen selbst, sondern auch solche an Gebäudeteilen außerhalb der Wohnungen, an zugehörigen Nebengebäuden, am Grundstück und dessen unmittelbarer Umgebung, sofern sie eine der vier in § 559 I BGB aufgezählten Alternativen betreffen. Nicht: Beiträge zum gemeindlichen Erschließungsaufwand für den nachträglich erfolgten Straßenausbau (*OLG Hamm,* RE NJW 1983, 2331).

59 **b) Modernisierung.** Die in § 559 I BGB genannten drei Arten der Modernisierung und der anderen baulichen Änderungen stehen in keinem Ausschließlichkeitsverhältnis; es können eine oder auch mehrere Alternativen einschlägig sein. Es darf sich nicht um eine Luxusmodernisierung handeln. Die Kosten für Maßnahmen der Instandhaltung und Instandsetzung finden bei der Mieterhöhung keine Berücksichtigung.

60 **c) Anrechnung von Drittmitteln (§ 559a BGB).** Fördermittel, die für die Modernisierung geleistet werden, sind anzurechnen. Ob die Leistung für die Modernisierung oder für die Unterstützung der Instandhaltung erbracht werden, beurteilt sich nach dem Fördervertrag (*BGH,* NZM 2011, 309).

61 **d) Bauherr.** Nach dem Wortlaut des § 559 BGB muss der Vermieter Bauherr der Modernisierung gewesen sein. Der nach § 566 BGB in den Mietvertrag eintretende Erwerber kann die Miete unabhängig davon erhöhen, ob die Modernisierungmaßnahmen vor oder nach Eintritt in den Mietvertrag abgeschlossen worden sind (*Schmidt-Futterer/Langenberg,* § 559 BGB Rn. 36).

62 **e) Berechnung der Mieterhöhung.** Ansetzbar sind nur die unmittelbaren Baukosten und Baunebenkosten; Architekten- und Ingenieurhonorare aber nur bei Baumaßnahmen größeren Umfangs, bei denen die Beauftragung notwendig ist (*LG Berlin,* GE 2007, 985). **Nicht umlagefähig:** Kapitalbeschaffungs- und Finanzierungskosten (*OLG Hamburg,* RE WuM 1981, 152). Die Kosten von Instandsetzungsmaßnahmen müssen aus den Gesamtkosten ausgegliedert und abgezogen werden, aber nur für fällige Instandsetzungen, nicht für fiktive, in Zukunft ersparte Arbeiten (*OLG Hamm,* RE NJW 1981, 1622).

63 **f) Geltendmachung der Mieterhöhung (§ 559b BGB).** In § 559b I 1 BGB wird Textform für die Gestaltungserklärung vorgeschrieben. Die Mieterhöhung muss dem Mieter berechnet und erläutert werden, § 559b I 2 BGB. Eine Erklärung, die diesen Anforderungen nicht genügt, ist unwirksam(*BGH,* NZM 2006, 211). Die Mieterhöhung muss wiederholt werden; eine Nachbesserung ist nicht möglich.

2. Erhöhung von Betriebskostenpauschalen (§ 560 I BGB)

64 **a) Auslegung des Mietvertrages.** Bruttomieten sind im Geltungsbereich der HeizkV grundsätzlich unzulässig (§ 2 HeizkV; *BGH,* WuM 1986, 214). Sieht ein Wohnungsmietvertrag als Mietentgelt nur einen bestimmten Betrag (zuzüglich Heizungs-/Warmwasserkosten) vor, ist dieser Betrag im Regelfall als (Teil-)Inklusivmiete zu verstehen, mit der auch an sich umlagefähige Betriebskosten abgegolten sein sollen. Bei unklarer Regelung ist nach § 306 BGB zu Lasten des Verwenders von einer Pauschale auszugehen, über die nicht abzurechnen ist.

65 **b) Erhöhung.** Nach § 560 I BGB kann eine Pauschale nur erhöht werden, wenn der Mietvertrag dies vorsieht. Die Erhöhung einer Pauschale ist nur wegen der Betriebskostenarten möglich, die im Mietvertrag als mit der Pauschale abgegolten aufgeführt sind. Der Grund für die Umlage ist zu bezeichnen, die Umlage ist nachvollziehbar zu erläutern, § 560 I 2 BGB. Sind die Betriebskostenarten, bei denen eine Kostensteigerung eingetreten ist, in der Teilinklusivmiete enthalten, ist eine Erhöhung nur nach § 558 BGB möglich.

3. Erhöhung von Betriebskostenvorauszahlungen (§ 560 IV BGB)

66 Die Vorauszahlungen auf Betriebskosten sind Teil der vom Mieter nach § 535 II BGB zu entrichtenden Miete. Sie können nach § 560 IV BGB von beiden Vertragsparteien durch Erklärung in Textform angepasst werden. Die Anpassung kann nur nach einer Betriebskostenabrechnung erfolgen. Die Abrechnung muss formell ordnungsgemäß sein (*LG Bremen,* WuM 2006, 199); die inhaltliche Richtigkeit der Abrechnung spielt nur eine Rolle für die Angemessenheit der Höhe der Vorauszahlungen (*BGH,* NZM 2010, 315).

VII. Zahlungsklagen des Vermieters aus der Abwicklung des Mietverhältnisses

1. Nutzungsentschädigung wegen verspäteter Rückgabe (§ 546a BGB)

67 **a) Vorenthaltung.** Wenn der Mieter nach Beendigung des Mietverhältnisses entgegen seiner Pflicht zur Rückgabe aus § 546 BGB den unmittelbaren oder mittelbaren Besitz behält, hat der Vermieter einen

Anspruch auf Nutzungsentschädigung. Die Rückgabepflicht aus § 546 I BGB umfasst Rückgabe und Räumung. Rückgabe setzt eine Veränderung der Besitzverhältnisse zugunsten des Vermieters voraus; er muss die unmittelbare Sachherrschaft erhalten, um sich ungestört ein umfassendes Bild von Veränderungen und Verschlechterungen machen zu können (*BGH,* WuM 1991, 550). Die Pflicht ist grds. erst mit Herausgabe aller Schlüssel erfüllt (*LG Düsseldorf,* DWW 1992, 154), bei erkennbarem Besitzaufgabewillen kann aber auch die Rückgabe nur eines Schlüssels ausreichen (*OLG Hamburg,* ZMR 1995, 18). Räumung erfordert die Entfernung der Sachen des Mieters. Bei nur teilweiser Räumung, bei der die Beseitigung einen hohen Aufwand erfordert, liegt keine Schlecht-, sondern Nichterfüllung vor (*OLG Düsseldorf,* ZMR 2002, 814). Bleiben nur einzelne Gegenstände geringen Umfangs zurück, ist der Rückgabeanspruch erfüllt (*BGH,* NJW 1988, 2665).

Der Anspruch setzt eine Vorenthaltung der Mietsache durch den Mieter voraus. Der Vermieter muss 68
Rückerlangungswillen haben (*BGH,* WuM 2005, 786). Es fehlt daher an der Vorenthaltung, wenn der Mieter die Mietsache mit Willen des Vermieters behält. Davon ist bspw. auszugehen, wenn er gegenüber dem Mieter darauf beharrt, dessen Kündigung sei unwirksam, der Mietvertrag bestehe fort (*BGH,* aaO), er sein Vermieterpfandrecht ausübt (*OLG Hamburg,* WuM 1990, 77; *KG,* NZM 2005, 422), er das Mietobjekt wegen seines schlechten Zustands nicht zurücknimmt (*BGH,* NJW 1988, 2665) oder der Mieter auf Verlangen des Vermieters Schönheitsreparaturen ausführt (*OLG Hamburg,* WuM 1990, 75; *OLG Düsseldorf,* DWW 2006, 333).

b) **Höhe der Entschädigung.** Die Höhe der Nutzungsentschädigung richtet sich nach dem vereinbar- 69
ten Mietzins oder nach der ortsüblichen Miete (§ 546 a I BGB). Liegt der vereinbarte Mietzins unter der ortsüblichen Miete, kann der Vermieter von Wohnraum als Nutzungentschädigung auch die ortsübliche Miete fordern. Der Mieter schuldet auch den höheren Betrag von vorne herein. Der Vermieter muss ihn nicht eigens geltend machen (*BGH,* NZM 1999, 803). Die Kappungsgrenze von 20% nach § 558 III BGB sowie § 5 WiStG gelten nicht.

Eine vor Vertragsende bestehende Minderung bleibt erhalten (*OLG Düsseldorf,* DWW 1991, 236). 70
Es tritt keine Minderung ein, wenn nach Beendigung des Mietverhältnisses Mängel am Mietobjekt auftreten (*BGH,* WuM 1990, 246). § 254 BGB ist auf den Entschädigungsanspruch nicht anwendbar (*BGH,* NJW 1988, 2665).

2. Schadensersatz

Wird die Mietsache dem Vermieter verspätet zurückgegeben, kann der Vermieter gemäß § 546 a II 71
BGB neben der Nutzungsentschädigung auch Schadensersatzansprüche wegen Verzuges aus §§ 286, 280 BGB geltend machen, bei der Wohnraummiete nach Grund und Höhe beschränkt durch § 571 BGB, es sei denn, der Mieter hat gekündigt.

3. Schönheitsreparaturen

a) **Grundsätze.** Die Durchführung von Schönheitsreparaturen ist nach § 535 I 2 BGB eine Pflicht des 72
Vermieters. Die formularvertragliche Abbedingung und Überbürdung der Schönheitsreparaturen auf den Mieter ist zulässig (*BGH,* RE WuM 1985, 46); die Klausel „Schönheitsreparaturen werden vom Mieter getragen“ enthält nicht nur eine Freizeichnung des Vermieters, sondern eine Abbedingung seiner Hauptpflicht und eine Verpflichtung des Mieters (*BGH,* WuM 2004, 529).

aa) Anfangsrenovierung. Die formularvertragliche Verpflichtung, nach der der Mieter innerhalb von 73
drei Monaten nach Vertragsbeginn die erstmaligen Renovierungsarbeiten durchzuführen hat, ist unwirksam (*OLG Hamburg,* RE WuM 1991, 523).

bb) Laufende Renovierung. Eine Klausel ist unwirksam, wenn dadurch dem Mieter die Pflicht zur 74
Ausführung nach einem **starren Fristenplan** auferlegt wird (*BGH,* NJW 2004, 2586 und seitdem stRspr.). Klauseln mit einem Fristenplan sind nur dann wirksam, wenn dem Mieter möglich ist, das Fehlen der Renovierungsbedürftigkeit trotz Ablaufs der Fristen einzuwenden wie bspw. bei den auf die Fristen bezogenen Formulierungen „im Allgemeinen“ oder „in der Regel“. Wie auch im Fall der Verkürzung der üblichen Fristen hat die Unwirksamkeit der Fristenbestimmung die Unwirksamkeit der Schönheitsreparaturverpflichtung zur Folge (*BGH* aaO).

Der Mieter ist berechtigt, die Wohnung nach seinem Geschmack zu dekorieren. **Farbwahlklauseln,** 75
die den Mieter zu Verwendung einer bestimmten Farbe verpflichten („weißen“,„ in der üblichen Art“) verstoßen gegen § 307 BGB (*BGH,* NZM 2010, 236). Dies gilt auch für Rückgabeklauseln, die eine Farbe für die Zeit der Rückgabe vorschreiben.

cc) Endrenovierung. Die Formularklausel, dass der Mieter verpflichtet ist, unbeschadet einer wäh- 76
rend der Mietzeit durchgeführten Renovierung rechtzeitig vor seinem Auszug die Räume auf seine Kosten renovieren zu lassen, ist unwirksam (*BGH,* NZM 1998, 710, NZM 2003, 394; dies soll auch bei gewerblichen Mietverhältnissen gelten, *LG Hamburg,* WuM 1994, 675). Individualvertraglich kann eine unbedingte Endrenovierungspflicht vereinbart werden. Trifft eine Endrenovierungsklausel mit der

Verpflichtung zusammen, die laufenden Schönheitsreparaturen durchzuführen, sind beide Klauseln wegen des sog. **Summierungseffektes** unwirksam (*BGH,* NJW 1993, 532); dies gilt auch dann, wenn eine der beiden Klauseln individuell vereinbart ist (*BGH,* NJW 2006, 2116). Sind beim Auszug des Mieters noch keine Schönheitsreparaturen fällig, schuldet er keine Dekorationsarbeiten (*BGH,* RE WuM 1984, 46, WuM 1987, 306).

77 *dd) Quoten- oder Abgeltungsklausel.* Die Klausel verpflichtet den Mieter, einen Anteil der Kosten der Schönheitsreparaturen zu tragen, wenn er vor deren Fälligkeit auszieht. Eine solche Klausel darf sich nicht auf starre Fristen beziehen (*BGH,* NJW 2006, 3778; NJW 2007, 3632; NJW 2008, 1438).

78 **b) Fälligkeit, Inhalt und Umfang.** Der Anspruch auf Durchführung von Schönheitsreparaturen wird grundsätzlich fällig, sobald objektiv Renovierungsbedarf besteht; es muss nicht schon eine Substanzgefährdung vorliegen (*BGH,* NZM 2005, 450). Die Rechtsprechung orientiert sich an den üblichen Fristen (3, 5 und 7 Jahre je nach Funktion des Raumes), auch wenn keine Fristenpläne vertraglich vereinbart wurden. Sonst richtet sich die Fälligkeit nach dem Vertrag.

Sind in einer Klausel die Schönheitsreparaturen nicht beschrieben, kann zur näheren Bestimmung die Regelung in § 28 IV II.BV herangezogen werden (*BGH,* RE WuM 1985, 46). Wenn der Begriff der Schönheitsreparaturen formularvertraglich erweitert wird, führt dies zur Unwirksamkeit der gesamten Klausel (*BGH,* WuM 2010, 231). Auch bei preisgebundenen, öffentlich geförderten Wohnungen sind Vereinbarungen, die den Mieter über § 28 II. BV hinaus belasten, unwirksam.

79 Schönheitsreparaturen müssen stets fachgerecht in mittlerer Art und Güte (§ 243 BGB) ausgeführt werden (*BGH,* NZM 2004, 615). Der Mieter ist berechtigt, Eigenleistungen selbst oder durch Dritte zu erbringen. Eine **Fachhandwerkerklausel** ist deshalb unwirksam (*BGH,* WuM 2010, 476).

80 **c) Voraussetzungen des Schadensersatzanspruchs (§§ 280, 281 BGB).** *aa) Fortbestehendes Mietverhältnis.* Im laufenden Mietverhältnis hat der Vermieter einen Anspruch auf Erfüllung, dh Ausführung der Schönheitsreparaturen. Kommt der Mieter seiner Verpflichtung trotz objektiv bestehenden Renovierungsbedarfs nicht nach, kann der Vermieter statt auf Vornahme zu klagen und nach § 887 ZPO zu vollstrecken, sogleich auf Zahlung eines Vorschusses in Höhe der voraussichtlichen Renovierungskosten klagen (*BGH,* NZM 2005, 450).

81 *bb) Beendetes Mietverhältnis.* Haben die Parteien wirksam eine Abgeltungsklausel vereinbart und liegen deren Voraussetzunge bei Mietende vor, so hat der Vermieter mit Auszug des Mieters einen fälligen Anspruch auf Zahlung des entsprechenden Anteils der Renovierungskosten. Ist der Anspruch auf Ausführung der Schönheitsreparaturen bei Mietende fällig, besteht der Erfüllungsanspruch des Vermieters nach Beendigung des Mietverhältnisses weiter. Der Vermieter kann nur unter den Voraussetzungen der §§ 280, 281 BGB zum Anspruch auf Schadensersatz statt der Leistung übergehen. Neben dem Vorliegen einer zu vertretenden Pflichtverletzung des Mieters ist Voraussetzung, dass der Vermieter dem Mieter eine angemessene Nachfrist zur Leistung setzt. An einer Pflichtverletzung fehlt es bspw., wenn der Vermieter sich weigert, dem Mieter noch mal einen Schlüssel auszuhändigen (*LG Berlin,* GE 1998, 245) oder wenn der Vermieter ankündigt, mit dem Mieter noch Gespräche über die Arbeiten aufnehmen zu wollen (*KG,* WuM 2008, 592). Eine Fristsetzung ist entbehrlich, wenn sich der Mieter weigert, seinen Verpflichtungen nachzukommen (*BGH,* WuM 1989, 141). Eine derartige Weigerung liegt nur vor, wenn der Mieter eindeutig zum Ausdruck bringt, er werde seinen Vertragspflichten nicht nachkommen und es damit ausgeschlossen erscheint, dass er sich von einer Nachfristsetzung umstimmen ließe (*BGH,* NJW 1988, 1778); der Auszug des Mieters allein reicht in der Regel nicht.

82 Der Mieter hat an den Vermieter auch dann einen Ausgleich in Geld zu zahlen, wenn die Schönheitsreparaturen durch einen **Umbau nach Vertragsende** alsbald wieder zerstört würden (*BGH,* RE WuM 1985, 46), selbst wenn die Parteien im Mietvertrag keine entsprechende Regelung getroffen haben (*OLG Oldenburg,* RE WuM 1992, 229).

83 Der Vermieter kann verlangen, so gestellt zu werden, wie er bei ordnungsgemäßer Durchführung der Schönheitsreparaturen durch den Mieter stände. Die objektiv erforderlichen Reparaturkosten können auf Basis eines Kostenvoranschlages (ohne Umsatzsteuer, § 249 II 2 BGB) oder auf Grundlage der Rechnung für die tatsächlich durchgeführten Arbeiten liquidiert werden. Daneben schuldet der Mieter auch den Ersatz eines Mietausfallschadens wegen der verzögerten Herrichtung der Räume.

84 **d) Verjährung.** Die Ersatzansprüche der Vermieters wegen unterlassener oder mangelhaft ausgeführter Schönheitsreparaturen verjähren nach § 548 I BGB in sechs Monaten. Die Verjährungsfrist beginnt, sobald der Vermieter durch Ausübung der unmittelbaren Sachherrschaft in die Lage versetzt wird, sich ungestört ein umfassendes Bild von den Veränderungen und Verschlechterungen der Mietsache zu machen (*BGH,* NJW 1988, 1778; WuM 1991, 550). Dies gilt unabhängig davon, ob der Anspruch wegen fehlender Fristsetzung noch nicht fällig war (*BGH,* NJW 2005, 739) oder ob die Rückerlangung durch den Vermieter auch deutlich vor Vertragsende stattfindet (*BGH,* NJW 2006, 1588). Bei unmittelbarem Mieterwechsel im Einvernehmen mit dem Vermieter muss er sich so behandeln lassen, als habe er die Mietsache im Zeitpunkt des Ausscheidens des Vormieters iSv § 548 I BGB zurückerhalten (*BGH,* WuM 1992, 71 zu § 558 BGB aF).

Hemmung nach § 203 BGB: Nur solange Vermieter und Mieter hinsichtlich des Bestehens oder Nichtbestehens von Ansprüchen auf Grund eines Mietverhältnisses verhandeln (*OLG Düsseldorf*, DWW 1991, 52 zu § 852 II BGB aF). Die Voraussetzungen sind für jeden Anspruch gesondert zu beurteilen. 85

VIII. Klagen des Vermieters auf Zustimmung zur Mieterhöhung (§ 558 BGB)

1. Ablauf der Überlegungsfrist (§ 558 b II BGB)

Das Gesetz gesteht dem Mieter in § 558 b II BGB eine Überlegungsfrist bis zum Ablauf des übernächsten Monats nach Zugang des Mieterhöhungsverlangens zu. Die Klage ist vorher nur zulässig, wenn der Mieter die Zustimmung endgültig und bestimmt abgelehnt hat (*LG Mannheim*, NZM 1999, 957); sonst wird die vor Ablauf der Überlegungsfrist erhobene Zustimmungsklage zulässig, wenn die Frist zurzeit des (letzten) Verhandlungstermins abgelaufen ist (*KG*, RE WuM 1981, 54). 86

2. Einhaltung der Klagfrist (§ 558 b II BGB)

Die Klagefrist beträgt nach § 558 b II 2 BGB drei Monate und beginnst nach Ablauf der Überlegungsfrist. Es handelt sich um eine Ausschlussfrist, bei der keine Wiedereinsetzung bei Fristversäumung möglich ist (*LG Hamburg*, ZMR 2009, 452). 87

3. Klage bei Vermieter-/Mietermehrheit

Die Klage muss von allen Vermietern erhoben und gegen alle Mieter gerichtet sein (vgl. Rn. 92). Fehlt es hieran, ist Abhilfe nach Ablauf der Klagefrist auch nach § 558 b III BGB nicht möglich. 88

4. Kein Ausschluss des Mieterhöhungsrechts

Das Recht zur Mieterhöhung darf nicht nach § 557 a BGB (Staffelmiete) oder durch Vereinbarung zwischen den Parteien ausgeschlossen sein. 89

5. Ablauf der Wartefrist/Sperrfrist

Ein Mieterhöhungsverlangen, das dem Mieter vor Ablauf der Sperrfrist von einem Jahr nach § 558 I 2 BGB zugeht, ist unwirksam (*BGH*, RE NJW 1993, 2109); die Frist beginnt mit dem Zeitpunkt, zu dem die letzte Mieterhöhung wirksam geworden ist. Zum Zeitpunkt des Wirksamwerdens des Mieterhöhungsverlangens muss die Miete seit mindestens 15 Monaten unverändert sein (Wartefrist, § 558 I 1 BGB). Erhöhungen nach § 559 BGB lösen die Wartefrist nicht aus; dies gilt auch für einvernehmlich vereinbarte Mieterhöhungen, wenn diese auf den in § 559 BGB genannten Gründen beruhen (*BGH*, NZM 2008, 441). 90

6. Einhaltung der Kappungsgrenze (§ 558 III BGB)

Die Kappungsgrenze des § 558 III BGB beschränkt den Anspruch des Vermieters der Höhe nach. Eine Überschreitung stellt keinen fomellen Mangel des Mieterhöhungsverlangens dar (vgl. *BayObLG*, WuM 1988, 117). Für den die Kappungsgrenze überschreitenden Teil besteht kein Anspruch auf Zustimmung. Berechnung: 3-Jahres-Zeitraum rückwirkend vom Stichtag der gewünschten Mieterhöhung (*OLG Hamburg*, RE NJW-RR 1996, 908 = WuM 1996, 322). 91

7. Formalien des Mieterhöhungsverlangens

a) Erklärungshandlung. Eine Mieterhöhung kann nur verlangen, wer am Tage des Mieterhöhungsschreibens Vermieter ist, der Erwerber also vor Eintragung nicht aus eigenem Recht (*OLG Celle*, neg. RE WuM 1984, 193), allerdings auf Grund einer Vollmacht oder auch einer Ermächtigung durch den Veräußerer (vgl. *BGH*, NZM 1998, 146 = WuM 1998, 99 zur Kündigung) bei Offenlegung der Ermächtigung. Das Mieterhöhungsrecht kann nicht auf einen Dritten übertragen werden (*KG*, WuM 1997, 101). Besteht auf Vermieterseite eine Personenmehrheit, muss das Zustimmungsverlangen von allen abgegeben werden (*KG*, aaO); besteht auf Mieterseite eine Personenmehrheit, muss das Mieterhöhungsverlangen an alle Mitmieter gerichtet sein (*BGH*, NJW 1997, 3437). 92

b) Form. Für das Mieterhöhungsverlangen schreibt § 558 a I BGB die Textform nach § 126 b BGB vor. Die Textform ist auch ausreichend, wenn der Mietvertrag für Änderungen des Vertrages eine Schriftformabrede enthält (*BGH*, NZM 2011, 117). 93

c) Inhalt. Der Vermieter muss mitteilen, ob ihm öffentliche Fördermittel gewährt wurden (*BGH*, WuM 2011, 110; NZM 2009, 393). Er hat die Ausgangsmiete mitzuteilen sowie den Erhöhungsbetrag. Fehlt die Angabe des Zeitpunktes, von dem an der Vermieter die erhöhte Miete verlangt, kann dies im 94

Prozess nach § 558 b III BGB nachgeholt werden. Bei einer Teilinklusivmiete muss das Mieterhöhungsverlangen dieser Mietstruktur Rechnung tragen (offen gelassen in *BGH*, NZM 2010, 734).

d) Begründung

95 • Mietspiegel: Sowohl ein einfacher Mietspiegel als auch ein qualifizierter Mietspiegel kann verwendet werden. Der Mietspiegel selbst muss in der Regel nicht beigefügt werden (*BGH*, NZM 2011, 120; NZM 2009, 429); es müssen jedoch die Tatsachen benannt werden, die für die Einordnung in den Mietspiegel durch den Vermieter herangezogen werden (*BGH*, NZM 2008, 573). Die begehrte Miethöhe muss innerhalb der Spanne liegen (*BGH*, NZM 2004, 219). Gibt es in der Gemeinde einen für die Wohnung anwendbaren qualifizierten Mietspiegel, muss nach § 558 a III BGB auch die sich daraus ergebende Miethöhe mitgeteilt werden – unabhängig von dem Begründungsmittel. Nach § 558 a IV BGB kann auch eine Mietspiegel einer Nachbargemeinde herangezogen werden (*BGH*, NZM 2010, 2946).

• Sachverständigengutachten: Es muss für den Mieter verständlich und nachvollziehbar dargestellt sein, wie der Sachverständige zu der von ihm ermittelten höheren Miete gekommen ist (*BVerfG*, WuM 1986, 237), er darf nicht nur einen ihm angemessen erscheinenden Mietwert angeben (*BVerfG*, WuM 1986, 239); er muss vielmehr eine Preisspanne aus Vergleichsmaterial angeben und darin die zu bewertende Wohnung einordnen (*OLG Karlsruhe*, RE NJW 1983, 1863). Die formellen Anforderungen werden auch mit einem sog. „Typengutachten" erfüllt (*BGH*, NZM 2010, 576).

• drei Vergleichswohnungen: es genügt, dass sie aus dem eigenen Wohnungsbestand des Vermieters stammen (*BVerfG*, NJW 1993, 2039). Sie sind so konkret zu beschreiben, dass sie der Mieter identifizieren kann, die Angabe des Vermieters oder Mieters ist entbehrlich (*BGH*, WuM 2003, 149; WuM 1982, 324). Die Vergleichswohnungen brauchen nicht identisch zu sein (*BVerfG*, WuM 1989, 62), sie können zB eine unterschiedliche Größe aufweisen (*OLG Schleswig*, RE WuM 1987, 140); der Mietzins der Vergleichsobjekte muss nicht um etwa enthaltene Betriebskosten bereinigt werden (*BVerfG*, WuM 1994, 137).

96 Bei **formellen Mängeln** kann der Vermieter gem. § 558 b III BGB die Mängel im Prozess beheben oder ein neues Mieterhöhungsverlangen stellen (Nachholen). Das Gericht hat dann mit Rücksicht auf die Zustimmungsfrist zu terminieren.

8. Zustimmung des Mieters

97 Eine bestimmte Form ist für die Zustimmung des Mieters nicht vorgeschrieben. Der Vermieter hat keinen Anspruch auf schriftliche Zustimmung. Eine Beschränkung der Zustimmung auf einen Teil der verlangten erhöhten Miete ist möglich (*BayObLG*, RE WuM 1989, 484). Eine konkludente Zustimmung kann in der vorbehaltlosen Zahlung der erhöhten Miete zum Wirksamkeitszeitpunkt des Erhöhungsverlangens liegen. Mit Zustimmung im Prozess tritt Erledigung ein; da der Mieter mit seiner Erklärung den Klaganspruch bereits (ganz oder teilweise) erfüllt hat, ist kein Raum mehr für ein Anerkenntnisurteil. Soweit der Klage stattgegeben wird, gilt die Zustimmung als erklärt (§ 894 ZPO).

9. Einzelprobleme

98 • Behebbare Mängel der Mietsache sind nicht zu berücksichtigen (*LG Berlin*, NZM 1999, 368).

• Bruttowarmmiete: Die Warmmietenvereinbarung ist nach § 2 HeizKV unwirksam und nicht anzuwenden. Das Mieterhöhungsverlangen, das von der Warmmiete ausgeht, ist nicht unwirksam (*BGH*, NZM 2006, 652). Im Prozess ist die Mietstruktur jedoch umzustellen.

• (Teil-)Inklusivmiete: Weist der Mietspiegel nur die ortsübliche Nettomiete aus und verlangt der Vermieter die Zustimmung zur Erhöhung einer Bruttokaltmiete, so hat der Vermieter die tatsächlich auf die Wohnung entfallenden Betriebskosten gemäß der Betriebskostenabrechnung für den dem Erhöhungsverlangen vorangegangenen Abrechnungszeitraum anzugeben (*BGH*, NZM 2006, 101; NZM 2006, 864; NZM 2007, 594).

• Wohnungsgröße: Dem Mieterhöhungsverlangen des Vermieters ist die vertraglich vereinbarte Fläche zugrunde zu legen, wenn diese die tatsächliche Wohnfläche um nicht mehr als 10% überschreitet oder unterschreitet (*BGH*, NZM 2007, 594; NZM 2009, 613).

• Schönheitsreparaturklauseln: Im Falle deren Unwirksamkeit ist der Vermieter nicht berechtigt, eine Mieterhöhung in Form eines Zuschlags zu verlangen (*BGH*, NJW 2008, 2840; NJW 2009, 1410); dies ist nur bei öffentlich gefördertem Wohnraum möglich (*BGH*, NJW 2010, 1590).

• Einrichtungen/Ausstattungen des Mieters: Sie sind nicht zu berücksichtigen, es sei denn, dass die Parteien etwas anderes vereinbart haben oder der Vermieter die vom Mieter verauslagten Kosten erstattet hat (*BGH*, NZM 2010, 735).

10. Streitwert und Kosten

99 Der Gebührenstreitwert richtet sich nach § 41 V 1 GKG. Der Zuständigkeitsstreitwert und der Beschwerdewert berechnen sich nach § 9 ZPO (*BGH*, WuM 2007, 32). Der Vermieter hat keinen An-

spruch auf Ersatz der vorprozessualen Kosten für ein Sachverständigengutachten zur Begründung des Mieterhöhungsverlangens (*LG Bonn,* WuM 1985, 311).

IX. Klagen des Vermieters auf Duldung von Modernisierungsmaßnahmen (§ 554 II BGB)

§ 554 II BGB regelt, unter welchen Voraussetzungen der Vermieter auch gegen den Willen des Mieters den Vertragsgegenstand verändern kann. Das Gesetz geht bei Maßnahmen, die bestimmten Zielen wie der Einsparung von Energie dienen, von der grundsätzlichen Duldungspflicht des Mieters aus. 100

1. Aktivlegitimation

Der Duldungsanspruch steht nur dem Vermieter zu. Der Erwerber, der Modernisierungsarbeiten ausführen lassen will, kann aus eigenem Recht vor seiner Eintragung im Grundbuch keine Duldung verlangen. Der Veräußerer kann den Erwerber jedoch zur Geltendmachung des Anspruchs ermächtigen (*BGH,* NJW 2008, 1218; vgl. Rn. 92). 101

2. Klagantrag

Die beabsichtigten Arbeiten sind soweit wie möglich zu beschreiben. Bei Einbau einer Zentralheizung ist zB zu verlangen, dass der Mieter anhand der Angaben die Auswirkungen auf die Möblierung der Wohnung überprüfen (*LG Hamburg,* WuM 1990, 18) bzw. bei Einbau eines Badezimmers sich eine Vorstellung von der Neugestaltung der Wohnung machen kann (*LG Hamburg,* WuM 1992, 121). Eine Durchsetzung des Anspruchs im Wege der einstweiligen Verfügung ist nicht möglich. 102

3. Fälligkeit des Anspruchs

Die form- und fristgerechte Mitteilung gem. § 554 III 1 BGB ist Voraussetzung für die Fälligkeit der Duldungspflicht des Mieters (*Sternel,* NZM 2001, 1058) sowohl bei preisfreiem wie preisgebundenem Wohnraum (*BayObLG,* RE WuM 1996, 749), wenn es sich nicht um eine Bagatellmaßnahme iSd § 554 III 3 BGB handelt. Mieterhöhungen bis 5% der Monatsmiete sollen auf Bagatellmaßnahmen beruhen (*LG Berlin,* WuM 1991, 482). 103

4. Modernisierungsmaßnahmen, Härtegründe

Es muss sich um solche Maßnahmen handeln, die in § 554 II 1 BGB genannt werden. Es ist ein objektiver Maßstab anzulegen; auch die Schaffung einer überdurchschnittlichen Ausstattung ist möglich bis zur Grenze der Luxusmodernisierung (*BGH,* NJW 2005, 2995). Die Duldungspflicht entfällt, wenn die Maßnahme für die in § 554 II 2 BGB genannten Personen eine Härte bedeutet. Es ist eine Interessenabwägung vorzunehmen. Die wichtigsten zu berücksichtigenden Kriterien sind in § 554 II 3 und 4 BGB genannt (*BGH,* NJW 2008, 3630). 104

X. Räumungsklagen – Formalien

1. Formalien der Kündigung

a) **Schriftform.** Die Kündigung von Wohnraum bedarf nach § 568 I BGB der Schriftform (§ 126 BGB). Die Vorschrift gilt für beide Vertragsteile und alle Arten der Kündigung. Die Kündigung durch Zustellung einer von einem Rechtsanwalt beglaubigten Abschrift genügt nicht (vgl. *BGH,* WuM 1987, 209). Die Schriftform ist durch eine Erklärung zu gerichtlichem Protokoll nicht gewahrt, ebenso nicht durch Zustellung einer durch den Urkundsbeamten der Geschäftsstelle iSd § 170 II ZPO beglaubigten Abschrift (*AG Braunschweig,* WuM 1990, 153). Die Kündigung durch Telefax ist unwirksam; (*BGH,* NJW 1993, 1126). 105

b) **Vollmacht.** Mit der Kündigung ist das Original der Vollmachtsurkunde vorzulegen. Fehlt diese, kann der Mieter gemäß § 174 BGB die Kündigung aus diesem Grund unverzüglich zurückweisen. Die Zurückweisung der Kündigung ist nach Ablauf von ca. 14 Tagen zwischen Zugang der Kündigung und Absendung des Widerspruchs verspätet. Auch der dem Mieter bekannte Hausanwalt des Vermieters muss die Kündigungsvollmacht dem Kündigungsschreiben beifügen (*LG Hamburg,* WuM 1987, 209). Der Mieter kann die Kündigung eines Hausverwalters nicht zurückweisen, dessen Bevollmächtigung er während des Mietverhältnisses stets anerkannt hat (*LG Hamburg* aaO). Hat der Vermieter den Mieter von der Bevollmächtigung selbst in Kenntnis gesetzt, folgt dies schon aus § 174 BGB. 106

c) **Inhaber des Kündigungsrechts.** Das Kündigungsrecht kann nicht abgetreten werden. Die Kündigung des Grundstückserwerbers vor Eintragung als Eigentümer im Grundbuch ist unwirksam, es sei denn, der Veräußerer hat ihn hierzu ermächtigt (*BGH,* NZM 1998, 146 = WuM 1998, 99). 107

108 d) **Vermieter-/Mietermehrheit.** Eine Kündigung kann nur durch alle Vermieter gemeinsam gegenüber allen Mietern bzw. durch alle Mieter gegenüber allen Vermietern erklärt werden (*BGH,* NZM 2005, 452; NZM 1998, 22). Es ist rechtlich unmöglich, ein mit mehreren Mietern begründetes Mietverhältnis durch Kündigung nur gegenüber einem Mieter aufzulösen. Der Ausspruch der Kündigung hat daher gegenüber mehreren Mietern einheitlich, dh in unmittelbarem zeitlichen Zusammenhang zu erfolgen, der bei einer Zeitdifferenz von mehr als einem Monat nicht mehr gewahrt ist (*OLG Düsseldorf,* NJW-RR 1987, 1369). Die Kündigung ist auch dann gegenüber mehreren Mietern zu erklären, wenn einer von ihnen bereits vor Jahren geräumt hat, vom Vermieter aber nicht aus dem Mietverhältnis entlassen wurde (vgl. *BGH,* NJW 1996, 515; *LG Berlin,* ZMR 1989, 337). Ausnahmen können nach Treu und Glauben zulässig sein (*BGH,* NZM 2005, 452). Eine Klausel, nach der die Mieter sich untereinander in der Weise bevollmächtigen, dass jeder von ihnen allein berechtigt ist, Willenserklärungen mit Wirkung für alle abzugeben, ist unwirksam (*OLG Celle,* WuM 1990, 103), eine entsprechende gegenseitige Empfangsvollmacht jedoch wirksam; teilt ein Mitmieter dem Vermieter seinen Auszug und seine neue Anschrift mit, liegt darin allerdings der konkludente Widerruf der Vollmacht (*BGH,* NZM 1998, 22 = WuM 1997, 599).

109 e) **Zugang.** Die Kündigung wird als einseitige, empfangsbedürftige Willenserklärung mit Zugang beim Empfänger wirksam. Eine Kündigung kann dem ausgezogenen Mieter nicht (mehr) wirksam in der Mietwohnung zugehen (*LG Berlin,* ZMR 1989, 337; *LG Heidelberg,* WuM 1993, 342). Kann ein Einschreibebrief wegen Abwesenheit des Empfängers nicht zugestellt werden, ist er auch dann nicht zugegangen, wenn der Postbote einen Benachrichtigungszettel hinterlegt (*KG,* ZMR 2010, 954).

110 f) **Heilung, Umdeutung.** Die unwirksame Kündigung kann nicht nachgebessert oder konkludent schlüssig gestellt werden. Auch nachträglich entstandene Kündigungsgründe heilen eine unwirksame Kündigung nicht. Erforderlich ist vielmehr der Neuausspruch der Kündigung. Eine unwirksame Kündigung kann in eine andere Art der Kündigung umgedeutet werden; sie kann auch als Abmahnung anzusehen sein. Eine unwirksame fristlose Kündigung kann unter den Voraussetzungen des § 140 BGB in eine ordentliche umgedeutet werden (*BGH,* WuM 2005, 584). Der Wille, den Vertrag auf jeden Fall zu beenden, muss für den Vertragsteil, für den die Kündigung bestimmt ist, zweifelsfrei erkennbar sein. Grundsätzlich muss sich deshalb aus der Erklärung selbst ergeben, dass die Kündigung hilfsweise als ordentliche gelten soll, es sei denn, dies folgt eindeutig aus den Umständen (*BGH,* WuM 1981, 106; *LG Hamburg,* WuM 1990, 19).

111 g) **Begründung.** Bei einem Wohnraummietverhältnis schreibt das Gesetz in § 569 IV BGB für die außerordentliche Kündigung beider Seiten und in § 573 III BGB für die ordentliche Kündigung des Vermieters eine Pflicht zur Begründung vor. Lediglich die ordentliche Kündigung des Mieters ist auch ohne Begründung wirksam. Bei der ordentlichen Kündigung des Vermieters können Gründe nachgeschoben werden, wenn sie nachträglich entstanden sind, § 573 III 2 BGB. Dies setzt aber eine von Anfang an wirksame Kündigung voraus. Die Begründungspflicht hat den Zweck, dem Mieter möglichst frühzeitig Klarheit darüber zu verschaffen, ob der Vermieter ein berechtigtes Interesse an der Beendigung des Mietvertrages geltend machen und diesen auch gegen den Willen des Mieters beenden kann (*BVerfG,* WuM 1989, 483, vgl. *BayObLG,* RE WuM 1981, 200). Der Mieter soll in der Lage sein, rechtzeitig alles Erforderliche zur Wahrung seiner Interessen zu veranlassen; der Kündigungsgrund muss so bezeichnet sein, dass er identifiziert und von anderen Gründen unterschieden werden kann (*BGH,* NJW 2011, 1135).

2. Keine stillschweigende Verlängerung des Mietverhältnisses (§ 545 BGB)

112 Die Vorschrift des § 545 BGB kann formularmäßig abbedungen werden (*BGH* WuM 1991, 381), jedoch nur durch eine hinreichend klare Klausel (*OLG Schleswig,* RE NJW 1995, 2858; *OLG Koblenz,* WuM 2002, 552). Kündigung und Widerspruch können miteinander verbunden werden, es muss jedoch stets ein nicht nur loser zeitlicher Zusammenhang zwischen Widerspruchserklärung und Ende der Mietzeit bestehen (*BayObLG,* RE WuM 1981, 253). Für den Widerspruch ist keine Form vorgeschrieben. Er kann auch konkludent erklärt werden, indem der Vermieter klar macht, dass er an der Beendigung des Mietverhältnisses festhält (*BGH,* NZM 2006, 699). So kann ein Widerspruch in der Gewährung einer Räumungsfrist (*OLG Schleswig,* RE WuM 1982, 65) oder auch in der Erhebung einer Räumungsklage gesehen werden, die aber binnen der Zweiwochenfrist zugestellt werden muss (*LG Berlin,* NZM 2001, 40; *OLG Stuttgart,* RE WuM 1987, 114).

3. Rechtsschutzbedürfnis, Klage auf zukünftige Räumung

113 Das Rechtsschutzbedürfnis für die Räumungsklage besteht auch gegenüber dem Mitmieter, der bereits ausgezogen ist und den Besitz endgültig aufgegeben hat (*BGH,* RE WuM 1996, 83). Eine Klage auf künftige Räumung ist unter den Voraussetzungen des § 259 ZPO auch vor Ablauf der Widerspruchsfrist (§ 574 BGB) zulässig, aber nur, wenn der Mieter durch ernstliches Bestreiten des Kündi-

gungsgrundes eindeutig zu erkennen gegeben hat, dass er nicht fristgerecht räumen werde (*OLG Karlsruhe,* RE NJW 1984, 2593 = WuM 1983, 253).

XI. Räumungsklagen nach ordentlicher Kündigung und Kündigungswiderspruch des Mieters

1. Ordentliche Kündigung nach § 573 BGB

a) Generalklausel (§ 573 I BGB). Die ordentliche Kündigung des Vermieters setzt nach § 573 I 1 BGB das Vorliegen eines berechtigten Interesses des Vermieters an der Beendigung des Mietverhältnisses voraus. Die Gründe für eine Kündigung nach § 573 I BGB müssen nach Bedeutung und Schwere mit den Tatbeständen des § 573 II Nrn. 1 bis 3 BGB vergleichbar sein; diese geben den Maßstab an, an denen andere Sachverhalte zu messen sind (*BGH,* NZM 2007, 639; *BVerfG,* WuM 1991, 661). 114

Eine Wohnungsbaugenossenschaft hat ein berechtigtes Interesse, wenn sie eine erheblich unterbelegte **Genossenschaftswohnung** in der Absicht kündigt, sie an eine größere Familie mit entsprechendem Wohnbedarf zu vermieten (*OLG Stuttgart,* RE WuM 1991, 379; vgl. aber *OLG Karlsruhe,* RE WuM 1984, 43) oder der Wohnungsinhaber aus der Genossenschaft ausscheidet und die Wohnung für ein Mitglied der Genossenschaft benötigt wird (*BGH,* NZM 2004, 25; *LG Berlin,* GE 2003, 395). 115

Betriebsbedarf kann bestehen, wenn das Dienstverhältnis mit dem bisherigen Mieter beendet wird und weitere konkrete und nachvollziehbare Gründe hinzukommen (*BGH,* NZM 2007, 639), wie der Bedarf an Wohnraum für andere Bedienstete. Der Betriebsbedarf eines Unternehmers berechtigt nur sehr eingeschränkt zur Kündigung einer an einen Betriebsfremden vermieteten Wohnung, die keine Werkswohnung ist (*OLG Stuttgart,* RE WuM 1991, 330). Ein berechtigtes Interesse nach § 573 I BGB kann auch darin begründet sein, zur Pflege eine **Hilfsperson in den Haushalt** aufnehmen zu wollen. Die noch nicht in dem Haushalt lebende Person fällt nicht unter den privilegierten Personenkreis des § 573 II Nr. 2 BGB. Eine Kündigung kann auch auf § 573 I BGB gestützt werden, wenn ein **öffentliches Interesse** an der Beendigung des Mietverhältnisses besteht, etwa weil eine Sozialwohnung an einen nicht Berechtigten vermietet wurde (*OLG Hamm,* NJW 1982, 2563). 116

b) Schuldhafte Pflichtverletzungen (§ 573 II Nr. 1 BGB). Liegen Gründe vor, die eine außerordentliche Kündigung rechtfertigen würden, kann der Vermieter auch ordentlich nach § 573 II Nr. 1 BGB kündigen (*BGH,* NJW 2006, 1585). Die Kündigung kann aber auch auf Pflichtverletzungen von geringerer Bedeutung gestützt werden, sofern diese nicht unerheblich sind. Anders als bei der fristlosen Kündigung ist bei der ordentlichen Kündigung eine Abmahnung grundsätzlich nicht erforderlich (*BGH,* NJW 2008, 508). 117

Die ordentlichen Kündigung kann wegen unpünktlicher Zahlungsweise des Mieters ausgesprochen werden (*BGH,* NJW 2010, 2879). Eine vorherige erfolglose, qualifizierte (dh mit Hinweis auf die bevorstehende Kündigung versehene) Abmahnung ist keine zwingende Voraussetzung (*OLG Oldenburg,* RE WuM 1991, 467). Aber gerade die Wiederholung der Pflichtverletzung trotz Abmahnung kann die Kündigung begründen (*BGH,* aaO). Zur ordentlichen Kündigung wegen Zahlungsverzugs: Keine Heilungswirkung bei einer nachträglichen Zahlung im Sinne von § 569 III Nr. 2 BGB (*BGH,* NZM 2005, 334). Die verspätete Zahlung durch eine öffentliche Stelle muss sich der Mieter nicht zurechnen lassen (*BGH,* NJW 2009, 3781).

c) Eigenbedarf. *aa) Grundsätze.* Bei der auf Eigenbedarf gestützten Kündigung sind die **verfassungsrechtlichen Wertentscheidungen** des Art. 14 GG in besonderer Weise zu beachten. Eigenbedarf ist anzunehmen, wenn der Vermieter **vernünftige, nachvollziehbare Gründe** für die Inanspruchnahme des Wohnraums für sich oder eine begünstigte Person hat. Eine bislang unzureichende Unterbringung des Vermieters ist nicht erforderlich. Entgegenstehende Interessen des Mieters sind ausschließlich auf dessen Widerspruch gegen die Kündigung nach § 574 BGB zu berücksichtigen (*BGH,* RE WuM 1988, 47). Das Gericht hat das Selbstnutzungsinteresse auf seine Vernünftigkeit und Nachvollziehbarkeit hin zu überprüfen (*BVerfG,* WuM 1989, 481). Es hat sich mit dem Eigenbedarf in tatsächlicher Hinsicht aber nur bei konkreten Einwänden des Mieters auseinanderzusetzen (*BVerfG,* NZM 2001, 706). 118

bb) Inhalt der Kündigungserklärung. Siehe zunächst Rn. 111. Der Vermieter hat mitzuteilen, für welche Person er die Wohnung benötigt und welches Interesse diese Person an der Erlangung der Wohnung hat (*BGH,* WuM 2011, 518). Ein Austausch des Erlangungsinteresses oder der Bedarfsperson kommt nur im Rahmen des § 573 III BGB in Betracht (*LG München I,* WuM 1991, 490; *LG Düsseldorf,* WuM 1992, 130). 119

cc) Einzelfälle 120

- Zeitpunkt des Entstehens des Eigenbedarfs: Eine Eigenbedarfskündigung aus Gründen, welche bereits bei Abschluss des Mietvertrages vorlagen, ist wegen widersprüchlichen Verhaltens des Vermieters unwirksam (*BVerfG,* WuM 1989, 114; *BGH,* NZM 2009, 236; WuM 2010, 512).
- Überhöhter Bedarf: Unter Missbrauchsgesichtspunkten kann das Gericht auch prüfen, ob mit dem Erlangungswunsch ein weit überhöhter Wohnbedarf geltend gemacht wird (*BVerfG,* WuM 1989, 114; NJW 1991, 158).

- Alternativwohnung/Anbietpflicht: Der Vermieter ist aus § 241 II BGB verpflichtet, dem Mieter eine während der Kündigungspflicht frei gewordene, vergleichbare Wohnung in derselben Wohnanlage anzubieten, wenn er diese erneut vermieten will (*BGH,* NZM 2011, 30; *BVerfG,* WuM 1989, 114; NJW 1991, 158). Verletzt er diese Pflicht, ist die Kündigung rechtsmissbräuchlich und unwirksam (*BGH* aaO). Der Eigentümer kann sich des Hinweises des Mieters auf die Alternativwohnung nicht allein dadurch entledigen, dass er sie sofort an einen Dritten vermietet und sodann die Unmöglichkeit ihrer Ingebrauchnahme geltend macht (*BVerfG,* NJW 1991, 157 = WuM 1990, 535).
- Erwerb in der Zwangsversteigerung: Auch bei Erwerb einer Eigentumswohnung im Wege der Zwangsversteigerung gilt trotz § 57 ZVG die Vorschrift des § 573 BGB (*BayObLG,* RE WuM 1992, 424).
- Fortdauer des Bedarfs: Entfallen die Kündigungsgründe während der Kündigungsfrist, ist der Vermieter verpflichtet, den Mieter davon zu unterrichten und auf Verlangen das Mietverhältnis fortzusetzen. Ein späteres Entfallen ist nicht zu berücksichtigen (*BGH,* NJW 2006, 220).
- Gesellschaften: Eine GbR kann ein Mietverhältnis wegen Eigenbedarfs eines Gesellschafters kündigen, wenn dieser schon bei Abschluss des Mietvertrages Gesellschafter war (*BGH,* NZM 2007, 679); eine Wartefrist nach § 577a BGB gilt dann nicht (*BGH,* NZM 2009, 613). Anders als die GbR können Personenhandelsgesellschaften nicht wegen Eigenbedarfs ihrer Gesellschafter kündigen (*BGH,* NZM 2011, 276).
- Bedarfspersonen: Neben dem Vermieter selbst gehören auch Haushaltsangehörige und Verwandte zu den Bedarfspersonen. Enge Verwandte zählen ohne weiteres dazu (*BGH,* NJW 2003, 2604: Geschwister); bei anderen ist erforderlich, dass ein besonders enger Kontakt besteht (*BGH,* NZM 2009, 225: Schwager). Auch Nichten und Neffen des Vermieters sind Familienangehörige (*BGH,* NZM 2010, 271).

121 *dd) Beweislast.* Der Vermieter ist in dem vom BVerfG vorgegebenen Rahmen darlegungs- und beweispflichtig, dass er die ernsthafte Absicht zur Eigennutzung hat.

122 *ee) Wartefrist.* Die Wartefrist nach der Begründung von Wohnungseigentum beträgt 3 Jahre nach dessen Veräußerung (§ 577a BGB), in den durch VO der jeweiligen Landesregierung bestimmten Gebieten 10 Jahre. Die Frist beginnt mit dem ersten Veräußerungsvorgang (*BayObLG,* RE WuM 1982, 46) und besteht auch für den Erwerber in der Zwangsversteigerung (*BayObLG,* RE WuM 1992, 424). Die vor Ablauf der Frist erklärte Kündigung ist unwirksam (*BGH,* NJW 2003, 3265; *OLG Hamm,* RE WuM 1981, 35). Die **Wartefrist gilt nicht:** Bei Erwerb als Bruchteilseigentum und Begründung von Wohnungseigentum nach § 3 WEG (*BGH,* RE WuM 1994, 452) und Erwerb des Grundstücks durch eine Gesellschaft bürgerlichen Rechts, auch wenn jedem Gesellschafter ein ausschließliches Nutzungsrecht an einer Wohnung zusteht (*BGH,* NZM 2009, 613).

123 **d) Hinderung angemessener wirtschaftlicher Verwertung (§ 573 II Nr. 3 BGB).** *aa) Grundsatz.* Die wirtschaftliche Verwertung ist dann als angemessen anzusehen, wenn sie von vernünftigen, nachvollziehbaren Erwägungen getragen wird (*BGH,* NZM 2009, 234; NJW 2011, 1135). Auch der Abriss eines Gebäudes und die Ersetzung durch einen Neubau kann eine angemessene wirtschaftliche Verwertung sein (*BGH,* NJW 2004, 1736; NJW 2011, 1135).

124 *bb) Inhalt der Kündigungserklärung.* Es gelten dieselben Grundsätze wie für die Begründung einer Kündigung wegen Eigenbedarfs; die Kündigungsgründe müssen so identifizierbar und erkennbar sein, dass der Mieter rechtzeitig alles Erforderliche zur Wahrung seiner Lage veranlassen kann (*BGH,* NJW 2011, 1135; NZM 2010, 400). Die Kündigung braucht keine ins einzelne gehende Kalkulation und keine Wirtschaftlichkeitsberechnung zu enthalten, um wirksam zu sein (*BGH* aaO). Fällt die vom Vermieter angestrebte Verwertung des Mietobjekts unter das Zweckentfremdungsgesetz, muss im Zeitpunkt der Kündigung eine Zweckentfremdungsgenehmigung vorliegen, die im Kündigungsschreiben zu erwähnen ist (*OLG Hamburg,* RE WuM 1981, 155; *LG München II,* WuM 1997, 115); eine Zweckentfremdungsgenehmigung ist nur dann erforderlich, wenn Wohnraum künftig nicht mehr zu Wohnzwecken genutzt werden soll, nicht, wenn nur Wohnräume innerhalb eines Hauses zusammengelegt werden sollen (*BVerfG,* DWW 1992, 175).

125 *cc) Erheblicher Nachteil.* Ein erheblicher Nachteil liegt nicht nur dann vor, wenn die Einbußen des Eigentümers einen Umfang annehmen, welcher die Nachteile des Mieters bei Verlust der Wohnung weit übersteigt. Auch Vermögenseinbußen, welche die wirtschaftliche Existenz des Eigentümers noch nicht ernsthaft in Frage stellen, sind von Verfassungs wegen zu beachten (*BVerfG,* NJW 1989, 972 = WuM 1989, 118). Ein Verkauf unter Einstandspreis infolge der Vermietung kann wirtschaftlich sinnlos erscheinen; der Kündigungsschutz darf sich nicht als faktisches Verkaufshindernis darstellen (*BVerfG,* NJW 1991, 3270 = WuM 1992, 46, WuM 1992, 669).

126 Eine Verwertungskündigung ist jedoch nicht gerechtfertigt, wenn der Vermieter die Eigentumswohnung im vermieteten Zustand erworben hat und er beim Verkauf im vermieteten Zustand einen Preis erzielen kann, der über dem Wert liegt, zu dem er die Wohnung erhalten hat (*LG Berlin,* GE 1991, 353; bestätigt durch *BVerfG,* WuM 1991, 663; *LG Berlin,* WuM 1995, 111; NJW-RR 1997, 10).

dd) Wartefrist siehe oben Rn. 122. 127

e) **Teilkündigung (§ 573 b BGB).** Sie ist nur zu den in § 573 b BGB genannten Zwecken, also insbesondere zur Schaffung neuen Wohnraums, zulässig. Sie darf nur nicht zum Wohnen bestimmte Räume oder Flächen betreffen. Soll allein ein getrennt vermieteter Stellplatz gekündigt werden, ist die Kündigung nur unter den engen Voraussetzungen des § 573 b BGB möglich, wenn der Wohnraummietvertrag um den Stellplatz erweitert wurde (*AG Burgwedel,* WuM 2010, 249; vgl. *Drasdo,* NJW-Spezial 2010, 545). 128

f) **Einliegerwohnung (§ 573 a BGB).** *aa) Mietverhältnis über eine Wohnung in einem Gebäude.* Eine Wohnung ist eine wirtschaftlich und räumlich gesonderte Wohneinheit, die eine eigenständige Haushaltsführung ermöglicht (*LG Aachen,* WuM 1993, 616; *BGH,* NZM 2011, 71). Fehlt es daran, kann Wohnraum iSv § 573 a II BGB vorliegen, für den die Kündigungserleichterung ebenfalls gilt. Es muss sich nicht um ein reines Wohngebäude handeln; auch gewerblich genutzte Gebäude werden von § 573 a BGB erfasst. 129

bb) Vom Vermieter selbst bewohnt. Grund für die erleichterte Kündigungsmöglichkeit für den Vermieter ist das enge Zusammenleben der Parteien; es bedarf dann ausnahmsweise keines berechtigten Interesses. **Kein Kündigungsrecht** nach § 573 a BGB besteht daher: für den Vermieter, der dort nicht das Zentrum seiner privaten Lebensführung hat (*LG Wuppertal,* WuM 1990, 156; *LG Berlin,* NJW-RR 1991, 1227), für die nicht im Hause wohnenden Erben des Vermieters (*LG Karlsruhe,* WuM 1989, 257), bei Nutzung der Räumlichkeiten zu gewerblichen oder freiberuflichen Zwecken wie einer Arzt- oder Anwaltspraxis (*AG Hamburg,* WuM 2007, 710). 130

cc) Nicht mehr als zwei Wohnungen. Maßgebend ist die Verkehrsanschauung (*BGH,* NZM 2011, 71). Der Bestand von drei Wohnungen ändert sich nicht dadurch, dass der Vermieter zwei der Wohnungen zu Wohnzwecken nutzt (*BGH* aaO). Etwas anderes gilt jedoch, wenn der Vermieter die Räumlichkeiten der dritten Wohnung schon zum Zeitpunkt der Vermietung gewerblich genutzt hat (*BGH,* NZM 2008, 682). 131

dd) Die Sonderregelung für Gebäude mit drei Wohnungen, sofern mindestens eine nach dem 31. 5. 1990 und vor dem 1. 6. 1999 fertiggestellt wurde, in § 564 b IV 1 Nr. 2 BGB aF ist mit der Mietrechtsreform entfallen. Die Kündigungssperrfrist der §§ 577, 577 a BGB ist auf Kündigungen nach § 573 a BGB nicht anwendbar (*BGH,* NJW 2010, 3571). 132

g) **Östliche Länder.** Bei Mietverträgen über Wohnraum, die vor dem 3. 10. 1990 geschlossen wurden (sogenannte Altverträge), war das Kündigungsrecht des Vermieters über § 564 b BGB aF (entspricht § 573 BGB nF) hinaus beschränkt: Generell keine Kündigung wegen Hinderung angemessener wirtschaftlicher Verwertung gem. § 564 b II Nr. 3 BGB; die Regelung in Art. 232 § 2 II EGBGB wurde mit Wirkung zum 1. 5. 2004 aufgehoben. 133

2. Kündigung von Werkmietwohnungen

Eine Werkmietwohnung liegt vor, wenn der Wohnraum mit Rücksicht auf das Bestehen eines Dienstvertrages vermietet wurde. Trotz der engen Verbindung von Miet- und Arbeitsvertrag handelt es sich rechtlich um getrennte Verträge (*OLG Hamburg,* WuM 1990, 393). Die Kündigung von gewöhnlichen und funktionsgebundenen (zB für Hausmeister) Werkmietwohnungen richtet sich nach den allgemeinen Regeln mit den besonderen Kündigungsfristen des § 576 BGB und den Abweichungen von § 574 BGB in § 576 a BGB. Wird der Wohnraum im Rahmen eines Dienstverhältnisses überlassen, handelt es sich um eine Werkdienstwohnung. Mietrecht ist entsprechend anwendbar, § 576 b BGB. Zuständig für Streitigkeiten über die Wirksamkeit von Kündigungen von Werkdienstwohnungen sind die Arbeitsgerichte. 134

3. Kündigungswiderspruch des Mieters (§ 574 BGB)

a) **Prozessuales.** *aa) Hinweispflicht des Vermieters (§ 574 b II 2 BGB).* Der Widerspruch bedarf der Schriftform, § 574 b I 1 BGB. Er ist gemäß § 574 b II 1 BGB spätestens zwei Monate vor Beendigung des Mietverhältnisse zu erklären. Der Vermieter hat den Mieter rechtzeitig – in der Regel geschieht dies zusammen mit der Kündigung – über die Möglichkeit des Widerspruchs und über dessen Form und Frist zu informieren. 135

bb) Nachholung des Widerspruchs (§ 574 b II 2 BGB). Unterlässt der Vermieter den Hinweis, gilt nicht die Widerspruchsfrist und der Mieter kann noch im ersten Termin vor Gericht den Widerspruch erklären. Der erste Termin idS ist nicht die Güteverhandlung, sondern je nach Verfahrensgestaltung der erste Haupttermin oder der frühe erste Termin. Der Widerspruch ist rechtzeitig im ersten Termin zur mündlichen Verhandlung über den Einspruch gegen ein nach schriftlichem Vorverfahren ohne mündliche Verhandlung ergangenes Versäumnisurteil erklärt, wenn der Vermieter seine Hinweispflicht nicht erfüllt hat (*LG Düsseldorf,* WuM 1992, 371). 136

137 *cc) Begründung und Ergänzung des Widerspruchs.* Der Vermieter hat keinen Anspruch auf Begründung des Widerspruchs. Kommt der Mieter dem Verlangen des Vermieters nach § 574 b I 2 BGB nicht nach, führt das nicht zum Ausschluss des Mieters mit Härtegründen. **Die Umstände**, die das Interesse des Mieters an der Vertragsfortsetzung begründen, können noch im Räumungsrechtsstreit vorgetragen oder ergänzt werden.

138 b) **Grundsätze.** Der sog. Sozialwiderspruch setzt zunächst eine wirksame Kündigung des Vermieters voraus. Während im Rahmen des § 573 BGB vornehmlich die Interessen des Vermieters an der Erlangung der Wohnung geprüft werden, finden die Bestandsinteressen des Mieters iRd § 574 BGB Berücksichtigung. Das Gericht hat auf Grundlage einer gründlichen Sachverhaltsfeststellung die beiderseitigen Interessen zu würdigen und gegeneinander abzuwägen (*BGH,* NZM 2005, 143). Die Wertentscheidungen des Grundgesetzes sind dabei zu berücksichtigen (*BVerfG,* WuM 1999, 449). Stehen sich das Räumungsinteresse des Vermieters und die Härtegründe des Mieters gleichwertig gegenüber, so ist dem Interesse des Vermieters der Vorrang zu geben (*LG Berlin,* WuM 1990, 504; *LG Hannover,* WuM 1992, 609; vgl. *BVerfG,* WuM 1994, 126). Liegen die Voraussetzungen des Fortsetzungsanspruchs vor, so ist trotz der Möglichkeit der Gewährung einer Räumungsfrist die Verlängerung des Mietverhältnisses auszusprechen (*OLG Oldenburg,* RE ZMR 1970, 329; *LG Stuttgart,* WuM 1991, 347).

139 c) **Härtegründe.** Härtegründe sind neben dem in § 574 II BGB genannten fehlenden Ersatzwohnraum insbesondere Alter, Krankheit, Verwurzelung des Mieters (*LG Bochum,* ZMR 2007, 452; *LG Bremen,* WuM 2003, 333; *LG Hamburg,* DWW 1991, 189; vgl. aber *BVerfG,* WuM 1993, 172), aber auch Investitionen in die Wohnung (*LG Berlin,* WuM 1990, 510; *LG Kiel,* WuM 1992, 690), sofern sie noch nicht abgewohnt sind.

140 Der Mieter muss zu seinen Bemühungen um Ersatzwohnraum substantiiert vortragen (*LG Bonn,* WuM 1992, 16). Er ist verpflichtet, sich ab der Kündigung um Ersatzwohnraum zu bemühen, nicht nur im bisherigen Wohngebiet (*LG Hamburg,* 2003, 265).

141 d) **Umgestaltung des Vertrages.** Das Mietverhältnis ist grundsätzlich nur auf bestimmte Zeit fortzusetzen, § 574 a I 1 BGB. Nur unter zusätzlichen Voraussetzungen kommt in Ausnahmefällen eine Fortsetzung auf unbestimmte Zeit in Betracht. Einigen sich die Parteien nicht über eine Änderung der Vertragsbedingungen, kann das Gericht jeden Vertragspunkt in seinem Urteil ändern, insbesondere die Miethöhe. Unabhängig von den Voraussetzungen der §§ 558, 558 a BGB kann die Miethöhe bis zur ortsüblichen Miete angehoben werden.

142 e) **Kosten (§ 93 b BGB).** Spricht das Gericht die Fortsetzung des Mietverhältnisses aus, wird die Räumungsklage des Vermieters abgewiesen. Das Gericht kann jedoch dem Mieter die Kosten auferlegen, wenn er dem Auskunftsverlagen des Vermieters nach § 574 b I 2 BGB nicht nachgekommen ist, § 93 b II ZPO. Umgekehrt kann das Gericht nach § 93 b I BGB dem obsiegenden Vermieter die Kosten auferlegen, wenn die Abwägung auf Grund nachträglich entstandener Gründe, vgl. § 574 III BGB, zu seinen Gunsten ausgegangen ist.

XII. Räumungsklagen nach Beendigung von Zeitmietverträgen (§ 575 BGB)

1. Grundsätze

143 Durch die Mietrechtsreform von 2001 ist die Möglichkeit zum Abschluss von Zeitmietverträgen eingeschränkt worden. Als Ausfluss des sozialen Mietrechts ist ein Mietvertrag ohne den Kündigungsschutz der §§ 573 ff. BGB nur noch bei bestimmten Verwendungsabsichten des Vermieters zulässig. Die Möglichkeit der ordentlichen Kündigung lässt sich auch unabhängig von einem Zeitmietvertrag (formular-)vertraglich ausschließen.

2. Befristungsgründe

144 Eine Befristung ist nur zulässig, wenn der Vermieter bei Abschluss des Mietvertrages die ernsthafte Absicht hat, das Mietobjekt einer der in § 575 BGB genannten Verwendungen zuzuführen (*BGH,* NJW 2007, 2177). Die Verwendungsabsichten sind in § 575 I BGB abschließend aufgezählt. Es können auch mehrere Gründe nebeneinander oder alternativ gegeben sein.

145 Nr. 1, Eigennutzung. Der Personenkreis stimmt mit den in § 573 II Nr. 2 BGB genannten überein. Es reicht die ernsthafte Absicht; anders als bei der Kündigung wegen Eigenbedarfs ist ein nachvollziehbares Interesse nicht erforderlich.

146 Nr. 2, Baumaßnahmen, Modernisierung. Die Maßnahme muss nicht wirtschaftlich sein, auch eine reine Luxusmodernisierung ist möglich. Mit „zulässig" meint das Gesetz vor allem genehmigungsfähig nach den einschlägigen Vorschriften. Nr. 3, Betriebsbedarf. Gilt für Werkwohnungen.

3. Mitteilung

Die Befristung ist nur wirksam, wenn der Vermieter dem Mieter den Grund der Befristung schriftlich mitteilt, § 575 I 1 BGB. Die Mitteilung soll den Mieter in die Lage versetzen, die Berechtigung der Befristung zu überprüfen (*BGH,* NJW 2007, 2177). Bei einer wesentlichen Veränderung oder Instandsetzung sind die Maßnahmen so genau anzugeben, dass der Mieter beurteilen kann, ob diese Maßnahmen durch die Fortsetzung seines Mietverhältnisses wesentlich erschwert würden (*BGH* aaO). 147

4. Auskunftsanspruch des Vermieters, Verlängerung

Nach § 575 II BGB hat der Mieter einen Anspruch auf Auskunft darüber, ob der Befristungsgrund noch besteht. Dieses Auskunftsverlangen kann der Mieter frühestens vier Monate vor Vertragsende stellen. Geht die Auskunft später als 1 Monat nach Eingang der Anfrage beim Vermieter beim Mieter zu, kann der Mieter eine Verlängerung um diese Zeitspanne verlangen, § 575 II 2 BGB. 148

Eine Verlängerung des Mietverhältnisses tritt auch ein, wenn der Befristungsgrund erst später eintritt. 149
Es verlängert sich auf Verlangen des Mieters auf unbestimmte Zeit, wenn der Befristungsgrund wegfällt. Ein vollständiger **Wechsel des Befristungsgrundes** soll nicht möglich sein, wohl aber die Veränderung des Sachverhaltes beim gleichen Befristungsgrund (bspw. die Eigennutzung durch eine andere berechtigte Person).

XIII. Räumungsklagen nach fristloser Kündigung

1. Fristlose Kündigung eines Wohnraummietverhältnisses, §§ 543, 569 BGB

a) **Verhältnis von § 569 BGB zu § 543 BGB.** § 543 BGB enthält das Recht zur außerordentlichen fristlosen Kündigung aus wichtigem Grund und gilt für alle Mietverhältnisse. § 569 BGB ergänzt die Vorschrift um Regelungen für Wohnraummietverhältnisse. Voraussetzung einer fristlosen Kündigung ist immer das Vorliegen eines wichtigen Grundes. 150

b) **Mietermehrheit.** Besteht die Mieterseite aus mehreren Personen, so kann eine fristlose Kündigung nach § 543 BGB schon dann gerechtfertigt sein, wenn nur ein Mieter sich vertragswidrig verhält (*OLG Düsseldorf,* NJW-RR 1987, 1370; *LG Berlin,* GE 1995, 934). 151

c) **Einzelfälle**

- Umnutzung: Die fristlose Kündigung kann gerechtfertigt sein, wenn der Mieter die zu gewerblichen Zwecken gemieteten Räume auch zum ständigen Wohnen benutzt (*OLG Düsseldorf,* ZMR 1987, 423; vgl. aber *OLG Köln,* WuM 1996, 270). Geht der Mieter von privater Nutzung zu gewerbsmäßiger über, ist Vertragswidrigkeit nur dann anzunehmen, wenn dadurch unzumutbare Störungen für den Vermieter oder Mitmieter eintreten (*AG Steinfurt,* WuM 1996, 405), der Charakter der Wohnung verändert (*LG Schwerin,* WuM 1996, 214) oder sie gefährdet wird; gelegentliche Büronutzung, zB mit PC, ist kein unzulässiger Gebrauch (*LG Hamburg,* WuM 1992, 241; *LG Frankfurt/Main,* WuM 1996, 532). 152
- Überbelegung: Kein Kündigungsrecht, solange keine den Vermieter beeinträchtigenden Auswirkungen festzustellen sind (*BGH,* RE NJW 1993, 2529 = WuM 1993, 529; *BVerfG,* WuM 1994, 119).
- Unbefugte Drittüberlassung: Es bedarf immer der Feststellung, dass die Rechtsverletzung des Vermieters erheblich ist. Dies folgt aus dem Wortlaut des § 543 II Nr. 2 Alt. 2 BGB. Hat der Mieter von Wohnraum vor der Gebrauchsüberlassung an einen Dritten die Erlaubnis des Vermieters nicht eingeholt, so kann die darauf gestützte fristlose Kündigung unwirksam sein, wenn der Mieter im Zeitpunkt der Kündigung einen Anspruch auf Erteilung der Erlaubnis nach § 540 BGB hatte (*OLG Düsseldorf,* WuM 2002, 673; *BayObLG,* RE WuM 1991, 18); in einem solchen Fall wird es an der Erheblichkeit der Rechtsverletzung mangeln.
- Sonstige Gründe: Zur fristlosen Kündigung wegen der Anbringung von Plakaten durch den Mieter: *BayObLG* neg. RE WuM 1984, 12.

2. Zahlungsverzug (§§ 543 II 1 Nr. 3, 569 III BGB)

a) **Prozessuales.** Aus der Klagbegründung muss sich eindeutig ergeben, mit welchen Rückständen für welche Monate der Mieter in Verzug geraten ist. Anderenfalls ist die Räumungsklage unschlüssig. Gleiches gilt, wenn der Vermieter hinsichtlich der Rückstände widersprüchlich vorträgt oder wenn der Rückstand lediglich in Form eines Saldos dargestellt wird (*LG Mannheim,* WuM 1991, 687; *AG Köln,* ZMR 1997, 147). Die in der Räumungsklage (erneut) erklärte Kündigung bedarf zur Wirksamkeit einer dem Kündigungsempfänger deutlich erkennbaren materiell-rechtlichen Willenserklärung (*LG Osnabrück,* WuM 1991, 690). Die unwirksam gewordene Kündigung lebt nicht dadurch wieder auf, dass der Mieter erneut in Zahlungsverzug gerät (*LG Aachen,* WuM 1993, 348; *LG Berlin,* NZM 2000, 296). 153

154 b) **Rückstand mit Miete.** Mit Miete ist in § 543 II 1 Nr. 3 BGB die Grundmiete zuzüglich der Nebenkostenvorauszahlung gemeint (*BGH,* NJW 2008, 3210). Nur regelmäßig wiederkehrende Zahlungen des Mieters gehören zu diesem Mietbegriff. Nicht darunter fallen Nachforderungen aus der jährlichen Nebenkostenabrechnung (*OLG Koblenz,* RE WuM 1984, 269), und die rückständige Kaution, auch wenn der Leistungsanspruch des Vermieters tituliert ist (*LG Bielefeld,* WuM 1992, 124).

155 c) **Umfang der Rückstände, § 543 II 1 Nr. 3 lit. a und b BGB.** Der Rückstand für zwei aufeinander folgende Termine ist erheblich, wenn er eine Monatsmiete einschließlich der Nebenkosten übersteigt, § 543 II 1 Nr. 3 lit. a, 569 III Nr. 1 BGB. Außerdem entsteht ein Kündigungsrecht, wenn ein Gesamtrückstand zwei Monatsmieten erreicht, § 543 II 1 Nr. 3 lit. b BGB. Die Rückstände können aus einem längeren Zeitraum stammen (*BGH,* NJW 2008, 3210), unabhängig davon, ob die Miete auch in aufeinander folgenden Monaten nicht vollständig gezahlt wurde.

156 d) **Unwirksamkeit der Kündigung nach § 543 II 2 BGB.** Ein einmal entstandener Verzug mit Rückständen iSv § 543 II 1 Nr. 3 BGB bleibt auch dann erhalten, wenn sie der Mieter noch vor Zugang der Kündigungserklärung durch Teilzahlungen auf einen Betrag zurückführt, der für sich genommen die fristlose Kündigung nicht mehr rechtfertigen könnte. Um den Verzug zu beenden, müssen bis zum Zugang des Kündigungsschreibens sämtliche Mietrückstände beglichen sein (*BGH,* WuM 1988, 126). Eine vorherige Befriedigung des Vermieters durch Zahlung iSv § 543 II 2 BGB setzt nicht den Zahlungseingang vor Zugang der Kündigung, sondern nur das vorherige Absenden der Zahlung voraus (*OLG Naumburg,* WuM 1999, 160).

157 e) **Unwirksamkeit der Kündigung nach § 543 II 3 BGB.** Die Kündigung wird unwirksam, wenn der Mieter von einer bestehenden Aufrechnungsmöglichkeit unverzüglich nach der Kündigung Gebrauch macht, die bloße Aufrechnungslage genügt nicht (*BGH,* WuM 1987, 317). Eine Frist von 2 Wochen soll die Obergrenze darstellen (*OLG Köln,* WuM 1998, 23).

158 f) **Verzug.** Die Fälligkeit der Miete ist kalendermäßig bestimmt. Es bedarf keiner Mahnung für den Eintritt des Verzuges. Grundsätzlich schließt Zahlungsunfähigkeit den Verzug nicht aus. Das Verschulden eines Erfüllungsgehilfen, der die Zahlungen veranlasst, wird dem Mieter nach § 278 BGB zugerechnet. Zahlt jedoch das **Sozialamt** den Mietzins verspätet, so liegt ein Zahlungsverzug des Mieters nicht vor, weil insoweit ein eigenes Verschulden des Mieters nicht gegeben ist und das Sozialamt hier nicht als Erfüllungsgehilfe des Mieters tätig wird (*BGH,* NJW 2009, 3781). Der Mieter kann Gegenrechte, zB **Minderung**, ohne Furcht vor einer Kündigung geltend machen, wenn er von ihrer Berechtigung überzeugt sein darf (*BVerfG,* WuM 1989, 278). Eine schuldhaft fehlerhafte Beratung über das Bestehen von Minderungen oder Zurückbehaltungsrechten durch einen **Mieterschutzverein** muss sich der Mieter nach § 278 BGB zurechnen lassen (*BGH,* NJW 2007, 428). Das bloße Bestehen eines **Zurückbehaltungsrechts** gemäß § 320 BGB wegen eines Anspruchs auf Instandsetzung schließt den Verzug aus, ohne dass es auf die Geltendmachung des Rechts durch den Mieter ankommt (*BGH,* NJW 1966, 200). Der Mangel muss dem Vermieter jedoch bekannt oder angezeigt worden sein (*BGH,* NZM 2011, 197).

159 g) **Schonfrist (§ 569 III Nr. 2 BGB).** Die fristlose Kündigung wegen Zahlungsverzuges wird nach § 569 III Nr. 2 BGB nur dann unwirksam, wenn der Vermieter innerhalb der Schonfrist hinsichtlich aller fälligen Rückstände an Mietzinsen und an Nutzungsentschädigung befriedigt wird; ein zu vernachlässigender Restbetrag ist nicht mehr gegeben, wenn dieser ca. 5% der Monatsnettomiete entspricht (*LG Bonn,* WuM 1992, 607). Das Nachholungsrecht ist ausgeschlossen, wenn innerhalb von 2 Jahren vor Zugang der Kündigungserklärung eine nach § 543 II 1 Nr. 3 BGB begründete Kündigung zugegangen ist und diese nach § 569 III Nr. 2 BGB geheilt worden ist, § 569 III Nr. 2 S. 2 BGB. Für die Frage, ob der Schuldner rechtzeitig innerhalb der Schonfrist geleistet hat, kommt es auf die Rechtzeitigkeit der Leistungshandlung, nicht des Leistungserfolgs an. Eine zugleich mit der Kündigung nach § 543 II 1 Nr. 3 BGB **hilfsweise ausgesprochene ordentliche Kündigung** wird nicht ohne weiteres durch Zahlung innerhalb der Schonfrist unwirksam (*BGH,* NZM 2005, 334).

160 • Keine Schonfrist: Nach ordentlicher Kündigung gem. § 573 II Nr. 1 BGB (*BGH,* NZM 2005, 334).

161 • Verlust der Schonfrist: Auch dann, wenn innerhalb von zwei Jahren eine begründete fristlose Kündigung durch nachträgliche Befriedigung des Vermieters/Verpflichtung einer öffentlichen Stelle zur Befriedigung unwirksam wird, bevor der Räumungsanspruch rechtshängig gemacht worden ist (*KG,* RE WuM 1984, 93).

162 • Kein Verlust der Schonfrist: bei Unwirksamkeit der Kündigung durch Befriedigung des Vermieters vor Zugang der Kündigung nach § 543 II 2 BGB und bei Tilgung von rückständigem Mietzins durch Aufrechnung nach § 543 II 3 BGB (*LG Mannheim,* WuM 1986, 250).

163 • Prozessuales. Für die Bemessung der Schonfrist ist auf den Zeitpunkt abzustellen, zu dem die Klage auch dem letzten der verklagten Mieter zugestellt wurde (*AG Hamburg* WuM 1985, 263). Vor Ablauf der Schonfrist darf ein Versäumnisurteil auf Räumung ergehen (aA *OLG Hamburg,* WuM 1989, 139). Die Verpflichtungserklärung der öffentlichen Stelle muss dem Vermieter zugehen; die Abgabe gegenüber dem Mieter oder Gericht genügt nicht (*BayObLG* RE, WuM 1994, 598).

h) Sonderregelung nach § 569 III Nr. 3 BGB. § 569 III Nr. 3 BGB ist nicht entsprechend anwendbar, wenn Mieter und Vermieter sich in einem Prozessvergleich auf einen höheren Mietzins geeinigt haben (*OLG Hamm,* RE WuM 1992, 54). § 569 III Nr. 3 BGB gilt ferner nicht für den Fall, dass der Mieter auch mit der ursprünglichen (nicht erhöhten) Miete in Verzug ist (*LG Berlin,* ZMR 1997, 143). 164

3. Störung des Hausfriedens (§ 569 II BGB)

a) Grundsätze. Für eine fristlose Kündigung des Vermieters setzt § 569 II BGB eine erhebliche, schuldhafte Pflichtverletzung des Mieters voraus, die ihrem Gewicht nach über die durch die ordentliche Kündigung nach § 573 I, II Nr. 1 BGB erfasste wesentlich hinausgeht, und die dadurch die Unzumutbarkeit der Fortsetzung des Mietverhältnisses bedingt (*LG Landau i. d. Pf.,* WuM 1986, 144). Das Recht zur fristlosen Kündigung kann verwirkt sein, wenn der Vermieter zu lange mit der Kündigungserklärung wartet (*OLG Karlsruhe,* ZMR 1987, 419; *BGH,* WuM 1988, 125; NJW 2005, 2775). 165

b) Abmahnung. Die auf eine Verletzung mietvertraglicher Pflichten gestützte Kündigung setzt nach § 543 III BGB eine vorherige Abmahnung voraus. Ausnahmen bestehen nach § 543 III 2 BGB, insbesondere für Kündigungen wegen Zahlungsverzugs. Die Androhung der Kündigung in der Abmahnung ist nicht erforderlich (*BGH,* NJW 2007, 2474). Gegen eine Abmahnung kann der Mieter gerichtlich nicht vorgehen (*BGH,* NJW 2008, 1303). Das Verhalten des Mieters erst nach der Abmahnung kann entscheidend dafür sein, ob ein Kündigungsgrund vorliegt. 166

c) Einzelfälle

- Beleidigungen: Maßgeblich sind die Umstände, die zur Beleidigung geführt haben, sowie eine Prognose zur Wiederholungsgefahr (*AG Potsdam,* WuM 1994, 527). Bloße Unhöflichkeiten reichen nicht aus. Eine einmalige schwerwiegende Beleidigung bei einer gesprächsweisen Auseinandersetzung berechtigt in der Regel nicht zur fristlosen Kündigung (*LG Offenburg,* WuM 1986, 250), zumal wenn die Parteien nicht im selben Haus wohnen (*AG Köln* WuM 1988, 126; *LG Stuttgart,* DWW 1988, 45); anders bei bewusster, wiederholter und grober Beleidigung des Vertragspartners (*LG Köln,* WuM 1993, 349). Die Vertragspartei, welche die andere zu einer Vertragsverletzung provoziert hat, kann in der Regel deswegen nicht kündigen (*BGH,* WuM 1986, 60). 167
- Lärm: Die von kindgemäßem Bewegungsdrang ausgehenden Störungen im Mietshaus sind hinzunehmen. Die Eltern müssen aber erzieherisch auf Verständnis für eine Hausgemeinschaft hinwirken (*LG Lübeck* WuM 1989, 627; *AG Kassel,* WuM 1991, 558; *LG Bad Kreuznach,* WuM 2003, 328).

XIV. Zwangsvollstreckung von Räumungstiteln

1. Vollstreckung gegen Mitbewohner

- Lebensgefährte, Ehegatte. Der Gläubiger bedarf eines Titels gegen jeden Besitzer der Räume. Auch der Ehegatte, der nicht Vertragspartei ist, hat ein eigenständiges Besitzrecht. Gegen ihn kann nicht aus einem Titel nur gegen den Mieter vollstreckt werden. Ein eigener Räumungstitel ist auch gegen den Lebensgefährten des Mieters erforderlich, wenn dieser Mitbesitz an der Wohnung begründet hat (*BGH,* NJW 2008, 1959). 169
- Kinder. Kein gesonderter Titel erforderlich bei in der Wohnung des Räumungsschuldners wohnenden Kindern, in der Regel auch nicht bei erwachsenen; sie haben keinen eigenen vollstreckungsrechtlichen Gewahrsam (*BGH,* NJW 2008, 1959).
- Untermieter. Gesonderter Titel notwendig; die Rechtskraft des Räumungsurteils gegen den Hauptmieter erstreckt sich nicht auf den Untermieter (*BGH,* NZM 2006, 699; NJW 2010, 2208).

2. Räumungsfrist für Wohnraum (§§ 721, 794 a ZPO)

a) Räumungsfrist nach § 721 ZPO. *aa) Erstmalige Gewährung.* Eine Räumungsfrist kann gemäß § 721 I ZPO ohne Antrag von Amts wegen gewährt werden; die Vorschrift gilt nach § 721 VII ZPO nicht für Wohnraum im Sinne des § 549 II Nr. 3 BGB. Einschränkungen gelten bei Mietende auf Grund eines Zeitmietvertrages gem. § 575 BGB. Auch wenn bei einem Mischmietverhältnis der gewerbliche Mietanteil überwiegt, ist eine Räumungsfrist hinsichtlich des Wohnteils möglich, wenn der gewerblich genutzte und der zu Wohnzwecken genutzte Teil baulich und funktional selbständig sind (*LG Hamburg,* WuM 1993, 203). 170

Die Entscheidung ergeht auf Grund einer Abwägung der gegensätzlichen Parteiinteressen. Keine Räumungsfrist ist zu gewähren, wenn abzusehen ist, dass der Schuldner keine Nutzungsentschädigung leisten wird (*OLG Stuttgart,* ZMR 2006, 863). 171

Wenn der Antrag des Mieters bei der Entscheidung übergangen wird, kann er nach §§ 321, 721 I 3 ZPO Urteilsergänzung verlangen. 172

bb) Verlängerung. Der Antrag ist spätestens zwei Wochen vor Ablauf der Räumungsfrist zu stellen (§ 721 III ZPO), fällt deren Ende auf einen Sonntag, endet sie an dem nächsten Werktag und die Zwei- 173 wochenfrist für den Verlängerungsantrag berechnet sich nach diesem Tag (*LG Hamburg,* NJW-RR 1990, 657). Zuständig ist das Prozessgericht des ersten Rechtszuges oder das Berufungsgericht, solange das Berufungsverfahren anhängig ist; ist die Hauptsache in der Revisionsinstanz anhängig, ist das Gericht erster Instanz zuständig (*BGH,* WuM 1990, 397). Das Berufungsgericht kann eine Räumungsfrist auch dann gewähren, wenn die an sich statthafte und rechtzeitig eingelegte Berufung mangels genau bezeichneter Gründe für die Anfechtung unzulässig ist (*LG Kiel,* WuM 1991, 113). Gegen die Entscheidung des Landgerichts im Verfahren auf Verlängerung der Räumungsfrist ist eine weitere Beschwerde nicht statthaft (*OLG Stuttgart,* WuM 1991, 439; *OLG Celle,* DWW 1991, 337; *OLG München,* WuM 1993, 63).

174 Einen Erfahrungssatz, dass es Schuldnern innerhalb einer bestimmten Zeit bei größeren Anstrengungen hätte möglich sein müssen, eine angemessene Ersatzwohnung zu finden, gibt es nicht (*OLG Celle,* WuM 1987, 63 zu § 765 a ZPO). Bei schlechter Wohnungsmarktlage für erschwingliche Wohnungen hat der Schuldner ein gesteigertes Maß an Aktivitäten zu entfalten (*LG Berlin* GE 1991, 251). Kann Ersatzwohnraum in absehbarer Zeit erlangt werden, ist eine Räumungsfrist zu bewilligen (*LG Münster,* WuM 1993, 62). Die unpünktliche Zahlung der laufenden Nutzungsentschädigung durch das Sozialamt hindert nicht die weitere Gewährung einer Räumungsfrist, auch wenn die vorige Räumungsfrist mit der Auflage pünktlicher Zahlung bewilligt worden war (*LG Hamburg,* WuM 1992, 491).

175 *cc) Verkürzung.* Eine Verkürzung kommt in Betracht, wenn sich die maßgeblichen Umstände nach Erlass der Entscheidung geändert haben. Eine Verkürzung ist bspw. gerechtfertigt, wenn der Mieter die Zahlung der Nutzungsentschädigung einstellt. Es besteht kein Anlass für den Mieter, bei vorzeitigem Auszug eine Verkürzung der vom Gericht gewährten Räumungsfrist zu beantragen; er ist für den restlichen Teil der Räumungsfrist nicht zur Zahlung von Nutzungsentschädigung verpflichtet.

b) Räumungsfrist gemäß § 794 a ZPO

176
- Antrag spätestens zwei Wochen vor Ablauf der Räumungsfrist nach dem Vergleich (§ 794 a I 2 ZPO); zuständig ist das Amtsgericht der Belegenheit
- Dauer: Nach § 794 a III 1 ZPO höchstens 1 Jahr. Wenn nach dem Vergleich erst an einem künftigen Termin zu räumen ist, rechnet die Jahresfrist von diesem Tage an, § 794 a III 2 ZPO.
- Verlängerung nach § 794 a II ZPO: Str., ob nur nach Abschluss des Vergleichs eintretende Gründe, die beim Vergleichsabschluss nicht absehbar waren, dies rechtfertigen (so *LG Freiburg,* WuM 1993, 204; differenzierend *LG Kiel,* WuM 1992, 492 und WuM 1993, 555; aA *LG Darmstadt,* WuM 1993, 472; *AG Köln,* WuM 1993, 472).
- Verkürzung: Die durch Vergleich vereinbarte Räumungsfrist kann durch gerichtlichen Beschluss nicht verkürzt werden (*LG Bremen,* WuM 1991, 564; *LG Stuttgart,* WuM 1992, 32), sondern nur die nach § 794 a ZPO vom Gericht gewährte.

177 **c) Kosten für Verfahren nach §§ 721, 794 a ZPO.** Die Kostenentscheidung ergeht nach §§ 91 ff. ZPO, bei der sofortigen Beschwerde nach §§ 91, 92, 97 ZPO.

3. Vollstreckungsschutz (§ 765 a ZPO)

178 **a) Zuständigkeit.** Zuständig ist das Vollstreckungsgericht; es entscheidet der Rechtspfleger (§ 20 Nr. 17 RPflegerG), gegen dessen Entscheidung die sofortige Beschwerde nach § 793 ZPO zulässig ist. Der Antrag ist nach § 765 a III ZPO spätestens zwei Wochen vor dem festgesetzten Räumungstermin zu stellen, es sei denn, dass die Gründe erst danach entstanden sind oder den Schuldner am verspäteten Antrag kein Verschulden trifft.

179 **b) Abwägung.** § 765 a ZPO ist eine Ausnahmeregelung (*OLG Hamm,* WuM 1983, 267). Dem Schuldner aus der Vollstreckung drohende schwerwiegende gesundheitliche Gefahren gehen dem Räumungsinteresse des Gläubigers vor, sie können einen längerfristigen Aufschub rechtfertigen (*BVerfG,* WuM 1980, 27; *BGH,* NJW 2008, 1000), gegebenenfalls ist zB bei Suizidgefahr ein entsprechendes psychiatrisches Gutachten einzuholen (*BVerfG,* WuM 1992, 6). In Ausnahmefällen kann zur Wahrung der individuellen (hier: gesundheitlichen) Interessen des Schuldners sogar Vollstreckungsschutz ohne zeitliche Begrenzung gewährt werden (*BGH,* NJW 2008, 1000; *BVerfG,* WuM 1993, 239; NZM 1998, 21). Bei angespannter Lage auf dem Wohnungsmarkt ist zur Vermeidung von Obdachlosigkeit eine extensive Anwendung des § 765 a ZPO gerechtfertigt (*LG Hamburg,* WuM 1991, 114 und 360; *AG Hamburg,* WuM 1992, 147).

180 **c) Kosten.** Sie trägt grundsätzlich der Schuldner (§ 788 ZPO), auch die Kosten eines erfolgreichen Beschwerdeverfahrens, bei erfolgloser Beschwerde bleibt es bei § 97 ZPO (*OLG Karlsruhe,* WuM 1986, 147; *OLG Köln,* WuM 1996, 352).

4. Verwirkung von Titeln

181 Die Vollstreckung eines Räumungsurteils kann unzulässig sein, wenn der Vermieter längere Zeit aus dem Urteil nicht vollstreckt (*OLG Hamm,* RE NJW 1982, 341; *Schmidt-Futterer/Blank,* § 545 BGB

Rn 35: 2 Jahre entsprechend § 569 III Nr. 2 BGB) und weitere Umstände hinzutreten (*AG Hamburg,* WuM 2008, 609). In dem Verhalten der Parteien kann gegebenenfalls auch der konkludente Abschluss eines neuen Mietvertrages zu den alten Konditionen gesehen werden (*LG Hamburg,* WuM 1989, 32).

XV. Unterlassungsklagen des Vermieters

1. Unterlassung von Tierhaltung

182 Die Haltung von Kleintieren gehört zum vertragsgemäßen Gebrauch (vgl. *BGH,* WuM 1993, 109; NJW 2008, 218); die Haltung gefährlicher Tiere ist immer vertragswidrig (Bsp. bei *Blank,* NZM 1998, 6). Ob es zum vertragsgemäßen Gebrauch gehört, Hund oder Katze zu halten, ist umstr. (dazu ausführlich *Blank* aaO).

183 a) **Verbot.** Ein formularvertragliches, generelles Verbot ist unwirksam (*BGH,* WuM 1993, 109). Die Klausel „Tiere dürfen nicht gehalten werden mit Ausnahme von Kleintieren wie zB Zierfische, Wellensittich, Hamster" ist hingegen wirksam (*LG Hamburg,* WuM 1993, 120).

184 b) **Verbot mit Erlaubnisvorbehalt.** Ein formularmäßiger Erlaubnisvorbehalt ist nur dann wirksam, wenn davon nicht auch nicht störende Kleintiere erfasst werden, deren Haltung grundsätzlich keiner Genehmigung bedarf (*BGH,* NJW 2008, 218). Ein im Mietvertrag enthaltenes Verbot der Tierhaltung mit Erlaubnisvorbehalt des Vermieters gibt diesem grundsätzlich ein Ermessen. Der Vermieter kann die Entfernung eines ohne seine Zustimmung gehaltenen Hundes verlangen, sofern diesem Begehren nicht der Einwand des Rechtsmissbrauchs entgegensteht (*OLG Hamm,* RE NJW 1981, 1626 = WuM 1981, 53). Das Verbot der Hundehaltung ist auch bei der Vermietung eines Einfamilienhauses wirksam. Der Mieter kann nicht darauf verweisen, der Hund werde nicht von ihm, sondern von einem mit in der Wohnung wohnenden Familienangehörigen gehalten (*LG Nürnberg-Fürth,* WuM 1981, 77; dazu *BVerfG,* WuM 1981, 77).

185 c) **Widerruf einer Genehmigung.** Eine Genehmigung unter Widerrufsvorbehalt kann vom Vermieter widerrufen werden, wenn es zu Störungen durch das Tier kommt (vgl. *AG Köln,* WuM 1992, 365), wenn der Mieter in der Wohnung einen Bullterrier (*LG Nürnberg-Fürth,* WuM 1991, 93) oder einen Rottweiler (*AG Bergisch Gladbach,* WuM 1991, 341) hält.

2. Unterlassung von Hausmusik

186 Es entspricht der Verkehrsüblichkeit, dass in Wohnungen in gewissem Umfang musiziert wird, auch wenn dies in benachbarten Räumen zu hören ist. Die Nachbarn müssen die damit verbundenen Störungen als unvermeidlich hinnehmen (*BayObLGZ,* 1985, 104 zum WEG). Unterlassung des Musizierens kann nicht verlangt werden, wenn der Musizierende die in der **Hausordnung** festgelegten Zeiten einhält (*OLG München,* WuM 1992, 238). Einzelfälle: Schlagzeugspieler (*LG Nürnberg-Fürth,* DWW 1992, 18 = WuM 1992, 253), Akkordeon, Keyboard (*LG Kleve,* DWW 1992, 26), Klavier (*LG Düsseldorf,* DWW 1990, 87), Hauskonzerte (*LG Hamburg,* 307 182/90: nur einmal monatlich), Musikunterricht (*AG Freiburg,* WuM 1991, 686).

XVI. Zahlungsklagen des Mieters

1. Rückgabe von Sicherheiten

187 a) **Fälligkeit des Rückzahlungsanspruchs.** Der Mieter kann die Rückgabe von Sicherheiten erst nach Ablauf einer angemessenen Prüfungsfrist für den Vermieter verlangen; vorher ist sein Anspruch nicht fällig. Die Dauer der Prüffrist hängt von den Umständen des Einzelfalles ab. Der Mieter kann während dieser Zeit nicht mit der Kaution gegen Ansprüche des Vermieters aufrechnen. Sind Schadensersatzansprüche des Vermieters wegen Veränderungen oder Verschlechterungen der Mietsache nach § 548 BGB verjährt, kann er gleichwohl nach § 215 BGB mit diesen gegen die Kaution aufrechnen.

188 b) **Schuldner.** Mit Vollendung des Eigentumserwerbs tritt der Erwerber auch in die Pflichten des Vermieters bezüglich der Kaution ein, § 566 a I 1 BGB. Der Veräußerer haftet auf die Rückgewähr und Verzinsung der Mietkaution nur unter den Voraussetzungen des § 566 a I 2 BGB.

2. Rückzahlung überhöhten Mietzinses (§ 5 WiStG)

189 a) **Geltungsbereich.** § 5 WiStG gilt auch für Mieterhöhungen nach § 559 BGB (*OLG Karlsruhe,* RE WuM 1983, 314; *KG* WuM 1992, 140), und für Staffelmieten nach § 557 a BGB (*LG Frankfurt,* WuM 1996, 425).

190 b) **Geringes Angebot.** Die Annahme eines geringen Angebots verlangt keine Unterversorgung. Es liegt vor, wenn das örtliche Angebot die vorhandene Nachfrage nicht wenigstens spürbar überschreitet (*LG Hamburg,* WuM 1994, 697: 5%; vgl. aber *BGH,* NZM 2005, 534). Die Mangelsituation ist getrennt

nach Wohnungsgruppen für die jeweiligen Teilmärkte festzustellen (*BGH,* NZM 2006, 291). Es kommt auf die Marktlage im gesamten Stadtgebiet und nicht auf den konkreten Stadtteil an, in dem die Wohnung liegt.

191 c) **Entgelt.** Die Grundmiete und das Entgelt für Nebenleistungen sind zusammenzurechnen (*OLG Stuttgart,* RE NJW 1982, 1160 = WuM 1983, 129), ebenso ist ein verlorener Baukostenzuschuss (*LG Hamburg,* WuM 1986, 346) oder Renovierungszuschuss (*AG Hamburg-Altona,* WuM 1996, 779) zu berücksichtigen. Die ortsübliche Vergleichsmiete iSd § 5 WiStG ist konkret für die fragliche Wohnung festzustellen (*OLG Stuttgart,* RE NJW 1981, 2365; *OLG Hamburg,* RE NJW 1983, 1004).

192 d) **Deckung der laufenden Aufwendungen.** Eine Sonderregelung gilt, wenn die Parteien lediglich einen Mietpreis vereinbart haben, der zur Deckung der laufenden Aufwendungen des Vermieters erforderlich ist, § 5 II 2 WiStG. Eigenkapitalkosten sind nicht nach dem Verkehrswert von Grundstück und Gebäude zum Zeitpunkt des Abschlusses des Mietvertrags zu berücksichtigen, sondern im Fall der Herstellung des Wohnraums durch den Vermieter nach den Herstellungskosten und im Fall des entgeltlichen Erwerbs durch den Vermieter nach den Erwerbskosten (*BGH,* RE WuM 1995, 428). Laufende Aufwendungen des Vermieters sind ferner die vom gewerblichen Zwischenvermieter an den Eigentümer gezahlten Mietbeträge bis zur Höhe der laufenden Aufwendungen des Eigentümers (*OLG Stuttgart* RE WuM 1990, 102).

193 e) **Wesentlichkeitsgrenze, Obergrenze.** Eine Überschreitung der ortsüblichen Vergleichsmiete um mehr als 20% ist nicht unwesentlich (§ 5 II 1 WiStG). Auf die mangelnde Kostendeckung kann sich der Vermieter nicht berufen, soweit die Vergleichsmiete um mehr als 50% überschritten wird (*OLG Stuttgart,* RE WuM 1988, 395). Rückerstattungsansprüche bestehen nur hinsichtlich des darüber hinausgehend gezahlten Entgelts (*OLG Hamburg,* RE WuM 1992, 527).

194 f) **Nachträgliche Veränderungen der Vergleichsmiete.** Wird ein Verstoß gegen § 5 I WiStG für einen längeren zurückliegenden Zeitraum geltend gemacht, sind Änderungen der Vergleichsmiete ebenso jeweils zu berücksichtigen wie nachhaltige Änderungen der für einen Mietzuschlag in Betracht kommenden Umstände (*OLG Hamm,* RE NJW 1983, 1622; *KG,* RE WuM 1995, 384).

195 g) **Ausnutzung.** Eine Ausnutzung im Sinne von § 5 WiStG liegt nur vor, wenn der Vermieter wenigstens in Kauf nimmt, dass sich der Mieter in einer Zwangslage befindet, weil er aus gewichtigen Gründen nicht auf eine preiswertere Wohnung ausweichen kann (*BGH,* NZM 2005, 534; NJW 2004, 1740).

3. Schadensersatz wegen vorgetäuschter Gründe für eine Kündigung wegen Eigenbedarfs/ Hinderung angemessener wirtschaftlicher Verwertung

196 a) **Grundsätze.** Mit einer wegen fehlender materieller Gründe unwirksamen Kündigung verletzt der Vermieter seine Vertragspflichten. Insbesondere stellt das Berufen auf einen vorgetäuschten Nutzungswillen eine zum Schadensersatz verpflichtende Pflichtverletzung dar. Der Schadensersatzanspruch ist auch gegeben, wenn der Mieter auf Grund schlüssiger Eigenbedarfsgründe das Mietverhältnis einvernehmlich mit dem Vermieter beendet hat (*BayObLG,* RE NJW 1982, 2003 = WuM 1982, 203). Der Schadensersatzanspruch verjährt nicht in der kurzen Frist des § 548 I BGB (*BGH,* WuM 1994, 203).

197 b) **Beweislast.** Der Mieter muss die Voraussetzungen seines Schadensersatzanspruches darlegen und beweisen. Der *BGH* lehnt eine Umkehr der Beweislast ab (*BGH,* NJW 2005, 2395). Den Vermieter trifft aber eine sekundäre Behauptungslast.

198 c) **Umfang des Schadensersatzanspruchs.** Als Schadenspositionen kommen zB in Betracht: Umzugskosten; Courtage für die neue Wohnung; neue Möbel zB auf Grund geringerer Deckenhöhe oder veränderter Räumlichkeiten; Anwaltskosten; Ersatz der Mietdifferenz zwischen alter und neuer Miete, der Schaden durch die höhere Miete ist auf den 3-Jahres-Betrag der Differenz zu begrenzen (vgl. *LG Karlsruhe,* DWW 1992, 22).

XVII. Sonstige Leistungsklagen des Mieters

1. Gebrauchsüberlassung und -gewährung

199 a) **Nutzung durch den Mieter.** *aa) Grundsätze.* Für die Erfüllung der Überlassungspflicht aus § 535 I BGB ist im Regelfall Besitzverschaffung erforderlich (*BGHZ* 65, 137). Jeder Mieter hat das Recht, seine Wohnung ungestört zu nutzen. In dieses Recht darf nicht durch Gestattungsverträge des Vermieters mit anderen Mietern oder durch Mehrheitsbeschlüsse anderer Mieter untereinander eingegriffen werden (*AG Berlin-Schöneberg,* DWW 1992, 53). Die Benutzung von vorhandenen Gemeinschaftsräumen gehört zum gewöhnlichen Mietgebrauch; der Vermieter ist nicht berechtigt, den Mietern die Nutzung einseitig zu entziehen (*AG Wuppertal,* DWW 1992, 28), ein entsprechender formularvertraglicher Vorbehalt ist unwirksam (*LG Berlin,* WuM 1992, 599). Handelt es sich nur um eine sog. Gestattung, kann

diese allein aus wichtigem Grund widerrufen werden (*AG Bergisch Gladbach,* WuM 1989, 498; *AG Düsseldorf,* WuM 1994, 426).

bb) Unwirksame Klauseln. Freizeichnung des Vermieters für die nicht rechtzeitige Freistellung der vermieteten Räume durch den bisherigen Mieter (*OLG München,* WuM 1989, 128); Verbot, insbesondere Fahrräder, Kinderwagen, Roller usw. auf Vorplätzen, Gängen, Treppenabsätzen und Trockenböden abzustellen (*LG Hamburg,* WuM 1992, 188); formularmäßige Festlegung der Mindesttemperatur für „hauptsächlich genutzte Räume" (*BGH,* WuM 1991, 381) oder formularmäßiger Ausschluss jeglicher Heizverpflichtung des Vermieters in den Sommermonaten (*LG Hamburg,* WuM 1988, 151). 200

cc) Einzelfälle 201

- Tierhaltung: siehe Rn. 182 ff.
- Hausmusik: siehe Rn. 186.
- Gartennutzung: Ein Garten wird außer bei Einfamilienhäusern grundsätzlich nur bei ausdrücklicher Vertragsvereinbarung mitvermietet (*LG Aachen,* DWW 1991, 22; *OLG Köln,* WuM 1994, 272).
- CB-Funk: *BayObLG* RE WuM 1981, 80.
- Parabolantennen: Zum Anspruch des Mieters auf Installation einer Parabolantenne: *BVerfG,* WuM 1991, 573; *BVerfG,* NJW 1994, 1147; WuM 1995, 693. Das Recht auf Informationsfreiheit aus Art. 5 GG ist mit dem Eigentumsgrundrecht des Vermieters aus Art. 14 GG abzuwägen. Das Interesse des Mieters überwiegt bei lediglich geringfügigen optischen Beeinträchtigungen, etwa weil die Parabolantenne im hinteren Bereich eines sichtgeschützten Balkons aufgestellt ist (*BGH,* NZM 2007, 597). Der Vermieter hat zur Vermeidung von Gefahren für Dritte und von Sachschäden nur eine fachgerechte Installation zu dulden (*BGH,* NZM 2006, 98). Stehen dem fremdsprachigen Mieter bereits über Kabel, eventuell auch in Verbindung mit einem Decoder, mehrere Heimatsender zur Verfügung, besteht kein Anspruch auf Duldung der Anbringung einer Parabolantenne (*BGH,* NZM 2005, 335; WuM 2007, 380).

b) Gebrauchsüberlassung an Dritte. *aa) Vollständige Untervermietung.* Der Mieter ist nach § 540 I 1 BGB generell nicht berechtigt, das Mietobjekt ohne Erlaubnis des Vermieters insgesamt einem Dritten zu überlassen. Zum Ausgleich hat der Mieter das Recht zur außerordentlichen befristeten Kündigung nach § 540 I 2 BGB (*LG Hamburg,* WuM 1992, 689). Erlaubnisfrei, aber anzeigepflichtig gegenüber dem Vermieter, ist die Einräumung von Mitbesitz an einen bestimmten Personenkreis. Dazu gehören Ehegatten, Lebenspartner, nächste Familienangehörige – zB Eltern (*BayObLG,* RE WuM 1997, 603), jedoch nicht der Bruder (*BayObLG,* RE WuM 1984, 13) –, Hausangestellte, Pflegepersonen (*BGH,* WuM 1991, 381, 382), Besucher. Die Aufnahme des Verlobten oder Lebensgefährten bedarf hingegen der Genehmigung, auf die aber in der Regel nach § 553 BGB ein Anspruch besteht. 202

bb) Teilweise Untervermietung. § 553 I 1 BGB gibt dem Mieter von Wohnraum keinen Anspruch auf Erteilung einer generellen, nicht personenbezogenen Untermieterlaubnis (*KG,* RE WuM 1992, 350). Für den Anspruch reicht jeder einleuchtende, vernünftige Grund einschließlich höchstpersönlicher Motive aus, sofern er nur nach Vertragsschluss entstanden und mit der Rechtsordnung vereinbar ist (*BGH,* NJW 1985, 130); ein berechtigtes Interesse ist auch die Absicht, durch die Untervermietung die Wohnkosten zu reduzieren (*BGH,* NJW 2006, 1200). Die Berechtigung des Wohnungsmieters, einen sog. Lebensgefährten in die Wohnung aufzunehmen, beurteilt sich nach § 553 I 2 BGB (*OLG Hamm,* RE WuM 1991, 668). Bei Vermietung an eine Wohngemeinschaft sind die Mieter zur Untervermietung an Dritte bei Auszug eines Wohngemeinschafters berechtigt (*LG Köln,* WuM 1991, 483). Auch bei erteilter Untermieterlaubnis ist die Überlassung der gesamten Wohnung unzulässig. 203

cc) Unwirksame Klauseln. Klauseln, durch die der Anspruch des Mieters auf Aufnahme eines Dritten ausgeschlossen oder von weitergehenden als den gesetzlichen Voraussetzungen abhängig gemacht wird, sind nach § 553 III BGB unwirksam. Darunter fallen bspw. die sog. „Zölibatsklauseln". Unwirksam sind auch folgende Klauseln: Das Verbot, ohne ausdrückliche schriftliche Erlaubnis des Vermieters die Mieträume Dritten, ausgenommen Besuch, zum Gebrauch zu überlassen (*BGH,* WuM 1991, 381); die Vereinbarung eines Untermietzuschlages schon im Mietvertrag für den Fall späterer Untervermietung (*AG Langenfeld/Rhld.,* WuM 1992, 477), die Abtretung der dem Mieter gegenüber dem Untermieter zustehenden Forderungen nebst Pfandrecht in Höhe der Mietforderungen an den Vermieter schon im Mietvertrag (*OLG Celle,* WuM 1990, 103); der Ausschluss des Rechts, bei Versagung einer Untermieterlaubnis das Mietverhältnis nach § 540 I 2 BGB zu kündigen (*LG Hamburg,* WuM 1992, 689); bei Gewerberaum die Klausel, dass der Vermieter die Erlaubnis zur Untervermietung jederzeit widerrufen kann (*BGH,* ZMR 1987, 295). 204

2. Instandhaltung und -setzung

a) Klagantrag. Die zu beseitigende Beeinträchtigung ist genau zu bezeichnen (*LG Kassel,* WuM 1989, 519). Eine bestimmte Abhilfemaßnahme darf grundsätzlich nicht verlangt werden (Eingriff in das Wahlrecht des Vermieters, *BGH,* NJW 1978, 1584). 205

206 **b) Grundsätze.** Es ist Sache des Vermieters, das Mietobjekt während der Mietzeit in gebrauchsfähigem Zustand zu erhalten (§ 535 I 2 BGB). Diese Verpflichtung bezieht sich nicht nur auf die Mietsache selbst, sondern auch auf gemeinschaftliche Hausteile, die dem Mieter zur Ausübung seines Mietrechts zur Verfügung stehen (*KG,* neg. RE WuM 1984, 42). Der Mieter einer Eigentumswohnung hat gegen seinen Vermieter einen durchsetzbaren Anspruch auf Mängelbeseitigung, selbst wenn die hierzu erforderlichen Maßnahmen Eingriffe in das gemeinschaftliche Eigentum notwendig machen und gegebenenfalls ein zustimmender Beschluss der Wohnungseigentümerversammlung noch nicht vorliegt (*BGH,* NJW 2005, 3284; *KG,* RE WuM 1990, 376). Ist der Vermieter durch Urteil verpflichtet, Feuchtigkeitsschäden beseitigen zu lassen, so muss er die Mängel dauerhaft abstellen; ist er lediglich zu unzureichenden Malerarbeiten bereit, kann das Gericht den Mieter zur Ersatzvornahme berechtigen (*OLG Frankfurt,* WuM 1989, 284). Der Mieter kann keine Instandsetzung verlangen, wenn er im Mietvertrag individualvertraglich den desolaten und renovierungsbedürftigen Zustand des Mietobjekts akzeptiert hat (*LG Düsseldorf,* DWW 1991, 284). Ohne abweichende Vereinbarung kann er aber einen Mindeststandard erwarten, der ein zeitgemäßes Wohnen ermöglicht; dazu gehört die Möglichkeit des Einsatzes der für die Haushaltsführung üblichen elektrischen Geräte (*BGH,* NJW 2004, 3174; NZM 2010, 356).

207 **c) Opfergrenze.** Wird die Mietsache nach deren Überlassung an den Mieter ohne dessen Verschulden derart beschädigt, dass die Wiederherstellung dem Vermieter nicht zumutbar ist, werden die Parteien nach § 275 II 1 BGB von ihren vertraglichen Pflichten frei; eine Anwendung des § 536 I BGB scheidet aus (*BGH,* WuM 1990, 546; *BGH,* NJW 2005, 3284; *BGH,* WuM 2010, 348). Dem Vermieter obliegen aber auch aufwändige Instandsetzungsmaßnahmen, insbesondere dann, wenn die Maßnahmen der Substanz und Werterhaltung des Gebäudes dienen (*LG Osnabrück,* WuM 1992, 1119); die Instandsetzungspflicht des Vermieters ist von der Höhe der Mieteingänge nicht abhängig (*LG Berlin,* WuM 1990, 538; ausführlich *LG Hamburg,* WuM 1997, 432).

208 **d) Formularklauseln.** Die verschuldensunabhängige Haftung des Vermieters für anfängliche Sachmängel (Garantiehaftung nach § 536 a I Alt. 1 BGB) kann durch Formularmietvertrag ausgeschlossen werden (*BGH,* WuM 1992, 316). Durch formularmäßige Überbürdung der Erhaltungslast dürfen dem Mieter von Gewerberaum sämtliche Reparaturverpflichtungen nur insoweit auferlegt werden, als die Schäden dem Mietgebrauch oder dem Risikobereich des Mieters zuzuordnen sind (*OLG Düsseldorf,* DWW 1992, 241).

XVIII. Feststellungsklagen über den Bestand des Mietverhältnisses

209 Das erforderliche Feststellungsinteresse (§ 256 ZPO) kann darin liegen, dass zwischen den Parteien streitig ist, ob überhaupt ein wirksamer Mietvertrag abgeschlossen oder ob er wirksam beendet wurde. Es entfällt bei einer Klage des Mieters über den Fortbestand des Mietverhältnisses, sobald der Vermieter Räumungsklage erhebt. Der Mieter hat kein Rechtsschutzbedürfnis für die Feststellung, dass er wirksam ein Fortsetzungsverlangen nach § 574 BGB gestellt hat; hier ist vielmehr eine Leistungsklage erforderlich, die fehlende Zustimmung des Vermieters wird gegebenenfalls durch Urteil ersetzt (§ 894 ZPO) (vgl. oben Rn. 145).

1. Fehlen einer vollständigen Vereinbarung

210 Ein Mietvertrag kann auch dann vorliegen, wenn die Parteien sich noch nicht über eine bestimmte Mietzinshöhe, aber bindend über eine entgeltliche Überlassung des Gebrauchs der Mietsache geeinigt haben. Alsdann gilt eine angemessene oder ortsübliche Miete als vereinbart (*BGH,* WuM 1992, 312; WuM 1997, 545). Die Gegenleistung des Mieters muss auch nicht in periodisch wiederkehrenden Geldzahlungen bestehen; Gegenleistung kann auch die Gebrauchsüberlassung eines Grundstücks sein (*BGH,* WuM 1994, 460). Zur Abgrenzung Vorvertrag – Mietvertrag siehe *BGH,* NJW-RR 1993, 139 = WuM 1992, 685.

2. Fehlende Schriftform

211 Die Schriftform nach §§ 550, 126 BGB erfordert keine körperliche Verbindung der einzelnen Blätter einer Urkunde, sofern sich der inhaltliche Zusammenhang aus sonstigen Merkmalen zweifelsfrei ergibt (*BGH,* NZM 1998, 25 = WuM 1997, 667). Ob andere Vertragsparteien vertreten werden sollen, müssen die den Mietvertrag unterzeichnenden Parteien deutlich zum Ausdruck bringen (*BGH,* NJW 2008, 2178). Vereinbaren die Parteien, obgleich sie sich mündlich über alle Essentialien des Mietvertrages geeinigt haben, dass dieser noch formularmäßig festgehalten werden soll, ist der Mietvertrag im Zweifel noch nicht geschlossen (§ 154 II BGB). Wird die Schriftform für Mietverträge gem. § 550 BGB nicht eingehalten, gilt der Vertrag als für unbestimmte Zeit geschlossen und kann jederzeit – frühestens zum Schluss des ersten Jahres – gekündigt werden. § 550 BGB gilt auch für Untermiet- und Unterpachtverhältnisse (*BGH,* MDR 1981, 1009). Ein **Nachtrag** ist unwirksam, wenn die beiderseitigen Unterschriften den Vertragstext nicht räumlich abschließen (*BGH,* WuM 1990, 140); im Übrigen genügt es, dass im Nachtrag auf den Hauptvertrag Bezug genommen wird (*BGH,* WuM 1992, 316; NZM 1998, 29).

Nach § 100 I 2 ZGB sollte der Mietvertrag schriftlich abgeschlossen werden; eine Regelung, wie bei 212
Nichtbeachtung der Form zu verfahren ist, fehlt.

3. Widerrufsrecht bei Haustürgeschäften (§ 312 BGB)

§ 312 BGB ist auf Mietverträge und Mietänderungsverträge grundsätzlich anwendbar (*OLG Koblenz,* RE NJW 1994, 1418). In Frage kommen insbesondere Vereinbarungen über die Erhöhung der Miete nach § 557 BGB oder die Mietaufhebung. Ein Hauseigentümer, der lediglich zwei Wohnungen längerfristig vermietet, ist kein Unternehmer nach § 14 BGB. 213

B. IX. Recht der Wort- und Bildberichterstattung
Einführung in Presserecht und Presseprozess

Prof. Dr. Walter Seitz

Übersicht

Literatur zum Medienzivilrecht: Führend sind *Hoeren/Sieber,* Handbuch Multimedia-Recht (Loseblatt, Stand 2011); *Löffler,* Presserecht, 5. Aufl. 2006 (va *Steffen* zu § 6 LPG und *Sedelmeier* zu § 11 LPG); *Soehring,* Presserecht, 4. Aufl. 2010 (Bespr. Seitz in NJW 2010, 832); *Wenzel,* Das Recht der Wort- und Bildberichterstattung, 5. Aufl. 2003. Empfehlenswert sind auch *Damm/Rehbock,* Widerruf, Unterlassung und Schadensersatz in Presse und Rundfunk, 3. Aufl. 2008 (Bd. 53 NJW Praxis) und *Löffler/Ricker,* Handbuch des Presserechts, 5. Aufl. 2005. Neu: *Beater,* Medienrecht, 2007; *Götting/Schertz/Seitz,* Handbuch des Persönlichkeitsrechts, 2008; *Paschke/Berlit/Meyer,* Gesamtes Medienrecht, 2008; *Raue/Hegemann,* Münchner Anwalts Handbuch Urheber- und Medienrecht, 2011; *Wandtke,* Medienrecht. Praxishandbuch, 2008. Einführungen bei *Dörr/Schwartmann,* Medienrecht, 3. Aufl., 2010 und *Fink/Cole/Keber,* Europäisches und Internationales Medienrecht, 2008.

Für **Sonderbereiche** wichtig *J. Helle,* Besondere Persönlichkeitsrechte im Privatrecht, 1991 (s. meine Bespr. in NJW 1991, 2692); *Seitz/Schmidt,* Der Gegendarstellungsanspruch – Presse, Film, Funk Fernsehen und Internet, 4. Aufl.,

2010 (Bd. 33 NJW Praxis). Auch in den allgemeinen Kommentaren zum BGB sind die Fragen des Medienzivilrechts dargestellt; s. etwa bei *Palandt/Sprau,* 70. Aufl. 2011, Einf. vor § 823 BGB Rn. 16–39 und § 823 BGB Rn. 83–125 und *Staudinger/Hager,* BGB 13. Bearb. 1999, § 823 C 1 ff. (sehr ausführlich!). – **Spezialzeitschriften:** Archiv für Presserecht (AfP);. Kommunikation und Recht (K&R); Multimedia und Recht (MMR); Zeitschrift für Urheber- und Medienrecht (ZUM und ZUM-RD).

I. Einführung

Dieses Kapitel stellt die Probleme des Äußerungsrechts im Bereich des **Zivilrechts** dar. Eingriffe in das allgemeine Persönlichkeitsrecht können auch strafrechtliche Folgen haben (vor allem §§ 185 ff., 201, 201 a StGB; vgl. etwa *Arzt,* JuS 1982, 717). Parallelprobleme bestehen im öffentlichen Recht, etwa bei Warnung von Behörden vor Produkten oder Organisationen (vgl. etwa *BVerfG,* NJW 1989, 3269 – Jugendsekten; *BGH, BGHZ* 154, 54 = AfP 2003, 326 = NJW 2003, 1308 – Sektenbeauftragter; zum Rechtsweg siehe § 13 GVG und etwa *BGH,* AfP 2003, 55 = NJW 2003, 1192 – KÄV). Der Einfluss des Europarechts ist eher noch gering (vgl. etwa *G. Wagner*, Ehrenschutz und Pressefreiheit im europäischen Zivilverfahrens- und Internationalen Privatrecht, RabelsZ 1998, 243–285). Beachte jedoch die Entscheidung des *EGMR* vom 24. 6. 2004 (AfP 2004, 348 = NJW 2004, 2647 – Caroline von Hannover). Diese Entscheidung hat Änderungen zur Behandlung des Rechts am eigenen Bild im deutschen Recht verlangt. Der *BGH* hat insbesondere in einer Serie von Entscheidungen am 6. 3. 2007 (zB *BGHZ* 171, 275 = AfP 2007, 121 = GRUR 2007, 523 = NJW 2007, 1981 und AfP 2007, 208 = GRUR 2007, 527 (mit Anm. *Götting,* S. 530 – kritisch) = NJW 2007, 1977) versucht, der Auffassung des *EGMR* Rechnung zu tragen, soweit dies nach der deutschen verfassungsrechtlichen Regelung im GG zulässig ist. Das *BVerfG* hat diese neuere Rspr. des *BGH* (Schutzkonzept) im Wesentlichen gebilligt (*BVerfG,* AfP 2008, 163 [mit Anm. RA Dirk Knop S. 172] = GRUR 2008, 539 = NJW 2008, 1793; *BVerfG,* AfP 2010, 562 = ZUM-RD 2010, 657 – Charlotte Casiraghi); diese Entscheidungen sind neue Meilensteine in der Entwicklung des Rechts am eigenen Bild. Folgeentscheidungen hierzu zB *BGH,* GRUR 2011, 259 = NJW 2011, 746 und GRUR 2011, 261 = NJW 2011, 744 – Rosenball von Monaco. 1

Behandelt werden hier nur die Fragen des Medienzivilrechts (des Presserechts im klassischen Sinn), also des Eingriffs in das allgemeine Persönlichkeitsrecht und das Recht am Unternehmen durch Medien; **private Äußerungen** bleiben außer Betracht. Es geht also um Eingriffe durch Presse, Rundfunk und Neue Medien; man spricht zum Teil auch von Massenmedien. Äußerungen in **Massenmedien** haben eine ungleich größere Wirkung als private Äußerungen. Zudem treten hier zur Meinungsäußerungsfreiheit (Art. 5 I 1 GG) die Presse-, die Rundfunk- und die Filmfreiheit (Art. 5 I 2 GG; vgl. dazu *BVerfGE* 85, 1 – NJW 1992, 1439 – Krit. Bayeraktionäre), unter Umständen auch die Freiheit von Kunst und Wissenschaft, Forschung und Lehre (Art. 5 III GG) mit hinzu. Dies kann Einfluss auf die Abwägung bei Grundrechtskollision haben. 2

Die Aufteilung der **Medien** in Presse, Rundfunk und Neue Medien hat für den Richter eine strukturelle Bedeutung. Es bestehen zum Teil gesetzliche Sonderregelungen. Das gilt vor allem für das Gegendarstellungsrecht. Manche Bundesländer haben hier je eine Regelung für Presse, für Rundfunk und für Neue Medien. In diesen Regelungen werden unter Umständen auch Pflichten der Träger festgelegt, die einen Maßstab für die Entscheidung über die Rechtswidrigkeit oder Fahrlässigkeit setzen können (zB § 6 ZDF-StaatsV). Der Begriff **Rundfunk** umfasst Hörfunk und Fernsehen. Die Zuordnung des **Internet** ist umstritten (vgl. etwa *Barton*, MMR 1998, 294/295). Seit dem 1. 4. 2007 gilt hierfür das TMG, BGBl. I S. 179. Es gilt für elektronische Informations- und Telekommunikationsdienste (§ 1 TMG). Die Gegendarstellung im Internet ist aber in § 56 RStV geregelt. 3

Zum Medienzivilrecht gehören nicht der **gewerbliche Rechtsschutz** (umfasst auch UWG) und das **Urheberrecht.** Es gibt aber Berührungen und Überschneidungen. Äußerungen können auch Normen des UWG ausfüllen. Das UWG stellt entscheidend auf den Begriff der geschäftlichen Handlung ab (§ 3 UWG; Begriff in § 2 I Nr. 1 UWG). Gerichtsintern sehen die Geschäftsverteilungspläne oft vor, dass Pressesachen und **Wettbewerbssachen** von ein und demselben Richter oder Spruchkörper entschieden werden. Wenn nicht, dann geht verschiedentlich die Zuständigkeit des Spruchkörpers für den Wettbewerbsprozess (Prozess im gewerblichen Rechtsschutz) vor. Wer im Medienzivilrecht arbeitet, muss oder sollte deshalb das Wettbewerbsrecht mindestens in den Grundzügen kennen. 4

II. Rechtliche Regelungen des Medienzivilrechts

1. Einfachgesetzliche Regelungen

Es bestehen wenige besondere gesetzliche Regelungen für das Medienzivilrecht. Das Recht am eigenen Bild (unten Rn. 71 f.) ist zum Teil in den §§ 22–24 KUG geregelt (Text in Schönfelder Nr. 67). Über § 823 II BGB ist auch das StGB anwendbar, insbesondere gelten auch die §§ 185 ff. (Beleidigung, üble Nachrede, Verleumdung), § 201 StGB (Schutz des gesprochenen Worts) und § 201 a StGB (Schutz vor Fotos). Der Ausdruck **besondere Persönlichkeitsrechte** (hochinteressant *Helle*) zielt vor allem auf den Schutz von Bild und gesprochenem Wort. 5

6 Die Hauptbedeutung besonderer einfachgesetzlicher Regelungen liegt im Bereich des Gegendarstellungsrechts. Hierzu gibt es vor allem aber Staatsverträge und landesgesetzliche Normierungen (siehe dazu unten Rn. 70 ff.).

7 Im Übrigen beruht Medienzivilrecht auf den **allgemeinen Normen** des BGB. Es ist ein Sonderbereich vor allem des Rechts der unerlaubten Handlungen (Deliktsrecht, Schadensrecht), also der §§ 823 ff. BGB, oft in Verbindung mit § 1004 BGB. In Einzelfällen muss auch auf §§ 812 ff. und § 687 BGB zurückgegriffen werden.

2. Verfassungsrechtliche Grundlagen

8 Die überwiegend anzuwendenden Normen stammen aus der Zeit vor Inkrafttreten des **Grundgesetzes**; sie werden durch dieses entscheidend beeinflusst. Das allgemeine Persönlichkeitsrecht konnte erst unter der Geltung von Art. 1 und 2 GG als sonstiges Recht im Sinne von § 823 I BGB anerkannt werden (etwa *BGH*, in *BGHZ* 13, 334 = NJW 1954, 1404 – Leserbrief I). Weil es grundrechtlich geschützt ist, ergibt sich ein Konflikt mit den Grundrechten des Art. 5 GG, der mit Hilfe verfassungsrechtlicher Erwägungen zu lösen ist. Dies wirkt sich unmittelbar in § 823 I BGB aus, weil dort die Entscheidung über die Rechtswidrigkeit positiv begründet werden muss (offener Tatbestand), oder etwa über §§ 193, 201 II StGB, soweit über § 823 II BGB auf §§ 185 ff., 201 StGB zurückzugreifen ist; hier wird das „berechtigte Interesse“ für Fälle des Medienzivilrechts entscheidend durch Art. 2 iVm Art. 1 (Grundlagen des allgemeinen Persönlichkeitsrechts) und Art. 5 GG beeinflusst.

3. Die Bedeutung der Rechtsprechung

9 Das Medienzivilrecht ist vorwiegend Richterrecht. Die allgemeine Regelung der §§ 823 ff. BGB nimmt auf die Besonderheiten des Medienzivilrechts keine Rücksicht; sie muss deshalb konkretisiert werden. Dies gilt für die Tatbestandsmerkmale (zB kein Verschulden für den Unterlassungsanspruch) und für die Rechtsfolgen (§§ 823 ff. BGB geben keinen Unterlassungsanspruch). Zudem bedingen Art. 2 iVm Art. 1 und Art. 5 GG Änderungen, vor allem durch „Hineininterpretation“ (Ausstrahlungswirkung) dieser Grundrechtsnormen (dazu bedarf es nicht der Theorie über die Generalklauseln als Einbruchstellen der Grundrechte in das Privatrecht; im Rahmen von § 826 BGB führt aber deren Anwendung zu sachgerechten Ergebnissen).

10 Weil also das Medienzivilrecht vornehmlich Richterrecht ist, kommt der Presserechtler ohne gründliche Kenntnis der wesentlichen Entscheidungen von *BVerfG* und *BGH*, nicht aus (zusammenfassend *A. Diederichsen* in: AfP 2011, S. 112 ff.). Es ist unerlässlich, die Leitentscheidungen beider Gerichte zur Einarbeitung genau zu studieren und ständig zum erneuten Lesen bereit zu halten. Diese Entscheidungen werden im vorliegenden Kapitel möglichst zitiert (ca. 25 Entscheidungen des *BVerfG;* ca. 40 Entscheidungen des *BGH*). Unerlässlich sind *BVerfGE* 7, 198 = NJW 1958, 257 – Lüth; *BGHZ* 45, 296 = NJW 1966, 1617 – Höllenfeuer und *BGHZ* 66, 182 = NJW 1976, 1198 – Panorama. Wenn auch die Grundgedanken dieser Entscheidungen fortentwickelt wurden, so bilden sie doch noch eine unentbehrliche Grundlage. Interessant ist *BVerfG* in *BVerfGE* 94, 1 = NJW 1996, 1529 – DGHS (mit meiner Anm. NJW 1996, 1518). Wer Presserecht anzuwenden hat, sollte laufend jedenfalls solche Entscheidungen von *BVerfG* und *BGH* zu diesem Gebiet sammeln, die Strukturfragen oder die Voraussetzungen einzelner Ansprüche behandeln oder Begriffsbestimmungen geben (gut zu § 824 BGB: *BGH,* AfP 1989, 456 = NJW-RR 1989, 924 – Filmbesprechung und *BGH,* AfP 1992, 140 = NJW 1992, 1312 – Poller; zur Bedeutung der Abgrenzung Tatsachenbehauptung/Meinungsäußerung *BGH,* AfP 1986, 333 = NJW 1987, 1398 – Kampfanzug unter der Robe).

11 Die Bedeutung der Rechtsprechung von *BVerfG* und *BGH* steigt aufgrund von zwei Umständen. Zum einen sieht sich derzeit das *BVerfG* als **weitere Instanz** in Pressesachen (vgl. etwa *BVerfG,* NJW 1993, 1845 – heruntergewirtschaftet). Es hat die früher geübte Zurückhaltung in der verfassungsrechtlichen Nachprüfung weitgehend aufgegeben. Das *BVerfG* prüft die Anwendung etwa des Art. 5 GG vollständig nach. Die Einordnung als Tatsachenbehauptung oder die Abwägung zwischen Art. 1 und 2 auf der einen und Art. 5 GG auf der anderen Seite werden nicht von der nach der ZPO letzten Instanz abschließend entschieden (kritisch *Sendler,* NJW 1993, 2157; *Stürner,* JZ 1994, 865). Zum Zweiten werden viele Fälle des Medienzivilrechts im Verfahren der **einstweiligen Verfügung** entschieden. Aus diesem Grund endet der ordentliche Rechtszug beim OLG (§ 542 II ZPO). Deshalb gibt es zum Medienzivilrecht nur vergleichsweise wenige BGH-Entscheidungen; ihr Gewicht steigt dadurch.

III. System medienrechtlicher Ansprüche

12 Im Medienzivilrecht werden vor allem geltend gemacht
- Unterlassungsansprüche,
- Gegendarstellungsansprüche,
- Ansprüche auf Berichtigung (Widerruf, Richtigstellung usw.) von Äußerungen,
- Ansprüche auf Schadensersatz (materiell oder immateriell),
- Veröffentlichungsansprüche.

Gesetzliche Sonderregelungen gelten vornehmlich für den Bereich des **Gegendarstellungsrechts**. Hier ist wichtig, mit Hilfe des innerstaatlichen Kollisionsrechts die anwendbare Norm zu finden. Zum internationalen Privatrecht des Äußerungsrechts siehe *K. Herresthal* in: Götting/Schertz/Seitz, Handbuch des Persönlichkeitsrechts, § 58. 13

Bei der **Anwendung von §§ 823 ff. BGB** ist Folgendes zu bedenken: Der Unterlassungsanspruch ist dort überhaupt nicht angesprochen; deshalb bedarf es ergänzend einer (analogen) Anwendung von § 1004 BGB und deshalb gelten auch §§ 823 ff. BGB nicht unmittelbar, sondern ebenfalls nur analog. Unmittelbar gelten sie für den deliktischen Berichtigungsanspruch, dieser setzt also den vollen Tatbestand der §§ 823 ff. BGB voraus. Der presserechtliche Berichtigungsanspruch wird aber unter anderem aus § 1004 I 1 BGB analog abgeleitet; er verlangt kein Verschulden. § 1004 BGB gilt in allen Fällen des Medienzivilrechts nur analog; das allgemeine Persönlichkeitsrecht etwa ist zwar als absolutes Recht anerkannt, § 1004 BGB schützt aber unmittelbar nur das Eigentum, nicht die absoluten Rechte insgesamt. 14

Zusätzliche **Strukturen** ergeben sich aus der Unterscheidung Tatsachenbehauptung/Meinungsäußerung. Bei Anwendung von §§ 185 ff. StGB (über § 823 II BGB) ist die Unterscheidung wichtig, weil §§ 186, 187 StGB nur bei Tatsachenbehauptungen gelten. Auch § 824 BGB ist nur bei Tatsachenbehauptungen anwendbar. Der Gegendarstellungsanspruch setzt voraus, dass einer Tatsachenbehauptung eine gegensätzliche Tatsachenbehauptung gegenübergestellt wird. Eine Berichtigung/ein Widerruf kann nur bei unwahren Tatsachenbehauptungen verlangt werden. 15

In vielen Fällen des Medienzivilrechts ist die konkrete Anspruchsnorm weniger wichtig; auch der *BGH* zitiert deshalb öfter keine. Trotzdem halte ich es für unerlässlich, sich selbst die konkret anzuwendende Anspruchsnorm mit ihren Tatbestandsmerkmalen klarzumachen und sie dann möglichst auch im Urteil oder Gutachten zu zitieren. 16

Die wesentlichen, analog anzuwendenden Anspruchsnormen in §§ 823 ff. BGB sind (je in Verbindung mit § 1004 I BGB analog): 17

- § 823 I BGB (das allgemeine Persönlichkeitsrecht – APR – ist sonstiges Recht iSv § 823 I BGB; Gleiches gilt für das Recht am Unternehmen oder für den wirtschaftlichen Ruf – Recht am eingerichteten und ausgeübten Gewerbebetrieb),
- § 823 II BGB (vor allem iVm §§ 185 ff., 201, 201 a StGB und §§ 22 ff. KUG); steht uU neben § 823 I BGB (*BGH* in *BGHZ* 95, 212 = NJW 1985, 2644 – Oberländer),
- § 824 BGB (kreditschädigende Tatsachenbehauptungen, zB: „A hat für sein Unternehmen Konkursantrag gestellt"; zur Frage der Anspruchskonkurrenz siehe unten Rn. 57),
- § 826 BGB. Dieser wird auch bei Schmähkritik oft vergessen, wäre aber beim Anspruch auf Ersatz materieller Schäden etwa deshalb wichtig, weil er auch allgemeine Vermögensschäden abdeckt (interessant *Kübler*, JZ 1967, 177, [178] in einer Anmerkung zur Höllenfeuer-Entscheidung des *BGH*) und
- § 839 BGB (Vorsicht wegen des Rechtsweges!).

IV. Problemkreis Äußerung

1. Interpretation/Ermittlung des Aussagegehalts von Äußerungen

a) **Aufgabe: Erster Versuch einer Interpretation.** Bitte beschreiben Sie mit möglichst wenig Worten, wie die nachfolgend wiedergegebene Äußerung zu verstehen ist: 17a

„Ego quidem illud iudaeorum gentis excidium, ratione institutum et in „castris extinctionis" gaso pernicioso methodice peractum, veram fabulam esse nego."

(*BGH*, AfP 1998, 218 = GRUR 1998, 504 = NJW 1998, 1391 – Lateinzitat im „Stern")

b) **Variantenlehre des BVerfG.** Zum Beispiel *BVerfGE* 82, 272 = NJW 1990, 1980 – Strauß deckt Faschisten: 18

(Versammlung von rund 30 Mitgliedern des „Anti-Strauß-Komitees", die riefen:) „Stoppt Strauß! Strauß raus!". Dabei trugen die beiden Bf. ein Stofftransparent mit der Aufschrift: „Strauß deckt Faschisten!" In unmittelbarer Nähe der Bf. stand eine weitere Demonstrantin – die anderweitig verfolgte Frau P – und hielt ein Plakat mit der Aufschrift: „Strauß, der Faschistenfreund, schützt Hoffmann, den Oktoberfestmörder!" – **Aufgabe:** Verständnis der ersten Äußerung?

Als zentraler Begriff des Medienzivilrechts bedarf die **Äußerung** einer eingehenderen Erläuterung. Wegen dieser Bedeutung wird das Medienzivilrecht zum Teil auch als Äußerungsrecht bezeichnet.

c) **Einzelheiten zur Interpretation/Ermittlung des Aussagegehalts.** Das Verständnis einer Äußerung stellt **entscheidende Weichen** für das Ergebnis der rechtlichen Beurteilung. Die Interpretation ist oft schon der Ansatzpunkt für die Einordnung einer Äußerung als Tatsachenbehauptung oder als Meinungsäußerung. Ebenso entscheidend ist sie für die Beurteilung der Frage, ob etwa das allgemeine Persönlichkeitsrecht beeinträchtigt wird und der Frage der Rechtswidrigkeit. Deshalb muss auch sie den Maßstäben des Art. 5 GG gerecht werden (*BVerfG* in *BVerfGE* 82, 43 = NJW 1990, 1980 – Strauß deckt Faschisten; *BVerfGE* 82, 272 = NJW 1991, 95 – Zwangsdemokrat; *BVerfGE* 94, 1 = NJW 1996, 1529 – DGHS, mit meiner Anm. S. 1518; *BGH*, AfP 1992, 140 = NJW 1992, 1312 – Poller). 19

20 Die Interpretation muss beim **Wortlaut** der Äußerung ansetzen; dazu ist oft erforderlich, diesen erst festzustellen. Das macht Schwierigkeiten bei einem Bericht über eine Äußerung; hier machen Journalisten oft von ihrem Zeugnisverweigerungsrecht (vgl. § 383 I Nr. 5 ZPO) Gebrauch. Die Beweislast für den Inhalt einer Äußerung liegt regelmäßig beim Anspruchsteller (Kläger). Die Texte von Hörfunk- oder Fernsehsendungen sind bei den Anstalten erhältlich. In jedem Fall sollte sich der Richter den vollständigen Text des Artikels oder des Beitrags vorlegen lassen, bei Presseäußerungen mit der ganzen Nummer der Zeitung oder Zeitschrift oder mit dem ganzen Buch. Jedenfalls bei Spezialzuständigkeit sollte (wenigstens) ein Gerät für die Wiedergabe verschiedener Medien zur Verfügung stehen.

21 Die Interpretation ist zunächst **Wortinterpretation**; oft ist ein Blick in den Duden oder andere Wörterbücher zweckmäßig. Entscheidend ist in der Regel das durchschnittliche Verständnis des Lesers oder Hörers (*BGH,* AfP 1994, 299 = NJW-RR 1994, 1246 – Verfassungsausschuss II). Das ist das unvoreingenommene und verständige Publikum (*BGH,* AfP 2008, 297 = NJW 2008, 2110 – Gen-Milch). Bei fremdsprachlichen Äußerungen muss ohnehin schon zusätzlich die Übersetzung durch einen anerkannten Übersetzer beigefügt sein. Beispiel aus neuerer Zeit: „I wanna make love to Steffi Graf, like her father did thousand times before." (Text einer Popgruppe; 60.000,– DM Geldentschädigung). Hinzukommen muss die Interpretation aus dem Zusammenhang, dem **Kontext** der Äußerung (*BVerfG* in *BVerfGE* 93, 266 = NJW 1995, 3303 – Soldaten sind Mörder II; *BGH,* AfP 2009, 137 – Fraport-Skandal). Guter Fall zur Interpretation bei Verbindung von Bild und Text: *BVerfG* in *BVerfGE* 68, 226 = NJW 1985, 787 – Schwarze Sheriffs.

22 Will sich ein Gericht unter mehreren Deutungen einer Äußerung für die zur Verurteilung führende entscheiden, so muss es dafür besondere Gründe angeben. Dabei darf es nur Umstände berücksichtigen, die dem sich Äußernden zurechenbar sind (*BVerfG* in *BVerfGE* 82, 43 = NJW 1990, 1980 – Strauß deckt Faschisten; strafrechtliche Beurteilung). Diese **Variantenlehre** ist meines Erachtens noch nicht bekannt genug, ihre Kenntnis ist aber unentbehrlich. Der Einfluss des Grundrechts aus Art. 5 I GG wird verkannt, wenn die Gerichte ihrer Beurteilung eine Äußerung zugrunde legen, die so nicht gefallen ist, wenn sie ihr einen Sinn geben, den sie nach dem festgestellten Wortlaut objektiv nicht hat oder wenn sie sich unter mehreren objektiv möglichen Deutungen für die zur Verurteilung führende entscheiden, ohne die anderen unter Angabe von überzeugenden (volle Nachprüfung durch BVerfG) Gründen auszuschließen (*BVerfG* in *BVerfGE* 82, 272 = NJW 1991, 95 – Zwangsdemokrat; *BGH,* AfP 2003, 56 = NJW 2004, 598 – Klinik Monopoly). Diese Grundsätze gelten für den Unterlassungsanspruch nicht uneingeschränkt (siehe dazu unten in Rn. 58). Zwischendurch kam die **Günstigkeitslehre** hinzu: Sind mehrere sich gegenseitig nicht ausschließende Deutungen des Inhalts einer Äußerung möglich, so ist der rechtlichen Beurteilung diejenige zugrunde zu legen, die dem auf Unterlassung in Anspruch Genommenen günstiger ist und den Betroffenen weniger belastet (so zB *BGH* in *BGHZ* 143, 199 = AfP 2000, 167 = NJW 2000, 1036 – Sachbearbeiterin – und *BGH* – Klinik Monopoly, wie soeben zitiert). Diese Lehre wird wohl vom *BVerfG* abgelehnt. Bei Unterlassungsansprüchen sind die Grundsätze der Stolpe-Entscheidung des BVerfG in *BVerfGE* 114, 339 = AfP 2005, 544 = AfP 2006, 41 = NJW 2006, 207, heranzuziehen (**Stolpe-Doktrin**): Es genügt, wenn eine der möglichen Deutungsvarianten das Persönlichkeitsrecht rechtswidrig verletzt.

23 Gedankliches Vorgehen bei Feststellung des Aussagegehalts einer Äußerung also schematisch gesehen:
- Schritt 1: Interpretation Text (Empfängerhorizont, Wörterbücher, Sachverständiger, Umfrage, uU Übersetzung)
- Schritt 2: Einbeziehung Kontext (soweit für den Empfänger der Äußerung erkennbar)
- Schritt 3 a: Variantenprüfung – Angabe „überzeugender" Gründe für die gewählte Variante, meines Erachtens auch, wenn man sich für die zur Abweisung führende entscheidet)
- Schritt 3 b: Beim Unterlassungsanspruch Stolpe-Doktrin: Verletzt eine der Verständnismöglichkeiten das Persönlichkeitsrecht des Klägers?

2. Aufgabe

23a **Bitte lesen Sie die folgende Äußerung und versuchen Sie die Frage zu beantworten.**

„Der Beschwerdeführer war bis zum Jahre 1969 Vorsitzender des Landesverbandes Niedersachsen der DFU. Im Jahre 1970 gab er ein selbstverfasstes Flugblatt heraus, das er an einige Persönlichkeiten des regionalen öffentlichen Lebens versandte und in größerer Zahl auf der Straße verteilte. Das Flugblatt befasste sich auf vier eng mit Schreibmaschine beschriebenen Seiten mit der politischen Vergangenheit des im Jahre 1969 neu gewählten Vorsitzenden des CDU-Kreisverbandes X. und Bundestagsabgeordneten Y.

Dieser sei 1939 aus seiner Heimat in Lettland willig dem Ruf des Führers in das „polnische Neuland" gefolgt. Er habe bei der „Neu-Besiedlung des Warthelands", der „Eindeutschung Polens", besonders aktiv mitgewirkt. Wörtlich heißt es sodann, durch Unterstreichung hervorgehoben:

Herr … aus …, der Kreisvorsitzende der CDU in … und führende Vertriebenenfunktionär, war damals dabei! Er hat sich beteiligt an den nazistischen Untaten während der Besetzung Polens!

Y … sei beim SS-Aussiedlungsstab in Litzmannstadt (Lodz), der sogenannten „Umwanderungszentralstelle", tätig gewesen, von der die Zwangsauswanderung der unerwünschten Polen und Juden gelenkt worden sei. Er habe auch damals vorzüglich agiert und funktioniert. Weil er „die Polen mit Wanzen verglich", habe das heute von ihm beschworene Recht jedes Menschen auf Heimat und Selbstbestimmung für sie nicht existiert. Mit seinen Aktivitäten sei der Reichsführer SS außerordentlich zufrieden gewesen; in Anerkennung seines Einsatzes habe er ihm den Rang eines SS-Obersturmführers ehrenhalber verliehen.

Es folgen die Wiedergabe eines Berichts über öffentliche Erschießungen und Plünderungen, mit Zahlen versehene Angaben über Deportationen und „Befriedungsaktionen" in Polen sowie eine Schilderung der Vernichtung der polnischen Elite und der Degradierung der übrigen Polen zum „Arbeitsvolk der Deutschen". Dann fährt das Flugblatt, wiederum durch Unterstreichung hervorgehoben, fort:

„Diese Dinge fanden aber auch statt unter den Augen des CDU-Barons aus .... Man sollte ihn verantwortlich machen für das, was ihn zum Obersturmführer Himmlers machte".

Die 1939/40 auch schon bekannten „Wilson'schen Punkte" oder die „Artikel des Genfer Protokolls", auf die Y ... sich heute so gerne berufe, seien für ihn damals nicht gültig gewesen. An die Stelle des Rechts sei die Gewalt gerückt; sie sei die „treibende Macht in der Geschichte" gewesen, und Y ... habe zu ihren aktiven Treibern gehört."

Wird hier versteckt zum Ausdruck gebracht, der CDU-Baron habe sich an der Vernichtung polnischer Menschen beteiligt?

(*BVerfG*, Beschl. v. 7. 12. 1976, *BVerfGE* 43, 130 = NJW 1977, 799 – CDU-Baron)

Lösung: Aus der Begründung des *BVerfG* (erst weiterlesen, wenn nachgedacht, bitte): 23b

„Das Landgericht hat sich dadurch zu der Annahme einer versteckten Behauptung des Beschwerdeführers veranlasst gesehen, dass die in dem Flugblatt offen mitgeteilten Tatsachen, die sich nicht unmittelbar mit der Vergangenheit des Nebenklägers beschäftigen, für sich gesehen „keinen rechten Sinn" hätten: Die Berichte über öffentliche Erschießungen durch SS und Polizei, über die steigende Zahl „liquidierter" Polen, über die außerordentlichen „Befriedungsaktionen" und über die Vernichtung der polnischen Intelligenz sollten, entgegen der Einlassung des Beschwerdeführers, nicht nur Hintergrundtatsachen darstellen. Erst dies führt zu der Interpretation des Flugblatts, die die Grundlage der getroffenen Feststellung bildet.

Dieser Ausgangspunkt entbehrt der Tragfähigkeit. Der „Sinn" der Ausführungen des Flugblatts lässt sich ohne Schwierigkeiten dahin verstehen, dass der Nebenkläger in dem Ausschnitt der Vertreibung polnischer Bauern an dem Gesamtkomplex national-sozialistischer Untaten in Polen beteiligt gewesen sei, der bis hin zur Vernichtung polnischer Menschen gereicht habe. Für eine solche Deutung spricht es auch, dass der Satz: „Er hat sich beteiligt an den nazistischen Untaten während der Besetzung Polens" nicht in unmittelbarem Zusammenhang mit der Wiedergabe der Berichte über die Erschießung polnischer Menschen, sondern vor dem als wahr erwiesenen Vorwurf der Beteiligung bei der Aussiedlung steht. Dass „diese Dinge" (dh die Vernichtung polnischer Menschen) unter den Augen des Nebenklägers stattgefunden haben, bedeutet, wenn man sich an den Wortlaut des Satzes hält, den Vorwurf, der Nebenkläger habe von ihnen Kenntnis gehabt, möglicherweise auch, er habe sie gebilligt, nicht aber, er habe sich an den Vernichtungsaktionen selbst beteiligt.

War damit dem Gesamtzusammenhang des Flugblatts durchaus ein „Sinn" zu entnehmen, so fehlte insofern ein Anlass, von dem offenen Wortlaut des Flugblatts abzusehen. Das schloss zwar die Feststellung einer versteckten Behauptung im Wege der Interpretation nicht aus. Eine solche Interpretation musste aber unvermeidlich über eine reine Wortinterpretation hinausgehen; sie bedurfte der Heranziehung weiterer, dem Text nicht unmittelbar zu entnehmender Gesichtspunkte und Maßstäbe. Dass diese mit Art. 5 I 1 GG vereinbar sein mussten, hat das Landgericht verkannt:

a) Das Landgericht geht davon aus, dass im Interesse eines wirksamen Ehrenschutzes eine „weite Auslegung" geboten sei; es richtet sich also nach einem Maßstab, der zumindest im Zweifelsfalle dafür spricht, dass der Beschwerdeführer die ihm zur Last gelegte versteckte Tatsachenbehauptung aufgestellt habe. Ein solcher Maßstab ist mit Art. 5 GG unvereinbar, weil er ausschließlich auf den als Schranke der Meinungsfreiheit normierten Ehrenschutz abstellt, die verfassungsrechtliche Gewährleistung der Meinungsfreiheit selbst aber gänzlich außer Acht lässt. Zwar darf die verfassungsrechtliche Bedeutung des Ehrenschutzes nicht verkannt werden. Aber ebenso verlangt das Grundrecht der Meinungsfreiheit Berücksichtigung, das durch das Recht der persönlichen Ehre nur eingeschränkt wird; dies um so mehr, als es sich bei dem Flugblatt um einen Beitrag zum geistigen Meinungskampf in einer die Öffentlichkeit wesentlich berührenden Frage handelte (*BVerfG* aaO). Demgemäß war das *alleinige* Abstellen auf den Ehrenschutz unter dem Blickwinkel des Art. 5 GG unzulässig.

b) Nichts anderes gilt für den zweiten Maßstab, den das Landgericht bei der Auslegung des Flugblatts des Beschwerdeführers herangezogen hat, den Eindruck des „flüchtigen Lesers". Es ist hier nicht zu entscheiden, ob dieser Maßstab vor Art. 5 GG Bestand haben kann, weil er – wie der Beschwerdeführer geltend macht – die Bestimmung des Inhalts einer Meinungsäußerung von der Deutung eines abstrakten, unklaren und dehnbaren Begriffs abhängig macht und damit möglicherweise zum Kunstgriff werden kann, der es erlaubt, Feststellungen über den Inhalt als Meinungsäußerung geschützter Informationen zu treffen, die mit der Wirklichkeit nicht übereinstimmen. Jedenfalls verbietet es Art. 5

GG, den Inhalt einer Information dann mit Hilfe des Maßstabs des „flüchtigen Lesers" zu bestimmen, wenn die Information im konkreten Fall ersichtlich politisch interessierte und aufmerksame Leser voraussetzt und sich an diese richtet. Denn in solchen Fällen wird der Begriff des flüchtigen Lesers zum unangemessenen Interpretationsmaßstab; er ist nicht nur ungeeignet, das Ergebnis der Interpretation zu begründen, sondern seine Anwendung muss auch zu einem unzulässigen Eingriff in den verfassungsrechtlich geschützten Prozess freier Kommunikation führen."

V. Tatsachenbehauptung/Meinungsäußerung

1. Beispielsfälle zur Einführung

24 Beispielsfall 1: Die große Künstlerin spielte gestern im Odeon so schlecht wie selten.
Beispielsfall 2: Herr Ober, der Kaffee, den sie gerade gebracht haben, ist kalt.
Beispielsfall 3: Die Deutschland-Stiftung ist von Alt- und Neufaschisten durchsetzt.

2. Darstellung zur Bedeutung und zur Abgrenzung

25 Manche Anspruchsnormen setzen, wie erwähnt (oben Rn. 15), die Einordnung der angegriffenen Äußerung als Tatsachenbehauptung voraus. Dies gilt für die den Gegendarstellungsanspruch regelnden Normen und für § 823 II BGB iVm §§ 186, 187 StGB und für § 824 BGB. Auch besteht ein Berichtigungsanspruch nur gegenüber Tatsachenbehauptungen. Zudem ist die Frage der Rechtswidrigkeit bei Tatsachenbehauptungen leichter zu beurteilen; idR gilt der Satz, dass an der Wiederholung unwahrer Tatsachenbehauptungen niemand ein berechtigtes Interesse haben kann (zB *BVerfG,* NJW 1991, 2339 – Chefarztbrief; *BGH,* AfP 1986, 241 = NJW 1986, 2503 [2504] – Leserbrief II), unwahre Tatsachenbehauptungen also rechtswidrig sind. Die Abgrenzung der Tatsachenbehauptungen von Meinungsäußerungen ist deshalb von **grundlegender Bedeutung** für das Medienzivilrecht. Fragen und Aufrufe bedürfen einer differenzierten Betrachtung (vgl. *BVerfG* in *BVerfGE* 85, 23 = NJW 1992, 1442 – Fragen; *BVerfGE* 7, 198 = NJW 1958, 257 – Lüth, für Boykottaufruf).

26 Im Rechtssinn liegt eine **Tatsachenbehauptung** regelmäßig dann vor, wenn der Gehalt der Äußerung als etwas Geschehenes grundsätzlich dem Beweis offen steht (*BGH,* NJW 1978, 751 – Schriftsachverständiger), es gilt die Beweiszugänglichkeitstheorie. BGH in *BGH,* AfP 2009, 137 – Fraport-Skandal betont zu Recht die Bedeutung des Aussagegehalts. Konstitutiv für die Bestimmung dessen, was als Äußerung einer **Meinung** vom Schutz des Art. 5 GG umfasst wird, ist das Element der Stellungnahme, des Dafürhaltens, des Meinens im Rahmen einer geistigen Auseinandersetzung (*BVerfGE* 61, 1 = NJW 1983, 1415 – NPD von Europa). Der Schutz des Art. 5 I GG greift auch dann ein, wenn sich diese Elemente, wie häufig, mit Elementen einer Tatsachenmitteilung oder Tatsachenbehauptung verbinden oder vermischen, jedenfalls dann, wenn beide sich nicht trennen lassen und der tatsächliche Gehalt gegenüber der Wertung in den Hintergrund tritt (*BVerfG* in *BVerfGE* 61, 1 = NJW 1983, 1415 – NPD von Europa); damit gilt auch die Schwerpunkttheorie. Schwierigkeiten bereiten vor allem der Gebrauch von Rechtsbegriffen („illegal", *BGH,* NJW 1993, 930 – Fellhandel), von Schlussfolgerungen („A ist der Schreiber der Postkarte") und von Vergleichen (*BVerfG,* AfP 1992, 132 = NJW 1992, 2815 – Gestapo-Methoden). Besonderheiten gelten bei Äußerungen im politischen Meinungskampf. Seit einigen Jahren vertritt das *BVerfG* die Beziehungstheorie (zB *BVerfG,* NJW 2008, 358 – Bauernfängerei). Danach unterscheiden sich die Tatsachenbehauptungen von den Werturteilen dadurch, dass bei diesen die subjektive Beziehung des sich Äußernden zum Inhalt seiner Äußerung, bei jenen die objektive Beziehung zwischen der Äußerung und der Wirklichkeit im Vordergrund steht. Einzelheiten zu der Abgrenzung können hier nicht dargestellt werden. Daher sei auf meine eingehende Darstellung bei *Seitz/Schmidt* im 6. Kapitel verwiesen.

3. Gedankliches Vorgehen

27 Gedanklich kann man etwa wie folgt herangehen:

- Schritt 1: Interpretation; stellt die Weiche; deshalb auch hier Art. 5 GG beachten
- Schritt 2: Kategorien von Äußerungen (Tatsachenbehauptungen, Meinungsäußerungen, Fragen, Aufrufe, Vermutungen, Beschimpfungen, sonstiges)
- Schritt 3: Begriffsbestimmungen (für Tatsachenbehauptungen: Beweiszugänglichkeitstheorie – Klärbarkeit, Geschichtlichkeit; für Meinungsäußerungen: Elemente der Stellungnahme usw. – Zweifelsregeln eher nicht)
- Schritt 4: Schwerpunkttheorie anwenden bei untrennbarer Verbindung von Tatsachenbehauptung und Meinungsäußerung
- Schritt 5: Beispiele aus Rechtsprechung und Literatur ansehen, vor allem *Seitz/Schmidt* Rn. 6.45–46 und 6.129 ff.

4. Lösung der beiden Beispielsfälle

Beispielsfall 1: Der Text enthält eine doppelte Aussage; dies ergibt eine Interpretation der Äußerung. Die Künstlerin hat gestern im Odeon gespielt und sie hat schlecht gespielt. Die erste Aussage ist Tatsachenbehauptung. Sie steht als etwas Geschehenes grundsätzlich dem Beweise offen (Beweiszugänglichkeitstheorie). Die zweite Aussage ist Wertung, mit Elementen der Stellungnahme und deshalb Meinungsäußerung. Die Aussagen sind trennbar, so dass nicht die Schwerpunkttheorie anzuwenden ist. 28

Beispielsfall 2: Hier hilft am ehesten die Frage weiter, ob über die Aussage Einigkeit erzielt werden kann. Kaffee mit 10 Grad ist zweifellos kalt, solcher mit 90 Grad zweifellos heiß. Hat er eine Temperatur von 50 Grad, dann liegt eine subjektive Einschätzung vor. Allerdings ist für den Leser – ohne Mitteilung der Temperatur – der Inhalt der Aussage nicht erkennbar. Sie wird vom Leser dahin verstanden, dass der Kaffee eine Temperatur hat, bei welcher alle davon ausgehen, dass der Kaffee kalt ist. Deshalb ist die Behauptung gefährlich, weil man sie als wahr ansieht. Und deshalb handelt es sich in dieser Substanzlosigkeit um eine Tatsachenbehauptung.

5. Ergänzend: Aspekte

(aus *Seitz/Schmidt*, Der Gegendarstellungsanspruch, 4. Aufl., Rn. 6.73): Eine Durchprüfung anhand zentraler Aspekte bringt oft jedenfalls eine substantiierte Argumentation. 29

Aspekte des Begriffs „Tatsachenbehauptung"

- Kann über die Wahrheit der Äußerung theoretisch Beweis erhoben werden, vor allem durch Zeugen (**Beweiszugänglichkeitsaspekt**)? Wichtige Teilmerkmale sind hier die Geschichtlichkeit und die Klärbarkeit.
- Geht der durchschnittliche Empfänger der Mitteilung nach einem Verständnis der Äußerung im Kontext davon aus, das Behauptete sei wirklich geschehen oder gegeben; dann ist die Behauptung gefährlicher, weil sie „objektiv" ist (**Interpretationsaspekt**)?
- Ist für die Äußerung die subjektive Beziehung des sich Äußernden zum Inhalt seiner Aussage kennzeichnend? Oder wird sie durch die objektive Beziehung zwischen Äußerung und Wirklichkeit charakterisiert? (**Beziehungsaspekt**)
- Ist die Äußerung so gestaltet, dass sie vom Empfänger eher als unbestreitbar angesehen wird, dass also zwischen allen maßgeblichen Empfängern Konsens herrscht (**Konsensaspekt**)?
- Ergibt eine wertende Betrachtung, auch unter Berücksichtigung von Art. 5 GG, dass die Äußerung nicht entscheidend von Elementen der Stellungnahme und des „Dafürhaltens" geprägt ist (**Prägungsaspekt**)?

Aspekteprüfung; hier durchgeführt für den Beispielsfall 3: 30

Allein auf der Grundlage der Behauptung kann eine Beweisaufnahme wohl nicht durchgeführt werden (Beweiszugänglichkeitsaspekt). Es handelt sich um eine derart substanzarme Äußerung, dass sie nicht als etwas Geschehens grundsätzlich dem Beweise offensteht. Der Aspekt „Geschichtlichkeit" kann bejaht werden, aber kaum der der Klärbarkeit. Der durchschnittliche Empfänger hat kaum eine Chance zur Beurteilung der Aussage. Er wird nicht genau genug wissen, was Alt- und Neufaschisten sind. Wenn er genau nachdenkt, dann wird er eher von einer kritischen Einschätzung ausgehen (Interpretationsaspekt). Daraus ergibt sich auch, dass die Äußerung vor allem von einer Stellungnahme zur Mitgliederstruktur der Deutschlandstiftung geprägt ist (Prägungsaspekt). Die Äußerung ist auch objektiv gekennzeichnet durch die subjektive Einstellung des Äußernden zur Frage der Mitgliederstruktur. Er kennt vielleicht einige Mitglieder und schätzt diese als besonders rechts stehend ein, oder weiß sogar, dass einige der (führenden?) Mitglieder früher Nazi-Anhänger waren. Deshalb ist die Äußerung auch nicht als besonders gefährlich einzuschätzen (Interpretationsaspekt): Das ist die Ansicht einer Person, geprägt durch seine persönliche Einschätzung der Stiftung, vielleicht auch beeinflusst durch die grundsätzlich ablehnende Haltung des Äußernden zur Arbeit der Stiftung. [Und dazu vielleicht die Beziehungstheorie:] Auch steht hier die subjektive Beziehung des sich Äußernden zum Inhalt seiner Aussage im Vordergrund; daran kann kein Zweifel bestehen. Auch wenn man die Rechtsprechung des *BVerfG* zur Abgrenzung zwischen Tatsachenbehauptung und Meinungsäußerung zugrunde legt, muss also von einer Einordnung der Aussage als Meinungsäußerung ausgegangen werden.

6. Behaupten/Verbreiten

§ 824 BGB und §§ 186 f. StGB nennen als Varianten der Äußerung ausdrücklich das Behaupten und das Verbreiten. Für die Medien müssen Besonderheiten gelten, weil sie Markt der Meinungen sind. Ihre Haftung für den Fall des bloßen Verbreitens ist deshalb eingeschränkt. Eine (eigene) Behauptung des Mediums liegt vor, wenn es sich die Behauptung eines anderen zu eigen gemacht hat. Dann haftet es uneingeschränkt. Wann und wieweit die Haftung im Übrigen eingeschränkt ist, ist umstritten. Genannt wird insbesondere die Distanzierung als Ausschlusstatbestand (vgl. etwa *BGH* in *BGHZ* 66, 182 = NJW 1976, 1198 – Panorama; *Soehring*, Rn. 16.10 ff.; *Wenzel/Burkhardt*, Rn. 12.51 ff.). 31

VI. Beurteilung der Rechtswidrigkeit von Äußerungen

32 ***Einführender Fall 1:*** *A versieht seinen Pkw mit dem Aufkleber: „Soldaten sind Mörder". Soldat S. verklagt ihn auf Unterlassung. Erfolgreich?*

Einführender Fall 2: *Senatsdirektor L ruft zum Boykott des Films „Unsterbliche Geliebte" des Regisseurs Veit Harlan auf, weil dieser im Dritten Reich den Film „Jud Süß" herausgebracht habe. Harlan verklagt ihn auf Unterlassung dieses Aufrufs. Zu Recht?*

33 Die Entscheidung über die Rechtswidrigkeit einer Äußerung ist die dritte ganz zentrale Frage des Äußerungsrechts. Dieses Problem wird deshalb in einem eigenen Abschnitt dargestellt. Die meisten der hier erörterten Ansprüche setzen die Rechtswidrigkeit des Eingriffs voraus. Das Schwergewicht der Darstellung liegt beim Unterlassungsanspruch. Die Grundsätze gelten aber auch für die anderen Ansprüche. Nur bei der Gegendarstellung ist die Rechtswidrigkeit als solche kein Tatbestandsmerkmal.

1. Grundsätze

34 Bei Anwendung von § 823 II BGB iVm §§ 185 ff. StGB ist für die Beurteilung der Rechtswidrigkeit von § 193 StGB auszugehen, im Bereich von § 201 II StGB von dieser Norm. § 23 KUG enthält Regelungen zur Rechtswidrigkeit bei Bildveröffentlichungen (vgl. dazu etwa *BVerfG* in *BVerfGE* 101, 361 = AfP 2000, 76 = NJW 2000, 1021 – Caroline von Monaco; *BGH* in *BGHZ* 143, 214 = AfP 2000, 356 = NJW 2000, 2195 – *Der blaue Engel I; Schertz* in: Götting/Schertz/Seitz, Handbuch des Persönlichkeitsrechts, § 12), § 824 II BGB solche für den Fall kreditschädigender unwahrer Tatsachenbehauptungen. In diesem Rahmen oder sonst direkt entscheidet die Abwägung zwischen dem allgemeinen Persönlichkeitsrecht und der Meinungsäußerungsfreiheit (Konflikt zwischen Art. 2 iVm Art. 1 und Art. 5 GG). Dabei ist Folgendes zu berücksichtigen:

35 • Offener Tatbestand: § 823 I BGB (Verletzung des allgemeinen Persönlichkeitsrechts) ist ein offener Tatbestand, dh, die Rechtswidrigkeit ist positiv zu begründen.

36 • Ausstrahlungstheorie des BVerfG: Die Grundrechte wirken nicht nur über die Generalklauseln (hier zB § 826 BGB); ihre Ausstrahlungswirkung ist vielmehr (auch) im gesamten Bereich des BGB zu beachten (*BVerfGE* 7, 198 = NJW 1958, 257 – Lüth; vgl. *Jarass/Pieroth*, GG, 10. Aufl., Art. 1, Rn. 50).

37 • Wechselwirkungslehre des BVerfG: Zwar wird Art. 5 GG durch seinen Abs. 2 (Verweisung auf die allgemeinen Gesetze) eingeschränkt. Die allgemeinen Gesetze sind aber ihrerseits aus der Bedeutung der Grundrechte des Abs. 1 auszulegen und so in ihrer diese Grundrechte beschränkenden Wirkung selbst wieder einzuschränken (zuerst entwickelt in *BVerfGE* 7, 198 = NJW 1958, 257 – Lüth). Notwendig ist also eine Güterabwägung zwischen dem beeinträchtigten Grundrecht und den Interessen, die mit den allgemeinen Gesetzen verfolgt werden (*BVerfGE* 35, 202 [224] = NJW 1973, 1226 – Lebach).

38 • Vermutung für die freie Rede: Bei Äußerungen zu die Öffentlichkeit wesentlich berührenden Fragen spricht die Vermutung für die Zulässigkeit der freien Rede (*BVerfGE* 7, 198 = NJW 1958, 257 – Lüth; *BGHZ* 45, 296 = NJW 1966, 1617 – Höllenfeuer).

2. Abwägung

39 Das Urteil der Rechtswidrigkeit kann nur durch eine umfassende Abwägung der beteiligten Interessen und Grundrechte getroffen werden (Beispiel: *BGH*, NJW 1993, 525 – Ketten-Mafia; NJW 1994, 124 – FCKW-Plakataktion). Allgemeine Abwägungsgesichtspunkte sind:

40 • Auf Seiten des Verletzten: Die Schwere des Eingriffs (weil durch Massenmedium geschehen ohnehin schon schwer), die Sphäre, in die eingegriffen wird (Intim-, Privat-, Sozialsphäre; vgl. *BVerfGE* 80, 367 = NJW 1990, 536 – Tagebuch: *BGH*, AfP 1987, 508 = NJW 1987, 2667 – Operation EVA; *BGH*, AfP 1991, 416 = NJW 1991, 1532 – Notfalldienst; vgl. auch *Soehring*, Presserecht, 4. Aufl., Rn. 15.8 ff.) und das eigene Verhalten des Verletzten (Recht zum Gegenschlag; vgl. zB *BVerfGE* 42, 143 = NJW 1976, 1677 – Rechtsradikales Hetzblatt).

41 • Auf Seiten des Täters: Motiv und Zweck seiner Äußerung (Sensationslust? Einfluss auf Missstände?) und Sanktionsart (Strafrecht? Zivilrecht? Unterlassung, Widerruf – greift stark ein –, Gegendarstellung – geringster Eingriff).

42 • Inhalt der Äußerung: Informationsinteresse der Öffentlichkeit (bei die Öffentlichkeit wesentlich berührenden Fragen). ZB *BVerfG*, NJW-RR 2007, 1191 – Ehrenpatenschaft zu Frage der Zulässigkeit eines Berichts über eine Vorstrafe: Je schwerwiegender das Persönlichkeitsrecht des Betroffenen beeinträchtigt wird, umso dringlicher muss das Informationsinteresse sein, dessen Befriedigung die Berichterstattung über die Vorstrafe dient (Je-desto-Formel).

3. Fallgruppen

43 Wichtige **Fallgruppen** sind (Entscheidungen dazu und Literatur bei Wunsch zur Vertiefung genau lesen!):

- Boykottaufrufe (zB *BVerfGE* 62, 223 = NJW 1983, 1181; *BGH,* AfP 1985, 114 = NJW 1985, 1620 – Mietboykott, Verfassungsbeschwerde hiergegen nicht angenommen: *BVerfG,* AfP 1988, 236 = NJW 1989, 381). Auch der Lüth-Fall ist ein Fall des Boykottaufrufs. Siehe dazu Einführungsfall 2 und seine Lösung. 44
- Fragen (*BVerfGE* 85, 23 = NJW 1992, 1442 – Fragen). Es ist zu unterscheiden zwischen echten und rhetorischen Fragen. Auch eine Behandlung nach den Grundsätzen der Verdachtsberichterstattung kommt in Betracht (so *OLG Hamburg,* AfP 2009, 149 – Geheimpakt mit Putin). 45
- Kunst/Satire/Forschung/Lehre (zB *BVerfGE* 86, 1 = NJW 1992, 2073 – geb. Mörder; *BVerfG,* AfP 1998, 52 = NJW 1998, 1386 – Münzen-Erna; *BGHZ* 91, 117 = NJW 1984, 1956 – Mordoro; vgl. auch *Isense,* AfP 1993, 619; *Steffen* in: FS f. H. Simon, 1987, S. 359 ff.; *Staudinger/Hager,* BGB 13. Aufl., § 823 Rn. C 125 ff. und C 143 ff.). Grundlegend zur Frage von Kunstverboten, in Weiterentwicklung der Mephisto-Entscheidung, jetzt *BVerfG* in *BVerfGE* 119, 1 = AfP 2007, 441 = GRUR 2007, 1085 = NJW 2008, 39 – Esra (Intimsphäre; Eltern-Kind-Beziehung); dazu die Folgeentscheidung zum Unterlassungsanspruch der Mutter: *BGH* ZUM 2008, 683 (abgewiesen). Klage der „Esra" auf Geldentschädigung abgewiesen durch *OLG München,* AfP 2009, 140 = ZUM 2008, 984, bestätigt durch BGH AfP 2010, 75 = NJW 2010, 763. 46
- Meinungsäußerungen (berühmtes Beispiel *BGHZ* 45, 296 = NJW 1966, 1617 – Höllenfeuer). Auch hier ist zwar abzuwägen (vgl. *BVerfG,* AfP 1993, 563 = NJW 1993, 2925 – Herold). Die Abwägung wird aber idR – bei die Öffentlichkeit wesentlich berührenden Fragen wohl immer – zur Zulässigkeit der Äußerung führen. Beispiel: *BGH,* AfP 2008, 297 = NJW 2008, 2110 – Gen-Milch (bestätigt durch *BVerfG,* NJW 2010, 3501). Die Grenzen liegen bei Formalbeleidigung und Schmähkritik. Eingehend: *Staudinger/Hager,* aaO, § 823 Rn. C 102 ff. 47
- Politischer Meinungskampf (zB *BGHSt* 6, 159 = NJW 1954, 1252 – FDJ-Funktionär: „Der Bundeskanzler bereitet einen neuen Weltkrieg vor" als Meinungsäußerung). Hier sind die Äußerungen selten rechtswidrig. 48
- Prozessbehauptungen (*BVerfG,* NJW 1991, 29 – Angriff auf Zeugen; *BGH,* AfP 1992, 75 = NJW 1992, 1314 – Kassenarztrundschreiben; vgl. *J. Helle,* NJW 1987, 233; *Palandt/Sprau,* BGB, 70. Aufl., § 823 Rn. 104; *Staudinger/Hager,* aaO, § 823 Rn. C 135 ff.); hier kann das Rechtsschutzbedürfnis fehlen. Etwas weitgehend *BGH,* NJW 2008, 996 – Dritte zu Prozessbeteiligten. 49
- Schmähkritik, das ist eine Kritik, bei der nicht die Auseinandersetzung in der Sache, sondern die Herabsetzung der Person im Vordergrund steht (*BVerfGE* 75, 361 = NJW 1987, 2661 – Strauß-Karikatur; *BVerfG,* AfP 1993, 476 = NJW 1993, 1462 – Böll-Kritik [je bejaht]; *BVerfGE* 82, 272 = NJW 1991, 95 – Zwangsdemokrat [verneint]; *BVerfG* in *BVerfGE* 93, 266 = NJW 1995, 3303 – Soldaten sind Mörder II; *BGH* in *BGHZ* 45, 296 = NJW 1966, 1617 – Höllenfeuer; *BGH,* AfP 2009, 137 – Fraport-Skandal). Schmähkritik ist rechtswidrig. 50
- Tatsachenbehauptungen (zB *BGH,* AfP 1988, 25 = NJW 1988, 1589 – Mit Verlogenheit zum Geld). An der Wiederholung unwahrer Tatsachenbehauptungen besteht grundsätzlich kein berechtigtes Interesse. 51
- Warentest (zB *BGH,* AfP 1987, 504 = NJW 1987, 2222 – Warentest IV/DIN-Normen; *BGH,* AfP 1997, 911 = NJW 1997, 2593 – PC-Drucker). Zwischen Wertungen und tatsächlichen Feststellungen ist zu unterscheiden. 52
- Zitate (*BVerfGE* 54, 208 = NJW 1980, 2072 – Böll/Walden; *BVerfG,* AfP 1993, 563 = NJW 1993, 2925 – Herold). Zitate dürfen nicht verfälscht werden. Hierzu etwa *BGH,* ZUM-RD 2008, 117 – Anwaltsaußerung. 53

4. Zu den Beispielsfällen

Lösungsskizze zu Einführungsfall 1: *Die Äußerung ist nicht dahin aufzufassen, dass konkrete Soldaten der Bundeswehr als Mörder bezeichnet werden. Sie bezieht sich vielmehr allgemein auf den Soldatenberuf. Im Vordergrund steht die Wertung des Soldatentums. So gesehen ist die Äußerung als Meinungsäußerung nicht rechtswidrig (lesen: BVerfG in BVerfGE 93, 266 = AfP 1996, 50 = NJW 1995, 3303 – Soldaten sind Mörder II).* 54

Lösungsskizze zu Einführungsfall 2: *Die Äußerung ist als Boykottaufruf einzuordnen. Ein solcher Aufruf ist dann nicht rechtswidrig, wenn er ein die Öffentlichkeit wesentlich berührendes Thema betrifft und nicht wirtschaftliche Mittel eingesetzt werden, es sich vielmehr um einen Aufruf in einer rein geistigen Auseinandersetzung handelt (lesen: BVerfG in BVerfGE 7, 198 = GRUR 1958, 254 = NJW 1958, 257 – Lüth und das nachfolgende Beispiel für eine Abwägung).*

5. Beispiel für eine Abwägung zur Rechtswidrigkeit von Boykottaufrufen

(Text überwiegend aus BVerfG, B. v. 15. 11. 1982, *BVerfGE* 62, 231/244 – Denkzettel) 55

... Es bedarf mithin einer Zuordnung der durch das Grundrecht und durch ein „allgemeines Gesetz" geschützten Rechtsgüter. Für die Beurteilung der Frage, wie diese Zuordnung in Fällen einer Aufforderung zum Boykott vorzunehmen ist, ergeben sich aus der Rechtsprechung des *BVerfG* folgende Grundsätze (Nummerierung und Fettdrucküberschriften hinzugefügt, in Nr. 3 ergänzt um den letzten Satz):

1. Motive und damit zusammenhängend Ziel und Zweck der Aufforderung.
Wesentlich sind zunächst die Motive und, damit zusammenhängend, das Ziel und der Zweck der Aufforderung. Findet diese ihren Grund nicht in eigenen Interessen wirtschaftlicher Art, sondern in der Sorge um politische, wirtschaftliche, soziale oder kulturelle Belange, dann spricht dies dafür, dass die Aufforderung durch Art. 5 I GG geschützt ist (*BVerfGE* 7, 198/212, 215 – Lüth; 25, 256/264 – Blinkfüer III), auch wenn dadurch private und namentlich wirtschaftliche Interessen beeinträchtigt werden (*BVerfGE* 7, 198/219 – Lüth). Dies kann selbst dann gelten, wenn der Verrufer zu dem Boykottierten in einem Konkurrenzverhältnis steht (*BVerfGE* 25, 256/264 – Blinkfüer III).

2. Notwendigkeit und Angemessenheit: Die Verfolgung der Ziele des Verrufers darf ferner das Maß der nach den Umständen notwendigen und angemessenen Beeinträchtigung des Angegriffenen oder des Betroffenen nicht überschreiten (*BVerfGE* 7, 198/215 – Lüth).

3. Verfassungsrechtliche Billigung der Mittel: Schließlich müssen die Mittel der Durchsetzung des Boykottaufrufs verfassungsrechtlich zu billigen sein. Das ist der Fall, wenn der Verrufer sich gegenüber dem Adressaten auf den Versuch geistiger Einflussnahme und Überzeugung, also auf Mittel beschränkt, die den geistigen Kampf der Meinungen gewährleisten (*BVerfGE* 7, 198/221 – Lüth; 25, 256/266 – Blinkfüer III). Dagegen ist die Ausübung wirtschaftlichen Drucks, der für die Adressaten eines Boykottaufrufs schwere Nachteile bewirkt und ihnen demgemäß die Möglichkeit nimmt, ihre Entscheidung in voller innerer Freiheit zu treffen, nicht durch Art. 5 I GG geschützt (*BVerfGE* 25, 256/264 f., 266 f. – Blinkfüer III). Erst die Verstärkung der geäußerten Meinung durch psychischen, wirtschaftlichen oder vergleichbaren Druck verlässt den Rahmen des Grundrechtsschutzes (*BVerfG*, AfP 1988, 236 = NJW 1989, 381 – Mietboykott).

Umfassende Darstellungen zur Frage der Rechtswidrigkeit bei Boykottaufruf (in jedem Fall heranzuziehen!) bei *Staudinger/Hager*, BGB, 13. Aufl., § 823 Rn. C 87 bis C 146, ***Wenzel/Burkhardt,*** Recht der Wort- und Bildberichterstattung, 5. Aufl., Rn. 5.157 und 10.133 ff. und ***Wenzel/v. Strobl-Albeg,*** aaO Rn. 5.365 ff.

Weitere Literatur: *Damm/Rehbock,* Widerruf, Unterlassung und Schadensersatz in Presse und Rundfunk, 3. Aufl., Rn. 647 ff.; *Löffler/Ricker*, Handbuch des Presserechts, 5. Aufl., Kap. 42, Rn. 64–67; *Löffler/Steffen*, Presserecht, 5. Aufl., § 6 LPG Rn. 149; *Palandt/Sprau,* 70. Aufl., § 823 Rn. 95 ff.; *Prinz/Peters*, Medienrecht, Rn. 185 und 221; *Soehring*, Presserecht, 4. Aufl., Rn. 22.43–22.48 a.

VII. Der Unterlassungsanspruch

56 Dieser Anspruch wird im Medienzivilrecht am häufigsten gerichtlich geltend gemacht. Weniger oft folgt dem regelmäßigen Verfügungsverfahren noch die Hauptsache (vgl. §§ 926, 943 ZPO). Der Anspruch und seine Durchsetzung können hier nicht ausführlich dargestellt werden; ich behandle nur Strukturfragen. Die Einzelfragen können in den Handbüchern nachgelesen werden (zB *von Hutten,* in: Götting/Schertz/Seitz, Handbuch des Persönlichkeitsrechts, § 47).

1. Anspruchsgrundlagen

57 Die medienrechtlichen Anspruchsgrundlagen wurden schon diskutiert (oben Rn. 15 ff.). Überwiegend können § 823 I BGB (Verletzung des allgemeinen Persönlichkeitsrechts; Eingriff in den eingerichteten und ausgeübten Gewerbetrieb) und § 823 II BGB iVm §§ 185 ff. StGB herangezogen werden; §§ 824, 826 BGB greifen eher selten ein. Alle Normen gelten für den Unterlassungsanspruch nur analog; der Unterlassungsanspruch ist gerade kein Schadensersatzanspruch. Zusätzlich muss § 1004 I 2 BGB – ebenfalls analog – herangezogen werden. § 823 I und § 823 II BGB sind nebeneinander anwendbar (*BGH* in *BGHZ* 95, 212 = NJW 1985, 2544 – Oberländer). Allerdings ist § 823 I BGB (Verletzung des allgemeinen Persönlichkeitsrechts) Auffangtatbestand; deshalb geht zB § 824 BGB vor (*BGH,* AfP 1992, 140 = NJW 1992, 1312 – Poller). Dies gilt jedoch nicht im Verhältnis zu § 823 II BGB (vgl. *Palandt/Sprau,* § 824 Rn. 1).

2. Besonderheiten der Tatbestandsmerkmale

58 Tathandlung ist die Äußerung im Medium; ihre Übereinstimmung mit dem Verfügungs- oder Klageantrag ist zu prüfen. Es muss der Sinngehalt der Äußerung durch Interpretation (siehe oben Rn. 19 ff.) festgestellt werden. Dabei ist aber Folgendes zu beachten. Verletzt eine mehrdeutige Äußerung das Persönlichkeitsrecht eines anderen, scheidet ein Anspruch auf deren zukünftige Unterlassung – anders als eine Verurteilung zu einer Strafe, zur Leistung von Schadensersatz oder Widerruf – nicht allein deshalb aus, weil sie auch eine Deutungsvariante zulässt, die zu keiner Persönlichkeitsbeeinträchtigung führt (*BVerfG* in *BVerfGE* 114, 339 = AfP 2006, 41 = NJW 2006, 207 – Stolpe). Anspruchsberechtigt ist nur, wer durch die Äußerung unmittelbar betroffen ist. Das ist ein normatives Merkmal; entscheidend ist die Nähe zur Äußerung; die Popularklage soll ausgeschlossen sein. Anspruchsgegner ist der Störer (§ 1004 BGB) oder Täter oder Teilnehmer (§§ 830, 840 BGB); die Haftungstatbestände von §§ 31, 831 BGB sind zusätzlich heranzuziehen. Ein ganz entscheidender Schwerpunkt liegt bei der Frage der

Rechtswidrigkeit der Äußerung (vgl. dazu oben Rn. 28 ff.). Weitere Voraussetzung ist die Erstbegehungs- oder die Wiederholungsgefahr. Der Anspruch kann sich gegen Tatsachenbehauptungen oder gegen Meinungsäußerungen oder auch gegen rhetorische oder echte Fragen oder gegen Vermutungen richten. Er kann sogar bei wahren Tatsachenbehauptungen (bei Eingriffen in die Intimsphäre, zB „X ist ein Homo") bestehen. Nicht erforderlich sind Verschulden, Bewusstsein der Rechtswidrigkeit und Abmahnung. Das ergibt folgendes Anspruchsschema für den Unterlassungsanspruch analog § 823 I, § 1004 I BGB (Verletzung des allgemeinen Persönlichkeitsrechts):

- **Tathandlung:** Äußerung, die das allgemeine Persönlichkeitsrecht beeinträchtigt? Das heißt: Hat sich der Anspruchsgegner so geäußert? Was ergibt die Interpretation der Äußerung? Ist der Anspruchsteller unmittelbar betroffen in seinem allgemeinen Persönlichkeitsrecht? Oder Eingriff in das Recht am Unternehmen (vgl. *BGH* in *BGHZ* 98, 94 = NJW 1986, 2951 – BMW; AfP 2008, 297 = NJW 2008, 2110 – Gen-Milch; *OLG Hamburg,* NJW 2009, 1510 = ZUM-RD 2009, 199 – Contergan-Film). 59
- **Anspruchsgegner:** Störer = Täter (?; zB *BGH,* AfP 1986, 241 = NJW 1986, 2503 – Leserbrief II) oder Teilnehmer (§§ 830, 840 BGB); oder hat eine Zurechnung einer fremden Äußerung gemäß § 31 (vgl. *BGH,* Nr. 27 zu LM § 31 BGB = WM 1985, 570 – Landesverband), § 831 BGB zu erfolgen? 60
- **Rechtswidrigkeit** (in der Regel ganz wichtiger Schwerpunkt; siehe dazu oben Rn. 32 ff.
- **Erstbegehungs- oder Wiederholungsgefahr:** Wird nach rechtswidrigen Äußerung in Medien regelmäßig vermutet. Einzelfälle in den Handbüchern (vgl. etwa *Wenzel/Burkhardt,* Rn. 12.7–12.35) oder bei *Palandt/Sprau,* Einf. vor § 823 Rn. 20 ff. nachsehen. Beispiel einer Entscheidung: *BGH,* NJW 1994, 1281 – Bilanzanalyse; dazu *BVerfG,* NJW 1994, 1784. 61

Mit Hilfe dieses Schemas können die Tatbestandsmerkmale der anderen Anspruchsnormen nachgebildet werden.

3. Inhalt des Unterlassungsanspruchs

62 Sind die Voraussetzungen des Tatbestandes gegeben, dann wird die Wiederholung der Äußerung verboten; der Anspruch geht also auf Unterlassung in der Zukunft. Deshalb ist der Ausdruck „vorbeugende Unterlassungsklage" irreführend (immer noch wichtig zum Gebrauch solcher Ausdrücke *Baur,* JZ 1966, 381 ff.). Die gegenwärtigen Folgen der Äußerung werden damit nicht beseitigt. Das könnte nur durch eine Berichtigung oder durch die Veröffentlichung des Tenors eines Unterlassungsurteils geschehen.

VIII. Der Berichtigungsanspruch

63 Die **Terminologie** ist nicht einheitlich. Weil der Anspruch auch auf § 1004 I 1 BGB beruht wird zT vom Beseitigungsanspruch gesprochen. Im Medienzivilrecht ist aber der speziellere Ausdruck Berichtigungs- oder Widerrufsanspruch vorzuziehen. Neue Literatur: *Kamps* in: Götting/Schertz/Seitz, Handbuch des Persönlichkeitsrechts, § 49.

64 Grundlegende Entscheidungen:
BVerfG in *BVerfGE* 28, 1 = NJW 1970, 651 – Schmidt/Spiegel
BGH (GSZ) in *BGHZ* 34, 99 = NJW 1961, 658 – Amtsbaumeister
BGH in *BGHZ* 176, 175 = AfP 2008, 381 = NJW 2008, 2262 – Leck verzweifelt gesucht.

1. Anspruchsgrundlagen

65 Der sogenannte deliktische Berichtigungsanspruch setzt den vollen Tatbestand der §§ 823 ff. BGB voraus, also insbesondere auch Verschulden; er kommt deshalb selten zum Tragen, weil das Verschulden sehr oft nicht nachzuweisen ist und außerdem das Gericht bei konkurrierenden Ansprüchen die Norm heranziehen muss, welche geringere Anforderungen stellt. Der presserechtliche Berichtigungsanspruch beruht – wie der Unterlassungsanspruch – auf einer analogen Anwendung von §§ 823 ff. BGB iVm § 1004 I 1 BGB. Die Gründe für die Erforderlichkeit einer Analogie entsprechen denen beim Unterlassungsanspruch.

2. Besonderheiten bei den Tatbestandsmerkmalen

66 Solche Besonderheiten bestehen deshalb, weil Berichtigung nur bei unwahren Tatsachenbehauptungen verlangt werden kann. Beim presserechtlichen Berichtigungsanspruch (siehe soeben oben Rn. 65) kommt hinzu, dass Verschulden nicht Voraussetzung ist; hier schlägt § 1004 I 1 BGB durch. Denkbar wäre etwa folgendes Prüfungsschema:

67 1. **Tathandlung:** Unwahre, beeinträchtigende Tatsachenbehauptung, dh
- Äußerung des Anspruchsgegners so? Hier auch Interpretation der Äußerung!
- Tatsachenbehauptung? Niemand kann gezwungen werden, seine Meinung aufzugeben (vgl. *BGH,* NJW 1989, 2941 [2942] – Nervenärztliche Diagnose)
- Unwahrheit. Hierzu meist Beweisaufnahme erforderlich. Fraglich ist, ob für die Beweislastverteilung § 186 StGB gilt (wohl nicht). Manche befürworten einen Anspruch auf eingeschränkten Widerruf (zB

Nichtaufrechterhalten der Behauptung), wenn die Unwahrheit nicht bewiesen ist, aber jeder ernsthafte Anhalt für die Wahrheit fehlt (vgl. *Soehring,* Rn. 31.14)

- Qualifikation dieser unwahren Tatsachenbehauptung zur Ermittlung der Anspruchsnorm:
  § 823 I BGB (Verletzung des allg. Persönlichkeitsrechts/Eingriff in Gewerbebetrieb)?
  § 823 II BGB iVm §§ 185–187 a StGB: Ehrbeeinträchtigung?
  § 824 BGB: kreditschädigend?
  § 826 BGB: in sittenwidriger Weise?

2. **Anspruchsteller:** Verletzter, das ist der unmittelbar Betroffene (*Löffler/Steffen,* § 6 LPG Rn. 198).

3. **Anspruchsgegner:** Störer = Täter oder Teilnehmer, §§ 830, 840 BGB oder Zurechnung über §§ 31, 831 BGB.

4. **Fortwirken** der rechtswidrigen Beeinträchtigung? Es muss ein dauernder Zustand geschaffen sein, der (zB bei Beleidigung) eine stetig sich erneuernde Quelle der Ehrverletzung bildet (*BGH* GRUR 1960, 500 = Nr. 49 zu LM § 1004 BGB – Plagiatsvorwurf; *BGH* in *BGHZ* 34, 99 = NJW 1961, 658 – Amtsbaumeister). Bei Äußerung in Medien ist grundsätzlich vom Fortwirken auszugehen. Beim deliktischen Berichtigungsanspruch wäre zu fragen, ob ein Schaden eingetreten ist.

5. **Eignung, Erforderlichkeit** und **Zumutbarkeit?** Diese Voraussetzungen sind nicht gegeben, wenn es nur um Rechthaberei, Genugtuung oder Verbesserung der Stellung etwa in einem Zivilprozess geht (vgl. *BGH* in *BGHZ* 89, 198 = NJW 1984, 1104 – Aktionärsversammlung).

6. Das **Rechtsschutzbedürfnis** fehlt idR bei Berichtigungsanspruch gegenüber Prozessbehauptungen (vgl. oben Rn. 49).

3. Inhalt des Berichtigungsanspruchs

68 Die Berichtigung ist abzugrenzen von der Veröffentlichung des Tenors eines Unterlassungsurteils (vgl. hierzu unten, Rn. 80) und von der Gegendarstellung. Bei der Gegendarstellung wird der Meldung des Mediums nur die andere Darstellung des Betroffenen gegenübergestellt; die Wahrheit der Behauptungen ist gerichtlich nicht geprüft. Die Veröffentlichung eines Unterlassungsurteils wirkt faktisch ähnlich wie eine Berichtigung. Rechtlich will insbesondere der Widerruf (als schärfste Form der Berichtigung) eine Behauptung vollständig aus der Welt schaffen, wenn sie fortwirkt. Deshalb geht er weiter als die Unterlassungsverpflichtung, die nur eine Wiederholung für die Zukunft (nicht ihre Fortwirkung) verhindert.

69 Die Berichtigung kann mündlich, privatschriftlich (mit Unterschrift) oder öffentlich (im Medium) erfolgen. Bei Äußerung im Medium ist auch die Veröffentlichung der Berichtigung in der Regel erforderlich und zumutbar. Entscheidend ist die Formulierung des Tenors. Die Art der Berichtigung muss im Tenor bestimmt werden. Über § 139 ZPO sollte vom Gericht notfalls eine Ergänzung des Klageantrags angeregt werden. Es ist möglich, den Beklagten zur öffentlichen, eigenhändig unterzeichneten Berichtigung zu verurteilen (*BVerfG* in *BVerfGE* 28, 1 = NJW 1970, 651 – Schmidt/Spiegel; hier war Augstein (der damalige Spiegel-Chef) zu einem solchen Widerruf verurteilt worden – veröffentlicht im SPIEGEL Nr. 12/1970 S. 25). Der eingeschränkte Widerruf geht dahin, dass eine Äußerung nicht aufrechterhalten oder richtiggestellt wird (vgl. *BGH,* AfP 1987, 502 = LM, § 138 ZPO Nr. 23 – Insiderwissen; *Palandt/Sprau,* Einf. vor § 823 Rn. 32 f.; *Soehring,* Rn. 31.11 ff.). Beispiel für einen Urteilstenor siehe unten Rn. 93.

IX. Der Gegendarstellungsanspruch

70 Das ist der wohl am zweithäufigsten geltend gemachte medienzivilrechtliche Anspruch. Einzelheiten können hier nicht dargestellt werden. Deshalb wird verwiesen auf *Löffler/Sedelmeier,* Presserecht, 5. Aufl. 2006, Anm. zu § 11 LPG; *Seitz/Schmidt,* Der Gegendarstellungsanspruch, Presse, Film, Funk Fernsehen und Internet, 4. Aufl. 2010 Bd. 33 NJW Praxis); *Seitz* in: Götting/Schertz/Seitz, Handbuch des Persönlichkeitsrechts, § 48). Gut strukturierte knappe Übersicht bei *Palandt/Sprau,* Einf. vor § 823 Rn. 36 mit den wesentlichen Entscheidungen von *BVerfG* und *BGH.*

1. Anspruchsgrundlagen

71 Die Zahl der Regelungen ändert sich ständig; sie liegt jetzt – mit den neuen Ländern – bei über 40 (Zusammenstellung nach dem Stand 2009 bei *Seitz/Schmidt,* Anhang III und bei *Löffler/Sedelmeier,* Presserecht, zu § 11 LPG – Stand 2006). Maßgeblicher Anknüpfungspunkt für die Bestimmung des anwendbaren Rechts (interlokalen Privatrechts) ist bei Presseerzeugnissen der Erscheinungsort (Art. 40 EGBGB analog) und bei Rundfunksendungen idR der Ausstrahlungsort (*Seitz/Schmidt,* Rn. 3.7 ff.). Beide sind mit der lex fori nicht identisch. Überwiegend ergibt sich aber, dass das Gericht das im eigenen Bundesland geltende Medienrecht anzuwenden hat. Dieses findet sich auch in den jeweiligen Sammlungen des Länderrechts (zB in den Beck'schen Sammlungen) und bei *Ring,* Medienrecht (Loseblattausgabe; etwas unübersichtlich, vor allem wegen der Vielfalt der Regelungen). Alle Länder haben Pressegesetze; sie folgen bei den alten Bundesländern überwiegend einem Musterentwurf, weichen aber in Einzelheiten ab. Für den öffentlich-rechtlichen Rundfunk sind nur zT Ländergesetze erlassen; teilwei-

se bestehen Staatsverträge (zB Staatsvertrag über den Mitteldeutschen Rundfunk, abgedruckt etwa im Sächs. GVBl. 1991, 169; zu finden auch etwa über die Homepage des MDR). Der Bereich der Neuen Medien einschließlich des privaten Rundfunks (NB: „Rundfunk“ umfasst Hörfunk und Fernsehen) ist überwiegend in besonderen Landesgesetzen geregelt. Eine bundesgesetzliche Regelung enthält das Gesetz über die Rundfunkanstalt des Bundesrechts „Deutsche Welle (Deutsche-Welle-G – DWG) in der Neufassung vom 11. 1. 2005, BGBl. I S. 90. Für das ganze Bundesgebiet gilt der Staatsvertrag über den Rundfunk im vereinten Deutschland vom 31. 8. 1991 (veröffentlicht zB im Sammelblatt 1991, 2628 ff.; mit späteren RundfunkänderungsStV; neueste Fassung je über die Landesmedienanstalten zu finden); in diesem ist das Gegendarstellungsrecht für das ZDF geregelt (Art. 3 ZDF-Staatsvertrag, § 9), für die ARD (ARD-StaatsV § 8) und für das Internet in § 56 RStV.

2. Besonderheiten bei den Tatbestandsmerkmalen

Jeder Richter, der für Pressesachen iwS zuständig ist, sollte sich eine Übersicht der Tatbestandsmerkmale „seiner“ Regelungen selbst erstellen. Eine Übersicht über die materiellen Voraussetzungen ergibt die Gliederung bei *Seitz/Schmidt*. Im Anhang I ist dort eine Checkliste über die wichtigsten Voraussetzungen abgedruckt. 72

Ganz wesentlich ist, dass sich die Gegendarstellung gegen unwahre Tatsachenbehauptungen mit entgegengesetzten Tatsachenbehauptungen wendet; allerdings werden im Gegendarstellungsprozess die Unwahrheit der Erstmitteilung und die Wahrheit der Entgegnung nicht geprüft. Der Begriff der Tatsachenbehauptung ist also auch im Gegendarstellungsrecht ein ganz zentraler Begriff (vgl. oben Rn. 24 ff.; Einzelfragen bei *Seitz/Schmidt*, 6. Kapitel). Voraussetzung für eine zutreffende Einordnung und die Entscheidung der Frage, ob eine „Entgegnung“ vorliegt, ist die zutreffende Erfassung des Aussagegehalts der angegriffenen Äußerung; auch gilt hier nicht die Stolpe-Doktrin (*BVerfG*, AfP 2008, 58 = NJW 2008, 1654 – Belege; auch zur Behandlung „verdeckter“ Äußerungen). Sehr wesentlich ist auch, dass die wohl noch hM das Prinzip des „ganz oder gar nicht“ vertritt. Oft wird eine Gegendarstellung zu mehreren Punkten verlangt. Ist sie in einem Punkt nicht zulässig (zB weil keine Tatsachenbehauptung oder keine echte Entgegnung), dann ist sie nach dieser hM insgesamt unzulässig (weil vom APR getragene, persönliche Erklärung des Betroffenen). Ich habe Zweifel, ob dieses Prinzip dem Erfordernis des effektiven Rechtsschutzes in Gegendarstellungssachen entspricht (vgl. zu den Fragen des „ganz oder gar nicht“ *Seitz/Schmidt*, Rn. 5.238 f. und die dort im 12. Kapitel dargestellte Einschränkung des Prinzips). 73

3. Inhalt des Gegendarstellungsanspruchs

Der Inhalt des Gegendarstellungsanspruchs ist wichtig für die Tenorierung und für die Frage seiner Erfüllung. Der Anspruch geht auf Veröffentlichung der Gegendarstellung. Dabei ist zwischen der Gegendarstellung selbst und den Veröffentlichungsmodalitäten zu unterscheiden. Der Text der Gegendarstellung selbst wird vom Betroffenen bestimmt; es handelt sich um seine der Erstmitteilung entgegengesetzte persönliche Erklärung. Das Gericht kann in diese Erklärung nur in ganz engen Grenzen (nur in Bezug auf Kleinigkeiten, zB Schreibfehler; siehe aber den Hinweis oben Rn. 73 am Ende!) eingreifen. Die Veröffentlichungsmodalitäten werden zum Teil im Verfügungsantrag nicht genannt. Sie können vom Gericht bestimmt werden; die den Gegendarstellungsanspruch regelnden Normen legen hierzu Einzelheiten (zB Zeit und Stelle der Veröffentlichung) fest. Auch eine Veröffentlichung auf dem Titelblatt kommt in Betracht; gegen eine entsprechende Verurteilung bestehen keine grundsätzlichen verfassungsrechtlichen Bedenken (vgl. *BVerfG* in *BVerfGE* 97, 125 = AfP 1998, 184 = NJW 1998, 1381; *OLG Karlsruhe*, AfP 2008, 315 = NJW-RR 2008, 856 = ZUM-RD 2008, 299 – Peter Alexander). Beispiel für Antrag und Urteilstenor siehe unten Rn. 93. 74

X. Schadensersatzansprüche im Medienzivilrecht

Die Schadensersatzansprüche können den materiellen oder den immateriellen (zB Rufbeeinträchtigung) Schaden erfassen. Diese Unterscheidung ist von erheblicher Bedeutung – wegen der unterschiedlichen Voraussetzungen und der anderen Folgen. Im Gegensatz zum Unterlassungsanspruch und zum presserechtlichen (nicht deliktischen) Berichtigungsanspruch ist Verschulden immer Voraussetzung. 75

1. Ersatz materiellen Schadens

Der Anspruch auf Ersatz materiellen Schadens folgt den allgemeinen Regeln vor allem der §§ 823 ff. und der §§ 249 ff. BGB. Der volle Tatbestand einer der Anspruchsnormen in §§ 823 ff. BGB muss erfüllt sein, insbesondere ist regelmäßig Verschulden eine Voraussetzung (im Gegensatz zum Unterlassungsanspruch und zum Berichtigungsanspruch). Neuere Entscheidung: *BGH* in *BGHZ* 166, 84 = AfP 2006, 150 = NJW 2006, 830 – Kirch gegen Deutsche Bank (Entscheidung durch den Bankensenat). In der Praxis liegt die Hauptschwierigkeit im Nachweis des Verschuldens und bei der Prüfung des Schadens, vor allem des entgangenen Gewinns. Hier sind § 252 BGB und § 287 ZPO oft hilfreich. Weiteres Bei- 76 spiel aus der Rechtsprechung: *BGH,* AfP 1997, 700 = GRUR 1997, 233 = NJW 1997, 1148 – Stern-TV. Neue Darstellung: *Gerda Müller* in: Götting/Schertz/Seitz, § 50. Unter Umständen kommt an Stelle dieses Anspruchs ein solcher aus Bereicherung in Betracht (dazu *Seitz* in: Götting/Schertz/Seitz, § 52).

2. Ersatz immateriellen Schadens

77 Der *BGH* spricht hier überwiegend von **Geldentschädigung** wegen Verletzung des allgemeinen Persönlichkeitsrechts. Die Bezeichnung „Schmerzensgeld" sollte man vermeiden, weil § 253 BGB gerade nicht gilt. Grundlage für den Anspruch ist der aus Art. 2 I iVm Art. 1 I GG folgende Schutzauftrag des Grundgesetzes (neuerdings etwa *BVerfG,* NJW 2006, 595 – Pestalozzis Erben). Siehe dazu im Einzelnen *Gerda Müller* in: Götting/Schertz/Seitz, § 51. Der Anspruch besteht (da praeter legem; vgl. § 253 BGB) nur, wenn der Eingriff in das Persönlichkeitsrecht hinreichend schwerwiegend erscheint und sich nicht in anderer Weise, insbesondere durch Berichtigung/Widerruf der persönlichkeitsrechtsverletzenden Äußerung, ein befriedigender Ausgleich erreichen lässt (so die Formel in *BGH,* AfP 1989, 669 [672] = NJW-RR 1990, 1058. – Wünschelrute und *BGH,* AfP 1988, 34 = NJW-RR 1988, 733 – Geistlicher; *BGH* in *BGHZ* 132, 13 = NJW 1996, 1131 – Der Lohnkiller). Grundlegend zB *BGH* in *BGHZ* 26, 349 = NJW 1958, 827 – Herrenreiter. Sehr wichtig aus etwas neuerer Zeit *BVerfG* in *BVerfGE* 54, 208 = NJW 1980, 2072 – Böll/Walden. Häufigste Fälle sind die Veröffentlichung von Aktfotos (etwa *BGH,* AfP 1985, 115 = NJW 1985, 1617 – Nacktfoto, aus Biologiebuch) und die Äußerung von Schmähkritik. Beispielsfall zu § 839 BGB: *BGH,* WM 1994, 992 (Pressemitteilung der Staatsanwaltschaft über Ermittlungsverfahren). Nett sind zB *BGH,* AfP 1968, 760 – Der Kneifer; *BGH,* AfP 1980, 35 = NJW 1980, 994 – Wahlkampfillustrierte. Wie beim Schmerzensgeld gibt es auch hier Listen, zB bei *Schulze/Stippler-Birk,* Schmerzensgeldhöhe im Presse- und Medienprozess, 1992 (sehr kritisch besprochen von *J. Helle,* AfP 1992, 326), und bei *Wenzel/Burkhardt,* Rn. 14.149 = S. 1001–1012. Bei Verletzung des postmortalen Persönlichkeitsrechts wird dieser Anspruch nur ausnahmsweise und allenfalls überlebenden Angehörigen zugebilligt (vgl. *BGH,* AfP 2006, 67 = NJW 2006, 605 – Muttermord). Eine besondere Begrenzung des Anspruchs kann sich aus Art. 5 III GG (Kunstfreiheit) ergeben; vgl. *OLG München,* AfP 2009, 140 = ZUM 2009, 429 – Esra, bestätigt durch *BGH,* AfP 2010, 75–77 = NJW 2010, 763.

XI. Sonderfall Bildveröffentlichung

78 Der Fall der Bildveröffentlichung muss herausgehoben werden. Das Recht am eigenen Bild ist spezialgesetzlich in §§ 22–24 KUG geregelt. *J. Helle* bezeichnet es als besonderes Persönlichkeitsrecht (s. *J. Helle,* Besondere Persönlichkeitsrechte im Privatrecht, vor allem Teil 2). Der Text des KUG ist zB als Nr. 67 im Schönfelder zu finden. Ergänzend zur erschöpfenden Darstellung von *Helle* kann auf die Kommentierung bei *Schricker/Gerstenberg/Götting,* UrhG (4. Aufl.), im Anhang zu § 60 UrhG und die Darstellung von *Schertz* in: Götting/Schertz/Seitz, Handbuch des Persönlichkeitsrechts, § 12, zurückgegriffen werden. Immer noch wichtig: *Neumann-Duesberg,* JZ 1960, 114 ff., vor allem zur Frage der „Person der Zeitgeschichte" – wobei diese Rechtsfigur nunmehr wegen der Rspr. des EGMR zweifelhaft geworden ist. Grundlegend *BGH,* U. v. 1. 12. 1999 (*BGHZ* 143, 214 – Marlene Dietrich und *BVerfG,* U. v. 15. 12. 1999 (*BVerfGE* 101, 361 – Caroline von Monaco). Zur Zeit sehr in Diskussion: Abbildung von Begleitern von Personen der Zeitgeschichte (zB *BGH,* AfP 2007, 121 – Caroline und Ernst August in Skiurlaub; *BGH,* AfP 2007, 472 = GRUR 2007, 899 = NJW 2007, 3440 = ZUM-RD 2007, 397 – Grönemeyer-Begleiterin in Rom; NJW 2009, 1502 – Christiansen); Schutz von Kindern (zB *BVerfG,* NJW 2007, 1055 – Scheidungsfolgen; *BGH* in *BGHZ* 160, 298 = AfP 2005, 65 = NJW 2005, 215 – Babyglück; NJW 2009, 1499 – Enkel von Fürst Rainier; AfP 2010, 60 – Beckenbauer-Sohn).

79 Die wesentlichen Anspruchsgrundlagen bei Verletzung des Rechts am eigenen Bild sind:

- § 823 I BGB (Verletzung des allgemeinen Persönlichkeitsrechts; dazu *BGH,* NJW 1994, 124 – FCKW-Plakataktion)
- § 823 II BGB iVm §§ 22 ff. KUG
- §§ 812 ff. BGB (dazu *BGH,* AfP 1992, 149 = NJW 1992, 2084 – Fuchsberger und Aufsatz *Canaris,* JZ 1992, 1114)

Denkbar sind vor allem Ansprüche auf Unterlassung, auf Beseitigung der Störung durch Berichtigung (zB bei unwahrer Bildunterschrift) oder Urteilsveröffentlichung, auf Herausgabe einer ungerechtfertigten Bereicherung und auf Schadensersatz, insbesondere Geldentschädigung (siehe bei *Helle,* S. 213 ff.). Die sich aus der Entscheidung des *EGMR* vom 24. 6. 2004 (AfP 2004, 348 = NJW 2004, 2647 – Caroline von Hannover) ergebenden Fragen sind noch nicht vollständig ausdiskutiert. Diese Entscheidung stärkt das Recht zum ungestörten Privatleben auch Prominenter; sie steht aber im Konflikt mit der Vorentscheidung des *BVerfG* hierzu (*BVerfGE* 101, 361 = AfP 2000, 76 = NJW 2000, 1021 – Caroline von Monaco). Siehe dazu neuerdings zu einem Bericht über eine schnelle Fahrt des Ehemanns von Caroline von Hannover *BGH,* AfP 2006, 62 = NJW 2006, 599 – Autobahnraser und zu den Entscheidungen des *BGH* vom 6. 3. 2007 oben Rn. 1. Das *BVerfG* hat diese neuere Rspr. des *BGH* („Abgestuftes Schutzkonzept") im Wesentlichen gebilligt (*BVerfG,* AfP 2008, 163 [mit Anm. RA Dirk Knop S. 172] =

GRUR 2008, 539 = NJW 2008, 1793 – Caroline); diese Entscheidung ist ein neuer Meilenstein in der Entwicklung des Rechts am eigenen Bild. Folgeentscheidungen des *BGH* zu diesem Bereich etwa *BGH,* GRUR 2008, 1017 = NJW 2008, 3134 – Simonis; *BGH,* GRUR 2008, 1024 = NJW 2008, 3138 – Christiansen; *BGH,* GRUR 2008, 1020 = NJW 2008, 3141 – Lamu (und Entscheidungen vom 14. 10. 2008). Sehr wesentlich für die Bestimmung der Anspruchsgrundlage bei Zwangskommerzialisierung ist *BGH* in *BGHZ* 169, 340 = AfP 2006, 559 = GRUR 2007, 139 = NJW 2007, 689 (Bespr. Balthasar NJW 2007, 664) – Lafontaine-Werbung. Der *BGH* hält darin nicht an der früheren Rspr. (insbesondere im Herrenreiter-Urteil) fest, wonach ein Bereicherungsausgleich in solchen Fällen ein grundsätzliches Einverständnis des Abgebildeten mit der Vermarktung seines Rechts am eigenen Bild voraussetze. Bildberichterstattung über den Vollzug der Freiheitsstrafe bei einem prominenten Schauspieler: *BGH,* AfP 2009, 51 = GRUR 2009, 150 = NJW 2009, 757 – Karsten Speck. Werbung der Presse mit einem fiktiven Artikel siehe *BGH,* AfP 2010, 237 = GRUR 2010, 546 = NJW-RR 2010, 855 – Dummy.

XII. Ergänzende Ansprüche

80 Liegen die Voraussetzungen von §§ 823 ff. BGB in vollem Umfang (einschließlich Verschulden) vor, dann kann ein Anspruch auf Veröffentlichung eines Urteilstenors auf Unterlassung oder Berichtigung aus § 249 Satz 1 BGB folgen. Auch ohne Verschulden hat der *BGH* (in *BGHZ* 99, 133 = NJW 1987, 1400 – Oberfaschist) einen Anspruch auf Veröffentlichung einer Unterlassungserklärung auf Kosten des Täters bejaht, wenn gerade eine solche Veröffentlichung zur Beseitigung der Störung erforderlich ist. Er verneint einen automatischen Verbund von Unterlassungsurteil und Veröffentlichungsbefugnis. Ein Anspruch besteht aber idR, wenn auch die angegriffene Äußerung in einem Presseorgan publiziert ist. Dieser Anspruch dient – wie der Berichtigungsanspruch – nicht der Satisfaktion. Beispiel für einen Urteilstenor siehe unten Rn. 93. Weitere Ansprüche sind etwa der Anspruch auf Geldzahlung wegen Verletzung der postmortalen Würde (*OLG München,* GRUR-RR 2002, 341; hiergegen möglicherweise *BGH* in *BGHZ* 165, 203 = AfP 2006, 67 = GRUR 2006, 252 = NJW 2006, 605 – Muttermord), der Anspruch auf Auskunft und der auf Vernichtung. Einzelheiten zu den ergänzenden Ansprüchen zB bei *Freund* in: Götting/Schertz/Seitz, Handbuch des Persönlichkeitsrechts, § 53.

XIII. Zivilprozess um Medienzivilrecht

81 Hier können nur einige Besonderheiten der Vorbereitung, Durchführung, Entscheidung und Zwangsvollstreckung dargestellt werden. Die allgemeinen Handbücher und Monografien behandeln zivilprozessuale Fragen nur teilweise. Für das Gegendarstellungsrecht sei auf meine Ausführungen bei *Seitz/Schmidt,* Kap. 9–14 verwiesen; für den Hauptsacheprozess auf *meine* Darstellung in Götting/Schertz/Seitz, § 56.

1. Einführung in die Besonderheiten

82 Streitigkeiten in Pressesachen werden überwiegend im Verfahren der einstweiligen Verfügung ausgetragen und setzen Spezialkenntnisse voraus. Oft geht es um Äußerungen über prominente Personen oder um Angriffe auf wirtschaftliche Unternehmen. Die Resonanz der Öffentlichkeit auf den Rechtsstreit entspricht oft der auf die Veröffentlichung. Hier steht die Justiz oft im Rampenlicht der Öffentlichkeit. Hohe Qualität der Rechtsprechung in Medienzivilsachen trägt sehr viel zum guten Ruf der Justiz in der Bevölkerung bei. Pressekammern und Pressesenate müssen deshalb möglichst mit hochqualifizierten Richtern besetzt werden (und sind es überwiegend auch). Pressesachen verlangen überwiegend eine sehr schnelle Entscheidung. Anträge auf Erlass einer einstweiligen Verfügung sollten deshalb am Tag des Eingangs bearbeitet, von der Möglichkeit einer Abkürzung der Ladungsfrist (§§ 217, 226 ZPO) sollte idR Gebrauch gemacht werden. Im Verfügungsverfahren gibt es keine Einlassungsfrist (*Reichold* in: Thomas/Putzo, § 274 Rn. 3). Ähnlich wie in Wettbewerbssachen stehen sich im Presseprozess oft der Allgemeinanwalt und der erfahrene Presseanwalt (Fachanwalt) gegenüber. Wird dann vor einer spezialisierten Pressekammer (oder einem Pressesenat) verhandelt, dann hat es der Allgemeinanwalt schwer; man sollte ihm Verständnis entgegenbringen.

2. Verfahrensfragen

83 Bei vielen Gerichten bestehen Spezialzuständigkeiten, bei den Kollegialgerichten gibt es Pressekammern und Pressesenate. Die interne Zuständigkeit regeln die **Geschäftsverteilungspläne.** Dort muss der Begriff „Pressesachen" definiert werden. Die Richter in Pressesachen sollten die sie betreffende Regelung genau ansehen und beachten.

84 Die **örtliche Zuständigkeit** zur Durchsetzung von Ansprüchen auf Unterlassung, Berichtigung oder Schadensersatz wird durch den fliegenden Gerichtsstand des § 32 ZPO bestimmt; die unerlaubte Handlung ist überall dort begangen, wo die Zeitung usw. vertrieben wird oder wo die Rundfunksendung zu empfangen war. Daher besteht idR ein Wahlrecht. Für die Durchsetzung des Gegendarstellungsan-

spruchs gilt dies nicht; hier ist nach §§ 12ff. ZPO zu entscheiden (vgl. *Seitz/Schmidt*, Rn. 9.11 ff.). Zur internationalen Zuständigkeit siehe *Seitz* in: Götting/Schertz/Seitz, Handbuch des Persönlichkeitsrechts, § 59.

85 Zwar sind Pressesachen oft als nichtvermögensrechtliche Streitigkeit einzustufen; wegen der Neuregelung in § 23 GVG ist aber jetzt für die **sachliche Zuständigkeit** allein der Zuständigkeitsstreitwert entscheidend (die Abgrenzung vermögensrechtlich/nichtvermögensrechtlich ist hier nicht mehr von Bedeutung). Die Antragsschrift muss also zumindest ausreichende tatsächliche Hinweise zum Streitwert enthalten (Einzelheiten zum Streitwert s. etwa bei *Reichold* in: Thomas/Putzo, § 3 Rn. 4–190).

86 Als **Verfahrensart** sind zulässig die einstweilige Verfügung (wohl nicht für den Berichtigungsanspruch; vgl. *Reichold* in: Thomas/Putzo, § 940 Rn. 17) und die Hauptsacheklage. Wegen der Eilbedürftigkeit der Pressesachen (die Voraussetzungen der §§ 935, 940 ZPO liegen deshalb fast immer vor; eine Abgrenzung zwischen beiden ist nicht erforderlich) wird überwiegend das Verfahren der einstweiligen Verfügung gewählt, eine Hauptsacheklage folgt eher selten nach. In Gegendarstellungssachen ist die Hauptsacheklage fast ausnahmslos kraft gesetzlicher Regelung ausgeschlossen; der Verfügungsgrund (Gefährdung des Anspruchs) braucht hier meist kraft ausdrücklicher gesetzlicher Regelung nicht glaubhaft gemacht zu werden. Einzelheiten zB bei *Spangler* in: Götting/Schertz/Seitz, Handbuch des Persönlichkeitsrechts, § 55.

3. Durchführung des Prozesses um medienzivilrechtliche Fragen

87 § 937 II ZPO lässt zwar jetzt auch zu, den Antrag ohne **mündliche Verhandlung** abzuweisen. Von der Möglichkeit, ohne mündliche Verhandlung zu entscheiden, sollte in Pressesachen nur sehr vorsichtig Gebrauch gemacht werden. Dies gilt jedenfalls für Gegendarstellungen (vgl. *Seitz*, AfP 1991, 581 ff.; dazu *Schmidt*, AfP 1992, 31 ff.). Ich rate Richtern dringend, Hinweise (§ 139 ZPO) schon mit der Ladung zu geben; telefonische Hinweise nur an eine Partei halte ich für bedenklich. Die Mittel der Glaubhaftmachung (§§ 936, 922 II, 294 ZPO) müssen die Parteien beschaffen; § 273 ZPO gilt grundsätzlich nicht (*Reichold* in: Thomas/Putzo, § 273 Rn. 5; zu weiteren Fragen bei Anordnung der mündlichen Verhandlung s. *Reichold* in: Thomas/Putzo, § 922 Rn. 1).

88 Schwierige Fragen der **Beweislast** im Rahmen der Prüfung der Rechtswidrigkeit ergeben sich, wenn §§ 186, 193 StGB anzuwenden sind. Die Beweisregel des § 186 StGB gilt über § 823 II BGB auch im Medienzivilrecht. Voraussetzung für einen Unterlassungsanspruch ist, dass sich der in Anspruch Genommene nicht auf ein Recht zu seiner Äußerung berufen kann. Das aber ist an Art. 5 GG und an § 193 StGB zu messen. Fehlt es an der Feststellung der Unwahrheit der aufgestellten Behauptung, ist im Interesse eines wirksamen Schutzes der grundsätzlichen Äußerungsfreiheit zugunsten des Beklagten davon auszugehen, dass die Behauptung wahr ist. Von dieser Unterstellung aus ist sodann zu prüfen, ob die Behauptung zur Wahrnehmung berechtigter Interessen erfolgt ist. Zu diesen Fragen unbedingt lesen:

- *BGH*, AfP 1985, 117 = NJW 1985, 1621 – Türkol I;
- *BGH*, AfP 1987, 597 = NJW 1987, 2225 – Chemiegift;
- *BGH*, AfP 1989, 669 = NJW-RR 1990, 1058 – Wünschelrute;
- *BGH*, NJW 1993, 930 – Fellhandel.

Zur Frage der Einschränkung der Beweisregeln der ZPO in äußerungsrechtlichen Fällen siehe *BVerfG*, AfP 1992, 58 = NJW 1992, 2013 – Nazi; zur Darlegungslast *BVerfG* in *BVerfGE* 85, 1 = NJW 1992, 1439 – Krit. Bayeraktionäre; zur Frage einer Erweiterung der Substantiierungspflicht s. *BGH*, AfP 1987, 502 – LM § 138 ZPO Nr. 23 – Insiderwissen und AfP 2009, 55 = NJW 2009, 915 – ARD prüft.

89 Eine **Änderung der Gegendarstellung** im Verfahren ist nur unter engen Voraussetzungen möglich (siehe dazu *Seitz/Schmidt* im 12. Kapitel, *Soehring*, Rn. 29.45 a ff. und *Wenzel/Burkhardt*, Rn. 11.255 ff.).

4. Besonderheiten der Entscheidung (Verfügungsverfahren)

90 Bei Entscheidung ohne mündliche Verhandlung (§ 937 II ZPO) sollte möglichst am Tag des Eingangs entschieden werden, wenn die Sache sehr eilbedürftig ist. Wird mündlich verhandelt, dann sollte überwiegend durch Stuhlurteil entschieden werden. Dazu sollte man sich eine Formularsammlung für mögliche Anträge und Entscheidungssätze anlegen. Muster für Gegendarstellungssachen sind bei *Seitz/Schmidt*, S. 347 ff. abgedruckt. Die Anträge und Entscheidungssätze für den Unterlassungsanspruch folgen den allgemeinen Regeln. Der Antrag sollte sich immer nahe am Wortlaut orientieren (Stichwort „konkrete Verletzungsform"; vgl. etwa *BGH*, NJW 1991, 1114 – Unbestimmter Unterlassungsantrag). Ergänzend ist nur § 890 II ZPO zu beachten, wonach bei solchen Titeln die Androhung von Ordnungsmitteln erforderlich ist. Ein entsprechender Antrag wird in der Praxis immer gestellt. Die Höhe der Androhung sollte an der Bedeutung eines Verstoßes gemessen werden. Bei weniger gewichtigen Äußerungen wirken die zulässigen 250.000,– EUR überzogen. Im Verfügungsverfahren ist zwischen Verfügungsgrund und Verfügungsanspruch zu unterscheiden. Der Verfügungsgrund (die „Dringlichkeit") fehlt, wenn der Betroffene gegen einen sein Persönlichkeitsrecht verletzenden Fernseh-Film über 2 Jahre nicht gerichtlich vorgegangen ist, auch wenn nunmehr eine erneute Ausstrahlung unmittelbar

bevorsteht (so ganz richtig *OLG Hamburg*, AfP 2008, 317 = NJW-RR 2008, 1435 – Mord in der Karibik).

Beispiel eines Antrags/Tenors beim Unterlassungsanspruch:

I. Dem Verfügungsbeklagten wird verboten folgende Behauptungen aufzustellen und/oder aufstellen zu lassen und/oder zu verbreiten und/oder verbreiten zu lassen: (folgt Wortlaut der Äußerung, die nicht wiederholt werden darf). 91

II. Dem Verfügungsbeklagten wird für jeden Fall der Zuwiderhandlung ein Ordnungsgeld bis zu Euro xx ersatzweise Ordnungshaft von yy oder Ordnungshaft bis zu 6 Monaten zu vollziehen in Person angedroht.

III. Der Verfügungsbeklagte trägt die Kosten des Rechtsstreits.

5. Besonderheiten der Zwangsvollstreckung

Das Unterlassungsurteil wird über § 890 ZPO vollstreckt (s. dazu *Seitz* in: Götting/Schertz/Seitz, Handbuch des Persönlichkeitsrechts, § 57 und in Dierck/Morvilius/Vollkommer, Handbuch des Zwangsvollstreckungsrechts, 2009, S. 716 ff.), das Urteil auf Berichtigung oder das auf Veröffentlichung einer Gegendarstellung über § 888 ZPO (siehe *BGH* in *BGHZ* 37, 187 = NJW 1962, 1438 – Eheversprechen, für den Widerruf). In Gegendarstellungssachen sollten an einen Antrag des Medienunternehmens auf Einstellung der Zwangsvollstreckung nicht allzuhohe Anforderungen gestellt werden. Ist nämlich die Gegendarstellung einmal abgedruckt, dann ist zwar dadurch nach hM die Hauptsache nicht erledigt (vgl. aber *Seitz/Schmidt*, Rn. 10.60 ff.); die Veröffentlichung kann aber faktisch nicht rückgängig gemacht werden. Deshalb sollte eingestellt werden (im Verfahren nach Widerspruch oder im Berufungsverfahren), wenn auch nur die Möglichkeit besteht, dass der Antrag abgewiesen wird; zum Ausgleich muss allerdings sehr schnell in der Sache entschieden werden. Das verlangt der Schutz der Persönlichkeit. 92

6. Weitere Beispiele für Anträge/Entscheidungssätze

Beispiel eines Antrags/Tenors beim Berichtigungsanspruch (nach *BGH*, U. v. 28. 6. 1994, AZ.: VI ZR 252/93 – Pleite gemacht): 93

Die Beklagte wird verurteilt, ihre Behauptung, der Kläger habe schon zweimal Pleite gemacht, zu widerrufen und den Widerruf in der nächsten für den Druck noch nicht abgeschlossenen Ausgabe der Zeitschrift „X" (folgt der Name der Zeitschrift) unter Hinweis auf den Artikel „Zweites Bein. Ein umstrittener Börsenjournalist will die ehemalige DDR Agentur ADN übernehmen", erschienen in der Ausgabe des „X" 21/1992, in einer der Schriftgröße und Aufmachung dieses Artikels entsprechenden Weise zu veröffentlichen.

Beispiel eines Antrags/Tenors beim Gegendarstellungsanspruch (Fernsehen):

Dem Verfügungsbeklagten wird geboten, in der nächsten Sendung des X. Fernsehens „Reportage" folgende Gegendarstellung zu verlesen:
Gegendarstellung (folgt der Text)

Beispiel eines Antrags/Tenors beim Gegendarstellungsanspruch (Presse):

Die Verfügungsbeklagte wird verurteilt, in dem gleichen Teil des Magazins Z., in dem der Artikel „Neue Indizien" (Z. Nr. 50 vom 8. 12. 1997) erschienen ist, unter Erwähnung im Inhaltsverzeichnis und mit gleicher Schrift unter Hervorhebung des Wortes „Gegendarstellung" als Überschrift durch drucktechnische Anordnung und Schriftgröße in der nächsten, zum Druck noch nicht abgeschlossenen Ausgabe des Z. folgende Gegendarstellung abzudrucken (folgt der Wortlaut samt Überschrift).

Beispiel eines Antrags/Tenors beim Anspruch auf Veröffentlichung des Urteilstenors:

Die Kläger werden ermächtigt, die Verurteilung des Beklagten gemäß Nr. 1 dieses Urteils auf Kosten des Beklagten in der Zeitschrift Y. zu veröffentlichen und zwar in einer Schriftgröße, die dem in der Zeitschrift Y. Nr. 3 vom 24. 3. 1998 erschienen Artikel „Die Anfänge sind schon gemacht" entspricht.

NB *BGH*, AfP 2008, 187 = GRUR 2008, 446 = NJW 2008, 1593 (mit Anm. *Wanckel*, S. 1594) – Almsick: Im Bereich der Bildberichterstattung kann nicht mit einer „vorbeugenden" Unterlassungsklage über die konkrete Verletzungsform hinaus eine ähnliche oder „kerngleiche" Bildberichterstattung für die Zukunft verboten werden. Vielmehr erfordert die Prüfung der Zulässigkeit einer Bildveröffentlichung ohne Einwilligung des Abgebildeten in jedem Einzelfall eine Abwägung zwischen dem Informationsinteresse der Öffentlichkeit und dem Interesse des Abgebildeten an dem Schutz seiner Privatsphäre, wobei die begleitende Wortberichterstattung eine wesentliche Rolle spielen kann. Bitte beachten: Darüber hinausgehende Anträge müssen mit Kostenfolge abgewiesen werden. Zulässig ist ein Antrag auf Verbot der Veröffentlichung von Bildern „wie in … [Medium] geschehen, *BGH*, AfP 2008, 507 = GRUR 2008, 1024 = NJW 2008, 3138 – Christiansen.

XIV. Der Telekommunikations- und Multimediaprozess

Neuer Kommentar zu diesem Bereich: *Spindler/Schuster*, Recht der elektronischen Medien, 2. Aufl. 2011. Gegenstand des Prozesses um Medienzivilrecht sind meist Äußerungen oder Abbildungen in den herkömmlichen Medien Presse und Rundfunk. Hierzu gehören auch Äußerungen in Privatsendern, ob- 94 wohl deren Grundlagen meist in den Mediengesetzen, nicht in den Rundfunkgesetzen, enthalten sind. Äußerungen in Telemedien sind anhand des Telemediengesetzes (= Art. 1 des Gesetzes zur Vereinheitlichung von Vorschriften über bestimmte elektronische Informations- und Kommunikationsdienste – Elektronischer-Geschäftsverkehrs-Vereinheitlichungsgesetz – ElGVG, BGBl I S. 179 = TMG) zu beurteilen. Telemedien sind nach § 1 Abs. 1 TMG alle elektronischen Informations- und Kommunikationsdienste, soweit sie nicht Telekommunikationsdienste nach § 3 Nr. 24 des TKG, telekommunikationsgestützte Dienste nach § 25 TKG oder Rundfunk nach § 2 RStV sind. Soweit Internetangebote als Rundfunk einzuordnen sind, ist auf die rundfunkrechtlichen Regelungen zurückzugreifen. Das TMG enthält allerdings keine allgemeinen Regelungen für die Zulässigkeit von Äußerungen. Deshalb muss insoweit im wesentlichen auf die allgemeinen Regelungen des BGB (va §§ 823 ff.) zurückgegriffen werden (zur besonderen Fragen der Verantwortlichkeit von Diensteanbietern siehe sogleich in Rn. 95). Der RStV enthält (in der Fassung des 9. Rundfunkänderungsstaatsvertrages) nunmehr in § 56 eine spezielle Regelung zur Gegendarstellung. Zur Gegendarstellung noch nach MDStV vgl. *Barton*, Der Gegendarstellungsanspruch nach § 10 MDStV, MMR 1998, 294 und *Seitz* in: Hoeren/Sieber, Handbuch Multimedia Recht, Teil 8, Rn. 87 ff.). Das TMG und § 56 RStV bringen hierzu kaum Änderungen (zum TMG: *Hoeren*, NJW 2007, 801).

95 Das Recht des Internet hat sich zu einem umfassenden Sondergebiet entwickelt (s. dazu *Seitz* in: Götting/Schertz/Seitz, Handbuch des Persönlichkeitsrechts, § 60). Wohl in Form eines „Vorfilters" (so *BGH*, AfP 2003, 550 = NJW 2003, 3764 – Volksverhetzung) regelten §§ 6 bis 9 MDStV (Fassung 2004) und §§ 8 bis 11 TDG als leges speciales die Verantwortlichkeit von Internet-Providern. Diese Regelungen sind durch die im TMG ersetzt worden, jedoch ohne inhaltliche Änderungen. Die Freistellung in § 10 S. 1 TMG betrifft aber nicht den Unterlassungsanspruch (*BGH* in *BGHZ* 158, 236 = GRUR 2004, 860 = NJW 2004, 3102 – ROLEX – zur Regelung im TDG; *BGH*, AfP 2007, 352 = GRUR 2007, 708 (mit Anm. *Lehment*, S. 713) = NJW 2007, 2636 – Internet-Versteigerung II und *BGH*, GRUR 2008, 702 = NJW-RR 2008, 1136 – Internet-Versteigerung III; zur Frage der Haftung des Betreibers eines Meinungsforums: *BGH*, AfP 2007, 350 = GRUR 2007, 724 = NJW 2007, 2558). Viele Rechtsfragen ranken sich um die Benutzung von „Domain-Namen". Hier greift oft das MarkenG. Es ergeben sich aber auch Fragen im Rahmen von § 12 BGB (vgl. etwa *BGH* in *BGHZ* 149, 191 = NJW 2002, 2031 – shell.de; *BGH*, GRUR 2004, 619 – = NJW 2004, 1793 – kurt-biedenkopf.de: Kein Anspruch auf Sperrung einer Internet-Domain durch den Namensinhaber gegen die DENIC – die Stelle, welche die Domains vergibt). Bereits in der Registrierung eines fremden Namens als Domain-Name liegt eine Namensanmaßung und damit eine Verletzung des Namensrechts derjenigen, die diesen bürgerlichen Namen tragen (*BGH* in *BGHZ* 155, 273 = GRUR 2003, 897 = MMR 2003, 726 (Anm. *Hoffmann*, S. 727 f.) = NJW 2003, 2978 – maxem.de und *BGH*, GRUR 2008, 1097 = NJW 2008, 3714 – Namensklau im Internet). Das Namensrecht einer Person aus § 12 BGB erlischt mit dem Tod des Namensträgers; die Schutzdauer der vermögenswerten Bestandteile des postmortalen Persönlichkeitsrechts ist auf zehn Jahre nach dem Tod der Person begrenzt (*BGH* in *BGHZ* 169, 193 = AfP 2007, 42 = GRUR 2007, 168–170 (mit Anm. *Götting*, S. 170–171, enttäuscht) = NJW 2007, 684 (mit Anm. *Wanckel*, S. 686) – kinski-klaus.de). Zum Schutz vor E-Mail-Werbung siehe *BGH*, GRUR 2004, 517 = NJW 2004, 1655 – E-Mail-Werbung. Fragen der Archivierung behandelt in *BGH*, AfP 2010, 77 = NJW 2010, 757 und AfP 2011, 176 – Sedlmayr-Mörder (mit einigen Parallel-Entscheidungen). Internationale Zuständigkeit: Für ein Vorgehen in Deutschland gegen ausländische Anbieter im Internet gibt es wohl keine Grundlage (insbesondere nur eine eingeschränkte Zuständigkeit; siehe *BGH* in *BGHZ* 184, 313 = AfP 2010, 167 = GRUR 2010, 461 = NJW 2010, 1752 – New York Times, und *BGH*, AfP 2011, 265 = GRUR 2011, 558 = NJW 2011, 2059 – Klassentreffen in Moskau).

B. X. Der Reisevertragsprozess

Edgar Isermann

Übersicht

Literatur: *Eckert*, Die Risikoverteilung im Pauschalreiserecht, 2. Aufl. 1995; *Führich*, Reiserecht, Handbuch des Reisevertrags-, Reiseversicherungs- und Individualreiserechts, 6. Aufl. 2010; *Palandt/Sprau*, BGB, 70. Aufl. 2011; *Tonner*, Der Reisevertrag, 5. Aufl. 2007; *ders.* in Münchner Kommentar, 5. Aufl. 2009.

I. Einführung

Das Reisevertragsrecht ist zuletzt durch gesetzgeberische Änderungen in 2001 aktualisiert worden, 1
die insbesondere Neufassungen zur Kundengeldabsicherung (§ 651 K BGB), zum Gastschulaufenthalt (§ 651 l BGB) und die Klarstellung einer fehlenden Notwendigkeit der Vollmachtsvorlage beim Geltendmachen von Ansprüchen (§ 651 g I 2 BGB) zur Folge hatten. Diese und weitere Änderungen waren teils inhaltlicher, teils redaktioneller Art (im Einzelnen siehe ua *Führich,* NJW 2002, 1082; *Isermann,*

DRiZ 2002, 133; *Schmid,* MDR 2002, 789). Eine eigenständige Bedeutung ergab sich aus Art. 238 EGBGB hinsichtlich der das Reisevertragsrecht konkretisierenden BGB-Informationspflichten-Verordnung (BGB-InfV), die nunmehr stets im Zusammenhang mit der Anwendung der §§ 651 a ff. BGB zu sehen sind (Kommentierung ua bei *Führich,* Rn. 649–699; *Palandt/Grüneberg u. a.,* BGB, 70. Aufl., S. 2803 ff.).

Lange war der Blick auf „das Reiserecht" fokussiert auf die Vorschriften zur Pauschalreise. Neben dem Reisevertragsrecht als Grundlage haben europarechtliche Normen eine eigene rechtliche Gestaltungskraft gewonnen. Für die Frage nach dem anwendbaren Recht bei grenzüberschreitendem Sachverhalt greift innerhalb der Gemeinschaft die VO (EG) Nr. 563/2008: Rom I VO, Abl. L 177) und für die Frage nach der Zuständigkeit im Vorrang zu den Gerichtsstandsregeln der ZPO die VO (EG) Nr. 44/2001 (ABl. L 12), wenn die streitenden Personen ihren Wohnsitz in unterschiedlichen Mitgliedsstaaten der EU haben (siehe zum Verfahrens- und Kollisionsrecht *Keiler/Binder,* RRa 2009, 210; *Staudinger* zum Luftverkehr RRa 2009, 219). Im öffentlichen Personenverkehr regelt die VO (EG) Nr. 1371/2007 (ABl. L 31/14) die Rechte der Fahrgäste im Bahnbereich (*Führich,* Rn. 1144 ff.; *Isermann,* Ein Jahr Fahrgastrechte, NJW-aktuell 2010, 16). Die Rechte der Fluggäste finden sich in der VO (EG) Nr. 261/2004 (ABl. L 46/1, abgedr. bei *Führich,* S. 1146 mit Rspr. Übersicht S. 1166 ff.; siehe ferner *Schmid/Hopperdietzel,* NJW 2010, 1905; *Tonner,* VuR 2011, 203 und *Kummer,* RRa 2009, 267; zu den Kundenrechten des Flug-, Bahn- und Busverkehrs im Vergleich *Bollweg,* RRa 2010, 106; kritisch zur Rechtsfortbildung durch den EuGH für Flugverspätungen *Staudinger,* RRa 2010, 10).

Diese weiteren Vorschriften ergeben neue Fragestellungen zum Miteinander von Pauschalreiserecht und sonstigen reiserechtlichen Vorschriften (zur Anspruchskonkurrenz luftverkehrsrechtlicher Ausgleichsleistungen und reisevertraglicher Gewährleistung im Hinblick auf die Auslegung von Art. 12 I VO [EG] Nr. 261/2004 siehe *Bollweg,* RRa 2009, 10). Innerhalb des BGB gelten indes die Vorschriften des Reisevertragsrechts weiterhin als Sondernormen. Ihre Auslegung und das Verhältnis der einzelnen Normen zueinander ist nur vor dem Hintergrund einer breit gefächerten Rechtsprechung zu verstehen. Die nachfolgenden Ausführungen verstehen sich als „Anspruchskatalog" in der Prüfungsfolge der rechtspraktischen Anwendung.

II. Anwendbarkeit des Reisevertragsrechts/Abgrenzungsfragen

1. Der Reisevertrag nach § 651 a BGB

2 Der Anwendungsbereich des Pauschalreiserechts ist unabhängig vom Zweck der Reise. So können auch Geschäftsreisen, Fortbildungsreisen und ähnliche Reisen, die nicht zum Zweck der Erholung durchgeführt werden, unter die Vorschriften des Reisevertrages fallen (*LG Frankfurt,* NJW-RR 1994, 634 für eine Werbeagenturreise zur Vermittlung als Dressman). Nicht anwendbar ist das Reisevertragsrecht aber bei typischen Betriebs- und Vereinsreisen (anders jedoch, wenn bei einer Incentive-Reise der Urlaubszweck im Vordergrund steht, *BGH,* NJW 2002, 2238 = RRa 2002, 154) oder bei von Privatpersonen organisierten Gelegenheitsreisen, weil hier das persönliche Element stark im Vordergrund steht (*Nettesheim,* DAR 1985, 319). Maßgebliches Kriterium der Pauschalreise nach § 651 a BGB als einer **Gesamtheit von Reiseleistungen** (Reise) ist die Bündelung verschiedener Reiseleistungen und der durch den Gesamtpreis indizierte Verkauf **„im Paket"**. Zwei der folgenden Leistungsarten sollen hauptsächlich oder annähernd gleichwertig erbracht sein: Beförderung, Unterkunft, Verpflegung, Reiseleitung. Mindestens zwei gleichgeordnete erhebliche Reiseleistungen müssen kombiniert sein (*OLG Celle,* RRa 2004, 160: Beförderung und Mietwagen; *LG Frankfurt,* NJW-RR 2003, 640 = RRa 2003, 25: Flug und Rundreise; *OLG Celle,* RRa 2002, 16: Unterkunft mit Skikurs). Beim Nur-Flug findet das Reiserecht keine analoge Anwendung (*AG Hannover,* RRa 2005, 41 m. Anm. *Schmid*). Nur untergeordnete Nebenleistungen, zB Autoreisezug mit Schlafwagen, genügen nicht, ebenso Flug mit Visabeschaffung (*LG Würzburg,* RRa 2009, 232 m. Anm. *Führich*). Das Personal der Leistungsträger gilt allgemein als **Erfüllungsgehilfe** des Veranstalters (*LG Frankfurt,* RRa 2001, 30: Fahrer des Geländewagens bei Studienreise; *LG Frankfurt,* RRa 2010, 215: nicht jedoch der Flughafenbetreiber und seine Mitarbeiter; weitere Beispiele bei *Führich,* Rn. 102–104). Abzustellen ist stets darauf, ob es eine eigene Leistung des Veranstalters ist. Bei **Tagesausflügen** während einer Reise ist deshalb bedeutsam, ob der Veranstalter zum Ausdruck bringt, ob diese Unternehmung in seinem Organisations- und Verantwortungsbereich stattfindet (*BGH,* NJW-RR 2007, 1501 = RRa 2007, 221; *OLG Köln,* RRa 2011, 112; *LG Frankfurt,* RRa 2009, 143), also nicht um eine Fremdleistung (*BGH,* RRa 2011, 29 m. Bespr. *Tonner,* RRa 2011, 58; *BGH,* NJW 2004, 681; *BGH,* NJW 2000, 1188 = RRa 2000, 85: Reitunfallhaftung).

Wer auf Wunsch des Reisenden nacheinander einzelne Reiseleistungen zusammenstellt, ist kein Reiseveranstalter, sondern nur Reisevermittler (zur umfangreichen Rspr. siehe ua *LG Bielefeld,* RRa 2005, 35; *LG Hamburg,* RRa 2002, 175; *OLG Hamburg,* NJW-RR 1998, 1670; *OLG Hamm,* NJW-RR 1998, 1668; *Eckert,* Das Reisebüro als Reiseveranstalter bei Zusammenstellung mehrerer Einzelleistung auf Wunsch des Kunden?, RRa 2003, 194; ferner *Führich,* Bündelung von Reiseleistungen durch das

Reisebüro eine Pauschalreise?, RRa 2003, 4; *Schulz,* Die Haftung von Reiseportalen, RRa 2010, 164; *Tonner/Tamm,* Die neue BGH-Rspr. zur Haftung von Reisebüros und Reiseveranstaltern, DAR 2007, 65). Zur Einstandspflicht der Inhaberin eines Reisebüros als Veranstalterin auf Grund von Anscheinsvollmacht siehe *OLG Celle,* NJW-RR 2003, 197 und zur Abgrenzung zwischen Reiseveranstalter und Leistungsträger bei Incentivreisen *BGH,* NJW 2002, 2238; *OLG Celle,* NJW-RR 2004, 1968 sowie *Führich* Rn. 88 f. Bei Online-Angeboten für spezielle Reisen wie Trecking- oder Städtetouren über sog. Reiseportale (**„Dynamic Packaging"**) liegt eine Pauschalreise allerdings auch dann vor, wenn vor Vertragsschluss die einzelnen Komponenten der Reise auf Wunsch des Kunden erst zusammengestellt werden (*EuGH,* RRa 2002, 119; *LG München* I, RRa 2004, 274; ferner *Führich,* Rn. 88 c und 710; *ders.,* Dynamic Packaging und virtuelle Veranstalter, RRa 2006, 50; zum Verklicken bei einer Reisebuchung im **Internet** *LG München,* NJW-RR 2009, 348 und zur Internet-Buchung von Reisen allgemein *Schulz,* RRa 2010, 164 sowie *Staudinger,* RRa 2007, 98). Will sich das Reisebüro oder das Internetportal auf die reine Vermittlung beschränken, muss dies deutlich zum Ausdruck gebracht werden (*OLG Frankfurt,* RRa 2010, 19; *LG Berlin,* 2005, 220).

Eine **Gewerbs- oder Geschäftsmäßigkeit** ist für die Bejahung einer Veranstalterhaftung nicht erforderlich (zu Reiseaktivitäten kirchlicher Einrichtungen *Noll,* RRa 2004, 98). Auch nur gelegentliche Reiseveranstaltungen reichen aus (*Führich,* Rn. 90 und 595; aus der Rspr.: Ferienfahrschule *LG Frankfurt,* NJW-RR 1989, 1399; Kreditkartenunternehmen *OLG Celle,* NJW-RR 1990, 445; Klassenfahrt einer Privatschule *AG Essen,* NJW-RR 1993, 1401; zu Gewinnreisen siehe *OLG München,* RRa 2000, 141 und *AG Hohenschönhausen,* NJW-RR 1999, 129; keine Pauschalreise bei Reise eines Segelvereins: *LG Hamburg,* RRa 2005, 208). Auf einen Vertrag mit einem Reiseveranstalter über die Buchung einer **Ferienwohnung** sind die Vorschriften des Reisevertrags entsprechend anzuwenden (*BGH,* NJW 1985, 906; Ferienhaus für Gruppen: *LG Münster,* RRa 2009, 136; weitere Hinweise bei *Führich,* Rn. 79 a und 93). Das gilt auch dann, wenn bei einem inländischen Anbieter eine Ferienwohnung im Ausland gebucht wird, weil sich der Schutzbereich des Art. 29 EGBGB hierauf erstreckt (anders bei ausländischen Ferienhausanbietern, weil es auf die belegene Sache des Unterkunftsorts ankommt, Art. 28 III EGBGB; zum Gerichtsstand und Geltungsbereich des EuGVÜ *EuGH,* RRa 2000, 124 m. Anm. *Schulze*; *AG Hamburg,* NJW-RR 2000, 352; bei dänischem Ferienhaus *AG Wetzlar,* NJW-RR 2005,1369; Ferienwohnung Toscana *AG Freiburg,* RRa 2006, 85). Die §§ 651 a ff. BGB gelten analog auch bei Buchung einer Hotelunterkunft ohne Verpflegung und Flug (*LG Frankfurt,* NJW-RR 1993, 124; zum Kuraufenthalt *LG Paderborn,* NJW-RR 2003, 346), bei einem Boots-Chartervertrag, wenn das Boot nicht nur bloßes Transportmittel ist (*BGH,* NJW 1995, 2629; *OLG Hamm,* NJW-RR 1994, 441; Segeljacht: *OLG Celle,* RRa 2003, 12; *Hopperdietzel,* RRa 2005, 194) oder bei Überlassung eines Mobilheims (*AG Frankfurt,* RRa 2007, 33; *OLG Düsseldorf,* NJW-RR 1998, 50; bei Wohnmobil neben Flug liegt jedoch Gesamtheit von Leistungen vor: *AG Hamburg,* RRa 1994, 79 und 1998, 3). Nach § 651 a II BGB hat der Veranstalter im Zweifel im eigenen Namen und nicht nur als Vermittler gehandelt. Deshalb sind **Vermittlerklauseln,** die Anbieter in ihren AGB verwenden, um die Veranstalterhaftung nach dem Reisevertragsrecht zu umgehen, auf ihre Gültigkeit hin zu prüfen (*Kappus,* Lesbarkeit von Allgemeinen Reisebedingungen, RRa 2008, 67). Orientierungspunkt hierfür ist die Übernahme einer Gesamtverantwortlichkeit für die gebündelten Einzelleistungen der Reise (*OLG Köln,* RRa 1995, 29; *OLG Celle,* RRa 1995, 52; *OLG Karlsruhe,* RRa 1998, 110). Ein Unternehmen, das durch Aufkleben des Firmenaufklebers auf einem Reiseprospekt, ein Angebot unter eigenem Briefkopf und durch eine Rechnung unter eigenem Namen bei einer Buchung einer Reise in Erscheinung tritt, ist ebenfalls Veranstalter und nicht Vermittler (*LG Frankfurt* , NJW-RR 1995, 882).

2. Gastschulaufenthalt nach § 651 l BGB

Die Vorschrift des § 651 l BGB erstreckt den Anwendungsbereich des Reisevertragsrechts über touristische Leistungen hinaus auf den Gastschulaufenthalt als Sonderform des Reisevertrags. Zweck der Reise muss ein regelmäßiger Schulbesuch im Ausland sein (zu den Besonderheiten im Einzelnen *Klein,* RRa 2004, 50 sowie RRa 2008, 2; ferner *Pohar/Sendmeyer,* RRa 2004, 247). 3

Weil der Veranstalter den Ort der Unterbringung bestimmen kann, findet § 4 I Nr. 1 BGB-InfV insofern keine Anwendung (*Führich,* Rn. 608; *LG Berlin,* NJW-RR 2005, 361 = RRa 2005, 71; siehe aber auch *AG Köln,* RRa 2006, 178). Den Veranstalter trifft allerdings eine besondere Hinweispflicht (*OLG Köln,* NJW-RR 2008, 364 = RRa 2008, 133: Malaria-Gefahr). Das Gewährleistungsrecht der §§ 651 c–f BGB findet Anwendung, jedoch nicht die Entschädigungsregelung des § 651 f II BGB, da der Gastschulaufenthalt keine Urlaubszeit darstellt (*LG Berlin,* aaO und RRa 2005, 227). Als Reisebeginn gilt der Abflugtag und nicht ein im Vertrag genanntes Datum, was wegen der Stornopauschale bei Rücktritt vor Reisebeginn wichtig ist (*Führich,* Rn. 611; *LG Köln,* RRa 2004, 130). Bei Kündigung nach Reiseantritt kann der Veranstalter den Reisepreis abzüglich ersparter Aufwendungen verlangen. Er muss aber seine Kalkulation dafür offenlegen (*AG Frankfurt,* RRa 2010, 43; *LG Berlin,* RRa 2005, 227). Schadensersatzansprüche setzen auch hier eine Mängelanzeige beim Veranstalter voraus (zum Verschulden eines minderjährigen Kindes bei unterlassener Anzeige *LG Frankenthal,* NJW-RR 2009, 641).

3. Andere Vertragstypen

4 Der Veranstaltervertrag ist abzugrenzen von der **Reisevermittlung durch das Reisebüro** und dem bloßen **Beförderungsvertrag.**

5 Das Reisebüro kann mit unterschiedlichen Rechtsfolgen tätig werden. Es kann einzelne Fremd-Reiseleistungen vermitteln (Verkaufsstelle für Fahrkarten) oder eine eigene einzelne Reiseleistung anbieten (Busfahrt, § 631 BGB). Wegen der neuen Rechtsentwicklung zu Beförderungsverträgen mit der Bahn siehe die VO (EG) Nr. 1371/2007 und mit einem Flugunternehmen die VO (EG) Nr. 261/2004 (s. o. Rn. 1 aE). Das Reisebüro wird selbst zum Veranstalter, wenn es mehrere Angebote verschiedener Leistungsträger zu einer Gesamtheit von Leistungen zusammenstellt, als „Paket“ anbietet und nach außen erkennbar als Veranstalter gemäß § 651 a BGB auftritt (*Tonner/Schulz*, Die Haftung des Reisebüros – von der BGH-Entscheidung vom 25. 4. 2006 zur Reform der Pauschalreiserichtlinie, RRa 2007, 50; *Tonner/Tamm*, Die neue BGH-Rechtsprechung zur Haftung von Reisebüros und von Reiseveranstaltern, DAR 2007, 65). Meist bietet das **Reisebüro** die Pauschalreise eines fremden Veranstalters an und wird dabei in **Doppelfunktion** tätig: als selbständiger Vertragspartner für die Vermittlung einer Fremdleistung und als Erfüllungsgehilfe/Empfangsvertreter des Reiseveranstalters bei Vertragsabschluss zwischen dem Kunden und dem Reiseveranstalter. Bedient sich der Reisende bei Abschluss eines Reisevertrags der Vermittlung durch ein selbständiges Reisebüro, dann kommt der Reisevertrag mit Zugang der Reisebestätigung bei dem Reisebüro zustande (*AG Schöneberg,* NJW-RR 1992, 116; speziell zu den Beratungspflichten des Reisebüros *Nies,* RRa 1997, 211). Der bei Buchung einer Pauschalreise im Reisebüro neben dem Veranstaltervertrag mit dem Reisebüro zustandegekommene gesonderte **Vermittlungsvertrag** wird als Geschäftsbesorgungsvertrag eingeordnet (*LG Frankfurt,* NJW-RR 2001, 1423; *LG Göttingen,* NJW-RR 1990, 1307; aA *LG Konstanz,* NJW-RR 1992, 691: Maklervertrag; näher dazu *Führich* Rn. 103 und 702 ff.). Aus diesem Vertrag kann das Reisebüro vom Reisenden Ersatz seiner Aufwendungen verlangen, wenn es für den Reisenden den Reisepreis an den Veranstalter zahlt (*OLG Frankfurt,* NJW-RR 1996, 889; zur Inkassovollmacht des Reisebüros *AG Ebersbach,* RRa 1999, 24 m. Anm. *Tonner* und *AG Norderstedt,* NJW-RR 1999, 58; zu den Interessenwahrnehmungspflichten bei der Vermittlungstätigkeit auch *Löwe,* RRa 1996, 215). Aus diesem Vertragsverhältnis kann der Kunde gegenüber dem Reisebüro Ansprüche wegen **Sorgfalts- und Beratungsfehlern** geltend machen, insbesondere dann, wenn das Reisebüro besondere Zusagen gemacht hat (*LG Stuttgart,* NJW-RR 1993, 1020; *AG Waldshut-Tiengen,* NJW-RR 1988, 953; *LG Frankfurt,* RRa 1994, 60; 1998, 173; *OLG Frankfurt,* RRa 1995, 147; NJW-RR 1999, 202; *AG Bielefeld,* NJW-RR 1999, 57). Ohne sachlichen Anlass besteht für den Reisevermittler allerdings keine Verpflichtung, sich über die Solvenz der Veranstalter, für die er Reisen vermittelt, zu erkundigen und die Reisenden entsprechend zu informieren (*OLG Hamm,* NJW-RR 1994, 54; zur Hinweispflicht des Reisevermittlers, den billigsten Reiseveranstalter zu empfehlen, siehe *Noll,* RRa 1996, 67 und 96; ferner *AG Bad Homburg* zur Hinweispflicht bei der Wahl eines alternativen Abflugorts NJW-RR 1997, 1340). Gibt das Reisebüro eine Falschauskunft des Konsulats weiter, haften weder Reisebüro noch Reiseveranstalter für deren Richtigkeit (*OLG Düsseldorf,* NJW-RR 1995, 694, *AG Bad Homburg,* NJW-RR 1998, 23). Die Unterrichtung im Reisebüro über eine Pass- und Visumsnotwendigkeit gehört nicht zur Beratung bei der Auswahl der Reise (mit der etwaigen Folge einer Haftung des Reisebüros), sondern zur Durchführung der gewählten Reise und damit zu den Aufklärungs- und Hinweispflichten des Veranstalters (*BGH,* NJW 2006, 2321 = RRa 2006, 170; *AG Leipzig,* RRa 2011, 120). Problematisch kann sein, ob das Reisebüro als Vermittler nur für die Richtigkeit der Angaben zum Zeitpunkt der Vermittlungstätigkeit haftet. Das gilt jedenfalls bei einer kurzfristigen Änderung der Abfahrtszeit durch den Veranstalter, über die der Vermittler selbst nicht in Kenntnis gesetzt wurde und deren Kenntnis er sich auch nicht grob fahrlässig verschlossen hat (*LG Frankfurt,* RRa 1998, 98; zur Veranstalterhaftung bei Änderung der Visavorschriften *OLG Rostock,* NJW-RR 2009, 346).

6 Neben der Frage, ob ein Reisebüro selbst als Veranstalter auftritt, ist die Abgrenzung bedeutsam, wenn es zugleich für einen anderen Veranstalter tätig wird, weil in dieser Doppelfunktion (s. o. Rn. 5) unterschiedliche Rechtskreise entstehen. Bei Agenturbüros kann grundsätzlich offen bleiben, ob zwischen dem Reisebüro und dem Reiseveranstalter ein eigenes Vertragsverhältnis zustande kommt, weil das Reisebüro jedenfalls als Erfüllungsgehilfe tätig wird (*BGH,* NJW 2006, 2321 = RRa 2006, 170 zu Informationen über Pass- und Visaerfordernisse sowie *BGH,* NJW 2006, 3137 = RRa 2006, 266 zu Hinweisen über die Reiserücktrittsversicherung; zur Abgrenzung der Veranstalterhaftung und der Reisebürohaftung mit weitergehenden Differenzierungen ausführlich *Tamm,* MDR 2007, 312; *Tonner/Tamm,* DAR 2007, 65).

Keine Pauschalreise, sondern lediglich ein **Beförderungsvertrag** ist bei Buchung eines Charterflugs einschließlich eines nur zum Schein ausgestellten Gutscheins für ein Aufenthaltsarrangement (**„Schein-Voucher“**) gegeben (*LG Stuttgart,* NJW-RR 1992, 1272; *LG Frankfurt,* NJW-RR 1993, 124 und 1270). Bei diesen Verträgen gilt das allgemeine Gewährleistungsrecht (*OLG Frankfurt,* NJW-RR 1994, 633: Rauchallergie eines Fluggastes; *OLG Köln,* NJW-RR 1994, 632; abgrenzend zu Rechtsproblemen bei der Luftbeförderung im Rahmen von Flugpauschalreisen s. *Schmid,* NJW 2005, 1168; *Schmid/Sonnen,* NJW 2002, 3510 sowie *Schwenk,* RRa 1997, 3).

III. Fristen (§ 651 g BGB)

1. Frist für die Geltendmachung von Gewährleistungsansprüchen

Ist das Reisevertragsrecht danach einschlägig, entfällt die weitere Prüfung von Gewährleistungsansprüchen, wenn der Reisende nicht die in § 651 g BGB vorgeschriebenen Fristen eingehalten hat. 7

Gewährleistungsansprüche müssen gemäß **§ 651 g I BGB** innerhalb eines Monats nach der vertraglich vorgesehenen Beendigung der Reise **geltend** gemacht worden sein. Diese Frist gilt auch beim Regress durch ein Bundesland, auf das Ansprüche wegen eines Reisemangels übergeleitet worden sind (*BGH,* NJW-RR 2009, 1570 – dort auch zur Beweislast und Belehrungspflicht nach § 6 II Nr. 8 BGB-InfV) und bei Sozialversicherungsträgern (*LG Düsseldorf,* RRa 2011, 118). Die Genehmigung einer durch den vollmachtlosen Vertreter rechtzeitig vorgenommenen Anspruchsanmeldung kann auch nach Ablauf der Ausschlussfrist erfolgen (*BGH* NJW 2010, 2950 m. zust. Anm. *Tonner* = RRa 2010, 215 = MDR 2010, 1099). Nicht erforderlich ist eine rechtliche Einordnung oder Bezifferung der Ansprüche (*BGH,* NJW 2005, 1420 = MDR 2005, 1039, 1040). Trotz der Formfreiheit muss der Reisende eine gewisse **Deutlichkeit** im Hinblick auf eine Rechtsverfolgung zum Ausdruck bringen (*AG Duisburg,* RRa 2005, 68; *LG Hannover,* RRa 2002, 72; *OLG Frankfurt,* RRa 1998, 219: der Veranstalter muss erkennen können, wegen welcher Beanstandungen der Kunde ein Reklamationsverfahren einleiten will; ferner *LG Frankfurt,* RRa 2001, 77: eine stichwortartige Benennung der Mängel ohne ausführliche Beschreibung im Einzelnen reicht; siehe aber auch abmildernd *BGH,* NJW 2004, 3178). Der Widerruf einer Bankeinzugsermächtigung als Geltendmachen der Reisegewährleistung reicht, wenn vor Ablauf der Monatsfrist die Mängelanzeige sowie die Nichtabhilfe des Mangels bekannt waren (*OLG Hamm,* NJW-RR 2010, 258). Das bloße Bezugnehmen auf eine am Urlaubsort abgegebene Mängelliste reicht nicht (*AG Münster,* RRa 2005, 71). Die Geltendmachung weitergehender Ansprüche entfällt, wenn durch Einlösen eines mit einem Vergleichsvorschlag übersandten **Schecks** ein Vergleichsvertrag zustande kommt (*LG Frankfurt,* RRa 2009, 175; *AG Duisburg,* RRa 2004, 176; ähnlich *AG Hamburg,* RRa 2003, 170 und 267 sowie RRa 2010, 270; zur Schecksperre *LG Wuppertal,* RRa 2000, 30; zur Problematik von Abfindungsangeboten in Form überreichter Schecks als „Abfindungsfalle" *Schmid/Hopperdietzel,* NJW 2009, 652). Nicht ausreichend ist eine Unfallmeldung bei der örtlichen Reiseleitung (*OLG Düsseldorf,* RRa 2003, 26). Der **Vollmachtsnachweis** bei Reisemängelanmeldung gemäß § 174 BGB ist nach der gesetzlichen Neuregelung durch § 651 g I 2 BGB jetzt entbehrlich. Das Schuldverhältnis wird durch das Geltendmachen von Ansprüchen nicht geändert. Vielmehr leitet der Reisende lediglich das Regulierungsverfahren ein. Der Reiseveranstalter soll innerhalb einer überschaubaren Frist von nachteiligen Umständen am Urlaubsort in Kenntnis gesetzt werden, die diesem aufgrund der getrennten Organisationsbereiche der Zentrale des Reiseveranstalters in Deutschland einerseits und der Tätigkeit der Reiseleitung vor Ort andererseits in der Regel nicht bekannt sind. 8

Trotz dieses Beweissicherungszwecks von § 651 g I BGB dürfte es nicht richtig sein, die Vorschrift mit Rücksicht auf diesen Sinn und Zweck dann keine Anwendung finden zu lassen, wenn die Durchführung der Reise bereits im Inland scheitert, die Reise also erst gar nicht angetreten wird und eine solche Beweissicherung von vornherein überflüssig ist (so aber *LG Frankfurt,* NJW-RR 1994, 376, jedoch ohne Auseinandersetzung mit der Kammerentscheidung NJW 1985, 146; krit. auch *Führich,* Rn. 443). Die Vorschrift gilt für alle gewährleistungsrechtlichen Ansprüche, auch für solche, die vor Reiseantritt entstehen (*BGHZ* 85, 301, 304; 97, 255, 262), nicht indes für deliktische Ansprüche (*BGH,* NJW 2004, 2965 = MDR 2004, 1344 = RRa 2004, 215 m. Anm. *Führich*). Nicht erforderlich ist es, für diese Erklärung das Ende der Reise abzuwarten. Es genügt auch eine Erklärung zB gegenüber dem Reiseleiter, wenn der Hinweis auf die spätere Verfolgung von Rechtsansprüchen deutlich genug wird (*BGH,* NJW 1988, 488; *OLG Düsseldorf,* RRa 1995, 70). Wichtig ist die Frage, an welchen **Adressaten** sich das Geltendmachen richten muss. Das ist grundsätzlich der Reiseveranstalter. Insofern besteht mit § 6 II Nr. 8 BGB-InfoV eine Belehrungspflicht des Veranstalters. Wird diese Pflicht nicht erfüllt, besteht eine unwiderlegliche Vermutung dafür, dass die Fristversäumung entschuldigt ist (*BGH,* NJW 2007 = RRa 2007, 215). Das vermittelnde Büro gilt als ausreichender Adressat, wenn die „Stelle", bei der Ansprüche anzumelden sind, in den AGB des Veranstalters nicht bezeichnet ist (*LG Frankfurt,* NJW-RR 2009, 1572); zum Anwendungsbereich von § 651 g BGB siehe ferner *BGH,* NJW 2004, 3777: Anspruchsanmeldung und Mängelanzeige; NJW 2005, 1420 = RRa 2005, 112.

Die Beweislast für das Einhalten der Frist liegt beim Reisenden (*OLG Celle,* NJW-RR 2004, 1647; *LG Frankfurt,* NJW-RR 1989, 1212 mit Hinweis auf die Darlegungserleichterung), jedoch muss der Veranstalter geeignete Vorkehrungen getroffen haben, um das tatsächliche Eingangsdatum zweifelsfrei zu vermerken (*AG Kleve,* RRa 1998, 113). Die Frist gilt als gewahrt, wenn das Geltendmachen zwar gegenüber dem Reisebüro erfolgt und dieses das Schreiben innerhalb der Monatsfrist an den Veranstalter weiterleitet (*BGH,* NJW 2005, 1420 = RRa 2005, 113). Kommt das Reisebüro dem nicht nach, muss sich der Reisende das anrechnen lassen (*AG Hannover,* RRa 2005, 129).

Das Geltendmachen ist verspätet, wenn die zugrundeliegende Erklärung dem Veranstalter zwar am letzten Tag der Frist zugeht, jedoch nach Geschäftsschluss (*LG Frankfurt,* MDR 1985, 233; *AG Frankfurt,* NJW-RR 1993, 1332; zur Telefaxanmeldung *LG Hamburg,* NJW-RR 1997, 502 und RRa 1999, 141; aA *AG Düsseldorf,* NJW 1985, 980 = MDR 1985, 410 und MDR 1991, 1036). Statt der außergerichtlichen Geltendmachung von Ansprüchen direkt gegenüber dem Veranstalter kann der Reisende nicht gehindert werden, seine Ansprüche gleich durch Mahnbescheid oder Klage zu verfolgen, allerdings mit dem prozessualen Kostenrisiko des § 93 ZPO bei sofortigem Anerkenntnis. Beim Mahnbescheid ist das besonders relevant, wenn der Reiseveranstalter nicht ohne weiteres erkennen kann, welcher Anspruch gegen ihn geltend gemacht wird (allgemein dazu *BGH,* NJW 1995, 2230). Der Reisende ist mit seinen Ansprüchen aus dem Reisevertrag ausgeschlossen, wenn die Klage zwar innerhalb der Monatsfrist bei Gericht eingeht, die Zustellung an den Reiseveranstalter jedoch erst nach Fristablauf erfolgt (*AG Düsseldorf,* NJW 1986, 593; *AG Bad Homburg,* RRa, 1995, 49; weitere Nachweise bei *Führich,* Rn. 450 ff.).

2. Verjährungsfrist

9 Die Verjährungsfrist beträgt nach **§ 651 g II BGB** jetzt 2 Jahre. Sie ist jedoch gem. § 651 m BGB dispositiv und kann durch Parteivereinbarung auf ein Jahr abgekürzt werden. Dabei sind allerdings die Grenzen des AGB-Rechts in § 309 Nr. 7 BGB zu beachten (*BGH,* NJW 2009, 1486 m. Anm. *Führich* = RRa 2009, 131 und Besprechung *Führich,* RRa 2009, 114, 119; ferner *Staudinger,* RRa 2007, 245, 249; *LG Frankfurt,* NJW-RR 2009, 1573 *AG Köln,* RRa 2009, 23 m. krit. Anm. *Führich*; *AG Hannover,* RRa 2009, 80). Hinsichtlich der Hemmung der Verjährung gelten die §§ 203 bis 213 BGB. Trotz dieser gesetzlichen Neuregelung bleibt die Wirkung der Hemmungstatbestände unverändert (näher dazu *Führich,* Rn. 465). Für die Zeit der Korrespondenz mit dem Reiseveranstalter ist die Frist solange **gehemmt,** bis der Veranstalter etwaige Ansprüche ausdrücklich zurückweist. Das bloße Schweigen reicht als Annahme von Verhandlungen nicht aus (*LG Köln,* RRa 2001, 180; zur Mängelverjährung infolge Nichtbetreibens des Rechtsstreits *AG Tiergarten,* NJW-RR 1993, 1402). Wird mit dem Veranstalter mehrfach korrespondiert, ist durch die Folgekorrespondenz die Verjährung ein zweites Mal nur dann gehemmt, wenn der Veranstalter nach erster Zurückweisung in eine erneute Prüfung der Ansprüche eintritt (*OLG Düsseldorf,* NJW-RR 1990, 825). Die Verjährungshemmung endet aber mit einem **Vergleichsangebot** des Reiseveranstalters, da damit stillschweigend weitere Ansprüche zurückgewiesen werden (*OLG Düsseldorf,* NJW-RR 1993, 635; zum Hemmungszeitraum *AG Hamburg,* RRa 1998, 91; aA *AG Baden-Baden,* RRa 1996, 55 und *Tonner,* DAR 1998, 435). Die Hemmung der Verjährung schließt eine **Unterbrechung** nicht aus, vielmehr können Hemmung und Unterbrechung zusammentreffen (*BGH,* NJW 1990, 826). Durch Zustellung des Mahnbescheids wird die Verjährung gemäß § 209 II Nr. 1 BGB unterbrochen (*LG Frankfurt,* NJW-RR 1995, 882).

Der Reiseveranstalter hat die Voraussetzungen der Verjährungseinrede und den Zeitpunkt des Endes der Verhandlungen als die Hemmung beendenden Tatbestand zu beweisen, der Reisende hingegen die Voraussetzungen des Eintritts der Hemmung oder Unterbrechung durch Anmeldung oder durch Rechtsverfolgung.

3. Berechnung

10 Die Berechnung der Fristen für das Geltendmachen und die Verjährung von Ansprüchen muss in **gleicher** Weise erfolgen. Dabei ist der Tag, an dem die Reise dem Vertrag nach enden sollte, für die Frist zum Geltendmachen von Ansprüchen nach § 651 g I nicht mitzurechnen. Die Frist berechnet sich in beiden Fällen nach den allgemeinen Grundsätzen des § 130 BGB gem. § 187 I iVm § 188 I 1. Alt. BGB. Der Tag der Beendigung der Reise kann mithin nicht mit eingerechnet werden (*LG Hannover,* NJW-RR 1990, 572; *OLG Karlsruhe,* NJW-RR 1991, 54; *AG Hamburg,* RRa 2001, 248; *LG Duisburg,* NJW-RR 2007, 771; str., wie hier *Führich,* Rn. 444).

IV. Inhalt des Reisevertrags

11 Die vertragliche Hauptpflicht des Reisenden ist die Zahlung des Reisepreises. Der Reiseveranstalter übernimmt mit dem Reiseangebot Planung und Durchführung der Reise; er haftet nach Abschluss des Reisevertrages für den Erfolg und trägt grundsätzlich die Gefahr des Nichtgelingens der Reiseveranstaltung (*BGH,* NJW 1986, 1748). Dabei erstreckt sich die Einstandspflicht auch auf dritte Leistungserbringer, wenn ein gemeinsames Leistungsangebot von Flugpauschalreise und Bahnanreise zum Flughafen (**„Rail&Fly"**) als eigene Reiseleistung durch den Veranstalter angeboten wird (*BGH,* NJW 2011, 372 = RRa 2011, 20).

Die vertragliche Bindungspflicht des Veranstalters orientiert sich hinsichtlich der Leistungspflicht zunächst an seinen Angaben in dem von ihm gestalteten Prospekt (*BGH,* NJW 2000, 1188 und NJW 2005, 418; *OLG Celle,* NJW-RR 2005, 425; *AG Duisburg,* RRa 2003, 224; *LG Düsseldorf,* RRa 2003, 68; bei Verweis auf anderen Katalog *LG Düsseldorf,* NJW-RR 2004, 560). Eine maßgebliche

Konkretisierung erfahren die Veranstalterpflichten durch die entsprechend den Vorgaben der Pauschalreiserichtlinie normierte und aufgrund § 651 a V BGB erlassene Verordnung über **Informations- und Nachweispflichten** für den Reiseveranstalter (**BGB-InfV**, BR-Drs. 190/93, S. 535 ff.; ausführlich MünchKomm/*Tonner,* S. 1991–2013; *Führich,* Rn. 645–698, jeweils mwN). Diese Pflichten sind in vier verschiedene zeitliche Phasen unterteilt, nämlich für den Prospekt (§ 4 BGB-InfV, s. u. Rn. 12), für die Zeit vor Vertragsschluss (§ 5 BGBInfV, s. u. Rn. 13), für den Inhalt der Reisebestätigung (§ 6 BGB-InfV, s. u. Rn. 14) und für die Zeit vor Reiseantritt (§ 8 BGB-InfV, s. u. Rn. 15).

1. Prospektangaben

Der erforderliche Inhalt der Prospektangaben wird bestimmt durch die Vorgaben in § 4 BGB-InfV. 12
Sie sollen als **Informationspflicht** klare, genaue und bindende Hinweise zur Reise geben (*OLG Frankfurt,* RRa 2008, 283; *LG Nürnberg-Fürth,* RRa 2009, 105: Angaben auf der Website; *OLG Celle,* RRa 2009, 178: Werbung mit „bestem Preis"; zur Abgrenzung von Flyern und Werbeanzeigen *Matern,* RRa 2007, 202; zu den Besonderheiten der **Katalogsprache** informativ *Rodegra,* MDR 2010, 667 mit Beispielen).

Nach § 4 BGB-InfV muss der Prospekt deutlich lesbare, klare und genaue Angaben enthalten über den Reisepreis, die Höhe der zu leistenden Anzahlung, die Fälligkeit des Restbetrages sowie über einzeln aufgezählte Merkmale der Reise (Bestimmungsort, Transportmittel, Unterbringung, Mahlzeiten, Reiseroute, **Pass- und Visumerfordernisse**, gesundheitspolizeiliche Formalitäten, notwendige Mindestteilnehmerzahl). Diese Angaben müssen im Prospekt aber nur dann und insoweit enthalten sein, wie sie für die Reise von Bedeutung sind. Änderungsvorbehalte im Prospekt sind zulässig. Sind die vertraglichen Handlungspflichten in die AGB aufgenommen, müssen diese im Prospekt abgedruckt sein und die Reisebestätigung muss darauf verweisen. Die Reisebedingungen müssen also vor Vertragsschluss dem Reisenden übermittelt sein (*BGH,* NJW 2009, 1486 = RRa 2009, 131; zur Aushändigungspflicht ferner *AG Hamburg,* RRa 2006, 80). Die Informationen müssen an den Stellen im Prospekt abgedruckt sein, an denen der Reisende sie erwarten darf (*LG Frankfurt,* RRa 2008, 74 und 119). Wird die Informationspflicht verletzt,muss der Veranstalter haften (*LG Frankfurt,* NJW-RR 1998, 196: fehlerhafte Auskunft über Reisepapiere; *LG Frankfurt,* RRa 2009, 75: Informationen über Pass- und Visaerfordernisse und gesundheitspolizeiliche Formalitäten gehören nicht in die AGB; *OLG Rostock*, NJW-RR 2009, 346 = RRa 2009, 98: eine Eigenverantwortlichkeit des Reisenden für seine Reisedokumente bleibt; weitere Beispiele bei *Führich,* Rn. 224 ff.). Als sach- und interessengerecht wird es angesehen, gegenüber ausländischen Reisenden lediglich eine begrenzte Informationspflicht des Reiseveranstalters zu bejahen, die sich auf den Hinweis beschränkt, dass für einen ausländischen Reisenden möglicherweise andere Pass und Visumserfordernisse als für einen Deutschen gelten (*LG Münster,* NJW-RR 2009, 1418; *LG Frankfurt,* RRa 2009, 221; *AG Bad Homburg,* NJW-RR 1998, 923; s. a. Rn. 13). Erteilt ein Reisebüro bei der Buchung eine fehlerhafte Auskunft über die Passerfordernisse, gilt die Falschauskunft als korrigiert, wenn die maßgeblichen Einreisebestimmungen in der Buchungsbestätigung eindeutig und klar wiedergegeben sind, sodass eine Veranstalterhaftung ausscheidet (*LG Frankfurt,* NJW-RR 2009, 1572). Ob die Verletzung der Informationspflicht im Rahmen der Minderung quotenmäßig gesondert berücksichtigt werden kann, wird unterschiedlich gesehen (s. u. Rn. 38). Die Prospektangaben können auch haftungsfreizeichnend wirken (s. u. 26).

2. Unterrichtung vor Vertragsschluss

Bevor der Reisende seine auf den Vertragsschluss gerichtete Willenserklärung (Anmeldeerklärung für 13
die Buchung) abgibt, muss der Reiseveranstalter ihn nach § 5 BGB-InfV über Einreise- und Gesundheitsvorschriften für Angehörige des Mitgliedsstaats unterrichten, in dem die Reise angeboten wird. Für Angehörige anderer Staaten genügt der Hinweis, dass abweichende Vereinbarungen gelten können. Der Umfang der Informationspflicht ist im Einzelnen str., siehe *OLG Rostock,* NJW-RR 2009, 346 = RRa 2009, 98, das diese nur auf Streiks und Naturkatastrophen erstreckt sieht, nicht aber auf eine Änderung der Einreisebestimmungen (aA *Führich,* Rn. 661; ferner *LG Münster,* NJW-RR 2009, 1418 zu besonderen Umständen bei kurzfristigem Reiseantritt). Für das Kriterium der „Erkennbarkeit" als Ausländer trifft den Reisenden die Obliegenheit, auf Besonderheiten in seiner Person – zB Staatsangehörigkeit, Doppelstaatsangehörigkeit – hinzuweisen (*AG Berlin-Mitte,* NJW-RR 1996, 1400). Den Reisenden kann unter Umständen eine Mitschuld treffen (*LG Baden-Baden,* RRa 1996, 13). Führt die unterlassene oder unrichtige Unterrichtung zu einem Reisemangel, ergeben sich daraus Gewährleistungsansprüche (*OLG Rostock,* aaO; *Palandt/Sprau,* § 5 BGB-InfoV Rn. 1). Von diesen Pflichten zu unterscheiden sind die sonstigen allgemeinen Informationspflichten im Rahmen der vertraglichen Schutz- und Treuepflichten vor Reisebeginn nach §§ 241 II, 242 BGB (*Führich,* Rn. 139 ff.; s. u. Rn. 15).

3. Reisebestätigung, Allgemeine Reisebedingungen

Bei oder unverzüglich nach Vertragsabschluss hat der Veranstalter gemäß § 6 BGB-InfV dem Reisen- 14
den eine Urkunde über den Reisevertrag (Reisebestätigung) auszuhändigen, dazu *BGH,* NJW 2009,

1486 m. zust. Anm. *Führich* = RRa 2009, 131 und krit. Anm. *Noll,* RRa 2011, 2 aus praktischer Sicht; ferner *Führich,* Rn. 679 mit Checkliste Rn. 682).

Sofern nach Art der Reise bedeutsam, muss die Reisebestätigung außer den in § 4 I BGB-InfV genannten Angaben über Reisepreis und Zahlungsmodalitäten näher benannte Merkmale der Reise enthalten. In der Praxis problematisch ist die Vorgabe in § 6 II Nr. 2 BGB-InfV zur „voraussichtlichen Zeit und Ort der Abreise und Rückkehr". Grundsätzlich soll es für Angaben zur **Reisezeit** reichen, wenn die voraussichtliche Tageszeit („vormittags" oder „abends") genannt ist (wegen der Bestimmung des Endzeitpunkts der Reise *LG Frankfurt,* NJW-RR 1994, 310). Oftmals fehlen aber Angaben, was die Veranstalter damit rechtfertigen, dass diese bei Vertragsschluss noch nicht bekannt sind. Jedenfalls ist es unzulässig, den Reisenden erst mit Übersendung der Reiseunterlagen kurz vor Reiseantritt näher zu informieren (*AG Münster,* RRa 2003, 129; *LG Düsseldorf,* RRa 2004, 67; *AG Neuwied,* RRa 2004, 81; *Führich,* Rn. 671), es sei denn, der Veranstalter hat sich vertraglich eine Leistungsänderung vorbehalten (MünchKomm/*Tonner*, § 6 BGB-InfV Rn. 10; *Führich,* Rn. 671). Die Reisebestätigung muss stets den Reisepreis und die Zahlungsmodalitäten beinhalten (§ 6 IV 2 BGB-InfV), einschließlich des Hinweises auf vorbehaltene Preisänderungen und deren Bestimmungsfaktoren (§ 651 a IV BGB). Gleiches gilt ua für Hinweise zu den Fristen nach § 651 g BGB und „der Stelle", der gegenüber Ansprüche geltend zu machen sind (Postadresse), ebenso für den Abschluss einer Reise-Rücktrittskosten-Versicherung bzw. einer Versicherung zur Deckung der Rückführungskosten (auf eine Reiseabbruch-Versicherung muss nicht hingewiesen werden, *BGH,* NJW 2006, 3137 = RRa 2006, 266; *LG Frankfurt,* RRa 2007,1 78).

Auch müssen dem Reisenden „vor" Vertragsschluss etwaige Allgemeine Geschäftsbedingungen (AGB) übermittelt werden. Dabei ist § 6 III BGB-InfV im Zusammenhang mit §§ 305 II, 310 I BGB zu sehen (*Staudinger*, RRa 2007, 245, 250). Wie die Verschaffung der Möglichkeit einer Kenntnisnahme zu erfolgen hat, ist vom *BGH* (NJW 2009, 1486 = RRa 2009, 131) dahingehend konkretisiert, dass die AGB vor Vertragsschluss (also bis zur Beendigung des Vertragsschlusses, *Führich,* Rn. 679) vollständig übermittelt sein müssen. Nimmt der Veranstalter die in § 6 IV BGB-InfV eingeräumte Möglichkeit eines Verweises auf den Prospekt wahr, muss der Prospekt auch ausgehändigt worden sein (Beweislast beim Veranstalter, *Palandt/Sprau,* § 6 BGB-InfV Rn. 3). Die bloße Möglichkeit der Einsehbarkeit im Reisebüro (*BGH,* NJW 2007, 2549, 2551 = RRa 2007, 215, 219) reicht danach nicht mehr.

Die meisten dieser Informationspflichten gelten nach § 6 V BGB-InfV jedoch nicht, wenn die Buchungserklärung des Reisenden weniger als sieben Tage vor Reisebeginn abgegeben wird. Es muss sich dabei nicht ausdrücklich um eine „Last-minute-Reise" handeln (*LG Hannover,* RRa 2001, 51; zur Zeitgrenze bei diesem **Reisetypus** allgemein *BGH,* NJW 2000, 588 = RRa 2000, 35). Eine weitere Ausnahme gilt nach § 11 BGB-InfV auch für Gelegenheitsveranstalter. Ergänzt wird § 6 BGB-InfV hingegen im Anschluss an die Regelung zu den Gastschulaufenthalten gemäß § 651 l BGB noch durch spezifische Hinweise in § 7 BGB-InfV.

4. Unterrichtung vor Beginn der Reise

15 Rechtzeitig vor Beginn der Reise muss der Veranstalter den Reisenden gemäß § 8 BGB-InfV über Abfahrts- und Ankunftszeiten (*LG Nürnberg-Fürth*, RRa 2011, 24: Busreise; *LG Kleve,* NJW-RR 1998, 563: Flugzeitänderung; *AG Frankfurt,* NJW-RR 1995, 694: Lage der Busabfahrtsstelle; wegen zumutbarer Änderungen bei Austausch des vorausgebuchten Ferienhauses *LG Landau,* NJW-RR 1998, 192 mit Anm. *Tempel,* RRa 1998, 147), Zwischenstationen (str., ob Zwischenlandungen bei Flügen ohne Umsteigen dazu zählen, s. dazu *Führich,* Rn. 686) und Anschlussverbindungen informieren, ferner über eine Sitzplatzvergabe (nicht für Platz im Flugzeug, *Führich,* Rn. 687), Name, Anschrift und Telefonnummer der örtlichen Vertretung des Reiseveranstalters bzw. andere Hilfsmöglichkeiten vor Ort sowie Besonderheiten bei Auslandsreisen Minderjähriger. Diese Mitteilungspflichten entfallen, soweit die jeweilige Angabe bereits im Prospekt oder der Reisebestätigung enthalten ist und zwischenzeitlich keine Änderungen eingetreten sind. Wichtig ist stets, dass der Reisende auf Grund der Informationen noch die gebotenen Maßnahmen treffen können muss (*Palandt/Sprau,* § 8 BGB-InfV Rn. 1).

5. Änderungen des Reisevertrags durch den Reiseveranstalter

16 a) **Preisänderungen.** § 651 a IV BGB normiert inhaltliche und zeitliche Schranken für eine Erhöhung des Reisepreises durch den Veranstalter. Er kann dies nur bei Erhöhung der Beförderungskosten, der Abgaben für bestimmte Leistungen, wie Hafen- oder Flughafengebühren, oder bei Änderung der für die betreffende Reise geltenden Wechselkurse, und muss genaue Angaben zur Berechnung des neuen Preises machen. Mit Rücksicht auf § 4 II 3 BGB-InfV muss die Änderung nach Vertragsschluss eingetreten sein (*KG,* RRa 2001, 72). Der Erhöhungsvorbehalt mit genauen Angaben zur Berechnung des neuen Preises muss im Vertrag selbst enthalten sein. Es reicht nicht ein späteres Informationsschreiben (*BGH,* NJW 2003, 507 und 746 = RRa 2003, 36 und 40; ferner *OLG Düsseldorf,* NJW 2002, 447 = RRa 2002, 32 m. Anm. *Führich*; *LG Hannover*, RRa 2002, 41; *LG Köln,* NJW-RR 2002, 703; *Eckert,* RRa 2005, 3).

Ein im Prospekt genanntes „tagesaktuelles Preissystem“, bei dem sich der Veranstalter für die Zeit bis zur Buchung Flughafenzu- und -abschläge vorbehält, ist zulässig (*BGH*, NJW 2010, 2521 = RRa 2010, 192; krit. dazu *Schürmann*, RRa 2011, 8; ferner *Führich*, RRa 2009, 162 zur Preisanpassung in Prospekten). Ein Anspruch auf Herabsetzung des Reisepreises besteht nicht (*OLG Frankfurt*, RRa 2002, 177). Unwirksam sind Preiserhöhungen ab dem 20. Tag vor dem vereinbarten Abreisetermin. Unberührt bleibt ausdrücklich die Regelung in § 309 I BGB, so dass sich Erhöhungsklauseln nicht auf Verträge erstrecken dürfen, die innerhalb von vier Monaten vor Reisebeginn abgeschlossen wurden (*LG Köln*, NJW-RR 2002, 703 = RRa 2001, 128; *Führich*, Rn. 165).

b) Leistungsänderungen. § 651 a V 1 BGB regelt die Rechtsfolgen einer zulässigen Änderung einer 17
wesentlichen Reiseleistung oder einer zulässigen Absage der Reise. Ob eine Leistungsänderung zulässig ist, richtet sich nach der Zumutbarkeit und muss nach dem Kontrollmaßstab des § 308 BGB beurteilt werden. Der Veranstalter kann sich nicht auf Umstände berufen, die bei Vertragsschluss bekannt waren oder ihm bekannt sein müssen, weshalb diese dann als Reisemangel einzustufen sind (*LG Frankfurt*, RRa 2008, 121: Informationspflicht bei Überbuchung des Hotels; *LG Nürnberg-Fürth*, RRa 2008, 245: Änderung des Programmablaufs; *OLG Rostock*, NJW 2009, 302 = MDR 2009, 620: generelles Rauchverbot in Kabinen eines Keuzfahrtschiffes nach erfolgter Buchung als Kündigungsgrund; näheres zur Zulässigkeit von Vertragsänderungen und Verzichtserklärungen bei *Tempel*, RRa 1999, 107; ferner *Führich*, Rn. 170 f.). Jede Leistungsänderung ist dem Reisenden unverzüglich nach Kenntnis von Änderungs- oder Absagegrund nach § 651 a V 1 BGB zu erklären.

6. Änderungen des Reisevertrags durch den Reisenden

§ 651 b BGB sieht vor, dass der Reisende einen Ersatzreisenden benennen oder die Reise gegen Zah- 18
lung einer regelmäßig pauschalierten Entschädigung stornieren kann, wenn er bei unvorhergesehenen Ereignissen die gebuchte Reise nicht antritt. Die Ersetzungsbefugnis gilt bis Reisebeginn (Zumutbarkeit gemäß den Umständen des Einzelfalls, *Führich*, Rn. 187), bei Last-minute-Reisen im Hinblick auf die Möglichkeiten der Kommunikationstechnik auch noch für organisatorische Maßnahmen auf dem Abflughafen (*AG Baden-Baden*, NJW-RR 1995, 1263 = RRa 1994, 154). Ein Widerspruchsrecht hat der Veranstalter nur, wenn der Dritte den besonderen Reiseerfordernissen nicht genügt oder seiner Teilnahme gesetzliche Vorschriften oder behördliche Anordnungen entgegenstehen. Ein unberechtigter Widerspruch kann als Pflichtverletzung zu Ansprüchen gemäß § 280 BGB führen (*AG Leipzig*, RRa 2008, 272). Tritt der Dritte wirksam in den Vertrag ein, haften er und der Reisende dem Reiseveranstalter gegenüber als Gesamtschuldner für den Reisepreis und etwaige Mehrkosten durch den Eintritt des Dritten. Der Reisende muss die Rechtzeitigkeit seines Verlangens nach Eintritt eines Dritten, der Reiseveranstalter seine Widerspruchsgründe und die Notwendigkeit etwaiger Mehrkosten beweisen (MünchKomm/*Tonner*, § 651 b Rn. 14; *Führich*, Rn. 198).

V. Der Reisemangel (§ 651 c I BGB)

Der Reiseveranstalter haftet qualitativ und quantitativ für den Erfolg der Reise, gemessen am Ur- 19
laubswert entsprechend der Urlaubsart (zB Badeurlaub oder Studienreise, Sporturlaub oder Feriensprachkurs, hinsichtlich der Besonderheiten bei **Spezialreisen** *Bergmann*, RRa 2008, 250 sowie *Führich*, Rn. 336–352; zum Skiurlaub *Rodegra*, MDR 2009, 1322; *ders.* zu Kreuzfahrten NJW 2011, 1766). Die Mangelfreiheit der Reise gehört zur Erfüllungspflicht des Veranstalters. Er haftet verschuldensunabhängig für den Erfolg der Reise und trägt die Gefahr des Gelingens (*BGH*, NJW 2000, 1188). Führt die Nichtbeachtung der Informationspflichten zu einem Reisemangel, begründet auch das eine Haftung (s. jedoch Rn. 38). Nicht jede Beeinträchtigung der Reise löst aber Gewährleistungsansprüche aus (s. Rn. 21; wegen der Besonderheiten der Katalogsprache und sich daraus abzeichnenden Freizeichnungen *Rodegra*, MDR 2010, 667; *ders.* zu Reisereklamationen allgemein MDR 2009, 782 mwN; weitere Übersichten zur Rechtsprechung geben u. a. *Staudinger/Schürmann*, NJW 2009, 2788 sowie *Schulz/Bergmann*, VuR 2011, 218).

1. Unbeachtliche Beeinträchtigungen

a) Das ist zunächst bei **bloßen Unannehmlichkeiten** der Fall, also solchen Beeinträchtigungen, die im 20
Verhältnis zur Reiseleistung insgesamt völlig unerheblich sind. Sie können sich aus nichtberücksichtigungsfähigen **subjektiven Empfindlichkeiten** des Reisenden ergeben (Rückenbeschwerden, weil auf einer Safari-Tour die befahrenen Wege uneben und holprig waren) wie aus überzogenen oder abwegigen subjektiven Erwartungen (*AG Offenburg*, NJW-RR 1996, 177: fehlende Sektgläser auf einer Skihütte; *AG Düsseldorf*, NJW-RR 2001, 1347: Essen in Schichten, wenn ansonsten Servicezeiten gegeben sind; *AG Hamburg*, RRa 1998, 45: Kein Sitzplatz neben Partner bei Billigflug; *AG Frankfurt*, NJW-RR 1999, 57: auseinanderliegende Sitzplätze bei Musicalbesuch; *AG Aschaffenburg*, RRa 1997, 147: Anwesenheit von Einheimischen am Strand). Andererseits ist die Abgrenzung zu finden zu Mindeststan-

dards, die berechtigter Weise seitens des Veranstalters wie auch des Reisenden erwartet werden dürfen (*LG Kempten*, RRa 2009, 621: fehlende Kondition bei Trekkingtour; *OLG Frankfurt*, RRa 1998, 95: Hotel in Sibirien). Ferner ist bei **objektiver Geringfügigkeit** kein Gewährleistungsanspruch gerechtfertigt (*LG Bonn*, NJW-RR 1994, 884: Nilreise flussabwärts statt flussaufwärts;: *LG München I*, NJW-RR 1994, 124: Besonderheiten der Essenszubereitung bei einer Safari-Reise; *AG Düsseldorf*, NJW-RR 2009, 929: Pool mit Essensresten in Billig-Hotel; *AG Rostock*, RRa 2011, 73: halbgefrorener Sandwich während des Fluges; *AG Duisburg*, RRa 2010, 267: Plastikbecher bei Getränken im Hotel-Außenbereich/50 cm Abstand von Poolliegen). Umfangreich ist unter diesem Gesichtspunkt die Rechtsprechung zu geringfügigen Flugverspätungen und damit zur Frage, ab welcher Zeit ein Reisemangel vorliegt (*LG Frankfurt*, RRa 2009, 72: Toleranzgrenze bis 4 Stunden; weitere Nachweise bei *Führich*, Rn. 314 c) und zu Änderungen bei den Flugzeiten (*Führich*, Rn. 314 d).

Ferner kann eine Gewährleistung entfallen, wenn eine Beeinträchtigung als **„landesüblich"** bzw. **„ortsüblich"** hinzunehmen ist (*LG Kleve*, RRa 2001, 32: morgendliches Krähen von Hähnen in der Türkei; *AG Düsseldorf*, NJW-RR 2009, 298: Insekten und Schimmel in Nassräumen in der Türkei sowie NJW-RR 2009, 929: Spinnen in subtropischem Klima; *AG Duisburg*, RRa 2004,214: Animation im Nachbarhotel; *LG München I*, RRa 1995, 11: Heizung in südlichen Ländern; *LG Essen*, MDR 1991, 1132 und *LG Kleve*, NJW-RR 1997, 1137 sowie *LG Frankfurt*, RRa 1998, 138; jedoch auch *OLG Köln*, NJW-RR 2000, 1439: Disco-Musik; *OLG Düsseldorf*, NJW-RR 1998, 922: abweichende Frühstücksgewohnheiten; zu diversen Tieren in der Unterkunft ua *LG Frankfurt*, NJW-RR 1993, 1146, ferner zu Kakerlaken *AG Bad Homburg*, RRa 1996, 51; *AG Düsseldorf*, RRa 1998, 158; Tierbiss durch Esel *OLG Celle*, NJW-RR 2003, 197 = RRa 2003, 13; Ziegenbock auf Hotelterrasse *LG Frankfurt*, NJW-RR 2001, 52 = RRa 2000, 59; Stechfliegen *LG Hamburg*, NJW-RR 1997, 1205; Katzen *AG Hamburg*, RRa 1995, 45; Bienenschwarm *AG Bad Homburg*, RRa 1999, 9 und *LG Frankfurt*, NJW-RR 2000, 768). Weitere Übersichten zu den Leistungsbereichen Beförderung, Unterkunft, Verpflegung und sonstigen Nebenleistungen geben *Führich* (Rn. 314–352), *Tonner* (Reisevertrag, Anhang zu § 651 c-Mängelliste) und *Tempel* (NJW 1997, 2207).

21 **b)** Eine Reisebeeinträchtigung löst die Veranstalterhaftung ferner nur aus, wenn sie aus einem von ihm beherrschbaren Risiko und damit aus einem vom Veranstalter **organisierbaren Leistungsbereich** herrührt. Das gilt insbesondere dann, wenn Unwägbarkeiten der **Natur** eine Rolle spielen, denn diese können vom Veranstalter vernünftigerweise nicht ausgeschlossen werden (Wetterlage in Mexiko *LG Köln*, NJW-RR 2001, 1064; Meeresverunreinigung durch Rohöl in Dubai *AG Baden-Baden*, RRa 2006, 163; fehlendes Anglerglück bei einer **„Angelreise"** *OLG Frankfurt*, NJW-RR 1988, 1328; fehlender **Schnee** im Winterurlaub *LG Frankfurt*, NJW-RR 1991, 879 und *AG München*, NJW-RR 1990, 190, *Tonner/Krause*, Urlaub und Witterungsrisiko, NJW 2000, 3605); gleiches gilt bei **Streik** dritter Personen **wie** Zollbediensteten, Fluglotsen und dem Bodenpersonal eines Flughafens *LG Hannover*, NJW-RR 1989, 820 oder Buspersonal auf Mallorca *AG Berlin-Schönefeld*, NJW-RR 2002, 1284 und *AG Duisburg*, RRa 2001, 171; **Überfall** auf Trekking-Tour-Lager *OLG Karlsruhe*, NJW-RR 1993, 1076; *LG Hamburg*, RRa 1995, 8; ferner *LG Frankfurt*, NJW-RR 1993, 632; ausführlich *AG Freiburg*, RRa 1998, 54; Überfall auf Transferbus in Brasilien *LG Frankfurt*, NJW-RR 2009, 402 (Sicherheitskontrollen in arabischen Ländern dienen der Sicherheit der Gäste und sind kein Reisemangel: *AG Duisburg*, 2009, 148). Eine Haftung greift gleichwohl, wenn dem Veranstalter aufgrund Erfahrung diese Gefahren bekannt sind und er im Prospekt nicht darauf hinweist oder in Kenntnis aufgetretener Reisebeeinträchtigungen seine **organisatorischen Fürsorgepflichten** verletzt. Gefahren, die nicht reisespezifisch sind und zum **allgemeinen Lebensrisiko** zählen, weil mit deren Auftreten auch im privaten Alltag gerechnet werden muss, lösen keine Einstandspflicht aus (*BGH*, NJW 2005, 1420, 1422 = RRa 2005, 112: Sturz in der Flughafenhalle; *LG Hannover*, RRa 2010, 82: Sturz auf Segelschiff; *OLG Frankfurt*, NJW 2003, 905 = RRa 2002, 273: Thrombose nach Langstreckenflug; siehe aber *LG Koblenz*, RRa 2004, 206: Unfall bei Rückwärtsfahren eines Transferbusses; ausführlich *Rodegra*, MDR 2002, 919 mwN).

2. Eigentlicher Reisemangel

22 Der eigentliche Reisemangel ist gegeben bei Abweichung von der Sollbeschaffenheit (*Führich* Rn. 223), also insbesondere dann, wenn **zugesicherte Eigenschaften** der Reise fehlen (*OLG Celle*, NJW-RR 2005, 425 = RRa 2005, 17: Hotelstandard; *OLG Hamburg*, RRa 2009, 17: Kreuzfahrt durch Packeis; *LG Frankfurt*, NJW-RR 1994, 310: fehlendes Kinderzusatzbett; *LG Düsseldorf*, NJW-RR 1998, 562: sachkundige Reiseleitung; *AG Hamburg*, NJW-RR 1997, 1138: Hochzeitsdinner). Hierauf kommt es auch bei Wechsel einer Fluggesellschaft an, weil nur durch Hinzutreten besonderer Umstände wie etwa die Zusicherung einer bestimmten Fluggesellschaft in der Reisebestätigung ein Reisemangel gegeben ist (*AG Hamburg*, NJW-RR 1999 = RRa 1998, 152; *AG Hamburg*, RRa 2002, 263 und RRa 2004, 122; *LG Köln*, NJW-RR 2000, 786 = RRa 2000, 205; *AG Bielefeld*, NJW-RR 1998, 924; siehe aber auch *AG Düsseldorf*, RRa 2006, 164: Abstellen auf die jeweilige Fluggesellschaft) Ein Reisemangel erfordert ferner, dass **Wert und Tauglichkeit** der Reise deutlich beeinträchtigt sind (zur Nachwir-

kung eines Mangels am Ende der Reise auf die Gesamtreise *BGH,* NJW 2008, 2775 = RRa 2008, 230 m. Bespr. *Buxbaum,* RRa 2009, 58). Dabei kommt es für die Bestimmung des Leistungsangebotes maßgeblich auf den **Inhalt der Prospektbeschreibung** an (*BGH,* NJW 2000, 1188 und NJW 2005, 418; *OLG Celle,* NJW-RR 2005, 425 = RRa 2005, 17). Sie bestimmt vorrangig den Vertragsinhalt (siehe auch oben Rn. 12 zu § 4 BGB-InfV). Deswegen erfordert der Grundsatz der **Prospektwahrheit** Richtigkeit, Vollständigkeit und Klarheit der darin gemachten Leistungsbeschreibung. Eine Besonderheit ist gegeben, wenn der Reiseveranstalter sich bei sogenannten **„Fortuna-Reisen"/„Joker-Reisen"** das Recht zur Leistungsbestimmung vorbehält. Dann liegt ein Reisemangel nur vor, wenn die am Zielort zur Verfügung gestellte Unterkunft als dann konkretisierte Leistung nicht mehr dem entspricht, was als generelle Leistungsbeschreibung vorgegeben war (Hotelkategorie *LG Frankfurt,* NJW-RR 1994, 178; *OLG Frankfurt,* RRa 1994, 48; zur Änderung des Zielorts NJW-RR 2006, 1363; *AG Kleve,* NJW-RR 1997, 121; *LG Hannover,* NJW-RR 1986, 213 und *LG Frankfurt,* NJW-RR 1983, 435; zu den rechtlichen Problemen bei solchen Reisen *Kaller/Schäfer,* RRa 1995, 78). Steht eine im übrigen zulässige **mündliche Zusage** des Reisebüros (zu Sonderwünschen *Führich,* Rn. 113) in offenem Widerspruch zu der vom Reiseveranstalter formulierten Prospektbeschreibung, ist die vom Reiseveranstalter vorgegebene Haftungsgrenze überschritten und lässt seine Haftung entfallen (*LG Frankfurt,* NJW-RR 1987, 495; zur Haftung bei ergänzenden werbemäßigen Hinweisen *LG Berlin,* NJW-RR 1997, 1206 mit Einschränkungen im Hinblick auf § 254 BGB; zur Abgrenzung Werbeanzeige/Prospekt *OLG Frankfurt,* RRa 2008, 283; zu Anpreisungen auf die Güte des Leistungsangebots bei Jagd-Safari *OLG Köln,* RRa 1995, 29; zur **Last-minute-Reise** *LG Hannover,* RRa 2001, 51; *AG München,* RRa 2001, 249; *LG Frankfurt,* NJW-RR 1991, 690).

Ein Reisemangel kann nur dann Grundlage für Gewährleistungsansprüche sein, wenn und solange nicht nach Mängelrüge vor Ort erfolgreich seitens des Veranstalters, in der Regel vertreten durch die örtliche Reiseleitung (zu deren Pflichten und Möglichkeiten zur Reklamationsbearbeitung *Führich,* Rn. 239 und 266), **Abhilfe** geschaffen worden ist (*Führich,* Rn. 263 ff.). Eine Abhilfe darf den Gesamtcharakter der gebuchten Reise nicht ändern. Ein Aufpreis kann nur nach Vereinbarung verlangt werden (*LG Frankfurt,* NJW 1984, 1762; *LG Hannover,* NJW-RR 1987, 496; *AG Baden-Baden,* RRa 2006, 43). Auch soll eine Abhilfe nur innerhalb angemessener **Fristen** zulässig sein (*LG Frankfurt,* NJW-RR 1991, 631). **Adressat** des Abhilfeverlangens ist primär die örtliche Reiseleitung als Vertreter des Veranstalters vor Ort (*AG Hamburg,* RRa 1995, 25; *AG Stuttgart,* RRa 1995, 226), der Leistungsträger nur im Ausnahmefall (*OLG Koblenz,* MDR 2009, 1378: Hotelier ist nicht Vertreter oder Empfangsbote des Veranstalters; ferner *LG Frankfurt,* NJW-RR 1988, 1330 und 1990, 760). Der praktisch wichtigste Fall der Abhilfe ist das Angebot einer adäquaten **Ersatzunterkunft** (*AG Hannover,* RRa 2008, 229; *AG Düsseldorf,* NJW-RR 2003, 1363; *LG Kleve,* RRa 2001, 159; *LG Frankfurt,* NJW 1985, 143; NJW-RR 1990, 699; 1993, 61; *OLG Frankfurt,* RRa 1995, 224: Keine Abhilfe bei bloßem Inaussichtstellen einer gleichwertigen Unterbringung; ebenso nicht bei Unterbringung in anderer Urlaubsregion: *AG Kleve,* RRa 1996, 151 oder in 25 km entferntem anderem Ort: *LG Köln,* RRa 1996, 226 oder bei Unterbringung ohne Halbpension: *AG Duisburg,* 2004, 188). Die Abhilfe durch eine Ersatzunterkunft darf verweigert werden, wenn die Unterbringung in einem anderen Hotel mit unverhältnismäßigem Kostenaufwand verbunden ist (*OLG Frankfurt,* MDR 2010, 915). Der Reisende muss die Unterschiede zwischen der Ersatzunterkunft und dem gebuchten Hotel bei der Mängelanzeige vor Ort nicht einzeln aufführen (*LG Köln,* RRa 2010, 125). 23

3. Darlegungs- und Beweislast

Besondere praktische Bedeutung bei der Frage nach einem Reisemangel haben die Darlegungs- und Beweislastfragen (*Schmid/Hopperdietzel,* NJW 2010, 1262). Nicht selten fehlt einer Klageschrift die Schlüssigkeit im Parteivortrag, weil die Reisebeeinträchtigungen hinsichtlich Art, Umfang und Dauer (*AG Wiesbaden,* RRa 1997, 15) nicht ausreichend **substantiiert** dargelegt sind (*BGH,* NJW-RR 1995, 722 und NJW-RR 1993, 185). So reicht zB die Beanstandung des Reisenden, das **Essen** in einem großen Touristenhotel der einfachen Mittelklasse sei „insgesamt ungenießbar" gewesen, als bloßes Werturteil nicht aus (*LG Düsseldorf,* RRa 2010, 22 sowie MDR 1993, 212; weitere Beispiele zu pauschalen Aussagen und Wertungen über Mahlzeiten und Verschmutzungen *LG Düsseldorf,* RRa 2010, 22, 24; zur **Lage des Hotels** an einer „recht lauten" Straße *LG Frankfurt,* NJW-RR 1993, 436; zur **Belästigung** einer Urlauberin *LG Frankfurt,* NJW-RR 1993, 632; zu Gesundheitsbeeinträchtigungen durch das Essen *AG Aschaffenburg,* RRa 1997, 147). Der Darlegungspflicht des Klägers entspricht die Pflicht des Reiseveranstalters zur substanttierten Erwiderung. Ein **bloßes Bestreiten** reicht nicht (*LG Frankfurt,* RRa 2010, 25; *AG München,* RRa 2009, 177; *AG Bad Homburg,* NJW-RR 2002,1283; *AG Kleve,* NJW-RR 2001, 1560). Die Darlegungslast korrespondiert mit der **Beweislast.** Beide erstrecken sich beim Reisenden auf Art, Umfang und Dauer des Reisemangels, das Fehlen vertraglich zugesicherter Eigenschaften, das Abhilfeverlangen und die Nichtabhilfe bzw. Verweigerung der Abhilfe durch den Veranstalter. Der Veranstalter ist beweispflichtig für die Rechtzeitigkeit eines tauglichen Abhilfeangebots und dessen Vergleich- bzw. Zumutbarkeit (Ersatzunterkunft). Dem Reisenden kann der **Anscheinsbeweis** zugute- 24 kommen. Steht zB fest, dass in der gleichen Zeit eine nicht unerhebliche Zahl der Gäste des gleichen Hotels gleiche oder ähnliche Krankheitserscheinungen aufgewiesen hat, spricht der Beweis des ersten Anscheins dafür, dass im Bereich der Hotelsphäre die Ursache hierfür liegt. Dann muss der Reiseveranstalter diesen Anscheinsbeweis erschüttern und den **Gegenbeweis** für einen atypischen Verlauf in Form anderer Ursachen führen (*LG Hannover,* NJW-RR 1989, 633; *LG Frankfurt,* NJW-RR 1993, 1331 und RRa 1994, 94; *LG Berlin,* RRa 1994, 64, 102). Gerade bei Magen-Darm-Erkrankungen können auch klimatische Verhältnisse und andere äußere Umstände ursächlich sein (*LG Frankfurt,* RRa 2003, 259; *AG Ludwigsburg,* NJW-RR 1999, 710; *AG Hamburg,* RRa 1995, 108; *AG Frankfurt,* RRa 1996, 11; zweifelhaft *LG Frankfurt,* RRa 1996, 145 m. Anm. *Tonner,* RRa 1996, 171, abgrenzend zum allgemeinen Lebensrisiko und anderen Ursachenmöglichkeiten *LG Frankfurt,* NJW-RR 1997, 244 = RRa 1996, 145 m. zust. Anm. *Tonner,* RRa 1996, 171: Ciguatera-Fischvergiftung; *AG Münster,* RRa 2006 m. Anm.*Tonner*; *AG Bad Homburg,* RRa 2005, 168; *Rodegra,* MDR 2002, 219).

VI. Haftungsfreizeichnung des Reiseveranstalters

1. Prospektbeschreibungen

25 Die Maßgeblichkeit der **Leistungsbeschreibung im Prospekt** (s. auch Rn. 12 und 23) wirkt positiv wie negativ. Dabei müssen die Informationen an der Stelle des Prospekts angedruckt sein, an welcher der Reisende sie erwarten darf (*LG Frankfurt,* RRa 2008, 74). Bei Verletzung einer Informationspflicht muss diese sich auf eine wesentliche negative Abweichung von der geschuldeten Hauptleistung beziehen (*LG Frankfurt,* RRa 2011, 117). Wer ein Luxushotel mit einem außergewöhnlich hohem Preis bucht, kann auch ohne konkrete Prospektangaben über Größe und Ausstattung des gebuchten Hotelzimmers eine bestimmte, über der Mindestnorm liegende Zimmergröße und eine gehobene Ausstattung verlangen (*LG Frankfurt,* NJW-RR 1992, 380). Enthält der Prospekt andererseits verständliche, nicht versteckte Hinweise zu einer Leistungseinschränkung, rechtfertigen Reisebeeinträchtigungen, sofern sie im vorgegebenen Rahmen bleiben, keine Gewährleistungsansprüche (**„gelegentliche Lärmbelästigung“** *AG Düsseldorf,* MDR 1985, 496; Hinweis auf laute Straße *AG Düsseldorf,* RRa 1997, 13 bzw. Flughafen *AG Frankfurt,* RRa 1998, 3 und *AG Hannover,* RRa 2005, 2004, 189; Großbaustelle *LG Frankfurt,* RRa 2008, 74 und 119; klare Strandbeschreibung *AG Syke,* RRa 1996, 154; Entfernungsangaben für Weg zum Strand *AG Düsseldorf,* RRa 1997, 191; Prospektangabe „mit Meerblick“ ohne Zusatz zur Strandnähe *AG Hamburg,* RRa 1998, 111; **„gelegentliche Seetang-Anschwemmungen“** *LG Hannover,* NJW-RR 1986, 280). Verspricht der Prospekt einer Ferienanlage am Meer, „Waldi darf mit (jedoch nicht in den Speisesaal)“, bezieht sich die Einschränkung auf den gesamten Restaurantbereich; wird vor Ort dann die **Mitnahme des Hundes** an den Strand verboten, liegt ein Reisemangel wegen fehlender Prospektwahrheit vor, jedenfalls dann, wenn bei anderen Urlaubszielen im Prospekt die Einschränkung nicht nur den Restaurantbereich, sondern ausdrücklich den Strand umfasst (*LG Hannover,* NJW-RR 1989, 1398; ferner *LG Frankfurt,* NJW-RR 1993, 1145). Unvollständige Prospektangaben oder bewusste Weglassungen gehen indes zu Lasten des Veranstalters und wirken nicht haftungsbefreiend (*OLG München,* NJW-RR 2002, 694 = RRa 2002, 57: Lawinengefahr).

2. Reisebedingungen

26 Die Zulässigkeit von **Haftungsbeschränkungen** ist in § 651 h BGB geregelt. Danach ist eine Beschränkung auf den dreifachen Reisepreis möglich für Schäden, die nicht Körperschäden sind. Als Spezialnorm geht sie der Regelung in § 309 Nr. 7 BGB vor (*Führich,* Rn. 489). Bei der Inhaltskontrolle gilt der Maßstab des § 307 BGB. Mit Rücksicht auf die Leistungsbeschreibung im Prospekt und dort anzubringende Hinweise auf evtl. Leistungsbeschränkungen haben im Übrigen zusätzliche Haftungsbeschränkungen durch die **Reisebedingungen** des Veranstalters, die im Widerspruch zu den sonstigen Prospektangaben stehen, nur wenig praktische Bedeutung. Dies hat der *BGH* (NJW 1987, 1931) am Beispiel der „Landesüblichkeit“ verdeutlicht und entschieden, dass der Veranstalter seine Einstandspflicht entsprechend der Objektbeschreibung im Prospekt einschließlich der ausführlich genannten Nebenleistungen nicht nachträglich durch eine **Landesüblichkeitsklausel** in den Reisebedingungen einschränken kann (*Führich,* Rn. 146 und 262). Einschlägige Geschäftsbedingungen gelten auch dann, wenn es sich um solche des Leistungsträgers wie zB eines Mietwagenunternehmens handelt (*LG Frankfurt,* NJW-RR 1994, 308). Der Zweck von § 651 h I Nr. 2 BGB entfällt aber, wenn der Veranstalter ein wirtschaftliches Beherrschungsverhältnis zum Leistungsträger hat (*Führich,* Rn. 492; informativ MünchKomm/*Tonner,* § 651 h Rn. 10 und 11).

3. Informationsschreiben

27 In der Praxis bedeutsam ist die Frage nach den Rechtsfolgen von Informationsschreiben, die der Veranstalter nach Vertragsschluss (bis dahin greift § 5 BGB-InfV) – meist kurz vor Reiseantritt – dem Kunden zuleitet und darin etwaige Reisebeeinträchtigungen ankündigt (zB Einrichtung einer Baustelle).

Hierin kann ein Angebot des Veranstalters auf Vertragsänderung gesehen werden, das durch vorbehaltlosen Reiseantritt des Kunden konkludent angenommen wird. Da bei vernünftiger Betrachtung jedenfalls ein Verzicht auf entsprechende Gewährleistungsansprüche im Reiseantritt nicht gesehen werden kann, sollen dem Kunden keine Nachteile entstehen (*Führich,* Rn. 261). Die sich aus §§ 242, 241 II BGB ergebende Schutz- und Treupflicht gilt auch dann, wenn der Veranstalter ohne Prospekt iSv § 4 BGB-InfV auftritt (*Teichmann,* RRa 2009,258; *Führich,* Rn. 140). Der etwaige **Umfang der Freizeichnung** ist eingeschränkt. Gewährleistungsansprüche greifen jedenfalls für solche Beeinträchtigungen, die den Rahmen überschreiten, der durch die Freizeichnung („gelegentliche Störungen") abgesteckt ist (*LG Hannover,* NJW-RR 1987, 496; NJW-RR 1989, 821; *LG Frankfurt,* NJW-RR 1987, 747). Streitig ist, inwiefern eine Verletzung von Informationspflichten ein selbständiger Reisemangel ist (siehe dazu str. *LG Frankfurt,* RRa 2008, 121 und *OLG Celle,* RRa 2009, 174, dazu *Matern,* RRa 2010, 15; s. u. Rn. 38).

VII. Pflicht zur Mängelanzeige

Eines der wichtigsten Probleme in der praktischen Verfolgung von Gewährleistungsansprüchen ist die Frage, ob, wann und in welchem Umfang Mängel vor Ort angezeigt wurden. Die Mängelanzeige ist für ein erfolgreiches Minderungsverlangen gemäß § 651 d II BGB ein **formelles Erfordernis** im Sinn einer Anspruchsvoraussetzung (*LG Frankenthal,* NJW-RR 2009, 641; *LG Frankfurt,* RRa 2007, 27), auf das der Reisende nach § 6 II Nr. 7 BGB-InfV ausdrücklich hinzuweisen ist. Die Anzeige ersetzt jedoch nicht das Abhilfeverlangen (*LG Hannover,* NJW 1984, 1626; *LG Hamburg,* RRa 2002, 214). Das Erfordernis der Mängelanzeige hinsichtlich der Reisepreisminderung gilt **auch für Schadensersatzansprüche** nach § 651 f BGB (*BGH,* NJW 1985, 132; *AG Duisburg,* RRa 2004, 264). 28

1. Form, Zeitpunkt und Inhalt

Die Mängelanzeige bedarf **keiner Form.** Ein schriftliches Beanstandungsprotokoll erleichtert jedoch den späteren Nachweis. Über die schriftlich protokollierte Mängelanzeige hinaus können später Ansprüche wegen weiterer Mängel geltend gemacht werden, sofern die mündlich erfolgte zusätzliche Mängelanzeige bewiesen werden kann. Richtiger **Adressat** ist nicht der Reisevermittler (*BGH,* NJW 1988, 488), sondern der örtliche Reiseleiter (*AG Hamburg,* RRa 1995, 26 und RRa 2002, 75; *LG Duisburg,* RRa 2006, 113; *AG Düsseldorf,* RRa 2007, 31) oder bei entsprechenden Reisebedingungen auch der jeweilige Leistungsträger (*LG Frankfurt,* NJW-RR 1988, 1330; siehe aber auch *OLG Koblenz,* RRa 2010, 21: Hotel ist weder Empfangsbote noch Vertreter des Reiseveranstalters). Ist dem Reisenden bekannt, zu welchen Zeiten die Reiseleitung im Hotel anzutreffen ist, muss er sich auf diese Zeiten einrichten, auch wenn die Sprechzeiten nur kurz sind (*AG Charlottenburg,* RRa 1995, 142 m. abl. Anm. *Tempel,* RRa 1996, 46). **Zeitpunkt und Inhalt** der Mängelanzeige sind von Bedeutung, weil eine nicht unverzügliche oder zumindest alsbaldige Anzeige Ansprüche erst von dem Zeitpunkt an rechtfertigt, ab dem die Mängel angezeigt waren (zur Frage einer nicht möglichen Abhilfe zu einem früheren Zeitpunkt *LG Frankfurt,* RRa 2008, 27 und RRa 2008, 72). Eine Mängelanzeige am letzten Tag des Reiseaufenthalts, wenn die zu erbringenden Leistungen praktisch sämtlich erbracht sind, ist mit einer unterlassenen Mängelanzeige gleichzusetzen (*LG Kleve,* NJW-RR 1997, 1207; *AG Düsseldorf,* RRa 1995, 209; *OLG Düsseldorf,* NJW-RR 1989, 735; *AG Kleve,* RRa 2000, 169). Die Mängelanzeige muss konkrete Reisemängel bezeichnen und mehr sein als eine bloße Unmutsäußerung (*AG Hamburg,* RRa 1995, 26). 29

Streitig ist die Bedeutung des **Vermerks** des Reiseleiters **„zur Kenntnis genommen"** auf einer vom Urlauber erstellten Mangelliste. Vereinzelt wird einem solchen Vermerk die Wirkung eines Anerkenntnisses, im Sinn eines Nichtbestreitens der Mängel zugesprochen, jedenfalls könne der Reiseveranstalter später die im Protokoll angeführten Mängel nicht mehr bestreiten, weil der Kunde davon ausgehen könne, „dass er alles Erforderliche zur Beweissicherung getan (habe)" (so *LG Frankfurt,* NJW 1988, 1219; NJW-RR 1989, 309; ebenso *Führich,* Rn. 294). Das überzeugt nicht. Bei objektiver und interessengerechter Würdigung besagt der Vermerk nicht mehr, als dass die dort aufgeführten Mängel angezeigt und damit dem Reiseveranstalter, vertreten durch den örtlichen Reiseleiter, zur Kenntnis gebracht worden sind. Erst die damit verbundene Beweiserleichterung eröffnet nämlich dem Reisenden spätere Gewährleistungsansprüche (*LG Hannover,* NJW-RR 1988, 1454; *LG Berlin,* NJW-RR 1989, 1213; *LG Kleve,* NJW-RR 1995, 316 = RRa 1995, 106; auf das Vorhandensein eines Vorbehalts abhebend *MünchKomm/Tonner,* § 651 d Rn. 8). 30

2. Entbehrlichkeit

Fehlt die Möglichkeit einer Beseitigung der Mängel (*LG Frankfurt,* RRa 2008, 27) oder ist der Mangel bekannt (str., bejahend *AG Neuruppin,* RRa 2008,31; *Führich,* Rn. 297; *Palandt/Sprau,* § 651 d Rn. 4; *MünchKomm/Tonner,* § 651 d Rn. 12; aA *LG Frankfurt,* NJW-RR 2008, 1590 = RRa 2008, 79; *LG Duisburg,* RRa 2008, 171; *LG Düsseldorf,* RRa 2001, 51 und 200; *Urbach,* RRa 2009, 2, 4), ist die 31

Mängelanzeige entbehrlich. Ebenso ist dies der Fall bei Nichterreichbarkeit des Reiseleiters, fehlender Reiseleitung (*OLG Frankfurt,* NJW-RR 1998, 202 = RRa 1998, 67; *AG Hamburg,* NJW-RR 2002, 1060 = RRa 2001, 210; *LG Frankfurt,* NJW-RR 1988, 634) oder soweit der Veranstalter nicht schutzbedürftig erscheint, also wenn Abhilfe ohnehin nicht möglich ist (*OLG Frankfurt,* NJW-RR 1999, 202; *Tempel,* NJW 1986, 547; *Humberg,* RRa 2003, 250). Nur ein schuldhaftes Unterlassen der Anzeige schließt Gewährleistungsansprüche aus (Entschuldigungstatbestände bei *Führich* Rn. 296). Wird der Reisende nicht oder unzureichend über die Anzeigepflicht nach § 6 II Nr. 7 BGB-InfV informiert, gilt das Unterlassen der Mängelanzeige ebenfalls nicht als schuldhaft (*Helmrich,* RRa 2006, 250, 253).

3. Darlegungs- und Beweislast

32 Die Darlegungs- und Beweislast für den Zeitpunkt und Inhalt der Anzeige (*LG Duisburg,* RRa 2011, 25: Beweisprobleme bei E-Mail) sowie fehlendes Verschulden für die Nichtanzeige bzw. deren Entbehrlichkeit liegt beim Reisenden (*BGH,* NJW 1985, 123, 133; *LG Hannover,* NJW-RR 1990, 1018; *AG Hamburg,* RRa 1995, 20). Der Reiseveranstalter muss hingegen die Möglichkeit der Anzeige beweisen (*LG Kleve,* NJW-RR 1997, 1207; *LG Frankfurt,* RRa 2007, 69 und RRa 2008, 264; *Palandt/Sprau,* § 651 d Rn.7). Trägt der Veranstalter vor, dass eine zuständige Person zur Entgegennahme der Mängelanzeige da war und bei dieser Person keine Anzeige oder eine zu einem verspäteten Zeitpunkt eingegangen ist, kann er sich auf den Ausschlusstatbestand des § 651 d II BGB berufen (*LG Frankfurt,* 2011, 194).

VIII. Gewährleistungsansprüche im Einzelnen

1. Allgemeines

33 Erst wenn diese Voraussetzungen erfüllt sind, erfolgt die Prüfung einzelner Gewährleistungsansprüche. Liegt also ein Reisemangel im haftungsrelevanten Sinn vor, rechtfertigt er **mehrere Gewährleistungsmöglichkeiten,** nämlich das Recht auf Mängelabhilfe mit eigenem Aufwendungsersatzanspruch nach § 651 c II und III BGB, das Recht auf Minderung des Reisepreises nach § 651 d und den Anspruch auf Schadensersatz wegen Nichterfüllung nach § 651 f I. War die Reisebeeinträchtigung besonders gravierend und lag danach ein „erheblicher“ Reisemangel vor, kann zusätzlich Entschädigung wegen nutzlos aufgewendeter Urlaubszeit nach § 651 f II BGB verlangt und das Recht zur Vertragskündigung nach § 651 e BGB geltend gemacht werden. Der *BGH* hat in seiner Malediven-Entscheidung (NJW 2005, 1047 = RRa 2005, 57 m. Anm. *Fischer,* RRa 2005, 98 = JZ 2005, 731 m. Anm. *Tonner*) herausgehoben, dass das Gewährleistungsrecht der §§ 651 c ff. BGB einschließlich des § 651 f BGB alle Umstände erfasst, die die gesamte Reise oder Einzelleistungen ganz oder teilweise unmöglich machen, verhindern oder mindern. Etwaige Vereinbarungen mit dem Reiseveranstalter, die zum Nachteil des Reisenden von den Vorschriften der §§ 651 a ff. BGB abweichen (zB **„Verzichtserklärungen“** gegen Abfindung) sind nach § 651 m BGB unwirksam (*AG Bad Homburg,* NJW-RR 2003, 1140: Zahlung bei Abhilfe; ferner [zum alten Recht] *OLG Düsseldorf,* NJW-RR 1992, 245; *AG Kleve,* NJW-RR 2001, 1560; *Führich,* Rn. 621; anders *AG Frankfurt,* RRa 2000, 9 m. krit. Anm. *Tonner*).

34 Bei einer **Personenmehrheit** ist zu prüfen, wie sich ein Reisemangel, der nur bei einem Reisenden aufgetreten ist, auf Gewährleistungsansprüche des Mitreisenden und damit auf die **Aktivlegitimation** des Buchenden auswirkt (weitere Hinweise zur Rechtsprechung bei *Führich,* Rn. 118, 452, 635). Eine zunächst vollmachtlose Anmeldung von Ansprüchen kann rückwirkend genehmigt werden (*LG Frankfurt,* RRa 2010, 121). Verletzt sich eine kleine Tochter am Hotel-Swimmingpool während einer Familienurlaubsreise, sollen die Eltern wegen des damit verbundenen zeitlichen Aufwandes und der eingeschränkten eigenen Urlaubsmöglichkeiten Ansprüche auf Reisepreisminderung und Schadensersatz wegen nutzlos aufgewendeter Urlaubszeit haben (*AG Hannover,* NJW-RR 1992, 51). Ist entgegen dem Vertrag keine behindertengerechte Unterkunft zur Verfügung gestellt worden, kann auch die mitreisende Ehefrau Ansprüche geltend machen (*LG Frankfurt,* NJW 1989, 2397; zustimmend *Teichmann* JZ 1993, 992). Bei einer Jugendreise sind die Eltern aktivlegitimiert (*AG Düsseldorf,* RRa 1996, 164). Bei Gruppenreisen gilt der buchende Anmelder in der Regel als Vertreter (*BGH,* NJW 1989, 2750; *OLG Frankfurt,* RRa 2005, 23; *LG Hannover,* NJW-RR 2002, 701 = RRa 2002, 122).

2. Aufwendungsersatz

35 Hat der Veranstalter nicht innerhalb einer vom Reisenden bestimmten angemessenen Frist (*LG Kleve,* RRa 2003, 118: Selbsthilfe ohne Frist; Entbehrlichkeit bei verweigerter Abhilfe oder Unzumutbarkeit, *Führich,* Rn. 278) Mängelabhilfe geleistet, die einen nicht unverhältnismäßigen Aufwand erfordert hätte, kann der Reisende **Aufwendungsersatz** für getroffene **Selbstabhilfemaßnahmen** gemäß **§ 651 c III BGB** verlangen. Die getroffenen Abhilfemaßnahmen müssen sich an der vertraglich geschuldeten Leistung orientieren. Nur wenn zB eine gleichwertige Unterkunft nicht zu finden ist, kann auch eine höhere Hotelkategorie gewählt werden (*KG,* NJW-RR 1993, 1209; *OLG Köln,* NJW-RR 1993, 252) oder ein

Flug in der Business-Class, wenn die Beförderung in der Economy-Class erst zwei Tage nach der gebuchten Rückreise erfolgen könnte (*AG Bad Homburg,* RRa 2008, 128). Der Reisende trägt die Beweislast für das Abhilfeverlangen, die Setzung einer angemessenen Abhilfefrist oder deren Entbehrlichkeit, der Veranstalter muss seine Erreichbarkeit bei einem Abhilfeverlangen, die Gleichwertigkeit seiner Abhilfemaßnahmen und die Zumutbarkeit eines vom Vertragsinhalts abweichenden Ersatzangebots (*BGH,* NJW 2005, 1047 = RRa 2005, 57 = JZ 2005, 2005, 731 m. Anm. *Tonner*: Abstellen allein auf die subjektiven Urlaubswünsche) beweisen.

3. Minderung

Das in der Rechtspraxis bedeutsamste Gewährleistungsrecht ist der Anspruch auf **Minderung des Reisepreises** nach **§ 651 d BGB,** weil es auf ein Verschulden des Veranstalters für den Reisemangel nicht ankommt. Eine Minderung setzt indes voraus, dass der Reisende es nicht schuldhaft unterlassen hat, den Mangel gemäß § 651 d BGB anzuzeigen (s. o. Rn. 31 f.). Für die Beratungs- und Rechtsprechungspraxis ist nicht nur die Frage schwierig, wann tatsächlich ein Reisemangel zu bejahen ist (s. o. Rn. 20 ff.). Gleichermaßen schwierig bleibt die Frage, in welchem Umfang eine Reisepreisminderung zugesprochen werden kann. 36

Für den **Berechnungsansatz** verweist § 651 d BGB auf § 638 III und IV BGB und damit auf die Ermittlung der Minderungshöhe im Wege der **Schätzung.** Damit aber ist die nähere Ermittlung des Minderungsbetrages der Zufälligkeit wie Vielfalt von Einzelfallentscheidungen überlassen. 37

Das beginnt mit der Frage, ob die **Minderungsquote** sich prozentual **am Gesamtreisepreis orientiert.** 38
So wird von der überwiegenden Praxis verfahren (Hinweise mit weiteren Erläuterungen bei *Führich,* 299–302). Sind nur Teile der Reise mängelbehaftet (zB Unterkunft, Verpflegung), wird auch eine differenzierende Ansicht praktiziert (zB *OLG Düsseldorf,* NJW-RR 1995, 622; siehe auch *LG Hannover,* NJW 1984, 2417 und NJW-RR 1990, 1398; jedoch davon iSd hM abweichend nunmehr *LG Hannover,* NJW-RR 1999, 1104). Dieser Ansatz errechnet die prozentuale Quote zB aus dem Anteil der bloßen Aufenthaltskosten, die sich aus den Preisangaben für die Verlängerungswoche aus dem Veranstalterkatalog ermitteln lassen. Der praktisch einfachere Weg einer Orientierung am Gesamtpreis hat sich jedoch durchgesetzt, weil sich meist die einzelnen Anteile, die zur Bildung des Gesamtpreises geführt haben, nur schwer ermitteln lassen (*BGH,* NJW 2000, 1188 = RRa 2000, 85; *OLG Frankfurt,* NJW-RR 1999, 1356 und RRa 2003, 255; *LG Dortmund,* RRa 2008, 114). Die Minderung knüpft dabei an den Tagespreis mit Berücksichtigung der mängelbehafteten Zeit an (dazu näher *Putzka,* RRa 2008, 10). Zusätzlich gebuchte Nebenleistungen (zB Versicherungsprämien *AG Bad Homburg* RRa 2004, 211) sind vom Gesamtpreis abzuziehen. Abzustellen ist für den Vergleich der mangelfreien mit der mängelbehafteten Reise auch auf den Gesamtcharakter der Reise (*LG Hannover,* RRa 2010, 29: Konzertausfall bei Kulturreise; *LG Hamburg,* RRa 2008, 277: Expeditionsreise) und damit auf die **Ausstrahlungswirkung des Mangels** auf die Gesamtreiseleistung (so auch *OLG Celle,* NJW 2004, 2985; *LG Frankfurt,* NJW-RR 1989, 517; 1990, 700; zum Problem der „Nachwirkung" des Mangels am Ende einer Reise auf die Gesamtreise *BGH* NJW 2008, 2775 = RRa 2008 m. Bespr. *Buxbaum* RRa 2009, 58 und NJW 2000, 1188; *OLG Frankfurt,* NJW-RR 1999, 202). Streitig beurteilt wird die Frage, ob die Verletzung der Informationspflicht neben einem bereits vorhandenen Reisemangel einen weiteren Mangel darstellt, der bei der Bemessung der Minderung dann zusätzlich zu berücksichtigen ist (so *LG Frankfurt,* RRa 2008, 121 m. zust. Anm. *Schmid*; aA *OLG Celle,* RRa 2009, 174; *Matern,* RRa 2010, 15; s. o. Rn. 12).

Besonders deutlich wird die Vielfalt der Minderungspraxis bei zusammengesetzten Reisen, die zB aus 39
einer **Rundreise und einem Badeaufenthalt** bestehen und bei denen nur ein Teil der Reise mängelbehaftet ist (aus der Vielzahl der Rspr. s. *LG Frankfurt,* NJW-RR 1992, 51 und 115 und 890 sowie NJW-RR 1993, 952 mit immer weiteren Differenzierungen; *LG Mönchengladbach,* NJW-RR, 1990, 317; *LG Hannover,* NJW-RR 1990, 1019; *OLG Düsseldorf,* NJW-RR 1991, 1202; *LG Hamburg,* NJW-RR 1998, 708). Wesentlich ist, ob die mängelbehaftete Teilleistung vom Hauptzweck der Reise erfasst ist (*OLG Celle,* NJW-RR 2003, 200 = MDR 2003, 12: Flugreise mit Segelkreuzfahrt; *OLG Köln,* RRa 2008, 222: Wegfall von Ausflügen bei Kreuzfahrt; *Führich,* Rn. 302).

Gleichermaßen vielfältig ist die Praxis bei der Bestimmung des **Berechnungsumfangs.** Zeitlich be- 40
schränkt sich die Minderung auf die Dauer des Mangels (zum zeitlichen Moment bei der Bemessung der Reisepreisminderung *Tempel,* RRa 1997, 67; *OLG Frankfurt,* NJW-RR 1999, 202; zur Schwere des Ereignisses und zur Rückwirkung auf die mangelfreie Urlaubszeit *BGH* NJW 2008, 2775 = RRa 2008, 220: Beinah-Absturz bei Rückflug aus mangelfreiem Urlaub; ferner *LG Duisburg,* RRa 2008, 69; *Führich,* Rn. 305). Auf den grundsätzlich wichtigen Zeitpunkt der Mängelanzeige kommt es nicht mehr an, wenn die Abhilfe zu einem früheren Zeitpunkt nicht möglich war (*LG Frankfurt,* RRa 2008, 27 und 72, siehe auch *Putzka,* RRa 2008, 10 zu Ausnahmen vom Zeitmoment). Inhaltlich erfolgt die Schätzung entsprechend der Gewichtung der Reisebeeinträchtigung. Sie ist nach dem Einzelfall vorzunehmen. Deshalb müssen Versuche der Schematisierung auf Bedenken stoßen, selbst wenn sie vom Bemühen um Rechtssicherheit getragen sind (zur Problematik einer Berechenbarkeit im Reiserecht und

den Prozessaussichten *Isermann* NJW 1988, 873: „Rechtsabenteuer"). Die von der 24. ZK des *LG Frankfurt*, entwickelte **„Frankfurter Tabelle"** (NJW 1985, 113; erläutert von *Tempel*, NJW 1985, 97 ff.; zum Stand 1. 1. 1994 NJW 1994, 1639; ferner *Tempel*, RRa 1998, 19, 26) hat zwar einen hohen Öffentlichkeitswert und mag – wie Schmerzensgeldtabellen – eine Orientierungshilfe sein (siehe auch die *ADAC-Tabelle* NJW 2005, 2506; ferner *Führich*, Anhang IV; *ders.*, Beilage zu MDR 2006, Heft 4) Die seither veröffentlichte Rechtsprechung, wie auch die Entscheidungen der Gerichte am TUI-Sitz Hannover (*OLG Celle*, NJW 2004, 2985) und anderer Kammern des *LG Frankfurt*, zeigt indes, dass die Tabelle – jedenfalls in der Entscheidungsbegründung – praktisch kaum angewendet wird (Hinweise zur unterschiedlichen Anwendungspraxis bei *Führich*, Rn. 308). Es leuchtet nicht ein, dass ein bestimmter Minderungsprozentsatz für einen mehr oder weniger klar definierten Reisemangel unbeschadet der unterschiedlichen Höhe zB des Flugkostenanteils gelten soll. Dabei sind die Erläuterungen zur Tabelle nicht in jedem Fall weiterführend. Ihre Anwendung kann auch zu wenig überzeugenden Prozentsätzen bei der Bestimmung der Minderungsquote führen (zB *AG Bad Homburg*, NJW-RR 1997, 1341) und die Absicht ihrer Verfasser ins Gegenteil verkehren (krit. auch *Schmid*, NJW 2005, 2945). Ist bei einer Kreuzfahrt die gewählte Reiseroute mit „Highlights" der maßgebliche Reisezweck, kommt es bei der Bemessung der Minderung auf eine wertende Gewichtung der einzelnen Programmpunkte an, nicht auf die Addition einzelner Tabellenwerte (*OLG Celle*, NJW-RR 2003, 200; *OLG Köln*, MDR 2009, 133).

4. Schadensersatz wegen Nichterfüllung

41 Vertraglicher Schadensersatz wegen Nichterfüllung nach **§ 651 f I BGB** kann bei materiellen **Begleit- bzw. Folgeschäden** für nutzlose Aufwendungen und konkret nachgewiesene Mehrkosten verlangt werden (*LG Bremen*, RRa 2001, 245: vergeblich aufgewandte Impfkosten; *OLG Celle*, NJW-RR 2003, 197: Körperverletzung infolge Verkehrsunfall; *LG Frankfurt*, RRa 2000, 52, 56: nutzlose Aufwendungen für An- und Abreise; *LG Darmstadt*, RRa 2002, 121: Mehrkosten für angemessene Ersatzreise; **Taxikosten** bei Verlegung des Abflugorts *AG Düsseldorf*, RRa 1996, 78 und *AG Mannheim*, RRa 1997, 120 oder infolge Flugausfalls bei Insolvenz *AG Ludwigsburg*, RRa 2005, 34; *AG Berlin-Schönefeld*, NJW-RR 2002, 1284: Transferkosten infolge Busfahrerstreik; *AG Duisburg*, NJW-RR 1995, 693: Sicherungsmaßnahmen für Gepäck gegen Verwechslung und Diebstahl bei Busreisen; *LG Frankfurt*, NJW-RR 1991, 690 und *LG Darmstadt*, RRa 1999, 203: **Kosten für Anschlussflug**; wegen Personen- und Sachschäden vgl. Übersicht bei *Führich*, Rn. 400–407; ferner *Rodegra*, MDR 2004, 550 und *Bocianiak*, VersR 1998, 1076 mwN.

42 Der eingetretene Mangelfolgeschaden muss vom Veranstalter (oder seines Erfüllungsgehilfen nach § 278 BGB) zu **vertreten** sein (Beispiele bei *OLG Köln*, NJW-RR 1993, 252; *AG Hannover*, NJW-RR 1993, 381; *Palandt/Sprau*, § 651 f Rn. 4). Eine Haftung entfällt, wenn der Schaden auf eine Maßnahme zurückzuführen ist, die im Rahmen der Leistungspflichten nicht zu erwarten war (*OLG Düsseldorf*, NJW-RR 1995, 694: keine Überprüfung der Richtigkeit einer Falschauskunft des Konsulats; *BGH*, NJW 2005, 1420: Sturz bei Laufen durch die Abfertigungshalle). Ebenso haftet der Veranstalter nicht beim Hoteldiebstahl Dritter, da diese Gefahr dem allgemeinen Lebensrisiko des Reisenden zuzurechnen ist (*OLG Düsseldorf*, NJW-RR 2003, 776; *AG Bonn*, NJW-RR 1997, 501; *AG Hamburg*, RRa 1998, 178; weitere Beispiele zur Entlastung des Veranstalters bei *Führich*, Rn. 399). Ein **Mitverschulden** des Reisenden wirkt haftungsbegrenzend (Rutschgefahr an Poolumrandung *OLG Düsseldorf*, NJW-RR 2001, 157; Sprung eines Alkoholisierten in unbekannten Pool *OLG Celle*, RRa 2003, 109; wertvoller Schmuck im Reisegepäck *AG Baden-Baden*, RRa 1999, 216; Meldeschluss bei Einchecken *AG Neuwied*, RRa 2003, 130; Anschnallpflicht *OLG Celle*, NW-RR 2003, 197; Annahme eines zumutbaren Ersatzangebots *LG Düsseldorf*, RRa 2003, 113). Im Fall **höherer Gewalt** entfällt das Vertretenmüssen (**Schiffsbrand** *BGH*, NJW 1987, 1938; **erkennbare Unruhen** *LG Frankfurt*, NJW-RR 1991, 314; **Naturereignisse** *LG Kleve*, RRa 2000, 99; *LG Frankfurt*, NJW-RR 1991, 313; *LG Hannover*, NJW-RR 1991, 376). Ebenfalls aufgrund der Pauschalreiserichtlinie ist jetzt in § 651 f I BGB die Frage der Beweislast für das Verschulden eines Reiseveranstalters geregelt. Schadensersatz wegen Nichterfüllung kann nur dann nicht verlangt werden, wenn der Mangel der Reise auf einem Umstand beruht, den der Reiseveranstalter nicht zu vertreten hat. Diese Normierung ändert nicht die bisher schon durch die Rechtsprechung festgeschriebene Rechtslage (*BGH*, NJW 1987, 1938; *LG Frankfurt*, NJW-RR 1993, 1330).

Der Reisende ist **beweispflichtig** für den Reisemangel, die Mängelanzeige und den ursächlichen Schaden (*AG Kleve*, RRa 1997, 34), aber auch für den Ursachenzusammenhang (*Palandt/Sprau*, § 651 f Rn. 7; zu Unfällen im Hotel: *Tonner*, RRa 2008, 62). Der Reiseveranstalter, der mangelhaft geleistet hat, muss den Nachweis führen, dass weder ihn noch den von ihm eingesetzten Leistungsträger oder seine Erfüllungsgehilfen ein Verschulden an den aus seinem Gefahrenbereich stammenden schädigenden Umständen trifft. Damit erfolgt eine Beweislastumkehr (MünchKomm/*Tonner*, § 651 f Rn. 66; *Führich*, Rn. 436 a; *OLG München*, NJW-RR 2002, 1047 = RRa 2002, 57: Lawinenopfer; *LG Duisburg*, NJW-RR 1995, 693: Haftung für Reisegepäck). Der Veranstalter muss daher sein fehlendes Verschulden, eine fehlende Mängelanzeige und ein Mitverschulden des Reisenden beweisen (*Führich*, Rn. 436 a).

Änderungen gelten aber hinsichtlich der Haftungsbegrenzungsmöglichkeiten nach § 651 h BGB. Eine Beschränkung der Haftung auf den dreifachen Reisepreis ist ausdrücklich nur noch für Schäden zugelassen, die nicht Körperschäden sind (s. dazu aber schon *BGH,* NJW 1987, 1931, 1937). Ferner kann sich ein Veranstalter auf das Recht eines Leistungsträgers, das einen Schadensersatzanspruch nur unter bestimmten Voraussetzungen oder Beschränkungen entstehen lässt oder unter bestimmten Voraussetzungen ausschließt, nur noch dann berufen, wenn diese Beschränkungen sich aus einem internationalen Übereinkommen oder aus darauf beruhenden gesetzlichen Vorschriften ergeben. Die letztgenannte Haftungsbegrenzungsmöglichkeit greift allerdings auch dann, wenn ein internationales Übereinkommen in nationale Rechtsnormen übertragen worden ist, wie etwa in §§ 701 ff. BGB (*Palandt/Sprau,* § 651 h Rn. 4; *Eckert,* DB 1994, 1069, 1074; *LG Frankfurt,* RRa 2002, 210). 43

Als **Sonderregelung** bei internationaler Beförderung für abhandengekommenes oder beschädigtes Gepäck gilt das sogenannte **Montrealer Übereinkommen** (BGBl 2004 II S. 458, abgedr. bei *Führich,* S. 1118) und, soweit es noch nicht zwischen den zwei Vertragsstaaten des Abflugs- und Bestimmungsortes ratifiziert ist, weiterhin das **Warschauer Abkommen** (BGBl. II 1958, 312; abgedruckt zB bei *Führich,* S. 1106 ff.; siehe näher *Tonner,* VuR 2011, 213). Das MÜ ist integraler Bestandteil des europäischen Gemeinschaftsrechts (*EuGH,* RRa 2006, 127; NJW 2008, 2697 = RRa 2008, 237; NJW 2009, 347 = RRa 2009, 35; zu den Haftungshöchstgrenzen *BGH,* NJW 1987, 1939). Als eine Art „Ausführungsverordnung", die zugleich den Standard des MÜ auf Inlandsflüge erstreckt, wird die VO (EG) Nr. 2027/97 (abgedr. bei *Führich,* S. 1141) in der Änderungsfassung der VO (EG) Nr. 889/2002 gesehen (*Führich,* Rn.925; *Ruhwedel,* TransportR 2001, 189). Die Vorschriften des MÜ bzw. des WA enthalten eigene anspruchsbegründende Regelungstatbestände (siehe zum Anwendungsbereich näher bei *Führich,* Rn. 932 ff.; *AG Düsseldorf,* NJW-RR 1998, 549: Schadensersatzansprüche nach Art. 18 WA nur gegen den vertraglich bezeichneten Luftfrachtführer). Das WA gibt aber nicht für jede Verspätung eine Haftgrundlage: Beruht eine Verspätung auf einem technischen Defekt in der Elektronik und auf einer notwendigen Umbuchung, so stellen diese Umstände keine für den Luftverkehr typischen Ursachen dar, welche zu Schadensersatzansprüchen nach dem WA führen (*LG Bonn,* RRa 1998, 121 m. zust. Anm. *Ruhwedel*). Der geschädigte Reisende hat die Darlegungs- und Beweislast für die tatbestandlichen Voraussetzungen (*LG Hannover,* RRa 1997, 204). Daneben bleiben Ansprüche auf Minderung des Reisepreises (*LG Frankfurt,* NJW-RR 1986, 216) oder auf Kündigung des Reisevertrages (*LG Hannover,* NJW 1985, 2903) bestehen. Die Anspruchsgrundlage des § 651 f I BGB wird durch diese Vorschriften aber verdrängt (*OLG Düsseldorf,* NJW-RR 1998, 921). 44

5. Entschädigung für nutzlos aufgewendete Urlaubszeit

Bei nutzlos aufgewendeter Urlaubszeit kann nach **§ 651 f II BGB** eine angemessene Entschädigung in Geld verlangt werden (ausführlich mwN dazu *Führich,* MDR 2009, 906; *BGH,* NJW 2005, 1047 = RRa 2005, 57 m. Anm. *Fischer,* RRa 2005, 98 = JZ 2005, 731 m. Anm. *Tonner*). Eine analoge Anwendbarkeit dieser Vorschrift greift auch bei Ferienhausverträgen mit einem Veranstalter (*BGH,* NJW 1992, 3158 und 3163), nicht jedoch bei bloßem Luftbeförderungsvertrag, weil hier allein der Transport und nicht der Urlaubszweck im Vordergrund steht (*LG Frankfurt,* NJW-RR 1990, 1211; *LG Hamburg,* NJW 2001, 835; aA *AG Bad Homburg,* RRa 1995, 65; *LG Aachen,* NJW-RR 2000, 13). Gleiches gilt, wenn die erstrebte Erholung nur ein Nebeneffekt ist (Klinikaufenthalt: *BGH,* NJW 1981, 1833). 45

Der Entschädigungsanspruch ist bisher stets als höchstpersönlicher Anspruch gewertet worden, weshalb eine **Aktivlegitimation** zB bei Familienreisen nicht ohne weiteres schon dem buchenden Familienmitglied als einzigem Vertragspartner zugesprochen wurde (*Führich,* Rn. 409; MünchKomm/*Tonner,* Rn. 44, jeweils unter Hinweis auf *BGH,* NJW 1980, 1947 sowie *OLG Düsseldorf,* NJW-RR 1988, 636 und RRa 2003, 211; ferner zur Rechtstellung von Mitreisenden *Kaufmann,* MDR 2002, 1036, 1039). Jedenfalls für eine Familienreise, bei der das buchende Familienmitglied die Verantwortung für den gesamten Vertrags übernehmen will, sollen nach *BGH,* NJW 2010, 2950 m. zust. Anm. *Tonner* = RRa 2010, 215 = MDR 2010, 1099 (ebenso auch *Führich,* Rn. 452) Ansprüche nach § 651 f II BGB auch für den anderen Ehepartner geltend gemacht werden können (zur Erkennbarkeit des Näheverhältnisses *OLG Frankfurt,* NJW-RR 2004, 1285 und *LG Düsseldorf,* RRa 2010, 22).

Problematisch ist die Frage, wann die Tatbestandsvoraussetzung des **„erheblichen Reisemangels"** erfüllt ist. Grundsätzlich wird dies bejaht, wenn die Minderungsquote bei mindestens **50%** liegt (*LG Frankfurt,* NJW-RR 1988, 1451 und RRa 1997, 33; *OLG Stuttgart,* RRa 1994, 28; *LG Düsseldorf,* RRa 1994, 121; *LG Hamburg,* NJW-RR 1997, 1139; *LG Kleve,* RRa 1996, 210). Mit der Entscheidung des *EuGH* vom 12. 3. 2002 (NJW 2002, 1255 = RRa 2002, 17) ist die Meinung gestärkt, dass unter Berücksichtigung der Gesamtwürdigung aller Umstände des Einzelfalls die Erheblichkeitsschwelle auch niedriger liegen kann, nämlich schon bei 30% (*Führich,* Rn. 412; *ders.,* MDR 2009, 906, 908 mwN; siehe auch *OLG Köln,* NJW-RR 2008, 1588 = RRa 2008, 222; *OLG Celle,* RRa 2004, 158). Eine Entschädigung kann auch verlangt werden bei **Vereitelung** einer Reise. Das kann die Mitteilung sein, dass die Reise gleich zu Beginn abgebrochen werden muss (*BGH,* NJW 2005, 1047 = RRa 2005, 57) oder wenn eine Überbuchung der Unterkunft vorliegt (*OLG Düsseldorf,* NJW-RR 1989, 1078; *LG*

München I, RRa 2001, 138) oder eine unzumutbare Ersatzunterkunft zugewiesen wird (*OLG Köln,* NJW-RR 2005, 703: Ferienhaus; *AG Hannover,* RRa 2005, 170: Ersatzhotel), jedoch keine Entschädigung bei einer Ersatzreise wegen geringeren Standards (*LG Frankfurt,* NJW-RR 1992, 187); zu Ansprüchen bei internationalen Flugpauschalreisen *Bollweg,* RRa 2007, 242.

46 Praktische Schwierigkeiten bereitet die Bestimmung der **Entschädigungshöhe.** Lange Zeit wurde an die üblich gewordene Berücksichtigung von **Tagessätzen** angeknüpft (grundlegend *LG Frankfurt,* NJW-RR 1988, 1451). Inzwischen hat auch das *LG Frankfurt* (RRa 2007, 24 und RRa 2009, 72) davon Abstand genommen. Jetzt wird der vom *EuGH* aaO aufgezeigten und dann insbesondere vom *OLG München* (RRa 2002, 57) und vor allem vom *BGH* (NJW 2005, 1047 = RRa 2005, 57 = JZ 2005, 731 m. Anm. *Tonner*) vertretenen Methode gefolgt, dass die Entschädigung sich am **Reisepreis** zu orientieren hat, bezogen auf die **Reisedauer** und unter Berücksichtigung des Grads der **Beeinträchtigung** (so auch *Führich,* Rn. 420; *ders.,* MDR 2009, 906, 912; *Palandt/Sprau,* § 651 f Rn. 6). Dabei ist auf den Reisepreis eines jeden einzelnen Reisenden abzustellen (*LG Frankfurt,* RRa 2011, 63: auch bei fünfjährigem Kind; zur Anknüpfung der Entschädigungshöhe an die Minderungsquote *LG Köln,* RRa 2010, 125). Mit seiner Entscheidung hat der *BGH* aaO auch klargestellt, dass dem sog. **Balkonurlaub** kein Resterholungswert zukommt. Bei **Urlaubserkrankung** scheidet eine rückwirkende Einbeziehung einwandfreier Urlaubstage aus (*LG Frankfurt,* NJW-RR 1993, 1330; *LG Hannover,* NJW-RR 1989, 633). Anders ist es jedoch, wenn die gesamte Urlaubsreise dadurch nutzlos geworden ist (*OLG Düsseldorf,* NJW 2001, 1872; *Führich,* Rn. 417; *ders.,* MDR 2009, 906, 911) Bei Erkrankung einer nicht unerheblichen Zahl von Urlaubern (*LG Hannover,* RRa 2001, 9) durch verdorbene Speisen hat der Reisende die Beweiserleichterung des **Anscheinsbeweises** (*LG Leipzig,* RRa 2011, 68: nicht bei weniger als 10% der Gäste). Der Veranstalter muss dann den Gegenbeweis führen, dass kein Verpflegungsmangel vorlag (*LG Hannover,* NJW-RR 1989, 633).

6. Deliktische Ansprüche

47 Bei Verletzung einer Verkehrssicherungspflicht durch den Reiseveranstalter ist früher auf den Gesichtspunkt der **unerlaubten Handlung** nach **§ 823 BGB** abgestellt worden, um auch Ansprüche auf *Schmerzensgeld* **nach § 847 aF BGB** zu rechtfertigen (dazu noch *BGH,* RRa 2006, 210: Wasserrutsche). Mit **§ 253 II BGB** kann Schmerzensgeld jetzt auch bei vertraglichen Pflichtverletzungen gefordert werden (ausführlich *Jaeger,* RRa 2010, 58; *Teichmann,* RRa 2009, 258; *Tonner,* NJW 2007, 2738 und *Eckert,* RRa 2007, 113; ferner *OLG Karlsruhe,* NJW-RR 2007, 1356; *OLG Köln,* RRa 2007, 65). Maßgeblicher Haftungstatbestand ist die Voraussetzung eines pflichtwidrigen und schuldhaften Verhaltens von Personen im **Organisationsbereich** des Veranstalters, zB hinsichtlich etwaiger Sicherheitsstandards (*BGH,* NJW 2006, 2918 = RRa 2006, 210: bruchsicheres Glas als kindgerechte Wohnraumausstattung; *OLG Köln,* NJW-RR 1992, 1185: Hotelbrand; *OLG Köln,* RRa 2009, 122 = MDR 2009, 933: unzureichende Schwimmbadtiefe; *OLG Celle,* RRa 204, 156: unbefestigtes Fussballtor; ausführliche Hinweise zur Rspr. bei *Führich,* Rn. 428–435). Fraglich ist allerdings das Maß der Kontrollpflicht des Reiseveranstalters. Mit Rücksicht auf §§ 842 ff. BGB müssen die organisatorischen Pflichten für den Veranstalter erfüllbar bleiben. Dazu ist anerkannt, dass die örtlichen Reiseleiter keine Techniker sein müssen, um die notwendigen regelmäßigen Kontrollen durchzuführen; es genügen berufsmäßige Erfahrungen, um sie in den Stand zu setzen, Sicherheitsrisiken, die sich bei genauerem Hinsehen jedermann offenbaren, festzustellen; verborgene Mängel zu entdecken, wird von ihnen nicht erwartet (für heruntergefallenen Boiler *OLG Frankfurt,* NJW-RR 1994, 560; einschränkend ferner *OLG Düsseldorf,* NJW-RR 1993, 315; *LG Düsseldorf,* MDR 1992, 351; *LG München I,* MDR 1992, 457; *LG Frankfurt,* RRa 1995, 62). Ein **Mitverschulden** (*OLG Celle,* RRa 2003, 109; *OLG Hamm,* NJW-RR 2010, 129 = MDR 2010, 137: Sturz über Stufe vor Hotelzimmer) ist ebenso haftungsbegrenzend zu berücksichtigen wie Gefahren aus dem **allgemeinen Lebensrisiko** (*OLG Frankfurt,* RRa 2003, 19: nasse Wegefliesen; *LG Frankfurt,* NJW-RR 2009, 1354: Sturz nach Bedrängen durch fliegende Händler; zur Anspruchskonkurrenz allgemein *Führich,* Rn. 425).

Die vom Veranstalter eingeschalteten Leistungsträger sind mangels Weisungssabhängigkeit nicht seine Verrichtungsgehilfen nach § 831 BGB (*BGH,* NJW 2007, 2549 = RRa 2007, 215: Animateur; *OLG Celle,* RRa 2004, 156: „geschulte Kinderanimateure"; *LG Hannover,* RRa 2003, 218: Bootsführer; *OLG Frankfurt,* RRa 2001, 243: Hotelier). Bei **Unfallschäden** nach einem Tagesausflug vor Ort ist maßgeblich, ob die **Verrichtungsgehilfeneigenschaft** bei dem eingeschalteten Unternehmen vorgelegen hat (*OLG Düsseldorf,* RRa 2005, 118 und 121; *LG Frankfurt,* NJW-RR 2005, 131 = RRa 1005, 65; *OLG Celle,* NJW-RR 2002, 1637 = RRa 2002, 159; *OLG Koblenz,* MDR 2010, 630: Reinigungspersonal des Schiffes; zur Haftung für Verkehrsunfälle im Rahmen des Transfers *Tempel,* RRa 2001, 4).

7. Kündigung nach §§ 651 e, 651 j BGB

48 Neben dem Rücktritt vor Reisebeginn gemäß § 651 i BGB (s. u. Rn. 52) eröffnet das Kündigungsrecht ein weiteres einseitiges Recht der Vertragsauflösung (zu Fällen ungerechtfertigter Kündigung *Tempel,*

RRa 2002, 146). Gekündigt werden kann bei Vorliegen eines Reisemangels oder einer unzumutbar gewordenen Reise im Sinn von **§ 651 e BGB** oder im Fall höherer Gewalt nach **§ 651 j BGB.** Beruht ein Mangel auf höherer Gewalt, besteht daneben kein Rücktrittsrecht des Reisenden nach § 651 e BGB (anders bei Verletzung von Hinweispflichten *OLG Köln,* RRa 2001, 178). Es gilt allein § 651 j BGB. Diese Vorschrift geht bei höherer Gewalt auch der Rücktrittsvorschrift des § 651 i BGB vor (*Führich,* Rn. 507 und 533 a).

Ein Fall **höherer Gewalt** (hierzu näher *Tonner,* NJW 2003, 2783; *Führich,* VersR 2004, 445 und RRa 2004, 4; bei Krieg in der Nähe des Urlaubslands *Schmid,* MDR 2003, 974) liegt vor, wenn diese bei Vertragsschluss nicht vorausschaubar war und zu einer erheblichen Erschwerung, Gefährdung oder Beeinträchtigung der Reise führt (*Führich,* Rn. 454). Maßgeblich ist die objektive Betrachtung im Zeitpunkt der Kündigung (*LG Frankfurt,* NJW 2003, 2618) mit Blick auf die Reise als Ganzes (*OLG Frankfurt,* NJW-RR 2005, 282 = RRa 2004, 258 m. Anm. *Führich,* RRa 2005, 50: Undurchführbarkeit wesentlicher Reiseteile wegen Einführung der Visumspflicht nach Reisebuchung). Das Ereignis darf weder in den Risikobereich des Veranstalters (*BGH,* NJW 1987, 1938: Brand auf Kreuzfahrtschiff) noch in den des Reisenden fallen (*BGH,* NJW 2002, 3700 = RRa 2002, 258 und dazu nach Zurückverweisung *OLG Frankfurt,* RRa 2003, 110: Hurrican im Zielgebiet; *LG Mönchengladbach,* NJW-RR 2007, 1354: staatlich verspätete Eröffnung der Jagdsaison bei Jagdreise; weitere Einzelfälle bei *Führich,* Rn. 538–544). Keine Gewährleistungsansprüche lösen Umstände im Rahmen des **allgemeinen Lebensrisikos** aus. Das gilt für **Umwelteinflüsse** (Ausnahme bei Nichteinhaltung von **Zusicherungen,** zB Angaben zur Schneesicherheit *AG München,* NJW-RR 1990, 190 und *LG Frankfurt,* NJW-RR 1991, 879; zum Witterungsrisiko *Tonner/Krause,* NJW 2000, 3665; *Führich,* Rn. 541) wie auch für **Terroranschläge** („Djerba-Entscheidung“ *OLG Celle,* RRa 2005, 260 m. Anm. *Tonner* in Bestätigung von *LG Hannover,* RRa 2004, 261 m. Anm. *Schmid,* RRa 2004, 242).

Die Kündigung nach **§ 651 e BGB** bedarf weder einer bestimmten Form noch einer Begründung 49
(*BGH,* NJW-RR 1990, 1334), jedoch muss der Kündigungswille nach außen erkennbar manifestiert sein (*OLG Frankfurt,* NJW-RR 2005, 132: alsbaldige Abreise nach Ablehnung einer anderen Unterkunft; *OLG Düsseldorf,* NJW-RR 1998, 53: Rückreise noch am Ankunftstag; *OLG Köln,* NJW-RR 2007, 62: Annahme eines Rückflugtickets). Die bloße Abreise ohne weitere Nachricht an die Reiseleitung reicht nicht, es sei denn, eine Reiseleitung ist nicht vorhanden (*LG Frankfurt,* NJW-RR 1991, 880). Der Reisende muss jedoch eine angemessene **Frist zur Abhilfe** gesetzt haben, es sei denn, diese ist entbehrlich (*Führich,* Rn. 371).

Materielle Voraussetzung ist das Vorliegen eines **erheblichen Reisemangels.** Dabei ist wie in § 651 f II BGB (*Führich,* Rn. 363 f.; s. o. Rn. 45) auf die Gesamtwürdigung aller Umstände abzustellen (*BGH,* NJW 2009, 28 = MDR 2009, 250). Eine „Erheblichkeit“ wird bei zeitanteiliger Minderung von mindestens 50% bejaht (*Palandt/Sprau,* § 651 e Rn. 2; *OLG Frankfurt,* NJW-RR 2003, 785), jedoch im Einzelfall auch bei niedriger Minderungsquote (*LG Frankfurt,* RRa 2010, 27: neuer Schwellenwert 35%; *OLG Celle,* NJW-RR 2004, 1354). Ebenso gilt das bei Nichterbringung der Reiseleistung überhaupt ((*LG München I,* NJW-RR 2002, 268: Überbuchung; weitere Einzelfälle bei *Führich,* Rn. 366–368). Verbleibt aber der Reisende trotz Vorliegens von Mängeln am Urlaubsort und nimmt er die gegebene Situation längere Zeit hin, setzt er sich mit einer verspäteten Kündigung in Widerspruch zu seinem eigenen vorherigen Verhalten (*OLG Düsseldorf,* NJW-RR 1998, 52). Eine **Unzumutbarkeit** als Kündigungsgrund liegt vor, wenn der Mangel für den Reisenden aus subjektiver Sicht ein wichtiger Grund ist (*LG Frankfurt,* RRa 2008, 25: keine behindertengerechte Unterkunft; *LG Frankfurt,* RRa 2006, 165: Notwendigkeit einer Operation). Auch bei 14½stündiger Verspätung bei Zwischenlandung setzt die Kündigung eine angemessene **Frist zur Abhilfe** voraus (*LG Düsseldorf,* RRa 2011, 65 in Abweichung von der Vorinstanz *AG Düsseldorf,* NJW-RR 2010, 569). Die Fristsetzung ist mit dem Abhilfeverlangen zu verbinden (*AG Ahrensburg,* RRa 2002, 127: Kündigung eines Ferienhauses).

Rechtsfolgen der Kündigung sind der Wegfall des Anspruchs auf den Reisepreis und die Verpflich- 50
tung zur Zahlung einer Entschädigung (§ 651 e III BGB; Verweisung hierauf in § 651 j II BGB). Zur **Berechnung der Entschädigung** knüpft das Gesetz an § 638 III BGB an. Die Praxis nimmt für die Dauer der Beeinträchtigung eine **zeitanteilige Bewertung** vor (Reisepreis bis zur Kündigung abzüglich Minderung wegen Mängel: *LG Frankfurt,* RRa 2001, 76 und RRa 2006,71; *Führich,* Rn. 376). Eine Pauschalierung in den AGB ist grundsätzlich zulässig (*Palandt/Sprau,* § 651 e Rn. 5; *LG Köln,* NJW-RR 2001, 1064; zur Möglichkeit der Schätzung *LG Düsseldorf,* NJW 2003, 3062). Als nachwirkende Pflicht nach der Kündigung besteht die Pflicht zur Rückbeförderung, notfalls mit Linienflug (*Führich,* Rn. 379; *AG Bad Homburg,* RRa 2002, 17)

Bei § 651 e BGB muss der Reisende die Erheblichkeit des Reisemangels, die Unzumutbarkeit der Rei- 51
se, die angemessene Fristsetzung bzw. ihre Entbehrlichkeit und Mehrkosten infolge der Vertragsaufhebung **beweisen** (*LG Frankfurt,* NJW-RR 1996, 540). Im Fall höherer Gewalt trifft ihn die Beweispflicht für die besondere Gefährdung (**Beweiserleichterung bei gesundheitlichen Gefahren** *BGH,* NJW 1990, 572).

IX. Rücktritt vor Reisebeginn (§ 651 i BGB)

52 Im Hinblick auf die **Stornokostenregelung** sind die Zeitpunkte des Vertragsabschlusses (bei Vermittlung durch ein selbständiges Reisebüro *AG Schöneberg,* NJW-RR 1992, 116) wichtig und der des Reisebeginns, der wiederum unterschiedlich bestimmt wird (Beginn des Eincheckens bei der Flugreise *OLG Dresden,* RRa 2001, 254 m. Anm. *Schmid*; *LG München I,* RRa 2004, 274; *LG Stuttgart,* TransportR 1991, 349 bzw. Ende des Eincheckens *AG München,* RRa 2001, 213 und RRa 2005, 87; *LG München I,* RRa 2002, 183; näher *Schmid,* NJW 2002, 3510).

Die Rücktrittserklärung ist zwar formfrei. Eine konkludente Erklärung reicht (problematisch beim bloßen Nichtantritt der Reise als sog. **„no show"**, insbesondere, wenn der Reisende sich nicht innerhalb einer angemessenen Frist meldet (*LG Frankfurt,* NJW-RR 2008, 363). Werden zwei einzeln buchbare Kreuzfahrten als zeitlich und örtlich nacheinander anschließende Reiseteile gebucht, liegt keine einheitliche Pauschalreise vor; kann der Reisende die zweite Kreuzfahrt nicht antreten, liegt ein stornogebührenpflichtiger Nichtantritt der zweiten Reise vor (*AG Bad Homburg,* RRa 1999, 33). Hinsichtlich der Stornierungsbedingungen kommt es auf die Gültigkeit von **AGB-Klauseln** an (dazu *BGH,* MDR 1992, 1125; *Führich* Rn. 523; *ders,.* zur Berechnung des Entschädigungsanspruchs, Rn. 517–522). Klauseln, die eine vom Reisepreis unabhängige Pauschale vorsehen, verstoßen gegen §§ 651 i III, 651 m BGB (*AG Bonn,* NJW-RR 2010, 782). Gesonderte Fragen können sich aus dem Abschluss einer Reise-Rücktritts-Kosten-Versicherung ergeben (dazu zB *Führich,* Rn. 811 ff.; ausführlich zu den Einzelheiten *van Bühren/Nies,* Reiseversicherung, 3. Aufl. 2010, S. 35 ff.; *Nies,* VersR 1989, 126).

X. Insolvenzschutz für den Reisenden

53 Im Sinn des Verbraucherschutzes bedeutsam ist die Regelung zur Kundengeldabsicherung in § 651 k BGB. Mit ihr soll die übliche **Vorauskasse**, die der Reisende auf den Reisepreis zu leisten hat (*BGH,* NJW NJW 2001, 1934; NJW 2006, 3134 m. Anm. *Staudinger*; *LG Hamburg,* NJW-RR 2008, 439; bei Gastschulreisen auch das zugesagte Taschengeld *OLG Köln,* NJW-RR 2003, 930 = RRa 2003, 136), gegen die Insolvenzrisiken des Veranstalters abgesichert werden, und zwar für die Zeit vor und nach Reisebeginn (*EuGH,* NJW 1996, 3141; *BGH,* NJW 2001, 1934). Voraussetzung für die Anwendbarkeit dieser Vorschrift ist zunächst, dass die Reise bei einem Reiseveranstalter gebucht ist, also die §§ 651 a ff. BGB Anwendung finden. Damit ist zugleich gesagt, dass sie ferner gilt bei nur einzelnen Reiseleistungen, wenn insofern die Vorschriften des Reisevertragsrechts entsprechende Anwendung finden (*BGH,* NJW 2002, 2238 m. Anm. *Führich*).

1. Sicherungsmöglichkeiten

54 Bei Zahlungsunfähigkeit oder Konkurs des Veranstalters müssen der gezahlte Reisepreis (*BGH,* NJW 2001, 1934: Anzahlungen) und dadurch notwendig gewordene Aufwendungen für die Rückreise dem Reisenden erstattet werden. Diesen Verpflichtungen kann der Reiseveranstalter (*OLG Frankfurt,* NJW-RR 1997, 1209: nicht der Leistungsträger) nachkommen durch den Abschluss einer Versicherung oder den Nachweis eines Zahlungsversprechens eines Kreditinstituts (*Führich,* Rn. 582 f.). Der Versicherungsschutz beginnt mit Abschluss des Sicherungsvertrags zwischen dem Veranstalter und dem Sicherungsgeber. Existiert ein solcher Versicherungsvertrag überhaupt nicht (dazu *Eckert,* RRa 2002, 50) oder ist der Schein gefälscht (*AG München,* RRa 2004, 185), bleibt der Reisende weiterhin schutzlos. Das vermittelnde Reisebüro trifft insofern eine Kontrollpflicht (§ 651 k III 4 BGB; *Führich,* Rn. 589).

2. Vorkasse und Sicherungsschein

55 Die Absicherung ist für den Reisenden nur dann von praktischem Nutzen, wenn er einen unmittelbaren Anspruch gegen den Versicherer oder das Kreditinstitut verschafft bekommt. Das sieht § 651 k III BGB mit der Pflicht zur Aushändigung eines Sicherungsscheins. Dieser muss von Form und Inhalt den Vorgaben in § 9 BGB-InfV entsprechen (zum Schutzumfang *Fischer/Lindner,* RRa 2002, 151). Hat der Veranstalter seine Hauptniederlassung in einem anderen EU-Mitgliedsstaat, muss der den Schein gesondert nachweisen (§ 651 k V BGB iVm § 10 BGB-InfV; Einzelheiten bei *Führich,* Rn. 593).

56 Mit der Übergabe des Sicherungsscheins ist die Vorkasseregelung verbunden. Wegen der zusätzlichen Insolvenzsicherung durch den Sicherungsschein hat der *BGH* (NJW 2006, 3134 m. Anm. *Staudinger* = RRa 2006, 256) es für gerechtfertigt angesehen, wenn in den AGB eine Anzahlungsklausel in Höhe von 20% des Reisepreises vereinbart war. Andererseits kann keine volle Zahlung verlangt werden, solange der Veranstalter die Reise noch absagen kann (*LG Hamburg,* NJW-RR 2008, 439). Mit befreiender Wirkung gegenüber dem Veranstalter kann der Reisende seine Zahlung an das vermittelnde Reisebüro leisten, wenn diesem ausdrücklich oder stillschweigend eine Inkassovollmacht erteilt ist (*Palandt/Sprau,* § 651 k Rn. 7 a; *LG Düsseldorf,* RRa 1999, 215: Beweispflicht bei Reisenden; *AG Düsseldorf,* RRa 2000, 153: vom Vermittler zugeschickte Reisebestätigung reicht). Hat der Reisende vereinbarungsge-

mäß an das Reisebüro gezahlt, bleibt die Leistungspflicht des Veranstalters auch dann bestehen, wenn das Reisebüro vor Weiterleitung des Reisepreises zahlungsunfähig wird (*AG Ebersbach,* RRa 1999, 24 m. Anm. *Tonner*).

Mangels Konkretisierung besteht kein wirksamer Anspruch des Reisenden aus der Bürgschaft gegen die Reiseversicherung, wenn es der Veranstalter unterlässt, die erforderliche Verbindung zwischen Bürgschaft und Reisevertrag durch Ausfüllen des Sicherungsscheins bzw. dessen Übergaben an den Reisenden herzustellen (*LG München I,* RRa 1998, 213). 57

3. Ausnahmen von der Insolvenzsicherungspflicht

Nach § 651 k V BGB ist der Geltungsbereich indes ausdrücklich eingeschränkt.

Diese Auflagen gelten nicht für Reiseveranstalter, die nur gelegentlich und außerhalb ihrer gewerblichen Tätigkeit Reisen veranstalten, und für solche Reisen, die nicht länger als 24 Stunden dauern, keine Übernachtung einschließen und bei denen der Reisepreis 75,– € nicht übersteigt (kumulativ), ferner, wenn der Reiseveranstalter eine juristische Person des öffentlichen Rechts ist, über deren Vermögen ein Insolvenzverfahren unzulässig ist (siehe *Kaller,* RRa 1996, 191). Damit soll Gelegenheitsveranstaltern kein unverhältnismäßig großer Aufwand zugemutet werden, der gerade mit einer Insolvenzsicherung verbunden wäre. Fehlt die Veranstaltereigenschaft iSd § 651 a BGB überhaupt (zB Organisation durch ein Vereinsmitglied oder bei Betriebsausflügen), besteht ebenfalls keine Pflicht zur Sicherstellung (zur gewonnenen Reise *OLG München,* RRa 2000, 141). Andererseits bleibt die Pflicht zur Insolvenzsicherung damit für Reisebüros bestehen, die gelegentlich im Rahmen ihrer gewerblichen Tätigkeit als Reiseveranstalter auftreten. 58

XI. Weitere prozessuale Hinweise

1. Anwaltliche Vertretung

Für das Geltendmachen im Sinn von § 651 g I BGB ist nach der gesetzgeberischen Klarstellung in Satz 2 kein Vollmachtsnachweis nach § 174 BGB erforderlich (s. o. Rn. 8.). Hat ein Anwalt bei zweifelhaften Erfolgsaussichten einer außergerichtlichen Einigung nicht den Rat zu einem unbedingten Klageauftrag erteilt, hat er keinen Anspruch auf die bei dem Versuch einer außergerichtlichen Regelung entstandenen Kosten, weshalb seiner Partei dann auch kein Anspruch auf Schadensersatz nach § 651 f I BGB gegen den Gegner zusteht (*LG Frankfurt,* NJW-RRa 2009, 1573). 59

2. Zuständigkeit des Gerichts

Für Ansprüche aus dem Reisevermittlungsvertrag, der mit dem Reisebüro zustande gekommen ist, gilt der für das Buchungsbüro zuständige Gerichtsort (§§ 12, 13, 17 ZPO). Ein Reisebüro, das Reisen eines ausländischen Veranstalters anbietet, haftet für eine Reisepreisminderung selbst, wenn es versichert hat, für die Qualität der Reiseleistungen und die Richtigkeit der Prospektangaben einzustehen (*AG Waldshut-Tiengen,* NJW-RR 1988, 953; siehe ferner *LG Konstanz,* NJW-RR 1993, 638; *LG Kiel,* RRa 1997, 164). 60

Klagen gegen den Veranstalter aus dem eigentlichen Reiseveranstaltervertrag müssen am zuständigkeitsbegründenden Firmensitz (§ 17 ZPO) erhoben werden. Ob die Buchungsstelle eines Reisebüros „Niederlassung" iSv § 21 ZPO ist, hängt davon ab, ob sie nach außen im Namen des Veranstalters und in dessen Auftrag Verträge abschließt (*LG Osnabrück,* NJW-RR 1988, 1333; *LG Kiel,* RRa 1996, 203; *AG Braunschweig* RRa 1994, 47; *AG Essen,* RRa 1994, 62). Betrifft der Rechtsstreit Personen, die ihren Wohnsitz in unterschiedlichen EU-Mitgliedsstaaten haben, geht die **Brüssel I-VO** (früher: EuGVÜ) dem nationalen Recht vor (näher bei *Führich,* Rn. 80), weil der Reisevertrag als Verbrauchersache iSv Art. 15–17 Brüssel I-VO gilt. Bei der **Ferienhausmiete** liegt dann keine Verbrauchersache vor, wenn die Miete direkt mit dem Leistungsträger vereinbart ist. Ausschließlicher Gerichtsstand ist dann nach Art. 22 Nr. 1 Brüssel I-VO der Ort des Ferienhauses, es sei denn, dass beide Parteien ihren Wohnsitz im Inland haben. Anders wiederum ist es bei der Buchung eines Ferienhauses bei einem Veranstalter (*EuGH,* NJW 1985, 905; *EuGH,* NJW 2000, 2009 = RRa 2000, 124 m. Anm. *Schulz*; *AG Hamburg,* NJW-RR 2000, 352; zum Ferienhaus in Dänemark *AG Wetzlar,* NJW-RR 2005, 1369). Besondere Konsequenzen für den Gerichtsstand und das anwendbare Recht können sich bei Internetbuchungen ergeben (dazu *Tonner,* VuR 2011, 208).

3. Aktiv- und Passivlegitimation

Bei **Personenmehrheit** muss für die Prüfung der **Aktivlegitimation** zunächst festgestellt werden, wer Vertragspartner geworden ist (s. o. Rn. 35, 44). 61

Ob ein **Vertragsschluss im eigenen oder fremden Namen** erfolgt, bestimmt sich nach allgemeinen Regeln (*BGH,* NJW 2002, 2238: Unternehmer als Reisender bei Incentivreise; *OLG Hamburg,* RRa 1996, 132: mehrere Familien; ferner *OLG Düsseldorf,* NJW-RR 1991, 1202; *LG Hamburg,* RRa 1997,

201; näheres zur Rechtsstellung von Mitreisenden *Kaufmann,* MDR 2002, 1036). Bei einer gemeinsamen Reise von **Nichtverheirateten** kommt es auf die näheren Umstände an, ob zwei getrennte Reiseverträge zustande gekommen sind (*LG Frankfurt,* RRa 2007, 25; *LG Düsseldorf,* RRa 2004, 14; *LG Hannover,* NJW-RR 2002, 701 = RRa 2002, 122; *AG Hamburg,* NJW-RR 2002, 702). Der Buchende kann dann alle Ansprüche nach §§ 651 d, e, i und j BGB geltend machen. Ansprüche auf Schadensersatz und Urlaubsentschädigung nach § 651 f BGB muss grundsätzlich jeder geschädigte Mitreisende selbst einklagen (*AG Hannover,* NJW-RR 2002, 701: Buchung für weitere Person mit fremdem Namen).

Besonderheiten sind zu beachten bei **Familienreisen,** insbesondere hinsichtlich der Ansprüche aus § 651 f II BGB. Dazu hat der *BGH* (NJW 2010, 2950 = RRa 2010, 215 = MDR 2010, 1099) die früher stark betonte Höchstpersönlichkeit eines solchen Entschädigungsanspruchs relativiert, wenn erkennbar ist, dass das buchende Familienmitglied die Verantwortung für den gesamten Vertrag übernehmen will (s. o. Rn. 45; zur Frage der Erkennbarkeit des Näheverhältnisses *OLG Frankfurt,* NJW-RR 2004, 1285; *LG Düsseldorf,* RRa 2010, 22). Bei sonstigen **Gruppenreisen** ist jedes Gruppenmitglied Vertragspartner, wenn nicht unmissverständlich klargemacht ist, dass der Anmelder nur einen Reisevertrag im eigenen Namen schließen will (*OLG Frankfurt,* RRa 2005, 23; *AG Hamburg,* RRa 2001, 5; *Führich,* Rn. 635). Eine Vertragsklausel mit dem Inhalt, dass die **Abtretung** nur vom Anmelder geltend zu machender Ansprüche aus dem Reisevertrag ausgeschlossen ist, ist unwirksam (*BGH,* NJW 1989, 2750; zur Ungültigkeit eines sonstigen umfassenden Abtretungsverbots zu Lasten des Reisenden *OLG Köln,* RRa 2009, 18 und *LG Köln,* RRa 2010, 125; *LG Frankfurt,* RRa 2010, 121).

Passiv legitimiert neben dem Reiseveranstalter ist der Leistungsträger bei deliktischen Ansprüchen und das Reisebüro bei fehlerhafter Beratung aus dem mit dem Reiseinteressenten zustandegekommenen Reisevermittlungsvertrag (s. o. Rn. 5). Bei lediglich vermittelten **Fremdleistungen Dritter** wie Ausflügen oder Kursen vor Ort haftet der Veranstalter nicht (*BGH,* NJW-RR 2007, 1501 = RRa 2007, 221; *OLG Köln,* RRa 2011, 112; *OLG Frankfurt,* RRa 1997, 180). Eine Einstandspflicht für Leistungen Dritter ist jedoch gegeben, wenn die von einem Dritten ausgeführte Reiseleistung als eigene angeboten wird (*BGH,* RRa 2011, 20: „Rail&Fly").

4. Klageantrag

62 Der **Klageantrag** muss genau **beziffert** sein bei Ansprüchen auf Minderung, Schadensersatz nach §§ 651 f I, 823 BGB sowie bei Selbsthilfekosten nach § 651 c III BGB. Ein **unbezifferter** Klageantrag ist zulässig bei der **Urlaubsentschädigung** nach **§ 651 f II BGB** (*LG Hannover,* NJW-RR 1989, 1936; aA *AG Bad Homburg,* NJW-RR 1997, 819) und beim **Schmerzensgeld** nach § 253 II BGB, wobei die Bemessungsgsgrundlagen mitgeteilt sein müssen (kritisch bei § 651 f II BGB *Führich,* Rn. 639).

5. Substantiierungspflicht

63 Selbst bei anwaltlich geführten Verfahren ist eine hohe Quote von nur geringen **Prozesserfolgen** bemerkenswert (zu einer früheren Statistik *Isermann* NJW 1988,873). Ein wichtiger Grund dabei dürfte in einer nicht ausreichenden Substantiierung des Klagevorbringens zum Gegenstand und Umfang der Reisemängel (als Beispiel *AG Duisburg,* RRa 2009, 146: „nicht abwechslungsreiche Speisen", „teilweise verschimmeltes Brot", „unhöfliches Personal"; s. o. zum Reisemangel Rn. 20 ff.) und der sonstigen für das Gericht wichtigen Beurteilungsgrundlagen einschließlich der Beweisnotwendigkeiten liegen (näher bei *Führich,* Rn. 638 und 640 mwN; ferner auch zu Darlegungs- und Beweisfragen *Schmid/Hopperdietzel,* NJW 2010, 1262). Gleiches gilt aber auch für ein pauschales Bestreiten „ins Blaue" (*LG Frankfurt,* RRa 2010, 25).

6. Checkliste

64 Hilfreich für die Anfertigung eines Urteils sind die Hinweise von *Führich* (Rn. 641 f.) zum wesentlichen Inhalt von Tatbestand und den Entscheidungsgründen. Gleiches gilt für die zusammenfassenden Hinweise auf einzelne prozessual relevante Prüfungsaspekte, die stichwortartig in einer Checkliste aufgeführt sind (Anhang nach Rn. 644).

Weitere Orientierungshilfen geben die Übersichten zur Rechtsprechung einzelner Gerichte wie der 24. Kammer des *LG Frankfurt* (*Urbach,* RRa 2009, 2), des *OLG Celle* (*Bendtsen,* RRa 2010, 2), des *OLG Frankfurt* (*Hirtz-Weiser,* RRa 2010, 106) und des *BGH* (*Kober-Dehm/Meier-Beck,* RRa 2010, 250).

B. XI. Der Straßenverkehrsprozess

Maren Lippold

Übersicht

Literatur: *Geigel,* Der Haftpflichtprozess, 26. Aufl., 2011; *Grüneberg,* Haftungsquoten bei Verkehrsunfällen, 6. Aufl., 2000; *Hacks-Ring-Böhm,* Schmerzensgeldbeträge in jeweils aktueller Fassung, zB 28. Aufl. 2010; *Jagusch-Hentschel,* Straßenverkehrsrecht, 41. Aufl., 2011; Küppersbusch, Ersatzansprüche bei Personenschäden, 10. Aufl., 2010; *Prölls-Martin,* Versicherungsvertragsrecht, 28. Aufl., 2010; *Stiefel/Maier,* Kraftfahrtversicherung, 18. Aufl., 2010; *Weber,* Die Aufklärung des KFZ-Versicherungsbetrugs, Münster 1995.

Zur allg. Literatur siehe Literaturverzeichnis A. I.

I. Rechtsgrundlagen

Auch wenn der Verkehrszivilrichter im Regelfall nur eine recht überschaubare Anzahl von Anspruchsnormen zu beachten hat, ist das Feld für den Neuling nicht ganz einfach zu beackern. Das liegt zum einen daran, dass durch die hier oft maßgebliche Gefährdungshaftung und insbesondere die Regelung des § 17 II StGB sich hinsichtlich Prüfungsaufbau und Beweislastverteilung Abweichungen vom vertrauten Standardfall einer Haftung aus unerlaubter Handlung ergeben. Andere Gründe liegen in der meist ungewohnten, in diesem Bereich aber oft streitentscheidenden häufigen Anwendung des sog. Anscheinsbeweises. Schließlich spielen gar nicht so selten für den Zivilrichter eher „exotische" Normen, zB aus dem SGB, eine wichtige Rolle. 1

Als wohl wichtige Anspruchsnormen sind an erster Stelle die §§ 7 und 18 StVG und § 115 VVG (nF) zu nennen. § 7 regelt die sogenannte Halterhaftung. Sie setzt voraus, dass der in Anspruch Genommene Halter eines unfallbeteiligten Kraftfahrzeugs ist und ist als reine Gefährdungshaftung ausgestattet. § 18 StVG regelt die Haftung des Fahrers eines unfallbeteiligten Kraftfahrzeugs; sie ist nicht als Gefähr- 2 dungshaftung, sondern als – faktisch der Gefährdungshaftung oft nahekommende – Haftung für vermutetes, aber widerlegliches, Verschulden ausgestaltet. Nach der Novellierung des Schadensersatzrechtes im Jahr 2002 unterscheiden sich die Rechtsfolgen insoweit nicht mehr von denen einer unerlaubten Handlung, als nunmehr auch immaterielle Schäden zu ersetzen sind. Wichtig werden kann allerdings die Frage, ob die Voraussetzungen der §§ 823 ff. BGB erfüllt sind bei besonders hohen Schäden, da für die Haftung nach dem StVG gemäß § 12 StVG Haftungshöchstgrenzen bestehen. Diese sind zwar seit dem 18. 12. 2007 auf fünf Millionen Euro im Falle der Tötung oder Verletzung eines oder mehrer Menschen angehoben, lagen aber zuvor im Falle der Tötung oder Verletzung eines Menschen bei einem Kapitalbetrag von 600.000,00 EUR bzw. einer Rente von jährlich 36.000,00 EUR bzw. bei Tötung oder Verletzung mehrerer Menschen durch dasselbe Ereignis bei einen Kapitalbetrag von 3.000.000,00 EUR bzw. einem Rentenbetrag von jährlich 180.000,00 EUR. Aber auch hinsichtlich der Zurechnung des Verschuldens des „eigenen" Fahrers zum Nachteil des Geschädigten bestehen wichtige Unterschiede zwischen der straßenverkehrsrechtlichen Gefährdungshaftung und der bürgerlich-rechtlichen Verschuldenshaftung (s. u. Rn. 8, 9).

3 Sodann ist auf § 115 VVG (nF) iVm § 1 PflVG hinzuweisen. Nach diesen Vorschriften kann der bei einem Verkehrsunfall durch ein Kraftfahrzeug Geschädigte einen Direktanspruch gegen den Kraftfahrzeughaftpflichtversicherer des Unfallgegners geltend machen. Der Anspruch bestimmt sich im Übrigen nach den §§ 7, 18 StVG, 823 ff. BGB. In der Praxis kommt dieser Anspruchsgrundlage (nach altem Recht § 3 PflVG) besondere Bedeutung zu. Der Versicherer bietet einen liquiden Anspruchsgegner und wird deshalb zumeist zumindest mitverklagt. In Fällen, in denen der Unfallgegner ein ausländisches Kraftfahrzeug aus einem Land geführt hat, das dem Grüne-Karte-System angeschlossen ist, besteht ein inhaltlich gleich ausgestalteter Anspruch gegen das Deutsche Büro Grüne Karte; dieses kann wie ein Haftpflichtversicherer in Anspruch genommen werden. Dabei ist zu beachten, dass nur das Deutsche Büro Grüne Karte selbst passivlegitimiert ist, nicht also etwa der Versicherer, der vom Deutschen Büro regelmäßig als Regulierungshelfer beauftragt wird.

4 Last not least ist zu bedenken, dass auch der Geschäftsherr (§ 831 BGB), der Dienstherr (Art. 34 GG, § 839 BGB) und der dem Haftpflichtversicherer gleichgestellte sogenannte Eigenversicherer als Anspruchsgegner in Betracht kommen. Als Eigenversicherer bezeichnet man Staat, Länder und Gemeinden usw., die von der Verpflichtung, eine Kraftfahrzeughaftpflichtversicherung befreit sind, dafür aber wie ein Haftpflichtversicherer haften (§ 2 PflVG). Häufig ist ein Geschäftsherr zugleich auch Eigenversicherer, oft beim öffentlichen Nahverkehr. Die unterschiedliche Haftungsgrundlage kann relevant werden, weil sich der Geschäftsherr unter Umständen bei sorgfältiger Auswahl und hinreichender Überwachung des Verrichtungsgehilfen entlasten kann, der wie ein Versicherer haftende Eigenversicherer dagegen nicht.

II. Die rechtliche Behandlung des Verkehrsunfalls

1. Einführung

5 Die Besonderheiten der straßenverkehrsrechtlichen Haftung soll zunächst anhand eines Standardfalls erläutert werden: Zwei Kraftfahrzeuge, die nebeneinander befindliche Fahrstreifen befahren, kommen seitlich zur Kollision. Bei beiden Fahrzeugen sind Eigentümer, Halter und Fahrer identisch. Jeder behauptet einen Fahrstreifenwechsel des jeweils anderen Fahrzeugs. Nehmen wir § 823 BGB als Anspruchsgrundlage, so hätte der Kläger nicht nur die hier unproblematische Eigentumsverletzung, sondern auch insbesondere das Verschulden des anderen Fahrers darzulegen und zu beweisen. Bleibt der Unfallhergang unaufklärbar, wäre also die Klage abzuweisen. Ganz anders die straßenverkehrsrechtliche Haftung: Der Beklagte, der nicht beweisen kann, dass es sich um einen Fall höherer Gewalt (§ 7 II StGB) gehandelt hat, haftet für den Schaden des Klägers gemäß § 7 I StGB. Allerdings ist nach § 17 II StVG zu berücksichtigen, dass sich der Unfall auch beim Betrieb des vom Kläger gehaltenen Kraftfahrzeugs ereignet hat, der genauso wenig einen Fall höherer Gewalt nachweisen kann. Die Umstände, die bei der Bildung der Quote zu berücksichtigen sind, sind hier auf beiden Seiten gleich: Zusammenstoß zweier Pkw mit Haftung nur aus § 7 StGB, kein nachweisbares Verschulden auf der einen oder anderen Seite, auch sonst keinerlei besondere Umstände. Das Ergebnis der Abwägung kann also nur 50 : 50 lauten.

2. Erste Grundlagen der Quotenbildung

6 An dieser Stelle ist bereits eindringlich darauf hinzuweisen, was auch an anderer Stelle noch zu vertiefen sein wird: Die Quote ist das Ergebnis eines Abwägungsvorganges, das in jedem Fall unter Berücksichtigung aller Einzelumstände neu gefunden werden muss. Es gibt keine vorgefundenen starren Ergebnisse. Hilfreich habe ich das von einem meiner Vorsitzenden geprägt Bild der „Quotenwaage" gefunden. Stellen Sie sich eine altertümliche Waage mit zwei Waagschalen vor. In die eine Waagschale legen Sie alle gegen einen Unfallbeteiligten sprechenden Umstände, in die andere Waagschale legen Sie alle gegen den anderen Unfallbeteiligten sprechenden Umstände. Solange dieser Vorgang nicht abge-

schlossen ist, ist nicht festzustellen, ob die Waage sich in der Waagerechten einpendelt, ob die eine oder die andere Waagschale sich mehr oder weniger dem Boden nähert oder ihn gar erreicht. Im ersten Fall käme man zu einer Haftungsquote von 50:50. Im Letzten Fall würde man etwa formulieren, dass die Betriebsgefahr des einen Fahrzeugs durch das schwere Verschulden von dessen Fahrer so erhöht ist, dass die nur einfache Betriebsgefahr des anderen Fahrzeugs zurücktritt.

Die Haftungsquoten werden in der deutschen Rechtsprechung häufig nach Brüchen, also ½ zu ½ 7
oder ⅓ zu ⅔ usw. ausgedrückt. In der Hamburger Rechtsprechung hat sich der Grundsatz durchgesetzt, Prozentsätze anzugeben, wobei Zehnersprünge verwendet werden, ein Haftungsanteil von nur 10% aber nicht vorgesehen ist. Hintergrund ist zum einen, dass die so gebildeten Quoten wegen der gleichmäßigen Abstände besser vergleichbar, zueinander ins Verhältnis zu setzen sind, als Brüche. Zum anderen ist ein Haftungsanteil von nur 10% so gering, dass man ihn angesichts des vielfach überwiegenden Haftungsanteils des anderen Unfallbeteiligten angemessen zurücktreten lassen kann.

Wie auch sonst ist stets zu prüfen, ob alle Voraussetzungen der anzuwendenden Normen gegeben 8
sind. Dies sollte zwar eigentlich für den Rechtsanwender eine Selbstverständlichkeit sein. Gerade bei der Bearbeitung von Straßenverkehrsunfällen gibt es aber viele Standardsituationen, was dazu verleitet, im Einzelfall nicht mehr so genau „hinzugucken", so dass man relevante Abweichungen vom Normalfall leicht übersieht. Bei der Bildung der Quote bei einem Verkehrsunfall mit zwei beteiligten Kraftfahrzeugen wird leicht übersehen, dass § 17 II StVG voraussetzt, dass beiderseits die Fahrzeughalter beteiligt sind. Der Eigentümer, der nicht Halter ist, muss sich also nicht die Betriebsgefahr seines Fahrzeugs zurechnen lassen. § 9 StVG, über den die Zurechnung des Mitverschuldens eines Gewahrsamsgehilfen möglich ist, findet zwar auf die straßenverkehrsrechtliche Gefährdungshaftung, nicht aber auf §§ 823 ff. BGB Anwendung (*BGH,* VersR 65, 523; NJW 07, 3120; *Lemcke,* RuS 2007, 437; *Tomson,* NZV 09, 577 ff.).

3. Unterschiede der Haftung aus § 7 StVG und aus unerlaubter Handlung

Während in dem oben dargestellten Fall des unaufklärbaren Unfalls zweier Fahrzeuge mit Halterbe- 9
teiligung auf beiden Seiten sich die Gefährdungshaftung nach dem StVG im Vergleich zur Haftung aus unerlaubter Handlung als günstiger darstellte, kann dann, wenn der geschädigte Eigentümer des einen Fahrzeugs nicht aus zugleich dessen Halter ist, die Anspruchsbegründung uber § 823 BGB für den Geschädigten günstiger sein. Betrachten wir den folgenden Beispielsfall: Das Fahrzeug des Klägers, das von einem Dritten geführt wird, fährt mit mäßig überhöhter Geschwindigkeit – 65 km/h statt zulässiger 50 km/h – innerorts. Das auf Beklagtenseite beteiligte Fahrzeug parkt zunächst am rechten Fahrbahnrand und wird sodann ausgeparkt, wobei der auf Beklagtenseite beteiligte Fahrer das herannahende Fahrzeug des Klägers übersieht. Im unmittelbaren Zusammenhang mit dem Ausparkvorgang kommt es zur Kollision der beiden Fahrzeuge, wobei der Fahrer des klägerischen Fahrzeugs die Kollision durch Bremsen und/oder Ausweichen hätte vermeiden können, wenn er die zulässige Höchstgeschwindigkeit eingehalten hätte. Betrachten wir zunächst die Haftung nach dem StVG: Halter, Fahrer und Haftpflichtversicherer des auf Beklagtenseite beteiligten Fahrzeugs haften gemäß §§ 7, 17, 18 StVG auf Schadensersatz, da es sich bei dem Unfall für den Fahrer schon deshalb weder um höhere Gewalt oder ein unabwendbares Ereignis gehandelt haben kann, weil er den Unfall durch einen Verkehrsverstoß (mit-)verursacht hat. Er hat das Fahrzeug des Klägers beim Ausparken übersehen, obwohl er gemäß § 10 StVO beim Anfahren sich so hätte verhalten müssen, dass jegliche Gefährdung anderer Verkehrsteilnehmer ausgeschlossen ist. Allerdings kann der auf Schadensersatz in Anspruch Genommene dem Kläger das Verschulden von dessen Fahrer, der durch seine unerlaubte Geschwindigkeitsüberschreitung den Unfall mit verursacht hat, entgegenhalten. Dies ergibt sich aus § 9 StVG. Danach finden, wenn bei der Entstehung eines Schadens ein Verschulden des Verletzten mitgewirkt hat, die Vorschriften des § 254 BGB mit der Maßgabe Anwendung, dass im Fall der Beschädigung einer Sache (hier Kfz des Klägers) das Verschulden desjenigen, welcher die tatsächliche Gewalt über die Sache ausübt (hier der Fahrer des klägerischen Fahrzeugs) dem Verschulden des Verletzten gleichsteht. Legt man die beiderseitigen Verschuldensanteile in die „Quotenwaage" (s. o.), wird man zu dem Ergebnis kommen, dass das Verschulden des Ausparkenden das Verschulden des Fahrers des klägerischen Fahrzeugs überwiegt, ohne dass dieses völlig zurückträte. Nach der in der Hamburger Rechtsprechung üblichen Quotierung würde man wohl von einer Haftungsquote 30:70 zugunsten des Klägers ausgehen.

Betrachten wir denselben Fall unter dem Gesichtspunkt der unerlaubten Handlung: Der Fahrer des 10
ausparkenden Fahrzeugs, für den auch der Haftpflichtversicherer einzutreten hat, hat den Schaden am Fahrzeug des Klägers durch seinen Fahrfehler mitverschuldet. Das Verschulden des Fahrers des Klägers ist kein Verschulden des Geschädigten selbst, so dass auf § 254 BGB keine Mithaftung des Klägers gestützt werden kann. § 9 StVG, auf den die Mithaftung des geschädigten Eigentümers im Fall der straßenverkehrsrechtlichen Haftung gestützt wird, findet auf die Verschuldenshaftung des BGB keine Anwendung, und zwar auch keine analoge Anwendung, was der BGH im Wesentlichen mit den unterschiedlichen Haftungssystemen der Gefährdungshaftung und der Verschuldenshaftung erklärt (*BGH,* VersR 65, 523). Gestützt auf die Haftung gemäß § 823 BGB kann der Kläger also nicht nur 70% seines Schadens, sondern seinen Schaden insgesamt ersetzt verlangen.

11 Das Ergebnis ist auch nicht unbillig, wie es vielleicht auf ersten Blick scheinen mag. Der Fahrer des klägerischen Fahrzeugs, der den Unfall nicht unerheblich mitverschuldet hat, bleibt insgesamt betrachtet nicht völlig „ungeschoren“, der Fahrer des auf Beklagtenseite beteiligten Fahrzeug bzw. dessen Haftpflichtversicherer bleibt nicht auf 100% Schadensersatzleistung „sitzen“. Regelmäßig stehen dem geschädigten Fahrzeugeigentümer gegen zB den Leasingnehmer/Halter vertragliche Schadensersatzansprüche zu. Nach den typischen Vertragsbedingungen eines Leasingvertrages hat der Leasingnehmer dem Leasinggeber unfallbedingte Fahrzeugschäden aus der vertraglich vereinbarten Übernahme der Sach- und Preisgefahr zu ersetzen. Fahrer des klägerischen Fahrzeugs und der gegnerischen Unfallfahrer bzw. dessen Haftpflichtversicherer sind deshalb Gesamtschuldner oder zumindest wie Gesamtschuldner zu behandeln, so dass der der gegnerischen Unfallfahrer bzw. dessen Haftpflichtversicherer entsprechend der Haftungsquote beim Fahrer des klägerischen Fahrzeugs regressieren kann. Vorausgesetzt ist aber ein entsprechendes Verschulden. Eine Haftung des Fahrzeugeigentümers/Leasinggeber gegen den Fahrzeughalter/Leasingnehmer aus § 7 StGB besteht dagegen nicht. Zwar ist das Leasingfahrzeug durchaus im Zusammenhang mit dem Betrieb dieses Fahrzeugs beschädigt worden. Eine Haftung aus § 7 StGB tritt aber nur ein, wenn das Schadensereignis dem Betrieb eines Kraftfahrzeugs nach dem Schutzzweck der Gefährdungshaftung auch zugerechnet werden kann. Das ist nach der Auffassung des BGH hinsichtlich der Beschädigung des Fahrzeugs, von dem diese Betriebsgefahr ausgeht, nicht der Fall; es gehe bei dieser Schädigung nicht mehr um eine spezifische Auswirkung derjenigen Gefahren, für die die Haftungsvorschrift den Verkehr schadlos halten will. Der Schutzzweck der Haftung des Halters erstrecke sich nicht auf das von ihm gehaltene Fahrzeug selbst (*BGH*, NJW 2011, 996, 997). Wohl nach wie vor ungeklärt ist, ob der Leasinggeber gegenüber dem Fahrer auf bloß vermutetes Verschulden (§ 18 StGB) berufen kann (siehe dazu *Reinking*, NJW 2011, 998).

12 Fälle, in denen Anspruchsinhaber (Eigentümer) und Halter auseinanderfallen, finden sich zB bei Leasingfahrzeugen, bei sicherungsübereigneten Fahrzeugen (Achtung also bei finanzierten Fahrzeugen), aber auch bei Behördenfahrzeugen können Eigentümer und Halter auseinanderfallen. Angesichts des hohen Anteils der finanzierten oder Geleasten Fahrzeuge – nach *Tomson*, NZV 09, 577 soll der Anteil mehr als 70% betragen – liegt auf der Hand, dass Fälle dieser Art eher die Regel als die Ausnahme sind. Die Lektüre der genannten BGH-Entscheidungen, aber auch der Aufsätze von *Lemcke* und *Tomson* ist deshalb dringend zu empfehlen. Aber auch in ganz anderem Zusammenhang sollte das Auseinanderfallen von Eigentümer und Halter bzw. Fahrer die Aufmerksamkeit wecken: In den betrugsverdächtigen Fällen ist zu beachten, dass nur die Einwilligung des Berechtigten die Rechtswidrigkeit der Eigentumsverletzung entfallen lässt (s. u. Rn. 26 ff., insb. 28).

4. Fragen der Anwendung des § 7 StGB

13 **a) Betrieb.** Voraussetzung der Haftung ist, dass der Schaden im Zusammenhang mit dem Betrieb eines Kraftfahrzeugs oder eines Anhängers, der dazu bestimmt ist, von einem Kraftfahrzeug mitgeführt zu werden, eingetreten ist. Mit dem Begriff „Betrieb eines Kraftfahrzeugs“ wird der Laie zunächst die Vorstellung verbinden, dass das Fahrzeug in Fahrt und der Motor eingeschaltet gewesen sein muss. Einem solchen „maschinentechnischen“ Betriebsbegriff ist schon das RG nicht gefolgt. Es hat vielmehr einen „verkehrstechnischen“ Betriebsbegriff zugrunde gelegt, nach dem das Fahrzeug nicht nur solange in Betrieb ist, als die motorischen Kräfte unmittelbar oder mittelbar auf das Fahrzeug einwirken, sondern nach dem ein Unfall sich auch noch beim Betrieb des Fahrzeugs ereignet hat, wenn er in einem nahen örtlichen und zeitlichen Zusammenhang mit einem bestimmten Betriebsvorgang oder einer bestimmten Betriebseinrichtung stand (RGZ 122, 270; 126, 333; 132, 262). Der BGH ist der Auffassung, dass dieses Verständnis den gewaltigen Steigerungen des Kraftfahrzeugverkehrs und seiner Gefahren nicht gerecht wird. Der Zweck des Gesetzes, die Verkehrsteilnehmer vor den wachsenden Gefahren des heutigen Kraftfahrzeugverkehrs zu schützen, mache es vielmehr erforderlich, den Begriff „bei dem Betrieb eines Kraftfahrzeugs“ weit zu fassen (NJW 1957, 1878 Nr. 7 = DAR 1958, 15; *BGHZ* 29, 163, 171). Nach seiner Auffassung befindet sich ein Fahrzeug in Betrieb, wenn es sich im Verkehr bewegt oder in verkehrsbeeinflussender Weise ruht. So ist nach der Rechtsprechung auch ein abgeschlepptes Fahrzeug – und nicht nur das Zugfahrzeug – „in Betrieb“ (*OLG Hamm*, NJW-RR 2009, 1031, 1032). Gleiches gilt für ein auf der Fahrbahn abgestelltes oder auch nur in den öffentlichen Verkehrsraum hineinragendes Kraftfahrzeug (*OLG München*, Urt. v. 11. 5. 2007 – 10 U 4405/06 für ein abgestelltes Sattelzuggespann; *OLG Rostock*, Urt. v. 11. 6. 1998 – 1 U 49/97, Schaden-Praxis 1998, 455–456 für einen LKW, dessen geöffnete Tür in die Fahrbahn hineinragt). Demgegenüber wird angenommen, dass ein Fahrzeug nicht mehr in Betrieb ist, wenn es auf ausschließlich dem ruhenden Verkehr vorbehaltenen, von der Fahrbahn getrennten Flächen vorschriftsgemäß abgestellt ist und den Verkehr nicht mehr irgendwie beeinflussen kann (*Jagusch/Hentschel*, § 7 StVG, Rn. 5, 8 mwN). Ausgeschlossen ist die Haftung, wenn es sich bei dem Unfall um höhere Gewalt gehandelt hat. Das setzt mehr voraus, als dass auch ein sogenannter Idealfahrer den Unfall nicht hätte vermeiden können.

14 **b) Betriebsgefahr.** Die von dem Betrieb eines Fahrzeugs ausgehende Gefährdung wird allgemein als Betriebsgefahr bezeichnet. Sie wird bei der Bildung der Quote nach § 17 I und II StVG dann nicht be-

rücksichtigt, wenn sie sich auf den Unfall nicht ausgewirkt hat oder wenn es sich bei dem Unfall für einen der beteiligten Fahrer um ein unabwendbares Ereignis im Sinne von § 17 III StVG gehandelt hat. Hier wird man die Rechtsprechung zu § 7 StVG aF anwenden können. Danach ist ein Unfall unabwendbar, wenn auch ein sogenannter Idealfahrer den Unfall nicht hätte vermeiden können. Dabei ist die Prüfung nicht auf die Frage zu beschränken, ob der Fahrer in der konkreten Gefahrensituation wie ein Idealfahrer reagiert hat, sondern sie ist auf die weitere Frage zu erstrecken, ob ein „Idealfahrer" überhaupt in eine solche Gefahrenlage geraten wäre (*BGH*, VersR 2006, 369). Die bloße Anwesenheit eines Fahrzeugs an der Unfallstelle reicht für eine Haftung nicht aus. Andererseits ist für das Merkmal „bei Betrieb" eine Fahrzeugberührung nicht erforderlich. Ausreichend ist aber, wenn das Kraftfahrzeug durch seine Fahrweise oder eine sonstige Verkehrsbeeinflussung zu der Entstehung des Schadens beigetragen hat. Das ist zB der Fall, wenn ein anderer Fahrer durch das Kraftfahrzeug zu einem Ausweichmanöver veranlasst wird, und zwar unter Umständen sogar dann, wenn dieses Ausweichmanöver eine objektiv und subjektiv nicht erforderliche Reaktion darstellt (*BGH*, NJW 2010, 3713 f., NJW 2005, 2081–2082). Bei einer Fahrzeug-Fahrzeug-Kollision ist immer davon auszugehen, dass sich die Betriebsgefahr beider Fahrzeuge ausgewirkt hat.

c) Erhöhung der Betriebsgefahr durch. *aa) Bauartbedingte oder technische Besonderheiten.* Die Betriebsgefahr eines Fahrzeugs kann erhöht sein. Die Betriebsgefahr kann zum einen aufgrund der Bauart oder der technischen Besonderheiten eines Fahrzeugs erhöht sein, etwa weil in einem LKW der Sichtbereich des Fahrers bauartbedingt eingeschränkt ist, ein sehr großer „toter Winkel" besteht oder weil technische Einrichtungen eines Fahrzeugs defekt sind (Bremsen!). Stets ist aber zu berücksichtigen, dass sich diese Erhöhung der Betriebsgefahr auf das Unfallgeschehen ausgewirkt haben muss. Bei der Quotenbildung ist also zB bei einem LKW nicht in jedem Fall eine erhöhte Betriebsgefahr in die Waagschale zu legen, sondern es muss konkret feststehen, dass die Sichteinschränkung des Bus- oder LKW-Fahrers, die größere Masse oder Abmessungen des LKWs oder sein Ausschwenkverhalten oder auch die größere Sogwirkung (beim zu dichten Vorbeifahren an einem haltenden PKW mit nicht eingerasteter Tür: *BGH*, NJW 2009, 3791–3792) sich auf den Unfall ausgewirkt haben. 15

bb) Verkehrsverstöße des Fahrers. Die Betriebsgefahr kann weiter durch ein fehlerhaftes Verhalten des Fahrers des Fahrzeugs erhöht sein (*BGH*, NJW 2009, 3791 f.). Auch hier wird die fehlerhafte Fahrweise betriebsgefahrerhöhend nur dann berücksichtig, wenn sie sich auf den Unfall ausgewirkt hat (*BGH*, NJW 2000, 3069–3071). Dabei wird auch die Frage nach dem Schutzzweck der Norm zu stellen sein. Auch hier gilt, dass nur Umstände, die feststehen, bei der Schadensabwägung zu berücksichtigen sind. Das Verschulden muss also feststehen. Bloßes gesetzlich nur vermutetes wenn auch unwiderlegt gebliebenes Verschulden (§ 18 StVG, § 831 BGB) führt nicht zu einer Erhöhung der Betriebsgefahr (*BGH*, VersR 1967, 398–400). In diesem Zusammenhang ist aber zu berücksichtigen, dass das Verschulden, auf das aufgrund eines Anscheinsbeweises geschlossen wird, in diesem Sinne kein bloß vermutetes, sondern bewiesenes Verschulden ist (zum Anscheinsbeweis siehe unten Rn. 32 ff.). 16

cc) Objektiv besonders gefährliche, aber nicht verbotswidrige Fahrmanöver. Nach der Rechtsprechung des BGH kann die Betriebsgefahr auch erhöht sein, weil ein Fahrzeug ein als objektiv besonders gefährlich zu qualifizierendes Fahrmanöver durchgeführt hat, auch wenn dem Fahrer kein Verschuldensvorwurf zu machen ist. So liegt ein schuldhafter Verstoß gegen den Vorrang des Geradeausfahrers durch den Linksabbieger nur vor, was Vorrecht der Geradeausfahrer für den wartepflichtigen Abbiegenden in zumutbaren Grenzen erkennbar ist. Ist das – zB wegen des Straßenverlaufs und der Sichtverhältnisse – nicht der Fall, kann trotzdem die besondere Gefährlichkeit des Abbiegevorgangs zu einer Erhöhung der Betriebsgefahr des Abbiegenden führen. 17

Zu dieser Fallgruppe wird man auch die (nicht unerhebliche) Überschreitung der Richtgeschwindigkeit auf der Autobahn rechnen können. Auch diese führt nach der Rechtsprechung des BGH wie auch der Oberlandesgerichte zu einer Erhöhung der Betriebsgefahr (*BGH*, NJW 1992, 1684–1686; *OLG Nürnberg*, VersR 2011, 135 f.; *OLG Hamm*, NZV 2000, 42 f.). 18

d) Grenzen. *aa) Verhältnis Halter/Fahrer.* Die Betriebsgefahr spielt keine Rolle im Verhältnis zwischen Halter und Fahrer. § 7 findet gemäß § 8 Nr. 2 StVG keine Anwendung, wenn der Verletzte beim Betrieb des Fahrzeugs beschäftigt war. Der verletzte Fahrer kann also nicht den Halter des Fahrzeugs aus der straßenverkehrsrechtlichen Gefährdungshaftung in Anspruch nehmen. Dementsprechend kann auch der Fahrer, der dem Halter eines bei dem Unfall beschädigten Fahrzeugs Ersatz leisten muss, dem Halter nicht die Betriebsgefahr des Fahrzeugs entgegenhalten (*BGH*, NJW 1972, 1415). Oben (Rn. 11) wurde bereits darauf hingewiesen, dass der Halter eines Fahrzeugs dessen Eigentümer nicht aus § 7 StGV auf Schadensersatz haftet. 19

bb) Haftungseinheit. Halter, Fahrer und Haftpflichtversicherer desselben Fahrzeugs bilden regelmäßig eine Haftungseinheit; auf sie entfällt dieselbe Quote. Das gilt allerdings dann nicht, wenn den Fahrer kein Verschulden – auch kein vermutetes Verschulden, weil er sich hat entlasten können – trifft. In diesem Fall haftet der Fahrer gar nicht (*BGH*, VersR 2010, 268). 20

21 Entgegen den Grundsätzen der Haftungseinheit muss der Fahrer eines unfallbeteiligten Fahrzeugs, der nicht zugleich dessen Halter ist, und der den Unfallgegner auf Schadensersatz in Anspruch nimmt, sich die einfache Betriebsgefahr des von ihm gefahrenen, aber nicht gehaltenen Fahrzeugs, nicht im Rahmen von § 254 BGB anrechnen lassen, wohl aber ein eigenes – sei es auch nur vermutetes (§ 18 StVG) – Verschulden (BGH in ständiger Rechtsprechung, zB VersR 2010, 268 mwN).

22 e) **Beteiligung mehrerer.** Besondere Aufmerksamkeit ist bei der Bearbeitung von Verkehrsunfallsachen mit Beteiligung mehrerer zu richten. Dabei ist der Fall relativ einfach, in dem der Geschädigte X beim Betrieb der Fahrzeuge Y und Z zu Schaden kommt, wobei die Betriebsgefahr der Fahrzeug Y und Z wegen schuldhafter Verkehrsverstöße ihrer Fahrer erhöht ist, aber dem Geschädigten X kein Verschulden und keine erhöhte Betriebsgefahr zur Last fällt. X kann unter diesen Umständen wahlweise Y oder Z auf vollen Schadensersatz in Anspruch nehmen. Zwischen Y und Z findet dann ein Gesamtschuldnerausgleich statt. Dabei richtet sich die Quote für den Ausgleich gemäß § 17 I StVG abweichend von § 426 I 1 BGB nach dem Maß der jeweiligen Unfallverursachung (vgl. den instruktiven Fall *OLG Hamm,* NJW-RR 2009, 901–903).

23 Komplizierter wird es, wenn auch der Geschädigte X an dem Unfall mitverantwortlich ist. Nimmt er die anderen Unfallbeteiligten in Anspruch, so ist seine Mitverantwortung gegenüber jedem einzelnen Schädiger gesondert nach §§ 17 StVG, 254 BGB abzuwägen (Einzelabwägung). Zusammen haben aber die Schädiger nicht mehr als den Betrag aufzubringen, der bei einer Gesamtschau des Unfallgeschehens dem Anteil der Verantwortung entspricht, die sie im Verhältnis zur Mitverantwortung des Geschädigten insgesamt tragen (Gesamtabwägung). Die aus der Gesamtschau zu gewinnende Schadensquote ist stets zu ermitteln, wenn der Geschädigte gegen mehrere Schädiger zugleich vorgeht oder wenn sich nach der Inanspruchnahme eines Schädigers die Frage stellt, was die übrigen Schädiger noch aufzubringen haben (*BGH,* VersR 2006, 369; VersR 1959, 623, 627 mit Berechnungsbeispiel).

24 f) **Probleme der Aktivlegitimation.** Probleme der Aktivlegitimation stellen sich, wenn der Kläger nicht Eigentümer des geschädigten Fahrzeugs ist (Leasing, Sicherungseigentum), seine Ansprüche abgetreten sind (häufig an die Reparaturwerkstatt oder den Schadensgutachter) oder gesetzlich übergegangen sind (zB Übergang auf den Kaskoversicherer). Gesetzlicher Anspruchsübergang findet auch bei Personenschäden statt, etwa auf den Sozialversicherungsträger oder unter Umständen auch auf den Träger von Sozialhilfe (§ 33 I SGB II; § 116 SGB X). Oft wird der Kläger eine Rückabtretung vortragen. Häufig hilft ihm auch das Institut der Prozessstandschaft. Hier ist zu beachten, ob der wahre Berechtigte sich mit der Prozessführung einverstanden erklärt hat und wieweit dieses Einverständnis geht (Zahlung des Klägers an sich oder nur an den materiell Berechtigten?).

III. Beweisaufnahme im Verkehrszivilprozess

1. Beweislastverteilung

25 a) **Allgemeines.** Hier gelten keine Besonderheiten. Jede Partei muss die ihm günstigen Umstände beweisen, der Kläger also zunächst die Anspruchsvoraussetzungen. Er hat insbesondere auch alle Umstände zu beweisen, die zu einer Erhöhung der Betriebsgefahr des auf der Beklagtenseite beteiligten Fahrzeugs führen, also besondere Gefährlichkeit des Fahrzeugs, der Fahrvorganges oder Bedeutung des gegnerischen Verkehrsverstoßes.

26 b) **Problematik der Betrugsfälle.** Den Ausschluss der Widerrechtlichkeit hat wie bei § 823 BGB auch im Rahmen des § 7 StVG regelmäßig der Schädiger zu beweisen. Dabei geht es im Regelfall um eine mögliche Einwilligung des Verletzens, und zwar insbesondere im Zusammenhang mit möglicherweise verabredeten, gestellten oder provozierten „Unfällen". Von verabredeten Unfällen spricht man, wenn sich die Kollision tatsächlich wie vorgetragen ereignet hat, sie aber zwischen den beteiligten Fahrern verabredet war. Bei gestellten Unfällen werden zwei beschädigte Fahrzeuge in der angeblichen Unfallörtlichkeit präsentiert, die aber tatsächlich nicht, jedenfalls nicht dort, zur Kollision gekommen sind. In diesen beiden Fällen ist es häufig der Fall, dass das „unfallverursachende" Fahrzeug ein Fahrzeug mit roten Kennzeichen oder ein Mietfahrzeug oder gar ein Fahrzeug mit abgelaufener Versicherung, aber innerhalb der Nachhaftungszeit ist. Auf diese Weise wird für den Fahrer des „unfallverursachenden" Fahrzeugs eine Höherstufung in der Haftpflichtversicherung vermieden. Beim provozierten Unfall wird eine Verkehrssituation ausgenutzt, in der es leicht zu einer Kollision kommen kann und in der typischerweise ein Anscheinsbeweis für ein Verschulden des Gegners spricht.

27 Derartige, zumindest möglicherweise manipulierte „Unfälle" betreffen einen nicht unerheblichen Teil der Tätigkeit des Verkehrszivilrichters. Der Geschädigte hat grundsätzlich einen Anspruch auf Zahlung des zur Wiederherstellung erforderlichen Geldbetrages, und zwar unabhängig davon, ob er diesen Betrag tatsächlich für eine Reparatur verwendet. Da es nun häufig einfach und billig möglich ist, ein Fahrzeug mit weit geringerem Aufwand in einen optisch einwandfreien und verkehrstüchtigen Zustand zu versetzen, kann ein solches Unfallfahrzeug erneut einem „Unfall" zugeführt werden. Bleiben die Vorschäden unentdeckt, kann erneut auf Reparaturkostenbasis abgerechnet werden usw.

Trotz dieser Attraktivität der Unfallmanipulation für darauf spezialisierte Betrüger gibt es für den redlichen Schädiger im Rahmen einer Unfallprovokation und für den jeweiligen in Anspruch genommenen Haftpflichtversicherer keine Beweiserleichterungen. Zwar muss der Geschädigte das äußere Bild einer Rechtsgutsverletzung, im Regelfall eine Fahrzeug-Fahrzeug-Kollision beweisen. Dann ist es Sache der Gegenseite zu beweisen, dass ein Schadensersatzanspruch aufgrund einer Einwilligung ausscheidet. Auch hier ist wieder darauf hinzuweisen, dass diese Einwilligung eine solche des Berechtigten sein muss. Also auch hier aufgepasst bei sicherungsübereigneten Fahrzeugen oder Leasingfahrzeugen usw. Der Beweis einer Unfallmanipulation kann praktisch nur im Wege des Indizienbeweises geführt werden. Schöne Beispiele für Fälle von Unfallprovokation bietet die Rechtsprechung des OLG Hamm, auch zur wichtigen Indizien (Urt. v. 29. 9. 2003 – 13 U 16/03 = RuS 2003, 343 f.; Urt. v. 28. 4. 1997 – 6 U 171/95; siehe auch *Lemcke,* Die Rechtsprechung des OLG Hamm zum Verkehrs-Haftpflichtrecht in den Jahren 1994–1996, DAR 1997, 41–60). 28

2. Beweismaß

a) § 286 und § 287 ZPO. Grundsätzlich hat der Beweispflichtige den Vollbeweis zu führen. Gerade im Verkehrsrecht haben allerdings gewisse Beweiserleichterungen große Bedeutung. 29

Dabei ist zunächst auf § 287 ZPO hinzuweisen. Nach ständiger Rechtsprechung erlaubt diese Norm nicht nur eine richterliche Schadensschätzung, sondern sie ist auch auf die haftungsausfüllende Kausalität entsprechend anzuwenden. Typische Anwendungsfälle betreffen den Umstrittenen Umfang insbesondere von Körperschäden, aber auch von Sachschäden. Der Geschädigten zwar muss zunächst den Vollbeweis führen, dass er bei dem Verkehrsunfall verletzt bzw. seine Sache beschädigt worden ist. Auch für diese Beweisführung im Sinne des Vollbeweises muss für die zu beweisende Tatsache keine absolute Gewissheit etwa im Sinne eines mathematischen Beweises bestehen. Es reicht aus – ist aber auch erforderlich – dass der Richter aufgrund des Beweisergebnisses von einer so hohen Wahrscheinlichkeit für die zu beweisende Tatsache ausgeht, dass „Zweifeln Schweigen geboten wird, ohne sie völlig auszuschließen" (*BGHZ* 53, 245, 256; *BGHZ* 61, 169). 30

Steht eine unfallbedingte Verletzung oder Beschädigung an sich fest, streiten aber die Parteien außerdem um das Ausmaß der Verletzung oder Beschädigung, so reicht die Feststellung einer erheblichen oder überwiegenden Wahrscheinlichkeit für die Beweisführung aus. 31

b) Anscheinsbeweis. Von besonderer Bedeutung im Verkehrsrecht ist der sogenannte Anscheinsbeweis, auch als Beweis des ersten Anscheins oder prima-facie-Beweis genannt. Aus typischen Sachverhalten oder Geschehensabläufen wird nach der Lebenserfahrung auf das Hervorrufen einer bestimmten Folge oder die Verursachung durch ein bestimmtes Verhalten geschlossen, wobei Folge oder Verhalten für bestimmte Tatbestandsmerkmale relevant sind. 32

Der Anspruchssteller hat in den Fällen des Anscheinsbeweises nicht das Vorliegen der jeweiligen Anspruchsvoraussetzung zu beweisen. Es genügt, wenn er ein Geschehen beweist, aus dem im Wege des Anscheinsbeweises auf die Anspruchsvoraussetzung geschlossen wird. Von daher scheint es angemessen, die gewohnheitsrechtlich anerkannte Figur des Anscheinsbeweises bei den Beweiserleichterungen einzuordnen. 33

Dieser Erleichterung korrespondiert eine entsprechende Erleichterung für den Schädiger. Dieser muss nicht den Vollbeweis führen, dass die im Wege des Anscheinsbeweises bewiesene Anspruchsvoraussetzung nicht gegeben ist, sondern es reicht aus, wenn er die ernsthafte Möglichkeit eines anderen als des erfahrungsgemäßen Ablaufs beweist – nicht nur behauptet! Insbesondere ist zu beachten, dass der Anscheinsbeweis nicht schon dann erschüttert ist, wenn ein Mitverschulden desjenigen feststeht, der sich auf den Anscheinsbeweis beruft. Der Anscheinsbeweis bezieht sich nur auf das Verhalten der einen Seite, es gibt insbesondere keinen Anscheinsbeweis für einen Verschuldensgrad oder gar eine Quote, auch wenn man das gelegentlich in der nicht nur unterinstanzlichen Rechtsprechung anders lesen kann. Man nehme folgendes Beispiel: Der Beklagte biegt aus einem Grundstück in den fließenden Verkehr ein. Es kommt zur Kollision mit dem die Vorfahrstraße befahrenden Kläger. Nun hat derjenige, der aus einem Grundstück oder vom Fahrbahnrand anfährt, jegliche Gefährdung anderer Verkehrsteilnehmer auszuschließen. Mit dieser Formulierung weist der Gesetzgeber das Risiko, dass die genannten Fahrmanöver gelingen, dem das Fahrmanöver durchführenden Verkehrsteilnehmer zu. Von daher dürfte es für jedermann nachvollziehbar sein, wenn man dann, wenn es bei dem genannten Fahrmanöver zum Unfall kommt, ein Anscheinsbeweis annimmt, dass der Anfahrende eben nicht jede Gefährdung anderer Verkehrsteilnehmer ausgeschlossen hat. Ist nun der die Fahrbahn befahrende Kläger zu schnell gefahren und hätte er bei Einhaltung der zulässigen Höchstgeschwindigkeit durch Bremsen oder Ausweichen den Unfall vermeiden können, so trifft ihn an dem Unfall ein Mitverschulden. Das ändert aber nichts an dem gegen den Beklagten sprechenden Anscheinsbeweis: Dieser hat die Gefährdung aller anderen Verkehrsteilnehmer auszuschließen, nicht nur derjenigen, die sich selbst an sämtliche Verkehrsvorschriften halten und insbesondere nicht zu schnell fahren. 34

Es gibt eine Reihe von weiteren Vorschriften, in denen der Gesetzgeber vom Verkehrsteilnehmer verlangt, dass er bei bestimmten Fahrmanövern eine Gefährdung anderer Verkehrsteilnehmer auszuschlie- 35 ßen hat. Dieses Gebot gilt zum Beispiel beim Wenden, Rückwärtsfahren, Abbiegen in ein Grundstück (§ 9 V StVO), beim Ein- und Aussteigen (§ 14 StVO) und auch beim Fahrstreifenwechsel (§ 7 V StVO). Kommt es im Zusammenhang mit einem solchen Fahrmanöver zum Unfall, wird man auch einen Anscheinsbeweis für den entsprechenden Verkehrsverstoß bejahen.

36 Ähnliches gilt bei einigen anderen Verkehrsvorschriften. Zu nennen ist dabei einmal § 4 StVO, sodann die Vorschriften, die Vorfahrt oder Vorrang regeln. Neben diesen Fällen, in denen im Wege des Anscheinsbeweises auf ein Verschulden geschlossen wird, gibt es eine Reihe von Fallgestalten, in denen die Anwendung der Anscheinsbeweisregeln auf tatsächlicher Ebene diskutiert wird, zB Anscheinsbeweis für das Vorliegen einer Auffahrsituation oder eines Fahrstreifenwechsels, dem sich dann der Anschein für das Vorliegen des entsprechenden Verkehrsverstoßes anschließt. Einzelheiten werden unten bei den besonders vorgestellten Verkehrsverstößen diskutiert.

3. Beweismittel

37 Hier gelten gegenüber dem allgemeinen Zivilprozess keine Besonderheiten, sondern es finden alle von der ZPO für den Strengbeweis vorgesehenen Beweismittel Anwendung: Sachverständigengutachten, Augenschein, Parteivernehmung, Urkunden, Zeugen.

4. Praktische Durchführung der Beweisaufnahme und Beweiswürdigung (§ 286 ZPO)

38 In praktischer Hinsicht ist es allerdings so, dass der Urkundenbeweis wenige Anwendungsfälle findet, so aber zB bei der Frage nach dem Eigentum an dem beschädigten Kraftfahrzeug. Auch wenn ein Kaufvertrag und der Fahrzeugbrief streng genommen das Eigentum nicht beweisen, wird häufig der Beklagte das Bestreiten der Eigentümerstellung auf Vorlage der entsprechenden Unterlagen fallen lassen. Im Zusammenhang mit der häufig bestrittenen Aktivlegitimation wegen nicht nachgewiesener Eigentümerstellung ist auf die wichtige Vorschrift des § 1006 BGB (Eigentumsvermutung für Besitzer) hinzuweisen, die gar nicht so selten in der Praxis übersehen wird. Unabhängig von der etwa bestehenden Möglichkeit förmlicher Parteivernehmung ist zu empfehlen, regelmäßig die Partei, die selbst beim Unfall anwesend war, persönlich anzuhören. Hat die eine Partei keinen Zeugen, weil klagender Eigentümer, Halter und Fahrer personenidentisch sind, kann sich die andere Partei auf einen Zeugen, zB den nicht mit verklagten Fahrer als Zeugen berufen, ist dies schon aus Gründen der Waffengleichheit angezeigt. Ich empfehle allerdings auch in anderen Fällen, im Interesse einer möglichst gerechten Entscheidung die beim Unfall anwesende Partei anzuhören. Häufig erhält man aus ihren Angaben wichtige Aufschlüsse, sei es, dass sie unbedarft Fahrfehler einräumt, sei es, dass man Informationen gewinnt, die man Zeugen vorhalten kann, um deren Glaubwürdigkeit besser einschätzen zu können. Der geringe zeitliche Mehraufwand kommt einem in der Regel durch eine Erleichterung bei der Urteilsabfassung wieder zugute. In der Regel macht die Anhörung der Partei auch deren förmliche Vernehmung, sei es nach § 445 ZPO auf Antrag des Gegners, sei es nach § 447 ZPO auf Antrag der beweisbelasteten Partei mit Zustimmung des Gegners, sei es von Amts wegen gem. § 448 ZPO überflüssig. Entsprechend der Regel, dass Zeugen in Abwesenheit der später zu vernehmenden Zeugen zu vernehmen sind, sollte man die Parteianhörung vor der Erhebung des Zeugenbeweises durchführen, zumal sich durch die Parteianhörung der streitige, bislang nur durch die Schriftsätze der Prozessbevollmächtigten aufbereitete Sachverhalt durchaus noch verändern und eine Beweisaufnahme sogar überflüssig werden kann.

39 Bei der Würdigung von Zeugenaussagen sind die gängigen Glaubwürdigkeitskriterien zu beachten. Ein Standardproblem im Verkehrsprozess bildet der sog. Insassenzeuge. Der erfahrene Verkehrsrichter weiß, dass der Fahrzeuginsasse geneigt ist, sich in gewisser Weise mit dem Fahrzeugführer zu identifizieren. Das gilt auch sogar dann, wenn er mit diesem nicht näher bekannt ist und er kein eigenes oder familiäres Interesse am Ausgang des Rechtsstreits hat (Taxikunde, Reisender im Reisebus uÄ). Dennoch geht es nicht an, Insassenzeugen nur unter Hinweis auf diese Umstände generell zu disqualifizieren. Eine derartige abstrakte Beweisregel sieht die ZPO gerade nicht vor. Auch nach der Rechtsprechung des BGH verstößt es gegen den Grundsatz der freien Beweiswürdigung, den Aussagen von Insassen unfallbeteiligter Kraftfahrzeuge (vgl. sogenannte „Beifahrerrechtsprechung") oder von Verwandten oder Freunden der Unfallbeteiligten nur für den Fall Beweiswert zuzuerkennen, dass sonstige objektive Gesichtspunkte für die Richtigkeit der Aussage sprechen. Es bedarf vielmehr stets einer konkreten tatrichterlichen Würdigung der Zeugenaussagen nach ihrer objektiven Stimmigkeit und der persönlichen Glaubwürdigkeit der Zeugen. Dabei gilt es, nach Wahrhaftigkeits- und Unwahrhaftigkeitskriterien im Aussageverhalten und in dem Inhalt sowie der Struktur der Aussage selbst zu suchen (*BGH*, VersR 1988, 416; bestätigt durch eine Entscheidung des BGH außerhalb des Verkehrsrechts, NJW 1995, 955–957).

40 Gerade im Verkehrszivilprozess spielt der Beweis durch Sachverständigengutachten eine sehr große Rolle. Dabei kann es sowohl um die Aufklärung des Unfallhergangs selbst (Unfallrekonstruktionsgutachten) als auch der Unfallfolgen gehen, und zwar sowohl hinsichtlich der Höhe des Sachschadens (Gutachten hinsichtlich Reparaturkosten und/oder Wert des Fahrzeugs) als auch im Zusammenhang mit Körperschäden (medizinisches Sachverständigengutachten). Gerade bei der Frage, ob nicht nur

beim Kläger bestimmte Schäden vorliegen, sondern ob diese gerade durch den streitgegenständlichen Verkehrsunfall verursacht worden sind, wird häufig ein technisch-medizinisches Zusammenhangsgutachten -einzuholen sein, wobei der Techniker den Unfall rekonstruiert und insbesondere die biomechanische Belastung, die auf den Insassen gewirkt hat, ermittelt, während der medizinische Sachverständige Ausführungen dazu macht, ob unter Berücksichtigung dieser Umstände eine Verursachung sicher oder wenigstens überwiegend wahrscheinlich (soweit man sich im Rahmen des § 287 ZPO bewegt).

Das Sachverständigengutachten wird in der Praxis oft als das bessere Beweismittel angesehen, weil es 41 zumindest scheinbar auf wissenschaftlicher Basis und unabhängig von den vielen Zweifelsfragen, die oft mit dem Zeugenbeweis verbunden sind, erstattet ist und die Neutralität des Sachverständigen anders als die vieler Zeugen regelmäßig außer Zweifel steht. Es muss aber noch einmal betont werden, dass die ZPO eine Rangordnung der Beweismittel nicht vorsieht. Auch wenn die wissenschaftliche Ableitung im Regelfall größere Überzeugungskraft als die Aussage eines Zeugen hat, der sich möglicherweise – sei es bewusst oder unbewusst – von allen möglichen Umständen hat beeinflussen lassen, sollte eine für sich genommen überzeugende Zeugenaussage ggf. Anlass sein, auch scheinbar überzeugende Feststellungen eines Sachverständigengutachtens zu hinterfragen.

Die Gerichte lassen sich geeignete Sachverständige häufig von Verbänden (Industrie- und Handels- 42 kammer, Handwerkskammer, Ärztekammer) vorschlagen. Das ist grundsätzlich ein gangbarer Weg. Ich empfehle allerdings, sich bei Kollegen (hinsichtlich der technischen wie medizinischen Sachverständigen bei erfahrenen Kollegen aus der Verkehrsrechtspraxis, hinsichtlich der medizinischen Sachverständigen auch bei den Kollegen aus der Arzthaftungskammer bzw. dem Arzthaftungssenat) nach geeigneten Sachverständigen zu erkundigen. Diese können die „forensische Erfahrung" der Sachverständigen meist besser einschätzen, und Sachverständige vorschlagen, von denen zu erwarten ist, dass sie nicht nur überzeugende Gutachten erstellen, sondern dass sie diese auch versiert gegen Angriffe der einen oder anderen Partei verteidigen, ohne durch überempfindliche Reaktionen einen Befangenheitsantrag auslösen.

Soweit vor der Beweisaufnahme ein Beweisbeschluss (s. § 358 ZPO) erforderlich ist, stellt sich immer 43 die Frage, wie genau das Beweisthema zu formulieren ist. Beim Zeugenbeweis empfiehlt es sich, dass Beweisthema im Rahmen des Zulässigen möglichst weit zu fassen, zB „Über den Hergang des Verkehrsunfalls, der sich am Soundsovielten in der Soundsostraße in X ereignet hat und an dem die Fahrzeuge Y und Z beteiligt waren". Das bietet von vornherein Anlass für die Zeugen, spontan das Geschehen im Zusammenhang zu schildern und ermöglicht eine besser Glaubhaftigkeits- und Glaubwürdigkeitsbetrachtung als Beweisfragen, die der Zeuge mit Ja oder Nein beantworten kann.

Dem Sachverständigen wird man im Regelfall das Beweisthema genauer vorgeben müssen. Dabei 44 kommt es aber häufig auf die Umstände des Einzelfalles an. Bei der Frage, ob überhaupt ein Sachverständigengutachten in Auftrag zu geben ist – was nicht nur auf entsprechenden Beweisantritt (streng genommen handelt es sich nur um eine Beweisanregung) sondern wie beim Augenschein auch von Amts wegen erfolgen kann (§ 144 ZPO), ist grundsätzlich zu prüfen, ob überhaupt die erforderlichen Anknüpfungstatsachen vorliegen, anhand derer ein Sachverständiger die streitige Beweisfrage möglicherweise klären kann. Man sollte dabei die Anforderungen nicht überspannen. Zum einen ist es nicht nur Aufgabe des Sachverständigen, das Gericht bei der Auswertung vorgegebener Tatsachen zu unterstützen, sondern er hat zum anderen auch solche Tatsachen zu ermitteln, deren Ermittlung bereits besondere Sachkunde voraussetzt. Im Übrigen kann häufig erst der Sachverständige sagen, welcher Anknüpfungstatsachen es im konkreten Fall zur Klärung der Beweisfrage bedarf. So wurde in vergangenen Jahren wiederholt die Einholung eines Sachverständigengutachtens zur Klärung der Beweisfrage, welches der unfallbeteiligten Fahrzeuge einen Fahrstreifenwechsel vorgenommen hat, abgelehnt, wenn nur die Schadensbilder (seitlich an beiden Fahrzeugen) vorhanden waren, aber keine Unfallspuren auf der Fahrbahn gesichert waren. Dies wurde damit begründet, dass unter diesen Umständen durch ein Sachverständigengutachten nur die Kollisionskonstellation der beiden Fahrzeuge, nicht aber deren Zuordnung zur Fahrbahn ermittelt werden kann. Jüngere Unfallforschung hat aber gezeigt, dass das nur bedingt richtig ist, weil gelegentlich, wenn auch nicht immer, aus den Höhenverhältnissen der Fahrzeugschäden Rückschlüsse auf eine etwaige Kurvenfahrt des einen oder anderen Fahrzeugs gezogen werden können. Auch wird oft festgestellt werden können, wie die Relativgeschwindigkeiten der beiden Fahrzeuge waren, welches der Fahrzeuge sich unmittelbar vor der Kollision im Sichtbereich des anderen Fahrers befunden hat und vieles mehr, was wiederum die Schilderung der einen Partei bestätigen, der anderen Partei widerlegen kann. So kann aus an der Seite des Fahrzeugs festgestellten Spuren eines sich drehenden Rades genau berechnet werden, welches Geschwindigkeitsverhältnis bei dem Kontaktvorgang vorlag (*Weber*, Grundlagen der Kompatibilitätsanalyse und Plausibilitätsprüfung, S. 259). Kennt man die Relativgeschwindigkeit der Fahrzeuge, können Plausibilitätsbetrachtungen weiterhelfen: Ein Fahrer wird den Fahrstreifen nicht wechseln, wenn er sich von hinten einem deutlich sichtbaren Fahrzeug im Zielfahrstreifen nähert. Kennt man die Relativgeschwindigkeiten kann die Unfallentwicklung betrachtet und so festgestellt werden, welches Fahrzeug sich bei Spurwechselbeginn im „toten Winkel" des anderen Fahrzeugs befunden hat. Dessen Fahrer hat in aller Regel den Fahrstreifenwechsel eingeleitet, weil er von einem freien Zielfahrstreifen ausgegangen ist.

IV. Einzelne Verkehrsverstöße und ihr Beweis, insbesondere Relevanz des Anscheinsbeweises

45 Im Folgenden werden einige in der Praxis besonders bedeutsame Verkehrsverstöße behandelt. Dabei handelt es sich zumeist um solche, bei denen die Figur des Anscheinsbeweises eine Rolle spielt oder spielen kann. Zugleich geht es oft umso schwere Verkehrsverstöße, dass im Rahmen der gemäß § 17 I StVG vorzunehmenden Abwägung der beiderseitigen Verursachungsbeiträge eine Alleinhaftung der einen Partei in Betracht kommt.

1. Auffahrunfall, § 4 I StVO und Fehler beim Fahrstreifenwechsel, § 7 V StVO

46 Fahren zwei Fahrzeuge hintereinander im gleichgerichteten Verkehr im selben Fahrstreifen und fährt das hintere Fahrzeug auf das vordere Fahrzeug auf, sollte das den Schluss rechtfertigen, dass der Hintermann entweder entgegen § 4 I 1 keinen Abstand eingehalten hat, der es ihm ermöglicht, auch dann hinter dem vorausfahrenden Fahrzeug anzuhalten, wenn es plötzlich gebremst wird – oder dass er schlicht nicht aufgepasst hat. Im Einzelnen ist hier einiges umstritten. Zum Teil wird versucht, den Anscheinsbeweis für ein Auffahrverschulden mit der Behauptung auszuhebeln, der Vordermann habe ohne zwingenden Grund stark gebremst. Das dürfte nicht richtig sein. Nach § 4 I 1 StVO muss der Abstand so groß sein, dass der Hintermann auch hinter einem – sei es mit oder ohne hinreichenden Grund – stark bremsenden Fahrzeug zum Stehen kommen kann. Auch hier geht es bei dem starken Bremsen ohne zwingenden Grund wieder um den Einwand des Mitverschuldens, das den Anscheinsbeweis unberührt lässt, allerdings dann, wenn es unstreitig oder bewiesen ist, sehr wohl bei der Quotenbildung zu berücksichtigen ist.

47 Gelegentlich wird vertreten, dass der Anscheinsbeweis in der ersten Phase nach dem Anfahren keine Anwendung findet, weil es in dieser Phase zulässig sei, geringeren Abstand einzuhalten. Es entspricht in der Tat fast allgemeiner Auffassung, dass etwa beim Anfahren einer Kolonne beim Lichtzeichenwechsel auf Grün im Interesse des Verkehrsflusses die Abstände geringer als sonst erforderlich gewählt werden dürfen. Dabei heißt es aber regelmäßig, dass die durch die geringeren Abstände begründete Gefahr durch erhöhte Aufmerksamkeit und Bremsbereitschaft zu kompensieren ist. Ist das so, dann gibt es keine Gründe, den Anscheinsbeweis auf diese Fälle nicht anzuwenden, denn entweder war der Abstand auch unter Berücksichtigung der gemilderten Anforderungen doch noch zu klein oder der Auffahrende hat eben nicht den geringeren zulässigen Abstand durch gesteigerte Aufmerksamkeit und Bremsbereitschaft kompensiert.

48 Der Anscheinsbeweis für ein Verschulden des Auffahrenden gilt auch für Unfälle auf Autobahnen (*BGH,* VersR 1989, 54–56; NJW 1987, 1075–1077). Auch hier wird der Anscheinsbeweis dann erschüttert, wenn ein atypischer Verlauf, für den die Verschuldensfrage in einem anderen Licht erscheint, vom Auffahrenden dargelegt **und bewiesen** wird. Nach der Rechtsprechung des BGH ist dem nachfolgenden Kraftfahrer kein Verschuldensvorwurf zu machen, wenn er einen außer für diese spezielle Situation ausreichenden Abstand zu dem vorderen Fahrzeug eingehalten hat, das Hindernis, auf das er schließlich auffährt, wegen Sichtbehinderung durch das vorausfahrende Fahrzeug nicht früher erkennen kann als bis das vorausfahrenden Fahrzeug durch ein Ausweichmanöver die Sicht nach vorn freigibt, er keinen Anlass zu Zweifeln an der Fahrweise des Vorausfahrenden zu haben braucht und der Ausweichbewegung wegen eines auf der Ausweichspur herankommenden weiteren Fahrzeugs nicht zu folgen vermag. In diesen Fällen muss aber zur Erschütterung des Anscheinsbeweises zumindest feststehen, dass ein anderes Fahrzeug , das nach seiner Beschaffenheit geeignet war, dem später Nachfahrenden die Sicht auf das Hindernis zu versperren, dass dieses Fahrzeug erst unmittelbar vor dem Hindernis den Fahrstreifen gewechselt hat und dass dem Nachfahrenden ein Ausweichen nicht mehr möglich oder zumindest erheblich erschwert war (*BGH,* VersR 1989, 54–56). Diese Hürden sind offensichtlich nicht leicht zu nehmen.

49 Gleichfalls nach der Rechtsprechung des *BGH* (NJW 1987, 1075–1077) kann sich der Hintermann im Normalfall darauf einstellen, dass das vorausfahrende Fahrzeug nur durch Abbremsen verzögert wird, nicht durch abruptes Auffahren auf ein (für den Hintermann nicht erkennbares) Hindernis. Er darf also den Bremsweg des Vordermannes bei der Bemessung des für ihn notwendigen Sicherheitsabstandes mit einkalkulieren. Das erklärt, warum der Sicherheitsabstand im Regelfall deutlich geringer ist, als der Anhalteweg.

50 In Rechtsprechung und Literatur sehr kontrovers diskutiert wird die Frage, ob und inwieweit ein – ggf. nur behaupteter – Fahrstreifenwechsel des Vordermannes Auswirkungen auf den Anscheinsbeweis bzw. dessen Erschütterung hat. So wird in der Rechtsprechung der Oberlandesgerichte zum Teil bei Auffahrunfällen **auf der Autobahn** bereits ein Anscheinsbeweis für ein Verschulden des Auffahrenden verneint, wenn vor dem Auffahren ein Fahrstreifenwechsel stattgefunden hat, aber streitig und nicht aufklärbar ist, ob der Fahrstreifen unmittelbar vor dem Anstoß gewechselt worden ist und sich dies unfallursächlich ausgewirkt hat. Nach anderer Auffassung kann nur die seitens des Auffahrenden bewie-

sene ernsthafte Möglichkeit, dass das vorausfahrende Fahrzeug in engem zeitlichen Zusammenhang mit dem Auffahrunfall in den vom Auffahrenden befahrenden Fahrstreifen gewechselt hat, den Anscheinsbeweis erschüttern (zahlreiche Nachweise für beide Auffassungen in der Entscheidung des *BGH,* NJW 2011, 685, 686). Der *BGH* (NJW 2011, 685) scheint der erstgenannten Auffassung zuzuneigen, hat dies aber unter den besonderen Umständen des Einzelfalls letztlich offengelassen. Hier stand immerhin ein Fahrstreifenwechsel in gewisser zeitlicher und räumlicher Nähe zum Anstoß fest. Auch lag ein Schräganstoß vor, bei dem das vordere Fahrzeug hinten rechts und das hintere Fahrzeug vorn links beschädigt worden war. Hinzu kam, dass sich der Unfall kurz vor der Ausfahrt der Autobahn ereignet hatte, auf der beide Unfallbeteiligte die Autobahn hatten verlassen wollen.

Der vorgenannte Fall bietet eine geeignete Überleitung zu der Frage, ob anhand der Ausprägung der 51
Fahrzeugschäden im Wege des Anscheinsbeweises darauf geschlossen werden kann, dass von einem Auffahrunfall mit entsprechendem Auffahrverschulden des Auffahrenden oder von einem Unfall beim Fahrstreifenwechsel mit einem entsprechenden Verschulden des Fahrstreifenwechslers geschlossen werden kann. Ein Fahrstreifenwechsel darf nämlich nur vorgenommen werden, wenn jegliche Gefährdung anderer Verkehrsteilnehmer ausgeschlossen wird. Kommt es bei einem Fahrstreifenwechsel bzw. in unmittelbaren Zusammenhang mit einem Fahrstreifenwechsel zur Kollision, spricht deshalb der Beweis des ersten Anscheins für einen Verstoß des Fahrstreifenwechslers gegen § 7 V StVO (*KG,* Urt. v. 26. 7. 2010, 12 U 188/09; *OLG München,* Urt. v. 11. 6. 2010, 10 U 2282/10).

In diesem Zusammenhang ist zunächst darauf hinzuweisen, dass bei einem Unfall beim Fahrstreifen- 52
wechsel der Anscheinsbeweis für einen Fahrfehler des Fahrstreifenwechslers spricht. Von ihm wird verlangt, dass er beim Fahrstreifenwechsel jegliche Gefährdung anderer Verkehrsteilnehmer auszuschließen hat. Kommt es beim Fahrstreifenwechsel zur Kollision, kann er diesen Anforderungen nicht genügt haben.

Befinden sich die Fahrzeugschäden an beiden unfallbeteiligten Fahrzeugen seitlich, wird man auf ei- 53
nen Unfall im Zusammenhang mit einem Fahrstreifenwechsel schließen können. Für den Fall, dass die Schäden sich an Fahrzeugfront bzw. Heck mit wesentlicher Überdeckung befinden und die Schäden auf einen in etwa achsparallelen Anstoß schließen lassen, ist zu unterscheiden: Bei einem Unfall auf der Autobahn wird man angesichts der dort gefahrenen höheren Geschwindigkeiten und damit verbunden der möglichen erheblichen Geschwindigkeitsdifferenzen und auch der breiteren Fahrstreifen nicht schließen können, dass der behauptete oder sogar unstreitige Fahrstreifenwechsel des Vordermannes der Kollision in einer Weise vorausgegangen ist, dass der Hintermann nach dem Wiedereinscheren des überholenden Fahrzeugs in der Lage ist, zu diesem einen hinreichenden Sicherheitsabstand wieder aufzubauen (zu dieser Anforderung s. zB *BGH,* NJW 2011, 685, 686). Insbesondere wenn eine hohe Geschwindigkeitsdifferenz vorliegt, kann nicht genügend Zeit zum Abbremsen verbleiben. Anders verhält es sich dagegen typischerweise bei Verkehrsunfällen innerorts. Aus entsprechenden Versuchsreihen ist bekannt, dass „normale" Fahrstreifenwechsel (anders als Notausweichen) eine Zeit von mehr als drei Sekunden in Anspruch nehmen (*Steinacker, T.,* Fahrvorgänge in: Hugemann (Hrsg.) Unfallrekonstruktion, Verlag autorenteam, 2007). Etwa nach der Hälfte dieser Zeit ist der Fahrstreifenwechsel für den Hintermann selbst dann erkennbar, wenn der Fahrstreifenwechsler nicht blinkt. Unter innerstädtischen Verhältnissen, wenn davon auszugehen ist, dass die Fahrzeuge ungefähr gleich schnell gefahren sind, reicht die verbleibende Zeit aus, dass der Hintermann durch Anpassungsbremsung hinter dem einscherenden Fahrstreifenwechlser einen hinreichenden Sicherheitsabstand aufbauen kann. Kommt es also in der vorbeschriebenen Weise zur Kollision, ist der Schluss auf ein Auffahrverschulden des Hintermannes gerechtfertigt, auch wenn nicht ausgeschlossen werden kann, dass dem Anstoß ein Fahrstreifenwechsel vorausgegangen ist oder der Fahrstreifenwechsel sogar unstreitig ist. Diese Überlegung gilt allerdings nicht, wenn fest steht, dass der Vorausfahrende sehr viel langsamer gefahren ist. Auf diesen Zusammenhängen beruht die Akzeptanz eines Anscheinsbeweises für das Vorliegen eines Auffahrunfalls und eines Auffahrverschuldens für den vorgenannten Fall in der Rechtsprechung der Hamburger Verkehrskammern bzw. Verkehrssenate. Von allgemeiner Anerkennung kann man aber wohl nicht ausgehen.

Die weitere Frage stellet sich, ob aus dem Umstand, dass zwei Fahrzeuge im gleichgerichteten Ver- 54
kehr im selben Fahrstreifen zur Kollision gekommen sind, darauf schließen kann, dass das hintere Fahrzeug aufgefahren ist oder ob einem solchen Anscheinsbeweis die ernstliche Möglichkeit entgegensteht, dass das vordere Fahrzeug auch zurückgesetzt haben kann. Die Auffassung ist in der Rechtsprechung geteilt. Das *OLG Hamm,* Urt. v. 15. 4. 2010, 6 U 205/09) geht beispielsweise davon aus, dass es einen solchen Anscheinsbeweis für ein Auffahren nicht gebe, dass nur bei feststehendem Auffahren auf ein Auffahrverschulden im Wege des Anscheinsbeweises geschlossen werden könne. Das *LG Hamburg* (DAR 2003, 120) nimmt zumindest für den Standardfall einer Kollision vor einer roten Ampel ohne Besonderheiten einen Anscheinsbeweis für ein Auffahren des Hintermannes (und einen Anscheinsbeweis für ein Verschulden des Auffahrenden) an.

2. Abbiegen ins Grundstück, Wenden, Rückwärtsfahren, Anfahren, gefährliche Profilveränderung (§§ 9 V, 10, 14 StVO)

55 Weitere Fälle, in denen das Gesetz verlangt, dass bei dem beabsichtigten Verkehrsmanöver jegliche Gefährdung anderer Verkehrsteilnehmer auszuschließen ist, sind die des Abbiegens in ein Grundstücks, des Wenden und des Rückwärtsfahrens (§ 9 V StVO), bei der Eingliederung von Fahrzeugen aus dem ruhenden in den fließenden Verkehr (§ 10 StVO) und bei der gefährlichen Profilveränderungen (§ 14 StVO). Deshalb ist auch bei diesen Fahrmanövern der Schluss im Wege des Anscheinsbeweises gerechtfertigt, dass der Fahrer diese besonderen Sorgfaltsanforderungen nicht erfüllt haben kann, wenn es bei einem dieser Fahrmanöver zu einem Unfall kommt (*BGH,* NJW-RR 1986, 384 f. und *OLG München,* Urt. v. 11. 6. 2010, 10 U 2282/10 für Wenden; *KG,* MDR 2011, 97 f. für das Linksabbiegen in ein Grundstück; *OLG München,* Urt. v. 27. 5. 2010, 10 U 4331/09 für das Ausfahren aus einem Grundstück; *OLG Dresden,* Beschl. v. 8. 12. 2009, 7 U 1058/09 für das Rückwärtsfahren).

56 Auch bei diesen Verkehrsverstößen führt die Abwägung der beiderseitigen Verursachungsbeiträge im Regelfall dann zu einer Alleinhaftung, wenn nicht auch dem anderen Verkehrsteilnehmer ein Verkehrsverstoß zur Last fällt (*OLG München,* Urt. v. 27. 5. 2010, 10 U 4331/09 für das Ausfahren aus einem Grundstück; *KG,* NZV 2007, 306–307 für das Wenden; *KG,* NZV 2003, 89, 90 für den Linksabbieger in ein Grundstück). Der Linksabbieger, der mit einem Überholer kollidiert, wirft diesem häufig einen Verstoß gegen § 5 III Nr. 1 StVO, insbesondere ein Überholen in unklarer Verkehrslage vor. Eine unklare Verkehrslage liegt dann vor, wenn nach allen Umständen mit ungefährdetem Überholen nicht gerechnet werden darf. Man wird sie nicht nur deshalb bejahen können, wenn das vorausfahrende Fahrzeug verlangsamt. Selbst wenn sich das vorausfahrende Fahrzeug bereits etwas zur Fahrbahnmitte hin eingeordnet haben sollte, ergibt sich hieraus bei der erforderlichen objektiven Betrachtung noch nicht der Schluss, der Vorausfahrende werde alsbald ohne Rücksicht auf den nachfolgenden Verkehr nach links abbiegen, ohne dies vorher ordnungsgemäß und rechtzeitig anzuzeigen (so zB *KG,* MDR 2011, 97 f.; *Brandenburgisches OLG,* Urt. v. 26. 10. 2006, 12 U 71/06; aA *OLG Köln,* NZV 1999, 333). Steht allerdings fest, dass der Linksabbieger rechtzeitig links geblinkt hat – was er zu beweisen hat –, ist auch ein Verkehrsverstoß des Überholers zu bejahen. Angesichts der strengen Formulierung des § 9 V StVO, wonach der Linksabbieger in ein Grundstück jegliche Gefährdung anderer Verkehrsteilnehmer auszuschließen hat, wird allerdings der Verkehrsverstoß des Abbiegers schwerer einzustufen sein als der des Überholers.

3. Vorfahrts- und Vorrangverletzungen, § 8 StVO, § 9 III StVO

57 Bei den Fällen von Vorfahrts- und Vorrangverletzungen wirft der Anscheinsbeweis insoweit Probleme auf, als sich die Frage stellt, welche Fälle noch vom Anscheinsbeweis erfasst werden. Im Übrigen muss man sich Umfang und Grenzen des Vorfahrtsrechts vor Augen führen. Eine dem Vorfahrtsrecht korrespondierende Wartepflicht besteht nur gegenüber dem bei gebotener Sorgfalt erkennbaren die Vorfahrtstraße befahrenden, also nicht, wenn dieser infolge des Straßenverlaufs (Kurve, Kuppe) nicht erkennbaren. Der Anscheinsbeweis kann deshalb in diesen Fällen zB dadurch erschüttert werden, wenn nachgewiesen wird, dass der auf der Vorfahrtstraße fahrende mit so hoher Geschwindigkeit gefahren ist, dass er bei Einfahren des scheinbar Wartepflichtigen noch nicht erkennbar war. Allerdings dürfte den in die Vorfahrtstraße Abbiegenden oder diese Querenden auch in diesem Fall wegen der objektiven Gefährlichkeit seines Fahrmanövers eine erhöhte Betriebsgefahr treffen.

58 Das Vorfahrtsrecht besteht grundsätzlich auf der gesamten Fahrbahnbreite und ist unabhängig von eigenen Verkehrsverletzungen des Vorfahrtsberechtigten. Er behält die Vorfahrt, auch wenn er entgegen des Rechtsfahrgebots links fährt, wenn er zu schnell fährt oder eine Kurve schneidet. Allerdings können solche Verkehrsverstöße zu einer Mithaftung führen. Nach der Rechtsprechung des BGH (NJW 1986, 2651 f.) ist ein Recht zur Vorfahrt begrifflich ausgeschlossen, wenn es schon an einem Recht zum Befahren der gesamten Fahrbahn in einer oder in beiden Richtungen überhaupt mangelt. Der entgegen der vorgeschriebenen Fahrtrichtung eine Einbahnstraße befahrende hat also auch dann keine Vorfahrt, wenn er von rechts kommt.

59 Das Vorfahrtsrecht besteht auch dann, wenn der Vorfahrtberechtigte eine für ihn Rotlicht abstrahlende Fußgängerampel nicht beachtet und mit einem Wartepflichtigen kollidiert, der dieses Rotlicht ausnutzen will, um in die Vorfahrtstraße einzubiegen oder sie zu queren. Allerdings hat der von dem Haltegebot der Fußgängerampel betroffene Fahrer sich darauf einzustellen, dass Verkehrsteilnehmer jenseits der Ampel auf die Beachtung des Rotlichts für den bevorrechtigten Verkehr vertrauen und sich entsprechend verhalten. Bei einem solchen Unfall wird die Abwägung der Verursachungsbeiträge zum Unfall ausnahmsweise zu einer überwiegenden Haftung des Vorfahrtsberechtigten führen – und zwar selbst dann, wenn die Nebenstraße nicht in den Schutzbereich der Fußgängerampel einbezogen ist – (vgl. zB *OLG Celle,* OLGR Celle 2006, 543 f.; *OLG Hamm,* DAR 2001, 221), während im Normalfall die Vorfahrtsverletzung als besonders schwerer Verkehrsverstoß zu qualifizieren ist, der regelmäßig die nur einfache Betriebsgefahr der Vorfahrtsberechtigten zurücktreten lässt.

Einfach sind die Fälle, in denen es im sogenannten Fluchtlinienquadrat zur Kollision zwischen Vorfahrtberechtigten und Vorfahrtzugewährendem kommt. Schwieriger ist es, wenn der Wartepflichtige in die Vorfahrtstraße einbiegt und alsbald ein die Vorfahrtstraße befahrender auf ihn auffährt. Der Wartepflichtige verletzt das Vorfahrtsrecht schon dann, wenn der Vorfahrtsberechtigte aufgrund des Einbiegenden mehr tun muss, als Gas wegzunehmen. Das rechtfertigt jedenfalls in der Hamburger Rechtsprechung einen Anscheinsbeweis für eine Vorfahrtsverletzung, wenn es in einem solchen Fall innerorts bei zulässiger Höchstgeschwindigkeit von 50 km/h nach einer Fahrstrecke des Einbiegenden von weniger als 31 m zur Kollision mit dem Vorfahrtsberechtigten kommt. Das ist nämlich die Strecke, die der Einbiegende typischerweise braucht, um eine Geschwindigkeit von etwa 40 km/h zu erreichen, was wiederum der Geschwindigkeit entspricht, auf die der Vorfahrtsberechtigte bei einer Ausgangsgeschwindigkeit von 50 km/h durch Gaswegnehmen verzögern kann. Auch hier ist wieder zu beachten: Es geht um den Anscheinsbeweis für eine Vorfahrtsverletzung. Wird er bejaht, ist damit nichts über die Frage eines Mitverschuldens des Vorfahrtsberechtigten gesagt. Je näher der Unfall sich zur 31-Meter-Grenze ereignet, desto näher liegt die Vermutung, dass der Vorfahrtsberechtigte entweder zu schnell oder unaufmerksam gewesen ist. (Die Einzelheiten kann man bei *Streibel,* 25. Verkehrsgerichtstag 1987, S. 95, 102 ff. nachlesen.) Auch sonst geht aber die Rechtsprechung davon aus, dass ein Anscheinsbeweis für eine Vorfahrtsverletzung besteht, wenn der Wartpflichtige vor dem Vorfahrtsberechtigten in die Vorfahrtstraße einbiegt und bei Kollision noch nicht die auf der Vorfahrtstraße allgemein eingehaltene Geschwindigkeit erreicht hat (*KG,* Urt. v. 22. 6. 1992, 12 U 7008/91; *OLG München,* NZV 89, 438). 60

Kollidiert der Linksabbieger auf der Gegenfahrbahn mit dem entgegenkommenden Gegenverkehr, so spricht ein Anscheinsbeweis für einen Verstoß gegen § 9 IV StVO (*BGH,* NJW-RR 2007, 1077–1079; *OLG Frankfurt,* NZV 2010, 508–509). Das gilt allerdings nicht, wenn es sich um eine ampelgeregelte Kreuzung mit Linksabbiegerpfeil bei ungeklärter Ampelstellung handelt. Dieser Fall ist zu beurteilen, wie ein sonstigen Kreuzungsunfall bei ungeklärter Stellung der Lichtzeichenanlage: Für keinen der Beteiligten kann ein Verkehrsverstoß festgestellt werden. Es bleibt für beide bei der nur einfachen Betriebsgefahr und einer Quote 50:50 (so zB *KG,* NZV 2003, 291). Auch hier gilt das für die Vorfahrtsfragen ausgeführte entsprechend: Wartepflicht besteht also nur, wenn der Gegenverkehr für den Abbiegenden bei Einleitung des Abbiegevorgangs als solcher erkennbar ist. Entsprechend ist der gegen den Abbieger sprechende Anscheinsbeweis entkräftet, wenn der Vorfahrtberechtigte mit so wesentlich überhöhter Geschwindigkeit gefahren ist, dass die ernsthafte Möglichkeit besteht, dass er für den Abbiegenden bei Einleitung des Abbiegevorgangs noch nicht als Berechtigter wahrzunehmen war (s. zB *OLG Saarbrücken,* DAR 2004, 93 f.). Allerdings dürfte den Abbiegenden auch in diesem Fall wegen der objektiven Gefährlichkeit seines Fahrmanövers eine erhöhte Betriebsgefahr treffen. 61

4. Bedeutung der vorgenannten Verkehrsverstöße für die Quotenbildung

All diese besonders schweren Verkehrsverstöße fallen bei der gemäß § 17 I StGB vorzunehmenden Abwägung der beiderseitigen besonders schwer ins Gewicht. Soweit bei dem anderen Unfallbeteiligten nur die einfache Betriebsgefahr von dessen Fahrzeug und allenfalls ein ganz leichtes Verschulden festzustellen ist, rechtfertigt die Schwere dieser Verkehrsverstöße regelmäßig, die nur einfache oder leicht erhöhte Betriebsgefahr gegenüber der durch den schweren schuldhaften Verkehrsverstoß gegen eine der sogenannten „Todsünden im Straßenverkehr" wesentlich erhöhten Betriebsgefahr zurücktreten zu lassen. Den Auffahrenden, Wendenden usw. trifft deshalb häufig die alleinige Haftung, und zwar auch dann, wenn der Unfall für den anderen kein unabwendbares Ereignis im Sinne von § 17 III StVG gewesen ist (anders zwar *BGH,* NJW 2004, 772 ff., in diese Richtung aber *BGH,* NJW-RR 2007, 903, 904; ausdrücklich NJW-RR 2007, 1077–1079 siehe auch *Hentschel/König,* § 17 StVG Rn. 16 ff. mwN). Dieser Umstand erklärt auch, warum in der Rechtsprechung häufig in diesen Fällen von einem Anscheinsbeweis für eine Alleinhaftung des Auffahrenden, Wendenden usw. zu lesen ist. Es ist aber erneut darauf hinzuweisen, dass stets alle Umstände des Einzelfalls in die Abwägung einzubeziehen sind. 62

5. Bedeutung des Schutzzwecks der Norm

Stets ist aber auch zu beachten, ob der bei einem der genannten, als besonders gefährlich eingestuften Fahrmanöver geschädigte andere Verkehrsteilnehmer in den Schutzbereich der Norm fällt. So wird man überlegen müssen, ob § 7 V StVG nicht ausschließlich dem Schutz des fließen Verkehrs, evtl. gar nur in dem Zielfahrstreifen dient. Der Fahrstreifenwechsler verstößt also nicht deshalb gegen § 7 V StVO, weil die Möglichkeit besteht, dass ein anderer Verkehrsteilnehmer entgegen § 10 StVO aus einem verkehrsberuhigten Bereich in den fließenden Verkehr einbiegt. Zweifelhaft ist deshalb auch, ob ein Verstoß gegen § 7 V StVO angenommen werden kann, weil der hinter dem Fahrstreifenwechsler fahrende Verkehrsteilnehmer den Fahrstreifenwechselvorgang falsch einschätzt – etwa weil er erwartet, dass „sein" Fahrstreifen schneller frei wird – und es deshalb zum Unfall kommt. Das Verbot, die durchgezogene Mittellinie oder eine Sperrfläche zu überfahren, schützt regelmäßig den Gegenverkehr, nicht aber den aus einer Ausfahrt in den fließenden Verkehr Einfahrenden. In all diesen Fällen wird man aber zu prü- 63 fen haben, ob nicht ein – gemessen an den genannten „Todsünden" allerdings leichter zu bewertender – Verkehrsverstoß gegen § 1 StVO in Betracht kommt.

6. Abbiegefälle, § 9 I StVO

64 Den Linksabbieger in eine Straße treffen zwar nicht, wie den Abbieger in ein Grundstücks, die höchsten Sorgfaltspflichten. Auch er hat aber eine ganze Reihe von Regeln zu beachten, die es dem nachfolgenden Verkehr ermöglichen sollen, sich auf sein geplantes Fahrmanöver einzustellen. Kommt es zu einer Kollision mit einem Überholer, wird man im Regelfall davon ausgehen können, dass der Abbieger gegen die doppelte Rückschaupflicht – vor dem Einordnen nach links und vor dem eigentlichen Abbiegen – verstoßen hat. Im Übrigen ist die Abwägung eine Frage des Einzelfalls, die insbesondere davon abhängt, ob ein Verkehrsverstoß des Überholers, zB Überholen in unklarer Verkehrslage, festgestellt werden kann. Das hängt regelmäßig wieder davon ab, ob der Abbieger beweisen kann, dass er sich rechtzeitig nach links eingeordnet und geblinkt hat.

7. Kreuzungsräumer

65 Hier geht es um Unfälle, die darauf zurückzuführen sind, dass ein Verkehrsteilnehmer wegen vor ihm befindlicher Fahrzeuge nicht vor dem bei Lichtzeichenwechsel einsetzenden Querverkehr die Kreuzung verlassen hat. Dazu wird es in der Regel nur kommen, wenn der spätere „Kreuzungsräumer" entgegen § 11 I StVO in die Kreuzung eingefahren ist. Dennoch besteht weitgehend Einigkeit, dass der Querverkehr den auf der Kreuzung befindlichen Fahrzeugen das Räumen der Kreuzung ermöglichen muss. Andererseits ist auch von dem Kreuzungsräumer besondere Vorsicht zu fordern. Unter Umständen muss er auch von der Weiterfahrt absehen, wenn er nämlich – etwa im Schutz einer Verkehrsinsel – den Querverkehr ohne weiteres abwarten kann. In diesen Fällen kommt es deshalb regelmäßig zu einer Mithaftung beider Beteiligter. Ist der vermeintliche Kreuzungsräumer allerdings bei Rot in die Kreuzung eingefahren, liegt ein schlichter Rotlichtverstoß vor, bei dem man im Regelfall eine Alleinhaftung des Rotlichtfahrers annehmen wird.

8. Parkplatzunfälle

66 Auch auf allgemein zugänglichen Parkplätzen, sei es auch solche zu Gaststätten oder Warenhäusern, gilt die StVO. Man wird aber zu berücksichtigen haben, dass Parkplätze in erster Linie nicht dem fließenden, sondern dem ruhenden Verkehr zu dienen bestimmt sind. Hier wird typischerweise rangiert und/oder rückwärtsgefahren. Deshalb gilt ein Gebot erhöhter Vorsicht und gegenseitiger Rücksichtnahme; der sonst geltende Vertrauensgrundsatz gilt allenfalls eingeschränkt (vgl. *OLG Düsseldorf,* U. v. 29. 6. 10, 1 U 240/09 mwN). Von daher kommt Verstößen gegen § 9 V StVO oder § 10 StVO, soweit sie überhaupt für unmittelbar oder analog anwendbar gehalten werden, typischerweise geringeres Gewicht zu als sonst. Sehr streitig ist auch, inwieweit § 8 I 1 StVO gilt. So wird vertreten, dass die Rechts-vor-links-Regel nur gilt, wenn zwei gleichberechtigte, dem fließenden Verkehr dienende Straßen zusammentreffen (*KG,* NZV 10, 461).

V. Der Schaden

67 Bei einem Verkehrsunfall können natürlich alle möglichen Schäden auftreten. Typischerweise geht es aber um Fahrzeugschäden und die daran anknüpfenden Folgeschäden und um Personenschäden.

1. Allgemeines zum Fahrzeugschaden und Fahrzeugfolgeschaden

68 a) **§ 249 BGB ⇔ § 251 BGB.** Der BGH hält daran fest, dass ebenso wie die Reparatur des beschädigten Fahrzeugs auch die Beschaffung eines Ersatzfahrzeugs zwei gleichwertige Arten der Naturalrestitution im Sinne des § 249 BGB sind. Die Beschaffung eines Ersatzfahrzeugs stellt also nicht – wie man leicht glauben könnte – einen Fall des § 251 BGB dar.

69 b) **§ 249 ⇔ § 254 BGB.** Im Rahmen des § 249 II BGB ist der „erforderliche" Geldbetrag zu ersetzen. Dies sind alle Aufwendungen, die ein verständiger, wirtschaftlich denkender Mensch in der Lage des Geschädigten für zweckmäßig und notwendig halten durfte. Es liegt hier also eine deutliche subjektive Komponente vor. Das erklärt zum Beispiel, warum der Schädiger das sogenannte Prognoserisiko trägt, wenn Reparaturversuche erfolglos bleiben, oder warum in bestimmten Konstellationen Kosten für einen Mietwagen zu erstatten sind, obwohl es billigere Angebote gegeben hat. Typische Fehlerquelle bei der Fallbearbeitung ist es, zu früh auf § 254 BGB auszuweichen und dann die Beweislast falsch zu verteilen. Während der Geschädigte die Erforderlichkeit darlegen und beweisen muss, ist es Sache des Schädigers, ein Mitverschulden des Geschädigten darzulegen und zu beweisen. In allen Zweifelsfällen ist dringend anzuraten, die Rechtsprechung des BGH zu diesen Fragen zu recherchieren. Die Zuordnung solcher Probleme zur Frage der Erforderlichkeit oder zur Frage des Mitverschuldens kann durchaus überraschend sein.

c) **Begriffserläuterungen: Wiederbeschaffungswert, Restwert, Wiederbeschaffungsaufwand, merkantiler Minderwert.** Der Geschädigte hat grundsätzlich das Wirtschaftlichkeitsgebot zu beachten; er soll an dem Schadensfall „nichts verdienen". Er hat deshalb von den beiden Möglichkeiten der Naturalrestitution – Reparatur oder Ersatzbeschaffung – grundsätzlich die günstigere zu wählen. Hier sind zunächst die relevanten Begriffe vorzustellen. Wiederbeschaffungswert ist der Preis, der auf dem Markt für ein dem beschädigten gleichwertiges Fahrzeug zu zahlen ist. Restwert ist der Preis, der für das geschädigte Fahrzeug am Markt erzielt werden kann. Mit dem Begriff des Wiederbeschaffungsaufwandes oder der Wiederbeschaffungskosten ist die Differenz von Wiederbeschaffungswert und Restwert gemeint. Als merkantilen Minderwert bezeichnet man den Schaden, der trotz einer technisch einwandfreien Instandsetzung verbleibt, weil für ein solches Unfallfahrzeug auf dem Mark regelmäßig nur ein geringerer Preis erzielbar ist, als für ein unfallfreies, aber sonst gleichwertiges Fahrzeug. Der merkantile Minderwert stellt damit eine zu ersetzende Schadensposition neben den Reparaturkosten dar. In Schadensgutachten wird vom Sachverständigen häufig der merkantile Minderwert beziffert. Regelmäßig liegt dieser Einschätzung aber keine Marktforschung zugrunde, sondern der Sachverständige hat lediglich eins der gängigen Berechnungsmodelle – im Zweifel das von den Gerichten in seinem Tätigkeitsbereich favorisierte – angewandt. Als solche Berechnungsmethoden seien genannt die Methode *Ruhkopf/Sahm* (VersR 1962, 593f.), die Methode Halbgewachs (Der merkantile Minderwert, 11. Aufl. 1992 und das sog. „Hamburger Modell". Dessen Grundlagen sind dargestellt in der Entscheidung des *HansOLG*, VersR 1981, 1186 und bei *Jordan*, 13. VGT 1975, S. 117f.). Die dort genannt genannten Grenzwerte sind angesichts der Entwicklung in der Fahrzeugtechnik und der damit verbundenen höheren „Lebenserwartung" moderner Fahrzeuge, auch angesichts der Entscheidung des *BGH*, NJW 2005, 277, 279 in der Hamburger Rechtsprechung inzwischen nach oben korrigiert worden. Eine gute Übersicht über die genannten Berechnungsmethoden finden sich bei *Geigel/Knerr*, 3/54ff. Keine der Methoden hat sich generell durchsetzen können. Es scheint deshalb als empfehlenswert, sich bei der Frage des anzuwendenden Berechnungsmodells an der gängigen Praxis im eigenen Gerichtsbezirk zu orientieren. 70

d) **Konkrete und fiktive Schadensberechnung.** Der zur Reparatur erforderliche Geldbetrag kann „konkret" (Kosten einer tatsächlich durchgeführten Reparatur) oder „fiktiv", dh auf Basis eines Sachverständigengutachtens, in einfach gelagerten Fällen uU auch auf Basis eines Kostenvoranschlages erfolgen. Zu beachten ist, dass beide Möglichkeiten nicht miteinander zu vermengen sind. In jedem Fall ist zu beachten, dass nach der Reform des Schadensersatzrechts Umsatzsteuer nur und insoweit zu ersetzen ist, als sie konkret angefallen ist. 71

e) **Maßgebliche Stundenverrechnungssätze.** Immer wieder streitig wird die Frage, welche Stundenverrechnungssätze der Schadensberechnung zugrunde zu legen sind: Die einer markengebundenen Fachwerkstatt oder die einer sog. „freien Werkstatt", die typischerweise deutlich niedriger liegen. Nach ständiger Rechtsprechung des BGH ist grundsätzlich auf die Sätze der Markenwerkstatt abzustellen. Der Schädiger kann allerdings dem Geschädigten im Rahmen der Schadensminderungspflicht (§ 254 BGB) auf eine günstigere „freie" Werkstatt verweisen, wenn diese mühelos und ohne weiteres zugänglich ist und denselben Reparaturstandard aufweist, wie eine Markenwerkstatt. Der Geschädigte kann sich gegen diese Verweisung zu Wehr setzen, wenn sie für ihn unzumutbar ist. Das ist stets anzunehmen, wenn das Fahrzeug entweder nicht älter als drei Jahre ist oder wenn der Geschädigte sein Fahrzeug stets in einer Markenwerkstatt hat warten oder reparieren lassen. Insbesondere muss der Geschädigte sich nicht an eine Werkstatt verweisen lassen, die nur deshalb günstig ist, weil sie mit der Versicherung entsprechende vertragliche Vereinbarungen hat. Er muss sich nicht an eine Werkstatt verweisen lassen, die im Lager der gegnerischen Versicherung steht. Zu all diesen Fragen vgl. *BGH*, NJW 03, 2086ff.; VersR 10, 225; MDR 10, 741; NZV 10, 445f.; NZV 10, 554f.; NZV 10, 555f.; NJW 10, 2941f.). 72

2. Abrechnungsvarianten

a) **Summe aus Reparaturkosten und merkantilem Minderwert < Wiederbeschaffungsaufwand.** Liegt die Summe aus Reparaturkosten und merkantilem Minderwert (sog. Reparaturaufwand) unterhalb des Wiederbeschaffungsaufwands (s. o.), kann der Geschädigte ohne weiteres die erforderlichen Reparaturkosten ersetzt verlangen, seien diese konkret oder fiktiv ermittelt, auch wenn er das Fahrzeug tatsächlich nicht repariert. Den Wiederbeschaffungsaufwand kann er dagegen nicht ersetzt verlangen, weil die Reparatur in diesem Fall die günstigere Variante der Naturalrestitution ist. Nimmt er dennoch statt das Fahrzeug zu reparieren eine Wiederbeschaffung vor, kann er nur die Nettoreparaturkosten verlangen, nicht auch die für eine Wiederbeschaffung vom Sachverständigen kalkulierte Umsatzsteuer. Das gilt zumindest dann, wenn der Geschädigte von privat kauft, also tatsächlich eine Umsatzsteuer nicht angefallen ist (*BGH*, NJW 2009, 3713f.). Fraglich ist, ob er Umsatzsteuer verlangen kann, wenn er diese tatsächlich gezahlt hat. Dagegen spricht, dass ihm in diesem Fall die Variante „Ersatzbeschaffung" schon grundsätzlich verwehrt ist. Jedenfalls wird man aber den Anspruch auf Ersatz der Umsatzsteuer auf den Betrag beschränken müssen, der bei dem wirtschaftlich günstigsten Weg „Reparatur" angefallen wäre (*Schiemann/Haug*, VersR 2006, 160, 165f.; *Schneider*, JurisPR-VerkR 25/2009 Anm. 2 mwN). 73

74 **b) Summe aus Reparaturkosten und merkantilem Minderwert > Wiederbeschaffungsaufwand.** *aa) Berücksichtigung des Integritätsinteresses.* Für den Fall, dass der Reparaturaufwand den Wiederbeschaffungsaufwand übersteigt, könnte man annehmen, dass der Geschädigte stets auf die Ersatzbeschaffung verwiesen ist: Nach der Rechtsprechung stellt ja die Ersatzbeschaffung einen vollwertigen Fall der Naturalrestitution dar und der Geschädigte ist dem Wirtschaftlichkeitsgebot unterworfen, das verlangt, den wirtschaftlich günstigsten Weg der (vollständigen) Schadensbeseitigung zu wählen. Die Rechtsprechung erkennt aber ein Interesse des Geschädigten an, den vertrauten Wagen weiter zu nutzen. Dabei wird dieses Interesse durchaus als ein wirtschaftliches angesehen. Es geht nicht um ein Affektionsinteresse, sondern darum, dass man bei dem eigenen Wagen weiß, wie dieses eingefahren und weitergefahren, gewartet und sonst behandelt worden ist; er weiß, ob und welche Mängel aufgetreten und auf welche Weise sie behoben worden sind. Demgegenüber sind dem Käufer diese Umstände, die dem Fahrzeug ein individuelles Gepräge geben (*Jordan,* VersR 78, 688, 691) meistens unbekannt. Dass diesen Umständen ein wirtschaftlicher Wert zukommt, zeigt sich auch darin, dass die Anzahl der Voreigentümer für den Marktpreis relevant ist; für ein Fahrzeug aus erster Hand wird ein höherer Preis gezahlt, als für ein sonst gleichwertiges Fahrzeug, das zahlreiche Vorbesitzer gehabt hat (*BGH,* NJW 08, 439).

75 *bb) Feststellung des Integritätsinteresses.* Der BGH sieht das Integritätsinteresse als gegeben an, wenn der Geschädigte ein nachhaltiges Interesse an der Weiternutzung hat. Ob dies der Fall ist, ist häufig nur schwierig festzustellen. Der BGH ist deshalb nach Abwägung der beteiligten Interessen und zur Erleichterung einer praktikablen Schadensabwicklung zu dem Schluss gekommen, dass im Regelfall eine Weiternutzung für sechs Monate erforderlich und ausreichend ist (*BGHZ* 168, 43, 48). Dabei ist zu beachten, dass diese Sechsmonatsfrist keine zusätzliche Anspruchsvoraussetzung ist, sondern dass ihr nur beweismäßige Bedeutung zukommt. Sie hat insbesondere keine Auswirkung auf die Fälligkeit des Schadensersatzanspruchs (*BGHZ* 178, 338 ff.). Ein bei Reparatur bestehendes Interesse an der Weiternutzung kann aber auch bestanden haben, wenn das Fahrzeug aufgrund einer nachträglichen Änderung der Interessenlage vor Ablauf der sechs Monate veräußert wird. Das kommt zB in Betracht, wenn das Fahrzeug innerhalb dieser Frist einen weiteren Unfall erleidet oder wenn der Geschädigte wegen einer Veränderung der finanziellen Verhältnisse (Arbeitslosigkeit) das Fahrzeug nicht mehr leisten kann (*BGHZ* 178, 338, 345). In Betracht kommen mag auch, wenn dem Geschädigten ein außergewöhnlich hohes Kaufangebot gemacht wird.

76 Um einerseits dieses Integritätsinteresse zu wahren, zugleich aber auch dem Wirtschaftlichkeitsgebot und dem Bereicherungsverbot Rechnung zu tragen, hat der BGH eine ganze Reihe von Regeln entwickelt.

77 **c) Reparaturkosten < = Wiederbeschaffungsaufwand.** Übersteigen die tatsächlich aufgewendeten Reparaturkosten den Wiederbeschaffungswert nicht, kann der Geschädigte, der sein Fahrzeug tatsächlich, wenn auch unvollständig reparieren lässt, grundsätzlich Ersatz der Reparaturkosten verlangen, wenn diese konkret angefallen sind oder er das Fahrzeug in einem Umfang repariert hat, der den Wiederbeschaffungsaufwand übersteigt (*BGH,* NJW 05, 1110; NJW-RR 2010, 377 f.). Fiktiv abrechnen, also Ersatz der von einem Sachverständigen kalkulierten Reparaturkosten, die unterhalb des Wiederbeschaffungswertes liegen, kann er aber nur verlangen, wenn das Fahrzeug nach dem Unfall noch fahrfähig und verkehrssicher ist oder in einen solchen Zustand versetzt wird **und** der Geschädigte das Fahrzeug weiter nutzt (*BGH,* NJW 2008, 1941).

78 **d) Reparaturaufwand < = 130% des Wiederbeschaffungswertes.** In den Fällen, in denen der Reparaturaufwand bis zu 30% über dem Wiederbeschaffungswert des Fahrzeugs liegt, können Reparaturkosten nur bei konkreter Schadensabrechnung und nur dann verlangt werden, wenn die Reparatur fachgerecht und in einem Umfang durchgeführt wird, wie ihn der Sachverständige zur Grundlage seiner Kostenschätzung gemacht hat (BGH NJW-RR 2010, 377 f. mwN). Auch hier muss aber ein Integritätsinteresse bestehen, das in gleicher Weise wie sonst – also im Regelfall durch sechsmonatige Weiternutzung – nachgewiesen wird (*BGH,* NJW 08, 2183 f.; NJW 08, 439).

79 **e) Reparaturaufwand > 130% des Wiederbeschaffungswertes.** Übersteigen die (voraussichtlichen) Reparaturkosten den Wiederbeschaffungswert des Fahrzeugs um mehr als 30%, ist die Instandsetzung in aller Regel unvernünftig. Das Fahrzeug ist nicht als reparaturwürdig anzusehen. Der Geschädigte kann grundsätzlich also nur die Wiederbeschaffungskosten ersetzt verlangen. Lässt er das Fahrzeug dennoch reparieren, so können die Kosten nicht in einen vom Schädiger auszugleichenden wirtschaftlich vernünftigen Teil und einen vom Geschädigten selbst zu tragenden wirtschaftlich unvernünftigen Fall aufgespalten werden (*BGH,* NJW 2011, 1435 f.). Problematisch sind hier die Fälle, in denen es dem Geschädigten gelingt, das Fahrzeug vollständig und fachgerecht und den Vorgaben des Gutachtens entsprechend zu einem Preis reparieren zu lassen, der tatsächlich unterhalb von 130% des vom Sachverständigen geschätzten Wiederbeschaffungswerts liegt. Das kann ein Indiz dafür sein, dass das Gutachten einen Fehler aufweist. Wird aber ein solcher Fehler nicht dargetan, sollte man erwarten, dass der Geschädigte auf den Wiederbeschaffungsaufwand beschränkt bleibt, eben weil das Fahrzeug von vornherein nicht als reparaturwürdig anzusehen ist. Der BGH hat das teilweise anders gesehen für den Fall,

dass dem Geschädigten eine vollständige, fachgerechte, den Vorgaben des Sachverständigen folgende Reparatur zu einem Preis unterhalb des Wiederbeschaffungswertes (also innerhalb der 100%-Grenze), wenn auch unter Verwendung von Gebrauchtteilen gelungen war. Der Schlussfolgerung, der Geschädigte müsse also nur eine Werkstatt finden, die zu Sonderkonditionen billiger als vom Sachverständigen kalkuliert innerhalb der 130%-Grenze repariert (*Kappus*, jurisPR-VerkR 3/2011 Anm. 2), ist aber der BGH bereits entgegengetreten: In einem Fall, in dem dem Geschädigten eine vollständige fachgerechte Reparatur im Rahmen der 130%-Grenze nur deshalb gelungen war, weil die ausführende Werkstatt ihm einen nicht näher erläuterten Preisnachlass gewährt hat, davon ausgegangen, dass der Geschädigte die Wirtschaftlichkeit der Instandsetzung nicht nachgewiesen habe (*BGH*, NJW 2011, 1435 f.).

3. Ermittlung der Anknüpfungswerte

Bei der Ermittlung der Befugnis des Geschädigten zur Durchführung der Reparatur werden zumeist 80
bei einem nicht vorsteuerabzugsberechtigten Geschädigten die jeweiligen Bruttowerte zugrunde gelegt (*Lemcke*, NVZ 09, 115, 115). Für die Reparaturkosten hat das auch der BGH so entschieden (NJW 09, 1340 f.). Ob das auch für die Ermittlung des Wiederbeschaffungswertes zu geltend hat, oder ob es hier darauf ankommt, ob ein solches Fahrzeug überwiegend mit voller Mehrwertsteuer, differenzbesteuert oder privat ohne Mehrwertsteuer gehandelt wird, ist zumindest fraglich. Der einfachere Weg ist allerdings sicher der, stets nur auf den Bruttobetrag abzustellen (zum Problem *Huber*, NVZ 09, 322, 323). Zu beachten ist, dass es bei diesen Überlegungen nur darum geht zu ermitteln, ob der Geschädigte auf Reparaturkostenbasis abrechnen darf oder auf die Geltendmachung des Wiederbeschaffungsaufwandes zu verweisen ist. Die Frage, ob dem Geschädigten der Bruttobetrag tatsächlich zusteht, hängt davon ab, ob die Mehrwertsteuer tatsächlich angefallen ist (§ 249 II 2 BGB).

Restwert. Der Restwert ist der Preis, der für das geschädigte Fahrzeug am Markt erzielt werden 81
kann. Der Restwert wird regelmäßig, jedenfalls wenn ein Totalschaden entfernt in Betracht kommt, im Sachverständigengutachten ausgewiesen. Ist diese Wertermittlung korrekt erfolgt – der BGH verlangt für den Regelfall, dass der Sachverständige drei Angebote auf dem maßgeblichen regionalen Markt ermittelt hat (*BGH*, NZV 2010, 193 f.) – so wird der Geschädigte in seinem Vertrauen auf diese Ermittlung geschutzt, sei es, dass er das Fahrzeug zu diesem Betrag veräußert, sei es, dass er das Fahrzeug repariert und weiternutzt (*BGH*, NZV 2010, 193 f.; NJW 2010, 2724 f.). Weist der gegnerische Haftpflichtversicherer den Geschädigten, bevor er im Vertrauen auf das Gutachten Dispositionen getroffen hat, eine günstigere Verwertungsmöglichkeit nach, muss er dem allerdings nachgehen, soweit es ihm zumutbar ist. Das hängt im Wesentlichen davon ab, ob das anderweitige Angebot für den Aufkäufer bindend ist, ob er das Fahrzeug auf eigene Kosten abholt und ob er zur Barzahlung bereit ist. Hierbei geht es um die Frage eines Verstoßes gegen die Schadensminderungspflicht, so dass den Schädiger bzw. seinen Versicherer die Beweislast trifft. Kann der Geschädigte das Fahrzeug trotz entsprechender Bemühungen nicht zu dem im Gutachten angegebenen Preis veräußern, muss er sich nur den erzielten Preis anrechnen lassen. Nach der Rechtsprechung des BGH darf er seiner Abrechnung sogar dann den tatsächlich erzielten Restwert zugrunde legen, wenn er den Schaden im Übrigen fiktiv auf Gutachtenbasis abrechnet, obwohl man dies als eine sonst unzulässige Vermischung von fiktiver und konkreter Abrechnung ansehen könnte (*BGH*, NJW 2006, 320 f.). Erzielt der Geschädigte einen höheren Preis als im Gutachten ausgewiesen, muss er sich diesen anrechnen lassen, wenn der höhere Preis nicht auf besondere, überobligatorische Anstrengungen zurückzuführen ist (*BGH*, NJW 2010, 2724 f.).

4. Ersatz von Mehrwertsteuer/Umsatzsteuer

Umsatzsteuer ist nur zu ersetzen, wenn und soweit sie tatsächlich angefallen ist (§ 249 II 2 BGB). Sie 82
ist also nicht zu erstatten, wenn der Geschädigte vollen Umfangs fiktiv abrechnet. Beschafft er umsatzsteuerpflichtig Ersatzteile oder lässt er in einer Reparaturwerkstatt eine Teilreparatur durchführen, ist die angefallene, in der Rechnung ausgewiesene Mehrwertsteuer vom Schädiger zu erstatten. Nicht zu erstatten ist die Mehrwertsteuer, wenn der Geschädigte vorsteuerabzugsberechtigt ist. Diffiziler ist die Mehrwertsteuerfrage im Falle der Ersatzbeschaffung. Erwirbt der Geschädigte das Ersatzfahrzeug von einem privaten Verkäufer, fällt keine Mehrwertsteuer an. Erwirbt er von einem gewerblichen Händler, der seinerseits das Fahrzeug von Privat erworben hat und deshalb lediglich der Differenzbesteuerung unterliegt, ist sie insoweit zu erstatten. Dieser Differenzsteuersatz wird notfalls auf ca. 2% geschätzt. Nicht zulässig ist es dagegen, im Falle einer Ersatzbeschaffung den vom Sachverständigen ermittelten Nettowiederbeschaffungswert zugrunde zu legen, und den üblichen Mehrwertsteuersatz aufzuschlagen. Zur Mehrwertsteuerproblematik äußern sich ua *BGH*, NJW 2004, 2086; 2005, 2220 ff.; 2006, 285 f.

5. Vorschadensproblematik

Nicht selten wendet die beklagte Partei gegen die Schadensersatzforderung des Geschädigten ein, die 83
Schadensschätzung im Sachverständigengutachten sei nicht richtig, weil – reparierte oder nicht reparierte – Vorschäden nicht berücksichtigt worden seien. Eine solche – nicht ins Blaue hinein aufgestellte –

Behauptung stellt ein Bestreiten des Schadensumfangs dar, für den der Geschädigte die Beweislast trägt. Ihm obliegt es also darzulegen und zu beweisen, in welchem Zustand sich das Fahrzeug vor dem streitgegenständlichen Unfall befunden hat, ob es also Vorschadenfrei war oder ob etwaige Vorschäden fachgerecht und vollständig repariert worden waren. Auch hier ist zu beachten, dass für den Eintritt eines Schadens § 286 ZPO, für den Schadensumfang dagegen § 287 ZPO gilt. Dabei sind die Grenzen der Anwendbarkeit des § 287 ZPO durchaus umstritten.

84 Weitgehende Einigkeit besteht in den Fällen, in denen der Geschädigte seiner Darlegungslast nicht hinreichend nachkommt, obwohl er dies könnte, da der Vorschadensfall während seiner Besitzzeit eingetreten ist. Der BGH hat ausgeführt: „Soweit ein Kläger sich mit der ordnungsgemäßen Substantiierung seines Anspruchs hartnäckig zurückgehalten und die zumutbare Mitwirkung am Beweisverfahren verweigert hat, hat er keinen Anspruch darauf, durch eine richterliche Schätzung der Schadenshöhe über den dem Strengbeweis zugänglichen Rahmen hinaus begünstigt zu werden" (NJW 1981, 1454). Ein solcher Geschädigter, der bewusst versucht, auch nicht dem streitgegenständlichen Unfall zuzuordnende Schäden mit abzurechnen, bedarf der „Rechtswohltat" des § 287 ZPO nicht – und verdient sie auch nicht. Er muss in diesem Fall den Strengbeweis führen, dass sämtliche Schäden durch den streitgegenständlichen Unfall verursacht worden sind. Das wird ihm insbesondere in dem Fall, dass der Vorschaden im selben Bereich liegt, in dem das klägerische Fahrzeug auch bei der streitgegenständlichen Kollision betroffen worden ist, kaum gelingen. Diese Auffassung wird von den Oberlandesgerichten weitgehend geteilt (*OLG Frankfurt,* VersR 1981, 1070; VersR 2002, 476 f.; *OLG Hamm,* NZV 1994, 483 f.; *OLG Karlsruhe,* Urt. v. 21. 8. 2001, 10 U 242/00). Diese Überlegungen haben nicht nur Bedeutung für die Höhe der zu ersetzenden Reparaturkosten, sondern uU auch für die Ermittlung des Wiederbeschaffungswertes und damit für die Frage der Reparaturwürdigkeit des Fahrzeugs. Der Wiederbeschaffungswert kann maßgeblich davon abhängen, ob das Fahrzeug einen Vorschaden oder gar mehrere Vorschäden erlitten hat und wie diese repariert worden sind.

85 Problematischer stellen sich die Fälle dar, in denen es dem Geschädigten gar nicht möglich ist, zu dem Vorschaden und zur Art seiner Beseitigung vortragen kann, etwa weil er das Fahrzeug in einem optisch unauffälligen Zustand von einem nicht mehr erreichbaren Voreigentümer als angeblich unfallfrei erworben hat. Auch hier stellt sich das Problem, dass der vorher vorhandene Zustand nicht genau festgestellt werden kann und damit auch nicht die zur Wiederherstellung dieses Zustandes erforderlichen Kosten. Das OLG Hamburg hat auch in einem solchen Fall, in dem der Kläger den Umfang eines Vorschadens und die Art der Beseitigung im Einzelnen nicht hat vortragen können, den Kläger als beweisfällig angesehen und die Klage abgewiesen. Meines Erachtens sollte man in einem solchen Fall dem Geschädigten entgegenkommen. Kann er darlegen und ggf. beweisen, dass das Fahrzeug vor dem streitgegenständlichen Unfall in einem optisch ordentlichen Zustand war, sollte man ihm Ersatz der Kosten zubilligen, die erforderlich sind, um wieder einen solchen Zustand im Wege einer Billigreparatur herbeizuführen, jedenfalls soweit ausgeschlossen werden kann, dass diese Kosten den Wiederbeschaffungswert übersteigen.

6. Unmittelbare und mittelbare Fahrzeugfolgeschaden

86 **a) Mietwagenkosten und Nutzungsausfallentschädigung.** Führt der Unfall infolge einer Beschädigung des Fahrzeugs (nicht also infolge einer Verletzung des Fahrers!) dazu, dass die Möglichkeit das Fahrzeug zu nutzen, wegfällt, steht dem Eigentümer oder berechtigten Besitzer ein Anspruch auf Ersatz der erforderlichen Kosten für ein Ersatzfahrzeug (Mietwagenkosten) oder auf Nutzungsausfallentschädigung zu.

87 *aa) Erforderlichkeit der Mietwagenkosten.* Der Streit entzündet sich regelmäßig daran, ob die Kosten, zu denen der Geschädigte angemietet hat, wirklich erforderlich waren, oder ob er das Ersatzfahrzeug zu einem günstigeren Tarif hätte anmieten können. Hintergrund ist, dass die Vermieter oft besondere Tarife für Unfallgeschädigte anbieten, die teurer sind als die sog. Normaltarife. Der BGH hat immer wieder ausgeführt, dass der Geschädigte nur den Ersatz der Mietwagenkosten verlangen kann, die ein verständiger, wirtschaftlich denkender Mensch in der Rolle des Geschädigten für zweckmäßig und notwendig halten darf. Der Geschädigte habe nach dem aus dem Grundsatz der Erforderlichkeit hergeleiteten Wirtschaftlichkeitsgebot im Rahmen des ihm Zumutbaren stets den wirtschaftlicheren Weg der Schadensbehebung wählen. Das bedeute für den Bereich der Mietwagenkosten, dass er von mehreren auf dem örtlich relevanten Markt nicht nur für Unfallgeschädigte erhältlichen Tarifen für die Anmietung eines vergleichbaren Ersatzfahrzeugs grundsätzlich nur den günstigeren Mietpreis verlangen kann (jüngst BGH VI ZR 300/09 mwN). Dabei werden vom Geschädigten durchaus Nachfragen bei anderen Anbietern – auch nach anderen Tarifen – verlangt, wenn er auch keine Marktforschung betreiben muss. Je höher der angebotene Tarif ist, desto intensiver wird der Geschädigte sich zu erkundigen haben. Dabei trifft den Geschädigten die Darlegungs- und Beweislast dafür, dass kein wesentlich günstigerer Tarif zur Verfügung stand. Es geht um die Frage der Erforderlichkeit und damit um die Schadenshöhe, nicht etwa um die Frage der Schadensminderungspflicht (*BGH,* NJW 2010, 2569, 2570). Man darf sich insoweit nicht durch anders klingende Leitsätze verschiedener BGH-Entscheidungen irre

machen lassen, sondern muss sich sorgfältig den Einzelfall betrachten. Mietet etwa der Geschädigte ein Fahrzeug zum Normaltarif an, so ist er seiner Darlegungslast hinsichtlich der Erforderlichkeit dieser Kosten nachgekommen. Es bleibt aber dem Gegner unbenommen darzulegen und nachzuweisen, dass dem Geschädigten sozusagen ausnahmsweise ein günstigerer Tarif zur Verfügung stand Dennoch können die Kosten für den teureren Unfallersatztarif erforderlich und zu erstatten sein, wenn nämlich dem Geschädigten die Anmietung zu einem Normaltarif nicht zumutbar ist. Dabei kommt zunächst in Betracht, dass die günstigeren Tarife oft (Teil-)Vorkasse oder Verwendung einer Kreditkarte, mitunter auch Vorausbuchung voraussetzen. Hat der Geschädigte keine Kreditkarte und ist er zur Vorauszahlung, Sicherheitsleistung oder Hinterlegung einer Barkaution nicht in der Lage, kann er auch die Kosten für den höheren Unfallersatztarif verlangen. Ausnahmen gelten auch, wenn er sich in einer Eil- oder Notsituation befindet, so dass ihm ausnahmsweise die Einholung von Vergleichsangeboten nicht zumutbar ist. Hat der Geschädigte die grundsätzliche Erforderlichkeit des von ihm gewählten Tarifes dargelegt und nachgewiesen, bleibt es auch in diesen Fällen dem Schädiger wiederum unbenommen, darzulegen und nachzuweisen, dass dem Geschädigten ein anderer Tarif „ohne weiteres“ zur Verfügung gestanden hat.

Zur Ermittlung des Ausgangswertes „Normaltarif“ stehen verschiedene Tabellen zur Verfügung, so 88
insbesondere der Schwacke-Mietpreisspiegel 2003 und 2006 sowie der Marktpreisspiegel Mietwagen Deutschland 2008 des Frauenhofer Instituts. Alle diese Listen haben Vor- und Nachteile. Noch keine hat sich in der Praxis endgültig durchsetzen können. Der BGH hat aus revisionsrechtlicher Sicht die Verwendung aller dieser Listen für unbedenklich gehalten, was auch daran gelegen haben mag, dass es den Parteien nicht gelungen waren, konkrete, auf den Einzelfall bezogene entscheidungsrelevante Bedenken gegen die jeweils verwendete Liste hinreichend darzulegen. Für den Tatrichter geht es allerdings nicht um die Frage, ob die weiten Grenzen tatrichterlichen Ermessens bei der Schadensschätzung gem. § 287 ZPO eingehalten sind, sondern um die Ausübung dieses Ermessens selbst. Er kommt also nicht umhin, sich mit den Vor- und Nachteilen dieser Listen auseinanderzusetzen. Lesenswert zu den Bedenken gegen die Schwacke-Listen, insbesondere die von 2006, ist der Aufsatz von *Richter,* VersR 2007, 620 ff., der auch die gängigen Begriffe wie „Normaltarif“ oder „Unfallersatztarif“ erläutert. Mit den Bedenken gegen die Frauenhofer-Liste setzt sich *Quaisser,* NZV 2009, 121 ff. auseinander.

bb) Vorteilsausgleich. Der Geschädigte muss sich allerdings im Wege des Vorteilsausgleichs die Auf- 89
wendungen anrechnen lassen, die er erspart, weil er während der Mietzeit das eigene Fahrzeug nicht nutzt. Auch diese ersparten Aufwendungen können gem. § 287 ZPO geschätzt werden. Dabei bietet es sich an, sich entweder an der Betriebskostentabelle des ADAC zu orientieren oder einen pauschalen Abzug von den Mietwagenkosten zu machen. Während früher Abzüge in einer Größenordnung von 15–20% vorgenommen wurden, scheint sich jetzt die Praxis in einer Größenordnung von 5% einzupendeln (vgl. die Nachw. *Palandt/Grüneberg,* 69. Aufl. 2010, Rn. 36). Mietet der Geschädigte ein Fahrzeug einer niedrigeren Preisklasse, die ungefähr um die sonst anzurechnende Ersparnis billiger ist, als die Klasse, in die das beschädigte Fahrzeug einzuordnen wäre, findet ein solcher Abzug nach heute wohl überwiegend vertretener Auffassung nicht statt. Das ist eigentlich ein Systembruch, weil normalerweise für identische Zeiträume Mietwagenkosten und Nutzungsausfallentschädigung nicht kombiniert werden können und der Geschädigte ja auch nur die geringeren Kosten für das Fahrzeug niedrigerer Preisklasse aufgewendet hat. Zur Begründung wird ausgeführt, dass in diesen Fällen der Ersparnisabzug der Billigkeit widerspreche. Die Vorteilsausgleichung, die eine ausgewogene Schadensersatzregelung bewirken solle, habe nämlich zur Voraussetzung, dass der Schädiger durch sie nicht unbillig entlastet werde. Das würde aber geschehen, wenn der Geschädigte, obwohl er nach den Grundsätzen des vollen Schadensausgleichs für die Reparatur- oder Wiederbeschaffungsdauer ein gleichwertiges Mietfahrzeug beanspruchen kann, seine Ansprüche an Komfort, Leistung und Repräsentation zurückschraubt und sich mit einem klasseniedrigeren Mietfahrzeug bescheidet, aber gleichwohl einen Abzug wegen ersparter Eigenaufwendungen hinnehmen müsste (so *OLG Hamm,* NJW-RR 1999, 1119 f. mwN; aA noch *BGH,* NJW 1967, 522).

cc) Voraussetzungen des Anspruchs auf Nutzungsausfallentschädigung. Auch bei dem sog. Nut- 90
zungsausfall geht es um eine materielle Schadensposition. Es geht darum, dass die Nutzungsmöglichkeit einen wirtschaftlichen Wert darstellt, deren Wegfall auszugleichen ist (grundlegend *BGHZ* 40, 345 ff.; 45, 212 ff.). Der Anspruch auf Nutzungsausfallentschädigung setzt eine fühlbare Beeinträchtigung der Nutzungsmöglichkeit voraus. Deshalb sind Nutzungswille und hypothetische Nutzungsmöglichkeit festzustellen. Hieran kann es fehlen, wenn der Berechtigte etwa wegen unfallbedingter Verletzungen oder Ortsabwesenheit das Fahrzeug ohnehin nicht hätte nutzen können (vgl. zB *BGH,* VersR 1975, 37, 40; NJW-RR 2008, 1198, 1199). Zu berücksichtigen ist aber, ob das Fahrzeug auch durch andere – zB Angehörige – genutzt worden wäre (*BGH,* NJW 1974, 33). Lässt der Geschädigte das Fahrzeug nicht zeitnah reparieren bzw. schafft er nicht zeitnah ein Ersatzfahrzeug an, kann oft wenn nicht gar im Regelfall darauf geschlossen werden, dass es am Nutzungswillen fehlt. Die Entbehrung der Nutzung muss nach der Rechtsprechung darüber hinaus auch deshalb „fühlbar“ geworden sein, weil der Geschädigte das Fahrzeug mangels eines weiteren geeigneten Kraftfahrzeugs für seine alltägliche Lebens-

führung tatsächlich gebraucht hätte (*BGH,* NJW-RR 2008, 1198, 1199). Aus diesem Grund besteht kein Anspruch auf Nutzungsausfallentschädigung, wenn das beschädigte Fahrzeug allein Freizeitzwecken diente (Wohnmobil, *BGH,* NJW-RR 2008, 1198, 1199) oder der Geschädigte ein Zweitfahrzeug zur Verfügung hatte (*BGH,* NJW 1976, 286). Dabei entlastet es den Schädiger aber nicht, wenn ein Dritter dem Geschädigten ein Fahrzeug kostenlos zur Verfügung stellt. Es widerspräche dem in § 843 IV BGB zum Ausdruck gekommenen Rechtsgrundsatz, dass es nicht zur Entlastung des Schädigers führen darf, wenn die konkrete wirtschaftliche Lage des Betroffenen von einer nachteiligen Veränderung nur durch solche Leistungen eines Dritten, die nicht dem Schädiger zugutekommen sollen, bewahrt bleibt (*BGH,* NJW 1975, 684; anders allerdings in dem Fall, dass nach Beschädigung eines gewerblich genutzten PKW dem Geschädigten ein gleichwertiges Fahrzeug durch die Reparaturwerkstatt zur Verfügung gestellt wurde, *BGH,* NJW 2008, 913, 915).

91 *dd) Berechnung des Nutzungsausfallschadens.* Die Berechnung des Nutzungsausfallschadens erfolgt bei privat genutzten Fahrzeugen nach den Tabellen von Sanden/Danner/Küppersbusch. Es ist zu beachten, dass die zeitlich zum Unfallzeitpunkt passende Tabelle gewählt wird. Bei älteren Fahrzeugen ist davon auszugehen, dass ihr Nutzwert hinter einem Neufahrzeug, wie es den Tabellenwerten zugrunde liegt, zurückbleibt. Deshalb kann angemessen sein, einen Abschlag zu machen, in dem man zB die Beträge aus der nächst niedrigeren Tabellengruppe im Rahmen einer Schadensschätzung gem. § 287 ZPO zugrunde legt (*BGH,* NJW 2005, 1044 f.; 2005, 277).

92 *ee) Besonderheiten bei nicht (ausschließlich) privat genutzten Fahrzeugen.* Die obigen Ausführungen gelten uneingeschränkt nur für die Beschädigung des privat genutzten Kraftfahrzeugs. Bei gewerblich genutzten Fahrzeugen oder auch Behördenfahrzeugen ist zu unterscheiden: Dienen die Fahrzeuge unmittelbar der Gewinnerzielung wie zB Taxen, Fahrzeuge eines Fuhrunternehmens, Reisebusse, so kann nach allgemeinen Regeln entgangener Gewinn geltend gemacht werden. In diesen Fällen muss der Geschädigte den Ertragsentgang konkret berechnen (*BGHZ* 70, 199, 203). Hält der Unternehmer für Fahrzeugausfälle – seien diese unfallbedingt oder nicht – Ersatzfahrzeuge vor, so hat er Anspruch auf Ersatz von Vorhaltekosten für ein Reservefahrzeug (*BGHZ* 70, 199 ff.). Auch die Vorhaltekosten sind den Tabellen von Sanden/Danner/Küppersbusch zu entnehmen. Ein Anspruch auf zusätzlich Nutzungsausfallentschädigung besteht dagegen nicht – zumal der Nutzungsausfall wegen des vorgehaltenen Reservefahrzeugs nicht spürbar geworden sein kann (*BGH* NJW 2005, 1044 f.). Bei gewerblich genutzten Fahrzeugen, die nicht unmittelbar der Gewinnerzielung dienen (zB Geschäftsführerfahrzeug), ist sehr streitig, ob hier Nutzungsausfallentschädigung in Betracht kommt. Der BGH neigt dazu, das zu bejahen (NJW 2008, 913, 915 mwN zum Streitstand).

93 *ff) Der Zinsanspruch gem. § 849 BGB.* § 849 BGB gilt nicht nur für Haftung aus unerlaubter Handlung, sondern auch für die Haftung nach dem StVG. Bei einer Schadensabwicklung auf Totalschadenbasis greift § 849 erste Alternative BGB ein, da bei einem technischen oder wirtschaftlichen Totalschaden dem Eigentümer das Fahrzeug entzogen wird. Dem Sinn und Zweck nach soll der Zinsanspruch den endgültig verbleibenden Verlust an Nutzbarkeit der Sache ausgleichen, die durch den späteren Gebrauch derselben oder einer anderen Sache nicht nachgeholt werden kann. Der Geschädigte soll von dem Nachweis der Schadenshöhe befreit werden. Er kann daher statt des konkret zu berechnenden Schadens für die entzogenen Nutzungen den Schaden abstrakt über § 849 BGB berechnen und entsprechende Zinsen aus der ihm gebührenden Ersatzsumme verlangen. Die Zinszahlungspflicht endet nicht etwa mit dem Zeitpunkt der Beschaffung eines Ersatzfahrzeugs, sondern erst mit der Zahlung des Ersatzbetrages (*BGH,* NJW 1983, 1614 f.).

94 *gg) Kombination von Ersatz der Mietwagenkosten, Nutzungsausfallentschädigung und Zinsforderung.* Die Ansprüche nach § 849 BGB, auf Ersatz von Mietwagenkosten und auf Nutzungsausfallentschädigung können kombiniert werden, aber natürlich nur für unterschiedliche, nicht für identische Zeiträume in Anspruch genommen werden. Hat der Geschädigte für die Reparaturdauer ein einfacheres Ersatzfahrzeug gemietet, so darf er über die konkrete Berechnung nach den entstehenden Mietkosten hinaus nicht noch einen Betrag wegen der Differenz der Nutzungswerte verlangen (*BGH,* NJW 1967, 552); doch bleibt es ihm unbenommen, anstelle der konkreten Berechnung nach den Mietwagenkosten eine pauschale Abgeltung der entgangenen Gebrauchsvorteile insgesamt zu fordern (*BGH,* NJW 1970, 1120).

95 **b) Kostenpauschale.** Wohl allgemein anerkannt ist ein Anspruch auf eine Kostenpauschale, mit der typischerweise anfallende Kosten zB für Porto- oder Telefonkosten für den Verkehr mit dem Anwalt, dem Sachverständigen oder der Haftpflichtversicherung abgegolten werden sollen. Die Höhe, in der diese Pauschale anerkannt ist, ist regional sehr verschieden und schwankt zwischen ca. 20,00 bis 50,00 EUR. Angesichts des Umstandes, dass die Kommunikationskosten („Flatrate") eher billiger als teurer werden, scheint der niedrigere Bereich als ausreichend und angemessen. Im Übrigen bleibt es dem Geschädigten unbenommen, statt einer Pauschale konkret abzurechnen.

96 **c) Rechtsverfolgungskosten.** *aa) Rechtsanwaltskosten.* Kosten der Rechtsverfolgung. Die Ersatzpflicht nach einem Verkehrsunfall erstrecht sich auch auf die durch die Geltendmachung und Durchsetzung

des Schadensersatzanspruchs verursachten Kosten. Es besteht insoweit als Teil des Schadensersatzanspruchs ein materiellrechtlicher Kostenerstattungsanspruch. Hierbei geht es insbesondere um Rechtsanwaltskosten. Nach einem Verkehrsunfall wird die Beauftragung eines Rechtsanwalts regelmäßig als erforderlich angesehen. Ausnahmen können **für die erstmalige Geltendmachung** des Anspruchs gelten, wenn es sich um einen einfach gelagerten Schadensfall handelt, bei dem die Haftung nach Grund und Höhe derart klar ist, dass der Geschädigte keinen Anlass zu Zweifeln an der Ersatzpflicht des Schädigers hat und er über die hinreichende geschäftliche Gewandtheit verfügt (*BGHZ* 127, 348 ff. für die Geltendmachung von Routinefällen – Schäden an Leitplanken, Verkehrszeichen uÄ – durch eine Autobahnbetriebsamt).

97 Die anwaltliche Geschäftsgebühr für einen durchschnittlichen Verkehrsunfall ist mit 1,3 anzusetzen (*BGH*, NJW-RR 2007, 420 ff.). Diese Gebühr kann voll geltend gemacht werden; lediglich die Verfahrensgebühr reduziert sich ggf. (*BGH*, NJW 2008, 1323 ff. mwN).

98 Beachten Sie, dass es hierbei nicht etwa um einen Verzugsschaden geht; Verzugsvoraussetzungen müssen also nicht vorliegen. Grundsätzlich richtet sich der Anspruch solange auf Freistellung, bis der Geschädigte selbst seinen Anwalt bezahlt hat. Verweisen die Beklagten im Schadensersatzprozess hierauf, erfolgt das allerdings regelmäßig zu Unrecht. Die Beklagten haben ja Schadensersatzleistung verweigert und damit eine Fristsetzung nach § 250 S. 2 BGB überflüssig gemacht, so dass der Freihalteanspruch nach dieser Vorschrift in einen Zahlungsanspruch übergegangen ist (vgl. *BGH*, NJW 2004, 1868, 1870 mwN). Diese Grundsätze geltend entsprechend, soweit etwa Mietwagen- oder Sachverständigenkosten noch nicht ausgeglichen sind (soweit Schadensersatzforderung in dieser Höhe nicht ohnehin an Mietwagenunternehmen oder Sachverständigen abgetreten ist).

99 *bb) Sachverständigenkosten.* Zu den Rechtsverfolgungskosten rechnen regelmäßig auch die Sachverständigenkosten zur Ermittlung des Fahrzeugschadens. Man sollte vorsichtig mit dem Einwand sein, ein solches Gutachten sei angesichts des nur geringen Schadens nicht erforderlich. Der BGH hat bei einem Schaden von nur rund 700,00 EUR die Sachverständigenkosten noch für ersatzfähig gehalten (*BGH*, NJW 2005, 356). Hinsichtlich der Höhe der Sachverständigenkosten hat der BGH entschieden, dass eine Anknüpfung an die ermittelte Schadenshöhe akzeptabel sei (*BGH*, NJW 2007, 1450 ff.).

100 **d) Prämiennachteile in der Kraftfahrzeugversicherung.** *aa) Kaskoversicherung.* Es geht um Prämien nachteile infolge des Verlustes des Schadensfreiheitsrabatts. Nimmt der Geschädigte nach einem Verkehrsunfall seine Vollkaskoversicherung in Anspruch und wird deshalb in der Schadensklasse zurückgestuft, so ist dies Folge seines unfallbedingten Fahrzeugschadens. Für die Prämiennachteile, die für den Geschädigten mit der Rückstufung verbunden sind, haftet nach allgemeiner Auffassung jedenfalls der Schädiger, den eine Alleinhaftung am Unfall trifft. In den Fällen, in denen den Geschädigten eine Mithaftung trifft, wurde dagegen die Auffassung vertreten, dass ausschlaggebend für die Inanspruchnahme der Vollkaskoversicherung nicht die Regulierung der vom Schädiger zu tragenden Schäden, sondern allein der Ausgleich der vom Geschädigten selbst zu tragenden Schäden sei. Bei den durch die Inanspruchnahme der Vollkaskoversicherung eintretenden Prämiennachteilen handele es sich deshalb nicht um einen adäquat kausalen Schaden des Unfallereignisses (*LG Berlin*, 58 S 384/04). Der BGH hat demgegenüber zutreffend darauf hingewiesen, dass es im Haftungsrecht grundsätzlich nicht darauf ankomme, ob ein Ereignis ausschließliche oder alleinige Ursache des Schadens sei, sondern dass eine Mitursächlichkeit einer Alleinursächlichkeit vollen Umfangs gleichstehe. Allerdings ist auch dieser Schaden entsprechend der Haftungsquote auf Schädiger und Geschädigten zu verteilen (*BGH*, NJW 2006, 2397). Jedenfalls bei einer anteiligen Haftung muss der Geschädigte vor Inanspruchnahme der Vollkaskoversicherung keine Mitteilung über die Regulierungsbereitschaft der gegnerischen Haftpflichtversicherung abwarten (*BGH*, NJW 2007, 66, 67). Bei dieser Schadensposition ist zu beachten, dass für die Zukunft regelmäßig nur Feststellung begehrt werden kann, da die Entwicklung des Versicherungsverhältnisses und damit der Schadenshöhe noch nicht feststeht.

101 *bb) Haftpflichtversicherung.* Bei dem Verlust des Schadensfreiheitsrabattes in der Haftpflichtversicherung handelt es sich dagegen nicht um eine Folge des Fahrzeugschadens oder der sonstigen Verletzung eines absoluten Rechts. Er ist vielmehr Folge der eigenen Haftpflicht des Geschädigten. Hierfür ist der Unfallgegner nicht eintrittspflichtig (ständige Rechtsprechung des BGH seit *BGHZ* 66, 398, 399).

102 e) **Exkurs: Das Quotenvorrecht des Versicherten gem. § 86 I 1 VVG.** An dieser Stelle sei ein Exkurs zum Quotenvorrecht des Geschädigten erlaubt.

Gem. § 86 I 1 VVG (nF) geht der Schadensersatzanspruch des Geschädigten gegen einen Dritten auf den Versicherer über, soweit der Versicherer den Schaden ersetzt. Gemäß Satz 2 kann der Übergang aber nicht zum Nachteil des Versicherungsnehmers geltend gemacht werden. § 67 I VVG (aF) enthielt eine entsprechende Regelung. Diese Regelung hat besondere Bedeutung, wenn der Geschädigte seinen Schaden wegen eigener Mithaftung nur nach einer Quote beanspruchen kann und er seine Vollkaskoversicherung in Anspruch genommen hat. Der BGH hat hierzu die sog. Differenztheorie entwickelt, derzufolge der Ersatzanspruch des Klägers nur insoweit auf den Kaskoversicherer übergeht, als er zusammen mit der gezahlten Versicherungssumme den Schaden übersteigt. Allerdings bezieht sich das Quotenvorrecht nur auf den „unmittelbaren Sachschaden". Nur für diesen besteht eine Kongruenz mit der vom Kaskoversicherer erbrachten Leistung. Dieser „unmittelbare Sachschaden" ist aber nicht notwendig identisch mit der Schadensposition, auf die die Zahlung des Kaskoversicherers erfolgt ist. Es kommt noch nicht einmal darauf an, welche Schäden der Kaskoversicherer nach dem Versicherungsvertrag und diesen ergänzenden Versicherungsbedingungen (AKB) tatsächlich zu erstatten verpflichtet ist. Maßgeblich ist vielmehr, ob der in Betracht kommende Schaden unmittelbar die Substanz des betroffenen Fahrzeugs berührt, dessen Wert mindert oder in der Notwendigkeit besteht, Geldmittel zur Beseitigung der Beschädigung im Sinne von § 249 S. 2 BGB aufzuwenden. Der BGH rechnet zu dem „unmittelbaren Sachschaden" neben den Reparatur- oder Wiederbeschaffungskosten auch den merkantilen Minderwert, die Sachverständigenkosten und die Abschleppkosten. Ein instruktives Berechnungsbeispiel ist in *BGHZ* 82, 338 ff. nachzulesen.

7. Personenschaden und Personenfolgeschaden

103 a) **Grundsätze.** Personenschaden ist die Beeinträchtigung der körperlichen oder psychischen Integrität bzw. des individuellen Wohlbefindens. Diese immaterielle Beeinträchtigung begründet unabhängig von einem Verschulden einen Anspruch auf Schmerzensgeld. Der Personenschaden löst aber oft auch mittelbare materielle Folgen aus, für die Schadensersatz zu leisten ist. Hierunter fallen Kosten für Heilung, Behandlung und Pflege, Kosten wegen vermehrter Bedürfnisse, entgangener Gewinn bzw. Erwerbs- oder Verdienstausfallschaden; Fortkommensschaden (§ 842 BGB); Haushaltsführungsschaden. Im Rahmen dieses Beitrags kann nur ein knapper Überblick gegeben werden. Wer mit Fällen dieser Art befasst wird, sollte sich eingehender mit der entsprechenden Darstellung im Geigel oder Küppersbusch befassen.

104 b) **Schmerzensgeld.** Das Schmerzensgeld hat eine Doppelfunktion, nämlich als Ausgleich und als Genugtuung für die erlittenen Verletzungen. Dabei kommt im Falle eines Verkehrsunfalls der Ausgleichfunktion die wesentliche Bedeutung zu. Der Anspruch auf Schmerzensgeld ist ein einheitlicher Anspruch, der grundsätzlich nicht in Teilbeträge für einzelne Zeitabschnitte oder einzelne Körperschäden oder für den Ausgleich einerseits, die Genugtuung andererseits zerlegt werden darf. Neben allen bereits eingetretenen Verletzungsfolgen müssen auch alle erkennbaren und objektiv vorhersehbaren künftigen Verletzungsfolgen – bezogen auf den Zeitpunkt der letzten mündlichen Verhandlung – mit in die Bewertung einbezogen werden. Dabei sind sowohl die Schwere solcher etwaigen künftigen Beeinträchtigungen als auch die Wahrscheinlichkeit ihres Eintritts zu gewichten. Dennoch ist nach der Rechtsprechung eine offene Teilklage in der Weise möglich, dass der Verletzte nur einen Teilbetrag eines Schmerzensgeldes geltend macht und bei der Bemessung der Anspruchshöhe nur die Verletzungsfolgen berücksichtigt sehen will, die bereits im Zeitpunkt der letzten mündlichen Verhandlung eingetreten sind (*BGH,* NJW 2004, 1243 ff.; NJW 2001, 3414 ff.; siehe hierzu auch *Geigel/Pardey,* 7/33; kritisch *Osterloh,* jurisPR – BGH ZivilR 13/2004; *Lemcke,* RuS 2000, 309 f.). Zur allgemeinen Problematik der Teilklage im Verkehrsprozess vgl. unten Rn. 126.

105 Maßgebend für die Höhe des Schmerzensgeldes sind im Wesentlichen die Schwere der Verletzungen, das durch diese bedingte Leiden, deren Dauer, das Ausmaß der Wahrnehmung der Beeinträchtigung durch den Verletzten und der Grad des Verschulden des Schädigers. Strittig ist, ob und welcher Voraussetzung zögerliches Regulierungsverhalten des Schädigers bzw. von dessen Haftpflichtversicherer schmerzensgelderhöhend zu berücksichtigen ist. Der BGH scheint das allenfalls für den Fall in Betracht zu ziehen, dass es sich um offensichtlich begründete Ansprüche handelt (*BGHZ* 163, 351 ff.). Das OLG München hat kleinliches Regulierungsverhalten des Haftpflichtversicherers gegenüber einem beinamputierten jungen Mädchen mit der Begründung als schmerzensgelderhöhend angesehen, dass die deutlich zum Ausdruck kommende Hoffnung einer Versicherung, einen Geschädigten durch diese zögerliche Regulierung so zu zermürben, dass er sich irgendwann einmal mit einem deutlich zu niedrigen Schmerzensgeld zufrieden gebe, dürfe nicht honoriert werden (Urt. v. 24. 9. 2010, 10 U 2671/10). Von der wohl herrschenden Auffassung wird verlangt, dass es sich um ein vorwerfbares oder jedenfalls nicht nachvollziehbares Verhalten handelt, welches sich u. a. in unangemessen niedrigen vorprozessualen Leistungen niederschlägt (*OLG München,* Urt. v. 13. 8. 2010, 10 U 3928/09 mwN). Allerdings kann bereits eine lange Dauer des Schmerzensgeldprozesses psychische Beeinträchtigungen des Verletzten verstärken, was bei der Bemessung der Schmerzensgeldhöhe zu berücksichtigen ist.

106 Schmerzensgeld ist grundsätzlich als Kapitalbetrag zu zahlen. Es kommt aber bei schweren Dauerschäden, die dem Verletzten immer wieder seine schwere Beeinträchtigung vor Augen führt, auch eine Rente in Betracht. Bei einer Gesamtentschädigung aus Schmerzensgeldkapital und Schmerzensgeldrente muss der monatliche Rentenbetrag so bemessen werden, dass er kapitalisiert zusammen mit dem zuerkannten Kapitalbetrag einen Gesamtbetrag ergibt, der in seiner Größenordnung einem ausschließlich in Kapitalform zuerkannten Betrag zumindest annähernd entspricht (*BGH,* NJW 2007, 2479 f.). Bei wesentlicher Veränderung der Lebenshaltungskosten kann eine einmal zuerkannte Rente nachträglich erhöht werden (*BGH,* NJW 2007, 2479 f.).

107 Bei der Bemessung des Schmerzensgeldes ist auch darzulegen, inwieweit man sich an vergleichbaren Fällen orientiert hat. Solche Vergleichsfälle finden sich über die gängigen Schmerzensgeldtabellen, zB von *Hacks/Ring/Böhm* oder bei *Geigel/Pardey,* 7/58 ff.).

Neben einer Zahlung kann der Geschädigte auch Feststellung der Ersatzpflicht für künftige materielle wie immaterielle Schäden verlangen. Hinsichtlich der materiellen Schäden liegt das auf der Hand, wenn die Entwicklung noch nicht abgeschlossen ist und weitere Schäden entstehen oder noch nicht beziffert werden können. Aber auch der Anspruch auf Feststellung der Ersatzpflicht für künftige immaterielle Schäden kann nur verneint werden, wenn aus der Sicht des Geschädigten bei verständiger Beurteilung kein Grund besteht, mit Spätfolgen wenigstens zu rechnen (*BGH*, NZV 1997, 476 f.). 108

Schmerzensgeld ist nur zuzusprechen, wenn die körperliche Beeinträchtigung eine gewisse, allerdings eher niedrig anzusetzende, Erheblichkeitsschwelle überschritten hat. Bei geringfügigen Verletzungen des Körpers oder der Gesundheit ohne wesentliche Beeinträchtigung der Lebensführung und ohne Dauerfolgen (den sog. Bagatellschäden) hält sich der Tatrichter im Rahmen des durch § 287 ZPO eingeräumten Ermessens, wenn er prüft, ob es unter den Umständen des Einzelfalles der Billigkeit entspricht, den immateriellen Schaden durch ein Schmerzensgeld auszugleichen (*BGH*, NJW 1992, 1043 f.). 109

Vorsicht ist geboten bei Unfällen, die der gesetzlichen Unfallversicherung unterfallen können. Hier gibt es bei Arbeitsunfällen verschiedene Haftungsprivilegien für den Schädiger (§§ 104 ff. SGB VII). Zur Bindungswirkung des § 108 I SGB VII und Pflicht des Zivilgerichts zur Aussetzung des Verfahrens wird auf die Darstellung unten Rn. 127. 110

Auch sonst geltend gelten einige prozessuale Besonderheiten. Auf das Problem Teilklage hinsichtlich der Schmerzensgeldforderung und auf § 108 SGB VII wurde oben schon hingewiesen. Das Schmerzensgeld kann beziffert oder unbeziffert eingeklagt werden. Auch bei unbezifferter Klage müssen der Streitgegenstand und die Beschwer hinreichend bestimmt sein. Unproblematisch ist es, wenn der Kläger Art und Ausmaß der der Beeinträchtigungen, für die er Schmerzensgeld verlangt, schildert und die Größenordnung des geforderten Betrages angibt. Dabei ist das Gericht bei seiner Ermessensausübung durch diese Betragsangabe nicht eingeschränkt. Die Einzelheiten sind sehr streitig. Streitig ist auch, unter welchen Voraussetzungen der Kläger an den Kosten zu beteiligen ist, wenn der vom Gericht ausgeurteilte Betrag hinter seinen Vorstellungen zurückbleibt. Zu den Einzelheiten siehe *Geigel/Pardey,* 7/25). 111

c) **Materieller Personenfolgeschaden.** Hier sollen nur einige häufiger relevant werdende Schadenspositionen angesprochen werden. Zu beachten ist, dass auch Angehörigen des Verletzten oder Getöteten Schadensersatzansprüche zustehen können. Eine umfassende Darstellung würde den Rahmen dieses Beitrags sprengen. Wegen der Einzelheiten wird auf die Darstellung im *Küppersbusch* oder *Geigel* verwiesen. Ein guter Überblick findet sich auch bereits im *Palandt* in den Kommentierungen zu § 252 BGB *(Grüneberg)* und §§ 842 ff. BGB *(Sprau).* 112

aa) Erwerbsschaden (§§ 252, 842 BGB, 11 StVG). Entschädigt wird nicht der Verlust der Arbeitskraft als solcher. Ersetzt wird vielmehr nur der durch den Verlust oder die Einschränkung der Arbeitskraft erlittene Vermögensschaden. Dieser Schaden kann konkret berechnet. Der Geschädigte kann aber auch von Darlegungs- und Beweiserleichterungen (§§ 252 S. 2 BGB, 287 ZPO) Gebrauch machen und seinen Schaden abstrakt nach dem gewöhnlichen Lauf der Dinge und den besonderen Umständen des Geschädigten berechnen. 113

Bei nicht selbstständig Beschäftigten ist darauf hinzuweisen, dass diese nach dem Entgeltfortzahlungsgesetz im Regelfall einen Anspruch auf Entgeltfortzahlung für die ersten sechs Wochen ihrer Arbeitsunfähigkeit haben (§ 3 EFZG). Als Ausgleich geht der entsprechende Schadensersatzanspruch des Geschädigten gegen den Schädiger gemäß § 6 EFZG auf den Arbeitgeber über. Es handelt sich aber um einen Anspruch des Geschädigten, der lediglich übergegangen ist. Es müssen also in der Person des Geschädigten alle sonstigen Anspruchsvoraussetzungen gegeben sein. Deshalb muss der Arbeitgeber ggf. nachweisen, dass der Geschädigte **infolge des Unfalls** arbeitsunfähig ist Es reicht nicht aus, dass der Arbeitnehmer einen Unfall erlitten hat, ein Arzt im Arbeitsunfähigkeit bescheinigt hat und der Arbeitgeber infolgedessen zur Entgeltfortzahlung verpflichtet ist (wohl übersehen vom *BGHZ* 149, 63 ff. für den Fall einer Abtretung durch den nicht dem EFZG unterfallenden Geschäftsführer einer GmbH; vgl. die zutreffende Anmerkung von *Lemcke,* RuS 2002, 64). Entsprechendes hat zu gelten für Fälle der Abtretung des Schadensersatzanspruches an den Arbeitgeber bei nicht dem EFZG unterfallenden Arbeitnehmern oder auch bei Anspruchsübergang nach § 116 SGB X (*BGH,* NJW 1982, 1638 ff.). Unmittelbar eigene – also nicht aus übergegangenem Recht – stehen dem Unternehmer wegen der ihm aus der Verletzung seines Arbeitnehmers entstehenden Vermögensnachteile regelmäßig nicht zu. Er kann also beispielsweise nicht die Kosten einer Ersatzkraft, die er für die Zeit der unfallbedingten Arbeitsunfähigkeit des Verletzten einstellt, ersetzt verlangen. Das liegt daran, dass es an einer eigenen Rechtsgutsverletzung des Unternehmers fehlt; verletzt ist die Gesundheit des Arbeitnehmers. Mangels eines betriebsbezogenen Eingriff kann der Unternehmer sich auch nicht auf einen Eingriff in den eingerichteten und ausgeübten Gewerbebetrieb berufen (*BGH,* NJW 2009, 355 f. mwN). 114

Für die Zeit nach Ende der Entgeltfortzahlung hat der Geschädigte Anspruch auf Ersatz der unfallbedingten Einkommensdifferenz. Diese kann nach dem Bruttogehalt, aber abzüglich der dem Schädiger zugutekommenden Ersparnisse oder nach dem Betrag, der dem Geschädigten tatsächlich ausgezahlt worden wäre, berechnet werden. 115

116 Der Anspruch des verletzten Selbständigen bemisst sich nach dem hypothetischen Gewinn, den er voraussichtlich ohne seinen unfallbedingten Ausfall erzielt hätte. Es ist also festzustellen, wie sich das Geschäftsergebnis ohne den Unfall entwickelt hätte. Im Normalfall wird man sich dazu die Bilanzen, Gewinn-Verlust-Rechnungen und/oder Steuerbescheide der letzten drei Jahre vorlegen lassen.

117 Probleme ergeben sich bei der Verletzung eines Gesellschafters einer Handelsgesellschaft. Der Nachteil bei der Gesellschaft bzw. den anderen Mitgesellschaftern ist ein nicht ausgleichsfähiger Drittschaden, ähnlich wie der durch den Ausfall des Arbeitnehmers beim Arbeitgeber entstehende Schaden. Handelt es sich dagegen bei dem Verletzten um den geschäftsführenden Alleingesellschafter einer Kapitalgesellschaft, geht der BGH davon aus, dass der Alleingesellschafter den Schaden der Gesellschaft als eigenen Schaden ersetzt verlangen kann (*BGH*, NJW 1977, 1283 ff.).

118 *bb) Haushaltsführungsschaden.* Der Ausfall der Haushaltstätigkeit gehört zu den gemäß § 843 BGB zu ersetzenden vermehrten Bedürfnissen, soweit es um die Deckung des eigenen Haushaltsführungsbedarfs des Verletzten geht (*BGH*, NJW-RR 1990, 34 f.). Geht es dagegen um die Deckung des Haushaltsführungsbedarfs der Angehörigen des Verletzten, rechnet der Schaden zur Minderung der Erwerbstätigkeit (*BGH*, NJW-RR 1990, 34 f.).

119 Maßgeblich ist, inwieweit der Verletzte gerade in der Fähigkeit zur Haushaltsführung eingeschränkt ist, also die sog. haushaltsspezifische Minderung der Erwerbstätigkeit (*BGH*, NJW-RR 1990, 34 f.), die typischerweise aber nicht notwendig hinter der allgemeinen Minderung der Erwerbstätigkeit zurückbleibt (*Vogel*, VersR 1981, 812 f.); *M. Reichenbach* und *K. Vogel:* „Tabelle zur Bewertung der Behinderung der Hausfrau im Haftpflichtanspruch“. Beilage in: *Schulz-Borck/Hofmann:* „Schadenersatz bei Ausfall von Hausfrauen und Müttern im Haushalt“). Der Verletzte kann entweder die tatsächlich angefallenen Kosten für eine Ersatzkraft oder die für eine solche Ersatzkraft erforderlichen Kosten ersetzt verlange, also fiktiv abrechnen. In jedem Fall zu klären ist, welcher Aufwand erforderlich ist. Wohl allgemein anerkannt sind die entsprechenden Tabellen von *Schulz-Borck/Hofmann,* die nicht nur Stundenbedarfe für verschiedene Haushaltszuschnitte, sondern auch Entlohnungsgruppen enthält. Man wird allerdings dem Verletzten eine gewisse Substantiierungslast hinsichtlich des Zuschnitts des Haushalts und auch der bisherigen Verteilung der Haushaltsführung unter den verschiedenen Mitgliedern des Haushaltes auferlegen müssen. Die bloße Behauptung, es habe sich um einen durchschnittlichen Soundsoviel-Personen-Haushalt gehandelt, sollte nicht ausreichen. Zu beachten ist auch, dass die vom Verletzten in der Vergangenheit aufgewendete Zeit nur ein Indiz dafür ist, dass dieser Zeitaufwand auch notwendig ist. Eine gewisse Umorganisation wird man verlangen können.

8. Spezielle Verletzungsfälle

120 **a) Sogenanntes HWS-Syndrom.** Das sog. Schleudertrauma beschäftigt die Rechtsprechung seit langem. Problematisch sind vor allem die Fälle, in denen der Geschädigte über entsprechende Beschwerden klagt, objektive Befunde vom behandelnden Arzt entweder überhaupt nicht erhoben worden sind oder erhoben werden können oder die Befunde nicht spezifisch sind. Der Richter sieht sich oft in der Situation, dass er einerseits berechtigten Ansprüchen auch gerecht werden will, andererseits solchen Klägern, die eine Verletzung entweder nur vortäuschen oder zumindest das Beschwerdebild weit übertrieben darstellen nicht zulasten der Versichertengemeinschaft überzogene Schmerzensgeldforderungen zuerkennen will.

121 Zunächst ist zu beachten, dass die Frage, ob der Kläger sich bei dem Unfall überhaupt eine Verletzung zugezogen hat, die haftungsbegründende Kausalität betrifft und damit den strengen Anforderungen des Vollbeweises nach § 286 ZPO betrifft. Geht es dagegen nur um das Ausmaß der Verletzung, während eine unfallbedingte Verletzung an sich unstreitig ist, bewegt man sich in dem für den Anspruchsteller weit günstigeren Bereich des § 287 ZPO. Es muss also nur mit überwiegender Wahrscheinlichkeit festgestellt werden, dass der weitere Körperschaden eingetreten und durch den Unfall verursacht worden ist.

122 Grundsätzlich sind zwei Fragen zu klären: Erstens geht es um die Frage, ob überhaupt eine Verletzung des Klägers vorliegt. Hierzu kann man den Kläger befragen, ärztliche Unterlagen auswerten und/oder ein medizinisches Sachverständigengutachten einholen. Zweitens geht es um die Frage, ob eine bewiesene Verletzung kausal auf das Unfallgeschehen zurückzuführen ist. Dabei stellt sich die Frage, ob das Unfallgeschehen seiner Art und Schwere nach überhaupt geeignet ist, eine solche Verletzung auszulösen. Man muss sich aber vor der Annahme hüten, es gebe eine „Harmlosigkeitsgrenze“ (so immer wieder für die Differenzgeschwindigkeit von auffahrendem Fahrzeug und dem Fahrzeug, auf das aufgefahren wird diskutiert). Es ist immer eine auf den Einzelfall bezogene Entscheidung, die aller relevanten von den Parteien vorgetragenen Umstände in die Beurteilung einbezieht, zu treffen. Der BGH lässt dem Tatrichter relativ freie Hand bei der Beweiswürdigung (vgl. zB die instruktiven Entscheidungen NJW 2008, 1126 ff.; NJW-RR 2008, 1380 f. und NJW 2003, 1116 ff.). Jedenfalls bei entsprechendem Beweisantritt (bzw. Beweisanregung) der Parteien werden diese Fragen aber nur durch Sachverständigengutachten einzuholen sein, und zwar sowohl auf technischem, biomechanischem und medizinischem Fachgebiet.

b) Seelische Schäden. Eine weitere Fallgruppe, die häufig besondere Mühe macht, sind die Fälle behaupteter psychischer Schäden. Psychische Schäden können als Folge einer körperlichen Verletzung eintreten und werden nicht selten als Folge einer Verletzung der Halswirbelsäule behauptet. Die Ersatzpflicht des Schädigers erstreckt sich grundsätzlich auf psychisch bedingte Folgewirkungen des von ihm herbeigeführten haftungsbegründenden Ereignisses (*BGHZ* 132, 341, 343 ff.). Ist die körperliche Primärverletzung unstreitig oder bewiesen, gilt für den behaupteten Folgeschaden wieder die Beweiserleichterung des § 287 ZPO. Auch diese Frage wird regelmäßig nur durch ein Sachverständigengutachten, und zwar ein psychiatrisches Sachverständigengutachten sicher klären können. Jedenfalls ist einem entsprechenden Beweisantritt nachzugehen (*BGH,* NJW 2000, 862 ff.). In den Fällen, in denen sich der psychische Schaden als Folge einer Primärverletzung darstellt, kommt es auf die Vorhersehbarkeit dieser Folge oder ein hierauf bezogenes Verschulden des Schädigers nicht an. Allerdings scheidet eine Haftung dann aus, wenn das schädigende Ereignis – nicht bezogen auf den Unfall als solchen, sondern auf die Primärverletzung – als absolute Bagatelle zu qualifizieren ist (*BGH,* NJW 2000, 862 ff.; *BGHZ* 137, 142 ff.). 123

Psychische Schäden können aber auch eine Primärverletzung darstellen. Auch hier ist eine Zurechnung zulasten des Unfallgegners ausgeschlossen, wenn das schädigende Ereignis – hier das Unfallgeschehen selbst – als Bagatelle anzusehen ist. Stellt sich dagegen der Unfall als Bagatelle dar, so dass der psychische Schaden nur durch eine ungewöhnliche, auf Überempfindlichkeit oder krankhafter Fehlverarbeitung beruhende psychische Reaktion auf ein nicht schwerwiegendes Ereignis erklärt werden kann, so kann man annehmen, dass es sich im Schwerpunkt um die Verwirklichung des allgemeinen Lebensrisikos des Verletzen handelt. Eine Zurechnung zulasten des Unfallgegners scheidet aus. 124

Weder für einen seelischen Folgeschaden noch für einen seelischen Primärschaden muss der Unfallgegner einstehen, wenn der Schaden Folge einer sog. Renten- oder Begehrensneurose ist. Das sind Fälle, in denen der Geschädigte den Schadensfall in seinem neurotischen Streben nach Versorgung und Sicherung lediglich zum Anlass nimmt, den Schwierigkeiten und Belastungen des Erwerbslebens auszuweichen (*BGH,* NJW 1998, 813 ff. mwN). 125

VI. Weitere prozessuale Besonderheiten

1. Teilurteil

Ein Teilurteil darf generell nur ergehen, wenn ausgeschlossen werden kann, dass sich das später ergehende Endurteil inhaltlich in Widerspruch zu dem Teilurteil setzt – wobei auch die Möglichkeit zu berücksichtigen ist, dass nur gegen Teil- oder Endurteil Rechtsmittel eingelegt wird und das Rechtsmittelgericht wichtige Rechtsfragen anders beurteilt als das Gericht erster Instanz. Aus diesem Grund darf insbesondere in den Fällen, in denen die Schadensquote bzw. der Mitverschuldensanteil des Geschädigten im Streit ist, ein Teilurteil nur zusammen mit einem Grundurteil über die Haftungs- bzw. Mitverschuldensquote erheben. Der Tenor dieses Ausspruchs dem Grund nach könnte beispielsweise lauten: „Die Klage ist dem Grunde nach unter Berücksichtigung eines Mitverschuldens des Klägers von ½ gerechtfertigt.“ Ein instruktives Beispiel findet sich bei *Tempel,* Mustertexte zum Zivilprozess Bd. I, 5. Aufl. 2003, Muster 105. 126

2. Bindungswirkung des § 108 I SGB VII und Pflicht des Zivilgerichts zur Aussetzung des Verfahrens

Es ist bereits darauf hingewiesen worden, dass auch bei Verkehrsunfällen die Haftungsprivilegien der §§ 104 ff. SGB VII zum Tragen kommen können, wenn nämlich die Unfallbeteiligten dem entsprechenden Personenkreis angehören. Gerichte außerhalb der Sozialgerichtsbarkeit sind bei Entscheidungen über die in §§ 104 bis 107 SGB VII genannten Ansprüche jedenfalls hinsichtlich der Frage, ob ein (Sozial-)Versicherungsfall vorliegt, in welchem Umfang Leistungen zu erbringen sind und ob der Unfallversicherungsträger zuständig ist, an unanfechtbare Entscheidungen der Unfallversicherungsträger und der Sozialgerichte gebunden (§ 108 I SGB VII). Ist noch keine solche rechtskräftige Entscheidung gefallen, hat das Zivilgericht das Verfahren gemäß § 108 II SGB VII auszusetzen, bis eine solche Entscheidung gefallen ist. Falls ein solches Verfahren noch nicht eingeleitet ist, bestimmt es dafür eine Frist, nach deren Ablauf die Aufnahme des ausgesetzten Verfahrens zulässig ist (§ 108 II 2 SGB VII). Dabei liegt die Aussetzung nicht im Ermessen des Gerichts (*BGHZ* 158, 394, 397). Es ist also noch einmal hervorzuheben: Die eigenständige Prüfung der Frage, ob der Kläger gesetzlich oder freiwillig unfallversichert ist, sowie ob die Beklagte bzw., wenn Beklagte der Kraftfahrzeugversicherer ist, ob der Schädiger zwar grundsätzlich zivilrechtlich haftet, aber nach zB § 104 I 1 SGB VII haftungsprivilegiert ist, ist vor dem Abschluss des sozialrechtlichen Verfahrens dem Zivilgericht verwehrt (*BGH,* NJW-RR 2008, 1239 f.). Dieses Problem ist auch von Oberlandesgerichten so oft verkannt worden, dass *Lemcke* (RuS 2008, 308, 309) in einer Anmerkung zu der vorgenannten BGH-Entscheidung davon spricht, dieser Fehler habe Tradition. 127

B. XII. Der UN-Kaufrechtsprozess (CISG)

Prof. Dr. Ulrich Magnus

Übersicht

Literatur: *Achilles*, in: Ensthaler (Hrsg.), Gemeinschaftskommentar zum Handelsgesetzbuch und UN-Kaufrecht, 7. Aufl. 2007; *Bamberger/Roth* (Hrsg.), Kommentar zum Bürgerlichen Gesetzbuch, Bd. 3, 2007 *(Saenger)*; *Ferrari u. a.*, Internationales Vertragsrecht, 2007; *Herber/Czerwenka,* Internationales Kaufrecht, Kommentar zu dem Übereinkommen der Vereinten Nationen vom 11. April 1980 über Verträge über den internationalen Warenkauf, 1991; *Honnold/Flechtner,* Uniform Law for International Sales under the 1980 United Nations Convention, 4. Aufl. 2009; *Honsell* (Hrsg.), Kommentar zum UN-Kaufrecht, 2. Aufl. 2010; Münchener Kommentar zum Bürgerlichen Gesetzbuch/ Bearb, Bd. 3/1, 5. Aufl. 2008; *Kröll/Mistelis/Perales Viscasillas* (Hrsg.), UN Convention on Contracts for the International Sales of Goods (CISG), 2011; Münchener Kommentar zum Handelsgesetzbuch/Bearb. Bd. 6, 2. Aufl. 2007; *Piltz,* Internationales Kaufrecht. Das UN-Kaufrecht (Wiener Übereinkommen von 1980) in praxisorientierter Darstellung, 2. Aufl. 2008; *Reinhart,* UN-Kaufrecht Kommentar zum Übereinkommen der Vereinten Nationen vom 11. April 1980 über Verträge über den internationalen Warenkauf, 1991; *Reithmann/Martiny* (Hrsg.), Internationales Vertragsrecht, 7. Aufl. 2010; *Schlechtriem,* Internationales UN-Kaufrecht, 4. Aufl. 2007; *Schlechtriem/Schwenzer* (Hrsg.), Kommentar zum Einheitlichen UN-Kaufrecht, 5. Aufl. 2008; *Soergel*, Kommentar zum Bürgerlichen Gesetzbuch mit Einführungsgesetz und Nebengesetzen (verschiedene Bearb.), 13. Aufl. 2000; *von Staudinger,* Kommentar zum Bürgerlichen Gesetzbuch mit Einführungsgesetz und Nebengesetzen *(Magnus)* Wiener UN-Kaufrecht (CISG), Bearb. 2005; UNCITRAL, Digest of Case Law on the United Nations Convention on the International Sale of Goods, 2008 (auch kostenlos unter www.uncitral.org zu finden), *Witz/Salger/Lorenz*, International Einheitliches Kaufrecht, 2000.

I. Sinn und Zweck; Entstehung des CISG

1 Das Wiener Übereinkommen der Vereinten Nationen über Verträge über den internationalen Warenkauf vom 11. 4. 1980 (BGBl. 1989 II 588, berichtigt BGBl. 1990 II 1699), das international nach seinem englischen Titel (Convention on Contracts for the International Sale of Goods) meist abgekürzt als CISG bezeichnet wird, vereinheitlicht das Sachrecht für den **Abschluss internationaler Kaufverträge** und für die **Rechte und Pflichten** aus solchen Verträgen (Art. 4 CISG). Es schafft damit für den wichtigsten Vertragstyp eine fast weltweit geltende Rechtsordnung, die den Handelsverkehr auf eine einheitliche Rechtsgrundlage stellt, ihn damit erleichtert und rechtssicherer macht. Denn sie erübrigt ganz weitgehend den Rückgriff auf das durchaus unterschiedliche internationale Privatrecht der einzelnen Staaten und die noch variantenreicheren nationalen Kaufrechte.

2 Das CISG wurde 1980 in Wien auf einer Diplomatischen Konferenz der Vereinten Nationen unter Beteiligung und Zustimmung aller politischen Lager beschlossen. Seither haben es knapp 80 Staaten, darunter außer Großbritannien so gut wie alle für Deutschland wichtigen Handelsnationen, ratifiziert.

3 Das CISG hatte bereits einen Vorläufer in Gestalt der Haager Einheitlichen Kaufgesetze von 1964, (**EKG** und **EAG**), die ab 1972 in wenigen, vornehmlich westeuropäischen Ländern in Kraft getreten waren. Auch in der Bundesrepublik hatten sie von 1974 an gegolten, bis das CISG sie am 1. 1. 1991 nahtlos ablöste. Viele Vorschriften des Haager Kaufrechts finden sich wortwörtlich im CISG wieder. Gelegentlich kann noch die Rechtsprechung zum EKG und EAG (vgl. *Schlechtriem/Magnus,* Internationale Rechtsprechung zu EKG und EAG, 1987) zur Auslegung des CISG herangezogen werden. Inzwischen gibt es aber bereits eine reichhaltige internationale Rechtsprechung zum CISG (s. unten Rn. 6).

4 Der Anstoß zur Kaufrechtsvereinheitlichung reicht freilich noch sehr viel weiter zurück und ist **Ernst Rabel** zu danken, der 1928 dieses Thema für die Bearbeitung durch das Römische Institut für Rechtsvereinheitlichung (UNIDROIT) vorschlug und selbst mit seinen Mitarbeitern am damaligen Kaiser-Wilhelm-Institut für ausländisches und internationales Privatrecht die entscheidenden Vorarbeiten leistete und auch die folgenden Entwürfe stark beeinflusste.

II. Ratifikationsstand und Praxis

5 Die folgenden 77 Staaten haben das CISG ratifiziert (Stand 1. 6. 2011): Ägypten (in Kraft getreten: 1. 1. 1988), Albanien (1. 6. 2010), Argentinien (1. 1. 1988), Armenien (1. 1. 2010), Australien (1. 4. 1989), Belgien (1. 11. 1997), Benin (1. 8. 2012), Bosnien-Herzegowina (6. 3. 1992), Bulgarien (1. 8. 1991), Burundi (1. 10. 1999), Chile (1. 3. 1991), China (1. 1. 1988), Dänemark (1. 3. 1990), Deutschland (1.11.991), Dominikanische Republik (1. 7. 2011), Ecuador (1. 2. 1993), El Salvador (1. 12. 2007), Estland (1. 10. 1994), Finnland (1. 1. 1989), Frankreich (1. 1. 1988), Gabun (1. 1. 2006), Georgien (1. 9. 1995), Griechenland (1. 2. 1999), Guinea (1. 2. 1992), Honduras (1. 11. 2003), Irak (1. 4. 1991), Island (1. 6. 2002), Israel (1. 2. 2003), Italien (1. 1. 1988), Japan (1. 8. 2009), Kanada (1. 5. 1992), Kirgisistan (1. 6. 2000), Kolumbien (1. 8. 2000), Korea, Republik (1. 3. 2005), Kroatien (8. 10. 1991), Kuba (1. 12. 1995), Lesotho (1. 1. 1988), Lettland (1. 8. 1998), Libanon (1. 12. 2009), Liberia (1. 10. 2006), Litauen (1. 2. 1996), Luxemburg (1. 2. 1998), Mauretanien (1. 9. 2000), Mazedonien (1. 1. 1988), Mexiko (1. 1. 1989), Moldawien (1. 11. 1995), Mongolei (1. 1. 1999), Montenegro (3. 6. 2006), Neuseeland (1. 10. 1995), Niederlande (1. 1. 1992), Norwegen (1. 8. 1989), Österreich (1. 1. 1989), Paraguay (1. 2. 2007), Peru (1. 4. 2000), Polen (1. 6. 1996), Rumänien (1. 6. 1992), Russische Föderation (1. 9. 1991), Saint Vincent und Grenadinen (1. 10. 2001), Sambia (1. 1. 1988), Schweden (1. 1. 1989), Schweiz (1. 3. 1991), Serbien (27. 4. 1992), Singapur (1. 3. 1996), Slowakische Republik (1. 1. 1993), Slowenien (25. 6. 1991), Spanien (1. 8. 1991), Syrien (1. 1. 1988), Tschechische Republik (1. 1. 1993), Türkei (1. 8. 2011), Uganda (1. 3. 1993), Ukraine (1. 2. 1991), Ungarn (1. 1. 1988), Uruguay (1. 2. 2000), USA (1. 1. 1988), Usbekistan (1. 12. 1997), Weißrussland (1. 11. 1990), Zypern (1. 4. 2006) (zu Vorbehalten s. näher Rn. 34 und 37).

6 Die internationale Gerichtspraxis ist über das Internet frei zugänglich. Die umfangreichste Sammlung ist jene der Pace University (www.cisg.law.pace.edu; etwa 2500 Entscheidungen). Weitere wichtige Datenbanken sind jene von UNCITRAL (CLOUT [Case Law on UNCITRAL Texts], unter www.uncitral.org), UNILEX (www.unilex.info) und CISG-online (www.cisg-online.ch). In diesen Datenbanken sind die Entscheidungen im Original und zu einem großen Teil in englischen abstracts zusammengestellt.

7 Die deutsche Rechtsprechung zum CISG ist vor allem in der Datenbank CISG-online zu finden.

8 Kontinuierliche Überblicke über die Rechtsprechung finden sich bei *Piltz,* NJW 1994, 1101; NJW 1996, 2768; NJW 2000, 553; NJW 2003, 2056; NJW 2007, 2159; NJW 2009, 2258; *Magnus,* ZEuP 1993, 79; ZEuP 1995, 202; ZEuP 1997, 823; ZEuP 1999, 642; ZEuP 2002, 523; ZEuP 2006, 96; ZEuP 2008, 318; ZEuP 2010, 881.

III. Anwendungsbereich und Ausschluss

9 Das CISG ist von Amts wegen anzuwenden, soweit seine Anwendungsvoraussetzungen gegeben sind und soweit die Parteien es nicht ausgeschlossen haben (Art. 6).

1. Räumlicher Anwendungsbereich

10 Der räumliche Anwendungsbereich ergibt sich aus Art. 1 CISG. Danach müssen die Parteien zum einen ihre **Niederlassung** erkennbar (Art. 1 II) in verschiedenen Staaten haben – bei mehreren Niederlassungen entscheidet jene, die die engste Beziehung zum Vertrag und seiner Erfüllung hat (Art. 10). Zum andern müssen die verschiedenen Staaten entweder **Vertragsstaaten** des CISG sein (autonome Anwendung des CISG, Art. 1 I lit. a) oder aber das IPR des angerufenen Gerichts muss zum Recht eines Vertragsstaates führen (kollisionsrechtliche Anwendung des CISG, Art. 1 I lit. b). Für die kollisionsrechtliche Anwendung ist vor deutschen Gerichten das Vertragsstatut nach Art. 3 ff. Rom I-VO zu bestimmen,

das mangels Rechtswahl zum Recht des Verkäufers führt (Art. 4 I lit. a Rom I-VO). Gilt danach das Recht eines Vertragsstaates oder haben die Parteien das Recht eines Vertragsstaates gewählt, dann ist das CISG als Teil dieses Rechts anzuwenden (*BGH*, NJW 1997, 3309; *BGH*, NJW 1999, 1259; ebenso auch *öst. OGH*, JurBl. 1999, 54; *HG Zürich*, IHR 2003, 188). Denn als Spezialgesetz für internationale Warenkaufverträge geht es dem unvereinheitlichten internen Recht grundsätzlich vor, soweit die Parteien nicht deutlich etwas anderes vereinbart haben.

Sind die räumlichen Anwendungsvoraussetzungen gegeben und fehlt ein Ausschluss des CISG, dann lässt sich in einer Entscheidung etwa formulieren: *Anwendbar ist das CISG, da die Parteien ihre Niederlassungen in verschiedenen Vertragsstaaten haben und seine Geltung auch nicht ausgeschlossen haben.* Bei kollisionsrechtlicher Geltung (ohne Rechtswahl): *Anwendbar ist das CISG, da die Parteien ihre Niederlassungen in verschiedenen Staaten haben und das CISG gem. Art. 1 I lit. b CISG iVm Art. 4 I lit. a Rom I-VO das kollisionsrechtlich berufene Recht ist, das am Niederlassungsort des Verkäufers gilt.* Bei kollisionsrechtlicher Geltung (mit Rechtswahl): *Anwendbar ist das CISG, das gemäß Art. 1 I lit. b CISG iVm Art. 3 I Rom I-VO gilt. Denn die Parteien haben mit deutschem (französischem, spanischem etc.) Recht das Recht eines CISG-Vertragsstaates gewählt, in dem das CISG als Sonderrecht für internationale Kaufverträge gilt.*

2. Sachlicher Anwendungsbereich

11 a) **Erfasste Geschäfte.** Das CISG erfasst die in Art. 1 I genannten Warenkaufverträge in fast allen Spielarten wie den Versendungs-, Spezifikations-, Sukzessivlieferungs-, Wieder-, Vor- oder Fixkauf, das Strecken- sowie das Abladegeschäft (vgl. *Ferrari* in: Schlechtriem/Schwenzer, Art. 1 Rn. 12 ff.; *Staudinger/Magnus,* Art. 1 Rn. 13 ff.; *Schlechtriem,* Rn. 24 ff.). Lediglich **Konsumentenkäufe,** bei denen Ware, zB ein Kfz, erkennbar für private Zwecke erworben wird (Art. 2 lit. a; s. etwa *OLG Hamm,* IHR 2010, 59), und Käufe bei Versteigerungen oder auf Grund von Zwangsvollstreckungsmaßnahmen (Art. 2 lit. b und c) fallen nicht unter das CISG.

12 **Werklieferungsverträge,** bei denen der Verkäufer die Ware erst herstellt, unterstehen dem CISG, es sei denn, der Besteller trägt einen wesentlichen Teil des für die Produktion notwendigen Materials selbst bei (Art. 3 I). Wesentlich ist der Beitrag, soweit er wertmäßig fast die Hälfte des Materials oder mehr ausmacht (*Staudinger/Magnus,* Art. 3 Rn. 16; vgl. auch *öst. OGH,* ZfRV 1995, 159). Know-how, Pläne, Bauanweisungen etc. gehören aber nicht zu den für die Produktion notwendigen Stoffen (*Schlechtriem,* Rn. 26).

13 Gemischte Verträge mit Kauf- und Arbeits- oder Dienstleistungselementen unterfallen dem CISG, soweit der Kaufteil wertmäßig bei Vertragsschluss überwiegt (Art. 3 II). Diese Regel gilt für alle Kaufverträge mit Nebenabreden nichtkäuflicher Art.

14 Dagegen erfasst das CISG nicht (Allein-)**Vertriebsverträge,** Franchiseverträge oder sonstige Rahmenvereinbarungen über Warenaustausch, wohl aber die in ihrem Rahmen durchgeführten einzelnen Liefergeschäfte (*BGH,* NJW 1997, 3309).

15 Finanzierungsleasingverträge fallen ebenfalls nicht in den Anwendungsbereich des CISG (für sie gilt uU das UNIDROIT-Übereinkommen über das internationale Finanzierungsleasing vom 28. 5. 1988 [Text in *RabelsZ* 51 [1987], 736, deutsche Übersetzung bei *Dageförde* in: Reithmann/Martiny, Rn. 1131], das zwar bisher nicht in der Bundesrepublik, aber etwa in Frankreich und Italien in Kraft ist).

16 b) **Erfasste Gegenstände.** Die Geltung des CISG setzt Kaufverträge über Waren voraus (Art. 1 I). Damit sind prinzipiell alle **beweglichen Sachen** erfasst, Rechte – Forderungen, Gesellschaftsanteile, Immaterialgüterrechte – und Immobilien also ausgeschlossen. Doch gilt das CISG gemäß Art. 2 lit. d–f weder für Wertpapiere noch Zahlungsmittel, Schiffe (der Begriff des Schiffes setzt eine gewisse Größe voraus; Boote fallen nicht darunter), Luftfahrzeuge oder elektrische Energie.

17 Standardsoftwareprogramme werden als Waren betrachtet (*OLG Koblenz,* RIW 1993, 934; *OLG Köln,* RIW 1994, 970), ebenso lebende Tiere (*Hof Arnhem,* NIPR 1995, No. 514, *LG Flensburg,* IHR 2001, 67) oder Pflanzen (*OLG Innsbruck,* CLOUT Nr. 107), künstliche Organe (*LG Aachen,* RIW 1993, 761, Hörgerätimplantate) oder Arzneimittel (*AG München* 23. 6. 1995, 271 C 18.968/94, unveröff.).

18 Dass der Erwerb offenbaren gewerblichen Zwecken dienen muss (Art. 2 lit. a), ist freilich stets vorausgesetzt. Das Gesetz unterstellt ihn. Wenn sich der Verkäufer bei einem Privatkauf auf die Geltung des CISG beruft, muss er beweisen, dass er den privaten Verwendungszweck weder kannte noch fahrlässig verkannte (*Schlechtriem,* Rn. 29 b; *Staudinger/Magnus,* Art. 2 Rn. 28).

19 c) **Erfasste Rechtsmaterien.** Das CISG gilt für den Vertragsschluss und die gegenseitigen vertraglichen Rechte und Pflichten aus internationalen Kaufverträgen (Art. 4). Zum Vertragsschluss zählt der äußere Konsens der Parteien (Art. 14 ff.) sowie auch der Grundsatz der **Formfreiheit** (Art. 11). Für Gerichtsstands- und Schiedsvereinbarungen gehen aber die dafür geltenden, spezielleren Vorschriften in anderen Rechtsakten vor (*BGH,* IPRax 2005, 338; s. insbes. Art. 23 EuGVO und Art. II UNÜ; ferner auch un-

ten Rn. 33). Die materielle Gültigkeit – Anfechtung wegen Willensmangels etc. (der innere Konsens) – ist dagegen nach dem kollisionsrechtlich berufenen Recht zu beurteilen (Art. 4 lit. a). Das gleiche gilt für den **Eigentumsübergang** (Art. 4 lit. b) sowie Fragen, die im CISG nicht, auch nicht ansatzweise geregelt sind wie die **Abtretung** (*KG,* RIW 1994, 683; *OLG Hamm,* IPRax 1996, 197 mit Bespr. *Schlechtriem,* ibid. 184), **Verjährung** (für sie existiert ein eigenes UN-Übereinkommen über die Verjährung beim internationalen Warenkauf vom 14. 6. 1974 [Text und Kommentierung: bei *Müller-Chen* in: Schlechtriem/Schwenzer], das inzwischen in 29 Vertragsstaaten, auch in den USA und in der EU in Belgien, Polen, Rumänien, der Slowakei, Slowenien, Tschechien und Ungarn, allerdings nicht in Deutschland gilt; näher *Magnus,* in: Remien (Hrsg.), Verjährungsrecht in Europa – zwischen Bewährung und Reform [2011] 93 ff.), **Stellvertretung** (hier besteht ebenfalls ein eigenes Genfer Übereinkommen über die Stellvertretung auf dem Gebiet des internationalen Warenkaufs vom 17.2. 1983, das aber noch nirgends in Kraft ist), **Schuldübernahme** (*OGH,* ZfRV 1997, 204). Wird eine Forderung, die dem CISG unterliegt, später abgetreten, so ändert das aber nichts daran, dass für die Forderung weiter das CISG gilt (*Cour de Justice de Genève,* SZIER 2008, 194).

Grundsätzlich gehört zu den nicht geregelten Materien auch die **Aufrechnung** (*BGH,* IHR 2010, 217, 221; *OLG Stuttgart,* RIW 1995, 943; *OLG Hamm,* IPRax 1996, 269 m. Bespr. *Schlechtriem,* ibid. 256). Für die Aufrechnungsvoraussetzungen ist dann das kollisionsrechtlich berufene Landesrecht heranzuziehen. Soweit allerdings nur konventionsinterne Ansprüche – Schadensersatzforderung wegen mangelhafter Lieferung gegen Kaufpreisforderung – verrechnet werden, bedarf es keines Rückgriffs auf das IPR (sehr str., wie hier *Honsell/Siehr,* Art. 4 Rn. 20; aA inbes. *Schlechtriem,* Rn. 42; offen, jedoch eher wie hier *BGH,* IHR 2010, 217, 221). 20

Lässt sich dem CISG dagegen für ein Sachproblem eine Regelung entnehmen, dann ist sie als abschließend zu verstehen; ein Rückgriff auf konkurrierendes nationales Recht, das funktional denselben Sachverhalt regeln will, ist daneben unzulässig. Das gilt für vertragliche Zurückbehaltungsrechte (geregelt in Art. 71 II), für die Anfechtung wegen Irrtums über die Leistungsfähigkeit des Vertragspartners (Art. 71 I) oder über verkehrswesentliche Eigenschaften der Ware (Art. 35 ff.), für anfängliche Unmöglichkeit, Wegfall der Geschäftsgrundlage (von Art. 79 erfasst), positive Vertragsverletzung (Art. 45 I lit. b, Art. 61 I lit b) sowie die Beweislast (Regelungsansätze in Art. 79 II; s. näher zum rechtlichen Regelungsbereich *Honsell/Siehr,* Art. 4 Rn. 2 ff.; *Schlechtriem,* Rn. 33 ff.; *Ferrari* in: Schlechtriem/Schwenzer, Art. 22 Rn. 7 ff.; *Staudinger/Magnus,* Art. 4 Rn. 35 ff.). 21

Ausdrücklich ausgeschlossen sind dagegen – vertragliche – **Produkthaftungsfälle**, bei denen die Ware Personenschäden beim Käufer oder Dritten verursacht (Art. 5). Hier ist außerhalb des CISG das vom IPR berufene Sachrecht anzuwenden. 22

3. Persönlicher Anwendungsbereich

Obwohl das CISG für den internationalen Handelskauf gedacht ist, setzt es nicht voraus, dass eine oder beide Parteien Kaufmann im technischen Sinn ist (Art. 1 III). Lediglich über Art. 2 lit. a werden ersichtliche Verbraucherkäufe ausgeschlossen. Auch im übrigen kommt es auf persönliche Eigenschaften der Parteien nicht an (Art. 1 III). 23

4. Zeitlicher Anwendungsbereich

Das CISG ist nach seinem Art. 100 II auf alle Kaufverträge anzuwenden, die nach seinem Inkrafttreten im maßgebenden Vertragsstaat abgeschlossen wurden. Um den Vertragsabschluss selbst nach dem CISG zu beurteilen, ist erforderlich, dass das Vertragsangebot nach dem Inkrafttreten erfolgte (Art. 100 I). 24

5. Ausschluss

Dem Grundsatz der Parteiautonomie, dem das CISG fast generell folgt, entspricht es, dass die Parteien die Konvention oder einzelne ihrer Bestimmungen ausschließen oder abändern können (Art. 6). Ein Ausschluss kann auch stillschweigend erfolgen, muss aber hinreichend deutlich sein. 25

Die **Vereinbarung deutschen Rechts** (oder des Rechts eines anderen Vertragsstaates) stellt **keinen Ausschluss** des CISG dar, weil das CISG Teil dieses Rechts ist (*BGH,* NJW 1997, 3309; *BGH,* NJW 1999, 1259; *öst. OGH,* öst. JBl. 1999, 54). Dagegen ist ein Ausschluss anzunehmen, wenn etwa ausdrücklich das unvereinheitlichte Recht eines Vertragsstaates „deutsches Recht unter Ausschluss des CISG" oder das Recht eines Nichtvertragsstaates gewählt wird. 26

Eine Abwahl des CISG können die Parteien auch noch im Prozess vereinbaren. Die Einigung auf deutsches Recht im Prozess schließt jedoch ebenfalls das CISG ein (*OLG Köln,* RIW 1995, 393; *Staudinger/Magnus,* Art. 28 EGBGB Rn. 152). Ferner bedeutet es für sich noch keine Ausschlussvereinbarung, wenn eine Partei etwa auf Vorschriften des BGB/HGB hinweist. Argumentieren beide Parteien mit dem unvereinheitlichten Recht, dann ist das CISG ausgeschlossen, sofern – ggf. durch Hinweis nach § 139 ZPO – sichergestellt ist, dass dieser Übereinstimmung nicht nur Unkenntnis der Geltung des 27

CISG zugrundeliegt (vgl. *OLG Stuttgart,* IHR 2008, 102 [104]; *Schlechtriem,* Rn. 21; *Staudinger/Magnus,* Art. 27 EGBGB Rn. 70).

IV. Allgemeine Grundsätze

1. Auslegung des CISG

28 Für das CISG besteht keine übernationale Auslegungsinstanz. Um gleichwohl eine möglichst einheitliche Anwendung zu erreichen, ist das CISG **autonom** ohne Rückgriff auf nationale Rechtsvorstellungen auszulegen. Die Gerichtspraxis anderer Vertragsstaaten ist weitestmöglich zu berücksichtigen. Beide Postulate entnimmt man Art. 7 I CISG (vgl. *Honsell/Melis,* Art. 7 Rn. 5 ff.; *Schlechtriem,* Rn. 43 f.; *Ferrari* in: Schlechtriem/Schwenzer, Art. 7 Rn. 9 ff.). Lücken des CISG sind nach den allgemeinen Grundsätzen, die dem CISG zugrundeliegen, zu füllen. Zu den allgemeinen Grundsätzen gehört etwa der Vorrang der Parteiautonomie (Art. 6), der Gutglaubensgrundsatz (Art. 7 II), das Prinzip der Formfreiheit (Art. 11) (Übersicht über die allgemeinen Grundsätze bei *Magnus,* RabelsZ 59, 1995, 467 ff.). Nur wo es keine solchen Grundsätze gibt, ist in letzter Linie das kollisionsrechtlich berufene Recht anzuwenden (Art. 7 II), so etwa für die Höhe des Zinssatzes, die Art. 78 offen lässt.

2. Handelsbräuche und Gepflogenheiten der Parteien

29 Vorrang vor den übrigen Regelungen des CISG haben Gebräuche, denen die Parteien zugestimmt haben, sowie Gepflogenheiten an die sich die Parteien bislang gehalten haben (Art. 9 I). Im Rahmen einer solchen tatsächlichen Übung kann auch einmal **Schweigen** Zustimmung bedeuten, während es im übrigen grundsätzlich keine rechtsgeschäftliche Wirkung hat (Art. 18 I 1).

30 Den CISG-Bestimmungen, jedoch nicht den Parteivereinbarungen gehen ferner Handelsbräuche vor, allerdings nur, wenn sie im ***internationalen*** **Handelsverkehr** bestehen und den Parteien auch bekannt sein konnten (Art. 9 II). Nationale Handelsbräuche, die nur im Gebiet eines (Vertrags-)Staates für den lokalen Handel gelten, sind deshalb nicht zu berücksichtigen. Das trifft etwa weitgehend für die gewohnheitsrechtliche Regel des deutschen Rechts zu, dass **Schweigen auf ein kaufmännisches Bestätigungsschreiben** vertragskonstitutive Wirkung haben kann. Als Handelsbrauch ist diese Regel nur in wenigen weiteren Ländern anerkannt und deshalb nur dann zu berücksichtigen, wenn die Parteien im Verbreitungsgebiet dieses Brauchs niedergelassen sind und er in ihrer Branche gewöhnlich beachtet wird (*Schlechtriem,* Rn. 62; *Schmidt-Kessel* in: Schlechtriem/Schwenzer, Art. 9 Rn. 22 ff.; *Staudinger/Magnus,* Art. 9 Rn. 27).

3. Auslegung von Parteierklärungen und -verhalten

31 Für die Auslegung der Erklärungen der Parteien sowie des Parteiverhaltens ist zunächst das übereinstimmende Verständnis der Vertragsteile maßgebend (Art. 8 I). Im übrigen sind Erklärungen und Verhalten so zu verstehen, „wie eine vernünftige Person der gleichen Art wie die andere Partei sie unter den gleichen Umständen aufgefasst hätte." (Art. 8 II). Damit entscheidet eine **situationsbezogene, objektive Sichtweise.**

4. Grundsatz der Formfreiheit

32 Nach Art. 11 und 29 ist sowohl der Vertragsschluss als auch die Vertragsaufhebung oder -änderung formfrei. Ferner ist der Nachweis des Vertragsinhalts an keine besondere Beweisform gebunden. Darüber hinaus gilt der Grundsatz der Formfreiheit ganz generell für alle Parteierklärungen, die dem CISG unterliegen (*Schlechtriem/Schmidt-Kessel* in: Schlechtriem/Schwenzer, Art. 11 Rn. 9; *Staudinger/Magnus,* Art. 11 Rn. 7). Vertragsschluss und -änderung können deshalb weder an fehlender consideration – im Common Law für die Vertragswirksamkeit notwendige Gegenleistung – noch an der sog. parol evidence rule des Common Law scheitern, die gegenüber einer schriftlichen Vertragsurkunde grundsätzlich keinen mündlichen Nachweis eines abweichenden Inhalts zulässt.

33 Dagegen erfasst der Grundsatz der Formfreiheit nicht solche Vertragsklauseln, die Regelungsgegenstand eigener, zT zwingender Formvorschriften sind wie zB **Wettbewerbsabreden** (*OLG Frankfurt,* NJW 1992, 633) oder **Gerichtsstands- oder Schiedsvereinbarungen** (*BGH,* NJW 1997, 3309; *OLG München,* NJW-RR 1996, 1532).

34 Einige Vertragsstaaten des CISG – Argentinien, Chile, China, Estland, Lettland, Litauen, Russland, Ukraine, Ungarn und Weißrussland – haben von der **Vorbehaltsmöglichkeit** des Art. 96 iVm Art. 12 und 29 Gebrauch gemacht: Danach ist Schriftform einzuhalten, wenn eine der Vertragsparteien in einem der genannten Staaten niedergelassen ist *und* wenn das Recht, das für die Formfrage kollisionsrechtlich zum Zuge kommt, Schriftform vorsieht (*Honsell/Melis,* Art. 12 Rn. 4; *Schlechtriem/Schmidt-Kessel* in: Schlechtriem/Schwenzer, Art. 12 Rn. 2; *Staudinger/Magnus,* Art. 12 Rn. 8). Diese Regelung können die Parteien nicht abbedingen (Art. 12).

35 Schließlich können die Parteien einen Formzwang vereinbaren (Art. 6 und 29 II). Ob er eingehalten ist, beurteilt sich dann nach der entsprechenden Formklausel, für deren Auslegung Art. 13 und 29

Abs. 2 heranzuziehen sind. Soweit nicht in Art. 29 II geregelt, sind die Folgen fehlender Form dagegen gemäß Art. 4 lit. a dem anwendbaren unvereinheitlichten Recht zu entnehmen.

V. Vertragsschluss

Den Vertragsschluss regelt das CISG in seinem Teil II in den Art. 14–24. 36

1. Vorbehalt nach Art. 92

Teil II der Konvention kann gemäß Art. 92 ausgeschlossen werden. Davon haben die skandinavischen Länder – Dänemark, Finnland, Norwegen und Schweden – Gebrauch gemacht. Für den Bereich des Vertragsschlusses, und nur für ihn, sind sie keine Vertragsstaaten (allerdings wollen die skandinavischen Staaten den Vorbehalt zurücknehmen). Im Verkehr mit ihnen ist der Vertragsschluss deshalb bislang noch nach dem kollisionsrechtlich berufenen unvereinheitlichten Recht zu beurteilen, es sei denn, das Kollisionsrecht führt seinerseits wieder zum Recht eines Staates, der das CISG auch mit seinen Vertragsschlussregeln ratifiziert hat (Art. 1 I lit. b). Das ist etwa der Fall, wenn der Verkäufer in Deutschland niedergelassen ist und mit der skandinavischen Partei entweder keine Rechtswahl getroffen oder aber deutsches Recht vereinbart hat (*Magnus,* ZEuP 1997, 827 f.; *Piltz,* Rn. 3-3; *Ferrari* in: Schlechtriem/Schwenzer, Art. 92 Rn. 3). 37

2. Angebot und Annahme

Dem Art. 14 ff. CISG liegt das herkömmliche Vertragsschlussmodell zugrunde, das von einer identifizierbaren Angebotserklärung (Art. 14) und ihr folgenden Annahme (Art. 18) ausgeht, die bei Deckungsgleichheit den Vertrag zustande bringen (Art. 23). Doch können die Parteien sich auch auf andere Weise über den Vertrag und seinen Inhalt einigen, da sie gemäß Art. 6 jede CISG-Vorschrift abbedingen oder abändern können. 38

Ein wirksames Angebot muss nach Art. 14 **hinreichend bestimmt** sein, nämlich die Ware bezeichnen und die Festsetzung der Menge und des Preises ermöglichen. Hinweise auf Preislisten, Kataloge etc. genügen ebenso wie ein Preisrahmen, zB 35–65 DM für Chinchilla-Felle von unterschiedlicher Qualität (*Öst. OGH,* IPRax 1996, 137 m. Aufsatz *Magnus,* 145). Mit Zugang ist das Angebot wirksam, bleibt aber bis zur Absendung der Annahmeerklärung widerruflich (Art. 15 und 16). 39

Die Annahme kann ausdrücklich oder stillschweigend erfolgen. Mit Zugang wird sie wirksam. Das Gesetz hebt aber hervor, dass **Schweigen oder Untätigkeit allein keine Annahme** darstellen (Art. 18). Schweigen auf ein kaufmännisches Bestätigungsschreiben hat deshalb keine vertragskonstitutive Wirkung, es sei denn, dass ein entsprechender *internationaler* Handelsbrauch in der Branche der Vertragsparteien besteht (Art. 9) (*Schlechtriem,* Rn. 62, *Staudinger/Magnus,* Art. 9 Rn. 27). Ferner kann Schweigen auf Grund der Umstände des Einzelfalles Zustimmung bedeuten, insbesondere wenn vom Schweigenden, etwa wegen vorangehender Verhandlungen, Ankündigungen oder sonstiger Umstände die Bekundung eines abweichenden Willens zu erwarten gewesen wäre (vgl. *OLG Köln,* RIW 1994, 972). 40

Die Annahme muss sich grundsätzlich mit dem Angebot decken. Weicht sie inhaltlich von ihm ab, dann kommt ein Vertrag gleichwohl zustande, sofern die Abweichung unwesentlich ist und der Anbietende ihr nicht unverzüglich widerspricht (Art. 19). **Wesentliche Abweichungen** werden in Art. 19 III näher definiert, allerdings sehr weit gefasst. Als wesentliche Änderung ist etwa eine Gerichtsstands- oder Schiedsklausel anzusehen, die erstmals in der Annahmeerklärung enthalten ist (*Filanto S. p. A. v. Chilewich International Corp.,* 789 F. Supp. 1229, S. D. N. Y. 1992; Cass. D. Aff. 1998, 1694). Dem Offerenten günstige Änderungen sind dagegen unwesentlich (*Öst. OGH,* JBl. 1998, 255 m. Anm. *Karollus*); ebenso Regeln, die das Gesetz nur wiederholen. 41

Offener und versteckter **Dissens** sind ebenfalls nach den Vertragsschluss- und den Auslegungsregeln des CISG zu beurteilen (*Schlechtriem,* Rn. 69; *Schnyder/Straub* in: Honsell, Art. 18 Rn. 12). Durch Auslegung muss festgestellt werden, ob ein Vertrag trotz ausdrücklich oder unerkannt offener Punkte abgeschlossen werden sollte. 42

3. Allgemeine Geschäftsbedingungen

Die Einbeziehung von AGB richtet sich nach den Vertragsschlussregeln des CISG (*BGHZ* 149, 113, 117; *Öst. OGH,* RdW 1996, 203 m. Anm. *Karollus; Schlechtriem/Schroeter* in: Schlechtriem/Schwenzer, Art. 14 Rn. 32 ff.; *Piltz,* Rn. 3–80; *Staudinger/Magnus,* Art. 14 Rn. 40 f.), das freilich keine ausdrückliche Vorschrift für diese Frage kennt. Doch ist aus dem Maßstab der verständigen Durchschnittsperson in gleicher Lage (Art. 8 II) abzuleiten, dass der Verwender die AGB dem Vertragspartner so **zur Kenntnis bringen** muss, dass dieser sie in seiner oder einer Sprache, deren Beherrschung von ihm erwartet werden kann, verstehen und zur Kenntnis nehmen kann (*BGHZ* 149, 113, 117; *Achilles,* Art. 14 Rn. 6; *Magnus,* ZEuP 1997, 836 f.; *Westermann,* MünchKommBGB, Art. 4 Rn. 5; *Piltz* NJW 43

1996, 2770). Meist wird er sie daher – sei es auch elektronisch in herunterladbarer Form – übersenden müssen (*BGHZ* 149, 113, 117). AGB, die bei Vertragsverhandlungen nur gezeigt, aber nicht ausgehändigt werden, sind nicht wirksamer Vertragsinhalt geworden. Die Inhaltskontrolle wirksam einbezogener AGB unterliegt gemäß Art. 4 lit. a als Gültigkeitsfrage nicht dem CISG, sondern dem kollisionsrechtlich berufenen Recht (*Schlechtriem/Schroeter* in: Schlechtriem/Schwenzer, Vor Art. 14–24 Rn. 3; *Staudinger/Magnus,* Art. 14 Rn. 42).

44 Bei Anwendung deutschen AGB-Rechts strahlen jedoch die Regeln des CISG auf den **Maßstab** aus, der für die Inhaltskontrolle von AGB im internationalen Bereich gilt (*Herber/Czerwenka,* Art. 6 Rn. 17; *Schlechtriem,* Rn. 34). So können etwa AGB nicht die Gewährleistungshaftung für den Fall der Arglist wirksam ausschließen (*OLG Köln,* CLOUT Nr. 168).

45 Für die Behandlung **kollidierender AGB** hat sich noch keine international wirklich feste Praxis ergeben. Eine durchaus noch verbreitete Meinung entnimmt Art. 19, dass der Vertrag bei wesentlichen Unterschieden der kollidierenden AGB scheitere oder – wenn er gleichwohl durchgeführt wird – die zuletzt übersandten AGB zum Inhalt habe (etwa *Herber/Czerwenka,* Art. 19 Rn. 18; *Ferrari,* MünchKommHGB, Art. 19 Rn. 15 f.; *Reinhart,* Art. 19 Rn. 8). Nach vorzuziehender Ansicht heben sich widersprüchliche AGB-Klauseln dagegen auf, wenn die Parteien über die Durchführung des Vertrages im Übrigen einig sind (im Ergebnis *BGH,* IHR 2002, 16; *Schnyder/Straub* in: Honsell, Art. 19 Rn. 38; *Gruber,* MünchKommBGB, Art. 19 Rn. 24; *Schlechtriem/Schoeter* in: Schlechtriem/Schwenzer, Art. 19 Rn. 25 ff; *Staudinger/Magnus,* Art. 19 Rn. 24 f.).

VI. Pflichten und Rechte der Parteien

46 Die gegenseitigen Vertragspflichten und die Folgen ihrer Nichterfüllung regelt das CISG in seinem Teil III (Art. 25–88). Innerhalb dieses Teils behandelt das CISG die Pflichten des Verkäufers (Art. 30–52) und des Käufers (Art. 52–65) getrennt, während die übrigen Unterabschnitte Fragen betreffen, die für beide Vertragsseiten gleich gelten.

47 Im Überblick stellt sich das **Rechtsschutzsystem** des CISG wie folgt dar: Jede Partei kann im Grundsatz die Erfüllung der vertraglichen Pflichten verlangen (Art. 46, Art. 62; allerdings ist Art. 28 zu beachten). Jeder Verstoß gegen eine Vertragspflicht, die entweder aus der Parteivereinbarung oder dem CISG folgt, führt mindestens zur Sanktion des Schadensersatzes (Art. 45 Abs. 1 lit. b, Art. 61 I lit. b), System der einheitlichen Vertragswidrigkeit). Auf Verschulden kommt es dafür nicht an; doch wird der vertragsbrüchige Teil bei Ursachen außerhalb seines Einfluss- und Kontrollbereiches von einer Haftung entlastet (Art. 79). Den Ersatzumfang regeln die Art. 74–77. Bei wesentlichen Vertragsverletzungen kann der vertragstreue Teil den Vertrag ferner aufheben (Art. 49, Art. 64).

1. Verkäuferseite

48 a) **Pflichten des Verkäufers.** Die Grundpflichten des Verkäufers definiert Art. 30: die Ware zu liefern, die sie betreffenden Dokumente zu übergeben und Eigentum an der Ware zu übertragen (der Eigentumsübergang selbst unterliegt nach Art. 4 lit. b jedoch dem kollisionsrechtlich berufenen Recht). Diese Grundpflichten werden in den Art. 31 ff. im einzelnen spezifiziert:

49 Der **Lieferort** liegt nach Art. 31 lit. c im Zweifel **am Verkäufersitz**, bei Kaufverträgen, die eine Beförderung erfordern, am Ort der Übergabe an den ersten selbständigen Beförderer (Art. 31 lit. a). Die Parteien können jederzeit einen anderen Lieferort vereinbaren, etwa mit der Klausel „Lieferort: Frei Haus (Käufer)“. Eine Abänderung liegt aber noch nicht dann vor, wenn „Preise gelten frei (Sitz des Käufers)“ und zugleich „Lieferung frei Haus (Sitz des Käufers) unverzollt“ vereinbart wird. Darin ist nur eine Kostentragungsregel zu sehen (*BGH,* ZIP 1997, 519).

50 Die **Lieferzeit** begrenzt sich mangels anderer Abreden oder besonderer Umstände (zB Saisonware) auf eine angemessene Frist nach Vertragsschluss (Art. 33 lit. c).

51 Größte praktische Bedeutung hat die Pflicht zu **vertragsgemäßer**, nämlich **sachmangelfreier** Lieferung (Art. 35). Soweit nicht anders vereinbart, muss die Ware in Menge, Qualität, Art und Verpackung für ihre üblichen oder für erkennbare Sonderzwecke geeignet sein (Art. 35 II). Auch die Lieferung eines aliud fällt unter Art. 35 („Art der Ware“). Bestimmten Sonderregeln wie zB DIN-Normen oder öffentlichrechtlichen Bestimmungen im Land des Käufers muss die Ware freilich nicht genügen, das Verwendungsrisiko trägt grundsätzlich der Käufer (*BGHZ* 129, 75; *öst. OGH,* IHR 2006, 110). Ausnahmen gelten jedoch, wenn im Verkäufer- und Käuferland gleiche Vorgaben gelten, wenn der Verkäufer auf das Land des Käufers besonders spezialisiert ist oder er sonst mit den Vorgaben im Käuferland vertraut sein muss (*BGH,* ZIP 1997, 519). Maßgebender Zeitpunkt für die Vertragsmäßigkeit der Ware ist der Übergang der Gefahr (Art. 36; dazu unten unter VII.). Kennt der Käufer bei Vertragsschluss die Vertragswidrigkeit der Ware oder muss er sie kennen (grobe Fahrlässigkeit) (*Achilles,* Art. 35 Rn. 16; *Saenger* in: Bamberger/Roth, Art. 35 Rn. 11; *Gruber,* MünchKommBGB, Art. 35 Rn. 36; mehr als grobe Fahrlässigkeit verlangt *Schwenzer* in: Schlechtriem/Schwenzer, Art. 35 Rn. 34), dann haftet der Verkäufer nicht (Art. 35 III).

Schließlich ist der Verkäufer verpflichtet, Ware zu liefern, die weder mit sachenrechtlichen noch immaterialgüterrechtlichen Rechten oder Ansprüchen Dritter belastet ist (Art. 41, 42). Der Verkauf einer fremden Sache führt daher regelmäßig zur Rechtsmängelhaftung des Verkäufers (s. etwa *BGH*, IHR 2006, 82). Denn selbst wenn der Käufer nach dem anwendbaren Sachenrecht gutgläubig Eigentum erwirbt, genügt es für die Rechtsmängelhaftung, wenn ihn der ursprüngliche Eigentümer mit einer Herausgabeklage oder sonst ein Dritter mit Ansprüchen überzieht. 52

Anders als nach unvereinheitlichtem deutschem Recht darf der Verkäufer generell Erfüllungsmängel noch nachträglich auf eigene Kosten beheben, soweit das für den Käufer zumutbar ist (Art. 48). 53

b) **Rechte des Käufers.** Verstößt der Verkäufer gegen eine der genannten oder gegen eine sonstige vertraglich vereinbarte Pflicht, dann haftet er grundsätzlich (zur Rügeobliegenheit des Käufers aber noch unten c). Die Rechtsfolgen sind in Art. 45 ff. aufgeführt. 54

Zunächst besteht ein **Erfüllungsanspruch** (Art. 46 I), der freilich nur in Staaten durchgesetzt werden kann, die ihn auch in internen Fällen kennen (Art. 28). Ersatz für mangelhafte Ware kann aber nur bei wesentlicher Vertragsverletzung verlangt werden (Art. 46 II). Dazu muss der Mangel gravierend und in vernünftiger Zeit nicht zu beheben sein (zB *OLG Frankfurt,* NJW 1994, 1013, Schuhe mit Rissen im Leder). Nachbesserung mangelhafter Ware kann der Käufer dagegen stets beanspruchen, es sei denn, dass sie nicht möglich oder dem Verkäufer nicht zuzumuten ist (Art. 46 III). 55

Vertragsaufhebung kommt nur bei wesentlicher Vertragsverletzung in Betracht (Art. 49 I lit. a), bei Nichtlieferung aber auch dann, wenn eine gesetzte Nachfrist erfolglos verstreicht (Art. 49 I lit. b). Die wesentliche Vertragsverletzung ist generell nach dem Maßstab des Art. 25 zu bemessen. Entscheidend ist, dass der Käufer bei objektiver Sicht das Interesse am Vertrag wegen der Vertragsverletzung im Wesentlichen verloren hat. So berechtigt zB die Lieferung dioxinverdächtigen Fleisches zur Vertragsaufhebung (*BGH,* RIW 2005, 547). Eine wesentliche Vertragsverletzung ist es auch, wenn eine Abfüll- und Verpackungsanlage trotz mehrerer Nachbesserungsversuche nur ein Drittel der vereinbarten Einheiten verarbeitet (*schw. BG,* IHR 2010, 27). Der bloße Lieferverzug ist dagegen – außer bei Fixgeschäften – in aller Regel keine wesentliche Vertragsverletzung (*OLG Düsseldorf,* IHR 2005, 29, 31 und unten Rn. 69). Ein gegebenes Aufhebungsrecht muss der Käufer in angemessener Zeit ausüben. 56

Ferner kann der Käufer mangelhafter Ware den Preis verhältnismäßig **mindern** (Art. 50). 57

Zuviel gelieferte Ware ist nach dem Vertragspreis zu bezahlen, wenn der Käufer sie behält (Art. 52 II). 58

Neben den genannten Ansprüchen oder statt ihrer kann der Käufer schließlich stets **Ersatz** seines verbliebenen **Schadens** verlangen (Art. 45 I lit. b). Auch dieser – praktisch wichtigste – Rechtsbehelf setzt nur eine Vertragsverletzung, jedoch kein Verschulden des Verkäufers voraus (zum Umfang des Schadensersatzanspruchs s. unten Rn. 73 ff.). 59

c) **Rügeobliegenheit des Käufers.** Für Sachmängel (sog. Vertragswidrigkeit der Ware) und Rechtsmängel haftet der Verkäufer allerdings nur, wenn der Käufer seinerseits den Mangel ordnungsgemäß rügt. 60

Bei Sachmängeln muss der Käufer die Ware zunächst binnen so kurzer Frist **untersuchen**, wie es die Umstände erlauben (Art. 38). Ggf. sind sachverständige Untersuchungen durchzuführen, bei Massenwaren zumindest Stichproben zu nehmen, auch wenn die Proben dadurch unbrauchbar werden. So müssen zB bei der Lieferung tiefgefrorenen Käses Probestücke aufgetaut und überprüft werden (*Rechtbank Roermond,* NIPR 1992 Nr. 394). Nach der Untersuchung ist ein Mangel binnen angemessener Frist anzuzeigen (Art. 39). Für die Gesamtdauer der Untersuchungs- und Rügefrist gilt als grober Mittelwert ein Monat (*BGHZ* 129, 85 f.). Verderbliche Waren (Blumen, Lebensmittel, auch Masttiere) müssen freilich schneller – binnen weniger Tage, uU Stunden – gerügt werden. 61

Ferner muss die Rüge den Mangel **hinreichend genau bezeichnen** und den Verkäufer über ihn klar ins Bild setzen. Allgemeine Angaben genügen nicht (vgl. näher *Benicke* in: MünchKommHGB, Art. 39 Rn. 2; *Schwenzer* in: Schlechtriem/Schwenzer, Art. 39 Rn. 6 ff.; *Staudinger/Magnus,* Art. 39 Rn. 21 ff.). Endgültig enden die gesetzlichen Sachmängelrechte zwei Jahre nach Übergabe der Ware (Art. 39 II). 62

Auch **Rechtsmängel** sind binnen angemessener Frist substantiiert zu rügen (Art. 43). Eine Untersuchungsobliegenheit statuiert das Gesetz bei ihnen aber nicht. 63

Kennt der Verkäufer selbst die Mängel seiner Ware – bei Sachmängeln genügt grob fahrlässige Unkenntnis –, dann haftet er auch ohne ordnungsgemäße Rüge und über die Zweijahresgrenze des Art. 39 II hinaus (Art. 40, 43 II). Ferner behält der Käufer den Minderungsanspruch und einen auf das Integritätsinteresse begrenzten Schadensersatzanspruch, wenn er für Rügeversäumnisse eine „vernünftige Entschuldigung" hat (Art. 44). Sie kann etwa in unerwarteten Krankheits- oder Streikausfällen liegen, die an rechtzeitiger Rüge hindern (*Ferrari ua/Ferrari,* Art. 44 Rn. 6; *Staudinger/Magnus,* Art. 44 Rn. 13). Keine Entschuldigung ist es aber, wenn der Käufer die Rüge eines Rechtsmangels wegen komplizierter Rechtslage Monate aufschiebt (*BGH,* IHR 2006, 82) oder wenn er eine naheliegende und gebotene Untersuchung – zB einen Klebetest bei Klebefolie – unterlassen hat (*OLG Karlsruhe,* BB 1998, 393). 64

2. Käuferseite

65 a) **Pflichten des Käufers.** Nach Art. 53 muss der Käufer den Kaufpreis bezahlen und die Ware abnehmen, ferner alle zusätzlich übernommenen Pflichten erfüllen.

66 **Zahlungsort** und zugleich Erfüllungsort für die Zahlungspflicht des Käufers ist im Zweifel der Sitz des Verkäufers (Art. 57 I lit. a). Im Rahmen des Art. 5 Nr. 1 EuGVÜ und des früheren Art. 5 Nr. 1 LugÜ begründete dieser Ort auch eine Gerichtszuständigkeit (vgl. *EuGH*, Slg. 1994 I 2913 = NJW 1995, 183 [Custom Made ./. Stawa], noch zur entsprechenden Regelung des EKG). Nach der Neufassung des Art. 5 Nr. 1 in der EuGVO bzw. dem LugÜ 2007 ist der Erfüllungsort, der die Zuständigkeit für alle Vertragsklagen – auch auf Zahlung – begründet, ohne anders lautende Abrede der Ort der tatsächlichen bzw. vereinbarten Lieferung (*EuGH*, IHR 2010, 1059 [*Car Trim GmbH ./. KeySafety Systems Srl*]; *BGH*, IHR 2010, 216 – Versendungskauf).

67 Die **Zahlungszeit** ist in Art. 58 geregelt. Ohne Mahnung (Art. 59) ist der Kaufpreis mangels abweichender Absprache danach dann fällig, sobald der Verkäufer dem Käufer die Ware oder die sie vertretenden Dokumente zur Verfügung gestellt hat (Art. 58 I).

68 In welcher **Währung** zu zahlen ist, bestimmt das CISG nicht ausdrücklich. Doch ist die Frage ohne Rückgriff auf nationales Recht im Rahmen des CISG zu entscheiden. Meist wird es eine Parteivereinbarung, Gepflogenheiten oder Gebräuche zur Zahlungswährung geben. Nur im Übrigen kommt es auf die Währung am Niederlassungsort des Verkäufers an, der häufig mit dem Zahlungsort zusammenfallen wird (*OLG Koblenz*, RIW 1993, 934; KG, RIW 1994, 683; MünchKommBGB/*P. Huber* Art. 53 Rn. 19; *Staudinger/Magnus*, Art. 53 Rn. 22; aA aber etwa *Hager/Maultzsch* in: Schlechtriem/Schwenzer, Art. 54 Rn. 9: anwendbares nationales Recht entscheidet). Auch zur Abnahme und zu allen Handlungen ist der Käufer verpflichtet, die von ihm erwartet werden können, um die Lieferung zu ermöglichen (Art. 60), zB den Aufstellplatz für die gekaufte Maschine vorzubereiten etc.

69 b) **Rechte des Verkäufers.** Die Rechte des Verkäufers sind in Art. 61 zusammengefasst. Der Verkäufer kann zunächst **Erfüllung** verlangen (Art. 62), die wiederum unter dem Vorbehalt steht, dass das angerufene Gericht sie auch nach internem Recht gewähren würde (Art. 28). Ferner kann er den Vertrag aufheben, wenn die Nichterfüllung eine wesentliche Vertragsverletzung darstellt oder eine Nachfrist erfolglos verstreicht (Art. 64). Verspätete Zahlung stellt für sich in aller Regel noch keine wesentliche Vertragsverletzung dar (s. oben Rn. 56; *Herber/Czerwenka*, Art. 64 Rn. 3; *Piltz*, Rn. 5–426; *Schlechtriem/Schroeter* in: Schlechtriem/Schwenzer, Art. 25 Rn. 39; *Staudinger/Magnus*, Art. 64 Rn. 10). Im übrigen kann der Verkäufer **Ersatz für** jeden **Schaden** verlangen, den er durch eine Vertragsverletzung des Käufers erlitten hat (Art. 61 I lit. b).

VII. Gefahrübergang

70 Wie im unvereinheitlichten internen Recht hat der Käufer den vollen Kaufpreis zu zahlen, wenn die Ware nach Gefahrübergang Schaden nimmt, ohne dass dies dem Verkäufer zuzurechnen ist (Art. 66). Grundsätzlich geht die Gefahr über, sobald der Käufer die Ware ‚übernimmt' oder die zur Verfügung gestellte Ware nicht rechtzeitig abnimmt (Art. 69). Soweit eine Beförderung der Ware erforderlich ist, ohne dass der Verkäufer zur Übergabe an einem bestimmten Ort verpflichtet ist, geht die Gefahr mit der Übergabe an den ersten selbständigen Beförderer über (Art. 67). Dieselbe Regel gilt im Grundsatz, wenn Ware verkauft wird, die schon auf dem Transport ist (Art. 68).

71 Die Gefahrtragungsregeln des CISG haben freilich nur geringe praktische Bedeutung, da sie vielfach durch Parteivereinbarungen, insbesondere durch die Vereinbarung eines Incoterms, verdrängt werden, die dem CISG gemäß dessen Art. 6 vorgehen, es im übrigen aber unberührt lassen.

VIII. Unsicherheitseinrede und vorzeitiger Vertragsbruch

72 Jede Vertragspartei kann ihre eigene Leistung zurückhalten, wenn sich herausstellt, dass die andere Partei einen wesentlichen Teil ihrer Pflichten nicht erfüllen wird, weil sich ihre Erfüllungsfähigkeit oder Kreditwürdigkeit wesentlich verschlechtert hat oder sonst ihr Verhalten zu ernstlichen Erfüllungszweifeln Anlass gibt (Art. 71). Im Kern entspricht das § 321 BGB. Die weite Fassung des Art. 71 erlaubt jedoch keineswegs, jede drohende Erfüllungsstörung zum Vorwand eigener Nichterfüllung zu nehmen. Vielmehr gilt ein strenger Maßstab. So begründen zB einzelne schleppende Zahlungen des Käufers oder die Stornierung eines Überweisungsauftrags noch kein Zurückhalterecht für den Verkäufer (*öst. OGH*, JBl. 1999, 54 mit Anm. *Karollus*). Ist vor der Erfüllung allerdings bereits offensichtlich, dass eine Partei eine wesentliche Vertragsverletzung begehen wird, dann kann die andere Partei den Vertrag aufheben (Art. 72). Bei Sukzessivlieferungsverträgen können wesentliche Vertragsverletzungen bei Teillieferungen die Aufhebung des Gesamtvertrages für die Zukunft oder insgesamt rechtfertigen (Art. 73), wenn in objektiver Sicht das Interesse der betroffenen Vertragspartei entfallen ist.

IX. Schadensersatz

Große praktische Bedeutung haben die Regeln über den **Umfang des Schadens**, den eine Partei nach Art. 45 I lit. b oder Art. 61 Abs. 1 lit. b zu ersetzen hat. Anders als im unvereinheitlichten deutschen Recht ist der Schadensersatz auf das bei Vertragsschluss absehbare Maß begrenzt, das jede Partei damit in ihre Kalkulation einbeziehen und ggf. versichern kann (Art. 74). Dazu gehören zB die Kosten für eine Reparatur der gelieferten Ware (*OLG Hamm*, IPRax 1996, 269 mit Aufsatz *Schlechtriem*), angemessene Nachlässe für eigene Abkäufer (*OLG Köln*, CLOUT Nr. 168), entgangener Gewinn aus Weiterveräußerungsgeschäften (*Delchi Carrier SpA v. Rotorex Corp.*, 71 F. 3d 1024; 2nd Cir. 1995). Auch Verlust an geschäftlicher Reputation (good will) ist zu ersetzen, muss aber, etwa in Form verloren gegangener Kunden, belegt werden (*HG Zürich*, CLOUT Nr. 331; *Cour d'appel Grenoble*, CLOUT Nr. 313). Ein Währungsschaden, der durch Kursverfall eingetreten ist, ist dagegen ohne weiteren Nachweis eines konkreten Verlustes nicht ersatzfähig (*Hof Arnhem*, NIPR 1998 Nr. 101). Anwaltskosten können ersatzfähig sein, soweit für sie nicht vorrangige prozessuale Kostenregelungen eingreifen. So haben nach der sog. „American rule" in den USA die Prozessparteien ihre Rechtsverfolgungskosten jeweils selbst zu tragen (*Zapata Hermanos Succesores, S. A. v. Hearthside Baking Co.*, *Federal Court of Appeals*, 7th Cir., cisg-pace). 73

Soweit der Vertrag aufgehoben ist, kann die ersatzberechtigte Partei entweder die **Differenz** zwischen dem Vertragspreis und einem konkret durchgeführten Deckungsgeschäft (Art. 75) oder, wenn sie kein Deckungsgeschäft vorgenommen hat, die Differenz zum Marktpreis verlangen (Art. 76). 74

Schadensersatz ist stets in Geld zu leisten, und zwar im Zweifel in der Währung, in der der Schaden eingetreten ist (*LG Kassel* 21. 9. 1995; 11 O 4261/94, unveröff.; *Magnus*, ZEuP 1997, 845; *Mankowski* in: MünchKommHGB, Art. 74 Rn. 14). Wie im unvereinheitlichten Recht hat der Ersatzgläubiger den Schaden nach Kräften zu mindern (Art. 77). 75

X. Zinsen

Alle unter dem CISG zu zahlenden Beträge sind ab ihrer Fälligkeit zu verzinsen (Art. 78). Offen gelassen hat das CISG allerdings die **Zinshöhe**, die sich damit nach ganz überwiegender Meinung nach dem Vertragsstatut bemisst (*OLG Frankfurt*, NJW 1994, 1013; *OLG München*, RIW 1994, 595; *Rb Amsterdam*, NIPR 1996 Nr. 405; *OLGR Koblenz*, 1997, 37; *OLG München*, For Int 1998, 106; *Handelsgericht Zürich*, SZIER 1997, 131) – also nach dem gewählten Recht (Art. 3 Rom I-VO) oder dem Recht am Verkäufersitz (Art. 4 I lit. a Rom I-VO). 76

XI. Entlastung

Jede Partei haftet nach dem CISG für die Verletzung einer Vertragspflicht ohne Rücksicht auf Verschulden, aber doch nicht ohne Entlastungsmöglichkeit. Nach Art. 79 befreien Ereignisse, die **außerhalb des Einflussbereichs** einer Partei liegen und sie an der Erfüllung einer Vertragspflicht hindern, sofern sie unvorhersehbar und unvermeidbar waren. 77

Diese Entlastung greift freilich kaum einmal ein. So bleibt es das **Beschaffungsrisiko** des Verkäufers, auch wenn für ihn die Preise um das Dreifache gestiegen sind (*OLG Hamburg*, 1997, 149). Ohnehin genügt es nicht, dass der Verkäufer seinerseits Beschaffungsschwierigkeiten hat und von eigenen Lieferanten im Stich gelassen wird (*Schiedsgericht Hamburg*, NJW 1996, 3229; *öst OGH*, RdW 1996, 203 mit Aufsatz *Karollus* 197). Auch Zahlungsschwierigkeiten wegen Mangels an konvertibler Währung (*Schiedsgericht der IHK der Russischen Föderation*, CLOUT Nr. 140) oder wegen eines staatlichen Zahlungsmoratoriums (*ICC*-Schiedsspruch Nr. 7197/1992, J. D. I. 1993, 1028) belegen noch nicht, dass diese Schwierigkeiten nicht anders überwunden werden konnten. Ebenso wenig kann sich der Verkäufer für Warenmängel damit entlasten, dass sein Zulieferer dafür verantwortlich sei, weil er den Produktionsprozess verändert habe (*BGHZ* 141, 129). Doch Naturkatastrophen, Krieg, unvorhersehbare Streiks oder sonstige unvorhersehbare Akte Dritter (zB von Terroristen) können zu einer Entlastung führen (s. *Saenger* in: Bamberger/Roth, Art. 79 Rn. 4; *P. Huber* in: MünchKommBGB, Art. 79 Rn. 10 ff.; *Mankowski* in: MünchKommHGB, Art. 79 Rn. 34 ff.). 78

Wirtschaftliche Unmöglichkeit (Unerschwinglichkeit/hardship) kann die betroffene Partei u. U. entlasten, jedoch nur wenn andernfalls ihre wirtschaftliche Existenz gefährdet ist (hM; *Herber/Czerwenka*, Art. 79 Rn. 8; *Honnold/Flechtner*, Rn. 432.2; *Mankowski* in: MünchKommHGB, Art. 79 Rn. 38; *Schlechtriem*, Rn. 291; *Schwenzer* in: Schlechtriem/Schwenzer, Art. 79 Rn. 30; *Staudinger/Magnus*, Art. 79 Rn. 24). 79

Kommt eine Entlastung einmal zum Zug, dann befreit sie grundsätzlich nur von Schadensersatzansprüchen (Art. 79 Abs. 5). Andere Behelfe bleiben verfügbar, soweit sie sich nicht auf Unmögliches (zB Erfüllung) richten. 80

XII. Rückabwicklung

81 Auch die Vertragsaufhebung befreit die Parteien von ihren Leistungspflichten (Art. 81 I), lässt aber ein **Rückgewährschuldverhältnis** entstehen (Art. 81 II).

82 Ist dem Käufer die Rückgabe in unversehrtem Zustand unmöglich, dann erlischt sein Aufhebungsrecht (Art. 82 I), es sei denn, die Verschlechterung der Ware ist
- ihm nicht zuzurechnen (Art. 82 II lit. a),
- auf die Untersuchung nach Art. 38 (Art. 82 II lit. b)
- oder auf ihre normale Verwendung zurückzuführen (Art. 82 II lit. c).

83 Dem hat der BGH auch den Fall gleichgestellt, dass die Ware bei ihrer normalen Verwendung (Bearbeitung), bei der sich erst die Mängel zeigten, verbessert wird (*BGH,* RIW 1997, 1037).

XIII. Aufbewahrungspflichten

84 Dass das Kaufvertragsverhältnis durchgehend unter dem Gebot von Treu und Glauben (Art. 7) steht, zeigt sich besonders deutlich an den **Erhaltungs- und Fürsorgepflichten**, die die Art. 85–88 statuieren. Jede Vertragspartei, die über die Ware tatsächlich verfügen kann, ist verpflichtet, für die Ware angemessen zu sorgen, etwa ihre Aufbewahrung zu veranlassen und ihren Verderb zu verhindern, auch wenn und obwohl die andere Partei eine Vertragsverletzung begangen hat. In Betracht kommt auch ein Selbsthilfeverkauf, vor allem bei schnell verderblicher Ware (Art. 88).

XIV. Beweislast

85 Die Beweislast ist in Art. 79 Abs. 2 ausdrücklich geregelt und in weiteren Vorschriften angedeutet (zB in Art. 2 lit. a „es sei denn“). Hieraus wird ganz überwiegend gefolgert, dass die Beweislastverteilung dem CISG selbst zu entnehmen ist (*BGH,* IHR 2002, 16, 19; *BGH,* IHR 2004, 201; *öst. OGH,* IHR 2007, 39, 41; *Tribunale di Vigevano,* IHR 2001, 72, 76 f.; *Achilles,* Art. 4 Rn. 15; *Ferrari* in: Schlechtriem/Schwenzer, Art. 4 Rn. 49 f.; *Staudinger/Magnus,* Art. 4 Rn. 63 ff.). Danach hat grundsätzlich jede Partei die tatsächlichen Voraussetzungen der ihr günstigen Vorschrift zu beweisen. Das Beweismaß, auch die Frage der Schadensschätzung, richtet sich dagegen nach dem Prozessrecht des angerufenen Gerichts.

B. XIII. Der Versicherungsvertragsprozess

Fritz Billner

Übersicht

Literatur: Die Neufassung des VVG hat eine Flut von Neuerscheinungen gebracht, von denen hier nur ein kleine Auswahl vorgestellt werden soll. Unentbehrlich nach wie vor ist der Standard-Kommentar von *Prölss/Martin,* VVG, 28. Aufl. 2008, vor allem auch wegen seiner umfassenden Darstellung der in der Praxis wichtigsten Versicherungsbedingungen. Bisher (Stand 31. 5. 2011) nur in zwei Bänden vorliegend ist der völlig neue Münchner Kommentar (Großkommentar) zum VVG von *Langheid/Wand.* Weiter bieten sich an die neuen Kommentare *Rüffer/Halbach/Schimikowski (HK)*, Versicherungsvertragsgesetz, 2009; *Schwintowski/Brömmelmeyer*, Praxiskommentar zu Versicherungsvertragsrecht, 2008. Sehr hilfreich sind auch die Versicherungshandbucher *Beckmann/Matusche-Beckmann*, Versicherungsrechts-Handbuch, 2. Aufl. 2009 und *Terbille*, Münchner Anwaltshandbuch Versicherungsrecht, 2. Aufl. 2008. Zur Einarbeitung in das neue VVG bestens geeignet ist das Lehrbuch *Marlow/Spuhl*, Das Neue VVG kompakt, 4. Aufl. 2010.

Kommentierungen zu einzelnen Sparten: Sachversicherung: *Martin,* Sachversicherungsrecht, 3. Aufl. 1992; **Berufsunfähigkeits- und Lebensversicherung:** *Voith/Neuhaus,* Berufsunfähigkeitsversicherung, 2. Aufl. 2009; *Benkel/Hirschberg,* Berufsunfähigkeits- und Lebensversicherung, 2. Aufl. 2011, **Haftpflichtversicherung:** *Hugel,* Haftpflichtversicherung, 3. Aufl. 2008; **Kraftfahrtversicherung:** *Stiefel/Hofmann,* Kraftfahrtversicherung, 18. Aufl. 2010; *Feyock/Jacobsen/Lemor*, Kraftfahrtversicherung, 3. Aufl. 2009; **Krankenversicherung:** *Bach/Moser,* Private Krankenversicherung, 4. Aufl. 2009; **Rechtsschutzversicherung:** *Harbauer,* Rechtsschutzversicherung, 8. Aufl. 2010; **Reiseversicherung:** *van Bühren/Nies,* Reiseversicherung, 3. Aufl. 2010; **Unfallversicherung:** *Kloth,* Unfallversicherung, *2008*; *Grimm,* Unfallversicherung, 4. Aufl. 2006.

Spezialzeitschriften: Wichtige versicherungsrechtliche Entscheidungen finden sich vor allem in Versicherungsrecht (**VersR**), Recht und Schaden (**r+s**) und **NJW-RR.**

Zur allg. Literatur siehe Literaturverzeichnis A. I.

Einleitung

1 Mit der zum 1. 1. 2008 wirksamen Neufassung des VVG ist der Richter gezwungen, mit zwei Versionen des VVG zu arbeiten, welche sich zum Teil grundlegend unterscheiden. Gefestigte Rspr. zu den Problemen des neuen Rechts existiert naturgemäß noch nicht. Der Richter sieht sich vielmehr mit einer nicht mehr überschaubaren Anzahl von in Aufsätzen und sonstiger Literatur sowie Neuerscheinungen von Kommentaren und aktualisierten Standardkommentaren vertretenen Meinungen konfrontiert. Die in der Praxis größte Bedeutung dürfte der Aufgabe des „Alles-oder-Nichts-Prinzips" (6 I VVG aF) und seine Ersetzung durch die Quotenregelung des § 28 VVG zukommen.

Für den Richter stellt sich daher zunächst die Frage, ob das alte Recht (im Folgenden VVG aF) oder das neue Recht (im Folgenden VVG) anwendbar ist. Das anwendbare Recht bestimmt sich nach den im EGGVG enthaltenen Übergangsregelungen (umfassende Darstellung bei *Marlow* in: Marlow/Spuhl, Rn. 1550 ff.; Übersicht über die Problemfelder bei *Brand*, VersR 2011, 557).

Terminvorbereitung

2 Folgende vorbereitende Maßnahmen gem. § 273 ZPO bieten sich neben einer eventuellen Zeugen- oder Sachverständigenladung (§ 273 II Nr. 4 ZPO) an:

- Auflage, den Versicherungsschein und die maßgeblichen Versicherungsbedingungen (AVB), regelmäßig die zum Zeitpunkt des Vertragsschlusses gültige Fassung, vorzulegen, soweit diese nicht allgemein bekannt sind.

- Beiziehung von Strafakten in den Fällen, in denen Staatsanwaltschaft oder Polizei ermittelt haben.
- Anordnung des persönlichen Erscheinens des Versicherungsnehmers (VN); dessen Anhörung nach § 141 ZPO ist zur Aufklärung des Sachverhalts in der Regel sehr nützlich und – wenn es um die Beurteilung subjektiver Aspekte, etwa die Glaubwürdigkeit oder ein Verschulden des VN geht – geboten.
- In geeigneten Fällen erscheint es sinnvoll, auch das persönliche Erscheinen des Sachbearbeiters des Versicherers (VR) anzuordnen, da dessen Anwesenheit die Klärung einer gütlichen Einigung erheblich erleichtern kann.

1. Teil. Deckungsprozess

I. Zuständigkeit

3 Bereits bei der Prüfung der Zuständigkeit wirkt sich die Neufassung des VVG aus. Nach dessen neu eingeführten § 215 ZPO kann der VN nunmehr am Ort seines Wohnsitzes klagen. Für nach dem 31. 12. 2007 abgeschlossene Verträge ist dies unproblematisch. Ob § 215 ZPO auch für Altverträge gilt, wird äußerst kontrovers diskutiert. Ein Teil der Oberlandesgerichte bejaht die Geltung, die andere verneint sie, zum Teil wird darauf abgestellt, wann der Versicherungsfall eingetreten ist (eingehende Darstellung des Streitstandes und der jeweiligen Argumentationen *OLG Düsseldorf*, VersR 2010, 1354; *Brand*, VersR 2011, 557). Eine Klärung durch den BGH ist nicht zu erwarten, § 545 II ZPO.

II. Klageart

4 Neben den auf Zahlung einer Entschädigungs- oder Versicherungssumme gerichteten Leistungsklagen werden häufig **Feststellungsklagen** gegen den VR erhoben, durch die seine Verpflichtung zur Gewährung bedingungsgemäßen Versicherungsschutzes festgestellt werden soll. Derartige Feststellungsklagen (§ 256 ZPO) sind ohne Rücksicht darauf, ob der VN bereits zur Erhebung einer Leistungsklage in der Lage ist, meistens zulässig (Übersicht bei *Musielak/Foerste*, ZPO, 8. Aufl., § 256 Rn. 34). Besonders häufig sind Klagen nach Anfechtung oder Kündigung des VR auf Feststellung, dass der Vertrag fortbesteht.

5 Im Deckungsrechtstreit der **Haftpflichtversicherung** ist ohnehin nur die Feststellungsklage die regelmäßig richtige Klageart (vgl. § 100 VVG). Unproblematisch ist das Feststellungsinteresse auch bei Klageanträgen, mit denen – isoliert oder verbunden mit einer Leistungsklage – die Feststellung des **Fortbestehens des Versicherungsverhältnisses** entgegen einer vertragsbeendenden Erklärung des VR (Rücktritt, Arglistanfechtung, Kündigung) begehrt wird.

6 Im Bereich der **Schadensversicherung** sehen die AVB ein sogenanntes **Sachverständigenverfahren** zur Ermittlung der Schadenshöhe vor (zB § 10 AERB 2008; § 34 VHB 2008; § 15 VGB 2008); im Hinblick darauf ist eine Feststellungsklage, mit der die Einstandspflicht des VR dem Grunde nach geklärt werden soll, nicht zu beanstanden (*BGH*, VersR 1986, 675; *Prölss/Martin/Voit*, § 84 Rn. 30 ff.).

7 Trotz der Möglichkeit, Leistungsklage zu erheben, ist eine Feststellungsklage schließlich auch dann zulässig, wenn die Durchführung des Feststellungsverfahrens unter dem Gesichtspunkt der **Prozesswirtschaftlichkeit** zu einer sinnvollen und sachgemäßen Erledigung der aufgetretenen Streitpunkte führt (*BGH*, VersR 1994, 170 mwN, *OLG Köln*, EU vom 5. 2. 2010, 20 U 80/08 – juris): Ist die Höhe der vom VN erstrebten Versicherungsleistung außer Streit, kann von einem der Versicherungsaufsicht unterliegenden VR erwartet werden, dass er einen Versicherungsfall bereits auf ein den Grund seiner Einstandspflicht bejahendes Feststellungsurteil hin ordnungsgemäß regulieren wird (*OLG Hamm*, VersR 1988, 173). Ein zunächst zulässiger Feststellungsantrag muss bei veränderter Sachlage (Möglichkeit des Leistungsantrags) nicht umgewandelt werden (*BGH*, VersR 1999, 1555).

8 Bei **Teilklagen** muss aus Gründen der Rechtskraft und Verjährungsunterbrechung stets klar sein, über welche Ansprüche das Gericht eine rechtskräftige Entscheidung trifft. Wird aus einer Gesamtsumme oder aus mehreren selbständigen Einzelforderungen (zB Inventar-, Hausrat-, Gebäudeschaden, etc.) nur ein Teilbetrag eingeklagt, hat der Kläger grundsätzlich genau anzugeben, **welcher Anspruch in welcher Höhe und in welcher Reihenfolge** von der Klage erfasst sein soll.

9 Hat der Kläger – hinreichend bestimmt – nur einen Teil seiner Gesamtforderung geltend gemacht, ohne diese Beschränkung kenntlich zu machen (sog. **verdeckte Teilklage**), ist er nach rechtskräftiger Entscheidung über diese Teilklage unter dem Gesichtspunkt der Rechtskraft (§ 322 I ZPO) nicht gehindert, seine Restforderung in einem neuen Prozess einzuklagen (*BGH*, VersR 1997, 898).

III. Aktivlegitimation der klagenden Partei

10 Der VN ist nicht nur zur gerichtlichen Geltendmachung eigener Ansprüche aus dem Versicherungsvertrag berechtigt. Nach § 45 VVG (keine wesentlichen Änderungen gegenüber §§ 75 ff. VVG aF) darf er darüber hinaus auch Ansprüche einer versicherten Person aus einer von ihm genommenen **Fremdver-**

sicherung (§ 44 VVG) selbst einklagen. Hat jedoch der VN dem Versicherten – wie häufig dem Leasinggeber oder dem finanzierenden Sicherungseigentümer in der Fahrzeugversicherung – einen Sicherungsschein ausgestellt, kann der VN den Anspruch des Versicherten nur bei entsprechender Ermächtigung im Wege gewillkürter Prozessstandschaft gerichtlich geltend machen *(BGH,* VersR 1967, 343).

Der aus einer Fremdversicherung begünstigte **Versicherte** kann die ihm aus dem Versicherungsvertrag nach § 44 I 1 VVG zustehenden Ansprüche grundsätzlich nur mit **Zustimmung des VN** einklagen, falls er nicht im Besitz des Versicherungsscheins ist (vgl. § 44 II VVG). Erteilt der VN die Zustimmung nicht und macht er die Leistungsansprüche des Versicherten auch nicht im eigenen Namen geltend, lässt die Rspr. Ausnahmen zu: Der Versicherte kann seine Versicherungsansprüche bereits dann selbst gegen den VR einklagen, wenn jener die Regulierung abgelehnt hat und der VN zu erkennen gegeben hat, dass er seinerseits von seinem Recht zur gerichtlichen Geltendmachung des dem Versicherten zustehenden Anspruchs keinen Gebrauch machen will, ohne dass dafür **billigenswerte Gründe** im Innenverhältnis zwischen VN und Versichertem gegeben sind (*BGH,* VersR 1983, 823; s. a. Prölss/Martin/*Prölss/Klimke,* § 44 Rn. 11 ff.). In derartigen Fällen ist die Berufung des VR auf fehlende Aktivlegitimation des Versicherten **rechtsmissbräuchlich**. Dies gilt selbst dann, nach den AVB ausschließlich der VN zur Geltendmachung berechtigt ist (zB Nr. 27.2 AHB 2008). 11

Ein erweitertes Klagerecht des Geschädigten im Recht der Pflichtversicherung enthält nunmehr § 115 I Nr. 2 und 3 VVG.

IV. Typische Prozessverläufe

Deckungsprozesse sind dadurch gekennzeichnet, dass der VR zur Abwehr der gegen ihn erhobenen Ansprüche regelmäßig **mehrere Verteidigungslinien** aufbaut. 12

1. Eintritt des Versicherungsfalles

Zunächst wird häufig um die Frage gestritten, ob ein Versicherungsfall, für den während eines bestimmten Zeitraums dem VN Versicherungsschutz versprochen worden ist, überhaupt eingetreten ist. Welches Risiko wann versichert ist, ergibt sich aus dem Versicherungsschein iVm den vereinbarten AVB. 13

Die Darlegungs- und Beweislast für den Eintritt des Versicherungsfalles liegt im Deckungsprozess beim VN. Insoweit ist grundsätzlich der Strengbeweis (§ 286 ZPO) zu führen. Da der behauptete Versicherungsfall sich nicht in seinem Wahrnehmungsbereich abgespielt hat, kann der VR sich darauf beschränken, den diesbezüglichen Klagevortrag schlicht mit Nichtwissen zu bestreiten (§ 138 IV ZPO); einer näheren Begründung bedarf es hierzu nicht. 14

Von diesen Grundsätzen gibt es jedoch bedeutsame Modifikationen. Insbesondere sind die Anforderungen an den Umfang der Darlegungs- und Beweislast nicht in allen prozessrelevanten Versicherungssparten gleich hoch. 15

a) **Entwendungsversicherungen.** Für die in der Praxis besonders häufigen **Entwendungsfälle** (Diebstahl, Fahrzeugentwendung, Einbruchdiebstahl und Raub), nimmt der BGH eine von den Vertragsparteien stillschweigend vereinbarte **Darlegungs- und Beweismaßabsenkung** an, die nicht mit dem Anscheinsbeweis verwechselt werden darf (grundlegend *BGH,* VersR 1984, 29; s. a. *OLG Köln,* ZfSch 2011, 220). 16

Die Prüfung des Eintritts des Versicherungsfalles hat nach einem **Stufenschema** zu erfolgen: In der **Stufe 1** genügt der VN seiner Darlegungs- und Beweislast für die behauptete Entwendung zunächst dadurch, dass er einen Sachverhalt vorträgt und erforderlichenfalls beweist (§ 286 ZPO), der **mit hinreichender Wahrscheinlichkeit** darauf schließen lässt, dass die versicherte Sache in einer den AVB entsprechenden Weise entwendet worden ist. Dazu genügt der Vortrag und – falls der VR diesen bestreitet – der Nachweis solcher Tatumstände, denen hinreichend deutlich das **äußere Bild** einer versicherten Entwendung entnommen werden kann (instruktiv *KG,* VersR 2004, 733; *BGH,* VersR 2007, 241). 17

Gelingt dem VN dieser sog. Minimalbeweis, muss in der **Stufe 2** der VR nun Tatsachen vortragen und ggf. beweisen, aus denen sich die **erhebliche Wahrscheinlichkeit** dafür ergibt, dass ein Versicherungsfall sich in Wirklichkeit nicht ereignet hat, d. h. vorgetäuscht wird (*BGH,* VersR 1990, 45). Ist dieser Beweis vom VR geführt, hat der VN den **Vollbeweis** der versicherten Entwendung zu erbringen, eine rein theoretische Möglichkeit. 18

aa) Äußeres Bild der versicherten Entwendung. Das vom BGH entwickelte Stufenmodell führt immer wieder zu Unklarheiten und Irritationen, welche Tatsachen dem äußeren Bild zuzuordnen sind und welche zum Problemkreis der Vortäuschung des Versicherungsfalls zählen. Diese Zuordnung ist für den Prozessausgang oft von entscheidender Bedeutung: Ist bereits das äußere Bild einer versicherten Entwendung zu verneinen, hat der VR den Prozess ohne Weiteres gewonnen. Kann eine bestimmte Tatsache demgegenüber nur im Rahmen der Prüfung der erheblichen Wahrscheinlichkeit einer Vortäuschung Berücksichtigung finden, ist sie für sich allein gesehen für den Prozesserfolg des VR meistens nicht ausreichend. 19

Praxistipp: Häufig wird der Fehler gemacht, dass nicht hinreichend die für die Prüfung auf der Stufe 1 geeigneten Tatsachen und Indizien gewertet werden, was zu erheblichen Unsicherheiten sowie falschen Ergebnissen auf der Stufe 2 führen kann.

20 Nach der höchstrichterlichen Rechtsprechung (ua *BGH,* VersR 2007, 241) ist die hinreichende Wahrscheinlichkeit einer Entwendung in Form ihres äußeren Bildes bereits dann gegeben, wenn ein **Grundmuster** feststeht. Selbst wenn Indizien hinzutreten, die für den behaupteten Versicherungsfall **untypisch** sind (zB Wiederauffinden des als gestohlen gemeldeten Fahrzeugs mit unbeschädigter Lenksperre) und deshalb Zweifel an der Echtheit des Versicherungsfalls begründen, sind jene für die Beurteilung des äußeren Bildes so lange unerheblich, als sie nicht **zwingend** der Annahme eines äußerlich für Entwendung sprechenden Gesamtbildes widersprechen (instruktiv zu den Anforderungen *OLG Schleswig,* r+s 2011, 25).

21 • Die hinreichende Wahrscheinlichkeit eines **Einbruchdiebstahls** ist regelmäßig anzunehmen, wenn an der Einbruchstelle (Wohnungseingangstür, Fenster, etc.) Aufbruchspuren sowie innerhalb der versicherten Räume einbruchspezifische Indizien auf das Tätigwerden eines Einbrechers hindeuten, welche sich aus den Ermittlungsakten ergeben können. Tauglich ist ein Spurenbild aber nur dann, wenn es – was der VN zu beweisen hat – technisch einer erfolgreichen Aufbruchaktion zugeordnet werden kann.

Oft lassen sich trotz Vorliegens eines diebstahlstypischen Indizienbildes in der Wohnung **keinerlei Spuren** erkennen, wie der Täter in die Räume hineingelangt ist. Da Versicherungsfall meist nur der Diebstahl in der qualifizierten Form des Einbruchdiebstahls ist (vgl. § 3 Nr. 1 lit. a VHB 2008, § 1 Nr. 1 lit. a AERB 2008), muss der VN darlegen und gegebenenfalls beweisen, dass von mehreren möglichen Begehungsweisen der Tat die nicht versicherten (zB Eindringen durch eine offenstehende Wohnungstüre) unwahrscheinlich oder gar ausgeschlossen sind und sich daraus die hinreichende Wahrscheinlichkeit für eine versicherte Begehungsweise folgern lässt (ua *BGH,* VersR 2007, 102).

22 • Bei einem **Fahrzeugdiebstahl** (instruktiv *Römer,* NJW 1996, 2329; *BGH,* VersR 2009, 496; *OLG Hamm,* r+s 2009, 366) ergibt sich das äußere Bild der Entwendung durch den Vortrag bzw. Nachweis, dass das versicherte Kfz zu einer bestimmten Zeit an einem bestimmten Ort **abgestellt** und später dort **nicht mehr aufgefunden** worden ist (*BGH,* VersR 1993, 571). Der Beweis ist vorrangig durch Zeugen zu führen (*BGH,* VersR 1997, 733, eingehend *OLG Saarbrücken,* DAR 2004, 653).

23 Häufig wird verkannt, dass für die Beurteilung des äußeren Bildes einer versicherten Entwendung die **Glaubwürdigkeit oder Redlichkeit des VN** grundsätzlich unerheblich ist. Das typische Spurenbild eines Einbruchs oder glaubwürdige Zeugen streiten auch für einen unglaubwürdigen oder unredlichen VN. Dies ist nur dann anders, wenn er mangels Zeugen **selbst Auskunfts- oder Beweisperson** ist (§§ 141, 448 ZPO). Im Rahmen der freien Würdigung des Verhandlungsergebnisses (§ 286 ZPO) darf der Richter den Behauptungen und Angaben des VN (insbesondere bei seiner richterlichen **Anhörung nach § 141 ZPO oder Parteieinvernahme nach § 448 ZPO**) unter Umständen auch dann glauben, wenn er ihre Richtigkeit sonst nicht beweisen kann (grundlegend *BGH,* VersR 1991, 917).

24 Voraussetzung ist allerdings, dass die **Glaubwürdigkeit** des VN nicht durch unstreitige oder vom VR zu beweisende Indizien erschüttert wird. Schädlich können sowohl Indizien sein, die im Zusammenhang mit dem aktuellen Versicherungsfall stehen (zB widersprüchlicher Vortrag oder gar erwiesene Falschangaben des VN zu bedeutsamen Umständen), aber auch solche ohne direkten Bezug, soweit sie geeignet sind, schwerwiegende Zweifel an der Glaubwürdigkeit zu begründen (st. Rspr., vgl. *OLG Düsseldorf,* r+s 2009, 460; *OLG Koblenz,* VersR 2009, 214). Die Unredlichkeit des VN kann sich insbesondere aus einer früheren **Straftat** ergeben, soweit diese vom Unrechtscharakter her mit dem Vortäuschen des aktuell geltend gemachten Versicherungsfalls vergleichbar ist und überdies ein gewisser zeitlicher Zusammenhang besteht (*BGH,* VersR 1998, 488). Soweit ein Strafverfahren nicht mit einer rechtskräftigen Verurteilung geendet hat, kann es dem VN nicht entgegengehalten werden. Gleichwohl ist ein VR nicht gehindert, frühere strafrechtliche Vorwürfe, die nicht zu einer Verurteilung des VN geführt haben, im Deckungsprozess vorzubringen. Der Zivilrichter muss dann – gegebenenfalls im Rahmen einer dazu durchzuführenden Beweisaufnahme – klären, ob er die Überzeugung von der Berechtigung dieser Anschuldigungen gewinnen kann oder nicht.

Praxistipp: Die Beiziehung von Ermittlungs- bzw. Strafakten ist unerlässlich.

25 *bb) Erhebliche Wahrscheinlichkeit einer Vortäuschung.* Sie setzt mehr voraus als bloße gegen den VN sprechende Verdachtsmomente. Es müssen sich naheliegende **schwerwiegende Zweifel** an dem behaupteten Versicherungsfall aufdrängen, die sich aus den **Tatumständen** oder aus der **Person des VN** ergeben können. Neben den objektiven äußeren Umständen des behaupteten Tathergangs können die Glaubwürdigkeit des VN im Allgemeinen, die Beurteilung seiner Redlichkeit (zB strafrechtliche Auffälligkeiten) oder nachweislich schlechte Vermögensverhältnisse ebenso eine Rolle spielen wie gravierende Ungereimtheiten, Widersprüche oder gar erwiesene Unrichtigkeiten des Klagevortrags. Stets bedarf es aber einer wertenden **Gesamtschau** aller relevanten Umstände (*BGH,* VersR 2008, 776; zu den zu berücksichtigenden Umständen *BGH,* VersR 2009, 496).

Die von VR gelegentlich aufgelistete mehrmalige Inanspruchnahme von Versicherungsleistungen durch den VN in der Vergangenheit ist so lange kein taugliches Indiz für die Vortäuschung des aktuellen Versicherungsfalls, als nicht zumindest in einem Fall eine Unredlichkeit des VN nachgewiesen wird. Auch nicht jede bewusst falsche Angabe eines VN zur Schadenshöhe rechtfertigt ohne Weiteres bereits den Schluss auf die erhebliche Wahrscheinlichkeit für die Vortäuschung des behaupteten Diebstahls; denkbar ist nämlich auch die Möglichkeit des bloßen Aufbauschens des Schadens nach einem tatsächlich eingetretenen Versicherungsfall (*BGH,* VersR 1987, 61). 26

Für die Beurteilung einer **Fahrzeugentwendung** ist der von KaskoVR oft durch Parteigutachten belegte Umstand, dass vom Fahrzeugschlüssel ein dem VR nicht vorgelegter Nachschlüssel gefertigt worden ist, ohne ausschlaggebende Bedeutung, solange nicht bewiesen ist, dass die Duplizierung des Schlüssels mit Wissen und Wollen des VN geschehen ist (*BGH,* VersR 1991, 1047). Selbst wenn feststeht, dass das versicherte Fahrzeug mit einem passenden Schlüssel vom Abstellort wegbewegt worden ist und der VN eine Nachschlüsselanfertigung nicht plausibel erklären kann, vermag dies allenfalls im Zusammenwirken mit weiteren beweiskräftigen Indizien die erhebliche Wahrscheinlichkeit der Vortäuschung der Fahrzeugentwendung zu begründen (*BGH,* VersR 1995, 909; zu sog. Transponder-Fällen s. *OLG Köln,* VersR 2002, 225; *OLG Stuttgart,* VersR 2007, 686). 27

cc) Vor allem in der Fahrzeugversicherung treffen gelegentlich **mehrere Versicherungsfälle** zusammen (behaupteter Diebstahl und anschließender Brand oder Unfall). Kann der VN eine Entwendung des Kfz nicht beweisen, ist er nicht gehindert, seinen Versicherungsanspruch auch auf den weiteren selbständigen Versicherungsfall zu stützen (*BGH,* VersR 2010, 611). 28

b) Unfallversicherung. *aa) Neues VVG.* Der Unfall ist nunmehr in § 178 II VVG definiert, der Begriff der Invalidität in § 180 VVG (s. a. Nr. 2.1.1.1. AUB 2008). Während in der Geltungszeit des alten VVG nach der hM die Prognose ausreichte, dass die gesundheitliche Beeinträchtigung voraussichtlich länger als 3 Jahre andauern werde, ist in § 180 S. 2 VVG nunmehr klar bestimmt, dass ein Dauerschaden dann vorliegt, wenn die unfallbedingte gesundheitliche Beeinträchtigung voraussichtlich länger als 3 Jahre bestehen wird und eine Änderung nicht erwartet werden kann. Gesetzlich geregelt ist nunmehr auch das bisher in AUB in aller Regel vereinbarte Recht auf Neubemessung, § 188 VVG. 29

bb) Anspruchsvoraussetzungen. In einer Vielzahl von Fällen wird über das Vorliegen der in den diversen AUB enthaltenen formellen Voraussetzungen einer Invaliditätsleistung gestritten, nämlich dass die Invalidität innerhalb eines Jahres eingetreten und innerhalb von 15 Monaten nach dem Unfall von einem Arzt schriftlich festgestellt und von dem Versicherungsnehmer geltend gemacht worden sein muss (gleichlautend AUB 99 und 2008, Nr. 2.1.1.1, § 7 Nr. I (1) II AUB 94, der das Wort „schriftlich" nicht enthält). Die hM verlangt auch für dieses Bedingungswerk Schriftlichkeit der ärztlichen Feststellung (ua *OLG Celle,* VersR 2008, 60). Sowohl Eintritt der Invalidität als auch ärztliche Feststellung sind **Anspruchsvoraussetzungen** (Prölss/Martin/*Knappmann,* Nr. 2 AUB 2008 Rn. 9 und 10). Zweifelhaft kann indes sein, ob die vom Arzt gewählte Formulierung ausreichend ist. Hierbei darf kein zu strenger Maßstab angelegt werden (*BGH,* VersR 1998, 175; instruktiv *BGH,* NJW-RR 2007, 977; zu den weiteren Anforderungen vgl. Prölss/Martin/*Knappmann,* Nr. 2 AUB 2008, Rn. 10). In § 186 S. 2 VVG hat nunmehr die bisherige Rspr. zu der Frage, wann sich ein VR nach Treu und Glauben nicht auf die Fristversäumung berufen kann, ihren Niederschlag gefunden. Gleichzeitig wurde eine generelle Hinweispflicht normiert, § 186 S. 1 VVG. Schwierigkeiten bereiten in diesem Zusammenhang oft die Fälle, in denen der VR nach Fristablauf noch in eine Sachprüfung eingetreten ist, oder gar eine Sachprüfung vornimmt (informativ Beckmann/Matusche-Beckmann/*Manger,* Versicherungsrechts-Handbuch, 2. Aufl. § 47 Rn. 175, 176). 30

Praxistipp: Bei der Beurteilung der letztgenannten Frage bedarf es der genauen Prüfung des Einzelfalles. In aller Regel wird dem VR die Berufung auf die Fristversäumung zu versagen sein, wenn der VN sich auf Veranlassung des VR Untersuchungen unterzogen hat, die mit erheblichen körperlichen oder sonstigen Unannehmlichkeiten verbunden sind (*OLG Saarbrücken,* VersR 2005, 929).

cc) Der VN muss zunächst den Strengbeweis (§ 286 ZPO) dafür erbringen, dass er durch ein **Unfallereignis** eine irgend geartete **Gesundheitsbeschädigung** erlitten hat (Vorliegen eines Versicherungsfalles, § 178 II VVG). Da die UnfallVR Leistungen nicht schon für den Fall eines Unfalls versprochen haben, sondern erst eine bestimmte **Unfallfolge** anspruchsbegründend ist, nämlich die Invalidität (§ 180 VVG, Nr. 1.3–1.5 AUB 2008, § 1 III, IV AUB 94), hat der VN auch deren Eintritt voll zu beweisen. Die häufig schwierig zu beurteilende Frage, ob der Unfall für die Invalidität (bzw. andere bedingungsgemäße Unfallfolge) zumindest mitursächlich geworden ist (**haftungsausfüllende Kausalität**) ist jedoch nach dem geringeren Maßstab des **§ 287 ZPO** zu stellen und zu beantworten: die **überwiegende Wahrscheinlichkeit** eines Kausalzusammenhangs reicht aus (*BGH,* VersR 2001, 1547; VersR 2009, 1213). 31

Praxistipp: Diese zugunsten des VN wirkende Beweiserleichterung ist vom Gericht bereits bei der Formulierung der Beweisfrage an den medizinischen Sachverständigen zu beachten, was sehr oft nicht oder nicht hinreichend genug befolgt wird und zu unklaren Sachverständigengutachten führt. Es empfiehlt sich ein eindeutig gefasster Hinweis an den Sachverständigen mit verständlicher Erläuterung der oben genannten Kausalitätsbegriffe (s. *OLG München,* NJW 2011, 386).

32 *dd)* Für eine **Mitwirkung unfallfremder Krankheiten oder Gebrechen** an der durch das Unfallereignis hervorgerufenen Gesundheitsbeschädigung oder deren Folge (§ 182 VVG, zu einem Anteil von mindestens 25%, § 8 AUB 94, Nr. 3 AUB 2008) ist demgegenüber der VR voll beweispflichtig. Strikt zu trennen von der Frage der Mitwirkung ist die Problematik, ob bereits **vor dem Unfall eine Invalidität** bestanden hat (Nr. 2.1.2.2.3. AUB 2008, § 7 III AUB 94). Die Streitfragen entzünden sich meist dann, wenn ein Sachverständiger bereits vor dem Unfall bestehende degenerative Erscheinungen feststellt (zur Einordnung als Krankheit oder Gebrechen *BGH,* r+s 2009, 423).

Praxistipp: Sehr oft wird der Gegenstand einer Kürzung verkannt. Während nach der Regelung in älteren AUB bei Mitwirkung die Leistung, nicht der Invaliditätsgrad gekürzt wird (§ 10 (1) AUB 61, § 8 AUB 94) und eine bereits vorbestehende Invalidität den Grad der unfallbedingten Invalidität mindert, verringert sich nach Nr. 3 AUB 2008 stets der Invaliditätsgrad. Nr. 2.1.2.2.3 geht Nr. 3 AUB 2008 vor (Prölss/Martin/*Knappmann,* Nr. 3 AUB 2008, Rn. 3).

33 *ee)* Sämtliche AUB enthalten in zum Teil unterschiedlicher Form den **Ausschluss krankhafter Störungen infolge psychischer Reaktionen** (Überblick bei *Abel/Winkens,* VersR 2009, 30; *Burmann/Heß,* r+s 2010, 403). Der BGH hat § 2 IV AUB 94 dahingehend ausgelegt, dass der Ausschluss nur dann greift, wenn es an einem körperlichen Trauma fehlt oder die krankhafte Störung des Körpers nur mit ihrer psychogenen Natur erklärt werden kann (*BGH,* VersR 2004, 1449). Dies bedeutet, dass zunächst zu klären ist, ob die nachgewiesenen Gesundheitsstörungen überhaupt eine organische Ursache haben. Kann dies ausgeschlossen werden, kann der Schluss gezogen werden, dass die Gesundheitsstörung (häufig Schmerzsymptom) auf eine psychische Reaktion wie eine posttraumatische Belastungsstörung zurückzuführen ist (*BGH,* VersR 2010, 60).

Praxistipp: Nicht selten wird eine auf psychische Störungen gestützte Klage daran scheitern, dass jene nicht fristgemäß ärztlich festgestellt worden sind (vgl. *BGH,* VersR 2007, 1114).

34 c) **Berufsunfähigkeitsversicherung.** *aa)* Besondere Schwierigkeiten bereiten Prozesse auf dem Gebiet der Berufsunfähigkeitsversicherung (nunmehr ins VVG aufgenommen, §§ 172 ff. VVG, mit Ausnahme von § 173 nicht auf Altverträge anwendbar, Art. 4 III EGVVG). Diese Versicherungsart hat im Laufe der Jahre erheblich an Bedeutung gewonnen. In keiner anderen Sparte gibt es eine derartige Vielzahl von höchstrichterlichen Rügen für Parteien und Instanzgerichte, was Beurteilung der Qualität des Prozessvortrags im Hinblick auf seine Substantiierung anbelangt.

Praxistipp: Grundsätzlich vorab ist zu klären, ob es um die erstmalige Feststellung einer Berufsunfähigkeit geht oder der VR ein Nachprüfungsverfahren eingeleitet hat, da sich danach die Beweislast richtet, vgl. § 174 VVG.

35 Ausgangspunkt und Maßstab für die Beurteilung des Versicherungsfalls **gesundheitlich bedingter Berufsunfähigkeit** (§ 2 I und III MB-BUZ) ist die vom VN **konkret ausgeübte berufliche Tätigkeit.** Dieser Beruf muss von ihm in Form einer Arbeitsbeschreibung derart substantiiert beschrieben werden, dass anfallende Leistungen nach Art, Umfang und Häufigkeit für das Gericht nachvollziehbar werden (grundlegend *BGH,* VersR 1992, 1386; VersR 2005, 676). Maßgeblich ist der zuletzt ausgeübte Beruf (*BGH,* VersR 2000, 349; für Auszubildende *BGH,* VersR 2010, 619). Maßgeblich sind die prägenden Tätigkeiten (ua *OLG Koblenz,* VersR 2009, 1249). Sodann muss dargelegt werden, inwieweit der VN durch welche gesundheitliche Einschränkung zur Ausübung seines Berufs im bedingungsgemäß vorausgesetzten Ausmaß (meistens: mindestens 50%) nicht mehr in der Lage ist.

36 War der VN als **Selbständiger** (mitarbeitender Betriebsinhaber oder freiberuflich Selbständiger) tätig, muss er neben der Beschreibung seiner konkreten Berufsausübung ergänzend vortragen und erforderlichenfalls beweisen, dass er seinen Betrieb nicht in zumutbarer Weise so **umorganisieren** kann, dass ihm trotz gesundheitlicher Beeinträchtigung sinnvolle Betätigungsmöglichkeiten verbleiben könnten, die bedingungsgemäße Berufsunfähigkeit ausschließen würden (*BGH,* VersR 1991, 1358; s. a. *OLG Saarbrücken,* VersR 2010, 799).

37 Entspricht der Klagevortrag diesen Anforderungen nicht, ist eine sachgerechte Beweisaufnahme zur Frage, ob Berufsunfähigkeit im konkret ausgeübten Beruf zum behaupteten Zeitpunkt eingetreten ist, regelmäßig nicht möglich. Insbesondere muss einem medizinischen Sachverständigen bei seiner Beauftragung die unstreitige oder vom Gericht festgestellte berufliche Tätigkeit des VN als **unverrückbarer außermedizinischer Sachverhalt** vorgegeben werden (*BGH,* VersR 1992, 1386; 1996, 1090).

Praxistipp: Ergibt sich die Berufstätigkeit in gesunden Tagen aus Schilderungen des Klägers und völliger Bestätigung durch einen Zeugen, kann auf den fraglichen Schriftsatz und/oder das entsprechende Protokoll verwiesen werden. Ansonsten wird man nicht umhin kommen, das Beweisergebnis offen zu legen. Auch empfiehlt es sich dringend, dem Sachverständigen den Begriff der Berufsunfähigkeit anhand der entsprechenden AVB (vgl. § 2 BU 2008) zu erläutern und gegebenenfalls klarzustellen, dass der Begriff nicht identisch ist mit den Begriffen der Arbeits- oder Erwerbsunfähigkeit. Dies wird vor allem dann erforderlich sein, wenn der Sachverständige bereits ein Erwerbsunfähigkeitsgutachten zB für das Sozialgericht über den VN erstellt hat.

38 Einer substantiierten Darlegung dazu, dass auch eine **Verweisung auf Vergleichsberufe** (§ 172 III VVG, zur Unterscheidung konkrete und abstrakte Verweisung *Lücke* in: Prölss/Martin, § 172 Rn. 72) nicht in Betracht kommt, ist der VN allerdings zunächst enthoben. Es ist vielmehr Sache des VR, etwai-

ge Vergleichsberufe durch konkrete nachvollziehbare Beschreibung bezüglich der sie prägenden Merkmale (erforderliche Vorbildung, übliche Arbeitsbedingungen, übliche Entlohnung, etwa erforderliche Fähigkeiten oder körperliche Kräfte, Einsatz technischer Hilfsmittel, etc.) erst einmal **aufzuzeigen**. Erst wenn der VR seiner Darlegungslast, an die vom BGH hohe Anforderungen gestellt werden (vgl. *BGH*, VersR 1994, 1095), hinreichend nachgekommen ist, muss der VN dartun und beweisen, dass er aus gesundheitlichen oder anderen Gründen zur Ausübung der genannten Vergleichstätigkeit im bedingungsgemäß vorausgesetzten Umfang ebenfalls nicht imstande ist.

Praxistipp: Die Rspr. zu den Vergleichsberufen ist kaum mehr überschaubar. Es empfiehlt sich die Lektüre mehrerer Entscheidungen, um eine Überblick über die Kriterien zu bekommen (vgl. *Lücke* in: Prölss/Martin, § 172 Rn. 72 ff.).

bb) In nahezu sämtlichen Verfahren, in denen vor allem medizinische Fragen im Vordergrund stehen (zB Unfallversicherung, Berufsunfähigkeitszusatzversicherung, Krankenversicherung, Haftpflichtversicherung bei Körperschäden) wird der Richter mit der **Bewertung medizinischer Gutachten** konfrontiert sein. Immer häufiger legen sowohl VN als auch VR Privatgutachten zur Untermauerung ihres Vortrages vor, welche als qualifizierter Parteivortrag zu werten sind. Dies wirft in aller Regel erhebliche Probleme auf, zumal der BGH äußerst hohe Anforderungen stellt. Legt eine Partei ein medizinisches Gutachten vor, das im Gegensatz zu den Erkenntnissen des gerichtlich bestellten Sachverständigen steht, so ist vom Tatrichter besondere Sorgfalt gefordert. Er darf in diesem Fall den Streit der Sachverständigen nicht dadurch entscheiden, dass er ohne einleuchtende und logisch nachvollziehbare Begründung einem von ihnen den Vorzug gibt (st. Rspr., vgl. nur *BGH*, VersR 2011, 552; VersR 2009, 975 mwN). Dies wird vielfach nicht beachtet. Zur Aufklärung bieten sich die Einholung eines Ergänzungsgutachtens oder die mündliche Anhörung des gerichtlichen Sachverständigen an; nach BGH (aaO) sollte zweckmäßigerweise eine Gegenüberstellung der divergierenden Sachverständigen erfolgen. Wollen Parteien zu dem Ergebnis der Beweisaufnahme schriftsätzlich Stellung nehmen, ist ihnen Schriftsatzfrist zu gewähren. Erzielt das Gericht keine Klärung, hat es einen anderen Sachverständigen zu beauftragen („Obergutachten"). Zu den Anforderungen an die Beweisaufnahme und die Würdigung ihres Ergebnisses vgl. *Thomas/Putzo/Reichold*, ZPO, 32. Aufl., § 286 Rn. 4; *BGH*, VersR 2010, 1220). 39

Praxistipp: Zum besseren Verständnis von Gutachten hat sich die Benutzung des Internets sehr bewährt, in dem man Erläuterungen zu den medizinischen Begriffen aber oft auch Näheres zur Person des Sachverständigen findet.

Die Einholung von Ergänzungsgutachten führt in einer beträchtlichen Anzahl von Fällen zu erheblichen Verfahrensverzögerungen, da nach Vorliegen des Ergänzungsgutachtens in aller Regel die jeweilige Partei hierzu – meist unter Vorlage wiederum eines Ergänzungsgutachtens ihres Privatsachverständigen – Stellung nehmen wird. Bei komplizierten, komplexen Sachverhalten wird sich dies oft nicht vermeiden lassen, meist bringt jedoch die mündliche Anhörung des Sachverständigen schnellere und bessere Ergebnisse. Eine förmliche Gegenüberstellung – wie vom BGH in den Raum gestellt – sieht die ZPO nicht vor. In der Praxis vieler Gerichte wird unter Berücksichtigung der Rspr. des BGH den Parteien anheim gestellt, ihre Privatgutachter zum Termin mitzubringen. Einen Anspruch auf Ladung dieser Parteihelfer haben die Parteien indes nicht (§§ 141, 358, 380, 411 III ZPO, vgl. *OLG Karlsruhe*, VersR 1990, 53, *Musielak/Huber*, ZPO, 8. Aufl. Rn. 5). 40

d) **Rechtsschutzversicherung.** Die häufigste Konstellation in Rechtsstreitigkeiten über den Deckungsanspruch des VN ist der Streit um den **Zeitpunkt des Eintritts des Versicherungsfalles**, dort insbesondere der Einwand des VR, dass der Versicherungsfall nicht im versicherten Zeitraum (meist vorvertraglich) eingetreten ist. Den Eintritt des Versicherungsfalles hat der VN zu beweisen. Hierbei ist zunächst zu unterscheiden, ob Schadensersatz-Rechtsschutz (vgl. § 4 I 2 c ARB 94, § 4 I a ARB 2008/II, Beispielsfälle bei *Harbauer*, Rechtsschutzversicherung, § 4 ARB 2000 Rn. 17) oder Rechtsschutz nach § 4 I b oder c geltend gemacht wird (sonstige Fälle). Nach der Rspr. des BGH (zuletzt VersR 2009, 109 ff.) muss das Vorbringen zu einem Rechtsschutzfall erstens einen objektiven Tatsachenkern, zweitens den Vorwurf eines Rechtsverstoßes, der den Keim für eine rechtliche Auseinandersetzung enthält, und drittens eine hierauf gestützte Interessenverfolgung beinhalten. Es genügt die **bloße Behauptung des Rechtsverstoßes.** Maßgeblich ist also der Tatsachenvortrag, mit dem der VN den Verstoß begründet (*BGH*, VersR 2005, 1684; *Harbauer*, Rechtsschutzversicherung § 4 ARB 2000 Rn. 42 ff.). Wer den Rechtsverstoß begangen haben soll, ist unbeachtlich – was oft übersehen wird –, es kann dies der VN, der Prozessgegner oder auch ein Dritter sein. Erforderlich ist weiter, dass der Verstoß streitauslösende Wirkung hat; es genügt die Eignung, einen Rechtskonflikt auszulösen (*BGH*, VersR 2009, 109). 41

Praxistipp: Eine höchst anschauliche Darstellung mit Übersicht über die Rechtsprechung des BGH findet sich bei *Wendt*, MDR 2008, 717; r+s 2010, 221 sowie *BGH*, NJW VersR 2009, 119.

e) **Haftpflichtversicherung.** *aa)* Die Vorschriften über die Haftpflichtversicherung sind nunmehr in §§ 100–124 VVG enthalten. § 100 VVG stellt klar, dass der HaftpflichtVR den VN nicht nur von Haftpflichtansprüchen **freizustellen** hat, sondern auch unbegründete Ansprüche **abzuwehren** hat. Das bisherige Abtretungsverbot wurde ebenso aufgegeben wie das Anerkenntnis und das Befriedigungsverbot. Der VN darf nunmehr seinen Freistellungsanspruch an den geschädigten Dritten abtreten: Die Abtre- 42 tung des Freistellungsanspruchs an den Dritten kann nicht durch Allgemeine Versicherungsbedingungen ausgeschlossen werden, § 108 II VVG. Eine Vereinbarung, nach welcher der VR nicht zur Leistung verpflichtet ist, wenn ohne seine Einwilligung der VN den Dritten befriedigt oder dessen Anspruch anerkennt, ist unwirksam. § 115 I Nr. 1 bis 3 VVG erweitert die Möglichkeiten eines Direktanspruchs des Geschädigten gegen dem VR über § 3 PflVG hinaus auf die Fälle der Pflichtversicherung, in denen besondere tatsächliche Schwierigkeiten der Inanspruchnahme des VN und Schädigers bestehen.

43 *bb)* In einer Vielzahl von Deckungsprozessen aus dieser Versicherungsart ist ein Haftpflichtprozess des Geschädigten gegen den versicherten Schädiger vorausgegangen. Für den Deckungsprozess ist daher von erheblicher Bedeutung, inwieweit das Gericht des Deckungsprozesses an die Feststellungen des Gerichts im Haftpflichtprozess gebunden ist. Grundsätzlich wird von der Rspr. bzgl. des Haftungsgrundes eine **Bindungswirkung** bejaht (ua *BGH,* VersR 2007, 641; 2004, 590). Dabei ist auszugehen von dem in der Haftpflichtversicherung geltenden **Trennungsprinzip:** Im Haftpflichtprozess sind die für die Beurteilung der jeweiligen Pflichtverletzung maßgeblichen Tatsachen festzustellen, im Deckungsprozess die für die Eintrittspflicht des VR erforderlichen. Die Bindung des Gerichts des Deckungsprozesses an die Feststellungen des Haftpflichturteils soll verhindern, dass die im Haftpflichtprozess getroffenen Feststellungen im nachfolgenden Deckungsstreit erneut überprüft werden können. Die Bindungswirkung kann allerdings nur soweit gehen wie **Voraussetzungsidentität** vorliegt. Das ist dann der Fall, wenn eine für den Deckungsprozess maßgebliche Frage sich auch mit dem im Haftpflichtprozess gewählten rechtlichen Begründungsansatz bei objektiv zutreffender rechtlicher Würdigung als entscheidungserheblich erweist (*BGH,* VersR 2007, 641). Häufig kann im Haftpflichtprozess offen bleiben, ob der Schädiger (= VN) „wissentlich" die Pflichtverletzung begangen hat oder es erfolgt lediglich eine Verurteilung wegen Fahrlässigkeit. Ob „Wissentlichkeit" vorliegt, ist aber oft für die Entscheidung des Deckungsprozesses maßgeblich, da die AVB der Haftpflichtversicherer Risikoausschlüsse für wissentliche Pflichtverletzungen enthalten (zB Nr. 7.1 AHB 2008). In diesen Fällen ist im Deckungsprozess in tatsächlicher und rechtlicher Hinsicht zu prüfen, ob der VN diese Pflicht wissentlich verletzt hat, wenn der VR sich darauf beruft (*BGH,* VersR 2006, 106 mwN). Allerdings umfasst der für den Deckungsprozess bindende Haftungstatbestand lediglich die vom Tatrichter des Haftpflichtprozesses festgestellten und seiner Entscheidung zugrunde gelegten tatsächlichen Elemente; seine rechtliche Einordnung ist ohne Belang (*BGH,* NJW 2011, 610 mit grundsätzlichen Ausführungen zur Bindungswirkung).

Praxistipp: Zur Frage, wann eine wissentliche Pflichtverletzung vorliegt, sehr instruktiv *OLG Karlsruhe,* NJW-RR 2010, 1043. Dieses Urteil enthält auch Ausführungen über die Bindungswirkung eines Versäumnisurteils, bei dessen Vorliegen auf das Klagevorbringen iVm dem klägerischen Vorbringen zurückzugreifen ist (s. a. *BGH,* VersR 2003, 635).

44 Die Leistungspflicht des VR umfasst nach § 100 VVG die Prüfung der Haftpflichtfrage, die **Abwehr unberechtigter Ansprüche** sowie den Ersatz der Entschädigung, welche der VN aufgrund eines von dem VR abgegebenen oder genehmigten Anerkenntnisses, eines von ihm geschlossenen oder genehmigten Vergleichs oder einer richterlichen Entscheidung zu zahlen hat. Die Abwehr unberechtigter Ansprüche (Rechtsschutzverpflichtung) ist nach ständiger Rechtsprechung des Bundesgerichtshofs ebenfalls Hauptleistungspflicht (ua *BGH,* VersR 2007, 1116, nunmehr § 101 VVG).

Praxistipp: Wird eine sog. **vorgezogene Deckungsklage** – also vor Durchführung oder Abschluss des Haftungsprozesses – erhoben und ist die Pflichtverletzung und insbesondere deren Wissentlichkeit im Streit, bietet sich häufig ein Vergleich des Inhalts an, dass der beklagte VR zunächst die Deckung der Kosten der Abwehr des Schadensersatzanspruches übernimmt und über eine weitere Deckung nach Abschluss des Haftpflichtprozesses entscheidet.

2. Allgemeine Versicherungsbedingungen – Ausschlussregelungen

45 a) Art. 1 III EGVVG hat den VR die Möglichkeit gegeben, ihre AVB dem neuen Recht **anzupassen.** Höchst streitig ist, was zu gelten hat, wenn der VR die Anpassung nicht vorgenommen hat (Übersicht über den Meinungsstand bei *Brand,* VersR 2011, 557). Teilweise wird wegen Fehlens eines der neuen Gesetzeslage entsprechenden Hinweises in den AVB das Bestehen von Obliegenheiten (hierzu unten Rn. 95) verneint (vgl. insb. *OLG Köln,* VersR 2010, 1592). Hierfür spricht, dass der VN durch den Hinweis auf die Leistungsfreiheit nach altem Recht (§ 6 VVG aF) von der Erhebung berechtigter Ansprüche abgehalten werden kann. Die Gegenmeinungen wollen entweder die gesetzliche Rechtslage (§ 28 VVG) eingreifen lassen oder eine ergänzende Vertragsauslegung vornehmen (einerseits ua *Prölss/Martin/Armbrüster,* Art. 1 EGVVG Rn. 34 ff.; *Langheid/Wandt/Looschelders,* Art 1 EGVVG Rn. 27; andererseits *Brand,* VersR 2011, 557, *Muschner/Wendt,* MDR 2008, 949).

46 b) In nahezu allen Bedingungswerken sind **Ausschlussregelungen** enthalten, durch die der VR einzelne Gefahrenbereiche vom Versicherungsschutz ausnimmt (zB § 1 Nr. 6 VHB 2008). Die Voraussetzungen dieser Ausnahmetatbestände hat der VR zu beweisen. Von den Ausschlusstatbeständen streng zu unterscheiden sind die Beschreibungen des Versicherungsumfanges, auch Leistung- und Risikobeschreibungen genannt (zB § 1 Nr. 1 VHB 2008). Die Abgrenzung kann im Einzelfall schwierig sein (anschaulich *BGH,* VersR 2006, 199; *OLG Saarbrücken,* VersR 2009, 1332; tabellarische Auflistung bei *HK/Felsch,* § 28 Rn. 21).

Regelmäßig ist aber zunächst eine **Auslegung der vereinbarten AVB** erforderlich, die im Versicherungsvertragsrecht nach der ständigen Rechtsprechung des BGH wie folgt vorzunehmen ist: Maßgebend ist, wie sie ein **durchschnittlicher VN ohne versicherungsrechtliche Vorkenntnisse** bei verständiger Würdigung, aufmerksamer Durchsicht und Berücksichtigung des erkennbaren Sinnzusammenhangs des Klauselwerks verstehen muss (*BGH,* VersR 1995, 1174 und ständig, bes. lehrreich NJW-RR 2005, 260 und NJW-RR 2009, 248; *Wendt,* MDR 2010, 786 ff. am Beispiel der Rechtsschutzversicherung). Einem vom VR verfolgten Regelungszweck kommt bei der Auslegung nur insoweit Bedeutung zu, als er in den verwendeten Formulierungen erkennbar wird. Das ist nur dann anzunehmen, wenn die Formulierungen dem angesprochenen VN-Kreis (zB Kaufleuten) von vornherein verständlich sind oder wenn sie dem durchschnittlichen VN zumindest Veranlassung geben müssen, sich durch entsprechende Nachfrage – insbesondere beim VR – kundig zu machen (*BGH,* VersR 1989, 903). Versicherungstechnische Überlegungen, auf die VR gerne verweisen, können deshalb allenfalls insoweit Berücksichtigung finden, wie sie sich aus dem Wortlaut der Bedingungen für einen verständigen VN unmittelbar erschließen (*BGH,* VersR 1992, 349). Nur wenn die Rechtssprache mit dem verwendeten Ausdruck einen fest umrissenen Begriff verbindet, ist im Zweifel anzunehmen, dass auch die AVB darunter nichts anderes verstehen wollen (*BGH,* VersR 1992, 606, VersR 2007, 349, sehr anschaulich). 47

Praxistipp: Auf die bedingungsorientierte Begründung kommt es an (*Wendt,* MDR 2010, 786, 787).

Insbesondere **Risikoausschlussklauseln** sind grundsätzlich **eng auszulegen.** Sie dürfen nicht weiter ausgedehnt werden, als es ihr Sinn unter Beachtung ihres wirtschaftlichen Zwecks und der gewählten Ausdrucksweise erfordert (*BGH,* VersR 1995, 162, mwN). 48

c) Als AGB unterliegen AVB – soweit sie das Hauptleistungsversprechen des VR einschränken, ausgestalten oder modifizieren – auch der richterlichen **Kontrolle nach §§ 305 ff. BGB.** Entscheidender Prüfungsmaßstab ist meistens **§ 307 BGB.** AVB dürfen wesentliche, sich aus der Natur des in Rede stehenden Versicherungsvertrags ergebende Rechte und Pflichten nicht derart weitgehend einschränken, dass die Erreichung des Vertragszwecks gefährdet wäre. Nicht hinnehmbar ist eine Leistungsbegrenzung (nur) dann, wenn durch sie der Versicherungsvertrag **ausgehöhlt** werden kann und damit der Vertrag in Bezug auf das zu versichernde Risiko **zwecklos** wird (*BGH,* VersR 1998, 175). Eine erhebliche Bedeutung in der Praxis kommt auch dem Transparenzgebot, § 307 I 1 BGB, sowie der Unklarheitenregelung des § 305 c II BGB zu (instruktiv *Wendt,* MDR, 2010, 1168 ff.). 49

3. Leistungsfreiheit und Leistungskürzung, Lösung vom Vertrag

a) **Quotenregelung.** Im Privatversicherungsrecht gibt es Umstände, deren Vorliegen selbst bei einem unstreitig gegebenen Versicherungsfall zur **Leistungsfreiheit des VR oder zu einer Einschränkung seiner Leistungspflicht** führen können. Diese Tatbestände dürfen ebenso wie die og Ausschlussregelungen vom Gericht grundsätzlich **nicht von Amts wegen** berücksichtigt werden; sie sind vielmehr nur dann zu prüfen, wenn der VR sich darauf beruft (vgl. *BGH,* VersR 1990, 736 betr. Ausschlüsse; VersR 1974, 689 betr. Obliegenheiten). 50

Ein Kernstück der VVG – Reform ist die **Aufgabe des „Alles-oder-Nichts-Prinzips"** in § 6 VVG aF Während das Recht des VR zur Anfechtung wegen arglistiger Täuschung unberührt geblieben ist (§§ 22 VVG aF, 22 VVG), kann nunmehr ein grob fahrlässiges Fehlverhalten – leichte Fahrlässigkeit führt nicht mehr zu Sanktionsmöglichkeiten des VR – je nach Schwere des Verschuldens zu einer Leistungskürzung führen. Nach welchen Kriterien diese quotale Leistungskürzung durchgeführt werden soll, ist höchst umstritten und durch die Rechtsprechung auch noch nicht annähernd geklärt (sehr instruktive Zusammenfassung des Streitstandes bei *Nugel,* VersR 2008, 1320 ff. und MDR 2010, 597, s. a. *HK/Felsch,* VVG, § 28 Rn. 150). Strittig ist insbesondere 51

- **Reichweite des Kürzungsrechts** – kann der VR um 100% kürzen, bzw. kann sich das Kürzungsrecht auf 0% reduzieren? Diese heftig umstrittene Frage (vgl. Darstellung des Meinungsstreits bei *BGH,* VersR 2011, 1037) hat der BGH nunmehr am Beispiel der Trunkenheitsfahrt in der vorgenannten Entscheidung bejaht, allerdings klargestellt, dass dies nur in besonderen Ausnahmefällen möglich ist, insbesondere wenn der Schweregrad der groben Fahrlässigkeit sich dem Vorsatz annähert. Allerdings sei immer – auch bei der Trunkenheitsfahrt – eine Abwägung der Umstände des Einzelfalles erforderlich.
- **Einstiegsgröße für die Quotelung** – Bildung eines Mittelwertes (50%)? Die Befürworter dieser Lösung (ua *HK/Felsch* WG, § 28, Rn. 160 ff.) sind sich allerdings nicht einig, welche Folgen die Bildung eines Mittelwertes für die Beweislast haben soll. Liegt die Beweislast für den Verschuldensgrad grundsätzlich beim VR oder beim VN, je nach dem, ob der Mittelwert unter- oder überschritten werden soll? Die Gerichte scheinen einen derartigen Mittelwert überwiegend abzulehnen, *LG Nürnberg-Fürth,* r+s 2010, 412, *LG Münster,* VersR 2009, 1615, *LG Dortmund,* ZfSch 2010, 515 (so auch Langheid/Wandt/*Wandt,* § 28 Rn. 264).
- **Quotelung nach festen Schritten?** zB 25, 50, 75% (*LG Bonn,* r+s 2010, 320), differenzierend *OLG Hamm,* VersR 2011, 207; s. a. Goslaer Orientierungsrahmen bei *Nugel,* MDR 2010, 597.

- **Einteilung nach dem Grad der groben Fahrlässigkeit ohne Bildung eines Mittelwertes oder einer Einstiegsquote?** (dagegen *LG Dortmund*, *LG Münster*, *LG Nürnberg-Fürth* jeweils aaO).
- **Wie ist bei mehrfachen Pflichtverletzungen des VN zu verfahren?** Hierzu *LG Dortmund*, ZfSch 2010, 515 unter Darstellung des Meinungsstandes. Das LG Dortmund lehnt zu Recht eine schematisierte Vorgehensweise ab.

52 b) **Verletzung vorvertraglicher Anzeigepflicht** (instruktiv *Römer*, r+s 1998, 45, *Rixecker*, zfs 2007, 369; Prüfungsschema bei Marlow/Spuhl Rn. 243). *aa)* Das **anzuwendende Recht** richtet sich nach Art. 1 I, II EGVVG (übersichtliche Darstellungen mit Beispielsfällen ua bei Marlow/Spuhl, Rn. 234; *Brand*, VersR 2011, 557; *HK/Muschner*, Art 1 EGVVG Rn. 43–47). Ob bei Altverträgen (Abschluss vor dem 31. 12. 2007, Antrag und Annahme) differenziert werden muss zwischen den **Tatbestandsregelungen**, welche der Versicherungsnehmer zum Zeitpunkt des Vertragsschlusses zu beachten hatte (anzuwenden altes Recht) und **Rechtsfolgeregelungen** (neues Recht) ist strittig, wenn der Versicherungsfall noch vor dem 31. 12. 2008 eingetreten ist (Meinungsstand bei *Brand*, VersR 2011, 557; für neues Recht Marlow/Spuhl, Rn. 229 ff., sog. modifiziertes Spaltungsmodell, aA *Looschelders* in: Langheid/Wandt, Art. 1 EGVVG Rn. 14; Prölss/Martin/*Armbrüster*, Art. 1 EGVVG Rn. 17).

53 Grundlegend neu ist nicht nur die Rechtsfolgeregelung bei Verletzung einer Anzeigeobliegenheit sondern auch deren Inhalt. Während der Versicherungsnehmer nach § 16 I 1 VVG aF alle gefahrerheblichen Umstände auch ungefragt und auch zwischen Antragstellung und Annahme anzugeben hatte, muss er nunmehr nur die bis zur Antragstellung bekannten Umstände, nach denen der VR in Textform (§ 126 b BGB) gefragt hatte, angeben, § 19 I 1 VVG. Bei fehlender oder unzureichender Belehrung sind die daraus folgenden Rechte ausgeschlossen, § 19 V 1 VVG). Anders als nach altem Recht (§§ 16 III, 17 II VVG) entfällt nunmehr ein Rücktrittsrecht bei lediglich einfacher Fahrlässigkeit (jedoch Kündigungsrecht, § 19 III 2 VVG, vgl. die Darstellung bei Marlow/Spuhl, Rn. 179 ff.).

54 *bb)* Hauptsächlich spielt die Anzeigeobliegenheitsverletzung eine Rolle in Sparten der Personenversicherung, in denen vom VR bei Antragstellung **Gesundheitsfragen** gestellt werden. Auch für das Verständnis von Formularfragen ist die Verständnismöglichkeit eines durchschnittlichen verständigen VN maßgeblich (instruktiv *OLG Brandenburg*, NJW-RR 2010, 385). Unklare Fragen gehen zu Lasten des VR. Die Vermutung der **Gefahrerheblichkeit** von erfragten Umständen nach altem Recht entfällt, der erfragte Umstand muss objektiv gefahrerheblich sein, § 19 I VVG. Die Gefahrerheblichkeit hat der VR zu beweisen.

55 Diesen Beweis wird der VR in der Regel mit der Vorlage seiner maßgeblichen **Risikoprüfungsgrundsätze bzw. einem entsprechenden Zeugenangebot** führen können, wenn er beweist, dass die Falschangabe konkret Einfluss auf seine (Vertrags-)Annahmeentscheidung gehabt hat (*BGH*, VersR 1984, 629; VersR 2009, 529). Dieser Kausalzusammenhang ist nur dann gegeben, wenn der VN bei zutreffender Fragebeantwortung den Vertrag nicht so – wie geschehen – geschlossen, sondern einen Risikozuschlag vereinbart, eine Ausschlussregelung getroffen oder gar einen Vertragsschluss überhaupt abgelehnt hätte. Nur in Fällen, in denen die Gefahrerheblichkeit des unrichtig angegebenen Umstands für das zu versichernde Risiko **auf der Hand liegt**, dh offenkundig ist, bedarf es dieser besonderen Darlegung durch den VR nicht (Beispiele bei Prölss/Martin/*Prölss*, § 19 Rn. 8 ff.).

56 *cc)* Erlauben die Angaben des VN bei Antragstellung noch keine sachgerechte Risikoprüfung – weil sie erkennbar falsch, unvollständig, unklar bzw. widersprüchlich sind –, darf der VR dies nicht untätig hinnehmen, sondern muss beim VN (oder dem von ihm benannten Arzt) **klärende Rückfrage** halten. Kommt er dieser sog. **Nachprüfungsobliegenheit** nicht nach, kann er sich später (insbesondere nach Eintritt des Versicherungsfalls) nicht auf ein Rücktrittsrecht berufen (Einzelheiten bei Prölss/Martin/*Prölss*, § 19 Rn. 43 ff.).

57 *dd)* Zur Verteidigung gegen den Vorwurf einer Falschangabe sind drei Einwendungen von VN typisch:

- Die Frage, die im Antragsformular unrichtig beantwortet worden ist, soll der bei der Antragsverhandlung beteiligte Versicherungsagent überhaupt **nicht gestellt**, sondern die Beantwortung eigenmächtig vorgenommen haben. Ein solcher Klagevortrag zwingt den VR zum Beweis des Gegenteils (*BGH*, VersR 1996, 1529; 1991, 575; *OLG Karlsruhe*, EU vom 18. 5. 2010, 12 U 20/09 –).
- Gleiches gilt, wenn der VN geltend macht, der Agent habe die in Rede stehende Frage **anders gestellt** als im Formular vorgedruckt. Die gerichtliche Erfahrung lehrt, dass viele Versicherungsvertreter sich an den Wortlaut von Formularfragen nicht halten; zum angeblich besseren Verständnis der VN formulieren sie um und interpretieren den Frageinhalt, manchmal recht willkürlich, nach ihren eigenen Vorstellungen.
- Trägt der VN substantiiert vor, er habe die im Formular schriftlich falsch beantwortete Frage dem bei Antragstellung anwesenden Agenten **mündlich wahrheitsgemäß beantwortet**, muss der VR, weil er für den objektiven Tatbestand der Anzeigepflichtverletzung beweispflichtig ist, ebenfalls das Gegenteil nachweisen (*BGH*, VersR 1988, 234; NJW 2011, 1213).

Ein Versicherungsvertreter ist nämlich, wenn und soweit er für einen VR tätig wird, bildlich gesprochen als dessen **„Auge und Ohr"** anzusehen (st. Rspr., nunmehr gesetzlich geregelt, §§ 69 I Nr. 1, III 2, 70, 72 VVG), auch wenn er seine Wahrnehmungen nicht an den VR weitergegeben bzw. sogar im Antragsformular falsch dokumentiert hat. Da der Beweis nicht durch die Antragsurkunde geführt werden kann, wird in aller Regel der Vermittler zu vernehmen sein.

Praxistipp: Durchweg gibt es **objektive Gesichtspunkte**, die wertvolle Hinweise für die Bewertung der Zeugenaussagen geben können. Wenig plausibel erscheint es etwa, wenn der mit dem leistungssausschließenden Vorwurf einer Anzeigepflichtverletzung konfrontierte VN seine gegenteilige Sachverhaltsschilderung nicht bereits in der vorprozessualen Korrespondenz, sondern erst im Rechtsstreit – oft sogar erstmals in der Berufungsinstanz – vorbringt. Insbesondere die Auswertung des Anzeigeformulars bietet regelmäßig Anhaltspunkte, wie sorgfältig der Agent beim Eintrag der Antworten zu Gesundheitsfragen vorgegangen ist: Finden sich dort etwa sehr detaillierte Angaben auch zu Gesundheitsstörungen eher geringerer Bedeutung, kann dies durchaus ein wichtiges Indiz dafür sein, dass der Agent zum umstrittenen – weit schwerwiegenderen – Krankheitsumstand nicht zutreffend ins Bild gesetzt worden ist (beispielhaft *OLG Hamm*, VersR 2005, 773). Besondere Vorsicht ist allerdings dann geboten, wenn – wie sehr oft gerade in ländlichen Gegenden – langjährige freundschaftliche Beziehungen zwischen VN und Agent bestehen und dieser besonderes Vertrauen des VN genießt. Die Zurechnung des Agentenwissens entfällt bei **kollusivem Zusammenwirken** vom VN und Agenten zum Nachteil des VR (*BGH*, VersR 2008, 765, strenge Anforderungen).

ee) Kann der VR die objektive Anzeigepflichtverletzung beweisen, trifft den VN die Beweislast für fehlende grobe Fahrlässigkeit oder Vorsatz, § 19 III 1 VVG, bzw. auch leichter Fahrlässigkeit bei Anwendung alten Rechts (§ 16 III VVG aF) 58

ff) Bei grob fahrlässiger Anzeigepflichtverletzung kann der VN den Beweis antreten, dass die Pflichtverletzung für den Vertragsschluss nicht kausal war, § 19 IV 1 VVG. Davon zu unterscheiden ist das Fehlen der Kausalität zwischen falsch angegebenen oder verschwiegenen Umständen und dem Eintritt des Versicherungsfalles (§§ 21 II 1 VVG, 21 VVG aF*)*. 59

gg) Auch nach neuem Recht ist der VR leistungsfrei (§ 21 II 2 VVG) und zur **Anfechtung des Versicherungsvertrages** berechtigt (§ 22 VVG, § 123 BGB), falls eine **arglistige** Anzeigepflichtverletzung bzw. sogar Täuschung vorliegt. 60

Praxistipp: Vielfach wird Arglist bereits mit dem Verschweigen eines gefahrerheblichen Umstandes begründet. Arglist setzt jedoch mehr voraus als wissentlich falsche Angaben: Verlangt wird zwar kein Schädigungsvorsatz, wohl aber ein Täuschungswille: Der VN muss auf die Entscheidung des VR (Vertragsannahme) Einfluss nehmen wollen und sich daher bewusst sein – bedingter Vorsatz reicht –, dass der VR bei wahrheitsgemäßen Angaben den Versicherungsantrag möglicherweise nicht oder nur unter erschwerten Bedingungen annehmen werde (*BGH*, VersR 1957, 351; VersR 2008, 711; Beispiele für arglistiges Handeln bei Prölss/Martin/*Prölss*, § 22, Rn. 11).

Da der VR regelmäßig nicht weiß, warum der VN Falschangaben gemacht hat, ist es prozessual zunächst Sache des VN, seine Gründe darzulegen (*BGH*, VersR 2008, 242). 61

c) **Nicht rechtzeitige Prämienzahlung.** *aa)* Die Regelungen über die Prämien im neuen VVG weichen nicht unerheblich vom VVG aF ab. Nach § 33 I VVG tritt die Fälligkeit (außer bei einer vorläufigen Deckungszusage) nicht sofort mit Vertragsschluss ein. Auch nach neuem Recht (zum alten Recht vgl. insb. Prölss/Martin/*Knappmann*, § 37 Rn. 33 ff.) beginnt der **Versicherungsschutz grundsätzlich erst mit Zahlung der Erstprämie**, § 37 II 1 VVG. Nunmehr berechtigt die Nichtzahlung (nur teilweise Zahlung steht dem gleich, Prölss/Martin/*Knappmann*, § 37 Rn. 13) der einmaligen oder ersten Prämie nur dann zum Rücktritt, wenn der Versicherungsnehmer die Nichtzahlung zu vertreten hat. Eine Belehrung über diese Rechtsfolge ist nicht erforderlich (Prölss/Martin/*Knappmann*, § 37 Rn. 16). Die Rücktrittsfiktion des § 38 I 2 VVG aF ist entfallen. Solange der VR nicht zurückgetreten ist, kann er die Prämie verlangen. Nach erklärtem Rücktritt steht ihm nur eine angemessene Geschäftsgebühr zu, § 39 I 3 VVG. Voraussetzung einer Leistungsfreiheit nach § 37 II 1 VVG ist stets, dass der VR die **Erstprämie** zutreffend, dh auf den Cent genau, berechnet und ausgewiesen hat, sowie den VN hinreichend (§ 37 II 2 VVG) belehrt hat. Die Möglichkeit sich zu entschuldigen, hat der VN auch hier. 62

bb) Die Säumnis mit einer **Folgeprämie** hat für den VN zunächst keine Auswirkungen im Hinblick auf den Bestand des Versicherungsschutzes. Der VR wird nur dann leistungsfrei, wenn er den VN bei nicht rechtzeitiger Zahlung der ebenfalls richtig zu berechnenden und auszuweisenden Folgeprämie (*BGH*, VersR 1992, 1501) unter Setzung einer Nachfrist von mindestens zwei Wochen gemahnt hat und nach Fristablauf der Zahlungsverzug zum Zeitpunkt des Eintritts des Versicherungsfalls noch andauert (§ 38 VVG, § 39 VVG aF). § 38 I 2 VVG zeigt nunmehr deutlich auf, wie diese sog. **qualifizierte Mahnung** auszusehen hat. 63

In der gerichtlichen Praxis hat die Berufung eines VR auf § 39 VVG nur selten Erfolg. Fast regelmäßig bestreitet der VN den **Erhalt** einer qualifizierten Mahnung oder dessen Zeitpunkt, ohne dass der insoweit beweisbelastete VR den Zugang seines Mahnschreibens beweisen kann; der Nachweis der Absendung des Schriftstücks, selbst wenn es eine Einschreibsendung ist, reicht nicht (*BVerfG*, NJW 1991, 2757; *BGH*, VersR 1968, 241). Eine Erleichterung bringt nunmehr § 13 VVG. 64

d) **Gefahrerhöhung.** Leistungsfreiheit des VR oder Einschränkung der Leistungspflicht können auch wegen nachträglicher Gefahrerhöhung (§§ 23–29 VVG) eintreten. Das alte Recht kommt bei Altverträ- 65 gen bei Eintritt des Versicherungsfalles bis zum 31. 12. 2008 zur Anwendung, Art. 1 I, II EGVVG (Prüfungsschema bei Marlow/Spuhl, Rn. 291 ff.). Neben der Einschränkung der Leistungspflicht ist nunmehr neu ein Vertragsanpassungsrecht geregelt, § 25 I 1 VVG.

66 Zu unterscheiden sind die **subjektive** (also vom VN vorgenommene, § 23 I VVG) und die **objektive** (ohne Willen des VN eingetretene, § 23 III VVG) sowie die **nachträglich erkannte subjektive** Gefahrerhöhung (§ 23 II VVG, zur Konkurrenz zu den Anzeigepflichten und Obliegenheiten *Wrabetz/Reusch* in: Langheit/Wandt, § 23 Rn. 106 ff.).

67 Gefahrerhöhungen sind jeweils nach den jeweiligen Versicherungssparten und AVB zu beurteilen (sehr eingehend *Wrabetz/Reusch* in: Langheid/Wandt, § 23 Rn. 134 ff.). Die eine Gefahrerhöhung begründenden Umstände (zB Lagerung feuergefährlicher Stoffe), deren Zeitpunkt sowie die (positive) Kenntnis des VN davon hat der VR zu beweisen (*OLG Karlsruhe,* VersR 2003, 1124), nunmehr auch den Vorsatz bei der subjektiven Gefahrerhöhung. Der VN kann sich wie bisher von der groben Fahrlässigkeit entlasten, § 26 II 2 VVG. In den Fällen des § 23 II und III VVG muss er die unverzügliche Anzeigeerstattung sowie das Fehlen grober Fahrlässigkeit beweisen, § 26 II 2. Hs. VVG. Will der VN sich auf **fehlende Kausalität** der Gefahrerhöhung für den konkreten Versicherungsfall berufen, trägt er insoweit nach wie vor die **Beweislast,** § 26 III Nr. 1 VVG.

68 Gefahrerheblich und damit bedeutsam ist die Gefahrerhöhung nur, wenn sie **von gewisser Dauer** ist und der VR nachweisen kann, dass er – wäre ihm die aktuelle Gefahrenlage bei Abschluss des Vertrages bekannt gewesen – entweder nicht oder nur gegen Zahlung einer höheren Prämie abgeschlossen hätte.

69 Oft wird übersehen, dass das **Unterlassen eines möglicherweise gebotenen Tuns** (zB Nichtreparatur einer von Unbekannten beschädigten Tür; Nichtaustausch eines Schlosses nach Schlüsselverlust) keine veranlasste Gefahrerhöhung iSd § 23 I VVG darstellt (*Wrabetz/Reusch* in: Langheid/Wand, § 23 Rn. 62 ff. mwN zum alten Recht). Ein solches Verhalten wird vielmehr unter den Gesichtspunkten der Herbeiführung eines Versicherungsfalles (§ 81 VVG) oder als Obliegenheitsverletzung nach § 28 VVG zu beurteilen sein. Den VN, der es unterlässt, eine nicht von ihm und gegen seinen Willen herbeigeführte Gefahrerhöhung zu beseitigen oder zu mindern, trifft kraft Gesetzes nur eine **Anzeigeobliegenheit,** nicht aber auch die Obliegenheit, die Gefahrerhöhung wieder zu beseitigen.

70 e) **Herbeiführung des Versicherungsfalles durch den VN.** *aa)* **Im Bereich der Schadensversicherung** trat bei vorsätzlicher oder grob fahrlässiger Herbeiführung des Versicherungsfalles durch den VN Leistungsfreiheit des VR ein, § 61 VVG aF. Während bei vorsätzlichem Handeln des VN der VR nach wie vor leistungsfrei wird, § 81 I VVG, berechtigt grob fahrlässiges Verhalten den VR nur mehr je nach Schwere des Verschuldens zur Kürzung seiner Leistung. Es muss also gequotelt werden.

71 **Vorsätzliche Herbeiführung** des Versicherungsfalles (bedingter Vorsatz genügt, vgl. zur Haftpflichtversicherung Prölss/Martin/*Lücke*, § 103 Rn. 5 ff.) verlangt nicht unbedingt ein eigenhändiges Handeln des VN. Es reicht aus, dass der Versicherungsfall mit seinem Wissen und Wollen von Dritten verursacht wird (zB Anstiftung zur Brandstiftung, „bestellter" Einbruch oder Fahrzeugdiebstahl).

72 Dieser Nachweis kann vom VR oft nur als **Indizienbeweis** geführt werden. Einen Anscheinsbeweis für individuelle Verhaltensweisen von Menschen in bestimmten Lebenslagen gibt es nicht (*BGH,* VersR 1988, 683). Jedes Indiz ist zunächst für sich und sodann – und zwar **unbedingt** – (ua *BGH,* NJW-RR 1996, 664) im Wege einer **Gesamtschau** aller Umstände zu bewerten (instruktiv *BGH,* VersR 2005, 1387; *BGH,* VersR 2007, 59).

73 **Strafrechtliche Ermittlungsakten** darf das Gericht trotz Widerspruchs einer Partei jederzeit beiziehen. Auf Antrag der beweispflichtigen Partei können auch in derartigen Akten niedergelegte Zeugenaussagen und Sachverständigengutachten im Wege des **Urkundsbeweises** verwertet werden (*BGH,* VersR 1995, 1370; 1992, 1028). Dies ist nur dann unzulässig, wenn eine Partei zum Zwecke des unmittelbaren Beweises die Vernehmung des betreffenden Zeugen oder die Anhörung des Sachverständigen verlangt (*BGH,* VersR 1995, 1370, s. a. *Thomas/Putzo/Reichhold*, ZPO, 32. Aufl. § 286 Rn. 11). Der VR muss den Vollbeweis führen, allerdings sollte man die Beweisanforderungen nicht überspannen.

74 Für ein ohne sein Wissen und Wollen von einem **Dritten** verübtes Fehlverhalten (instruktiv *Knappmann,* VersR 1997, 261) braucht der VN grundsätzlich nicht einzustehen; die Zurechnungsnorm des § 278 BGB ist nicht anwendbar. Dies ist nur dann anders, wenn der Dritte sein **Repräsentant** ist. Der versicherungsrechtliche Repräsentantenbegriff wird von VR im Prozess oft überstrapaziert. Nach der Rechtsprechung des BGH (VersR 1993, 828) kann Repräsentant nur sein, wer befugt ist, selbständig in einem gewissen, nicht ganz unbedeutenden Umfang für den VN zu handeln (**Risikoverwaltung**). Er muss in dem Geschäftsbereich, zu dem das versicherte Risiko gehört, aufgrund eines Vertretungs- oder ähnlichen Verhältnisses **an die Stelle des VN getreten** sein; die bloße Überlassung der Obhut über die versicherte Sache reicht nicht aus. Der BGH unterscheidet nunmehr auch zwischen Repräsentation kraft Gefahrverwaltung und Vertragsverwaltung (*BGH,* VersR 2007, 673). Auf eine Kurzformel gebracht, wird eine Repräsentantenstellung im Allgemeinen dann anzunehmen sein, wenn der VN sich auf Dauer in vollem Umfang der Risikoverwaltung begeben hat (vgl. Beispiele bei Prölss/Martin/*Prölss*, § 81 Rn. 40; *HK/Felsch*, § 28 Rn. 113).

Die Annahme **grober Fahrlässigkeit** setzt ein Verhalten des VN voraus, von dem er wusste oder wissen musste, dass es geeignet war, den Eintritt des Versicherungsfalles oder die Vergrößerung des Schadens zu fördern (Prölss/Martin/*Prölss,* § 81 Rn. 15). Im Gegensatz zur einfachen Fahrlässigkeit ist somit auch in subjektiver Hinsicht ein unentschuldbares Fehlverhalten, das ein gewöhnliches Maß erheblich übersteigt, erforderlich (*BGH,* VersR 1989; 582; zum sogenannten **Augenblicksversagen** vgl. Prölss/Martin/*Prölss,* § 81 Rn. 18 mit Beispielsfällen). Einen Anscheinsbeweis gibt es auch insoweit nicht. Diese strengen Anforderungen verdeutlichen, dass der **Begriff der groben Fahrlässigkeit** in der gerichtlichen Praxis **eng** zu handhaben ist. Man muss sich stets vergegenwärtigen, dass ein VN eine Schadensversicherung nicht zuletzt auch im Hinblick auf die Gefahr eigenen fahrlässigen Fehlverhaltens abschließt und deshalb insoweit auch eine nicht allzu restriktive Deckungsbereitschaft seines VR erwarten darf. Dementsprechend haben die VR ein durchschnittliches Nachlässigkeitsrisiko auch bei ihrer Prämiengestaltung berücksichtigt. 75

Oft wird übersehen, dass nur ein nachweislich für den Eintritt des Versicherungsfalls **ursächliches** oder zumindest mitursächliches grob fahrlässiges Verhalten des VN oder seines Repräsentanten schadet. In den häufigen Fällen, in denen der Vorwurf grober Fahrlässigkeit insbesondere auf die **Zeitdauer des Fehlverhaltens** gestützt wird (zB mehrtägiges Belassen eines Erdgeschoßfensters in Kippstellung), muss deshalb der VR nachweisen, dass die beklagte lange Zeitdauer für den Eintritt des Versicherungsfalls überhaupt mitursächlich geworden ist. Dieser Nachweis lässt sich nicht führen, solange nicht auszuschließen ist, dass der Versicherungsfall bereits nach einer nicht grobe Fahrlässigkeit begründenden Zeit eingetreten ist (etwa schon kurz, nachdem der VN seine Wohnung verlassen hat, *OLG Hamm,* NJW-RR 2001, 816). Kausalitätsprobleme entstehen für den VR stets auch dann, wenn er grobe Fahrlässigkeit darauf gründet, dass der VN einen **Schlüssel unsicher aufbewahrt** hat. Auch hier bleibt er beweisfällig, wenn offen bleibt, ob dieser Schlüssel vom Täter zur Entwendung tatsächlich benutzt worden ist (anschaulich *OLG Oldenburg,* NJW-RR 2010, 405; *OLG Celle,* r+s 2010, 149). 76

bb) In der **Fahrzeugversicherung** muss der VN eine Leistungskürzung im Wege der Quotelung wegen grob fahrlässiger Unfallverursachung regelmäßig bei einem erheblichen **Rotlichtverstoß** (*BGH,* VersR 1992, 1085; s. a. *OLG Köln,* r+s 2010, 14)) oder **alkoholbedingter Fahruntüchtigkeit** (grundlegende Ausführungen auch über die Höhe der Kürzungsquote *OLG Hamm,* VersR 2011, 206; BGH VersR 2011, 1037) hinnehmen. 77

cc) In der **Unfallversicherung** wird die vom Unfallbegriff § 178 II 1 VVG vorausgesetzte **Unfreiwilligkeit des Unfallereignisses** zugunsten des VN von Gesetzes wegen (widerlegbar) vermutet, § 178 II 2 VVG. Aufgrund dieser **Beweislastumkehr** muss also der VR beweisen, dass der VN den Unfall freiwillig herbeigeführt hat. Dieser Nachweis wird meist dadurch geführt, dass der VR mit sachverständiger Hilfe beweist, der Geschehensablauf könne sich so, wie er vom VN vorgetragen wurde, nicht ereignet haben. 78

Praxistipp: In den Fällen des Verdachts von Selbstverstümmelung wird in aller Regel ein Gutachten eines Rechtsmediziners erforderlich sein. Zu denken ist auch an ein unfallanalytisches oder biomechanisches Gutachten.

dd) Der VN einer **Haftpflichtversicherung** verliert den Versicherungsschutz nur bei **vorsätzlicher** Herbeiführung des Versicherungsfalles (§ 103 VVG, § 4 II Nr. 1 AHB); grobe Fahrlässigkeit schadet nicht. 79

f) Verletzung vertraglicher Obliegenheiten. Obliegenheiten sind an den VN gerichtete Verhaltensanforderungen (gefahrvorbeugende und gefahrbezogene Obliegenheiten sowie Auskunfts- und Aufklärungsobliegenheiten). Sie müssen ausdrücklich vereinbart sein. Auch insoweit hat sich das Recht grundlegend geändert. Neben der Aufgabe des „Alles-oder-Nichts-Prinzips" wurde entgegen § 6 VVG aF die Kündigungsmöglichkeit des VR auf das Vorliegen von Vorsatz oder grober Fahrlässigkeit beschränkt (§ 28 I VVG), die Leistungsfreiheit bzw. Leistungskürzung entsprechend der Regelung bei den vorvertraglichen Obliegenheitsverletzung gefasst, die Vorsatzvermutung abgeschafft (§ 28 II 1 VVG) und die generelle Möglichkeit des Kausalitätsgegenbeweises eingeführt (§ 28 III VVG). § 6 VVG aF gilt nach einer Übergangsfrist (Art 1 I EGVVG-2008) weiter für bis zu 31. 8. 2008 eingetretene Versicherungsfälle (Art 1 II EGVVG-2008). Prüfungsschema bei Marlow/Spuhl, Rn. 395; (Gegenüberstellung der Sanktionensysteme ua bei *HK/Felsch,* § 28 Rn. 227, 228). 80

Da Obliegenheiten nur einem **prüfbereiten** VR gegenüber zu erfüllen sind, kann eine Verletzung grundsätzlich nur bis zu einer deckungsablehnenden Entscheidung begangen werden (*BGH,* VersR 2007, 116). Unrichtige Angaben **im Prozess** schaden dem VN daher regelmäßig nicht. Ist vorprozessual eine endgültige Leistungsablehnung nicht erfolgt, ist sie jedenfalls in der Einreichung eines mit Klageabweisungsantrag versehenen prozessualen Schriftsatzes des VR zu sehen. 81

aa) **Nach altem Recht** brauchte der VR nur die **objektive** Obliegenheitsverletzung darzulegen und erforderlichenfalls zu beweisen. Außerdem muss er aber – was nicht selten übersehen wird – den Versicherungsvertrag binnen Monatsfrist **gekündigt** haben (§ 6 I 3 VVG aF). 82

bb) **Nach neuem Recht** ist die rechtzeitige Kündigung keine Voraussetzung für die Leistungsfreiheit mehr. Gem. § 28 IV VVG trifft den VR nunmehr eine Belehrungspflicht über die Folgen der Verletzung 83 einer Auskunfts- oder Aufklärungsobliegenheit. Einen Anscheinsbeweis gibt es nicht und allein von objektiven Falschangaben kann nicht auf den Vorsatz rückgeschlossen werden (Marlow/Spuhl, Rn. 318). Zu beachten ist ferner, dass der **Kausalitätsgegenbeweis** dem insoweit beweispflichtigen VN abweichend von § 6 II und III 1 VVG aF nunmehr uneingeschränkt bei Vorsatz und grober Fahrlässigkeit offen steht (§ 28 III 1 VVG), nicht jedoch bei Arglist (§ 28 III 2 VVG). Dies gilt nunmehr bei Verletzung von Obliegenheiten vor und nach Eintritt des Versicherungsfalles. Strittig ist allerdings, ob auf die konkrete, auf den Versicherungsfall bezogene Kausalität abzustellen ist oder auf die abstrakte (so die sog. **Relevanzrechtsprechung** des BGH zu § 6 VVG aF, VersR 1984, 228; vgl. Prölss/Martin/*Prölss*, VVG, 27. Aufl., § 34 aF Rn. 22). Richtigerweise wird man nach dem Wortlaut der Vorschrift auf die **konkrete Kausalität** abzustellen haben (so ua Prölss/Martin/*Prölss*, § 28 Rn. 143). Hierbei ist zu unterscheiden, ob es sich um gefahrvorbeugende, gefahrmindernde oder um Obliegenheiten nach Eintritt des Versicherungsfalles handelt (vgl. zur Unterscheidung mit Beispielen Prölss/Martin/*Prölss*, § 28 Rn. 144 ff.). Je nach dem kann der VN nachweisen, dass der Versicherungsfall auch bei Erfüllung der Obliegenheit eingetreten wäre, oder keinen Einfluss auf die Feststellung des Versicherungsfalles oder die Leistungspflicht des VR gehabt hat.

84 *cc)* Hauptanwendungsfall für vertragliche Obliegenheitsverletzungen ist eine **Aufklärungsobliegenheitsverletzung** (§§ 31 VVG, 34 VVG aF in Form von Falschangaben des VN im **Schadensanzeigeformular** (in der Fahrzeugversicherung zB zu Vorschäden des versicherten Fahrzeugs, seiner Laufleistung, seinem Kaufpreis, etc.). § 28 IV VVG verlangt nunmehr eine generelle Belehrung des VN über die Rechtsfolgen der Verletzung von Auskunfts- und Aufklärungsobliegenheiten).

85 Wie bei Antragsfragen kommt es auch für das Verständnis von Formularfragen einer Schadenanzeige auf die Sicht eines verständigen VN an; die Unklarheit von Fragen geht zu Lasten des VR (*BGH*, r+s 1989, 5; sehr instruktiv *OLG Hamm*, VersR 2008, 1102). Regelmäßig ist der VN nicht gehalten, zu Punkten, nach denen der VR nicht gefragt hat, von sich aus ungefragt Angaben zu machen (*BGH*, VersR 2006, 258). Nur ausnahmsweise erschöpft sich die Auskunftspflicht des VN nicht in der formalistischen Beantwortung des Wortlauts der gestellten Fragen, wenn nämlich der Sinn der Frage – Ermöglichung einer sachgerechten Entschließung des VR über die Behandlung des Versicherungsfalles – eine weitergehende Auskunft erkennbar notwendig macht. Dies ist zB dann anzunehmen, wenn der Sachverhalt – für den VN erkennbar – von den üblichen Umständen der Schadensfälle abweicht (*BGH*, VersR 1993, 828; Beispiele bei Prölss/Martin/*Prölss*, § 31 Rn. 14; s. a. *OLG Frankfurt*, r+s 2010, 514).

86 *dd)* Der VR muss den **objektiven** Tatbestand der Obliegenheitsverletzung darlegen und gegebenenfalls beweisen.

87 Da jede Aufklärungsobliegenheit ein **Aufklärungsbedürfnis** auf Seiten des VR voraussetzt, kann sie schon objektiv nicht verletzt werden, wenn der VN beweisen kann, dass der VR bereits **positive Kenntnis** hatte (instruktiv *KG Berlin*, r+s 2011, 15). Maßgeblich ist die Kenntnis bis zum Zeitpunkt der Regulierung (*Rixecker*, r+s 2009, 347; aA Marlow/Spuhl, Rn. 368). Die Kenntnis hat der VN zu beweisen, *OLG Köln*, r+s 2007, 100). Die bloße Möglichkeit, sich – etwa durch Einsichtnahme in die strafrechtlichen Ermittlungsakten – über die erfragten Fakten zu informieren, reicht dazu aber nicht aus (bezüglich beim VR gespeicherten Datenmaterials vgl. *BGH*, VersR 2007, 481; s. a. *OLG Köln*, r+s 2007, 100).

88 Selbstverständlich gelten auch für den Bereich der Schadenanzeige die **„Auge und Ohr"-Rechtsprechung** sowie die Beweislast des VR dafür, dass beim Mitwirken eines Agenten die Formularfragen **vollzählig und richtig gestellt** worden sind (vgl. dazu o. Rn. 57).

89 Die **Nichtbeantwortung einer Frage** stellt (nur) dann eine objektive Obliegenheitsverletzung dar, wenn trotz Beanstandung durch den VR der VN keine Auskunft erteilt hat. Sieht der VR von einer ihm möglichen Nachfrage beim VN ab, kann er sich im nachfolgenden Deckungsprozess nach Treu und Glauben nicht auf Leistungsfreiheit (oder Leistungskürzung) berufen (*BGH*, NJW-RR 2008, 979).

90 Steht die objektive Obliegenheitsverletzung fest, muss nach altem Recht der VN die in § 6 III VVG aF enthaltene **gesetzliche Vorsatzvermutung** ausräumen, nach neuem Recht die Vermutung der groben Fahrlässigkeit, § 28 II 2 VVG. Vorsatz bedeutet das Wollen der Obliegenheitsverletzung im Bewusstsein des Vorhandenseins der Verhaltensnorm (*BGH*, VersR 1993, 960); bedingter Vorsatz reicht aus (zum **Begriff der groben Fahrlässigkeit** eingehend Prölss/Martin/*Prölss*, § 28 Rn. 121 mit Beispielen).

Praxistipp: Der Richter sollte den VN stets im Rahmen des **§ 141 ZPO** persönlich dazu hören, wie es zu der Obliegenheitsverletzung gekommen ist.

91 **Falschangaben eines Dritten** sind dem VN nur dann zuzurechnen, wenn jener sein **Repräsentant** (vgl. dazu o. Rn. 69) oder sein sogenannter **Wissenserklärungsvertreter** ist. Als solcher wird behandelt, wer vom VN – nicht unbedingt rechtsgeschäftlich durch Vollmachtserteilung – mit der Erfüllung von dessen Obliegenheiten, insbesondere mit der Abgabe von Erklärungen gegenüber dem Versicherer betraut ist (*BGH*, VersR 1993, 960; VersR 2008, 765; Beispiele bei Prölss/Martin/*Prölss*, § 28 Rn. 86; *HK/Felsch*, § 28 Rn. 119).

92 **g) Versäumung der Klagefrist.** Nach altem Recht kann der VR gem. **§ 12 III VVG aF** allein wegen Versäumung einer dem VN gesetzten 6-Monats-Klagefrist leistungsfrei werden. Die Frist beginnt mit

dem Zugang eines mit einer entsprechenden Fristsetzung versehenen Schreibens des VR beim VN, durch das ein von diesem erhobener Versicherungsanspruch abgelehnt wird. Ob eine Frist nach § 12 III VVG aF bei Altverträgen nach dem 31. 12. 2007 noch gesetzt werden kann, ist in Literatur und Rechtsprechung äußerst umstritten. Der 20. Senat des OLG Köln (r+s 2011, 11) hat dies bejaht mit der Begründung, dass anzunehmen sei, der Gesetzgeber hätte eine eindeutige Regelung getroffen, wenn er die Anwendbarkeit des § 12 III VVG aF hätte ausschließen wollen (s. a. *LG München I,* r+s 2010, 317; *LG Dortmund,* VersR 2010, 193 und VersR 2010, 196; *HK/Muschner,* Art 1 EGVVG, Rn. 29 ff.).

Das OLG München (unveröffentlichter Hinweisbeschluss vom 3. 2. 2011, 25 U 4735/10) hat die Fristsetzung bei Altverträgen nach dem 31. 12. 2007 mit der Begründung verneint, dass Art 3 IV und 1 IV EGVVG als einschlägige Sondervorschriften gegenüber Art 1 I EGVVG anzusehen seien. Die Ausnahmeregelung in Art 1 IV EGVVG betreffe ausdrücklich nur laufende Fristen (*Looschelders* in: Langheit/Wandt, Art. 1 EGVVG Rn. 29; Prölss/Martin/*Armbrüster*, Art 1 EGVVG Rdnr 46; *Marlow*, VersR 2010, 198; so nunmehr auch der 9. Senat des *OLG Köln*, r+s 2011, 150). Dem dürfte zuzustimmen sein, da der Gesetzgeber die Streichung des § 12 III VVG, den der BGH als keine einer ausdehnenden Auslegung zugänglichen Vorschrift angesehen hat (VersR 2007, 347), als unbedingt notwendig angesehen und eine weitgehende Fortgeltung daher wohl kaum gewollt hat. 93

4. Anspruchshöhe

a) Die Ermittlung der von einem SchadensVR zu zahlenden Entschädigung erfolgt ebenso wie die des Grades einer unfallbedingten Invalidität in der Unfallversicherung **entsprechend § 287 ZPO.** 94

Da die Schadensschätzung dem Wiederbeschaffungswert (§ 88 VVG), der betroffenen Sachen so nahe wie möglich kommen soll, darf sie nicht im luftleeren Raum stattfinden. Der VN muss deshalb, soweit ihm möglich und zumutbar, **greifbare Anknüpfungstatsachen** vorbringen und belegen (zB durch Anschaffungsrechnungen, Beschreibungen oder Lichtbilder, Zeugenbeweisantritt; vgl. zu Berechnungsgrundlagen Prölss/Martin/*Armbrüster*, § 88 Rn. 13 ff.). Die Schätzung (nur) eines Mindestschadens kommt allenfalls dann in Betracht, wenn die vorhandenen Schätzungsgrundlagen derart dürftig sind, dass ein hinreichend zuverlässiges Bild zum Schadensumfang nicht gewonnen werden kann. 95

Ob das Gericht eine **Beweisaufnahme zur Schadenshöhe** durchführt, zB einen Sachverständigen hört, steht in seinem pflichtgemäßen Ermessen. Eine Bindung an Parteianträge besteht insoweit nicht (§ 287 I 2 und II ZPO). Nach § 287 I 3 ZPO kann auch der beweispflichtige VN über den Schadensumfang vernommen werden. Anders als § 448 ZPO setzt die Parteivernehmung nach § 287 I 3 ZPO eine bereits durch andere Beweismittel ermittelte gewisse Wahrscheinlichkeit der Richtigkeit des Klagevortrags (sog. Anbeweis) nicht voraus (*BGH,* VersR 1988, 75). 96

b) Die meisten Versicherungsverträge bestimmen abweichend von § 88 VVG (**Zeitwert**) den **Neuwert** als Versicherungswert (zB § 7 Nr. 1 a AFB 2008). AVB können auch Wiederherstellungsklauseln enthalten (zB §§ 9 Nr. 1 b AFB 2008, 10 Nr. 1 VGB 2008). In diesen Fällen entsteht der Anspruch auf den Zeitwert der Sache übersteigenden Entschädigungsanteil (sog. **Neuwertspitze**) erst dann, wenn die Verwendung der Entschädigung für die Wiederbeschaffung sichergestellt ist (vgl. § 13 Nr. 7 VHB 2008). Das ist bereits dann anzunehmen, wenn vom VN ein entsprechender Reparatur- oder Kaufvertrag verbindlich geschlossen worden ist (instruktiv *OLG Köln,* VersR 2009, 498). § 93 VVG enthält keine Wiederherstellungsklausel, sondern nur eine Auslegungsregel (Prölss/Martin/*Armbrüster*, § 93 Rn. 1). 97

5. Zinsanspruch

Zahlungsverzug des VR tritt bereits aufgrund einer ernstlichen und endgültigen **Leistungsablehnung** ein, § 286 II Nr. 3 BGB. Ansonsten bedarf es in aller Regelung einer Mahnung. 98

Ohne Vorliegen von Fälligkeit und Verzugsvoraussetzungen ist die zu zahlende Entschädigung bei der Sachversicherung zu verzinsen, § 91 VVG, bisher nur bei der Feuerversicherung, § 94 a VVG aF. 99

Falls daneben auch ein auf Zahlungsverzug des VR beruhender Zinsanspruch gegeben ist, findet allerdings keine Addition der Ansprüche statt; vielmehr wird der jeweils höhere Zinssatz, in dem der niedrigere Zins im Wege der Konsumtion aufgeht, vom VR geschuldet (Prölss/Martin/*Armbrüster*, § 91 Rn. 5). 100

2. Teil. Rückforderungsprozess

Wenn ein VR erst nach erfolgter Regulierungsleistung zur Erkenntnis gelangt, dass er zu Unrecht gezahlt hat, kommt es meistens zu einer auf **Rückzahlung erbrachter Entschädigungen** gerichteten Klage. 101

Der VR, der seine Entschädigungszahlung regelmäßig wegen **ungerechtfertigter Bereicherung (§ 812 I 1 BGB)** des VN zurückverlangt, muss beweisen, dass seine Leistung **rechtsgrundlos** erfolgt ist. Für den Deckungsprozess geltende Beweiserleichterungen finden im Rückforderungsprozess keine Anwendung. 102

103 Deshalb muss der VR den **Vollbeweis** (§ 286 I 1 BGB) führen, dass in Wahrheit der seiner Regulierungsleistung zugrundegelegte **Versicherungsfall** zB Entwendung **nicht stattgefunden** hat (*BGH*, VersR 2010, 1020) Auch wenn er nachträglich eine **Obliegenheitsverletzung** des VN feststellt, die ihn bei früherer Erkenntnis zur Nichtregulierung veranlasst hätte, ist der VR **umfassend beweispflichtig.**

104 An dieser Beweislastverteilung ändert sich regelmäßig auch dann nichts, wenn der VR **„unter Vorbehalt"** reguliert hat); im Zweifel handelt es sich dabei lediglich um den Ausschluss der Wirkungen des § 814 BGB. Daran ändert sich auch nichts, wenn der VR „vorbehaltlich Einsichtnahme in die amtlichen Ermittlungen" gezahlt hat (*BGH*, VersR 2003, 1165). Hat der VR eine Vorschusszahlung auf den Versicherungsfall „Einbruchsdiebstahl" erbracht, muss er allerdings nicht den Nachweis führen, dass der Einbruchsdiebstahl nicht stattgefunden hat, es genügt der Nachweis, dass keine Einbruchsspuren vorhanden gewesen seien (*OLG Koblenz*, NJW-RR 2010, 140).

105 Hat der VR die Versicherungsleistung in Unkenntnis eines leistungsbefreienden Tatbestandes nicht an den VN, sondern unmittelbar an den **Versicherten** oder an einen **Zessionar** erbracht, ist Bereicherungsschuldner gleichwohl der VN (*BGH*, VersR 1993, 1007; NJW 2005, 1396, str. vgl. *HK/Muschner*, § 44 Rn. 6).

106 Soweit der Rückforderungsanspruch auf **unerlaubte Handlung (§§ 823 II BGB, 263 StGB: Versicherungsbetrug)** gestützt wird, ist der VR selbstverständlich ebenfalls voll beweispflichtig. Besteht der Betrug nicht im Vortäuschen des Versicherungsfalls, sondern in einer arglistigen Täuschung zur Anspruchshöhe, ist zu beachten, dass nur der Betrag, zu dem erfolgreich getäuscht wurde, nicht aber die gesamte Regulierungsleistung vom VR zurückverlangt werden kann: Der Anspruch aus unerlaubter Handlung ist auf den Ausgleich des **durch den Betrug entstandenen Schadens** gerichtet; das ist lediglich der Betrag, den der VN für nachweislich nicht vom Versicherungsfall betroffene Gegenstände erstattet hat (*OLG Hamm*, r+s 1998, 292).

3. Teil. Haftung der Versicherer und Vermittler für Beratungsfehler

108 Die Beratungspflichten der VR und Vermittler (s.a. Verordnung über Informationspflichten bei Versicherungsverträgen – VVG InfoV) wurden in § 6 VVG ebenso neu geregelt wie das Vermittlerrecht, §§ 59–68 VVG. §§ 59 und 66 VVG beschreiben den personellen Anwendungsbereich, enthalten also Legaldefinitionen des Versicherungsvertreters, des Versicherungsmaklers und des Versicherungsberaters. In § 59 III 2 VVG ist nunmehr auch der Pseudomakler (Vertreter, der den Schein erweckt, Makler zu sein) geregelt, für den eine Rechtsscheinshaftung begründet wird. Ausdrücklich normiert und mit einer Sanktionsvorschrift versehen wurden die Regelungen für Vertreter und Makler (§§ 60, 61 und 63 VVG).

109 Nach altem Recht waren Schadensersatzklagen des VN gegen einen Versicherungsvertreter aus Anlass einer **culpa in contrahendo** oder **positiven Vertragsverletzung** nur selten erfolgreich, weil diese Ansprüche zunächst die Inanspruchnahme eines besonderen Vertrauens oder ein unmittelbares eigenes wirtschaftliches Interesse voraussetzten (*BGH*, VersR 1991, 1052). Durch die Neuregelung des Schadensersatzanspruches in § 63 VVG dürfte nach richtiger Ansicht ein Anspruch aus §§ 280 I, 311 III, 241 II BGB gegen den Vermittler ausgeschlossen sein (Prölss/Martin/*Dörner*, § 63 Rn. 9, *Reiff* in: Langheid/Wandt, § 63 Rn. 22 ff.).

110 Häufig wird es allerdings bereits an einem durch den Vermittler verursachten Schaden auf Seiten des VN fehlen, da der VR selbst einzustehen hat, sofern er (durch den Vertreter) eigene Beratungspflichten verletzt hat (vgl. § 6 VVG, Schadensersatzpflicht § 6 V VVG) oder für ein Fehlverhalten seines Agenten bei Fehlen eigener Beratungspflichten sehr weitgehend gem. § 278 BGB haftet und deshalb vertragsgemäß Versicherungsschutz zu gewähren hat.

B. XIV. Der Urheberrechtsprozess

Bolko Rachow

Übersicht

Literatur: *Dreier/Schulze,* UrhG, 3. Aufl. 2008; *Faustmann, Ramsperger,* Abmahnkosten im Urheberrecht – Zur Anwendbarkeit des § 97a Abs. 2 UrhG, MMR 2010, 662; *Fromm/Nordemann,* Urheberrecht, 10. Aufl. 2008; *Köhler/Bornkamm,* UWG, 28. Aufl. 2010; *Kühnen,* Die Besichtigung im Patentrecht – Eine Bestandsaufnahme zwei Jahre nach „Faxkarte", GRUR 2005, 185; *Limper/Musiol,* Handbuch des Fachanwalts Urheber und Medienrecht, 2011; *Mayer/Krois,* RVG, 3. Aufl. 2008; *Moos/Gosche,* Datenspeicherung auf Zuruf, CR 2010, 499; *Schricker,* Urheberrecht, 4. Aufl. 2010; *Wandtke/Bullinger,* Urheberrecht, 3. Aufl. 2009.

I. Überblick über das Urheberrecht

Das Urheberrecht ist im „Gesetz über Urheberrecht und verwandte Schutzrechte (Urheberrechtsgesetz)" vom 9. 9. 1965 – im folgenden „UrhG" – geregelt. Darin werden im Teil 1. als **Urheberrechte Werke der Literatur, Wissenschaft und Kunst** zugunsten der Urheber geschützt, und im Teil 2. unter der Überschrift „Verwandte Schutzrechte" als sog. **Leistungsschutzrechte** bestimmte mit Urheberrechten im Zusammenhang stehende Leistungen wie zB die Darbietung des ausübenden Künstlers oder Investitionsleistung des Tonträger- oder Filmherstellers. 1

Die Schutzrichtung des Urheberrechts ist in § 11 UrhG vorgegeben: *„Das Urheberrecht schützt den Urheber in seinen geistigen und persönlichen Beziehungen zum Werk und in der Nutzung des Werkes. Es dient zugleich der Sicherung einer angemessenen Vergütung für die Nutzung des Werkes."* Diese geistigen und persönlichen Beziehungen erfassen die dem Urheber in Bezug auf sein Werk zustehenden **Befugnisse**, die ihm zustehenden **Abwehrrechte** und die von ihm – mit oder ohne Vergütung – hinzunehmenden **Eingriffe**. Die Befugnisse ergeben sich aus den – im Kern unverzichtbaren – **Urheberpersönlichkeitsrechten** (§§ 12–14 UrhG), den **materiellen Verwertungsrechten** (§§ 15–24 UrhG) und den (wenig prozessrelevanten) Folgerechten (§§ 25–27 UrhG). Nach der Gesetzessystematik ist der Urheber mit der Schaffung des Werks originärer ausschließlicher Inhaber aller aus seinem Werk ausfließenden Rechte. Will ein Dritter das Werk nutzen, bedarf er grundsätzlich eines vom Urheber abgeleiteten Rechts zu der konkreten Nutzung oder ihm muss die Nutzung durch eine der sog. Schrankenregelungen (zB das Zitatrecht des § 51 UrhG oder das Recht auf Privatkopie des § 53 UrhG) gestattet sein. Die Regelungen 2 über den Rechtsverkehr im Urheberrecht finden sich in den §§ 28–44 UrhG, die über die Schranken in den §§ 44a–63a UrhG. Die Abwehrrechte – Unterlassung, Schadensersatz usw. – sind in den §§ 97ff. UrhG geregelt. Die **Sicherung einer angemessenen Vergütung** wird unter Durchbrechung des Grundsatzes der Vertragsfreiheit durch gerichtlich durchsetzbare Ansprüche auf nachträgliche Vertragsanpassung gewährleistet.

Die Schutzsystematik der Leistungsschutzrechte ist denen der Urheberrechte vergleichbar, vielfach wird auf die Vorschriften des 1. Teils verwiesen. Will ein Dritter nutzen, muss er das Recht vom Leistungsschutzberechtigten ableiten oder es muss eine Schranke greifen. Die **Befugnisse** ergeben sich aus den jeweiligen Regelungen der einzelnen Leistungsschutzrechte, die **Abwehrrechte** ergeben sich aus den gemeinsamen Regelungen der §§ 97ff. UrhG.

II. Die gerichtliche Zuständigkeit

1. Sonderzuständigkeiten für Urheberrechtsstreitsachen

3 a) **Urheberrechtsstreitsachen.** Urheberrechtsstreitsachen sind alle zivilrechtlichen Streitigkeiten, bei denen sich das Klagebegehren als Folge eines Sachverhalts darstellt, der nach Urheberrecht zu beurteilen ist (*BGH*, GRUR 1988, 206, 207 – Kabelfernsehen II). Dabei ist nicht erforderlich, dass ein Anspruch aus einem Urheber- oder Leistungsschutzrecht geltend gemacht wird, sondern es reicht, dass im Rahmen der Anspruchsprüfung eine urheberrechtliche Fragestellung zu prüfen ist.

4 b) **Rechtsweg.** Für Urheberrechtsstreitsachen ist nach § 104 UrhG der ordentliche Rechtsweg gegeben. Das gilt auch für Urheberrechtsstreitsachen aus Arbeits- oder Dienstverhältnissen; insoweit ist aber auch der Weg zum Arbeits- oder Verwaltungsgericht eröffnet, wenn es nur um Ansprüche auf Leistung einer vereinbarten Vergütung geht.

5 c) **Gerichte für Urheberrechtsstreitsachen.** Nach § 105 UrhG sind die Landesregierungen ermächtigt, durch Rechtsverordnungen Urheberrechtsstreitsachen verschiedener Gerichtsbezirke bei einem Gericht zu konzentrieren. Das gilt, da sich für Urheberrechtsstreitsachen die sachliche Zuständigkeit streitwertabhängig nach den §§ 23 Nr. 1, 71, 72 GVG beurteilt, sowohl für Amts- als auch für Landgerichte. Von dieser Konzentrationsmöglichkeit, die eine funktionelle Zuständigkeit mit Ausschließlichkeitswirkung begründet, ist umfangreich Gebrauch gemacht worden. Übersichten über die jeweiligen Landesverordnungen und die danach zuständigen Gerichte finden sich in allen Kommentaren zum UrhG zu § 105. Eine Übersicht über die die jeweiligen Landesverordnungen findet sich im Schönfelder Nr. 65 Fn. 5 zu § 105 UrhG. Die dadurch bestimmten Gerichte sind für Urheberrechtsstreitsachen ausschließlich zuständig (Dreier/*Schulze*, § 105 Rn. 6; Schricker/*Wild*, § 105 Rn. 6). Die Begründung der Zuständigkeit eines Gerichts, welches nicht für Urheberrechtsstreitsachen zuständig ist, ist weder durch rügeloses Verhandeln och durch eine Gerichtsstandsvereinbarung möglich.

6 d) **Bedeutung für die Praxis.** Ein Richter an einem Gericht für Urheberrechtsstreitsachen weiß um seine Sonderzuständigkeit. Wird ein Richter, der sonst nicht mit Urheberrecht befasst ist, mit einer Sache konfrontiert, bei der es um urheberrechtliche Fragestellungen geht, so ist er nach dem weit gefassten Begriff der Urheberstreitsache (oben Rn. 3) – der häufig verkannt wird – im Regelfall nicht zuständig. Ist sein Gericht auch kein Gericht für Urheberrechtsstreitsachen, so verweist er die Sache nach Anhörung der Parteien von Amts wegen nach Art. 17a II GVG an das zuständige Gericht (Dreier/*Schulze*, § 105 Rn. 7; Schricker/*Wild*, § 105 Rn. 6). Ist sein Gericht ein solches für Urheberrechtsstreitsachen, dann sind diese Sachen üblicherweise im Geschäftsverteilungsplan einer bestimmten Abteilung oder Kammer zugewiesen; dorthin kann die Sache abgegeben werden. Kommen für die begehrte Rechtsfolge neben der urheberrechtlichen auch andere Anspruchsgrundlagen in Betracht, bleibt es eine Urheberrechtsstreitsache. Anders kann es bei einer Klagenhäufung sein; hier ist die Zuständigkeit für jeden prozessual selbständigen Anspruch gesondert zu prüfen. Gegebenenfalls bedarf es einer Abtrennung und Teilverweisung. Wird in einer Nichturheberrechtsstreitsache bei einem für Urheberrechtsstreitsachen funktionell unzuständigen Gericht eine Widerklage erhoben, die eine Urheberrechtsstreitsache zum Gegenstand hat, ist für die Widerklage keine Zuständigkeit nach § 33 ZPO gegeben. Das folgt aus § 33 Abs. 2 iVm § 40 II Nr. 2 ZPO, weil für den Gegenanspruch ein anderer ausschließlicher Gerichtsstand besteht (*Wandtke/Bullinger/Kefferpütz,* § 105 Rn. 21).

2. Sachliche Zuständigkeit

7 Anders als für die gewerblichen Schutzrechte und Streitigkeiten nach dem UWG gibt es bei Urheberrecht keine erstinstanzliche sachliche Zuständigkeitskonzentration bei den Landgerichten; vielmehr beurteilt sich die sachliche Zuständigkeit nach den §§ 23 Nr. 1, 71, 72 GVG. Da Gegenstand der Urheberrechtsstreitigkeit häufig Unterlassungsansprüche sind, bei denen Streitwert anhand des Interesses des Verletzten auf Unterbindung künftiger Rechtsverletzungen nach § 3 ZPO zu schätzen ist, wird der Streitwert im Regelfall über 5.000,00 EUR liegen und das Landgericht zuständig sein (gute Übersicht bei *Mayer/Krois,* RVG, Anhang I Streitwerte, Rn. 294f.).

3. Örtliche Zuständigkeit

Die örtliche Zuständigkeit beurteilt sich wie in anderen Zivilprozessen. Da Urheberrechtsverletzungen unerlaubte Handlungen sind, wird häufig der Gerichtsstand des § 32 ZPO in Anspruch genommen. Das kann insbesondere bei Rechtsverletzungen im Internet, die überall aufrufbar sind (Tatbestand des § 19a UrhG), die Zuständigkeit aller deutschen Gerichte für Urheberrechtsstreitsachen begründen, unter denen der Verletzte nach § 35 ZPO das Wahlrecht hat (Dreier/*Schulze*, § 105 Rn. 9 mwN). Die sich daraus ergebende weitreichende Zuständigkeit steht allerdings in der Kritik. Bei lediglich regionalen Anbietern wird teilweise versucht, die Zuständigkeit wie im gewerblichen Rechtsschutz auf einen Bereich einzugrenzen, in dem bestimmungsgemäß ein Aufruf des Internetauftritts mit der Rechtsverletzung erwartet werden kann (vgl. *OLG München,* GRUR 2009, 320 – Internet-Kartografie). Höchstrichterliche Rspr. gibt es dazu nicht. Helfen könnte eine Entscheidung des BGH vom 2. 3. 2010 (GRUR 2010, Tz. 16 – New York Times) in einer Pressesache zur internationalen Entscheidungszuständigkeit, nach der (potentieller) Erfolgsort einer Rechtsverletzung jeder Ort ist, zu dem die angegriffenen Inhalte objektiv einen *deutlichen* Bezug aufweisen. Ein solcher Bezug besteht zu jedem Ort, an dem eine Kenntnisnahme nach den Umständen des konkreten Falls *erheblich* näher liegt als dies aufgrund der bloß theoretischen Möglichkeit des Abrufs der Fall wäre und die Beeinträchtigung des Persönlichkeitsrechts von der Meldung auch im Inland eintreten würde. Diese Grundsätze sollten sich auf die vergleichbare Situation im Urheberrecht für den Gerichtsstand des § 32 UrhG übertragen lassen. 8

4. Internationale Zuständigkeit

Bei der internationalen Zuständigkeit kann auf die vorstehenden Ausführungen zur örtlichen Zuständigkeit Bezug genommen werden. Zu beachten ist, dass eine internationale Entscheidungszuständigkeit nur aus unerlaubter Handlung auch nur zu Entscheidungen über die im Inland begangenen Rechtsverletzungen befugt. Wird ein geschütztes Werk im Ausland vervielfältigt und in Deutschland nur zum Erwerb im Ausland angeboten, so kann nur über das Anbieten gemäß § 17 I UrhG (vgl. *BGH,* GRUR 2007, 871 – Wagenfeld-Leuchte) und dessen Folgen im Inland entschieden werden. 9

III. Vertragliche Ansprüche

1. Allgemeines

Für vertragliche Ansprüche, das sind üblicherweise solche auf Zahlung einer vereinbarten oder angemessenen Vergütung für übertragene Nutzungsrechte, gelten prozessual keine Besonderheiten. Häufig geht es auch um den Umfang der übertragenen Nutzungsrechte mit der Folge, dass überschießende Nutzungen unerlaubte Handlungen sein und Verletzungsansprüche auslösen können. Materiellrechtlich sind die gegenüber dem allgemeinen Zivilrecht speziellen Regelungen zum Rechtsverkehr im Urheberrecht in den §§ 28 bis 44 UrhG und bei den jeweiligen Leistungsschutzrechten zu beachten. 10

2. Grundzüge des Urhebervertragsrechts

a) **Keine Übertragbarkeit des Urheberrechts. Das Urheberrecht selbst ist grundsätzlich nicht übertragbar,** sondern nur vererblich. Ausnahmsweise ist in Erfüllung einer Verfügung von Todes wegen oder im Rahmen einer Erbauseinandersetzung eine Übertragung möglich (§§ 28 bis 30 UrhG). **Urheberpersönlichkeitsrechte** (§§ 12 bis 14 UrhG) sind nur übertragbar, soweit deren Kernbereich nicht berührt wird (Beispiel: der Urheber kann das Recht zur Bearbeitung eines Werks – § 23 UrhG – übertragen, wobei die Grenze bei der Entstellung des Werks liegt – § 14 UrhG). 11

b) Übertragung von Nutzungsrechten. *aa) Verwertungsrechte, Nutzungsrechte, Nutzungsarten.* **Übertragbar sind urheberrechtliche Nutzungsrechte.** Dabei sind die Begriffe Verwertungsrechte, Nutzungsrechte und Nutzungsarten abzugrenzen. Die in den §§ 15ff. UrhG genannten Verwertungsrechte beschreiben nur allgemein und mit Oberbegriffen, welche Rechte originär dem Urheber zustehen. Die Verwertungsrechte enthalten jeweils verschiedene Teilrechte, die der Urheber als Nutzungsrechte Dritten übertragen kann. Die übertragenen Nutzungsrechte definieren den Umfang der Nutzungsbefugnis des Erwerbers. Die Nutzungsart beschreibt die sich aus dem Nutzungsrecht ergebende wirtschaftliche Nutzungsmöglichkeit. 12

bb) Einfaches und ausschließliches Nutzungsrecht. Ein Nutzungsrecht kann als einfaches oder ausschließliches Nutzungsrecht eingeräumt und räumlich, zeitlich und inhaltlich beschränkt werden (§ 31 I UrhG). Ein einfaches Nutzungsrecht berechtigt den Inhaber, das Werk auf die erlaubte Art zu nutzen, ohne dass andere von der Nutzung ausgeschlossen sind (§ 31 II UrhG). Ein ausschließliches Nutzungsrecht berechtigt den Inhaber, das Werk unter Ausschluss anderer auf die erlaubte Art zu nutzen und Nutzungsrechte einzuräumen (§ 31 III UrhG); hier kann vereinbart werden, dass der Urheber selbst auch weiter nutzen darf. Beinhaltet ein ausschließliches Nutzungsrecht eine wirtschaftlich-technisch 13 selbstständige und abgrenzbare Art der Nutzung eines Werkes, so hat der Erwerber ein Nutzungsrecht mit dinglicher Wirkung erworben (Beispiele: die Rechte der Vervielfältigung und Verbreitung können als selbständige Rechte vergeben werden, auch die Recht zu einer Hardcover-Buchausgabe und einer Taschenbuchausgabe sind jeweils selbständig, im Rahmen der öffentlichen Zugänglichmachung des § 19a UrhG unterscheiden sich insoweit etwa das Streaming, das Anbieten zum Download und die Nutzung als Podcast).

14 *cc) Weiterübertragung von Nutzungsrechten.* Die Weiterübertragung von Nutzungsrechten ist in den §§ 34, 35 UrhG geregelt. Dazu bedarf es, abgesehen von den in diesen Regelungen genannten Ausnahmen, auch für den Inhaber eines ausschließlichen Nutzungsrechts der Zustimmung des Urhebers, der dieser aber nicht wider Treu und Glauben verweigern darf.

15 c) **Die Zweckübertragungsregel.** Die Zweckübertragungsregel des § 31 V UrhG ist ein Kern des Urhebervertragsrechts. Werden bei einer Nutzungsrechtseinräumung Nutzungsarten nicht ausdrücklich einzeln bezeichnet, so bestimmt sich nach dem von beiden Vertragsparteien zugrunde gelegten Vertragsweck, auf welche Nutzungsarten sich der Vertrag erstreckt. Ist die streitige Nutzungsart nicht unbedingt zur Erreichung des Vertragszwecks erforderlich, ist sie beim Urheber geblieben (*BGH,* GRUR 2010, 623 Tz. 20 – Restwertbörse).

16 d) **Kein gutgläubiger Erwerb.** Ein gutgläubiger Erwerb von urheberrechtlichen Nutzungsrechten ist mangels Rechtsscheins wie im Sachenrecht oder bei eingetragenen Rechten nicht möglich (*Dreier/Schulze,* § 31 Rn. 24).

3. Anspruch auf angemessene Vergütung

17 Ein zentrales Anliegen des Urheberrechts ist der Anspruch des Urhebers auf angemessene Vergütung. Was angemessen ist, sagt § 32 II UrhG, der zunächst auf gemeinsame Vergütungsregeln verweist, welche zwischen Vereinigungen von Urhebern eines Bereichs und den entsprechenden Vereinigungen von Werknutzern in einem in §§ 36, 36a UrhG beschriebenen Verfahren erarbeitet werden sollen. Aus § 32 IV und § 36 I 3 UrhG folgt allerdings, dass Vereinbarungen in Tarifverträgen Vorrang haben. Obwohl die Regelung des § 36 UrhG seit 2002 besteht, gibt es bisher nur „Gemeinsame Vergütungsregeln für Autoren belletristischer Werke in deutscher Sprache", auf die sich Vertreter des Verbands deutscher Schriftsteller (VS) sowie eine repräsentative Anzahl deutscher Belletristikverlage im Januar 2006 nach § 36 UrhG geeinigt haben. Ansonsten ist eine Vergütung angemessen, die im Zeitpunkt des Vertragsschlusses dem entspricht, was im Geschäftsverkehr für die vereinbarte Nutzung üblicher- und redlicherweise zu leisten ist, wobei mit der Redlichkeit ein Element eingeführt worden ist, welches die Ausnutzung etwa eines Überangebots an Urhebern in einem Bereich ausschließt. Ist eine vereinbarte Vergütung nicht angemessen, hat der Urheber nach § 32 I 3 UrhG einen einklagbaren Anspruch auf Einwilligung des Vertragspartners in eine Vertragsanpassung. Entscheidungen dazu gibt es für Übersetzer (*BGH,* OLG München, ZUM 2007, 42 ff. und ZUM 2007, 317 ff.). § 32a UrhG regelt den Fall, dass die Vergütung bei Vertragsschluss zwar angemessen war, bei einer Nachbetrachtung wegen des Auswertungserfolges aber nicht. Auch hier besteht ein Anspruch auf Vertragsanpassung. Auf Vereinbarungen zum Nachteil des Urhebers von diesen Regelungen kann sich der Vertragspartner nicht berufen.

IV. Verletzungsansprüche

1. Einführung

18 Die maßgeblichen Anspruchsgrundlagen für Verletzungsansprüche finden sich in den §§ 97 ff. UrhG. Ansprüche aus anderen gesetzlichen Vorschriften bleiben nach § 102a UrhG unberührt. Wegen des umfassenden Regelungsgehalts bedarf es aber keines Rückgriffs auf das allgemeine Deliktsrecht des BGB.

19 2. Die Verletzungsansprüche in der Übersicht

Begehrte Rechtsfolge	Anspruchsgrundlage
Unterlassung	§ 97 IUrhG
Beseitigung der Beeintrachtigung	§ 97 I UrhG
materieller Schadensersatz	§ 97 II 1–3 UrhG
immaterieller Schadensersatz	§ 97 II 4 UrhG
Bereicherungsausgleich	§§ 812 I, 818 II BGB
Abmahnkosten,	§ 97 a UrhG
Vernichtung rechtsverletzender Erzeugnisse	§ 98 I UrhG

Begehrte Rechtsfolge	Anspruchsgrundlage
Vernichtung von Vorrichtungen zur Erstellung rechtsverletzender Erzeugnisse	§ 98 I UrhG
Überlassung von rechtsverletzenden Erzeugnissen und Vorrichtungen	§ 98 III UrhG
Rückruf oder Entfernung rechtsverletzender Erzeugnisse aus den Vertriebswegen	§ 98 II UrhG
Drittauskunft	§ 101 UrhG
Auskunft und Rechnungslegung zur Anspruchsermittlung und eidesstattliche Versicherung	§§ 242, 259 I, 260 I BGB bzw. §§ 259 II, 260 II BGB
Vorlage und Besichtigungsanspruch	§ 101 a UrhG und §§ 809, 810 BGB
Sicherung von Schadensersatzansprüchen	§ 101 b UrhG
Urteilsbekanntmachung	§ 103 UrhG

Diese Ansprüche sind finden sich, soweit sie nicht bereits zuvor vorhanden waren, jedenfalls seit dem 1. 9. 2008 aufgrund der Umsetzung der Enforcement-Richtlinie (Richtlinie 2004/48/EG des Europäischen Parlaments und des Rates vom 29. 4. 2004 zur Durchsetzung der Rechte am geistigen Eigentum – ABl. L 195/16 vom 30. 4. 2004) durch das Gesetz zur Verbesserung der Durchsetzung von Rechten des geistigen Eigentums vom 11. 7. 2008 (BGBl. I, 1191 ff.) nahezu gleichlautend im Patentgesetz, Gebrauchsmustergesetz, Markengesetz, Geschmacksmustergesetz, Sortenschutzgesetz und Halbleiterschutzgesetz.

3. Überblick über die gemeinsamen Anspruchsvoraussetzungen

Alle Ansprüche haben folgende gemeinsamen Voraussetzungen: 20

1. **Urheberrecht oder verwandtes Schutzrecht**
2. **Aktivlegitimation**
3. **Rechtsverletzung**
4. **Widerrechtlichkeit der Rechtsverletzung**
5. **Passivlegitimation**

4. Urheberrecht oder verwandtes Schutzrecht

21 Gegenstand der geltend gemachten Verletzung muss ein Urheberrecht, also ein aus einem geschützten Werk im Sinne der §§ 2 bis 4 und 69 a ff. UrhG oder Leistungsschutzrecht nach den §§ 70 bis 95 UrhG ausfließendes Recht sein. Der Schutz setzt weiter voraus, dass die Schutzfrist nicht abgelaufen ist. Diese Voraussetzungen hat der Verletzte darzulegen und ggf. zu beweisen.

22 **a) Vorliegen eines Werks.** Die Vorschriften über das Werk finden sich in den §§ 2 bis 4 UrhG. Grundsätzlich ist jede gestalterische Leistung einem Werkschutz zugänglich. § 2 I UrhG listet dazu beispielhaft Werkarten auf. Entwickeln sich, zumeist durch technischen Fortschritt, neue Werkarten, sind diese in den Schutzkatalog einzubeziehen. Werkschutz genießen können weiter nach § 4 UrhG „Sammelwerke und Datenbankwerke“ sowie nach § 3 UrhG Bearbeitungen von Werken.

23 *aa) Persönliche geistige Schöpfung.* Der Werkschutz setzt nach § 2 II UrhG voraus, dass eine persönliche geistige Schöpfung vorliegt. Diese beinhaltet vier Elemente (vgl. dazu *Dreier/Schulze,* § 2 Rn. 6 ff.; *Fromm/Nordemann,* § 2 Rn. 20 ff.; *Schricker/Loewenheim,* § 2 Rn. 9):

- das Vorliegen einer menschlichen gestalterischen Tätigkeit,
- die einen geistigen Gehalt hat,
- in wahrnehmbarer Form vorliegt und
- eine bestimmte Schöpfungshöhe erreicht, auch Individualität und Gestaltungshöhe genannt.

Eine menschliche gestalterische Tätigkeit bedeutet nur, dass die zu beurteilende Leistung das Ergebnis menschlichen Schaffens ist und nicht das von Apparaten oder Computern. Ist das Leistungsergebnis allerdings menschlich gesteuert, wie etwa die Erstellung von Gestaltungen mit einem Grafikprogramm, liegt eine menschliche gestalterische Tätigkeit vor.

Geistiger Gehalt bedeutet, dass im Werk der menschliche Geist zum Ausdruck kommen muss. Diese Voraussetzung darf nicht überbewertet werden. Damit wird nur verlangt, dass die zu beurteilende Leistung über ihre sinnliche Wahrnehmbarkeit hinaus in irgendeiner Weise anregend wirkt. In der Praxis wird diese Voraussetzung regelmäßig nicht gesondert geprüft, sondern einheitlich mit der der Schöpfungshöhe (vgl. anschaulich *BGH*, NJW 1998, 3352, 3353 – Stadtplanwerk). Wird letztere bejaht, liegt auch ein geistiger Gehalt vor.

Dass die zu beurteilende Leistung in wahrnehmbarer Form vorliegen muss, soll eine Abgrenzung zum nicht gewollten Ideenschutz gewährleisten. Wahrnehmbarkeit stellt auf die menschlichen Sinne ab. Dabei bedarf es keiner körperlichen Festlegung, geschützt sein können zB auch Skizzen, Entwürfe, Beschreibungen oder ähnliches, wenn sich daraus für den verständigen Betrachter die Werkgestaltung ergibt.

Am problematischsten zu beurteilen ist die Schöpfungshöhe. Dabei sind alle gestalterischen Elemente auf der Grundlage des Wissensstandes im Zeitpunkt der Schaffung der zu bewertenden Werkleistung einzubeziehen.

Die Beurteilung erfolgt in zwei Schritten:

Im ersten Schritt findet ein Vergleich des Gesamteindrucks der zu beurteilenden Leistung mit vorbekannten Leistungen statt. Hatte der Urheber danach Gestaltungsspielraum, kommt ein Schutz in Betracht.

Im zweiten Schritt wird geprüft, ob von dem Gestaltungsspielraum in einer Weise Gebrauch gemacht worden ist, dass ein schöpferischer Schritt zu bejahen ist. Ist das der Fall, liegt ein Werk vor.

Für die Mehrzahl der Werkarten gilt dabei die so genannte **„kleine Münze“**. Darunter versteht man die Gestaltungen, die nur einen minimalen Grad an Gestaltungshöhe aufweisen und gerade noch urheberschutzfähig sind.

24 *bb) Darlegungslast.* Der Kläger hat die Darlegungslast für die den Werkschutz begründenden Gestaltungselemente der der zu beurteilenden Leistung, die in der Praxis Klagemuster (im Verfahren der einstweiligen Verfügungsmuster) genannt wird. Dazu bedarf es grundsätzlich auch eines Eingehens auf den vorbekannten Formenschatz und eine Darlegung des eigenschöpferischen Schritts, der die Gestaltung des Klagemusters von diesem Formenschatz abhebt. Der Umfang der Darlegungslast unterscheidet sich je nach der zu prüfenden Leistung (*BGH*, GRUR 1991, 449, 450 – Betriebssystem). Bei Werken, bei denen ein Schutz nahe liegt, wird häufig die Vorlage des Werkexemplars genügen und der Werkcharakter sich aus dem Gesamteindruck der wesentlichen Formmerkmale ergeben (*BGH*, GRUR 2002, 958, 960 – Technische Lieferbedingungen). Das wird bei Werken der Literatur, der Musik, der bildenden Kunst, sowie bei Lichtbildwerken und Filmwerken in der Regel der Fall sein, zumal hier die kleine Münze reicht. Bei Werken der angewandten Kunst verlangt der BGH dagegen einen deutlich höheren schöpferischen Eigentümlichkeitsgrad (*BGH*, GRUR 1995, 581, 582 – Silberdistel), was auch eine erhöhte Darlegungslast für den Kläger zur Folge hat.

Ist der Kläger seiner Darlegungslast nachgekommen und beruft er sich darauf, weiterer älterer Formenschatz sei ihm nicht bekannt, so ist es Sache des Beklagten, anderen älteren Formenschatz als sog. Entgegenhaltungen einzuführen und darzulegen, dass unter deren Berücksichtigung jedenfalls die prägenden Gestaltungsmerkmale in einem solchem Umfang bereits bekannt waren, dass der Schritt zur Gestaltung des Klagemusters nicht mehr als hinreichend individuell angesehen werden kann (*BGH*, GRUR 2002, 958, 960 – Technische Lieferbedingungen).

25 *cc) Die einzelnen Werkarten. (1) Sprachwerke.* § 2 Abs. 1 Nr. 1 UrhG nennt **Sprachwerke, wie Schriftwerke, Reden und Computerprogramme**. Sprachwerke sind alle geschriebenen oder gesprochenen Texte von Literatur bis zur Gebrauchsanweisung. Die Schutzanforderungen sind grundsätzlich die der kleinen Münze, also gering. Ist der Inhalt frei erfunden, wird regelmäßig ein Schutz zu bejahen sein. Das kann dann auch für erdachte Figuren, Umgebung und Handlungsgeflecht gelten (*BGH*, GRUR 1999, 984 – Laras Tochter; *LG Hamburg*, ZUM 2003, 403 – Die Päpstin). Bei Texten, die Fachwissen vermitteln sollen, sind die Inhalte regelmäßig vorgegeben und der Verwendung von Fachbegriffen fehlt oft die Individualität (*BGH*, GRUR 1984, 659 – Ausschreibungsunterlagen). Schutz kann dabei gleichwohl durch die Art der Sammlung, Einteilung und Anordnung des Stoffes begründet sein (*BGH*, GRUR 1991, 130 –Themenkatalog). Einzelfälle siehe bei *Dreier/Schulze*, § 2 Rn. 81 ff.

26 *(2) Computerprogramme.* Computerprogramme werden anknüpfend an die Programmiersprache als Sprachwerk angesehen; für sie gibt es die besonderen Regelungen der §§ 69 a ff. UrhG. Die Schutzanforderungen sind sehr gering. Gemäß § 69 a III UrhG sind Computerprogramme bereits geschützt, wenn sie individuelle Werke in dem Sinne darstellen, dass sie das Ergebnis der eigenen geistigen Schöpfung ihres Urhebers sind. Danach sind auch einfache Programme sind, sofern sie nicht völlig trivial oder banal sind (*OLG Hamburg*, GRUR-RR 2002, 217, 218 – CT-Klassenbibliothek).

27 *(3) Werke der Musik.* Werke der Musik im Sinne des § 2 I Nr. 2 sind alle persönlichen geistigen Schöpfungen, die sich Tönen als Ausdrucksmittel bedienen, wobei die Leistung sich auch aus der Instrumentierung und Rhythmisierung ergeben kann. Nicht schutzfähig ist nur die rein handwerkliche Anwendung musikalischer Lehren (*BGH*, GRUR 1981, 267 – Dirlada).

28 *(4) Pantomimische Werke einschließlich der Werke der Tanzkunst.* Derartige Werke im Sinne des § 2 I Nr. 3 UrhG haben wenig praktische Relevanz. Schutzgegenstände sind der mimische und choreografische Bewegungsablauf, nicht aber die Körperbeherrschung. Die kleine Münze reicht.

(5) Werke der bildenden Künste. Nach § 2 I Nr. 4 UrhG sind Werke der bildenden Künste, also der reinen Kunst, und Entwürfe solcher Werke geschützt. Es reicht die kleine Münze. Gemälde, Zeichnungen, Plastiken usw. sind daher in der Regel geschützt. 29

(6) Werke der angewandten Kunst. Nach § 2 I Nr. 4 UrhG sind auch Werke der angewandten Kunst und Entwürfe solcher Werke geschützt. Werke der angewandten Kunst unterscheiden sich von der reinen Kunst durch ihren Gebrauchszweck. Das können Gebrauchsgegenstände wie Möbel, Leuchten und Haushaltsgeräte sein, das können ebenso alle Produkte im Bereich des Industriedesigns sein. Bei Werken der angewandten Kunst verlangt der BGH einen deutlich höheren schöpferischen Eigentümlichkeitsgrad, weil nach seiner Auffassung das Geschmacksmuster den Bereich der kleinen Münze abdeckt (*BGH,* GRUR 1995, 581, 582 – Silberdistel). Einzelfälle siehe bei *Dreier/Schulze,* § 2 Rn. 161 ff. 30

(7) Werke der Baukunst. Nach § 2 I Nr. 4 UrhG sind auch Werke der Baukunst und der angewandten Kunst und Entwürfe solcher Werke geschützt. Werke der Baukunst können alle Arten von Gebäuden und Brücken, Plätzen und Anlagen sein. Auch Teile eines Bauwerks wie Fassaden und Treppenhäuser sowie die Innenarchitektur sind hier Schutzgegenstände. Grundsätzlich gilt die kleine Münze. Verlangt wird, dass die Leistung sich aus der Masse des alltäglichen Bauschaffens hervorhebt (*BGH,* GRUR 1982, 107, 109 – Kirchen-Innenraumgestaltung). 31

(8) Lichtbildwerke. Nach § 2 I Nr. 5 UrhG sind Lichtbildwerke (Fotografien) einschließlich der Werke, die ähnlich wie Lichtbildwerke geschaffen werden (zB einzelne Fernsehbilder oder Bildherstellung durch digitale oder elektromagnetische Festlegung) geschützt. Es gelten die geringen Schutzanforderungen der kleinen Münze. Sobald ein Foto über die Abbildung hinaus eine Aussage beinhaltet, besteht Werkschutz. Bei Fotos ist in der Praxis häufig keine Werkprüfung erforderlich, weil sich die begehrten Rechtsfolgen bereits aus dem Lichtbildschutz des § 72 UrhG ergeben, für den kein eigenschöpferisches Schaffen im Sinne des § 2 II UrhG erforderlich ist, sondern ein Mindestmaß an persönlicher geistiger Leistung, wie es in der Regel schon bei einfachen Fotografien gegeben ist (*BGH,* NJW-RR 2000, 343, 344 – Werbefotos). 32

(9) Filmwerke. Nach § 2 I Nr. 6 sind Filmwerke einschließlich der Werke, die ähnlich wie Filmwerke geschaffen werden, etwa Videospiele oder Computeranimationen, geschützt. Es reicht die kleine Münze. Abzustellen ist auf die Leistung, mit der der Stoff gestalterisch umgesetzt wird. In Anbetracht des Gestaltungsspielraums ist üblicherweise jeder inszenierte Film geschützt. 33

(10) Darstellungen wissenschaftlicher oder technischer Art. Nach § 2 I Nr. 7 sind Darstellungen wissenschaftlicher oder technischer Art einem Werkschutz zugänglich. Darunter fällt alles Lehr- und Anschauungsmaterial, wobei es nicht darauf ankommt, was dargestellt wird, sondern wie es dargestellt wird. Es reicht die kleine Münze. Beispiele: Kartografien, Stadtpläne (*BGH,* GRUR 2005, 854 – Karten-Grundsubstanz); technische Zeichnungen (*LG München,* GRUR 1989, 503 – BMW-Motor); Bedienungsanweisung (*BGH,* GRUR 1993, 34 – Bedienungsanweisung). 34

(11) Sammelwerke und Datenbankwerke. Nach § 4 UrhG sind Sammelwerke (das sind zB Lexika, Enzyklopädien, Rezeptsammlungen) und Datenbankwerke (*BGH,* GRUR 2007, 685 – Gedichttitelliste; *OLG Hamburg,* GRUR 2001, 831 – Roche Lexikon Medizin; einem Schutz zugänglich. Schutzgegenstand sind dabei nicht die gesammelten Elemente, sondern deren Auswahl und Anordnung muss eine eigenschöpferische Leistung darstellen. 35

(12) Geschützte Bearbeitungen. Nach § 3 UrhG werden **Übersetzungen und andere Bearbeitungen eines Werks,** die eine persönliche geistige Schöpfung des Bearbeiters sind, für den Bearbeiter geschützt. Beispiele für solche Bearbeitungen sind neben der genannten Übersetzung das Umschreiben eines Romans zu einem Drehbuch, Neuarrangement eines Musikwerks oder die Visualisierung einer literarischen Figur. Maßgeblich ist, dass das bearbeitete Werk in seinen Wesenszügen erhalten bleibt und der Bearbeiter lediglich etwas eigenschöpferische hinzugefügt hat. Dann hat allein der Bearbeiter das Recht an dem bearbeiteten Werk, er darf es aber nur mit Zustimmung des Urhebers des bearbeiteten Werks nutzen. 36

Wird ein neues Werk geschaffen, hinter dem das alte Werk verblasst, liegt eine freie Benutzung im Sinne des § 24 UrhG vor, an dem allein der Urheber des neuen Werks Rechte hat. 37

dd) Schutzfristen. Zur Darlegung des Rechts gehört, dass das Werk noch in Schutz steht, also die Schutzfrist noch nicht abgelaufen ist. Das wird in der Praxis allerdings nur dann zu verlangen sein, in denen der Beklagte den Fortbestand des Schutzes in Abrede stellt oder es andere Anhaltspunkte für den Ablauf der Schutzfrist gibt. Die Schutzfristen selbst sind in den §§ 64 ff. UrhG geregelt. Die Regelfrist beträgt gemäß § 64 UrhG siebzig Jahre nach dem Tod des Urhebers, gemäß § 69 UrhG beginnend mit dem Ablauf des Todesjahres. Bei einer Miturheberschaft kommt es gemäß § 65 UrhG auf den Tod des längstlebenden Urhebers an. 38

b) Verwandte Schutzrechte. *aa) Grundsätze.* Hier gilt nichts anderes als bei den Werken. Der Kläger hat das Bestehen des Schutzrechtsrechts darzulegen und zu beweisen. Die folgende Darstellung soll dabei auf die für die Praxis bedeutsamen Rechte beschrankt werden. 39

40 *bb) Lichtbildschutz.* Ein Lichtbildschutz – § 72 UrhG – setzt kein eigenschöpferisches Schaffen wie Lichtbildwerk voraus, es genügt vielmehr ein Mindestmaß an persönlicher geistiger Leistung, wie es in der Regel schon bei einfachen Fotografien gegeben ist.

41 *cc) Recht des ausübenden Künstlers.* Das Leistungsschutzrecht des ausübenden Künstlers – § 73 UrhG – setzt voraus, dass dieser ein Werk oder eine Ausdrucksform der Volkskunst dargeboten oder an der Darbietung künstlerisch mitgewirkt worden ist.

42 *dd) Tonträgerherstellerrechte.* Werden Tonträgerherstellerrechte – § 85 UrhG – geltend gemacht, bedarf es für die Entstehung dieser Rechte regelmäßig nur der Darlegung des Vorhandenseins der Tonaufnahme. Hier liegen in der Praxis die Probleme bei der Aktivlegitimation, dh bei der Frage, ob dem Kläger die Rechte zustehen.

43 *ee) Datenbank.* Der Datenbankschutz ist komplex. Hier ist folgendes zu den sich aus § 87a UrhG ergebenden Voraussetzungen des § 87a UrhG darzulegen und zu beweisen:

- Welche Elemente sind in welcher Weise gesammelt worden?
- In welcher Weise sind die Elemente systematisch oder methodisch angeordnet?
- In welcher Weise sind die Elemente einzeln zugänglich?
- Welche Investitionen sind in finanzieller Hinsicht und/oder durch Arbeitsaufwand für Beschaffung, Überprüfung oder Darstellung getätigt worden?

Bei der Subsumtion ist grds. von einem weiten Datenbankbegriff auszugehen, der einen Schutz für nahezu jede geordnete Sammlung eröffnet. Eine wesentliche Weiche wird aber bei der Investition gestellt. Relevant sind nur Investitionen zum Auffinden und Sammeln der Daten in der Datenbank, nicht aber Investitionen, um die Daten der Datenbank überhaupt erst zu erzeugen (*EuGH,* GRUR 2005, 244, 247 – BHB-Pferdewetten; *EuGH,* GRUR 2005, 254, 255 – Fixtures-Fußballspielpläne II).

44 *ff) Filmherstellerrechte/Laufbildschutz.* Werden Filmherstellerrechte – § 94 UrhG – geltend gemacht, bedarf es der Feststellung, dass ein Filmwerk vorliegt – die §§ 88 bis 94 UrhG gelten nur für Filmwerke – zumeist nicht, da Laufbilder – § 95 UrhG – weitgehend wie Filmwerke geschützt sind und der Laufbildschutz im Regelfall ausreicht. Ansonsten ist das Vorliegen eines Filmwerks regelmäßig zu bejahen (oben Rn. 33). Nach § 95 UrhG werden Bildfolgen und Bild-/Tonfolgen, die nicht Filmwerke sind, weitgehend wie Filme geschützt.

45 *gg) Schutzfristen.* Die Schutzfristen sind jeweils bei den einzelnen Schutzrechten dargestellt. Sie liegen zwischen 15 Jahren beim Datenbankhersteller und 50 Jahren bei Lichtbildern, ausübenden Künstlern, Tonträgerherstellern und Filmherstellern.

5. Aktivlegitimation

46 Aktivlegitimiert ist, wer befugt ist, die Verletzung gerichtlich geltend zu machen.

47 a) **Persönlichkeitsrechte.** Bei einer Verletzung von Urheberpersönlichkeitsrechten nach den §§ 11 bis 14 UrhG und geschützten Persönlichkeitsrechten von Leistungsschutzberechtigten (Auflistung in § 97 II 4 UrhG) sind die originär berechtigten Urheber und Leistungsschutzberechtigten grundsätzlich immer nur selbst aktivlegitimiert. Dritte können solche Rechte allenfalls im Wege der gewillkürten Prozessstandschaft geltend machen, wenn das betroffene Persönlichkeitsrecht auch übertragen werden kann, was für einen unverzichtbaren Kern des Urheberpersönlichkeitsrechts nicht zulässig ist. Häufig lassen sich die persönlichkeitsrechtlichen Befugnisse aber gar nicht von den vermögensrechtlichen Befugnissen trennen, so dass es nicht zu beanstanden ist, wenn Urheber ihren Lizenznehmern etwa das Recht zur Erstveröffentlichung einräumen sowie in einem gewissen Umfang Werkänderungen gestatten, auch wenn diese über, § 39 II UrhG hinausgehen.

48 b) **Verwertungsrechte.** Bei der Verletzung von Verwertungsrechten nach den §§ 15 ff. UrhG ist der Urheber als originärer und ausschließlicher Rechtsinhaber zunächst allein aktivlegitimiert.

Ein Lizenznehmer nach den §§ 31 ff. UrhG ist aktivlegitimiert, wenn er Inhaber eines ausschließlichen Nutzungsrechts iSd § 31 III UrhG ist. Denn § 97 I UrhG erfasst wie § 823 II BGB nur absolute Rechte mit dinglicher Wirkung gegenüber Dritten. Die Aktivlegitimation reicht dann soweit, wie Rechte übertragen worden sind. Sind zB nur ausschließliche Vertriebsrechte übertragen worden, besteht eine Aktivlegitimation nur bei Verletzungen des Verbreitungsrechts, nicht aber auch des Vervielfältigungsrechts.

Ein einfacher Lizenznehmer – § 31 II UrhG – kann nicht aus eigenem Recht klagen. Ihm bleibt nur die Möglichkeit, im Wege der gewillkürten Prozessstandschaft vorzugehen. Dazu bedarf es der Ermächtigung durch den Inhaber des ausschließlichen Nutzungsrechts und eines eigenen schutzwürdiges Interesses. Letzteres ist zu bejahen, wenn die Rechtsverletzung die dem Lizenznehmer eingeräumten Rechte berührt (Schricker/*Wild,* § 97 Rn. 33 mwN).

Der Urheber kann auch neben einem ausschließlichen Lizenznehmer anspruchsberechtigt bleiben, vor allem für Abwehransprüche, wenn er ein fortbestehendes eigenes schutzwürdiges Interesse hat, etwa wegen Gefährdung seiner Lizenzeinnahmen (*BGH,* GRUR 1999, 984 – Laras Tochter).

c) **Feststellung der Urheberschaft.** Wird die vom Kläger behauptete Urheberschaft bestritten, muss er sie darlegen und ggf. beweisen. Das kann im Einzelfall durchaus schwierig sein, wenn der Urheber, wie häufig, bei der Werkerstellung allein war. Helfen kann die Vermutung des § 10 I UrhG. Diese setzt voraus, dass die Urheberbezeichnung sich auf einem körperlichen Werkexemplar befindet. Darstellungen und Ausdrucke im Internet reichen nicht aus, können aber einen Anscheinsbeweis begründen. 49

d) **Feststellung der Rechteinhaberschaft eines Lizenznehmers.** Der Lizenznehmer muss durch eine komplette Rechtekette zurück bis zum Urheber darlegen und beweisen, dass ihm das Recht zur ausschließlichen Nutzung übertragen worden ist, dessen Verletzung er geltend macht. Das das im Einzelfall problematisch sein kann, verdeutlichen Entscheidungen aus dem Bereich der Unterhaltungsmusik (*OLG Hamburg,* GRUR-RR 2001, 73 – Frank Sinatra GRUR-RR 2001, 121 – *Cat Stevens* GRUR-RR 2003, 135 – Bryan Adams), des Films (*LG München I,* NJOZ 2007, 2918) und bei Werken der angewandten Kunst (*OLG Hamburg,* GRUR 1999, 714 – Bauhaus-Glasleuchte). Für Verfahren der einstweiligen Verfügung und Unterlassungsansprüche kann die Vermutungswirkung des § 10 III UrhG helfen. 50

e) **Verwandte Schutzrechte.** Der Kläger muss auch hier darlegen und ggf. beweisen, wer originärer Rechteinhaber ist, also etwa Lichtbildner im Sinne des § 72 II UrhG, ausübender Künstler iSd § 73 UrhG, Tonträgerhersteller im Sinne des § 85 UrhG, Datenbankhersteller iSd § 87 a UrhG oder Filmhersteller im Sinne des § 94 UrhG. Wenn aus abgeleitetem Recht vorgegangen wird, muss er aufgrund einer geschlossenen Rechtekette Inhaber der ausschließlichen Nutzungsrechte an dem geltend gemachten Recht sein oder es müssen die Voraussetzungen einer gewillkürten Prozessstandschaft vorliegen. Auch hier kann allerdings die Vermutungswirkung des § 10 III UrhG greifen. 51

6. Verletzungshandlung

Hier ist darzulegen und ggf. zu beweisen, dass die angegriffene Handlung in ein von der Aktivlegitimation des Klägers umfasstes Recht eingreift. Die Voraussetzungen ergeben sich bei Urheberpersönlichkeitsrechtsverletzung aus den §§ 11 bis 14 UrhG. Bei den Verwertungsrechten muss die Gestaltung des Verletzungsmusters in den Schutzbereich des Klagemusters fallen. Sind beide, wie häufig, nicht identisch, kann sich die Frage stellen, ob die Veränderungen am Verletzungsmuster sich im Bereich der unfreien Bearbeitung des § 23 UrhG bewegen oder ob eine freie Benutzung im Sinne des § 24 UrhG vorliegt. Dabei sind die Anforderungen an eine freie Benutzung hoch. Eine solche ist nur zu bejahen, wenn das Klagemuster als Anregung für das Verletzungsmuster diente und mit letzterem ein völlig neues Werk geschaffen wurde, hinter dem die Vorlage verblasst, wobei grundsätzlich die Übereinstimmungen und nicht die Unterschiede maßgeblich sind (*Dreier/Schulze,* § 24 Rn. 5 ff. mwN). 52

7. Widerrechtlichkeit

Eine Verletzung ist widerrechtlich, wenn dem Beklagten kein Recht nach den §§ 31 ff. UrhG für die streitgegenständliche Nutzung von dem Berechtigten eingeräumt worden war und die Nutzung auch durch keine Schrankenregelung nach den §§ 44 a ff. UrhG gestattet war. Die Darlegungs- und Beweislast dafür hat der Verletzer. 53

a) **Rechtseinräumung.** Macht der Beklagte geltend, er habe das Recht unmittelbar vom Kläger erhalten, muss er eine solche Rechtseinräumung darlegen und beweisen. Dabei gibt es häufig tatsächlich eine Rechtsübertragung des Klägers, streitig ist aber aufgrund unvollkommener Vereinbarungen deren Umfang. Dann kommt die Zweckübertragungsregel des § 31 V UrhG zum Tragen. Danach sind im Vertrag nicht ausdrücklich bezeichnete Nutzungsrechte nur dann übertragen, wenn sie für die Erreichung des beiderseits zugrunde gelegten Vertragszweck unbedingt erforderlich sind; bleiben Zweifel, sind solche Rechte nicht übertragen (*BGH,* GRUR 2010, 622 Tz. 20 – Restwertbörse). 54

Macht ein Beklagter geltend, ihm sei das Recht zur Nutzung von einem Dritten eingeräumt worden, so muss er, wie der Kläger bei der Aktivlegitimation, durch eine komplette Rechtekette zurück bis zurück zum Berechtigten, häufig dem Kläger, darlegen und beweisen, dass ihm das Recht zur beanstandeten Nutzung übertragen worden ist. Dazu gehört, dass der Dritte selbst das Recht vom Berechtigten ableitet und zudem befugt war, dieses nach § 34 UrhG auf den Beklagten weiter zu übertragen. Gutgläubigkeit hilft dem Beklagten nicht, denn ein gutgläubiger Erwerb von urheberrechtlichen Nutzungsrechten ist mangels Rechtsscheins wie im Sachenrecht oder bei eingetragenen Rechten nicht möglich (*Dreier/Schulze,* § 31 Rn. 24).

b) **Schrankenregelungen.** Beruft sich der Beklagte auf eine Schrankenregelung wie etwa das Zitatrecht des § 51 UrhG oder das der Vervielfältigung zum privaten Gebrauch des § 53 I UrhG, so muss er alle Voraussetzungen darlegen und beweisen. 55

8. Passivlegitimation

a) **Täter und Teilnehmer.** Insoweit gelten die Voraussetzungen, wie sie aus dem allgemeinen Deliktsrecht der §§ 823 ff. BGB bekannt sind. Bei der Teilnahme wird häufig nicht beachtet, dass eine bloß fahrlässige Teilnahme oder eine Teilnahme an einer fahrlässigen Haupttat nicht möglich ist. 56

57 **b) Inhaberhaftung.** Nach § 99 UrhG (§ 100 UrhG aF) haftet der Inhaber des Unternehmens für durch widerrechtliche Urheberrechtsverletzungen von Arbeitnehmern oder Beauftragten ausgelöste Ansprüche nach den §§ 97 bis 98 UrhG unter Ausnahme des Schadensersatzes.

58 **c) Störerhaftung.** In entsprechender Anwendung des § 1004 BGB haftet jeder als Störer für eine Schutzrechtsverletzung auf Unterlassung, wer, ohne selbst Täter oder Teilnehmer zu sein, in irgendeiner Weise willentlich und adäquat kausal an der rechtswidrigen Beeinträchtigung mitgewirkt hat. Um eine solche Haftung nicht über Gebühr auf Dritte zu erstrecken, die nicht selbst die rechtswidrige Beeinträchtigung vorgenommen haben, setzt die Haftung des Störers die Verletzung von Prüfungspflichten voraus. Deren Umfang bestimmt sich danach, ob und inwieweit dem als Störer in Anspruch Genommenen nach den Umständen eine Prüfung zuzumuten ist, wobei sich die Art und der Umfang der gebotenen Prüf- und Kontrollmaßnahmen nach Treu und Glauben bestimmen (*BGH,* GRUR 2004, 860, 864 – Internet-Versteigerung I; GRUR 2007, 708 – Internetversteigerung II).

59 **d) Haftung im Internet.** Für eigene Inhalte haftet jeder Internetdienstleister (§ 7 I TMG). Eigene Inhalte sind auch solche, die ein Dritter hochgeladen hat und die sich der Internetdienstleister zu Eigen gemacht hat (zur Abgrenzung eigene und fremde Inhalte siehe *OLG Hamburg,* MMR 2008, 881 – chefkoch.de, und MMR 2009, 479 – Mettenden). Auch bei fremden Inhalten finden die Haftungsprivilegien der §§ 7 II bis 10 TMG ab Kenntnis von der Rechtsverletzung keine Anwendung auf Unterlassungsansprüche. Dabei hat der Diensteanbieter für fremde Inhalte grundsätzlich keine proaktiven Prüfpflichten auf Rechtsverletzungen (*BGH,* GRUR 2004, 860 – Internet-Versteigerung I). Er ist aber verpflichtet, den verletzenden Inhalt nach Kenntniserlangung unverzüglich zu entfernen und Vorsorge zu treffen gegen weitere gleichartige Verletzungen (*BGH,* GRUR 2007, 724 – Meinungsforum). Diese Grundsätze sind im Wesentlichen entwickelt worden für die Betreiber von **Internetverkaufsplattformen** (*BGH,* GRUR 2004, 860, 864 – Internetversteigerung I; GRUR 2007, 708 – Internetversteigerung II) und **Internetforen** (*BGH,* GRUR 2007, 724 – Meinungsforum), also für Hostprovider. Die **Haftung des Internetanschlussinhabers** für das urheberrechtswidrige Kopieren und öffentliche Zugänglichmachen von geschützten Leistungen in Peer-to-Peer Netzwerken (**Tauschbörsen**) wird grundsätzlich bejaht, allerdings wird hinsichtlich der Prüfpflichten differenziert (*OLG Frankfurt,* MMR 2008, 603; *LG Hamburg,* MMR 2007, 131; *LG Mannheim,* MMR 2007, 267; *LG Mannheim,* MMR 2007, 459; *LG Düsseldorf,* MMR 2008, 684). Der Anschlussinhaber haftet auch bei Rechtsverletzungen durch W-Lan-Missbrauch, wenn der Zugang nicht hinreichend verschlüsselt ist (*BGH,* GRUR 2010, 633 – Sommer unseres Lebens). Weitere Entscheidungen zur Haftung im Internet siehe bei *Limper/Musiol/Rachow,* 21. Kapitel, Rn. 57 ff.

9. Der Anspruch auf Unterlassung

60 **a) Wiederholungs- und Begehungsgefahr.** Der Unterlassungsanspruchs gemäß § 97 I UrhG setzt zusätzlich zu den dargestellten gemeinsamen Voraussetzungen eine Wiederholungs- oder eine Begehungsgefahr voraus, wobei es sich um zwei verschiedene Streitgegenstände handelt (*BGH,* GRUR 2006, 429 – Schlank-Kapseln).

61 *aa) Wiederholungsgefahr.* Für die Wiederholungsgefahr spricht bei einer begangenen widerrechtlichen Verletzung eine tatsächliche Vermutung (*BGH,* NJW 1994, 1281, 1283), die grundsätzlich nur durch die Abgabe einer hinreichend strafbewehrten Unterlassungserklärung beseitigt werden (Köhler/*Bornkamm,* § 8 Rn. 1.38 mwN; Schricker/*Wild,* § 97 Rn. 42 mwN). Die bloße Zusage, das beanstandete Verhalten zukünftig zu unterlassen reicht ebenso wenig wie die Änderung der tatsächlichen Verhältnisse Köhler/*Bornkamm,* § 8 Rn. 1.39 ff. mwN).

62 *bb) Erstbegehungsgefahr.* Eine **Erstbegehungsgefahr** besteht, wenn konkrete Anhaltspunkte dafür vorhanden sind, dass der Beklagte in naher Zukunft bestimmte rechtswidrige Handlungen vornehmen wird. Insoweit bedarf es der Darlegung entsprechender objektiver tatsächlicher Umstände wie die Ankündigung der Veröffentlichung eines Produkts mit rechtsverletzendem Inhalt oder eine Berühmung, eine bestimmte Handlung vornehmen zu dürfen (*BGH,* GRUR 1987, 125 – Berühmung). Anders als bei der Wiederholungsgefahr reicht für den Wegfall der Erstbegehungsgefahr eine einfache Unterlassungserklärung ohne Strafbewehrung und im Falle der Begründung durch Vorbereitungshandlungen deren überzeugende und umfassende Rückgängigmachung. (*BGH,* GRUR 1992, 116, 117 – Topfgucker-Scheck).

63 **b) Der Klageantrag beim Unterlassungsanspruch.** Beim Unterlassungsantrag bzw. -tenor kann man viele Fehler machen. Der Antrag muss dem zum einen dem Bestimmtheitsgebot des § 253 II Nr. 2 ZPO Rechnung tragen, zum anderen dürfen keine Verhaltensweisen erfasst sein, die nicht rechtswidrig sind bzw. für die keine Begehungsgefahr besteht (vgl. *BGH,* GRUR 2003, 228 – P-Vermerk; *KG,* WRP 2007, 1366). In der Praxis wird der Antrag gegenständlich auf die konkrete Verletzungsform gerichtet sein, denn das ist die angegriffene Nutzung. Dabei wird das Verletzungsmuster zum Gegenstand des Antrags gemacht (*BGH,* GRUR 2003, 786, 787 – Innungsprogramm; GRUR 1985, 1041, 1044 – Inkassoprogramm). Im Klagantrag sollte die Androhung der Ordnungsmittel des § 890 ZPO enthalten

sein, die bereits im Urteil erfolgen kann und dann im Falle eines Verstoßes nicht erst nachgeholt werden muss.

Muster für das Fallbeispiel, dass ein Foto des Klägers in einem anderen Internetauftritt genutzt wurde:

Es wird beantragt,
den/die Beklagte/n zu verurteilen, es bei Meidung eines vom Gericht für jeden Fall der Zuwiderhandlung festzusetzenden Ordnungsgeldes bis zu 250.000,– EUR, ersatzweise Ordnungshaft bis zu sechs Monaten oder einer Ordnungshaft bis zu sechs Monaten (Ordnungsgeld im Einzelfall höchstens 250.000,– EUR, Ordnungshaft höchstens zwei Jahre) zu unterlassen,
ein Foto gemäß der nachfolgend wiedergegebenen Abbildung

[Verletzungsmuster]

zu vervielfältigen und/oder öffentlich zugänglich zu machen, wie im Internetauftritt www.xxx.de geschehen.

Im Musterantrag ist neben der offensichtlichen Verletzungshandlung des öffentlichen Zugänglichmachens nach § 19a UrhG ein Vervielfältigen nach § 16 UrhG aufgenommen worden, weil das Foto nur durch einen Kopiervorgang in das angegriffene Angebot gelangt sein kann. Statt der Abbildung kann auch Bezug genommen werden auf eine Verbindungsanlage mit dem Ausdruck eines Screenshots der beanstandeten Webseite.

10. Der Beseitigungsanspruch

Der Beseitigungsanspruchs gemäß § 97 I UrhG setzt das Vorliegen der dargestellten gemeinsamen Voraussetzungen voraus sowie fortdauernde Störungen, die vom Unterlassungsanspruch nicht erfasst werden. Beispiele sind die Entfernung einer Signatur von Emil Nolde auf einem diesem Maler untergeschobenen Bild (*BGH,* NJW 1995, 668 – Emil Nolde) oder die Entfernung von entstellenden Übermalungen auf einem Gemälde (RGZ 79, 397 – Felseneiland mit Sirenen). Der Anspruch hat in der Praxis eine geringe Bedeutung, weil es für die wesentlichen Folgenbeseitigungsansprüche Sonderregelungen gibt wie Vernichtung, Rückruf und Urteilsbekanntmachung. 64

11. Der materielle Schadensersatzanspruch

Dem Grunde nach setzt der in § 97 II 1 bis 3 UrhG geregelte materielle Schadensersatzanspruch neben den dargestellten gemeinsamen Voraussetzungen weiter ein Verschulden voraus. Der Höhe nach stehen drei Arten der Berechnung zur Verfügung. 65

a) Verschulden. Schuldhaft handelt, wer ein Urheberrecht vorsätzlich oder fahrlässig im Sinne des § 276 BGB verletzt. Da für den Schadensersatzanspruch einfache Fahrlässigkeit reicht, bedarf es hier keiner Abgrenzung zwischen den Schuldformen. Fahrlässigkeit liegt regelmäßig vor. Wer eine fremde Leistung nutzt, die zugunsten eines Anderen geschützt sein könnte, hat die Prüfpflicht, sich über den Bestand des Schutzes und seine Nutzungsberechtigung zu vergewissern, also eine Pflicht zur Recherche. Bleiben aufgrund der Recherche Unsicherheiten, darf nicht genutzt werden. Auf bloße Zusicherungen von Lieferanten darf sich Nutzer nicht verlassen; er muss sich prüfbare Unterlagen vorlegen zu lassen. Tatsachen- und Rechtsirrtümer gehen zu seinen Lasten (*BGH,* GRUR 1988, 373, 375 – Schallplattenimport III; GRUR 1998, 568, 569 – Beatles-Doppel-CD). 66

b) Die Schadensberechnung. *aa) Arten der Schadensberechnung.* Es gibt drei Arten der Schadensberechnung: 67

1. Konkreter Schaden
2. Schadensberechnung nach der Lizenzanalogie
3. Herausgabe des Verletzergewinns

bb) Der konkrete Schaden. Der konkrete Schaden einschließlich des entgangenen Gewinns ist der herkömmliche kausale Schaden nach den §§ 249 ff. BGB. Von dieser Berechnungsart wird aber wenig Gebrauch gemacht. Denn die wesentliche Schadensposition wird hier zumeist der entgangene Gewinn sein. Dieser ist in der Praxis selbst unter Berücksichtigung der Beweiserleichterung des § 252 S. 2 BGB regelmäßig nur schwer zu ermitteln. 68

cc) Lizenzanalogie. (1) Grundlagen. Bei dieser Berechnungsart gemäß § 97 II 3 UrhG ist der Schaden der Betrag, den der Verletzer als angemessene Vergütung hätte entrichten müssen, wenn er die Erlaubnis zur Nutzung des verletzten Rechts eingeholt hätte. Bei Berechnung dieser fiktiven Lizenz kommt es allein auf den objektiven, sachlich angemessenen Wert einer solchen Benutzungsberechtigung an und der Verletzer ist grundsätzlich weder schlechter und noch besser zu stellen als ein vertraglicher Lizenznehmer (*BGH,* GRUR 1962, 509, 513 – Dia-Rähmchen II; GRUR 1993, 55, 58 – Tchibo/Rolex II). Die Lizenzanalogie kommt in allen Fällen in Betracht, in denen das verletzte Recht vermögenswert genutzt wird und die Überlassung von ausschließlichen Rechten zur Nutzung durch Dritte gegen Entgelt rechtlich möglich und verkehrsüblich ist (dazu ausführlich *BGH,* GRUR 2006, 143, 145 f. – Catwalk). 69

70 *(2) Höhe der Lizenz.* Die Bestimmung der Höhe der fiktiven angemessenen Lizenz ist das eigentliche Problem. Dazu kann zunächst auf die obigen Ausführungen unter Rn. 19 verwiesen werden. Die Lizenz ist vom Gericht gem. § 287 ZPO in freier Beweiswürdigung aufgrund vom Verletzten einzuführender Schätzungsgrundlagen zu bestimmen. Dazu ist ggf. zuvor eine Auskunft vom Verletzten einzuholen. Hat der Verletzte ein eigenes Vergütungsmodell und kann er darlegen und ggf. beweisen, dass er seine Preise am Markt durchsetzt, etwa durch Vorlage von Lizenzverträgen, rechtfertigt das die Annahme, dass vernünftige Vertragsparteien auch eine entsprechende Vergütung vereinbart hätten. Dann sind diese Preise zugrunde zu legen (*BGH,* GRUR 2009, 660, 663 – Resellervertrag). Zinsen sind für die Zeit ab Rechtsverletzung zu zahlen (*BGH,* GRUR 1982, 301, 304 – Kunststoffhohlprofil).

71 *dd) Herausgabe des Verletzergewinns.* Beim Anspruch auf Herausgabe des Verletzergewinns gemäß § 97 II 2 UrhG hat der Verletzer den durch die Verletzungshandlungen erzielten Gewinn herauszugeben. Zu dessen Berechnung ist ggf. zuvor eine Auskunft vom Verletzten einzuholen. Von dem Gewinn sind nur Kosten abzugsfähig, welche unmittelbar dem Produkt zuzuordnen sind; anteilige Gemeinkosten sind nicht abzugsfähig. Die Darlegungs- und Beweislast dafür, dass Positionen abzugsfähig sind, liegt beim Verletzer (*BGH,* GRUR 2001, 329 ff. – Gemeinkostenanteil). Wird nur ein Teil eines Werks in ein neues Gesamtprodukt übernommen, ist auch nur der durch diesen Teil erzielte Gewinn herauszugeben.

72 *ee) Das Verhältnis der Schadensberechnungsarten untereinander.* Die drei Bemessungsarten sind keine verschiedenen Ansprüche, es handelt sich lediglich um unterschiedliche Möglichkeiten der Ermittlung des gleichen einheitlichen Schadens. Der Verletzte kann daher verschiedene Berechnungsarten solange nebeneinander geltend machen, bis ein verlangter Betrag erfüllt oder rechtskräftig zuerkannt worden ist (*BGH,* GRUR 2008, 93 – Zerkleinerungsvorrichtung). Zwischen den drei Schadensberechnungs-arten besteht ein Verquickungsverbot, von dem die Kosten der Rechtsverfolgung und der Diskreditierungs- und Marktverwirrungsschaden ausgenommen sind. Letztere können aber bei Bemessung der Lizenz Berücksichtigung finden (*BGH,* GRUR 2006, 143, 146).

12. Der immaterielle Schadensersatzanspruch

73 § 97 II 4 UrhG regelt einen Anspruch auf Billigkeitsentschädigung – Schmerzensgeld – bei Verletzung des Urheberpersönlichkeitsrechts und des Persönlichkeitsrecht bestimmter genannter Leistungsschutzberechtigter.

74 a) **Anspruchsvoraussetzungen.** Zunächst müssen die bereits dargestellten gemeinsamen Voraussetzungen aller Verletzungsansprüche vorliegen sowie ein Verschulden; zur Aktivlegitimation wird gesondert auf die Ausführungen Rn. 47 verwiesen. Weiter muss eine Geldentschädigung der Billigkeit entsprechen. Dazu muss ein so schwerwiegender Eingriff vorliegen, dass die anderen Ansprüche nach den §§ 97 ff. UrhG zur Beseitigung der Beeinträchtigung nicht ausreichen. Zu berücksichtigen sind Art und Schwere der zugefügten Beeinträchtigung, das Ausmaß ihrer Verbreitung, die Folgen für die Interessen und den Ruf des Urhebers, dessen künstlerischer Rang, die Bedeutung der Missachtung seiner Entschließungsfreiheit und Anlass und Beweggrund des Verletzers (ausführlich *Fromm/Nordemann/Nordemann,* § 97 Rn. 122). In der Praxis wird eine solche Beeinträchtigung von den Gerichten nur zurückhaltend beurteilt (*OLG Hamburg,* GRUR 1990, 36 – Schmerzensgeld).

75 b) **Höhe des Anspruchs.** Überwiegend werden pauschale Zuschläge von bis zu 100% zur Grundlizenz zugebilligt (beispielhaft *OLG Frankfurt,* GRUR 1989, 203 – Wüstenflug). Es empfiehlt sich, wie auch ansonsten beim Schmerzensgeld, nur einen Mindestbetrag einzuklagen und eine höhere Billigkeitsentschädigung ins Ermessen des Gerichts zu stellen.

13. Anspruch auf Bereicherungsausgleich

76 Die nach der Lizenzanalogie ermittelte Vergütung kann der Verletzte auch im Wege der verschuldensunabhängigen Eingriffskondiktion nach §§ 812 I 1 2. Alt., 818 II BGB, 102 a UrhG verlangen (statt anderer *Dreier/Schulze,* § 102 a Rn. 3 ff.).

14. Ansprüche auf Auskunft

77 a) **Allgemeiner Auskunftsanspruch.** Da sich die Verletzungshandlungen zumeist in der Sphäre des Verletzers abspielen und im Regelfall allein dieser den Umfang der Verletzung kennt, ist der Verletzte zur Bezifferung seiner Schadensersatz- oder Bereicherungsansprüche auf Mitwirkung des Verletzers angewiesen. Dazu wird dem Verletzten gemäß §§ 242, 259, 260 BGB ein Anspruch auf Auskunft und Rechnungslegung zugestanden, wenn er in entschuldbarer Weise über Bestehen und Umfang seines Ersatzanspruchs im Unklaren ist, während der Verletzer unschwer Aufklärung geben kann (*BGH,* GRUR 1980, 227, 232 – Monumenta Germanae Historica). Dazu müssen die Voraussetzungen eines Schadensersatz dem Grunde nach vorliegen. Die Auskunft erstreckt sich auf alles, was für die Berechnung des Schadensersatzes nach allen drei Berechnungsarten benötigt wird.

b) Ansprüche auf Auskunft über Dritte. *aa) Einführung.* Diese in § 101 UrhG geregelten Ansprüche sollen dem Verletzten die Möglichkeit geben, schnell auch andere Beteiligte an der Rechtsverletzung in Erfahrung zu bringen und gegen diese Vorgehen zu können. Für den verschuldensunabhängigen Anspruch müssen die dargestellten gemeinsamen Voraussetzungen aller Verletzungsansprüche vorliegen. Weiter muss die **Verletzung im gewerblichen Ausmaß** erfolgt sein. Dieses kann sich nach § 101 I 2 UrhG sowohl aus der Anzahl der Rechtsverletzungen als auch aus der Schwere der Rechtverletzung ergeben. Dabei reicht jede Handlung zur Erlangung eines unmittelbaren oder mittelbaren wirtschaftlichen oder kommerziellen Vorteils; ausgenommen sind idR nur Handlungen, die in gutem Glauben von Endverbrauchern vorgenommen werden (Erwägungsgrund 14 der Enforcement-Richtlinie). Erfasst werden damit auch alle Nutzungshandlungen von sonst nicht gewerblich tätigen Personen, die nicht mehr unter eine Bagatellgrenze gefasst werden können. Bei der nach § 101 IV UrhG vorzunehmenden Verhältnismäßigkeitsprüfung ist die Verhältnismäßigkeit der Regelfall, die Ausnahme ist vom Auskunftsschuldner darzulegen. 78

bb) Anspruch gegen den Verletzer. Beim Anspruch gegen den Verletzer nach § 101 I UrhG bedarf es keiner weiteren Voraussetzungen. Der Umfang der geschuldeten Auskunft folgt aus § 101 III UrhG. Es empfiehlt sich, den Wortlaut dieser Norm in einen Antrag zu übernehmen. 79

cc) Anspruch gegen einen Nichtverletzer. Nach § 101 II UrhG kann auch ein Nichtverletzer auskunftspflichtig sein. Es gelten zunächst dieselben Voraussetzungen wie zuvor beim Verletzer dargestellt. Hinzu kommen weitere, wie nachfolgend dargestellt. 80

(1) Einstiegsvoraussetzungen. Der Anspruch hat zunächst zwei alternative Einstiegsvoraussetzungen: Die Rechtsverletzung muss offensichtlich sein oder es muss eine Klage gegen den Verletzer erhoben sein. Eine offensichtliche Rechtsverletzung liegt vor, wenn „die Rechtsverletzung so eindeutig ist, dass eine Fehlentscheidung oder eine andere Beurteilung im Rahmen des richterlichen Ermessens und damit eine ungerechtfertigte Belastung des Antragsgegners kaum möglich ist", was sowohl hinsichtlich der tatsächlichen Grundlagen als auch hinsichtlich der rechtlichen Beurteilung der Fall sein muss (*KG*, GRUR 1997, 129, 130; BT-Drs. 11/4792, S. 32). Die alternativ vorausgesetzte Klage muss rechtshängig und noch anhängig sein und das auskunftspflichtige Erzeugnis wenigstens einen Anspruch wegen der Rechtsverletzung zum Gegenstand haben. 81

(2) Auskunftspersonen. Auskunftsperson ist nach § 101 S. 2 UrhG, wer selbst in gewerblichem Ausmaß rechtsverletzenden Vervielfältigungsstücke in Besitz hatte (Spediteure, Lagerhalter), wer rechtsverletzende Dienstleistungen in Anspruch nahm, also deren Nutznießer war, wer Dienstleistungen erbracht hat, die für rechtsverletzende Tätigkeiten genutzt wurden (Internetprovider bei Verletzungen des Anschlussinhabers) und wer von einer vorgenannten Auskunftsperson Nr. 1–3 als Beteiligter benannt worden ist an der Herstellung, Erzeugung oder am Vertrieb eines die Auskunftspflicht begründenden rechtsverletzenden Vervielfältigungstücke oder an der Erbringung einer die Auskunftspflicht begründenden Dienstleistung beteiligt gewesen zu sein. Der Auskunftsschuldner kann die Auskunft verweigern, wenn er nach den §§ 383 bis 385 ZPO im Prozess gegen den Verletzer zur Zeugnisverweigerung berechtigt ist, und er hat gemäß § 101 II 3 UrhG einen Aufwendungsersatzanspruch gegen den Auskunftsgläubiger. Die Verhältnismäßigkeit ist wieder der Regelfall und der Umfang der Auskunft folgt aus § 101 III UrhG. 82

dd) Auskunft im Wege der einstweiligen Verfügung. Der gewünschte effektive Rechtsschutz wird in der Praxis am besten über die in § 101 VII UrhG für die Auskunftsansprüche aus § 101 UrhG eröffnete Möglichkeit der einstweiligen Verfügung erreicht werden können. Zusätzlich zu den allgemeinen Voraussetzungen einer einstweiligen Verfügung nach den §§ 935 ff. ZPO wird hier das Vorliegen einer offensichtlichen Rechtsverletzung verlangt. 83

ee) Auskunft gegen Provider. Bei Rechtsverletzungen im Internet im Wege des Filesharing (Tauschbörsen) kann der Verletzte oft zwar die Verletzung verifizieren, Namen und Anschriften der Verletzers findet er aber nicht. Er findet nur eine IP-Adresse (IP = Internetprotokoll), eine Internetadresse, die einem Anschlussinhaber fest (statische IP) zugewiesen ist, oder – der Regelfall – die ihm von seinem Provider für jede Verbindung mit dem Netz neu zugewiesen wird (dynamische IP). Der jeweilige Provider kann bei Vorhaltung der Verbindungsdaten erkennen, welche IP-Adresse welchem Anschlussinhaber zu einer bestimmten Zeit zugeordnet war. Der Verletzte benötigt also die Auskunft des Providers, um feststellen zu können, wer der Verletzer ist. Die Anspruchsgrundlage dafür ist § 101 II UrhG. Denn der Provider ist bezüglich der von ihm vermittelten Verbindung, im Rahmen derer eine Rechtsverletzung stattfindet, Dienstleister iSd § 101 II Nr. 3 UrhG. Der Provider muss bei der Auskunft aber Verkehrsdaten iSd § 3 Nr. 30 TKG verwenden. Da diese dem Fernmeldegeheimnis unterliegen, muss ihn die Verwendung dieser Daten erst gestattet werden. Dazu ist ein besonderes Verfahren in Abs. 9 eingeführt worden, in Abs. 10 wird insoweit das Fernmeldegeheimnis des Art. 10 GG einschränkt. Dieses Verfahren bereitet in der Praxis vor allem deshalb Probleme, weil die nachgefragten Verkehrsdaten bei den Providern nur wenige Tage oder gar nicht gespeichert werden (wie § 96 TKG das auch vorsieht. Der Verletzte muss also Wege suchen, die für ihn relevanten Verkehrsdaten zu erhalten. Bei den Providern, 84 welche die Daten noch einige Tage vorhalten, kann im unverzüglich einzuleitenden Antragsverfahren nach Abs. 9 eine einstweilige Anordnung erlassen werden, mit der dem beteiligten Provider aufgegeben wird, die Verkehrsdaten bis zur Auskunft vorzuhalten (*OLG Köln*, MMR 2008, 820). Bei den Providern, welche die Daten sofort löschen, kann gegenwärtig keine Auskunft erlangt werden (gute Übersicht der Problemstellung und Entwicklung bei *Moos/Gosche*, Datenspeicherung auf Zuruf, CR 2010, 499).

15. Der Anspruch auf Vorlage und Besichtigung

85 Dieser Anspruch nach § 101 a UrhG soll dem Anspruchsteller die Möglichkeit eröffnen, den Verdacht einer Rechtsverletzung in tatsächlicher Hinsicht zu verifizieren und etwaige Beweise für ihre Begehung sichern können, um im Anschluss daran, gestützt auf die Besichtigungsergebnisse, seine Verletzungsansprüche durchsetzen zu können. Die Rechtsverletzung muss dabei hinreichend wahrscheinlich sein (*BGH*, GRUR 2002, 1046 – Faxkarte), eine früher geforderte erhebliche Wahrscheinlichkeit wird nicht mehr verlangt. Auf berechtigte Geheimhaltungsinteressen des Besichtigungsschuldners ist Rücksicht zu nehmen (§ 101 a III). Damit Geheimhaltungsinteressen geltend gemacht werden können, müsste der Schuldner grundsätzlich vorher angehört werden. Ist dies dem Gläubiger zur Verhinderung von Manipulationen nicht zumutbar, ist es Aufgabe des Gerichts, Anordnungen zur Wahrung von einer solchen Weise anzuordnen, dass etwaige Betriebsgeheimnisse gewahrt bleiben, bis der Schuldner im Nachhinein dazu vortragen kann. Das geschieht üblicherweise durch Anordnung einer Besichtigung durch einen neutralen, zur Verschwiegenheit verpflichteten Sachverständigen. Zur Anspruchsdurchsetzung wird üblicherweise das **Verfahren nach „Düsseldorfer Praxis“** in Anspruch genommen. Es ist eine Kombination aus einem selbständigen Beweisverfahren nach den §§ 485 ff. ZPO, im Rahmen dessen die Besichtigung erfolgt, und einem einstweiligen Verfügungsverfahren, in dem, soweit erforderlich, dem vermeintlichen Verletzer aufgegeben wird, die erforderlichen Maßnahmen zu dulden (*OLG Düsseldorf*, GRUR 1983, 745 – Geheimhaltungsinteresse und Besichtigungsanspruch II; ausführlich *Kühnen*, GRUR 2005, 185 ff.).

16. Vernichtung, Überlassung, Rückruf, Entfernung

86 **a) Der Anspruch auf Vernichtung.** Für den verschuldensunabhängigen Anspruch gemäß § 98 I UrhG müssen die dargestellten gemeinsamen Voraussetzungen vorliegen. Gegenstand der Vernichtung sind alle rechtsverletzenden Erzeugnisse, die der Verletzer entweder im Eigentum oder im Besitz, nicht notwendig unmittelbaren Besitz, hat, und die zu deren Herstellung benutzten Vorrichtungen, die im Eigentum des Verletzers stehen. Maßgeblich ist die vorwiegende tatsächliche Benutzung oder die subjektive Bestimmung zur Herstellung der schutzrechtsverletzenden Erzeugnisse. Die Verhältnismäßigkeit der Vernichtung ist der Regelfall, die Ausnahme vom Verletzer darzulegen, wobei § 98 V UrhG Bauwerke und ausscheidbare Teile von Vervielfältigungsstücken von vornherein von der Vernichtung ausnimmt. Wird etwa das verletzende Erzeugnis in Katalogen neben vielen anderen Produkten des Verletzers angeboten, kann der Erfolg auch durch Schwärzungen als milderes Mittel erreicht werden. Vernichtung kann über den Wortlaut der Anspruchsnorm hinaus auch in der Form verlangt werden, dass Herausgabe an einen Gerichtsvollzieher zum Zwecke der Vernichtung verlangt wird; die Vernichtung erfolgt dann durch den Gerichtsvollzieher (*BGH*, NJW 2003, 668, 670 – P-Vermerk). Das ist der sichere Weg für den Verletzten und das heute übliche Vorgehen. In der Praxis wird vielfach von der Möglichkeit der Sicherung eines Vernichtungsanspruchs im Wege der einstweiligen Verfügung durch Anordnung der Herausgabe von Gegenständen an den Gerichtsvollzieher zur Verwahrung bis zur Entscheidung über einen Vernichtungsanspruch im Erkenntnisverfahren Gebrauch gemacht (*Schricker/Wild*, § 98 Rn. 13).

87 **b) Der Überlassungsanspruch.** Der Anspruch auf Überlassung der Vervielfältigungsstücke gegen eine angemessene Vergütung gemäß § 98 III UrhG hat keine Praxisrelevanz.

88 **c) Rückruf und Entfernen aus den Vertriebswegen.** Mit der Regelung des § 98 II UrhG soll der Verletzte die rechtsverletzenden Erzeugnisse aus dem Handel nehmen zu können, solange ihr Weg noch verfolgt werden kann und ein Zugriff noch möglich ist. Rückruf ist dabei die erforderliche Handlung des Verletzers, die rechtsverletzenden Gegenstände, die er in den Vertriebsweg gebracht hat, zurückzuholen, um die Weiterverbreitung zu verhindern. Endgültiges Entfernen hat dasselbe Ziel, eröffnet aber mehr Möglichkeiten, indem alle rechtlich zulässigen Methoden erfasst werden, um die Vertriebswege zu bereinigen (*Dörre/Maaßen*, GRUR-RR 2008, 217, 219), wie etwa eine freiwillige Vernichtung oder eine Übergabe an einen Gerichtsvollzieher mit einer Sequestrationsvereinbarung. Der Verletzer schuldet nicht nur den Rückruf oder die Entfernung der rechtsverletzenden Erzeugnisse, auf deren Rückgewähr er einen durchsetzbaren Anspruch hat. Er ist vielmehr in jedem Falle verpflichtet, seine gewerblichen Abnehmer unter Darlegung des Verletzungssachverhalts und des Angebots zur Rückabwicklung des Liefergeschäfts und Kostenübernahme zur Rückgewähr oder gegebenenfalls zur beweisbaren endgültigen Entfernung aus den Vertriebswegen aufzufordern (*LG Düsseldorf*, BeckRS 2009, 19434). Ein Rückruftitel kann auch im Verfahren der einstweiligen Verfügung erwirkt werden, wie es auch die En-

forcement-Richtlinie in Art. 9 ausdrücklich verlangt und was auch allein effektiv erscheint. Im Regierungsentwurf (BT-Drs. 16/5048, S. 72 f. wird insoweit kein Umsetzungsbedarf gesehen, weil das geltende Verfahrensrecht mit den §§ 935 ff. ZPO zum Verfahren der einstweiligen Verfügung solche Möglichkeiten hinreichend eröffnet.

17. Sicherung von Schadensersatzansprüchen

Dieser Anspruch nach § 101 b UrhG soll die Arrestvorschriften der §§ 916 ff. ZPO ergänzen durch die Möglichkeit eines Zugriffs auf Bank-, Finanz- oder Handelsunterlagen ergänzen. Er ist seit 19. 9. 2008 in Kraft und hat bisher keine praktische Bedeutung erlangt. Es dürfte dem Verletzte schon schwer fallen, die begehrten Unterlagen und den Ort, an dem sie sich befinden, prozessual hinreichend bestimmt zu bezeichnen. 89

18. Urteilsbekanntmachung

Der Anspruch auf Urteilbekanntmachung gemäß § 103 UrhG wird in der Praxis nur wenig geltend gemacht. Voraussetzungen sind ein (Teil-)**Obsiegen in einem Erkenntnisverfahren** aufgrund der Vorschriften des UrhG, ein berechtigtes Interesse der obsiegenden Partei **an der Bekanntmachung** und die Bekanntmachung muss unter Berücksichtigung der beiderseitigen Interessen notwendig, geeignet und angemessen sein, um den durch die Verletzung hervorgerufenen beeinträchtigenden Eindruck in der Öffentlichkeit zu korrigieren (*Dreier/Schulze* § 103 Rn. 6). Eine unnötige Bloßstellung des Verletzers ist zu vermeiden (*BGH,* GRUR 1998, 568, 570 – Beatles-Doppel-CD). Art und Umfang der Bekanntmachung bestimmen sich danach, was zur Beseitigung der Beeinträchtigung erforderlich ist. Häufig wird der Tenor reichen. Im Übrigen empfiehlt sich, dass das Gericht für die Bekanntmachung Art, Größe, Zahl, Ort und Inhalt im Urteils genau bestimmt. Dabei kommt es auch darauf an, welche Öffentlichkeit erreicht werden soll. Hat sich die Verletzung in einem Nischenmarkt abgespielt und gibt es dafür eine Fachzeitschrift, reicht eine Bekanntmachung darin aus. Die Bekanntgabe darf nach § 103 S. 4 UrhG, wenn nichts anderes bestimmt ist, regelmäßig erst nach Rechtskraft der Entscheidung erfolgen. Die Befugnis erlischt nach § 103 S. 2, wenn die Bekanntmachung nicht binnen 6 Monaten nach Eintritt der Rechtskraft erfolgt. Die Kosten der Bekanntgabe trägt nach § 103 I 1 UrhG der Verletzer. 90

19. Anspruch auf Aufwendungsersatz/Abmahnkosten

Dieser Anspruch gem. § 97 a I UrhG betrifft in erster Linie die Abmahnkosten. Er setzt eine berechtigte und wirksame Abmahnung voraus. Erstattet werden die erforderlichen Aufwendungen. Dabei ist es bei Urheberrechtsstreiten regelmäßig erforderlich, einen Anwalt einzuschalten. 91

§ 97 a II UrhG beinhaltet die im Vorfeld lange diskutierte Kostendeckelung für die erstmalige Abmahnung in einfach gelagerten Fällen mit einer unerheblichen Rechtsverletzung außerhalb des geschäftlichen Verkehrs auf 100,– EUR. Lesenswert dazu *Faustmann/Ramsperger,* MMR 2010, 662. 92

B. XV. Der Wettbewerbsprozess

Klaus Spätgens

Übersicht

Literatur: Unentbehrlich neben den allgemeinen Standardwerken: *Ahrens,* Der Wettbewerbsprozess, 6. Aufl. 2009 (nachf.: *Ahrens/Verfasser*); *Ahrens/Spätgens,* Einstweiliger Rechtsschutz und Vollstreckung in UWG-Sachen, 4. Aufl. 2001; *Fezer,* Lauterkeitsrecht, 2. Aufl. 2010; *Köhler/Bornkamm,* UWG, 29. Aufl. 2011; *Berneke,* Die einstweilige Verfügung in Wettbewerbssachen, 2. Aufl. 2003; *Emmerich,* Das Recht des unlauteren Wettbewerbs, 8. Aufl. 2009; *Gloy/Loschelder/Erdmann,* Handbuch des Wettbewerbsrechts, 4. Aufl. 2010; *Harte-Bavendamm/Henning-Bodewig,* UWG, 2. Aufl. 2009 (nachf.: *Harte/Henning/Verfasser*); *Melullis,* Handbuch des Wettbewerbsprozesses, 3. Aufl. 2000; *Piper/Ohly/Sosnitza,* UWG, UWG, 5. Aufl. 2010; *Teplitzky,* Wettbewerbsrechtliche Ansprüche und Verfahren, 9. Aufl. 2007 (nachf.: „Ansprüche").

Spezialzeitschriften: Gewerblicher Rechtsschutz und Urheberrecht, Zeitschrift der Deutschen Vereinigung für gewerblichen Rechtsschutz und Urheberrecht (GRUR) mit Auslands- und internationalem Teil (GRUR-Int.); GRUR-Rechtsprechungs-Report (GRUR-RR); Magazindienst des Verbandes Sozialer Wettbewerb, Berlin (MD); NJW Entscheidungsdienst Wettbewerbsrecht, seit 1996 (NJWE-WettbR) bis Ende 2000, danach fortgesetzt als GRUR-RR; Mitteilungen der deutschen Patentanwälte (Mitt.), Wettbewerb in Recht und Praxis (WRP); Wirtschaft und Wettbewerb (WuW).

Zur allg. Literatur siehe Literaturverzeichnis A. I.

I. Wettbewerbsrechtliche Ansprüche

1. Gegenstand der Klage

1 Im Wettbewerbsverfahrensrecht spielen die Unterlassungsklage und die Unterlassungsverfügung eine dominierende Rolle. An Zahl geringer sind Beseitigungs-, Auskunfts-, Rechnungslegungs- und Scha-

densersatzverfahren, Verfahren, die auf Gewinnabschöpfung zielen (§ 10 UWG) sowie (wettbewerbsrechtliche) Streitigkeiten, in denen Bereicherungsansprüche geltend gemacht werden. Im UWG 2004 sind diese Ansprüche, die sich aus unlauterem Verhalten iSd §§ 3–7 UWG ergeben, umfassend in den §§ 8–10 UWG geregelt.

2. Unterlassungsanspruch

Der stets in die Zukunft gerichtete Unterlassungsanspruch ist verschuldensunabhängig; er ist ein Abwehranspruch gegen künftige Beeinträchtigung und entsteht bereits, wenn eine Verletzungshandlung droht; hierdurch unterscheidet er sich vom negatorischen Beseitigungs- oder deliktischen Schadensersatzanspruch (*Köhler/Bornkamm*, UWG, § 8 Rn. 1.7). Die Drohung kann sich entweder aus einem begangenen (**Wiederholungsgefahr**) oder aus einem ernsthaft bevorstehenden erstmaligen Verstoß (**Erstbegehungsgefahr**) ergeben. Dementsprechend unterscheidet man zwischen dem **Verletzungs-** und dem **vorbeugenden** Unterlassungsanspruch. 2

Ein Unterlassungstitel wird in beiden Fällen nach § 890 ZPO vollstreckt. 3

Die – tatsächlich vermutete – Wiederholungsgefahr lässt sich, solange künftige Begehung möglich ist, grundsätzlich nur durch Abgabe einer strafbewehrten **Unterwerfungserklärung** des Schuldners beseitigen (*Teplitzky*, Ansprüche, Kap. 10 Rn. 21; Kap. 7 Rn. 5, 6; *Köhler/Bornkamm*, UWG, § 8 Rn. 1.38; *BGH*, GRUR 1993, 53, 55 – Ausländischer Inserent; 1994, 443, 445 – Versicherungsvermittlung im öff. Dienst; 1996, 290, 291 – Wegfall der Wiederholungsgefahr I; WRP 1996, 284, 285 – Wegfall der Wiederholungsgefahr II; GRUR 2003, 450, 452 – Begrenzte Preissenkung; GRUR 2008, 996 Tz. 33 – Clone-CD; GRUR 2008, 1108 Tz. 23 – Haus & Grund III), während die **Erstbegehungsgefahr,** für die keine Vermutung ihres Fortbestandes besteht, oft durch Berühmung – zB im Prozess – ausgelöst, auch durch einen „actus contrarius" oder ausdrückliche Abstandnahme – ohne Vertragsstrafeversprechen – gebannt werden kann (*BGH*, GRUR 1992, 116, 117 – Topfgucker-Scheck mit Anm. *Köhler;* GRUR 2008, 912 Tz. 30 – Metrosex; GRUR 2009,841 Tz. 23 – Cybersky; *Köhler/Bornkamm*, UWG, § 8 Rn. 126 ff.) 4

Für den Kläger schafft sowohl die vorprozessuale als auch die prozessuale Berühmung einen **selbständigen Klagegrund** (vorbeugender Unterlassungsanspruch), der zB im Falle der Verjährung des Verletzungsunterlassungsanspruchs (§ 11 UWG) von prozessentscheidender Bedeutung sein kann. Seine Berücksichtigung durch das Gericht erfordert aber, dass er als solcher geltend gemacht und über ihn mündlich verhandelt wird. 5

Für den Beklagten (Antragsgegner), der keine grundsätzliche Klärung anstrebt, empfiehlt es sich zwecks definitiver Beseitigung der – uU. ungewollt herbeigeführten – Erstbegehungsgefahr, eindeutig und unmissverständlich zu Protokoll zu erklären, „dass er seine Rechtsansicht nur zum Zweck ihrer Durchsetzung im Prozess vertrete, dass er sie jedoch nicht (künftig) praktisch umzusetzen gedenke" (eingehend hierzu *Köhler/Bornkamm*, UWG § 8 Rn. 1.18 ff. mwN; s.a. *BGH*, GRUR 1992, 404 – Systemunterschiede; GRUR 2001, 1174, 1175 – Berühmungsaufgabe). 6

Nimmt der Gläubiger eine unwiderruflich, unbedingt und unbefristet abgegebene Unterwerfung, die den gerügten Verstoß abdeckt, nicht an, ist grundsätzlich ebenfalls davon auszugehen, dass die (vermutete) Wiederholungsgefahr, ausgeräumt, nicht aber zugleich auch das allgemeine Rechtsschutzbedürfnis entfallen ist (*BGH*, GRUR 1984, 214, 216 – Copie-Charge; *OLG Köln*, WRP 1996, 333, 336 – Anzeigenwerbung für Telefaxbuch; *Köhler/Bornkamm*, UWG, § 12 Rn. 1.120). 7

Schwebt bei **Fortfall der Begehungsgefahr** (Wiederholungsgefahr oder Erstbegehungsgefahr) bereits ein Prozessverfahren, erledigt sich dieses (auch in der Revisionsinstanz) in der Hauptsache und es kommt in der Regel zu einem Verfahren nach § 91 a ZPO (*Ahrens/Bornkamm*, Kap. 33 Rn. 1 ff., 4, 25) 8

Eine rechtskräftige Unterlassungsverurteilung beseitigt nach heute deutlich überwiegender Ansicht grundsätzlich die Wiederholungsgefahr (streitig; *Köhler/Bornkamm*, UWG, § 8 Rn. 1.46 ff.; *Piper/Ohly/Sosnitza*, UWG, § 8 Rn. 21; *Ahrens/Bornkamm*, Kap. 33 Rn. 8 jeweils mwN; ferner: *Teplitzky*, Ansprüche, Kap. 7 Rn. 4 a; *BGH*, GRUR 2003, 450, 452 – Begrenzte Preissenkung). Gleiches gilt grundsätzlich, wenn der Verletzer eine gegen ihn erlassene einstweilige Verfügung durch Abschlusserklärung anerkennt. Allerdings können im konkreten Einzelfall auch bei Existenz eines rechtskräftigen Urteils Zweifel am Unterlassungswillen des Schuldners begründet sein, so dass dennoch der Fortbestand der Wiederholungsgefahr bejaht werden kann (*Köhler/Bornkamm*, VWG, § 8 Rn. 1.46 ff.). 9

Auch andere Formen und Versuche der nachträglichen Loslösung von einer Unterlassungsverpflichtung (Anfechtung, Widerruf, Kündigung uam) können neue Begehungsgefahr begründen, insofern allerdings (nur) in der Form der Erstbegehungsgefahr. Gerechtfertigt sein kann aber eine **Kündigung** eines Unterwerfungsvertrages unter Berufung auf eine Störung der Geschäftsgrundlage (§ 313 BGB), etwa bei Änderung der Rechtslage (hierzu: *BGH*, GRUR 1997, 312 ff. – Altunterwerfung I; GRUR 2001, 85 – Altunterwerfung IV; *Teplitzky*, Ansprüche, Kap. 20 Rn. 25 ff.; *Piper/Ohly/Sosnitza*, UWG, § 8 Rn. 61; *Köhler/Bornkamm*, UWG, § 12 Rn. 1.161). 10

Begeht der Unterlassungsschuldner nach Abgabe einer gesicherten Unterlassungsverpflichtungserklärung erneut einen identischen oder im Kern gleichartigen Verstoß, stehen dem Gläubiger nebeneinander der sich aus der Erklärung ergebende **vertragliche** und ein **neuer gesetzlicher** Unterlassungsanspruch zu; außerdem kann er bei schuldhaftem Verhalten die versprochene **Vertragsstrafe** fordern. 11

3. Beseitigungsanspruch

12 Der Beseitigungsanspruch (§ 8 I 1 UWG) dient in erster Linie ebenfalls der Abwehr, ist also in die Zukunft gerichtet und als solcher neben dem Unterlassungsanspruch im Wettbewerbsrecht von einiger Bedeutung. Er ist gleichfalls verschuldensunabhängig und streng von dem auf Beseitigung zielenden verschuldensabhängigen Schadensersatzanspruch (zB § 823 BGB) zu trennen; jener geht auf Beseitigung der Störungsquelle, dieser auf Schadensausgleich (*Köhler/Bornkamm*, UWG, § 8 Rn. 1.69 ff.; *Ahrens/Loewenheim*, Kap. 73 Rn. 1 ff.).

13 Die Vollstreckung des Beseitigungsanspruchs erfolgt nach §§ 887, 888 ZPO.

4. Widerrufsanspruch

14 Das Wettbewerbsrecht kennt – namentlich bei unrichtigen Tatsachenbehauptungen – in gleicher Weise einen auf Beseitigung der Störungslage gerichteten (verschuldensunabhängigen) und einen schadensausgleichenden (verschuldensabhängigen) Widerrufsanspruch (*Ahrens/Loewenheim,* Kap. 73 Rn. 6 ff.; *Köhler/Bornkamm,* UWG, § 8 Rn. 1.96). Für die Vollstreckung gilt hier § 888 I ZPO.

5. Schadensersatzanspruch

15 Wettbewerbsrechtliche Schadensersatzansprüche können aus der Verletzung einer vertraglich übernommenen Verpflichtung oder aus gesetzlichen Spezialbestimmungen (zB §§ 3 ff. UWG in Verbindung mit § 9 UWG, §§ 14 VI, 15 V MarkenG, 33 GWB) hergeleitet werden. Gläubiger dieses Anspruchs nach § 9 UWG sind ausschließlich die **Mitbewerber** des Verletzers, wie sie § 2 I 3 UWG definiert. Bedeutsam ist hier, dass dem Gläubiger bei der Verletzung von Patent-, Gebrauchsmuster-, Geschmacksmuster-, Urheber-, Kennzeichnungs- oder Persönlichkeitsrechten ua sowie (wichtig) bei Verletzung einer dem Immaterialgüterrechtsschutz vergleichbaren Position (zB **Nachahmung** wettbewerblich eigenartiger Produktausstattung, § 4 Nr. 9 UWG) wahlweise die konkrete und die **„objektive (= abstrakte) Scha-**
16 **densberechnung“** in Form der Schadensberechnung nach fiktiven Lizenzgebühren (sogenannte **„Lizenzanalogie“**) bzw. der **Herausgabe des Verletzergewinns zur Verfügung stehen** (*BGH,* NJW 1992, 2753 – Tchibo/Rolex II; GRUR 1995, 349 – Objektive Schadensberechnung; GRUR 1993, 757, 759 – Kollektion Holiday; *Ingerl/Rohnke,* Markengesetz, vor §§ 14–19 d Rn. 229 ff.; *Köhler/Bornkamm,* UWG, § 9 Rn. 1.36 ff.; *Teplitzky,* Ansprüche, Kap. 34 Rn. 20 ff.; *Melullis* in: Gloy/Loschelder/Erdmann, § 80 Rn. 99).

Der **Gewinnabschöpfungsanspruch** der Verbände (§ 10 UWG) ist ein Anspruch eigener Art; vom herkömmlichen Schadensersatzanspruch unterscheidet er sich dadurch, dass er keinen (individuellen) Schadensausgleich bezweckt, sondern darauf zielt, unlauteres Verhalten unattraktiv zu machen (eingehend hierzu: *Melullis* in: Gloy/Loschelder/Erdmann, Kap. 81 Rn. 1 ff.; *Köhler/Bornkamm,* UWG, § 10 Rn. 1 ff.; *Ahrens/Loewenheim,* Kap. 74 Rn. 2 ff.).

6. Auskunftsanspruch

17 Beim allgemeinen Auskunftsanspruch unterscheidet man den primären und den akzessorischen. Letzterer ist im Wettbewerbsrecht die Regel; mit ihm soll ein Hauptanspruch auf Schadensersatz, Beseitigung oder Herausgabe (§§ 812 ff. BGB) vorbereitet werden, der sich **gegen den Auskunftspflichtigen selbst** richtet, § 242 BGB (*BGH,* GRUR 1988, 307, 308 – Gaby; GRUR 1994, 630 ff. – Cartier-Armreif; GRUR 2001, 841, 842 – Entfernung der Herstellernummer II; *Köhler/Bornkamm*, UWG, § 9 Rn. 4.1).

18 Eine **Auskunftsverpflichtung Dritter** ergibt sich aus § 19 MarkenG; darüber hinaus gewährt die Rechtsprechung einen Auskunftsanspruch gegen Dritte (primärer Auskunftsanspruch) nur in Form des verschuldensabhängigen Ersatzanspruches sowie bei vertraglicher Verpflichtung (*Teplitzky,* Ansprüche, 38. Kap. Rn. 33, 34 ff.).

19 Ungeklärt war bisher, ob, abgesehen von § 19 MarkenG, ein selbständiger, verschuldensunabhängiger Auskunftsanspruch gegen Dritte zum Zwecke der Beseitigung eines wettbewerbswidrigen Störungszustandes anerkannt werden kann (*Tepitzky,* Ansprüche, 38. Kap. Rn. 33, 34 ff.). In mehreren Entscheidungen hat der BGH klargestellt (GRUR 1994, 630 ff. – Cartier-Armreif; 1994, 435, 437 – Pulloverbeschriftung; 1995, 427, 428 – Schwarze Liste; GRUR 1996, 78, 79 – Umgehungsprogramm; GRUR 2010, 343 Tz. 35, 37 – Oracle), dass ein selbständiger, verschuldensunabhängiger Auskunftsanspruch gegen Dritte in der Form des objektiven Beseitigungsanspruchs in Betracht kommen kann, so bei ergänzendem wettbewerbsrechtlichem Leistungsschutz, Rufausbeute, Vertrieb codierter Produkte oder geschäftlichen Äußerungen.

20 Die **akzessorische Auskunftspflicht** setzt neben dem Bestehen eines Hauptanspruches unverschuldete Unkenntnis auf Seiten des Gläubigers sowie die Möglichkeit des Schuldners, unschwer Auskunft erteilen zu können, voraus (*Köhler/Bornkamm*, UWG, § 9 Rn. 4.5, 4.8 ff. mwN).

Einen (kompliziert gestalteten) Auskunftsanspruch zur leichteren Durchsetzung von Unterlassungs- und Beseitigungsansprüchen gewährt § 8 V UWG Einrichtungen und Verbänden iSv § 8 II Nr. 2–4 UWG (hierzu: *Köhler/Bornkamm*, UWG, § 8 Rn. 5.1).

Art, Inhalt und Umfang der Auskunft sind unter Abwägung der beiderseitigen Interessen zu bestimmen, evtl. mit **Wirtschaftsprüfervorbehalt** (s. u. Rn. 93) zu versehen (eingehend: *Köhler/Bornkamm*, UWG, § 9 Rn. 4.19). 21

Ist Auskunft vollständig erteilt, darf nicht (mehr) zur Auskunft verurteilt werden. 22

Wird, wie nicht selten, im Laufe des Prozesses gewollt oder ungewollt durch das Vorbringen des Beklagten die Auskunft tatsächlich erteilt, erledigt sich der Rechtsstreit insoweit in der Hauptsache; auch in dieser Richtung sollte das Gericht die Schriftsätze des Beklagten sorgfältig analysieren. 23

Mehrere Auskunftspflichtige haften **nicht als Gesamtschuldner.** Die Vollstreckung erfolgt nach §§ 887, 888 ZPO. 24

7. Pflicht zur Rechnungslegung

Die Pflicht zur Rechnungslegung folgt entweder unmittelbar aus dem Gesetz (zB §§ 666, 675, 687 II, 681 BGB, § 97 I 2 UrhG, § 14 a I 2 GeschmMG) oder aus einer entsprechenden Anwendung der Auftragsvorschriften in Verbindung mit § 242 BGB. Sie setzt voraus, dass ein über die Auskunft hinausgehendes Bedürfnis nach Erteilung einer geordneten und belegten Abrechnung über Einnahmen und Ausgaben besteht, wie etwa im Falle der notwendigen Bezifferung eines in Form der Lizenzanalogie oder des Verletzergewinns (s. o. Rn. 16) geltend gemachten Schadensersatzes. 25

Auch hier kommt uU der Wirtschaftsprüfervorbehalt in Betracht. Im Übrigen gibt es bei Wettbewerbsverstößen grundsätzlich nur einen – in der Regel ausreichenden – Auskunftsanspruch. 26

Vollstreckt wird nach §§ 887, 888 ZPO.

8. Bereicherungsanspruch

Auch im gewerblichen Rechtsschutz kommt eine Bereicherungshaftung (§§ 812 ff. BGB) in Betracht. Für den Fall der Verletzung von Immaterialgüterrechten und diesen vergleichbare (vermarktungsfähige) Leistungspositionen ist das heute allgemein anerkannt (*Teplitzky*, Ansprüche, Kap. 40 Rn. 1 ff. mwN). 27

Bei Eingriffen in lediglich wettbewerbsrechtlich geschützte Positionen wird – mit Recht – eine Haftung nach §§ 812 ff. BGB nur bejaht, wenn ihnen Zuweisungsgehalt zukommt und sie daher wirtschaftlich verwertbar sind (*BGH*, GRUR 1990, 221 – Forschungskosten; *Köhler/Bornkamm*, UWG, § 9 Rn. 3.2; *Teplitzky*, Ansprüche, Kap. 40 Rn. 1 mwN). 28

9. Aufwendungsersatz

Aufwendungen des (berechtigt) Abmahnenden (zB Anwaltskosten) können grundsätzlich nach § 12 I UWG geltend gemacht werden. 29

II. Sachlegitimation und Prozessführungsbefugnis

1. Aktivlegitimation (Sachbefugnis)

Wettbewerbsstreitigkeiten können von einer Vielzahl von Anspruchsberechtigten eingeleitet werden. 30

a) Dem in relevanter Weise unmittelbar durch die Handlung Verletzten stehen sämtliche materiellrechtlichen wettbewerbsrechtlichen Ansprüche zu, wenn der Wettbewerbsverstoß in seine Rechte eingegriffen hat oder einzugreifen droht und ihm daher nach dem Gesetz ein entsprechender Anspruch zusteht (*Ahrens/Jestaedt*, Kap. 18 Rn. 6). 31

b) Aktivlegitimiert ist des Weiteren der unmittelbar verletzte Mitbewerber (§ 8 III 1 UWG), der nach der Novellierung des UWG an die Stelle des von Rechtsprechung und Literatur früher entwickelten „Verletzten“ getreten ist (*Teplitzky*, Ansprüche Kap. 13 Rn. 2); er muss aber als Unternehmer zu dem betreffenden Verletzer in einem konkreten Wettbewerbsverhältnis stehen (*Teplitzky*, Ansprüche, Kap. 13 Rn. 3; *Ahrens/Jestaedt*, Kap. 18, Rn. 9). „Konkret“ ist das Wettbewerbsverhältnis, wenn sich die beteiligten Parteien als Anbieter oder Nachfrager von gleichartigen Waren oder Dienstleistungen im Absatz behindern oder stören können; dabei sind aber keine allzu hohen Anforderungen zu stellen (eingehend: *Teplitzky*, Anprüche, Kap. 13 Rn. 5; *Köhler/Bornkamm*, UWG, § 2 Rn. 57 ff.; § 8 Rn. 3.27 ff.; *Ahrens/Jestaedt*, Kap. 18, Rn. 9 ff.).

c) Der Kreis der Anspruchsberechtigten wird durch § 8 III Nr. 2–4 UWG auf **rechtsfähige Verbände** (Nr. 2), qualifizierte Einrichtungen (Nr. 3) sowie bestimmte Kammern (Nr. 4) bei Vorliegen der geforderten Voraussetzungen für die dort näher bezeichneten Verstöße erweitert. 32

Nach dem Gesetzeswortlaut erstreckt sich die erweiterte Anspruchsberechtigung nach § 8 UWG nur auf **Unterlassungs- und Bereicherungsansprüche.** Nach ganz hM erfasst die Vorschrift aber auch den **Widerrufsanspruch** (*Köhler/Bornkamm*, UWG, § 8 Rn. 1.95) Auf Ansprüche aus anderen Gesetzen, insbesondere solche aus §§ 823 ff., 1004 BGB, dem Markengesetz ua ist § 8 UWG nicht entsprechend anwendbar. Unmittelbar gilt § 8 UWG selbstverständlich, wenn die beanstandete Handlung zugleich einen Wettbewerbsverstoß darstellt (Großkomm/*Erdmann*, § 13 UWG aF Rn. 11). Mitbewerber und Verbände klagen aus eigenem Recht. 33

33a Für **Auskunftsansprüche** gilt § 8 V UWG; bei den wettbewerbsrechtlichen Abwehransprüchen stehen sie nur den Wettbewerbsverbänden, Industrie- und Handelskammern sowie den Handwerkskammern zu. Gläubiger des in § 9 UWG eigens geregelten Schadensersatzanspruchs kann nur ein Mitbewerber iSv § 2 I Nr. 3 UWG sein (*Köhler/Bornkamm*, UWG; § 9 Rn. 1.9 ff.). Gleiches gilt für die mit dem Schadensersatzanspruch einhergehenden Ansprüche auf Auskunft und Rechnungslegung.

2. Prozessführungsbefugnis

34 § 8 III UWG erfüllt, wie schon § 13 II UWG aF eine doppelte Funktion (*Köhler/Bornkamm*, UWG, § 8 Rn. 3.1 ff.; *Ahrens/Jestaedt*, Kap. 18 Rn. 4). Neben der Aktivlegitimation (s. oben Rn. 30 ff.) regelt er das **Prozessführungsrecht** (also die Befugnis, den materiellrechtlichen Anspruch auch durchzusetzen) als unverzichtbare **Prozessvoraussetzung.** Es ist von Amts wegen zu beachten und muss im Zeitpunkt der letzten mündlichen Verhandlung vorliegen. Fehlt das Prozessführungsrecht (die Prozessführungsbefugnis), ist die Klage als unzulässig abzuweisen; bei fehlender Aktivlegitimation ist die Klage dagegen unbegründet.

35 Beim unmittelbar Verletzten und dem anspruchsberechtigten Mitbewerber folgt deren Prozessführungsbefugnis aus der Verletzung nach den allgemeinen Regeln (§ 51 ZPO; s. *Teplitzky,* Ansprüche, Kap. 13 Rn. 13).

36 Bei **Verbänden zur Förderung gewerblicher oder selbständiger beruflicher Interessen** (§ 8 III 2 UWG) verlangt sie das Vorliegen bestimmter prozessualer Grundvoraussetzungen: Rechtsfähigkeit, einen bestimmten Satzungszweck und dessen tatsächliche Verfolgung, ausreichende materielle und personelle Ausstattung (*BGH,* GRUR 2005, 689 – Sammelmitgliedschaft III; GRUR 1990, 282, 284 – Wettbewerbsverein IV; GRUR 1973, 78, 79 – Verbraucherverband; *Ahrens/Jestaedt,* Kap. 19 Rn. 13; aA *Köhler/Bornkamm*, UWG, § 8 Rn. 3.11, der in den in § 8 III Nr. 2 UWG aufgestellten zusätzlichen Anforderungen materiell-rechtliche Begründetheitsvoraussetzungen sieht)). Fehlt es hieran, ist der Verband per se nicht prozessführungsbefugt (*BGH,* NJW-RR 1991, 1138 = EWiR (LS) 1991, 823 f. mit Anm. *Spätgens*). Unerheblich ist dann, ob auch § 8 IV UWG (Missbrauchstatbestand) erfüllt ist.

37 § 8 III 1 UWG setzt für die Klagebefugnis des Mitbewerbers ein konkretes Wettbewerbsverhältnis zwischen diesem und dem Verletzten oder zwischen demjenigen, der durch dessen Wettbewerbshandeln gefördert wird, voraus; klagt ein Verband iSv § 8 III 2 UWG, muss ihm folglich eine nicht nur unerhebliche Zahl von Mitgliedern angehören, die selbst – als Mitbewerber (§ 8 III 1 UWG) – klagebefugt wären (*BGH* GRUR 2007, 610 – Sammelmitgliedschaft V; GRUR 2007, 809 – Krankenhauswerbung; GRUR 2006, 778 Tz. 19 – Sammelmitgliedschaft IV; GRUR 2000, 1084 – Unternehmenskennzeichnung; *Köhler/Bornkamm*, UWG, § 8 Rn. 3.35.

38 **Mittelbare** Mitgliedschaft (zB über die Industrie- und Handelskammer) genügt (*BGH,* GRUR 1996, 7, 71 – Produktinformation III; *Teplitzky*, Ansprüche, Kap. 13 Rn. 30 mwN); die **„erhebliche Zahl"** in § 8 III 2 UWG ist als **repräsentative Anzahl** von Verbandsmitgliedern der betroffenen Branche auf dem demselben sachlich und **räumlich** relevanten **Markt** zu lesen (*Köhler/Bornkamm,* UWG, § 8 Rn. 3.35 mwN).

39 Eine der ursprünglich in § 13 II Nr. 1, 2 UWG aF enthaltenen Bagatellklausel entsprechende Regelung findet sich nun in neuem Gewand (Relevanzklausel) in § 3 UWG. Sie ist nun aus ihrer Anbindung an die Klagebefugnis gelöst worden und schränkt den Tatbestand der Zuwiderhandlung ein. Materiellrechtliche Voraussetzung für eine erfolgreiche Durchsetzung wettbewerbsrechtlicher Abwehransprüche ist danach, dass die beanstandete Handlung geeignet ist, den Verbraucher oder die sonstigen Marktteilnehmer nicht nur unerheblich zu beeinträchtigen (hierzu iE *Köhler/Bornkamm*, UWG § 3 UWG Rn. 47 ff. mwN).

40 Auch bei den „qualifizierten Einrichtungen" des § 8 III 3 UWG (= Verbraucherverbänden) müssen die prozessualen Voraussetzungen der Rechtsfähigkeit, des Satzungszwecks und der Zweckverfolgung vorliegen (*Ahrens/Jestaedt*, Kap. 19 Rn. 43 ff.); hinzu tritt das Eintragungserfordernis. Eine Liste qualifizierter Einrichtungen findet man im Internet über die Homepage des Bundesamtes für Justiz unter http://www.bundesjustizamt.de.

41 **Missbräuchliche** Geltendmachung von Abwehransprüchen iSv § 8 UWG (Beispiel: Gebührenbeschaffungszweck) führt nach § 8 IV UWG auch bei zureichender Verbandsausstattung nach hL zum Verlust der Prozessführungsbefugnis (*BGH*, GRUR 2006, 243 Tz. 22 – MEGA SALE; GRUR 2002, 357, 359 – Missbräuchliche Mehrfachabmahnung; *Teplitzky*, Ansprüche, Kap. 13 Rn. 50; *Köhler/Bornkamm*, UWG, § 8 Rn. 4.3 f., die allerdings hier einen Spezialfall unzulässiger Rechtsausübung sehen; *Fezer/Büscher*, UWG, § 8 Rn. 230).

III. Passivlegitimation

1. Abwehrhaftung

42 Es haften auf Unterlassung und Beseitigung der Täter, Mittäter, Teilnehmer (hierzu: *Ahrens/Jestaedt*, Kap. 21 Rn. 5) und (kritisch zur herkömmlichen Störerhaftung mit Vorschlägen zum Umstieg auf eine

deliktische Betrachtungsweise: *Köhler/Bornkamm*, UWG, § 8 Rn. 2.11 ff.; *Teplitzky*, Ansprüche, Kap. 14 Rn. 10 ff.; *Piper/Ohly/Sosnitza*, UWG § 8 Rn. 123) der Störer.

Wettbewerblicher **Störer** (Täter?) und damit stets richtiger Beklagter ist beim Unterlassungsanspruch jeder, der durch sein Handeln geschützte Rechte von Marktteilnehmern gefährdet, obwohl er diese Gefahr begrenzen könnte (*BGH*, GRUR 2007, 890 – Jugendgefährende Medien bei eBay), wobei für die wettbewerbsrechtliche Unterlassungshaftung Art und Umfang des Tatbeitrags des Störers (ebenso wie beim Täter, Mittäter, Teilnehmer) sowie die Frage des Verschuldens keine Rolle spielen. Wettbewerbsrechtliche Störung durch Unterlassen ist bei Möglichkeit der Verhinderung eines Verstoßes zu bejahen.

Wettbewerbswidriges Verhalten von **Organen** juristischer Personen und Personengemeinschaften be- 43
gründet deren **unmittelbare** Einstandspflicht (§§ 31, 89 BGB), wenn das Organ – eine natürliche Person – in „Ausführung der ihm zustehenden Verrichtungen" wettbewerbswidrig gehandelt hat. In **weiter Auslegung** gilt dieser Haftungsmaßstab gleichermaßen für (echte) Organe juristischer Personen, für die Organe nichtrechtsfähiger Vereine, für die gesetzlichen Vertreter von Personenhandelsgesellschaften sowie für die für eine Gesellschaft bürgerlichen Rechts handelnden Gesellschafter.

Neben der juristischen Person und den Personengemeinschaften haftet auch das „Organ" im vorbe- 44
zeichneten weiten Sinne (Vorstand, Geschäftsführer, gesetzlicher Vertreter, Mitgesellschafter) **selbst,** sei es aufgrund des eigenen (positiven) wettbewerbswidrigen Verhaltens, sei es, weil ein der juristischen Person oder einem sonstigen Personenzusammenschluss zuzurechnendes wettbewerbswidriges Verhalten trotz Kenntnis und Möglichkeit nicht verhindert wurde (*BGH*, WRP 2010, 922 Tz. 34 – marionskochbuch; WRP 2009, 1001 Tz. 47 – Internet-Video-Recorder).

Wird ein Wettbewerbsverstoß über die **Medien** verübt (Presse, Rundfunk, TV uam), ist nicht nur der 45
Urheber, sondern jeder, der aktiv an der Verbreitung beteiligt ist, grundsätzlich passivlegitimiert, also insbesondere der Verleger, Herausgeber, Redakteur, die Werbeagentur uam (*BGH*, GRUR 2006, 429 Tz. 13, 15 – Schlank-Kapseln; GRUR 2006, 957 Tz. 14 – Stadt-Geldern; GRUR 1994, 441, 443 – Kosmetikstudio; *Köhler/Bornkamm*, UWG, § 9 Rn. 2.2.). Zur Verantwortlichkeit von **Medien- und Telediensteanbietern** s. iE *Köhler/Bornkamm*, UWG, § 8 Rn. 2.25 ff.

Eine gesamtschuldnerische Unterlassungshaftung gibt es nicht. 46

2. Schadensersatzanspruch

Es haftet **bei Verschulden** der Verletzer (§ 9 I UWG). Das ist jeder, der durch eine nach § 3 oder § 7 47
UWG unzulässige geschäftliche Handlung iSv § 2 I UWG zumindest leicht fahrlässig dem Verletzten Schaden zugefügt hat. Der Grad der Verursachung ist unerheblich. Gesamtschuldnerische Haftung kommt nach allgemeinen Grundsätzen in Betracht. Einem Störer (s. o. Rn. 42) gegenüber kommen Schadensersatzansprüche nicht in Betracht (*BGH*, GRUR 2002, 618, 619 – Meißner Dekor; *BGH*, GRUR 2001, 82 – Neu in Bielefeld I).

3. Anschwärzung

Bei Anschwärzung (§ 4 Nr. 8 UWG) ist die Klage gegen den zu richten, der behauptet oder verbreitet 48
hat. Die Haftung des Unternehmers für **Angestellte und Beauftragte** (Mitarbeiterhaftung) ergibt sich für den Unterlassungs- und Beseitigungsanspruch aus § 8 I UWG iVm § 8 II UWG, für einen etwaigen Schadensersatzanspruch aus §§ 31, 831 BGB.

4. Haftung für Dritte

§ 8 II UWG regelt die Erfolgshaftung des Inhabers eines Betriebes für seine **Angestellten und Beauf-** 49
tragten. Diese Haftung für wettbewerbswidrig handelnde Dritte (deren Eigenhaftung unberührt bleibt) *in einem Unternehmen* (vgl. hierzu *Köhler/Bornkamm*, UWG, § 8 Rn. 2.47)) ist zu unterscheiden von der Haftung des Betriebsinhabers für **eigenes** wettbewerbswidriges Tun (oben Rn. 41 ff.).

Der Begriff des **Beauftragten** ist zwecks Verhinderung von Umgehungstatbeständen *weit auszulegen.* 50
Er erfasst **natürliche Personen oder Gesellschaften** (iwS) die (**Prüfungsschema**)
- ohne Angestellte (= entgeltliches oder unentgeltliches Dienstverhältnis) zu sein,
- ausdrücklich oder stillschweigend aufgrund eines Vertragsverhältnisses
- im oder für den Geschäftsbereich eines anderen
- unter – jedenfalls zeitweiliger – Eingliederung in dessen Organisation
- in einer Weise, die dem Betriebsinhaber einen bestimmenden und durchsetzbaren Einfluss auf ihr Handeln einräumt

tätig sind (zahlreiche Beispiele für „Beauftragte" bei *Köhler/Bornkamm*, UWG, § 8 Rn. 2.45 mwN).

IV. Klageverfahren; Verfügungsverfahren

1. Rechtsschutzformen

51 Regelform ist das Klageverfahren.

52 **Unterlassungs- und Beseitigungsansprüche** können bei Vorliegen der hierfür erforderlichen zusätzlichen Verfahrensvoraussetzungen aber auch **im Wege der einstweiligen Verfügung** geltend gemacht werden. Im Wettbewerbsrecht dominiert die einstweilige Unterlassungsverfügung, hauptsächlich in Form der Beschlussverfügung. Die Wahl dieser Verfahrensart wird begünstigt durch § 12 II UWG, der das Vorliegen des Verfügungsgrundes tatsächlich (widerlegbar) vermutet (nicht aber den Verfügungsanspruch).

53 Die wettbewerbliche Unterlassungsverfügung ist Leistungsverfügung mit den für diese geltenden Besonderheiten.

54 Der **Streitgegenstand der Unterlassungsklage** ist nicht identisch mit dem der Leistungsverfügung. Streitgegenstand der Klage ist der durch Antrag und zugehörigen Sachvortrag definierte materielle Anspruch, bei der Verfügung besteht er in der vorläufigen Sicherung (*Spätgens* in: Gloy/Loschelder/Erdmann, § 97 Rn. 3; § 98 Rn. 2). Beide Verfahren sind daher grundsätzlich nebeneinander zulässig *Spätgens*, § 97 Rn. 9).

2. Rechtsweg

55 Als bürgerlichen Streitigkeiten ist für Wettbewerbsverfahren, wenn eine ausdrückliche gesetzliche Rechtswegzuweisung fehlt, regelmäßig der **ordentliche Rechtsweg** eröffnet, § 13 GVG. Entscheidend ist, ob sich das Begehren als Folge eines Sachverhalts darstellt, der nach bürgerlichem Recht zu behandeln ist. Für unzulässige geschäftliche Handlungen iSv § 2 I UWG gilt das auch dann, wenn es sich um hoheitliche oder schlicht verwaltende Tätigkeit der **öffentlichen Hand** handelt (*BGH*, NJW 1988, 2297, 2298 – Medizinische Badeleistungen; *BGHZ* 97, 312, 313 – Orthopädische Hilfsmittel; *BGH*, WRP 1998, 55 ff.). Eine Rechtswegzuweisung für privatrechtliche Streitigkeiten in Angelegenheiten der gesetzlichen Krankenversicherung zu den Gerichten der Sozialgerichtsbarkeit enthält § 51 II SGB (hierzu *Teplitzky*, Ansprüche, Kap. 45 Rn. 1 ff.; *Spätgens* in: Gloy/Loschelder/Erdmann, § 85 Rn. 1 ff.).

3. Zuständigkeiten

56 **Sachlich** sind wegen der meist hohen Streitwerte in der Regel die Landgerichte ausschließlich zuständig, § 13 I 1 UWG. Die sachliche Zuständigkeit nach dieser Vorschrift erfasst nicht nur Streitigkeiten, mit denen Ansprüche nach den §§ 8 und 9 UWG geltend gemacht werden, sondern auch solche, die dazu gehörende Hilfsansprüche auf Auskunftserteilung und Rechnungslegung sowie auf Zahlung von Kosten einer Abmahnung oder eines Abschlussschreibens betreffen (*Spätgens* in: Gloy/Loschelder/Erdmann, § 85 Rn. 9). Nach § 13 II UWG ist eine Konzentration bei einem Landgericht möglich. Entsprechende Ermächtigungen, die zum Teil umgesetzt sind, finden sich in § 143 II PatG, § 27 II GebrMG, § 52 II, II, 63 II 4 GeschmMG, § 140 II MarkenG, § 105 I–III UrhG und § 89 II und III GWB. Solche Zuständigkeitsregelungen betreffen nach hL die sachliche Zuständigkeit (*Teplitzky*, Ansprüche, Kap. 45 Rn. 6) und begründen einen **ausschließlichen** Gerichtsstand (*Teplitzky*, Ansprüche, Kap. 45 Rn. 7).

57 Bei Landgerichtszuständigkeit treten **funktionell** die Kammern für Handelssachen ein, §§ 13 I 2 UWG, 95 I Nr. 5 GVG, 87 II GWB.

58 Bei **mehreren prozessualen Ansprüchen**, die nicht sämtlich in die Zuständigkeit der Kammern für Handelssachen fallen, kann der Beklagte nicht mit Erfolg Verweisung nach § 98 I 1 GVG beantragen, wenn der Kläger die Sache vor die Zivilkammer mit ihrer umfassenden Zuständigkeit gebracht, also keinen Antrag nach § 96 I GVG gestellt hat. Ist der Kläger nach § 96 GVG verfahren, ist die Kammer für Handelssachen nicht für alle geltend gemachten Ansprüche zuständig, insbesondere nicht wegen „Sachzusammenhangs". Hier kommt vielmehr Verweisung gem. § 97 GVG oder Abtrennung (§ 145 ZPO) mit Teilverweisung in Betracht (*Köhler/Bornkamm*, UWG, § 13 Rn. 4; *Teplitzky*, Ansprüche, Kap. 45 Rn. 12).

59 Für alle Klagen nach dem UWG, auch für solche auf Auskunftserteilung und Rechnungslegung sowie auf Erstattung von Kosten für Abmahnung und Abschlussschreiben, gelten die ausschließlichen Gerichtsstände des § 14 UWG (**örtliche Zuständigkeit**), die je nach Sachlage nach gewerblicher oder selbständiger beruflicher Niederlassung, Wohnsitz, Aufenthaltsort oder dem Ort der Begehung zu bestimmen sind. Bei Konkurrenz von UWG- und BGB-Ansprüchen, können wahlweise die allgemeinen Gerichtsstände gewählt werden (*Harte/Henning/Retzer*, UWG, § 14 Rn. 15). Bei konkurrierenden markenrechtlichen Ansprüchen ist § 141 MarkenG zu beachten. Vom Gericht sind selbstverständlich alle Ansprüche zu prüfen. Das alles gilt auch für das Verfügungsverfahren (wegen §§ 937, 802 ZPO).

60 **Begehungsort** iSv § 14 II 1 UWG ist sowohl der Ort, an dem der Täter gehandelt hat (es genügen Teilhandlungen), als auch derjenige, an dem in den geschützten Rechtskreis eingegriffen wird (Erfolg-

sort). Bei Erstbegehungsgefahr (s. o. Rn. 2) ist maßgeblich der Ort, wo der drohende Verstoß zu gewärtigen ist.

Ergibt sich die Klagebefugnis ausschließlich aus § 8 II Nr. 2–4 UWG, klagt also nicht der unmittelbar Verletzte oder der Mitbewerber iSv § 2 I Nr. 3 UWG, kann nur das nach § 14 I UWG zuständige Gericht in UWG-Sachen angerufen werden, § 14 II 2 UWG. Hat der Verletzer im Inland allerdings keinen Wohnsitz oder keine Niederlassung, gilt, sofern der Gerichtsstand des § 14 I 1 UWG entfällt, auch für die nach § 8 III Nr. 2–4 UWG Klagebefugten § 14 II 1 UWG. 61

Bei Verbreitung wettbewerbswidriger Maßnahmen über Medien entsteht über § 14 II 1 UWG der sog. **„fliegende Gerichtsstand“:** Der unmittelbar Verletzte, der Mitbewerber sowie bei fehlendem Inlandswohnsitz auch die nach § 8 III 2–4 UWG Klagebefugten (s. Rn. 61) können sich zB bei Werbung in einer Druckwerk ein Gericht aussuchen, in dessen Bezirk dieses bestimmungsgemäß verbreitet wird *und hier auch die wettbewerblichen Interessen der Mitbewerber aufeinandertreffen* (*OLG Köln,* GRUR 1991, 775, 776; Großkomm/*Erdmann,* § 24 UWG aF Rn. 30 ff. mwN; *Spätgens* in: Gloy/Loschelder/Erdmann, § 85 Rn. 18 ff.). Entsprechendes gilt bei Einsatz sonstiger Medien wie TV, Internet und Funk (*Köhler/Bornkamm,* UWG, § 14 Rn. 16). 62

Gerichtsstand einer **behauptenden Feststellungsklage** ist der einer entsprechenden Leistungsklage; bei einer **negativen Feststellungsklage** ist das Gericht örtlich zuständig, das für die Feststellungsklage mit umgekehrter Parteistellung zuständig wäre (*Köhler/Bornkamm,* UWG, § 14 Rn. 3). 63

Ist ein innerstaatlicher Gerichtsstand gegeben, folgt hieraus für die nicht seltenen Verfahren mit Auslandsberührung in aller Regel – ungeachtet der funktionalen Unterschiede beider Zuständigkeiten – die **internationale Zuständigkeit** des betreffenden Gerichtes (eingehend: *Schütze* in: Gloy/Loschelder/Erdmann, § 11 Rn. 12 ff.). Zur staatsvertraglich geregelten internationalen Zuständigkeit s. iE *Schütze* in: Gloy/Loschelder/Erdmann, Rn. 21 f. 64

4. Verfahrensleitung

Der Wettbewerbsprozess eignet sich, da in tatsächlicher Hinsicht durchweg sachgerecht vorbereitet, kaum für das schriftliche Vorverfahren. 65

Schon zum ersten (frühen) Termin sollten die Parteien persönlich geladen werden, §§ 141 I, 278 II ZPO. Wettbewerber stehen kaufmännisch sinnvollen Streiterledigungsformen oft aufgeschlossen gegenüber. Durch Abgabe einer gesicherten **Unterwerfungserklärung** bei gleichzeitiger Bewilligung angemessener **Aufbrauch- und Umstellungsfristen** durch den Gläubiger (hierzu: *Köhler/Bornkamm,* UWG, § 8 Rn. 1.58 ff.). gegebenenfalls ergänzt durch **„Freizeichnung“** bestimmter Verhaltensweisen oder Kennzeichnungen (zB §§ 14, 15, 152, 153 MarkenG, 4 Nr. 9 UWG), lassen sich Wettbewerbsstreitigkeiten häufig einvernehmlich beilegen: durch Vergleich, der alle Punkte regelt oder (kostengünstiger) durch Abgabe und Annahme einer gesicherten Unterwerfungserklärung mit anschließendem Kostenvergleich oder nachfolgender Entscheidung nach § 91 a ZPO). 66

Bei der Ladung sollte auf etwaige **Antragsmängel** hingewiesen werden (unten Rn. 69). Zu prüfen ist ferner die Vollständigkeit der in Bezug genommenen Unterlagen (Anzeigen, Produktausstattungen usw.), deren rechtzeitige Vorlage und Übermittlung an den Prozessgegner aufzugeben ist. 67

Im übrigen folgt das Verfahren den allgemeinen Regeln, so dass auf Teil A II des Handbuchs verwiesen werden kann. 68

V. Anträge

1. Allgemeines

Die Formulierung insbesondere des **Unterlassungsantrages,** der dem Bestimmtheitserfordernis genügen muss (§ 253 II Nr. 2 ZPO), gehört – ebenso wie die zutreffende Fassung des Unterlassungstenors – zu den schwierigen Aufgaben für Anwalt und Gericht. § 139 ZPO spielt daher gerade im Wettbewerbsrecht eine große Rolle. Das Gericht hat durch entsprechende klare Hinweise (ohne Scheu) auf die **Stellung sachdienlicher Anträge** hinzuwirken, und zwar im Interesse beider Parteien (*BGH* (6. ZS), BeckRS 2010, 340413; *OLG Köln,* NJW-RR 1993, 1277 – zu § 42 ZPO; *Teplitzky,* Ansprüche, 51. Kap. Rn. 1 ff.). 69

Ist der Antrag unklar (vage) wird er mangels Bestimmtheit unzulässig sein (s. etwa *BGH,* GRUR 2008, 84 – Versandkosten; GRUR 1998, 489 – Unbestimmter Klageantrag III; NJW-RR 1992, 1078 – Unbestimmter Unterlassungsantrag II; GRUR 1994, 844, 845 – Rotes Kreuz; GRUR 1996, 796, 797 – Setpreis; weitere Beispiele bei *Spätgens* in: Gloy/Loschelder/Erdmann, § 88 Rn. 1 in Fn. 1). Bestimmtheit des Antrags ist von Amts wegen zu prüfen. 70

Fasst der Kläger seinen Antrag zwar bestimmt iSv § 253 II 2 ZPO, geht er aber im sachlichen Begehren, zB aufgrund der Verwendung **verallgemeinernder Begriffe,** bei der Beschreibung der zur Unterlassung gestellten Handlung über das tatsächlich Geschehene hinaus, ist sein Antrag jedenfalls teilweise unbegründet (*BGH,* GRUR 2001, 446, 448 – 1-Pfennig-Farbdruck; GRUR 2000, 436, 437 – Ehemalige Herstellerpreisempfehlung; 2001, 255 – Augenarztanschreiben; GRUR 1984, 394 – Adidas-Sportarti- 71 kel). Er ist völlig unbegründet, wenn die **konkrete Verletzungsform** gänzlich verfehlt wurde (Großkomm/*Jacobs,* Vor § 13 UWG aF, D, Rn. 98 ff.; *BGH,* GRUR 2002, 75 – SOOO...BILLIG; GRUR 1991, 550, 552 – Zaunlasur).

2. Unterlassungsantrag

72 Bei Unterlassungsansprüchen nach begangenem Verstoß (Wiederholungsgefahr) muss sich der Antrag an der **konkreten Verletzungsform** orientieren. Bei ganz strenger Anlehnung hieran läuft der Gläubiger allerdings Gefahr, dass der Schuldner das Unterlassungsgebot schon durch geringe Änderungen seines künftigen Wettbewerbsverhalten unterläuft. Eine (vorsichtige) verallgemeinernde Fassung des Antrages wird aus diesem Grunde zugelassen, wenn erst hierdurch das „Charakteristische" der festgestellten Verletzungshandlung zutreffend oder gar besser zum Ausdruck gebracht wird (s. etwa *BGH,* GRUR 2006, 164 – Aktivierungskosten II; GRUR 2002, 177, 178 – Jubiläumsschnäppchen; GRUR 1991, 254, 257 – Unbestimmter Unterlassungsantrag I; *Teplitzky,* Ansprüche, 51. Kap. Rn. 133 ff.; *Spätgens* in: Gloy/Loschelder/Erdmann, § 88 Rn. 4 ff., § 101 Rn. 15 ff.). Dem „Charakteristischen" zuzuordnende Varianten werden inzident mit auf ihren wettbewerbsrechtlichen Unwertgehalt geprüft.

73 Daraus resultieren folgende praktische Gestaltungsmöglichkeiten:

- Übernahme der konkreten Verletzungsform (Anzeige, Produktausstattung, Wortlaut der Äußerung usw.) unmittelbar in den Antrag, zB durch Einblendung, gegebenenfalls unter Voranstellung des beanstandeten Elements – zB – einer Werbung („... zu behaupten ... wie nachstehend wiedergegeben ..." es folgt sodann der Volltext –).
- Konkrete verbale Umschreibung der beanstandeten Handlung, dh genaue Darstellung des Wettbewerbsverstoßes, was hohe Anforderungen an das Ausdrucksvermögen stellt.
- Verbal-abstrahierende Beschreibung des beanstandeten Geschehens unter Herausarbeitung seiner „Charakteristika" (auch hier sind die sprachlichen Anforderungen hoch), wobei zusätzlich als Beispiel die konkrete Form, sofern möglich (zB Anzeige), in den Antrag mit aufgenommen werden sollte. Geschieht das in Form des **„Insbesondere wie ..."**-Antrags, ist zu beachten, dass dies nur vertretbar ist, wenn die Floskel als Synonym für „beispielhaft" verwendet wird (*Teplitzky,* Ansprüche, Kap. 51 Rn. 36 ff.).

74 **Verallgemeinernde Wendungen,** durch die das Charakteristische beschrieben wird, können sein: „In der Werbung", wenn eine Anzeige in einer Tageszeitung angegriffen wird, „Markenware wie ... (es folgen bestimmte Produkte)". Zuzulassen sind in der Regel auch Formulierungen wie „wörtlich oder sinngemäß", „schlagwortartig", „markenmäßig", „unübersehbar", „blickfangmäßig", „Geräte der Unterhaltungselektronik", „im geschäftlichen Verkehr", „Werbung treiben" – hierzu und zur Frage der Zulässigkeit gesetzeswiederholender Unterlassungsanträge: *BGH,* BeckRS 2011, 06483 –Verbotsantrag bei Telefonwerbung mwN – s. ferner *Spätgens* in: Gloy/Loschelder/Erdmann,, mwBeisp.).

75 Folgt die Wettbewerbswidrigkeit aus dem **Zusammenwirken mehrerer Handlungsaspekte,** sind diese bei ihrer Beschreibung durch ein „und" zu verbinden; werden mehrere Verhaltensweisen je für sich angegriffen, bietet sich die Verbindung „und/oder" an.

76 In aller Regel unbestimmt und daher unzulässig ist die Verwendung von Worten/Begriffen wie: „ähnliche" oder „entsprechende" Handlungen, Äußerungen oder Werbung, „den Eindruck erwecken" (dieser ergibt sich allenfalls aus der konkreten Handlung), ein „ausreichendes Angebot vorzuhalten", „angemessen", „planmäßig", „irreführend", „verwechslungsfähige Aufmachung" „staatliche Beihilfen" (*BGH,* BeckRS 2011, 05635, Tz. 12 f.) uva mehr (zum Gesamtkomplex „Antragsfassung" im einzelnen mit zahlreichen Beispielen: *Teplitzky*, Ansprüche, Kap. 51 Rn. 8 ff.; *Piper/Ohly/Sosnitza,* UWG, § 12 Rn. 64).

77 Dem Versuch, eine tatsächlich oder vermeintlich zu weit gehende Fassung des Antrags durch **einschränkende Zusätze** („... es sei denn, dass ...", „... ohne gleichzeitig darauf hinzuweisen, dass ...", „wenn nicht ...") teilweise wieder zurückzunehmen, sollte entgegengetreten werden. Es ist Sache des Verletzers, wie er ein – konkret zu fassendes – Unterlassungsgebot erfüllt. Eine zureichende Antragsformulierung ist meist ohne einen solchen „Schwanz" möglich; nur ganz ausnahmsweise mag er einmal geboten sein. Bleibt der Kläger allerdings bei seinem Zusatz, ist das Gericht gebunden (Großkomm/*Jacobs,* Vor § 13 UWG aF, D Rn. 109). Ein solcher Antrag kann dann wegen Unbestimmtheit unzulässig, im Einzelfall aber auch, da zu weitgehend, unbegründet sein.

3. Erstbegehungsgefahr

78 Beim Unterlassungsverfahren wegen Erstbegehungsgefahr soll sich die Antragsfassung „spiegelbildlich auf die Ankündigung bzw. Berühmung" beziehen (Großkomm/*Jacobs,* Vor § 13 UWG, D Rn. 134). Entscheidend ist auch hier die **„konkrete Verletzungshandlung",** wie sie sich aus der Ankündigung oder Berühmung ergibt. Einen größeren Formulierungsspielraum gewinnt der Kläger hier aber daraus, dass der drohende Verstoß seinerseits oft noch nicht ganz scharf konturiert ist, so dass der Kläger entsprechend allgemeiner (umfassender) formulieren darf, ohne sich dem Vorwurf mangelnder Konkretisierung

auszusetzen (*BGH*, GRUR 1989, 430, 431 – Krankentransportbestellung; Großkomm/*Jacobs*, Vor § 13 UWG aF, D Rn. 135 mwN).

VI. Beweisfragen

Es gelten die Regeln des normalen Zivilprozesses, jedoch sind einige Besonderheiten herauszustellen: 79

1. Augenschein

Die **Einnahme** des „Augenscheins" gemäß §§ 144, 371 ZPO in all seinen Varianten spielt eine wesentliche, im Verfügungsverfahren als Mittel der Glaubhaftmachung eine herausragende Rolle und sollte praktiziert werden: Betrachten, Anhören, Kosten, Betasten und Beriechen zur Feststellung zB von Nachahmungen, Fälschungen usw. 80

2. Feststellungen zur Verkehrsauffassung

Die **Feststellungen zur Verkehrsauffassung** (bei Sittenwidrigkeit, Verwechslungsgefahr, Irreführung) können die Richter ohne Beweisaufnahme aufgrund eigener Sachkunde oder Lebenserfahrung treffen, wenn es um Gegenstände des allgemeinen Bedarfs geht und die Richter zu den angesprochenen Verkehrskreisen gehören (*BGH*, GRUR 2004, 244, 245 – Marktführerschaft; *Teplitzky*, Ansprüche, Kap. 47 Rn. 7 ff.; *Ahrens/Spätgens*, Kap. 28 Rn. 14). 81

Irreführungsgefahr kann das Gericht auf diese Weise nach neuerer Rechtsprechung grundsätzlich nicht nur bejahen, sondern auch verneinen (*BGH*, GRUR 2004, 244, 245 – Marktführerschaft; *Teplitzky*, Ansprüche, Kap. 47 Rn. 7 ff.). 82

3. Meinungsforschungsgutachten

Wichtiges Beweismittel für die Feststellung von – als Tatfragen zu sehenden – Verkehrsauffassungen zur Beantwortung der **Rechtsfragen** (s. hierzu *Ahrens/Bähr*, Kap. 27 Rn. 1 ff.) – ua – der Verkehrsgeltung, der Irreführungs- und Verwechslungsgefahr, einer etwaigen Rufausbeute, der betrieblichen Herkunftstäuschung sowie der Relevanz einer Irreführung ist das (meist recht kostspielige und daher mit größter Sorgfalt einzusetzende) **Meinungsforschungsgutachten,** heute als „Sachverständigenbeweis besonderer Art" etabliert. Nach entsprechendem Antrag oder von Amts wegen (§ 144 ZPO) ergeht zunächst Beweisbeschluss mit allgemein gehaltener Fassung der Beweisfrage (*Ahrens/Spätgens*, Kap. 28, Rn. 18 ff.; *Lubberger* in: Gloy/Loschelder/Erdmann, § 41 Rn. 26 ff.) und der Bezeichnung des in Aussicht genommenen Befragungsinstituts. 83

Den Parteien ist Gelegenheit zu geben, sich zum vorgeschlagenen Institut zu äußern und evtl. Gegenvorschläge zu unterbreiten. Mit der Beauftragung des Institutes (hierzu: *Köhler/Bornkamm*, UWG, § 12 Rn. 2.77) ist dieses um Ausarbeitung eines detaillierten **Befragungsvorschlages** zu bitten. 84

Nachdem die Parteien hierzu haben Stellung nehmen können, empfiehlt sich die Durchführung eines **Einweisungstermins** in Anwesenheit aller Verfahrensbeteiligten und des Sachverständigen. In ihm wird der Befragungsablauf erörtert. Das Gericht beschließt sodann die Prozedur. 85

Empfehlenswert ist eine Kombination vorlaufender **offener** und nachgeordneter **geschlossener** Fragen (*Spätgens* in: FS f. F. Traub, 1994, 375 ff., 390 ff.; *Ahrens/Spätgens*, Kap. 28, Rn. 25; *Teplitzky*, Ansprüche, Rn. 20 ff. mwN). Zur Vermeidung methodischer Fehler bei Befragung und ihrer Auswertung ist die einschlägige BGH-Rechtsprechung zu beachten (NJW-RR 1990, 744 – Dresdner Stollen II; GRUR 1992, 66 – Königl. Bayerische Weisse; 1992, 70 – 40% mehr Fett; 1991, 680, 681 – Porzellanmanufaktur; 1991, 852, 853 – Aquavit; 1993, 920 ff. – Emilio Adani II; WRP 1996, 729, 732 – Der meistverkaufte Europas; WRP 1996, 1102, 1104 – Großimporteur; WRP 1996, 1156 – PVC-frei, GRUR 2000, 92, 94 –Last-Minute-Reise; s. a. *EuGH*, WRP 1998, 848 – „6-Korn-Eier" – Gut Springenheide). 86

VII. Tenorierung

1. Unterlassung

Es gilt hier das zur Antragsfassung Gesagte entsprechend. Bei begründetem Unterlassungantrag bieten sich an: 87

Beispiele:

... wird verurteilt, es zu unterlassen, im geschäftlichen Verkehr handelnd,
• beim Angebot von ... wie nachfolgend wiedergegeben zu werben ... (es folgt die Anzeige)

oder

• für das Arzneimittel X 2010 wie nachstehend wiedergegeben mit den Aussagen
  aa) „X-Tabletten gegen Gelenkschmerzen"
  und/oder

bb) „lindert die Schmerzen in den Gelenken zuverlässig und ohne Nebenwirkungen“
und/oder
cc) „Anlauf- und Belastungsschmerzen gehen zurück“
zu werben:
(es folgt die Einblendung der beanstandeten Anzeige bzw. des beanspruchten Beipackzettels).

oder

Mitarbeiter des Klägers dadurch zur Kündigung des Arbeitsverhältnisses zu veranlassen, dass ihnen ein Handgeld von … EUR versprochen und über den Kläger folgendes geäußert wird (es folgt die Äußerung, zB „der Kläger steht unmittelbar vor dem Konkurs“).

88 Auf Antrag ist im Urteil zugleich die **Ordnungsmittelandrohung** auszusprechen (§ 890 I und II ZPO), wobei die konkrete gesetzliche Formulierung verwendet werden sollte:

Beispiel:

Für jeden Fall der Zuwiderhandlung gegen das Unterlassungsgebot gemäß Ziff. … wird dem Beklagten/Antragsgegner ein Ordnungsgeld bis zu 250.000,– EUR, ersatzweise Ordnungshaft, oder Ordnungshaft bis zu 6 Monaten angedroht.

89 In einen (gerichtlichen) Unterlassungsvergleich darf eine Ordnungsmittelandrohung nicht aufgenommen werden. Möglich ist hier nur der nachfolgende **selbständige** Androhungsbeschluss (*Ahrens/Jestaedt,* Der Wettbewerbsprozess, Kap. 35 Rn. 11 mwN und Beispielen in Rn. 23).

2. Veröffentlichungsbefugnis (§ 12 III UWG)

Beispiel:

90 Dem Kläger wird die Befugnis zugesprochen, den erkennenden Teil des Urteils innerhalb von … Wochen seit … (einmal, zweimal …) in den Tageszeitungen/Fachzeitschriften … in einer Größe von … auf Kosten des Beklagten zu veröffentlichen (öffentlich bekannt zu machen).

3. Gewährung einer Aufbrauchfrist

Beispiel:

91 Dem Beklagten wird für … (zB Geschäftspapiere, Fahrzeugbeschriftungen, Verpackungsausstattungen) eine Aufbrauch- bzw. Umstellungsfrist bis zum … bewilligt.

4. Beseitigung

(keine Strafandrohung nach § 890 ZPO!; es gelten §§ 887, 888 ZPO)

Beispiele:

92 … wird verurteilt, die Fernsprechnummer 4711 an das zuständige Amt zurückzugeben“. (*BGH* GRUR 1990, 711 – Telefonnummer 4711); …, das über dem mittleren Schaufenster des Hauses … in … befindliche Transparent mit der blickfangmäßig herausgestellten Aufschrift … zu entfernen“.

5. Auskunft mit Wirtschaftsprüfervorbehalt

Beispiel:

93 „… wird verurteilt, dem Kläger Auskunft zu erteilen (Rechnung zu legen). …
Soweit die Auskunft (die Rechnungslegung) die Namen und Anschriften der Abnehmer betrifft, wird dem Beklagten gestattet, sie gegenüber einem zur Verschwiegenheit verpflichteten vereidigten Wirtschaftsprüfer zu erteilen (vorzunehmen), sofern der Beklagte diesen ermächtigt und verpflichtet, dem Kläger auf Anfrage darüber Auskunft zu geben, ob ein bestimmter Abnehmer oder eine bestimmte Lieferung in dem zu erstellenden Verzeichnis enthalten ist. Die hierdurch verursachten Kosten hat der Beklagte zu tragen“ (s. a. *Ahrens/Loewenheim,* Kap. 72 Rn. 24).

B. XVI. Der Vergaberechtsprozess

Maria Vavra

Übersicht

Literatur: *Dreher/Stockmann,* Kartellvergaberecht, 4. Aufl. 2008; *Hattig/Maibaum,* Praxiskommentar Kartellvergaberecht, 2010; *Heiermann/Zeiss/Kullack/Blaufuß,* juris Praxiskommentar Vergaberecht, 2. Aufl. 2008; *Kulartz/Kus/Portz,* Kommentar zum GWB-Vergaberecht, 2. Aufl. 2009; *Willenbruch/Wieddekind,* Vergaberecht Kompaktkommentar, 2. Aufl. 2011.

I. Primärrechtsschutz

Sinn des Nachprüfungsverfahrens ist die Sicherstellung des effektiven Rechtsschutzes für denjenigen Bieter, der bei einer öffentlichen Ausschreibung den Zuschlag nicht erhalten soll. Das Nachprüfungsverfahren steht nur für die in § 99 GWB aufgezählten öffentlichen Aufträge im sogenannten **Oberschwellenbereich** zur Verfügung, § 100 I GWB. Die Schwellenwerte sind in der Vergabeverordnung (VgV) geregelt; sie betragen zur Zeit 4.845.000,– EUR für Bauaufträge und 193.000,– EUR für Liefer- und Dienstleistungsaufträge. Da oberhalb der Schwelle die Pflicht zur europaweiten Ausschreibung besteht, ist das Nachprüfungsverfahren grundsätzlich auf die Überprüfung europaweiter Ausschreibungen beschränkt mit Ausnahme der Überprüfung von Dienstleistungskonzessionen, welche nicht unter die öffentlichen Aufträge des § 99 GWB fallen. Für die – nationalen – Ausschreibungen unterhalb der Schwelle sowie für Schadensersatzansprüche aufgrund von Vergaberechtsverstößen steht das Nachprüfungsverfahren nicht zur Verfügung; hier ist der Weg zu den ordentlichen Gerichten einzuschlagen oder in Sonderfällen von Dienstleistungskonzessionen zu den Verwaltungsgerichten. 1

Nach Art. 1 III der Rechtsmittelrichtlinie RL 2007/66/EG ergreifen die Mitgliedstaaten die erforderlichen Maßnahmen um sicherzustellen, dass die Entscheidungen der öffentlichen Auftraggeber wirksam und vor allem möglichst rasch auf Vergaberechtsverstöße überprüft werden können. Art. 2 III RL 2007/66/EG fordert die Mitgliedstaaten weiter zum Ergreifen von Maßnahmen auf, dass der öffentliche Auftraggeber den Vertragsschluss nicht vornehmen kann, bevor die Nachprüfungsstelle eine vorläufige oder endgültige Entscheidung getroffen hat. In seiner grundlegenden „Alcatel"-Entscheidung (Urt. v. 28. 10. 1999 – Rs. C-81/98) hat der EuGH ebenfalls einen **effektiven Rechtschutz** für übergangene Bieter gefordert. Der deutsche Gesetzgeber hat in den §§ 97 ff. GWB die Vorschriften für den effektiven 2

Rechtsschutz auf diesem Gebiet geschaffen. Effektiver Rechtsschutz bedeutet in diesem Zusammenhang, dass der übergangene Bieter es noch erreichen kann, dass der Zuschlag nicht an einen anderen Mitbieter erteilt wird, so dass er die Chance hat, selbst noch den Zuschlag zu erhalten. Von diesem **Primärrechtsschutz** ist der Sekundärrechtsschutz in Form von Schadensersatzansprüchen zu unterscheiden. Dieser nützt dem Bieter im Regelfall wenig, weil er kaum nachweisen kann, dass der Zuschlag notwendigerweise an ihn hätte erteilt werden müssen, und vor allem der Auftrag selbst samt den sich daran anknüpfenden Folgen wie Teilnahme an einem bestimmten Markt und der Chance auf weitere Aufträge wirtschaftlich gesehen für den Bieter wesentlich günstiger ist. Der Primärrechtsschutz endet nach deutschem Recht, wenn einem anderen Bieter der Zuschlag erteilt worden ist, § 114 II 1 GWB, weil ein einmal wirksam geschlossener Vertrag nicht mehr aufgehoben werden kann. Der Zuschlag ist gleichbedeutend mit dem Vertragsschluss. Ab diesem Zeitpunkt kann der Bieter nur noch Sekundärrechtsschutz erreichen. Daher muss vor und während eines Nachprüfungsverfahrens gewährleistet sein, dass der Zuschlag nicht wirksam an einen anderen Bieter erteilt werden kann.

II. Vorbereitung des Primärrechtsschutzes

1. § 101 a GWB

3 Um den Bietern einen Primärrechtsschutz zu ermöglichen, sieht § 101 a GWB eine Vorabinformation vor. Mit der **Vorabinformation** wird dem Bieter mitgeteilt, aus welchen Gründen sein eigenes Angebot nicht angenommen werden soll sowie der Name desjenigen Bieters, der den Zuschlag erhalten soll, und der frühestmögliche Zeitpunkt des Vertragschlusses. Sinn dieser Information ist es, dem Bieter eine fundierte Information dafür zu bieten, ob ein von ihm gestellter Nachprüfungsantrag Aussicht auf Erfolg hat. Die Mitteilung der Ablehnungsgründe ist deshalb wichtig, weil sich dahinter ein Wertungsfehler des öffentlichen Auftraggebers bezüglich des eigenen Angebots verbergen kann, die Nennung des Namens des begünstigten Bieters ermöglicht die Prüfung, ob die Wertung dessen Angebots auf einem Vergaberechtsverstoß beruhen kann und die Nennung des frühestmöglichen Vertragsschlusses gibt das Ende des Zuschlagsverbotes bekannt. Denn nach § 101 a I 3 und 4 GWB darf ein Vertrag erst nach Ablauf von fünfzehn bzw. zehn Tagen bei elektronischer oder Fax-Mitteilung nach Absendung der Information geschlossen werden. Es besteht ein **Zuschlagsverbot.** Der Bieter weiß daher, bis zu welchem Zeitpunkt er spätestens einen Nachprüfungsantrag stellen muss. Die Vorabinformation kann kurz und knapp sein, sollte aber nicht nur reine Formeln enthalten, wie „ihr Angebot war nicht das wirtschaftlich günstigste".

2. § 101 b GWB

4 Wird keine Vorabinformation oder der Zuschlag vor der Frist des § 101 a I 3 und 4 GWB erteilt, sieht § 101 b I GWB eine **schwebende Wirksamkeit** eines dennoch abgeschlossenen Vertrages vor. Nach dieser Vorschrift – § 101 b I Nr. 1 GWB – ist ein Vertrag von Anfang an unwirksam, wenn der Auftraggeber gegen § 101 a GWB verstoßen hat und dieser Verstoß in einem Nachprüfungsverfahren nach § 101 b II GWB festgestellt worden ist. Das bedeutet, dass der Vertrag dann, wenn kein Nachprüfungsverfahren eingeleitet wird, nach einer bestimmten Frist endgültig wirksam ist. Soll die Unwirksamkeit des abgeschlossenen Vertrages in einem Nachprüfungsverfahren geltend gemacht werden, hat dies entweder innerhalb einer Frist von 30 Kalendertagen ab Kenntnis vom Zuschlag, jedoch nicht später als sechs Monate nach Vertragsschluss zu erfolgen, § 101 b II GWB. Auch ohne Kenntnis des Bieters vom Vertragsschluss kann daher nach Ablauf der Sechs-Monats-Frist ein vergaberechtswidrig abgeschlossener Vertrag volle Wirksamkeit erlangen. Ergibt das Nachprüfungsverfahren einen Rechtsverstoß, wird aus der schwebenden Wirksamkeit des Vertrages eine endgültige Unwirksamkeit. Diese Rechtslage gilt auch für diejenigen Fälle, in denen rechtswidrig eine **Direktvergabe** eines Auftrages ohne die erforderliche Ausschreibung stattgefunden hat, § 101 b I Nr. 2 GWB. Diese im deutschen Recht außergewöhnliche Regelung soll auch und gerade für Daueraufträge nach einem gewissen Zeitraum Klarheit über die Wirksamkeit und damit Rechtssicherheit schaffen, zumal eine Rückabwicklung von Dauerschuldverhältnissen faktisch unmöglich ist.

III. Das Nachprüfungsverfahren vor der Vergabekammer

1. Vergabekammer

5 Das Nachprüfungsverfahren findet vor der Vergabekammer, § 102 und § 104 GWB, statt. Die Vergabekammer ist nicht Teil eines Gerichts, wie der Name vermuten lässt, sondern in der Verwaltung angesiedelt, zB in Bayern die Vergabekammer Südbayern bei der Regierung von Oberbayern und die Vergabekammer Nordbayern bei der Regierung von Mittelfranken. Für die Überprüfung der Aufträge des Bundes im Oberschwellenbereich sind drei Vergabekammern des Bundes zuständig, § 104 I GWB, und für die den Ländern zuzurechnenden Aufträge die in den einzelnen Ländern eingerichteten Vergabekammern. Eine Vergabekammer ist besetzt mit einem Vorsitzenden und zwei Beisitzern, von denen einer

ehrenamtlich tätig ist, § 105 II 1 GWB. Der Vorsitzende oder der hauptamtliche Beisitzer müssen die Befähigung zum Richteramt haben, beide müssen Beamte auf Lebenszeit mit der Befähigung zum höheren Verwaltungsdienst oder vergleichbar fachkundige Angestellte sein. Die Mitglieder der Vergabekammer werden auf fünf Jahre bestellt, § 105 IV 1 GWB. Nach § 105 IV 2 GWB entscheiden sie unabhängig und sind nur dem Gesetz unterworfen. Die Vergabekammer ist, wie sich aus diesen Bestimmungen ergibt, kein unabhängiges Gericht im Sinn von Art. 92 GG, wenn sie auch in einem gerichtsähnlichen Verfahren entscheidet.

2. Sicherung des Primärrechtsschutzes durch Zuschlagsverbot

Oberstes Gebot für das Verfahren vor der Vergabekammer ist die Sicherstellung des Primärrechtsschutzes. Der Zuschlag muss wegen der Folge des § 114 II 1 GWB vor einer Entscheidung verhindert werden. Darum bestimmt § 115 I 1 GWB, dass der öffentliche Auftraggeber, wenn er über die Einleitung eines Nachprüfungsverfahrens informiert worden ist, den Zuschlag nicht vor einer Entscheidung der Vergabekammer und dem Ablauf der Beschwerdefrist des § 117 I GWB erteilen darf. Erteilt er dennoch den Zuschlag, ist dieser wegen des Verstoßes gegen ein gesetzliches Verbot nach § 134 BGB unwirksam. 6

3. Beschleunigungsgrundsatz

Außerdem steht das Nachprüfungsverfahren unter dem Gebot der Beschleunigung. Durch den Bieterschutz soll nur so kurz wie eben möglich die Vergabe der öffentlichen Aufträge mit den nachteiligen Folgen der Verzögerung der Vergabe aufgehalten werden. Der Beschleunigungsgrundsatz zeigt sich darin, dass die Vergabekammer die Entscheidung über den Nachprüfungsantrag innerhalb einer Frist von fünf Wochen nach Eingang des Antrags zu entscheiden hat, § 113 I 1 GWB. Nur bei besonderen tatsächlichen oder rechtlichen Schwierigkeiten darf der Vorsitzende die Frist zur Entscheidung verlängern, wobei dieser Zeitraum zwei Wochen nicht überschreiten soll, § 113 I 3 GWB. Trifft die Vergabekammer innerhalb der Fünf-Wochen-Frist keine Entscheidung und wird die Frist auch nicht verlängert, gilt der Nachprüfungsantrag als abgelehnt, § 116 II GWB. Diese Fiktion dient der Beschleunigung: es besteht nun für den Bieter die Möglichkeit, sofortige Beschwerde zum Vergabesenat gegen die Ablehnung seines Antrags einzulegen, so dass sein Rechtsschutz durch eine Nichttätigkeit der Vergabekammer nicht verhindert werden kann. 7

4. Antragsverfahren

Ein weiterer wesentlicher Grundsatz besteht darin, dass es sich beim Nachprüfungsverfahren um ein Antragsverfahren handelt, § 107 II GWB. Auch wenn offensichtliche Vergaberechtsverstöße in der Öffentlichkeit bekannt werden, wird kein Verfahren von Amts wegen durchgeführt. Es liegt in der Hand des nicht zum Zuge gekommenen Bieters, ob er sein Recht verfolgen und ein Nachprüfungsverfahren einleiten will. Beantragt kein Bieter eine Nachprüfung, verbleibt es bei einer – möglicherweise – rechtswidrigen Vergabe. Der Gesetzgeber hat keine allgemeine Rechtmäßigkeitskontrolle gewollt, sondern die **Durchsetzung** des **subjektiven Rechts** des **einzelnen Bieters** auf Einhaltung der Bestimmungen über das Vergabeverfahren, § 97 VII GWB. 8

5. Amtsermittlung

Auf der anderen Seite sieht § 110 I GWB den **Untersuchungsgrundsatz** vor. Das liegt darin begründet, dass der einzelne Bieter, wenn er seine Rechte durchsetzen will, über wenig Informationen hinsichtlich des Ablaufs des Vergabeverfahrens verfügt. Er kennt außer den Vergabeunterlagen, seinem eigenen Angebot und dem Vorabinformationsschreiben in der Regel eigentlich nichts. Das kann auch nicht anders sein, weil der Geheimwettbewerb fordert, dass die Angebote der anderen Bieter dem jeweiligen Bieter unbekannt sein müssen. Der Amtsermittlungsgrundsatz ermöglicht es daher, den subjektiven Anspruch des Bieters mit Leben zu erfüllen. 9

Die Vergabekammer hat nach dem Wortlaut des § 110 I GWB den Sachverhalt von Amts wegen zu erforschen. Sie kann sich dabei auf das beschränken, was von den Beteiligten vorgebracht wird oder ihr sonst bekannt sein muss (§ 110 I 2 GWB). Zu einer umfassenden Rechtmäßigkeitskontrolle ist die Vergabekammer nicht verpflichtet (§ 110 I 3 GWB). Diese teilweise widersprüchlichen Formulierungen bedeuten nicht, dass die Vergabekammer die Vergabeakten systematisch auf Mängel und Vergaberechtsverstöße durchzuschauen hat. Sonst würde der Grundsatz des Antragsverfahrens unterlaufen: der Bieter darf bestimmen, ob und welche Verstöße er als vergaberechtswidrig rügen will. Im Rahmen dieser gerügten Mängel besteht dann die Amtsermittlungspflicht der Vergabekammer (*OLG München* vom 9. 8. 2010 – Verg 13/10). Diese wird noch dadurch verstärkt, dass ganz schwerwiegende Verstöße stets von Amts wegen zu berücksichtigen sind, wie zB die Tatsache, dass der öffentliche Auftraggeber die Vergabeentscheidung nicht selbst getroffen hat, sondern nur das von ihm beauftragte Planungsbüro.

6. Zulässigkeit des Nachprüfungsantrags

10 a) **Anforderungen an die Antragsschrift.** Der Nachprüfungsantrag ist schriftlich bei der Vergabekammer einzureichen und unverzüglich zu begründen, § 108 I 1 GWB. Der Antrag muss ein bestimmtes Begehren enthalten, § 108 I Satz 2 GWB. Nach § 108 II GWB muss die Begründung ua eine Beschreibung der behaupteten Rechtsverletzung samt Sachverhaltsdarstellung und die Bezeichnung der Beweismittel enthalten. Da vor der Vergabekammer kein Anwaltszwang herrscht und Nachprüfungsanträge daher auch von den betroffenen Unternehmen selbst gestellt werden, sind an diese Voraussetzungen keine allzu hohen Anforderungen zu stellen.

11 b) **Antragsbefugnis, § 107 II GWB.** Weitere Zulässigkeitsvoraussetzung ist die Antragsbefugnis des § 107 II GWB. Es soll nur derjenige Bieter einen Nachprüfungsantrag stellen können, welcher auch ein Interesse am Auftrag hat. Die Kontrolle einer Zuschlagsentscheidung durch einen am Ausschreibungsverfahren nicht beteiligten Dritten würde demgegenüber zu der nicht vorgesehenen allgemeinen Rechtmäßigkeitskontrolle und einer unnötigen Verzögerung einer Vergabe führen. Nach § 107 II GWB ist antragsbefugt jedes Unternehmen, das ein Interesse am Auftrag hat und eine Verletzung in seinen Rechten nach § 97 VII GWB geltend macht, S. 1. Dabei ist nach S. 2 darzulegen, dass dem Unternehmen durch die behauptete Verletzung der Vergabevorschriften ein Schaden entstanden ist oder zu entstehen droht. An diese Zulässigkeitsvoraussetzungen sind im **Interesse** des **effektiven Rechtsschutzes keine überhöhten Anforderungen** zu stellen (BVerfG vom 29. 7. 2004 – 2 BvR 2248/03). Ein Interesse am Auftrag kann der Bieter in der Regel schon durch die Beteiligung an der Ausschreibung nachweisen. Auch genügt es, wenn der Bieter schlüssig vorträgt, dass ihm durch die Vergabe des Auftrags an einen anderen Bieter ein Schaden droht. Ob dies tatsächlich der Fall ist, ist dann eine Frage der Begründetheit. So ist sein Nachprüfungsantrag unbegründet, wenn sein Angebot nicht zuschlagsfähig ist, weil es beispielsweise nicht den Anforderungen des Leistungsverzeichnisses entspricht. Der Bieter kann seinen Nachprüfungsantrag jedoch nur auf die Verletzung von **bieterschützenden Vergabevorschriften** im Sinn des § 97 VII GWB stützen; nach § 97 VII GWB haben die sich an einer europaweiten Ausschreibung beteiligenden Unternehmen einen Anspruch darauf, dass der Auftraggeber die Bestimmungen über das Vergabeverfahren einhält.

12 c) **Rechtzeitige Rüge, § 107 III GWB.** Eine weitere Zulässigkeitsvoraussetzung für einen Nachprüfungsantrag ist eine rechtzeitig im Ausschreibungsverfahren erhobene Rüge. Mit der Rüge erklärt der Bieter gegenüber dem öffentlichen Auftraggeber, dass dieser gegen vergaberechtliche Vorschriften verstoßen hat. **Sinn** der **Rügeverpflichtung** ist zum einen, dass der öffentliche Auftraggeber den gerügten Mangel noch während des Ausschreibungsverfahrens **beheben** kann, so dass ein Nachprüfungsverfahren vermieden werden kann. Zum anderen dient die Pflicht zur Rüge der **Beschleunigung** des Ausschreibungsverfahrens. Wird eine Rüge nicht innerhalb der in § 107 III GWB aufgeführten Fristen erhoben, ist der Bieter im nachfolgenden Nachprüfungsverfahren mit dieser Rüge ausgeschlossen; er ist **präkludiert**. Zum dritten schafft die Pflicht zur Rüge innerhalb vorgeschriebener Fristen **Rechtsklarheit** über mögliche Verfahrensgegenstände im Nachprüfungsverfahren bzw. darüber, dass bestimmte Mängel nicht mehr gerügt werden können.

13 Nach § 107 III 1 Nr. 1 GWB ist ein Nachprüfungsantrag unzulässig, wenn der Antragsteller den gerügten Verstoß gegen Vergabevorschriften im Vergabeverfahren erkannt und gegenüber dem Auftraggeber nicht **unverzüglich** gerügt hat. Unverzüglich heißt ohne schuldhaftes Zögern, doch ist dieser Begriff auslegungsfähig. Die Vergabesenate haben Zeitspannen von 2–14 Tagen bei verschiedenen Fallkonstellationen als unverzüglich abgesehen. Da der EuGH in britischen und irischen Fällen klar bestimmte Fristen gefordert hat, ist zur Zeit unklar, ob eine Pflicht zur unverzüglichen Rüge in Deutschland noch besteht. Der Bieter muss den Vergaberechtsverstoß **erkannt** haben, also nicht nur die dem Verstoß zugrunde liegenden Tatsachen, sondern auch die rechtliche Konsequenz, dass ein Vergaberechtsverstoß vorliegt. Nach § 107 III 1 Nr. 2 und Nr. 3 GWB sind Verstöße, die entweder in der Vergabebekanntmachung oder in den Vergabeunterlagen erkennbar sind, spätestens bis zur Angebotsabgabe zu rügen. Hier wird nur **Erkennbarkeit** gefordert, wobei umstritten ist, ob es insoweit auf die subjektive Lage des betreffenden Bieters oder auf die objektive Erkenntnisfähigkeit eines sach- und fachkundigen Bieters ankommt. Als letzte Alternative sieht § 107 III 1 Nr. 4 GWB vor, dass mehr als 15 Kalendertage nach Eingang einer Mitteilung des Auftraggebers, er wolle einer Rüge nicht abhelfen, ein Nachprüfungsantrag ebenfalls unzulässig ist. Auf diese Alternative muss bereits in der europaweiten Vergabebekanntmachung hingewiesen werden, weil es sich um eine echte **Rechtswegbeschränkung** handelt.

14 Eine **Ausnahme** von der **Präklusion** besteht dann, wenn sich Vergaberechtsverstöße erst nach erfolgter Akteneinsicht zeigen, der Bieter also zu einem früheren Zeitpunkt keine Kenntnis erlangen konnte. In diesem Fall darf der Bieter selbst dann, wenn der Nachprüfungsantrag zunächst unzulässig gewesen ist, eine Rüge erheben, so dass der Nachprüfungsantrag sozusagen nachträglich zulässig wird.

7. Handlungen der Vergabekammer

a) **Prüfung und Übermittlung der Antragsschrift.** Die Vergabekammer prüft zunächst, ob der Antrag offensichtlich unzulässig oder unbegründet ist, § 110 II 1 GWB. Hierbei berücksichtigt sie auch etwaige Schutzschriften des Auftraggebers, die dieser vorsorglich hinterlegt hat, § 110 II 2 GWB. Ist der Antrag weder offensichtlich unzulässig noch unbegründet, übermittelt die Vergabekammer nach § 110 II 3 GWB die Antragsschrift dem öffentlichen Auftraggeber und fordert bei ihm die Vergabeakten, also die Dokumentation des Ausschreibungsverfahrens, an. Ab diesem Zeitpunkt tritt ein Zuschlagsverbot gemäß § 115 I GWB ein. In der Praxis wird die Antragsschrift in der Regel per Fax zugestellt, um Klarheit über die laufenden Fristen zu erhalten. Bei offensichtlicher Unzulässigkeit oder Unbegründetheit ist die Vergabekammer nicht zur Übermittlung verpflichtet; doch hat dies auf Ausnahmefälle beschränkt zu bleiben, weil eine offensichtliche Unzulässigkeit oder Unbegründetheit oft nicht zweifelsfrei festgestellt werden kann. 15

b) **Beiladung.** Dem Bieter, welcher nach dem Willen des öffentlichen Auftraggebers den Zuschlag erhalten soll, ist rechtliches Gehör zu gewähren. Dieser ist deshalb am Verfahren durch Beiladung zu beteiligen, § 109 GWB. Die Entscheidung über die Beiladung ist unanfechtbar. Ihm sind die Antragsschrift sowie gegebenenfalls die Schutzschrift zu übermitteln. Er hat die gleichen Rechte wie der antragstellende Bieter: er erhält Akteneinsicht, ihm sind die Schriftsätze der anderen Verfahrensbeteiligten zu übermitteln und er ist zur mündlichen Verhandlung zu laden. 16

c) **Akteneinsicht.** Ein wichtiges Recht der Verfahrensbeteiligten besteht im Recht auf Akteneinsicht, § 111 I GWB. Mit der Akteneinsicht wird dem **Grundrecht** auf **Gewährung des rechtlichen Gehörs** nach Art. 103 I GG und des Rechts auf **effektiven Rechtsschutz** nach Art. 19 IV GG Genüge getan. Der Bieter, welcher den Nachprüfungsantrag gestellt hat, hat keinen Einblick in die Vergabeakten des öffentlichen Auftraggebers. Er ist daher schon für die Rüge, aber auch für die Stellung des Nachprüfungsantrags auf Vermutungen angewiesen, wo wohl ein Vergabemangel gegeben sein könnte. Dies gilt auch für den Fall, dass er die Wertung seines eigenen Angebots kritisiert, denn auch dann kennt er die Unterlagen zur Wertung durch den öffentlichen Auftraggeber nicht. Auf der anderen Seite darf aber auch nicht unbegrenzt Akteneinsicht erfolgen, weil in den Angeboten der anderen Bieter deren **Geschäftsgeheimnisse** enthalten sind. Diese sind über Art. 14 und Art. 12 GG geschützt. Nach § 111 II GWB hat die Vergabekammer die Einsicht in die Vergabeakten zu versagen, soweit dies aus wichtigen Gründen, insbesondere des Geheimschutzes oder der Wahrung von Geschäftsgeheimnissen, geboten ist. Die Gewährung von Akteneinsicht setzt daher eine **Abwägung** der **widerstreitenden Interessen** voraus. Der Bieter kann nach § 111 III GWB auf in den Akten enthaltene Geschäftsgeheimnisse hinweisen. Wenn er keine Geschäftsgeheimnisse kenntlich macht, kann die Vergabekammer von seiner Zustimmung zur Akteneinsicht ausgehen. 17

Die Akten werden nicht im Original an den Antragsteller versandt, weil dies dem Beschleunigungsgrundsatz widersprechen würde. Vielmehr werden Kopien übermittelt oder der Antragsteller sieht die Akten auf der Geschäftsstelle ein, § 111 I GWB. In der Praxis hat sich eingebürgert, dass Kopien mit entsprechenden **Schwärzungen** der Geschäftsgeheimnisse übermittelt werden. Akteneinsicht wird stets in den Vergabevermerk, § 30 VOB/A und § 24 EG VOL/A gewährt, welcher die Entscheidungen der Vergabestelle dokumentieren und transparent machen soll. Sind in dem Vergabevermerk Geschäftsgeheimnisse enthalten, sind diese zu schwärzen. 18

d) **Mündliche Verhandlung.** Nach § 112 I GWB entscheidet die Vergabekammer aufgrund mündlicher Verhandlung, welche sich auf einen Termin beschränken soll. Mit Zustimmung der Beteiligten sowie bei Unzulässigkeit oder bei offensichtlicher Unbegründetheit des Antrags kann ohne mündliche Verhandlung nach Lage der Akten entschieden werden. Auch wenn die Beteiligten zur mündlichen Verhandlung nicht erscheinen oder nicht ordnungsgemäß vertreten sind, kann verhandelt und entschieden werden. Dies folgt einerseits aus dem Beschleunigungsgrundsatz – keine Verzögerung durch die Verfahrensbeteiligten – und andererseits aus der Pflicht zur Amtsermittlung. 19

8. Entscheidung der Vergabekammer

Die Entscheidung der Vergabekammer ergeht durch **Verwaltungsakt**, § 114 III GWB. Die Vergabekammer ist hierbei an die **gestellten Anträge nicht gebunden**, § 114 I 2 GWB, sondern kann auch unabhängig davon auf die Rechtmäßigkeit des Verfahrens einwirken, § 114 I 3 GWB. So sagt auch § 114 I 1 GWB, dass die Vergabekammer feststellt, ob der Antragsteller in seinen Rechten verletzt ist, und die geeigneten Maßnahmen trifft, um eine Rechtsverletzung zu beseitigen. Dies heißt aber nicht, dass die Vergabekammer losgelöst von dem gestellten Nachprüfungsantrag Maßnahmen anordnen kann. Die Regelung bedeutet vielmehr, dass sie im Rahmen eines gestellten Antrages auch andere Maßnahmen als die namentlich vom Bieter bezeichneten zur Abwendung der Rechtswidrigkeit anordnen kann. Hat zB der Bieter beantragt, den Zuschlag nicht an einen bestimmten Mitbieter zu erteilen, kann die Vergabe- 20 kammer anordnen, dass die Vergabestelle die Wertung der Angebote auf rechtmäßige Weise wiederholen muss.

21 Die Vergabekammer verwirft den Nachprüfungsantrag als unzulässig, wenn eine Zulässigkeitsvoraussetzung, wie zB die Antragsbefugnis fehlt. Liegt kein Vergaberechtsverstoß vor, weist sie den Nachprüfungsantrag als unbegründet zurück. Stellt sie einen Vergaberechtsverstoß fest, ordnet sie die Maßnahmen an, welche zur Beseitigung des Verstoßes erforderlich sind, also zB die Wertung eines zunächst ausgeschlossenen Angebotes oder die bisher unterlassene Mitteilung der Wertungskriterien. Das Vergabeverfahren muss dann ab demjenigen Punkt wiederholt werden, bei welchem der Rechtsverstoß sich ereignet hat. Sie kann jedoch grundsätzlich den öffentlichen Auftraggeber nicht zur Erteilung des Zuschlags an einen bestimmten Bieter verpflichten. Dies würde der wirtschaftlichen Autonomie des Auftraggebers widersprechen, dem es unter bestimmten Umständen gestattet ist, von der Vergabeabsicht Abstand zu nehmen.

22 Einen einmal **wirksam erteilten Zuschlag** kann die Vergabekammer **nicht** wieder **aufheben,** § 114 II 1 GWB. Hat sich das Nachprüfungsverfahren durch die Erteilung des Zuschlags oder durch Aufhebung oder Einstellung des Vergabeverfahrens oder auf sonstige Weise erledigt, kann die Vergabekammer auf Antrag feststellen, dass eine Rechtsverletzung vorgelegen hat. Der Bieter hat dann zwar keinen Primärrechtsschutz mehr, kann diese Entscheidung aber dazu verwenden, um einen Schadensersatzanspruch durchzusetzen. Denn nach § 124 I GWB ist das ordentliche Gericht, vor welchem ein Schadensersatzanspruch geltend zu machen ist, an eine bestandskräftige Entscheidung der Vergabekammer gebunden.

9. Vorzeitige Zuschlagsgestattung, § 115 GWB

23 In Sonderfällen kann die Vergabekammer dem öffentlichen Auftraggeber vorzeitig, also vor Beendigung des Nachprüfungsverfahrens, den Zuschlag gestatten, § 115 II 1 GWB, wenn dies unter Berücksichtigung der widerstreitenden Interessen des öffentlichen Auftraggebers an einer möglichst raschen Auftragsvergabe und dem Interesse des Bieters an der Wahrung seines effektiven Rechtsschutzes geboten ist. Da der Primärrechtsschutz nach Zuschlagserteilung beendet ist, § 114 II 1 GWB, ist nach der Rechtsprechung grundsätzlich dem Rechtsschutz der Vorrang einzuräumen. Ausnahmen sind gebilligt worden für unaufschiebbare Maßnahmen zur öffentlichen Sicherheit. Gegen eine vorzeitige Zuschlagsgestattung kann der betroffene Bieter einen Antrag an das Beschwerdegericht, also den Vergabesenat, stellen, das Zuschlagsverbot wieder herzustellen, § 115 II 5 GWB. Hat die Vergabekammer den vorzeitigen Zuschlag nicht gestattet, kann der Vergabesenat diesen auf Antrag des Auftraggebers gestatten, § 115 II 7 GWB. Hierbei handelt es sich nicht um ein Beschwerdeverfahren, sondern um ein Verfahren eigener Art. In der Praxis kommen derartige Anträge nur sehr selten vor.

10. Kosten

24 Soweit ein Beteiligter im Nachprüfungsverfahren unterliegt, hat er die Kosten zu tragen, § 128 III 1 GWB. Damit gemeint sind die Gebühren und Auslagen der Vergabekammer. Die zur zweckentsprechenden Rechtsverfolgung oder Rechtsverteidigung notwendigen „außergerichtlichen" Kosten des Antragsgegners hat er ebenfalls zu tragen. Für die „außergerichtlichen" Kosten eines Beigeladenen gilt, dass diese nur aus Billigkeit der unterlegenen Partei aufzuerlegen sind, doch dürfte dies regelmäßig der Fall sein. Bei Rücknahme des Nachprüfungsantrags hat der Unterlegene die notwendigen Aufwendungen von Antragsgegner und Beigeladenem zu tragen. Nach § 128 IV 5 GWB findet ein Kostenfestsetzungsverfahren vor der Vergabekammer nicht statt, so dass bei Streitigkeiten die Rechtsanwälte ihre Gebühren vor den ordentlichen Gerichten einklagen müssen.

IV. Das Beschwerdeverfahren vor dem Vergabesenat

1. Vergabesenat

25 Gegen die Entscheidungen der Vergabekammern ist die **sofortige Beschwerde** zum Vergabesenat zulässig, § 116 I GWB, die allen am Verfahren Beteiligten (Antragsteller, Antragsgegner und Beigeladenen) zusteht. In jedem Bundesland gibt es einen Vergabesenat, welcher an einem bestimmten Oberlandesgericht angesiedelt ist. Da die Vergabekammer nicht mit unabhängigen Richtern besetzt ist und nur in einem gerichtsähnlichen Verfahren durch Verwaltungsakt Entscheidungen trifft, sieht sich der Bieter im Verfahren der sofortigen Beschwerde erstmals einem unabhängigen Gericht gegenüber. Die sofortige Beschwerde dient daher in besonderem Maße der Sicherstellung des Anspruchs auf effektiven Rechtschutz nach Art. 19 IV GG.

2. Statthaftigkeit der sofortigen Beschwerde

26 **a) Endentscheidung der Vergabekammer.** Die Beschwerde muss sich gegen eine Entscheidung einer Vergabekammer richten. Der Vergabekammer steht die Befugnis zu einer eigenen Abhilfeentscheidung nicht zu. Angreifbar sind zunächst Entscheidungen in der materiellen Hauptsache selbst, also wenn ein

Nachprüfungsantrag als unbegründet oder unzulässig abgewiesen worden oder wenn einem Nachprüfungsantrag stattgegeben worden ist. Die Feststellung der Vergabekammer, das Nachprüfungsverfahren sei durch Zuschlagserteilung erledigt, stellt genauso eine angreifbare Entscheidung dar wie die Anweisung an die Vergabestelle, keinen Zuschlag an die beteiligten Bieter zu erteilen oder die Wertung erneut nach den Anweisungen der Vergabekammer durchzuführen. Ist Streitgegenstand der Entscheidung der Vergabekammer allein der Nebenpunkt Kosten oder Vollstreckung, stellt er die „Hauptsache" – wenn auch nicht in materieller Hinsicht – dar. Ist der Nebenpunkt Kosten, Streitwert oder Vollstreckung nicht alleiniger Gegenstand der Entscheidung, sondern zusammen mit der Hauptsache verbeschieden worden, stellt sich die Frage, ob er nur zusammen mit der Hauptsache oder auch isoliert angegriffen werden kann. Nach herrschender Ansicht findet die Vorschrift des § 99 ZPO (Anfechtung einer Kostenentscheidung nur zusammen mit der Hauptsache) keine analoge Anwendung. Der Grund liegt darin, dass bei einer Versagung der isolierten Anfechtung eine Überprüfung durch ein unabhängiges Gericht ausgeschlossen wäre. Auch eine zunächst unbeschränkt eingelegte Beschwerde kann auf den Kostenpunkt beschränkt werden. Es ist auch möglich, nur einen Teil der Kostenentscheidung der Vergabekammer isoliert anzugreifen, wie zB der Ausspruch, dass die Hinzuziehung eines Verfahrensbevollmächtigten nicht für notwendig erachtet wird.

b) **Zwischenentscheidungen.** Zwischenentscheidungen sind Entscheidungen, welche auf dem Weg zur Endentscheidung erlassen werden. Sie bereiten die Endentscheidung vor und betreffen in der Regel prozessuale Fragen. Im Nachprüfungsverfahren muss die Anfechtung von Zwischenentscheidungen schon deshalb begrenzt sein, weil der Beschleunigungsgrundsatz des § 113 I 1 GWB dem entgegensteht. Deshalb ist **grundsätzlich** eine **Anfechtung von Zwischenentscheidungen** zu **verneinen.** Aus diesem Grund hat der Gesetzgeber für folgende Zwischenentscheidungen eine Beschwerdemöglichkeit ausdrücklich ausgeschlossen: 27

- die Übertragung der Sache zur alleinigen Entscheidung an den Vorsitzenden oder den hauptamtlichen Beisitzer nach § 105 III 1 GWB
- die Entscheidung über die Beiladung, § 109 S. 2 GWB
- die Versagung der Akteneinsicht, § 111 IV GWB
- die Anordnung weiterer vorläufiger Maßnahmen nach § 115 III, § 115 II 5 GWB

Andere Zwischenentscheidungen sind wegen des Beschleunigungsgrundsatzes nur dann angreifbar, wenn das **konkrete Interesse** der Verfahrensbeteiligten **an einem effektiven Rechtsschutz** höher ist als das Beschleunigungsinteresse der öffentlichen Auftraggeber. Anfechtbar sind daher lediglich diejenigen Zwischenentscheidungen, welche endgültig vollendete Tatsachen schaffen und damit Endentscheidungen nahestehen. Die Entschließung der Vergabekammer, ein Ablehnungsgesuch gegen eines ihrer Mitglieder wegen Besorgnis der Befangenheit zurückzuweisen, kann daher ebenso wenig mit der sofortigen Beschwerde angegriffen werden wie ein Beweisbeschluss oder verfahrensleitende oder -gestaltende Verfügungen des Vorsitzenden, wie zB die Verlängerung der Entscheidungsfrist nach § 113 I 2 GWB, und zwar auch dann nicht, wenn die Frist unangemessen lang erscheint. Angreifbar ist demgegenüber die Gewährung von Akteneinsicht, weil durch die Gewährung von Akteneinsicht **vollendete Tatsachen** geschaffen werden können, wenn Geschäftgeheimnisse eines Bieters aufgedeckt werden. Das gleiche gilt für die Aussetzung des Verfahrens sowie den Fall, dass die Vergabekammer die Entscheidung trifft, einen Nachprüfungsantrag wegen offensichtlicher Unzulässigkeit oder Unbegründetheit nach § 110 GWB nicht zuzustellen, da ansonsten der Bieter um seinen Rechtschutz gebracht werden könnte. 28

c) **Ablehnungsfiktion.** Hat die Vergabekammer nicht innerhalb der Frist des § 113 I 1 GWB über einen Nachprüfungsantrag entschieden, gilt der Nachprüfungsantrag als abgelehnt, sog. Ablehnungsfiktion, § 116 II GWB. Grund für diese Regelung ist es, dem Bieter einen effektiven Rechtschutz auch in den Fällen zu ermöglichen, in welchen die Vergabekammer in einer vertretbaren Zeit nicht zu einer Entscheidung kommt. Die Fiktion ermöglicht dem Antragsteller, nun gegen die fingierte Ablehnungsentscheidung mittels Beschwerde vorzugehen, um eine endgültige Entscheidung durch den Vergabesenat herbeizuführen. Auf der anderen Seite bedeutet die Fiktion für die Vergabestelle, dass sie nach Ablauf der Beschwerdefrist, wenn keine Beschwerde eingelegt worden ist, den Zuschlag erteilen kann. Das Gesetz stellt darauf ab, ob die Entscheidung innerhalb dieser Frist getroffen, nicht aber, ob sie den Beteiligten zugestellt worden ist. Trifft die Vergabekammer eine **Entscheidung nach Fristablauf,** wird dadurch die Fiktion nicht aufgehoben. Das geht schon deshalb nicht, weil das Verfahren sonst mit zwei unterschiedlichen Beschlüssen abgeschlossen werden könnte. Zudem muss Klarheit für den Zuschlag herrschen, welcher zwei Wochen nach der fingierten Entscheidung erteilt werden kann, wenn keine Beschwerde eingelegt wird. Trifft die Vergabekammer dennoch eine Entscheidung nach Ablauf der 5-Wochen-Frist, ist dieser Beschluss nicht nichtig, aber rechtswidrig. Er kann mit der sofortigen Beschwerde angegriffen werden mit dem Ziel, die Unwirksamkeit des Beschlusses festzustellen. 29

d) **Anschlussbeschwerde.** Sowohl eine **selbständige** als auch eine **unselbständige Anschlussbeschwerde** sind **statthaft.** Eine unselbständige Anschlussbeschwerde liegt vor, wenn sie nicht innerhalb der Frist des § 117 I 1 GWB eingelegt worden ist. Eine Regelung zur Anschlussbeschwerde fehlt im GWB; doch sind analog anwendbar die Regeln des § 524 ZPO. Danach muss die Anschlussbeschwerde innerhalb einer 30

Frist von zwei Wochen nach Zustellung der Beschwerdebegründung eingegangen sein, analog § 524 II 2 ZPO. Die Anschlussbeschwerde steht wie die Beschwerde allen am Verfahren Beteiligten zu. Es genügt, dass über die reine Zurückweisung der Beschwerde ein weiteres Ziel verfolgt wird und zwar im Gegensatz zur Beschwerde. Allerdings ist auch für die unselbständige Anschlussbeschwerde eine **Beschwer** zu fordern. Dem Anschließenden ist es verwehrt, eine über die Entscheidung der Vergabekammer hinausgehende Entscheidung zu seinen Gunsten zu beantragen, wenn er dies nicht bereits im Nachprüfungsverfahren beantragt hatte. So kann ein Beigeladener nicht erstmals in der Beschwerdeinstanz den Ausschluss des Angebots des Beschwerdeführers verlangen; hier handelt es sich um einen Nachprüfungsantrag, welcher zur Fristwahrung unverzüglich an die Vergabekammer weiterzuleiten ist. Wird die Hauptbeschwerde zurückgenommen oder als unzulässig verworfen, verliert die unselbständige Anschlussbeschwerde analog § 524 IV ZPO ihre Wirkung; der Anschlussbeschwerdeführer hat seine Kosten zu tragen.

31 e) **Untätigkeitsbeschwerde.** Hat die Vergabekammer noch nicht über die Übermittlung des Nachprüfungsantrags nach § 115 I GWB entschieden, droht aber der Ablauf der Frist des § 101 a I 3 GWB mit der Gefahr, dass der Zuschlag ohne Primärrechtsschutz erteilt wird, kommt eine Untätigkeitsbeschwerde an den Vergabesenat in Betracht; diese wird allerdings bisher von der Rechtsprechung abgelehnt (OLG Dresden vom 4. 7. 2002 – WVerg 11/02). Doch zeigt diese Fallkonstellation, dass die **Regelung des § 110 II GWB verfehlt** ist. Es kann nicht im Belieben der Vergabekammer liegen, ob der Bieter zu einem Primärrechtsschutz gelangt oder nicht. Vielmehr sollte, wie bei anderen Prozessordnungen auch, eine Verpflichtung zur unverzüglichen Zustellung in das Gesetz aufgenommen werden. In der Praxis wird regelmäßig auch so verfahren.

3. Zulässigkeit der sofortigen Beschwerde

32 a) **Beschwerdebefugnis.** *aa) Formelle Beschwer.* Wie jedes andere Rechtsmittel setzt auch die sofortige Beschwerde eine Beschwer des Beschwerdeführers voraus. Eine formelle Beschwer liegt vor, wenn der Verfahrensbeteiligte mit seinem Antrag entweder ganz oder teilweise keinen Erfolg gehabt hat. Hat der Betreffende keinen formellen Antrag vor der Vergabekammer gestellt, ist sein Vorbringen auszulegen und festzustellen, inwieweit er sein derart ermitteltes Rechtsschutzziel erreicht hat. Verglichen wird der gestellte Antrag mit dem Ausspruch der Vergabekammer im Tenor.

33 *bb) Materielle Beschwer.* Eine materielle Beschwer ist gegeben, wenn durch die Entscheidung der Vergabekammer in die Rechtsstellung eines Beteiligten eingegriffen worden ist. Sie liegt regelmäßig bei gegebener formeller Beschwer vor. Für die Vergabestelle ergibt sich die formelle Beschwer in der Abweichung von ihrem Antrag, den Nachprüfungsantrag zurückzuweisen, und die materielle Beschwer in der dadurch bedingten **Verhinderung oder Verzögerung des Vergabeverfahrens.** Für etwaige Beigeladene, denen nach dem Willen der Vergabestelle der Zuschlag erteilt werden soll, gilt das gleiche.

34 b) **Verfahrensbeteiligte.** Nach § 116 I 2 GWB steht den am Verfahren vor der Vergabekammer Beteiligten die sofortige Beschwerde zu, somit dem antragstellenden Bieter, dem Antragsgegner, also dem öffentlichen Auftraggeber, und allen denjenigen, welche die Vergabekammer zum Verfahren beigeladen hat. Weitere Beschwerdeberechtigte könnten diejenigen sein, welche durch die Entscheidung der Vergabekammer materiellrechtlich beschwert sind, auch wenn sie – aus welchen Gründen auch immer – nicht am Nachprüfungsverfahren beteiligt waren und damit bisher kein rechtliches Gehör hatten. Doch hängt die Beantwortung dieser Frage mit dem Problem zusammen, ob der Vergabesenat weitere Beteiligte in der Beschwerdeinstanz beiladen kann, obwohl der Wortlaut des § 119 GWB („an dem Verfahren vor dem Beschwerdegericht beteiligt sind die an dem Verfahren vor der Vergabekammer Beteiligten") dagegen zu sprechen scheint. Wird aber zutreffenderweise dem Senat die Verpflichtung auferlegt, diese Bieter in der Beschwerdeinstanz noch beizuladen, damit ein Verstoß gegen das rechtliche Gehör vermieden wird, besteht **kein Bedürfnis** für eine **eigene Beschwerdebefugnis** des **bisher nicht Beigeladenen.**

35 c) **Rechtsschutzbedürfnis.** Weitere Zulässigkeitsvoraussetzung ist das Rechtsschutzbedürfnis; dieses kann nur ausnahmsweise fehlen, etwa wenn nur einzelne Aspekte des Vergabeverfahrens überprüft werden sollen oder der Verfahrensbeteiligte in keiner Weise einen irgendwie schutzwürdigen Vorteil erlangen kann, also ein schikanöser Antrag vorliegt.

36 d) **Ausschließliche Zuständigkeit.** Über die sofortige Beschwerde entscheidet ausschließlich das für den Sitz der Vergabekammer zuständige Oberlandesgericht; es ist zwingend örtlich und sachlich zuständig. Bei den Oberlandesgerichten wird ein Vergabesenat gebildet, § 116 III 2 GWB.

37 e) **Form und Frist.** Die sofortige Beschwerde ist binnen einer Notfrist von zwei Wochen, welche mit der Zustellung der Entscheidung der Vergabekammer beginnt, **schriftlich** bei dem Beschwerdegericht einzulegen, § 117 I 1 GWB. Den Fristbeginn löst nur die förmliche Zustellung aus. Ist der Beschluss **ohne Zustellungswillen** übermittelt worden, beispielsweise wenn die Vergabekammer den Beschluss per Fax nur zur Kenntnisnahme übermittelt, fehlt es an einer wirksamen Zustellung. Für die Fristberech-

nung gilt für jeden Beteiligten der Tag, an welchem ihm die Entscheidung der Vergabekammer zugestellt worden ist. Es können sich also für die **unterschiedlichen Beteiligten unterschiedliche Daten** ergeben. Allerdings muss die Frist des § 115 I GWB für alle gleich berechnet werden, da das Zuschlagsverbot nur an **einem** Termin enden kann, weil der Zuschlag als der zivilrechtliche Vertragsschluss den Vertrag endgültig zustande bringt und er nicht mehr aufgehoben werden kann, § 114 II 1 GWB. Die Frist kann deshalb zwangsläufig erst mit der **letzten** Zustellung beginnen; das Zuschlagsverbot endet mit Ablauf der letzten Beschwerdefrist. Hat die Vergabekammer innerhalb der Frist des § 113 I GWB nicht entschieden und gilt der Nachprüfungsantrag deshalb als abgelehnt, beginnt die Frist für die Einlegung der Beschwerde mit Ablauf der 5-Wochen-Frist.

f) **Beschwerdebegründung.** Nach § 117 II GWB ist die sofortige Beschwerde zugleich mit ihrer Einlegung zu begründen. Die Beschwerdebegründung muss enthalten die Erklärung, inwieweit die Entscheidung der Vergabekammer angefochten und eine abweichende Entscheidung beantragt wird, sowie die Angabe der Tatsachen und Beweismittel, auf die sich die Beschwerde stützt. Ein förmlicher Sachantrag ist nicht erforderlich, weil der Vergabesenat ebenso wenig wie die Vergabekammer bei seiner Entscheidung an die gestellten Anträge gebunden ist, § 114 I 2 GWB. Auch wenn im Rahmen des § 120 II GWB keine Bezugnahme auf diese Vorschrift enthalten ist, kann der Vergabesenat als unabhängiges Gericht nicht weniger Rechte haben als die Vergabekammer. Die Angabe von Tatsachen und Beweismitteln ist nicht erforderlich, wenn es in der Beschwerdeinstanz nur um Rechtsfragen geht. 38

g) **Anwaltszwang.** § 117 III GWB schreibt die Unterschrift unter die Beschwerdeschrift durch einen Rechtsanwalt vor. Ein Anwaltszwang für die Vertretung vor dem Oberlandesgericht ergibt sich bereits nach § 78 ZPO; gleichzeitig soll aber eine kompetente Vorbereitung des Beschwerdeverfahrens ermöglicht werden, wobei sich für die Bieter die Einschaltung eines Vergabespezialisten empfiehlt. Eine Ausnahme vom Anwaltszwang besteht für Beschwerden von juristischen Personen des öffentlichen Rechts. Die juristischen Personen des öffentlichen Rechts können sich aber dennoch durch einen Rechtsanwalt vertreten lassen. 39

h) **Mitteilungspflicht.** Nach § 117 IV GWB hat der Beschwerdeführer die anderen Beteiligten durch Übermittlung einer Ausfertigung der Beschwerdeschrift über die Einlegung der Beschwerde zu informieren. Die Informationspflicht nach § 117 IV GWB ist **keine Zulässigkeitsvoraussetzung**, sondern dient der Beschleunigung des Verfahrens. Die Mitteilung soll den Beteiligten eine möglichst rasche Information und Reaktion in Form von Stellungnahmen oder Überlegungen, ob selbst ein Rechtsmittel eingelegt oder ein Antrag im Beschwerdeverfahren gestellt werden soll, ermöglichen. Außerdem soll der Vergabestelle signalisiert werden, dass sie sich auf eine weitere Verzögerung des Zuschlags einzustellen hat. Die Nichtbeachtung der Mitteilungspflicht führt nicht zur Unzulässigkeit der Beschwerde. Denn die eigentliche Unterrichtung der Beteiligten geschieht durch das Gericht mittels Zustellung der Beschwerdeschrift. Auch wenn gegen die Mitteilungspflicht des § 117 IV GWB verstoßen worden ist, darf der Auftraggeber keinen Zuschlag erteilen, und zwar auch dann nicht, wenn er in **Unkenntnis** der Einlegung der Beschwerde den Vertrag schließt. Die Verlängerung des Zuschlagsverbotes gemäß § 118 I 1 GWB ist nicht an diese Mitteilung, sondern allein an die Einlegung der Beschwerde geknüpft. Ein dennoch erteilter Zuschlag ist damit gemäß § 134 BGB nichtig. 40

4. Grundsätze des Beschwerdeverfahrens

Auch im Verfahren der sofortigen Beschwerde gilt der Beschleunigungsgrundsatz, um unnötige Verzögerungen einer Vergabe zu vermeiden. Im Gegensatz zur Vergabekammer setzt das GWB dem Vergabesenat jedoch keine Frist für die Entscheidung. Doch hat der Vergabesenat die sofortige Beschwerde unverzüglich, in der Regel per Fax, den anderen Verfahrensbeteiligten zuzustellen und Äußerungsfristen zu setzen. Wie im Nachprüfungsverfahren vor der Vergabekammer gibt es auch im Beschwerdeverfahren keine Säumnisentscheidungen. Weiter gilt der Amtsermittlungsgrundsatz wie im Nachprüfungsverfahren. Außerdem ist wie im Nachprüfungsverfahren vor der Vergabekammer auf die Sicherstellung des Primärrechtsschutzes zu achten. 41

5. Gang des Beschwerdeverfahrens

Das Beschwerdeverfahren ist nur kursorisch im GWB geregelt. Einigkeit besteht aber darin, dass bei Lücken grundsätzlich auf die Vorschriften der ZPO zurückgegriffen werden kann und hier vor allem auf die Vorschriften über das Berufungsverfahren, weil das Verfahren der sofortigen Beschwerde am meisten dem Berufungsverfahren ähnelt. Nach § 120 II GWB wird auf die §§ 69, 70 I–III, 71 I und VI, §§ 71 a, 72, 73 mit Ausnahme von § 227 III ZPO, die §§ 78, 111 und 113 II 1 GWB verwiesen. Hinter dieser §§-Kette verbergen sich folgende Grundsätze: 42

§ 69 I GWB: eine Entscheidung soll grundsätzlich nach mündlicher Verhandlung ergehen. Das ist in der Praxis auch die Regel und schon deshalb angebracht, weil die Verfahrensbeteiligten ihr Anliegen erstmals einem unabhängigen Gericht vortragen können. 43

§ 69 II GWB: Ein Säumnisverfahren findet nicht statt; dies würde dem Beschleunigungsgrundsatz widersprechen.

§ 70 I GWB: der Vergabesenat hat den Sachverhalt von Amts wegen zu erforschen. Diese Regelung entspricht der Vorschrift des § 110 I GWB für das Nachprüfungsverfahren vor der Vergabekammer. Auch im Beschwerdeverfahren besteht die Amtsermittlungspflicht des Beschwerdegerichts nur im Rahmen der gestellten Anträge. Lediglich ganz schwerwiegende Vergaberechtsverstöße werden von Amts wegen berücksichtigt (*OLG München* vom 29. 9. 2009 – Verg 12/09).

§ 70 II GWB: Den Vorsitzenden trifft im Rahmen der prozessualen Fürsorgepflicht eine Hinweispflicht an die Verfahrensbeteiligten.

§ 70 III GWB: Die Verfahrensbeteiligten treffen Mitwirkungspflichten. Sie haben innerhalb der gesetzten Fristen die Unterlagen vorzulegen oder den Vortrag zu ergänzen. Bei der Zurückweisung von verspätetem Vorbringen ist aber zu beachten, dass der Vergabesenat praktisch in erster und letzter gerichtlicher Instanz entscheidet.

§ 71 I GWB: Der Grundsatz der freien Beweiswürdigung gilt auch im vergaberechtlichen Beschwerdeverfahren

§ 71 VI GWB: Der Senat hat seine Entscheidung zu begründen. Dies ist nicht nur für die Verfahrensbeteiligten von Bedeutung, sondern auch für die anderen Vergabesenate, die in den Fällen, in welchen eine Divergenzvorlage in Betracht kommt, eine Abweichung von der Meinung anderer Vergabesenate prüfen können müssen. Eine Rechtsmittelbelehrung ist aber nicht vonnöten, weil es gegen die Beschwerdeentscheidungen der Vergabesenate kein Rechtsmittel gibt.

§ 71 a GWB: Um dem Vergabesenat bei einer Verletzung des rechtlichen Gehörs eine eigene Korrektur zu ermöglichen, gibt es auch im Bereich der Nachprüfungsverfahren die Möglichkeit der Anhörungsrüge.

§ 72 GWB: Hier liegt ein gesetzgeberisches Versehen vor, weil in § 120 II GWB auf die speziellere Vorschrift des § 111 GWB verwiesen wird, welche den Besonderheiten des Nachprüfungsverfahrens auch besser angepasst ist.

§ 73 GWB: Diese Verweisung betrifft allgemeine zivilprozessuale Vorschriften über zB die Wiedereinsetzung in den vorigen Stand uÄ. Wenn von der grundlegenden analogen Anwendung zivilprozessualer Vorschriften ausgegangen wird, ist diese Verweisung eigentlich überflüssig.

§ 78 GWB: Diese Verweisung auf die Kostenvorschriften ist missglückt, weil sie eine gefestigte Rechtsprechung zur analogen Anwendung zivilprozessualer Vorschriften teilweise ignoriert.

§ 111 GWB: Die Regeln über die Akteneinsicht gelten auch für das Beschwerdeverfahren.

§ 113 II 1 GWB: Auch im Beschwerdeverfahren haben die Beteiligten an der Aufklärung des Sachverhalts mitzuwirken.

6. Weitere Sicherung des Primärrechtsschutzes

44 a) **§ 118 I und II GWB.** Auch im Beschwerdeverfahren wird durch Zuschlagsverbote dafür gesorgt, dass der Primärrechtsschutz gesichert wird. So sieht § 118 I 1 GWB vor, dass durch die Einlegung der sofortigen Beschwerde das nach § 115 I iVm § 117 I GWB bestehende Zuschlagsverbot weiter verlängert wird, und zwar bis zwei Wochen nach Ablauf der Beschwerdefrist. Da es dem Vergabesenat nur in den seltensten Fällen möglich sein wird, innerhalb dieser Zwei-Wochen-Frist zu einer Entscheidung über die Beschwerde zu kommen, ist es nun Aufgabe des Beschwerdeführers bzw. seines Verfahrensbevollmächtigten, für eine weitere Verlängerung des Zuschlagsverbots bis zur Entscheidung des Senats über die Beschwerde Sorge zu tragen. Auch wenn das Gesetz von einer Verlängerung der aufschiebenden Wirkung der sofortigen Beschwerde spricht, ist damit nichts anderes gemeint als die **Verlängerung des Zuschlagsverbotes.**

45 Dies wird durch einen Antrag nach § 118 I 3 GWB dadurch ermöglicht, dass der Beschwerdeführer dann, wenn die Vergabekammer den Nachprüfungsantrag abgelehnt hat, die Verlängerung der aufschiebenden Wirkung beantragen kann. Wird dieser Antrag nicht gestellt, handelt es sich um einen schwerwiegenden anwaltlichen Fehler, weil dann nach Ablauf der Frist des § 118 I 2 GWB der Zuschlag erteilt werden kann und ein Primärrechtsschutz für den Mandanten nicht mehr möglich ist.

46 Nach § 118 II 1 GWB lehnt das Gericht den Verlängerungsantrag ab, wenn unter Berücksichtigung aller möglicherweise geschädigten Interessen die nachteiligen Folgen einer Verzögerung der Vergabe bis zur Entscheidung über die Beschwerde die damit verbundenen Vorteile überwiegen. § 118 Abs. II 2 und 3 GWB geben für die erforderliche Interessenabwägung Regeln an die Hand. Zusammengefasst geht es darum, ob das Interesse des Bieters an der Durchsetzung seines Primärrechtsschutzes die Interessen des öffentlichen Auftraggebers an einer raschen Vergabe überwiegt. Eine ganz wesentliche Rolle spielt hierbei die Frage, ob seine Beschwerde bzw. sein Nachprüfungsantrag Erfolg haben wird, denn eine Verzögerung der Vergabe ist in Fällen, in denen die Beschwerde des Bieters nach Einschätzung des Senats keinen Erfolg haben wird, nicht angebracht. Doch muss bei der **Interessenabwägung** bedacht werden, dass diese ohne mündliche Verhandlung aufgrund einer lediglich summarischen Prüfung der Sach- und Rechtslage erfolgt.

Kann der Vergabesenat innerhalb der Frist des § 118 I 2 GWB aus zeitlichen Gründen nicht zu einer Entscheidung über den Verlängerungsantrag kommen, ist eine einstweilige Verlängerung der aufschiebenden Wirkung bis zur Entscheidung über den Verlängerungsantrag von der Rechtsprechung gebilligt worden. 47

b) § 118 III GWB. In den Fällen, in denen die Vergabekammer dem Nachprüfungsantrag durch Untersagung des Zuschlags stattgegeben hat, hat dieser zu unterbleiben, bis der Vergabesenat die Entscheidung der Vergabekammer entweder im vorläufigen Rechtsschutz nach § 121 GWB oder endgültig nach § 123 GWB aufhebt. Diese Vorschrift ist deshalb wichtig, weil sonst der öffentliche Auftraggeber den Zuschlag an einen Dritten erteilen und damit den Primärrechtschutz des antragstellenden Bieters unterlaufen könnte 48

7. Vorabentscheidung über den Zuschlag

Nicht nur der Bieter, sondern auch der öffentliche Auftraggeber und der Beigeladene, der den Zuschlag erhalten soll, können vorläufigen Rechtsschutz vor dem Vergabesenat beantragen. Das Gericht kann nach § 121 I GWB den Zuschlag gestatten, wenn unter Berücksichtigung aller möglicherweise geschädigten Interessen die nachteiligen Folgen einer Verzögerung der Vergabe bis zur Entscheidung über die Beschwerde die damit verbundenen Vorteile überwiegen. Auch hier geht es letztlich um die Abwägung zwischen dem Anspruch des Bieters auf effektiven Rechtsschutz und dem Interesse des öffentlichen Auftraggebers an einer raschen Auftragsvergabe. Über den Antrag hat der Vergabesenat innerhalb von fünf Wochen zu entscheiden und die Entscheidung zu begründen, § 121 II 1 GWB. 49

In der Praxis sind solche Anträge nur ganz vereinzelt vorgekommen. Das liegt daran, dass die Folgen eines Antrages nach § 121 GWB schwerwiegend sein können: unterliegt der Auftraggeber mit einem solchen Antrag, gilt das Vergabeverfahren gemäß § 122 GWB nach Ablauf von zehn Tagen nach Zustellung der Entscheidung als beendet, wenn nicht der Auftraggeber die Maßnahmen ergreift, die zur Herstellung der Rechtmäßigkeit des Vergabeverfahrens nach der Entscheidung erforderlich sind. Für den Beigeladenen, welcher den Zuschlag erhalten soll, ist ein solcher Antrag noch unsinniger, weil er auf die Handlungen des Auftraggebers keinen Einfluss hat und Gefahr läuft, den sicher geglaubten Auftrag noch zu verlieren.

8. Entscheidungen des Vergabesenats

Die Entscheidungen des Vergabesenats ergehen durch **Beschluss**, und zwar **unabhängig** davon, ob eine mündliche Verhandlung stattgefunden hat oder nicht. Das Gesetz regelt die Entscheidungsmöglichkeiten nur rudimentär. Erwähnt ist nur der Fall, dass der Senat die Beschwerde für begründet erachtet, § 123 S. 1 GWB. In diesem Fall hebt es die Entscheidung der Vergabekammer auf und entscheidet entweder in der Sache selbst oder spricht die Verpflichtung der Vergabekammer aus, unter Berücksichtigung der Rechtsauffassung des Senats erneut über die Sache zu entscheiden, § 123 S. 2 GWB. Da das Nachprüfungsverfahren unter der Ägide des Beschleunigungsgrundsatzes steht, ist grundsätzlich in der Sache selbst zu entscheiden, um unnötige Verzögerungen durch eine erneute Verhandlung vor der Vergabekammer mit einer sich möglicherweise erneut anschließenden Beschwerde zu vermeiden. Eine Zurückverweisung an die Vergabekammer kommt daher nur in Ausnahmefällen in Betracht. Wenn der Senat in der Sache selbst entscheidet, ist er, wie die Vergabekammer, nicht an die Anträge gebunden. Zwar verweist § 123 GWB in seinem S. 4 lediglich auf die Vorschrift des § 114 II GWB, doch ist die fehlende Verweisung auf § 114 I GWB unschädlich, weil das Beschwerdegericht als erstes unabhängiges Gericht nicht weniger Befugnisse haben kann wie das „erstinstanzliche“ Entscheidungsorgan. 50

Ist die Beschwerde unzulässig, wird sie verworfen. Ist die Beschwerde unbegründet, wird sie zurückgewiesen. Nach § 123 S. 4 GWB iVm § 114 Abs. 2 GWB kann der Senat dann, wenn sich das Nachprüfungsverfahren durch Zuschlagserteilung oder anderweitig erledigt hat, auf Antrag die Feststellung treffen, dass ein Unternehmen durch den Auftraggeber in seinen Rechten verletzt ist. Diese Feststellung ist wegen der Bindungswirkung nach § 124 I GWB für die Durchsetzung eines Schadensersatzanspruches wichtig. Wegen der gleich gelagerten Interessenlage wird zum Teil über den Wortlaut hinaus vertreten, dass auch der Beigeladene und sogar der Auftraggeber – dieser dann aber im positiven Sinn, dass er keine Rechtsverletzung begangen hat – entsprechende Feststellungsanträge stellen können. 51

Hat sich das Verfahren in der Hauptsache erledigt, ohne dass ein Feststellungsantrag folgt, ist nur noch über die Kosten zu entscheiden. Möglich ist auch noch die Erledigung des Verfahrens durch **Vergleichsabschluss**, doch sind die vergaberechtlichen Grundsätze bei den Vergleichsvereinbarungen zu beachten. 52

9. Sonderfall: Entscheidung über Anträge nach § 115 II 5 und 6 GWB

Keine Beschwerde, sondern einen speziellen Rechtsbehelf stellen die Anträge nach § 115 II 5 und 6 GWB dar, wenn gegen die Entscheidung der Vergabekammer auf vorzeitige Gestattung des Zuschlags nach § 115 II 1 GWB oder die Ablehnung eines solchen Antrags vorgegangen wird. Für das Verfahren 53 vor dem Vergabesenat gelten dann die Vorschriften des § 121 II 1 und 2 sowie § 121 III GWB entsprechend.

10. Bindungswirkung, § 124 I GWB

54 In den Fällen, in denen der Bieter Schadensersatz wegen Vergaberechtsvorschriften vor den ordentlichen Gerichten begehrt, tritt eine Bindung des ordentlichen Gerichts an die bestandskräftige Entscheidung der Vergabekammer oder die Entscheidung des Oberlandesgerichts bzw. des Bundesgerichtshofs ein, § 124 I GWB. Sinn dieser Regelung ist es, den Bietern die Durchsetzung von Schadensersatzansprüchen in einem vertretbaren Zeitrahmen zu ermöglichen und die ordentlichen Gerichte von einer nochmaligen Überprüfung des Ausschreibungsverfahrens freizustellen. Die ordentlichen Gerichte sind an die gesamte Entscheidung gebunden einschließlich der Feststellungen im Tatbestand und der Entscheidungsgründe.

11. Divergenzvorlage, § 124 II GWB

55 Gegen die Beschwerdeentscheidungen der Vergabesenate gibt es kein Rechtsmittel. Um eine einheitliche Entscheidungspraxis der Vergabesenate und damit auch Rechtssicherheit und Rechtsklarheit für Bieter und öffentliche Auftraggeber sicherzustellen, besteht für die Vergabesenate die Pflicht zur Vorlage an den BGH, wenn sie mit ihrer Entscheidung von der Entscheidung eines anderen Oberlandesgerichts oder des BGH abweichen wollen. Der BGH kann sich auf die Beantwortung dieser Frage beschränken, § 124 II 3 GWB, oder anstelle des Beschwerdegerichts in der Sache entscheiden, § 124 II 2 GWB. Die Verfahrensbeteiligten können eine Divergenzvorlage lediglich anregen, aber nicht erzwingen. In Eilverfahren besteht keine Vorlagepflicht, um eine Verzögerung zu vermeiden.

12. Vorabentscheidungsersuchen an den EuGH

56 Letztinstanzliche nationale Gerichte sind nach Art. 267 AEUV zur Vorlage von Vorabentscheidungsersuchen an den EuGH verpflichtet, wenn zur Entscheidung über Fragen des nationalen Vergaberechts die Auslegung des Gemeinschaftsrechts erforderlich ist und die Auslegung zweifelhaft oder unklar ist. Da der EuGH gesetzlicher Richter iSd Art. 101 I 2 GG ist (*BVerfG* vom 29. 7. 2004 – 2 BvR 2248/03), besteht für die Vergabesenate, aber auch den BGH eine Pflicht zur Vorlage.

13. Kosten

57 Zunächst gab es keine speziellen gesetzlichen Vorschriften für die Kostenentscheidung im Beschwerdeverfahren. Das Vergaberechtsmodernisierungsgesetz vom 20. 4. 2009 sieht nun eine nur unvollständige Regelung vor. Nach § 120 II GWB wird bezüglich der Kostenentscheidung auf § 78 GWB verwiesen. Nach § 78 S. 1 GWB kann das Gericht anordnen, dass Kosten, welche zur zweckentsprechenden Verfolgung der Angelegenheit notwendig waren, nach Billigkeit von einem Beteiligten ganz oder teilweise zu erstatten sind. Nach S. 2 sind Kosten, welche durch ein unbegründetes Rechtsmittel oder durch grobes Verschulden entstanden sind, dem betreffenden Beteiligten aufzuerlegen. § 78 S. 1 GWB regelt offensichtlich nur die außergerichtlichen Kosten; diese Ansicht ist jedoch umstritten. Es entspricht aber grundsätzlich der Billigkeit, dass der unterlegene Verfahrensbeteiligte den obsiegenden Verfahrensbeteiligten die außergerichtlichen Kosten erstattet. Die Regelung der gerichtlichen Kosten in § 78 S. 2 GWB ist lückenhaft. Für die nicht geregelten Fälle (unzulässiges oder begründetes Rechtsmittel, Rücknahme der Beschwerde, Erledigung der Hauptsache usw.) wendet die Rechtsprechung überwiegend die Kostenvorschriften der ZPO analog an. Dies entspricht auch der bisherigen Rechtsprechung des BGH (*BGH* vom 19. 12. 2000 – X ZB 14/00 und vom 25. 10. 2005 – X ZB 24/05). Da die Stellung des Beigeladenen der eines zivilprozessualen Nebenintervenienten ähnelt, ist eine analoge Anwendung des § 101 ZPO angezeigt. Die Kosten für Eilverfahren nach § 118 oder § 121 GWB sind Teil der Kosten der Hauptsache. Nach § 78 Satz 3 GWB wird ein Kostenfestsetzungsverfahren durchgeführt, welches mit dem Vollstreckungstitel eines Kostenfestsetzungsbeschlusses, § 794 I Nr. 1 ZPO, endet. Der zuständige Rechtspfleger setzt nach der Durchführung eines Beschwerdeverfahrens auch die Kosten für das Nachprüfungsverfahren vor der Vergabekammer fest.

B. XVII. Das Verfahren in Wohnungseigentumssachen

Stefan Tetenberg

Übersicht

Literatur: *Bärmann,* Wohnungseigentumsgesetz, 11. Auflage 2010; *Bärmann/Pick,* Wohnungseigentumsgesetz, 19. Auflage 2010; *Niedenführ/Kümmel/Vanhouten,* WEG, 9. Auflage 2010; *Riecke/Schmid,* Wohnungseigentumsrecht, 3. Auflage 2010; *Spielbauer/Then,* Wohnungseigentumsgesetz, 2008.

I. Die Zuständigkeit

1. Die sachliche Zuständigkeit

Das Amtsgericht ist gemäß § 23 Nr. 2 c GVG als Wohnungseigentumsgericht immer dann ausschließlich zuständig, wenn es um einen in § 43 Nr. 1 bis 5 und Nr. 6 WEG aufgezählten Verfahrensstand geht (sog. WEG-Binnenstreitigkeiten). Die Bestimmungen sind weit auszulegen (*OLG München*, NZM 2006, 61, 62). Unerheblich ist insbesondere, ob die geltend gemachten Anspruchsgrundlagen aus dem WEG herrühren oder auf anderen gesetzlichen Bestimmungen, zB solchen des BGB, gründen, solange es nur um eine Streitigkeit aus dem Gemeinschaftsverhältnis der Miteigentümer geht oder um eine Streitigkeit betreffend die Verwaltung des gemeinschaftlichen Eigentums (*BayObLGZ* 1989, 67, 68). 1

2. Die örtliche Zuständigkeit

Ausschließlich örtlich zuständig gemäß § 43 Nr. 1 WEG ist das Wohnungseigentumsgericht, in dessen Bezirk das Grundstück liegt. 2

3. Die instanzielle Zuständigkeit

Zuständiges Berufungsgericht für die WEG-Binnenstreitigkeiten nach § 43 Nr. 1 bis 4 und 6 WEG ist gemäß § 72 II 1 GVG das Landgericht, das für den Sitz desjenigen Oberlandesgerichts zuständig ist, in dem das jeweilige Amtsgericht seinen Sitz hat, es sei denn durch Rechtsverordnung einer Landesregierung gemäß § 72 II 2 GVG wurde ein anderes Gericht bestimmt. Die Berufungsfrist wird dabei nur durch Berufungseinlegung bei dem demnach zuständigen Landgericht gewahrt (*BGH,* NZM 2010, 445). Allerdings ist das unzuständige Gericht, bei dem die Berufung eingereicht wurde, von Amts wegen zur Weiterleitung an das zuständige Landgericht im ordentlichen Geschäftsgang verpflichtet (*BGH,* NJW-RR 2007, 1429, 1430). 3

Gegen die Entscheidung des Berufungsgerichts ist Revision zum BGH nur bei Zulassung durch das Berufungsgericht statthaft; eine Nichtzulassungsbeschwerde gibt es gemäß § 62 II WEG zumindest bis zum 1. 7. 2012 nicht.

II. Die Beiladung nach § 48 WEG

Gleich zu Beginn eines Verfahrens ist zu prüfen, ob eine Beiladung aus Gründen der Rechtskrafterstreckung (§ 48 III WEG) vonnöten ist. 4

Bei einem Anfechtungsverfahren ist gem. § 48 I 2 WEG grundsätzlich der Verwalter beizuladen, wenn er nicht einmal ausnahmsweise selbst Partei ist (zB weil er selber einen Beschluss, durch den er abberufen wird, anficht). Bei einem Verfahren zwischen einzelnen Wohnungseigentümern sind gemäß § 48 I 1 WEG die übrigen Eigentümer beizuladen, es sei denn, dass ihre Interessen erkennbar nicht betroffen sind. Demnach dürfte eine Beiladung der übrigen Eigentümer zB regelmäßig erforderlich sein, wenn zwei Miteigentümer um die Beseitigung einer baulichen Änderung streiten, die vom Gemeinschaftsgrund oder vom öffentlichen Grund aus gesehen werden kann.

Die Beiladung kann dadurch erfolgen, dass aus einer begleitenden Verfügung des Gerichts klar ersichtlich ist, dass die Klage – auch – zum Zwecke der Beiladung zugestellt wird (*BGH,* NZM 2010, 406, 407). Die Anfechtungsklage braucht dem Verwalter nicht zweimal – einmal als Vertreter der übrigen Eigentümer nach § 45 I WEG, einmal als Beizuladendem – zugestellt werden (*BGH,* NZM 2010, 406, 407).

III. Die Teilrechtsfähigkeit der WEG

5 Seit der grundlegenden Entscheidung des BGH vom 2. 6. 2005 (NJW 2005, 2061) ist anerkannt, dass die WEG als Verband teilrechtsfähig ist. Durch § 10 VI WEG ist dies nunmehr auch ausdrücklich normiert. Die Gemeinschaft kann also grundsätzlich selber klagen und verklagt werden. Sie ist, wie § 10 VII WEG klarstellt, Trägerin des Verwaltungsvermögens, wozu aber nicht das Grundstück und das darauf errichtete Gebäude gehören. Folglich ist sie etwa Inhaberin der Wohngeldforderungen (*OLG Frankfurt a. M.,* NZM 2007, 367).

Demgegenüber ist eine bloße Untergemeinschaft einer WEG, etwa die Miteigentümer eines Hauses in einer Mehrhausanlage, wenn die Teilungserklärung hierfür eine Untergemeinschaft vorsieht, in keinem Fall (teil-)rechtsfähig (*OLG Koblenz,* ZWE 2011, 91). Selbst wenn die Teilungserklärung den Untergemeinschaften im Innenverhältnis der Eigentümer weitestgehende wirtschaftliche und rechtliche Eigenständigkeit einräumt, kann daher nach außen, im Rechtsverkehr immer nur die Gesamtgemeinschaft auftreten, etwa Verträge mit Handwerkern abschließen, klagen oder verklagt werden.

IV. Beschlüsse und Vereinbarungen der Wohnungseigentümer

1. Beschlüsse und Vereinbarungen als Rechtssetzungsinstrumente

6 Nach § 10 II 2 WEG können die Wohnungseigentümer von den gesetzlichen Ausgangsbestimmungen grundsätzlich durch Vereinbarung abweichen. Das ist ein Rechtsgeschäft, welches durch übereinstimmende Willenserklärungen aller Miteigentümer zustande kommt. Die Vereinbarung kann theoretisch auch konkludent oder durch ständige Übung geschlossen werden. An das Zustandekommen einer solchen Vereinbarung sind indes strenge Anforderungen zu stellen: Es muss feststehen, dass alle Miteigentümer in rechtlich bindender Weise bewusst eine dauerhafte Änderung des Rechtszustands herbeiführen wollen (*BayObLG,* NJW-RR 1994, 338, 339).

Darüber hinaus sind die Wohnungseigentümer befugt, Beschlüsse zu fassen, soweit hierfür eine entsprechende Beschlusskompetenz besteht. Eine solche kann sich aus dem WEG ergeben, aber auch aus einer Öffnungsklausel der Gemeinschaftsordnung (*Spielbauer/Then,* WEG, § 23 Rn. 29). Ein ohne die erforderliche Beschlusskompetenz gefasster Beschluss ist nichtig (*BGH,* NJW 2000, 3500, 3502).

2. Die Auslegung von Beschlüssen und Vereinbarungen

7 Da Beschlüsse gemäß § 10 IV WEG auch Rechtsnachfolger binden und diese also ohne weiteres den Regelungsinhalt erkennen können müssen, sind sie objektiv, aus sich heraus auszulegen: Maßgebend ist der Beschlusstext und der sich daraus ergebende Sinn; Umstände außerhalb des protokollierten Beschlusses dürfen nur herangezogen werden, wenn sie nach den besonderen Verhältnissen des Einzelfalls für jedermann ohne weiteres erkennbar sind, zB weil sie sich aus dem restlichen Versammlungsprotokoll ergeben (*BGH,* NJW 1998, 3713, 3714). Eine Beweisaufnahme über die subjektiven Vorstellungen der abstimmenden Eigentümer ist daher in aller Regel entbehrlich.

Die gleichen Auslegungsgrundsätze gelten für eine Vereinbarung, wenn sie, wie etwa die Gemeinschaftsordnung, im Grundbuch eingetragen wird. Denn dann gilt auch sie nach § 10 III WEG gegenüber Rechtsnachfolgern. Ohne Grundbucheintragung verbleibt es bezüglich Vereinbarungen demgegenüber bei den allgemeinen Auslegungsgrundsätzen gemäß §§ 133, 157 BGB; Rechtsnachfolger sind an sie nicht per se gebunden.

V. Die wichtigsten Klagearten

1. Die Klage eines Miteigentümers gegen einen anderen Miteigentümer nach § 43 Nr. 1 WEG

8 a) **Allgemeines.** Hohe praktische Relevanz haben Klagen wegen einer Verletzung des Miteigentumsrechts durch einen anderen Miteigentümer. Die Ursache kann etwa in einem Entzug des Alleinbesitzrechts des Sondernutzungsberechtigten, dem Entzug des Mitbesitzrechts am gemeinschaftlichen Eigen-

tum nach § 13 II WEG, einer Beeinträchtigung gemäß § 14 Nr. 1 WEG infolge einer baulichen Veränderung oder infolge einer zweckbestimmungswidrigen Nutzung liegen.

Als Anspruchsgrundlage kommt dabei grundsätzlich §§ 1004 I BGB, 14 Nr. 1, 15 III WEG in Betracht, wenn es um die Unterlassung oder Beseitigung des rechtswidrigen Zustandes geht. Darüber hinaus ist auch ein Anspruch aus § 985 BGB denkbar, wenn es um die Einräumung von rechtswidrig entzogenem (Mit-)Besitz geht.

Die Ansprüche ergeben sich jeweils aus dem Miteigentumsrecht und stehen deswegen den einzelnen Miteigentümern individuell zu. Möglich ist es allerdings, dass die WEG als Verband die Ansprüche der einzelnen Eigentümer in Prozessstandschaft geltend macht; Voraussetzung dazu ist ein entsprechender Ermächtigungsbeschluss (*BGH,* NZM 2006, 465).

b) Die Klage auf Beseitigung einer rechtswidrigen baulichen Veränderung. Nimmt ein Miteigentümer eine ungenehmigte bauliche Veränderung iSd § 22 I WEG vor, können die übrigen Miteigentümer gemäß § 1004 BGB deren Beseitigung verlangen, wenn sie dadurch einen Nachteil gemäß § 14 Nr. 1 WEG erleiden. 9

Ein solcher Nachteil kann insbesondere in einer optischen Beeinträchtigung liegen. Das richtet sich danach, ob sich nach der Verkehrsanschauung ein Wohnungseigentümer verständlicherweise beeinträchtigt fühlen kann (*BGH,* NJW 1992, 978, 979). Gänzlich unerhebliche Beeinträchtigungen reichen zwar nicht; die Schwelle dafür, ob ein nur unerheblicher Nachteil entsteht, ist aber aus verfassungsrechtlichen Gründen sehr niedrig anzusetzen (*BVerfG,* NVwZ 2005, 801, 802): Grundsätzlich ist wegen Art. 14 I GG eine einseitige Umgestaltung einer Sache ohne oder gegen den Willen der Miteigentümer nicht zulässig.

Ein Nachteil im Sinne des § 14 Nr. 1 WEG kann auch aus einer intensiveren Nutzungsmöglichkeit resultieren. Das ist zB regelmäßig bei der eigenmächtigen Errichtung oder Erweiterung einer Terrasse anzunehmen (*BayObLG,* NZM 1999, 1009, 1010).

c) Die Klage auf Unterlassung einer bestimmten Nutzung. Ein Unterlassungsanspruch gemäß §§ 1004 BGB, 14 Nr. 1, 15 III WEG kommt auch gegen einen Miteigentümer in Betracht, der seine Sondereigentumseinheit nicht zu dem in der Teilungserklärung vereinbarten Zweck nutzt. Dabei reicht der Umstand, dass die tatsächliche Nutzung von einer in der Teilungserklärung getroffenen Nutzungsbestimmung abweicht, für sich allein noch nicht, um einen Unterlassungsanspruch auszulösen. Hinzu kommen muss, dass damit ein Nachteil im Sinne des § 14 Nr. 1 WEG für den klagenden Eigentümer verbunden ist, weil die tatsächliche Nutzung mehr stört als die zugelassene. Bei der Beurteilung dieser Frage ist nach herrschender Meinung eine typisierende Betrachtungsweise vorzunehmen: Es ist nicht entscheidend, ob es Beeinträchtigungen im konkreten Einzelfall gibt, sondern, ob die konkrete Art und Weise der Nutzung typischerweise zu derartigen Beeinträchtigungen führt (*BayObLG,* NZM 2005, 463; *OLG München,* ZMR 2007, 302; *OLG Frankfurt a. M.,* NZM 2006, 144, 146; *LG München I,* ZWE 2011, 275; zahlreiche Fallbeispiele finden sich etwa in *Bärmann/Klein,* WEG, 11. Aufl., § 13 Rn. 28 ff.; *Spielbauer/Then,* WEG, § 14 Rn. 21 ff.). 10

d) Die Klage auf Wiedereinräumung rechtswidrig entzogenen Allein- oder Mitbesitzes. Entzieht ein Miteigentümer den übrigen Miteigentümern unberechtigt den Mitbesitz an einer Gemeinschaftsfläche, indem er etwa einen Wintergarten in den Bereich des gemeinschaftlichen Eigentums, an dem ihm kein Sondernutzungsrecht mehr zusteht, hineinbaut, steht den übrigen Eigentümern neben dem Beseitigungsanspruch nach § 1004 BGB auch ein Herausgabeanspruch nach § 985 BGB zu (*OLG München,* NJW-RR 2008, 247, 249). Dieser Anspruch unterliegt gemäß § 902 BGB nicht der Verjährung (*OLG München,* NJW-RR 2008, 247, 249), weil das Mitbesitzrecht sich unmittelbar aus dem im Grundbuch eingetragenen Miteigentum (in Verbindung mit dem Gesetz, § 13 II WEG) ergibt. Der Herausgabeanspruch kann als Kernbestandteil des Eigentums auch nur in besonders krass gelagerten Ausnahmefällen verwirkt werden, wenn die Herausgabe im Einzelfall einmal für den Besitzer schlechthin unerträglich sein sollte (*BGH,* NJW 2007, 2183). 11

Entsprechendes gilt, wenn ein Miteigentümer etwa einen Kellerraum, an dem einem anderen Miteigentümer ein Sondernutzungsrecht und also ein Alleinbesitzrecht zusteht, belegt. Der Sondernutzungsberechtigte kann dann grundsätzlich von dem Nutzer die Einräumung des Alleinbesitzes nach § 985 BGB verlangen (*LG München I,* ZMR 2010, 794). Auch in diesem Fall verjährt der Anspruch wegen § 902 BGB dann nicht, wenn das Sondernutzungsrecht im Grundbuch eingetragen ist, sich also etwa aus der im Grundbuch eingetragenen Teilungserklärung ergibt (*LG München I,* ZMR 2010, 794).

2. Die Wohngeldklage nach § 43 Nr. 2 WEG

a) Die Aktivlegitimation, die Prozessfähigkeit und die Prozessführungsbefugnis. Anspruchsinhaber ist die WEG als Trägerin des Gemeinschaftsvermögens gemäß § 10 VII WEG (*OLG Frankfurt a. M.,* NZM 2007, 367). 12

Der Verband wird dabei durch den Hausverwalter vertreten. Dieser bedarf gemäß § 27 III 1 Nr. 7 WEG einer gesonderten Vollmacht durch Beschluss oder Vereinbarung der Wohnungseigentümer. Häufig ist eine derartige Bevollmächtigung für Wohngeldklagen in der Teilungserklärung oder dem (durch Beschluss der Eigentümer akzeptierten) Verwaltervertrag enthalten. Fehlt ein Verwalter, kann einem Miteigentümer oder einem Dritten durch Mehrheitsbeschluss eine rechtsgeschäftliche Vollmacht zur Prozessführung erteilt werden.

Demgegenüber ist es grundsätzlich nicht mehr möglich, dass der Verwalter als Prozessstandschafter der Gemeinschaft die Wohngelder in eigenem Namen einklagt, weil angesichts der Anerkennung der Teilrechtsfähigkeit der WEG regelmäßig das dazu erforderliche schutzwürdige Eigeninteresse des Prozessstandschafters fehlt (*BGH,* NJW 2011, 1361).

13 b) **Die Anspruchsgrundlagen.** Die wichtigsten Anspruchsgrundlagen, auf die die Wohngeldklage gestützt werden kann, sind die wirksam genehmigte Jahresabrechnung, der wirksam genehmigte Wirtschaftsplan, sowie eine wirksam beschlossene Sonderumlage.

14 c) **Die Einwendungen und Einreden des Wohngeldschuldners.** Einwendungen gegen die inhaltliche Richtigkeit der Jahresabrechnung oder des Wirtschaftsplans muss der Wohngeldschuldner im Anfechtungsverfahren gegen den entsprechenden Genehmigungsbeschluss geltend machen. Versäumt er das und wird der Genehmigungsbeschluss bestandskräftig, kommt es auf die inhaltliche Richtigkeit der beschlossenen Jahresabrechnung oder des beschlossenen Wirtschaftsplan grundsätzlich nicht mehr an.

Bei einem Erfüllungseinwand des Wohngeldschuldners nach § 362 I BGB ist genau zu prüfen, welche von mehreren Wohngeldforderungen, etwa Nachzahlungspflichten aus den Jahresabrechnungen der letzten Jahre, sowie die Wohngeldforderungen aus dem Wirtschaftsplan für das laufenden Jahr, durch die Zahlungen getilgt wurden. Es gilt insoweit § 366 BGB (*BayObLG,* ZWE 2000, 348; *LG München I,* ZWE 2010, 229), vorrangig ist also eine etwaige Tilgungsbestimmung des Wohngeldschuldners bei der Zahlung.

15 Eine Aufrechnung gegen eine Wohngeldforderung ist nur mit Forderungen des Wohngeldschuldners aus Notmaßnahmen oder aus berechtigter Geschäftsführung ohne Auftrag oder mit anerkannten bzw. rechtskräftig festgestellten Gegenforderungen zulässig; im übrigen besteht ein Aufrechnungsverbot (*OLG München,* NJW-RR 2007, 735; *LG München I,* NZM 2010, 908). Entsprechendes gilt für die Geltendmachung eines Zurückbehaltungsrechts (*OLG München,* NJW-RR 2007, 735; *LG München I,* NZM 2010, 908, 909).

Die Verjährung der Wohngeldforderungen richtet sich nach §§ 195, 199 BGB. Eine Nachzahlungspflicht aus der Jahresabrechnung entsteht dabei grundsätzlich mit dem Genehmigungsbeschluss (*Bärmann/Merle,* WEG, 11. Aufl., § 28 Rn. 173).

16 d) **Die Besonderheiten bei einer Zweiergemeinschaft.** Normalerweise bedarf es eines wirksamen Beschlusses nach § 28 V WEG über eine Jahresabrechnung, einen Wirtschaftsplan oder eine Sonderumlage, um einen Wohngeldanspruch gegen einen Miteigentümer begründen zu können. Eine Ausnahme gilt bei einer zerstrittenen Zweiergemeinschaft, an der beide Parteien zu gleichen Teilen beteiligt sind. Das Zustandekommen eines Mehrheitsbeschlusses ist hier unwahrscheinlich. Deshalb kann in diesem Fall der Wohnungseigentümer, der gemeinschaftliche Kosten und Lasten vorgestreckt hat, von dem anderen Wohnungseigentümer die anteilige Erstattung verlangen, ohne dass es zuvor einer Beschlussfassung gemäß § 28 V WEG bedarf (*BayObLG,* NZM 2002, 609, 610; *OLG Karlsruhe,* ZMR 2007, 138; *LG München I,* NZM 2010, 908).

3. Die Anfechtungsklage nach § 43 Nr. 4 WEG

17 a) **Die Anfechtungsfrist.** Die Anfechtungsklage muss gemäß § 46 I 2 Fall 1 WEG innerhalb eines Monats nach Beschlussfassung erhoben werden.

Wird die Anfechtungsklage, wie häufig, zwar noch innerhalb der Anfechtungsfrist bei Gericht eingereicht, aber erst nach Fristablauf zugestellt, ist die Frist nur gewahrt, wenn die Zustellung „demnächst" iSd § 167 ZPO erfolgte. Das ist zu verneinen, wenn die Zustellung sich aufgrund von Umständen, die von der Klagepartei oder – ihr nach § 85 II ZPO zurechenbar – von ihrem Prozessbevollmächtigten zu verantworten sind, mehr als nur geringfügig verzögert. Unschädlich, weil nur geringfügig, sind insoweit von der Klagepartei verursachte Verzögerungen von bis zu zwei Wochen oder geringfügig darüber (*BGH,* NJW 2009, 999, 1001; NZM 2010, 788, 789).

18 Eine Wiedereinsetzung in den vorigen Stand ist zwar grundsätzlich möglich (§ 46 I 3 WEG). Sie ist aber nicht allein schon deshalb zu gewähren, weil das Beschlussprotokoll nicht rechtzeitig versandt wurde: Der ordnungsgemäß geladene Eigentümer kann und muss sich grundsätzlich rechtzeitig durch Einblick in die Beschlusssammlung darüber informieren, welche Beschlüsse gefasst wurden (*Bärmann/Klein,* WEG, 11. Aufl., § 46 Rn. 51). Die Beschlusssammlung ist gemäß § 24 VII 7 WEG vom Verwalter unverzüglich nach jeder Versammlung zu aktualisieren (*LG München I,* NZM 2008, 410).

Wird die Frist versäumt, werden nur noch Nichtigkeitsgründe (zB also fehlende Beschlusskompetenz oder fehlende Bestimmtheit des Beschlusses) geprüft. Diese Gründe sind vom Gericht stets zu berücksichtigen (§ 46 II WEG). Liegen Nichtigkeitsgründe nicht vor, ist die Klage als unbegründet – nicht als unzulässig – abzuweisen, weil es sich bei der Anfechtungsfrist um eine materielle Ausschlussfrist handelt (*BGH,* NJW 2009, 999; NZM 2011, 315).

b) Die Anfechtungsbegründungsfrist. Gemäß § 46 I 2 Fall 2 WEG ist die Anfechtungsklage innerhalb von zwei Monaten nach Beschlussfassung zu begründen. 19

Wie bei der vergleichbaren Regelung im Aktienrecht (§ 246 AktG) muss innerhalb dieser Begründungsfrist zumindest der wesentliche tatsächliche Kern der Gründe, auf welche die Anfechtung gestützt werden soll, vorgetragen werden; ein Nachschieben neuer Gründe ist nach Ablauf der Zweimonatsfrist grundsätzlich nicht mehr möglich (*BGH,* NJW 2009, 999, 1000). § 46 I 2 Fall 2 WEG bedingt also eine erhebliche Beschränkung des Verfahrensstoffs: Im Anfechtungsverfahren werden grundsätzlich nur die innerhalb der Zweimonatsfrist vorgebrachten Rügen geprüft. Eine Ausnahme gilt wiederum für etwaige Nichtigkeitsgründe, die vom Gericht in jeder Lage des Verfahrens zu berücksichtigen sind.

c) Die Passivlegitimation. Nach § 46 I 1 WEG muss die Anfechtungsklage gegen die übrigen Eigentümer gerichtet werden. Die WEG als Verband ist demgegenüber insoweit nicht passivlegitimiert (*BGH,* NZM 2011, 315). Eine gleichwohl gegen sie gerichtete Anfechtungsklage ist also eigentlich als unbegründet abzuweisen. Bevor das geschieht, sind aber folgende Einschränkungen zu beachten: 20

aa) Die Auslegung der Klageschrift. Zunächst ist zu prüfen, ob die Klageschrift dahingehend auszulegen sein könnte, dass doch die übrigen Eigentümer gemeint sind. 21

Dabei ist der Grundsatz zu beachten, dass im Zweifel – wenn auch nur dann – die Klageschrift so auszulegen ist, wie es der recht verstandenen Interessenlage der Partei entspricht (so allgemein für die Auslegung von Prozesshandlungen *Zöller/Greger,* ZPO, 28. Aufl., Vor § 128 Rn. 25). Im Zweifel ist also von einer allein weiterführenden Anfechtungsklage gegen die übrigen Miteigentümer auszugehen (*LG Nürnberg-Fürth,* NZM 2009, 520).

Ein derartiger Zweifelsfall liegt vor, wenn die Klageschrift hinsichtlich des Klagegegners nicht gänzlich eindeutig ist. Das ist zB der Fall, wenn zwar einerseits im Rubrum die WEG als beklagte Partei aufgeführt wird, andererseits aber beantragt wird, „den Beklagten" (Plural!) die Kosten des Verfahrens aufzuerlegen. Entsprechendes gilt, wenn zwar laut Rubrum die WEG verklagt werden soll, zugleich aber auf eine Eigentümerliste Bezug genommnen wird (*LG München I,* ZWE 2009, 173): Ein solcher Hinweis macht nur Sinn, wenn die übrigen Eigentümer verklagt werden sollen, weil es bei einer gegen die WEG gerichteten Klage auf die Namen der Eigentümer nicht ankommt (*Niedenführ,* in: Niedenführ/Kümmel/Vandenhouten, WEG, 9. Aufl., § 46 Rn. 36). 22

bb) Der Parteiwechsel. Ist die Klage eindeutig gegen die WEG als Verband gerichtet und deshalb nicht auslegungsfähig, hat das Gericht auf diesen Fehler gemäß § 139 II, IV ZPO möglichst frühzeitig hinzuweisen. 23

Stellt der Kläger daraufhin seine Klage entsprechend um, so liegt darin zwar nicht lediglich eine Rubrumsberichtigung, sondern ein Parteiwechsel von der WEG auf die übrigen Eigentümer (*BGH,* NJW 2010, 446, 447). Dieser ist jedoch stets als sachdienlich anzusehen und also zulässig (*BGH,* NJW 2010, 2132; NZM 2010, 788, 789).

Konsequenz ist, dass gemäß § 261 II ZPO der den Parteiwechsel enthaltende Schriftsatz unbedingt den übrigen Miteigentümern – bzw. der Hausverwaltung in ihrer Eigenschaft als Zustellungsbevollmächtigte der übrigen Miteigentümer (§ 45 I WEG) – zuzustellen ist, um die Rechtshängigkeit der Klage gegenüber den übrigen Miteigentümern herbeizuführen (*BGH,* NJW 2010, 2132, 2133; NZM 2010, 788, 789).

cc) Die Anfechtungsfrist im Falle eines Parteiwechsels. Aufgrund des Rechtgedankens des § 44 I 2 WEG kann der Parteiwechsel bis zum Schluss der mündlichen Verhandlung erklärt werden; unschädlich ist es grundsätzlich, wenn er erst nach Ablauf der einmonatigen Anfechtungsfrist des § 46 I 2 WEG erfolgt (*BGH,* NJW 2010, 446, 448; NZM 2010, 788, 789; NZM 2011, 315). Insoweit genügt es, dass die ursprünglich gegen die WEG gerichtete Klage fristwahrend an den Hausverwalter als Vertreter der WEG (§ 27 III Nr. 1 WEG) zugestellt wurde. Denn dadurch wird bereits der Zweck des § 46 I 2 WEG erreicht, den übrigen Eigentümern rasch Klarheit über den genauen Umfang der Anfechtung zu verschaffen, weil die Hausverwaltung gemäß § 45 I WEG gewöhnlich zugleich auch Zustellungsvertreterin der übrigen Wohnungseigentümer ist und diese informieren muss (*BGH,* NJW 2010, 446, 448; NZM 2011, 315). 24

d) Die Vorlage der Eigentümerliste. Die §§ 253 II Nr. 1, IV, 130 Nr. 1 ZPO, wonach die Parteien grundsätzlich namentlich mit Anschrift zu benennen sind, gelten auch im Anfechtungsverfahren (*BGH,* WuM 2011, 317). § 44 I 2 WEG schiebt allerdings den Zeitpunkt, bis zu dem die Klagepartei dem nachkommen muss, hinaus: Es genügt, wenn eine entsprechende Eigentümerliste, die die Namen der Beklagten mit Anschrift enthält, bis zum Schluss der mündlichen Verhandlung nachgereicht wird. 25

Probleme ergeben sich, wenn sich nach dem Schluss der mündlichen Verhandlung – etwa erst in der Berufungsinstanz – ergibt, dass die rechtzeitig im Sinne des § 44 I 2 WEG vorgelegte Liste fehlerhaft oder nicht ganz vollständig ist. Gerade § 44 WEG zeigt aber, dass der Gesetzgeber der sachlichen Klärung im Zweifel Priorität vor übermäßig formalen Anforderungen einräumen wollte (*BGH,* NZM 2011, 315). Das spricht dafür, dass die grundsätzlich rechtzeitig eingereichte Liste, entsprechend dem Rechtsgedanken des § 319 ZPO, hinsichtlich einzelner Fehler und Unvollständigkeiten auch noch nach dem Zeitpunkt gemäß § 44 I 2 WEG korrigiert werden kann (*LG München I,* NJW 2011, 1974; *Bärmann/Klein,* WEG, 11. Aufl., § 44 Rn. 17; *BayObLG,* NZM 2005, 110 für das FGG-Verfahren). Demgemäß können etwa fehlende ladungsfähige Anschriften der beklagten Miteigentümer in der Berufungsinstanz noch nachgereicht werden, wenn im nach § 44 I 2 WEG maßgeblichen Zeitpunkt nur deren Namen angegeben worden waren (*BGH,* WuM 2011, 481).

26 e) **Die Anfechtungsbefugnis und das Rechtsschutzbedürfnis.** Anfechtungsbefugt sind grundsätzlich alle Miteigentümer, unabhängig davon, ob sie dem angegriffenen Beschluss zugestimmt haben oder nicht (*BayObLG,* NJW-RR 1988, 1168). Darüber hinaus ist auch die Hausverwaltung analog § 43 Nr. 4 WEG zur Anfechtung eines Beschlusses befugt, durch den sie abberufen wird (*BGH,* NJW 2002, 3240, 3242).

Das Rechtsschutzinteresse für die Anfechtung ergibt sich regelmäßig bereits aus dem Recht der Eigentümer gemäß § 21 IV WEG, eine ordnungsgemäße Verwaltung verlangen zu können (*BGH,* NZM 2010, 205, 206). Deswegen kann ein Miteigentümer zB einen Negativbeschluss selbst dann anfechten, wenn dieser sich in einer reinen Antragsablehnung erschöpft und also keine Sperrwirkung für die Zukunft entfaltet (*BGH,* NZM 2010, 205, 206).

27 f) **Der Urteilstenor.** Ergibt sich, dass der Beschluss zwar wirksam gefasst wurde, aber fehlerhaft ist, so ist der Beschluss im Tenor für ungültig zu erklären. Hat sich demgegenüber die Nichtigkeit des Beschlusses herausgestellt, ist diese im Tenor festzustellen. In beiden Fällen liegt derselbe Streitgegenstand vor, so dass auf den Antrag hin, den Beschluss für ungültig zu erklären, die Nichtigkeit des angefochtenen Beschlusses festgestellt werden kann oder, umgekehrt, auf eine innerhalb der Anfechtungsfrist erhobene Klage auf Feststellung der Nichtigkeit der Beschluss für ungültig erklärt werden kann (*BGH,* NJW 2009, 3655, 3657).

28 g) **Einzelne Fallbeispiele.** *aa) Die Anfechtung der Genehmigung der Jahresabrechnung.* Neben der Frage, ob die innerhalb der Anfechtungsbegründung gerügten Einzelpositionen fehlerfrei aufgeführt sind, ist va entscheidend, ob die Darstellung der Abrechnung in einer Art und Weise erfolgt ist, dass sie für einen Eigentümer auch ohne Zuziehung eines Buchprüfers oder Sachverständigen aus sich heraus verständlich ist (*BGH,* NJW 2010, 2127, 2128). Fehlt es daran, ist die Abrechnung – unabhängig davon, dass sie im Ergebnis rechnerisch richtig sein mag – allein schon deswegen insgesamt für ungültig zu erklären, wenn diese fehlende Schlüssigkeit ausreichend innerhalb der Anfechtungsbegründungsfrist gerügt wurde (*OLG München,* NZM 2008, 492; *LG München I,* ZWE 2010, 138).

Da die Jahresabrechnung Aufschluss über die im vergangenen Wirtschaftsjahr tatsächlich getätigten Ausgaben und Einnahmen geben soll, ist es für die Rechtmäßigkeit des Genehmigungsbeschlusses demgegenüber unerheblich, ob die Ausgaben zu Recht oder zu Unrecht erfolgt sind (*BGH,* NJW 2011, 1346). Hierzu von den Parteien angebotenen Beweisen ist folglich im Anfechtungsverfahren nicht nachzugehen.

29 *bb) Die Anfechtung einer Verwalterfortbestellung oder der Ablehnung einer Verwalterabberufung.* Diese Fälle zeichnen sich dadurch aus, dass die Mehrheit in dem angefochtenen Beschluss der Verwaltung ihr Vertrauen ausgesprochen hat. Angesichts dessen sind an das Vorliegen eines wichtigen Grundes, der einer Weiterbeschäftigung der Verwaltung entgegenstehen kann, erhöhte Anforderungen zu stellen: Das Gericht darf nicht ohne zwingende Not in die Mehrheitsentscheidung der Miteigentümer eingreifen (*BayObLG,* ZMR 2005, 561; *OLG Köln,* NZM 1999, 128; *Bärmann/Merle,* WEG, 11. Aufl., § 26 Rn. 41; *Spielbauer/Then,* WEG, § 26 Rn. 16).

30 Ferner ist zu beachten, dass nur solche Umstände geeignet sind, einen wichtigen Grund zu begründen, die einerseits im Moment der angegriffenen Beschlussfassung schon vorlagen (*BayObLG,* NZM 2001, 104), andererseits aber nicht schon zu lange zurückliegen: Es gilt zwar nicht die Zweiwochenfrist des § 626 II WEG, wohl aber ist es erforderlich, einen wichtigen Grund innerhalb einer angemessenen Frist geltend zu machen (*BayObLG,* NZM 2000, 341).

Im Anfechtungsverfahren berücksichtigungsfähig sind wegen § 46 I 2 WEG schließlich nur die Vorwürfe, die die Klagepartei innerhalb der Anfechtungsbegründungsfrist erhoben hat.

31 *cc) Die Anfechtung eines Ermächtigungsbeschlusses.* Häufig werden Beschlüsse angefochten, durch welche die Hausverwaltung zu einer gerichtlichen Anspruchsdurchsetzung ermächtigt wird. Bei der Prüfung der Frage, ob ein solcher Beschluss ordnungsgemäßer Verwaltung entspricht, ist zu beachten, dass die Eigentümer grundsätzlich selber entscheiden können, ob sie die Gerichte zur Klärung ihrer internen Probleme einschalten oder nicht. Das gilt auch in zweifelhaften Fällen; auch und gerade hier kann es ein berechtigtes Interesse der Eigentümer darstellen, eine gerichtliche Klärung herbeizuführen (*BayObLG,* ZMR 1994, 428). Ihr insoweit bestehendes Ermessen überschreiten die Eigentümer erst, wenn sie einen Prozess beschließen, dem der Erfolg offenkundig und von vornherein versagt ist (*BayObLG,* ZMR 1994, 428).

VI. Der einstweilige Rechtsschutz

Indem durch die Gesetzesnovelle aus dem Jahr 2007 das Wohnungseigentumsverfahren der ZPO unterstellt wurde, kommen auch ein Arrest und eine einstweilige Verfügung gemäß §§ 916 ff. ZPO in Betracht. 32

Eine Besonderheit ergibt sich dabei aus § 23 IV 2 WEG. Demnach sind Beschlüsse (wenn sie nicht nichtig sind) wirksam, solange sie nicht rechtskräftig für ungültig erklärt worden sind. Die Anfechtungsklage hat also keine aufschiebende Wirkung. Diese gesetzgeberische Grundentscheidung ist bei einem Antrag des Anfechtungsklägers, im Wege der einstweiligen (Leistungs)Verfügung den angefochtenen Beschluss außer Vollzug zu setzen, zu berücksichtigen: Eine solche Außervollzugsetzung im Wege des einstweiligen Rechtsschutzes kommt nur dann in Betracht, wenn dem Anfechtungskläger ein weiteres Zuwarten ausnahmsweise wegen drohender irreversibler Schäden nicht mehr zugemutet werden kann oder bei unstreitiger Sachlage und gefestigter Rechtsprechung die Rechtswidrigkeit des Beschlusses ohne weiteres offenkundig ist (*LG München I,* ZMR 2009, 73; *AG München,* ZMR 2009, 806; *Bärmann/Klein,* WEG, 11. Aufl., § 43 Rn. 210; *Niedenführ,* in: Niedenführ/Kümmel/Vandenhouten, WEG, 9. Aufl., § 46 Rn. 94).

VII. Der Streitwert

Die Festsetzung des Gebührenstreitwertes richtet sich in Wohnungseigentumssachen nach § 49 a GKG. Demnach ist zunächst einmal gemäß § 49 a I 1 GKG von dem halben Gesamtinteressen aller Parteien (und der Beigeladenen) an der Entscheidung auszugehen. Gemäß § 49 a I 2 GKG ist jedoch mindestens das einfache Klägerinteresse und maximal das fünffache Klägerinteresse anzusetzen. 33

Hat der Kläger zB einen Sonderumlagenbeschluss über 40.000,– EUR, von denen er 2.000,– EUR zu tragen hat, angefochten, beträgt das halbe Gesamtinteresse im Sinne des § 49 a I 1 GKG ½ × 40.000,– EUR = 20.000,– EUR. Das nach § 49 a I 2 GKG maximal anzusetzende fünffache Klägereinzelinteresse liegt jedoch bei 5 × 2.000,– EUR = 10.000,– EUR. Der Gebührenstreitwert ist also auf 10.000,– EUR festzusetzen.

In Zweifelsfällen hat es sich eingebürgert, den Streitwert auf 4.000,– EUR oder, wenn das zu hoch erscheint, auf 2.000,– EUR festzusetzen. Das entspricht dem (halben) Mittelwert der Regelstreitwerte gemäß §§ 52 II GKG, 23 III RVG, 30 II KostO (*Spielbauer/Then,* WEG, § 49 a GKG Rn. 17 – Entlastung aE).

Der endgültige Streitwertbeschluss kann, auch von dem anwaltlichen Parteivertreter im eigenen Namen (§ 32 II 1 RVG), mit der Beschwerde nach § 68 I GKG angegriffen werden. Das gilt nicht für einen zu Beginn des Verfahrens festgesetzten vorläufigen Streitwert. Gegen diesen ist die Beschwerde unzulässig (*Hartmann,* Kostengesetze, 38. Aufl., § 63 GKG Rn. 14). Jedoch kann gegen eine auf dieser vorläufigen Festsetzung basierende Gerichtskostenvorschussanforderung nach §§ 63 I 2, 67 GKG Beschwerde eingelegt werden, was zu einer inzidenten Überprüfung der vorläufigen Wertfestsetzung führt.

B. XVIII. Der Gesellschaftsprozess

Dr. Oliver Elzer

Übersicht

Literatur: *Barnert*, Die Gesellschafterklage im dualistischen System des Gesellschaftsrechts, 2003; *Baumbach/Hueck*, GmbH-Gesetz, 19. Auf. 2010; *Baumbach/Hopt*, HGB, 34. Aufl. 2010; *Eickhoff*, Die Gesellschafterklage im GmbH-Recht, 1986; *Grunewald*, Die Gesellschafterklage in der Personengesellschaft und der GmbH, 1990; *Happ*, Die GmbH im Prozeß, 1997; *Henssler/Strohn*, Gesellschaftsrecht, 2011; *Littbarski*, Einstweiliger Rechtsschutz im Gesellschaftsrecht, 1994; *Lutter/Hommelhoff*, GmbHG, 17. Aufl. 2009; *Lutz*, Der Gesellschafterstreit, 2. Aufl. 2011; *Münchener Handbuch des Gesellschaftsrechts*, Band 1 und Band 2, 3. Aufl. 2009; *Noack*, Fehlerhafte Beschlüsse in Gesellschaften und Vereinen, 1989; *Schwab*, Das Prozessrecht gesellschaftsinterner Streitigkeiten, 2004; *Waclawik*, Prozessführung im Gesellschaftsrecht, 2008; *Wohlleben*, Einstweiliger Rechtsschutz im Personengesellschaftsrecht, 1990.

I. Einführung

1. Begriff der Gesellschaft und des Gesellschaftsprozesses

Eine Gesellschaft ist eine **privatrechtliche Personenvereinigung** (wichtige Ausnahmen: Einmann-GmbH und Einmann-AG), die zur Erreichung eines gemeinsamen Zwecks durch Rechtsgeschäft (Gesellschaftsvertrag) gegründet wird. Gesellschaftsprozess (Verbandsprozess) ist der Prozess zwischen Gesellschaftern untereinander oder zwischen Gesellschafter(n) und Gesellschaft. Kein Gesellschaftsprozess, sondern **Prozess unter Beteiligung** einer Gesellschaft und/oder eines Gesellschafters ist hingegen der Prozess eines Dritten gegen Gesellschaft und/oder Gesellschafter. Dritter i. d. S. kann auch ein Gesellschafter sein. Dieses ist dann der Fall, wenn der Gesellschafter der Gesellschaft nicht als ihr „Mitglied" (nicht als Gesellschafter), sondern **als Dritter** gegenübertritt, zB als Verkäufer, Werkunternehmer oder Auftragnehmer. 1

2. Gesellschaften (Verbände)

Nur die im Gesetz bestimmten Gesellschaftsformen sind zulässig (numerus clausus der Gesellschaftsformen). **Innerhalb** der jeweiligen Gesellschaftsform kann durch den Gesellschaftsvertrag freilich von den dispositiven gesetzlichen Bestimmungen abgewichen werden. So kann zB eine GmbH personalistisch organisiert sein – was sogar meist der Fall ist. Grundsätzlich unzulässig ist es hingegen, durch **Formenvermischung** neue Gesellschaftsformen zu schaffen; in der Praxis gelingt dieses indes durch eine **Typenkombinierung** doch, zB durch Publikumsgesellschaften in Form von Personengesellschaften, die aber körperschaftlich organisiert sind oder durch eine GmbH & Co. KG. 2

a) **Personengesellschaften und Körperschaften.** Gesellschaften können grob als Personengesellschaften (wichtigste Untergruppe: Personenhandelsgesellschaften) und Körperschaften (wichtigste Untergruppe: Kapitalgesellschaften) unterschieden werden. **Personengesellschaften** sind der Zusammenschluss von mindestens zwei Personen zur Verwirklichung eines bestimmten Zweckes in der Rechtsform der Gesellschaft. Typische Personengesellschaften im Prozess sind die GbR (Gesellschaft bürgerlichen Rechts), die OHG (offene Handelsgesellschaft), die KG (Kommanditgesellschaft) und – selten – die PartG (Partnerschaftsgesellschaft), die (Parten-)reederei und die Europäische wirtschaftliche Interessenvereinigung (EWIV). Die typische stille Gesellschaft (§§ 230 ff. HGB) ist keine Personengesellschaft. Bei ihr ist ein gesellschaftlicher Zusammenschluss nur im Innenverhältnis vorhanden. **Körperschaften**, vor allem die in der Praxis besonders bedeutsamen Kapitalgesellschaften (GmbH, AG und KGaA), sind auf der Mitgliedschaft von Personen beruhende und in ihrer Existenz vom jeweiligen Mitgliederbestand unabhängige Verbände. Im Prozess spielen vor allem die GmbH und die AG bzw. die Europäische Aktiengesellschaft (SE), selten hingegen der Verein, die Genossenschaft (eG), die Europäische Genossenschaft (SCE) oder der Versicherungsverein auf Gegenseitigkeit (VVaG), eine Rolle. 3

b) **Vorformen.** Die **Vorgründungsgesellschaft** (die Kapitalgesellschaft vor Feststellung der Satzung, aber nach Abschluss eines Gesellschaftsvertrages) ist **Innen-GbR**. Wird indes von ihr ein Unternehmen betrieben, ist sie Außen-GbR oder OHG (*BGH*, NJW 1984, 2164). Rechte und Verbindlichkeiten der Vorgründungsgesellschaft gehen nicht automatisch auf die Vorgesellschaft oder später auf die Kapitalgesellschaft über, sondern müssen durch besonderes Rechtsgeschäft übertragen werden (*BGH*, NJW 1984, 2164 mwN). 4

Werdende Gesellschaften (Kapitalgesellschaften nach Feststellung der Satzung, aber vor Eintragung des Gesellschaftsvertrages, *BGH*, NJW 2008, 2441, 2442) sind Vorform von Kapitalgesellschaften und **Organisationsform eigener Art**, welche den im Gesetz oder im Gesellschaftsvertrag statuierten Gründungsvorschriften sowie dem Recht der angestrebten Gesellschaftsform unterliegen, soweit es mit ihrem besonderen Zweck vereinbar ist und nicht die Eintragung im Handelsregister voraussetzt (*BGH*, NZG 2007, 20). Prozessual von **Bedeutung** sind vor allem die Vor-AG sowie die Vor-GmbH. Werdende Gesellschaften stehen nicht nur in ihrer Struktur, sondern auch in ihrer Eigenart als Durchgangsstadium bei der Bildung einer vollwertigen Gesellschaft der Rechtsform nahe, in die sie wachsen sollen, so dass ihnen im Rahmen ihrer Geschäftstätigkeit eine aktive Parteirolle zuzuerkennen ist. Etwa die Vor-AG (*BGH*, NZG 2007, 20) und die Vor-GmbH sind daher sowohl passiv (*BGH*, NJW 1981, 873) als auch aktiv parteifähig (*BGH*, NZG 2007, 20; *BGH*, NJW 1998, 1079, 1080). Die Vor-GmbH wird prozessual durch den Geschäftsführer (*BGH*, NJW 2008, 2441, 2442), die Vor-AG vom Vorstand vertreten. Die Gesellschafter einer Vor-Gesellschaft stehen in **Rechtsbeziehungen** sowohl zu ihr als auch untereinander. Die Gesellschafter schulden insbesondere die Leistung der versprochenen Einlagen (vgl. etwa § 54 II AktG); weiter sind sie untereinander verpflichtet, die Entstehung der Gesellschaft zu fördern (*BGH*, NZG 2007, 20) und bspw. bei ihrer Anmeldung zum Handelsregister mitzuwirken. Eine etwaige **Auflösung** lässt die Rechts- und Parteifähigkeit einer Vor-Gesellschaft als **Vor-Gesellschaft in Liquidation** unberührt (*BGH*, NZG 2007, 20; *BGH*, NJW 1998, 1079). Nach **Aufgabe der Eintragungsabsicht** bleibt die Vor-Gesellschaft als **Abwicklungs- oder als Personengesellschaft** (Rn. 57) parteifähig (*BGH*, NJW 2008, 2441). Der mit dem Wandel in eine Abwicklungsgesellschaft oder eine Außen-GbR einhergehende Wechsel der Vertretung – vom Geschäftsführer auf den Liquidator oder auf sämtliche Gesellschafter (*OLG Hamm*, GmbHR 2006, 1044) – wirkt sich auf laufende Verfahren nicht unmittelbar aus, wenn die Gesellschaft durch einen Prozessbevollmächtigten vertreten wird. Die diesem erteilte Prozessvollmacht besteht nach § 86 ZPO fort (*BGH*, NJW 2008, 2441, 2442; *BGH*, NJW 1993, 1654). Entsprechend §§ 241 I, 246 I ZPO wird das Verfahren durch den Wegfall des organschaftlichen Vertreters auch nicht unterbrochen.

5 Als **unechte Vorgesellschaften** werden Gesellschaften bezeichnet, bei denen es entweder trotz der ordnungsgemäßen Gesellschaftsgründung von vornherein an einer Eintragungsabsicht gefehlt hat oder bei denen diese Absicht nachträglich **aufgegeben** worden ist. Mit Aufgabe werden unechte Vorgesellschaften zu einer OHG oder einer Außen-GbR (*BGH*, NZG 2005, 263, 264; *BGH*, NJW 1981, 1373; offen gelassen von *BGH*, NJW 1997, 1507). Der Kreis der Gesellschafter ändert sich nicht. Die Haftung richtet sich nach dem maßgeblichen Rechtsregime des Personengesellschaftsrechts (*OLG Jena*, NJW-RR 2002, 970). Die **kann-kaufmännische OHG** (§ 105 II 1 Fall 1 HGB) ist vor Eintragung Außen-GbR. Auch eine **KG** oder einer **Partnerschaftsgesellschaft** sind nach Aufnahme ihrer Geschäfte, aber vor Eintragung eine Außen-GbR.

6 c) **Fehlerhafte Gesellschaft.** Neben den regulären Verbänden gibt es nach Rechtsprechung und Schrifttum fehlerhafte Verbände. Dieses sind Verbände, deren Gesellschaftsvertrag etwa wegen eines zunächst nicht erkannten Formfehlers oder Verstoßes gegen § 134 BGB eigentlich nichtig ist, aber – für die Vergangenheit – als wirksam betrachtet wird. Eine fehlerhafte Gesellschaft setzt auf den Abschluss eines Gesellschaftsvertrags gerichtete Willenserklärungen zwischen den Beteiligten voraus (BGH, WM 2011, 1995). Im Innenverhältnis richten sich Rechte und Pflichten der Gesellschafter nach dem (fehlerhaften) Gesellschaftsvertrag, im Außenverhältnis gelten zu Gunsten Dritter die Grundsätze der jeweiligen Gesellschaftsform. Die Lehre einer **fehlerhaften Gesellschaft** gehört zum „gesicherten Bestandteil des Gesellschaftsrechts" (*BGH*, NJW-RR 2011, 1059; *BGH*, BGHZ 55, 5, 8) und trägt der Besonderheit des Gesellschaftsrechts Rechnung, dass – nachdem der Verband erst einmal, wenn auch auf fehlerhafter Grundlage in Vollzug gesetzt worden ist – die Ergebnisse dieses Vorgangs, die regelmäßig mit dem Entstehen von Verbindlichkeiten verbunden sind, nicht ohne Weiteres rückgängig gemacht werden können (*BGH*, NZG 2011, 860, 861). Die fehlerhafte Gesellschaft ist im Prozess als **voll wirksame Gesellschaft** zu behandeln (*BGH*, NJW-RR 2007, 259, 260; *BGH*, NJW 1969, 1483); sie ist partei- und durch ihre Organe prozessfähig. Die Vertretung der Gesellschaft richtet sich nach dem fehlerhaften Gesellschaftsvertrag (*BGH*, NJW 2011, 66). Auf zweiseitige Anteilsübertragungen (*BGH*, NJW-RR 2010, 1402, 1405) und auf den **Beitritt zu einer Publikumsgesellschaft** sind die Regeln der fehlerhaften Gesellschaft anwendbar (*BGH*, NJW-RR 2011, 860, 861) mit der Folge, dass der **fehlerhafte Beitritt** gewöhnlich als wirksam zu behandeln ist, wenn er in Vollzug gesetzt wurde (*BGH*, NJW RR 2010, 1402, 1405).

7 d) **Nachtragsgesellschaft.** Zur „Nachtragsgesellschaft" als besonderes Abwicklungsproblem der **aufgelösten** Gesellschaft siehe Rn. 57.

3. Gesellschaftsvertrag (Satzung)

8 Der Gesellschaftsvertrag gehört zu den gegenseitigen Verträgen (*BGH*, NJW 1951, 308). In der Begründung gegenseitiger Rechte und Pflichten ist er **Schuldvertrag**. Ferner ist er **Organisationsvertrag**, indem er neben den Verbandsmitgliedern als Zurechnungsendpunkt ein **neues Rechtssubjekt** schafft und Aussagen zu dessen **Organisationsverfassung** – vor allem zur Geschäftsführung und Vertretung – trifft.

a) **Auslegung.** Die Auslegung eines Gesellschaftsvertrages scheidet aus, wenn sich ein **übereinstimmender Wille** der an dem Abschluss Beteiligten ermitteln lässt. Dieser Wille geht dem Vertragswortlaut oder einer anderweitigen Auslegung vor (*BGH*, ZIP 2011, 806; *BGH*, NJW 2008, 1943, 1945; *BGH*, NJW 1996, 1678, 1679). Ist eine Auslegung eines Vertrages möglich und notwendig, ist sie **unabhängig** von den Vorschriften über die Behauptungs- und Beweislast vorzunehmen. Die Feststellung der für die Auslegung maßgeblichen Umstände kann hingegen nur unter Berücksichtigung der für die Behauptungs- und Beweislast maßgeblichen Grundsätze erfolgen (*BGH*, NJW 1956, 665). 9

aa) Gesellschaftsverträge von Personengesellschaften. Für die Auslegung des Gesellschaftsvertrags einer **Personengesellschaft** gelten grundsätzlich die Bestimmungen der §§ 133, 157 BGB (*BGH*, ZIP 2011, 806; *BGH*, NJW 1995, 3313). Fehlt es hieran, ist der **Vertragswortlaut** Ausgangspunkt und der dem Wortlaut zu entnehmende objektiv erklärte Parteiwille zu berücksichtigen (*BGH*, NJW 2002, 3248, 3249). Weiter gilt das Gebot der nach beiden Seiten hin interessengerechten Auslegung (*BGH*, GRUR 2003, 173, 175; *BGH*, GRUR 2002, 280, 281) und der Berücksichtigung des durch die Parteien beabsichtigten Zwecks des Vertrages (*BGH*, BGHZ 20, 109, 110). Bei der Auslegung ist nicht am Wortlaut der in ihrer Bedeutung zwischen den Parteien strittigen Vertragsbestimmung haften zu bleiben (*BGH*, NJW 1995, 3313; *BGH*, NJW 1987, 890, 891). Wichtig sind Anlass, Entstehung (*BGH*, NJW-RR 2008, 903), und Sinn und Zweck einer Regelung (*BGH*, NJW 1995, 3313). Es sind alle Umstände heranzuziehen, die für die Deutung des Erklärungsinhaltes sowie für die Deutung des von den Vertragsparteien gewollten Inhalts wesentlich sind. Vor allem, aber nicht nur wenn der **Wortlaut unklar** ist, sind Entstehungsgeschichte, Systematik, Sinn und Zweck sowie die Interessenlage heranzuziehen. Nach der allgemeinen Lebenserfahrung ist davon auszugehen, dass eine vertragliche Bestimmung nach dem Willen der Parteien einen bestimmten, rechtserheblichen Inhalt haben soll (*BGH*, NJW 2005, 2618, 2619). Es ist daher einer Auslegung der Vorzug zu geben, bei welcher der Vertragsnorm eine **tatsächliche Bedeutung** zukommt, wenn sich diese Regelung ansonsten als ganz oder teilweise sinnlos erweisen würde (*BGH*, NJW 2005, 2618, 2619; *BGH*, NJW 1998, 2966). Im Zweifel ist die Auslegung vorzuziehen, das die Nichtigkeit des Rechtsgeschäfts vermeidet (*BGH*, WRP 2011, 1302). 10

Namentlich bei Familiengesellschaften ist der **Grundtendenz des Vertrages** besondere Aufmerksamkeit zu schenken, etwa die gleichberechtigte Beteiligung der einzelnen Stämme oder die Aufteilung der Geschäftsführungsbefugnisse auf verschiedene Gesellschaftergruppen (*BGH*, NJW 1957, 591). Die Grundtendenz des Vertrages und die wirtschaftlichen Gegebenheiten der Gesellschaft können sich freilich über die Dauer der Gesellschaft ändern. Behandeln die Gesellschafter einen Umstand über eine **längere Zeit einvernehmlich anders**, als dieser nach dem Wortlaut des Gesellschaftsvertrags zu behandeln wäre, so hat die tatsächliche einvernehmliche Übung Vorrang (Baumbach/*Hopt*, HGB, § 105 Rn. 59). Gesellschaftsvertragliche **Nachfolgeklauseln** sind im Zweifel dahin auszulegen, dass sie den Gesellschaftsanteil vererblich stellen (*BGH*, NJW 1977, 1339). 11

bb) Körperschaften. Bei Körperschaften – vor allem den Kapitalgesellschaften – ist für die Auslegung einer Vertragsbestimmung zu fragen, ob sie dem **körperschaftsrechtlichen** oder dem **individualrechtlichen Bereich** zuzurechnen ist. Die Unterscheidung ist danach zu treffen, ob eine Bestimmung nicht nur für die derzeitigen, bei Inkrafttreten der Bestimmung vorhandenen Gesellschafter oder einzelne von ihnen gilt, sondern für einen **unbestimmten Personenkreis** von Bedeutung ist, zu dem sowohl gegenwärtige als auch künftige Gesellschafter und/oder Gläubiger der Gesellschaft gehören (*BGH*, NJW 1994, 51, 52). 12

Bestimmungen, denen **körperschaftsrechtliche Bedeutung** zukommt, müssen nach **objektiven Gesichtspunkten** einheitlich aus sich heraus ausgelegt werden. Es gelten die Grundsätze der sog. objektiven Satzungsauslegung (*BGH*, NJW 1997, 1510, 1511; *BGH*, NJW 1994, 51, 52). Wortlaut, Sinn und Zweck der Regelung kommt dabei ebenso maßgebende Bedeutung zu wie dem systematischen Bezug der Klausel zu anderen Satzungsvorschriften. Umstände, für die sich keine ausreichenden Anhaltspunkte in der Satzung finden, können zur Auslegung grundsätzlich nicht herangezogen werden. Außerhalb der Satzung liegende Sachzusammenhänge können unter Umständen dann berücksichtigt werden, wenn deren Kenntnis bei den Mitgliedern und Organen allgemein vorausgesetzt werden kann (*BGH*, NJW 1994, 51, 52). 13

Für Bestimmungen, die dem **individualrechtlichen Bereich** zuzurechnen sind („unechte Satzungsbestandteile", „schuldrechtliche Nebenabreden"; Rn. 17), ist die Auslegung nach §§ 133, 157 BGB vorzunehmen. 14

cc) Publikumsgesellschaften. Die Auslegung des Gesellschaftsvertrags einer **Publikumsgesellschaft** (Rn. 259) richtet sich an **objektiven**, an Wortlaut, Systematik und Zielsetzung der Gesellschaft orientierten Prüfsteinen aus (*BGH*, DStR 2011, 823, 825; *BGH*, NJW 2011, 921, 923; *BGH*, NZG 2009, 581). Zum Schutz der Beitretenden ist **allein** der schriftliche Inhalt des Vertrags maßgeblich. Die Vorstellungen und der Wille der Gründungsgesellschafter, die in dem Gesellschaftsvertrag keinen Niederschlag gefunden haben, sind nicht zu berücksichtigen (*BGH*, NJW 1979, 2102). Allerdings dürften **Erklärungen in einem Prospekt** beachtlich sein (vgl. *BGH*, NJW 2001, 2102, 2103). 15

b) **Ergänzende Vertragsauslegung.** Wenn irgend möglich, sind Lücken von Gesellschaftsverträgen im Wege der ergänzenden Vertragsauslegung in der Weise auszufüllen, dass die Grundzüge des konkreten 16

Vertrages „zu Ende gedacht" werden (*BGH*, NJW 2011, 3087, 3088). Ein Rückgriff auf das dispositive Gesetzesrecht kommt nur als letzter Notbehelf in Betracht (*BGH*, NJW 2011, 3087, 3088; *BGHZ* 123, 281, 286). Voraussetzung ist eine **Regelungslücke,** die geschlossen werden muss, um den Regelungsplan der Parteien zu verwirklichen (*BGH*, NJW 2010, 3296, 3297). Eine ergänzende Vertragsauslegung **kommt nicht in Betracht,** wenn die in einer Klausel enthaltene Regelung bei objekiver Betrachtung als vom Verwender bewusst abschließend gewählt anzusehen ist (*BGH*, NZBau 2011, 611, 612; *BGH*, NJW 2002, 3098). Für eine Regelungslücke muss zunächst festgestellt werden, ob eine Frage nicht geregelt ist, aber nach Sinn und Zweck hätte geregelt werden sollen (*BGH*, NJW 2007, 509, 510). Eine solche Lücke liegt ua dann vor, wenn sich die bei Vertragsschluss bestehenden rechtlichen Verhältnisse nachträglich geändert haben. Kann eine Lücke festgestellt werden, ist darauf abzustellen, was die Parteien bei einer angemessenen Abwägung ihrer Interessen nach Treu und Glauben vereinbart hätten, wenn sie den von ihnen nicht geregelten Fall bedacht hätten (*BGH*, NJW-RR 2005, 687, 690). Lassen sich **hinreichende Anhaltspunkte** für den hypothetischen Willen des oder der Erklärenden nicht finden, etwa weil mehrere gleichwertige Auslegungsmöglichkeiten in Betracht kommen, scheidet eine ergänzende Auslegung aus. Im Übrigen findet die ergänzende Auslegung ihre Grenze in dem Willen des oder der Erklärenden, wie er im – wenn auch lückenhaften – Gesellschaftsvertrag zum Ausdruck kommt. Die Auslegung darf **nicht** zu einer **Erweiterung des Vertragsgegenstandes** führen, sondern muss sich als zwingende selbstverständliche Folge aus dem Gesamtzusammenhang des Vereinbarten ergeben, so dass ohne sie das Ergebnis in offenbarem Widerspruch zu dem nach dem Inhalt des Vertrages tatsächlich Vereinbarten stehen würde (*BGH*, NJW 1998, 1480). Zu einer Abänderung oder Erweiterung des Regelungsgegenstandes darf eine ergänzende Auslegung nicht führen. Eine ergänzende Vertragsauslegung **verhindert,** dass ohne Rücksicht auf den Parteiwillen auf das dispositive Gesetzesrecht zurückgegriffen werden muss (MünchKommHGB/*K. Schmidt* § 105 Rn. 152).

17 c) **Unechte Satzungsbestandteile; schuldrechtliche Nebenabreden.** Bereits der Gesellschaftsvertrag/die Satzung können „unechte" Bestandteile haben (auch formelle, nicht korporative, individualrechtliche oder zufällige genannt; siehe bereits Rn. 14). Diese Bestandteile regeln nicht die Beziehungen der Verbandsmitglieder untereinander oder zum Verband, sondern andere Fragen. Typisch ist etwa die konkrete Bestellung eines Amtswalters im Gesellschaftsvertrag, etwa des ersten Geschäftsführers. Soweit nicht zwingendes Recht entgegensteht, können alle oder einige Verbandsmitglieder ihre Rechtsverhältnisse in oder zum Verband **außerdem außerhalb** des Gesellschaftsvertrags/der Satzung durch schuldrechtliche Nebenabreden regeln (*BGH*, DStR 2010, 1850, 1851; s. a. *Wälzholz*, GmbHR 2009, 1020; *Wicke*, DStR 2006, 1137).

Die Aufnahme unechter Satzungsbestandteile in die Satzung **beeinflusst die Rechtsnatur** der (im Regelfall bloß schuldrechtlichen) Abreden **nicht.** Ihre Änderung vollzieht sich außerhalb der Satzung und setzt keine Satzungsänderung voraus. Ihre Auslegung erfolgt allein nach §§ 133, 157 BGB (Rn. 14); gebunden sind nur die Vertragschließenden. Eine schuldrechtliche Nebenabrede bindet nur die Vertragsparteien (*BGH*, DStR 2010, 1850, 1851), nicht dem Verband später Hinzutretende. Das Auseinanderfallen von Gesellschaftsvertrag/Satzung und schuldrechtlicher Nebenabrede ist für die Wirksamkeit der jeweiligen Vereinbarung belanglos.

18 d) **Inhaltskontrolle.** Gesellschaftsverträge unterliegen **grundsätzlich nicht der Inhaltskontrolle** nach §§ 305 ff. BGB; § 310 IV 1 BGB schließt die Inhaltskontrolle für Verträge auf dem Gebiet des Gesellschaftsrechts **ausdrücklich aus** (*BGH*, NZG 2009, 581). Eine Inhaltskontrolle, die sich häufig an §§ 305 ff. BGB anlehnen kann, erfolgt indes zum Teil nach § 242 BGB (*BGH*, NJW 2010, 439). Ferner findet zum Teil letztlich eine Kontrolle über §§ 134, 138 BGB statt. In Personengesellschaften und der GmbH sind nach der Rechtsprechung etwa gesellschaftsvertragliche Regelungen, die einem Gesellschafter, einer Gruppe von Gesellschaftern oder der Gesellschaftermehrheit das Recht einräumen, einen Mitgesellschafter ohne sachlichen Grund aus der Gesellschaft auszuschließen, grundsätzlich wegen Verstoßes gegen die guten Sitten nach § 138 I BGB grundsätzlich nichtig (*BGH*, NJW 2005, 3644, 3645 mwN). Vor allem Gesellschaftsverträge von **Publikumsgesellschaften** (Rn. 259) sollen der **richterlichen Inhaltskontrolle** unterliegen (*BGH*, NJW 2010, 439; *BGH*, NZG 2009, 581; *BGH*, NJW 1991, 2906, 2907). Da die Anleger das Vertragswerk nicht individuell aushandeln, vielmehr nur, wie sie es vorfinden, übernehmen können, sollen unter dem Gesichtspunkt der Inhaltskontrolle bspw. Klauseln unwirksam sein, wenn mit ihnen **ohne ausreichenden sachlichen Grund** einseitig die Belange der Gründergesellschafter verfolgt und die berechtigten Interessen der Anleger unangemessen und unbillig beeinträchtigt werden (*BGH*, NJW 1991, 2906, 2907). Die Rechtsstellung der Mitglieder regelnde interne **Normen eines Vereins oder Verbandes** sollen im Übrigen jedenfalls dann richterlicher Inhaltskontrolle auf ihre Vereinbarkeit mit Treu und Glauben (§ 242 BGB) unterliegen, wenn die Vereinigung im wirtschaftlichen oder sozialen Bereich eine **überragende Machtstellung** innehat und das Mitglied auf die Mitgliedschaft angewiesen ist (*BGH*, NJW 1989, 1724, 1726). Diese Aussichten sind angesichts der Privatautonomie nicht völlig überzeugend. Jedenfalls sollte von Korrekturen nur sehr zurückhaltend Gebrauch gemacht werden.

4. Gegenstand eines Gesellschaftsprozess

Die Gegenstände eines Gesellschaftsprozesses sind nicht unendlich, aber vielfältig (zu den Personengesellschaften siehe auch Rn. 97). Nach dem Angriff können sie etwa wie nachfolgend systematisiert werden. 19

a) **Willensbildung.** In vielen Gesellschaftsprozessen, vor allem bei der Aktiengesellschaft, aber auch in allen anderen Gesellschaftsformen geht es um die (behauptet mangelhafte) **Willensbildung innerhalb der Gesellschaft/eines Verbandes.** In der Regel geht es nicht um den Gesellschaftsvertrag oder eine Satzung, sondern um **Gesellschaftsbeschlüsse** als die rechtsverbindliche Form einer regelmäßig bloß mehrheitlichen Willensbildung mehrerer und die rechtliche Fassung eines einheitlichen Willens aus den Einzelwillen der Abstimmenden (s. a. Henssler/Strohn/*Drescher,* AktG, § 241 Rn. 8). 20

aa) Gegenstand. Gegenstand eines Verbandsprozesses in Bezug auf die Willensbildung ist idR, ob ein vollständig oder teilweise (zur teilweisen Angreifbarkeit vgl. exemplarisch Rn. 171) angegriffener **Versammlungs- oder Umlaufbeschluss** unter einem **Verfahrensmangel** leidet (Fehler bei seiner Entstehung; **formeller Mangel**) oder ob der Beschluss inhaltlich angreifbar, ob er **materiell mangelhaft** (Inhaltsmangel) ist. Bei den Verfahrensmängeln kommt es darauf an, welche Entstehungsvoraussetzungen das jeweilige Gesetz oder/und der jeweilige Gesellschaftsvertrag (oder eine Satzung) beschreiben, zB wie zu einer Versammlung einzuberufen ist, welche Mehrheiten ein Beschluss bedarf, wer abstimmen darf. Bei materiellen Mängeln streiten die Gesellschafter/Mitglieder darum, ob eine durch einen Beschluss gefundene Regelung anders hätte getroffen werden müssen. Bei der inhaltlichen Beurteilung müssen die Gerichte **Zurückhaltung wahren.** Es sind das einem Verband jeweils eingeräumte Selbstorganisationsrecht ebenso zu wahren wie das Ermessen der Gesellschafter/Mitglieder, was sie selbst für den betroffenen Verband als richtig erachten. Ein materieller Mangel liegt erst vor, wenn ein Beschluss **gegen das Gesetz** oder **Vertrag/Satzung** (Verfahren, Form, Gesellschaftszweck, Treubindungen) verstößt oder wenn der Beschluss unter – in der Regel vom Gesellschafter zu beweisenden – **Ermessensfehlern** leidet (MünchKommHGB/*Enzinger,* § 119 Rn. 62 und 94). Zum Bereich Willensbildung gehören auch Klagen, bei denen eine Willensbildung im Wege der Leistungsklage erstritten werden soll und Feststellungsklagen im Zusammenhang mit Beschlüssen, zB, ob sie zustande gekommen sind, was ihr Inhalt ist, usw. 21

Von den Verbandsmitgliedern werden regelmäßig **Ladungsmängel** beklagt, etwa eine Unterschreitung der Ladungsfrist oder eine unzureichende Ankündigung der Tagesordnungspunkte. Was vom Verband im Zusammenhang mit der Ladung zu beachten ist, muss sich dabei zuerst aus der Satzung/dem Gesellschaftsvertrag ergeben. Besondere Anordnungen treffen vor allem § 121 AktG zur Hauptversammlung und § 51 GmbHG zur Versammlung der Gesellschafter. Für Ladungsmängel ist die Rechtsprechung des BGH zur „Relevanz" zu beachten (Rn. 81). Wird ein Stimmberechtigter versehentlich oder vorsätzlich nicht geladen, führt das im Recht der Kapitalgesellschaften zur **Nichtigkeit** der gefassten Beschlüsse (*BGH*, NJW-RR 2006, 831; *BGH*, NZG 2005, 69, 71; *BGH*, NJW 1962, 538). Dass diese Wertung auf andere Verbände übernommen werden kann, ist nicht entschieden, aber nahe liegend. Bei einer **Publikumsgesellschaft** ist für eine analoge Anwendung der Vorschriften des AktG oder des GmbHG (*BGH*, NJW 1998, 1946, 1947; *BGH*, NJW 1995, 1353) über die Ankündigung der Beschlussgegenstände **kein Raum.** Für die Berechnung der Fristen soll hingegen etwa § 121 IV 1 Hs. 2 AktG analog angewendet werden können. 22

bb) Anwendbarkeit von § 139 BGB. Ob § 139 BGB auf **zusammengesetzte**, ggf. komplexe Organ- (dazu Rn. 26) oder Versammlungsbeschlüsse angewandt werden kann, ist noch unklar, im Ergebnis aber zu bejahen (Lutter/Hommelhoff/*Bayer,* GmbHG, Anh. zu § 47 Rn. 25 zum GmbHG; *Hüffer,* AktG § 243 Rn. 4 zum AktG; ausführlich *Schnorr*, Teilfehlerhafte Gesellschafterbeschlüsse, 1997). Ist ein Beschluss teilweise angegriffen, muss deshalb nach § 139 BGB geprüft werden, was mit dem Restbeschluss ist. Zu fragen ist, ob die Gesellschaft den Beschluss **auch ohne den angefochtenen Teil** gefasst hätte (*KG*, BeckRS 2010, 03466). Zu einem Bestellungsbeschluss, mit dem einem besonderen Vertreter mehrere Aufgaben gegeben werden, dieses teilweise aber nicht geht, vgl. *OLG München*, NZG 2008, 230. Im Verhältnis **verschiedener** Beschlussfassungen zueinander soll § 139 BGB nicht anzuwenden sein (*OLG München*, NZG 2009, 1226) – was nicht überzeugt. 23

b) **Ansprüche aus dem Gesellschafts-/Mitgliedschaftsverhältnis.** Gegenstand eines Gesellschaftsprozesses sind zum Teil Ansprüche aus dem **Gesellschafts-/Mitgliedschaftsverhältnis** (Schadenersatz-, Rückzahlungs-, Unterlassungs- und Eintrittsrechte). Diese Ansprüche werden in der Regel als „Sozialansprüche"/„Sozialverbindlichkeiten" beschrieben. Es geht jeweils um die **Mitgliedschaftsrechte und -pflichten**, zB den Streit um die Zahlung einer Einlage, einen Schadenersatzanspruch oder Treuepflichten von Gesellschaft (Verband) und/oder Gesellschafter (zu den Treuepflichten vgl. Rn. 31). Den Sozialansprüchen/Sozialverbindlichkeiten stehen Individualansprüche/Individualpflichten (Rechte und Pflichten der Gesellschafter untereinander) und Drittansprüche/Drittpflichten (diese haben ihren Rechtsgrund nicht in der Mitgliedschaft) gegenüber. 24

c) **Verbandsorgane.** Nicht selten sind Rechtsstreitigkeiten um die **Pflichten und Rechte** der Walter der Verbandsorgane bzw. ihre Ab- oder Bestellung oder ihre Anstellung, zB Fragen der Vergütung. Hierher 25 gehören auch Rechtsstreite um Fragen der Geschäftsführung. Ob eine prozessuale **Auseinandersetzung von Verbandsorganen** untereinander über ihre Rechte und Pflichten anzuerkennen ist, ist streitig (s. a. *BGH*, NJW 1989, 979 – Opel). Gesetzliche Regelungen hierfür fehlen größtenteils. Möglich sind jedenfalls Klagen des Aufsichtsrats einer AG nach §§ 88, 93 I 3, 93 III AktG gegen den Vorstand. Ferner ist eine **Unterlassungsklage** und der Erlass einer Einstweiligen Verfügung nach § 935 ZPO bei einem Verstoß gegen § 111 IV 2 AktG vorstellbar (*Bork*, ZGR 1989, 1, 19). Manche Autoren nehmen darüber hinaus an, dass einem Verbandsorgan jedenfalls bei kompetenzwidrigem Verhalten eines anderen Verbandsorgans ein Anspruch auf Unterlassung der Maßnahme zusteht oder ggf. eine Feststellungsklage möglich ist (im Überblick MünchKommAktG/*Spindler*, Vorbemerkung Rn. 45; Baumbach/Hueck/*Zöllner*, GmbHG, § 45 Rn. 25). Grundsätzlich ist hier Vorsicht geboten. Klagebefugnisse sind hier ein Fremdkörper (*Hommelhoff*, ZHR 143 (1979), 288, 303 ff.).

26 Das Tun der Handlungsorganisation eines Verbandes in Form von Beschlüssen ist **entweder rechtmäßig oder rechtswidrig**. Ist der Beschluss rechtmäßig, ist er wirksam. Ist er rechtswidrig, etwa der Beschluss des Vorstands einer AG (MünchKommAktG/*Hüffer*, § 241 Rn. 103) oder des Aufsichtsrats einer AG (*BGH*, NJW 1997, 1926 – ARAG/Garmenbeck; *BGH*, NJW 1994, 520, 521; *BGH*, NJW 1993, 2307; *Raiser/Vail*, Recht der Kapitalgesellschaften § 15 Rn. 64; aA *Arlt*, DZWiR 2007, 177) wird er **als nichtig** angesehen (*BGH*, NJW 2006, 374 – Mangusta/Commerzbank II; *OLG Frankfurt/M*, ZIP 2007, 72). Auf Organbeschlüsse kann § 139 BGB anwendbar sein (allgemein Rn. 23). Ob § 139 BGB greift, ist die Frage danach, ob ihnen generell rechtsgeschäftlicher Charakter zuzuerkennen ist oder ob sie zumindest insoweit, als sie lediglich interne Wirkung haben, nur als „Sozialakte" verstanden werden können (*BGH*, NJW 1994, 520, 523). Auf jeden Fall ist § 139 BGB auf Organbeschlüsse dann anwendbar, wenn sie auf die Begründung, Änderung oder Aufhebung sozial- oder individualrechtlicher Befugnisse oder Pflichten gerichtet sind und ihnen bereits deswegen ein rechtsgeschäftlicher Inhalt zuerkannt werden kann (*BGH*, NJW 1994, 520, 523; weiter gehend *Raiser/Vail*, Recht der Kapitalgesellschaften § 15 Rn. 64).

27 Gegen einen rechtswidrigen Organbeschluss können jedenfalls die **Mitglieder des jeweiligen Verbandsorgans** vorgehen (*BGH*, NJW 1993, 2307 zur AG; *OLG Frankfurt/M*, ZIP 2007, 72). Die Berechtigung für diese Klage folgt aus der **Organstellung** und der sich daraus ergebenden gemeinsamen Verantwortung für die Rechtmäßigkeit der von einem Organ gefassten Beschlüsse (*BGH*, NJW 1993, 2307; siehe aber *BGH*, NJW 1989, 979, 981 – Opel). Ob und wie ein **Verbandsmitglied** gegen Organbeschlüsse vorgehen kann, ist noch ungewiss. Der *BGH* hält im Aktienrecht eine analoge Anwendung der §§ 241 ff. AktG auf rechtswidrige Beschlüsse von Vorstand und Aufsichtsrat – also eine **Anfechtung** – jedenfalls für unzulässig (*BGH*, NJW 2006, 374 – Mangusta/Commerzbank II). Sowohl im Recht der Kapitalgesellschaften als auch im Recht der Personengesellschaften wird es im Einzelfall für möglich erachtet, dass ein **Gesellschafter** im Wege der actio pro socio wenigstens **einen Unterlassungsanspruch** gegen die Ausführung einer auf einem Organbeschluss beruhenden Geschäftsführungsmaßnahme geltend macht (*BGH*, NJW 2006, 374 – Mangusta/Commerzbank II), auf eine **Feststellung**, dass eine Maßnahme rechtswidrig ist oder es wäre (*BGH*, NJW 2006, 374, 375 – Mangusta/Commerzbank II; *BGH*, NJW 1982, 1703 – Holzmüller; *OLG Frankfurt/M*, NZG 2011, 746) oder auf **Beseitigung** des nicht ordnungsmäßigen Zustands klagt. Ferner kann ein Gesellschafter wohl geltend machen, dass eine Geschäftsführungsmaßnahme **in der Gesellschafterversammlung** besprochen und dort gebilligt werden muss (*BGH*, NJW 2004, 1860 – Gelatine – zur AG).

28 Soll die Unwirksamkeit (Nichtigkeit) eines Organbeschlusses geltend gemacht werden, gelten §§ 241 ff. AktG weder direkt (*BGH*, NJW 1997, 1926 – ARAG/Garmenbeck – zum Aktienrecht; *BGH*, NJW 1993, 2307) noch analog. Dass der Beschluss eines Verbandsorgans verfahrensrechtlich unter Verletzung zwingenden Gesetzes- oder Satzungsrechts zustande gekommene oder inhaltlich gegen derartiges Recht verstößt, ist vielmehr mit der **Feststellungsklage** nach § 256 I ZPO gegen den **Verband** (*BGH*, NJW 2006, 374, 375 – Mangusta/Commerzbank II; *BGH*, NJW 1993, 2307) geltend zu machen. § 246 I AktG ist nicht analog anwendbar (offen *OLG Frankfurt/M*, NZG 2011, 746, 747); Missbrauch ist mit § 242 BGB zu begegnen. Im Einzelfall kann eine **vorbeugende Unterlassungs- und Beseitigungsklage** erhoben werden (*Waclawik*, Prozessführung im Gesellschaftsrecht, Rn. 282 ff., auch zur Zuständigkeit). Flankierend ist ferner **einstweiliger Rechtsschutz** nach §§ 935, 940 (Unterlassungs- oder Regelungsverfügung) vorstellbar (*Waclawik*, Prozessführung im Gesellschaftsrecht, Rn. 286 ff.; siehe noch Rn. 203 sowie *Bartels*, ZGR 2008, 723). Bei der Klage eines Aufsichtsratsmitglieds auf Feststellung der Nichtigkeit von Aufsichtsratsbeschlüssen wird die Gesellschaft entsprechend § 78 AktG in diesem Rechtsstreit durch ihren Vorstand vertreten (*BGH*, NJW 1993, 2307, 2308).

29 **d) Weitere Gegenstände.** Weit verbreitet sind der **Angriff auf den Jahresabschluss** eines Verbandes oder der **Ausschluss eines Verbandsmitgliedes** bzw. die Entziehung der Mitgliedschaft (siehe noch Rn. 119). Ferner sind – vor allem im Personengesellschaftsrecht – Prozesse um Aufwendungsersatzansprüche verbreitet (vgl. etwa *BGH*, DStR 2011, 827). Ein Gesellschafter kann dabei die Gesellschaft verklagen. Er kann aber auch gegen seine Mitgesellschafter – beschränkt auf deren Verlustanteil – vorgehen, wenn er aus der „Gesellschaftskasse" keinen Ausgleich erlangen kann und die Gesellschaft noch nicht aufgelöst ist (*BGH*, DStR 2011, 827). Diese Voraussetzung ist nicht erst gegeben, wenn die

Zwangsvollstreckung in das Gesellschaftsvermögen aussichtslos wäre. Es genügt vielmehr, dass der Gesellschaft freie Mittel nicht zur Verfügung stehen (*BGH*, DStR 2011, 827).

5. Treuepflicht und Gleichbehandlungsgrundsatz

Im Gesellschaftsprozess spielen wegen Gesetzeskürze und/oder Unvollkommenheit des Gesellschaftsvertrages in vielen Fällen die jedem Gesellschafter/Mitglied gegenüber dem jeweiligen Verband, aber auch gegenüber den anderen Gesellschaftern/Mitgliedern (*BGH*, NJW 1976, 191) bestehende gesellschafterliche **Treuepflicht** sowie das **Gleichbehandlungsgebot** eine große Rolle. 30

a) **Treuepflicht.** Die Treuepflicht wurzelt – ist sie nicht gesetzlich besonders ausgestaltet, vgl. etwa §§ 112, 113 HGB – in der auf dem **konkreten Gesellschaftsverhältnis** beruhenden berechtigten Erwartungshaltung der übrigen Gesellschafter (*BGH*, DStR 2011, 823, 825). Sie hat ihre Grundlage im **Gesellschaftsvertrag** und dem daraus bestehenden **Gemeinschaftsverhältnis der Gesellschafter** untereinander. Inhalt und Umfang der Treuepflicht bestimmt in der Regel der Gesellschaftsvertrag; der einzelne Gesellschafter ist mithin nur insoweit verpflichtet, wie er es **im Gesellschaftsvertrag** versprochen hat (*BGH*, DStR 2011, 823, 825 mwN). Kern des Treupflichtgedankens ist, dass die Möglichkeit, durch Einflussnahme die gesellschaftsbezogenen Interessen der Mitgesellschafter zu beeinträchtigen, als Gegengewicht die gesellschaftsrechtliche Pflicht verlangt, auf diese Interessen Rücksicht zu nehmen (*BGH*, NJW 1995, 1739, 1741). Die Treuepflicht ist kein Instrument des Minderheitenschutzes; sie bindet auch die Minderheit. Der Gesichtspunkt der Treuepflicht rechtfertigt es nicht, in eine sachlich vertretbare gesellschaftsvertragliche Regelung ändernd einzugreifen (*BGH*, DStR 2011, 823, 825 mwN). 31

Die Treuepflicht reicht je nach Gesellschaftstyp sowie nach den betroffenen Pflichten und Rechten **unterschiedlich weit** (PWW/*von Ditfurth*, BGB, § 705 Rn. 22), ist aber auch bei der AG anerkannt (*BGH*, NZG 1999, 1158 – Hilgers; *BGH*, NJW 1994, 3094 – BMW). Etwa im Rahmen der **eigennützigen Mitgliedschaftsrechte** – Vermögens-, Informations-, Kontroll- und Kündigungsrechte – besteht sie im höheren Maß. Erlaubt das eingegangene Gesellschaftsverhältnis keine berechtigte Erwartungshaltung gegenüber einzelnen Gesellschaftern, besteht keine Treuepflicht, diese zu erfüllen. Die Intensität einer Treuepflicht hängt ferner von der Art und Weise ab, wie die Gesellschaft ausgestaltet ist. In kleinen Gesellschaften bestehen intensiviere Treuepflichten als in großen Gesellschaften. Auch bei Publikumsgesellschaften (Rn. 259) bestehen Treuepflichten, wenn sie hier auch einen **anderen Inhalt** haben und **andere Wirkungen** zeitigen (*BGH*, NJW 1985, 973, 974). Die Treuepflicht kann sich für einen Gesellschafter im Einzelfall etwa wie folgt auswirken: 32

- **Handlungs- Zustimmungspflichten.** Nach der Treuepflicht kann ein Mitglied verpflichtet sein, der Abberufung eines Geschäftsführers aus wichtigem Grund (*OLG Köln*, NZG 2011, 307) oder einer seiner Stellung aufhebenden Änderung des Gesellschaftsvertrags **zuzustimmen**, wenn sie mit Rücksicht auf das bestehende Gesellschaftsverhältnis oder auf die bestehenden Rechtsbeziehungen der Gesellschafter untereinander dringend erforderlich ist und die Änderung des Gesellschaftsvertrags dem Gesellschafter unter Berücksichtigung seiner eigenen Belange zumutbar ist (*BGH*, NJW 2010, 65, 67 – Sanieren oder Ausscheiden).
- **Unterlassungspflichten.** Es kommen Rücksichtnahmegebote in Betracht, bspw. auf die Interessen des Verbandes nach der Geschäftschancenlehre oder Wettbewerbsverbote. Vorstellbar ist auch eine Pflicht zur Stimmenthaltung.
- **Duldungspflichten.** Es ist möglich, dass ein Gesellschafter dulden muss, dass ein anderer das Gesellschaftsvermögen nutzt.

b) **Gleichbehandlungsgrundsatz.** In allen Gesellschaftsformen ist idR der **gesellschaftsrechtliche Gleichbehandlungsgrundsatz** zu beachten, ist zulässiger Weise nichts anderes vereinbart (die Grenze dessen, was vereinbart werden kann, bilden §§ 134, 138, 226, 242 BGB). Der Gleichbehandlungsgrundsatz verlangt, vergleichbare Sachverhalte im Verhältnis der Gesellschaft zu den Gesellschaftern grundsätzlich gleich zu behandeln. Er verbietet eine willkürliche, sachlich nicht gerechtfertigte unterschiedliche Behandlung der Gesellschafter (*BGH*, NZG 2008, 783, 784; *BGH*, NJW 1992, 892, 895; *BGH*, NJW 1990, 2625; vgl. auch *BGH*, NZG 2009, 118, 120 zur Genossenschaft). 33

Eine ausdrückliche Regelung hat der Gleichbehandlungsgrundsatz in § 53 a AktG gefunden (siehe ferner die Andeutungen u. a. in §§ 706 I, 709 I, 711, 722 I, 734, 735 BGB). Analog gilt § 53 a AktG in allen Verbänden (vgl. etwa *BGH*, NJW 2010, 3508 zum WEG). Wird der Gleichbehandlungsgrundsatz durch einen Beschluss verletzt, ist der Beschluss im Personengesellschaftsrecht in der Regel unwirksam, im Recht der Körperschaften wenigstens anfechtbar.

6. Allgemeingültige Verfahrensfragen

a) **Zuständigkeit.** *aa) Gerichtsstand (§ 22 ZPO).* Gesellschaftsprozesse – sei es ein Streit des Verbandes gegen sein Mitglied oder umgekehrt, sei es ein Streit der Mitglieder in ihrer Eigenschaft als solche untereinander – verweist § 22 ZPO zum **allgemeinen Gerichtsstand der Gesellschaft.** Der allgemeine Gerichtsstand der Korporationen sowie derjenigen Gesellschaften, Genossenschaften oder anderen Vereine und derjenigen Stiftungen, Anstalten und Vermögensmassen, die als solche verklagt werden kön- 34 nen, wird nach § 17 I 1 ZPO **durch ihren Sitz** bestimmt. Als Sitz gilt, wenn sich nichts anderes ergibt, der Ort, wo die Verwaltung geführt wird, § 17 I 2 ZPO; etwas anderes kann bestimmt werden, § 17 III ZPO. § 22 ZPO ist kein ausschließlicher Gerichtsstand, sondern neben den allgemeinen Gerichtsständen der §§ 13 und 17 ZPO sowie weiteren evtl. in Betracht kommenden besonderen Gerichtsständen anzuwenden. Unter mehreren Gerichtsständen hat der Kläger die Wahl, § 35 ZPO.

35 Ohne Rücksicht auf den Wohnsitz sind nach Art. 22 Nr. 2 EuGVVO für Klagen, welche die Gültigkeit, die Nichtigkeit oder die Auflösung einer Gesellschaft oder juristischen Person oder die Gültigkeit der Beschlüsse ihrer Organe zum Gegenstand haben, die Gerichte des Mitgliedstaats ausschließlich zuständig, in dessen Hoheitsgebiet die Gesellschaft oder juristische Person ihren Sitz hat. Wo sich der für die ausschließliche internationale Zuständigkeit nach Art. 22 Nr. 2 EuGVVO maßgebliche Sitz der Gesellschaft in einem Mitgliedsstaat der Europäischen Union befindet, bestimmt sich bei Klagen nach dieser Vorschrift nach der Gründungstheorie und damit grundsätzlich nach dem Satzungssitz im Herkunftsstaat (*BGH*, NZG 2011, 1114). Für **andere Streitgegenstände** gelten Art. 2 ff. EuGVVO. Etwas anderes gilt, wenn gem. Art 23 EuGVVO **vereinbart** ist, dass ein Gericht oder die Gerichte eines Mitgliedsstaates für eine aus einem bestimmten Rechtsverhältnis entspringende Rechtsstreitigkeit ausschließlich zuständig sind, wenn eine der Parteien ihren Wohnsitz in diesem Mitgliedsstaat hat. Auf einen Rechtsstreit, in dem eine Gesellschaft geltend macht, ein Vertrag könne ihr nicht entgegengehalten werden, weil ein Beschluss ihrer Organe, der zum Abschluss des Vertrags geführt habe, wegen Verstoßes gegen ihre Satzung ungültig sei, findet Art. 22 Nr. 2 EuGVVO keine Anwendung (*EuGH*, NZG 2011, 674; dazu *Wedemann*, NZG 2011, 733).

36 Gesellschaften und juristische Personen haben nach Art. 60 I EuGVVO für die Anwendung der EuGVVO ihren Wohnsitz an dem Ort, an dem sich ihr satzungsmäßiger Sitz, ihre Hauptverwaltung oder ihre Hauptniederlassung befindet. Im Falle des Vereinigten Königreichs und Irlands ist unter dem Ausdruck „satzungsmäßiger Sitz" das registered office oder, wenn ein solches nirgendwo besteht, der place of incorporation (Ort der Erlangung der Rechtsfähigkeit) oder, wenn ein solcher nirgendwo besteht, der Ort, nach dessen Recht die formation (Gründung) erfolgt ist, zu verstehen, Art. 60 II EuGVVO.

37 *bb) Funktionelle Zuständigkeit.* Wenn der Kläger es in der Klageschrift beantragt, wird der Gesellschaftsprozess iSv § 95 I, II GVG vor der **Kammer für Handelssachen** verhandelt, § 96 GVG. Wird vor der Zivilkammer eine vor die Kammer für Handelssachen gehörige Klage zur Verhandlung gebracht, ist der Rechtsstreit **auf Antrag** des Beklagten an die Kammer für Handelssachen zu verweisen, § 97 I 1 GVG.

38 b) **Streithilfe (§ 66 ZPO).** Klagt ein Gesellschafter gegen die Gesellschaft oder umgekehrt, kann ein anderer Gesellschafter einer der beiden Seiten als **Streithelfer** nach §§ 66 ff. ZPO beitreten, etwa ein OHG-Gesellschafter der OHG. Ist die Klage gegen die Gesellschafter zu richten, kann einer der beklagten Gesellschafter dem Klagenden gegen die anderen beitreten, sofern die Beklagten nicht notwendige Streitgenossen sind; dann ist ein Beitritt ausgeschlossen. Das Interesse des Beitretenden an einem Beitritt ist in aller Regel gegeben und kann nur ausscheiden, wenn sich Gesellschaft und Gesellschafter bei drittüblichen Leistungsbeziehungen als „Dritte" begegnen, zB als Parteien eines Dienstvertrages. Über die Zulässigkeit der Streithilfe ist – besteht Streit; § 295 ZPO ist anwendbar – gem. § 71 ZPO durch Zwischenurteil zu entscheiden. Die Entscheidung kann mit dem Schlussurteil verbunden werden.

39 Eine Streithilfe ist vor allem bei **Anfechtungsklagen** weit verbreitet (dazu ua *Goslar/von der Linden*, WuM 2009, 492 ff.; *Baums/Keinath/Gajek*, ZIP 2007, 1629, 1635 ff.; *Sturm*, NZG 2006, 921 ff.). Im Falle der Anfechtungsklage kann der auf Klägerseite beitretende Aktionär sein nach § 66 ZPO erforderliches Interventionsinteresse am Obsiegen der unterstützten Partei allein damit begründen, dass ein stattgebendes Anfechtungsurteil gem. § 248 I 1 AktG ihm gegenüber Rechtskraft- und Gestaltungswirkung entfaltet (*BGH*, NZG 2007, 675 zur AG). Mit der gleichen Erwägung kann auch der auf Seiten der verklagten Gesellschaft Beitretende sein Interventionsinteresse begründen (*BGH*, NJW 2008, 1889 zur GmbH; *OLG Nürnberg*, MDR 2009, 1401 zur AG). Für das Interventionsrecht ist unerheblich, ob der Streithelfer in der Versammlung erschienen ist oder ob er Widerspruch gegen den Beschluss hat protokollieren lassen (*BGH*, NZG 2007, 675, 677). Der Streithelfer ist wegen der Bestimmungen der §§ 248 I 1 AktG, 69 ZPO iSd § 61 ZPO **streitgenössischer Streithelfer** (*BGH*, NZG 2010, 1066, 1067; *BGH*, NZG 2009, 585 – Wertpapierdarlehen; *BGH*, NJW 2009, 2207, 2215 – Kirch/Deutsche Bank). Der streitgenössische Streithelfer kann einem von der Gesellschaft erklärten Anerkenntnis widersprechen (*BGH*, NJW 2008, 1889) und ein Rechtsmittel selbstständig auch nach einem Rechtsmittelverzicht der Hauptpartei einlegen (*BGH*, NJW 2008, 1889). Als Streitgenosse der Hauptpartei ist der streitgenössische Streithelfer ferner befugt, auch **gegen den Widerspruch** der von ihm unterstützten Partei Angriffs- und Verteidigungsmittel vorzubringen und Prozesshandlungen vorzunehmen (*BGH*, NJW 2008, 1889). Ob der Streithelfer Ersatz seiner außergerichtlichen Kosten beanspruchen kann, ist eigenständig und unabhängig von der gegenüber der unterstützten Partei zu treffenden Kostenentscheidung nach seinem persönlichen Obsiegen und Unterliegen im Verhältnis zu dem Gegner zu beurteilen (*BGH*, NZG 2009, 948). Ein Aktionär kann sich nach § 246 IV 2 AktG als Streithelfer des Klägers nur innerhalb eines Monats nach der Bekanntmachung an der Klage beteiligen kann. Diese Ausschlussfrist gilt allerdings **nicht zu Lasten** des auf Seiten der beklagten Gesellschaft beitretenden Nebenintervenienten

(*BGH*, NZG 2009, 948). § 246 IV 2 AktG gilt im Rahmen des § 249 AktG entsprechend (*BGH*, NZG 2010, 785). Nimmt der Kläger im Rahmen eines **Vergleichs** die Klage zurück, hat er – vorbehaltlich § 269 III 2 Hs. 2 ZPO – die außergerichtlichen Kosten der auf Beklagtenseite beigetretenen, am Vergleich nicht beteiligten streitgenössischen Nebenintervenienten gem. § 269 III 2 Hs. 1 ZPO zu tragen (*BGH*, NZG 2010, 1066). Erklärt ein Streithelfer seinen Beitritt zu mehreren aktienrechtlichen Anfechtungsverfahren, die denselben Hauptversammlungsbeschluss betreffen, und wird diesen Klagen, ohne die Verfahren zuvor zu verbinden, stattgegeben, kann der Streithelfer grundsätzlich in jedem der Verfahren seine jeweiligen Prozesskosten ersetzt verlangen (*BGH*, NZG 2010, 831). Einer „Nebeninterventionsbefugnis" bedarf es nicht (*BGH*, NZG 2008, 630).

c) **Prozesskostenhilfe (§ 116 ZPO).** Juristische Personen wie der e. V., die AG und die GmbH sowie parteifähige Vereinigungen, die im Inland, in einem anderen Mitgliedstaat der Europäischen Union oder einem anderen Vertragsstaat des Abkommens über den Europäischen Wirtschaftsraum gegründet und dort ansässig sind wie die Außen-GbR (dazu *BGH*, NZG 2011, 343), OHG (MünchHdb. GesR I/*Neubauer*, § 70 Rn. 8), KG, GmbH & Co. KG können auf Antrag des Vertretungsberechtigten nach § 116 1 Nr. 2, 2, 114 I 1 ZPO **Prozesskostenhilfe** erhalten. Voraussetzungen sind jeweils, dass: 40
- die beabsichtigte Rechtsverfolgung oder Rechtsverteidigung hinreichende Aussicht auf Erfolg bietet;
- die beabsichtigte Rechtsverfolgung oder Rechtsverteidigung nicht mutwillig erscheint;
- die Kosten weder von ihr noch von den am Gegenstand des Rechtsstreits wirtschaftlich Beteiligten aufgebracht werden können (wirtschaftlich Beteiligte sind vor allem die Gesellschafter, auch die stillen und Kommanditisten);
- die Unterlassung der Rechtsverfolgung oder Rechtsverteidigung allgemeinen Interessen zuwiderlaufen würde (siehe dazu *BGH*, NJW 1991, 703 zur GmbH).

d) **Einwirkungen auf den Streitgegenstand.** Die Parteien des Gesellschaftsprozesses können grundsätzlich **normal** auf den Streitgegenstand einwirken. Vor allem das klagende Verbandsmitglied unterliegt keinen besonderen Restriktionen. Besonderheiten gibt es allerdings für den verklagten Verband bei der **Beschlussmängelklage**, für bestimmte Schadenersatzansprüche und für den Kläger der actio pro socio. 41

aa) Beschlussmängelklage. Ist ein Verband beklagt (vor allem die AG und GmbH), kann er nach hM prozessual darauf verzichten, die Tatsachen des Klägers zu bestreiten; der Verband kann die Tatsachen sogar zugestehen (§ 288 ZPO). Der Verband soll ferner **säumig** sein können und befugt sein, ein **Rechtsmittel nicht einzulegen** oder dieses zurücknehmen. Diese Sichtweisen sind inkonsequent, weil ein Verband auf der anderen Seite im Rahmen einer Beschlussmängelklage **nicht befugt** sein soll, diese durch einen **Prozessvergleich** zu vernichten (siehe etwa Lutter/Hommelhoff/*Bayer*, GmbHG, Anh. zu § 47 Rn. 85). Der Verband kann über den Streitgegenstand nämlich **nicht verfügen** (*BGH*, NJW 1996, 1753, 1754; *OLG Jena*, NZG 2006, 467, 468; siehe etwa Lutter/Hommelhoff/*Bayer*, GmbHG, Anh. zu § 47 Rn. 85). Die als Passivpartei fungierende Gesellschaft ist **nicht dazu berechtigt**, im Verein mit dem klagenden Gesellschafter über die Wirksamkeit des Beschlusses der Mitgliederversammlung zu befinden oder ihn abzuändern; diese Befugnis liegt allein bei der **Gesamtheit der Verbandsmitglieder** (*BGH*, NJW 1996, 1753, 1754). Der Verband kann die Klage auch **nicht anerkennen** (*OLG München*, NJW-RR 1997, 988; *LG Koblenz*, GmbHR 2004, 260; aA MünchKommAktG/*Hüffer*, § 246 Rn. 26 mwN; offen gelassen von *BGH*, NJW-RR 1993, 1253, 1254; *OLG Jena*, NZG 2006, 467, 468). Die Verbandsmitglieder können den Verband allerdings durch Beschluss anweisen, in bestimmter Weise zu verfahren, oder ermächtigen, eigenständig zu entscheiden. Ferner können in einem Vergleich natürlich Fragen geregelt werden, die den Beschluss unberührt lassen. 42

Bei einer **Personengesellschaft** soll teilweise anderes gelten. Ist dort vereinbart, dass eine Beschlussmängelklage **gegen die Gesellschaft** erhoben werden muss (dazu Rn. 103), soll damit der Gesellschaft **materiell-rechtlich** die Befugnis übertragen sein, an Stelle der Gesellschafter über die Gesellschafterbeschlüsse zu **disponieren** (*BGH*, NJW-RR 1990, 474, 475). Diese Rechtsprechung **überzeugt nicht**, da der Wille der Gesellschafter idR nur dahin geht, die Gesellschaft zur Beklagten zu machen, nicht aber dahin, dieser das Recht zu verfügen zu übertragen. 43

bb) Schadenersatzansprüche. Steht ein Schadenersatzanspruch gegen ein Verbandsorgan im Raum, unterliegt ein Verband zum Teil Einschränkungen. Wird etwa vom einem Vorstand oder Aufsichtsrat Schadenersatzanspruch verlangt, kann sich die AG über diesen Anspruch nicht ohne weiteres vergleichen. § 93 IV 3 AktG ordnet nämlich an, dass sich die AG grundsätzlich erst drei Jahre nach der Entstehung des Schadenersatzanspruches über diesen Anspruch vergleichen kann. Ferner muss die Hauptversammlung zustimmen und es darf nicht eine Minderheit, deren Anteile zusammen den zehnten Teil des Grundkapitals erreichen, zur Niederschrift Widerspruch erheben. 44

§ 93 IV 3 AktG erfasst auch dem Prozessvergleich **entsprechende** prozessuale Handlungen wie Klageverzicht oder Anerkenntnis (MünchKommAktG/*Spindler*, § 93 Rn. 230). Bei einem Verstoß gegen § 93 IV 3 AktG ist ein Prozessvergleich **nichtig.** § 93 IV 3 AktG Entsprechendes bestimmen ua § 50 AktG und §§ 43 III 2, 9 b I 1 GmbHG. 45

46 *cc) actio pro socio.* Klagt ein Verbandsmitglied gegen einen anderes Verbandsmitglied im Wege der actio pro socio (dazu Rn. 60), kann das klagende Verbandsmitglied über Forderungen des Verbandes, zB durch Stundung oder Verzicht, **nicht verfügen** (*BGH*, NJW 1985, 2830, 2831) und daher grundsätzlich auch keinen Prozessvergleich schließen.

47 e) **Veräußerung/Abtretung der Streitsache (§ 265 ZPO).** Ein Gesellschafter, der einen Beschluss mit der Nichtigkeits- und/oder Anfechtungsklage angegriffen hat, kann den Rechtsstreit gem. § 265 ZPO auch nach der Veräußerung seines Geschäftsanteils fortsetzen, sofern er an der Fortsetzung des Rechtsstreits noch ein **rechtliches Interesse** hat (*BGH*, NJW-RR 1993, 1253; *BGH*, NJW 1965, 1378).

48 f) **Zustellungen (§ 170 ZPO).** Rechtsfähige Personengesellschaften sind wie Körperschaften jeweils **nicht selbst prozessfähig.** Zustellungen sind nicht ihnen gegenüber, sondern nach § 170 I 1 ZPO **gegenüber ihren gesetzlichen Vertretern** zu bewirken. Bei mehreren gesetzlichen Vertretern, zB mehreren vertretungsberechtigten Gesellschaftern, mehreren Geschäftsführern oder mehreren Vorständen, genügt nach § 170 III ZPO die Zustellung an einen von ihnen.

49 g) **Vertretung eines Verbandes und Heilung von Mängeln.** Ein Verband – sei er Kläger oder Beklagter – muss vor Gericht ordnungsmäßig vertreten sein. Die Frage der Ordnungsmäßigkeit ist vom Gericht **von Amts wegen** zu prüfen, auch noch in der Revision (*BGH*, NZG 2004, 327). Ein Vertretungsmangel kann in jeder Lage des Verfahrens **geheilt** werden (*BGH*, NJW-RR 2009, 690, 691; *BGH*, NZG 1999, 1215). Die notwendige Genehmigung kann auch konkludent erfolgen (*BGH*, NJW-RR 2009, 690, 691; *BGH*, NJW 1989, 984), bspw. dann, wenn sich der Aufsichtsrat aktiv mit dem Verfahren befasst und steuernd in dieses eingreift oder die beklagte GmbH mit Wissen und Wollen ihrer Geschäftsführer Widerklage erhebt. Wird die Genehmigung der bisherigen Prozessführung **verweigert,** so ist dieses allerdings nicht rechtsmissbräuchlich (*BGH*, NZG 2004, 327). Verbände werden vor Gericht **gesetzlich/organschaftlich** vertreten. Partei ist der Verband, nicht der Vertreter. Gegenüber Gericht und Gegner ist der Vertreter indes selbst „Partei". Der Vertreter ist zB als Partei zu vernehmen, § 455 I ZPO, und ist bei der Anordnung des persönlichen Erscheinens nach § 141 ZPO zu behandeln. Das Verschulden des Vertreters steht dem Verschulden des Verbandes idR gleich. Der Vertreter – der prozesshandlungsfähig sein muss – nimmt für die Gesellschaft die jeweilige Prozesshandlung vor, zB ein Anerkenntnis, einen Verzicht, einen Vergleich. Der Vertreter kann im Namen des Verbandes einen Rechtsanwalt beauftragen. Die Vertretungsmacht umfasst grundsätzlich auch die **Erhebung einer Klage** bzw. ihre Erweiterung. Im Prozess ist idR zu prüfen, ob der **gesetzliche Regelfall** gilt oder ob im Gesellschaftsvertrag **Abweichendes** bestimmt ist. Vorstellbar sind ua folgende Konstellationen:

- Der Verband wird wie vom Gesetz vorgesehen vertreten, etwa nach §§ 709, 714 BGB durch **alle Gesellschafter.** Die Klage ist dann von oder gegen die **anderen** Gesellschafter als Vertreter des Verbandes zu führen.
- Vertreter dürfen den Verband nur **gemeinsam** vertreten. Bestehen mehrere Vertreter und besteht **Gesamtvertretung,** müssen **sämtliche Vertreter** prozessual handeln (bei Einzelvertretung reicht die Erklärung eines Vertreters, auch wenn dieser im Innenverhältnis gefesselt ist). Geben einzelvertretungsberechtigte Gesellschafter gleichzeitig sich **widersprechende Erklärungen** ab, etwa Anerkenntnis, Verzicht oder Anträge, sind diese unwirksam (MünchKommZPO/*Lindacher,* § 50 Rn. 28). Fällt ein Gesamtvertreter **aus,** etwa weil er Kläger oder zu verklagen ist, können die verbleibenden Gesamtvertreter idR den Verband allein vertreten, wenn die Satzung keine Mindestzahl an Geschäftsführern vorsieht und diese nunmehr unterschritten ist (siehe auch *OLG Schleswig,* GmbHR 2011, 253).
- Der Verband wird nur **von einem Mitglied** vertreten und die Klage richtet sich gegen diesen oder geht von diesem aus. Hier wird es häufig eines Prozesspflegers (§ 57 ZPO) oder eines Notorgans bedürfen.

50 Wird eine Gesellschaft **abgewickelt,** wird sie von Liquidatoren vertreten (vgl. ua § 290 AktG, § 66 GmbHG, §§ 161 II, 146 HGB, § 48 BGB). Will ein Gesellschafter gegen eine Gesellschaft ohne aktuellen Amtswalter klagen, kann zB nach § 85 I 1 AktG, § 29 BGB bzw. entsprechend diesen Vorschriften die Bestellung eines Amtswalters beantragt werden; s. a. § 57 ZPO. Das **Rechtsmittel** einer in dem anhängigen Rechtsstreit von Anfang an nicht nach den Vorschriften des Gesetzes vertretenen Partei ist zum Zwecke der Korrektur dieses – von Amts wegen zu berücksichtigenden – Mangels als zulässig zu behandeln. Es führt aber nur zur Aufhebung eines gegen die Partei ergangenen Sachurteils sowie zur Abweisung der Klage als unzulässig, weil anderenfalls – bei Verwerfung des Rechtsmittels als unzulässig – ein vorinstanzliches Sachurteil bestätigt würde, das der Nichtigkeitsklage gem. § 579 I Nr. 4 ZPO ausgesetzt wäre (*BGH*, NJW 2004, 1528).

51 h) **Beweis.** Im Gesellschaftsprozess gelten für die Beweisaufnahme die **allgemeinen Regelungen** der §§ 355 ff. ZPO. Nach der „Normentheorie" muss jede Partei die Tatsachen behaupten und beweisen, die von den **ihr günstigen** Normen vorausgesetzt werden (*BGH*, NJW 2005, 2395, 2396; *BGH*, NJW 1992, 683). Die **Normentheorie** gilt auch bei den praktisch so wichtigen **Beschlussmängelklagen** (*Lutz,* Gesellschafterstreit Rn. 639; *Hüffer,* AktG, § 243 Rn. 59). Wer etwa die **Nichtigkeit eines Beschlusses** geltend macht, trägt die Darlegungslast hierfür und hat im Bestreitungsfall die Umstände unter Beweis zu stellen, aus denen sich im konkreten Fall die Nichtigkeit oder zumindest ein begründeter Zweifel an

der Wirksamkeit des Beschlusses ergibt (*BGH*, NJW 1987, 1262). Wer sich umgekehrt auf die **Wirksamkeit eines Mehrheitsbeschlusses beruft**, hat etwa darzulegen und ggf. zu beweisen, dass für den Mehrheitsbeschluss eine taugliche Grundlage im Gesellschaftsvertrag gegeben war (MünchKomm-HGB/*Enzinger*, HGB, § 119 Rn. 97). Bei den Beschlussmängelklagen gilt für formelle Beschlussmängel allerdings ergänzend die **Relevanztheorie** (dazu Rn. 81). Eine Ausnahme ist es, dass ein Kläger einen Verstoß gegen den **Grundsatz der Gleichbehandlung** (dazu Rn. 33) nur geltend machen und beweisen muss, die Gründe, die eine Ungleichbehandlung rechtfertigen, aber der Verband beweisen muss (dieses gilt auch bei § 243 II AktG).

Eine bei der Beweisaufnahme **regelmäßig auftauchende** Frage ist, wie die Mitglieder eines Verbandes zu vernehmen sind. Allgemein gilt dazu, dass die Gesellschafter, die die Gesellschaft oder den Verband **aktiv leiten** (etwa Geschäftsführer, Vorstand, Komplementär), **Partei** sind und dass für diese §§ 445 ff. ZPO gelten. Die „normalen" Mitglieder eines Verbandes sind hingegen regelmäßig als Zeuge zu vernehmen, zB die GmbH-Gesellschafter, Vereinsmitglieder, Aktionäre, aber auch Gesellschafter der OHG und der Außen-GbR (MünchHdb. GesR I/*Gummert*, § 19 Rn. 35), wenn sie an der Geschäftsführung nicht teilnehmen. Der Komplementär ist Partei. Die Kommanditisten sind – auch mit Prokura – hingegen Zeuge (*BGH*, NJW 1965, 2253, 2254). Der Komplementär, der Liquidator ist, kann Zeuge sein (*BGH*, NJW 1965, 106). Das Aufsichtsratsmitglied der AG kann Zeuge sein, es sei denn, es wäre ausnahmsweise zugleich gesetzlicher Vertreter der AG (*Barfuß*, NJW 1977, 1273, 1274). 52

i) Änderungen im Gesellschafterbestand. Änderungen im Gesellschafterbestand haben auf den Gesellschaftsprozess idR **keine Auswirkung.** Die Ausnahme ist, dass es sich um einen **vertretungsberechtigten Gesellschafter** handelt – ein Fall des § 241 ZPO – oder die Änderung zum Erlöschen der Gesellschaft führt – meist ein Fall der §§ 239 ff. ZPO; entsprechendes gilt, wenn eine Gesellschaft in Insolvenz fällt. 53

j) Auflösung und Beendigung. *aa) Auflösung.* Wird eine Gesellschaft **aufgelöst**, besteht ihre Parteifähigkeit jedenfalls bis zur Vollbeendigung (Rn. 56) fort (*BAG*, NJW 1988, 2637; *OLG Koblenz*, NJW-RR 1994, 500; *KG*, NJW-RR 1991, 808), vgl. auch §§ 156 HGB, 730 BGB. Es kommt gem. § 240 ZPO zu keiner Unterbrechung, sofern nicht das Insolvenzverfahren eröffnet wurde. Mit der Auflösung wechselt ggf. die Vertretung eines Verbandes: Vertreter sind jetzt idR Liquidatoren. Auch bei einer zB als Außen-GbR ausgestalteten **Publikumsgesellschaft** (dazu Rn. 259 und Rn. 260) hat die Auflösung grundsätzlich zur Folge, dass eine Einzelgeschäftsführungsbefugnis erlischt und **Geschäftsführung und Vertretung** von der Auflösung an **allen Gesellschaftern** gemeinschaftlich zusteht. Ist dieses unzumutbar, kann das Gericht entsprechend § 146 Abs. 2 HGB Liquidatoren ernennen (*BGH*, NZG 2011, 1140). Durch diesen Wechsel tritt gem. §§ 241 I, 246 ZPO eine Unterbrechung ein, wenn die Liquidatoren mit den bisherigen Vertretern **nicht identisch** sind (*BGH*, WM 1982, 1170). 54

Ist eine Gesellschaft aufgelöst, können nach dem **Grundsatz der Durchsetzungssperre** aus dem Gesellschaftsverhältnis stammende Gesellschafter-Ansprüche gegen die Gesellschaft – etwa: Rückgewähr der Einlage, Gewinnansprüche, Ansprüche auf Aufwendungsersatz oder auf Vergütung für die Geschäftsführung, Ansprüche auf Schadenersatz, sofern sie sich aus dem Gesellschaftsverhältnis ergeben (MünchHdb. GesR I/*Gummert*, § 21 Rn. 96; s. a. *Freund*, MDR 2011, 577, 579) – **grundsätzlich nicht gesondert** geltend gemacht werden, sondern sind **unselbstständige Rechnungsposten** in einer Schlussabrechnung („Auseinandersetzungsbilanz"; vgl. *BGH*, NZG 2011, 502, 503; *BGH*, NZG 2006, 459; *BGH*, NZG 2004, 326; zum Verhältnis Gesellschafter – Gesellschafter vgl. hingegen *BGH*, DStR 1993, 922 m. w. N.; *BGH*, NJW-RR 1991, 549). Dieses gilt für die Personengesellschaften und wohl auch für die Kapitalgesellschaften (*Freund*, MDR 2011, 577, 579). Etwas anders gilt im Verhältnis Gesellschaft – Gesellschafter nur in wenigen Ausnahmefällen. Zahlung kann von der Gesellschaft gegenüber ihrem Gesellschafter zum einen verlangt werden, soweit Gesellschafter-Beiträge noch ausstehen (*BGH*, NJW 1984, 435; *BGH*, WM 1977, 617 m. w. N.). Weiter kann von der Gesellschaft Zahlung verlangt werden, wenn es um Schadenersatzansprüche gegen einen Gesellschafter geht, die zur Befriedigung von Gesellschaftsgläubigern dringend benötigt werden und der ersatzpflichtige Gesellschafter aus der Liquidationsmasse nichts verlangen kann (*BGH*, DStR 1992, 762; *BGH*, WM 1968, 1086). Schließlich besteht eine Ausnahme, wenn es einer Auseinandersetzung und deswegen der Erstellung einer Schlussabrechnung überhaupt nicht bedarf (*BGH*, DStR 1993, 1490, 1491). Dieses ist der Fall, wenn kein zu liquidierendes Gesellschaftsvermögen mehr vorhanden ist. Dann genügt die Vorlage einer einfachen Auseinandersetzungsrechnung. Etwas anderes gilt ferner ggf. dann, wenn der Zeitpunkt nutzlos verstrichen ist, bis zum dem die Abfindung zu berechnen war (*BGH*, NJW 2011, 2355). 55

Verlangt ein Gesellschafter **nach Auflösung** der Gesellschaft, aber **vor Abschluss** der Auseinandersetzung von einem Mitgesellschafter die Zahlung einer Schuld an die Gesellschaft, ist die Klage auf Zahlung grundsätzlich – wohl als unbegründet – abzuweisen, zugleich aber **festzustellen**, dass die Schuld ein zu Lasten des Beklagten gehender Teilposten der Auseinandersetzungsrechnung ist (*BGH*, NJW 1984, 1455). Der Feststellungsantrag soll im Zahlungsantrag als Minus enthalten sein (§ 264 Nr. 2 ZPO) und ist notfalls vom Gericht – macht es von § 139 ZPO keinen Gebrauch – entsprechend umzudeuten.

bb) Vollbeendigung. Eine Gesellschaft geht mit der der Auflösung folgenden **(Voll-)Beendigung** unter. Die (Voll-)Beendigung führt zum Verlust der Parteifähigkeit. Partei sind idR nicht die ehemaligen Ge- 56 sellschafter. Für einen Übergang vom Gesellschafts- zum Gesellschafterprozess bedarf es grundsätzlich eines **gewillkürten** Parteiwechsels (*BGH*, NJW 1974, 750); anders ist es nach § 20 UmwG oder wenn alle Gesellschafter **bis auf einen** wegfallen. Scheidet der vorletzte Gesellschafter etwa aus einer Außen-GbR aus, für die im Gesellschaftsvertrag bestimmt ist, dass die Gesellschaft unter den verbleibenden Gesellschaftern fortgesetzt wird, führt dies – soweit nichts Abweichendes geregelt ist – zur **liquidationslosen Vollbeendigung** der Gesellschaft und zur **Anwachsung** des Gesellschaftsvermögens bei dem letzten verbliebenen Gesellschafter (*BGH*, NJW 2008, 2992). Tritt die (Voll-)Beendigung während eines Rechtsstreits ein, **erledigt** sich der Rechtsstreit in der Hauptsache. Für die **Abgabe der Erledigterklärung** oder des Widerspruchs gegen die Erklärung ist die voll beendete OHG parteifähig (*BGH*, NJW 1982, 238). Wird die Erledigung nicht erklärt, ist die Klage **als unzulässig** abzuweisen (*BGH*, NJW 1982, 238). Tritt durch die Vollbeendigung Gesamtrechtsnachfolge ein, wird der Prozess unterbrochen und der Gesamtrechtsnachfolger tritt in den Prozess ein (§§ 239 ff. ZPO); einer Zustimmung des Prozessgegners bedarf es nicht (MünchHdb. GesR I/*Neubauer,* § 70 Rn. 14).

57 Stellt sich **nach Vollbeendigung** ein **Abwicklungsbedarf** heraus, kommt es zu einer Nach(trags)liquidation (*BGH*, NJW 1968, 297, 298). Durch den Abwicklungsbedarf entsteht eine „Nachtragsgesellschaft". Diese ist als solche **allein kraft Rechtsberühmung** als Partei existent und **aktiv parteifähig** (*BGH*, NZG 2011, 26, 27; *BGH*, NJW-RR 1994, 542). Im **Passivrechtsstreit** ist die der auf Leistung aus dem Gesellschaftsvermögen verklagte Nachtragsgesellschaft parteifähig, wenn der Kläger substanziiert behauptet, es sei bei der Gesellschaft noch Vermögen vorhanden (*BGH*, NZG 2011, 26, 27), jedenfalls aber, wenn **konkrete Aussicht** auf Realisierbarkeit des Titels besteht (MünchKommZPO/*Lindacher,* § 50 Rn. 15). Die Nachtragsgesellschaft wird grundsätzlich durch einen **Liquidator** vertreten. Dessen Bestellung kann von einem (ehemaligen) Gesellschafter, einem Organ oder der anderen Partei beantragt werden.

58 *cc) Wegfall von Gesellschaftern.* Fallen während eines Rechtsstreits alle Gesellschafter bis auf einen weg oder **übernimmt** ein Gesellschafter das Gesellschaftsunternehmen **ohne Liquidation** mit Aktiven und Passiven (§ 142 HGB), erlischt eine Gesellschaft. Der verbleibende Gesellschafter erwirbt das Gesellschaftsvermögen im Wege der **Gesamtrechtsnachfolge** (*BGH*, NJW 1993, 1917, 1918), was einen Parteiwechsel entsprechend §§ 239 ff., 246 ZPO zur Folge hat (*BGH*, NJW 2002, 1207).

59 *dd) Löschung.* Eine Löschung gemäß § 394 I 1, IV 1 FamFG hat zur Folge, dass die Gesellschaft ihre Rechtsfähigkeit verliert und damit nach § 50 I ZPO auch ihre Fähigkeit, Partei eines Rechtsstreits zu sein (*BGH*, NZG 2011, 26, 27). Bestehen Anhaltspunkte dafür, dass noch **verwertbares Vermögen** vorhanden ist, gelten die Grundsätze zum **Nachtragsgesellschaft** (dazu Rn. 57).

60 **k) Actio pro socio (Gesellschafterklage).** Besonderer Gesellschaftsprozess ist die **Klage eines Gesellschafters** (auch eines einer Außen-GbR, *BGH*, NJW 2000, 505) **für die Gesellschaft** gegen einen anderen Gesellschafter (actio pro socio oder Gesellschafterklage). Die Befugnis, Ansprüche, die sich aus dem Gesellschaftsvertrag ergeben, wahrzunehmen, ist **Mitgliedschaftsrecht** (*BGH*, NZG 2010, 783; *BGH*, NJW 1992, 1890, 1892), **Prozessstandschaft** (*Hadding*, actio pro socio, 1966; MünchKommBGB/*Ulmer,* § 705 Rn. 208; offen gelassen von *BGH*, NJW 1985, 2830, 2831; aA *BGH*, NJW 1957, 1358) und wird vor allem für die **Personalgesellschaften** bejaht, aber im Grunde auch bei der **GmbH zugelassen** (*BGH*, NJW 1976, 191), wenn die vom GmbHG bereitgestellten Rechtsinstrumente versagen (*OLG Koblenz*, GmbHR 2010, 1044). Bei Untätigkeit der GmbH-Organe sind zunächst die rechtlichen Einwirkungsmöglichkeiten auszuschöpfen, die dem Gesellschafter nach dem GmbHG in diesem Fall zur Verfügung stehen (*OLG Koblenz*, GmbHR 2010, 1044). Ob auch ein **Aktionär** im Wege der actio pro socio Ansprüche der AG verfolgen kann, ist **streitig** (dazu *Schwab*, Das Prozessrecht gesellschaftsinterner Streitigkeiten, § 2 F.). Wegen § 147 AktG sowie im Umkehrschluss zu § 93 V AktG ist die **Zulässigkeit** hier **zweifelhaft** (*Bayer*, NJW 2000, 2609, 2613); zum Teil wird wenigstens eine actio pro socio eines Aufsichtsratsmitglieds für den Gesamt- Aufsichtsrat zugelassen (*Bork*, ZGR 1989, 1, 39; offen gelassen von *BGH*, NJW 1989, 979).

61 Die actio unterliegt der **gesellschafterlichen Treuepflicht** (Rn. 31) und kann sich unter diesem Blickwinkel als **rechtsmissbräuchlich** darstellen (*BGH*, NZG 2010, 783). Sie kommt bei Sozialansprüchen (zum Begriff Rn. 24), etwa Schadenersatz (*BGH*, NJW 1973, 2198, 2199), oder bei Beitragsforderungen, **nicht aber bei Unterlassungsansprüchen** der Gesellschaft in Bezug auf Geschäftsführungsmaßnahmen in Betracht (*BGH*, NJW 1980, 1463, 1465); Letzteres **verträgt sich kaum** mit der Sichtweise bei den Kapitalgesellschaften, wo Unterlassungsansprüche zugelassen sind (dazu Rn. 28 und Rn. 203; siehe ferner ua *Becker*, Verwaltungskontrolle durch Gesellschafterrechte, 1997, S. 536; *Grunewald*, Die Gesellschafterklage in der Personengesellschaft und der GmbH, 1990, S. 29 ff.). Der Klageantrag muss beachten, dass **Leistung an die Gesellschaft** zu fordern ist (*BGH*, NJW 1973, 2198, 2199; *BGH*, NJW 1957, 1358). Zur **Klärung seiner Prozessführungsbefugnis** muss der Kläger die Gründe vortragen und ggf. beweisen, warum die Gesellschaft an einer Klage gehindert ist. Für die Begründetheit der Klage sind der materiell-rechtliche Bestand und die Durchsetzbarkeit des Anspruchs maßgebend (MünchKommBGB/*Ulmer,* § 705 Rn. 212). Der klagende Gesellschafter kann **nicht** über den geltend gemachten Anspruch **verfügen.** Eine Rechtskrafterstreckung zwischen Gesellschafter und Gesellschaft oder an-

deren Gesellschaftern findet nicht statt. Wird die actio etwa abgewiesen, entfaltet das Urteil keine Rechtskraft im Verhältnis zur Gesellschaft. Der Gesellschafter ist Kostenschuldner. Die actio hindert die Gesellschaft auch nicht, den Anspruch selbst einzuklagen; § 261 III Nr. 1 ZPO ist nicht anwendbar. Erhebt die Gesellschaft Klage, verliert der Kläger seine Prozessführungsbefugnis (str.).

l) **Änderungen des Verfahrensrechts (Überleitungsvorschriften).** Nach den Grundsätzen des **intertemporalen Zivilprozessrechts** richtet sich die Anwendbarkeit neuer Prozessgesetze auf anhängige Rechtsstreitigkeiten in erster Linie nach den vom Gesetzgeber – regelmäßig in Gestalt von Überleitungsvorschriften – getroffenen positiven Regelungen. Soweit Übergangsregelungen fehlen, erfassen Änderungen des Prozessrechts im Allgemeinen auch **schwebende Verfahren** (*BGH*, NZG 2007, 675, 678). Diese sind daher mit dem Inkrafttreten des Änderungsgesetzes grundsätzlich nach neuem Recht zu beurteilen, soweit es nicht um unter der Geltung des alten Rechts abgeschlossene Prozesshandlungen und abschließend entstandene Prozesslagen geht (*BGH*, NZG 2007, 675, 678; *BGH*, NJW 1991, 1686 mwN). 62

m) **Falsche Zuordnung als Sachurteilsvoraussetzung; Anfechtungsbefugnis.** Die Praxis ordnet zum Teil bestimmte Voraussetzungen unzutreffend als Sachurteilsvoraussetzungen und nicht als materielle Voraussetzungen ein. Hierher gehört vor allem die Anfechtungsbefugnis. Die Anfechtungsbefugnis eines Verbandsmitglieds – etwa die Voraussetzungen des § 245 Nr. 1 bis Nr. 3 AktG – betrifft nicht die Zulässigkeit, sondern die **Begründetheit** einer Anfechtungsklage (*BGH*, NZG 2007, 907, 908). Ist die Anfechtungsbefugnis nicht gegeben, ist die Klage daher als **unbegründet**, nicht als unzulässig abzuweisen (*BGH*, GmbHR 2008, 426, 427; Baumbach/Hueck/*Zöllner*, GmbHG, Anh. § 47 Rn. 135). Auch die Einhaltung der Klagefrist bei Anfechtungsklagen ist ebenso **materielle Voraussetzung** wie es ein Beschluss nach § 46 Nr. 8 Alt. 2 GmbHG ist. Der nach § 46 Nr. 8 Alt. 2 GmbHG erforderliche Gesellschafterbeschluss ist **materielles Erfordernis** für die Geltendmachung der Forderung, so dass eine ohne Beschluss der Gesellschafter erhobene Klage wegen Fehlens einer materiellen Anspruchsvoraussetzung als **unbegründet** abzuweisen ist (*BGH*, NZG 2004, 962, 964). 63

n) **Verfahrensordnung.** Verfahrensordnung im Gesellschaftsprozess ist grundsätzlich die ZPO. Zum Teil ist das FamFG anzuwenden, etwa bei den **Informations- und Auskunftsrechten** eines Gesellschafters oder Aktionärs nach §§ 51 b 1 GmbHG, 132 AktG (dazu Rn. 258 und Rn. 207). 64

7. Fragen des treuhänderisch gehaltenen Gesellschaftsanteils

In der Praxis werden die Rechte eines Verbandsmitgliedes – in der Regel eines Gesellschafters – teilweise **im Wege der Treuhand** wahrgenommen. Ein Treuhänder-Gesellschafter mit einer Vielzahl von Treugebern (Anlegern) ist besonders häufig bei Publikumsgesellschaften (dazu Rn. 259) vorgesehen. Auch bei Anlagemodellen ist Treuhand verbreitet. Die Anleger können auf Grund vertraglicher Vereinbarungen eine **Innengesellschaft bürgerlichen Rechts** nach §§ 705 ff. BGB bilden (*BGH*, NJW 2011, 921, 922; dazu *K. Schmidt*, NZG 2011, 361 ff.). Dem Treugeber können unmittelbare Rechte und Ansprüche gegenüber dem Verband **zugebilligt** werden (*BGH*, NZG 2003, 915). Der Treugeber kann auf diese Art und Weise die Stellung eines „Quasi-Gesellschafters" erhalten mit unmittelbarem Stimmrecht, mit Teilnahmerecht an der Gesellschafterversammlung und mit Einsichts-, Informations- und Kontrollrechten. Eine solche Gestaltung der Treugeberstellung, wie sie vor allem bei Publikumsgesellschaften verwendet wird, führt zu einer **Einbeziehung des Anlegers in den Gesellschaftsverband** und geht dadurch über die übliche schuldrechtliche Beziehung zum Treuhänder deutlich hinaus (*BGH*, NZG 2009, 57, 59; *OLG München*, NZG 2009, 1383). 65

Verbandsrechtlich betrachtet ist **allein der Treuhänder** Gesellschafter = Verbandsmitglied (*BGH*, WM 1977, 75) und Inhaber der Mitgliedschaftsrechte. Andererseits ist möglich, dass der **Treugeber** und nicht der Treuhänder **Gesellschafter** ist. Dieses hat der BGH nach Auslegung des Treuhandvertrages etwa für Treuhandverhältnis für eine **Grundbuchtreuhand** angenommen (*BGH*, BeckRS 2011, 21069). Ist der Treuhänder Gesellschafter, stehen nur ihm Ansprüche auf **Gewinn und Abfindung** zu. Und nur der Treuhänder ist Träger der gesellschaftsrechtlichen Treuepflicht. Dem Treugeber steht bspw. weder die Anfechtungs- noch die Nichtigkeitsklage zu (*BGH*, NJW 1966, 1458, 1459). Die Anfechtungsberechtigung als eine förmliche Voraussetzung ist nämlich nicht nach wirtschaftlichen, sondern allein nach den **rechtlichen Verhältnissen** zu beurteilen (*BGH*, NJW 1966, 1458, 1459; *BGH*, NJW 1957, 591). Der Treugeber haftet dafür nach außen auch nicht persönlich für Gesellschaftsschulden analog §§ 128, 130 HGB (*BGH*, BeckRS 2011, 21069; *BGH*, NZG 2009, 57, 59). Der Treuhänder kann freilich verlangen, dass der Treugeber ihn von seiner Haftung freistellt. Tritt der Treuhänder diesen Anspruch ab, wandelt er sich ggf. in einen Zahlungsanspruch gegen den Treugeber um (*BGH*, BeckRS 2011, 09689). 66

8. Schiedsvereinbarungen

Gesellschaft und Gesellschafter können für die meisten ihrer Streitigkeiten eine **Schiedsvereinbarung** iSv § 1029 I ZPO treffen. Voraussetzung ist, dass die Streitigkeit nach § 1030 I ZPO **schiedsfähig** ist. In 67

Betracht kommen zB Auskunfts- und Einsichtsrechte, Auflösungsklagen, Gesellschafterausschlüsse, aber auch Beschlussmängelstreitigkeiten (in der GmbH muss die Schiedsklausel bei Beschlussmängelstreitigkeiten allerdings besonderen Anforderungen genügen, vgl. *BGH*, NJW 2009, 1962). Die Satzung von Vereinen, Aktiengesellschaften oder die einer GmbH kann für Streitigkeiten aus dem Mitgliedschaftsverhältnis darüber hinaus ein Schiedsgericht nach § 1066 ZPO anordnen; für die OHG, KG, GmbH & Co. KG und die Publikums-KG gilt dieses nicht (*BGH*, NJW 1980, 1049; str.). Die Schiedsvereinbarung eines Gesellschafters bindet seine **Gesamt- und Sonderrechtsnachfolger**, falls nichts anderes bestimmt ist (*BGH*, NZG 1998, 63 mwN), **ohne** dass es des **gesonderten Beitritts** des Erwerbers zum Schiedsvertrag bedarf. Sieht ein Gesellschaftsvertrag für Streitigkeiten über die Wirksamkeit des Beitritts ein schiedsrichterliches Verfahren vor, ist der Eintretende hieran gebunden (*BGH*, NJW 1980, 1797). Die von der Gesellschaft geschlossene Schiedsvereinbarung bindet gem. § 128 HGB bzw. nach der Schiedsvereinbarung auch den Gesellschafter (*BayObLG*, SchiedsVZ 2004, 45, 46; aA *Habersack*, SchiedsVZ 2003, 241, 246); für den Kommanditisten ist dieses streitig (bejahend *BGH*, WM 1971, 308; verneinend Baumbach/*Hopt*, HGB, § 171 Rn. 4). Die Schiedsvereinbarung der Publikumsgesellschaft (Rn. 259) mit einem Dritten bindet den Gesellschafter nicht (Baumbach/*Hopt*, HGB, § 171 Rn. 4). Ob eine zwischen den Gesellschaftern nach der Satzung geltende Abrede auch die Gesellschaftsorgane bindet, ist unklar. Streitig ist ferner, ob eine bloße Satzungsregelung ausreicht oder ein in Aussicht genommener Schiedsvertrag geschlossen werden muss (verneinend *KG*, BB 2011, 1538; *KG*, NJW 2008, 2719; *Kröll*, SchiedsVZ 2008, 62; bejahend *OLG Hamm*, AG 2007, 910).

68 Gegen einen Schiedsspruch kann nach § 1059 ZPO ein **Antrag auf gerichtliche Aufhebung** gestellt werden. § 1059 II ZPO zählt die Aufhebungsgründe abschließend auf. Das zuständige OLG (§ 1062 ZPO) kann die Wirksamkeit der Schiedsvereinbarung ohne Bindung an das Schiedsgericht prüfen (*BGH*, NJW 2005, 1125).

9. Insolvenz

69 Nach § 11 I InsO kann ein Insolvenzverfahren über das Vermögen jeder Körperschaft eröffnet werden, wobei der nicht rechtsfähige Verein einer juristischen Person gleichsteht. Ein Insolvenzverfahren kann gem. § 11 II Nr. 1 InsO ferner über das Vermögen jeder Personengesellschaft eröffnet werden. Durch die Eröffnung des Insolvenzverfahrens geht das Recht eines Verbandes, das zur Insolvenzmasse gehörende Vermögen zu verwalten und über es zu verfügen, nach § 80 I InsO auf den Insolvenzverwalter über. Durch die Eröffnung des Insolvenzverfahrens wird ein Gesellschaftsprozess, **wenn** er die Insolvenzmasse betrifft, nach § 240 1 ZPO unterbrochen, bis es nach den für das Insolvenzverfahren geltenden Vorschriften aufgenommen oder das Insolvenzverfahren beendet wird. Ob ein Gesellschaftsprozess die Insolvenzmasse betrifft, ist dabei immer im Einzelfall zu prüfen. Etwa die Anfechtungsklage (Nichtigkeitsklage) gegen einen Gesellschafterbeschluss betrifft die Insolvenzmasse, wenn sich der Beschluss nicht in inneren Angelegenheiten der Gesellschaft erschöpft, sondern die erfolgreiche Anfechtung eine Verminderung der Teilungsmasse oder eine Erhöhung der Schuldenmasse zur Folge hat (*BGH*, NJW-RR 2006, 471). Ist die Insolvenzmasse nicht betroffen, wird die Gesellschaft weiterhin vom üblichen Vertreter vertreten (*BGH*, NJW-RR 2006, 471). Eine aktienrechtliche **Beschlussmängelklage** wird durch die Eröffnung des Insolvenzverfahrens über das Vermögen der Aktiengesellschaft nur dann nach § 240 ZPO unterbrochen, wenn der angefochtene Beschluss zu einer Vergrößerung der Insolvenzmasse führt (*BGH*, NZI 2011, 809); Entsprechendes dürfte für andere Beschlussmängelklagen gelten, sofern der Anfechtungsgegner die Gesellschaft ist.

10. Auslandsbezüge (Internationales Gesellschaftsrecht)

70 a) **Überblick.** Im Gesellschaftsprozess treten vermehrt Verfahren mit Bezug zum Ausland auf. Zunehmend kommen vor Gericht außerdem ausländische Gesellschaftsformen mit ihren jeweiligen ganz besonderen Problemen für den Prozess in den Blick, etwa die der GmbH entsprechenden Besloten Vennootschap (B. V.), Société à responsabilité limitée (S. à. r. l. oder SARL), società a responsabilità limitata (Srl bzw. S. r. l.), Spółka z ograniczona odpowiedzialnością (sp. z o. o.), Sociedad de responsabilidad limitada (S. L.) oder die Limited Company (Ltd.). Solche ausländischen Gesellschaften werden – wenn sie nach dem Recht eines Mitgliedstaates der EU gegründet und parteifähig sind – auch dann als parteifähig angesehen, wenn sie mit Sitz in Deutschland als nicht parteifähig anzusehen wären oder ihren Sitz nach Deutschland **verlegen** (*EuGH*, NJW 2003, 3331 – Inspire Art; *EuGH*, NJW 2002, 3614 – Überseering; *EuGH*, NJW 1999, 2027 – Centros). Ferner ist entschieden, dass eine in einem **EFTA-Staat** nach dessen Vorschriften wirksam gegründete Kapitalgesellschaft in einem anderen Vertragsstaat des EWR-Abkommens auf der Grundlage der darin garantierten Niederlassungsfreiheit (Art. 31 EWR) – unabhängig von dem Ort ihres tatsächlichen Verwaltungssitzes – in der Rechtsform anzuerkennen ist, in der sie gegründet wurde (*BGH*, DNotZ 2006, 143, 444). Etwa eine liechtensteinische Aktiengesellschaft ist daher befugt, ihre vertraglichen Rechte in der Deutschland geltend zu machen und gerichtlich durchzusetzen. Parteifähig sind schließlich auch solche ausländischen Gesellschaften, wenn die gegenseitige Anerkennung der Rechts- und Parteifähigkeit von Gesellschaften durch Staatsvertrag geregelt ist

und dieser an das jeweilige Gründungsrecht der Gesellschaften anknüpft (vgl. *BGH*, NJW 2003, 1607). In Nicht-EU-Staaten und Nicht-EWR-Staaten (Island, Liechtenstein und Norwegen) gegründete Gesellschaften werden – fehlt es an eine Staatsvertrag – hingegen „wie" eine OHG/Außen-GbR behandelt (*BGH*, NJW 2009, 189; *BGH*, NJW 2002, 3539).

Ist eine Gesellschaft nach dem für sie maßgeblichen Recht des Gründungsstaates **erloschen**, so ist dieser Status **überall** in der Europäischen Union verbindlich (*OLG Düsseldorf*, NZG 2010, 1226, 1227; *LG Duisburg*, NZG 2007, 637). Dies gilt auch dann, wenn es sich lediglich um eine Scheinauslandsgesellschaft handelt, die zwar ihren Gründungssitz in einem Mitgliedstaat hat, tatsächlich aber nur in einem anderen Mitgliedstaat wirtschaftlich tätig ist (*EuGH*, NJW 2003, 3331 – Inspire Art; *BGH*, NJW 2005, 1648). Nach den Grundsätzen der „Rest- und Spaltgesellschaft" (*BGH*, NJW 1971, 1514; *BGH*, NJW 1957, 1433; *OLG Düsseldorf*, NZG 2010, 1226, 1227; *KG*, NZG 2010, 310) ist allerdings vom Fortbestand einer ausländischen Gesellschaft, die nach ihrem Personalstatut die Rechtsfähigkeit bereits verloren hat, als „Restgesellschaft" so lange auszugehen, wie die Liquidation inländischen Vermögens noch nicht beendet ist (*OLG Düsseldorf*, NZG 2010, 1226, 1227; *KG*, NZG 2010, 310; *OLG Nürnberg*, NZG 2008, 76). 71

b) Die Limited. *aa) Allgemeines.* Die private company limited by shares (Limited), eine Kapitalgesellschaft nach englischem Recht, ist wie GmbH und AG juristische Person. Sie wird von Direktoren vertreten (director). Der Companies Act 2006 schreibt vor, dass jede private company wenigstens einen Direktor haben muss, der eine natürliche Person ist. Sofern die Limited nur eine juristische Person, zB eine Gründungsagentur, als Direktor hat, muss daneben eine natürliche Person als Direktor bestellt werden. 72

bb) Beschlussmängel. Mangelhafte Beschlüsse können in der Limited grundsätzlich nur binnen 21 Tagen nach Beschlussfassung angefochten werden (Henssler/Strohn/*Servatius*, IntGesR, Rn. 98). Für Klagen, die die Gültigkeit der Beschlüsse der Organe der Limited zum Gegenstand haben, sind allerdings die Gerichte desjenigen Mitgliedstaates ausschließlich zuständig, in dessen Hoheitsgebiet die Gesellschaft ihren Sitz hat, Art. 22 Nr. 2 EuGVVO. Die von Art. 22 Nr. 2 EuGVVO erfassten Sachverhalte werden danach grundsätzlich nach englischem Recht vor den englischen Gerichten behandelt (*Altmeppen/Wilhelm*, DB 2004, 1083, 1087; *Heinz*, Die englische Limited, § 3 Rn. 5). 73

cc) Löschung. Wie eine deutsche Gesellschaft (Rn. 56), ist eine Limited nach der nach englischem Recht durchgeführten Löschung und Auflösung für Prozesse im Inland nicht mehr passiv parteifähig, wenn sie **im Inland kein Vermögen** mehr hat (*KG*, NZG 2010, 310). Ist die Liquidation inländischen Vermögens allerdings noch nicht beendet, ist von ihrem Fortbestand als „Restgesellschaft" auszugehen, auch wenn sie nach ihrem Personalstatut die Rechtsfähigkeit bereits verloren hat (Rn. 57). Auf nicht werbend tätige Restgesellschaften ist das Recht derjenigen inländischen juristischen Person anzuwenden, die der ausländischen juristischen Person am ehesten entspricht (*Jooß*, GWR 2010, 340 mwN). Das ist etwa im Fall der Limited wohl das Recht der GmbH (*OLG Hamburg*, NZG 2007, 597, 599; *Jooß*, GWR 2010, 340). 74

dd) Gerichtsstand. Gesellschaftsrechtliche Streitigkeiten von „deutschen" Limited's sind nach Art. 60, 22 EuGVVO **grundsätzlich vor englischen Gerichten** zu verhandeln (Rn. 35 f.). Dies gilt gem. Art 5 Nr. 1 EuGVVO auch für gesellschaftsrechtliche Klagen, die **nicht** den Bestand der Gesellschaft betreffen, zB Zahlungsklagen oder Ansprüche, die sich unmittelbar aus dem Gesellschaftsvertrag ergeben. Geht es um den Anstellungsvertrag eines in Deutschland tätigen directors, sind allerdings idR deutsche Gerichte zuständig (*Waclawik*, Prozessführung im Gesellschaftsrecht, Rn. 649). 75

11. Kaufmannsbegriff

Der Begriff des Kaufmanns spielt im Gesellschaftsprozess selten eine Rolle, ist jedenfalls idR **unproblematisch** zu lösen. Alle in diesem Abschnitt behandelten Gesellschaften sind Kaufmann nach § 6 HGB, greift nicht einmal ausnahmsweise zB § 105 II HGB ein oder handelt es sich um eine bloße Außen-GbR oder um einen Verein. Es stellt sich zum Teil aber die Frage, etwa bei einer Bürgschaft, ob der **Komplementär** oder die **Gesellschafter einer OHG** (auch) Kaufmann sind. Nach herkömmlicher Ansicht ist dieses zu bejahen. OHG-Gesellschafter und Komplementäre sind **in dieser Eigenschaft Kaufleute** (*BGH*, NJW 1966, 1960; *BGH*, NJW 1961, 1022). Dieses wird damit begründet, dass die Handelsgesellschaft als solche nicht Kaufmann ist. Träger der Rechte und Pflichten seien daher die handelnden Gesellschafter. Nach dem überwiegenden Schrifttum sind hingegen nicht die einzelnen Gesellschafter, sondern ist nur die handelsrechtliche Personengesellschaft als Träger des Unternehmens Kaufmann. Im Prozess kann die Frage häufig ungeklärt bleiben, da auch das Schrifttum viele für den Kaufmann geltende Vorschriften, zB § 350 HGB, entsprechend anwendet (vgl. auch *OLG München*, DStR 1993, 331, 332). 76

12. Das Urteil im Gesellschaftsprozess

Im Urteil des Gesellschaftsprozesses schlagen sich spezifische gesellschaftsrechtliche Probleme vor allem im Urteilskopf (Rubrum) und in den Entscheidungsgründen bei der Zulässigkeit nieder. 77

78 a) **Rubrum.** Die nach § 313 I lit. a ZPO erforderliche Bezeichnung eines Verbandes muss **so genau wie möglich** erfolgen. Ein Kaufmann (§§ 1 und 2 HGB) kann unter seiner Firma (§ 17 I HGB) klagen und verklagt werden. Ergibt sich aus dem Firmennamen gleichzeitig deren Inhaber, reicht die Angabe der Firma aus. Wenn nicht, kann es sich empfehlen, den **Inhaber zusätzlich zu nennen.** Besonderheiten gelten bei der Außen-GbR (dazu Rn. 129). Gemäß § 313 I lit. a ZPO sind ferner die gesetzlichen (organschaftlichen) Vertreter – im Grundsatz alle – so genau wie möglich zu bezeichnen, wobei hier, soweit die Angaben nicht vollständig sind, von dem Fragerecht nach § 139 ZPO Gebrauch gemacht werden muss. In der Praxis wird als ausreichend angesehen, bei mehreren Vertretern nicht alle zu nennen, sondern nach der Aufführung eines Vertreters die anderen mit „u. a." anzudeuten. Beispiel: A-GmbH, B-Straße, 12199 C-Stadt, vertreten durch ihre Geschäftsführer ... u. a., [ggf. abweichende Adresse]. Zu empfehlen ist dieses nur, wenn es sehr viele Vertreter gibt. Ferner ist ratsam, wenigstens drei Vertreter immer zu nennen. Zum Teil **fehlen Angaben zum Vertreter,** etwa wenn ein Mahnverfahren vorausging oder der klagenden Partei die Vertreter des Beklagten nicht bekannt sind. Hier ist jeweils vom Fragerecht nach § 139 ZPO Gebrauch zu machen. Der Nebenintervenient wird als „Streithelfer" bezeichnet und ist zu erwähnen. Dabei ist auch sein Prozessbevollmächtigter anzugeben, soweit eine entsprechende Vertretung stattfindet. Wenn ein Streitverkündeter nicht beitritt, ist die Tatsache der Streitverkündung weder im Kopf noch an einer sonstigen Stelle des Urteils zu erwähnen. Beispiele:

- A-GmbH, B-Straße, 12199 C-Stadt, vertreten durch ihre Geschäftsführer ... und ..., [ggf. abweichende Adresse];
- A-AG, B-Straße, 12199 C-Stadt, vertreten durch ihre Vorstandsmitglieder ... und ..., [ggf. abweichende Adresse];
- A & B OHG, B-Straße, 12199 C-Stadt, vertreten durch ihre Gesellschafter ... und ..., [ggf. abweichende Adresse] (besteht in der OHG Einzelvertretungsmacht – was die Regel ist, § 125 I Hs. 1 HGB – genügt die Angabe eines vertretungsberechtigten Gesellschafters);
- A, B und C GbR, B-Straße, 12199 C-Stadt, Berlin, vertreten durch ihre Geschäftsführer ... und ..., [ggf. abweichende Adresse] (siehe auch Rn. 129);
- A-GmbH & Co. KG, vertreten durch die A-GmbH, diese vertreten durch ihre Geschäftsführer ... und ..., [ggf. abweichende Adresse];
- A-e. V., B-Straße, 12199 C-Stadt, vertreten durch seine Vorstandsmitglieder..., [ggf. abweichende Adresse];
- A-Ltd. [oder „A-Limited], B-Straße, 12199 C-Stadt, vertreten durch den Direktor ..., [ggf. abweichende Adresse].
- „A-private company limited by shares & Co. KG [oder „A-Limited & Co. KG" oder „A Ltd. & Co. KG"], 12199 C-Stadt, vertreten durch den Direktor ..., [ggf. abweichende Adresse]".

79 Im Laufe eines Verfahrens können sich – gerade bei einer Gesellschaft – **Veränderungen ergeben.** Vor allem der Vertreter einer Gesellschaft ändert sich häufig, zum Teil aber auch die Adresse. Dass die Parteien entsprechende Änderungen mitteilen, ist nicht zwingend. Es ist daher jedenfalls in der Rechtsmittelinstanz ggf. ratsam, vor allem wenn es dafür Hinweise gibt, sich aktiv nach Veränderungen zu erkundigen, um die Zustellung/Vollstreckung nicht zu gefährden.

80 Bezeichnet das klagende Verbandsmitglied **den Verband versehentlich falsch,** kommt entsprechend § 319 I ZPO eine Berichtigung in Betracht (*BGH,* NJW-RR 2006, 42; *BGH,* NJW 2003, 1043). Voraussetzung ist, dass die vom Kläger gewählte Bezeichnung als Teil einer Prozesshandlung – der Erhebung der Klage – auslegungsfähig ist (*BGH,* NJW-RR 2008, 582, 583). Haben zB die Gesellschafter einer Außen-GbR Klage erhoben ohne Hinweis auf ihre Stellung als Gesellschafter, kann das Rubrum ggf. dahin berichtigt werden, dass die Außen-GbR selbst Klägerin ist (*BGH,* NJW-RR 2006, 42).

81 Bezeichnet das klagende Verbandsmitglied **den gesetzlichen Vertreter** des Verbandes **irrtümlich namentlich** falsch, ist nach § 319 I ZPO eine Berichtigung möglich. Anders ist es, wenn der Kläger als Vertreter eine unzutreffende Stelle oder die zutreffende Stelle unvollständig (*BGH,* NZG 2010, 1021) benennt, etwa den Vorstand oder den Geschäftsführer statt des Aufsichtsrats (*BGH,* NZG 2009, 466, 467; *BGH,* NJW 1999, 3263; *BGH,* NJW 1987, 254). Dieser Vertretungsmangel kann zwar in jeder Lage des Verfahrens geheilt werden (*BGH,* NJW 1999, 3263; *BGH,* NJW 1998, 384, 385). Eine Rubrumsberichtigung ist hierfür allerdings grds. ungeeignet (*Gehlen,* MDR 2011, 957, 958). Vielmehr ist es erforderlich, dass zB der Aufsichtsrat die Prozessführung des nicht vertretungsberechtigten Vertreters **genehmigt** und als gesetzlicher Vertreter in den Prozess **eintritt** (*BGH,* NZG 2010, 1021; *BGH,* NJW 1999, 3263; *BGH,* NJW 1998, 384); eine solche Genehmigung kann auch schlüssig erfolgen (*BGH,* NJW 1999, 3263; *BGH,* NJW 1989, 984). Ohne Heilung ist die Klage als unzulässig abzuweisen (*Gehlen,* MDR 2011, 957, 958); eine Berufung ist als unzulässig abzuweisen (*BGH,* NJW 2000, 289).

82 b) **Tenor.** Im Tenor ist darauf zu achten, dass häufig von verklagten Gesellschaftern **Zurückbehaltungsrechte** geltend gemacht werden, die „Zug-um-Zug" zu berücksichtigen sind (§§ 322 I, 274 I BGB). Bei den Kosten werden häufig die **Streithelfer** vergessen. Typische Tenöre (siehe auch noch zu §§ 935 ff. ZPO Rn. 275 ff.):

- **Ausschluss:**
  - Der Beklagte wird aus der im Handelsregister des ... [Name] unter HRB ... [Nummer] eingetragenen ... [Name] unter der Bedingung ausgeschlossen, dass die Klägerin innerhalb eines Zeitraumes von höchstens sechs Monaten ab Rechtskraft dieser Entscheidung an den Beklagten ... EUR bezahlt. Unter dieser Bedingung wird die Klägerin für befugt erklärt, nach ihrer Wahl die Einziehung oder die Abtretung des Geschäftsanteils des Beklagten an sich, einen Mitgesellschafter oder einen Dritten herbeizuführen.
  - Es wird festgestellt, dass der Ausschluss des Klägers aus der aus der im Handelsregister des ... [Name] unter HRB ... [Nummer] eingetragenen ... [Name] unwirksam ist.
- **Beschluss:**
  - Der auf der Hauptversammlung vom ... der A-AG zum Tagesordnungspunkt ... gefasste Beschluss, ... [genauer Inhalt], wird für nichtig erklärt.
  - Der auf der Gesellschafterversammlung vom ... der ... [Firma der GmbH] zum Tagesordnungspunkt ... gefasste Beschluss, ... [genauer Inhalt], wird für nichtig erklärt.
  - Es wird festgestellt, dass der auf der Hauptversammlung vom ... der A-AG zum Tagesordnungspunkt ... gefasste Beschluss, ... [genauer Inhalt], nichtig ist.
  - Es wird festgestellt, dass der auf der Gesellschafterversammlung vom ... der A-GmbH zum Tagesordnungspunkt ... folgender Beschluss [ggf. nicht] gefasst wurde: ... [genauer Inhalt].
- **Einsichtnahme:** Die Beklagte wird verurteilt, dem Kläger Einsicht in folgende Unterlagen zu gewähren: ... [genaue Dokumente].
- **Entziehung:** Dem Beklagten wird die Befugnis, die Geschäfte der A-GmbH zu führen und die A-GmbH zu vertreten, entzogen.

c) **Tatbestand.** Was im Tatbestand im Hinblick auf einen konkreten Gesellschaftsprozess berichtet werden muss, ist Frage des Einzelfalls. Prozessrelevante Fragen dürften meistens unstreitig sein und daher ihren Platz im Sachverhalt oder in der Prozessgeschichte haben. Berichtenswerte Punkte können im Hinblick auf einen behaupteten Rechtsmissbrauch oder für die Frage, wer den Verband vertreten darf, auftauchen. Ferner ist regelmäßig zu berichten etwa über die Erfüllung der § 245 Nr. 1 und Nr. 2 AktG bzw. die jeweiligen Umstände sowie über § 246 a II Nr. 2 AktG. 83

d) **Entscheidungsgründe.** In den Entscheidungsgründen sind bei einem Anlass etwa Fragen der Anfechtungsbefugnis (Rn. 63), des Rechtsmissbrauchs (Rn. 179), der Vertretung der Gesellschaft (zB Rn. 49), des richtigen Beklagten, des Feststellungsinteresses, der Partei- und/oder Prozessfähigkeit, der Nebenintervention usw. kurz zu erörtern. 84

II. Allgemeines zu Klagen im Zusammenhang mit einer Personengesellschaft

1. Partei- und Prozessfähigkeit

Personengesellschaften sind grundsätzlich partei- (vgl. § 124 HGB) und **durch** ihre Handlungsorganisation prozessfähig. Vor Gericht müssen Personengesellschaften gesetzlich durch ihre jeweilige Handlungsorganisation vertreten werden. 85

2. Parteifragen

a) **Allgemeines.** Klagt ein Gesellschafter, ist grundsätzlich die Personengesellschaft Klagegegner. Geht es allerdings um die Wirksamkeit einer **Kündigung des Gesellschaftsverhältnisses** und den **Inhalt der Gesellschafterrechte**, sind Rechtsstreitigkeiten – ist nichts anderes bestimmt (*BGH*, NJW 2003, 1729; *BGH*, NJW 1981, 2565) – unter den Gesellschaftern auszufechten (*BGH*, NJW 2003, 1729; *BGH*, NJW 1999, 3113). Eine solche Streitigkeit betrifft die **Grundlagen des Gesellschaftsverhältnisses** (dazu Rn. 116), den von den Gesellschaftern geschlossenen Gesellschaftsvertrag; die Gesellschaft hat hierüber **keine Dispositionsbefugnis** (*BGH*, NJW 1981, 2565; *BGH*, WM 1965, 14; *BGH*, NJW 1959, 1683). 86

b) **Besonderer Vertreter.** Der gesetzliche/organschaftliche Vertreter einer Personengesellschaft kann diese in einem Prozess gegen sich selbst **nicht vertreten** (*BGH*, NJW 2009, 2127, 2129 mwN – Sanitary). Hat die Personengesellschaft mehrere Vertreter, sind deshalb dann der oder die verbleibenden Vertreter vertretungsberechtigt, und zwar selbst dann, wenn nach dem Gesellschaftsvertrag nur beide gesamtvertretungsberechtigt waren (*BGH*, NZG 2010, 1381; *BGH*, NJW 1964, 1624). Kommen die verbleibenden Vertreter nicht in Betracht, etwa wegen einer Interessenskollision, können die Gesellschafter einer Personengesellschaft zB bei der Durchsetzung von Ersatzansprüchen gegen ihren organschaftlichen Vertreter in entsprechender Anwendung von §§ 46 Nr. 8 Hs. 2 GmbHG, 147 II 1 AktG **einen besonderen Vertreter** bestellen (*BGH*, NZG 2010, 1381; *Karrer*, NZG 2008, 206). Als ein solcher besonderer Vertreter können auch die Mitglieder des Beirats einer Publikums-Kommanditgesellschaft bestellt werden. 87

c) **Zweigliedrige Personengesellschaft.** Stirbt in einer zweitgliedrigen Personengesellschaft der eine der beiden Gesellschafter und wird er vom anderen allein beerbt oder wird das Geschäft von einem der 88 beiden Gesellschafter **übernommen**, ist die **Gesellschaft beendet**; der verbleibende Gesellschafter wird Alleininhaber des Unternehmens. Das Gesellschaftsvermögen geht **im Wege der Gesamtrechtsnachfolge** auf den früheren Gesellschafter über (*BGH*, NJW 1991, 844). Prozessual sind auf diesen Rechtsübergang während des Rechtsstreits §§ 239, 246 ZPO anzuwenden (*BGH*, NZG 2004, 611; *BGH*, NZG 2002, 322). Ist die Gesellschaft zur Zeit des Rechtsübergangs durch einen Prozessbevollmächtigten vertreten und ist ein Aussetzungsantrag nicht gestellt, kann der Rechtsstreit unter der **bisherigen Parteibezeichnung** mit Wirkung für den Verbliebenen fortgesetzt werden (*BGH*, NZG 2004, 611; *BGH*, NZG 2004, 186; *BGH*, NJW 1993, 1654).

3. Gesellschafts- und Gesellschafterprozess

89 a) **Allgemeines.** Ein Kläger kann nur die Personengesellschaft oder nur einen oder mehrere, ggf. sämtliche Gesellschafter verklagen. Ist gegen die Gesellschaft eine Feststellungsklage erhoben (§ 256 ZPO), fehlt wegen § 129 HGB idR für eine gleich lautende Feststellungsklage gegen die Gesellschafter das Rechtsschutzinteresse (*BGH*, NJW 1951, 887, 888; für einen Sonderfall vgl. *OLG Hamburg*, MDR 1967, 498). Die Personengesellschaft und ihre Gesellschafter sind verschiedene Rechtssubjekte (*BGH*, BeckRS 2011, 13201) und damit verschiedene Prozessparteien. Werden die Personengesellschaft und ihre Gesellschafter **gemeinsam** verklagt, so sind sie **einfache Streitgenossen** (*BGH*, NJW 1988, 2113), auch dann, wenn der Gesellschafter sich nicht mit persönlichen Einwendungen verteidigt (*BGH*, VersR 1985, 548). Der Gesellschafter kann unabhängig davon, ob er mitverklagt ist (*BGH*, NJW 1953, 420), der verklagten Gesellschaft **als Streithelfer** beitreten (*BGH*, NJW 1974, 750). Der Übergang vom Gesellschafts- zum Gesellschafterprozess bzw. umgekehrt ist **gewillkürter Parteiwechsel** (*BGH*, NJW 1974, 750), womit § 264 ZPO nicht anwendbar ist. Die Unterbrechung des Prozesses gegen die Gesellschaft durch Eröffnung des Insolvenzverfahrens über das Vermögen der Gesellschaft nach § 240 ZPO unterbricht nicht schon anhängige Prozesse gegen Gesellschafter. Beim Tod des beklagten Gesellschafters ist nur gegen ihn auszusetzen (*OLG Celle,* NJW 1969, 515). Sind OHG und Gesellschafter **zusammen** verklagt, ist die Urteilsformel zur Hauptsache streitig. Die Verurteilung sollte klarstellen, dass sie so haften „als wären sie Gesamtschuldner" (*LG Hamburg*, MDR 1967, 401).

90 b) **Urteilswirkungen.** Die Rechtskraft eines im Prozess **gegen Gesellschafter** ergangenen Urteils erstreckt sich gem. § 325 ZPO idR nicht auf die Gesellschaft. Ein Urteil gegen einen Gesellschafter **wirkt weder für noch gegen** die Gesellschaft, auch nicht bei der Außen-GbR (BGH, NJW 2011, 2048). Gesellschaft und Gesellschafter sind prozessual und damit auch iSv § 325 I ZPO nicht dieselben Beteiligten (*BGH*, NJW 1975, 1280, 1281). Etwas anders gilt auch nicht, wenn zulässiger Weise (*BGH*, NJW 2006, 2854, 2855; *BGH*, NZG 2003, 525) **vereinbart** ist, dass der (Beschlussmängel-)Streit mit der Gesellschaft auszufechten ist (*BGH*, NJW-RR 1990, 474, 475). Nach Sinn und Zweck einer solchen Vertragsbestimmung hat aber ein zwischen dem klagenden Gesellschafter und der Gesellschaft ergangenes Urteil die Folge, dass die übrigen Gesellschafter **schuldrechtlich** verpflichtet sind, sich an die in diesem Rechtsstreit getroffene Entscheidung zu halten (*BGH*, NJW 2006, 2854, 2855; *BGH*, NJW-RR 1990, 474, 475; *Brandes*, NZG 1999, 936, 937 mwN). Eine Durchbrechung kommt in Betracht, wenn dies im Einzelfall vom Gesetz ausdrücklich **angeordnet** oder zumindest nach dem Sinn einer Gesetzesvorschrift **geboten** ist (*BGH*, NJW 2011, 2048, 2049; *BGH*, WM 1996, 184, 186). Bspw. ist ein im Gesellschafterprozess zwischen den Gesellschaftern ergangenes rechtskräftiges Urteil über die Grundlage des Gesellschaftsverhältnisses **für die Gesellschaft** maßgebend (*BGH*, NJW 1967, 2159). Nimmt hingegen ein Dritter in einem Rechtsstreit die Gesellschafter aus ihrer persönlichen Haftung für eine Gesellschaftsschuld in Anspruch, entfaltet die Rechtskraft eines in diesem Prozess ergangenen Urteils keine Wirkung in einem weiteren Prozess, in dem er nunmehr den Anspruch gegen die Gesellschaft verfolgt. Dies gilt auch dann, wenn alle Gesellschafter am Vorprozess beteiligt waren (*BGH*, NJW 2011, 2048, 2049).

91 Ein Urteil **gegen die Gesellschaft** entfaltet gegen den Gesellschafter im Rahmen des § 129 ZPO Wirkung (*BGH*, NJW 1975, 1280, 1281). Ist im Gesellschaftsprozess gegen die Gesellschaft ein rechtskräftiges Urteil ergangen, wirkt dies auch gegen die Gesellschafter, indem es ihnen nämlich die Einwendungen nimmt, die der Gesellschaft abgesprochen wurden (*BGH*, NZG 2006, 459, 460). Dabei spielt es keine Rolle, ob es sich insoweit um eine Erstreckung der Rechtskraft oder um eine Präklusion ähnlich wie in § 767 II ZPO handelt (*BGH*, NZG 2006, 459, 460). Von der Gesellschaft abgeleitete Einwendungen kann der Gesellschafter nach rechtskräftiger Verurteilung der Gesellschaft erheben, wenn diese erst **nach Schluss der letzten mündlichen Verhandlung** im Prozess des Gläubigers gegen die Gesellschaft entstanden sind, also nicht im Falle einer Vollstreckungsabwehrklage gem. § 767 II ZPO präkludiert sind. Der Gesellschafter muss allerdings nicht im Wege der Klage gem. § 767 ZPO vorgehen; er kann den von der Gesellschaft abgeleiteten Einwand vielmehr als Verteidigungsmittel der Forderung des Gesellschaftsgläubigers entgegenhalten (*BGH*, NZG 2006, 459, 460). Etwas anderes gilt, soweit das Urteil gegen die Gesellschaft unter Verstoß gegen die prozessualen Vertretungsvorschriften oder durch kollusives Zusammenwirken (§ 826 BGB) des Vertreters der Gesellschaft mit dem Prozessgegner des persönlich haftenden Gesellschafters erwirkt worden ist (*BGH*, NJW 1996, 658). Das gegen die Gesellschaft

ergangene Urteil wirkt nicht gegen ausgeschiedene Gesellschafter, jedenfalls bei Klageerhebung nach dem Ausscheiden (*BGH*, NJW 1966, 499, 500). Auf ein zu Gunsten der Gesellschaft ergehendes Urteil kann sich der Gesellschafter nach § 128 HGB berufen.

c) **Zwangsvollstreckung.** Die Zwangsvollstreckung **in das Gesellschaftsvermögen** einer Personengesellschaft setzt einen **gegen die Gesellschaft** gerichteten Titel voraus; ein Titel gegen einen oder alle Gesellschafter reicht idR **nicht** aus, sondern ermöglicht nur die Vollstreckung in deren Vermögen (vgl. § 129 IV HGB). Die eidesstattliche Versicherung nach § 900 ZPO geben die vertretungsberechtigten Gesellschafter ab. Soll eine Handlung erzwungen werden, ist regelmäßig **gegen den Amtswalter** vorzugehen. 92

Liegt ein Titel gegen eine **Außen-GbR** vor, kann in ihr Vermögen vollstreckt werden. Die Außen-GbR ist – natürlich – auch im Zwangsvollstreckungsverfahren parteifähig (*BGH*, NJW 2007, 995, 996). Die Zwangsverwaltung des Grundstücks einer Gesellschaft bürgerlichen Rechts darf nur angeordnet werden, wenn deren Gesellschafter sämtlich aus dem Titel hervorgehen und mit den im Grundbuch eingetragenen Gesellschaftern übereinstimmen (*BGH*, NZG 2011, 180). Veränderungen im Gesellschafterbestand sind durch eine Rechtsnachfolgeklausel analog § 727 ZPO nachzuweisen. Der erweiterte öffentliche Glaube des Grundbuchs nach § 899a BGB bezieht sich nur auf die Gesellschafterstellung, nicht auf die Geschäftsführungsbefugnis. Aufgrund von Schuldtiteln **gegen die Gesellschafter** soll in das Gesellschaftsvermögen vollstreckt werden können (*BGH*, NJW 2007, 1813, 1815; *BGH*, NJW 2004, 3632, 3634) was nicht überzeugt; für die **Abgabe einer Willenserklärung** soll dieses auch nicht gelten (*BGH*, NJW 2008, 1378). 93

4. „Prospekthaftung"

a) **Überblick.** Gesellschafter einer Personengesellschaft können **aufgrund eines Prospekts** der Gesellschaft Gesellschafter geworden sein, vor allem einer Publikumsgesellschaft (dazu Rn. 259). Ein solcher Prospekt hat dem „Anleger" ein zutreffendes Bild von der angebotenen Kapitalbeteiligung zu vermitteln. Dazu gehört, dass sämtliche Umstände, die für die Anlageentscheidung von Bedeutung sind oder sein können, zutreffend, verständlich und vollständig dargestellt werden (*BGH*, NJW 2010, 1077, 1078). Der Gesellschafter macht häufig geltend, dass es an diesen Anforderungen mangelte und er bei einer richtigen Information **nicht Gesellschafter** geworden wäre (nach der Rechtsprechung entspricht es der – widerlegbaren – Lebenserfahrung, dass ein Prospektfehler für die Anlageentscheidung ursächlich geworden ist, *BGH*, NJW 2010, 1077, 1079). Die **allgemeine Prospekthaftung** beruht auf §§ 311 II, 241 II, 280 I und III, 281 I 1 BGB. Daneben gibt es eine **besondere** börsen- und investmentrechtliche **Prospekthaftung** (§§ 44–47 BörsG, § 127 InvG, §§ 13, 13a VerkProspG). 94

b) **Beklagte.** Macht ein Gesellschafter auf Grundlage der **Prospekthaftung im weiteren Sinne** Prospektfehler geltend, kann er **nicht gegen die Gesellschaft** (Baumbach/Hopt/*Hopt*, HGB, Anh, § 177a Rn. 64; differenzierend Henssler/Strohn/*Servatius*, HGB, Anhang Rn. 47) und grundsätzlich auch nicht gegen solche Gesellschafter klagen , die erst nach Gründung der Gesellschaft beigetreten und von jedem Einfluss auf künftige Beitrittsverhandlungen ausgeschlossen sind (*BGH*, NJW 2006, 2410, 2411; *BGH*, NJW 1985, 380; *BGH*, NJW 1978, 1625). Als taugliche Beklagte im Gesellschaftsprozess kommen aber – wenn der Prospekt bei den Beitrittsverhandlungen verwendet wird – die **Gründungsgesellschafter** in Betracht (*BGH*, DStR 2011, 871; *BGH*, NJW-RR 2009, 613, 614; *BGH*, NZG 2003, 920; *BGH*, NJW 1985, 380; *OLG Karlsruhe*, DStR 2009, 2020), mithin etwa die Gründungskomplementärin, die Gründungskommanditisten, ein Gründungstreuhandkommanditist (*BGH*, BeckRS 2010, 18806; *BGH*, NZG 2010, 1031, 1032; *BGH*, NJW 2006, 2410, 2411), ein geschäftsführender Gesellschafter (Henssler/Strohn/*Servatius* HGB Anhang Rn. 44; aA *Kind/Oertel*, BKR 2009, 329). 95

Den Gründungsgesellschaftern **als Vertragspartnern** der neu eintretenden Gesellschafter obliegt die Verpflichtung zur sachlich richtigen und vollständigen Aufklärung über das mit einem Beitritt verbundene Risiko. Einer Haftung dieser Beklagten steht idR nicht entgegen, dass ein Gesellschafter auf Grund eines gewählten „Treuhandmodells" nicht unmittelbar Gesellschafter geworden ist (*BGH*, NZG 2010, 954 mwN). Es geht insoweit nicht um das Außen-, sondern um das Innenverhältnis. Für dieses ist idR bestimmt, dass die Treugeber als unmittelbar an der Gesellschaft beteiligt gelten und sie die Rechte und Pflichten eines Kommanditisten treffen. Es spricht nichts dafür, in einem solchen Fall Gründungsgesellschafter von ihren Pflichten zu entbinden (*OLG Frankfurt/M*, BeckRS 2010, 05837). Der Gründungsgesellschafter haftet über § 278 BGB auch für das Fehlverhalten von Personen, die er zum Abschluss des Beitrittsvertrages bevollmächtigt hat (*BGH*, DStR 2011, 871 mwN). 96

5. Typische Streitgegenstände

Im Vordergrund stehen **Beschlussmängelklagen** (dazu Rn. 98). In der gerichtlichen Praxis wurde daneben im Personengesellschaftsrecht zuletzt viel über die Frage gestritten, ob und wenn ja welchen **Nachschuss** ein Gesellschafter schuldet (vgl. etwa *BGH*, NZG 2009, 501; *BGH*, NJW-RR 2008, 903; *BGH*, NZG 2007, 620; *BGH*, NZG 2007, 381). Hier gilt, dass der Beschluss, der den Gesellschaftern 97 einer Personengesellschaft Nachschusspflichten auferlegt, nach § 707 BGB den Gesellschaftern gegenüber unwirksam ist, die dieser Vermehrung ihrer Beitragspflichten nicht – auch nicht antizipiert (Rn. 113) – zugestimmt haben (*BGH*, NZG 2009, 501). Die Unwirksamkeit eines entsprechenden Beschlusses kann der Personengesellschafter auch dann als Einwendung gegenüber der auf einen solchen Beschluss gestützten Zahlungsklage der Gesellschaft geltend machen, wenn nach dem Gesellschaftsvertrag Beschlussmängelstreitigkeiten binnen einer bestimmten Frist eingeleitet werden müssen und diese Frist **abgelaufen** ist (*BGH*, NZG 2009, 501). Ferner ist häufig die Höhe einer etwaigen **Abfindung** beim Ausscheiden aus der der Gesellschaft streitig (*BGH*, DStR 2004, 97; *BGH*, NJW 1997, 2592) sowie hiermit im Zusammenhang stehende Haftungsfragen. Übliche Streitgegenstände eines Gesellschafterprozesses sind daneben ua:

- Der Antrag der übrigen Gesellschafter, einem Gesellschafter die Befugnis zur Geschäftsführung oder die Vertretungsmacht zu entziehen (dazu Rn. 117).
- Der Antrag eines Gesellschafters, die Auflösung der Gesellschaft auszusprechen (dazu Rn. 118).
- Der Antrag der übrigen Gesellschafter, die Ausschließung eines Gesellschafters aus der Gesellschaft auszusprechen (dazu Rn. 119).
- Streit über die Bestellung und/oder Anstellung eines Gesellschaftsorgans. Meist ist ein Beschluss im Streit.
- Streit über die Rechte und Pflichten der Gesellschafter oder eines Gesellschaftsorgans.
- Streit um Gesellschafterbeschlüsse (dazu Rn. 98ff.).

6. Beschlussmängelklagen

98 a) **Allgemeines.** Bei den Personengesellschaften steht die Überprüfung von Gesellschafterbeschlüssen im **Mittelpunkt** der gerichtlichen Auseinandersetzungen. Ist ein Beschluss **mangelhaft**, ist er nach der Rechtsprechung stets **nichtig** (*BGH*, NJW 1999, 3113, 3114; *BGH*, NJW-RR 1992, 1992, 227; *BGH*, NJW 1991, 1890), was das Schrifttum teilweise angreift (etwa *K. Schmidt*, ZGR 2008, 1, 26ff.; *Priester*, FS Hadding, 2004, S. 607, 617; *Schwab*, Das Prozessrecht gesellschaftsinterner Streitigkeiten, 2005, S. 370ff.; MünchKommHGB/*Enzinger*, HGB, § 119 Rn. 98f.). Folgt man der Rechtsprechung, kommt es anders als im Recht der Kapitalgesellschaften auf eine Unterscheidung zwischen Anfechtungs- und Nichtigkeitsgründen nicht an; im Einzelfall ist dann mit § 242 BGB zu reparieren (vgl. Rn. 104). Folgt man der abweichenden Ansicht, bedarf es hingegen Analogien zum AktG, die nach Reichweite und Inhalt im Einzelnen indes streitig sind, und der Klärung, welche Mängel nur zur Anfechtbarkeit führen. Überzeugender ist daher – ohne eine ohne weiteres mögliche gesetzliche Klärung – zZt das Modell der Rechtsprechung; im Ergebnis dürften sich die verschiedenen Ansichten auch meist gleichen.

Vorbehaltlich einer abweichenden Regelung durch den Gesellschaftsvertrag, vor allem einer Klagefrist, kann sich daher jeder Gesellschafter **ohne Weiteres** außergerichtlich und natürlich in jedem gerichtlichen Verfahren – bei dem es darauf ankommt – auf die Unwirksamkeit eines Gesellschafterbeschlusses berufen (*OLG Hamm*, NZG 2008, 21, 22; *OLG München*, NZG 2004, 807). Hier ist im Einzelfall durch § 242 BGB zu helfen. Die Nichtigkeit kann durch einen mangelfreien „Zweitbeschluss" (= einen weiteren Beschluss) **geheilt** werden.

99 b) **Klärung der Nichtigkeit.** Beschlüsse sind iSv § 256 I ZPO „Rechtsverhältnis" (*BGH*, NJW-RR 1992, 227). Bei Personengesellschaften – selbst bei einer körperschaftlich strukturierten Publikums-KG – ist die Klärung der Unwirksamkeit von Gesellschafterbeschlüssen daher idR durch eine **Feststellungsklage** nach § 256 I ZPO geltend zu machen (*BGH*, NJW 2009, 2300, 2302; *BGH*, NJW-RR 2003, 827; *BGH*, NJW 1999, 3113, 3114; nach einer a.A. handelt es sich um eine Gestaltungsklage, vgl. etwa *K. Schmidt*, Gesellschaftrecht, § 15 II; *Enzinger*, Mehrheitsbeschlüsse bei Personengesellschaften, 1995, S. 339ff.). Eine Klärung kann freilich auch durch **einfache Berufung** auf den Mangel oder als **Prozesseinrede** erfolgen (*OLG München*, DB 2004, 1879).

100 c) **Kläger.** Dass der Beschluss einer Personengesellschaft nichtig ist, kann **jeder** – auch ein **Nichtgesellschafter** (*Lutz*, Der Gesellschafterstreit, Rn. 610 und Rn. 633; MünchKommHGB/*Enzinger*, HGB, § 119 Rn. 97) – geltend machen, der an der entsprechenden Feststellung ein **rechtlich geschütztes Interesse** hat. Für einen Gesellschafter folgt das notwendige Feststellungsinteresse idR ohne weiteres aus seiner Stellung als Mitglied (*BGH*, NJW RR 1992, 227; *BGH*, NJW 1965, 1378).

101 d) **Beklagte(r).** Bei Personengesellschaften ist grundsätzlich der Streit über die Wirksamkeit von Gesellschaftsbeschlüssen **zwischen den Gesellschaftern** auszutragen (*BGH*, ZIP 2011, 806; *BGH*, NJW 2009, 2300, 2302; *BGH*, NJW 2009, 669, 670 – Schutzgemeinschaftsvertrag II). Der Gesellschaft fehlt hingegen die Sachlegitimation: sie ist **Gegenstand**, nicht Subjekt eines Gesellschafterbeschlusses (*Brandes*, NZG 1999, 936).

102 Verklagt werden können alle oder nur einige Mitgesellschafter. Die Klage ist jedenfalls gegen die Gesellschafter zu richten, die der **beantragten Feststellung** widersprechen. Sollen mehrere Mitgesellschafter verklagt werden, liegt nahe, dass Feststellungsklage nur gegen die Gesellschafter zu erheben ist, die den Beschluss für **wirksam erachten** und nicht **schriftlich verbindlich erklären**, dass die gerichtliche Klärung

für sie verbindlich ist (Ebenroth/Boujong/Joost/Strohn/*Goette,* HGB, § 119 Rn. 77; Henssler/Strohn/*Finckh,* HGB, § 119 Rn. 59; vgl. auch Rn. 117 und Rn. 118); ansonsten dürfte es an den Voraussetzungen des § 256 I ZPO fehlen. Die Gesellschaft ist verpflichtet, Namen und Anschriften dieser Gesellschafter bekannt zu geben (*BGH,* NJW 1988, 411, 413). Zwischen **verklagten Gesellschaftern** besteht **keine notwendige Streitgenossenschaft** (*BGH,* NJW-RR 2011, 115, 116; *BGH,* NJW 1959, 1683).

Die Gesellschaft kann im **Gesellschaftsvertrag** als **gewillkürte Beklagte** vereinbart werden (*BGH,* ZIP 2011, 806; *BGH,* NJW 2010, 65, 66 – Sanieren oder Ausscheiden; *BGH,* NJW 2003, 1729). Von dieser Möglichkeit ist vor allem in Publikumsgesellschaften häufig Gebrauch gemacht worden (Rn. 259). Die Übernahme des kapitalgesellschaftsrechtlichen Klagesystems auf Personengesellschaften ist aber nicht auf Publikumsgesellschaften oder Personengesellschaften mit zahlreichen Gesellschaftern beschränkt. Ob das kapitalgesellschaftsrechtliche System übernommen ist, hängt von der **Auslegung des Gesellschaftsvertrags** im Einzelfall ab. Die Vereinbarung einer Anfechtungsfrist weist auf die Übernahme des kapitalgesellschaftsrechtlichen Systems auch hinsichtlich der Gesellschaft als Klagegegner hin (*BGH,* ZIP 2011, 806). Allein die Verwendung des Wortes „Anfechten" oder „Anfechtung" zwingt aber nicht dazu, einen Gesellschaftsvertrag so auszulegen (*BGH,* ZIP 2011, 806). Ein zwischen dem klagenden Gesellschafter und der Gesellschaft ergangenes Urteil verpflichtet die übrigen Gesellschafter **schuldrechtlich,** sich an die in dem Rechtsstreit ergangene Entscheidung zu halten (Rn. 90). 103

Geht es um die Frage, ob ein Gesellschafter einem Beschluss nicht zugestimmt hat und hängt an der Klärung etwa eine Nachschusspflicht, kann die Feststellungsklage **gegenüber der Gesellschaft** erhoben werden (*BGH,* NJW-RR 2007, 757, 758).

e) **Klagefrist.** Im Personengesellschaftsrecht gibt es anders als im Recht der Kapitalgesellschaften für die Geltendmachung von Beschlussmängeln **keine** gesetzlichen oder am Leitbild des § 246 I AktG orientierten **Klagefristen** (*BGH,* NJW 1999, 3113, 3114; *BGH,* NJW-RR 1990, 474). Diese Sichtweise ist **ungünstig,** da die Klagefrist für **Rechtsfrieden** sorgt und es idR nicht sein kann, dass sich Gesellschafter **jederzeit** auch auf geringe Mängel – die bei den Kapitalgesellschaften zur Anfechtbarkeit, aber nicht zur Nichtigkeit führten – sollen berufen können. Die Geltendmachung eines Beschlussmangels kann vor diesem Hintergrund gem. § 242 ZPO **verwirkt** werden (*BGH,* NJW 1999, 3113, 3114; *BGH,* NJW 1991, 691; *BGH,* NJW-RR 1990, 474). Ein Gesellschafter, der einen Beschluss für unwirksam hält, muss dieses daher idR „rasch" erklären (diskutiert werden 6 Monate bis 3 Jahre; vgl. für den Verein Rn. 152). Entscheidend ist der **Einzelfall.** Wegen der Treuepflicht jedes Gesellschafters sind kurze Fristen nahe liegend. Allerdings bedarf es auch der Feststellung des Umstandsmoments. Ferner muss es auf die **Qualität des Beschlussmangels** ankommen: Führte er im Recht der Kapitalgesellschaften zur Anfechtung, liegt eher Verwirkung vor als bei einem Mangel, der dort zur Nichtigkeit führte. 104

Den Gesellschaftern steht es frei, die Berufung auf Beschlussmängel durch materiell wirkende **Ausschlussfristen** für die Klageerhebung im Gesellschaftsvertrag zu beschränken (*BGH,* NJW 2010, 65, 66 – Sanieren oder Ausscheiden; *BGH,* NJW-RR 2003, 826, 827; *BGH,* NJW 1999, 3113, 3114). Von dieser Möglichkeit wird vor allem in **Publikumsgesellschaften** (zu diesen Rn. 259) Gebrauch gemacht. Die Bestimmung, dass Beschlussmängel binnen einer zweiwöchigen „Ausschlussfrist" geltend zu machen sind, greift allerdings unzulässig in das unverzichtbare Recht des Gesellschafters ein, rechtswidrige Beschlüsse der Gesellschafterversammlung gerichtlich angreifen zu können. An Stelle der zu kurzen gilt eine **angemessene Frist,** die jedenfalls die als Leitbild heranzuziehende Monatsfrist des § 246 I AktG nicht unterschreiten darf (*BGH,* NJW 1995, 1218). Nutzen die Gesellschafter ihre Selbstgestaltungskompetenz nicht, kann ihnen eine solche Rechtslage **nicht** im Wege der Rechtsfortbildung **aufgezwungen** werden (*BGH,* NJW 1999, 3113, 3114). 105

Nach § 53 III GmbHG kann eine Vermehrung der den Gesellschaftern nach dem Gesellschaftsvertrag obliegenden Leistungen **nur mit Zustimmung** sämtlicher beteiligter Gesellschafter beschlossen werden. Entsprechendes regelt § 180 AktG. Nach Ansicht der Literatur ist ein Beschluss ohne die in §§ 53 III GmbHG, 180 AktG genannte Zustimmung jedenfalls gegenüber dem nicht Zustimmenden und im Verhältnis zu ihm unwirksam. Diese Anschauung **erstreckt** der Bundesgerichtshof seit 2007 auf das Personengesellschaftsrecht, und zwar vor allem auf die **Zustimmung zur Nachschusspflicht** nach § 707 BGB und der **Zustimmung zum Entzug der Gesellschafterstellung** (*BGH,* DStR 2011, 823, 825; *BGH,* NJW 2010, 65, 66 mwN – Sanieren oder Ausscheiden). Nach Ansicht des Bundesgerichtshofes handelt es sich bei einer fehlenden Zustimmung um eine **dritte Kategorie von Mängeln eines Beschlusses.** Diese Kategorie behalte auch dann eine selbständige Bedeutung, wenn der gefasste Beschluss weder anfechtbar noch nichtig und wenn eine Anfechtungsfrist abgelaufen ist. **Ohne Zustimmung** des Betroffenen ist nach dieser Sichtweise auch ein nicht (mehr) anfechtbarer und nicht nichtiger Beschluss diesem Gesellschafter gegenüber unwirksam. Beschlüsse, die zu ihrer Wirksamkeit der Zustimmung des betroffenen Gesellschafters bedürfen (Rn. 112), unterfallen **nicht** den Anfechtungs- und Nichtigkeitsgründen im Sinne des Kapitalgesellschaftsrechts. Die fehlende Zustimmung kann im Wege der allgemeinen, **nicht fristgebundenen** Feststellungsklage gem. § 256 ZPO bzw. durch **Einwendung** im Prozess geltend gemacht werden (*BGH,* NJW 2010, 65, 66 – Sanieren oder Ausscheiden; *BGH,* NJW-RR 2009, 753, 754 – Aparthotel; *BGH,* NJW-RR 2007, 1477; *BGH,* NJW-RR 2007, 757). Zur Begründung wird ange- 106 führt, dass eine vereinbarte Anfechtungsfrist das mitgliedschaftliche Recht eines Gesellschafters, nicht ohne seine Zustimmung mit weiteren Beitragspflichten beschwert zu werden, nicht aushebeln dürfe. Durch eine verfahrensrechtliche Regelung im Gesellschaftsvertrag darf nämlich das mitgliedschaftliche Grundrecht eines Gesellschafters, nicht ohne seine Zustimmung mit weiteren Beitragspflichten beschwert zu werden, nicht ausgehebelt werden (*BGH*, NJW-RR 2009, 1264, 1266; *BGH*, NJW-RR 2009, 753, 754 – Aparthotel).

107 **f) Prüfung eines Mehrheitsbeschlusses im Einzelnen.** Der *BGH* hat sich bei der Prüfung der Mangelhaftigkeit eines Beschlusses von der früher relevanten **Kernbereichstheorie** begrifflich im Wesentlichen getrennt (*BGH*, NJW 2009, 669, 671 – Schutzgemeinschaftsvertrag II; siehe aber *BGH*, NZG 2011, 276, 279). Auch der **Bestimmtheitsgrundsatz** spielt mittlerweile keine Rolle mehr. Nach Ansicht des BGH bedarf es für einen sachgerechten Minderheitenschutz weder einer erweiternden, auf eine verdeckte Inhaltskontrolle hinauslaufenden Anwendung eines Bestimmtheitsgrundsatzes noch des Verdikts der Unwirksamkeit der nach allgemeinen personengesellschaftsrechtlichen Grundsätzen wirksamen Mehrheitsklausel (so *BGH*, NJW 2009, 669, 671 – Schutzgemeinschaftsvertrag II).

108 *aa) Kompetenz zum Mehrheitsbeschluss.* Bei Personengesellschaften fehlt eine § 32 I 3 BGB entsprechende gesetzliche Regelung. Die Beschlussfassung unterliegt daher dort – ist nichts anderes vereinbart – **grundsätzlich dem Einstimmigkeitsprinzip** (§§ 709 I BGB, 119 I, 161 II HGB). Beschlüsse können in der Personengesellschaft nur dann mit Mehrheit gefasst werden, wenn sich aus dem **Gesellschaftsvertrag** (§ 709 II BGB; § 119 II HGB) ergibt, dass der in Frage stehende Beschlussgegenstand einer Mehrheitsentscheidung unterworfen sein soll (*BGH*, NJW-RR 2009, 1264, 1266; *BGH*, NJW 2009, 669 – Schutzgemeinschaftsvertrag II; *BGH*, NJW 2007, 1685 – Otto; *KG*, NZG 2010, 223). Für die Prüfung der Wirksamkeit eines Mehrheitsbeschlusses ist daher in der Regel zu fragen, ob es für die Regelung durch einen Mehrheitsbeschluss **eine Kompetenz** gab. Eine solche Kompetenz kann aus dem Gesetz oder dem Vertrag/der Satzung folgen (während die Außen-GbR für die Versammlung eine Allzuständigkeit kennt, gilt dieses für die anderen Personengesellschaften nicht). Umgekehrt kann die Satzung der Versammlung eine grundsätzlich bestehende Beschlusskompetenz nehmen.

109 Eine Vertragsklausel muss der Beschlusskompetenz unterliegende Gegenstände **nicht minutiös** auflisten. Es **genügt**, wenn sich aus dem Gesellschaftsvertrag – sei es auch durch dessen Auslegung – eindeutig ergibt, dass der in Frage stehende Beschlussgegenstand einer Mehrheitsentscheidung unterworfen sein soll (*BGH*, NJW 2007, 1685, 1686 – Otto).

110 *bb) Formelle Wirksamkeit.* Besteht eine Beschlusskompetenz, ist weiter zu fragen, ob der Beschluss **formell ordnungsmäßig** ist (*BGH*, NJW 2010, 65, 66 – Sanieren oder Ausscheiden). Bei dieser Prüfung geht es um die Frage, ob der Beschluss – mag er inhaltlich auch einwandfrei sein – auf einem **ordnungsmäßigen Verfahren** beruht. Angesprochen sind jeweils Fragen der Ladung (Ladender, Ladungsinhalt, Ladungsfrist usw.) und des ordnungsmäßigen Ablaufs der Versammlung, auf der der Beschluss gefasst wird (Anwesenheit, Bestimmtheit, Stimmrecht, Verkündung usw.).

Ein Beschluss leidet unter einer formellen Mangel, wenn der Fehler für das Mitgliedschafts- bzw. Mitwirkungsrecht des Verbandsmitglieds **relevant** ist (*BGH*, NJW 2008, 69, 73; *BGH*, NJW 2005, 828; Strohn/Henssler/*Servatius*, Anhang, HGB, Rn. 70 für die Personengesellschaften). Maßgebend ist ein **objektiv urteilendes Verbandsmitglied.** Ein **Ladungsmangel** ist ein relevanter Verstoß gegen das Teilnahme- und Mitwirkungsrecht (*BGH*, NJW 2008, 69, 72, 73), weil die Entschließung eines Mitglieds, an einer Versammlung teilzunehmen oder nicht, maßgeblich vom Inhalt der Tagesordnung abhängt (*BGH*, NJW 2005, 828; *BGH*, NJW 2003, 970). Relevant ist, wenn Gegenstände der **Tagesordnung nicht ordnungsgemäß bekannt** gemacht worden sind. Relevant ist ferner, dass einem Verbandsmitglied **Auskünfte vorenthalten** werden, die aus der Sicht eines objektiv Urteilenden in der Fragesituation zur sachgerechten Beurteilung des Beschlussgegenstands „erforderlich" sind (*BGH*, NJW 2002, 1128).

111 *cc) Materielle Wirksamkeit.* Besteht eine Beschlusskompetenz und liegt kein formeller Mangel vor oder ist er bedeutungslos, ist eine **inhaltliche Wirksamkeitsprüfung** anzustellen (*BGH*, NJW 2007, 1685, 1687 – Otto). Zu prüfen ist, ob ein Verstoß gegen das **Gesetz** (ua §§ 134, 138 BGB bzw. die jeweiligen Spezialbestimmungen zu einem Verband) oder die **Satzung/den Gesellschaftsvertrag** oder ein Ermessensfehler vorliegt oder ob ein Beschluss im Übrigen nicht ordnungsmäßiger Verwaltung entspricht, zB ist und gegen § 242 BGB verstößt. Ferner kann ein Beschluss **ermessensfehlerhaft** sein (*BGH*, NJW 1997, 1926, 1928 – ARAG/Garmenbeck; *OLG Köln*, NZG 2000, 1135, 1136). Liegt einer dieser Fälle vor, ist ein Beschluss anfechtbar oder – je nach Verband – ggf. nichtig. Ggf. liegt allerdings **keine Gesamtnichtigkeit** vor („gespaltene Wirksamkeit"). Denn es ist vorstellbar, dass Gesellschafter dem Verstoß zugestimmt haben (dazu Rn. 112), zB einer Nachschusspflicht. Dann ist der Beschluss diesen gegenüber wirksam, sofern die beschränkte tatsächliche Umsetzung des Beschlusses möglich und sinnvoll ist (Rn. 114).

112 *dd) Zustimmungsbedürftigkeit (mit Zustimmung entziehbare Rechte).* Ein Beschluss kann von einer **Zustimmung** des betroffenen Gesellschafters abhängig sein. Dieses ist der Fall, wenn der Beschluss in Mitgliedschaftsrechte eingreift, die **nur mit Zustimmung** des Gesellschafters verletzt werden können.

Ein solches Mitgliedschaftsrecht ist etwa: das Recht, nicht gegen seinen Willen aus der Gesellschaft ausgeschlossen zu werden (*BGH*, NJW 2010, 65, 67 – Sanieren oder Ausscheiden), das Recht, nicht durch Thesaurierung „ausgetrocknet" zu werden, das Recht, ohne Zustimmung keinen Nachschuss leisten zu müssen (*BGH*, NJW-RR 2009, 1264, 1266; *BGH*, NJW-RR 2009, 753, 754 – Aparthotel), das Recht, kein Sonderrecht zu verlieren, Gewinnrechte, Abfindungsrechte, das Recht am Liquidationserlös oder Stimmrechte.

Die notwendige Zustimmung kann **zum Beschluss selbst** (*BGH*, NJW 2010, 65, 67 – Sanieren oder Ausscheiden; *BGH*, NJW-RR 2009, 1264, 1266) erfolgen, wenn die Auslegung der Erklärung **nicht etwas anderes** ergibt (*BGH*, NJW-RR 2009, 1264, 1266; *BGH*, NJW-RR 2009, 753), oder **auf andere Weise.** Dass nicht alle Gesellschafter zugestimmt haben, ist unschädlich, wenn dieses nicht die Bedingung des Zustimmenden war (*BGH*, NJW 2010, 65, 67 – Sanieren oder Ausscheiden). Die Zustimmung kann ferner **antizipiert** abgegeben werden (*BGH*, DStR 2011, 823, 825), etwa in Form einer **eindeutigen Regelung** im Gesellschaftsvertrag (*BGH*, DStR 2011, 823, 825; *BGH*, NJW 2010, 65, 67 – Sanieren oder Ausscheiden). Die Versäumung einer vereinbarten (*BGH*, NJW-RR 2007, 757), aber auch einer gesetzlichen Anfechtungsfrist ersetzt die Zustimmung nicht (*BGH*, NJW 2010, 65, 67 – Sanieren oder Ausscheiden). Dass eine notwendige Zustimmung nicht erteilt wurde, muss der darlegen und beweisen, dem es günstig wäre (*BGH*, NJW 2007, 1685, 1687 – Otto). Liegt – weil es an **einer Zustimmung fehlt** – ein Verstoß vor, ist ein Beschluss **nicht insgesamt** unwirksam, sondern ist es **nur gegenüber dem nicht Zustimmenden.** 113

Ein zustimmungsbedürftiger Beschluss ist – sofern nicht eine gegenteilige allseits oder individuell wirkende Bedingung vereinbart ist – zu Lasten des zustimmenden Gesellschafters auch dann verbindlich, wenn nicht sämtliche Gesellschafter zugestimmt haben, der Beschluss aber im Übrigen die nach dem Gesellschaftsvertrag erforderliche Mehrheit erhalten hat (*BGH*, NJW-RR 2009, 1264). Dem steht nicht entgegen, dass dieses zur Folge haben könnte, dass der Gesellschaftsvertrag gegenüber verschiedenen Gesellschaftern einen unterschiedlichen Inhalt hat (*BGH*, DStR 2011, 823, 827). Diese Rechtsfolge ist zwingend, wenn alle Gesellschafter – zB antizipiert im Gesellschaftsvertrag – auch für Änderungen des Gesellschaftsvertrages auf das sonst geltende Einstimmigkeitsprinzip verzichtet haben, die Wirksamkeit des konkreten, den Gesellschaftsvertrag ändernden Beschlusses gegenüber dem jeweiligen Gesellschafter aber von dessen Zustimmung abhängig ist. Dies gilt jedenfalls dann, wenn die tatsächliche Umsetzung des Beschlusses auch dann möglich und sinnvoll ist, wenn sie nicht gegenüber allen, sondern nur gegenüber den zustimmenden Gesellschaftern erfolgen kann (*BGH*, DStR 2011, 823, 827 mwN). 114

ee) Unverzichtbare (elementare) Mitgliedschaftsrechte. Bestimmte Rechte können einem Gesellschafter **nicht entzogen** werden, auch nicht, wenn er zustimmt. Hierzu gehören etwa das Informations- und Kontrollrecht (§§ 716 II BGB, 118 II HGB; *BGH*, NJW 1995, 194), das Recht zur Teilnahme an Gesellschafterversammlungen, das Recht dort zu reden und Anträge zu stellen oder das Recht, gegen die Gesellschafter und/oder Mitgesellschafter zu klagen. Beschlüsse, die diese Rechte verletzen, sind nichtig. 115

7. Klagen um gesellschaftsvertragliche Grundlagen

a) **Allgemeines.** Die Vertretungsmacht in der Personengesellschaft deckt nur Geschäftsführungsmaßnahmen, **nicht Grundlagengeschäfte** ab (*OLG Stuttgart*, NZG 2009, 1303, 1304 mwN). Grundlagengeschäfte sind solche, die das gesellschaftsrechtliche Rechtsverhältnis der Gesellschafter untereinander ändern, zB die Änderung des Gesellschaftsvertrags, die Aufnahme eines neuen Gesellschafters oder die Entziehung der Geschäftsführungs- und Vertretungsmacht (vgl. auch §§ 117, 127 HGB). Der Streit über gesellschaftsvertragliche Grundlagen ist daher **zwischen den oder einzelnen streitenden Gesellschaftern** auszutragen (*BGH*, NJW 2009, 669, 670 – Schutzgemeinschaft II – zur Außen GbR; *BGH*, NJW 1967, 2159 mwN zur OHG). 116

b) **Entziehung der Geschäftsführung und/oder der Vertretungsmacht.** Nach §§ 117, 127 HGB kann einem Gesellschafter auf nicht fristgebundenen Antrag (Grenze ist § 242 BGB bzw. Verwirkung) durch gerichtliche Entscheidung ganz oder teilweise die Befugnis zur Geschäftsführung oder/und (§ 260 ZPO) Vertretungsmacht **entzogen** werden, wenn ein wichtiger Grund vorliegt. Kläger sind – als notwendige Streitgenossen, *BGH*, NJW 1959, 1683 – die übrigen Gesellschafter. Etwas anderes gilt, wenn ein Gesellschafter bereits außergerichtlich und bindend erklärt, er sei mit der Entziehung einverstanden (*BGH*, NJW 1998, 146 und *BGH*, NJW 1977, 1013 für die gleich liegende Ausschließungsklage). Weigert sich ein Gesellschafter, kann er zu dieser Zustimmung verklagt werden. Die Klage auf Zustimmung kann mit der Entziehungsklage mit der Folge verbunden werden, dass über beide gleichzeitig verhandelt und entschieden wird (*BGH*, NJW 1977, 1013). Der bzw. die Kläger tragen die Darlegungs- und Beweislast dafür, dass ein wichtiger Grund vorliegt. Durch das der Ausschließungsklage stattgebende Urteil wird die Befugnis zur Geschäftsführung und/oder die Vertretungsmacht entzogen. Die Geschäftsführungsbefugnis und/oder die Vertretungsmacht können durch einstweilige Verfügung vorläufig entzogen oder eingeschränkt werden (Rn. 287). 117

c) **Auflösungsklagen.** Auf Antrag eines Gesellschafters kann die **Auflösung einer Gesellschaft** vor dem Ablaufe der für ihre Dauer bestimmten Zeit oder bei einer für unbestimmte Zeit eingegangenen Gesell- 118 schaft ohne Kündigung durch gerichtliche Entscheidung ausgesprochen werden, wenn ein wichtiger Grund vorliegt, § 133 I HGB. Diese Auflösungsklage ist **gegen die Mitgesellschafter** zu richten, wobei grundsätzlich alle Mitgesellschafter verklagt werden müssen (*BGH*, NZG 2008, 623, 625), soweit sie nicht ebenfalls aktiv die klageweise Auflösung der Gesellschaft betreiben (*BGH*, NJW 1998, 146; *BGH*, NJW 1959, 1683). Dieses Erfordernis hat seinen Grund in der **Gestaltungswirkung** des Auflösungsurteils. Etwas anderes gilt, wenn Gesellschafter bereits **außergerichtlich und bindend** erklären, sie seien mit der Auflösung der Gesellschaft einverstanden (*BGH*, NZG 2002, 233, 234; *BGH*, NJW 1998, 146; *BGH*, NJW 1958, 418, 419). Ausreichend ist zB eine schriftliche Erklärung mit der erklärt wird, dass die rechtskräftige gerichtliche Entscheidung rechtsverbindliche und verpflichtende Wirkung hat (*BGH*, NJW 1998, 146). Mehrere klagende Gesellschafter sind notwendige Streitgenossen. Der oder die Kläger müssen das Vorliegen eines wichtigen Grundes darlegen und notfalls beweisen. Durch das der Auflösungsklage stattgebende Urteil ist die Gesellschaft mit Rechtskraft aufgelöst. Eine einstweilige Verfügung mit dem Ziel einer Auflösung ist nicht möglich. Die Klage auf Auflösung ist eine Gestaltungsklage. Tenor: „Die im Handelsregister des Amtsgerichts ... [Name] unter der Register-Nr. HRA ... [Name] eingetragene ... [Name] wird aufgelöst". Ein Gesellschafter kann auf **Feststellung klagen**, dass eine Gesellschaft aufgelöst wurde. Streitigkeiten, ob eine Personengesellschaft aufgelöst ist, sind – wie alle Streitigkeiten über den „Mitgliederbestand" – unter den Gesellschaftern auszutragen (*BGH*, NZG 2008, 623, 625), wobei weder auf der Aktiv- noch auf der Passivseite eine notwendige Streitgenossenschaft besteht (*BGH*, NZG 2008, 623, 625).

119 d) **Ausschließung.** Ein Gesellschafter kann durch eine Ausschließungsklage ausgeschlossen werden, § 140 I 1 HGB. Die Klage ist wieder durch **sämtliche anderen Gesellschafter** zu erheben (mehrere klagende Gesellschafter sind notwendige Streitgenossen), wobei das zur Entziehung der Geschäftsführung und/oder der Vertretungsmacht Ausgeführte entsprechend gilt (Rn. 117). Nicht klagen müssen allerdings Gesellschafter, die bereits **außergerichtlich und bindend** erklären (ausreichend ist zB eine schriftliche Erklärung mit der erklärt wird, dass die rechtskräftige gerichtliche Entscheidung rechtsverbindliche und verpflichtende Wirkung hat, *BGH*, NJW 1998, 146), sie seien mit der Auflösung der Gesellschaft **einverstanden** (*BGH*, NJW-RR 2002, 538; *BGH*, NJW 1998, 146; *BGH*, NJW 1958, 418). Der oder die Kläger müssen das Vorliegen eines wichtigen Grundes, das den Ausschluss des Beklagten rechtfertigt, darlegen und notfalls beweisen. Eine Ausschließungsklage ist **Gestaltungsklage.** Tenor: „Der Beklagte wird aus der ... [Name] ausgeschlossen." Durch das der Ausschließungsklage stattgebende Urteil scheidet der beklagte Gesellschafter mit Rechtskraft aus der Gesellschaft aus. Eine einstweilige Verfügung mit dem Ziel eines Ausschlusses ist nicht möglich (Rn. 282).

120 Das Ausschließungsverfahren kann **abbedungen** und durch die Möglichkeit einer **Ausschließung mittels Beschlusses** ersetzt werden (*BGH*, NJW 2011, 2648; *BGH*, NJW-RR 2011, 115, 117). Dann muss der Gesellschafter, der sich gegen seine Ausschließung wehren will, die Unwirksamkeit des Ausschließungsbeschlusses durch eine **Feststellungsklage** geltend machen (*BGH*, NJW 2011, 2648). Die übrigen Gesellschafter sind insoweit keine notwendigen Streitgenossen (*BGH*, NJW-RR 2011, 115, 117). Siehe auch Rn. 256.

8. Klagen auf Informationsgewinnung

121 Ein Gesellschafter klagt zum Teil gegen die Gesellschaft, um **Informationen** zu erhalten und sein **Kontrollrecht** ausüben zu können. Die zu gewinnenden Informationen können die Namen der Mitgesellschafter sein (*BGH*, NJW 2011, 921), aber auch Auskünfte, die nicht aus Büchern und Papieren eingesehen werden können (vgl. dazu §§ 716 BGB, 118 I HGB). Der Auskunftsanspruch folgt jedenfalls aus dem durch den Gesellschaftsvertrag begründeten Vertragsverhältnis als solchem (besonderes Gemeinschaftsverhältnis); das Recht, seinen Vertragspartner zu kennen, ist in jedem Vertragsverhältnis selbstverständlich (*BGH*, NJW 2010, 439). Etwa der aus § 716 BGB folgende Auskunftsanspruch kann gegen den geschäftsführenden Gesellschafter oder das geschäftsführende Organ verfolgt werden (*BGH*, NJW 2011, 921). **Kommanditisten** stehen die **Informations- und Kontrollrechte** aus § 118 I HGB **nicht** zu, § 166 II HGB. Der Kommanditist ist nach § 166 I HGB wenigstens aber berechtigt, die abschriftliche Mitteilung des Jahresabschlusses zu verlangen und dessen Richtigkeit unter Einsicht der Bücher und Papiere zu prüfen. Dieses Recht ist durch (Leistungs-, ggf. Schadenersatz-)Klage vor dem Prozessgericht geltend zu machen (Baumbach/Hopt/*Hopt*, HGB, § 166 Rn. 14). Ferner besteht ein außerordentliches Informationsrecht bei **wichtigem Grund.** Auf Antrag des Kommanditisten kann dann die Mitteilung einer Bilanz und eines Jahresabschlusses oder sonstiger Aufklärungen sowie die Vorlegung der Bücher und Papiere angeordnet werden, § 166 III HGB. Klagt der Kommanditist, richtet sich der Antrag gegen die KG (*BayObLG*, NJW-RR 1995, 229), im Ausnahmefall aber auch gegen den Komplementär (*BGH*, BB 1970, 187; *BGH*, BB 1962, 899). Das Verfahren ist nach § 375 Nr. 1 FamFG ein unternehmensrechtliches. Nach § 376 I FamFG ist das Gericht, in dessen Bezirk ein Landgericht seinen Sitz hat, für den Bezirk dieses Landgerichts zuständig (beachte auch § 376 II FamFG). Das Gericht entscheidet gem. § 38 FamFG durch Beschluss. Verfahrensrecht ist das FamFG.

III. Klagen im Zusammenhang mit einer Gesellschaft bürgerlichen Rechts (GbR)

1. Allgemeines

Prozessual ist zwischen Innen- und Außen-GbR zu **unterscheiden**. Eine **Innen-GbR** ist eine gesellschaftsrechtliche Vereinigung, die sich nicht selbst am Rechtsverkehr mit Dritten beteiligt, bei der also die Gesellschafter nicht gemeinschaftlich als Personengesellschaft nach außen hervortreten. Etwa mehrere Treugeber sollen gegenüber demselben Treuhänder eine Innen-GbR bilden können (*BGH*, NJW 2011, 921). Auch eine typische stille Gesellschaft (§ 230 HGB), die Parteien eines Unterbeteiligungsvertrags (BGH, BeckRS 2011, 24537) oder ein Stimmrechtskonsortium (*BGH*, NJW 2009, 669, 670 – Schutzgemeinschaftsvertrag II; *BGH*, NJW 1994, 2536 – Schutzgemeinschaftsvertrag I) sind Innen-GbR. Eine Innen-GbR kann an einem Gesellschaftsprozess nicht teilnehmen (*Beuthien*, NZG 2011, 161 ff.) und ist weder partei- noch prozessfähig. Klagen können mithin nur **ihre Gesellschafter** ebenso wie diese zu verklagen sind. 122

Die **Außen-GbR** ist demgegenüber die von den §§ 705 ff. BGB vorgesehene „Regelform". Sie ist **parteifähig** (*BGH*, NJW 2011, 2355; *BGH*, NJW-RR 2010, 1402, 1404) und durch ihre Vertreter prozessfähig. Außen-GbR und Gesellschafter sind **verschiedene Rechtssubjekte** (*BGH*, BeckRS 2011, 13201). Die Außen-GbR tritt **als Gesellschaft** in Erscheinung, nimmt am Rechtsverkehr teil, wird als solche vertreten, ist **partei-** (§ 50 I ZPO) und durch ihre Vertreter iSv §§ 51 ff. ZPO **prozessfähig** (*BGH*, NJW 2008, 1378, 1379 mwN; grundlegend *BGH*, NJW 2001, 1056 – ARGE Weißes Roß I). Folge dieser Sichtweise ist u. a., dass die Gesellschafter für Gesellschaftsverbindlichkeiten entsprechend §§ 128 ff. HGB haften (*BGH*, NJW-RR 2009, 254, 255). Typische Erscheinungsform der Außen-GbR sind die ARGE, geschlossene Immobilienfonds, Bauherrengemeinschaften, Gesellschaften zwischen Lebenspartnern oder Gesellschaften zwischen Freiberuflern. Geht es um ein Recht oder eine Pflicht der Außen-GbR, ist diese zu verklagen. Statt der Außen-GbR können nicht bis auf Ausnahme des Klägers oder der Kläger die anderen Gesellschafter verklagt werden. Ist die Klage versehentlich oder absichtlich gegen die anderen Gesellschafter gerichtet, ist die Klage als unbegründet abzuweisen. Alternativ kommt ein gewillkürter Parteiwechsel in Betracht. Zu **Beschlussmängeln** und **gesellschaftsvertraglichen Grundlagen** siehe Rn. 98 ff. und Rn. 116 ff.

2. Vertretung

Ist nichts anderes vereinbart, wird die Außen-GbR im Gesellschaftsprozess von **allen Gesellschaftern gemeinschaftlich** vertreten, §§ 714, 709 I BGB (*BGH*, NZG 2010, 1021). Handeln abweichend vom gesetzlichen Normalfall im **Aktivprozess** nicht sämtliche, sondern einzelne Gesellschafter, müssen diese ggf. darlegen und beweisen, dass die Außen-GbR ordnungsgemäß vertreten ist (MünchHdb. GesR I/*Gummert*, § 19 Rn. 20); im Passivprozess soll anderes gelten (*Pohlmann*, WM 2002, 1421, 1424; zw.). Ist klar, dass nicht alle Vertreter handeln, ist die Klage als **unzulässig** abzuweisen, weil die Außen-GbR nicht nach Vorschrift der Gesetze vertreten ist. Eine Heilung ist dadurch möglich, dass die gesetzlichen Vertreter der Außen-GbR als solche in den Prozess eintreten und die Prozessführung des vollmachtlosen Vertreters genehmigen (*BGH*, NZG 2010, 1021 mwN; s. a. Rn. 81). 123

Die Gesellschafter einer Außen-GbR können **einem Nichtgesellschafter** Vollmacht zur Prozessführung erteilen, wenn die Gesellschafter selbst die **organschaftliche Vertretungsbefugnis** behalten (*BGH*, BeckRS 2011, 03975; *BGH*, NJW 2006, 2980, 2981). Die Erlaubnis zu Führung eines Prozesses kann in einer einem Dritten von den Gesellschaftern erteilten Generalvollmacht enthalten sein. Die Bevollmächtigung darf allerdings nicht so weit gehen, dass sämtliche Gesellschafter von der Geschäftsführung und Vertretung der Gesellschaft ausgeschlossen und diese auf Dritte übertragen werden (*BGH*, NJW 1982, 877, 878). Das Prinzip der Selbstorganschaft schließt es mithin nicht aus, dass die Gesellschafter einen Dritten mit der Geschäftsführung **beauftragen** (zum „Geschäftsführer bestellen") und ua zur Prozessführung im Namen der GbR **bevollmächtigen**. Diese Gestaltung findet sich häufig bei Publikumsgesellschaften und ist nicht zu beanstanden (*BGH*, NJW 2006, 2980, 2981; *BGH*, NJW 1982, 2495; *BGH*, NJW 1982, 877, 878). Soll im Namen der Außen-GbR gegen diesen „Geschäftsführer" geklagt werden, müssen dieses die Gesellschafter tun. Bedarf ein **Gesellschafter** der Vertretung, gelten die allgemeinen Regelungen. Stirbt der Vertreter oder hört seine Vertretungsbefugnis auf, wird das Verfahren gem. § 241 ZPO unterbrochen, sofern nicht eine Vertretung durch einen Prozessbevollmächtigten stattfindet, § 246 I ZPO. 124

Klagt einer der vertretungsberechtigten Gesellschafter, wird die Außen-GbR **von den übrigen Gesellschaftern** vertreten. Die Gesellschafter können einen oder mehrere von sich zur Vertretung bevollmächtigen. Die Außen-GbR wird dann von diesen vertreten. Klagt **einer von mehreren** zur Gesamtvertretung befugten Gesellschaftern, gelten die Ausführungen zur OHG entsprechend (Rn. 132). Ist der alleinvertretungsberechtigte Gesellschafter Prozessgegner der Gesellschaft, ist gem. § 57 ZPO ein Prozesspfleger zu bestellen (*Waclawik*, Prozessführung im Gesellschaftsrecht, Rn. 534; zur OHG vgl. 125

Rn. 132). Für die Zwecke der **Durchsetzung von Ersatzansprüchen** gegen den vertretungsberechtigten Vertreter können die Gesellschafter in entsprechender Anwendung von §§ 46 Nr. 8 Hs. 2 GmbHG, 147 II 1 AktG einen besonderen Vertreter bestellen (Rn. 87).

126 Klagt die GbR Sozialansprüche (Rn. 130) ein, so sind keine Besonderheiten zu beachten. Stehen indes Ansprüche aus **Drittbeziehungen** (Rn. 130) im Raum, müssen – ist nichts anderes bestimmt – die die Gesellschaft Vertretenen außer der Vertretungsmacht (§§ 125 I, 26 I HGB) ausnahmsweise **auch Geschäftsführungsbefugnis** (§ 116 I HGB) haben (siehe auch Rn. 132).

3. Typische prozessuale Fragestellungen

127 § 22 ZPO gilt auch für eine Außen-GbR (*LG Bonn*, NJW-RR 2002, 1400). Für die Bestimmung der örtlichen Zuständigkeit kommt es damit auf § 17 ZPO an (*BGH*, NJW 2009, 1610, 1611). Entsprechend § 17 I 2 ZPO kommt es auf den **Ort der Verwaltung** der Gesellschaft an; Anhaltspunkte hierfür sind ua Angaben auf Geschäftsbriefen (*Wertenbruch*, NJW 2002, 324, 325). § 17 I 1 ZPO ist nach § 22 ZPO auch maßgebend für Klagen der Außen-GbR gegen ihre Gesellschafter bzw. für solche zwischen Gesellschaftern (MünchKommBGB/*Ulmer/Schäfer,* § 718 Rn. 45). Wenn das zu verwaltende Gesellschaftsvermögen in Deutschland belegen ist, einer der beiden Gesellschafter seinen Wohnsitz in Deutschland hat, die Gesellschaft nach außen unter einer deutschen Adresse auftritt und ihre laufenden Geschäfte durch eine deutsche Hausverwaltung geführt werden, während ihre einzige Verbindung mit dem Ausland in dem ausländischen Wohnsitz ihres anderen Gesellschafters besteht, fehlt es an einer Grundlage für die Annahme, eine Außen-GbR habe ausschließlich einen ausländischen Verwaltungssitz (*BGH*, NJW 2009, 1610, 1611).

128 Gerichtliche Zustellungen an die Außen-GbR können gem. § 170 I, III ZPO an jeden Gesellschafter bewirkt werden, der zur Vertretung **berechtigt** ist (*BGH*, BeckRS 2011, 08182; *BGH*, NJW 2006, 2189, 2190). Hat die Außen-GbR – wie etwa viele Publikumsgesellschaften (dazu Rn. 259) – einen **geschäftsführenden Gesellschafter** (dazu Rn. 138), ist an diesen zuzustellen (*BGH*, NJW 2007, 995, 996). Eine wirksame Zustellung wird auch erreicht, wenn die Zustellung nicht nur an einzelne, sondern an alle Gesellschafter und damit im Ergebnis auch an einen zur Geschäftsführung berufenen Gesellschafter erfolgt (*BGH*, BeckRS 2011, 08182; *BGH*, NJW 2011, 615). Die **Klageschrift** nach §§ 253 II Nr. 1, IV, 130 Nr. 1 ZPO muss die Außen-GbR und ihre gesetzlichen Vertreter bezeichnen. Im Prozess der Außen-GbR und eines ihrer Gesellschafter können die anderen Gesellschafter Zeuge sein (*Wertenbruch*, NJW 2002, 324, 326). Etwas anderes gilt, wenn ein Gesellschafter nach §§ 714, 709 I BGB zur Vertretung der Außen-GbR berufen ist; dann ist er Partei. Mehrere verklagte GbR-Gesellschafter der Außen-GbR sind **einfache Streitgenossen** (*OLG Frankfurt/M*, NJW-RR 2002, 1277). Die Eröffnung des Insolvenzverfahrens über das Vermögen eines Gesellschafters unterbricht das gegen die übrigen Gesellschafter gerichtete Verfahren nicht (*BGH*, NJW-RR 2003, 1002).

129 Die Außen-GbR ist im **Urteilsrubrum** (§ 313 I Nr. 1 ZPO) so zu bezeichnen, wie das von ihren Gesellschaftern für das Auftreten der Gesellschaft im Rechtsverkehr **bestimmt** ist. Fehlt es hieran, kann die Außen-GbR so bezeichnet werden, wie sie **tatsächlich** im Verkehr auftritt (s. a. MünchHdb. GesR I/ *Gummert,* § 19 Rn. 29). Schließlich kann die Gesellschaft als „GbR bestehend aus … [Namen der Gesellschafter]" bezeichnet werden. Nach **neuerer Ansicht** müssen mit Blick auf § 47 II GBO im Aktiv-Rubrum einer Außen-GbR die Gesellschafter genannt werden, damit diese als Gläubigerin ins Grundbuch eingetragen werden kann (*OLG München,* BeckRS 2011, 24208). Vor diesem Hintergrund bietet es sich als „Service" an, stets die Gesellschafter auch zu nennen, aber klarzustellen, dass diese kein Recht für sich behaupten. Klagt die Außen-GbR, ist vom Gericht ggf. ein identifizierbarer Name zu erfragen. Die für die Gesellschaft auftretenden Personen sind verpflichtet, diesen zu nennen (*BGH*, NJW 2001, 1056, 1060). Im **Passivprozess** ist es Aufgabe des klagenden Gesellschafters, die Außen-GbR ausreichend zu bezeichnen.

IV. Klagen im Zusammenhang mit einer offenen Handelsgesellschaft (OHG)

1. Allgemeines

130 Die OHG kann nach § 124 I HGB unter ihrer Firma klagen und verklagt werden (MünchHdb. GesR I/ *Neubauer,* § 70 Rn. 1). Sie wird prozessrechtlich wie eine **eigene Rechtsperson** behandelt. Die OHG ist auch zu ihren Gesellschaftern **prozessual eigenständig** (*BGH*, NJW 1975, 1280, 1281; *BGH*, NJW 1974, 750). OHG und OHG-Gesellschafter können gegeneinander prozessieren. Der Wechsel vom Gesellschafts- zum Gesellschafterprozess ist **gewillkürter Parteiwechsel** (*BGH*, NJW 1974, 750). Die Auswirkungen einer gegen die OHG ergangenen rechtskräftigen Entscheidung auf den einzelnen Gesellschafter bestimmen sich nach § 129 I HGB (siehe auch Rn. 90 ff.). Gegenstand eines Gesellschaftsprozesses können zB **Sozialansprüche** (bzw. Sozialverbindlichkeiten), aber auch **Ansprüche aus Drittbeziehungen** (Kauf-, Werk-, Dienst-, Mietvertrag usw.) sein.

131 Die OHG ist – wie grundsätzlich alle Personengesellschaften – gemäß § 124 HGB **parteifähig.** Die Parteifähigkeit tritt im Verhältnisse zu Dritten mit dem Zeitpunkt ein, in welchem die OHG in das

Handelsregister **eingetragen** wird, § 123 I HGB. Beginnt die OHG ihre Geschäfte schon vor der Eintragung, so tritt die Wirksamkeit mit dem Zeitpunkte des Geschäftsbeginns ein, soweit sich nicht aus §§ 2, 105 II HGB ein anderes ergibt. Die **Auflösung** der OHG nach § 131 I HGB hat auf die Parteifähigkeit keinen Einfluss (Rn. 54). Die OHG verliert die Parteifähigkeit mit **Vollbeendigung** (dazu Rn. 56).

2. Vertretung

Die OHG ist durch ihre Vertreter prozessfähig iSv § 51 I ZPO. Im Prozess wird sie grundsätzlich **durch sämtliche Gesellschafter** vertreten, § 125 I HGB. Im Gesellschaftsvertrag kann nach § 125 II 1 HGB einerseits bestimmt werden, dass alle Gesellschafter nur in Gemeinschaft zur Vertretung der Gesellschaft ermächtigt sein sollen (Gesamtvertretung). Andererseits können nur einige Gesellschafter als Vertreter gewillkürt werden. Prozesshandlungen gegenüber einem vertretungsberechtigten Gesellschafter können nach § 125 II 3 HGB vorgenommen werden. Ist der **alleinvertretungsberechtigte Gesellschafter** Prozessgegner der Gesellschaft, kann das Prozessgericht nach § 57 I ZPO der OHG einen Dritten zum Vertreter bestellen (MünchHdb. GesR I/*Neubauer,* § 70 Rn. 15). Daneben ist es möglich, etwa im Wege der **einstweiligen Verfügung**, einen Not-Vertreter bestellen. Jedenfalls für die Zwecke der Durchsetzung von Ersatzansprüchen gegen den alleinvertretungsberechtigten Gesellschafter können die Gesellschafter in entsprechender Anwendung von §§ 46 Nr. 8 Hs. 2 GmbHG, 147 II 1 AktG außerdem einen **besonderen Vertreter** bestellen (Rn. 87). Hat die OHG **mehrere** nur zur Gesamtvertretung berechtigte Vertretungsberechtigte und erhebt einer von diesen Vertretern gegen die OHG Klage oder wird er verklagt, können die **verbleibenden Vertreter** die OHG vertreten. Die nach § 125 II 2 HGB notwendige Ermächtigung ist unnötig, liegt jedenfalls in der Klageerhebung (RGZ 116, 117). Klagt die OHG Sozialansprüche (Rn. 130) ein, sind keine Besonderheiten zu beachten. Stehen indes Ansprüche aus Drittbeziehungen (Rn. 130) im Raum, müssen – ist nichts anderes bestimmt – die die Gesellschaft Vertretenen außer der Vertretungsmacht (§§ 125 I, 26 I HGB) ausnahmsweise **auch Geschäftsführungsbefugnis** (§ 116 I HGB) haben (Baumbach/*Hopt,* HGB, § 125 Rn. 53). 132

Während der Liquidation (dazu Rn. 54 ff.) vertreten nach § 146 I 1 HGB sämtliche Gesellschafter die OHG, sofern sie nicht durch Beschluss oder durch den Gesellschaftsvertrag etwas anderes bestimmt ist. Sind die Liquidatoren mit den bisher vertretungsberechtigten Gesellschaftern **personenidentisch**, kommt es **nicht** zu einer Aussetzung des Verfahrens entsprechend den §§ 241, 246 ZPO (Rn. 54). 133

3. Typische prozessuale Fragestellungen

Der allgemeine Gerichtsstand der OHG wird gem. § 17 ZPO durch ihren nach § 106 II Nr. 2 HGB im Handelsregister eingetragenen Sitz bestimmt. Gem. § 22 ZPO ist der Sitz der Gesellschaft auch für Klagen gegen Gesellschafter und Klagen der Gesellschafter untereinander aus dem Gesellschaftsverhältnis maßgeblich. Der Streit zwischen der Gesellschaft und einem Gesellschafter bzw. den Gesellschaftern untereinander, der seinen Grund im Gesellschaftsverhältnis hat, ist gem. § 95 I Nr. 4 a GVG Handelssache. Handelssachen können auf mit der Klageschrift zu stellenden Antrag des Klägers vor der Kammer für Handelssachen verhandelt und auf Antrag des Beklagten von der Zivilkammer an die Kammer für Handelssachen verwiesen werden (§§ 96, 98 GVG). 134

Zustellungen an die OHG erfolgen nach § 170 I 1 ZPO an ihre gesetzlichen Vertreter; die Zustellung an einen vertretungsberechtigten Gesellschafter genügt, §§ 170 III ZPO, 125 II 3, III 2 HGB (*BGH,* NJW 2006, 2189, 2190 zur Außen-GbR). Die Klageschrift muss nach §§ 253 II Nr. 1, IV, 130 Nr. 1 ZPO die OHG und ihre gesetzlichen Vertreter bezeichnen. Zum Beweis gilt das Allgemeine (Rn. 52 ff.). Die vertretungsberechtigten Gesellschafter der OHG sind mithin als Partei (§§ 445 ff. ZPO) zu vernehmen; alle anderen Gesellschafter können hingegen als Zeugen vernommen werden (*BGH,* NJW 1965, 106). Zu Beschlussmängeln und Grundlagen des Gesellschaftsverhältnisses siehe Rn. 98 ff. und Rn. 116 ff. Zum Rubrum siehe Rn. 78. 135

Prozessuale Handlungen der OHG sind durch so viele vertretungsberechtigte Gesellschafter abzugeben, wie dies der Gesellschaftsvertrag vorsieht (MünchHdb. GesR I/*Neubauer,* § 70 Rn. 6). Geben einzelvertretungsberechtigte Gesellschafter gleichzeitig sich widersprechende Erklärungen ab, sind diese unwirksam (Rn. 49). Zur Streithilfe siehe Rn. 38 f. 136

V. Klagen im Zusammenhang mit einer Kommanditgesellschaft (KG)

1. Allgemeines

Soweit nichts Besonderes angeordnet ist, finden nach § 161 II HGB auf die KG die für die OHG geltenden Vorschriften eine **entsprechende Anwendung** (dazu Rn. 130 ff.). 137

2. Vertretung

Im Prozess wird die KG – ist nichts anderes bestimmt, wie zB häufig in einer Publikums-KG (Rn. 259) – von ihrem **Komplementär** oder den **Komplementären** vertreten, § 170 HGB. Komplementär kann jede **deutsche oder ausländische** (*BayObLG,* NJW 1986, 3029; Rn. 143) natürliche oder juristi- 138 sche Person sein. Komplementär können auch eine andere KG, eine OHG oder eine Außen-GbR sein (*LG Berlin*, ZIP 2003, 1201). Wird dem **alleinvertretungsberechtigten Komplementär** die Vertretungsbefugnis entzogen, werden – soweit es diese gibt – die **Mitkomplementäre** Gesamtvertreter (zur OHG vgl. Rn. 132). Gem. § 164 1 Hs. 1 HGB sind die Kommanditisten von der Führung der Geschäfte der KG ausgeschlossen. Diese Vorschrift kann jedoch durch eine – ggf. stillschweigende (*BGH*, NJW 1989, 2687) – **gesellschaftsvertragliche Regelung** in der Weise abbedungen werden, dass der Kommanditist allein oder gemeinschaftlich mit einem oder mehreren persönlich haftenden Gesellschaftern zur Führung der Geschäfte befugt ist und die KG in diesem Umfang auch gewillkürt (organschaftliche Vertretung schließt § 170 HGB aus, vgl. *BGH*, BB 1968, 797) vertritt (*BFH*, DStR 1996, 1443, 1444; *BGH*, NJW 1989, 2687; *BGH*, BB 1976, 526; **„geschäftsführender Kommanditist"**). Diese **besondere Gestaltungsform** findet sich häufig in Publikumsgesellschaften.

139 Behauptete Ersatzansprüche gegen den Komplementär setzt der **andere Komplementär** durch, wenn es diesen gibt und die Gesellschafter nichts anderes bestimmen. Die Kommanditisten können – bspw. zum Zwecke der Durchsetzung von Ersatzansprüchen – gegen den Komplementär in entsprechender Anwendung von §§ 46 Nr. 8 Hs. 2 GmbHG, 147 II 1 AktG einen **besonderen Vertreter** bestellen (Rn. 87); dies gilt auch, wenn es **nur einen** Komplementär gibt. Die Liquidations-KG wird nach § 161 II HGB iVm § 149 2 HGB durch Liquidatoren gerichtlich vertreten. Liquidatoren und damit nur gemeinsam Vertretungsberechtigte (vgl. § 150 I HGB) sind nach § 146 I HGB **sämtliche Gesellschafter**, bei der KG also auch – ausnahmsweise – der Kommanditist (*BGH*, ZIP 1982, 1318), wenn nichts anderes bestimmt ist.

3. Zustellung

140 Das Gericht hat an den oder die Komplementäre zuzustellen, § 170 I, III ZPO (Rn. 48). Hat die KG **mehrere** Komplementäre, reicht die Zustellung an einen von der Vertretung nicht ausgeschlossenen Komplementär auch dann aus, wenn dieser nur gesamtvertretungsberechtigt ist, §§ 125 II 3, 161 II HGB. Zustellort ist – auch bei der GmbH & Co. KG – das Geschäftslokal der KG, aber auch an jeder andere Ort, wo der Komplementär angetroffen wird. Die Zustellung in vermögensrechtlichen Streitigkeiten kann auch gegenüber einem Generalbevollmächtigten erfolgen, im Rahmen von durch den Geschäftsbetrieb der KG hervorgerufenen Prozessen auch an einen Prokuristen (§ 171 ZPO). Die Ersatzzustellung erfolgt in den Geschäftsräumen der Gesellschaft an eine dort beschäftigte Person (§ 178 I Nr. 2 ZPO).

4. Klagegegner

141 Streitigkeiten über die Frage, ob jemand Mitglied der KG ist oder nicht, sind – auch in einer Publikums-KG (Rn. 261) – wie stets im Personengesellschaftsrecht (Rn. 116 ff.) zwischen den Gesellschaftern auszutragen (*BGH*, NJW 2003, 1729; *BGH*, NJW 1999, 3113), wenn nicht anderes bestimmt ist. Auch die Frage eines **Beschlussmangels** ist grundsätzlich zwischen den Gesellschaftern auszutragen (*BGH*, MDR 2011, 1243; Rn. 101).

5. Kein persönlich haftender Gesellschafter natürliche Person (... & Co. KG)

142 Das Gesetz lässt Gesellschaften zu, bei der kein persönlich haftender Gesellschafter eine natürliche Person ist. Besonderes ordnen dann ua §§ 19 II, 125 I 2, 130 a, 131 I, 172 VI, 177 a HGB, § 39, 44 a, 135 InsO an. Etwa für die GmbH & Co. KG gelten – soweit es die KG angeht – iÜ aber die allgemeinen Vorschriften zur KG (dazu Rn. 137 ff.), nach § 161 II HGB die für die OHG geltenden Vorschriften (dazu Rn. 130 ff.) und für die GmbH das GmbH-Recht (Rn. 221 ff.). Eine **prozessuale Besonderheit** besteht darin, dass der Komplementär zulässiger Weise (Rn. 138) **juristische Person** ist, die mithin ihrerseits vertreten werden muss, idR nach § 35 GmbHG durch den Geschäftsführer (zum Rubrum vgl. Rn. 78). Zustellungen gegenüber der GmbH & Co. KG müssen gegenüber dem **Geschäftsführer der Komplementär-GmbH** bewirkt werden (§ 170 II ZPO). Klagt eine **Publikums-KG** gegen ihren Komplementär, soll analog § 112 AktG ein Beirat die Gesellschaft gerichtlich vertreten können (*BGH*, NZG 2010, 1381; *OLG Bremen*, NZG 2010, 181). Die KG ist **prozessual streng** von ihrer Komplementärin – der GmbH – zu unterscheiden. Geht es um Mängel auf Ebene der Komplementärin – etwa bei der Willensbildung und der darauf folgenden Anfechtung – gilt GmbH-Recht (str.). Im Prozess ist daher stets darauf zu achten, ob es um die KG oder ihren (oder) ihre Komplementäre geht. Die Rechtssphären beider Rechtsträger sind etwa bei Beschlussmängeln sauber voneinander zu trennen; vor allem, weil es die jeweiligen Gesellschafter häufig nicht tun.

143 Komplementär kann auch eine ausländische (juristische) Person sein (Rn. 138), bspw. auch eine Limited (Limited & Co. KG). Für diese Limited & Co. KG gelten die **allgemeinen Vorschriften** zur KG (dazu Rn. 137 ff.), nach § 161 II HGB die für die OHG geltenden Vorschriften (dazu Rn. 130 ff.) und für die Limited deren Vorschriften (Rn. 72 ff.). Für die Firma der Limited & Co. KG gilt § 19 II HGB. Üblich ist zB „A-private company limited by shares & Co. KG" oder „A-Limited & Co. KG" oder „A Ltd. & Co. KG".

VI. Klagen im Zusammenhang mit einer Partnerschaftsgesellschaft

Auf die Partnerschaftsgesellschaft ist § 124 HGB **entsprechend** anzuwenden, § 7 II PartGG. Eine Partnerschaftsgesellschaft kann vor Gericht klagen und verklagt werden. Zur Zwangsvollstreckung in ihr Gesellschaftsvermögen ist ein gegen sie gerichteter vollstreckbarer Schuldtitel erforderlich. Nach § 7 III PartGG, §§ 125 I, 126 I HGB kann die Partnerschaftsgesellschaft vor Gericht von jedem Gesellschafter vertreten werden, wenn er nicht durch den Gesellschaftsvertrag von der Vertretung ausgeschlossen ist. Wie bei der OHG ist eine Gesamtvertretung möglich. Nach § 7 IV 1 PartGG kann die Partnerschaftsgesellschaft als **Prozess- oder Verfahrensbevollmächtigte** beauftragt werden. Sie handelt in diesem Falle durch ihre Partner und Vertreter, in deren Person die für die Erbringung rechtsbesorgender Leistungen gesetzlich vorgeschriebenen Voraussetzungen im Einzelfalle vorliegen müssen, und ist in gleichem Umfang wie diese **postulationsfähig,** § 7 IV 1 PartGG. Der Name der Partnerschaft muss nach § 2 I 1 PartGG den Namen mindestens eines Partners, den Zusatz „und Partner" oder „Partnerschaft" sowie die Berufsbezeichnungen aller in der Partnerschaft vertretenen Berufe enthalten. 144

VII. Klagen im Zusammenhang mit einem Verein

1. Allgemeines

Der rechtsfähige Verein ist **juristische Person.** Er ist daher nach § 50 I ZPO parteifähig, durch seine Vertreter nach § 51 ZPO prozessfähig. Auch der Verein, der nicht rechtsfähig ist, kann wegen § 50 II Hs. 1 ZPO allerdings **klagen** und **verklagt** werden; im Rechtsstreit hat der nichtrechtsfähige Verein von Gesetzes wegen die Stellung eines rechtsfähigen Vereins. 145

2. Gerichtsstand; Schiedsvereinbarungen

Der allgemeine Gerichtsstand des Vereins richtet sich nach §§ 22, 17 ZPO (Rn. 34). Diese Anordnung gilt auch für **überregional tätige Massenvereine** (aA *LG Frankfurt/M*, NJW 1977, 538; *LG Hannover*, VersR 1979, 341). Die sachliche Zuständigkeit bemisst sich am Zuständigkeitsstreitwert; § 246 III 1 AktG ist nicht anwendbar. Der Weg zu den ordentlichen Gerichten ist **versperrt**, wenn eine wirksame **Schiedsvereinbarung** besteht (siehe bereits Rn. 67). Nach hM ist § 1066 ZPO jedenfalls auf ein Schiedsgericht anzuwenden, das bereits in der Vereinssatzung festgelegt ist (*BGH*, NJW 2004, 2226, 2227). Eine später geschlossene Schiedsvereinbarung gilt hingegen nicht für Mitglieder, die ihr nicht zustimmten und denen ein Austritt nicht zumutbar ist (*BGH*, NJW 2000, 1713). 146

3. Vertretung des Vereins

Nach § 26 I 2 Hs. 1 BGB vertritt „der Vorstand" den Verein gerichtlich. Besteht der Vorstand aus mehreren Personen, wird der Verein gem. § 26 II 1 BGB – ist nichts anderes bestimmt – durch die **Mehrheit** der Vorstandsmitglieder vertreten. 147

4. Beweis

Der Vorstand ist „Partei" – und als solche zu vernehmen. Nach Ausscheiden aus dem Amt können auch (ehemalige) Vorstände Zeuge sein. Die Vereinsmitglieder sind Zeugen (MünchKommZPO/*Damrau,* § 373 Rn. 11). Im Übrigen gelten die allgemeinen Grundsätze (dazu Rn. 51 ff.). Die Parteien müssen jeweils beweisen, was ihnen „günstig" ist. 148

5. Besonderheiten einiger Vereinsklagen

a) **Vorrang vereinsinternen Rechtsschutzes.** Das Vereinsmitglied kann für die Hauptsache die staatlichen Gerichte, sofern keine Schiedsvereinbarung greift (Rn. 146 und Rn. 67), erst anrufen, nachdem es den **vereinsinternen Rechtsschutz** ausgeschöpft hat (*BGH*, NJW 1968, 543; etwas anderes gilt bei einer vom Verein verschuldeten, dem Mitglied unzumutbaren Verzögerung, PWW/*Schöpflin,* BGB, § 25 Rn. 22). Etwas anderes gilt für den **einstweiligen Rechtsschutz.** Begehrt ein Vereinsmitglied etwa den Erlass einer einstweiligen Verfügung nach §§ 935, 940 ZPO, muss er den vereinsinternen Rechtsschutz **nicht** ausschöpfen. 149

b) **Beschlussmängel.** Beschlussmängel sind für einen Beschluss der Mitgliederversammlung (§ 31 I 1 BGB) und einen eines Vereinsorgans, vor allem des Vorstands, vorstellbar. 150

aa) Beschluss der Mitgliederversammlung. Das Vereinsrecht **unterscheidet nicht** zwischen rechtsgestaltender Beschlussanfechtung und deklaratorischer Feststellung der Nichtigkeit (*BGH*, NJW 1973, 235). Leidet ein Beschluss der Mitgliederversammlung unter einem nicht geheilten (dazu *BGH*, NJW 1968, 543) Mangel, ist er daher **nichtig.** §§ 241 ff. AktG sind wegen der Vielgestaltigkeit vereinsrechtlicher Zusammenschlüsse und der darum anders als im Aktienrecht gelagerten tatsächlichen und rechtli- 151 chen Verhältnisse **nicht entsprechend anwendbar** (*BGH*, NJW 2008, 69, 72). Die Nichtigkeit des Beschlusses der Mitgliederversammlung kann wie im Aktienrecht im Wege der **Feststellungsklage** nach § 256 ZPO geklärt werden (zur Urteilsformel zur Hauptsache siehe daher dort Rn. 189). Wie bei allen Verbänden kommen formelle und materielle Beschlussmängel in Betracht. Ein materieller Beschlussmangel führt immer zur Nichtigkeit. Bei einem formellen Beschlussmangel kommt es hingegen auf seine Relevanz für die Ausübung der Mitwirkungsrechte durch ein objektiv urteilendes Verbandsmitglied an (*BGH*, NJW 2008, 69, 73; Rn. 181).

152 Zur Erhebung der Feststellungsklage ist jedes Vereinsmitglied sowie sind die Organe des Vereins berechtigt (*BGH*, NJW 2008, 69, 74). Der Kläger muss sowohl im Zeitpunkt der Beschlussfassung als auch dem der Rechtshängigkeit Mitglied des Vereins sein (*BGH*, NJW 2008, 69, 74). Keine Klagebefugnis haben außerhalb des Vereins stehende Dritte (*BGH*, NJW 2008, 69, 74; *BGH*, NJW 1975, 2101), was für Dritte, die ein Interesse nach § 256 I ZPO geltend machen können, nicht überzeugt. Die Klage ist gegen den Verein zu richten (LG Frankfurt/M, NJW-RR 1998, 396). Soweit vorhanden, sind wegen des Rechtsschutzbedürfnisses ggf. vorhandene vereinsinterne Rechtsbehelfe vor Klageerhebung auszuschöpfen (*KG*, NJW 1988, 3159; Rn. 149); ggf. besteht eine Schiedsvereinbarung (Rn. 146 und Rn. 67). Ein Rechtsschutzbedürfnis kann auch fehlen, wenn das klagende Mitglied dem Beschluss zustimmte (vgl. dazu Rn. 177 zum Aktienrecht). Es gibt **keine Klagefrist**. Die Feststellungsklage kann dennoch **nicht zeitlich unbegrenzt** erhoben werden (*OLG Saarbrücken*, NZG 2008, 677). Im Allgemeinen steht für die Klageerhebung eine Frist von einem Monat zur Verfügung. Einer gleichwohl später erhobenen Klage kann ggf. der Einwand der Verwirkung des Klagerechts entgegenstehen (*OLG Saarbrücken*, NZG 2008, 677; *OLG Hamm*, NJW-RR 1997, 989). Für die **Klagefrist** diskutiert wird hier ein **Zeitraum von 1 Monat bis 2 Jahren** (s. a. Rn. 104 zur Personengesellschaft). Richtig sind hingegen eine Betrachtung des Einzelfalls und die sorgfältige Prüfung der Voraussetzungen der Verwirkung (Zeit- und Umstandsmoment). Ein Vereinsmitglied kann im Wege der Feststellungsklage auch die fehlerhafte Berechnung eines Abstimmungsergebnisses oder eine nichtige Stimmabgabe geltend machen (*BGH*, NJW 1980, 1465).

153 *bb) Beschluss eines Vereinsorgans.* Was für den **Beschluss eines Vereinsorgans** gilt, ist vorrangig anhand der Vereinssatzung zu prüfen. Schweigt diese, ist anzunehmen, dass eine nicht ordnungsmäßige Entscheidung eines Vereinsorgans, vor allem, aber nicht nur des Vorstands, **stets nichtig** und nicht bloß anfechtbar ist (siehe bereits allgemein Rn. 25 ff.; aA *Waclawik*, Prozessführung im Gesellschaftsrecht Rn. 593; MünchKommBGB/*Reuter*, § 32 Rn. 72 und Rn. 76). Es ist nicht zu erkennen, dass etwas anderes als für Beschlüsse der Mitgliederversammlung gelten kann (siehe auch § 28 BGB). Richtige Klageart ist die **Feststellungsklage**, § 256 ZPO. Jedenfalls Einwendungen, die sich auf Verstöße gegen verzichtbare, lediglich der Sicherung der Teilhaberechte dienende (Verfahrens-)Vorschriften gründen, sind regelmäßig mit aller unter den jeweils gegebenen Verhältnissen **zumutbaren Beschleunigung** geltend zu machen (*BGH*, NJW 1997, 1926 – ARAG/Garmenbeck; siehe auch Rn. 152 zur Frist). Die Klage ist gegen den Verein zu richten, nicht gegen das Vereinsorgan. Klage erheben kann jedes Mitglied des Vereinsorgans, etwa des Vorstands. Ob hingegen ein Vereinsmitglied prozessführungsbefugt ist – etwa soweit es vom angegriffenen Beschluss in seinen Rechten und Pflichten unmittelbar berührt ist – ist nach den allgemeinen Regelungen zu beantworten (dazu Rn. 25 ff.).

154 c) **Überprüfung von Vereinsstrafen.** Bei einer Vereinsstrafe ist zu prüfen, ob diese in der Vereinssatzung vorgesehen ist und nicht gegen das Gesetz verstößt (vor allem §§ 134, 138, 242 BGB, § 20 GWB), ob der Betroffene der Vereinsgewalt unterliegt und ob das im Verein dafür vorgesehene formelle Verfahren (hier gilt die „Relevanzdoktrin", dazu Rn. 181) eingehalten ist. Ferner ist zu prüfen, ob der Verein sein **Ermessen fehlerfrei** ausgeübt hat, vor allem, ob die Tatsachengrundlage ausreichend geklärt ist. Die Entscheidung darf ferner **nicht willkürlich oder grob unbillig** sein (*BGH*, NJW 1997, 3368; *BGH*, NJW 1972, 1892). Eine Vereinsstrafe ist offenbar unbillig und deshalb unwirksam, wenn der Verein andere Mitglieder, den unter denselben Umständen ein gleicher Verstoß zur Last fällt, ohne sachlichen Grund, der eine unterschiedliche Behandlung rechtfertigt, anders behandelt – Verstoß gegen den Grundsatz der **gleichmäßigen Behandlung** (*BGH*, NJW 1967, 1657; s. a. Rn. 33). Die Vereinsstrafe kann ferner grob unbillig sein, wenn sie der Verein auf vereinswidrige Behauptungen stützt, die das Mitglied in einem Rechtsstreit mit dem Verein zu seiner Rechtsverteidigung vorgebracht hat. Ermessensfehlerfreie Entscheidungen sind hinzunehmen (*OLG Düsseldorf*, NJW-RR 1987, 697). Der Verein soll idR bei der Überprüfung der Vereinsstrafe **keine Gründe nachschieben** dürfen, die bei Erlass der Vereinsstrafe vorlagen, aber nicht bekannt waren (*BGH*, NJW 1967, 1657; zw. siehe auch Rn. 187). Die Klage gegen die Vereinsstrafe ist Feststellungsklage (§ 256 ZPO). Hat die Klage Erfolg, ist festzustellen, dass die konkrete Vereinsstrafe (die im Tenor genau zu benennen ist) unwirksam ist.

155 d) **Vereinsausschluss.** *aa) Grundsatz.* Jedes Vereinsmitglied kann, jedenfalls dann, wenn ein wichtiger Grund vorliegt (der kein Verschulden voraussetzt), aus dem Verein ausgeschlossen werden. Was gilt, ist vorrangig eine Frage der Vereinssatzung. Ein Ausschluss kann von den Gerichten kontrolliert werden, wenn keine Schiedsvereinbarung besteht. Eine Satzung, die anderes bestimmt, ist insoweit unwirksam (*BGH*, NJW 2003, 2097; *BGH*, NJW 1967, 1657). Auch dann, wenn ein Vereinsmitglied innerhalb ei-

ner satzungsmäßigen Ausschlussfrist keinen Gebrauch von einem vereinsinternen Rechtsmittel macht, darf er klagen. Ehe vor den staatlichen Gerichten geklagt werden kann, ist der ggf. vorgesehene vereinsinterne Rechtsweg auszuschöpfen (*BGH*, NJW 2003, 2097; Rn. 149). Klageart ist die Feststellungsklage. Zu verklagen ist der Verein. Der Kläger muss zur Begründetheit seiner Klage geltend machen, dass sein Ausschluss aus dem Verein aus formellen oder/und materiellen Gründen unwirksam ist. Eine Klagefrist besteht nicht. Das Vereinsmitglied kann sein Recht, zu klagen, allerdings verwirken (§ 242 BGB). Die sachliche Zuständigkeit richtet sich nach der Beschwer des Klägers. Die örtliche Zuständigkeit bestimmt sich nach § 17 I ZPO.

Das Gericht kann im Rahmen der Prüfung des Ausschlusses jedenfalls prüfen, ob beim Ausschluss das vereinsinterne **formelle Verfahren** fehlerfrei eingehalten wurde. Die sachliche Überprüfung des Ausschließungsbeschlusses ist hingegen grundsätzlich darauf **beschränkt**, ob die verhängte Maßnahme eine Stütze im Gesetz oder in der Satzung hat, sonst keine Satzungsverstöße vorgekommen sind und ob der dem Vereinsmitglied vorgeworfene Sachverhalt zutreffend festgestellt ist und die Sanktion grob unbillig, willkürlich, gesetzwidrig oder sittenwidrig ist (*BGH*, NJW 1988, 552, 554; *BGH*, NJW 1984, 918, 919 mwN). Eine sachliche Prüfung, also eine Prüfung, ob der Ausschluss **gerechtfertigt** war, ist grundsätzlich nicht möglich. Eine **ermessensfehlerfreie** Entscheidung des zuständigen Vereinsorgans ist hinzunehmen (aA *Gehrlein*, ZIP 1997, 1912, 1915). Das Gericht kann in Bezug auf materielle Mängel nur prüfen, ob es Ermessensfehler gab oder ob der Ausschluss grob unbillig oder willkürlich ist, etwa gegen den **Grundsatz der Gleichbehandlung** (dazu Rn. 33) verstößt (*BGH*, NJW 1995, 583). Bei der gerichtlichen Auseinandersetzung über die Frage, ob die Ausschließung grob unbillig (siehe bereits Rn. 154) war, können beide Parteien neue, im Ausschließungsverfahren nicht behandelte Tatsachen vorbringen. 156

bb) Einer Aufnahmepflicht unterliegende „Monopolvereine“. Unterliegt ein Verein einer Aufnahmepflicht, gehen die Prüfungsmöglichkeiten des Gerichts weiter (*BGH*, NJW 1994, 43; *BGH*, NJW 1988, 552, 554). Bei Monopolverbänden sowie Vereinigungen mit einer überragenden Machtstellung im wirtschaftlichen oder sozialen Bereich, bei denen die Mitgliedschaft für den Einzelnen aus beruflichen, wirtschaftlichen oder sozialen Gründen von erheblicher Bedeutung ist, sind an das Recht zum Ausschluss eines Mitgliedes und die gerichtliche Nachprüfbarkeit einer Ausschlussentscheidung keine geringeren Anforderungen gestellt werden als an das Recht, einen Aufnahmeantrag abzulehnen. Der Ausschluss muss **durch sachliche Gründe gerechtfertigt**, darf also nicht unbillig sein. Dabei ist zwar ein Beurteilungsspielraum zuzubilligen: Das Gericht kann nicht ohne weiteres seine Überzeugung und seine Wertmaßstäbe an die Stelle derjenigen des Verbandes setzen. Da ein Ausschluss aber um so eher unbillig sein wird, je wichtiger für den Betroffenen die Mitgliedschaft ist, sind diesem Beurteilungs- oder Ermessensspielraum enge Grenzen gesetzt (*BGH*, NJW 1988, 552, 554; *BGH*, NJW 1985, 1216). 157

cc) Tenor. Der gerichtliche Tenor lautet zB: „Es wird festgestellt, dass der Ausschluss des Klägers aus dem Beklagten unwirksam ist“. 158

VIII. Klagen im Zusammenhang mit einer Aktiengesellschaft

1. Allgemeines

a) **Zustellung der Klage.** Eine gerichtliche Zustellung an die Gesellschaft erfolgt – ist nichts Besonderes bestimmt (vgl. Rn. 167) – idR an den Vorstand, § 170 I 1 ZPO. Bei mehreren Vorständen genügt nach § 170 III ZPO die Zustellung an einen von ihnen. Gibt es keinen Vorstand, ist nach § 78 I 2 AktG an – ggf. einen (§ 170 III ZPO) – Aufsichtsrat zuzustellen. 159

b) **Vertretung der Aktiengesellschaft.** Die Aktiengesellschaft wird nach § 78 I 1 AktG – ist nichts Besonderes bestimmt (Rn. 166) – gerichtlich grundsätzlich vom Vorstand vertreten. Besteht der Vorstand aus mehreren Personen, sind zur Vertretung der Gesellschaft idR sämtliche Vorstandsmitglieder nur **gemeinschaftlich befugt,** § 78 I 2 AktG. Fehlt ein erforderliches Vorstandsmitglied, hat in dringenden Fällen das Gericht auf Antrag eines Beteiligten das Mitglied zu bestellen, § 85 I 1 AktG. § 78 I 2 AktG gilt nur für die Entgegennahme von Willenserklärungen und die Zustellung von Schriftstücken, nicht für die passive Prozessführung (vgl. *BGH*, NZG 2011, 26 zu § 35 I 2 GmbHG). 160

In Prozessen mit den Mitgliedern des Vorstands vertritt **der Aufsichtsrat** die AG, § 112 1 AktG; die Mitglieder des Aufsichtsrats können dann – ausnahmsweise (Rn. 52) – nicht Zeuge sein. Die Vertretung durch den Aufsichtsrat gilt auch gegenüber **ausgeschiedenen,** verstorbenen oder künftigen Vorstandsmitgliedern, um eine unbefangene, von sachfremden Erwägungen unbeeinflusste Vertretung der Gesellschaft ihnen gegenüber sicherzustellen (*BGH*, NJW-RR 2009, 690; *BGH*, NJW 2004, 1528; *Gehle*, MDR 2011, 597). Auch gegenüber dem ehemaligen Geschäftsführer einer in eine Aktiengesellschaft **umgewandelten** GmbH vertritt der Aufsichtsrat die AG (*BGH*, NJW 2004, 1528; *BGH*, NJW 1997, 2324), und zwar unabhängig davon, ob die ehemalige GmbH vor der Umwandlung über einen Aufsichtsrat verfügt hatte. Wird § 112 AktG missachtet, ist eine Klage unzulässig (*BGH*, NJW-RR 1991, 926), wenn der Mangel nicht geheilt wird (dazu Rn. 81 und Rn. 49 ff.; *Gehle*, MDR 2011, 957, 958 ff.). 161

162 Geht es um Ersatzansprüche nach § 147 I 1 AktG, können § 147 II 1 AktG **besondere Vertreter** bestellt werden. Vorstand bzw. Aufsichtsrat kann eine Pflicht treffen, einer Hauptversammlung Gelegenheit zu geben, einen besonderen Vertreter zu bestellen.

2. Allgemeine Anfechtungsklage (§§ 243, 246 AktG)

163 Arbeitsschwerpunkt der Gerichte – vor allem der Kammern für Handelssachen – im Zusammenhang mit dem AktG sind **Anfechtungsklagen**. Es geht dabei um Makel des Beschlusses, nicht um Makel der jeweiligen Stimmen, die in Bezug auf den Beschluss abgegeben wurden.

164 a) **Sachurteilsvoraussetzungen.** *aa) Zuständigkeit.* Ausschließlich zuständig ist das LG, in dessen Bezirk die AG ihren Sitz hat, § 246 III 1 AktG, wenn nicht nach §§ 246 III 3, 148 II 3 und 4 AktG anderes bestimmt ist. Ist am LG eine Kammer für Handelssachen gebildet worden, entscheidet nach § 246 III 2 AktG diese. Mehrere Anfechtungsprozesse sind zur gleichzeitigen Verhandlung und Entscheidung zu verbinden, § 246 III 6 AktG.

165 *bb) Streitgenossen.* Zwischen mehreren Anfechtungsklägern besteht **aus prozessualen Gründen** eine notwendige Streitgenossenschaft iSd § 62 I Fall 1 ZPO (*BGH*, NZG 2011, 1105; NJW-RR 2011, 618, 619 mwN). Dies liegt daran, dass gem. § 248 I AktG ein Urteil, durch das ein Hauptversammlungsbeschluss für nichtig erklärt wird, für und gegen alle Aktionäre der verklagten Gesellschaft wirkt und deshalb die Entscheidung gegenüber mehreren Anfechtungsklägern einheitlich ergehen muss (*BGH*, NJW 2009, 2207, 2215 – Kirch/Deutsche Bank; *BGH*, NJW 1993, 1976, 1983). Ein solches gemeinsames Prozessrechtsverhältnis entsteht nicht, wenn einzelnen Klägern die Anfechtungsbefugnis fehlt oder sie die Anfechtungsfrist versäumt haben (*BGH*, NJW-RR 2011, 618, 619; *BGH*, NJW-RR 2009, 828, 831 – Wertpapierdarlehen; *BGH*, NJW 2009, 2207, 2215 – Kirch/Deutsche Bank). In einem solchen Fall kann die Klage **unabhängig** von der Entscheidung über die Klagen der übrigen Streitgenossen **abgewiesen** werden. Jeder Anfechtungskläger kann unabhängig von den anderen die Hauptsache **für erledigt erklären** oder **zurücknehmen** (*BGH*, NJW-RR 2011, 618, 619); zur Streithilfe vgl. Rn. 39.

166 *cc) Beklagte.* Die Klage ist nach § 246 II 1 AktG **gegen die Aktiengesellschaft** zu richten. Die Gesellschaft wird durch Vorstand und Aufsichtsrat vertreten, § 246 II 2 AktG. Klagt der Vorstand oder ein Vorstandsmitglied, wird die AG durch den Aufsichtsrat, klagt ein Aufsichtsratsmitglied, wird die AG durch den Vorstand vertreten, § 246 II 2 und 3 AktG.

167 *dd) Zustellung.* Die Klageschrift des Aktionärs und die ihr beigefügten Anlagen sind gem. § 246 II 2, 170 I, III AktG einem **Vorstand** und einem **Aufsichtsrat** zuzustellen (**Doppelvertretung**). Soll die Anfechtungsklage im Geschäftslokal der Aktiengesellschaft zugestellt werden, genügt in der Zustellungsurkunde die Bezeichnung der Gesellschaft; die Mitglieder des Vorstandes brauchen nicht aufgeführt zu werden (*BGH*, NJW 1989, 2689). Ob an den Aufsichtsrat in den Geschäftsräumen der AG zugestellt werden kann oder nur an den Privatanschriften (so *BGH*, NJW 1989, 2689), hat der *BGH* zuletzt offen gelassen (*BGH*, NJW 2009, 2207, 2214 – Kirch/Deutsche Bank); § 170 III ZPO ist anwendbar (*BGH*, NJW 2009, 2207, 2214 – Kirch/Deutsche Bank). Klagt der Vorstand oder ein Vorstandsmitglied, ist die Klage einem Aufsichtsrat, klagt ein Aufsichtsratsmitglied, ist die Klage einem Vorstand zuzustellen. Für die Zustellung gegenüber der AG gilt ferner die Besonderheit, dass bei der Eintragung ins Handelsregister nach § 37 III Nr. 1 AktG und bei späteren Änderungen eine **inländische Geschäftsanschrift** anzugeben ist. Ist eine Zustellung unter dieser Anschrift nicht möglich, kann im Wege der öffentlichen Bekanntmachung zugestellt werden, § 185 Nr. 2 ZPO.

168 *ee) Rechtsschutzbedürfnis.* An das Rechtsschutzbedürfnis sind **keine besonderen Anforderungen** zu stellen. Ein besonderes Rechtsschutzinteresse an der Vernichtung eines Beschlusses ist grundsätzlich nicht erforderlich (*BGH*, NJW 2009, 2300, 2301). Die Anfechtungsklage dient der Kontrolle der Rechtmäßigkeit der Beschlüsse der Gesellschaft. Sie ist ein aus der Mitgliedschaft selbst folgendes Recht und bedarf keiner besonderen Rechtfertigung durch eine persönliche Betroffenheit des anfechtungsbefugten Klägers (*BGH*, NJW 2009, 2300, 2301 mwN). Es genügt in der Regel, dass der Anfechtungskläger die Beseitigung eines gesetz- oder satzungswidrigen Beschlusses erstrebt. Sein Rechtsschutzbedürfnis ergibt sich schon aus seiner Rechtsstellung als Aktionär, dem das Aktiengesetz die Aufgabe zuerkannt hat, die Gesetz- und Satzungsmäßigkeit der Hauptversammlungsbeschlüsse zu wahren (*BGH*, NJW 1989, 2689). Etwas anderes soll ggf. dann gelten, wenn die Aufhebung des angefochtenen Beschlusses **keine Auswirkungen** auf die Sach- oder Rechtslage hat, wenn sich also aus der Nichtigerklärung für die Gesellschaft oder den Anfechtungskläger keine greifbaren Folgen ergeben können (*OLG Jena*, NZG 2006, 467, 468; *OLG Saarbrücken*, NJW-RR 2001, 612). Das Rechtsschutzinteresse für eine Anfechtungsklage **entfällt nicht**, wenn infolge eines **Formwechsels** der Aktiengesellschaft die Rückübertragung der Aktien unmöglich geworden ist (*BGH*, BeckRS 2011, 13200).

169 *ff) Streitgegenstand.* Streitgegenstand der aktienrechtlichen Anfechtungs-, aber auch der Nichtigkeitsklage ist die richterliche **Klärung der Anfechtbarkeit und/oder Nichtigkeit eines Hauptversammlungsbeschlusses** in Bezug auf seine fehlende Übereinstimmung mit Gesetz oder Satzung hinsichtlich

seines Gegenstands und Inhalts sowie des zur Beschlussfassung führenden Verfahrens **herbeizuführen** (*BGH*, NJW 2002, 3465; *BGH*, NJW 1999, 1638). Eine Teilung des Streitgegenstands danach, ob der Sachvortrag die Voraussetzungen der Nichtigkeit oder der Anfechtbarkeit erfüllt, ist **nicht geboten** (*BGH*, NJW 1999, 1638; *BGH*, NJW 1997, 1510, 1511). Der Nichtigkeitsantrag schließt den Anfechtungsantrag ein – und umgekehrt. Nichtigkeits- und Anfechtungsklagen gegen einen Hauptversammlungsbeschluss haben ein **einheitliches Rechtsschutzziel** (*BGH*, NZG 2010, 1139, 1140). Soweit die Anfechtungsklage nicht verspätet ist, ist es eine vom Gericht durch Subsumtion zu beantwortende Rechtsfrage, ob die Vorschrift des § 248 AktG oder die des § 249 AktG Anwendung findet (*BGH*, NJW 1997, 1510, 1511). Ein angegriffener Beschluss ist anhand des gesamten von der Klägerseite vorgetragenen Sachverhalts auf seine Nichtigkeit hin zu überprüfen hat, unabhängig davon, ob die Klägerseite die Gründe unter dem Gesichtspunkt der Nichtigkeit oder der Anfechtbarkeit vorgetragen hat.

Der Streitgegenstand der aktienrechtlichen Anfechtungsklage wird durch die jeweils geltend gemachten Beschlussmängelgründe als Teil des zu Grunde liegenden Lebenssachverhalts bestimmt (*BGH*, NZG 2010, 1139, 1140; *BGH*, NZG 2010, 618). Die Klage kann von Anfang an oder später (*BGH*, NZG 2010, 1139, 1140) auf **einzelne Anfechtungsgründe** begrenzt werden (*BGH*, NZG 2010, 1139, 1140). Dieses hat die Folge, dass nach Ablauf der Klagefrist nachgeschobene Gründe nicht mehr berücksichtigt werden können (*BGH*, NZG 2010, 1139, 1140; *BGH*, NZG 2005, 479). 170

gg) Teilanfechtung. Eine Teilanfechtung kommt bei zusammengesetzten Beschlüssen in Frage, wenn sich der Verstoß gegen das Gesetz oder die Satzung auf einen oder mehrere Regelungsgegenstände **beschränkt** (*BGH*, NZG 2007, 907, 908; *BGH*, NJW 1982, 2444, 2446; *Hüffer*, AktG, § 243 Rn. 4) und wenn der Beschluss nach Willen der Gesellschafter **teilbar** ist (*BGH*, NJW 1982, 2444, 2446). Ist ein Beschluss teilweise angegriffen, muss nach § 139 BGB (dazu Rn. 23) geprüft werden, was mit dem Restbeschluss ist Zu fragen ist, ob die Gesellschaft den Beschluss **auch ohne den angefochtenen Teil** gefasst hätte (*KG*, BeckRS 2010, 03466, das die Frage bei der „Zulässigkeit" verortet). 171

b) **Begründetheit.** *aa) Einhaltung der Klagefrist.* Eine Anfechtungsklage muss gem. § 246 I AktG **innerhalb eines Monats** nach Beschlussfassung erhoben werden. Der Lauf der Monatsfrist beginnt grundsätzlich mit der Beschlussfassung, kann aber im Gesellschaftsvertrag zB auf den Zeitpunkt des Zugangs des Protokolls bei den Gesellschaftern hinausgeschoben werden; §§ 186 ff. BGB sind anwendbar. Die mündliche Verhandlung darf nicht vor Ablauf der Klagefrist stattfinden, § 246 III 4 AktG. 172

Gem. § 167 ZPO genügt die rechtzeitige Einreichung der Klageschrift bei Gericht, sofern die Zustellung **demnächst** erfolgt (*BGH*, NJW-RR 2011, 618, 619; *BGH*, NJW 2009, 2207, 2214 – Kirch/Deutsche Bank). Eine Zustellungsverzögerung durch eine unvollständige Anschrift oder die verspätete Einzahlung des Gerichtskostenvorschusses geht zu Lasten des Klägers (*OLG Düsseldorf*, AG 2009, 666; *OLG Brandenburg*, AG 2008, 497). Nach Einreichung der Klage kann der Kläger eine angemessene Zeit – ca. drei Wochen (*BGH*, NJW 2009, 2207, 2214 – Kirch/Deutsche Bank) – für die Einforderung des Gerichtskostenvorschusses abwarten. 173

Ist die Klagefrist verpasst, ist die Klage **als unbegründet** abzuweisen (*OLG Koblenz*, AG 2003, 522; *LG München I*, NZG 2009, 226, 227). Die Klagefrist kann weder durch die Satzung noch vom Gericht **verlängert** werden noch kann das Gericht eine Wiedereinsetzung in den vorigen Stand nach §§ 233 ff. ZPO gewähren (RGZ 123, 204, 207; *LG München I*, NZG 2009, 226, 227). Mit Ablauf der Anfechtungsfrist wird ein Beschluss **endgültig verbindlich** (*BGH*, NJW-RR 2003, 826, 827; *BGH*, NJW 1999, 2115), mithin bestandskräftig. 174

bb) Anfechtungsbefugnis. Klage gegen einen Hauptversammlungsbeschluss kann erheben, wer dazu befugt ist (siehe auch Rn. 63). Fehlt es an der Anfechtungsbefugnis, ist die Klage als **unbegründet** abzuweisen. Die Anfechtungsbefugnis ist nicht Sachurteils-, sondern **materielle** Voraussetzung (*BGH*, NZG 2007, 907, 908; Rn. 63). 175

Klagebefugt (anfechtungsbefugt) ist jeder **Aktionär**, für den die **Voraussetzungen des § 245 Nr. 1 bis Nr. 3 AktG** zutreffen. Der **Widerspruch** nach § 245 Nr. 1 AktG kann schon vor Beschlussfassung eingelegt werden (*BGH*, NZG 2007, 907); es ist nur erforderlich, dass eindeutig ist, gegen welchen Beschluss mit welchem Inhalt sich der Widerspruch richtet. Ein in der Hauptversammlung erschienener Aktionär, der vom Versammlungsleiter des Saales verwiesen und vom weiteren Verlauf der Hauptversammlung ausgeschlossen wird, steht, wenn der Ausschluss zu Unrecht erfolgt, nach § 245 Nr. 2 Fall 1 AktG einem Aktionär gleich, der zur Hauptversammlung zu Unrecht nicht zugelassen wurde und deshalb nicht erschienen ist (*OLG München*, WM 2010, 1859). Der Aktionär muss **zum Zeitpunkt der Klageerhebung** (§ 261 ZPO) durch Zustellung einer Beschlussmängelklage (§ 253 I ZPO) noch Aktionär sein (*BGH*, BeckRS 2011, 13200; s. a. Rn. 192). Der Aktionär, der sich gegen einen **Übertragungsbeschluss** iSv § 327 I 1 AktG wendet, ist allerdings zur Überprüfung dieses Beschlusses auch dann klagebefugt, wenn die Aktien bereits vor der Zustellung der Klage durch Eintragung des Übertragungsbeschlusses in das Handelsregister auf den Hauptaktionär übergegangen sind (*BGH*, BeckRS 2011, 08633; *BGH*, BeckRS 2011, 13200). Der Aktionär, der seine Aktionärsstellung aufgrund eines **verfrüht** eingetragenen Squeeze-out-Beschlusses verliert, bleibt **ohne weiteres** anfechtungsbefugt (vgl. auch *BVerfG*, NZG 2010, 902, 904). Überträgt ein Aktionär **freiwillig** seine Aktien oder wird ein **Übertragungsbeschluss** 176 nach Rechtshängigkeit eingetragen, besteht entsprechend § 265 II ZPO eine Anfechtungsbefugnis, soweit der Aktionär – im jeweiligen konkreten Einzelfall – ein **rechtliches Interesse** an einer der Verfahrensfortsetzung hat (*BGH*, NJW 2007, 300). Ein derartiges berechtigtes Interesse besteht, soweit der Ausgang des Anfechtungsverfahrens rechtlich erhebliche Auswirkungen auf die als Vermögensausgleich für den Verlust der Mitgliedsrechte zu gewährende angemessene Barabfindung (§§ 327 a ff. AktG) haben kann.

177 Ob einem Aktionär die **Anfechtungsbefugnis fehlt**, wenn er einem **Beschluss zustimmt**, ist unsicher. Für die GmbH ist jedenfalls anerkannt, dass ein Gesellschafter nicht anfechtungsbefugt ist, der im Sinne des ergangenen Beschlusses abgestimmt hat (Rn. 234). Ob dem für die Aktiengesellschaft generell zu folgen ist, hat der *BGH* bislang nicht entschieden. Ein Aktionär soll jedenfalls Mängel im vorbereitenden Verfahren wie Einberufungsmängel, Fehler bei der Leitung der Hauptversammlung oder bei der Auskunftserteilung nicht mehr im Wege der Anfechtungsklage geltend machen können, wenn er dem Beschluss zugestimmt hat und den Mangel kannte (*BGH*, NJW-RR 2010, 1339, 1343). Nichts anderes gilt für die rechtsfehlerhafte Veröffentlichung eines nicht durch Beschluss festgestellten und nicht unterschriebenen Aufsichtsratsbeschlusses im Rahmen der Einberufung einer Hauptversammlung (*BGH*, NJW-RR 2010, 1339, 1343).

178 Der **Vorstand als Organ** ist klagebefugt, § 245 Nr. 4 AktG, sowie jedes **Mitglied** des Vorstands und des Aufsichtsrats, wenn durch die **Ausführung des Beschlusses** Mitglieder des Vorstands oder des Aufsichtsrats eine strafbare Handlung oder eine Ordnungswidrigkeit begehen oder wenn sie ersatzpflichtig werden würden, § 245 Nr. 5 AktG.

179 *cc) Missbrauch.* Handelt der klagende Aktionär **rechtsmissbräuchlich**, ist die Klage unbegründet, nicht unzulässig (*BGH*, NJW-RR 1992, 1388, 1389; *KG*, NZG 2011, 146). Ein Aktionär handelt entsprechend dem Gedanken des § 226 BGB **rechtsmissbräuchlich**, wenn er die Klage mit dem Ziel erhebt, die verklagte Gesellschaft in grob eigennütziger Weise zu einer Leistung zu veranlassen, auf die er keinen Anspruch hat und billigerweise auch nicht erheben kann (*BGH*, NJW 1992, 569 mwN; *BGH*, NJW 1989, 2689 – Kochs-Adler). Ein Kläger mit derartigen Motiven hat nicht die Kontrollfunktion der gesellschaftsrechtlichen Nichtigkeits- und Anfechtungsklage im Auge, sondern allein die Erlangung eines unzulässigen Sondervorteils unter Ausschluss der übrigen Minderheitsaktionäre. Wird mit einer Anfechtungs- bzw. Nichtigkeitsklage ein ihr **funktionsfremder**, rechtlich zu missbilligender Zweck angestrebt, kann dem mit **Rechtsmissbrauchseinwand** begegnet werden (*BGH*, NJW-RR 2007, 1409, 1411 – Vattenfall; *BGH*, NJW 1992, 569, 571). Ein von der beklagten Gesellschaft darzulegendes und zu beweisendes individuelles rechtsmissbräuchliches Verhalten bzw. die Verfolgung eigensüchtiger Absichten eines Aktionärs ist allerdings für jeden **Einzelfall festzustellen** (*KG*, NZG 2011, 146). Die nachfolgenden Beweisanzeichen erlauben es nach einer Gesamtabwägung im konkreten Einzelfall ggf. einen Rechtsmissbrauch anzunehmen:

- wenn der Kläger einen ihm nicht gebührenden Sondervorteil anstrebt (*BGH*, NJW-RR 2007, 1409, 1411 – Vattenfall; *BGH*, NJW 1992, 569; *BGH*, DStR 1992, 1212, 1213; *BGH*, NJW 1989, 2689 – Kochs-Adler);
- wenn der Kläger nur formelle Beschlussmängel behauptet;
- bei einem geringen Aktienbesitz des Klägers;
- wenn der Kläger in der Vergangenheit bereits eine Vielzahl von aktienrechtlichen Verfahren führte und dort zum Teil die Bereitschaft zu einem Vergleichsabschluss zeigte.

180 *dd) Anfechtungsgründe.* Ein Beschluss der Hauptversammlung kann wegen **Verletzung des Gesetzes** oder der **Satzung** durch Klage angefochten werden, § 243 I AktG. „Gesetz" ist weit zu fassen: Es umfasst jede Rechtsnorm mit hoheitlichem Geltungsanspruch, auch Rechtsverordnungen oder öffentliche Satzungen. Gesetzesverstöße sind auch Verstöße gegen §§ 138, 242 BGB, gegen die Treuepflicht (Rn. 31) und/oder das Gleichbehandlungsgebot (Rn. 33), ungerechtfertigten Eingriffen in das Mitgliedschaftsrecht unter Verstoß gegen die Kriterien von Erforderlichkeit und Verhältnismäßigkeit (*BGH*, NJW 1978, 1316). Satzungsverstöße sind beachtlich, sofern es sich nicht um bloße Ordnungsmaßnahmen handelt. Die Zweckmäßigkeit unternehmerischer Entscheidungen unterliegt der Anfechtung, wenn der **Ermessensspielraum** überschritten wurde.

181 Die Anfechtungsklage hat ferner **Erfolg**, wenn der Kläger darlegen und ggf. beweisen kann, dass der von ihm angegriffene Beschluss unter einem **formellen** und/oder **materiellen Mangel** (Inhaltsmangel) leidet. **Formelle Mangel** sind solche auf dem Weg zur **Entstehung eines Beschlussantrags zum Beschluss**, vor allem, aber nicht nur Fehler bei der Vorbereitung der Versammlung, Ladungsmängel (*BGH*, NJW 1998, 684; dazu bereits Rn. 22), etwa Verstöße gegen die Ladungsfrist, und solche bei der Durchführung der Hauptversammlung (Teilnahme, Leitung der Versammlung, Redebeiträge, Fragen, Beschlussfassung zur Unzeit, ungenügende Erörterung, Auszählungsfehler, Abstimmung, Stimmrechte usw.). Bei der Betrachtung formeller Beschlussmängel ist zu beachten, dass an die Stelle von Kausalitätserwägungen die **Relevanz des Verfahrensfehlers** für die Ausübung der Mitwirkungsrechte durch ein objektiv urteilendes Verbandsmitglied getreten ist (*BGH*, NJW 2008, 69, 73; *BGH*, NJW 2005, 828; Lutter/Hommelhoff/*Bayer*, GmbHG, Anh. zu § 47 Rn. 50 zur GmbH). Maßgebend ist die „Relevanz" des

Verfahrensverstoßes für das Mitgliedschafts- bzw. Mitwirkungsrecht des Aktionärs im Sinne eines dem Beschluss anhaftenden Legitimationsdefizits, das bei einer wertenden, am Schutzzweck der verletzten Norm orientierten Betrachtung die Rechtsfolge der Anfechtbarkeit rechtfertigt. **Typische materielle Mängel** sind es, wenn der angegriffene Beschluss unzulässig in **Mitgliedschaftsrechte eingreift**, gegen das **Gleichbehandlungsgebot** (§ 53 III AktG; Rn. 33) oder gegen die **Treuepflicht** (Rn. 31) der Gesellschaft gegenüber dem Aktionär verletzt. Materielle Mängel eines Beschlusses sind ferner Ermessensmängel, Verstöße gegen die Ordnungsmäßigkeit, sachliche Verstöße, zB Verstöße gegen die Satzung oder das Gesetz. Materielle Mängel führen stets zur Anfechtbarkeit eines Beschlusses, im Einzelfall zur Nichtigkeit. Kausalitätserwägungen, Relevanzüberlegungen oder Abwägungen finden hier **nicht** statt.

Die Anfechtung kann nach § 243 II 1 AktG grundsätzlich darauf gestützt werden, dass ein Aktionär 182
mit der Ausübung des Stimmrechts für sich oder einen Dritten **Sondervorteile** zum Schaden der Gesellschaft oder der anderen Aktionäre zu erlangen suchte und der Beschluss geeignet ist, diesem Zweck zu dienen. § 243 II 1 AktG ist Spezialfall treuwidrigen Verhaltens (*BGH*, NJW 1980, 1278). Es stellt allerdings keine sachwidrige Bevorzugung von Aktionären mit größerem Aktienbestand iSd § 243 II AktG dar, wenn der Umfang einer Kapitalherabsetzung dazu führt, dass Aktionären mit geringerem Aktienbestand nur „Spitzen" verbleiben (*BGH*, NJW 1998, 2054 – Sachsen-Milch).

Gesetzliche **Ausschlussgründe** nennt § 243 III Nr. 1 bis Nr. 3 AktG. Ferner finden sich **besonders pra-** 183
xisrelevante Gründe in § 243 IV AktG. Wegen unrichtiger, unvollständiger oder verweigerter Erteilung von Informationen kann danach nur angefochten werden, wenn ein objektiv urteilender Aktionär die Erteilung der Information als wesentliche Voraussetzung für die sachgerechte Wahrnehmung seiner Teilnahme- und Mitgliedschaftsrechte angesehen hätte. Auf unrichtige, unvollständige oder unzureichende Informationen in der Hauptversammlung über die Ermittlung, Höhe oder Angemessenheit von Ausgleich, Abfindung, Zuzahlung oder über sonstige Kompensationen kann eine Anfechtungsklage nicht gestützt werden, wenn das Gesetz für Bewertungsrügen ein Spruchverfahren vorsieht.

ee) Zustimmung des Aktionärs. Ein **besonderer Fehler** ist die fehlende Zustimmung eines Aktionärs, 184
zB nach §§ 141 I, 179 III 1 AktG ferner ua §§ 138, 180 I, 182 II, 222 II AktG (vgl. auch Rn. 239 zum GmbHG bzw. Rn. 106 zu den Personengesellschaften). Fehlt es hieran, ist ein Beschluss **schwebend unwirksam** (*Raiser/Vail*, Recht der Kapitalgesellschaften § 16 Rn. 105 mwN). Die fehlende Zustimmung kann jederzeit – auch nachdem der Beschluss bestandskräftig geworden ist – vom Betroffenen in seinem Verhältnis zur Gesellschaft geltend gemacht werden, auch mit der Feststellungsklage nach § 256 ZPO, nicht durch eine Klage nach §§ 241, 249 AktG. Während der Schwebezeit ist der Beschluss vorbehaltlich eines zu fassenden Aufhebungsbeschlusses wirksam. Der schwebende Beschluss bindet nicht den Betroffenen, idR aber die Zustimmenden (siehe Rn. 106 zum Personengesellschaftrecht).

ff) Bestätigung, § 244 AktG. Die Anfechtung eines Hauptversammlungsbeschlusses kann nicht mehr 185
geltend gemacht werden, wenn die Hauptversammlung den anfechtbaren Beschluss durch einen neuen Beschluss bestätigt hat und dieser Beschluss innerhalb der Anfechtungsfrist nicht angefochten oder die Anfechtung rechtskräftig zurückgewiesen worden ist (dazu etwa *Kocher*, NZG 2006, 1). Durch den Bestätigungsbeschluss erkennt die Hauptversammlung den Erstbeschluss als gültige Regelung der betreffenden Gesellschaftsangelegenheit an und beseitigt mit Wirkung für die Zukunft dessen behauptete oder tatsächlich bestehende Anfechtbarkeit (*BGH*, NZG 2004, 235). Voraussetzung für die Bestätigungswirkung ist allein, dass der Bestätigungsbeschluss die behaupteten oder tatsächlich bestehenden Mängel beseitigt und seinerseits nicht an Mängeln leidet; einer Neuvornahme des seinerzeit gefassten Beschlusses bedarf es nicht, so dass im Zeitpunkt der Bestätigung auch die materiellen Voraussetzungen für den Erstbeschluss nicht mehr erfüllt sein müssen (*BGH*, NZG 2004, 235). Hat der Kläger ein rechtliches Interesse, dass der anfechtbare Beschluss **für die Zeit bis** zum Bestätigungsbeschluss für nichtig erklärt wird, so kann er die Anfechtung weiterhin mit dem Ziel geltend machen, den anfechtbaren Beschluss für diese Zeit für nichtig zu erklären.

gg) Behauptung des Anfechtungsgrundes. Der Anfechtungskläger muss **konkrete Anfechtungsgründe** 186
behaupten. Die behaupteten Anfechtungsgründe sind innerhalb der Frist des § 246 I AktG in den Rechtsstreit einführen, (*BGH*, NJW-RR 2011, 618) zumindest **ihrem wesentlichen tatsächlichen Kern nach** (*BGH*, BeckRS 2011, 13200; *BGH*, NJW-RR 2010, 1339, 1342; *BGH*, NZG 2010, 618; *BGH*, NJW 2009, 2207, 2212 – Kirch/Deutsche Bank). Diesem Erfordernis genügt zB der Vortrag, der Vorstand habe „eine ganze Reihe von Fragen" aus einer der Klageschrift beigefügten Frageliste des Aktionärsvertreters nicht oder unzutreffend beantwortet, nicht. Das gleiche gilt für die Bezugnahme auf sonstige in der Klageschrift nicht genannte Fragen anderer Aktionäre (*BGH*, NJW 2009, 2207, 2212 – Kirch/Deutsche Bank). Werden die Gründe in ihrem wesentlichen tatsächlichen Kern erst außerhalb der Anfechtungsfrist in den Rechtsstreit eingeführt, kommt dies einer **verspäteten Klage** gleich (*BGH*, BeckRS 2011, 13200). Dem anfechtungsbefugten Kläger kommt der rechtzeitig vorgetragene Anfechtungsgrund eines Streitgenossen zugute, soweit die Entscheidung aus prozessrechtlichen Gründen (§ 248 I AktG) für alle Aktionäre **nur einheitlich** ausfallen kann (*BGH*, BeckRS 2011, 13200 mwN). Ein gemeinsames Prozessrechtsverhältnis besteht allerdings nicht, wenn einzelnen Klägern die Anfech-

tungsbefugnis fehlt; dann ist auch keine einheitliche Entscheidung erforderlich (*BGH*, NJW-RR 2011, 618, 620; *BGH*, NJW-RR 2009, 828, 831 – Wertpapierdarlehen). Auf von anderen Klägern geltend gemachten Anfechtungsgründe, deren Klagen wegen des Fehlens der Anfechtungsbefugnis abgewiesen sind, kann sich der verbliebene Kläger somit nicht stützen: dies liefe auf ein Nachschieben von Anfechtungsgründen (Rn. 187) hinaus (*BGH*, BeckRS 2011, 13200; *BGH*, NJW 2009, 2132 zu § 48 WEG).

187 *bb) Nachschieben weiterer Anfechtungsgründe.* Das Nachschieben weiterer Anfechtungsgründe ist – anders als zB bei der Abbestellung oder Kündigung – **ausgeschlossen** (*BGH*, NJW-RR 2010, 1339, 1342; *KG*, AG 2006, 200). Davon zu unterscheiden ist eine nachträgliche Ergänzung oder Berichtigung bereits im Kern angegebener Tatsachen. Dieses ist jeweils zulässig (*KG*, AG 2006, 200). Verspätet vorgetragene Gründe sind als **Nichtigkeitsgründe** allerdings beachtlich (*BGH*, NJW-RR 2011, 618, 619 mwN).

188 c) **Prozessverbindung.** Mehrere Anfechtungsprozesse sind zur gleichzeitigen Verhandlung und Entscheidung zu verbinden, § 246 III 6 AktG. Erklärt ein Streithelfer seinen Beitritt zu mehreren aktienrechtlichen Anfechtungsverfahren, die denselben Hauptversammlungsbeschluss betreffen, und wird diesen Klagen, ohne die Verfahren zuvor zu verbinden, stattgegeben, kann der Streithelfer grundsätzlich in jedem der Verfahren seine jeweiligen Prozesskosten ersetzt verlangen (*BGH*, NZG 2010, 831).

189 d) **Anfechtungsurteil.** *aa) Urteilsformel.* Ist eine Anfechtungsklage begründet, wird der angegriffene Beschluss in der Urteilsformel zur Hauptsache für nichtig erklärt, §§ § 241 Nr. 5, 248 I 1 AktG. Ist die Klage unbegründet oder unzulässig, wird sie abgewiesen. Beispiel: „Der auf der Hauptversammlung vom … der A-AG zum Tagesordnungspunkt … gefasste Beschluss, … [genauer Inhalt], wird für nichtig erklärt".

190 *bb) Urteilswirkungen.* Das der Klage **stattgebende**, den Beschluss für nichtig erklärende Anfechtungsurteil wirkt nach §§ 248 I 1, 241 Nr. 5 AktG für und gegen alle Aktionäre sowie die Mitglieder des Vorstands und des Aufsichtsrats, auch wenn sie nicht Partei sind. Ein **klageabweisendes** Anfechtungsurteil wirkt nur zwischen den Parteien (Gesellschaft und Gesellschafter), sodass von ihm die Prozesse weiterer Anfechtungskläger gegen die Gesellschaft – ggf. trotz Verbindung – **nicht berührt** werden (*Waclawik*, Prozessführung im Gesellschaftsrecht, Rn. 116).

3. Spezielle Anfechtungsklagen

191 Das AktG kennt eine Reihe von **besonderen** Anfechtungsklagen: § 251 AktG (Anfechtung der Wahl von Aufsichtsratsmitgliedern), § 254 AktG (Anfechtung des Beschlusses über die Verwendung des Bilanzgewinns), § 255 AktG (Anfechtung der Kapitalerhöhung gegen Einlagen) und § 257 AktG (Anfechtung der Feststellung des Jahresabschlusses durch die Hauptversammlung). Für diese gelten die vorstehenden Ausführungen **entsprechend.** Die Besonderheit besteht in der Regel allein darin, dass bestimmte Anfechtungs- oder/und Nichtigkeitsgründe bestimmt sind, die die allgemeinen Bestimmungen ergänzen/verdrängen, vgl. etwa §§ 251 I 1, 255 II 1, 257 I 2 AktG. Ferner bestehen teilweise andere Parteien, vgl. etwa §§ 250 II, 251 II AktG, und besondere Urteilswirkungen, § 252 AktG.

4. Nichtigkeitsklagen (§ 249 AktG)

192 a) **Klagebefugnis.** Jeder Aktionär, der Vorstand, ein Mitglied des Vorstands oder des Aufsichtsrats kann Klage auf **Feststellung der Nichtigkeit** eines Hauptversammlungsbeschlusses erheben (*BGH*, NJW 1978, 1325). Für die Klagebefugnis kommt es auf die jeweilige Stellung zu Beginn und während des Prozesses an (*BGH*, NJW 1965, 1378). Verliert ein Kläger seine „Stellung", verliert er sein **Prozessführungsrecht** (*BGH*, NJW 1965, 1378). Nach aA kann die Klage, ggf. nach § 256 ZPO, weitergeführt werden.

193 b) **Klagegegner.** Die Klage ist gegen die Aktiengesellschaft zu richten. Eine Klage gegen den Vorstand oder/und den Aufsichtsrat oder/und die jeweiligen aktuellen Mitglieder ist unzulässig. Auch eine Klage gegen andere Aktionäre ist unzulässig. In einem Rechtsstreit zwischen Aktionären kann die Nichtigkeit eines Beschlusses allerdings Vorfrage sein und ist dann dort zu klären; eine Klage nach § 256 II ZPO wäre aber unzulässig.

194 c) **Klagefrist.** Für die Nichtigkeitsklage besteht im geltenden Recht keine Klagefrist; sie kann unbefristet geltend gemacht werden. In einem Referentenentwurf ist Ende 2010 allerdings ein Gesetz zur Änderung des Aktiengesetzes vorgelegt worden. Dieser will dem Problem „nachgeschobener Nichtigkeitsklagen" begegnen. Es geht um Fälle, in denen die Erhebung von Nichtigkeitsklagen bewusst zweckwidrig hinausgezögert wird, um den Lästigkeitswert von Beschlussmängelverfahren zu erhöhen, oder einfach, um einen ungerechtfertigten Kostenvorteil zu erlangen. Grundsätzlich bleiben nach dem Entwurf Nichtigkeitsklagen unbefristet möglich. Wird aber gegen einen Beschluss der Hauptversammlung eine Beschlussmängelklage erhoben, so müssen (weitere) Nichtigkeitsklagen gegen den Beschluss innerhalb eines Monats nach Veröffentlichung des ursprünglichen Beschlussmängelverfahrens erhoben werden, § 249 II 2 AktG-E.

d) **Verfahren.** Auf das Verfahren finden § 246 II, III 1 bis 5, IV AktG sowie §§ 246 a, 247, 248 und 248 a AktG entsprechende Anwendung. Mehrere Nichtigkeitsprozesse sind nach § 249 II 1 AktG zur gleichzeitigen Verhandlung und Entscheidung zu verbinden. Gem. § 249 II 2 AktG können auch Nichtigkeits- und Anfechtungsprozesse verbunden werden. Der Kläger muss ein Feststellungsinteresse besitzen (§ 256 ZPO). Das Feststellungsinteresse eines Aktionärs folgt aus seiner Mitgliedschaft, dasjenige des Vorstands und der einzelnen Verwaltungsmitglieder aus korporationsrechtlicher Beziehung zur AG. Das Rechtsschutzinteresse entfällt, wenn der nichtige Beschluss wiederholt wird und dann nicht angegriffen wird (*BGH*, NJW 1956, 1753). Eine **missbräuchlich** erhobene Nichtigkeitsklage ist wie eine Anfechtungsklage (Rn. 179) **unbegründet** (aA *OLG Stuttgart*, AG 2003, 165; *OLG Stuttgart*, AG 2001, 315, 316). 195

e) **Streitgegenstand.** Der Streitgegenstand der Nichtigkeitsklage ist mit dem der Beschlussmängelklage **identisch** (dazu Rn. 169). 196

f) **Verhältnis zu § 256 ZPO.** Jeder nicht von § 249 I 1 AktG Erfasste kann (nur) nach § 256 ZPO vorgehen (*BGH*, NJW 1966, 1458, 1459). 197

g) **Nichtigkeitsgründe.** *aa) Allgemeines.* Das Gesetz nennt die Nichtigkeitsgründe eines Beschlusses vor allem in § 241 Nr. 1 bis Nr. 6 AktG. Es geht um Form- und Verfahrensregeln und die Verletzung grundlegender materiell-rechtlicher Vorschriften. Ein Beschluss ist etwa nichtig, wenn: 198

- die Hauptversammlung unter Verstoß gegen § 121 II und III 1 oder IV AktG einberufen war (**wesentliche Einberufungsmängel**): etwa bei der Einberufung durch Unbefugte, ferner hM nach, wenn nicht alle Berechtigten eingeladen worden sind (*BGH*, NJW-RR 2006, 831; *BGH*, NZG 2005, 69, 71). Entsprechendes kann gelten, wenn die Ladung derart schwerwiegende Form- und Fristmängel aufweist, dass dem zu Ladenden eine Teilnahme faktisch unmöglich gemacht wird (*BGH*, NZG 2006, 349).
- die Hauptversammlung nicht iSv § 130 II, II 1 und IV AktG ordnungsmäßig beurkundet ist (**fehlende Beurkundung**);
- er mit dem Wesen der Aktiengesellschaft nicht zu vereinbaren ist oder durch seinen Inhalt Vorschriften verletzt, die ausschließlich oder überwiegend zum Schutze der Gläubiger der Gesellschaft oder sonst im öffentlichen Interesse gegeben sind (**Wesensverstoß; Schutzfunktion**);
- er durch seinen Inhalt gegen die guten Sitten verstößt (**Verstoß gegen die guten Sitten**): der Beschluss muss „für sich allein betrachtet" gegen die guten Sitten verstoßen. Beschlüsse, bei denen nicht der eigentliche Beschlussinhalt, sondern nur Beweggrund oder Zweck unsittlich sind, oder bei denen die Sittenwidrigkeit in der Art des Zustandekommens liegt, sind lediglich anfechtbar. Insbesondere ist allgemein anerkannt, dass ein sittenwidriger Machtmissbrauch im Abstimmungsverfahren keine Nichtigkeit begründet. Eine Ausnahme wird nur dann gemacht, wenn der Beschluss in unverzichtbare Rechte des Gesellschafters eingreift oder Gläubiger schädigt, weil diese im Gegensatz zum Gesellschafter kein Anfechtungsrecht haben (*BGH*, NJW 1987, 2514 zur GmbH);
- er auf Anfechtungsklage durch Urteil **rechtskräftig für nichtig** erklärt worden ist;
- er nach § 398 FamFG auf Grund rechtskräftiger Entscheidung als **nichtig gelöscht** worden ist.

Nichtigkeitsgründe sind ferner ua in § 235 II 1, 234 II 1, 228 II 1, 217 II 4, 212 2 AktG bestimmt. Zu **besonderen Nichtigkeitsgründen** und **Einschränkungen** vgl. Rn. 200 und Rn. 201. Die **Einhaltung der Treuepflicht** (Rn. 31) gehört nicht zu den tragenden Strukturprinzipien des Aktien- oder des GmbH-Rechts; ihre Verletzung fuhrt daher – selbst bei gravierenden Eingriffen in die Rechtsstellung des betreffenden Gesellschafters – regelmäßig nur zur Anfechtbarkeit (*BGH*, DNotZ 2005, 862, 864 mwN). Auch ein rechtswidriger vollständiger Bezugsrechtsausschluss anlässlich einer Kapitalerhöhung hat im Recht der Kapitalgesellschaften nur die Anfechtbarkeit des zugrunde liegenden Beschlusses wegen Gesetzesverletzung iSv § 243 I AktG zur Folge (*BGH*, DNotZ 2005, 862, 864 mwN). Ein Beschluss, der im Einzelfall die Satzung durchbricht (**„satzungsdurchbrechender Beschluss"**), ist nach der Rechtsprechung im Grundsatz **nicht nichtig.** Ob er anfechtbar ist, hat der *BGH* offen gelassen (*BGH*, NJW 1993, 2246, 2247; *BGH*, WM 1981, 1218); er ändert die Satzung jedenfalls nicht (*BGH*, NZG 2008, 309, 310). 199

bb) Heilung. Eine Heilung der Nichtigkeit ist in § 242 AktG geregelt. Durch § 242 AktG dürfte die Rechtswidrigkeit des Beschlusses materiell-rechtlich geheilt werden (*Raiser/Vail*, Recht der Kapitalgesellschaften, § 16 Rn. 120). 200

h) **Spezielle Nichtigkeitsklagen.** Das AktG kennt eine Reihe von **besonderen** Nichtigkeitsklagen (§ 250 AktG: Nichtigkeit der Wahl von Aufsichtsratsmitgliedern; § 253 AktG: Nichtigkeit des Beschlusses über die Verwendung des Bilanzgewinns; § 256 AktG: Nichtigkeit des festgestellten Jahresabschlusses). Für diese gelten die vorstehenden Ausführungen **entsprechend.** Die Besonderheit besteht in der Regel allein darin, dass bestimmte Nichtigkeitsgründe bestimmt sind, die die allgemeinen Bestimmungen ergänzen/verdrängen. Ferner bestehen teilweise andere Parteien. 201

i) **Urteilsformel.** Die Nichtigkeitsklage ist nach hM Feststellungsklage. Beispiel der Urteilsformel zur Hauptsache: „Es wird festgestellt, dass der auf der Hauptversammlung vom … der A-AG zum Tages- 202 ordnungspunkt … gefasste Beschluss, … [genauer Inhalt], nichtig ist". Die Urteilswirkungen bestimmen §§ 249 I 1, 248 I 1 AktG.

5. Klagen im Zusammenhang mit Organen

203 a) **Kompetenzüberschreitungen.** Überschreitet der Vorstand **pflichtwidrig seine Kompetenzen**, beteiligt er etwa die Hauptversammlung nicht („Gelatine-Entscheidungen" und „Holzmüller") oder handelt er im Zusammenhang mit genehmigten Kapital pflichtwidrig und ermessensfehlerhaft („Mangusta/Commerzbank II" und „Siemens/Nold"), kann ein Aktionär oder der Aufsichtsrat (Fleischer/*Pentz*, Handbuch des Vorstandsrechts, § 17 Rn. 173) auf (ggf. vorbeugende) **Unterlassung oder/und auf Beseitigung** klagen (*BGH*, NJW 2006, 374, 375 – Mangusta/Commerzbank II; *BGH*, NJW 1982, 1703, 1707 – Holzmüller). Ferner kann ein Aktionär auf **Feststellung der Pflichtwidrigkeit** des Handelns klagen (*BGH*, NJW 2006, 374, 375 – Mangusta/Commerzbank II). Der jeweilige Anspruch folgt aus der Mitgliedschaft des Aktionärs. Umstritten ist, ob der Aktionär den Beseitigungsanspruch nach Kenntnis innerhalb der Frist des § 246 I AktG geltend machen muss (vgl. Fleischer/*Pentz*, Handbuch des Vorstandsrechts, § 17 Rn. 178). Nahe liegt, dass der Aktionär zeitnah handeln muss, um seine Rechte nicht zu verwirken. Diese Ansprüche auf Unterlassung und Beseitigung können im Wege einer Einstweiligen Verfügung gesichert werden (*LG Duisburg*, NZG 2002, 643, 644).

204 b) **Organmitglied gegen Organ.** Treffen die Organe einer Aktiengesellschaft eine Entscheidung – in der Regel (wenn auch nicht zwingend) in Form des „Beschlusses" – kann dieser Beschluss nach hM zwar nicht angefochten werden. Die Mitglieder des Organs – und ggf. auch die Aktionäre – können aber – sofern sie in ihren Rechten und/oder Pflichten betroffen sind – nach § 256 I ZPO die **Unwirksamkeit der Entscheidung** geltend machen (dazu Rn. 25 ff.; siehe auch *Raiser/Veil*, Recht der Kapitalgesellschaften, § 15 Rn. 64 ff.).

205 c) **Organ gegen Organ.** Der Aufsichtsrat als Organ kann nach § 112 AktG gegen den Vorstand als Organ – oder eines seiner Mitglieder – Schadenersatzansprüche der AG verfolgen (*BGH*, NJW 1997, 1926 – ARAG/Garmenbeck). Ersatzansprüche gegenüber einem Aufsichtsratsmitglied oder dem Aufsichtsrat macht der Vorstand geltend (§ 78 I 1 AktG), sofern nicht ein besonderer Vertreter bestellt ist (§ 147 II AktG).

6. Sonstige Klagen

206 a) **Spezielle Nichtigkeits- und Anfechtungsklagen.** Das Aktienrecht kennt eine **Reihe spezieller Nichtigkeits- und Anfechtungsklagen** (Rn. 191 und Rn. 201). Kommt eine dieser Klagen **nicht in Betracht**, greifen allgemeine prozessuale Grundsätze ein. Macht ein Aktionär die Unwirksamkeit einer Maßnahme geltend, kommt vor allem eine **Feststellungsklage** gem. § 256 I ZPO in Betracht. Denn auch ein **Drittrechtsverhältnis** kann Gegenstand einer Feststellungsklage sein, falls es zugleich für die Rechtsbeziehungen der Parteien untereinander von Bedeutung ist und der Kläger ein rechtliches Interesse an der alsbaldigen Klärung hat (*BGH*, NJW 2006, 570; *BGH*, NJW 2006, 374 – Mangusta/Commerzbank II). Die Urteilsformel lautet jeweils entweder „auf Feststellung der Nichtigkeit" oder auf „Erklärung der Unwirksamkeit" eines Beschlusses oder einer Maßnahme.

207 b) **Sonstige Klagen.** Als sonstige Klagen kommen vor allem die Auskunftsklage und die Geltendmachung von Ersatzansprüchen der Gesellschaft in Betracht. Daneben sind Klagen ua auf Bestellung von Sonderprüfern nach § 142 II AktG oder auf Nichtigkeit der Aktiengesellschaft, § 275 AktG, vorstellbar. Jeder Aktionär hat in der Hauptversammlung ein **Auskunfts- und Fragerecht.** Ob der Vorstand daneben Auskunft zu geben hat, entscheidet auf Antrag ausschließlich das LG, in dessen Bezirk die Gesellschaft ihren Sitz hat, § 132 I AktG. Antragsberechtigt ist nach § 132 II 1 AktG jeder Aktionär, dem die verlangte Auskunft nicht gegeben worden ist, und, wenn über den Gegenstand der Tagesordnung, auf den sich die Auskunft bezog, Beschluss gefasst worden ist, jeder in der Hauptversammlung erschienene Aktionär, der in der Hauptversammlung Widerspruch zur Niederschrift erklärt hat. Der Antrag ist **binnen zwei Wochen** nach der Hauptversammlung zu stellen, in der die Auskunft abgelehnt worden ist, § 132 II 2 AktG. Das Verfahren unterliegt nach § 132 II 2, 99 AktG dem FamFG. Aktionäre, deren Anteile im Zeitpunkt der Antragstellung zusammen den einhundertsten Teil des Grundkapitals oder einen anteiligen Betrag von 100.000,– EUR erreichen, können unter den in § 148 AktG genannten Voraussetzungen die Zulassung beantragen, **im eigenen Namen** Ersatzansprüche der Aktiengesellschaft geltend zu machen.

7. Freigabeverfahren (§ 246 a AktG)

208 a) **Anwendungsbereich.** Das **allgemeine Freigabeverfahren** findet statt, wenn eine Klage gegen einen Hauptversammlungsbeschluss über eine Maßnahme der Kapitalbeschaffung, der Kapitalherabsetzung (§§ 182 bis 240 AktG) oder einen Unternehmensvertrag (§§ 291 bis 307 AktG) erhoben ist (einen Überblick zu Einzelfragen seit Inkrafttreten des ARUG bieten ua *Wilsing/Saß*, DB 2011, 919 ff.). Beim

Unternehmensvertrag gemeint sind Beschlüsse, die nach §§ 291 ff. AktG erforderlich sind (Beschlüsse über Unternehmensverträge gibt es nicht, *KG*, NZG 2011, 305; *OLG Hamburg*, NZG 2010, 666). Der Freigabeantrag für „Unternehmensverträge" wird für zulässig erachtet (*KG*, NZG 2011, 305; *OLG Hamburg*, NZG 2010, 666), obwohl streitig ist, ob der Unternehmensvertrag in das Handelsregister am Sitz der Obergesellschaft eingetragen werden muss (zum Streitstand *Hüffer,* AktG, § 294 Rn. 1 mwN). Gegenüber dem allgemeinen Freigabeverfahren **speziellere Freigabeverfahren** finden sich in § 319 VI AktG für die Eingliederung, nach §§ 327e II, 319 VI AktG für das „Squeeze out" sowie in § 16 III UmwG für bestimmte Umwandlungsvorgänge. Soweit das Freigabeverfahren reicht, schließt es den Erlass einer Einstweiligen Verfügung aus (Rn. 269).

b) **Verfahrensfragen.** Antrag auf Freigabe kann die Aktiengesellschaft stellen, § 246a I 1 AktG, die in der Hauptsache beklagt ist. Über den Antrag entscheidet nach § 246a I 3 AktG ein Senat des OLG/des Kammergerichts, in dessen Bezirk die Aktiengesellschaft ihren Sitz hat. Eine bereits erfolgte Eintragung hindert das Freigabeverfahren nicht (*OLG München*, NZG 2010, 989). Auf das Freigabeverfahren sind gem. § 246a I 2 AktG grundsätzlich § 247 AktG sowie §§ 82, 83 I und § 84 ZPO sowie die im ersten Rechtszug für das Verfahren vor den Landgerichten geltenden Vorschriften der ZPO entsprechend anzuwenden. Nach § 246 III 1 Hs. 1 AktG ist die **Übertragung auf den Einzelrichter** ausgeschlossen. Einer Güteverhandlung iSv § 278 II 1 ZPO bedarf es nicht, § 246 III 1 Hs. 2 AktG. Grundsätzlich ist mündlich zu verhandeln; in **dringenden** Fällen kann darauf nach § 246 III 2 AktG aber auch verzichtet werden. Nach § 246 III 6 Hs. 1 AktG soll der Beschluss spätestens 3 Monate nach Antragstellung ergehen. Geschieht dieses nicht, ist die Verzögerung der Entscheidung durch unanfechtbaren Beschluss oder mit dem Beschluss zu begründen, § 246 III 6 Hs. 2 AktG. Nach § 246 III 3 AktG sind die von der Aktiengesellschaft vorgebrachten Tatsachen, auf Grund deren der Beschluss nach § 246 II AktG ergehen kann, glaubhaft zu machen. Unstreitiges Vorbringen im Verfahren der Hauptsache erfasst nicht das Freigabeverfahren und steht einem in diesem Verfahren erfolgten Bestreiten nicht entgegen. Es handelt sich bei beiden Verfahren um selbstständige und eigenständige, der ZPO und der in dieser Verfahrensordnung geltenden Dispositionsmaxime sowie dem Beibringungsgrundsatz unterstellte Verfahren. Auf Grund dieser zivilprozessualen Grundsätze kann unterschiedlicher Sachvortrag der Parteien in beiden Verfahren dazu führen, dass dieselbe Tatsache in einem Verfahren als streitig und im anderen als unstreitig zu behandeln ist (*OLG Nürnberg*, NZG 2011, 150). Nach übereinstimmender Erledigungserklärung in der Hauptsache kann auch im Freigabeverfahren ohne mündliche Verhandlung durch Beschluss über die Kosten des Verfahrens entschieden werden (*OLG Stuttgart*, NZG 2010, 27). 209

c) **Streitgegenstand.** Streitgegenstand eines Freigabeverfahrens kann nach § 246a I 1 AktG ein anderweitig angegriffener Hauptversammlungsbeschluss über eine Maßnahme der Kapitalbeschaffung, der Kapitalherabsetzung (§§ 182 bis 240 AktG) oder einen Unternehmensvertrag (§§ 291 bis 307 AktG) sein (Rn. 208). Das Freigabeverfahren hat einen anderen Streitgegenstand als das Hauptsacheverfahren, kann jedoch dessen Wirkungen teilweise vorwegnehmen, wenn der Freigabebeschluss ergeht und der Beschlussmängelklage damit die Kassationswirkung genommen wird. 210

d) **Rubrum.** Die Aktiengesellschaft heißt Antragstellerin (vgl. § 246a I 1 AktG), der den Hauptversammlungsbeschluss anderweitig als Kläger Angreifende heißt im Freigabeverfahren Antragsgegner (vgl. § 246a IV 1 AktG). Die Vertreter der Parteien, die nach § 78 I 1 ZPO zwingend anwaltliche sind, heißen Verfahrensbevollmächtigte. 211

e) **Entscheidungsinhalt (Beschlussformel).** Das Gericht entscheidet nach § 246a I 1 AktG durch Beschluss. Die Formel des Freigabebeschlusses geht nach § 246a I 1 AktG dahin, dass „die Erhebung der Klage ... [genaue Nennung von Kläger und Klage] gegen ... [genaue Nennung des angegriffenen Hauptversammlungsbeschlusses] der Eintragung des angegriffenen Hauptversammlungsbeschlusses nicht entgegensteht und Mängel des Hauptversammlungsbeschlusses die Wirkung der Eintragung unberührt lassen". 212

f) **Begründetheit.** *aa) Allgemeines.* Es genügt, wenn nur eine von mehreren Anfechtungsklagen zum Erfolg führen kann, weil für alle Anfechtungsklagen einheitlich zu entscheiden ist (*OLG Frankfurt/M*, NZG 2007, 310, 311). 213

bb) Unzulässigkeit/offensichtliche Unbegründetheit (§ 246a II Nr. 1 AktG). Der Antrag auf Freigabe ist begründet, wenn die gegen den Hauptversammlungsbeschluss gerichtete Klage **unzulässig** (selten) oder **offensichtlich unbegründet** ist. Für die Frage, ob die gegen den Hauptversammlungsbeschluss gerichtete Klage unbegründet ist, ist vom Freigabegericht eine vollständige rechtliche Würdigung durchzuführen. Für eine nur kursorische Rechtsprüfung ist kein Raum. Maßgeblich für die Frage offensichtlicher Unbegründetheit ist das Maß an Sicherheit, mit der sich die Unbegründetheit der Anfechtungsklage unter den Bedingungen des Eilverfahrens prognostizieren lässt (BT-Drs. 15/1502 S. 29). Entscheidend ist, dass das Gericht bei umfassender rechtlicher Würdigung des gesamten Sachverhalts und der glaubhaft gemachten Tatsachen eine andere Beurteilung für nicht oder kaum vertretbar hält (*OLG München*, BB 2008, 2366; *OLG Düsseldorf,* AG 2007, 363; *OLG Hamburg*, NZG 2005, 86). Offensichtlich unbegründet ist eine Anfechtungsklage danach dann, wenn: 214

- sich mit hoher Sicherheit die Unbegründetheit der Klage vorhersagen lässt; der für diese Prognose erforderliche Prüfungsaufwand des Prozessgerichts ist nicht entscheidend (*OLG Frankfurt/M*, NZG 2007, 310, 311; *OLG Frankfurt/M*, NJW 2006, 1008);
- aus der Sicht des zur Entscheidung berufenen Gerichts eine andere Entscheidung als die Abweisung der Klage unvertretbar erscheint (*OLG Frankfurt/M*, DNotZ 2009, 144).

215 Anfechtungsklagen können auch dann offensichtlich unbegründet sein, wenn zu einzelnen Rechtsfragen in Literatur und Rechtsprechung andere Ansichten vertreten werden (*OLG Frankfurt/M*, DNotZ 2009, 144). Der Begriff „Offensichtlichkeit" bezieht sich nicht auf den Prüfungsaufwand, sondern auf sein Ergebnis. Nur wenn danach Erfolg und Abweisung der Klage als ebenso vertretbar erscheinen, sind sie nicht schon aus Rechtsgründen offensichtlich unbegründet.

216 *cc) Nachweis des Aktienbesitzes (§ 246 a II Nr. 2 AktG).* Der Antrag auf Freigabe ist auch begründet, wenn der Kläger nicht binnen einer Woche nach Zustellung des Antrags durch Urkunden nachgewiesen hat, dass er seit Bekanntmachung der Einberufung einen anteiligen Betrag von mindestens 1.000,– EUR hält (dazu ua *Reichard*, NZG 2011, 292 ff.); hierauf ist der Kläger hinzuweisen. Der Nachweis kann nicht durch die Vorlage einer Ablichtung des Teilnehmerverzeichnisses der fraglichen Hauptversammlung geführt werden (*OLG Hamm*, NJW-Spezial 2011, 623). Es bedarf **keines Nachweises**, wenn die Aktiengesellschaft den Anteilsbesitz nicht bestreitet (*OLG Nürnberg*, NZG 2011, 150; *OLG Frankfurt/M*, NZG 2010, 824; aA *KG*, ZIP 2011, 172). Die Darlegungs- und Beweislast dafür, dass der im Anfechtungsverfahren klagende Aktionär (der Antragsgegner des Freigabeverfahrens) seit Bekanntmachung der Einberufung der Hauptversammlung Aktien im anteiligen Betrag von mindestens 1.000,– EUR hält, trifft den Aktionär (*OLG Nürnberg*, NZG 2011, 150). Die Nachweisfrist ist materiell-rechtliche Ausschlussfrist, die nicht verlängert werden kann; Wiedereinsetzung wegen Versäumung dieser Frist soll daher nicht in Betracht kommen (*OLG Nürnberg*, NZG 2011, 150; siehe indes § 46 I 3 WEG). Eine Addition des Aktienbesitzes aller Antragsgegner ist nicht möglich (*OLG Frankfurt/M*, ZIP 2010, 2500).

217 *dd) Überwiegendes Vollzugsinteresse (§ 246 a II Nr. 3 AktG).* Der Antrag auf Freigabe ist schließlich dann begründet, wenn das alsbaldige Wirksamwerden des Hauptversammlungsbeschlusses vorrangig erscheint, weil die vom Antragsteller dargelegten wesentlichen Nachteile für die Gesellschaft und ihre Aktionäre nach freier Überzeugung des Gerichts die Nachteile für den Antragsgegner überwiegen, es sei denn, es liegt eine besondere Schwere des Rechtsverstoßes vor (**überwiegendes Vollzugsinteresse;** dazu *Enders/Ruttmann*, ZIP 2010, 2280). § 246 a II Nr. 3 AktG, eine Interessenabwägungsklausel, dient dazu, dem Prozessgericht eine Freigabe der Eintragung auch dann zu ermöglichen, wenn die Anfechtungsklage voraussichtlich oder gar zweifelsfrei begründet ist. Die Begründetheit der Anfechtungsklage ist bei Anwendung der Interessenabwägungsklausel zugunsten des Anfechtungsklägers stets zu unterstellen. In die Interessenabwägung sind nicht nur die Nachteile für die Gesellschaft einzubeziehen, die durch die Verzögerung der Eintragung infolge des Anfechtungsprozesses eintreten, sondern auch die Nachteile, die der Gesellschaft bei einem **Erfolg der Anfechtungsklage** entstehen. Gesetzgeberisches Ziel ist eine Abwägung aller durch die Anfechtungsklage tangierten rechtlichen und wirtschaftlichen Interessen, **bei angenommenem Erfolg der Anfechtungsklage.** Bei der Abwägung sind daher alle der Gesellschaft im Falle der Nichteintragung drohenden Schäden und Nachteile zu berücksichtigen und gegen die Schwere der vom Kläger behaupteten Rechtsverletzung und die denkbaren Schäden auf seiner Seite abzuwägen (zu allem BT-Drs. 15/1502 S. 29). Eine Eintragung soll auch dann möglich sein, wenn bei (wahrscheinlich) begründeter Anfechtungsklage die der Gesellschaft durch eine Versagung der Eintragung drohenden Nachteile den Schaden überwiegen, der dem Anfechtungskläger durch eine Eintragung und Durchführung des rechtswidrigen Hauptversammlungsbeschlusses entsteht. Dieses kann bei **besonderer Schwere des behaupteten Rechtsverstoßes**, also bei massiver Verletzung elementarer Aktionärsrechte allerdings anders zu gewichten sein. Ein sehr geringes ökonomisches Interesse des klagenden Kleinaktionärs kann im Vergleich zu den regelmäßig erheblichen wirtschaftlichen Interessen der Gesellschaft im Einzelfall dadurch aufgewogen werden, dass der behauptete Rechtsverstoß so schwer wiegt, dass eine Bestandskraft des Beschlusses nicht erträglich wäre.

218 **g) Schadenersatz.** Erweist sich die gegen den angegriffenen Hauptversammlungsbeschluss gerichtete Klage als **begründet**, ist die AG verpflichtet, dem Antragsgegner den Schaden zu ersetzen, der ihm aus einer auf dem Beschluss beruhenden Eintragung des Hauptversammlungsbeschlusses entstanden ist, § 246 a IV 1 AktG.

219 **h) Rechtsmittel und Wirkungen.** Gem. § 246 a III 4 AktG ist der Beschluss unanfechtbar. Er ist für das Registergericht bindend, § 246 a III 5 Hs. 1 AktG; die Feststellung der Bestandskraft der Eintragung wirkt für und gegen jedermann. Nach der Eintragung lassen Mängel des Beschlusses seine Durchführung unberührt.

8. Spruchverfahren

220 Den Anwendungsbereich des Spruchverfahrens beschreibt § 1 SpruchG. Die Zuständigkeit regelt § 2 SpruchG, den Antragsgegner § 5 SpruchG und die Antragsberechtigung § 3 SpruchG. Es handelt sich

um: Aktionäre, Anteilsinhaber und Mitglieder der betroffenen Gesellschaften. Antragsfrist und Inhalt der Antragsbegründung bestimmt § 4 SpruchG. Das Verfahren regelt sich nach dem FamFG, soweit im SpruchG nichts Besonderes bestimmt ist. Das Gericht entscheidet durch einen **mit Gründen versehenen**, der Rechtskraft fähigen (§ 13 SpruchG) Beschluss, § 11 SpruchG. Zu Beginn des Beschlusses heißt es „In dem Spruchverfahren". Die Beteiligten heißen Antragsgegner und Antragsteller. Inhalt des Beschlusses ist – wird der Antrag nicht abgewiesen – die **Bestimmung einer Ausgleichshöhe, einer (Bar-)Abfindung oder Zuzahlung**. Die Entscheidung muss auch über die Kosten, nicht aber über die Vollstreckbarkeit ergehen. Der Beschluss wirkt für und gegen alle, einschließlich derjenigen Anteilsinhaber, die bereits gegen die ursprünglich angebotene Barabfindung oder sonstige Abfindung aus dem betroffenen Rechtsträger ausgeschieden sind.

IX. Klagen im Zusammenhang mit einer GmbH

1. Allgemeines

Die GmbH kann nach § 13 I Hs. 2 GmbHG vor Gericht gegen einen Gesellschafter klagen und von diesem oder einem Organ verklagt werden. Im Gesellschaftsprozess einer GmbH geht es in der Regel um die Willensbildung durch Beschluss, mithin die Anfechtung und Überprüfung von Gesellschafterbeschlüssen. Daneben kommen Organstreitigkeiten vor oder ein Gesellschafter geht gegen seinen Ausschluss vor. Eine actio pro socio kommt in Betracht, wenn die Gesellschafterversammlung es abgelehnt hat, Schadenersatzansprüche gegen einen Geschäftsführer geltend zu machen und ein Gesellschafter diesen Beschluss erfolglos angefochten hat (dazu Rn. 60). Eine **Unternehmergesellschaft**, eine Gesellschaft, die mit einem Stammkapital gegründet wird, das den Betrag des Mindeststammkapitals nach § 5 I GmbHG unterschreitet, ist „normale" GmbH, muss in der Firma aber abweichend von § 4 GmbHG die Bezeichnung „Unternehmergesellschaft (haftungsbeschränkt)" oder „UG (haftungsbeschränkt)" führen; dieses ist im Rubrum zu beachten. 221

2. Vertretung

a) **Allgemeines.** Die GmbH wird vor Gericht **grundsätzlich** bei allen Aktiv- oder Passivklagen **vom Geschäftsführer** vertreten, § 35 I 1 GmbHG. Das gilt auch bei Beschlussmängelstreitigkeiten wie Anfechtungs- und Nichtigkeitsklagen (*BGH*, NJW 1981, 1041) oder beim Rechtsstreit über den Mitgliederbestand (*BGH*, WM 1962, 415, 418). Bei einem Rechtsstreit, der einen Auflösungsbeschluss zum Gegenstand hat, vertritt allerdings der Liquidator die GmbH (*BGH*, NJW 1962, 538). Wird mit einer Nichtigkeitsklage die Nichtigkeit der Bestellung eines Geschäftsführers geltend gemacht, so vertritt derjenige die GmbH im Rechtsstreit, der im Falle des **Obsiegens der Gesellschaft** als deren Geschäftsführer anzusehen ist (*BGH*, NJW 1981, 1041; *OLG Köln*, NZG 2003, 395; *KG*, GmbHR 1997, 1001). Es kommt auf die materielle Rechtslage an, die (fiktiv) gilt, wenn der Antrag der Partei begründet ist, für die der gesetzliche Vertreter auftritt (*BGH*, NJW 1962, 538); das gilt auch, wenn bis zur Bestellung des umstrittenen Geschäftsführers Notgeschäftsführer im Amt gewesen sind (*BGH*, NJW 1981, 1041). Ist keine vertretungsberechtigte Person (mehr) vorhanden, muss durch das Prozessgericht auf Antrag des Klägers ein **Prozesspfleger** bestellt werden, § 57 ZPO (*BGH*, NZG 2011, 26; *BAG*, NJW 2008, 603). Die Bestellung eines Prozesspflegers ist nicht dadurch ausgeschlossen, dass (auch) die Bestellung eines Notgeschäftsführers (analog) § 29 BGB in Betracht kommt. Die Bestellung eines Prozesspflegers ist der erheblich einfachere und in der Sache angemessene Weg, weil die Bestellung eines Prozesspflegers für die beklagte Partei weit weniger einschneidend ist als die gerichtliche Bestellung eines Vertretungsorgans (*OLG München*, GmbHR 2007, 1108; *OLG Zweibrücken*, GmbHR 2007, 544). Reicht die Bestellung eines Prozesspflegers nicht aus, kommt allerdings auch die Bestimmung eines Notgeschäftsführers entsprechend § 29 BGB (*BGH*, NJW 1983, 938) bzw. § 85 AktG in Betracht. Legt der einzige Geschäftsführer einer GmbH sein Amt nieder, ist eine gegen die Gesellschaft gerichtete Klage **mangels gesetzlicher Vertretung** unzulässig (*BGH*, NZG 2011, 26). § 35 I 2 AktG gilt nur für die Entgegennahme von Willenserklärungen und die Zustellung von Schriftstücken, nicht für die passive Prozessführung (*BGH*, NZG 2011, 26). Der bisher nur gesamtvertretungsberechtigte Geschäftsführer wird durch **Wegfall** aller anderen Geschäftsführer allein vertretungsberechtigt, wenn der Wegfall der anderen Geschäftsführer auf einer Entscheidung der Gesellschafter beruht und die allgemeine Vertretungsregelung der Gesellschaft die Möglichkeit vorsieht, nur einen Geschäftsführer zu bestellen (*OLG Schleswig*, GmbHR 2011, 253). 222

b) **Gesellschaftergeschäftsführer.** In einem Prozess gegen sich selbst als Gesellschafter kann der Geschäftsführer die GmbH nicht vertreten (*BGH*, NJW 2009, 2127, 2129 mwN – Sanitary). 223

c) **Klagen im Zusammenhang mit dem Geschäftsführer.** *aa) Klagen gegen den Geschäftsführer, § 46 Nr. 8 GmbHG.* Wer die GmbH in Klagen oder Widerklagen vertritt (ein Gesellschafter, ein anderer Geschäftsführer, ein Beirat, ein Dritter), welche sie nach § 46 Nr. 8 Fall 1 GmbHG wegen Schadenersatz oder nach § 46 Nr. 8 Fall 2 GmbHG im Übrigen **gegen** die aktuellen oder ehemaligen (*BGH*, NJW-RR 2008, 484, 485) **Geschäftsführer** zu führen hat, können – regelt die **Satzung** nichts anderes und greift 224 nicht § 52 I GmbHG (Rn. 206) – nach § 46 Nr. 8 GmbHG grundsätzlich die **Gesellschafter durch Beschluss** bestimmen (*BGH*, NJW-RR 1992, 993; s. a. *Bergwitz*, GmbHR 2008, 225 ff.); dies gilt auch dann, wenn es **mehrere Geschäftsführer** gibt (*BGH*, NZG 2010, 1381; *BGH*, NJW-RR 1992, 993). § 46 Nr. 8 GmbHG lässt die Bestellung eines Prozessvertreters auch dann zu, wenn die gesetzliche Vertretung der Gesellschaft in einem entsprechenden Prozess durch **weitere Geschäftsführer** möglich wäre (*BGH*, NZG 2010, 1381). Fehlt es an einem Beschluss, kann er während des Laufs des Prozesses **nachgeholt** werden (*BGH*, NJW-RR 2008, 484, 485; *BGH*, NJW 1999, 2115). Einigen sich die Gesellschafter nicht auf einen Vertreter und gibt es nur einen Geschäftsführer (Rn. 225), kann nach § 29 BGB oder nach § 57 ZPO (siehe bereits Rn. 41 ff.) vorgegangen werden (*Bergwitz*, GmbHR 2008, 225, 228; Scholz/*Schneider*, GmbHG, § 35 Rn. 140 e). Hat die GmbH **mehrere Geschäftsführer**, vertreten die anderen Geschäftsführer die Gesellschaft (*BGH*, NZG 2010, 1381, 1382; *BGH*, NJW-RR 1992, 993), wenn die Gesellschafter zulässiger Weise nichts anderes nach § 46 Nr. 8 GmbHG bestimmen.

225 *bb) Klagen des Geschäftsführers.* Der klagende Geschäftsführer kann die Gesellschaft **nicht vertreten**. Das folgt aus dem Gedanken, dass es prozessrechtlich nicht möglich ist, einen Rechtsstreit mit sich selbst – und zwar auch als Vertreter eines anderen – zu führen (*BGH*, NJW 1984, 57; *BGH*, NJW 1975, 345). Wenn der Geschäftsführer klagt, kann die Gesellschaft allerdings – bestimmt die Satzung nichts anderes – durch weitere vorhandene Geschäftsführer vertreten werden (*BGH*, NJW-RR 1992, 993). Kommt es zu einem Prozess mit einem von mehreren vorhandenen Geschäftsführern, so werden zwar häufig die übrigen nicht unvoreingenommen genug sein, die Interessen der Gesellschaft mit dem nötigen Nachdruck wahrzunehmen. Das muss aber nicht immer so sein. § 46 Nr. 8 GmbHG (dazu Rn. 224) gibt der Gesellschafterversammlung außerdem die Möglichkeit, jener Sachlage durch Bestellung eines geeigneten Vertreters zu begegnen, wenn sie es für erforderlich hält; sieht sie davon ab, dann bleibt es bei der Vertretungszuständigkeit der anderen Geschäftsführer (*BGH*, NJW-RR 1992, 993). Gibt es keinen weiteren Geschäftsführer und handeln die Gesellschafter nicht, ist nach § 57 ZPO ein Prozesspfleger zu bestellen.

226 *cc) Aufsichtsrat.* Das GmbHG selbst schreibt keinen Aufsichtsrat vor. Nach § 52 I GmbHG kann aber auf Grundlage des Gesellschaftsvertrags ein **fakultativer Aufsichtsrat** errichtet werden; in manchen Fällen ist die Errichtung eines Aufsichtsrats gesetzlich vorgeschrieben (vgl. zB § 3 I MontanMitbestG, § 6 I MitbestG, § 6 II InvG). Hat eine GmbH einen Aufsichtsrat, wird sie im **Zusammenhang mit dem Geschäftsführer** gem. §§ 52 I GmbHG, 112 AktG durch diesen aktiv und passiv vertreten (*BGH*, NJW-RR 2008, 484, 485; *BGH*, NZG 2004, 327). Das ist – sofern der Aufsichtsrat nicht nach dem Mitbestimmungsgesetz gebildet werden muss (*BGH*, NJW-RR 2008, 484, 485; *BGH*, NJW 1984, 733) – nur dann anders, wenn etwas anderes in der **Satzung** geregelt oder von der Gesellschafterversammlung **beschlossen** worden ist (*BGH*, NJW-RR 2008, 484, 485; *BGH*, DStR 2007, 1358).

3. Gerichtsstand

227 Der allgemeine Gerichtsstand der GmbH richtet sich – wie bei allen Gesellschaften – nach ihrem Sitz, § 17 I ZPO. Weiteres siehe Rn. 34 ff.

4. Zustellung

228 Für die Zustellung gegenüber der GmbHG gilt die Besonderheit (allgemein vgl. Rn. 48), dass bei der Eintragung ins Handelsregister nach § 10 I 1 GmbHG und bei späteren Änderungen (§§ 13 II GmbHG, 31 I HGB) eine **inländische Geschäftsanschrift** anzugeben ist. Ist eine Zustellung unter dieser Anschrift nicht möglich, kann im Wege der öffentlichen Bekanntmachung zugestellt werden, § 185 Nr. 2 ZPO.

5. Beweis

229 Der aktive Geschäftsführer ist „Partei". Er kann nur als Partei nach §§ 445 ff. ZPO vernommen, ggf. aber nach § 141 ZPO angehört werden. Nach Ausscheiden aus dem Amt können (dann ehemalige) Geschäftsführer hingegen Zeuge sein. Geschieht dieses im Prozess, ggf. taktisch, ist die Aussage besonders zu würdigen. Die Gesellschafter sind Zeugen, sind sie nicht Geschäftsführer. Das wirtschaftliche Interesse der Gesellschafter ist für Beweiswürdigung (§ 286 ZPO) wichtig, begründet aber kein Zeugnisverweigerungsrecht nach § 384 Nr. 1 ZPO und macht sie auch nicht zur Partei.

6. Klagen gegen Beschlüsse

230 a) **Allgemeines.** Das GmbHG enthält **keine eigenständige** Regelung über die Geltendmachung von Beschlussmängeln. Nach hM sind bei festgestellten Beschlüssen daher die aktienrechtlichen Vorschriften der §§ 241 bis 255 AktG **entsprechend heranzuziehen** (*BGH*, NJW-RR 2008, 706, 708; *BGH*, NJW 1988, 1844), soweit sich nicht aus den **strukturellen Unterschieden** beider Gesellschaftsformen etwas anderes ergibt (*BGH*, NJW 1966, 1458, 1459). Solche strukturellen Unterschiede folgen etwa aus §§ 246 a, 248 a AktG, die nicht anwendbar sind (*KG*, DStR 2011, 1630; Fleischer, DB 2011, 2132; Hensslerl

Strohn/*Hillmann,* GmbHG, Anh. § 47 Rn. 1; a. A. *Bayer/Lieder,* NZG 2011, 117). Klagen kann außerdem jeder Gesellschafter, es gibt keine „fixe" Anfechtungsfrist und der Klagende muss auch nicht in der Versammlung Widerspruch erheben (Lutter/Hommelhoff/*Bayer*, GmbHG, Anh. zu § 47 Rn. 70).

Wie im Aktienrecht und anders als im Recht der Personengesellschaften ist zwischen anfechtbaren und nichtigen Beschlüssen und damit zwischen **Anfechtungs- und Nichtigkeitsklagen** zu unterscheiden. **Streitgegenstand** ist jeweils die richterliche Klärung eines Beschlusses. Eine Teilanfechtung ist möglich (dazu Rn. 171). Für die gerichtliche Zuständigkeit gilt § 246 III 1 AktG entsprechend (*BGH*, NJW 1996, 1753). Gegenstand einer Anfechtungsklage kann auch die formal einwandfrei zustande gekommene **Ablehnung eines Beschlussantrags** sein (*BGH*, NJW 1986, 2051, 2052; *BGH*, NJW 1984, 489). Für den Fall, dass mit der Anfechtungsklage die unrichtige Feststellung eines so nicht zustande gekommenen Beschlusses beseitigt wird, kann mit der gleichzeitig erhobenen Feststellungsklage (dazu Rn. 248) verbindlich geklärt werden, was in Wahrheit beschlossen worden ist (*BGH*, NJW 1986, 2051, 2052; *BGH*, NJW 1984, 489). Mehrere Anfechtungs- und/oder Nichtigkeitsfeststellungsklagen oder Feststellungsklagen sind entsprechend §§ 246 III 3 AktG, 47 WEG zwingend miteinander zu **verbinden.** Ein besonderes Rechtsschutzinteresse ist grundsätzlich nicht erforderlich (*BGH*, NZG 2011, 26, 27; *BGH*, NJW 2009, 2300, 2301; *BGH*, NJW-RR 2003, 826, 828).

Eine Anfechtungs- oder Nichtigkeitsklage soll auch gegen bloße **satzungsauslegende Gesellschafterbeschlüsse** erhoben werden können (*BGH*, NJW-RR 2003, 826 mwN), was pragmatisch ist, aber nicht überzeugt. 231

b) Anfechtungsklagen. *aa) Allgemeines.* Der Beschluss einer GmbH kann bloß **anfechtbar** sein. Etwa die unrichtige Feststellung des Abstimmungsergebnisses, insbesondere wegen Mitzählens der Stimmen in Wahrheit nicht stimmberechtigter Personen, ist idR kein Nichtigkeits-, sondern Anfechtungsgrund (*BGH*, NJW 1988, 1844). Anfechtungsgründe können ferner aus Verstößen gegen den Gesellschaftsvertrag oder andere Verträge, Verstöße gegen Treuebindungen oder Ermessensfehlern (Lutter/Hommelhoff/*Bayer,* GmbHG, Anh. zu § 47 Rn. 53) folgen. Die GmbH-Anfechtungsklage setzt die **Feststellung eines bestimmten Beschlussergebnisses** voraus, das im Klagewege „kassiert" werden soll, bis dahin aber **vorläufig wirksam** und für alle Beteiligten verbindlich ist (*BGH*, NJW-RR 2008, 706, 708); fehlt es an einem festgestellten Gesellschafterbeschluss, kann der Betroffene eine nicht fristgebundene, nur der Verwirkung unterliegenden Feststellungsklage erheben (Rn. 248). 232

bb) Klagefrist. Bei Anfechtungsklagen gegen Beschlüsse der Gesellschafterversammlung einer GmbH ist – sofern die Satzung keine zulässige abweichende Regelung enthält – **grundsätzlich die Monatsfrist** des § 246 I AktG einzuhalten (*BGH*, NZG 2009, 1110), berechnet ab dem Tage der Beschlussfassung. Innerhalb dieser Frist müssen die Anfechtungsgründe in ihrem wesentlichen tatsächlichen Kern in den Rechtsstreit eingeführt werden. Wird die Monatsfrist **überschritten,** kommt es darauf an, ob **zwingende Umstände** den Gesellschafter an einer früheren klageweisen Geltendmachung des Anfechtungsgrundes gehindert haben (*BGH*, NZG 2009, 1110 mwN). Eine **Satzungsbestimmung,** die für die Anfechtung des Gesellschafterbeschlusses in einer GmbH eine Frist von weniger als einem Monat vorsieht, ist unwirksam (*BGH*, NJW 1988, 1844). Die Wahrung der (ggf. vereinbarten) Anfechtungsfrist ist eine materielle Klagvoraussetzung, die von der klagenden Partei darzutun und in jeder Lage des Verfahrens von Amts wegen zu prüfen ist (*BGH*, NZG 1998, 679). Wird die Anfechtungsfrist verpasst, ist die Klage als **unbegründet** abzuweisen. 233

cc) Kläger. Klage gegen einen Beschluss kann erheben, wer dazu **befugt** ist (Anfechtungsbefugnis; Rn. 63). Fehlt es an der Anfechtungsbefugnis, ist die Klage als **unbegründet** abzuweisen (Rn. 63). Klage erheben darf **jeder aktuelle Gesellschafter** iSv § 16 GmbHG (*BGH*, NJW 2009, 230, 231), auch der **ohne Stimmrecht** (Lutter/Hommelhoff/*Bayer,* GmbHG, Anh. zu § 47 Rn. 70). Bei der Beschlussfassung muss der Gesellschafter noch nicht Gesellschafter gewesen sein. Im Falle der Veräußerung des Geschäftsanteils im Verlaufe des Prozesses **verbleibt** die Anfechtungsbefugnis beim Veräußerer, wenn er an einer Anfechtung noch ein Interesse hat (*BGH*, NJW-RR 1993, 1253; *BGH*, NJW 1965, 1378; Rn. 176). Ein Erbe ist anfechtungsbefugt, auch wenn der Erblasser bei Beschlussfassung noch Gesellschafter war. Ein Gesellschafter ist **nicht mehr** anfechtungsbefugt, wenn er iSd ergangenen Beschlusses abgestimmt hat (*BGH*, NJW-RR 2010, 1339, 1343 mwN) oder auf seine Anfechtungsbefugnis **verzichtet** hat (Baumbach/Hueck/*Zöllner,* GmbHG, Anh. § 47 Rn. 136). 234

Sämtliche Geschäftsführer als „Organ/Kollektiv" oder ein ggf. bestehender Aufsichtsrat haben kein Anfechtungsrecht; § 245 Nr. 4 AktG ist nicht entsprechend anwendbar. Auch der **einzelne Geschäftsführer** hat grundsätzlich **kein Anfechtungsrecht** (*BGH*, NJW-RR 2008, 706, 709; *BGH*, NJW 1980, 1527, 1528); etwas anderes soll aber gelten, wenn es um den Beschluss geht, mit dem der Geschäftsführer abbestellt wird. Eine Anfechtungsbefugnis besteht ferner entsprechend § 245 Nr. 5 AktG, wenn der Geschäftsführer durch die Ausführung des Beschlusses eine strafbare Handlung oder eine Ordnungswidrigkeit begehen oder wenn er sich ersatzpflichtig machen würde (*Waclawik*, Prozessführung im Gesellschaftsrecht, Rn. 376; Bork/Schäfer/*Casper*, GmbHG, § 47 Rn. 77); dies gilt auch für ein Mitglied des **Aufsichtsrats** (Baumbach/Hueck/*Zöllner,* GmbHG, Anh. § 47 Rn. 141). Ein Geschäftsführer, der nicht zugleich Gesellschafter ist (**Fremdgeschäftsführer**), steht gegen einen **nichtigen,** dh nicht nur an- 235 fechtbaren Beschluss die Feststellungsklage aus § 256 ZPO zu (*BGH*, NJW-RR 2008, 706, 709); dann kommt auch eine **einstweilige Verfügung** in Frage (siehe dazu noch Rn. 279). Handelt es sich um einen **bloß anfechtbaren Beschluss**, kann sich der Fremdgeschäftsführer hingegen **nicht** mit der Klage auf Feststellung wehren, es sei kein bzw. kein wirksamer Beschluss gefasst worden (*BGH*, NJW-RR 2008, 706, 709).

236 Ein Insolvenzverwalter ist anfechtungsbefugt (*OLG Düsseldorf*, NJW-RR 1996, 607, 609). Ein Treugeber ist ebenso wie ein Pfandgläubiger oder Nießbraucher hingegen nicht anfechtungsbefugt (Lutter/Hommelhoff/*Bayer*, GmbHG, Anh. zu § 47 Rn. 70). Auch alle anderen Dritten sind nicht prozessführungsbefugt.

Mehrere Kläger sind **notwendige Streitgenossen** (vgl. Rn. 165). Eine Rechtsschutzbefugnis liegt in aller Regel vor. § 245 Nr. 1 bis Nr. 3 AktG sind **nicht entsprechend** anwendbar (*OLG Schleswig*, NZG 2000, 895; Baumbach/Hueck/*Zöllner*, GmbHG, Anh. § 47 Rn. 136). Jeder Gesellschafter, aber auch der Geschäftsführer kann der beklagten Gesellschaft oder den klagenden Gesellschaftern als Streithelfer beitreten, wobei § 246 IV 2 AktG analog gilt. Ein anderer Gesellschafter kann dem Rechtsstreit auf Seiten der GmbH auch dann beitreten und Berufung einlegen, wenn die GmbH auf Rechtsmittel verzichtet hat; gegen die Versäumung der Berufungsfrist kann dem nicht informierten Gesellschafter Wiedereinsetzung in den vorigen Stand gewährt werden (*BGH*, ZIP 2008, 942). Zur Streithilfe im Übrigen vgl. Rn. 38 ff.

237 *dd) Beklagte.* Die Klage ist analog § 246 II 2 AktG analog **gegen die GmbH** zu richten. Erhebt der einzige Geschäftsführer die Klage und gibt es keinen Aufsichtsrat, ist hilfsweise ein Notgeschäftsführer (§ 29 BGB entsprechend) oder ein Prozesspfleger (§ 57 ZPO) zu bestellen, sofern sich die Gesellschafter nicht gem. § 46 Nr. 8 GmbHG um einen Prozessvertreter kümmern (dazu Rn. 224). Ist die Wirksamkeit der Bestellung oder Abberufung des Geschäftsführers im Streit, vertritt derjenige die GmbH, der bei **Obsiegen** der GmbH als ihr Geschäftsführer anzusehen wäre.

238 *ee) Anfechtungsgründe. (1) Grundsatz.* Für die Anfechtungsgründe gelten die Ausführungen zu § 243 I AktG (Rn. 180 ff.) entsprechend; auch § 244 AktG (Rn. 185) gilt entsprechend. Nach Ansicht des BGH kann ein Gesellschafterbeschluss im GmbH-Recht außerdem mit der Begründung angefochten werden, dass er gegen eine **schuldrechtliche Nebenvereinbarung** (Rn. 17) verstößt (*BGH*, NJW 1987, 1890; *BGH*, NJW 1983, 1910). Umgekehrt kann die Anfechtung ausgeschlossen sein, wenn der angegriffene Beschluss im Einklang mit einer schuldrechtlichen Nebenvereinbarung steht (*BGH*, NZG 2010, 988).

239 *(2) Sonderfall: Fehlende Zustimmung des Gesellschafters (Unwirksamkeit).* Ein **besonderer Fehler** ist (auch) im GmbH-Recht (vgl. Rn. 184 zum AktG bzw. Rn. 106 zu den Personengesellschaften) die **fehlende Zustimmung** eines Gesellschafters, zB zu einer den Gesellschaftern nach dem Gesellschaftsvertrag nicht obliegenden Leistung, vgl. § 53 III GmbHG (Bork/Schäfer/*Casper*, GmbHG, § 47 Rn. 64; *Wicke*, GmbHG, Anh. § 47 Rn. 3; Baumbach/Hueck/*Zöllner*, GmbHG, Anh. § 47 Rn. 20 ff.), beim Entzug von Sonderrechten oder dem Eingriff in elementare Mitgliedschaftsrechte.

240 Fehlt es an einer notwendigen Zustimmung, ist ein Beschluss **schwebend unwirksam** (Bork/Schäfer/*Casper*, GmbHG, § 47 Rn. 764 mwN). Die fehlende Zustimmung kann jederzeit – auch nachdem der Beschluss bestandskräftig geworden ist – vom Betroffenen in seinem Verhältnis zur Gesellschaft geltend gemacht werden, auch mit der Feststellungsklage nach § 256 ZPO, nicht durch eine Klage entsprechend §§ 241, 249 AktG (*Wicke*, GmbHG, Anh. § 47 Rn. 3). Während der Schwebezeit ist der Beschluss für die Gesellschafter vorbehaltlich eines zu fassenden Aufhebungsbeschlusses wirksam. Der schwebende Beschluss bindet nicht den Betroffenen, idR aber die Zustimmenden (siehe Rn. 113 zum Personengesellschaftrecht).

241 *ff) Vergleich und Anerkenntnis.* Streitgegenstand ist eine **Entscheidung der Gesellschafter.** Die verklagte Gesellschaft ist daher **nicht** befugt, diese durch Anerkenntnis (*OLG München*, NJW-RR 1997, 988, 989; aA *KG*, MDR 2000, 594; *Lutz*, Gesellschafterstreit, Rn. 688 mwN; offen gelassen von *BGH*, NJW-RR 1993, 1253, 1254; *OLG Jena*, NZG 2006, 467, 468) oder im Rahmen eines Vergleichs (dazu bereits Rn. 41 ff.) zu vernichten. Die Gesellschaft kann über den Streitgegenstand **nicht verfügen.** Entscheidungen über den Beschluss müssen die Gesellschafter fassen. Sie können die Gesellschaft durch Beschluss anweisen, in bestimmter Weise zu verfahren, oder ermächtigten, eigenständig zu entscheiden. Ein Vergleich hat außerdem nicht die Wirkungen des § 248 AktG.

242 *gg) Zuständigkeit.* Für die sachliche Zuständigkeit gilt § 246 III 1 AktG analog (*BGH*, NJW 1996, 1753). Die örtliche Zuständigkeit bestimmt § 17 ZPO (dazu Rn. 34 ff.). Mehrere Anfechtungsklagen sind entsprechend § 246 III 3 AktG, 47 WEG miteinander zu verbinden.

243 *hh) Urteil.* Die Urteilsformel zur Hauptsache lautet entsprechend § 241 Nr. 5 AktG auf **Nichtigkeitserklärung.** Beispiel: „Der auf der Gesellschafterversammlung vom … der … [Firma der GmbH] zum Tagesordnungspunkt … gefasste Beschluss, … [genauer Inhalt], wird für nichtig erklärt". § 248 I 2 AktG gilt entsprechend. Der auf Feststellung der Nichtigkeit gerichtete Klagantrag kann als Antrag

ausgelegt werden, den Beschluss für nichtig zu erklären (*BGH*, NJW 1992, 892, 895). Das Urteil, das die Klage abweist, wirkt nur unter den Parteien.

c) **Nichtigkeitsklagen.** Jeder Gesellschafter, auch derjenige, der erst **nach** Beschlussfassung beigetreten ist (*OLG Stuttgart,* NZG 2001, 277), jeder Geschäftsführer (Bork/Schäfer/*Casper*, GmbHG, § 47 Rn. 69) oder das Mitglied eines ggf. bestellten Aufsichtsrats (BGH, NJW 1984, 733, 734; BGH, NJW 1966, 1458, 1459) kann grundsätzlich ohne Bindung an eine Frist (ggf. ist nach § 242 BGB im Einzelfall Verwirkung zu prüfen) entsprechend § 249 I 1 AktG durch das Gericht die **Nichtigkeit** eines Beschlusses **feststellen** lassen. Ein etwaiger Verzicht des Rechtsvorgängers des Geschäftsanteils auf die Anfechtung eines Beschlusses steht nicht entgegen (*OLG Schleswig,* NZG 2000, 895). Dritte können bei einem Feststellungsinteresse die Nichtigkeit eines Beschlusses durch Feststellungsklage gem. § 256 ZPO geltend machen. Soweit § 249 AktG entsprechend anwendbar ist, ist die auf Feststellung der Nichtigkeit gerichtete allgemeine Feststellungsklage nach § 256 I ZPO unzulässig (*OLG Koblenz,* NZG 2006, 270). Zu verklagen ist die GmbH (*OLG Hamburg,* GmbHR 1995, 734). Die Nichtigkeitsklage verfolgt das gleiche Rechtsschutzziel wie die Anfechtungsklage. Wie im Aktienrecht besteht eine **Identität des Streitgegenstands** (*BGH*, NJW 1997, 1510). 244

Beschlüsse der Gesellschafterversammlung sind unter den **Voraussetzungen** der §§ 241 f., 249 AktG nichtig (*BGH*, NJW 1997, 1510; Bork/Schäfer/*Casper,* GmbHG, § 47 Rn. 66). Der Beschluss der Gesellschafterversammlung ist vor allem **entsprechend § 241 AktG** nichtig (dazu Rn. 198 ff.), ferner analog §§ 250, 253, 256 AktG und nach §§ 57 j 2, 57 II 3 und 4 GmbHG. Ein Verstoß gegen § 138 I BGB macht einen Gesellschafterbeschluss nicht ohne weiteres nichtig. Beschlüsse, die nicht nach ihrem Inhalt, sondern nach Beweggrund, Zweck oder der Art ihres Zustandekommens die Voraussetzungen des § 138 I BGB erfüllen, sind **grundsätzlich nur anfechtbar** (*BGH*, NJW 1992, 892, 895; s. a. Rn. 198). Ein Beschluss ist zB nichtig, wenn die Gesellschafterversammlung von einem Gesellschafter einberufen worden ist, der dazu nicht nach § 50 I und III GmbHG befugt war (*BGH*, NJW 1983, 1677); § 242 II AktG ist entsprechend anwendbar (*BGH*, NZG 2000, 1027; Bork/Schäfer/*Casper,* GmbHG, § 47 Rn. 70 mwN). 245

Die Urteilsformel zur Hauptsache lautet auf **Feststellung der Nichtigkeit.** Beispiel: „Es wird festgestellt, dass der auf der Gesellschafterversammlung vom ... der A-GmbH zum Tagesordnungspunkt ... gefasste Beschluss, ... [genauer Inhalt], nichtig ist". 246

d) **(Beschluss-)Feststellungsklagen.** Die Feststellung eines Beschlussergebnisses erfordert ein förmliches Festhalten desselben, durch das die Unsicherheit darüber beseitigt werden soll, ob ein wirksamer Beschluss gefasst wurde. Erfüllt ist diese Voraussetzung stets, wenn ein Versammlungsleiter diese Feststellung trifft (*BGH*, NJW-RR 2008, 706, 708; *BGH*, NJW 1989, 2697). Ein förmliches Feststellen ist aber auch auf andere Weise möglich, zB durch eine Versammlungsniederschrift, soweit nur das Ziel, Unsicherheit über die Fassung eines Beschlusses zu beseitigen, erreicht wird. Ist ein Beschlussergebnis vom Versammlungsleiter **festgestellt worden**, kommt eine allgemeine Feststellungsklage **an Stelle oder neben** der Anfechtungsklage hingegen nicht in Betracht (*BGH*, NJW 2003, 470). 247

Fehlt es an einem **festgestellten Gesellschafterbeschluss**, kann bei einem ausreichenden Interesse (§ 256 I ZPO) ein GmbH-Gesellschafter die nicht fristgebundene, nur der Verwirkung (§ 242 BGB) unterliegende Feststellungsklage erheben, dass und welcher Beschluss mit welchem Inhalt gefasst wurde (*BGH*, NJW-RR 2010, 49; *BGH*, NJW-RR 2008, 706, 708; *BGH*, NJW 1999, 2268; siehe bereits Rn. 230 und Rn. 232). Der Gesellschafter muss gegen die GmbH klagen (*OLG Hamburg*, GmbHR 1992, 43). Die Feststellung kann nur getroffen werden, wenn die Gesellschafter **abgestimmt** haben. Der Tenor kann lauten:„Es wird festgestellt, dass der auf der Gesellschafterversammlung vom ... der A-GmbH zum Tagesordnungspunkt ... folgender Beschluss gefasst wurde: ... [genauer Inhalt]". Ein Gesellschafter kann gegen die Gesellschaft auch auf Feststellung klagen, dass ein Beschluss **abweichend** von der Feststellung mit einem bestimmten Inhalt (nicht) gefasst wurde (*BGH*, NJW-RR 2010, 49, 50). Eine solche Klage kann auch die Gesellschaft – diese gegen den einen abweichenden Inhalt behauptenden Gesellschafter – erheben (*OLG Zweibrücken,* GmbHR 1999, 79). Dieser Tenor kann lauten: „Es wird festgestellt, dass auf der Gesellschafterversammlung vom ... der A-GmbH zum Tagesordnungspunkt ... folgender Beschluss [nicht] gefasst wurde: ... [genauer Inhalt]". 248

Eine Anfechtungsklage gegen einen Negativbeschluss kann mit einer Beschlussfeststellungsklage **verbunden** werden. Bedenken gegen die Verbindung beider Klagen bestehen nur insofern, als der gerichtlich festzustellende Beschluss selbst wieder an einem Gesetz- oder Satzungsverstoß leiden oder missbräuchlich sein kann und deshalb von anderen Gesellschaftern angefochten worden wäre, wenn der Versammlungsleiter nicht festgestellt hätte, dass mit ihren Stimmen der Antrag abgelehnt worden sei. Um dem **Rechnung zu tragen**, müssen die betroffenen Mitgesellschafter von der Klageerhebung in Kenntnis gesetzt werden und auf diese Weise Gelegenheit erhalten, als Nebenintervenienten auf Seiten der verklagten Gesellschaft Mängel des Beschlusses, dessen Feststellung der Kläger wünscht, einredeweise geltend zu machen (*BGH*, NJW 1986, 2051). 249

Nach § 246 III 1 AktG analog ist für die Beschlussfeststellungsklage das LG am **Sitz der Gesellschaft** zuständig. Die Rechtskraft des in einem Rechtsstreit zwischen Gesellschaftern einer GmbH ergangenen 250

Feststellungsurteils über die Auslegung der Satzung im Sinne eines darüber gefassten Gesellschafterbeschlusses erstreckt sich nicht auf das Verhältnis zwischen ihnen und der GmbH (*BGH*, NJW-RR 2003, 826, 828).

251 e) **Anfechtungs- und Beschlussfeststellungsklagen.** Ein Gesellschafter kann eine Anfechtungs- und Beschlussfeststellungsklage erheben (*BGH*, NJW 1986, 2051). Diese Klage hat **zwei Feststellungen** zum Ziel: die Erklärung der Nichtigkeit eines Beschlusses und die Feststellung, dass ein beantragter Beschluss gefasst wurde (*BGH*, NJW-RR 2010, 49, 50).

252 f) **Spezielle Anfechtungs- und Nichtigkeitsklagen.** Das AktG kennt eine Reihe von besonderen Anfechtungs- und Nichtigkeitsklagen (Rn. 191 und Rn. 201). Für das GmbHG gelten diese **entsprechend** (Baumbach/Hueck/*Zöllner*, GmbHG, Anh. § 47 Rn. 61 ff.).

253 g) **Nichtigkeitsklagen nach § 75 I GmbHG.** Enthält der Gesellschaftsvertrag keine Bestimmungen über die Höhe des Stammkapitals oder über den Gegenstand des Unternehmens oder sind die Bestimmungen des Gesellschaftsvertrags über den Gegenstand des Unternehmens nichtig, kann nach § 75 I GmbHG im Wege der Klage beantragt werden, die **Gesellschaft für nichtig** zu erklären. Auf diese Feststellung können die Gesellschafter, aktuelle Geschäftsführer und, wenn ein Aufsichtsrat bestellt ist, jedes Mitglied des Aufsichtsrats klagen; ein Liquidator steht einem Geschäftsführer gleich. Mehrere Klagen sind zu einem einheitlichen Verfahren zu verbinden (§ 75 II GmbHG, §§ 246 III 3, 249 II AktG). Klagegegnerin ist die Gesellschaft. Die GmbH wird vom Geschäftsführer und – wenn ein Aufsichtsrat besteht – von den Aufsichtsratsmitgliedern vertreten, § 75 II GmbHG, § 246 II 2 AktG. Wenn die Klage durch einen Geschäftsführer erhoben wird und ein Aufsichtsrat vorhanden ist, vertritt der Aufsichtsrat, sofern die Klage durch ein Aufsichtsratsmitglied erhoben wird, der Geschäftsführer.

7. Gesellschafterausschluss

254 a) **Ausschlussklage.** Kläger der seltenen, im Gesetz nicht vorgesehenen, aber allgemein anerkannten (*Schwab*, das Prozessrecht gesellschaftsinterner Streitigkeiten, § 3 A.) Ausschlussklage (siehe auch Rn. 119 zu dem Personenhandelsgesellschaften) ist die Gesellschaft (*BGH*, NJW 1953, 780, 783), vertreten durch ihren Geschäftsführer oder einen nach § 46 Nr. 8 GmbHG von den Gesellschaftern bestimmten besonderen Vertreter. Beklagter ist der auszuschließende Gesellschafter. In der Zweipersonengesellschaft kann die Ausschlussklage vom anderen Gesellschafter ohne Beschluss erhoben werden (*OLG Jena*, NZG 2006, 36 mwN; offen gelassen von *BGH*, NJW 1953, 780). Für die Ausschlussklage gibt es ein Rechtsschutzbedürfnis, wenn der Ausschluss nicht bereits – wie häufig – gewillkürte Folge eines Ausschluss-Beschlusses ist (dazu Rn. 256). Die Ausschlussklage hat nur Erfolg, wenn es einen **Gesellschafterbeschluss zum Ausschluss** gibt. Dieser Beschluss ist **besondere Sachurteilsvoraussetzung** der Ausschlussklage (*BGH*, NJW-RR 2003, 470). Für die Bewertung ist der Wert des **betroffenen Geschäftsanteils** heranzuziehen (*BGH*, NZG 2009, 518).

255 Scheidet ein Gesellschafter aus der Gesellschaft aus, hat er grundsätzlich einen Anspruch auf **Abfindung in Höhe des Verkehrswerts seines Geschäftsanteils** (*BGH*, NJW 2005, 3644, 3646). Die Abfindung ist in der Regel von der Gesellschaft zu zahlen. Der Anspruch kann **beschränkt** werden, soweit dadurch nicht von vornherein ein grobes Missverhältnis zu dem wahren Wert der Gesellschaftsbeteiligung entsteht. Dabei sind das Interesse der verbleibenden Gesellschafter an dem Fortbestand des Gesellschaftsunternehmens und das Interesse des ausscheidenden Gesellschafters an einer angemessenen wirtschaftlichen Verwertung seiner Beteiligung gegeneinander abzuwägen. Das **Ausschlussurteil** muss den Ausschluss unter der aufschiebenden Bedingung der Zahlung der Abfindung, deren Höhe festzusetzen ist, binnen angemessener Frist anordnen. Tenor: „Der Beklagte wird aus der im Handelsregister des … [Name] unter HRB … [Nummer] eingetragenen … [Name] unter der Bedingung ausgeschlossen, dass die Klägerin innerhalb eines Zeitraumes von höchstens sechs Monaten ab Rechtskraft dieser Entscheidung an den Beklagten … EUR bezahlt. Unter dieser Bedingung wird die Klägerin für befugt erklärt, nach ihrer Wahl die Einziehung oder die Abtretung des Geschäftsanteils des Beklagten an sich, einen Mitgesellschafter oder einen Dritten herbeizuführen" (nach *Mes/Rück* II. K. 15).

256 b) **Ausschlussbeschluss.** Der Gesellschaftsvertrag kann vorsehen, dass ein Gesellschafter seine Gesellschafterstellung mit einem Ausschlussbeschluss verliert (*BGH*, NJW 2011, 2648, 2649; *BGH*, BeckRS 2011, 13984). Dieser Beschluss wird mit Zugang der darauf gegründeten Ausschließungserklärung dem auszuschließenden Gesellschafter gegenüber wirksam (*BGH*, NJW 2011, 2648, 2649 m. w. N.). Wendet sich der Auszuschließende gegen diesen Beschluss, muss er einen Anfechtungs-/Nichtigkeitsprozess führen (*BGH*, NJW 2003, 2314). Hält der betroffene Gesellschafter den Beschluss für nichtig, kann er das mit einer gegen seine Mitgesellschafter zu richtenden Feststellungsklage geltend machen (*BGH*, NJW 2011, 2648, 2649; *BGH*, NJW 2003, 2314). Für diese Klage kann im Gesellschaftsvertrag eine Frist bestimmt werden (*BGH*, NJW 2011, 2648, 2649 m. w. N.). Im Anfechtungs-/Nichtigkeitsprozess ist zu klären, ob der Beschluss ordnungsgemäß zustande kam. Ob ein Ausschließungsgrund vorliegt, ist hingegen in einem Ausschließungsprozess zu klären. Der Anfechtungsprozess ist gegenüber dem Ausschließungsprozess vorgreiflich (*BGH*, NJW 2003, 2314).

c) **Rechtsfolgen.** Wirksam wird der Ausschluss mit **Zahlung der Abfindung** (*BGH*, NJW 1953, 780). Wenn zum Zeitpunkt der Beschlussfassung **feststeht**, dass die Abfindung nicht aufgebracht werden kann, ohne dass eine Unterdeckung oder sogar eine Überschuldung herbeigeführt werden (§ 30 I 1 GmbHG), ist der **Ausschlussbeschluss** – bringen nicht die Mitgesellschafter die notwendigen Mittel auf – **nichtig** (*BGH*, NJW-RR 2011, 2294; *BGH*, NJW-RR 2009, 464); das gilt auch, wenn von der Möglichkeit der Einziehung aus **wichtigem Grund** Gebrauch gemacht wird (*BGH*, NJW 2000, 2819). Der Gesellschaftsvertrag kann allerdings anordnen, dass der Ausgeschlossene seine Gesellschafterstellung mit **sofortiger Wirkung** – also auch schon vor Zahlung seiner Abfindung – verliert (*BGH*, NJW-RR 2011, 2294; *BGH*, NJW-RR 2009, 464). Mit dem Ausschluss ist der Geschäftsanteil des Ausgeschlossenen „trägerlos"; er muss daher „verwertet" werden (*BGH*, NJW 2010, 1206). 257

8. Auskunftsklagen

Der Gesellschafter einer GmbH hat nach § 51 a GmbHG einen Anspruch auf Auskunft. Erfüllt die Gesellschaft diesen Anspruch nicht, kann der Gesellschafter vor dem sachlich und örtlich ausschließlich zuständigen Landgericht, in dessen Bezirk die Gesellschaft ihren Sitz hat, klagen. Für die gerichtliche Entscheidung über ein Auskunfts- und Einsichtsrecht findet § 132 I, III bis V AktG entsprechende Anwendung, § 51 b 1 GmbHG (s. Rn. 207). **Antragsberechtigt** ist jeder Gesellschafter, dem die verlangte Auskunft nicht gegeben oder die verlangte Einsicht nicht gestattet worden ist, § 51 b 2 GmbHG. Funktionell zuständig ist die Kammer für Handelssachen. Die Entscheidung ergeht als **Beschluss**, § 99 III 1 AktG. Die Beschwerde findet nur statt, wenn das LG sie in der Entscheidung für zulässig erklärt, §§ 51 b 1 GmbHG, 132 III 2 AktG; § 70 II FamFG ist entsprechend anzuwenden. Die Zwangsvollstreckung findet nach der ZPO statt, §§ 51 b 1 GmbHG, 132 IV 2 AktG. Für die Kosten gilt die Kostenordnung, §§ 51 b 1 GmbHG, 132 V AktG. 258

X. Klagen im Zusammenhang mit einer Publikumsgesellschaft

1. Allgemeines

Publikumsgesellschaften sind Gesellschaften, die auf den Beitritt zahlreicher Kapitalanleger **angelegt** sind. In der Praxis treten sie idR als KG oder GmbH & Co. KG, Außen-GbR oder als stille Gesellschaft (*BGH*, NJW 2001, 1270) auf; vorstellbar sind aber auch die Organisationsformen AG, GmbH oder KGaA (*Schiefer*, DStR 1997, 119). Auch wenn die Publikumsgesellschaft als Personengesellschaft organisiert ist, wendet die Rechtsprechung weithin nicht die Regeln des Personengesellschaftsrechts an, sondern ersetzt sie durch **kapitalgesellschaftsrechtliche Prinzipien** (*BGH*, NJW 2011, 921, 923; *BGH*, NJW 2003, 2676), zB bei einer Liquidation. Eine Übertragung scheidet hingegen aus, wenn die konkrete Ausgestaltung des zu beurteilenden Gesellschaftsverhältnisses dem entgegensteht (*BGH*, NJW 2011, 921, 923). Bei Publikumsgesellschaften machen die Gesellschafter in der Regel im Übrigen zulässiger Weise (*BGH*, NJW 2003, 1729; *BGH*, NJW 1995, 1218) von ihrem Gestaltungsrecht Gebrauch, abweichend von den personengesellschaftsrechtlichen Regeln in mehr oder weniger weitem Umfang das kapitalgesellschaftsrechtliche System **ausdrücklich** zu vereinbaren. 259

a) **Publikums-GbR.** Geht es um einen Gesellschaftsrechtsstreit im Zusammenhang mit einer Publikums-GbR, geht es idR zurzeit um einen „geschlossenen Immobilienfonds" oder ein „Bauherrenmodell". 260

b) **Publikums-KG.** Bei der Publikums-KG ist idR, aber natürlich nicht zwingend eine GmbH Komplementär. Organe der Publikums-KG sind daneben häufig die Gesellschafter- bzw. Kommanditisten-Versammlung und ein Aufsichtsrat, Beirat, Verwaltungsrat oder Kommanditisten-Ausschuss zur Überwachung der Geschäftsführung. 261

c) **Stille Publikumsgesellschaft.** Von einer stillen Publikumsgesellschaft spricht man, wenn sich eine Vielzahl stiller Gesellschafter auf der Grundlage mehrerer selbstständiger, voneinander unabhängiger, aber gleich lautender Beteiligungsverträge oder aufgrund eines einheitlichen Gesellschaftsvertrages am Handelsgewerbe des Inhabers beteiligen (*Berninger*, DStR 2010, 2359, 2361; s. a. *BGH*, NJW 1998, 1946; *BGH*, NJW 1994, 1156). 262

2. Besonderheiten

Im Grunde gelten für Publikumsgesellschaften die Regeln, denen sie als besondere Gesellschaftsform unterliegen, zB die Regeln der Außen-GbR. 263

a) **Vertretung.** Bei Publikumsgesellschaft ist die Vertretung der Gesellschaft allerdings häufig besonders geregelt. Eine Außen-GbR wird idR zB nicht nach §§ 709, 714 BGB, sondern durch einen Geschäftsführer oder Geschäftsbesorger vertreten. Bei einer Publikums-KG findet sich häufig ein **„geschäftsführender Kommanditist"** (Rn. 138), meist eine Person aus dem Lager der Initiatoren. 264

265 b) **Gesellschafterbeschlüsse.** In Publikumsgesellschaften gilt – ist nicht wie meist anderes vereinbart und es handelt sich um keine Körperschaft – das Einstimmigkeitsprinzip (zweifelnd *BGH*, NJW 1978, 1382; allgemein vgl. Rn. 108). Für den Angriff gegen Gesellschafterbeschlüsse (allgemein Rn. 20 ff.) ist häufig abweichend vom Regelfall eine Klagefrist vereinbart bzw. im Gesellschaftsvertrag ist zulässiger Weise das kapitalgesellschaftsrechtliche Beschlussmängelrecht teilweise adaptiert worden (dazu *BGH*, NJW 2010, 65, 66 – Sanieren oder Ausscheiden; Rn. 105). Fehlt es hieran, ist aber auch nicht im Interesse der Aufrechterhaltung der Funktionsfähigkeit der Gesellschaft eine Korrektur der gesellschaftsvertraglichen Wertung durch die Einführung einer Klagefrist bei Gesellschafterbeschlüssen erforderlich (*BGH*, NJW 1999, 3113, 3114).

266 c) **Auslegung des Gesellschaftsvertrages.** Der Gesellschaftsvertrag der Publikumsgesellschaft ist objektiv auszulegen (Rn. 15).

267 d) **Beklagte.** Für den „Angriff" gegen Beschlüsse gilt das „Regime", dem die Gesellschaft unterliegt. Zu den Personengesellschaften vgl. Rn. 98. Die Streitigkeit, ob jemand **Mitglied** der Publikumsgesellschaft ist oder nicht, ist – handelt es sich bei der Publikumsgesellschaft um eine Personengesellschaft – **zwischen den Gesellschaftern** und nicht mit der Gesellschaft auszutragen (*BGH*, NJW 2006, 2854, 2855; *BGH*, NZG 2003, 525; vgl. bereits Rn. 116 ff.). Von dieser Regel kann im **Gesellschaftsvertrag abgewichen** werden (*OLG Rostock*, NZG 2009, 705). Es kann bestimmt werden, dass Streitigkeiten der Gesellschafter über die Frage, ob jemand Mitglied der Gesellschaft ist oder nicht, mit der Gesellschaft selbst und nicht unter den Gesellschaftern ausgetragen werden (*BGH*, NJW 2006, 2854, 2855; *BGH*, NZG 2003, 525); ob dies der Fall ist, ist auf Grund objektiver (Rn. 15) **Auslegung** des Gesellschaftsvertrags zu ermitteln (s. a. *OLG Rostock*, NZG 2009, 705).

268 e) **Klagefrist.** Bei einer Publikumsgesellschaft unterliegt die Geltendmachung der Unwirksamkeit von Gesellschafterbeschlüssen durch Feststellungsklage (§ 256 I ZPO) grundsätzlich ohne eine dahingehende Bestimmung im Gesellschaftsvertrag **keiner Klagefrist**, sondern nur der Verwirkung (*BGH*, NJW 1999, 3113).

XI. Eilverfahren

1. Allgemeines

269 Begleitend zum Gesellschaftsprozess oder diesen vorbereitend kann nach den Bestimmungen der §§ 935, 940 ZPO auf Antrag des Verbandsmitglieds eine einstweilige Verfügung erlassen werden. Da eine einstweilige Verfügung im Gesellschaftsrecht auf das Spannungsverhältnis von Individual- und Institutionenschutz trifft, sollen die Zulässigkeitsschranken und Grenzen des einstweiligen Rechtsschutzes besonderes Gewicht besitzen (MünchKommZPO/*Drescher*, ZPO, § 935 Rn. 63). Eine einstweilige Verfügung ist meist **Regelungsverfügung**, kann aber auch im Einzelfall Sicherungs- oder Leistungsverfügung sein – dann ist immer besonders sorgfältig darauf zu achten, ob die Hauptsache unzulässig vorweggenommen wird. Soweit das Freigabeverfahren reicht (dazu Rn. 208), schließt es den Erlass einer Einstweiligen Verfügung aus (Baumbach/Hueck/*Zöllner*, GmbHG, Anh. § 47 Rn. 205). Wie stets, bedarf es für den Erlass einer einstweiligen Verfügung eines **Verfügungsanspruches** (Rn. 270) und eines **Verfügungsgrundes** (Rn. 273).

2. Verfügungsanspruch

270 Auch im Gesellschaftsprozess muss der Kläger einen Verfügungsanspruch schlüssig darlegen und glaubhaft machen (§ 294 ZPO). Die **Sicherungsverfügung** nach § 935 ZPO bezweckt, einen Anspruch auf eine gegenständliche Leistung zu sichern. Beispiele sind:
- die Herausgabe von Sachen an einen Dritten, etwa wegen Verwaltungsunterlagen des Verbandes;
- ein Duldungsanspruch, etwa das Betreten der Geschäftsräume;
- der Anspruch auf Abgabe einer Willenserklärung.

271 Eine Regelungsverfügung nach §§ 935, 940 ZPO bezweckt, eine Rechtsfrage vorläufig zu regeln. Ob es für dieses Interesse eines das Interesse begleitenden Anspruches bedarf, ist streitig. Jedenfalls ist zu fordern, dass aus dem Rechtsverhältnis ein Anspruch erwachsen kann (*OLG Koblenz*, NJW-RR 1986, 1039). Beispiele für regelungsbedürftige Verhältnisse können sein:
- die Frage, wer innerhalb des Verbandes die Geschäfte führen darf;
- wer den Verband vertreten darf;
- welche Räume auf welche Weise genutzt werden dürfen;
- ob eine Versammlung der Verbandsmitglieder durchgeführt werden darf;
- ob ein Verbandsmitglied abstimmen darf;
- ob ein Beschluss durchgeführt werden darf;

272 Eine Leistungsverfügung §§ 935, 940 ZPO analog bezweckt eine Leistung an den Gläubiger und damit eine Vorwegnahme der Hauptsache. Anspruch kann jedes materielle Recht sein. Beispiele sind die die Herausgabe von Sachen an den Verband, Zahlungen oder ein Unterlassungsanspruch, zB die Durch-

setzung eines Wettbewerbsverbots gegen einen Gesellschafter. Zu beachten ist allerdings, dass eine auf Erfüllung gerichtete Leistungsverfügung im einstweiligen Verfügungsverfahren grundsätzlich unzulässig ist. Eine Ausnahme gilt nur dann, wenn der Gläubiger auf eine Leistungsverfügung des betreffenden Inhaltes dringend angewiesen ist, weil sie für ihn existentielle Bedeutung hat (*OLG Hamm*, NJW-RR 1992, 640; *LG Dortmund*, VuR 2008, 431).

3. Verfügungsgrund

Der jeweilige Kläger muss seinen Verfügungsgrund schlüssig **darlegen und glaubhaft** machen. Für die Frage, ob ein Verfügungsgrund schlüssig dargelegt ist, ist zwischen den verschiedenen Arten der einstweiligen Verfügung zu unterscheiden. Bei einer Sicherungsverfügung muss nach objektiver Beurteilung eines verständigen, gewissenhaft prüfenden Menschen zu besorgen sein, dass durch eine Veränderung des bestehenden Zustandes die Verwirklichung des Rechtes einer Partei vereitelt oder wesentlich erschwert werden könnte. Bei einer Regelungsverfügung muss nach objektiver Beurteilung eines verständigen, gewissenhaft prüfenden Menschen eine Regelung, insbesondere bei dauernden Rechtsverhältnissen, zur Abwendung wesentlicher Nachteile oder zur Verhinderung drohender Gewalt oder aus anderen Gründen nötig erscheinen. Eine Leistungsverfügung ist zu erlassen, wenn nach objektiver Beurteilung eines verständigen, gewissenhaft prüfenden Menschen allein eine vorläufige Befriedigung angemessen erscheint, um eine Notlage oder schwere Nachteile abzuwenden. 273

4. Parteien

Kläger kann jeder Gesellschafter, jeder Organwalter und auch der jeweilige Verband sein. Beklagter ist in der Regel der **jeweilige Verband** (*OLG Nürnberg*, GmbHR 1993, 589). Wird die **Beschlussausführung** bekämpft, muss sich der Antrag aber gegen **das Organ** richten, dass den Beschluss von Gesetzes wegen oder aufgrund einer verbandsinternen Bestimmung ausführen soll, zB den Geschäftsführer einer GmbH (*OLG Hamm*, GmbHR 1993, 743, 745). Soll ein Organwalter etwas tun oder unterlassen, ist dieser zu verklagen. 274

5. Typische Gegenstände

a) **Abbestellung eines Amtswalters.** Verbandsmitglieder können einen Amtswalter, zB den konkreten Geschäftsführer, **abbestellen**, zum Teil ohne besondere Gründe (vgl. § 38 I GmbHG), jedenfalls aber aus **wichtigem Grund**. Einstweiliger Rechtsschutz im Zusammenhang mit einer Abbestellung ist sowohl für den Verband als auch für den Amtswalter vorstellbar. Parteien sind grundsätzlich der Verband und der Abbestellte. 275

aa) Rechtsschutz für den Verband. Die Meinungen, welche Maßnahmen zu Gunsten eines Verbandes und gegenüber einem abberufenen Amtswalter als Antragsgegner zulässig sind, **gehen auseinander** (vgl. *Littbarski*, DStR 1994, 906 ff.). Ein Verband sollte dem Abbestellten im Wege der Regelungsverfügung jedenfalls **verbieten lassen können**, bis zum Abschluss der Hauptsache die Geschäfte zu führen und/oder die Gesellschaft zu vertreten (*BGH*, NJW 1983, 938, 939; *OLG Jena*, NZG 1998, 992; *OLG Karlsruhe*, NJW-RR 1993, 1505) oder die Verbandsräume zu betreten. Ferner kann gegen den Amtswalter das Verbot ergehen, Verbandsunterlagen einzusehen, an sich zu nehmen oder das Gebot, Verbandsunterlagen herauszugeben. 276

Ein Verband kann beim Vorliegen eines Verfügungsgrunds auch einem **Scheinorgan**, etwa dem Scheingeschäftsführer, im Wege der einstweiligen Verfügung jedes Tätigwerden untersagen lassen (*OLG Saarbrücken*, GmbHR 2006, 987). Verfügungsanspruch ist die Fehlerhaftigkeit des Beschlusses iVm §§ 1004 I 2, 823 I BGB wegen einer drohenden Verletzung ihres eingerichteten und ausgeübten Gewerbebetriebes durch das angeblich bestellte Organ (siehe auch *Meyer/Karsten*, GWR 2010, 393). 277

Eine **Abbestellung** durch einstweiligen Rechtsschutz ist **nicht vorstellbar**: Die Abberufung selbst kann wegen des Verbots der Vorwegnahme der Hauptsache und in Ermangelung einer Hauptsache kein Gegenstand einer einstweiligen Verfügung nach §§ 935, 940 ZPO sein (aA Bork/Schäfer/*Jacoby*, GmbHG, § 38 Rn. 56; Baumbach/Hueck/*Zöllner/Noack*, GmbHG, § 38 Rn. 75). Es kann aber beantragt werden, dass ein Amtswalter sein Amt ruhen zu lassen hat. 278

bb) Rechtsschutz für den Amtswalter. Dem **Amtswalter** – auch einem „Fremdorgan“, etwa dem Fremdgeschäftsführer – kann durch eine einstweilige Verfügung (Regelungsverfügung) nach §§ 935, 940 ZPO seine **Geschäftsführungs- und Vertretungsbefugnis** bis zur Klärung eines angegriffenen Abberufungsbeschlusses gesichert werden. Ein Verfügungsgrund ist jedoch nur gegeben, wenn dem Amtswalter ohne die beantragte einstweilige Regelung eine schwerwiegende Beeinträchtigung seiner rechtlichen Interessen droht (*OLG München*, NZG 2010, 185). Danach soll es vor allem dem **gleich beteiligten Gesellschafter-Geschäftsführer** in der Zwei-Mann-GmbH sowie dem **Mehrheitsgesellschafter** als Geschäftsführer möglich sein, seine Abberufung überprüfen zu lassen (*OLG Hamm*, NZG 2002, 50, 51). Darüber hinaus sind weitere Sonderfälle denkbar, etwa wenn der treuhänderische Gesellschafter den 279

Treugeber als Geschäftsführer abberuft (*OLG Hamm*, NZG 2002, 50, 51; *OLG Frankfurt/M.*, NJW-RR 1992, 934).

280 *cc) § 84 III 4 AktG.* Wird die Bestellung eines Vorstands widerrufen, ist der Widerruf nach § 84 III 4 AktG **wirksam** und einstweiliger Rechtsschutz **im Prinzip** ausgeschlossen (aA Lutter/Hommelhoff/*Kleindieck,* GmbHG, § 38 Rn. 36). § 84 III 4 AktG gilt dabei nach § 31 MitbestG, § 12 Montan-MitbestG, § 13 Montan-MitbestErgG auch für die **mitbestimmte GmbH**, analog im Fall der Abberufung von **Fremdgeschäftsführern** (*OLG Hamm*, NZG 2002, 50; Bork/Schäfer/*Jacoby,* GmbHG, § 38 Rn. 58) und bei **geschäftsführenden Minderheitsgesellschaftern** (*Werner*, NZG 2006, 761, 762), nicht aber im Fall der zweigliedrigen GmbH (*BGH*, NJW 1983, 938). Der Widerruf ist allerdings unwirksam, wenn es an einer **wirksamen Beschlussfassung** des Aufsichtsrats fehlt (*OLG Köln*, NZG 2008, 635; *OLG Stuttgart*, AG 1985, 193). Fehlt es an einer wirksamen Beschlussfassung, kann deshalb im Wege einstweiliger Verfügung geregelt werden, dass ein Vorstand „als Vorstand" behandelt wird (*Janzen*, NZG 2003, 468, 471) und ihm etwa freier Zugang zu den Geschäftsräumen gewährt wird (*OLG Köln*, NZG 2008, 635). Die Frage, ob ein wichtiger Grund für den Widerruf der Bestellung vorgelegen hat, ist auch dann aber ausschließlich im Hauptsacheverfahren möglich (*Janzen*, NZG 2003, 468, 472).

281 b) **Auskunfts- und Einsichtsrechte.** In einer Auskunftserteilung oder einer Einsichtnahme in die Verbandsakten liegt in der Regel eine **Vorwegnahme der Hauptsache.** Mit der einstweiligen Verfügung soll indes nicht die Verwirklichung eines Rechtes gesichert, sondern dieses Recht (bereits) durchgesetzt werden. Anträge auf Auskunft oder Einsichtnahme sind daher grundsätzlich nicht möglich (*OLG Schleswig*, GRUR-RR 2001, 70; *OLG Hamm*, NJW-RR 1992, 640; *KG*, GRUR 1988, 403; *LG Dortmund*, VuR 2008, 431). Eine Ausnahme ist nur gegeben, wenn die Auskunft/Einsichtnahme für den Antragsteller „lebensnotwendige Bedeutung" hat (*OLG Karlsruhe*, NJW 1984, 1905).

282 c) **Ausschließung eines Verbandsmitglieds.** Ausschließungsmaßnahmen gegen ein Verbandsmitglied (dazu *Kiethe*, NZG 2004, 114) können durch einstweiligen Rechtsschutz **bekämpft**, nicht aber angeordnet werden (*Lutz*, Der Gesellschafterstreit, Rn. 722 und 730; Rn. 294). Dem Verbandsmitglied können bis zum Abschluss der Hauptsache im Wege der einstweiligen Verfügung seine Rechte als Verbandsmitglied **gewahrt** werden, etwa in der Versammlung bis zur Klärung seines Ausschlusses.

283 d) **Aussetzung eines Beschlusses.** Grundsätzlich kann nach heute hM im Rahmen einer einstweiligen Verfügung zwar nicht unter Vorwegnahme der Hauptsache die Nichtigkeit oder Anfechtbarkeit von Beschlüssen der Gesellschafterversammlung geltend gemacht werden (*LG Düsseldorf*, BeckRS 2010, 19218). Jedoch kann die **Ausführung bestimmter** (bereits gefasster) **Beschlüsse** untersagt werden, sofern bei einer summarischen Prüfung der Beschluss als nichtig oder anfechtbar erscheint (Verfügungsanspruch) und auch die übrigen Voraussetzungen einer einstweiligen Verfügung gem. §§ 935, 940 ZPO vorliegen (*OLG München*, NZG 2007, 152; *OLG Saarbrücken*, GmbHR 2006, 987; *OLG Düsseldorf*, NZG 2005, 633; *OLG Hamm*, NJW-RR 2001, 105).

284 Durch eine einstweilige Verfügung können die **Wirkungen eines Beschlusses vorläufig ausgesetzt** werden, wenn durch ihn, würde er vollzogen, wesentliche, nicht mehr korrigierbare Nachteile entstünden (*BVerfG*, NZG 2005, 80; *OLG München*, NZG 2007, 152, 154; *Buchta*, DB 2008, 913, 914). Eine (schlüssige) Anfechtungsklage muss dazu **noch nicht** erhoben sein (aA *Hüffer,* AktG, § 243 Rn. 66). Glaubhaft zu machen ist ggf. aber, dass bei einem bloß anfechtbaren Beschluss **innerhalb der Klagefrist** Anfechtungsklage erhoben ist oder wird (*OLG Hamm*, NJW-RR 2001, 105, 107). Verfügungsgrund ist es, dass durch die Ausführung Nachteile entstehen, die durch eine Folgenbeseitigung nicht adäquat zu beseitigen sind.

285 Der gerichtliche Tenor kann etwa wie folgt lauten: „Der Verfügungsbeklagten wird auf ihre Kosten im Wege der einstweiligen Verfügung bei Vermeidung eines vom Gericht für den Fall der Zuwiderhandlung festzusetzenden Ordnungsgeldes bis zu 250.000,– EUR, ersatzweise Ordnungshaft, oder Ordnungshaft bis zu 6 Monaten zu untersagt, den Beschluss ... [Inhalt] vom ... [Datum] weiter zu vollziehen, solange nicht rechtskräftige Entscheidungen in dem Klageverfahren ... [genaue Nennung] vorliegen. Die Kosten des Verfahrens trägt die Verfügungsbeklagte nach einem hiermit festgesetzten Streitwert von ... EUR."

286 e) **Einziehung eines Geschäftsanteils.** Die Einziehung eines Geschäftsanteils kann durch einstweiligen Rechtsschutz **bekämpft** werden (*LG Essen*, NZG 2010, 867).

287 f) **Einwirkungen auf die Geschäftsführungs- und/oder Vertretungsbefugnis.** Gegenstand einer einstweiligen Verfügung kann der **vollständige oder teilweise Entzug** der **Geschäftsführungs- und/oder Vertretungsbefugnis** sein oder die Aussetzung von Geschäftsführungsmaßnahmen (*BGH*, NJW 1960, 1997; Bork/Schäfer/*Jacoby,* GmbHG, § 38 Rn. 56). Beispielstenor: „Dem Antragsgegner wird bis zur rechtskräftigen Entscheidung über die Klage der Antragsteller gegen den Antragsgegner auf Ausschließung des Antragsgegners aus ... [Name] die Befugnis entzogen, die Geschäfte der ... [Name] zu führen und diese zu vertreten. Geschäftsführungsbefugnis und Vertretungsmacht werden ... [Name] übertragen". **Umgekehrt** kann dem Kläger ermöglicht werden, in die Geschäftsführung einbezogen zu werden. Im

Wege der einstweiligen Verfügung kann dem Kläger **Zugang zu den Verbandsräumen** und/oder **Einsichtnahme in Verbandsunterlagen** ermöglicht werden (Zöller/*Vollkommer,* ZPO, § 940 Rn. 8 Stichwort „Gesellschaftsrecht"). Tenor: „Die Antragsgegnerin wird verpflichtet, dem Antragsteller sämtliche Geschäftsführung- und Vertretungsbefugnisse als ihr Geschäftsführer zu belassen und ihm ungehinderten Zutritt zu den Geschäftsräumen in ... [Ort] zu gewähren, bis im Verfahren ... [Angaben zur Hauptsache] rechtskräftig geklärt ist, ob der Antragsteller als Geschäftsführer der Antragsgegnerin berufen wurde".

g) **Geschäftsführungsmaßnahmen.** Ist glaubhaft gemacht, dass eine Handlungsorganisation gegen die Binnenordnung eine Verbandes verstoßen wird, wenn zB der Vorstand ohne notwendige Beteiligung der Hauptversammlung agieren will, kann die entsprechende Geschäftsführungsmaßnahme **vorläufig unterbunden** werden (dazu Rn. 203 beispielhaft zu AG). 288

h) **Handelsregister.** Eine einstweilige Verfügung kann darauf gerichtet sein, die **Stellung des Eintragungsantrags** zu untersagen oder aber zu verpflichten, einen bereits gestellten **Eintragungsantrag wieder zurückzunehmen** (*BVerfG*, WM 2004, 2354; *OLG München*, NZG 2007, 152, 153; *OLG Saarbrücken*, GmbHR 2006, 987). Verfügungsanspruch ist der Unterlassungsanspruch, einen unwirksamen Beschluss durch Eintragung in das Handelsregister nach außen hin zu vollziehen. Als Verfügungsgrund ist etwa der **besondere persönliche Schaden** glaubhaft zu machen (*Werner*, NZG 2006, 761, 764). 289

i) **Versammlung (Stimmrechtsausübung).** Eine einstweilige Verfügung kann **ausnahmsweise** darauf gerichtet sein, die Abhaltung einer **Versammlung** zu verhindern (*OLG Koblenz*, GmbHR 1991, 21, 22; *OLG Frankfurt/M*, BB 1982, 274; der **Verfügungsanspruch** folgt aus der Pflicht, keinen materiell unwirksamen Beschluss herbeizuführen). In der Regel ist freilich **Rechtsschutz gegen einen Versammlungsbeschluss auf der Vollzugsebene** zu suchen (siehe etwa Lutter/Hommelhoff/*Bayer,* GmbHG, Anh. zu § 47 Rn. 90, 91 zur GmbH). Anderes gilt, wenn **bereits vor** der Versammlung klar ist, dass alle dort getroffenen Maßnahmen rechtswidrig sein werden, bspw. wenn die Versammlung von einem dazu nicht Befugten einberufen wurde oder bei drohender rechtswidriger Abbestellung eines Organs oder drohendem Ausschluss aus einem Verband (str.). 290

Im Einzelfall kann untersagt werden, über einen **Beschlussantrag abzustimmen** (*KG* v. 14. 7. 2011 – 23 W 33/10) oder es können die **Umstände einer Versammlung** geregelt werden, zB Teilnahmerechte Dritter (*Nietsch*, GmbHR 2006, 393) oder die Frage des Versammlungsleiters (*OLG München*, NZG 1999, 407). 291

Nach §§ 935, 940 ZPO sind ferner Einwirkungen auf die **Stimmrechtsausübung** eines Gesellschafters/Mitglieds vorstellbar (*OLG München*, NZG 2007, 152, 153; *OLG Düsseldorf*, NZG 2005, 633; *OLG Zweibrücken*, GmbHR 1998, 373; *OLG Stuttgart*, GmbHR 1997, 312; *OLG Frankfurt/M*, NJW-RR 1992, 934), wenn – was idR nicht der Fall ist – ein Gesellschafter ein bestimmtes Abstimmungsverhalten schuldet, etwa aufgrund eines zulässigen **Stimmbindungsvertrags.** Maßnahmen des einstweiligen Rechtsschutzes, die sich auf das **Abstimmungsverhalten** in einer Gesellschaft beziehen, kommen allerdings nur **unter besonderen Umständen** und strenger Prüfung ihrer Erforderlichkeit in Betracht (*OLG Hamburg*, NJW 1992, 186, 187). Der Erlass einer einstweiligen Verfügung ist nur möglich, wenn anderenfalls **wirksamer Rechtsschutz versagt** bliebe, wobei als Prüfsteine die **besondere Schutzbedürftigkeit** des Antragstellers und die **Eindeutigkeit der Rechtslage** angeführt werden (*OLG München*, NZG 2007, 152, 153; *OLG Düsseldorf*, NZG 2005, 633). **Ergänzend** hat eine Prüfung stattzufinden, ob die begehrte einstweilige Verfügung nicht am **Gebot des geringst möglichen Eingriffs** scheitert (*OLG München*, NZG 2007, 152, 153; *OLG Stuttgart*, GmbHR 1997, 312, 313). Eine einstweilige Verfügung kann auch ergehen, wenn glaubhaft gemacht ist, dass ein vom Stimmrecht Ausgeschlossener in der einberufenen Versammlung ohne gerichtliches Eingreifen **abstimmen** wird und der Versammlungsleiter diese Stimmen berücksichtigen wird. 292

j) **Wettbewerb.** Einem Gesellschafter kann das Unterlassen der Wettbewerbstätigkeit durch einstweilige Verfügung geboten werden (*OLG Zweibrücken*, NJW-RR 1990, 482). 293

6. Keine Gegenstände

Eine einstweilige Verfügung auf **Auflösung eines Verbandes** (MünchKommZPO/*Drescher,* ZPO, § 935 Rn. 65) ist ebenso wie eine, die die Nichtigkeit eines Beschlusses feststellt, **ausgeschlossen**, weil sie die Entscheidung im Ergebnis vorwegnehmen würden und mildere Mittel zur Verfügung stehen. Ein Verbandsmitglied kann im Wege einer einstweiligen Verfügung auch nicht aus einem Verband **ausgeschlossen** werden; auch entsprechende wirkende Verfügungen sind unzulässig (Zöller/*Vollkommer,* ZPO, § 940 Rn. 8 Stichwort „Gesellschaftsrecht"). Zur Auskunft/Einsichtnahme siehe Rn. 281. 294

Gegen Struktur ändernde Beschlüsse, bei denen die Erhebung einer Anfechtungsklage mit der Anordnung einer Registersperre verbunden ist (zB Umwandlungen, § 16 UmwG), **verdrängt** das gesetzliche System von Registersperre und Freigabeverfahren (zB § 16 III UmwG) in seinem Anwendungsbereich das allgemeine einstweilige Verfügungsverfahren; entsprechendes gilt bei § 246 a AktG.

7. Zuständigkeit

295 Für den Erlass einstweiliger Verfügungen ist sachlich und örtlich ausschließlich (§ 802 ZPO) das **Gericht der Hauptsache** zuständig. Die sachliche Zuständigkeit richtet sich nach den üblichen Bestimmungen, wobei §§ 246, 249, 250, 251, 254, 255, 257, 275 AktG, §§ 51, 96 GenG, §§ 61, 76 GmbHG zu berücksichtigen sind.

C. Das familiengerichtliche Verfahren

C. I. Tätigkeitsfeld des Familienrichters

Dr. Rainer Ziegler

Übersicht

Literatur: *Baumbach/Lauterbach/Albers/Hartmann,* Zivilprozessordnung, Kommentar, 69. Aufl. 2011; *Eckebrecht/Große-Boymann/Gutjahr,* Verfahrenshandbuch Familiensachen, 2. Aufl. 2010; *Garbe* (Hrsg.), Verfahren in Familiensachen 2. Aufl. 2009; *Gießler/Soyka,* Vorläufiger Rechtsschutz in Ehe-, Familien- und Kindschaftssachen, 5. Aufl. 2010; *Johannsen/Henrich/Bearbeiter,* Eherecht, Kommentar, 5. Aufl. 2010; *Haußleiter,* FamFG, 2011; *Keidel/Kuntze/Winkler,* FamFG, Kommentar, 16. Aufl. 2009; *MünchKomm/Bearbeiter,* BGB, 5. Aufl.; *Musielak/Borth,* FamFG, 2. Aufl. 2011; *Palandt/Bearbeiter,* BGB, 70. Aufl. 2011; *Prütting/Helms,* FamFG, 1. Aufl. 2009, *Rahm/Künkel/Bearbeiter,* Handbuch des Familiengerichtsverfahrens, Loseblatt; *Rauscher/Wax/Wenzel* (Hrsg.), Münchener Kommentar zur ZPO, Band 4: FamFG, 1. Aufl. 2010; *Schneider/Herget,* Streitwert-Kommentar, 12. Aufl. 2007; *Schwab* (Hrsg.), Handbuch des Scheidungsrechts, 6. Aufl. 2010; *Thomas/Putzo,* Zivilprozessordnung, 32. Aufl. 2011; *Zöller/Bearbeiter,* Kommentar zur Zivilprozessordnung, 28. Aufl. 2010.

I. Zur Tätigkeit des Familienrichters

Die Familiengerichte sind nach der Legaldefinition des § 23b I 1 GVG bei dem Amtsgericht zu bildende „Abteilungen für Familiensachen". **§ 23b GVG** enthält eine gesetzlich vorgeschriebene und damit der Regelungsbefugnis des Präsidiums entzogene zwingende gerichtsinterne Zuweisung aller Familiensachen an diese Abteilungen (*BGH,* FamRZ 1978, 582, 583). Das Gesetz bezeichnet den Richter, dem durch das Präsidium eine Abteilung für Familiensachen zugewiesen worden ist, als „Familienrichter" (§ 23b III 1 GVG). Gemäß § 23b III 2 GVG darf ein Richter auf Probe im ersten Jahr nach seiner Ernennung die Geschäfte eines Familienrichters nicht wahrnehmen (zur Diskussion des Richters auf Probe als Familienrichter vgl. *Schnitzler,* FamRZ 1992, 507 ff. mwN; *Kleins,* FamRZ 1992, 1390 f.). 1

Die enge Verknüpfung der Materie „Familienrecht" mit dem täglichen Leben und den sich stets wandelnden Verhältnissen bringt es mit sich, dass der Gesetzgeber immer wieder Anpassungen vornimmt oder in Teilbereichen **neue gesetzliche Grundlagen** schafft. So hat er zum 1. 1. 2008 durch das **Unterhaltsrechtsänderungsgesetz** (vom 21. 12. 2007, BGBl. I 3189) das bisherige materielle Unterhaltsrecht wesentlich geändert, indem er neben einem generellen Vorrang minderjähriger, unverheirateter Kinder vor anderen Unterhaltsberechtigten insbesondere eine Stärkung der nachehelichen Eigenverantwortung geschiedener Ehegatten statuiert hat. Am **1. 9. 2009** sind darüber hinaus mehrere Reformgesetze in Kraft getreten, welche zu einer Vielzahl prozessualer und materiellrechtlicher Änderungen im familiengerichtlichen Verfahren geführt haben. Durch das **Gesetz zur Reform des Verfahrens in Familiensachen und in den Angelegenheiten der freiwilligen Gerichtsbarkeit** (FGG-RG vom 17. 12. 2008, BGBl. I 2586) wurde – bei Aufhebung des bisherigen 6. Buches der ZPO und des FGG – eine **grundlegend neue Verfahrensordnung für das familiengerichtliche Verfahren** geschaffen. 2

Mit den gesetzlichen Neuregelungen hat der Gesetzgeber insbesondere das gerichtliche Verfahren in Familiensachen vollständig neu geregelt. Gleichwohl hat er in der **Übergangsvorschrift des Art. 111 I 1** 3

FGG-RG bestimmt, dass auf Verfahren, die bis zum Inkrafttreten des FGG-RG eingeleitet worden sind oder deren Einleitung bis zum Inkrafttreten dieses Gesetzes beantragt wurde, weiter die vor Inkrafttreten des FGG-RG geltenden Vorschriften anzuwenden sind. Dies gilt nach S. 2 auch für Abänderungs-, Verlängerungs- und Aufhebungsverfahren, sofern sie vor diesem Zeitpunkt eingeleiten worden sind oder ihre Einleitung beantragt worden ist. Zu beachten ist, dass nach Art. 111 II FGG-RG jedes Verfahren, das mit einer Endentscheidung (vgl. Rn. 59) abgeschlossen wird, als selbständiges Verfahren im Sinne des Art. 111 FGG-RG anzusehen ist. Dieser Grundsatz ist aber von zahlreichen Ausnahmen durchbrochen. So ist das ab dem 1. 9. 2009 geltende Verfahrensrecht auch auf zuvor eingeleitete Verfahren anzuwenden

- wenn das Verfahren am 1. 9. 2009 ausgesetzt war oder danach ausgesetzt worden ist oder das Ruhen am 1. 9. 2009 angeordnet war oder danach angeordnet worden ist
- das Verfahren den Versorgungsausgleich betrifft und bis 31. 8. 2010 im ersten Rechtszug noch keine Endentscheidung erlassen wurde, sowie auf die mit solchen Verfahren im Verbund stehenden Scheidungs- und Folgesachen.

4 Daneben traten zum 1. 9. 2009 das Gesetz zur **Änderung des Zugewinnausgleichs- und Vormundschaftsrechts** (vom 6. 7. 2009, BGBl. I 1696) und das Gesetz zur **Strukturreform des Versorgungsausgleichs** (vom 3. 4. 2009, BGBl. I 700) in Kraft.

5 Nachdem aufgrund der Übergangsvorschrift zum FGG-RG (Art. 111 FGG-RG) die Zahl der Verfahren, die nach dem früheren Verfahrensrecht zu behandeln sind, in erster Instanz keine wesentliche Rolle mehr spielt, beschränkt sich die Darstellung im Folgenden auf die neue Rechtslage. Wegen des bis zum 31. 8. 2009 geltenden Verfahrensrechts wird auf die Vorauflage verwiesen.

6 Um auf dem aktuellen Stand zu bleiben ist es erforderlich, sich regelmäßig fortzubilden und sich über die obergerichtliche Rechtsprechung zu informieren. Als **Fachzeitschriften** stehen zB die Zeitschrift für das gesamte Familienrecht (FamRZ), die NJW, der NJW-Entscheidungsdienst Familien- und Erbrecht (NJWE FER), der NJW-Rechtsprechungs-Report (NJW-RR), die Zeitschrift Familie Partnerschaft Recht (FPR), die Zeitschrift Familie und Recht (FuR), die Zeitschrift Der Familienrechtsberater (FamRB), die Zeitschrift Kindschaftsrechtliche Praxis (Kind Prax), Der Amtsvormund (DAVorm) und in Fällen mit Auslandsbezug die Praxis des Internationalen Privat- und Verfahrensrechts (IPRax) zur Verfügung.

7 Für die Tätigkeit kommt es jedoch nicht allein auf die rechtliche Qualifikation an. Hilfreich sind insbesondere Fortbildungen mit familientherapeutischem Bezug. Eine große Anzahl der erstinstanzlichen Familiensachen lässt sich **nicht allein relationstechnisch** bewältigen. Sie verlangen vielmehr eine möglichst schon beruflich vielfältig erfahrene Richterpersönlichkeit, die im besonderen Maß Verhandlungsgeschick und die Fähigkeit zum Ausgleich hat. Neben der juristischen ist auch die menschliche Kompetenz gefordert. Wichtig ist die Eigenschaft, sich in die besondere Situation der Beteiligten hineinversetzen zu können. Grundsätzlich sollte das persönliche Erscheinen der Beteiligten zur Erörterung oder Anhörung angeordnet werden. Auch sollte den Beteiligten Gelegenheit gegeben werden, sich selbst angemessen zu äußern.

8 Der Familienrichter darf sich aber nicht als **„Sozialingenieur"** verstehen. Er hat vielmehr die Pflicht, Recht und Gesetz anzuwenden und auf den konkreten Fall umzusetzen.

9 Das familienrichterliche Dezernat bringt eine erhebliche **psychische Belastung** mit sich. Im Gegensatz zu der eigentlich nur belastenden Tätigkeit des Strafrichters hat der Familienrichter aber häufig die Möglichkeit, etwas positiv zu gestalten und etwas für die Beteiligten zu erreichen. Diese „Erfolgserlebnisse" gleichen die besondere psychische Belastung weitgehend aus.

II. Zum Tätigkeitsgebiet des Familienrichters

1. Familiensachen

10 Familiensachen sind nach § 13 GVG vor den ordentlichen Gerichten zu führen und fallen unter den Oberbegriff der Zivilsachen. Die einzelnen Familiensachen sind katalogmäßig in § 111 FamFG aufgezählt. Die sachliche Zuständigkeit des Familiengerichts ist eine ausschließliche (§ 23a I 2 GVG). Verhandlungen, Erörterungen und Anhörungen in Familiensachen sind nicht öffentlich (§ 170 GVG).

11 Gemäß § 111 Nr. 1 FamFG ist das Familiengericht zuständig für **Ehesachen**. Ehesachen sind legal definiert in § 121 FamFG. Es handelt sich um Verfahren auf Scheidung der Ehe (Scheidungssachen), auf Aufhebung der Ehe und auf Feststellung des Bestehens oder Nichtbestehens einer Ehe zwischen den Beteiligten.

12 § 111 Nr. 2 FamFG betrifft **Kindschaftssachen**. Im Gegensatz zu dem bis zum 1. 9. 2009 geltenden Verfahrensrecht, nach welchem der Gesetzgeber unter dem Begriff der Kindschaftssachen Statusverfahren zusammengefasst hatte (§ 640 ZPO aF), werden nunmehr hierunter Verfahren verstanden, welche die Verantwortung für die Person oder das Vermögen eines Kindes betreffen. Die einzelnen Gruppen von Verfahren, die unter den Begriff der Kindschaftssachen fallen, werden in § 151 FamFG aufgezählt. Unter § 151 Nr. 1 FamFG zählen etwa Verfahren über Übertragung oder Entziehung der elterlichen Sorge nach § 1671 BGB oder § 1666 BGB, aber auch Verfahren, die die Feststellung des Bestehens oder

Nichtbestehens der elterlichen Sorge eines Beteiligten für einen anderen zum Gegenstand haben. Kindschaftssachen nach § 151 Nr. 1 FamFG sind auch die Entscheidungen des Familiengerichts über Befreiungen und Genehmigungen bei der Eheschließung Minderjähriger nach § 1303 BGB. Umgangsverfahren nach § 151 Nr. 2 FamFG betreffen etwa Verfahren nach §§ 1684, 1685 BGB. § 151 Nr. 3 FamFG betrifft alle Herausgabeverfahren, soweit es um die Herausgabe von unter elterlicher Sorge stehender Kinder geht (zB § 1632 BGB). Einbezogen sind alle Herausgabeverlangen sowohl der Eltern untereinander als auch gegenüber Dritten. § 151 Nr. 4 FamFG umfasst sämtliche Verfahren, welche die Bestimmung der Person oder der Rechte oder Pflichten eines Vormunds betreffen (§§ 1773 ff. BGB). Von § 151 Nr. 5 FamFG sind alle Verfahren erfasst, die eine Pflegschaft oder die Bestellung eines sonstigen Vertreters für eine minderjährige Person oder eine Leibesfrucht betreffen. Praktisch bedeutsam ist dabei das Verfahren auf Bestellung eines Ergänzungspflegers nach § 1909 BGB. Zu beachten ist, dass die Bestellung eines Vertreters nicht nur in verschiedenen Normen des BGB, sondern auch in anderen Spezialregelungen vorgesehen ist (zB § 16 I, II VwVfG, § 85 Abs. 2 WDO, § 29 a I 1, 2 LBG, § 81 Abs. 1, 2 AO). Auch für diese Verfahren ist jeweils das Familiengericht ausschließlich zuständig. § 151 Nr. 6 FamFG betrifft die zivilrechtliche Unterbringung eines Minderjährigen nach den §§ 1631 b, 1800 und 1915 BGB. Nach § 151 Nr. 7 FamFG ist das Familiengericht auch für die freiheitsentziehende Unterbringung eines Minderjährigen nach den Unterbringungsgesetzen der Länder zuständig. § 151 Nr. 8 FamFG erfasst schließlich die Aufgaben des Familiengerichts nach dem Jugendgerichtsgesetz. Dabei handelt es sich um Verfahren nach §§ 53, 104 JGG, die jeweils die Anordnung von Erziehungsmaßregeln betreffen.

§ 111 Nr. 3 FamFG betrifft die **Abstammungssachen.** Die einzelnen Verfahren sind in § 169 FamFG 13
aufgezählt. Die Abstammungssachen umfassen Verfahren auf Feststellung des Bestehens oder Nichtbestehens eines Eltern-Kind-Verhältnisses, auf Ersetzung der Einwilligung in eine genetische Abstammungsuntersuchung und die Anordnung der Duldung einer Probeentnahme (§ 1598 a BGB), Verfahren auf Einsicht in ein Abstammungsgutachten sowie die Aushändigung einer Abschrift hiervon und – die in der Praxis häufigsten – Verfahren auf Anfechtung der Vaterschaft (§§ 1599 ff. BGB). Zuständig sind die Familiengerichte auch für die Abstammungsverfahren nach dem Tode des Mannes oder dem Tode des Kindes.

Die **Adoptionssachen** nach § 111 Nr. 4 FamFG sind in § 186 FamFG definiert. Es handelt sich um 14
Verfahren über die Annahme als Kind, die Ersetzung der Einwilligung zur Annahme als Kind, die Aufhebung des Annahmeverhältnisses und die Befreiung vom Eheverbot des § 1308 I BGB. Mit Ausnahme der letzteren Verfahren, handelt es sich ausschließlich um Angelegenheiten, die vor dem 1. 9. 2009 vor dem Vormundschaftsgericht verhandelt worden sind. Dieses wurde im Rahmen der Reform des familiengerichtlichen Verfahrens abgeschafft und die entsprechenden Zuständigkeiten auf das Familiengericht und das Betreuungsgericht verteilt.

Nach § 111 Nr. 5 FamFG entscheidet das Familiengericht über **Ehewohnungs- und Haushaltssachen.** 15
Gemäß § 200 FamFG fallen hierunter während der Trennungszeit Verfahren nach §§ 1361 a und 1361 b BGB sowie für den Fall der Scheidung Verfahren nach §§ 1568 a und 1568 b BGB.

Das Familiengericht ist nach § 111 Nr. 6 FamFG für sämtliche **Gewaltschutzsachen** nach §§ 1 und 2 16
des GewSchG zuständig (§ 210 FamFG). Die nach dem früheren Verfahrensrecht vorgenommene Aufteilung der Zuständigkeit auf die allgemeine Zivilabteilung und das Familiengericht ist im Rahmen der FGG-Reform weggefallen. Die Zuständigkeit des Familiengerichts erstreckt sich daher auch auf Gewaltschutzverfahren mit Beteiligten, die nicht in einem familienrechtlichen Rechtsverhältnis zueinander stehen.

Nach § 111 Nr. 7 FamFG entscheidet das Familiengericht über **Versorgungsausgleichssachen.** Dabei 17
handelt es sich nach § 217 FamFG um sämtliche Verfahren, die den Versorgungsausgleich betreffen, unabhängig davon, ob diese den öffentlich-rechtlichen Versorgungsausgleich oder schuldrechtliche Ausgleichszahlungen oder Abfindungen betreffen.

Nach § 111 Nr. 8 FamFG ist das Familiengericht für **Unterhaltssachen** zuständig. Diese umfassen 18
nach § 231 I Nr. 1 FamFG alle Streitigkeiten wegen der **durch Verwandtschaft begründeten Unterhaltsansprüche.** Die in der Praxis häufigsten Verfahren betreffen hier Streitigkeiten zwischen Kindern und Eltern über den Kindesunterhalt. Hierzu gehören aber auch die Unterhaltsansprüche von Kindern gegen die Großeltern und umgekehrt, sowie der Eltern gegen ihre Kinder. Nach § 231 I Nr. 2 FamFG entscheidet das Familiengericht über **Unterhaltsansprüche zwischen Ehegatten.** Hierunter fallen Ansprüche auf Familien-, Trennungs- und nachehelichen Unterhalt. Nach § 231 I Nr. 3 FamFG sind dem Familiengericht auch die Streitigkeiten über **Ansprüche der nichtverheirateten Mutter auf Betreuungsunterhalt und Entbindungskosten** nach § 1615 l BGB und weiter die Ansprüche nach **§ 1615 m BGB** zugewiesen. Gemäß § 231 II FamFG ist das Familiengericht auch zuständig für die Entscheidung über die Bestimmung des **Bezugsberechtigten für das Kindergeld** nach § 3 II 3 BKGG und § 64 II 3 EStG.

Die Zuständigkeit für **Güterrechtssachen** nach § 111 Nr. 9 FamFG umfasst nach § 261 I FamFG alle 19
Verfahren, die Ansprüche aus dem ehelichen Güterrecht betreffen, auch wenn Dritte an dem Verfahren beteiligt sind, und die güterrechtlichen Verfahren nach den §§ 1265 II, 1369 II, 1382, 1383, 1426, 1430 und 1452 BGB. Daneben sind aber auch Verfahren wegen einer Verfügung über das Vermögen als Gan-

zes, also etwa der Anspruch gegen einen verfügenden Ehegatten auf Rückgängigmachung eines nach § 1365 BGB unwirksamen Rechtsgeschäfts (*OLG Frankfurt,* FamRZ 1986, 275) erfasst. Als Grundsatz gilt, dass sich der geltend gemachte Anspruch aus dem Güterrecht oder einer dieses ersetzenden Vereinbarung ergeben muss. Er muss sich also auf den gesetzlichen Güterstand, die Wahlgüterstände oder auf eine güterrechtliche Vereinbarung nach § 1408 I BGB stützen.

20 Im Rahmen der Reform des Verfahrens in Familiensachen und in den Angelegenheiten der freiwilligen Gerichtsbarkeit wurde der Begriff der **„sonstigen Familiensachen“** geschaffen, für welche ebenfalls das Familiengericht nach § 111 Nr. 9 FamFG zuständig ist. „Sonstige Familiensachen“ sind in § 266 FamFG legal definiert. Es handelt sich dabei um innerfamiliäre Streitigkeiten, die nicht bereits einer der anderen in § 111 FamFG aufgezählten Fallgruppen unterfallen. Ausgenommen sind jedoch Verfahren, die in die Zuständigkeit der Arbeitsgerichte fallen, eines der in § 348 I 2 lit. a bis k ZPO genannten Sachgebiete, das Wohnungseigentumsrecht oder das Erbrecht betreffen (§ 266 I aE FamFG). Nach § 266 I Nr. 1 FamFG sind zunächst Ansprüche aus dem Verlöbnis erfasst. Dies sind im Wesentlichen Verfahren nach §§ 1298, 1299 und 1301 BGB. „Sonstige Familiensachen“ nach § 266 I Nr. 2 FamFG sind die aus der Ehe herrührenden Ansprüche. Dies sind insbesondere alle Ansprüche, die ihre Grundlage in der ehelichen Lebensgemeinschaft (§ 1353 BGB) haben oder sich aus den allgemeinen Ehewirkungen ergeben, so etwa Streitigkeiten der Ehegatten über die Art der Beiträge zum Familienunterhalt, insbesondere über die Führung des Haushalts oder die Betreuung gemeinsamer Kinder. Weiter fallen hierunter auch Ansprüche auf den Schutz des räumlich-gegenständlichen Bereichs der Ehe und die Feststellung des Rechts eines Ehegatten auf Getrenntleben (*KG,* FamRZ 1988, 81). § 266 I Nr. 3 FamFG umfasst Ansprüche zwischen (ehemals) miteinander verheirateten Personen im Zusammenhang mit Trennung, Scheidung oder Aufhebung der Ehe. Erfasst sind auch Ansprüche der Schwiegereltern gegen den (vormaligen) Ehegatten ihres Kindes. Diese Fallgruppe erfasst die in der Praxis wichtige Vermögensauseinandersetzung der Ehegatten außerhalb des Güterrechts, also etwa den Gesamtschuldnerausgleich (*BGH,* FamRZ 1980, 671) oder Freistellungsansprüche wegen gemeinsamer Darlehen, aber auch die Rückabwicklung unbenannter Zuwendungen zwischen den Ehegatten. Bei den Ansprüchen aus dem Eltern-Kind-Verhältnis nach § 266 I Nr. 4 FamFG handelt es sich beispielsweise um Ansprüche auf Schadensersatz des umgangsberechtigten gegen den betreuenden Elternteil wegen Nichteinhaltung von Umgangsregelungen und dadurch bedingte unnütze Aufwendungen.

21 Für die Qualifizierung eines Verfahrens als Familiensache ist allein auf den Sachvortrag der Antragstellerseite und die sich daraus ergebende Rechtsnatur eines Anspruchs abzustellen (*BGH,* FamRZ 1983, 155). Über einen **Kompetenzkonflikt** zwischen dem Familiengericht und der Prozessabteilung des Amtsgerichts entscheidet der mit der Sache zunächst befasste Spruchkörper nach § 17a VI GVG. § 17a VI GVG regelt die bindende Verweisung einer Sache von der Prozess- an die Familienabteilung eines Amtsgerichts und umgekehrt. Eine nach früherem Recht mögliche formlose Abgabe von Verfahren zwischen den einzelnen Abteilungen des Amtsgerichts ist nicht mehr vorgesehen.

2. Ehesachen, Folgesachen, Verbundprinzip, Abtrennung

22 Ehesachen sind die in § 121 FamFG aufgezählten Familiensachen. Im richterlichen Alltag spielen davon fast ausschließlich die **Scheidungen** eine Rolle. Ganz selten einmal bekommt der Familienrichter es mit einer **Eheaufhebungsklage** (§§ 1313 ff. BGB) oder **Feststellungsklage** über das Bestehen oder Nichtbestehen einer Ehe zu tun.

23 Mit dem Scheidungsverfahren können weitere familienrechtliche Verfahren verbunden werden, sogenannte **Folgesachen.** Über die Scheidung und die Folgesachen ist dann nach § 137 I FamFG zusammen zu verhandeln und zu entscheiden (Verbund). Das Verbundverfahren besteht nur im Fall der Scheidung einer Ehe, nicht aber bei den anderen Ehesachen.

24 Mit dem Scheidungsverfahren wird in der Regel **von Amts wegen** ein Verfahren zur Durchführung des öffentlich-rechtlichen **Versorgungsausgleichs** eingeleitet, § 137 II 1 Nr. 1, 2 FamFG. Eine Ausnahme besteht nach § 3 III VersAusglG. Danach findet ein Versorgungsausgleich bei einer kurzen Ehezeit bis zu drei Jahren nur **auf Antrag** eines Ehegatten statt. Eine weitere Ausnahme macht Art. 17 III EGBGB: Bei Scheidungsverfahren mit Auslandsbezug ist die Folgesache Versorgungsausgleich von Amts wegen nur dann einzuleiten, wenn deutsches Sachrecht anzuwenden ist und das Recht eines der Staaten, dem die Ehegatten angehören, den Versorgungsausgleich kennt. Ansonsten ist er nur unter bestimmten, aus Art. 17 III 2 EGBGB ersichtlichen Voraussetzungen **auf Antrag** eines Ehegatten durchzuführen.

25 Weitere Verfahrensgegenstände werden nur **auf Antrag** Gegenstand des Scheidungsverfahrens. Die Eheleuten können in einem anhängigen Scheidungsverfahren die in § 137 II und III FamFG aufgeführten Familiensachen als Folgesachen anhängig machen.

26 **Folgesachen** stehen mit dem Scheidungsantrag im Verbund. Das bedeutet, dass das Familiengericht über die Folgesache gleichzeitig und zusammen mit der Scheidungssache verhandeln muss. Wird dem Scheidungsantrag stattgegeben, ist zugleich über die anhängig gemachten Folgesachen durch Beschluss mitzuentscheiden, §§ 137 I, 142 I FamFG. Folgesachen müssen von den Beteiligten spätestens zwei Wochen vor der mündlichen Verhandlung in der Scheidungssache im ersten Rechtszug anhängig gemacht

werden (§ 137 II 1 FamFG). Die Regelung ist wegen des verfassungsrechtlichen Grundsatzes des rechtlichen Gehörs und des fairen Verfahrens jedoch einschränkend auszulegen. Dem antragstellenden Beteiligten muss es zeitlich möglich sein, innerhalb des Zeitraums zwischen Zustellung der Terminsverfügung und dem Scheidungstermin eine Folgesache anhängig zu machen (*OLG Oldenburg*, FamRZ 2010, 2015; *OLG Stuttgart*, FamRB 2011, 75). Nach Ansicht des OLG Oldenburg muss die Zeit zwischen Ladung und Termin mindestens vier Wochen betragen (*OLG Oldenburg*, aaO).

Sämtliche im Scheidungsverbund stehenden Folgesachen haben gemeinsam, dass eine Entscheidung **für den Fall der rechtskräftigen Scheidung** der Ehe vom Gericht begehrt wird. 27

Das Verbundprinzip dient dem **Zweck**, den Ehegatten durch die Konfrontation mit den Folgen der Scheidung vor Augen zu führen, welche Auswirkungen das Scheitern der Ehe hat. Damit soll übereilten Scheidungen entgegengewirkt werden (*BGH*, FamRZ 1983, 461, 462). Daneben soll das Verbundprinzip den wirtschaftlich schwächeren Ehepartner schützen (*OLG Stuttgart*, FamRZ 2005, 121). Er soll nicht geschieden werden, ohne dass zugleich über alle von ihm anhängig gemachten Streitpunkte mitentschieden wird. 28

Folgesache und damit **Gegenstand des Scheidungverbundes** können neben dem von Amts wegen durchzuführenden öffentlich-rechtlichen Versorgungsausgleich (§ 137 II 1 Nr. 1, 2 FamFG) auf Antrag werden: 29

- Der **nacheheliche Unterhalt** (§ 137 II 1 Nr. 2 FamFG, §§ 1569 ff. BGB). Der Unterhaltsanspruch kann auch im Wege eines Stufenantrags geltend gemacht werden (*BGH*, FamRZ 1982, 151). Soweit sich die Eheleute um den Getrenntlebensunterhalt eines Ehegatten streiten (§ 1361 I BGB), ist dieses Verfahren als selbständige Familiensache zu führen. Da Getrenntlebensunterhalt und nachehelicher Unterhalt verschiedene Streitgegenstände sind (*BGH*, NJW 1992, 1956), endet ein Anspruch auf Trennungsunterhalt mit der Rechtskraft der Ehescheidung.
- Der **Unterhalt gemeinschaftlicher minderjähriger Kinder** (§§ 137 II 1 Nr. 2 FamFG, §§ 1601 ff. BGB). Ist die Unterhaltsverpflichtung gegenüber einem gemeinschaftlichen Kind während der Trennungszeit streitig, ist ebenfalls ein selbständiges Verfahren notwendig. Nicht in den Scheidungsverbund gehören weiter Verfahren über den Unterhalt volljähriger gemeinschaftlicher Kinder, da volljährige Kinder nicht Beteiligte des Scheidungsverfahrens werden können. Die Prozessstandschaft des § 1629 BGB gilt nur für minderjährige Kinder.
- **Ehewohnungs- und Haushaltssachen** (§§ 137 II 1 Nr. 3 FamFG, §§ 1568 a, 1568 b BGB). Soweit die Nutzung der Ehewohnung und der Haushaltsgegenstände während des Getrenntlebens streitig ist, ist ebenfalls ein selbständiges Verfahren einzuleiten (§§ 1361 a, 1361 b BGB).
- **Güterrechtssachen** (§ 137 II 1 Nr. 4 FamFG), insbesondere Ansprüche auf Zugewinnausgleich (§§ 1378, 1384 BGB). Der vorzeitige Zugewinnausgleich nach §§ 1385, 1386 BGB kann hingegen keine Folgesache sein, weil dieser Anspruch nicht von der Rechtskraft der Ehescheidung abhängt.
- **Kindschaftssachen**, welche die Übertragung oder Entziehung der elterlichen Sorge, das Umgangsrecht oder die Herausgabe eines gemeinschaftlichen Kindes der Ehegatten oder das Umgangsrecht eines Ehegatten mit dem Kind des anderen Ehegatten betreffen (§ 137 III FamFG). Anders als nach früherem Recht stehen diese Verfahren nicht mehr im Zwangsverbund, sondern werden – mit Ausnahme von Verfahren wegen Gefährdung des Kindeswohls nach §§ 1666, 1666 a BGB – nur noch auf Antrag in den Verbund einbezogen. Für die Einbeziehung von Kindschaftssachen in den Verbund gilt die Zwei-Wochen-Frist des § 137 II 1 FamFG nicht. Bei den auf Antrag in den Verbund einzubeziehenden Verfahren ist allerdings genau zu prüfen, ob der antragstellende Beteiligte überhaupt eine Entscheidung für den Fall der Rechtskraft der Ehescheidung begehrt und nicht bereits für die Zeit der Trennung. In letzterem Fall liegt kein Verbundverfahren vor. Das Verfahren ist als selbständige Familiensache zu führen.

Nach § 137 III letzter Halbsatz FamFG kann das Familiengericht den Verbund mit einer Kindschaftssache aus Gründen des Kindeswohls auflösen bzw. die Einbeziehung in den Verbund ablehnen. 30

Im Übrigen ist eine **Auflösung des Verbunds** nur durch Rücknahme des Scheidungsantrags durch die antragstellende Person oder Abweisung des Scheidungsantrags, die Rücknahme des Antrags in einer Folgesache oder durch Abtrennung nach § 140 FamFG möglich. 31

Die **Rücknahme des Scheidungsantrags** regelt sich nach § 113 I FamFG, § 269 ZPO. Als Folge einer wirksamen Rücknahme ist die Scheidungssache als nicht anhängig geworden anzusehen (§ 269 III 1, 2 ZPO). Soweit bereits ein – noch nicht rechtskräftiger – Beschluss ergangen ist, wird dieser wirkungslos. Die antragstellende Person hat die Kosten des Verfahrens zu tragen (§ 150 II FamFG). Diese Wirkungen der Rücknahme sind auf Antrag eines Ehegatten durch Beschluss auszusprechen (§ 269 IV ZPO). 32

Die Wirkungen der **Rücknahme des Scheidungsantrags** auf die Folgesachen sind in § 141 FamFG geregelt. Danach erstreckt sich die Wirkung der Rücknahme auch auf die Folgesachen, es sei denn ein Beteiligter hat vor Wirksamwerden der Rücknahme ausdrücklich erklärt, sie fortführen zu wollen. Die Wirkung der Rücknahme erstreckt sich auch nicht auf Kindschaftssachen als Folgesachen, soweit sie die Übertragung der elterlichen Sorge oder eines Teils der elterlichen Sorge wegen Gefährdung des Kindeswohls betreffen. Diese Verfahren werden nach Wirksamwerden der Rücknahme bezüglich des Schei- 33 dungsantrags als **selbständige Familiensachen** fortgeführt. Dasselbe gilt nach § 142 II FamFG bei einer **Abweisung des Scheidungsantrags.**

34 Die **Abtrennung** einer Folgesache bestimmt sich nach § 140 FamFG. Nach dessen Absatz 1 hat das Gericht, nach Absatz 2 kann das Gericht Folgesachen unter bestimmten Voraussetzungen von der Scheidungssache abtrennen. Entgegen der Formulierung („kann") ist dem Gericht auch nach Absatz 2 kein Ermessen eingeräumt. Es handelt sich vielmehr um eine gebundene Entscheidung (str., vgl. Nachweise bei *Schwab/Streicher,* I Rn. 417). Die Abtrennung nach § 140 FamFG löst den Verbund zwischen der Scheidungssache und der Folgesache. Dem Scheidungsantrag kann vor der Entscheidung über die Folgesache stattgeben werden. Im Gegensatz zu den Fällen der §§ 141 und 142 II FamFG, in denen die abgetrennten Verfahrensgegenstände als selbständiges Verfahren fortgeführt werden, behält die gemäß § 140 FamFG abgetrennte Folgesache ihren Charakter als Scheidungsfolgensache. Mehrere gemäß § 140 FamFG abgetrennte Folgesachen stehen untereinander weiterhin im Verbund. Ein nach § 140 FamFG abgetrenntes Verfahren unterliegt daher auch weiterhin dem Anwaltszwang nach § 114 I FamFG.

35 Nach **§ 140 I FamFG** ist eine Unterhaltsfolgesache oder eine Güterrechtsfolgesache abzutrennen, wenn außer den Ehegatten eine weitere Person Beteiligter des Verfahrens wird. Dies ist etwa beim Kindesunterhalt der Fall, wenn das Kind während des laufenden Scheidungsverfahrens volljährig wird, weil dann die nach § 1629 III 1 BGB bestehende gesetzliche Prozessstandschaft des betreuenden Elternteils endet und das Kind den Unterhaltsanspruch selbst im eigenen Namen geltend machen muss.

36 **§ 140 II Nr. 1 FamFG** regelt die Abtrennung einer Versorgungsausgleichs- oder Güterrechtsfolgesache bei Unmöglichkeit der Entscheidung in der Folgesache vor Auflösung der Ehe. Für die Folgesache Versorgungsausgleich hat diese Regelung kaum praktische Bedeutung (Beispiele bei *Musielak/Borth,* § 140 FamFG, Rn. 4). In Güterrechtsfolgesachen hat eine Abtrennung zu erfolgen, wenn sich der ausgleichspflichtige Ehegatte zu Recht auf die Begrenzung nach § 1387 II BGB beruft (*OLG Oldenburg,* FamRZ 1988, 89).

37 Versorgungsausgleichsfolgesachen sind nach **§ 140 II Nr. 2 FamFG** abzutrennen, wenn sie ausgesetzt sind, weil ein Rechtsstreit über den Bestand oder die Höhe des Anrechts vor einem anderen Gericht anhängig ist. Diese Regelung korrespondiert mit § 221 II, III FamFG. Danach hat das Gericht das Verfahren über den Versorgungsausgleich auszusetzen, wenn ein entsprechender Rechtsstreit bei dem für ein einzubeziehendes Versorgungsanrecht zuständigen Fachgericht anhängig ist.

38 Die Abtrennung einer Kindschaftsfolgesache aus Gründen des Kindeswohls nach **§ 140 II Nr. 3 FamFG** trägt dem Beschleunigungsgebot in Kindschaftssachen (§ 155 FamFG) Rechnung. Eine Abtrennung hat zu erfolgen, wenn mit der Entscheidung in der Kindschaftssache nicht zugewartet werden kann, bis der Scheidungsverbund insgesamt zur Entscheidung reif ist. Die Abtrennung kann aber auch dann erfolgen, wenn der Scheidungsverbund im Übrigen entschieden werden kann, und die Kindschaftssache im Zuge einer angestrebten Einigung der Beteiligten nach § 156 III FamFG ausgesetzt worden ist.

39 Im Rahmen der Reform des familiengerichtlichen Verfahrens wurde mit **§ 140 II Nr. 4 FamFG** eine neue Möglichkeit zur erleichterten Abtrennung der Folgesache Versorgungsausgleich geschaffen. Sie hat drei Voraussetzungen:

- Der Scheidungsantrag muss drei Monate rechtshängig sein. Diese Frist verlängert sich nach § 140 IV FamFG um den Zeitraum, in welchem die Rechtshängigkeit vor Ablauf des Trennungsjahres (§ 1566 I BGB) eintritt.
- Die Ehegatten müssen die gebotenen Mitwirkungsleistungen zur Klärung der in der Ehezeit erworbenen Versorgungsanrechte erbracht haben.
- Beide Ehegatten müssen übereinstimmend die Abtrennung der Folgesache beantragen.

40 In der Praxis spielt **§ 140 II Nr. 5 FamFG** eine wesentliche Rolle. Die Abtrennung hat zwei kumulative Voraussetzungen:

- Es muss eine **außergewöhnliche Verzögerung** des Scheidungsausspruchs vorliegen oder drohen.
- Der weitere Aufschub der Entscheidung muss eine **unzumutbare Härte** für den die Abtrennung begehrenden Beteiligten sein. Dabei ist das Interesse des die Abtrennung begehrenden Ehegatten an einer baldigen Scheidung abzuwägen gegen das Interesse des anderen Ehegatten an einer gleichzeitigen Regelung der Folgesache.

41 Eine außergewöhnliche Verzögerung liegt nach der Rechtsprechung vor, wenn **beginnend ab Rechtshängigkeit des Scheidungsantrages** eine Verfahrensdauer von zwei Jahren erreicht bzw. überschritten wird, wobei diese Frist nicht starr gehandhabt, sondern auf die jeweilige konkrete Situation bezogen werden muss (vgl. zur früheren Regelung nach § 628 Satz 1 Nr. 4 ZPO: *BGH,* FamRZ 1991, 687, 689 = NJW 1991, 1616). Die Verzögerung muss auch nicht bereits eingetreten sein. Es reicht, wenn sie mit hinreichender Sicherheit droht (*OLG Celle,* FamRZ 1979, 523, 524).

42 In der Praxis haben sich drei Fallgruppen herausgebildet, in denen eine **Abtrennung vor Ablauf der Zwei-Jahres-Frist** überwiegend als gerechtfertigt angesehen wird. Erwartet die antragstellende Ehefrau bzw. die Lebensgefährtin des antragstellenden Ehemannes ein Kind und soll dies bereits in der neuen Ehe zur Welt kommen, so wird dies als Härtegrund im Sinne des § 140 II Nr. 5 FamFG angesehen (vgl.

zur früheren Regelung nach § 628 S. 1 Nr. 4 ZPO: *BGH*, FamRZ 1986, 898, 899 und FamRZ 1991, 1043; *OLG Hamm*, FamRZ 2007, 651). Daneben ist es denkbar, dass ein Ehepartner durch die Scheidung einer besonders starken psychischen Belastung ausgesetzt ist und ärztlicherseits dringend der Ausspruch der Scheidung für erforderlich gehalten wird. Wenn dies durch ein fachärztliches Gutachten abgesichert und auch für den Richter erkennbar so ist, wird eine Abtrennung für möglich gehalten.

Gemäß § 140 VI FamFG erfolgt die Abtrennung durch einen **gesonderten Beschluss**, der nicht selbständig anfechtbar ist. Wird einem Scheidungsantrag fehlerhaft vor der Entscheidung über eine Folgesache stattgegeben, entsteht eine selbständige Beschwer, die mit Rechtsmitteln gegen den Scheidungsbeschluss gerügt werden kann. Rechtsschutzziel eines solchen Rechtsmittels ist die Wiederherstellung des Verbunds einer abgetrennten Folgesache mit der Scheidungssache. Die Beschwerde muss sich daher gegen den Ausspruch zur Scheidung selbst richten (*BGH*, FamRZ 1996, 1070 zu § 623 ZPO; *OLG Koblenz*, FamRZ 2008, 166 zu § 628 ZPO). Um die Überprüfung der Rüge einer fehlerhaften Abtrennung zu ermöglichen, ist der Beschluss zu begründen. 43

Wird eine Folgesache aus dem Verbund abgetrennt, verbleibt es hinsichtlich des Scheidungsverfahrens und weiterer, nicht abgetrennter Folgesachen bei dem Verbund („Restverbund"). Gleiches gilt, wenn mehrere Folgesachen abgetrennt werden. Auch diese stehen dann weiter im Verbund (*MünchKomm/Heiter*, § 141 FamFG Rn. 90; vgl. zum bisherigen Recht: *OLG Stuttgart*, FamRZ 1990, 1121). Eine abgetrennte Folgesache wird zwar wie ein selbständiges Verfahren fortgeführt; Verfahren nach § 137 II FamFG behalten jedoch ihren Charakter als Folgesache (§ 137 V 1 FamFG). Dies gilt auch dann, wenn der Scheidungsbeschluss bereits rechtskräftig geworden ist (*BGH*, NJW 1981, 233; *KG*, FamRZ 1984, 495). Daher wirkt die im Verbund für die Folgesache bewilligte Verfahrenskostenhilfe fort, ebenso der nach § 114 I bestehende Anwaltszwang (vgl. *BGH*, FamRZ 1998, 1505). Auch die Kostenentscheidung richtet sich weiterhin nach § 150 FamFG. 44

Etwas anderes gilt für abgetrennte Kindschaftsfolgesachen (§ 137 III FamFG). Diese sind nach § 137 V 2 FamFG als selbständige Familiensachen fortzuführen. Für sie gilt vor dem Amtsgericht und dem Oberlandesgericht kein Anwaltszwang mehr (§ 114 I, II FamFG). Über die Verfahrenskostenhilfe ist erneut zu entscheiden (vergleiche zur Abtrennung des Versorgungsausgleichs in Übergangsfällen: *BGH*, FamRZ 2011, 635). Die Entscheidung zu den Kosten bestimmt sich in abgetrennten Kindschaftsfolgesachen nach §§ 81 ff. FamFG. 45

3. Selbständige Familiensachen

Von selbständigen Familiensachen spricht man einerseits, wenn einer der Verfahrensgegenstände das § 111 FamFG anhängig gemacht wird (Rn. 10 ff.). Eine selbständige Familiensache liegt andererseits auch dann vor, wenn sie parallel zum Scheidungsverbund geltend gemacht wird. Dann bezieht sich der Regelungsbedarf für diese Familiensache nicht auf die Zeit nach Rechtskraft der Scheidung, sondern auf die Dauer der Trennung der Eheleute wie zB den Ehegattenunterhalt gemäß § 1361 BGB, die Nutzung von Hausrat nach § 1361 a BGB oder die Nutzung der Ehewohnung nach § 1361 b BGB. Darüberhinaus können die in § 137 ZPO aufgeführten Verfahren nach Abtrennung selbständige Familiensachen werden (siehe vorstehend Rn. 44, 45). 46

4. Örtliche Zuständigkeit des Familiengerichts

Das FamFG regelt die örtliche Zuständigkeit in den das jeweilige Verfahren betreffenden Abschnitten des Buches 2. Die einzelnen Regelungen sind als **ausschließliche Zuständigkeit** ausgestaltet. Die örtliche Zuständigkeit richtet sich danach, ob eine **Ehesache** (§ 121 FamFG) anhängig ist oder nicht. Ist eine solche anhängig, wird bei einem rechtlichen Zusammenhang zwischen der Ehesache und der weiteren Familiensache an die **örtliche Zuständigkeit der Ehesache** angeknüpft. Ist keine Ehesache anhängig, gelten die besonderen Regelungen zur örtlichen Zuständigkeit für den betreffenden Verfahrensgegenstand bzw. die allgemeinen Vorschriften. 47

Während der Anhängigkeit einer Ehesache ist das Familiengericht, bei dem die Ehesache im ersten Rechtszug anhängig war oder ist, ausschließlich zuständig für Verfahren betreffend Kindschaftssachen (§ 152 I FamFG), Ehewohnungs- und Haushaltssachen (§ 201 Nr. 1 FamFG), Versorgungsausgleichssachen (§ 218 Nr. 1 FamFG), Kindesunterhaltssachen, soweit ein gemeinschaftliches Kind der Ehegatten betroffen ist – mit Ausnahme des vereinfachten Verfahrens über den Unterhalts Minderjähriger – (§ 232 I Nr. 1 FamFG), Unterhaltssachen, welche die durch Ehe begründete Unterhaltspflicht betreffen (§ 232 I Nr. 1 FamFG), Güterrechtssachen (§ 262 I FamFG) und Sonstige Familiensachen (§ 267 I FamFG). 48

Die **Anhängigkeit der Ehesache** beginnt mit der Einreichung des Scheidungsantrages und endet mit dem rechtskräftigen Abschluss des Verfahrens. Wird eine Ehesache rechtshängig während eines der vorgenannten Verfahren bei einem anderen Gericht – auch nur – anhängig ist, so ist diese Familiensache **von Amts wegen** an das Gericht der Ehesache abzugeben (bei Anhängigkeit) oder zu verweisen (bei Rechtshängigkeit), vgl. §§ 153, 202, 233, 263, 268 FamFG. Die örtliche Zuständigkeit der **Ehesache** selbst richtet sich nach § 122 FamFG (dazu C. II., Rn. 3 ff.). 49

50 Ist **keine Ehesache anhängig** oder besteht zur Ehesache **kein Sachzusammenhang,** gelten die besonderen Regelungen zur örtlichen Zuständigkeit für den betreffenden Verfahrensgegenstand bzw. die allgemeinen Vorschriften (vgl. jeweils bei den entsprechenden Abschnitten).

5. Das Verfahren in Familiensachen

51 a) **Unterscheidung Ehesachen/Familienstreitsachen – FG-Familiensachen.** Mit dem Gesetz über das Verfahren in Familiensachen und in den Angelegenheiten der freiwilligen Gerichtsbarkeit (FamFG) wurde ein einheitliches Verfahrensrecht für das familiengerichtliche Verfahren geschaffen. Der Gesetzgeber hat aber wie im bisherigen Verfahrensrecht an der Unterscheidung zwischen Verfahren, die im Wesentlichen den Regelungen der Zivilprozessordnung folgen, und Verfahren, die nach den Grundsätzen der freiwilligen Gerichtsbarkeit geführt werden, festgehalten.

52 Bei den auf die einzelnen Verfahren **anzuwendenden Verfahrensvorschriften** ist danach zwischen **Ehesachen und Familienstreitsachen** (bisherige „ZPO-Familiensachen") einerseits und den **übrigen familienrechtlichen Verfahren** andererseits zu unterscheiden. Ehesachen sind die in § 121 FamFG aufgezählten Verfahren auf Scheidung der Ehe, Aufhebung der Ehe oder Feststellung des Bestehens oder Nichtbestehens der Ehe. Familienstreitsachen sind in § 112 FamFG legal definiert. Bei Familienstreitsachen handelt es sich um Unterhalts- und Güterrechtssachen. Hinzu kommen die „sonstigen Familiensachen" (§§ 266–268 FamFG). Zu beachten ist, dass es auch bei den Unterhalts-, Güterrechts- und sonstigen Familiensachen Verfahren gibt, die nach den Grundsätzen der freiwilligen Gerichtsbarkeit entschieden werden. Familienstreitsachen sind jeweils – siehe § 112 FamFG – nur die Absätze 1 der §§ 231, 261 und 266 FamFG. Die dortigen Absätze 2 betreffen Verfahren, die keine Familienstreitsachen sind.

53 Gemäß **§ 113 I FamFG** gilt für **Ehe- und Familienstreitsachen** der allgemeine Teil des FamFG nur eingeschränkt. Anwendbar sind die Regelungen zum Beschluss (§§ 38 und 39 FamFG), zur einstweiligen Anordnung (§§ 49–57 FamFG) und zum Rechtsmittelverfahren (§§ 58–75 FamFG). Anstelle der weiteren Normen in Buch 1 des FamFG gelten die entsprechenden Regelungen der ZPO, soweit nicht in §§ 113–120 FamFG Einschränkungen oder speziellere Regelungen enthalten sind. Für Ehesachen wird die Anwendung der Zivilprozessordnung insbesondere durch § 113 IV FamFG eingeschränkt. Im Übrigen gelten die jeweils einschlägigen Regelungen von Buch 2 des FamFG (Ehesachen §§ 121–150 FamFG; Unterhaltssachen §§ 231–260 FamFG; Güterrechtssachen §§ 261–265 FamFG und sonstige Familiensachen §§ 266–268 FamFG).

54 Für die **übrigen Familiensachen,** die im Verfahren der freiwilligen Gerichtsbarkeit entschieden werden (Kindschafts-, Abstammungs-, Adoptions-, Wohnungszuweisungs- und Hausratssachen, Gewaltschutzsachen und Versorgungsausgleichssachen), ist das Buch 1 des FamFG insgesamt anwendbar. Die Regelungen werden ergänzt durch die einschlägigen Vorschriften für das jeweilige Verfahren in Buch 2 des FamFG (Kindschaftssachen §§ 151–168 a FamFG; Abstammungssachen §§ 169–185 FamFG; Adoptionssachen §§ 186–199 FamFG; Wohnungszuweisungs- und Hausratssachen §§ 200–209 FamFG; Gewaltschutzsachen §§ 210–216 a FamFG; Versorgungsausgleichssachen §§ 217–230 FamFG).

55 b) **Begrifflichkeiten.** Im Zuge der Reform des familiengerichtlichen Verfahrens wurden die Begrifflichkeiten für alle Familiensachen vereinheitlicht. Auch für die Familienstreitsachen gelten nunmehr die Bezeichnungen der freiwilligen Gerichtsbarkeit. Nach § 113 V FamFG tritt daher an die Stelle der Bezeichnung

- Prozess oder Rechtsstreit die Bezeichnung Verfahren,
- Klage die Bezeichnung Antrag,
- Kläger die Bezeichnung Antragsteller,
- Beklagter die Bezeichnung Antragsgegner und
- Partei die Bezeichnung Beteiligter.

56 c) **Anwaltszwang.** Nach § 114 I, II FamFG besteht Anwaltszwang in allen Rechtszügen für die Ehegatten in Ehesachen (§ 121 FamFG) und Folgesachen (§ 137 FamFG) und für die Beteiligten in selbständigen Familienstreitsachen (§ 112 FamFG). Vor dem Amtsgericht und dem Oberlandesgericht müssen sich danach nur die Beteiligten in selbständigen Familiensachen, die im Verfahren der freiwilligen Gerichtsbarkeit entschieden werden, nicht durch einen Rechtsanwalt vertreten lassen.

57 Ist ein Beteiligter in Verfahren mit Anwaltszwang nicht durch einen Rechtsanwalt vertreten, kann er keine wirksamen Verfahrenshandlungen vornehmen. Er kann weder Anträge stellen noch Vergleiche schließen oder Rechtsmittel einlegen.

58 Ausnahmen vom Anwaltszwang ergeben sich aus § 114 II und III FamFG. Nach dessen Absatz 2 müssen sich insbesondere Behörden nicht anwaltlich vertreten lassen, sondern können sich hierzu eigener Beschäftigter bedienen. In der Praxis häufigster Fall ist hier die Beteiligung der Unterhaltsvorschusskasse in Unterhaltssachen aus übergegangenem Recht. Nach § 114 III Nr. 1 FamFG bedarf es keiner anwaltlichen Vertretung im Verfahren der einstweiligen Anordnung. Nach Nummer 2 kann sich das Kind in Unterhaltssachen (§ 234 FamFG) als Beteiligter durch das Jugendamt als Beistand vertreten

lassen. Die Ehegatten bedürfen nach Nummern 3 und 4 keiner anwaltlichen Vertretung in Scheidungssachen soweit lediglich der Scheidung oder der Rücknahme des Scheidungsantrags zugestimmt wird oder die Abtrennung einer Folgesache beantragt wird. Nach Nummer 5 ist im Verfahren über die Verfahrenskostenhilfe keine anwaltliche Vertretung erforderlich. Gleiches gilt über die Verweisung in Nummer 6 auf § 78 III ZPO für alle Verfahrenshandlungen, die vor dem Urkundsbeamten der Geschäftsstelle wahrgenommen werden können.

d) **Entscheidungsform.** Allen Verfahren gemeinsam ist die Entscheidung durch **Beschluss (§ 38 FamFG).** Diese Regelung gilt über §§ 116 I, 113 I FamFG auch für Ehe- und Familienstreitsachen. § 38 I FamFG schreibt die Entscheidung durch Beschluss für alle Endentscheidungen im familiengerichtlichen Verfahren vor. Eine **Endentscheidung** liegt vor, wenn durch die Entscheidung der Verfahrensgegenstand ganz oder teilweise erledigt wird, es sich also um eine instanzabschließende Entscheidung handelt. Dies wird regelmäßig eine Entscheidung in der Hauptsache sein, kann aber auch – wenn etwa die Hauptsache durch Erledigung weggefallen ist – ein Kostenbeschluss sein. Zwischen- und Nebenentscheidungen fallen nicht unter diese Vorschrift. 59

Diese Regelung ist eine der wesentlichen Neuerungen, an die sich der Rechtsanwender erst gewöhnen muss. Beschlüsse gibt es nicht nur in den bisherigen FG-Familiensachen – wie Sorge- und Umgangsrechtssachen –, sondern zB auch in Ehescheidungs-, Unterhalts- und Güterrechtssachen.

§ 38 II, III FamFG regeln den Aufbau und Inhalt eines Beschlusses. Nach Absatz 2 enthält der Beschluss ein Rubrum, in welchem die Beteiligten, ggf. die gesetzlichen Vertreter und Bevollmächtigten, die Bezeichnung des Gerichts und die Namen der Gerichtspersonen aufzuführen sind. Weiter enthält der Beschluss die „Beschlussformel" als Entsprechung zum Urteilstenor. Nach Absatz 3 ist der Beschluss grundsätzlich zu begründen, jedoch ohne die strikten Erfordernisse, die an ein Urteil gestellt werden (vgl. §§ 313 ff. ZPO). Der Beschluss wird „erlassen". Hierunter versteht das Gesetz den Zeitpunkt des Wirksamwerdens eines Beschlusses (durch Bekanntgabe durch Verlesen der Beschlussformel oder durch Übergabe des Beschlusses an die Geschäftsstelle). Das Datum des Erlasses ist auf dem Beschluss zu vermerken. 60

Nach § 38 IV FamFG kann von einer Begründung des Beschlusses unter bestimmten Umständen abgesehen werden. In FG-Familiensachen ist hier die Nr. 2 zu beachten. Eine Begründung kann unterbleiben, wenn gleichgerichteten Anträgen der Beteiligten stattgegeben wird. Dies kann etwa bei einer Entscheidung nach § 1671 BGB der Fall sein, wenn alle Beteiligten mit der Übertragung der elterlichen Sorge auf einen Elternteil einverstanden sind. 61

Absatz 5 macht „Rückausnahmen" für Statusentscheidungen. In Ehesachen ist – wie bisher in § 313 a IV Nr. 1 ZPO geregelt – eine Begründung erforderlich, soweit nicht lediglich eine die Scheidung aussprechende Entscheidung erfolgt. Ebenso ist die Entscheidung in Abstammungssachen stets zu begründen (wie bislang nach § 313 a IV Nr. 3 ZPO geregelt). 62

Nach **§ 40 I FamFG** wird ein Beschluss regelmäßig mit der **Bekanntgabe** an einen Beteiligten wirksam. Die Wirksamkeit tritt damit für jeden Beteiligten getrennt ein. Ausgenommen hiervon sind Beschlüsse mit untrennbarem Inhalt – wie etwa die Entscheidung zur elterlichen Sorge über ein Kind – hier tritt die Wirksamkeit mit der Bekanntgabe an den letzten Beteiligten ein. Weitere Ausnahmen zur Wirksamkeit mit Bekanntgabe sind in den Absätzen 2 und 3 geregelt. Danach werden Beschlüsse, die die Genehmigung eines Rechtsgeschäfts zum Gegenstand haben und Beschlüsse nach § 1357 II 1 BGB (Geschäfte zur Deckung des Lebensbedarfs) erst mit der Rechtskraft der Entscheidung wirksam. Im Fall des § 1357 II 1 BGB kann das Gericht jedoch die sofortige Wirksamkeit anordnen. § 41 FamFG regelt, wie die Bekanntgabe zu erfolgen hat – durch Zustellung oder Verlesen der Beschlussformel. Sofern eine Zustellung zu erfolgen hat, verweist § 15 II FamFG auf die entsprechenden Normen der ZPO (§§ 166–195 ZPO). 63

In **Ehe- und Familienstreitsachen** sind nach **§ 113 I 2 FamFG** die entsprechenden Regelungen der Zivilprozessordnung unmittelbar anzuwenden. Die Bekanntgabe eines Beschlusses richtet sich demnach nach § 329 Abs. 1 ZPO. Soweit Beschlüsse aufgrund einer mündlichen Verhandlung ergangen sind, müssen diese verkündet werden. 64

e) **Rechtsbehelfsbelehrung.** Nach § 39 FamFG muss jeder Beschluss eine Rechtsbehelfsbelehrung enthalten. Von der Belehrungspflicht umfasst sind alle Rechtsmittel sowie die in den familiengerichtlichen Verfahren vorgesehenen Rechtsbehelfe Einspruch, Widerspruch und Erinnerung. Eine Belehrung über die Wiedereinsetzung, die Urteilsberichtigung und Ergänzung oder die Möglichkeit der Rüge aufgrund der Verletzung rechtlichen Gehörs (§ 44 FamFG) sieht die Regelung nicht vor. 65

Die Rechtsbehelfsbelehrung muss die Bezeichnung des Gerichts, bei dem der Rechtsbehelf einzulegen ist, dessen Sitz sowie die einzuhaltende Form und Frist enthalten. Zu der einzuhaltenden Form gehört auch der Hinweis auf einen Vertretungszwang und das Erfordernis, ein Rechtsmittel zu begründen. Die Rechtsbehelfsbelehrung muss umfassend und aus sich heraus verständlich sein (*BGH,* FamRZ 2010, 1425).

Unterbleibt eine Rechtsbehelfsbelehrung, wird nach § 17 II FamFG (Wiedereinsetzung in den vorigen Stand) in FG-Familiensachen bei Versäumung der Rechtsmittelfrist ein fehlendes Verschulden vermutet.

Die Vermutung ist allerdings widerleglich. Sie soll ausweislich der Gesetzesbegründung (BR-Drs. 309/07, S. 400, dort Hinweis auf die Entscheidung des *BGH*, NJW 2002, 2171 (2174), in welcher der BGH einen ursächlichen Zusammenhang zwischen Belehrungsmangel und Fristversäumnis fordert) nicht gelten, wenn ein Beteiligter die für eine effiziente Rechtsverfolgung notwendige Kenntnis hat. Dies ist bei einer anwaltlichen Vertretung regelmäßig der Fall (*OLG Hamm*, FamFR 2011, 162; *OLG Zweibrücken* FamFR 2011, 119).

66 f) **Verfahrensrechtliche Besonderheiten.** Während Ehe- und Familienstreitsachen über § 113 I FamFG im Wesentlichen den Regelungen der Zivilprozessordnung folgen (zu den Besonderheiten der Ehesachen vergleiche C. II., Rn. 1ff.), ergeben sich für die familiengerichtlichen Verfahren, die nach den Grundsätzen der freiwilligen Gerichtsbarkeit entschieden werden, verschiedene Besonderheiten.

67 *aa) Beteiligte.* Das FamFG regelt in § 7 erstmals den Begriff des „Beteiligten" für Verfahren der freiwilligen Gerichtsbarkeit. Bei der Neugestaltung der Begrifflichkeit hat der Gesetzgeber den Beteiligtenbegriff in Anlehnung an andere Verfahrensordnungen – insbesondere die ZPO – stärker als bisher von materiell-rechtlichen Elementen getrennt und deutlicher an das formelle Recht angelehnt. Die Mitwirkungsfunktionen der Beteiligten sind an formelle Akte angeknüpft, die durch sie selbst oder das Gericht vorgenommen werden. Unterschieden wird zwischen **Beteiligten kraft Gesetzes** und **kraft Hinzuziehung.**

Beteiligt kraft Gesetzes ist nach § 7 I FamFG der **Antragsteller** in einem **Antragsverfahren.** Die Beteiligung des Antragstellers knüpft dabei an die verfahrenseinleitende Erklärung an. Die Beteiligung ist unabhängig davon, ob der Antragsteller tatsächlich durch das Verfahren in eigenen materiellen Rechten betroffen ist. Zwingende Voraussetzung ist aber das Vorliegen eines Antragsverfahrens (nicht nach § 7 I FamFG beteiligt ist daher zB ein Elternteil, der Umgang mit dem gemeinsamen Kind begehrt – Verfahren nach § 1684 BGB sind Amtsverfahren; er ist vielmehr aufgrund der Betroffenheit in eigenen materiellen Rechten Beteiligter kraft Hinzuziehung).

Bei den Beteiligten kraft Hinzuziehung unterscheidet das Gesetz nach sog. **„Muss"- und „Kann"-Beteiligten. „Muss-Beteiligte"** sind nach § 7 II Nr. 1 FamFG Personen, **deren subjektive Rechte durch ein Verfahren unmittelbar betroffen sind.** Das Verfahren muss also darauf gerichtet sein, eine nach dem privaten oder öffentlichen Recht geschützte eigene Rechtsposition zu beeinträchtigen. Nach § 7 II Nr. 2 FamFG ist als Beteiligter zu einem Verfahren hinzuzuziehen, wessen **Beteiligung durch ein Gesetz bestimmt** ist. Dies können sowohl Vorschriften des FamFG als auch Regelungen in anderen Gesetzen sein, die das Verfahren der freiwilligen Gerichtsbarkeit für anwendbar erklären. Buch 2 des FamFG enthält für die einzelnen familiengerichtlichen Verfahren zahlreiche „Beteiligtenkataloge", die eine zwingende Hinzuziehung von Amts wegen oder auf Antrag vorsehen (zB §§ 172, 188, 204, 212, 219 FamFG). Die Aufzählungen in diesen Beteiligtenkatalogen sind jedoch nicht abschließend. Eine obligatorische Hinzuziehung kann daher auch in diesen Verfahren nach § 7 II Nr. 1 FamFG erfolgen.

§ 7 III FamFG bestimmt die Personen, die auf Antrag oder von Amts wegen zu dem Verfahren hinzugezogen werden können (**Kann-Beteiligte**). Diese Beteiligten werden nicht durch eine Generalklausel, sondern ausschließlich durch **abschließende Aufzählung** in den weiteren Büchern des FamFG und in anderen Gesetzen mit Bezug zu dem Verfahren der freiwilligen Gerichtsbarkeit definiert. Ein Ermessen hinsichtlich der Zuziehung hat das Gericht bei diesen Beteiligten nur, wenn sie keinen Antrag auf Hinzuziehung zum Verfahren stellen, ansonsten sind sie hinzuzuziehen.

Die auf Antrag hinzuzuziehenden Personen muss das Gericht von der Einleitung des Verfahrens unterrichten (§ 7 IV FamFG), um ihnen die Möglichkeit zu eröffnen, einen Antrag auf Hinzuziehung zu dem Verfahren zu stellen. Die Benachrichtigungspflicht beschränkt sich auf die dem Gericht bekannten Personen. Die Namen und die Anschrift unbekannter Rechtsinhaber muss das Gericht nicht ermitteln (BR-Drs. 309/07, S. 393).

68 *bb) Verfahrenseinleitung.* Hinsichtlich der Einleitung eines Verfahrens ist zwischen Antrags- und Amtsverfahren zu unterscheiden. Ob ein Antrags- oder ein Amtsverfahren vorliegt, ergibt sich aus den Vorschriften des materiellen Rechts. In **Antragsverfahren** setzt eine gerichtliche Tätigkeit einen wirksamen Verfahrensantrag voraus (zB §§ 1628, 1630 II, 1631 III, 1632 III, 1671 I, 1672 BGB). Teilweise – etwa bei § 1671 II Nr. 1 BGB – handelt es sich zusätzlich um einen Sachantrag, dh das Gericht ist an den Antrag derart gebunden, dass es ihm entweder entsprechen, oder ihn ablehnen muss (*Keidel/Sternal*, FamFG, § 23 Rn. 13). In **Amtsverfahren** hat das Gericht sowohl die Einleitung des Verfahrens als auch dessen Begründung von Amts wegen zu betreiben. Hier können die Beteiligten die Einleitung eines Verfahrens lediglich anregen (§ 24 FamFG). Die Pflichten des Gerichts im Zusammenhang mit der Verfahrensleitung sind in § 28 FamFG kodifiziert. Die Regelung lehnt sich an die sich aus § 139 ZPO ergebenden Pflichten zur materiellen Prozessleitung unter Berücksichtigung der Besonderheiten rechtsfürsorgender Verfahren an. Insbesondere hat das Gericht in Antragsverfahren auf formal richtige und sachdienliche Anträge hinzuwirken (§ 28 II FamFG).

69 *cc) Feststellung des entscheidungserheblichen Sachverhalts.* In den der **Amtsermittlung** zur Verfahrensbegründung unterliegenden Verfahren ermittelt das Gericht den entscheidungserheblichen Sachver-

halt von Amts wegen (§ 26 FamFG). Das Gericht entscheidet gemäß § 30 I FamFG nach pflichtgemäßem Ermessen, ob es die entscheidungserheblichen Tatsachen mit formlosen Ermittlungen (§ 29 FamFG) oder durch eine förmliche Beweisaufnahme nach den Vorschriften der Zivilprozessordnung (§ 30 FamFG) feststellt. Das Ermessen des Gerichts ist in den Fällen des § 30 III FamFG gebunden. Soweit in Regelungen des FamFG selbst eine förmliche Beweisaufnahme angeordnet ist – etwa im Fall des § 177 III FamFG –, hat das Gericht kein Ermessen (§ 30 II FamFG).

Zu beachten ist, dass im Gegensatz zur ZPO das FamFG **kein Beweisantragsrecht** kennt. Die Beteilig- 70
ten können eine Beweiserhebung daher nur anregen. Das Gericht hat sich allerdings in der obligatorischen Begründung der Entscheidung (§ 38 III FamFG) damit auseinanderzusetzen, weshalb es einen bestimmten Beweis nicht eingeholt hat. Findet eine hinreichende Auseinandersetzung mit entscheidungserheblichen Beweisanregungen eines Beteiligten nicht statt, kann dies einen Verfahrensfehler darstellen, der im Rechtsmittelzug überprüft werden kann.

Im Gegensatz zu dem im Zivilprozess geltenden Beibringungsgrundsatz hat das Gericht in Amtsver- 71
fahren den entscheidungserheblichen Sachverhalt selbst festzustellen. Es gilt das Prinzip der materiellen Wahrheit (*Keidel/Sternal*, FamFG, § 26 Rn. 12). Das Gericht ist weder an Vorbringen der Beteiligten noch an deren Beweisanregungen gebunden oder von entsprechenden Anträgen abhängig (*BayObLG*, FamRZ 1990, 1281). Bei der **Tatsachenermittlung** darf sich der Richter auch nicht darauf beschränken, den Sachverhalt etwa in einem Sorgerechtsverfahren nur zur Kenntnis zu nehmen. Vielmehr muss er aktiv zum Wohle des Kindes tätig werden, Streitpotentiale soweit wie möglich abbauen und nach seinen Möglichkeiten versuchen, die Voraussetzungen für die nach Lage der Dinge optimale Lösung zu schaffen (*Oelkers/Kasten,* FamRZ 1993, 18, 20 mwN). Insbesondere sind – bei entsprechenden Anhaltspunkten – auch zwischen den Beteiligten unstreitige Tatsachen auf ihre Richtigkeit zu prüfen. Das Zugestehen von Tatsachen ist – ebenso wie ein Anerkenntnis oder ein Verzicht – im Amtsverfahren nicht möglich (vgl. auch § 29 I 2 FamFG – das Gericht ist an ein Vorbringen der Beteiligten nicht gebunden). Die Beweisbedürftigkeit einer entscheidungserheblichen Tatsache entfällt also nicht, weil sie von keinem Beteiligten bestritten wird. Dieser Umstand kann allerdings ein Indiz für die Wahrheit einer Tatsachenbehauptung sein und so den Umfang der amtswegigen Ermittlungen beeinflussen.

Die Amtsermittlung des Gerichts enthebt die Beteiligten allerdings nicht davon, an der Aufklärung 72
des Sachverhalts mitzuwirken. § 27 FamFG statuiert deshalb eine **Mitwirkungspflicht** der am Verfahren Beteiligten. Diese sollen durch Angaben von Tatsachen und Benennung von Beweismitteln eine gerichtliche Aufklärung ermöglichen. Wirken die Beteiligten im Rahmen ihrer Möglichkeiten nicht mit und ergeben sich für das Gericht keine konkreten Anhaltspunkte für eigene Ermittlungen, hat das Gericht seine Untersuchungspflicht erfüllt (vgl. *OLG Köln*, NJW-RR 1991, 1285, 1286). Insbesondere darf das Gericht davon ausgehen, dass Beteiligte die ihnen vorteilhaften Umstände, wenn ihnen diese bewusst sind, von sich aus vorbringen (*BGH,* NJW 1988, 1839; *OLG Karlsruhe,* FamRZ 1992, 689). Kann eine entscheidungserhebliche Tatsache nicht festgestellt werden, fällt eine Entscheidung des Gerichts zum Nachteil desjenigen aus, welcher die **Feststellungslast** trägt. Dieses Merkmal entspricht der Beweislast im Zivilprozessrecht.

Es gibt in Verfahren der freiwilligen Gerichtsbarkeit **keine Präklusion.** Das Gericht ist daher ver- 73
pflichtet, das schriftliche Vorbringen eines Beteiligten auch dann noch zu beachten, wenn es erst nach Ablauf einer gesetzten Erklärungsfrist oder erst nach Fertigung, aber vor Erlass einer Entscheidung bei Gericht eingeht (*BVerfG,* FamRZ 1988, 1247). Wann eine Entscheidung ergeht, muss also nicht vorher datumsmäßig festgelegt werden. Wegen der fehlenden Präklusion läuft das Gericht bei längerem Zuwarten aber Gefahr, dass noch in letzter Minute ein Schriftsatz eingeht, der Tatsachen enthält, die dazu zwingen, die Ermittlungen erneut aufzunehmen.

dd) Terminsvermerk. In Verfahren, die dem Grundsatz der freiwilligen Gerichtsbarkeit folgen, gibt es 74
kein Protokoll der mündlichen Verhandlung. Nach § 28 IV FamFG hat das Gericht die wesentlichen Vorgänge eines Termins oder einer persönlichen Anhörung gemäß §§ 32, 34 FamFG in einem Vermerk festzuhalten. Mindestvoraussetzungen über Form und Inhalt des Vermerks enthält das Gesetz nicht; insbesondere sind die Bestimmungen über das Protokoll im Zivilprozess (§§ 159 ff. ZPO) nicht anwendbar. Die Ausgestaltung des Vermerks liegt im Ermessen des Gerichts (stichwortartige Zusammenfassung des Verlaufs eines Termins oder ausführlicher Vermerk im Sinne eines Protokolls nach der ZPO) und hat sich an dessen Zwecken (Information der Beteiligten; Entscheidungsgrundlage für Rechtsmittelgericht) zu orientieren.

III. Hinweise zum einstweiligen Rechtsschutz in Familiensachen

1. Allgemeines

Das FamFG regelt das **Verfahren zum einstweiligen Rechtsschutz** im Allgemeinen Teil in den §§ 49– 75
57 FamFG. Die Regelungen gelten **für alle Familiensachen** – auch für Ehe- und Familienstreitsachen (vgl. § 113 I FamFG).

Die Regelungen im Allgemeinen Teil werden ergänzt durch Regelungen in Buch 2 bei den jeweiligen Verfahren (zu den Einzelheiten siehe jeweils bei den entsprechenden Abschnitten):

- Familienstreitsachen allgemein, § 119 FamFG
- Kindschaftssachen, § 157 III FamFG
- Gewaltschutzsachen, § 214 FamFG
- Versorgungsausgleichssachen, § 226 FamFG
- Unterhaltssachen, §§ 246–248 FamFG

76 Der einstweilige Rechtsschutz wurde durch das FamFG neu geregelt. Im Gegensatz zum früheren Recht ist das Verfahren der einstweiligen Anordnung nicht mehr von der Anhängigkeit einer entsprechenden Hauptsache bzw. einem darauf gerichteten Antrag auf Prozesskostenhilfe (jetzt Verfahrenskostenhilfe) abhängig. Das Verfahren der einstweiligen Anordnung ist – wie im Zivilprozess – vielmehr **stets ein selbständiges Verfahren** (§ 51 III FamFG).

Dies hat verschiedene Folgen:

- Einstweilige Anordnung und Hauptsache müssen nicht mehr gleichzeitig anhängig gemacht werden; vielmehr kann ein Hauptsacheverfahren insgesamt entfallen. Wegen des summarischen Charakters des Verfahrens auf Erlass einer einstweiligen Anordnung hindert allerdings weder die Durchführung des Verfahrens noch ihr Erlass die Durchführung eines Hauptsacheverfahrens wegen des selben Gegenstands (*OLG Stuttgart,* FamRZ 1992, 1195, 1196).
- Der Anwaltszwang ist für Verfahren auf Erlass einer einstweiligen Anordnung und Hauptsacheverfahren in Familienstreitsachen unterschiedlich geregelt: Das Verfahren der einstweiligen Anordnung ist insgesamt anwaltsfrei (§ 114 IV Nr. 1 FamFG); im Hauptsacheverfahren besteht Anwaltszwang (§ 114 I FamFG).
- Schließen die Beteiligten in einem Verfahren auf Erlass einer einstweiligen Anordnung einen Vergleich, müssen beide Seiten anwaltlich vertreten sein, wenn der Vergleich auch der Erledigung der Hauptsache dienen soll. Ansonsten mangelt es an der gesetzlichen Form.
- In § 51 III 2 FamFG sieht das Gesetz aus Gründen der Verfahrensökonomie die Möglichkeit vor, Verfahrenshandlungen, die im Verfahren auf Erlass einer einstweiligen Anordnung vorgenommen worden sind, in einem nachfolgenden Hauptsacheverfahren zu verwerten bzw. von einer Wiederholung abzusehen.

2. Verfahren

77 Das Verfahren ist stark an den einstweiligen Rechtsschutz durch Arrest und einstweilige Verfügung der ZPO angenähert; es bestehen aber Besonderheiten für die Amtsverfahren. Nach § 51 I FamFG ist zwischen Antrags- und Amtsverfahren zu unterscheiden. In Antragsverfahren kann eine einstweilige Anordnung nur auf Antrag erlassen werden. Für das Verfahren selbst gelten die Vorschriften, die auch für das entsprechende Hauptsacheverfahren gelten, es sei denn, aus den Besonderheiten des einstweiligen Rechtsschutzes ergibt sich etwas anderes. Das Gericht kann ohne mündliche Verhandlung entscheiden (§ 51 II 2 FamFG). Soweit es ohne mündliche Verhandlung entschieden hat, ist auf Antrag aufgrund mündlicher Verhandlung erneut zu entscheiden (§ 54 II FamFG). Voraussetzung für den Erlass einer einstweiligen Anordnung ist nach § 49 FamFG das Vorliegen eines Anordnungsanspruchs und ein Bedürfnis für ein sofortiges Tätigwerden des Gerichts (Regelungsbedürfnis).

3. Außerkrafttreten der einstweiligen Anordnung/Einleitung eines Hauptsacheverfahrens

78 Für den im einstweiligen Anordnungsverfahren unterlegenen Antragsgegner stellt sich regelmäßig die Frage, wie die ihn belastende Anordnung zu beseitigen ist. Das Außerkrafttreten der einstweiligen Anordnung ist in § 56 FamFG geregelt. Danach tritt die einstweilige Anordnung mit dem Wirksamwerden (FG-Sache) bzw. der Rechtskraft (Familienstreitsache) einer anderweitigen Regelung außer Kraft (§ 56 I FamFG). Soweit es sich um Antragsverfahren handelt, verliert die einstweilige Anordnung auch dann ihre Wirkung, wenn ein Hauptsacheverfahren in anderer Weise beendet wird (§ 56 II FamFG). Diese Fälle des Außerkrafttretens setzen aber die Einleitung eines Hauptsacheverfahrens und ein damit verbundenes Kostenrisiko für den jeweiligen Antragsgegner voraus. Nach § 52 FamFG besteht daher die Möglichkeit, ein Hauptsacheverfahren durch das Gericht (in Amtsverfahren) bzw. durch den obsiegenden Antragsteller (in Antragsverfahren) zu erzwingen. In beiden Verfahrensarten kann das Gericht nach § 52 I FamFG eine Frist bestimmen, vor deren Ablauf die Einleitung eines Hauptsacheverfahrens unzulässig ist. Dies gilt auch für die Konstellation, dass ein im Verfahren auf Erlass einer einstweiligen Anordnung unterlegener Antragsgegner selbst ein Hauptsacheverfahren einleiten will. In Antragsverfahren hat das Gericht nach § 52 II FamFG auf Antrag des Antragsgegners anzuordnen, dass der obsiegende Antragsteller binnen einer vom Gericht zu bestimmenden Frist (höchstens drei Monate) ein Hauptsacheverfahren einzuleiten hat. Verstreicht die Frist, ohne dass der Antragsteller dem nachgekommen ist, ist die einstweilige Anordnung vom Gericht aufzuheben.

IV. Hinweise zu den Verfahrenswerten in Familiensachen

1. Scheidung 79

Der Wert einer Ehesache bestimmt sich nach § 43 I FamGKG unter Berücksichtigung des Umfangs und der Bedeutung der Sache sowie den Einkommens- und Vermögensverhältnissen der Ehegatten. Der Mindestverfahrenswert beträgt nach § 43 I 2 FamGKG 2.000,– EUR. 80

Für die Einkommensverhältnisse ist gemäß § 43 II FamFG das dreimonatige Nettoeinkommen der Ehegatten einzusetzen. Dabei ist nach § 34 S. 1 FamGKG auf das in den letzten drei Monaten vor Eingang des Antrags bei Gericht erzielte Einkommen abzustellen (zur insoweit identischen Rechtslage vor Inkrafttreten des FamGKG: *OLG Hamm,* FamRZ 1997, 690). Auf Einkommensverschlechterungen oder Einkommenserhöhungen während des Scheidungsverfahrens kommt es nicht an (*OLG Karlsruhe,* FamRZ 1998, 572, 573). Zu dem Einkommen gehören alle steuerlich relevanten Einkünfte eines Ehegatten. Von den Einkünften werden wertende Abzüge vorgenommen, zB für Unterhaltsaufwendungen für Kinder. Zumeist werden dabei Pauschbeträge abgesetzt (*OLG Düsseldorf,* FamRZ 2006, 807: 250,– EUR; *OLG Brandenburg,* FamRZ 2008, 1206: 300,– EUR; vgl. auch *Zöller/Herget,* § 3 Rn. 16 „Ehesachen"). 81

Neben dem Einkommen ist auch das Vermögen angemessen zu berücksichtigen, wobei etwa 5–10% in Ansatz gebracht werden (vgl. *OLG Düsseldorf,* FamRZ 1994, 249; *OLG Frankfurt,* FamRZ 1994, 250). Vorab wird das Vermögen in der Regel um gewisse Freibeträge gekürzt (*OLG Koblenz,* FamRZ 2003, 1681: 60.000,– EUR je Ehegatte und 30.000,– EUR je Kind; *OLG Frankfurt,* FamRZ 2009, 74: 30.000,– EUR vom Gesamtvermögen beider Ehegatten; *OLG Karlsruhe,* FamRZ 2008, 2050: 15.000,– EUR je Ehegatte und 7.500,– EUR je Kind). 82

Verschiedentlich werden auch die **Schulden** der Eheleute bei der Wertfestsetzung berücksichtigt, um das tatsächliche Einkommen der Beteiligten in ein vernünftiges Verhältnis zu den ehelichen Lebensverhältnissen zu setzen. Die Rechtsprechung ist jedoch völlig uneinheitlich (vgl. Übersicht bei *Zöller/Herget,* § 3 Rn. 16 „Ehesachen"). Haben beide **Eheleute Verfahrenskostenhilfe ohne Raten,** darf der Verfahrenswert dennoch nicht von vornherein mit dem Mindestverfahrenswert festgesetzt werden, sondern ist nach den obigen Grundsätzen zu errechnen (vgl. *BVerfG,* FamRZ 2007, 1080, 1081; FamRZ 2009, 491). 83

2. Folgesachen

Nach § 44 I FamGKG gelten die Scheidungssache und die Folgesachen als ein Verfahren. Die Verfahrenswerte sind daher zusammenzurechnen. 84

Kindschaftssachen: Der Verfahrenswert der Ehesache erhöht sich für jede Kindschaftssache um 20 Prozent, höchstens um 3.000,– EUR (§ 44 II FamGKG). Eine Kindschaftssache ist dabei auch dann als ein Gegenstand zu bewerten, wenn sie mehrere Kinder betrifft. Soweit der sich ergebende Wert als unbillig erscheint, kann dieser nach § 44 III FamFG erhöht oder vermindert werden.

Ehegatten- und Kindesunterhalt: Jahresbetrag, § 51 I FamFG. Maßgeblich ist der für die ersten 12 Monate nach der Einreichung des Antrages geforderte Betrag (§ 51 I 1 FamGKG).

Ehegattenunterhalt: Siehe Kindesunterhalt

Versorgungsausgleich: Je einzubeziehendes Anrecht 10 Prozent des beiderseitigen in 3 Monaten erzielten Nettoeinkommens der Ehegatten, mindestens 1.000,– EUR (§ 50 I FamGKG). Der Wert kann im Einzelfall bei Unbilligkeit erhöht oder herabgesetzt werden (§ 50 III FamGKG).

Ehewohnung: 4.000,– EUR (§ 48 I letzter Halbsatz FamGKG)

Haushaltssachen: 3.000,– EUR (§ 48 II letzter Halbsatz FamGKG)

Zugewinn: Wert der Ausgleichsforderung (§ 35 FamGKG). Bei wechselseitigen Klageanträgen keine Zusammenrechnung der Werte. Ausschlaggebend ist der Wert der höheren Forderung (*OLG Köln,* FamRZ 1994, 641; *OLG Düsseldorf,* FamRZ 1994, 640).

3. Selbständige Familiensachen

Kindschaftssachen: 3.000,– EUR in Kindschaftssachen, die die Übertragung oder Entziehung der elterlichen Sorge oder Teile hiervon, das Umgangsrecht oder die Kindesherausgabe betreffen (§ 45 I FamGKG). Auch hier gilt, dass eine Kindschaftssache, die mehrere Kinder betrifft, als ein Gegenstand zu bewerten ist (§ 45 II FamGKG). Nach Absatz 3 ist eine Abweichung nach oben oder unten möglich, wenn der Wert im Einzelfall als unbillig erscheint. Die Verfahrenswerte in den übrigen Kindschaftssachen bestimmen sich nach § 46 FamGKG. 85

Ehegatten- und Kindesunterhalt: Jahresbetrag, § 51 I FamFG. Maßgeblich ist der für die ersten 12 Monate nach der Einreichung des Antrages geforderte Betrag (§ 51 I 1 FamGKG). Bei dynamisierten Unterhaltsansprüchen nach §§ 1612a bis 1612c BGB ist der Jahresbetrag des geforderten Unterhalts nach dem Monatsbetrag des Mindestunterhalts zu berechnen, der im Zeitpunkt der Antragseinrichtung maßgeblich ist (§ 34 S. 1 FamGKG). Maßgebend ist der Zahlbetrag des Kindesunterhalts (*OLG München,* FamRZ 2005, 1766; *OLG Köln,* FamRZ 2002, 684; *OLG Brandenburg,* FamRZ 2001, 1385). Die Wertfestsetzung gilt auch für das Vereinfachte Verfahren (§ 51 I 3 FamGKG). Unterhaltsrückstände aus der Zeit vor der Einreichung des Antrages werden hinzugerechnet (§ 51 II 1 FamGKG).

Ehewohnung: 3.000,– EUR in den Fällen des § 1361 b BGB und 4.000,– EUR in den Fällen des § 1568 a BGB (§ 48 I FamGKG). Nach § 48 III FamGKG ist eine Abweichung nach oben oder unten möglich, wenn der Wert im Einzelfall als unbillig erscheint.

Haushaltssachen: 2.000,– EUR in den Fällen des § 1361 a BGB und 3.000,– EUR in den Fällen des § 1568 b BGB (§ 48 II FamGKG). Nach § 48 III FamGKG ist eine Abweichung nach oben oder unten möglich, wenn der Wert im Einzelfall als unbillig erscheint.

Auskunftsansprüche: $^1/_{10}$ bis $^1/_4$ des Wertes des Zahlungsanspruchs (*BGH,* FamRZ 1993, 1189: $^1/_5$). Bei einem Stufenantrag ist für die Wertfestsetzung der höhere Wert maßgebend, § 38 FamGKG.

Abstammungssachen: 2.000,– EUR in Verfahren auf Feststellung des Bestehens oder Nichtbestehens eines Eltern-Kind-Verhältnisses und in Verfahren auf Anfechtung der Vaterschaft, ansonsten 1.000,– EUR (§ 47 FamGKG).

Gewaltschutzsachen: 2.000,– EUR in Verfahren nach § 1 GewSchG; 3.000,– EUR in Verfahren nach § 2 GewSchG (§ 49 I FamGKG). Nach § 49 II FamGKG ist eine Abweichung nach oben oder unten möglich, wenn der Wert im Einzelfall als unbillig erscheint.

Versorgungsausgleichssachen: Je einzubeziehendes Anrecht 20 Prozent des beiderseitigen in 3 Monaten erzielten Nettoeinkommens der Ehegatten, mindestens 1.000,– EUR (§ 50 I FamGKG). Der Wert kann im Einzelfall bei Unbilligkeit erhöht oder herabgesetzt werden (§ 50 III FamGKG).

4. Einstweilige Anordnungen

86 In einstweiligen Anordnungen ist der Wert der jeweiligen Hauptsache unter Berücksichtigung der geringeren Bedeutung der einstweiligen Anordnung gegenüber der Hauptsache zu ermäßigen. Nach § 41 S. 2 FamGKG ist der Wert regelmäßig mit der Hälfte des Hauptsachewertes anzusetzen.

5. Vergleiche

87 Der Wert richtet sich stets nach dem, **worüber** sie die Beteiligten geeinigt haben, nicht nach dem, **worauf** sie sich einigten. Bei der Übernahme von gemeinsamen Schulden zum Beispiel bezieht sich die Einigung nur auf die Hälfte, die der andere Ehegatte zu tragen gehabt hätte. Die Tilgung der anderen Hälfte oblag ihm ohnehin. Es sind also nur die halben Schulden als Wert festzusetzen, wobei auf den noch offenen Restbetrag abzustellen ist. Zur Freistellungsvereinbarung siehe *OLG Düsseldorf,* FamRZ 1994, 57.

C. II. Scheidungsverfahren

Dr. Rainer Ziegler

Übersicht

Literatur: *Garbe/Oelkers,* Praxishandbuch Familienrecht, Loseblatt; *Gerhardt/v. Heintschel-Heinegg,* Materielles Scheidungsrecht, 9. Aufl. 2009; *Gießler/Soyka,* Vorläufiger Rechtsschutz in Familiensachen, 5. Aufl. 2010; *v. Heintschel-Heinegg/Seiler/Siede,* Das Verfahren in Familiensachen, 10. Aufl. 2011; *Johannsen/Henrich,* Familienrecht, Kommentar, 5. Aufl. 2010; *Prütting/Helms,* FamFG, Kommentar, 1. Aufl. 2009; *Rahm/Künkel,* Handbuch des Familiengerichtsverfahrens, Loseblatt; *Schwab (Hg.):* Handbuch des Scheidungsrechts, 6. Aufl. 2010; *v. Staudinger,* Kommentar zum Bürgerlichen Gesetzbuch, Buch 4: Familienrecht, §§ 1564–1568, 1568 a+b, 2010.

Zu allg. Literatur siehe auch Literaturverzeichnis C. I.

I. Verfahrensrechtliche Besonderheiten

Auf das Scheidungsverfahren sind die Allgemeinen Vorschriften des Buchs 2 des FamFG (§§ 111 bis 120 FamFG), die besonderen Vorschriften über das Verfahren in Ehesachen, Scheidungssachen und Folgesachen (§§ 121 bis 150 FamFG) und – über § 113 I FamFG – die Regelungen des Buchs 1 des FamFG über den Beschluss (§§ 38, 39 FamFG), die Rechtsmittel (§§ 58 bis 75 FamFG) sowie die Regelungen über die internationale Zuständigkeit (§ 98 FamFG) anzuwenden. Daneben gelten über § 113 I 2 FamFG die Allgemeinen Vorschriften der Zivilprozessordnung und die Vorschriften der Zivilprozessordnung über das Verfahren vor den Landgerichten entsprechend, allerdings nur, soweit sie nicht von den entsprechenden Regelungen des FamFG verdrängt werden. Die Geltung der zivilprozessualen Vorschriften wird wiederum eingeschränkt durch die Absätze 3 und 4 des § 113 FamFG. Diese etwas unübersichtliche Regelungstechnik ist der Tatsache geschuldet, dass es sich bei Scheidungssachen weder um Familienstreitsachen noch um reine FG-Familiensachen handelt. Von dem im Zivilprozess geltenden Beibringungsgrundsatz unterscheiden sich Scheidungsverfahren dadurch, dass der entscheidungserhebliche Sachverhalt durch das Gericht von Amts wegen zu ermitteln ist (§ 127 I FamFG). Weder können Tatsachen zugestanden werden (§ 113 IV Nr. 5 FamFG) noch hat eine fehlende Erklärung zu Behauptungen der Gegenseite die Wirkungen des § 138 III ZPO (§ 113 IV Nr. 1 FamFG). Im Gegensatz zu reinen FG-Familiensachen, in denen der Amtsermittlungsgrundsatz uneingeschränkt gilt, ist der Untersuchungsgrundsatz bei Scheidungssachen jedoch eingeschränkt. So dürfen nach § 127 II und III FamFG bestimmte Tatsachen nur berücksichtigt werden, wenn sie von einem der Ehegatten vorgebracht worden sind oder wenn sie der Aufrechterhaltung der Ehe dienen. Auch der den Zivilprozess beherrschende Dispositionsgrundsatz gilt in Scheidungssachen nur eingeschränkt. Die Ehegatten können zB Anträge der jeweiligen Gegenseite auf Scheidung der Ehe nicht anerkennen (§ 113 Nr. 6 FamFG) oder über den Umfang einer Beweisaufnahme entscheiden. Der antragsgegnerische Ehegatte kann aber einem Scheidungsantrag zustimmen und so die materiellrechtlichen Scheidungsvoraussetzungen beeinflussen (siehe hierzu unten Rn. 34 und 38). 1

Zu unterscheiden ist zunächst zwischen gemischt-nationalen Ehen, Ehen unter Ausländern und Ehen, bei denen beide Ehegatten Deutsche sind. Die nachfolgenden Ausführungen befassen sich nur mit der letzteren Gruppe. Scheidungsverfahren mit Auslandsberührung sind Gegenstand bei C. VIII. „Internationales Familienrecht". 2

1. Örtliche Zuständigkeit des Familiengerichts

Die örtliche Zuständigkeit des Familiengerichtes für Scheidungssachen richtet sich nach der **zwingenden Prüfungsfolge des § 122 FamFG.** Alle in Betracht kommenden Gerichtsstände sind dort nach- 3 einander aufgezählt. Der jeweils nachgeordnete kommt nur dann zum Zuge, wenn der vorausgehende nicht eingreift.

4 Eine Prorogation (§ 113 I FamFG, § 38 ZPO) ist wegen der **Ausschließlichkeit der Gerichtsstände** nicht möglich. Ebenso wenig kann sich ein Antragsgegner bei fehlender örtlicher Zuständigkeit rügelos einlassen (§ 113 I FamFG, § 40 II 2 ZPO).

5 § 122 FamFG baut auf dem Begriff des **gewöhnlichen Aufenthalts** auf. Der gewöhnliche Aufenthalt im Sinne dieser Norm ist der tatsächliche Mittelpunkt des Lebens und damit der Ort, an dem sich ein Ehegatte hauptsächlich aufhält und nicht nur vorübergehend nächtigt und wohnt, mithin sein **Daseinsmittelpunkt** (BGH FamRZ 2002, 1182; *OLG Düsseldorf,* FamRZ 2010, 1178; *OLG Frankfurt,* FamRZ 2006, 883). Nicht erforderlich ist, dass der Ehegatte dort polizeilich gemeldet ist (*BGH,* FamRZ 1996, 171). Es handelt sich um einen rein tatsächlichen Vorgang, ohne dass ein rechtsgeschäftlicher Wille hinzukommen müsste, an dem Ort einen Wohnsitz im Sinne des § 7 BGB zu begründen (*BGH,* FamRZ 1995, 1135; *KG,* NJW 1988, 649, 650; *OLG Zweibrücken,* FamRZ 1985, 81, 82).

6 Der gewöhnliche Daseinsmittelpunkt kann auch dort gegeben sein, wo sich jemand gegen seinen Willen für längere Zeit aufhält, zB in einer **Straf- oder Heilanstalt** (*OLG Zweibrücken,* FamRZ 2007, 1833; *OLG Düsseldorf,* MDR 1969, 143). Das gilt auch für den Aufenthalt im **Frauenhaus** (*BGH,* FamRZ 1993, 47; *OLG Hamm,* FamRZ 1997, 1294; *OLG Nürnberg,* NJW-RR 1997, 1025; *OLG Karlsruhe,* FamRZ 1995, 1210). Ein vorübergehender Aufenthalt in einem Frauenhaus von bis zu 3 Wochen genügt allerdings nicht (*BGH,* FamRZ 1995, 728).

7 Für die Prüfungsfolge im Rahmen des § 122 ist allein der Aufenthaltsort **im Inland** entscheidend. Haben die Ehegatten zu keinem Zeitpunkt im Inland zusammengelebt und hat auch keiner der Ehegatten bei Rechtshängigkeit der Scheidung einen inländischen Wohnsitz, ist – bei vorliegender internationaler Zuständigkeit (§ 98 FamFG) – die Zuständigkeit des Amtsgerichts Schöneberg in Berlin nach § 122 Nr. 6 FamFG gegeben.

8 Nach der Prüfungsleiter des § 122 FamFG ist zunächst das Familiengericht örtlich zuständig, in dessen Bezirk **einer der Ehegatten mit allen gemeinschaftlichen minderjährigen Kindern** seinen **gewöhnlichen Aufenthalt** hat. Seinen gewöhnlichen Aufenthalt hat ein minderjähriges Kind dort, wo sein faktischer Daseinsmittelpunkt liegt, idR also bei dem Elternteil, in dessen **Obhut** (§ 1629 II 2 BGB) es sich befindet (*OLG Bremen,* FamRZ 1992, 963; *Musielak/Borth,* § 122 Rn. 10). Eine **vorübergehende Abwesenheit eines Kindes,** zB wegen Internats- oder Krankenhausaufenthalt, ist unbeachtlich (*BGH,* FamRZ 1975, 272). Dies gilt auch in **Entführungsfällen,** jedenfalls solange keine soziale Eingliederung am neuen Aufenthaltsort erfolgt ist (*BGH* FamRZ 1981, 135, 136; *OLG Bremen,* FamRZ 1992, 963; *OLG Celle,* FamRZ 1991, 1221).

9 Scheidet eine Zuständigkeit nach § 122 Nr. 1 FamFG aus, ist nach der Nr. 2 das Familiengericht zuständig, in dessen Bezirk ein **Ehegatte mit einem Teil der gemeinschaftlichen minderjährigen Kinder** seinen gewöhnlichen Aufenthalt hat. Dies gilt aber nur dann, wenn weitere gemeinsame minderjährige Kinder an einem dritten Ort leben und ihren gewöhnlichen Aufenthalt nicht bei dem anderen Ehegatten haben. Leben die Kinder teils bei der Mutter, teils beim Vater, gilt § 122 Nr. 2 FamFG nicht.

10 Auf **volljährige Kinder** ist § 122 Nr. 1 und 2 FamFG nicht anzuwenden. Werden Kinder während des Scheidungsverfahrens volljährig, berührt dies nach Rechtshängigkeit des Scheidungsantrages die örtliche Zuständigkeit jedoch nicht mehr. Das ergibt sich aus § 113 I FamFG, § 261 III Nr. 2 ZPO („perpetuatio fori").

11 Greift keine der bislang genannten Fallgruppen ein, ist nach § 122 Nr. 3 FamFG das Gericht am **ehemaligen gemeinsamen Aufenthaltsort** der Ehegatten zuständig, wenn einer der Ehegatten bei Eintritt der Rechtshängigkeit des Scheidungsverfahrens dort seinen gewöhnlichen Aufenthalt hat. Diese Alternative greift auch dann ein, wenn der Ehegatte seinen Aufenthalt zwischenzeitlich aus dem Bezirk verlegt hatte, aber zum Zeitpunkt der Einleitung des Scheidungsverfahrens wieder in den Bezirk des früheren gemeinsamen Aufenthalts zurückgekehrt war (vgl. zum früheren Recht *BGH,* NJW-RR 1992, 902).

12 Nach § 122 Nr. 4 FamFG ist das Gericht zuständig, bei **welchem der Antragsgegner seinen gewöhnlichen Aufenthalt** hat. Dass es sich dabei um einen inländischen Aufenthalt handeln muss, ergibt sich aus der Gesetzesbegründung zu § 122 Nr. 4 FamFG, nach welcher die Regelungen der Nr. 3 und 4 dem bisherigen § 606 II 2 ZPO nachgebildet worden sind (BT-Drs. 16/6308 S. 502). Jener hatte ausdrücklich auf einen inländischen Wohnsitz Bezug genommen.

13 Gibt es keinen gewöhnlichen Aufenthaltsort des Antragsgegners im Inland oder ist dieser nicht bekannt (vgl. hierzu *BGH,* FamRZ 1982, 1199), entscheidet nach § 122 Nr. 5 FamFG der gewöhnliche Aufenthalt des Antragstellers über die örtliche Zuständigkeit.

14 Ist auch danach keine örtliche Zuständigkeit gegeben, weil sich zB beide Eheleute im Ausland aufhalten, ist – sofern eine internationale Zuständigkeit gegeben ist – das Familiengericht beim Amtsgericht Schöneberg in Berlin zuständig (§ 122 Nr. 6 FamFG).

2. Rubrum/Antragsschrift

15 Nach § 124 FamFG wird das Verfahren in allen Ehesachen durch Einreichung einer **Antragsschrift** eingeleitet, die den Vorschriften der Zivilprozessordnung über eine Klageschrift entsprechen muss

(§ 124 S. 2 FamFG). Wie sich aus der Verweisung in § 124 S. 2 FamFG auf § 253 ZPO ergibt, muss die Scheidungsantragsschrift ein vollständiges **Rubrum** enthalten. Die Angabe der **Anschriften beider Ehegatten** ist unerlässlich für die von Amts wegen vorzunehmende Bestimmung der örtlichen Zuständigkeit des Gerichts nach § 122 FamFG.

§ 133 I FamFG legt den zwingenden Inhalt der **Antragsschrift in Scheidungssachen** fest. Werden diese Vorgaben nicht beachtet, hat dies die Unzulässigkeit des Scheidungsantrags zur Folge. Danach hat der Antrag die **Namen und Geburtsdaten der gemeinschaftlichen minderjährigen Kinder** sowie die Mitteilung ihres **gewöhnlichen Aufenthalts** zu enthalten, um so die örtliche Zuständigkeit des Familiengerichts überprüfen zu können. Weiter ist eine Erklärung notwendig, ob die Eheleute Einvernehmen über die **elterliche Sorge, das Umgangsrecht und den Kindesunterhalt sowie über den Ehegattenunterhalt und die Rechtsverhältnisse an Ehewohnung und Hausrat** erzielt haben. Die Ehegatten sollen dadurch motiviert werden, vor Einleitung des Scheidungsverfahrens die besonders bedeutsamen Scheidungsfolgen zu klären. Das Gericht erkennt infolge der Erklärung schon zu Beginn des Verfahrens ohne Weiteres, in welchem Umfang Streit über die Scheidungsfolgen besteht. Es kann den Ehegatten gegebenenfalls gezielte Hinweise auf Beratungsangebote geben (vgl. § 135 FamFG), um ein langwieriges und streitiges Verfahren zu vermeiden. Der Antrag muss auch Angaben darüber enthalten, ob **Familiensachen, an denen beide Ehegatten beteiligt sind, anderweitig anhängig** sind. Hierdurch soll zum einen die Überleitung dieser Verfahren zu dem Gericht der Ehesache (vgl. etwa §§ 153, 202, 233, 263, 268 FamFG) ermöglicht werden, zum anderen aber auch die Unterrichtung des Gerichts über die zwischen den Ehegatten noch nicht geklärten Streitpunkte. 16

Die Antragsschrift enthält häufig im Rubrum die Angabe eines Gegenanwaltes als Verfahrensbevollmächtigten. Dieser ist nach § 113 I FamFG, § 172 I S. 1 ZPO als Verfahrensbevollmächtigter anzusehen, so dass an ihn und nicht an den Ehegatten zuzustellen ist (*BGH,* MDR 2011, 620). Das Risiko, dass der vom Antragsteller als Verfahrensbevollmächtigte des Antragsgegners bezeichnete Rechtsanwalt keine Verfahrensvollmacht besitzt und die an diesen bewirkte Zustellung deshalb unwirksam ist, trägt der Antragsteller (*BGH,* MDR 2011, 620). 17

Nach § 133 II FamFG sollen dem Scheidungsantrag die Heiratsurkunde und die Geburtsurkunden gemeinschaftlicher Kinder beigefügt werden. Die Ausgestaltung als „Soll"-Regelung weist nicht darauf hin, dass in bestimmten Fällen von einer Vorlage abgesehen werden kann, sondern trägt dem Umstand Rechnung, dass sich die Urkunden auch in der Hand des nicht antragstellenden Ehegatten befinden können. 18

3. Gerichtskostenvorschuss/Verfahrenskostenhilfe

Die Einzahlung des Gerichtskostenvorschusses ist nach § 14 I FamGKG Voraussetzung dafür, dass das Gericht tätig wird, es sei denn, der antragstellende Beteiligte hat einen Antrag auf Bewilligung von Verfahrenskostenhilfe gestellt. Die **Vorschusspflicht** besteht jedoch nur für die Scheidungssache selbst, nicht für die Folgesachen. Dies folgt mittelbar aus der Regelung des § 9 I FamGKG, nach welcher nur in Ehesachen und isolierten Familienstreitsachen die Verfahrensgebühr bereits mit der Einreichung einer Antragsschrift fällig wird. Die Gebühr für Folgesachen wird nach § 11 FamGKG hingegen erst mit dem Abschluss des Verfahrens bzw. mit einer qualifizierten Unterbrechung fällig. Auch für einen Scheidungsantrag des Antragsgegners („Widerscheidungsantrag") darf nach § 14 II FamGKG ein gerichtliches Tätigwerden nicht von der Einzahlung eines Kostenvorschusses abhängig gemacht werden. 19

Einzuzahlen ist in Scheidungssachen eine 2,0 Verfahrensgebühr nach dem Verfahrenswert der Ehesache (FamGKG KV Nr. 1110). Einzelheiten zur Verfahrenswertberechnung siehe C. I. Rn. 80 ff.

Ist neben dem Scheidungsantrag ein **Verfahrenskostenhilfeantrag** (im Folgenden: VKH-Antrag) gestellt worden und die Durchführung des Scheidungsverfahrens von der Bewilligung von Verfahrenskostenhilfe abhängig gemacht worden, darf die Zustellung erst bewirkt werden, wenn über den VKH-Antrag positiv durch Beschluss entschieden worden ist, § 15 Nr. 2 FamGKG. Die Bewilligung von Verfahrenskostenhilfe in der Scheidungssache erstreckt sich nach § 149 FamFG automatisch auf die Folgesache Versorgungsausgleich, dh es bedarf insoweit keines Antrages und keiner gesonderten VKH-Bewilligung. Dies muss in dem Bewilligungsbeschluss daher nicht besonders erwähnt werden. Werden demgegenüber auf den Antrag eines Ehegatten andere Folgesachen anhängig gemacht, muss für jede Folgesache ausdrücklich Verfahrenskostenhilfe beantragt und gesondert bewilligt werden. 20

Eine weitere automatische Erstreckung sieht § 48 III RVG vor. Wird im Rahmen des Scheidungsverfahrens eine **Scheidungsfolgenvereinbarung** mit den Regelungstatbeständen des § 48 III 1 RVG geschlossen, ist die Verfahrenskostenhilfe für diese Regelungstatbestände von der VKH-Bewilligung für das Scheidungsverfahren umfasst. Werden allerdings Tatbestände in den Scheidungsfolgenvergleich einbezogen, die von § 48 III 1 RVG nicht umfasst sind, bedarf es eines VKH-Antrages und einer gesonderten Bewilligung der Verfahrenskostenhilfe für den Scheidungsfolgenvergleich. 20a

4. Anwaltszwang

21 Gemäß § 114 I FamFG herrscht **im Scheidungsverfahren Anwaltszwang.** Dies gilt, wie sich aus § 114 IV Nr. 3 und 4 FamFG entnehmen lässt, **für den Antragsgegner** nur dann, wenn er selbst einen Scheidungsantrag stellen oder in einer Folgesache aktiv handeln will. Die Zustimmung zum Scheidungsantrag oder zu dessen Rücknahme kann der Antragsgegner ebenso wie den Widerruf der Zustimmung zur Scheidung ohne Anwalt wirksam abgeben. Das Gleiche gilt für einen Antrag auf Abtrennung einer Folgesache (vgl. § 140 FamFG). Sind sich die Ehegatten also über die Scheidung selbst „einig" und sind – bis auf den amtswegig durchzuführenden Versorgungsausgleich – keine Folgesachen eingeleitet, tritt in vielen Fällen im gerichtlichen Verfahren nur ein Rechtsanwalt für den antragstellenden Ehegatten auf.

22 **Scheidungsfolgenvergleiche** mit einem vollstreckungsfähigen Inhalt können aber nur dann bei Gericht protokolliert werden, wenn auch der andere Ehegatte anwaltlich vertreten ist.

5. Beweisaufnahme/Beweiswürdigung/Beweislast

24 Der behauptete Sachvortrag ist im Scheidungsverfahren wie in einem Zivilprozess unter **Beweis** zu stellen. Der Antragsteller hat also diejenigen Tatsachen vorzutragen und zu beweisen, aus denen sich das Scheitern der Ehe (§ 1565 I 1 BGB) ergibt (MünchKomm/*Ey*, BGB, § 1564 Rn. 76). Eine Besonderheit ergibt sich jedoch aus § 127 FamFG. Danach hat das Familiengericht auch **von Amts wegen** die Aufnahme von Beweisen anzuordnen und Tatsachen zu berücksichtigen, die von den Eheleuten nicht vorgebracht worden sind. Dieser Untersuchungsgrundsatz gilt bei Scheidungsverfahren gemäß § 127 II FamFG uneingeschränkt aber nur insoweit, als es sich um **eheerhaltende Tatsachen** handelt. Demgegenüber darf das Gericht **ehevernichtende Tatsachen** gegen den Widerspruch des Ehegatten, der die Scheidung beantragt hat, nicht berücksichtigen.

25 Für die Beweisführung stehen den Beteiligten die üblichen **Beweismittel** des Zivilprozesses zur Verfügung. Besondere Bedeutung kommt im Scheidungsverfahren daneben der Anhörung der Beteiligten bzw. der Beteiligtenvernehmung nach § 128 FamFG zu. Sinn dieser Regelung ist, dass sich das Gericht über die Sachverhaltsaufklärung hinaus einen persönlichen Eindruck über die eheliche Situation verschaffen soll (*Zöller/Philippi,* Rn. 4 zu § 128 FamFG). Sind gemeinschaftliche minderjährige Kinder vorhanden, verpflichtet § 128 II FamFG das Gericht, die Eltern auch dann zur elterlichen Sorge und zum Umgangsrecht anzuhören, wenn hierzu von Seiten der Eltern keine Anträge gestellt worden sind. Insbesondere sind die Eltern ggf. darauf hinzuweisen, dass sie sich durch die Beratungsstellen und Träger der Jugendhilfe beraten lassen können.

26 Das Gericht soll das **persönliche Erscheinen** der Ehegatten anordnen, § 128 I FamFG. Eine Pflicht, Angaben zu machen, besteht jedoch nicht (*Zöller/Philippi,* Rn. 11 zu § 128 FamFG). Deshalb sollte man sich sehr genau überlegen, ob man die nach § 128 IV FamFG, §§ 380 f. ZPO möglichen Zwangsmittel gegenüber einem nicht erschienenen Ehegatten einsetzt. Ein Versäumnisbeschluss gegen den Antragsgegner ist unzulässig, § 130 II FamFG. Erscheint er trotz ordnungsgemäßer Ladung nicht und hat zB gegenüber dem antragstellenden Ehegatten erklärt, er werde einer Ladung auch künftig nicht Folge leisten, ist es üblich, einen **zweiten Termin** anzuberaumen und den ausgebliebenen Ehegatten erneut mit dem Hinweis zu laden, dass für den Fall des Nichterscheinens auch ohne ihn verhandelt und entschieden werden wird. Sinnvoll ist es, die Ladung zusammen mit diesem Hinweis zuzustellen. Auf diese Weise ist sichergestellt, dass die Ladung den Beteiligten auch tatsächlich erreicht. Bleibt der Ehegatte erneut aus, wird die Scheidung in diesem Termin ausgesprochen.

27 § 128 FamFG verpflichtet das Gericht nicht ausnahmslos, das persönliche Erscheinen beider Eheleute anzuordnen und sie anzuhören (*Zöller/Philippi,* Rn. 5 zu § 128 FamFG). So kann von der persönlichen Anhörung abgesehen werden, wenn es einem im Ausland lebenden Ehegatten wegen weiter Entfernung nicht zugemutet werden kann zu erscheinen und der ausländische Staat keine Rechtshilfe leistet (*OLG Hamm,* FamRZ 1996, 1156). Nach dem OLG Hamm kann eine persönliche Anhörung eines Ehegatten auch dann entfallen, wenn der Ehegatte erkennen lässt, dass er auf Ladung nicht erscheinen wird und an einem ordnungsgemäßen Ablauf des Verfahrens nicht interessiert ist (*OLG Hamm,* FamRZ 1999, 1090).

28 Die **Beweiswürdigung** gestaltet sich in streitigen Scheidungsverfahren außerordentlich schwierig. Einerseits stehen dem beweisbelasteten Ehegatten Zeugen häufig nicht zur Verfügung, weil sich die Vorfälle in der Ehewohnung bzw. ohne Anwesenheit von Dritten abspielen. Andererseits sind die Zeugen, wenn sie denn zur Verfügung stehen, regelmäßig verwandt oder befreundet mit dem den Beweis führenden Ehegatten. Diesem Dilemma hat der Gesetzgeber dadurch Rechnung getragen, dass er die Anhörung der Ehegatten – nicht erst die Beteiligtenvernehmung – als Beweisaufnahme ausgestaltet hat. Der Richter kann daher seine Überzeugung von der Richtigkeit des Vortrags des antragstellenden Ehegatten auch allein auf der Grundlage der Anhörung nach § 128 FamFG gewinnen.

29 Auch wenn keine Zeugen vorhanden sind oder die vorhandenen parteiisch wirken, ist ein genereller Pessimismus, keine ausreichende Grundlage für die Überzeugungsbildung erlangen zu können, nicht angebracht. Der Termin ist jedoch so anzuberaumen, dass **kein Zeitdruck** entsteht, also entweder mit ei-

nem genügend großen Zeitpolster am Vormittag oder besser noch auf den Nachmittag als letzte Sitzung. Ganz wesentlich ist es dann, die Ehegatten selbst reden zu lassen und dabei auch dafür zu sorgen, dass die jeweiligen Anwälte sich heraushalten.

Wenn der beweisbelastete Ehegatte seine Vorwürfe zB im Rahmen einer Härtescheidung (§ 1565 II 30 BGB) vorgetragen hat, erhält die Gegenseite ebenfalls Gelegenheit, sich ausführlich zu äußern. Je streitiger der Fall ist, desto schwieriger ist es, einen geordneten Verfahrensgang aufrechtzuerhalten. Ein **ordentlicher Verfahrensablauf** kann hier jedoch nur ein zweitrangiges Ziel der richterlichen Aufklärungstätigkeit sein. Denn gerade dann, wenn man den Streit der Beteiligten im Termin zulässt, erkennt man besonders deutlich, wer von den beiden Eheleuten die Wahrheit sagt, weil diese zunehmend vergessen, dass sie bei Gericht sind bzw. die vorgesehene Prozesstaktik selbst nicht mehr einhalten können.

Der Antragsschrift, in der dem Gegner Tätlichkeiten, Beleidigungen, Alkoholexzesse und Wutausbrü- 31 che vorgeworfen werden, folgt regelmäßig eine Erwiderung, in der dies alles kunstvoll in Abrede gestellt wird, zumal Zeugen für die Vorfälle nicht vorhanden sind. Lässt man die **Ehegatten** dann in der Sitzung **ausführlich zu Wort kommen,** hält der Ehegatte, der alle Vorwürfe zu Unrecht abstreitet, seine Strategie oftmals nicht durch. Es kommt zu eben diesen Verhaltensweisen (Beleidigungen, Wutausbrüche etc.), die dann häufig eine hinreichend sichere Überzeugungsbildung ermöglichen. Es kommt auch vor, dass der abstreitende Ehegatte, nunmehr Auge in Auge mit dem anderen, Dinge, die bisher schriftsätzlich bestritten worden sind, wenigstens ansatzweise einräumt.

Die Praxis und die vielfältigen Ergebnisse solcher Anhörungen in streitigen Scheidungsverfahren 32 können hier nicht vertieft werden. Es ist jedoch falsch, sich rein relationstechnisch auf diese schwierigen Fälle vorzubereiten oder gar die mündliche Verhandlung von vornherein als wenig hoffnungsvoll für den beweisbelasteten Beteiligten zu halten. Sitzungen dieser Art gewinnen bei geschickter – erlernbarer – Verhandlungsführung regelmäßig eine **Eigendynamik,** die eine ausreichende Grundlage für die richterliche Überzeugungsbildung hervorbringt.

Kommt der Richter zu der Überzeugung, dass die Vorwürfe eine Scheidung nach § 1565 II BGB tra- 33 gen, führt das nicht sogleich zu einer Entscheidung. Vielmehr ist das Verfahren dann wie jedes andere auch zu fördern, bis alle Folgesachen entscheidungsreif sind. Ein Beschluss ist also nur in dem Fall zu erlassen, dass die Vorwürfe nicht hinreichend bewiesen werden können. Reicht das Ergebnis der Anhörung der Beteiligten und gegebenenfalls der Zeugenvernehmung nicht aus, ist wie auch sonst eine **Beweislastentscheidung** zu treffen. Dies wird vielfach in den Fällen als unbefriedigend empfunden, in denen die Anhörung zwar keine Überzeugung von der Richtigkeit der Vorwürfe erbringt, aber doch eine erhebliche Wahrscheinlichkeit dafür. Stellt der Anwalt des gegnerischen Ehegatten keinen Abweisungsantrag, wird man den Antrag dann nicht abweisen, sondern das Verfahren fördern. Oftmals ist das Trennungsjahr dann im Haupttermin abgelaufen, eine Scheidung nach § 1565 I BGB also möglich, da es ausreichend ist, wenn die einjährige Trennungsfrist im Haupttermin gewahrt ist (*Palandt/Brudermüller,* Rn. 1 aE zu § 1566 BGB).

II. Materiell-rechtliche Grundlagen

1. Schaubild: Scheidungstatbestände

34 Nur ein Scheidungsgrund: Scheitern der Ehe (Ehediagnose/Eheprognose)

Fristen: Nach einjähriger Trennung entweder:	oder	Nach dreijähriger Trennung	ohne Trennung bzw. Trennung < 1 Jahr
Einverständlich	Streitig s. unten		
Gesetz:			
§§ 1565 I, 1566 I BGB	§ 1565 I BGB	§§ 1565 I, 1566 II BGB	§ 1565 I, II BGB
Voraussetzungen:			
Zustimmung oder eigener Scheidungsantrag	Zerrüttungsnachweis (Scheitern der Ehe) in Form des endgültigen Abkehrwillens eines Ehepartners erforderlich	Zerrüttungsnachweis nicht erforderlich, da unwiderlegbare Vermutung des Scheiterns der Ehe	Unzumutbare Härte (Gründe in der Person nur des anderen Ehepartners)
	Kinderschutz- oder Härteklausel § 1568 BGB	Kinderschutz- oder Härteklausel § 1568 BGB	Kinderschutz- oder Härteklausel § 1568 BGB
	greift nicht ein → Scheidung; greift ein → zur Zeit keine Scheidung	greift ein → zur Zeit keine Scheidung; greift nicht ein → Scheidung	greift nicht ein → Scheidung; greift ein → zur Zeit keine Scheidung
Scheidung	Scheidung / zur Zeit keine Scheidung	Scheidung	zur Zeit keine Scheidung

2. Schaubild: streitige Scheidung

35 Scheidung selbst ist streitig | Scheidung ist unstreitig, aber Folgesachen sind streitig

3. Scheidungstatbestände

36 Es gibt seit dem 1. Juli 1977 nur noch einen Scheidungsgrund: Eine Ehe kann geschieden werden, wenn sie gescheitert ist (**Zerrüttungsprinzip**), § 1565 I 1 BGB. Eine Ehe ist gescheitert, wenn die Lebensgemeinschaft der Ehegatten nicht mehr besteht (Ehe-Diagnose) und nicht erwartet werden kann, dass sie ihre Ehe wiederherstellen (Ehe-Prognose), § 1565 I 2 BGB. Auf diesem Hintergrund sind **vier Scheidungstatbestände** zu unterscheiden:

37 a) Die Eheleute leben bereits **ein Jahr getrennt. Beide beantragen die Scheidung** bzw. der Antragsgegner stimmt der Scheidung zu.

38 Dies ist rein zahlenmäßig der häufigste Fall. Nach § 114 IV Nr. 3 FamFG braucht sich der Antragsgegner im Scheidungsverfahren nicht anwaltlich vertreten zu lassen. Er kann selbst der Scheidung zustimmen (Rn. 21).

39 b) Die Eheleute leben bereits **ein Jahr getrennt**, aber nur der antragstellende Ehegatte will die Scheidung, der **andere Ehegatte lehnt die Scheidung ab.** Dieser Tatbestand wird in der Praxis gelegentlich noch immer übersehen, weil man meint, der Widerstand des antragsgegnerischen Ehegatten führe dazu, dass dann eine dreijährige Trennung (§ 1566 II BGB) erforderlich sei.

40 Es ist jedoch ganz herrschende Rechtsprechung, dass die endgültige Abkehr auch nur **eines** Ehegatten nach Ablauf des Trennungsjahres zur Scheidung führt (*BGH*, FamRZ 1979, 1003; FamRZ 1978, 671;

OLG Zweibrücken, FamRZ 1997, 1212). Eine Versöhnung ist von dem Ehegatten zu beweisen, der nicht geschieden werden möchte (*OLG Zweibrücken*, FamRZ 1997, 1212).

Der Richter ist in diesen Fällen jedoch gehalten, bei der Frage, ob die Ehe bereits zerrüttet ist, besonders sorgfältig vorzugehen. Es genügt nicht, wenn sich der scheidungswillige Ehegatte dahingehend erklärt, dass er die Ehe als endgültig gescheitert ansieht. Vielmehr muss unter **Anlegung eines objektiven Maßstabes** die Wiederherstellung der Ehe nicht zu erwarten sein (*BGH*, NJW 1978, 1810; *OLG Zweibrücken*, NJW-RR 2006, 1013). Es ist erforderlich, dass der Antragsteller im einzelnen die Tatsachen darlegt, die gegen eine Wiederherstellung der ehelichen Lebensgemeinschaft sprechen. Hinweise zur Protokollierung in diesen Fällen siehe unten, Rn. 55 f. 41

c) Die Eheleute leben **noch kein Jahr getrennt.** Die Fortsetzung der Ehe ist aber für den antragstellenden Ehegatten aus Gründen, die allein in der Person des anderen Ehegatten liegen, eine **unzumutbare Härte,** § 1565 II BGB. Diese bezieht sich darauf, dass für den antragstellenden Ehegatten das bloße Fortbestehen des juristischen Ehebands unzumutbar ist (*BGH*, FamRZ 1981, 127). Entscheidend ist danach, ob sich Gründe in der Person des antragsgegnerischen Ehegatten ergeben, die so schwer wiegen, dass dem antragstellenden Ehegatten bei objektiver Betrachtung nicht zugemutet werden kann, an den Antragsgegner als Ehegatten weiter gebunden zu sein (*BGH* aaO). Zu diesem Tatbestandsmerkmal hat sich eine kaum überschaubare Kasuistik gebildet, deren Hauptanwendungsfeld das schwerwiegende eheliche Fehlverhalten ist (vgl. Darstellung bei *Schwab*, II Rn. 66). 42

d) Die Eheleute leben **drei Jahre getrennt,** § 1566 II BGB. Dann wird das Scheitern der Ehe **unwiderlegbar** vermutet. 43

Immer dann, wenn ein Ehepartner nicht geschieden werden will, können die **Härtetatbestände des § 1568 BGB** Bedeutung erlangen. Will sich der gegen die Scheidung wendende Ehegatte darauf berufen, dass die Scheidung jetzt eine unzumutbare Härte für ihn bedeuten würde, muss er einen entsprechenden Sachvortrag mit Beweisantritten dafür erbringen. Bleibt er beweisfällig, ist die Ehe zu scheiden (*OLG Brandenburg*, FamRZ 2007, 1888; *OLG Karlsruhe*, FuR 2000, 430). 44

Ist dagegen die Aufrechterhaltung der Ehe ausnahmsweise aus Gründen, die im Kindeswohl liegen, notwendig (**Kinderschutzklausel**), hat das Gericht die Umstände des Einzelfalles von Amts wegen zu ermitteln (*Schwab*, II Rn. 114). Fälle, in denen die Kinderschutzklausel zur Anwendung kommt, sind außerordentlich selten. Die mit jeder Scheidung für die minderjährigen Kinder verbundene psychische Härte reicht für die Anwendung des § 1568 BGB nicht aus. Vielmehr muss eine schwerwiegende Gesundheitsbeeinträchtigung oder die ernsthafte Gefahr einer Selbsttötung konkret zu befürchten sein (*OLG Hamburg*, FamRZ 1986, 469, 470; *OLG Zweibrücken*, FamRZ 1982, 293, 294; *OLG Köln* FamRZ 1981, 959, 960). 45

Die Fälle, in denen die **Ehegattenschutzklausel** eingewandt wird, sind häufiger. Zum Erfolg führt sie jedoch nur in sehr seltenen Ausnahmefällen (vgl. *BGH* FamRZ 1985, 905, 906; schwere Erkrankung; *OLG Celle*, FamRZ 1996, 614 und *OLG Stuttgart*, FamRZ 1992, 320: Suizid; *OLG Nürnberg*, FamRZ 1996, 35 und *OLG Köln*, 1995, 997: Abschiebung). 46

III. Hinweise zum Protokoll im Scheidungsverfahren

Für die Führung des Protokolls gelten über § 113 I FamFG die allgemeinen Vorschriften der ZPO, also §§ 159 ff. Das **Protokoll** muss nach § 160 I Nr. 5 ZPO die Feststellung enthalten, ob es eine **öffentliche oder eine nicht-öffentliche Sitzung** ist. Dies richtet sich nach **§ 170 GVG.** Danach sind Verhandlungen in Familiensachen (Definition § 111 FamFG) **stets nicht-öffentlich.** Sind in diesen Verfahren Dritte zu beteiligen (Jugendamt, Vermieter), sind diese berechtigt, an der nicht-öffentlichen Sitzung teilzunehmen. Im Scheidungsverbundverfahren gilt dies aber nur für den sie betreffenden Verfahrensteil (§ 139 II FamFG). 47

Zu dem Scheidungstermin soll das Gericht das persönliche Erscheinen der Ehegatten anordnen und sie anhören (§ 128 I FamFG). Es empfiehlt sich, die Sitzung mit einigen **persönlichen Worten des Vorsitzenden** an die Beteiligten zu beginnen. Auch wenn es sich um ein einverständliches Verfahren handelt, ist die Ehescheidung für die Ehegatten regelmäßig die wichtigste Sache in ihrem Leben nach der Hochzeit bzw. der Geburt der Kinder. Sie sind daher in aller Regel sehr aufgeregt, zumal die überwiegende Zahl noch nie vor Gericht war. Es erscheint daher unangebracht, den Haupttermin in einem unstreitigen Scheidungsverfahren rein juristisch abzuhandeln. 48

Die eigentliche Sitzung beginnt mit der **Stellung des Antrages** bzw. der Anträge (§ 113 I FamFG, 297 I ZPO). Die Verlesung des Antrages aus dem Schriftsatz kann dabei ersetzt werden durch die Bezugnahme auf diesen Schriftsatz (§ 297 II ZPO). Es kann wie folgt formuliert werden: 49

Beispiel:

Der Verfahrensbevollmächtigte der Antragstellerin bezieht sich auf seinen Scheidungsantrag vom … (Bl. … d. A.). Der Verfahrensbevollmächtigte des Antragsgegners bezieht sich auf seinen Scheidungsantrag vom … (Bl. … d. A.).

oder

Der Antragsgegner stimmt dem Scheidungsantrag zu.

50 Ist der Antragsgegner nicht anwaltlich vertreten, kann er selbst der Scheidung zustimmen (§ 114 IV Nr. 3 FamFG).

51 Es kommt auch vor, dass die **Gegenseite keine Erklärung** abgibt, also keinen Scheidungsantrag stellt und auch keine Zustimmung erteilt. Dies ist zu protokollieren. Meist führt dann die Anhörung des antragstellenden Ehegatten zumindest auch zu einer Reaktion des antragsgegnerischen, so dass das Gericht die Zerrüttung der Ehe feststellen kann.

52 Nach der Stellung der Anträge sind die Ehegatten nach § 128 I FamFG persönlich anzuhören. Bei der Anhörung handelt es sich um einen wesentlichen Vorgang der Verhandlung, der nach § 160 II ZPO im Terminsprotokoll aufzuführen ist.

53 Im Rahmen der Anhörung geht man zunächst anhand der Antragsschrift und der Heiratsurkunde die **Generalien** durch und stellt fest, ob sie richtig und vollständig wiedergegeben sind. So vermeidet man Berichtigungsanträge, denn das Standesamt trägt die Ehescheidung nur dann in das Familienbuch ein, wenn sich die Angaben dort mit dem Rubrum des Scheidungsbeschlusses decken. Auch die **Anschriften der Ehegatten** haben sich häufig geändert, so dass sie gegebenenfalls zu aktualisieren sind.

54 Nach den Formalien werden die materiell-rechtlichen Voraussetzungen für den jeweiligen Scheidungstatbestand ermittelt, also das **Trennungsdatum** und die übrigen **Voraussetzungen für die Zerrüttung** der Ehe der Ehegatten. Dies hält man sodann im Protokoll wie folgt fest:

Beispiel:

Die Ehegatten bestätigen die Generalien der Antragsschrift (gegebenenfalls mit folgenden Abweichungen) und erklären übereinstimmend, dass sie seit ... getrennt leben sowie ihre Ehe endgültig für gescheitert halten.

55 Will nur der antragstellende Ehegatte geschieden werden, d. h., der Antragsgegner stellt gar keinen Antrag oder einen Abweisungsantrag, werden die **Ehegatten nacheinander angehört** und das jeweilige Ergebnis protokolliert. Der antragstellende Ehegatte wird gebeten, in eigenen Worten die Gründe für die Zerrüttung der Ehe zu schildern. Das Ergebnis wird protokolliert. Der antragsgegnerische Ehegatte wird gebeten, seine Gründe darzulegen, warum er die Ehe nicht für gescheitert hält. Auch dieses Ergebnis wird protokolliert. Es ist dann dringend zu empfehlen – auch in vermeintlich klaren Fällen –, den scheidungswilligen Ehegatten zu fragen, ob er bei seinem Scheidungsantrag bleibt. Dies ist dann ebenfalls zu protokollieren:

Beispiel:

Auch nachdem ich jetzt gehört habe, dass mein Mann an der Ehe festhalten möchte, steht für mich endgültig fest, dass unsere Ehe gescheitert ist und ich geschieden werden will.

56 Nach der Verhandlung in der Scheidungssache wird in den einzelnen anhängigen Folgesachen verhandelt, wobei dies im Protokoll deutlich zu machen ist.

57 In der Folgesache Versorgungsausgleich werden mit den Ehegatten die Auskünfte der Versorgungsträger angesprochen und erörtert. Ist ein Ehegatte anwaltlich nicht vertreten, wird das Gericht diesen befragen, ob Unklarheiten bestehen, und im Rahmen des zeitlich Möglichen versuchen, Fragen zu beantworten.

58 Die Verhandlung in den **Folgesachen aus dem Bereich der Familienstreitsachen** (Güterrecht, Kindes-, Ehegattenunterhalt) unterscheidet sich nicht von dem in der ZPO üblichen Procedere.

59 Am Ende der Verhandlung wird die **Öffentlichkeit wiederhergestellt** und der Beschluss verkündet, denn die Beschlussverkündung ist öffentlich (§ 173 GVG entsprechend, *Schwab/Streicher,* I Rn. 222). Die Beteiligten werden sodann befragt, ob sie auf Rechtsmittel verzichten wollen. Der **Rechtsmittelverzicht** ist zu protokollieren und anschließend zu verlesen bzw. vom Tonträger wiederzugeben, damit die Beteiligten diesen Verzicht genehmigen können (§ 113 I FamFG, §§ 160 III Nr. 9, 162 I ZPO). Den Rechtsmittelverzicht kann man wie folgt formulieren:

Beispiel:

Beide Verfahrensbevollmächtigten erklären nach Rücksprache mit ihren jeweiligen Mandanten übereinstimmend: Wir verzichten auf die Einlegung von Rechtsmitteln gegen den soeben verkündeten Beschluss, auf Anschlussrechtsmittel (§ 144 FamFG) und auf die Rechte aus § 147 FamFG.

60 Für den Scheidungsausspruch selbst bedarf es **keiner Begründung,** wenn beide Ehegatten einen Scheidungsantrag gestellt haben oder der eine Ehegatte dem Scheidungsantrag des anderen zustimmt (§ 38 IV Nr. 2, V Nr. 1 FamFG) oder wenn der Scheidungsbeschluss in Gegenwart der Beteiligten mündlich bekannt gegeben wurde und diese **auf Rechtsmittel verzichtet** haben (§ 38 IV Nr. 3, V Nr. 1). Durch den Wegfall der Begründung vermindert sich die Gebühr für das Verfahren auf 0,5 (Nr. 1111 Ziff. 2 KV FamGKG). Ein Rechtsmittelverzicht ist nur möglich, wenn beide Parteien anwaltlich vertreten sind (§ 114 I FamFG).

61 Es empfiehlt sich, noch in der Sitzung die **Verfahrenswerte** festzusetzen. Man kann dann zu den einzelnen Werten noch Rückfragen stellen, etwa zu Einkommen und Vermögen der Beteiligten.

IV. Muster einer Scheidungsfolgenvereinbarung

Bei Abschluss eines Vergleiches ist dessen gesamter Inhalt in das Sitzungsprotokoll aufzunehmen (§ 113 I FamFG, § 160 III Nr. 1 ZPO). Dies kann nach § 160 V ZPO auch dadurch geschehen, dass der Inhalt des Vergleichs in ein Schriftstück aufgenommen wird, welches dem Sitzungsprotokoll als Anlage beigefügt und in ihm als solche bezeichnet ist. Wenn die Beteiligtenvertreter einen **vorbereiteten Vergleich** in die Sitzung mitbringen, muss dieser Vergleich also nicht zu Protokoll diktiert werden (*Zöller/Stöber*, § 160 ZPO, Rn. 5, § 162 ZPO, Rn. 6). Es reicht vielmehr aus, ihn als Anlage zu Protokoll zu nehmen, nachdem er den Beteiligten vorgelesen wurde oder ihnen zur Durchsicht vorgelegen hat und diese ihn genehmigt haben. Man kann dann etwa wie folgt formulieren: 62

Beispiel:

Sodann schließen die Ehegatten den in Maschinenschrift als Anlage zu Protokoll genommenen, ihnen vorgelesenen (von ihnen selbst gelesenen) und von ihnen genehmigten Vergleich für den Fall ihrer rechtskräftigen Scheidung.

Auch ein vorbereiteter Vergleich ist vom Familiengericht **summarisch auf seine Wirksamkeit zu überprüfen.** Enthält der Vergleich eine Bestimmung, deren Wirksamkeit zweifelhaft ist, sind die Bedenken zu äußern, und gegebenenfalls ist insoweit eine Protokollierung abzulehnen. Dies gilt zB dann, wenn die Ehegatten einen Unterhaltsverzicht beabsichtigen, obwohl einer von ihnen arbeitslos ist oder Sozialhilfe erhält. Dann handelt es sich um einen unzulässigen Vergleich zu Lasten Dritter. 63

Ist ein **Vergleich nicht vorbereitet,** erleichtert es die Arbeit, mit bestimmten **Standardformulierungen** zu arbeiten. Auch unter Verwendung solcher Formulierungen kann die Protokollierung eines Scheidungsfolgenvergleiches zeitaufwändig sein und den vorgegebenen Zeitrahmen sprengen. Deshalb empfiehlt es sich, schon **in der Terminsladung einen Hinweis** darauf zu geben, wie lange das Gericht in der vorliegenden Sache zu verhandeln gedenkt, bzw. einen weiteren Hinweis darauf, dass ein etwa abzuschließender Scheidungsfolgenvergleich rechtzeitig vor dem Termin eingereicht werden sollte. Halten sich die Beteiligten nicht an diese Hinweise, müssen sie gegebenenfalls damit rechnen, dass die Sitzung abgesetzt und zu einem anderen Zeitpunkt neu angesetzt wird. Möglich ist es auch, sie bei Ablauf der vorgesehenen Terminszeit auf den Flur zu schicken, die nächste Sache zu verhandeln und ihnen aufzugeben, in der Zwischenzeit die beabsichtigte Einigung vorzuformulieren. 64

Eine **Scheidungsfolgenvereinbarung** kann etwa wie folgt aussehen: 65

Beispiel:

Sodann schließen die Beteiligten für den Fall ihrer rechtskräftigen Scheidung folgenden Vergleich (gegebenenfalls nach Erörterung):

1. Wir verzichten gegenseitig auf nachehelichen Unterhalt, gleichgültig aus welchem Rechtsgrund, auch für den Fall der Not und nehmen diese Verzichtserklärungen wechselseitig an.

oder

1. Der Ehemann verpflichtet sich, an die Ehefrau als Unterhalt für diese einen monatlichen Betreuungsunterhalt in Höhe von … EUR zu zahlen, fällig jeweils am 3. Werktag eines Monats im Voraus.
   Grundlage: …
2. Der Ehemann verpflichtet sich, an die Ehefrau als Unterhalt für das gemeinsame Kind *(Name, Geburtsdatum)* … EUR monatlich zu zahlen. Der Unterhalt ist monatlich im voraus bis spätestens zum 3. Werktag eines jeden Monats fällig.
   Grundlage der Zahlungsverpflichtung ist:
   Das durchschnittliche monatliche Nettoeinkommen des Ehemannes beträgt … EUR. Hiervon sind folgende Positionen abgezogen worden: …
3. Das Mietverhältnis an der vormals ehelichen Wohnung *(belegen in: genaue Bezeichnung, ggf. mit Mietvertragsnummer)* wird von der Ehefrau allein fortgesetzt. Die Parteien bevollmächtigen sich hiermit gegenseitig, alle zur Umschreibung des Mietverhältnisses auf die Ehefrau allein erforderlichen Erklärungen gegenüber dem Vermieter unter Befreiung von den Vorschriften des § 181 BGB abzugeben.
4. Die Ehefrau stellt den Ehemann im Innenverhältnis von allen Forderungen des Vermieters ab … *(zB Auszug)* frei.
5. Das Sorgerecht für K soll der Ehefrau zustehen. Der Ehemann erklärt seine Zustimmung zur Übertragung der elterlichen Sorge insgesamt auf die Mutter.
   [Anmerkung: Diese Vereinbarung stellt lediglich eine Zustimmung zur Übertragung der elterlichen Sorge nach § 1671 II Nr. 1 BGB dar und ersetzt nicht die gerichtliche Entscheidung! Die Zustimmungserklärung kann auch lediglich zu Protokoll abgegeben werden und braucht nicht in einen Vergleich aufgenommen zu werden.]
6. Das Umgangsrecht wird wie folgt ausgestaltet:
   Der Ehemann ist berechtigt und verpflichtet, K alle drei Wochen von Freitagnachmittag, … Uhr, bis zum darauffolgenden Sonntagnachmittag, … Uhr, besuchsweise zu sich zu nehmen. Das erste Besuchswochenende ist …
   Darüber hinaus ist der Ehemann berechtigt, mit K jeweils die halben Sommerferien sowie die Frühjahrs- und Herbstferien im Wechsel Urlaub zu machen. Dies wird in den kommenden Sommerferien die erste Hälfte der Ferien sein sowie die darauffolgenden Frühjahrsferien.
   An den hohen christlichen Feiertagen (Weihnachten, Ostern, Pfingsten) ist der Ehemann berechtigt und verpflichtet, jeweils am 2. Feiertag in der Zeit von … bis … Uhr K besuchsweise zu sich zu nehmen.
   [Anmerkung: Diese Vereinbarung ist, um vollstreckungsfähig zu sein, vom Gericht nach § 156 II 1 FamFG zu billigen!]

7. Die ehelichen Haushaltsgegenstände werden hiermit in der Weise aufgeteilt, dass jeder Ehegatte die Gegenstände zu Alleineigentum erhält, die er gegenwärtig in Besitz hat, mit Ausnahme (*hier möglichst genau, dh vollstreckbar, die Gegenstände bezeichnen, die noch herausgegeben werden sollen; dazu gehört auch die Herausgabeverpflichtung und ein Herausgabetermin*).

66 Der gesamte Vergleich ist den Beteiligten **vorzulesen** bzw. vom Tonträger abzuspielen und von ihnen **genehmigen** zu lassen. Ohne diese Formalien liegt ein wirksam protokollierter und damit vollstreckbarer gerichtlicher Vergleich nicht vor (§ 113 I FamFG, §§ 160 III Nr. 1, 162 I ZPO).

V. Hinweise zum Aufbau eines Scheidungsverbundbeschlusses

67 Ist dem Scheidungsantrag stattzugeben, geschieht das durch **Beschluss,** in dem neben dem Scheidungsausspruch auch über alle anhängigen Folgesachen einheitlich zu entscheiden ist, § 142 I FamFG.

68 Durch das Verbundprinzip werden rechtlich an sich selbständige Verfahrensgegenstände in einer Entscheidung zusammengefasst. Nur die Eheleute selbst werden allerdings durch alle Aussprüche des Beschlusses betroffen, andere Verfahrensbeteiligte nur durch einzelne Teile der Entscheidung. So kann in der Folgesache Wohnungszuweisung der Vermieter weiterer Beteiligter sein, in den Folgesachen Sorgerecht und Umgangsrecht der Verfahrensbeistand oder – auf entsprechenden Antrag (§ 162 II FamFG) – das Jugendamt, in der Folgesache Versorgungsausgleich die Versorgungsträger. Es ist sinnvoll, diese **weiteren Beteiligten im Rubrum** des Beschlusses aufzuführen, also nach den Ehegatten und deren Verfahrensbevollmächtigten zu formulieren:

Beispiel:

Weitere Beteiligte
1. Deutsche Rentenversicherung Bund, Vers.Nr. …
2. XY, Verfahrensbeistand
3. Der Vermieter …

69 Die weiteren Beteiligten erhalten nur eine **Teilausfertigung** der Verbundentscheidung (§ 139 I FamFG). Es müssen also verschiedene Auszüge des Beschlusses ausgefertigt werden. Eine klare Gliederung der Beschlussformel und der Gründe erleichtert hier der Geschäftsstelle die Arbeit erheblich.

70 Die Kostenentscheidung des Verbundbeschlusses bestimmt sich nach § 150 FamFG. Die Regelung fasst die Kostenentscheidung für die Scheidungssache und alle Folgesachen zusammen und geht daher den Sonderregelungen, wie zB § 243 FamFG für den Unterhalt, vor. Der Normalfall ist nach § 150 I FamFG die Kostenaufhebung.

71 Für den Scheidungsausspruch darf keine sofortige Wirksamkeit angeordnet werden, § 116 II FamFG. Er wird erst mit Rechtskraft wirksam. FG-Folgesachen werden gleichfalls erst mit Rechtskraft wirksam. Die Regelung des § 40 FamFG, nach der Entscheidungen grundsätzlich mit Bekanntgabe wirksam werden, wird durch die speziellere Regelung des § 148 FamFG verdrängt. Folgesachen aus dem Bereich der Familienstreitsachen (Kindes-, Ehegattenunterhalt und eheliches Güterrecht) können dagegen mit Wirkung ab Rechtskraft des Scheidungsbeschlusses für sofort wirksam erklärt werden, §§ 148 I, 116 III 1 FamFG.

72 Die Beschlussformel eines Scheidungsbeschlusses kann etwa wie folgt lauten:

1. Die am … vor dem Standesamt XY geschlossene Ehe der Antragstellerin und des Antragsgegners wird geschieden.
2. Im Wege der internen Teilung wird zu Lasten des Anrechts des Antragsgegners bei der Deutschen Rentenversicherung Bund, Versicherungsnummer…, zu Gunsten der Antragstellerin ein Anrecht in Höhe von … Entgeltpunkten auf das vorhandene Konto, Versicherungsnummer …, bei der Deutschen Rentenversicherung Bund übertragen.
3. Die Kosten des Verfahrens werden gegeneinander aufgehoben.

73 Ein **Muster für die Beschlussformel eines Scheidungsverbundbeschlusses nebst Folgesachen** gibt *v. Heintschel-Heinegg*, Rn. 411.

74 Für die Fassung der Gründe des Scheidungsbeschlusses gibt das Gesetz keine Vorgaben. Zu beachten ist, dass entgegen des bis zum 1. 9. 2009 geltenden Rechts nicht mehr zwischen einem Tatbestand und Entscheidungsgründen zu unterscheiden ist, sondern – wie auch sonst bei Beschlüssen – nur noch **„Gründe"** aufgeführt werden. Es biete sich an, innerhalb der Gründe – auch um die Fertigung von Auszügen für Drittbeteiligte zu erleichtern – **nach Ehesache und Folgesachen zu gliedern.** Innerhalb der jeweiligen Sache wird zwischen **Darstellung des Sachverhalts, Anträgen und Verfahrensgeschichte und der rechtlichen Würdigung** unterteilt. Es ist unüblich, die einzelnen Abschnitte in den Gründen mit Überschriften zu versehen.

75 Der Scheidungsbeschluss bedarf nach § 39 FamFG, der durch § 113 I FamFG nicht ausgeschlossen ist, einer Rechtsbehelfsbelehrung.

C. III. Sorgerecht und Umgangsrecht

Yvonne Gottschalk

Übersicht

Literatur: *Dethloff,* Familienrecht, 29. Auflage, 2009; *Eckebrecht/Große-Boymann/Gutjahr/Paul/Schael/von Swieykowski-Trzaska/Weidemann,* Verfahrenshandbuch Familiensachen, 2. Aufl., 2010; *Fthenakis (Hrsg.),* Begleiteter Umgang von Kindern, 2008; *Gerhardt/von Heintschel-Heinegg/Klein,* Handbuch des Fachanwalts Familienrecht, 7. Aufl. 2009; *Johannsen/Henrich,* Eherecht, 5. Aufl., 2010; *Salgo, Zenz, Fegert, Bauer, Weber, Zitelmann* (Hrsg.), Verfahrensbeistand. Ein Handbuch für die Praxis, 2. Aufl., 2010; *Völker/Clausius,* Sorge- und Umgangsrecht, 4. Aufl., 2011; *Zorn,* Das Recht der elterlichen Sorge, 2. Aufl., 2008. Zur allg. Literatur siehe auch Literaturverzeichnis C. I.

I. Sorgerecht

1. Überblick

Die elterliche Sorge verpflichtet und berechtigt die Eltern, für die körperliche und seelische Entwicklung ihrer Kinder zu sorgen und diese zu fördern, ferner ihre wirtschaftlichen Interessen zu wahren. Sie ist Ausfluss der natürlichen Eltern-Kind-Beziehung. Art. 6 II GG garantiert den Vorrang der Elternverantwortung für die Pflege und Erziehung ihrer Kinder, über die Einhaltung dieser Pflicht wacht die staatliche Gemeinschaft (Art. 6 II 2 GG). Das Recht der elterlichen Sorge hat sich in den vergangenen Jahrzehnten dem Wandel der gesellschaftlichen Verhältnisse angepasst und hat einige Änderungen erfahren (zur Gesetzesgeschichte siehe Staudinger/*Coester,* § 1671 BGB Rn. 4 ff.; Staudinger/*Peschel-Gutzeit,* § 1626 BGB Rn. 1 ff.). Von grundlegender Bedeutung für das Recht der elterlichen Sorge ist die Entscheidung des Bundesverfassungsgerichts vom 21. 7. 2010 (FamRZ 2010, 1403 ff.) zum Sorgerecht nicht miteinander verheirateter Eltern (s. u. Rn. 4 ff., 14 ff.). Nunmehr ist der Gesetzgeber in der Pflicht, das Recht der elterlichen Sorge unverheirateter Eltern neu zu regeln. 1

Sorgerechtsverfahren sind Kindschaftssachen gem. § 151 Nr. 1 FamFG, über die das Familiengericht entscheidet und auf die die §§ 151 ff. FamFG Anwendung finden (zum Verfahren s. u. Rn. 109 ff.).

2. Inhalt der elterlichen Sorge

Im Rahmen der elterlichen Sorge unterscheidet man zwischen der Sorge für die **Person des Kindes** (Personensorge) und der Sorge für das **Vermögen des Kindes** (Vermögenssorge), § 1626 I BGB. Beide 2

Bereiche unterteilen sich jeweils in die **tatsächliche Sorge** (Pflege, Erziehung, Aufsicht des Kindes) und **gesetzliche Vertretung** (§ 1629 BGB, zB Abschluss von Verträgen). Die Eltern üben die elterliche Sorge in jeweils eigener Verantwortung und in gegenseitigem Einvernehmen aus, § 1627 I BGB. Bei tatsächlicher Verhinderung eines Elternteils ruht dessen elterliche Sorge (§§ 1673–1675 BGB), und der andere Elternteil übt sie allein aus, § 1678 I BGB.

3. Elterliche Sorge bei zusammenlebenden Eltern

3 a) **Sorgerecht bei Kindern miteinander verheirateter Eltern.** Miteinander verheiratete Eltern üben die elterliche Sorge **gemeinsam** aus, § 1626 a I BGB, und zwar ab dem Zeitpunkt der Heirat, § 1626 a I Nr. 2 BGB.

4 b) **Sorgerecht bei Kindern nicht miteinander verheirateter Eltern.** Sind die Eltern eines minderjährigen Kindes bei der Geburt nicht miteinander verheiratet, verbleibt die elterliche Sorge gemäß § 1626 a BGB **bei der Mutter,** sofern die Eltern nicht tätig werden. Im Gegensatz zu Kindern miteinander verheirateter Eltern tritt nicht automatisch mit der Geburt des Kindes die gemeinsame Sorge ein. Um ihre alleinige elterliche Sorge nachzuweisen, kann die Mutter vom Jugendamt ihres Aufenthaltsortes eine Bescheinigung darüber anfordern, dass sie die elterliche Sorge alleine ausübt, § 58 a SGB VIII.

5 Die **gemeinsame elterliche Sorge** tritt aber dann ein, wenn die Eltern eine Sorgerechtserklärung (§§ 1626 b ff. BGB) dahingehend abgeben, dass sie die elterliche Sorge gemeinsam ausüben wollen, § 1626 a I Nr. 1 BGB.

6 Die **Sorgerechtserklärung** braucht nicht gemeinsam abgegeben zu werden und kann bereits **vor der Geburt** erfolgen, § 1626 b II BGB. Die gemeinsame elterliche Sorge setzt dann bereits mit der Geburt ein. Die Sorgerechtserklärungen sind von den Eltern **selbst abzugeben,** § 1626 c I BGB.

7 Die Sorgerechtserklärung bzw. Zustimmung sind **öffentlich zu beurkunden**, § 1626 d I BGB. Neben dem Notar (§ 20 BNotO) kann auch das **Jugendamt** die Beurkundung (§ 59 I Nr. 8 SGB VIII) vornehmen. Eine Beurkundung vor dem Standesamt ist gesetzlich nicht vorgesehen. Durch gerichtlichen Vergleich kann die Beurkundung ersetzt werden (*BGH*, FamRZ 2011, 796).

8 Das **Gericht** ist bei der Begründung der gemeinsamen elterlichen Sorge gemäß § 1626 a BGB (abgesehen von dem Ausnahmefall des § 1626 c II BGB) nicht beteiligt. Insbesondere findet keine Prüfung dahingehend statt, ob die gemeinsame elterliche Sorge dem Kindeswohl entspricht. Wurde allerdings der zunächst allein sorgeberechtigten Mutter die elterliche Sorge nach § 1666 BGB entzogen, kann der Vater die elterliche Sorge nicht durch gemeinsame Sorgeerklärung erhalten, sondern nur durch gerichtliche Entscheidung (*BGH,* FamRZ 2005, 1469).

9 Die gemeinsame elterliche Sorge tritt weiter ein, wenn die **Eltern einander heiraten,** § 1626 a I Nr. 2 BGB, ohne dass es weiterer Rechtshandlungen bedarf.

10 Nach dem Gesetz ist eine gemeinsame Ausübung der elterlichen Sorge **gegen den Willen der Mutter** nicht möglich. In seiner Entscheidung vom **21. 7. 2010 hat das Bundesverfassungsgericht** § 1626 a I Nr. 1 BGB (und § 1672 I BGB, hierzu unten Rn. 51 ff.) mit Art. 6 II GG für unvereinbar erklärt. Der generelle Ausschluss des Vaters eines nichtehelichen Kindes von der Sorgetragung für sein Kind mangels Zustimmung der Mutter, so das Bundesverfassungsgericht, greife unverhältnismäßig in dessen Elternrecht ein, sofern ihm eine gerichtliche Überprüfung am Maßstab des Kindeswohls verwehrt bleibt (*BVerfG,* FamRZ 2010, 1403 ff.). Nach der derzeitigen Gesetzeslage kann der Vater die elterliche Sorge nur dann über § 1680 III BGB erhalten, wenn sie der Mutter vorher gemäß § 1666 BGB entzogen worden ist. Wegen der hohen Schwelle des § 1666 BGB ist diese Variante jedoch auf Ausnahmefälle beschränkt. Nunmehr steht dem Vater bei Verweigerung der Zustimmung durch die Mutter der Weg zum Familiengericht offen. Bis der Gesetzgeber eine Neuregelung getroffen hat (zum Stand des Gesetzgebungsverfahrens vgl. *Schweppe,* Die Reform des Sorgerechts nicht miteinander verheirateter Eltern – „Kleine Lösung", „Große Lösung" oder „Andere Lösung"- Ein Tagungsbericht, ZKJ 2011, 171; *Fink,* Die Reform des Sorgerechts für nichteheliche Kinder aus verfassungsrechtlicher und rechtsvergleichender Perspektive, ZKJ 2011, 154) ist § 1626 a BGB mit der Maßgabe anzuwenden, dass das Familiengericht den Eltern auf Antrag eines Elternteils die **elterliche Sorge** oder einen Teil der elterlichen Sorge **gemeinsam überträgt,** soweit zu erwarten ist, dass dies **dem Kindeswohl entspricht** (*BVerfG,* FamRZ 2010, 1403, 1410). Dem Kindeswohl entsprechend ist diejenige Regelung, die nicht seinen konkret feststellbaren Interessen widerspricht (*BVerfG,* FamRZ 2006, 385, 386).

11 c) **Ausübung der gemeinsamen elterlichen Sorge.** Üben die Eltern die elterliche Sorge zusammen aus, haben sie, egal ob sie miteinander verheiratet sind oder nicht, das **Recht und die Pflicht,** für ihr Kind zu sorgen, § 1626 I 1 BGB. Dabei haben sie die **wachsende Selbständigkeit** ihres Kindes zu berücksichtigen und beziehen das Kind entsprechend seinem Alter in die Entscheidungen mit ein, § 1626 II BGB.

12 Gem. § 1627 BGB sind die Eltern gehalten, die elterliche Sorge gemeinsam zum Wohl des Kindes auszuüben und bei **Meinungsverschiedenheiten** eine **Einigung** herbeizuführen. Gelingt dies nicht und kommt es zwischen den Eltern zu unauflösbaren **Meinungsverschiedenheiten** in einer **Angelegenheit,** deren Regelung für das Kind von **erheblicher Bedeutung** ist (s. hierzu u. Rn. 18) kann das Familienge-

richt auf Antrag eines Elternteils die Entscheidung auf den anderen Elternteil übertragen, § 1628 BGB (s. u. Rn. 19).

Bei **Gefahr im Verzug** ist jeder Elternteil allein berechtigt, alle Rechtshandlungen allein vorzunehmen, die zum Wohl des Kindes erforderlich sind, wenn er den anderen Elternteil mit zumutbaren Bemühungen nicht erreichen kann. Der andere Elternteil ist von den getroffenen Maßnahmen unverzüglich zu unterrichten, § 1629 I 4 BGB.

Besteht zwischen den Eltern ohne gemeinsamen Ehenamen keine Einigkeit über den **Geburtsnamen** 13
des Kindes, kann das Familiengericht unter den Voraussetzungen des § 1617 II BGB einem Elternteil das Bestimmungsrecht bezüglich des Namens übertragen.

4. Sorgerecht bei getrennt lebenden Eltern

a) **Sorgerecht bei Trennung miteinander verheirateter Eltern.** *aa) Folgen für die elterliche Sorge.* 14
Trennen sich Eltern, die miteinander verheiratet sind, **verbleibt** es grundsätzlich bei der **gemeinsamen elterlichen Sorge.** Jedoch werden die **Befugnisse** des Elternteils, bei dem sich das Kind aufhält, **kraft Gesetzes** gemäß § 1687 BGB **ausgeweitet.** Dieser Elternteil hat die alleinige Entscheidungsbefugnis in **Angelegenheiten des täglichen Lebens.**

Hält sich das Kind vorübergehend oder besuchsweise bei dem anderen Elternteil auf, hat dieser die 15
Befugnis zur alleinigen Entscheidung in Angelegenheiten der **tatsächlichen Betreuung,** § 1687 I 4 BGB.

Entscheidungen **in Angelegenheiten des täglichen Lebens** sind solche, die häufig vorkommen und die 16
keine schwer abzuändernden Auswirkungen auf die Entwicklung des Kindes haben, § 1687 I 3 BGB. Es handelt sich also um Entscheidungen, die im täglichen Tagesablauf häufig zu treffen sind, aber keine oder revidierbare Folgen für die Entwicklung des Kindes haben. Dies sind zB Teilnahme an Ausflügen und Auswahl eines Sportvereins, Besuche bei Freunden und Verwandten, Kontakt mit Dritten und auch das Fernhalten von Dritten, die Entscheidung über die Behandlung leichterer Erkrankungen, die alltägliche Gesundheitsvorsorge und Ernährung, Bestimmung der Schlafenszeit und des Fernsehkonsums (vgl. Aufstellung bei *FA-FamFR-Maier,* 4. Kapitel, Rn. 38, 39; *Schwab,* FamRZ 1998, 457, 469).

Das Familiengericht kann auf Antrag die **Befugnis** des betreuenden Elternteils, in Angelegenheiten 17
des täglichen Lebens zu entscheiden, **einschränken oder aufheben,** wenn dies zum Wohl des Kindes erforderlich ist (§§ 1687 II, 1697a BGB). Eine Erweiterung der Entscheidungsbefugnis des betreuenden Elternteils ist nur nach § 1671 BGB oder § 1628 BGB möglich.

Gemeinsam zu entscheiden sind weiterhin **Angelegenheiten von erheblicher Bedeutung.** Hierzu zäh- 18
len zB die Frage, bei welchem Elternteil das Kind seinen Aufenthalt nimmt (*AG Hannover,* FamRZ 2001, 846), Fernreisen (*OLG Köln,* FamRZ 1999, 249,250), Auswanderung (*OLG Frankfurt,* FamRZ 2003, 1491), die Wahl der Schule (*OLG München,* FamRZ 1999, 111), die Ausbildungs- und Berufswahl, die Unterbringung des Kindes in einem Internat oder in einem Heim (*OLG Hamburg,* FamRZ 2001, 1088, 1089), die religiöse Erziehung, Grundsatzfragen über die medizinische Versorgung des Kindes und Eingriffe, die nicht Notfälle sind (*OLG Bamberg,* FamRZ 2003, 1403), Fragen betreffend die Anlage, Verwaltung und Verwendung des Kindesvermögens (Johannsen/Henrich/*Jaeger,* §1687 BGB Rn. 4), Reisen in Krisengebiete (vgl. hierzu *OLG Köln,* FamRZ 2005, 644) und Umgang des anderen Elternteils und mit Dritten (*OLG Thüringen,* FamRZ 2009, 894).

Gelingt es den Eltern nicht, Einvernehmen in den Angelegenheiten von erheblicher Bedeutung zu er- 19
zielen, so kann das Familiengericht auf Antrag eines Elternteils gemäß **§ 1628 BGB einem Elternteil** die Entscheidung übertragen. Es trifft die Entscheidung nicht selbst. Entscheidungsmaßstab ist das Kindeswohl, § 1697a BGB (s. u. Rn. 67 ff.).

Die **Übertragung** kann mit **Beschränkungen und Auflagen** verbunden werden. So kann das Gericht 20
etwa bei der Zuteilung der alleinigen Entscheidungsbefugnis über die Aufenthaltsbestimmung eine zeitliche Begrenzung vornehmen oder die Auflage erteilen, dass der alleinentscheidungsbefugte Elternteil dem Gericht die Einleitung bestimmter Maßnahmen anzuzeigen hat (BT-Drs. 13/4899 S. 95).

In der Praxis spielt dabei das Aufenthaltsbestimmungsrecht die größte Rolle. Eine Übertragung des 21
Aufenthaltsbestimmungsrechts auf einen Elternteil allein setzt voraus, dass diese bereits endgültig getrennt leben. Ist die **Trennung** beabsichtigt aber **noch nicht vollzogen,** kann eine Entscheidung über den Aufenthalt des Kindes nur über § 1628 BGB erreicht werden. Dies gilt insbesondere dann, wenn ein Elternteil die Ehewohnung mit den Kindern gegen den Willen des anderen Elternteils verlassen will. Ein Elternteil erhält nach § 1628 BGB lediglich die **Entscheidungsbefugnis** bezogen auf eine **konkrete Situation,** während nach § 1671 BGB dem jeweiligen Elternteil die generelle Entscheidungsbefugnis über die elterliche Sorge (insgesamt oder den jeweiligen Teil) bis zur Volljährigkeit des Kindes übertragen wird (BT-Drs. 13/4899 S. 99).

Durch § 1687 I 5 BGB wird klargestellt, dass auch bei der Trennung der Eltern das **Notvertretungs-** 22
recht jedes Elternteils des § 1629 I 4 BGB fortbesteht. Dies gilt insbesondere für unaufschiebbare medizinische Behandlungen.

Kommt es zur **Scheidung** der Eltern, verbleibt es – soweit die Eltern nichts Abweichendes beantragen 23
oder nach der Trennung bereits eine andere Sorgerechtsregelung getroffen worden ist – automatisch bei

der gemeinsamen elterlichen Sorge in der Ausgestaltung des § 1687 BGB, ohne dass hierzu eine gerichtliche Entscheidung ergeht. Das Gericht hat die Eltern im Rahmen des Scheidungsverfahrens lediglich zur elterlichen Sorge anzuhören und auf die Beratungsmöglichkeiten durch die Träger der Jugendhilfe hinzuweisen, § 128 II FamFG.

24 *bb) Antrag nach § 1671 BGB.* Leben die Eltern, denen die elterliche Sorge für ein minderjähriges Kind gemeinsam zusteht, nicht nur vorübergehend getrennt, kann **jeder Elternteil gemäß § 1671 BGB beantragen,** dass ihm die elterliche Sorge oder ein Teil der elterlichen Sorge alleine übertragen wird.

25 § 1671 BGB **findet keine Anwendung,** wenn schon vor der Trennung einem Elternteil die elterliche Sorge gemäß § 1666 BGB entzogen wurde, so dass dem anderen Elternteil die Alleinsorge zusteht (§ 1680 II, III BGB). Die bestehende Sorgerechtsänderung dauert über die Trennung hinaus. Eine Änderung ist nur über § 1696 BGB möglich. Auch bei einem Ruhen der elterlichen Sorge nach §§ 1673, 1674 BGB scheidet ein Antrag nach § 1671 BGB aus (Johannsen/Henrich/*Jaeger,* § 1671, BGB, Rn. 13, 14).

26 Antragsberechtigt sind nur die beiden Elternteile. Der Antrag kann auf einen **Teil der elterlichen Sorge** beschränkt werden. Zulässig ist zB die Beschränkung auf das Aufenthaltsbestimmungsrecht, die Regelung des Umgangs mit anderen Personen, die Schulausbildung, die Berufsausbildung (wobei wiederum die Wahl der Art an die Zustimmung des anderen Elternteils geknüpft werden kann), die Gesundheitsfürsorge, die gesetzliche Vertretung oder die Vermögenssorge. Denkbar ist auch eine zeitliche Beschränkung (Johannsen/Henrich/*Jaeger,* § 1671, BGB, Rn. 19). Wie sich aus dem Wortlaut des Gesetzes ergibt, ist jedoch ein Antrag des einen Elternteils, die elterliche Sorge nicht auf sich, sondern auf den anderen Elternteil zu übertragen, nicht zulässig.

27 Es findet keine Einleitung eines Verfahrens nach § 1671 BGB von Amts wegen statt, auch das **Jugendamt und das Kind** sind nicht antragsberechtigt. Einem Kind, das das 14. Lebensjahr vollendet hat, steht jedoch ein Widerspruchsrecht zu, § 1671 II Nr. 1 BGB, auch wenn sich die Eltern über die Sorgerechtsübertragung auf einen Elternteil einig sind.

28 Der Antrag kann erst gestellt werden, wenn die Eltern **dauerhaft getrennt leben,** andernfalls sind Regelungen nur über § 1628 BGB möglich. Der Begriff des Getrenntlebens ist identisch mit der Trennung iSd § 1567 I BGB (Johannsen/Henrich/*Jaeger,* § 1671, BGB, Rn. 15). Die Trennung kann auch innerhalb der Ehewohnung vollzogen werden (MünchKomm-BGB/*Finger,* § 1671 Rn. 11).

29 **§ 1671 II 1 BGB** regelt die Voraussetzungen, unter denen dem Antrag auf Übertragung der elterlichen Sorge stattzugeben ist, wenn der andere Elternteil zustimmt (nachfolgend Rn. 31 ff.). Fehlt die Zustimmung des anderen Elternteils, regelt **§ 1671 II 2 BGB** die Voraussetzungen, unter denen dem Antrag stattzugeben ist (nachfolgend Rn. 38 ff.).

30 Der Antrag nach § 1671 BGB ist ein **echter Sachantrag** und bedarf einer Begründung. Soweit die gesetzlichen Voraussetzungen der Abs. 2 und 3 vorliegen, muss das Familiengericht dem Antrag stattgeben. Es darf hiervon nicht abweichen und nicht über den Antrag hinausgehen (Johannsen/Henrich/*Jaeger,* § 1671, BGB, Rn. 20; aA *Oelkers,* FuR 1999, 349: nur Verfahrensantrag).

31 Das Familiengericht hat gem. **§ 1671 II Nr. 1 BGB** dem Antrag eines Elternteils auf Übertragung der elterlichen Sorge oder eines Teils der elterlichen Sorge auf ihn zu entsprechen, wenn:
- der andere Elternteil seine Zustimmung zu dem Antrag erklärt,
- das Kind das 14. Lebensjahr noch nicht vollendet hat bzw. das Kind, das das 14. Lebensjahr vollendet hat, der Übertragung der elterlichen Sorge auf den antragstellenden Elternteil nicht widerspricht und
- die elterliche Sorge nicht aufgrund anderer Vorschriften abweichend geregelt werden muss (§ 1671 III BGB).

32 Nach § 1671 II Nr. 1 BGB soll der Elternwille grundsätzlich verbindlich sein.

Die **Zustimmung** muss sich auf den konkreten Antrag beziehen. Das Gericht muss sich im Rahmen der Amtsermittlung gemäß § 26 FamFG vergewissern, dass der andere Elternteil von dem Antrag Kenntnis hat und diesem in der gestellten Form zustimmt. Nicht ausreichend ist es, wenn sich der andere Elternteil früher einmal dahin geäußert hat, dass er mit der alleinigen elterlichen Sorge des anderen Elternteils einverstanden sei.

33 Die Zustimmung ist bis zur letzten mündlichen Verhandlung frei **widerruflich**, ohne dass es einer Begründung bedarf (Staudinger/*Coester,* § 1671, BGB, Rn. 82).

34 **Widerspricht ein Kind,** welches das 14. Lebensjahr vollendet hat, in eindeutiger Weise dem Antrag, hat das Familiengericht zu prüfen, ob die Übertragung der elterlichen Sorge insgesamt oder eines Teils auf den antragstellenden Elternteil dem Kindeswohl entspricht. Ist dies der Fall, ist dem Antrag trotz des Widerspruchs des Kindes stattzugeben. Dem Kind ist somit kein Vetorecht eingeräumt, es kann aber erreichen, dass das Familiengericht den übereinstimmenden Vorschlag der Eltern dahingehend überprüft, ob er dem Kindeswohl entspricht (MünchKomm-BGB/*Finger,* § 1671, Rn. 65).

35 Dem übereinstimmenden Vortrag der Eltern ist auch dann nicht zu entsprechen, wenn **die elterliche Sorge auf Grund anderer Vorschriften abweichend geregelt werden muss.**

Gegenüber einer Regelung nach § 1671 II Nr. 1 BGB ist eine nach **§ 1666 BGB** erforderliche Regelung vorrangig, § 1671 III BGB. Ergibt sich im Verfahren nach § 1671 BGB, dass eine Kindeswohlgefährdung vorliegt und die Übertragung des Sorgerechts auf einen Elternteil nach § 1671 I und II BGB die Gefährdung nicht abwenden kann, so muss gemäß § 1666 BGB die elterliche Sorge entzogen werden, auch wenn ein Antrag des einen und die Zustimmung des anderen Elternteils vorliegen. 36

Dem Antrag auf Alleinsorge muss das Familiengericht bei Zustimmung des anderen Elternteils und fehlendem Widerspruch des das 14. Lebensjahr vollendeten Kindes auch dann stattgeben, wenn es der Auffassung ist, dass dies dem Kindeswohl nicht dient. Denn eine Kindeswohlprüfung findet im Anwendungsbereich des § 1671 II Nr. 1 BGB nicht statt. Es kann nur dann anders entscheiden, wenn das Kindeswohl gefährdet ist (*OLG Dresden,* FamRZ 2000, 501; *OLG Rostock,* FamRZ 1999, 1599; Johannsen/Henrich/*Jaeger,* § 1671, BGB, Rn. 30). 37

Besteht zwischen den Eltern Streit über das Sorgerecht, äußert sich der andere Elternteil nicht oder widerspricht ein mindestens 14 Jahre altes Kind, hat das Familiengericht gem. **§ 1671 II Nr. 2 BGB** zwischen der Alleinsorge des antragstellenden Elternteils oder der gemeinsamen elterliche Sorge zu entscheiden. Nach der **gesetzlichen Wertung** stehen gemeinsame elterliche Sorge und Alleinsorge gleichberechtigt nebeneinander; eine grundsätzliche Priorität für das eine oder andere Modell ist vom Gesetzgeber nicht gewollt (*BVerfG,* FamRZ 2007, 1876, 1877; *BGH,* FamRZ 2008, 592). 38

Dem Antrag eines Elternteils auf Übertragung der elterlichen Sorge oder eines Teils der elterlichen Sorge auf ihn ist dann zu entsprechen, wenn zu erwarten ist, dass 39

- die Aufhebung der gemeinsamen elterlichen Sorge dem Wohl des Kindes am besten entspricht,
- auch die Übertragung auf den Antragsteller dem Wohl des Kindes am besten entspricht und
- die elterliche Sorge nicht aufgrund anderer Vorschriften abweichend geregelt werden muss (§ 1671 III BGB).

Die Prüfung, was dem Kindeswohl am besten entspricht, hat somit in **zwei Stufen** zu erfolgen.

In der **ersten Stufe** müssen zunächst Tatsachen gegeben sein, die die Erwartung rechtfertigen, dass die **Aufhebung der gemeinsamen elterlichen Sorge** dem Wohl des Kindes entspricht. Ob eine Aufhebung der gemeinsamen elterlichen Sorge angezeigt ist, muss in jedem Einzelfall konkret festgestellt werden. Dabei ist zu beachten, dass die Eltern verpflichtet sind, im Sinne ihrer Kinder miteinander zu **kommunizieren** und auf einen **Konsens in wichtigen Erziehungsfragen** hinzuwirken. Aus dieser elterlichen Verantwortung können sie nicht vorschnell entlassen werden, zumal sie nur in Entscheidungen von erheblicher Bedeutung eine Einigung herbeizuführen verpflichtet sind (§ 1687 BGB) und § 1628 BGB die Regelung einzelner strittiger Fragen zulässt. Allerdings lässt sich Kooperations- und Kommunikationsfähigkeit nicht gerichtlich verordnen (*BGH,* FamRZ 1999, 1946, 1947 und ausführlich hierzu: Staudinger/*Coester,* § 1671, BGB, Rn. 119 ff., 151 f.). Sind diese Fähigkeiten bei den Eltern in Bezug auf die Regelung der Belange ihrer Kinder **grundlegend und unwiderruflich zerstört,** so muss idR davon ausgegangen werden, dass die Nachteile für das Wohl des Kindes durch die zu erwartenden Konflikte zwischen den Eltern so wesentlich sind, dass eine Aufhebung der elterlichen Sorge erforderlich ist (Johannsen/Henrich/*Jaeger,* § 1671, BGB, Rn. 38). Ob dies der Fall ist, muss das Familiengericht im Rahmen seiner Amtsermittlung (§ 26 FamFG) erkunden, auch, ob die Aussicht besteht, dass die Eltern in absehbarer Zeit ihre Konsensfähigkeit zurückerlangen können. In der Praxis wird sich im Regelfall schon anhand der bisherigen Konflikte erkennen lassen, ob die Kindeseltern über ein Potential verfügen, das es wahrscheinlich macht, dass künftig kindeswohlentsprechende Einigungen möglich sind. Dabei muss zwischen den Eltern nicht in allen Sorgerechtsbereichen vollständige Übereinstimmung bestehen. Vielmehr ist ein **Mindestmaß an Übereinstimmung** zumindest für die Bereiche erforderlich, in denen ein akutes Regelungsbedürfnis besteht. Besteht das Mindestmaß nicht, ist es ausreichend, die elterliche Sorge für diesen Bereich aufzuheben. In der Praxis trifft dies insbesondere für das Aufenthaltsbestimmungsrecht in der akuten Trennungsphase zu, wenn die Eltern sich nicht über den Verbleib des Kindes einigen können. 40

Gegen ein gemeinsames Sorgerecht kann der Umstand sprechen, dass es in der Vergangenheit zwischen den Eltern zu erheblichen körperlichen Übergriffen gekommen ist (*BVerfG,* FamRZ 2004, 354, 355), ferner die völlige Gleichgültigkeit eines Elternteils gegenüber seinem Kind (*OLG Sachen-Anhalt 2. Senat für Familiensachen,* 8 UF 200/09), Drogen- oder Alkoholabhängigkeit (*OLG Naumburg,* FamRZ 2009, 433), nicht hingegen die große Entfernung zwischen den Wohnorten der Eltern (*OLG Köln,* FamRZ 2003, 1036).

Entspricht die Aufhebung der gemeinsamen elterlichen Sorge nicht dem Wohl des Kindes, hat es bei der gemeinsamen elterlichen Sorge zu verbleiben (*OLG Stuttgart,* FamRZ 1999, 39). 41

Kommt das Gericht zu dem Ergebnis, dass die gemeinsame elterliche Sorge auch in der Form des § 1687 BGB nicht fortbestehen sollte, so ist damit noch nicht indiziert, dass die alleinige elterliche Sorge des antragstellenden Elternteils die für das Kindeswohl beste Lösung ist. 42

In der **zweiten Stufe** ist dann zu prüfen, ob das Kind **beim Antragsteller besser aufgehoben** ist (BT-Drs. 13/4899 S. 99). Dem Antrag ist daher nur stattzugeben, wenn die Übertragung der Alleinsorge auf den Antragsteller dem Wohl des Kindes am besten entspricht. Maßstab ist demnach das Kindeswohl; als Bewertungsmaßstab greift die Generalklausel des § 1697 a BGB ein (hierzu ausführlich unter Rn. 67 ff.). 43

44 Ergibt sich, dass die alleinige elterliche Sorge des anderen Elternteils (nicht des Antragstellers) angezeigt wäre, kommt eine **Übertragung auf den anderen Elternteil** nur in Betracht, wenn er **seinerseits einen Antrag** stellt (Johannsen/Henrich/*Jaeger,* § 1671, BGB, Rn. 42). Ist dies nicht der Fall, muss es bei der gemeinsamen elterlichen Sorge gegen den Willen des Antragstellers verbleiben (*Schwab,* FamRZ 1998, 457, 462).

45 Dies ist unter dem Gesichtspunkt des Kindeswohls problematisch. Indessen wird es hierzu jedoch meistens nicht kommen, weil das Gericht die Beteiligten über das Ergebnis seiner Ermittlungen aufzuklären und auf die rechtlichen Konsequenzen hinzuweisen hat. Regelmäßig wird dann der andere Elternteil seinerseits einen Antrag stellen. Andernfalls könnte er seine vermeintlich bessere Erziehungsfähigkeit in Frage stellen mit der Folge, dass die Übertragung der elterlichen Sorge auf den Antragsteller die am wenigsten schädliche Alternative sein könnte (Johannsen/Henrich/*Jaeger,* § 1671, BGB, Rn. 43).

46 Dem Antrag auf Übertragung der elterlichen Sorge gemäß § 1671 II Nr. 2 BGB ist nicht zu entsprechen, wenn die elterliche Sorge **aufgrund anderer Vorschriften abweichend geregelt** werden muss, § 1671 III BGB. Dabei greift die Sperre des § 1666 BGB nur, soweit das nach § 1671 II Nr. 2 BGB erstrebte Ergebnis im Widerspruch zu der nach § 1666 BGB zum Schutze des Kindes zu treffenden Maßnahme stehen würde. Die Regelung nach § 1671 II Nr. 2 BGB kann über das hinausgehen, was nach § 1666 BGB erforderlich ist (zB Mutter erhält die elterliche Sorge insgesamt, obwohl nach § 1666 BGB dem Vater nur die Vermögenssorge entzogen werden müsste (*Schwab,* FamRZ 1998, 457, 467).

47 **b) Sorgerecht bei Trennung nicht miteinander verheirateter Eltern.** *aa) Folgen für die elterliche Sorge.* Trennen sich die Eltern eines minderjährigen Kindes, die nicht miteinander verheiratet waren, nicht nur vorübergehend, verbleibt es bei der bisher gegebenen Sorgerechtsregelung, solange kein Elternteil etwas anderes beantragt. Es gilt das oben unter Rn. 14 ff. gesagte.

48 War bisher die Mutter gemäß § 1626 a II BGB **alleine sorgeberechtigt,** bleibt es den Eltern auch nach der Trennung unbenommen, über § 1626 a I BGB die gemeinsame elterliche Sorge herbeizuführen und auch ein Antrag nach § 1626 a iVm der Entscheidung des Bundesverfassungsgericht vom 21. 7. 2010 ist möglich (s. o. Rn. 10 ff.).

49 Übten die Eltern die elterliche Sorge bisher schon **gemeinsam aus,** kommt es mit der Trennung zur gesetzlichen Ausweitung der Befugnisse des betreuenden Elternteils gemäß § 1687 BGB. Über Meinungsverschiedenheiten entscheidet auf Antrag gemäß § 1628 BGB das Familiengericht (s. o. Rn. 19).

50 *bb) Antrag nach § 1671 BGB.* Stand den Eltern, die nicht miteinander verheiratet sind, das Sorgerecht gemäß § 1626 a I BGB oder aufgrund gerichtlicher Entscheidung entsprechend der Entscheidung des Bundesverfassungsgerichts vom 21. 7. 2010 gemeinsam zu, so kann jeder Elternteil (wie auch jeder Elternteil bei ehelichen Kindern) gemäß § 1671 BGB beantragen, dass ihm die elterliche Sorge ganz oder zum Teil übertragen wird. Insoweit kann auf die Ausführungen zu Rn. 24 ff. Bezug genommen werden.

51 *cc) Antrag nach § 1672 BGB.* Steht bei nicht miteinander verheirateten Eltern der Mutter gemäß § 1626 a II BGB die alleinige elterliche Sorge zu, weil eine Sorgerechtserklärung nicht abgegeben wurde, so kann **der Vater** unter den Voraussetzungen des § 1672 BGB bei einer nicht nur vorübergehenden Trennung **die elterliche Sorge ganz oder teilweise alleine erhalten.** Dem Antrag des Vaters ist stattzugeben, wenn:

- die Mutter dem Antrag zugestimmt hat und die Übertragung dem Wohl des Kindes dient, § 1672 BGB, oder
- eine gemeinsame elterliche Sorge nicht in Betracht kommt und zu erwarten ist, dass die Übertragung auf den Vater **dem Kindeswohl am besten entspricht,** § 1672 nach Maßgabe der Entscheidung des Bundesverfassungsgerichts vom 21. 7. 2010 (zum Entstehen der gemeinsamen elterlichen Sorge bei nicht miteinander verheirateten Eltern s. o. Rn. 4 ff.).

Nach dem Wortlaut des § 1672 I BGB ist der Antrag nur zulässig, wenn die Mutter zu dem Antrag vorher ihr Einverständnis erklärt hat. In seiner bereits oben (Rn. 10) zitierten Entscheidung vom 21. 7. 2010 hat das Bundesverfassungsgericht auch den **§ 1672 I BGB mit Art. 6 II GG für unvereinbar** erklärt. Bis zu einer gesetzlichen Neureglung bleibt der § 1672 BGB – ebenso wie § 1626 a BGB – in Kraft. Er ist jedoch mit der Maßgabe anzuwenden, dass das Familiengericht dem Vater die elterliche Sorge oder Teile davon überträgt, sofern zu erwarten ist, dass dies dem **Kindeswohl am besten entspricht** (*BVerfG,* FamRZ 2010, 1403 ff.). Die Kindeswohlprüfung entspricht derjenigen des § 1671 II Nr. 2 BGB (siehe hierzu Rn. 39 ff.).

52 Bei **Zustimmung der Kindesmutter** bleibt weiterhin die Übertragung nach § 1672 I Satz 2 BGB möglich. Das Bundesverfassungsgericht hat ausdrücklich die Nichtigerklärung der §§ 1626 a I Nr. 1, 1672 I BGB mit der Begründung abgelehnt, dass dann die Begründung einer gemeinsamen elterlichen Sorge oder die Alleinsorge auf den Vater nicht mehr möglich wäre, wenn die Eltern dies wollten (*BVerfG* aaO). Nach § 1672 I 2 BGB muss die Übertragung der Alleinsorge auf den Vater **dem Wohl des Kindes dienen.** Die Schwelle für die Zuteilung der Alleinsorge im Rahmen des § 1672 BGB ist höher als im Rahmen des § 1671 BGB. Dies hat seinen Grund darin, dass der Vater bislang nicht Inhaber der elterlichen Sorge war und seine Eignung erst noch unter Beweis stellen muss (*Dethloff,* Familienrecht, § 13, Rn. 172).

Der Wechsel der Alleinsorge von der Mutter auf den Vater ist nur möglich, wenn die Eltern **nicht nur vorübergehend getrennt leben.** Vor einer endgültigen Trennung kann der Vater nur dadurch in die elterliche Sorge einbezogen werden, indem durch Sorgerechtserklärungen oder Entscheidung des Familiengerichts die gemeinsame elterliche Sorge herbeigeführt wird (s. o. Rn. 4 ff.). 53

Übersicht:

54

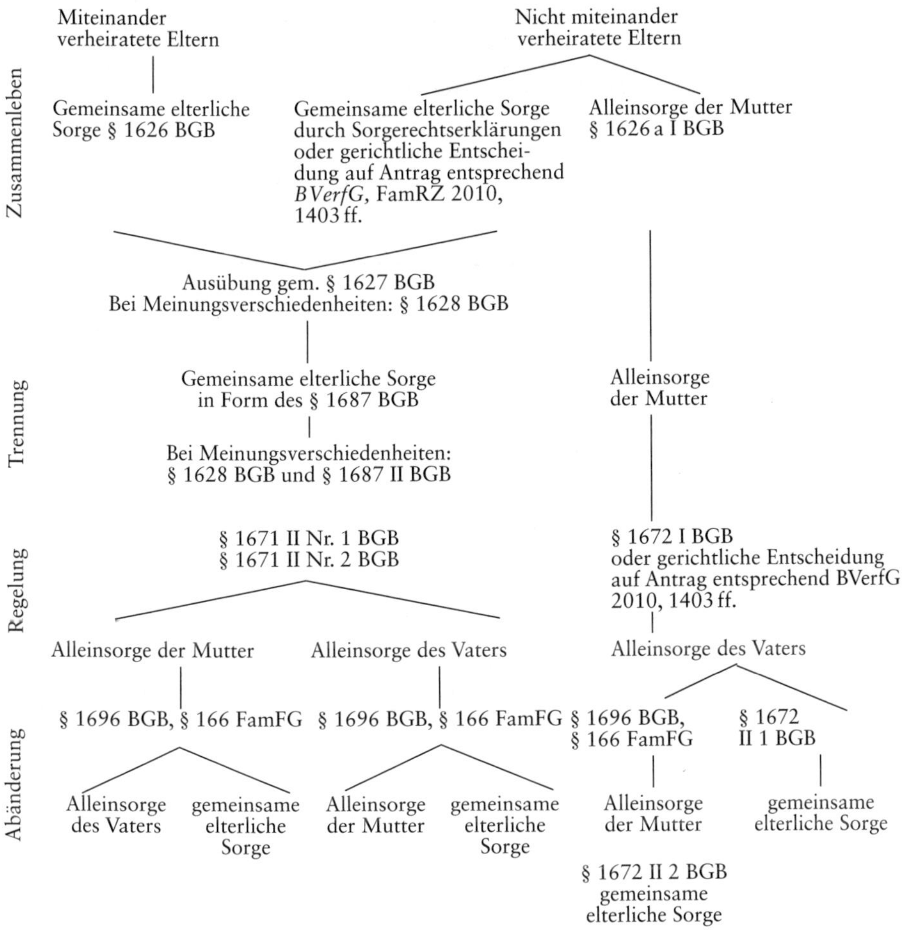

In allen Stadien kommen Maßnahmen nach § 1666 BGB in Betracht.
Abänderung: § 1696 II BGB

Zur Abänderung von Sorgerechtsentscheidungen (s. u. Rn. 123 ff.).

5. Sorgerechtsregelungen nach § 1666 BGB

§ 1666 iVm § 1666 a BGB gibt dem Familiengericht die Möglichkeit, von Amts wegen in die elterliche Sorge einzugreifen, wenn die Eltern die ihnen obliegende Verpflichtung zur Pflege und Erziehung nicht (mehr) gewährleisten können und dadurch eine **Gefährdung des Kindeswohls** entsteht und stellt die gesetzliche Konkretisierung des staatlichen Wächteramtes aus Art. 6 II 2 GG dar. 55

Durch das Gesetz zur Erleichterung familiengerichtlicher Maßnahmen bei Gefährdung des Kindeswohls vom 4. 7. 2008 wurde § 1666 BGB grundlegend geändert. Dabei stand der Gedanke der frühzeitigen Prävention tragend im Vordergrund. Nach der Neuregelung kommt es **weder auf ein Verschulden noch ein Versagen** der Eltern an. Allein die Gefährdung des Kindeswohls reicht aus. Damit ist ein Eingriff in das Elternrecht auch dann möglich, wenn das Gericht ihnen kein konkretes Fehlverhalten oder die Ursächlichkeit ihres Verhaltens für die Gefährdung nachweisen kann (*Willutzki*, FPR 2008, 488, 491).

56 Hinsichtlich des Eingriffs in die elterliche Sorge muss nach Personensorge und Vermögenssorge unterschieden werden, wobei letztere in der Praxis eine untergeordnete Rolle spielt.

Voraussetzung für einen Eingriff in die Personensorge ist ein **Gefährdung des körperlichen, geistigen oder seelischen Wohls** des Kindes. Voraussetzung für den Eingriff in die Vermögenssorge ist **eine Gefährdung des Kindesvermögens.**

57 Eine Kindeswohlgefährdung setzt eine gegenwärtige, in einem solche Maße vorhandene Gefahr für die Befriedigung der körperlichen, seelischen, geistigen oder erzieherischen Bedürfnisse des Kindes voraus, dass sich bei weiterer Entwicklung eine Schädigung des Kindes mit ziemlicher Sicherheit voraussagen lässt (*BGH,* FamRZ 1956, 350, 351). Allein die Sorge, dass künftig Gefährdungen entstehen können, reicht ebenso wenig aus (*OLG Köln,* FamRZ 2006, 877) wie der Umstand, dass die Förderung des Kindes nicht optimal ist (*OLG Frankfurt/M.,* FamRZ 2003, 1316).

58 Die Gefährdung kann auf einem **Missbrauch** der elterlichen Sorge oder auf **Vernachlässigung** beruhen. Beispiele:

- körperliche Misshandlungen (MünchKomm-BGB/*Olzen,* § 1666, Rn. 61 mwN)
- übermäßige körperliche Züchtigung (*OLG Celle,* FamRZ 2003, 549)
- sexueller Missbrauch (*OLG Frankfurt,* FamRZ 2001, 1086,1087)
- Einsperren, Isolation
- Abhalten vom Schulbesuch, Duldung von Schulversäumnissen (*OLG Köln,* JAmt 2003, 548)
- Verweigerung von medizinisch indizierten Maßnahmen
- Umgangsverweigerung (*BVerfG,* FamRZ 2004, 1166, 1167, *OLG Koblenz,* FamRZ 2008, 1973)
- Unterernährung, Fehlernährung, Verwahrlosung
- Psychische Erkrankungen (*OLG München,* FamRZ 2004, 1597)
- deutliche Entwicklungsrückstände (*BayObLG,* FamRZ 1997, 1553)
- Drogen- und Alkoholabhängigkeit
- Zwangsheirat (*OLG Köln,* FamRZ 2001, 1087, 1088),
- Beschneidung (*BGH,* FamRZ 2005, 344)

59 Die Kindeswohlgefährdung kann auch durch ein Verhalten eines Dritten, insbesondere eines gewalttätigen Partners, Freundes oder Nachbars gegeben sein.

60 Voraussetzung für das Familiengericht ist ferner, dass die Eltern nicht gewillt oder nicht in der Lage sind, die Gefahr abzuwenden.

61 Das **Familiengericht** hat zur **Abwehr der Kindeswohlgefährdung** eine **breite Auswahl an Maßnahmen,** von denen einige in **§ 1666 III BGB** aufgezählt sind; die Aufzählung ist nicht abschließend:

- Nr. 1: Gebote, die gem. §§ 11–40 SGB VIII zur Verfügung stehenden Leistungen der Jugendhilfe anzunehmen. Das Familiengericht kann das Jugendamt jedoch nicht zur Erbringung solcher Leistungen verpflichten (vgl. ausführlich zum Streitstand: Staudinger/*Coester,* § 1666, BGB, Rn. 13 ff.). Das führt in der Praxis zu Problemen, wenn das Gericht im Hinblick auf den Verhältnismäßigkeitsgrundsatz eine bestimmte Leistung der Jugendhilfe für die Gefahr zu beseitigen als geeignet ansieht, das Jugendamt diese aber nicht zur Verfügung stellen kann oder will. Therapieauflagen an den Elternteil sind unzulässig (*BVerfG,* ZKJ 2011, 98 mit Bespr. *Heilmann*).
- Nr. 2: Gebote für die Einhaltung der Schulpflicht zu sorgen.
- Nr. 3: Verbote – auch an Dritte gerichtet –, die Wohnung zu benutzen oder sich an Orten aufzuhalten, an denen sich das Kind regelmäßig aufhält.
- Nr. 4: Kontaktverbote.
- Nr. 5: Ersetzung von Erklärungen des Inhabers der elterlichen Sorge, insbesondere Einwilligung in die Begutachtung oder Therapie des Kindes (*OLG Karlsruhe,* FamRZ 2002, 1210), oder die notwendige Erklärung zur Inanspruchnahme öffentlicher Hilfen.
- Nr. 6: die teilweise oder vollständige Entziehung der elterlichen Sorge.

Sonstige Maßnahmen können sein: Nachweis der Erfüllung bestimmter Auflagen oder Weisungen, Ermahnungen, Verwarnungen.

62 Geht die Kindeswohlgefährdung von Dritten aus, so können alle Maßnahmen auch gegenüber Dritten getroffen werden. In Betracht kommen insbesondere Ermahnungen, Weisungen und Umgangsverbote.

63 Bei der **Auswahl der Maßnahmen** hat das Gericht den **Verhältnismäßigkeitsgrundsatz** zu beachten, § 1666a BGB. Ein vollständiger oder teilweiser Entzug der elterlichen Sorge verbunden mit der Trennung des Kindes von seinen Eltern darf nur erfolgen, wenn alle anderen Maßnahmen entweder vergeblich versucht wurden oder sicher voraussehbar ist, dass sie zur Abwendung der Gefahren für das Kind nicht ausreichend sind. Von mehreren geeigneten Maßnahmen ist diejenige zu wählen, die am Wenigstens in das Elternrecht eingreift.

64 Auch die **Dauer der Maßnahme** wird unter Beachtung des Verhältnismäßigkeitsgrundsatz bestimmt (zur Abänderung und Überprüfung s. u. Rn. 123 ff.).

65 Bei einer Vermögensgefährdung, die gem. § 1666 II BGB regelmäßig in den dort aufgeführten Fällen anzunehmen ist, muss, um dem Gebot der Verhältnismäßigkeit Rechnung zu tragen, zunächst an die Vermögenssorge einschränkende Maßnahmen gem. § 1667 BGB gedacht werden. In Betracht kommt

somit vor einem vollständigen Entzug das Gebot der Rechnungslegung oder die Einschränkung der Verfügungsmacht.

Verfahren wegen Kindeswohlgefährdung werden **von Amts wegen eingeleitet.** Bei einem Antrag auf 66
Sorgerechtsentzug handelt es sich ebenso um eine Anregung, der das Familiengericht im Rahmen der gebotenen Amtsermittlung (§ 26 FamFG) nachgehen muss, wie bei einem Hinweis der Schule, von Nachbarn, Freunden, Polizei oder Staatsanwaltschaft. Auch die Meldung des Jugendamts nach § 8a SGB VIII beinhaltet die Anregung, Maßnahmen für das Kindeswohl zu ergreifen.

Zum Verfahren s. u. Rn. 109 ff.

6. Kindeswohl als Maßstab gerichtlicher Entscheidungen

a) **Überblick.** Das Kindeswohl als allgemeiner Entscheidungsmaßstab ist in **§ 1697a BGB** geregelt. 67
Danach hat das Gericht diejenige Entscheidung zu treffen, die unter Berücksichtigung der tatsächlichen Möglichkeiten sowie der berechtigten Interessen der Beteiligten dem Wohl des Kindes am besten entspricht, wobei die Eingriffsschwelle unter dem Gesichtspunkt des Kindeswohls in den einzelnen Vorschriften unterschiedlich gestaltet ist (vgl. hierzu Staudinger/*Coester,* § 1697a, BGB, Rn. 3).

Welche Entscheidung dem Kindeswohl am besten gerecht wird, lässt sich nur im **konkreten Einzelfall** 68
unter Abwägung aller Umstände beurteilen (vgl. *BVerfG,* FamRZ 2008, 189). Dabei darf sich das Gericht nicht an einer Sanktionierung des Fehlverhaltens eines Elternteils orientieren (*BVerfG* aaO). Rechtsprechung und Lehre konkretisieren den allgemeinen Begriff „Kindeswohl" unter fünf Aspekten, auf die sich daher die Ermittlungen des Gerichts zu konzentrieren haben:

- Welcher Elternteil hat das Kind bisher überwiegend betreut (**Kontinuitätsgrundsatz**)?
- Welcher Elternteil wird künftig besser in der Lage sein, das Kind zu erziehen und zu fördern (**Förderungsgrundsatz**)?
- An welchen Elternteil hat das Kind die stärkere gefühlsmäßige **Bindung**?
- Wie stark sind eventuelle **Geschwisterbindungen**?
- Welchen **Wunsch** hat das Kind selbst (**Kindeswille**)?

Es gibt keine Reihenfolge bzw. keine Gewichtung dieser Kriterien untereinander (*BGH,* FamRZ 2010, 1060). Der Kontinuitätsgrundsatz, der Förderungsgrundsatz und der Kindeswille sind aber von besonderem Gewicht (*BGH,* FamRZ 1985, 169). Was dem Wohl des Kindes im Einzelfall am besten gerecht wird, muss der Tatrichter in eigener Verantwortung entscheiden.

Übersicht

69

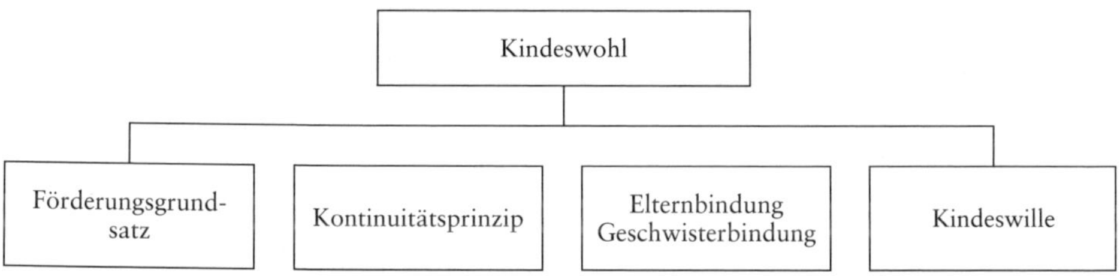

b) **Kontinuitätsgrundsatz.** Beim Kontinuitätsgrundsatz steht die Frage im Mittelpunkt, welcher der 70
beiden Elternteile in der Vergangenheit den größeren Anteil an der Erziehungs- und Betreuungsarbeit gehabt hat. Dies ist von Bedeutung, da allgemein anerkannt ist, dass es für die Kindererziehung sehr wesentlich auf die **Wahrung der Stetigkeit** ankommt. Ein häufiger Wechsel der Bezugs- und Betreuungspersonen sowie des sozialen Umfelds gilt als schädlich (vgl. dazu iE *BVerfG,* NJW 1983, 101, 102; *BGH,* NJW-RR 1990, 258; *OLG Hamburg,* FamRZ 1982, 532, 533).

Es ist förderlich für das Wohl des Kindes, ihm nach der Scheidung möglichst die **vertraute Betreu-** 71
ungsperson und Umgebung – also die bisherige Wohnung bzw. Wohngegend, den Kindergarten bzw. die Schule, die Freunde, den Sportverein etc. – zu erhalten (vgl. *BVerfG,* FamRZ 1981, 745, 749 f.; *OLG Dresden,* FamRZ 2000, 109, 111). Bei gleicher Erziehungseignung beider Eltern kann daher dem Kontinuitätsgrundsatz ausschlaggebende Bedeutung zukommen (*OLG Hamm,* FamRZ 2009, 1757).

c) **Förderungsgrundsatz.** Hinsichtlich des Förderungsgrundsatzes steht die Frage im Mittelpunkt, 72
welcher Elternteil besser in der Lage sein wird, das Kind auf seinem weiteren Lebensweg zu fördern. Von welchem Elternteil kann es künftig **die meiste Unterstützung** für seine seelische und geistige Entwicklung und den Aufbau seiner Persönlichkeit erwarten?

Es dient dem Wohl des Kindes, wenn es nach der Trennung von einem Elternteil betreut wird, der ge- 73
nügend **Zeit** hat, auf die Wünsche und Nöte des Kindes einzugehen, also in der Lage ist, sich selbst um das Kind zu kümmern (*OLG Köln,* FamRZ 2010, 139; *OLG Saarbrücken,* 6 UF 106/10, Rn. 16). Der allgemeine Grundsatz des Vorrangs der Eigen- vor der Fremdbetreuung hat spätestens mit dem neuen

Unterhaltsrecht und den zum 1. 1. 2008 in Kraft getretenen Änderungen des § 1570 BGB (Anspruch auf Betreuungsunterhalt) seine Gültigkeit verloren. Nunmehr ist auch der betreuende Elternteil ab dem 3. Lebensjahr des Kindes verpflichtet, Kinderbetreuungsangebote anzunehmen, um einer Erwerbstätigkeit nachgehen zu können (kritisch hierzu *Schwamb,* FamRB 2010, 358).

Es kommt nicht darauf an, welcher Elternteil die besseren materiellen Voraussetzungen bieten kann. Insofern besteht ein Vorrang der geistigen und seelischen Förderungsmöglichkeiten gegenüber materiellem Wohlstand, wenngleich natürlich die Grundversorgung durch den betreuenden Elternteil gewährleistet werden muss (Johannsen/Henrich/*Jaeger,* § 1671, BGB, Rn. 53).

74 Das Gericht muss aber im Rahmen des Förderungsgrundsatzes prüfen, welcher Elternteil aufgrund seiner **Persönlichkeit** und seines **Erziehungsstils** besser in der Lage sein wird, sich auf das Kind einzulassen und ggfs. unter Zurückstellung eigener Bedürfnisse das Kind bei der Entwicklung seiner Persönlichkeit zu unterstützen (Johannsen/Henrich/*Jaeger,* § 1671, BGB, Rn. 52 ff.). Alkohol- und Drogenabhängigkeit (*OLG Naumburg,* FamRZ 2009, 433), Selbstmordgefahr, nachgewiesener sexueller Missbrauch, wiederholte Straffälligkeit (*KG,* FamRZ 2008, 2054) und schwere psychische Erkrankung sprechen gegen eine Übertragung des Alleinsorgerechts, nicht hingegen Homosexualität, HIV-Infektion oder Zugehörigkeit zu einer Glaubensgemeinschaft, es sei denn, mit deren Lehre ist ein repressiver Erziehungsstil verbunden sowie die Gefahr, dass das Kind in eine gesellschaftliche Außenseiterrolle gerät (*OLG Frankfurt,* FamRZ 1994, 920 f).

75 Von Bedeutung für die Zuordnung des Sorgerechts ist ferner die Fähigkeit des die elterliche Sorge begehrenden Elternteils, einen spannungsfreien **Kontakt** zum anderen Elternteil **zuzulassen** und das Kind sogar hierzu zu motivieren (sog. Bindungstoleranz; *OLG Brandenburg,* FamRZ 2008, 1472, 1473).

76 **d) Bindung des Kindes an die Eltern.** Den gefühlsmäßigen Bindungen des Kindes an die Elternteile kommt eine erhebliche Bedeutung bei der Sorgerechtsentscheidung zu. Es entspricht gesicherter kinderpsychologischer Erkenntnis, dass in den ersten 18 Lebensmonaten eine für die Gesamtentwicklung des Kindes wesentliche Bindung zu den Personen aufgebaut wird, die die tatsächliche Betreuung ausüben (*OLG Celle,* FamRZ 1990, 191, 192, ausführlich zur Eltern-Kind-Bindung *HB-VB/Ziegenhain,* Rn. 621 ff.). Zu welchem Elternteil die Bindungen stärker sind, lässt sich **in den ersten Lebensjahren** naturgemäß schwierig vom Richter ermitteln, denn das Kind selbst kann sich hierzu nicht äußern. Hier kommt dem persönlichen Eindruck des Richters, der Beobachtung des Miteinanders und der Vertrautheit zwischen Kind und Elternteil einerseits und den Ermittlungen des Jugendamtes anderseits eine wichtige Bedeutung zu. Die Kindesanhörung, die beispielsweise auch in der gewohnten Umgebung des Kindergartens oder im Haushalt der Eltern – bei getrennt lebenden Eltern in beiden Haushalten – stattfinden kann, ist dazu da, um dem Richter einen diesbezüglichen Eindruck zu verschaffen (zur Kindesanhörung s. u. Rn. 119). Häufig wird es aber nicht zu umgehen sein, ein psychologisches Gutachten zur Frage der Bindungen einzuholen. Ausführlich zur Bedeutung der Bindung für das Kindeswohl siehe Johannsen/Henrich/*Jaeger,* § 1671, BGB, Rn. 69 ff.

77 **e) Geschwisterbindung.** Die Geschwisterbindung ist als wichtiges Kriterium zu berücksichtigen (*OLG Brandenburg,* FamRZ 2008, 2054; *OLG Köln,* FamRZ 2010, 139 (LS.)). Es ist häufig so, dass sich die Geschwister – bei allen Alltagsstreitigkeiten – in der Situation der Trennung der Eltern gegenseitig einen wichtigen Halt geben. Sie dürfen darum nicht auseinandergerissen werden, ein Gesichtspunkt, dem dann andere ggf. untergeordnet werden müssen. Es gibt aber auch Fälle, in denen die Trennung der Geschwister unumgänglich oder aber sogar förderlich für die Kinder ist.

78 **f) Kindeswille.** Bei Entscheidungen, die einen wesentlichen Einfluss auf die Lebensgestaltung des Kindes haben muss der **Wille des Kindes** berücksichtigt werden, soweit er seinem Wohl entspricht (*BVerfG,* FamRZ 2009, 1389). Der Kindeswille hat eine **doppelte Funktion.** Zum einen ist er Ausdruck der **empfundenen Personenbindung,** zum anderen ist er **Akt der Selbstbestimmung,** wobei letztere Funktion mit steigendem Alter an Bedeutung gewinnt (*BVerfG,* FamRZ 2009, 1389; ausführlich zum Kindeswillen: Staudinger/*Coester,* § 1671, BGB, Rn. 233 ff.). Damit hängt die Bedeutung des Kindeswillens vom Alter des Kindes ab. Eine feste **Altersgrenze** für die Maßgeblichkeit des Kindeswillens in seiner Funktion als Ausdruck seiner Selbstbestimmung gibt es nicht (Staudinger/*Coester,* § 1671, BGB, Rn. 242). Der überzeugend begründete Wille eines 14-jährigen Jugendlichen kann ausschlaggebende Bedeutung haben (*OLG Brandenburg,* 9 UF 21/09, Rn. 26). Bereits die Möglichkeit des Widerspruchs nach § 1671 II Nr. 1 BGB, die Anhörungspflicht gem. § 159 I FamFG und die Beschwerdebefugnis des Kindes sprechen für die Bedeutsamkeit. Der Wille eines 8-jährigen Kindes kann im Rahmen der Gesamtwürdigung entscheidende Berücksichtigung finden (vgl. *BVerfG,* FamRZ 2009, 1389, 1391). Lässt sich allerdings feststellen, dass der geäußerte Wille Ergebnis einer **illoyalen Einflussnahme** eines Elternteils ist, kann er nicht als Akt der Selbstbestimmung gewertet werden (*BGH,* FamRZ 1985, 169, 170; 2010, 1060). Ausdruck seiner real empfundenen Bindung ist er gleichwohl.

79 Ein unerlässliches Instrument für die Ermittlung des Kindeswillens ist die nach § 159 FamFG zwingend vorgeschriebene **Kindesanhörung** (siehe hierzu ausführlich Rn. 119).

II. Umgangsrecht

1. Überblick

Das Umgangsrecht soll dem nicht betreuenden Elternteil die Möglichkeit geben, sich fortlaufend von der Entwicklung und dem Wohlergehen seines Kindes zu überzeugen und die zwischen ihnen bestehenden Bindungen zu pflegen. Es stellt ein selbständiges, dem Sorgerecht gegenüberstehendes Recht dar und ist nicht nur Restbestandteil der elterlichen Sorge (*BVerfG*, NJW 1971, 1447, 1448). Es beruht wie das Sorgerecht auf Art. 6 II GG (*BVerfG*, FamRZ 1983, 872). 80

Während der Ausübung des Umgangsrechts hat der Umgangsberechtigte die **Alleinentscheidungsbefugnis in Angelegenheiten während der tatsächlichen Betreuung** des Kindes; bei Alleinsorge des anderen Elternteils folgt dies aus § 1687a BGB, bei gemeinsamer elterlicher Sorge ergibt sich dieses Recht für den Elternteil, bei dem das Kind nicht seinen gewöhnlichen Aufenthalt, hat aus § 1687 I 4 BGB. 81

Oberster und entscheidender Maßstab für alle Entscheidungen über das Umgangsrecht ist das Kindeswohl, § 1697a BGB (zum Kindeswohlbegriff s. o. Rn. 67ff.). 82

Auch Umgangsverfahren sind Kindschaftssachen (§ 151 Nr. 2 FamFG), die in die Zuständigkeit der Familiengerichte fallen und auf die die §§ 151ff. FamFG Anwendung finden (zum Verfahren s. u. Rn. 109ff.). 83

2. Umgang der Eltern mit dem Kind

a) **Umgangsrecht des Kindes.** Gemäß § 1626 III 1 BGB gehört zum Wohl des Kindes in der Regel der Umgang mit beiden Elternteilen. Der Gesetzgeber hat das Umgangsrecht in § 1684 BGB als **subjektives, einklagbares Recht** des Kindes auf Umgang mit seinen Eltern ausgestaltet. In der Praxis kommt es gleichwohl so gut wie nie vor, dass das Kind als Antragsteller auftritt. Ein vom sorgeberechtigten Elternteil im eigenen Namen gestellter Umgangsantrag ist unzulässig, vielmehr muss das Kind sein höchstpersönliches Recht auf Umgang selbst geltend machen, vertreten durch den sorgeberechtigten Elternteil (*BGH*, FamRZ 2008, 1334). 84

Das **Recht des Kindes auf Umgang** beinhaltet, dass der betreuende Elternteil es zulassen muss, dass das Kind mit dem anderen Elternteil den Umgang ausüben kann. Dies hat der Gesetzgeber noch mal in § 1684 II BGB (Wohlverhaltenklausel) zum Ausdruck gebracht. Danach haben beide Elternteile alles zu unterlassen, was die Beziehung des Kindes zum anderen Elternteil beeinträchtigt, insbesondere sich illoyal gegenüber dem anderen Elternteil zu verhalten (häufig durch Beeinflussung des Kindes oder Herabwürdigung des anderen Elternteils). Der umgangsberechtigte Elternteil wird verpflichtet, den Umgang mit dem Kind auszuüben und sich ebenfalls im Sinne der Wohlverhaltensklausel zu verhalten. 85

b) **Umgangsrecht der Eltern.** Die Eltern sind zum Umgang mit dem Kind **berechtigt**, § 1684 I 2. Hs. BGB. Jedem Elternteil, der nicht mit seinem Kind zusammenlebt, steht das Umgangsrecht zu, gleich, ob ihm die Personensorge zusteht oder die Eltern verheiratet waren. Das Umgangsrecht steht grundsätzlich auch dem Elternteil zu, dessen Personensorge gemäß § 1666 BGB entzogen wurde oder gem. §§ 1673, 1674 BGB ruht (zum Umgang mit einem in einer Pflegefamilie lebenden Kind vgl. *BVerfG*, BeckRS 2010, 51, 310; *OLG Hamm*, BeckRS 2011, 02691 bespr. von *Gottschalk* in: FamFR 2011, 140). 86

c) **Umgangspflicht der Eltern.** Jeder **Elternteil** ist zum Umgang **verpflichtet**, § 1684 I 2. Hs. BGB Diese Verpflichtung korrespondiert mit dem Umgangsrecht des Kindes. Von dieser Verpflichtung ist allerdings die Durchsetzbarkeit zu unterscheiden. In der Regel wird die mit Ordnungsmitteln gegen den umgangsunwilligen Elternteil zwangsweise durchgesetzte Umgangsregelung nicht dem Kindeswohl dienen (*BVerfG*, FamRZ 2008, 845, 850; ausführlich zum Thema: *Altrogge*, Umgang unter Zwang: Das Recht des Kindes auf Umgang mit dem umgangsunwilligen Elternteil, 2007). 87

3. Das Umgangsrecht Dritter (insbesondere Verwandter, Stief- u. Pflegeeltern)

§ 1685 BGB gewährt weiteren Bezugspersonen des Kindes ein begrenztes Umgangsrecht um den Abbruch gewachsener, enger Bindungen nach einer Trennung und Scheidung der Eltern zu verhindern. Die Begrenzung besteht darin, dass ein Umgang nur erfolgen soll, wenn dieser **dem Wohl des Kindes dient. Großeltern und Geschwister** erhalten, vorbehaltlich der Kindeswohlprüfung, ein Umgangsrecht, ohne dass sie den Nachweis einer engen Beziehung erbringen müssen, § 1685 I BGB. 88

Umgangsberechtigt nach § 1685 II BGB sind ferner diejenigen Personen, die in der Vergangenheit **enge Bezugspersonen** für das Kind waren, also insbesondere Stief- und Pflegeeltern) und für das Kind eine tatsächliche Verantwortung tragen oder getragen haben (sozial-familiäre Bindung). Das ist anzunehmen, wenn die Personen mit dem Kind längere Zeit in häuslicher Gemeinschaft gelebt haben, § 1685 II 2 BGB. 89

4. Meinungsverschiedenheiten zwischen den Eltern über die Ausgestaltung des Umgangsrechts

90 In erster Linie ist es Aufgabe der Eltern sich über den Umgang zu verständigen und eine Einigung über Art, Ort, Zeit und Häufigkeit der Umgangskontakte zwischen dem nichtbetreuenden Elternteil und dem Kind zu treffen. Nur wenn sich die Eltern über die Ausgestaltung des Umgangsrecht nicht einigen können oder die Vereinbarung nicht dem Wohl des Kindes entspricht, wird eine **Regelung durch das Gericht** nach § 1684 III 1 BGB notwendig (zum gerichtlich gebilligten Vergleich s. u. Rn. 120).

In jedem Stadium des Verfahrens muss das Gericht auf eine einvernehmliche Regelung zwischen den Beteiligten hinwirken, § 156 I 1 FamFG, und das Verfahren zügig betreiben, § 155 FamFG (ausführlich hierzu s. u. Rn. 112).

91 Das Familiengericht kann im Zusammenhang mit der Umgangsregelung **Anordnungen erlassen**, um Verhaltensweisen der Eltern zu verhindern, die das Verhältnis des Kindes zum jeweils anderen Elternteil beeinträchtigen oder die Erziehung erschweren, § 1684 III 2 BGB. In Betracht kommen zB das Verbot an den Umgangsberechtigten, mit dem Kind Gaststätten aufzusuchen, alkoholische Getränke zu sich zu nehmen, das Kind nachts Fernsehen schauen oder allein zu lassen.

Das Gericht darf sich nicht darauf beschränken, den Antrag zurückzuweisen (*OLG Hamm,* 8 UF 133/10, BeckRS 2011/02691). Es muss vielmehr eine konkrete Regelung treffen, oder den Umgang ausschließen. In der Praxis ist unbedingt zu beachten, dass die Umgangsregelung (gerichtlicher Beschluss oder gerichtlich gebilligter Vergleich nach § 156 II FamFG) einen **konkret durchsetzbaren** Inhalt hat (vgl. *OLG Oldenburg,* FamRZ 2010, 44). Das gilt auch bei der Anordnung begleiteteten Umgangs (*OLG Köln,* ZKJ 2011, 181, zur Umgangsbegleitung s. u. Rn. 103). Die Regelung muss **Art, Ort, Zeit, Häufigkeit, Beginn und Ende** der Kontakte enthalten, möglichst auch noch die Verpflichtung des Umgangsberechtigten, das Kind abzuholen und die Verpflichtung des Umgangsverpflichteten, das Kind bereit zu halten. Anderenfalls gehen Ordnungsmittel (§§ 86 ff. FamFG) ins Leere. Wichtig ist ferner der Hinweis nach § 89 II FamFG.

5. Inhaltliche Ausgestaltung

92 Das Gesetz enthält keine Vorgaben zu Zeit, Dauer, Häufigkeit, Art und Ort des Umgangs. Die inhaltliche Gestaltung des Umgangsrechtes ist in erster Linie daran auszurichten, welche Regelung dem Wohl des Kindes (§ 1697 a BGB) in seiner konkreten Situation gerecht wird, und kann **nicht nach allgemeinen Richtwerten** erfolgen (*BVerfG,* FamRZ 1993, 662, 663; 1995, 86, 87). Allgemein gültige Richtlinien über die Häufigkeit und Dauer der Besuche abhängig vom Alter des Kindes darf es nach diesen Entscheidungen des Bundesverfassungsgerichts nicht geben. Stets muss die Dauer und Häufigkeit des Umgangskontaktes unter Berücksichtigung des Kindeswohls an den **konkreten Bedürfnissen** der Beteiligten gemessen werden.

93 Bei einem sehr konfliktreichen Verhältnis zwischen den Eltern bietet es sich an, eine sehr detaillierte Regelung zu treffen, damit sich die Notwendigkeit individueller Absprachen so weit wie möglich erübrigt.

94 Die **Häufigkeit und Dauer** des Umganges richtet sich nach dem Alter des Kindes, seinem Entwicklungsstand und seiner psychischen und physischen Verfassung, der Intensität seiner bisherigen Beziehungen zum nichtbetreuenden Elternteil und der Entfernung zwischen den Wohnorten des Kindes und des Umgangsberechtigten. Dabei ist insbesondere das kindliche Zeitempfinden ebenso zu berücksichtigen wie der Umstand, dass für Kinder die Vorhersehbarkeit und Verlässlichkeit wichtig ist. Bei einem **Säugling und Kleinkind** ist ein Kontakt in kürzeren Abständen, dafür aber jeweils auf einige Stunden beschränkt, sinnvoller, als ein 3-Wochen-Rhythmus. Es gibt keinen Grundsatz, nach dem ein Umgang mit **Übernachtungen** bei Kindern im Vorschulalter generell ausgeschlossen sein soll (*OLG Nürnberg,* FamRZ 2010, 741; vgl. auch *BVerfG,* FamRZ 2007, 105). **Ferienregelungen** setzen voraus, dass das Kind eine solche längere Trennung von seiner Hauptbezugsperson schon verkraften kann. An den hohen christlichen **Feiertagen** verbringt das Kind üblicherweise den 2. Feiertag beim Umgangsberechtigten. Nimmt auch der umgangsberechtigte Elternteil einen großen Teil der Betreuung wahr, so erscheint es durchaus kindeswohlgerecht, dass das Kind Weihnachten und Ostern im jährlichen Wechsel bei jeweils einem Elternteil vollständig verbringt.

95 Der Umgangsberechtigte darf das Kind grundsätzlich **zu sich** nehmen (*OLG Koblenz,* FamRZ 2009, 133, 134 mwN), denn das Kind soll am Leben des anderen Elternteils in natürlicher Weise teilhaben.

Wichtig ist insbesondere auch, wie intensiv der Kontakt zwischen dem Kind und dem Umgangsberechtigten bis zur Einleitung des Verfahrens war. Hat sich nie eine Beziehung zwischen dem Kind und dem betroffenen Elternteil entwickelt, muss bei der Regelung des Umgangs besonders behutsam vorgegangen werden, weil **Kontakte** überhaupt erst **angebahnt** werden müssen.

96 Grundsätzlich ist es Sache des Umgangsberechtigten, das Kind abzuholen und zurückzubringen. Etwas anderes ist anzunehmen, wenn die Wohnorte der Eltern weit auseinander liegen (*BVerfG,* FamRZ 2002, 809). Auch die **Kosten des Umgangs** (Fahrgeld, Verpflegung) sind grundsätzlich vom Umgangs-

berechtigten zu tragen. Im Mangelfall können die Kosten jedoch beim Kindes- und Ehegattenunterhalt berücksichtigt werden (*BGH,* FamRZ 2005, 706, 708).

Ein **Ausschluss dritter Personen** von der Anwesenheit bei der Ausübung des Umgangsrechts kommt nur ausnahmsweise in Betracht (Johannsen/Henrich/*Jaeger,* § 1684, BGB, Rn. 31). 97

6. Einschränkung oder Ausschluss des Umgangsrecht

Das Gericht kann das Umgangsrecht gemäß § 1684 IV 1 BGB auch **kurzzeitig** einschränken oder ausschließen, soweit dies **zum Wohl des Kindes erforderlich** ist. 98

Eine Einschränkung oder ein Ausschluss des Umgangsrechts oder der Vollstreckung einer bisherigen Entscheidung **für längere Zeit** oder **auf Dauer** darf nur erfolgen, wenn allein auf diese Weise eine **Kindeswohlgefährdung** abgewendet werden kann, § 1684 IV 2 BGB. Damit wird in diesen Fällen die Schwelle für eine Einschränkung oder einen Ausschluss auf der Ebene des § 1666 BGB angesetzt (Johannsen/Henrich/*Jaeger,* § 1684, BGB, Rn. 34 ff.). Hierzu bedarf es konkreter Feststellungen im Einzelfall (vgl. *BVerfG,* FamRZ 2010, 1622 ff.). Der Verhältnismäßigkeitsgrundsatz ist zu beachten, so dass uU ein begleiteter Umgang ein milderes Mittel gegenüber dem vollständigen Ausschluss darstellt (*OLG Saarbrücken,* ZKJ 2011, 178, 179 mit Anmerkung *Heilmann*). 99

Das geringe Alter des Kindes, Verfeindung der Eltern (*OLG Hamm,* FamRZ 1994, 58), eine Unterbrechung der Kontakte in der Vergangenheit (*OLG Zweibrücken,* FamRZ 2006, 144: begleiteter Umgang) oder ein Vater-Kind-Verhältnis zum neuen Lebenspartner der Mutter (*OLG Karlsruhe,* FamRZ 1999, 184) rechtfertigen einen Ausschluss des Umgangsrechts nicht, wohl aber die konkrete Entführungsgefahr (*OLG Celle,* FamRZ 1996, 364; *OLG Koblenz,* FamRZ 2009, 133), gravierende Verfehlungen gegenüber dem Kind (*OLG Oldenburg,* FamRZ 2008, 85), der entgegenstehende Wille des Kindes, sofern die Überwindung des Willens kindeswohlgefährdend wäre (*OLG Bamberg,* FamRZ 2010, 741; *OLG Saarbrücken,* ZKJ 2011, 178, 180). 100

Ob eine Einschränkung oder ein Ausschluss des Umgangsrechts als kurzfristig oder längerfristig zu werten und welche der beiden Eingriffsschwellen zu prüfen ist, richtet sich nach den **Umständen des Einzelfalls.** Maßstab kann die Häufigkeit der bisherigen Umgangskontakte sein. Bei einem wöchentlichen Umgang wird ein Ausschluss von mehr als drei Monaten nicht mehr kurzfristig sein. Des Weiteren ist das Alter des Kindes zu beachten. Denkbar wäre es, als grobe Richtschnur, die Grenze, wann eine „längere Zeit" vorliegt, wie folgt zu ziehen: ab Vollendung des 7. Lebensjahres bei einem halben Jahr, ab Vollendung des 12. Lebensjahres bei einem Jahr, bei jüngeren Kindern eine erheblich kürzere Zeitspanne als ein halbes Jahr (Johannsen/Henrich/*Jaeger,* § 1684, BGB, Rn. 34). 101

Möglich ist es auch, die **Vollstreckung von Entscheidungen** über das Umgangsrecht **auszuschließen oder einzuschränken,** § 1684 IV 1 BGB. 102

7. Begleiteter Umgang

Um eine **Einschränkung des Umgangsrechts** iSd § 1684 IV 1 BGB handelt es sich bei der Anordnung von begleitetem (beschütztem) Umgang. Die Möglichkeit eines begleiteten Umgangs ist in § 1684 IV 3, 4 BGB geregelt. Dann erfolgt der Umgang in **Anwesenheit** eines **Dritten.** Insbesondere für die Fälle des unbewiesenen, aber nicht fern liegenden Verdachts des sexuellen Missbrauchs (*OLG Hamburg,* FamRZ 1996, 422), Gefahr einer Kindesentziehung (*OLG Celle,* FamRZ 1998, 973), psychischer Erkrankung oder Alkoholabhängigkeit des Umgangsberechtigten (*OLG Koblenz,* FamRZ 2007, 926) bietet sich diese Form des Umgangs an. Ein betreuter Umgang ist auch geeignet zur Anbahnung bei starken Ängsten des Kindes (*OLG Thüringen,* FamRZ 2007, 661), nach langem Kontaktabbruch (*OLG Köln,* FamRZ 2009, 129) oder eingeschränkter Fähigkeit des Umgangsberechtigten, sich auf das Kind einzustellen. 103

Der Dritte bzw. der Träger der Jugendhilfe oder der Verein, der den Umgang begleiten soll, müssen aber **mitwirkungsbereit sein.** Sie können vom Gericht nicht gegen ihren Willen zur Anwesenheit bei der Ausübung des Umgangsrechts gezwungen werden. Auch die Teilnahme eines Mitarbeiters des Jugendamtes kann nicht verbindlich angeordnet werden (BT-Drs 13/48999 S. 106). 104

8. Umgangspfleger

Vom **Umgangsbegleiter streng zu trennen** ist der Umgangspfleger, nunmehr ausdrücklich in § 1684 III S. 3–6 BGB geregelt. Voraussetzung ist eine dauerhafte und wiederholte Verletzung der **Wohlverhaltenspflicht** nach § 1684 II BGB. Die hohe Schwelle der Kindeswohlgefährdung muss nicht mehr erreicht sein (BT-Drs. 16/6308 S. 346), anders bei § 1685 BGB (vgl. § 1685 III BGB) oder beim vollständigen Entzug des Umgangsrechts nach § 1666 BGB (s. u. Rn. 106). Im Umfang des Bestehens der Umgangspflegschaft wird die elterliche Sorge eingeschränkt (§ 1630 BGB). Die Umgangspflegschaft muss befristet werden. Der Umgangspfleger hat das Recht, die Herausgabe des Kindes zur Durchführung des Umgangs zu verlangen und dessen Aufenthalt für die Dauer des Umgangs zu bestimmen. Er bestimmt die **konkrete Ausgestaltung** des Umgangs, also Ablauf und Inhalt und bereitet diesen vor. Er ist bei der 105

Übergabe zugegen und bei der Rückgabe (*Zivier*, ZKJ 2010, 306). Die Umgangspflegschaft sichert den Umgang also „organisatorisch ab“ (*OLG Celle*, ZKJ 2011, 182). Streitig ist, ob der Umgangspfleger iSd § 1684 III 2 BGB auch den Umgang nach **Ort, Zeit und Umfang** selbst regeln darf, oder ob diese Regelungen **dem Gericht vorbehalten** bleiben. Letzteres ist zu bejahen (s. a. *Zivier* aaO, 307), auch damit im Falle der Umgangsverweigerung Ordnungsmittel verhängt werden können.

106 Soll erreicht werden, dass auch die Entscheidung des Ob, Wann, Wie und Wo des Umgangs durch eine Dritte Person geregelt wird, bedarf es eines vollständigen Entzugs dieses Teils der elterlichen Sorge und der Einsetzung eines **Ergänzungspflegers gem. § 1909 BGB** für das Umgangsrecht, da die Regelung des Umgangs grundsätzlich den Kindeseltern obliegt (vgl. § 1632 II BGB, *Heilmann,* ZKJ 2011, 184: Anmerkung zu *OLG Celle,* ZKJ 2011, 182). In diesem Fall müssen allerdings die Voraussetzungen des § 1666 BGB vorliegen.

9. Gerichtliche Durchsetzung des Umgangsrechts

107 Wie bereits oben (Rn. 87) dargelegt, ist, von Ausnahmen abgesehen, eine Vollsteckung der Umgangspflicht gegen den zum Umgang verpflichteten Elternteil durch das Kind abzulehnen, da dieser erzwungene Umgang in der Regel sinnlos und entwürdigend ist und somit dem Kindeswohl widerspricht (*BVerfG,* FamRZ 2008, 845, 850). Das Kind kann sich aber an das Jugendamt wenden, um sein Umgangsrecht durchzusetzen. Gemäß §§ 18 III 1 SGB VIII, 8 II SGB VIII haben Kinder und Jugendliche einen Anspruch auf Beratung und Unterstützung durch das Jugendamt bei der Ausübung des Umgangsrechts.

108 In der Praxis von allergrößter Relevanz ist die Frage nach der Durchsetzung von Umgangsregelungen durch den umgangsberechtigten Elternteil, weil der Umgangsverpflichtete seiner Verpflichtung aus der Umgangsregelung zur Bereithaltung und Übergabe nicht nachkommt oder gar **nachhaltig boykottiert.** Zur Vollstreckung von Umgangsregelungen nach § 89 FamFG s. u. Rn. 129 ff. Sofern die Verhängung von Ordnungsgeldern ins Leere geht, gibt es weitere Möglichkeiten, um auf den Umgangsverpflichteten einzuwirken. Zunächst bietet sich die Einsetzung eines Umgangspflegers an (s. o. Rn. 105). UU stehen dem Umgangsberechtigten Schadenersatzansprüche zu, er kann eine Verwirkung von Ehegattenunterhalt gem. § 1579 Nr. 8 BGB einwenden oder gar einen (Abänderungs-)antrag auf Übertragung der elterlichen Sorge stellen. Ein mit einer Umplatzierung verbundener Sorgerechtsentzug bzw. Sorgerechtswechsel wird nach dem Verhältnismäßigkeitsgrundsatz nicht in Betracht kommen, wenn das Kind im Haushalt des Umgangverpflichteten gut versorgt und in sein soziales Umfeld integriert ist, während zum anderen Elternteil in der Vergangenheit kein Kontakt bestand, womöglich sogar ein Kontakt abgelehnt wurde (*Gottschalk,* FPR 2008, 308, 310). Als mildere Maßnahme steht auch noch ein Teilentzug der elterlichen Sorge bezogen auf das Umgangsrecht zur Verfügung, der auch nach Installierung des Umgangspflegers in § 1684 III 2–4 BGB noch möglich ist (s. o. Rn. 106). Im Rahmen der in der Praxis problematischen Umgangsdurchsetzung darf nie aus dem Blick geraten, dass **alleiniger Entscheidungsmaßstab** das **Kindwohl** ist und nicht die Sanktionierung eines elterlichen Fehlverhaltens (vgl. *BGH,* FamRZ 2008, 592 ff.). Es bleibt festzuhalten, dass es Fälle gibt, in denen die Gerichte keine kindeswohlgerechte Lösung mehr finden können, wollen sie nicht einfach den Kindeswillen übergehen und die Kinder für das Unvermögen ihrer Eltern bestrafen (*Gottschalk* aaO, S. 312).

Zur Abänderung von Umgangsrechtsregelungen s. u. Rn. 123 ff.

III. Verfahrensrechtliche Besonderheiten

1. Verfahren allgemein

109 Sorge- und Umgangsverfahren sind Kindschaftssachen gem. §§ 151 Nr. 1 und 2 FamFG. Beides sind **Familienverfahren**, die sich nach den Vorschriften des FamFG richten (vgl. §§ 111, 112 FamFG). Für diese Verfahren gilt unabhängig davon, ob sie im Scheidungsverbund oder als isolierte Verfahren geführt werden, gemäß § 26 FamFG der **Grundsatz der Amtsermittlung.** Verfahren wegen Verdachts der Kindeswohlgefährdung werden von Amts wegen eingeleitet. Auch Umgangsverfahren sind Amtsverfahren, die Einleitung von Amts wegen kommt in der Praxis aber eher selten vor. In Amtsverfahren ist der förmliche Antrag lediglich eine **Anregung** an das Gericht, von Amts wegen tätig zu werden. Verfahren nach §§ 1671, 1672 BGB sind Verfahren, in denen das Gericht nur auf einen entsprechenden Antrag tätig wird (ebenso §§ 1628, 1632 III BGB). Aber auch in diesen Verfahren gilt der Grundsatz der Amtsermittlung.

110 Kindschaftssachen unterliegen nicht dem **Anwaltszwang,** § 114 I FamFG (Ausnahme: Rechtsbeschwerde vor dem BGH), sofern sie nicht im Scheidungsverbund, sondern isoliert durchgeführt werden.

111 Ob eine Kindschaftssache Folgesache eines bereits anhängigen oder später eingeleiteten Scheidungsverfahrens wird, liegt zunächst in der Hand der Ehegatten. Kindschaftssachen werden gem. § 137 III FamFG **nur dann zu Folgesachen (s. o. Kap. C II. Rn. 1),** wenn ein Ehegatte vor Schluss der mündlichen Verhandlung die **Einbeziehung** in den Verbund **beantragt,** es sei denn, das Gericht hält die Einbeziehung aus Gründen des Kindeswohls nicht für sachgerecht. Das wird dann der Fall sein, wenn eine zeitnahe

Entscheidung über die Kindschaftssache notwendig ist. Dann bleibt die Kindschaftssache ein isoliertes Verfahren.

Im gesamten Kindschaftsrecht gilt der **Beschleunigungsgrundsatz, § 155 FamFG**. Mit dieser Vorschrift wurde ein ausdrückliches Vorrang- und Beschleunigungsgebot für Kindschaftssachen, die den Aufenthalt des Kindes, das Umgangsrecht oder die Herausgabe des Kindes betreffen, bzw. für Verfahren wegen Gefährdung des Kindeswohls gesetzlich geregelt. Die Norm soll dem Gesichtspunkt Rechnung tragen, dass der **Faktor Zeit** in den genannten Verfahren einen maßgeblichen Einfluss auf das Kindeswohl hat (ausführlich hierzu: MünchKomm-ZPO/*Heilmann*, § 155 Rn. 1 ff.). Das Vorrang- und Beschleunigungsgebot gilt in jeder Lage des Verfahrens und soll die gesamte gerichtliche Tätigkeit leiten, also auch die Aktenbearbeitung, die Einholung eines Sachverständigengutachtens etc.. Seine ausdrückliche Ausgestaltung findet sich in § 155 II FamFG wieder, wonach das Gericht in den in Abs. 1 genannten Fällen **binnen eines Monats** nach Beginn des Verfahrens die Sache mit den Beteiligten **mündlich erörtern** soll. Die bevorzugte Erledigung der in § 155 I FamFG genannten Kindschaftssachen soll notfalls auch zu Lasten anderer anhängiger Sachen erfolgen. Ist die Terminierung innerhalb eines Monats, wie von § 155 II FamFG für die genannten Verfahren vorgesehen, nicht möglich, so muss notfalls ein anderer Termin, der nicht so dringlich ist, aufgehoben werden. Gem. § 155 II 4 FamFG ist eine **Terminsverlegung** nur aus **zwingenden Gründen**, wie zB Krankheit, zulässig. Nicht ausreichend ist eine Terminskollision des Verfahrensbevollmächtigten, außer bei dem anderen Termin handelt es sich ebenfalls um eine Kindschaftssache. 112

2. Zuständigkeit

Die sachliche Zuständigkeit des Familiengerichts beruht auf den §§ 23 a I Nr. 1, 23 b I 1 GVG. Die örtliche Zuständigkeit für Kindschaftssachen ist in § 152 FamFG geregelt. Ist eine Ehesache anhängig, so ist das Gericht der Ehesache für alle Kindschaftssachen, die die gemeinschaftlichen Kinder der Ehegatten betreffen, zuständig, § 152 I FamFG. 113

Beim Fehlen einer anhängigen Ehesache richtet sich die Zuständigkeit nach dem gewöhnlichen Aufenthalt des Kindes. Das ist der Ort, wo sich der faktische Daseinsmittelpunkt des Kindes befindet (Johannsen/Henrich/*Büte*, § 152, FamFG, Rn. 6). 114

3. Anhörungen, mündliche Erörterungen, Einvernehmen

Hat ein Elternteil ein **Scheidungsverfahren** eingeleitet, ist in der Antragsschrift gemäß § 133 I Nr. 1, 2 FamFG – auch wenn Anträge zum Sorgerecht nicht gestellt werden – anzugeben, ob gemeinschaftliche minderjährige Kinder vorhanden sind, wo diese ihren gewöhnlichen Aufenthalt haben und ob es eine Regelung zum Umgang und zur elterlichen Sorge gibt. Das Gericht hat die Ehegatten in diesem Fall auch zur elterlichen Sorge anzuhören und auf die Beratungsmöglichkeiten hinzuweisen, § 128 II FamFG. 115

In **Sorgerechts- und Umgangsverfahren** (im Scheidungsverbund oder auch isoliert) hat das Gericht – nach Prüfung seiner Zuständigkeit – zunächst zu entscheiden, ob dem Kind gem. § 158 FamFG ein Verfahrensbeistand zu bestellen ist (ausführlich hierzu s. u. Rn. 121 ff.). Die Bestellung des Verfahrensbeistandes soll so früh wie möglich geschehen, § 158 III 1 FamFG. In isolierten Verfahren prüft das Gericht zugleich, ob gem. § 155 II ein früher Termin (Monatstermin, s. o. Rn. 112) anzuberaumen ist. Das ist der Fall, sofern es sich um ein Umgangs-, oder Herausgabeverfahren handelt oder um ein Verfahren, welches den Aufenthalt des Kindes betrifft oder eine Kindeswohlgefährdung zum Gegenstand hat. Zu diesem Termin sollen die Beteiligen persönlich erscheinen, das Jugendamt ist, auch wenn es nicht Beteiligter ist, zum Erscheinen verpflichtet. 116

Im Falle einer Kindeswohlgefährdung (§§ 1666, 1666 a BGB) ist gem. § 157 FamFG der Monatstermin zugleich Erörterungstermin, in dem das Gericht mit den Eltern, dem Jugendamt und in geeigneten Fällen auch mit dem betroffenen Kind erörtert, wie einer möglichen Kindeswohlgefährdung begegnet werden kann. Neben den in §§ 155 II, 157 I geregelten Erörterungspflichten, besteht ein Verpflichtung des Gerichts, das Kind, die Eltern und das Jugendamt anzuhören, was allerdings anlässlich der genannten Termine erfolgen kann (*HB-VB/Heilmann*, Rn. 1190). Das **Jugendamt** ist auch dann anzuhören, wenn es die Beteiligtenstellung mangels eines entsprechenden Antrages nach § 162 II FamFG, welchem das Gericht stattzugeben hat, nicht innehat, § 162 I 1 FamFG. Eine unterbliebene Anhörung ist nachzuholen, § 162 I 2 FamFG. Dem Jugendamt ist die Entscheidung in jedem Fall bekanntzumachen, § 162 III FamFG. 117

Die **Eltern** sind gem. **§ 160 I FamFG persönlich anzuhören**. Die Anhörung der Eltern darf nur aus **schwerwiegenden Gründe unterbleiben**. In Umgangs- und Sorgerechtsverfahren ist der persönliche Eindruck von den Eltern unerlässlich. Die persönliche Anhörung dient zudem der Sachaufklärung (§ 26 FamFG), der Gewährung rechtlichen Gehörs und dem Hinwirken auf ein Einvernehmen (§ 156 I FamFG). Ggf. muss sie nachgeholt werden, § 160 IV FamFG. Die Gründe für ein Absehen von der Anhörung, sind in der Entscheidung in nachprüfbarer Weise darzulegen (*BVerfG*, FamRZ 2004, 354). Damit der **Inhalt** der Anhörung vom Rechtsmittelgericht **überprüft** werden kann, muss der wesentliche 118

Inhalt einer Anhörung vom Gericht schriftlich niedergelegt werden, entweder in einem Vermerk oder in einem Protokoll.

119 Von großer Bedeutung für das Verfahren ist ferner die **Kindesanhörung** (vgl. *HB-VB/Zitelmann*, Rn. 1113; zum Ablauf: *Carl/Eschweiler*, FamRZ 2005, 1226). Die **Verpflichtung** des Gerichts zur Anhörung der betroffenen Kinder folgt für **Minderjährige,** die das **14. Lebensjahr vollendet** haben, aus § 159 I FamFG. Es besteht **kein Ermessen** des Gerichts, außer in Verfahren, die ausschließlich das Vermögen des Kindes betreffen (§ 159 I 2 FamFG). Nach § 159 II FamFG sind auch Kinder, die **noch nicht das 14. Lebensjahr vollendet** haben, persönlich anzuhören, wenn ihre **Neigungen, Bindungen** oder ihr **Wille** für die Entscheidung von Bedeutung sind oder wenn eine persönliche Anhörung aus sonstigen Gründen angezeigt ist. § 159 III FamFG stellt klar, dass es sich hierbei um eine Muss-Vorschrift handelt, von der nur aus **schwerwiegenden Gründen** abgesehen werden darf. Das Unterbleiben der Anhörung stellt, sofern keine Ausnahme vorliegt, einen **Verfahrensfehler** dar, der mit der Beschwerde angegriffen werden kann. Hat das Kind einen Verfahrensbeistand, soll die Anhörung in seiner Anwesenheit stattfinden (§ 159 IV 3 FamFG).

120 Erzielen die Beteiligten (Eltern, Kind welches das 14. Lebensjahr vollendet hat und gem. § 9 I Nr. 3 FamFG verfahrensfähig ist, Verfahrensbeistand und ggf. das Jugendamt) eine **einvernehmliche Regelung** über den Umgang oder den Aufenthalt des Kindes, worauf das Gericht **hinwirken** muss, so schließen die Beteiligten **gem. § 156 II FamFG** einen **gerichtlich gebilligten Vergleich,** sofern das Gericht der Auffassung ist, dass die Regelung dem Kindeswohl nicht widerspricht. Der gerichtlich gebilligte Vergleich kommt dadurch zustande, dass das Gericht die einvernehmliche Regelung **protokolliert,** den Beteiligten nochmals vorspielt und die Beteiligten die Regelung genehmigen (§ 36 II FamFG iVm §§ 160 ff. ZPO). Der gerichtlich gebilligte Vergleich ist dann Vollstreckungstitel (§ 86 I Nr. 2 FamFG), es bedarf – im Gegensatz zum alten Recht – keines gesonderten Beschlusses mehr. Ein solcher ist zu erlassen, wenn einer der Beteiligten dem Vergleich nicht zustimmt.

4. Verfahrensbeistand

121 Der Verfahrensbeistand ist der eigenständige Interessenvertreter des am Verfahren beteiligten Kindes und gesetzlich geregelt nunmehr in § 158 FamFG. Danach ist dem Kind ein Verfahrensbeistand zu bestellen, wenn dies zur **Wahrung seiner Interessen** erforderlich ist, ohne dass es auf das Vorliegen der Voraussetzungen des Abs. 2 ankommt. § 158 II FamFG enthält sodann **5 Fallgruppen,** in denen die Bestellung eines Verfahrensbeistands **in der Regel** erforderlich ist:

- § 158 II Nr. 1 FamFG: **erheblicher Interessengegensatz** zwischen Kind und seinem gesetzlichen Vertreter.
- § 158 II Nr. 2 FamFG : Verfahren nach den **§§ 1666 und 1666 a BGB,** wenn die teilweise oder vollständige Entziehung der elterlichen Sorge in Betracht kommt.
- § 158 II Nr. 3 FamFG: wenn eine **Trennung des Kindes** von der Person erfolgen soll, in deren **Obhut** es sich befindet
- § 158 II Nr. 4 FamFG: Verfahren, die die **Herausgabe** des Kindes oder eine **Verbleibensanordnung** zum Gegenstand haben.
- § 158 II Nr. 5 FamFG: Umgangsverfahren, wenn der **Ausschluss** oder eine **wesentliche Beschränkung des Umgangsrechts** in Betracht kommt.

122 Die Regelbeispiele sind nicht abschließend. Hat das Gericht die Erforderlichkeit einer Verfahrensbeistandsbestellung festgestellt, muss es zwingend einen Verfahrensbeistand bestellen. Sieht das Gericht trotz Vorliegens eines Regelbeispiels von einer Bestellung ab, bedarf dies **besonderer Gründe,** die das Gericht in der Endentscheidung im Einzelnen darzulegen hat, § 158 III 3 FamFG. Aufgaben und Rechtsstellung des Verfahrensbeistandes sind in § 158 III u. IV FamFG geregelt. Er wird zum **Beteiligten** des Verfahrens und hat damit umfassende Verfahrensrechte und muss zB einem gerichtlich gebilligten Vergleich nach § 156 II FamFG zustimmen. Seine Aufgabe ist es, den Kindeswillen zu ermitteln und in das gerichtliche Verfahren einbringen und darüber hinaus weitere Gesichtspunkte und etwaige Bedenken vorzutragen (BT-Drs. 16/6308 S. 239, ausführlich zum Verfahrensbeistand HB-VB). Dabei kann er **Gespräche mit den Eltern und anderen Bezugspersonen** nur dann führen, wenn ihm diese Aufgabe zusätzlich übertragen wurde, § 158 IV 3 FamFG.

5. Abänderung bestehender Sorgerechts- oder Umgangsentscheidungen

123 Insbesondere familiengerichtliche Entscheidungen (die nicht in materielle Bestandkraft erwachsen sondern nur formell bestandskräftig werden) müssen den sich ständig verändernden Lebensverhältnissen angepasst werden. Die Umgangsregelung für ein 4-jähriges Kind passt nicht mehr für den 14-jährigen Teenager und in Sorgerechtsverfahren können aus verstrittenen Eltern solche werden, die wieder die gemeinsame Verantwortung übernehmen wollen. Jedoch bietet nicht jede Veränderung die Möglichkeit für die Abänderung einer familiengerichtlichen Entscheidung oder eines Vergleichs nach § 156 II FamFG. Vielmehr setzt die Abänderung **triftige, das Wohl des Kindes nachhaltig berührende Gründe** voraus, **§ 1696 I BGB.** Der Abänderungsgrund muss so bedeutsam sein, dass er den Grundsatz der

Kontinuität und die mit einer Abänderung verbundenen Umstände deutlich überwiegt (Staudinger/*Coester,* § 1696, BGB, Rn. 54 mwN). Die Beibehaltung des bisherigen Zustandes ist die Regel, die Abänderung die Ausnahme. Die Erstentscheidung hat somit eine gewisse **Bestandskraft.**

Die Abänderung ist möglich bei einer Änderung der Gesetzeslage oder der höchstrichterlichen Recht- 124
sprechung. Ein Abänderungsgrund liegt immer vor, wenn die Eltern übereinstimmend einen Vorschlag zur Änderung der elterlichen Sorge machen (*OLG Brandenburg,* FamRZ 2002, 1210). Als **Abänderungsgründe** kommen ferner in Betracht: Verschlechterung der Situation beim derzeitigen Sorgeberechtigten, Verbesserung der Situation beim Nichtsorgeberechtigten, Umzug ins Ausland (vgl. zu den sog. Auswanderungsfällen: *BGH,* NJW 2010, 2805), nachhaltig geäußerter, ernsthafter, unbeeinflusster Wille eines 13½-jährigen Kindes (*OLG Hamm,* FamRZ 2005, 746). **Nicht hingegen:** der bloße Wunsch eines Elternteils auf Abänderung der Sorgerechtsregelung, Heirat oder neue Partnerschaft, vorübergehende Probleme bei der Ausübung des Umgangsrecht.

Gemäß **§ 1696 II BGB** sind Entscheidungen nach §§ 1666–1667 BGB aufzuheben, wenn infolge 125
nachträglicher Änderung von Umständen eine **Gefahr** für das Wohl des Kindes **nicht mehr besteht.**

§ 166 FamFG stellt die **verfahrensrechtliche Ergänzung zu § 1696 BGB** dar. § 166 II FamFG ent- 126
spricht dem erst im Juli 2008 in Kraft getretenen § 1696 III BGB aF und sieht die **periodische Überprüfung kindesschutzrechtlicher Maßnahmen** vor, wenn diese von längerer Dauer sind. § 166 III FamFG schließlich statuiert eine **Überprüfungspflicht** in einem angemessenen Zeitabstand (in der Regel nach drei Monaten) in den Fällen, in denen von der Anordnung von **Maßnahmen** nach §§ 1666, 1666 a BGB **abgesehen** wurde. Mit dieser Überprüfungspflicht soll der Gefahr entgegengewirkt werden, dass es – entgegen der Annahme des Gerichts – nicht gelingt, die Kindeswohlgefährdung abzuwenden und das Gericht hiervon nichts erfährt; in ganz offensichtlich unbegründeten Fällen, insbesondere dann, wenn auch das Jugendamt keine gerichtlichen Maßnahmen für erforderlich hält, kann eine nochmalige Überprüfung aber unterbleiben (BT-Drs. 16/6308, 243). Die Vorschrift des § 166 FamFG betrifft nur die Abänderung von Hauptsacheentscheidungen. Die **Abänderung** von Entscheidungen, die im **einstweiligen Anordnungsverfahren** getroffen wurden, richtet sich nach **§ 54 I FamFG.**

6. Vollstreckung

Sorgerechtsentscheidungen sind als solche nicht vollstreckungsfähig. Nur wenn die Entscheidung des 127
Gerichts eine Herausgabeanordnung – materiell-rechtliche Grundlage dafür ist § 1632 BGB – enthält, kommt eine Vollstreckung der Entscheidung in Betracht. Diese erfolgt nach §§ 88 ff. FamFG, die gesonderte und ausführliche Regelungen für die Vollstreckung von Entscheidungen über die Herausgabe von Personen und die Regelung des Umgangs enthalten.

Das Vollsteckungsverfahren ist ein selbständiges Verfahren (*OLG Karlsruhe,* BeckRS 2010, 09844). 128
Die örtliche Zuständigkeit ergibt sich aus § 88 I FamFG und richtet sich nach dem gewöhnlichen Aufenthalt der „Person", dh des Kindes.

Umgangsregelungen sind vollstreckbar, sofern sie **vollzugsfähig** (s. o. Rn. 91) sind. Eine **Androhung** 129
des Ordnungsmittels ist nicht mehr Voraussetzung für die Vollstreckung. Allerdings muss zuvor im Beschluss auf die Folgen des Zuwiderhandelns hingewiesen worden sein, **§ 89 II FamFG.** Der **Hinweis** kann nachgeholt werden (*OLG Koblenz,* BeckRS 2010, 15758) Nicht geregelt wurde, wie im Fall des gerichtlichen Vergleichs zu verfahren ist. Es empfiehlt sich, die Beteiligten nach Vergleichsabschluss auf die Folgen des Zuwiderhandelns gegen die im Vergleich geregelten Verpflichtungen hinzuweisen und diesen Hinweis in das Protokoll aufzunehmen.

Nach dem Wortlaut des § 89 I FamFG steht die Verhängung von Ordnungsmitteln im **Ermessen** des 130
Gerichts. Es kann **Ordnungsgeld** oder, wenn dieses nicht beigetrieben werden kann oder keinen Erfolg verspricht, **Ordnungshaft** verhängen. Die Verhängung des Ordnungsmittels hat zu **unterbleiben** oder muss wieder **aufgehoben** werden, wenn den Verpflichteten **kein Verschulden** trifft. Dies folgt aus § 89 IV FamFG. Der Verpflichtete muss die Gründe, die für die Nichtbefolgung des Titels ursächlich waren, im Einzelnen darlegen. Beruft er sich auf den entgegenstehenden Willen des Kindes, muss er im Einzelnen vortragen, wie er auf das Kind eingewirkt hat, um es zum Umgang zu bewegen (BT-Drs. 16/6308 S. 218). Von Bedeutung wird in diesem Zusammenhang das Alter des Kindes sein. Nach der Rechtsprechung zu § 33 FGG kann nur bis zu einem Alter zwischen 9 bis 11 davon ausgegangen werden, dass ein den Umgang ablehnender Wille noch mit erzieherischen Mitteln überwunden werden kann (*Gottschalk,* FPR 2007, 308; *OLG Frankfurt,* FamRZ 1993, 729, 730).

Die Anwendung von **Gewalt gegen das Kind** ist zur Herausgabe zum Zwecke der Realisierung des 131
Umgangsrechts nicht zulässig (§ 90 II 1 FamFG) und darf im Übrigen nur zugelassen werden, wenn dies unter Berücksichtigung des Kindeswohls gerechtfertigt ist und mildere Mittel zur Durchsetzung nicht ausreichen (§ 90 II 2 FamFG). § 92 I FamFG sieht nur vor, den Verpflichteten vor der Anordnung von Ordnungsmitteln zu hören. Jedoch sind in die in Kindschaftsverfahren geltenden Regelungen zur **Anhörung** von Eltern, Kindern und Jugendamt (§§ 159, 160, 162 FamFG) auch im Vollstreckungsverfahren zu beachten.

7. Vermittlungsverfahren

132 Das Vermittlungsverfahren bietet im Vorfeld von Vollstreckungsmaßnahmen die Möglichkeit einer einverständlichen Konfliktlösung mit – erneuter – Hilfe des Gerichts. Hält sich ein Elternteil nicht an eine gerichtliche Entscheidung oder einen gerichtlich gebilligten Vergleich über den **Umgang**, so kann der andere Elternteil beim Familiengericht ein Vermittlungsverfahren gem. § 165 FamFG einleiten. Das Gericht kann das Vermittlungsverfahren ablehnen, wenn bereits einmal ein Vermittlungsverfahren erfolglos durchgeführt wurde oder die sich anschließende Beratung erfolglos geblieben ist, § 165 I 2 FamFG. Anderenfalls bestimmt das Gericht unverzüglich einen Vermittlungstermin, zu dem die Eltern persönlich erscheinen sollen, § 165 II 1 FamFG. In diesem Termin erörtert das Gericht mit den Eltern die Bedeutung des Umgangs und die Folgen des Unterbleibens des Umgangs für das Kindeswohl, § 165 III 1 FamFG.

8. Kostenentscheidung

133 Die Kostenentscheidung ergeht in Scheidungsfolgensachen gemäß § 150 FamFG. In isolierten Verfahren, Sorgerechtsverfahren nach §§ 1671, 1672, 1666 BGB, Umgangsverfahren nach §§ 1684, 1685 BGB und Abänderungsverfahren nach § 1696 BGB bestimmt sich die Frage, wer die **Kosten des Verfahren** zu tragen hat, nach § 81 FamFG. Verfahrenskosten sind **Gerichtskosten** und **außergerichtliche Kosten**, also insbesondere Anwaltskosten, aber auch erstattungsfähige Auslagen für notwendige Reisen. Gem. § 81 I 1 FamFG bestimmt das Gericht **nach billigem Ermessen** den zahlungspflichtigen Elternteil oder sonstigen Beteiligten. In § 81 II FamFG sind Fälle geregelt, in denen es billigem Ermessen entspricht, die Kosten des Verfahrens einem Beteiligten ganz oder zumindest teilweise aufzuerlegen. Die Aufzählung ist nicht abschließend. Dem Kind können die Kosten nicht auferlegt werden, § 81 III FamFG. Die Regel ist, dass beide Eltern die Kosten je zur Hälfte zu tragen zu haben, weil es um die Belange des gemeinsamen Kindes geht. § 81 I 2 FamFG gibt dem Gericht die Möglichkeit, von der Erhebung der Gerichtskosten abzusehen.

134 Der **Verfahrenswert** beträgt in isolierten Sorgerechts- und Umgangsverfahren gemäß § 45 FamGKG im Regelfall 3.000,– EUR. Im Scheidungsverbundverfahren erhöht sich der Wert der Ehesache gemäß § 44 II FamGKG für jede Kindschaftssache um 20%, höchstens jedoch um 3.000,– EUR, unabhängig davon, wie viele Kinder betroffen sind.

9. Einstweilige Anordnungen, §§ 49 ff. FamFG

135 Besteht ein **dringendes Bedürfnis** für eine Regelung, welche aber bei Durchführung eines Verfahrens mit Anhörung der Beteiligten, Beweisaufnahme etc. zu spät käme, kann das Gericht auf Antrag (in Antragsverfahren) oder von Amts wegen (in Amtsverfahren) eine einstweilige Anordnung erlassen, § 49 I FamFG. Es handelt sich hierbei um ein **selbständiges Verfahren** und setzt neben der Dringlichkeit das Bestehen eines materiellrechtlichen Anspruchs (zB Anspruch auf Regelung des Umgangs nach § 1684 BGB) voraus. Zuständig ist das Gericht, das auch zur Entscheidung in der Hauptsache berufen wäre (§ 50 I FamFG). Sofern ein Antrag erforderlich ist, muss dieser begründet und seine Voraussetzungen müssen **glaubhaft** gemacht werden (§ 51 I 2 FamFG). Das gilt auch für das Vorliegen des Anordnungsgrundes. Eine mündliche Verhandlung ist nicht zwingend, vielmehr kann die Dringlichkeit der Sache es erforderlich machen, dass das Gericht zunächst ohne mündliche Verhandlung entscheidet. Die Anhörungsvorschriften sind gleichwohl zu beachten (§§ 34, 157 ff., 156 III FamFG). Muss die **Anhörung** wegen der Eilbedürftigkeit zunächst unterbleiben, ist sie umgehend nachzuholen (§§ 159 III, 160 IV, 162 I 2 FamFG). Die Entscheidung enthält eine eigenständige Kostenregelung, §§ 51 IV, 82 FamFG. Zu den Anforderungen an die Ausgestaltung eines EA-Verfahrens in Sorgerechtsverfahren: *BVerfG*, 1 BvR 2414/10, mwN.

10. Endentscheidung

136 Die Endentscheidung in Sorge- und Umgangsverfahren, gleich, ob es sich um eine einstweilige Anordnung oder um ein Hauptsacheverfahren handelt, ergeht durch Beschluss, § 38 I FamFG und ist mit einer Rechtmittelbelehrung zu versehen, § 39 FamFG (Tenorierungsbeispiele vgl. FamVerf/*Gutjahr*, § 2, Rn. 187 ff.).

11. Rechtsmittel

137 **Zentrales Rechtsmittel** in Kindschaftssachen ist die Beschwerde (§ 58 FamFG). Die Beschwerde steht jedem Beteiligten gegen eine ihn beschwerende Endentscheidung zu (§ 59 FamFG). Beschwerdegericht ist in allen Familiensachen das Oberlandesgericht (§ 119 I Nr. 1 lit. a und b GVG). Die Beschwerde ist befristet, die **Beschwerdefrist beträgt in der Regel einen Monat** (§ 63 I FamFG). Die **kürzere Zweiwo-**

chenfrist gilt bei Beschwerden gegen einstweilige Anordnungsbeschlüsse (§ 63 II FamFG), die allerdings nur in den in § 57 FamFG aufgeführten Fällen und, obwohl nicht in § 57 FamFG genannt, bei vorläufigen Maßnahmen zur Unterbringung Minderjähriger gem. §§ 167, 331 ff. FamFG, (vgl. *OLG Frankfurt,* BeckRS 2010, 04005) und nur, sofern sie aufgrund mündlicher Erörterung erlassen wurden, anfechtbar sind.

C. IV. Unterhalts- und Abstammungsrecht

Birgit Niepmann

Übersicht

Literatur zu A: Eine Kommentierung des Unterhaltsrechts enthalten – naturgemäß – sämtliche Kommentare zum BGB. Die daneben vorhandene unterhaltsrechtliche Spezialliteratur ist nahezu unüberschaubar geworden. Im Text zitiert wurden:

Wendl/Dose, Das Unterhaltsrecht in der familienrichterlichen Praxis, 8. Auflage 2011. Das Werk enthält eine detaillierte Darstellung des materiellen Unterhaltsrechts und des Verfahrensrechts. Auszüge aus den wichtigsten Entscheidungen des Bundesgerichtshofs sind im Anhang abgedruckt. *Büttner/Niepmann/Schwamb*, Die Rechtsprechung zur Höhe des Unterhalts, 11. Auflage 2011. Das Werk, das die Neuerungen des materiellen und auch des Verfahrensrechts berücksichtigt, behandelt in seinem Schwerpunkt Fragen zur Höhe des Unterhalts, enthält aber auch Ausführungen zu den Gründen des Anspruchs. *Lutwin/Koch*, Handbuch des Unterhaltsrechts, 11. Auflage 2010, enthält eine aktuelle und vollständige Darstellung des Unterhaltsrechts und des Unterhaltsverfahrensrechts. Die unterhaltsrechtlichen Vorschriften werden zB kommentiert in *Johannsen/Henrich*, Familienrecht, 5. Aufl. 2010; *Büte/Poppen/Menne*, Unterhaltsrecht, 2. Aufl. 2009 sowie – unter dem Blickwinkel der Beweislast in: Baumgärtel/Laumen/Prütting, Handbuch der Beweislast, Familienrecht, 3. Auflage 2010. Hinzuweisen ist schließlich auf die unterhaltsrechtlichen Standardwerke von *Göppinger/Sax*, Unterhaltsrecht, 9. Auflage 2008/2009 und *Eschenbruch/Klinkhammer*, der Unterhaltsprozess, 5. Aufl. 2007, der allerdings nicht mehr als aktuell betrachtet werden können.

A. Das materielle Unterhaltsrecht – ein Überblick –

I. Allgemeines

1. Die Rechtsquellen des Unterhaltsrechts

Das Unterhaltsrecht ist geregelt im 4. Buch des BGB, und zwar in §§ 1360, 1360 und 1361 BGB für den Familien- und Getrenntlebensunterhalt, §§ 1569 bis 1586 b BGB für nachehelichen, §§ 1601 bis 1615 BGB für den Verwandtenunterhalt und §§ 1615 a bis 1615 n BGB für den Unterhaltsanspruch unter nicht miteinander verheirateten Eltern. Zur Auslegung dieser Vorschriften mit dem Ziel der Vereinheitlichung der unterhaltsrechtlichen Rechtsprechung haben die Oberlandesgerichte Leitlinien geschaffen. Die Oberlandesgerichte Bamberg, Karlsruhe, München, Nürnberg, Stuttgart und Zweibrücken haben sich zum 1. 1. 2002 zu einheitlichen Leitlinien (Süddeutsche Leitlinien) zusammengeschlossen. Die Leitlinien aller Oberlandesgerichte haben zur besseren Vergleichbarkeit eine einheitliche Struktur (abgedruckt bei *Büttner/Niepmann/Schwamb*, Rn. 8). Sie haben sämtlich die sogenannte Düsseldorfer Tabelle zur Ermittlung des Kindesunterhalts übernommen und enthalten im Übrigen Aussagen zu den wesentlichen unterhaltsrechtlichen Fragen wie der Ermittlung des unterhaltsrechtlichen Einkommens, der Abziehbarkeit von Verbindlichkeiten oder der Höhe der Selbstbehalte. Die Leitlinien haben eben so wenig wie die Düsseldorfer Tabelle Gesetzesqualität; sie enthalten auf richterlicher Erfahrung beruhende Empfehlungen, die unverbindlich sind und von denen im Einzelfall abgewichen werden kann, wenn es die Billigkeit erfordert. 1

2. Gesetzliche und vertragliche Unterhaltsansprüche

Neben den unter Ziffer 1 genannten gesetzlich geregelten Unterhaltsansprüchen sind auch rein **vertragliche Ansprüche** denkbar, die durch eine entsprechende Vereinbarung der Beteiligten entstehen. Vertragliche Unterhaltsansprüche sind nicht familienrechtlicher, sondern allgemein schuldrechtlicher Art und gehören damit nicht zu den familiengerichtlichen Streitigkeiten. Allerdings begründet nicht jede unterhaltsrechtliche Vereinbarung einen vertraglichen Anspruch. Dies ist nur anzunehmen, wenn ohne Vorhandensein einer gesetzlichen eine selbständige vertragliche Verpflichtung begründet werden soll (*Luthin/Koch*, Rn. 7010). Knüpft die Abrede dagegen an die gesetzlichen Unterhaltsvoraussetzungen an und modifiziert sie, auch erheblich, ist die gesetzliche Unterhaltspflicht betroffen (*BGH*, FamRZ 2009, 219, 220). 2

3. Die Voraussetzungen des gesetzlichen Unterhaltsanspruchs

Gesetzliche Unterhaltsansprüche entstehen – täglich neu – nicht per se aus der familiären Beziehung, sondern nur dann, wenn folgende Voraussetzungen gegeben sind (vgl. auch *BVerfG*, FamRZ 2011, 437 Tz. 56): 3

- **eine Anspruchsgrundlage,** also ein Unterhaltstatbestand, der dem Pflichtigen aufgibt, unter bestimmten Voraussetzungen Unterhalt an den Berechtigten zu zahlen;
- **ein unterhaltsrechtlicher Bedarf,** der sich unterschiedlich bemisst, je nachdem, welches Unterhaltsrechtsverhältnis betroffen ist;
- **eine Bedürftigkeit des Berechtigten,** der aus eigenen Mitteln nicht in der Lage ist, den zuvor definierten Unterhaltsbedarf zu decken;

- die **Leistungsfähigkeit des Pflichtigen,** der in der Lage sein muss, ohne Gefährdung seines eigenen Bedarfs an den Berechtigten zu leisten, im Idealfall dessen Bedarf vollständig zu decken.

II. Das unterhaltspflichtige Einkommen und seine Ermittlung

1. Bedeutung und Arten des unterhaltsrechtlichen Einkommens

4 Bedarf, Bedürftigkeit und Leistungsfähigkeit werden maßgebend bestimmt durch das unterhaltspflichtige Einkommen, das für jede Anspruchsgrundlage und auch für Berechtigten und Verpflichteten einheitlich bestimmt wird.

Unterhaltsrechtlich relevant sind dabei alle Einkünfte, die Berechtigter und Verpflichteter **tatsächlich erzielen** sowie diejenigen, die sie bei Erfüllung ihrer unterhaltsrechtlichen Obliegenheiten **erzielen könnten** – fiktive Einkünfte –. Die Berechnung des unterhaltsrechtlichen Einkommens gehört zu den Grundproblemen des Unterhaltsrechts und ist Gegenstand einer unübersehbaren Rechtsprechung. Hier kann nur ein grober Überblick gegeben werden; zu verweisen ist die spezifische unterhaltsrechtliche Literatur.

5 a) **Tatsächliche Einkünfte.** Unterhaltsrechtliches Einkommen sind alle dem Unterhaltsschuldner oder -gläubiger zufließenden, verfügbaren Mittel (*BGH,* FamRZ 2004, 186, 187) gemindert durch die beachtlichen Aufwendungen und Abzüge. Zu diesen Einkünften gehört zunächst das **Arbeitseinkommen** einschließlich aller Leistungen, die im Hinblick auf das Arbeits- oder Dienstverhältnis gewährt werden (*BGH,* FamRZ 2004, 186, 187). Hierzu zählen neben der regulären Vergütung Urlaubs- und Weihnachtsgeld, Zusatzgehälter, Prämien und auch Überstundenvergütungen, wenn die Überstunden nur in geringem Umfange anfallen oder für den ausgeübten Beruf (zB Arzt im Krankenhaus) üblich sind. Teil des Einkommens sind Familienzuschläge nach dem Bundesbesoldungsgesetz oder auch Auslandszuschläge für die im Ausland tätigen Angehörigen des diplomatischen Dienstes. Berücksichtigungsfähig sind zudem **Sachleistungen des Arbeitgebers,** zu denen als häufigste die Zurverfügungstellung eines dienstlichen Kraftfahrzeuges auch für private Zwecke gehört (*Büttner/Niepmann/Schwamb,* Rn. 809).

6 Im Unterhaltsrechtsverhältnis Berücksichtigung finden darüber hinaus **Sozialleistungen.** Unterhaltspflichtiges Einkommen ist daher das Arbeitslosengeld I, das Lohnersatzfunktion hat. Das Arbeitslosengeld II (Hartz IV) ist dagegen eine subsidiäre staatliche Leistung, die für den Berechtigten unterhaltsrechtlich ohne Bedeutung ist (*BGH,* FamRZ 2009, 307, 309). Für den Pflichtigen dient es der Sicherung des eigenen Bedarfs und bleibt schon wegen der Höhe auch insoweit unberücksichtigt. Für Unterhaltszwecke zu verwenden sind gezahlte **Renten,** und zwar alle Renten, nicht nur diejenigen, die wie die Rente wegen Alters oder wegen Erwerbsunfähigkeit Lohnersatzfunktion haben. Wird die Rente wegen eines Körpers- oder Gesundheitsschadens entrichtet, ist die Vorschrift des § 1610 a BGB zu berücksichtigen. Danach wird vermutet, dass die schädigungsbedingten Mehrkosten nicht geringer sind als die Rente selbst, diese also durch die Kosten aufgezehrt wird. Die Vermutung ist allerdings widerlegbar.

7 Maßgebend für die Unterhaltsberechnung ist stets das **Bruttoeinkommen.** Dem Bruttoeinkommen des Arbeitnehmers entspricht auf Seiten des **Selbständigen** der sich aus der Einnahmen-Überschuss- bzw. Gewinn- und Verlustrechnung ergebende **unternehmerische Gewinn.** Von den Bruttoeinkünften **in Abzug zu bringen** sind die **gesetzlichen Abzüge.** Dies sind – bei angestellt Beschäftigten – zunächst **die Sozialabgaben,** also die vom Arbeitnehmer zu entrichtenden Beiträge zur Renten-, Kranken- und Pflegesowie Arbeitslosenversicherung. Abzusetzen sind naturgemäß die auf das Einkommen entfallenden **Steuern.** Maßgebend ist dabei die tatsächliche Steuerlast (Ausnahme: missbräuchliche Benutzung der Steuerklasse V zur bewussten Absenkung des Nettoeinkommens). Das Einkommen ermäßigt sich zudem um die **berufsbedingten Aufwendungen** des Arbeitnehmers, zu denen in erster Linie die Kosten für die Fahrten zum Arbeitsplatz zählen, aber auch Kosten für Arbeitskleidung oder Hilfsmittel wie Bücher, Computer etc. Diese finden allerdings abweichend vom Steuerrecht unterhaltsrechtlich nur Berücksichtigung, wenn sie ausschließlich beruflich genutzt werden (*BGH,* FamRZ 2009, 762, 769). Die Kosten für die Fahrten mit dem PKW zum Arbeitsplatz werden entsprechend den Regelungen des JVEG für Sachverständige mit 0,30 EUR pro gefahrenem Kilometer angesetzt. Sind berufsbedingte Aufwendungen nur der Höhe nach streitig, kommt ein pauschaler Abzug von 5% des Nettoeinkommens in Betracht (*BGH,* FamRZ 2002, 536, 537; FamRZ 2006, 108, 110). Zu beachten ist, dass die beruflichen Aufwendungen eines Selbständigen bereits von den Umsatzerlösen abgesetzt wurden und daher den Gewinn nicht noch einmal reduzieren. Nicht alle steuerlich anzuerkennenden Abzüge finden auch unterhaltsrechtlich Berücksichtigung. Dies gilt, nachdem der Bundesgerichtshof die lineare Abschreibung, nämlich die steuerliche Absetzung für die Abnutzung von Gütern des betrieblichen Anlagevermögens auch unterhaltsrechtlich anerkannt hat (*BGH,* FamRZ 2003, 741, 743), im Wesentlichen für Repräsentations- und Bewirtungskosten oder auch für degressive oder Sonderabschreibungen.

8 **Verbindlichkeiten** können unter bestimmten Voraussetzungen ebenfalls vom unterhaltsrechtlichen Einkommen in Abzug gebracht werden. Dies gilt im Rahmen des Ehegattenunterhalts in erster Linie für sogenannte ehebedingte Verbindlichkeiten, also für solche, die während bestehender Ehe einvernehmlich eingegangen worden sind. Der für diese eingesetzte Teil des Einkommens stand bereits während der Ehe nicht für Zwecke des laufenden Unterhalts zur Verfügung. Minderjährige Kinder teilen die wirt-

schaftlichen Verhältnisse der Eltern, so dass Verbindlichkeiten in der Regel Berücksichtigung finden. Voraussetzung ist allerdings, dass sie tatsächlich getilgt werden. Da die Interessen der Unterhaltsberechtigten und der Drittgläubiger gegeneinander abzuwägen sind, kann die Obliegenheit bestehen, sich um eine Tilgungsstreckung, also um die Festsetzung geringerer Raten, zu bemühen. Kann der Unterhaltspflichtige allerdings infolge der Belastung durch bestehende Verbindlichkeiten nicht einmal den sich aus § 1612 a BGB ergebenden Mindestunterhalt für das Kind decken, hat er ein **Verbraucherinsolvenzverfahren** einzuleiten (*BGH,* FamRZ 2005, 608) mit der Folge, dass die Differenz zwischen dem durch die Unterhaltspflicht erhöhten Pfändungsfreibetrag und dem unterhaltsrechtlichen Selbstbehalt für Unterhaltszwecke zur Verfügung steht, §§ 850 c und d ZPO.

b) Fiktive Einkünfte. Unterhaltsschuldner und auch Unterhaltsberechtigter müssen sich auch diejenigen Einkünfte zurechnen lassen, die sie zwar tatsächlich nicht erzielen, aber bei ordnungsgemäßer Erfüllung ihrer unterhaltsrechtlichen Obliegenheiten erzielen könnten. Die Berücksichtigung nur fiktiver Einkünfte ist grundsätzlich von Verfassung wegen nicht zu beanstanden (*BVerfG,* FamRZ 2007, 273 f.). Die Höhe der fiktiven Einkünfte hängt von der Art der verletzten Obliegenheit ab. Ist dem Unterhaltsschuldner oder auch -gläubiger vorzuwerfen, dass er sich zur Steigerung seiner Leistungsfähigkeit oder zur Minderung seiner Bedürftigkeit nicht ausreichend um eine Anstellung bemüht hat, entspricht das fiktive Einkommen demjenigen, das er aus einer zumutbaren und erzielbaren Anstellung verdienen könnte (*BVerfG,* FamRZ 2010, 183). Wird gegen die Obliegenheit verstoßen, Vermögen ertragreich anzulegen, sind zulasten des Betroffenen fiktive Zinseinkünfte zu berücksichtigen. 9

c) Unterhalt aus Vermögen. Einkünfte aus Vermögen wie Zinserträge oder Einkünfte aus der Vermietung oder Verpachtung einer Immobilie hat der Unterhaltsschuldner wie Einkommen für Unterhaltszwecke einzusetzen. Zu den Vermögenseinkünften zählt auch das **Einkommen aus einem Wohnvorteil.** Nutzt einer der Ehegatten die in seinem, im Eigentum des anderen oder im gemeinschaftlichen Eigentum stehende Immobilie, ist ihm als Einkommen ein sogenannter Wohnvorteil zuzurechnen. Er bestimmt sich bis zum endgültigen Scheitern der Ehe – in der Regel mit Zustellung des Scheidungsantrages – nach dem Mietzins für eine angemessen kleinere Wohnung, danach nach dem objektiven Mietzins (*BGH,* FamRZ 2000, 351, 353). Von diesem abzusetzen sind die Finanzierungskosten, solange der andere Ehegatte von der Vermögensmehrung profitiert auch die Tilgungsleistungen. Abzusetzen sind darüber hinaus diejenigen Nebenkosten, die ein Vermieter nicht auf den Mieter umlegen kann, also die Verwaltungskosten und die Kosten notwendiger Instandhaltungskosten. Die nach § 556 I 2 und 3 BGB auf den Mieter umzulegen Kosten bleiben unberücksichtigt (*BGH,* FamRZ 2009, 1300, 1303 f.). Sind die abzugsfähigen Kosten höher als der angemessene oder objektive Mietzins, ist der Wohnwert negativ. 10

Für Unterhaltszwecke zu verwenden ist grundsätzlich auch der **Vermögensstamm.** Für den Unterhaltsberechtigten sieht § 1577 III BGB eine Billigkeitsregelung vor: Der Berechtigte braucht den Stamm seines Vermögens nicht zu verwerten, wenn die Verwertung unwirtschaftlich oder unter Berücksichtigung der beiderseitigen Einkünfte unbillig wäre. Der gegenüber einem Verwandten Unterhaltspflichtige hat nach § 1603 I BGB den Vermögensstamm einzusetzen. Diese Verpflichtung gilt nach § 1603 II BGB jedenfalls im Verhältnis zu minderjährigen und sog. privilegierten volljährigen Kindern im Sinne des § 1603 II 2 BGB. Im Verhältnis zu den übrigen Verwandten sind die Umstände des Einzelfalles entscheidend, wobei in der Regel die Billigkeitsüberlegungen des § 1577 III BGB heranzuziehen sind. Diese finden sich in § 1581 S. 2 BGB auch für nachehelichen Unterhalt und gilt entsprechend für den seinem getrennt lebenden Ehegatten zum Unterhalt verpflichteten. 11

2. Die Berechnung des unterhaltsrechtlich relevanten Einkommens

Maßgebend für die Berechnung des Unterhalts ist das Einkommen, das in dem unterhaltsrechtlich relevanten Zeitraum zur Verfügung stand. Da insbesondere Arbeitseinkünfte in der Regel schwanken, ist ein Durchschnittsentgelt zu bilden. Welche Zeiträume zur Ermittlung des durchschnittlichen Einkommens einzubeziehen sind, ist unterschiedlich: Wird Unterhalt allein für die Vergangenheit begehrt, ist das in dem vergangenen Zeitraum tatsächlich erzielte Einkommen maßgebend. Lediglich zur Erleichterung der Berechnung ist sowohl für den selbständig Tätigen als auch für den Angestellten das Durchschnittseinkommen des betreffenden Kalenderjahres zu ermitteln (*BGH,* FamRZ 2007, 1532, 1534). Wird laufender Unterhalt und damit Unterhalt für die Zukunft verlangt, ist eine Einkommensprognose aufzustellen. Diese Prognose stützt sich bei dem abhängig Beschäftigten auf das Einkommen des **letzten Kalenderjahres.** Nur ein solches Jahreseinkommen liefert eine verlässliche Grundlage für die Bewertung des künftigen Einkommens, da Leistungen wie Urlaubs- und Weihnachtsgeld nur einmal im Jahr ausgezahlt werden. Das Einkommen des Selbständigen ist in der Regel größeren Schwankungen ausgesetzt, so dass die Prognose auf das Einkommen **der letzten drei Kalenderjahre** zu stützen ist. Ausnahmen von dieser Regel sind zu machen, zB wenn das Unternehmen des Selbständigen in dem Dreijahreszeitraum erst gegründet wurde. Ein in der Gründungsphase erwirtschaftetes niedriges Einkommen ist dann in den Dreijahresdurchschnitt nicht aufzunehmen. Für Zinserträge oder Einkünfte aus Vermietung und Verpachtung ist ebenfalls ein Dreijahresdurchschnitt zu bilden. 12

3. Die Ermittlung des Einkommens

13 a) **Die Darlegungs- und Beweislast für das unterhaltsrechtliche Einkommen.** Die Darlegungs- und Beweislast im Unterhaltsrecht verteilt sich zunächst nach der allgemein gültigen Regel, dass jede Partei die Voraussetzungen der für sie günstigen Rechtsfolgen darlegen und beweisen muss (*Wendl/Dose/Dose*, § 6 Rn. 700). Der Unterhaltspflichtige trägt danach die Beweislast für Einschränkungen seiner Leistungsfähigkeit und für gegen den Unterhaltsanspruch gerichtete Einwendungen. Sache des Unterhaltsberechtigten ist es, seine Bedürftigkeit und auch seinen unterhaltsrechtlichen Bedarf darzulegen. Da dieser Bedarf geprägt wird durch die Einkünfte des Pflichtigen, trägt der Unterhaltsberechtigte die Darlegungs- und Beweislast für das unterhaltsrechtliche Einkommen und die Vermögensverhältnisse des Pflichtigen (*Wendl/Dose/Dose*, § 6 Rn. 703). Eine Ausnahme gilt nur für das minderjährige Kind: solange dieses nur den in § 1612a BGB festgeschriebenen Mindestunterhalt verlangt, hat es dessen Voraussetzungen nicht darzutun.

14 b) **Die Auskunfts- und Beleganspruche.** Um die Darlegungspflichten erfüllen zu können, benötigt der Unterhaltsberechtigte Kenntnisse über die Einkommens- und Vermögensverhältnisse des Pflichtigen, also über Tatsachen, die nicht in seiner Erkenntnissphäre liegen. Damit er seine Pflichten gleichwohl erfüllen kann, gibt das Gesetz ihm **einen Auskunftsanspruch:** Nach § 1605 I BGB sind Verwandte in gerade Linie verpflichtet, einander Auskunft über ihre Einkommens- und Vermögensverhältnisse zu erteilen. Nach §§ 1361 IV 4, 1605 I BGB trifft dieselbe Verpflichtung den getrennt lebenden, nach § 1580 BGB den geschiedenen Ehegatten. Die Auskunftsverpflichtungen bestehen wechselseitig, dh, auch der Unterhaltspflichtige kann vom Berechtigten Auskunft verlangen. Ein Anspruch besteht in allen Fällen nur, wenn dies zur Feststellung des Unterhaltsanspruchs erforderlich ist. Er entfällt folglich, wenn ein Unterhaltsanspruch bereits dem Grunde nach nicht besteht oder wenn die Auskunft unter keinem denkbaren Gesichtspunkt Einfluss auf den Unterhaltsanspruch haben kann, wenn also zB der Unterhaltsschuldner uneingeschränkt leistungsfähig ist oder wenn der von ihm erhobene Einwand der Unterhaltsverwirkung diesen sicher entfallen lässt. Der Pflichtige wird nur in seltenen Fällen einen Anspruch gegen den Berechtigten haben, denn dieser ist ohnehin gehalten, seine Bedürftigkeit darzulegen.

15 Über die gesetzlich geregelten Fälle hinaus gibt die Rechtsprechung einen Auskunftsanspruch aus § 242 BGB, wenn der Auskunftbegehrende über den Bestand und Umfang eines Rechts entschuldbar im Unklaren ist und eine Auskunft des Pflichtigen benötigt, die dieser unschwer erteilen kann (*BGH*, FamRZ 1988, 268, 269). Voraussetzung ist, dass zwischen den Beteiligten eine rechtliche, hier eine unterhaltsrechtliche Beziehung besteht. Einander zur Auskunft verpflichtet sind daher Ehegatten, die von einem volljährigen Kind auf Barunterhalt in Anspruch genommen werden und Geschwister, die an einen Elternteil Unterhalt zu leisten haben. Die Auskunftspflicht erstreckt sich allerdings nicht auf die Ehegatten der Geschwister (*BGH*, FamRZ 2003, 1836).

16 Die Auskunft ist zu erteilen durch Vorlage einer systematischen Aufstellung über Einkommen und Vermögen. Entsprechend ihrem Zweck muss sie den Berechtigten in die Lage versetzen, seinen Unterhaltsanspruch ohne übermäßigen Aufwand zu errechnen (*Büttner/Niepmann/Schwamb*, Rn. 690). Die Auskunft ist schriftlich zu erteilen, zulässig auch durch eine von dem Verfahrensbevollmächtigten gefertigte Aufstellung (*BGH*, MDR 2009, 391). Die Auskunft hat sich auf den für die Berechnung des Unterhaltsanspruchs maßgebenden Zeitraum zu erstrecken (s. oben II 2). Über die Höhe der Einkünfte – nicht über das Vermögen- sind auf Verlangen Belege beizubringen. Das Gesetz nennt als Beispiel Bescheinigungen des Arbeitgebers. Verlangt werden kann aber auch die Vorlage von Bilanzen, Einnahme-Überschuss-Rechnungen beim Selbständigen, Steuererklärungen und Steuerbescheiden.

17 Nach §§ 1361 IV 4, 1580, 1605 I 3, 260 II BGB kann der Berechtigte eine eidesstattliche Versicherung verlangen, wenn Grund zu der Annahme besteht, dass die Auskunft nicht mit der erforderlichen Sorgfalt aufgestellt wurde. Erforderlich ist ein schuldhaftes Handeln des Pflichtigen. Beruht die Auskunft auf einem unverschuldeten Irrtum, kann nur ihre Ergänzung verlangt werden (*BGH*, FamRZ 1984, 144, 145).

18 Wegen der Bedeutung der Auskunft für die Unterhaltsberechnung und damit für die Rechte des Unterhaltsberechtigten hat der Gesetzgeber verschiedene Rechtsfolgen an die Auskunft geknüpft. Kommt der Pflichtige mit der Auskunft in Verzug, ist er nicht nur nach allgemeinen Grundsätzen zum Schadensersatz verpflichtet. Nach § 243 I Nr. 2 FamFG können ihm die Kosten des Verfahrens ganz oder teilweise auferlegt werden, wenn er dem vorgerichtlichen Auskunftsverlangen des Antragstellers nicht nachgekommen ist. Im vereinfachten Unterhaltsverfahren kann er Einwendungen gegen seine Leistungsfähigkeit nach § 252 II 3 FamFG nur erheben, wenn er gleichzeitig Auskunft erteilt.

Zu der verfahrensrechtlichen Auskunftspflicht der Beteiligten, s. u. Rn. 125.

19 c) **Unterhaltsberechnung ohne vorherige Auskunft?** Der Unterhaltsberechtigte benötigt zur exakten Berechnung seines Anspruchs und damit zur Begrenzung seines Prozessrisikos genaue Kenntnisse über die Einkommens- und Vermögensverhältnisse des anderen, die er regelmäßig nur über eine Auskunft bekommen kann. Die Durchsetzung eines Auskunftsanspruchs nimmt aber häufig längere Zeit in Anspruch, was den Unterhaltsberechtigten, der über keine oder nur geringe Einkünfte verfügt, in Exis-

tenznot bringen kann. In diesem Fall kann der Berechtigte ein bestimmtes Einkommen des Pflichtigen behaupten. Der Pflichtige kann sich nicht auf ein bloßes Bestreiten beschränken. Er hat vielmehr sein tatsächlich erzieltes Einkommen substantiiert darzulegen und die entsprechenden Belege vorzulegen. Denn nur er verfügt über die genauen Kenntnisse, so dass ihm ein entsprechendes Vorbringen zuzumuten ist (*BGH,* FamRZ 1987, 259). Begnügt sich der Pflichtige mit einem einfachen Bestreiten, gilt die Behauptung des Unterhaltsberechtigten als zugestanden, §§ 113 I FamFG, 138 III ZPO. Ein solches Vorgehen ist ratsam, wenn der Berechtigte eine Vorstellung von den Einkommensverhältnissen des Pflichtigen hat oder wenn Kindesunterhalt zu berechnen ist, für den die Kenntnis einer Einkommensspanne ausreichend ist. Zu berücksichtigen ist das Prozessrisiko des Berechtigten, der einen höheren als den nach der Leistungsfähigkeit des Pflichtigen geschuldeten Unterhalt geltend macht. Ihn schützt allerdings die Vorschrift des § 243 I 2 FamFG.

III. Die einzelnen Unterhaltstatbestände

1. Der Kindesunterhalt

a) **Minderjährige Kinder.** Eltern sind ihren Kindern nach § 1601 BGB zum Unterhalt verpflichtet. Leben 20
die Eltern getrennt, erfüllt derjenige Elternteil, der ein **minderjähriges Kind** betreut, seine Verpflichtung, zum Unterhalt beizutragen nach § 1606 III 2 BGB in der Regel durch die Pflege und Erziehung des Kindes. Voraussetzung ist dabei, dass das Schwergewicht der Betreuung bei einem Elternteil liegt (*BGH,* FamRZ 2006, 1015, 1017). Der andere Elternteil ist dem minderjährigen Kind zum Barunterhalt verpflichtet. Teilen sich die Eltern die Betreuung eines minderjährigen Kindes im Rahmen des sog. Wechselmodells, haben beide im Rahmen ihrer Leistungsfähigkeit zum Barunterhalt beizutragen (*BGH,* FamRZ 2006, 1015, 1017). Eine Ausnahme von diesem Grundsatz der Gleichwertigkeit von Bar- und Betreuungsunterhalt besteht nach § 1603 II 3 BGB, wenn der betreuende Elternteil über ein deutlich höheres Einkommen verfügt als der Barunterhaltspflichtige. Liegt ein erhebliches finanzielles Ungleichgewicht vor, hat sich der betreuende Elternteil am Barunterhalt zu beteiligen (*BGH,* FamRZ 2011, 1041, 1044 f.).

Der **Bedarf der minderjährigen (und auch der volljährigen) Kinder** wird ermittelt mit Hilfe der sog. 21
Düsseldorfer Tabelle. Diese Tabelle hat keine Gesetzeskraft, sondern ist eine Empfehlung für die Berechnung des Kindesunterhalts, die allerdings bundesweit zur Anwendung kommt. Sie wird erstellt von den Familiensenaten des Oberlandesgerichts Düsseldorf in Zusammenarbeit mit Vertretern der übrigen Oberlandesgerichte und der Unterhaltskommission des Deutschen Familiengerichtstags. Die Düsseldorfer Tabelle fußt auf § 1612 a I 2 BGB. Die Vorschrift regelt den **Mindestunterhalt des minderjährigen Kindes.** Dieser bestimmt sich nach dem doppelten Freibetrag des sächlichen Existenzminimums für ein minderjähriges Kind nach § 32 VI 1 EStG und beträgt für Kinder bis zur Vollendung des 6. Lebensjahres 87% des Existenzminimums, bis zur Vollendung des 12. Lebensjahres 100% und ab dem 13. Lebensjahr 117%. Das Existenzminimum wird alle zwei Jahre durch den Existenzminimumbericht der Bundesregierung festgelegt, so dass der Mindestkindesunterhalt eine dynamische Größe darstellt. Der Mindestkindesunterhalt deckt die regelmäßigen Bedarfspositionen des täglichen Lebens ab. An ihn knüpfen sich verschiedene unterhaltsrechtliche Wirkungen an; so kann das minderjährige Kind den Mindestunterhalt gerichtlich geltend machen, ohne seinen konkreten Bedarf und die Leistungsfähigkeit des Barunterhaltspflichtigen darlegen zu müssen. Darüber hinaus ist der Unterhaltsschuldner, um den Mindestunterhalt leisten zu können, in erhöhtem Maße zur Erwerbstätigkeit verpflichtet.

Der Mindestbedarf ist identisch mit der ersten Einkommensgruppe der Düsseldorfer Tabelle. 22

Ab dem 1. 1. 2011 gilt folgende Düsseldorfer Tabelle:

	Nettoeinkommen des Barunterhaltspflichtigen (Anm. 3, 4)	Altersstufen in Jahren (§ 1612 a Abs. 1 BGB)				Prozentsatz	Bedarfskontrollbetrag (Anm. 6)
		0–5	6–11	12–17	ab 18		
		Alle Beträge in Euro					
1.	bis 1.500	317	364	426	488	100	770/900
2.	1.501 – 1.900	333	383	448	513	105	1.000
3.	1.901 – 2.300	349	401	469	537	110	1.100
4.	2.301 – 2.700	365	419	490	562	115	1.200
5.	2.701 – 3.100	381	437	512	586	120	1.300
6.	3.101 – 3.500	406	466	546	625	128	1.400
7.	3.501 – 3.900	432	496	580	664	136	1.500
8.	3.901 – 4.300	457	525	614	703	144	1.600
9.	4.301 – 4.700	482	554	648	742	152	1.700
10.	4.701 – 5.100	508	583	682	781	160	1.800
	ab 5.101	nach den Umständen des Falles					

23 Wie der Tabelle zu entnehmen ist, ist Grundlage für die Berechnung des kindlichen Bedarfs das unterhaltsrechtlich relevante Einkommen des barunterhaltspflichtigen Elternteils. Das Kind hat keine eigene Lebensstellung, sondern leitet seinen Bedarf von derjenigen des barunterhaltspflichtigen Elternteils ab. Der konkrete Bedarf ist anhand des Kindesalters und der jeweiligen Einkommensgruppe zu ermitteln. Dabei geht die Tabelle davon aus, dass der Pflichtige zwei Personen zum Unterhalt verpflichtet ist, ansonsten ist eine Hochgruppierung oder eine Herabsetzung vorzunehmen.

24 **Bedürftig** ist das minderjährige Kind nach § 1602 II BGB, wenn die Erträge aus seinem Vermögen und aus seiner Arbeit nicht ausreichen, um seinen Bedarf zu decken. Das minderjährige Kind ist daher nicht gehalten, den Stamm seines Vermögens für Unterhaltszwecke einzusetzen. Es ist in der Regel auch zu keiner Erwerbstätigkeit verpflichtet. Für unter 15-jährige Kinder verbietet das Jugendarbeitsschutzgesetz jede Erwerbstätigkeit. Darüber hinaus sind Kinder nicht zur Erwerbstätigkeit verpflichtet, wenn sie sich in Ausbildung befinden. Einkünfte, die sie als Schüler gleichwohl erzielen sind Einkünfte aus sog. unzumutbarer Tätigkeit, die nach dem Rechtsgedanken des § 1577 II BGB nur nach Billigkeitsgrundsätzen Anrechnung finden.

25 Der einem minderjährigen unverheirateten Kind barunterhaltspflichtige Elternteil ist nach § 1603 II BGB verpflichtet, alle verfügbaren Mittel zum eigenen Unterhalt und demjenigen des Kindes gleichmäßig zu verwenden. Die Vorschrift normiert die im Verhältnis zu minderjährigen Kindern bestehende **gesteigerte Unterhaltspflicht.** Sie hat entscheidenden Einfluss auf die **Leistungsfähigkeit** des Unterhaltsschuldners, der sich zunächst gegenüber dem Kind nur auf den sog. **„notwendigen Selbstbehalt"** berufen kann. Dieser ist ebenfalls in der Düsseldorfer Tabelle festgelegt und beträgt zZt 950,– EUR für den erwerbstätigen und 770,– EUR für den nicht erwerbstätigen Unterhaltsschuldner. Er kann sich folglich auf eine fehlende Leistungsfähigkeit nur berufen, wenn ihm nach Abzug der unterhaltsrechtlich anzuerkennenden Verbindlichkeiten und des Kindesunterhalts weniger als die genannten Beträge verbleiben. Diese sind zu reduzieren um 10%, wenn der Unterhaltspflichtige mit einem neuen Partner zusammenlebt und dadurch geringere Lebenshaltungskosten hat (*BGH,* FamRZ 2010, 1535).

26 Den Unterhaltsschuldner treffen im Verhältnis zu seinem minderjährigen Kind **erhöhte Obliegenheiten**, und zwar vor allem dann, wenn er nicht einmal den Mindestunterhalt erbringen kann. So ist der arbeitslose Unterhaltsschuldner verpflichtet, sich in verstärktem Maße um eine Erwerbstätigkeit zu bemühen. Er hat sich nicht nur bei der Bundesagentur für Arbeit arbeitslos zu melden, sondern in Eigeninitiative um eine Anstellung zu bemühen. Dabei er hat er unabhängig von seiner Ausbildung jede angebotene Tätigkeit anzunehmen, auch Aushilfs- und Gelegenheitsbeschäftigungen. Der Schuldner kann sogar verpflichtet sein, seinen Wohnort zu wechseln, um seine Erwerbschancen zu steigern. Erzielt er Einkünfte, reichen diese aber nicht aus, um den Mindestbedarf des/der Unterhaltsberechtigten zu decken, kann er gehalten sein, eine zumutbare Nebenbeschäftigung zu suchen. Ist der Unterhaltsschuldner erneut verheiratet und betreut Kinder in der zweiten Ehe, haben die unterhaltsberechtigten Kinder aus der ersten Ehe diesen Rollentausch nur hinzunehmen, wenn sich durch ihn die wirtschaftlichen Situation der neuen Familie deutlich besser darstellt als bei einer Erwerbstätigkeit des Pflichtigen. In einem solchen Fall ist der Unterhaltspflichtige gehalten, einer Nebentätigkeit nachzugehen, die der neue Partner ermöglichen muss. Er muss ohne Rücksicht auf den Selbstbehalt, der durch die neue Ehe gewahrt wird, das Einkommen aus der Nebentätigkeit, sein Taschengeld und ggfls. sein Elterngeld für Unterhaltszwecke der erstehelichen Kinder einsetzen (sog. **Hausmannrechtsprechung** des BGH, zuletzt *BGH,* FamRZ 2006, 1010 ff.).

27 Erfüllt der Unterhaltsschuldner seine gesteigerten Obliegenheiten nicht, sind ihm **fiktive Einkünfte** zuzurechnen (s. o.). Er ist so zu behandeln, als würde er diejenigen Einkünfte, die ihm bei genügender Anstrengung möglich wären, auch tatsächlich erzielen. Ist das Einkommen des Unterhaltsschuldners wegen **vorhandener Verbindlichkeiten** nicht ausreichend, um den Mindestbedarf der Kinder zu decken, so ist er gehalten, ein **Verbraucherinsolvenzverfahren** in Anspruch zu nehmen (*BGH,* FamRZ 2005, 608 = NJW 2005, 1279), s. o. Rn. 8.

28 **Die Darlegungs- und Beweislast** für seine fehlende Leistungsfähigkeit trägt der Unterhaltsschuldner. Er muss darlegen und beweisen, welche Bemühungen er unternommen hat, um den Unterhalt für sein minderjähriges Kind sicher zustellen (*BGH,* FamRZ 2000, 1358).

29 **b) Volljährige Kinder.** Die Betreuung des Kindes, die nach § 1606 III 2 BGB die Barunterhaltspflicht des betreuenden Elternteils entfallen lässt, endet mit der Volljährigkeit. Dem volljährigen Kind sind grundsätzlich beide Eltern zum Barunterhalt verpflichtet. Sie haften entsprechend ihrer individuellen Leistungsfähigkeit als Teilschuldner. Dies gilt auch für das sog. **„privilegierte volljährige Kind"**. Volljährige Kinder bis zur Vollendung des 21. Lebensjahrs, die im Haushalt eines Elternteils leben und sich in der allgemeinen Schulausbildung befinden, sind nach § 1603 II 2 BGB in gleicher Weise unterhaltsberechtigt wie minderjährige Kinder. Auch ihnen gegenüber ist der Unterhaltsschuldner gesteigert zur Erwerbstätigkeit verpflichtet und auch gehalten, das verfügbare Einkommen einzusetzen. Ob er sich privilegiert volljährigen Kindern gegenüber nur auf den Mindestselbstbehalt oder den gegenüber den übrigen volljährigen Kindern geltenden angemessenen Selbstbehalt berufen kann, ist höchstrichterlich noch nicht erklärt (*BGH,* FamRZ 2011, 454). Die in § 1603 II 2 BGB ausgesprochene Gleichstellung

mit minderjährigen Kindern spricht für eine Anwendung des notwendigen Selbstbehalts (so auch *BGH*, FamRZ 2007, 542). Die Gleichwertigkeit von Bar- und Betreuungsunterhalt ordnet das Gesetz aber nach dem ausdrücklichen Wortlaut des § 1606 III 2 BGB nur für minderjährige Kinder an. Dementsprechend sind auch dem **behinderten volljährigen Kind** beide Eltern zum Barunterhalt verpflichtet. Erbringt ein Elternteil dem volljährigen Kind Sachleistungen in Form zB von Kost und Logis, sind diese zu monetarisieren und auf den Barunterhaltsanspruch anzurechnen.

Für den **unterhaltsrechtlichen Bedarf** des volljährigen Kindes ist entscheidend, ob es im Haushalt eines Elternteils lebt oder einen eigenen Hausstand an. Der Bedarf des in Haushalt eines Elternteils lebenden volljährigen Kindes bestimmt sich nach der 4. Altersgruppe der Düsseldorfer Tabelle. Maßgebend ist dabei das **zusammengerechnete** Einkommen der barunterhaltspflichtigen Eltern. Lebt das Kind außerhalb des Elternhauses, wie zB der Student am Studienort, sieht die Düsseldorfer Tabelle einen pauschalierten Bedarf vor, der zZt **670,– EUR** monatlich beträgt. 30

Das volljährige Kind ist anders als das minderjährige grundsätzlich gehalten, seinen Lebensunterhalt selbst zu verdienen. Diese eine Bedürftigkeit ausschließende Erwerbsobliegenheit entfällt nur, wenn sich das – gesunde – volljährige Kind sich in Ausbildung befindet. Die Eltern schulden nämlich nach § 1610 II BGB als Unterhalt die Kosten für eine angemessene Vorbildung zu einem Beruf. Das Kind hat nach der genannten Vorschrift einen Anspruch auf Finanzierung einer seiner Begabung, seinen Fähigkeiten, dem Leistungswillen und den beachtenswerten Neigungen des Kindes entsprechenden Ausbildung (*BGH*, FamRZ 2000, 420). Das Kind ist im Gegenzug gehalten, die Ausbildung zielstrebig und ernsthaft zu betreiben. Ein Studium ist innerhalb der üblichen Studiendauer fertig zu stellen, wobei unverschuldete Verzögerungen wie zB Erkrankungen von den Unterhaltspflichtigen hinzunehmen sind. Grundsätzlich sind die Eltern gehalten, eine Ausbildung zu finanzieren, es sei denn, der Ausbildungswechsel war krankheitsbedingt erforderlich oder es lag eine Begabungsfehleinschätzung vor (*BGH*, FamRZ 2006, 1100). Eine einheitliche Ausbildung liegt auch vor, wenn das Kind nach dem Abitur zunächst eine praktische Ausbildung absolviert und daran ein Studium anschließt. Voraussetzung ist, dass Lehre und Studium in einem engen zeitlichen und sachlichen Zusammenhang stehen und ein einheitlicher Ausbildungsplan besteht (**Abitur-Lehre-Studium- Fälle**, zuletzt *BGH*, FamRZ 2006, 1100). 31

Das volljährige nicht privilegierte Kind hat zur Minderung seiner **Bedürftigkeit** den Stamm seines Vermögens bis auf einen Notgroschen einzusetzen. Erzielt es Einkünfte als Werkstudent oder Schüler, sind diese nach Billigkeitsgesichtspunkten (entsprechend § 1577 II BGB) auf den Unterhalt anzurechnen. 32

Der Unterhaltsschuldner kann sich gegenüber dem nicht privilegierten volljährigen Kind auf seinen **angemessenen Selbstbehalt** von zZt 1 150,– EUR berufen. Der Betrag gilt einheitlich für den erwerbstätigen wie den nicht erwerbstätigen Schuldner. Eine Differenzierung wie beim notwendigen Selbstbehalt findet nicht statt. 33

c) **Das Bestimmungsrecht der Eltern nach § 1612 II BGB.** Nach § 1612 II BGB können Eltern im Verhältnis zu ihren unverheirateten Kindern bestimmen, auf welche Art und Weise sie Unterhalt leisten. Dieses Bestimmungsrecht besteht gegenüber minderjährigen wie volljährigen Kindern und setzt voraus, dass die Eltern den Unterhaltsanspruch selbst nicht in Frage stellen. Die Bestimmung muss den gesamten Lebensbedarf des Kindes umfassen. Nicht erforderlich ist, dass insgesamt Naturalunterhalt angeboten wird. Denkbar ist, dass Unterhalt in Form von Kost und Logis im Elternhaus und Zahlung eines Barbetrages als Taschengeld und für persönliche Bedürfnisse angeboten wird (*Wendl/Dose/Scholz*, § 2 Rn. 35). Die Bestimmung ist als Gestaltungsrecht gegenüber minderjährigen Kindern durch den Inhaber der Personensorge abzugeben. Leben die Eltern getrennt oder sind sie geschieden, ist bei gemeinschaftlicher elterlicher Sorge eine Einigung herbeizuführen. Wollen die nicht getrennt lebenden Eltern ihrem volljährigen Kindes Naturalunterhalt anbieten, muss dies gemeinschaftlich geschehen. Leben die Eltern getrennt, kann jeder auf Barunterhalt in Anspruch genommene Elternteil, der leistungsfähig ist, von dem Recht aus § 1612 II BGB Gebrauch machen (*Wendl/Dose/Scholz*, § 2 Rn. 28 bis 31). 34

Die Bestimmung ist nur wirksam, wenn auf die Belange des Kindes die gebotene Rücksicht genommen wird. Erforderlich ist eine Würdigung der Interessen der Beteiligten, wobei auf Seiten der Eltern vor allem deren wirtschaftliche Situation zu beachten ist. Auf Seiten des Kindes ist zum einen zu prüfen, ob aus tatsächlichen Gründen (Entfernung des Studien- oder sonstigen Ausbildungsortes) eine tägliche Rückkehr ins Elternhaus zumutbar erscheint. Von Bedeutung ist auch, ob das Kind bereits längere Zeit volljährig ist und schon einen eigenen Haushalt geführt hat. Die Bestimmung kann ebenfalls unwirksam sein, wenn Eltern und Kind entfremdet sind oder wenn – nach Trennung und Scheidung der Eltern-zwischen dem Kind und dem bestimmenden Elternteil bereits seit einem längeren Zeitraum kein Kontakt mehr stattgefunden hat, dieses vielmehr lange Jahre seinen Lebensmittelpunkt im Haushalt des anderen Elternteils hatte (*BayObLG*, FamRZ 2000, 976). 35

Haben die Kindeseltern eine wirksame Bestimmung iSd § 1612 II BGB getroffen, hat das Kind keinen Anspruch auf Barunterhalt. Lehnt das volljährige Kind die Naturalleistungen ab, hat es auch keinen Barunterhaltsanspruch gegen den anderen Elternteil. Die Bestimmung wirkt auch gegenüber den Trägern öffentlicher Leistungen, die die Eltern mangels Vorhandenseins eine Barunterhaltsanspruchs nicht 36 aus übergegangenem Recht in Anspruch nehmen können (*Wendl/Dose/Scholz*, § 2 Rn. 36). Ist die Bestimmung unwirksam, steht dem Kind ein Barunterhaltsanspruch zu. **Prozessual** ist die Wirksamkeit der Bestimmung **inzidenter im laufenden Unterhaltsverfahren** durch das Familiengericht zu überprüfen.

37 d) **Das Kindergeld.** Das staatliche Kindergeld, das nach §§ 62 ff. EStG an die Eltern gezahlt wird, ist steuerrechtlich eine vorweggenommene Steuervergünstigung. Das Finanzamt prüft im Rahmen der Steuerveranlagung, ob die Steuervergünstigung durch den Kinderfreibetrag das ausgezahlte Kindergeld übersteigt oder nicht (§ 31 S. 4 EStG). Im ersteren Fall wird das bereits erhaltene Kindergeld auf die Steuervergünstigung angerechnet, ansonsten verbleibt es bei den ausgezahlten Beträgen.

38 Das Kindergeld beträgt derzeit für das erste und zweite Kind 184,– EUR pro Monat, für das dritte Kind 190,– EUR sowie für das vierte und jedes weitere Kind monatlich 215,– EUR (§ 66 EStG). Das Kindergeld wird ausgezahlt an denjenigen, der das Kind in seinen Haushalt aufgenommen hat. Den Zahlungsempfänger bestimmen die Eltern; sind sie sich nicht einig, entscheidet das Familiengericht (§ 64 II 3 und § 64 III 4 EStG).

39 **Unterhaltsrechtlich** wird das Kindergeld seit dem 1. 1. 2008 wie Einkommen des Kindes behandelt. Es ist nach § 1612 b BGB zur Deckung des Barbedarfs des Kindes zu verwenden. Dieser ermäßigt sich nach § 1612 b I Nr. 1 BGB um die Hälfte des Kindergeldes, wenn nur ein Elternteil zum Barunterhalt verpflichtet ist, also bei minderjährigen Kindern. Sind beide Eltern barunterhaltspflichtig, also in der Regel bei Volljährigkeit des Kindes, ist das gesamte Kindergeld auf den Barbedarf anzurechnen. Maßgebend ist dabei das auf das jeweilige Kind entfallende Kindergeld. Erhöht sich dieses durch ein nicht gemeinschaftliches Kind, ist der Erhöhungsbetrag auf den Barunterhalt nicht anzurechnen, § 1612 b II BGB.

40 e) **Die konkrete Berechnung des Kindesunterhalts.** Zur Berechnung des einem **minderjährigen Kind** geschuldeten Unterhalts ist zunächst das unterhaltsrechtlich relevante Einkommen des barunterhaltspflichtigen Elternteils zu ermitteln. Mit Hilfe des Alters des Kindes ist durch die Eingruppierung in die Düsseldorfer Tabelle der konkrete Barbedarf zu ermitteln.

Beispiel:

Der barunterhaltspflichtige Kindesvater verfügt über ein Nettoeinkommen von 3.200,– EUR. Er ist nur einem 5-jährigen und einem 12-jährigen Kind zum Unterhalt verpflichtet. Er ist in Gruppe 6 der DT einzuordnen, so dass er dem 5-jährigen Kind einen Barunterhalt von zunächst 406,– EUR, dem 12-jährigen einen solchen von 546,– EUR schuldet. Die DT geht von Verpflichtungen gegenüber zwei Unterhaltsberechtigten aus, so dass keine Umgruppierung vorzunehmen ist. Der sog. Bedarfskontrollbetrag der DT soll eine ausgewogene Verteilung zwischen den Unterhaltsberechtigten und dem -pflichtigen vornehmen. Ist er unterschritten, kommt ebenfalls eine Herabsetzung in Betracht. Er beträgt in Gruppe 6 1.400,– EUR und ist im Beispielsfall nicht tangiert. Zur Ermittlung des geschuldeten Betrages ist das hälftige Kindergeld in Abzug zu bringen, so dass der Vater an das 5-jährige Kind (406,– EUR ./. 92,– EUR =) 314,– EUR, an das 12-jährige (546,– EUR ./. 92,– EUR =) 454,– EUR zu zahlen hat.

41 Dem **volljährigen Kind** sind beide Elternteile zum Barunterhalt verpflichtet. Zur Berechnung des konkret geschuldeten Barunterhalts ist zunächst das Einkommen jedes Elternteils zu ermitteln. Verfügt das volljährige Kind über keinen eigenen Hausstand, ist sein Barbedarf der Altersgruppe 4 der DT unter Berücksichtigung des gemeinschaftlichen Einkommens beider Eltern zu ermitteln. Der jeweilige **Haftungsanteil wird dadurch ermittelt, dass vom jeweiligen Einkommen der Eltern der Selbstbehalt in Abzug gebracht wird und der Restbetrag zu dem nach Abzug des Kindergeldes verbleibenden Barbedarf ins Verhältnis gesetzt wird.**

Beispiel:

Die Kindesmutter verfügt über ein Einkommen von 1.500,– EUR, der Kindesvater verdient 2.600,– EUR. Aufgrund der Gesamteinkünfte von 4.100,– EUR beträgt der Barbedarf nach Gruppe 8 der DT 703,– EUR. Von diesem ist das vollständige Kindergeld von 184,– € abzusetzen, so dass sich ein ungedeckter Barbedarf von 519,– EUR ergibt. Der Mutter verbleiben nach Abzug des im Verhältnis zu ihrem volljährigen – nicht privilegierten – Kind geltenden Selbstbehalts von 1.150,– EUR 350,– EUR, dem Vater 1.450,– EUR.
Quote der Mutter: 519,– EUR × 350,– EUR : 1.800,– EUR = 100,92 EUR
Quote des Vaters: 519,– EUR × 1.450,– EUR : 1.800,– EUR = 418,08 EUR

2. Sonstiger Verwandtenunterhalt

42 Nach § 1601 BGB sind auch die Kinder ihren bedürftigen Eltern zum Unterhalt verpflichtet. Elternunterhalt wird in Praxis vor allem relevant, wenn die betagten Eltern in einem Alters- oder Pflegeheim untergebracht worden sind und nach Einsatz der eigenen Mittel einschließlich der Pflegeversicherung ein ungedeckter Bedarf entsteht. Für diesen erhalten sie Leistungen der Sozialhilfe nach dem SGB XII, für die der Träger der Sozialhilfe nach § 94 SGB XII Rückgriff auf die unterhaltspflichtigen Kinder nehmen kann.

43 Die Rechtsprechung zum Elternunterhalt berücksichtigt die in der Rangregelung des § 1609 BGB (zu den Einzelheiten s. u. Rn. 91–94) zum Ausdruck kommende mindere Qualität des Anspruchs und ist der Ansicht, dass dem unterhaltspflichtigen Kind eine spürbare und dauerhafte Senkung seines berufs-

und einkommenstypischen Lebensstandards nicht zuzumuten ist (*BGH*, FamRZ 2006, 1511, 1514). Sie billigt dem Kind mit 1.500,– EUR einen erhöhten Selbstbehalt zu, belässt ihm Vermögen zum eigenen angemessenen Unterhalt und zur Altersvorsorge (*BGH* aaO) und ist großzügig mit der Anerkennung abzugsfähiger Verbindlichkeiten. Darüber hinaus ist lediglich die Hälfte, beim Zusammenleben mit einem Partner 55% des über dem Selbstbehalt liegenden Einkommens für Unterhaltszwecke einzusetzen (D I der Düsseldorfer Tabelle, *BGH*, FamRZ 2010, 1535 ff., auch zur Berechnung des Elternunterhalts bei Zusammenleben mit einem ebenfalls unterhaltsberechtigten Ehegatten).

Mehrere Geschwister haften den Eltern als Teilschuldner. 44

Über diese Fälle hinaus kommen – selten – Unterhaltspflichten der Kinder gegenüber den Eltern auch 45 in Betracht, wenn diese im eigenen Haushalt leben. Bedarfsdeckend Berücksichtigung finden in einem solchen Fall die Leistungen der Grundsicherung nach §§ 41 bis 43 SGB XII. Zu berücksichtigen ist, dass bei Leistung von Grundsicherung anders als bei Leistungen zur Pflege der Träger der Sozialhilfe keinen Rückgriff auf das unterhaltspflichtige Kind nehmen kann, § 94 I 3 SGB XII.

Nach § 1601 BGB sind auch Großeltern und Enkelkinder einander wechselseitig zum Unterhalt ver- 46 pflichtet. Die praktisch allein bedeutsame Verpflichtung der Großeltern ihren Enkeln gegenüber ist zweitrangig. Sie kommt nach § 1607 I BGB nur in Betracht, wenn der vorrangig Verpflichtete nicht leistungsfähig ist oder – nach § 1607 II BGB – der gegen den vorrangig Verpflichteten titulierte Unterhalt nicht vollstreckbar ist. Dem Kind vorrangig verpflichtet sind beide Elternteile. Ist der betreuende Elternteil leistungsfähig schließt dies ungeachtet der Regelung des § 1606 III 2 BGB die Ersatzhaftung der Großeltern aus. Auch Großeltern müssen im Verhältnis zu ihren Enkeln eine spürbare und dauerhafte Senkung ihres berufstypischen Unterhaltsniveaus nicht hinnehmen, so dass die Grundsätze zur Berechnung des Elternunterhalts anwendbar sind (*Wendl/Dose/Wönne*, § 2 Rn. 974).

3. Ehegattenunterhalt

a) **Familienunterhalt.** Bei bestehender Lebensgemeinschaft sind die Ehegatten einander nach **§ 1360** 47 **BGB** verpflichtet, durch ihre Arbeit und mit ihrem Vermögen die Familie angemessen zu unterhalten. Die Bedürfnisse der Familie sollen durch Arbeitsleistung, durch die Führung des Haushalts, die Pflege und Erziehung der Kinder gedeckt werden. Die Vorschrift gibt grundsätzlich keinen Anspruch auf einen zur freien Verfügung stehenden Geldbetrag, sondern auf Naturalleistungen. Eine Ausnahme gilt nur für den Anspruch auf Zahlung eines angemessenen Taschengeldes oder auf Zahlung des Wirtschaftsgeldes an den den Haushalt führenden Ehegatten. Beide Zahlungsansprüche können gerichtlich geltend gemacht werden, beschäftigen die Praxis aber in der Regel nicht.

b) **Getrenntlebensunterhalt.** Leben die Eheleute getrennt im Sinne des § 1567 BGB, hat der bedürftige 48 Ehegatte einen Anspruch auf Zahlung von Getrenntlebensunterhalt nach § 1361 BGB. Der Anspruch beginnt mit der vollständigen Trennung der Eheleute und endet mit dem Tag vor Eintritt der Rechtskraft der Ehescheidung. Er ist weder mit dem Familienunterhalt nach § 1360 BGB noch mit dem Nachscheidungsunterhalt identisch (ständige Rechtsprechung seit *BGH*, FamRZ 1981, 242 = NJW 1981, 978). Ein Titel auf Zahlung von Getrenntlebensunterhalt verliert folglich seine Wirksamkeit, wenn die Eheleute die eheliche Lebensgemeinschaft wieder aufnehmen, aber auch mit Rechtskraft der Ehescheidung.

Der Anspruch auf Getrenntlebensunterhalt umfasst grundsätzlich den Elementarunterhalt. Nach 49 Rechtshängigkeit des Scheidungsantrages können darüber hinaus nach § 1361 I 2 BGB die Kosten einer angemessenen Altersversorgung (Altersvorsorgeunterhalt) verlangt werden.

Der bei der Trennung nicht erwerbstätige Ehegatte ist nach § 1361 II BGB zu einer Erwerbstätigkeit 50 verpflichtet, soweit dies von ihm nach seinen persönlichen Verhältnissen erwartet werden kann. Im Rahmen dieser Billigkeitsabwägung, in die Umstände wie die Dauer der Ehe, eine frühere Erwerbstätigkeit und die wirtschaftlichen Verhältnisse der Eheleute einfließen, ist der Sinn und Zweck des Trennungsjahres zu berücksichtigen. Es ist noch nicht sicher, dass die Ehe tatsächlich gescheitert ist, so dass von den Ehegatten zunächst eine Änderung ihrer Lebensverhältnisse nicht erwartet werden kann. Dementsprechend ist der bislang nicht erwerbstätige Ehegatte in der Regel erst nach Ablauf des Trennungsjahres gehalten, eine Erwerbstätigkeit aufzunehmen. Im Übrigen können im Rahmen der Abwägung die nachehelichen Unterhaltstatbestände Berücksichtigung finden. Der seit 2008 verstärkt geltende Grundsatz der Eigenverantwortung ist ebenfalls heranzuziehen.

c) **Der nacheheliche Unterhalt.** *aa) Das Verhältnis zum Getrenntlebensunterhalt.* Für die Zeit nach 51 Rechtskraft der Ehescheidung hat der Bedürftige – wenn die Voraussetzungen vorliegen – einen Anspruch auf Zahlung nachehelichen Unterhalts. Dieser ist mit dem Anspruch auf Zahlung von Getrenntlebensunterhalt nicht identisch, sondern rechtlich selbständig (s. o. Rn. 48). Ein Titel auf Zahlung von Getrenntlebensunterhalt erlischt mit Rechtskraft der Ehescheidung. Für den Nachscheidungsunterhalt bedarf es folglich einer neuen Titulierung. Ist für den Getrenntlebensunterhalt Auskunft erteilt, kann für den nachehelichen Unterhalt ein erneutes Auskunftsbegehren gestellt werden, auch wenn die Zweijahresrist des § 1605 II BGB noch nicht abgelaufen ist.

52 *bb) Die Anspruchsgrundlagen.* Der Nachscheidungsunterhalt wird bestimmt vom Grundsatz der Eigenverantwortung nach § 1569 BGB: Jeder Ehegatte ist gehalten, selbst für seinen Unterhalt zu sorgen. Der andere Ehegatte kann nur in Anspruch genommen werden, wenn die Voraussetzungen eines der in §§ 1570 bis 1576 BGB normierten nachehelichen Unterhaltstatbestandes vorliegen. Der in der Praxis wichtigste Unterhaltstatbestand ist derjenige des § 1570 BGB. Danach kann ein Ehegatte von dem anderen wegen der Pflege und Erziehung eines minderjährigen Kindes Unterhalt verlangen. Dieser **Betreuungsunterhalt** gilt zunächst für die ersten drei Lebensjahre eines gemeinschaftlichen Kindes. Während dieser Zeit ist der betreuende Elternteil zu keiner Erwerbstätigkeit verpflichtet. Nach Ablauf der drei Jahre ist Unterhalt zu leisten, wenn es der Billigkeit entspricht. Der Vorrang persönlicher Betreuung entfällt; der betreuende Ehegatte muss sich um eine kindgerechte Betreuung, in der Regel um einen Platz in einer öffentlichen Betreuungseinrichtung wie Kindergarten, Kindertagesstätte, -hort bemühen. Während der Dauer der Betreuung des Kindes in einer solchen Einrichtung ist der bedürftige Ehegatte zu einer Erwerbstätigkeit verpflichtet, wobei Erwerbstätigkeit und Kinderbetreuung nicht zu einer überobligatorischen Belastung des Ehegatten führen dürfen. Darlegungs- und beweisbelastet für die zu einer Verlängerung des Unterhalts führenden **kind- und elternbezogenen Umstände** ist der betreuende Ehegatte (*BGH,* FamRZ 2010, 1880 ff.; FamRZ 2011, 1375, 1376). Der geschiedene Ehegatte kann darüber hinaus Unterhalt verlangen, wenn von ihm aufgrund seines Alters – **§ 1571 BGB** – oder aufgrund einer Erkrankung – **§ 1572 BGB** – keine Erwerbstätigkeit erwartet werden kann. Findet er nach der Ehescheidung keine angemessene Erwerbstätigkeit, steht ihm ein Anspruch auf Zahlung von Unterhalt wegen Erwerbslosigkeit nach **§ 1573 I BGB** zu. Der neben dem Betreuungsunterhalt wichtigste Unterhaltstatbestand ist in **§ 1573 II BGB** geregelt: Reichen die Einkünfte des Ehegatten zur Deckung des Bedarfs nach den ehelichen Lebensverhältnissen nicht aus, hat er gegen den anderen einen Anspruch auf Zahlung sogenannten **Aufstockungsunterhalts**, also auf Zahlung der Differenz zwischen dem eigenen Einkommen und seinem Bedarf nach den ehelichen Lebensverhältnissen (§ 1578 BGB s. u.). Die Vorschrift beinhaltet folglich eine Lebenstandardgarantie für den geschiedenen Ehegatten. **§ 1576 BGB** dient als Auffangtatbestand der Vermeidung unbilliger Härten. Sie ist eine Ausnahmevorschrift, die eingreift, wenn die Versagung des Unterhaltsanspruchs dem Gerechtigkeitsempfinden in nahezu unerträglicher Weise widersprechen würde (*Palandt/Brudermüller,* § 1576 Rn. 3). Die Vorschrift greift zB ein, wenn ein Ehegatte durch die Betreuung eines nicht gemeinschaftlichen Kindes, also eines einvernehmlich aufgenommenen Pflegekindes oder die Betreuung eines Enkelkindes an einer Erwerbstätigkeit gehindert wird (Beispiele bei *Palandt/Brudermüller,* § 1576 Rn. 6).

53 **d) Die Berechnung des Ehegattenunterhalts.** *aa) Die Berechnung nach Quoten.* Das Maß des Unterhalts getrennt lebender und geschiedenen Eheleute, also ihr unterhaltsrechtlicher Bedarf, bestimmt sich nach den **ehelichen Lebensverhältnissen** (§§ 1361, 1578 BGB). Die Einkünfte, die die Eheleute während der Ehe erwirtschaften, stehen als Ausfluss des Gleichberechtigungsgrundsatzes beiden Ehegatten zur Hälfte zu. Es gilt der sogenannte **Halbteilungsgrundsatz** (*BGH,* FamRZ 1982, 894; 1991, 304). Dieser findet uneingeschränkt Anwendung auf sämtliches Einkommen, das nicht aus einer Erwerbstätigkeit herrührt. Beziehen die Eheleute folglich Rente, Krankengeld oder auch Vermögenseinkünfte, so hat eine hälftige Aufteilung zu erfolgen.

54 Dem erwerbstätigen Ehegatten ist in Abweichung von einer strikt hälftigen Aufteilung des vorhandenen Einkommens ein sog. **Erwerbstätigenbonus** zu belassen als Erwerbsanreiz und zur pauschalen Abgeltung des nicht quantifizierbaren berufsbedingten Mehraufwands (*BGH,* NJW 1997, 1919 = FamRZ 1998, 806; NJW 2011, 303 = FamRZ 2011, 192). Der Erwerbstätigenbonus beträgt nach den Süddeutschen Leitlinien 1/10 des bereinigten Nettoeinkommens, nach den übrigen Leitlinien 1/7 (15.2 der jeweiligen Leitlinien der Oberlandesgerichte).

55 Die **ehelichen Lebensverhältnisse,** die den Maßstab für die Bemessung des unterhaltsrechtlichen Bedarfes bilden, werden bestimmt durch die Verhältnisse der Eheleute zum Zeitpunkt der Ehescheidung. Die Rechtsprechung des Bundesgerichtshofs zu den sogenannten „wandelbaren ehelichen Lebensverhältnissen" (zuletzt *BGH,* FamRZ 2010, 869), die Änderungen der persönlichen und wirtschaftlichen Verhältnisse auch nach der rechtskräftigen Scheidung berücksichtigt hat, ist vom Bundesverfassungsgericht (*BVerfG,* FamRZ 2011, 437ff.) für verfassungswidrig erklärt worden. Das Bundesverfassungsgericht sieht als eheprägend nur solche Änderungen der tatsächlichen Verhältnisse an, die bereits in der Ehe angelegt waren oder bei Fortbestand der Ehe von beiden Eheleuten getragen worden wären. Dementsprechend prägen Einkommenserhöhungen den ehelichen **Bedarf,** wenn sie eine stetige Weiterentwicklung der bereits in der Ehe erzielten Einkommens darstellen, nicht dagegen, wenn sie auf einem sog. **Karrieresprung** beruhen. Einkommensermäßigungen, die ohne unterhaltsrechtliches Verschulden eingetreten sind, sind dagegen zu berücksichtigen. Keine Auswirkungen auf den unterhaltsrechtlichen Bedarf haben nach der zitierten Rechtsprechung des Bundesverfassungsgerichts eine neue Eheschließung des Pflichtigen und wohl auch die Geburt eines nachehelichen Kindes.

56 War ein Ehegatte während bestehender Ehe nicht erwerbstätig, sind die nach der Scheidung erstmals erzielten Einkünfte gleichwohl als eheprägend anzusehen. Sie sind als Surrogat an die Stelle der bisherigen Haushaltsführung getreten (*BGH,* FamRZ 2001, 986). Diese Surrogatrechtsprechung gilt nicht nur

für Erwerbseinkommen, sondern auch für Einkünfte aus einem durchgeführten Versorgungsausgleich (*BGH*, FamRZ 2002, 88) oder Erträge aus dem vorgenommenen Zugewinnausgleich (*BGH*, FamRZ 2007, 1532), da der Zugewinnausgleich lediglich eine Umschichtung schon vorhandenen Vermögens darstellt. Keinen Einfluss auf den Bedarf nach den ehelichen Lebensverhältnissen haben folglich neben Einkünften aus einem Karrieresprung allenfalls solche aus ererbtem Vermögen.

Die Surrogatrechtsprechung hat dazu geführt, dass der Unterhaltsanspruch des getrenntlebenden 57
oder geschiedenen Ehegatten nach der sogenannten **Differenzmethode** zu berechnen ist. Haben die Eheleute **keine Einkünfte** aus Erwerbstätigkeit, beläuft sich der Unterhaltsanspruch auf die Hälfte der Einkommensdifferenz, und zwar unabhängig davon, ob der bedürftige Ehegatte bereits während der Ehe entsprechende Einkünfte hatte, solange sie nur an die Stelle eheprägender Verhältnisse getreten sind.

Beispiel:

Der Ehemann bezieht eine Rente in Höhe von 2.400,– EUR pro Monat. Die Ehefrau erhält Krankengeld in Höhe von 900,– EUR und Mieteinkünfte aus einer in ihrem Eigentum stehenden Wohnung in Höhe von netto 300,– EUR pro Monat. Der Bedarf nach den ehelichen Lebensverhältnissen beträgt (2.400 plus 900 plus 300 =) 3.600 dividiert durch 2 gleich 1.800,– EUR monatlich. Diesen eheangemessenen Bedarf kann die Ehefrau in Höhe von 1.200,– EUR durch eigene Einkünfte decken, so dass sie einen Anspruch auf Unterhalt in Höhe von 600,– EUR hat.

Haben beide Eheleute Einkünfte aus Erwerbstätigkeit, ist der bereits genannte Erwerbstätigenbonus 58
zu berücksichtigen, der zu folgender Unterhaltsberechnung führt.

Beispiel:

Der Ehemann bezieht aus seiner Erwerbstätigkeit ein Nettomonatseinkommen von 2.400,– EUR, das Einkommen der Ehefrau beträgt netto 900,– EUR. Die Differenz beträgt 1.500,– EUR, $^3/_7$ der Differenz **642, 86 EUR.**

Dieser Betrag entspricht dem Bedarf der Ehefrau nach den ehelichen Lebensverhältnissen, und zwar 59
unabhängig davon, ob sie bereits während der Ehe erwerbstätig war oder die Tätigkeit erst nach der Scheidung aufgenommen hat. Sind keine weiteren Einkünfte vorhanden, stellt der genannte Betrag den Unterhaltsanspruch dar.

Mit der Differenzmethode im Ergebnis identisch ist die sogenannte **Additionsmethode,** die vor allem 60
dann heranzuziehen ist, wenn Einkünfte aus Erwerbstätigkeit mit anderen Einkünften zusammentreffen. Nach dieser Methode ist der Unterhalt wie folgt zu berechnen:

Beispiel:

Der Ehemann bezieht aus seiner Erwerbstätigkeit ein Nettomonatseinkommen von 2.400,– EUR, das Einkommen der Ehefrau in Höhe von 900,– EUR ist eine Rente. Vom Einkommen des Ehemannes ist zunächst der Erwerbstätigenbonus in Abzug zu bringen: (2.400 minus 342,86 =) 2.057,14 EUR plus 900,– EUR gleich 2.957,14 EUR ergibt einen eheangemessenen Bedarf in Höhe der Hälfte gleich 1.478,57 EUR. Von diesem Betrag ist das ungekürzte Einkommen der Ehefrau in Abzug zu bringen, so dass der ungedeckte Bedarf und damit der Unterhaltsanspruch **578,57 EUR** beträgt.

Als dritte Berechnungsmethode ist die **Anrechnungsmethode** zu nennen, die bei Vorhandensein nicht- 61
prägender Einkünfte auf Seiten des Berechtigten zur Anwendung kommt.

Beispiel:

Der Ehemann hat ein Erwerbseinkommen von 2.400,– EUR. Die Ehefrau ist krankheitsbedingt nicht erwerbstätig. Sie hat nach der Scheidung ein Mietshaus geerbt, das jeden Monat einen Nettomietertrag von 500,– EUR erwirtschaftet. Die Mieterträge haben die ehelichen Lebensverhältnisse nicht geprägt, so dass der Bedarf der Ehefrau $^3/_7$ des Einkommens des Mannes beträgt, also 1.028,57 EUR. Auf diesen Bedarf werden die Mieteinkünfte der Ehefrau weil nicht eheprägend **angerechnet.** Ihr ungedeckter Bedarf und damit ihr Unterhaltsanspruch beträgt daher (1.028,57 EUR minus 500,– EUR =) **528,57 EUR.**

bb) Vorwegabzug des Kindesunterhalts. Die ehelichen Lebensverhältnisse der Eheleute sind grund- 62
sätzlich geprägt durch die Unterhaltspflichten gegenüber den gemeinsamen Kindern. Dementsprechend ist zur Ermittlung des eheangemessenen Bedarfs der **Unterhalt** der minderjährigen und volljährigen Kinder vorweg vom Einkommen des Barunterhaltspflichtigen abzusetzen. Dies hat seit dem 1. 1. 2008 mit dem **Zahlbetrag** zu geschehen, also mit dem Betrag, der sich der Düsseldorfer Tabelle berechnet nach dem Einkommen des Pflichtigen und dem Alter des Kindes ergibt abzüglich des jeweiligen Kindergeldanteils. Dieser Vorwegabzug des Kindesunterhalts ergibt sich auf der Ebene des Bedarfs nicht aus dem Vorrang des Kindesunterhalts nach § 1609 BGB, sondern aus der Prägung der ehelichen Lebensverhältnisse.

Beispiel:

Der Ehemann hat ein Erwerbseinkommen von 2.400,– EUR. Die Ehefrau, die den gemeinsamen dreijährigen Sohn betreut verdient 400,– EUR. Zur Errechnung ihres Unterhaltsanspruchs ist vom Einkommen des Ehemannes zunächst der um den Kindergeldanteil reduzierte Kindesunterhalt abzusetzen: Mit einem Einkommen von 2.400,– EUR ist der Kindesunterhalt der Gruppe 4 der Düsseldorfer Tabelle zu entnehmen. Da der Ehemann zwei Berechtigten gegenüber zum Unterhalt verpflichtet ist, bleibt es bei dieser Einordnung. Von seinem Einkommen ist daher zunächst ein Betrag von (365,– EUR abzüglich 92,– EUR =) 273,– EUR in Abzug zu bringen. Abzusetzen ist das eigene Einkommen der Ehefrau, so dass sich ein Betrag von (2.400,– EUR abzüglich 273,– EUR abzüglich 400,– EUR =) 1.727,– EUR ergibt. $^3/_7$ hiervon sind 740,14 EUR. Der Ehemann hat daher insgesamt 1.013,14 EUR zu zahlen. Ihm verbleiben 1.386,86

EUR, so dass sowohl die Mindestselbstbehalte gegenüber dem minderjährigen Kind und der Ehefrau als auch der Bedarfskontrollbetrag der Düsseldorfer Tabelle gewahrt sind. Die Ehefrau hat aus eigenen Einkünften und Unterhalt weniger als dem Ehemann verbleiben, so dass auch der Halbteilungsgrundsatz gewahrt ist.
Die genannten Beträge entsprechen daher dem Bedarf der Eheleute nach den ehelichen Lebensverhältnissen und dem Bedarf des Kindes. Der Ehemann ist ausreichend leistungsfähig, um entsprechende Zahlungen zu leisten.

63 *cc) Die Berechnung des Ehegattenunterhalts außerhalb von Quoten.* **Mindestbedarf.** Die unterste Grenze des Bedarfs des getrennt lebenden oder geschiedenen Ehegatten ist das Existenzminimum. Dieses ist auf der Ebene des Bedarfs stets zu wahren. Die Höhe dieses Existenzminimums wird pauschaliert mit dem notwendigen Selbstbehalt eines nicht erwerbstätigen Unterhaltspflichtigen nach der Düsseldorfer Tabelle (*BGH,* FamRZ 2010, 629 ff.); FamRZ 2010, 869, FamRZ 2010, 1633 ff.) und beträgt derzeit 770 €. Der Mindestbedarf ist zunächst nur ein Rechenposten für die Bemessung des Getrenntlebens- oder nachehelichen Unterhalts. Ob er tatsächlich gezahlt werden kann, hängt von der Leistungsfähigkeit des Pflichtigen ab.

64 **Unterhalt bei günstigen Einkommensverhältnissen.** Die Berechnung des Ehegattenunterhalts nach Quoten beruht auf der Annahme, dass das gesamte Einkommen für den Lebensbedarf der Eheleute verwendet wird. Diese Vermutung gilt nicht mehr bei besonders günstigen Einkommensverhältnissen. Hier ist davon auszugehen, dass ein Teil des Einkommens in die Vermögensbildung fließt. Da der Unterhaltspflichtige dem Berechtigten die Bildung von Vermögen nicht zu ermöglichen hat, scheidet eine Unterhaltsbemessung nach Quoten aus. Der bedürftige Ehegatte hat vielmehr seinen Bedarf konkret darzulegen (*BGH,* FamRZ 2010, 1637 ff. = NJW 2010, 3372 ff.). Er hat also auszuführen, welche Beträge er gemessen an den Verhältnissen zur Zeit des Zusammenlebens benötigt für Wohnen, Essen, Kleidung, Teilnahme am gesellschaftlichen Leben etc.. Erzielt der bedürftige Ehegatte eigene Einkünfte, sind diese **ohne Abzug eines Erwerbstätigenbonus** auf den Bedarf anzurechnen (*BGH* aaO). **Eine absolute Sättigungsgrenze,** also eine Begrenzung des ehelichen Bedarfs nach oben, erkennt die Rechtsprechung nicht an (*BGH,* FamRZ 2010, 1637 ff.).

65 Die Einkommensgrenze für die Bemessung des Unterhalts nach Quoten liegt derzeit bei **5.100,– EUR** (*BGH* aaO). Sie entspricht dem Einkommen, bis zu dem Kindesunterhalt nach Gruppe 10 der Düsseldorfer Tabelle zu zahlen ist.

66 e) **Die Bedürftigkeit des unterhaltsberechtigten Ehegatten.** Die obigen Unterhaltsberechnungen berücksichtigen Einkünfte des berechtigten Ehegatten, die den Bedarf, jedenfalls aber – bei der Anrechnungsmethode – die Bedürftigkeit des Berechtigten mindern. Diese Eigenschaft haben uneingeschränkt nur Einkünfte aus obligater Tätigkeit, also solche, die der Ehegatte in Erfüllung seiner Erwerbsobliegenheit erfüllt. Ist der Ehegatte, weil er zB ein Kind unter drei Jahren betreut, zu keiner Erwerbstätigkeit verpflichtet, sind seine Einkünfte solche aus einer überobligatorischen Tätigkeit. Den Maßstab für ihre Berücksichtigung gibt § 1577 II BGB: Es ist zunächst zu prüfen, ob der Pflichtige den vollen Unterhalt nach den ehelichen Lebensverhältnissen erbringt. Ist dies nicht der Fall, bleibt das Einkommen des Berechtigten bis zu diesem Betrag anrechnungsfrei. Die Anrechnung des Restes erfolgt nach Billigkeit, die pauschale Berücksichtigung der Hälfte erscheint nicht sachgerecht (*BGH,* FamRZ 2010, 1050).

67 f) **Vorsorgeunterhalt.** *aa) Krankenvorsorgeunterhalt.* Zum unterhaltsrechtlichen Bedarf gehören grundsätzlich die Kosten für eine angemessene Versicherung für den Fall der Krankheit und der Pflegebedürftigkeit. Ist dieser Bedarf nicht durch eine eigene Kranken- und Pflegeversicherung des unterhaltsberechtigten Ehegatten gedeckt, besteht bis zur Rechtskraft der Ehescheidung eine Mitversicherung in der gesetzlichen Kranken- und Pflegeversicherung des Ehegatten (§ 10 SGB V). Dementsprechend findet sich eine gesetzliche Regelung nur in § 1578 II BGB für den geschiedenen Ehegatten. Dieser hat, wenn seine Krankenvorsorge nicht auf andere Weise gesichert ist, gegen den geschiedenen Ehegatten – bei Vorliegen der allgemeinen unterhaltsrechtlichen Voraussetzungen – einen Anspruch auf Zahlung von Vorsorgeunterhalt für den Fall der Krankheit und Pflegebedürftigkeit. Der Höhe nach entspricht der Vorsorgebedarf dem Bedarf nach den ehelichen Lebensverhältnissen, dh der Ehegatte hat Anspruch auf eine dem ehelichen Lebensstandard entsprechende Krankenvorsorge. In Betracht kommen die Kosten für eine freiwillige Mitgliedschaft in der gesetzlichen Krankenversicherung (§ 9 SGB V), der Beitritt muss innerhalb von drei Monaten nach Rechtskraft der Ehescheidung erfolgen) oder auch diejenigen für eine private Versicherung für den Ehegatten eines Beamten oder Selbständigen. Die Versicherungskosten sind im Quotenunterhalt nicht enthalten. Sie sind vielmehr zu seiner Errechnung vorab von Einkommen des Pflichtigen abzusetzen (*BGH,* FamRZ 1985, 357 für den Pflichtigen).

Beispiel:

Das Einkommen des Pflichtigen beträgt 2.400,– EUR, der Anspruch des anderen Ehegatten auf Quotenunterhalt 1.028,– EUR. Als freiwilliges Mitglied in der gesetzlichen Rentenversicherung müsste der Unterhaltsberechtigte bei einem Beitragssatz von 15% 158,– EUR monatlichen Beitrag entrichten, so dass sich folgende Berechnung ergibt:
2.400,– EUR abzüglich 158,– EUR ergibt 2.242,– EUR mal 3/7 ergibt gerundet 961,– EUR. Der Pflichtige hat also an Elementarunterhalt 961,– EUR und zusätzliche Krankenvorsorgeunterhalt von 158,– EUR zu zahlen.

68 *bb) Altersvorsorgeunterhalt.* Vorsorgeunterhalt für Alter und geminderte Erwerbsfähigkeit (im folgenden Altersvorsorgeunterhalt) ist – bei Vorliegen der sonstigen Voraussetzungen eines Unterhaltsan-

spruchs – während der Dauer des Getrenntlebens geschuldet ab Rechtshängigkeit des Scheidungsantrages (§ 1361 I 2 BGB). Da die Ehezeit im Sinne des Versorgungsausgleich mit dem der Rechtshängigkeit vorangegangenen Monat endet, kann der Vorsorgeunterhalt zur Vermeidung von Versorgungslücken von diesem Monat an zugesprochen werden (*BGH,* FamRZ 1982, 781). Die Berechnung des Altersvorsorgeunterhalts erfolgt **zweistufig** mit Hilfe der sogenannten, in der familienrechtlichen Praxis allgemein anerkannten **Bremer Tabelle** (zuletzt fortgeführt von *Gutdeutsch,* FamRZ 2011, 264).

Beispiel:

Zunächst ist der sich ohne den Altersvorsorgeunterhalt ergebende Elementarunterhalt zu errechnen. Dies ist – nach obigem Beispiel – ein Betrag von 1.028,– EUR. Dieser ist mit Hilfe der Bremer Tabelle auf einen Bruttolohn hochzurechnen. Der Prozentsatz beträgt 18%, so dass sich ein Betrag von 185,04 EUR ergibt. Die Bruttobemessungsgrundlage beläuft sich mithin auf (1.028 plus 185,04 EUR =) 1.213,04 EUR. Der Beitragssatz in der gesetzlichen Rentenversicherung beträgt 19,9%, so dass sich ein Altersvorsorgeunterhalt von (1.213,04 EUR mal 19,9% =) 241,39 EUR ergibt. Dieser Betrag ist – ebenso wie der Krankenvorsorgeunterhalt – zur Berechnung des endgültigen Elementarunterhalts vorab vom Einkommen des Pflichtigen abzusetzen:
2.400,– EUR abzüglich 241,39 EUR ergibt 2.158,61 EUR, mal $^{3}/_{7}$ gleich 925,12 EUR.

cc) Zweckgebundenheit. Kranken- und Altersvorsorgeunterhalt sind zweckgebunden zu verwenden. 69
Geschieht dies nicht, kann der Pflichtige eine Abänderung des entsprechenden Titels verlangen mit dem Ziel, die Zahlungen unmittelbar an den Versicherungsträger erbringen zu können. Der Berechtigte handelt nämlich treuwidrig, wenn er weiter die Zahlung des Vorsorgeunterhalts an sich verlangt.

g) Unterhalt und Steuerrecht. Der Unterhaltspflichtige ist ab dem auf die Trennung der Eheleute fol- 70
genden Kalenderjahr nicht mehr in Steuerklasse IV oder III, sondern in Steuerklasse I zu versteuern. Betreut er ein oder mehrere Kinder, ist die Steuerklasse II maßgebend. Die damit verbundenen Einkommenseinbußen werden gemildert durch das sog. **begrenzte Realsplitting.** Unterhaltszahlungen an den getrenntlebenden oder geschiedenen Ehegatten können nach § 10 I EStG bis zur Höhe eines Betrages von jährlich 13.805,– EUR als Sonderausgaben vom steuerpflichtigen Einkommen in Abzug gebracht werden. Der sich hieraus ergebende Einkommensvorteil ist seinerseits unterhaltspflichtiges Einkommen und für Unterhaltszwecke zu verwenden. Der unterhaltsberechtigte Ehegatte ist als Nachwirkung der Ehe verpflichtet, der Inanspruchnahme des begrenzten Realsplittings zuzustimmen, was üblicherweise durch die Unterzeichnung der Anlage U zur Einkommenssteuererklärung erfolgt. Voraussetzung ist, dass der Unterhalt rechtskräftig zuerkannt ist, anerkannt oder freiwillig gezahlt ist (*BGH,* FamRZ 2007, 797; NJW 2008, 1661). Der Unterhaltspflichtige hat den Berechtigten von Nachteilen, die sich aus der Geltendmachung des begrenzten Realsplittings ergeben, freizustellen. Diese Nachteile können eine höhere eigene Steuerlast oder auch die Kürzung öffentlicher Leistungen, der Fortfall der Familienversicherung etc. sein (Beispiele bei *Büttner/Niepmann/Schwamb,* Rn. 938).

Die Unterhaltsberechnung hat auch hier zweistufig zu erfolgen. Es ist zunächst der sich ohne den 71
Vorteil des begrenzten Realsplittings ergebende Unterhalt zu berechnen. Dieser vorläufige Unterhaltsbetrag ist zur Ermittlung der Steuerlast vom Bruttoeinkommen abzusetzen. Das sich nun ergebende – erhöhte – Nettoeinkommen ermäßigt um die dem anderen Ehegatten zu ersetzenden Nachteile ist die Bemessungsgrundlage für den Unterhaltsanspruch.

h) Die Befristung und Begrenzung des nachehelichen Unterhaltsanspruchs. Der Unterhaltsanspruch 72
des geschiedenen Ehegatten ist ungeachtet des in § 1569 BGB postulierten Grundsatzes der Eigenverantwortung grundsätzlich unbefristet (*BGH,* FamRZ 2010, 1633 = NJW 2010, 3097). § 1578 b BGB formuliert als Ausnahme zu dieser Regel die Möglichkeit der Befristung und/oder Begrenzung des Unterhaltsanspruchs, die nach dem Wortlaut der Vorschrift zunächst für sämtliche nachehelichen Unterhaltsansprüche gilt. Gleichwohl wendet die Rechtsprechung § 1578 b BGB nicht auf den Betreuungsunterhalt aus § 1570 BGB an, da dieser eine eigene Befristungsregelung enthält (*BGH,* FamRZ 2009, 770 ff.).

Für die übrigen Unterhaltsbestände hat der BGH inzwischen als gefestigt anzusehende Grundsätze 73
entwickelt. Anknüpfungspunkt für eine Befristung oder Begrenzung des Unterhaltsanspruchs ist nicht in erster Linie die Dauer der Ehe (so die alte Rechtsprechung), sondern die Frage, ob durch die Gestaltung von Erwerbstätigkeit und Kinderbetreuung/Haushaltsführung in der Ehe ehebedingte Nachteile eingetreten sind (grundlegend *BGH,* Urt. v. 12. 4. 2006 FamRZ 2006, 1006 ff.). In Anwendung dieser Grundsätze hat der bedürftige Ehegatte zunächst einen Anspruch auf Zahlung von Unterhalt nach den ehelichen Lebensverhältnissen, also auf Teilhabe am ehelichen Lebensstandard. Nach einer Übergangszeit, die im wesentlichen von Dauer der Ehe, der gewählten Rollenverteilung und damit der Verschmelzung der wirtschaftlichen Verhältnisse abhängt, ist zu prüfen, ob der bedürftige Ehegatte durch die Rollenverteilung in der Ehe, insbesondere durch die Betreuung der Kinder und die Führung des Haushalts ehebedingte Nachteile erlitten hat. Solche ergeben sich dann, wenn das tatsächlich erzielte oder bei gebührender Anstrengung erzielbare Einkommen unter dem bleibt, das ohne die Ehe erzielbar gewesen wäre. Sind solche Nachteile feststellbar, scheidet eine Befristung in der Regel aus; der Unterhaltsanspruch ist allerdings **begrenzen** auf den angemessenen Bedarf, also auf das ohne die Ehe mögliche Einkommen, nach unter begrenzt durch den Mindestbedarf (zuletzt *BGH,* FamRZ 2010, 1974 ff. = NJW

2011, 147 ff.). Sind ehebedingte Nachteile nicht feststellbar, beruht die Einkommensdifferenz der Eheleute also zB auf unterschiedlichen Berufsausbildungen endet der Unterhaltsanspruch nach Ablauf der Übergangsfrist. Eine Ausnahme gilt nur bei langer Dauer der Ehe, wenn die wirtschaftliche Verflechtung der Eheleute so stark ist, dass eine Begrenzung oder Befristung des Anspruchs unbillig wäre (*BGH,* FamRZ 2010, 1974 ff. = NJW 2011, 147 ff.).

Beispiel:

Der unterhaltspflichtige Ehegatte erzielt ein monatliches bereinigtes Nettoeinkommen von 2.400,– EUR. Der bedürftige Ehegatte verdient aus einer vollschichtigen Tätigkeit ohne Verletzung seiner Erwerbsobliegenheiten 1.500,– EUR. Sein Unterhalt nach den ehelichen Lebensverhältnissen beträgt zunächst 3/7 von 900,– EUR gleich 385,70 EUR. Hätte der bedürftige Ehegatte ohne die Ehe ebenfalls nur 1.500,– EUR verdienen können, fehlt der ehebedingte Nachteil, sein Unterhaltsanspruch entfällt nach der Übergangszeit. Könnte er ohne die Ehe 1.700,– EUR verdienen, beschränkt sich sein Anspruch – unbefristet – auf die Differenz von 200,– EUR.

74 Ein ehebedingter Nachteil besteht regelmäßig nicht, wenn der Berechtigte Vollzeit in seinem erlernten Beruf arbeitet. Gibt er ihn in der Ehe auf, sind solche Nachteile in der Regel anzunehmen, unabhängig davon, ob der andere Ehegatte mit der Aufgabe der Erwerbstätigkeit einverstanden war (*BGH,* NJW 2011, 1067 ff.).

75 Beim Unterhalt wegen Krankheit stellt die Erkrankung selbst, auch wenn sie in der Ehe ausgebrochen ist, in der Regel keinen ehebedingten Nachteil dar. Ein solcher ergibt sich, auch beim Altersunterhalt daraus, dass der bedürftige Ehegatte infolge der Verteilung von Erwerbstätigkeit und Haushaltsführung/Kinderbetreuung in der Ehe nicht ausreichend Vorsorge für sein Alter bzw. den Fall der Erwerbsunfähigkeit treffen konnte, wobei ein Ausgleich dieser Nachteile in der Regel durch einen zu seinen Gunsten vollständig durchgeführten Versorgungsausgleich erfolgt (*BGH,* FamRZ 2010, 629 ff.; FamRZ 2011, 188 ff.; FamRZ 2011, 1381, 1383 f.; für den Altersunterhalt: *BGH,* FamRZ 2010, 1633 ff.).

76 Befristung und Begrenzung des Unterhaltsanspruchs stellen **prozessuale Einwendungen** dar, für die der Unterhaltspflichtige die Darlegungs- und Beweislast trägt. Allerdings kommen ihm die Grundsätze der sogenannten **sekundären Darlegungslast** zugute: Behauptet er das Fehlen ehebedingter Nachteile, so ist es Sache des Unterhaltsberechtigten substantiiert darzulegen, dass solche gleichwohl bestehen (*BGH,* FamRZ 2010, 875 ff.; FamRZ 2010, 1974 ff. = NJW 2011, 147 ff.).

77 **i) Die Verwirkung des nachehelichen Unterhaltsanspruchs.** Während die Befristung oder Begrenzung des Unterhaltsanspruchs nach § 1578 b BGB von objektiven Gegebenheiten abhängt, knüpft der **Verwirkungstatbestand des § 1579 BGB** – vom Verwirkungsgrund der kurzen Ehedauer abgesehen – an ein Fehlverhalten des Berechtigten an. Dieses führt zu einer Einschränkung des Anspruchs bis zu seinem Fortfall, wenn und soweit die Inanspruchnahme des Pflichtigen unter Wahrung der Belange der gemeinschaftlichen Kinder unbillig wäre.

78 Nach **§ 1579 Nr. 1 BGB** kommt eine Begrenzung in Betracht bei **kurzer Ehedauer,** gemessen von der Eheschließung bis zur Zustellung des Scheidungsantrages. Kurz sind Ehen bis zu zwei Jahren, nicht solche ab drei Jahren (*BGH,* FamRZ 1999, 710 f.). Die Zeit der Kinderbetreuung findet keine Berücksichtigung. Diese ist im Rahmen der Billigkeitsprüfung zu beachten, deren wesentliches Kriterium allerdings die – fehlende – wirtschaftliche Verflechtung der Eheleute ist (*BGH,* FamRZ 1999, 710 f.).

79 **§ 1579 Nr. 2 BGB** regelt den häufigsten Anwendungsfall der Vorschrift, das Zusammenleben mit einem neuen Partner in einer gefestigten Lebensgemeinschaft. Eine solche sozio-ökonomische Lebensgemeinschaft ist eine Beziehung, die sich so verfestigt hat, dass sie als eheähnliches Zusammenleben anzusehen ist und gleichsam an die Stelle der Ehe getreten ist. Erforderlich ist eine Mindestdauer von zwei bis drei Jahren (*BGH,* FamRZ 2002, 810). Häufiges, aber nicht notwendiges Kriterium ist das Führen eines gemeinsamen Haushalts, aber auch das Auftreten als Paar in der Öffentlichkeit. Sanktioniert wird nicht ein Fehlverhalten des Berechtigten, sondern die objektiv geänderte Lebenssituation. **§ 1579 Nr. 3 BGB** knüpft die Verwirkung des Unterhaltsanspruchs an ein vom Berechtigten begangenes Verbrechen oder schweres vorsätzliches Vergehen gegen den Pflichtigen oder einen nahen Angehörigen. Dabei ist der Begriff des Verbrechens im klassischen strafrechtlichen Sinn des § 12 StGB zu verstehen. Zu den schweren Vergehen gehören auch vermögensrechtliche Delikte, auch im Zusammenhang mit dem Unterhaltsrechtsstreit. Der Unterhaltsanspruch ist daher unter Umständen verwirkt, wenn der Berechtigte es unterlässt Mitteilung zu machen zB über den Abbruch einer Ausbildung, eigene Einkünfte oder eine sonstige Verbesserung seiner Einkommens- und Vermögenssituation (*Büttner/Niepmann/Schwamb,* Rn. 1123). **§ 1579 Nr. 4 BGB** erfasst den Vorwurf der mutwilligen Herbeiführung der Bedürftigkeit und damit zB den verschwenderischen Verbrauch des Vermögensstammes, aber auch das Unterlassen notwendiger medizinischer Behandlungen (zB *OLG Hamm,* NJW-RR 2003, 510). Verwirkt ist der Unterhaltsanspruch nach **§ 1579 Nr. 5 BGB,** wenn sich der Berechtigte mutwillig über schwerwiegende Vermögensinteressen des Pflichtigen hinwegsetzt. Wichtige Anwendungsfälle sind die Gefährdung des Arbeitsplatzes durch Anschwärzen beim Arbeitgeber (BT-Drs. 10/2888 S. 21) oder eine Anzeige bei Behörden. Typisch ist hier die Anzeige gegenüber dem Finanzamt wegen Steuerhinterziehung (*BGH,* FamRZ 1984, 1165). Der Verwirkungstatbestand des **§ 1579 Nr. 6 BGB,** gröbliche Verletzung der Verpflichtung des Berechtigten, zum Familienunterhalt beizutragen, bezieht sich auf Fehlverhalten während der Zeit des Zusammenlebens. Da

durch die Notwendigkeit einer „gröblichen" Pflichtverletzung Fälle der Haushaltsvernachlässigung nicht umfasst sind, hat die Vorschrift keine praktische Bedeutung. Der Verwirkungstatbestand des offensichtlich schwerwiegenden, eindeutig beim Berechtigten liegenden Fehlverhaltens gegen den Pflichtigen nach **§ 1579 Nr. 7 BGB** umfasst persönliche, subjektiv vorwerfbare Verfehlungen des Berechtigten.

Hauptanwendungsfall ist das Fehlverhalten vor dem Scheitern der Ehe, nämlich die einseitige Abkehr von der Ehe verbunden mit der Hinwendung an einen anderen Partner. Dieses (Fehl-)Verhalten muss der wesentliche Grund für das Scheitern der Ehe sein. Die Rechtsprechung bejaht es, wenn der Berechtigte einseitig aus der nicht notwendig intakten und spannungsfreien, aber doch „normalen" Ehe ausbricht (so bereits *BGH*, FamRZ 1981, 439). Der Berechtigte kann gegen die Behauptung der Einseitigkeit konkrete Gegenvorwürfe erheben, die das Fehlverhalten entkräften oder doch in einem milderen Licht erscheinen lassen. Ein schwerwiegendes einseitiges Fehlverhalten kann darüber hinaus zB auch in einer fortgesetzten massiven Verletzung des Umgangsrechts gesehen werden (*BGH*, FamRZ 2007, 823). Der Auffangtatbestand des **§ 1579 Nr. 8 BGB** hat durch die Schaffung eines eigenen Verwirkungstatbestandes für die sozio-ökonomische Lebensgemeinschaft an Bedeutung verloren. Er umfasst Fälle schuldlosen Fehlverhaltens oder sonstiger objektiver Unzumutbarkeit, die beispielsweise im Abhalten von einer fristgerechten Vaterschaftsanfechtung gesehen worden ist (*BGH*, FamRZ 1985, 51). 80

Die Unterhaltsverwirkung tritt nicht ohne weiteres mit der Verwirklichung eines der in § 1579 BGB genannten Tatbestände ein. Erforderlich ist vielmehr, dass die Inanspruchnahme des Pflichtigen wegen der genannten Verwirkungsgründe grob unbillig wäre. Im Rahmen der Billigkeitsabwägung sind vorrangig die Belange der gemeinsamen Kinder zu wahren. Denn es soll verhindert werden, dass der betreuende Elternteil die Kinder aus wirtschaftlicher Not zugunsten seiner Erwerbstätigkeit vernachlässigt. Dieses Billigkeitsmoment hat allerdings durch die Neufassung des § 1570 BGB erheblich an Bedeutung verloren. Ist dem Elternteil nach dieser Vorschrift ab dem 3. Lebensjahr des Kindes ohnehin eine Erwerbstätigkeit zuzumuten, ist dies erst recht der Fall, wenn ein Fehlverhalten des betreuenden Elternteils feststellbar ist. Neben den Belangen gemeinsamer Kinder sind Umstände wie die Dauer der Ehe, aber auch die wirtschaftliche Situation der Eheleute oder auch ihr Alter zu berücksichtigen. **Rechtsfolge** einer Verwirkung kann je nach Gewichtung eine Reduzierung, aber auch ein vollständiger Fortfall des Unterhaltsanspruchs sein. Der einmal verwirkte Unterhaltsanspruch kann in Ausnahmefällen wieder aufleben, zB wenn die feste soziale Beziehung beendet worden ist und damit die Unzumutbarkeit der Unterhaltsbelastung entfällt (*BGH*, FamRZ 2011, 1498, 1501 f.). 81

4. Der Unterhaltsanspruch des nichtehelichen Elternteils

a) **Die Voraussetzungen des Unterhaltsanspruchs nach § 1615 l BGB.** Die Vorschriften der §§ 1615 a bis 1615 n BGB regeln die Unterhaltsansprüche in Zusammenhang mit der Geburt eines nichtehelichen Kindes. 82

Voraussetzung dieser Unterhaltstatbestände ist zunächst, dass die Vaterschaft des Pflichtigen bzw. Berechtigten feststeht. Dieser muss also nach § 1592 BGB Nr. 2 BGB die Vaterschaft anerkannt haben oder sie muss gerichtlich festgestellt worden sein, § 1592 Nr. 3 BGB. Die Ansprüche sind allerdings auch denkbar, wenn die Vaterschaft zwischen den Kindeseltern unstreitig ist. 83

Anspruchsgrundlage ist – neben § 1615 m BGB für die Beerdigungskosten der infolge der Schwangerschaft oder Entbindung verstorbenen Mutter – § 1615 l BGB. Die Vorschrift gibt in Absatz 1 zunächst der Mutter einen Anspruch auf Zahlung von Unterhalt während der gesetzlichen Mutterschutzfristen, also für die Dauer von sechs Wochen vor und acht Wochen nach der Geburt des Kindes. Die Vorschrift hat kaum eine praktische Bedeutung, da das an die erwerbstätige Mutter gezahlte Mutterschaftsgeld bedarfsdeckend einzusetzen ist. Kann die Mutter infolge der Schwangerschaft oder einer durch sie verursachten Erkrankung nicht erwerbstätig sein, hat sie nach § 1615 l II 1 BGB einen Unterhaltsanspruch auch außerhalb dieses Zeitraums. 84

Über diese der Kindesmutter vorbehaltenen Ansprüche hinaus regelt § 1615 l II 2 BGB für die Kindesmutter, nach § 1615 l IV BGB anwendbar auch auf den Kindesvater, den Anspruch auf Zahlung von Unterhalt wegen der Betreuung eines gemeinschaftlichen Kindes. 85

Die Anspruchsvoraussetzungen des § 1615 l II 2 BGB entsprechen – ungeachtet des geringfügig unterschiedlichen Wortlauts – denjenigen des § 1570 BGB. Denn nach der Rechtsprechung des Bundesverfassungsgerichts ist eine ungleiche Regelung der Unterhaltsansprüche wegen der Pflege und Erziehung gemeinschaftlicher Kinder mit dem Grundgesetz unvereinbar (*BVerfG*, FamRZ 2007, 965). Es kann daher auf die Ausführungen zum Betreuungsunterhalt nach § 1570 BGB verwiesen werden. Elternbezogene Verlängerungsgründe haben durch die Formulierung „… Dabei sind **insbesondere** die Belange des Kindes zu berücksichtigen." Berücksichtigung gefunden. Zu ihnen gehört insbesondere das Vertrauen auf die während der Dauer des nicht ehelichen Zusammenlebens geübte Rollenverteilung (*BGH*, FamRZ 2008, 1739). 86

b) **Der Bedarf des nichtehelichen betreuenden Elternteils.** Der unterhaltsrechtliche Bedarf des betreuenden Elternteils wird allein bestimmt durch das Einkommen, das er zum Zeitpunkt der Geburt des nichtehelichen Kindes hatte. Es gibt – naturgemäß – keine bedarfsprägenden ehelichen Lebensverhältnis- 87 se, so dass das Einkommen des nicht betreuenden Elternteils keinerlei Einfluss auf den Bedarf des anderen hat. Dies gilt auch, wenn der betreuende Elternteil in der – auch langjährigen – nichtehelichen Partnerschaft nicht erwerbstätig war und von dem anderen Ehegatten unterhalten wurde. Der BGH sieht diese Leistungen als jederzeit aufkündbar und freiwillig an. Bedarfsprägend sei auch bei mehreren Kindern das Einkommen zur Zeit der Geburt des ersten Kindes (*BGH*, FamRZ 2008, 1739).

88 Der Bedarf entspricht folglich der wirtschaftlichen Stellung des Betreuenden und kann daher bestimmt werden durch das zu diesem Zeitpunkt erzielte Einkommen, aber auch durch Unterhaltsleistungen des geschiedenen Ehemannes. Er entspricht als Mindestbedarf dem Selbstbehalt des nicht erwerbstätigen Unterhaltsschuldners (*BGH*, FamRZ 2010, 357 = NJW 2010, 937 ff.) von derzeit 770,– EUR. Auf der Ebene des Bedarfs ist darüber hinaus wie bei im Rahmen des Ehegattenunterhalts der Halbteilungsgrundsatz zu berücksichtigen: Der Unterhaltsberechtigte darf an Unterhalt und eigenem Einkommen nicht mehr zur Verfügung haben als der Pflichtige (*BGH*, FamRZ 2008, 1739).

89 Erzielt der betreuende Elternteil eigene Einkünfte, sind diese, soweit sie nicht überobligatorisch sind, auf den Unterhaltsanspruch anzurechnen, dh, von dem ermittelten Bedarf abzusetzen.

90 Auf der Ebene der **Leistungsfähigkeit** ist der Selbstbehalt des Unterhaltspflichtigen zu berücksichtigen, der wie im Verhältnis zum unterhaltsberechtigten Ehegatten zwischen dem Mindestselbstbehalt und dem angemessenen Selbstbehalt liegt (*BGH*, FamRZ 2005, 344) und damit derzeit 1.050,– EUR beträgt.

Beispiel:

Die Berechnung eines Unterhalts nach § 1615 l BGB: Die Kindesmutter hatte bei Geburt des Kindes ein Einkommen von 2.500,– EUR. Der Vater verdient nach Abzug des Kindesunterhalts 3.800,– EUR. In konsequenter Anwendung der dargestellten Bedarfsgrundsätze beliefe sich der Unterhaltsanspruch der Kindesmutter auf 2.500,– EUR, die der Pflichtige auch ohne Gefährdung seines Mindestselbstbehalts gegenüber der Berechtigten (derzeit 1.050 €)leisten könnte. Der Halbteilungsgrundsatz beschränkt den unterhaltsrechtlichen Bedarf von vornherein auf 1.800,– EUR. Erzielt der betreuende Elternteil aus einer Teilzeitbeschäftigung 500,– €, beträgt der Unterhaltsanspruch 1.300,– EUR.
Erzielt der Vater lediglich ein Einkommen von 1.500,– €, ist der Bedarf der Kindesmutter 1.050,– EUR als der Betrag, der dem Unterhaltspflichtigen mindestens verbleibt.

IV. Mangelfälle

91 Ein unterhaltsrechtlicher Mangelfall liegt vor, wenn das Einkommen nach Abzug des Selbstbehalts nicht ausreicht, um den Bedarf aller Berechtigten zu decken. Für diesen Fall legt § 1609 BGB eine Reihenfolge der Unterhaltsberechtigten fest: Erstrangig sind die Unterhaltsansprüche minderjähriger und ihnen gleichgestellter privilegierter volljähriger Kinder. Im zweiten Rang folgen die betreuenden Elternteile sowie die langjährig verheirateten oder verheiratet gewesenen Ehegatten. Es folgen die sonstigen Ehegatten (§ 1609 Nr. 3 BGB), die volljährigen Kinder, die Enkelkinder, an Nr. 6 die Eltern und zum Schluss die weiteren Verwandten in aufsteigender Linie.

92 Im Mangelfall sind zunächst die Unterhaltsansprüche der vorrangig Berechtigten zu befriedigen. Erst wenn deren Bedarf gedeckt ist, sind Ansprüche der nachrangig Berechtigten zu decken.

Beispiel:

Der Unterhaltspflichtige erzielt ein Einkommen von 2.500,– EUR. Er ist seinem 16-jährigen und 19-jährigen auswärts lebenden Kind sowie seiner geschiedenen krankheitsbedingt erwerbsunfähigen Ehefrau zum Unterhalt verpflichtet. Der Bedarf des 16-jährigen Kindes beträgt nach der DT 469,– EUR abzüglich 92,– EUR anteiliges Kindergeld gleich 377,– EUR. Der Bedarf des Volljährigen 670,– EUR abzüglich 184,– EUR Kindergeld gleich 486,– EUR. Zur Ermittlung des Bedarfs des berechtigten Ehegatten ist ungeachtet des Vorrangs der Unterhalt für das volljährige Kind in Abzug zu bringen. Denn auch der Unterhalt für dieses hat die ehelichen Lebensverhältnisse geprägt. Der Ehegattenunterhalt beträgt 3/7 von 1637,– EUR gleich 701,57 EUR. Der Gesamtbedarf aller Berechtigten beträgt 1.564,57 EUR. Es ist erkennbar, dass jedenfalls der Selbstbehalt gegenüber dem volljährigen Kind von 1.150,– EUR nicht gewahrt ist.
Vorrangig zu zahlen ist daher der Unterhalt für das minderjährige Kind. Nach Abzug verbleiben 2.123,– EUR. Im Verhältnis zu dem geschiedenen Ehegatten beträgt der Selbstbehalt 1.050,– EUR. Nach Abzug des Ehegattenunterhalts verbleiben 1.421,43 EUR, so dass auch der Bedarf der Ehefrau vollständig gedeckt werden kann. Im Verhältnis zu dem volljährigen Kind kann sich der Unterhaltsschuldner auf einen Selbstbehalt von zurzeit 1.150,– EUR berufen, so dass für den Unterhalt des volljährigen Kindes nur 271,43 EUR zur Verfügung stehen würden.

93 Liegt ein Mangelfall vor, steht allerdings auch dem minderjährigen Kind ungeachtet der Rangfolge der weiteren Berechtigten nur der Mindestunterhalt zu (*BGH*, NJW 2008, 3562).

In dem Beispielsfall beträgt der Bedarf des 16-Jährigen folglich 334,– EUR (426,– EUR minus 92,– EUR), so dass sich ein Ehegattenunterhalt von 745,71 EUR ergibt. Nach Abzug des Unterhalts für das minderjährige Kind und den Ehegatten verbleiben 1.420,43 EUR, so dass eine Erhöhung des Volljährigenunterhalts nicht in Betracht kommt. Im Rahmen der Billigkeitsabwägung erscheint es angesichts der Wertigkeit der Unterhaltsansprüche angezeigt, es bei dem höheren Kindesunterhalt zu belassen.

94 In dem oben vorgestellten Beispielsfall liegt ein sogenannter relativer Mangelfall vor. Von einem absoluten Mangelfall spricht man, wenn das Einkommen nicht ausreicht, die gleichrangig Berechtigten zu befriedigen. In diesem Fall ist das für Unterhaltszwecke zur Verfügung stehende Einkommen entsprechend den tatsächlichen Bedarfssätzen zu verteilen.

Beispiel:

Der Unterhaltspflichtige verdient 1.300,– EUR und ist einem zweijährigen und einem zwölfjährigen Kind sowie der betreuenden Mutter zum Unterhalt verpflichtet, die bei Geburt 1.000,– EUR verdiente.
Der Bedarf des zweijährigen Kindes beträgt 225,– EUR, derjenige des zwölfjährigen 344,– EUR, insgesamt 569,– EUR. Für Unterhaltszwecke stehen 350,– EUR (1.300,– EUR abzüglich 950,– EUR Selbstbehalt) zur Verfügung.
Der Anspruch der minderjährigen Kinder errechnet sich wie folgt: 350: x = 569 : 225 => 350 mal 225 dividiert durch 569 gleich 138,40 EUR. Der Unterhaltsanspruch des 2jährigen Kindes beträgt 138,40 EUR, der des 12-jährigen 211,60 EUR. Der betreuende Elternteil hat, weil nachrangig, keinen Unterhaltsanspruch.

V. Unterhalt für die Vergangenheit

Der Unterhalt dient der Deckung gegenwärtiger Bedürfnisse, so dass für die Vergangenheit grundsätzlich kein Unterhalt verlangt werden kann. Abweichend von diesem Grundsatz gibt § 1613 I BGB für alle Unterhaltstatbestände einen Anspruch zunächst von dem Zeitpunkt an, zu dem der Pflichtige aufgefordert wurde, Auskunft über sein Einkommen zu erzielen, wobei die Zahlungspflicht beginnt mit dem ersten des Monats, in dem die Aufforderung erfolgte. Darüber hinaus kann Unterhalt gefordert werden vom **Zugang einer Mahnung an** oder **ab Rechtshängigkeit des Unterhaltsantrages.** Nach § 1613 II BGB kann unabhängig von einer Mahnung unterhaltsrechtlicher Sonderbedarf für das zurückliegende Jahr verlangt werden sowie für den Zeitraum, in dem der Unterhaltsberechtigte aus tatsächlichen oder rechtlichen Gründen an der Geltendmachung des Anspruchs gehindert war. Hierunter fallen insbesondere Ansprüche des Kindes gegen einen nichtehelichen Vater, wenn die Vaterschaft zunächst ungeklärt war oder auch die Regressansprüche des Scheinvaters nach § 1607 III BGB. 95

Nachehelicher Unterhalt kann nach § 1585 b III BGB nur für einen Zeitraum von einem Jahr vor Rechtshängigkeit verlangt werden. 96

VI. Unterhaltsrechtlicher Sonder- und Mehrbedarf

Neben dem laufenden Unterhalt kann sowohl dem Ehegatten als auch dem unterhaltsberechtigten Kind ein **Sonderbedarf** zustehen, den das Gesetz in § 1613 II Nr. 1 BGB voraussetzt, aber nicht definiert. Die Rechtsprechung versteht unter Sonderbedarf einen **unregelmäßigen, nicht vorhersehbaren Bedarf von außergewöhnlicher Höhe,** der daher bei der Bemessung des regelmäßigen Unterhalts nicht berücksichtigt werden konnte (*BGH,* FamRZ 2006, 612 = NJW 2006, 1509). Die Beispiele aus der Rechtsprechung betreffen in der Regel den Kindesunterhalt: kein Sonderbedarf, weil vorhersehbar, sind die Kosten der Konfirmation (*BGH aaO*), bei den üblichen Schülerklassenfahrten fehlt es ebenfalls häufig an der Unvorhersehbarkeit, aber auch an der Höhe (*OLG Hamm,* NJW 2011, 1087). Die Kosten einer kieferorthopädischen Behandlung sollen dagegen regelmäßig als Sonderbedarf anzusehen sein (*OLG Köln,* FamFR 2010, 321). Die Rechtsprechung zum Sonderbedarf ist unübersehbar geworden. Sie ist dargestellt in *Büttner/Niepmann/Schwamb,* Rn. 325 ff. Entsteht über einen längeren Zeitraum neben dem allgemeinen Lebensbedarf ein zusätzlicher Bedarf, wie zB krankheitsbedingte Mehrkosten oder auch die Kosten einer Privatschule, liegt ein **unterhaltsrechtlicher Mehrbedarf** (*BGH,* FamRZ 2006, 612 = NJW 2006, 1509) vor, der bei der Bemessung des laufenden Unterhalts zu berücksichtigen und – entsprechende Leistungsfähigkeit vorausgesetzt – zusätzlich zu diesem zu titulieren ist. Einen besonders geregelten Fall des Sonderbedarfs – bei Vorhersehbarkeit auch des Mehrbedarfs- stellt der **Verfahrenskostenvorschuss** dar. Verheiratete Ehegatten (§§ 1360 a IV, 1361 IV BGB) sowie minderjährige und volljährige Kinder, die noch keine selbständige Lebensstellung haben (*BGH,* FamRZ 2005, 883), können für einen Rechtsstreit, der eine persönliche Angelegenheit betrifft, vom Unterhaltspflichtigen die Zahlung eines Vorschusses auf die Verfahrenskosten verlangen. Voraussetzung ist, dass die Prozessführung hinreichende Aussicht auf Erfolg hat (*BGH,* FamRZ 2001, 1363 = NJW 2001, 1646) und auch im Übrigen der Billigkeit entspricht. Dies setzt voraus, dass gegenüber dem minderjährigen Kind der notwendige, ansonsten der angemessene Selbstbehalt gewahrt ist (*BGH,* FamRZ 2004, 1633). Der Verfahrenskostenvorschuss kann wie die Verfahrenskostenhilfe in Raten gezahlt werden (*BGH* aaO). 97

Zu beachten ist, dass die Regelung des § 1606 III 2 BGB, also die Befreiung des betreuenden Elternteils vom Barunterhalt, nur für den allgemeinen Lebensbedarf gilt. Für den Mehrbedarf oder Sonderbedarf eines minderjährigen Kindes hat bei entsprechender Leistungsfähigkeit auch der betreuende Elternteil einzustehen (*BGH,* FamRZ 1998, 286 = NJW 1998, 505). 98

VII. Vereinbarungen zum Unterhalt

Die dargestellten gesetzlichen Unterhaltsansprüche können durch vertragliche Vereinbarungen oder auch gerichtliche Vergleiche modifiziert werden. Nach **§ 1614 BGB** können Verwandte und durch den Verweis in §§ 1361 IV, 1360 III BGB getrenntlebende Eheleute auf Unterhalt für die Zukunft nicht verzichten. Ein solcher – unwirksamer – Verzicht liegt nur vor, wenn er unmissverständlich formuliert ist; eine Vereinbarung, Unterhalt derzeit nicht geltend zu machen, stellt keinen Verzicht dar. Kürzungen des gesetzlichen Unterhaltsanspruchs unter 20% sind unbedenklich, wird er um mehr als ein Drittel unterschritten, liegt ein gesetzeswidriger Verzicht vor (*Luthin/Koch,* Rn. 2078). 99

100 Zulässig ist ein Verzicht auf nachehelichen Unterhalt. Eine entsprechende Vereinbarung kann bereits bei oder vor Eingehung der Ehe geschlossen werden. Zu beachten ist § 1585 c BGB, wonach Vereinbarungen zum nachehelichen Unterhalt, die **vor Rechtskraft der Ehescheidung erfolgen,** der notariellen Beurkundung bedürfen. Diese Abreden unterliegen im Übrigen den Regeln über die Inhaltskontrolle von Eheverträgen (*BVerfG,* FamRZ 2001, 343).

B. Das Unterhaltsprozessrecht

Literatur zu B: Das Unterhaltsverfahrensrecht ist im Umbruch. Die Neuerungen des FamFG und damit auch der entsprechenden Vorschriften des Unterhaltsverfahrens sind kommentiert in den Kommentaren zum FamFG, von denen im Text zitiert wurden. *Keidel*, FamFG Familienverfahren – Freiwillige Gerichtsbarkeit, 17. Aufl. 2011; *Meysen/Balloff/Finke/Kindermann/Niepmann/Rakete-Dombek/Stötzel,* Das Familienverfahrensrecht – FamFG – 1. Aufl. 2009, das beschränkt ist auf die familiengerichtlichen Verfahren des FamFG. Daneben wird das Unterhaltsverfahrensrecht behandelt in dem Handbuch des Unterhaltsrechts von *Luthin/Koch,* in: Johannsen/Henrich, Familienrecht und dem Handbuch des Fachanwalts Familienrecht von *Gerhardt/von Heintschel-Heinegg/Klein* und *Wendl/Dose* Das Unterhaltsrecht in der familienrichterlichen Praxis, 8. Aufl. 2011 (s. Literaturangaben vor C. IV. A.).

I. Das anwendbare Recht

1. Das Verfahren nach dem FamFG

101 Das Unterhaltsverfahrensrecht ist seit dem 1. 9. 2009 grundsätzlich im FamFG geregelt. Abschnitt 9 des zweiten Buches behandelt die besonderen Verfahrensvorschriften in Unterhaltssachen (§§ 231 bis 245 FamFG), die einstweilige Anordnung (§§ 246 bis 248) FamFG sowie das vereinfachte Verfahren über den Unterhalt Minderjähriger (§§ 249 bis 260 FamFG).

102 Der Gesetzessystematik des FamFG entsprechend träten neben diese besonderen Regelungen die Vorschriften des 1. Buches, des allgemeinen Teils. Unterhaltsverfahren gehören allerdings zu den sogenannten **Familienstreitsachen.** Für diese gelten nach § 113 I 2 FamFG die allgemeinen Vorschriften der Zivilprozessordnung sowie die Vorschriften der Zivilprozessordnung über das Verfahren vor den Landgerichten entsprechend. Die Vorschriften des allgemeinen Teils des FamFG finden überwiegend keine Anwendung, § 113 I 1 FamFG.

103 Es gelten allein:

- die §§ 38, 39 FamFG, so dass in Unterhaltsverfahren nicht durch Urteil, sondern durch einen mit einer Rechtsmittelbelehrung versehenen Beschluss zu entscheiden ist
- die §§ 49 bis 57 FamFG, so dass alleiniges Mittel einstweiligen Rechtsschutzes die einstweilige Anordnung ist
- die §§ 58 bis 75 FamFG und damit das Rechtsmittelrecht des FamFG.

104 § 113 V FamFG übernimmt die Diktion des FamFG auch für den Unterhaltsprozess, so dass in einem **Verfahren** über den **Antrag des Antragstellers** gegen den **Antragsgegner** entschieden wird. Antragsteller und Antragsgegner sind **Beteiligte** des Verfahrens.

2. Das Übergangsrecht

105 Das FamFG findet nach Art. 111 I FGG-ReformG Anwendung auf alle Verfahren, die nach dem 1. 9. 2009 bei Gericht eingegangen sind. Für die bis zu diesem Zeitpunkt anhängig gewordenen Verfahren verbleibt es bei der Anwendbarkeit des alten Rechts. Gemeint ist der Eingang des das Verfahren einleitenden Antrages, so dass das Rechtsmittelrecht der ZPO gilt, wenn zwar das Rechtsmittel, nicht aber der erstinstanzliche Antrag nach dem 1. 9. 2009 eingegangen ist (*BGH,* NJW 2010, 440 ff.; 2010, 937 ff.).

II. Die Zuständigkeit in Unterhaltssachen

1. Funktionale Zuständigkeit

106 Unterhaltssachen gehören nach § 111 Nr. 8 FamFG zu den Familiensachen, für die § 23 a I Nr. 1 GVG die funktionale **Zuständigkeit der Amtsgerichte** anordnet. Innerhalb des Amtsgerichts sind nach § 23 b I GVG die **Abteilungen für Familiensachen** (Familiengerichte) zuständig. Das Familiengericht ist kein besonderes Gericht, sondern nur eine den übrigen gleichwertige besondere Abteilung des Amtsgerichts (*BGH,* NJW 1980, 1282). § 23 b I GVG ist eine gesetzliche Sonderregelung für die richterliche Geschäftsverteilung nach § 21 e GVG, so dass die Besetzung der Familienabteilungen durch das Präsidium des Amtsgerichts erfolgt.

107 **Zuständigkeitsstreitigkeiten** zwischen der Abteilung für Familiensachen und einer anderen Abteilung desselben Amtsgerichts entscheidet allerdings nicht dessen Präsidium. Der Zuständigkeitsstreit ist vielmehr entsprechend § 5 I 3, 4 FamFG, §§ 36 I Nr. 6, 37 ZPO zu klären (*BGH,* NJW 1980, 1282; 1981, 126). Die Abteilung des Amtsgerichts, die sich für unzuständig hält, gibt das Verfahren folglich an die

andere Abteilung ab, die, wenn sie sich ebenfalls für unzuständig hält, das im Rechtszug höhere Gericht anruft. Dieses ist wegen des unterschiedlichen Instanzenzuges für das Familiengericht und die übrigen Abteilungen des Amtsgerichts das gemeinsame Oberlandesgericht, das durch Beschluss die zuständige Abteilung bestimmt.

2. Sachliche Zuständigkeit

§ 231 FamFG definiert den Begriff der Unterhaltssachen als Verfahren, die 108
- die durch Verwandtschaft begründete gesetzliche Unterhaltspflicht
- die durch die Ehe begründete Unterhaltspflicht
- die Ansprüche nach §§ 1615 l, 1615 m BGB

betreffen.

Nach § 231 II FamFG sind Unterhaltssachen darüber hinaus die Verfahren nach § 3 II 3 BKKG, § 64 II 3 EStG zur Bestimmung des für die Inempfangnahme des Kindergeldes berufenen Elternteil. 109

Die Vorschrift schließt durch ihre Beschränkung auf gesetzliche Unterhaltsansprüche zunächst die **rein vertraglichen Unterhaltsansprüche** aus. Diese sind keine Unterhaltssachen und damit keine Familiensachen iSd § 111 Nr. 8 FamFG. Für sie sind – je nach Streitwert – die allgemeinen Zivilabteilungen der Amtsgerichts oder das Landgericht sachlich zuständig. Andererseits liegt eine Unterhaltssache bereits dann vor, wenn ein gesetzlicher Unterhaltsanspruch **betroffen** ist. 110

Unterhaltssachen sind somit alle diejenigen Verfahren, die in einem Sachzusammenhang mit einem gesetzlichen Unterhaltsanspruch stehen (so bereits *BGH*, NJW 1978, 1531). Zu diesen gehören Verfahren, die eine Nebenpflicht betreffen, wie zB die **Auskunftspflicht** oder den Anspruch auf Zahlung **eines Verfahrenskostenvorschusses** nach §§ 1360 a IV, 1361 IV, 1610 I BGB. Geht der Unterhaltsanspruch per Gesetz über (zB § 94 SGB XII, § 1607 II 2, III BGB) bleibt das Verfahren eine Unterhaltssache, ebenso, wenn sich das Verfahren gegen einen Erben des Unterhaltspflichtigen richtet oder von einem Erben des Berechtigten betrieben wird. Ein Sachzusammenhang besteht mit Ansprüchen auf **Schadensersatz** wegen der Verletzung einer Unterhaltspflicht, für **Ausgleichs- und Erstattungsansprüche** wegen überzahlten Unterhalts und auch für Ausgleichsansprüche, die entstehen, wenn ein Elternteil anstelle des anderen Kindesunterhalt leistet. Zu den Unterhaltsverfahren gehören auch diejenigen, die **das begrenzte Realsplitting** nach § 10 I Nr. 1 EStG betreffen, also solche auf Zustimmung zur Durchführung des begrenzten Realsplittings, auf Schadensersatz wegen der Nichtdurchführung oder auf Ausgleich des durch die Teilnahme verursachten Nachteils (eine alphabetische Aufzählung der einzelnen Unterhaltsverfahren findet sich bei *Luthin/Koch/Kamm*, Rn. 7014). 111

In Unterhaltssachen entscheidet grundsätzlich der **Richter.** Zu beachten ist, dass ein Richter auf Probe im ersten Jahr nach seiner Ernennung nicht mit Familiensachen und damit auch nicht mit Unterhaltssachen betraut werden darf, § 23 b III 2 GVG. Der **Rechtspfleger** ist nach § 25 Nr. 2 RPflG nur zuständig für das Verfahren zur Bestimmung des Kindergeldempfängers nach § 231 II FamFG, wenn nicht bereits ein Verfahren nach § 231 I FamFG anhängig ist, für die Bezifferung eines dynamischen Unterhalts nach § 245 FamFG und für das vereinfachte Unterhaltsverfahren nach §§ 249 ff. FamFG. 112

3. Die örtliche Zuständigkeit

Die örtliche Zuständigkeit in Unterhaltssachen richtet sich nach der Spezialvorschrift des § 232 FamFG. Danach ist für Unterhaltsverfahren, die die gesetzliche Unterhaltspflicht für ein gemeinschaftliches Kind oder die durch die Ehe begründete Unterhaltspflicht betreffen, während der Anhängigkeit einer Ehesache das Gericht zuständig, bei dem diese in erster Instanz anhängig ist oder war, § 232 I Nr. 1 FamFG. Das erstinstanzliche **Gericht der Ehesache** bleibt damit für ein Unterhaltsverfahren örtlich zuständig, wenn die Ehesache beim Rechtsmittelgericht anhängig ist. Die Zuständigkeit des § 232 I Nr. 1 FamFG gilt dem ausdrücklichen Wortlaut nach nicht für vereinfachte Unterhaltsverfahren. 113

Wird die Ehesache anhängig, während bereits bei einem anderen Gericht ein Unterhaltsverfahren nach § 232 I Nr. 1 FamFG in erster Instanz anhängig ist, hat das Gericht das Unterhaltssache das Verfahren nach § 233 FamFG abzugeben. 114

Ist eine Zuständigkeit nach § 232 I Nr. 1 FamFG nicht gegeben, ist nach § 232 I Nr. 2 FamFG für Unterhaltssachen, die **die Unterhaltspflicht für ein minderjähriges oder privilegiertes volljähriges Kind** betreffen, das Gericht zuständig in dessen Bezirk das Kind oder der Elternteil, der das Kind betreut und damit nach § 1629 III BGB befugt ist, den Unterhaltsanspruch geltend zu machen, seinen gewöhnlichen Aufenthalt hat. Voraussetzung für diese Zuständigkeit ist, dass sich der gewöhnliche Aufenthalt im Inland befindet. 115

Die Zuständigkeit nach § 232 I FamFG ist eine **ausschließliche Zuständigkeit**, die in ihrer festgeschriebenen Reihenfolge nach § 232 II FamFG der Zuständigkeit eines anderen Gerichts vorgeht. Ist eine Zuständigkeit nach § 232 I FamFG nicht begründet, greifen nach § 232 II 1 FamFG die Zuständigkeitsvorschriften der ZPO ein, insbesondere der allgemeine Gerichtsstand des gewöhnlichen Aufenthalts (§ 232 III 1 2. Hs. FamFG) nach §§ 12, 13 ZPO. § 232 III 2 FamFG eröffnet neben den Gerichts- 116 ständen der ZPO weitere **Wahlgerichtsstände:** Nach § 232 III 2 Nr. 1 FamFG kann der Unterhalt für einen Ehegatten oder einen betreuenden nichtehelichen Elternteil, § 1615 l BGB, auch an dem Gericht geltend gemacht werden, bei dem das Verfahren auf Unterhalt des Kindes in erster Instanz anhängig ist. Nimmt ein Kind beide Elternteile auf Unterhalt in Anspruch, die in verschiedenen Gerichtsbezirken ihren gewöhnlichen Aufenthalt haben, kann es beide Anträge an dem für einen Elternteil allgemein zuständigen Gericht anhängig machen, § 232 III 2 Nr. 2 FamFG. Schließlich ist der Gerichtsstand des Antragstellers wahlweise gegeben, wenn der Antragsgegner im Inland keinen gewöhnlichen Aufenthalt hat.

Beispiel:

Macht ein Ehegatte im eigenen Namen nach § 1629 III BGB den Unterhalt für ein Kind geltend, ist für seinen Antrag ausschließlich das Gericht an seinem Wohnort oder an dem des Kindes zuständig. Verlangt er gleichzeitig die Zahlung von Ehegattenunterhalt, hat er die Wahl: Er kann den Antrag an dem Gericht anhängig machen, bei dem der Pflichtige seinen gewöhnlichen Aufenthalt hat. Er kann aber auch das Gericht wählen, bei dem das Unterhaltsverfahren betreffend das Kind bereits anhängig ist. Ist zwischen den Kindeseltern bereits oder noch eine Ehesache anhängig, muss er das erstinstanzliche Gericht der Ehesache anrufen.

4. Kompetenzkonflikte

117 Während bei Zuständigkeitsstreitigkeiten innerhalb der Abteilungen desselben Amtsgerichts eine **Abgabe** zu erfolgen hat, greift bei Beteiligung verschiedener Gerichte nach § 113 I FamFG die Verweisungsnorm des § 281 ZPO ein. Das Gericht, das sich für unzuständig hält, verweist den Rechtsstreit durch einen im Regelfall **bindenden Verweisungsbeschluss** an das nach seiner Ansicht zuständige Gericht. Hält sich auch dieses für unzuständig, bestimmt das gemeinsame Oberlandesgericht nach §§ 36 Nr. 6, 37 ZPO das zuständige Familiengericht.

III. Das Verfahren in Unterhaltssachen im Allgemeinen

1. Anwendbares Recht, Verfahrenskostenhilfe

118 Unterhaltsverfahren sind, gleich ob sie im Scheidungsverbund oder als isoliertes Verfahren geltend gemacht werden , auch nach der FGG- Reform zivilprozessuale Streitigkeiten, was durch die in § 113 I FamFG angeordnete weitgehende Verweisung auf die Vorschriften der ZPO deutlich wird. Dem Erkenntnisverfahren geht häufig ein **Verfahrenskostenhilfeprüfungsverfahren** nach §§ 113 I FamFG, 114 ff. ZPO voraus, das den allgemeinen Regelungen unterliegt und keine unterhaltsrechtlichen Besonderheiten aufweist. Anzumerken ist, dass der Anspruch des Berechtigten auf Zahlung eines Verfahrenskostenvorschusses nach §§ 1360 a IV, 1361 IV und 1610 I BGB der Bewilligung der Verfahrenskostenhilfe vorgeht, da der Anspruch einen Vermögenswert darstellt, der nach § 115 ZPO einzusetzen ist.

2. Die Beteiligten des Unterhaltsverfahrens

119 Die **Beteiligten** des Verfahrens sind in der Regel der Unterhaltsberechtigte, der den Anspruch geltend macht, und der Unterhaltspflichtige. Abweichend von dieser Regel kann verfahrensbeteiligt auch derjenige sein, auf den der Unterhaltsanspruch übergeleitet wurde, zB der Träger sozialrechtlicher Leistungen (§ 94 SGB XII). Für den **Unterhalt minderjähriger Kinder** sieht das Gesetz besondere Regelungen vor. Solange die Kindeseltern getrennt leben oder zwischen ihnen eine Ehesache anhängig ist, können sie den Unterhalt für ein minderjähriges Kind **nur im eigenen Namen geltend machen.** Diese in § 1629 III BGB angeordnete **gesetzliche Verfahrensstandschaft** greift zugunsten des Elternteils, der die elterliche Sorge innehat; bei gemeinschaftlicher elterlicher Sorge anderseits desjenigen, in dessen Obhut sich das Kind befindet, § 1629 II 2 BGB. Entscheidet ist dabei, bei welchem Elternteil der Schwerpunkt der tatsächlichen Fürsorge und Betreuung liegt, der sich also vorrangig um die elementaren Bedürfnisse des Kindes kümmert (*BGH*, FamRZ 2006, 1015 = NJW 2006, 2258). Kann ein Schwerpunkt der Fürsorge nicht festgestellt werden, weil die Eltern im Rahmen eines Wechselmodells die Betreuung hälftig aufgeteilt haben, entfällt die Verfahrensstandschaft.

120 Die Verfahrensstandschaft gilt für gemeinschaftliche minderjährige Kinder. Sie endet mit der Volljährigkeit, so dass ein Beteiligtenwechsel stattfindet. Anstelle des Elternteils tritt das nunmehr volljährige Kind als Beteiligter in das Verfahren ein. Wird das Kind nach Abschluss des Verfahrens volljährig, wirken Vergleich und auch rechtskräftiger Unterhaltstitel für und gegen das Kind.

121 Die Verfahrensstandschaft gilt bis zur rechtskräftigen Scheidung der Ehe. Der Ehegatte kann allerdings das vor Eintritt der Rechtskraft begonnene Unterhaltsverfahren als Verfahrensstandschafter für das Kind fortsetzen, wenn das tatsächliche Obhutsverhältnis fortdauert (*BGH*, FamRZ 1990, 283).

122 Nach Rechtskraft der Ehescheidung muss das Kind den Unterhalt im eigenen Namen geltend machen. Es wird dabei gesetzlich vertreten durch den Inhaber der elterlichen Sorge. Sind, wie in der Regel der Fall, beide Elternteile Inhaber der elterlichen Sorge, findet § 1629 II BGB Anwendung: Gesetzlicher Vertreter des Kindes im Unterhaltsverfahren ist derjenige Elternteil, in dessen Obhut sich das Kind befindet.

In Unterhaltssachen müssen sich die Beteiligten nach § 114 I FamFG durch einen Rechtsanwalt vertreten lassen. Eine Ausnahme von diesem **Anwaltszwang** gilt nur für den Beteiligten, der durch **das Jugendamt als Beistand** vertreten wird sowie für das einstweilige Anordnungsverfahren (§ 114 IV 1 FamFG). 123

3. Die Antragsschrift

Für die Formalien der Antragsschrift gilt über § 113 I FamFG § 253 II ZPO. Sie muss neben der Bezeichnung der Beteiligten und des Gerichts einen bestimmten Antrag enthalten. Im Rahmen des Leistungsantrages ist der Unterhalt also zu beziffern, dh es ist für jeden Berechtigten im Einzelnen darzulegen, ab wann und in welcher Höhe Unterhalt verlangt wird (*BGH*, FamRZ 1981, 541). Für rückständigen Unterhalt ist es zulässig, den rückständigen Betrag für den jeweiligen Anspruchsteller in einer Summe geltend zu machen. Verlangt ein Ehegatten neben dem Elementarunterhalt Alters- und/oder Krankenvorsorgeunterhalt, ist es zweckmäßig, diesen in seinen Antrag gesondert auszuweisen (*BGH*, FamRZ 1981, 445). 124

4. Der Gang des Verfahrens

Der Richter kann im Unterhaltsverfahren wie in jedem anderen Zivilprozess entscheiden, ob er nach dem Eingang der Antragsschrift und, soweit beantragt, nach der Bewilligung der Verfahrenskostenhilfe, einen frühen ersten Termin zur Verhandlung anberaumt oder das schriftlichen Vorverfahren wählt (§§ 113 I FamFG, 275, 276 ZPO). Auch für die Durchführung der **Beweisaufnahme** gelten die allgemeinen Regeln. Ergänzend zu diesen hat der Richter nach §§ 235, 236 FamFG die Befugnis, Auskünfte bei den Verfahrensbeteiligten und bei Dritten einzuholen. Dies dient der Beschleunigung des Verfahrens und ist darüber hinaus Ausdruck der im Familienrecht erhöhten Fürsorge des Gerichts für die Beteiligten und einer stärkeren Verantwortung des Gerichts für die sachliche Richtigkeit einer Entscheidung (*Keidel/Weber*, § 235 FamFG, Rn. 1). Nach § 235 FamFG kann das Gericht anordnen, dass Antragsteller und Antragsgegner Auskunft über ihre Einkünfte, ihr Vermögen und ihre persönlichen und wirtschaftlichen Verhältnisse erteilen, dass sie Belege vorlegen und die Richtigkeit und Vollständigkeit ihrer Angaben an Eides statt versichern. Diese **prozessuale Auskunftspflicht** gegenüber dem Gericht tritt neben die materiell-rechtliche Verpflichtung, die nach den Vorschriften des BGB zwischen den Beteiligten des Unterhaltsrechtsverhältnisses besteht. Erfüllt ein Beteiligter dieser materiell-rechtlichen Verpflichtung nicht innerhalb einer angemessenen Zeit, ist das Gericht verpflichtet, selbst die notwendigen Auskünfte von ihm einzufordern. Kommen die Beteiligten auch ihrer prozessualen Auskunftspflicht nicht oder nicht vollständig nach, kann das Gericht nach § 236 FamFG die Auskünfte einholen beim Arbeitgeber, den Sozialleitungs- und sonstigen Versorgungsträgern, bei Versicherungsunternehmen und den Finanzämtern. Diese Personen und Stellen sind nach § 236 IV FamFG verpflichtet, die Auskunft zu erteilen. Die Befugnis des Gerichts nach § 236 FamFG besteht für jedes Unterhaltsrechtsverhältnis, ist allerdings beschränkt auf die Einkünfte (aus Erwerb und Vermögen) der Beteiligten, die auch zu belegen sind. Von erheblicher praktischer Bedeutung im Unterhaltsverfahren ist die Vorschrift **des § 287 II ZPO**, die über § 113 I FamFG zur Anwendung kommt. Die **Beweiserleichterung** gilt zwar nicht für die Anspruchsvoraussetzungen; der richterlichen Schätzung zugänglich sind aber sowohl die Einkünfte der Beteiligten und die von ihnen geltend gemachten Abzugspositionen, also die zur Ermittlung der Höhe des Unterhaltsanspruchs notwendigen Faktoren (*BGH*, FamRZ 1986, 885). So kann das Gericht zB den für die Bemessung des Wohnvorteils notwendigen Nutzungswert der Wohnung zB anhand von Mietspiegeln schätzen (*BGH*, FamRZ 1988, 921). Gleiches gilt für sonstige Vermögenserträge oder Sachentnahmen (*BGH*, FamRZ 2005, 97). Fiktive Einkünfte sind der Schätzung ebenso zugänglich wie abzugsfähige Positionen, allen voran die Kosten für die Fahrten vom Wohnort zur Arbeitsstätte (*BGH*, FamRZ 2009, 404). Die Schätzung ist auf konkrete Anhaltspunkte zu stützen und darf nicht zur bloßen Spekulation werden. So ist es insbesondere bei fiktiven Einkünften notwendig, zB anhand von Tarifverträgen auszuführen, welches konkrete Einkommen bei welcher Tätigkeit erzielbar ist (*BVerfG*, FamRZ 2010, 793 = NJW 2010, 1658 ff.). 125

5. Die Entscheidung, Kosten, Vollstreckbarkeit

Die gerichtliche Entscheidung ergeht nach § 38 FamFG durch einen **Beschluss**, der aus Rubrum und Beschlussformel besteht (§ 38 II FamFG), zu begründen, zu unterschreiben und mit einer Rechtsmittelbelehrung zu versehen ist (§ 39 FamFG). 126

Die **Beschlussformel** enthält zunächst den **Ausspruch in der Hauptsache**, der einen vollstreckungsfähigen Inhalt haben muss. Wird dem Pflichtigen die Zahlung von Unterhalt aufgegeben, hat der Beschluss **Höhe, Beginn und ggf. Ende** der Unterhaltspflicht bezeichnen. Grundsätzlich ist ein bestimmter Zahlbetrag zu benennen, so dass die Beschlussformel insoweit lauten könnte: 127

Beispiel:

Dem Antragsgegner wird aufgegeben (da die Entscheidung nicht durch Urteil ergeht, ist auch die Formulierung „wird verurteilt" nicht mehr dem Gesetz entsprechend), an die Antragstellerin ab 1. 5. 2011 einen monatlichen Unterhaltsbetrag in Höhe von 500,– EUR zu zahlen.

128 Die Verpflichtung, einen bestimmten Zahlbetrag zu benennen, kann in den Fällen des Unterhalts für minderjährige Kinder entfallen. Das minderjährige Kind kann nämlich von dem Elternteil, in dessen Haushalt es nicht lebt, nach § 1612 a I BGB den Unterhalt als Prozentsatz des jeweiligen Mindestunterhalts verlangen. Wird ein solcher Anspruch auf **dynamisierten Unterhalt** geltend gemacht, lautet die Beschlussformel:

Beispiel:

Dem Antragsgegner wird aufgegeben, an das antragstellende Kind ab 1. 5. 2011 einen monatlichen Unterhalt in Höhe von 120% des Mindestunterhalts der jeweiligen Altersstufe der Düsseldorfer Tabelle abzüglich des jeweils hälftigen Kindergeldes für ein erstes Kind zu zahlen.

129 Dieser dynamisierte Unterhaltstitel wächst gewissermaßen mit: Er passt sich an das geänderte Alter des Kindes und die Entwicklung des Mindestunterhalts nach § 1612 a I 2 BGB an. Einer Abänderung bedarf es nur, wenn sich die Einkommensverhältnisse des Pflichtigen verändern.

130 Die Beschlussformel hat darüber hinaus die Entscheidung über **die Kosten des Verfahrens** zu enthalten, für die die besondere Regelung des § 243 FamFG gilt. Danach ist über die Kosten in Unterhaltssachen grundsätzlich nach billigem Ermessen zu entscheiden, wobei allerdings das Obsiegen und Unterliegen nach § 243 S. 2 Nr. 1 FamFG ebenso zu berücksichtigen sind wie die Nichterfüllung der außergerichtlichen oder gerichtlichen Auskunftspflicht, § 243 S. 2 Nr. 2 und 3 FamFG.

131 Eine vorläufige Vollstreckbarkeit kennt das FamFG auch für Familienstreitsachen nicht. Ein Unterhaltsbeschluss wird als Endentscheidung in einer Familienstreitsache vielmehr nach § 116 III 1 FamFG mit Rechtskraft wirksam. Das Gericht soll allerdings nach § 116 III 3 FamFG **die sofortige Wirksamkeit der Entscheidung** anordnen. Das Gesetz verdeutlicht damit die Bedeutung des Unterhalts für die Sicherung des Lebensbedarfs des Berechtigten. Von der Anordnung einer sofortigen Wirksamkeit sollte daher nur abgesehen werden, wenn der Unterhalt nicht zur Bedarfsdeckung benötigt wird, etwa, wenn auf den Träger öffentlicher Leistungen übergegangene Unterhaltsansprüche geltend gemacht werden oder bei lange zurückliegendem rückständigen Unterhalt (*Keidel/Weber*, § 116 FamFG, Rn. 10). Anders als die ZPO kennt das FamFG auch für Unterhaltssachen keine Einstellung der Zwangsvollstreckung vor Rechtskraft gegen Sicherheitsleistung oder eine von Amts wegen anzuordnende Abwendung der Vollstreckung. Eine Einstellung oder Beschränkung der Vollstreckbarkeit vor Rechtskraft ist vielmehr nach § 120 II FamFG nur **auf Antrag des Schuldners** möglich. Sie setzt voraus, dass der Pflichtige einen durch die Vollstreckung vor Rechtskraft eintretenden nicht zu ersetzenden Nachteil glaubhaft macht. Einen solchen Nachteil nimmt die Rechtsprechung im Allgemeinen an, wenn die Gefahr besteht, dass ein aufgrund eines nicht rechtskräftigen Titels beigetriebener Betrag bei Abänderung nicht zurückgezahlt werden kann (*Keidel/Weber*, § 120 FamFG, Rn. 17). Eine solche Gefahr besteht allerdings in Unterhaltsverfahren regelmäßig, wenn der Berechtigte zur Existenzsicherung auf den titulierten Betrag angewiesen ist. Das Gericht soll aber gerade in Unterhaltssachen die sofortige Vollziehbarkeit der Entscheidung anordnen, § 116 II 3 FamFG. Auf die Gefahr einer fehlenden Durchsetzbarkeit des Rückforderungsanspruchs kann eine Einstellung in Unterhaltssachen folglich nicht gestützt werden. Eine Einstellung erscheint sinnvoll nur für Teilbeträge, auf die der Gläubiger zur Existenzsicherung nicht angewiesen ist (vergl. *Keidel/Weber*, § 120 FamFG, Rn. 17).

132 Eine vollständige Beschlussformel könnte daher lauten:

Beispiel:

Dem Antragsgegner wird aufgegeben, an die Antragstellerin ab 1. 5. 2011 einen monatlichen Unterhaltsbetrag in Höhe von 1.500,– EUR zu zahlen. In diesem Betrag ist ein Altersvorsorgeunterhalt in Höhe von 300,– EUR enthalten.
Dem Antragsgegner wird desweiteren aufgegeben, an die Antragstellerin für die Zeit vom 1. 1. 2009 bis 30. 4. 2011 rückständigen Unterhalt in Höhe von 10.000,– EUR zu zahlen.
Von den Kosten des Verfahrens tragen der Antragsgegner 4/5 und die Antragstellerin 1/5.
Soweit dem Antragsgegner die Zahlung von Unterhalt aufgegeben wurde, wird die sofortige Wirksamkeit der Entscheidung angeordnet.
Die Vollstreckung der Entscheidung vor Rechtskraft wird beschränkt auf den ab 1. 5. 2011 zu zahlenden laufenden Unterhalt und auf den rückständigen Unterhalt in Höhe eines Betrages von 4.000,– EUR.

133 Der Beschluss ist schließlich nach § 39 FamFG mit **einer Rechtsmittelbelehrung** zu versehen, die das statthafte Rechtsmittel, das Gericht, bei dem es einzulegen ist, und dessen Sitz zu benennen hat sowie die einzuhaltende Form und Frist sowie einer ggf. bestehender Anwaltszwang (*BGH*, FamRZ 2011, 1389 f.). Die Beifügung einer Rechtsmittelbelehrung ist nach dem Wortlaut des Gesetzes zwingend, und zwar ungeachtet des für das Unterhaltsverfahren herrschenden Anwaltszwangs und auch ungeachtet der Tatsache, dass der anwaltlich vertretene Beteiligte auf eine fehlerhafte Rechtsbehelfsbelehrung einen Antrag auf Wiedereinsetzung in den vorigen Stand wegen Versäumung der Rechtsmittelfrist nicht stützen kann (*BGH*, FamFR 2010, 373).

Die Rechtsmittelbelehrung ist Bestandteil des Beschlusses und muss daher von der Unterschrift des Richters umfasst sein. Sie muss das im Einzelfall statthafte Rechtsmittel bezeichnen, wobei zu beachten ist, dass über die Zulässigkeit des Rechtsmittels und damit die Höhe der Beschwer das Rechtsmittelgericht befindet, so dass das für den konkreten Einzelfall grundsätzlich statthafte Rechtsmittel zu benennen ist. 134

Beispiel:

Gegen diesen Beschluss ist das Rechtsmittel der Beschwerde zulässig, wenn der Gegenstand der Beschwerde über 600,– EUR liegt. Die Beschwerde ist innerhalb eines Monats schriftlich beim Amtsgericht Siegburg, Neue Poststraße 16, 53721 Siegburg einzulegen. Die Frist beginnt mit der schriftlichen Bekanntgabe des Beschlusses. Die Beschwerde muss die Bezeichnung des angefochtenen Beschlusses enthalten sowie die Erklärung, dass gegen den Beschluss Beschwerde eingelegt wird. Sie ist vom Beschwerdeführer und seinem Bevollmächtigten zu unterzeichnen.

6. Rechtsmittel, Verfahrenswert, Beschwer

Endentscheidungen des Familiengerichts in Unterhaltssachen sind mit der **Beschwerde des § 58 FamFG** angreifbar. Endentscheidungen sind nach § 38 FamFG solche, die die Instanz ganz oder teilweise abschließend entscheiden. Beschwerdeberechtigt ist nach § 59 FamFG derjenige, dessen Rechte durch den Beschluss beeinträchtigt sind. Dies ist der Unterhaltsschuldner, wenn ihm gegen seinen Willen Zahlungen aufgegeben wurden, der Unterhaltsberechtigte, wenn er durch den Beschluss nicht das erhält, was er beantragt hat. Unterhaltssachen sind **vermögensrechtliche Streitigkeiten**, so dass die Beschwerde nur zulässig ist, wenn der Wert des Beschwerdegegenstandes **600,– EUR** übersteigt. Der Beschwerdewert in Unterhaltssachen ist nach §§ 113 I FamFG, 9 ZPO zu ermitteln aus dem **dreieinhalb fachen** Wert des einjährigen Bezuges. Vom Beschwerdewert zu unterscheiden ist der **Verfahrenswert,** der für Unterhaltsverfahren nach **§ 51 FamGKG** zu bemessen ist. Maßgebend ist der Wert des für das erste Jahr nach Eingang des Klageantrages geltend gemachten Unterhalts. Hinzukommen die bis zum Eingang des Antrages angefallenen und geltend gemachten Rückstände. 135

Ist dem Schuldner somit aufgegeben worden, laufenden Unterhalt in Höhe von monatlich 200,– EUR zu zahlen, beträgt der jährliche Bezug 2.400,– €. Dieser Betrag entspricht dem für die Berechnung der Gebühren maßgebenden Verfahrenswert. Die Beschwer beträgt das 3,5fache dieses Betrages, also 8.400,– EUR. Der Beschwerdewert dürfte daher in Unterhaltssachen allenfalls unterschritten sein, wenn allein rückständiger Unterhalt oder unterhaltsrechtlicher Sonderbedarf geltend gemacht wird. Für diesen Fall kann das Familiengericht bei grundsätzlicher Bedeutung oder zur Sicherung einer einheitlichen Rechtsprechung nach § 61 III FamFG die Beschwerde zulassen. 136

Die Beschwerdefrist beträgt 1 Monat gerechnet von der schriftlichen Bekanntgabe des Beschlusses an die Beteiligten, § 63 I, III FamFG. Sie ist schriftlich bei dem Gericht, dessen Entscheidung angefochten werden soll, einzulegen. Eine Einlegung zur Niederschrift der Geschäftsstelle ist nach § 64 II 2 FamFG ausgeschlossen. Das Familiengericht ist nach § 68 I 2 FamFG **zur Abhilfe nicht befugt**. Das Beschwerdegericht entscheidet seinerseits durch einen Beschluss, der auf Bestätigung oder Abänderung der angefochtenen Entscheidung lautet. Leidet die angefochtene Entscheidung an einem wesentlichen Mangel oder ist zur Entscheidung eine umfangreiche oder aufwändige Beweiserhebung erforderlich, kann das Beschwerdegericht auf Antrag die angefochtene Entscheidung aufheben und an das Familiengericht zurückverweisen, wobei das Familiengericht an die der Aufhebung zugrundeliegende rechtliche Beurteilung gebunden ist, § 69 FamFG. 137

Gegen die Beschwerdeentscheidung des Oberlandesgerichts ist die **Rechtsbeschwerde** nach § 70 FamFG statthaft. Diese ist als reine Zulassungsbeschwerde ausgestaltet. Sie ist nur statthaft, wenn sie das Beschwerdegericht zugelassen hat, § 70 I FamFG. Die Zulassung hat nach § 70 II FamFG zu erfolgen, wenn die Rechtssache grundsätzliche Bedeutung hat oder wen zur Fortbildung des Rechts oder zur Sicherung einer einheitlichen Rechtsprechung eine Entscheidung des Rechtsbeschwerdegerichts erforderlich ist. Das Rechtsbeschwerdegericht, in Unterhaltssachen der Bundesgerichtshof, ist an die Zulassung gebunden. Eine **Nichtzulassungsbeschwerde**, mit der die Nichtzulassung der Rechtsbeschwerde überprüft werden könnte, sieht das Gesetz nicht vor. 138

IV. Einzelne Verfahrensarten in Unterhaltssachen

1. Der Leistungsantrag

Mit dem allgemeinen Leistungsantrag kann der Unterhaltsberechtigte bezifferte Unterhaltsrückstände und auch –ebenfalls beziffert- Unterhalt für die Zukunft geltend machen. Er ist damit das Beispiel eines auf **künftig fällig werdende, wiederkehrende Leistungen** gerichteten Antrages nach §§ 113 I FamFG, 258 ZPO. Bei seiner Entscheidung über den Unterhalt für die Zukunft hat das Gericht eine **Prognoseentscheidung** zu treffen. Es hat anhand der tatsächlichen und gegenwärtigen Verhältnisse zu entscheiden, wie sich das Unterhaltsrechtsverhältnis voraussichtlich in der Zukunft entwickeln wird. Maßgebender Zeitpunkt ist dabei der Schluss der letzten mündlichen Verhandlung. Erweist sich die Prognose als fehlerhaft, kommt eine Abänderung nach § 238, 239 FamFG in Betracht (s. u.). 139

140 Das **Rechtsschutzbedürfnis für einen Leistungsantrag** entfällt nach allgemeinen Regeln dann, wenn bereits ein vollstreckungsfähiger Titel vorliegt. Hat der Unterhaltsschuldner mithin eine einseitige Verpflichtungserklärung in Form einer notariellen Urkunde oder –für den Kindesunterhalt- in Form einer Urkunde des Jugendamtes nach §§ 59, 60 SGB VIII abgegeben, ist der auf dasselbe Ziel gerichtete Leistungsantrag unzulässig. Der Unterhaltsberechtigte, der einen höheren Unterhalt verlangt, ist ebenso auf den Abänderungsantrag nach § 239 FamFG zu verweisen, wie der Schuldner, der eine Absenkung wünscht. Dies ergibt sich aus dem Wortlaut des § 239 FamFG, der für vollstreckbare Urkunden, die eine Verpflichtung zu künftig fällig werdenden wiederkehrenden Leistungen enthalten, gerade das Abänderungsverfahren als spezielles Verfahren eröffnet (*BGH,* FamRZ 2009, 314). Die Titulierung des Unterhalts **im Wege einstweiliger Anordnung** lässt das Rechtsschutzbedürfnis für einen Leistungsantrag nicht entfallen, da die einstweilige Anordnung nur aufgrund einer vorläufigen Prüfung in einem summarischen Verfahren ergeht und damit gerade keine rechtskräftige Entscheidung über den Unterhaltsanspruch darstellt (*BGH,* FamRZ 1984, 767). Leistet der Schuldner den verlangten Unterhalt regelmäßig und pünktlich, soll gleichwohl ein **Titulierungsinteresse** bestehen, da der Schuldner seine Leistungen jederzeit einstellen kann, so dass der Gläubiger einen Titel über den vollen Betrag benötigt (*BGH,* FamRZ 1998, 1165). Erkennt der Inanspruchgenommene die Verpflichtung an, ist § 243 Nr. 4 FamFG zu prüfen. Ein sofortiges Anerkenntnis im Sinne des § 93 ZPO, das dem Antragsteller die Kosten des Verfahrens auferlegt, liegt jedenfalls dann vor, wenn eine außergerichtliche Aufforderung, einen außergerichtlichen Titel zu schaffen, unterblieben ist. Kommt der Schuldner allerdings der Aufforderung, einen kostenfreien Titel zu schaffen nicht nach, hat er Veranlassung zur Antragstellung gegeben (*OLG Köln,* FamRZ 2004, 1114), **wobei es ausreicht, wenn der Gläubiger anbietet, die Kosten der Titulierung zu übernehmen.** Dem Gläubiger ist wegen des grundsätzlich vorhandenen Titulierungsinteresses auch bei freiwilliger Zahlung Verfahrenskostenhilfe zu bewilligen, es sei denn, der Unterhaltsschuldner hat keine Veranlassung zur Antragstellung gegeben. Denn die nicht arme Partei würde den Schuldner zunächst zu einer Titulierung auffordern (*Wendl/Dose/Schmitz,* § 10 Rn. 37).

2. Der Leistungsantrag als Teil-, Nachforderungs- oder Zusatzantrag

141 Der Unterhaltsgläubiger macht in der Regel seinen **vollen Unterhaltsanspruch** gerichtlich geltend. Die Vermutung spricht daher gegen das Vorliegen **eines Teilantrages** (*BGH,* FamRZ 2009, 314). Der Gläubiger muss also ausdrücklich erklären, nur einen Teil des ihm zustehenden Unterhalts zu verlangen (**offener Teilantrag**), zumindest muss sich aus den Umständen ergeben, dass er sich eine Nachforderung vorbehält (**verdeckter Teilantrag**). Hat der Unterhaltsberechtigte zunächst eine Teilforderung gerichtlich geltend gemacht, kann er den ihm zustehenden restlichen Unterhalt im Wege des **Zusatz- oder Nachforderungsantrages** verlangen. Ein solcher Antrag ist als Leistungsantrag ohne Bindungen an die Erstentscheidung (§§ 238, 239 FamFG) zulässig. Allerdings sind die gesamten anspruchsbegründenden Tatsachen erneut vorzutragen. Der bereits auf den Teilantrag hin ergangene Beschluss zeigt keine Rechtskraftwirkungen, so dass eine abweichende gerichtliche Entscheidung möglich ist.

142 Von dem Problem des Teilantrages ist dasjenige des **Teilbeschlusses** zu unterscheiden. Der Beschluss, der über den gestellten Teilantrag entscheidet, ist ein Schlussbeschluss, der über den gesamten Streitgegenstand ergeht. Will das Gericht dagegen nur über einen **Teil des geltend gemachten Anspruchs** entscheiden, stellt sich die Frage nach der Zulässigkeit eines Teilbeschlusses nach §§ 113 I FamFG, 301 ZPO. Eine solche Teilentscheidung ist nach allgemeinen Grundsätzen nur zulässig, wenn der zu entscheidende Teil durch das weitere Verfahren über den noch nicht zur Entscheidung reifen Teil nicht mehr beeinflusst werden kann, die Gefahr widersprechender Entscheidungen also ausgeschlossen ist (*BGH,* NJW 2007, 144; FamRZ 1999, 992). Da sich die Gefahr widersprechender Entscheidungen auch aus einer abweichenden Beurteilung durch das Rechtsmittelgericht ergeben kann, ist in Unterhaltssachen ein sog. **horizontaler Teilbeschluss**, also ein solcher der nur einen Teil des geltend gemachten Bedarfs für denselben Zeitraum betrifft, **unzulässig** (*BGH,* NJW 2009, 144). Ein Teilbeschluss ist zulässig nur über Unterhalt für einen zeitlich abgegrenzten Teil des verlangten Zeitraums (**vertikaler Teilbeschluss**). In diesem Fall soll der nach §§ 113 I FamFG, 301 I 2 ZPO notwendige Grundbeschluss entbehrlich sein (*OLG Hamm,* FamRZ 2004, 109).

Beispiel:

Der Gläubiger verlangt Kindesunterhalt in Höhe von 140% des Mindestbedarfs und zwar laufend und rückwirkend für die Zeit vom 1. 1. 2011 bis zur Rechtshängigkeit. Unzulässig ist ein Teilbeschluss, der zB 100% des Mindestunterhalts zuspricht, zulässig aber ein solcher, der zB den Zeitraum vom 1. 1. 2011 bis 31. 5. 2011 betrifft.

3. Der Leistungsantrag als Stufenantrag

143 Der Unterhaltsgläubiger, der die Einkommens- und Vermögensverhältnisse des Unterhaltspflichtigen nicht kennt und damit keinen bezifferten Zahlungsantrag stellen kann, kann seinen materiellrechtlichen Auskunftsanspruch (s. o.) durch einen entsprechenden gerichtlichen Antrag geltend machen. Er kann einen **isolierten Auskunftsantrag** anhängig machen, was unzweckmäßig ist, da der über den

Auskunftsantrag ergangene Beschluss mangels Identität des Streitgegenstandes keine Rechtskraftwirkung für den Zahlungsantrag entwickelt (*BGH,* FamRZ 1986, 796). In der Praxis ist daher der isolierte Auskunftsantrag selten. Mit ihm werden vielmehr in der Regel ein Antrag auf Abgabe einer eidesstattlichen Versicherung (zweite Stufe) und ein noch unbezifferter Leistungsantrag (dritte Stufe) verbunden. **Der Stufenantrag,** geregelt in §§ 113 I FamFG, 254 ZPO, ist ein Sonderfall der objektiven Antragshäufung (§§ 113 I FamFG, 260 ZPO). Er führt zur Rechtshängigkeit aller drei Stufen und hemmt die Verjährung auch des noch unbezifferten Zahlungsanspruchs, soweit dieser nach Entscheidung über die erste und zweite Stufe des Antrages beziffert wird (*BGH,* FamRZ 1992, 1163). Auch die Bewilligung von Verfahrenskostenhilfe erstreckt sich einheitlich auf alle Stufen (*OLG Stuttgart,* FamRZ 2011, 387). Über die ersten beiden Stufen entscheidet das Gericht jeweils durch einen **Teilbeschluss,** über die letzte Stufe durch den **Schlussbeschluss.**

In der **Auskunftsstufe** beantragt der Gläubiger zunächst, dem Unterhaltsschuldner aufzugeben, Auskunft über sein Einkommen in einem bestimmten Zeitraum sowie über sein Vermögen zu erteilen. Erforderlich ist eine systematische, verständliche und lückenlose Aufstellung aller Angaben, die der Berechtigte zur Errechnung seines Unterhaltsanspruchs benötigt. Da der auf den Antrag ergehende Beschluss einen vollstreckungsfähigen Inhalt haben muss, ist eine genaue Bezeichnung der gewünschten Angaben erforderlich. Die Auskunft wird ergänzt durch die Vorlage der notwendigen Belege. Diese sind in Antrag und Beschluss im Einzelnen zu bezeichnen. Der Antrag, diejenigen Belege vorzulegen, „aus denen sich die Richtigkeit des Zahlenmaterials ergibt", ist nicht ausreichend (*BGH,* FamRZ 1983, 454). 144

Ein korrekt formulierter Teilbeschluss über die Auskunftsstufe könnte wie folgt lauten: 145

Beispiel:

Dem Antragsgegner wird aufgegeben, Auskunft zu erteilen über sein gesamtes Einkommen aus nichtselbständiger Tätigkeit für das Kalenderjahr 2010 einschließlich aller Sonderzuwendungen und Steuererstattungen. Ihm wird aufgegeben, diese Auskunft zu belegen durch Vorlage der Nettogehaltsbescheinigungen für das Jahr 2010 sowie des für dieses Jahr ergangenen Steuerbescheides.

Ist der Unterhaltsschuldner selbstständig, ist Auskunft über die Einkünfte der zurückliegenden drei Kalenderjahre zu erteilen: 146

Dem Antragsgegner wird aufgegeben, der Antragstellerin Auskunft zu erteilen, über seine Einkünfte aus selbständiger Tätigkeit in den Jahre 2008, 2009 und 2010. Er hat die Auskunft zu belegen durch die Vorlage der Einnahme-/Überschussrechnungen der genannten Kalenderjahre bzw. der Bilanzen einschließlich der Gewinn- und Verlustrechnungen, der Steuerbescheide für die Jahre 2008, 2009 und 2010 nebst den zugrundeliegenden Steuererklärungen.

Dass eine geordnete Zusammenstellung zu erfolgen hat, folgt bereits aus § 260 BGB. Eine Aufnahme in die Beschlussformel erscheint entbehrlich. 147

Der über den Auskunftsantrag ergangene Teilbeschluss ist als Endentscheidung mit der Beschwerde nach §§ 58 ff. FamFG anfechtbar. Probleme bereitet die Bemessung der Beschwer: Es ist zu unterscheiden: Wird der Auskunftsantrag zurückgewiesen, bemisst sich die Rechtsmittelbeschwer des unterlegenen Gläubigers nach seinem Interesse an dem geltend gemachten Zahlungsantrag und ist mit einem Bruchteil des Anspruchs, etwa mit einem Viertel bis einem Zehntel zu bemessen (*BGH,* FamRZ 2006, 619). Dieses Auskunftsinteresse ist zu unterscheiden von dem Verteidigungsinteresse des Antragsgegners. Sein Interesse, die Auskunft nicht erteilen zu müssen, und damit seine Beschwer bemisst sich nach dem **für eine sorgfältige Auskunft erforderlichen Aufwand an Kosten und Zeit** (*BGH,* FamRZ 2003, 856; 1922). 148

Auf der zweiten Stufe kann der Berechtigte **die Abgabe einer eidesstattlichen Versicherung** verlangen, wenn Grund zu der Annahme besteht, der Schuldner habe die Angaben über seine Einnahmen nicht mit der erforderlichen Sorgfalt gemacht (§ 259 II BGB). Diese Annahme muss sich aus dem Gesamtverhalten des Schuldners ergeben, etwa bei Vorliegen verschuldeter inhaltlicher Mängel oder wenn die Auskunft mehrfach berichtigt oder nur auf Nachdruck erteilt wurde (*Palandt/Heinrichs,* §§ 259–261 Rn. 30). Wird dem Antragsgegner die Abgabe der eidesstattlichen Versicherung aufgegeben, so ist für die Vollstreckung der **Rechtspfleger des Vollstreckungsgerichts** zuständig, § 20 Nr. 17 RechtsPflG. Die Anordnung der Zwangshaft ist dem Richter vorbehalten, § 4 II Nr. 2 RechtsPflG. 149

Sind die erste und die zweite Stufe erledigt, ist der Zahlungsantrag zu beziffern und durch eine Schlussentscheidung zu bescheiden. Eine solche kann ausnahmsweise vor Erledigung der ersten beiden Stufen ergehen, wenn feststeht, dass der Unterhaltsanspruch unter keinem denkbaren Gesichtspunkt gegeben ist (*BGH,* FamRZ 1990, 283). 150

4. Der Abänderungsantrag nach §§ 238, 239 FamFG

Der auf die Zahlung künftigen Unterhalts gerichtete Beschluss enthält eine Prognoseentscheidung (s. o.) über die künftige Entwicklung des Unterhaltsrechtsverhältnisses. Erweist sich diese Prognose als fehlerhaft, ändern sich also die der Entscheidung zugrundegelegten Tatsachen oder auch Rechtsgrundlagen, können sowohl der Unterhaltsberechtigte als auch der Pflichtige eine Abänderung der ursprüng- 151 lichen Entscheidung verlangen. **§ 238 FamFG** ermöglicht die Abänderung gerichtlicher Entscheidungen und damit eine Durchbrechung der Rechtskraft der Ausgangsentscheidung. **Nach § 239 FamFG** können Vergleiche und Urkunden abgeändert werden, wenn ihre Geschäftsgrundlage in Fortfall geraten ist. Das Abänderungsverfahren gehört zu den Kernproblemen des Unterhaltsprozessrechts und kann hier nur in seinen Grundzügen dargestellt werden.

152 a) **Abgrenzung von anderen Rechtsbehelfen. Abänderungsantrag und Leistungsantrag** schließen einander aus. Ist der Unterhaltsanspruch bereits tituliert, kommt ein neuer Leistungsantrag nur in Betracht, wenn kein Abänderungsantrag zu erheben ist. Da im Zweifel zu vermuten ist, dass im Vorprozess der Unterhalt in voller Höhe geltend gemacht wurde, ist in der Regel ein Abänderungsantrag zu stellen. Eine Nachforderung kommt nur bei einer eindeutigen Beschränkung auf einen Teilbetrag in Betracht (*BGH,* FamRZ 2009, 314) (s. o.).

153 Ist der Unterhaltsantrag allerdings wegen fehlender Bedürftigkeit abgewiesen worden, kann der Anspruch nach Eintritt seiner Voraussetzungen nur mit einem Leistungsantrag geltend gemacht werden, da ein antragsabweisender Beschluss keine in die Zukunft gerichtete Rechtskraftwirkung hat (*BGH,* FamRZ 2005, 101).

154 **Der Vollstreckungsabwehrantrag** ist nach §§ 120 FamFG, 767 ZPO auch in Unterhaltssachen zulässig. Vollstreckungsabwehrantrag und Abänderungsantrag schließen sich ebenfalls aus, so dass anstelle eines zulässigen Abänderungsantrages kein Vollstreckungsabwehrantrag gestellt werden kann (*Wendl/Dose/Schmitz,* § 10 Rn. 158; *BGH,* FamRZ 2005, 1479). Gleichwohl ist die Abgrenzung problematisch. Abzustellen ist auf den Zweck der verschiedenen Antragsarten (*BGH,* FamRZ 2005, 1479): Der **Vollstreckungsabwehrantrag** dient dem Ziel, die Vollstreckung aus einem Unterhaltsbeschluss vorübergehend oder gänzlich einzustellen. Er greift den sachlich-rechtlichen Anspruchsgrund nicht an, sondern dient der Durchsetzung von **rechtsvernichtenden und rechtshemmenden Einwendungen,** abgestellt eher auf ein punktuelles Ereignis (*Luthin/Koch/Margraf,* Rn. 7276). Der **Abänderungsantrag** zielt auf die Korrektur der im Ersturteil vorgenommenen Prognoseentscheidung. Der Unterhaltstitel selbst soll an die wandelbaren wirtschaftlichen Verhältnisse der Beteiligten angepasst werden (*BGH,* FamRZ 2005, 101; 1479). Im Zweifel will der Antragsteller den ihm lästigen Titel insgesamt zu Fall bringen, so dass sein Begehren als Abänderungsantrag zu deuten ist, auch wenn er neben Abänderungsgründen rechtsvernichtende Einwendungen vorbringt (*BGH,* FamRZ 2001, 282).

155 In Anwendung dieser Kriterien sind mit dem **Vollstreckungsabwehrantrag** geltend zu machen: Erlass, Stundung und Verjährung, Erfüllung und Erfüllungssurrogate sowie die Scheidung gegen den Titel auf Zahlung von Getrenntlebensunterhalt. Vollstreckt der Gläubiger aus einem zeitlich befristeten Titel über die Zeitschranke hinaus, kommt ebenfalls ein Antrag nach § 767 ZPO in Betracht (*Wendl/Dose/Schmitz,* § 10 Rn. 154). **Ein Abänderungsantrag** ist dagegen zulässig, wenn der bedürftige Ehegatte nunmehr Rentenleistungen, auch aus dem durchgeführten Versorgungsausgleich erhält und damit nicht mehr in vollem Umfange bedürftig ist (*BGH,* FamRZ 2005, 1479 unter Aufgabe der älteren Rechtsprechung, die auf die Erfüllungswirkung der Rentenzahlung abgestellt hat). Den **Einwand der Unterhaltsverwirkung** hat die ältere Rechtsprechung als solchen nach § 767 ZPO betrachtet (*BGH,* FamRZ 1991, 1175), dann aber ein Abänderungsbegehren gestützt auf eine nunmehr gefestigte Lebensgemeinschaft im Sinne des § 1579 Nr. 2 BGB zugelassen, jedenfalls , wenn eine Veränderung des Titels für die Zukunft verlangt wird (*BGH,* FamRZ 1997, 671), Diese Rechtsprechung ermöglicht ungeachtet der weiter vertretenen Unvereinbarkeit beider Rechtsbehelfe ein Nebeneinander: Will der Schuldner gestützt auf den Einwand der Verwirkung den Titel ausschließlich für die Vergangenheit zu Fall bringen, spricht nichts gegen einen Antrag nach § 767 ZPO. Zielt sein Begehren in die Zukunft, steht die Anpassung an die geänderten Verhältnisse im Vordergrund und eröffnet einen Abänderungsantrag (zutreffend *Wendl/Dose/Schmitz,* § 10 Rn. 161). **Eine Begrenzung oder Befristung** des Unterhaltsanspruchs nach § 1578 b BGB ist ebenfalls mit einem Antrag nach §§ 238, 239 FamFG geltend zu machen.

156 b) **Die Zulässigkeit des Abänderungsantrages.** *aa) Allgemeine Zulässigkeitsvoraussetzungen.* Abänderungsanträge, die sich gegen einen Unterhaltstitel wenden, sind Unterhaltssachen im Sinne der §§ 111 Nr. 8, 231 FamFG, so dass das Familiengericht sachlich zuständig ist. Sie sind Familienstreitsachen im Sinne des § 112 FamFG; es gelten die allgemeinen verfahrensrechtlichen Vorschriften, die auch auf den unterhaltsrechtlichen Leistungsantrag Anwendung finden. Die örtliche Zuständigkeit richtet sich daher nach § 232 FamFG. Für das Verfahren herrscht Anwaltszwang nach § 114 FamFG.

157 *bb) Abänderung von gerichtlichen Entscheidungen, § 238 FamFG.* Abänderbar nach § 238 FamFG ist ein **vollstreckbarer Titel.** Dieser muss nicht zwangsläufig rechtskräftig sein (*Luthin/Koch/Margraf,* Rn. 7287). Erhebt allerdings ein Beteiligter während des Laufes der Rechtsmittelfrist einen Abänderungsantrag, macht er damit deutlich, dass er die Grundlagen des Titels akzeptiert. Er nimmt dem Rechtsmittel das Rechtsschutzbedürfnis, so dass Beschwerde und Abänderungsantrag nebeneinander nicht zulässig sind (*Wendl/Dose/Schmitz,* § 10 Rn. 173).

158 Der Titel – auch ein Anerkenntnis- oder Versäumnisbeschluss – muss auf eine **künftig wiederkehrende Leistung** im Sinne des § 258 FamFG gerichtet sein. Abänderungsverfahren und Ausgangsverfahren müssen **denselben Streitgegenstand** haben, also dasselbe Unterhaltsrechtsverhältnis betreffen. Diese

Identität des Streitgegenstandes ist gewahrt, wenn das volljährige Kind nunmehr einen höheren als den zur Zeit seiner Minderjährigkeit titulierten Unterhalt geltend macht. Der statthafte Rechtsbehelf ist daher der Abänderungsantrag. Dagegen betreffen Getrenntlebens- und Familienunterhalt sowie Getrenntlebens- und Scheidungsunterhalt unterschiedliche Streitgegenstände, so dass – je nach Sachverhalt – ein Leistungs- oder Vollstreckungsabwehrantrag zu stellen ist.

Das Abänderungsverfahren kann zulässigerweise nur von den **Beteiligten des Vorprozesses** geführt werden. Endet die Verfahrensstandschaft für ein minderjähriges Kind durch die Rechtskraft der Ehescheidung, kann dieses allerdings das Abänderungsverfahren im eigenen Namen führen (*Luthin/Koch/Margraf,* Rn. 7291; *Palandt/Diederichsen,* § 1629 Rn. 40). Entsprechendes gilt in Fällen der Rechtsnachfolge: ist der Unterhaltsanspruch auf den Träger der Sozialhilfe übergegangen, ist er Beteiligter des Abänderungsverfahrens, entweder weil er bereits den Titel erstritten hat oder als Rechtsnachfolger des Unterhaltsberechtigten. Letzterer kann für die Zukunft selbst eine Abänderung verlangen. (zu den Einzelheiten *Luthin/Koch/Margraf,* Rn. 7293). 159

Besondere Zulässigkeitsvoraussetzung ist nach § 238 II I 2 FamFG, dass der Antragsteller Umstände vorträgt, aus denen sich **eine wesentliche Änderung** der der Erstentscheidung zugrundeliegenden Tatsachen ergibt. Zu berücksichtigen ist dabei die Zeitschranke des § 238 II FamFG. Die Behauptung muss sich also auf Tatsachen beziehen, die nach dem Schluss der letzten mündlichen Verhandlung eingetreten sind und mit einem Einspruch (gegen einen Versäumnisbeschluss) nicht mehr geltend gemacht werden konnten. Es ist nicht ausreichend, wenn der Antragsteller nur einen einzigen Grund vorträgt, der aus seiner Ansicht jedenfalls eine Abänderung rechtfertigt. Erforderlich ist vielmehr die Darlegung aller für die Unterhaltsbemessung maßgeblichen Umstände (*OLG Brandenburg,* FamRZ 2008, 797; *Wendl/Dose/Schmitz,* § 10 Rn. 187). Ob die behaupteten Abänderungstatsachen vorliegen, der Vortrag des Antragstellers also zutreffend ist, ist eine Frage der Begründetheit, nicht der Zulässigkeit des Antrages. 160

Den Zeitpunkt, von dem an eine Abänderung verlangt werden kann, legt **§ 238 III FamFG** fest: Grundsätzlich ist die Abänderung zulässig nur für die Zeit ab Rechtshängigkeit des Abänderungsantrages, also ab Zustellung. Diesen Zeitraum erweitert § 238 III 2 und 3 FamFG. Hat der Unterhaltsgläubiger den Schuldner aufgefordert, höheren Unterhalt zu zahlen oder Auskunft über seine Einkommens- und Vermögensverhältnisse zu erteilen, kann er eine Abänderung des Titels vom ersten des Monats an verlangen, in den das Ereignis fällt (§ 1613 I BGB). Entsprechendes gilt für ein Herabsetzungsverlangen des Schuldners. Maßgebend ist hier der erste des Monats, in dem der Schuldner den Gläubiger aufgefordert hat, Auskunft über sein Einkommen zu erteilen oder auf die Rechte aus dem Titel zu verzichten. Eine Herabsetzung für eine mehr als ein Jahr vor Rechtshängigkeit liegende Zeit ist nach § 238 III 4 FamFG nicht zulässig. 161

cc) Abänderung von Vergleichen und Urkunden, § 239 FamFG. Die Vorschrift eröffnet die Möglichkeit der Abänderung von **Unterhaltsvergleichen.** Diese müssen einen vollstreckbaren Titel darstellen, so dass einer Abänderung nur gerichtliche Vergleiche oder für vollstreckbar erklärte Anwaltsvergleiche (§§ 796 a bis 796 c ZPO) zugänglich sind, nicht aber außergerichtliche Vereinbarungen. 162

Urkunden im Sinne des § 239 FamFG sind **notarielle Urkunden,** die die Verpflichtung zur Zahlung von Unterhalt entweder aufgrund einer einseitigen Verpflichtungserklärung oder im Rahmen eines Vereinbarung enthalten. Voraussetzung ist, dass sich der Schuldner der Zwangsvollstreckung aus der notariellen Urkunde unterworfen hat. Die Vorschrift erfasst darüber hinaus **Jugendamtsurkunden** nach §§ 59, 60 SGB VIII. 163

Die Zulässigkeit erfordert ebenfalls den Vortrag von Tatsachen, die eine Abänderung rechtfertigen. Eine Zeitschranke für die Abänderung besteht nicht. 164

c) **Die Begründetheit des Abänderungsantrages.** *aa) Die Begründetheit nach § 238 FamFG.* Der Abänderungsantrag ist begründet, wenn tatsächlich eine Änderung der der Erstentscheidung zugrundeliegenden Umstände eingetreten ist. Die Veränderung kann sich in rechtlicher Hinsicht aus einer **Änderung der gesetzlichen Grundlagen** durch eine Änderung der Gesetzgebung oder eine Entscheidung des Bundesverfassungsgerichts ergeben (*BGH,* FamRZ 2001, 1687). **Die Änderung der Rechtsprechung des Bundesgerichtshofs** stellt ebenfalls einen Abänderungsgrund dar (*BGH,* FamRZ 2003, 848; 1734). Der häufigste Anwendungsfall des § 238 FamFG ist allerdings die **Änderung der tatsächlichen Verhältnisse.** Erfasst sind zB Änderungen der Leistungsfähigkeit wie eine eingetretene Arbeitslosigkeit oder der Eintritt in das Rentenalter, die Geltung einer neuen Düsseldorfer Tabelle. Verändern können sich auch die Verhältnisse auf Seiten des Berechtigten durch ein höheres Erwerbseinkommen durch Ausdehnung der Tätigkeit oder auch hier die Verrentung. Zur Änderung berechtigten auch unterhaltsrelevante Veränderungen in den persönlichen Lebensverhältnissen wie die Geburt eines weiteren Kindes oder eine neue Eheschließung. 165

Die Veränderungen müssen **wesentlich** sein, dh, der sich aus den geänderten Verhältnissen ergebende, neu zu errechnende Unterhaltsbetrag muss sich von dem titulierten wesentlich unterscheiden. Dies nimmt die Rechtsprechung bei Veränderungen um etwa **10%** an, allerdings nicht im Sinne einer schematischen Grenze. Bei beengten wirtschaftlichen Verhältnissen kommt vielmehr ein Unterschreiten in Betracht (*BGH,* NJW 1986, 2055). 166

167 Eine Abänderung kann nach § 238 II FamFG nur auf solche Veränderungen gestützt werden, die nach dem Schluss der letzten mündlichen Verhandlung eingetreten sind. Handelt es sich bei dem Titel um einen Versäumnisbeschluss oder ein nach altem Recht ergangenes Versäumnisurteil, ist der Ablauf der Einspruchsfrist maßgebend. Durch diese **Präklusionsregelung** soll das Vertrauen in die Rechtskraft der Erstentscheidung geschützt werden Problematisch ist, ob auch solche Tatsachen präkludiert sind, die zwar vor dem nach § 238 FamFG maßgebenden Termin entstanden waren, im Verfahren aber nicht vorgetragen worden sind. Der Wortlaut des Gesetzes spricht dafür, diese Tatsachen unberücksichtigt zu lassen. Dies geschieht auch, wenn sich der Antragsteller auf nicht vorgetragene Tatsachen beruft. Er kann sein Abänderungsbegehren nicht auf solche **verschwiegenen Umstände** stützen. Begehrt er zB die Herabsetzung des titulierten Unterhalts mit dem Hinweis auf hohe Fahrtkosten, ist diese Tatsache präkludiert, wenn der Antragsteller diese Fahrtkosten immer schon hatte, er sie im Erstverfahren aber nur deshalb nicht geltend gemacht hatte, weil er bereits aus anderen Gründen nur den Mindestkindesunterhalt schuldete. Etwas anderes gilt für den Antragsgegner: begehrt dieser lediglich die Aufrechterhaltung des bisherigen Titels, kann er alle schon entstandenen, aber im Erstverfahren nicht vorgebrachten Tatsachen zur Abwehr des Abänderungsbegehrens vorbringen (iE: *Wendl/Dose/Schmitz*, § 10 Rn. 218). Die **Befristung und Begrenzung** des Unterhaltsanspruchs nach § 1578 b BGB ist nach wie vor im Ausgangsverfahren geltend zu machen, wenn die Voraussetzungen für eine spätere Veränderung erfüllt sind und eine hinreichend sichere Prognose getroffen werden kann (*BGH*, FamFB 2011, 102). Zu berücksichtigen ist allerdings, dass die Möglichkeit der Beschränkung einzelner Unterhaltstatbestände erst mit Inkrafttreten des Unterhaltsänderungsgesetzes zum 1. 1. 2008 geschaffen worden ist, so dass für eine Begrenzung sprechende Tatsachen, die vor diesem Zeitpunkt entstanden sind, jedenfalls nicht präkludiert sind. Für den Aufstockungsunterhalt nach § 1573 II BGB, der bereits nach alter Rechtslage befristet werden konnte, stellt der BGH auf sein Urt. v. 12. 4. 2006 (FamRZ 2006, 1006) ab (*BGH*, FamRZ 2010, 1884 = NJW 2010, 3582). In dieser Entscheidung hat er erstmals eine Befristung des nachehelichen Unterhalts auch bei langer Ehedauer zugelassen, weil keine ehebedingten Nachteile eingetreten waren (s. o. Rn. 72 f.).

168 Liegen Umstände vor, die eine Abänderung des Titels rechtfertigen, hat keine Neuberechnung des Unterhalts zu erfolgen. Nach § 238 IV FamFG hat eine Anpassung des Titels an die geänderten Verhältnisse zu erfolgen, die Grundlagen der Entscheidung bleiben gewahrt.

Beispiel:

Im Ausgangsverfahren sind zugunsten des Unterhaltspflichtigen hohe Fahrtkosten berücksichtigt worden. Er begehrt die Abänderung des Titels auf Ehegattenunterhalt mit dem Hinweis auf seine durch die Geburt eines weiteren Kindes und die Erhöhung des Selbstbehalts erfolgte eingeschränkte Leistungsfähigkeit. Das Gericht hat im Abänderungsverfahren den Unterhalt unter Berücksichtigung der Fahrtkosten neu zu berechnen. Es kann sich nicht auf den Standpunkt stellen, der Antragsteller könne – bei unveränderten Verhältnissen – ein günstigeres öffentliches Verkehrsmittel wählen.

169 Eine Neuberechnung hat allerdings zu erfolgen, wenn die der Entscheidung zugrundeliegenden Verhältnisse nicht mehr feststellbar sind (*BGH*, NJW 2007, 2921).

170 *bb) Die Begründetheit nach § 239 FamFG.* Die Abänderbarkeit von Vergleichen und Urkunden richtet sich nach § 239 II FamFG ausschließlich nach materiellem Recht. Maßgebend sind die **Regelungen über die Störungen der Geschäftsgrundlage** nach § 313 BGB. Zu prüfen ist also, ob sich die von den Beteiligten dem Vergleich oder der Urkunde zugrundegelegten Verhältnisse geändert haben. Diese Vergleichsgrundlagen können ausdrücklich in die Regelung aufgenommen worden sein. Ist dies nicht der Fall, ist zu ermitteln, welche gemeinsamen Vorstellungen und Erwartungen der getroffenen Vereinbarung zugrundelagen. Die Darlegungs- und Beweislast trägt für diese Grundlagen des Vergleichs trägt der Antragsteller (*BGH*, FamRZ 1996, 665).

171 Die Umstände, die zu einer Störung der Geschäftsgrundlage führen können, entsprechen den im Rahmen des § 238 FamFG beachtlichen, können also tatsächlicher, aber auch rechtlicher Art sein. Die Wesentlichkeitsgrenze gilt nicht in gleicher Weise wie im Rahmen des § 238 FamFG. Eine Abänderung kommt aber nur in Betracht, wenn es einem Beteiligten nach Treu und Glauben nicht zuzumuten ist, an der bisherigen Regelung festzuhalten. Eine solche Unzumutbarkeit wird man bei geringfügigen Änderungen nicht immer annehmen können.

172 Für die Abänderbarkeit von Vergleichen und Urkunden gelten weder die Zeitschranke des § 238 III FamFG noch die Präklusionsnorm des § 238 II FamFG. Beide Beteiligten können im Abänderungsverfahren also Tatsachen vortragen, die bereits bei Abschluss des Vergleiches vorlagen, in diesen aber keinen Eingang gefunden haben. Da auch nach § 313 BGB nur eine Anpassung (des Vertrages) verlangt werden kann, sind die Grundlagen des Vergleiches zu beachten. Der geschuldete Betrag ist durch eine Anpassung der Änderungen an die Vergleichsgrundlagen zu ermitteln. Eine freie Neuberechnung kann auch im Rahmen des § 239 FamFG nur erfolgen, wenn die Grundlagen der Vereinbarung nicht zu ermitteln sind.

173 **d) Die verschärfte Haftung nach § 241 FamFG.** § 241 FamFG setzt die Rechtshängigkeit eines Abänderungsantrages bei Anwendung des § 818 IV BGB der Rechtshängigkeit des Rückforderungsantrages gleich: Wird ein Unterhaltstitel rückwirkend abgeändert, kann der Pflichtige auch für die Vergangenheit

nach § 812 I 1 BGB die Rückzahlung des überzahlten Betrages verlangen. Das Rückforderungsverlangen kann allerdings am Einwand der Entreicherung nach § 818 III BGB scheitern. Die Regelung des § 241 FamFG bewirkt nun, dass dieser Einwand bereits ab Rechtshängigkeit des Abänderungsbegehrens ausgeschlossen ist. Es bedarf daher – anders als nach dem bis zum 1. 9. 2009 geltenden Recht – nicht mehr eines zusätzlichen Rückzahlungsantrages, um die verschärfte Haftung einzuleiten. Für einen solchen besteht kein Rechtsschutzbedürfnis mehr.

e) **Die Abänderungsentscheidung.** Abänderungsentscheidung ergeht nach den allgemeinen Regeln durch Beschluss, der für sofort wirksam erklärt werden soll, § 116 III 2. Die Kostenentscheidung folgt auch hier aus § 243 FamFG. Zu beachten ist, dass ein Abänderungsantrag häufig einen **Widerantrag** nach sich zieht. Über beide ist in der Regel einheitlich zu entscheiden, da sie dasselbe Unterhaltsrechtsverhältnis betreffen. 174

V. Unterhalt im Scheidungsverbund

Nach § 137 FamFG können mit einem anhängigen Scheidungsverfahren bestimmte Folgesachen zur gemeinsamen Verhandlung und Entscheidung verbunden werden. Zu diesen Verbundverfahren gehören nach § 137 II Nr. 2 FamFG auch Verfahren, die den Unterhalts gemeinschaftlicher Kinder und die durch die Ehe begründete Unterhaltspflicht betreffen. Kindes- und Ehegattenunterhalt können daher in einem Verfahren mit dem Antrag auf Scheidung der Ehe geltend gemacht werden. Zu berücksichtigen ist, dass im Verbund eine Entscheidung **nur für den Zeitraum ab Rechtskraft der Ehescheidung** verlangt werden kann. Dementsprechend kann nur der nacheheliche, nicht aber der Getrenntlebensunterhalt Gegenstand des Scheidungsverbundes sein. 175

Dem Wortlaut nach erfasst § 137 II Nr. 2 FamFG auch Unterhaltsansprüche volljähriger Kinder. Beteiligte des Scheidungsverfahrens sind aber allein die Eheleute. Folglich kann nur der Kindesunterhalt im Verbund verlangt werden, den ein Elternteil im eigenen Namen geltend machen kann. Dies ist der **Unterhalt für ein minderjähriges Kind,** für das während der Dauer des Getrenntlebens der betreuende Elternteil als Verfahrensstandschafter auftritt (s. o. Rn. 119). Wird das Kind während des laufenden Scheidungsverfahrens volljährig, endet die Verfahrensstandschaft der Eltern. Das Kind kann den Unterhalt nur noch im eigenen Namen geltend machen, so dass das Verfahren nach § 140 I FamFG vom Verbund abzutrennen ist. 176

Der Ehegatte hat grundsätzlich ein Wahlrecht, ob er den Weg des Verbundverfahrens geht oder den Unterhalt in einem isolierten Verfahren geltend macht. Dieses Wahlrecht steht auch dem verfahrenskostenhilfebedürftigen Beteiligten zu: Verfahrenskostenhilfe kann nicht mit der Begründung versagt oder eingeschränkt werden, das Verbundverfahren sei wegen der Addition der Verfahrenswerte kostengünstiger (*BGH,* FamRZ 2005, 786). 177

Der Kindesunterhalt ist in den meisten Fällen bereits bei oder kurz nach der Trennung der Eheleute zu regeln, so dass in der Praxis der Unterhalt für ein minderjähriges Kind nur selten als Verbundsache beantragt wird. 178

Der Unterhaltsantrag kann als reiner Leistungsantrag oder auch als Stufenantrag nach §§ 113 I FamFG, 254 ZPO gestellt werden. Unzulässig als Verbundsache ist der reine Auskunftsantrag, da er als vorbereitende Maßnahme mit dem Sinn des Scheidungsverbundes, die Scheidung und die wichtigen Folgesache sachdienlich zu regeln, nicht in Einklang steht (*BGH,* FamRZ 1997, 811). 179

Unterhaltsanträge werden, wie andere Anträge auch, nach § 137 II FamFG nur in den Verbund aufgenommen, wenn sie spätestens zwei Wochen vor der letzten mündlichen Verhandlung im ersten Rechtszug in der Scheidungssache anhängig gemacht werden. Durch diese Neuregelung soll die Verzögerung des Scheidungsverfahrens durch die späte Geltendmachung von Verbundanträgen verhindert werden. Der Antrag ist nach zutreffender Ansicht nicht im ersten Termin zu stellen, sondern im ersten Termin, in dem ohne ihn die Scheidung ausgesprochen werden könnte (*OLG Hamm,* FamFR 2010, 935). Voraussetzung für eine Ablehnung der Aufnahme in den Verbund ist, dass die Zweiwochenfrist überhaupt eingehalten werden kann, also die Ladung längere Zeit vor dem Termin erfolgt (*OLG Oldenburg,* FamFR 2010, 444: vier Wochen). 180

Über die Ehescheidung und die (Unterhalts-)Folgesache ist einheitlich zu verhandeln und zu entscheiden. Zulässig ist ein Teilbeschluss über die Auskunft und eidesstattliche Versicherung nach §§ 113 I FamFG, 254 ZPO. Ansonsten kann ein Teilbeschluss über die Ehescheidung vor Entscheidungsreife des Unterhaltsantrages nur ergehen, wenn die Voraussetzung einer Abtrennung nach § 140 FamFG vorliegen. Eine solche kann zunächst nach § 140 III FamFG erfolgen: das Gericht kann eine Unterhaltsfolgesache abtrennen, wenn dies wegen des Zusammenhangs mit einer Kindschaftssache, also wegen des Kindeswohls geboten ist. Im Übrigen richtet sich die Abtrennung nach § 140 II Nr. 5 FamFG: Erforderlich ist eine außergewöhnliche Verzögerung des Scheidungsausspruchs, die für den die Scheidung begehrenden Ehegatten auch unter Berücksichtigung der Bedeutung der Folgesache eine unzumutbare Härte darstellen würde. Eine außergewöhnliche Verzögerung ist jedenfalls anzunehmen, wenn mehr als zwei Jahre seit Rechtshängigkeit des Scheidungsantrages vergangen sind (*Zöller/Philippi,* § 140, FamFG, Rn. 8). Im Rahmen der Billigkeitsabwägung ist die existentielle Bedeutung des Unterhaltstitels für den 181

Berechtigten zu beachten. Eine Scheidung ohne Klärung des Kindesunterhalts erscheint daher nur in Ausnahmefällen denkbar. Ähnliches gilt für den nachehelichen Unterhalt. Hier ist zu beachten, dass mit Rechtskraft der Ehescheidung der Titel über den Getrenntlebensunterhalt in Fortfall gerät. Im Falle einer Abtrennung steht dem bedürftigen Ehegatten kein Titel mehr zu Verfügung. Eine Abtrennung wird daher insoweit nur in Betracht kommen, wenn der unterhaltsberechtigte Ehegatte über existenzsichernde eigene Einkünfte verfügt, also „lediglich" Aufstockungsunterhalt verlangt oder wenn der Pflichtige sich vergleichsweise bereiterklärt, den titulierten Getrenntlebensunterhalt bis zur endgültigen Entscheidung über den nachehelichen Unterhalt weiter zu entrichten. Im Übrigen gelten die allgemeinen Regeln für das Scheidungsverbundverfahren.

VI. Vorläufiger Rechtsschutz in Unterhaltssachen

1. Die Mittel des vorläufigen Rechtsschutzes

182 § 119 I FamFG erklärt für Familienstreitsachen und damit auch für Unterhaltssachen zunächst die Vorschriften des FamFG über die einstweilige Anordnung für anwendbar. Einstweiliger Rechtsschutz wird daher zunächst gewährt **durch die einstweilige Anordnung §§ 246 bis 248 FamFG.** Neben diese besonderen Regelungen treten nach § 119 I FamFG – wie sich auch bereits aus § 113 I FamFG ergibt – die allgemeinen Regelungen des FamFG über die einstweilige Anordnung, also die §§ 49 bis 57 FamFG.

183 Nach § 119 I FamFG kann in Familienstreitsachen darüber hinaus ein **Arrest** angeordnet werden.

2. Das Arrestverfahren

184 § 119 II FamFG verweist für das Arrestverfahren auf die §§ 916 bis 934 und 943 bis 945 ZPO. Der Arrest findet statt zur Sicherung der Zwangsvollstreckung in das bewegliche oder unbewegliche Vermögen wegen einer Geldforderung oder einer solchen, die in eine Geldforderung übergehen kann (§ 916 ZPO). Unterhaltsansprüche sind als Geldforderungen grundsätzlich durch einen Arrest sicherbar. Das Arrestverfahren wird durch einen Antrag eingeleitet, der zu Protokoll der Geschäftsstelle erklärt werden kann. Er soll den Anspruch bezeichnen, seine Höhe sowie den Arrestgrund angeben und glaubhaft machen, § 920 ZPO. Erforderlich ist ein **Arrestgrund**, nämlich die Besorgnis, dass der Schuldner die Vollstreckung aus einem Titel vereitelt oder wesentlich erschwert (§ 917 I ZPO). Nach § 917 II ZPO soll die Notwendigkeit, den Titel im Ausland geltend machen zu müssen, grundsätzlich einen Arrestgrund darstellen, was zumindest für Mitgliedstaaten der EU angezweifelt werden kann (*OLG Frankfurt,* FamRZ 1995, 823). Der Gläubiger muss konkrete Tatsachen angeben, aus denen sich die Gefahr der Vollstreckungsvereitelung ableiten lässt. Dies sind drohende oder bereits durchgeführte Vermögensverschiebungen, nicht aber die Weigerung, zur Vorbereitung des Unterhaltsanspruchs Auskunft über sein Einkommen zu erteilen (*OLG München,* FamRZ 2000, 965). Vorliegen muss darüber hinaus ein **Arrestanspruch**, dh, der Antragsteller muss darlegen und glaubhaft machen, dass ihm gegen den Antragsgegner ein materiell-rechtlicher Unterhaltsanspruch zusteht. Dieser muss noch nicht entstanden sein. Auch künftige Ansprüche sind sicherbar, der Anspruch auf Nachscheidungsunterhalt vom Zeitpunkt der Rechtshängigkeit des Scheidungsantrags an.

185 Der Unterhaltsanspruch ist nur für die voraussichtliche **Dauer der Inanspruchnahme** zu sichern. Der Unterhalt für das minderjährige Kind also bis zur Volljährigkeit, der Ausbildungsunterhalt (für Kind und Ehegatten) bis zum wahrscheinlichen Ende der Ausbildung, der Getrenntlebensunterhalt bis zur Rechtskraft der Ehescheidung. Wegen der Ungewissheit der Prognose neigt die Rechtsprechung dazu, den Sicherungszeitraum auf **fünf Jahre** zu begrenzen (*OLG Hamm,* FamRZ 1995, 1427; *OLG Düsseldorf,* FamRZ 1994, 111), wenn sich nicht aus der Natur des Anspruchs (zB §§ 1570, 1615 l BGB) ein kürzerer Zeitraum ergibt.

186 Für das Arrestverfahren gilt Anwaltszwang, da § 114 IV FamFG von diesem nur das einstweilige Anordnungsverfahren ausnimmt. § 945 ZPO, der eine Schadensersatzpflicht für den Fall anordnet, dass sich der Arrest im Nachhinein als ungerechtfertigt erweist, gilt nach § 119 I 2 FamFG für Unterhaltssachen nicht (*Keidel/Weber,* § 119 FamFG Rn. 8).

3. Das einstweilige Anordnungsverfahren

187 § 246 FamFG gibt dem Unterschuldner die Möglichkeit, für Unterhaltsansprüche und für den Anspruch auf Zahlung eines Verfahrenskostenvorschusses **eine einstweilige Anordnung** zu beantragen. Diese ist wie alle einstweiligen Anordnung als **verfahrensselbständiger Rechtsbehelf** ausgestaltet, dh, es ist nicht erforderlich, dass gleichzeitig ein Unterhaltsantrag in der Hauptsache anhängig gemacht wird (§ 51 III 1 FamFG) Die einstweilige Anordnung verlangt lediglich einen **materiell-rechtlichen Unterhaltsanspruch.** Weitere Voraussetzungen sind an ihren Erlass nicht geknüpft. Sie erfordert vor allem kein besonderes Bedürfnis für ein sofortiges Tätigwerden des Gerichts. Eine Notlage auf Seiten des Berechtigten oder ein sonstiges dringendes Bedürfnis für einen schnellen Titel sind daher nicht notwendig, so dass auch der Aufstockungsunterhalt im Wege einstweiliger Anordnung geltend gemacht werden

kann. Der Anspruch ist **weder zu befristen noch der Höhe nach zu begrenzen.** Der Gläubiger kann den vollen Unterhalt verlangen, ist aber zur Rückzahlung verpflichtet, wenn der Anspruch sich im Hauptsacheverfahren als nicht oder nicht in voller Höhe begründet erweist.

Über den Antrag auf Erlass einer einstweiligen Anordnung soll nach § 246 II FamFG im Regelfall nach mündlicher Verhandlung entschieden werden; ohne eine solche nach der Vorstellung des Gesetzgebers nur in besonderen Eilfällen oder bei einfach gelagerten Sachverhalten (BT-Drs. 16/6308 – S. 260). Im Übrigen folgt das Verfahren den allgemeinen Regelungen der §§ 49 ff. FamFG. **Örtlich Zuständig** ist nach § 50 I FamFG das Gericht, das für die Hauptsache in erster Instanz zuständig wäre, also das nach § 231 FamFG zuständige Gericht. Die Eilzuständigkeit des § 50 II FamFG für das Gericht, in dessen Bezirk das Bedürfnis der Fürsorge besteht oder eine Person sich befindet, auf die sich die einstweilige Anordnung bezieht, erscheint in Unterhaltsverfahren kaum vorstellbar. 188

Im Übrigen finden nach § 51 II FamFG die für das Unterhaltsverfahren als Hauptsache grundsätzlich geltenden Regelungen Anwendung. Nach § 51 I 2 FamFG sind die anspruchsbegründenden Tatsachen **glaubhaft zu machen**, dh entsprechend dem Charakter als Eilverfahren ist ein voller Beweis nicht erforderlich. 189

Das einstweilige Anordnungsverfahren unterliegt nicht dem Anwaltszwang, § 114 IV Nr. 1 FamFG. 190

Die Entscheidung ergeht durch einen **Beschluss** nach §§ 38, 39 FamFG. Der nach § 53 FamFG nur dann einer Vollstreckungsklausel bedarf, wenn für oder gegen einen im Beschluss nicht erwähnten Beteiligten vollstreckt werden soll. Die einstweilige Anordnung ist nach dem ausdrücklichen Wortlaut des § 57 FamFG **nicht beschwerdefähig.** Das Gleiche gilt für einen im einstweiligen Anordnungsverfahren ergangenen ablehnenden Verfahrenskostenhilfebeschluss (*OLG Hamm,* FamRZ 2011, 234; *OLG Köln,* FamRZ 2010, 1829), da das Verfahrenskostenhilfeverfahren nicht weitere Rechtsmittel eröffnen kann als das entsprechende Hauptsacheverfahren. 191

Hat das Gericht entgegen der Empfehlung des § 246 II FamFG ohne mündliche Verhandlung entschieden, kann ein Antrag nach § 54 II FamFG gestellt werden mit dem Ziel, nach mündlicher Verhandlung neu zu entscheiden. Nach § 54 I FamFG kann, wenn mündlich verhandelt wurde, eine Aufhebung oder Abänderung der Entscheidung verlangt werden. Dieser Antrag setzt eine Änderung der tatsächlichen oder rechtlichen Verhältnisse nicht voraus, das Gericht kann vielmehr ohne Bindung an die ergangene Entscheidung den Sachverhalt einer neuen Würdigung unterziehen (*Keidel/Giers,* FamFG, § 54 Rn. 1). 192

Auf Antrag eines Beteiligten hat das Gericht nach § 52 II FamFG dem, der die einstweilige Anordnung erwirkt hat, eine Frist zu setzen, innerhalb derer ein Hauptsacheverfahren oder ein Verfahren auf Bewilligung von Verfahrenskostenhilfe für ein solches einzuleiten ist. Wird der gerichtlichen Anordnung nicht Folge geleistet, ist die einstweilige Anordnung nach § 52 II 3 FamFG aufzuheben. Über diese anordnungsspezifischen Rechtsbehelfe hinaus ist dem durch die einstweilige Anordnung Beschwerten die Möglichkeit eines **negativen Feststellungsantrags** gerichtet auf Feststellung, dass ein Unterhaltsanspruch nicht oder nicht in der durch die einstweilige Anordnung titulierten Höhe besteht, zuzubilligen, da § 52 FamFG keine abschließende Regelung enthält (*Zöller/Vollkommer,* § 926 ZPO, Rn. 3). 193

Die einstweilige Anordnung tritt nach **§ 56 I 2 FamFG** außer Kraft, wenn eine rechtskräftige Entscheidung in der Hauptsache ergangen ist. Gleiches gilt für eine Anordnung zum Getrenntlebensunterhalt, wenn die Ehe der Beteiligten rechtskräftig geschieden worden ist (*Johannsen/Henrich/Büte,* § 56 FamFG Rn. 6). 194

Zahlt der Schuldner auf eine einstweilige Anordnung, die sich als ungerechtfertigt erweist, hat er gegen den Gläubiger einen **Bereicherungsanspruch nach § 812 I 1 BGB.** Der Unterhaltsgläubiger kann sich zunächst auf den Wegfall der Bereicherung berufen. Die verschärfte Haftung des § 819 BGB tritt ein mit Rechtshängigkeit des Rückforderungsanspruchs. Ob § 241 FamFG entsprechend auf den Antrag nach § 54 I FamFG anwendbar ist, der Gläubiger also vom Zeitpunkt der Rechtshängigkeit des Abänderungsantrages an verschärft haftet, ist streitig, erscheint aber sachgerecht (ablehnend *Keidel/Giers,* FamFG, § 246 Rn. 11). 195

§§ 247 und 248 FamFG regeln Sonderfälle der einstweiligen Anordnung bei Geburt eines nichtehelichen Kindes. § 247 FamFG gibt die Möglichkeit, schon vor der Geburt des Kindes eine einstweilige Anordnung für den Unterhalt von Mutter und Kind für die ersten drei Monate nach der Geburt zu verlangen. Antragsgegner ist derjenige, dessen Vaterschaft nach § 1600 d II und III BGB vermutet wird. Ist ein Verfahren auf **Feststellung der Vaterschaft anhängig,** kann nach § 248 FamFG Unterhalt für einen über die drei Monate hinausgehenden Zeitraum verlangt werden. 196

VII. Vereinfachte Verfahren zur Titulierung des Kindesunterhalts

1. Möglichkeiten zur Titulierung außerhalb des Unterhaltsverfahrens

Der Unterhalt für ein bis zu 21 Jahre altes Kind kann kostenfrei durch eine Urkunde des Jugendamtes nach §§ 59, 60 SGB VIII tituliert werden. Bei dieser Urkunde handelt es sich die Protokollierung einer einseitigen Verpflichtungserklärung des Schuldners. Dieser gibt den seiner Ansicht nach geschulde- 197 ten Betrag an, eine Prüfung seitens des Jugendamtes findet nicht statt. Im Abstammungsverfahren kann nach § 237 FamFG als Annex der Mindestunterhalt nach § 1612a BGB tituliert werden. Das Kind kann einen niedrigeren Betrag als Unterhalt verlangen, im Übrigen kann eine Herabsetzung oder Erhöhung des Unterhalts nicht verlangt werden, um das Abstammungsverfahren nicht durch einen Streit über den zu zahlenden Unterhalt zu verzögern. Berechtigten und Verpflichteter haben vielmehr die Möglichkeit der Abänderung nach § 240 FamFG ohne Einschränkung durch eine Präklusionsregelung.

2. Das vereinfachte Verfahren über den Unterhalt Minderjähriger

198 Die erstmalige Titulierung des Unterhalts für ein minderjähriges Kind kann nach §§ 249ff. FamFG im **vereinfachten Verfahren** erfolgen. Verlangt werden kann das 1,2-fache des Mindestunterhalts im Sinne des § 1612a I BGB von dem Elternteil, der nicht mit dem Kind in einem gemeinsamen Haushalt lebt. Antragsteller ist das minderjährige Kind. Zu berücksichtigen sind die Vertretungsregelungen des § 1629 I und II BGB. Die gesetzliche Verfahrensstandschaft des § 1629 III BGB gilt auch für das vereinfachte Verfahren. Der Antrag kann durch Dritte gestellt werden, auf die der Unterhaltsanspruch zB nach § 7 UVG oder § 94 SGB XII übergegangen ist. In der Praxis wird das vereinfachte Verfahren in erster Linie von den **Jugendämtern** genutzt, die als Beistand nach § 52a SGB VIII das minderjährige nicht eheliche Kind vertreten. Das Verfahren wird eingeleitet durch einen – zwingend, § 259 FamFG – formalisierten Antrag, der die in § 250 FamFG aufgelisteten Angaben enthalten muss. Die Titulierung kann in dynamisierter oder statischer Form erfolgen. Über den Antrag entscheidet nach **§ 25 Nr. 2c RechtsPflG** der Rechtspfleger des Familiengerichts. Er weist ihn zurück, wenn das Verfahren unzulässig ist oder formelle Mängel der Antragsschrift vorhanden sind, die nicht behoben wurden. **Einwendungen des Unterhaltspflichtigen** sind nur eingeschränkt möglich. Er kann nach § 252 I FamFG formale Einwendungen erheben, andere nur, wenn er gleichzeitig erklärt, in welcher Höhe er zur Zahlung von Unterhalt bereit ist. Der Einwand der fehlenden Leistungsfähigkeit ist nach § 252 II FamFG nur zulässig, wenn gleichzeitig Auskunft über die Einkommens- und Vermögensverhältnisse erteilt wird. Hat der Unterhaltsschuldner keine oder nur unzulässige Einwendungen erhoben, setzt das Gericht den Unterhalt nach § 253 FamFG fest. **Zulässige Einwendungen** teilt es dem Antragsteller mit und gibt ihm die Möglichkeit eine Teilfestsetzung zu beantragen, wenn der Schuldner seine entsprechende Zahlungsbereitschaft erklärt hat. Über die Einwendungen des Schuldners entscheidet der Rechtspfleger nicht. Er weist auf sie nach § 254 FamFG hin wie auf die Möglichkeit, wegen der Einwendungen **das streitige Verfahren** nach § 255 FamFG durchzuführen. Dieses erfordert einen Antrag, den jeder Beteiligte stellen kann. Der Rechtspfleger gibt die Akte zur Durchführung des streitigen Verfahrens an den Richter ab. Es wird damit zu einem normalen Unterhaltsverfahren. Dieses gilt als mit der Zustellung des Festsetzungsantrags rechtshängig geworden.

199 Der den Unterhalt festsetzende Beschluss ist eine Endentscheidung in einer Familiensache und damit beschwerdefähig nach § 58 FamFG. § 256 FamFG schränkt die Beschwerdemöglichkeiten allerdings ein: sie kann gestützt werden nur auf eine formale Einwendung im Sinne des § 252 I FamFG, die – abgelehnte – Zulässigkeit von Einwendungen nach § 252 II FamFG sowie die Unrichtigkeit der Kostenentscheidung oder -festsetzung. Es gelten iÜ die allgemeinen Regelungen des Beschwerderechts, §§ 58ff. FamFG. Da die Beschwerde gegen eine Entscheidung des Rechtspflegers gerichtet ist, ist § 11 I RechtsPflG zu beachten.

C. Abstammungsrecht

I. Das materielle Abstammungsrecht

1. Die Mutterschaft

200 § 1591 BGB bestimmt unmissverständlich, dass Mutter eines Kindes die Frau ist, die das Kind geboren hat. Das Gesetz knüpft an den äußerlich feststellbaren Vorgang der Geburt an. Die genetische Abstammung ist ohne Bedeutung. Mutter im Rechtssinne ist auch diejenige Frau, die gegen das Verbot des § 1 I EmbryonenschutzG die befruchtete Eizelle einer anderen Frau als Leihmutter oder Ersatzmutter austrägt. Die genetische Mutter kann die Mutterschaft nur durch eine Adoption erreichen, der aber die rechtliche Mutter und der rechtliche Vater zustimmen müssen. Kommt es – wie in § 1307 BGB oder § 173 StGB – auf die genetischen Verhältnisse an, kann ein Rechtsschutzbedürfnis für einen **Antrag auf Feststellung der genetischen Abstammung** wohl nicht verneint werden. Mit einem solchen Antrag nach § 256 ZPO kann auch das Kind seinen Anspruch auf Kenntnis der genetischen Abstammung durchsetzen (*Palandt/Brudermüller*, § 1591 Rn. 1 und 4).

2. Die Vaterschaft

201 § 1592 BGB regelt die Vaterschaft einheitlich für eheliche und nichteheliche Kinder:

a) **Die Vaterschaft durch Ehe mit der Kindesmutter.** Vater nach **§ 1592 Nr. 1 BGB** ist zunächst derjenige, der **zur Zeit der Geburt des Kindes mit der Mutter verheiratet war.** Entscheidend ist allein, ob die Ehe zum Zeitpunkt der Geburt des Kindes – schon oder noch – bestanden hat. Der Zeitpunkt der Zeugung ist unerheblich, so dass der geschiedene Ehemann auch dann nicht der Vaters des Kindes ist, wenn er während der gesetzlichen Empfängniszeit noch mit der Mutter verheiratet war. Der mit der Mutter verheiratete und verstorbene Ehemann ist nach § 1593 BGB Vater des Kindes, wenn es innerhalb von 300 Tagen nach seinem Tod geboren wurde, es sei denn es steht fest, dass es mehr als 300 Tage vor der Geburt gezeugt wurde. War die Mutter bei der Geburt erneut verheiratet, gilt der zweite Ehemann als Vater. 202

Die Vermutung des § 1592 Nr. 1 BGB gilt nicht, wenn das Kind nach der Anhängigkeit des Scheidungsantrages geboren wurde und ein Dritter spätestens bis Ablauf eines Jahres nach Rechtskraft der Ehescheidung die Vaterschaft mit Zustimmung der Kindesmutter und des – geschiedenen – Ehemannes der Mutter anerkennt, § 1599 II BGB. Die Anerkennung wird erst wirksam mit Rechtskraft der Ehescheidung. 203

b) **Die Vaterschaft durch Anerkennung. § 1592 Nr. 2 BGB** regelt die Vaterschaft aufgrund Anerkennung. Erkennt ein mit der Mutter zum Zeitpunkt der Geburt nicht verheirateter Mann die Vaterschaft für ein Kind an, wird er nach der genannten Vorschrift Vater im Rechtssinne, selbst wenn das Anerkenntnis wissentlich und auch offenkundig falsch ist. Die Anerkennung kann nach § 1594 IV BGB bereits vor der Geburt des Kindes erklärt werden. Sie kann nach § 1594 III BGB nicht unter einer Bedingung oder Zeitbestimmung erklärt werden. Der in seiner Geschäftsfähigkeit beschränkte Vater kann nur persönlich anerkennen, bedarf aber der Zustimmung seiner gesetzlichen Vertreter. Diese erkennen die Vaterschaft mit Zustimmung des Vormundschaftsgerichts (seit dem 1. 9. 2009 dürfte das Familiengericht zuständig sein) an, wenn der potentielle Vater geschäftsunfähig ist, § 1596 I BGB. Nach **§ 1595 I BGB** bedarf die Anerkennung der Zustimmung der Kindesmutter, die nicht gerichtlich ersetzt werden kann. Steht der Kindesmutter die elterliche Sorge insoweit nicht zu, ist die Zustimmung des Kindes erforderlich, an dessen Stelle bei Geschäftsunfähigkeit oder wenn das Kind noch keine 14 Jahre alt ist, die gesetzlichen Vertreter handeln. Ist das Kind in seiner Geschäftsfähigkeit beschränkt, stimmt es selbst zu, bedarf aber der Zustimmung seiner gesetzlichen Vertreter, § 1596 II BGB. Anerkennung und Zustimmungserklärung bedürften nach § 1597 BGB **der öffentlichen Beurkundung.** Die Anerkennung kann nach § 1597 BGB widerrufen werden, wenn sie nicht innerhalb eines Jahres nach ihrer Erklärung wirksam wird. Sie ist unwirksam nur, wenn die in § 1598 I BGB genannten Formvorschriften nicht erfüllt sind, es sei denn seit der Eintragung in das Personenstandsregister sind mehr als fünf Jahre vergangen. 204

Zur Anerkennung in den Fällen der Geburt des Kindes im Scheidungsverfahren, s. o.

c) **Die Vaterschaft durch gerichtliche Feststellung.** Nach **§ 1592 Nr. 3 BGB** ist Vater des Kindes auch derjenige, dessen Vaterschaft nach **§ 1600 d BGB** festgestellt worden ist. Voraussetzung für eine solche Feststellung ist, dass eine Vaterschaft weder nach § 1592 Nr. 1 noch nach Nr. 2 BGB besteht. Im Verfahren auf Feststellung der Vaterschaft wird nach § 1600 d II BGB derjenige als Vater vermutet, der der Kindesmutter in der in § 1600 d III BGB definierten Empfängniszeit beigewohnt hat. Die Vermutung hat in erster Linie verfahrensrechtliche Bedeutung. Sie ermöglicht der Kindesmutter allerdings auch, noch vor Feststellung der Vaterschaft den Unterhalt für die ersten drei Monate nach der Geburt des Kindes im Wege einstweiliger Anordnung nach § 247 FamFG geltend zu machen. Die Vaterschaftsvermutung gilt nicht, wenn schwerwiegende Zweifel an der Vaterschaft bestehen. 205

Zur Bedeutung der Vaterschaftsvermutung im Feststellungsverfahren und zu den Einzelheiten des Verfahrensablaufs s. u. Rn. 221 f.

d) **Die Sperrwirkung von Vaterschaftsanerkennung und -feststellung.** Die Rechtswirkungen der Vaterschaft können erst geltend gemacht werden, wenn die Vaterschaft wirksam anerkannt (§ 1594 I BGB) oder rechtskräftig festgestellt worden ist (§ 1600 d IV BGB). Die genannten Vorschriften enthalten eine sogenannte **Rechtsausübungssperre:** Vor Wirksamkeit der Anerkennung oder rechtskräftiger Feststellung können im Rechtsverkehr Rechte und Pflichten aus einer möglichen Vaterschaft nicht hergeleitet werden. Das Kind kann den möglichen Vater nicht auf Unterhalt in Anspruch nehmen (Ausnahme nur §§ 237 und 247 FamFG), der Scheinvater kann seinen Regressanspruch gegen den tatsächlichen Erzeuger des Kindes nicht durchsetzen. Weder Vater noch Kind können Pflichtteilsansprüche gegen den jeweils anderen geltend machen (*Palandt/Brudermüller*, § 1600 d Rn. 16). Durch die Sperrwirkung der §§ 1594 I, 1600 d IV BGB soll sichergestellt werden, dass aus der biologischen Tatsache einer nichtehelichen Vaterschaft Rechtswirkungen erst gezogen werden können, wenn sie aufgrund eines Anerkenntnisses oder eines gerichtlichen Feststellungsverfahrens rechtskräftig feststeht (*BGH*, FamRZ 1993, 697 = NJW 1993, 1195). Damit schützt die Sperrwirkung den Familienfrieden und das Wohl des Kindes (*BGH*, FamRZ 2007, 1729). Wegen der Rechtsausübungssperre unzulässig ist **die Inzidentfeststellung** der Vaterschaft in einem Unterhalts-, Scheinvaterregress- oder sonstigen zivilrechtlichen Verfahren. Von diesem Grundsatz lässt die jüngere Rechtsprechung allerdings Ausnahmen zu: Eine Inzidentfeststellung soll im Regressverfahren des Scheinvaters gegen den mutmaßlichen Erzeuger des Kindes möglich sein, wenn die ausschließlich Berechtigten, nämlich die Kindesmutter und der mutmaß- 206 liche Erzeuger die gerichtliche Feststellung der Vaterschaft verweigern (*BGH*, FamRZ 2008, 1424) oder von der Möglichkeit über einen längeren Zeitraum keinen Gebrauch gemacht haben (FamRZ 2009, 32). Gleiches gilt, wenn die Nichtabstammung des Kindes vom rechtlichen Vater zwischen den Beteiligten unstreitig ist (*BGH*, NJW 2008, 3429). Darüber ist die tatsächliche Vaterschaft – ebenso wie die Mutterschaft – zu klären, wenn die genetische Abstammung strafrechtlich oder zivilrechtlich bedeutsam ist (s.o.).

3. Die Anfechtung der Vaterschaft

207 a) **Die Anfechtungsberechtigten.** Die durch die Ehe mit der Kindesmutter (§§ 1592 Nr. 1, 1593 BGB) oder durch Anerkennung (§ 1592 Nr. 2 BGB) bestehende Vaterschaft kann nur im Wege der **Vaterschaftsanfechtung** nach §§ 1600 ff BGB beseitigt werden. Zur Anfechtung berechtigt sind nach § 1600 I Nr. 1, 3 und 4 BGB zunächst der rechtliche Vater, die Mutter und – wegen seines Grundrechts auf Kenntnis der eigenen Abstammung (*BVerfG*, NJW 1989, 891) – das Kind. Den Vorgaben des Bundesverfassungsgerichts folgend (*BVerfG*, NJW 2003, 2151) ist nach § 1600 I Nr. 2 BGB unter den Voraussetzungen des § 1600 II BGB der leibliche Vater zur Anfechtung berechtigt, nach § 1600 d I Nr. 5 BGB in den Fällen der Vaterschaftsanerkennung die zuständige Behörde, die nach § 1600 VI durch die Landesregierungen bestimmt werden kann. Die Anfechtungsmöglichkeit der Behörde soll die missbräuchliche Vaterschaftsanerkennung, durch die Staatsbürgerschaft, Aufenthaltsrecht und Sozialleistungen erschlichen werden können, verhindert werden (*Palandt/Brudermüller*, § 1600 Rn. 7).

208 Die Anfechtung nach § 1600 I Nr. 2 und 5 BGB setzt als negatives Tatbestandsmerkmal voraus, dass zwischen dem Kind und seinem rechtlichen Vater **keine sozial-familiäre Beziehung** besteht oder bis zu dessen Tod bestanden hat. Durch diese – verfassungskonforme (*BGH*, FamRZ 2007, 538) – Regelung soll der sozialen Elternschaft der Vorrang vor der biologischen eingeräumt, der bestehende Familienverband geschützt werden, und zwar auch über den Tod des sozialen Vaters hinaus (BT-Drs. 15/2253 S. 11). Die sozio-ökonomische Beziehung definiert § 1600 IV BGB als **Übernahme der tatsächlichen Verantwortung** für das Kind, die – widerlegbar – in der Regel vorliegt, wenn der rechtliche Vater und die Kindesmutter verheiratet sind oder mit dem Kind längere Zeit in häuslicher Gemeinschaft zusammengelebt haben. Orientiert an üblichen Familienverhältnissen sind daher nicht als Übernahme tatsächlicher Verantwortung zu werten. Eine vorübergehende Beziehung der Kindesmutter mit sporadischen und einzelnen Kontakten zum Kind (*OLG Düsseldorf*, FamRZ 2004, 290) oder die bloße Zahlung von Unterhalt (*Palandt/Brudermüller*, § 1600 BGB Rn. 8). Für ein „längeres Zusammenleben" werden Zeiträume von drei Monaten bis zu zwei Jahren gefordert (s. *Helms*, FamRZ 2010, 1 Fn. 44). Kürzere Zeitabläufe können ausreichen, wenn die Übernahme der tatsächlichen Verantwortung nach Überzeugung des Gerichts auf Dauer angelegt ist (*OLG Bremen*, FamRZ 2010, 1821). Maßgebend für die Beurteilung ist der **Zeitpunkt der letzten mündlichen Verhandlung** (*BGH*, FamRZ 2007, 538; 2008, 1821).

209 Die Behördenanfechtung, deren Verfassungsgemäßheit angezweifelt wird (*OLG Bremen*, FamFR 2011, 191), setzt desweiteren voraus, dass durch die Anerkennung die Voraussetzungen für eine erlaubte Einreise oder einen erlaubten Aufenthalt von Kind oder Mutter geschaffen worden sind.

210 Ist das Kind einvernehmlich durch eine künstliche Befruchtung gezeugt worden, ist eine Anfechtung der Vaterschaft durch den Mann oder die Mutter nach § 1600 V BGB ausgeschlossen.

211 Die Berechtigten können die Vaterschaft nach § 1600 a BGB nur persönlich anfechten. Ist der Berechtigte geschäftsunfähig, hat die Anfechtung durch den gesetzlichen Vertreter zu erfolgen; gleiches gilt für das nicht volljährige Kind.

212 b) **Die Anfechtungsfrist.** Die Vaterschaft kann nach § 1600 b I BGB nur innerhalb einer Frist von **zwei Jahren** angefochten werden, beginnend mit dem Zeitpunkt, in dem der Berechtigte von den Umständen erfährt, die gegen die Vaterschaft sprechen. Eine Behörde kann die Vaterschaft nur binnen eines Jahres nach Kenntnis anfechten, nach Ablauf von fünf Jahren seit der Anerkennung der Vaterschaft für ein in der BRD geborenes Kind, ansonsten fünf Jahre nach der Einreise des Kindes ist die Anfechtung ausgeschlossen.

213 Die Frist beginnt nicht vor der Geburt des Kindes oder der Wirksamkeit der Anerkennung (§ 1600 b II BGB). Hat der gesetzliche Vertreter eines minderjährigen Kindes oder eines Geschäftsunfähigen die Vaterschaft nicht fristgerecht angefochten, beginnt die Frist, wenn das volljährige Kind bzw. der Geschäftsfähige Kenntnis von den gegen die Vaterschaft sprechenden Umständen erhalten, nicht vor Volljährigkeit und Geschäftsfähigkeit (§ 1600 b III BGB).

214 Kenntnis von den gegen die Vaterschaft sprechenden Umständen hat derjenige, der sichere Kenntnis von Tatsachen erlangt hat, aus denen sich die nicht ganz fernliegende Möglichkeit der Abstammung des Kindes von einem anderen Mann als ihm selbst ergibt (BGHZ 61, 195). Die Rechtsprechung zum Beginn der Anfechtungsfrist ist umfänglich (Nachweise bei *Palandt/Brudermüller*, § 1600 b Rn. 12 ff.). Die Frist wird zB in Gang gesetzt durch sichere Kenntnis vom anderweitigen geschlechtlichen Beziehungen der Mutter während der Empfängniszeit (BGHZ 61, 195) oder durch Kenntnis von der eigenen Zeugungsunfähigkeit (*OLG Köln*, MDR 2003, 90). Für die Bewertung der naturwissenschaftlichen Tatsa-

chen kommt es nicht auf etwaige Spezialkenntnisse an, sondern auf den Erkenntnisstand, der von einem verständigen medizinischen Laien erwartete werden kann (*OLG Thüringen,* FamRZ 2010, 1822).

Nicht ausreichend sind bloße Vermutungen wie der Verdacht des Ehebruchs (*BGH* aaO) oder ein anonymer Hinweis auf die fehlende Abstammung, eine angeblich fehlende Ähnlichkeit, aber auch das Ergebnis eines heimlich, also ohne Zustimmung der Mutter durchgeführten Vaterschaftstests (*BGH,* FamRZ 2008, 501). 215

c) **Wirkung und Rechtsfolgen der Anfechtung.** Mit rechtskräftiger Vaterschaftsanfechtung entfällt nach § 1599 I BGB die durch Geburt oder Anerkennung begründet Vaterschaft. Der Scheinvater kann nach § 1607 III 2 BGB Regress gegen den tatsächlichen Erzeuger des Kindes nehmen, wenn dieser die Vaterschaft anerkannt hat oder sie rechtskräftig festgestellt wurde. Zu den Möglichkeiten der Inzidentfeststellung, s. o.). 216

Der **Regressanspruch** besteht unabhängig davon, ob der Scheinvater Kenntnis von der wahren Abstammung des Kindes hatte (*OLG Schleswig,* FamRZ 2007, 2102). Er kann zeitlich unbefristet für die Vergangenheit geltend gemacht werden (§ 1613 II Nr. 2 a BGB), wobei in Fällen grober Unbilligkeit nach § 1613 III BGB eine ratenweise Zahlung oder Stundung in Betracht kommt. Ein **Schadensersatzanspruch** des Scheinvaters gegen die Kindesmutter nach § 823 BGB lehnt die Rechtsprechung ab und hält nur einen solchen nach § 826 BGB für möglich, wenn zu dem Ehebruch eine sittenwidrig verletzende Schädigungshandlung hinzukommt, wie zB das Leugnen des Ehebruchs oder bewusste Täuschungshandlungen zur Verhinderung der Vaterschaftsanfechtung (*BGH,* FamRZ 1990, 367). 217

4. Die außergerichtliche Vaterschaftsklärung

Das Bundesverfassungsgericht hat die gerichtliche Verwertung heimlicher Abstammungsgutachten wegen eines Verstoßes gegen das informationelle Selbstbestimmungsrecht des Kindes aus Art. 2 I, 1 I GG untersagt und gleichzeitig für den rechtlichen Vater ein Verfahren allein zur Klärung der Abstammung verlangt (*BVerfG,* FamRZ 2007, 441). Diesem Erfordernis trägt nun § 1598 a BGB Rechnung: Vater, Mutter und Kind können von den jeweils anderen an dem Kindschaftsverhältnis Beteiligten die Einwilligung in die genetische Abstammungsuntersuchung und die Entnahme von geeigneten genetischen Proben – nach den anerkannten Grundsätzen der Wissenschaft – verlangen. Das Verfahren soll nur klären, ob der rechtliche Vater auch der Erzeuger des Kindes ist. Klärungsberechtigt sind daher allein die in § 1598 a BGB genannten Personen. Das Verfahren dient keinem weiteren Zweck als der Abstammungsklärung. Ergibt sich aus dieser, dass das Kind nicht von seinem rechtlichen Vater abstammt, liegt es allein bei den Beteiligten, ob sie aus dieser Erkenntnis weitere Schlüsse ziehen. Die Vaterschaft bleibt rechtlich durch das Verfahren unangetastet. 218

Die Beteiligten sind uneingeschränkt verpflichtet, in die Untersuchung und Entnahme von Proben einzuwilligen. Tun sie dies nicht, können Einwilligung und Duldung durch das Familiengericht nach § 1598 a II BGB ersetzt werden. Das Gericht hat nach § 1598 a III BGB die Möglichkeit, das Verfahren zur Ersetzung der Einwilligung oder auf Duldung der Entnahme auszusetzen, wenn und solange die Klärung der leiblichen Abstammung das Wohl des Kindes erheblich gefährden würde. Die Aussetzung des Verfahrens soll die Ausnahme sein. Sie erfordert eine Abwägung der Belange des Kindes und dem Interesse der übrigen Klärungsberechtigen an der Kenntnis der wahren Abstammung des Kindes. Erforderlich ist, dass das Abstammungsgutachten atypische und besonders schwere Folgen für das Kind auslöst, zB die Gefahr eines Selbstmordes oder die Verschlechterung einer schon bestehenden psychischen Erkrankung (*Palandt/Brudermüller,* § 1598 a Rn. 12). 219

Die Abstammungsuntersuchung wird nicht gerichtlich angeordnet. Es ist vielmehr Sache des Klärungsberechtigten, auf seine Kosten einen Gutachter seiner Wahl – iRd § 1598 a I 2 BGB – zu beauftragen. Wer der Begutachtung zugestimmt hat, hat nach § 1598 a IV BGB einen Anspruch auf Einsicht in das Gutachten oder Aushändigung einer Abschrift. 220

II. Das Abstammungsverfahren

1. Das anwendbare Recht und die Definition der Abstammungssachen

Das Verfahren in Abstammungssachen ist in Abschn. 4 des zweiten Buches des FamFG in den Vorschriften der §§ 169 bis 185 FamFG geregelt. Abstammungssachen sind – wie der Blick in § 112 FamFG zeigt – keine Familienstreitsache. Sie sind – in Abweichung von dem bis 1. 9. 2009 geltenden Rechtszustand – Verfahren der freiwilligen Gerichtsbarkeit. Auf sie finden folglich, soweit in §§ 169 bis 185 FamFG keine besonderen Regelungen getroffen wurden, die allgemeinen Vorschriften des ersten Buches des FamFG Anwendung. 221

Abstammungssachen sind nach § 169 Nr. 1 FamFG zunächst die Verfahren auf Feststellung des Bestehens oder Nichtbestehens eines Eltern-Kind-Verhältnisse, insbesondere der Wirksamkeit oder Unwirksamkeit einer Anerkennung der Vaterschaft. Die Vorschrift umfasst in erster Linie und als Hauptanwendungsfall die Verfahren zur **konstitutiven Vaterschaftsfeststellung nach § 1600 d BGB** für ein 222

Kind, das außerhalb einer Ehe geboren wurde, dessen eheliche Abstammung angefochten wurde, ohne dass ein anderer Mann die Vaterschaft anerkannt hat. Neben den bereits im Gesetzeswortlaut erwähnten Verfahren zur Überprüfung einer Vaterschaftsanerkennung umfasst die Norm **Verfahren auf Feststellung der Mutterschaft, postmortale Feststellungsverfahren** (§ 1593 BGB) und **Verfahren über die Wirksamkeit einer ausländischen Entscheidung** (*Keidel/Engelhardt,* § 169 FamFG Rn. 2 ff.).

223 § 169 Nr. 2 und 3 FamFG umfasst die Verfahren auf Klärung der Abstammung außerhalb eines Statusverfahren nach § 1598 a III und IV BGB, § 169 Nr. 4 das Verfahren zur Anfechtung der Vaterschaft nach § 1600 BGB.

224 Abstammungsverfahren können nach § 179 FamFG nicht mit anderen Verfahren verbunden werden. Eine Ausnahme gilt einmal nur für Abstammungsverfahren dasselbe Kind betreffend, so dass gleichzeitig die Feststellung der Vaterschaft gegen mehrere Putativväter verlangt werden kann. Auch kann der Anfechtungsantrag grundsätzlich mit dem Antrag auf Feststellung der Vaterschaft eines anderen Mannes verbunden werden (*AG Schwerin,* FamRZ 2005, 381). Erforderlich ist aber zunächst durch einen Teilbeschluss für den Vaterschaftsanfechtung zu befinden. Erst wenn dieser rechtskräftig ist, kann die Vaterschaft eines anderen festgestellt werden.

2. Die örtliche Zuständigkeit

225 Zuständig für Abstammungssachen ist nach § 170 I FamFG zunächst das Gericht, an dem **das Kind** seinen **gewöhnlichen Aufenthalt** hat. Der gewöhnliche Aufenthalt ist definiert in § 30 III 2 SGB I als der Ort, an sich eine Person unter Umständen aufhält, die erkennen lassen, dass er an diesem Ort oder in diesem Gebiet nicht nur vorübergehend verweilt. Entscheidend ist daher, wo sich der Lebensmittelpunkt des Kindes befindet. Dies wird, auch wenn der gewöhnliche Aufenthalt des Kindes selbständig zu bestimmen ist, der Aufenthaltsort desjenigen sein, der das Kind betreut (*Keidel/Engelhardt,* § 99 FamFG Rn. 30). Erforderlich ist ein Aufenthalt von einer gewissen Dauer, der zu sozialen Bindungen geführt hat, so dass die Aussage gerechtfertigt ist, die Bindungen des Kindes an diesen Ort seien intensiver als die an einen bzw. jeden anderen Ort (*Keidel/Engelhardt,* aaO). Der gewöhnliche Aufenthalt des Kindes muss sich **im Inland** befinden, ansonsten richtet sich die Zuständigkeit nach dem gewöhnlichen Aufenthalt der Mutter bzw. des Vaters im Inland (§ 170 II FamFG), hilfsweise ist das Amtsgericht Berlin-Schöneberg zuständig (§ 170 III FamFG).

3. Gang des Verfahrens

226 Abstammungsverfahren erfordern nach § 171 I FamFG grundsätzlich einen **Antrag.** Eine Statusklärung von Amts wegen ist dem geltenden Recht fremd. Der Antrag bedarf nach § 171 II FamFG grundsätzlich der Nennung des Verfahrenszieles und der betroffenen Personen. In den Verfahren auf **Anfechtung der Vaterschaft** muss bereits die Antragsbegründung die für die „Schlüssigkeit" des Antrages notwendige **Darlegung des Anfangsverdachtes,** also der gegen die Vaterschaft sprechenden Umstände, sowie des Zeitpunktes ihres Bekanntwerdens enthalten. Die Umstände, aus denen sich der in die Begründung aufzunehmende und für die Schlüssigkeit notwendige (*BGH,* FamRZ 1998, 955 = NJW 1998, 2976; NJW 2006, 1657) Anfangsverdacht ergeben kann, entsprechen denjenigen des § 1600 b I BGB. Auch hier sind bloße Gerüchte und unbestimmte Äußerungen Dritter nicht ausreichend (*OLG Koblenz,* FamRZ 2007, 1675). Es müssen vielmehr Umstände vorgetragen werden, die bei objektiver Betrachtung berechtigte Zweifel an der Vaterschaft wecken, so dass der Vortrag, der rechtliche Vater sei nicht der biologische, was durch ein Abstammungsgutachten geklärt werden könne, nicht ausreichend ist (*BGH,* FamRZ 1998, 955 = NJW 1998, 2976). Ein Anfangsverdacht kann sich nicht aus einem heimlich eingeholten Vaterschaftsgutachten ergeben, wohl aber aus dem in dem fehlerhaft einleiteten gerichtlichen Verfahren eingeholten Gutachten (*BGH,* NJW 2006, 1657).

227 § 171 II FamFG ist eine **Sollvorschrift.** Genügt der Antrag den vorgegebenen Erfordernissen nicht, sind gerichtliche Hinweise notwendig.

228 An dem Abstammungsverfahren **zu beteiligen** sind § 172 FamFG grundsätzlich und unabhängig von der konkreten Verfahrensrolle **Vater, Mutter und Kind.** Antragsteller können darüber hinaus die nach § 1600 BGB zur Anfechtung der Vaterschaft berechtigten Personen und Behörden sein. Die Verfahrensbeteiligung des Kindes erfordert dessen Einbeziehung in das Verfahren und damit eine gesetzliche Vertretung in den Fällen der Minderjährigkeit. Dies ist unproblematisch, wenn das Kind einen Antrag auf Feststellung der Vaterschaft stellt und dabei durch das Jugendamt als Beistand nach § 1712 BGB, § 55 SGB VIII vertreten wird. In diesem Fall ist der sorgeberechtigte Elternteil nach § 173 FamFG von der Vertretung ausgeschlossen. Ist das Kind Antragsgegner oder „Dritt"-Beteiligter im Verfahrens eines Elternteils gegen den anderen, sind die Eltern bzw. der allein sorgeberechtigte Elternteil nach §§ 1629 II, 1795 I Nr. 3, 1909 BGB von der Vertretung ausgeschlossen. Für das Kind ist zur Wahrnehmung seiner Rechte in dem Abstammungsverfahren ein **Ergänzungspfleger** zu bestellen (*OLG Hamburg,* NJW 2011, 235). § 174 FamFG sieht darüber hinaus die Möglichkeit vor, dem Kind einen **Verfahrensbeistand** beizuordnen. Dieser macht eine Ergänzungspflegschaft nicht entbehrlich, da er nach der ausdrücklichen Regelung des § 158 IV 6 FamFG nicht gesetzlicher Vertreter des Kindes ist. Die Beiordnung

eines Verfahrensbeistands dürfte in Abstammungsverfahren, da der Interessengegensatz nach § 158 II Nr. 1 FamFG durch die Bestellung des Ergänzungspflegers aufgehoben ist, nur in Betracht kommen, wenn bei einem Anfechtungsantrag des leiblichen Vaters oder der zuständigen Behörde die **sozial-familiären Beziehungen** des Kindes streitgegenständlich sind (*Meysen ua/Meysen,* § 174 FamFG Rn. 3). In diesen Fällen soll das Gericht auch nach § 176 FamFG das Jugendamt anhören, was ihm im Übrigen freigestellt ist. Das Gericht soll zudem vor der Beweisaufnahme über die Abstammung einen mündlichen Erörterungstermin durchführen, § 175 FamFG. Eine solche Erörterung ist sinnvoll, um vor Einholung eines Abstammungsgutachtens Vorfragen wie die Einhaltung der Anfechtungsfrist oder auch das Nichtvorhandensein einer sozial-familiären Beziehung zu klären. In einem Verfahren auf Feststellung der Vaterschaft erscheint es sinnvoll, die Kindesmutter persönlich zu befragen, ob sie nur mit dem potentiellen Vater in der Empfängniszeit verkehrt hat. Räumt sie Mehrverkehr ein, kann geklärt werden, ob die Mehrverkehrszeugen namentlich benannt werden können, so dass bei ihrem Einverständnis eine Einbeziehung in die Abstammungsbegutachten erfolgen.

4. Amtsermittlungsgrundsatz und Beweisaufnahme

Für Abstammungsverfahren gilt zunächst der Amtsermittlungsgrundsatz des § 26 FamFG: das Gericht hat von Amts wegen die zur Feststellung der entscheidungserheblichen Tatsachen erforderlichen Ermittlungen durchzuführen. Es ist grds. an das tatsächliche Vorbringen der Beteiligten und die von ihnen angebotenen Beweise nicht gebunden, sondern hat **die materielle Wahrheit** der zur für die Entscheidung maßgebenden Tatsachen zu ermitteln. § 177 I FamFG schränkt diesen Amtsermittlungsgrundsatz ein: Tatsachen, die die Beteiligten nicht vorgebracht haben, darf das Gericht nur berücksichtigen, wenn sie geeignet sind, dem **Fortbestand der Vaterschaft** zu dienen oder wenn der die Vaterschaft Anfechtende ihrer Verwertung nicht widerspricht. Damit liegt das Vaterschaftsanfechtungsverfahren in den Händen des Antragstellers. Das Gericht kann den für die Schlüssigkeit notwendigen Anfangsverdacht nur auf die Umstände stützen, die der Antragsteller vorgetragen oder mit deren Verwertung er einverstanden ist. Es kann nicht von Amts wegen weitere Ermittlungen anstellen oder ins Blaue hinein eine naturwissenschaftliche Klärung der Vaterschaft anordnen. 229

In Verfahren auf Feststellung und Anfechtung der Vaterschaft hat das Gericht nach § 177 II FamFG **über die Abstammung** zwingend eine **förmliche Beweisaufnahme** durchzuführen, für die nach § 30 I FamFG die Vorschriften der ZPO Anwendung finden. Da die Notwendigkeit einer förmlichen Beweisaufnahme nur für die Abstammung selbst angeordnet ist, sind Vorfragen des Freibeweises nach § 29 FamFG zugänglich. 230

Soll die Klärung der Abstammung – wie im Regelfall – durch ein schriftliches Sachverständigengutachten erfolgen, ist ein förmlicher Beweisbeschluss nach § 358 ZPO erforderlich, der folgenden Inhalt haben könnte: 231

Beispiel:

Beweisbeschluss

1. Es soll Beweis erhoben werden zu der Frage, ob der Antragsgegner der Vater des am … in … geborenen Kindes ist durch die Einholung eines schriftlichen Sachverständigengutachtens nach den Richtlinien der Bundesärztekammer zu der Erstattung von Abstammungsgutachten.
2. In die Begutachtung sind einzubeziehen:
(Vater, Mutter, Kind, eventuell Mehrverkehrszeugen)
3. Mit der Erstattung des Gutachtens wird der Sachverständige … beauftragt.

Die Richtlinien der Bundesärztekammer sind veröffentlicht in FamRZ 2002, 1159. Wird auf sie verwiesen, erscheinen weitere Angaben zur Durchführung der Begutachtung entbehrlich.

Die Abstammungsbegutachtung erfolgt im Regelfall durch eine Blutgruppenuntersuchung, ein serostatisches Zusatzgutachten, das weitere Blutmerkmale einbezieht, ein HLA-Gutachten, das sich auf die unterschiedlichen Gewebsgruppen stützt, ein erbbiologisches Gutachten oder eine DNA-Analyse. Letztere soll nach den Richtlinien der Bundesärztekammer mittels einer Blutprobe und nur in begründeten Ausnahmefällen durch eine Speichelprobe durchgeführt werden. Insbesondere die DNA-Analyse liefert im Regelfall zuverlässige Ergebnisse mit Vaterschaftswahrscheinlichkeiten, die in Anwendung der sog. Essen-Möller-Methode (hierzu *BGH,* FamRZ 2006, 1745), zu annähernd 100% kommen. Eine Vaterschaftswahrscheinlichkeit von 99,995% lässt der BGH zutreffend nicht ausreichen (*BGH,* FamRZ 2006, 1745). Liefert die Begutachtungsmethoden keine zuverlässigen Nachweise wie zB beim Mehrverkehr mit eineiigen Zwillingen (*OLG Hamm,* FamRZ 1995, 245) oder bei Beteiligung ausländischer Bevölkerungsgruppen (*BGH,* FamRZ 2006, 1745), sind weitere Beweise zu erheben. 232

§ 177 II FamFG lässt – insoweit abweichend vom Amtsermittlungsgrundsatz – bei Einvernehmen der Beteiligten die Verwertung eines einvernehmlich eingeholten privaten Abstammungsgutachtens zu. Entsprechendes wird gelten, wenn die Vaterschaft des nun Betroffenen bereits in einem anderen Verfahren geklärt worden ist. Hat also bereits, das im Anfechtungsverfahren eingeholte Gutachten durch die Einbeziehung des Mehrverkehrszeugen ergeben, dass dieser der Vater ist, erscheint die Einholung eines weiteren Gutachtens in dem sich anschließenden Vaterschaftsfeststellungsverfahren entbehrlich. Im Übri- 233 gen sollte von der Einholung eines Abstammungsgutachtens in der Regel nicht abgesehen werden, da ein solches die Vaterschaft zuverlässig klärt. Denkbar scheinen allein Fälle, in denen das Kind unzweifelhaft von dem neuen Lebensgefährten der Kindesmutter stammt, aber vor Anhängigkeit des Scheidungsantrages (§ 1599 II BGB) geboren wurde. Allerdings ist auch hier Zurückhaltung angezeigt. Erforderlich werden stets die, wenn auch noch nicht wirksame Vaterschaftsanerkennung des neuen Lebensgefährten und übereinstimmende Angaben zur Getrenntleben der Eheleute sein, die eine Vaterschaft des Ehemannes ausgeschlossen erscheinen lassen.

234 **§ 178 FamFG** statuiert die Mitwirkungspflicht der Beteiligten. Diese haben die notwendigen Untersuchungen und die Entnahme von Blutproben zu dulden. Die Duldungspflicht besteht auch dann, wenn die Untersuchung mittels einer **Speichelprobe** erfolgt, da diese einen geringeren körperlichen Eingriff darstellt und damit im Verhältnis zur Blutentnahme das mildere Mittel ist (*Meysen ua/Meysen*, § 177 FamFG Rn. 3). Die Duldungspflicht entfällt, wenn die Untersuchung nicht zumutbar erscheint. Dies kann wegen des herausragenden Interesses auf Klärung der Abstammung nur ausnahmsweise angenommen werden, wenn zB gesundheitliche Nachteile zu befürchten sind. Die Gefahr, dass durch die Untersuchung zB ein strafbarer Inzest zu Tage tritt, begründet im Regelfall keine Unzumutbarkeit (*Keidel/Engelhardt*, § 178 FamFG Rn. 14). Wer die Untersuchung verweigern will, muss dies ausdrücklich erklären und damit einen Zwischenstreit nach § 178 II 1 FamFG, §§ 386 bis 390 ZPO herbeiführen, über durch einen Zwischenbeschluss, der mit der sofortigen Beschwerde anfechtbar ist entscheiden wird. Die Weigerungsgründe ergeben sich dabei ausschl. aus § 178 I FamFG (*Keidel/Engelhardt* § 178 FamFG Rn. 16).

235 Das bloße Nichterscheinen zur Untersuchung ist nicht als ihre Verweigerung anzusehen. In diesem Fall und wenn anerkennenswerte Gründe für eine Verweigerung nicht bestehen, kann die Duldung der Untersuchung erzwungen werden. Zulässig ist die Verhängung von Ordnungsmitteln, § 390 I ZPO.

236 Bei wiederholter unberechtigter Verweigerung ist auch die Anwendung unmittelbaren Zwanges nach § 178 II 2 FamFG zulässig. Der Betroffene kann zwangsweise durch den Gerichtsvollzieher zur Untersuchung vorgeführt werden. Die Duldung der Untersuchung selbst kann ebenfalls erzwungen werden. Das Gesetz regelt nicht, wie das **Weigerungsrecht Minderjähriger** zu behandeln ist. Entsprechend anwendbar ist § 81c II StPO, der allgemeine Regeln zur Untersuchung von Beweispersonen enthält (*Keidel/Engelhardt,* § 178 FamFG Rn. 18). Entscheidend ist daher die Verstandesreife. Besitzt sie der Minderjährige, kann er also die Bedeutung seines Weigerungsrechts erkennen, kann er es nur persönlich ausüben, ansonsten entscheidet sein gesetzlicher Vertreter. Im Regelfall ist ein Ergänzungspfleger zu bestellen.

237 Weigert sich ein Beteiligter hartnäckig, an der Untersuchung mitzuwirken und gelingt es dem Gericht nicht, diese durch die Ausübung unmittelbaren Zwangs zu ermöglichen, finden die **Grundsätze über die Beweisvereitelung** Anwendung. Bestehen keine anderen Möglichkeiten zur Klärung der Abstammung, so ist der Weigernde so zu behandeln, als habe die Untersuchung stattgefunden und sei zum Nachteil des Weigernden ausgegangen. Verweigert also der auf Feststellung der Vaterschaft in Anspruch Genommene unberechtigt seine Mitwirkung, ist er so behandeln, als hätte die Beweiserhebung keine schwerwiegenden Zweifel an seiner Vaterschaft erbracht, wobei das Gericht auf diese Folgen hinzuweisen hat. (*BGH,* FamRZ 1993, 691).

5. Die Entscheidung des Gerichts

238 **a) Die Feststellung der Vaterschaft.** Das Gericht entscheidet, ggfls. nach Durchführung der Beweisaufnahme durch Beschluss, der den Antrag zurückweist oder die Vaterschaft des als Vater in Anspruch genommenen Mannes feststellt.

239 Diese Feststellung kann zunächst auf unmittelbarem Wege erfolgen, wenn durch die Beweisaufnahme der direkte Nachweis der Abstammung geführt wird, wenn also das Abstammungsgutachten die Vaterschaft des in Anspruch genommenen mit der notwendigen Sicherheit ergibt. Dieser positive Nachweis im Rahmen des Amtsermittlungsgrundsatzes ist vorrangig zu betreiben (*BGH*, FamRZ 1991, 426). Erst wenn dieser Nachweis nicht gelingt (was angesichts der Möglichkeiten der modernen Abstammungsbegutachten selten vorkommen wird, s. o.), greift die **Vaterschaftsvermutung des § 1600 d II BGB** ein. Hat der als Vater benannte Mann der Kindesmutter in der Empfängniszeit beigewohnt, wird er als Vater des Kindes vermutet, es sei denn, es bestehen schwerwiegende Zweifel an der Vaterschaft. Solche Zweifel können sich aus einer Abstammungsbegutachtung ergeben. Ausreichend ist aber auch der Nachweis von Mehrverkehr, nicht aber der bloße Verdacht des Mehrverkehrs (*Palandt/Brudermüller,* § 1600 d Rn. 13). Hatte die Kindesmutter mit ihrem Ehemann und dessen eineiigem Zwillingsbruder Geschlechtsverkehr, gilt bei gleich hoher Vaterschaftswahrscheinlichkeit der Ehemann als Vater (*OLG Hamm*, FamRZ 2009, 707 – LS).

240 Die Entscheidung des Gerichts lautet in beiden Fällen:

Beispiel:

Es wird festgestellt, dass der Antragsgegner der Vater des Antragstellers (oder: des am ... geborenen Kindes ist.
Die Kosten des Verfahrens trägt der Antragsgegner.

Für die Kostenentscheidung gilt § 81 FamFG. Die Billigkeitsabwägung wird in der Regel dazu führen, dass der in Anspruch genommene und unterlegene Vater die Kosten des Verfahrens zu tragen hat. 241

b) Die Anfechtung der Vaterschaft. Der Antrag auf Anfechtung der Vaterschaft ist erfolgreich, wenn die Beweisaufnahme ergibt, dass der rechtliche Vater des Kindes als biologischer Vater ausgeschlossen werden kann. Es ist nicht erforderlich, dass die Vaterschaft eines anderen Mannes festgestellt wird. Erfolgt die Anfechtung allerdings durch denjenigen, der an Eides statt versichert, der Kindesmutter während der gesetzlichen Empfängniszeit beigewohnt zu haben (§ 1600 I Nr. 2 BGB), ist gleichzeitig festzustellen, dass der Anfechtende der Vater des Kindes ist. Eine positive Vaterschaftsfeststellung hat das Gericht auch auszusprechen, wenn der Antrag auf Feststellung des Nichtbestehens der Vaterschaft zurückgewiesen wird, weil zweifelsfrei festgestellt worden ist, dass der Antragsteller oder ein anderer Beteiligter der Vater ist, ist dies ebenfalls in der Beschlussformel auszusprechen. 242

Der Tenor eines erfolgreichen Anfechtungsantrags des Putativvaters gegen die Kindesmutter lautet: 243

Beispiel:

Es wird festgestellt, dass der Antragsteller nicht der Vater des am ... geborenen Kindes ist.
Die Gerichtskosten tragen die Beteiligten je zur Hälfte; außergerichtliche Kosten werden nicht erstattet.

Die Kostenentscheidung folgt aus der Sonderregelung des § 183 FamFG. Zu beachten ist, dass dem minderjährigen Kind als Verfahrensbeteiligten keine Kosten auferlegt werden dürfen. Ist der Antrag gegen das Kind gerichtet, sind die Kosten nach § 183 FamFG auf den (Putativ-) Vater und die Kindesmutter zu verteilen. 244

Die Beschlussformel in den Fällen des § 182 lautet: 245

Beispiel:

Es wird festgestellt, dass der Antragsgegner nicht der Vater des am ... geborenen Kindes ist. Vater ist vielmehr der Antragsteller.

oder – § 182 II FamFG:

Der Antrag des Antragstellers, festzustellen, dass er nicht der Vater des am ... geborenen Kindes ist, wird zurückgewiesen. Der Antragsteller ist der Vater des Kindes. 246

6. Verfahrenswert, Wirksamkeit und Rechtsmittel

Den Verfahrenswert in Abstammungssachen regelt § 47 FamGKG. Er beträgt für Feststellungs- und Anfechtungsverfahren 2.000,– EUR, für die Abstammungssachen nach § 169 Nr. 2 und 3 FamFG 1.000,– EUR, wobei jeweils nach § 47 II FamGKG Abweichungen möglich sind. 247

Die Endentscheidung in Abstammungssachen wird nach § 184 I FamFG mit Rechtskraft wirksam und zwar – nach § 184 II FamFG – für und gegen alle, allerdings nur dann, wenn sie die Vaterschaft tatsächlich klärt. 248

Die Entscheidung im Abstammungsverfahren ist mit der Beschwerde nach §§ 58 ff. FamFG anfechtbar. Sie kann nach Rechtskraft nicht abgeändert werden, § 184 I 2 FamFG. Legt ein Beteiligter ein **neues Abstammungsgutachten** vor, das zu einer anderen Entscheidung geführt hätte, kann von jedem der Beteiligten die **Wiederaufnahme des Verfahrens** nach § 185 FamFG beantragt werden. 249

7. Unterhalt bei Feststellung der Vaterschaft

§ 237 FamFG eröffnet – in Abweichung von der Rechtsausübungssperre des § 1600 d IV BGB – die Möglichkeit, Unterhalt von demjenigen zu verlangen, der weder als Ehemann der Kindesmutter (§ 1592 Nr. 1, 1593 BGB) noch aufgrund eines Anerkenntnisses Vater des Kindes ist. Voraussetzung ist, dass **ein Verfahren auf Feststellung der Vaterschaft anhängig ist.** Damit ähnelt die Vorschrift dem Annexverfahren des § 653 ZPO aF. Der Antrag nach § 237 FamFG ist allerdings **ein selbständiges Verfahren.** Er ist nicht zwingend mit dem Antrag auf Feststellung der Vaterschaft zu verbinden, eine Verbindung ist aber nach § 179 I 2 FamFG möglich. Ausschließlich zuständig ist nach § 237 II FamFG das Gericht, bei dem das Vaterschaftsfeststellungsverfahren anhängig ist. Die Verbindung zu diesem und die Bedeutung der Rechtsausübungssperre des § 1600 d IV BGB stellt § 237 IV FamFG wieder her: Vor Rechtskraft des die Vaterschaft feststellenden Beschlusses bzw. vor Wirksamwerden der Vaterschaftsanerkennung wird der Beschluss zur Zahlung von Unterhalt, auch wenn er in einem separaten Verfahren ergangen ist, nicht wirksam. 250

Die Möglichkeiten, Unterhalt vor einer rechtskräftigen Vaterschaftsfeststellung geltend zu machen, sind auch in der Sache begrenzt: zulässig ist nur der Antrag des **minderjährigen Kindes**, das allein den **Mindestunterhalt** nach § 1612 a BGB abzüglich des anteiligen Kindergeldes **oder einen geringeren Unterhalt** geltend machen kann. Durch den Verweis auf § 1612 a BGB wird deutlich, dass das Kind keinen konkreten Zahlbetrag, sondern nur den Mindestunterhalt oder einen (geringeren) Prozentsatz von diesem verlangen kann (*Keidel/Weber*, § 237 FamFG Rn. 5 ff.). 251

Um Streitigkeiten über die Höhe des Unterhalts zu vermeiden und eine schnelle Titulierung herbeizuführen, kann eine Erhöhung, aber auch eine Herabsetzung des Unterhalts nicht verlangt werden. Be- 252 gehrt das Kind einen höheren Unterhalt als den Mindestunterhalt, hat es ein Abänderungsverfahren nach § 240 FamFG zu betreiben. § 237 III 3 FamFG schließt auch Einwendungen des Unterhaltsschuldners gegen die Höhe des Anspruchs aus; auch dieser wird auf das Abänderungsverfahren verwiesen.

253 Der Tenor eines solchen – mit der Vaterschaftsfeststellung kombinierten Beschlusses könnte lauten:

Beispiel:

Es wird festgestellt, dass der Antragsgegner der Vater des Antragstellers ist.
Dem Antragsgegner wird aufgegeben, an den Antragsteller ab (dem Tag der Geburt) einen monatlichen Unterhalt in Höhe des Mindestunterhalts (oder zB in Höhe von 75% des Mindestunterhalts) der jeweiligen Altersgruppe nach § 1612 a BGB abzüglich des jeweils anteiligen Kindergeldes zu zahlen.
Die Kosten des Verfahrens trägt der Antragsgegner.

C. V. Versorgungsausgleich

Dr. Alexander Witt

Übersicht

Literatur: *Bergner*, Kommentar zum reformierten Versorgungsausgleich, 2009; *Borth*, Versorgungsausgleich, 6. Aufl., 2011; *ders.*, Der Wertausgleich von Versorgungsanrechten, FamRZ 2009, 1361 ff.; *Eulering/Vießhues*, Der reformierte Versorgungsausgleich – praktische Umsetzung durch die Familiengerichte, FamRZ 2009, 1368 ff.; *Friederici*, Praxis des Versorgungsausgleichs, 2010; *Hauß*, Praktische Fragestellungen des neuen Versorgungsausgleichsrechts, FamRB 2010, 251; *Höfer*, Der Versorgungsausgleich in der betrieblichen Altersversorgung, 2010; *Hoffmann/Raulf/Gerlach*, Berechnung des Ausgleichswertes von Lebensversicherungen, FamRZ 2011, 333 ff.; *Holzwarth*, Rechtsprechungsübersicht zum reformierten Versorgungsausgleich, FamRZ 2011, 93 ff.; *Johannsen/Henrich/Bearbeiter*, Familienrecht, 5. Aufl., 2010; *Münch*, Vereinbarungen zum neuen Versorgungsausgleich, 2010; Münchener Kommentar zum BGB, Band 7/1 und 7/2, Familienrecht, 5. Aufl., 2010, Kommentierung zu §§ 1587 BGB, 1 ff. VersAusglG *(Dörr, Eichenhofer, Glockner, Gräper, Wacke, Weber)*; *Ruland*, Versorgungsausgleich, 3. Aufl., 2011; *Triebs*, Versorgungsausgleich aktuell, 2009.

I. Durchführung des Versorgungsausgleichs im Scheidungsverbundverfahren

1. Grundlagen

Der Versorgungsausgleich dient dem Ausgleich der von den Eheleuten **in der Ehezeit erworbenen Versorgungsanrechte wegen Alters-, Berufs- oder Erwerbsunfähigkeit.** Er beruht auf **dem Grundgedanken,** dass diese in der Ehezeit erworbenen Anwartschaften das Ergebnis der partnerschaftlichen Leistung beider Ehegatten sind. Beide Partner sollen hieran bei einer Auflösung der Ehe **zur Hälfte teilhaben.** §§ 20 f. LPartG überträgt diesen Gedanken auch auf die eingetragene **Lebenspartnerschaft.** Voraussetzung hierfür ist, dass sie nach dem 1. 1. 2005 begründet wurde oder die Lebenspartner bis Ende 2005 in notarieller Form gegenüber dem Amtsgericht erklärt haben, dass bei einer Auflösung ihrer Partnerschaft der Versorgungsausgleich stattfinden soll. 1

Das Recht des **Versorgungsausgleichs** ist mit Wirkung **zum 1. 9. 2009 grundlegend neu gestaltet** worden. Die zuvor in den §§ 1587 ff. BGB aF, §§ 1 ff. VAHRG, §§ 53 b ff. FGG enthaltenen unübersichtlichen Regelungen zum Versorgungsausgleich sind nunmehr im Gesetz über den Versorgungsausgleich (VersAusglG) und hinsichtlich des Verfahrensrechts in den §§ 217 ff. FamFG zusammengefasst worden. 2
Mit dieser Neuregelung wurde zugleich ein grundlegender Systemwechsel vollzogen. Es gilt nunmehr das Prinzip der Einzelteilung jeder Anwartschaft (§ 1 I VersAusglG) während der Versorgungsausgleich zuvor nach dem Prinzip des Einmalausgleichs durchgeführt wurde. Nach diesem ursprünglich geltenden Prinzip waren die Versorgungsanwartschaften der Ehegatten zunächst zusammenzurechnen und im Rahmen einer Gesamtbilanz gegenüberzustellen. Derjenige Ehegatte, der über die höheren Anwartschaften verfügte, war dem anderen Ehegatten in Höhe des hälftigen Mehrbetrages ausgleichspflichtig und zwar in erster Linie durch Übertragung von Rentenanwartschaften aus der gesetzlichen Rentenversicherung (sog. Splitting). Die zur Aufstellung der Gesamtbilanz notwendige Vergleichbarmachung der einzelnen Versorgungsanwartschaften der Eheleute erwies sich in der Praxis als fehleranfällig. Der nunmehr geltende Grundsatz der Einzelteilung vermeidet diese Vergleichbarmachung und führt damit zu ei-

ner Vereinfachung. Durch die Teilung jedes einzelnen Anrechts kann jeder Ehegatte nunmehr gleichzeitig ausgleichspflichtig und ausgleichsberechtigt sein. Um den Beteiligten weiterhin einen Überblick über den Gesamtwert ihrer Anwartschaften vor und nach der Teilung zu ermöglichen, regelt in § 47 VersAusglG, dass für jedes Anrecht als Hilfsgröße der sog. korrespondierende Kapitalwert anzugeben ist.

3 **Grundschema des Versorgungsausgleichs nach neuem Recht:**

1. Ermittlung der auszugleichenden Versorgungsanwartschaften (§ 2 VersAusglG).
2. Bewertung (Ehezeitanteil) der einzelnen Anrechte (§§ 5, 39 ff. VersAusglG).
3. Teilung der Anrechte *(Wertausgleich bei der Scheidung)* im Wege der
   a) internen Teilung als Regelfall (§§ 10–13 VersAusglG)
   b) externen Teilung (§§ 14–17 VersAusglG)
   c) Aber: Kein Wertausgleich bei Geringfügigkeit gem. § 18 VersAusglG
4. Bei fehlender Ausgleichsreife (§ 19 VersAusglG):
   Ausgleichsansprüche nach der Scheidung durch Zahlung einer schuldrechtlichen Ausgleichsrente oder Abfindung (§§ 20 ff. VersAusglG).
5. Ausschluss des Versorgungsausgleichs wegen grober Unbilligkeit (§ 27 VersAusglG).

4 Der eigentliche Versorgungsausgleich kann auf zwei Wegen durchgeführt werden:

- dem vorrangigen **Wertausgleich bei der Scheidung** mit den Ausgleichsformen der internen und externen Teilung (§§ 9 ff. VersAusglG). Hier werden die Anrechte dinglich („real") geteilt und der Ausgleichsberechtigte erhält in Höhe des Ausgleichswertes ein eigenes Anrecht entweder gegenüber dem betreffenden Versorgungsträger selbst (interne Teilung) oder einem von ihm benannten anderen Versorgungsträger (externe Teilung).
- den nachrangigen **Ausgleichsansprüchen nach der Scheidung (schuldrechtlicher Versorgungsausgleich)**. Sie kommen zur Anwendung, sofern ein Wertausgleich bei der Scheidung mangels Ausgleichsreife des Anrechts nicht möglich ist oder (selten) die Eheleute die Durchführung des schuldrechtlichen Versorgungsausgleichs vereinbart haben (§ 6 I Nr. 3 VersAusglG). Das auszugleichende Anrecht wird hierbei nicht dinglich geteilt sondern der Ausgleichsberechtigte erhält nur einen schuldrechtlichen Anspruch gegen den Ausgleichsverpflichteten auf Zahlung einer Geldrente (schuldrechtliche Ausgleichsrente) oder Abfindung. Nach dem Tod des Ausgleichspflichtigen erlischt dieser Anspruch, kann sich dann aber unter bestimmten Voraussetzungen gegen den Versorgungsträger selbst richten, wenn dessen Versorgungsordnung eine Hinterbliebenenversorgung vorsieht (§ 25 VersAusglG – Teilhabe an der Hinterbliebenenversorgung).

2. Verfahren

5 Der nach dem Gesetz vorrangige Wertausgleich bei der Scheidung ist nach Anhängigkeit des Scheidungsverfahrens im Rahmen des Scheidungsverbundes **von Amts wegen einzuleiten und durchzuführen.** Eines besonderen Antrages bedarf es hierfür nicht (§ 137 II 2 FamFG). *Ausnahme*: Das Heimatrecht keines der beiden Ehegatten kennt den Versorgungsausgleich. Dann wird der Versorgungsausgleich nur auf Antrag durchgeführt (Art. 17 III EGBGB). Dieser Antrag kann auch nach Rechtskraft der Scheidung noch gestellt werden, eine zeitliche Begrenzung besteht nicht (*BGH*, FamRZ 2007, 996, 1000).

6 Demgegenüber bedarf die **Durchführung des schuldrechtlichen Versorgungsausgleichs** stets eines **besonderen Antrages.** Im Rahmen des Scheidungsverbundes kann dabei die Zahlung einer schuldrechtlichen Ausgleichsrente nur dann angeordnet werden, wenn die Voraussetzungen des § 20 VersAusglG bereits zu diesem Zeitpunkt vorliegen. Dies setzt ua voraus, dass der Ausgleichspflichtige aus der im Grundsatz auszugleichenden Versorgung bereits eine laufende Leistung bezieht und der andere Ehegatte rentenberechtigt ist, was zum Zeitpunkt der Scheidung selten bereits der Fall sein wird. Fehlt es an diesen Voraussetzungen, ist der schuldrechtliche Versorgungsausgleich einer späteren Entscheidung vorzubehalten, was das Gericht in den Gründen seiner Entscheidung klarzustellen hat (§ 224 IV FamFG).

7 Ein Versorgungsausgleich ist nicht durchzuführen, sofern ein **wirksamer Ausschluss durch Vereinbarung** gemäß § 6 I Nr. 2 VersAusglG vorliegt. Eine solche Vereinbarung bedarf der notariellen Beurkundung oder ist im Rahmen eines gerichtlich protokollierten Vergleichs abzuschließen (§ 7 VersAusglG iVm § 127 a BGB). Umstritten ist, ob auch der Abschluss eines Vergleichs im schriftlichen Verfahren gem. § 278 VI ZPO ausreicht (dagegen *OLG Brandenburg*, FamRZ 2008, 1192; dafür *OLG Naumburg*, FamRZ 2009, 617; *OLG München*, FamRZ 2011, 812).

8 Grundsätzlich **nicht durchzuführen ist der Versorgungsausgleich** auch dann, wenn es sich um eine **Ehe von kurzer Dauer** handelt und keiner der Ehegatten die Durchführung des Versorgungsausgleichs beantragt hat (§ 3 III VersAusglG). Eine Ehe von kurzer Dauer liegt vor, wenn die Ehezeit nicht mehr als 3 Jahre beträgt. Die Ehezeit beginnt dabei mit dem ersten Tag des Monats, in dem die Ehe geschlossen wurde und endet am letzten Tag des vor Zustellung des Scheidungsantrages liegenden Monats (§ 3 I VersAusglG). Für den **Antrag auf Durchführung des Versorgungsausgleichs** bei kurzer Ehedauer bedarf es trotz des im Scheidungsverfahren geltenden Anwaltszwanges **keiner anwaltlichen Vertretung** (§ 114

IV Nr. 7 VersAusglG). Er kann also auch von dem nicht anwaltlich vertreten Ehegatten gestellt werden. **Der Antrag ist nicht fristgebunden.** Der antragstellende Ehegatte braucht insbesondere nicht die Zweiwochenfrist des § 137 II 1 FamFG für die Anhängigmachung von Folgesachenanträgen wahren (*OLG Dresden*, FamRZ 2011, 483; *OLG Brandenburg*, FamRZ 2011, 1147). Es ist daher zulässig, wenn der Ehegatte den Antrag erstmals im Scheidungstermin stellt. Das Gericht muss das Verfahren dann vertagen und zunächst die Auskünfte zum Versorgungsausgleich einholen.

In den Fällen der Nichtdurchführung des Versorgungsausgleichs hat das Gericht dies im Tenor auszusprechen (§ 224 III FamFG). 9

Beispiel:

Ein Versorgungsausgleich findet nicht statt.

Dieser Ausspruch erwächst in Rechtskraft. Es ist später also nicht mehr möglich, doch noch die Durchführung des Versorgungsausgleichs mit Erfolg zu beantragen (*BGH*, FamRZ 2009, 215). Deswegen ist auch in diesen Fällen ein Verfahrenswert für den Versorgungsausgleich festzusetzen (*OLG Düsseldorf*, FamRZ 2010, 2102).

Das Verfahren richtet sich grundsätzlich nach den **Vorschriften des FamFG.** Es gilt der Amtsermittlungsgrundsatz (§ 26 FamFG). Spezielle Regelungen enthalten die §§ 217 ff. FamFG. 10

Gemäß § 219 FamFG sind neben den Ehegatten diejenigen **Versorgungsträger** am Verfahren **zu beteiligen,** bei denen ein auszugleichendes Anrecht besteht oder begründet werden soll. Der für die Ehegatten im Scheidungsverbundverfahren geltende Anwaltszwang (§ 114 I FamFG) gilt für die am Verfahren beteiligten Versorgungsträger nicht. In Versorgungsausgleichsverfahren außerhalb des Scheidungsverbundes gilt kein Anwaltszwang (*Johannsen/Henrich/Hahne*, Familienrecht, § 218 FamFG Rn. 4).

Unter den Voraussetzungen des § 140 II Nr. 1–5 FamFG kann das Gericht die **Folgesache Versorgungsausgleich** vom Verbund **abtrennen.** Für die Praxis von Bedeutung ist dabei in erster Linie die Abtrennung nach § 140 II Nr. 4 und Nr. 5 FamFG. Nach § 140 II Nr. 4 FamFG kann das Gericht die Folgesache Versorgungsausgleich vom Scheidungsverbund abtrennen, wenn seit Rechtshängigkeit des Scheidungsantrages mehr als drei Monate verstrichen sind, beide Ehegatten die erforderlichen Mitwirkungshandlungen vorgenommen haben und die Abtrennung beantragen. Gem. § 140 II Nr. 5 FamFG kann das Gericht auf Antrag eines Ehegatten die Abtrennung aussprechen, wenn sich der Scheidungsausspruch bei Durchführung des Versorgungsausgleichs außergewöhnlich verzögern würde **und** ein weiterer Aufschub der Scheidung eine unzumutbare Härte für beide Ehegatten bedeutet. Eine außergewöhnliche Verzögerung des Verfahrens setzt dabei in der Regel eine Dauer des Scheidungsverfahrens von über 2 Jahren voraus (*BGH*, FamRZ 1991, 687, 689). Die Entscheidung über die Abtrennung ergeht durch **Beschluss** und ist **nicht selbständig anfechtbar** (§ 140 IV FamFG). Hat das Gericht die Abtrennung allerdings zu Unrecht ausgesprochen, kann der Scheidungsbeschluss angefochten werden und unterliegt dann der Aufhebung und Zurückweisung durch das Beschwerdegericht (*BGH*, FamRZ 1996, 1333). 11

Der **Verfahrenswert richtet** sich nach § 50 FamGKG und beträgt je Anrecht **10 Prozent des in drei Monaten erzielten Nettoeinkommens** der Ehegatten, **mindestens jedoch 1.000,– EUR.** Für schuldrechtliche Ausgleichsansprüche nach der Scheidung erhöht sich der Wert auf 20 Prozent. Streitig ist, ob individuelle Zu- oder Abschläge (z. B. Kinderfreibetrag) zu berücksichtigen sind (dagegen *OLG Stuttgart*, FamRZ 2010, 2098; dafür *OLG Nürnberg*, FamRZ 2010, 2101). Abzustellen ist auf die Höhe des Einkommens zum Zeitpunkt der Einreichung des Scheidungsantrags (*OLG Jena*, FamRZ 2010, 2099). Jeweils verschiedene Anrechte im Sinne des § 50 FamGKG sind auch die verschiedenen Arten von Entgeltpunkten der gesetzlichen Rentenversicherung. Verfügt ein Ehegatte also über **Entgeltpunkte und Entgeltpunkte Ost** bei der Deutschen Rentenversicherung Bund, handelt es sich um **zwei Anrechte** für die jeweils 10 Prozent anzusetzen sind (*OLG Nürnberg*, FamRZ 2011, 641; a. A. *OLG Brandenburg*, AGS 2011, 393). 12

Der einmal durchgeführte **Versorgungsausgleich** kann bei einer erneuten Heirat der Eheleute **nicht mehr rückgängig gemacht werden.** Die mit der Scheidung der ersten Ehe durchgeführte Teilung der Anrechte ist endgültig (*BGH*, FamRZ 2002, 1553). 13

3. Verpflichtung zur Auskunftserteilung

Auch wenn im Versorgungsausgleichsverfahren der Amtsermittlungsgrundsatz gilt (§ 26 FamFG), ist das Gericht für die Ermittlung der auszugleichenden Anwartschaften auf die **Mitwirkung der Ehegatten und der Versorgungsträger** angewiesen. Ehegatten und Versorgungsträger sind daher gegenüber dem Gericht (die Ehegatten auch untereinander, vgl. § 4 VersAusglG) über Grund und Höhe der Anrechte **zur Auskunft verpflichtet** (§ 220 FamFG). Zum Zwecke der Auskunftserteilung sind von einer Arbeitsgruppe **bundseinheitliche Formulare und Merkblätter** entwickelt worden (abgedruckt bei *Triebs*, Versorgungsausgleich aktuell, S. 173 ff.). Soweit das Gericht diese (oder auch andere) Formulare verwendet, ist die Auskunft unter Verwendung des Formulars zu erteilen (§ 220 II 1 FamFG). Unterschiedlich gehandhabt wird, ob und inwieweit der Richter oder der Urkundsbeamte der Geschäftsstelle die Aus- 14 künfte der Eheleute und Versorgungsträger einholt. Hier kommt es auf die Absprache im Einzelfall an. Etwaige Zwangsmittel gem. § 35 FamFG können aber nur durch den Richter angeordnet werden.

15 Zunächst holt das Gericht Auskünfte der Eheleute zu den für sie bestehenden Versorgungsanwartschaften ein. Hierzu benutzt das Gericht in der Regel den **bundeseinheitlichen Fragebogen V 10** für Ehegatten und V 12 für Lebenspartner. Auf Grundlage dieser Angaben der Ehegatten wendet sich das Gericht – sofern es nicht der Auffassung ist, dass eine angegebene Anwartschaft offensichtlich nicht in den Versorgungsausgleich fällt – an die betreffenden Versorgungsträger und bittet um Auskunft über Grund und Höhe der angegebenen Anwartschaft. Hierfür verwendet das Gericht in aller Regel ebenfalls die bundeseinheitlichen Formulare nebst Merkblättern, die je nach Versorgungsart unterschiedlich ausgestaltet sind (zB V 20 Auskunftsersuchen allgemein, V 31 betriebliche Altersversorgung, V 40 private Altersversorgung, V 61 Zusatzversorgung des öffentlichen Dienstes). Zugleich übersendet das Gericht den ausgefüllten Fragebogen an den anderen Ehegatten zur Kenntnisnahme. Gelegentlich können so noch weitere Versorgungsanwartschaften ermittelt werden, die im Fragebogen nicht angegeben wurden. Dem Gericht selbst stehen in der Regel keine Möglichkeiten zur Verfügung, die Vollständigkeit der Angaben der Eheleute zu überprüfen. Lediglich bei ersichtlicher **Unvollständigkeit** des Fragebogens kann das Gericht auf eine **Vervollständigung hinwirken.** Verneint ein Ehegatte jegliche Versorgungsanwartschaften, sollte das Gericht gleichwohl eine Auskunft bei der Deutschen Rentenversicherung einholen. In aller Regel verfügen die Ehegatten nämlich zumindest über geringfügige Anwartschaften, auch wenn ihnen dies mitunter gar nicht bewusst ist.

16 Insbesondere die gesetzlichen Rentenversicherungsträger nehmen das Auskunftsersuchen des Gerichts zum Anlass, das gesamte Versicherungskonto des betreffenden Ehegatten zu klären. Dies kann einen nicht unerheblichen Arbeitsaufwand für die Eheleute bedeuten, da der gesetzliche Rentenversicherungsträger hierzu die Vorlage verschiedenster Urkunde, wie zB Schulabschlusszeugnisse oder Gesellenbriefe verlangt. Diese Ermittlungen nehmen naturgemäß eine gewisse Zeit in Anspruch. Es entspricht der Üblichkeit, den Versorgungsträgern eine **Frist zur Auskunftserteilung von 3 Monaten** einzuräumen. Diese Frist wird in der Regel auch ausgeschöpft, gelegentlich überschritten. Das Familiengericht wird während dieser Zeit nicht im Einzelnen darüber informiert, welche Angaben und Belege der Versorgungsträger von dem betreffenden Ehegatten oder seinem (früheren) Arbeitgeber angefordert hat. Der Versorgungsträger informiert das Familiengericht in aller Regel erst dann, wenn ein Ehegatte seiner Mitwirkungspflicht nicht mehr nachkommt.

17 Das Familiengericht wird dann den betreffenden Ehegatten zur Mitwirkung auffordern. Kommt der Ehegatte seiner Mitwirkungspflicht dann immer noch nicht nach, kann das Familiengericht zu den in **§ 35 FamFG geregelten Zwangsmaßnahmen der Festsetzung von Zwangsgeld und Zwangshaft** greifen. Einer vorherigen Androhung der Zwangsmittel bedarf es nicht, wohl aber eines **Hinweises auf die Folgen der Zuwiderhandlung** in der gerichtlichen Mitwirkungsanordnung (§ 35 II FamFG). Das Gericht muss die Mitwirkungsanordnung, aber auch den Zwangsmittelbeschluss, so genau formulieren, dass der betreffende Ehegatte erkennen kann, welche konkreten Auskünfte oder Belege er zu erteilen bzw. vorzulegen hat. Die zwangsweise Durchsetzung der Auskunftspflicht nimmt ihrerseits einige Zeit in Anspruch. **Je nach Lage des Falles** kann es daher ratsam sein, alternativ oder auch parallel zur Zwangsmittelfestsetzung einen **Anhörungstermin anzuberaumen** und mit dem Ehegatten die offenen Fragen zu besprechen. Die Erfahrung lehrt, dass manch eine Auskunftserteilung nicht am bösen Willen scheitert, sondern dass die Eheleute nicht in der Lage sind, die von ihnen geforderten Auskünfte auf den oftmals für sie nur schwer verständlichen Vordrucken der Versorgungsträger zu erteilen.

18 Haben die Eheleute ihren Mitwirkungspflichten genügt, erteilt der Versorgungsträger **Auskunft über den Ehezeitanteil der Versorgung, den Ausgleichswert sowie den korrespondierenden Kapitalwert** (§ 5 I und III VersAusglG). Die Auskunft hat dabei gem. § 220 IV FamFG eine übersichtliche und **nachvollziehbare Berechnung** dieser Werte zu enthalten. Die für die Teilung des Anrechts maßgebliche Regelung **(Teilungsordnung) ist dem Gericht mitzuteilen** (vgl. zur Durchführung der Teilung Ziff. I. 7.). Die Praxis zeigt, dass die Auskünfte der Versorgungsträger diesen Anforderungen gelegentlich nicht genügen. Das Familiengericht hat dann auf eine vollständige und ordnungsgemäße Auskunft hinzuwirken. Unabhängig hiervon ist das Familiengericht nicht an die Auskunft und Berechnung des Versorgungsträgers gebunden (§ 5 III VersAusglG). Es kann ohne weiteres seine eigene Berechnung der Teilungsentscheidung zugrunde legen. Dabei sind dem Gericht aber rein tatsächlich Grenzen gesetzt. Denn dem Familienrichter fehlt es in der Regel an der nötigen Sachkunde, um die Auskunft des Versorgungsträgers in allen Einzelheiten auf ihre Richtigkeit hin überprüfen zu können. Hierfür müsste er einen Sachverständigen beauftragen (Rentenberater oder Versicherungsmathematiker). Der Amtsermittlungsgrundsatz geht aber auch nicht soweit, dass das Gericht jede einzelne Berechnung in allen ihren Einzelheiten ohne nähere Anhaltspunkte für eine Fehlerhaftigkeit überprüfen müsste. Es genügt vielmehr, wenn das Gericht eine Schlüssigkeitsprüfung durchführt. Notwendig ist aber, dass das Gericht den Eheleuten die Auskünfte der Versorgungsträger übersendet und den von ihnen gegen die Richtigkeit der Auskünfte vorgebrachten Einwänden im Einzelnen – nötigenfalls auch unter Einschaltung eines Sachverständigen – nachgeht.

4. Auszugleichende Anwartschaften

In den Versorgungsausgleich werden in- und ausländische Anwartschaften und laufende Ansprüche aus einer Versorgung einbezogen. Die Anwartschaften müssen der Absicherung im Alter oder bei Invalidität dienen und auf eine Rente gerichtet sein. Bei Anrechten nach dem BetrAVG oder dem Altersvorsorgeverträge-Zertifizierungsgesetz fallen auch Anwartschaften auf Zahlung eines Kapitalbetrages in den Versorgungsausgleich (§ 2 I und II VersAusglG). Unterliegt eine Anwartschaft nach diesen Maßstäben dem Versorgungsausgleich, ist ihre **Berücksichtigung im Rahmen des Zugewinns** nicht mehr zulässig (§ 2 IV VersAusglG). Ein privater Rentenversicherungsvertrag, dessen Leistungsbeginn planmäßig weit vor der Regelaltersgrenze liegt, dient nicht der Absicherung im Alter und ist dem Zugewinnausgleich, nicht dem Versorgungsausgleich zuzuordnen (*BGH*, FamRZ 2007, 889, 890 – Rentenzahlungsbeginn mit 43 Jahren). Unerheblich ist demgegenüber, ob die Anrechte aus einem privaten Rentenversicherungsvertrag mit Kapitalwahlrecht zur Kreditsicherung an den Kreditgeber sicherungshalber abgetreten wurden (*BGH*, Beschl. v. 6. 4. 2011, FamRZ 2011, 963). 19

Einbezogen in den Versorgungsausgleich werden insbesondere Renten und Rentenanwartschaften aus der gesetzlichen Rentenversicherung, Beamtenversorgungen, Zusatzversorgungen des öffentlichen Dienstes, Anwartschaften aus berufsständischen Versorgungseinrichtungen, Anwartschaften aus der betrieblichen Altersversorgung nach dem BetrAVG und Anwartschaften aus privaten Lebensversicherungsverträgen. Die Rente aus einer **privaten Berufsunfähigkeitsversicherung** unterliegt nur dann dem Versorgungsausgleich, wenn wegen Eintritt des Versicherungsfalls vor Ehezeitende die Versorgung bereits laufend gezahlt wird (§ 28 VersAusglG). Antwartschaften auf Zahlung eines Kapitalbetrages unterliegen dem Versorgungsausgleich, wenn es sich um eine Anwartschaft nach dem BetrAVG handelt oder der Vertrag dem Altersvorsorgeverträge-Zertifizierungsgesetz unterfällt (§ 2 I Nr. 3 2. Hs. VersAusglG). 20

In den Versorgungsausgleich fallen auch Anwartschaften aus der gesetzlichen Rentenversicherung, die ein Ehegatte während der Trennungszeit aus Zuwendungen des anderen Ehegatten durch **freiwillige Beiträge** erworben hat (*BGH*, FamRZ 1987, 48, 49). Gleiches gilt für erst nach der Trennung zugesagte Versorgungsanwartschaften (*BGH*, FamRZ 2007, 1805, 1807). Es gilt das **In-Prinzip** (§ 3 II VersAusglG) nach dem es darauf ankommt, wann Anwartschaften erworben wurden und nicht für welchen Zeitraum (Für-Prinzip). Wurden Nachentrichtungsbeiträge daher während der Ehezeit für Zeiten erbracht, die vor der Ehezeit lagen, sind diese dennoch in den Versorgungsausgleich einzubeziehen. Dies gilt auch für Wiederauffüllungsbeiträge gem. § 187 I Nr. 1 SGB VI, die ein Ehegatte während der Ehezeit der zweiten Ehe zum Ausgleich der im Rahmen der ersten Scheidung übertragenen Anwartschaften in die gesetzliche Rentenversicherung eingezahlt hat (*BGH*, FamRZ 2007, 1719). Nachentrichtungsbeiträge nach der Ehe für Zeiten in der Ehe sind nicht zu berücksichtigen (*BGH*, FamRZ 1987, 364). Soweit die Mittel für diese Beiträge in der Ehezeit erwirtschaftet wurden, fallen sie in den Zugewinnausgleich. Anwartschafen, die demgegenüber mit dem Anlagevermögen in der Ehezeit erworben wurden, fallen in den Versorgungsausgleich (*BGH*, FamRZ 2011, 877). 21

Beim Versorgungsausgleich außer Betracht bleiben Anwartschaften, die weder mit Hilfe des Vermögens noch durch Arbeit der Ehegatten begründet oder aufrechterhalten wurden (§ 2 II Nr. 1 VersAusglG). Nicht ausgeglichen werden daher Renten nach dem Bundesversorgungsgesetz, Bundesentschädigungsgesetz und sonstige **Renten mit Entschädigungscharakter**. Versorgungsanwartschaften, die dadurch begründet worden sind, dass ein Dritter **schenkungsweise für einen Ehegatten freiwillige Beiträge** zur gesetzlichen Rentenversicherung gezahlt hat, unterfallen ebenso wenig dem Versorgungsausgleich (*BGH*, FamRZ 1983, 262; *BGH*, FamRZ 1984, 570) wie Unterhaltsbeiträge, die einem aus disziplinarischen Gründen entlassenen Beamten gewährt werden (*BGH*, FamRZ 1997, 158). Auch der Anspruch auf Beitragserstattung, wenn die Erstattung bis zur Entscheidung über den Versorgungsausgleich erfolgt, fällt nicht in den Versorgungsausgleich (*BGH*, FamRZ 1995, 31). Demgegenüber führt der bloße Antrag auf Beitragserstattung nicht zum Erlöschen der Anwartschaft mit der Folge, dass die Anwartschaft in den Versorgungsausgleich einzubeziehen ist. 22

Renten aus der **privaten Unfallversicherung** unterfallen dann dem Versorgungsausgleich, wenn sie der Absicherung einer unfallbedingten Berufsunfähigkeit dienen und der Versicherungsfall bei Ehezeitende bereits eingetreten ist (*Borth*, Versorgungsausgleich, Rn. 86). Umstritten ist, ob Renten, die aufgrund ausschließlich staatlicher Gewährung ohne Beitragspflicht wie zB die schwedische **Volksrente**, dem Versorgungsausgleich unterfallen (dagegen *OLG Bamberg*, FamRZ 1980, 62, 63; dafür *BGH*, FamRZ 2008, 770 zur niederländischen AOW-Pension) 23

Eine noch **verfallbare Anwartschaft der betrieblichen Altersversorgung** ist im Grundsatz zwar in den Versorgungsausgleich mit einzubeziehen, bleibt aber aufgrund der Verfallbarkeit den Ausgleichsansprüchen nach der Scheidung vorbehalten (§ 19 II Nr. 2 VersAusglG). 24

Unverfallbar sind Anrechte, die dem Arbeitnehmer auch dann verbleiben, wenn er vor Eintritt des Versicherungsfalles aus dem Arbeitsverhältnis ausscheidet. Maßgeblicher Zeitpunkt für diese Beurteilung ist der der Entscheidung in der letzten Tatsacheninstanz (*BGH*, FamRZ 1982, 1195). Die Unver- 25 fallbarkeit kann sich ergeben aus dem Tarifvertrag, der Betriebsvereinbarung, der Versorgungsordnung oder Satzung, dem Einzelvertrag oder aus § 1 BetrAVG.

26 Voraussetzung der Einbeziehung in den Versorgungsausgleich ist, dass **die Anwartschaft zum Zeitpunkt der Entscheidung über den Versorgungsausgleich noch besteht.** Lässt sich ein Ehegatte während des laufenden Scheidungsverfahrens eine Anwartschaft auszahlen, kann diese Anwartschaft nicht mehr im Versorgungsausgleich ausgeglichen werden, da nur real bestehende Anwartschaften geteilt werden können (*BGH*, FamRZ 1995, 31; *BGH*, FamRZ 1992, 45).

27 **Gewissen Schutz bietet in diesen Fällen § 29 VersAusglG**, der es dem Versorgungsträger untersagt, bis zum wirksamen Abschluss des Versorgungsausgleichsverfahrens Auszahlungen an die ausgleichspflichtige Person vorzunehmen. Allerdings setzt diese Norm die Kenntnis des Versorgungsträgers vom laufenden Verfahren voraus und enthält zudem kein Verfügungsverbot sondern nur eine Unterlassungsverpflichtung, die im Wege der einstweiligen Anordnung auf Unterlassung durchgesetzt werden muss (*Johannsen/Henrich/Hahne*, Familienrecht, § 29 VersAusglG Rn. 2).

28 Erfolgt die Auszahlung der Anwartschaft vor Zustellung des Scheidungsantrages, kann der Erstattungsbetrag im Rahmen des **Zugewinns Berücksichtigung finden**, wenn er zum maßgeblichen Stichtag der Zustellung des Scheidungsantrages (§ 1384 BGB) noch im Vermögen des Verpflichteten vorhanden ist (*Johannsen/Henrich/Hahne*, Familienrecht, § 29 VersAusglG Rn. 3). Scheidet eine Berücksichtigung auch im Zugewinn aus, bleiben dem Berechtigten **nur Schadensersatzansprüche gegenüber dem Verpflichteten und dem Versorgungsträger** falls die Auszahlung entgegen § 29 VersAusglG nach Beginn des Verfahrens vorgenommen wurde (*Johannsen/Henrich/Hahne*, Familienrecht, § 29 VersAusglG Rn. 3).

5. Berechnung der Ehezeit

29 Dem Versorgungsausgleich unterliegt nur **der in der Ehezeit erworbenen Anteil der Versorgung** (**Ehezeitanteil, § 1 I VersAusglG**). Zur Berechnung dieses Ehezeitanteils durch den Versorgungsträger (§ 5 I VersAusglG) muss das Familiengericht diesem die Ehezeit mitteilen. Als **Ehezeit gilt** die Zeit vom Beginn des Monats, in dem die Ehe geschlossen worden ist, bis zum Ende des Monats, der der Zustellung des Scheidungsantrages vorausgeht (§ 3 I VersAusglG). Die Berechnung der Ehezeit durch das Familiengericht ist nicht gesondert anfechtbar (*OLG Düsseldorf*, FamRZ 1994, 176).

30 Nur die **förmliche Zustellung** des Scheidungsantrages bewirkt das Ende der Ehezeit. Ein nur formlos im Verfahrenskostenhilfe-Verfahren übersandter Scheidungsantrag führt das Ende der Ehezeit nicht herbei (*BGH*, FamRZ 1982, 1005; *BGH*, FamRZ 1987, 362). Gleiches gilt für die Zustellung eines nicht von einem Rechtsanwalt unterzeichneten Scheidungsantrages (*Johannsen/Henrich/Hahne*, Familienrecht, § 3 VersAusglG Rn. 6).

31 Unterliegt die Zustellung einem **Formmangel** (zB Verstoß gegen § 172 ZPO), wirkt eine Heilung des Formmangels nicht auf den Zeitpunkt der fehlerhaften Zustellung zurück (*OLG Stuttgart*, FamRZ 1981, 789). Erst die rügelose Verhandlung bewirkt hier die Heilung des Mangels und führt dann zum Ende der Ehezeit (*OLG Zweibrücken*, FamRZ 2006, 128). Bei einer Heilung nach § 189 ZPO kommt es darauf an, wann tatsächlich der Scheidungsantrag in die Hände des (richtigen) Empfängers gelangt ist (*BGH*, FamRZ 1984, 368).

32 Wurde ein **früherer Scheidungsantrag zurückgenommen**, nachdem der weitere Scheidungsantrag des anderen Ehegatten zugestellt worden war, bleibt der Zeitpunkt der Zustellung des ersten Scheidungsantrages maßgeblich (*BGH*, FamRZ 1991, 1042; *BGH*, FamRZ 1982, 153).

33 Das Ende der Ehezeit wird grundsätzlich auch dann durch das der Zustellung des Scheidungsantrages vorausgehende Monatsende bestimmt, wenn es zur **Aussetzung oder zum tatsächlichen Stillstand** des Scheidungsverfahrens gekommen ist (*BGH*, FamRZ 1991, 1042). Das Monatsende des der Wiederaufnahme des Scheidungsverfahrens vorausgehenden Monats kann jedoch im Einzelfall nach den Grundsätzen von **Treu und Glauben** (§ 242 BGB) als Ehezeitende für den Versorgungsausgleich maßgeblich sein, zB wenn die Beteiligten das Scheidungsverfahren vergessen hatten oder irrtümlich für abgeschlossen hielten und die eheliche Gemeinschaft über längere Zeit wieder aufgenommen hatten (*BGH*, FamRZ 1986, 335).

6. Ehezeitanteil der Versorgung

34 Auf Grundlage der vom Gericht mitgeteilten Ehezeit errechnet der Versorgungsträger den Ehezeitanteil der Anwartschaft und teilt diesen dem Gericht mit (§ 5 I VersAusglG). Im Rahmen des Amtsermittlungsgrundsatzes hat das Familiengericht diese Berechnung auch ohne konkrete Einwände eines Beteiligten zumindest auf ihre Schlüssigkeit hin zu überprüfen. Dies setzt die Kenntnis der gesetzlichen Bewertungsregeln voraus. Das Gesetz sieht in den §§ 39 ff. VersAusglG **zwei verschiedene Methoden** zur Berechnung des Ehezeitanteils einer Versorgung vor. Die sog. unmittelbare Bewertung gem. § 39 VersAusglG und, falls diese nicht möglich ist, die zeitratierliche Bewertung des Anrechts (§ 40 VersAusglG). Ergänzend ordnet das Gesetz für bestimmte Versorgungsarten in den §§ 43 ff. VersAusglG Sonderregelungen für die Bewertung an.

a) **Unmittelbare Bewertung – § 39 VersAusglG.** Die unmittelbare Bewertung eines Anrechts ist durchzuführen, wenn sich der Wert eines Anrechts nach einer Bezugsgröße bestimmt, die sich unmittelbar bestimmten Zeitabschnitten zuordnen lässt. Der Wert des Ehezeitanteils entspricht dann dem Umfang der in die Ehezeit entfallenden Bezugsgröße. Das Gesetz nennt in § 39 II VersAusglG Beispiele solcher Bezugsgrößen, die sich unmittelbar bestimmten Zeitabschnitten zuordnen lassen: 35

- **Entgeltpunkte** oder vergleichbare Rechengrößen wie Versorgungs- oder Leistungspunkte: Dies betrifft beispielsweise die gesetzliche Rentenversicherung oder die meisten Zusatzversorgungen des öffentlichen Dienstes wie zB bei der VBL. 36
- **Deckungskapital:** Hier bildet der Versorgungsträger aus den gezahlten Beiträgen ein Deckungskapital, aus dem später die Versorgungsleistung erbracht wird. Bezugsgröße ist das in die Ehezeit fallende Deckungskapital. Typisches Beispiel sind private Altersvorsorgeverträge.
- **Rentenbausteine:** Hier wird der Versorgung für jedes Jahr eine bestimmte Leistung zugeordnet, zB eine bestimmte Zahl von Fondsanteilen.
- **Summe der entrichteten Beiträge:** Die Versorgung richtet sich nach einem Bruchteil entrichteter Beiträge oder Umlagen.
- **Dauer der Zugehörigkeit zum Versorgungsystem:** Hier wird ein fester Betrag pro Mitgliedschaftsjahr gewährt.

Der Versorgungsträger teilt im Rahmen seiner Auskunft die Bezugsgröße seines Versorgungssystems und den darauf entfallenden Ehezeitanteil mit. **Die gesetzliche Rentenversicherung** also die in der Ehezeit erworbenen **Entgeltpunkte,** private Rentenversicherer das in der Ehezeit erworbene Deckungskapital. 37

b) **Zeitratierliche Bewertung – § 40 VersAusglG.** Ist eine unmittelbare Bewertung nicht möglich, erfolgt die Bestimmung des Ehezeitanteils zeitratierlich (§ 40 VersAusglG). Dazu wird der Ehezeitanteil der Versorgung aus dem Verhältnis der Ehezeit zur Gesamtlaufzeit der Versorgung ermittelt. Die Formel lautet (§ 40 II VersAusglG): 38

$$\frac{\text{Zugehörigkeit zum Versorgungssystem während der Ehezeit in Monaten (m)}}{\text{Zugehörigkeit zum Versorgungssystem insgesamt bis zur Regelaltersgrenze in Monaten (n)}} \times \text{Zu erwartende Versorgung (R)} = \text{Versorgungsleistung, die auf die Ehezeit entfällt}$$

Hinsichtlich der zu erwartenden Versorgung (R) ist gem. § 40 III VersAusglG von den zum **Ehezeitende geltenden Bemessungsgrundlagen** auszugehen. Es ist daher beispielsweise auf die bei Ehezeitende erreichte Tarif- bzw. Gehaltsstufe abzustellen. 39

Typischer Anwendungsfall der zeitratierlichen Bewertung ist die **Beamtenversorgung** oder eine **endgehaltsbezogene Zusage** im Rahmen der betrieblichen Altersversorgung. Beiden Versorgungen ist gemeinsam, dass ein bestimmter Prozentsatz des Endgehalts als Altersversorgung zugesagt wird. Es fehlt daher an einer bestimmten Zeitabschnitten zuzuordnenden Bezugsgröße.

c) **Laufende Versorgung – § 41 VersAusglG.** Eine eigenständige Regelung für laufende Versorgungen enthält **§ 41 VersAusglG.** Danach sind auch laufende Versorgungen grundsätzlich unmittelbar und nachrangig zeitratierlich zu bewerten. Hinsichtlich der unmittelbaren Bewertung ergeben sich keine Besonderheiten. Im Rahmen der zeitratierlichen Bewertung gilt, dass hinsichtlich der Gesamtzugehörigkeit zum Versorgungssystem und der Versorgungshöhe auf die tatsächlichen Werte abzustellen ist. 40

d) **Besonderheiten einzelner Versorgungen.** Die §§ 43 ff. VersAusglG enthalten ergänzende Regelungen für einzelne Versorgungen. 41

aa) Gesetzliche Rentenversicherung - § 43 VersAusglG. § 43 I VersAusglG bestimmt zunächst klarstellend, dass Anwartschaften aus der gesetzlichen Rentenversicherung stets **unmittelbar zu bewerten** sind. Bezugsgröße der Bewertung sind die Entgeltpunkte und zwar getrennt nach den jeweiligen Arten der Entgeltpunkte (West/Ost/knappschaftlich, § 120 f SGB VI) Abs. II ordnet hinsichtlich abschmelzender Leistungen der gesetzlichen Rentenversicherung (Aufzählung in § 120 h SGB VI) die Anwendung der zeitratierlichen Methode an. Besondere Wartezeiten, die den Wert der Anwartschaft erhöhen, sind mit einzubeziehen, wenn sie zum Ehezeitende bereits eingetreten sind (§ 43 III VersAusglG). Dies meint beispielsweise Renten nach dem Mindesteinkommen gem. § 262 SGB VI oder die Höherbewertung der Rente nach § 70 III a SGB VI bei 25 Jahren Pflichtversicherung und Kindererziehungszeiten. 42

Bezieht ein Ehegatte vor dem Ende der Ehezeit bereits **Altersruhegeld,** ergeben sich keine Besonderheiten. Es ist allein auf die ehezeitlichen Entgeltpunkte und nicht auf die durch den Ansatz eines rentenmindernden Zugangsfaktors tatsächliche oder fiktive Altersrente im Leistungsfall abzustellen (*Johannsen/Henrich/Holzwarth,* Familienrecht, § 43 VersAusglG Rn. 30 anders noch zum alten Recht: *BGH,* FamRZ 2007, 1542). 43

Bezieht ein Ehegatte vor dem Ende der Ehezeit eine **Erwerbsminderungsrente aus der gesetzlichen Rentenversicherung,** kommt es darauf an, ob noch mit ihrer Entziehung zu rechnen ist oder nicht. Dies teilt der Träger der Rentenversicherung im Regelfall in seiner Auskunft mit. Ist noch mit der Entziehung 44 zu rechnen, sind wie gewöhnlich die Entgeltpunkte für die Altersrente ohne Zu- und Abschläge maßgeblich (*Ruland*, Versorgungsausgleich, Rn. 352).

45 Ist mit der Entziehung nicht mehr zu rechnen und ergibt ein auf das Ende der Ehezeit abgestellter Vergleich der Zahl der Entgeltpunkte der fiktiven Vollrente wegen Alters mit der Anzahl der Entgeltpunkte der tatsächlich bezogenen Rente, dass die tatsächlich bezogene Erwerbsunfähigkeitsrente die höhere Anzahl an Entgeltpunkten aufweist, so ist der Ehezeitanteil aus der **tatsächlich gezahlten Erwerbsminderungsrente zu errechnen** (*BGH*, FamRZ 1997, 160).

46 Sind demgegenüber die Entgeltpunkte der fiktiven Vollrente wegen Alters höher, so ist der Ehezeitanteil dieser fiktiven Altersrente zu entnehmen (*Ruland*, Versorgungsausgleich, Rn. 353).

47 *bb) Beamtenversorgung – § 44 VersAusglG.* Anwartschaften aus der Beamtenversorgung sind **stets zeitratierlich** zu bewerten (§ 44 I VersAusglG). Die kompliziert formulierten Abs. II und III des § 44 VersAusglG regeln die versorgungsausgleichsrechtliche Berücksichtigung der in den Beamtenversorgungsgesetzen vorgesehene **Anrechnung weiterer Anwartschaften auf die Beamtenversorgung.** § 44 II VersAusglG behandelt die eher seltene wechselseitige Anrechnung mehrerer Beamtenversorgungen aufeinander wie sie zB §§ 54, 56 BeamtVG vorsieht. § 44 III VersAusglG regelt den in der Praxis häufigeren Fall der Anrechung von Anwartschaften aus der gesetzlichen Rentenversicherung auf die Beamtenversorgung (zB § 55 BeamtVG). Das Familiengericht muss die Anrechnungsberechnung nicht selbst vornehmen. Diese erfolgt vielmehr durch den Versorgungsträger, der die Berechnung dem Familiengericht mitteilt. Soweit er für die Berechnung die Auskunft weiterer Versorgungsträger benötigt, teilt er dies dem Familiengericht mit.

48 Handelt es sich bei dem Ausgleichspflichtigen um einen **Beamten auf Widerruf oder Soldaten auf Zeit,** ist die Anwartschaft anhand des Wertes einer fiktiven Nachversicherung in der gesetzlichen Rentenversicherung zu ermitteln. Den Betrag der Nachversicherung teilt der Träger der Beamtenversorgung dem Gericht mit. Dieses holt dann von dem zuständigen Träger der gesetzlichen Rentenversicherung eine Auskunft darüber ein, wie hoch die Rentenanwartschaft aus der gesetzlichen Rentenversicherung ist, die sich aus der Nachversicherung ergibt. Der Wertausgleich hat dann gem. § 16 II VersAusglG durch Begründung von Anwartschaften für den Berechtigten in der gesetzlichen Rentenversicherung zu erfolgen.

49 Versorgungen aus der **Zusatzversorgung des öffentlichen Dienstes** sind keine Versorgungen nach beamtenrechtlichen Grundsätzen (*BGH*, FamRZ 1982, 899, 901) und werden auch nicht nach den Grundsätzen der Anrechte aus der betrieblichen Altersversorgung bewertet (vgl. § 45 III VersAusglG). Ihre Bewertung folgt vielmehr den allgemeinen Regeln der §§ 39 ff. VersAusglG.

50 Für die **Versorgung bei der VBL** besteht derzeit noch die Besonderheit, dass der BGH die Übergangsregelung im Zusammenhang mit der von der VBL vorgenommenen Umstellung des Versorgungssystems auf Versorgungspunkte in Bezug auf **rentenferne Jahrgänge für teilweise unwirksam** erklärt hat (*BGHZ* 174, 127, 172 ff.). Die Tarifpartner haben nunmehr eine Neuregelung der Versorgung vorzunehmen. Ein Ausgleich des auf dieser unwirksamen Tarifregelung beruhenden Anrechts darf nicht durchgeführt werden. Vielmehr ist **das Verfahren insoweit auszusetzen** (*BGH*, FamRZ 2009, 303, 305; *OLG Bamberg,* FamRZ 2011, 981; a. A. *OLG München,* FamRZ 2011, 223: Verweis auf den schuldrechtlichen Versorgungsausgleich). Wegen des Grundsatzes des Einzelausgleichs betrifft dies aber nur das Anrecht bei der VBL. Die **übrigen Anrechte** können ohne weiteres ausgeglichen werden (*Ruland*, Versorgungsausgleich, Rn. 572). Zu erwägen ist aber, den Ausgleich eines oder mehrere Anrechte des anderen Ehegatten **gem. § 19 III VersAusglG analog ebenfalls auszusetzen,** um unbillige Ergebnis zu vermeiden.

51 **Nicht betroffen** von der Unwirksamkeit der Übergangsvorschriften sind Versicherte, die am 1. 1. 2002 das 55. Lebensjahr vollendet hatten, deren Ehe nach dem 31. 1. 2001 geschlossen wurde, die bereits vor dem 1. 1. 2002 eine Versorgung aus dem Anrecht bei der VBL bezogen haben oder bei denen eine Versicherungsrente nach § 37 b VBL-S vorliegt.

52 *cc) Anrechte der betrieblichen Altersvorsorge – § 45 VersAusglG.* § 45 I VersAusglG bestimmt, dass der Wert eines Anrechts der betrieblichen Altersversorgung nach Wahl des Versorgungsträgers entweder als **Renten- oder Kapitalbetrag zu bestimmen** ist. In der weit überwiegenden Mehrzahl der Fälle führt dies zur Bewertung auf Kapitalbasis. Die Berechnung des Kapitalbetrages hat gem. § 45 I VersAusglG nach der Bewertungsvorschrift des § 4 V BetrAVG zu erfolgen. Diese Norm verweist auf die jeweiligen Rechnungsgrundlagen und anerkannten Regeln der Versicherungsmathematik. Es kommt damit auf die individuellen Umstände der einzelnen Versorgung an. Zur Bewertung der Anwartschaft ist gem. § 45 I 2 VersAusglG von einem Ausscheiden des Arbeitnehmers aus dem Betrieb zum Ehezeitende auszugehen. Dies hat zum einen Auswirkungen auf die anzusetzende Höhe der Versorgung. Zum anderen ist im Rahmen der zeitratierlichen Bewertung nicht von der gesamt möglichen, sondern nur der bis zum Ehezeitende zurückgelegten Betriebszugehörigkeit auszugehen. Die Dauer der Betriebszugehörigkeit ist unabhängig von einer etwaigen Teilzeittätigkeit (*BGH*, FamRZ 2007, 1542).

53 *dd) Anrechte aus der Privatversicherung – § 46 VersAusglG.* § 46 VersAusglG bestimmt, dass sich die Bewertung der Anrechte aus der Privatversicherung nach den Bestimmungen des Versicherungsver-

tragsgesetzes über die **Rückkaufswerte ohne Stornokosten** bestimmt. Dies führt zur Anwendung des § 169 III VVG. Abzustellen ist damit auf das Deckungskapital.

d) Veränderungen nach Ehezeitende – § 5 II 2 VersAusglG. Stichtag für die Bewertung des Ehezeitanteils einer Versorgung ist das Ehezeitende (§ 5 II 1 VersAusglG). Später eintretende Veränderungen sind nicht zu berücksichtigen. Eine Ausnahme von diesem Grundsatz enthält § 5 II 2 VersAusglG. Diese Norm ordnet an, dass rechtliche oder tatsächliche **Veränderungen nach Ende der Ehezeit, die auf den Ehezeitanteil zurückwirken**, in Abweichung von dem oben dargestellten Grundsatz **zu berücksichtigen** sind. 54

Soweit dies Änderungen der Versorgungshöhe aufgrund nachehezeitlicher **gesetzlicher Regelungen** betrifft (zB Wegfall des Weihnachtsgeldes in der Beamtenversorgung – *BGH*, FamRZ 2008, 2264 – oder anderweitige Bewertung der Kindererziehungszeiten in der gesetzlichen Rentenversicherung) ist dies stets eine gem. § 5 II 2 VersAusglG zu berücksichtigende Veränderung (*Johannsen/Henrich/Hahne*, Familienrecht, § 5 VersAusglG Rn. 3 mwN). 55

Bei rein **tatsächlichen nachehezeitlichen Veränderungen** ist demgegenüber danach zu differenzieren, ob diese Veränderung rückwirkend auch den ehezeitbezogenen Teil der Versorgung betrifft, diesem also schon latent inne wohnt, oder keinen Bezug zum ehezeitlichen Erwerbstatbestand aufweist (*BGH*, FamRZ 2008, 1512, 1513). Diese Differenzierung ist im Einzelfall schwierig zu treffen. Keine berücksichtigungsfähige Veränderung stellt die nachehezeitliche Beförderung und damit einhergehende Erhöhung der Versorgung dar (*BGH*, FamRZ 1999, 157). Daher ist es auch unerheblich, ob ein Beamter auf Widerruf nach Ehezeitende in ein Beamtenverhältnis auf Lebenszeit übernommen wird. Es bleibt auch in diesem Fall bei dem gem. § 44 IV VersAusglG angeordneten Ausgleich auf Basis der fiktiven Nachversicherung in der gesetzlichen Rentenversicherung (*BGH*, FamRZ 2003, 29). Demgegenüber ist der nachehezeitliche Eintritt einer Dienst- oder Erwerbsunfähigkeit im Rahmen der zeitratierlichen Bewertung eines Anrechts zu berücksichtigen, weil sich durch die gekürzte Gesamtzugehörigkeit zum Versorgungssystem der Ehezeitanteil erhöht (*Johannsen/Henrich/Hahne*, Familienrecht, § 5 VersAusglG Rn. 5). 56

Soweit eine gem. § 5 II 2 VersAusglG zu beachtende nachehezeitliche Veränderung des Anrechts vorliegt, ist dies bereits **im Erstverfahren zu berücksichtigen.** Ist über den Versorgungsausgleich bereits rechtskräftig entschieden, kann die Veränderung im Rahmen eines **Abänderungsverfahrens** gem. §§ 225 f. FamFG geltend gemacht werden, allerdings nur noch für die in § 32 VersAusglG aufgeführten Anrechte der Regelsicherungssysteme (gesetzliche Rentenversicherung, Beamtenversorgung oder vergleichbare Anrechte). 57

e) Vorzeitige Inanspruchnahme der Altersrente. Nimmt der Berechtigte vorzeitig Altersrente aus der gesetzlichen Rentenversicherung in Anspruch, wird seine laufende Versorgung nach § 77 SGB VI durch den Ansatz eines Zugangsfaktors der Höhe nach verringert. Dies dient dem Ausgleich der statistisch längeren Rentenbezugsdauer. Diese Kürzung der Rentenhöhe durch den Ansatz des **Zugangsfaktors** ist bei der Bewertung der Anwartschaft im Versorgungsausgleich **nicht zu berücksichtigen.** Dies folgt aus § 109 VI SGB VI (*Johannsen/Henrich/Holzwarth*, Familienrecht, § 41 VersAusglG Rn. 9; aA noch zum alten Recht *BGH*, FamRZ 2005, 1455; *BGH*, FamRZ 2009, 948). 58

7. Durchführung der Teilung

Der errechnete Ehezeitanteil der Versorgung ist zwischen den Eheleuten aufzuteilen. Dem jeweils Ausgleichsberechtigten steht die Hälfte des Wertes des Ehezeitanteils als Ausgleichswert zu (Legaldefinition in § 2 II 2 VersAusglG). Die Übertragung dieses Ausgleichswertes erfolgt im Wege der internen oder externen Teilung. 59

a) Regelfall: Interne Teilung. Anrechte sind im Regelfall intern zu teilen (§ 10 II VersAusglG). Dies bedeutet, dass **zu Lasten des Anrechts der ausgleichspflichtigen Person** zu Gunsten der ausgleichsberechtigten Person bei dem betreffenden Versorgungsträger **ein Anrecht in Höhe des Ausgleichswertes übertragen wird** (§ 10 I VersAusglG). Das Anrecht wird also bei dem betreffenden Versorgungsträger intern geteilt und es entsteht so ein weiteres zweites Anrecht zugunsten des Ausgleichsberechtigten. 60

Das Gericht führt die interne Teilung für **jedes Anrecht gesondert** durch. Eine Verrechnung der einzelnen Anrechte findet nicht statt, so dass es zu einem **„Hin und Her" des Ausgleichs** kommt. Dies gilt selbst dann, wenn der eine Ehegatte mehrere Anrechte bei demselben Versorgungsträger hat. Auch dann werden alle Anrechte separat geteilt und es werden jeweils separate neue Versorgungen begründet. Auch **wechselseitige Anrechte beider Ehegatten** bei demselben Versorgungsträger werden **jeweils intern geteilt.** Lediglich dann, wenn es sich um **Anrechte gleicher Art** handelt, werden sie **miteinander verrechnet** (§ 10 II 1 VersAusglG). Dies geschieht allerdings erst nach Rechtskraft der Entscheidung und auch nicht durch das Gericht sondern den Versorgungsträger. Zum Begriff Anrecht gleicher Art siehe unten Ziff. I. 8 b) aa). 61

Die Durchführung der internen Teilung richtet sich nach den für den Versorgungsträger maßgeblichen Vorschriften (§ 10 III VersAusglG). Viele Versorgungsträger haben sich eine separate **Teilungsord-** 62

nung geschaffen, die die Einzelheiten der internen Teilung der Anwartschaft regelt. Teilweise finden sich aber auch gesetzliche Regelungen (zB im SGB VI für die gesetzliche Rentenversicherung).

63 Allerdings sind die Versorgungsträger in der Gestaltung ihrer Teilungsregelung nicht gänzlich frei. **§ 11 VersAusglG** bestimmt, dass die für die jeweilige Teilung geltenden Vorschriften gewissen **Mindestanforderungen** entsprechen müssen. Dies hat **das Familiengericht im Rahmen der Amtsermittlung** zu überprüfen.

64 Im einzelnen gilt, dass die ausgleichsberechtigte Person ein **eigenständiges** Anrecht mit einem entsprechenden Insolvenzschutz erhalten muss (Nr. 1). Die Höhe des begründeten Anrechts muss **dem Ausgleichswert entsprechen** und über eine **vergleichbare Wertentwicklung** verfügen (Nr. 2). Letztlich ist der Versorgungsträger verpflichtet, den **gleichen Risikoschutz** zu gewähren, den er auch dem Ausgleichsverpflichteten gewährt (Nr. 3). Allerdings ist es dem Versorgungsträger erlaubt, gegen Gewährung eines **Kompensationszuschlages** die Versorgung auf den **Risikoschutz der Altersversorgung zu beschränken.**

65 Von dieser Möglichkeit machen in der Praxis nicht wenige Versorgungsträger Gebrauch. Wichtig ist in diesem Fall darauf zu achten, dass **der Versorgungsträger die Höhe des Kompensationszuschlages betragsmäßig mitteilt** und die Berechnung hierzu erläutert. Das Familiengericht ist anderenfalls nicht in der Lage zu überprüfen, ob der Kompensationszuschlag angemessen ist.

66 Gem. § 13 VersAusglG ist der Versorgungsträger berechtigt, die **bei der internen Teilung entstehenden Kosten (Teilungskosten)** jeweils hälftig mit den Anrechten beider Ehegatten zu verrechnen. Dabei darf der Versorgungsträger aber nur angemessene Teilungskosten in Ansatz bringen. Die Gesetzesbegründung hält Kosten von 2%–3% des Deckungskapitals in der Regel für angemessen (BT-Dr. 15/10144, S. 57, auch *OLG Stuttgart*, FamRZ 2010, 1906). Bei sehr werthaltigen Anrechten ist allerdings eine Deckelung nach oben vorzunehmen, deren Höhe aber umstritten ist (vgl. *OLG Bremen,* FamRZ 2011, 1296 ff.).

67 Der **Entscheidung zur internen Teilung** kommt **rechtsgestaltende Wirkung zu.** Mit Rechtskraft ist das Anrecht intern geteilt. Die tatsächliche Umsetzung durch den Versorgungsträger hat dann nur noch deklaratorische Bedeutung. Wegen dieser rechtsgestaltenden Wirkung ist es notwendig, dass das Gericht die genauen Regelungen der internen Teilung im Tenor benennt. Die **Teilungsordnung** ist daher im Tenor **mit Datum genau zu bezeichnen** (*BGH*, FamRZ 2011, 547). Weiterhin anzugeben ist das **Datum des Ehezeitendes,** damit sich in Bezug auf nachträgliche Veränderungen aus dem Tenor ergibt, auf welchen Zeitpunkt sich die Teilung bezieht.

68 **Beispiel:**

Im Wege der internen Teilung wird zu Lasten des Anrechts des Antragstellers bei der DRV Bund (VersNr. ....) zugunsten der Antragsgegnerin ein Anrecht in Höhe von ... Entgeltpunkten auf das Versicherungskonto Nr. ... bei der DRV Nord, bezogen auf den 31. 10. 2011 übertragen.

oder

Im Wege der internen Teilung wird zu Lasten des Anrechts des Antragstellers bei der L-LebensversicherungsAG (VersNr. ...) zugunsten der Antragsgegnerin ein Anrecht in Höhe von ... EUR nach Maßgabe der Teilungsordnung vom ..., bezogen auf den 31. 10. 2011 übertragen.

69 Probleme bereitet die Erfassung nachehezeitlicher **Wertveränderungen bei fondsgebundenen Versicherungen.** Finanzmarktbedingte Wertveränderungen des Fonds nach Ehezeitende sind gem. § 5 II 2 VersAusglG materiell-rechtlich zu berücksichtigen (*Borth*, FamRZ 2011, 337/340; *Gutdeutsch*, FamRB, 2011, 57/59). Der jeweils aktuelle Wert des Ehezeitanteils kann aber betragsmäßig exakt im Tenor nicht erfasst werden, wenn man nicht unmittelbar vor der Verkündung die Auskünfte aktualisieren wollte, was angesichts der Vorlaufzeiten der Versorgungsträger von meist einigen Monaten praktisch nicht umsetzbar ist. Es wird daher vorgeschlagen, dem Tenor neben oder an Stelle des Ausgleichswertes zum Stichtag Ehezeitende **eine Quote des Ausgleichswertes bezogen auf das gesamte Deckungskapital** beizufügen. Nachehezeitliche Veränderungen können dann dergestalt umgesetzt werden, dass zum Zeitpunkt der Umsetzung der Entscheidung durch den Versorgungsträger als Ausgleichsbetrag die im Tenor festgelegte Quote des aktuellen Deckungskapitals übertragen wird *(Hoffmann/Raulf/Gerlach*, FamRZ 2011, 333/335).

70 **Beispiel:**

Im Wege der internen Teilung wird zu Lasten des Anrechts des Antragstellers bei der L-LebensversicherungsAG (VersNr ...) zugunsten der Antragsgegnerin ein Anrecht in Höhe von ... EUR, bezogen auf den 31. 10. 2011, entsprechend 49% des am ersten Börsentages nach Mitteilung der Rechtskraft der Entscheidung bestehenden Wertes der Versicherung nach Maßgabe der Teilungsordnung vom 1. 1. 2011 übertragen.

Das *OLG München* (FamRZ 2011, 376 und FamRZ 2011, 377) und das *OLG Stuttgart* (FamRZ 2011, 979) halten eine solche offene Tenorierung allerdings für prozessual unzulässig.

71 Schwierigkeiten ergeben sich auch hinsichtlich der Erfassung möglicher **Zinsgewinne** aus dem Deckungskapital der Versorgung zwischen Ehezeitende und Rechtskraft der Entscheidung über den Versorgungsausgleich. Auch die Erfassung von **Schlussüberschussanteilen und Bewertungsreserven** ist problematisch. Soweit im Versicherungsvertrag eine Verzinsung und/oder eine Beteiligung an den

Schlussüberschussanteilen oder Bewertungsreserven vorgesehen ist, folgt aus dem Gebot der Gleichwertigkeit des neuen und alten Anrechts (§ 11 I VersAusglG) materiell-rechtlich, dass auch das zu begründende Anrecht des Ausgleichsberechtigten an diesen Vertragsbestandteilen teilzuhaben hat. Fraglich ist aber, wie dies in der Entscheidung des Gerichts umgesetzt werden kann. Sofern die **Teilungsordnung** eine ausdrückliche Regelung zur **Teilhabe an diesen Vertragsbestandteilen vorsieht,** bedarf es **keiner weiteren Erwähnung im Tenor** der Entscheidung. Der Tenor selbst nimmt Bezug auf die Teilungsordnung und damit ist die dort vorgesehene Teilhabe an den Zinsgewinnen und/oder Schlussüberschussanteilen und Bewertungsreserven Gegenstand des richterlichen Gestaltungsaktes. Sieht die Teilungsordnung eine derartige Regelung demgegenüber nicht vor, sollte eine ausdrückliche Klarstellung in den Tenor aufgenommen werden (gegen eine genaue betragsmäßige Bezifferung in diesem Fall *OLG München,* FamRZ 2011, 978). Die materiell-rechtliche Befugnis hierfür folgt aus § 11 II VersAusglG.

b) Externe Teilung. Die externe Teilung führt zur **Begründung eines Anrechts** zu Gunsten des Ausgleichsberechtigten und zu Lasten des Anrechts des Ausgleichspflichtigen **bei einem anderen Versorgungsträger** als demjenigen, bei dem das Anrecht der ausgleichspflichtigen Person besteht (§ 14 I VersAusglG). Der auf den Ausgleichsberechtigten entfallende Teil der Versorgung führt also nicht zur Begründung einer neuen Anwartschaft bei demselben sondern bei einem anderen (externen) Versorgungsträger. 72

aa) Fälle der externen Teilung. Die externe Teilung darf nur in den hierfür gesetzlich vorgesehenen Fällen durchgeführt werden. **Fälle der externen** Teilung sind: 73

- **§ 14 II Nr. 1 VersAusglG**
  Der Ausgleichsberechtigte und der Versorgungsträger des Ausgleichspflichtigen haben die **externe Teilung formlos vereinbart.** 74
- **§ 14 II Nr. 2 VersAusglG**
  Der Ausgleichswert der Versorgung übersteigt bestimmte **Grenzwerte** nicht. Bei Rentenbeträgen sind dies 2 Prozent, bei Kapitalbeträgen 240 Prozent der monatlichen Bezugsgröße nach § 18 I SGB IV (2011: 51,10 EUR bzw. 6.132,– EUR). Ferner muss der Versorgungsträger des Ausgleichspflichtigen die externe Teilung verlangen. 75
- **§ 16 I VersAusglG**
  Anwartschaften aus der **Beamtenversorgung** können nur dann intern geteilt werden, wenn die maßgebliche Versorgungsordnung eine interne Teilung vorsieht. Anderenfalls findet die externe Teilung statt. Derzeit sieht nur das Gesetz über die interne Teilung beamtenversorgungsrechtlicher Ansprüche von Bundesbeamtinnen und Bundesbeamten im Versorgungsausgleich vom 3. 4. 2009 (BGBl. I, S. 700) eine interne Teilung für Anwartschaften von Bundesbeamten vor. Die zahlenmäßig überwiegenden Anwartschaften der Landesbeamten sind daher stets extern zu teilen. 76
- **§ 17 VersAusglG**
  Anrechte der **betrieblichen Altersvorsorge in Form der Direktzusage oder durch eine Unterstützungskasse** sind auf Verlangen des Versorgungsträgers extern zu teilen, wenn der Ausgleichswert als Kapitalwert die Beitragsbemessungsgrenze nach den §§ 159, 160 SGB VI nicht überschreitet. Der Betrag beläuft sich 2011 auf 66.000,– EUR (§ 3 Sozialversicherungs-Rechengrößenverordnung). 77

bb) Wahl des Zielversorgungsträgers. Die ausgleichsberechtigte Person kann wählen, bei welchem Versorgungsträger ein neues Anrecht begründet werden soll (sog. **Zielversorgungsträger,** § 15 I VersAusglG). 78

Kein Wahlrecht besteht in den Fällen der externen Teilung der **Beamtenversorgung.** Hier ist die Teilung zwingend in die **gesetzliche Rentenversicherung als Zielversorgungsträger** durchzuführen (§ 16 I VersAusglG). Dies gilt selbst dann, wenn **beide Eheleute Beamte** sind. Auch dann erfolgt der Wertausgleich durch wechselseitige Begründung von Rentenanwartschaften in der gesetzlichen Rentenversicherung. Es ist aber zu prüfen, ob die Begründung von Rentenanwartschaften nicht unwirtschaftlich ist, weil der betreffende Ehegatten die Wartezeit in der gesetzlichen Rentenversicherung nicht erfüllt hat und voraussichtlich auch nicht erfüllen wird. Ist dies der Fall, fehlt die Ausgleichsreife des Anrechts und der Ausgleich dieses Anrechts ist den Ausgleichsansprüchen nach der Scheidung vorzubehalten (§§ 19 II Nr. 3, 20 ff. VersAusglG, siehe hierzu unter II.). 79

Aus dem Wahlrecht des Ausgleichsberechtigten folgt **kein Kontrahierungszwang** für den **Zielversorgungsträger.** Vielmehr muss der Ausgleichsberechtigte das Einverständnis des Zielversorgungsträgers mit der Aufnahme des Ausgleichswertes herbeiführen und dieses dem Familiengericht nachweisen (§ 222 II FamFG). Das Gericht kann dem Ausgleichsberechtigten hierfür **gem. § 222 I FamFG eine Frist setzen.** Übt der Ausgleichsberechtigte sein Wahlrecht nicht innerhalb dieser Frist aus oder weist er das Einverständnis des Zielversorgungsträgers nicht fristgerecht nach, so erfolgt der Ausgleich in den gesetzlich vorgesehenen **Auffangzielversorgungsträger,** nämlich in die Versorgungsausgleichskasse für Anwartschaften der betrieblichen Altersvorsorge und in die gesetzliche Rentenversicherung für alle übrigen Anwartschaften (§ 15 V VersAusglG). 80

Die Wahl des Ausgleichsberechtigten ist für das Gericht bindend, wenn die gewählte **Zielversorgung eine angemessene Versorgung gewährleistet** (§ 15 II VersAusglG). Dies erfordert zwar nicht die Erfül- 81 lung der strengen Voraussetzungen einer gleichwertigen Versorgung iSd § 11 I VersAusglG. Die gewählte Zielversorgung muss aber jedenfalls **den Anforderungen des § 2 VersAusglG genügen**, also ihrerseits theoretisch unter den Versorgungsausgleich fallen. § 15 IV VersAusglG führt hierzu klarstellend aus, dass die Überführung eines Anrechts in die gesetzliche Rentenversicherung, eine Direktversicherung, einen Pensionsfonds, eine Pensionskasse oder einen nach dem Altersversorgungsverträge-Zertifizierungsgesetz zertifizierten Vertrag stets eine angemessen Versorgung iSd § 15 II VersAusglG darstellt.

82 In bestimmten Fällen ist letztlich auch die Zustimmung des **Ausgleichspflichtigen** zu der vom Ausgleichsberechtigten getroffenen **Wahl des Zielversorgungsträgers nötig. Dies immer dann, wenn** die Durchführung der externen Teilung **zu steuerpflichtigen Einnahmen beim Ausgleichsverpflichteten führt** (§ 15 III VersAusglG). Zu steuerpflichtigen Einnahmen führt die externe Teilung immer dann, wenn die ursprüngliche Versorgung der nachgelagerten Besteuerung und die gewählte Zielversorgung der vorgelagerten Besteuerung unterfällt. In diesen Fällen ordnet § 3 Nr. 55 b EStG nämlich an, dass der Ausgleichsbetrag beim Ausgleichsverpflichteten als Arbeitseinkommen zu versteuern ist (*Schmid/Bührer*, FamRZ 2010, 1608 ff.).

Der wirksam gewählte Zielversorgungsträger ist am weiteren Verfahren zu beteiligen (§ 219 Nr. 3 FamFG). Ihm ist daher insbesondere die Entscheidung zum Versorgungsausgleich zuzustellen (*Johannsen/Henrich/Hahne*, Familienrecht, § 219 FamFG Rn. 2).

83 *cc) Gerichtliche Entscheidung.* Die gerichtliche Entscheidung zur externen Teilung hat gem. § 220 III FamFG einen **Ausspruch über die Höhe der Zahlung** des vom abgebenden an den aufnehmenden Versorgungsträger zu leistenden **Kapitalbetrages** zu enthalten.

84 **Beispiel:**

Im Wege der externen Teilung wird zu Lasten des Anrechts des Antragstellers bei der Pensionskasse der A-GmbH (VersNr. ...) zu Gunsten der Antragsgegnerin bei der L-LebensversicherungsAG ein Anrecht in Höhe von 15.000,– EUR, bezogen auf den 31. 10. 2011, begründet. Die Pensionskasse der A-GmbH wird verpflichtet, 15.000,– EUR an die L-LebensversicherungsAG zu zahlen.

85 Auch bei der externen Teilung stellen sich in Bezug auf **fondsgebundene Versorgungen, Zinsgewinne und Schlussüberschussanteile nebst Bewertungsreserven** die schon im Rahmen der internen Teilung angesprochenen Probleme. Da bei der externen Teilung nicht auf eine Teilungsordnung Bezug genommen werden kann ist es hier in der Regel notwendig, direkt im Tenor die Verzinsung ab Ehezeitende anzuordnen (*Holzwarth*, FamRZ 2011, 933, 936; a. A. *OLG Bamberg*, FamRZ 2011, 1229: keine Teilhabe am Zinsgewinn im Rahmen der externen Teilung). Die Schlussüberschussanteile und Bewertungsreserven müssen im Falle der externen Teilung vom Versorgungsträger zudem konkret beziffert werden und fließen dann in den zu zahlenden Kapitalbetrag mit ein. Hinsichtlich der fondsgebundenen Versicherungen dürfte derzeit die Angabe einer Quote im Tenor nötig sein (*Hoffmann/Raulf/Gerlach*, FamRZ 2011, 333/335 und Rn. 68).

86 In den Fällen, in denen Bezugsgröße der Versorgung kein Deckungskapital ist, ist darauf zu achten, dass der vom Versorgungsträger zur Ermittlung des Kapitalwertes angesetzte **Rechnungszins zutreffend gewählt** ist. Ein zu hoher Rechnungszins führt zu einem zu geringen Kapitalbetrag und damit zur Verletzung des Halbteilungsgrundsatzes (siehe hierzu im Einzelnen *Jaeger*, FamRZ 2010, 1714 ff.; *Hauß*, FamRZ 2011, 88 f.).

8. Ausnahmen vom Ausgleich

87 Das Gesetz regelt in den §§ 18 f. VersAusglG Ausnahmen von der Durchführung des Versorgungsausgleichs in Bezug auf einzelne Anrechte. Es handelt sich zum einen um die in § 19 VersAusglG geregelten Fälle der fehlenden Ausgleichsreife eines Anrechts und den in § 18 VersAusglG geregelten Fall der Geringfügigkeit.

88 **a) Fehlende Ausgleichsreife – § 19 VersAusglG.** Ist ein Anrecht nicht ausgleichsreif iSd § 19 VersAusglG, wird das Anrecht dem Ausgleich nach der Scheidung gem. den §§ 20 ff. VersAusglG vorbehalten (siehe hierzu näher unter II.). Eine interne oder externe Teilung des Anrechts bei der Scheidung findet also nicht statt.

89 Ein Anrecht ist **nicht ausgleichsreif**, wenn

- **es noch verfallbar ist** (§ 19 II Nr. 1 VersAusglG).
  Dies betrifft in erster Linie Anwartschaften der betrieblichen Altersvorsorge. Solange das Ausscheiden des Arbeitnehmers aus dem Betrieb noch zu einem ersatzlosen Wegfall der Anwartschaft führt, ist diese noch verfallbar.
- **es abzuschmelzende Leistungen enthält** (§ 19 II Nr. 2 VersAusglG).
  Dies betrifft in erster Linie die sog. Besitzstandsrenten. Dies sind aus Besitzschutzgründen gewährte Renten, auf die zukünftige Rentenerhöhungen angerechnet werden und die sich daher stufenweise verringern.
- **ein Ausgleich für die ausgleichsberechtigte Person unwirtschaftlich wäre** (§ 19 II Nr. 3 VersAusglG).

Dies ist der Fall, wenn sich die Teilung nicht zugunsten der ausgleichsberechtigten Person auswirken würde, weil sie beispielsweise die Wartezeit in der gesetzlichen Rentenversicherung von 60 Monaten (§§ 35, 50 SGB VI) nicht erreicht hat und absehbar auch nicht erreichen wird.

- **wenn es sich um einen ausländischen, zwischenstaatlichen oder überstaatlichen Versorgungsträger handelt** (§ 19 II Nr. 4 VersAusglG).
  Anwartschaften ausländischer Versorgungsträger kann ein deutsches Gericht nicht mit rechtsgestaltender Wirkung teilen, weil diese Versorgungsträger nicht der deutschen Gerichtsbarkeit unterliegen.

In den Fällen fehlender Ausgleichsreife ausländischer Anwartschaften sieht das Gesetz in § 19 III VersAusglG eine **Ausgleichssperre** auch für andere Anrechte vor. Danach findet ein Ausgleich auch der übrigen – eigentlich ausgleichsreifen – Anrechte nicht statt, soweit dies im Hinblick auf das nicht ausgleichsreife ausländische Anrecht unbillig wäre. Mit dieser Norm soll verhindert werden, dass der eine Ehegatte seine ausländischen Anwartschaft erst später im Rahmen des Ausgleichs nach der Scheidung mit dem Ausgleichsberechtigen teilen muss, während der andere Ehegatte seine Anrechte schon unmittelbar im Rahmen der Scheidung zu teilen hat. Zur Beurteilung der Unbilligkeit muss das Familiengericht die Höhe der ausländischen Anwartschaft zumindest im Groben klären. Denn nur auf dieser Grundlage kann es feststellen, ob und in welchem Umfang ggfs. eine Ausgleichssperre anzuordnen ist. Da es dem Gericht meist nicht möglich ist, direkt Auskünfte des ausländischen Rentenversicherungsträgers zu erlangen, muss in diesen Fällen der Ausgleichsverpflichtete selbst eine Rentenauskunft des ausländischen Versorgungsträgers einholen und in das Verfahren einführen (*Johannsen/Henrich/Holzwarth*, Familienrecht, § 19 VersAusglG Rn. 18). Auch wenn sich diese Rentenauskunft in der Regel nicht auf den Ehezeitanteil, sondern auf die gesamte Versorgung beziehen wird, lässt sich der Ehezeitanteil im Wege der Schätzung unter zu Hilfenahme der zeitratierlichen Bewertung im Groben berechnen. 90

Von der Frage der fehlenden Ausgleichsreife ausländischer Anwartschaften strikt zu trennen ist die Problematik, inwieweit **im Ausland zurückgelegte Versicherungszeiten** die Höhe der deutschen Rente beeinflussen. Dies ist immer dann der Fall, wenn eine Anrechnungsvorschrift besteht, die ausländische Versicherungszeiten für die deutsche Rentenversicherung für relevant erklärt. In der Praxis finden hier in erster Linie zwei EU-Versordnungen (**VO (EWG) 1408/71 vom 14. 6. 1971 und VO (EWG) 574/72 vom 27. 3. 1972**) Anwendung, die Beitragszeiten innerhalb der EU für weitgehend anrechenbar erklären. Darüber hinaus gibt es noch mit einer Reihe von weiteren Staaten Sozialversicherungsabkommen mit unterschiedlichem Inhalt (Überblick bei *Johannsen/Henrich/Holzwarth*, Familienrecht, § 43 VersAusglG Rn. 4). Beeinflussen solche ausländische Versicherungszeiten die Höhe der deutschen Rentenanwartschaft, handelt es sich nach wie vor um die Anwartschaft eines inländischen Rentenversicherungsträgers, die wie gewöhnlich intern oder extern im Rahmen des Ausgleichs bei der Scheidung geteilt wird. Auch und gerade hier können sich aber Probleme bei der Ermittlung der Versicherungszeiten ergeben. Zwar ist es in erster Linie Aufgabe der Rentenversicherungsträger, sich um die Ermittlung der im Ausland zurückgelegten Versicherungszeiten zu bemühen. Hierfür haben die **Rentenversicherungsträger** jeweils auf einzelne Länder **spezialisierte Verbindungsstellen** eingerichtet (Übersicht bei *Ruland*, Versorgungsausgleich, Rn. 102). Dennoch kommt es vor, dass die ausländischen Stellen nicht ausreichend Auskunft erteilen. In diesem Fall sollte zunächst durch eine Rückfrage beim Rentenversicherungsträger geklärt werden, ob die nicht aufklärbaren ausländischen Versicherungszeiten im konkreten Fall überhaupt Auswirkungen auf den Ehezeitanteil der Versorgung haben. Haben die vor- oder nachehelichen Zeiten keine Auswirkungen auf den Ehezeitanteil, brauchen hier bestehende Versicherungslücken im Versorgungsausgleichsverfahren nicht weiter aufgeklärt werden. Kommt es dagegen auf die Zeiten an, kann das Familiengericht den Ehegatten im Sinne einer raschen Erledigung des Scheidungsverfahrens den Abschluss einer Vereinbarung bezüglich der nicht geklärten Zeiten vorschlagen. Handelt es sich nur um einen geringfügigen Zeitraum, ist denkbar, dass die Eheleute vereinbaren, dass die auf diese Zeit entfallende Anwartschaft nicht ausgeglichen wird. Denkbar ist auch, das betreffende Anrecht insgesamt aus dem Versorgungsausgleich herauszunehmen und im Gegenzug ein wertmäßig vergleichbares Anrecht des anderen Ehegatten ebenfalls nicht auszugleichen. 91

Verfahrensrechtlich hat das Familiengericht gem. § 224 IV FamFG die dem Ausgleich nach der Scheidung vorbehaltenen Anrechte in der Begründung der Entscheidung zu benennen. 92

Beispiel: 93

Das Anrecht des Antragstellers bei der A-GmbH bleibt dem Ausgleich nach der Scheidung vorbehalten, weil es gem. § 19 II VersAusglG nicht ausgleichsreif ist.

b) **Geringfügigkeit – § 18 VersAusglG.** § 18 VersAusglG sieht vor, dass **in bestimmten Fällen der Geringfügigkeit ein Ausgleich des Anrechts unterbleibt.** Anders als in den Fällen der fehlenden Ausgleichsreife unterbleibt der Ausgleich hier endgültig, findet also auch nicht im Rahmen des Ausgleichs nach der Scheidung statt. Das Gericht hat daher in den Fällen des **Ausschlusses** wegen der Geringfügigkeit dies gem. § 224 III FamFG ausdrücklich **im Tenor festzustellen.** 94

Beispiel: 95

Der Ausgleich des Anrechts des Antragstellers bei der .... findet nicht statt.

§ 18 VersAusglG enthält zwei verschiedene Fälle der Geringfügigkeit

96 *aa) Geringfügigkeit der Differenz der Ausgleichswerte – § 18 I VersAusglG.* Das Familiengericht soll beiderseitige Anrechte gleicher Art nicht ausgleichen, wenn die Differenz ihrer Ausgleichswerte gering ist. Die **Differenz der Ausgleichswerte ist gering,** wenn sie, in Bezug auf den Rentenwert, nicht mehr als 2% oder in Bezug auf den Kapitalwert nicht mehr als 240% der monatlichen Bezugsgröße gem. § 18 SGB IV beträgt (§ 18 III VersAusglG). Dies sind derzeit 51,10 EUR bzw. 6.132,– € (Stand 2011). Weiter muss es sich um **Anrechte gleicher Art handeln.** Dies setzt eine **strukturelle Übereinstimmung der Anrechte in den wesentlichen Eigenschaften** wie Leistungsspektrum, Finanzierungsart, Bezugsgröße und Anpassung im Anwartschafts- und Leistungsstadium voraus (BT-Drs. 16/10144 S. 61; *OLG Karlsruhe,* FamRZ 2011, 641, 642). Gleichartig sind demnach jedenfalls Anwartschaften aus der gesetzlichen Rentenversicherung unabhängig davon, bei welchem Versicherungsträger sie bestehen. Wegen der Regelung in § 120f II SGB VI sind die **verschiedenen Arten der Entgeltpunkte** (Entgeltpunkte/Entgeltpunkte Ost/knappschaftliche Entgeltpunkte) im Verhältnis zueinander **nicht gleichartig** (*OLG Celle,* FamRZ 2010, 979ff.; *OLG Dresden,* FamRZ 2010, 1804f.; a.A. *OLG Oldenburg,* FamRZ 2011, 643, 644). Geht es um Anwartschaften aus einer Lebens- oder Rentenversicherung, ist eine Gleichartigkeit in der Regel nur dann gegeben, wenn beiden Anwartschaften derselbe Versicherungstarif zugrunde liegt, was nur selten der Fall sein dürfte.

97 *bb) Geringfügigkeit des einzelnen Anrechts – § 18 II VersAusglG.* Nicht ausgeglichen werden auch Anrechte, deren **Ausgleichswert isoliert betrachtet nur gering ist.** Hier kommt es für die Geringfügigkeit des Ausgleichswertes darauf an, ob in Bezug auf den Rentenwert nicht mehr als 1% und in Bezug auf den Kapitalwert nicht mehr als 120% der monatlichen Bezugsgröße gem. § 18 SGB IV überschritten werden (§ 18 III VersAusglG). Dies sind derzeit 25,55 EUR und 3.066,– EUR (Stand 2011).

98 *cc) Verhältnis des § 18 I VersAusglG zu § 18 II VersAusglG.* **Umstritten ist das systematische Verhältnis** der Geringfügigkeitsbestimmung des Absatzes I zu Absatz II. Zum einen wird vertreten, dass § 18 I VersAusglG in einem **Exklusivitätsverhältnis** zu § 18 II VersAusglG steht. Handele es sich um vergleichbare Anrechte, deren Differenz der Ausgleichswert aber nicht geringfügig gem. § 18 I ist, dürfen die einzelnen vergleichbaren Anrechte nicht mehr isoliert gem. § 18 II VersAusglG auf ihre Geringfügigkeit hin überprüft werden (*OLG München,* FamRZ 2010, 1664; *OLG Hamburg,* FamRZ 2011, 1403). Die **Gegenansicht** meint demgegenüber, dass im Rahmen der Geringfügigkeitsprüfung nach § 18 VersAusglG zwar zunächst Abs. I zu prüfen ist, danach aber noch Raum verbleibt, eine Geringfügigkeit auch des einzelnen Anrechts gem. Abs. II festzustellen. Es bestehe zwischen beiden Absätzen zwar ein **Rang-, aber kein Exklusivitätsverhältnis** (*OLG Dresden,* NJW 2010, 3312; *OLG Karlsruhe,* FamRZ 2011, 479).

99 *dd) Ausübung des Ermessens.* Sowohl in den Fällen des Abs. I als auch des Abs. II **„soll" das Gericht den Ausgleich nicht durchführen.** Das Gericht hat daher nach pflichtgemäßem Ermessen zu entscheiden, ob ein Ausgleich trotz Geringfügigkeit dennoch durchzuführen ist. Die Durchführung des Ausgleichs bedarf in diesen Fällen also der **besonderen Begründung.** Gründe hierfür können insbesondere sein, dass der Berechtigte über mehrere jeweils für sich betrachtet geringfügige Anrechte verfügt, die aber kumuliert die Geringfügigkeitsschwelle überschreiten (*Johannsen/Henrich Holzwarth,* Familienrecht, § 18 VersAusglG Rn. 18). In Bezug auf Anwartschaften aus **der gesetzlichen Rentenversicherung** wird vertreten, dass dieses **Regel-Ausnahmeverhältnis umzukehren** ist, also trotz Geringfügigkeit in der Regel ein Ausgleich durchzuführen ist (so *OLG Celle,* FamRZ 2010, 979ff.; *OLG Dresden,* FamRZ 2010, 1804; aA *OLG Stuttgart,* FamRZ 2010, 1805 und FamRZ 2011, 41f.).

9. Beschränkung oder Wegfall des Versorgungsausgleichs wegen grober Unbilligkeit – § 27 VersAusglG

100 a) **Anwendungsbereich.** Der Versorgungsausgleich bezweckt, zu einer ausgewogenen Alterssicherung beider Ehegatten beizutragen, indem beide Ehegatten an den in der Ehezeit erworbenen Versorgungsanrechten jeweils zur Hälfte teilhaben. Die starre Durchführung des Versorgungsausgleichs kann **im Einzelfall aber zu unbilligen Ergebnissen** führen, die mit seinen Grundgedanken nicht zu vereinbaren sind.

101 Hier gibt die Vorschrift des § 27 VersAusglG ein **Korrektiv,** indem sie es ermöglicht, in besonderen Härtefällen den Versorgungsausgleich auszuschließen oder gekürzt durchzuführen. Die Anwendung der Härteklausel des § 27 VersAusglG kommt dabei nur in Betracht, wenn die starre Durchführung des **Wertausgleichs dem Grundgedanken des Versorgungsausgleichs in unerträglicher Weise widersprechen würde** (*BGH,* FamRZ 2009, 205). Als **spezielle Regelung** schließt § 27 VersAusglG den Verwirkungseinwand oder den Einwand der unzulässigen Rechtsausübung gem. § 242 BGB aus (*BGH,* FamRZ 2007, 996, 1000).

102 § 27 VersAusglG knüpft im Ausgangspunkt an das einzelne Anrecht an und ermöglicht damit eine **anrechtsbezogene Korrektur.** Grenze der anrechtsbezogenen Korrektur ist der **Halbteilungsgrundsatz.** So ist es zwar möglich, den Ausgleich eines oder auch aller Anrechte eines Ehegatten gem. § 27 VersAusglG auszuschließen. Es ist aber nicht zulässig, über die Härtefallregelung mehr als die Hälfte des

auszugleichenden Anrechts zu übertragen (*Johannsen/Henrich/Holzwarth*, Familienrecht, § 27 VersAusglG Rn. 19). Wirkt ein Ehegatte beispielsweise treuwidrig auf ein an sich auszugleichendes Anrecht ein, in dem er es dem Versorgungsausgleich entzieht, kann dies zwar dazu führen, dass im Gegenzug ein Anrecht des benachteiligten Ehegatten zur Kompensation nicht ausgeglichen wird (*OLG Brandenburg*, FamRZ 2011, 723). Nicht zulässig ist es aber, ein anderes Anrecht des treuwidrig handelnden Ehegatten mit mehr als der Hälfte des ehezeitlichen Anteils zu übertragen oder gar über § 27 VersAusglG den Fortbestand des vereitelten Anrechts zu fingieren. Die Anwendung des § 27 VersAusglG darf auch nicht dazu führen, dass dem insgesamt betrachtet ausgleichspflichtigen Ehegatten unter Anwendung des § 27 VersAusglG mehr Anrechte verbleiben, als er ursprünglich hatte oder dem insgesamt betrachtet Ausgleichsberechtigten weniger Anrechte verbleiben, als er ursprünglich besaß. Die **Gesamtausgleichsrichtung** darf also **nicht umgekehrt werden** (*Johannsen/Henrich/Holzwarth*, Familienrecht, § 27 VersAusglG Rn. 19).

b) Verfahren. Da der Grundsatz der Amtsermittlung gilt, sind die Voraussetzungen für einen Ausschluss oder eine Kürzung des Versorgungsausgleichs **von Amts wegen zu ermitteln,** wenn dem Richter entsprechende Umstände bekannt geworden sind, die eine Korrektur nach § 27 VersAusglG erfordern könnten. Eines förmlichen Antrages der Beteiligten auf Ausschluss des Versorgungsausgleichs bedarf es nicht. 103

Das Gericht muss jedoch nicht ohne irgendwelche Anhaltspunkte von sich aus Umstände ermitteln, die den Tatbestand des § 27 VersAusglG erfüllen könnten. Vielmehr sind diese Umstände von den Beteiligten vorzutragen. Die Härteklausel des § 27 VersAusglG ist eine anspruchsbegrenzende Norm. Ihre tatsächlichen Voraussetzungen muss nach allgemeinen **Darlegungs- und Beweislastregeln** derjenige geltend machen, der die Herabsetzung des Ausgleichs erstrebt (*BGH*, FamRZ 2007, 366, 367). 104

In die **Gesamtabwägung sind sämtliche Lebensumstände der Ehegatten** einzubeziehen, die für ihre gegenwärtige und künftige wirtschaftliche Situation von Bedeutung sind. Dabei sind nicht nur die bis zum Ehezeitende eintretenden Umstände, sondern auch danach stattfindende Entwicklungen mit in Betracht zu ziehen. **Maßgeblicher Beurteilungszeitpunkt** ist derjenige der letzten Tatsacheninstanz. Soweit es sich um Umstände handelt, deren künftige Entwicklung über diesen Zeitpunkt hinausgeht, muss das Gericht eine Prognose treffen. Ist eine künftige Entwicklung aus der Sicht der letzten mündlichen Verhandlung in der Tatsacheninstanz als sicher zu erwarten, ist die künftige Entwicklung einzubeziehen (*BGH*, FamRZ 1996, 1540). 105

Es ist nicht möglich, die Abwägung im Erstverfahren dadurch zu umgehen, dass man den Ausgleichsverpflichteten wegen der Geltendmachung von Härtegründen auf ein späteres Abänderungsverfahren verweist (*BGH*, FamRZ 1996, 1540). Über die Anwendung der Härteklausel des § 27 VersAusglG **muss im Erstverfahren entschieden werden.** 106

c) Fallgruppen. Die Regelung des § 27 VersAusglG umfasst verschiedene, nicht abschließend aufgeführte Fallgruppen. 107

aa) Erhebliches wirtschaftliches Ungleichgewicht. § 27 VersAusglG greift ein, wenn der Versorgungsausgleich sein Ziel, zu einer ausgewogenen sozialen Sicherheit der Ehegatten für den Fall des Alters oder der Berufs- bzw. Erwerbsfähigkeit beizutragen, nicht erreicht, sondern im Gegenteil **zu einem erheblichen wirtschaftlichen Ungleichgewicht** zu Lasten eines Ehegattens führen würde. Davon kann ausgegangen werden, wenn im Zeitpunkt der Erstentscheidung über den Versorgungsausgleich klar abzusehen ist, dass ein Ehegatte bei Erreichen der Altersgrenze auch ohne Versorgungsausgleich über eine im Verhältnis zum anderen Ehegatten unverhältnismäßig hohe Altersversorgung verfügen wird, während der andere Ehegatte auf die von ihm ehezeitlich erworbenen Versorgungsanrechte zur Sicherung seines Unterhalts dringend angewiesen ist (*BGH*, FamRZ 2005, 1238, 1239; *BGH*, FamRZ 2007, 1084, 1086). 108

bb) Versorgungsvereitelung. Eine grobe Unbilligkeit kann sich auch daraus ergeben, dass ein Ehegatte in zurechenbarer Weise den Ausgleichwert seiner Versorgungsanwartschaften verkürzt oder ganz hat entfallen lassen. Allerdings rechtfertigt nicht jedes Einwirken auf die eigenen Anwartschaften zum Nachteil des anderen Ehegatten die Anwendung des § 27 VersAusglG. Es werden vielmehr nur solche Verhaltensweisen erfasst, durch die der Ehegatte die Versorgung in Erwartung der Scheidung oder nach der Scheidung **treuwidrig und ohne zureichenden Grund bewusst** zu seinen Gunsten beeinflusst hat mit der Folge, dass dies für ihn – ohne entsprechende Korrektur – zu unberechtigten Vorteilen führen würde (*BGH*, FamRZ 1988, 709, 710; *BGH*, FamRZ 1986, 658). 109

cc) Unterhaltspflichtverletzung in der Ehezeit. Ein Fall der groben Unbilligkeit kann sich ferner daraus ergeben, dass der ausgleichsberechtigte Ehegatte während der Ehe längere Zeit hindurch seine Pflicht zum Lebensunterhalt der Familie beizutragen gröblich verletzt hat. Ob diese Fallgruppe nur die Unterhaltspflichtverletzungen nach den **§§ 1360, 1360 a BGB** oder auch die Verletzung der Unterhaltspflicht gegenüber dem getrennt lebenden Ehegatten nach **§ 1361 BGB** und gegenüber den ehelichen Kindern nach **§§ 1601 ff. BGB** erfasst (so *Johannsen/Henrich/Holzwarth,* Familienrecht, § 27 VersAusglG Rn. 43), hat der BGH bisher offengelassen (*BGH*, FamRZ 1986, 658; *BGH*, FamRZ 1989, 1060, 1061). 110

111 Allerdings entfällt eine Anwendung des § 27 VersAusglG, soweit es die Zeit nach dem Ende der Ehe iSv § 3 I VersAusglG betrifft, da nur ehezeitbezogene Anrechte vom Versorgungsausgleich erfasst werden und dann auch nur insoweit eine Korrektur in Betracht kommt (*OLG Brandenburg*, FamRZ 1998, 299, 300). Es reicht überdies **nicht jede Unterhaltspflichtverletzung** aus, um den Versorgungsausgleich herabzusetzen oder auszuschließen. Vielmehr muss es sich um eine gröbliche Unterhaltspflichtverletzung handeln. Dies ist dann der Fall, wenn Merkmale vorliegen, **die dem pflichtwidrigen Verhalten ein besonderes Gewicht verleihen**, zB wenn der Unterhaltsberechtigte dadurch in ernsthafte Schwierigkeiten bei der Deckung seines Lebensbedarfs geraten ist (*BGH*, FamRZ 1986, 658).

112 *dd) Phasenverschobene Ehe.* Ist der im Rahmen der Vorsorgevermögensbilanz insgesamt **Ausgleichsberechtigte wesentlich älter** und beruhen seine geringeren Anwartschaften in erster Linie darauf, dass er während der Ehezeit altersbedingt nicht mehr gearbeitet hat und damit auch keine Anwartschaften erworben hat, dann kann dies ebenfalls zur Anwendung des § 27 VersAusglG führen. Dies gilt nach dem BGH jedenfalls dann, wenn noch eine längere Trennungszeit hinzukommt (*BGH*, FamRZ 2007, 1084, 1087).

113 *ee) Lange Trennungszeit.* Leben die Eheleute lange Zeit getrennt, kann auch dies zu einem **teilweisen Ausschluss des Versorgungsausgleichs** gem. § 27 VersAusglG führen. Denn Kerngedanke des Versorgungsausgleichs ist, dass die Eheleute im Rahmen der bestehenden Ehe eine Versorgungsgemeinschaft begründen, deren Früchte bei Scheitern der Ehe zwischen den Eheleuten aufgeteilt werden. Hieran fehlt es aber zumindest partiell, wenn die Eheleute schon längere Zeit nicht mehr in intakter Lebensgemeinschaft zusammenleben (*BGH*, FamRZ 2008, 1836). Hier kommt es dann für die Abwägung auf die **Umstände des Einzelfalls** an, wobei die Trennungsdauer ins Verhältnis zur gesamten Ehezeit zu setzen ist. Eine feste Grenze besteht hier nicht (*BGH*, FamRZ 2007, 1805, 1807). Liegen die Voraussetzungen der groben Unbilligkeit vor, kommt es zur Ausklammerung der auf die Trennungszeit entfallenden Anwartschaften beider Ehegatten (*Johannsen/Henrich/Hahne*, Familienrecht, § 27 VersAusglG Rn. 32).

114 *ff) Fehlen einer Versorgungsgemeinschaft.* Ein Ausschluss des Versorgungsausgleichs kommt gem. § 27 VersAusglG ferner dann in Betracht, wenn zwischen den Eheleuten eine Versorgungsgemeinschaft nicht begründet wurde (*BGH*, FamRZ 1981, 944, 945). Dies ist insbesondere der Fall, wenn die Eheleute **nach der Heirat nie tatsächlich zusammengewohnt** haben, was in der Praxis bei einer Heirat im Ausland und gescheitertem Nachzug eines der Ehegatten nach Deutschland durchaus vorkommt.

II. Versorgungsausgleich nach Durchführung des Scheidungsverfahrens

115 Zu einem Ausgleich des Anrechts nach der Scheidung gem. den §§ 20 ff. VersAusglG kommt es, wenn eine interne oder externe Teilung des Anrechts nicht möglich ist. **Dies ist der Fall, wenn die Anwartschaft** entweder **nicht ausgleichsreif** iSd § 19 VersAusglG ist (siehe hierzu oben I. 8. a) oder aber die Eheleute in einer **Vereinbarung** das Anrecht dem Ausgleich nach der Scheidung unterstellt haben (§ 6 I Nr. 3 VersAusglG). Auch der Ausgleich eines Anrechts aus einer **laufenden Privatversorgung wegen Invalidität** ist nach den §§ 20–23 ff. VersAusglG durchzuführen (§ 28 III VersAusglG).

1. Zahlung einer Ausgleichsrente

116 Im Regelfall erfolgt der Ausgleich eines Anrechts nach der Scheidung durch Zahlung einer Ausgleichsrente. Die Ausgleichsrente ist vom Ausgleichsverpflichteten an den Ausgleichsberechtigten in Höhe des hälftigen Ehezeitanteils der Anwartschaft zu zahlen. Da sich der Anspruch nicht gegen den Versorgungsträger unmittelbar richtet und dem Ausgleichsberechtigten auch kein eigener Versorgungsanspruch gegen den Versorgungsträger eingeräumt wird, spricht das Gesetz in § 20 auch von der schuldrechtlichen Ausgleichsrente. Sie kann erst verlangt werden, wenn **die ausgleichspflichtige Person** aus dem noch nicht ausgeglichenen Anrecht bereits **eine Rente bezieht** (§ 20 I VersAusglG) und die **ausgleichsberechtigte Person** entweder ebenfalls aus einer Anwartschaft iSd § 2 VersAusglG eine laufende Versorgung bezieht (§ 20 II Nr. 1 VersAusglG), die Regelaltersgrenze der gesetzlichen Rentenversicherung erreicht hat (§ 20 II Nr. 2 VersAusglG) oder aber die gesundheitlichen Voraussetzungen für den Bezug einer laufenden Versorgung wegen Invalidität erfüllt (§ 20 II Nr. 3 VersAusglG). Das Abstellen auf den Zeitpunkt des Leistungsbezuges durch den Ausgleichsverpflichteten stellt sicher, dass die Ausgleichsrente aus der laufenden Versorgung geleistet werden kann.

117 Meist sind die Voraussetzungen für die Zahlung einer schuldrechtlichen Ausgleichsrente zum Zeitpunkt der Scheidung noch nicht gegeben, so dass hierüber später in einem **isolierten Verfahren** zu entscheiden ist. Das Verfahren ist **nur auf Antrag** durchzuführen, § 223 FamFG. An den Antrag sind keine strengen Anforderungen zu stellen. Die geforderte Ausgleichsrente braucht insbesondere nicht beziffert zu werden (*BGH*, FamRZ 1989, 950). In dem Verfahren gilt der Amtsermittlungsgrundsatz des § 26 FamFG. Es besteht kein Anwaltszwang.

118 Die gegenüber dem Ausgleich nach der Scheidung bestehende rechtliche Schwäche des Anspruchs auf Zahlung einer Ausgleichsrente liegt darin, dass sie schuldrechtlich ausgestaltet ist und damit von der

Person des Ausgleichspflichtigen abhängt. Deshalb räumt § 21 VersAusglG dem Ausgleichsberechtigten das Recht ein, die **Abtretung des Versorgungsanspruchs in Höhe der Ausgleichsrente** zu verlangen.

Der Tenor kann lauten: 119

Formulierungsbeispiel:

Der Antragsgegner wird verpflichtet, zum Ausgleich des bei ... bestehenden Anrechts an die Antragstellerin beginnend mit dem ... eine monatlich im Voraus zu leistende Ausgleichsrente von ... EUR zu zahlen. Er wird weiter verpflichtet, seinen Rentenanspruch gegen ... in gleicher Höhe an die Antragstellerin abzutreten.

Der **Anspruch endet mit dem Tod** des Ausgleichspflichtigen (§ 31 III 1 VersAusglG). Ist in der Versorgungsordnung eine Hinterbliebenenversorgung vorgesehen, hat der Ausgleichsberechtigte nach dem Tode des Verpflichteten gegen den Versorgungsträger einen **Anspruch auf Teilhabe an der Hinterbliebenenversorgung** gem. § 25 VersAusglG, über den auf Antrag im Streitfall ebenfalls durch das Familiengericht zu entscheiden ist. Durch eine **Wiederverheiratungsklausel** kann der Versorgungsträger den Versorgungsanspruch im Falle einer erneuten Heirat der Witwe oder des Witwers ausschließen. Dies gilt dann auch für den Anspruch auf Teilhabe der geschiedenen Witwe oder des geschiedenen Witwers gem. § 25 VersAusglG (*BGH*, Beschluss vom 13. 4. 2011, FamRZ 2011, 961). 120

Die zu zahlende Ausgleichsrente beläuft sich auf die Hälfte des Ehezeitanteils der Versorgung. Die **Auskunft des Versorgungsträgers** muss sich anders als bei der internen oder externen Teilung auf den **ehezeitlichen Rentenbetrag beziehen** (§ 5 IV 1 VersAusglG). Die Bewertung des Anrechts im übrigen richtet sich nach § 41 VersAusglG (siehe hierzu oben I. 6. c). **Von der Bruttoausgleichsrente** sind die auf den Ausgleichswert entfallenden **Sozialversicherungsbeiträge abzuziehen** (§ 20 I 2 VersAusglG). Veränderungen des Versorgungsanrechts, die nach dem Ende der Ehezeit eintreten, sind bei der Wertermittlung zu berücksichtigen, wenn sie auf den Ehezeitanteil zurückwirken (§ 5 II 2 VersAusglG). § 5 IV 2 VersAusglG stellt klar, dass dies insbesondere für allgemeine Wertanpassungen des Anrechts gilt. Auch soll der Ausgleich unterbleiben, wenn der Ausgleichswert geringfügig ist (§ 20 I 3 i. V. m. § 18 VersAusglG). 121

Ist das Anrecht nicht auf Zahlung einer laufenden Rente, sondern eines Kapitalbetrages gerichtet, findet auch der Ausgleich nicht durch Zahlung einer Ausgleichsrente sondern durch Zahlung des Ausgleichswertes als Kapitalbetrag statt (§ 22 VersAusglG). 122

2. Anspruch auf Abfindung

Neben dem Anspruch auf Zahlung einer Ausgleichsrente kann der Ausgleich auch durch Zahlung einer Abfindung bewirkt werden (§ 23 VersAusglG). Diese Gewährung einer Abfindung ist nicht an den Bezug einer Versorgung durch die Eheleute geknüpft. **Der Anspruch kann also bereits im Rahmen des Scheidungsverfahrens geltend gemacht werden,** was den Eheleuten trotz fehlender Ausgleichsreife eines Anrechts eine zeitnahe Gesamterledigung des Versorgungsausgleichs ermöglicht. 123

Die Geltendmachung des Abfindungsanspruchs **bedarf stets eines besonderen Antrages** des ausgleichsberechtigten Ehegatten (§ 223 FamFG). Ferner muss das Anrecht **unverfallbar** sein, mithin nur noch der Eintritt der Fälligkeit fehlen (*Johannsen/Henrich/Holzwarth*, Familienrecht, § 23 VersAusglG Rn. 5) und die **Zahlung der Abfindung** für den Ausgleichverpflichteten **zumutbar** sein (§ 23 II VersAusglG). Der Ausgleichsverpflichtete kann Ratenzahlung nach Billigkeit verlangen. Die **Höhe der Abfindung** bemisst sich gem. § 24 I VersAusglG nach dem Zeitwert des Ausgleichswertes. Die Abfindung hat der Verpflichtete nicht direkt an den Berechtigten sondern nach dessen Wahl an einen den Maßstäben des § 15 VersAusglG entsprechenden **Zielversorgungsträger** zu zahlen (§ 24 II VersAusglG). 124

Formulierungsbeispiel: 125

Der Antragsgegner wird verpflichtet, zur Abfindung des schuldrechtlichen Ausgleichsanspruchs der Antragstellerin hinsichtlich des bei der .... bestehenden Anrechts des Antragsgegners einen Betrag von ... EUR auf den für die Antragstellerin bei der ... bestehenden Lebensversicherungsvertrag (VersNr. ...) zu zahlen.

III. Abänderungs-, Umstellungs- und Anpassungsverfahren

1. Abänderungsverfahren

Die in der Erstentscheidung angeordnete hälftige Teilung der Versorgungsanwartschaften kann später infolge nachträglich eintretender Änderungen unter Umständen nicht mehr hälftig realisiert werden. Um die Halbteilung auch in diesen Fällen sicherzustellen, hat der Gesetzgeber das Abänderungsverfahren nach § 225 FamFG eingeführt. Das Abänderungsverfahren eröffnet den geschiedenen Ehegatten unter bestimmten Voraussetzungen die Möglichkeit, eine bereits **rechtskräftige familiengerichtliche Entscheidung** über den Wertausgleich bei der Scheidung **nachträglich den veränderten Verhältnissen** anzupassen. 126

Nach § 225 I FamFG ist das Abänderungsverfahren **beschränkt auf Anrechte der Regelsicherungssysteme iSd § 32 VersAusglG** (insbes. gesetzliche Rentenversicherung und Beamtenversorgung). Entschei- 127 dungen über den Ausgleich von Anrechten aus der betrieblichen Altersversorgung und der privaten Rentenversicherung unterliegen demgegenüber keiner Abänderungsmöglichkeit.

128 Eine Abänderung findet statt, wenn es zu einer nachträglichen Änderung der rechtlichen oder tatsächlichen Verhältnisse gekommen ist, die auf den Ausgleichswert des Anrechts zurückwirken und zu einer **wesentlichen Wertänderung führen** (§ 225 II FamFG). Wesentlich ist die Wertänderung gem. § 225 III FamFG dann, wenn der aktuelle Ausgleichswert vom Ausgleichswert der Erstentscheidung um mindestens 5 Prozent abweicht (**relative Wertgrenze**) und bei einem Rentenbetrag mindestens 1 Prozent, in allen anderen Fällen 120 Prozent der am Ende der Ehezeit maßgeblichen Bezugsgröße nach § 18 I SGB IV übersteigt (**absolute Wertgrenze**). Aktuell sind dies 25,55 EUR oder 3.066,– EUR (Stand 2011). Unabhängig von diesen Grenzen ist eine Abänderung stets dann zulässig, wenn durch die Abänderung und Übertragung weiterer Anwartschaften die Wartezeit in der betreffenden Versorgung erfüllt würde (§ 225 IV FamFG).

129 Das Abänderungsverfahren findet **nur auf Antrag eines Ehegatten, eines Hinterbliebenen oder betroffenen Versorgungsträgers statt** (§ 226 I FamFG). Der Antrag ist ein lediglich verfahrenseinleitender Antrag. Einer Antragsbezifferung bedarf es nicht. Darzulegen ist aber, welche Versorgung einer Abänderung unterliegen soll (*Johannsen/Henrich/Hahne*, Familienrecht, § 226 FamFG Rn. 1). **Der Antrag ist frühestens sechs Monate vor** dem Zeitpunkt zulässig, ab dem ein Ehegatte voraussichtlich eine **laufende Versorgung aus dem abzuändernden Anrecht** bezieht oder dies aufgrund der Abänderung zu erwarten ist (§ 226 II FamFG).

130 Die **Abänderung der Entscheidung erfolgt nur in Bezug auf das einzelne, geänderte Anrecht.** Die Entscheidung zum Versorgungsausgleich im Übrigen unterliegt keiner erneuten Überprüfung (keine Totalrevision, anders im Rahmen des bis zum 31. 8. 2009 geltenden § 10 a VAHRG).

131 Allerdings soll es möglich sein, wenn die Voraussetzungen des Abänderungsverfahrens im übrigen vorliegen, **Rechtsanwendungsfehler der Erstentscheidung** in Bezug auf das veränderte Anrecht zu korrigieren (zweifelhaft, so aber *Borth*, Versorgungsausgleich, Rn. 1076).

132 Waren Anrechte im Erstverfahren nicht bekannt, oder sind sie versehentlich nicht einbezogen worden (**vergessene Versorgung bei der Erstentscheidung**), ist eine Abänderung gem. §§ 225 f. FamFG nicht möglich. Denn es hat sich keine nachträgliche Veränderung ergeben (*Borth*, Versorgungsausgleich, Rn. 1080). Nicht der Abänderung unterliegen auch Negativentscheidungen, bei denen fälschlich festgestellt wurde, dass in der Ehezeit keine ausgleichspflichtigen Versorgungen erworben worden seien und deshalb ein Versorgungsausgleich nicht stattfinde. Auch hier liegt keine nachträgliche Änderung vor (*Borth*, Versorgungsausgleich, Rn. 1081).

133 **Formulierungsbeispiel:**

Die Entscheidung des Amtsgerichts….-Familiengericht vom …. (Az. …) wird in Ziff. … dahingehend abgeändert, dass im Wege der internen Teilung zu Lasten des Anrechts des Antragstellers bei der DRV Bund (VersNr. …) zugunsten der Antragsgegnerin ein weiteres Anrecht in Höhe von … EP auf das Versicherungskonto Nr. … bei der DRV Nord, bezogen auf den 31. 10. 2011, übertragen wird.

Oder bei Rückübertragung:

Die Entscheidung des Amtsgerichts …-Familiengericht vom … (Az. …) wird in Ziff. … dahingehend abgeändert, dass im Wege der internen Teilung zu Lasten des Anrechts der Antragsgegnerin bei der DRV Bund (VersNr. …) zugunsten des Antragstellers ein Anrecht in Höhe von … EP auf das Versicherungskonto Nr. … bei der DRV Nord zurück übertragen wird.

2. Umstellungsverfahren

134 Ist ein **Versorgungsausgleich noch nach dem bis zum 31. 8. 2009 geltenden alten Versorgungsausgleichsrecht** der §§ 1578 ff. BGB aF durchgeführt worden, richtet sich die Abänderung dieser Entscheidung nicht nach den §§ 225 f. FamFG sondern **den §§ 51 ff. VersAusglG**. Danach ist bei einer wesentlichen Wertänderung eines Anrechts der Versorgungsausgleich **insgesamt nach neuem Recht neu zu regeln** (§ 51 I VersAusglG). Es findet also nicht nur eine Anpassung der alten Entscheidung an die veränderten Umstände statt, sondern der Versorgungsausgleich wird insgesamt nach neuem Recht neu geregelt (**Totalrevision nach neuem Recht**).

135 Anders als im Rahmen des Abänderungsverfahrens gem. den §§ 225 f. FamFG ist die Wertänderung nicht auf Anrechte der Regelsicherungssysteme beschränkt, kann sich daher auch auf ein Anrecht der betrieblichen oder privaten Altersversorgung beziehen (§ 51 III VersAusglG).

3. Anpassung des Ausgleichs nach der Rechtskraft

136 Die Regelungen in den §§ 32 ff. VersAusglG zur Anpassung nach der Rechtskraft dienen der Vermeidung von Situationen, in denen der Ausgleichsverpflichtete aufgrund des Versorgungsausgleichs eine Kürzung seiner Versorgung hinnehmen muss, ohne dass sich dies beim Berechtigten auswirkt. Das Familiengericht ist hier für **die Aussetzung der Kürzung wegen Unterhalts** zuständig (**§ 33 VersAusglG**). Dabei geht es um die Fälle, in denen der eine Ehegatte dem anderen Ehegatten Unterhalt zahlt, in der

Folgezeit in den Ruhestand tritt und nunmehr eine Rente aus einer im Versorgungsausgleich geteilten Versorgung bezieht. Wenn der unterhaltsberechtigte Ehegatte die Regelaltersgrenze noch nicht erreicht hat, kann er aus den ihm übertragenen Versorgungsanwartschaften seinerseits derzeit keine Leistungen beziehen. Diese Kombination führt in aller Regel zu einer Verringerung wenn nicht zu einem gänzlichen Wegfall des Unterhaltsanspruchs, der sich ursprünglich auf Basis der Erwerbseinkünfte und nicht der (gekürzten) Renteneinkünfte des Verpflichteten berechnet hat. Um dies zumindest partiell zu vermeiden, eröffnet § 33 VersAusglG dem Familiengericht die Möglichkeit, die aufgrund des Versorgungsausgleichs vorgenommene Kürzung der laufenden Versorgung für den Unterhaltsverpflichteten bis maximal in Höhe des zu zahlenden Unterhaltes solange auszusetzen, bis der Berechtigte seinerseits Leistungen aus dem ausgeglichenen Anrecht beziehen kann.

Formulierungsbeispiel: 137

Die Kürzung des Anrechts des Antragstellers bei der ... (VersNr. ...) wird in Höhe von ... EUR ausgesetzt.

IV. Übergangsrecht

Das **VersAusglG findet auf alle ab dem 1. 9. 2009 eingeleiteten** ebenso wie auf zu diesem Zeitpunkt 138 abgetrennten, ausgesetzten oder ruhenden **Versorgungsausgleichsverfahren Anwendung** (§ 48 I und II Nr. 1 VersAusglG). Auf davor eingeleitete Versorgungsausgleichsverfahren findet das VersAusglG Anwendung, wenn das Verfahren nach dem 1. 9. 2009 abgetrennt, ausgesetzt oder ruhend gestellt wird oder aber bis zum 1. 9. 2010 noch keine Endentscheidung im ersten Rechtszug ergangen ist (§ 48 II Nr. 2 und III VersAusglG). **Art. 111 IV und V FGG-RG** enthält die hierzu parallele Übergangsvorschrift zum Verfahrensrecht. Danach sind vom Scheidungsverbund abgetrennte und ursprünglich nach altem Recht durchzuführende Versorgungsausgleichssachen verfahrensrechtlich nunmehr als **selbständige Familiensachen fortzuführen.** Dies hat zur Folge, dass die Bewilligung von Prozesskostenhilfe für das Scheidungsverfahren nebst Folgesachen nicht mehr fortwirkt und **auf Antrag Verfahrenskostenhilfe zu bewilligen** ist (*BGH*, FamRZ 2011, 635). Auch der ursprünglich bestehende Anwaltszwang entfällt. Über die Kosten des Verfahrens ist ebenso neu zu entscheiden wie der Verfahrenswert nach neuem Recht festzusetzen ist (*OLG Jena*, FamRZ 2011, 662).

C. VI. Die Zuweisung der Ehewohnung und die Verteilung der Haushaltsgegenstände

Dr. Werner Dürbeck

Übersicht

Literatur: *Ermann,* BGB, 12. Aufl. 2008; *Gerhardt ua,* Handbuch des Fachanwalts Familienrecht, 8. Aufl. 2011; *Götz/Brudermüller,* Die gemeinsame Ehewohnung, 2008; *Gutjahr ua,* Verfahrenshandbuch Familiensachen, § 3 Ehewohnungs- und Haushaltssachen, 2. Aufl., 2010; *Haußleiter/Schulz,* Vermögensauseinandersetzung bei Trennung und Scheidung, Kapitel 4, 5. Aufl., 2010; *Kast,* Die Zuweisung der Ehewohnung und die Verteilung des Hausrates bei Trennung und Scheidung der Eheleute, 1994; *Kemper,* Der Rechtsstreit um Wohnung und Hausrat, 2004; *Klein* in: Handbuch des Fachanwalts Familienrecht, 8. Kapitel, 8. Aufl., 2011; *Schneider,* Gebühren in Familiensachen, 2009, zur allgemeinen Literatur siehe auch Literaturverzeichnis C. I.

I. Vorbemerkung

1 Das Verfahrensrecht und das materielle Recht (mit Ausnahme der Regelungen in der Trennungszeit nach §§ 1361 a, 1361 b BGB) der Zuweisung der Ehewohnung und der Verteilung des Hausrates war vom 21. 10. 1944 *(6. Durchführungsverordnung zum Ehegesetz 1938)* bis zum 31. 8. 2009 in der Verordnung über die Behandlung der Ehewohnung und des Hausrats (**HausratsVO**) geregelt. Mit Wirkung zum 1. 9. 2009 hat der Gesetzgeber diese in Zeiten kriegsbedingter Knappheit von Wohnraum und Hausrat geschaffene Rechtsquelle endgültig aufgehoben *(Art. 62 des Gesetzes zur Reform des Verfahrens in Familiensachen und in den Angelegenheiten der freiwilligen Gerichtsbarkeit vom 17. 12. 2008 und Art. 2 des Gesetzes zur Änderung des Zugewinnausgleichs- und Vormundschaftsrechts vom 6. 7. 2009)*. Die verfahrensrechtlichen Bestimmungen der HausratsVO wurden in das FamFG integriert (§§ 200–209 FamFG) und teilweise neu geregelt. Die materiell-rechtlichen Regelungen der HausratsVO wurden in das Scheidungsfolgenrecht des BGB (§§ 1568 a und 1568 b BGB) aufgenommen und ebenfalls, hier sogar strukturell, neu geregelt. Unverändert blieben lediglich die Bestimmungen der (vorläufigen) Zuweisung der Ehewohnung und der Verteilung der Haushaltsgegenstände in der Trennungszeit nach §§ 1361 a und 1361 b BGB. Der *(in der Praxis noch weit verbreitete)* Begriff des „Hausrates" wurde terminologisch vom Gesetzgeber nunmehr vollständig durch das Wort **„Haushaltsgegenstände"** ersetzt (vgl. Johannsen/Henrich/*Götz*, Vorbem. § 200 FamFG Rn. 1). Übernommen in das neue Verfahrensrecht wurde jedoch das Bestreben der HausratsVO, dem Familienrichter eine beschleunigte und flexible Regelung der Rechtsverhältnisse an der Ehewohnung und den Haushaltsgegenständen zu ermöglichen *(BT-Drs. 16/10798, S. 33)*. Die HausratsVO ist jedoch weiterhin für vor dem 1. 9. 2009 eingeleitete (isolierte) Wohnungszuweisungs- und Hausratsverfahren von Bedeutung (vgl. Art. 111 FGG-RG). Hinsichtlich der neuen materiell-rechtlichen Regelungen in §§ 1568 a und 1568 b BGB fehlen Übergangsregelungen, so dass diese auch für vor dem 1. 9. 2009 eingeleitete Verfahren anzuwenden sind (Art. 229 § 20 I EGBGB; *OLG Schleswig*, FamRZ 2010, 1985; *Erbarth*, FPR 2010, 548; eine Ausnahme besteht lediglich bei § 1370 BGB aF (vgl. hierzu Einzelheiten bei *Bäumel*, FPR 2010, 88).

2 Für die **eingetragene Lebenspartnerschaft** gelten die materiellen Bestimmungen von §§ 1568 a und § 1568 b BGB über § 17 LPartG entsprechend, für die Verteilung des Haushaltes und die Regelung betreffend die Ehewohnung in der Trennungszeit finden sich in §§ 13, 14 LPartG weitgehend mit §§ 1361 a und b BGB inhaltsgleiche Bestimmungen. Auf die **nichteheliche Lebensgemeinschaft** sind alle gesetzlichen Regelungen zum Haushalt und der Ehewohnung auch nicht entsprechend anzuwenden (*OLG Hamm*, NJW-RR 2005, 1168; *Haußleiter/Schulz*, Kap. 4 Rn. 5).

II. Die Verteilung der Haushaltsgegenstände

1. Regelungen in der Zeit des Getrenntlebens

a) **Allgemeines.** Die Trennung von Eheleuten ist sehr häufig mit dem **Auszug** eines Ehegatten aus der bisher gemeinsamen Ehewohnung verbunden. Es kommt dann zwangsläufig zur Gründung eines neuen Haushaltes durch den ausziehenden Ehegatten, der die Notwendigkeit einer Regelung zur Nutzung der bisher gemeinsam genutzten Haushaltsgegenstände bereits während der Zeit der Trennung bedingen kann. 3

In dieser Zeit vor Rechtskraft der Ehescheidung kommt, wie bei der Frage der Zuweisung der Ehewohnung (§ 1361 b BGB), auch bei der Verteilung der Haushaltsgegenstände lediglich eine **vorläufige**, dh bis zur Zeit der Rechtskraft der Ehescheidung befristete gerichtliche Regelung der **Nutzung** der einzelnen Gegenstände in Betracht. Die (endgültige) Übertragung von Alleineigentum durch das Familiengericht kann in dieser Zeit nicht beansprucht werden. 4

Die materielle Rechtsgrundlage für die vorläufige Regelung der Nutzung der Haushaltsgegenstände in der Trennungszeit findet sich in § 1361 a BGB. 5

b) **Im Alleineigentum eines Ehegatten stehende Haushaltsgegenstände.** Gemäß § 1361 a I 1 BGB kann jeder Ehegatte die in seinem **Alleineigentum** stehenden Gegenstände von dem anderen herausverlangen. Nach § 1361 a I 2 BGB muss der Alleineigentümer jedoch einen Haushaltsgegenstand dem anderen Ehegatten zum **Gebrauch** während der Trennungszeit überlassen, wenn dieser sie zum Gebrauch eines abgesonderten Haushalts benötigt und die Überlassung nach den Umständen des Falles der Billigkeit entspricht. 6

aa) Getrenntleben. Der vorbezeichnete Anspruch setzt zunächst voraus, dass die Ehegatten getrennt voneinander leben, was unter Heranziehung der **Legaldefinition** des § 1567 I BGB zu beurteilen ist (*Holzwarth*, FPR 2010, 559). 7

bb) Begriff der Haushaltsgegenstände. Als Haushaltsgegenstände gelten alle beweglichen Gegenstände und die an ihnen bestehenden Rechte, die nach den Lebens- und Vermögensverhältnissen der Ehegatten für die gemeinsame Wohnung, den Haushalt und das Zusammenleben der Familie bestimmt sind (*BGH*, NJW 1984, 484; MünchKomm-BGB/*Weber-Monecke*, § 1361a Rn. 4). Der Begriff ist nach hM weit auszulegen, wobei die **Zweckbestimmung** des jeweiligen Gegenstandes hinsichtlich dessen tatsächlicher Verwendung im Rahmen der Lebensführung der Ehegatten maßgeblich ist (Palandt/*Brudermüller*, § 1361 a Rn. 2). Entscheidend ist vor allem, dass der Gegenstand **nicht erkennbar nur zur ausschließlichen Nutzung** durch einen Ehegatten bestimmt war (*Kemper*, Rn. 315; Haußleiter/*Fest*, FamFG, § 200 Rn. 6). Weder die Eigentumsverhältnisse, der Wert des jeweiligen Gegenstandes noch der Zeitpunkt der Anschaffung sind von Bedeutung. Damit können auch **Luxusgegenstände** als Haushaltsgegenstände angesehen werden, auch wenn diese **neben** der Nutzung im Haushalt der Familie als Kapitalanlage dienten (*Kemper*, Rn. 320). Auch Haushaltsgegenstände, die vor der Eheschließung von einem Ehegatten angeschafft wurden, fallen in den Anwendungsbereich der Regelung, entscheidend ist nur, dass sie bis zum **Zeitpunkt der Trennung** erworben wurden (Erman/*Gamillscheg*, BGB, § 1361 a Rn. 2). Nach der Trennung von einem Ehegatten angeschaffte Haushaltsgegenstände können dagegen nicht Gegenstand einer gerichtlichen Verteilung sein, unterfallen jedoch dem Zugewinnausgleich, wenn sie vor dem maßgeblichen Stichtag (§ 1384 BGB) angeschafft wurden. 8

Streitig ist, ob und unter welchen Voraussetzungen auch ein **Pkw** als Haushaltsgegenstand angenommen werden kann. Nach einer im Vordringen befindlichen Meinung soll ein PKW bereits dann als Haushaltsgegenstand verteilt werden können, wenn die Familie nur einen Wagen hatte und dieser zumindest auch für Familienzwecke genutzt wurde, ohne dass es darauf ankäme, ob die berufliche Nutzung des PKW durch einen Ehegatten überwiegt habe (*OLG Düsseldorf*, NJW 2007, 1001; Johannsen/Henrich/*Götz*, § 1361 a BGB Rn. 10). Die wohl noch herrschende und vorzugswürdige Auffassung sieht einen PKW nur dann ausnahmsweise als Haushaltsgegenstände an, wenn dieser nach der gemeinsamen Zweckbestimmung der Ehegatten nicht **vorrangig für berufliche Zwecke** eines Ehegatten genutzt wurde (*BGH*, FamRZ 1992, 538; FA-FamR/*Klein*, Kap. 8 Rn. 100). 9

Problematisch ist weiterhin die Einbeziehung von **Haustieren** in die gerichtliche Verteilung des Hausrates. Diese sind zwar keine Sachen im Rechtsinne (§ 90 a BGB), sie sind jedoch nach ganz hM als Haushaltsgegenstände iSd § 1361 a BGB zu behandeln (*OLG Bamberg*, FamRZ 2004, 559; für analoge Anwendung: *Erbarth*, FPR 2010, 548). Nicht als Haushaltsgegenstände anzusehen sind jedoch Tiere, die zum Zwecke der Gewinnerzielung oder im ausschließlichen Freizeitinteresse eines Ehegatten (zB Reitpferd) gehalten werden (FA-FamR/*Klein*, Kap. 8 Rn. 87). Streitig ist, ob die gesetzlichen Vorschriften zur Verteilung des Hausrates auch zu einer **Regelung des Umganges mit einem Haustier**, insbesondere eines Hundes ermächtigen (so mit beachtlichen Gründen *AG Bad Mergentheim*, FamRZ 1998, 1432 nach Einholung eines tierpsychologischen Sachverständigengutachtens entgegen der ganz hM, etwa OLG *Hamm*, MDR 2011, 104; Staudinger/*Voppel*, § 1361 a BGB Rn. 14). 10

11 Wegen weiterer Einzelfälle zur Einordnung als Haushaltsgegenstände sei auf die Zusammenstellung von *Kemper*, Rn. 323 und die gängige Kommentarliteratur zu § 1361 a BGB verwiesen.

12 *cc) Alleineigentum.* Der Anspruch nach § 1361 a I 1 BGB setzt weiter Alleineigentum des anspruchstellenden Ehegatten an dem betreffenden Gegenstand voraus. Nach allgemeiner Auffassung genügt auch eine Anwartschaft (*BGH*, FamRZ 1984, 557), etwa bei Erwerb unter Eigentumsvorbehalt, oder auch der mittelbare Besitz bei sicherungsübereigneten Sachen. Ungeachtet der Amtsermittlungspflicht des Familiengerichts (§ 26 FamFG, siehe Rn. 44) und des Fehlens einer Beweislast im Sinne der Dispositionsmaxime trifft den Antragsteller für die Frage seines behaupteten Alleineigentums die Darlegungs- und Feststellungslast (*Haußleiter/Schulz*, Kap. 4 Rn. 194). Er kann etwa geltend machen, den Gegenstand bereits vor Eingehung der Ehe zu Alleineigentum erworben zu haben. Dann steht ihm die gesetzliche Vermutung von **§ 1006 I BGB** im Verfahren nach § 1361 a I BGB zur Seite. Wurde der Gegenstand dagegen erst während des ehelichen Zusammenlebens angeschafft, wird nach **§ 1568 b II BGB**, der **analog** auf § 1361 a I BGB anzuwenden ist (*OLG Bamberg*, MDR 2001, 820), vermutet, dass dieser im Miteigentum beider Ehegatten steht. Es kommt dabei grundsätzlich nicht darauf an, welcher Ehegatte den Gegenstand mit welchen finanziellen Mitteln erworben hat. Zwar folgt eine dingliche Mitberechtigung des nicht am Erwerbsvorgang beteiligten Ehegatten nicht aus § 1357 BGB, da dieser keine dingliche Wirkung entfaltet (*BGH*, NJW 1991, 2283). Beim Erwerb von Haushaltsgegenständen durch einen Ehegatten werden jedoch regelmäßig auch ohne erkennbare äußere Umstände die Grundsätze des **Geschäftes, für den, den es angeht**, anzuwenden sein und zur Annahme gemeinsamen Eigentums der Eheleute führen (*BGH*, FamRZ 1991, 923; Johannsen/Henrich/*Götz*, § 1361 a BGB Rn. 53).

13 *dd) Herausgabe oder Duldung der Nutzung.* Als Rechtsfolge sieht § 1361 a I 1 BGB einen Anspruch auf **Herausgabe** der betreffenden, im Alleineigentum des Antragstellers stehenden Gegenstände gegen den anderen Partner vor. Der Anspruch ist nach zutreffender hM **lex specialis** zu § 985 BGB (BGHZ 67, 217; Palandt/*Brudermüller*, § 1361 a Rn. 12). Ihm kann insbesondere kein aus der Ehe (§ 1353 BGB) folgendes Besitzrecht nach § 986 BGB entgegen gehalten werden.

14 Auch wenn der Gesetzgeber in Abs. 1 S. 1 der gesetzlichen Regelung dem Alleineigentum des jeweiligen Ehegatten grundsätzlich den Vorrang einräumt, sieht § 1361 a I 2 BGB eine Verpflichtung aus der sozialen Bindung des Eigentums dahin vor, dass der Alleineigentümer verpflichtet ist, die **Nutzung** des Gegenstandes durch den anderen Ehegatten während der Trennungszeit zu **dulden**, wenn dieser zur Führung eines abgesonderten Haushaltes **benötigt** wird und die Überlassung im Einzelfall der **Billigkeit** entspricht. Die Regelung in S. 2 beinhaltet nicht nur eine Einwendung gegenüber dem Anspruch aus S. 1, sondern ist als **eigenständige Anspruchsgrundlage** des Nichteigentümers auf Überlassung der benötigten Gegenstände ausgestaltet (Johannsen/Henrich/*Götz*, § 1361 a BGB Rn. 26). Aus ihr folgt jedoch **keine Pflicht zur Neuanschaffung** oder Reparatur von Haushaltsgegenständen (*OLG Frankfurt*, FamRZ 2004, 1105; *Kemper*, Rn. 339). Von besonderer Bedeutung bei der Gesamtabwägung im Rahmen der Billigkeitsprüfung können **Belange der gemeinsamen Kinder** an der Nutzung der betroffenen Gegenstände, die **Dauer der Ehe** und die unterschiedlichen **finanziellen Möglichkeiten** einer Ersatzbeschaffung sein (*Holzwarth*, FPR 2010, 559, 561). Eine Überlassung wird dann nicht in Betracht kommen, wenn der Nichteigentümer-Ehegatte bereits mit einem neuen Partner zusammenlebt und der Gegenstand auch von diesem mitgenutzt werden soll (Erman/*Gamillscheg*, BGB, § 1361 a Rn. 10). In Zweifelsfällen genießt das Eigentumsrecht den Vorrang, da Abs. 1 S. 2 als Ausnahme zu § 1361 a I 1 ausgestaltet ist.

15 c) **Im Miteigentum stehende Haushaltsgegenstände.** Im **Miteigentum** beider Ehegatten stehende Haushaltsgegenstände können nach § 1361 a II BGB nach den Grundsätzen der **Billigkeit** verteilt werden. Maßgeblich ist insoweit, welcher Ehegatte die Sachen **dringender** als der andere benötigt. Es gelten auch hier die unter *Rn. 21* genannten Billigkeitskriterien, welche ebenfalls nur eine vorläufige Zuweisung der Sachen zum Zwecke der Nutzung erlauben. Die Eigentumsverhältnisse an den betroffenen Gegenständen bleiben nach § 1361 a IV BGB hiervon unberührt. Wie bei § 1361 a I BGB schuldet auch bei § 1361 a II BGB der verpflichtete Ehegatte nicht den **Transport** der Gegenstände oder dessen Kosten (Palandt/*Brudermüller*, BGB, § 1361 a Rn. 15; *LG Traunstein*, FamRZ 2008, 894). Schafft der Ehegatte, dem ein Haushaltsgegenstand überlassen worden war, einen Ersatzgegenstand an, weil dieser etwa abhanden gekommen ist, tritt das **Surrogat** nach Aufhebung von § 1370 BGB aF nicht mehr an dessen Stelle, sondern wird in der Regel Alleineigentum des erwerbenden Ehegatten.

16 d) **Nutzungsvergütung.** In den Fällen von § 1361 a I und II BGB kann gemäß § 1361 a III 2 BGB dem verpflichteten Ehegatten für die Überlassung der Gegenstände eine angemessene Vergütung durch das Familiengericht zuerkannt werden. Die Höhe richtet sich nach dem **objektiven Nutzungswert** der betroffenen Gegenstände (*Haußleiter/Schulz*, Kap. 4 Rn. 155), dabei sind auch die finanziellen Möglichkeiten des berechtigten Ehegatten zu berücksichtigen (*OLG München*, FamRZ 1998, 1230).

17 e) **Verhältnis zum possesorischen Besitzschutz.** Viel diskutiert wurde in der Vergangenheit vor der gesetzlichen Reform zum 1. 9. 2009 das Problem des Verhältnisses von § 1361 a I und II BGB zu § 861 BGB, wenn ein Ehegatte durch **verbotene Eigenmacht** nach § 858 BGB Haushaltsgegenstände aus der

Ehewohnung entfernt hatte und der andere eine Regelung nach § 1361 a I oder II BGB begehrte. Vor dem 1. 9. 2009 beeinflusste dieses Problem die Frage der sachlichen Zuständigkeit des Familiengerichtes, da allgemeine zivilrechtliche Ansprüche unter Ehegatten nicht bei den Familiengerichten geltend gemacht werden konnten. Mit Inkrafttreten des FamFG besteht dieses Problem zwar nicht mehr, da auch Ansprüche nach § 861 BGB in der Trennungszeit in die sachliche Zuständigkeit des Familiengerichts für **sonstige Familiensachen** iSd §§ 111 Nr. 10, 112 Nr. 3, 266 I Nr. 3 FamFG fallen. Die Streitfrage hat jedoch insoweit nicht an Bedeutung verloren, als ihre Beantwortung maßgeblich dafür ist, ob solche Verfahren als **Familienstreitsache** unter Geltung der Dispositionsmaxime (§§ 266, 113 I 2 FamFG) oder als **Ehewohnungs- und Haushaltssache** (§§ 200 ff. FamFG) unter Geltung des Amtsermittlungsgrundsatzes (§ 26 FamFG) zu führen sind.

Nach einer Auffassung kann in solchen Fällen wegen **freier Anspruchskonkurrenz** ausschließlich auf § 861 BGB abzustellen sein (*OLG Koblenz,* FamRZ 2009, 1934; MünchKomm-BGB/*Weber-Monecke*, § 1361a Rn. 24). Nach anderer Ansicht soll § 1361 a BGB als **lex specialis** den Anspruch nach § 861 BGB verdrängen (*OLG Frankfurt,* FamRZ 1988, 399; *OLG Köln,* FamRZ 1997, 1276). Nach der vorzugswürdigen dritten Meinung wird § 861 BGB durch § 1361 a BGB zwar nicht verdrängt, aber derart **überlagert,** dass in einem Verfahren nach § 1361 a BGB der possesorische Rückgabeanspruch unter dem Vorbehalt der Billigkeitsprüfung nach § 1361 a I 2 oder II BGB steht (*OLG Karlsruhe,* FamRZ 2007, 59; *Holzwarth*, FPR 2010, 559, 563).

2. Die Aufteilung des Haushaltes nach Rechtskraft der Ehescheidung

Nach Aufhebung der HausratsVO befinden sich nunmehr auch die materiellen Regelungen der endgültigen Aufteilung des Haushaltes im Bürgerlichen Gesetzbuch, nämlich in § 1568 b BGB. Sie wurden vom Gesetzgeber (wie auch bei der Wohnungszuweisung) in **Anspruchsgrundlagen** umgestaltet. Aufgegeben wurde die vormals in § 9 HausratsVO vorgesehene Möglichkeit der Übertragung des Eigentums an Haushaltsgegenständen, die im **Alleineigentum** des anderen Ehegatten stehen, sie wurde **ersatzlos gestrichen.** Solche Haushaltsgegenstände sind im Rahmen der Ehescheidung künftig nur noch bei der Ermittlung des Zugewinnausgleiches von Bedeutung. 18

a) Voraussetzungen. Gemäß § 1568 b I 1 BGB kann jeder Ehegatte verlangen, dass ihm der andere anlässlich der Scheidung die im **gemeinsamen Eigentum** stehenden Haushaltsgegenstände überlässt und übereignet, wenn er auf deren Nutzung unter Berücksichtigung des Wohls der im Haushalt lebenden Kinder und der Lebensverhältnisse der Ehegatten **im stärkeren Maße angewiesen** ist als der andere Ehegatte oder dies aus anderen Gründen der **Billigkeit** entspricht. 19

Für Haushaltsgegenstände, die während der Ehe für den gemeinsamen Haushalt (**entgeltlich**) angeschafft wurden, gilt gemäß § 1568 b II BGB die Vermutung von Miteigentum (siehe hierzu bereits Rn. 12). Nicht erfasst von der Vermutung werden demnach **unentgeltlich** erworbene Gegenstände, weil diese nicht unter den Begriff der Anschaffung fallen (*Erbarth*, FPR 2010, 548, 550). Allerdings wird die Auslegung nach §§ 133, 157 BGB regelmäßig auch in diesen Fällen ergeben, dass, etwa bei einer Schenkung von Haushaltsgegenständen zur Hochzeit durch Dritte, beide Ehegatten gemeinsam Eigentum erwerben sollen (MünchKomm-BGB/*Wellenhofer*, § 1568b Rn. 26). Beruft sich ein Ehegatte auf sein Alleineigentum, hat das Familiengericht gemäß § 26 FamFG von Amts wegen zu ermitteln und ggf. eine Beweisaufnahme durchzuführen. Steht danach das Alleineigentum nicht fest, ist von der **Vermutung von Miteigentum** nach § 1568 b II BGB auszugehen. 20

Nach der ersatzlosen Streichung von § 10 II HausratsVO kann § 1568 b BGB nicht entsprechend auf Gegenstände angewendet werden, an denen die Ehegatten, etwa im Rahmen eines kreditfinanzierten Erwerbes, lediglich ein **gemeinsames Anwartschaftsrecht** besitzen, da es insoweit an einer planwidrigen Gesetzeslücke mangelt (so zutreffend: *Erbarth*, FPR 2010, 548, 551; aA: Johannsen/Henrich/*Götz*, § 1568 b BGB Rn. 7). 21

Der anspruchstellende Ehegatte muss auf den betreffenden Haushaltsgegenstand **in stärkerem Maße angewiesen** sein als der andere Ehegatte. Als vorrangiges Abwägungskriterium nennt das Gesetz *(wie bei § 1361 b BGB)* das **Wohl der gemeinsamen Kinder** und erst an zweiter Stelle die **Lebensverhältnisse der Ehegatten,** wobei insbesondere unterschiedliche wirtschaftliche Möglichkeiten der Ersatzbeschaffung und eine etwaiges unterschiedliches Maß der Benutzung während der Ehe zu berücksichtigen sind (FA-FamR/*Klein*, 8. Kap. Rn. 168). Ob darüber hinaus noch die Billigkeitsklausel von Bedeutung ist, erscheint zweifelhaft (*Erbarth*, FPR 548, 551 hält sie zu Recht für überflüssig).

b) Rechtsfolge. Als Rechtsfolge sieht § 1568 b I BGB einen **Anspruch auf Überlassung und Übereignung** der betreffenden Haushaltsgegenstände gegen den anderen Ehegatten vor. Das Gesetz zielt auf eine Veränderung der dinglichen Rechtlage ab. Der andere Ehegatte wird verpflichtet, eine Willenserklärung zur dinglichen Einigung nach § 929 S. 1 BGB abzugeben. Kommt er dieser nicht nach, wird diese mit Rechtkraft der gerichtlichen Entscheidung fingiert (§§ 95 I Nr. 5 FamFG, 894 I ZPO). Im Gegensatz zum früheren Recht (§§ 8, 9 HausratsVO) kommt es damit nach zutreffender Ansicht zu keiner Übertragung des Eigentums kraft richterlichen Hoheitsaktes mehr (MünchKomm-BGB/*Wellenhofer*, 22

§ 1568b Rn. 6; *Erbarth*, FPR 2010, 548, 551; a. A.: Johannsen/Henrich/*Götz*, § 1568 b BGB Rn. 22). Einer Übertragung des unmittelbaren Besitzes bedarf es für die Eigentumsübertragung zwar nicht, eine **vollstreckbare Herausgabeverpflichtung** sollte vom Familiengericht jedoch nach § 209 I FamFG angeordnet werden (*Haußleiter/Schulz*, Kap. 4 Rn. 177).

23 c) **Anspruch auf Ausgleichszahlung.** Nach § 1568 b Abs. 3 BGB kann derjenige Ehegatte, der sein (Mit-)Eigentum nach Abs. 1 überträgt, eine angemessene Ausgleichszahlung verlangen. Die Norm ersetzt § 8 III 2 HausratsVO, ist jedoch nunmehr ebenfalls als materielle Anspruchsgrundlage ausgestaltet. Wie bei § 1361 b III 2 BGB kann der Anspruch entgegen früher hM auch dann **isoliert** geltend gemacht werden, wenn die Verteilung des Haushaltes bereits **vorher außergerichtlich** erfolgt ist (Palandt/*Brudermüller*, § 1568 b Rn. 12; MünchKomm-BGB/*Wellenhofer*, § 1568 b Rn. 17). Hierbei ist ein Wertausgleich hinsichtlich aller verteilter Haushaltsgegenstände mit den entsprechenden Verkehrswerten (idR der Wiederbeschaffungspreis, *OLG Zweibrücken*, FamRZ 1993, 82) zu finden. Auch der isoliert geltend gemachte Vergütungsanspruch ist als Haushaltssache nach § 200 II Nr. 2 FamFG und nicht als sonstige Familienstreitsache nach § 266 I Nr. 3 FamFG geltend zu machen.

24 d) **Verhältnis zum Zugewinnausgleich.** Das Verhältnis der gesetzlichen Verteilung des Haushaltes nach § 1568 b BGB zum ehelichen Güterrecht, insbesondere zur Einbeziehung der Haushaltsgegenstände in die Berechnung des Endvermögens (§ 1375 BGB) ist auch im Rahmen der zum 1. 9. 2009 erfolgten Reform gesetzlich nicht geregelt worden. Bereits vor Abschaffung der HausratsVO hat der *BGH* Hausrat, der nach der HausratsVO verteilt werden konnte, nicht dem Zugewinnausgleich unterstellt, da die HausratsVO gegenüber den güterrechtlichen Vorschriften eine **verdrängende Sonderregelung** dargestellt habe (*BGH*, NJW 1984, 484). Hinsichtlich der im Alleineigentum stehenden Haushaltsgegenstände galt jedoch auch schon vor dem 1. 9. 2009, dass diese nur dann ausnahmsweise nicht im Zugewinnausgleich zu berücksichtigen waren, wenn sie nach § 9 HausratsVO tatsächlich auf den anderen Ehegatten übertragen worden waren (*BGH*, aaO). Diese Rechtsprechung hat der *BGH* nunmehr bereits durch Urt. v. 17. 11. 2010 fortgeführt, wonach mit der Neuregelung von § 1568 b BGB im Alleineigentum eines Ehegatten stehende Haushaltsgegenstände **ausnahmslos** in den güterrechtlichen Ausgleich fallen (*BGH*, NJW 2011, 601; vgl. nunmehr auch *BGH*, NJW 2011, 2289). Hinsichtlich der im Miteigentum stehenden Haushaltsgegenstände bleibt es jedoch im vollen Umfang bei der bisher geltende Rechtslage und des **Vorrangs der Haushaltsteilung** (*Wönne*, FPR 2009, 293, 294; Haußleiter/*Fest*, FamFG, Vorbem. § 200 Rn. 4).

III. Die Zuweisung der Ehewohnung

1. Regelungen in der Zeit des Getrenntlebens

25 a) **Allgemeines.** Kommt es nach der Beendigung der ehelichen Lebensgemeinschaft zu keiner räumlichen Trennung der Ehegatten – was häufig bei Miteigentum an der Ehewohnung der Fall ist –, so liegt es auf der Hand, dass Konflikte im Rahmen des weiteren Zusammenlebens in der Ehewohnung zu einem Bedürfnis der Zuweisung der Ehewohnung an einen Ehegatten allein führen können. Die entsprechende Regelung für die Trennungszeit findet sich in § 1361 b BGB. Diese Vorschrift ist durch die Gesetzesreform zum 1. 9. 2009 nicht verändert worden. Wie bei der Verteilung der Haushaltsgegenstände (§ 1361 a BGB) kann auch hier lediglich eine **vorläufige Benutzungsregelung** bis zur Rechtskraft der Scheidung beansprucht werden. Durch die Gesetzesnovelle vom 11. 12. 2001 (BGBl. I, 3513) wurde die Schwelle für eine Zuweisung der Ehewohnung dadurch abgesenkt, dass die damals geltende Voraussetzung einer „schweren Härte" durch den Begriff **„unbillige" Härte** ersetzt wurde. Gemäß § 1361 b IV BGB kann eine Zuweisung der Ehewohnung dann aber nicht mehr verlangt werden, wenn der betreffende Ehegatte bereits vor über sechs Monaten aus der Ehewohnung ausgezogen ist und danach seine ernsthafte Rückkehrabsicht dem anderen gegenüber nicht bekundet hat.

26 b) **Begriff der Ehewohnung.** Der Begriff der Ehewohnung wird übereinstimmend weit ausgelegt. Dazu zählen alle Räumlichkeiten, die die Ehegatten **zum Wohnen genutzt** haben oder die dazu bestimmt waren, einschließlich sämtlicher Nebenräume wie Speicher, Keller, Garagen und Garten (*Kemper*, Rn. 139). Ausreichend ist insbesondere ein nur zeitweißer Gebrauch zu Wohnzwecken, so dass auch mehrere Wohnungen (Staudinger/*Voppel*, BGB, § 1361 b Rn. 6) und ein **Ferienhaus** als Ehewohnung in diesem Sinne gelten (*OLG Frankfurt*, FamRZ 1982, 398). Ohne Bedeutung ist die Rechtsnatur des der Nutzung zu Grunde liegenden Rechtsverhältnisses, so dass auch eine vorläufige Nutzungsregelung bei gemieteten Wohnraum verlangt werden kann (Johannsen/Henrich/*Götz*, § 1361 b BGB Rn. 10).

27 c) **Unbillige Härte.** Nach § 1361 b I 1 BGB kann ein Ehegatte von dem anderen Ehegatten verlangen, dass dieser ihm die Ehewohnung zur alleinigen Benutzung überlässt, soweit dies unter Berücksichtigung der Belange des anderen Ehegatten zur Vermeidung einer **unbilligen Härte** notwendig ist. Der Gesetzgeber hat insoweit auf einen Katalog von Regelbeispielen verzichtet und sich darauf beschränkt, in Abs. 2 den häufigsten Regelfall einer unbilligen Härte, **das Erfahren oder Androhen von Gewalt** zu bestimmen,

und schließlich noch in Abs. 1 S. 2 BGB die **Belange der in der Wohnung lebenden Kinder** ausdrücklich hervorgehoben. Bemerkenswert ist, dass eine Zuweisung der Ehewohnung nach § 1361 b I 1 BGB bereits dann verlangt werden kann, wenn die Trennung der Ehegatten lediglich **beabsichtigt** ist.

aa) Gewalt. § 1361 b II BGB gewährt eine **Überlassungsanspruch** an der Ehewohnung, wenn zum Nachteil des Anspruchstellers eine rechtswidrige und vorsätzliche **Körper-, Gesundheits- oder Freiheitsverletzung** durch den anderen Ehegatten begangen worden ist oder mit einer solchen Verletzung oder der Verletzung des Lebens **gedroht** worden ist. Es handelt sich um den in der Praxis am häufigsten geltend gemachten Überlassungsgrund *(statistische Einzelheiten bei Haußleiter/Schulz, Kap. 4 Rn. 5)*. Die Vorschrift ist nach hM bei getrennt lebenden Ehegatten (oder bei Trennungsabsicht, *s. Rn.* 27) lex specialis gegenüber § 2 GewSchG (*Götz/Brudermüller*, Die gemeinsame Ehewohnung, Rn. 259; FA-FamR/*Klein*, 8. Kap., Rn. 228; aA: *Ehinger*, FPR 2010, 567, 568). Erfasst ist insoweit jede Form der Anwendung und Androhung von physischer Gewalt. Nicht erfasst sind dagegen die Verletzung der Ehre, zB durch Beleidigungen, oder Sachbeschädigungen. Diese können aber uU eine Zuweisung nach Absatz 1 ermöglichen. In der Praxis hat hier die Frage der **Sicherung von Beweisen** für die Behauptungen des Antragstellers die höchste Bedeutung. Nach § 1361 b II 2 BGB ist der Anspruch auf Überlassung der Ehewohnung bei ausgeübter oder angedrohter Gewalt nur dann ausgeschlossen, wenn der Antragsgegner und Täter die **gesetzlich vermutete Wiederholungsgefahr** widerlegt, was nur in seltenen Ausnahmenfällen gelingen wird. 28

bb) Belange der im Haushalt lebenden Kinder. Als zweites Kriterium für die Annahme einer unbilligen Härte nennt das Gesetz in § 1361 b I 2 BGB das **Wohl** von im Haushalt lebenden *(nicht notwendigerweise gemeinsamen)* **Kindern.** Dem liegt die Erwägung zugrunde, dass das Erleben von Gewalt und Spannungen unter Eltern häufig die **seelische Entwicklung von Kindern** gefährdet (*OLG Karlsruhe*, OLGR 1998, 112; *Weber-Monecke*, FPR 2010, 555, 556). Da es minderjährigen Kindern kaum zuzumuten ist, ihre gewohnte Umgebung, etwa aufgrund einer einstweiligen Anordnung, zu verlassen, wird oft bei der Entscheidung über die Wohnungszuweisung auch die Sorgerechtsfrage tangiert (Einzelheiten bei Münch-Komm-BGB/*Weber-Monecke*, § 1361 b Rn. 9). 29

cc) Weitere Kriterien der unbilligen Härte. Auch ohne das Vorliegen von Gewalt oder Kindesbelangen kann für einen Ehegatten der weitere gemeinsame Verbleib in der Ehewohnung eine unbillige Härte bedeuten. Zu nennen sind hier **Alkohol- oder Drogenmissbrauch** durch den anderen Ehegatten, der jedoch zu **konkreten Beeinträchtigungen** für den Anspruchsteller führen muss, wie etwa durch fortdauernde Beleidigungen, Sachbeschädigungen, Hygienemängel oder Lärmstörungen *(vgl. Haußleiter/Schulz, Kap. 4 Rn. 20, 21)*. Auch psychische Gewalt oder fortwährende, schwere Streitigkeiten (*Weber-Monecke*, FPR 2010, 555, 556) können eine Wohnungszuweisung nach Abs. 1 S. 1 rechtfertigen. § 1361 b I BGB erfordert dabei eine Abwägungsentscheidung. Nach Abs. 1 S. 3 sind hier (im Gegensatz zur Entscheidung nach § 1361 b II BGB) auch **dingliche Rechtspositionen** von besonderer Bedeutung und können die Schwelle für eine Wohnungszuweisung erhöhen und absenken. Bei einer Beeinträchtigung des Kindeswohls bleibt die dingliche Berechtigung jedoch regelmäßig außer Acht (*OLG Stuttgart*, FamRZ 2004, 876). 30

d) **Rechtsfolgen.** *aa) Zuweisung der Ehewohnung.* Gemäß § 1361 b II BGB ist bei Gewalt regelmäßig die **gesamte Ehewohnung** zur Benutzung zuzuweisen. Im Rahmen einer Zuweisungsentscheidung nach § 1361 b I BGB ist zwar auch eine Aufteilung einer Ehewohnung unter beiden Ehegatten grundsätzlich möglich, jedoch kommt eine solche tatsächlich nur ausnahmsweise bei geräumigen und baulich zur Abtrennung zweier getrennter Haushalte geeigneten Räumlichkeiten in Betracht (*OLG Brandenbur*, FamRZ 2011, 118). Vor allem die Belange gemeinsamer Kinder werden in der Regel die Zuweisung der gesamten Ehewohnung erfordern. Da die Zuweisung der Ehewohnung alleine nicht zu einem vollstreckbaren Räumungstitel führt (Zöller/*Stöber*, ZPO, § 885 Rn. 2), sollte von Amts wegen nach § 209 FamFG eine **Räumungspflicht** des Antragsgegners verbunden mit einer angemessenen Räumungsfrist angeordnet werden (zu weiteren Einzelheiten bei der Vollstreckung *Haußleiter/Schulz*, Kap. 4 Rn. 39–41). 31

bb) Schutz- und Unterlassensanordnungen. Nach § 1361 b III 1 BGB iVm § 209 FamFG kann das Familiengericht auch anordnen, dass der andere Ehegatte alles zu unerlassen hat, was geeignet ist, die Ausübung des Nutzungsrechtes zu erschweren oder zu vereiteln (**Wohlverhaltensgebot**). Zu denken ist etwa an die Anordnung eines **Kündigungsverbotes** (*falls der Antragsgegner Alleinmieter der Wohnung ist, zu den Folgeproblemen vgl. Brudermüller, FuR 2003, 433)*, die Pflicht zur **Aushändigung der Wohnungsschlüssel** und bei angewendeter oder angedrohter Gewalt die Anordnung von **Näherungs- und Betretensverboten** (*OLG Köln*, FamRZ 2003, 319). Letztere sollten jedoch wegen des fehlenden strafrechtlichen Schutzes (vgl. § 4 GewSchG) in einem getrennten Verfahren (§§ 210 ff. FamFG) nach § 1 GewSchG beantragt werden. 32

Problematisch ist, ob für den Fall, dass der Antragsgegner Alleineigentümer der Ehewohnung ist, auch ein **Veräußerungsverbot** für die Dauer der Trennungszeit angeordnet werden kann. Entgegen der erklärten Absicht des Gesetzgebers (*BT-Drs. 14/5429, S. 21, 33*; zustimmend *Schumacher*, FamRZ 33

2002, 645) wird dies von der ganz hM zu Recht vor allem aus verfassungsrechtlichen Gründen verneint (Palandt/*Brudermüller,* § 1361b Rn. 17; Thomas/Putzo/*Hüßtege,* ZPO, § 209 FamFG Rn. 3; Münch-Komm-BGB/*Weber-Monecke* § 1361b Rn. 16). § 1361 b III BGB stellt keine ausreichend bestimmte gesetzliche Ermächtigungsgrundlage für einen derart massiven Eingriff in das nach Art. 14 GG geschützte Eigentumsrecht dar (vgl. auch *Finger,* FuR 2006, 241). Aus den gleichen Gründen wird nach der Gleichbehandlung von Teilungsversteigerung mit der Veräußerung eines Grundstückes durch den *BGH* (FamRZ 2007, 1634) auch ein gerichtlich angeordnetes **Verbot der Teilungsversteigerung** bei Miteigentum der Ehegatten abgelehnt (Johannsen/Henrich/*Götz,* § 209 FamFG Rn. 9). Möglich ist es jedoch, zum Schutz des Nutzungsrechts des in der Wohnung verbleibenden Ehegatten ein befristetes Mietverhältnis zwischen den Ehegatten zu begründen (*Weber-Monecke,* FPR 2010, 555, 557).

34 e) **Die Nutzungsvergütung nach § 1361 b III 2 BGB.** Gemäß § 1361 b III 2 BGB kann der Ehegatte, der dem anderen Ehegatten die Wohnung zu überlassen hat, von diesem eine **Vergütung** für die Nutzung verlangen, wenn dies der **Billigkeit** entspricht. Kaum eine andere Vorschrift aus dem Bereich der Haushalts- und Wohnungssachen hat die Rechtsprechung und Literatur in den letzten Jahren mehr beschäftigt.

aa) Anwendungsbereich. Früher heftig umstritten war zunächst die Frage, ob der gesetzliche Vergütungsanspruch nach § 1361 b III 2 BGB auch dann anzuwenden ist, wenn das Familiengericht keine Zuweisungsentscheidung getroffen hat, sondern der eine Vergütung begehrende Ehegatte **freiwillig ausgezogen** ist (vgl. dazu *Wever,* FamRZ 2010, 237). Nach der vor der Gesetzesnovelle vom 11. 12. 2001 *(siehe Rn. 25)* bestehenden Fassung der Vorschrift war dies von weiten Teilen der Rechtsprechung und Literatur abgelehnt worden und stattdessen bei gemeinsamer dinglicher Mitberechtigung ein Anspruch nach **§ 745 II BGB** angenommen (Staudinger/*Voppel,* BGB, § 1361 b Rn. 63; *Wever,* FamRZ 2006, 365). Der *BGH* (FamRZ 2006, 930) hatte zuletzt eine analoge Anwendung der Vergütungspflicht nach § 1361 b II BGB aF befürwortet. Nach der heute bestehenden gesetzlichen Regelung geht die ganz hM zu Recht von einer unmittelbaren Anwendbarkeit auch auf den häufigeren Fall des freiwilligen Auszuges eines Ehegatten aus (*OLG Frankfurt,* FamRZ 2011, 373; *OLG Hamm,* FamRZ 2011, 481; nunmehr auch *Wever*, FamRZ 2010, 237).

Nach zutreffender Auffassung kommt der Vergütungsanspruch auch bei gemieteten Wohnräumen in Betracht, etwa in Form eines Freistellungsanspruches (*Haußleiter/Schulz*, Kap. 4 Rn. 59; aA: *OLG München,* FamRZ 2008, 695).

35 *bb) Verhältnis zu § 745 II BGB bei gemeinsamer dinglicher Berechtigung.* Bei gemeinsamer dinglicher Mitberechtigung (zB Miteigentum) an der Ehewohnung kommt es zu einer **Anspruchskonkurrenz mit § 745 II BGB.** Zwar berührt die Lösung dieses Konkurrenzverhältnisses seit Geltung des FamFG nicht mehr die Frage der sachlichen Zuständigkeit des Familiengerichts, da auch der Anspruch nach § 745 II BGB als sonstige Familiensache nach § 266 I Nr. 3 FamFG gelten würde. Sie bleibt jedoch deshalb relevant, weil für die Nutzungsvergütung nach § 1361 b III BGB ein Ehewohnungsverfahren nach §§ 200 ff. FamFG durchzuführen ist, während für sonstige Familiensachen nach §§ 266, 113 I 2 FamFG die Regeln der ZPO Geltung beanspruchen.

Für die **Zeit des Getrenntlebens** wird § 745 II BGB durch die **speziellere Regelung** des § 1361 b III 2 BGB nach zutreffender hM verdrängt (*OLG München,* NJW 2008, 381; Johannsen/Henrich/*Götz,* § 1361 b BGB Rn. 32).

Für die **Zeit nach Rechtskraft der Ehescheidung** hat vor der Gesetzesnovelle zum 1. 9. 2009 ein Teil der Rechtsprechung die Auffassung vertreten, dass auch hier § 745 II BGB nicht bei Miteigentum anzuwenden sei, da vorrangig eine Vergütungspflicht in analoger Anwendung von §§ 2, 3 HausratsVO bestünde (*OLG München,* NJW 2008, 381; *OLG Hamm,* FamRZ 2011, 481). Dieser Auffassung ist jedoch durch die Aufhebung der HausratsVO und die Entscheidung des *BGH* vom 4. 8. 2010 (FamRZ 2010, 1630) die Grundlage entzogen worden. Es ist vielmehr ausschließlich auf § 745 II BGB abzustellen. Nach Aufhebung der HausratsVO fehlt es nämlich schon am Vorliegen einer planwidrigen Gesetzeslücke, da es dem Gesetzgeber frei gestanden hätte, diese bekannte Rechtsfrage neu zu regeln (so zutreffend *Wever,* FamRZ 2010, 365). Schließlich hat auch der *BGH* in der vorbezeichneten Entscheidung bei einem **gemeinsamen dinglichen Mitbenutzungsrecht** ebenfalls § 745 II BGB angewendet, wenn die Ehegatten über die Aufteilung der Ehewohnung einig sind. Nutzungsvergütungsansprüche für die Zeit vor und nach Rechtskraft der Scheidung können daher nicht in einem Verfahren gemeinsam geltend gemacht werden.

36 *cc) Verhältnis zum Ehegattenunterhalt.* Eine Nutzungsvergütung kommt in den Fällen nicht in Betracht, in denen die alleinige Nutzung der Ehewohnung bereits **Teil einer Unterhaltsregelung** ist, zB weil auf der Seite des Unterhaltsberechtigten ein Wohnwert für die Nutzung der Wohnung einkommenserhöhend berücksichtigt wurde ((*BGH,* FamRZ 2003, 432). Es besteht insoweit ein **Vorrang des Regelung des Unterhaltes.**

37 *dd) Höhe und Vergütung nach Billigkeit.* Eine Nutzungsentschädigung kann in entsprechender Anwendung von § 1613 I BGB erst ab dem Zeitpunkt geltend gemacht werden, in dem der ausgezogene

Ehegatte gegenüber dem ausgezogenen Ehegatten ein **deutliches Zahlungsverlangen** geäußert hat (*OLG Düsseldorf*, FPR 2010, 382). Eine Ausnahme hiervon ist anerkannt, wenn der in der Ehewohnung verbleibende Ehegatte gemeinsame Verbindlichkeiten getilgt hat und nunmehr den anderen im Wege des **Gesamtschuldnerausgleiches** nach § 426 I BGB in Anspruch nimmt (*BGH*, FamRZ 1993, 676), hier ist die Nutzungsvergütung auch rückwirkend in Abzug zu bringen.

Der Anspruch auf Nutzungsentschädigung besteht nur nach **Billigkeit**. Hier sind insbesondere Belange von gemeinsamen Kindern, die Leistungsfähigkeit des nutzungsberechtigten Ehegatten und eine etwaige **aufgedrängte Alleinnutzung** durch den Auszug des anderen Ehegatten zu berücksichtigen (Einzelheiten bei Johannsen/Henrich/*Götz*, § 1361 b BGB Rn. 36).

Bei der Höhe der Vergütung ist während des erstes Jahres nach der Trennung lediglich ein **subjektiver Nutzungswert** in Höhe der fiktiven Mietaufwendungen für eine angemessene Ersatzwohnung anzusetzen (*OLG Hamm*, BeckRS 2010, 28136; *Haußleiter/Schulz*, Kap. 4 Rn. 67). Danach ist der **objektive Wohnwert** maßgeblich, der im Streitfall ggf. durch ein Sachverständigengutachten von Amts wegen zu ermitteln sein kann. In Abzug zu bringen sind die vom Nutzungsberechtigten erbrachten **Lasten für die Tilgung des Immobiliarkredites** und solcher **verbrauchsunabhängiger Nebenkosten**, die bei einem Mietverhältnis nicht auf einen Mieter vertraglich umgelegt werden könnten (so zutreffend Johannsen/Henrich/*Götz*, § 1361 b BGB Rn. 38 in Anlehnung an die Entscheidung von *BGH*, FamRZ 2009, 1300 zum Wohnwert bei der Unterhaltsberechnung).

2. Die Zuweisung der Ehewohnung nach Rechtskraft der Ehescheidung

a) **Vorbemerkung.** Die endgültige materiell-rechtliche Regelung der Nutzung der Ehewohnung nach Rechtskraft der Ehescheidung ist nach Aufhebung der HausratsVO nunmehr im BGB und zwar in § 1568 a BGB geregelt. Sie ist jetzt in Absatz als **Anspruchsgrundlage** ausgestaltet, im Gegensatz zur früheren Rechtslage ist die richterliche Entscheidung nicht mehr ausschließlich an Billigkeitskriterien gebunden (FA-FamR/*Klein*, 8. Kap. Rn. 340). Die Zuweisung der Ehewohnung ist nicht abhängig von dem der bisherigen Nutzung zugrunde liegenden Rechtsverhältnis. 38

b) **Anspruch auf Überlassung der Ehewohnung nach § 1568 a I BGB.** Nach § 1568 a I BGB kann ein Ehegatte verlangen, dass ihm der andere Ehegatte für die Zeit nach der Ehescheidung die Ehewohnung überlässt, wenn er auf deren Nutzung unter Berücksichtigung des Wohls der im Haushalt lebenden Kinder und der Lebensverhältnisse der Ehegatten in **stärkerem Maße angewiesen** ist als der andere Ehegatte oder die Überlassung der **Billigkeit** entspricht. Wie bei § 1361 b BGB nennt das Gesetz das Kindeswohl als ein entscheidendes Kriterium. Daneben sind im Rahmen der Abwägungsentscheidung Umstände, wie das Alter und die Gesundheit der Ehegatten, deren wirtschaftlichen Verhältnisse oder beruflichen Belange im Hinblick auf die Ehewohnung zu berücksichtigen (*Haußleiter/Schulz*, Kap. 4 Rn. 78 mit weiteren Beispielen und Nachw.). 39

Besondere Bedeutung kommt nach § 1568 a II BGB der **dinglichen Berechtigung** des anderen Ehegatten zu. Ist dieser alleine oder gemeinsam mit Dritten Eigentümer oder sonstiger dinglicher Nutzungsberechtigter der Wohnung, so kann er eine endgültige Zuweisung an den anderen Ehegatten nur bei Vorliegen einer **unbilligen Härte** verlangen. Der Begriff entspricht demjenigen in § 1361 b I BGB *(siehe Rn. 27)*, ist aber angesichts der verfassungsrechtlichen Eingriffschwelle wegen der nicht nur vorübergehenden Regelung der Nutzungsverhältnisse restriktiv auszulegen (*Büte*, FPR 2010, 537, 538). Insbesondere während der Trennungszeit angewendete Gewalt, die zu einer vorläufigen Zuweisung nach § 1361 b II BGB geführt hat, vermag alleine eine Entscheidung nach § 1568 a I und II BGB nicht zu rechtfertigen (FA-FamR/*Klein*, 8. Kap. Rn. 347). Im Zweifel gebührt der **dinglichen Berechtigung** an der Ehewohnung der **Vorrang.** Weist das Familiengericht dem nicht dinglich berechtigten Ehegatten die Ehewohnung dennoch zu, hat es seine Entscheidung zu befristen und ein Mietverhältnis zwischen den Ehegatten zu begründen (Johannsen/Henrich/*Götz*, § 1568 a BGB Rn. 6; *vgl. § 1568 a Abs. 5 BGB*). 40

Bei Miteigentum der Ehegatten an der Ehewohnung ist nicht § 1568 a II BGB anzuwenden, sondern eine Entscheidung nach Absatz 1 zu treffen (*Finger*, FamFR 2010, 169). In die Eigentumsverhältnisse kann das Familiengericht hier (anders als bei Haushaltsgegenständen) nicht eingreifen. Eine endgültige Auseinandersetzung der Ehegatten erfolgt nach dem Recht der Gemeinschaft gemäß §§ 741 ff. BGB.

Eine Sonderregelung besteht nach § 1568 a IV BGB für Dienstwohnungen, die nur ausnahmsweise dem anderen, nicht in einem Dienstverhältnis stehenden Ehegatten zugewiesen werden können.

c) **Mietrechtliche Auswirkungen.** Gemäß § 1568 a III Nr. 1 BGB können Ehegatten nunmehr das Mietverhältnis zum Vermieter der Ehewohnung **ohne richterlichen Gestaltungsakt** und **rechtsgeschäftlicher Einigung** mit diesem **einseitig** ändern. Sie können durch eine **gemeinsame formlose Mitteilung** an den Vermieter das Mietverhältnis derart umgestalten, dass das Mietverhältnis künftig nunmehr (ausschließlich) mit demjenigen Ehegatten fortgesetzt wird, der die Ehewohnung nach Rechtskraft der Scheidung alleine nutzt. Das Mietverhältnis gilt dann zu den bestehenden Bedingungen unverändert zwischen dem Vermieter und dem allein nutzungsberechtigten Ehegatten fort. Sind sich die Ehegatten über die Nutzung der Ehewohnung einig, verweigert aber der in der Wohnung verbleibende Ehegatte die Mitwirkung an einer Mitteilung nach § 1568 a III Nr. 1 BGB, so kann der weichende Ehegatte den 41 anderen auf Mitwirkung an der Mitteilung an der Vermieter als sonstige Familiensache nach § 266 FamFG gerichtlich in Anspruch nehmen (*Schulz*, FPR 2010, 541, 542). Eines Antrages auf Zustimmung zur Kündigung bedarf es nun nicht mehr.

Als Ausgleich erhält der Vermieter nach III 2 der Regelung ein gesetzliches **Sonderkündigungsrecht** nach § 563 IV BGB ((Einzelheiten bei *Götz*, NZM 2010, 383, 385). Im Übrigen ist er nach § 204 FamFG am Verfahren zu beteiligen (zur Rechtstellung des Vermieters bei § 1568 a III BGB: *Blank, FPR 2010, 544 f.*). Die nach altem Recht in § 5 I 2 HausratsVO vorgesehene Möglichkeit der Anordnung von Schutzmaßnahmen zugunsten des Vermieters (zB durch eine zeitlich befristete Mithaftung für die Mietzinsen) fiel ersatzlos weg, weil der Gesetzgeber der Auffassung war, das außerordentliche Kündigungsrecht nach §§ 543 II, 569 BGB und die beim Vermieter verbleibende Mietkaution schütze dessen Interessen hinreichend (*Einzelheiten bei Haußleiter/Schulz Kap. 4 Rn. 105*). Die gleiche Rechtsfolge tritt hinsichtlich der Umgestaltung des Mietverhältnisses schließlich gemäß § 1568 a III Nr. 2 BGB mit Rechtskraft einer Endentscheidung des Gerichts über die Zuweisung der Wohnung ein.

42 d) **Anspruch auf Begründung eines Mietverhältnisses.** Bestand bislang kein Mietverhältnis über die Ehewohnung kann das Familiengericht gemäß § 1568 a V BGB sowohl auf Antrag des nutzungsberechtigten Ehegatten als auch der zur Vermietung berechtigte Person ein **Mietverhältnis zu den ortsüblichen Bedingungen** begründen. Die Vorschrift kommt zB dann zur Anwendung, wenn die Ehewohnung im Eigentum des anderen Ehegatten oder Dritten (wie Schwiegereltern) steht. Gem. S. 2 ist es unter den dort genannten Voraussetzungen zu **befristen** (vgl. *Büte*, FPR 2010, 537, 540 f.; *Götz/Brudermüller*, NJW 2010, 5, 9 ff.).

IV. Das Verfahren in Ehewohnungs- und Haushaltssachen

1. Zuständigkeit

43 Für sämtliche Verfahren in Ehewohnungs- und Haushaltssachen nach §§ 1361 a, 1361 b, 1568 a, 1568 b BGB ist gemäß § 200 FamFG das Familiengericht sachlich zuständig. Die örtliche Zuständigkeit richtet sich (in dieser Reihenfolge) nach der Anhängigkeit der Ehesache, dem Ort der Ehewohnung, dem Wohnsitz des Antragsgegners und zuletzt dem Wohnsitz des Antragstellers (zur internationalen Zuständigkeit *Koritz*, FPR 2010, 572).

2. Verfahren

44 Ehewohnungs- und Haushaltssachen sind gemäß §§ 200 ff. FamFG echte Familiengerichtsverfahren und unterliegen nicht den Regeln der ZPO. Für sie gilt insbesondere der **Amtsermittlungsgrundsatz** nach § 26 FamFG. Gem. § 203 I FamFG werden sie nur auf **Antrag** eines Ehegatten eingeleitet. Obwohl der Antrag nur verfahrenseinleitende Funktion hat *(BT-Drs. 16/6308, S. 249)*, wäre es dem Familiengericht in einem Verfahren nach § 1568 a BGB untersagt, ohne eigenen Antrag die Ehewohnung an den Antragsgegner zuzuweisen (Johannsen/Henrich/*Götz*, § 1568 a BGB Rn. 10). Verfahren nach §§ 1361 a und 1361 b BGB können auch bei Rechtshängigkeit eines Ehescheidungsverfahrens nur in isolierten, selbständigen Verfahren geltend gemacht werden. Wird dagegen eine endgültige Verteilung des Haushalts und Zuweisung der Ehewohnung begehrt, kann dies bei gleichzeitigem Ehescheidungsverfahren nur im Rahmen des **Verbundes** nach § 137 II Nr. 3 FamFG geltend gemacht werden. Im Hauptsacheverfahren soll das Gericht gemäß § 207 FamFG die Angelegenheit mit beiden Ehegatten in einem Termin erörtern. Außerhalb des Scheidungsverbundes (dort § 114 FamFG) besteht in Ehewohnungs- und Haushaltssachen kein **Anwaltszwang.**

Verfahrenskostenhilfe ist den beteiligten Ehegatten in isolierten Verfahren nach Maßgabe von §§ 76 ff. FamFG zu gewähren.

Sowohl in Ehewohnungs- als auch in Haushaltssachen werden in der Praxis vor allem bei vorläufiger Regelung in der Trennungszeit die Ansprüche oftmals im Wege der **einstweiligen Anordnung** gemäß §§ 49 ff. FamFG geltend gemacht. Diese sind nunmehr nach § 51 III FamFG ausnahmslos selbständige Verfahren.

3. Besondere Regelungen für Ehewohnungssachen

45 Gemäß § 205 FamFG soll das Familiengericht in Ehewohnungssachen das zuständige **Jugendamt** anhören, falls Kinder im Haushalt der Ehegatten leben. Auch ist nach Abs. 2 dem Jugendamt die Entscheidung mitzuteilen und dieses beschwerdeberechtigt. Auf seinen Antrag hin, ist das Jugendamt nach § 204 II FamFG förmlich am Verfahren zu **beteiligen.** Im Hinblick auf die Mitwirkung des Jugendamtes sieht § 203 III FamFG schließlich vor, dass der Antrag in Wohnungssachen die Angabe enthalten soll, ob Kinder im Haushalt der Ehegatten leben. Der Vermieter der Ehewohnung ist nach § 204 I FamFG nur in Verfahren nach § 1568 a BGB und nicht in solchen nach § 1361 b BGB zu beteiligen.

4. Besondere Regelungen für Haushaltssachen

Gemäß § 203 II FamFG soll in Haushaltssachen nach § 1361 a BGB die Antragsschrift die Angabe derjenigen Gegenstände enthalten, deren Zuteilung begehrt wird, in Haushaltssachen nach § 1568 b BGB soll eine genaue Aufstellung **aller** Haushaltsgegenstände beigefügt werden. Die Vorschrift dient der Abkürzung des Verfahrens und der Vorbereitung einer vollstreckbaren Entscheidung (*Musielak/Borth, FamFG,* § 203 Rn. 5). Sie wird ergänzt durch § 206 FamFG, wonach das Familiengericht den Beteiligten in Haushaltssachen bei unzureichenden Angaben in der Antragsschrift unter Fristsetzung aufgeben kann, genaue Angaben über alle Haushaltsgegenstände zu machen und zu ergänzen sowie Belege vorzulegen. Eine Versäumung der Frist führt nach § 206 II FamFG zur **Präklusion** und nach Abs. 3 zu einer **Einschränkung der gerichtlichen Amtsermittlungspflicht.** In Haushaltssachen besteht damit ungeachtet der gerichtlichen Amtsermittlungspflicht eine **erhöhte Darlegungslast** der Ehegatten mit Auswirkung auf die Feststellungslast (Keidel/*Giers*, FamFG, § 203 Rn. 5). 46

5. Endentscheidung, Anfechtbarkeit und Vollstreckung

Gemäß § 209 FamFG soll das Gericht mit der Endentscheidung die **Anordnungen**, die zu ihrer Durchführung erforderlich sind, treffen sind *(vgl. hierzu Rn. 32)*. Die Entscheidung selbst ergeht nach § 38 I FamFG durch Beschluss. Sie ist nach Absatz 2 S. 1 erst mit **Eintritt der Rechtskraft** wirksam, nach Abs. 2 S. 2 soll aber die **sofortige Wirksamkeit** der Entscheidung angeordnet werden. 47

Die **Kostenentscheidung** richtet sich nach Aufhebung von § 20 HausratsVO nach der allgemeinen Regelung des § 81 FamFG, im Scheidungsverbund nach § 150 I FamFG. Die **Kosten des Vermieters** als Drittbeteiligter (§ 204 FamFG) sind im isolierten Verfahren Teil der Verfahrenskosten, die in der Regel den Ehegatten auferlegt werden sollten, wenn der Vermieter ohne eigene Veranlassung in das Verfahren miteinbezogen wurde (*Blank,* FPR 2010, 544; *Gutjahr,* § 3 Rn. 79). Im Scheidungsverbundverfahren hat dieser jedoch nach § 150 III FamFG seine außergerichtlichen Kosten selbst zu tragen. 48

Der **Verfahrenswert** beträgt gemäß § 48 I FamGKG in Verfahren nach § 1361 b BGB 3.000,– EUR und in Verfahren nach § 1568 a BGB 4.000,– EUR. Ein Verfahrenswert von 3.000,– EUR gilt dabei auch bei der Geltendmachung von Ansprüchen auf Nutzungsvergütung nach § 1361 b III 2 BGB (*OLG Bamberg,* BeckRS 2011, 04743), § 51 FamGKG ist hier auch nicht analog anzuwenden (so aber *Schneider*, Gebühren in Familiensachen, 2009, Rn. 1744). In Haushaltssachen beträgt der Wert nach Abs. 2 für Verfahren nach § 1361 a BGB 2.000,– EUR und für solche nach § 1568 b BGB 3.000,– EUR. Im einstweiligen Anordnungsverfahren sind die Werte nach § 41 FamGKG zu halbieren. 49

Endentscheidungen in Ehewohnungs- und Haushaltssachen sind nach § 58 I FamFG mit der **Beschwerde** anfechtbar. **Einstweilige Anordnungen** sind nach § 57 S. 2 Nr. 5 FamFG nur in Ehewohnungssachen **nach mündlicher Erörterung** mit der Beschwerde anfechtbar, nicht jedoch in Haushaltssachen. 50

Rechtskräftige Endentscheidungen in Ehewohnung- und Haushaltssachen können nach § 48 I FamFG auf Antrag aufgehoben oder abgeändert werden, wenn sich die der Entscheidung zugrunde liegende Sach- oder Rechtslage nachträglich wesentlich geändert hat. Zweifelhaft ist, ob die Vorschrift nach der ersatzlosen Streichung von § 17 II HausratsVO auf die **Abänderung von (gerichtlichen und außergerichtlichen) Vergleichen analog** anzuwenden ist. Die Frage ist zu bejahen, da die Anpassung von Vereinbarungen an veränderte Umstände nicht verfahrensrechtlich, sondern materiell-rechtlich (§ 313 BGB) zu erklären ist (zutreffend *Maurer*, FamRZ 2009, 1792, 1796; aA: Gutjahr/*Schael*, § 3 Rn. 65).

Die **Zwangsvollstreckung** in Wohnungs- und Haushaltssachen richtet sich über § 95 Nr. 2 FamFG nach den Vorschriften der ZPO, insbesondere nach §§ 883, 885 ZPO, soweit der Titel auf Herausgabe gerichtet ist. Ergänzend hierzu können gemäß § 95 Abs. 4 FamFG Zwangsmaßnahmen nach § 888 ZPO ergehen (weitere Einzelheiten zur Vollstreckung bei *Giers,* FPR 2010, 564 ff.). 51

C. VII. Vermögensrechtliche Auseinandersetzung unter Ehegatten

Prof. Dr. Bernd von Heintschel-Heinegg

Übersicht

Literatur: *Büte*, Zugewinnausgleich bei Scheidung, 3. Aufl., 2006; *Gerhardt/v. Heintschel-Heinegg/Klein* (Hrsg.), Handbuch des Fachanwalts Familienrecht, 8. Aufl., 2011; *Haußleiter/Schulz*, Vermögensauseinandersetzung anläßlich Scheidung und Trennung, 5. Aufl., 2011; *Heintjes*, Das neue Güterrecht, 2010; *Klein*, Reform der Zugewinngemeinschaft 2009, 2010; *Koch*, Die Entwicklung der Rechtsprechung zum Zugewinnausgleich, FamRZ 2010, 1205; *Krause*, Zugewinnausgleich in der Praxis, 2009; *Roßmann*, Die Entwicklung der Rechtsprechung zum Nebengüterrecht, FuR 2011, 498.

Zur allg. Literatur siehe auch Literaturverzeichnis C. I.

I. Grundstruktur

1 Bei der vermögensrechtlichen Auseinandersetzung unter Ehegatten geht es um die Entflechtung der während der Ehe entstandenen vermögensrechtlichen Gemeinsamkeiten. Die Entflechtung erfolgt grundsätzlich nach drei verschiedenen Verfahren, wobei durchaus Abgrenzungsprobleme entstehen können:

1. Versorgungsausgleich

2 Soweit ein Versorgungsausgleich stattfindet, gilt für die seit 1. 9. 2009 eingeleiteten Verfahren über den Versorgungsausgleich ausschließlich das VersAusgleichsG (abgedruckt im *Schönfelder,* I Nr. 48;

zum Inkrafttreten: § 48 I VersAusgleichsG; vgl. auch den Verweis in § 1587 BGB). Die güterrechtlichen Vorschriften finden keine Anwendung. Dies hatte § 1587 III Hs. 2. BGB aF ausdrücklich noch klar gestellt. – Weil Zugewinnausgleich und Versorgungsausgleich einander ergänzen, müssen in der Ehezeit erworbene Anrechte entweder dem einen oder dem anderen Ausgleichssystem unterfallen, soweit kein ehevertraglicher Ausschluss, § 1408 BGB, oder ein Fall der Schenkung vorliegt. Lebensversicherungen fallen in den Versorgungsausgleich, wenn es sich um Rentenversicherungen oder um Kapitallebensversicherungen mit Rentenwahlrecht handelt und das Rentenwahlrecht bis zum Zeitpunkt der Rechtshängigkeit des Scheidungsantrags ausgeübt wurde (*BGHZ* 88, 386 = FamRZ 1984, 156). Dagegen fallen unverfallbare Anwartschaften aus einer als Direktversicherung zur betrieblichen Altersversorgung abgeschlossenen Kapitallebensversicherung in den Zugewinnausgleich, auch wenn dessen Bezugsrecht widerruflich ist (*BGHZ* 117, 70 = FamRZ 1992, 411). In einem Leibgeding (Altenteil) ausbedungene Sachleistungen und Wohnrechte unterliegen nicht dem Versorgungsausgleich (*BGH*, FamRZ 1993, 682).

2. Ehewohnung und Haushaltsgegenstände

Für Ehewohnung und Haushaltsgegenstände gelten, gleich in welchem Güterstand die Ehegatten leben, die §§ 1568 a, 1568 b BGB. Haushaltsgegenstände, die nach § 1568 b BGB verteilt werden können, unterliegen nicht dem Zugewinnausgleich. Nicht unter § 1568 b BGB und damit in den Zugewinn fallen insbesondere Gegenstände, die den individuellen Bedürfnissen bzw. den persönlichen Interessen nur eines Ehegatten dienen, zB komplettes Schreinerwerkzeug (*OLG Düsseldorf*, FamRZ 1986, 1134), aber auch ein Haushaltsgegenstand, der einem Ehegatten allein gehört. Die gesetzliche Neuregelung verzichtet wegen des zu starken Eingriffs in das Eigentumsrecht des Alleineigentümers auf eine dem früher geltenden § 9 I HausratsVO entsprechende Regelung. In den Zugewinn fällt auch ein Pkw, wenn er nicht der Haushalts- und privaten Lebensführung diente (*BGH*, FamRZ 1991, 43). 3

3. Güterstand

Im Übrigen kommt es für die Vermögensauseinandersetzung auf den jeweiligen Güterstand (Zugewinngemeinschaft, Gütertrennung, Gütergemeinschaft) an, in dem die Ehegatten leben bzw. lebten. 4

II. Güterrechtliche Auseinandersetzung

1. Zugewinngemeinschaft

Leben die Eheleute im gesetzlichen Güterstand der Zugewinngemeinschaft, kommt als Folgesache im Verbund oder nach rechtskräftiger Scheidung als isolierte Güterrechtssache das Geltendmachen der schuldrechtlichen Ausgleichsforderung nach § 1378 I BGB in Betracht. Im Rahmen des schematischen Abrechnungsverfahrens mit Anfangs- und Endstichtag verlegt § 1384 BGB nF für den Fall der Scheidung nicht nur den Endstichtag auf den Eintritt der Rechtshängigkeit des Scheidungsantrags vor, sondern bestimmt nunmehr weiterhin, dass für die Höhe der Ausgleichsforderung an die Stelle der Beendigung des Güterstands ebenfalls der Eintritt der Rechtshängigkeit des Scheidungsantrags tritt. Mit der Neuregelung soll erreicht werden, dass sich die Ausgleichsforderung des berechtigten Ehegatten nicht nach dem bei Rechtskraft der Scheidungsbeschlusses, sondern nach dem bei Rechtshängigkeit des Scheidungsantrags vorhandenen Vermögensbestand richtet. Vermögensänderungen nach Zustellung des Scheidungsantrags können daher die Höhe des Anspruchs nicht mehr beeinflussen. Dadurch wird die Rechtsposition des von einer illoyalen Vermögensminderung betroffenen Ehegatten gestärkt (zur Problematik illoyaler Vermögensminderungen in der Trennungskrise *v. Heintschel-Heinegg* in: Gerhardt/ v. Heintschel-Heinegg/Klein, Handbuch des Fachanwalts Familienrecht, 9. Kap. Rn. 129). 5

Bei (noch) bestehender Ehe mit gesetzlichem Güterstand kann der ausgleichsberechtigte Ehegatte **vorzeitigen Zugewinnausgleich bei vorzeitiger Aufhebung der Zugewinngemeinschaft** unter den in § 1385 Nr. 1–4 BGB genannten Voraussetzungen verlangen (Endstichtag: § 1387 BGB). Weil es sich um ein Gestaltungsrecht handelt (mit Bestandskraft der Entscheidung tritt Gütertrennung ein, § 1388 BGB, und es entsteht die Ausgleichsforderung, § 1387 III 1 BGB), sind Antrag und Entscheidungstenor auf „vorzeitigen Ausgleich des Zugewinns" zu richten (Beschlussformel: „Die Zugewinngemeinschaft wird vorzeitig aufgehoben."; Streitwert: Interesse des Antragstellers an der vorzeitigen Beendigung des Güterstands, das gemäß § 42 I, II FamGKG zu schätzen ist; zuzüglich des Zahlungsbegehrens). Die Berechnung kann erst anschließend erfolgen. Zulässig ist auch ein **Stufenantrag** (Gestaltungsantrag auf vorzeitigen Zugewinnausgleich, Antrag auf Auskunft und „unbezifferte" Leistungsantrag auf Zahlung). Damit erhält der ausgleichsberechtigte Ehegatte einen Anspruch auf vorzeitigen Zugewinnausgleich, der allerdings nur zusammen mit dem Anspruch auf Aufhebung der Zugewinngemeinschaft geltend gemacht werden kann. Der Inhaber kann damit gleichzeitig Leistung Unterrichtsgestaltung verlangen und seinen Zahlungsanspruch durch Arrest direkt sichern. 6

Formulierungsvorschlag nach begründetem Stufenantrag auf vorzeitigen Zugewinnausgleich (der Beschluss ist als „Teilbeschluss" zu überschreiben): 7

1. Der Zugewinn der Parteien ist vorzeitig auszugleichen.
2. Der Antragsgegner wird verpflichtet, der Antragstellerin
   a) Auskunft zu erteilen über den Bestand seines Endvermögens am ... *(Zeitpunkt der Zustellung des Antrags)* durch Vorlage eines Vermögensverzeichnisses, in dem Aktiva und Passiva geordnet zusammengestellt sind,
   b) den Wert aller Vermögensgegenstände und Verbindlichkeiten mitzuteilen,
   c) folgende Unterlagen herauszugeben: ...
3. Der Antragsgegner wird verpflichtet, die Vollständigkeit und Richtigkeit seines Vermögensverzeichnisses an Eides Statt zu versichern.
4. Der Antragsgegner wird verpflichtet, an die Antragstellerin zum Ausgleich des Zugewinns in nach Auskunftserteilung noch zu beziffernder Höhe zuzüglich 5% Zinsen über dem Basiszinssatz ab Bestandskraft dieses Beschlusses zu bezahlen.
5. Die Kostenentscheidung bleibt dem Schlussentscheidung vorbehalten.
6. *Vorläufige Vollstreckbarkeit*

8 Daneben können sich beide Ehegatten bei Vorliegen der Voraussetzungen des § 1385 BGB **aus der Zugewinngemeinschaft nach § 1386 BGB lösen** (Streitwert: Interesse des Antragstellers an der vorzeitigen Beendigung des Güterstands, das gemäß § 42 I, II FamGKG zu schätzen ist), um in einen der beiden Wahlgüterstände (Gütertrennung, Gütergemeinschaft) zu wechseln.

2. Gütertrennung

9 Bei Gütertrennung bleiben die Vermögensmassen eines jeden Ehegatten güterrechtlich getrennt. Nach Beendigung des Güterstands scheidet daher eine „güterrechtliche" Auseinandersetzung aus (unten Rn. 21). Es kann aber neben allgemeinen Auseinandersetzungsansprüchen aus dem Schuld- und Sachenrecht zu einem Ausgleichsanspruch wegen Wegfalls der Geschäftsgrundlage kommen, wenn trotz vereinbarter Gütertrennung das Aufrechterhalten des bestehenden Vermögensstands für den Ehegatten, der ohne eigene Vermögensmehrung Leistungen erbracht hat, unzumutbar ist (*BGH,* FamRZ 1989, 599, 600 f.), wie insbesondere im Fall der Mitarbeit im Betrieb des anderen Ehegatten (Stichworte: Ausgleich von Arbeitszeit; näher zur Ehegatteninnengesellschaft *Palandt/Sprau,* § 705 Rn. 39; Grundlagenentscheidung: *BGHZ* 142, 137 = FamRZ 1999, 1580) oder bei erheblichen ehebedingten Zuwendungen (näher *v. Heintschel-Heinegg* in: Gerhardt/v. Heintschel-Heinegg/Klein, Handbuch des Fachanwalts Familienrecht, 10. Kap. Rn. 51 ff., 74 ff.).

10 Verfahrensrechtlich liegt keine „Güterrechtssache" nach § 111 Nr. 9 iVm § 261 FamFG, vor, sondern eine **„sonstige Familiensache"**, § 111 Nr. 10 iVm § 266 Nr. 2 FamFG.

3. Gütergemeinschaft

11 Die Auseinandersetzung der Gütergemeinschaft am Gesamtgut erfolgt, soweit die Ehegatten nichts vereinbaren, nach §§ 1474–1481 BGB. Die Ehegatten setzen sich selbst auseinander, gegebenenfalls durch einen auf Zustimmung zu einem Auseinandersetzungsplan gerichteten Antrag (*BGH,* FamRZ 1988, 813). Zur Zuständigkeit des Rechtspflegers s. § 3 Nr. 2 c RPflG iVm § 342 II FamFG.

12 **Reihenfolge der Auseinandersetzung gemäß §§ 1474–1481 BGB:**

- Zuerst sind die Gesamtgutsverbindlichkeiten, s. §§ 1437, 1459 BGB, zu begleichen, § 1475 I 1 BGB. Stehen die hierfür erforderlichen Geldmittel nicht zur Verfügung, können diese durch Verkauf beweglicher Sachen nach § 753 BGB oder von Grundstücken im Wege der Teilungsversteigerung nach § 180 I ZVG gewonnen werden, die jeder Ehegatte beantragen kann. Statt Tilgung genügt Zurückhaltung eines dafür ausreichenden Vermögenswerts oder die Übernahme als Alleinschuldner durch einen Ehegatten und wenn der Gläubiger den anderen Ehegatten aus der Haftung entlässt (*BGH,* FamRZ 1985, 903 = NJW 1985, 3066).
- Der Überschuss wird nach Gemeinschaftsrecht hälftig geteilt, §§ 1476 I, 1477 I BGB. Vorrangig ist die Teilung in Natur, s. § 752 BGB, hilfsweise erfolgt die Teilung durch Pfandverkauf bzw. Versteigerung und anschließende Erlösteilung, § 753 BGB.
- Die Auseinandersetzungsforderung entsteht erst mit der Rechtskraft des einem Auseinandersetzungsantrag stattgebenden Gestaltungsentscheidung, § 894 BGB. Der Anspruch wird also erst mit Rechtskraft des Urteils fällig; erst ab diesem Zeitpunkt besteht ein Zinsanspruch (*BGH,* NJW 1990, 445, 447).

13 Der Anspruch auf Zustimmung zu einer bestimmten Art der Auseinandersetzung des Gesamtguts kann im Scheidungsverfahren als Folgesache geltend gemacht werden. Das Gericht hat keine Gestaltungsfreiheit; dem auf Zustimmung zu einem bestimmten Teilungsplan gerichteten Antrag kann nur voll stattgegeben oder dieser muss abgewiesen werden (*BGH,* FamRZ 1988, 813). Das Gericht muss darauf achten, ob nach § 139 ZPO auf Hilfsanträge hinzuweisen ist.

Folgende **Ausnahmen** gelten:

14 a) Jeder Ehegatte kann, wenn nichts anderes vereinbart ist, **gegen Wertersatz Sachen übernehmen,** die ausschließlich zu seinem persönlichen Gebrauch bestimmt sind, insbesondere Kleidung, Schmucksachen und Arbeitsgeräte, § 1477 II 1 BGB. Das gleiche gilt für Gegenstände, die ein Ehegatte in die Güterge-

meinschaft eingebracht (Voraussetzung ist, dass der Gegenstand ganz und nicht nur zT eingebracht wurde; *Palandt/Brudermüller,* § 1477 Rn. 2) oder während der Gütergemeinschaft durch Erbfolge, durch Vermächtnis oder mit Rücksicht auf ein künftiges Erbrecht, durch Schenkung oder als Ausstattung erworben hat, § 1477 II 2 BGB. Das Übernahmerecht an Grundstücken ist ein die Versteigerung hinderndes Recht iSv § 771 ZPO (*BGH,* FamRZ 1985, 903 = NJW 1985, 3066). Der Wertersatz muss nicht in das Gesamtgut einbezahlt, sondern kann auf den Anteil am Überschuss angerechnet werden (*BGH,* FamRZ 1988, 926).

b) Es besteht ein **Wahlrecht,** ob Halbteilung, § 1476 I BGB, oder Wertersatz des Eingebrachten (nicht: Rückgabe) verlangt wird, § 1478 BGB. Das ist insbesondere für denjenigen Ehegatten bedeutsam, der mehr in die Ehe eingebracht hat als der andere. Zwar bestimmt sich der Wert des Eingebrachten nach der Zeit der Einbringung, § 1478 III BGB, jedoch ist der Wertverlust des Euro entsprechend folgender Formel zu berücksichtigen (das gilt auch bei eingebrachten Geldforderungen und entsprechend für Geldschulden; *BGH,* FamRZ 1990, 256 = NJW 1990, 445): 15

$$\text{Nominalwert des Eingebrachten} \times \frac{\text{Index bei Güterstandsbeginn}}{\text{Index bei Güterstandsende}}$$

Verbraucherpreisindizes (Basisjahr 2005 = 100)

1980	**1981**	**1982**	**1983**	**1984**	**1985**	**1986**	**1987**
66,4	70,6	74,3	76,7	78,6	80,2	80,1	80,3
1988	**1989**	**1990**	**1991**	**1992**	**1993**	**1994**	**1995**
81,3	83,6	85,6	75,9	79,8	83,3	85,6	87,1
1996	**1997**	**1998**	**1999**	**2000**	**2001**	**2002**	**2003**
88,3	90,0	90,9	91,4	92,7	94,5	95,9	96,9
2004	**2005**	**2006**	**2007**	**2008**	**2009**	**2010**	
98,5	100	101,6	103,9	106,6	107	108,2	

Abgedruckt sind die Verbraucherpreisindizes bei http://www.destatis.de

Ob das zu Beginn der Gütergemeinschaft Eingebrachte bei deren Auflösung noch vorhanden ist, spielt keine Rolle. Auch der Anspruch auf Zugewinnausgleich kann in die Gütergemeinschaft „eingebracht“ werden (*BGH,* FamRZ 1990, 256 = NJW 1990, 445). Reicht für den Wertersatzanspruch der Wert des Gesamtguts nicht aus, ist der Fehlbetrag von den Ehegatten nach dem Verhältnis des Werts des von ihnen Eingebrachten zu tragen, § 1478 I Hs. 2 BGB. – Der Anspruch auf Wertersatz des Eingebrachten kann im Verbundverfahren geltend gemacht werden (*BGHZ* 84, 333, 337 = FamRZ 1982, 991). 16

c) Der **Wertersatzanspruch** nach § 1478 BGB kann **neben dem Übernahmerecht** nach § 1477 II BGB geltend gemacht werden (*BGHZ* 84, 333, 338 = FamRZ 1982, 991). Der indexierte Einbringungswert ist mit dem Rücknahmerecht zu verrechnen. – Bei **landwirtschaftlichen Betrieben** ist § 1376 IV BGB nicht entsprechend anwendbar, sondern maßgeblich ist entweder der Liquidationswert (abzüglich etwaiger durch die Veräußerung aufgelöster Konten und Steuern) oder der Substanzwert unter Berücksichtigung der Ertragslage und Ertragserwartung (*BGH,* FamRZ 1986, 776). 17

Für den Fall, dass der Vollzug des gem. § 894 ZPO zustandegekommenen Auseinandersetzungsvertrags der weiteren Umsetzung bedarf: 18

Beispiel:

1. Der Antragsgegner ist verpflichtet, folgender Auseinandersetzung der Gütergemeinschaft zuzustimmen: Die Antragstellerin erhält als Alleineigentum das Grundstück ... Zug um Zug gegen Zahlung von ... EUR an den Antragsgegner und Übertragung aller Rechte an den Bankguthaben ... an den zur Alleinberechtigung.
2. Der Antragsgegner hat das in Ziffer 1 genannte Grundstück an die Antragstellerin zu Alleineigentum aufzulassen und deren Eintragung als Alleineigentümer im Grundbuch zu bewilligen Zug um Zug gegen Zahlung von ... EUR und Abtretung aller Rechte an den in Ziffer 1 bezeichneten Bankguthaben an den Antragsgegner als Alleinberechtigten.
3. ...

4. Güterrecht in den neuen Bundesländern

Gesetzlicher Güterstand in der früheren DDR war bis zum Inkrafttreten des Einigungsvertrags die Eigentums- und Vermögensgemeinschaft, die – soweit die Ehegatten nichts anderes vereinbart haben – kraft Gesetzes in den gesetzlichen Güterstand der Zugewinngemeinschaft übergeleitet wurde, Art. 234 § 4 EGBGB. Bis 2. 10. 1992 konnte jedoch jeder Ehegatte durch einseitige Erklärung für seine Ehe, also auch mit Wirkung für den anderen Ehegatten, die Beibehaltung des bisherigen Güterstands erzwingen (näher *Bosch,* FamRZ 1991, 1001; *Peters,* FamRZ 1993, 887). 19

20 Die Übergangsregelung von Art. 234 § 4 EGBGB kommt nur für Ehegatten in Betracht, die im gesetzlichen Güterstand der DDR lebten und deren Ehe vor dem 3. 10. 1990 geschlossen und nach diesem Stichtag geschieden oder sonst aufgelöst wird.

III. Verfahrensrechtliche Besonderheiten bei güterrechtlichen Streitigkeiten

21 Güterrechtssachen sind **Familiensachen,** § 111 Nr. 9 FamFG. Eine Güterrechtssache liegt vor, wenn das Verfahren Ansprüche aus dem ehelichen Güterrecht betrifft, auch wenn ein Dritter (als Streitgenosse, Nebenintervenient oder auch als Partei) an dem Verfahren beteiligt ist, § 261 I FamFG. Nicht sämtliche vermögensrechtliche Streitigkeiten zwischen Ehegatten sind also Güterrechtssachen, sondern nur Streitigkeiten über solche Ansprüche, die sich auf den gesetzlichen Güterstand, auf Gütergemeinschaft oder auf eine güterrechtliche Vereinbarung nach § 1408 I BGB stützen. Bei Gütertrennung gibt es keine Streitigkeiten „aus dem ehelichen Güterrecht" (*OLG Hamm,* FamRZ 1993, 211, 212; *OLG Stuttgart,* OLGR 2003, 409). Den Bereich der Güterrechtssachen erweitert § 261 II FamFG noch um die Verfahren nach § 1365 II, 1369 II sowie den §§ 1382, 1383, 1426, 1430 und 1452 BGB. Soweit die Rechtsfolgen schuld- und sachenrechtlicher Rechtsgeschäfte den bestehenden Güterstand unberührt lassen, kann eine „sonstige Familiensache" nach § 266 FamFG vorliegen, wie zB die Auseinandersetzung einer Gesellschaft bürgerlichen Rechts oder ein Schadensersatzanspruch wegen schuldhafter Beschädigung einer im Eigentum des anderen Ehegatten stehenden Sache.

22 Güterrechtssachen können im Verbund eingebracht, aber auch noch nach der Scheidung als isolierte Familiensache geltend gemacht werden. Es besteht Anwaltszwang, § 114 FamFG. *Vorbereitende Auskunftsansprüche,* die nicht im Rahmen eines Stufenverfahrens geltend gemacht werden, gehören nicht in den Verbund. Werden sie im Verbund geltend gemacht, ist darüber nach Abtrennung, § 145 ZPO, in einem gesonderten Verfahren zu verhandeln und zu entscheiden; eine Abweisung als unzulässig allein wegen der Geltendmachung im Verbund ist nicht gerechtfertigt (*BGH,* FamRZ 1997, 811). Im Zugewinnausgleichsverfahren ist jedenfalls ein „offener" Teilantrag zulässig (*BGH,* FamRZ 1994, 1095).

IV. Schwerpunkte des Zugewinnausgleichsverfahrens

1. Zugewinn

23 Zugewinn ist der Geldbetrag, um den der Wert des Endvermögens den Wert des zum Ausgleich des Kaufkraftverlusts hochgerechneten (= indexierten; näher unten Rn. 26) Anfangsvermögens übersteigt, s. § 1373 BGB:

- Für jeden Ehegatten getrennt ist also zunächst sein Zugewinn durch Abzug des indexierten Anfangsvermögens iSv § 1374 BGB, vom Endvermögen iSv § 1375 BGB zu berechnen.
- Vom größeren Zugewinn ist der kleinere abzuziehen. Das Resultat ergibt den auszugleichenden Zugewinnüberschuss.
- Die Hälfte des Zugewinnüberschusses steht demjenigen Ehegatten mit dem geringeren Zugewinn als Ausgleichsforderung zu.

Tenorierungsbeispiel:

Der Antragsgegner ist verpflichtet, der Antragsstellerin zum Ausgleich des Zugewinns in Höhe von … zuzüglich … 5% Zinsen über dem Basiszinssatz seit … zu zahlen.

Überblick über die Berechnung des Zugewinnausgleichsanspruchs

24

1. Schritt	Ehegatte 1	Ehegatte 2
	Endvermögen – Anfangsvermögen	Endvermögen – Anfangsvermögen
	= *Zugewinn 1* (§ 1373 BGB)	= *Zugewinn 2* (§ 1373 BGB)
2. Schritt	Größerer Zugewinn – Geringerer Zugewinn = *Zugewinnüberschuss* (des Ausgleichsverpflichteten) (1. Schritt im Rahmen des § 1378 I BGB)	
3. Schritt	Zugewinnüberschuss: 2 = *Ausgleichsanspruch* des Ausgleichsberechtigten (2. Schritt im Rahmen des § 1378 I BGB)	
4. Schritt	Begrenzung der Ausgleichsforderung, § 1378 II BGB	

2. Anfangsvermögen

25 Nach § 1374 I 2. Hs. BGB aF konnten beim Anfangsvermögen Verbindlichkeiten nur bis zur Höhe des Vermögens abgezogen werden. Hieraus ergab sich, dass das Anfangsvermögen auch bei einem zu Beginn des gesetzlichen Güterstands überschuldeten Ehegatten mit mindestens Null anzusetzen war (früheres Stichwort: „Kein negatives Anfangsvermögen"). Der Wegfall des zweiten Halbsatzes durch die Reform des Zugewinnausgleichsrechts zum 1. 9. 2009 brachte eine der einschneidenden Änderungen im gesetzlichen Güterstand. Zu beachten ist, dass für Zugewinnausgleichsverfahren, die vor dem 1. 9. 2009 anhängig wurden, § 1374 BGB in der bis zu diesem Tag geltenden Fassung gilt, Art. 229 § 18 II EGBGB. Der Zugewinn beträgt allerdings mindestens Null, dh er kann keine negative Größe sein, so dass Verluste eines Ehegatten insoweit nicht auszugleichen sind. Stichwort: Es gibt nur einen Zugewinnausgleich, keinen Verlustausgleich.

26 Vermögen, das ein Ehegatte nach Eintritt des Güterstands von Todes wegen oder mit Rücksicht auf ein künftiges Erbrecht, durch Schenkung oder als Ausstattung erwirbt, wird gem. § 1374 II BGB nach Abzug der Verbindlichkeiten dem Anfangsvermögen hinzugerechnet, soweit es nicht den Umständen nach zu den Einkünften zählt. Weder Wortlaut noch Sinn des § 1374 II BGB sprechen dagegen, einen Vermögenserwerb aufgrund eines **Lebensversicherungsvertrags** als einen Rechtserwerb von Todes wegen zu betrachten; eine ausgezahlte Lebensversicherungssumme ist demnach zumindest dann dem privilegierten Anfangsvermögen zuzurechnen, wenn der Begünstigte aufgrund einer besonderen persönlichen Beziehung zum Versicherungsnehmer in den Versicherungsvertrag aufgenommen wurde (*BGH,* FamRZ 1994, 1255). Für **Schenkungen eines Ehegatten an den anderen** ist allerdings § 1374 II BGB (trotz des insoweit nicht eingeschränkten Wortlauts) nicht anwendbar (*BGHZ* 101, 65 = FamRZ 1987, 791); die Zuwendung ist mit ihrem auf den Zuwendungszeitpunkt bezogenen Wert dem Endvermögen hinzuzurechnen. Weiter ist zu prüfen, ob eine Anrechnung nach § 1380 BGB in Betracht kommt. Ebenso sind dem Anfangsvermögen Zuwendungen nicht hinzuzurechnen, die ein Ehegatte um der Ehe willen zu deren dauerhafter wirtschaftlicher Sicherung **von seinen Schwiegereltern** erhalten hat (*BGH,* FamRZ 1995, 1060).

27 Das gesamte Anfangsvermögen iSv § 1374 I BGB ist als Summe zu **indexieren**. Der privilegierte Erwerb nach § 1374 II BGB muss gesondert umgerechnet werden, wobei der Lebenshaltungskostenindex des Erwerbsjahrs als „Index bei Güterstandsbeginn" einzusetzen ist. Die Umrechnung des Anfangsvermögens erfolgt nach folgender Formel (Indexzahlen oben Rn. 15):

$$\text{Anfangsvermögen} \times \frac{\text{Index bei Güterstandsbeendigung}}{\text{Index bei Güterstandsbeginn}}$$

3. Endvermögen

28 Dem Endvermögen iSv § 1375 I BGB ist nach § 1375 II BGB der Betrag hinzuzurechnen, um den dieses Vermögen dadurch vermindert ist, dass ein Ehegatte nach Eintritt des Güterstands durch Übermaßschenkung, Verschwendung oder Handlungen in Benachteiligungsabsicht sein Vermögen vermindert hat. Die Hinzurechnung erfolgt nur dann nicht, wenn die Vermögensminderung mindestens 10 Jahre vor Güterstandsbeendigung eingetreten oder wenn der andere Ehegatte damit einverstanden war, § 1375 III BGB.

4. Wertermittlung

29 Für die Wertermittlung des Anfangs- und Endvermögens nach § 1376 BGB ist der wirkliche Wert maßgebend, d. h. der Verkehrswert als dem Erlös, der bei der Veräußerung oder sonstigen Verwertung erzielt werden kann. In der Bewertungsmethode ist der Tatrichter frei (*BGH,* FamRZ 1986, 37, 39; eingehend zur Vermögensbewertung *Haußleiter/Schulz,* Rn. 116 ff.). Die Anwartschaft aus einer **Kapitallebensversicherung** ist nur dann mit dem Rückkaufswert anzusetzen, wenn am Endstichtag, § 1384 BGB, die Fortführung des Versicherungsvertrags nicht zu erwarten ist und auch eine Stundung der Ausgleichsforderung nicht ermöglicht werden kann (*BGH,* FamRZ 1995, 1270). **Land- und forstwirtschaftliche Betriebe** sind allerdings nach dem regelmäßig viel niedrigeren Ertragswert zu bewerten, § 1376 IV BGB. Diese Ausnahme gilt jedoch nicht, wenn nicht damit gerechnet werden kann, dass der Eigentümer oder ein Abkömmling den Betrieb weiterführen oder wiederaufnehmen wird, sondern allenfalls ein entfernter Verwandter (*BGH,* FamRZ 1989, 1276). Sie gilt grundsätzlich auch nicht für während der Ehe hinzuerworbene Flächen (*BGH,* FamRZ 1991, 1166 = NJW 1991, 1741).

5. Ausgleichsforderung

30 Für die Ausgleichsforderung nach § 1378 I BGB bestimmt § 1378 II BGB nach wie vor, dass diese begrenzt wird durch den Wert des Vermögens, das nach Abzug der Verbindlichkeiten bei Beendigung des

Güterstands vorhanden ist. Durch die Änderung des § 1384 BGB (oben Rn. 5) hat die in § 1378 II BGB getroffene Regelung jedoch einen Bedeutungswandel erfahren. Die Vermögensentwicklung nach Eintritt der Rechtshängigkeit des Scheidungsantrags kommt im Gegensatz zur früheren Rechtslage nunmehr keinen Einfluss mehr auf den Zugewinnausgleich zu, weil Vermögensminderungen während der Rechtshängigkeit nicht mehr aufgefangen werden. Vielmehr soll nur noch ein übermäßiger Zugewinn infolge eines negativen Anfangsvermögen aufgefangen werden (*Palandt/Brudermüller,* § 1378 Rn. 8).

31 Der Ausgleichsanspruch wird durch eine unter § 1375 II BGB fallende und dem Endvermögen hinzuzurechnende Vermögensminderung zwar nicht herabgesetzt, § 1378 II 2 BGB, jedoch seine Realisierung gefährdet. Dem ausgleichsberechtigten Ehegatte erhält dafür in den Fällen des § 1390 BGB gegen den dritten Empfänger zur **Kompensation des Ausfallrisikos** einen Anspruch.

32 Die Ausgleichsforderung **verjährt** regelmäßig nach drei Jahren, § 195 BGB, höchstens nach zehn Jahren, § 199 IV BGB. Die Frist beginnt nicht mehr mit positiver Kenntnis des Gläubigers von der Beendigung des Güterstands, vgl. § 1378 IV 1 BGB aF, sondern nach § 199 I BGB mit Schluss des Jahres, in dem der Anspruch entstanden ist und der Gläubiger von den den Anspruch begründenden Tatsachen Kenntnis erlangt oder durch grobe Unkenntnis erlangen musste.

6. Stundung der Ausgleichsforderung

33 Das Familiengericht hat die mit ihrer Entstehung sofort fällige Ausgleichsforderung auf einen Verfahrensantrag nach § 1382 BGB zu stunden, wenn die sofortige Zahlung auch unter Berücksichtigung der Interessen des Gläubigers zur Unzeit erfolgen würde; ein bestimmter Sachantrag muss nicht gestellt werden. Die Stundung verlangt eine Interessenabwägung zwischen Schuldner und Gläubiger. Der Geschäftsbetrieb des Schuldners soll nicht gefährdet werden, zumal wenn er auch die wirtschaftliche Grundlage der Unterhaltszahlungen bildet.

34 Bei *unstreitiger* Ausgleichsforderung während anhängiger Ehesache ist zuständig das Gericht der Ehesache. Bei Scheidung ergeht die Entscheidung im Scheidungsbeschluss. Die Vollstreckung erfolgt nach ZPO, § 95 I Nr. 1 FamFG.

Tenorierungsbeispiel:

Dem Antragsteller wird gestattet, den Ausgleichsbetrag in Höhe von … EUR in monatlichen Raten in Höhe von … EUR ab … jeweils bis 5. des Monats zu zahlen.

oder

1. Die Zugewinnausgleichsforderung der Gläubigerin von … EUR gemäß Scheidungsvereinbarung vom … wird wie folgt gestundet:
   Der Schuldner darf diesen Betrag in … Monatsraten zu je … EUR beginnend ab …, jeweils fällig am 3. eines jeden Monats, abzahlen. Die jeweils offene Restforderung ist ab … mit …% zu verzinsen.
   Bleibt der Schuldner mit einer Rate länger als zwei Wochen ganz oder teilweise im Rückstand, wird der gesamte Restbetrag zur Zahlung fällig.
2. Der Schuldner hat die im Verfahren erwachsenen außergerichtlichen Kosten der Gläubigerin zu erstatten.

35 Bei streitiger Ausgleichsforderung kann der Schuldner den Stundungsantrag hinsichtlich der Forderung oder des streitbefangenen Teils nur in demselben Rechtsstreit stellen, § 1382 V BGB. Dabei kann es sich um ein isoliertes Zugewinnausgleichsverfahren, aber auch um die Folgesache Zugewinnausgleich handeln. Zulässig und idR zweckmäßig ist ein Hilfsantrag. Der Stundungsantrag muss in der letzten mündlichen Verhandlung der letzten Tatsacheninstanz gestellt werden.

Antrag mit Hilfsantrag bei bestrittener Ausgleichsforderung:

Der Antrag vom … auf Zahlung eines Zugewinnausgleichs in Höhe von … EUR wird abgewiesen.

Hilfsweise wird beantragt, die Zugewinnausgleichsforderung bis … zu stunden oder Ratenzahlungen in Höhe von … EUR monatlich zu bewilligen.

36 Ist über die Ausgleichsforderung rechtskräftig entschieden, ist ein erst nachträglich gestellter Stundungsantrag gemäß § 1382 I BGB unzulässig. Jedoch kann das Familiengericht eine rechtskräftige Entscheidung auf Antrag aufheben oder ändern, wenn sich die Verhältnisse nach der Entscheidung wesentlich geändert haben, § 1382 VI BGB.

37 **Zuständig** ist bei isoliertem Stundungsantrag und unstreitiger Ausgleichsforderung der Rechtspfleger, § 25 Nr. 3 b RPflG; es sei denn, der Stundungsantrag wird im Verbund geltend gemacht. In allen anderen Fällen ist der Familienrichter zuständig.

7. Übertragung von Vermögensgegenständen

38 Zur Vermeidung grober Unbilligkeit und wenn es dem Schuldner zugemutet werden kann, ist auf Antrag des Gläubigers unter Anrechnung auf die Ausgleichsforderung die Übertragung von Vermögensgegenständen nach § 1383 I BGB möglich. Nicht darunter fallen höchstpersönliche Rechte, wie Beteiligungen an Personengesellschaften oder Gegenstände kraft deren Geld verlangt werden kann, wie insbesondere Sparbücher. Die Entscheidung (eine Änderung ist ausgeschlossen) verpflichtet nur zur

Übertragung, überträgt jedoch nicht selbst die Gegenstände. Die Herausgabe kann nach §§ 883, 897 ZPO erzwungen werden.

Für das **Verfahren** gilt § 264 FamFG. Der Antrag als Verfahrens- und Sachantrag muss den Gegenstand der Übertragung bezeichnen, nicht aber den anzurechnenden Wert. 39

Tenorierungsbeispiel: 40

Der Antragsgegner ist verpflichtet, der Antragstellerin seinen Hälfteanteil am Grundstück … zu Alleineigentum aufzulassen und deren Eintragung im Grundbuch zu bewilligen. Der Übernahmepreis von … EUR wird auf die Zugewinnausgleichsforderung der Antragstellerin angerechnet.

V. Sicherung des Zugewinnausgleichs

1. Vor Rechtshängigkeit eines Verfahrens auf vorzeitigen Zugewinnausgleich oder auf Eheauflösung

Vor Rechtshängigkeit eines Verfahrens auf vorzeitigen Zugewinnausgleich (oben Rn. 6), auf vorzeitige Aufhebung der Zugewinngemeinschaft (oben Rn. 6) oder auf Eheauflösung gibt es neben dem mittelbaren Schutz der künftigen Ausgleichsforderung durch die §§ 1365–1369 BGB sowie der fiktiven Zurechnung weggegebener Vermögensgegenstände zum Endvermögen gemäß § 1375 II 1 BGB **keinen unmittelbaren Schutz der künftigen Ausgleichsforderung,** auch nicht im Rahmen des vorläufigen Rechtsschutzes. 41

2. Nach Rechtshängigkeit eines Verfahrens auf vorzeitigen Zugewinnausgleich oder auf Eheauflösung

Nach Rechtshängigkeit eines Verfahrens auf vorzeitigen Zugewinnausgleich (oben Rn. 6), auf vorzeitige Aufhebung der Zugewinngemeinschaft (oben Rn. 6) oder auf Eheauflösung kann der Anspruch auf Zugewinnausgleich durch Arrest abgesichert werden. 42

3. Nach Rechtskraft der eheauflösenden Entscheidung

Nach Rechtskraft der Scheidung kann die entstandene Zugewinnausgleichsforderung, s. § 1378 III 1, § 1384 BGB, durch **Arrest** gesichert werden (unstr.). 43

VI. Sonstige vermögensrechtliche Auseinandersetzung

1. Grundsätzliches

Bei Aufhebung der Gütertrennung gibt es schon von der Sache her keine güterrechtlichen Ausgleichsansprüche. Jedoch können Auseinandersetzungsansprüche aus dem Schuld- und Sachenrecht gegeben sein (oben Rn. 21). 44

Weil auch der gesetzliche Güterstand der Zugewinngemeinschaft vom Prinzip der Gütertrennung (allerdings mit schuldrechtlichem Zugewinnausgleich) ausgeht, s. § 1363 II 1 BGB, ist bei jeder Vermögensauseinandersetzung von Ehegatten, die im gesetzlichen Güterstand leben, zusätzlich zu prüfen, ob neben dem Anspruch auf Zugewinnausgleich sich nicht noch weitere Ansprüche aus den allgemeinen schuld- und sachenrechtlichen Beziehungen ergeben. Diese konkurrierenden Ansprüche gehören dogmatisch zu den bei Gütertrennung möglichen vermögensrechtlichen Ansprüchen. Bei gesetzlichem Güterstand ist aber noch das Konkurrenzverhältnis zum Zugewinnausgleichsanspruch zu klären: Denn für die Zugewinngemeinschaft gilt das **Ausschließlichkeitsprinzip,** wonach neben dem Zugewinnausgleich – abgesehen von Versorgungsausgleich und der Hausratsverteilung nach §§ 1568 a, 1568 b BGB – grds. keine anderen Ausgleichsregelungen in Betracht kommen. Der Grundsatz ist von der Rechtsprechung allerdings stark „ausgehöhlt" worden (Überblick bei *Palandt/Brudermüller,* § 1372 Rn. 2 ff.). Für die „sonstige vermögensrechtliche Auseinandersetzung" besteht nunmehr eine Zuständigkeit des Familiengerichts nach § 111 Nr. 10 iVm § 266 I Nr. 2 FamFG. 45

2. Miteigentum

Auch wenn die Vermögen der Ehegatten bei Gütertrennung wie bei Zugewinngemeinschaft vom rechtlichen Ausgangspunkt her getrennt bleiben, schließt das nicht aus, dass während der Ehe Miteigentum begründet wurde. Das gilt zunächst einmal für gemeinsam angeschafften Hausrat, aber auch für Geschäfte im Rahmen des § 1357 BGB (*BGH,* FamRZ 1991, 923 = NJW 1991, 2283). Einen wichtigen Anwendungsfall bildet der Erwerb einer Immobilie zu Miteigentum (eingehend zur Auseinandersetzung von Miteigentum *Haußleiter/Schulz,* Rn. 5/3 ff.). Beim Scheitern der Ehe stellen sich vor allem zwei Fragen: die nach der weiteren Nutzung bzw. Zahlung einer Nutzungsentschädigung und die nach der Auflösung des Miteigentums. Für die Auflösung gemeinsamen Eigentums an allen beweglichen Gegenständen – soweit für Hausrat die § 1568 b BGB eingreift – sowie für Grundstücke gelten die Auseinan- 46 dersetzungsansprüche nach §§ 749 ff. BGB. Eine **Nutzungsentschädigung** steht dem weichenden Teilhaber frühestens ab dem Zeitpunkt zu, ab dem er gem. § 745 II BGB eine Neuregelung der Verwaltung und Benutzung verlangen kann (= Scheitern der Ehe; s. unten Rn. 53) und auch tatsächlich mit hinreichender Deutlichkeit verlangt. Gleichgültig, ob der Anspruch auf Neuregelung auf eine Geldentschädigung oder darauf gerichtet ist, dass der nutzende Teilhaber die Lasten übernimmt, wirkt er jedenfalls nur ex nunc (*BGH,* FamRZ 1993, 676, 678). – Das Gemeinschaftsrecht ist gegenüber dem gesetzlichen Güterstand vorrangig. Der Zugewinnausgleich ist auf Antrag zusätzlich durchzuführen.

3. Bereicherungsrechtliche Ansprüche

47 Bereicherungsrechtliche Ansprüche sind ausgeschlossen. Weder durch das Scheitern noch durch die Auflösung der Ehe werden Zuwendungen rechtsgrundlos (*BGHZ* 84, 361 = FamRZ 1982, 910). Im übrigen verdrängen die §§ 1372 ff. BGB Ansprüche aus ungerechtfertigter Bereicherung. Vielmehr konstruiert der BGH einen familienrechtlichen Vertrag sui generis, so dass bei einem Scheitern der Ehe Ansprüche wegen Wegfalls der Geschäftsgrundlage in Betracht kommen (unten Rn. 53 ff.).

48 Wohnt ein Ehepartner mit seiner Familie unentgeltlich im Haus der Schwiegereltern (Leihvertrag, §§ 598 ff. BGB; bei einem Mietvertrag gibt § 539 I BGB einen Aufwendungsersatzanspruch), kann er **Ersatz für Renovierungs- und Ausbauarbeiten von den Schwiegereltern** nur nach den Grundsätzen der Geschäftsführung ohne Auftrag verlangen, § 601 II 1 BGB. Dabei ist zu beachten, dass dem Geschäftsführer gemäß § 685 BGB kein Anspruch zusteht, wenn er nicht die Absicht hatte, vom Geschäftsherrn Ersatz zu verlangen. Zieht der Ehemann nach dem Scheitern der Ehe aus der Ehewohnung aus, scheiden – weil das Risiko des Scheiterns nur von einer der Parteien zu tragen ist – Ansprüche nach den Regeln über den Wegfall der Geschäftsgrundlage aus. Solange der Leihvertrag fortgesetzt wird, sind auch Bereicherungsansprüche nicht gegeben. Wird aber der Leihvertrag nach Auszug des Ehemanns in einen Mietvertrag umgewandelt, fällt der Leihvertrag als causa für die Verwendungen weg, so dass § 812 I 2 1. Alt. BGB gegeben ist (*BGH,* NJW 1985, 313; NJW 1990, 1789; zu Art und Umfang des Bereicherungsausgleichs *BGH,* FamRZ 2002, 88).

49 Wenden **Eltern ihrem Kind und dessen Ehegatten Geld zu,** das dem Erwerb oder dem Ausbau einer Immobilie dienen oder das sonst das eheliche Zusammenleben der jungen Eheleute fördern soll, gilt: (1) In der *Zuwendung zu Gunsten des eigenen Kindes* liegt regelmäßig eine Schenkung vor mit der Folge, dass der Betrag regelmäßig nur bei grobem Undank, § 530 BGB, zurückgefordert werden kann, und weiterhin, dass der Betrag in Zugewinnausgleich im Anfangsvermögen zuzurechnen ist, § 1374 II BGB. (2) Die Zuwendung zu Gunsten des Schwiegerkinds behandelt die aktuelle Rechtsprechung nicht mehr als ehebedingte Zuwendung, sondern nunmehr ebenfalls als Schenkung (*BGH,* FamRZ 2010, 958 und 1626). Darüber hinaus kann ein Anspruch wegen Zweckverfehlung nach § 812 I 2 Alt. 2 BGB gegeben sein, wenn die Schwiegereltern mit ihrer Schenkung ehebezogene Zwecke verfolgten und hierüber mit dem Empfänger der Leistung eine Willensübereinstimmung erzielt hatten (*BGH,* FamRZ 2010, 1626).

4. Ehegatteninnengesellschaft

50 Eine Ehegatteninnengesellschaft ist grundsätzlich unabhängig von der Art des Güterstands möglich. Gehört allerdings ein von Eheleuten betriebenes Erwerbsgeschäft zum Gesamtgut der von ihnen errichteten Gütergemeinschaft, kann nicht davon ausgegangen werden, dass sie bezüglich dieses Erwerbsgeschäfts daneben stillschweigend eine Ehegatteninnengesellschaft errichtet haben (*BGH,* FamRZ 1994, 295; Überblick bei *Palandt/Sprau,* § 705 Rn. 39 und *Haas,* FamRZ 2002, 205).

51 Für eine Gesellschaftsgründung durch schlüssiges Verhalten müssen die Ehegatten einen über den typischen Rahmen der ehelichen Lebensgemeinschaft hinausgehenden Zweck dadurch verfolgen, dass sie durch Arbeit und Einsatz von Vermögenswerten gemeinsam ein Unternehmen aufbauen oder auch nur gemeinsam gleichberechtigt eine berufliche oder gewerbliche Tätigkeit ausüben; wenn sie aus den Erträgnissen einer derartigen gemeinsamen Tätigkeit nicht nur Vermögen bilden, sondern ihren Lebensunterhalt bestreiten, steht das nicht entgegen (*BGH,* FamRZ 1999, 1580; 2008, 393; 2009, 34). Das Bestreben, die eheliche Lebensgemeinschaft zu verwirklichen und die Voraussetzungen dafür zu schaffen, ist als solches kein eigenständiger Zweck, der die Grundlage einer zwischen den Ehegatten bestehenden Gesellschaft bilden könnte (*BGH,* FamRZ 1989, 147). So liegt es regelmäßig, wenn die Ehegatten durch beiderseitige Leistungen zum Erwerb oder Ausbau eines Familienheims beitragen.

5. Schenkungswiderruf wegen groben Undanks

52 Weder die Beseitigung des Verschuldensprinzips im Scheidungsrecht noch das Ausgleichssystem der §§ 1372 ff. BGB stehen einem Schenkungswiderruf wegen groben Undanks nach § 530 BGB entgegen (*BGH,* FamRZ 1983, 668). Aber: Zuwendungen unter Ehegatten erfolgen zwar in der Regel objektiv unentgeltlich, für eine Schenkung fehlt es jedoch regelmäßig an der Einigung über die Unentgeltlichkeit (Ausnahme: Hochzeits- und Geburtstagsgeschenke), so dass in aller Regel keine Schenkung, sondern eine sog. ehebedingte Zuwendung vorliegt (*BGH,* FamRZ 1992, 300). Ein Widerruf der Schenkung we-

gen groben Undanks nach § 530 BGB setzt objektiv ein Fehlverhalten mit einem gewissen Maß an Schwere und subjektiv eine tadelnswerte Gesinnung voraus, die einen Mangel an Dankbarkeit gegenüber dem Schenker erkennen lässt (*BGH,* FamRZ 1993, 1297; Einzelheiten bei *Palandt/Weidenkaff,* § 530 Rn. 5 ff.).

6. Ehebedingte Zuwendungen

Bei einem Scheitern der Ehe (Tag, an dem das Scheitern „sinnfällig" zum ersten Mal zum Ausdruck kam wie endgültige Trennung oder Zustellung des Scheidungsantrags) können sog. ehebedingte Zuwendungen nach den Regeln über den **Wegfall der Geschäftsgrundlage** zu einem Ausgleichsanspruch führen, wenn die Beibehaltung der durch die Zuwendung herbeigeführten Vermögensverhältnisse dem benachteiligten Ehegatten nicht zuzumuten ist (*BGH,* FamRZ 1993, 289). Das gilt in erster Linie bei Gütertrennung, aber auch bei Zugewinngemeinschaft ist ein solcher Ausgleichsanspruch nicht schlechthin ausgeschlossen. Allerdings ist er bei gesetzlichem Güterstand mit Blick auf das Ausschließlichkeitsprinzip nur unter besonderen Umständen gerechtfertigt: Die Rückforderung ehebedingter Zuwendungen nach den Grundsätzen über den Wegfall der Geschäftsgrundlage und die dabei vorzunehmende Billigkeitsabwägung setzen idR voraus, dass es nicht zu einem Ausgleich nach güterrechtlichen Sondervorschriften kommt. Dies wiederum setzt die Prüfung voraus, ob bei Durchführung des Zugewinnausgleichs unter Einbeziehung der Zuwendung sich eine für den Zuwendenden schlechthin unangemessene und unzumutbare Abwicklung ergibt. Will der Zuwendende dies geltend machen, muss er ein solches Ergebnis schlüssig darlegen (*BGH,* FamRZ 1993, 289, 291). 53

Solange der Zuwender einen Ausgleich in Höhe des halben Werts der Zuwendung im Rahmen des Zugewinnausgleichs erhält, wird die „Grenze zur Unangemessenheit und Untragbarkeit" kaum je überschritten sein. Denn mit der hälftigen Beteiligung ist ein Maß an Ausgleichung erreicht, das nach dem Grundgedanken der Zugewinnausgleichsregelung grundsätzlich nicht als untragbar bezeichnet werden kann. Aus der Sicht des dort geltenden Prinzips hälftiger Ausgleichung ist es vielmehr normal, wenn der Zuwender über den Zugewinnausgleichsanspruch (nur) den halben Wert seiner Zuwendung zurückerhält. Aber auch wenn sein Ausgleichsanspruch dahinter zurückbleibt, ist eine Korrektur nicht ohne weiteres geboten, weil in gewissen Abweichungen von der hälftigen Beteiligung ein im Zugewinnausgleich sich ein noch normal angelegtes Risiko verwirklicht, vor dem der Ehegatte, der die Zuwendung machte, nicht völlig bewahrt bleiben kann. Um die Unerträglichkeit eines derartigen Ergebnisses und die Unabweisbarkeit seiner Korrektur zu begründen, müssen vielmehr weitere Gründe hinzutreten, die den Rückgriff auf die verdrängten Regeln über den Wegfall der Geschäftsgrundlage unter Berücksichtigung der übrigen konkreten Umstände des Einzelfalls zwingend gebieten. Derartige Gründe kommen zB in Betracht, wenn einerseits der Zuwendungsempfänger bei Ehezeitende keinen Zugewinn aufzuweisen hat, weil die Zuwendung ihm zur Erhaltung des Anfangsvermögens diente und damit keine Zugewinnausgleichsverpflichtung auslöst, obwohl sie wertmäßig im Endvermögen noch vorhanden ist und wenn andererseits der Zuwendende in seinem Auskommen beeinträchtigt ist, weil er mit den ihm verbleibenden Mitteln seinen angemessenen Unterhalt nicht bestreiten kann (*BGH,* FamRZ 1991, 1169, 1171 = NJW 1991, 2553, 2555). 54

Da auch die Gütertrennung eine angemessene Beteiligung beider Ehegatten am gemeinsam Erarbeiteten dem Charakter der ehelichen Lebensgemeinschaft als einer Schicksals- und auch Risikogemeinschaft entspricht, andererseits der von den Ehegatten freigewählte Güterstand nicht ausgehöhlt werden darf, lassen sich die **Voraussetzungen für den Ausgleichsanspruch** nur wie folgt bestimmen (s. *BGH,* FamRZ 1992, 293, 294): 55

a) **Zuwendung noch vorhanden.** Die Zuwendung muss beim Scheitern der Ehe (hierin liegt der Wegfall der Geschäftsgrundlage) in Gestalt einer messbaren Vermögensmehrung beim anderen Ehegatten noch vorhanden sein. 56

b) **Unzumutbarkeit des Ergebnisses der güterrechtlichen Auseinandersetzung.** Unter Abwägung aller konkreten, für den Vermögensausgleich bedeutsamen Umstände, wobei insbesondere Abreden, Dauer der Ehe, Alter der Parteien, Art und Umfang der erbrachten Leistungen zu beachten ist, kann ein billiger Ausgleich nur zuerkannt werden, wenn die Aufrechterhaltung des bestehenden Vermögensstands nach durchgeführter güterrechtlicher Auseinandersetzung für denjenigen Ehegatten, der ohne eigene Vermögensmehrung Leistungen erbracht hat, unzumutbar ist. 57

c) **Höhe des Ausgleichs.** Die Höhe des Ausgleichs hat sich daran zu orientieren, dass keine Bezahlung für die erbrachten Leistungen, sondern nur eine angemessene Beteiligung an dem gemeinsam Erarbeiteten verlangt werden kann. Eine **Verwirkung durch einseitiges Fehlverhalten** kommt nicht in Betracht. Es gibt keinen Rechtssatz des Inhalts, dass derjenige, der die Geschäftsgrundlage eines Vertrags zerstört, deswegen die von ihm erbrachten vermögensrechtlichen Leistungen verwirkt (*BGH,* FamRZ 1992, 160, 162). 58

Der Ausgleichsanspruch bezieht sich grundsätzlich nur auf die Zuwendung eines konkreten Gegenstands. Getrennte Verfahren sind also möglich (kein „Gesamtausgleich"). Grundsätzlich kann nur **Aus-** 59

gleich in Geld beansprucht werden. Nur in seltenen Ausnahmefällen kann der Ausgleichsanspruch unmittelbar auf die Übertragung eines bestimmten Gegenstands gerichtet sein.

60 Der familienrechtliche Ausgleichsanspruch wegen Wegfalls der Geschäftsgrundlage ist eine Familienstreitsache nach §§ 111 Nr. 10, 112 Nr. 3, 266 I Nr. 3 FamFG. Der Anspruch **verjährt** regelmäßig nach §§ 195, 199 BGB in drei Jahren ab Ende des Jahres, in dem der Berechtigte Kenntnis der relevanten Umstände erlangt hat oder hätte erlangen müssen. Die Höchstfrist beträgt zehn Jahre, § 199 IV BGB.

7. Arbeitsleistungen

61 Bei erheblichen Arbeitsleistungen, die nicht auf einem Arbeitsvertrag beruhen, aber zu einer messbaren Vermögensmehrung beim anderen Ehegatten führten, bejaht die Rechtsprechung ebenfalls einen familienrechtlichen Vertrag besonderer Art, dessen Geschäftsgrundlage bei einem Scheitern der Ehe mit der Folge entfällt, dass ein Ausgleichsanspruch wegen Wegfalls der Geschäftsgrundlage gegeben sein kann (*BGHZ* 84, 361; *BGH,* FamRZ 1994, 1167 = NJW 1994, 2545). Hauptanwendungsfall sind erhebliche Arbeitsleistungen bei der Errichtung bzw. dem Ausbau des Familienwohnheims auf dem Grundstück des anderen Ehegatten oder die Mitarbeit im Betrieb des Ehepartners (hierzu grundlegend *BGH,* FamRZ 1994, 1167). Hinsichtlich der erbrachten Arbeitsleistungen macht es keinen Unterschied, ob diese vom Ehegatten selbst oder ähnlich einer Ausstattung nach § 1624 BGB von dessen Eltern erbracht wurden (*BGH,* FamRZ 1992, 160).

62 Die **Voraussetzungen für einen Ausgleichsanspruch** wegen investierter Arbeitszeit nach den Grundsätzen über den Wegfall der Geschäftsgrundlage sind:

- Die erbrachten Leistungen müssen über Gefälligkeiten hinausgehen.
- Es darf sich nicht um Dienstleistungen handeln, die im Rahmen der Unterhaltspflicht oder der gegenseitigen Beistandspflicht geschuldet sind.
- Beim Scheitern der Ehe als dem Stichtag für die Berechnung müssen die Früchte der geleisteten Arbeit noch in Form einer messbaren Vermögensmehrung beim anderen Ehegatten vorhanden sein.
- Die Höhe hängt (wie bei sog. ehebedingten Zuwendungen) von den besonderen Einzelfallumständen ab. – Konkrete Berechnungsbeispiele durch die Rechtsprechung liegen bislang nicht vor. Jedenfalls kann berücksichtigt werden, in welchem Umfang der Betrieb durch die Mitarbeit Arbeitskosten erspart hat; die Höhe der Arbeitskosten begrenzt den Ausgleichsanspruch nach oben (*BGH,* FamRZ 1994, 1167 = NJW 1994, 2545).

8. Gemeinschaftliches Giro-, Bank- oder Bausparkonto sowie Oder-Depot

63 Bei einem gemeinschaftlichen Giro-, Bank- oder Bausparkonto hat ein Ehegatte im Verfahren nur darzutun, dass dem anderen **Gesamtgläubiger** gemäß § 430 BGB durch die Leistung des Schuldners mehr zugeflossen ist, als seinem Anteil entspricht. Es ist dann Sache des in Anspruch Genommenen, eine Gestaltung des Innenverhältnisses darzulegen und zu beweisen, die eine andere als die vom Gesetz vermutete hälftige Beteiligung oder einen Ausschluss der Ausgleichspflicht ergibt. Auch bei Abhebungen während intakter Ehe muss der Ehegatte, dem mehr als sein hälftiger Anteil zugeflossen ist, eine der Ausgleichspflicht entgegenstehende Gestaltung des Innenverhältnisses nachweisen. Allerdings wird dieser Nachweis bei Abhebungen während intakter Ehe in der Regel leichter zu führen sein (*BGH,* FamRZ 1993, 413). Beim *Oder-Depot* ist § 430 BGB nur für die Rechte aus dem Depotverwahrungsvertrag, nicht für die Eigentumslage an den verwahrten Wertpapieren von Bedeutung. Für die Eigentumslage depotverwahrter Wertpapiere stellt § 1006 BGB eine Vermutung und § 742 BGB eine schwach ausgeprägte Auslegungsregel für gleiche Anteile der Depotinhaber auf; die Errichtung eines Oder-Depots gibt über die Eigentumslage in der Regel keinen Aufschluss (*BGH,* FamRZ 1997, 607). – Der Gesamtgläubigerausgleich wird durch das Güterrecht nicht verdrängt.

64 Ein Gemeinschaftssparkonto mit Einzelverfügungsbefugnis (Oder-Konto) kann, sofern nicht ein entsprechendes Weisungsrecht vereinbart ist, nicht durch einseitige Erklärung eines der Kontoinhaber, sondern nur durch Änderung des Kontovertrags in ein Konto mit gemeinschaftlicher Verfügungsbefugnis (Und-Konto) umgewandelt werden. Die Änderung des Kontovertrags erfordert, wenn nicht anderes vereinbart ist, die Einigung aller Kontoinhaber und dem Kreditinstitut (*BGH,* NJW 1991, 420 mit Besprechung *Wagner,* NJW 1991, 1790). Haben sich die Kontoinhaber jedoch in den Kontoeröffnungsanträgen einander das Recht eingeräumt, die Konten ohne Mitwirkung des jeweils anderen Kontoinhabers auf sich umschreiben zu lassen, können sie – als ein Minus – ohne Mitwirkung des anderen auch ein Oder-Konto in ein Und-Konto umwandeln.

9. Gesamtschuldnerausgleich

65 Sind Ehegatten gemeinsam zu einer teilbaren Leistung verpflichtet, haften sie nach § 427 BGB im Zweifel als **Gesamtschuldner.** Wer die gemeinsamen Schulden im Verhältnis der Ehegatten zueinander zu tragen hat, ist gemäß § 426 I 1 BGB zu entscheiden. Die Haftung zu gleichen Anteilen ist eine bloße Hilfsregel für den Fall, dass jeder andere Verteilungsmaßstab fehlt. Derjenige Ehegatte, der eine

vom Halbteilungsgrundsatz abweichende Verteilung verlangt, ist darlegungs- und beweisbelastet (*BGH,* FamRZ 1987, 1239). Zur Frage, unter welchen Voraussetzungen bei einem Bankkredit die Mitverpflichtung des einkommens- und vermögenslosen Ehepartners des Kreditnehmers als sittenwidrig anzusehen ist, grundlegend *BGH,* FamRZ 1993, 407 = NJW 1993, 322. – Der Gesamtschuldnerausgleich wird durch die Vorschriften über den Zugewinnausgleich nicht verdrängt (*BGH,* FamRZ 1989, 147).

Ein von der Halbteilung abweichender Verteilungsmaßstab kann sich aus dem Gesetz, einer Verein- 66
barung, Inhalt und Zweck des Rechtsverhältnisses oder aus der besonderen Gestaltung des tatsächlichen Geschehens ergeben (*BGH,* FamRZ 1993, 676, 677). Während intakter Ehe kann die grundsätzlich hälftige **Ausgleichspflicht** von der ehelichen Lebensgemeinschaft in der Weise überlagert sein, dass sich im Innenverhältnis zwischen den Ehegatten eine andere Aufteilung ergibt, etwa dergestalt, dass der alleinverdienende Teil zugunsten des haushaltsführenden Teils die gemeinschaftlichen Verpflichtungen allein trägt und daher ein Ausgleichsanspruch ausscheidet. Mit dem Scheitern der Ehe, das sich spätestens in der Erhebung des Scheidungsantrags manifestiert, entfällt idR der Grund für eine von der hälftigen Ausgleichsregel abweichende Gestaltung. Das bedeutet indessen noch nicht, dass damit die hälftige Ausgleichsregelung ohne weiteres wieder zum Tragen kommt. Vielmehr ist danach zu fragen, ob an die Stelle derjenigen Rechtsbeziehungen, die durch die Besonderheiten der ehelichen Lebensgemeinschaft geprägt waren, eine andere rechtliche oder tatsächliche Ausgestaltung der Verhältnisse tritt, die in ähnlicher Weise wie zuvor Einfluss auf das Ausgleichsverhältnis nehmen können (*BGH,* FamRZ 1993, 676, 678; zu den von der Rechtsprechung zur Bestimmung des Verteilungsmaßstabs entwickelten Kriterien Handbuch des Fachanwalts Familienrecht/*v. Heintschel-Heinegg* in: Gehardt/v. Heintschel-Heinegg/Klein 10. Kap. Rn. 74 ff.).

Schuldet der ausgleichsberechtigte Ehegatte auch Unterhalt, wird der Ausgleichsanspruch regelmäßig 67
durch die Unterhaltsberechnung verdrängt. Verbindlichkeiten werden vom Einkommen des Verpflichteten abgezogen und vermindern dadurch den geschuldeten Unterhalt. Dieser unterhaltsrechtliche Ansatz beteiligt den anderen Ehegatten über die Unterhaltskürzung zwangsläufig an der Tilgung gemeinsamer Schulden. Damit liegt eine „andere" Bestimmung iSv § 426 I 1 BGB vor, die keinen weiteren Ausgleich mehr zulässt (*OLG Köln,* NJW-RR 1992, 259; *OLG München,* NJW-RR 1990, 1415).

Werden im Rahmen des Zugewinnausgleichsverfahrens gesamtschuldnerisch eingegangene Verbind- 68
lichkeiten beim Endvermögen der einen Partei abgesetzt, so liegt damit eine (stillschweigende) Abrede dahingehend vor, dass diese Partei im Innenverhältnis die Verbindlichkeiten allein zu tragen hat. Die andere Partei hat einen Freistellungs- bzw. Regressanspruch (*OLG Karlsruhe,* FamRZ 1991, 1195).

Maßgeblicher Stichtag für die Ausgleichspflicht ist das Scheitern der Ehe, dh der Tag, an dem das 69
Scheitern „sinnfällig" zum ersten Mal zum Ausdruck kommt.

10. Haftungsbefreiung nach Auftragsrecht

Hat ein Ehegatte während intakter Ehe dem anderen die Aufnahme von Bankkrediten durch Über- 70
nahme einer persönlichen Haftung oder durch Einräumung von dinglichen Sicherheiten ermöglicht, kann er nach Scheitern der Ehe Befreiung von Auftragsrecht verlangen (*BGH,* FamRZ 1989, 835 = NJW 1989, 1920; kritisch zur Begründung *Koch,* FamRZ 1994, 537).

Der Schuldner kann wählen, wie er die Befreiung vornehmen will. Zu beantragen ist die Befreiung 71
von der Verbindlichkeit. Da es um eine vertretbare Handlung geht, erfolgt die Vollstreckung nach § 887 ZPO. Erst in diesem Stadium kann der Schuldner den zur Schuldtilgung erforderlichen Geldbetrag verlangen.

11. Verwaltervertrag

Überlässt ein Ehegatte durch schuldrechtlichen Vertrag dem anderen sein Vermögen zur Verwaltung 72
(Verwaltervertrag), handelt es sich entweder um einen unentgeltlichen Auftrag, §§ 662 ff. BGB, oder um einen entgeltlichen Geschäftsbesorgungsvertrag, § 675 BGB. Der Verwalter ist zur Rechenschaft und Herausgabe des Erlangten nach §§ 666, 667, 675, 259 BGB verpflichtet (*OLG Köln,* EzFamR 1998, 148). Seine Haftung beschränkt sich auf die eigenübliche Sorgfalt, § 1359 BGB (zum Ganzen *BGH,* FamRZ 1986, 558). – Vermögen kann aber auch mit einer **Treuhandabrede** übertragen werden (s. *OLG Düsseldorf,* FamRZ 1992, 562; *Gernhuber,* JuS 1988, 355). Wer Treugut zurückverlangt, muss sowohl die Treuhandabrede als auch die Beendigung des Treuhandverhältnisses (regelmäßig das Scheitern der Ehe) darlegen und gegebenenfalls beweisen.

12. Deliktische Ansprüche

Verletzt ein Ehegatte ein allgemein deliktisch geschütztes Recht des anderen, wie insbesondere Kör- 73
perintegrität und Eigentum, oder seine vermögensrechtlichen Pflichten aus der ehelichen Lebensgemeinschaft, wie insbesondere die Pflicht zur Mitwirkung bei gemeinsamer Steuererklärung, sind deliktische Ansprüche durch die Sonderregelungen des Familienrechts nicht ausgeschlossen. Die Haftungserleichterung des § 1359 BGB findet nur bei der Erfüllung von Verpflichtungen Anwendung, die sich aus dem

ehelichen Verhältnis ergeben, insbesondere also nicht bei Schadenszufügung im Straßenverkehr. Jedoch darf der ersatzbegehrende Ehegatte seine Ansprüche dann nicht verfolgen, wenn sich der Schädiger im Rahmen seiner wirtschaftlichen Möglichkeiten in einer der ehelichen Gemeinschaft angepassten Form um einen Ausgleich bemüht (*BGH,* FamRZ 1988, 476 = NJW 1988, 1208). Bei Verletzung **persönlicher Ehepflichten,** wie insbesondere der Verletzung der ehelichen Treuepflicht, die zur Geburt eines scheinehelichen Kindes führt, schließen die Sonderregelungen des Familienrechts eine Schadensersatzverpflichtung grds. aus. Nicht ausgeschlossen sind aber Ansprüche aus § 826 BGB gegen die Mutter des scheinehelichen Kindes, wenn zu dem Ehebruch eine sittenwidrig schädigende Verletzungshandlung der Ehefrau hinzutritt (*BGH,* FamRZ 1990, 367, 369 = NJW 1990, 706; *OLG Karlsruhe,* NJW-RR 1992, 515; *LG Baden-Baden,* FamRZ 1992, 557 = NJW 1992, 1514). Zu Ansprüchen des Zahlvaters gegen den wirklichen Vater eines nichtehelichen Kindes *BGH,* NJW 1993, 1195.

VII. Anhang: Vermögensrechtliche Auseinandersetzung bei nichtehelicher Lebensgemeinschaft

1. Grundsätzliche Rechtsstellung

74 Bei einer nichtehelichen Lebensgemeinschaft stehen die persönlichen Beziehungen derart im Vordergrund, dass sie auch das die Gemeinschaft betreffende vermögensmäßige Handeln der Partner bestimmen, und daher nicht nur in persönlicher, sondern auch in wirtschaftlicher Hinsicht keine Rechtsgemeinschaft besteht. Wenn die Partner nicht etwas Besonderes unter sich geregelt haben, werden dementsprechend persönliche und wirtschaftliche Leistungen grundsätzlich nicht gegeneinander aufgerechnet (*BGHZ* 77, 55, 58 = FamRZ 1980, 664; näher zum Ganzen *Plate,* FuR 1995, 212, 275; *Schreiber,* Die nichteheliche Lebensgemeinschaft, 1995).

2. Anwendung gesellschaftsrechtlicher Grundsätze

75 Ein Ausgleichsanspruch nach den Vorschriften über die bürgerlichrechtliche Gesellschaft kann allerdings bestehen, wenn die Partner einer nichtehelichen Lebensgemeinschaft ausdrücklich oder durch schlüssiges Verhalten einen entsprechenden Gesellschaftsvertrag abgeschlossen haben. Aber auch wenn kein Gesellschaftsvertrag vorliegt, besteht die Möglichkeit, unter Umständen gesellschaftsrechtliche Grundsätze anzuwenden, zB wenn durch gemeinsame Leistungen zum Bau und zur Erhaltung eines zwar auf den Namen des einen Partners eingetragenen, aber als gemeinsames Vermögen betrachteten Anwesens beigetragen haben. Mindestvoraussetzung für die Anwendung gesellschaftsrechtlicher Grundsätze ist aber, dass die Parteien überhaupt die Absicht verfolgt haben, mit dem Erwerb des Vermögensgegenstands einen – wenn auch nur wirtschaftlich – gemeinschaftlichen Wert zu schaffen, der von ihnen für die Dauer der Partnerschaft nicht nur gemeinsam benutzt werden würde, sondern ihnen nach ihrer Vorstellung auch gemeinsam gehören sollte (*BGH,* FamRZ 1992, 408; 1993, 939).

C. VIII. Internationales Familienrecht

Silvia Wolter-Welge

Übersicht

Literaturhinweise: *Bergmann/Ferid,* Internationales Ehe- und Kindschaftsrecht, Loseblattsammlung; *Beck'scher Online-Kommentar BGB; Bumiller/Harders* Freiwillige Gerichtsbarkeit – FamFG; *Coester-Waltjen* Europäisches Unterhaltsrecht; *Erman* BGB; *juris-Praxiskommentar* zum Bürgerlichen Gesetzbuch; *Münchener Kommentar zum BGB, Prütting/Helms* FamFG Kommentar; *Prütting/Wegen/Weinreich* BGB; *Raucher/Andrae/Rauscher/Schimrick* Europäisches Zivilprozess- und Kollisionsrecht; *Rieck,* Ausländisches Familienrecht; *Schulte-Bunert/Weinreich,* FamFG Kommentar; *Staudinger,* Kommentar zum BGB.

Fachzeitschriften: *FamRZ* – Zeitschrift für das gesamte Familienrecht; *FPR* – Familie Partnerschaft Recht insbesondere: Heft 11/2010 Europarecht – das Familienrecht nach dem Lissabon-Vertrag; *FuR* – Zeitschrift für Familie und Recht; *IPrax* – Praxis des Internationalen Verfahrensrechts; *StAZ* – Zeitschrift für Standeamtswesen, Familienrecht, Staatsangehörigkeitsrecht, Personenestandsrecht, internationales Privatrecht des In- und Auslands sowie die allgemeine Literatur zu FamFG, BGB und VersAusglG – siehe C. I.

Nützliche Links: Bundesamt für Justiz, Bonn www.bundesjustizamt.de; Europäisches Justizielles Netz für Zivil- und Handelssachen www.ec.europa.eu/civiljustice; Europäische Kommission www.ec.europa.eu; *Europarat* (mit vollständiger Liste der Übereinkommen) http://conventions.coe.int; Haager Konferenz für Internationales Privatrecht www.hcch.net; *Internationaler Sozialdienst* (Deutscher Zweig) www.issger.de; Max-Planck-Institut für ausländisches und internationales Privatrecht, Hamburg www.mpipriv.de *MIKK e. V.* Mediation bei internationalen Kindschaftskonflikten www.mikk-ev.de; Verband binationaler Familien und Partnerschaften www.verband-binationaler.de

I. Allgemeines

1. Familienverfahren mit Auslandsbezug

1 Familienverfahren können eine unerschöpfliche Vielzahl von Auslandsbezügen aufweisen, sei es zum Beispiel, dass die Beteiligten unterschiedliche oder übereinstimmende ausländische Staatsangehörigkeiten besitzen, dass sie Mehrstaatler sind, einer/mehrere/alle von ihnen den gewöhnlichen Aufenthalt im Ausland haben oder wechselnd hatten, der Streitgegenstand im Ausland belegen ist oder zB die zugrundeliegende Statusentscheidung (Eheschließung, Adoption) oder Errichtung des abzuändernden Titels im Ausland stattgefunden hat. Für alle diese Verfahren ist in zwei Schritten zunächst die internationale Zuständigkeit des deutschen Familiengerichts zu prüfen und gegebenenfalls danach das zuständige Sachstatut für das anzuwendende materielle Recht festzustellen.

Für jede der beiden Stufen ist zu prüfen, ob vorrangiges unmittelbar geltendes oder implementiertes Europarecht und/oder implementierte völkerrechtliche Vereinbarungen vorhanden sind, bevor auf das nationale Zuständigkeitsrecht (seit Geltung des FamFG zusammenhängend in den §§ 97 bis 106 FamFG geregelt) und auf das nationale IPR (Art. 3 ff. EGBGB) zurückgegriffen werden kann.

Der erste Ansatz dieser Prüfung wird im Folgenden (Rn. 9 ff.) für die einzelnen familienrechtlichen Verfahrensarten nach der **Systematik des 2. Buches des FamFG** beschrieben, ohne dass hier nur annähernd ein Anspruch auf Vollständigkeit erhoben werden kann.

2. Verfahrenskostenhilfe in Familienverfahren mit Auslandsbezug

2 Es gelten die allgemeinen Regelungen der §§ 76–78 FamFG bzw. § 113 I FamFG in Verbindung mit §§ 114 ff. ZPO für Ehe- und Familienstreitsachen.

Spezielle Regelungen sind für Kindschaftsverfahren vorgesehen in § 43 IntFamRVG für Verfahren nach dem HKÜ sowie in Art. 50 Brüssel II a-VO für Anerkennungs- und Vollstreckungsverfahren, wenn im Ursprungsmitgliedssaat bereits PKH bewilligt wurde.

Für internationale **Unterhaltsverfahren** sind Sonderregelungen in Art. 44 ff. EuUnterhaltVO sowie in §§ 20 ff. Auslandsunterhaltsgesetz (AUG 2011) enthalten, die zum Teil an die Bedürftigkeit des Antragsstellers erheblich geringere Anforderungen bei der Gewährung stellen als in nationalen Verfahren. Diese Regeln betreffen, die eigenständige Durchführung eines streitigen Verfahrens, die Verfahren auf Anerkennung und Vollstreckung sowie die mit Hilfestellung durch die Zentrale Behörde eingeleiteten Verfahren.

Im Übrigen ist, wenn ein Beteiligter, dessen Wohnsitz oder gewöhnlicher Aufenthalt außerhalb Deutschlands liegt, für ein Verfahren vor einem deutschen Familiengericht Prozess-/Verfahrenskostenhilfe beantragt (sog. grenzüberschreitende Prozesskostenhilfe), durch das zuständige Prozessgericht oder Vollstreckungsgericht gem. §§ 1076 bis 1078 ZPO zu verfahren. Diese Vorschriften, die die Richtlinie EG 8/2003 des Rates v. 27. 1. 2003 umsetzen, verweisen auf die §§ 114 ff. ZPO.

Die einschränkende Regelung des § 78 II FamFG, wonach die Beiordnung eines Rechtsanwalts in Verfahren ohne Anwaltszwang eine Schwierigkeit der Sach- und Rechtslage voraussetzt, dürfte daher für die grenzüberschreitende Prozesskostenhilfe nicht eingreifen.

3. Ausländische Parallelverfahren

3 Auch im Verhältnis zu ausländischen Gerichtsverfahren gilt grundsätzlich die mangelnde anderweitige Rechtshängigkeit als eine Zulässigkeitsvoraussetzung des Antrags. Sie ist aber nicht zu verwechseln mit der Frage, ob das als zweites angerufene Gericht international zuständig ist. In einzelnen Bereichen bestehen ausdrückliche Regeln, wie in derartigen Situationen zu verfahren ist zB Art. 12, 13 EuUnterhaltVO für Unterhaltsverfahren, Art. 15, 19 Brüssel II a-VO, Art. 8 KSÜ für Kindschaftssachen.

Anderenfalls muss der Antrag nach Gewährung rechtlichen Gehörs als unzulässig verworfen werden.

4. Kommunikation mit ausländischen Gerichten

4 Mit der Zunahme familienrechtlicher Konflikte mit Auslandsbezug, die grenzüberschreitend gerichtlich ausgetragen werden, kann es zunehmend für das deutsche Familiengericht von praktischem Nutzen sein, Kontakt mit einem ausländischen Gericht oder einer ausländischen Behörde aufzunehmen, um Fragen der Zuständigkeit zu klären, Doppelinterventionen zu verhindern oder Verweisungen oder zB die grenzüberschreitende Unterbringung Minderjähriger in Pflegefamilien oder Heimen vorzubereiten. Solche Kontaktaufnahmen erfolgen bisher noch vergleichsweise selten, sind aber zunehmend auch in den europa- und konventionsrechtlichen Regelungen vorgesehen (zB Art. 15 Brüssel II a-VO; Art. 8 und 9 KSÜ).

Das **Bundesjustizamt** in Bonn fungiert als sogenannte Zentrale Behörde für grenzüberschreitende Aufgaben wie internationale Kindesrückführung nach HKÜ, Geltendmachung von Umgangsrechten in

Deutschland, Geltendmachung von Auslandsunterhalt, Zentralstelle für Auslandsadoptionen sowie im Rahmen des Europäischen Justiziellen Netzes für Zivil- und Handelssachen der EU (EJN). Es hat unter anderem die Aufgabe, deutsche Richter in Kindschaftssachen bei der Verständigung zwischen den europäischen Gerichten, insbesondere bei der Anwendung des HKÜ sowie bei dem Übernahmegesuch an ein ausländisches Gericht mit größerer Sachnähe gemäß Art. 15 Brüssel II a-VO zu unterstützen (Art. 55 c Brüssel II a-VO).

Es kann aber über seinen formalen Zuständigkeitsbereich hinaus auch Hilfen und Informationen (ua über die recht ausführliche Website – siehe oben) bieten, die zeitraubende und durch Sprachbarrieren erschwerte Recherchen des einzelnen Richters vermeiden helfen.

Mit der Einführung des EJN sind von den Mitgliedstaaten **Verbindungsrichter** benannt worden, die für in- und ausländische Richter als Ansprechpartner zur Verfügung stehen und auch bei einer direkten Kontaktaufnahme zu einem Richter im europäischen Ausland behilflich sind. Die aktuelle Liste der deutschen Verbindungsrichter ist auf der Website des Bundesamtes für Justiz (siehe oben: nützliche links) veröffentlicht.

5. Internationale Mediation

Auch oder gerade in internationalen Familienkonflikten kann es sinnvoll sein, bei den Beteiligten eine 5
außergerichtliche einvernehmliche Konfliktlösung anzuregen. Soweit die Zentralen Behörden (in Deutschland: Bundesamt für Justiz) in Kindschaftssachen in das Verfahren einbezogen sind, besteht für sie insoweit sogar ein ausdrücklicher Auftrag zB in Art. 10 HKÜ, Art. 31 b KSÜ .

Für Familienverfahren, in denen der Aufenthaltsort der Beteiligten unter Umständen weit voneinander entfernt liegt oder sprachliche Barrieren bestehen, wirft dies logistisch einige Probleme auf.

Hierfür hat sich die Mediation in internationalen Kindschaftskonflikten entwickelt. Vom Bundesjustizministerium wurden in den letzten zehn Jahren unterschiedliche Modellprojekte binationaler Mediation mit speziell geschulten und vernetzten Mediatoren mit initiiert und unterstützt. Entsprechende Vermittlungen von Mediation hat inzwischen das Bundesjustizamt übernommen, das hierbei mit einem gemeinnützigen Verein zusammenarbeitet, der als Kooperationsprojekt mehrerer Mediationsverbände gegründet wurde: MiKK eV, Mediation in internationalen Kindschaftskonflikten (siehe oben: nützliche links).

6. Anerkennung ausländischer Entscheidungen

Die Anerkennung von Entscheidungen in **Ehestatussachen**, insbesondere Scheidungen, richtet sich für 6
die Mitgliedsstaaten der Brüssel II a-VO nach deren Art. 21, dh sie sind ohne gesondertes Anerkennungsverfahren im Inland anzuerkennen, es sei denn es liegen Versagungsgründe (Art. 23 Brüssel II a-VO) vor. Für Scheidungen aus Drittstaaten gilt § 107 FamFG. Danach wird eine Ehescheidung im Inland nur anerkannt, wenn sie durch die zuständige Landesjustizverwaltung anerkannt worden ist. Diese Anerkennung bindet alle (inländischen) Gerichte und Verwaltungsbehörden. Vor der Anerkennung handelt es sich um eine sogenannte „hinkende" Scheidung, dh im Ursprungsland gelten die Eheleute als geschieden, im Inland sind weiter die Ehevorschriften anwendbar.

Nach Art. 21 I Brüssel II a-VO ist eine gesonderte Anerkennung von **Sorgerechts- und Umgangsentscheidungen**, die in einem EU-Mitgliedsstaat außer Dänemark sowie gemäß Art. 23 I KSÜ in einem KSÜ-Mitgliedstaat ergangen ist, nicht erforderlich, sie gelten kraft Gesetzes in den jeweils übrigen Mitgliedsstaaten unmittelbar. Danach kann es aber lästig sein, dass jede mit der Entscheidung befasste Behörde, Instanz oder jedes Gericht – sei es direkt oder als Vorfrage – erneut und eventuell nicht einheitlich über die Frage entscheidet, ob ausnahmsweise Gründe für die Nichtanerkennung vorliegen (Art. 23 Brüssel II a-VO, Art. 23 II KSÜ). Um hier Rechtssicherheit zu erlangen, eröffnen Art. 21 III Brüssel II a-VO und Art. 24 KSÜ die Möglichkeit, eine für alle Gerichte und Behörden bindende Anerkennung zu erwirken. Das entsprechende Verfahren in Deutschland ist in §§ 10 ff. Internationales Familienrechtsverfahrensgesetz (IntFamRVG) geregelt.

Unterhaltssachen: Die Anerkennung und Vollstreckbarerklärung von Unterhaltstiteln richtet sich für Verfahren, die ab 18. 6. 2011 eingeleitet worden sind, nach Art. 16 ff. EuUntVO im Zusammenhang mit §§ 30 ff. des Auslandsunterhaltsgesetzes (AUG 2011). Es besteht eine **Zuständigkeitskonzentration** beim AG am Sitz des OLG, in dessen Zuständigkeitsbereich sich der aus dem Titel Verpflichtete gewöhnlich aufhält oder die Vollstreckung stattfinden soll. Für den Bezirk des Kammergerichts ist das AG Pankow-Weißensee zuständig. Inhaltlich ist zu unterscheiden, ob der Titel aus einem Staat kommt, der durch das Haager Unterhaltsprotokoll von 2007 gebunden ist oder nicht (vgl. Rn. 86). Für erstere ist das Exequaturverfahren abgeschafft (§§ 17 ff. EuUntVO), für letztere (Achtung: hierzu gehören auch Titel aus dem Vereinigten Königreich, Dänemark und Irland, da hier jeweils zwar die EuUntVO gilt, nicht dagegen das Haager Unterhaltsprotokoll) folgt das Verfahren auf Anerkennung und Vollstreckbarerklärung den §§ 23 ff. EUUntVO).

Die Übergangsregelung für Titel, die vor dem 18. 6. 2011 errichtet worden sind, ergibt sich aus Art. 75 Abs. 2 EuUntVO.

Mangels vorrangigen Europa- oder Konventionsrechts sind **Grundnormen** des nationalen Rechts für die Anerkennung ausländischer Entscheidungen die §§ 108, 109 FamFG, die prinzipiell für alle Verfahrensarten des FamFG einschließlich der Familienstreitsachen gelten.

7. Anwendung ausländischer Sachnormen

7 Steht fest, dass Recht eines anderen Staates zur Anwendung kommt, so ist dessen Inhalt durch das deutsche Gericht selbst zu ermitteln.

Nützliche Quellen sind hierbei:
Bergmann/Ferid, Internationales Ehe- und Kindschaftsrecht, Loseblattausgabe
Europäisches Übereinkommen betr. Auskünfte über ausländisches Recht v. 7. 6. 1968 (BGBl. II 1974, 938 ff.)
Website des Europäischen Justiziellen Netzes (EJN)
Website des Bundesamts für Justiz
Sachverständigengutachten können bei Universitätsinstituten sowie dem Max-Planck-Institut für ausländisches und internationales Privatrecht, Hamburg eingeholt werden.
Für die Einholung von Sozialberichten aus dem Ausland: Internationaler Sozialdienst.

8. Vorlage an den EuGH

8 Nach Art. 267 des Vertrages über die Arbeitsweise der Europäischen Union (AEUV) ist jedes nationale Gericht, egal welcher Instanz, berechtigt, entscheidungserhebliche Fragen zu Auslegung und Gültigkeit von europäischen Gemeinschaftsnormen dem EuGH vorzulegen und solange das anhängige Verfahren auszusetzen. Für letztinstanzliche Gerichte besteht insoweit eine Pflicht, es sei denn, es liegt bereits eine einschlägige Vorabentscheidung des EuGH vor oder die Rechtslage ist eindeutig. Die Entscheidungen des EuGH sind für alle Gerichte unmittelbar bindend.

II. Ehesachen

1. Prozessrecht

9 a) **Internationale Zuständigkeit. Vorrangig** vor dem nationalen Recht gilt die Verordnung (EG) Nr. 2201/2003 des Rates vom 27. November 2003 über die Zuständigkeit und die Anerkennung und Vollstreckung von Entscheidungen in Ehesachen und in Verfahren betreffend die elterliche Verantwortung und zur Aufhebung der Verordnung (EG) Nr. 1347/2000 (im Folgenden: Brüssel II a-VO) **in allen Mitgliedstaaten der EU mit Ausnahme von Dänemark.** Sie ist in Deutschland anwendbar für alle hier anhängigen Verfahren, die sachlich in ihren Anwendungsbereich fallen, **unabhängig von der Staatsangehörigkeit der Beteiligten.** Auch eine vor einem deutschen Familiengericht anhängige Scheidung eines dänischen Ehemannes von einer afghanischen Ehefrau oder zweier türkischer Eheleute unterliegt der VO.

Vom **Anwendungsbereich** der Brüssel II a-VO (Art. 1 I VO (EG) Nr. 2201/2003) umfasst sind:
die Ehescheidung, die Trennung ohne Auflösung des Ehebandes und die Ungültigerklärung einer Ehe (außerdem Verfahren betreffend die elterliche Verantwortung siehe Rn. 28 ff.).

Dies beinhaltet in der deutschen Kategorisierung der Familiensachen nach FamFG: sämtliche Ehesachen (§ 121 FamFG).

Zwar ist der **positive und negative Feststellungsantrag** gemäß § 121 Nr. 3 FamFG nicht ausdrücklich enthalten, er dürfte aber nach Sinn und Zweck der Norm, den Ehestatus innerhalb der Gemeinschaft einheitlich zu klären, miterfasst sein. (streitig: wie hier *Linke/Hau,* Internationales Zivilverfahrenrecht 5. Aufl. 2011).

Nach hM **nicht einbezogen** sind die in einigen Mitgliedsstaaten und Drittstaaten möglichen gleichgeschlechtlichen Ehen sowie Lebenspartnerschaften.

10 Die Prüfung der internationalen Zuständigkeit erfolgt in vier Stufen.

Stufe 1:
Ist das angerufene deutsche Familiengericht international nach der Brüssel II a-VO zuständig?

Die **internationale Zuständigkeit** ist nach Art. 3 Brüssel II a-VO für einen Mitgliedsstaat (Ausnahme: Dänemark) gegeben, in dessen Hoheitsgebiet:
- beide Ehegatten ihren gewöhnlichen Aufenthalt haben oder
- die Ehegatten beide zuletzt ihren gewöhnlichen Aufenthalt hatten, sofern einer von ihnen dort noch seinen gewöhnlichen Aufenthalt hat, oder
- der Antragsgegner seinen gewöhnlichen Aufenthalt hat oder
- im Fall eines gemeinsamen Antrags einer der Ehegatten seinen gewöhnlichen Aufenthalt hat oder
- der Antragsteller seinen gewöhnlichen Aufenthalt hat, wenn er sich dort seit mindestens einem Jahr unmittelbar vor der Antragstellung aufgehalten hat, oder
- der Antragsteller seinen gewöhnlichen Aufenthalt hat, wenn er sich dort seit mindestens sechs Monaten unmittelbar vor der Antragstellung aufgehalten hat und entweder Staatsangehöriger des betref-

fenden Mitgliedstaats ist oder, im Fall des Vereinigten Königreichs und Irlands, dort sein „domicile" hat;
- dessen Staatsangehörigkeit beide Ehegatten besitzen, oder, im Fall des Vereinigten Königreichs und Irlands, in dem sie ihr gemeinsames „domicile" haben.

Für den Begriff „domicile" kommt es dabei auf das Recht des Vereinigten Königreichs und Irlands an.

Dieser Voraussetzungen sind untereinander **gleichrangig** und enthalten keine Rangfolge wie etwa in § 122 FamFG oder § 606 BGB aF, es handelt sich um eine abschließende Aufzählung.

Stufe 2: Ist ein anderer Mitgliedsstaat (außer Dänemark) nach der Brüssel IIa-VO international zuständig? Maßstab wie Stufe 1.

Stufe 3:

Zu berücksichtigen ist bei der Bestimmung der Zuständigkeit weiter, ob der **Antragsgegner** des beabsichtigten Verfahrens **gemäß Art. 6 Brüssel IIa-VO privilegiert** ist, dh entweder seinen gewöhnlichen Aufenthalt im Hoheitsgebiet eines Mitgliedsstaats hat oder Staatsangehöriger eines Mitgliedsstaats ist oder im Fall des vereinigten Königreichs und Irlands sein „domicile" im Hoheitsgebiet eines dieser Mitgliedsstaaten hat. Dann darf das Verfahren nur nach Maßgabe der Art. 3 bis 5 der Brüssel IIa-VO geführt werden. **Weitergehende Zuständigkeitsregeln des nationalen Rechts kommen dann grundsätzlich nicht zum Tragen. Eine Zuständigkeitsprüfung der „Stufe 4" erfolgt nicht mehr.**

Stufe 4:

Die Regelungen in §§ 97ff. FamFG als **autonomes Kompetenzrecht** und lex fori sind nur im Rahmen eines Restanwendungsbereichs zu prüfen (Art. 7 I Brüssel IIa-VO). Die Aussage des § 97 FamFG, über den Vorrang und die Unberührtheit implementierter völkerrechtlicher Vereinbarungen sowie Rechtsakten der Europäischen Gemeinschaft ist insofern nur eine deklaratorische „Warnung".

§ 98 FamFG kommt daher nur zur Anwendung, 11
- wenn sich aus der vorauf gegangenen Prüfung unter Einbeziehung der Prüfung von Gerichtsstandsprivilegien gemäß Art. 6 Brüssel IIa-VO keine Zuständigkeit des deutschen Familiengerichts aufgrund der Art. 3, 4 und 5 Brüssel IIa-VO ergeben hat
  und
- wenn sich keine Zuständigkeit irgendeines anderen Mitgliedsstaats aufgrund der Art. 3, 4 und 5 Brüssel IIa-VO ergeben hat.

Ist das deutsche Verfahrensrecht danach eröffnet, so erweitert sich der Bereich der internationalen Zuständigkeit des deutschen Familiengerichts gem. § 98 FamFG auf folgende Ehesachen:
- wenn ein Ehegatte Deutscher ist oder bei der Eheschließung war (§ 98 I Nr. 1 FamFG),
- wenn ein Ehegatte Staatenloser mit gewöhnlichem Aufenthalt im Inland ist (§ 98 I Nr. 3 FamFG),
- wenn ein Ehegatte seinen gewöhnlichen Aufenthalt im Inland hat, es sei denn, dass die zu fällende Entscheidung offensichtlich nach dem Recht keines der Staaten anerkannt würde, denen einer der Ehegatten angehört.

Zu beachten ist, dass die durch § 98 FamFG begründetet Zuständigkeit nicht ausschließlich ist (§ 106 FamFG).

Der **maßgebliche Zeitpunkt** für das Vorliegen der Zuständigkeitsvoraussetzungen ist in der Brüssel 12 IIa-VO für Ehesachen ausdrücklich geregelt für diejenigen Fälle, in denen eine Mindestaufenthaltsdauer im Inland verlangt wird. Diese muss vor Antragstellung vorliegen, ihr Fehlen kann nicht im Verlauf des Verfahrens geheilt werden (Art. 3 I lit. a Strich 5 und 6 Brüssel IIa-VO).

Im Übrigen kommt es nach allgemeinen Grundsätzen auf das Ende der mündlichen Verhandlung an, zu dem die internationale Zuständigkeit als Sachentscheidungsvoraussetzung vorliegen muss.

Eine einmal vorhandene Zuständigkeit wird durch den Wechsel der sie begründenden Umstände nicht berührt (perpetuatio fori). Für Ehesachen folgt dies aus § 113 I FamFG iVm § 261 III Nr. 2 ZPO.

b) Scheidungsverbund. Ein Scheidungsverbund existiert auch in Verfahren mit internationalem Bezug. 13 Allerdings leitet sich die internationale Zuständigkeit nicht zwingend für alle Verfahrensteile aus derselben Rechtsquelle her.

Die BXL IIa-VO gilt für Ehesachen sowie Kindschaftssachen iSv § 151 Nr. 1–5 FamFG. Sie ist dagegen nicht einschlägig für die in § 151 Nr. 6–8 FamFG geregelten Kindschaftssachen (Genehmigung bzw. Anordnung der freiheitsentziehenden Unterbringung, Aufgaben nach dem JGG) sowie für die übrigen Familiensachen, auch wenn diese im Verbund mit der Ehesache anhängig gemacht werden. Für letztere ergibt sich die Zuständigkeit des deutschen Familiengerichts dann nach nationalem Recht als Annex gemäß § 98 II FamFG. Diese Vorschrift begründet nach hM auch dann ein internationales Verbundverfahren, wenn die „Grundzuständigkeit" der Ehesache sich – entgegen dem missverständlichen Wortlaut – nicht aus § 98 I FamFG herleitet, sondern auf Art. 3 Brüssel IIa-VO beruht.

In den (wenigen) Fällen, in denen die internationale Zuständigkeit für die Ehesache aufgrund autonomen deutschen Kompetenzrechts gemäß § 98 I FamFG begründet ist, erstreckt sie sich gemäß § 98 II FamFG auch auf die Folgesachen.

Auf diese Weise kann das deutsche Familiengericht auch für ein ursprünglich als Folgesache rechtshängig gewordenes Verfahren zuständig bleiben, das nach Rücknahme des den Verbund begründenden Scheidungsantrags als selbstständige Familiensache gemäß § 141 FamFG weitergeführt wird, obwohl für ein isoliertes Verfahren die internationale Zuständigkeit nicht gegeben wäre – § 113 I FamFG iVm § 261 III Nr. 2 ZPO.

14 c) **Formale Anforderungen an den Scheidungsbeschluss.** Der Scheidungsbeschluss muss den formalen Anforderungen des § 38 FamFG genügen. Er sollte wegen § 38 V Nr. 4 FamFG grundsätzlich mit **Gründen** versehen sein, da stets zu erwarten sein dürfte, dass der Beschluss (zumindest auch) im Ausland geltend gemacht werden wird.

Ist die Begründung unterblieben, kann sie zur Geltendmachung des Beschlusses im Ausland entsprechend den Vorschriften über Versäumnis- und Anerkenntnisentscheidungen vervollständigt werden (§ 38 VI FamFG).

Falls bei der Anwendung ausländischen Rechts die **Feststellung der Schuld oder Mitschuld** der Ehegatten erfolgen muss, ist diese wegen möglicher Konsequenzen für Folgesachen sowie im Interesse einer Anerkennungsfähigkeit im Ausland in den Tenor aufzunehmen (*BGH* FamRZ 1987, 793).

2. Scheidungsstatut

15 Für Ehesachen im Sinne von § 121 FamFG sowie die im deutschen Recht nicht vorgesehene Trennung ohne Auflösung des Ehebandes, die vom Scheidungsstatut mit erfasst wird (*BGHZ* 47, 324), ist hinsichtlich des anzuwendenden materiellen Rechts zu unterscheiden:

16 a) **Verfahren vor dem 21. 6. 2012. Anträge auf Scheidung/Trennung der Ehe, in denen das Verfahren vor dem 21. 6. 2012 eingeleitet wird,** Anträge auf Aufhebung der Ehe sowie Anträge auf Feststellung des Bestehens oder Nichtbestehens der Ehe unabhängig vom Zeitpunkt der Einleitung des Verfahrens.

Auf diese Verfahren ist die sogenannte **„Rom III-VO"** nicht anwendbar. Andere europarechtliche Vorschriften greifen nicht ein, vorrangige völkerrechtliche Verträge sind nur in Gestalt des deutsch-iranischen Niederlassungsabkommens v. 17. 2. 1929 (RGBl. II 1930, 1006; BGBl. II 1955, 829) zu berücksichtigen. Formal verdrängt Art. 8 des deutsch-iranischen Abkommens Art. 17 EGBGB. Inhaltlich ergibt sich jedoch keine Abweichung: Anwendbarkeit iranischen Rechts auf rein iranische Ehen in Deutschland sowie die Anwendung deutschen Rechts auf deutsche Ehen im Iran.

17 Im Übrigen wird das Statut nach dem deutschen IPR gemäß Art. 17 EGBGB bestimmt.

Dies gilt zB auch für die Trennung von Tisch und Bett nach italienischem und polnischem Recht.

Zu den Ausnahmen vgl. juris PK-BGB/*Ludwig,* Rn. 11, 14 zB bei anfänglicher Unwirksamkeit der Ehe, Feststellung des Getrenntlebens (dem deutschen Recht unbekannt).

Die Feststellung, ob das Statut über Art. 14 oder Art. 17 iVm Art. 14 EGBGB anknüpft, ist bedeutsam, falls sich zugrundeliegende Faktoren im Verlaufe des Verfahrens ändern: Das Scheidungsstatut ist nach Rechtshängigkeit **unwandelbar** (*BGH,* NJW 1990, 638), während sich das Ehestatut ex nunc verändern kann.

18 Aus Art. 17 iVm Art. 14 EGBGB ergibt sich folgende **Stufenleiter** für die Bestimmung des Scheidungsstatuts:

- Staatsangehörigkeit beider Ehegatten oder letzte gemeinsame Staatsangehörigkeit während der Ehe, wenn einer sie noch besitzt
- übereinstimmender gewöhnlicher Aufenthalt oder letzter gemeinsamer gewöhnlicher Aufenthalt während der Ehe, wenn einer in diesem Staat noch seinen gewöhnlichen Aufenthalt hat
- Staat, mit dem die Ehegatten auf andere Weise gemeinsam am engsten verbunden sind
- wenn ein Ehegatte mehreren Staaten angehört: Rechtswahl eines Staates dem beide angehören
- bei Nichtvorliegen der ersten drei Abstufungen: Rechtswahl, wenn keiner der Ehegatten dem Staat angehört, in dem beide ihren gewöhnlichen Aufenthalt haben oder die Ehegatten ihren gewöhnlichen Aufenthalt nicht in demselben Staat haben.
- kann nach den vorgenannten Anknüpfungen die Ehe nicht (Achtung: auch „noch nicht" oder „zur Zeit nicht" zB bei langen Trennungsfristen) geschieden werden, und ist der Antragsteller Deutscher oder war bei Eheschließung Deutscher, so richtet sich die Scheidung nach deutschem Recht.

Falls diese Prüfung die Anwendbarkeit einer ausländischen Rechtsordnung ergibt, ist anschließend eine **mögliche Rück- oder Weiterverweisung** durch das IPR des betroffenen Staates gemäß Art. 4 I und II EGBGB zu prüfen. Hat ein Staat mehrere Teilrechtsordnungen, bestimmt die Sachnähe über die maßgebliche Teilrechtsordnung.

19 Grenze der Anwendung des ausländischen Rechts ist stets der **ordre public** gemäß Art 6 EGBGB: Eine Rechtsnorm eines anderen Staates ist nicht anzuwenden, wenn sie mit wesentlichen Grundsätzen des deutschen Rechts offensichtlich unvereinbar ist, insbesondere dann, wenn sie mit den Grundrechten unvereinbar ist. Als Ersatz der beanstandeten Norm darf jedoch nicht unmittelbar auf deutsches Recht zurückgegriffen werden. Es ist zunächst zu prüfen, ob die Lücke aus dem sonstigen Regelungskontext des anwendbaren Rechts geschlossen werden kann. Nur notfalls und falls ein über den Umstand der internationalen Zuständigkeit hinausgehender Bezug zu deutschem Recht besteht, tritt dieses ein.

b) Verfahren ab dem 21. 6. 2012. Für Anträge auf Scheidung/Trennung der Ehe, die ab 21. 6. 2012 eingeleitet werden, ist die Verordnung (EU) Nr. 1259/2010 des Rates v. 20. 12. 2010 zur Durchführung einer Verstärkten Zusammenarbeit im Bereich des auf die Ehescheidung und Trennung ohne Auflösung des Ehebandes anzuwendenden Rechts, die sogenannte **Rom III-VO** maßgeblich. Dies gilt aber nicht für Anträge auf Aufhebung der Ehe sowie Anträge auf Feststellung des Bestehens oder Nichtbestehens der Ehe. Für diese ist die Rom III-VO nicht einschlägig. Die Rechtslage für diese Verfahren bleibt unverändert – siehe Rn. 16–18. 20

aa) Geltungsbereich der Rom III-VO. Als erste Verordnung, die im Rahmen der Verstärkten Zusammenarbeit (Art. 33 I des Vertrags über die Arbeitweise der Europäischen Union) erfolgt, **ist sie anwendbar in den folgenden Mitgliedstaaten: Belgien, Bulgarien, Deutschland, Spanien, Frankreich, Italien, Lettland, Luxemburg, Ungarn, Malta, Österreich, Portugal, Rumänien, und Slowenien** (Stand: 30. 9. 2011). 21

Weitere Mitgliedstaaten können sich im förmlichen Verfahren anschließen. Der aktuelle Stand ist jeweils auf der Website der Europäischen Kommission veröffentlicht.

Ziel dieser Verordnung ist die **Vereinheitlichung des Internationalen Privatrechts** (**nicht:** Harmonisierung des materiellen Scheidungsrechts!) **der teilnehmenden Mitgliedstaaten für den Bereich der Ehescheidung** und der Trennung ohne Auflösung des Ehebandes, um Rechtssicherheit, Berechenbarkeit und Flexibilität innerhalb der teilnehmenden Staaten zu erhöhen und insbesondere „Fälle zu verhindern, in denen ein Ehegatte alles daran setzt, die Scheidung zuerst einzureichen, um sicherzugehen, dass sich dass Verfahren nach einer Rechtsordnung richtet, die seine Interessen seiner Ansicht nach besser schützt" (Erwägungsgrund Nr. 9 Rom III-VO). **Für die teilnehmenden Mitgliedstaaten untereinander ist damit sichergestellt, dass die Feststellung und Anwendung des maßgeblichen Scheidungsstatuts nach einheitlichen Regeln erfolgt und ein „forum shopping" keinen Anreiz mehr bietet.**

Unberührt bleiben durch die Verordnung etwa bestehende internationale Übereinkommen. Hier kommt zZt nur das deutsch-iranische Niederlassungsübereinkommen in Betracht. Die Verordnung hat iÜ im Innenverhältnis der teilnehmenden Mitgliedstaaten Vorrang vor Abkommen, an denen ausschließlich zwei oder mehrere teilnehmende Mitgliedsstaaten beteiligt sind. 22

Da Deutschland teilnehmender Mitgliedsstaat der Rom III-VO ist, gelten seine Vorschriften für die Prüfung des Scheidungsstatuts in allen einschlägigen Ehesachen, die eine **Verbindung zum Recht verschiedener Staaten** aufweisen (Art. 1 Rom III-VO). **Dieser Bezug kann durch teilnehmende Mitgliedsstaaten, weitere Mitgliedsstaaten der Europäischen Union oder auch beliebige Drittstaaten ausgelöst werden.** 23

Eingeleitet (maßgeblich für die Übergangsregelung) ist ein Verfahren mit der Anrufung des Gerichts. Diese erfolgt mit Eingang des verfahrenseinleitenden Schriftstücks bei Gericht (Art. 16 – VO (EG) Nr. 2201/2003 – Brüssel II a-VO, in Verbindung mit Art. 2 Rom III-VO). Nicht maßgebend ist damit der Zeitpunkt der Rechtshängigkeit. Das maßgebliche Schriftstück kann auch ein Antrag auf Gewährung von Verfahrenskostenhilfe sein. Allerdings kann dies dann nicht gelten, wenn es die Antrag stellende Seite versäumt, durch Vorlage der notwendigen Erklärungen oder Belege, eine Entscheidung des Gerichts ohne Verzögerung zu ermöglichen.

Auch die durch die Verordnung bewirkte Rechtsfolge ist **universell**: das nach der Verordnung festgestellte Recht ist auch dann anzuwenden, wenn es nicht das Recht eines teilnehmenden Mitgliedstaats ist (Art. 4 Rom III-VO).

Die Bestimmung eines anwendbaren Rechts durch die Verordnung erfolgt im Wege der **reinen Sachnormverweisung**, das heißt die Verweisung erfolgt unter Ausschluss der jeweiligen Regeln des nationalen IPR mit der Folge, dass Rück- und Weiterverweisung ausgeschlossen sind (Art. 17 Rom III-VO). Dies bedeutet eine Veränderung gegenüber dem deutschen IPR (Art. 4 I und II EGBGB), dass diese Beschränkung nur für die Rechtswahl kennt, iÜ aber Rück- und Weiterverweisung einbezieht.

Bei Rechtsspaltung in der anwendbaren Rechtsordnung bestimmt diese Rechtsordnung über den anzuwendenden Teil und in Ermangelung einschlägiger Regelungen ist maßgeblich, zu welchem Teil die engste Verbindung der Eheleute besteht (Art. 14 lit. c Rom III-VO).

bb) Rechtswahl. Vorrangig zu berücksichtigen ist eine von den Eheleuten wirksam getroffene **Rechtswahl.** 24

Die Eheleute haben dabei gem. Art 5 Rom III-VO die Wahl zwischen:

- dem Recht des Staates, in dem die Ehegatten zum Zeitpunkt der Rechtswahl ihren gewöhnlichen Aufenthalt haben
- dem Recht des Staates, in dem die Ehegatten zuletzt ihren gewöhnlichen Aufenthalt hatten, sofern einer von ihnen zum Zeitpunkt der Rechtswahl dort noch seinen gewöhnlichen Aufenthalt hat
- dem Recht des Staates, dessen Staatsangehörigkeit einer der Ehegatten zum Zeitpunkt der Rechtswahl besitzt.
  Mehrfachstaatsangehörigkeit ist nach nationalem Recht, also gem. Art. 5 EGBGB zu beurteilen (Rom III-VO Erwägungsgrund 22)
- dem Recht des angerufenen Gerichts.

25 Die Prüfung der **Wirksamkeit der Rechtswahl** hat nach dem Recht zu erfolgen, das nach der Rom III-VO einschlägig wäre, wenn die Rechtswahl wirksam wäre (Art. 6 I Rom III-VO).

Beispiel:

Haben die Eheleute für ein in Deutschland anhängiges Scheidungsverfahren die Rechtswahl „französisches Recht" getroffen, so ist nach französischem Recht (unter Einschluss der Rom III-VO) zu prüfen, ob die formalen und materiellen Voraussetzungen der Rechtswahl wirksam sind. Ist das nicht der Fall, ist für die Bestimmung des maßgeblichen Rechts auf die Stufenleiter gemäß Art 8 der Rom III-VO zurückzugreifen.

26 Mindestvoraussetzungen der **Formgültigkeit** sind:

- Schriftform, die auch durch elektronische Übermittlung gewahrt ist, wenn sie eine dauerhafte Aufzeichnung der Vereinbarung ermöglicht
- Datierung
- Unterzeichung durch beide Eheleute

Darüber hinaus sind gemäß Art. 7 Rom III-VO strengere Formvorschriften einzelner teilnehmender Mitgliedstaaten zu beachten, wenn sich dort der gewöhnliche Aufenthalt der Eheleute oder eines der Ehepartner befindet (für Deutschland: notarielle Beurkundung Art. 14 IV EGBGB).

Die in den teilnehmenden Mitgliedstaaten bestehenden Formvorschriften werden von der Europäischen Kommission unter anderem auf der Website des Europäischen Justiziellen Netze für Zivil- und Handelssachen veröffentlicht.

Der Zeitpunkt, zu dem die Rechtswahl erfolgt sein muss, ergibt sich aus Art. 5 III Rom III-VO.

27 *cc) Art. 8 Rom III-VO.* **Mangels Rechtswahl** oder im Falle einer **ungültigen Rechtswahl** ist die Bestimmung des anzuwendenden Rechts nach folgender **Abstufung** vorzunehmen (Art. 8 Rom III-VO) (es handelt sich **nicht** um gleichrangige Alternativen!):

- das Recht des Staates, in dem die Ehegatten zum Zeitpunkt der Anrufung des Gerichts ihren gewöhnlichen Aufenthalt haben
- das Recht des Staates in dem die Ehegatten zuletzt ihren gewöhnlichen Aufenthalt hatten, sofern dieser nicht vor mehr als einem Jahr vor Anrufung des Gerichts endete und einer der Ehegatten zum Zeitpunkt der Anrufung des Gerichts dort noch seinen gewöhnlichen Aufenthalt hat
- das Recht des Staates, dessen Staatsangehörigkeit beide Ehegatten zum Zeitpunkt der Anrufung des Gerichts besitzen
- das Recht des Staates des angerufenen Gerichts.

28 *dd) Deutsches Recht.* Das deutsche Recht bleibt nach der Rom III-VO für deutsche Familiengerichte das maßgebliche Scheidungsstatut

- wenn keine anderslautende gültige Rechtswahl vorliegt und keine vorrangige Zuständigkeit gem. Art. 8 Rom III-VO festzustellen ist (vgl. Rn. 24–27) oder
- wenn das nach den Art. 5 und 8 festgestellte Recht eine Ehescheidung nicht vorsieht oder einem der Ehegatten aufgrund seiner Geschlechtszugehörigkeit keinen gleichberechtigten Zugang zur Scheidung oder Trennung gewährt (Art. 10 Rom III-VO)

Außerdem ist stets nach deutschem Recht zu beurteilen, ob eine Vorschrift des anzuwendenden Rechts mit der öffentlichen Ordnung (ordre public) offensichtlich unvereinbar ist und deshalb nicht angewendet wird (Art. 12 Rom III-VO, Art. 6 EGBGB).

III. Kindschaftssachen

1. Prozessrecht

29 a) **Kindschaftsverfahren gem. § 151 Ziff. 1–5 FamFG.** *aa) isolierte Verfahren.* Zuständigkeit nach der Brüssel II a-VO

Vorrangig wird die internationale Zuständigkeit unabhängig von der Staatsangehörigkeit des betroffenen Kindes bestimmt gem. Brüssel II a-VO (VO (EG) Nr. 2201/2003). Maßgeblicher Anknüpfungspunkt ist hier der **gewöhnliche Aufenthalt des Kindes** zum Zeitpunkt der Antragstellung (Art. 8).

Dieser ist vom angerufenen Familiengericht unter Berücksichtigung aller tatsächlichen Umstände des Einzelfalls festzustellen.

Nach der Auslegung des EuGH (*EuGH*, FamRZ 2009, 843) ist darunter der Ort zu verstehen, an dem eine gewisse Integration des Kindes in ein soziales und familiäres Umfeld zu erkennen ist. Als maßgebliche Kriterien werden genannt: Dauer, Regelmäßigkeit und Umstände des Aufenthalts, Gründe für Aufenthalt und Umzug, Staatsangehörigkeit des Kindes, Ort und Umstände der Einschulung, Sprachkenntnisse, familiäre und soziale Bindungen.

Generell besteht keine Ableitung des gewöhnlichen Aufenthalts des Kindes von demjenigen des betreuenden Elternteils. Dennoch ist dessen Situation für sehr junge Kinder mit in die Beurteilung einzubeziehen. Nach EuGH (*EuGH*, FamRZ 2011, 617) sind für einen Säugling, der von seiner Mutter in einen anderen Mitgliedsstaat verbracht wurde, für die Frage, wann sich der neue Staat zu einem gewöhnlichen Aufenthalt verfestigt hat neben Dauer, Regelmäßigkeit, und Gründen des Aufenthalts auch die Situation der ihn dort betreuenden Mutter (Gründe für den Umzug, ihre geografische und familiäre Herkunft, familiäre und soziale Bindungen von Kind und Mutter) zu berücksichtigen.

Eine einheitliche Auslegung des Begriffes „gewöhnlicher Aufenthalt" in den verschiedenen europa- und konventionsrechtlichen Bestimmungen besteht bisher nicht (zum Meinungsstand *Pirrung*, IPRax 2011, 50ff.).

Eine **Ausnahme** von Art. 8 Brüssel IIa-VO gilt bei **rechtmäßigem Umzug** des Kindes von einem Mit- 30
gliedstaat in einen anderen. Für die Änderung einer im ursprünglichen Mitgliedsstaat ergangenen Umgangsentscheidung bleibt bis drei Monate nach dem Umzug das Ursprungsland zuständig, wenn der umgangsberechtigte Elternteil dort auch weiter seinen gewöhnlichen Aufenthalt hat (Art. 9 I), es sei denn der Umgangsberechtigte erkennt die Zuständigkeit des „neuen" Mitgliedsstaats durch rügelose Einlassung im Verfahren an (Art. 9 II).

Bei widerrechtlichem Verbringen oder Zurückhalten des Kindes greift Art. 10 Brüssel IIa-VO. Danach verbleibt die internationale Zuständigkeit für Entscheidungen, die die elterliche Verantwortung treffen, bis auf Weiteres im Ursprungsland. (Für ein Kind, das seinen gewöhnlichen Aufenthalt in Deutschland hatte und widerrechtlich ins Ausland verbracht wird, bleibt das deutsche Familiengericht zunächst zuständig) (siehe Rn. 47, 48).

Falls und solange ein Eheverfahren der Eltern im Inland anhängig ist, eröffnet Art. 12 Brüssel IIa-VO 31
eine sehr weitgehende internationale Zuständigkeit im Inland auch für die Kindschaftssachen, wenn die Verfahrensbeteiligten **eine entsprechende Vereinbarung treffen.**

Falls kein Eheverfahren der Eltern anhängig ist oder **Art 12 mangels Vereinbarung der Eltern nicht einschlägig** ist **und** sich der gewöhnliche Aufenthalt des Kindes **nicht feststellen lässt,** eröffnet Art. 13 die Internationale Zuständigkeit deutscher Familiengerichte wenn sich das Kind in Deutschland aufhält. Diese Regelung gilt ausdrücklich auch für Flüchtlinge und Vertriebene.

Eine **Sonderzuständigkeit für einstweilige Anordnungen** ergibt sich aus Art. 20 Brüssel IIa-VO. Da- 32
nach können einstweilige Maßnahmen und Schutzanordnungen bezüglich Personen und Vermögensgegenständen im Inland in dringenden Fällen erlassen werden, wenn eigentlich ein anderer Mitgliedstaat zuständig wäre (im Einzelnen siehe Rn. 38, 39).

Mangels Zuständigkeit nach Brüssel IIa-VO verweist deren Art. 14 auf das einschlägige nationale 33
(also deutsche) Recht zur Bestimmung der Zuständigkeit. Dieses beinhaltet dann auch das umgesetzte Konventionsrecht, das gem. Art. 97 FamFG vorrangig zu berücksichtigen ist:

Zuständigkeit nach **dem KSÜ.** 34

Der sachliche Geltungsbereich des KSÜ (Schutz von Person **und Vermögen** des unter 18-jährigen Kindes) ist weiter als derjenige der Brüssel IIa-VO (Ehesachen und elterliche Verantwortung; Ausnahme: einstweilige Maßnahmen gemäß Art. 20, die auch das Vermögen betreffen können; siehe Rn. 38, 39).

Es kommt es nicht darauf an, ob das Kind einem Vertragsstaat angehört oder die Staatsangehörigkeit eines Drittstaates hat.

Maßgeblich ist der **gewöhnliche Aufenthalt** des Kindes (Art. 5 I KSÜ).

Lässt sich der gewöhnliche Aufenthalt eines Kindes nicht feststellen, so können Maßnahmen zum Schutz der Person oder des Vermögens des Kindes im Aufenthaltsland getroffen werden (Art. 6 II KSÜ).

Bei einem **Wechsel** des gewöhnlichen Aufenthalts (Ausnahme: Kindesentführung Art. 7 KSÜ) in einen anderen Vertragsstaat des KSÜ ändert sich auch die Internationale Zuständigkeit.

Auch wenn sich das Kind nicht in Deutschland, sondern **in einem anderen KSÜ-Vertragsstaat** aufhält, kann sich durch Vereinbarung der Eltern aus Art. 10 KSÜ eine Folgezuständigkeit des deutschen Familiengerichts für Kindschaftsverfahren ergeben. Voraussetzung hierfür ist:

- einer der Eltern zu Beginn des Verfahrens seinen gewöhnlichen Aufenthalt in diesem Staat und ein Elternteil die elterliche Sorge für das Kind hat und
- die Eltern und jeder andere Inhaber der elterlichen Sorge die Zuständigkeit für solche Maßnahmen anerkannt hat und die Zuständigkeit dem Kindeswohl entspricht
- außerdem muss das deutsche Recht diese Zuständigkeit zulassen: hier sind die Voraussetzungen des § 99 FamFG zu prüfen. Dies dürfte kaum eine Schranke sein, da zumindest die Auffangzuständigkeit des § 99 I 2 FamFG in der Regel gegeben sein wird.

Für Kinder, die sich in Deutschland befinden, ergibt sich eine **(Eil-)zuständigkeit für Schutzmaßnah-** 35
men in allen dringenden Fällen aus Art. 11 KSÜ, die allerdings

- für Kinder mit gewöhnlichem Aufenthalt in einem KSÜ-Vertragsstaat außer Kraft treten sobald eine zuständige Behörde/Gericht eine gebotene Maßnahme trifft
- für Kinder mit gewöhnlichem Aufenthalt in einem Drittstaat, in jedem Vertragsstaat außer Kraft treten, sobald dort die durch die Umstände gebotenen und von den Behörden eines anderen Staates getroffenen Maßnahmen anerkannt werden.

Eine in ihrer Wirkung auf das Hoheitsgebiet des Vertragsstaat beschränkte Zuständigkeit für vorläufige Maßnahmen besteht hinsichtlich des im Hoheitsgebiet anwesenden Kindes oder des im Hoheitsgebiet befindlichen Kindesvermögens (Art. 12 KSÜ).

Die nach KSÜ eigentlich begründete internationale Zuständigkeit darf nicht ausgeübt werden, falls und solange eine entsprechende Maßnahme bereits in einem anderen Vertragsstaat beantragt worden ist (Art. 13 KSÜ).

36 Nur soweit keine Zuständigkeit aufgrund der vorrangigen Brüssel II a-VO und dem KSÜ festgestellt werden kann, kommt die Zuständigkeit gem. § 99 FamFG zum Tragen. Es handelt sich dabei um keine ausschließlich Zuständigkeit (§ 106 FamFG). Erst im Rahmen dieser Restzuständigkeit wirkt die sogenannte Doppelfunktionalität des § 105 FamFG, wonach die internationale Zuständigkeit aus der örtlichen Zuständigkeit eines inländischen Gerichts folgt.

Relevant dürfte sie nur noch in Fällen werden, in denen sich das Kind oder sein Vermögen weder in einem Mitgliedsstaat der EU (ohne Dänemark) noch in einem KSÜ-Vertragsstaat befindet und nicht ausnahmsweise eine Vereinbarung der Eltern gemäß Art. 12 Brüssel II a-VO vorliegt.

§ 99 FamFG bietet eine Anknüpfung der internationalen Zuständigkeit an die deutsche Staatsangehörigkeit und den gewöhnlichen Aufenthalt im Inland. Außerdem werden Fälle geregelt, in denen gleichzeitig deutsche wie auch andere Gerichte zuständig sind.

37 *bb) Folgesache.* Seit Geltung des FamFG sind diese Kindschaftssachen nur noch auf Antrag eines Beteiligten und wenn das Gericht dies im Kindeswohlinteresse für sachgerecht hält (§ 137 III FamFG) Folgesache.

Es gelten dieselbe Prüfungsreihenfolge und dieselben internationalen Zuständigkeitsregeln wie bei den oben genannten **isolierten Verfahren, bei denen zusätzlich ein Eheverfahren der Eltern im Inland anhängig ist** (insbesondere die erweiterte Zuständigkeit bei Vereinbarung der Eltern nach Art. 12 Brüssel II a-VO und Art. 10 KSÜ) siehe Rn. 30.

38 *cc) Einstweilige Anordnungen.* Die internationale Zuständigkeit für einstweilige Anordnungen kann sich aus den allgemeinen Vorschriften (vgl. aa) herleiten.

Es bestehen darüber hinaus **weitergehende** Sonderregelungen in Art. 20 Brüssel II a-VO und Art. 11 und 12 KSÜ.

Auf **Art. 20 Brüssel II a-VO** gestützt können einstweilige vorläufige Maßnahmen und Schutzanordnungen bezüglich Personen und Vermögensgegenständen im Inland in dringenden Fällen erlassen werden, wenn und – wie der EuGH (*EuGH,* FamRZ 2010, 1521) klargestellt hat – nur dann, wenn eigentlich ein anderer Mitgliedsstaat zuständig wäre, dh dass Art. 20 nur Maßnahmen eines solchen Gerichts erfasst, das hinsichtlich der elterlichen Verantwortung nicht nach einem der Artikel in Kapitel II Abschnitt 2 der Brüssel II a-VO zuständig ist.

Art. 20 ist folglich auch keine Vorschrift, die die Zuständigkeit des Gerichts, das die einstweilige Anordnung erlässt, in der Hauptsache begründet.

Ihr Anwendungsbereich geht durch die Einbeziehung von Vermögensregelungen über den eigentlichen Anwendungsbereich der Brüssel II a-VO (Entscheidungen über die elterliche Verantwortung), hinaus. Der EuGH (*EuGH,* FAmRZ 2010, 1521) hat entschieden, dass die gemäß Art. 20 erlassene einstweilige Anordnung deshalb auch nicht den vereinfachten Anerkennungs- und Vollstreckungsregeln der Art. 21 ff. Brüssel II a-VO in den jeweils anderen Mitgliedstaaten unterliegt.

Die nach Art. 20 erlassenen einstweilige Anordnung verliert dann ihre Gültigkeit auch im Mitgliedsstaat, in dem sie erlassen wurde, sobald im für die Hauptsache (gem. den Art. 8 bis 15 Brüssel II a-VO) zuständigen Mitgliedstaat eine Regelung erfolgt.

Art. 20 Brüssel II a-VO ist in Deutschland zusammen mit der nationalen Aus- und Durchführungsbestimmung in § 15 IntFamRVG zu sehen, die ihrerseits auf die §§ 49 ff. FamFG verweist.

39 Für Kinder, die sich in Deutschland befinden, ergibt sich iÜ eine **(Eil)zuständigkeit in allen dringenden Fällen** aus Art. 11 KSÜ, die allerdings

- für Kinder mit gewöhnlichem Aufenthalt in einem KSÜ-Vertragsstaat außer Kraft treten sobald eine zuständige Behörde/Gericht eine gebotene Maßnahme trifft
- für Kinder mit gewöhnlichem Aufenthalt in einem Drittstaat, in jedem Vertragsstaat außer Kraft treten, sobald dort die durch die Umstände gebotenen und von den Behörden eines anderen Staates getroffenen Maßnahmen anerkannt werden.

Eine in ihrer Wirkung auf das Hoheitsgebiet des Vertragsstaat beschränkte Zuständigkeit für vorläufige Maßnahmen besteht hinsichtlich des im Hoheitsgebiet anwesenden Kindes oder des im Hoheitsgebiet befindlichen Kindesvermögens (Art. 12 KSÜ).

Die nach KSÜ eigentlich begründete internationale Zuständigkeit darf nicht ausgeübt werden, falls und solange eine entsprechende Maßnahme bereits in einem anderen Vertragsstaat beantragt worden ist (Art. 13 KSÜ).

40 b) **Kindschaftsverfahren gem. § 151 Ziff. 6–8 FamFG.** Diese Verfahren sind stets isolierte Verfahren. Die Brüssel II a-VO ist für sie nicht einschlägig.

In Verfahren gemäß **§ 151 Ziff. 6** ist auf das KSÜ zurückzugreifen. Zur weiteren Prüfung siehe Rn. 33–35.

Die Anwendung des KSÜ auch auf Verfahren gemäß **§ 151 Ziff. 7** gilt, dürfte wegen Art. 4 lit. h KSÜ zu verneinen sein. Da für diese Anordnung freiheitsentziehender Unterbringung Minderjähriger nach den PsychKG-Landesgesetzen auch § 99 I 1 ausscheidet, verbleibt hier nur die Auffangregel des § 99 I 2 FamFG, wonach eine Zuständigkeit besteht, soweit das Kind der Fürsorge durch ein deutsches Gericht bedarf.

Verfahren gem. **Art 151 Ziff.** 8 fallen nicht in den Anwendungsbereich des KSÜ (Art. 4 lit. i KSÜ). Für sie gilt Art. 99 FamFG mit der Zuständigkeit bei deutscher Staatsangehörigkeit des Kindes oder gewöhnlichem Aufenthalt in Deutschland, ferner bei Fürsorgebedarf durch Tätigwerden eines deutschen Gerichts.

2. Sorgerechtsstatut

a) **Haager Kinderschutzübereinkommen – KSÜ.** Mit Inkrafttreten des **KSÜ am 1. 1. 2011** ist in allen Fällen, in denen sich die internationale Zuständigkeit (auch) aus den Art. 5 bis 14 KSÜ herleitet (siehe Rn. 33–35), für ein deutsches Familiengericht die **Anwendung materiellen deutschen Rechts** eröffnet. 41

Es liegt jedoch gemäß Art. 15 II KSÜ im Ermessen des Gericht, ausnahmsweise wegen **Sachnähe** das Recht eines anderen Staates anzuwenden oder zu berücksichtigen, soweit es der Schutz der Person oder des Vermögens des Kindes erfordert.

Wechselt ein Kind von einem anderen Vertragsstaat, in dem bereits eine Regelung getroffen worden ist, nach Deutschland, so ist nach deutschem Sachrecht zu entscheiden, inwieweit ab dem Zeitpunkt des Wechsels ins Inland die getroffenen Maßnahmen anzuwenden sind (Art. 15 III).

Bei der Frage, von welchem **sorge- und umgangsrechtlichen Status** bei einer gerichtlichen Entscheidung zunächst auszugehen ist, ist allerdings unter Umständen ausländisches Recht zu prüfen (Art. 16 KSÜ). Bei der Frage wer kraft Gesetzes (ohne gerichtliche oder behördliche Entscheidung) Inhaber der elterlichen Verantwortung ist, ist maßgeblich das Recht am gewöhnlichen Aufenthaltsort des Kindes, das nicht zwingend Deutschland sein muss (Beispiel: für ein afghanisches Kind, das zur Herzoperation nach Deutschland gebracht wird, wird eine Pflegschaft oder Vormundschaft beantragt. Die Frage, wer zur Zeit gesetzlicher Vertreter ist, richtet sich nach dem Recht Afghanistans am fortbestehenden gewöhnlichen Aufenthalt. Die Frage, ob eine Pflegschaft/Vormundschaft einzurichten ist, richtet sich gemäß Art. 15 I KSÜ dagegen nach deutschem Recht.) 42

Für die Beurteilung der elterlichen Verantwortung, die aufgrund Vereinbarung oder einseitigem Rechtsgeschäft (ohne gerichtliche oder behördliche Entscheidung) bestimmt ist, ist der gewöhnliche Aufenthalt des Kindes im Zeitpunkt, in dem die Vereinbarung oder das einseitige Rechtsgeschäft wirksam wird, maßgebend (Art. 16 II KSÜ)

Die **Ausübung** der elterlichen Verantwortung richtet sich nach dem Recht am gewöhnlichen Aufenthalt des Kindes. 43

Ausdrücklich geregelt ist, dass auch das Recht eines Nichtvertragsstaats anzuwenden ist, wenn sich dies nach den Bestimmungen der KSÜ als maßgebliches Recht erweist. Für die Vertragsstaaten untereinander ist eine Rück- oder Weiterverweisung ausgeschlossen. Für Nichtvertragsstaaten gibt es eine Ausnahme für den Anwendungsbereich des Art. 16. Das hier maßgebliche Kollisionsrecht ergibt sich aus Art. 21 II KSÜ. 44

Der **ordre public** bildet auch im Rahmen des KSÜ die Grenze der Anwendbarkeit des einschlägigen Rechts, wobei das Wohl des Kindes zu berücksichtigen ist (Art. 22 KSÜ).

b) **Staatsverträge.** Außerhalb des Geltungsbereichs des KSÜ bestehen staatsvertragliche Besonderheiten für: 45

- Belgien (Nichtvertragsstaat von MSA und KSÜ): hier gilt noch das Haager Abkommen zur Regelung der Vormundschaft über Minderjährige v. 19. 6. 1902, das an die Staatsangehörigkeit anknüpft,
- Österreich: maßgeblich für Vormundschaften ist das Vormundschaftsabkommen zwischen dem Deutschen Reiche und der Republik Österreich v. 5. 2. 1927
- Iran: wenn die Beteiligten ausschließlich iranische Staatsangehörige und keine anerkannten Flüchtlinge sind, gilt gem. Art. 8 III des Deutsch-iranischen Niederlassungsabkommens 17. 2. 1929 das maßgebliche iranisches Recht.

c) **Restanwendungsbereich nationalen Kollisionsrechts.** Für die übrigen (wenigen) Verfahren, für die kein besonderes Konventionsrecht gilt und für deren Verfahren sich die Zuständigkeit nicht aus den Art. 5 bis 14 KSÜ herleitet, verbleibt ein Restanwendungsbereich von Art. 24 EGBGB. Dieser knüpft das Statut primär an die Staatsangehörigkeit. 46

3. Kindesentführung

Die internationale Zuständigkeit für Sorgerechtsentscheidung betreffend unter 16-jährige Kinder, die ohne Zustimmung des (mit)sorgeberechtigten Elternteils in einen anderen Staat verbracht werden, richtet sich nach Art. 10 Brüssel IIa-VO. Danach verbleibt die internationale Zuständigkeit für **Entscheidungen, die die elterliche Verantwortung treffen, bis auf Weiteres im Ursprungsland.** (Für ein Kind, das seinen gewöhnlichen Aufenthalt in Deutschland hatte und widerrechtlich ins Ausland verbracht wird, bleibt das deutsche Familiengericht zunächst zuständig). 47

48 Davon zu unterscheiden ist die Frage der **Rückführung.** Um eine möglichst umgehende Rückführung des Kindes in das Ursprungsland herbeizuführen, besteht ein gesondertes beschleunigtes Verfahren gemäß dem Haager Übereinkommen über die zivilrechtlichen Aspekte internationaler Kindesentführung v. 25. 10. 1980 (HKÜ). Danach ist ein deutsches Familiengericht zuständig, wenn das Kind widerrechtlich in deutsches Hoheitsgebiet verbracht worden ist. Örtlich besteht eine Zuständigkeitskonzentration bei bestimmten Familiengerichten (§§ 11 ff. IntFamRVG). Das Bundesjustizamt als Zentrale Behörde ist in das Verfahren einbezogen.

Nach der Zielsetzung des Gesetzes hat die schnelle Rückführung Vorrang, sie kann nur aus den Gründen des Art. 13 HKÜ abgelehnt werden oder wenn sie dem ordre public widerspräche. Das Gericht hat in der Regel binnen sechs Wochen zu entscheiden (Art. 11 HKÜ).

Vor Abschluss des HKÜ-Verfahrens darf eine Sorgerechtsentscheidung im neuen Aufenthaltsstaat nicht getroffen werden (Art. 16 HKÜ).

IV. Abstammungssachen

1. Internationale Zuständigkeit

49 Die internationale Zuständigkeit richtet sich unmittelbar nach deutschem Kollisionsrecht. Eine vorrangige Anwendung europäischen Unionsrechts oder internationalen Konventionsrechts findet nicht statt. Sowohl die Brüssel II a-VO (Art 1 III lit. a) als auch das KSÜ (Art. 4 lit. a) nehmen Abstammungssachen ausdrücklich aus ihrem Geltungsbereich aus.

§ 100 FamFG eröffnet die internationale Gerichtsbarkeit des deutschern Familiengerichts, wenn das Kind, die Mutter, der Vater oder der Mann, der an Eides statt versichert, der Mutter während der Empfängniszeit beigewohnt zu haben, Deutscher ist oder seinen gewöhnlichen Aufenthalt in Deutschland hat.

2. Statut

50 Formal einschlägig und damit gem. Art. 3 Nr. 1 EGBGB dem deutschen Kollisionsrecht vorrangig, wenngleich in der Praxis kaum relevant, ist das Brüsseler CIEC-Übereinkommen über die Feststellung der **mütterlichen Abstammung** nichtehelicher Kinder v. 12. 9. 1962 (BGBl II 1965,23; vgl. die Liste der Vertragsstaaten bei juris-PK/*Gaertner*, BGB, Art. 19 EGBGB Rz 14).

51 Für Fälle in denen alle Beteiligten **ausschließlich die iranische** Staatsangehörigkeit haben und keine anerkannten Flüchtlinge sind, regelt das vorrangige Deutsch-Iranische Niederlassungsabkommen, dass iranisches Recht zur Anwendung kommt.

52 Vorsicht ist bei „Kindern" geboten, die **vor dem 1. 7. 1998** oder sogar **vor dem 1. 9. 1986** geboren worden sind. Für diese gilt gemäß Übergangsrecht (Art. 224 § 1 und Art. 220 I EGBGB) jeweils **für die Abstammung die vorher bestehende Rechtslage** weiter. Nach herrschender Meinung bezieht sich dies nicht nur auf das materielle Recht, sondern auch auf das deutsche Kollisionsrecht (vgl. *Erman/Westermann*, BGB, Art. 19 EGBGB Rn. 7). Dies gilt allerdings nicht für das Anfechtungsstatut (Art. 224 § 1 II EGBGB), das für alle Kinder gemäß neuem Recht in Art. 20 EGBGB anknüpft.

53 Eine **Übergangsregel für deutsch-deutsche Konflikte**, das heißt für Statuskonflikte von Angehörigen beider deutscher Staaten vor dem Beitritt, ergibt sich aus Art. 234 § 7 EGBGB.

54 Das für die Beurteilung eines Abstammungsverfahren im Übrigen maßgebliche autonome Recht ergibt sich für Kinder, die **ab 1. 7. 1998** geboren wurden, aus **Art. 19 und hinsichtlich der Anfechtung für alle Kinder aus Art. 20 EGBGB.**

55 a) **Begründung der Abstammung. Art. 19 I EGBGB** ist maßgeblich für die Frage der Begründung der Abstammung.

Es bestehen drei Anknüpfungsalternativen:

- **der gewöhnliche Aufenthalt des Kindes** – im Zeitpunkt der letzten mündlichen Verhandlung (vgl. MüKo/*Klinkhardt*, BGB Art 19 RGBGB Rn. 18).
- **die Staatsangehörigkeit des jeweiligen Elternteils** – bei mehrfacher Staatsangehörigkeit die effektive (Art. 5 EGBGB).
- die sich aus dem **Ehestatut gem. Art. 14 I EGBGB ergebende Rechtsordnung** in Bezug auf die Abstammung des Kindes von den miteinander verheirateten Eheleuten. Eine Rechtswahl der Eltern gemäß Art. 14 II EGBGB würde insoweit auf das Abstammungsstatut nicht durchgreifen.

Die Vielzahl der Anknüpfungsmöglichkeiten beruht auf dem Gesetzesziel, im Interesse des Kindeswohls eine möglichst große Anzahl von Rechtsordnungen anzubieten, um so eine Abstammung zu begründen.

Ob die Konkurrenz dieser drei Alternativen dabei in einer alternativen oder subsidiären Anknüpfung besteht, ist streitig. Die hM (Übersicht bei jurisPK/*Gaertner*, BGB, Art. 19 EGBGB Rn. 60) und Rechtsprechung (*BGH*, FamRZ 2006, 1745) geht von einem Alternativverhältnis aus. Es ist davon auszugehen, dass eine nach einer der gem. Art. 19 maßgeblichen Rechtsordnungen festgestellte Abstammung spätere nach anderen Rechtsordnungen sperrt. Bei gleichzeitiger Feststellung zweier gleichrangiger Rechtsordnungen gemäß Art. 19 ist nach dem Grundsatz der Abstammungswahrheit zu verfahren und die biologisch wahrscheinlichere Möglichkeit zugrunde zu legen.

Die Klage gemäß § 1598a BGB auf Einwilligung in eine genetische Untersuchung zur Klärung der Abstammung ist im Rahmen des Art. 19 EGBGB und nicht Art. 20 EGBGB anzuknüpfen, da sie formal gerade nicht zu einer Beseitigung des bestehenden Abstammungsverhältnisses führt. 56

b) **Anfechtung der Abstammung. Art. 20 EGBGB** betrifft die Anfechtung der Abstammung, zB Anfechtungsgründe, Anfechtungsfristen, Formbedürftigkeit der Anfechtung. 57

Danach kann die Anfechtung nach jedem Recht erfolgen, aus dem sich ihre Voraussetzungen ergeben. Nach einhelliger Auffassung gilt diese Formulierung im Rahmen von Art. 19 EGBGB, so dass jede der in Art. 19 eine Begründung des Abstammungsverhältnis eröffnende Rechtsordnung auch eine Anfechtung ermöglicht und nicht etwa nur diejenige, nach der die Abstammung tatsächlich festgestellt worden ist.

Das Kind kann (darüber hinaus) jedenfalls nach dem Recht seines gewöhnlichen Aufenthalts anfechten.

Mögliche Folgeverfahren aus dem durch ein Abstammungsverfahren begründetes oder bestätigtes Eltern-Kindverhältnis richten sich nach Art. 21 EGBGB. Dort ist maßgeblicher Anknüpfungspunkt der gewöhnliche Aufenthalt des Kindes.

V. Adoptionssachen

1. Internationale Zuständigkeit

a) **Adoptionssachen iSv § 186 FamFG.** Die internationale Zuständigkeit für Adoptionssachen im Sinne von § 186 FamFG richtet sich unmittelbar nach deutschem Kollisionsrecht. Eine vorrangige Anwendung europäischen Unionsrechts oder internationalen Konventionsrechts findet nicht statt. Sowohl die Brüssel IIa-VO (Art. 1 III lit. b) als auch das KSÜ (Art. 4 lit. b) nehmen Adoptionssachen ausdrücklich aus ihrem Geltungsbereich aus. 58

Das für Deutschland geltende Haager Übereinkommen über den Schutz von Kindern und die Zusammenarbeit auf dem Gebiet der internationalen Adoption v. 29. 5. 1993 (BGBl. II 2001, 1034) zusammen mit dem entsprechenden Ausführungsgesetz (BGBl. I 2001, 2950), enthält keine Regelung der internationalen Zuständigkeit. Dem Haager Übereinkommen über die behördliche Zuständigkeit, das anzuwendende Recht und die Anerkennung von Entscheidungen auf dem Gebiet der Annahme an Kindes statt vom 15. 11. 1965 gehört Deutschland nicht als Vertragsstaat an.

Damit ist die **internationale Zuständigkeit** in Abstammungssachen gegeben, wenn der Annehmende, einer der annehmenden Ehegatten oder das Kind Deutscher ist oder seinen gewöhnlichen Aufenthalt im Inland hat (§ 101 FamFG). Der Zuständigkeitsrahmen ist damit weit gesteckt. Mangels einschränkender Bestimmungen (wie zB bei Kindschaftssachen § 99 II und III FamFG) dürfte es zB nicht darauf ankommen, ob sich das Kind im In- oder Ausland aufhält, ob gegebenenfalls seine Einreise ins Inland rechtlich einwandfrei war oder ob eine inländische Adoptionsentscheidung vermutlich im Herkunftsland des Kindes anerkannt werden wird. Andererseits gibt es keine § 99 I 2 FamFG entsprechende Zuständigkeit wegen des Bedarfs der Fürsorge. Eine außerordentliche Notzuständigkeit aus Gründen des Kindeswohls wird ausnahmsweise für extreme Notfälle diskutiert (vgl. *Prütting/Helms/Hau*, FamFG, § 101 Rn. 12, 13). 59

Hinsichtlich der **örtlichen Zuständigkeit** des Familiengerichts sind gegebenenfalls eine Konzentration der Verfahren mit Auslandsbeteiligung einschließlich der Verfahren gemäß AdWirkG (§ 5 I 1 AdWirkG) beim Familiengericht im Bezirk des zuständigen Oberlandesgerichts zu beachten. 60

b) **Verfahren gem. § 2 und § 3 AdwirkG.** Verfahren gemäß § 2 und § 3 AdwirkG sind zwar formal keine Adoptionsverfahren iSv § 186 FamFG. Über § 199 FamFG, wonach die Vorschriften des AdwirkGesetzes unberührt bleiben, gilt jedoch die in § 5 AdwirkG enthaltene Verweisung auf eine entsprechende Anwendung des § 101 FamFG. Auch für diese Verfahren ist deshalb die internationale Zuständigkeit eines deutschen Familiengerichts gegeben, wenn einer der annehmenden Ehegatten oder das Kind Deutscher ist oder seinen gewöhnlichen Aufenthalt im Inland hat (siehe auch Rn. 59). 61

2. Adoptionsstatut

Vorrangig vor dem deutschen Kollisionsrecht sind gem. Art. 3 EGBGB 62

- das **Deutsch-iranische Niederlassungsabkommen**, falls alle Beteiligten, also Annehmende(r) und Anzunehmender ausschließlich iranische Staatsangehörige und keine anerkannten Flüchtlinge sind.
- die materiellrechtlichen Bestimmungen der **UN-Kinderkonvention** v. 20. 11. 1989 (BGBl. II 1992, 990), die neben allgemeinen Schutzvorschriften auch das Subsidiaritätsprinzip für Auslandsadoptionen festschreibt. Danach ist eine Adoption ins Ausland nur dann in Betracht zu ziehen, wenn eine Adoption oder Unterbringung in einer Pflegefamilie im eigenen Land nicht möglich war. Dieses Kri-

terium ist im Rahmen der Entscheidungen gemäß AdWirkG sowie den BGB-Adoptionen mit Auslandsbeteiligung als Beurteilungskriterium zu beachten, seine Einhaltung aber nicht zwingende Voraussetzung einer wirksamen Adoption (ausführlich juris-PK/Behrentin, BGB, Art. 22 EGBGB Rn. 24).

- das **Haager Adoptionsübereinkommen** (hinsichtlich der aktuellen Liste der Vertragsstaaten siehe Bundesamt für Jusitz, oben: nützliche links) für Adoptionsfälle, in denen ein Minderjähriger mit gewöhnlichem Aufenthalt in einem Vertragsstaat in einen anderen Vertragsstaat gebracht worden ist oder werden soll. Die Vorschriften werden im Rahmen ihrer Tätigkeit durch die Bundeszentrale für Auslandsadoption beim Bundesamt für Justiz als Zentrale Behörde, die zentralen Adoptionsstellen der Landesjugendämter sowie die Adoptionsvermittlungsstellen der Jugendämter geprüft und gehen in deren Stellungnahmen ein.
- **Deutsch-deutsches Übergangsrecht** ist in Art. 234 § 13 GBGB geregelt.

63 Im Übrigen ist **Art. 22 EGBGB** einschlägig, wonach das anzuwendende Adoptionsrecht der Staatsangehörigkeit des Annehmenden bei der Annahme folgt.

Bei der Annahme durch Ehegatten folgt das Adoptionsrecht dem für das gesetzliche Ehestatut maßgeblichen Recht nach Art. 14 I EGBGB. Es gilt nicht für eine mögliche Rechtswahl der Ehegatten nach Art. 14 II EGBGB.

64 Für die Anwendbarkeit auf Partner einer gleichgeschlechtlichen Ehe und Lebenspartner siehe ausführlich juris-PK/*Behrentin*, BGB, Art. 22 EGBGB Rn. 35.

65 Bei den Verweisungen des Art. 22 EGBGB handelt es sich um **Gesamtrechtsverweisungen**, die die Kollisionsnormen einschließen, so dass auch Rück- und Weiterverweisungen gegebenenfalls zu beachten sind (hierzu und zu den Grenzen der Weiter- und Rückverweisung juris-PK/Behrentin BGB Art. 22 EGBGB Rn. 37 f.).

66 Für die **Zustimmungserklärung** im Rahmen von Adoptionen verlangt Art. 23 EGBGB eine strengere Anknüpfung, indem zusätzlich die Voraussetzungen des Staates dessen Staatsangehörigkeit das Kind besitzt, verlangt werden. Dies ist allerdings begrenzt durch das Kindeswohl, das erforderlichenfalls die Anwendung deutschen Rechts ermöglicht.

67 Mögliche **Folgeverfahren** aus dem durch die Adoption begründeten Eltern-Kindverhältnis richten sich nach Art. 21 EGBGB. Dort ist maßgeblicher Anknüpfungspunkt der gewöhnliche Aufenthalt des Kindes. Die Regelungen des Eltern-Kind-Verhältnisses sowie des Rechtsverhältnisses des Kindes zu den Personen, zu denen es in einem familienrechtlichen Verhältnis steht, richten sich gemäß Art. 22 II EGBGB materiell nach dem Recht, nach dem die Annahme erfolgt ist. Das ist das Recht des Staates, dem der Annehmende bei der Annahme angehört, bei Annahme durch Ehegatten das nach Art. 14 I EGBGB für die allgemeinen Wirkungen der Ehe maßgebliche Recht.

VI. Ehewohnungs- und Haushaltssachen

1. Internationale Zuständigkeit

68 **a) Scheidungsfolgesache.** Die Zuständigkeit des deutschen Familiengerichts für die Folgesache gemäß § 137 II Nr. 3 FamFG im internationalen Verbund folgt aus § 98 II FamFG, unabhängig davon ob sich die Grundzuständigkeit für die Ehesache aus § 98 I FamFG oder wie in den häufigsten Fällen aus der Brüssel II a-VO ergibt (siehe Rn. 13).

69 **b) Isoliertes Verfahren.** Für selbständige Verfahren ergibt sich die internationale Zuständigkeit aus der örtlichen: § 105 iVm § 201 Nr. 1–4 FamFG.

2. Statut

70 Falls beide Ehegatten ausschließlich die **iranische Staatsangehörigkeit** haben und keine anerkannten Flüchtlinge sind, ist entsprechend Art. 8 III 1 des deutsch-iranischen Niederlassungsabkommens iranisches Recht anzuwenden.

Vorrangig zu berücksichtigende europa- oder konventionsrechtliche Bestimmungen sind iÜ nicht einschlägig.

Gemäß Art. 17 a EGBGB ist seit 1. 9. 2009 in allen anderen Fällen deutsches Recht anzuwenden, wenn es sich um **Haushalt und Ehewohnung im Inland** handelt. Die Vorschrift gilt für vorläufige Zuweisung von Hausrat und Wohnung bei Getrenntleben gem. §§ 1361 a, 1361 b BGB sowie für endgültige Zuweisungen bei Scheidung gem. den §§ 1568 a, 1568 b BGB. Unerheblich ist ferner, ob es sich um einstweilige Anordnungen oder um Hauptsacheentscheidungen handelt.

Die frühere Frage, an welches Statut für die Regelung von Zuweisungen vor Rechtskraft der Scheidung anzuknüpfen ist, hat sich insoweit erledigt.

Zum Meinungsstand über die zutreffende Anknüpfung für den Fall, dass der betroffene **Haushalt oder die Ehewohnung im Ausland** belegen ist, siehe jurisPK-BGB/*Ludwig*, Art. 17 a EGBGB Rn. 5 f.

VII. Gewaltschutzsachen

1. Internationale Zuständigkeit

Die internationale Zuständigkeit folgt aus der örtlichen Zuständigkeit gem. § 105 FamFG iVm § 211 71
FamFG.

2. Statut

Das **deutsch-iranische Niederlassungsabkommen**, das als völkerrechtlicher Vertrag vorrangig gelten 72
könnte, dürfte anders als für die übrigen Familiensachen des FamFG für Gewaltschutzsachen nicht einschlägig sein, da sich sein Anwendungsbereich nach Art. 8 des Abkommens lediglich auf den Bereich des Personen-, Familien- und Erbrecht bezieht. Gewaltschutzsachen sind zwar nach der (späteren) Terminologie des FamFG (§ 111 Nr. 6 FamFG) Familiensachen, ihr Anwendungsbereich weicht jedoch in ihrem Schutzcharakter gegen deliktische Handlungen deutlich von dem dem Abkommen zugrundeliegenden Begriff des Familienrechts hinaus.

Für Gewaltschutzanordnungen ist **Art. 17 a EGBGB entsprechend** anwendbar (jurisPK-BGB/*Ludwig*, Art. 17 a EGBGB Rn. 4, 10), und zwar nicht nur für Ehegatten, sondern nach hM auch für nichteheliche Lebensgemeinschaften. Für diese ist daher ohne Weiteres deutsches Recht anzuwenden.

Die Anknüpfung bei einem Sachverhalt mit Auslandsbezug, wenn die in § 1 Gewaltschutzgesetz vorgesehenen Schutzanordnungen zwischen Beteiligten beantragt werden, die weder Ehegatten sind, noch in eheähnlicher Gemeinschaft gelebt haben (zB in den sogenannten **Stalking-Verfahren**), ist soweit ersichtlich bisher nicht eindeutig geklärt. In Betracht kommt eine analoge Anwendung des Art. 17 a EGBGB (*Thorn*, IPRax 2002, 349), so dass deutsches Recht zur Anwendung käme. Es bliebe anderenfalls letztlich die Anknüpfung an das Deliktsstatut entsprechend Art. 40 EGBGB. Auch hiernach ist deutsches Recht maßgeblich, wenn zumindest einer der Beteiligten seinen gewöhnlichen Aufenthalt in Deutschland hat oder die Gewalt im Inland ausgeübt wurde.

VIII. Versorgungsausgleichssachen

1. Prozessrecht

Für ein Verfahren, das gemäß § 137 II Nr. 1 FamFG **Folgesache** ist, ergibt sich die internationale Zu- 73
ständigkeit aus § 98 II FamFG iRd internationalen Scheidungsverbunds.

Isoliert anhängig gemachte Verfahren über den Versorgungsausgleich richten sich nach § 102 FamFG. Danach ist die (weite) deutsche Zuständigkeit gegeben, wenn mindestens eine der folgenden Voraussetzungen erfüllt ist:

- der gewöhnliche Aufenthalt von Antragsteller oder Antragsgegner befindet sich im Inland,
- zu entscheiden ist über inländische Anwartschaften
- die Ehescheidung der Beteiligten erfolgte durch ein deutsches Gericht.

Soweit die internationale Zuständigkeit besteht, ist für die **Durchführung des Versorgungsausgleichs** deutsches Verfahrensrecht gem. §§ 217 ff. FamFG nach dem **lex-fori-Prinzip** anzuwenden. Das bedeutet, dass auch für Ausländer die Auskunftspflicht über ihre in der Ehezeit im In- und Ausland erworbenen Versorgungsanwartschaften gem. § 220 FamFG besteht. Entsprechende Anfragen können seitens des Gerichts auch an ausländische Versorgungsträger oder im Wege der Amtshilfe an Behörden gerichtet werden.

2. Statut

Kollisionsrechtlich beachtlich ist das deutsch- iranische Niederlassungsabkommen von 1929, das den 74
Versorgungsausgleich für betroffenen Ehegatten auch dann ausschließt, wenn während der Ehe in Deutschland durch einen oder beide Ehegatten Versorgungsanwartschaften erworben worden sind.

Im Übrigen richtet sich die Anwendung des Sachrechts mangels vorrangiger europa- und völkerrecht- 75
licher Bestimmungen nach Art. 17 III 2 EGBGB.

Danach ist für den **von Amts wegen durchzuführenden** Versorgungsausgleich zunächst an das Scheidungsstatut gem. Art. 14 EGBGB anzuknüpfen. Hierbei sind auch Weiter- oder Rückverweisungen zu beachten (Ausnahme: das Scheidungsstatut knüpft an eine Rechtswahl der Ehegatten aufgrund von Art. 14 II und III EGBGB an, dann handelt es sich nur um eine Sachnormverweisung, die Weiter- und Rückverweisung nach dem ausländischen Kollisionsrecht ausschließt).

Nach so geklärtem Scheidungsstatut hängt die Durchführung des Versorgungsausgleichs davon ab, dass danach deutsches Recht anzuwenden ist und mindestens einer der Ehegatten bei Eintritt der Rechtshängigkeit des Scheidungsantrags einem Staat angehört, der den Versorgungsausgleich kennt.

Im Übrigen findet der Versorgungsausgleich **auf Antrag** eines Ehegatten statt, wenn 76

- der andere Ehegatte während der Ehezeit eine inländische Versorgungsanwartschaft erworben hat oder

- wenn während eines Teils der Ehezeit nach allgemeinem Ehestatut ein Recht maßgeblich war, das den Versorgungsausgleich kennt.

In diesem Falle hat die Durchführung des Versorgungsausgleichs einer Billigkeitsprüfung standzuhalten im Hinblick auf die beiderseitigen wirtschaftlichen Verhältnisse auch während der nicht im Inland verbrachten Zeit.

77 Zum Versorgungsausgleich bei **Lebenspartnern** siehe Rn. 109 ff.

IX. Unterhaltssachen

1. Prozessrecht

78 a) **Europäische Unterhaltsverordnung.** Ab dem 18. 6. 2011 ist die Verordnung (EG) Nr. 4/2009 des Rates vom 18. 12. 2008 über die Zuständigkeit, das anwendbare Recht, die Anerkennung und Vollstreckung von Entscheidungen und die Zusammenarbeit in Unterhaltssachen (EuUnterhaltVO) in Kraft. Sie gilt in allen Mitgliedsstaaten der EU (entgegen Erwägung Nr. 47 und 48 EuUntVO) auch für das Vereinigte Königreich und Irland sowie mit Einschränkung für Dänemark, allerdings haben sich diese Staaten nicht dem Haager Unterhaltsprotokoll unterworfen (vgl. Rdnr. 86) und gemäß Art. 75 für sämtliche ab 18. 6. 2011 eingeleitete Verfahren. (Zu Verfahren auf Anerkennung und Vollstreckbarerklärung vgl. Rdnr. 6.)

Die EuUntVO ist auch auf Beteiligte aus Drittstaaten anzuwenden.

Die Verordnung ersetzt in ihrem Geltungsbereich den früheren Rückgriff in Unterhaltsverfahren auf die Brüssel I-VO. Geregelt sind internationale und sachliche Zuständigkeit. Es beinhaltet außerdem die weitgehende Abschaffung des Exequaturverfahrens für die dem Haager Unterhaltsprotokoll unterliegenden Staaten sowie die Schaffung eines flächendeckenden Netzes nationaler Zentraler Behörden, die bei der Durchsetzung von Ansprüchen und der Weiterleitung von Anträgen ins Ausland unterstützend tätig werden. Im Zusammenhang mit der EuUnterhaltVO ist das gleichzeitig in Kraft getretene Durchführungsgesetz zu beachten: Gesetz zur Geltendmachung von Unterhaltsansprüchen im Verkehr mit ausländischen Staaten vom 23. 5. 2011 (Auslandsunterhaltsgesetz – AUG 2011). Dort sind ua örtliche Zuständigkeitszuweisungen und das Prozesskostenhilfeverfahren für Unterhaltsprozesse geregelt.

79 Das Übereinkommen über die gerichtliche Zuständigkeit und die Anerkennung und Vollstreckung von Entscheidungen in Zivil- und Handelssachen vom 30. 10. 2007 (**Lugano- Übereinkommen** – LugÜ) kann die Zuständigkeit nur noch im Rahmen der Prüfung von Art. 6 EuUnterhaltVO begründen, wenn keine Zuständigkeit im Rahmen der Art. 3 bis 5 EuUnterhaltVO besteht (siehe Rn. 80). Sie ist dann aber vorrangig vor der sogenannten Notzuständigkeit des Art. 7 EuUnterhaltVO.

Die **Brüssel II a-VO** ist ausdrücklich gemäß ihres Art 1 III lit. E nicht anzuwenden.

80 Die **EuUnterhaltVO** regelt in ihren Art. 3 bis 7 eine umfassende internationale Zuständigkeit:

- alternativ das Gericht am Ort des gewöhnlichen Aufenthalts des Antragsgegners oder des Antragstellers (Art. 3 lit. a und b) (**Achtung:** bei gewöhnlichem Aufenthalt eines Beteiligten im Ausland besteht eine **Zuständigkeitskonzentration beim AG am Sitz des Oberlandesgerichts**, in dessen Zuständigkeitsbereich der andere Beteiligte seinen gewöhnlichen Aufenthalt hat: § 28 AUG 2011).
- das Gericht, bei dem ein Personenstandsverfahren oder ein Kindschaftsverfahren anhängig ist, zu dem das Unterhaltsverfahren eine Nebenentscheidung ist, es sei denn die Zuständigkeit ist allein durch die Staatsangehörigkeit begründet (Art. 3 lit. c und d). Hierdurch besteht eine Annexzuständigkeit für ein Unterhaltsverfahren, unabhängig davon, ob es als **Folgesache** im Scheidungsverbund oder als **isoliertes Verfahren** geführt wird. Ob die Regelung sich auch auf den Trennungsunterhalt bezieht, wird unterschiedlich beurteilt (vgl. *Hau,* FamRZ 2010, 516).
- Weitgehende Möglichkeiten von Gerichtstandsvereinbarungen (Art. 4) (Ausnahme Minderjährigenunterhalt Art. 4 III)
- **Die Zuständigkeitsbegründung durch rügelose Einlassung (Art. 5).**
- Als **Auffangzuständigkeit** die Prüfung der Zuständigkeit eines weiteren Mitgliedsstaates des Lugano-Übereinkommens (Island, Schweiz, Norwegen) und mangels dessen die Zuständigkeit des Mitgliedsstaates der gemeinsame Staatsangehörigkeit (Art. 6).
- **Als Notzuständigkeit (forum necessitatis)**, falls sich nach den Art. 3 bis 6 keine Zuständigkeit eines Mitgliedsstaates ergeben hat, ist die internationale Zuständigkeit in Ausnahmefällen eröffnet, wenn es nicht zumutbar ist oder es sich als unmöglich erweist, ein Verfahren in einem Drittstaat, zu dem der Rechtsstreit einen engen Bezug aufweist, einzuleiten oder zu führen. Voraussetzung hierfür ist aber, dass der Rechtsstreit einen ausreichenden Bezug zu dem Mitgliedstaat des angerufenen Gerichts aufweist (Art. 7).

Ist die deutsche Zuständigkeit aufgrund der Auffangzuständigkeit oder der Notzuständigkeit gegeben, so ist **örtlich ausschließlich zuständig das Amtsgericht Pankow-Weißensee** in Berlin (§ 27 AUG 2011).

81 Der zentrale Begriff des **gewöhnlichen Aufenthalts** ist im Katalog des Art. 2 EuUnterhaltVO nicht näher definiert und wird noch durch die Rechtsprechung autonom auszufüllen sein. Systematisch sinn-

voll wäre die Anknüpfung an die Kriterien, die iRd Brüssel IIa-VO entwickelt worden sind (vgl. *Hau*, FamRZ 2010, 516 mwN).

Von der EuUnterhaltVO nicht erfasst sind damit – grob umrissen – nur die durch Art. 3 bis 7 im Einzelnen extrem eingegrenzten Verfahren zwischen **zwei Drittstaatlern mit unterschiedlicher Staatsangehörigkeit** in denen **keiner** der Parteien seinen gewöhnlichen Aufenthalt in einem Mitgliedsstaat hat, **keine** Gerichtsstandsvereinbarung vorliegt **und** auch der Gegner sich **nicht** rügelos auf das Verfahren eingelassen hat **und** dessen Durchführung in einem Drittstaat zumutbar und möglich ist. 82

Auch für diese Verfahren dürfte allerdings kein Restanwendungsbereich für das **nationale Zuständigkeitsrecht** (Art. 105 iVm 232, 106 FamFG) mehr verbleiben (Eine Ausnahme könnte sich für einstweilige Anordnungen ergeben, dies ist aber nicht eindeutig). Vielmehr hat das deutsche Familiengericht, das in einer Unterhaltssache angerufen wird, für die es nach der EuUnterhaltVO nicht international zuständig ist, sich gem. Art. 10 EuUnterhaltVO von Amts wegen für unzuständig zu erklären.

Im Übrigen sind in den Art. 11 bis 13 prozessuale Vorschriften enthalten, die die Aussetzung des Verfahrens und das Vorgehen bei Anhängigkeit verschiedener Verfahren, die den gleichen Sachzusammenhang oder den gleichen Verfahrensgegenstand betreffen. Art. 11 verweist dabei auf die Europäische ZustellungsVO.

b) Abänderungsverfahren. Art. 8 EuUnterhaltVO begrenzt die Möglichkeit, für Abänderungsverfahren vom Mitgliedsstaat des Ursprungsverfahrens in einen anderen Mitgliedstaat zu wechseln. Hierin kann gleichzeitig für die dort erfassten Konstellationen eine Annexzuständigkeit für das Abänderungsverfahren gesehen werden. 83

c) Negativer Feststellungsantrag. Diskutiert wird, ob negative Feststellungsanträge überhaupt von der EuUnterhaltVO erfasst sind. Dies dürfte zu bejahen sein, obwohl sie im Katalog der möglichen Anträge in Art. 56 EuUnterhaltVO nicht genannt werden. Die dortige Regelung beinhaltet aber nicht das eigentliche Verfahrensrecht, sondern regelt nur die Unterstützung bei der Durchsetzung von Ansprüchen durch die Zuständigen Behörden der Mitgliedsstaaten. Vom umfassend konzipierten Anwendungsbereich, der in Art. 1 allgemein von Unterhaltspflichten spricht, dürften die negativen Feststellungsanträge miterfasst sein, so dass ein Verfahren von den Beteiligten (ohne Hilfe der Zentralen Behörde) anhängig gemacht werden kann. 84

d) Einstweilige Anordnungen. Nicht aus der EuUnterhaltVO selbst ersichtlich ist, ob der in Art. 14 eröffnete Rahmen für einstweilige Anordnungen, der die „im Recht eines Mitgliedsstaats vorgesehenen einstweiligen Maßnahmen“ nennt, einen Restanwendungsbereich für das nationale Zuständigkeitsrecht eröffnen will (ablehnend mit ausf. Begründung *Hau*, FamRZ 2010, 516) oder ob auch insoweit (ausschließlich) Art. 3 bis 7 anwendbar sind. 85

2. Unterhaltsstatut

Auch für die Frage der Anwendung materiellen Rechts ist die EuUnterhaltVO heranzuziehen. Sie verweist in Art. 15 auf das nach dem Haager Unterhaltsprotokoll (Protokoll über das auf Unterhaltspflichten anzuwendende Recht v. 23. 11. 2007, für Deutschland in Kraft ab 18. 6. 2011, siehe auch Art. 3 Nr. 1 lit. c EGBGB) maßgebliche Recht. Das Haager Unterhaltsprotokoll ist völkerrechtlich noch nicht in Kraft, gilt aber gemäß EU-Rats-Beschluss (ABl. L 331 vom 16. 12. 2009, S. 17) für die EU-Mitgliedstaaten. (Ausnahmen: Dänemark, Irland und das Vereinigte Königreich, für die zwar die EuUntVO, nicht aber das Haager Unterhaltsprotokoll anwendbar ist. Hier ist weiterhin auf die Brüssel I-VO zurückzugreifen.) 86

Nach Haager Unterhaltsprotokoll ist vorrangig (Art. 3) das Recht des Staates, in dem der Unterhaltsberechtigte seinen gewöhnlichen Aufenthalt hat. Bei einem Wechsel wird das Recht des neuen Aufenthaltsstaats anwendbar.

Sonderregeln bestehen für den **Unterhaltsanspruch zwischen Eltern und Kindern** (in beiden Richtungen) sowie **Dritten gegenüber Unter-21-Jährigen** (es sei denn sie waren miteinander verheiratet). Für diese Personengruppe gilt, wenn sie nach dem Recht des gewöhnlichen Aufenthalt keinen Unterhaltsanspruch hat, das Recht des angerufenen Gerichts. Ehegatten können sich gegen die Anwendung des Rechts des gewöhnlichen Aufenthalts wehren und auch einzeln durchsetzen, dass das Recht eines Staates, das zu ihrer Ehe eine nähere Beziehung aufweist, angewandt wird (Art. 5). 87

Außer bei Kindes- und Ehegattenunterhalt kann ein in Anspruch Genommener einwenden, dass für ihn weder nach dem Recht des Staates seines gewöhnlichen Aufenthalts noch gegebenenfalls nach dem Recht der übereinstimmenden Staatsangehörigkeit eine Unterhaltspflicht besteht (Art. 6). 88

Ungeachtet dieser Regelungen haben die Beteiligten eine sehr weitgehende Möglichkeit der **Rechtswahl** gem. Art. 7 und 8 Haager Unterhaltsprotokoll.

Das danach festgestellte Recht bestimmt dann vollständig über Grund und Höhe des Unterhaltsanspruchs. Zu beachten ist, dass gem. Art. 12 Haager Unterhaltsprotokoll keine Weiter- oder Rückverweisung stattfindet.

89 Nach nationalem Recht bestehende Verpflichtungen aus – anderen – völkerrechtlichen Übereinkommen bleiben gem. Art. 19 Haager Unterhaltsprotokoll unberührt, so dass die einschlägigen Regelungen des Art. 8 III des **deutsch-iranischen** Niederlassungsabkommens Anwendung finden. Für Verfahren zwischen ausschließlich iranischen Staatsangehörigen, die keine anerkannten Flüchtlinge sind, gilt auch für das in Deutschland geführte Unterhaltsverfahren iranisches Recht.

90 Die Übergangsbestimmungen des § 22 Haager Unterhaltsprotokoll gilt aufgrund EU-Rats-Beschlusses (ABl. L 331 vom 16. 12. 2009, S. 17) nicht, sondern das anzuwendende Recht richtet sich einheitlich nach dem Haager Unterhaltsprotokoll, unabhängig davon, ob Unterhalt für die Zeit vor oder ab dem 18. 6. 2011 verlangt wird.

X. Güterrechtssachen

1. Internationale Zuständigkeit

91 Die internationale Zuständigkeit des deutschen Familiengerichts folgt für den Fall, dass das Güterrechtsverfahren als Folgesache gem. § 137 II Nr. 4 FamFG anhängig gemacht wird, aus § 98 II FamFG.

Für isolierte Verfahren folgt die konkurrierende (§ 106 FamFG) Zuständigkeit aus § 105 iVm § 262 FamFG.

2. Güterrechtsstatut

92 Die Frage, welches materielle Recht für Güterrechtsfälle mit Auslandsberührung maßgeblich ist, ist sowohl hinsichtlich des jeweils betroffenen ausländischen Staates als auch hinsichtlich des Zeitpunkts des Beginns und Endes des Güterstands sorgfältig zu prüfen, da mehrere Rechtsänderungen und entsprechende Übergangsbestimmung zu berücksichtigen sind.

93 **a) Vorrangiges Europa- und Konventionsrecht.** *aa)* Die EU-Kommission hat 2011 zwei getrennte Verordnungsvorschläge für die Zuständigkeit, das anzuwendende Recht, die Anerkennung und die Vollstreckung im Bereich des Güterrechts für Ehepartner und eingetragene Partnerschaften vorgelegt. Gegenwärtig sind aber vorrangige **europarechtliche Bestimmungen** nicht zu beachten.

94 *bb)* Falls beide Ehegatten ausschließlich die **iranische** Staatsangehörigkeit besitzen und keine anerkannten Flüchtlinge sind, bestimmt vorrangig das deutsch-iranische Niederlassungsabkommen iranisches Recht für anwendbar (Art. 8 des Abkommens).

95 *cc)* Das **Haager Ehewirkungsabkommen** v. 17. 5. 1905 wurde von Deutschland wie von allen anderen Vertragsstaaten gekündigt. Seine Wirksamkeit endete im Verhältnis zu den übrigen Vertragsstaaten **Schweden** und **Polen** zum 23. 8. 1962, den **Niederlanden** zum 23. 8. 1977 und **Italien** zum 23. 8. 1987. Die Anwendung des Art. 2 I des Abkommens (Anknüpfung an die Staatsangehörigkeit des Ehemannes bei Eheschließung) scheitert an ihrer Verfassungswidrigkeit, so dass nach der Rechtsprechung des BGH für diese Fälle insoweit die Übergangsregel des Art. 220 III EGBGB zum Tragen kommt (*BGH,* NJW 1987, 583).

96 *dd)* Zwar ist Deutschland kein Vertragsstaat des Haager Abkommens v. 14. 3. 1978 zum ehelichen Güterrecht, jedoch können seine Regelungen dann zur Anwendung kommen, wenn durch das deutsche autonome Kollisionsrecht auf das Recht der Vertragsstaaten **Frankreich, Luxemburg, Niederlande, Österreich oder Portugal** verwiesen wird.

97 *ee)* Falls Ehegatten zukünftig den neu geschaffenen **deutsch-französischen Wahlgüterstand** wirksam vereinbart haben, ist dieser maßgeblich anzuwenden. Es handelt sich um einen im deutschen und französischen Recht gleichlautend geschaffenen eigenständigen Güterstand, der in Deutschland neben die Zugewinngemeinschaft, die Gütertrennung und die Gütergemeinschaft tritt. (Gesetz zu dem Abkommen v. 4.2 2010 zwischen der Bundesrepublik Deutschland und der Französischen Republik über den Güterstand der Wahl-Zugewinngemeinschaft).

98 **b) Deutsches autonomes Kollisionsrecht.** Im Einzelfall kann im Rahmen eines Güterrechtsverfahrens gem. § 261 FamFG für Vorfragen oder insgesamt auch an ein **anderes Statut** zB Unterhalts- oder Ehestatut anzuknüpfen sein. Maßgeblich ist insoweit, ob der Charakter der zugrundeliegenden Problematik eher dem einen oder dem anderen Statut zugeordnet werden kann. Dies ist jeweils nach deutschem Recht zu beurteilen.

99 Hinsichtlich der weitgehenden Möglichkeiten einer **Rechtswahl** ist zu beachten, dass jeweils die Verweisung aufgrund einer objektiven Anknüpfung zu einer Kollisionsnormverweisung führt, so dass Weiter- und Rückverweisungen zu beachten sind. Dagegen ist die Rechtswahl nur eine Sachnormverweisung.

100 *aa)* Für Ehen, die **ab 1. 9. 1986** geschlossen worden sind, gilt Art. 15 EGBGB als Güterrechtsstatut mit der Begrenzung durch den in Art. 16 EGBGB geregelten Gutglaubensschutz Dritter.

Danach ist Grundanknüpfung das Ehestatut gemäß Art. 14 EGBGB.

Den Ehegatten steht es frei, stattdessen per **Rechtswahl** zu bestimmen:

- das Recht des Staates, dem einer von ihnen angehört
- das Recht des Staates, in dem einer von ihnen seinen gewöhnlichen Aufenthalt hat oder
- für unbewegliches Vermögen das Recht des Lageorts.

Für die Rechtswahl ist, wenn sie im Inland erfolgt, notarielle Beurkundung erforderlich, für die im Ausland getroffene Rechtswahl genügt die Einhaltung der dort für Eheverträge geltenden **Formvorschriften** (Art. 15 III iVm Art. 14 IV EGBGB.

bb) Für Ehen, die **zwischen dem 9. 4. 1983 und 31. 8. 1986** geschlossen worden sind, gilt Art. 15 EGBGB in der heute gültigen Fassung gemäß Art. 220 III 2 EGBGB (siehe Rn. 99). 101

cc) Ehen, die **zwischen dem 1. 4. 1953 und 8. 4. 1983** geschlossen worden sind: Für diesen Zeitraum ergeben sich die Regelungen aus Art. 220 III EGBGB und zwar noch einmal gestaffelt in der Anwendung bis zum 8. 4. 1983 (S. 1) und ab 9. 4. 1983 (S. 2). Für diese Altehen kann sich ab 9. 4. 1983 dadurch ein Statutenwechsel ergeben, dass ab 9. 4. 1983 für die Bewertung nicht mehr das Datum der Eheschließung , sondern nunmehr der – fiktiv gesetzte – 9. 4. 1983 (Unwirksamkeit des an die Staatsangehörigkeit des Ehemanns anknüpfenden Statuts wegen Verfassungswidrigkeit durch Entscheidung des BVerfG v. 8. 4. 1983). Entsprechend der Komplexität der Norm und der in ihr vorgesehenen Statutenwechsel ist Ihre Anwendung im Einzelnen streitig (vgl. den ausführlichen Stand bei jurisPK-BGB/ Rn. 11 ff.) . 102

dd) Ehen, die **vor dem 1. 4. 1953** geschlossen worden sind: Hier bestimmt sich der Güterrechtsstatus nach der Staatsangehörigkeit des Ehemannes bei der Eheschließung (Art. 220 III 6 EGBGB). Der Verstoß gegen den Gleichheitsgrundsatz wird nach hM wegen Art. 17 GG hingenommen. Rechtswahlen sind ab 1. 9. 1986 möglich. 103

ee) Übergangs- und Sonderregelungen für Verfahren, in denen der Güterstand einen **Bezug zur ehemaligen DDR** aufweist, sind in Art. 234 § 4 und Art. 236 § 3 EGBGB geregelt. 104

ff) Sonderregelungen im Gesetz über den ehelichen Güterstand von **Vertriebenen und Flüchtlingen** v. 4. 8. 1969 bleiben durch Art. 15 EGBGB ausdrücklich unberührt. Zu den für diese Gruppe, zu denen auch die sogenannten Aussiedler und Spätaussiedler gehören, maßgeblichen güterrechtlichen Bestimmungen siehe ausführlich: jurisPK-BGB/*Ludwig*, Rn. 145 ff. 105

XI. Sonstige Familiensachen iSv § 266 FamFG

Die sonstigen Familiensachen gemäß § 266 FamFG können verschiedenste Inhalte haben. Ihren Charakter als Familiensache, das sie dem FamFG unterstellt und der Zuständigkeit des Familiengerichts unterwirft, bekommen sie allein durch den in der Norm näher bezeichneten Bezug zu Ehe oder Verlobung. Ob vorrangiges Europarecht oder völkerrechtliche Abkommen für die Frage der Zuständigkeit wie auch für die Frage der zutreffenden Anknüpfung für das anzuwendende Recht zu berücksichtigen sind, ist im Einzelfall nach dem Inhalt des betreffenden Verfahrens zu beurteilen. Beispielsweise kann in bestimmten das Vermögen eines Kindes betreffenden Verfahren gemäß § 266 FamFG die Anwendung des KSÜ in Betracht kommen. 106

Im Übrigen gilt:

1. Internationale Zuständigkeit

Die Internationale Zuständigkeit des deutschen Familiengerichts ergibt sich mit der örtlichen Zuständigkeit gem. § 105 FamFG in Verbindung mit § 267 FamFG. 107

2. Statut

An welches Statut anzuknüpfen ist, richtet sich ebenfalls nach dem Inhalt des geltend gemachten Anspruchs. Neben den Art. 13–24 EGBGB kann hier auch das Deliktstatut gemäß Art. 40 EGBGB zum Tragen kommen. 108

XII. Lebenspartnerschaftssachen

1. Prozessrecht

a) **Internationale Zuständigkeit.** Für die Aufhebung der Lebenspartnerschaft aufgrund des Lebenspartnerschaftsgesetzes oder die Feststellung des Bestehens oder Nichtbestehens der Lebenspartnerschaft sind vorrangige europarechtliche oder einschlägige Konventionsregelungen nicht zu beachten. Die BXL II a-VO ist nach hM nicht anwendbar (*Prütting/Helms/Hau*, FamFG, § 103 Rn. 4). 109

§ 103 FamFG eröffnet einen weiten Zuständigkeitsbereich des deutschen Familiengerichts. Das Familiengericht ist international zuständig,

- wenn einer der Lebenspartner die deutsche Staatsangehörigkeit besitzt oder bei Begründung der Partnerschaft besaß
- oder einer der Lebenspartner seinen gewöhnlichen Aufenthalt im Inland hat
- oder die Lebenspartnerschaft vor einer zuständigen deutschen Stelle begründet worden ist.

Damit dürften nahezu alle Fälle der deutschen Lebenspartnerschaft, in denen irgendein Bezug zum deutschen Rechtssystem besteht, erfasst sein.

110 Darüber hinaus ist auch die internationale Zuständigkeit des deutschen Familiengerichts nach § 103 I FamFG zu beurteilen, wenn die Aufhebung materiell nach ausländischem Recht zu erfolgen hat, die Aufhebung der Lebenspartnerschaft also nicht „nach dem Lebenspartnerschaftsgesetz" beantragt ist. Dies trifft auf im Ausland begründete Lebenspartnerschaften zu. Für die Anwendung des § 103 wird allerdings verlangt, dass sich das ausländische Rechtsinstitut als der Lebenspartnerschaft nach deutschem Recht äquivalent qualifizieren lässt, nämlich personenstandsrechtlich relevant ist und nicht nur eine schuldrechtliche Verpflichtung gleichgeschlechtlicher Partner begründet. (Vgl. hierzu ausführl. *Prütting/Helms/Hau,* FamFG, § 103 Rn. 5). Die nach mehreren Rechtsordnungen (zB Belgien, Niederlande, Spanien, Schweden, einige Bundesstaaten der USA) mögliche Ehe gleichgeschlechtlicher Partner erfüllen diese Anforderung ohne Zweifel.

111 b) **Verbundverfahren.** Eine internationale Verbundzuständigkeit für sämtliche Folgesachen besteht grundsätzlich gemäß Art. 103 II FamFG. Allerdings ist für jede Folgesache die mögliche vorrangige Geltung einer europa- oder konventionsrechtlichen Regelung zu prüfen, die den Verbund verhindert. Bei allen allgemeinen Zivilsachen käme vorrangig eine Zuständigkeit nach der Brüssel I-VO und dem Lugano-Übereinkommen in Betracht, so dass für das deutsche Kollisionsrecht nur noch der Fall geregelt würde, wenn der Antragsgegner seinen Wohnsitz in einem Nicht-Mitgliedstaat und Nicht-Vertragsstaat hat (vergl. zum Meinungsstand: *Prütting/Helms/Hau,* FamFG § 103 Rn. 16).

112 c) **Isolierte Verfahren.** Für die übrigen Lebenspartnerschaftssachen, die im isolierten Verfahren geltend gemacht werden, ergibt sich – nach Prüfung der möglichen europa- oder konventionsrechtlichen vorrangigen Regelung – jeweils folgende Verweisungskette auf die allgemeinen Bestimmungen:

- **Kindschaftssachen:** Vorrangig ist eine Zuständigkeit nach der Brüssel IIa-VO (Ausnahme: Art. 12 I, der sich auf eine Vereinbarung unter Eheleuten bezieht), Da die Verordnung keinen Bezug zu einem Eheverfahren voraussetzt, ist sie – anders als die Statusverfahren – auf Kindschaftssachen von Lebenspartnern anzuwenden.
  Anderenfalls deutsches Recht: §§ 103 III, 269 I Nr. 3, 99 FamFG
- **Adoptionssachen:**
  §§ 103 III, 269 I Nr. 4, 101 FamFG
- **Wohnungszuweisungs- und Haushaltssachen:** Anwendung von Brüssel I-VO und LugÜ wird vertreten, anderenfalls deutsches Recht:
  §§ 103 III, 269 I Nr. 5 und 6, 105, 270, 201 FamFG
- **Versorgungsausgleichssachen:**
  Anwendung von Brüssel I-VO und LugÜ wird vertreten, anderenfalls deutsches Recht:
  §§ 103 III, 269 I Nr. 7, 102 FamFG
- **Unterhaltsverfahren:** Die Frage, ob die ab 18. 6. 2011 anwendbare Europäische UnterhaltsVO (Verordnung (EG) Nr. 4/2009 v. 18. 12. 2008 – siehe Rn. 78 ff.) auf eingetragene Lebenspartner anwendbar ist, ist bisher unklar (dafür: *Prütting/Wegen/Weinreich/Martiny*, Art. 18 Anh. II EGBGB Rn. 3). Hier bleibt eine Vorlage an den EuGH abzuwarten.
  Nach deutschem Recht richtet sich die Zuständigkeit nach den §§ 103 III, 269 I Nr. 8 und 9, 105, 270, 232, 233 FamFG
- **Güterrechtsverfahren:** Vorrangig: Brüssel I-VO und LugÜ, anderenfalls deutsches Recht: §§ 103 III, 269 I Nr. 10–12, 105, 270, 262, 263 FamFG
- **sonstige Lebenspartnerschaftssachen:** Vorrangig: Brüssel I-VO und LugÜ, anderenfalls deutsches Recht: §§ 103 III, 269 II und III, 105, 270 II, 267 FamFG.

2. Statut

113 Für die einzelnen Lebenspartnersachen sind unterschiedliche Anknüpfungen zur Bestimmung des anzuwendenden materiellen Rechts maßgeblich. Art. 17b I 1 nennt als allgemeines Wirkungsstatut für die Lebenspartnerschaft das Recht des Register führenden Staates. Dieses kann entsprechend dem Ehestatut für Ehegatten Anknüpfungspunkt auch einzelne inzidenter zu prüfende Vorfragen sein.

Generell ist darüber hinaus die rechtspolitisch stets umstrittene **Kappungsregel** des Art. 17b IV EGBGB zu beachten. Danach gehen die Wirkungen einer im Ausland eingetragenen Lebenspartnerschaft nicht weiter, als dies nach BGB und Lebenspartnerschaftsgesetz vorgesehen ist.

114 Zu den einzelnen Verfahren:

- **Aufhebung, Bestehen oder Nichtbestehen einer Lebenspartnerschaft:** Nach Art. 17 b I 1 EGBGB geltend die Sachvorschriften des Register führenden Staates.

- **Kindschaftssachen:** Vorrangige Geltung der Brüssel IIa-VO und des KSÜ, nach deutschem Kollisionsrecht: Registerstatut des Art. 17 b I 1 EGBGB.
- **Adoptionssachen:** Ob Art. 22 EGBGB auch für Lebenspartner gilt, ist streitig, die hM bejaht. Danach verdrängt Art. 22 EGBGB für seinen Anwendungsbereich auch die Kappungsgrenze des Art. 17b IV EGBGB. Im Einzelnen siehe ausführlich juris-PK/*Behrentin,* BGB Art. 22 EGBGB Rn. 35.
- **Wohnungszuweisungs- und Haushaltssachen:** Die Reglung des Art. 17 a EGBGB für Wohnungs- und Haushaltssachen im Inland (siehe Rn. 70) gilt gem. Art. 17 b II EGBGB auch für Lebenspartner mit einem entsprechenden Gutglaubensschutz für Dritte. Soweit Art. 17 a nicht einschlägig ist, ist auf die Grundnorm des Art. 17 b I 1 EGBGB zurückzugreifen.
- **Versorgungsausgleichssachen:** Maßgeblich ist das Recht des Register führenden Staates. Seine Durchführung hängt aber davon ab, dass danach deutsches Recht anzuwenden ist (die Lebenspartnerschaft also in Deutschland registriert ist oder das ausländische Kollisionsrecht auf deutsches Recht verweist) und das Recht eines der Staaten, denen die Lebenspartner im Zeitpunkt der Rechtshängigkeit des Aufhebungsantrags angehören, einen Versorgungsausgleich zwischen Lebenspartnern kennt. Eine Durchführung nach deutschem Recht kann im Übrigen auf Antrag eines Lebenspartners erfolgen, wenn inländische Versorgungsanwartschaften während der Ehe erworben wurden und dies einer Billigkeitsprüfung standhält (Art. 17 b I EGBGB).
- **Unterhaltsverfahren:** Die Frage, ob die ab 18. 6. 2011 anwendbare Europäische UnterhaltsVO (Verordnung (EG) Nr. 4/2009 v. 18. 12. 2008 – siehe Rn. 86ff.) auf eingetragene Lebenspartner anwendbar ist, ist bisher unklar. Hier bleibt eine Vorlage an den EuGH abzuwarten.
  Das deutsche Kollisionsrecht verweist in Art. 17 b I 2 EGBGB auf die allgemeinen Vorschriften. Ist danach keine gesetzliche Unterhaltsberechtigung durch die Lebenspartnerschaft begründet, so gilt das Recht des Register führenden Staates.
- **Güterrechtsverfahren:** Es gilt das Registerstatut gemäß Art. 17b I 1 EGBGB.
- **sonstige Lebenspartnerschaftssachen:** Es gilt das Registerstatut gem. Art. 17b I 1 EGBGB.

D. Freiwillige Gerichtsbarkeit

D. I. Allgemeines zum Verfahren

Prof. Dr. Walter Zimmermann

Übersicht

Literatur: *Bahrenfuss,* FamFG, 2009; *Bassenge/Roth,* FamFG, 12. Aufl. 2009; *Bumiller/Harders,* FamFG, 9. Aufl. 2009; *Horndasch/Viefhues,* FamFG, 2. Aufl. 2011; *Keidel,* FamFG, 17. Aufl. 2011; *Prütting/Helms,* FamFG, 2009. Zur allg. Literatur siehe auch Literaturverzeichnis A. I.

I. Rechtsgrundlagen der freiwilligen Gerichtsbarkeit

1. Verfahrensrecht

1 Zivilrechtliche Verfahren gehören entweder zur **streitigen Gerichtsbarkeit** (§§ 23, 71 GVG; Zivilprozess; das Verfahrensrecht richtet sich nach der ZPO; die Gerichtskosten nach dem GKG); oder zur **freiwilligen Gerichtsbarkeit** (das Verfahrensrecht richtet sich nach dem FamFG und Nebengesetzen; Gerichtskosten nach der KostO); oder zun den **Familiensachen** (Verfahren: FamFG; Gerichtskosten: FamGKG); vgl. § 13 GVG. Was dem Verfahrensrecht des FamFG unterstellt ist ergibt sich aus § 1 FamFG. Die Angelegenheiten der freiwilligen Gerichtsbarkeit sind in § 23 a II GVG aufgezählt, zB Betreuungssachen, Unterbringung, Freiheitsentziehung (zB durch Abschiebungshaft), Nachlasssachen, bestimmte Registerangelegenheiten, Aufgebot, Landwirtschaftssachen (mit Sonderregelung im LwVG), Grundbuchsachen (mit Sonderregelung in der GBO). Kindschaftssachen (wie Sorgerecht) und Ehewohnungssachen usw sind dagegen in § 111 FamFG als „Familiensachen" definiert, so dass dafür die §§ 1 bis 110, sodann §§ 111 bis 120 FamFG und schließlich die Spezialregelungen in §§ 151 ff. FamFG (Kindschaft) bzw §§ 200 ff. FamFG (Ehewohnung) gelten, und (falls im Verbund geltend gemacht, § 137 FamFG) auch die §§ 121 bis 150 FamFG anzuwenden sind.

2. Rechtsgrundlagen

2 a) **Bundesrecht.** FamFG; dort wird teils auf die ZPO verwiesen (etwa in §§ 6, 76 FamFG; im übrigen ist es unzulässig, bei Lücken ohne weiteres die ZPO analog anzuwenden!). Das FamFG wird durch zahlreiche andere Gesetze ergänzt: Kostenordnung, Rechtspflegergesetz. Spezialgesetze der freiwilligen Gerichtsbarkeit sind zB Grundbuchordnung. Besondere Bestimmungen finden sich ferner im LwVG, PStG usw.

3 b) **Landesrecht.** Aufgrund der Ermächtigungen in §§ 486 ff. FamFG, Art. 143, 147 EGBGB haben die Länder zahlreiche Ergänzungs- und Ausführungsbestimmungen erlassen (aufgezählt *Keidel/Engelhardt,* § 486 Rn. 3); wichtig sind ferner die Landes-Unterbringungsgesetze (bzw. PsychKG).

II. Die Gerichte

1. Sachliche Zuständigkeit

4 Die sachliche Zuständigkeit ist in § 23 a I GVG geregelt. Es gibt zahlreiche Sondervorschriften. Die Eingangszuständigkeit liegt somit fast immer beim **Amtsgericht**; auf den Wert der Sache kommt es nicht an (anders im Zivilprozess, wo die Eingangszuständigkeit je nach Streitwert verschieden ist, vgl. §§ 23, 71 GVG). In seltenen Fällen ist das Landgericht (zB § 132 AktG) oder das Oberlandesgericht (zB § 107 VII FamFG; § 25 EGGVG) in erster Instanz zuständig.

Die Gerichte entscheiden in der freiwilligen Gerichtsbarkeit in derselben Besetzung wie im Zivilprozess; das Amtsgericht durch einen Richter oder Rechtspfleger (Ausnahme: § 2 LwVG), das Landgericht als Zivilkammer mit drei Berufsrichtern (als Beschwerdegericht kann ein Einzelrichter tätig werden, § 68 IV FamFG; § 348 ZPO ist nicht anwendbar) oder als Kammer für Handelssachen (zB in Sachen nach § 132 AktG); Oberlandesgericht und Bundesgerichtshof durch Senate.

5 In den in § 6 FamFG genannten Fällen ist der Richter/Rechtspfleger ausgeschlossen, desgleichen sonstige „Gerichtspersonenen" wie Sachverständige. In entsprechender Anwendung der §§ 41–49 ZPO können ferner Gerichtspersonen von Beteiligten **wegen Befangenheit abgelehnt** werden. Die **Haftung** für Amtspflichtverletzungen des Richters/Rechtspflegers beurteilt sich nach § 839 BGB und Art. 34 GG. Haftungsprivileg: auf Beschlüsse der freiwilligen Gerichtsbarkeit, die Streitsachen (zB Erbscheinserteilung) betreffen, wird § 839 II BGB angewandt (*Palandt/Sprau,* § 839 Rn. 65; *BGH,* NJW 2003, 3052); für Entscheidungen mit Fürsorgecharakter (zB Betreuung; Unterbringung durch einstweilige Anord-

nung) wird die Urteilseigenschaft und damit die Anwendbarkeit von § 839 II BGB verneint (*BGH*, NJW 1956, 1716; 2003, 3052).

2. Örtliche Zuständigkeit

a) Eine allgemeine Regelung fehlt; für die einzelnen Angelegenheiten finden sich jeweils Sondervorschriften, die zB an den Aufenthalt oder Wohnsitz anknüpfen (Betreuungssachen: § 272 FamFG; Unterbringungssachen: § 313 FamFG; Nachlasssachen: §§ 343, 344 FamFG). Vormundschaftssachen sind jetzt Familiensachen und keine Angelegenheiten der freiwilligen Gerichtsbarkeit mehr), § 111 FamFG. 6

b) Erkennt das Gericht, dass es örtlich oder sachlich unzuständig ist, muss es ein Antragsverfahren an das zuständige Gericht **verweisen,** § 3 I FamFG (§ 281 ZPO gilt nicht). Amtsverfahren sind ebenfalls zu verweisen (§ 3 II 2 FamFG). In beiden Fällen ist die Verweisung unanfechtbar und **bindend** (§ 3 III FamFG). Zuvor ist rechtliches Gehör zu gewähren; andernfalls könnte die Bindungswirkung in Frage gestellt werden (ebenso wie im Falle des § 281 ZPO). Bei einem Zuständigkeitsstreit mehrerer Gerichte der freiwilligen Gerichtsbarkeit (jedes hält sich für unzuständig) ist § 5 FamFG anzuwenden. Zum Streit Prozessgericht/Gericht der freiwilligen Gerichtsbarkeit vgl. Rn. 15. 7

c) Ist ein Gericht tätig geworden, obwohl es örtlich unzuständig war, ist die gerichtliche Handlung (zB die Entscheidung) nicht deswegen unwirksam (§ 2 III FamFG). Solche Verfügungen können nicht nur wegen der örtlichen Unzuständigkeit mit der Beschwerde (§§ 58 ff. FamFG) angefochten werden (§ 65 IV FamFG). 8

d) Auf Erklärungen, die gegenüber einem örtlich unzuständigen Gericht abgegeben werden (Beispiel: Ausschlagung gegenüber dem örtlich unzuständigen Nachlaßgericht, § 1945 BGB), ist § 2 FamFG seinem Wortlaut nach nicht anwendbar, weil dabei keine „Handlungen" des Gerichts vorliegen. Wenn das Gericht darauf tätig wird (Benachrichtigungen durchführt) wird man sie wegen des in § 2 FamFG zum Ausdruck kommenden Rechtsgedankens als wirksam ansehen müssen, als unwirksam nur, wenn das Gericht die Erklärung zurückweist (vgl. *Keidel/Sternal,* § 2 Rn. 33). 9

3. Funktionelle Zuständigkeit

Dem Rechtspfleger sind bei den Amtsgerichten viele Geschäfte der freiwilligen Gerichtsbarkeit übertragen: Bestimmte Geschäfte in vollem Umfang (sogenannte **Vollübertragung,** § 3 Nr. 1 RPflG), zB Grundbuchsachen, § 3 Nr. 1 lit. h RPflG; der Richter ist hier nur noch im Rahmen von § 4 II (zB Beeidigung, Freiheitsentziehung), § 5 (zB enger Sachzusammenhang), § 11 II (Erinnerung) RPflG zuständig. Andere Geschäftsbereiche sind im Grundsatz dem Rechtspfleger übertragen, nur eng umrissene Ausschnitte (aufgeführt in §§ 14–19 b RPflG) sind noch dem Richter vorbehalten (sogenannte **Vorbehaltsübertragung,** § 3 Nr. 2 RPflG), zB Betreuungs- und Nachlaßsachen, § 3 Nr. 2 lit. b, c RPflG. Weiter sind dem Rechtspfleger in § 3 Nr. 3 und 4 RPflG bestimmte einzeln aufgeführte Geschäfte übertragen (sogenannte **Einzelübertragung**). – Einen Zuständigkeitsstreit entscheidet der Richter (§ 7 RPflG). 10

Verstöße gegen die funktionelle Zuständigkeit sind in § 8 RPflG geregelt: Hat der Richter ein Rechtspflegergeschäft wahrgenommen, ist es trotzdem wirksam, § 8 I RPflG. Hat der Rechtspfleger ein zwar übertragbares Geschäft vorgenommen, fehlte aber die Übertragung (zB § 16 II RPflG: Erbscheinserteilung aufgrund gesetzlicher Erbfolge), ist das Geschäft ebenfalls wirksam, § 8 II Alt. 1 RPflG. Waren die Voraussetzungen für die Übertragung „im Einzelfall" nicht gegeben, ist das Geschäft ebenfalls wirksam (§ 8 II Alt. 2 RPflG); zB wenn im Fall des § 16 II RPflG die gesetzliche Erbfolge besonders kompliziert ist, das Ermessen („kann") also im Sinne einer Nichtübertragung auszuüben wäre. War das Geschäft auf den Rechtspfleger nicht übertragbar und auch nicht durch das RPflG übertragen, ist es unwirksam (§ 8 IV 1 RPflG); zB Erbscheinserteilungsanordnung, bei der ausländisches Recht anzuwenden war, § 16 II 1 RPflG. 11

4. Internationale Zuständigkeit

Bei Fällen mit Auslandsberührung darf nur ein international zuständiges Gericht tätig werden. In §§ 97 ff. FamFG finden sich Regelungen zur internationalen Zuständigkeit, wobei zu beachten ist, dass völkerrechtliche Verträge und Rechtsakte der Europäischen Gemeinschaft vorrangig sind, sich aber hauptsächlich in Familiensachen finden. Nützliche Hinweise findet man in einer Verwaltungsvorschrift, der ZRHO (im Internet über Suchmaschinen zu finden). In Nachlaßsachen ist § 105 FamFG einschlägig, da Europäisches Recht hierzu derzeit fehlt. 12

5. Konkurrierende Zuständigkeit

Manchmal sind mehrere Gerichte örtlich zuständig, zB im Erbscheinsverfahren, wenn der Verstorbene einen Doppelwohnsitz hatte (§ 343 FamFG; § 7 II BGB). Nach § 2 I FamFG ist dann das Gericht ausschließlich (örtlich) zuständig, das zuerst mit der Angelegenheit befasst war. 13

6. Zuständigkeitsvereinbarungen

14 Die Regelungen über die örtliche, sachliche und funktionelle Zuständigkeit sind jeweils ausschließlich. **Parteivereinbarungen sind unwirksam** (anders im Zivilprozess, vgl. §§ 38 ff. ZPO), eine „rügelose Einlassung" ist ohne rechtliche Bedeutung (Ausnahmen in §§ 106, 411 II FamFG). § 23 a I 2 GVG ist nur eine Öffnungsklausel und steht nicht entgegen.

7. Rechtswegverweisung und Abgabe

15 Hält ein Gericht der freiwilligen Gerichtsbarkeit einen anderen Rechtsweg als den der ordentlichen Gerichtsbarkeit für gegeben (zB den zum Verwaltungsgericht, Sozialgericht), ist nach §§ 17, 17 a, 17 b GVG zu verfahren. Innerhalb der ordentlichen Gerichtsbarkeit unterscheidet § 13 GVG zwischen bürgerlichen Rechtsstreitigkeiten, Familiensachen und Angelegenheiten der freiwilligen Gerichtsbarkeit; sie werden wie verschiedene Rechtswege behandelt, so dass bei einem Zuständigkeitsstreit § 17 a VI GVG anzuwenden ist. Das Gericht der freiwilligen Gerichtsbarkeit verweist (nach Anhörung der Beteiligten) Sachen, die es für zivilprozessual hält, entsprechend §§ 17 a, 17 b GVG an das Prozessgericht; Sondervorschriften (zB § 12 LwVG) sind zu beachten. Das Prozessgericht kann nach denselben Vorschriften Verfahren, die es nicht für zivilprozessual hält, an die jeweiligen Gerichte der freiwilligen Gerichtsbarkeit verweisen. Im Übrigen kann jedes Verfahren auf Antrag des Klägers an ein Gericht der freiwilligen Gerichtsbarkeit weitergeleitet werden, zB ein irrig beim Landgericht gestellter Erbscheinsantrag an das Nachlassgericht (ohne Bindungswirkung).

8. Besonderheiten in Baden-Württemberg

16 In Baden nehmen Notare zugleich Aufgaben des Nachlass- und Grundbuchrichters wahr (Art. 147 EGBGB; §§ 1, 29, 38 Bad.-Württ. LFGG); in Württemberg erfüllen die Bezirksnotare (keine Volljuristen) Aufgaben des Betreuungs-, Vormundschafts-, Nachlass- und Grundbuchrichters (vgl. Bad.-Württ. LFGG).

III. Die Beteiligten in der freiwilligen Gerichtsbarkeit

1. Beteiligte

17 Im Zivilprozess stehen sich Kläger und Beklagter gegenüber. In der freiwilligen Gerichtsbarkeit gibt es keine solchen Parteibezeichnungen, hier sind auch Konstellationen denkbar, in denen nur eine Person dem Staat gegenüber steht (zB der Vormund; der Erbscheinsantragsteller) oder Verfahren, in denen dritten Personen Mitwirkungsrechte eingeräumt werden sollen. Wegen dieser anderen Sachlage spricht man in der freiwilligen Gerichtsbarkeit (und in Familiensachen) nicht von Parteien, sondern von Beteiligten.

2. Beteiligungsarten

18 Es gibt in der freiwilligen Gerichtsbarkeit verschiedene Formen des Beteiligtseins.

a) **Beteiligter im materiellen Sinn** ist jede Person, deren Rechte und Pflichten durch die gerichtliche Entscheidung unmittelbar betroffen werden oder betroffen werden können, ohne Rücksicht darauf, ob sie am Verfahren teilgenommen hat (*BayObLG*, NJW-RR 1988, 931). Ein nur mittelbares oder ein nur rechtliches Interesse genügt nicht. Wer materiell beteiligt ist, ist vereinzelt gesetzlich geregelt.

19 b) **Beteiligter im formellen Sinn** ist jede Person, die zur Wahrnehmung sachlicher Interessen am Verfahren teilnimmt oder vom Gericht zu ihm (evtl. zu Unrecht) zugezogen worden ist.

20 c) **Mussbeteiligte.** In § 7 I, II FamFG sowie in einer Fülle von ergänzenden Regelungen (zB §§ 274, 315, 345, 412, 418 FamFG) ist geregelt, wer vom Gericht zum Verfahren hinzugezogen werden *muss.* Geschieht dies nicht, ist die Entscheidung allerdings deswegen nicht nichtig; allenfalls kann ein Rechtsmittel Erfolg haben. Die Pflicht des Gerichts, die Beteiligten nach Name und Anschrift zu ermitteln, ist in § 7 IV FamFG schwach ausgeprägt. Zur Ablehnung, einen Mussbeteiligten zu beteiligten vgl. § 7 V FamFG; Rn. 21.

21 d) **Kannbeteiligte.** Wenn eine entsprechende gesetzliche Regelung vorhanden ist (zB §§ 274, 315, 345, 412, 418 FamFG) kann das Gericht nach seinem Ermessen bestimmte weitere Personen hinzuziehen, also zu Beteiligten machen. Diese Beteiligtenstellung kann von den jeweiligen Personen nicht abgelehnt werden; jedoch besteht keine Verpflichtung zum Tätigwerden. Zur Hinzuziehung ist kein besonderer Beschluss notwendig, es genügt die tatsächliche Beteiligung, zB durch Mitteilung von Schriftsätzen. Für den Empfänger ist daher manchmal unklar, ob er als Zeuge schriftlich im Wege des Freibeweises befragt werden soll oder ob er Beteiligter wurde. Beantragt eine solche Personen ihre Beteiligung und will das Gericht dem nicht entsprechen, ist ein ausdrücklicher Beschluss notwendig (§ 7 V FamFG). Einer gesetzlich jeweils bestimmten Gruppe von Personen ist ferner gestattet, sich durch einen **Antrag,** der nicht

ablehnbar ist, also letztlich durch eine einseitige Erklärung, zu Beteiligten emporzuschwingen (zB die Betreuungsbehörde, § 274 III FamFG; bestimmte Erbbeteiligte, § 345 IV 3 FamFG).

3. Bedeutung des Beteiligtseins

Das FamFG räumt den Beteiligten iSv § 7 FamFG und den Sonderregelungen (Rn. 20) eine Anzahl von Rechten ein, belastet sie aber auch: zB § 3 I, § 4 (Anhörung der Beteiligten vor Verweisung bzw Abgabe), § 9 IV (Zurechnung des Verschuldens eines Beteiligten), § 10 I (Verfahrensbetrieb durch die Beteiligten), § 10 II (Vertretung der Beteiligten durch Anwälte etc.), § 12 (Beistand des Beteiligten), § 13 (Akteneinsicht für Beteiligte), § 14 II (Übermittlung der Anträge der Beteiligten), § 15 (Bekanntgabe von Schriftsätzen und der Entscheidung an Beteiligte), § 22 (Antragsrücknahme etc. durch Beteiligte), § 23 (Angabe der Beteiligten im Antrag), § 25 (Anträge der Beteiligten), § 28 (Erklärungen der Beteiligten), § 30 (Stellungnahme der Beteiligten zur Beweisaufnahme), § 32 (Erörterung der Sache mit den Beteiligten), § 33 (Persönliches Erscheinen der Beteiligten), § 34 (Persönliche Anhörung des Beteiligten), § 36 (Vergleich der Beteiligten), § 37 (Äußerungsrechte der Beteiligten), § 81 (Kostenauferlegung). 22

4. Beteiligtenfähigkeit

Beteiligtenfähigkeit ist die Fähigkeit, Beteiligter eines Verfahrens zu sein. Beteiligtenfähig sind nach § 8 FamFG: natürliche und juristische Personen, Vereinigungen, Personengruppen und Einrichtungen, soweit ihnen ein Recht zustehen kann (zB die Wohnungseigentümergemeinschaft); Behörden (zB die Betreuungsbehörde, das Jugendamt und das Standesamt). Die Erbengemeinschaft oder „der Nachlass" sind nicht beteiligtenfähig; diese Fähigkeit haben die Miterben und, wenn sie noch nicht bekannt sind, werden sie eventuell durch einen Nachlasspfleger vertreten (§§ 1960, 1961 BGB). 23

5. Verfahrensfähigkeit

Verfahrensfähigkeit ist die Fähigkeit, Verfahrenshandlungen selbst oder durch einen selbst bestellten Vertreter wirksam vornehmen zu können. Sie ist Verfahrens- und Verfahrenshandlungsvoraussetzung. § 9 FamFG bestimmt, wer verfahrensfähig ist. Ein fünfjähriges Kind ist zB zwar beteiligtenfähig, aber nicht selbst verfahrensfähig; es muss daher durch seine Eltern (bzw. Vormund, Pfleger) vertreten werden (§ 9 II FamFG). Geschäftsunfähige sind aber in den Fällen der §§ 275, 316 FamFG voll verfahrensfähig. 24

IV. Rechtsanwälte und andere Bevollmächtigte

In der freiwilligen Gerichtsbarkeit besteht in erster und zweiter Instanz **kein Anwaltszwang** (§ 78 ZPO ist nicht einschlägig); selbst wenn das OLG als Beschwerdegericht die Sache mündlich erörtert, müssen sich die Beteiligten nicht durch Rechtsanwälte vertreten lassen. Erst in der Rechtsbeschwerde vor dem BGH besteht Anwaltszwang (§ 10 IV FamFG) und zwar in der Form, dass nur ein beim BGH zugelassener Rechtsanwalt vertreten kann; für Behörden gelten Besonderheiten (§ 10 IV 2 FamFG). Die Beteiligten können sich in erster und zweiter Instanz (in den Schriftsätzen und in der mündlichen Verhandlung) durch Bevollmächtigte vertreten lassen. Als Bevollmächtigte kommen Anwälte und sonstige Personen (zB Verwandte) in Frage. 25

Nichtanwälte dürfen aber nur beschränkt als Bevollmächtigte vertreten (§ 10 II 2 FamFG); dadurch soll eine rechtskundige Vertretung gesichert werden, aber auch den wirtschaftlichen Interessen der Anwaltschaft Rechnung getragen werden. Insbesondere dürfen volljährige Familienangehörige, die Beteiligten untereinander und Personen mit Befähigung zum Richteramt (zB pensionierte Richter) mittels Vollmacht vertreten, soweit die Tätigkeit nicht in Zusammenhang mit einer entgeltlichen Tätigkeit steht. Die **Bevollmächtigung** ist vom Gericht von Amts wegen (§ 26 FamFG) nachzuprüfen (§ 88 II ZPO ist beim Auftreten von Anwälten nicht entsprechend anwendbar); sie ist schriftlich vorzulegen, bei einem auftretenden Rechtsanwalt muss die schriftliche Vollmacht nur auf Rüge vorgelegt werden (§ 11 S. 4 FamFG). Für Notare gilt eine Sonderregelung in § 15 GBO, § 11 S. 4 FamFG. Der **Umfang der Vollmacht** ergibt sich aus § 81 ZPO (gesetzlicher Mindestumfang der Zivilprozess-Vollmacht), auf den § 11 S. 5 FamFG verweist. Vertretung ist unzulässig, wenn zB das Gericht das **persönliche Erscheinen** verlangt (§ 34 FamFG; § 141 III 2 ZPO – Entsendung eines informierten Vertreters – ist nicht anwendbar). 26

Gesetzliche Vertretung: Das Kind wird durch seine Eltern vertreten (§ 1629 BGB), in manchen Fällen durch einen Vormund (§ 1793 BGB) oder Pfleger (§§ 1915, 1793 BGB). Der Betreute wird durch den Betreuer mit entsprechendem Aufgabenkreis vertreten (§ 1902 BGB). Juristische Personen handeln wie im Zivilprozess durch ihre Vertretungsorgane (§ 9 III FamFG). 27

Die Beteiligten können in der mündlichen Verhandlung (auch wenn sie nicht öffentlich ist) mit **Beiständen** (zB Verwandten, Vertrauenspersonen) erscheinen (§ 12 FamFG); sie unterstützen den Beteiligten.

V. Der Verfahrensbeginn

Ein Verfahren der freiwilligen Gerichtsbarkeit beginnt nie mit einer Klage (§ 253 ZPO) oder einem Mahnverfahren, sondern je nach der gesetzlichen Regelung von Amts wegen (1) oder auf Antrag (2).

1. Amtsverfahren

28 Das Gericht leitet nach eigenem Ermessen ein Verfahren ein, bestimmt seinen Streitgegenstand, kann ihn erweitern oder beschränken, beendet das Verfahren. Anlass sind Informationen von Behörden, von Dritten, eigene Erkenntnisse, Anregungen beliebiger Personen.

Beispiele:

Erbscheinseinziehung (§ 2361 BGB); Bestellung eines Betreuers (§ 1896 BGB). Die Fälle der Anordnung der Vormundschaft (§ 1774 BGB) und der Maßnahmen bei Gefährdung des Kindeswohls (§ 1666 BGB) gehören zu den Familiensachen, nicht zur freiwilligen Gerichtsbarkeit.

Stellt jemand in einem Amtsverfahren einen „Antrag“, hat das nur die Bedeutung einer Anregung; das Amtsverfahren wird dadurch nicht zu einem Antragsverfahren (vgl. § 24 I FamFG).

2. Antragsverfahren

29 Ein Antragsteller leitet das Verfahren durch einen Antrag ein (§ 23 FamFG); er bestimmt den Streitgegenstand. Er kann den Streitgegenstand jederzeit ändern. Wird ein Antrag irrig als „Klage“ bezeichnet ist das unschädlich; die Auslegung ergibt, was gewollt ist.

Beispiele:

Erteilung des Erbscheins (§ 2353 BGB); öffentlich-rechtliche Unterbringung auf Antrag der Kreisverwaltungsbehörde (zB Art. 5 BayUnterbrG).

30 a) Der Antrag ist **Verfahrensvoraussetzung;** er kann noch in den höheren Instanzen (unter Umständen stillschweigend) nachgeholt werden; fehlt er, ist die Entscheidung anfechtbar. Der Antrag ist bis zur Rechtskraft der Entscheidung jederzeit **rücknehmbar** (§ 22 I 1 FamFG); bei Rücknahme in der Zeitspanne vom Erlass bis zur Rechtskraft ist die Zustimmung der übrigen Beteiligten erforderlich (§ 22 I 2 FamFG).

31 b) Wer **antragsberechtigt** ist, ist meist gesetzlich geregelt (zB § 2353 BGB: der Erbe usw.), im Übrigen durch Auslegung zu ermitteln (idR ist jeder materiell Beteiligte berechtigt). Fehlt die Antragsberechtigung (zB der Vermächtnisnehmer beantragt einen Erbschein), wird der Antrag als unzulässig zurückgewiesen.

32 c) Beim **Antragsinhalt** ist zu unterscheiden: manchmal muss nur ein **Verfahrensantrag** gestellt werden (zB wenn der Betroffene selbst die Bestellung eines Betreuers beantragt, § 1896 BGB); der Antragsteller muss aber kein konkretes Ziel angeben (nicht erklären, welchen Aufgabenkreis der Betreuer haben soll); teils muss zusätzlich ein **Sachantrag** gestellt werden, dh wie im Zivilprozess eine bestimmte Sachentscheidung begehrt werden (zB beim Erbscheinsantrag: „Alleinerbschein“). Die jeweiligen Regelungen ergeben (zumindest durch Auslegung), welchen Inhalt der Antrag haben muss, ob eine Frist gilt und ob er begründet werden muss. Die Grundregeln finden sich in §§ 23, 25 FamFG; aus § 23 I 4 FamFG ergibt sich, dass ein Antrag (anders als eine Klage) nicht unterschrieben sein muss.

3. Kostenvorschuss

32a § 8 KostO. § 379 ZPO bzw. § 12 GKG sind nicht einschlägig.

VI. Die Amtsermittlung

1. Grundsatz

33 Das Gericht hat im Verfahren der freiwilligen Gerichtsbarkeit von Amts wegen die zur Feststellung der entscheidungserheblichen Tatsachen erforderlichen Ermittlungen durchzuführen (§ 26 FamFG). Im Zivilprozess dagegen müssen die Parteien die Tatsachen beibringen (Verhandlungsgrundsatz), indem sie Sachverhalte vortragen und Beweise anbieten. Der Amtsermittlungsgrundsatz gilt in allen Verfahren der freiwilligen Gerichtsbarkeit, auch in Antragsverfahren, in Streitverfahren. Im Erbscheinsantragsverfahren gilt er mit den Einschränkungen nach § 2358 BGB; im Betreuungsverfahren erweitert durch §§ 278–280 FamFG. Im Grundbuchverfahren gilt er nicht (Ausnahmen zB §§ 53, 82a GBO).

2. Auswirkungen

34 Die Beteiligten haben in Amtsverfahren keinen Einfluss auf den **Verfahrensgegenstand** (Streitgegenstand). Im Antragsverfahren dagegen bestimmt grundsätzlich der Antragsteller den Verfahrensgegenstand.

Die Beteiligten haben keinen entscheidenden Einfluss auf die **Ermittlung des Sachverhalts.** Das Gericht ist nicht an das Vorbringen der Beteiligten gebunden, auch nicht an die Grundsätze von **Bestreiten/Nichtbestreiten;** § 138 III ZPO gilt nicht analog. Freilich kann das Gericht aufgrund des übereinstimmenden Sachvortrags davon überzeugt sein, dass er der objektiven Wahrheit entspricht (es gilt freie Beweiswürdigung, Beweisregeln fehlen; Ausnahme zB § 29 GBO). 35

Das Gericht hat auch Tatsachen zu **Vorfragen** zu ermitteln, zB öffentlich-rechtliche Vorfragen (wie Staatsangehörigkeit des Erblassers im Erbscheinsverfahren), privatrechtliche Vorfragen (wie Wirksamkeit eines Erbverzichts); die Beteiligten dürfen insoweit grundsätzlich nicht auf den Prozessweg verwiesen werden (zB die streitenden Erben auf eine zivilprozessuale Feststellungsklage, ob ein Testament echt sei).

Gegenüber gerichtlichen Entscheidungen und rechtsgestaltenden Verwaltungsakten (zB Einbürgerung) wird zT eine **Bindung** bejaht (Folge: es darf insoweit nicht nach § 26 FamFG ermittelt werden); Einzelheiten sind mangels gesetzlicher Regelung umstritten (vgl. *Keidel/Sternal,* § 26 Rn. 56 ff.). Soweit es um Zivilurteile geht, können sie allenfalls in den objektiven und subjektiven Grenzen ihrer Rechtskraft (vgl. § 325 ZPO) binden, setzen also zumindest Identität der Parteien/Beteiligten voraus (vgl. *BayObLG,* NJW-RR 1988, 547). Strafurteilsfeststellungen binden zwar nicht (*BGHZ* 39, 110), können aber das Gericht der freiwilligen Gerichtsbarkeit so überzeugen, dass es von eigenen weiteren Ermittlungen teilweise absieht. 36

Geständnis, Anerkenntnis, Widerruf und Verzicht binden das Gericht nicht (§ 29 I 2 FamFG), weil es die objektive Wahrheit zu erforschen hat. Sie können aber (ebenso wie übereinstimmender Sachvortrag) die Überzeugungsbildung des Gerichts beeinflussen.

Die Beteiligten haben keinen ausschlaggebenden Einfluss auf das **Beweisverfahren** (sie sollen allerdings bei der Ermittlung des Sachverhalts mitwirken, § 27 I FamFG): Das Gericht muss von Amts wegen Beweise erheben; ein **Beweisantrag** ist nicht erforderlich; eine Verpflichtung zur Angabe von Beweismitteln besteht nicht. Wird ein Beweisantrag gestellt, ist er zwar rechtlich unverbindlich, aber doch für das Gericht eine wichtige Anregung. Wird dem Beweisantrag nicht entsprochen, muss er nicht (wie im Strafprozess) durch Beschluss zurückgewiesen werden. Das Gericht sollte aber in den Gründen seiner Entscheidung darlegen, warum es diesen Beweis nicht erhoben hat. Der **Umfang der Ermittlungen** ergibt sich daraus, was im Einzelfall „erforderlich" ist. Allen nur denkbaren Möglichkeiten muss das Gericht nicht nachgehen. Ein Vorbringen der Beteiligten oder der Sachverhalt selbst müssen dazu Anlass geben (vgl. *BGHZ* 40, 57). Die Art der Ermittlung (Zeugen? Sachverständige?) richtet sich danach, was im konkreten Fall „geeignet" zur Tatsachenermittlung ist. 37

3. Ausnahmen vom Amtsermittlungsgrundsatz

In Antragssachen, insbesondere in **Streitverfahren,** wird von der Rspr. eine Verpflichtung der Beteiligten angenommen, an der Aufklärung mitzuwirken; sie haben eine **Förderungs- und Darlegungslast** (sie müssen also den Sachverhalt eingehend vortragen), aber noch keine Beweisführungslast (*Keidel/Sternal,* § 26 Rn. 20 ff.; § 27 FamFG). Genügen sie dem nicht, liegt keine Verletzung von § 26 FamFG vor. 38

Der **Verstoß gegen § 26 FamFG** führt dazu, dass auf Beschwerde das Beschwerdegericht entweder selbst ermittelt oder unter Aufhebung zurückverweist, auf Rechtsbeschwerde kann der BGH die Vorentscheidung wegen Gesetzesverletzung (§ 72 FamFG) aufheben und die Sache unter Umständen zurückverweisen (*BayObLGZ* 1981, 340). 39

VII. Das Beweisverfahren

1. Grundlagen

Den Tatsachenstoff, den das Gericht seiner Entscheidung zugrunde legt, gewinnt das Gericht aus den Schriftsätzen der Beteiligten, vorgelegten oder erholten Urkunden, der mündlichen Verhandlung nebst Anhörung der Beteiligten, der Beweisaufnahme. Es kann die Beteiligten zu Stellungnahmen auffordern (§ 27 FamFG). Aus § 26 FamFG ergibt sich die Verpflichtung des Gerichts zur Beweisaufnahme und deren Umfang. § 29 I FamFG sagt, dass die Beweiserhebung in „geeigneter Form" stattzufinden habe, was selbstverständlich ist. 40

Im Zivilprozess wird in einem förmlichen Verfahren Beweis erhoben; im Verfahren der freiwilligen Gerichtsbarkeit dagegen kann das Gericht dies ebenso halten (vgl. § 30 FamFG; Strengbeweis) oder sich mit formlosen Ermittlungen begnügen (§ 29 FamFG; Freibeweis). Manchmal genügt eine Glaubhaftmachung, zB durch eidesstattliche Versicherung (§ 31 FamFG; vgl. § 294 ZPO).

Bei jedem Beweisverfahren sind die sich aus § 26 FamFG ergebenden Einschränkungen zu beachten: deshalb kann eine Beweisanregung nie als **verspätet** zurückgewiesen werden (wie nach § 296 ZPO), den Beteiligten können keine rechtlich erheblichen **Fristen** zB zur Angabe der Adresse eines Zeugen gesetzt werden (wie nach § 356 ZPO), **Auslagenvorschüsse** (entsprechend § 379 ZPO) dürfen nie verlangt werden (Ausnahme: § 8 KostO), Beteiligte können auf Zeugen nicht rechtserheblich **verzichten** (wie bei § 399 ZPO). 41

2. Der Strengbeweis

42 Er wird im FamFG als „förmliche Beweisaufnahme“ bezeichnet (§ 30 II FamFG). Der Strengbeweis ist erforderlich (und der Freibeweis wäre ein Verfahrensfehler), wenn es gesetzlich vorgeschrieben ist (zB § 280 I FamFG) oder wenn es im Einzelfall notwendig ist (§ 30 III FamFG). Eine Beweisaufnahme erfolgt im Strengbeweis, wenn bestimmte Formalien beachtet werden (§ 30 I FamFG): Der Beweisaufnahme muss zumindest eine formlose **Beweisanordnung** (vgl. § 273 II ZPO; nicht unbedingt ein förmlicher Beweisbeschluss), vorausgehen. Sie hat grundsätzlich in einem **Beweistermin** zu erfolgen, zu dem die Beteiligten zu laden sind (sog. Beteiligtenöffentlichkeit). Der **Unmittelbarkeitsgrundsatz** (§ 355 ZPO analog) ist grundsätzlich zu beachten. Die fünf **Beweismittel der ZPO** werden verwendet (Zeuge, Sachverständiger, Urkunde, Augenschein, Beteiligtenvernehmung).

Stehen für eine Tatsache mehrere Beweismittel zur Verfügung (zB Vernehmung eines Zeugen oder Verwertung der Strafakte), bestimmt das Gericht nach § 26 FamFG, welches Beweismittel am besten „geeignet“ ist. Das wird im Beispiel meist die Zeugenvernehmung sein; § 250 StPO ist aber nicht analog anwendbar.

43 **Zeuge** (§ 30 I FamFG; §§ 373 ff. ZPO) kann im Verfahren der freiwilligen Gerichtsbarkeit nur sein, wer weder formeller noch materieller Beteiligter ist; gesetzliche Vertreter eines nicht verfahrensfähigen Beteiligten können ebenfalls nicht als Zeugen vernommen werden (aber als Beteiligte); vgl. § 455 ZPO.

44 **Sachverständigengutachten** (§ 30 I FamFG; §§ 402 ff. ZPO) sind in bestimmten Fällen (zB Betreuung, § 280 I FamFG; Unterbringung, § 321 FamFG) gesetzlich vorgeschrieben; sonst müssen sie bei Vorliegen von Anhaltspunkten wegen der Amtsermittlungspflicht (§ 26 FamFG) eingeholt werden, zB im Erbscheinsverfahren zur Testierfähigkeit. Die Einholung vorgeschriebener **gutachtlicher Stellungnahmen** und Anhörungen (zB des Jugendamts; der Betreuungsbehörde, § 279 II FamFG) ist Sachaufklärung nach § 26 FamFG, nicht Einholung eines Sachverständigen-Gutachtens.

45 **Urkunden:** Urkunden (zB Personenstandsurkunden; notarielle Urkunden) sind Beweismittel; §§ 415 ff. ZPO sind daher hinsichtlich der Beweiskraft anwendbar. Die Vorlage einer Urkunde durch einen Beteiligten kann in Sonderfällen nach § 35 FamFG erzwungen werden; eine Nichtvorlage kann in allen Fällen bei der Beweiswürdigung berücksichtigt werden.

46 Die **Beteiligtenvernehmung** ist ebenfalls ein zulässiges Beweismittel. Sie ist von der **informatorischen Anhörung der Beteiligten** zur Sachverhaltsergänzung und -aufklärung zu unterscheiden (ebenso wie im im Zivilprozess: § 141 ZPO–§§ 445 ff. ZPO). Damit feststeht, welche der beiden Formen gemeint ist, muss die Beteiligtenvernehmung analog § 448 ZPO durch förmlichen Beweisbeschluss angeordnet werden. Das **persönliche Erscheinen** eines Beteiligten vor Gericht zwecks Anhörung kann angeordnet werden (§ 33 FamFG). Erzwungen werden kann es nach § 33 III FamFG und nach Sonderregelungen (zB § 278 V FamFG). Die Beteiligtenvernehmung (als Beweismittel) ist nur zulässig, wenn schon eine gewisse Wahrscheinlichkeit für eine Behauptung besteht und Zweifel nicht anders beseitigt werden können; sie ist also subsidiär (ebenso im Zivilprozess, vgl. *BGH*, MDR 1990, 146 zu § 448 ZPO). Ob die **Beeidigung Beteiligter** in der freiwilligen Gerichtsbarkeit zulässig ist, ist umstritten; für Unzulässigkeit *BayObLG*, FamRZ 1986, 1943; aA die hM (*Keidel/Sternal*, § 30 Rn. 117).

3. Der Freibeweis

47 Freibeweis liegt vor, wenn das Gericht **in sonstiger Form und Art** Beweis erhebt (vgl. § 29 FamFG). Er unterscheidet sich vom Strengbeweis dadurch, dass ein Beweisbeschluss oder eine Beweisanordnung nicht erforderlich ist; die Beweiserhebung nicht in Anwesenheit der Beteiligten erfolgen muss (also keine Fragemöglichkeit!); die Beweiserhebung nicht durch den entscheidenden Richter bzw. Rechtspfleger erfolgen muss (keine Unmittelbarkeit: das Gericht kann zB die Berichte des Jugendamts verwerten, die sich ihrerseits auf durch Sozialarbeiterinnen durchgeführte Zeugenbefragungen stützen; die Art der Beweismittel nicht auf die fünf Beweismittel der ZPO beschränkt ist (in Frage kommt zB auch **telefonische Befragung** von Zeugen).

Die Ergebnisse können bei der Entscheidung nur verwertet werden, wenn allen Beteiligten **rechtliches Gehör** gewährt wurde (zB durch Zusendung von Aktenvermerken, Kopien der Auskünfte); § 37 II FamFG.

4. Wahl zwischen Streng- und Freibeweis

48 Zwar steht es im pflichtgemäßen Ermessen des Gerichts, wie es den Sachverhalt aufklärt. In bestimmten Fällen muss aber wegen der Schwächen des Freibeweises (keine Beteiligtenöffentlichkeit usw.) ein Strengbeweis durchgeführt werden (§ 30 III FamFG): wenn sonst eine ausreichende Sachaufklärung nicht erreichbar ist, zB über den Inhalt eines abhanden gekommenen Testaments; bei schweren Eingriffen (zB in Grundrecht, wie Betreuung, Freiheitsentziehung). Wird in diesen Fällen der Freibeweis angewendet, liegt ein Verstoß gegen § 26 FamFG vor, weil kein „geeignetes“ Beweismittel herangezogen wurde. Letztlich kommt der Freibeweis nur in Frage bei unwichtigeren Tatsachen und bei Eilentscheidungen.

5. Beweiswürdigung

Im Verfahren der freiwilligen Gerichtsbarkeit gilt (ebenso wie im Zivilprozess) der Grundsatz der freien Beweiswürdigung, § 286 ZPO analog. 49

6. Beweislast

Eine **subjektive Beweislast** im Sinne einer Beweisführungslast gibt es in der freiwilligen Gerichtsbarkeit nicht. Da der Amtsermittlungsgrundsatz gilt (§ 26 FamFG) muss kein Beteiligter Beweismittel anbieten. Eine **objektive Beweislast** (Feststellungslast) dagegen kennt auch die freiwillige Gerichtsbarkeit, aus ihr ergibt sich, zu wessen Nachteil es geht, wenn der Sachverhalt nicht aufklärbar ist. Die Grundsätze für die Verteilung ergeben sich aus dem materiellen Recht. 50

Im Amtsverfahren hat die Unaufklärbarkeit zur Folge, dass die gerichtliche Anordnung nicht ergehen kann. Im Antragsverfahren trägt jeder Beteiligte die Beweislast für die Voraussetzungen der ihm günstigen Norm; ist die Existenz eines Testaments nicht nachweisbar, kann keine testamentarische Erbfolge eintreten.

7. Selbständiges Beweisverfahren

Im Zivilprozess gibt es ein selbständiges Beweisverfahren (§§ 485 ff. ZPO). Im FamFG findet sich nichts darüber; da aber ein praktisches Bedürfnis für ein solches Verfahren auch in der freiwilligen Gerichtsbarkeit besteht können die §§ 485 ff. ZPO jedenfalls in den privatrechtlichen Streitsachen der freiwilligen Gerichtsbarkeit analog angewandt werden (*Keidel/Sternal,* § 30 Rn. 121), zB im Erbscheinsverfahren. 51

VIII. Anhörung und rechtliches Gehör

1. Anhörung – Gehörsgewährung

Man muss unterscheiden zwischen der Anhörung der Beteiligten zur Aufklärung des Sachverhalts (§ 26 FamFG) und zur Gewährung des rechtlichen Gehörs (Art. 103 I GG); erstere liegt im Ermessen des Gerichts, letztere hat in allen Verfahrensarten stattzufinden. 52

2. Berechtigte

Das rechtliche Gehör ist allen materiell und formell Beteiligten zu gewähren, also allen Personen, die durch das Verfahren möglicherweise unmittelbar rechtlich beeinträchtigt werden. 53

Zwecks **Anhörung** kann das Gericht das persönliche Erscheinen eines Beteiligten anordnen (§ 33 I FamFG). Die *persönliche* (also nicht nur schriftliche) Anhörung eines Beteiligten ist zwingend vorgeschrieben, wenn nur so das rechtliche Gehör gewährt werden kann (§ 34 FamFG), etwa weil schriftliche Anhörung wegen der Schwierigkeit nicht genügt, oder wenn der Betroffene das Schreiben des Gerichts nicht voll verstehen würde. In einigen weiteren Sonderregelungen ist die (schriftliche oder mündliche) Anhörung bestimmter Personen ausdrücklich vorgeschrieben, zB in § 279 FamFG. Dabei handelt es sich um gesetzlich vorgeschriebene Sachaufklärungen, teils um Konkretisierungen des Anspruchs auf rechtliches Gehör.

Verfahrensfähige üben das Recht selbst oder durch Vertreter (zB Rechtsanwälte) aus; sind sie dazu nicht in der Lage, ist ihnen (zB nach §§ 276, 317 FamFG) ein **Verfahrenspfleger** zu bestellen, einem Kind ein **Verfahrensbeistand** (§ 158 FamFG).

3. Inhalt des Rechts

Der Berechtigte hat einen Anspruch darauf, die Tatsachen und Beweisergebnisse zu erfahren, die das Gericht zu seinem Nachteil der Entscheidung zugrunde legen will (*BVerfGE* 6, 14; § 37 II FamFG). Er muss Gelegenheit haben, dazu Stellung zu nehmen. Das Gericht muss die Stellungnahme bis zum Erlass der Entscheidung zur Kenntnis nehmen und erwägen, auch wenn sie verspätet eingeht. 54

4. Form der Gewährung

Es besteht keine Pflicht des Gerichts zu mündlicher Erörterung des Tatsachenstoffs oder zu einem Rechtsgespräch. Es genügt, wenn die Schriftsätze, Protokolle und Sachverständigengutachten in Abschrift zugeleitet werden und binnen einer Frist (zB zwei Wochen) Gelegenheit zur Stellungnahme gegeben wird; erfolgt keine Fristsetzung, muss angemessene Zeit bis zur Entscheidung gewartet werden. Im Einzelfall kann es auch ausreichen, wenn Akteneinsicht angeboten wird. 55

5. Folge der Nichtgewährung

56 Nichtgewährung stellt einen Verfahrensverstoß dar; wird die Entscheidung angefochten und im Beschwerdeverfahren das Gehör nicht nachgeholt, kann auf Rechtsbeschwerde Aufhebung und Zurückverweisung erfolgen.

IX. Sonstige allgemeine Verfahrensregeln

1. Amtsbetrieb

57 Das einmal begonnene Verfahren wird vom Gericht von Amts wegen in Gang gehalten; Terminsbestimmungen, Ladungen und Zustellungen erfolgen von Amts wegen und nicht etwa nur auf Antrag, ebenso wie im Zivilprozess.

Eine **Aussetzung** des Verfahrens ist möglich (§ 21 FamFG).

2. Schriftlichkeit

58 Das Verfahren der freiwilligen Gerichtsbarkeit ist im wesentlichen ein schriftliches Aktenverfahren. Eine mündliche Verhandlung iSd ZPO (vgl. § 128 ZPO) ist nicht vorgeschrieben.

Das Gericht kann, wenn es zweckmäßig erscheint, eine mündliche Verhandlung zur **Erörterung** anordnen (§ 32 I FamFG). Sie hat aber nicht die gleiche Bedeutung wie im Zivilprozess: es handelt sich nur um eine Anhörung.

Für die **Protokollierung** gelten §§ 159 ff. ZPO nicht unmittelbar, weshalb jedenfalls beim Freibeweis auch ein Aktenvermerk oder die Aufnahme in die Entscheidungsgründe genügen kann. Üblich ist allerdings ein Protokoll wie im Zivilprozess, beim Strengbeweis muss so protokolliert werden (§ 30 I FamFG), desgleichen bei einer Einigung im Termin (§ 36 II FamFG).

Entscheidungsgrundlage ist nicht nur, was in der mündlichen Verhandlung (zumindest durch Bezugnahme) vorgebracht wurde, sondern der gesamte Akteninhalt zur Zeit der Entscheidung (§ 37 I FamFG).

3. Öffentlichkeit

59 Das Verfahren der freiwilligen Gerichtsbarkeit ist **nicht öffentlich,** § 170 GVG. Öffentlichkeit kann sich aus Art. 6 I E MRK ergeben (*BayObLG,* NJW-RR 1989, 1293).

4. Verfahrenspfleger

60 In bestimmten Betreuungsverfahren (§ 276 FamFG), Unterbringungsverfahren (§ 317 FamFG) soll bzw. muss das Gericht einen Verfahrenspfleger bestellen; in Nachlassverfahren ist das über § 340 FamFG möglich. Die freiheitsentziehende Unterbringung von Kindern ist eine Familiensache, also keine Sache der freiwilligen Gerichtsbarkeit; dort ist ein Verfahrensbeistand zu bestellen (§ 158 FamFG).

5. Fristen, Wiedereinsetzung

61 Fristen werden nach § 16 FamFG berechnet, der auf die ZPO verweist, diese auf §§ 186 ff. BGB. Bei Fristversäumnis kann eine Wiedereinsetzung in Frage kommen (§ 17 I FamFG); ein wichtiger Fall ist § 17 II FamFG, wonach ein fehlendes Verschulden an der Fristversäumung (widerleglich) vermutet wird, wenn die Rechtsmittelbelehrung unterblieben oder fehlerhaft ist.

6. Akteneinsicht

62 Die Beteiligten haben ein Akteneinsichtsrecht im Rahmen von § 13 I FamFG,
Nichtbeteiligte nur nach § 13 II FamFG.

7. Verfahrenskostenhilfe

63 Im Verfahren der freiwilligen Gerichtsbarkeit heißt die Prozesskostenhilfe „Verfahrenskostenhilfe"; sie richtet sich nach §§ 76 ff. FamFG, §§ 114 ff. ZPO.

X. Einstweilige Anordnungen

64 Das Gericht kann durch einen Beschluss eine einstweilige Anordnung erlassen, wenn (1) eine materiellrechtliche Anspruchsgrundlage bzw Rechtsgrundlage besteht und (2) ein dringendes Bedürfnis für eine sofortiges Tätigwerden besteht (§ 49 I FamFG). Beispiele nennt § 49 II FamFG. Sonderregelungen für die Betreuung finden sich in §§ 300 ff. FamFG, für die Unterbringung in §§ 331 ff. FamFG und für die Freiheitsentziehung (zB Abschiebungshaft) in § 427 FamFG.

Einstweilige Verfügungen (§§ 935 ff. ZPO) und **Arreste** (§§ 916 ff. ZPO) gibt es im Bereich der freiwilligen Gerichtsbarkeit nicht.

Das Verfahren der einstweiligen Anordnung ist (ebenso wie die einstweilige Verfügung, der das nachempfunden ist), ein **selbständiges Verfahren** (§ 51 III FamFG), setzt also kein begleitendes Hauptsacheverfahren voraus; es wird bezüglich der Anwalts- und Gerichtsgebühren gesondert abgerechnet, auch enthält der Beschluss eine Kostentscheidung (§ 51 IV FamFG). 65

Die **Angriffsmöglichkeiten** gegen die einstweilige Anordnung sind: der Antrag nach § 52 II FamFG; der Antrag auf Aufhebung bzw Änderung nach § 54 FamFG; die Beschwerde nach §§ 58 ff. FamFG, wobei die Beschwerdefrist auf zwei Wochen verkürzt ist (§ 63 II Nr. 1 FamFG); § 57 FamFG, der die Beschwerde weitgehend ausschließt, betrifft nur Familiensachen und ist also nicht einschlägig. 66

XI. Das Verfahrensende

1. Einstellung des Verfahrens

Amtsverfahren werden durch Aktenvermerk eingestellt, wenn sich ergeben hat, dass keine Maßnahme zu treffen ist; eine Kostenentscheidung (§ 81 FamFG) kann erforderlich sein. Hat ein Beteiligter das Amtsverfahren angeregt („beantragt“), zB eine Erbscheinseinziehung, ist ein formeller Beschluss erforderlich. 67

2. Antragsrücknahme

In echten **Antragssachen** endet das Verfahren mit wirksamer Antragsrücknahme (§ 22 I FamFG); unter Umständen ist noch über die Kosten zu entscheiden (§ 81 FamFG). Ob eine Zustimmung aller anderen Beteiligten notwendig ist richtet sich nach § 22 I 2 FamFG. In **Amtsverfahren,** auch solchen, die auf „Antrag“ eingeleitet wurden, wird das Verfahren durch Antragsrücknahme nicht beendet; doch ist eine solche Rücknahme Anlass zu weiteren Ermittlungen, die dann zur Einstellung des Verfahrens führen können. 68

3. Vergleich

Die Beteiligten können einen Vergleich schließen, wenn sie über den Verfahrensgegenstand verfügen können. Es hängt vom Einzelfall ab, ob der Verfahrensgegenstand nach seinem Wesen der **Disposition der Beteiligten** unterliegt. Im Amtsverfahren (zB Erbscheinseinziehung) ist in erster Instanz daher ein Vergleich nicht möglich; gleichwohl kann die Einigung der Beteiligten mittelbar auf das Verfahren einwirken. Im Antragsverfahren kann dann, wenn (wie zB im Erbscheinsverfahren) die Beteiligten über den Verfahrensgegenstand nicht verfügen können, jedenfalls eine Antragsrücknahme vergleichsweise vereinbart werden (*BayObLG,* FGPrax 1997, 229). 69

4. Erledigung der Hauptsache

Der Verfahrensgegenstand kann nach Verfahrenseinleitung wegfallen, zB durch Tod, Zeitablauf, Entlassung des Untergebrachten. In **Antragssachen** stellt eine Erledigungserklärung des Antragstellers in der Regel eine Antragsrücknahme dar; es ist allenfalls noch über die Kosten nach § 83 II FamFG (nicht: nach § 269 ZPO) zu entscheiden. In **Amtsverfahren** können die Parteien nicht disponieren, also auch nicht einseitig oder übereinstimmend für erledigt erklären; allerdings kann sich auch hier der Verfahrensgegenstand erledigen; dann ist das Verfahren durch Aktenvermerk einzustellen. 70

5. Anerkenntnis, Säumnis

Ein Anerkenntnisbeschluss entsprechend § 307 ZPO ist in den Sachen der freiwilligen Gerichtsbarkeit nicht möglich. Ist der Antragsgegner bei der mündlichen Erörterung säumig, darf kein Säumnisbeschluss analog §§ 330 ff. ZPO ergehen. Anders ist es in beiden Fällen etwa in bestimmten Familiensachen wie zB Unterhalt (vgl. *Keidel/Sternal,* § 38 Rn. 18). 71

6. Entscheidung

a) **Endentscheidung.** Sie ergeht durch **Beschluss;** den Inhalt regelt § 38 FamFG. Das Rubrum ist ein Sachrubrum („In der Betreuungssache betreffend ...“), selten ein Streitrubrum („In der Sache X gegen Y“). Die Beteiligten sind im **Rubrum** mit ihren Verfahrensbevollmächtigten zu nennen. Angegeben wird das **Erlassdatum,** nicht etwa „auf Grund mündlicher Verhandlung vom ...“. 72

Die Absonderung der Entscheidungsformel von den Gründen ist in § 38 FamFG nicht (wie nach § 313 II Nr. 4 ZPO) vorgeschrieben, aber üblich; der **Tenor** kann enthalten:

- Hauptsacheentscheidung (genauer Inhalt zB vorgeschrieben in § 286 FamFG);
- unter Umständen Kostenentscheidung (unten b);
- unter Umständen Anordnung der sofortigen Wirksamkeit, zB nach § 287 II FamFG;

Unter Umständen Hinweis, dass die Entscheidung erst mit Rechtskraft wirksam wird (zB § 40 II FamFG).

- niemals eine vorläufige Vollstreckbarkeit.

73 **Gründe** sind vorgeschrieben, § 38 III 1 FamFG. Ein Tatbestand wie im Zivilurteil ist nicht vorgeschrieben, aber meist angebracht. Eine Trennung von Tatbestand und Entscheidungsgründen (wie nach § 313 I Nrn. 5, 6 ZPO) ist nicht notwendig. Die Begründung muss zumindest ergeben, dass sich das Gericht mit dem Vorbringen der Beteiligten auseinandergesetzt hat. Die Begründung kann in den Fällen des § 38 IV FamFG entfallen, eine Ausnahme von der Ausnahme bildet § 38 V FamFG, so dass in Betreuungssachen die Begründung niemals entfallen darf.

Eine **Rechtsmittelbelehrung** ist vorgeschrieben, § 39 FamFG, aber nicht, wenn kein Rechtsmittel statthaft ist. Fehlerhafte Belehrungen sind leider häufig.

Notwendig ist die Angabe des **Erlassdatums** (§ 38 III 3 FamFG).

Die **Unterschrift** des Richters/Rechtspflegers ist erforderlich.

74 b) **Kosten. Gerichtskosten:** ob, in welcher Höhe und von wem die Gerichtskosten (Gebühren und Auslagen) zu tragen sind, ergibt sich für die erste Instanz aus der KostO. Deshalb ist darüber nicht zu entscheiden (Ausnahme: § 16 KostO, falsche Sachbehandlung).

Außergerichtliche Kosten (Anwaltskosten gemäß RVG VV 1000 ff., 3100 ff.; sonstige eigene Kosten der Beteiligten) sind zunächst aufgrund des Anwaltsvertrags vom jeweiligen Auftraggeber zu bezahlen.

Das Gericht kann nach §§ 81 ff. FamFG (nicht etwa nach § 91 ZPO) und Sondervorschriften (zB § 337 FamFG bei Unterbringung) anordnen, dass ein Beteiligter einem anderen Beteiligten auf ihn entfallende (gerichtliche und außergerichtliche) Kosten ganz oder teilweise zu **erstatten** hat. Voraussetzung ist, dass mehrere Beteiligte *gegensätzlich* beteiligt sind und dass die Erstattung der Billigkeit entspricht; es muss also nicht automatisch der Unterlegene die Kosten erstatten. Das Gericht kann ferner anordnen, dass von der Erhebung der Gerichtskosten (Gebühren und Auslagen, § 80 FamFG) ganz oder teilweise abgesehen wird (§ 81 I 2 FamFG), nicht nur im Falle unrichtiger Sachbehandlung.

Aussprüche wie „dem X werden die Verfahrenskosten auferlegt", „der Antrag wird kostenpflichtig zurückgewiesen" sind unrichtig, weil nicht klar ist, wem welche Kosten zu erstatten sind. Wenn zB A und B einen gemeinschaftlichen Erbschein beantragen und erhalten, entfällt jede Kostenerstattungsanordnung. Wenn A und B jeweils einen Alleinerbschein beantragen und A Erfolg hat, kann es billig sein, dass B dem A seine Anwaltskosten (ganz oder teilweise) erstattet, aber nicht die Erbscheinskosten nach der KostO.

75 c) **Zwischenentscheidungen.** Sie ergehen im Laufe des Verfahrens und enthalten keine Kostenentscheidung. In Frage kommen insbesondere **Zwischenverfügungen** (analog § 139 ZPO), in denen der Antragsteller auf ein behebbares Hindernis hingewiesen wird; Sonderfall: § 18 GBO. Der **Vorbescheid** (Erbscheinsankündigung) ist im Anwendungsbereich des FamFG unzulässig, er ist durch das Verfahren nach § 352 FamFG ersetzt worden.

7. Bekanntgabe der Entscheidung

76 Die Entscheidung wird **erlassen** durch Übergaben an die Geschäftsstelle (§ 38 III 3 FamFG); damit ist das Gericht an seine Entscheidung gebunden und kann sie grundsätzlich nur bei Rechtsmittel durch Abhilfe (§ 68 I FamFG) ändern. Sie wird nicht (wie ein Urteil) verkündet, sondern in der Regel schriftlich **bekanntgegeben** (§ 40 I FamFG). Wenn mit der Bekanntmachung der Lauf einer gesetzlichen oder gerichtlich bestimmten Frist beginnt, soll **förmliche Zustellung** erfolgen (§ 41 I 2 FamFG). Andernfalls wird die Entscheidung in der Regel **formlos** mitgeteilt.

77 Der **Adressat der Bekanntgabe** ist teils gesetzlich bestimmt (zB §§ 41 III, 287 FamFG); in den übrigen Fällen sagt § 41 I FamFG, dass die Bekanntgabe an die Beteiligten zu erfolgen habe. Damit wird die Entscheidung wirksam, ähnlich wie das Zivilurteil mit der Verkündung; die Beschwerde der freiwilligen Gerichtsbarkeit hat keine aufschiebende Wirkung (vgl. § 64 III FamFG).

78 Ist der Beteiligte durch einen **Rechtsanwalt** vertreten, ist analog § 172 ZPO an diesen bekannt zu geben, andernfalls beginnt die Rechtsmittelfrist nicht (*BGHZ* 61, 308). Bei Bevollmächtigung eines Notars ist an diesen bekannt zu geben.

Von der Bekanntgabe, die erforderlich ist, um die Entscheidung wirksam zu machen (§ 40 I FamFG: Bekanntgabe an denjenigen Beteiligten, für den der Beschluss seinem wesentlichen Inhalt nach bestimmt ist), sind die weiteren Bekanntgaben an die sonstigen Beteiligten zu unterscheiden. Ein weitere Zeitpunkt ist der Eintritt der **formellen Rechtskraft** (§ 45 FamFG).

8. Abänderbarkeit der Entscheidung

79 Die Entscheidung der freiwilligen Gerichtsbarkeit kann (anders als das Zivilurteil, § 318 ZPO) unter den Voraussetzungen des § 48 FamFG abgeändert werden; daneben bestehen materiell-rechtliche Abänderungsbefugnisse (zB §§ 1908 d I; 2361 BGB).

XII. Vollstreckung

Nach § 86 FamFG findet die Vollstreckung statt aus Beschlüssen des Gerichts und aus Titeln im Sinne des § 794 ZPO (zB Vergleichen). §§ 88 bis 94 FamFG haben in Verfahren der freiwilligen Gerichtsbarkeit allenfalls dann einen Anwendungsbereich, wenn die Herausgabe eines Betreuten (vgl. §§ 1908 i I, 1632 BGB) verlangt wird. 80

Einschlägig ist ferner § 95 FamFG, wonach die Vollstreckung in den dort genannten Fällen nach der ZPO erfolgt.

XIII. Rechtsmittel

1. Beschwerde

Gegen **Endentscheidungen** der ersten Instanz findet die Beschwerde statt (gegen Zwischenentscheidungen also grundsätzlich nicht); auch Teile der Entscheidung, wie zB die Kostenentscheidung, sind anfechtbar. Beschwerdegericht ist das LG bzw das OLG (§§ 72, 119 GVG). 81

Beschwerdeberechtigt ist nur, wer „in seinen Rechten" beeinträchtigt ist (§ 59 I FamFG) oder nach sonstigen Bestimmungen (zB § 303 FamFG) ein Beschwerderecht verliehen bekommen hat. 82

In vermögensrechtlichen Sachen (wie Nachlasssachen) muss ein **Wert** von mindestens 600,01 EUR erreicht sein oder die Beschwerde vom Amtsgericht zugelassen worden sein; in nichtvermögensrechtlichen Sachen (wie Betreuung) muss kein Wert erreicht sein. 83

Die **Beschwerdefrist** beträgt zwei Wochen bzw ein Monat (§ 63 FamFG) und beginnt mit schriftlicher Bekanntgabe des Beschlusses (§ 63 III FamFG); selbst wenn Zustellung vorgeschrieben ist und der Beschluss lediglich formlos mitgeteilt wird, beginnt also die Frist mit der Bekanntgabe (anders als im Zivilprozess, § 517 ZPO). 84

Die Beschwerde muss (fristgerecht) beim Ausgangsgericht **eingelegt** werden (§ 64 I FamFG), der Eingang bei Beschwerdegericht wahrt die Frist nicht. Es besteht Abhilfebefugnis (§ 68 I FamFG). 85

Ein **Beschwerdebegründung** ist nicht vorgeschrieben (§ 65 I FamFG). 86

Beim Beschwerdegericht kann nach Maßgabe von § 68 IV FamFG ein **Einzelrichter** entscheiden. 87

2. Sofortige Beschwerde nach der ZPO

In einigen Fällen (zB § 7 V FamFG) steht im Gesetz, dass eine (Zwischen-)Entscheidung „in entsprechender Anwendung der §§ 567 bis 572 ZPO" anfechtbar ist. Dann gelten nicht §§ 58 ff. FamFG, sondern die genannten ZPO-Bestimmungen; das bedeutet insbesondere, dass die Beschwerdefrist nur zwei Wochen beträgt (§ 569 ZPO). 88

3. Erinnerung gegen Rechtspflegerbeschlüsse

Es muss unterschieden werden: (1) Wäre die Entscheidung als Richterentscheidung mit Beschwerde anfechtbar, ist auch die entsprechende Rechtspflegerentscheidung mit Beschwerde anfechtbar (§ 11 I RPflG). (2) Wäre die Entscheidung als Richterentscheidung unanfechtbar, ist die Rechtspflegerentscheidung mit Erinnerung anfechtbar (§ 11 II RPflG). Besonderheiten gelten für Erbscheine und Grundbucheintragungen (§ 11 III RPflG). 89

4. Sprungsrechtsbeschwerde

In seltenen Fällen kann gegen den Beschluss der *ersten* Instanz „Sprungrechtsbeschwerde" zum BGH eingelegt werden (§ 75 FamFG). 90

5. Rechtsbeschwerde

Gegen den Beschluss des Beschwerdegerichts ist die Rechtsbeschwerde zum BGH (§ 133 GVG) statthaft, wenn sie das Beschwerdegericht im Beschluss zugelassen hat (§ 70 I FamFG); so ist es zB in Nachlasssachen. Eine Nichtzulassungsbeschwerde gibt es nicht. 91

In bestimmten Betreuungs-, Unterbringungs- und Freiheitsentziehungssachen ist die Rechtsbeschwerde auch ohne Zulassung statthaft (§ 70 III FamFG). In allen Fällen kann sie nur durch einen beim BGH zugelassenen Rechtsanwalt eingelegt werden (§ 10 IV FamFG).

D. II. Betreuungs- und Unterbringungsrecht

Horst Böhm

Übersicht

Literatur: *Bauer/Klie/Lütgens,* Heidelberger Kommentar zum Betreuungs- und Unterbringungsrecht (Loseblatt; zitiert HK-BUR); *Bienwald/Sonnenfeld/Hoffmann* Betreuungsrecht, 4. Aufl. 2005; *Bienwald* in *Staudinger,* BGB, Neubearbeitung 2006; *Böhm/Lerch/Marburger/Röslmeier/Spanl,* Betreuungsrecht Betreuungspraxis (Kommentar und Arbeitshilfen, zitiert *B/L/M/R/S*); *Damrau/Zimmermann,* Betreuungsrecht, 4. Aufl. 2010; *Jürgens,* Betreuungsrecht, 4. Aufl. 2010; *Jürgens/Lesting/Marschner/Winterstein,* Betreuungsrecht kompakt, 7. Aufl. 2011; *Jurgeleit,* Betreuungsrecht, 2. Aufl. 2010; *Knittel,* Betreuungsgesetz (Loseblattkommentar) einschl. Zugang zur Online Datenbank „Betreuung professionell"; *Marschner/Volckart/Lesting,* Freiheitsentziehung und Unterbringung, 5. Aufl. 2010; *Zimmermann,* Bayerisches Unterbringungsgesetz 3. Aufl. 2009, *v. Crailsheim/Mühlbauer,* Betreuungsrecht in Buechting/Heussen, Beck'sches Rechtsanwaltshandbuch beck-online, 10. Aufl. 2011, § 32 Vgl. ferner die Übersichten bei http://wiki.btprax.de/Literatur.

Fachzeitschriften: Betreuungsrechtliche Praxis (BtPrax); Der Amtsvormund (DAVorm); Zeitschrift für das gesamte Familienrecht (FamRZ); Familie und Recht (FuR); Praxis der Freiwilligen Gerichtsbarkeit (FGPrax); Betreuungsrechtliche Entscheidungen (BtE); Recht & Psychiatrie (R&P).

Gesetzesgrundlagen:
a) Betreuungsgesetz – **BtG** v. 12. 9. 1990; BGBl. I S. 2002. Gesetzentwurf der Bundesregierung zur Reform der Vormundschaft und Pflegschaft für Volljährige v. 11. 5. 1989, BT-Dr. 11/4528.
b) Betreuungsrechtsänderungsgesetz – **BtÄndG** v. 25. 6. 1998; BGBl. I S. 1580. Gesetzentwurf der Bundesregierung zur Änderung des Betreuungsrechts v. 11. 3. 1997, BT-Dr. 13/7158.
c) Zweites Betreuungsrechtsänderungsgesetz – **2. BtÄndG** v. 21. 4. 2005; BGBl. I S. 1073. Gesetzentwurf der Bundesregierung zur Änderung des Betreuungsrechts v. 12. 2. 2004, BT-Dr. 15/2494.
d) Drittes Gesetz zur Änderung des Betreuungsrechts v. 29. 7. 2009 – **3. ÄndG,** BGBl. I S. 2286; Gesetzentwurf zur Änderung des Betreuungsrechts v. 6. 3. 2008 mit Änderungen v. 8. 6. 2009, BT-Dr. 16/13.314 und 16/8442.
e) FGG-Reformgesetz – **FGG-RG** v. 17. 12. 2008, BGBl. I S. 2586. Gesetzentwurf der Bundesregierung zur Reform des Verfahrens in Familiensachen und in den Angelegenheiten der freiwilligen Gerichtsbarkeit vom 7. 9. 2007, BT-Dr. 16/6308.

1. Teil. Betreuungssachen

I. Grundlagen

1. Das Betreuungsrecht

1 a) **Betreuungsgesetze (BtG, BtÄndG, 2. BtÄndG, 3. ÄndG).** Mit Inkrafttreten des Betreuungsgesetzes am 1. 1. 1992 wurde das Recht der Vormundschaft und Pflegschaft über Volljährige im BGB (§§ 1896–1908 i BGB) und im zugehörigen Verfahrensrecht (FamFG, fr. FGG) umfassend reformiert. Vormundschaften über Volljährige und Pflegschaften nach § 1910 BGB wurden zu Betreuungen, Vormund oder Pfleger zum Betreuer. Die Entmündigung wurde abgeschafft; Einschränkungen der Geschäftsfähigkeit erfolgen nur noch ausnahmsweise über den Einwilligungsvorbehalt; das Recht der freiheitsentziehenden Maßnahmen, die Sterilisation und alle Verfahrensvorschriften wurden neu geregelt. Zum 1. 9. 2009 wurden endlich die überkommenen Begriffe Vormundschaftsgerichte und -richter ersetzt durch Betreuungsgerichte und Betreuungsrichter (§ 23 c GVG). Das Gesetz zur Änderung des Betreuungsrechts sowie weiterer Vorschriften (**Betreuungsrechtsänderungsgesetz** – BtÄndG) hat Änderungen gebracht, die insbesondere die Vergütung von Betreuern und Verfahrenspflegern, die Betonung der rechtlichen Betreuung, den Vorrang ehrenamtlich tätiger Personen bei der Betreuerbestellung sowie die Rechtsstellung eines vom Betroffenen Bevollmächtigten betreffen. Mit dem Zweiten Gesetz zur Änderung des Betreuungsrechts (**Zweites Betreuungsrechtsänderungsgesetz** – 2. BtÄndG) wurde ein Pauschalsystem für die Vergütung und die Auslagenerstattung der Berufsbetreuer eingeführt, § 1896 I a BGB eingefügt und das Recht der Vorsorgevollmacht gestärkt. Zuletzt wurde das Betreuungsrecht mit dem Dritten Änderungsgesetz (**Drittes Gesetz zur Änderung des Betreuungsrechts** – 3. ÄndG) umgestaltet. Es regelt die Patientenverfügung, das Verfahren zur Genehmigung der Einwilligung, Nichteinwilligung oder des Widerrufs der Einwilligung des Betreuers in ärztliche Untersuchungen, Heilbehandlungen oder Eingriffe, bei denen die begründete Gefahr des Todes oder eines schweren und länger dauernden gesundheitlichen Schadens besteht.

2 b) **UN-Behindertenrechtskonvention (UN-BRK).** Das Übereinkommen über die Rechte von Menschen mit Behinderungen (Text: http://www.institut-fuer-menschenrechte.de) ist am 26. 3. 2009 in Kraft getreten. Aus diesem völkerrechtlichen Vertrag ergibt sich für Deutschland die konkrete Verpflichtung zur Umsetzung der Konvention (vgl. zum Ganzen *Lipp,* BtPrax 2010, 263). Es ist zB eine unabhängige Überwachungsstelle zu installieren (Deutsches Institut für Menschenrechte), es muss regelmäßig einem internationalen Sachverständigenausschuss berichtet werden und Einzelpersonen oder Gruppen können sich mit einer Individualbeschwerde an diesen Ausschuss wenden. Der Kernsatz der UN-BRK findet sich in Art. 12 II, wonach die „Vertragsstaaten anerkennen, dass Menschen mit Behinderungen in allen

Lebensbereichen gleichberechtigt mit anderen Rechts- und Handlungsfähigkeit genießen." Dazu gehören auch der ungehinderte Zugang zur Justiz (Art. 13) und der Schutz vor rechtswidriger oder willkürlicher Freiheitsentziehung und vor unmenschlicher oder erniedrigender Behandlung (Art. 14 und 15) wie zB Fixieren, Bettgitter oder Bauchgurt. Behinderteneinrichtungen müssen gem. Art. 16 III „wirksam von unabhängigen Behörden überwacht werden." Diesen neuen Anforderungen müssen auch die Betreuungsrichter gerecht werden.

2. Betreuungsgericht und Betreuungsrichter

3 Betreuungsgerichte sind als eigene Abteilungen neben den Familiengerichten einzurichten und mit Betreuungsrichtern zu besetzen (§ 23c I GVG). Die Arbeit des Betreuungsrichters erfordert ein hohes Maß an Erfahrung, sozialer Kompetenz, Organisationsfähigkeit und fachübergreifenden rechtlichen Kenntnissen. Er muss mit zahlreichen Personen wie Betroffenen, Angehörigen, Ärzten, Heimleitern, Pflegekräften, (Berufs)-betreuern, Verfahrenspflegern und Mitarbeitern der Betreuungsbehörden kommunizieren. Die Entscheidungen über lebenserhaltende Maßnahmen, Amputationen, Unterbringungen, Fixierungen, Einwilligungsvorbehalt, Betreuerauswahl haben gravierende Folgen und sind nicht selten von existentieller Bedeutung. Die Einrichtung einer Betreuung, selbst im Wege der einstweiligen Anordnung, kann trotz des Hilfecharakters stigmatisierende Wirkung entfalten und das Grundrecht auf Schutz der Persönlichkeit verletzen (*BVerfG,* NJW 2010, 3360). Die gesellschaftliche Bedeutung zeigt auch der rasante Anstieg der Betreuungen auf nunmehr 1.291.410 (Stand Ende 2009, *Deinert,* BtPrax 2010, 257). Da ein Richter (lt. Personalbedarfsberechnung) ein volles Pensum erst mit 1300 laufenden Verfahren erreicht, ergibt sich bei 1.237.265 Betreuungen ein Bedarf von 980 Betreuungsrichter bei den Amtsgerichten. Häufig ist aber bei den Amtsgerichten nicht einmal diese eng bemessene personelle Minimalausstattung vorhanden. Eilmaßnahmen, die auch den Bereitschaftsdienst belasten, Anhörungen in der üblichen Umgebung des Betroffenen, die mit erheblichem Zeitaufwand einhergehen und der Umgang mit psychisch Kranken stellen hohe Anforderungen an die Richter. Im Hinblick auf dieses Anforderungsprofil erscheint es nur konsequent, dass § 23c II 2 GVG den Einsatz eines Richters auf Probe in Geschäften des Betreuungsrichters im ersten Jahr nach seiner Ernennung untersagt. Die hohe Zahl an Verfahren und Entscheidungen ist nur realisierbar, wenn in großem Umfang auf erprobte **Formblätter** zurückgegriffen werden kann. Diese werden in unterschiedlichen Varianten angeboten. (Beispiele aus Bayern teilweise abgedruckt in *B/L/M/R/S* Betreuungsrecht/Betreuungspraxis S. 54, 57, 63, 164, 171, 380, 400). Die kritiklose Verwendung von Formblättern, die notwendigerweise pauschale und nichtssagende Begründungen enthalten, können ohne Individualisierung (zB ergänzender Freitext) dem gesetzlich vorgeschriebenen Begründungszwang (§ 38 III, V Nr. 3 FamFG) nicht gerecht werden.

3. Betreuungsrichter und Rechtspfleger

4 Die Bestimmungen zur funktionellen Zuständigkeit ergeben sich aus einem unübersichtlichen Regel-/Ausnahmeverhältnis und einer Öffnungsklausel für Landesrecht. Ausgangspunkt ist die **Gesamtübertragung** in § 3 Nr. 2b RpflG. Somit hat der Rechtspfleger in Betreuungssachen sowie betreuungsgerichtlichen Zuweisungssachen (§§ 271, 340 FamFG) eine umfassende Zuständigkeit. Davon ausgenommen sind die zahlreichen **Richtervorbehalte** in § 15 RpflG. So hat der Richter u. a. über Betreuerbestellung, Einwilligungsvorbehalt, Entlassung, Neubestellung, Aufhebung, Änderung, Genehmigungen bei ärztlichen Maßnahmen und bei Sterilisationen zu entscheiden. Nicht erfasst sind etwa die Entlassungen nach § 1908b III und IV BGB und zahlreiche Genehmigungsentscheidungen (zB §§ 1907, 1908, 1908i iVm den Vorschriften aus dem Vormundschaftsrecht), die vom Rechtspfleger zu bearbeiten sind. Von den Richtervorbehalten des § 15 S. 1 Nrn. 1 bis 3 RpflG werden mit § 15 I 2 RpflG alle Entscheidungen ausgenommen, die nur eine Betreuung mit dem Aufgabenkreis Geltendmachung von Rechten gegenüber seinem Bevollmächtigten (**Vollmachtsüberwachungsbetreuer**) betreffen. Dieser darf nicht verwechselt werden mit dem sog. **Gegenbetreuer**, der gem. §§ 1908i, 1792, 1799 BGB zu bestellen ist. Zuständig für die Bestellung des Gegenbetreuers ist aufgrund Gesamtübertragung und Nichterwähnung im Richtervorbehalt der Rechtspfleger (*Jürgens,* Betreuungsrecht, § 1792 BGB Rn. 8).

Allerdings hat der Gesetzgeber wohl nicht alle Aufgaben ausdrücklich in den Richtervorbehalt aufgenommen, weil er es als selbstverständlich erachtet hat, dass der nach materiellem Recht für die Hauptsacheentscheidung zuständige Funktionsträger auch die verfahrensrechtlichen Nebenentscheidungen zu treffen hat (vgl. BT-Drs. 11/4528 S. 165). Sofern die Nebenentscheidung sowohl die richterliche Zuständigkeit wie auch die Aufgaben des Rechtspflegers tangieren kann, entscheidet der Richter, etwa über die Abgabe oder Übernahme des Verfahrens (*OLG Zweibrücken*, FamRZ 2010, 1371) oder die Akteneinsicht.

Schlussendlich können die Landesregierungen durch **Rechtsverordnung** den Richtervorbehalt in zahlreichen Punkten wieder aufheben (§ 19 RpflG). Im richterlichen Kernbereich verbleiben aber die Anordnung der Betreuung, die Festlegung der Aufgabenkreise, der Einwilligungsvorbehalt, Genehmigungen nach den §§ 1904, 1905 BGB und die Aufhebungs- und Änderungsentscheidungen nach § 1908d BGB. In Bayern wurde davon Gebrauch gemacht mit der Betreuungsverfahrensaufhebungsverordnung

(BetrVerfAufV), wonach die Bestellung eines **Ergänzungsbetreuers** (§ 1899 IV BGB; zum Begriff: *Bienwald*, FamRZ 2011, 400) und die Bestellung eines neuen Betreuers nach § 1908c BGB nach dem Tod des bisherigen Betreuers durch den Rechtspfleger zu erfolgen hat. Die **Unterbringungssachen** gehören nicht zu den Betreuungssachen, unterfallen somit nicht der Gesamtübertragung und verbleiben ausschließlich dem Richter zur Bearbeitung. Somit hat der Richter auch die Entscheidungen über Vergütungsangelegenheiten in Unterbringungsverfahren zu erledigen.

4. Wichtige Begriffe des Betreuungsrechts

a) Betreuung/Betreuer. Der Betreuer hat die Befugnisse eines gesetzlichen Vertreters des Betreuten 5
(§ 1902 BGB). Die Betreuung schränkt aber die Geschäftsfähigkeit des Betreuten nicht ein. Im Betreuungsrecht stehen vielmehr die Stärkung der Rechte des Betroffenen und der persönlichen Betreuung im Vordergrund. Die Betreuung umfasst deshalb nur solche Tätigkeiten, die erforderlich sind, um die Angelegenheiten des Betreuten rechtlich zu besorgen (§ 1901 I BGB). Das Handeln des Betreuers hat sich an gesetzlich bestimmten Grundsätzen zu orientieren. Er hat deshalb in seinem Aufgabenkreis

- die Angelegenheiten des Betreuten zu dessen **Wohl** zu besorgen (§ 1901 II BGB)
- den **Wünschen** des Betreuten zu entsprechen, soweit dies seinem Wohl nicht zuwiderläuft (§ 1901 III BGB)
- alles zu tun, um die Krankheit oder Behinderung zu beseitigen, zu bessern, Verschlimmerungen zu verhüten und Folgen zu mildern (§ 1901 IV BGB).

Das **Wohl des Betreuten** im Sinne des § 1901 III 1 BGB ist nicht schon beeinträchtigt, wenn sein 6
Wunsch seinem objektiven Interesse widerspricht, weil er zB dem Gebot der Wirtschaftlichkeit nicht gerecht wird. Schließlich gehört zum Wohl des Betreuten auch die Möglichkeit, sein Leben nach seinen eigenen Wünschen und Vorstellungen zu gestalten (*OLG Karlsruhe,* FamRZ 2010, 2018). Allerdings dürfen weder höherrangige Rechtsgüter des Betreuten gefährdet werden noch eine Verschlechterung der gesamten Lebens- und Versorgungssituation eintreten. Bedenklich ist der generelle Ausschluss solcher Wünsche, die nicht Ausfluss des Selbstbestimmungsrechts des Betreuten sind und nur bloße Zweckmäßigkeitserwägungen darstellen. Fraglich ist auch die generelle Ablehnung solcher Wünsche, die Ausdruck der Erkrankung des Betreuten sind bzw. nicht auf der Grundlage ausreichender Tatsachenkenntnis gefasst wurden (so aber *BGH,* NJW 2009, 2814). Schließlich können auch krankheitsbedingte Wünsche dem Betroffenen ein Stück Lebensqualität bringen und dürfen nicht pauschal dem (Un-)Verständnis der Gesunden zum Opfer fallen. Derartige Einschränkungen stünden sicher auch im Widerspruch zu Art. 12 II UN-BRK.

Als Betreuer können bestellt werden: 7

- eine oder mehrere natürliche Personen (§§ 1897 I, 1899 I BGB)
- ehrenamtliche Betreuer mit Vorrang vor Berufsbetreuern (§ 1897 VI BGB)
- Berufsbetreuer, wobei dies im Beschluss erwähnt werden muss (§ 1836 I 2 BGB, § 286 I Nr. 4 FamFG)
- Vereinsbetreuer (Mitarbeiter eines Betreuungsvereins, § 1897 II 1 BGB)
- Behördenbetreuer (Mitarbeiter der Betreuungsbehörde, § 1897 II 2 BGB, unten Rn. 26 und 43)
- Betreuungsvereine, wenn der Betroffene durch eine oder mehrere natürliche Personen nicht hinreichend betreut werden kann (§ 1900 I BGB)
- Betreuungsbehörden als letzte Möglichkeit (§ 1900 IV BGB)

Nicht verwechselt werden dürfen, die vom Betreuungsverein oder der Betreuungsbehörde mit der 8
Wahrnehmung der Betreuung betrauten Personen (§ 1900 II, IV 2 BGB) mit den Vereins- oder Behördenbetreuern, die selbst als Betreuer bestellt werden.

Äußert der Betroffene, dass er eine bestimmte Person als Betreuer will, dann ist dem Wunsch zu entsprechen, wenn dies nicht seinem Wohl widerspricht (§ 1900 IV BGB; vgl. *BGH,* FamRZ 2011, 285).

b) Vergütung, Aufwendungsersatz, Aufwandsentschädigung. Die §§ 1835 bis 1836e BGB regeln Ver- 9
gütung, Aufwendungsersatz und Aufwandsentschädigung des Vormunds und gelten über die Verweisungsnorm des § 1908i I BGB auch für Betreuer. Die ehrenamtliche Betreuung wird grundsätzlich unentgeltlich geführt (§ 1836 I 1 BGB). Nur, wenn „der Umfang oder die Schwierigkeit" der Aufgaben des Betreuers dies rechtfertigen, kann nach § 1836 II BGB dem Betreuer, der nicht als Berufsbetreuer bestellt wurde, eine angemessene **Vergütung** aus dem Vermögen des nicht mittellosen Betreuten bewilligt werden.

Für **Berufsbetreuer** findet sich über § 1836 I 2 mit 3 BGB die Vergütungsregelung im Vormünder- und 10
Betreuervergütungsgesetz (VBVG). Der Stundensatz beträgt gem. § 4 VBVG je nach Ausbildung 27,–, 33,50 oder maximal 44,– Euro. Die Zahl der anzusetzenden Stunden pro Monat wird nach § 5 VBVG pauschaliert. Sie nimmt mit der Dauer der Betreuung, stufenweise bis zum 12. Monat ab. Bei einem Heimaufenthalt (§ 5 III VBVG) und bei mittellosen Betreuten wird die Stundenzahl niedriger angesetzt. Die Feststellung, ob der Betreuer die Betreuung berufsmäßig führt, obliegt dem Betreuungsrichter bei der Bestellung (§ 1836 I 2 BGB; § 286 I Nr. 4 FamFG), die Voraussetzungen für diese Entscheidung ergeben sich aus § 1 VBVG. Der Berufsbetreuer erhält, wenn der Betreute mittellos nach §§ 1836c, 1836d BGB

ist, gem. § 1 II 2 VBVG die Vergütung aus der Staatskasse. Für die Frage der Mittellosigkeit ist auf den Zeitpunkt der letzten Tatsacheninstanz abzustellen (*OLG Zweibrücken,* BtPrax 2005, 198). Der Anspruch erlischt gemäß § 2 VBVG grundsätzlich binnen 15 Monaten nach seiner Entstehung. Die zu zahlende Vergütung enthält auch den Ausgleich für entstandene Aufwendungen (Fahrtkosten, Büroaufwand etc.) sowie anfallende Umsatzsteuer, § 4 II 1 VBVG.

11 **Aufwendungen**, kann dagegen der ehrenamtliche Betreuer nach § 1835 BGB ersetzt verlangen. Für Fahrtkostenersatz gilt die in § 5 des Justizvergütungs- und -entschädigungsgesetzes (JVEG) für Sachverständige getroffene Regelung (§ 1835 I 1 BGB). Erhält er keine Vergütung über § 1836 II BGB so kann er jährlich eine pauschale **Aufwandsentschädigung** beanspruchen. Sie beträgt 323,– EUR und berechnet sich gem. § 1835 a BGB mit dem neunzehnfachen Betrag der einem Zeugen nach § 22 JVEG zusteht. Mit dieser Entschädigung werden ohne Einzelnachweis alle Aufwendungen iSd § 1835 BGB abgegolten. Die pauschalierte Aufwandsentschädigung steht auch einem Elternteil und anderen nahen Angehörigen zu (*BGH,* FamRZ 1996, 1545). Der Anspruch auf Aufwendungsersatz bzw. Aufwandsentschädigung richtet sich bei Mittellosigkeit (§§ 1836 c, 1836 d BGB) des Betreuten gegen die Staatskasse (§§ 1835 IV, 1835 a III BGB). Die Staatskasse kann gemäß § 1836 e BGB binnen zehn Jahren für die von ihr dem Betreuer erbrachten Leistungen beim Betreuten oder dessen Erben **Rückgriff** nehmen.

12 Das **Verfahren zur Festsetzung** von Vergütung, Vorschuss, Ersatz von Aufwendungen und Aufwandsentschädigung regeln die §§ 292, 168 FamFG. **Aufwendungsersatz** und **Aufwandsentschädigung** setzt das Gericht durch Beschluss fest, wenn sich der Anspruch gegen die Staatskasse richtet oder dem Betreuer die Vermögenssorge nicht übertragen wurde. In den übrigen Fällen kann der Betreuer den Betrag selbst dem Vermögen entnehmen. Eine Vergütung wird nach § 168 I Nr. 2 FamFG immer vom Gericht festgesetzt. Gegen die Entscheidung des Betreuungsgerichts ist grds. die Beschwerde (§ 58 FamFG) bzw. die Rechtspflegererinnerung (§ 11 II RPflG) zulässig. Zu beachten ist, dass der Beschwerdewert 600,– EUR übersteigen muss. Liegt er darunter, kann der Rechtspfleger oder Richter die Beschwerde wegen grundsätzlicher Bedeutung, zur Fortbildung des Rechts oder zur Sicherung einer einheitlichen Rechtsprechung zulassen (§ 61 FamFG).

Wird ein **Vereinsbetreuer** (§ 1897 II 1 BGB) bestellt, steht gem. § 7 VBVG nur dem Betreuungsverein Vergütung und Aufwendungsersatz zu. Die Höhe berechnet sich nach § 7 I 1 VBVG iVm §§ 4 und 5 VBVG. Für einen Behördenbetreuer steht der Betreuungsbehörde eine Vergütung über § 8 VBVG nur nach Maßgabe des § 1836 II BGB zu. Dem Betreuungsverein und der Betreuungsbehörde steht, wenn sie ausnahmsweise als Betreuer bestellt werden, keine Vergütung zu (§§ 1908 i, 1836 III BGB); Aufwendungsersatz nur insoweit als das einzusetzende Einkommen und Vermögen des Mündels ausreicht (§§ 1908 i, 1835 V, 1836 c, 1836 d BGB).

13 **c) Einwilligungsvorbehalt (§ 1903 BGB).** Mit dem Einwilligungsvorbehalt gemäß § 1903 BGB kann die Teilnahme des Betreuten am Rechtsverkehr im jeweils nötigen Umfang eingeschränkt werden (BT-Dr. 11/4528 S. 136). Dieses Rechtsinstitut soll den Betreuten vor den Folgen unüberlegter und nachteiliger Rechtsgeschäfte schützen, da der Nachweis der Geschäftsunfähigkeit im Einzelfall nicht mehr erforderlich ist, um ein Rechtsgeschäft zu Fall zu bringen. Funktionell ein Relikt aus dem früheren Entmündigungsrecht kann es aber nur ausnahmsweise zur Anwendung kommen. Bundesweit wurden 2009 nur 14.132 Einwilligungsvorbehalte angeordnet, dh bei 5,64% der neuen Betreuungen (*Deinert,* BtPrax 2010, 257).

Der Betreuungsrichter muss zunächst feststellen, dass eine **erhebliche Gefahr** für die Person oder das Vermögen des Betreuten besteht und zur Abwehr dieser Gefahr der Einwilligungsvorbehalt erforderlich ist. Ein Einwilligungsvorbehalt kann nur für Willenserklärungen und geschäftsähnliche Handlungen des Betreuten angeordnet werden, die den Aufgabenkreis des Betreuers betreffen. Die Anordnung **gegen den Willen des Betroffenen** setzt ferner voraus, dass der Betroffene im Bereich des Vorbehalts zu einer freien Willensbestimmung nicht mehr imstande ist (*BayObLG,* FamRZ 2002, 1712). Diese von der Rspr. entwickelte Voraussetzung bedeutet aber nicht, dass Geschäftsunfähigkeit vorliegen muss, auch wenn § 104 Nr. 2 BGB mit der Formulierung „in einem die Freiheit der Willensentschließung ausschließenden Zustand" dies nahelegt.

14 Ein Einwilligungsvorbehalt ist bei einer **partiellen** Geschäftsunfähigkeit ebenso möglich wie bei einer **relativen Geschäftsunfähigkeit** für besonders schwierige Geschäfte (*Knittel, Seitz,* BtPrax 2007, 18 ff. mwN).

Auch im **Verfahrensrecht** hat das Gesetz hohe Hürden errichtet. Persönliche Anhörung des Betreuten (§ 278 FamFG), Erholung eines Sachverständigengutachtens (§ 280 FamFG), ausdrückliche Erwähnung der einwilligungsbedürftigen Willenserklärungen in der Beschlussformel und Aufnahme in die Bestallungsurkunde (§§ 286 II, 290 Nr. 4 FamFG) garantieren eine sorgfältige richterliche Prüfung.

Der Einwilligungsvorbehalt hat gravierende Folgen. Soweit ein Einwilligungsvorbehalt besteht, ist eine Willenserklärung nur mit Einwilligung des Betreuers wirksam (§ 1903 I 1 BGB). Nach hM kann sich der Einwilligungsvorbehalt nur beziehen auf Willenserklärungen und geschäftsähnliche Handlungen, nicht jedoch auf die Einwilligung in ärztliche Maßnahmen oder die Aufenthaltsbestimmung (*Palandt/Diederichsen,* § 1903 Rn. 7).

Die §§ 108 bis 113, 131 II und 210 BGB gelten entsprechend (§ 1903 I 2 BGB). Ist der Betreute geschäftsunfähig, bleibt seine Willenserklärung auch dann nichtig, wenn sie vom Betreuer genehmigt wird (*Palandt/Diederichsen,* § 1903 Rn. 12; *Schreieder,* BtPrax 1996, 96; *Jürgens,* § 1903 BGB Rn. 15). Für Willenserklärungen, die dem Betreuten nur einen rechtlichen Vorteil bringen, bedarf er nicht der Einwilligung seines Betreuers (§ 1903 III 1 BGB). Ohne abweichende gerichtliche Anordnung gilt dies auch, wenn die Willenserklärung eine geringfügige Angelegenheit des täglichen Lebens betrifft. Auf die in § 1903 II BGB bezeichneten Willenserklärungen kann sich der Einwilligungsvorbehalt nicht erstrecken. Im Zivilprozess ergibt sich aus § 52 I ZPO die Prozessunfähigkeit soweit der Einwilligungsvorbehalt reicht. Wird der Einwilligungsvorbehalt als ungerechtfertigt aufgehoben, bleiben die von oder gegenüber dem Betroffenen vorgenommenen Rechtsgeschäfte wirksam (§ 306 FamFG). Kommt es nach dem Wegfall der Voraussetzungen gem. § 1908 d IV BGB zur Aufhebung des Einwilligungsvorbehalts, verbleibt es bei § 108 III BGB, so dass die Genehmigung des Betroffenen maßgeblich wird. 15

d) **Verfahrenspfleger.** Der Verfahrenspfleger soll die objektiven Interessen des Betroffenen wahrnehmen (BT-Dr. 11/4528 S. 171, BT-Dr. 16/6308 S. 265; aA *BGH,* NJW 2009, 2814). Seine Rechtsstellung kann nach dem FamFG nicht mehr als gesetzliche Vertretung angesehen werden. Er ist vielmehr ein „Pfleger eigener Art“ (*Keidel/Budde,* § 276 Rn. 12). Er unterliegt weder der Aufsicht des Gerichts noch muss er den Weisungen des Betroffenen folgen. Zwar hat er in erster Linie die objektiven Interessen des Betroffenen zu wahren, muss aber die Wünsche und Anliegen des Betroffenen und ebenso den mutmaßlichen Willen des Betreuten dem Gericht vermitteln (*BGH,* NJW 2009, 2814). Die umfassende Verfahrensfähigkeit des Betreuten gem. § 275 FamFG wird durch die Bestellung des Verfahrenspflegers nicht berührt (BT-Dr. 11/4528 S. 171; ausführlich *Rogalla.* BtPrax 1993, 146). Die Rechte des Verfahrenspflegers im Betreuungsverfahren sind umfassend ausgestaltet. Er wird mit der Bestellung Verfahrensbeteiligter (§ 274 II FamFG). Er trägt kein Kostenrisiko (§ 276 VII FamFG), muss angehört werden (§§ 279 I, 300 I Nr. 3, 301 I 2 FamFG) und hat ein eigenes Beschwerderecht (§ 303 III FamFG). Dagegen stehen ihm keine spezifischen Rechte gegenüber dem Betroffenen oder Dritten zu. So kann er keine Auskünfte von den behandelnden Ärzten oder Pflegekräften verlangen. Seine Aufgaben erfüllt er aber durch Anregungen und Hinweise gegenüber dem Gericht, wenn er eine Sachaufklärung für erforderlich hält. 16

Bestellt werden muss der Verfahrenspfleger, wenn dies zur Wahrnehmung der Interessen des Betroffenen erforderlich ist. § 276 I 2 Nrn. 1 und 2 FamFG enthalten dafür Regelbeispiele. Eine Abweichung vom Regelbeispiel ermöglicht § 276 II 1 FamFG, wenn „ein **Interesse** an der Bestellung des Verfahrenspflegers **offensichtlich nicht besteht**. Mit der Formulierung „offensichtlich“ und dem Begründungszwang bei Nichtbestellung eines Verfahrenspflegers gem. § 276 II 2 FamFG bringt der Gesetzgeber klar zum Ausdruck, dass es sich um eine restriktiv zu handhabende Ausnahme handelt. Der Richter darf auch nicht selbst die objektiven Interessen vorab feststellen, ein offensichtlich nicht bestehendes Interesse an der Bestellung bejahen und so die Ablehnung der Bestellung begründen (vgl. *Bumiller/Harders,* § 276 FamFG Rn. 7). Im Unterbringungsverfahren gibt es keine derartige Ausnahme von der Bestellungspflicht, wenn der Verfahrenspfleger zur Wahrnehmung der Interessen erforderlich ist. Auch in Unterbringungssachen muss die Entscheidung, keinen Verfahrenspfleger zu bestellen, begründet werden, wenn die Unterbringungsmaßnahme genehmigt oder angeordnet wird. Im Verfahren zur Genehmigung der Einwilligung in eine Sterilisation ist die Bestellung eines Verfahrenspflegers wegen § 297 V FamFG stets erforderlich. 17

Vergütung und Auslagenersatz des Verfahrenspflegers sind immer aus der Staatskasse zu zahlen (§ 277 V FamFG). Wie der Betreuer wird er grundsätzlich ehrenamtlich tätig (§§ 276 III, 277 II 1 FamFG). Nur wenn das Betreuungsgericht die Berufsmäßigkeit feststellt, kann er ausnahmsweise eine Vergütung geltend machen (§ 277 I 2 FamFG, §§ 1, 2 und 3 I, II VBVG; *OLG Naumburg,* FamRZ 2010, 836). Als Verfahrenspfleger können auch Mitarbeiter eines Betreuungsvereins, ein Betreuungsverein oder Bedienstete der Betreuungsbehörde bestellt werden (vgl. § 277 I und IV FamFG). Die Betreuungsbehörde sollte aufgrund ihrer breit angelegten Verfahrensrechte und Pflichten nicht als Verfahrenspfleger bestellt werden, um eine Doppelstellung im Verfahren und unnötige Interessenskonflikte zu vermeiden (*LG Braunschweig,* FamRZ 2005, 304; aA *LG Ingolstadt,* FamRZ 2007, 1355). 18

Die selbständig nicht anfechtbare Bestellung endet mit der Rechtskraft der Endentscheidung, einem sonstigen Abschluss des Verfahrens bzw. einem ausdrücklichen Aufhebungsbeschluss. Für die Rechtsmittelinstanzen muss daher kein neuer Verfahrenspflegerbeschluss ergehen (§ 276 IV bis VI FamFG).

e) **Gutachten/ärztliches Zeugnis (§§ 280–284, 321–322 FamFG).** Viele Entscheidungen in den Betreuungs- und Unterbringungssachen können erst ergehen, wenn das Gutachten eines Sachverständigen vorliegt (§§ 280, 293, 294 II, 295 I, 297 VI, 298 IV, 321 I FamFG). Die Verwendung eines ärztlichen Gutachtens des Medizinischen Dienstes der Krankenversicherung gem. § 282 FamFG hat sich aufgrund des bürokratischen Aufwands und der häufig unzureichenden Aussagekraft für das Verfahren als nicht zielführend erwiesen. Umfang und Gestaltung des Gutachtens regeln die §§ 280 II und III, 320 I FamFG. Der Gutachter hat den Betroffenen „persönlich zu untersuchen oder zu befragen.“ Seine Ausführungen haben „Krankheitsbild“ und „Krankheitsentwicklung“, “durchgeführte Untersuchungen und 19 die ihnen zugrunde gelegten Forschungserkenntnisse", den „körperlichen und psychiatrischen Zustand", den „Umfang des Aufgabenkreises" und die „voraussichtliche Dauer der Maßnahme" zu umfassen. Besonderes Augenmerk ist auf die Qualifikation des Sachverständigen zu richten. Ist er nämlich nicht hinreichend qualifiziert darf das Gutachten nicht verwendet werden (*BGH,* FamRZ 2010, 1726; zur Unterbringung FamRZ 2011, 630).

20 *aa) Persönliche Qualifikation.* § 280 I 2 FamFG bestimmt, dass der Sachverständige Arzt für Psychiatrie oder Arzt mit Erfahrung auf dem Gebiet der Psychiatrie sein **soll** (vgl. *Schulte-Bunert Weinreich/ Eilers,* § 280 Rn. 24; aA *BGH,* FamRZ 2011, 630, der entgegen dem eindeutigen Wortlaut erklärt er *müsse* jedenfalls Arzt mit Erfahrung auf dem Gebiet der Psychiatrie sein). Im Unterbringungsverfahren **muss** er in der Tat zumindest „Arzt mit Erfahrung auf dem Gebiet der Psychiatrie" sein, weil § 321 I 4 FamFG dies so bestimmt. Die Sollvorschrift des § 280 I 2 FamFG räumt dem Betreuungsrichter aber nur die Befugnis ein, aus besonderen Gründen auf die psychiatrische Qualifikation eines Sachverständigen bei der Betreuerbestellung zu verzichten. Dies wird nur bei den relativ selten relevanten Erkrankungen aus dem nicht neurologischen Bereich der Fall sein. Selbst dann kann die freie Willensbestimmung, die häufig gem. § 1896 Ia BGB zu prüfen ist, nur mit einer psychiatrischen Qualifikation sicher festgestellt werden. Ein Verzicht auf einen psychiatrisch qualifizierten Sachverständigen wird daher auf seltene Fälle beschränkt bleiben.

21 Ergibt sich die Qualifikation nicht ohne weiteres aus der Fachbezeichnung des Arztes, ist seine Sachkunde vom Gericht zu prüfen und in der Entscheidung darzulegen (*BGH,* FamRZ 2010, 1726 f.). Auch der behandelnde oder ausführende Arzt kann als Sachverständiger bestellt werden, sofern nicht das Gesetz etwas anderes vorschreibt (§§ 298 IV 2, 297 VI 3, 329 II 2 FamFG). Macht er sich damit zugleich des Bruchs eines Berufsgeheimnisses schuldig, steht dies der Verwertung der Begutachtung idR nicht entgegen (*BGH* aaO). Zum Schutz des Arztes und im Hinblick auf das bestehende von Vertrauen geprägte Patientenverhältnis sollte die Bestellung des behandelnden oder ausführenden Arztes vermieden werden.

22 *bb) Zum Verfahren.* Das Gesetz sieht idR eine **förmliche Beweisaufnahme** iSv § 30 FamFG vor (vgl. D. I.). Dies gilt aber nicht für Verfahren nach § 1904 I BGB, da § 298 IV FamFG keine förmliche Beweisaufnahme anordnet. Aus Art. 103 GG ergibt sich die Pflicht des Gerichts, vor dem Beschluss über die Gutachtenserstellung den Beteiligten **rechtliches Gehör** zu gewähren (*BVerfG,* FamRZ 2011, 272). Ein förmlicher Beweisbeschluss ist nicht geboten (vgl. § 358 ZPO). Der Name des bestellten Sachverständigen ist aber dem Betroffenen zumindest formlos mitzuteilen, damit dieser gegebenenfalls von seinem Ablehnungsrecht nach § 30 I FamFG iVm § 406 ZPO Gebrauch machen kann (*BGH* aaO).

23 *cc) Ärztliches Zeugnis.* Ein **ärztliches Zeugnis** muss weitaus geringere Anforderungen erfüllen. Es hat aber auch eine medizinische Diagnose, die voraussichtliche Dauer und den Umfang der Betreuung und ggf. die Notwendigkeit von Unterbringungsmaßnahmen, den Zustand des Betroffenen und die krankheitsbedingten Einschränkungen darzustellen. Es kann anstelle eines ausführlichen Gutachtens in folgenden Fällen einer Entscheidung zu Grunde gelegt werden:

- Einstweilige Anordnung auf Bestellung eines vorläufigen Betreuers oder Anordnung eines vorläufigen Einwilligungsvorbehalts (§ 300 I Nr. 2 FamFG).
- Bestellung eines Betreuers auf Antrag des Betroffenen, wenn dieser auf die Begutachtung verzichtet und die Einholung eines Gutachtens insbesondere im Hinblick auf den Umfang des Aufgabenkreises unverhältnismäßig wäre (§ 281 I Nr. 1 FamFG). Das Gutachten ist aber nachzuholen, wenn später ein Antrag des Betroffenen auf Einschränkung oder Aufhebung der Betreuung erstmals abgelehnt werden soll (§ 294 II FamFG).
- Bestellung eines Betreuers nur zur Geltendmachung von Rechten des Betroffenen gegenüber seinem Bevollmächtigten (§ 281 I Nr. 2 FamFG).
- Verlängerung der Bestellung eines Betreuers, wenn sich aus der persönlichen Anhörung des Betroffenen und einem ärztlichen Zeugnis ergibt, dass sich der Umfang der Betreuungsbedürftigkeit offensichtlich nicht verringert hat (§ 295 I 2 FamFG).
- Genehmigung einer unterbringungsähnlichen Maßnahme gemäß §§ 321 II, 312 Nr. 2 FamFG, § 1906 IV BGB.
- Einstweilige Anordnung einer vorläufigen Unterbringungsmaßnahme nach § 331 Nr. 2 FamFG.

24 Das Gesetz fordert eine vorherige persönliche Untersuchung oder Befragung durch den Aussteller des ärztlichen Attestes explizit nur in den Fällen des § 281 FamFG (§§ 281 II, 280 II FamFG). Diese Qualitätsstandards sollten aber auch in den übrigen Fällen eingehalten werden (*OLG Frankfurt,* FamRZ 2005, 303). Das ärztliche Zeugnis muss zeitnah erstellt sein. Veranlasst das Betreuungsgericht die Erholung des ärztlichen Zeugnisses, dann schuldet die Staatskasse das Honorar (Anl. 2 Nr. 200 JVEG). Dies gilt auch dann, wenn das Gericht einen Betreuer auffordert, das ärztliche Zeugnis beizubringen (*OLG Brandenburg,* FamRZ 2011, 400). Diese Aufforderung verstößt aber gegen den Amtsermittlungsgrundsatz (*BGH,* FamRZ 2011, 130).

25 **f) Betreuungsverein/Vereinsbetreuer.** Als Betreuer kann nach § 1900 I BGB ein rechtsfähiger und anerkannter Betreuungsverein bestellt werden. Die Anerkennung durch die zuständige Behörde erfolgt,

wenn die Voraussetzungen des § 1908f I BGB erfüllt sind. Wird ein Betreuungsverein zum Betreuer bestellt, so überträgt er die Betreuung einzelnen Personen (§ 1900 II BGB), wozu der Betroffene zu hören ist (§ 1900 II 2 BGB). Diese sind aber keine Vereinsbetreuer nach § 1897 II 1 BGB, Betreuer bleibt der Verein. Ist der Betroffene nicht einverstanden, kann er verlangen, dass die Übertragung der Betreuung durch gerichtliche Entscheidung überprüft wird (§ 291 FamFG).

Vereinsbetreuer sind Mitarbeiter eines Betreuungsvereins, die vom Gericht als Betreuer bestellt werden. Dies darf nur mit Einwilligung des Vereins (§ 1897 II 1 BGB) und des Mitarbeiters des Vereins (*BayObLG,* FamRZ 1994, 1061) erfolgen. Vereinsbetreuer sind natürliche Personen iSv § 1897 I BGB, deren Bestellung aufgrund der persönlichen Betreuung vorrangig ist gegenüber der Vereins- oder gar Behördenbetreuung (*BayObLG* aaO). Der Vereinsbetreuer kann nicht selbst Aufwendungsersatz und Vergütung geltend machen; dies steht nur dem Betreuungsverein zu gem. § 7 VBVG. Wird der Verein selbst zum Betreuer bestellt, so kann er keine Vergütung beanspruchen (§§ 1908i, 1836 III BGB) Aufwendungsersatz nur, wenn der Betreute über Vermögen verfügt (§§ 1908i, 1835 V BGB).

g) **Betreuungsbehörde (Betreuungsstelle)/Behördenbetreuer.** Der Betreuungsbehörde weisen die §§ 4ff. BtBG umfangreiche Aufgaben zu. Gemäß § 8 BtBG unterstützt die Behörde das Betreuungsgericht bei der Aufklärung des Sachverhalts und der Auswahl der Betreuer. Dies gilt insbesondere bei der erstmaligen Bestellung eines Berufsbetreuers gem. § 1897 VII BGB. Sie führt die vom Gericht angeordneten Vorführungen nach §§ 278 V, 283 I, 319 V, 322 FamFG durch, verbringt aufgrund richterlicher Entscheidung den Betroffenen in die Unterbringung zur Begutachtung §§ 284 III, 322 FamFG und unterstützt den Betreuer bei der Unterbringung nach § 326 FamFG. Die Behörde kann Rechtsmittel gegen gerichtliche Endentscheidungen einlegen (§§ 303 I, 335 IV FamFG). Zu den weiteren Aufgaben vgl. §§ 4–9 BtBG. Gemäß § 1900 IV BGB kann sie zum Betreuer bestellt werden. Das Gesetz spricht von der in Betreuungsangelegenheiten zuständigen Behörde (§ 1897 II 2 BGB) oder einfach von der zuständigen Behörde. In einigen Landesgesetzen zur Ausführung des Betreuungsgesetzes wird der zuständigen Behörde die Bezeichnung Betreuungsstelle zugewiesen (vgl. für Bayern Art. 1 II des Gesetzes zur Ausführung des Betreuungsgesetzes – AGBtG). 26

Der Behördenbetreuer ist Mitarbeiter der Behörde. Er wird in eigener Person zum Betreuer bestellt. Die Ausführungen zum Vereinsbetreuer gelten analog (*Schwab,* FamRZ 1992, 493 [498]).

5. Allgemeine Hinweise

a) **Aktenordnung, Aktenführung.** Auch für den erfahrenen Zivil- oder Strafrichter ist der Umgang mit den Akten für Betreuungssachen schwierig. Die Aktenordnung bildet nämlich die gesetzlichen Vorgaben nicht nach. Obwohl alle einstweiligen Anordnungen (§ 51 III 1 FamFG) und sämtliche Unterbringungsverfahren (§§ 312ff. FamFG) selbständige Verfahren sind, müssen sie aus den Betreuungsakten heraus bearbeitet werden (§ 29a I AktO). Die Erfassung erfolgt gem. den §§ 29 I, 29a II AktO in den Listen 7b und 9a. Unter dem Aktenzeichen XVII werden demnach eingetragen Betreuungsverfahren, aber auch isolierte Unterbringungsverfahren, soweit kein Betreuer, sondern ein Vorsorgebevollmächtigter tätig wird. Aus den Erläuterungen zu den beiden Listen ergibt sich, dass einstweilige Anordnungen und Hauptsacheverfahren nicht gesondert erfasst werden dürfen. An sich sollte das Beiheft für die Unterbringung ebenso vollständig sein wie die Hauptakte. Aber ein Schriftstück kann falsch eingelegt sein oder nur in einen der beiden Vorgänge, obwohl es für beide von Bedeutung ist. Um nicht Fristen, Verfügungen oder eingegangene Schreiben zu übersehen, sind deshalb bei jedem Arbeitsvorgang beide Aktenteile zu überprüfen. Die Ablage von Schriftstücken, die Betreuung und Unterbringung betreffen, ist gesondert zu verfügen. 27

b) **Zusammenspiel zwischen FamFG und BGB.** Der Richter in Betreuungssachen muss viel stärker das Zusammenspiel zwischen den materiellen Vorschriften (§§ 1896ff. BGB) und den formellen Bestimmungen des FamFG beachten, als etwa der Zivilrichter. Der Betreuungsrichter kann kaum ein Problem lösen, ohne gleichzeitig die Bestimmungen des BGB und FamFG zu überprüfen. So kann er etwa die Anfrage eines Arztes wegen der Genehmigung einer Amputation nur sinnvoll beantworten, wenn er § 1904 BGB und § 298 FamFG heranzieht. 28

c) **Rechtliche und tatsächliche Betreuung.** Der Begriff der Betreuung wird in der Bevölkerung regelmäßig missverstanden. Sie versteht hierunter die rein tatsächliche Sorge für eine hilfsbedürftige Person, wie Kochen, Reinigung, Körperpflege und ähnliches. Dieses Missverständnis führt dazu, dass Personen die Übernahme einer Betreuung ablehnen, die bei richtiger Information bereit wären, als Betreuer zu fungieren. Der Richter muss deshalb bei der Befragung einer als Betreuer geeigneten Person an dieses falsche Vorverständnis denken und über die rechtliche Bedeutung der Betreuung aufklären. Nur so kann er geeignete Personen als Betreuer gewinnen, der Anforderung des § 1897 VI 1 BGB gerecht werden und dem Vorrang des ehrenamtlichen Betreuers Geltung verschaffen. 29

d) **Grundrechtsrelevanz.** Zu Problemen führte die Frage, ob Richter oder Betreuer gegen den Willen des Betroffenen dessen **Wohnung** betreten dürfen. Dies ist im Hinblick auf die grundrechtlich geschützte Unverletzlichkeit der Wohnung nach Art. 13 I GG grundsätzlich unzulässig (*OLG Frankfurt,* BtPrax 30

1996, 71). Ausnahmen von diesem Grundsatz bedürfen einer gerichtlichen Entscheidung und ergeben sich direkt und wohl auch abschließend aus dem FamFG. Dazu zählen die Vorführung zur Untersuchung durch den Sachverständigen und das Verbringen in die Unterbringung zur Begutachtung gem. den §§ 283 III, 284 III, 322 FamFG. Keine Befugnis zur Entscheidung über das Betretungsrecht ergibt sich für die Anhörung des Betroffenen aus § 278 V bzw. § 319 V FamFG. Demnach kann der Richter zwar die Vorführung anordnen, aber er kann damit nicht das Recht zum Betreten der Wohnung verbinden. Der **Grundsatz des rechtlichen Gehörs** (Art. 103 I GG) ist auch im Betreuungsverfahren zu beachten (*BVerfG*, BtPrax 2010, 173; *OLG Schleswig*, BtPrax 2008, 44). Der Richter darf gem. § 37 II FamFG nur Tatsachen und Beweismittel verwerten, zu denen die Beteiligten Stellung nehmen konnten. Er muss daher zu jedem für die Entscheidung erheblichen Vorgang (zB Gutachten, Stellungnahmen der Beteiligten) Gelegenheit zur Äußerung geben (*BayObLG*, FamRZ 1994, 1602; 1997, 901).

II. Bestellung eines Betreuers

1. Einleitung des Verfahrens, örtliche Zuständigkeit

31 **a) Einleitung, Anträge, Mitteilungen, Anregungen.** Ein Betreuungsverfahren kann auf Antrag des Betroffenen, auch des geschäftsunfähigen oder von Amts wegen eingeleitet werden. Steht nur eine körperliche Behinderung im Raum und kann der Betroffene seinen Willen kundtun, darf die Betreuung nur auf Antrag des Betroffenen angeordnet werden (§ 1896 I BGB). Verfahrenseinleitende Anträge sollen unter Angabe von Tatsachen, Beweismittel, möglicher Beteiligter und Vorlage angegebener Urkunden begründet werden (§ 23 I FamFG). **„Anträge" Dritter** haben nur die Bedeutung einer Anregung zur Einleitung eines Verfahrens von Amts wegen. Folgt das Betreuungsgericht der Anregung nicht, muss der „Anregende" davon unterrichtet werden, wenn ein „berechtigtes Interesse" an der Unterrichtung ersichtlich ist. Dem Wortlaut des § 24 II FamFG nach besteht die Unterrichtungspflicht nur dann, wenn kein Betreuungsverfahren eingeleitet wurde. Wird ein Verfahren eingeleitet und nach Durchführung der Ermittlungen die Anordnung einer Betreuung abgelehnt, besteht demnach keine Unterrichtungspflicht nach § 24 II FamFG. Schließlich verpflichtet § 22 a I FamFG alle Gerichte, dem Betreuungsgericht **Mitteilung** zu machen, wenn infolge ihres gerichtlichen Verfahrens eine Tätigkeit des Betreuungsgerichts erforderlich wird. § 22 a II FamFG erlaubt darüber hinaus Gerichten und Behörden die Übermittlung personenbezogener Daten, wenn eine betreuungsgerichtliche Maßnahme erforderlich erscheint und keine überwiegenden schutzwürdigen Interessen des Betroffenen erkennbar sind. Hat das Gericht in einem **Zivilverfahren** begründete Zweifel an der Prozessfähigkeit der klagenden Partei, ist ihr ein Hinweis zu geben, dass sie für eine ordnungsgemäße Vertretung zu sorgen habe und sich deshalb um die Bestellung eines Betreuers nach § 1896 BGB bemühen müsse, der nur vom Betreuungsgericht bestellt werden kann (*BGH*, MDR 2011, 63 f.). Für eine Person, die verklagt werden soll, kann bei Prozessunfähigkeit und Gefahr im Verzug ein **Prozesspfleger** gem. § 57 ZPO bestellt werden bis ein Betreuer zur Verfügung steht.

32 **b) Örtliche Zuständigkeit (§§ 2, 272 FamFG). Örtlich zuständig** für ein neues Betreuungsverfahren ist grundsätzlich das Gericht des gewöhnlichen Aufenthaltsorts des Betroffenen (§ 272 I Nr. 2 FamFG). Dieser wird nicht schon durch einen, zwar für längere Zeit, aber letztlich vorübergehenden Aufenthalt begründet. Der Ort des Aufenthalts muss tatsächlicher Mittelpunkt der Lebensführung des Betroffenen sein (*BayObLG*, BtPrax 2003, 123; *OLG München*, BtPrax 2007, 125). Hat der Betroffene keinen gewöhnlichen Aufenthalt oder ist ein solcher nicht feststellbar, ist das Gericht zuständig, in dessen Bezirk das Bedürfnis der Fürsorge hervortritt (§ 272 I Nr. 3 FamFG). Hält sich das angerufene Gericht für örtlich unzuständig kann es sich gem. § 3 FamFG für unzuständig erklären und bindend an das zuständige Gericht verweisen. Treten **nachträglich** Umstände ein, wie zB ein Wechsel des gewöhnlichen Aufenthaltes, dann muss eine Einigung über die Abgabe mit dem anderen Gericht oder eine gerichtliche Bestimmung des zuständigen Gerichts erfolgen (§§ 4, 5 I Nr. 5, 273 FamFG). Die Abgabe nach § 4 FamFG ist selbständig nicht anfechtbar (*BGH*, FamRZ 2011, 282).

2. Die Voraussetzungen einer Betreuung

33 **a) Beeinträchtigungen.** Es muss eine **psychische Krankheit** oder eine **korperliche, geistige** oder **seelische Behinderung** vorliegen. Zu den Begriffen: *Jürgens/Lesting/Marschner/Winterstein,* Rn. 12 ff.; *MünchKomm/Schwab,* § 1896 BGB Rn. 9 ff.; zur psychischen Krankheit: *BayObLG*, BtPrax 2002, 93; zur geistigen Behinderung: *BayObLG*, BtPrax 1994, 29. Diese Beeinträchtigungen müssen einen Unterstützungsbedarf begründen, der dazu führt, dass der Betroffene seine Angelegenheiten ganz oder teilweise nicht besorgen kann.

34 **b) Erforderlichkeitsgrundsatz.** Ein Betreuer darf nur für Aufgabenkreise bestellt werden, für die eine Betreuung erforderlich ist (§ 1896 II 1 BGB). Umfang und Bedeutung des **Erforderlichkeitsgrundsatzes** sind im Detail aber sehr umstritten (*Böhm* Zeitschrift für Betreuungs- und Sozialrecht 2010, 44; http://www.btsrz.de). Den Erforderlichkeitsgrundsatz formuliert das Gesetz auch in § 1896 II 2 BGB mit dem

Satz: „Die Betreuung ist nicht erforderlich, soweit die Angelegenheiten des Volljährigen durch einen **Bevollmächtigten** … oder durch **andere Hilfen**, bei denen kein gesetzlicher Vertreter bestellt wird, ebenso gut wie durch einen Betreuer besorgt werden können“, und in § 1897 I BGB, wonach der Betreuer in der Lage sein muss, „die Angelegenheiten des Betreuten rechtlich zu besorgen und ihn in dem hierfür erforderlichen Umfang persönlich zu betreuen“ und schließlich in § 1901 I BGB mit der Formulierung: „Die Betreuung umfasst alle Tätigkeiten, die erforderlich sind, um die Angelegenheiten des Betreuten … rechtlich zu besorgen.“

Einerseits wird der Erforderlichkeitsgrundsatz sehr pointiert betont. Schlagwörter wie „Der Erforderlichkeitsgrundsatz ist streng zu beachten“ (*BayObLG,* FamRZ 1994, 1059), Verbot der sog. „Vorratsbetreuung“ (2. BtÄndG, BT-Drs. 15/2494 S. 17) und Verbot der prophylaktischen Einbeziehung von Angelegenheiten (*Staudinger/Bienwald,* § 1896 BGB Rn. 55), sowie die Forderung nach einem objektiven bzw. konkreten Handlungsbedarf belegen dies. Ferner müsse der Tatrichter die Aufgabenkreise des Betreuers so konkret wie möglich bestimmen (*BayObLG,* BtPrax 1995, 64/65; *OLG Frankfurt,* FamRZ 2008, 1477) und die Erforderlichkeit für jeden einzelnen Aufgabenkreis begründen (*OLG Hamm,* FGPrax 1995, 56/57). Dahinter steckt auch der Versuch, die Zahl der Betreuungen möglichst niedrig zu halten. 35

Auf der anderen Seite wird diese enge und nicht mehr praktikable Überbetonung des Erforderlichkeitsgrundsatzes häufig relativiert, um eine vernünftige Rechtspraxis zu ermöglichen. So werden etwa von der Rechtsprechung **„typisierende Bezeichnungen“** für die Aufgabenkreise und ein **„absehbarer Betreuungsbedarf“** akzeptiert. Eine Vermögensbetreuung sei auch in geregelten Verhältnissen erforderlich, „wenn der Bedarf, das Notwendige zu veranlassen, absehbar ist und jederzeit auftreten kann.“ Der Handlungsbedarf muss konkret, aber nicht akut sein (*BayObLG,* BtPrax 1993, 171). Das apodiktische Verbot der „Vorratsbetreuung“ steht zudem auf tönernen Füßen, da sie das Gesetz selbst zulässt. Schließlich gibt es den Aufgabenkreis der Besorgung aller Angelegenheiten (§§ 276 I Nr. 2, 309 I 1 FamFG). Ein größerer Vorrat als alle Angelegenheiten ist wohl nicht vorstellbar. 36

c) **Interessen Dritter.** Die **Interessen Dritter** führen grundsätzlich nicht dazu, dass der Betroffene seine Angelegenheiten nicht selbst erledigen kann. Vielmehr soll die Betreuung dem Betroffenen helfen und setzt daher ein Fürsorgebedürfnis für ihn voraus (*OLG München,* BtPrax 2008, 125). Die wirtschaftlichen oder tatsächlichen Interessen anderer sind für die Betreuung prinzipiell ohne Belang. Nur in Ausnahmefällen darf ein Betreuer auch im ausschließlichen Interesse eines Dritten bestellt werden, wenn die Geltendmachung von Rechten gegen den Betroffenen in Frage steht und der Dritte daran ohne die Bestellung eines Betreuers gehindert wäre. Diese Abweichung lässt sich nur dadurch rechtfertigen, dass die Betreuung ausschließlich Defizite ausgleichen soll und nicht dazu führen darf, dass der Betreute besser gestellt wird als ein unbeschränkt handlungsfähiger Mensch (*BGHZ* 93, 1, FamRZ 2011, 465 zugleich zur Beschwerdebefugnis des „Dritten“; *OLG München,* FamRZ 2008, 1476). 37

d) **Zweckerreichung.** Nicht erforderlich ist die Betreuung, wenn sich der mit ihr verfolgte Zweck nicht erreichen lässt (*BayObLG,* FamRZ 1994, 1551; *OLG Schleswig,* BtPrax 2009, 299) oder wenn die Angelegenheit durch einen Bevollmächtigten oder andere Hilfen erledigt werden kann (§ 1896 II 2 BGB). 38

e) **Andere Hilfen. Andere Hilfen** können sein, soziale Dienste, unterstützende Wohnformen, Einbindung des sozialen Umfelds (Familie, Freunde, „nette“ Nachbarn), ambulante Pflegedienste, Beratungsstellen, Kontaktgruppen, seelsorgerische Unterstützung, Notfall- und Kriseninterventionen, Tages- und Kurzzeitpflege, Altenhilfe, sozial-psychiatrische Dienste, kirchliche Einrichtungen. Allerdings besteht die Gefahr, dass den anderen Hilfen zu viele rechtsgrundlose „Befugnisse“ zugestanden werden. So kann es nicht genügen, wenn der Betroffene die notwendige „Führung durch das Heimpersonal“ erfahrt. Diese „Führung“ schränkt das Selbstbestimmungsrecht des Betroffenen ein und verhindert die Wahrung seiner Rechte, weil er fremdbestimmt zum Objekt der (wohlwollenden) Heimleitung und der Pfleger degradiert würde (aA *BayObLG,* NJW-RR 1997, 967). Ebenso unzulässig ist die Ablehnung der Betreuung für Sozialhilfeangelegenheiten mit der Begründung, dass Sozialhilfe gem. § 18 I SGB XII geleistet werden muss, wenn dem Sozialhilfeträger die Voraussetzungen für die Gewährung von Sozialhilfe bekannt werden. Bei aller Bürgerfreundlichkeit der Behörden gibt es keine Garantie dafür, dass der Sozialhilfeträger von der Not des Betroffenen Kenntnis erlangt und ihm vollumfänglich alle gesetzlich zustehenden Leistungen offeriert werden (aA *LG Duisburg,* BtPrax 2004, 156). 39

f) **Vorrang der Vorsorgevollmacht.** Die **Vorsorgevollmacht** als kostengünstige Alternative zur Betreuung wurde durch den Gesetzgeber nachhaltig gestärkt. Sie findet sich in zahlreichen betreuungsrechtlichen Vorschriften (§§ 1896 II 2, 1904 V, 1906 V, 1901 a V, 1901 b III, 1901 c 2 und 3 BGB; § 6 II BtBG; §§ 274 I Nr. 3, 278 II 2, 285, 298 I 1, 303 IV, 315 I Nr. 3, 324 II Nr. 1, 326 I, 335 III FamFG). Mit Inkrafttreten des FGG-RG wurden die letzten Defizite im Verhältnis zum Betreuer ausgeglichen. Bezieht sich die Vorsorgevollmacht auf die Einwilligung, Nichteinwilligung oder den Widerruf einer Einwilligung in die Untersuchung des Gesundheitszustands, eine Heilbehandlung oder einen ärztlichen Eingriff, auch wenn die begründete Gefahr besteht, dass der Betreute auf Grund der zu treffenden Entscheidung 40 stirbt oder einen schweren und länger dauernden gesundheitlichen Schaden erleidet, muss die Vollmacht schriftlich sein und diese Maßnahmen ausdrücklich umfassen. Explizit müssen nur die in § 1904 I 1 und II 1 BGB genannten Maßnahmen in der Vollmacht erwähnt sein, nicht jedoch die qualifizierten Folgen wie Todesgefahr oder schwere und länger dauernde gesundheitliche Schäden (BT-Drs. 13/7158 S. 34). Das **Ausdrücklichkeitsgebot** gilt auch, wenn dem Vorsorgebevollmächtigten die Entscheidung über eine Unterbringung und unterbringungsähnliche Maßnahmen übertragen werden soll (§ 1906 V BGB). Eine Vollmacht für „Gesundheitsfürsorge" oder für „Schutzmaßnahmen" genügt dem Ausdrücklichkeitsgebot in diesen Fällen nicht (*BVerfG,* FamRZ 2009, 947).

41 Bestehen trotz intensiver Ermittlungen (*OLG Hamm,* FGPrax 2009, 215) Zweifel an der wirksamen Errichtung der Vollmacht (zB ungeklärte Geschäftsfähigkeit) oder wurde sie bedingt erteilt für den Fall der Betreuungsbedürftigkeit, dann kann es im Rechtsverkehr zu Schwierigkeiten kommen, weil die Geschäftsfähigkeit im Zeitpunkt der Errichtung oder der Eintritt der Betreuungsbedürftigkeit nicht sicher feststehen. Dann aber entfällt der Vorrang der Vollmacht gem. § 1896 II 2 BGB, da die Angelegenheiten wegen dieser Zweifel nicht mehr genauso gut wie durch einen Betreuer besorgt werden können (*KG,* FamRZ 2010, 834; *OLG München,* FamRZ 2009, 2033).

Auch bei wirksamer Vorsorgevollmacht kann es zum Schutz des Betroffenen erforderlich werden einen sog. „Kontrollbetreuer" zu bestellen gem. § 1896 III BGB. Erforderlich ist dies aber nur, wenn ein konkret feststellbarer Kontrollbedarf besteht (*BGH,* B. v. 30. 3. 2011, XII ZB 537/10).

42 **g) Zustimmung oder fehlender freier Wille.** Umstritten war, ob ohne die Einwilligung eines voll geschäftsfähigen Betroffenen die Betreuung angeordnet werden kann. Das BayObLG verlangte zutreffend bei fehlender Einwilligung, dass der Betroffene seinen Willen nicht frei bestimmen kann (*BayObLG,* BtPrax 1994, 59). Der Gesetzgeber hat mit **§ 1896 I a BGB (2. BtÄndG)** klargestellt, dass „gegen den freien Willen des Volljährigen" ein Betreuer nicht bestellt werden darf. Er wollte damit „den Vorrang des freien Willens eines Menschen als Ausdruck seiner Würde und seines Selbstbestimmungsrechts" im Gesetz verankern (BT-Dr. 15/2494 S. 1; *BVerfG,* NJW 2010, 3360). Letztlich kann die Freiheit der Willensbestimmung ähnlich bestimmt werden wie in § 104 Nr. 2 BGB die Geschäftsfähigkeit. Maßgeblich ist daher die Einsichtsfähigkeit in den Grund, die Bedeutung und die Tragweite einer Betreuung und die Fähigkeit, entsprechend dieser Einsicht handeln zu können (*BGH,* FamRZ 2011, 630; *OLG Hamm,* FGPrax 2009, 111; *KG,* FamRZ 2010, 924).

43 **h) Rangfolge der Betreuer, mehrere Betreuer.** Das Gericht bestellt gemäß § 1897 I BGB eine **natürliche Person** zum Betreuer. Zur Sicherung einer persönlichen Betreuung gilt die Reihenfolge ehrenamtlicher Betreuer (§ 1897 I BGB), Berufsbetreuer (§ 1897 VI BGB), Vereinsbetreuer, Behördenbetreuer (§ 1897 II BGB) und schließlich Betreuungsverein und Betreuungsbehörde (§§ 1900, 1908 b V BGB). Im Übrigen hat das Betreuungsgericht die Auswahl eines geeigneten Betreuers nach pflichtgemäßem Ermessen vorzunehmen und sich ausschließlich am Interesse bzw. am Wohl des Betroffenen zu orientieren (*BGH,* BtPrax 1995, 103, 104). Auf verwandtschaftliche und persönliche Bindungen Rücksicht zu nehmen verlangt § 1897 V BGB. Schlägt der Betroffene eine bestimmte Person als Betreuer vor, kann davon nur abgewichen werden, wenn die Bestellung dem Wohl des Betroffenen zuwiderlaufen würde (§ 1897 IV BGB). Die Gefahr geringer Interessenskonflikte rechtfertigt es nicht, diesen Vorschlag, für dessen Beachtlichkeit der natürliche Wille genügt, zu übergehen (*BGH,* FamRZ 2011, 100 bzw. 285; *BayObLG,* BtPrax 1998, 74). Der Ausschlussgrund bei Mitarbeitern einer Einrichtung gem. § 1897 III BGB lässt die Bindung an einen Vorschlag des Betroffenen entfallen. Die Vorschrift muss aber im Anwendungsbereich des Art. 6 GG verfassungskonform dahingehend ausgelegt werden, dass nur bei einer konkreten Interessenskollision der Ausschluss des § 1897 III BGB greift und selbst dann der Ausschluss nur für den konkreten Aufgabenkreis gilt, in dem die Kollision besteht (*BVerfG,* BtPrax 2006, 227). Für diesen Bereich kann dann ein Ergänzungsbetreuer bestellt werden. **Mehrere Betreuer** können gem. § 1899 I BGB bestellt werden, wenn dies der Qualität der Betreuung dient. Mit Anspruch auf Vergütung können mehrere Betreuer nur bestellt werden als sog. Gegenbetreuer (§§ 1908 i I 1, 1792 BGB), bei einer Sterilisation (§ 1899 III BGB) und beim sog. Ersatz-, Verhinderungs-, Subsidiarbetreuer (§ 1899 IV BGB).

3. Verfahrensvorschriften (Übersicht)

44 Der Richter muss den Betroffenen **persönlich anhören** und sich einen **unmittelbaren Eindruck** von ihm verschaffen (§ 278 I FamFG). Dies kann nur in Ausnahmefällen im Wege der Rechtshilfe geschehen (§ 278 III FamFG). Sind erhebliche Nachteile für die Gesundheit zu besorgen oder ist der Beteiligte offensichtlich nicht in der Lage, seinen Willen kund zu tun, kann die Anhörung des Betroffenen gem. §§ 278 IV, 34 II FamFG unterbleiben. Der Richter kann sich aber nicht auf § 34 III FamFG berufen und entscheiden, ohne den Betroffenen jemals gesehen zu haben, da er sich gem. § 278 I 2 FamFG immer einen unmittelbaren Eindruck von dem Betroffenen verschaffen muss.

45 Weitere **Anhörungspflichten** finden sich in § 279 FamFG. Anzuhören sind demnach die sonstigen Beteiligten. Der Betroffene kann verlangen, dass das Betreuungsgericht eine ihm nahestehende Person an-

hört. Schließlich ist die Betreuungsbehörde anzuhören, wenn es der Sachaufklärung dient oder der Betroffene es verlangt, ferner der gesetzliche Vertreter im Rahmen des § 1908 a BGB. Die Durchführung des sog. Schlussgesprächs (§ 68 V 5 FGG) hat das FGG-RG abgeschafft. Es muss ein **Gutachten** über die Notwendigkeit der Betreuung eingeholt werden (§ 280 FamFG). Siehe Rn. 49 und 19 ff. Unter den Voraussetzungen des § 276 FamFG ist ein **Verfahrenspfleger** zu bestellen. Siehe oben Rn. 16 ff.

4. Die Anhörung (§ 278 FamFG)

Die bei der Anhörung einzuhaltenden Formalien regelt das Gesetz nur rudimentär. Eine förmliche Protokollierung ist nicht geboten. Es muss lediglich ein Vermerk gefertigt werden (§ 28 IV FamFG). Ein **Protokollführer** kann nur ausnahmsweise hinzugezogen werden (§ 28 IV 2 FamFG). Im Hinblick darauf, dass die Anordnung der Betreuung einen „schwerwiegenden Grundrechtseingriff" darstellt, dem eine „stigmatisierende Wirkung" nachgesagt wird (*BVerfG,* NJW 2010, 3360), ist in der Regel „ein wichtiger Grund" zu bejahen und ein Protokollführer hinzuzuziehen. Der Richter sollte sich auf die schwierige Gesprächsführung konzentrieren und nicht auf die Protokollierung. Der Vermerk muss die wesentlichen Vorgänge der persönlichen Anhörung enthalten. Ort, Zeit, anwesende Personen markieren die Eckpunkte der Anhörung. Die in § 278 II FamFG vorgeschriebene Unterrichtung über den möglichen Verlauf des Verfahrens, die Erörterung des Umfangs des Aufgabenkreises, die Angabe möglicher Betreuer und ein evtl. erfolgter Hinweis auf eine Vorsorgevollmacht und deren Registrierung sind ebenfalls anzuführen. Die Niederschrift sollte ferner Fragen und Antworten möglichst wortgetreu wiedergeben, um werthaltig für das weitere Verfahren zu sein. Dies macht im Hinblick darauf Sinn, dass eine Wiederholung im Beschwerdeverfahren entfallen kann, wenn sich die Voraussetzungen des § 68 III 2 FamFG aus dem Vermerk ergeben. Wenn der Betroffene es verlangt, muss die Anhörung in seiner gewöhnlichen Umgebung erfolgen; soweit der Betroffene nicht widerspricht, sollte die Anhörung auch in den übrigen Fällen beim Betroffenen durchgeführt werden (§ 278 I 3 FamFG). In welchem Stadium des Verfahrens der Richter den Betroffenen anhört, ist eine Frage des Einzelfalls. Da der Betroffene einerseits möglichst frühzeitig eingebunden und über den Gang des Verfahrens informiert werden soll und andererseits wichtige Punkte wie Aufgabenkreis, Sachverständigengutachten, mögliche Betreuer, Einwilligungsvorbehalt erst im Laufe des Verfahrens bekannt werden, muss möglicherweise mehrmals angehört werden. 46

Verhindert der Betroffene seine Anhörung, kann das Gericht die Vorführung durch die Betreuungsbehörde anordnen. Mit dem Begriff Vorführung ist denknotwendig auch die zwangsweise Durchsetzung verbunden (vgl. die einschlägigen Verwaltungs-, Zustellungs- und Vollstreckungsgesetze der Länder), wobei eine ausdrückliche Entscheidung zur Gewaltanwendung wie in § 283 II FamFG, nicht vorgesehen ist (aA *Schmidt-Recla/Diener,* FamRZ 2010, 696). Die Wohnung darf aber mangels gesetzlicher Befugnis nicht betreten werden. Verzichtet der Betroffene auf eine Anhörung wird diese nicht per se entbehrlich (*BGH,* BtPrax 2010, 279). 47

5. Beteiligte im Betreuungsverfahren

Entsprechend der Systematik des § 7 FamFG bestimmt § 274 FamFG Muss- und Kann-Beteiligte. Muss-Beteiligte sind gem. §§ 7 I Nr. 2, 274 I Nrn. 1–3 FamFG der Betroffene und der Betreuer bzw. Vorsorgebevollmächtigte, sofern der Aufgabenkreis betroffen ist. Der Verfahrenspfleger wird über § 274 II FamFG sogar ohne gesonderte Hinzuziehung mit seiner Bestellung Beteiligter im Verfahren. Auf Antrag hinzuzuziehen sind die Betreuungsbehörde für die Kernentscheidungen und zwar Betreuerbestellung, Anordnung eines Einwilligungsvorbehalts und soweit es um deren Umfang, Inhalt oder Bestand geht gem. §§ 7 III, 274 III FamFG. Schlussendlich **können** hinzugezogen werden der Ehegatte bzw. Lebenspartner, soweit nicht dauernd getrennt lebend, Eltern, Pflegeeltern, Großeltern, Abkömmlinge, Geschwister und eine Person des Vertrauens. Die Hinzuziehung muss aber im Interesse des Betroffenen erfolgen. Dies sollte bei der Anhörung des Betroffenen mit ihm besprochen werden. Auch der Vertreter der Staatskasse kann als Beteiligter hinzugezogen werden, sofern das Interesse der Staatskasse durch den Ausgang betroffen sein kann (§ 274 IV Nr. 2 FamFG). Derjenige, der als Betreuer bestellt werden soll, muss unmittelbar wegen § 7 II Nr. 1 FamFG beteiligt werden, da mit der Betreuerbestellung zahlreiche Rechte und Pflichten begründet werden. 48

Das Betreuungsgericht muss diejenigen, die auf Antrag hinzugezogen werden müssen oder hinzugezogen werden können, benachrichtigen und über ihr Antragsrecht belehren (§ 7 IV FamFG), allerdings nur soweit sie dem Gericht bekannt sind. Eine Pflicht zu zumutbaren Ermittlungen dürfte aber gerade bei nahen Angehörigen zu bejahen sein. Zumindest soweit die Beteiligung ohne Verschulden des Angehörigen unterbleibt, bejaht die Rspr. einen Verstoß gegen den verfassungsrechtlich garantierten Grundsatz des rechtlichen Gehörs (*LG Saarbrücken,* FamRZ 2010, 1371). Dafür sprechen auch die weitreichenden Folgen, da ohne Beteiligung im ersten Rechtszug der in § 303 II Nr. 1und 2 genannte Personenkreis sein Beschwerderecht verliert. Zu den Rechten der Beteiligten vgl. D. I.

6. Sachverständigengutachten

49 a) **Allgemeines.** Für den Zeitpunkt, zu dem das Gutachten in Auftrag zu geben ist, gibt es keine verbindliche Regel. Den Beteiligten muss vor der Beauftragung des Gutachters rechtliches Gehör gewährt werden (*BVerfG,* FamRZ 2011, 272). Vor der Zuleitung der Akten an den Gutachter sollte der Richter soweit möglich Verfahrensschritte, wie eine – nicht notwendigerweise persönliche – Anhörung des Betroffenen oder der Beteiligten gem. § 279 FamFG erledigen. Damit wird die Gelegenheit zur Äußerung gegeben zur Notwendigkeit der Betreuung, zur Person des Betreuers und zur Erholung des Gutachtens. Ferner sollte bereits die Feststellung des Sachverhalts durch die Betreuungsbehörde und die Aufforderung, einen Betreuer vorzuschlagen, veranlasst werden (§ 8 BtBG). Da die §§ 280 I 1, 321 I 1, 30 II FamFG eine förmliche Beweisaufnahme fordern, gelten die §§ 402 ff. ZPO und die §§ 335 ff. ZPO. Das Betreuungsgericht muss das Beweisthema und den Sachverständigen selbst benennen (vgl. *Müther,* FamRZ 2010, 857). Zur **Qualifikation** des Gutachters s. Rn. 20.

50 Das vollständige Gutachten ist dem Betroffenen mitzuteilen, bevor eine persönliche Anhörung stattfindet (*OLG München,* BtPrax 2007, 440). Davon kann abgesehen werden, wenn erhebliche Nachteile für die Gesundheit zu besorgen sind (§ 34 II FamFG). Das rechtliche Gehör muss aber dann einem Verfahrenspfleger oder bevollmächtigten Rechtsanwalt gewährt werden (*BGH,* BtPrax 2010, 278; FamRZ 2011, 1289).

51 b) **Maßnahmen zur Vorbereitung eines Gutachtens.** *aa)* Nach § 283 FamFG kann das Gericht einen Betroffenen, der nicht freiwillig zur Untersuchung durch den Sachverständigen erscheint, durch die Betreuungsbehörde vorführen lassen, um die Erstellung des erforderlichen Gutachtens sicherzustellen. Dies kann wegen Art. 103 I GG (*BVerfG,* FamRZ 2010, 1145) nur in äußersten Notfällen ohne persönliche Anhörung des Betroffenen erfolgen, auch wenn § 283 I 2 FamFG dies nur als Sollvorschrift einfordert. Unter den Voraussetzungen des § 34 II FamFG kann dies auch geboten sein. Da es sich um keine Endentscheidung (§§ 58 I, 38 I 1 FamFG) handelt, ist die Anordnung der Vorführung nicht anfechtbar. Dies erscheint aber im Hinblick auf die erheblichen Grundrechtseingriffe, insbesondere bei Gestattung der Gewaltanwendung und des Betretens der Wohnung nach § 283 II und III FamFG, bedenklich (vgl. *Schulte-Bunert, Weinreich/Eilers,* FamFG, § 283 Rn. 23 ff.; *Schmidt-Recla/Diener,* FamRZ 2010, 696 und 1146; *Jurgeleit,* § 283 Rn. 18 bejaht Anfechtbarkeit bei krassen Verfahrensfehlern).

bb) Nach § 284 FamFG ist eine befristete Unterbringung des Betroffenen möglich. Die Unterbringung muss für die Erstellung des Gutachtens erforderlich sein. Ferner muss ein Sachverständiger angehört werden zu der Frage, ob und wie lange die Unterbringung erforderlich sein wird. Die Stellungnahme des Sachverständigen muss sich aus dem Akt ergeben (*BayObLG,* FamRZ 2001, 1559). Die Unterbringung ist auf maximal sechs Wochen zu befristen. Eine Verlängerung auf insgesamt drei Monate ist zulässig, wenn dies zur Erlangung der erforderlichen Erkenntnisse für das Gutachten notwendig ist (§ 284 II FamFG). Gegen die Anordnung der Unterbringung und deren Verlängerung kann die sofortige Beschwerde eingelegt werden (§ 284 III 2 FamFG).

7. Betreuungsbehörde (Betreuungsstelle)

52 Die Einschaltung der Behörde zur Sachaufklärung sollte möglichst frühzeitig geschehen und eine genaue Angabe enthalten, welche Sachverhalte das Betreuungsgericht für aufklärungsbedürftig hält. Die allgemein gehaltene Bitte „um Durchführung der erforderlichen Ermittlungen" ist daher nicht zielführend. Im Hinblick auf eine effektive Ermittlung aller relevanten Sachverhalte bietet sich eine enge und vertrauensvolle Zusammenarbeit mit den Betreuungsbehörden an. Aufgrund der vielfältigen in § 6 BtBG niedergelegten Aufgaben kann davon ausgegangen werden, dass die Sachbearbeiter bei der Behörde eine hohe Fachkompetenz einbringen können. Neben § 8 BtBG ergeben sich auch aus dem FamFG Pflichten der Betreuungsbehörden, insbesondere bei der Vorführung bzw. bei der Umsetzung der Unterbringung (§§ 326, 322, 283, 284 FamFG). Die hohen Qualitätsstandards für die Betreuungsbehörden ergeben sich aus den allgemein anerkannten „Empfehlungen zur Sachverhaltsaufklärung nach § 8 BtBG" vom 20. 10. 2010 der BAGüS (Bundesarbeitsgemeinschaft der überörtlichen Träger der Sozialhilfe, zum Download unter http://www.bt-portal.de/btprax/downloads.htmlc3113 zu finden).

8. Weitere Anhörungspflichten

53 § 279 FamFG stellt die zentrale Vorschrift für die Anhörung der Beteiligten und der Betreuungsbehörde dar. Grundsätzlich muss das Gericht alle Beteiligten (vgl. oben unter 5) zur Frage der Betreuerbestellung und der Anordnung des Einwilligungsvorbehalts anhören. Eine Pflicht zur Anhörung der nicht beteiligten Betreuungsbehörde begründet § 279 II FamFG, wenn der Betroffene dies verlangt oder wenn es der Sachaufklärung dient. Weitere Anhörungspflichten können sich aus § 26 FamFG ergeben, da das Betreuungsgericht Ermittlungen von Amts wegen anzustellen hat. Falls das Betreuungsverfahren einen Minderjährigen betrifft (§ 1908 a BGB) muss seinen gesetzlichen Vertretern rechtliches Gehör gewährt werden (§ 279 IV FamFG).

Für die Erweiterung, Aufhebung und Einschränkung gilt § 279 FamFG entsprechend über §§ 293, 294 FamFG. Spezielle Regelungen sind bei der Sterilisation (§ 297 I–IV FamFG) und bei einer Entscheidung nach § 1904 BGB zu beachten (§ 298 FamFG). Wie das rechtliche Gehör gewährt wird, entscheidet der Richter. Dies kann im Rahmen der Anhörung des Betroffenen geschehen, meist wird aber ein Anschreiben mit Fristsetzung zur Stellungnahme sachdienlich und ausreichend sein. Auch die im FamFG bestimmten Anhörungspflichten sind im Lichte des Art. 103 GG auszulegen. Daraus ergibt sich für das Gericht die Pflicht, die Ausführungen der Beteiligten zur Kenntnis zu nehmen und in Erwägung zu ziehen. Erst wenn den Beteiligten zumindest die Gelegenheit eingeräumt wurde, die Willensbildung des Gerichts zu beeinflussen, vermeidet man, dass der Beteiligte zum bloßen Objekt staatlichen Handelns degradiert wird (*BVerfG*, BtPrax 2010, 173). 54

III. Anordnung eines Einwilligungsvorbehalts

Allgemein zum Einwilligungsvorbehalt s. Rn. 13 ff. Der Grundsatz der Erforderlichkeit ist besonders zu prüfen. So ist darauf zu achten, dass für jeden Aufgabenkreis tatsächliche Feststellungen zu treffen sind, aus denen sich die Erforderlichkeit des Einwilligungsvorbehalt ergibt (*BayObLG*, NJW-RR 2003, 871). Die Anordnung erfolgt von Amts wegen und ist eine Betreuungssache (§ 271 Nr. 2 FamFG), so dass alle Regelungen für Betreuungssachen, wie zB Zuständigkeit, Beteiligte, Kosten und Verfahrensfähigkeit zur Anwendung kommen. Darüber hinaus stellt das Gesetz die Anordnung eines Einwilligungsvorbehalts häufig der Bestellung eines Betreuers gleich, so die §§ 278 I 1, 279 I FamFG bei der Anhörung, § 280 I FamFG bei der Erholung eines Gutachtens, § 287 I FamFG beim Wirksamwerden einer Entscheidung, §§ 293 I, 294, 295 FamFG für die Erweiterung, Verlängerung, Aufhebung oder Einschränkung des Einwilligungsvorbehalts, § 300 I FamFG mit der Möglichkeit eine einstweilige Anordnung zu erlassen. Der einen Einwilligungsvorbehalt anordnende Beschluss muss im Tenor den Kreis der **einwilligungsbedürftigen Willenserklärungen** enthalten. Dies muss auch in die Bestellungsurkunde aufgenommen werden (§§ 286 II, 290 Nr. 4 FamFG). 55

§ 306 FamFG stellt klar, dass die Rechtsgeschäfte, die von oder mit dem Betreuten vorgenommen wurden, trotz eines bestehenden Einwilligungsvorbehalts wirksam bleiben, wenn der Einwilligungsvorbehalt später im Rechtsmittelweg aufgehoben wurde, weil er von Anfang an ungerechtfertigt war. Bei einer Aufhebung oder Änderung des Einwilligungsvorbehalts wegen Wegfalls der Voraussetzungen (§ 1908 d IV BGB) entfällt die beschränkte Geschäftsfähigkeit erst mit der Aufhebung bzw. Änderung.

IV. Entscheidung

1. Allgemein

Das Gericht entscheidet in der freiwilligen Gerichtsbarkeit nach § 38 I FamFG über den Verfahrensgegenstand durch Beschluss (Endentscheidung). Neben dem Aktenzeichen hat der Beschluss die nach §§ 38, 39 FamFG erforderlichen Teile aufzuweisen, nämlich: 56

- Bezeichnung der Beteiligten (zB Verfahrenspfleger), ihrer gesetzlichen Vertreter und der Bevollmächtigten (§ 38 II Nr. 1 FamFG)
- Bezeichnung des entscheidenden Gerichts und der Namen der Gerichtspersonen, die mitgewirkt haben (§ 38 II Nr. 2 FamFG)
- Unterschrift des Richters (§ 38 III 2 FamFG)
- Datum des Erlasses der Entscheidung (§ 38 III 2 FamFG)
- Begründung (in Betreuungssachen obligatorisch) § 38 III 1, V Nr. 3 FamFG
- Beschlussformel (§§ 38 II Nr. 3, 286 FamFG)
- Rechtsbehelfsbelehrung (§ 39 FamFG)

Die Beschlussformel bei einer Betreuerbestellung hat gem. § 286 FamFG zu enthalten: 57

- Bezeichnung des Aufgabenkreises
- Bezeichnung als Vereinsbetreuer, Behördenbetreuer jeweils mit Betreuungsverein bzw. Betreuungsbehörde
- Bezeichnung als Berufsbetreuer
- Bei Anordnung eines Einwilligungsvorbehalts den Kreis der einwilligungsbedürftigen Willenserklärungen
- Überprüfungszeitpunkt (§ 295 II FamFG, maximal sieben Jahre)

2. Zu den einzelnen Erfordernissen

Der Betroffene ist mit Familiennamen, Vornamen, Geburtsdatum und Wohnanschrift, sowie derzeitigem Aufenthaltsort, wenn dieser vom Wohnort abweicht, zu bezeichnen. Bei dem Betreuer erfolgt die Bezeichnung mit Namen, Vornamen und Anschrift; bei häufiger auftretenden Familiennamen sollte auch das Geburtsdatum angegeben werden. Die Bezeichnung des Aufgabenkreises muss so erfolgen, dass Missverständnisse ausgeschlossen sind (Beispiele bei *B/L/M/R/S* Betreuungsrecht Betreuungspraxis Ausgabe 2010 S. 49). 58

Da es sich um eine sog. **Einheitsentscheidung** handelt, ist die abstrakte Anordnung der Betreuung ohne Bestimmung des Aufgabenkreises oder ohne Bestellung des Betreuers unzulässig (BT-Drs. 11/4528 S. 175). Die Frist zur Überprüfung legt der Richter unter Berücksichtigung der Ausführungen des Sachverständigen fest.

Die **Rechtsbehelfsbelehrung** steht am Ende der Entscheidung, aber über der Unterschrift des Richters; dieser trägt die Verantwortung für die Richtigkeit der Belehrung. Obligatorisch ist eine Belehrung über Beschwerde und Sprungrechtsbeschwerde durch das Amtsgericht und über die Rechtsbeschwerde durch das Landgericht. Belehrt werden muss über den Sitz des Gerichts, bei dem die Beschwerde einzulegen ist und die einzuhaltende Form und Frist. Keine Belehrung ist erforderlich über die Möglichkeit der sog. **Gehörsrüge** nach § 44 FamFG, da die begehrte Abhilfe kein Rechtsmittel, Einspruch, Widerspruch oder Erinnerung darstellt. Für die Möglichkeit, das Hauptsacheverfahren nach Erlass einer einstweiligen Anordnung gem. § 52 FamFG einzuleiten, gilt das Gleiche (aA BT-Drs. 16/6308 S. 201). Bei einer falschen oder unterbliebenen Belehrung sind die Rechtsfolgen eher gering, da nur vermutet wird, dass die Versäumung einer Rechtsmittelfrist unverschuldet war (§ 17 II FamFG). Bei Unanfechtbarkeit ist eine Belehrung nicht erforderlich, da nach dem Wortlaut des § 39 FamFG über das statthafte Rechtsmittel, Einspruch oder Widerspruch belehrt werden muss und nicht über ein nicht statthaftes (*OLG Stuttgart,* FamRZ 2010, 146).

59 Konkrete Anforderungen an den **Inhalt der Begründung** enthält das Gesetz nicht. Die Regelungen zum Inhalt des Urteils nach §§ 313 ff. ZPO gelten nicht, können aber als Richtschnur herangezogen werden. Insbesondere § 313 III ZPO, wonach die Entscheidungsgründe eine kurze Zusammenfassung der Erwägungen enthalten, auf denen die Entscheidung in tatsächlicher und rechtlicher Hinsicht beruht, sollte Anwendung finden. Die Rechtsprechung verlangt, dass in der Begründung die Erwägungen des Gerichts schlüssig dargelegt werden, insbesondere bedarf die Begründung der Voraussetzungen des § 1896 I 1 BGB konkreter und eingehender Feststellungen (*BayObLG,* BtPrax 1993, 64).

3. (Sofortige) Wirksamkeit (§§ 287, 40 FamFG)

60 Aufgrund der Sondervorschrift des § 287 FamFG werden die Entscheidungen
- über Umfang, Inhalt oder Bestand der Bestellung eines Betreuers
- über die Anordnung eines Einwilligungsvorbehalts
- über den Erlass einer einstweiligen Anordnung nach § 300 FamFG

mit der Bekanntgabe an den Betreuer wirksam. Wird die Anordnung der Betreuung abgelehnt, verbleibt es mangels eines Betreuers bei der allgemeinen Regelung des § 40 I FamFG und der Bekanntgabe an den Betroffenen. Ist eine Bekanntgabe an den Betreuer nicht möglich oder bei Gefahr im Verzug, kann der Richter die sofortige Wirksamkeit anordnen (§ 287 II FamFG). In diesem Fall wird die Entscheidung wirksam, wenn sie und die Anordnung der sofortigen Wirksamkeit der Geschäftsstelle zum Zwecke der Bekanntgabe übergeben oder dem Betroffenen oder dem Verfahrenspfleger bekanntgemacht werden. Der Zeitpunkt ist auf der Entscheidung zu vermerken (§ 287 II 3 FamFG).

4. Bekanntgabe

61 Die Form der Bekanntgabe erschließt sich aus den §§ 15 II, 41 II FamFG. Es gibt folgende Möglichkeiten:
- Förmliche Zustellung nach §§ 166 bis 195 ZPO
- Aufgabe zur Post
- Verlesen der Beschlussformel gegenüber Anwesenden

Eine förmliche Zustellung muss erfolgen, wenn ein anfechtbarer Beschluss dem erklärten Willen eines Beteiligten nicht entspricht (§ 41 I 2 FamFG). Die Bekanntgabe durch Aufgabe zur Post darf nicht verwechselt werden mit der förmlichen Zustellung durch Aufgabe zur Post (vgl. § 8 I 2 InsO iVm § 184 II 1 und 4 ZPO). Drei Tage nach Aufgabe zur Post im Inland tritt fiktiv die Bekanntgabe ein. Die Bekanntgabe durch Verlesen der Beschlussformel gegenüber Anwesenden ist in den Akten zu vermerken (§ 41 II 2 FamFG), das Datum dagegen auf dem Beschluss (§ 38 III 2 FamFG). Die Beschwerdefrist beginnt aber erst mit der schriftlichen Bekanntgabe (§ 63 III 1 FamFG).

Bekanntzumachen ist die Entscheidung den Beteiligten (vgl. § 41 I 1 FamFG), ferner der Betreuungsbehörde, wenn ein Betreuer bestellt oder ein Einwilligungsvorbehalt angeordnet, erweitert, aufgehoben, eingeschränkt oder verlängert wurde oder wenn das Gericht ihr Gelegenheit zur Äußerung gegeben hat (§ 288 II FamFG).

5. Mitteilungspflichten

62 Mitzuteilen ist die Entscheidung in folgenden Fällen:
- Gerichten, Behörden oder sonstigen öffentlichen Stellen (zB Führer- oder Jagdscheinbehörde), wenn eine erhebliche Gefahr für das Wohl des Betroffenen, für Dritte oder für die öffentliche Sicherheit abzuwenden ist. Hiervon sind der Betroffene, sein Verfahrenspfleger und sein Betreuer zu verständigen.

In Ausnahmefällen kann die Unterrichtung unterbleiben, muss aber bei Wegfall der Gründe nachgeholt werden (§ 308 FamFG).

- Behörden zur Führung des Wählerverzeichnisses bei Anordnung, Beendigung oder Einschränkung einer Betreuung für alle Angelegenheiten (§ 309 I FamFG).
- Meldebehörden bei der Anordnung oder Aufhebung eines Einwilligungsvorbehalts für die Aufenthaltsbestimmung oder bei Wechsel in der Person des Betreuers (§ 309 II FamFG).
- Dem Leiter der Einrichtung, solange der Betroffene untergebracht ist, bei Entscheidungen bezüglich Aufenthaltsbestimmung und Betreuerwechsel (§ 310 FamFG).

Zu beachten ist die umfassende Pflicht, die Mitteilungen und die Unterrichtung hierüber aktenkundig zu machen gem. § 308 IV FamFG.

V. Einstweilige Anordnung

Bei dringendem Handlungsbedarf kann ein vorläufiger Betreuer bestellt oder ein vorläufiger Einwilligungsvorbehalt angeordnet werden (§§ 300, 301 FamFG). Es handelt sich dabei um ein selbständiges Verfahren (§ 51 III FamFG), so dass sich ein Hauptsacheverfahren nicht automatisch anschließt, sondern nur bei Bedarf eingeleitet werden muss. Dies kann von Amts wegen erfolgen oder auf Antrag eines Beteiligten (§ 52 FamFG). Zu beachten ist bei der einstweiligen Anordnung die kurze Beschwerdefrist von zwei Wochen (§ 63 II Nr. 1 FamFG) und der Ausschluss der Rechtsbeschwerde (§ 70 IV FamFG). 63

Die einstweilige Anordnung ist nach § 300 FamFG zulässig, wenn

- dringende Gründe für die Annahme bestehen, dass die Voraussetzungen für die Bestellung eines Betreuers oder die Anordnung eines Einwilligungsvorbehalts gegeben sind,
- ein dringendes Bedürfnis für ein sofortiges Tätigwerden besteht,
- ein ärztliches Zeugnis über den Zustand des Betroffenen vorliegt,
- der gem. § 276 FamFG erforderliche Verfahrenspfleger bestellt und angehört worden ist,
- der Betroffene persönlich angehört wurde, was auch im Wege der Rechtshilfe erfolgen kann.

Die einstweilige Anordnung darf nur für maximal sechs Monate angeordnet werden (§ 302 FamFG). 64 Die Verlängerung auf eine Gesamtdauer von einem Jahr ist zulässig. Es genügt aber nicht mehr ein ärztliches Zeugnis, sondern es muss ein Sachverständiger angehört werden (§ 302 S. 2 FamFG).

Nach § 300 II FamFG kann das Gericht einen Betreuer durch einstweilige Anordnung entlassen, 65 wenn dringende Gründe für die Annahme bestehen, dass die Voraussetzungen des § 1908 b BGB gegeben sind und ein dringendes Bedürfnis für ein sofortiges Tätigwerden besteht. Die weiteren Voraussetzungen des § 300 I FamFG gelten hier nicht (*Schulte-Bunert, Weinreich/Rausch* FamFG, § 300 Rn. 10). Fraglich ist, welche Folgen eintreten, wenn die rechtskräftige Entlassung im Wege der einstweiligen Anordnung nach sechs Monaten außer Kraft tritt (§ 302 FamFG), weil kein Hauptsacheverfahren eingeleitet wurde. Da die einstweilige Anordnung nach dem eindeutigen Wortlaut des § 302 FamFG „außer Kraft" tritt, wird der entlassene Betreuer mit Zeitablauf wieder Betreuer. Die Entlassung im Wege der einstweiligen Anordnung führt daher faktisch nur zu einem „Ruhen" der Position des Betreuers. Eine **einstweilige Anordnung bei gesteigerter Dringlichkeit** ist nach § 301 FamFG zulässig, wenn Gefahr im Verzug vorliegt. Es müssen dann die Bestellung und Anhörung des Verfahrenspflegers sowie die persönliche Anhörung des Betroffenen unverzüglich nachgeholt werden.

VI. Weitere Betreuungsentscheidungen

1. Erweiterung der Betreuung

Der Aufgabenkreis des Betreuers oder der Kreis der einwilligungsbedürftigen Willenserklärungen 66 beim Einwilligungsvorbehalt ist zu erweitern, wenn dies erforderlich ist (§ 1908 d III 1, IV BGB). Hierfür sind materiell (§ 1908 d III, IV BGB) und formell (§ 293 FamFG) die Bestimmungen über die Anordnung der Betreuung oder des Einwilligungsvorbehalts in vollem Umfang anzuwenden. Eine Ausnahme gilt nach § 293 II FamFG bei einer **unwesentlichen** Erweiterung des Aufgabenkreises oder wenn die persönliche Anhörung nach § 278 I FamFG, ein Gutachten oder ärztliches Zeugnis nicht länger als sechs Monate zurückliegen. Das Gericht kann dann von einer erneuten Vornahme dieser Verfahrenshandlungen absehen. Die Pflicht zur persönlichen Anhörung bleibt aber trotz des Verzichts darauf in § 293 II FamFG bestehen, wenn ansonsten das rechtliche Gehör nicht mehr gewährleistet wäre (§ 34 I Nr. 1 FamFG; BT-Drs. 16/6308 S. 269).

Das Gesetz definiert den Begriff unwesentliche Erweiterung nicht, benennt aber Beispiele in § 293 II S. 2 FamFG. § 293 FamFG gilt auch, wenn mit der Bestellung eines weiteren Betreuers nach § 1899 BGB eine Erweiterung des Aufgabenkreises verbunden ist (§ 293 III FamFG).

2. Verlängerung der Betreuung oder des Einwilligungsvorbehalts

Spätestens nach sieben Jahren muss über die Verlängerung entschieden werden. Dabei gelten die Vor- 67 schriften über die erstmalige Bestellung bzw. Anordnung entsprechend. An Stelle eines Gutachtens kann jedoch ein ärztliches Zeugnis verwendet werden, wenn sich aus der persönlichen Anhörung und dem ärztlichen Zeugnis ergibt, dass sich der Umfang der Betreuungsbedürftigkeit offensichtlich nicht verringert hat (§ 295 I FamFG). Die Verlängerung ist gleichbedeutend mit einer erneuten Anordnung einer Betreuung einschließlich der Entscheidung über die Person des Betreuers, auch wenn der bisherige Betreuer wieder bestellt wird. Eine Entscheidung über einen Betreuerwechsel im Rahmen der Verlängerungsentscheidung richtet sich daher nach § 1897 BGB (Neubestellung) und nicht nach § 1908 b I BGB (*BGH,* BtPrax 2010, 276).

3. Aufhebung/Einschränkung der Betreuung oder des Einwilligungsvorbehalts

68 Betreuung und Einwilligungsvorbehalt sind ganz oder teilweise aufzuheben, wenn die Voraussetzungen hierfür ganz oder teilweise in Wegfall kommen (§ 1908 d I, IV BGB). Wurde die Betreuung auf Antrag angeordnet, so ist sie auf Antrag aufzuheben, es sei denn die Betreuung ist jetzt von Amts wegen erforderlich (1908 d II 1 BGB). Die (teilweise) Aufhebung der Betreuung kann durch eine Mitteilung des Betreuers nach § 1901 IV BGB oder von Amts wegen veranlasst sein. Das Verfahren richtet sich nach § 294 I FamFG. Dieser verweist nur auf die §§ 279 und 288 II 1 FamFG (Anhörung Beteiligter, der Betreuungsbehörde und der gesetzlichen Vertreter; Bekanntgabe an Betreuungsbehörde), so dass von einer erneuten Anhörung und Begutachtung des Betroffenen gem. §§ 278, 280 FamFG abgesehen werden kann. Der Untersuchungsgrundsatz des § 26 FamFG ist aber zu beachten (*BGH,* FamRZ 2011, 556). Soll erstmals ein Antrag des Betroffenen auf Aufhebung oder Einschränkung der Betreuung zurückgewiesen werden, so ist § 294 III FamFG zu beachten. Eine infolge Verzichts nach § 281 I Nr. 1 FamFG bisher unterbliebene Begutachtung des Betroffenen muss dann nachgeholt werden, wenn die Betreuung weiter bestehen bleiben soll.

4. Entlassung des Betreuers

69 a) **Voraussetzungen der Entlassung.** Das Gericht hat den Betreuer zu entlassen, wenn er **nicht mehr geeignet** ist iSv § 1897 I BGB oder wenn ein **anderer wichtiger Grund** für die Entlassung vorliegt. Ungeeignet ist der Betreuer, wenn er den nötigen Einsatz vermissen lässt oder wenn er seine Aufgaben nur unzulänglich und unter Gefährdung der Interessen des Betroffenen erledigt (BT-Drs. 11/4528 S. 152 f.; *OLG München,* Rpfleger 2005, 533; BtPrax 2007, 77). Die Eignung kann auch dann nicht mehr gewährleistet sein, wenn – selbst ohne eigenen Pflichtverstoß – das Vertrauensverhältnis zum Betroffenen gestört ist und er deshalb eigenständig und ernsthaft einen anderen Betreuer wünscht. Grund dafür ist, dass der akzeptierte und gewünschte Betreuer das erforderliche Vertrauensverhältnis leichter aufbauen und bewahren kann (*OLG München,* FamRZ 2009, 642). Wesentlich ist, dass durch den Betreuerwechsel das Wohl des Betroffenen erheblich besser gewahrt werden kann (*BayObLG,* FamRZ 2000, 1457/1458). Der Grundgedanke des § 1897 IV BGB ist auch bei der Entlassung des Betreuers zu beachten (*BayObLG,* BtPrax 1993, 171). Ehe das Gericht den Betreuer entlässt, hat es die Mittel der Aufsicht und des Weisungsrechts (§§ 1908 i, 1837 II BGB) zu nutzen (*BayObLG,* BtPrax 1996, 67/68; *OLG München,* Rpfleger 2005, 533). Ein anderer wichtiger Grund liegt zB dann vor, wenn mehrere Betreuer bestellt wurden und sich nachträglich herausstellt, dass die Voraussetzungen des § 1899 I 1 BGB nicht oder nicht mehr vorliegen (*OLG München,* BtPrax 2007, 77). Das Gericht soll einen **Berufsbetreuer** entlassen, wenn eine ehrenamtlich geführte Betreuung möglich ist (§ 1908 b I 3 BGB). Gegen eine die Entlassung ablehnende Entscheidung steht auch dem Vertreter der Staatskasse das Beschwerderecht zu (§ 304 I FamFG). Bei einer Verlängerungsentscheidung ist über einen Antrag auf Entlassung wie bei einer Neubestellung nach § 1897 BGB zu entscheiden (vgl. oben 2. Rn. 67).

70 b) **Zuständigkeit.** Nach § 3 Nr. 2 lit. b iVm § 15 I Nr. 1 RpflG ist zuständig

- der Richter für die Entscheidung in den Fällen des § 1908 b I, II und V BGB und § 1908 c BGB
- der Rechtspfleger für die Fälle des
  - § 1908 b III BGB: Betreuter schlägt geeigneten Nachfolger vor
  - § 1908 b IV BGB: Entlassung des Vereinsbetreuers auf Antrag des Vereins

Darüber hinaus ermächtigt § 19 I Nr. 1 RpflG die Länderregierungen durch Rechtsverordnung, diesen Richtervorbehalt ganz oder teilweise aufzuheben (vgl. Rn. 4). Diese Zuständigkeitsverteilung gilt auch für die Bestellung des neuen Betreuers.

71 c) **Verfahrensvorschriften.** § 296 FamFG regelt das Verfahren bei der Entlassung und der Bestellung eines neuen Betreuers. Bei der **Entlassung** ist nur die persönliche Anhörung geregelt. Widerspricht der Betroffene der Entlassung des Betreuers, sind er und der Betreuer persönlich anzuhören (§ 296 I FamFG). Diese Anhörung kann auch durch den ersuchten Richter durchgeführt werden, da eine Einschränkung wie in § 278 III FamFG nicht vorgesehen ist. Auch eine Vorführung wird nicht erlaubt, sondern nur ein Vorgehen nach § 34 III FamFG. Diese Vorschrift ermöglicht es auch von der Anhörung im Hinblick auf erhebliche Nachteile für die Gesundheit abzusehen (Abs. 2). Von der Anhörung abzusehen, weil der Betroffene offensichtlich nicht in der Lage ist sich zu äußern ist schwer vorstellbar, weil er dann wohl auch nicht in der Lage ist der Entlassung zu widersprechen. Im Übrigen bleibt es bei der

Pflicht, die entscheidungserheblichen Tatsachen von Amts wegen festzustellen (§ 26 FamFG). Vor der **Bestellung des neuen Betreuers** nach Tod oder Entlassung des Vorgängers (§ 1908 c BGB) ist der Betroffene persönlich anzuhören, es sei denn er hat sein Einverständnis mit dem Betreuerwechsel erklärt. Zusätzlich ist eine Anhörung der Beteiligten und der Betreuungsbehörde vorgeschrieben (§§ 296 II, 279 FamFG). Zur Bekanntgabe und zum Wirksamwerden vgl. oben Rn. 60, 61.

VII. Genehmigungen, für die der Betreuungsrichter zuständig ist

Die Zuständigkeit des Richters ergibt sich bezüglich der §§ 1904 und 1905 BGB aus dem Richtervorbehalt des § 15 I Nr. 4 RpflG und für Genehmigungen im Bereich der Unterbringungen aus der fehlenden Übertragung der Unterbringungsverfahren auf den Rechtspfleger in § 3 RpflG. 72

1. Ärztliche Maßnahmen (§ 1904 BGB)

a) **Übersicht.** Die Genehmigungspflicht setzt voraus: 73

- Ein Betreuer oder ein hierzu ausdrücklich und schriftlich Bevollmächtigter will die
- **Einwilligung, Nichteinwilligung** oder den **Widerruf** erteilen in eine
- **Untersuchung** des Gesundheitszustandes, eine **Heilbehandlung** oder einen **ärztlichen Eingriff** die/der verbunden ist mit der
- begründeten **Gefahr**, dass der Betroffene aufgrund der Maßnahme stirbt oder einen schweren *und* länger dauernden Schaden erleidet

Die Befugnis des Betreuers zur Einwilligung erfordert: 74

- Er muss für den entsprechenden Aufgabenkreis bestellt sein etwa mit der Formulierung Gesundheitsfürsorge, Gesundheitsangelegenheiten, Personensorge oder Zuführung zur ärztlichen Behandlung.
- Der Betreute selbst ist zu einer Einwilligung nicht mehr in der Lage. Für die Wirksamkeit der Einwilligung des Betreuten kommt es (anders als beim Abschluss des Behandlungsvertrags) nicht auf die Geschäftsfähigkeit des Betroffenen an, sondern auf seine natürliche Einsichts- und Steuerungsfähigkeit (BT-Drs. 11/4528 S. 140). Hat der Betroffene für die konkrete Maßnahme diese Fähigkeit, so kann der Betreuer/Bevollmächtigte die fehlende Einwilligung nicht ersetzen oder bei Einwilligung des Betreuten die Maßnahme verbieten (*Damrau/Zimmermann,* § 1904 BGB Rn. 2; *Bienwald/Sonnenfeld/Hoffmann Hoffmann,* § 1904 Rn. 35).

b) **Einzelprobleme.** Es muss die begründete Gefahr, dh die ernstliche und konkrete Erwartung bestehen, dass der Betreute aufgrund der Maßnahme stirbt oder einen schweren und länger dauernden Schaden erleidet. Schwere *und* Dauer müssen zusammenkommen. Ein Merkmal allein löst keine Genehmigungspflicht aus. Die Begründung des Entwurfs verweist zur Auslegung des Begriffs **„schwer"** auf § 224 aF (jetzt § 226) StGB. Demnach können als Beispiele gelten der Verlust des Sehvermögens auf mindestens einem Auge, des Gehörs, des Sprechvermögens oder der Fortpflanzungsfähigkeit. Ferner der Verlust oder die dauernde Gebrauchsunfähigkeit eines wichtigen Glieds des Körpers oder wenn der Betroffene in erheblicher Weise dauernd entstellt wird oder in Siechtum, Lähmung, geistige Krankheit oder Behinderung verfällt. **Länger dauernd** ist ein Zeitraum von einem Jahr oder mehr, bei außergewöhnlichen Schmerzen kann eine kürzere Frist anzunehmen sein (BT-Drs. 11/4528 S. 141). Die Voraussetzungen der Genehmigungspflicht dürfen sich nicht allein aus der Mitteilung des Arztes ergeben (so aber BT-Dr. 11/6949 S. 73), sondern aus dem objektiven, vom Gericht zu ermittelnden Sachverhalt (*MünchKomm/Schwab,* § 1904 BGB Rn. 15). Geht es um die Genehmigung einer Einwilligung und wäre mit einem Aufschub bis zur Entscheidung eine Gefährdung des Betroffenen verbunden, dann entfällt die Pflicht zur Genehmigung durch das Gericht, nicht aber die Notwendigkeit der Einwilligung des Betreuers/Bevollmächtigten (§ 1904 I 2 BGB). Die Genehmigung ist zu erteilen, wenn die Maßnahme dem Willen des Betreuten entspricht (§ 1904 III BGB). 75

c) **Wegfall der Genehmigungspflicht.** Mit der Regelung der Patientenverfügung durch das 3. ÄndG hat sich der Gesetzgeber von der bewährten generellen Genehmigungspflicht des § 1904 BGB (aF) verabschiedet. Nunmehr genügt es, wenn zwischen behandelndem Arzt und Betreuer Einvernehmen darüber besteht, dass die geplante ärztliche Maßnahme dem nach § 1901 a BGB festgestellten Willen des Betroffenen entspricht. Die moderne Medizin basiert aber auf einer diffizilen, vertikalen und horizontalen Arbeitsteilung, in der es den klassischen Begriff des **behandelnden Arztes** nicht mehr gibt. Der Betreuer sieht sich zB konfrontiert mit dem Hausarzt, Facharzt, Notarzt, Aufnahmearzt, Stationsarzt, Oberarzt, ärztlichen Direktor, Chirurg, Anästhesist. Zudem kann der Betreuer jeden beliebigen Arzt mit der Behandlung betrauen und so das gewünschte Einvernehmen erreichen. 76

Trotz des schwierigen Umfelds findet also eine effektive richterliche Kontrolle nicht mehr statt. Dies ist im Hinblick auf den komplexen Gegenstand des Einvernehmens bedauerlich. Es geht ja um die Wirksamkeit der Patientenverfügung, die aktuelle Lebens- und Behandlungssituation, hilfsweise die Behandlungswünsche und den mutmaßlichen Willen des Betreuten. In dieser schwierigen juristisch geprägten Begriffswelt werden sich Arzt und Betreuer schwer alleine zurechtfinden. 77

78 **d) Formelle Vorschriften.** Bei einer Entscheidung über die Einwilligung gem. § 1904 I BGB ergibt sich die örtliche Zuständigkeit aus den §§ 271 Nr. 3, 272 I Nrn. 1 bis 4 FamFG und die funktionelle Zuständigkeit des Richter aus § 15 I Nr. 4 RpflG. Der Betroffene ist persönlich anzuhören (§ 298 I FamFG), es sei denn es sind erhebliche Nachteile für die Gesundheit des Betroffenen zu besorgen oder der Betroffene kann seinen Willen offensichtlich nicht kundtun (§ 34 II FamFG). Regelmäßig ist ein Verfahrenspfleger nach allgemeinen Vorschriften (§ 276 FamFG) zu bestellen. Vor der Genehmigung muss ein Sachverständigengutachten erholt werden. Der Gutachter soll nicht gleichzeitig behandelnder Arzt sein. Das geschilderte Verfahren ist zeitaufwendig. Selbst wenn bereits ein Betreuer/Bevollmächtigter greifbar ist, kann es häufig bis zu dem Zeitpunkt, zu dem die Maßnahme durchgeführt werden muss, nicht abgeschlossen werden. Abhilfe schafft bei Gefahr nur § 1904 I S. 2 BGB für die Genehmigung der Einwilligung (s. o. unter b).

79 Wenn noch kein Betreuer/Bevollmächtigter bestellt ist, der die Einwilligung in die ärztliche Maßnahme nach § 1904 BGB erteilen kann, sind im Wesentlichen folgende Fallgestaltungen möglich:

- Es kann noch ein (vorläufiger) Betreuer für den Aufgabenkreis „Einwilligung in eine ärztliche Maßnahme" bestellt werden. Willigt der (vorläufige) Betreuer in die ärztliche Maßnahme ein und beantragt deren gerichtliche Genehmigung, so hat der Richter zu prüfen, ob in der bis zur Durchführung der ärztlichen Maßnahme verbleibenden Zeit das Gutachten beschafft werden kann. Nur wenn dies möglich erscheint, kann er tätig werden.
- Ist die Operation so dringend, dass nicht einmal Zeit zur Bestellung eines vorläufigen Betreuers verbleibt, dann kann in unaufschiebbaren Fällen auf die Grundsätze des Notstandsrechts (§ 34 StGB) verwiesen werden.
- Bleibt dem Richter noch genügend Zeit, um nach § 1846 BGB selbst zu entscheiden, muss er, schon um Missverständnisse und Beweisschwierigkeiten zu vermeiden, sich vor seiner Entscheidung ein ärztliches Zeugnis zur Frage der Eilbedürftigkeit, der Risiken und Chancen der ärztlichen Maßnahme und zur Einwilligungsfähigkeit des Betroffenen schriftlich (per Fax) vorlegen lassen; ferner hat er den Betroffenen anzuhören und möglichst einen Verfahrenspfleger zu bestellen.

80 **e) Entscheidung über lebenserhaltende Maßnahmen.** Zu den schwierigsten Entscheidungen eines Betreuers (gilt jeweils auch für Vorsorgebevollmächtigte) gehört die Nichteinwilligung oder der Widerruf einer Einwilligung in lebenserhaltende Maßnahmen. Beispielhaft seien erwähnt eine Reanimation, die künstliche Ernährung, Beatmung oder andere medizinische Intensivmaßnahmen. Der Gesetzgeber hat sich nach jahrzehntelanger Diskussion mit den neuen §§ 1901 a, 1901 b, 1904 BGB und den §§ 287 III, 298 FamFG für eine betreuungsrechtliche Lösung entschieden. Adressat für die Umsetzung der Patientenverfügung, die Feststellung der Behandlungswünsche und des mutmaßlichen Willens ist jeweils der Betreuer (*BGH,* NJW 2011, 161; *Albrecht/Albrecht,* Die Patientenverfügung Rn. 108). Dem behandelnden Arzt obliegt dagegen die Feststellung der ärztlichen Indikation, deren Erörterung mit dem Betreuer und die Entscheidung, ob zwischen ihm und dem Betreuer Einvernehmen besteht über den nach § 1901 a BGB festgestellten Willen des Betreuten (*BGH* aaO; *Spickhoff,* FamRZ 2009, 1949, 1952).

81 Am Anfang stehen naturgemäß immer die vom behandelnden Arzt festzustellenden ärztlich indizierten Maßnahmen. Sodann ist zu prüfen, ob eine **Patientenverfügung** vorliegt, die sich mit den ärztlich indizierten Maßnahmen befasst. Entsprechend der Legaldefinition in § 1901 a I 1 BGB muss die Patientenverfügung von einem einwilligungsfähigen Volljährigen schriftlich verfasst worden sein. Gegenstand der Regelung können nur Untersuchungen des Gesundheitszustands, Heilbehandlungen oder ärztliche Eingriffe sein. Diese dürfen nicht unmittelbar bevorstehen und es muss sich um bestimmte Festlegungen handeln. Allgemein gehaltene Formulierungen wie der verständliche Wunsch nach einem würdigen Sterben oder die pauschale Ablehnung eines künstlich aufrechterhaltenen Lebens an Schläuchen scheitern zwar am Bestimmtheitsgebot, sind aber selbstverständlicher Bestandteil einer humanen Sterbebegleitung auf einer Krankenhaus- oder Palliativstation. Liegt dagegen eine wirksame Patientenverfügung vor, hat der Betreuer nur noch zu prüfen, ob sie der aktuellen Lebens- und Behandlungssituation entspricht. Wird auch dies bejaht, hat der Betreuer keinen Entscheidungsspielraum und muss dem Willen des Betreuten „Ausdruck und Geltung" verschaffen.

82 Scheitert der Rückgriff auf eine Patientenverfügung an einer der genannten Voraussetzungen, dann kommt es gem. § 1901 a II BGB auf die **Behandlungswünsche** des Betreuten an, die der Betreuer festzustellen hat. Liegen auch diese nicht vor, muss er schließlich auf den **mutmaßlichen Willen** zurückgreifen, der aufgrund konkreter Anhaltspunkte, insbesondere früherer mündlicher oder schriftlicher Äußerungen, zu ermitteln ist. Besonders schwierig dürfte die vom Gesetz geforderte Berücksichtigung ethischer oder religiöser Überzeugungen und sonstiger persönlicher Wertvorstellungen sein. Diese werden zwar gelebt, sind aber wohl selten eingrenzbar oder nachvollziehbar. Schließlich müssen diese Vorstellungen so konkret und belastbar sein, dass man sie ruhigen Gewissens einer Entscheidung in der es um Leben oder Tod geht zugrunde legen kann. Rechtsfolgenlos und nur dem Zeitgeist geschuldet ist der als Sollvorschrift eingebrachte **„dialogische Prozess"** (§ 1901 b II BGB). Das Gespräch mit nahestehenden Personen ist eine moralische und menschliche Pflicht und bedarf keines halbherzigen normativen Hinweises.

Im Gegensatz zur Situation bei der Patientenverfügung hat der Betreuer im Rahmen des § 1901a II BGB ein eigenes Entscheidungsrecht. Er muss zwar auf der Grundlage der Behandlungswünsche und des mutmaßlichen Willens entscheiden, kann aber dabei auch die Erwägung einfließen lassen, dass sich der Betreute in der konkreten Situation von früher geäußerten Behandlungswünschen distanziert hätte. Ausdrücklich abgeschafft hat der Gesetzgeber die früher von der Rechtsprechung entwickelte sog. **„Reichweitenregelung"**, also die Verknüpfung der Verbindlichkeit mit Art und Stadium der Erkrankung (§ 1901 a III BGB). 83

Ein **betreuungsgerichtliches Genehmigungsverfahren** hat der Betreuer einzuleiten, wenn er mit dem behandelnden Arzt kein Einvernehmen erzielen kann. Der Betreuungsrichter soll gem. § 298 II FamFG die sonstigen Beteiligten anhören. Damit wird den Beteiligten rechtliches Gehör gewährt und der von Amts wegen einzuhaltenden Ermittlungspflicht Genüge getan. Es muss immer ein Verfahrenspfleger bestellt und ein Sachverständigengutachten erholt werden (§ 298 II und III FamFG). Die erteilte Genehmigung wird erst zwei Wochen nach Bekanntgabe an den Betreuer oder Bevollmächtigten sowie an den Verfahrenspfleger wirksam (§ 287 III BGB). 84

Schwierig ist die Situation, wenn der behandelnde Arzt im Gegensatz zum Betreuer eine indizierte lebenserhaltende Maßnahme (zB PEG-Sonde) für erforderlich und vom Willen des Betreuten umfasst hält. Solange der Betreuer nicht einwilligt, darf der Arzt nicht behandeln, so dass der Betreute sterben würde. Das Gesetz sieht keine besondere Möglichkeit vor, eine einstweilige Anordnung zu treffen. Man kann aber auf die allgemeinen Vorschriften der §§ 49 ff. FamFG zurückgreifen (BT-Drs. 16/8442 S. 18). Mit einer einstweiligen Anordnung kann daher das Gericht die Einwilligung erteilen oder den Betreuer anweisen diese zu erteilen. 85

Das Betreuungsgericht darf sich bei der Feststellung des Willens des Betreuten nicht mit vagen Äußerungen des Betroffenen zufrieden geben, die Jahre zurückliegen und von den Beteiligten kaum konkretisiert werden können. Beweismäßig gelten also strenge Maßstäbe, die der hohen Bedeutung der betroffenen Rechtsgüter Rechnung zu tragen haben (*BGH*, NStZ 2010, 632). Letztlich gilt bei einem „non liquet" der Grundsatz „in dubio pro vita."

Zur Vermeidung von Unsicherheiten wird von Pflegekräften, Ärzten oder Betreuern häufig die Feststellung verlangt, dass die ins Auge gefasste Nichteinwilligung oder der Widerruf der Einwilligung rechtmäßig sei bzw., dass ein gerichtliches Genehmigungsverfahren nicht erforderlich sei. Das Gesetz sieht aber die Erteilung eines derartigen **Negativattestes** nicht vor und schon gar nicht die Kompetenz zur Prüfung, ob ein Missbrauch vorliege (vgl. auch *BGHZ* 44, 325; aA *LG Kleve*, FamRZ 2010, 1841; *LG Oldenburg*, FamRZ 2010, 1470). Nur bei fehlendem Einvernehmen zwischen Betreuer und behandelndem Arzt kann das Gericht im Rahmen des Genehmigungsverfahrens nach den Kriterien des § 1904 III BGB entscheiden. 86

Strafrechtlich hat sich der BGH bei der Feststellung einer rechtfertigenden Einwilligung von der nicht mehr durchzuhaltenden Unterscheidung zwischen aktivem und passivem Tun verabschiedet und ersetzt nunmehr den Begriff Sterbehilfe durch Behandlungsabbruch. Allerdings fordert der BGH für die rechtfertigende Einwilligung in die **Sterbehilfe durch Behandlungsunterlassung, -begrenzung oder -abbruch**, dass die betroffene Person lebensbedrohlich erkrankt ist (*BGH*, NStZ 2010, 632). Mit der Formulierung, dass der Behandlungsabbruch dazu dienen muss, „einem ohne Behandlung zum Tode führenden Krankheitsprozess seinen Lauf zu lassen", hat sich der BGH entgegen § 1901 a III BGB wieder für die sog. Reichweitenbegrenzung entschieden. Ein Wachkoma- oder Alzheimer-Patient würde also nicht erfasst, da er nicht lebensbedrohlich erkrankt ist. Auch die Einhaltung der §§ 1901 a und b BGB ist für die strafrechtlich relevante Prüfung der Einwilligung unabdingbar. Diese Vorschriften dienen nicht nur der Gewährleistung des verfassungsrechtlich geschützten Selbstbestimmungsrechts, sondern auch dem gleichrangig geschützten Recht auf Leben. Eine Entscheidung darf und muss nicht unter zeitlichem Druck erfolgen, sondern nur nach sorgfältiger Prüfung der medizinischen Situation und des Patientenwillens (*BGH* aaO). 87

Die Schnittstelle zwischen Verantwortungsbereich des Arztes und Entscheidung des Betreuers bildet die **ärztliche Indikation**, die vom Gesetz etwas unscharf auch als **medizinische Indikation** bezeichnet wird (vgl. § 1904 II BGB und § 1901 b I 1 BGB). Die Vorstellung, es gäbe nur eine objektiv richtige (medizinische) Indikation, die der Arzt aufgrund seiner Kompetenz feststellen (ärztliche Indikation) könnte, ist falsch. Es gibt häufig ein Bündel ärztlicher Maßnahmen, die mit unterschiedlichen Risiken, Heilungschancen und Kosten einhergehen. Ferner wird der behandelnde Arzt immer auch die individuelle Situation des Patienten (Alter, psychische Belastbarkeit, soziales Umfeld, Lebenseinstellung), ökonomische Gesichtspunkte, Fragen der Ressourcenverteilung und der Zumutbarkeit im Auge haben müssen. Je mehr sich der behandelnde Arzt von der rein objektiven medizinischen Indikation entfernt, umso intensiver schränkt er die Entscheidungsbefugnis des Betreuers ein und gerät in den Bereich des ärztlichen Paternalismus, auch wenn er nur die Betroffenen von schwerer Gewissensnot befreien will. Ein entscheidender Punkt ist auch die Frage des **Therapiewechsels**, dh es wird grundsätzlich Abstand genommen von dem Ziel der Heilung und im Schwerpunkt die Linderung und Sterbebegleitung ärztlich angeboten. Auch der Therapiewechsel kann mehr als ärztliche Indikation oder eher als Entscheidung des Betreuers ausgestaltet werden. Der Arzt wird also die objektiv indizierten medizinischen Maßnah- 88 men darlegen, seine subjektive Sicht der Dinge unterbreiten und den Betreuer beraten. Die Auswahl verschiedener ärztlich/medizinisch indizierter Maßnahmen muss dann dem Betreuer überlassen bleiben.

2. Sterilisation (§ 1905 BGB)

89 § 1905 BGB lässt unter sehr engen Voraussetzungen die Sterilisation von Volljährigen zu. Bei Minderjährigen ist sie dagegen generell verboten (§ 1631 c BGB). Die Sterilisation kann nur bei Vorliegen der fünf Voraussetzungen nach § 1905 I 1 Nrn. 1–5 BGB genehmigt werden. Fehlt auch nur eine, dann ist die Sterilisation unzulässig. Es gelten die strengsten Verfahrensgarantien, die das Betreuungsrecht kennt:

- Bestellung eines **besonderen Betreuers** für die Entscheidung über die Einwilligung in die Sterilisation (§ 1899 II BGB).
- Es muss ein **persönlicher Betreuer** bestellt werden, also weder ein Verein noch die Betreuungsbehörde (§ 1900 V BGB).
- Für einen nicht durch einen Rechtsanwalt/Verfahrensbevollmächtigten vertretenen Betroffenen ist stets ein **Verfahrenspfleger** zu bestellen (§ 297 V FamFG).
- Verfahrenshandlungen durch ersuchten Richter sind ausgeschlossen (§ 297 IV FamFG).
- Erholung von **Sachverständigengutachten**, wobei die Gutachter nicht mit dem ausführenden Arzt personengleich sein dürfen. Die Gutachter müssen den Betroffenen persönlich untersuchen und befragen. Die Gebiete, auf die sich die Gutachten erstrecken müssen, sind in § 297 VI S. 1 FamFG aufgeführt.
- **Persönliche Anhörung** des Betroffenen und Verschaffung eines unmittelbaren Eindrucks.
- Gelegenheit zur Äußerung für die zuständige Behörde unter den Voraussetzungen des § 297 II FamFG.
- Anhörung der sonstigen Beteiligten und auf Verlangen des Betroffenen einer ihm nahestehende Person.
- Die Genehmigung der Einwilligung des Betreuers wird erst mit der **Bekanntgabe** an den Betreuer und den Verfahrenspfleger bzw. Verfahrensbevollmächtigten wirksam (§ 297 VII FamFG).
- Die Sterilisation darf erst zwei Wochen nach der Wirksamkeit der Genehmigung durchgeführt werden (§ 1905 II 2 BGB) und soll die Möglichkeit der Refertilisierung belassen.

90 In der Praxis zeigt sich immer wieder, dass die meisten Sterilisationen durch kompetente Aufklärung vermieden werden können. Es ist deshalb erfreulich, dass das Ziel des Gesetzgebers, unnötige Sterilisationen durch strenge Verfahrensvorschriften zu vermeiden erreicht worden ist. 2009 wurden lediglich 68 Genehmigungen erteilt (Quelle: BfJ, Sondererhebung Verfahren nach dem Betreuungsgesetz, GÜ2, Stat. Bundesamt).

2. Teil. Unterbringungssachen

I. Vorbemerkung

91 Unterbringung ist die räumliche Beschränkung einer Person auf einen bestimmten Raum (Abteilung, Gebäude, Gelände), wobei die Räume nicht für alle Bewohner abgeschlossen sein müssen (beschützende Abteilung). Es genügt auch die räumliche Beschränkung durch Zurückhalten oder andere Sicherheitsmaßnahmen innerhalb eines Geländes. Jede Freiheitsentziehung muss sich an den verfassungsrechtlichen Vorgaben der Art. 2 II 2, 104 GG messen lassen, so dass eine besonders sorgfältige richterliche Arbeitsweise geboten ist.

Die zivilrechtliche Unterbringung für Minderjährige regeln die §§ 1631 b, 1705, 1800, 1915 BGB und für Volljährige § 1906 BGB. In den Landesgesetzen werden öffentlichrechtliche Unterbringungen geregelt, die zum Ziel haben, eine Störung der öffentlichen Sicherheit und Ordnung abzuwehren. Das FamFG hat für beide Unterbringungsarten einheitliche Verfahrensbestimmungen geschaffen (§ 312 Nrn. 1–3 FamFG). Diese Regelungen gelten auch für die Entscheidung über unterbringungsähnliche Maßnahmen nach § 1906 IV BGB. Dagegen regelt sich das Verfahren bei bundesrechtlich angeordneter Freiheitsentziehung nach den §§ 415 ff. FamFG (zB § 30 II 4 Infektionsschutzgesetz, §§ 15 V, 62 AufenthG, § 59 II AsylVfG).

II. Zivilrechtliche Unterbringung von Erwachsenen

1. Materielle Vorschriften

92 § 1906 I BGB bestimmt, dass eine Unterbringung des Betreuten durch den Betreuer nur zulässig ist, solange sie zum **Wohle des Betreuten** erforderlich ist, weil eine der in Nrn. 1 oder 2 beschriebenen Voraussetzungen gegeben ist. Es muss also gem. Nr. 1 eine ernstliche und konkrete Gefahr feststehen (*BGH*, BtPrax 2010, 78 mit Anm. *Böhm*), dass sich der Betroffene selbst tötet oder erheblichen gesundheitlichen Schaden zufügt. Eine wirtschaftliche Schädigung genügt nicht. Die Nr. 2 eröffnet die

Möglichkeit der Unterbringung, wenn sie erforderlich ist, um notwendige ärztliche Maßnahmen durchzuführen.

Über das Ob einer zivilrechtlichen Unterbringung kann nur ein (vorläufiger) Betreuer mit entsprechendem Aufgabenkreis (zB Zuführung zur Unterbringung, Aufenthaltsbestimmung und Gesundheitsfürsorge) entscheiden. Dieselben Rechte stehen dem hierzu ausdrücklich und schriftlich Bevollmächtigten (§ 1906 V BGB) zu. Die zivilrechtliche Unterbringung nur im **Interesse eines Dritten** ist ausnahmslos unzulässig. Gefährdet der Betroffene ausschließlich andere, kommt nur eine Unterbringung nach Polizei- oder Sicherheitsrecht in Betracht. Fremd- und Eigengefährdung können aber, etwa bei einer provozierten Schlägerei, zugleich gegeben sein (*OLG Karlsruhe,* BtPrax 2009, 38). Die Selbstgefährdung des Betroffenen muss durch eine psychische Krankheit oder geistige oder seelische Behinderung verursacht sein. Wer sich im Vollbesitz seiner geistigen und seelischen Kräfte selbst gefährdet oder keinen Arzt aufsucht, kann nicht untergebracht werden. Das BayObLG fordert für § 1906 I Nr. 1 BGB, dass der Betroffene seinen Willen nicht frei bestimmen kann (*BayObLGZ* 1993, 18; ebenso *OLG Düsseldorf,* BtPrax 1995, 29/30). Ist der Betroffene mit der Unterbringung einverstanden, wobei der natürliche Wille ausreicht, so liegt keine Freiheitsentziehung vor, es bedarf also keines Unterbringungsverfahrens. Die Unterbringung muss notwendig sein. Dies ist sie nur dann, wenn keine andere, weniger in die Rechte des Betroffenen eingreifende Maßnahme möglich und ausreichend ist. Eine mit der Unterbringung durchzusetzende ärztliche Maßnahme muss hinreichende Aussicht auf Erfolg haben, was bei der zwangsweisen Durchführung einer Entziehungskur nicht der Fall ist (BT-Drs. 11/4528 S. 147). Der Grundsatz der Verhältnismäßigkeit ist streng zu beachten (*BVerfG,* NJW 1998, 1775; *BayObLGZ* 1998 Nr. 31). 93

Der Betreuer muss die Unterbringung vom Betreuungsgericht genehmigen lassen. Ohne Genehmigung, die keinen förmlichen Antrag voraussetzt (*BayObLG,* FamRZ 1994, 1416; *Staudinger/Bienwald,* § 1906 Rn. 54; *Palandt/Diederichsen,* § 1906 Rn. 44), ist die Unterbringung unzulässig, es sei denn mit dem Aufschub wäre Gefahr für das Wohl des Betreuten verbunden; der Betreuer hat dann aber unverzüglich die Genehmigung nachzuholen (§ 1906 II 2 BGB). Der Genehmigungsvorbehalt dient dem Schutz des Betroffenen vor Missbrauch bei einschneidenden Maßnahmen (*BVerfG,* FamRZ 2009, 945). Der Betreuer muss die **Unterbringung beenden** und hiervon das Gericht verständigen, wenn die Voraussetzungen der Unterbringung weggefallen sind (§ 1906 III BGB). § 330 S. 1 FamFG verpflichtet das Betreuungsgericht zur Aufhebung der Genehmigung, wenn deren Voraussetzungen weggefallen sind. 94

2. Unterbringung zur Zwangsbehandlung

Der BGH hat in seiner grundlegenden Entscheidung vom 1. 2. 2006 (*BGHZ* 166, 141) die Zulässigkeit der Unterbringung mit dem Ziel der Zwangsmedikamentierung grundsätzlich bejaht. Allerdings hat das Gericht hohe Hürden aufgebaut, da es sich um einen schweren Grundrechtseingriff handle, weil sowohl das Freiheitsrecht wie auch das Recht auf körperliche Unversehrtheit tangiert seien. Sie dürfe deshalb nicht in weniger gewichtigen Fällen erfolgen. Der BGH hat in diesem Zusammenhang von einer „Freiheit zur Krankheit“ gesprochen. In diesem Rahmen darf der psychisch Kranke selbst entscheiden, ob er das Durchleben seiner Krankheit der für ihn unzumutbaren Behandlung in einer psychiatrischen Klinik vorziehen will. Der drohende Gesundheitsschaden muss also so gewichtig sein, dass er den Freiheitseingriff rechtfertigen kann. Die therapeutische Indikation ist dabei die erste zu prüfende Voraussetzung. Dann muss der Nutzen der Behandlung abgewogen werden mit den Gesundheitsschäden, die ohne die Behandlung drohen. Zu beachten sind dabei auch die negativen Auswirkungen einer Unterbringung auf den Betroffenen. 95

Das Gutachten bzw. das ärztliche Zeugnis muss daher dem Gericht folgende Fragen beantworten: 96

- Welcher Schaden droht, wenn die Zwangsbehandlung unterbleibt?
- Welche Behandlung ist indiziert?
- Bezüglich der Medikamente ist anzugeben Wirkstoff, Dosierung und Verabreichungshäufigkeit.
- Welche Heilungs- und Besserungsprognose besteht?
- Welche Folgen sind bei einer Unterbringung zu befürchten?
- Welche Folgen sind bei einer Zwangsbehandlung (Nebenwirkungen, Spätfolgen etc.) zu erwarten?
- Bestehen Alternativen zu Unterbringung oder Zwangsbehandlung?

Allerdings gibt es keinen Genehmigungstatbestand der „Zwangsmedikamentierung“ (*Kern,* MedR 1993, 251; missverständlich *BGH,* FamRZ 2010, 1976). Das Gesetz fordert eine gerichtliche Genehmigung für eine spezielle ärztliche Behandlung nur, wenn die Voraussetzungen des § 1904 BGB vorliegen. Erfolgt die Unterbringung, um eine Medikamentierung auch gegen den Willen umzusetzen, richtet sich der Maßstab nach § 1906 I Nr. 2 BGB und § 1906 IV BGB, wenn zusätzlich eine Fixierung zB zur Verabreichung einer Spritze erforderlich ist. Liegen beide Tatbestände (§ 1904 und § 1906 BGB) vor, muss auch anhand beider Vorschriften die Genehmigung geprüft werden. 97

Die zwangsweise Zuführung zu einer **ambulanten Behandlung** im Krankenhaus fällt dagegen nicht unter § 1906 I Nr. 2 BGB (*BGHZ* 145, 297). Weiter eingeschränkt hat der BGH die Möglichkeiten der 98

Zwangsbehandlung in seinem Beschluss vom 23. 1. 2008 (BtPrax 2008, 115). Demnach muss die freiheitsentziehende Unterbringung erforderlich sein, damit die medizinische Maßnahme durchgeführt werden kann. Sie sei erforderlich, wenn zu erwarten ist, dass der Betroffene sich ohne die freiheitsentziehende Unterbringung der erforderlichen medizinischen Maßnahme räumlich – also etwa durch Fernbleiben oder „Weglaufen" – entzieht. Somit kann keine Zwangsbehandlung erfolgen, wenn der Betroffene freiwillig in der Klinik verbleibt, aber keine Behandlung duldet. Ebenso wird man die Zulässigkeit der Unterbringung ablehnen müssen, wenn sich aus einer Patientenverfügung, die den Voraussetzungen des § 1901 a I BGB gerecht wird, das Verbot der geplanten ärztlichen Maßnahme ergibt.

3. Formelle Vorschriften

99 Die Durchführung der Unterbringung ist nicht Sache des Richters, sondern des Betreuers, der hierbei die Hilfe der Betreuungsbehörde in Anspruch nehmen kann (§ 326 I FamFG). Beim Genehmigungsverfahren sind folgende Verfahrensvorschriften zu beachten:

100 **a) Zuständigkeit, Verfahrensfähigkeit.** Die internationale Zuständigkeit ist nach § 104 FamFG, die örtliche nach § 313 FamFG zu beurteilen. Eine Unterbringungssache kann nach § 314 FamFG an das Gericht, in dessen Bezirk sich der Betroffene aufhält, abgegeben werden, wenn die Unterbringung dort auch vollzogen werden soll. Wird die notwendige Zustimmung des Aufenthaltsgerichts verweigert, kann eine Bestimmung nach § 5 I Nr. 5 FamFG erfolgen (vgl. *KG*, FamRZ 2010, 1844). Der erwachsene Betroffene ist unabhängig von seiner Geschäftsfähigkeit verfahrensfähig (§ 316 FamFG).

101 **b) Anhörung, Vorführung, Gelegenheit zur Äußerung.** Der Richter hat den Betroffenen **persönlich anzuhören** und sich einen unmittelbaren Eindruck von ihm zu verschaffen. Regelmäßig hat diese Anhörung in der **üblichen Umgebung** des Betroffenen stattzufinden. Wegen der Bedeutung des Eingriffs für den Betroffenen soll die Anhörung nicht im Wege der Rechtshilfe erfolgen (§ 319 FamFG). Lässt der Betroffene den Richter nicht in die Wohnung, kann er nur die Vorführung des Betroffenen anordnen. Er kann die Anhörung in der üblichen Umgebung nicht erzwingen (§ 319 V FamFG). Die Beteiligten, sowie die Personen und Institutionen, denen Gelegenheit zur Äußerung einzuräumen ist, sind in §§ 315, 320 FamFG aufgeführt. Die Anhörung kann persönlich, fernmündlich, per FAX oder schriftlich geschehen.

102 **c) Verfahrenspfleger.** Dem Betroffenen bestellt das Gericht gemäß § 317 FamFG einen **Verfahrenspfleger.** Sieht das Gericht in Ausnahmefällen davon ab, muss dies im Unterbringungsbeschluss begründet werden (§ 317 II FamFG). Entgegen der üblichen Formblattpraxis darf die Begründung der Nichtbestellung nicht formelhaft sein, sondern muss die konkreten Erwägungen des Gerichts erkennen lassen (*OLG Schleswig,* BtPrax 1994, 62/63). Gerade im Unterbringungsverfahren ist darauf zu achten, dass die Bestellung eines Verfahrenspflegers so frühzeitig erfolgt, dass der Verfahrenspfleger die Entscheidung noch beeinflussen kann, also rglm. noch vor der Anhörung des Betroffenen (*BGH,* FamRZ 2011, 805 mit Anm. *Schmidt-Recla*).

103 **d) Gutachten.** Vor der Genehmigung der Unterbringung hat das Gericht das Gutachten eines Sachverständigen einzuholen. Er soll Arzt für Psychiatrie sein, muss aber zumindest ein Arzt mit Erfahrung auf dem Gebiet der Psychiatrie sein. Das Gutachten muss auf einer persönlichen Untersuchung oder Befragung aufbauen und soll Ausführungen zur voraussichtlichen Dauer der Unterbringung enthalten. Die Bestimmungen zur Vorbereitung des Gutachtens im Betreuungsverfahren durch Vorführung und Unterbringung zur Begutachtung gelten entsprechend (§§ 322, 283, 284 FamFG).

4. Inhalt der Entscheidung §§ 38, 39, 323 FamFG

104 Neben den allgemeinen Vorschriften der §§ 38, 39 FamFG ergibt sich weiterer notwendiger Inhalt der Beschlussformel aus § 323 FamFG.

105 **a) Bezeichnung der Unterbringungsmaßnahme.** § 323 Nr. 1 FamFG schreibt zunächst die nähere Bezeichnung der Unterbringungsmaßnahme vor. Diese muss konkret angeben werden (*OLG Düsseldorf,* BtPrax 1995, 29), zB geschlossene Abteilung eines Altenheims, einer Pflegeeinrichtung bzw. eines psychiatrischen Krankenhauses. Die konkrete Einrichtung hat aber nicht der Richter, sondern der Betreuer zu bestimmen (vgl. *BayObLGZ* 1993, 18 [21]). Unzulässig wäre es aber, die Unterbringung in einem psychiatrischen Krankenhaus oder einer Pflegeeinrichtung zu genehmigen.

106 **b) Ende der Unterbringung.** Der Zeitpunkt, zu dem die Unterbringung endet, wenn sie nicht vorher verlängert wird, ist nach § 323 Nr. 2 FamFG anzugeben. Der Zeitraum umfasst ein Jahr und nur bei **offensichtlich langer Unterbringungsbedürftigkeit** zwei Jahre nach Erlass der Entscheidung. Letzteres gilt für Patienten, die schon seit Jahren untergebracht sind, ohne dass seither eine Besserung eingetreten ist oder für die Zukunft zu erhoffen wäre. Zu beachten ist, dass nach Ablauf der Frist die Genehmigung der Unterbringung endet. Anders verhält es sich bei der Betreuung, die nach Fristablauf fortbesteht, weil das Gesetz dem Richter lediglich vorschreibt, bis wann er über die Verlängerung oder Aufhebung zu entscheiden hat (§ 286 III FamFG).

c) **Fehlen erforderlicher Angaben.** Ergibt sich die **konkrete Maßnahme** nicht aus dem Tenor der Entscheidung, dann ist sie nicht vollziehbar. Es kann nicht angehen, dass über eine unbestimmt gehaltene Formulierung es dem Betreuer überlassen bleibt wo und wie die Freiheitsentziehung durchgeführt wird (zB psychiatrisches Krankenhaus oder Pflegeeinrichtung, Fixierung der Extremitäten, Bettgitter oder Bauchgurt). 107

Ist in der Entscheidung keine **Frist** angegeben, so ist der Beschluss nicht nichtig, sondern nur anfechtbar. Das Gericht kann seinen Beschluss nach § 42 FamFG berichtigen, wenn der Fehler im nahen zeitlichen Zusammenhang mit der Entscheidung bemerkt und die Frist versehentlich nicht aufgeführt wurde. Wird der Mangel erst später entdeckt, kann also die gewollte Frist nicht bestimmt werden, kann auch nicht unterstellt werden, dass der Richter irgendeine oder gar die längste Regelfrist von einem Jahr aussprechen wollte (*Prütting/Helm*, FamFG, § 323 Rn. 7; aA *MünchKomm/Schwab*, BGB, § 1906 Rn. 64). Der Richter muss dann unverzüglich neu entscheiden, da der Betroffene Anspruch auf eine richterliche – nicht nur auf Annahmen – begründete Entscheidung über die Dauer seiner Unterbringung hat. 108

d) **Weitere Inhalte der Entscheidung.** Die Entscheidung ist zu begründen (§ 38 II FamFG). Ferner kann Inhalt des Beschlusses sein: 109

- Entscheidung über die sofortige Wirksamkeit (§ 324 II 1 FamFG)
- Entscheidung über die Anwendung von Gewalt (§ 326 II FamFG)
- Entscheidung über die Befugnis, die Wohnung des Betroffenen zu betreten (§ 326 III 1 FamFG).

5. Wirksamkeit der Entscheidung

Wirksam wird die Entscheidung über die Anordnung oder Ablehnung der Unterbringungsmaßnahme erst mit Rechtskraft (§ 324 I FamFG). Das Gericht kann aber die sofortige Wirksamkeit anordnen. Dann wird die Entscheidung wirksam, wenn sie und die Anordnung der sofortigen Wirksamkeit dem Betroffenen, dem Verfahrenspfleger oder dem Betreuer/Bevollmächtigten bekannt gegeben oder der Geschäftsstelle zum Zwecke der Bekanntgabe übergeben oder einem Dritten zum Zwecke des Vollzugs mitgeteilt werden. Der Zeitpunkt der sofortigen Wirksamkeit ist auf dem Beschluss zu vermerken (§ 324 II FamFG). 110

6. Bekanntgabe des Beschlusses

Bekanntzugeben ist die Entscheidung gem. § 41 I 1 FamFG den Beteiligten. Die Frage der Beteiligung regelt wiederum § 315 FamFG. Im Interesse des Betroffenen können neben den nahen Verwandten und einer benannten Vertrauensperson in Unterbringungsverfahren auch der Leiter der Einrichtung beteiligt werden, in der der Betroffenen wohnt (§ 315 IV FamFG). 111

III. Zivilrechtliche Unterbringung eines Kindes

1. Materielle Vorschriften (§ 1631 b BGB)

Die Genehmigung des Familiengerichts hat zu erholen, wer als Personensorgeberechtigter in die Unterbringung des Kindes eingewilligt hat, also die Eltern (§ 1626 BGB), die nichteheliche Mutter (§ 1626 a II BGB), der Vormund (§ 1800 BGB) oder der Pfleger (§ 1909 BGB). Die Genehmigung des Gerichts ist nicht erforderlich, wenn der Minderjährige in die Maßnahme einwilligt und er mit natürlichem Willen in der Lage ist, die Maßnahme zu beurteilen. 112

Die Unterbringung ist nur zum Wohl des Kindes zulässig (§ 1631 b 3 BGB). Sie ist – unter besonderer Berücksichtigung des Grundsatzes der Verhältnismäßigkeit – ultima ratio, wenn anderweitige Hilfsmaßnahmen nicht gegriffen haben oder wenn sich aus dem Ergebnis der Ermittlungen mit Sicherheit ableiten lässt, dass diese Maßnahmen keine Aussicht auf Erfolg haben. Die Unterbringung des Kindes ist nicht zulässig, solange bei sinnvoller Wahrnehmung des Erziehungsrechts die Problematik auf weniger schwerwiegende Art gelöst werden kann (*MünchKomm/Hinz*, BGB, § 1631 b Rn. 1). Im Gegensatz zu § 1906 I 1 BGB bestimmt § 1631 b BGB nicht, dass die Unterbringung nur bei psychischer Erkrankung oder geistiger oder seelischer Behinderung zulässig ist. So ist die Unterbringung auch wegen der Gefahr von schweren sozialen Fehlentwicklungen zulässig; dies steht im Einklang mit Art. 5 I d EMRK, der die Freiheitsentziehung eines Minderjährigen zum Zwecke überwachter Erziehung zulässt.

2. Verfahren

Es handelt sich um eine Kindschaftssache und somit um eine Familiensache gem. §§ 151 Nr. 6, 111 Nr. 2 FamFG. Zuständig ist das Familiengericht. Die örtliche Zuständigkeit erschließt sich aus § 152 FamFG und nicht aus § 313 FamFG (aA wohl *OLG Brandenburg*, FamRZ 2010, 2019). 113

Für das Verfahren und den Inhalt der Entscheidung gilt im Wesentlichen das zur Unterbringung von Erwachsenen nach § 1906 BGB Ausgeführte (§ 167 I FamFG). Im Genehmigungsverfahren muss dem Kind ein Verfahrensbeistand bestellt werden, soweit dies zur Wahrnehmung seiner Interessen erforderlich ist (§§ 167 I 2, 158 FamFG). Das Kind ist immer verfahrensfähig, wenn es das 14. Lebensjahr vollendet hat (§ 167 III FamFG).

114 Die personensorgeberechtigten Elternteile, die gesetzlichen Vertreter in persönlichen Angelegenheiten und die Pflegeeltern sind stets persönlich anzuhören (§ 167 IV FamFG). Die Genehmigung des Familiengerichts ist grundsätzlich die Voraussetzung dafür, dass das Kind untergebracht werden darf. Nur bei Gefahr im Verzug kann ohne Genehmigung untergebracht werden. Die Genehmigung ist dann aber unverzüglich nachzuholen (§ 1631 b S. 3 BGB). Das Gericht hat die Genehmigung zurückzunehmen, wenn das Wohl des Kindes die Unterbringung nicht mehr erfordert (§ 1631 b S. 2 BGB, §§ 167 I, 330 FamFG). Anstelle der Betreuungsbehörde unterstützt das Jugendamt auf Wunsch bei der Zuführung zur Unterbringung (§ 167 V FamFG).

3. Wirksamkeit und Bekanntmachung

115 Für die Wirksamkeit und Bekanntmachung der Entscheidung gilt das zur Unterbringung von Betreuten Ausgeführte entsprechend (Rn. 110 f.).

IV. Unterbringung nach Landesrecht

1. Materielle Vorschriften

116 Die sog. **öffentlich-rechtliche Unterbringung** setzt voraus, dass ein psychisch Kranker oder infolge Geistesschwäche oder Sucht psychisch Gestörter wegen seines Leidens die öffentliche Sicherheit oder Ordnung in erheblichem Maße gefährdet (Texte der Landesgesetze: *Marschner/Volckart/Lesting,* Anh.). Die Gefahr muss gegenwärtig bzw. akut sein, dh eine Gefährdung von Rechtsgütern mit erheblichem Gewicht muss mit hoher Wahrscheinlichkeit bevorstehen oder jederzeit drohen (*Zimmermann,* Teil A Rn. 9, *BGH,* BtPrax 2010, 78, *OLG München,* OLGR München 2005, 885–886). Unter diesen Voraussetzungen ist die Unterbringung auch dann zulässig, wenn jemand sein Leben oder in erheblichem Maße seine Gesundheit gefährdet (vgl. Art. 1 I 2 BayUnterbrG).

117 Nur die öffentlich-rechtliche Unterbringung ist zulässig, wenn der Betroffene nicht selbstgefährlich, sondern nur fremdgefährlich ist oder keine dringenden Gründe für die Annahme, dass ein Betreuer bestellt werde, gegeben sind. Die Unterbringung darf nur angeordnet werden, wenn weniger einschneidende Mittel keinen Erfolg versprechen. Solange ein Betroffener zu einer freien Willensbestimmung noch in der Lage ist, kann er trotz Vorliegens einer psychischen Anomalie und der Gefahr krimineller Handlungen nicht untergebracht werden. Das Unterbringungsgesetz dient nicht allgemein der Unterbringung gefährlicher Personen (*BayObLG,* FamRZ 2002, 765 und 909; *Zimmermann,* Art. 1 BayUnterbrG Rn. 2 b).

118 Die Polizei kann nach den **Polizeiaufgabengesetzen** unter bestimmten Voraussetzungen Personen kurzfristig festhalten oder in Gewahrsam nehmen etwa zur Unterbindung von Gefahren (zB Auffinden in hilfloser Lage). Die Polizei muss dann unverzüglich eine richterliche Entscheidung herbeiführen (vgl. Art. 18 I 2 BayPAG). Das Verfahren richtet sich nach den §§ 415 ff. FamFG, soweit auf die Vorschriften des FamFG (fr. FEVG) verwiesen wird (vgl. Art. 18 III 3 BayPAG). Die richterliche Entscheidung kann unterbleiben, wenn sie nicht rechtzeitig vor dem Wegfall des Grundes ergehen kann (*OLG München,* FGPrax 2009, 38).

2. Verfahren

119 Das Betreuungsgericht ordnet die Unterbringung auf Antrag der Kreisverwaltungsbehörde an (zB Art. 5 BayUnterbrG). Diese hat die erforderlichen Ermittlungen von Amts wegen durchzuführen und ein zeitnahes Gutachten eines Sachverständigen über den Gesundheitszustand des Betroffenen zu erholen. Das schriftliche Gutachten muss auf den gegenwärtigen Gesundheitszustand des Betroffenen abstellen und auf einer höchstens 14 Tage zurückliegenden persönlichen Untersuchung des Betroffenen beruhen (zB Art. 7 I 3 BayUnterbrG). Das Gericht hat nur über die Anordnung der Unterbringung zu entscheiden, die **Ausführung** derselben obliegt der Behörde (zB Art. 8 BayUnterbrG). Für das gerichtliche Verfahren gelten die gleichen Bestimmungen wie für die BGB-Unterbringung. Zu beachten ist aber, dass nach § 313 III FamFG das Gericht zuständig ist, in dessen Bezirk das Bedürfnis für die Unterbringung hervortritt. Befindet sich der Betroffene bereits in einer Einrichtung, ist das Gericht des Bezirks, in dem die Einrichtung liegt, zuständig. Macht der untergebrachte Betroffene geltend, durch einzelne Maßnahmen im Vollzug der Unterbringung in seinen Rechten verletzt zu sein, kann er gerichtliche Entscheidung nach § 327 FamFG beantragen. Ein derartiger Rechtsbehelf fehlt bei der zivilrechtlichen Unterbringung.

3. Wirksamkeit und Bekanntmachung

120 Das zur BGB-Unterbringung Ausgeführte gilt entsprechend (oben Rn. 110 f.).

4. Aussetzung, Beendigung

Die Aussetzung des Vollzugs für maximal sechs Monate kann vom Gericht angeordnet und bei Nichterfüllung von Auflagen, oder wenn es der Zustand erfordert, widerrufen werden (§ 328 FamFG). Aufzuheben ist die Unterbringungsmaßnahme, wenn ihre Voraussetzungen wegfallen. Grundsätzlich ist die Verwaltungsbehörde anzuhören, die Aufhebung ist ihr stets bekanntzumachen (§§ 330, 325 II 2 FamFG). 121

5. Zwangsbehandlung während der öffentlich rechtlichen Unterbringung

Die sehr unterschiedlich ausgestalteten Unterbringungsgesetze enthalten auch Sondervorschriften für Zwangsbehandlungen während des Vollzugs (zB Art. 13 II, 19 BayUnterbrG). In der Regel gelten diese aber nur für „unaufschiebbare Behandlungsmaßnahmen", also für Notfälle, nicht aber für eine dauerhafte Zwangsmedikamentierung. Die Einwilligung des Betreuers in eine Behandlung allein kann Zwangsmaßnahmen in der Einrichtung nicht rechtfertigen (aA *OLG München,* BtPrax 2009, 243 mit Anm. *Böhm,* S. 218). Die Frage, unter welchen materiell- und verfahrensrechtlichen Voraussetzungen eine Zwangsbehandlung zulässig ist, ohne dass die Grundrechte des untergebrachten Betroffenen verletzt werden, ist vor allem dann problematisch, wenn die Behandlung nicht der Abwehr einer Gefährdung Dritter, sondern allein dem Ziel dient, den Betroffenen entlassungsfähig zu machen (*BVerfG,* NJW 2009, 2804). Das BVerfG hat in seinem Beschluss vom 23. 3. 2011 (2 BvR 882/09; NJW 2011, 2113) entsprechende Vorgaben für den Gesetzgeber gemacht. Zwar können „Zwangsbehandlungen" gesetzlich erlaubt werden, dies darf aber nicht zur „Vernunfthoheit staatlicher Organe" führen. Der Grundsatz der Verhältnismäßigkeit muss strikt gewahrt werden. Der Betroffene muss ohne Druck belehrt werden mit dem Ziel, seine Zustimmung zu erreichen. Ferner verlangt das BVerfG eine eingehende Dokumentation und die vorausgehende Möglichkeit der „Prüfung in gesicherter Unabhängigkeit". Diesen Anforderungen dürften die aktuellen Landesgesetze nicht gerecht werden. 122

V. Unterbringungsähnliche Maßnahmen (§ 1906 IV BGB)

1. Materielle Voraussetzungen

Soll dem Betroffenen die Freiheit durch Maßnahmen entzogen werden wie Bettgitter, Bauchgurt, Fixieren von Armen oder Beinen oder Verabreichung sedierender Medikamente, bedarf dies der Einwilligung des Betreuers oder des hierzu ausdrücklich und schriftlich Bevollmächtigten (§ 1906 V BGB). Sie sind nur zulässig, wenn der Betroffene aufgrund seiner Erkrankung seinen Willen nicht frei bestimmen kann (*BayObLGZ* 1993, 208/209). Ein **Freiheitsentzug** liegt nicht vor, wenn der einwilligungsfähige Betroffene mit der Maßnahme einverstanden ist oder er zu gewillkürten Bewegungen nicht mehr fähig ist. Im Zweifel ist von einer freiheitsentziehenden Wirkung der Maßnahme auszugehen (*OLG Hamm,* DAVorm 1993, 855). Maßnahmen, die ausschließlich aus medizinischen Gründen nötig sind, enthalten keinen Freiheitsentzug (zB Streckverband). Wenn die Maßnahme über einen **längeren Zeitraum oder regelmäßig** erforderlich ist, muss der Betreuer/Bevollmächtigte sie vom Gericht genehmigen lassen. „Regelmäßig" meint eine Maßnahme, die stets zur selben Zeit oder aus wiederkehrendem Anlass vorgenommen wird (BT-Drs. 11/4528 S. 149); „über einen längeren Zeitraum" erstreckt sich die Maßnahme, wenn sie nicht nur ein bis zwei Tage andauert. Der Betreuer/Bevollmächtigte muss Zeit haben, um erkennen zu können, ob die Maßnahme genehmigungspflichtig sein kann. 123

Entgegen dem Wortlaut gilt die Genehmgungspflicht auch, wenn der Betroffene **geschlossen untergebracht** ist, da die Genehmigung der geschlossenen Unterbringung als solcher nur die damit regelmäßig verbundenen Beschränkungen der Freiheit, nicht aber zusätzliche Beschränkungen erfasst (*BayObLG,* BtPrax 1993, 139; *OLG Düsseldorf,* BtPrax 1995, 29; aA *LG Freiburg,* FamRZ 2010, 1846). Die abweichende Meinung verkennt, dass es sich nicht selten um massive (Fesseln, Fixieren, Bettgitter, Ruhigstellen), häufig aber auch um vermeidbare Eingriffe in das Freiheitsrecht des Betroffenen handelt. Sie würde die Entscheidung darüber dem Belieben der Pflegekräfte und Betreuer überlassen. Die damit für den Richter erzielbare Zeitrendite wäre aus Sicht der Betroffenen teuer erkauft. Wie bei der Unterbringung, die nur zum Wohle des Betroffenen angeordnet werden darf, sind unterbringungsähnliche Maßnahmen bei ausschließlicher **Fremdgefährdung** unzulässig. 124

2. Verfahren

Das für die Unterbringung beschriebene Verfahren gilt auch für unterbringungsähnliche Maßnahmen (§ 312 Nr. 2 FamFG). Für die Entscheidung genügt aber ein ärztliches Zeugnis (§ 321 II FamFG). Für die Verlängerung der Maßnahme gelten die Vorschriften über die erstmalige Maßnahme entsprechend, § 329 II 1 FamFG. 125

VI. Eilmaßnahmen

126 Gerade bei Unterbringungen sieht sich der Richter häufig einem starken Druck von Angehörigen, Nachbarn, Pflegepersonal, Ärzten ua ausgesetzt, möglichst schnell die Unterbringung zu „beschließen". Der Richter darf sich dadurch nicht abhalten lassen, sorgfältig zu prüfen, ob die Voraussetzungen für eine Unterbringung vorliegen. Da die Prüfung der Erfordernisse der Genehmigung zeitaufwendig ist, sieht § 331 FamFG die vorläufige Unterbringung durch einstweilige Anordnung oder Genehmigung vor. Zu unterscheiden ist, ob ein Bevollmächtigter (§ 1906 V BGB) bzw. ein (vorläufiger) Betreuer mit entsprechendem Aufgabenkreis vorhanden und erreichbar ist oder nicht.

1. Betreuer/Bevollmächtigter ist vorhanden und erreichbar

127 Das Gericht kann nur auf Antrag des Betreuers/Bevollmächtigten tätig werden.

a) **Einstweilige Anordnung (§ 331 FamFG).** Die Genehmigung einer vorläufigen Unterbringungsmaßnahme im Wege der einstweiligen Anordnung hat folgende Voraussetzungen:

- Dringende Gründe für die Annahme, dass die Voraussetzungen für eine Unterbringungsmaßnahme gegeben sind.
- Ein dringendes Bedürfnis für ein sofortiges Tätigwerden.
  Das Gesetz fordert keine dringende Gefahr. Der Richter muss aber bei der Abwägung der Schwere des Eingriffs in die Freiheit des Betroffenen mit den Risiken der Unterlassung des Eingriffs zu der Überzeugung gelangen, dass der Freiheitsentzug das geringere Übel ist.
- Über den Zustand des Betroffenen muss ein ärztliches Zeugnis vorliegen.
  Für dieses stellt das Gesetz keine Qualifikationen auf. Der Arzt muss aber den Betroffenen kurze Zeit vor der Zeugniserstellung untersucht haben; das Zeugnis muss die Krankheit des Betroffenen und die sich daraus ergebende Notwendigkeit der Unterbringungsmaßnahme schlüssig darlegen.
- Es muss idR ein Verfahrenspfleger bestellt werden (§§ 331 Nr. 3, 317 FamFG).
- Betroffener und Verfahrenspfleger sind persönlich anzuhören. Die Anhörung des Betroffenen kann durch den ersuchten Richter erfolgen.

128 Nicht ausdrücklich erwähnt ist die Anhörung der sonstigen Beteiligten gem. §§ 315, 320 FamFG. Entgegen dem Wortlaut des § 331 FamFG, der eine abschließende Aufzählung der einzuhaltenden Verfahrensvorschriften nahelegt, ist den Personen, die hinzugezogen wurden, rechtliches Gehör zu gewähren. Die Betreuungsbehörde soll angehört werden (§ 320 S. 2 FamFG). Dafür spricht § 51 II FamFG und die Gesetzesbegründung (BT-Drs. 16/6308 S. 275).

129 **b) Einstweilige Anordnung bei gesteigerter Dringlichkeit (§ 332 FamFG).** Bei Gefahr im Verzug können unter Umständen nicht alle vorgenannten Bestimmungen befolgt werden. Der Betroffene hat aber ein verfassungsrechtlich garantiertes Recht auf rechtliches Gehör (Art. 103 GG), da er Gelegenheit haben muss, die Willensbildung des Gerichts zu beeinflussen (*BVerfG*, BtPrax 2010, 173). Die Anhörung des Betroffenen und des Verfahrenspflegers bzw. seine Bestellung und Anhörung können daher nur bei Gefahr im Verzug, also in eng begrenzten Ausnahmefällen, unterbleiben. Diese Verfahrenshandlungen sind aber unverzüglich nachzuholen (S. 2). Bei der Anhörung des Betroffenen muss diese Nachholung ohne Rücksicht auf andere weniger eilige Geschäfte spätestens am nächsten Tag erfolgen (*BVerfG*, NJW 2007, 3560 ff.; *KG*, FamRZ 2008, 813). Die Nachholungspflicht muss konsequenterweise auch für die Gewährung rechtlichen Gehörs der sonstigen Beteiligten gelten. Da es sich bei der einstweiligen Anordnung um ein selbständiges Verfahren handelt (§ 51 III 1 FamFG), kann man die Nachholung nicht dem Hauptsacheverfahren überlassen.

2. Betreuer/Bevollmächtigter ist nicht bestellt/nicht erreichbar

130 Eilfälle, in denen ein Betreuer/Bevollmächtigter noch nicht bestellt oder nicht erreichbar ist, sind gerade für Gerichte, in deren Zuständigkeitsbereich psychiatrische Kliniken oder Einrichtungen mit geschlossenen Abteilungen liegen, von erheblicher Bedeutung. Der Richter kann eine vorläufige Anordnung treffen. Diese findet ihre materielle Rechtsgrundlage im Zivilrecht oder in öffentlichrechtlichen Unterbringungsnormen. Der Ausnahmecharakter des § 1846 BGB ermöglicht aber nur die Überbrückung bis zur Übernahme der Verantwortung durch einen (vorläufigen) Betreuer. Die öffentlichrechtliche Unterbringung wiederum ist subsidiär gegenüber „weniger einschneidenden Mitteln" (vgl. Art. 1 I 3 BayUnterbrG), zu denen auch die zivilrechtliche Unterbringung gehört.

131 **a) Vorläufige Unterbringung nach Zivilrecht.** Die einstweilige Anordnung nach §§ 331, 332 FamFG, § 1846 BGB ist zulässig, auch wenn noch kein Betreuer bestellt ist. Das Betreuungsgericht kann also in Eilfällen einstweilige Maßregeln treffen, ohne dass zugleich damit schon ein Betreuer bestellt werden muss. Allerdings muss durch geeignete Maßnahmen sichergestellt werden, dass dem Betroffenen unverzüglich – binnen weniger Tage – ein Betreuer oder jedenfalls ein vorläufiger Betreuer zur Seite gestellt

wird. Der Ausnahmecharakter des § 1846 BGB macht es erforderlich, dass gleichzeitig mit der Anordnung der Unterbringung ein Verfahren zur Bestellung eines Betreuers eingeleitet wird. In Ausnahmefällen, wenn zB die Anordnung außerhalb des Gerichts an Ort und Stelle oder außerhalb der normalen Dienstzeit durch den Bereitschaftsdienst erfolgt, genügt es, wenn durch geeignete Maßnahmen sichergestellt wird, dass die Einleitung des Verfahrens zur Bestellung eines Betreuers unverzüglich – spätestens am nächsten Arbeitstag – nachgeholt wird. Wird dies unterlassen, ist die vorläufige Entscheidung rechtswidrig und aufzuheben (*BGHZ* 150, 45, 54; *OLG München*, FamRZ 2008, 917).

Die **Betreuungsbehörde** hat den Richter bei der Zuführung zur Unterbringung zu unterstützen. Dieser wird zwar in § 326 I FamFG nicht erwähnt, aber er beansprucht die Unterstützung der Betreuungsbehörde nicht in seiner Funktion als Richter, sondern an Stelle des Betreuers gem. § 1846 BGB. 132

b) Vorläufige Unterbringung nach Landesrecht. Das jeweilige Landesrecht bestimmt, ob auch im Verfahren auf vorläufige Unterbringung ein **Antrag der Verwaltungsbehörde** erforderlich ist. Für das HessFEG hat das *OLG Frankfurt* (NJW 1992, 1396) diese Frage verneint. Für das BayUnterbrG hat das *BayObLG* (FamRZ 1992, 1221) ausgeführt, dass auch die nach Art. 10 BayUnterbrG zulässigen Eilmaßnahmen der Polizei oder des Leiters der Einrichtung, in der sich der Betroffene befindet, das Verfahren ohne ausdrücklichen Antrag der zuständigen Kreisverwaltungsbehörde einleiten können. Allerdings muss sich die Kreisverwaltungsbehörde das Handeln der Polizei oder des Leiters der Einrichtung zurechnen lassen (*BayObLG*, NJW 1992, 2709). 133

Für den Erlass einer vorläufigen Anordnung müssen konkrete Umstände mit erheblicher Wahrscheinlichkeit darauf hindeuten, dass die Voraussetzungen des Art. 1 BayUnterbrG vorliegen und konkrete Tatsachen nahe legen, dass mit dem Aufschub der Unterbringung Gefahr für die öffentliche Sicherheit oder Ordnung bestehen würde (vgl. *BayObLG*, BtPrax 2004, 114). Gemäß dem Grundsatz der Verhältnismäßigkeit muss die Schutzwürdigkeit der vom psychisch Kranken gefährdeten Rechtsgüter der Schwere des Eingriffs in die persönliche Freiheit entsprechen. Die gefährdeten Rechtsgüter müssen somit von erheblichem Gewicht, die den geschützten Rechtsgütern drohende Gefahr muss erheblich sein (*OLG München*, OLGR München 2005, 885–886). 134

3. Verfahren

Für die vorläufige Unterbringung nach BGB ist auch das Gericht, in dessen Bezirk das Bedürfnis für die Unterbringungsmaßnahme bekannt wird (§ 313 II FamFG) zuständig. Das an sich nach § 313 I Nrn. 1 und 2 FamFG zuständige Gericht muss aber benachrichtigt werden. Für die öffentlich rechtliche Unterbringung ist generell das Gericht zuständig, in dessen Bezirk das Bedürfnis für die Unterbringungsmaßnahme hervortritt oder sich die Einrichtung befindet, wenn der Betroffene sich dort bereits aufhält (§ 313 III FamFG). Bei der Anordnung/Genehmigung der einstweiligen Unterbringungsmaßnahme – gleichgültig ob nach BGB oder Landesrecht – ist zu beachten, dass die Dauer von sechs Wochen nicht überschritten werden darf (§ 333 I 1 FamFG). Eine Verlängerung auch mehrfach auf maximal drei Monate ist möglich (§ 333 S. 3 und 4 FamFG). Voraussetzung ist, dass ein Sachverständiger gehört wird, ein ärztliches Zeugnis genügt nicht mehr. Selbstverständlich ist auch der Betroffene persönlich anzuhören. § 333 S. 2 FamFG will nicht die Verfahrensgarantien für den Betroffenen verringern, sondern stellt gegenüber § 333 S. 1 ein zusätzliches Erfordernis, nämlich die Anhörung des Sachverständigen auf. Bei Eilentscheidungen in Unterbringungssachen hat der Richter besonders darauf zu achten, dass sie dem Betroffenen gegenüber durch Anordnung der sofortigen Wirksamkeit gemäß § 324 II FamFG und durch Bekanntgabe, Übergabe oder Mitteilung gem. § 324 II Nr. 2 bzw. 3 wirksam werden. 135

3. Teil. Rechtsbehelfe in Betreuungs- und Unterbringungssachen

I. Beschwerde gegen Endentscheidungen der Betreuungsgerichte

1. Zuständigkeit

Über die **Beschwerden** gegen die im ersten Rechtszug ergangenen Endentscheidungen der Betreuungsgerichte haben die Landgerichte gem. §§ 119 I Nr. 1 b, 72 I 2 GVG zu befinden. Dies gilt auch für Beschwerden gegen eine einstweilige Anordnung der Unterbringung Minderjähriger (*OLG Celle*, FamRZ 2010, 1167). 136

2. Abhilfeentscheidungen

Das Betreuungsgericht kann der Beschwerde selbst abhelfen, wenn es sie für begründet hält. Auch über die Versagung der **Abhilfe** muss gem. § 68 I FamFG durch Beschluss entschieden werden. Die Beschwerdegerichte verlangen dies entgegen dem Wortlaut der §§ 68 I 1, 38 I FamFG. Darüber hinaus muss der Beschluss eine Begründung enthalten, die erkennen lässt, dass der Richter das Beschwerde- 137 vorbringen in Erwägung gezogen hat (*OLG Hamm,* FamRZ 2011, 238). Bei einem Verstoß halten sich die Beschwerdegerichte für befugt, die Nichtabhilfeentscheidung aufzuheben und die Sache zurückzuverweisen. Im Gesetz findet sich aber für diese Nichtannahme bzw. „a limine" Zurückweisung keine Grundlage. Im Ergebnis führt dies zu einem JoJo-Effekt, unzumutbaren Verzögerungen und einer weiteren völlig neuen Kultur der „Rechtfertigungsentscheidung."

II. Rechtsbeschwerde

138 Rechtsbeschwerden sind **ohne Zulassung** statthaft in Betreuungssachen zur Bestellung eines Betreuers, zur Aufhebung einer Betreuung, zur Anordnung oder Aufhebung eines Einwilligungsvorbehalts. Ferner in Unterbringungssachen und Verfahren nach § 151 Nr. 6 und 7 FamFG (Minderjährige), wenn sich die Rechtsbeschwerde gegen den Beschluss richtet, der die Unterbringung oder die freiheitsentziehende Maßnahme anordnet (§ 70 III 1 Nrn. 1, 2 und S. 2 FamFG). Der Begriff „anordnet" in S. 2 ist missverständlich, da das Betreuungsgericht in den rechtsbeschwerdefähigen Unterbringungssachen (§ 70 IV FamFG) nur genehmigt. Anordnungen gibt es nur bei öffentlichrechtlichen Unterbringungen und bei den Verfahren nach § 151 Nr. 7 FamFG. Aus der Gesetzesbegründung ergibt sich aber, dass lediglich Nebenentscheidungen wie zB zur Vergütung eines Verfahrenspflegers nicht zulassungsfrei sein sollten, so dass auch Genehmigungen erfasst werden.

III. Sofortige Beschwerde

139 Nur kraft ausdrücklicher Zulassung durch das Gesetz ist es möglich, mit der sofortigen Beschwerde Entscheidungen anzufechten, die noch keine Erledigung des Verfahrensgegenstands beinhalten (Zwischenentscheidungen). Dies gilt etwa für die Versagung der Verfahrenskostenhilfe (§ 76 II FamFG), die Unterbringung zur Begutachtung (§ 284 III 2 FamFG) oder die Zurückweisung als Beteiligter (§ 7 V FamFG).

IV. Beschwerdebefugnis

140 Sonderregeln zur **Beschwerdebefugnis** beinhalten die §§ 303, 335 FamFG. Problematisch ist die Beschränkung auf diejenigen, die im ersten Rechtszug beteiligt worden sind gem. §§ 303 II, 335 I FamFG. Demnach hätte ein naher Angehöriger, der ohne sein Verschulden am Betreuungsverfahren nicht beteiligt wurde, keine Beschwerdebefugnis. Das Betreuungsgericht wird daher bei einer derartigen Beschwerde zunächst über die Beteiligung zu entscheiden haben und zwar durch Beschluss, wenn es gem. § 7 V FamFG eine Beteiligung ablehnen will (*LG Saarbrücken,* FamRZ 2010, 1371).

141 Andere, in den §§ 303, 335 FamFG nicht genannte „dritte" Personen können sich nur auf die allgemeine Regelung des § 57 I FamFG berufen, wenn sie die Beeinträchtigung eines eigenen Rechts geltend machen können. Im Betreuungsverfahren wird ein derartiges eigenes Recht in Bezug auf eine fremde Betreuung nicht zu bejahen sein. Bejaht man aber ausnahmsweise eine Betreuung im ausschließlichen Interesse eines Dritten (vgl. oben 1. Teil II 2 d), dann wird man konsequenterweise auch eine Beschwerdebefugnis bejahen müssen (*BGH,* FamRZ 2011, 465).

D. III. Verfahren in Grundbuchsachen

Johann Demharter

Übersicht

Literatur: *Demharter,* GBO, 27. Aufl. 2010; *Bauer/von Oefele,* GBO, 2. Aufl. 2006.

I. Allgemeines

1. Grundbuchverfahren

Das Grundbuchverfahren ist ein weitgehend **eigenständig geregeltes Verfahren** der freiwilligen Gerichtsbarkeit. Das Gesetz über das Verfahren in Familiensachen und in den Angelegenheiten der freiwilligen Gerichtsbarkeit (FamFG) wird dabei von Sonderregelungen der Grundbuchordnung verdrängt. Die Grundbuchordnung wird durch die Grundbuchverfügung (GBV) und die Geschäftsanweisung für die Behandlung der Grundbuchsachen ergänzt. 1

Nach Maßgabe der §§ 135 ff. GBO, §§ 94 ff. GBV ist ein **elektronischer Rechtsverkehr** mit dem Grundbuchamt und eine elektronische Aktenführung möglich. Für die Beschwerdeverfahren ist insoweit § 14 FamFG maßgebend (§ 73 II 2, § 78 III GBO).

2. Amtsverfahren und Antragsverfahren

Das Grundbuchverfahren kennt sowohl das Amtsverfahren als auch das Antragsverfahren. 2

Im **Amtsverfahren** hat das Gericht von Amts wegen tätig zu werden; Anträge haben nur die Bedeutung einer Anregung. Außerdem hat das Gericht den Sachverhalt **von Amts wegen aufzuklären** und die erforderlichen Beweise zu erheben; es gilt der Amtsermittlungsgrundsatz des § 26 FamFG.

Das im Vordergrund stehende Eintragungsverfahren ist jedoch grundsätzlich als **Antragsverfahren** ausgestaltet (§ 13 I 1 GBO). Voraussetzung für ein Tätigwerden des Grundbuchamts ist ein **Antrag** oder ein behördliches **Eintragungsersuchen** (vgl. § 38 GBO). Alle Eintragungsunterlagen müssen vom Antragsteller im Weg des Urkundenbeweises beigebracht werden. Dem Grundbuchamt sind eigene Ermittlungen und die Erhebung von Zeugen- oder Sachverständigenbeweis verwehrt (*OLG Köln,* FGPrax 2007, 102). 3

II. Zuständigkeit des Richters

1. Grundbuchrichter

4 Das Grundbuch wird vom Amtsgericht (Grundbuchamt) geführt (§ 1 I 1 GBO). Die Zuständigkeit des Grundbuchrichters beim Amtsgericht ist durch die **Vollübertragung** der Grundbuchsachen **auf den Rechtspfleger** (§ 3 Nr. 1 lit. h RPflG) stark eingeschränkt.

5 a) **Vorlage durch den Rechtspfleger.** Zuständig ist der Grundbuchrichter nur dann, wenn ihm eine Sache vom Rechtspfleger vorgelegt wird. Dies hat zu geschehen, wenn sich bei der Bearbeitung ergibt, dass eine **Entscheidung des BVerfG** oder eines Landesverfassungsgerichts nach Art. 100 GG einzuholen ist (§ 5 I Nr. 1 RPflG). Wenn die Anwendung **ausländischen Rechts** in Betracht kommt, besteht ein Recht des Rechtspflegers zur Vorlage, nicht aber eine Pflicht (§ 5 II RPflG).

Im Fall einer Vorlage bearbeitet der Richter die Sache, solange er es für erforderlich hält. Er kann sie dem Rechtspfleger zurückgeben, der dann bei der weiteren Bearbeitung an die ihm mitgeteilte **Rechtsauffassung des Richters gebunden** ist (§ 5 III RPflG).

6 b) **Entscheidungen des Urkundsbeamten.** An die Stelle der früheren Zuständigkeit des Richters, über Anträge zu entscheiden, die auf eine Änderung der Entscheidung des Urkundsbeamten der Geschäftsstelle gerichtet sind, ist als Folge der Aufhebung des § 4 II Nr. 3 RPflG durch das Gesetz vom 24. 8. 2004 entgegen dem an diese Gesetzesänderung nicht angepassten Wortlaut des § 12 c IV GBO die Zuständigkeit des **Rechtspflegers** getreten (*OLG Düsseldorf*, FGPrax 2011, 57; *OLG München*, FGPrax 2011, 68).

7 c) **Entscheidungen des Rechtspflegers.** Gegen die Entscheidung des Rechtspflegers ist grundsätzlich die **Beschwerde** zum Oberlandesgericht gemäß § 71 I GBO zulässig (§ 11 I RPflG). Ist jedoch nach den allgemeinen verfahrensrechtlichen Vorschriften ein Rechtsmittel nicht gegeben, findet gegen die Entscheidung des Rechtspflegers die **befristete Erinnerung** statt, über die der Grundbuchrichter, wenn ihr der Rechtspfleger nicht abhilft, abschließend entscheidet (§ 11 II RPflG).

2. Beschwerdegerichte

8 Das Schwergewicht der richterlichen Tätigkeit in Grundbuchsachen liegt bei den Rechtsmittelgerichten. Über die Beschwerde entscheidet ein **Zivilsenat des Oberlandesgerichts** und über die Rechtsbeschwerde ein **Zivilsenat des Bundesgerichtshofs** (§§ 72, 81 I GBO, § 133 GVG).

III. Eintragungsverfahren

1. Eintragungsantrag

9 a) **Allgemeines.** Voraussetzung einer Eintragung, die auch in einer Löschung bestehen kann, ist zunächst grundsätzlich ein Antrag (§ 13 I 1 GBO). Nur ausnahmsweise sind Eintragungen von Amts wegen vorzunehmen (vgl. zB § 18 II, § 53 I GBO).

Der Antrag ist eine reine Verfahrenshandlung; er kann daher bis zur Vollendung der Eintragung zurückgenommen, nicht aber angefochten werden. Er ist außerdem der Auslegung zugänglich.

Antragsberechtigt ist jeder, dessen Recht von der Eintragung betroffen wird oder zu dessen Gunsten die Eintragung vorgenommen werden soll (§ 13 I 2 GBO). Die Antragsberechtigung kann nur ausüben, wer **verfahrensfähig** ist; auch darf die Befugnis des Antragsberechtigten, das Antragsrecht auszuüben, nicht eingeschränkt sein oder gänzlich fehlen, wie zB bei Insolvenz, Nachlasspflegschaft oder Testamentsvollstreckung. Wer verfahrensfähig ist, bestimmt § 9 FamFG. Bei Abgabe des Eintragungsantrags kann sich der Antragsberechtigte **vertreten lassen.** Sofern der Antrag in öffentlicher oder öffentlich beglaubigter Form abgegeben wird, muss der Bevollmächtigte nicht nach § 10 II FamFG vertretungsbefugt sein (§ 15 I GBO).

Der Antrag ist **kein Erfordernis der Rechtsänderung;** sofern die sonstigen Eintragungsvoraussetzungen vorliegen tritt diese auch dann ein, wenn die Eintragung ohne Antrag vorgenommen wird (*BGH*, NJW 1999, 2369).

10 b) **Eintragungsersuchen.** An die Stelle eines Eintragungsantrags kann das Eintragungsersuchen einer **Behörde** treten; Voraussetzung ist, dass die Behörde durch eine gesetzliche Vorschrift für befugt erklärt wird, das Grundbuchamt um die Vornahme einer Eintragung zu ersuchen (§ 38 GBO).

11 c) **Antragstellung des Notars.** Der Notar, der eine zur Eintragung erforderliche Erklärung **beurkundet oder beglaubigt** hat, gilt als ermächtigt, die Eintragung zu beantragen (§ 15 II GBO). Ein eigenes Antragsrecht hat der Notar aber nicht. Er kann den Antrag **nur für einen Antragsberechtigten** stellen (*BayObLG*, NJW-RR 1993, 530), und zwar auch für einen solchen Antragsberechtigten, dessen Erklärung er nicht beurkundet oder beglaubigt hat. Gibt der Notar nicht an, für welchen Antragsberechtig-

ten er aufgrund der gesetzlich vermuteten Vollmacht den Antrag stellt, gilt der Antrag für alle Antragsberechtigten als gestellt (*BGH*, NJW 1985, 3070).

2. Eintragungsbewilligung

a) **Formelles Konsensprinzip.** Die wesentliche Eintragungsvoraussetzung ist die Eintragungsbewilligung. Verschiedentlich wird die Eintragungsbewilligung **ersetzt,** zB durch eine rechtskräftige Verurteilung zu ihrer Abgabe (vgl. § 894 ZPO). 12

Die Bewilligung muss derjenige abgeben, dessen Recht von der Eintragung betroffen ist (§ 19 GBO). Das ist grundsätzlich der **wahre Berechtigte.** Weil jedoch die Vermutung des § 891 BGB auch für das Grundbuchamt gilt, ist regelmäßig der Buchberechtigte als der wahre Berechtigte anzusehen. Die Eintragungsbewilligung kann auch von einem vom Berechtigten bevollmächtigten **Vertreter** abgegeben werden; ferner von einem Nichtberechtigten mit Zustimmung des Berechtigten. Der Bevollmächtigte muss nicht nach § 10 II FamFG vertretungsbefugt sein (§ 15 I GBO).

Erklären kann der Berechtigte die Eintragungsbewilligung nur, wenn er dazu – auch noch im Zeitpunkt der Eintragung (*OLG Düsseldorf,* FGPrax 2003, 88) – befugt ist. Wirksam bewilligen kann nur, wer **verfahrensfähig** ist; auch darf die Befugnis des Bewilligungsberechtigten, die Berechtigung auszuüben, nicht eingeschränkt sein oder gänzlich fehlen, wie zB bei Insolvenz, Nachlasspflegschaft oder Testamentsvollstreckung. Wer verfahrensfähig ist, bestimmt § 9 FamFG.

Die Eintragungsbewilligung ist eine **rein verfahrensrechtliche** (*OLG Hamburg,* FGPrax 1999, 6), vom schuldrechtlichen und dinglichen Rechtsgeschäft unabhängige, einseitige Erklärung des Betroffenen (sogenanntes formelles Konsensprinzip).

b) **Auslegung.** Die Eintragungsbewilligung ist der Auslegung zugänglich; dabei ist auf **Sinn und Wortlaut** der Erklärung abzustellen, wie er sich für einen unbefangenen Betrachter als nächstliegende Bedeutung ergibt (*BGHZ* 113, 378). Auch die Eintragungsbewilligung ist kein Erfordernis der durch die Grundbucheintragung herbeizuführenden Rechtsänderung; die Rechtsänderung wird auch bei einer Eintragung ohne Vorliegen einer Eintragungsbewilligung bewirkt. 13

c) **Materielles Konsensprinzip.** Nur im Fall der **Auflassung** eines Grundstücks sowie der Bestellung, Änderung des Inhalts oder Übertragung eines Erbbaurechts darf sich das Grundbuchamt nicht mit der einseitigen Bewilligung des Betroffenen begnügen; in diesem Fall ist ihm außerdem die dingliche Einigung (vgl. §§ 873, 925 BGB) nachzuweisen (§ 20 GBO; sogenanntes materielles Konsensprinzip). 14

3. Voreintragung

Zu beachten ist der Grundsatz der Voreintragung. Er besagt, dass derjenige, dessen Recht durch die Eintragung betroffen wird, der also die Eintragung zu bewilligen hat, grundsätzlich im Grundbuch **als Berechtigter eingetragen** sein muss (§ 39 I GBO). Die wichtigste Ausnahme davon enthält § 40 GBO. 15

4. Urkundenbeweis

a) **Notwendigkeit.** Zum Nachweis der Eintragungsgrundlagen ist in § 29 GBO nur der Urkundenbeweis zugelassen. Die zur Eintragung erforderlichen Erklärungen, insbesondere die Eintragungsbewilligung, nicht aber der reine Eintragungsantrag (vgl. § 30 GBO), müssen durch **öffentliche oder öffentlich beglaubigte Urkunden** nachgewiesen werden. Andere Eintragungsvoraussetzungen, die nicht in Erklärungen nach § 29 I 1 GBO bestehen, können nur durch öffentliche Urkunden nachgewiesen werden (§ 29 I 2 GBO). 16

b) **Öffentlich beglaubigte Urkunden.** Was öffentlich beglaubigte Urkunden sind, bestimmt sich nach § 129 BGB. Für die einzuhaltende Form gelten §§ 39, 39 a, 40 BeurkG. 17

c) **Öffentliche Urkunden.** Was öffentliche Urkunden sind, beurteilt sich nach § 415 ZPO. Berichtigt oder ergänzt der Notar aufgrund ausdrücklicher Vollmacht eine von ihm beurkundete oder beglaubigte Erklärung, so stellt die von ihm unterschriebene und mit dem Amtssiegel versehene sogenannte **Eigenurkunde** eine öffentliche Urkunde dar, die den Erfordernissen des § 29 GBO genügt (*BGHZ* 78, 36). 18

d) **Ausländische Urkunden.** Für ausländische Urkunden besteht die Besonderheit, dass sie zusätzlich zum Nachweis ihrer Echtheit grundsätzlich der sog. **Legalisation** durch die zuständige deutsche Auslandsvertretung bedürfen. Dieses Erfordernis kann jedoch aufgrund von zwischenstaatlichen Verträgen oder Abkommen gänzlich entfallen oder durch eine Echtheitsbescheinigung der zuständigen Behörde des Errichtungsstaats, die sogenannte **Apostille,** ersetzt werden. Siehe dazu das Haager Übereinkommen v. 5. 10. 1961 (BGBl. II 1965 S. 875) und das Europäische Übereinkommen v. 7. 6. 1968 (BGBl. II 1971 S. 85). 19

IV. Amtsverfahren

1. Amtswiderspruch

20 a) **Voraussetzungen.** Die Eintragung eines Amtswiderspruchs kommt in Betracht, wenn das Grundbuch durch eine Eintragung **unrichtig geworden** ist, die das Grundbuchamt unter **Verletzung gesetzlicher Vorschriften** vorgenommen hat (§ 53 I 1 GBO). Zweck des Amtswiderspruchs ist es, die sich aus einem Rechtsverlust durch gutgläubigen Erwerb aufgrund des unrichtigen Grundbuchs möglichen Schadensersatzansprüche gegen den Fiskus abzuwenden.

21 b) **Eintragung.** Liegen die gesetzlichen Voraussetzungen vor, ist der Widerspruch vom Grundbuchamt **von Amts wegen** einzutragen. Der Antrag eines Beteiligten hat nur die Bedeutung einer Anregung. Die Grundbuchunrichtigkeit muss noch im **Zeitpunkt der Eintragung** des Amtswiderspruchs bestehen; das Grundbuch darf also nicht zwischenzeitlich richtig geworden sein, zB durch gutgläubigen Erwerb.

Während die **Gesetzesverletzung** durch das Grundbuchamt feststehen muss, genügt es, dass die **Grundbuchunrichtigkeit** glaubhaft gemacht ist Der Amtswiderspruch muss den **Berechtigten** bezeichnen, dem der Berichtigungsanspruch des § 894 BGB zusteht; ferner muss die **Unrichtigkeit** angegeben werden, gegen die sich der Amtswiderspruch richtet.

2. Inhaltlich unzulässige Eintragung

22 a) **Voraussetzungen.** Inhaltlich unzulässig ist die Eintragung eines Rechts, das mit dem Inhalt oder in der Ausgestaltung, wie es eingetragen ist, aus Rechtsgründen nicht bestehen kann. Maßgebend ist dabei das Recht zur Zeit der Vornahme der Eintragung. Die Unzulässigkeit muss sich **aus dem Eintragungsvermerk** selbst oder der in zulässiger Weise in Bezug genommenen Eintragungsbewilligung ergeben.

23 b) **Löschung.** Inhaltlich unzulässige Eintragungen haben keine Rechtswirkungen und können, weil sich die Unzulässigkeit aus dem Grundbuch selbst ergibt, auch nicht Grundlage eines gutgläubigen Erwerbs sein. Solche Rechte sind **von Amts wegen zu löschen** (§ 53 I 2 GBO); die Unzulässigkeit muss dabei feststehen, so dass bloße Zweifel nicht genügen. Auch hier hat der Antrag eines Beteiligten nur die Bedeutung einer Anregung an das Grundbuchamt, von Amts wegen tätig zu werden.

In Betracht kommt eine Löschung des Rechts insgesamt oder des von der inhaltlichen Unzulässigkeit betroffenen Teils der Eintragung, sofern der verbleibende Teil den Inhalt eines eintragungsfähigen Rechts bildet. Eine **Vervollständigung** der Eintragung zur Beseitigung der inhaltlichen Unzulässigkeit ist nicht statthaft.

V. Entscheidung des Grundbuchamts

1. Allgemeines

24 a) **Aussetzung.** Andere Möglichkeiten als Eintragung, förmliche Zwischenverfügung oder Antragszurückweisung gibt es nicht; insbesondere kommt eine Aussetzung des Verfahrens nicht in Betracht; dies gilt auch dann, wenn alle Beteiligten mit einer Aussetzung einverstanden sind. Jedoch kann der Antragsteller bestimmen, dass der Antrag erst nach Ablauf einer bestimmten Frist als gestellt gelten solle.

25 b) **Vorbescheid.** Nicht zulässig ist es, dass das Grundbuchamt in Form eines Vorbescheids seine Rechtsansicht kundtut und zur Zurücknahme des Eintragungsantrags oder zur Einlegung einer Beschwerde auffordert. Ein Vorbescheid ist auch bei beabsichtigter Löschung einer Eintragung als inhaltlich unzulässig nicht statthaft.

2. Eintragung

26 Eine Eintragung ist vorzunehmen, wenn die **Eintragungsvoraussetzungen** vorliegen. Dies hat das Grundbuchamt zu prüfen. In der Regel ist dies wegen der Vollübertragung der Rechtspfleger; der Grundbuchrichter ist es nur im Fall einer Vorlage gem. § 5 RPflG (vgl. oben Rn. 5).

27 a) **Eintragungsfähigkeit.** Zunächst ist zu prüfen, ob überhaupt Eintragungsfähigkeit gegeben ist. Grundsätzlich dürfen nur solche Eintragungen vorgenommen werden, die **vom Gesetz vorgeschrieben** oder zugelassen sind. Die Zulassung kann sich auch daraus ergeben, dass das Gesetz an die Eintragung Rechtswirkungen knüpft (*BGHZ* 116, 399f.). Eintragungsfähig sind aber Klarstellungsvermerke und Wirksamkeitsvermerke, nicht aber gegenstandslose und überflüssige Eintragungen.

28 b) **Eintragungsantrag.** Bei Vornahme einer Eintragung auf Antrag ist sodann zu prüfen, ob ein **wirksamer Antrag** vorliegt; Voraussetzungen sind Antragsberechtigung (§ 13 I 2 GBO), Antragsbefugnis und Verfahrensfähigkeit (vgl. oben Rn. 9ff.).

Liegt ein behördliches **Eintragungsersuchen** vor (§ 38 GBO), ist lediglich zu prüfen, ob die Behörde zu dem Ersuchen abstrakt befugt ist, ob Form und Inhalt des Ersuchens den gesetzlichen Vorschriften entsprechen und ob die durch das Eintragungsersuchen nicht ersetzten Eintragungserfordernisse gegeben sind. Ob die Voraussetzungen des Ersuchens tatsächlich vorliegen, liegt dagegen allein im Verantwortungsbereich der ersuchenden Behörde. Das Eintragungsersuchen muss unterschrieben und mit Siegel oder Stempel versehen sein (§ 29 III GBO).

Der Eintragungsantrag oder das Eintragungsersuchen muss sich inhaltlich **mit der Eintragungsbewilligung decken** und darf weder über sie hinausgehen noch hinter ihr zurückbleiben.

c) **Eintragsbewilligung.** Als Nächstes ist das Vorliegen einer wirksamen Eintragungsbewilligung zu 29
prüfen. Dabei müssen Bewilligungsberechtigung, Bewilligungsbefugnis und Verfahrensfähigkeit gegeben sein (vgl. dazu oben Rn. 12ff.). Das behördliche Eintragungsersuchen ersetzt grundsätzlich die Eintragungsbewilligung. Das Grundbuchamt hat die Wirksamkeit oder auch nur das Vorliegen des **dinglichen Rechtsgeschäfts** grundsätzlich nicht zu prüfen; dies gilt erst recht für das schuldrechtliche Grundgeschäft (*BayObLG,* DNotZ 1990, 510).

Im Rahmen des materiellen Konsensprinzips hat das Grundbuchamt, zB bei Eintragung einer Auflassung, jedoch zu prüfen, ob außer der Eintragungsbewilligung auch die **Auflassung erklärt** ist. Dabei genügt es, dass dem Grundbuchamt die Einigung (§§ 873, 925 BGB) so nachgewiesen ist, wie sie nach den gesetzlichen Vorschriften erklärt sein muss; dann kann das Grundbuchamt davon ausgehen, dass sie auch wirksam ist, sofern ihm nicht gegenteilige Erkenntnisse vorliegen.

Von der **Geschäftsfähigkeit** der Erklärenden kann das Grundbuchamt ausgehen, sofern nicht tatsächlich begründete, ernsthafte Zweifel daran bestehen. Solchen ist im Rahmen einer Zwischenverfügung nachzugehen; dabei muss jedoch der volle Nachweis der Geschäftsfähigkeit nicht geführt werden (*OLG Frankfurt,* NJW-RR 2006, 450).

d) **Voreintragung.** Zu prüfen ist ferner vom Grundbuchamt, ob der Bewilligende im Grundbuch als 30
Berechtigter eingetragen ist (§ 39 GBO), sofern nicht eine **Ausnahme** von dem Grundsatz der Voreintragung vorliegt (s. § 39 II, insbesondere § 40 GBO).

e) **Form der Eintragungsunterlagen.** Das Grundbuchamt hat darauf zu achten, dass die Eintragungs- 31
unterlagen in der gesetzlich vorgeschriebenen Form vorliegen. Der **Eintragungsantrag** ist formfrei, soweit er nicht zugleich eine zur Eintragung erforderliche Erklärung, insbesondere die Eintragungsbewilligung enthält (§ 30 GBO). Das **Eintragungsersuchen** einer Behörde bedarf, da es die Eintragungsbewilligung ersetzt, der Form des § 29 III GBO.

Die **Eintragungsbewilligung** oder die sonstigen zur Eintragung erforderlichen Erklärungen müssen in der Form des § 29 I 1 GBO nachgewiesen sein, die sonstigen zur Eintragung erforderlichen Voraussetzungen in der Form des § 29 I 2 GBO.

3. Zwischenverfügung

a) **Voraussetzungen.** Eine Zwischenverfügung kommt in Betracht, wenn einer Eintragung Hindernis- 32
se entgegenstehen, die in angemessener Zeit beseitigt werden können (§ 18 GBO). Ein **Eintragungshindernis** besteht zB dann, wenn tatsächlich begründete, ernsthafte Zweifel an der Geschäftsfähigkeit und damit an der Verfahrensfähigkeit (§ 9 FamFG) desjenigen bestehen, der einen Eintragungsantrag gestellt, eine Eintragung bewilligt oder die Auflassung erklärt hat (*OLG Frankfurt,* NJW-RR 2006, 450).

Dem Antragsteller wird mit der Zwischenverfügung versprochen, seinem Antrag werde bei Behebung der Hindernisse stattgegeben.

- Deshalb sind in der Zwischenverfügung **sämtliche Eintragungshindernisse** zu bezeichnen; nachträglich bekannt gewordene Hindernisse können zu einer Ergänzung der Zwischenverfügung führen.
- Ferner sind sämtliche zur **Behebung** der aufgezeigten Hindernisse geeigneten Mittel darzustellen.
- Schließlich ist eine genau bestimmte **Frist** zur Beseitigung der Eintragungshindernisse zu setzen, die von Amts wegen oder auf Antrag verkürzt oder verlängert werden kann, und zwar auch nach Ablauf, sofern der Antrag nicht bereits zurückgewiesen wurde.

Eine **Kostenentscheidung** ist grundsätzlich nicht veranlasst. Die Zwischenverfügung ist vom Rechtspfleger zu unterschreiben und dem Antragsteller oder der ersuchenden Behörde sowie den übrigen Beteiligten bekannt zu machen, dem Antragsteller oder der ersuchenden Behörde im Hinblick auf die gesetzte Frist grundsätzlich durch **förmliche Zustellung** (§ 41 I FamFG). Die Zwischenverfügung muss eine **Rechtsbehelfsbelehrung** entsprechend § 39 FamFG enthalten.

b) **Ausschluss der Zwischenverfügung.** Die Zwischenverfügung ist ein Mittel, der beantragten Eintra- 33
gung die sich nach dem Eingang des Antrags richtenden Rechtswirkungen, insbesondere hinsichtlich des Rangs zu erhalten. Sie kommt daher nicht in Betracht, wenn die Antragsberechtigung oder die Eintragungsfähigkeit fehlt oder wenn das Eintragungshindernis nicht mit rückwirkender Kraft behoben werden kann; in diesen Fällen ist der Antrag **sofort zurückzuweisen.** Durch eine Zwischenverfügung kann daher insbesondere nicht aufgegeben werden, die **fehlende Eintragungsbewilligung,** auch in der Form der Berichtigungsbewilligung, des unmittelbar Betroffenen oder im Fall des § 20 GBO die Auflassung zu erklären (vgl. dazu Rn. 34, 35).

4. Antragszurückweisung

34 a) **Voraussetzungen.** Der Eintragungsantrag ist zurückzuweisen, wenn die **Eintragungsvoraussetzungen fehlen** und die Behebung der Eintragungshindernisse auch nicht im Wege einer Zwischenverfügung aufgegeben werden kann.

Der Eintragungsantrag ist sofort, also ohne Erlass einer Zwischenverfügung zurückzuweisen, wenn der Antragsteller **nicht antragsberechtigt** ist oder ihm die Stellung eines Eintragungsantrags durch gerichtliche Entscheidung verboten ist. In diesem Fall kommt nur ein neuer Antrag eines Antragsberechtigten in Betracht. Der Antrag ist ferner zurückzuweisen, wenn ein **nicht eintragungsfähiges Recht** oder ein eintragungsfähiges Recht nicht mit dem gesetzlich vorgeschriebenen Inhalt eingetragen werden soll, sofern sich nicht bloß eine Nebenbestimmung als nicht eintragungsfähig erweist. In diesem Fall würde eine inhaltlich unzulässige Eintragung vorgenommen, die sogleich wieder von Amts wegen gelöscht werden müsste (§ 53 I 2 GBO; vgl. oben Rn. 22, 23).

35 Schließlich ist der Eintragungsantrag auch dann sofort zurückzuweisen, wenn der Mangel nicht mit **rückwirkender Kraft** behoben werden kann (*BGHZ* 27, 310). Denn sonst erhielte die Eintragung wegen der rangwahrenden Wirkung einer Zwischenverfügung einen ihr nicht zustehenden Rang. Dieser Fall liegt insbesondere dann vor, wenn die Eintragungsbewilligung oder im Fall des § 20 GBO die Auflassung fehlt (*BayObLG,* DNotZ 1989, 373).

36 b) **Entscheidung.** Ein Eintragungsantrag ist durch schriftlichen, **mit Gründen** versehenen Beschluss zurückzuweisen. Dabei sind alle Gründe anzuführen, die der begehrten Eintragung entgegenstehen. Der Beschluss ist mit einer **Rechtsbehelfsbelehrung** nach Maßgabe des § 39 FamFG zu versehen.

37 Eine **Entscheidung über die Kosten** steht im Ermessen des Grundbuchamts. Kosten sind die Gerichtskosten und die notwendigen Aufwendungen der Beteiligten (§ 80 FamFG). Das Grundbuchamt kann die Kosten in der Endentscheidung nach billigem Ermessen den Beteiligten ganz oder zum Teil auferlegen (§ 81 FamFG). Es kann aber auch von einer Kostenentscheidung absehen. Dann sind für die Kostentragungspflicht hinsichtlich der Gerichtskosten §§ 2 ff. KostO maßgebend; seine außergerichtlichen Kosten trägt dann jeder Beteiligte selbst.

38 Der **Geschäftswert** ist festzusetzen, wenn dies ein Zahlungspflichtiger oder die Staatskasse beantragt oder es sonst angemessen erscheint (§ 31 I 1 KostO). Maßgebend für die Festsetzung des Geschäftswerts sind die §§ 18 ff. KostO.

VI. Rechtsmittel

1. Entscheidungen des Grundbuchamts

39 Gegen die Entscheidungen des Grundbuchamts findet grundsätzlich die **Beschwerde** statt (§ 71 I GBO). Die Beschwerde kann auf die vom Grundbuchamt getroffene oder unterlassene **Kostenentscheidung** beschränkt werden. Keine Entscheidungen sind Äußerungen der Rechtsansicht des Grundbuchamts in Form eines **Vorbescheids** (s. dazu Rn. 25). Dies gilt auch dann, wenn damit die Aufforderung verbunden wird, den Eintragungsantrag zurückzunehmen und einen anderen Antrag zu stellen oder Beschwerde einzulegen.

Nebenentscheidungen, zB über ein Ablehnungsgesuch, sind regelmäßig mit der sofortigen Beschwerde in entsprechender Anwendung der §§ 567 bis 572 ZPO anfechtbar (vgl. §§ 6 II, 35 V, 42 III FamFG). Entscheidungen, aber keine im Sinn des § 71 I GBO und daher nicht mit der Grundbuchbeschwerde anfechtbar, sind solche über die **Kostenfestsetzung,** den **Kostenansatz** und den **Geschäftswert.** Die Geschäftswertfestsetzung ist gemäß § 31 III KostO, der Kostenansatz gemäß § 14 II, III KostO und die Kostenfestsetzung gemäß § 85 FamFG iVm §§ 103 bis 107 ZPO anfechtbar.

2. Entscheidungsorgane

40 Wie eine Entscheidung des Grundbuchamts angefochten werden kann, hängt davon ab, wer sie erlassen hat.

41 a) **Grundbuchrichter.** Seine Entscheidungen sind, soweit sie nicht unanfechtbar sind, mit der **Beschwerde** anfechtbar (§ 71 I GBO). Dies gilt auch dann, wenn der Grundbuchrichter anstelle des Rechtspflegers oder des Urkundsbeamten der Geschäftsstelle entschieden hat.

42 b) **Rechtspfleger.** Nach dem Wegfall der Durchgriffserinnerung ist seine Entscheidung mit der **Beschwerde** gemäß § 71 I GBO anfechtbar (§ 11 I RPflG). Dies gilt auch dann, wenn der Rechtspfleger anstelle des Urkundsbeamten der Geschäftsstelle entschieden hat. Ist jedoch nach den allgemeinen verfahrensrechtlichen Vorschriften ein Rechtsmittel nicht gegeben, findet gegen die Entscheidung des Rechtspflegers die **Erinnerung** statt. Sie ist grundsätzlich innerhalb einer Frist von einem Monat ab Bekanntgabe der Entscheidung beim Grundbuchamt einzulegen (§ 11 II 1 RPflG, § 63 I, III FamFG). Hilft der Rechtspfleger der Erinnerung nicht ab, **legt er sie dem Grundbuchrichter vor,** der abschließend dar-

über entscheidet (§ 11 II 2, 3 RPflG). Das Erinnerungsverfahren ist gerichtsgebührenfrei (§ 11 IV RPflG).

Handelt es sich bei der Entscheidung des Rechtspflegers um eine Eintragung im Grundbuch, an die sich ein gutgläubiger Erwerb anschließen kann, so ist diese nicht mit der Erinnerung anfechtbar (§ 71 II 1 GBO, § 11 III 1 RPflG). Mit der Beschwerde kann jedoch die Eintragung eines **Amtswiderspruchs** oder die **Löschung** als inhaltlich unzulässig verlangt werden (§ 71 II 2 GB). 43

c) **Urkundsbeamter.** Wird eine Maßnahme des Urkundsbeamten der Geschäftsstelle iSd § 12c I, II GBO angefochten, kann der Urkundsbeamte dem üblicherweise als Erinnerung bezeichneten Rechtsbehelf **abhelfen.** Hilft er nicht ab, so hat der Rechtspfleger zu entscheiden (vgl. oben Rn. 6). 44

Auch wenn es sich bei der Tätigkeit des Urkundsbeamten der Geschäftsstelle um eine Grundbucheintragung handelt, zB um eine Eintragung im Bestandsverzeichnis zur Erhaltung der Übereinstimmung mit dem Liegenschaftskataster, ist nicht unmittelbar die Beschwerde gemäß § 71 GBO gegeben, sondern die Erinnerung (*OLG München*, FGPrax 2007, 105), über die der Rechtspfleger entscheidet. Der Urkundsbeamte der Geschäftsstelle kann der Erinnerung in diesem Fall aber nicht abhelfen. Das Erinnerungsverfahren ist **gerichtsgebührenfrei** (§ 131 VI 2 KostO).

3. Beschwerdegericht

Eingelegt werden kann die Beschwerde beim Grundbuchamt oder beim Oberlandesgericht als dem Beschwerdegericht mittels einer **Beschwerdeschrift** oder zu **Niederschrift** der Geschäftsstelle eines der beiden Gerichte. Möglich ist auch eine Einlegung als **elektronisches Dokument** (§ 73 GBO). Anwaltszwang besteht nicht; jedoch kann mit zur Einlegung außer ein Rechtsanwalt nur bevollmächtigt werden, wer nach § 10 II FamFG vertretungsbefugt ist. Dazu gehört insbesondere der **Notar,** der nach § 15 II GBO zur Antragstellung ermächtigt ist. 45

Die Beschwerde ist grundsätzlich **unbefristet** und unterliegt keinen weiteren **Formvorschriften.** Sie ist nicht von einer Zulassung oder vom Erreichen eines Beschwerdewerts abhängig. Die Beschwerde kann auf neue Tatsachen und Beweise gestützt werden (§ 74 GBO); sie muss nicht begründet werden. Die Beschwerde kann bis zum Erlass der Entscheidung über sie zurückgenommen werden. Auch ist ein Verzicht auf sie zulässig.

Der Rechtspfleger hat zu prüfen, ob der Beschwerde **abzuhelfen** ist (§ 75 GBO). Dabei ist er an das Verbot der reformatio in peius nicht gebunden. Er hat auch dann abzuhelfen, wenn sich die angefochtene Entscheidung nur im Hinblick auf neues Vorbringen in der Beschwerde, dem er im einzelnen nachzugehen hat, als begründet erweist. Für eine Abhilfeentscheidung des Grundbuchrichters ist kein Raum.

4. Rechtsbeschwerdegericht

Gegen die abschließende Entscheidung des Beschwerdegerichts ist die Rechtsbeschwerde zum Bundesgerichtshof statthaft. Voraussetzung ist, dass sie das Oberlandesgericht **zugelassen hat.** Der Bundesgerichtshof ist an die Zulassung gebunden (§ 78 I, II GBO). Auf das weitere Verfahren finden die §§ 71 bis 74a FamFG entsprechende Anwendung (§ 78 III GBO). 46

Die Rechtsbeschwerde kann nur beim Rechtsbeschwerdegericht binnen einer Frist von einem Monat eingelegt werden. Dies hat durch eine Beschwerdeschrift zu geschehen, die von einem beim Bundesgerichtshof zugelassenen **Rechtsanwalt** unterzeichnet sein muss. Möglich ist auch eine Einlegung als **elektronisches Dokument.** Innerhalb der Monatsfrist zur Einlegung muss die Rechtsbeschwerde begründet werden. Die Rechtsbeschwerde kann nur auf eine Rechtsverletzung gestützt werden. (§§ 10 IV 1, 71 I, II, III, 72 I FamFG). Über die Rechtsbeschwerde hat der Bundesgerichtshof nach Maßgabe der §§ 74, 74a FamFG zu entscheiden.

Der Anwaltszwang besteht nicht im Verfahren über die Ablehnung und Ausschließung von Gerichtspersonen und im Verfahren über die Verfahrenskostenhilfe. Er gilt ferner nicht, wenn die Rechtsbeschwerde von einer **Behörde** oder juristischen Person des öffentlichen Rechts eingelegt wird (§ 10 IV FamFG). Grundbuchamt und Beschwerdegericht können der Rechtsbeschwerde **nicht abhelfen.** 47

VII. Entscheidung des Beschwerdegerichts

1. Zulässigkeitsprüfung

a) **Anfechtbarkeit.** Das Beschwerdegericht hat zunächst zu prüfen, ob eine anfechtbare Entscheidung vorliegt und ob die Beschwerde in der vorgeschriebenen **Form** eingelegt wurde. Wenn der Notar, der eine zur Eintragung erforderliche Erklärung beurkundet oder beglaubigt hat, das Rechtsmittel einlegt, ist nicht er Beschwerdeführer; gibt er nicht an, für wen er das Rechtsmittel eingelegt hat, sind alle Antragsberechtigten als **Beschwerdeführer** anzusehen (*BGH,* NJW 1985, 3070). 48

b) **Beschwerdeberechtigung.** Der Beschwerdeführer muss beschwerdeberechtigt sein. § 59 FamFG ist nicht anwendbar. Nach der Rechtsprechung ist jeder beschwerdeberechtigt, dessen Rechtsstellung durch 49 die Entscheidung des Grundbuchamts **beeinträchtigt** wäre, falls sie in dem vom Beschwerdeführer behaupteten Sinn unrichtig wäre (*OLG Hamm,* FGPrax 1995, 181). Das Beschwerderecht kann nur ausüben, wer **verfahrensfähig** ist; auch darf die Befugnis, das Beschwerderecht auszuüben, nicht eingeschränkt sein oder gänzlich fehlen, wie zB bei Insolvenz, Nachlasspflegschaft oder Testamentsvollstreckung. Wer verfahrensfähig ist, bestimmt § 9 FamFG.

50 Im Eintragungsantragsverfahren deckt sich die Beschwerdeberechtigung mit dem Antragsrecht (*BGH,* NJW 1994, 1158). Beschwerdeberechtigt ist aber auch ein **Antragsberechtigter,** der den Eintragungsantrag nicht gestellt hat. Das Beschwerderecht ist eine Verlängerung des Antragsrechts; es dient nur dazu, dem Antrag zur Eintragung zu verhelfen. Mit der Beschwerde kann daher nicht die Zurückweisung eines Eintragungsantrags oder die Wiederherstellung einer aufgehobenen Zwischenverfügung verlangt werden.

51 Besonderheiten gelten beim **Amtswiderspruch.** Soll gegen eine Eintragung ein Amtswiderspruch eingetragen werden, ist grundsätzlich nur beschwerdeberechtigt, wer, falls die Eintragung unrichtig wäre, den Grundbuchberichtigungsanspruch iSd § 894 BGB hätte, also wer als Berechtigter des Amtswiderspruchs einzutragen wäre (*OLG Hamm,* FGPrax 1996, 210). Soll die **Löschung eines Amtswiderspruchs** erreicht werden, ist beschwerdeberechtigt nur derjenige, gegen dessen im Grundbuch verlautbarte Rechtsstellung sich der Amtswiderspruch richtet.

52 c) **Abhilfeentscheidung.** Das Beschwerdegericht hat außerdem zu prüfen, ob eine **Nichtabhilfeentscheidung** des Rechtspflegers vorliegt. Fehlt eine Abhilfeentscheidung, kann das Beschwerdegericht die Sache dem Rechtspfleger zur Nachholung zuleiten; es kann aber auch sogleich selbst entscheiden.

53 d) **Entscheidung.** Erweist sich die Beschwerde als unzulässig, ist sie **zu verwerfen.** Eine Entscheidung über die Kosten des Beschwerdeverfahren ist idR geboten. Die Kosten werden dem mit seinem Rechtsmittel erfolglosen Beschwerdeführer aufzuerlegen sein (§ 84 FamFG). Zur Notwendigkeit einer Entscheidung über die Zulassung der Rechtsbeschwerde und einer Rechtsmittelbelehrung s. Rn. 60.

2. Sachprüfung

54 a) **Umfang.** Das Beschwerdegericht hat die angefochtene Entscheidung im **Rahmen der Beschwerdeanträge,** die der Beschwerdeführer nicht begründen muss, nachzuprüfen. Dabei ist nach § 74 GBO zulässiger **neuer Sachvortrag** zu berücksichtigen, und zwar jeder, der bis zum Erlass der Entscheidung eingeht. Erlassen ist die Entscheidung nicht schon mit der Beschlussfassung und Unterschrift durch die Richter, sondern erst mit der Übergabe des Beschlusses an die Geschäftsstelle oder der Bekanntgabe durch Verlesen der Beschlussformel (vgl. § 38 III 2 FamFG); jeder bis zu diesem Zeitpunkt eingehende Schriftsatz ist zu berücksichtigen. Ein neuer Antrag kann aber nicht gestellt werden.

55 b) **Verfahren.** In einem **Amtsverfahren** ist der Sachverhalt von Amts wegen gem. § 26 FamFG aufzuklären. Im **Antragsverfahren** dürfen dagegen keine Ermittlungen angestellt werden. Die materiell Beteiligten und am Verfahren formell zu beteiligenden Personen haben **rechtliches Gehör** zu erhalten.

56 c) **Verbot der Schlechterstellung.** Das Beschwerdegericht hat bei seiner Entscheidung grds. das Verbot der Schlechterstellung zu beachten; es kann jedoch zur **Löschung einer inhaltlich unzulässigen Eintragung** anweisen, auch wenn sich die Beschwerde gegen die Eintragung eines Amtswiderspruchs richtet oder mit ihr nur angestrebt wird, die Fassung einer Grundbucheintragung zu ändern (*BayObLGZ* 1984, 239, 246). Auch bei den Kosten und beim Geschäftswert ist eine Schlechterstellung nicht verboten.

57 d) **Hauptsacheentscheidung.** Das Oberlandesgericht kann, wenn es die Entscheidung des Grundbuchamts aufhebt, nur in Ausnahmefällen die Sache an das Grundbuchamt **zurückverweisen;** grundsätzlich tritt es an die Stelle des Grundbuchamts (*BayObLGZ* 1980, 95, 98). Ist die Sache vom Rechtsbeschwerdegericht an das Oberlandesgericht zurückverwiesen worden, ist dieses an die der Aufhebung zugrundeliegende rechtliche Beurteilung durch das Rechtsbeschwerdegericht **gebunden.**

58 Eine Eintragung in das Grundbuch kann das Beschwerdegericht in keinem Fall selbst vornehmen; es kann nur das Grundbuchamt zu einer genau bezeichneten Eintragung **anweisen.** In diesem Fall kann nicht nur die Entscheidung des Oberlandesgerichts, sondern auch die in Vollzug der Anweisung vorgenommene Eintragung durch das Grundbuchamt nur mit der Rechtsbeschwerde angefochten werden. Voraussetzung ist, dass sie das Oberlandesgericht zugelassen hat.

59 e) **Begründung.** Das Oberlandesgericht hat seine Entscheidung zu begründen (§ 77 GBO). Hierzu gehört insbesondere auch die Angabe des **Sachverhalts,** von dem das Oberlandesgericht ausgeht. Eine Entscheidung über die Kosten des Beschwerdeverfahrens steht grundsätzlich im Ermessen des Beschwerdegerichts (§ 81 FamFG). Wenn sich das Rechtsmittel als unbegründet erweist und zurückgewiesen wird, ist es geboten, dem Beschwerdeführer die Kosten aufzuerlegen (§ 84 FamFG). Der **Geschäftswert** ist unter den Voraussetzungen des § 31 I 1 KostO festzusetzen; maßgebend ist gemäß § 131 II KostO in allen Fällen § 30 KostO.

Das Oberlandesgericht hat ferner zu entscheiden, ob die **Rechtsbeschwerde zugelassen** wird (§ 78 I, II GBO). Lässt es die Rechtsbeschwerde zu, muss es seine Entscheidung mit einer **Rechtsmittelbelehrung** nach Maßgabe des § 39 FamFG versehen. 60

3. Beschwerde gegen eine Eintragung

Die Beschwerde gegen Eintragungen ist nach Maßgabe des § 71 II GBO beschränkt. Die **Beschränkung** gilt aber nur für solche Eintragungen, an die sich ein gutgläubiger Erwerb anschließen kann (*BayObLGZ* 1987, 431, 432). 61

a) **Unbeschränkte Beschwerde.** Die unbeschränkte, also insbesondere auf die Löschung gerichtete Beschwerde ist daher zulässig bei Eintragungen, die **nicht unter dem öffentlichen Glauben** des Grundbuchs stehen (*BayObLGZ* 1976, 106, 109); das ist zB die Eintragung eines Widerspruchs (*BayObLGZ* 1986, 294, 297). Mit der unbeschränkten Beschwerde kann auch die Richtigstellung einer Eintragung oder die Klarstellung einer ungenauen Fassung der Grundbucheintragung verlangt werden (*BayObLGZ* 1990, 188, 189) sowie die Ergänzung einer unvollständigen Eintragung. 62

b) **Beschränkte Beschwerde.** Sofern sich an eine Eintragung, wie idR bei jeder Eintragung eines dinglichen Rechts, ein gutgläubiger Erwerb anschließen kann, ist nur die auf die Löschung der Eintragung wegen inhaltlicher Unzulässigkeit oder die auf die Eintragung eines **Amtswiderspruchs** gerichtete Beschwerde zulässig (§§ 71 II 1, 2, 53 I GBO). Auch ohne ausdrückliche Beschränkung durch den Rechtsmittelführer hat das Oberlandesgericht regelmäßig davon auszugehen, dass die Beschwerde jedenfalls auch mit dem beschränkten Inhalt gewollt ist (*BayObLGZ* 1987, 231, 235). 63

c) **Beschwerdeentscheidung.** Hält das Oberlandesgericht die Beschwerde für **begründet,** so hat es das Grundbuchamt zu einer Eintragung anzuweisen. Bei der unbeschränkten Beschwerde ist es regelmäßig eine Löschung, bei der beschränkten Beschwerde ein Amtswiderspruch. 64

Die Entscheidung kann bei einer **beschränkten Beschwerde** lauten:

Beispiel:

I. Das Grundbuchamt wird angewiesen, im Grundbuch von … gegen die Eintragung des … als Eigentümer zugunsten des Beschwerdeführers … einen Amtswiderspruch einzutragen.
II. Von einer Kostenentscheidung wird abgesehen (§ 81 FamFG).
III. Die Rechtsbeschwerde wird nicht zugelassen.

Bei einer **unbegründeten** Beschwerde kann die Entscheidung lauten: 65

Beispiel:

I. Die Beschwerde des … gegen die Eintragung … wird zurückgewiesen.
II. Der Beschwerdeführer hat die Kosten des Beschwerdeverfahren zu tragen (§ 84 FamFG).
III. Die Rechtsbeschwerde wird nicht zugelassen.

4. Beschwerde gegen eine Zwischenverfügung

a) **Beschwerdegegenstand.** Die Beschwerde kann sich gegen die Zwischenverfügung insgesamt richten, aber auch gegen **jede einzelne Beanstandung.** Der Eintragungsantrag selbst ist nicht Gegenstand der mit der Zwischenverfügung getroffenen Entscheidung; er kann daher auch nicht Gegenstand der Beschwerde werden (*BayObLGZ* 1984, 136, 138). 66

b) **Umfang der Nachprüfung.** Das Beschwerdegericht kann nur das mit der Beschwerde **angefochtene Eintragungshindernis** nachprüfen; stellt es dabei weitere, nicht in der Zwischenverfügung enthaltene Eintragungshindernisse fest oder hält es nicht angefochtene Eintragungshindernisse nicht für gegeben, so ist eine Erörterung des Beschwerdegerichts hierüber nicht Gegenstand seiner Entscheidung. Solche Erörterungen haben für das Grundbuchamt daher keine Bindungswirkung und können auch nicht mit der Rechtsbeschwerde angefochten werden. Für das Grundbuchamt können sie jedoch Anlass zu einer Ergänzung oder Einschränkung der Zwischenverfügung sein (*BayObLGZ* 1990, 51, 57). Hieraus folgt: 67

- Eine unbegründete Zwischenverfügung ist auch dann aufzuheben, wenn ein **anderes Eintragungshindernis** vorliegt, das aber nicht Gegenstand der Zwischenverfügung ist, oder wenn der Eintragungsantrag sofort hätte zurückgewiesen werden müssen (*BayObLGZ* 1984, 136, 138). 68
- Die Beschwerde gegen eine **begründete Zwischenverfügung** ist auch dann zurückzuweisen, wenn ein Eintragungshindernis vorliegt, das nicht Gegenstand der Zwischenverfügung ist.
- Hätte der Eintragungsantrag jedoch **sofort zurückgewiesen** werden müssen, wäre also für eine Zwischenverfügung kein Raum gewesen, dann ist diese in jedem Fall aufzuheben.

c) **Beschwerdeentscheidung.** Weil der Eintragungsantrag nicht Gegenstand der Beschwerde ist, kann bei einer begründeten Beschwerde nur die Zwischenverfügung aufgehoben werden. Weiteres ist vom Beschwerdegericht nicht veranlasst. 69

Die Entscheidung kann lauten:

Beispiel:

I. Die Zwischenverfügung des Grundbuchamts vom ... wird aufgehoben.
II. Von einer Kostenentscheidung wird abgesehen (§ 81 FamFG).
III. Die Rechtsbeschwerde wird nicht zugelassen.

Das Grundbuchamt, dem die Akten zurückzuleiten sind, hat sodann **erneut über den Eintragungsantrag** zu entscheiden; dabei ist es an die Rechtsauffassung des Oberlandesgerichts in der aufhebenden Entscheidung gebunden. Das Grundbuchamt kann den Eintragungsantrag sofort zurückweisen, die Eintragung vornehmen oder eine Zwischenverfügung mit einem anderen Inhalt erlassen.

5. Beschwerde gegen eine Antragzurückweisung

70 Das Beschwerdegericht hat den Sachverhalt umfassend und ohne Beschränkung auf die Begründung der Entscheidung des Grundbuchamts oder der Beschwerde zu prüfen. Kommt es zu dem Ergebnis, dass dem Antrag kein Eintragungshindernis entgegensteht, so hat es die Entscheidung des Grundbuchamts **aufzuheben und dieses anzuweisen,** die beantragte Eintragung, die genau zu bezeichnen ist, vorzunehmen.

71 Kommt das Beschwerdegericht zu dem Ergebnis, dass der Eintragungsantrag zwar nicht zurückgewiesen, aber auch nicht vollzogen werden kann, weil ein behebbares Eintragungshindernis besteht, hat es ebenfalls die zurückweisende Entscheidung des Grundbuchamts **aufzuheben und eine Zwischenverfügung** zu erlassen. Diese hat alle Erfordernisse einer Zwischenverfügung zu erfüllen. Nicht ausgeschlossen ist es aber auch, den Erlass der Zwischenverfügung dem Grundbuchamt aufzugeben. Dabei ist das **Eintragungshindernis** genau zu bezeichnen; auch sind alle **Behebungsmöglichkeiten** anzuführen; die Fristsetzung kann dem Grundbuchamt überlassen werden.

72 Bei begründeter Beschwerde kann die Entscheidung lauten:

Beispiel:

I. Der Beschluss des Grundbuchamts vom ... wird aufgehoben.
II. Das Grundbuchamt wird angewiesen, die beantragte Eintragung ... vorzunehmen.
oder:
Das Grundbuchamt wird angewiesen, eine Zwischenverfügung mit folgendem Inhalt zu erlassen: ...
III. Von einer Kostenentscheidung wird abgesehen (§ 81 FamFG).
IV. Die Rechtsbeschwerde wird gegen die Hauptsachentscheidung zugelassen. Sie ist binnen einer Frist von einem Monat nach der schriftlichen Bekanntgabe des Beschlusses beim Bundesgerichtshof in ...... durch eine Beschwerdeschrift einzulegen, die von einem beim Bundesgerichtshof zugelassenen Rechtsanwalt unterschrieben sein muss.

D. IV. Nachlassverfahren

Dieter Rojahn

Übersicht

Literatur: Allgemeine Kommentare: *Burandt/Rojahn*, Erbrecht, 1. Aufl. 2011; *Palandt*, BGB, 70. Aufl. 2011; *Keidel*, FamFG, 17. Aufl. 2011; *Bassenge/Roth*, FamFG/RPflG, 12. Aufl. 2009; *Bumiller/Harders*, FamFG, 10. Aufl. 2011; – **Weiterführende Literaturhinweise:** *Muscheler* Erbrecht, 2010; Firsching/*Graf*, Handbuch der Rechtspraxis – Nachlassrecht, 9. Aufl. 2008; *Zimmermann*, Erbschein und Erbscheinsverfahren, 2. Aufl. 2008; *ders.*, Das neue FamFG, 2009; *ders.*, Das neue Nachlassverfahren nach dem FamFG, ZEV 2009, 53.

Zur allg. Literatur siehe auch Literaturverzeichnis A. I. und D. I.

I. Allgemeines

1. Nachlasssachen

Dem Nachlassgericht obliegen alle ihm durch Bundesrecht oder Landesrecht ausdrücklich zugewiesenen Verrichtungen (Nachlasssachen). Hierzu zählen nach **Bundesrecht** insbesondere – vgl. die Aufzählung der Nachlasssachen in § 342 I FamFG – die Nachlasssicherung (§§ 1960 ff. BGB), die Aufgaben im Rahmen einer Nachlassverwaltung (§§ 1981 ff. BGB) und Testamentsvollstreckung (etwa die Ernennung und Entlassung eines Testamentsvollstreckers, §§ 2200, 2227 BGB), die Eröffnung von letztwilligen Verfügungen (§§ 2260, 2300 BGB) und das Erbscheinsverfahren (§§ 2353 ff. BGB), nach **Landesrecht** insbesondere die Erbenermittlung von Amts wegen (zB gem. Art. 37 BayAGGVG). Die entsprechenden Verfahren sind zum Teil nur auf Antrag (zB bei Erteilung von Erbscheinen, § 2353 BGB), zum Teil von Amts wegen (zB bei Einziehung eines Erbscheins, § 2361 BGB) einzuleiten. Häufig obliegt dem Nachlassgericht auch nur die Entgegennahme und Beurkundung von Erklärungen (zB bei der Ausschlagung einer Erbschaft, § 1945 BGB, bei der Anfechtung einer letztwilligen Verfügung, §§ 2081, 2281 II BGB). Das **Verfahren** des Nachlassgerichts ist teilweise im BGB (zB das Erbscheinsverfahren, §§ 2353 ff. BGB), teilw. im FamFG (Buch 4 §§ 342–373 Nachlass- und Teilungssachen, ergänzend Buch 1 §§ 1–110 Allgemeiner Teil) und zu einem geringen Teil in Landesgesetzen (vgl. zB für Bayern Art. 35 ff. BayAGGVG, für Baden-Württemberg §§ 41 ff. LFGG) geregelt. 1

2. Zuständigkeit

Die **internationale Zuständigkeit** folgt der örtlichen Zuständigkeit (§ 105 FamFG), ganz gleich, ob auf den Erbfall deutsches oder ausländisches Erbrecht anwendbar ist (Art. 3 bis 5, 25 EGBGB). Den früher in der Rechtsprechung anerkannten sog. Gleichlaufgrundsatz, wonach die deutschen Nachlassgerichte nur bei Anwendung deutschen Sachrechts zuständig waren (vgl. *BayObLG*, NJW-RR 1991, 1098/1099) hat das mit der FGG-Reform zum 1. 9. 2009 in Kraft getretene FamFG nicht übernommen. Ist für einen deutschen oder einen ausländischen Erblasser eine örtliche und demgemäß auch eine internationale Zuständigkeit gegeben, so erstreckt sie sich grundsätzlich auf den gesamten im Inland und im Ausland gelegenen Nachlass. Als Folge hiervon beansprucht der vom deutschen Nachlassgericht in eigener Zuständigkeit ausgestellte Erbschein grundsätzlich weltweite Geltung; § 2369 BGB sieht die Möglichkeit eines gegenständlich beschränkten Erbscheins vor. Vorrangige Staatsverträge (zB Deutsch-türkischer Konsularvertrag v. 28. 5. 1929, Anl. zu Art. 20, sog. Nachlassabkommen) sind zu beachten. 2

Die **örtliche Zuständigkeit** richtet sich nach dem Wohnsitz (§§ 7 ff. BGB), hilfsweise nach dem Aufenthalt des (deutschen oder ausländischen) Erblassers im Zeitpunkt des Erbfalls (§ 343 I FamFG). Feh- 3 len Wohnsitz oder Aufenthalt im Inland, so ist das AG Schöneberg zuständig, wenn der Erblasser Deutscher ist (§ 343 II FamFG), bei Ausländern jedes Gericht, in dessen Bezirk sich Nachlassgegenstände befinden (§ 343 III FamFG). Auch im letztgenannten Fall ist die Zuständigkeit umfassend (keine Beschränkung auf im Inland befindliche Gegenstände, wie dies vor der FGG-Reform der Fall war). Kommen danach mehrere Gerichte in Betracht (zB Doppelwohnsitz), so ist das Gericht allein zuständig (*BayObLG,* FamRZ 1985, 533), das zuerst in der Sache tätig geworden ist (§ 2 I FamFG). Bei Zuständigkeitsstreit gilt § 5 FamFG. Weitere (besondere) örtliche Zuständigkeiten finden sich in § 344 FamFG. So ist für die Entgegennahme der Ausschlagung der Erbschaft oder die Anfechtung der Ausschlagung auch das Wohnsitzgericht des Erklärenden zuständig (§ 344 VII FamFG).

4 **Sachlich** ist das Amtsgericht zuständig (§ 23 a I Nr. 2, II Nr. 2 GVG), das insoweit als Nachlassgericht handelt. Abweichungen gibt es insb. im landwirtschaftlichen Sonderrecht der Hoferbfolge (HöfeO) und teilweise in Baden-Württemberg (Notariat).

5 Die **funktionelle Zuständigkeit** für Nachlasssachen liegt grundsätzlich beim Rechtspfleger (§ 3 Nr. 2 lit. c RPflG), jedoch sind eine Reihe von Angelegenheiten dem Richter vorbehalten (§ 16 I RPflG), insbesondere (vgl. aber § 16 II RPflG) die Erteilung und Einziehung eines Erbscheins bei Vorliegen einer letztwilligen Verfügung oder wenn die Anwendung ausländischen Rechts in Betracht kommt, eines Testamentsvollstreckerzeugnisses sowie die Ernennung oder Entlassung des Testamentsvollstreckers. In diesen Sachen kann sich der Richter zwar der vorbereitenden Mithilfe anderer Personen (zB des Rechtspflegers) bedienen. Er hat jedoch den Kernbereich der richterlichen Aufgabe, neben der Endentscheidung selbst insbesondere die Entscheidung über Art und Verlauf der Ermittlungen und Beweiserhebungen, die Durchführung von Anhörungen und die Beweiswürdigung, selbst wahrzunehmen (*Keidel/Zimmermann,* § 343 FamFG Rn. 84 f.).

Im folgenden wird nur das Erbscheinsverfahren behandelt, da es das für den Richter wichtigste nachlassgerichtliche Verfahren darstellt.

II. Erteilung eines Erbscheins

1. Allgemeines

6 Der **Erbschein** ist eine dem Rechtsverkehr dienende amtliche Bescheinigung, die bekundet, wer nach Auffassung des Nachlassgerichts Erbe ist und welchen Verfügungsbeschränkungen dieser Erbe unterliegt. Er begründet eine widerlegliche Vermutung für die Richtigkeit und Vollständigkeit seines Inhalts, dh der in ihm ausgewiesenen Erbfolge und ihrer Beschränkungen (§ 2365 BGB), und schützt den gutgläubigen Dritten beim Erwerb von dem ausgewiesenen Erben und bei Leistungen an diesen (öffentlicher Glaube, §§ 2366, 2367 BGB). Eine verbindliche Feststellung der Erbenstellung können die Erbprätendenten nur durch eine Feststellungsklage im Zivilprozess und nur in den subjektiven Grenzen der Rechtskraft, also regelmäßig nur mit Wirkung für die Prozessparteien (§ 325 ZPO), erreichen. Der Erbschein bindet das Prozessgericht nicht (*OLG München,* NJW-RR 1995, 779).

7 Je nach Inhalt unterscheidet man verschiedene **Arten,** insbesondere: den Erbschein über das Erbrecht des Alleinerben (Alleinerbschein) oder aller Miterben (gemeinschaftlicher Erbschein), über das Erbrecht eines Miterben (Teilerbschein) oder mehrerer Miterben (gemeinschaftlicher Teilerbschein) sowie über das in Deutschland befindliche Vermögen eines Erblassers (gegenständlich beschränkter Erbschein, § 2369 BGB). Daneben gibt es aus Kostengründen Erbscheine für bestimmte Zwecke (zB zur Berichtigung des Grundbuchs, vgl. dazu *BayObLGZ* 1983, 176/180).

2. Antrag

8 a) **Allgemeines.** Der Antrag ist an das zuständige Nachlassgericht zu richten. Er bedarf an sich keiner **Form,** wird jedoch wegen der nach § 2356 II BGB in aller Regel erforderlichen Versicherung an Eides statt, die der Antragsteller über die Richtigkeit der von ihm geforderten Angaben abzugeben hat, häufig zur Niederschrift eines Notars oder im Rahmen der Nachlassverhandlung zu Protokoll des Gerichts (§ 25 FamFG) erklärt. Bei der Antragstellung (nicht bei der Versicherung an Eides statt) kann sich der Antragsteller eines **Bevollmächtigten** bedienen (§ 10 FamFG; zur Vollmacht. § 11 FamFG). Hilfsanträge sind zulässig (*RGZ* 156, 172/180). Der Antrag kann bis zur Rechtskraft der Endentscheidung – also ggf. auch noch in der Beschwerde- und Rechtsbeschwerdeinstanz – **zurückgenommen** werden, nach Erlass der erstinstanzlichen Endentscheidung allerdings nur mit Zustimmung der übrigen Beteiligten (§ 22 I FamFG). Die gestellten Anträge bestimmen den Verfahrensgegenstand. Ein ohne Antrag erteilter Erbschein ist unrichtig, kann jedoch nachträglich genehmigt werden (*BayObLGZ* 1970, 105/110). Der Antrag kann, etwa nach einem fälschlich ohne Antrag ergangenen Bewilligungsbeschluss, mit Wirkung für das Rechtsmittelverfahren nachgeholt werden, aber nur gegenüber dem Nachlassgericht und nur, wenn sich dadurch der Verfahrensgegenstand nicht ändert (*BayObLGZ* 1994, 73/76 und FamRZ 1995, 1449).

b) **Antragsberechtigung.** Antragsberechtigt ist

- jeder Erbe (insoweit genügt schlüssige Behauptung des Erbrechts) nach Annahme der Erbschaft (die stillschweigend in der Antragstellung enthalten ist), ein Teilerbe auch für die Miterben (§ 2357 I 2 BGB), auch der Vorerbe, der Nacherbe erst nach Eintritt des Nacherbfalls (*KG,* FamRZ 1996, 1572/1573); 9

ferner (insoweit ist Nachweis der Rechtsstellung erforderlich) insbesondere:

- der Erbeserbe (*BayObLGZ* 1995, 79/91), der Erbteilserwerber, der Erbschaftskäufer auf den Namen des ursprünglichen Erben,
- der Testamentsvollstrecker (*OLG Hamm,* FamRZ 1993, 825), Nachlassverwalter, Abwesenheitspfleger (§ 1911),
- Nachlassgläubiger und Erbengläubiger zum Zweck der Zwangsvollstreckung (§§ 792, 896 ZPO, vgl. *BayObLGZ* 1973, 224/226);

nicht dagegen der für den Nachlass bestellte Nachlasspfleger (§§ 1960 ff. BGB), der Pflichtteilsberechtigte (*OLG Köln,* NJW-RR 1994, 1421) oder der Vermächtnisnehmer (ausführlich zur Antragsberechtigung *Seiler* in *Burandt/Rojahn,* § 2353 BGB Rn. 36 ff.).

c) **Inhalt.** In dem Antrag sind die Art des gewünschten Erbscheins sowie das **Erbrecht,** das in dem Erbschein bezeugt werden soll, genau zu bezeichnen, letzteres nach dem Berufungsgrund (gesetzliche oder testamentarische Erbfolge), nach der Person des oder der Erben sowie der (jeweiligen) Erbquote (vgl. § 2357 II BGB) und der Art des Erbrechts (Vollerbe oder Vorerbe); ferner sind eventuelle Beschränkungen anzugeben (vgl. für die Nacherbschaft § 2363 I, für Testamentsvollstreckung § 2364 I, für den gegenständlich beschränkten Erbschein § 2369 BGB). Der Erbschein muss so bestimmt sein, dass ihn das Nachlassgericht bei Stattgabe übernehmen könnte (*OLG Frankfurt,* FamRZ 1998, 1394; weitere Einzelheiten bei *Keidel/Zimmermann,* § 352 Rn. 40 ff.). 10

Ferner hat der Antragsteller bei gesetzlicher Erbfolge die Angaben gemäß § 2354 BGB, bei gewillkürter Erbfolge die Angaben gemäß § 2355 BGB zu machen und in der gemäß § 2356 BGB geforderten Form (zB durch Vorlage von Personenstandsurkunden oder gemäß § 2356 II BGB durch eidesstattliche Versicherung) nachzuweisen, soweit sie nicht bei dem Nachlassgericht offenkundig, insbesondere amtlich bekannt sind (§ 2356 III BGB), zB aus anderen dort geführten Nachlassakten. Verweigert der Antragsteller die eidesstattliche Versicherung ohne triftigen Grund, kann das Nachlassgericht den Antrag ohne weitere Ermittlungen als unzulässig zurückweisen (*OLG Frankfurt,* MDR 1996, 1153). 11

3. Prüfung des Nachlassgerichts

a) **Allgemeines.** Das Nachlassgericht prüft zunächst, ob es zuständig ist (Rn. 2 ff.; ggf. Verweisung an das zuständige Gericht, § 3 FamFG) und ob ein wirksamer Antrag vorliegt (Rn. 8 ff.). Da der Antrag die Verfahrensgrundlage bildet, empfiehlt es sich dringend, auf die Stellung eines vollständigen, eindeutigen und sachgerechten Antrags (uU mit Hilfsanträgen) hinzuwirken und hierzu jedenfalls in Zweifelsfällen auch eine Nachlassverhandlung mit den Beteiligten durchzuführen. Dies dient trotz des damit zunächst verbundenen Aufwands der frühzeitigen Klärung der Sach- und Rechtslage und damit letztlich der Verfahrensvereinfachung. Ohnehin hat das Nachlassgericht auf Mängel des Antrags aufmerksam zu machen und deren Beseitigung anzuregen (*BayObLGZ* 1995, 47/50). Im Übrigen hat es, ausgehend von den vom Antragsteller angegebenen Beweismitteln, von Amts wegen die Ermittlungen zu tätigen und die Beweise zu erheben, die für die Feststellung der für die Erteilung des Erbscheins wesentlichen Tatsachen, insbesondere für die nach dem Antrag im Erbschein auszuweisende Erbfolge, erforderlich sind (§ 2358 I BGB, § 26 FamFG). 12

Die **Beteiligten** des Erbscheinsverfahrens ergeben sich aus § 345 I FamFG. Danach wird zwischen dem Antragsteller, der immer zu beteiligen ist (Muss-Beteiligter), und anderen Personen unterschieden, die vom Gericht als Beteiligte hinzugezogen werden können (Kann-Beteiligte), aber auf ihren Antrag hinzugezogen werden müssen (sich also vom Kann-Beteiligen zum Muss-Beteiligen aufschwingen können). Das sind diejenigen Personen, deren Recht am Nachlass durch das Verfahren unmittelbar betroffen wird, wie insbesondere die gesetzlichen Erben und Personen, die aufgrund Testaments oder Erbvertrags als Erben in Betracht kommen. Über ihr Antragsrecht auf Beteiligung sind sie zu belehren, soweit sie dem Gericht bekannt sind (§ 7 IV FamFG). Diese gesetzliche Konzeption hat sich jedenfalls in Nachlasssachen als wenig praktikabel erwiesen. Einfacher und schneller (und von der gesetzlichen Regelung gedeckt) ist meistens die formlose Beiziehung der in Betracht kommenden Personen von Amts wegen in der Weise, dass sie Gelegenheit zur Stellungnahme erhalten. Das dient der Sachaufklärung und trägt dem Anspruch auf rechtliches Gehör (Art. 103 I GG) Rechnung. Es steht jedem, der in dieser Weise als Beteiligter hinzugezogenen wird, frei, sich nicht zu äußern. Wer im Verfahren nicht hervortritt, kann auch nicht mit Kosten belastet werden. 13

Die **Ermittlungen** können in jeder Art und Form geführt werden. Das Gericht entscheidet nach pflichtgemäßem Ermessen, ob es sich mit formlosen Ermittlungen begnügt (Freibeweis, § 29 FamFG), oder ob es eine förmliche Beweisaufnahme durchführt (Strengbeweis, § 30 FamFG). In bestimmten Ver- 14 fahrenssituationen kann eine förmliche Beweisaufnahme geboten sein (vgl. § 30 Abs. 3 FamFG; *BayObLG*, NJW-RR 1996, 583; *Keidel/Sternal*, § 30 Rn. 13 ff.). Denkbare Ermittlungen sind zB die Einholung amtlicher Auskünfte, etwa aus den Personenstandsbüchern; die persönliche oder schriftliche Anhörung von Beteiligten und Zeugen; die Beiziehung von Akten, zB Betreuungsakten oder andere Nachlassakten, oder von Urkunden, etwa Personenstandsurkunden etc.; die Einholung von Sachverständigengutachten, zB bei Zweifeln an der Echtheit einer letztwilligen Verfügung oder bei Zweifeln an der Testierfähigkeit. Gutachten aus anderen Verfahren können im Weg des Freibeweises als Urkunden verwertet werden. Den Umfang der Ermittlungen, insbesondere den Umfang der Beweisaufnahme, bestimmt das Nachlassgericht nach pflichtgemäßem Ermessen. Es hat nicht allen nur denkbaren Möglichkeiten von Amts wegen nachzugehen, sondern kann sich mit einem für das praktische Leben brauchbaren Grad von Wahrscheinlichkeit begnügen; weitere Ermittlungen können unterbleiben, wenn von ihnen ein die Entscheidung beeinflussendes Ergebnis nicht mehr zu erwarten ist (*BGHZ* 40, 54/57; *BayObLGZ* 1983, 153/161).

15 **b) Prüfung der Erbenstellung.** Hinsichtlich der Feststellung des Erbrechts hat das Nachlassgericht zu prüfen, ob (weitere) Verfügungen von Todes wegen vorhanden (etwa in gerichtlicher Verwahrung, § 346 FamFG) sind. Die bekannten letztwilligen Verfügungen müssen eröffnet sein (§§ 348 ff. FamFG). Die Erben, deren Erbenstellung bezeugt werden soll, müssen die Erbschaft angenommen haben (vgl. auch § 1943 Hs. 2 BGB), bei Beantragung eines gemeinschaftlichen Erbscheins ist dies ggf. durch den Antragsteller zu erklären (§ 2357 III BGB). Versprechen weitere Ermittlungen keinen Erfolg, kann das Nachlassgericht eine öffentliche Aufforderung gemäß § 2358 II BGB erlassen.

16 **c) Insbesondere gesetzliche Erbfolge.** Die Prüfung erstreckt sich darauf, ob eine die gesetzliche Erbfolge ausschließende Verfügung von Todes wegen vorhanden ist, und ob der Erbprätendent nach seinem Verhältnis zum Erblasser mit der im Antrag angegebenen Quote gesetzlicher Erbe (§§ 1924 ff. BGB) geworden ist. Ist der Erbprätendent nichtehelicher Abkömmling oder Adoptivkind, sind die Gesetzesänderungen in den vergangenen Jahrzehnten (Nichtehelichengesetz 1969, Adoptionsgesetz 1976, Erbrechtsgleichstellungsgesetz 1998, Zweites Gesetz zur erbrechtlichen Gleichstellung nichtehelicher Kinder v. 12. 4. 2011, BGBl I S. 615) zu beachten. Kommt ein Ehegattenerbrecht in Betracht, ist der Güterstand zu ermitteln (§§ 1931 III und IV, 1371 BGB), bei Anhaltspunkten für die Anhängigkeit eines Scheidungsverfahrens sind die Voraussetzungen des § 1933 BGB zu prüfen (dazu *BGHZ* 128, 125). Bestehen Zweifel, die nicht alsbald ausgeräumt werden können, kann das Nachlassgericht einen Nachlasspfleger (§ 1960 BGB) zur Sicherung des Nachlasses und zur Ermittlung der unbekannten Erben bestellen. Den bekannten Erben kann ein Teilerbschein erteilt werden, wenn die Erbquote noch nicht feststeht auch ein Mindestteilerbschein (*BayObLGZ* 1995, 366/378).

17 **d) Insbesondere gewillkürte Erbfolge.** Die Prüfung erstreckt sich darauf, ob die **letztwillige Verfügung,** auf die das behauptete Erbrecht gestützt wird, wirksam errichtet und wirksam geblieben ist, und ob nach ihrem Inhalt die im Antrag benannten Personen nach dem dort angegebenen Verhältnis, gegebenenfalls mit den entsprechenden Einschränkungen, Erben geworden sind.

18 *aa)* Die letztwillige Verfügung muss **wirksam errichtet,** dh von dem testierfähigen (§§ 2229, 2275 BGB) Erblasser persönlich (§§ 2064, 2274 BGB) in der gebotenen Form (§§ 2231 ff., 2276 BGB, in der Regel als öffentliches Testament zu notarieller Urkunde, § 2232 BGB, oder als privatschriftliches Testament, §§ 2247, 2267 BGB) errichtet worden sein. An den Nachweis eines verlorengegangenen Testaments sind strenge Anforderungen zu stellen (*OLG München,* ZEV 2010, 572). Eine Prüfung der Testierfähigkeit (*OLG München,* FamRZ 2007, 2009/2011) ist nur veranlasst, wenn begründeter Anlass zu Zweifeln besteht. Dann jedoch sind eingehende Ermittlungen erforderlich; ggf. sind die Betreuungsakten beizuziehen, ein Sachverständigengutachten ist zu erholen, wenn es auf Fragen der ärztlichen Fachwissenschaft ankommt (*BayObLGZ* 1995, 383/389). Die Verfügung darf nicht wegen Verstoßes gegen ein gesetzliches Verbot (§ 134 BGB; zu den Zuwendungsverboten bei Heimunterbringung *G. Müller* in *Burandt/Rojahn,* § 14 HeimG und Anhang Ländergesetze) oder gegen die guten Sitten nichtig sein (§ 138 BGB; zum Geliebtentestament *BGHZ* 112, 259/262, vgl. auch *OLG Frankfurt,* FamRZ 1995, 1026; zum Behindertentestament *BGHZ* 123, 368; *Wendt,* DNotZ 2007, 6; zu Ebenbürtigkeitsklauseln nach fürstlichem Hausgesetz *BVerfG* NJW 2000, 2495; 2004, 2008; *Gutmann* NJW 2004, 2347). Auch die dem Erblasser durch wechselbezügliche Verfügungen in einem früheren gemeinschaftlichen Testament (§ 2271 II BGB) oder vertragsmäßige Verfügungen in einem Erbvertrag (§ 2289 BGB) gesetzten **Grenzen der Testierfreiheit** dürfen nicht überschritten sein. Ist eine von mehreren in einem Testament enthaltenen Verfügungen unwirksam, so bleiben die übrigen Verfügungen im Zweifel wirksam (§ 2085 BGB).

19 *bb)* Es darf **keine nachträgliche Unwirksamkeit** eingetreten sein. Insbesondere darf die Verfügung nicht durch Widerruf oder Abänderung (§§ 2253–2258 BGB; vgl. aber §§ 2271, 2289 BGB), Anfechtung (§§ 2078 ff., §§ 2281 ff., §§ 119 ff. BGB; zu prüfen sind nur die geltend gemachten Anfechtungsgründe, *BayObLGZ* 1962, 47) oder Eheauflösung bzw. ein anhängiges Scheidungsverfahren (§§ 2077, 2268, 2279 II BGB; s. auch Rn. 16) ihre Wirksamkeit verloren haben, oder zB durch Vorversterben des

Bedachten (§ 1923 I BGB; vgl. aber §§ 2068, 2069 BGB!), Erbverzicht (§ 2352 BGB) oder Zeitablauf (vgl. zB §§ 2109, 2210, 2252 BGB) gegenstandslos geworden sein.

cc) Der **Inhalt** der letztwilligen Verfügung ist, sofern sie nicht eindeutig ist, durch **Auslegung** (§ 133 BGB) festzustellen. Hierfür ist als innere Tatsache (*BGH,* NJW 1993, 256) der wirkliche Wille des Erblassers im Zeitpunkt der Errichtung der Verfügung zu ermitteln, also das, was der Erblasser mit seinen Worten hat sagen wollen (*BGH* FamRZ 1987, 475/476). Der gesamte Inhalt der Erklärungen einschließlich aller Nebenumstände, auch solcher, die außerhalb der Testamentsurkunde liegen, ist zu würdigen (*BayObLGZ* 1981, 79/82). Das Gericht darf der Erklärung auch eine Deutung geben, die vom Wortsinn abweicht. Das setzt voraus, dass der Erklärende mit seinen Worten einen anderen Sinn verbunden hat als es dem allgemeinen Sprachgebrauch entspricht (*BGHZ* 86, 41/46; *BayObLG,* FamRZ 1986, 835/836). Das kann ausnahmsweise auch bei notariellen Urkunden der Fall sein, jedoch spricht bei ihnen wegen der Pflicht des Notars gem. § 17 I BeurkG eine gewisse Vermutung dafür, dass Erklärungsinhalt und Erblasserwille übereinstimmen (BayObLG, FamRZ 1996, 1036/1037). Durch die Auslegung darf nicht ein Wille in das Testament hineingetragen werden, der darin nicht irgendwie, sei es auch nur andeutungsweise, ausgedrückt ist, da der Wille nur dann formwirksam erklärt ist (Andeutungstheorie, vgl. *BGHZ* 80, 242/246). Übereinstimmende Rechtsansichten oder Vereinbarungen der Beteiligten binden das Gericht nicht (*OLG München,* NJW-RR 2011, 12), sind jedoch im Rahmen der Auslegung zu berücksichtigen (*BGH,* NJW 1986, 1812). 20

Bei **wechselbezüglichen Verfügungen** in einem gemeinschaftlichen Testament ist der Wille des anderen Ehegatten (*BGHZ* 112, 229/233), bei vertragsmäßigen Verfügungen im Erbvertrag auch der Empfängerhorizont zu berücksichtigen (§§ 157, 242 BGB; *BayObLG,* NJW-RR 1995, 905). 21

Ist der wirkliche Wille nicht zu ermitteln, so muss sich das Gericht mit dem Sinn begnügen, der dem **mutmaßlichen Willen** des Erblassers am ehesten entspricht (*BGHZ* 86, 41). Haben sich die Umstände nach der Testamentserrichtung in einer vom Erblasser nicht bedachten Weise geändert oder hat sich der Erblasser über die Umstände geirrt, so ist dem durch ergänzende Auslegung, gegebenenfalls Ermittlung des hypothetischen Willens Rechnung zu tragen (vgl. *Palandt/Weidlich,* § 2084 BGB Rn. 8 ff.; *OLG Hamm* FamRZ 1997, 121 und *BayObLG,* FamRZ 1997, 1509). Auch der hypothetische Wille muss in der Verfügung einen Anhalt finden, andernfalls kommt nicht die Auslegung, sondern nur eine Anfechtung in Betracht. 22

Unter **mehreren Auslegungsmöglichkeiten** ist diejenige zu wählen, die der letztwilligen Verfügung zum Erfolg verhilft (§ 2084 BGB), also rechtlich zulässig und tatsächlich durchführbar ist. Erbringt die Auslegung kein eindeutiges Ergebnis, sind die gesetzlichen Auslegungsregeln (vgl. insbesondere §§ 2066 ff., 2087 ff., 2269, 2270 II BGB) heranzuziehen. Jedoch hat die Erforschung des wirklichen Willens stets Vorrang. 23

4. Entscheidung

a) **Erbscheinserteilung.** *aa)* Die Erteilung setzt voraus, dass das Gericht die zur Begründung des Antrags erforderlichen **Tatsachen** für **festgestellt** erachtet (§ 2359 BGB). An die Beweisführung dürfen keine übertriebenen Anforderungen gestellt werden. Das Nachlassgericht hat sich mit einem für das praktische Leben brauchbaren Grad von Wahrscheinlichkeit zu begnügen, der dem Zweifel Schweigen gebietet (*BayObLGZ* 1983, 153/161). Bei nicht aufklärbaren Zweifeln sind die Grundsätze der Feststellungslast heranzuziehen (vgl. *Palandt/Weidlich,* § 2353 BGB Rn. 31). Danach trägt grundsätzlich derjenige, der als Erbe ausgewiesen werden will, das Risiko der Feststellung von Tatsachen, die sein Erbrecht begründen (zB der Existenz, der Echtheit und des Inhalts des Testaments, das sein Erbrecht stützt). Dagegen kommen ihm in der Regel verbleibende Zweifel an sein Erbrecht hindernden oder vernichtenden Tatsachen zugute (zB an der Testierfähigkeit des Erblassers, *OLG Frankfurt,* NJW-RR 1996, 1159 und *BayObLG,* FamRZ 1994, 1137, oder an der Wirksamkeit der Abänderung oder Anfechtung einer ihn begünstigenden Verfügung). Ein anhängiger Rechtsstreit über das Erbrecht hindert die Erteilung nicht (vgl. § 2360 I BGB), jedoch kann sich eine Aussetzung des Verfahrens empfehlen (§ 21 FamFG; *BayObLGZ* 1969, 184). An ein rechtskräftiges Feststellungsurteil (s. auch Rn. 6) ist das Nachlassgericht in negativer Hinsicht (keine Erbscheinserteilung an denjenigen, dessen Erbrecht verneint wurde) gebunden, in positiver Hinsicht nur, wenn es zwischen den Beteiligten des Erbscheinsverfahrens in Rechtskraft erwachsen ist, eine Erbscheinserteilung nur an diese in Betracht kommt und sich keine wesentlichen neuen Tatsachen ergeben haben (näher *Sprau,* ZAP 1997, 1101, *Palandt/Weidlich,* Übbl. vor § 2353 Rn. 7 und *BayObLGZ* 1969, 184/186). Die in einem früheren Erbscheinsverfahren vertretene eigene Auffassung bindet das Nachlassgericht nicht (*BGHZ* 47, 58), ebensowenig ein „Auslegungsvergleich“ der Beteiligten (s. auch Rn. 20). Zum Vergleich im Erbscheinsverfahren s. *BayObLG,* ZEV 1997, 461. 24

bb) Der Erbschein darf nur mit dem beantragten **Inhalt** erteilt werden (zur Genehmigung der Erbscheinserteilung ohne Antrag *BayObLGZ* 1970, 105/110). Er enthält, entsprechend der an ihn geknüpften Vermutung (§ 2365 BGB), nur Angaben über 25

- die Gesamtrechtsnachfolge (Bezeichnung des Erblassers und der Erben),
- den Erbteil (gegebenenfalls nach Bruchteilen) und
- Beschränkungen des Erben (insbesondere eine Nacherbfolge, § 2363 BGB, und eine Testamentsvollstreckung, § 2364 BGB),
- bei einem gegenständlich beschränkten Erbschein (§ 2369 BGB) auch einen Hinweis auf die Beschränkung und das angewandte Recht.

Weitere Angaben, etwa zu Vermächtnissen, Pflichtteilsansprüchen oder einer Nachlassverwaltung, sind nicht aufzunehmen. Die Angabe des Berufungsgrundes ist nur erforderlich, wenn sie für den Umfang des Erbrechts bedeutsam ist (*BayObLGZ* 1973, 28/29). Über den Umfang des Nachlasses gibt der Erbschein keine Auskunft. Zu Einzelheiten und Mustern vgl. *Firsching/Graf*, Rn. 4.266 ff.

26 *cc)* Der **Erteilung** des Erbscheins geht ein Beschluss nach § 352 I FamFG voraus, dass die zur Erteilung eines (beantragten, zu bezeichnenden) Erbscheins erforderlichen Tatsachen für festgestellt erachtet werden (Feststellungsbeschluss, der Sache nach ein – so die frühere Terminologie – Bewilligungsbeschluss oder eine Erteilungsanordnung im Unterschied zur Erteilung). Hat niemand der beantragten Erteilung widersprochen, folgt die eigentliche Erteilung sogleich nach; einer gesonderten Bekanntgabe des Beschlusses bedarf es nicht. „Erteilt" iS des Gesetzes ist der Erbschein erst mit dem Vollzug des Beschlusses durch Übermittlung einer Urschrift oder Ausfertigung des Erbscheins an den Antragsteller (*BayObLGZ* 1960, 192) oder deren Hinausgabe an eine andere Stelle (zB das Grundbuchamt, *BayObLGZ* 1960, 501). Widerspricht der Beschluss dem erklärten Willen eines Beteiligten, ist der Beschluss den Beteiligten bekannt zu geben, seine Wirksamkeit auszusetzen und die Erteilung bis zur Rechtskraft des Beschlusses zurückzustellen (§ 352 II FamFG).

Kosten: Gerichtskosten §§ 107, 107 a KostO. Eine Anordnung über die Erstattung außergerichtlicher Kosten kommt in Betracht, ist in der erstinstanzlichen gerichtlichen Praxis aber nicht die Regel (§ 81 FamFG; zu den Kriterien der Ermessensausübung *Zimmermann*, FamRZ 2009, 377/380 ff.).

27 **b) Ablehnung.** Erachtet das Nachlassgericht die Voraussetzungen für die Erteilung des beantragten Erbscheins nach Abschluss der gebotenen Ermittlungen nicht für gegeben, so hat es den **Antrag zurückzuweisen.** Dies erfolgt durch Beschluss (§ 38 FamFG), der zu begründen ist (§ 38 III FamFG) und eine Rechtsmittelbelehrung zu enthalten hat (§ 39 FamFG). Bei behebbaren Mängeln ist vorher ein Hinweis an den Antragsteller angebracht (zB zur Anregung eines den Ermittlungen entsprechenden Antrags, s. auch Rn. 12). Ein solcher Hinweis auf die Rechtslage oder auf eine (vorläufige) Rechtsauffassung des Gerichts stellt noch keine rechtsmittelfähige Entscheidung dar. Auch bei Zurückweisung des Erbscheinsantrags zu prüfen, ob eine Kostenentscheidung veranlasst ist (§§ 81 ff. KostO). Ergeht keine Kostenentscheidung, trägt der mit seinem Antrag erfolglos gebliebene Antragsteller die Gerichtskosten (§ 2 Nr. 1, § 130 KostO) und jeder Beteiligte seine außergerichtlichen Kosten selbst. Hält das Gericht diese Verteilung nicht für angemessen, muss es eine abweichende Kostenentscheidung treffen.

28 **c) Kein Vorbescheid.** Das geltende Recht kennt in Erbscheinsverfahren **keinen Vorbescheid** mehr. Der früher in der Rechtsprechung anerkannte und Generationen von Nachlassrichtern vertraute Vorbescheid (*BGHZ* 20, 255) hat die FGG-Reform von 2009 nicht überlebt. Sein Ziel war es, eine Vorklärung der Sach- und Rechtslage zu ermöglichen, um im Hinblick auf die Publizitätswirkungen des Erbscheins (§§ 2365 ff. BGB) die Erteilung eines unrichtigen Erbscheins, der später wieder eingezogen werden müsste, zu vermeiden. Die **Neukonzeption** geht einen anderen Weg: § 352 II FamFG ordnet an, dass das Gericht in streitigen Fällen die sofortige Wirksamkeit des Feststellungsbeschlusses nach § 352 I FamFG aussetzt und die Erteilung des Erbscheins bis zur Rechtskraft des Beschlusses zurückstellt (Rn. 26). Die Regelung gilt ausnahmslos; das Gericht darf den Erbschein auch dann nicht sofort erteilen, wenn es die Einwendungen des Widersprechenden für offensichtlich unbegründet hält. Das ist ein gewisser Nachteil gegenüber dem früheren Vorbescheid, den das Nachlassgericht erlassen durfte, aber nicht musste; es konnte auch bei Widerspruch sogleich den Erbschein erteilen. Jetzt kann jede uneinsichtige und unbelehrbare Person auch bei eindeutiger Rechtslage die Erteilung des Erbscheins an die berechtigte Person zumindest hinauszögern.

5. Rechtsmittel

29 Der **Rechtszug** in Nachlasssachen geht vom Amtsgericht zum Oberlandesgericht (Beschwerdegericht) und – zulassungsabhängig – zum Bundesgerichtshof (Rechtsbeschwerdegericht). Die Möglichkeit, gegen die Entscheidung des Amtsgerichts im Wege der Sprungrechtsbeschwerde (§ 75 FamFG) unmittelbar den Bundesgerichtshof anzurufen, hat in Nachlasssachen kaum praktische Bedeutung. Für vor dem Inkrafttreten der FGG-Reform begonnene Erbscheinsverfahren (dh Antragstellung vor dem 1. 9. 2009) bleibt nach der **Übergangsvorschrift** in Art. 111 FGG-RG altes Verfahrensrecht (einschließlich Rechtsmittel und Instanzenzug, vgl. *BGH*, FamRZ 2010, 639) bis zum rechtskräftigen Abschluss anwendbar (unbefristete Beschwerde zum Landgericht, unbefristete weitere Beschwerde zum Oberlandesgericht). Dieser Hinweis hat keineswegs nur theoretische Bedeutung; denn derartige Rechtsmittel nach altem

Recht gehen – nicht zuletzt gerade wegen ihrer prinzipiell unbefristeten Zulässigkeit – gelegentlich auch heute noch bei den Gerichten ein (vgl. näher zum Übergangsrecht *Rojahn,* in *Burandt/Rojahn,* § 58 FamFG Rn. 5 ff.; *Palandt/Weidlich,* § 2353 Rn. 7).

a) **Zulässigkeit.** Gegen die – positive oder negative – Entscheidung des Nachlassgerichts über den Erbscheinsantrag ist die **Beschwerde** statthaft (§ 58 FamFG). Das gilt auch, soweit der Rechtspfleger entschieden hat (§ 11 I RPflG), es sei denn, die Beschwerde wäre – etwa wegen Nichtüberschreitens der Wertgrenze – unstatthaft; dann ist nach Maßgabe von § 11 II RPflG die Erinnerung gegeben. Die Beschwerde ist fristgebunden (1 Monat, § 63 I FamFG) und ausschließlich beim Amtsgericht einzulegen (§ 64 I FamFG), schriftlich oder zur Niederschrift der Geschäftsstelle (§ 64 II FamFG). Es besteht kein Anwaltszwang. Der Beschwerdewert muss die in vermögensrechtlichen Angelegenheiten geltende Wertgrenze von 600 Euro übersteigen, alternativ die Beschwerde vom Amtsgericht wegen grundsätzlicher Bedeutung zugelassen sein (§ 61 FamFG). Die Beschwerde soll begründet werden (§ 65 FamFG), doch ist die fehlende Begründung kein Zulässigkeitsmangel. Möglich ist auch eine **Teilanfechtung,** etwa nur der Kostenentscheidung; auch hier gilt aber die Wertgrenze von 600 Euro (und nicht etwa 200 Euro wie in § 567 II ZPO). Neues Vorbringen ist zulässig; das Beschwerdegericht ist zweite Tatsacheninstanz (§ 65 III FamFG). Das Amtsgericht hat zu prüfen, ob es der Beschwerde abhilft (§ 68 I 1 FamFG; näher zum Abhilfeverfahren und zu den Anforderungen insb. bei Nichtabhilfe *Rojahn,* in *Burandt/Rojahn,* § 68 FamFG Rn. 2 ff.; *OLG München,* FamRZ 2010, 1000). Bei Nichtabhilfe erfolgt Vorlage der Akten an das Oberlandesgericht als Beschwerdegericht (§ 119 I Nr. 1 lit. b GVG). 30

Nach Erteilung des Erbscheins (Rn. 26) ist die Beschwerde nur noch insoweit zulässig, als die Einziehung des Erbscheins beantragt wird (§ 352 III FamFG; zur Umdeutung der gestellten Anträge *BayObLG,* FamRZ 1996, 1113). Das Beschwerdegericht kann im Wege einstweiliger Anordnung (§ 64 III FamFG) die vorläufige Rückgabe des Erbscheins (der erteilten Urschrift oder Ausfertigung) zu den Akten anordnen (zur Wirkung einer solchen Anordnung siehe Rn. 38). 31

Zwischen- und Nebenentscheidungen des Nachlassgerichts fallen nicht unter die nach § 58 FamFG mit dem Hauptsacherechtsmittel der Beschwerde anfechtbaren Endentscheidungen. Sie sind nur dann selbständig anfechtbar, wenn das Gesetz dies vorsieht. Beispiele hierfür sind etwa die Zurückweisung von Ablehnungsgesuchen (§ 6 II FamFG), die Aussetzung des Verfahrens (§ 21 II FamFG), die Verhängung von Zwangsmitteln zur Durchsetzung einer Anordnung zur Ablieferung des Testaments (§§ 35 V, 358 FamFG, § 2259 I BGB; der die Ablieferung anordnende Beschluss selbst ist dagegen eine Endentscheidung iSd § 58 FamFG). Das vom Gesetz vorgesehene Rechtsmittel ist in diesen Fällen die „sofortige Beschwerde in entsprechender Anwendung der §§ 567 bis 572 ZPO", dh insbesondere: Beschwerdefrist 2 Wochen; Einlegung auch beim Beschwerdegericht möglich; originärer Einzelrichter, da beim Nachlassgericht immer ein Einzelrichter oder ein Rechtspfleger entscheidet; kein Beschwerdewert außer in Kostensachen (zu denen aber die Kostengrundentscheidung nicht gehört, Rn. 30). 32

b) **Beschwerdeberechtigung.** Beschwerdeberechtigt ist jeder, der durch den Beschluss in seinen Rechten beeinträchtigt ist (§ 59 FamFG), gegen die Antragszurückweisung aber nur der **Antragsteller** und (abweichend vom Wortlaut des § 59 II FamFG) jeder Antragsberechtigte, der den Antrag ebenfalls hätte stellen können und noch stellen könnte (vgl. *BGH,* NJW 1993, 662; *BayObLGZ* 1991, 235). Bei Anordnung der Erteilung eines Erbscheins ist beeinträchtigt insbesondere jeder, der behauptet, das Erbrecht sei im Erbschein nicht richtig ausgewiesen, sofern ihm ein Antragsrecht zusteht (vgl. *BayObLGZ* 1973, 224/226; *OLG Jena,* FamRZ 1998, 705), insbesondere jeder, der schlüssig ein eigenes Erbrecht behauptet. In seinen Rechten beeinträchtigt ist auch der im Erbschein ausgewiesene Erbe, der behauptet, er sei zu einem geringeren Bruchteil (oder überhaupt nicht) Erbe geworden, oder er sei zwar richtig, ein anderer Miterbe aber unrichtig ausgewiesen; auch der Antragsteller selbst kann den antragsgemäß beschlossenen Erbschein mit der nunmehrigen Behauptung inhaltlicher Unrichtigkeit anfechten (vgl. *Keidel/Meyer-Holz,* § 59 Rn. 77 ff. mit weiteren Beispielen). 33

c) **Verfahren und Entscheidung.** Das Beschwerdegericht (Oberlandesgericht) tritt in den Grenzen des Rechtsmittels in vollem Umfang an die Stelle des Erstgerichts und hat das gesamte Sach- und Rechtsverhältnis, wie es sich zur Zeit seiner Entscheidung darstellt, seiner Beurteilung zu unterziehen (*BayObLGZ* 1994, 73/76). Es ist Tatsacheninstanz und hat ggf. die Ermittlungen, die es für erforderlich hält, selbst durchzuführen. Es ist in seiner Überprüfung nicht aufgrund einer durch das Beschwerdeziel bestimmten Disposition der Beteiligten beschränkt (*BayObLGZ* 1996, 69/73) und kann daher eine vom Erstgericht abweichende Entscheidung auf einen weder vom Beschwerdeführer noch vom Erstgericht behandelten Gesichtspunkt stützen, allerdings ist den Beteiligten insoweit ggf. rechtliches Gehör zu gewähren. Den Verfahrensgegenstand kann es allerdings nicht erweitern, so dass neue Anträge, die durch den Verfahrensgegenstand nicht gedeckt sind, im Beschwerdeverfahren nicht gestellt werden können (*BayObLGZ* 1994, 73/76, 78). Das Beschwerdegericht hat in der Sache selbst zu entscheiden; Aufhebung der angefochtenen Entscheidung und Zurückverweisung an das Amtsgericht nur unter den engen Voraussetzungen des § 69 I 2 u. 3 FamFG, der § 538 II Nr. 1 ZPO nachgebildet ist. Zur Bindung an eine frühere Entscheidung in derselben Sache *BayObLG,* NJW-RR 1998, 798. Der Beschluss ist zu begründen, muss aber, wenn das Gericht die Rechtsbeschwerde nicht zulässt und deshalb letztinstanz- 34 lich entscheidet (Rn. 36), nicht zwingend eine Sachdarstellung enthalten (*BayObLG,* NJW-RR 1998, 1014 ist insoweit überholt).

35 Eine **Kostenentscheidung** ist nicht zwingend vorgeschrieben, doch muss das Gericht das ihm insoweit eingeräumte Ermessen ausüben und prüfen, ob es die Gerichtskosten des Beschwerdeverfahrens (soweit diese anfallen, § 131 I, III KostO) einem anderen Beteiligten als dem Beschwerdeführer (den sie sonst kraft Gesetzes treffen würden, § 2 Nr. 1 KostO) auferlegt oder ob es von der Erhebung absieht, und ob es eine Erstattung außergerichtlicher Kosten anordnet (§§ 81 ff. FamFG, bei erfolgloser Beschwerde § 84 FamFG). Der Geschäftswert des Rechtsmittelverfahrens richtet sich grundsätzlich nach dem wirtschaftlichen Interesse des Beschwerdeführers am Erfolg seines Rechtsmittels (vgl. §§ 131 IV, 30 I KostO und *BayObLGZ* 1993, 115/117).

36 Als weiteres Rechtsmittel findet die **Rechtsbeschwerde zum BGH** nur dann statt, wenn das Oberlandesgericht sie wegen grundsätzlicher Bedeutung zulässt (§ 70 FamFG). Bei Nichtzulassung wird der Beschluss des Oberlandesgerichts mit seinem Wirksamwerden (§ 40 FamFG) sogleich formell rechtskräftig. Eine Nichtzulassungsbeschwerde sieht das Gesetz nicht vor; der Rechtszug bleibt somit in der weit überwiegenden Mehrheit der Fälle auf zwei Instanzen beschränkt. Bei Gehörsverletzung besteht die Möglichkeit der Gehörsrüge (§ 44 FamFG). Eine außerordentliche Beschwerde wegen greifbarer Gesetzwidrigkeit gibt es nicht mehr (*BGH,* NJW-RR 2006, 593; NJW 2004, 2224/2225).

III. Einziehung des Erbscheins

1. Unrichtigkeit

37 Das Nachlassgericht hat den Erbschein von Amts wegen (der „Antrag" eines Beteiligten ist eine Anregung zur Einleitung eines entsprechenden Verfahrens) einzuziehen, wenn er unrichtig ist (§ 2361 I 1 BGB). Unrichtig ist der Erbschein, wenn die Voraussetzungen für die Erteilung mit diesem Inhalt nicht gegeben waren oder nachträglich entfallen sind. Fehler im **Erteilungsverfahren** nötigen nur dann zur Einziehung (formelle Unrichtigkeit), wenn sie gravierend sind, zB bei Unzuständigkeit des Gerichts (dazu *Weiß,* Rpfleger 1984, 389) oder bei fehlendem Antrag (*BayObLGZ* 1970, 105, auch zur nachträglichen Genehmigung durch den Erben). **Materiell unrichtig** ist der Erbschein, wenn sein Inhalt unvollständig (zB bezüglich §§ 2363, 2364 BGB) oder unzutreffend (zB wegen falscher Angaben über die Erbfolge) ist. Hierbei genügt es, wenn das Nachlassgericht zu einer anderen rechtlichen oder tatsächlichen Beurteilung (zB bei Auslegung eines Testaments) kommt (*Palandt/Weidlich,* § 2361 BGB Rn. 3); an seine Auffassung im Erteilungsverfahren ist es nicht gebunden (*BGHZ* 47, 58). Unvollständige oder fehlerhafte Angaben, die den sachlichen Gehalt nicht berühren und nicht am öffentlichen Glauben teilnehmen, können ohne Einziehung berichtigt werden (*BayObLG,* FamRZ 1989, 1348).

2. Verfahren und Entscheidung

38 Das Nachlassgericht hat von Amts wegen die erforderlichen **Ermittlungen** durchzuführen (§ 26 FamFG, § 2361 III BGB; *BGHZ* 40, 54/57). Vor der Einziehung hat es rechtliches Gehör zu gewähren. Im Wege der **einstweiligen Anordnung** (§ 49 FamFG) kann angeordnet werden, den Erbschein zu den Akten zu geben. Das hat noch nicht die Wirkung einer Einziehung; erweist sich der Erbschein als richtig, kann er wieder herausgegeben werden (zur dadurch nicht gebannten Gefahr gutgläubigen Erwerbs vgl. *BGHZ* 40, 54/59; *OLG Köln,* OLGZ 1990, 303). Eine vorläufige Einziehung gibt es nicht.

39 Für die **Entscheidung** hat sich das Nachlassgericht in die Lage vor Erteilung des Erbscheins zu versetzen. Der Erbschein ist einzuziehen, wenn er aus rechtlichen oder tatsächlichen Gründen so nicht mehr erteilt werden dürfte. Es genügt, wenn nach Ausschöpfung aller Aufklärungsmöglichkeiten die gemäß § 2359 BGB erforderliche Überzeugung des Nachlassgerichts nicht mehr gegeben ist, bloße Zweifel reichen aber nicht aus (*BGHZ* 40, 54/56/58; zur Feststellungslast *BayObLG,* FamRZ 1988, 97). Langer Zeitablauf (*BGHZ* 47, 58; vgl. aber auch *BayObLG,* NJW-RR 1997, 836), eine andere Auffassung oder erfolglose Beschwerde im Erteilungsverfahren oder eine frühere die Einziehung ablehnende Entscheidung stehen der Einziehung nicht entgegen. Die Einziehung wird durch **Beschluss** angeordnet, der zugleich über die Kosten entscheiden soll (§ 353 I, § 81 FamFG). Erbscheinsbesitzer werden aufgefordert, die erteilten Urschriften oder Ausfertigungen innerhalb kurzer Frist abzuliefern (zwangsweise Durchsetzung, § 35 FamFG; Kraftloserklärung: § 2361 II BGB).

Kosten: § 108 KostO. Bei Ablehnung einer Einziehungsanregung fallen keine Gerichtskosten an (§ 130 KostO greift nicht, da kein Antragsverfahren), doch ist auch in diesem Fall bei mehreren im entgegengesetzten Sinn Beteiligten eine etwaige Erstattungsanordnung zu prüfen (§ 81 FamFG).

3. Rechtsmittel

40 Gegen die Einziehungsanordnung wie gegen die Ablehnung der Einziehung ist die **Beschwerde** nach § 58 FamFG (vgl. Rn. 30) gegeben. Ist der Erbschein bereits eingezogen, ist die Beschwerde gegen den Einziehungsbeschluss nur insoweit zulässig, als die Erteilung eines neuen gleichlautenden Erbscheins

beantragt wird (§ 353 II FamFG; im Zweifel ist die Beschwerde so auszulegen, § 353 II 2 FamFG). Eine Aufhebung des Einziehungsbeschlusses kommt in diesen Fällen nicht in Betracht, da die vollzogene Einziehung nicht rückgängig gemacht werden kann. Das Beschwerdegericht kann, wenn es die Beschwerde für begründet hält, das Nachlassgericht nur zur Erteilung eines neuen gleichlautenden Erbscheins anweisen. Vollzogen ist die Einziehung erst mit Rückerlangung aller erteilten Urschriften und Ausfertigungen des Erbscheins oder mit Kraftloserklärung nach § 2361 II BGB (hierzu § 353 III FamFG und *Keidel/Zimmermann,* § 353 Rn. 28 ff.). **Beschwerdeberechtigt** nach § 59 FamFG ist hinsichtlich der Einziehung derjenige, auf dessen Antrag der Erbschein erteilt wurde, darüber hinaus aber auch jeder, der den eingezogenen Erbschein hätte beantragen können (vgl. *BGH,* NJW 1993, 662); gegen die Ablehnung der Einziehung ist beschwerdeberechtigt, wer gegen die Anordnung der Erteilung eines entsprechenden Erbscheins Beschwerde einlegen könnte, auch derjenige, der ursprünglich den Erbschein selbst beantragt hat (näher *Keidel/Zimmermann,* § 353 Rn. 23 ff.). Gegen die Beschwerdeentscheidung des Oberlandesgerichts ist die Rechtsbeschwerde zum Bundesgerichtshof nur bei Zulassung durch das Oberlandesgericht statthaft (Rn. 36).

E. Strafprozess

E. I. Das Dezernat des Strafrichters

Jupp Joachimski

Übersicht

Literatur: *Baumann/Brenner,* Die strafprozessualen Beweisverwertungsverbote, 2004; *Dahs/Dahs,* Die Revision im Strafprozeß, 7. Aufl. 2008; *Brunner/Dölling,* Jugendgerichtsgesetz, 12. Aufl. 2011; *Eisenberg,* Jugendgerichtsgesetz, 14. Aufl. 2010; *Fischer,* Kommentar zum StGB, 58. Auflage 2011; *Joachimski/Haumer,* Strafverfahrensrecht, 6. Aufl. 2010; Karlsruher Kommentar zur Strafprozessordnung, 6. Aufl. 2008; *Meyer-Goßner,* Kommentar zur StPO, 54. Aufl. 2011; *Meyer-Goßner/Appl,* Die Urteile in Strafsachen, 28. Aufl. 2008; *Münchhalffen/Gatzweiler,* Das Recht der Untersuchungshaft, 3. Aufl. 2009; *Ranft,* Strafprozessrecht, 3. Aufl. 2005; *Roxin/Schünemann,* Strafverfahrensrecht, 26. Aufl. 2009; *Schäfer,* Praxis des Strafverfahrens, 7. Aufl. 2011.

I. Grundsätzliches

1. Der Strafrichter und sein Arbeitsumfeld

a) **Situation im Amtsgericht.** Beim Amtsgericht ist jeder Richter einer **Geschäftsstelle** zugeordnet. Ihr steht üblicherweise ein Rechtspfleger vor, der gleichzeitig die Aufgaben des Kostenbeamten nach § 464 b S. 1 StPO wahrnimmt. Der Geschäftsstelle gehören außerdem ein oder mehrere Urkundsbeamte – sie können Beamte des mittleren Dienstes oder Angestellte sein – an. Die Urkundsbeamten erledigen die richterlichen Verfügungen, führen Register über den Verbleib der Akten und statistische Aufzeich- 1 nungen über den Geschäftsanfall und die Erledigungen. Sie organisieren regelmäßig auch den Aktentransport und bewerkstelligen ihn.

2 Zugeordnet sind der Geschäftsstelle weiterhin **Protokollführer,** die ebenfalls Beamte des mittleren Dienstes oder Angestellte sein können. Je nach Organisation des Gerichts werden längere Texte (Urteile und Beschlüsse) nicht in der Geschäftsstelle oder durch die Protokollführer geschrieben, sondern in einer besonderen internen oder externen Schreibkanzlei. Dies verursacht mitunter Störungen im Verfahrensablauf dadurch, dass die Akten nicht sofort nach Erledigung des einzelnen Vorgangs weitergegeben werden. Im Rahmen der Einführung sog. „Serviceeinheiten" wurde versucht, Großkanzleien aufzulösen und die Schreibarbeit wieder durch kleinere Gruppen erledigen zu lassen. Die Möglichkeit der EDV-Übertragung von Sprachdateien wiederum führte teilweise zur räumlichen Auslagerung der Schreibkanzleien. Die Fortschritte bei der Spracherkennung durch den Computer haben vielfach zur wenigstens versuchsweisen Einführung derselben geführt.

3 Die **Zusammenarbeit mit der Geschäftsstelle** ist für den Richter von elementarer Bedeutung. Nur bei einem guten Arbeitsklima zwischen Richter und Geschäftsstelle wird ihn diese auf Lücken oder Fehler bei Verfügungen – insbesondere Terminladungen – hinweisen. Als problematisch hat es sich in diesem Zusammenhang immer erwiesen, dass der Amtsrichter zwar der Geschäftsstelle gegenüber weisungsbefugt ist, nicht jedoch gleichzeitig Dienstvorgesetzter der dort beschäftigten Personen. Insbesondere die Mitwirkung des Richters an Beurteilungen wurde immer wieder verlangt.

4 **b) Besonderheiten im Landgericht.** Die zuvor für das Amtsgericht geschilderte Situation besteht prinzipiell auch beim Landgericht. Allerdings steht dort die Bindung der Richter innerhalb einer **Kammer** im Vordergrund. Der tendenziell schwächere Aktenumlauf reduziert die Kontakte zwischen dem Beisitzer in einer Kammer und der Geschäftsstelle auf wenige Vorfälle.

2. Aktenlauf

5 Alle strafgerichtlichen Akten mit Ausnahme der sog. „AR-Vorgänge" (Allgemeines Register) sind ursprünglich **Ermittlungsakten der Staatsanwaltschaft** gewesen. Die Staatsanwaltschaft stellt diese Akten den Gerichten zur Verfügung und verwaltet sie auch nach Abschluss des strafgerichtlichen Verfahrens wieder. Daneben vermittelt die Staatsanwaltschaft den Aktenlauf zwischen Gerichten verschiedener Rechtszüge. Eine direkte Aktenversendung zwischen Gerichten verschiedener Instanzen kommt nur ausnahmsweise vor. Die Vorlage der Strafakten nach § 122 StPO vom Amtsgericht zum Oberlandesgericht zB geschieht also auf folgendem Weg: Amtsgericht – Staatsanwaltschaft beim Landgericht – Generalstaatsanwaltschaft– Strafsenat des Oberlandesgerichts.

6 Wenn Akten von der Staatsanwaltschaft über die Einlaufstelle des Gerichts in der Geschäftsstelle des Strafgerichts eingehen, erhalten sie eine **Aktenzeichenerweiterung.** Dem ursprünglichen staatsanwaltschaftlichen Aktenzeichen wird ein Registerzeichen (zur Bedeutung der Registerzeichen vgl. Gesetzessammlung Schönfelder, Anh. 1) vorangestellt, das kennzeichnet, welche weitere Verfahrensart seitens der Staatsanwaltschaft beantragt ist. Die wichtigsten Registerzeichen:

- **Cs** Strafbefehlsverfahren
- **Ds** Anklage Einzelrichter
- **Ls** Schöffensache
- **KLs** erstinstanzliche Strafkammer
- **Ks** Schwurgerichtskammer
- **Ns** Berufungssachen

3. Entscheidungsformen

7 Ein **Strafurteil** ergeht nur aufgrund einer Hauptverhandlung und schließt diese ab, soweit nicht das Gesetz – zB in den §§ 270 II, 153 ff. StPO – etwas anderes vorsieht. Das Urteil ergeht im Namen des Volkes (§ 268 I StPO); es unterliegt der Berufung oder Revision, in Nebenentscheidungen zT auch der sofortigen Beschwerde.

8 **Beschlüsse** sind richterliche Entscheidungen, die vom Gericht in seiner Gesamtheit getroffen werden, in der Hauptverhandlung also ggfs. unter Mitwirkung der Laienrichter. Die Abgrenzung zur Verfügung ist aber gerade beim Einzelrichter schwierig. Als Faustregel mag der Gedanke dienen, dass Beschlüsse regelmäßig nach Anhörung beider Seiten, zumindest aber nach Abwägung der widerstreitenden Interessen der Verfahrensbeteiligten ergehen. Beschlüsse werden, soweit nicht im Einzelfall im Gesetz die Statthaftigkeit der sofortigen Beschwerde normiert ist, mit der einfachen Beschwerde des § 304 StPO angefochten.

9 **Verfügungen** sind prozessleitende Handlungen, für die in der StPO eine besondere Form nicht vorgeschrieben und bei denen die Zuständigkeit eines einzelnen Richters – häufig des Vorsitzenden – vorgesehen ist. Auch Verfügungen sind prinzipiell mit der Beschwerde nach § 304 StPO anfechtbar, in der Hauptverhandlung mit der Anrufung des Gerichts nach § 238 II StPO, da insoweit die Beschwerde nach § 305 StPO ausgeschlossen ist.

4. Zustellungen

Förmlich zuzustellen sind Ladungen und Urteile sowie alle sonstigen Entscheidungen, gegen die fristgebundene Rechtsbehelfe statthaft sind. Bewirkt wird die Zustellung durch Übersendung einer Ausfertigung (= von der Ursprungsbehörde beglaubigte Abschrift des Schriftstücks) unter Festhaltung von Ort und Zeit der Kenntnisnahmemöglichkeit. Anders als in der Zivilprozessordnung sind Zustellungen vom Vorsitzenden anzuordnen, § 36 I 1 StPO. Das Fehlen der Anordnung allein macht in der Regel die Zustellung unwirksam. 10

§ 37 StPO verweist wegen der Zustellungsvorschriften auf diejenigen der ZPO. Gemeint sind die Vorschriften über die Zustellung von Amts wegen (§§ 166 ff.). Einige dieser Vorschriften sind wegen der wesensmäßigen Verschiedenheit beider Verfahren nicht anwendbar. Die StPO selbst macht von den Zustellungsvorschriften der ZPO einige Ausnahmen. Zustellungen erfolgen 11

- an die **Staatsanwaltschaft** durch Aktenvorlage (§ 41 StPO);
- bei **Aufenthalt des Empfängers im Ausland** durch Bewilligung und Ersuchen nach § 183 ZPO. Je nach der bilateralen Rechtshilfesituation geschieht dies auf dem direkten Weg von Gericht zu Gericht, auf dem ministeriellen Weg oder auf dem Weg über die deutsche Auslandsvertretung;
- an **Rechtsanwälte, Notare, Steuerberater und Gerichtsvollzieher** durch einfachen Brief mit Empfangsbekenntnis oder per Fax (§ 174 I und II ZPO);
- bei **Anwesenheit des Empfängers** durch Übergabe an Amtsstelle (§ 173 ZPO);
- **sonst** mittels Postzustellungsurkunde (§ 176 ZPO). Dabei ist auch die **Ersatzzustellung** nach § 178 ZPO (durch Übergabe an Familienangehörige, Hausgenossen usw. oder die Zustellung im Geschäftslokal zulässig. Der Regelfall ist wohl die Ersatzzustellung durch Einlegen in den Briefkasten nach § 180 ZPO.

Die **öffentliche Zustellung** ist zwar in § 40 StPO ausdrücklich geregelt und vielfach anwendbar, spielt aber in der Praxis des Strafverfahrens eher eine untergeordnete Rolle. Dies liegt daran, dass nahezu alle Fälle der öffentlichen Zustellung in einen begründeten Wiedereinsetzungsantrag münden. 12

Zustellungen können, müssen aber nicht nach § 145 a I StPO an den **Verteidiger** bewirkt werden (vgl. die Nachweise bei *Meyer-Goßner*, § 145 a StPO Rn. 6). Der Verteidiger ist nicht Prozessbevollmächtigter des Angeklagten im Sinne des § 171 ZPO. Rechtsmittelfristen werden daher auch bei Zustellung an den Beschuldigten selbst in Lauf gesetzt (*BVerfG*, NJW 01, 2532).

II. Gerichtliche Mitwirkung im Ermittlungsverfahren

1. Grundfragen

a) **Anordnungsbefugnis.** Einige strafprozessuale Eingriffsbefugnisse stehen unter grundgesetzlichem Richtervorbehalt, vgl. Art. 13 II, 104 II, III GG. Bei anderen ergibt sich schon aus der Eingriffsschwere, dass eine Anordnung grundsätzlich dem Richter vorbehalten bleiben muss, so zB in §§ 100 b, 100 d, 110 b II, 111 e, 111 o StPO, im Sonderfall der Wohnraumüberwachung sogar der „Staatsschutzkammer“ eines LG innerhalb des OLG-Bezirks. Bei den übrigen „einfachen“ Eingriffen zeigt § 105 StPO beispielhaft die grundsätzliche **Aufgabenverteilung:** Prinzipiell ist der Richter zuständig, bei Gefahr im Verzug auch die Staatsanwaltschaft **und** ihre Ermittlungspersonen. Wer Ermittlungsperson im Sinne der StPO ist, ergibt sich aus den entsprechenden Verordnungen der Länder. 13

Gefahr im Verzug besteht immer dann, wenn eine richterliche Anordnung nicht mehr rechtzeitig genug eingeholt werden kann, ohne dass der Untersuchungszweck ernsthaft gefährdet würde (*BVerfG*, NJW 1979, 1539, 1540). Ob Gefahr im Verzug vorliegt, beurteilt sich nach der in Betracht kommenden Anordnung, den tatsächlichen Verhältnissen am Ort und insbesondere auch nach der Erreichbarkeit des Richters. So kann unter großstädtischen Verhältnissen der Begriff anders zu interpretieren sein als in dünn besiedelten Gegenden. 14

b) **Zuständigkeit.** Die örtliche und sachliche **Zuständigkeit** des anordnenden Richters ergibt sich regelmäßig aus § 162 StPO, funktionell ist meist der durch den Geschäftsverteilungsplan iSd § 21 GVG hierzu berufene Ermittlungsrichter beim Amtsgericht zuständig. Diese Zuständigkeitsregelung ist insbesondere für die Untersuchungshaft in §§ 125 f. StPO und für die Anordnung der Unterbringung zur Beobachtung nach § 81 StPO in dessen Absatz 3 durchbrochen. 15

Eine richterliche Entscheidung nach § 162 StPO setzt im Vorverfahren einen entsprechenden **Antrag der Staatsanwaltschaft** voraus. Ohne einen solchen Antrag darf der Richter keine Untersuchungshandlung anordnen oder – wie bei der Vernehmung – durchführen. Es ist demnach für eine Durchsuchungsanordnung nicht ausreichend, wenn nur ein „Antrag“ seitens der Polizeibehörde gestellt wird. Dies könnte allenfalls als Anregung aufgefasst werden, die Funktion des „Notstaatsanwalts“ nach § 165 StPO zu übernehmen und ohne staatsanwaltschaftlichen Antrag zu entscheiden. Dabei sollte aber aktenkundig gemacht werden, dass und warum ein Staatsanwalt nicht erreichbar ist. Im Übrigen bietet es sich an, einen solchen Antrag der Hilfsbeamten vom zuständigen Staatsanwalt mit dem Zusatz „Antrag wird gestellt“ abzeichnen zu lassen. 16

17 Nach **Erhebung der öffentlichen Klage** ist § 162 StPO unanwendbar; die Zuständigkeit geht grundsätzlich auf das mit der Sache befasste Gericht über. Dieses bedarf schon wegen des Amtsermittlungsgrundsatzes zum Tätigwerden keiner Anträge der Staatsanwaltschaft mehr. Andererseits ist die Staatsanwaltschaft nach Erhebung der öffentlichen Klage nicht gehindert, weitere Ermittlungen anzustellen. Ist für solche Ermittlungshandlungen eine richterliche Anordnung erforderlich, so entscheidet das mit der Hauptsache befasste Gericht.

18 c) **Verdacht.** Der Begriff des Tatverdachts muss, da er eine zentrale Rolle für die gesamte Tätigkeit des Strafrichters außerhalb der Hauptverhandlung spielt, näher untersucht werden. Die Strafprozessordnung nennt eine Reihe von Verdachtsgraden, so in

- §§ 102, 163 b StPO den **„schlichten" Verdacht,** der zur Durchsuchung der Wohnung bzw. zur Festhaltung des Verdächtigen berechtigt;
- §§ 100 a, b, c StPO den **„sich auf bestimmte Tatsachen gründenden Verdacht"**, der erst die Anordnung der Überwachung der Telekommunikation oder der Gespräche rechtfertigt;
- § 203 StPO den hier gemeinten **hinreichenden Tatverdacht;**
- § 112 StPO den **dringenden Tatverdacht,** der zum Haftbefehlserlass führt.

19 Versucht man, diese **Verdachtsgrade** in eine Skala einzuordnen, so muss nicht nur dem Wortsinn nach der dringende Tatverdacht des § 112 StPO die höchsten Anforderungen erfüllen. Bei ihm ist auch die Eingriffsschwere so groß, dass schon deswegen mehr an Verdachtsmomenten vorliegen muss als in den übrigen Fällen. Demgegenüber ist das Gewicht des Eingriffs in persönliche Rechtsgüter, der an den hinreichenden Tatverdacht anknüpft, geringer. Für den hinreichenden Tatverdacht ist also quantitativ weniger an Verdachtsmomenten nötig.

20 Andererseits kann sich der dringende Tatverdacht anders als der hinreichende zB zum Zeitpunkt der ersten Festnahme auch auf Umstände stützen, die – wie etwa die Aussage eines Gewährsmannes, dem Vertraulichkeit zugesichert wurde – in der Hauptverhandlung keine Berücksichtigung finden können. Lediglich bei Anklageerhebung gegen den inhaftierten Beschuldigten muss der dringende Tatverdacht auch den Beweismitteln nach immer stärker sein als der hinreichende (vgl. *Meyer-Goßner,* § 112 StPO Rn. 6, mwN). Jeder Verdacht muss sich auf bestimmte Tatsachen stützen, darf also nicht aus bloßen Vermutungen hergeleitet werden. Hinsichtlich der Würdigung der Tatsachen im Hinblick auf das Vorliegen eines Verdachts haben Staatsanwalt und Richter einen ihnen vom Gesetzgeber ganz bewusst eingeräumten **Beurteilungsspielraum.**

21 d) **Verfahren und Entscheidung.** Eine Anhörung des Beschuldigten oder anderer Betroffener findet regelmäßig vor der Entscheidung nicht statt, da dies meist dem Untersuchungszweck zuwiderlaufen würde. (Ausnahme: Haftbefehlserlass). Die Anordnungen des Richters ergehen grundsätzlich in der Form eines zu begr. **Beschl.,** da gegen jede Anordnung die einfache Beschwerde des § 304 StPO statthaft ist. Gleiches gilt für die Ablehnung eines Antrags. Die Schriftform ist nur in den Fällen der §§ 100 a, 100 c und 114 vorgeschrieben; in allen anderen Fällen reicht eine mündliche Anordnung. Sie sollte allerdings nachträglich im Wege eines Vermerks Eingang in die Akten finden.

22 Abgeraten wird von der vielfach geübten Praxis. Beschlüsse vom antragstellenden Staatsanwalt oder gar der Polizei vorschreiben zu lassen und sie nur noch **abzuzeichnen.** Ein solches Verfahren mag ausnahmsweise zur Bewältigung eines ungewöhnlich großen Haftsachenanfalls der letzte Ausweg sein, sollte sich aber nicht als Regel einbürgern. Mit Recht entsteht nämlich beim Betroffenen der Eindruck, der Richter segne mehr oder minder unbesehen die Anträge der Staatsanwaltschaft ab. Besteht der Zwang zur eigenständigen Formulierung, wird in der Regel auch über die inhaltliche Berechtigung mehr nachgedacht.

2. Durchsuchung

23 a) **Durchsuchung beim Verdächtigen.** Sie setzt nach § 102 StPO das **Bestehen tatsächlicher Anhaltspunkte** dafür voraus, dass die Straftat vom Verdächtigen – schon – begangen wurde (*BVerfG,* NJW 1991, 690) und die Wahrscheinlichkeit des Auffindens von Beweismitteln; letztere kann sich auch aus der kriminalistischen Erfahrung ableiten lassen.

24 b) **Durchsuchung bei Dritten.** Da die Duldungspflicht Unverdächtiger geringer ist als die des Beschuldigten, müssen für § 103 StPO gegenüber § 102 StPO auch **tatsächliche Anhaltspunkte** dafür bestehen, dass die Beweismittel oder der Beschuldigte in den zu durchsuchenden Räumen zu finden sind. Eine Durchsuchungsanordnung darf dann nicht ergehen, wenn sie die Auffindung von Gegenständen bezweckt, die nach §§ 97 oder 160 a StPO nicht der Beschlagnahme unterliegen. Zwar verbietet § 97 StPO grundsätzlich nur die Beschlagnahme, doch ist eine Durchsuchung, die ausschließlich dem Zweck der Auffindung beschlagnahmefreier Gegenstände dient, deswegen ebenfalls unzulässig (*KG,* JR 83, 382). Auch **Behörden** gegenüber ist die Durchsuchungsanordnung grundsätzlich zulässig (*KG,* NStZ 1989, 541). Sie können allerdings die Beschlagnahme durch eine Erklärung nach § 96 StPO verhindern.

25 c) **Beschwerde.** Die grundsätzlich auch gegen die Durchsuchungsanordnung statthafte einfache Beschwerde nach § 304 StPO ist wegen des Erfordernisses fortbestehender Beschwer auch **nach Abschluss**

der Durchsuchung regelmäßig noch zulässig. Die Rechtsprechung hatte die Zulässigkeit früher auf Fälle beschränkt, in denen wegen der Gefahr der Wiederholung eines unrechtmäßigen Eingriffs ausnahmsweise ein Interesse an der nachträglichen Feststellung der Rechtswidrigkeit der Durchsuchung vorliegt (vgl. *BGH,* NJW 1990, 2758). Das Bundesverfassungsgericht hält es jedoch wegen des grundsätzlichen Richtervorbehalts für geboten, die Beschwerde auch nach Abschluss der Durchsuchungshandlung zu ermöglichen (*BVerfG,* NJW 1997, 2163). Zu beachten ist auch, dass bei der vorläufigen Sicherstellung von Papieren (§ 110 II 2 StPO) die Durchsuchung erst nach Beendigung der Durchsicht seitens des Staatsanwalts beendet ist.

Wurde die Durchsuchung nicht durch den Richter, sondern vom **Staatsanwalt** oder seinen Hilfsbeamten angeordnet, so tritt an die Stelle der Beschwerde der Antrag auf gerichtliche Entscheidung entsprechend § 98 II 2 StPO (*BGH,* NJW 1990, 2758). Zuständig zur Entscheidung ist der Richter, welcher die Anordnung an sich hätte treffen müssen. Seine Entscheidung unterliegt mit den bezeichneten Einschränkungen der einfachen Beschwerde nach § 304 StPO. 26

3. Beschlagnahme

Mit der erfolgten Beschlagnahme wird der Richter häufig bei deren Bestätigung gem. § 98 II 2 StPO befasst, seltener nach § 111 e II 3 StPO oder im Rahmen eines Beschwerdeverfahrens. Die Beschlagnahme ist eine **förmliche** Ingewahrsamnahme eines Gegenstands, im eigentlichen Wortsinn nicht mehr als ein **Unterfall der Sicherstellung.** Im Sprachgebrauch der Praxis wird mit dem Begriff „Sicherstellung" jedoch die **formlose** Ingewahrsamnahme gekennzeichnet, die eine freiwillige Herausgabe des Gegenstands durch den letzten Gewahrsamsinhaber voraussetzt. Sie bedarf keiner Bestätigung; andererseits ist es auch bei der Sicherstellung möglich, eine richterliche Bestätigung herbeizuführen. 27

Eine **Beschlagnahme im Sinne des § 98 II 2 StPO** ist nur dann gegeben, wenn die Ingewahrsamnahme des Gegenstands zu Beweiszwecken erfolgt. Geschieht die Beschlagnahme einer beweglichen Sache zu dem Zweck der Sicherung von Einziehung und Verfall gemäß §§ 111 c, e StPO, bedarf es keiner richterlichen Bestätigung. Dies gilt auch dann, wenn – was zulässig ist – die Beschlagnahme auf beide Rechtsgründe gestützt wird (vgl. *Meyer-Goßner,* § 98 StPO Rn. 13, mwN). Allerdings kann der Betroffene jederzeit eine richterliche Entscheidung herbeiführen, § 111 e II 3 StPO. 28

a) **Beschlagnahme von Beweismitteln.** Die Beschlagnahme nach §§ 94, 98 StPO setzt voraus: 29

- **Beweisbedürftigkeit** der Beweistatsache; sie entfällt regelmäßig bei einem glaubwürdigen richterlichen Geständnis;
- **Beweiseignung** des Gegenstands: Es reicht aus, wenn die Möglichkeit besteht, dass der Gegenstand Untersuchungszwecken dient (*OLG München,* NJW 1978, 601). Allerdings fehlt die Beweisbedeutung, wenn schon zum Zeitpunkt der Beschlagnahme abzusehen ist, dass es zu keinem Strafverfahren kommen wird (*BGHSt* 9, 351, 355).
- **Nichtvorliegen von Unverhältnismäßigkeit:** Die Beschlagnahme muss in angemessenem Verhältnis zur Tatschwere und zum Grad des Tatverdachts stehen (*BVerfG,* NJW 1966, 1603, 1607), wobei insbesondere die Interessen Dritter gewahrt bleiben müssen. So ist die Beschlagnahme von Klientenakten einer Beratungsstelle für Suchtkranke jedenfalls dann unzulässig, wenn es nur um den Erwerb von Betäubungsmitteln für den Eigengebrauch geht und ein konkreter Tatverdacht noch nicht besteht (*BVerfG,* NJW 1977, 1489).

b) **Sicherungsbeschlagnahme.** Folgende Voraussetzungen müssen erfüllt sein: 30

- **dringender Tatverdacht** im Sinne des § 112 StPO dahingehend, dass eine Straftat begangen wurde, wobei sich der Tatverdacht noch nicht gegen eine bestimmte Person richten muss;
- eine in gleichstarker Weise gefestigte Erkenntnis, dass wegen dieser Tat die Einziehung oder der Verfall eines bestimmten Gegenstandes **angeordnet werden wird;**
- Nichtvorliegen von **Unverhältnismäßigkeit** (vgl. oben).

Dabei ist zu beachten, dass die Beschlagnahme einer bestimmten beweglichen Sache nach §§ 111 b, c StPO immer voraussetzt, dass gerade dieser Gegenstand, nicht aber der in ihm verkörperte Wert der Einziehung oder dem Verfall unterliegt. Ist letzteres wie insbesondere bei Heranziehung der §§ 73 a, d und 74 c StGB der Fall, so ist die Beschlagnahme durch den Hilfsbeamten der Staatsanwaltschaft nicht möglich, vielmehr bedarf es der Arrestanordnung nach § 111 d StPO und der Pfändung durch den Vollziehungsbeamten oder die Ermittlungspersonen, § 111 f. III StPO, §§ 2, 6 III 1 JBeitrO. 31

4. Arrest

Der dingliche Arrest **sichert** im Strafverfahren **Ansprüche der Staatskasse** wegen Verfalls und Wertersatzeinziehung, § 111 d StPO, sowie die spätere Vollstreckung der Vermögensstrafe nach § 111 o StPO. Gerade bei der Bekämpfung der organisierten Kriminalität kommt der Abschöpfung krimineller Gewinne eine erhebliche Abschreckungswirkung zu. Deswegen muss versucht werden, diese Vorschriften konsequent anzuwenden. Dem Wortlaut des § 111 d I 1 StPO zufolge könnte der Arrest auch die spätere Geldstrafe sowie den Kostenerstattungsanspruch der Staatskasse sichern, doch ist diese Möglichkeit 32 wegen des in Satz 2 enthaltenen Erfordernisses, dass zunächst ein auf Strafe lautendes erstinstanzliches Urteil ergangen sein muss, praktisch nicht realisierbar.

33 Der Arrest wird auf Antrag der Staatsanwaltschaft, dessen es nach Erhebung der öffentlichen Klage nicht mehr bedarf, vom Strafrichter **erlassen,** § 111e I StPO. § 111d StPO regelt nur den Arrestanspruch und verweist in Absatz 2 wegen des Arrestgrunds auf § 917 ZPO. Es bedarf demnach folgender Prüfung:

- Liegen die **tatbestandsmäßigen Voraussetzungen** des Verfalls oder der Wertersatzeinziehung (§§ 73 ff., 74c StGB) vor?
- Ist nach dem Tatumfang nicht davon auszugehen, dass die Anordnung im Hauptverfahren als **unverhältnismäßig** unterbleibt?
- Liegt ein **Arrestgrund** im Sinne des § 917 ZPO vor? Als ein solcher kommt insbesondere die wesentliche Verschlechterung der Vollstreckungsmöglichkeiten nach Rechtskraft des Urteils wegen inzwischen erfolgter Vermögensverschiebungen in Betracht, ebenso, dass die Forderung – falls dies nach zwischenstaatlichen Vereinbarungen überhaupt zulässig wäre – im Ausland vollstreckt werden müsste (vgl. *Meyer-Goßner,* § 111d StPO Rn. 8).
- Ist ein **Antrag** der Staatsanwaltschaft gestellt oder wegen der inzwischen erhobenen öffentlichen Klage entbehrlich?

34 An die Stelle der beiden ersten Punkte tritt bei Anwendung des § 111o StPO (Sicherung der **Vermögensstrafe**) die Prüfung, ob § 43a StGB tatbestandsmäßig heranziehbar und eine Freiheitsstrafe von mehr als zwei Jahren zu erwarten ist. Zu beachten sind in diesem Zusammenhang allerdings die weitergehenden Befugnisse nach § 111p StPO (Vermögensbeschlagnahme), dessen Abs. 4 über die Verweisung auf § 292 II StPO auch die Anordnung einer Vermögenspflegschaft zulässt, wenn andere Wege nicht Erfolg versprechend erscheinen.

35 Nach Erlass des Arrests werden die Akten der Staatsanwaltschaft zur **Vollstreckung** zugeleitet. Gegen den Erlass steht dem Betroffenen die einfache Beschwerde (§ 304 StPO) zu, mangels Verweisung jedoch weder der Widerspruch nach § 924 ZPO noch der Antrag auf Anordnung der Klageerhebung nach § 926 ZPO.

5. Postbeschlagnahme

36 Anlasssituation für eine Postbeschlagnahme sind Ermittlungen wegen Wirtschaftsstraftaten und die Suche nach flüchtigen Beschuldigten. Die in der Praxis eher seltene – weil ineffektive – Maßnahme ist im Gesetz unzutreffend bezeichnet, da eine Beschlagnahme im engeren Sinne durch sie erst vorbereitet werden soll. Die Postbeschlagnahme ist vielmehr eine **Weisung an die Post,** Sendungen an einen bestimmten Beschuldigten oder eine andere Person, von der bekannt ist, dass sie Postsendungen des Beschuldigten erhält, auszusondern und der Staatsanwaltschaft bzw. dem Richter vorzulegen. Erst nach dieser Vorlage entscheidet der Staatsanwalt, ob er die Beschlagnahme zu Beweiszwecken beantragt. Eine solche Verfahrensweise ist erforderlich, da Art. 10 GG es der Post verbietet, freiwillig Postsendungen herauszugeben.

37 Die Anordnung setzt einen über den schlichten Tatverdacht hinausgehenden konkretisierten **Verdacht,** der auf Tatsachen beruht, voraus. Nach der Bestimmung der Postsendungen ist zu unterscheiden:

38 Sind die Postsendungen an den Beschuldigten gerichtet, so kann in einem Beschluss die **Post verpflichtet** werden, Postsendungen der Staatsanwaltschaft (vgl. § 100 III 2 StPO) bzw. dem Gericht vorzulegen. Die Art der Postsendungen ist dabei entsprechend der amtlichen Benennung zu bezeichnen; alle Bezeichnungen sind in Nr. 77 III RiStBV aufgelistet. Empfehlenswert ist es, die Beschlagnahme von Vorneherein auf einen bestimmten Zeitraum einzugrenzen (Nr. 80 I RiStBV).

39 Bei der Variante des **§ 99 Hs. 2 StPO** ist dagegen für jede einzelne Sendung strenggenommen ein eigener Beschluss notwendig. Allerdings kann aus praktischen Gründen dabei die Post zunächst verpflichtet werden, den Strafverfolgungsbehörden die äußere Beschaffenheit der Sendungen mitzuteilen. Auch dies wird von § 99 StPO gedeckt (vgl. *Meyer-Goßner,* § 99 StPO Rn. 13). Nach dieser Mitteilung kann dann für den Einzelfall die Anordnung der Postbeschlagnahme ergehen. Er nennt die äußeren Merkmale der Sendungen, welche der Beschlagnahme unterliegen. In dem Beschluss ist zweckmäßigerweise – ohne dass dies Wirksamkeitsvoraussetzung wäre – auch darzulegen, aus welchen Tatsachen geschlossen wird, dass die Voraussetzungen des § 99 Hs. 2 StPO vorliegen.

40 Der Anordnungsbeschluss wird der Staatsanwaltschaft zugeleitet. Diese bringt ihn der Post zur **Kenntnis** (Nr. 79 RiStBV). Der Beschuldigte wird von der Postbeschlagnahme erst nachträglich in Kenntnis gesetzt, § 101 StPO.

6. Netzfahndung und Beobachtung

41 Die Vorschriften der §§ 163d, e StPO erlauben Eingriffe in das Recht des einzelnen auf informationelle Selbstbestimmung (*BVerfG,* NJW 1984, 411), die über die bloße polizeiliche Observation weit hinausgehen. Bei der **Netzfahndung** werden die anlässlich allgemeiner – insbesondere grenzpolizeilicher – Kontrollen festgestellten Daten aller kontrollierten Personen in der EDV erfasst und gespeichert, um

den Beschuldigten, der seine wahre Identität verschleiert, „herausfiltern" und ergreifen zu können. Die **polizeiliche Beobachtung** verfolgt dagegen das Ziel, sich unauffällig ein „Bewegungsbild" des Beschuldigten verschaffen zu können. Die Voraussetzungen der Anordnungen ergeben sich aus §§ 163d, e StPO.

7. Überwachung des Fernmeldeverkehrs

Im Lichte der Rechtsprechung erweist sich die Überwachung des Fernmeldeverkehrs vor allem im Hinblick auf die **Verwertung** der gewonnenen Beweise als problematisch. Ein erheblicher Teil der Verwertungsprobleme hat seine Ursache jedoch in Fehlern bei der Anordnung bzw. dem Unterlassen von Ermittlungen vor der Antragstellung durch die Staatsanwaltschaft. Eine besonders sorgfältige Prüfung der Voraussetzungen kann spätere Schwierigkeiten vermeiden helfen und ist schon wegen der Schwere des Eingriffs in die Privatsphäre angezeigt. 42

Die Anordnung der Überwachung des Fernmeldeverkehrs **setzt** Folgendes **voraus:** 43

- **Antrag der Staatsanwaltschaft** bzw. eine Anordnung der Staatsanwaltschaft mit dem Antrag, diese zu bestätigen.
- **Verdacht:** § 100a StPO verlangt einen „sich auf bestimmte Tatsachen gründenden" Verdacht. Das ist mehr als die Verdachtsschwere, die gerade ausreicht, um die Durchsuchung nach § 102 StPO zu rechtfertigen. Ein Verdacht in der Qualität des hinreichenden Tatverdachts, wie er für die Eröffnung des Hauptverfahrens erforderlich ist, muss andererseits aber auch nicht vorliegen. Insbesondere kann sich der Verdacht auf Beweise stützen, die in die Hauptverhandlung nicht eingeführt werden können, wenn nur die Annahme gerechtfertigt ist, dass solche Beweise bis zur Hauptverhandlung beschafft werden können.
- **Katalogtat:** Die Anordnung der Überwachung des Fernmeldeverkehrs ist auf Ermittlungsverfahren beschränkt, die sich mit organisierter oder aus anderen Gründen besonders schwerwiegender Kriminalität befassen. Seit Einfügung der Vorschrift in die StPO wurde der Katalog der in Betracht kommenden Straftaten mehrfach verändert.
- **Vollendung, Versuch oder strafbare Vorbereitung:** Bei den Straftaten, die als fortgesetzte Handlungen einzustufen sind (vgl. aber Rn. 244), wird regelmäßig bereits die Vollendung des ersten Teilakts vorliegen. Im Übrigen kommen die Verbrechen nach § 29 StGB oder Vergehen nach § 129 StGB als Vorbereitungsdelikte in Betracht.
- **Beweiseignung:** Nach Aktenlage muss die Anordnung geeignet sein, den Sachverhalt aufzuklären oder Hinweise auf den Aufenthaltsort eines untergetauchten Beschuldigten zu erbringen.
- **Subsidiarität:** Die Anordnung muss das letzte vernünftigerweise einsetzbare Mittel sein. Andere Mittel scheiden dann aus, wenn sie nicht in gleicher Weise tauglich sind, aus Gründen der Zeitverzögerung nicht erfolgversprechend wären oder einen unvertretbar hohen Aufwand verursachen würden. Verursachen die anderen Mittel lediglich eine Arbeitsmehrbelastung, so bedarf es einer Abwägung zwischen dieser und der geschützten Rechtsposition des Beschuldigten.
- **Adressat:** Im Ergebnis erlaubt § 100a S. 2 StPO, dass sich die Anordnung gegen jeden richtet, dessen Telefon – mit oder ohne sein Wissen – für die Begehung der Straftat verwendet wird. Das schließt Unverdächtige als Adressaten der Anordnung ebenso mit ein wie die Überwachung von Telefonzellen. Auch der Anschluss von Zeugnisverweigerungsberechtigten kann grundsätzlich überwacht werden, wegen § 148 StPO nicht jedoch der Anschluss des Verteidigers des Beschuldigten. Bei Behörden ist eine Zustimmung des Leiters erforderlich.

Die **Anordnung** ergeht in der Form eines zu begründenden Beschlusses folgenden Inhalts: 44

Beispiel:

Es wird die Überwachung des Fernmeldeanschlusses des ... (Name, Anschrift des Betroffenen), Anschlussnummer ... im Ortsnetz von ... für längstens drei Monate angeordnet. Gründe: Sachverhaltsschilderung und strafrechtliche Würdigung; Rechtsgrundlage; Angabe, ob die Überwachung zur Sachverhaltsaufklärung oder zur Aufenthaltsermittlung führen soll; Darlegung der Subsidiarität.

Gegebenenfalls kann noch auf entsprechenden Antrag der Staatsanwaltschaft angeordnet werden, dass die Zuschaltung einer **Zählervergleichseinrichtung,** mit der Gesprächsteilnehmer ermittelt werden können, gestattet wird. Telekom-Dienststellen verlangten mitunter eine entsprechende ausdrückliche Ermächtigung. 45

Die Anordnung wird der Staatsanwaltschaft übermittelt, die selbstständig deren **Vollzug** veranlasst. Empfehlenswert ist es, einen Abdruck der Anordnung auf Wiedervorlage zu einem Termin kurz vor Auslaufen der Frist zu legen. 46

Als flankierende Maßnahmen kommen der Einsatz eines sog. „IMSI-Catchers" (Ermitteln der Daten eines Mobilfunkgerätes und dessen Standorts) nach § 100i und die Verkehrsdatenerhebung (§ 100g) in Betracht. In beiden Fällen entsprechen Voraussetzungen und Verfahren jeweils denjenigen der Überwachung der Telekommunikation. 46a

8. Lauschangriff

47 Unter denselben Voraussetzungen, welche die Überwachung des Fernmeldeverkehrs nach §§ 100 a, b StPO rechtfertigen, können auch Abhörmaßnahmen (der sogenannte „kleine Lauschangriff") nach § 100 f StPO angeordnet werden. Diese Maßnahme kann sich auf öffentliche Räume, Gärten, Kraftfahrzeuge uÄ beziehen, nicht jedoch auf Wohnungen und solche Gewerberäume, die der Öffentlichkeit nicht ohne weiteres zugänglich sind wie zB Büros. Für letztere gilt die Sonderregelung des § 100 c I 3 StPO, anordnungsbefugt ist nur die Staatsschutzkammer nach § 74 a GVG. Der Katalog des § 100 c ist deutlich enger als derjenige des § 100 a. Entscheidend für die Durchführung ist die Vorschrift des § 100 c Abs. 5, die auf eine Entscheidung des Bundesverfassungsgerichts (NJW 2004, 999) über die Unzulässigkeit der Vorgängerreglung zurückgeht.

9. Einsatz verdeckter Ermittler

48 § 110 a StPO ist Ausdruck einer von der Rechtsprechung stets vertretenen Ansicht, dass der Einsatz verdeckt arbeitender Polizeivollzugsbeamter zur Bekämpfung besonders gefährlicher und schwer aufklärbarer Kriminalität, zu der insbesondere der Rauschgifthandel gehört, **notwendig und zulässig** ist (*BVerfG*, NJW 1981, 1719; *BGH*, NJW 1984, 2300 mwN). Die in diesem Tätigkeitsbereich verwendeten Begriffe sind jedoch nicht gesetzlich klar definiert.

49 a) **Begriffsbestimmungen. Verdeckter Ermittler** ist ein Beamter des Polizeidienstes, der langfristig im Untergrund arbeiten soll und aus diesem Grund mit einer „Legende" ausgestattet wird, in welcher sein Name und auch seine übrigen Lebensdaten verändert sein können.

50 **Scheinaufkäufer,** auch **nicht offen ermittelnde Beamte** (NOEB) genannt, sind ebenfalls Beamte des Polizeidienstes, die sich jedoch nur gelegentlich als Kriminelle ausgeben, um die Überführung von Straftätern in Einzelfällen zu ermöglichen. Auch sie nennen dem Straftäter gegenüber evtl. falsche Personalien; es fehlt bei ihnen jedoch die Dauerkomponente (vgl. *BGHR,* StPO § 110 a Ermittler 3).

51 **V-Leute** sind zivile Hilfspersonen, die sich ebenfalls zum Schein als Kriminelle betätigen, um im Auftrag der Polizei an der Überführung von Straftätern mitzuwirken. Gerade unter den V-Leuten finden sich häufig ehemalige Kleinkriminelle, die die „Fronten gewechselt" haben. Auf V-Personen sind die Regelungen hinsichtlich der Verdeckten Ermittler auch dann nicht entsprechend anzuwenden, wenn sich der Einsatz gegen bestimmte Personen richtet (*BGHSt* 41, 42).

52 b) **Besondere Befugnisse.** Verdeckte Ermittler und Scheinaufkäufer haben naturgemäß den V-Leuten die **Befugnisse der Ermittlungspersonen der Staatsanwaltschaft** voraus. Gegenüber dem Scheinaufkäufer entfällt beim Verdeckten Ermittler nur die mögliche Strafbarkeit nach

- § 271 StGB, wenn er bewirkt, dass er unter falschem Namen in **öffentliche Register** (zB das Gefangenenbuch der JVA) eingetragen wird;
- § 123 StGB, wenn er sich unter falschem Namen den Zutritt zu einer **Wohnung** erschleicht, sofern eine richterliche Erlaubnis für den Einsatz vorliegt.

53 c) **Zustimmungsvoraussetzungen.** Es müssen „zureichende tatsächliche Anhaltspunkte" für **eine der Alternativen** des § 110 a I 1 StPO (oder für die Gefahr der Wiederholung von Verbrechen im Allgemeinen) vorliegen. Der hierfür zu fordernde Verdachtsgrad liegt natürlich weit unter demjenigen des § 203 StPO; wegen des Begriffes „Anhaltspunkt" sogar unter demjenigen des § 100 a StPO. Es kann für zureichende Anhaltspunkte nicht mehr verlangt werden als eine gewisse Wahrscheinlichkeit für die bezeichneten Umstände, die aus vorhandenen Tatsachen (im Gegensatz zu Vermutungen) geschlossen werden.

Der Subsidiaritätsgrundsatz des § 110 a I 3 StPO – wie er auch in §§ 100 a, c StPO enthalten ist – wird in Satz 4 für Verbrechen noch eingeschränkt.

54 d) **Form der Zustimmung.** Die Zustimmung ergeht durch **Beschluss.** Sie bezeichnet im Fall des § 110 b I 1 StPO – Einsatz gegen einen bestimmten Beschuldigten – diesen mit seinen persönlichen Daten. Dagegen ist es im Falle des § 110 b II 2 StPO weder möglich noch nötig, die Wohnung(en), die der Verdeckte Ermittler betreten darf, näher anzugeben, da sonst der Einsatzwert des VE stark herabgesetzt würde. In dem Beschluss werden auch die Rechtsgrundlage hierfür und die Frist bezeichnet. Der Beschluss muss schriftlich ergehen, der ausnahmsweise mündlich erfolgende Erlass zieht jedoch kein Verwertungsverbot nach sich (*BGH*, NStZ 1996, 48).

10. Vorläufige Entziehung der Fahrerlaubnis

55 § 111 a StPO enthält eine Regelung, die an sich präventivpolizeiliche Zwecke verfolgt, aber ebenso wie der Haftgrund der Wiederholungsgefahr aus Gründen des Zusammenhangs in der Strafprozessordnung verankert wurde. Die **Wirkung** der vorläufigen Entziehung der Fahrerlaubnis gegenüber der schlichten Beschlagnahme des Führerscheins nach § 111 b StPO, § 69 III 2 StGB beschränkt sich nicht auf eine höhere Strafandrohung bei einem etwaigen Verstoß gegen das Verbot, ein Kraftfahrzeug zu

führen (§ 21 I 1 StVG gegenüber § 21 II 2 StVG). Es wird auch durch die vorläufige Entziehung der Fahrerlaubnis eine Voraussetzung für die „Anrechnung“ auf das Mindestmaß der Sperrfrist für die Erteilung einer neuen Fahrerlaubnis geschaffen, § 69 a IV 1 StGB.

Zuständig für die Anordnung nach § 111 a StPO ist im Vorverfahren neben dem Richter des § 162 StPO jedes Amtsgericht, bei dem eine örtliche Zuständigkeit nach den § 7 ff. StPO begründet ist. Im Hauptverfahren entscheidet das mit der Sache befasste Gericht, nach Revisionsvorlage analog § 126 II 2 StPO das letzte Tatgericht. 56

Voraussetzungen für die Anordnung sind 57

- ein **Antrag** der Staatsanwaltschaft, sofern Anklage noch nicht erhoben ist;
- **dringender Verdacht** hinsichtlich einer Straftat, die eine Entziehung der Fahrerlaubnis rechtfertigt (§ 69 StGB);
- ein **hoher Grad von Wahrscheinlichkeit** dafür, dass die Entziehung auch tatsächlich angeordnet werden wird oder nur im Hinblick auf die Wirkung der vorläufigen Entziehung nicht angeordnet werden wird. Liegen die Voraussetzungen des § 69 II StGB vor, so kann die Prüfung entfallen, wenn sich nicht aus anderen Umständen Gründe aufdrängen, die erheblich gegen einen späteren Entzug der Fahrerlaubnis sprechen. Die **Entscheidung** ergeht durch zu begründenden Beschluss, da gegen sie der Rechtsbehelf der einfachen Beschwerde gegeben ist (§§ 304, 34 StPO).

11. Untersuchungshaft

Der „normale“ Strafrichter am Amts- und Landgericht kommt mit vielen der bisher genannten Eingriffe nur während des Eildienstes als Ermittlungsrichter oder im Rahmen eines Beschwerdeverfahrens in Kontakt. Fragen der Untersuchungshaft sind dagegen in fast jedem Strafrichterreferat von Bedeutung. Die erhebliche Eingriffsschwere bei der Anordnung bzw. Aufrechterhaltung der Untersuchungshaft erfordert eine besonders sorgfältige Prüfung der Voraussetzungen. 58

a) **Haftbefehlsvoraussetzungen.** *aa)* **Dringender Tatverdacht** ist die hohe Wahrscheinlichkeit, dass der Beschuldigte rechtswidrig und schuldhaft ein Verbrechen oder Vergehen begangen hat. Im Übrigen wird wegen der Einstufung der einzelnen Verdachtsgrade auf Rn. 18 verwiesen. 59

bb) Haftgründe. Sie sind in § 112 II StPO nicht abschließend aufgezählt, wenn auch in der Praxis die dort bezeichneten Haftgründe die wichtigsten sind: 60

Flucht meint ein Sich-Absetzen des Beschuldigten in das Ausland. 61

Sich-Verborgen-Halten ist dagegen das Untertauchen im Inland. Meist wird nur festzustellen sein, dass der Beschuldigte nicht mehr greifbar ist, ohne dass geklärt werden kann, ob er im Inland untergetaucht ist oder sich ins Ausland abgesetzt hat. In diesem Fall werden beide Alternativen angegeben. 62

Fluchtgefahr ist die sich aus einer Abwägung der Fluchtanreize (insbesondere die Straferwartung) und der fluchthemmenden Umstände (sog „soziale Bindungen“) ergebende Wahrscheinlichkeit dafür, dass der Beschuldigte das Ende des Strafverfahrens **und** die Strafvollstreckung nicht abwarten, sondern sich dem Verfahren entziehen wird. Kein anderer Haftgrund wird in der Praxis so missverstanden wie dieser: Es bedarf für die Annahme der Fluchtgefahr weder eines Hinweises auf Fluchtvorbereitungen noch beseitigt der **„feste Wohnsitz“** – ausgenommen bei den Bagatelldelikten des § 113 I StPO, vgl. dort Abs. 2 Nr. 1 – die Fluchtgefahr. Vielmehr fließen in die gebotene Abwägung die bezeichneten Tatsachen auch als Indizien ein und beeinflussen so die Abwägung, die aber deutlich mehr berücksichtigen muss als nur die beiden Gesichtspunkte. So sind wichtige Kriterien: 63

- die **Persönlichkeit des Beschuldigten** (verantwortungsbewusst und beständig oder eher labil), die auch anhand seines Vorlebens zu würdigen ist;
- die **Stellung des Beschuldigten** im Erwerbsleben und der Familie sowie sein soziales Umfeld;
- der **Umfang der Schwierigkeiten,** mit denen der Beschuldigte bei einer Flucht ins Ausland zu rechnen hätte.

Die Annahme oder Nichtannahme von Fluchtgefahr ist immer eine Prognoseentscheidung; auf greifbare Tatsachen kann sie sich nur insoweit stützen, als sie die Basis der Wahrscheinlichkeitsabschätzung bilden. Die Tatsachen müssen nicht zur Überzeugung des Gerichts feststehen, sondern im Sinne eines dringenden Tatverdachts sehr wahrscheinlich sein (*Meyer-Goßner,* § 112 StPO Rn. 22).

Verdunkelungsgefahr. Auch diese verlangt eine **Prognoseentscheidung,** derzufolge mit hoher Wahrscheinlichkeit die Wahrheitsfindung erschwert wird, wenn der Beschuldigte auf freiem Fuß bleibt. Darauf müssen bestimmte Tatsachen im Verhalten des Beschuldigten für die ebenfalls ein dringender Verdacht besteht, hinweisen. Als solche Tatsachen kommen in Betracht: 64

- Bereits stattgefundene prozessordnungswidrige Versuche, auf **Beweismittel einzuwirken,** wie das Beiseiteschaffen von Beweisgegenständen oder die unlautere Einwirkung auf Beweispersonen. Diese liegt aber nur vor, wenn der Beschuldigte Maßnahmen ergreift, welche der Prozessordnung zuwiderlaufen, wie zB das Bedrohen von Zeugen. Macht der Beschuldigte nur von seinen prozessualen Rechten (auch außerhalb einer Verhandlung) Gebrauch, indem er zB einen verweigerungsberechtigten Zeugen zur Unterlassung der Aussage auffordert, Vorhalte macht oder Entlastungszeugen sucht, so begründet das nicht den Haftgrund.

- Verhalten des Beschuldigten in **anderen Verfahren** (vgl. die Nachweise bei *Meyer-Goßner,* § 112 StPO Rn. 30).
- **Zuschnitt** der den Gegenstand der Untersuchung bildenden Tat. Die Verdunkelungsgefahr wird auch damit begründet, dass der Beschuldigte einer Straftat dringend verdächtig ist, die ihrem äußeren Zuschnitt nach auf Verdunkelung ausgerichtet ist, wie Bandendelikte, Zuhälterei, Landesverrat und Wirtschaftskriminalität.

65 **Kapitaldelikte.** Der dringende Verdacht, dass der Beschuldigte ein in § 112 III StPO bezeichnetes Verbrechen (Teilnahme an einer terroristischen Vereinigung, Mord, Totschlag, Sprengstoffverbrechen) begangen hat, schafft eine **Vermutung dafür,** dass **Flucht-** bzw. **Verdunkelungsgefahr** vorliegen. In diesen Fällen müssen also Tatsachen, aus denen eine der beiden genannten Gefahren zu schließen ist, nicht festgestellt werden. Der Haftgrund entfällt aber, wenn wegen der besonderen Umstände des Falles – zB sehr hohes Alter des Beschuldigten, offen zutage liegender äußerer Sachverhalt – es als wenig naheliegend erscheint, dass der Beschuldigte fliehen oder Verdunkelungshandlungen vornehmen wird. Diese Erwägung braucht aber nicht in den Haftbefehl aufgenommen werden (*OLG Düsseldorf,* bei *Meyer-Goßner,* Rn. 38 zu § 112 StPO gegen *Meyer-Goßner,* § 114 StPO Rn. 15).

66 **Wiederholungsgefahr.** § 112 a StPO ist an sich eine präventivpolizeiliche Vorschrift, die aus Gründen des Zusammenhangs mit in die Strafprozessordnung aufgenommen wurde. Sie soll verhindern, dass der Beschuldigte bis zu seiner rechtskräftigen Aburteilung weitere Straftaten begeht, welche die Allgemeinheit ernsthaft gefährden.

§ 112 a I StPO nennt **zwei** verschiedene **Anlässe** für die Annahme der Wiederholungsgefahr:

- Bei bestimmten **Sexualdelikten** reicht die **erstmalige** Tatbegehung nach § 112 I 1 StPO aus, wenn nach dem Erscheinungsbild von Tat und Täter mit einer Tatwiederholung zu rechnen ist. Bei diesen Straftaten ist das Schutzbedürfnis der Öffentlichkeit so groß, dass eine Straferwartung von mindestens einem Jahr nicht Haftgrundvoraussetzung ist.
- Bei sonst **sehr gefährlichen Straftaten** im Sinne von § 112 a I 2 StPO (Hauptfälle: gefährliche Körperverletzung, besonders schwerer Fall des Diebstahls und schwerer Diebstahl, Raub, Vergehen und Verbrechen nach dem BtMG) genügt die Ersttat ebenfalls, wenn die Art der Tatbegehung oder die Lebensumstände des Täters den Schluss aufdrängen, dass der Täter die weitere Freiheit benutzen wird, um gleichartige Straftaten zu begehen und eine Freiheits- oder Jugendstrafe von mindestens einem Jahr zu erwarten ist.

67 Der Haftgrund ist gegenüber denjenigen des § 112 StPO **subsidiär.** Das schließt aber nicht aus, auf den Haftgrund im Haftbefehl mit dem Satz: „Im Übrigen läge der subsidiäre Haftgrund des § 112 a StPO vor, weil …“ hinzuweisen. Ein solcher regelmäßig empfehlenswerter Hinweis dient insbesondere dem Richter, der über die Haftprüfung entscheidet, sowie dem Beschwerdegericht als Orientierungshilfe (so *KK-Graf,* Rn. 25 zu § 112 a StPO gegen *Meyer-Goßner,* § 112 a Rn. 17).

68 *cc) Verhältnismäßigkeit.* Die Anordnung der Untersuchungshaft steht wie jeder strafprozessuale Eingriff unter dem **Vorbehalt der Verhältnismäßigkeit.** Nur wenn die vollständige Aufklärung der Tat oder die rasche Durchführung des Verfahrens nicht anders gesichert werden können, ist der Eingriff überhaupt zulässig. Allerdings ist auf einen Umstand besonders hinzuweisen: Nicht die Verhältnismäßigkeit ist Haftvoraussetzung, sondern die Unverhältnismäßigkeit Haftausschließungsgrund. Das bedingt die Nichtanwendbarkeit des Grundsatzes „in dubio pro reo“ bei der Feststellung der Unverhältnismäßigkeit: Nur wenn die Unverhältnismäßigkeit feststeht, ist auch von ihr auszugehen.

69 **Unverhältnismäßig** ist die Anordnung immer dann, wenn der vorläufige Eingriff schwerer wiegt als der endgültige, zB die zu erwartende Untersuchungshaft länger ist als die zu erwartende Freiheitsstrafe oder Ersatzfreiheitsstrafe. Dass aber nur mit einer zur Bewährung auszusetzenden Freiheitsstrafe oder mit Geldstrafe zu rechnen ist, bedingt für sich genommen nicht die Unverhältnismäßigkeit.

70 **Besondere Umstände** können die Anordnung der Untersuchungshaft unverhältnismäßig machen, so zB hohes Alter, schlechter Gesundheitszustand oder die (glaubhafte) Bereitschaft zu freiwilligen Beschränkungen der Freiheit.

Für Jugendliche ist besonders § 72 I und II JGG zu beachten.

71 *dd) Unterbringungsbefehl.* Der Unterbringungsbefehl ersetzt den Haftbefehl dort, wo dieser mangels **Schuldfähigkeit** nicht erlassen werden kann. Die vorläufige Unterbringung nach § 126 a StPO dient aber auch dem Schutz der Allgemeinheit vor gefährlichen Straftätern und damit präventivpolizeilichen Zwecken. Im Verhältnis zu der Anordnung nach § 81 StPO gilt Folgendes:

72 § 81 StPO verfolgt nur den Zweck der Gutachtenerstellung, § 126 a StPO auch einen **Sicherungszweck.** Während die Unterbringung nach § 81 StPO auf sechs Wochen begrenzt ist, fehlt eine derartige Begrenzung bei § 126 a StPO. Die Anordnung nach § 126 a StPO trifft das Haftgericht; diejenige nach § 81 StPO das Gericht der Hauptsache. Vor der Anordnung nach § 81 StPO muss ein Verteidiger sich bestellt haben oder ein Pflichtverteidiger bestellt werden; dies ist bei § 126 a StPO unnötig.

73 Die **Anhörung eines Sachverständigen** ist auch vor Erlass eines Unterbringungsbefehls aus praktischen Gründen erforderlich, da sonst die Unterbringungsvoraussetzungen nicht geklärt werden können:

- **dringender Tatverdacht** hinsichtlich der objektiven Tatbestandsmerkmale eines Verbrechens oder Vergehens;
- ebenso große **Wahrscheinlichkeit** dafür, dass der Beschuldigte die Tat im Zustand zumindest erheblich verminderter Schuldfähigkeit begangen hat **und**
- deswegen mit seiner **Einweisung in eine psychiatrische Klinik** oder Entziehungsanstalt zu rechnen ist; dies wiederum bedingt eine nicht unerhebliche Tatschwere und das Ausscheiden sog. „soziallästiger" Straftaten aus den möglichen Anlässen für die Anordnung.

b) Verfahren bei Haftbefehlserlass. Die Strafprozessordnung sieht in den §§ 112 ff. als normalen Weg zur Untersuchungshaft die **Reihenfolge:** Erlass des Haftbefehls – Ergreifung des Beschuldigten – Haftbefehlseröffnung. In der Praxis haben sich jedoch die Gewichte verlagert: 3 von 4 Haftbefehlen werden inzwischen im Verfahren nach vorläufiger Festnahme gem. §§ 127 ff. StPO erlassen. 74

aa) Verfahren nach vorläufiger Festnahme. (1) Antrag der Staatsanwaltschaft. Gleichgültig, ob die Festnahme nach § 127 I StPO durch „jedermann" oder nach § 127 II StPO durch Beamte des Polizeidienstes erfolgt – in jedem Fall bedarf die **Aufrechterhaltung** der vorläufigen Festnahme bis zur Vorführung vor den Richter einer Entscheidung durch den Staatsanwalt. Er ordnet entweder die Aufhebung der Polizeihaft und die Entlassung des Beschuldigten an oder stellt Haftbefehlsantrag, kann aber auch zuvor noch ergänzende Ermittlungen durch die Polizei ausführen lassen. Sein Antrag auf Erlass eines Haftbefehls enthält regelmäßig schon dessen notwendigen Inhalt; vgl. § 114 II StPO. Eine eigene Vernehmung des Beschuldigten ist dem Staatsanwalt natürlich unbenommen, aber auch nicht vorgeschrieben und deswegen in der Mehrzahl der Fälle nicht üblich. 75

Der Richter – zuständig ist regelmäßig der Amtsrichter, in dessen Bezirk der Beschuldigte festgenommen wurde, § 128 I StPO, Ausnahme § 129 StPO – entscheidet anschließend nach Anhörung des Beschuldigten über den **Haftbefehlsantrag.** Dabei prüft er nur die Haftbefehlsvoraussetzungen, nicht aber die Rechtmäßigkeit der vorläufigen Festnahme. 76

(2) Vorführung. Die Vorführung nach § 128 StPO erfolgt in nichtöffentlicher Verhandlung. Ein **Protokollführer** sollte nach Möglichkeit beigezogen werden, § 168 II 2 StPO. Ist kein Protokollführer anwesend, so muss entweder der Richter selbst schreiben oder den Verhandlungsablauf auf Tonbandgerät aufzeichnen, § 168 a II 1 StPO. Bei Ausländern ist die Anwesenheit eines Dolmetschers erforderlich. Dieser muss auch für die Haftbefehlseröffnung im Sinne des § 189 GVG vereidigt werden oder sich auf einen ggfs. allgemein geleisteten Eid berufen. Sofern ein geeigneter Dolmetscher zur Vorführung nicht mehr gefunden werden kann und Haftbefehl ergeht, muss die Übersetzung **und** Anhörung unverzüglich nachgeholt werden, § 185 GVG iVm Art. 6 III lit. a MRK. Ein bereits vom Beschuldigten mandatierter Verteidiger ist vom Termin zu verständigen. § 140 I Nr. 4 StPO greift aber erst, wenn der Beschuldigte in Untersuchungshaft genommen ist, dh, wenn dies der Richter angeordnet hat. 77

Zu Beginn der Vorführung sind zunächst die **Personalien** des Beschuldigten zu erheben. Verweigert er deren Angabe, so können die Personalien auch aus der Beschuldigtenvernehmung oder der Vorführungsnote erhoben werden. Anschließend ist der Beschuldigte sowohl nach § 136 StPO als auch nach § 115 III StPO zu belehren. Die Belehrung nach § 115 III StPO geht insofern weiter, als sie sich auch auf die Entkräftung der Haftgründe bezieht, diejenige nach § 136 StPO enthält jedoch allein den Hinweis auf die Möglichkeit, schon vor der Vernehmung einen Verteidiger zu beauftragen und Beweiserhebungen zu beantragen. Am Ende der Belehrung wird dem Beschuldigten mitgeteilt, dass die Staatsanwaltschaft Haftbefehl beantragt hat; er wird befragt, ob er aussagen will. 78

Gibt der Beschuldigte an dieser Stelle den Tatvorwurf zu, so tut der Richter gut daran, wenigstens den **Kerngehalt seiner Aussage** zu Protokoll zu nehmen. Nur vorgehaltene polizeiliche Geständnisse sind später nämlich nicht nach § 254 StPO verlesbar (vgl. *Meyer-Goßner,* § 254 StPO Rn. 4). Wichtig ist es an dieser Stelle im Hinblick auf die spätere Verwertbarkeit insbesondere, Aussagen insoweit zu protokollieren, als sie Angaben enthalten, die nur der Täter selbst machen konnte. Auch der wesentliche Inhalt der tatleugnenden Aussage sollte im Hinblick auf spätere Vorhalte protokolliert werden. Bestehen Bedenken gegen die Verwertbarkeit der polizeilichen Aussage, zB mangels ausreichender Belehrung nach §§ 163 a, 136 StPO, so empfiehlt sich eine vorsorgliche „qualifizierte" Belehrung. Sie besteht darin, dass der Beschuldigte auf die mögliche Unverwertbarkeit seiner polizeilichen Angaben hingewiesen wird. 79

Nach der Anhörung des Beschuldigten ergeht jetzt die eigentliche **Entscheidung:** 80

(3) Zurückweisung des Antrags. Der Antrag der Staatsanwaltschaft auf Erlass des Haftbefehls wird zurückgewiesen, wenn eine oder mehrere **Voraussetzungen des Haftbefehls fehlen.** In diesem Fall ordnet der Richter mit dem Beschluss auch die umgehende Entlassung des Beschuldigten durch die Polizei an. Eine evtl. seitens der Staatsanwaltschaft eingelegte Beschwerde hat keine aufschiebende Wirkung, § 307 StPO. Die Staatsanwaltschaft kann den Beschuldigten auch nicht erneut wegen desselben Sachverhalts festnehmen. 81

Bei der Zurückweisung des Haftbefehlsantrages mangels Fluchtgefahr ist der Richter gehalten, zu prüfen, ob nicht zumindest eine Anordnung nach § 132 StPO – **Leistung einer Sicherheit und Abgabe** 82

einer Zustellungsvollmacht – ergehen muss. Eines besonderen Antrags der Staatsanwaltschaft hierzu bedarf es dann nicht, wenn sie Haftbefehlsantrag gestellt hatte. Zustellungsbevollmächtigter kann auch ein Beamter der Strafverfolgungsbehörde sein; die Auswahl ist aber grundsätzlich dem Beschuldigten überlassen. Ergeht die Anordnung und weigert sich der Beschuldigte, Sicherheit zu leisten oder einen Zustellungsbevollmächtigten zu benennen, so wird nach § 132 II StPO verfahren.

83 *(4) Anordnung der Untersuchungshaft.* Anders als die übrigen Anordnungen des Richters im Ermittlungsverfahren muss der Haftbefehl zwingend **schriftlich** niedergelegt werden. Sein Inhalt ergibt sich aus § 114 StPO. Beim Haftbefehlserlass nach vorläufiger Festnahme empfiehlt es sich zumindest in den Fällen, in denen der Haftbefehlserlass unabhängig von den möglichen Einlassungen des Beschuldigten bevorsteht, den Haftbefehl unterschriftsreif vorzufertigen.

84 Nach Unterzeichnung des Entwurfs **eröffnet** der Richter den Haftbefehl durch Übergabe einer Ausfertigung; das in der Praxis übliche Vorlesen ist normalerweise nicht nötig. Dagegen ist die Übersetzung in die Heimatsprache des Beschuldigten erforderlich, § 185 GVG iVm Art. 5 III MRK.

85 Anschließend muss der Beschuldigte über seine **Rechtsbehelfe** belehrt werden, § 128 II 3 StPO iVm § 115 IV StPO. Genannt sind die Beschwerde und der Antrag auf Haftprüfung im Büroweg oder nach mündlicher Verhandlung, nicht dagegen die weitere Beschwerde des § 310 StPO. Die Rechtsbehelfe sind zwar nicht fristgebunden, doch ist die Belehrung wegen der isolierten Situation des Beschuldigten in der Untersuchungshaft erforderlich. Anders als nach der Hauptverhandlung sollte der Richter auch die Einlegung eines solchen Rechtsbehelfs protokollieren.

86 Der Beschuldigte sollte nun befragt werden, wer von seiner Verhaftung nach § 114 b StPO **verständigt** werden soll. Zwar ist der Richter an Erklärungen des Angeklagten nicht gebunden und kann zB auch einen Verwandten statt einer Vertrauensperson benachrichtigen, doch ist es regelmäßig sinnvoll, den Wünschen des Beschuldigten zu folgen. Der Beschuldigte kann allerdings nicht auf die Benachrichtigung verzichten, da § 114 b StPO nicht nur dem Schutz des Beschuldigten, sondern auch dem Schutz der Rechtspflege dient. Nur wenn weder ein Verwandter noch eine Vertrauensperson bekannt ist, unterbleibt die Benachrichtigung. Vertrauensperson ist stets der Wahlverteidiger des Beschuldigten, sein Pflichtverteidiger nur dann, wenn ihn der Beschuldigte benannt hat.

87 Neben der Benachrichtigung nach § 114 b StPO bedarf es bei einigen Angehörigen ausländischer Staaten aufgrund zwischenstaatlicher Vereinbarung unabhängig vom Wunsch des Beschuldigten noch der Benachrichtigung der konsularischen Vertretung des jeweiligen Staates, soweit nicht in Klammern ein anderer Adressat genannt ist. Es sind dies derzeit folgende Staaten: Bahamas (zu benachrichtigen ist die Botschaft der Bahamas in London) Fidschi (Botschaft in London), Grenada (Botschaft in Brüssel), Griechenland, Italien, Jamaica, Kenia, Lesotho, Malawi, Malta, Mauritius (Botschaft in Brüssel), Monaco (Direktion der Justizdienste in Monaco), Seychellen, Spanien (nur wenn der Beschuldigte dazu nicht in der Lage ist), St. Kitts und Nevis, St. Lucia, St. Vincent (Botschaft in London), Swasiland, Tonga, Trinidad, Tunesien, Uganda sowie folgende Nachfolgestaaten der Sowjetunion: Armenien, Aserbaidschan, Belarus, Georgien, Kasachstan, Kirgistan, Moldawien, Russische Föderation, Tadschikistan, Turkmenistan, Ukraine, Usbekistan.

Die Anschriften der zu benachrichtigenden Stellen können gem. Abschnitt 134 RiVASt ermittelt werden.

88 Nunmehr muss gem. § 140 I Nr. 4 dem Beschuldigten, welcher bisher keinen Verteidiger benannt hat, ein Verteidiger bestellt werden. Dies setzt eine Anhörung nach § 142 I StPO voraus. Dabei ist der besonderen Situation des oftmals überraschend und gerade eben in Untersuchungshaft genommenen Beschuldigten Rechnung zu tragen. Verzichtet er bei Verkündung des Haftbefehls auf die Ausübung seines Wahlrechts, kann es fraglich sein, ob er sich bei Abgabe seiner Erklärung deren Bedeutung, Bindungswirkung und Tragweite tatsächlich bewusst war (*OLG Koblenz,* BeckRS 2011, 04039).

89 Kann der Haftrichter absehen, dass im Strafverfahren nicht mehr als Geldstrafe oder eine zur Bewährung auszusetzende Freiheitsstrafe verhängt werden wird, so sollte er den Beschuldigten in dessen Interesse befragen, ob er auf die **Einhaltung der Ladungsfrist** nach § 217 StPO verzichtet. Auf die Einhaltung der Äußerungsfrist nach § 201 StPO kann der Beschuldigte zwar nicht verzichten, doch kann er kundtun, dass diese so kurz als möglich bemessen werden solle. Der protokollierte Satz: „Ich verzichte – soweit gesetzlich zulässig – auf die Einhaltung der Einlassungs- und Ladungsfristen." kann dem Beschuldigten uU unnötige Haftzeiten ersparen.

90 Abschließend ordnet der Richter die **Aufnahme** des Beschuldigten **in die Justizvollzugsanstalt** an. Von nun an richtet sich die rechtliche Ausgestaltung nach den Untersuchungshaftvollzugsgesetzen der Länder, die – als Ergebnis der Föderalismusreform – hierfür die alleinige Zuständigkeit erlangt haben. Diese Gesetze ähneln sich; es gibt eine Reihe gemeinsamer Regelungen. Die Gesetze sehen insbesondere den Erlass verfahrenssichernder Anordnungen durch das Gericht vor. Sie sollen der Gefahr von Flucht, Verdunkelung und Wiederholung vorbeugen und schränken die dem Gefangenen nach dem Gesetz zugebilligten Rechte ein. Solche Anordnungen sollten tunlichst schon im Aufnahmeersuchen getroffen werden. Sie setzen zwar keinen Antrag der Staatsanwaltschaft voraus, doch kann hier eine Anhörung der Staatsanwaltschaft sehr sinnvoll sein.

Abweichend vom landesweiten Einweisungsplan ist einer von mehreren Beschuldigten in eine **andere JVA** aufzunehmen, wenn die Gefahr von Absprachen besteht. Selbst innerhalb einer großen JVA mit mehreren Abteilungen kann nicht sichergestellt werden, dass Absprachen und Pressionen gegenüber dem geständigen Mitgefangenen unterbleiben. 91

Die Unterbringung erfolgt idR von anderen Gefangenen getrennt. Ausnahmen sind jedoch mit Zustimmung des Gefangenen oder aus wichtigen Gründen zulässig. 92

Eine Verpflichtung zur Arbeit besteht nicht, jedoch soll den Gefangenen nach Möglichkeit Arbeit angeboten werden. Gefangene, bei denen zwar nicht iSd § 112 II 3 StPO **Verdunkelungsgefahr** besteht, jedoch ein entsprechender Verdacht, sollten aber von der Teilnahme an der Gemeinschaftsarbeit ausgenommen werden. 93

Das Verbot des **Tragens eigener Kleidung** kommt nicht nur bei Verdunkelungsgefahr in Betracht, sondern auch bei Drogenabhängigkeit. 94

Die Briefzensur obliegt seit der Gesetzesänderung grundsätzlich dem Anstaltsleiter. Sie kann allerdings durch eine verfahrenssichernde Anordnung dem Richter vorbehalten werden, wenn eine Textkontrolle zB wegen Verdunkelungsgefahr angezeigt ist. 95

(5) Außervollzugsetzung. § 116 StPO lässt einen **Mittelweg** zwischen der Anordnung der Untersuchungshaft und der Ablehnung des Haftbefehlsantrags zu: Der Haftbefehl wird zwar erlassen, doch unter bestimmten Auflagen außer Vollzug gesetzt. Liegen die Voraussetzungen des § 116 StPO (... wenn weniger einschneidende Maßnahmen die Erwartung hinreichend begründen ...) vor, so besteht kein Ermessensspielraum; der Richter hat vielmehr von der Möglichkeit Gebrauch zu machen. 96

Über den Gesetzeswortlaut hinaus kommt die Aussetzung nicht nur bei den Haftgründen der Fluchtgefahr, der Verdunkelungsgefahr und der Wiederholungsgefahr in Betracht, sondern auch bei dem in § 112 III StPO genannten **Haftgrund der Tatschwere.** Die Tatschwere begründet lediglich Indizien für Flucht- und Verdunkelungsgefahr. Sind sie in begründeten Einzelfällen auszuräumen, muss auch die Aussetzung möglich sein (*BVerfG,* NJW 1966, 243). 97

Die beispielhaft in § 116 I, II StPO genannten Anordnungen haben sich allerdings in der Praxis nicht als besonders wirksam erwiesen. Insbesondere bewirkt die sog. „Meldeauflage" in § 116 I 1 StPO nur, dass die Strafverfolgungsbehörden in angemessener Zeit von der Flucht des Beschuldigten Kenntnis nehmen können. Besser ist es, von dem Beschuldigten die **Abgabe sämtlicher Ausweispapiere** (einschließlich des Führerscheines) zu verlangen und eine Quittung über die abgelieferten Ausweise nur auf der Rückseite einer Ausfertigung des Außervollzugsetzungsbeschlusses zu erteilen. Das ist auch bei Ausländern trotz der Ausweispflicht nach § 4 AuslG zulässig (vgl. *Meyer-Goßner,* § 116 StPO Rn. 12, mwN). 98

Durchaus effektiv sein kann allerdings die wegen ihres sozialdiskriminierenden Ansatzes häufig angegriffene (... die Großen lässt man laufen ...) Anordnung der **Sicherheitsleistung** nach § 116 I 4 StPO. Bei dieser Anordnung ist besondere Vorsicht geboten, weil die Sicherungswirkung nach Erlass des Beschlusses häufig entfällt: Wenn zB von einem Großbetrüger Sicherheit hinterlegt wird, anschließend aber der Auszahlungsanspruch von den Gläubigern gepfändet oder an sie abgetreten wird, ist die tatsächliche Sicherungswirkung längst entfallen. In dem Beschluss ist anzugeben, wie die Sicherheitsleistung zu erbringen ist. Grundsätzlich kommt auch eine Sicherheitsleistung durch Bankbürgschaft in Betracht. Wegen des Freiwerdens der Sicherheit vgl. u. Rn. 128. 99

Die **Freilassung des Beschuldigten** wird uU erst dann vom Haftgericht verfügt, wenn die vorweg zu erbringenden Auflagen (zB Leistung einer Sicherheit, Ablieferung der Personalpapiere) erfüllt sind. 100

bb) Haftbefehlserlass im Büroweg. (1) Ausgangssituation. Von wenigen Ausnahmen abgesehen **kommt** diese Art des Haftbefehlserlasses vor allem dann **in Betracht,** wenn der Beschuldigte flüchtig oder untergetaucht ist. In diesen Fällen wird der Haftbefehl von der Staatsanwaltschaft benötigt, um des Beschuldigten habhaft zu werden und das Verfahren abschließen zu können. In den Ausnahmefällen beschafft sich die Staatsanwaltschaft vorsorglich einen Haftbefehl gegen den Beschuldigten, lässt diesen aber weiter observieren, um zu einer besseren Beweissituation zu gelangen. 101

Dringend anzuraten ist es wegen § 115 a III 3 StPO, in den Haftbefehl über den Wortlaut des § 114 II StPO hinaus die **Rufnummer des für die Anordnung der Aufrechterhaltung** der Untersuchungshaft zuständigen Richters aufzunehmen. Er muss, insbesondere in großen Amtsgerichten, nicht unbedingt identisch mit dem Richter sein, der den Haftbefehl erlassen hat. 102

(2) Verfahren vor der Eröffnung. Beim Haftbefehlsantrag im Büroweg entfällt die Anhörung des Beschuldigten vor dem Erlass; der erlassene Haftbefehl wird von der Staatsanwaltschaft vollzogen. Ist der Beschuldigte flüchtig, erfolgt eine **Ausschreibung zur Festnahme;** eine der Abschriften des Haftbefehls wird dem Bundeskriminalamt übersandt. Nach Ergreifung des Beschuldigten teilt das BKA der Polizeidienststelle, welche die Festnahme durchgeführt hat, fernschriftlich oder per Fernkopie den Haftbefehl mit. Dieses Schreiben bildet die Grundlage der Eröffnung. 103

Zuständig zur Eröffnung des Haftbefehls bleibt primär der Richter, der den Haftbefehl erlassen hat, § 115 StPO. Nur wenn aus tatsächlichen Gründen eine Vorführung vor den zuständigen Richter unmöglich ist, wäre nach § 115 a I StPO die Vorführung bei dem Richter des nächstgelegenen Amtsge- 104 richts zulässig. Streng genommen ist das nie der Fall, da der Beschuldigte mittels Einzeltransports selbst über die größte Distanz in Deutschland gebracht werden könnte. Die Praxis sieht die Frage – rechtlich eher bedenklich – jedoch auch unter dem Gesichtspunkt der Wirtschaftlichkeit: Nur wenn der Beschuldigte im (wirtschaftlicheren) Sammeltransport dem zuständigen Gericht überstellt werden kann, fehlt die Voraussetzung des § 115 a I StPO (vgl. *Fischer,* NStZ 1994, 321).

105 *(3) Eröffnung des Haftbefehls.* Wie beim Haftbefehlserlass nach vorläufiger Festnahme werden zunächst die Personalien des Beschuldigten erhoben. Dann muss ihm der Haftbefehl in der vorliegenden Abschriftsform durch Übergabe einer Kopie **eröffnet** werden. Nach der Belehrung über das Aussageverweigerungsrecht gem. § 115 III **und** § 136 StPO wird der Beschuldigte zur Sache und zu den Haftgründen vernommen.

106 Findet die Eröffnung vor dem **zuständigen** Richter statt, so kann dieser wie im Verfahren nach § 128 StPO die **Aufnahme** des Beschuldigten in die Untersuchungshaft **anordnen,** aber auch den Haftbefehl aufheben oder außer Vollzug setzen. Die beiden letztgenannten Möglichkeiten bestehen dem Gesetz nach bei der Eröffnung durch den **nächsten** Richter nicht. Eine Entlassung des Beschuldigten ist ihm nur möglich, wenn die Vernehmung ergibt, dass der Beschuldigte nicht die im Haftbefehl bezeichnete Person ist oder dass der Haftbefehl bereits nicht mehr existiert. Der nächste Richter kann und muss seine Bedenken lediglich dem zuständigen Richter mitteilen, § 115 a II 3 StPO.

107 Sinnvoll und praxisgerecht ist es jedoch, wenn der nächste Richter den zuständigen sogleich anruft, ihm die Bedenken mitteilt und einen ggfs. sofort ergehenden Außervollzugsetzungsbeschluss des zuständigen Richters **übermittelt** und vollzieht. Nicht toleriert wird von der Praxis jedoch, wenn der nächste Richter bei Unerreichbarkeit des zuständigen selbst den Haftbefehl aufhebt oder außer Vollzug setzt.

108 Wird der Haftbefehl vom nächsten Richter eröffnet, so muss der Beschuldigte über § 115 IV StPO hinaus nach § 115 a III StPO über sein Recht **belehrt** werden, die Vorführung vor den zuständigen Richter zu verlangen. Statt der Aufnahme in die Untersuchungshaft ordnet der nächste Richter die Verbringung des Beschuldigten in die für das Gericht des Haftbefehlserlasses zuständige JVA an.

109 c) **Aufgaben des Haftrichters.** *aa) Übernahme der Haftkontrolle.* Das Haftgericht iSd § 126 StPO kann sowohl der Ermittlungsrichter des Amtsgerichts (bei Erwachsenen vor Erhebung der öffentlichen Klage) als auch der Jugendrichter (bei Jugendlichen und Heranwachsenden) wie jedes Tatsachengericht sein. Geht nach der Eröffnung des Haftbefehls dieser mit dem Eröffnungsprotokoll ein oder ändert sich die Zuständigkeit infolge Erhebung der öffentlichen Klage, so muss der (neue) Haftrichter sicherstellen, dass

- eventuellen **Haftprüfungsanträgen** entsprochen wird;
- die **Haftprüfungsfristen** überwacht werden.

110 Üblich und empfehlenswert ist die Führung einer **Haftliste,** bei Ermittlungsrichtern die einer Haftkartei. Darin müssen zumindest folgende Angaben enthalten sein:

- Familien- und Vorname sowie Geburtsdatum des Beschuldigten;
- Verständigungsperson iSd § 114 b StPO und Vermerke über durchgeführte Verständigungen;
- Aktenzeichen der Staatsanwaltschaft und Tatbezeichnung sowie Haftgrund;
- Haftbefehlsdatum und Datum der Inhaftnahme; die Wiedervorlage muss so organisiert sein, dass die Akten der Haftprüfungsfrist des § 121 I StPO zur Stelle sind.

111 Auch wenn die Haftkartei von der Geschäftsstelle des Ermittlungsrichters geführt wird, ist dringend anzuraten, je einen Abdruck des Haftbefehls und des Eröffnungsprotokolls in einem eigenen Ordner aufzubewahren. Nur auf diese Weise kann sichergestellt werden, dass Rückfragen der JV hinsichtlich des Verkehrs mit der Außenwelt zügig beantwortet werden können.

112 *bb) Haftprüfung durch das Haftgericht. (1) Voraussetzungen.* Der Haftprüfungsantrag findet sich häufig schon im Eröffnungsprotokoll oder kommt nach einigen Tagen Untersuchungshaft. Die Haftprüfung soll dem Haftgericht Gelegenheit bieten, sich mit Tatverdacht und Haftgründen erneut zu befassen und dabei auch die mittlerweile gewonnenen Beweise zu würdigen. Meist wird der Haftprüfungsantrag mit einem solchen auf **mündliche Verhandlung** nach § 118 I StPO verbunden. Gerade diese mündliche Verhandlung dient dem Beschuldigten nicht selten zur eigenen Information über die weiteren Aussichten im Strafverfahren.

113 Erhält das Haftgericht den Haftprüfungsantrag direkt, so fordert es bei der Staatsanwaltschaft die Akten an. Der Staatsanwalt leitet die Akten regelmäßig mit einem konkreten **Antrag** zu

114 und teilt ggfs. mit, ob er auf Terminsladung und -teilnahme verzichtet. In zahlreichen Gerichtsbezirken haben die zuständigen Staatsanwaltschaften generell auf Teilnahme an Haftprüfungsverhandlungen einen derartigen Verzicht erklärt.

115 Eine mündliche Verhandlung über den Haftprüfungsantrag kann immer anberaumt werden. Sie **muss** – sofern die Hauptverhandlung noch nicht begonnen hat – angesetzt werden, wenn

- der Beschuldigte dies beantragt **und**
- entweder noch kein Termin zur mündlichen Haftprüfung stattgefunden hat **oder** die Gesamthaftzeit mindestens drei Monate beträgt **und** seit der letzten mündlichen Haftprüfung mehr als zwei Monate verstrichen sind, § 118 III StPO.

(2) Durchführung der mündlichen Haftprüfung. Vom Haftprüfungstermin sind zu verständigen 116

- die Staatsanwaltschaft, es sei denn, sie hat nicht nur auf Termins**teilnahme**, sondern auch auf Termins**ladung** verzichtet;
- der Verteidiger;
- der Beschuldigte (ohne Fristeinhaltung);
- die Justizvollzugsanstalt mit Überstellungsersuchen;
- je nach Einzelfall: Dolmetscher, Bewährungshelfer des Beschuldigten, bei Jugendlichen die Erziehungsberechtigten.

Die Verhandlung ist nichtöffentlich; ein Protokollführer ist – sofern nicht nach § 168a II StPO verfahren wird – zuzuziehen. Ist Haftgericht ein Schöffengericht oder eine Strafkammer, so wirken die Laienrichter nicht mit. 117

Nach Präsenzfeststellung erhebt der Richter (oder der Vorsitzende der Strafkammer) zunächst die **Personalien** des Beschuldigten. Eine erneute Belehrung nach §§ 136 I, 115 III StPO ist zwar nicht vorgeschrieben, aber ratsam. Anschließend erhält der Beschuldigte Gelegenheit, Angaben zum Tatverdacht und zu den Haftgründen zu machen. Fragen können vom Richter, dem Staatsanwalt und dem Verteidiger entsprechend § 240 StPO gestellt werden. Am Ende sollte der Beschuldigte äußern, was er mit der Haftprüfung erreichen will. Staatsanwalt und Verteidiger können hierzu ebenfalls Anträge stellen. 118

Der Vorsitzende kann, muss aber nicht Beweise erheben; ein förmliches **Beweisantragsrecht** besteht nicht. Die Beweiserhebung kann auch in der Form des § 117 III StPO erfolgen. In jedem Fall ist – anders als bei der Hauptverhandlung – nicht die Summe der im Haftprüfungstermin erhobenen Beweise, sondern die Aktenlage entscheidend. 119

(3) Entscheidung. Die Entscheidung ergeht idR **unmittelbar im Anschluss** an die Verhandlung, kann aber auch im Bürowege den Beteiligten formlos zur Kenntnis gebracht werden, vgl § 118a IV StPO. Angeordnet werden können: 120

Haftfortdauer. Bei Fortbestehen von Tatverdacht und Haftgrund ergeht **Haftfortdauerbeschluss** mit dem Tenor „Der Haftbefehl des … vom … bleibt in Vollzug". Das gilt auch, wenn sich zwischenzeitlich Änderungen im Tatverdacht oder im Haftgrund ergeben haben, im Ergebnis aber die Untersuchungshaft angeordnet bleibt. In diesem Fall ist allerdings im Haftfortdauerbeschluss der Haftbefehl der veränderten Ermittlungslage anzupassen. Obwohl dies nicht ausdrücklich vorgeschrieben ist, wird der Beschuldigte bei einer Haftfortdauerentscheidung über sein Beschwerderecht belehrt. 121

Zwischenermittlungen. Die Entscheidung nach § 117 III StPO ist streng genommen eine Haftfortdauerentscheidung, verbunden mit einem Auftrag an die Staatsanwaltschaft, bestimmte Ermittlungen durchzuführen **und** die Akten nach Fristablauf wieder vorzulegen. Demgemäß kann die Entscheidung nicht mit einer Außervollzugsetzung des Haftbefehls verbunden werden. 122

Die Staatsanwaltschaft kann zwar gegen die Entscheidung Beschwerde einlegen, ist aber bis zur Beschwerdeentscheidung an die Anordnung gebunden. Wird die im Beschluss bezeichnete Frist überschritten, so tritt nicht etwa der Haftbefehl automatisch außer Kraft. **Nach Durchführung der Ermittlungen** und Zuleitung der Akten entscheidet das Haftgericht von Amts wegen erneut über die Haftfrage, ohne dass die Notwendigkeit einer mündlichen Verhandlung besteht. 123

Aufhebung des Haftbefehls. Sind Haftgrund oder Tatverdacht entfallen, ohne dass an ihre Stelle entsprechende neue Haftbefehlsvoraussetzungen getreten sind, so wird der Haftbefehl aufgehoben, § 120 I StPO. Auch bei Fortbestand der Haftvoraussetzungen kann es zur Aufhebung kommen, wenn die Staatsanwaltschaft vor der Erhebung der öffentlichen Klage dies **beantragt,** § 120 III StPO. Geschieht dies, so ordnet der Staatsanwalt telefonisch vorweg gegenüber der JVA die Entlassung an; sein nachfolgender Antrag auf Aufhebung des Haftbefehls ist nur noch reine Formsache. Wird der Haftbefehl durch das Gericht aufgehoben, so muss gleichzeitig die Entlassung des Beschuldigten gegenüber der JVA verfügt werden. 124

Außervollzugsetzung und Folgeentscheidungen. Wegen der Voraussetzungen für die Außervollzugsetzung des Haftbefehls und das Verfahren dabei wird auf Rn. 96 verwiesen. 125

Die vorangegangene Außervollzugsetzung des Haftbefehls macht uU spätere Entscheidungen des Haftgerichts, insbesondere nach Leistung einer Sicherheit, erforderlich. In Betracht kommen namentlich:

Verfall der Sicherheit. Zuständig ist das Haftgericht des § 126 StPO. Es entscheidet nach Anhörung der Staatsanwaltschaft, des Beschuldigten und eines etwaigen Sicherheitsgebers. Sowohl die Aufforderung zur Erklärung als auch der Beschluss können dem Beschuldigten, dessen Aufenthalt unbekannt ist, öffentlich gem. § 40 StPO zugestellt werden. Gegen den Beschluss, der wie derjenige über das Freiwerden der Sicherheit nur deklaratorische Bedeutung hat (*OLG Hamburg,* Rpfleger 1962, 221), ist allerdings auch die Beschwerde statthaft. Eine einmal verfallene Sicherheit wird nicht mehr frei (*OLG Celle,* NJW 1957, 1203). Davon auszunehmen ist jedoch der Fall des § 123 III StPO: Auch eine verfallene Sicherheit wird wieder frei, wenn der Sicherungsgeber den Beschuldigten dazu bewegt, sich zu stellen (*OLG Celle,* NJW 1973, 783). 126

Die Voraussetzung des **„Sich-Entziehens"** liegt vor, wenn der Beschuldigte für eine nicht unerhebliche Zeit auflagenwidrig bewirkt, dass Verfahrensmaßnahmen gegen ihn nicht durchgeführt werden können. 127

Der Erfolg muss kein endgültiger sein; auch dass der Beschuldigte sich später stellt oder ergriffen wird, spielt keine Rolle.

128 *Freiwerden der Sicherheit.* Der rein deklaratorische Beschluss (*OLG Frankfurt,* NJW 1983, 295) ergeht nach Anhörung der Staatsanwaltschaft und des Beschuldigten bzw. seines Verteidigers. Der Beschuldigte kann die Freigabe nicht verhindern, auch wenn der Anspruch gegen die Hinterlegungsstelle abgetreten oder gepfändet ist.

129 *cc) Verfahrenssichernde Anordnungen nach § 119 I StPO.* Sie entsprechen dem Umstand, dass die Ländergesetze über den Vollzug der Untersuchungshaft zwar deren Ausgestaltung im Normalfall regeln, aber jeweils Raum für verfahrenssichernde Anordnungen des Gerichts lassen, die der allgemeinen gesetzlichen Regelung im Einzelfall vorgehen.

Vielfach wird es dabei sinnvoll sein, die Ausführung der getroffenen Anordnungen der Staatsanwaltschaft nach § 119 II StPO zu überlassen, weil die Staatsanwaltschaft die Besonderheiten des Verfahrens besser übersehen kann.

130 Jede Entscheidung über eine zusätzliche verfahrenssichernde Anordnung verlangt eine **Abwägung** zwischen den berechtigten Interessen des Beschuldigten und denjenigen der Strafverfolgungsbehörden und der Justizvollzugsanstalt. So wäre es zB für die Reintegration des Beschuldigten sicher am besten, wenn er jeden Tag einen längeren Besuch genehmigt bekäme. In Verfahren zB der organisierten Kriminalität schafft aber jeder dieser Besuche andererseits – sofern die Beweislage nicht klar ist – potentielle Verdunkelungsgelegenheiten und Gefahren für die Sicherheit und Ordnung in der JVA durch die Möglichkeit des Einschmuggelns von Drogen, Waffen usw. Der Richter muss berücksichtigen, dass insbesondere die personellen Ressourcen der JVA durch die intensive Überwachung der Besuche stark in Anspruch genommen werden. Die Einwände der Anstalten gegen zusätzliche Besuchszeiten in diesen Fäll sind daher idR nicht aus der Luft gegriffen.

131 *(1) Besuche.* Die Untersuchungshaftvollzugsgesetze der Länder sehen im Normalfall je zwei **Regelbesuche** von 30–60 Minuten Dauer innerhalb eines Monats vor. Dieser Wert sollte durch verfahrenssichernde Anordnungen zumindest bei Angehörigen nur im Ausnahmefall eingeschränkt werden.

132 Die **Besuchserlaubnis** wird schriftlich vom Richter erteilt, sofern eine Anordnung nach § 119 I vorliegt. Sie enthält die Namen des Gefangenen und der Besucher (maximal drei gleichzeitig) sowie die genehmigte Besuchsdauer.

133 Ein kaum lösbares Problem bildet in der Praxis die **Besuchsüberwachung.** Bei der normalen „optischen" Besuchsüberwachung der Ländergesetze wird bestenfalls verhindert, dass gefährliche Gegenstände übergeben werden können. Auch bei der sog. „Einzelüberwachung" sitzt der betroffene Gefangene zwar mit seinem Besucher direkt vor dem Aufsichtsbeamten, doch befinden sich idR weitere Besuchsgruppen am selben Tisch; der Beamte hat kaum Gelegenheit, aber auch nicht die nötigen Verfahrenskenntnisse, um Einwirkungen und Absprachen zu verhindern. Bei echter Verdunkelungsgefahr sollte daher in einer verfahrenssichernden Anordnung geregelt werden, dass der Besuch von einer Person mit Verfahrenskenntnissen, zB dem Sachbearbeiter der Kriminalpolizei überwacht wird.

134 Der **Verteidiger** hat selbstverständlich während der Dienststunden ein uneingeschränktes und uneinschränkbares Recht auf unüberwachten Besuch. Andere Rechtsanwälte und Notare können den Gefangenen aufsuchen, um ihn betreffende Rechtsangelegenheiten zu regeln. Dieses Recht ist aber auch in einer verfahrenssichernden Anordnung einschränkbar.

135 *(2) Postzensur und Pakete.* Jede Sendung, gleich ob Postkarte, Brief oder Paket, die der Beschuldigte erhalten soll oder die von ihm stammt, durchläuft eine Kontrolle. Während aber der reine Schriftwechsel des Untersuchungsgefangenen prinzipiell der Menge nach nicht beschränkt ist, muss wegen des Aufwands bei der Durchsuchung von **Paketsendungen** eine Beschränkung stattfinden. Die Ländergesetze zum Untersuchungshaftvollzug sehen solche Beschränkungen nach der Zahl wie dem Inhalt der Sendungen vor, schließen aber Nahrungs- und Genussmittel als Inhalt der Pakete regelmäßig aus. Wäsche kann der Gefangene nach Bedarf erhalten; es kann aber stattdessen auch von der JVA angeordnet werden, dass die Reinigung der Wäsche nur durch sie vermittelt wird.

136 Abgehende Post steckt der Gefangene bei Vorhandensein einer Anordnung nach § 119 I 2 StPO unverschlossen in einen besonderen Umschlag, auf dem die für die Briefkontrolle zuständige Stelle (Haftgericht oder Staatsanwalt) vermerkt sind und verschließt den Umschlag. Eingehende Post wird von der Poststelle der JVA gesammelt und dem Richter in ähnlichen Umschlägen zugeleitet. Nach der **Briefzensur** verschließt der Richter die abgehenden Briefe und die Umschläge der eingehenden. Die abgehenden Briefe gibt die Geschäftsstelle in den Postauslauf; die eingehenden erhält die JVA zur Aushändigung an den Gefangenen. Insgesamt kann dieses Verfahren im ungünstigsten Fall bis zu 10 Werktage in Anspruch nehmen. Es ist im Einzelfall für den Richter durchaus angezeigt, Post selbst in den Briefkasten zu werfen, wenn er merkt, dass sie besonders eilbedürftig ist. Nicht der Überwachung unterliegt der **als solche gekennzeichnete oder erkennbare** Schriftwechsel mit dem Verteidiger und den in § 119 IV enumerativ aufgeführten Stellen.

Fremdsprachigen Briefverkehr müsste der Richter an sich übersetzen lassen. Es hat sich jedoch in der Praxis eingebürgert, fremdsprachige Briefe nur von einem Übersetzer auf Verdachtsmomente hin durchsehen zu lassen, sofern nicht ohnehin der Richter der Fremdsprache mächtig ist. 137

Von der bei einer verfahrenssichernden Anordnung gegebenen Möglichkeit des **Anhaltens von Briefen** bei Unverständlichkeit oder Beeinträchtigung des Verfahrens oder der Sicherheit und Ordnung in der Anstalt sollte der Richter mit viel Zurückhaltung Gebrauch machen. In erster Linie kommt eine Beschlagnahme des Briefes vor oder – im Hinblick auf den Verhältnismäßigkeitsgrundsatz – einer Kopie davon als Beweismittel (§§ 94, 98 StPO) in Betracht, wenn zB der nicht geständige Beschuldigte sich zu den Umständen der ihm angelasteten Tat äußert. Aus diesem Grund ist es für den die Briefzensur ausübenden Richter unerlässlich, zumindest durch einen Abdruck des Haftbefehls und des Eröffnungsprotokolls über das Ermittlungsverfahren informiert zu sein. 138

Abzuraten ist von einem Anhalten von Post wegen **beleidigender Äußerungen** gegenüber der JVA oder der Strafverfolgungsorgane. Jeder Untersuchungsgefangene befindet sich nicht nur in einer äußerlichen, sondern auch in einer seelischen Ausnahmesituation und bedarf eines Ventils für seine Gefühlsausbrüche, das er sich häufig in der Korrespondenz mit seinen Vertrauenspersonen sucht. IdR spielt auch eine zusätzliche Verurteilung wegen Beleidigung keine erhebliche Rolle mehr. 139

(3) Übergabe bzw. Einbringung von Gegenständen, § 119 I 3. Entscheidungen über die Zulässigkeit der Einbringung von Gegenständen 140

Computer: IdR normalerweise auch als batteriebetriebene nicht zuzulassen, vgl. *OLG Düsseldorf,* NJW 1989, 2637, *OLG Hamm,* JMBl NW 97, 197), anders aber eine Speicherschreibmaschine *OLG Hamm,* ZAP EN-Nr. 306/97). Wenn aber die Art des Schuldvorwurfs – zB eine umfangreiche Wirtschaftsstrafsache – eine Verteidigung ohne dieses Hilfsmittel wesentlich erschweren würde, ist eine Ausnahme zu machen (*OLG Stuttgart,* NStZ-RR 2003, 347; *LG Mannheim,* StraFo 2008, 469). 141

Fernsehempfang: Teilnahme am Gemeinschaftsfernsehen, soweit nicht nach § 119 I 4 StPO vom Richter untersagt, ist allgemein gebilligt. Der Einzelempfang in der Zelle mittels eines batteriebetriebenen Geräts wird regelmäßig zu gestatten sein (vgl. *Beck'scher Online-Kommentar StPO/Graf,* § 119 Rn. 36). 142

Kassettenrekorder: IdR nicht zuzulassen, vgl. *OLG Karlsruhe,* Rpfleger 1983, 83, anders ein reines Abspielgerät (*OLG Celle,* GA 85, 424). 143

Rundfunkgerät: Allgemein gestattet, wenn batteriebetrieben, auch mit UKW (*BGH,* NStZ 1985, 139). 144

Schreibmaschine: Bei einer mechanischen bestehen keine Bedenken (*BVerfG,* NJW 1973, 1363), auch bei einer elektronischen ist die Tendenz zur Gestattung unverkennbar (vgl. *BVerfG,* NStZ 1994, 604, für Speicherschreibmaschine vgl. oben Rn. 141). 145

Als **Argumente** bei der Ablehnung der Einbringung bestimmter Gegenstände hat die Rechtsprechung regelmäßig **akzeptiert:** 146

- Gefahr der Kontaktaufnahme durch Umbau zu Sendegeräten;
- Gefährdung des Anstaltspersonals;
- Gefahr des Einschmuggelns von Drogen und Waffen wegen der besonderen Beschaffenheit der Einbringungsgegenstände. **Nicht akzeptiert** sind dagegen die Argumente der
- Gefährdung der Anstaltsruhe;
- immer bestehenden Möglichkeit, mit Einbringungsgegenständen auch gefährliche Dinge einzuschmuggeln.

(4) Ausführung und Ausgang. Anders als bei der Strafhaft besteht bei der Untersuchungshaft nicht die begründete Annahme, dass der Beschuldigte nach einem unüberwachten **Ausgang** wieder in die Justizvollzugsanstalt zurückkehren wird. Ausgang und Urlaub scheiden demnach schon begrifflich aus. 147

Die **Ausführung** in Begleitung von mindestens zwei Angehörigen des Justizvollzugsdienstes ist dagegen nach den Ländergesetzen unter bestimmten Umständen und bei Kostenübernahme durch den Gefangenen möglich. 148

d) Haftbeschwerde und weitere Haftbeschwerde. *aa) Auslegung.* Gerade wegen der häufig eher undifferenzierten Äußerungen der Beschuldigten zur Haftfrage, aber auch wegen des gesetzlichen Vorrangs der Haftprüfung gegenüber der Haftbeschwerde nach § 117 III 1 StPO ist sehr genau zu prüfen, welchen der beiden Rechtsbehelfe der Beschuldigte ergreifen will. Da die Beschwerde gegenüber dem Haftprüfungsantrag weniger Voraussetzungen erfordert – der Haftbefehl muss nicht in Vollzug sein – und meist der Wunsch des Beschuldigten nach Überprüfung der Haftanordnung durch die nächste Instanz erkennbar wird, hat entgegen der Intention des Gesetzgebers in der Praxis die Beschwerde einen tatsächlichen **Vorrang.** Auch wenn der Beschuldigte nach durchgeführter Haftprüfung zum Ausdruck bringt, dass er mit dem Ergebnis nicht einverstanden ist, kann eine sachgerechte Auslegung nicht zu einem erneuten Haftprüfungsantrag, sondern nur zur Beschwerde führen. Ob eine Erstbeschwerde oder eine weitere Beschwerde nach § 310 StPO gemeint ist, beurteilt sich dann nur nach dem Ausgangspunkt: Hat zuletzt schon das Beschwerdegericht entschieden, so ist jetzt die weitere Beschwerde gemeint. 149

150 *bb) Zulässigkeit.* Statthaft ist die Haftbeschwerde nach § 304 StPO sowohl gegen den Haftbefehl als solchen wie auch gegen den Haftfortdauerbeschluss. Die Auslegung wird aber idR ergeben, dass sich die Beschwerde gegen die zuletzt ergangene Entscheidung des Haftgerichts wendet. Sie ist **ohne besondere Fristeinhaltung** schriftlich oder zu Protokoll beim Haftgericht einzulegen, § 306 I StPO. Auch für die weitere Beschwerde des § 310 StPO bestehen nicht die Einschränkungen, die in anderen Verfahrensordnungen bei der weiteren Beschwerde gemacht werden. Insbesondere ist das Gericht der weiteren Beschwerde nicht etwa reine Rechtsinstanz.

151 *cc) Verfahren und Entscheidungsmöglichkeiten.* Das Haftgericht entscheidet nur dann durch zu begründenden Beschluss nach Anhörung des Beschwerdegegners über die **Abhilfe,** wenn es die ursprüngliche Entscheidung ändert oder aufhebt. Bleibt das Haftgericht bei seiner Auffassung, so vermerkt es nur die Nichtabhilfe in den Akten. Bei der Strafkammer kann der Vorsitzende allein die Nichtabhilfe vermerken. Die Akten werden dann der Staatsanwaltschaft zugeleitet, die sie dem Beschwerdegericht vorlegt. Bei der weiteren Beschwerde müssen die Akten zunächst der Staatsanwaltschaft bei dem Oberlandesgericht zugeleitet werden, die sie dann dem Strafsenat vorlegt.

152 Die Gerichte der einfachen und der weiteren Beschwerde können, müssen jedoch nicht Termin zur **mündlichen Verhandlung** anberaumen; in der Praxis unterbleibt dies meist. Auf die Haftbeschwerde des Beschuldigten oder seines Verteidigers und auf die weitere Beschwerde hin stehen den Beschwerdegerichten dieselben Entscheidungsmöglichkeiten offen wie dem Haftgericht selbst. Es kann also

- die Beschwerde verworfen oder zurückgewiesen werden,
- der Haftbefehl aufgehoben oder außer Vollzug gesetzt werden oder
- die Anordnung getroffen werden, Zwischenermittlungen anzustellen.

153 e) **Haftprüfung durch das Oberlandesgericht.** Die §§ 121 f. StPO tragen dem Grundsatz der Verhältnismäßigkeit und dem Anspruch des Beschuldigten auf beschleunigte Aburteilung Rechnung. Sie erzeugen in der Praxis einen starken, wenn auch notwendigen Druck auf die Staatsanwaltschaften und Gerichte, Verfahren zügig zu beenden. Der Grund für den Druck ist zum Teil auch in dem Zeitaufwand zu suchen, den die Haftprüfung durch das OLG selbst in Anspruch nimmt.

aa) Voraussetzungen

154 • **Dauer der Untersuchungshaft.** Die Untersuchungshaft muss mindestens sechs Monate (für die Erstentscheidung) bzw. seit der letzten Haftprüfung durch das OLG drei Monate gedauert haben. Maßgeblich für den **Fristbeginn** ist die Inhaftnahme aufgrund Haftbefehls, d. h. die Anordnung durch den Richter gemäß § 128 II 2 StPO nach vorläufiger Festnahme oder die Ergreifung des Beschuldigten durch die Hilfsbeamten der Staatsanwaltschaft, sofern der Haftbefehl bereits besteht. Für die weitere Haftprüfung nach § 122 IV 2 StPO ist Fristbeginn das Datum des vorangehenden Beschlusses. Die Vorschriften der §§ 121 f. StPO gelten nicht für die einstweilige Unterbringung iSd § 126 a StPO. Wohl aber ist eine Unterbringungszeit nach § 126 a StPO dann in die Frist einzubeziehen, wenn der Unterbringungsbefehl durch einen Haftbefehl ersetzt wurde und sich die Untersuchungshaft direkt an die Unterbringung anschloss (str., vgl. *Meyer-Goßner,* § 121 StPO Rn. 6).

155 Mit dem Fristende tritt nicht etwa der Haftbefehl automatisch außer Kraft; die verspätete Vorlage als solche ist auch noch nicht hinreichender Grund zur Aufhebung des Haftbefehls (vgl. *Meyer-Goßner,* § 121 StPO Rn. 28).

- **Vorlageanordnung.** Das Haftgericht hat nach dem bloßen Gesetzeswortlaut des § 122 I StPO die Vorlage der Akten an das OLG sowohl dann anzuordnen, wenn es die Haftfortdauer selbst für geboten hält als auch dann, wenn nur die Staatsanwaltschaft die Vorlage beantragt. Da das Haftgericht in jeder Lage des Verfahrens aber die Haftfortdauer überprüfen muss, ist es ihm natürlich nicht verwehrt, anstelle der Vorlage die Aufhebung oder Außervollzugsetzung des Haftbefehls anzuordnen.
- **Erlöschen und Ruhen der Vorlagepflicht.** Ist ein auf Freiheits- oder Jugendstrafe lautendes Urteil ergangen, fällt die Vorlagepflicht weg. Auch während einer Hauptverhandlung bedarf es der Vorlage nicht; sie würde den Verfahrensfortgang massiv behindern. Da das Haftgericht und die Staatsanwaltschaft auf die Behandlung der Haftprüfung durch das OLG keinen Einfluss haben, ruht die Frist auch mit Eingang der Akten bei dem Oberlandesgericht, § 121 III StPO.

156 *bb) Verfahrensablauf.* Das Haftgericht **ordnet** auf Antrag der Staatsanwaltschaft die **Vorlage an** (§ 122 I StPO) und leitet die Akten der Staatsanwaltschaft zurück. Die Anordnung könnte auch ohne diesen Antrag oder gegen den Willen der Staatsanwaltschaft erfolgen, wegen § 120 III StPO jedoch erst nach Erhebung der öffentlichen Klage.

157 Nach Rückkehr der Akten fertigt der Staatsanwalt einen sog. **„Übersendungsbericht"**, aus welchem sowohl die äußeren Verfahrensdaten als auch die Gründe für die lange Verfahrensdauer hervorgehen. Der Bericht wird mit den Akten der Staatsanwaltschaft bei dem Oberlandesgericht übersandt. Diese fügt ihre Stellungnahme bei und legt die Akten dem zuständigen Strafsenat vor. Dieser hört den Beschuldigten und den Verteidiger an; wegen § 140 I Nr. 4 StPO sollte dem Beschuldigten seit Inhaftnahme ein Verteidiger bestellt worden sein. Von der in § 122 II 2 StPO vorgesehenen Möglichkeit, mündliche Verhandlung anzuberaumen, wird in der Praxis kaum Gebrauch gemacht.

cc) Entscheidung. Das Oberlandesgericht ordnet gem. § 121 II StPO die **Fortdauer der Untersuchungshaft** dann an, wenn dringender Tatverdacht, Haftgrund und Verhältnismäßigkeit noch bestehen. Im Rahmen der Verhältnismäßigkeitsprüfung muss das OLG auch prüfen, ob das bisherige Verfahren so zügig durchgeführt wurde, wie es bei einer Haftsache mit Blick auf die Schwere des Grundrechtseingriffs zu erwarten ist. Verzögerungen sind nur dann hinzunehmen, wenn sie aus einem im Gesetz bezeichneten Grund eintraten. § 121 I StPO nennt zwei Beispiele und eine Generalklausel: 158

- **besonderer Umfang der Ermittlungen:** zB gegeben bei der Notwendigkeit, mehrere ausländische Zeugen zu hören;
- **besondere Schwierigkeiten der Ermittlungen:** zB bei der Notwendigkeit, komplette Gutachten in Auftrag zu geben;
- **sonstiger wichtiger Grund:** Die Generalklausel ist eng auszulegen (*BVerfG,* NJW 1980, 1449). Ein wichtiger Grund liegt im Grundsatz immer dann vor, wenn der Verfahrensabschluss ohne „Verschulden" der Strafverfolgungsbehörden oder Gerichte bisher noch nicht möglich war. Das ist zB bei kurzfristiger Erkrankung des Sachbearbeiters oder einer überraschend auftretenden Überlastung der Fall, nicht aber, wenn deswegen der Behörde als solcher Organisationsverschulden anzulasten ist.

Die **Entscheidungsmöglichkeiten** entsprechen denjenigen bei der Haftprüfung durch das Haftgericht (vgl. Rn. 120 ff.). Ordnet das Oberlandesgericht Haftfortdauer an, wird idR auch gleichzeitig die weitere – zeitlich sich bis zur Folgehaftprüfung durch das OLG erstreckende – Haftprüfung dem nach § 126 StPO zuständigen Haftgericht zurückübertragen, § 122 III 3 StPO. 159

12. Körperliche Untersuchung

Die Anordnung von körperlichen Untersuchungen und Eingriffen im Strafverfahren wird nach § 81 a StPO – **Untersuchung des Beschuldigten** – vorwiegend notwendig zur Feststellung 160

- des Blutalkoholgehalts im Hinblick auf Fahrtüchtigkeit und Schuldfähigkeit;
- der Gehirnfunktionen im Hinblick auf Einsichts- und Steuerungsfähigkeit;
- ernster Erkrankungen im Hinblick auf Verhandlungs-, Reise- und Haftfähigkeit.

Anordnungen nach § 81 c StPO (**Untersuchung anderer Personen**) betreffen zumeist die Opfer von Gewaltstraftaten, an deren Körper Spuren und Tatfolgen gesichert werden müssen. Wie bei der Durchsuchung ist die Duldungspflicht Dritter gegenüber derjenigen der Beschuldigten geringer; demgemäß sind die zu stellenden Anforderungen an die Voraussetzungen bei der Untersuchung Dritter höher. Während die Untersuchung des Tatverdächtigen immer zur Feststellung für das Verfahren bedeutsamer Tatsachen angeordnet werden kann, kommt eine Untersuchung Dritter nur in Betracht, wenn sie zur Erforschung der Wahrheit notwendig ist. Das letzte mögliche Mittel muss sie allerdings nicht sein (vgl. *Meyer-Goßner,* § 81 c StPO Rn. 15). Im Hinblick darauf, dass der Dritte recht häufig der Geschädigte ist, spielt aber die Anordnung nach § 81 c StPO in der Praxis wegen des Vorhandenseins einer Einwilligung zur Untersuchung keine große Rolle. 161

Der Begriff „körperliche Untersuchung" enthält keine Beschränkung auf die rein medizinischen, biologischen oder chemischen **Körperfunktionen.** Zum Körper gehören auch die Gehirnfunktionen, so dass auch eine ambulante Untersuchung auf den Geisteszustand in den Bereich des § 81 a fällt. Die Vorschrift gestattet allerdings nur Anordnungen, die eine Duldungspflicht des Beschuldigten normieren: Seine aktive Mitwirkung an der eigenen Überführung kann dem Beschuldigten nicht auferlegt werden (vgl. *BGHSt* 34, 39, 46). So kann zwar Gegenstand der Anordnung die Duldung der Beobachtung, nicht aber die Teilnahme an Untersuchungen auf Merkfähigkeit und Gedächtnisleistung (*OLG Hamm,* NJW 1974, 713) oder die Teilnahme an Prüfungen (*BGH,* VRS 39, 184) sein. Aus dem gleichen Grund kann eine Ermittlungsperson den der Trunkenheitsfahrt Verdächtigen nicht zwingen, sich einem Alkotest zu unterziehen. 162

Der Grundsatz der **Verhältnismäßigkeit** gebietet es, die Eingriffe auf das absolut notwendige Minimum zu beschränken. Weiter sind an den Tatverdacht umso höhere Anforderungen zu stellen, je schwerwiegender der Eingriff ist. Die Eingriffsschwere darf auch nicht außer Verhältnis zur Schwere der dem Beschuldigten angelasteten Tat stehen. So sind die Hirnkammerluftfüllung oder die Entnahme von Gehirn- bzw. Rückenmarksflüssigkeit nur bei der Aufklärung schwerster Straftaten zulässig. Manche Eingriffe wie die Angiographie oder die Harnentnahme mittels Katheter sind wegen ihrer Gefährlichkeit oder Schmerzhaftigkeit grds. unzulässig (vgl. *Meyer-Goßner,* § 81 a StPO Rn. 21 f.). 163

Die ergangene Anordnung deckt die mit der Untersuchung zwingend einhergehenden **Beeinträchtigungen der persönlichen Freiheit** des Betroffenen, wie zB die Festhaltung zur Blutprobenentnahme. Durchgesetzt wird die Anordnung von der Staatsanwaltschaft, die auch die zwangsweise Vorführung des Beschuldigten zum Arzt anordnen kann. Eines richterlichen Vorführbefehls bedarf es nicht mehr (vgl. *Meyer-Goßner,* § 81 a StPO Rn. 28). Nach hM bedarf es auch für eine vorübergehende Unterbringung zur Beobachtung – maximal 4–5 Tage – lediglich einer entsprechenden Ausgestaltung der Anordnung, nicht eines Verfahrens nach § 81 StPO (vgl. *Meyer-Goßner,* 81 StPO Rn. 24). 164

13. Einstweilige Unterbringung zur Beobachtung

165 Während die meisten Anordnungen im Ermittlungsverfahren dem Ermittlungsrichter im Sinne des § 162 StPO obliegen, ist zum Erlass der Anordnung nach § 81 StPO **das für die Eröffnung des Hauptverfahrens zuständige Gericht** berufen, sofern eine Anklage noch nicht erhoben ist, § 81 III StPO. Es handelt sich bei der einstweiligen Unterbringung zur Beobachtung auch eher um einen vorweggenommenen Teil der Beweisaufnahme in der Hauptverhandlung als um eine typische Maßnahme des Ermittlungsverfahrens. Dies wird auch durch die obligatorische Anhörung eines Verteidigers deutlich. Ein analoges Verfahren sieht § 73 JGG zur Vorbereitung eines Gutachtens über den Entwicklungsstand eines straffälligen Jugendlichen vor.

166 Das Verfahren **beginnt** normalerweise mit einer ärztlichen Untersuchung auf den Geisteszustand nach § 81a StPO. Kommt der Sachverständige zu dem Ergebnis, dass eine abschließende Beurteilung ohne stationären Aufenthalt des Beschuldigten nicht möglich ist und beantragt die Staatsanwaltschaft die Anordnung nach § 81 StPO, so muss zunächst Folgendes geprüft werden:

- Reicht die gesetzliche **Höchstfrist** von sechs Wochen voraussichtlich zur abschließenden Klärung der Frage der Schuldfähigkeit?
- Liegt nach Aktenlage **dringender Tatverdacht** iSd § 112 StPO hinsichtlich der objektiven Tatbestände einer Straftat vor?
- Steht die jetzt anzuordnende Unterbringung zur Beobachtung nicht außer **Verhältnis** zu der für den Fall der Verurteilung zu erwartenden Strafe?

167 Werden die bezeichneten Fragen bejaht, ist zunächst der Verteidiger anzuhören; nötigenfalls ist gemäß § 140 I 6 StPO ein **Pflichtverteidiger** zu bestellen. Die Anhörung des Beschuldigten selbst ist nicht erforderlich. Nach Ablauf der Anhörungsfrist entscheidet das Gericht durch zu begründenden Beschluss (§§ 81 IV 1, 34 StPO). Die hiergegen zulässige sofortige Beschwerde hat ausnahmsweise aufschiebende Wirkung (§ 81 IV 2 StPO).

168 Gegenüber dem **Unterbringungsbefehl** des § 126a StPO bestehen folgende Unterschiede:

169 Der Unterbringungsbefehl setzt die Wahrscheinlichkeit voraus, dass es in der Hauptverhandlung zu einer Einweisung in ein psychiatrisches Krankenhaus oder eine Entziehungsanstalt kommen wird. Unterbringungsgrund nach § 126a StPO ist die fortbestehende Gefährlichkeit des Beschuldigten und erst in zweiter Linie die Klärung der Schuldfähigkeit. Außerdem wird der Unterbringungsbefehl vom Haftrichter erlassen, die Anordnung nach § 81 StPO jedoch von dem Gericht der Hauptsache. Bei Beschuldigten, gegen die Unterbringungsbefehl nach § 126a StPO ergangen ist, erübrigt sich jedoch das ganze Verfahren gemäß § 81 StPO, da der Zweck der einstweiligen Unterbringung zur Beobachtung – Klärung der Schuldfähigkeit – auch bei der Unterbringung nach § 126a StPO erfüllt wird (vgl. *Meyer-Goßner,* § 81 StPO Rn. 2).

14. Vernehmungen im Ermittlungsverfahren

170 Außerhalb der Hauptverhandlung und des Haftverfahrens kommen Vernehmungen vor allem in folgenden Fällen in Betracht:

- Zeugen- und Beschuldigtenvernehmung im Ermittlungsverfahren, §§ 162, 133, 168c StPO;
- Kommissarische Vernehmung von Zeugen und Sachverständigen nach §§ 223f. StPO;
- Vernehmung des **Angeklagten** (nicht Ange**schuldigten**) durch den ersuchten Richter nach § 233 StPO.

Die beiden letztgenannten Vernehmungen setzen die Eröffnung des Hauptverfahrens voraus und sind ein vorweggenommener Teil der Hauptverhandlung.

171 a) **Beschuldigtenvernehmung.** *aa) Voraussetzungen.* Die Vernehmung des Beschuldigten außerhalb eines Verfahrens über den Erlass oder die Prüfung eines Haftbefehls bedarf vor Erhebung der öffentlichen Klage eines **Antrags der Staatsanwaltschaft.** Lediglich bei Gefahr im Verzug kann der Richter gemäß § 165 StPO ohne Antrag des Staatsanwalts eine Vernehmung anordnen. Liegt andererseits ein Antrag vor, hat der Richter nur zu prüfen, ob die Vernehmung zulässig ist. Die Zweckmäßigkeit entzieht sich seiner Beurteilung; insbesondere darf der Richter nicht auf eine mögliche staatsanwaltschaftliche Vernehmung verweisen.

172 *bb) Vorbereitung.* Der Richter setzt einen Vernehmungstermin relativ kurzfristig an, da Ladungsfristen nicht einzuhalten sind (arg. § 168c V 3 StPO). Die vorgeschriebene Benachrichtigung der Beteiligten kann formlos geschehen; bei der Ladung des zu vernehmenden Beschuldigten bietet es sich an, sie sowohl förmlich zustellen als auch formlos zusenden zu lassen. Ausreichend wäre nach § 133 StPO auch eine formlos-schriftliche Ladung des Beschuldigten, doch beweist die formlose Zusendung nicht den Zugang der Ladung; dies wiederum ist neben der Androhung der Vorführung Voraussetzung für den Erlass eines Vorführungsbefehls.

173 *cc) Nichterscheinen.* Erscheint der Beschuldigte nicht, so muss zunächst festgestellt werden, ob er ordnungsgemäß geladen wurde. Auch die Zustellung der **Ladung** durch Niederlegung nach § 37 StPO, §§ 180f. ZPO ist ausreichend. Weiter muss geklärt werden, ob nicht eine ausreichende Entschuldigung

für das Nichterscheinen vorliegt. Bei demnach ordnungswidrigem Nichterscheinen wird neuer Vernehmungstermin bestimmt. Es kann die Vorführung des Beschuldigten mit Vorführungsbefehl zu diesem neuen Termin angeordnet werden, sofern der Beschuldigte in der Ladung auf die Möglichkeit der Vorführung hingewiesen wurde, §§ 133 II, 135 StPO.

dd) Vernehmung. Sie erfolgt im Beisein eines Protokollführers; davon kann bei Tonbandaufzeichnung 174
abgesehen werden, §§ 168 S. 2, 168 a StPO. Der Beschuldigte ist zunächst zur Person zu vernehmen und dann entsprechend § 136 StPO zu belehren. Macht er keine Angaben zur Sache, so wird nur diese Tatsache im Protokoll vermerkt. Macht er Angaben, sollte nicht nur eine Bezugnahme auf eine polizeiliche Vernehmungsniederschrift protokolliert werden, sondern zumindest der Kerngehalt der Aussage. Den Protokolltext formuliert der Richter entsprechend den Angaben des Beschuldigten. Es steht ihm frei, in der Wortwahl sich mehr dem Schriftdeutsch zu nähern; im Hinblick auf spätere Vorhalte empfiehlt sich aber eine möglichst wortgetreue Protokollierung. Werden Fragen gestellt, so empfiehlt es sich dringend, auch diese zu protokollieren und nicht nur zu vermerken: „Auf Frage: ...". Am Ende ist das Protokoll zur Genehmigung vorzulegen, § 168 a III 1 StPO. Verweigert der Beschuldigte die Unterschrift, so wird lediglich diese Tatsache in einem Vermerk festgehalten. War ein Vorführungsbefehl ergangen, so bedarf es keiner förmlichen Aufhebung desselben. Hinzuweisen ist besonders auf eine in der Praxis häufig nicht beachtete Vorschrift: Wird ein Tonbandprotokoll geführt, so müssen die Tonaufzeichnungen bis zum rechtskräftigen Abschluss des Verfahrens aufbewahrt werden, § 168 a II 4 StPO.

b) **Zeugenvernehmung.** *aa) Voraussetzungen und Vorbereitung.* Auch die Vernehmung eines Zeugen 175
bedarf vor Erhebung der öffentlichen Klage eines Antrags der Staatsanwaltschaft. Ausnahmsweise – aber nicht schon bei der Gefahr einer Verzögerung – kann bei einer Zeugenvernehmung die **Terminsnachricht** an den Beschuldigten ganz unterbleiben, wenn zB zu befürchten ist, dass er auf die Zeugen in unlauterer Weise einwirken wird, § 168 c V 2 StPO. Die Benachrichtigung des Verteidigers darf nicht aus Gründen, die nur in der Person des Beschuldigten liegen, unterlassen werden (*BGHSt* 29, 1). Erfährt er bei zulässiger Unterlassung der Benachrichtigung auf andere Weise von dem Termin, kann ihm die Anwesenheit nicht verwehrt werden (vgl. *Meyer-Goßner,* § 168 c StPO Rn. 5). Ein inhaftierter Beschuldigter hat nur einen eingeschränkten Anspruch auf Teilnahme bzw. Benachrichtigung, vgl. § 168 c IV StPO.

bb) Nichterscheinen. Erscheint der ordnungsgemäß geladene Zeuge ohne ausreichende Entschuldi- 176
gung nicht, so muss er in die durch sein Ausbleiben verursachten Kosten verurteilt werden, § 51 I 2 StPO. Auch eine **Verurteilung in ein Ordnungsgeld** (zwischen 5,– EUR und 1.000,– EUR, Art. 6 EGStGB), für den Fall der Nichteintreibbarkeit in Ordnungshaft (zwischen 1 Tag und 6 Wochen) muss dann erfolgen, wenn der Zeuge strafmündig und schuldfähig ist. Analog § 47 II OWiG kann davon allerdings in Fällen leichten Verschuldens abgesehen werden. Die Anordnung der Vorführung zu einem neuen Termin steht daneben im Ermessen des Richters.

cc) Vernehmung und Vereidigung. Der Zeuge wird zunächst gemäß § 57 StPO belehrt und dann zu 177
seinen Personalien gemäß § 68 StPO vernommen. In den Fällen des § 52 hat der Zeuge nach § 56 die Tatsachen, auf die sich sein Zeugnisverweigerungsrecht stützt, glaubhaft zu machen. Normalerweise ist eine **Glaubhaftmachung** zwar nicht nötig, doch kann es besonders bei Verlöbnissen Fallgestaltungen geben, die eingehendere Wahrheitsfindung angezeigt erscheinen lassen. Ergeben sich aus den Angaben zu den persönlichen Verhältnissen ausreichend Anhaltspunkte für ein Zeugnisverweigerungsrecht nach § 52 I StPO, so ist der Zeuge sowohl nach § 52 III StPO als auch nach § 55 II StPO zu belehren. Dagegen muss über die Zeugnisverweigerungsrechte der §§ 53 und 54 StPO nicht belehrt werden. Die Aussagegenehmigung im Sinne der §§ 61 ff. BBG, § 39 BRRG muss das Gericht beibringen, nicht etwa der Zeuge.

Für die Angaben des Zeugen **zur Sache** gilt sinngemäß das, was zur Aussage des Beschuldigten ausge- 178
führt wurde. Für Fragerechte sind die §§ 240 f. StPO maßgeblich. Eine Vereidigung erfolgt im Ermittlungsverfahren nur ganz ausnahmsweise, § 62 StPO. Der Grund für die Nichtvereidigung muss auch nicht im Protokoll erwähnt werden. Anders als der Beschuldigte hat der Zeuge Anspruch auf Entschädigung nach dem JVEG; der Richter hat eine entsprechende Bestätigung zu erteilen.

III. Gerichtliche Zustimmung zur Einstellung

Das Verfahren bei Zustimmung zur Einstellung nach §§ 153–153 b StPO ist wohl der einfachste An- 179
lass, bei dem ein Strafrichter mit einem Verfahren in Kontakt kommen kann. Die Einbindung des Gerichts in die Frage, ob die Verfolgung unterbleibt, hat zwei Gründe: Zum einen soll die Einstellung vom Gericht „mitverantwortet" werden, um zu verhindern, dass die Staatsanwaltschaft willkürlich mit dem Opportunitätsprinzip umgeht. Zum andern nimmt die Einstellung nach den bezeichneten Vorschriften dem Verletzten die Möglichkeit, das Klageerzwingungsverfahren zu betreiben. Um dennoch die Frage der strafrechtlichen Verantwortung einem unabhängigen Gericht zu unterbreiten, bedarf es dessen Zustimmung zur Einstellung.

180 Daraus resultiert, dass dem Richter hier eine gewisse **Kontrollstellung** gegenüber dem Staatsanwalt erwächst. Der Richter soll diese nicht bis an alle rechtlichen Grenzen ausnutzen, aber auch nicht aus dem Gesichtspunkt falsch verstandener Kollegialität blind den Vorstellungen der Staatsanwaltschaft folgen. Problematisch ist dabei, dass der Richter bei Ablehnung der staatsanwaltschaftlichen Bitte um Zustimmung zur Einstellung mit der Erhebung der öffentlichen Klage und der Notwendigkeit, Hauptverhandlungstermin anzusetzen, zu rechnen hat. Dies darf ihn aber nicht dazu bewegen, auch dann einer Einstellung zuzustimmen, wenn er nach dem Legalitätsprinzip die Erhebung der öffentlichen Klage für geboten hält.

1. Die einzelnen Fälle

181 a) **§ 153 StPO.** Eine Einstellung nach dieser Vorschrift **kann erfolgen,** wenn nach Ausermittlung des Sachverhalts:

- eine gewisse Wahrscheinlichkeit dafür besteht, dass der Beschuldigte tatsächlich die Straftat begangen hat; jedenfalls muss ein Freispruch eher unwahrscheinlich sein;
- diese Straftat gegenüber dem Durchschnitt vergleichbarer Straftaten nach derselben Vorschrift des StGB deutlich unterdurchschnittlichen Schuldgehalt aufweist. Es kann also nicht etwa die Argumentation Platz greifen, es liege ohnehin nur ein Vergehen vor, dessen Schuldgehalt gegenüber einem Verbrechen deutlich niedriger einzustufen ist;
- der Einstellung des Verfahrens weder general- noch spezialpräventive Gründe entgegenstehen.

182 Eine **Zustimmung ist aber nur dann erforderlich,** wenn es sich entweder:

- um ein Vergehen handelt, das eine **im Mindestmaß erhöhte Strafe** vorsieht (zB §§ 121, 130, 153, 176, 180b II, 181a, 221, 224, 244, 258a, 275 II, 276 II 284 II, 330, 330a, 332, 334, 340, 353, 356 StGB, nicht aber die „besonders schweren Fälle" zB nach § 243 StGB, da insoweit nur eine Strafzumessungsregel vorliegt) oder
- um eine Straftat, deren **Folgen nicht gering** sind. Bei Straftaten, die sich im weitesten Sinn gegen das Vermögen richten, wird die Grenze bei ca. 40,– EUR gesehen. Die Zustimmungspflicht bei allen Straftaten ist generell dann beseitigt, wenn deren Folgen gering sind. Davon ist bei Straftaten außerhalb der Vermögensdelikte auszugehen, wenn die Tatfolgen über eine kurze Beeinträchtigung des geschützten Rechtsguts nicht wesentlich hinausgehen.

183 b) **§ 153a StPO.** § 153a StPO ist in den meisten Vergehensfällen anwendbar. Es darf nur noch die Schwere der Schuld einer geplanten Einstellung nicht mehr entgegenstehen. Da hinsichtlich des Entfallens eines Zustimmungserfordernisses in § 153a I 6 auf § 153 I 2 StPO verwiesen wird, kann eine der Einstellung entgegenstehende Schwere der Schuld nicht schon schematisch dann angenommen werden, wenn für die Tat eine im Mindestmaß erhöhte Strafe angedroht ist. Es muss vielmehr eine **Gesamtwürdigung** stattfinden, in der abgewogen wird, ob das Straferkenntnis und die sich anschließende Eintragung der Bestrafung im Bundeszentralregister nötig sind, um der Schuld des Täters Rechnung zu tragen. Dafür spielen folgende Gesichtspunkte eine Rolle:

- angestrebter Erfolg und durch die Tat verursachter Schaden;
- Vorleben des Täters, ggfs. einschlägige Vorstrafen oder Verfahrensbeendigung auf gleiche Art innerhalb der letzten Zeit;
- Verhalten nach der Tat, insbesondere Schuldeinsicht, Schadenswiedergutmachung.

184 Anders als bei § 153 StPO muss die Tat ausermittelt sein; hinreichender Tatverdacht iSd § 203 StPO ist allerdings wohl nicht erforderlich (vg. *KK-StPO/Schoreit,* § 153a Rn. 10), wohl aber die Zustimmung des Beschuldigten.

185 c) **§ 153b StPO.** Die Vorschrift ist dann anwendbar, wenn nach den einschlägigen Bestimmungen des materiellen Rechts ein Absehen von Strafe, dh eine Verurteilung ohne Rechtsfolgenausspruch, möglich wäre. Hauptanwendungsfälle sind die §§ 60, 233 StGB, § 31 BtMG. Auch wenn nach § 199 StGB eine Straffreierklärung zu erwarten ist, kann nach § 153b StPO verfahren werden. Unbedeutend ist wegen § 31a BtMG die Kombination aus § 29 V BtMG mit § 153b StPO geworden.

186 § 153b StPO verlangt keinen hinreichenden Tatverdacht, da keinerlei weitere Belastung für den Beschuldigten eintritt. Es muss allerdings absehbar sein, dass in der Hauptverhandlung das Gericht auch von der Möglichkeit des Absehens von Strafe Gebrauch machen würde, sofern der Tatverdacht erhärtet würde. Die Zustimmung ist also zu versagen, wenn eine vorläufige Prüfung ergibt, dass Schuldspruch **und** Straferkenntnis erforderlich sind, um auf den Beschuldigten in ausreichender Weise einwirken zu können.

2. Form und Anfechtbarkeit der Erklärung

187 Die Zustimmung wie ihre Versagung sind Prozesserklärungen, die zu keiner der oben bezeichneten Entscheidungsformen zählen. Sie werden deshalb ohne die sonst übliche Überschrift „Verfügung" oder „Beschluss" mit den Worten „Der beabsichtigen Einstellung stimme ich (nicht) zu" in den Akten vermerkt.

Bei **Meinungsverschiedenheiten** zwischen Staatsanwaltschaft und Gericht über die Frage der Zustimmungsbedürftigkeit kann der Richter die Akten an die Staatsanwaltschaft ohne Zustimmung zurückgeben, wenn er der Auffassung ist, einer Zustimmung bedürfe es nicht. Aber auch bei Verweigerung der Zustimmung ist der Staatsanwalt nicht an seine ursprüngliche Rechtsmeinung, eine Zustimmung sei erforderlich, gebunden. Er kann auch nach einer Verweigerung der Zustimmung seine Meinung ändern und ohne Zustimmung einstellen (vgl. *Meyer-Goßner,* § 153 StPO Rn. 18). 188

Auch wenn der Richter zugestimmt hat, ist der Staatsanwalt an seine bisherige Rechtsauffassung **nicht gebunden,** kann also auch noch anklagen. 189

Wurde die Zustimmung vom Gericht **verweigert,** so kann dies weder seitens der Staatsanwaltschaft noch seitens des Beschuldigten mit der Beschwerde angegriffen werden, da lediglich eine Prozesserklärung, nicht aber eine der Anfechtung unterliegende Entscheidung gegeben ist. 190

IV. Entschädigung für Strafverfolgungsmaßnahmen

1. Isoliertes Verfahren

Das Verfahren über die Entschädigung für Strafverfolgungsmaßnahmen nach dem StrEG ist zweigeteilt: Zunächst entscheiden die Strafgerichte über den Anspruchsgrund (§§ 9, 10 StrEG), anschließend die Landesjustizverwaltung und die Zivilgerichte über die Anspruchshöhe (§§ 10ff. StrEG). Ohne ein vorgängiges Hauptverfahren fällt die gerichtliche Entscheidung über den Anspruchsgrund dann an, wenn die Staatsanwaltschaft das Ermittlungsverfahren nach Durchführung entschädigungspflichtiger Maßnahmen eingestellt hat. 191

Zuständig ist regelmäßig das **Amtsgericht am Sitz der Staatsanwaltschaft** (§ 9 I 1 StrEG), ausnahmsweise das Gericht, bei dem schon Anklage erhoben wurde bzw. das Oberlandesgericht in Verfahren der Bundesgerichtsbarkeit (§ 9 I 2 StrEG). Der Antrag ist der Staatsanwaltschaft zur Stellungnahme zuzuleiten; sie legt ihre Stellungnahme mit den Akten vor. 192

Verfahrensvoraussetzung ist ein Antrag des Beschuldigten, der folgende Voraussetzungen erfüllt: 193
- Form: schriftlich oder zu Protokoll des Urkundsbeamten der Geschäftsstelle;
- Frist: Zugang bei Gericht innerhalb eines Monats nach Zustellung der Einstellungsmitteilung mit Belehrung an den Beschuldigten. Maßgeblich ist der Eingang bei Gericht, nicht der bei der Staatsanwaltschaft. Wiedereinsetzung ist zulässig (§ 9 I 6 StrEG). Fehlt es an einer der Zulässigkeitsvoraussetzungen, so wird der Antrag durch zu begründenden (§ 34 StPO, § 5 II StrEG) Beschluss verworfen.

Der Tenor lautet: 194

Beispiel:

Der Antrag des X. X. auf Entschädigung für erlittene Strafverfolgungsmaßnahmen wird verworfen.

2. Grund des Entschädigungsanspruches

Es empfiehlt sich, die Begründetheit in folgender Reihenfolge zu prüfen: 195
- Liegt eine entschädigungspflichtige Maßnahme im Sinne des § 2 StrEG vor?
- Wurde das Verfahren nach § 170 II StPO **eingestellt** (§ 2 StrEG) oder gibt es ausnahmsweise Gründe, trotz einer Einstellung nach den §§ 153ff. StPO eine Entschädigung zu gewähren (§ 3 StrEG)?
- Fehlen **Ausschlussgründe** nach § 5 StrEG? Häufigster Ausschlussgrund ist der des § 5 II StrEG. Er liegt zB vor bei einem falschen Geständnis auch dann, wenn es später widerrufen wird.
- Fehlen **Versagensgründe** (§ 6 StrEG) oder gibt es Anlass, von vorhandenen Versagensgründen keinen Gebrauch zu machen? Hauptprüfungsmaßstab für das dem Gericht im Rahmen des § 6 StrEG eingeräumte Ermessen ist bei Ziff. 1 das Überwiegen der Verfolgungsveranlassung durch den Beschuldigten, bei Ziff. 2 die Frage, ob Schuldunfähigkeit oder Verfahrenshindernis von Anfang der Verfolgung an erkennbar waren.

Werden die bezeichneten Fragen bejaht, so ergeht ein Beschluss, der den Entschädigungsberechtigten und die entschädigungspflichtigen Maßnahmen sowie – falls die Entschädigungspflicht auf einen zeitlichen Bruchteil beschränkt ist – auch den entschädigungspflichtigen Zeitraum exakt bezeichnet, zB mit dem Tenor: 196

Beispiel:

Der Beschuldigte ist für die vom 1. 9. 2011 bis 17. 9. 2011 erlittene Polizei- und Untersuchungshaft (Entziehung der Fahrerlaubnis usw.) aus der Staatskasse zu entschädigen.

Andernfalls wird der Antrag des Beschuldigten zurückgewiesen.

3. Andere Entscheidungen über Entschädigung

Auch im Nichteröffnungsbeschluss oder im freisprechenden bzw. einstellenden Urteil ist über die Entschädigungspflicht zu entscheiden. Im Gegensatz zum Verfahren nach § 9 StrEG ergeht die Entscheidung nach § 8 StrEG **von Amts wegen** auch ohne Antrag, jedoch nach Anhörung der Beteiligten. Die 197

Entscheidung kann mit der Hauptsacheentscheidung verbunden werden, aber auch isoliert ergehen, § 8 I 2 StrEG. Letzteres kommt insbesondere dann in Betracht, wenn zwar die Hauptsache entscheidungsreif ist, wegen möglicher Ausschluss- oder Versagensgründe jedoch noch Ermittlungen hinsichtlich der Entschädigung erforderlich sind. Die Vorschrift erlaubt auch im Falle des schlichten Vergessens eine Nachholung der erforderlichen Entscheidung im Büroweg. Um einem solchen Fehler schon bei der Terminsvorbereitung vorzubeugen, empfiehlt sich die Aufnahme entschädigungspflichtiger Maßnahmen in den Vorbereitungsbogen (abgedruckt nach Rn. 314).

198 Da bei den hier behandelten Verfahren ein Antrag des Beschuldigten nicht zwingend erforderlich ist, kann der Tenor des Beschlusses nicht auf Antragszurückweisung lauten. Es bietet sich an, einen Ausspruch über die Entschädigungspflicht ganz wegzulassen, wenn schon die Voraussetzungen des § 2 StrEG fehlen, im Übrigen aber zu tenorieren:

Beispiel:

Entschädigung für die erlittene Untersuchungshaft ist ausgeschlossen (bzw. wird versagt).

V. Jugendrichterliches Erziehungsverfahren

1. Bedeutung des Verfahrens

199 Auch wenn es nur die Jugendrichter betrifft, soll das Erziehungs-, auch Ermahnungsverfahren genannt, hier kurz angesprochen werden, da es – im Gegensatz zum „normalen“ Erkenntnisverfahren – über den praktischen Ablauf nur wenig brauchbare Literatur gibt und die Bedeutung des Ermahnungsverfahrens angesichts deutlich nachlassender Verfolgungshärte wächst. Schließlich ist auch das Postulat des § 37 JGG, es sollten bevorzugt erzieherisch befähigte und in der Jugenderziehung erfahrene Richter in Jugendstrafsachen tätig sein, weitgehend theoretisch geworden.

200 Das Ermahnungsverfahren erlaubt es dem Richter, abseits der nüchternen Strenge des Sitzungssaals und der damit fast zwangsläufig verbundenen steifen oder gar formalen Haltung auf den straffälligen Jugendlichen einzuwirken. Im Ermahnungsverfahren entsteht eine Erziehungssituation, die der dem Jugendlichen aus dem häuslichen Bereich her bekannten mehr ähnelt als einem echten Gerichtsverfahren. Der Jugendliche ist regelmäßig unbefangener, aufgeschlossener und eher bereit, über persönliche Schwierigkeiten zu berichten. Andererseits entbehrt der Richter der Entrücktheit, die gewöhnlich schon die Architektur des Gerichtssaals, aber auch die Robe und die Präsenz von Staatsanwalt, Jugendgerichtshelfer und Protokollführer in der Sitzung vermitteln. Der Jugendrichter ist im Ermahnungstermin viel stärker menschlich gefordert als in der Hauptverhandlung.

2. Voraussetzungen und Vorbereitung

201 Dem Verfahren unterliegen neben den Jugendlichen die Heranwachsenden insoweit, als auf sie materielles Jugendstrafrecht anzuwenden ist, §§ 45, 109 II JGG. Verfahrensvoraussetzung ist eine **Anregung** des Staatsanwalts, das Verfahren durchzuführen, § 45 III 1 JGG. Es handelt sich deswegen nicht um einen echten Antrag, weil der Jugendrichter nicht verpflichtet ist, dem Wunsch der Staatsanwaltschaft zu entsprechen. Er kann vielmehr auch die Akten unerledigt zurückgeben, ohne dass deshalb ein Beschwerderecht der Staatsanwaltschaft bestünde.

202 Das Erziehungsverfahren setzt ein **Geständnis des Beschuldigten** voraus: Nur bei dem geständigen Beschuldigten wird das Ausmaß von Schuldeinsicht erwartet, das erforderlich ist, um auf die Einwirkung durch die Hauptverhandlung verzichten zu können. Nicht notwendig muss ein umfassendes Geständnis vorliegen: Menschlicher Natur entspricht es, wenn für das eigene Handeln Beschönigungen und Entschuldigungen gefunden werden. Erforderlich ist weiter die Prozesserklärung des Jugendstaatsanwalts, dass er zwar die Ermahnung, nicht aber die Erhebung der öffentlichen Klage für geboten halte. Das Ermahnungsverfahren ist auch ungeeignet zur Ahndung von Straftaten eines Serientäters. Aus den Akten, insbesondere dem Auszug aus der Erziehungskartei, muss sich also ergeben, dass es sich um einen bislang unvorbelasteten, grundsätzlich gutartigen Jugendlichen bzw. Heranwachsenden handelt.

203 Das Ermahnungsverfahren findet meist in einem **„Zimmertermin“** mit persönlicher Präsenz der Beteiligten statt. Ausnahmsweise kann aber die Ermahnung auch schriftlich erteilt werden, wenn zB der Beschuldigte weit entfernt wohnt; solche Fälle sind allerdings wegen des Vorrangs der Wohnortzuständigkeit im Jugendverfahren selten. Die Ermahnung wird in diesem Fall ohne weitere Anhörung des Beschuldigten in einem formlosen Schreiben, das auch die für erforderlich gehaltenen Weisungen und Auflagen nennt, ausgesprochen.

204 Zum Termin wird der Beschuldigte – bei Jugendlichen auch die Erziehungsberechtigten – zweckmäßigerweise mit Postzustellungsurkunde **geladen.**

3. Praktische Durchführung des Termins

205 Der Ermahnungstermin findet regelmäßig außerhalb des Sitzungssaals im Dienstzimmer des Richters oder einem besonderen Besprechungszimmer statt. Es bedarf nicht der Anwesenheit eines Protokollfüh-

rers, da keine „Hauptverhandlung" iSd § 273 StPO stattfindet. Über den Ermahnungstermin wird eine eher summarische Niederschrift vom Richter selbst aufgenommen.

Dieser stellt zunächst die Präsenz des Beschuldigten und der übrigen Beteiligten (Erziehungsberechtigte und ggfs. Erziehungsbeistand) fest und erhebt die Personalien des Beschuldigten. Dann belehrt er ihn nach § 136 StPO und fragt ihn, ob er aussagebereit ist. Erklärt sich der Beschuldigte nicht aussagebereit, so wird das Verfahren an dieser Stelle abgebrochen; die Akten sind der Staatsanwaltschaft zur Erhebung der öffentlichen Klage zuzuleiten. Gleiches gilt, wenn der Beschuldigte die ihm zur Last gelegte Tat abstreitet. Wenn der Beschuldigte die ihm von der Staatsanwaltschaft zur Last gelegte Tat im Sinne der vorstehenden Ausführungen einräumt, muss zunächst der Richter aufzuklären versuchen, ob sich aus der Haltung des Beschuldigten das Bedürfnis ergibt, ein Hauptverfahren durchzuführen, zB weil nachhaltige Erziehungsmängel vorliegen. Auch dies wäre nämlich ein Grund, das Ermahnungsverfahren abzubrechen und in den normalen Verfahrenslauf einzutreten. 206

Im Regelfall kann man wohl feststellen, dass die gesetzlichen **Voraussetzungen** für eine Ermahnung vorliegen. Diese ergeht formlos dadurch, dass der Richter dem Beschuldigten zunächst eindringlich die Strafbarkeit und Strafwürdigkeit der Handlung vor Augen hält. Er sollte ihm dabei auch erklären, warum die Rechtsgemeinschaft ein derartiges Verhalten nicht dulden kann. Zu warnen ist allerdings davor, auf die Wirkung der Ermahnung zu viel zu setzen und es bei der bloßen Ermahnung zu belassen. Gerade jugendliche Straftäter verfügen häufig über ein ausgeprägtes Gerechtigkeitsgefühl und können es selbst nicht verstehen, wenn die alleinige Folge der Straftat eine mehr oder minder freundliche Belehrung sein soll. Sie verlangen selbst nach einem gewissen Schuldausgleich, der es ihnen ermöglicht, das einzelnen oder der Gesellschaft insgesamt angetane Unrecht „auszugleichen". Es ist auch darauf zu achten, dass stets die notwendige strafrechtliche Sanktion zur zivilrechtlichen Schadenswiedergutmachung hinzutritt, da sonst der Eindruck entstehen könnte, mit Bezahlung der Schadensersatzansprüche sei der Rechtsverstoß ausgeglichen. 207

Auch sollte durch **Erteilung von Weisungen oder Auflagen** an den Beschuldigten versucht werden, die Missbilligung seines Verhaltens seitens der Gemeinschaft deutlich zu machen; die Ermahnung als solche erreicht den Zweck nur in echten Ausnahmefällen. An den Vorschlag des Staatsanwalts hinsichtlich der Weisungen und Auflagen ist der Jugendrichter in keiner Weise gebunden. Er kann sogar solche Weisungen und Auflagen auswählen, die der Staatsanwalt ausdrücklich ablehnt (hM, vgl. die Nachweise bei *Eisenberg*, JGG, § 45 JGG, Rn. 29). Von den in **§ 10 I 3 JGG genannten Weisungen** kommen in Betracht: 208

- die Erbringung von **Arbeitsleistungen** nach Nr. 4:
  Diese Weisung bezweckt, den Beschuldigten an eine geregelte Tätigkeit heranzuführen und wäre eigentlich nur mit diesem Ziel zulässig. Sie kann jedoch ebenso als Auflage nach § 15 I Nr. 3 JGG ergehen und hat dann den Charakter einer Sühne für die begangene Tat; dieses Ziel steht auch meist im Vordergrund. Unabhängig davon ist darauf zu achten, dass die zugewiesene Arbeit auch sinnvoll sein sollte. Daran hängt ein Großteil des mit der Maßnahme bezweckten Erziehungserfolges. Es erscheint dringend erforderlich, dass zumindest einer der Richter des jeweiligen Amtsgerichts sich persönlich einen Eindruck von der Arbeitsstelle und den Rahmenbedingungen der zugewiesenen Arbeiten gemacht hat. Dort, wo ein Verein die Organisation der Arbeitsleistungen übernimmt (die „Brücke" oÄ), sollte ohnehin ein Bericht über die konkret ins Auge gefasste Arbeitsstelle vorliegen. Man sollte sich auch keinen falschen Vorstellungen darüber hingeben, wie erzieherisch wirkungsvoll eine solche Arbeit sein kann. Natürlich kann der Verkehrsrowdy, der in einem Unfallkrankenhaus arbeiten soll, dort nicht im Operationssaal beschäftigt werden; er wird mit großer Wahrscheinlichkeit den Rasen mähen oder Wäschekörbe ausleeren.
- sich um einen **Ausgleich mit dem Opfer** der Straftat zu bemühen nach Nr. 7:
  Der sog. Täter-Opfer-Ausgleich hat nur Sinn bei Straftaten gegen höchstpersönliche Rechtsgüter wie Ehre oder Gesundheit. Er soll bei dem Beschuldigten Verständnis für die Situation und Beeinträchtigung des Opfers wecken und auf diese Weise der Begehung weiterer Straftaten vorbeugen. Es besteht bei dieser Weisung – wie leider sehr häufig im Jugendstrafrecht – die Gefahr, dass der Beschuldigte in eine formal angepasste Haltung getrieben wird, der eine innere Umkehr nicht zwingend folgt.
- **an einem Verkehrsunterricht nach Nr. 9 teilzunehmen:**
  Die häufig als Ahndung kleinerer Verkehrsstraftaten verhängte Weisung soll den Beschuldigten mit den Gefahren des Straßenverkehrs vertraut machen. Ihre Wirkung ist stark von der Ausgestaltung des Verkehrsunterrichts bei der jeweiligen Polizeibehörde abhängig. Dem Richter ist auch bei dieser Weisung zu empfehlen, einen Verkehrsunterricht selbst zu besuchen, um sich über die Effektivität ein eigenes Bild zu machen. Gewarnt sei insbesondere vor der Auffassung, die Anordnung des Besuchs mehrerer Unterrichtsveranstaltungen sei bei schweren Verfehlungen die erzieherisch sinnvolle Ahndung. Es kann nämlich sein, dass der Beschuldigte dann nur dasselbe „Programm" mehrfach hört.

Im Gegensatz zu den Weisungen verfolgen die Auflagen den Zweck eines Unrechtshinweises, haben also iwS Strafcharakter. Im **Verfahren nach § 45 JGG** kommen folgende Auflagen aus dem Katalog des § 15 Abs. 1 JGG näher in Betracht: 209

- die **Arbeitsauflage** nach **Nr. 3**, vgl. hierzu die vorigen Ausführungen zur inhaltsgleichen Arbeitsweisung und
- die **Geldbußenauflage** nach **Nr. 4:** Dem Beschuldigten wird auferlegt, einen bestimmten Geldbetrag an die Staatskasse oder eine gemeinnützige Organisation – ggfs. in Raten – zu bezahlen. Die Erfahrung zeigt, dass es dem Beschuldigten weitgehend gleichgültig ist, an wen er zahlt. Ein besonderer erzieherischer Zweck lässt sich also mit der Zuweisung der Geldbuße an eine bestimmte Organisation regelmäßig nicht verbinden. Die Geldbuße sollte grundsätzlich nur dann gewählt werden, wenn der Beschuldigte über eigenes Einkommen verfügt. Das ist aber auch zB bei einem Schüler der Fall, wenn er auf diese Weise zu einer die Kräfte nicht überstrapazierenden Ferienarbeit angehalten wird.

Für die weiter **gem. § 15 I JGG** möglichen Auflagen.

- nach Kräften den durch die Tat verursachten Schaden **wiedergutzumachen** und
- sich beim Verletzten persönlich zu **entschuldigen**

sprechen im Verfahren nach § 45 JGG weniger Gründe. Die erste Auflage durchbricht den Grundsatz, dass die zivilrechtliche Wiedergutmachungspflicht selbstständig neben die Ahndung tritt, die zweite verleitet zu formal angepasstem Verhalten.

210 Wesentliches Anliegen des Richters muss es im Ermahnungstermin sein, dem Beschuldigten den **Zusammenhang** zwischen der Straftat und der Notwendigkeit einer Ahndung nahe zu bringen. Dem Beschuldigten muss klar werden, dass er die ihm u. U. schmerzlich erscheinenden Einschränkungen seiner Lebensführung nicht dem Willen des Richters, sondern seinem eigenen gesellschaftlich missbilligten Fehlverhalten zuzuschreiben hat. Mitunter gibt die Frage an den Jugendlichen, welche Sanktion er nun selbst erwartet, guten Aufschluss darüber, wie er seine Straftat im Verhältnis zur möglichen Ahndung einstuft. Erforderlich ist jedenfalls zum Abschluss des Ermahnungstermins die Erklärung seines Willens, den Auflagen bzw. Weisungen nachzukommen.

4. Nachbehandlung

211 Nach dem Termin wird die von der Geldbußenauflage begünstigte Organisation oder die Arbeitsstelle seitens der Geschäftsstelle in Kenntnis gesetzt. Von sich aus sollte die Geschäftsstelle die Einhaltung überwachen; es empfiehlt sich jedoch für den Richter, durch gezielte Wiedervorlageverfügungen selbst die Erfüllung der Weisungen und Auflagen zu kontrollieren. Ein **Schlussgespräch** mit dem Beschuldigten ist im Gesetz nicht zwingend vorgeschrieben, wird jedoch in Einzelfällen sinnvoll sein. Das gilt insbesondere dann, wenn es sich um einen in höherem Maße gefährdeten, insgesamt eher labilen Jugendlichen handelt.

212 Sind die Auflagen bzw. Weisungen **erfüllt,** werden die Akten an die Staatsanwaltschaft zur endgültigen Einstellung, im Falle der Nichterfüllung zur Anklageerhebung geschickt.

VI. Verfahren nach Erhebung der öffentlichen Klage

1. Das Verfahren bei Strafbefehlen

213 Das Strafbefehlsverfahren dient mehreren **Zielen:** Zum einen soll die Hauptverhandlung von Verfahren entlastet werden, die nicht zwingend in einer mündlichen Verhandlung erledigt werden müssen. Zum andern gibt es Situationen, in welchen man es dem Beschuldigten ermöglichen will, die Bloßstellung zu vermeiden, welche nahezu unvermeidliche Folge einer öffentlichen Verhandlung ist. Schließlich lassen sich einige Verfahren gar nicht anders abschließen als durch die Zustellung eines Strafbefehls, so insbesondere die Fallgestaltungen des § 127 a StPO.

214 Auch der Gesichtspunkt der **Beschleunigung des Verfahrens** spielt eine Rolle, da beim Strafbefehlsverfahren kein Eröffnungsverfahren stattfindet. Der Erlass eines Strafbefehls verkürzt aber die vom Richter aufzuwendende Arbeitszeit gegenüber dem Anklageverfahren nur dann erheblich, wenn es bei einem Verfahren im Büroweg bleibt. Kommt es zum Einspruch, so vergrößert sich sogar der Arbeitsaufwand des Amtsrichters dadurch, dass er zweimal zu einer gründlichen Durcharbeitung veranlasst ist, nämlich bei Erlass des Strafbefehls und vor der Hauptverhandlung.

215 a) **Antragsvoraussetzungen.** Ein Strafbefehlsantrag **verbietet** sich aus Rechtsgründen immer dann, wenn

- der **hinreichende Tatverdacht** fehlt;
- die in § 407 II StPO genannten **Sanktionen** nicht ausreichen;
- hinreichender Tatverdacht wegen eines **Verbrechens** besteht.

216 Über die genannten Fallgestaltungen hinaus ist ein Strafbefehlsantrag dann **wenig sinnvoll,** wenn

- der Angeschuldigte **unbekannten Aufenthalts** ist oder
- die **Sachaufklärung,** was den Rechtsfolgenbereich betrifft, **nicht ausreicht** oder
- aus zwingenden general- oder spezialpräventiven Gründen die **Durchführung einer Hauptverhandlung unerlässlich** erscheint (vgl. Nr. 175 RiStBV). Nach Nr. 175 III 2 RiStBV ist es für den Staatsanwalt kein ernstes Hindernis bei der Beantragung eines Strafbefehls, wenn mit einem Einspruch des

Angeschuldigten zu rechnen ist. Für den Richter werden allerdings in diesen Fällen häufig Bedenken im Sinne des § 408 III 1 StPO bestehen, ohne Hauptverhandlung zu entscheiden, weil es notwendig ist, sich ein persönliches Bild vom Angeschuldigten zu machen.

b) **Inhalt des Antrags.** Der Amtsrichter prüft zunächst, ob die nachfolgend genannten, zwingend not- 217
wendigen Bestandteile des Strafbefehlsantrags vorliegen. Fehlt einer der nach § 409 StPO erforderlichen Bestandteile, so muss der Antrag zunächst zur Korrektur der Staatsanwaltschaft **zurückgeleitet** werden. Weigert sich die Staatsanwaltschaft, den Antrag zu ändern, so muss der Antrag auf Erlass eines Strafbefehls nach § 408 II 1 StPO wegen Vorliegen eines Prozesshindernisses durch zu begründenden Beschluss abgelehnt werden (vgl. *BGH,* JZ 1987, 316). Vom Katalog der Erfordernisse nach § 409 I StPO erscheinen folgende Punkte besonders hervorhebenswert:

aa) Sachverhalt der historischen Tat. Das **Tatgeschehen** muss im Sachverhalt des Tatbestands so ge- 218
nau bezeichnet werden, dass

- Tatort und Tatzeit die Abgrenzung der hier geschilderten Tat gegenüber anderen Taten – vor allem im Hinblick auf die Rechtskraftwirkung – ermöglichen;
- der Sachverhalt die Subsumtion unter einen – in dieser Beziehung noch beliebigen – Straftatbestand in objektiver und subjektiver Hinsicht erlaubt;
- die tatsächliche Grundlage für die tragenden objektiven Strafzumessungsgründe enthalten ist (zB der Wert der gestohlenen Sache, Dauer des unbefugten Aufenthalts).

bb) Gesetzliche Tatbestandsmerkmale. Gemeint sind die Tatbestandsmerkmale nach dem StGB oder 219
anderen materiellen Strafgesetzen, wobei sich die Angabe regelmäßig auf die im konkreten Fall anzuwendende Alternative beschränkt. Regelbeispielsmerkmale sind bei der Bezeichnung der gesetzlichen Tatbestandsmerkmale nicht anzugeben, da sie ausschließlich den Bereich der Strafzumessung betreffen. Bei der Sachverhaltsschilderung dagegen sind auch die Tatsachen zu erwähnen, die das Regelbeispielsmerkmal ausfüllen. Zu den gesetzlichen Tatbestandsmerkmalen gehört allerdings auch die Umschreibung der Konkurrenzverhältnisse (zB „... und durch dieselbe Handlung ...“ oder „... und durch eine weitere selbständige Handlung ...“).

cc) Angewendete Vorschriften. Auch insoweit ist jeweils (nur) die zutreffende Alternative anzugeben; 220
im Gegensatz zur Bezeichnung der gesetzlichen Tatbestandsmerkmale bedarf es hier jedoch im Hinblick auf § 265 II StPO auch der Angabe der Vorschriften, welche **unbenannte Strafschärfungsgründe** enthalten. Ihr Fehlen bewirkt aber nur eine Hinweispflicht in einer etwaigen Hauptverhandlung und betrifft nicht den Bereich der Prozessvoraussetzungen. Aus den gleichen Gründen sind an dieser Stelle auch die Vorschriften über Maßregeln der Sicherung und Besserung aufzunehmen, insbesondere also die §§ 69, 69 a StPO.

Da der rechtskräftige Strafbefehl einem Urteil gleichsteht, ist an dieser Stelle die in § 409 I 4 StPO 221
nicht erwähnte **gesetzliche Bezeichnung** der Straftat anzugeben (vgl. § 260 IV 1 StPO). Hierbei ist besonders darauf zu achten, dass nicht eine dem Gesetz fremde Bezeichnung, zB „Unfallflucht“ statt „Unerlaubtes Entfernen vom Unfallort“ gewählt wurde. Notfalls muss auf eine Antragsberichtigung durch den Staatsanwalt hingewirkt werden.

dd) Angabe der Beweismittel. Anders als in der Anklageschrift kann hier die Angabe „Eigene Einlas- 222
sung“ erfolgen. Im Übrigen müssen die Beweismittel so bezeichnet werden wie in einer Anklageschrift, wenn auch hinsichtlich der Anschrift Bezugnahmen durch die Seitenangabe zulässig und üblich sind. Erkennt der Richter, dass wesentliche Beweismittel hier nicht genannt sind, so empfiehlt es sich, schon jetzt einen Hinweiszettel im Akt anzubringen, auf dem die Notwendigkeit der Herbeischaffung weiterer Beweismittel zur Hauptverhandlung vermerkt wird.

c) **Meinungsverschiedenheiten.** Richter und Staatsanwalt beurteilen wohl die meisten Sachverhalte 223
weitgehend gleichartig. Die unterschiedliche Interessensituation lässt aber doch in einer so beachtlichen Zahl der Fälle unterschiedliche Meinungen entstehen, dass die Handhabung des Strafbefehlsverfahrens bei Meinungsunterschieden institutionalisiert sein muss. Während nämlich der Staatsanwalt in erster Linie die Erledigung des Ermittlungsverfahrens im Auge hat, muss den Richter darüber hinaus interessieren, wie sich das Strafverfahren als solches entwickeln wird. Eine Erledigung durch Strafbefehl ist nur so lange sinnvoll und wirtschaftlich, als ein Einspruch nicht zu erwarten ist, da das Zwischenverfahren der §§ 199 ff. StPO wesentlich mehr auf eine sachgerechte Vorbereitung des Hauptverfahrens zugeschnitten ist als § 411 StPO. Die Behebung von Meinungsverschiedenheiten zwischen Staatsanwaltschaft und Gericht ist abhängig von ihren Ursachen:

Bei jeder Art von Meinungsverschiedenheiten soll der Richter zunächst versuchen, mit dem Staats- 224
anwalt eine **einvernehmliche Lösung** zu suchen, vgl. auch Nr. 178 I RiStBV. Dies kann dazu führen, dass der Staatsanwalt weitere Ermittlungen durchführt, seinen Antrag ändert oder gar zurücknimmt. Erst wenn nach einem Verständigungsversuch die Meinungsverschiedenheiten bestehen bleiben, müssen die hier nachfolgend beschriebenen prozessualen Schritte ergriffen werden.

aa) Zurückweisungsgründe. Die Unterzeichnung des Strafbefehls durch den Amtsrichter ersetzt die 225
Eröffnung des Hauptverfahrens, vgl. §§ 408 II, 204 StPO. Es muss daher auch im Strafbefehlsverfahren

dem Sinn des Eröffnungsverfahrens Rechnung getragen werden, Fälle herauszufiltern, in denen mangels ausreichenden Verdachts kein genügender Anlass besteht, den Beschuldigten einer Hauptverhandlung auszusetzen.

- **Tatverdacht.** Der Strafbefehlserlass setzt – wie die Eröffnung des Hauptverfahrens – das Vorhandensein **hinreichenden Tatverdachts** voraus, § 408 II 1 StPO. Wegen der Einstufung des hinreichenden Tatverdachts in die Verdachtsgrade der StPO vgl. o. Rn. 8.
  Fehlt der hinreichende Tatverdacht, so muss zunächst der Richter prüfen, inwieweit er entsprechend § 202 StPO durch die Anordnung von Beweiserhebungen seinem Amtsermittlungsgrundsatz genügen und die erforderlichen Beweise gewinnen kann. Nur wenn sich keine Ansatzpunkte für weitere Beweiserhebungen ergeben, kann der Amtsrichter gemäß § 408 II 1 StPO den Strafbefehlserlass ablehnen. Der Beschluss ist zu begründen, da er der Ablehnung der Eröffnung gleichsteht, diese aber mit der sofortigen Beschwerde angefochten werden kann, §§ 408 II 2, 204 I, 210 II, 34 StPO.
  Wird die **Eröffnung abgelehnt,** kann die Staatsanwaltschaft innerhalb von zwei Wochen nach Zustellung durch Aktenvorlage gem. § 41 StPO sofortige Beschwerde einlegen, §§ 408 II, 210 II, 311 StPO. Der Amtsrichter nimmt von dieser lediglich Kenntnis; gemäß § 311 III 1 StPO hat er keine Abhilfemöglichkeit. Er leitet die Akten wieder der Staatsanwaltschaft zu, die sie der Strafkammer vorzulegen hat. Diese wiederum kann, sofern die sofortige Beschwerde begründet ist, nur den Beschluss des Amtsrichters aufheben. Sie kann den Strafbefehl nicht erlassen, da dies allein Sache des Amtsgerichts ist. Sie kann aber auch nicht das Hauptverfahren eröffnen und die Terminsanberaumung anordnen, da der Amtsrichter jetzt wieder befugt ist, den Strafbefehl zu erlassen.
- **Prozessvoraussetzungen.** Das Fehlen von Prozessvoraussetzungen oder das Vorliegen von Prozesshindernissen steht dem Fehlen des hinreichenden Tatverdachts von der Wirkung her gleich: Sie führen zur Zurückweisung des Strafbefehlsantrags nach § 408 II 1 StPO. Die in der Praxis wichtigsten Prozesshindernisse bzw. -voraussetzungen sind:
  - Strafantrag, §§ 77 ff. StGB; zu beachten ist, dass in den Fällen der Körperverletzung und Sachbeschädigung sowie bei Eigentums- und Vermögensdelikten, welche sich auf geringwertige Gegenstände beziehen, die Annahme des **besonderen öffentlichen Interesses** seitens der Staatsanwaltschaft den Strafantrag entbehrlich macht. Die Annahme des besonderen öffentlichen Interesses wird regelmäßig schon durch die bloße Anklageerhebung dokumentiert; es bedarf keiner gesonderten Hervorhebung.
  - Verfolgungsverjährung, §§ 78 ff. StGB; besonderes Augenmerk ist hierbei auf die Unterbrechungsmöglichkeiten nach § 78 c I StGB – insbesondere dessen Nummer 1 – zu richten.
  - entgegenstehende Rechtskraft: Sie ist vor allem dann problematisch, wenn die jetzt zur Aburteilung anstehende Tat Teil einer bereits früher abgeurteilten Bewertungseinheit war. Hinweise auf derartige Vorverurteilungen geben nicht nur die Auszüge aus dem Bundeszentralregister, sondern auch Vermerke eingangs der Beschuldigtenvernehmung am Ende der Angaben zur Person. Akten von Strafverfahren, die auch nur annähernd denselben Zeitraum wie denjenigen der verfahrensgegenständlichen Tat betreffen, sind stets vor Erlass des Strafbefehls beizuziehen.

226 Weniger Bedeutung in der Praxis haben Exterritorialität (§§ 19 f. GVG), Strafmündigkeit (§ 19 StGB), Rechtshängigkeit und Amnestie.

227 *bb) Anberaumung eines Hauptverhandlungstermins.* Da der Strafbefehl sowohl den Eröffnungsbeschluss als auch das Urteil ersetzen kann, muss § 408 III StPO Vorsorge für die Fälle treffen, in denen zwar beim Anklageverfahren ein Eröffnungsbeschluss ergehen würde, das Urteil aber einen anderen Inhalt hätte als der Strafbefehl.

- **Rechtliche Würdigung.** Meinungsverschiedenheiten über die rechtliche Würdigung haben deswegen so große Bedeutung, weil
  - der Strafbefehl, gegen den nicht fristgerecht Einspruch eingelegt wird, **einem rechtskräftigen Urteil gleichsteht,** § 410 III StPO; dies wiederum ist für die materielle Rechtskraftwirkung erheblich, außerdem für den Registereintrag nach dem BZRG.
  - Im Falle eines Einspruchs der Strafbefehl wie ein **Eröffnungsbeschl.** wirkt.

228 Die Rechtskraftwirkung der fortgesetzten Tat (vgl. noch *BGH,* StV 1986, 141 und *KK-StPO/Schoreit,* § 260 Rn. 22) ist nach dem Beschluss des Großen Strafsenats vom 3. 5. 1994 (NJW 1994, 1663) zumindest bei den meisten Delikten wegen des weitgehenden Fortfalls dieses Rechtsinstituts nicht mehr problematisch. Nach der zitierten Entscheidung kann eine fortgesetzte Handlung allenfalls noch in Betracht kommen, wenn es um Deliktstatbestände geht, die in erster Linie auf eine über den Einzelfall hinausreichende mehrfache Tatbestandsverwirklichung abzielen wie zB bei § 223 b oder § 170 d StGB. Für alle anderen Straftatbestände hat der BGH die frühere Rechtsprechung zur fortgesetzten Tat aufgegeben.

- **Rechtsfolgen.** Beziehen sich die Bedenken des Amtsrichters auf die vom Staatsanwalt beantragten Rechtsfolgen, so wird nach erfolglosem Einigungsversuch gemäß § 408 III StPO Hauptverhandlungstermin angesetzt und der Angeklagte unter Beifügung einer Strafbefehlsabschrift, welche die beantragten Rechtsfolgen nicht enthält, geladen. Im Rahmen der Rechtsfolgenprüfung ist insbesondere auf die zwingend zu verhängenden Maßregeln der Sicherung und Besserung (Fahrerlaubnisentziehung, Sperre, Einziehung des Führerscheins) bzw. Nebenstrafen (Fahrverbot) zu achten.

- **Sonstige Bedenken.** Sie können sich in erster Linie aus der Überlegung ergeben, dass die Durchführung einer Hauptverhandlung notwendig sei, um
  - den Sachverhalt (trotz Vorliegens eines hinreichenden Tatverdachts) vollständig aufzuklären;
  - sich (auch im Hinblick auf die zu verhängenden Rechtsfolgen) einen persönlichen Eindruck von dem Angeklagten zu verschaffen;
  - dem Angeklagten das Unrecht seiner Tat nachhaltig vor Augen zu führen.

cc) Zustellung des Strafbefehls. Sie richtet sich grundsätzlich nach den allgemeinen Vorschriften der § 37 StPO iVm §§ 166 ff. ZPO. Demgemäß ist auch die **Ersatzzustellung** nach §§ 180 ff. ZPO zulässig und verfassungsrechtlich unbedenklich (*BVerfG,* NJW 1969, 1103), nicht aber die öffentliche Zustellung. Gemäß § 183 ZPO ist die Zulässigkeit der Postzustellung im Ausland von entsprechenden völkerrechtlichen Vereinbarungen abhängig. Ist der Strafbefehl in den Haftbefehl mit aufgenommen worden, so kann die mündliche Eröffnung durch den Haftrichter (vgl. § 115 StPO) an die Stelle der förmlichen Zustellung treten, vgl. Nr. 179 I, II RiStBV. 229

dd) Einspruchsbehandlung

- **Einspruchsvoraussetzungen.** Der Einspruch gegen den Strafbefehl ist ein Rechtsbehelf, nicht ein Rechtsmittel, weil er zwar den Eintritt der Rechtskraft hindert (= Suspensiveffekt), nicht aber bewirkt, dass das Verfahren in der höheren Instanz anhängig wird. Die allgemeinen Rechtsmittelvorschriften der §§ 296 ff. StPO gelten demgemäß nicht direkt, sondern nur teilweise kraft ausdrücklicher Verweisung in § 410 I 2 StPO. Im Einzelnen muss der Einspruch folgende Voraussetzungen erfüllen: 230

Form. Schriftlich oder zu Protokoll der Geschäftsstelle (zuständig: Beamter des mittleren Dienstes oder Justizangestellter; arg. § 24 I Nr. 1 RPflG), Einlegung per Telefax oder Fernschreiber ist ausreichend, nicht dagegen telefonische Einlegung. 231

Inhalt. Der Gebrauch eines speziellen Wortlauts ist nicht erforderlich, nur muss der Einspruchsführer irgendwie zum Ausdruck bringen, dass er eine Überprüfung des Strafbefehls wünscht (vgl. § 300 StPO). Auch eine Begründung ist nicht Zulässigkeitsvoraussetzung. Eine **Beschränkung des Einspruchs** wie bei Rechtsmitteln ist nach § 410 II StPO möglich auf: 232
- die Verurteilung wegen einer von mehreren rechtlich selbstständigen Taten;
- den Rechtsfolgenausspruch als solchen oder Teile davon, zB nur die Strafart, Tagessatzzahl- oder Höhe, Maßregel usw.

Die Beschränkung kann auch **nachträglich** (arg. § 411 III 1 StPO) bis zum Erlass eines Urteils erster Instanz erklärt werden. Insbesondere auf den Kostenausspruch kann sich eine Beschränkung erheblich auswirken, vgl. § 473 III StPO. 233

Frist. Der Strafbefehl muss zumindest erlassen (= unterschrieben) sein; ein **verfrüht** eingelegter Einspruch wird nicht etwa mit Erlass des Strafbefehls wirksam. Seit der Zustellung dürfen nicht mehr als zwei Wochen vergangen sein; ist der dem Tag der Zustellung entsprechende letzte Tag der Frist ein Samstag, Sonn- und Feiertag, so endet die Frist erst mit Ablauf des nächsten normalen Werktags. Besondere Vorsicht bei der Fristberechnung ist wegen der Feiertagshäufung rund um Ostern geboten: Ist zB die Zustellung am 23. 3. 2012 erfolgt, so endet die Frist doch erst mit Ablauf des 10. 4. 2012. 234

- **Wirkungen des fristgerechten Einspruchs.** Der fristgerechte Einspruch verhindert die Urteilswirkung des Strafbefehls nach § 410 III StPO und versetzt das Verfahren in ein Stadium, das dem eines eröffneten Hauptverfahrens nach Einreichung einer Anklageschrift entspricht. Der Strafbefehl gewinnt vor seiner Rechtskraft keinerlei Urteilswirkung, ist also zB nicht wie der Vollstreckungsbescheid der ZPO in dem Urteil, das auf die Hauptverhandlung hin ergeht, aufzuheben. Im Unterschied zum Verfahren nach Einreichung der Anklageschrift kann aber die im Strafbefehlsantrag liegende öffentliche Klage bis zum Erlass eines Urteils erster Instanz zurückgenommen werden, § 411 III 2 StPO. Das Strafbefehlsverfahren wirkt insofern auch noch in der Hauptverhandlung nach als die beim beschleunigten Verfahren nach § 420 StPO möglichen Verfahrenserleichterungen auch dann immer gegeben sind, wenn die Erhebung der öffentlichen Klage durch Strafbefehl erfolgte, § 411 II 2 StPO. Besonders bedeutsam ist die in § 420 IV StPO enthaltene Befreiung von den strikten Beweisantragsvorschriften des § 244 III StPO im Verfahren vor dem Strafrichter.
- **Verspäteter Einspruch und Wiedereinsetzung.** Das Gesetz sieht die Verwerfung des verspäteten Einspruchs durch Beschluss nach § 411 I 1 StPO als die **Regel,** die Wiedereinsetzung gem. § 44 StPO gegen die Versäumung der Einspruchsfrist als die Ausnahme an. In der Praxis hat sich das Verhältnis eher umgekehrt, weil
- die Stellung eines besonderen **Wiedereinsetzungsantrages** nach § 45 II 3 StPO entbehrlich ist, wenn der Einspruch selbst innerhalb der Wiedereinsetzungsfrist des § 45 I 1 StPO – wenn auch unter anderer Bezeichnung – eingelegt wurde;
- an die **Glaubhaftmachung** keine strengen Maßstäbe wie etwa in § 294 ZPO gelegt werden: Zur Glaubhaftmachung nach § 45 StPO reicht alles, was geeignet ist, die Erklärung als wahrscheinlich erscheinen zu lassen (*OLG Düsseldorf,* NJW 1985, 2207). Zwar kann der Antragsteller nicht eine

eidesstattliche Versicherung abgeben wie in der ZPO (RGSt 70, 268) und es reicht auch nicht seine einfache Erklärung (*BGH,* NStZ 85, 493), doch kann auf die Glaubhaftmachung ganz verzichtet werden, wenn sie dem Antragsteller nicht möglich ist, es sei denn, er habe einen Beweisverlust selbst verschuldet (*OLG München,* NStZ 1988, 377);

- die Anforderungen an das **Fehlen des Verschuldens** nach § 44 I StPO stark gesunken sind und insbesondere die vorübergehende urlaubsbedingte Abwesenheit den Verschuldensvorwurf nicht begründen kann (vgl. *BVerfG,* NJW 1969, 1531).

235 Unter Berücksichtigung dieser Umstände ist bei einem verspäteten Einspruch nur zu prüfen, ob

- innerhalb der **Wochenfrist** des § 45 I 1 StPO nach Wegfall des Hindernisses der Einspruch eingelegt, ein Mittel zur Glaubhaftmachung verwendet und
- die Fristversäumung nachvollziehbar **entschuldigt** wurde.

236 Auch gegen die Versäumung der Wochenfrist des § 45 StPO kann Wiedereinsetzung gewährt werden (*OLG Düsseldorf,* NJW 1982, 60). Ist der Einspruchsführer in Unkenntnis über die Notwendigkeit der Glaubhaftmachung, so sollte er hierauf noch vor der Entscheidung hingewiesen werden, weil die Glaubhaftmachung auch im Beschwerderechtszug erfolgen kann (*BVerfG,* NJW 1976, 1537).

237 Der Beschluss über die Gewährung der Wiedereinsetzung ist **nicht anfechtbar** (§ 46 II StPO) und daher auch nicht zu begründen; er wird regelmäßig mit der Terminsanberaumung verbunden. Wird der Antrag als unbegründet zurückgewiesen oder als unzulässig verworfen, so steht dem Antragsteller hiergegen die sofortige Beschwerde zu, §§ 46 III, 311 StPO.

2. Das Eröffnungsverfahren auf Anklage hin

238 a) **Erste Prüfung der Anklageschrift.** Den Haupttätigkeitsbereich des Strafrichters bildet die Verhandlung, ihre Vor- und ihre Nachbereitung. Ob die Hauptverhandlung planmäßig und zügig durchgeführt werden kann, ob sich anschließend das Urteil in vernünftiger Zeit absetzen lässt, entscheidet sich meist schon im Eröffnungsverfahren bzw. bei der Sitzungsvorbereitung. Gerade bei dieser meist recht zeitraubenden Tätigkeit sollte versucht werden, die notwendige Arbeit zum jeweils sinnvollsten Zeitpunkt zu tun, um eine effektive Vorbereitung zu gewährleisten.

239 Die erste Prüfung der eingegangenen Sache geht von der Anklageschrift aus; die Prüfung muss zu diesem Zeitpunkt noch nicht zwingend in einer gründlichen Durcharbeitung des ganzen Strafakts bestehen:

- Ist die Anklageschrift **unterzeichnet?** Wenn nicht, sollte der Vorgang an die Staatsanwaltschaft zur Nachholung gegeben werden. Die fehlende Unterzeichnung begründet zwar nicht immer das Verfahrenshindernis der fehlenden öffentlichen Klage, kann aber auch nicht ohne Weiteres hingenommen werden.
- Ist bei einem der deutschen Sprache nicht mächtigen ausländischen Angeschuldigten die **Übersetzung der Anklageschrift** durch die Staatsanwaltschaft beigefügt oder wenigstens veranlasst? Die Übersetzung muss vor der Anklagezustellung vorliegen. Ob der Angeschuldigte der deutschen Sprache mächtig ist, ergibt sich regelmäßig aus der Beschuldigtenvernehmung bei der Polizei (§ 163 a I StPO).
- Ist die **funktionelle Zuständigkeit** nach dem Geschäftsverteilungsplan des Gerichts gegeben? Die fehlende funktionelle Zuständigkeit begründet die Abgabe an den zuständigen Spruchkörper.
- Erfüllt der in der Anklageschrift geschilderte Sachverhalt den objektiven **Tatbestand eines Strafgesetzes?** Nur wenn dies nicht der Fall ist, muss das Gericht prüfen, ob in der Sachverhaltsdarstellung wenigstens genügend Anknüpfungspunkte für eine in der Anklageschrift zwar nicht explizit bezeichnete, aber vorhandene andere Straftat **bietet.** Dabei muss ein enger räumlicher und zeitlicher Zusammenhang zwischen beiden Sachverhalten bestehen, so dass beide als eine Tat im Sinne des § 264 StPO anzusehen sind.
- Befindet sich der Beschuldigte in **Haft?** Wenn dies der Fall ist, muss die Haftkartei ergänzt und müssen die Haftprüfungsfristen beachtet werden.
- Sind nach dem BZR-Auszug gemäß § 54 StGB oder § 31 II JGG **einbeziehungsfähige Verurteilungen** vorhanden oder ist nach dem Inhalt des Wesentlichen Ergebnisses der Ermittlungen in der Anklageschrift ein weiteres Verfahren gegen den Beschuldigten jetzt anhängig? In beiden Fällen müssen die jeweiligen Akten erholt werden.
- Hat sich für den Angeschuldigten ein **Verteidiger** bestellt? Ggfs. ist nach den Ausführungen im nächsten Abschnitt zu prüfen, ob ein Pflichtverteidiger bestellt werden muss.

240 b) **Bestellung eines Verteidigers.** Schon vor der Zustellung der Anklage ist die Bestellung eines Verteidigers erforderlich, wenn die Voraussetzungen des § 140 I oder II StPO gegeben sind und der Beschuldigte keinen Wahlverteidiger benannt hat, § 141 I StPO. Es ist auch zulässig, einen **Pflichtverteidiger neben einem Wahlverteidiger** zu bestellen, namentlich wenn mit Mandatsniederlegung des Wahlverteidigers oder damit zu rechnen ist, dass der Wahlverteidiger in der Hauptverhandlung nicht oder nicht ständig anwesend sein wird (vgl. *Meyer-Goßner,* § 141 StPO Rn. 1 a).

241 Insbesondere die Auslegung der unbestimmten Rechtsbegriffe „Schwere der Tat“ und „Schwierigkeit der Sach- und Rechtslage“ in § 140 II StPO durch die Rechtsprechung hat in jüngerer Zeit für eine

deutliche **Vermehrung der Pflichtverteidigerbestellungen** gesorgt. Eine konkrete Straferwartung von einem Jahr oder mehr löst schon die Annahme der Tatschwere aus, auch wenn sie nur durch die Einbeziehung früherer Strafen nach § 54 StGB oder § 31 II JGG zustandekommt (vgl. *Meyer-Goßner,* § 140 StPO Rn. 23). Schwierig ist die Sach- oder Rechtslage immer dann, wenn es in dem Verfahren Besonderheiten gibt, die erhebliche Zweifel aufkommen lassen, ob der Angeklagte wirklich zur Selbstverteidigung – insbesondere ohne das Recht zur Akteneinsicht – in der Lage ist. Ein Verteidiger ist auch dann beizuordnen, wenn bei summarischer Betrachtung die Ablehnung der Beiordnung eines Verteidigers das Recht des Angeschuldigten auf ein faires Verfahren verletzen würde (*BVerfG,* NJW 1983, 1599).

Liegen die Voraussetzungen des § 140 I oder II StPO nach dem Inhalt der Anklageschrift vor, so teilt 242
der Richter bzw. Vorsitzende der Kammer dies dem Angeschuldigten mit und fordert ihn unter Fristsetzung (in der Praxis mindestens eine, höchstens vier Wochen) auf, einen Rechtsanwalt aus dem Gerichtsbezirk als zu bestellenden Verteidiger zu **bezeichnen,** § 142 I 2 StPO. Der Vorsitzende soll einen Anwalt des Vertrauens auch dann bestellen, wenn dieser zwar nicht im Gerichtsbezirk zugelassen ist, aber durch die Bestellung keine wesentlichen Zusatzkosten zu erwarten sind oder wenn der Rechtsanwalt den Beschuldigten schon früher verteidigt hat. Ein Anspruch des Beschuldigten, einen auswärtigen Anwalt seiner Wahl beigeordnet zu bekommen, kann zB dann bejaht werden, wenn er früher schon von diesem Anwalt verteidigt wurde (vgl. *Meyer-Goßner,* § 142 StPO Rn. 12).

Benennt der Beschuldigte keinen Rechtsanwalt, so wählt der Richter idR einen aus der **Liste der An-** 243
wälte, die beim Gerichtsvorstand um die Übertragung von Pflichtmandaten ersucht haben. Nicht empfehlenswert ist es, sich nur nach der Liste der zugelassenen Anwälte zu orientieren: Die meisten Anwälte betrachten Pflichtmandate eher als Belastung und könnten dann geneigt sein, es am nötigen Einsatz fehlen zu lassen. Jedenfalls sollte vor der Beiordnung in einem Telefongespräch die Bereitschaft des Anwalts, diese Pflichtverteidigung zu übernehmen, geklärt werden.

Die Beiordnung erfolgt durch grundsätzlich nicht zu begründende Verfügung des Richters bzw. Vorsitzenden der Kammer. Weicht jedoch die Bestellung vom **Antrag des Beschuldigten** ab, so ist hiergegen ebenso wie gegen die gänzliche Ablehnung einer Beiordnung die Beschwerde gegeben; beide Entscheidungen sind deshalb zu begründen, § 34 StPO.

Hat sich für den Beschuldigten bereits ein **Wahlverteidiger** bestellt, sollte jetzt geprüft werden, ob alle 244
Voraussetzungen erfüllt sind:

- Liegt eine **Bestellungsanzeige** eines Verteidigers vor? Die Auswahl durch den Beschuldigten allein genügt nicht; der Verteidiger muss sich im Verfahren als solcher zu erkennen geben (vgl. *Meyer-Goßner,* vor § 137 Rn. 4).
- Liegt eine unterzeichnete **Vollmacht** vor? Dies ist allerdings kein Wirksamkeitserfordernis der Verteidigung, aber Voraussetzung für die Wirksamkeit einer Zustellung an den Verteidiger nach § 145 a I StPO.
- Hat sich ein **Rechtsanwalt** (oder Rechtsprofessor) als Verteidiger bestellt? Andere Personen bedürfen nach § 138 II StPO der Zulassung. Vorsicht: Der Ehegatte des Beschuldigten ist nach § 149 StPO als Beistand zuzulassen, hat aber dann nicht etwa die vollen Rechte des Verteidigers.
- Nennt die Vollmacht oder Bestellungsanzeige auch nicht mehr als **drei Verteidiger**, ggfs. zusammen mit den bereits vorliegenden Bestellungsanzeigen? Andernfalls sind die Verteidiger aufzufordern, zu erklären, wer Verteidiger werden soll. Bleibt dies erfolglos, ist nach § 146 a StPO das Ausschlussverfahren durchzuführen. Auf die Wirksamkeit einer Zustellung an die Verteidiger hat die Überschreitung der Zahl keine Auswirkung, wenn die Vollmacht – wie regelmäßig – eine besondere Zustellungsvollmacht enthält (*BGH,* NStZ 1997, 293).

c) Zustellung der Anklage. Erst nach der Bestellung eines Verteidigers, bei dem der deutschen Sprache 245
nicht mächtigen ausländischen Angeschuldigten nach Vorliegen einer Übersetzung der Anklageschrift wird die **Zustellung der Anklage** verfügt. Die in § 201 StPO genannten Aufforderungen sind regelmäßig schon in dem mit der Anklageschrift zu übersendenden Formblatt enthalten. Hat der Angeschuldigte bereits einen Verteidiger, wird nur an diesen gemäß § 212 a ZPO förmlich zugestellt; die Übersendung an den Angeschuldigten geschieht formlos.

Das Gesetz nennt keine exakte **Äußerungsfrist;** angemessen ist idR eine Frist zwischen einer Woche 246
und einem Monat: Je komplexer die Sach- und Rechtslage ist, umso länger muss die Frist sein. Zu berücksichtigen ist allerdings auch, dass es sich nicht etwa um eine Ausschlussfrist handelt; Beweisanträge sind auch später noch zu beachten. Der Richter verfügt die Wiedervorlage der Akten nicht notwendigerweise zum Fristablauf, sondern zu einem Zeitpunkt ca. drei Wochen vor dem geplanten Hauptverhandlungstermin. Das hat seinen Grund darin, dass bei der Entscheidung über die Eröffnung eine besonders gründliche Durcharbeitung der Akten erforderlich ist. Ist die Zeitspanne zwischen Eröffnung und Hauptverhandlung zu groß, muss auch bei der Terminsvorbereitung noch viel Zeit – praktisch für dasselbe Ziel – aufgewendet werden.

d) Zwischenermittlungen. Vor der Entscheidung über die Eröffnung kann das Gericht noch Sachauf- 247
klärung betreiben; die Notwendigkeit hierzu kann sich auch aus einer Äußerung des Angeschuldigten auf die Anklagezustellung hin ergeben. Der in der Praxis geläufigere Weg ist dabei die Bitte an die

Staatsanwaltschaft, durch ihre Hilfsbeamten die notwendigen Ermittlungen anstellen zu lassen. Demgegenüber sind die in § 202 StPO vorgesehenen Zwischenermittlungen in entsprechender Anwendung der §§ 233 ff. StPO vorzunehmen, also zB durch **kommissarische Vernehmungen** (vgl. *Meyer-Goßner,* § 202 StPO Rn. 3). Denkbar ist aber auch die Beauftragung eines Sachverständigen. Regelmäßig als Nachermittlung sinnvoll ist in Betäubungsmittelsachen die häufig – gerade in Fällen mit kleineren Mengen – bis dahin unterbliebene Untersuchung des sichergestellten Rauschgifts.

248 e) **Eröffnung und Terminsbestimmung.** *aa) Zulassung der Anklage.* Voraussetzung der Eröffnung ist

- **hinreichender Tatverdacht** hinsichtlich eines Verbrechens oder Vergehens. Hinreichend ist der Tatverdacht dann, wenn nach vorläufiger Tatbewertung entsprechend der Aktenlage die spätere Verurteilung des Angeschuldigten wahrscheinlich ist. Erfüllt der in der Anklageschrift bezeichnete Sachverhalt **nur** den Tatbestand einer Ordnungswidrigkeit, so ergeht zwar auch ein Eröffnungsbeschluss (mit abweichender rechtlicher Beurteilung, § 207 I 3 StPO), doch wird das weitere Verfahren nach den Vorschriften der §§ 71 ff. OWiG geführt (§ 82 II OWiG). Wurde aber von der Staatsanwaltschaft ursprünglich das Verfahren gemäß § 42 I OWiG wegen einer Straftat und einer Ordnungswidrigkeit geführt und stellt sich im Eröffnungsverfahren das Fehlen des hinreichenden Verdachts der Straftat heraus, so entfällt die Zuständigkeit für die Verfolgung der Ordnungswidrigkeit. Die Eröffnung muss dann im Ganzen abgelehnt und das Verfahren durch die Staatsanwaltschaft an die Verwaltungsbehörde abgegeben werden (vgl. *Meyer-Goßner,* § 207 StPO Rn. 3).
- Bestehen sämtlicher **Prozessvoraussetzungen** bzw. Nichtvorliegen von Prozesshindernissen.
- die **Anwesenheit des Angeschuldigten;** ist er für längere Zeit **abwesend,** so wird das Verfahren noch vor der Eröffnung nach § 205 StPO vorläufig eingestellt. Der Nichteröffnungsbeschluss nach § 204 StPO geht zwar einem Beschluss nach § 205 StPO vor, kommt aber in diesem Verhältnis nur dann zum Tragen, wenn ein Prozesshindernis besteht. Der fehlende hinreichende Tatverdacht könnte sich immer noch aus der Einlassung des Angeschuldigten ergeben.
- die örtliche und sachliche **Zuständigkeit** des eröffnenden Gerichts; sie ist **für die Eröffnung** auch gegeben, wenn für das Hauptverfahren selbst ein Gericht niedrigerer Ordnung zuständig ist, § 209 I StPO, vgl. insoweit die Ausführungen im nächsten Abschnitt.

249 Entspricht die tatsächliche und rechtliche Würdigung des Sachverhalts in der Anklageschrift der Auffassung des Gerichts, so wird die Anklage **unverändert** zur Hauptverhandlung zugelassen; der Eröffnungsbeschluss bedarf dann auch keiner Gründe. Weicht das Gericht lediglich in der rechtlichen Würdigung von der Meinung der Staatsanwaltschaft ab (§ 207 II 3 StPO), so enthält der Beschluss diese abweichende rechtliche Auffassung; er ist nicht in diesem Stadium des Verfahrens seitens der Staatsanwaltschaft anfechtbar. Während bei der unveränderten Zulassung die Anklageschrift zum integralen Bestandteil des Eröffnungsbeschlusses wird, ist im Fall des § 207 II 3 StPO die abweichende rechtliche Beurteilung der Tat durch das Gericht im Eröffnungsbeschluss enthalten.

250 Hält das Gericht den Tatverdacht hinsichtlich eines **Teils der Taten** – iSd § 264 StPO – nicht für gegeben, so ergeht insoweit ein Nichtzulassungsbeschluss nach §§ 207 II 1, 204 I StPO, der nach § 211 StPO der Anfechtung unterliegt. Dies zwingt die Staatsanwaltschaft nach § 207 III StPO zur Einreichung einer neuen Anklage. Dazu kommt es gleichermaßen, wenn im Einverständnis mit der Staatsanwaltschaft die Verfolgung iSd § 154 a II StPO beschränkt wurde, zB auf einzelne von mehreren Teilakten einer Bewertungseinheit.

251 Das Fehlen des Tatverdachts hinsichtlich eines oder mehrerer **Teilakte einer Bewertungseinheit** kann, muss aber nicht im Eröffnungsbeschluss vermerkt werden. Auch in der Rechtsprechung umstritten ist, ob die – rechtlich falsche – teilweise Nichteröffnung wegen des Fehlens hinreichenden Tatverdachts bei einigen von mehreren Teilakten den Eröffnungsbeschluss widersprüchlich und damit unwirksam macht (so *BayObLGSt* 1985, 52 gegen *BGH,* StV 1986, 418).

252 *bb) Sachliche Unzuständigkeit des Gerichts.* Während in der Strafgerichtspraxis die örtliche Zuständigkeit i. d. R. deswegen keine Rolle spielt, weil eine Abgabe an die zuständige Staatsanwaltschaft schon während des Ermittlungsverfahrens erfolgte, ist die sachliche Zuständigkeit – da von Beurteilung, Ausfüllung unbestimmter Rechtsbegriffe und Prognosen abhängig – häufig Gegenstand von Meinungsunterschieden.

253 Die StPO gebraucht in § 209 die Begriffe „Gericht höherer Ordnung" und „... niedrigerer Ordnung". Im Hinblick auf das GVG und § 209 a StPO ist dabei von folgender Reihenfolge auszugehen:

- Oberlandesgericht
- Landgericht
  - Jugendkammer, sofern nur Jugendliche oder Heranwachsende angeklagt sind
  - Schwurgericht
  - Wirtschaftsstrafkammer
  - Staatsschutzkammer
  - Jugendkammer (bei Verbindung von Strafverfahren gegen Erwachsene einerseits, Jugendliche oder Heranwachsende andererseits)

  - Jugendschutzkammer
  - allgemeine Strafkammer
- Amtsgericht
  - Jugendschöffengericht
  - Schöffengericht
  - Jugendrichter
  - Strafrichter

Die **Eröffnung** des Hauptverfahrens vor dem Gericht niedrigerer Ordnung ist dem höherrangigen Gericht direkt möglich. Demgegenüber kann das Gericht niedrigerer Ordnung im Eröffnungsverfahren nur an das höhere Gericht **vorlegen,** § 209 StPO. Eine bindende Eröffnung „von unten nach oben" ist nur nach durchgeführter Hauptverhandlung möglich, § 270 StPO. 254

cc) Terminsbestimmung und Ladung. Zugleich mit der Eröffnung bestimmt der Vorsitzende des Gerichts **Termin zur Hauptverhandlung,** § 213 StPO. Zu wahren ist dabei die Ladungsfrist von einer Woche nach § 217 StPO. Auf die Einhaltung dieser Frist kann der Angeklagte allerdings verzichten. Anders als im Zivilprozess muss der Vorsitzende die notwendigen Ladungen selbst verfügen (§ 214 I 1 StPO gegen § 214 ZPO). Er sollte dabei § 214 II StPO beachten und insbesondere Zeugen nicht stereotyp auf den Sitzungsbeginn laden, wenn sie vielleicht erst Stunden später benötigt werden. Die Pflicht, vor Gericht als Zeuge zu erscheinen, geht zwar allen privaten Pflichten vor, doch gerade deswegen muss der Vorsitzende besonders sorgfältig abwägen, ob wirklich die Zeit des Zeugen für die Belange des Verfahrens in Anspruch genommen wird oder nur deswegen, weil der Vorsitzende zu einer differenzierten Ladungsanordnung zu bequem ist. 255

Im Rahmen der Ladungsanordnung gibt es immer wieder Beteiligte, deren Ladung zwar wichtig ist, aber trotzdem immer wieder **übersehen** wird. Neben der Staatsanwaltschaft und ggf. der Jugendgerichtshilfe (Ladung durch Übersendung der Sitzungsliste), den Angeklagten und ihren Verteidigern, sowie den Zeugen und Sachverständigen **sollte geladen werden:** 256

- Dolmetscher, ggf. auch für Zeugen, § 185 I GVG;
- Bewährungshelfer bzw. Erziehungsbeistand;
- Erziehungsberechtigter des jugendlichen Angeklagten, § 50 II 1 JGG;
- gesetzlicher Vertreter, § 149 II StPO;
- Ehegatte als Beistand, sofern Antrag gestellt § 149 I 2 StPO.

In der Ladungsanordnung verfügt der Vorsitzende auch, **wie** die Zeugen **geladen** werden sollen. Er hat grds. die Wahl zwischen formloser – durch einfachen Brief – und förmlicher Ladung mittels Zustellung. Der auf freiem Fuß befindliche Angeklagte sowie Zeugen oder Sachverständige außerhalb des Strafverfolgungsbereichs werden grundsätzlich förmlich geladen, damit ein Nachweis über die Ladung zu den Akten kommt und ggf. Erzwingungsmaßnahmen erfolgen können. Angehörige von Behörden, zB Polizeibeamte oder behördliche Sachverständige sollten aus Gründen der Kostenersparnis formlos geladen werden, Abschn. 117 I 2 RiStBV. 257

Exkurs: Der Terminsverlegungsantrag 258

Es kommt immer wieder vor, dass in mehr oder minder unmittelbarer Nähe zum Hauptverhandlungstermin der Verteidiger oder der Beschuldigte bzw. noch häufiger der Betroffene im Bußgeldverfahren die Terminsverlegung im Hinblick auf die eigene Unabkömmlichkeit beantragt. Hierzu gilt folgendes:

Wie die Terminsbestimmung selbst steht die Terminsverlegung im pflichtgemäßen Ermessen des Vorsitzenden; die Beteiligten haben keinen „Anspruch" auf Terminsverlegung (vgl. *Meyer-Goßner*, § 213 Rn. 7). Grds. geht auch für den Beschuldigten die Pflicht zur Teilnahme an der Hauptverhandlung jeder anderen Pflicht vor. Die Ermessensentscheidung hat aber doch Folgendes zu berücksichtigen: 259

- Welche Bedeutung nimmt das Verfahren gegen den Beschuldigten (Betroffenen) im Hinblick auf dessen sonstige Verpflichtungen ein?
- In welchem Ausmaß beeinträchtigt die Terminsverlegung sonstige wichtige Fragen, zB das Interesse an der Beschleunigung gerade dieses Verfahrens, die Terminplanung des Gerichtes und der übrigen Beteiligten?
- Dient uU der Verlegungsantrag verfahrensfremden Zielen, zB der Unverwertbarkeit von Vorahndungen wegen des unmittelbar bevorstehenden Ablaufs der Tilgungsfristen?

Eine „goldene" Entscheidungslinie zur Beantwortung dieser Fragen und der Bildung des Ermessens gibt es nicht. Allenfalls könnte bei einfach gelagerten Bußgeldsachen der Grundsatz gelten, dass die Verhinderung eines Beteiligten ihm einmal während eines Verfahrens erlauben sollte, eine Terminsverlegung zu erreichen. 260

dd) Nebenentscheidungen. Von Amts wegen wird zusammen mit der Eröffnung entschieden über: 261

- die Besetzung der erstinstanzlichen Strafkammer in der Hauptverhandlung, § 76 II GVG.
- die Haft- oder Unterbringungsfrage gemäß § 207 IV StPO.

f) Ablehnung der Eröffnung. Das Zwischenverfahren der §§ 201 ff. StPO dient dem Zweck, dem Beschuldigten dann eine Hauptverhandlung zu ersparen, wenn ohnehin mit seinem Freispruch oder der 262

Einstellung zu rechnen ist. Die Ablehnung der Eröffnung erfolgt durch zu begründenden Beschluss (§§ 204, 210 II, 34 StPO); sie äußert eine **eingeschränkte Rechtskraftwirkung,** § 211 StPO.

263 Die Eröffnung des Hauptverfahrens muss nach § 203 StPO abgelehnt werden, wenn

- ein **Verfahrenshindernis** besteht oder eine Prozessvoraussetzung fehlt: Dies ist im Freibeweisverfahren nach Aktenlage festzustellen. Das Vorhandensein der Prozessvoraussetzungen muss feststehen; hinreichender Verdacht genügt insoweit nicht. Wenn aus diesem Grund eine Nichteröffnung erfolgt, darf sie nicht – auch nicht hilfsweise – auf das Fehlen hinreichenden Tatverdachts gestützt werden, da sonst unklar bleibt, inwieweit Strafklageverbrauch eingetreten ist.
- der **hinreichende Tatverdacht** fehlt; vgl insoweit oben.

264 Der Beschluss ist wie folgt aufgebaut:

Beispiel:

Strafverfahren gegen ... wegen Verdachts ...

Beschluss:

I. Der Antrag der Staatsanwaltschaft ... vom ... auf Eröffnung des Hauptverfahrens wird zurückgewiesen.
II. Die Kosten des Verfahrens einschließlich der notwendigen Auslagen des Angeschuldigten fallen der Staatskasse zur Last.
III. Der Angeschuldigte ist für die in der Zeit vom ... bis ... erlittene Polizei- und Untersuchungshaft aus der Staatskasse zu entschädigen.

Gründe:

1. Sachverhalt
2. Die Zurückweisung erfolgt aus tatsächlichen (rechtlichen) Gründen. ...

265 Für die **Kostenentscheidung** gilt § 467 StPO; bei Prozesshindernissen ist insbesondere Abs. 3 S. 2 Nr. 2 zu beachten. Der Nichteröffnungsbeschluss wird dem Angeschuldigten formlos zugesandt und der Staatsanwaltschaft gem. § 41 StPO mit den Akten zugestellt.

266 **g) Einstellung des Verfahrens.** *aa) Voraussetzungen.* Im Zwischenverfahren ist eine Einstellung möglich:

- **vor oder nach** Eröffnung
- mit Zustimmung der Staatsanwaltschaft entsprechend den Vorschriften über das **Opportunitätsprinzip;** §§ 153 ff., 154, 154 b, e – jeweils Abs. 2 oder 3. Die Beschränkung der Verfolgung nach § 154 a StPO ist keine Einstellung, da die angeklagte Tat, wenn auch unter eingeschränktem Blickwinkel, ja verfolgt wird.
- gem. § 154 e StPO bei **falscher Verdächtigung,** solange das Bezugsverfahren noch in Gang ist.
- gem. § 205 StPO bei nicht nur kurzfristiger **Abwesenheit** des Angeschuldigten; die Vorschrift wird entsprechend angewandt auf alle vorübergehenden Hindernisse, die sich dem Prozess in den Weg stellen (= Verfahrenshindernisse im „nichttechnischen Sinne", vgl. *Meyer-Goßner,* § 205 StPO Rn. 1).
- **nach Eröffnung** des Hauptverfahrens bei nachträglichem Eintritt oder Bekanntwerden eines (echten) Verfahrenshindernisses, § 206 StPO.

267 *bb) Durchführung.* Das Gericht entscheidet außerhalb der Hauptverhandlung in der Besetzung ohne Laienrichter durch Beschluss, der neben der Einstellung – ausgenommen im Falle der nur vorläufigen Einstellung nach § 205 StPO – auch über die Kosten und die eventuell zu gewährende Entschädigung für Strafverfolgungsmaßnahmen befindet. Für die Kosten gilt § 467 StPO, insbesondere dessen Abs. 3. Bei der Entscheidung über die Entschädigung sind dann die §§ 3 und 6 I 2 StrEG zu beachten.

h) Behandlung der Nebenklage. *aa) Anschlussvoraussetzungen*

268 • **Anschlussbefugnis.** Der Nebenkläger muss entweder selbst Verletzter oder naher Angehöriger des getöteten Verletzten oder (nur bei Antragsdelikten) sonstiger Strafantragsberechtigter wie zB der Dienstvorgesetzte, § 77 a StGB, oder erfolgreicher Antragsteller des Klageerzwingungsverfahrens sein, § 395 StPO. Um rechtsmissbräuchliche Anschlusserklärungen vor allem bei Straßenverkehrssachen zu verhindern, bedarf es bei dem Opfer einer fahrlässigen Körperverletzung besonderer Gründe wie zB ungewöhnlich schwerer Tatfolgen. Gerade bei der Zulassung solcher Nebenklagen ist zu bedenken, dass dem Angeklagten zB durch die anwaltschaftliche Vertretung des Nebenklägers nicht unerhebliche zusätzliche Kosten erwachsen. Bereits bei einem Verhandlungstag beträgt die Durchschnittsgebuhr des Nebenklagevertreters ca. 500,– EUR.

269 Ist die Straftat gleichzeitig ein **Antragsdelikt,** so setzt die Anschlussbefugnis auch die Stellung eines Strafantrags voraus, (vgl. *Meyer-Goßner,* § 395 StPO Rn. 5). Unerheblich ist andererseits jedoch, ob das Delikt, das die Anschlussberechtigung auslöst, Gegenstand der Anklage ist, § 397 II StPO.

- **Anschlusserklärung.** Sie setzt Prozessfähigkeit des Erklärenden voraus und erfolgt schriftlich gegenüber dem Gericht oder der Staatsanwaltschaft, wird aber erst nach Erhebung der öffentlichen Klage und Eingang bei Gericht wirksam, § 396 I 2 StPO. Auch zum Zwecke der Einlegung eines Rechtsmittels kann die Anschlusserklärung erfolgen, § 395 IV 2 StPO. Die Staatsanwaltschaft muss zur Anschlussberechtigung gehört werden, der Angeschuldigte nur bei einem Anschluss nach § 395 III StPO wegen eines Vergehens der fahrlässigen Körperverletzung. Allerdings wird idR die Anschlusserklärung vor der Aktenversendung an die Staatsanwaltschaft dem Verteidiger bzw. dem nicht verteidigten Angeschuldigten ebenfalls formlos zur Stellungnahme übersandt.

bb) Entscheidung und Auswirkungen. Die Entscheidung über die Anschlussberechtigung hat lediglich 270
deklaratorische Bedeutung, ausgenommen im Falle des § 395 III StPO. Daraus folgt, dass eine unberechtigte Zulassung dem Erklärenden keine Nebenklägerstellung nach § 397 StPO verschafft (*OLG Stuttgart,* NJW 1970, 822). Der Zulassungsbeschluss soll vor einer etwaigen Einstellung des Verfahrens ergehen (§ 396 III StPO) und wird vom Gericht – nicht dem Vorsitzenden allein – erlassen und den Beteiligten formlos mitgeteilt. Er ist zu begründen, da er wie der Nichtzulassungsbeschluss der einfachen Beschwerde nach § 304 StPO unterliegt.

Der Nebenkläger erlangt die **Rechtsstellung** eines Verfahrensbeteiligten mit allen wesentlichen Rech- 271
ten eines solchen, § 397 I StPO. Ihm ist uU Prozesskostenhilfe zu bewilligen, § 397 a StPO. Seine Rechtsmittelbefugnis ist jedoch im Vergleich zu derjenigen der Staatsanwaltschaft eingeschränkt gemäß § 399 StPO.

i) **Besondere Verfahrensarten.** *aa) Sicherungsverfahren.* Das in den §§ 413–416 StPO geregelte Ver- 272
fahren hat die selbstständige Anordnung von Maßregeln der Sicherung und Besserung gegen einen schuld- oder verhandlungsunfähigen Beschuldigten zum Ziel. Wird die Unterbringung in einem psychiatrischen Krankenhaus beantragt, ist das Landgericht zuständig, sonst nur, wenn die Staatsanwaltschaft dem Fall eine besondere Bedeutung beimisst (§ 74 I 2 GVG). In allen anderen Fällen wird der Antrag beim Amtsgericht gestellt.

Das Verfahren lehnt sich weitgehend an das normale Anklageverfahren an, § 414 I StPO. Der Betrof- 273
fene bleibt „Beschuldigter", da zwar ein Antrag gestellt, nicht aber eine öffentliche Klage im Sinne des § 157 StPO erhoben wird.

bb) Objektives Verfahren. § 440 StPO lässt ein Verfahren mit dem Ziel der **selbstständigen Einzie-** 274
hung sichergestellter Gegenstände auch dann zu, wenn ein Beschuldigter nicht gefunden werden konnte.

Prozessvoraussetzung ist dabei, dass ein subjektives Verfahren nicht möglich ist, § 440 I StPO, 76 a StGB.

Der Antrag der Staatsanwaltschaft nach § 440 II StPO ersetzt die öffentliche Klage. An die Stelle des 275
Angeklagten tritt – sofern vorhanden – der Einziehungsbeteiligte im Sinne des § 331 StPO.

cc) Beschleunigtes Verfahren. Das Verfahren nach §§ 212 ff. StPO hat in der Praxis bei erwachsenen 276
Angeschuldigten, mehr aber noch bei Heranwachsenden, große Bedeutung vor allem in **Haftsachen.** Es verfolgt die Intention, eine Verfahrensverzögerung durch die Einhaltung der Einlassungs- (§ 201 StPO) und Ladungsfrist (§ 217 StPO) weitgehend zu vermeiden. Dies ist beim Verfahren mit Einreichung einer Anklageschrift nur eingeschränkt durch den Verzicht auf die Ladungsfrist möglich.

Der **Antrag der Staatsanwaltschaft** nach § 417 StPO entspricht inhaltlich einer Anklage, kann aber 277
auch mündlich erhoben werden. Davon wird besonders unter großstädtischen Verhältnissen in einem sog. „Schnellgericht" zur Vermeidung der Haftanordnung Gebrauch gemacht. Typische Schnellgerichtsfälle sind Vergehen nach dem AuslG, Hausfriedensbruch, Ladendiebstahl und Beförderungserschleichung. Eine Ladungsfrist von 24 Stunden muss nur bei dem auf freiem Fuß befindlichen Angeklagten eingehalten werden, § 418 II StPO. Im Ablauf entspricht das beschleunigte Verfahren sonst dem normalen Zwischenverfahren mit der Maßgabe, dass der Eröffnungsbeschluss wegfällt.

Das beschleunigte Verfahren ist nur sinnvoll und zulässig, wenn die **Beweissituation** einfach er- 278
scheint. Das beschränkt die Anwendbarkeit aber weder auf geständige Angeklagte noch auf Ersttater noch auf Vergehenstatbestände. Auch eine relativ kurze Beweisaufnahme durch Zeugenvernehmung kann im Rahmen einer Hauptverhandlung nach § 417 StPO noch sinnvoll sein; ebenso die Verwertung von Vorstrafen, sofern nicht der Strafbann des § 419 I 2 StPO überschritten wird. Die Möglichkeit des Antrags beim Schöffengericht eröffnet auch die Aburteilung von Verbrechen – wegen des beschränkten Strafbanns werden aber meist nur minder schwere Fälle in Betracht kommen – auf diesem Weg.

Die „Filterwirkung" des Eröffnungsverfahrens fehlt zwar beim beschleunigten Verfahren, wird aber 279
durch die Möglichkeit ersetzt, bis zur Verkündung des Urteils die Aburteilung in diesem Verfahren **abzulehnen,** § 419 I 1, II StPO. Der Beschluss ist unanfechtbar und bedarf deswegen keiner Begründung, §§ 419 II 2, 34 StPO. Zwar beseitigt er die Rechtshängigkeit des Verfahrens, doch bildet er keine abschließende Entscheidung iSd § 464 StPO und enthält deswegen auch keinen Kostenausspruch. Das beschleunigte Verfahren bietet eine Reihe von Erleichterungen gegenüber dem „normalen" nach Anklageerhebung und Eröffnung, vgl. § 420 StPO. Die wichtigste ist der Wegfall einer strengen Bindung an das Beweisantragsrecht des § 244 III StPO nach § 420 IV StPO.

dd) Vereinfachtes Jugendverfahren. Ein beschleunigtes Verfahren ist zwar gegen Heranwachsende zu- 280
lässig, nicht aber gegen Jugendliche, §§ 80 I, 109 JGG. Nahezu vollwertigen Ersatz bietet das vereinfachte Jugendverfahren der §§ 76 ff. JGG, bei dem allerdings

- die Ahndungskompetenz noch weiter beschränkt ist (nur Weisungen, Zuchtmittel und Fahrverbot; bei Entziehung der Fahrerlaubnis Sperrfrist bis zu zwei Jahren);
- keine Präsenzpflicht für den Staatsanwalt in der Hauptverhandlung besteht, § 78 II JGG;
- von minder bedeutsamen Verfahrensvorschriften im Interesse der „Jugendgemäßheit" der Verhandlung abgewichen werden kann.

281 **j) Verfahren bei Ordnungswidrigkeiten.** Die Vorlage der Bußgeldakten durch die Staatsanwaltschaft an das Amtsgericht erfolgt nach § 69 IV 2 OWiG. Die örtliche Zuständigkeit des jeweiligen Amtsgerichts wird primär durch die Landesrechtsverordnungen nach § 68 III OWiG, sonst durch den Sitz der Verwaltungsbehörde nach § 68 I OWiG bestimmt.

282 *aa) Zulässigkeit des Einspruchs.* Das Amtsgericht entscheidet zunächst gemäß § 70 OWiG über die Zulässigkeit des Einspruchs. Das Verfahren entspricht insoweit vollkommen demjenigen bei Strafbefehlen; insoweit kann auf die Ausführungen zum Einspruch gegen Strafbefehle (vgl. Rn. 80) Bezug genommen werden.

283 *bb) Verfahrenswahl.* Sofern das Verfahren nicht durch Verwerfung des Einspruchs oder durch Einstellung gemäß § 47 II OWiG mit Zustimmung der Staatsanwaltschaft endet, kann der Richter zwischen zwei Verfahrensarten wählen, dem Beschlussverfahren und dem Verfahren mit Hauptverhandlung. Das **Beschlussverfahren**

- kommt nur bei **einfachem Sachverhalt** in Betracht, idR also dann, wenn der Betroffene die Ordnungswidrigkeit zugibt oder die Beweissituation schon nach Aktenlage noch nicht einmal einen hinreichenden Tatverdacht begründet;
- erlaubt **keine Schlechterstellung des Betroffenen** im Beschluss gegenüber dem Bußgeldbescheid, § 72 III 2 OWiG;
- stellt den Betroffenen andererseits in seiner **Rechtsmittelposition** schlechter: Ein Antrag auf Zulassung der Rechtsbeschwerde gem. § 80 OWiG ist nur beim Urteilsverfahren zulässig, § 79 I 2 OWiG;
- darf deswegen **nicht gegen den Willen des Betroffenen** gewählt werden, vgl. § 72 I und II OWiG.

284 *cc) Beschlussverfahren.* Entscheidet sich der Richter für das Beschlussverfahren, so hört er erst einmal den Betroffenen – regelmäßig auf Formblatt – zur Verfahrenswahl an (§ 72 I OWiG) es sei denn, dass ohnehin ein Freispruch erfolgt. Der Staatsanwalt hat meist bereits im Vorlagebogen auf Anhörung verzichtet. Die **Anhörung** unterbricht die Verfolgungsverjährung, § 33 I Nr. 12 OWiG; sie ist dem Betroffenen zuzustellen. Widerspricht der Betroffene fristgerecht, so muss Termin zur Hauptverhandlung angesetzt werden.

285 Nach Fristablauf ergeht der Beschluss, dessen **Inhalt** sich an § 72 IV (verurteilender Beschluss) bzw. V OWiG (Freispruch) orientiert. Der Beschluss ist in jedem Fall, auch wenn die Rechtsbeschwerdevoraussetzungen des § 79 OWiG nicht vorliegen, dem Betroffenen bzw. seinem Verteidiger förmlich zuzustellen.

286 *dd) Vorbereitung der Hauptverhandlung.* Zur Vorbereitung einer Hauptverhandlung in Strafsachen besteht bei Bußgeldsachen insofern ein Unterschied, als der Betroffene – anders als im Strafbefehlsverfahren – prinzipiell zur Anwesenheit verpflichtet ist, § 74 I OWiG. Das soll insbesondere in Straßenverkehrsfällen mit Tatlichtbild Beweisproblemen entgegenwirken. In anderen Fällen, in denen nicht zur Sachaufklärung die Präsenz des Betroffenen unerlässlich ist, kann dann der Betroffene von der Verpflichtung zum **persönlichen Erscheinen** entbunden werden, § 73 II OWiG. Erscheint er ohne eine solche Anordnung nicht zum Termin, muss der Einspruch verworfen werden, § 74 II OWiG.

VII. Verfahrensabschluss in der Instanz

1. Rechtsmittel sind nicht eingelegt

287 Bei Strafurteilen hat dies die Abkürzungsmöglichkeiten nach § 267 IV (Verurteilung) oder V 2 StPO (Freispruch) zur Folge, bei Bußgeldurteilen kann die Verpflichtung zur schriftlichen Begründung des Urteils gemäß § 77b I OWiG unter den meisten Umständen entfallen:

- War der Betroffene anwesend, so läuft die Rechtsbeschwerdefrist ab Verkündung des Urteils. Hat der Betroffene auf Rechtsmittel verzichtet oder ist innerhalb einer Woche kein Rechtsmittel eingelegt worden, so kommt es nur noch auf die Anfechtungsmöglichkeit der Staatsanwaltschaft an. Es empfiehlt sich daher, unmittelbar nach Urteilserlass die Akten der Staatsanwaltschaft mit dem Protokoll der Hauptverhandlung, aus dem sich der Urteilstenor ergibt, und der Formularanfrage zuzuleiten, ob auf Rechtsmittel verzichtet wird.
- War der Betroffene in der Hauptverhandlung nicht anwesend, so kann unter den Voraussetzungen des § 77b I 3 OWiG auf Urteilsgründe verzichtet werden.

288 Nach der Fertigstellung des Protokolls verfügt der Richter lediglich noch die formlose Zusendung des Urteils an den Angeklagten/Betroffenen und die Schlussbehandlung.

2. Rechtsmittel ist eingelegt

Jedes Rechtsmittel – auch die Berufung – kann dazu führen, dass die Vorschriften über das Verfahren und die Urteilsabsetzung ganz erhebliche Bedeutung gewinnen, da (Sprung)- Revision und Rechtsbeschwerde der Formalrüge erhebliche Bedeutung beimessen und jede Berufung innerhalb der Revisionsbegründungsfrist zur Sprungrevision übergeleitet werden kann. Es ist daher dringend zu empfehlen, das Protokoll sorgfältig zu prüfen und die Frist des § 275 I 3 StPO, die gem. § 77 b II OWiG auch in Bußgeldsachen gilt, zu überwachen. Geht ein Rechtsmittel ein, so sollte zunächst das Urteil umgehend zum Schreiben gegeben und ein Fehlblatt auf Wiedervorlage vier Wochen nach Urteilsverkündung gelegt werden. Dies eröffnet die Möglichkeit, noch vor Fristablauf in der Schreibkanzlei zu monieren, falls das Urteil nicht innerhalb der Frist geschrieben ist. 289

Das Protokoll ist besonders in folgenden Punkten zu prüfen: 290

- Richtige Belehrungen im Formblatt angekreuzt bzw. unzutreffende durchgestrichen?
- Bei Zeugenvernehmungen: Erteilte Belehrungen nach § 52 III StPO und ggf. § 61 StPO im Protokoll enthalten?
- Erteilte Hinweise nach § 265 StPO (bei Unterschied zwischen Eröffnung/Bußgeldbescheid und Urteil) in das Protokoll aufgenommen?
- Erteilte Zustimmungen zu Verfahrensvereinfachungen bei Strafbefehl und beschleunigtem Verfahren (§ 420 StPO), Verlesung im Normalverfahren (§ 251 II StPO) und vereinfachte Beweisaufnahme im Bußgeldverfahren (§ 77 a OWiG) in das Protokoll aufgenommen?
- Richtige Entscheidungsform (Beschluss) für diese Verfahrensvereinfachungen im Protokoll angegeben?
- Bei Ausschluss der Öffentlichkeit: Angeordnete Wiederherstellung vermerkt?
- Verbescheidung der gestellten Beweis- und/oder sonstigen Anträge vermerkt?
- Anträge und Möglichkeit des letzten Wortes richtig wiedergegeben?
- Übereinstimmung des protokollierten Urteils mit dem niedergelegten?
- Richtige Rechtsmittelbelehrungen angegeben?

Erst wenn das Protokoll fertiggestellt, dh sowohl vom Protokollführer als auch vom Richter unterschrieben ist, darf das Urteil **zugestellt** werden, § 273 IV StPO. Eine vorherige Zustellung ist unwirksam und setzt insbesondere die Revisionsbegründungsfrist nicht in Gang. Die Zustellung des Urteils ist vom Richter anzuordnen, § 36 I 1 StPO. Zustellungen ohne entsprechende Anordnung des Vorsitzenden sind ebenfalls unwirksam. 291

Nach Abschnitt 154 RiStBV ist dem Pflichtverteidiger und dem Wahlverteidiger, dessen Vollmacht sich schon bei den Akten befindet, das Urteil zuzustellen, der Angeklagte/Betroffene erhält das Urteil (nur in diesem Fall) formlos übersandt. Es muss beim Wahlverteidiger also geklärt werden, ob schon eine Vollmacht vorgelegt wurde. Deren Wirksamkeit sollte nach Maßgabe von Rn. 244 geprüft werden. Bestehen auch nur Zweifel oder hat bei früheren Zustellungen an die beauftragte Anwaltssozietät das Empfangsbekenntnis nach § 212 a ZPO häufig ein nicht bevollmächtigter Sozius unterschrieben, so ist zu empfehlen, an den Angeklagten/Betroffenen selbst zuzustellen und dem Verteidiger einen Urteilsabdruck formlos zuzusenden. Dies ist zulässig: Eine lückenlose Pflicht zur Zustellung an den Verteidiger gibt es nicht, da § 176 ZPO im Strafprozess zwar für den Nebenklägervertreter, nicht aber für den Verteidiger gilt. 292

War das Rechtsmittel eine **Berufung** des Angeklagten, kann – sofern sie fristgerecht eingelegt wurde – innerhalb einer weiteren Woche die Übersendung der Akten an die Staatsanwaltschaft zur Rechtsmittelvorlage erfolgen. Die verspätet eingelegte Berufung verwirft das Amtsgericht durch Beschl. nach § 319 StPO. Eine Berufung der Staatsanwaltschaft soll nach Abschn. 156 I RiStBV von dieser zunächst begründet werden. Die Akten sind also zunächst der Staatsanwaltschaft zur Berufungsbegründung zuzuleiten. Die Staatsanwaltschaft sendet die Akten dem Amtsgericht mit der Begründung zurück; eine Ausfertigung der Begründung stellt sie (nicht notwendig förmlich) dem Gegner zu. Erst danach schickt das Amtsgericht die Akten zur Berufungsvorlage wieder an die Staatsanwaltschaft. 293

Bei Revision oder Rechtsbeschwerde ist eine Begründung vorgeschrieben, daher wird das Verfahren komplizierter: 294

Nach Eingang der **Rechtsmitteleinlegung** des Angeklagten erhält die Staatsanwaltschaft die Akten zur Zustellung der Rechtsmittelbegründung und Kenntnisnahme vom Inhalt der Urteilsgründe. Ist die **Rechtsmittelbegründung** eingegangen, erfolgt die Vorlage nach § 347 I StPO; die Staatsanwaltschaft erhält die Möglichkeit zur Gegenerklärung nach § 347 I 2 StPO. Mit dieser oder einem Vermerk, dass sie nicht abgegeben wird, wandern die Akten wieder zum Gericht, das ein weiteres Mal Kenntnis nimmt und sie jetzt an die Staatsanwaltschaft nach § 347 II StPO zurückschickt.

Ist die Staatsanwaltschaft Revisions-/Rechtsbeschwerdeführerin, verläuft das Verfahren entsprechend mit dem Unterschied, dass Zustellungen an den Angeklagten bzw. dessen Verteidiger nicht durch Vorlage der Akten, sondern durch Postzustellungsurkunde oder vereinfachte Zustellung gem. § 212 a ZPO erfolgen. 295

Anhang: Muster eines Terminvorbereitungsblatts

296

Aktenzeichen:	HVT vom	Erstangeklagter wegen Verdachts d.	HAFT ja /nein

Angeklagte(r)	Personalien Bl.	Vernehmung Bl.	UHaft vom – bis	Verteidiger	Bestellung –Vollmacht

Anklageschrift	vom /Blatt	Eröffnungsb.	vom /Blatt	StB/BgB zugestellt am	
StB /Bußgeld.		Einspruch		Einspruch rechtzeitig	ja – nein, aber WE

Zeugen	Personalien Bl.	Sachauss. Bl.	Vorhalte, Fragen

Sachverständige	Personalien	Gutachten. Bl.	Vorhalte, Fragen

Sonstige StrEG-Maßnahmen (Bl.)	betreffen d. Angeklagten	Beigezogene Akten	erheblich Bl.

E. II. Die Hauptverhandlung in Strafsachen

Marc Wenske und Dr. Gerwin Moldenhauer

Übersicht

Literatur: *Alsberg/Nüse/Meyer,* Der Beweisantrag im Straßprozeß, 5. Aufl. 1983; *Bender/Nack/Treuer,* Tatsachenfeststellung vor Gericht, 3. Aufl. 2007; *Dahs/Dahs,* Die Revision im Strafprozeß, 7. Aufl. 2008; *Diemer/Schatz/Sonnen,* Kommentar zum Jugendgerichtsgesetz, 6. Aufl, 2011; *Eisenberg,* Jugendgerichtsgesetz, 14. Aufl. 2010; *ders.,* Beweisrecht der StPO, 7. Aufl. 2011; *Fischer,* Strafgesetzbuch und Nebengesetze, 58. Aufl. 2011; *Göhler,* Gesetz über Ordnungswidrigkeiten, 15. Aufl. 2009; *Graf,* Strafprozessordnung, Beck'scher Online-Kommentar, Stand Januar 2011 (zit.: OK-*Bearbeiter*); *Greiser/Artkämper,* Die gestörte Hauptverhandlung, 3. Aufl. 2001; Karlsruher Kommentar zur Strafprozeßordnung und zum Gerichtsverfassungsgesetz, hrsg. von Hannich, 6. Aufl. 2008 (zit.: KK-*Bearbeiter*); *Heghmanns/Scheffler,* Handbuch zum Strafverfahren, 2008; *Katholnigg,* Strafgerichtsverfahrungsrecht, 3. Aufl. 1999; *Kissel/Mayr,* Gerichtsverfassungsgesetz, 6. Aufl. 2010; *Meyer-Goßner,* Strafprozessordnung, 54. Aufl. 2011; *Meyer-Goßner,/Appl,* Die Urteile in Strafsachen, 28. Aufl. 2008; *Löwe/Rosenberg,* Die Strafprozessordnung und das Gerichtsverfassungsgesetz, hrsg. von Erb/Esser/Franke/Graalmann-Scheerer/Hilger/Ignor, 28. Aufl. 2006–2011 (zit. LR-*Bearbeiter*); *Rösch,* Die Erstellung des Urteils in Straf- und Bußgeldsachen, 2. Aufl., 2010; Systematischer Kommentar zur StPO, hrsg. von Wolter, 4. Aufl., (zit. SK-*Bearbeiter*); *Schäfer/Sander,* Die Praxis des Strafverfahrens 6. Aufl. 2000; *Hamm,* Die Revision im Strafverfahren, 7. Aufl. 2010; *Schäfer/Sander/van Gemmeren,* Praxis der Strafzumessung, 4. Aufl. 2008. – **Online-Angebote:** Entscheidungen des Bundesgerichtshofs ab dem Jahre 2000 www.bundesgerichtshof.de; Onlinezeitschrift und Rechtsprechungsdatenbank www.hrr-strafrecht.de; Onlinezeitschrift für die internationale Strafrechtsdogmatik www.zis-online.com.

I. Bedeutung, Verfahrensgrundsätze, Überblick

1. Allgemeine Bedeutung der Hauptverhandlung

1 Das Kernstück des Strafverfahrens stellt die Hauptverhandlung dar. Dabei steht der Richter in mehrfacher Hinsicht vor praktisch kaum lösbaren Aufgaben. Er bestimmt Art und Umfang der Beweisaufnahme, würdigt deren Ergebnis aus dem **Inbegriff der Hauptverhandlung** (§ 261 StPO) mit größtmöglicher Freiheit und muss auf Grund dessen über eine etwaige Schuld des Angeklagten und die Rechtsfolge selbst entscheiden. Dabei hat er die tradierten Grundsätze des **reformierten Strafprozesses** und damit das – mit Blick auf die mit der Hauptverhandlung verbundenen vielfältigen empfindlichen Eingriffe in Grundrechte des Angeklagten auch als „gelebtes Verfassungsrecht" bezeichnete – Strafverfahrensrecht im konkreten Einzelfall zur Geltung zu bringen. Bei jedem dieser Einzelfälle beschäftigt sich der Richter alltäglich mit schwierigsten, althergebrachten Fragen der forensischen Erkenntnis, von Schuld und der ihr entsprechenden, letztlich notwendigen strafrechtlichen und damit gesellschaftlichen Reaktion.

2 Dieser erheblichen Verantwortung hat er zu entsprechen und sich als Staatsorgan zu präsentieren, das Auffassungen, Meinungen und Ansichten entgegennimmt, sachlich abwägt und schließlich argumenta-

tiv begründend im Wege einer transparenten Verhandlungsleitung entscheidet, ohne den Blick für die vielfältigen Sachverhalte des Lebens zu verlieren. Ein Richter, der sich dessen bewusst ist und zudem berücksichtigt, dass er mit Menschen verhandelt und über deren Schicksal in einschneidender Weise entscheidet, wird das Vertrauen der Öffentlichkeit in eine rechtsstaatlichen Prinzipien verhaftete Justiz mit jeder Hauptverhandlung stärken und zur Akzeptanz des Verfahrens sowie zur Wiederherstellung des Rechtsfriedens beitragen. Indes: Diese besondere Verantwortung und die seit Jahren ansteigende Belastung des einzelnen Richters durch größere Pensen, komplexere und länger andauernde Verfahren sowie einer professionalisierten Verteidigung und Nebenklagevertretung spiegeln sich auch bei akribischer Lektüre in den Haushaltsgesetzen und den Geschäftsverteilungsplänen nicht wieder.

2. Prinzipien der Hauptverhandlung

Die Hauptverhandlung wird rechtlich im Wesentlichen durch die **Verfahrensgrundsätze** der Amtsaufklärung, der Unmittelbarkeit, der Mündlichkeit, der Öffentlichkeit und durch das Gebot des fairen Verfahrens geprägt. 3

a) Der in § 244 II StPO normierte **Amtsaufklärungsgrundsatz** ist für die Verfahrensbeteiligten nicht disponibel und reicht soweit, wie Anträge, Anregungen oder sonst durch den Verfahrensablauf bekannt gewordene Tatsachen das Gericht zum Gebrauch von Beweismitteln drängen oder diesen ihm nahelegen. Dabei hat das Gericht eine verständige Würdigung der Sachlage vorzunehmen und nicht sämtliche Beweismittel auszuschöpfen, wenn diese nur eine völlig entfernte Möglichkeit einer Änderung der bisherigen Sachlage in Aussicht stellen. Nicht „das Nichtausschließbare" ist daher der Maßstab für diese gerichtliche Ermessensbetätigung für die Bestimmung der Reichweite des Untersuchungsgrundsatzes. Vielmehr muss in jeder Lage des Verfahrens, stets aktualisiert, geprüft werden, ob eine Beweiserhebung dadurch nahegelegt wird oder sich aufdrängt (vgl. *Meyer-Goßner,* § 244 Rn. 10, s. Rn. 189 ff., 271). 4

b) Das Prinzip der **Unmittelbarkeit** der Hauptverhandlung erfordert zunächst, dass die Hauptverhandlung insgesamt vor dem erkennenden Gericht stattzufinden hat. Nur in eng begrenzten Ausnahmefällen dürfen Teile der Beweisaufnahme von anderen Richtern durchgeführt werden (zur Ausnahme vom Delegationsverbot vgl. §§ 223–225 StPO). Die Vernehmung eines sachferneren Zeugen, namentlich den Zeugen vom Hörensagen, anstelle eines sachnäheren Zeugen wird durch § 250 StPO nicht ausgeschlossen; gleichwohl kann dies die Amtsaufklärungspflicht gebieten (§ 244 II StPO; *BGH*, NStZ 2004, 50). Überdies ist das Verhältnis zwischen originärer Zeugenaussage und Verlesung einer Niederschrift über eine richterliche oder nichtrichterliche Vernehmung in den §§ 250–256 StPO abschließend geregelt (s. Rn. 246 ff.). 5

c) Das in den §§ 250, 261 StPO zum Ausdruck kommende **Prinzip der Mündlichkeit** besagt, dass – anders als etwa im Zivilverfahren – für die Urteilsfindung nur Beweismittel zugrundegelegt werden dürfen, die mündlich in die Hauptverhandlung eingeführt worden sind. Danach können sich Zeugen nicht auf eine schriftliche Aussage zurückziehen, sie müssen vielmehr vor Gericht erscheinen und grundsätzlich auch aussagen. Sachverständige haben ihr Gutachten mündlich in der Hauptverhandlung zu erstatten, selbst wenn sie zur Vorbereitung der Hauptverhandlungen einen schriftlichen Entwurf vorab an das Gericht übersandt hatten. Urkunden jeder Art sind in der Hauptverhandlung zu verlesen, ausnahmsweise kann dies im Wege des sog. Selbstleseverfahrens erfolgen (§ 249 II StPO, s. Rn. 242 ff.). Von Urkunden dürfen Kopien statt der Urschrift in die Hauptverhandlung eingeführt werden, solange ihre inhaltliche Identität mit der Urschrift nicht zweifelhaft ist (*Meyer-Goßner,* § 249 Rn. 6). Objekte des Augenscheins sind in der Hauptverhandlung mit den Beteiligten zu betrachten oder etwa bei Tonbändern anzuhören (s. Rn. 269). Auch alle Anträge, Erklärungen, Stellungnahmen und Entscheidungen sind stets mündlich vorzutragen. 6

d) Die Hauptverhandlung ist öffentlich (§ 169 S. 1 GVG). Jedermann hat ohne Rücksicht auf seine Gesinnung oder seine Zugehörigkeit zu einer bestimmten Bevölkerungsgruppe im Rahmen der tatsächlichen Möglichkeiten den gewünschten Zutritt zum Verhandlungssaal (*BGHSt*, 21, 72, 73; *BGH,* NStZ 1988, 467). Der Sinn der als Errungenschaft des reformierten Strafprozesses des 19. Jahrhunderts anzusehenden **Öffentlichkeitsmaxime** liegt zum einen im Informationsinteresse der Allgemeinheit. Überdies gewährt das Verhandeln unter den Augen Interessierter Schutz vor staatlicher Willkür (vgl. *Eb. Schmidt,* NJW 1968, 804). Die erhebliche Bedeutung dieser Prozessmaxime wird daran erkennbar, dass sie durch den absoluten Revisionsgrund des § 338 Nr. 6 StPO abgesichert ist. Ein unter Verstoß hiergegen ergangenes Urteil ist auf entsprechende Rüge zwangsläufig aufzuheben. 7

e) Darüber hinaus hat der Angeklagte im Strafverfahren Anspruch auf ein faires Verfahren. Der verfassungsrechtlich aus Art. 20 III GG und konventionsrechtlich aus Art. 6 I EMRK abgeleitete Grundsatz des „fair trial" umfasst eine Vielzahl durch das Tatgericht in der Hauptverhandlung zu beachtender Pflichten. Besonderer Stellenwert kommt in der höchstrichterlichen Rechtsprechung insbesondere der Konzentrationsmaxime bzw. dem „Beschleunigungsgrundsatz" zu. Danach hat jede Person ein Recht darauf, dass über eine gegen sie erhobene Anklage innerhalb angemessener Frist verhandelt wird. Für Haftsachen folgt aus Art. 5 I MRK ferner ein Anspruch auf ein Urteil innerhalb angemessener Frist. 8

Unterbleibt dies, ist dies rechtsfehlerhaft und zu kompensieren; solches kann im Wege der sofortigen Freilassung aus der Untersuchungshaft oder durch Erklärung des fiktiven Vorwegvollzugs der durch das Tatgericht verhängten Strafe erfolgen (vgl. E.III. Rn. 147 ff.; *BGHSt* 52, 124).

3. Überblick über die Hauptverhandlung

9 a) Nach dem Aufruf der Sache (§ 243 I 1 StPO) stellt der Vorsitzende die Präsenz der Verfahrensbeteiligten und das Vorhandensein der Beweismittel, (§ 243 I 2 StPO) fest; Zeugen sind schon zur Vermeidung etwaiger Wartezeiten gestaffelt zu laden und zu diesem Zeitpunkt tunlichst noch nicht anwesend (§ 243 I 2, II 1 StPO entspricht insoweit nicht mehr forensischer Praxis, s. Rn. 224);
b) Schöffen werden soweit erforderlich (vgl. Rn. 89) vereidigt;
c) Dolmetscher wird soweit erforderlich vereidigt (s. Rn. 92);
d) Der Vorsitzende vernimmt den Angeklagten nunmehr zur Person, § 243 II 2 StPO (vgl. Rn. 129);
e) Anschließend verliest der Vertreter der Staatsanwaltschaft den Anklagesatz, § 243 III 1 StPO (vgl. Rn. 134 ff.);
f) Der Vorsitzende teilt mit, ob Erörterungen des Verfahrensstandes zwischen den Verfahrensbeteiligten nach § 202 a StPO mit dem Ziel einer Verständigung stattgefunden haben (s. Rn. 147);
g) Etwaige Durchführung einer Verständigung (oder zu jeder anderen Zeit während laufender Hauptverhandlung, s. Rn. 152);
h) Der Angeklagte wird über seine Rechte belehrt (§ 243 V 1 StPO) und sofern er sich äußern möchte, zur Sache vernommen (§ 243 V 2 StPO, vgl. Rn. 170).
i) Anschließend erfolgt die weitere Beweisaufnahme mit der Vernehmung von Zeugen, der Verlesung von Urkunden, der Augenscheinseinnahme sowie der Erstattung des Gutachtens durch den Sachverständigen (§§ 244–257 StPO vgl. Rn. 189); innerhalb dieser wird der Angeklagte auch weiter zu seinen persönlichen Verhältnissen befragt und etwaige Vorstrafen werden erörtert, § 243 V 3, 4 StPO (vgl. Rn. 375);
j) Nach Schließung der Beweisaufnahme erhalten der Vertreter der Staatsanwaltschaft, der Nebenklagevertreter, der Angeklagte und dessen Verteidiger das Wort zu ihren Schlussvorträgen, § 258 I, III StPO (s. Rn. 385); zu den Besonderheiten im Jugendstrafverfahren vgl. § 67 JGG (s. Rn. 496);
k) Dem Angeklagten steht anschließend das letzte Wort zu, § 258 II Hs. 2 StPO (vgl. Rn. 392);
l) Das Gericht zieht sich zur geheimen Beratung und Abstimmung über Schuld und Strafe zurück, §§ 192–197 GVG (vgl. Rn. 395).
m) Die Hauptverhandlung endet mit der Verkündung der Urteilsformel und deren mündlicher Begründung (§§ 260, 268 StPO) und damit im Zusammenhang stehenden Beschlüssen (s. Rn. 402);
n) Im Anschluss sind die Verfahrensbeteiligten über ihre Rechtsmittel sowie deren Voraussetzungen zu belehren (s. Rn. 422). Bei jeder rechtsmittelfähigen Entscheidung erfolgt hierbei die entsprechende Belehrung, vgl. § 35 a StPO.

II. Anwesenheitspflichten und -rechte

1. Richter

10 a) Nach § 226 StPO erfolgt die Hauptverhandlung in ununterbrochener Gegenwart der zur Urteilsfindung berufenen Personen. Erforderlich ist damit die durchgehende Anwesenheit **aller Richter** des jeweiligen Spruchkörpers, also der (Berufs)Richter und ggf. der Schöffen. Anwesenheit meint hierbei körperliche, aber auch geistige Gegenwart. Schöffen üben während der Hauptverhandlung das Richteramt grundsätzlich in vollem Umfang aus, §§ 30 I, 77 I GVG, und sind damit Teil des erkennenden Gerichts iSv § 338 Nr. 1 StPO.

11 b) Jeder eine die Höchstdauer der Unterbrechung (vgl. § 229 StPO) überschreitende **Verhinderung eines Richters** (vgl. *HansOLG*, StraFo 2010, 381) führt zur Aussetzung der Verhandlung mit der Folge, dass später eine neue selbständige Verhandlung stattfinden muss.

12 c) Die **Ersetzung eines ausgefallenen Richters** während laufender Hauptverhandlung ist grundsätzlich nicht möglich. Ausnahmsweise treten im Falle der Verhinderung eines Richters Ergänzungsrichter (§ 192 II GVG) oder Ergänzungsschöffen (§ 192 III GVG) in das „Quorum" – die gesetzlich bestimmte Anzahl der Richter – ein, wenn deren Hinzuziehung zuvor durch den Vorsitzenden angeordnet worden war (vgl. § 192 II GVG; zu den Befugnissen der Ergänzungsrichter und -schöffen vgl. *Meyer-Goßner,* § 192 GVG Rn. 3).

13 Ob auch beim Amtsgericht neben Ergänzungsschöffen auch Ergänzungsrichter hinzugezogen werden können, ist streitig (vgl. *Meyer-Goßner,* § 192 GVG Rn. 3); diese Frage kann allerdings aus rechtspraktischen Gründen unbeantwortet bleiben. Die tatsächliche erhebliche Belastung der Strafrichter macht es unmöglich, als Ergänzungsrichter auch in anderen Abteilungen Teil des erkennenden Gerichts zu sein. Aus den gleichen Gründen laufen die Regelungen über das sog. erweiterte Schöffengericht (§ 29 II StPO) in der Praxis weitgehend leer.

14 d) Erscheint ein (Haupt)**Schöffe** zum Sitzungsbeginn nicht, wird zunächst die generelle Frist (Rn. 88) abgewartet werden. Gegebenenfalls wird der Vorsitzende schon diese Zeit nutzen und versuchen, über einen beauftragten Mitarbeiter der Geschäftsstelle telefonisch Verbindung zum Schöffen aufzunehmen.

Der Schöffe gilt nach § 54 II 2 GVG als nicht erreichbar, wenn die Frist ergebnislos verstrichen ist und sein Erscheinen nicht herbeigeführt werden kann (zB durch Polizei oder Gerichtswachtmeister), ohne dass der Beginn der Sitzung erheblich verzögert wird (dazu § 54 Rn. 7 ff.).

In diesem Falle ist der nächste erreichbare **Hilfsschöffe** (in der auf der Hilfsschöffenliste festgelegten Reihenfolge, § 49 GVG) heranzuziehen (§ 54 II 1 GVG). Die entsprechende Entscheidung ist unanfechtbar (§ 54 III 1 GVG). Dementsprechend kann auch kein absoluter Revisionsgrund nach § 338 Nr. 1 StPO vorliegen, soweit nicht der Vorsitzende die Besetzung des Gerichts willkürlich beeinflusst hat (vgl. *Meyer-Goßner,* § 54 GVG Rn. 10). Erscheint der Hauptschöffe zu späterer Zeit und findet noch eine weitere (andere) Schöffensitzung statt, entfällt der Verhinderungsfall für das später terminierte Verfahren und der Hauptschöffe wirkt an diesem mit (*Meyer-Goßner,* § 54 GVG Rn. 9). 15

Gegen den unentschuldigt nicht erschienenen Schöffen ist ein **Ordnungsgeld** festzusetzen (§ 56 I 1 GVG). Dieses beträgt nach Art. 6 I 1 EGStGB zwischen 5 und 1.000,– EUR. Zugleich sind die durch das Nichterscheinen verursachten **Kosten** dem ausgebliebenen Schöffen aufzuerlegen (§ 56 I 2 GVG). Einer vorherigen Anhörung des abwesenden Schöffen bedarf es auch mit Blick auf § 45 IV GVG nicht. Im Falle einer nachträglichen genügenden Entschuldigung kann die Entscheidung aufgehoben werden (vgl. § 54 II 2 GVG). 16

Vor Beginn der Sitzung sollten die Berufsrichter die Schöffen in groben Zügen über das anstehende Verfahren mündlich informieren, namentlich über die aus ihrer Sicht bestehenden oder zu erwartenden Besonderheiten oder Auseinandersetzungen mit anderen Verfahrensbeteiligten. Im Zuge einer längeren Verhandlung sollten ferner Verhandlungspausen genutzt werden, um den gegenwärtigen Stand aus Sicht der Berufsrichter zu resümieren. Dies kann auch derart eingeleitet werden, dass die Schöffen gebeten werden, ihre Eindrücke zu formulieren. So kann eine Überraschung im Rahmen der Schlussberatung (s. Rn. 387) vermieden und erkannt werden, wo Differenzen in der Wahrnehmung und Bewertung des Beweisergebnisses bestehen. Nach überkommener ständiger Rechtsprechung gilt, dass den Schöffen keine Akteninhalte zur Kenntnis zu geben sind (*Meyer-Goßner,* § 30 GVG Rn. 2). Ob diese gesetzlich nicht geregelte Beschränkung mit Blick auf § 261 StPO zwingend ist und weiterhin bestand haben sollte, kann hier dahinstehen; hinzuweisen ist lediglich auf jüngere Rechtsprechung, die in der praktischen Übung, gerade in komplexen Fällen, etwa des Wirtschaftsstrafrechts, den Schöffen eine Ablichtung des abstrakten und konkreten Anklagesatzes zur besseren Übersicht zur Verfügung zu stellen, keinen Befangenheitsgrund erblickt und gleiches auch nicht aus der Übergabe des wesentlichen Ergebnisses der Ermittlungen folgert: *EGMR,* NJW 2009, 2871, 2872; vgl. auch *BGH,* Beschl. v. 12. 1. 2011 – GSSt 1/10 Rn. 28; und v. 2. 11. 2010 – 1 StR 544/09 Rn. 5; zust. auch *Ellbogen*, DRiZ 2010, 136 ff. 17

2. Vertreter der Anklagebehörde

Eine personengebundene Anwesenheit eines bestimmten Staatsanwalts für die gesamte Dauer der Hauptverhandlung fordert § 226 StPO nicht. Im Hinblick auf die hierarchische Struktur der **Staatsanwaltschaft** (§§ 141 ff. GVG) ist lediglich die Gegenwart eines **Vertreters** der Anklagebehörde erforderlich. In einer Hauptverhandlung können mehrere Staatsanwälte nacheinander oder auch nebeneinander (mit Aufgabenteilung; § 227 Fall 1 StPO) tätig werden. 18

Für die Hauptverhandlung vor den Amtsgerichten ermöglicht es § 142 I Nr. 3, II GVG, dass **Amtsanwälte**, also Beamte des gehobenen Dienstes, die Vertretung der Staatsanwaltschaft wahrnehmen. Eine Vertretung vor dem Schöffengericht durch Amtsanwälte ist hingegen gesetzlich nicht vorgesehen (zur näheren Ausgestaltung der amtsanwaltschaftlichen Befugnisse vgl. Nrn. 19 ff. der Anordnung über Organisation und Dienstbetrieb der Staatsanwaltschaften, OrgStA). Zudem werden **Rechtsreferendare** mit den Aufgaben der Sitzungsvertretung bei den Amtsgerichten betraut, § 142 III GVG. 19

Aus organisatorischen Gründen ist es der Staatsanwaltschaft in den Massenverfahren vor dem Amtsgericht regelmäßig nicht möglich, den Anklageverfasser und damit zuständigen Dezernenten auch mit dem Sitzungsdienst zu betrauen. Die Verfahrenskenntnis des Sitzungsvertreters erstreckt sich daher häufig nur auf die Handakte. Deren Inhalt ist jedoch überwiegend nur fragmentarisch und beschränkt sich auf die Anklageschrift und einen Auszug aus dem staatsanwaltschaftlichen Verfahrensregister. Sachdienlich kann im Einzelfall die Bitte an die Staatsanwaltschaft sein, den Dezernenten selbst zum Sitzungsdienst einzuteilen. 20

Behördeninterne Weisungen der Staatsanwaltschaft können in der Hauptverhandlungen telefonische Rücksprachen des Sitzungsvertreters mit dem zuständigen Dezernenten notwendig machen. Auf prozessuale Erklärungen des Sitzungsvertreters haben sie allerdings keine Auswirkungen, da sie nur für das Innverhältnis bindend sind (*Meyer-Goßner,* § 146 GVG Rn. 8). Ordnungsmittel zur Sicherstellung der Anwesenheit eines Beamten der **Staatsanwaltschaft** sehen weder die Strafprozessordnung noch das Gerichtsverfassungsgesetz vor. Da es sich regelmäßig um ein bloßes Versehen der zuständigen Stellen handeln wird, kann der Vorsitzende erhebliche Verzögerungen der Hauptverhandlung lediglich durch schnelle Verbindungsaufnahme zu verhindern suchen. 21

3. Urkundsbeamter

22 Ein Urkundsbeamter der Geschäftsstelle hat gemäß § 226 I StPO in der Hauptverhandlung **ununterbrochen anwesend** zu sein. Er kann in der laufenden Hauptverhandlung, namentlich auch am selben Hauptverhandlungstag, **ausgetauscht** werden; dies ist mit der genauen Zeit der Protokollübergabe in das Hauptverhandlungsprotokoll aufzunehmen. Die **Bedeutung des Urkundsbeamten** für die Hauptverhandlung wird – auch vom Gesetzgeber – unterschätzt:

23 Dem Urkundsbeamten obliegt die Dokumentation der Hauptverhandlung durch das **Hauptverhandlungsprotokoll**. Dieses stellt die wesentliche Prüfungsgrundlage im Revisionsrechtszug dar und ist vom Urkundsbeamten ebenso wie vom Vorsitzenden eigenhändig zu unterzeichnen, § 271 I StPO. Nur nebenbei: Die zumeist von Verteidigerseite geäußerte Befürchtung, dass der Urkundsbeamte das Protokoll bereits auf Zuruf des Vorsitzenden in dessen Sinne berichtigt und unter Anwendung höchstrichterlicher Vorgaben für die Protokollberichtigung (vgl. *Meyer-Goßner,* § 271 Rn. 26 ff.; s. Rn. 420, 431) einer erhobenen Revisionsrüge den Boden entzieht, hat sich in der Praxis bisher nicht bestätigt (vgl. hierzu nur *BGH,* NJW 2009, 3248). Ordnungsmittel zur Sicherstellung der Anwesenheit eines Urkundsbeamten der Geschäftsstelle sehen weder die Strafprozessordnung noch das Gerichtsverfassungsgesetz vor. Da es sich regelmäßig um ein bloßes Versehen der zuständigen Stellen handeln wird, kann der Vorsitzende erhebliche Verzögerungen der Hauptverhandlung lediglich durch schnelle Verbindungsaufnahme zu verhindern suchen.

24 Zu der hervorgehobenen rechtlichen Bedeutung des Urkundsbeamten tritt die durch ihn bewirkte erhebliche Entlastung des Vorsitzenden in tatsächlicher Hinsicht: Der Vorsitzende ist regelmäßig bereits durch die seine volle Konzentration einfordernde Verhandlungsleitung ausgelastet. Er hat darauf zu achten, die Verfahrensherrschaft im Verhandlungssaal auch in konfliktreichen Prozesssituationen zu behalten, sämtliche Förmlichkeiten zu beachten und seinen Fürsorgepflichten gegenüber den Verfahrensbeteiligten zu entsprechen. Er kann daher ersichtlich die Protokollierung während der Hauptverhandlung nicht überwachen oder gar in persona vornehmen. Die Regelung des § 226 II StPO ist daher verfehlt und findet in der Praxis zu Recht keine Anwendung.

4. Angeklagter

25 Der Angeklagte hat grundsätzlich eine Anwesenheitspflicht während der Hauptverhandlung, § 230 I StPO. Das **Anwesenheitspostulat** wird nur in wenigen Fällen durchbrochen:

26 a) Ist der Angeklagte schuldhaft, dh **eigenmächtig ausgeblieben** (*Meyer-Goßner,* § 232 Rn. 11; s. auch Rn. 28 ff.) kann in Strafsachen von geringer Bedeutung, nämlich dann, wenn nur Geldstrafe bis zu einhundertachtzig Tagessätzen, Verwarnung mit Strafvorbehalt, Fahrverbot, Verfall, Einziehung, Vernichtung oder Unbrauchbarmachung allein oder nebeneinander zu erwarten sind, die Hauptverhandlung insgesamt auch ohne ihn durchgeführt werden (§ 232 I StPO). Voraussetzung ist, dass der Angeklagte in der ordnungsgemäßen (aber nicht durch öffentliche Zustellung erfolgten) Ladung bereits darauf hingewiesen worden ist, dass in seiner Abwesenheit verhandelt werden kann (§ 232 I 1, II StPO).

27 b) In Strafverfahren mit schwerwiegenderen Vorwürfen kann der **Angeklagte auf Antrag** von seiner Pflicht zum Erscheinen in der Hauptverhandlung **entbunden** werden, § 233 StPO. Gegen den Angeklagten darf in einem derartigen Abwesenheitsverfahren über die in § 232 StPO genannten Rechtsfolgen hinaus auch Freiheitsstrafe bis zu sechs Monaten verhängt werden. Vor der Hauptverhandlung bedarf es der Vernehmung des Angeklagten zur Anklage durch einen beauftragten oder ersuchten Richter (§ 233 II 1 StPO). Der vernehmende Richter belehrt den Angeklagten über die in einer Hauptverhandlung in seiner Abwesenheit zulässigen Rechtsfolgen und fragt, ob der Antrag auf Entbindung aufrechterhalten bleiben soll (§ 233 II 2 StPO). Das so erstellte richterliche Protokoll wird in der späteren Hauptverhandlung verlesen (§ 233 III 2 StPO).

28 c) Nach § 231 StPO kann die Hauptverhandlung auch fortgeführt werden, wenn der Angeklagte zu einem **Fortsetzungstermin ausbleibt** oder sich aus der laufenden Hauptverhandlung entfernt, wenn er über die Anklage schon zur Sache vernommen worden war und das Gericht seine weitere Anwesenheit nicht für erforderlich erachtet. Voraussetzung ist weiterhin, dass sich der Angeklagte eigenmächtig entfernt oder eigenmächtig ausbleibt, also dass er ohne Rechtfertigungs- oder Entschuldigungsgründe wissentlich seiner Anwesenheitspflicht nicht genügt (*BGHSt* 37, 249, 251, 255, zum eigenmächtigen Entfernen durch Suizidversuch vgl. *BGH,* Beschl. v. 25. 11. 2011 – 1 StR 631/10). Eigenmächtig handelt deshalb nicht der sein Erscheinen verweigernde inhaftierte Angeklagte, weil dieser jederzeit mittels durch den Vorsitzenden anzuordnenden Zwangsmaßnahmen vorgeführt werden kann (vgl. *BGH,* NJW 1977, 1928; NStZ 1993, 446). Sollte er sich danach ungebührlich benehmen, hat er sein Anwesenheitsrecht verwirkt und kann nach § 231 b StPO, § 177 GVG entfernt werden (s. Rn. 333). Ferner handelt nicht eigenmächtig derjenige Angeklagte, der in der Fortsetzungsverhandlung ausbleibt, ohne ordnungsgemäß geladen worden zu sein. Einer ausdrücklichen Belehrung über diese Möglichkeit des Prozessie-

rens in Abwesenheit ist nicht erforderlich (*BGH,* NJW 2000, 2830). Die Anwesenheit eines nicht verteidigten Angeklagten ist stets erforderlich, wenn ein rechtlicher Hinweis gegeben werden muss. Das Gericht sollte seine Entscheidung, in Abwesenheit des Angeklagten weiterzuverhandeln, durch einen Gerichtsbeschluss deutlich machen; zwingend ist dieser indes nicht (LR-*Becker,* § 231 Rn. 31).

d) Ohne Beschränkung auf ein bestimmtes zu erwartendes Strafmaß lässt es § 231 a StPO zu, bei **herbeigeführter Verhandlungsunfähigkeit** in Abwesenheit des Angeklagten zu verhandeln. Um so zu verfahren, müssen allerdings enge Voraussetzungen erfüllt sein. Dass sich der Angeklagte vorsätzlich und schuldhaft in einen seine Verhandlungsfähigkeit ausschließenden Zustand versetzt hat, genügt noch nicht. Er muss vielmehr wissentlich die Durchführung oder Fortsetzung der Hauptverhandlung in seiner Gegenwart verhindern. Zudem bedarf es der vorherigen Anhörung eines Arztes als Sachverständigen (§ 231 a III 1 StPO). Liegen alle Voraussetzungen vor, kann das Gericht die Hauptverhandlung durchführen oder fortsetzen, auch wenn der Angeklagte noch nicht über die Anklage vernommen worden ist (§ 231 a I 1 StPO), sofern er nach Eröffnung des Hauptverfahrens Gelegenheit gehabt hat, sich vor dem Gericht oder einem beauftragten Richter zur Anklage zu äußern (§ 231 a I 2 StPO). 29

e) Will sich der erschienene Angeklagte später im Verlauf der Hauptverhandlung entfernen, kann der Vorsitzende dies durch geeignete Maßnahmen verhindern, § 231 I 2 StPO. Der Angeklagte kann beispielsweise durch einen – soweit vorhanden und nicht anderweitig, etwa mit dem Aktenzutrag, ausgelastet – Wachtmeister durchgehend bewacht oder sogar gefesselt werden (*Meyer-Goßner,* § 231 Rn. 2). Bei Unterbrechung der Verhandlung ist zusätzlich die Ingewahrsamnahme (auch über Nacht) – meist in einer Justizvollzugsanstalt – möglich (*Meyer-Goßner,* § 231 Rn. 3). Nicht selten wird in einem derartigen Verhalten zugleich der Haftgrund der Fluchtgefahr zu sehen sein (§ 112 II Nr. 2 StPO). 30

f) Nach § 231 c StPO kann bei einer Hauptverhandlung gegen mehrere Angeklagte einzelnen Angeklagten gestattet werden, sich während einzelner Teile der Verhandlung zu entfernen, wenn sie von diesen Verhandlungsteilen nicht betroffen sind. 31

g) Nach § 247 S. 1 StPO kann das Gericht anordnen, dass sich der Angeklagte während einer Vernehmung aus dem Sitzungssaal entfernt, wenn zu befürchten ist, ein Mitangeklagter oder ein Zeuge werde bei seiner Vernehmung in Gegenwart des Angeklagten nicht die Wahrheit sagen (zu den durch den Zeugenschutz veranlassten Maßnahmen s Rn. 223 ff., 227). Die vorübergehende Entfernung des Angeklagten kann ferner nach § 177 GVG durch den Vorsitzenden angeordnet werden, wenn der Angeklagte die Hauptverhandlung stört (vgl. Rn. 333). 32

h) Von der Möglichkeit, die Hauptverhandlung in Abwesenheit des Angeklagten durchzuführen, sollte nur zurückhaltend Gebrauch gemacht werden: Im Zuge von Abwesenheitsverhandlungen können dem Richter leicht revisible Rechtsfehler unterlaufen. Darüber hinaus kann er sich von einem anwesenden Angeklagten einen wesentlich besseren persönlichen Eindruck verschaffen. Im Übrigen beeindruckt eine erlebte, öffentliche Hauptverhandlung und die damit einhergehende Stigmatisierung Angeklagte regelmäßig mehr, als die spätere Zustellung der schriftlichen Urteilsgründe. 33

i) Ist der Angeklagte, dessen Anwesenheit in der Hauptverhandlung notwendig ist (s. Rn. 88), nach Abwarten der Verspätungsfrist nicht erschienen, muss zunächst geklärt werden, ob er **entschuldigt** ist. Entscheidend ist hierbei die Bewertung der (häufig telefonisch) vorgetragenen Umstände durch das Gericht (*BGHSt* 17, 391, 396 f., zu § 329 StPO, wobei eine weite Auslegung geboten sein soll; iÜ *Meyer-Goßner,* § 230 Rn. 16); eine bloße Entschuldigung genügt nie. Notwendig werdende Überprüfungen können im Wege des Freibeweises erhoben werden (*Meyer-Goßner,* § 329 Rn. 19 mwN). 34

Verständliche Angst vor dem Termin entschuldigt nicht, selbst bei Gefahr, in Vollstreckungshaft genommen zu werden (zu letzterer *Meyer-Goßner,* § 329 Rn. 25). Krankheit wirkt nur entschuldigend, soweit sie nach Art und Auswirkungen eine Beteiligung an der Hauptverhandlung unzumutbar macht (*Meyer-Goßner,* § 329 Rn. 26). Heilsam ist hierbei gelegentlich die sofortige Beauftragung des gerichtsärztlichen Dienstes, der unter Mithilfe der Polizei den Angeklagten aufsucht und dem Vorsitzenden alsdann (telefonisch) Bericht erstattet. Ist die Krankheit nur vorgetäuscht oder aber geringfügiger Natur, kann die Vorführung nach § 230 II Alt. 1 StPO angeordnet werden, die auch sofort durchsetzbar ist. Berufliche (zB Wahrnehmung von Geschäftsterminen; fraglich bei Arbeitsantritt nach langjähriger Erwerbslosigkeit, vgl. *Meyer-Goßner,* § 329 Rn. 28) oder private Angelegenheiten (zB Urlaubsreisen) haben regelmäßig keine entschuldigende Wirkung (iE vgl. *Meyer-Goßner,* § 329 Rn. 28; zum in Haft befindlichen Angeklagten Rn. 28). Kraftfahrzeugpannen entschuldigen regelmäßig, nicht aber Parkschwierigkeiten bei Gericht (vgl. *Meyer-Goßner,* § 329 Rn. 27). Unentschuldigt ausgeblieben ist auch der Angeklagte, der betrunken oder unter Einfluss von Drogen, also in nicht verhandlungsfähigem Zustand erschienen ist (*Meyer-Goßner,* § 230 Rn. 15, § 329 Rn. 14). 35

Ist der Angeklagte ausreichend entschuldigt, wird die Hauptverhandlung ausgesetzt und neuer Termin bestimmt (falls dies schon möglich ist; sonst ist als Teil des Aussetzungsbeschlusses *„Neuer Termin von Amts wegen"* zu verkünden). 36

Maßnahmen gegen den unentschuldigt nicht erschienenen Angeklagten erfordern, dass dieser ordnungsgemäß geladen worden ist (*Meyer-Goßner,* § 230 Rn. 18). Die Ladung muss, soweit der Ange- 37 klagte nicht inhaftiert ist (dann Bekanntmachung nach § 216 II 1 iVm § 35 StPO), schriftlich unter Zwangsandrohung (§ 216 I 1 StPO) per Zustellung erfolgt sein (§§ 35 II, 36, 37 StPO iVm §§ 166–213 a ZPO). Die Zustellungswirkung wird auch durch Ersatzzustellung mittels Niederlegung bei der Post erreicht (§ 182 ZPO), wenn zuvor eine Zustellung in der Wohnung versucht oder dort eine Benachrichtigung über die Niederlegung hinterlassen worden ist (regelmäßig durch Einwurf in den Briefkasten oder ähnliche Behältnisse, die einen Zugang erwarten lassen (vgl. *Meyer-Goßner,* § 37 Rn. 13).

38 Als mildeste Form auf das unentschuldigte Nichterscheinen des Angeklagten zu reagieren, sieht die in der Praxis bedeutsame Vorschrift des § 408 a StPO die Möglichkeit vor, bei Verfahren vor dem Strafrichter und dem Schöffengericht in das Strafbefehlsverfahren überzugehen (s. Rn. 472).

39 Will das Gericht hingegen nicht ohne den Angeklagten verhandeln, kann entweder die Vorführung (§ 230 II Alt. 1 StPO) angeordnet oder aber ein Haftbefehl (§ 230 II Alt. 2 StPO) erlassen werden. Über den Erlass eines Haft- oder Vorführungsbefehls hat das Gericht im Beschlusswege sowohl während einer laufenden Hauptverhandlung vor dem Amts- oder Landgericht als auch außerhalb einer unterbrochenen Hauptverhandlung immer in der Besetzung der Strafkammer außerhalb der Hauptverhandlung zu entscheiden (also ohne Schöffen durch drei Berufsrichter, vgl. § 76 I 2 GVG, vgl. *BGH,* Beschl. v. 11. 1. 2011 – 1 StR 648/10; aA *Meyer-Goßner,* § 230 Rn. 24). Kann das Gericht in der Hauptverhandlung die Frage der Entschuldigung nicht in ausreichender Weise überprüfen, wird verkündet, dass Zwangsmaßnahmen gegen den nicht erschienenen Angeklagten vorbehalten bleiben. Nach Prüfung der Nachweise entscheidet das Gericht dann außerhalb der Hauptverhandlung über die Verhängung von Maßnahmen. Vorführungs- und Haftbefehl ergehen von Amts wegen, unabhängig von einem (auch gegenteiligen) Antrag der Staatsanwaltschaft, der allerdings, wie auch allen anderen Verfahrensbeteiligten, vor Erlass nach § 33 I StPO rechtliches Gehör zu gewähren ist.

40 Zum Inhalt des Vorführungsbefehls vgl. § 134 II StPO. Eines dringenden Tatverdachts bedarf es hier nicht.

41 Der Vorführungsbefehl wird nach § 36 II 1 StPO über die Staatsanwaltschaft durch die Polizei vollstreckt. Die unmittelbare Beauftragung der Polizei durch das Gericht ist aber zulässig. Zeitlich darf die Vorführung nur so früh vollstreckt werden, dass ausreichende Gelegenheit besteht, den Angeklagten zum Sitzungssaal zu bringen. Andererseits wird insbesondere bei berufstätigen Angeklagten, die ihre Wohnung regelmäßig in den Morgenstunden verlassen, eine zeitlich späte Vollstreckung der Vorführung ergebnislos bleiben. Deshalb muss es bei Erlass des Vorführungsbefehls zulässig sein, zugleich die Ergreifung des Angeklagten zur Nachtzeit anzuordnen (entsprechend § 104 III StPO umfasst die Nachtzeit in der Zeit vom 1. 4. bis 30. 9. den Zeitraum von 21.00 bis 4.00 Uhr, in der Zeit vom 1. 10. bis 31. 3. die Zeit von 21.00 bis 6.00 Uhr). Dies gebietet auch der Verhältnismäßigkeitsgrundsatz, da bei einer erfolglosen Vorführung nahezu zwangsläufig ein Haftbefehl zu erlassen wäre (zur Verpflichtung des Gerichts, Zwangsmittel anzuwenden, wenn anders das Verfahren nicht durchgeführt werden kann vgl. *HansOLG,* GA 1961, 177, 178).

42 Der Haftbefehl nach § 230 II StPO hat lediglich zur Voraussetzung, dass der Angeklagte unentschuldigt nicht erschienen ist. Es bedarf auch hier weder eines dringenden Tatverdachts noch eines Haftgrundes nach den §§ 112, 112 a StPO (*Meyer-Goßner,* § 230 Rn. 21). Diese Maßnahme ist auch möglich, wenn der Angeklagte in verhandlungsunfähigem Zustand erschienen ist (Rn. 35). Da der Haftbefehl nach § 230 II StPO ausschließlich dazu dient, die Durchführung des Verfahrens zu sichern, kann er auch in Fällen von Bagatellkriminalität erlassen werden. Vollstreckt wird er über Vermittlung der Staatsanwaltschaft durch die Polizei (§ 36 II 1 StPO). Bei Ergreifung gelten die §§ 114 a, 114 b, 115, 115 a, 116 StPO entsprechend (beim verhandlungsunfähig erschienenen Angeklagten wird sofort im Sitzungssaal vollstreckt).

43 Die Hauptverhandlung gegen den dieserart in Haft genommenen Angeklagten ist alsbald durchzuführen (*Meyer-Goßner,* § 230 Rn. 23). Auch die Aussetzung des Vollzuges nach § 116 StPO („Verschonungsbeschluss“) ist möglich. Mit Beendigung der Hauptverhandlung verliert der Haftbefehl nach § 230 II StPO im Hinblick auf seinen Sicherungszweck jegliche Wirkung (Rn. 422 f.); einer ausdrücklichen Aufhebungsentscheidung bedarf es nicht, dieser kommt nur deklaratorische Wirkung zu.

44 j) Zu den besonderen Verfahrensarten und zum Berufungsverfahren vgl. Rn. 472 ff.

5. Verteidigung

45 Der Anwesenheit eines Verteidigers bedarf es nur, wenn ein Fall der **notwendigen Verteidigung** nach § 140 StPO vorliegt. Das ist etwa der – praktisch besonders häufige – Fall bei erstinstanzlicher Hauptverhandlung vor dem Landgericht oder Oberlandesgericht (§ 140 I Nr. 1 StPO), bei einem angeklagten Verbrechensvorwurf (§ 140 I Nr. 2 StPO) oder wenn Untersuchungshaft oder einstweilige Unterbringung vollstreckt werden (§ 140 I Nr. 4 StPO).

46 Über den Katalog des § 140 I StPO hinaus, ist die Verteidigung auch notwendig, wenn die Schwere der Tat oder Schwierigkeit der Sach- und Rechtslage dies gebieten (§ 140 II StPO). Für die **Schwere der Tat** ist im Wesentlichen die erwartete Rechtsfolgenentscheidung von Bedeutung (*BGHSt* 6, 199). Als unstreitig ist bislang von der Rechtsprechung angesehen worden, dass ohne Mitwirkung eines Verteidi-

gers nicht mehr als ein Jahr Freiheitsstrafe verhängt werden darf. Dies gilt auch, wenn diese Strafhöhe erst durch eine (nachträglich) einzubeziehende Gesamtstrafe erreicht wird (vgl. *Meyer-Goßner,* § 140 Rn. 23). Bei Verhandlungen vor dem Schöffengericht ist daher stets ein Verteidiger zu bestellen. Das Merkmal der Schwere der Tat ist gegeben, wenn dem Angeklagten über die Verurteilung hinaus schwerwiegende Nachteile drohen, beispielsweise die Entlassung aus dem Beamtenverhältnis (Einzelbeispiele bei *Meyer-Goßner,* § 140 Rn. 25).

Die Sach- oder Rechtslage ist **schwierig,** wenn der Angeklagte, der selbst kein Recht auf Einsicht in 47 die Ermittlungsakten hat (vgl. § 147 StPO; vgl. aber zur Befugnis, Ablichtungen einzufordern § 147 VII StPO), dem Verlauf der Beweisaufnahme nur schwer folgen und deren Konsequenz kaum abschätzen kann. Das ist beispielsweise gegeben bei Hauptverhandlungen von mehrtägiger Dauer mit mehreren Zeugen, der Notwendigkeit von komplizierten Indizienbeweisen oder auch der Prüfung innerbetrieblicher Vorgänge (häufig in Wirtschaftsstrafsachen; zu alledem vgl. *Meyer-Goßner,* § 140 Rn. 26). Auch die Verteidigungsfähigkeit des Angeklagten ist hierbei zu berücksichtigen. Bloße Verständigungsschwierigkeiten bei ausländischen Angeklagten vermögen indes regelmäßig durch die Mitwirkung eines Dolmetschers in der Hauptverhandlung kompensiert zu werden (str., vgl. die zahlreichen Nachweise bei *Meyer-Goßner,* § 140 Rn. 30 a). Von einer Schwierigkeit der Sach- oder Rechtslage wird hier aber regelmäßig früher auszugehen sein als bei einem deutschsprachigen Angeklagten. Sofern ein Verletztenbeistand (§ 406 g StPO) oder ein Nebenklagevertreter (§ 397 a StPO) am Verfahren beteiligt ist, liegt regelmäßig zur Gewährleistung der Waffengleichheit ein Fall der notwendigen Verteidigung vor, § 140 II S. 1 StPO.

Zuständig für die Entscheidung, welcher Verteidiger dem Beschuldigten zu bestellen ist, ist der Vor- 48 sitzende (vgl. § 141 I, IV Hs. 1 StPO). In seiner Auswahlentscheidung ist er indes nicht frei. Nach § 142 I StPO muss es sich zunächst um eine als Verteidiger wählbare Person handeln, also um einen zugelassen Rechtsanwalt, einen deutschen Hochschullehrer oder einen Rechtsreferendar. Zudem hat der Vorsitzende grundsätzlich dem Vorschlag des Angeklagten, einen von diesem benannten Rechtsanwalt beizuordnen, zu entsprechen (vgl. § 142 I StPO). Dabei ist zwar weitgehend anerkannt, dass dem Beschuldigten kein unbedingter Anspruch auf Beiordnung des gewünschten Verteidigers zusteht. Da allerdings das Vertrauensverhältnis zwischen Verteidiger und Beschuldigten eine wesentliche Voraussetzung für eine sachdienliche Verteidigung ist, entspricht es allgemeiner Ansicht, dass der vom Beschuldigten gewünschte Verteidiger beizuordnen ist, wenn dem nicht wichtige Gründe entgegenstehen. Benennt der Beschuldigte allerdings keinen Verteidiger, so verbleibt es bei dem richterlichen Auswahlermessen. Die Entscheidung hat sich an der Gewährleistung einer wirksamen Verteidigung zu orientieren und unter anderem spezielle Fach- aber auch Sprachkenntnisse zu berücksichtigen (vgl. *Meyer-Goßner,* § 142 Rn. 9 ff.; *Wenske,* NStZ 2010, 479, 480). Dem Wunsch des Angeklagten auf Beiordnung eines bestimmten Rechtsanwalts kann – zumal in Verfahren gegen mehrere Angeklagte und/oder solchen mit vollstreckter Untersuchungshaft und weitgehender Austerminierung der Strafkammer – der Beschleunigungsgrundsatz entgegenstehen (vgl. *Meyer-Goßner,* § 142 Rn. 9 a).

Im Übrigen hat der Angeklagte stets die Möglichkeit, sich bis zu dreier Wahlverteidiger zu bedienen 49 (§ 137 I 1 StPO).

In Verfahren größeren Umfanges ist die Beiordnung neben dem Wahlverteidiger zur Sicherung einer 50 zügigen Verhandlungsführung zulässig und im Einzelfall sogar geboten („Sicherungsverteidiger", vgl. *Meyer-Goßner,* § 141 Rn. 1 a).

Erscheint der Verteidiger nicht, hat der Angeklagte im Falle nicht notwendiger Verteidigung (s. 51 Rn. 46 ff.) keinen Anspruch auf Aussetzung der Verhandlung (§ 228 II StPO). Über die auch in dieser Konstellation grds. zuzubilligende Wartefrist (s. Rn. 88; auch *Meyer-Goßner,* § 228 Rn. 11 mwN) hinaus, kann sich ein zusätzliches Abwarten oder gar die Aussetzung allenfalls aus dem Grundsatz des fairen Verfahrens ergeben (*Meyer-Goßner,* § 228 Rn. 10).

Ein Aussetzungsantrag des Angeklagten, der sich nicht ohne Verteidiger in die Hauptverhandlung be- 52 geben will, wäre auch nach § 265 IV StPO möglich (zum Nichterscheinen des Verteidigers als „veränderte Sachlage" vgl. die Nachw. bei *Meyer-Goßner,* § 265 Rn. 42 a). Im Hinblick auf die klare Regelung des § 228 II StPO sollte § 265 IV StPO indes nur ausnahmsweise Anwendung finden. Stets werden hierbei als Beurteilungskriterien die Bedeutung der Sache, die Schwierigkeit der Rechtslage, die Fähigkeit des Angeklagten sich selbst zu verteidigen und auch die Dauer der Verhinderung des Verteidigers Berücksichtigung finden müssen (*Meyer-Goßner,* § 265 Rn. 43). Der eine Aussetzung ablehnende Gerichtsbeschluss (§ 238 II StPO) ist nach § 305 S. 1 StPO unanfechtbar (*Meyer-Goßner,* § 228 Rn. 16).

Bleibt der Verteidiger im Falle notwendiger Verteidigung aus, ist dem Angeklagten – nach Verstrei- 53 chen der Wartezeit – sogleich ein **anderer Verteidiger beizuordnen** (§ 145 I StPO). Dies wird in der Praxis häufig ohne Unterbrechung der Verhandlung oder Aussetzung (vgl. auch § 145 I 2 StPO) nicht möglich sein. Eine Mär dürften die Konstellationen darstellen, in denen Vorsitzende einen zufällig im Gerichtsgebäude anwesenden Rechtsanwalt verpflichten, um sodann mit diesem „zu verhandeln". Ein solches Vorgehen ist mit dem Ansehen und der Fürsorgepflicht des Gerichts unvereinbar. Es korrespondiert freilich auch nicht mit der Beistandsverpflichtung eines Rechtsanwalts. Dieser müsste zur Abwendung einer ihm aufgezwungenen Verhandlung unmittelbar nach seiner Beiordnung eine Unterbrechung oder Aussetzung der Verhandlung beantragen und damit die zur Vorbereitung der Verteidigung erforderliche Zeit einfordern (§ 145 III StPO). Das Gericht, das nach pflichtgemäßem Ermessen entscheidet (*Meyer-Goßner,* § 145 Rn. 12), wird die Verhandlung zumindest unterbrechen müssen. Im Übrigen kann auch hier eine Aussetzung nach § 265 IV StPO geboten sein (*BGH*, NJW 1965, 2164; NStZ 1981, 231). Zum Antrag auf Unterbrechung wegen unzureichender Vorbereitung eines vor der Hauptverhandlung bestellten Verteidigers vgl. *BGH*, NStZ 2009, 650).

54 Muss im Falle notwendiger Verteidigung durch ein Verschulden des Pflicht- wie Wahlverteidigers (*Meyer-Goßner,* § 145 Rn. 17) die Verhandlung ausgesetzt werden, so sind dem Verteidiger die durch die Aussetzung verursachten **Kosten** aufzuerlegen (§ 145 IV StPO). Auf andere Fälle von Verteidigerverschulden soll diese Vorschrift nicht entsprechend anwendbar sein (vgl. *Meyer-Goßner,* § 145 Rn. 18). Es erscheint jedoch beispielsweise sachgerecht, einem Verteidiger, der die ihm kurz vor dem Termin zur Einsicht überlassene Ermittlungsakte in seinem Büro vergessen hat, die Kosten nach § 145 IV StPO aufzubürden, da in einem derartigen Fall das Gericht die Aussetzung wird beschließen müssen (soweit nicht eine bloße Unterbrechung möglich ist, s. Rn. 366 ff.).

55 Wenn der Wahlverteidiger seine Beiordnung beantragt und „für den Fall“ notwendiger Verteidigung das Mandat niederlegt, wird das Gericht dem regelmäßig folgen müssen.

6. Dolmetscher

56 a) Nach § 184 GVG darf die Hauptverhandlung nur in deutscher Sprache geführt werden. Dementsprechend ist die Anwesenheit eines Dolmetschers erforderlich, wenn unter Beteiligung von Personen verhandelt wird, die der deutschen Sprache nicht mächtig sind (§ 185 I 1 GVG). Der Dolmetscher soll den Prozessverkehr zwischen dem Gericht und den Verfahrensbeteiligten dadurch ermöglichen, dass er die zum Verfahren abgegebenen mündlichen oder schriftlichen Erklärungen durch Übertragung in eine andere Sprache verständlich macht (vgl. *Kranjcic,* „… dass er treu und gewissenhaft übertragen werde“ [2010], S. 13). Der nicht deutschsprachige Angeklagte (§ 187 I GVG) und Nebenkläger (§ 187 II GVG) haben Anspruch auf ununterbrochene Gegenwart eines Dolmetschers. Hinsichtlich der Schlussvorträge wird die Pflicht aus §§ 185, 186 GVG durch § 259 StPO eingeschränkt; dem Angeklagten sind „mindestens“ die Schlussanträge der Staatsanwaltschaft und des Verteidigers sowie des Nebenklägers (vgl. SK-*Schlüchter,* § 259 Rn. 4) bekanntzumachen nicht aber der gesamte Schlussvortrag. Ob der Nebenkläger, den § 259 StPO unerwähnt lässt, gar einen weitergehenden Anspruch hat, dürfte fernliegen, wird aber durch den Wortlaut – der den 2004 [BGBl. I S. 1354] eingeführten § 187 II GVG anscheinend unberücksichtigt lässt – nicht ausgeschlossen. Sind Angeklagter und Nebenkläger nur teilweise der deutschen Sprache mächtig, liegt es im pflichtgemäßen Ermessen des Gerichts zu bestimmen, in welchem Umfang mit einem Dolmetscher verhandelt wird (vgl. *Meyer-Goßner,* § 185 GVG Rn. 6 mwN). Wird ein nicht deutschsprachiger Zeuge vernommen, genügt es, wenn der Dolmetscher lediglich währenddessen sowie während der Belehrung und einer etwaigen Vereidigung mitwirkt.

57 b) Keine Dolmetschertätigkeit stellt die Tätigkeit eines **Übersetzers** dar. Dieser wird hinzugezogen, wenn lediglich der Sinn einer außerhalb des Prozessverkehrs abgegebenen und als Beweismittel verwendeten fremdsprachigen Erklärung zu ermitteln ist (vgl. LR-*Wickern,* GVG, § 185 Rn. 1). Bedarf es zur Ermittlung des Sinnes einer zulässigerweise verlesbaren fremdsprachigen Urkunde in Ermangelung eigener Sprachkunde des Gerichts der Zuziehung eines Sprachkundigen in der Hauptverhandlung und überträgt dieser sie erst in der Hauptverhandlung oder verliest er eine vorher angefertigte Übersetzung in der Hauptverhandlung, so wird er insoweit als Sachverständiger tätig. Als Übersetzer- und damit Sachverständigentätigkeit gilt etwa auch die Herstellung einer deutschen Fassung der Niederschrift eines nach § 100 a StPO aufgezeichneten fremdsprachigen Telefongesprächs. Sowohl der Übersetzer wie auch der Sprachkundige sind dann gem. §§ 72, 57 StPO zu belehren und gem. § 79 StPO ist über die Frage der Vereidigung zu entscheiden (s. Rn. 92 ff.; vgl. LR-*Wickern,* GVG, § 185 Rn. 1). Das gleichzeitige Tätigwerden als Dolmetscher und Sachverständiger ist unbedenklich.

58 c) Die **Auswahl** des Dolmetschers obliegt dem Vorsitzenden im Rahmen seiner Verhandlungsleitung. In konfliktgeladenen Verfahren bietet es sich an, die Verfahrensbeteiligten zur beabsichtigten Dolmetscherbestellung anzuhören. Zu vermeiden ist in diesen Fällen tunlichst ein schon im Ermittlungsverfahren für die Strafverfolgungsbehörden tätiger Dolmetscher. Bei langen Sitzungstagen ist zu berücksichtigen, dass die Konzentrationsfähigkeit des Dolmetschers begrenzt ist, so dass ggf. mehrere sich abwechselnde Dolmetscher zu bestellen sind.

59 d) Ordnungsmittel zur Sicherstellung der Anwesenheit des Dolmetschers sehen weder die Strafprozessordnung noch das Gerichtsverfassungsgesetz vor. Dem **unentschuldigt ausgebliebenen** Dolmetscher sollten jedenfalls die durch sein Ausbleiben entstandenen Kosten auferlegt werden (ebenso, allerdings ohne nähere Begründung: OK-*Monka,* § 77 Rn. 1 und *Meyer-Goßner,* § 185 GVG Rn. 7, dort auch Nachweise zur anderen Auffassung der hM). Ob dies in entsprechender Anwendung des § 77 GVG iVm § 191 GVG geschieht, weil eine Tätigkeit des Dolmetschers kraft Hoheitsakts angenommen wird, oder ob darin – was sich nachgerade aufdrängt – eine Schadensersatz begründende Pflichtverletzung des

zwischen Gericht und Dolmetscher geschlossenen öffentlich-rechtlichen Vertrags zu sehen ist (dazu *F. Becker*, Die Haftung der Dolmetscher und Übersetzer [2001], S. 126 ff.), mag hier dahin stehen. Gleichwohl: Eine ausdrückliche gesetzliche Regelung wäre angesichts der seit langem hierüber geführten Kontroverse wünschenswert. Die Verhängung eines Ordnungsgeldes entsprechend § 77 I 2 StPO im Rahmen von Art. 6 I 1 EGStGB dürfte mangels Rechtsgrundlage für diese Maßnahme mit Strafcharakter hingegen eindeutig unzulässig sein (vgl. auch *Meyer-Goßner*, § 185 GVG Rn. 7).

7. Zeuge

a) Vom Gericht geladene Zeugen sind zur Anwesenheit an der Gerichtsstelle vom in der Ladung ge- 60
nannten Zeitpunkt an (§ 48 I 1 StPO) bis zu ihrer Entlassung verpflichtet (§ 248 S. 1 StPO). Ist ein Zeuge auf den Sitzungsbeginn geladen worden und wartet er vor dem Saal, darf er sich nur nach ausdrücklicher Genehmigung durch den Vorsitzenden entfernen. Zeugen sollten abhängig von dem beabsichtigten Vernehmungsgegenstand jeweils gestaffelt geladen werden. Zwar steht es dem durch den Vorsitzenden entlassenen Zeugen grundsätzlich frei, dem weiteren Verlauf der Verhandlung als Zuhörer beizuwohnen. Allerdings ist zu beachten, dass für mögliche, wenngleich auch zu diesem Zeitpunkt noch nicht absehbare, weitere Vernehmungen des Zeugen (etwa im Berufungsrechtszug) durch seine als Zuhörer erlangten Kenntnisse ein Qualitätsverlust betreffend seine Aussage eintreten kann und dies bei einer späteren Beweiswürdigung entsprechend zu berücksichtigen ist. Deshalb sollte ihm regelmäßig nahegelegt werden, den Sitzungssaal zu verlassen.

b) Maßnahmen gegen den nicht erschienenen Zeugen regelt § 51 I StPO. Voraussetzung ist die **ord-** 61
nungsgemäße Ladung. Der Zeuge kann formfrei schriftlich, per Telefax, mündlich persönlich oder auch telefonisch geladen werden (*Meyer-Goßner*, § 48 Rn. 1). Die Verhängung von Maßnahmen nach § 51 I StPO erfordert jedoch den Nachweis der Ladung (*Meyer-Goßner*, § 51 Rn. 2). Für die schriftliche Ladung erfordert dies die Zustellung (vgl. auch Nr. 117 I 1 RiStBV), für mündliche Ladungen reichen Vermerke aus, soweit die Ladung nicht „vor dem Protokoll" erfolgt ist. Es besteht keine Ladungsfrist (*Meyer-Goßner*, § 51 Rn. 2).

c) Für die Frage der **genügenden Entschuldigung** gelten die für das Nichterscheinen des Angeklagten 62
dargelegten Grundsätze in entsprechender Anwendung (s. Rn. 26 ff.). Nicht ausreichend entschuldigt ist deshalb auch ein Zeuge, der einer Verhandlung fernbleibt, weil er angeblich verschlafen hat, Angst vor dem Angeklagten kundtut, private oder berufliche Belange vorzieht (weitere Beispiele bei *Meyer-Goßner*, § 51 Rn. 12). Der etwa wegen Alkoholgenusses oder Drogenkonsums vernehmungsunfähige Zeuge ist ebenfalls im Sinne des § 51 StPO ausgeblieben (*Meyer-Goßner*, § 51 Rn. 3). Steht dem Zeugen ein Zeugnisverweigerungsrecht zu, muss dieser ebenso wie der Zeuge, dessen Zeugenbeistand (§ 68 b StPO; s. Rn. 66 ff.) verhindert ist, erscheinen (*Meyer-Goßner*, § 51 Rn. 12).

d) Dem **unentschuldigt ausgebliebenen** Zeugen werden zwingend die dadurch verursachten Kosten 63
auferlegt (§ 51 I 1 StPO). Ebenfalls obligatorisch ist die Festsetzung eines Ordnungsgeldes unter gleichzeitiger Anordnung von Ordnungshaft für den Fall der Uneinbringlichkeit des Ordnungsgeldes (§ 51 I 2 StPO). Die Höhe des Ordnungsgeldes bemisst sich nach Art. 6 I EGStGB (5,– bis 1.000,– EUR), die Dauer der Ordnungshaft nach Art. 6 II EGStGB (einen Tag – sechs Wochen). Im Erstfall werden 250,– EUR, ersatzweise drei Tage Ordnungshaft, ausreichen. Nur bei geringem Verschulden kann von der Anordnung von Ordnungsgeld und ersatzweise angeordneter Ordnungshaft abgesehen werden (*Meyer-Goßner*, § 51 Rn. 17).

e) Freigestellt ist es dem Gericht hingegen, ob es die Vorführung des Zeugen nach § 51 I 3 StPO an- 64
ordnen will. Dies kann noch für die laufende Sitzung oder aber (regelmäßig) fur den nächsten Termin erfolgen. Voraussetzung ist die Besorgnis, dass der Zeuge zum nächsten Termin wieder nicht erscheinen wird (*Meyer-Goßner*, § 51 Rn. 20; zum Verfahren s. Rn. 41).

8. Gerichtliche Zeugenbetreuung

Als wirklich bedeutsame Einrichtung im Bereich des Zeugenschutzes haben sich die mittlerweise fast 65
flächendeckend eingerichteten **gerichtlichen Zeugenbetreuungsstellen** erwiesen. Auf ihr Angebot ist der Zeuge bereits mit seiner Ladung – etwa mittels Formblatts – hinzuweisen (§ 48 StPO). Insbesondere durch das Vorhandensein von Zeugenbetreuungszimmern können die mit dem Erscheinen vor Gericht verbundenen Belastungen erheblich reduziert werden (vgl. zur Entwicklung *Blum*, Gerichtliche Zeugenbetreuung im Zeichen des Opferschutzes [2005], S. 9 ff. sowie zum Einsatz der Zeugenbetreuung in der Hauptverhandlung näher Rn. 224, 229). Die Mitarbeiterinnen und Mitarbeiter dieser justiziellen Dienststellen bieten die hohe Gewähr für einen sachgerechten, professionellen Umgang mit den Zeugen. Gerade der enge Austausch zwischen den Richtern und der Zeugenbetreuungsdienststelle ermöglicht es, die Sorgen und Nöte des jeweils anderen bei der Erfüllung seiner Aufgaben nachzuvollziehen und bei der täglichen Arbeit, soweit möglich, zu berücksichtigen; er stellt durch diese enge Einbindung gleichsam sicher, dass bei Zeugen keine falschen Hoffnungen geweckt oder Ängste geschürt werden. Der Vor-

sitzende hat die Anwesenheit bei Zeugen zu gestatten, die zugleich Verletzte der Tat sind, nach § 406 f II 1 StPO oder bei allgemeinen Zeugen nach § 68 b I 1 StPO; sie kann abgelehnt werden, wenn dadurch der Untersuchungszweck gefährdet ist (§ 68 b I 3, § 406 f. III 1StPO), was bei der gerichtlichen Zeugenbetreuung ausgeschlossen sein dürfte.

9. Zeugenbeistand § 68 b StPO

66 Mit dem 2. Opferrechtsreformgesetz wurde jedem Zeugen – unabhängig von konkreten Belastungen durch die Zeugenrolle im Einzelfall – das Recht eingeräumt, sich eines **anwaltlichen Beistands** zu bedienen (§ 68 b StPO). Auch auf dieses Recht ist der Zeuge mit seiner Ladung hinzuweisen (vgl. § 48 II StPO; aA *Meyer-Goßner,* § 68 b Rn. 3). Die dem Recht auf einen Zeugenbeistand schon frühzeitig Konturen verleihende Rechtsprechung des *BVerfG* (NJW 1975, 103) wurde damit überschießend umgesetzt; danach war die Hinzuziehung eines Beistands an besondere Verfahrenslagen geknüpft, etwa an ein im Raum stehendes Auskunftsverweigerungsrecht (§ 55 StPO).

67 Für besonders schutzbedürftige Zeugen kann das Gericht nunmehr sogar einen anwaltlichen Beistand für die Dauer der Vernehmung **beiordnen.** Insoweit gelten die zu § 142 I StPO ausgeführten Einzelheiten entsprechend (vgl. Rn. 46 ff.). Bei der Ermessensbetätigung ist freilich darauf zu achten, dass den Interessen und Bedürfnissen eines Zeugen auch auf vielfältige andere – auch kostensparende – Art und Weise Rechnung getragen werden kann, namentlich durch sorgfältig erteilte Hinweise und Belehrungen (vgl. Rn. 223 f. sowie auch *Meyer-Goßner,* § 68 b Rn. 11). Die Beiordnungsentscheidung oder deren Ablehnung ist nicht mit der Beschwerde anfechtbar.

68 Die **Rechte des Zeugenbeistands** – die gesetzlich nicht näher geregelt wurden – gehen nicht über die Befugnisse des Zeugen hinaus. Daher steht dem Zeugenbeistand weder ein Akteneinsichtsrecht (*BGH,* NStZ-RR 2010, 246) noch ein Anwesenheitsrecht vor oder nach der Vernehmung zu (vgl. auch *Dahs,* NStZ 2011, 200); nur für die Dauer der Vernehmung des Zeugen ist er zur Anwesenheit berechtigt und befugt, sämtliche Rechte des Zeugen, etwa die Beanstandung von Fragen (s. Rn. 212), auszuüben.

69 Soweit *Senge* dem beigeordneten Zeugenbeistand auf Antrag Akteneinsicht (in Form von Ablichtungen) jedenfalls in Vorgänge gewähren will, deren Kenntnis erforderlich ist, um wirksam Beistand leisten zu können, überzeugt dies nicht (vgl. jurisPR-StrafR 13/2008 Anm. 4). Zu Recht spricht der BGH dem Zeugenbeistand ein Akteneinsichtsrecht ab (*BGH,* NStZ-RR 2010, 246). Der rechtsunkundige Zeuge soll sich durch § 68 b StPO zwar einer professionellen, ihn aufklärenden und Sicherheit gebenden Hilfe bedienen können; das Bestreben eines noch weiteren Ausbaus der Zeugenrechte, vermittelt über die vermeintlichen Bedürfnisse des anwaltlichen Beistands, wird durch die Gesetzgebungsmaterialien aber gerade nicht dokumentiert. Vielmehr ist bereits heute absehbar, dass über den Zeugenbeistand gerade in Wirtschaftsstrafsachen Interessen Dritter, etwa von Unternehmen, (über das in § 475 StPO zum Ausdruck kommende Maß hinaus) in den Prozess einziehen werden (eine ähnliche Einschätzung führt *Dahs,* NStZ 2011, 200 aus; die Sichtweise anwaltlicher (Unternehmens-)Beratung auch in Wirtschaftsstrafsachen scheint etwa durch bei *Klengel/Müller,* NJW 2011, 23; *Meyer-Lohkamp/Block,* StraFo 2011, 86). Der nach dem signifikanten Ausbau der Verletztenrechte damit unternommene weitere gesetzgeberische Schritt zu einer „Reprivatisierung“ des Strafverfahrens sollte durch eine besonders restriktive gerichtliche Handhabe so kurz wie möglich bemessen sein. Im Zentrum des Verfahrens stehen weiterhin die bestmögliche Wahrheitsermittlung zur effektiven Durchsetzung des staatlichen Strafanspruchs und die davon in erster Linie betroffenen (Grund-)Rechte des Angeklagten. Zeugenrechte und Zeugeninteressen sind zu diesen grundsätzlich in Ausgleich zu bringen. Eine unvorbereitete Zeugenaussage ist für die Wahrheitsfindung allerdings regelmäßig unentbehrlich, sodass das Zeugeninteresse an Akteneinsicht grundsätzlich von vornherein als Topos einer Abwägung mit den Zielen des Strafprozesses entzogen sein muss (ähnlich wohl auch *Dahs,* NStZ 2011, 200, 201). Folglich kann im Einzelfall mit Blick auf die konkrete Gefahr der Vorbereitung des Zeugen auf ein bestimmtes Einlassungsverhalten des Angeklagten sogar zu prüfen sein, ob der Zeugenbeistand ebenso wie der Zeuge als Zuhörer – vor oder nach der Vernehmung seines Mandanten – nach § 176 GVG auszuschließend ist (s. dazu Rn. 338 ff.).

70 In engen Grenzen kann der Zeugenbeistand auch während der Vernehmung seines Mandanten ausgeschlossen werden (§ 68 b I 3 und 4 StPO). Der Gesetzgeber nimmt eine Beeinträchtigung der „geordneten Beweiserhebung“ zugunsten dessen Anwesenheit bemerkenswerte Weise hin; notwendig für den Ausschluss ist daher eine zu befürchtende *erhebliche* Beeinträchtigung (vgl. dazu *AG Berlin-Tiergarten,* wistra 2011, 155). Mit Blick auf eine geordnete und optimal zu gewährleistenden Wahrheitsfindung sollten die Anforderungen an die nach pflichtgemäßem Ermessen des Gerichts zu bestimmende Erheblichkeitsschwelle freilich nicht überspannt werden (vgl. aber auch *BVerfG,* Beschl. v. 10. 3. 2010 – 2 BvR 941/09). Die Ausschlussentscheidung ist zugunsten eines zügigen Prozessierens der Anfechtung entzogen (§ 68 b I 3, III StPO).

10. Sachverständige

71 Die Anwesenheitsdauer des Sachverständigen in der Hauptverhandlung bestimmt der Vorsitzende. Sie ist abhängig von der Art des zu erstattenden Gutachtens. Ist die Vermittlung des Sachverstandes nur für

punktuelle Fragen erforderlich (zB Begutachtung von Waffen, Vergleich von Schriftmaterial, Bericht über chemisch-toxikologische Untersuchungen, Analyse eines Unfalls), genügt seine Anwesenheit bei Gutachtenerstattung und anschließender Befragung. Dies wird regelmäßig nicht ausreichen, wenn der Sachverständige sich zu Fragen der Einsichts- und Steuerungsfähigkeit iSd §§ 21, 20 StGB äußern soll (zB der psychiatrisch-forensisch tätige Sachverständige, der gerichtsmedizinische Gutachter). Hier wird der Vorsitzende den Sachverständigen auf den Beginn der Hauptverhandlung laden. Zumeist wird ein Sachverständiger ein vorläufiges schriftliches Gutachten zur Akte reichen und sich die Würdigung der Erkenntnisse der Hauptverhandlung für sein abschließendes Ergebnis vorbehalten. Die Anwesenheitsnotwendigkeit des Sachverständigen korrespondiert daher mit bestimmten in der Hauptverhandlung abzuarbeitenden Beweisthemen. Der Vorsitzende wird daher in Einzelfällen die Anwesenheit des Sachverständigen mit diesem abstimmten.

Erscheint der ordnungsgemäß geladene Sachverständige nicht, werden ihm die dadurch verursachten Kosten auferlegt (§ 77 I 1 StPO). Auch die Festsetzung eines Ordnungsgeldes muss regelmäßig erfolgen (§ 77 I 2 StPO). Ersatzweise Ordnungshaft oder Vorführung sind nicht möglich. Im Übrigen gilt § 51 StPO iVm § 72 StPO entsprechend (s. Rn. 63 ff.). 72

11. Verletzter

Als Verfahrensbeteiligter kommt ferner der Verletzte nach §§ 406 d ff. StPO in Betracht. Er ist zur durchgehenden Anwesenheit in der Hauptverhandlung nicht berechtigt. Namentlich verfügt er über ein – freilich auf Fälle eines berechtigten Interesses beschränktes – Akteneinsichtsrecht (§ 406 e StPO), von dem aus den zuvor dargestellten Gründen zurückhaltend Gebrauch gemacht werden sollte (s. Rn. 69). Weiter statuiert § 406 h StPO gegenüber jedem Verletzten von Amts wegen vorzunehmende, enorm umfangreiche, schriftliche Hinweise. Überdies hat der Verletzte Anspruch auf unterschiedlichen Mitteilungen über den Verfahrens- und Vollstreckungsstand (§ 406 d StPO) und auf Beiziehung eines Verletztenbeistands (§ 406 f StPO. Letzterer hat keine über die Befugnisse eines Zeugenbeistands (s. Rn. 66) hinausgehenden Anwesenheitsrechte und steht diesem auch ansonsten gleich (vgl. *Meyer-Goßner*, § 406 f Rn. 3). In Ergänzung der bereits bestehenden umfangreichen prozessualen Möglichkeiten, den Zeugen vor Gericht zu schützen und einen schonenden Umgang mit ihm zu erlauben (s. Rn. 223), kann gar nach § 171 b II GVG auch dann die Öffentlichkeit ausgeschlossen werden, wenn der Verletzte, um dessen Umstände aus dem persönlichen Lebensbereich es geht, nicht als Zeuge vernommen wird, sondern diese Umstände sonst zur Sprache kommen. 73

12. Nebenklageberechtigter Verletzter

Ausgehend vom Institut des Verletzten werden die Verletztenbefugnisse – heute in einem Besorgnis erregenden Maß – erweitert. Das Gesetz knüpft diese Erweiterung an die sogenannte Anschlussbefugnis nach § 395 StPO. Anschlussberechtigt ist ein Verletzter nach der Generalklausel des § 395 I StPO, „wenn dies aus besonderen Gründen, insbesondere wegen der schweren Folgen der Tat, zur Wahrnehmung seiner Interessen geboten erscheint". Neben dem „wenig konsistenten Sammelsurium" des Enumerativkatalogs des § 395 I StPO (*Weigend* in: FS Schöch, S. 948, 956), bei deren Vorliegen die Anschlussbefugnis uneingeschränkt gilt, dürfte sich ihr Anwendungsbereich durch die mit dem 2. Opferrechtsreformgesetz eingefügte Generalklausel erheblich ausdehnen. 74

Der zur Nebenklage Befugte ist uneingeschränkt, ohne vorherige Anschlusserklärung (§ 396 StPO), selbst bei einer möglichen Gefährdung des Untersuchungszwecks und bei nicht öffentlichen Hauptverhandlungen zur Anwesenheit in der Hauptverhandlung berechtigt (§ 406 I 2 StPO; LR-*Hilger*, § 406 g Rn. 5) und erhält auf Antrag eine Terminsnachricht (§ 406 I 4 StPO). 75

Ihm steht ferner insbesondere ein von berechtigten Interessen gelöstes Akteneinsichtsrecht (§ 406 e I 2 StPO) und ein Recht auf Bestellung eines Verletztenbeistands durch das Gericht zu (§ 406 g III iVm § 397 a StPO, dabei ist freilich der Beiordnungsgrund nach § 140 II StPO in den Blick zu nehmen). Auch der Beistand ist im selben Maße wie der zur Nebenklage Befugte zur Anwesenheit berechtigt (§ 406 g II 1 StPO). Das Nichterscheinen des nebenklageberechtigten Verletzten oder seines Beistands hat im Hinblick auf deren bloße Anwesenheitsrechte keine Auswirkungen auf den Beginn der Hauptverhandlung; eine Terminsverlegung wegen seiner Verhinderung dürfte mit Blick auf das Beschleunigungsgebot (zumal bei Haftsachen) und der den übrigen Verfahrenbeteiligten strukturell untergeordneten Verfahrensrolle ausscheiden. 76

13. Nebenkläger

Die Anschlusserklärung des nebenklageberechtigten Verletzten nach § 396 StPO bewirkt den Anschluss an die erhobene öffentliche Klage als Nebenkläger. Diesem stehen die am weitesten reichenden Verletztenbefugnisse zu. Er steht der Staatsanwaltschaft nach dem Willen des jüngsten Reformgesetzgebers nunmehr gleich (vgl. § 397 I 4 StPO). 77

78 Der Nebenkläger ist zur Anwesenheit in der Hauptverhandlung berechtigt – aber nicht verpflichtet § 397 I 1 StPO –, und zu laden, § 397 I 2 StPO; gleiches gilt für den Nebenklagevertreter, § 397 II 2 StPO, wobei dieser vom Hauptverhandlungstermin nur zu benachrichtigen ist. Dies gilt bemerkenswerter Weise auch dann, wenn der Nebenkläger zugleich als Zeuge geladen worden ist. Hieraus können insbesondere in Verfahren mit sogenannter Aussage-gegen-Aussage-Konstellation Beweiswürdigungsprobleme entstehen. Regelmäßig wird nämlich einer Aussage, die ohne Kenntnis der Einlassung des Angeklagten in der Hauptverhandlung erfolgt ist, ein höherer Beweiswert zukommen. Der Vorsitzende hat hier – in Umsetzung des Willens des historischen Gesetzgebers, vgl. § 58 I StPO – nur die Möglichkeit, aus Gründen bestmöglicher Wahrheitsermittlung vielleicht sogar die Pflicht (§ 244 II StPO), den Nebenkläger und den Nebenklägervertreter zu bitten, den Saal bis zur eigenen Vernehmung zu verlassen. Entsprechend wird der gut beratene Nebenkläger im Regelfall über sein Anwesenheitsrecht disponieren. Auch auf das aus den vorstehend genannten Gründen gleichfalls bedenkliche umfassende Akteneinsichtsrecht des Nebenklagevertreters, § 406 e I StPO, wird er im Einzelfall verzichten (s. Rn. 69).

79 Das Nichterscheinen des Nebenklägers hat im Hinblick auf dessen bloßes Anwesenheitsrecht keine Auswirkungen auf den Beginn der Hauptverhandlung (siehe auch *BGHSt* 28, 272, 273). Dementsprechend kann der Nebenkläger auch bei späterem Eintreffen nicht verlangen, dass die bisherige Verhandlung wiederholt wird (Rechtsgedanke aus § 398 StPO). Der Vorsitzende ist allerdings nicht gehindert, bei Gelegenheit über die bisherigen Ergebnisse der Hauptverhandlung zurückhaltend (andernfalls besteht die Gefahr eines Befangenheitsantrages) zu berichten. Bei terminlicher Verhinderung des Nebenklägervertreters wird der Vorsitzende eine Terminierung nach pflichtgemäßem Ermessen vornehmen und in diese namentlich das Gebot zügigen Prozessierens, zumal in Haftsachen, die Belastung und übrige Terminslage des Spruchkörpers einzustellen haben. Namentlich hinter das Zügigkeitsgebot dürfte bei anderenfalls mehrtätiger Verzögerung das Anwesenheitsrecht des Nebenklägers und seines Vertreters regelmäßig zurücktreten.

14. Justizwachtmeister

80 Die Prozessordnung schreibt die Anwesenheit von Justizwachtmeistern nicht vor. Gleichwohl sind deren Aufgaben nicht zu unterschätzen. *Labe* führt dazu in der Vorauflage von 1999 aus: „Schon vor Beginn der Sitzung sorgt der Wachtmeister für die Einhaltung der (vom Vorsitzenden angeordneten) Platzordnung im Saal (vgl. RiStBV Nr. 125 I); er ruft unter Leitung des Vorsitzenden Zeugen auf, weist diesen nach deren Vernehmung den Weg zur Zeugenentschädigungsstelle, achtet auf Ruhe und Ordnung im Saal, wie auch vor dem Saal (vgl. RiStBV Nr. 128 III), verhindert – bei Gefahr von Absprachen – die Kontaktaufnahme von Zeugen untereinander, schafft Akten und Asservate herbei, kopiert in der Verhandlung überreichte Schriftstücke und erledigt manches mehr. Auch im Hinblick darauf, dass eine Hauptverhandlung in Strafsachen nicht selten Unwägbarkeiten in sich birgt, ist der Einsatz eines Wachtmeisters unabdingbar." Dies ist heute jedenfalls in hochbelasteten großstädtischen Gerichten bedauerlicherweise eine Utopie. Sämtliche der beschriebenen Aufgaben übernehmen die Richter selbst, was sich freilich nachteilig auf die Verfahrensdauer, die Konzentrationsfähigkeit des Gerichts und damit zu Lasten von Zeugen, Opfern und Angeklagten auswirkt.

15. Öffentlichkeit

81 Zur Anwesenheit im Zuschauerraum berechtigt sind interessierte Zuhörer, soweit nicht die Öffentlichkeit ausnahmsweise ausgeschlossen wird (s. Rn. 338 ff.). Unerwachsenen Personen kann der Vorsitzende den Zutritt zur öffentlichen Verhandlung versagen (§ 175 I GVG). Ebenfalls nicht zugelassen werden Personen, die in einer der Würde des Gerichts nicht entsprechenden Weise erscheinen, vergleichbar der Ungebühr bei § 178 GVG (s. Rn. 318 ff.). Andererseits kann das Gericht, und nicht etwa der Vorsitzende durch seine Verhandlungsleitung, auch zu nichtöffentlichen Verhandlungen einzelnen Personen Zutritt gemäß § 175 II 1 GVG gewähren.

82 In publikumswirksamen Verfahren finden gelegentlich nicht alle interessierten Zuhörer Platz im Zuschauerraum. Etwaige Anträge des Angeklagten oder seines Verteidigers auf Umzug in einen größeren Verhandlungssaal können durch prozessleitende Verfügung des Vorsitzenden (nach § 238 I StPO) zurückgewiesen werden. Eine Pflicht des Gerichts zur Öffentlichkeitserweiterung besteht nicht. Im Saal müssen lediglich Zuhörer in einer Anzahl Platz finden können, in der sie noch als Repräsentanten einer keiner besonderen Auswahl unterliegenden Öffentlichkeit angesehen werden können (*BGHSt* 5, 75, 83; ergänzend *Meyer-Goßner,* § 169 GVG Rn. 5 f.). Öffentlichkeitserweiterung, etwa durch Lautsprecherübertragungen in den Gerichtsflur, ist unstatthaft; das Gesetz verhindert damit, dass der Angeklagte „zum Schauobjekt" degradiert wird (vgl. *Meyer-Goßner,* § 169 Rn. 5).

83 Bei besonderer Medienaufmerksamkeit kann mit Blick auf die besondere Bedeutung der Presse aus Art. 5 GG differenzierter vorzugehen sein. Hier kann eine bestimmte Anzahl an Plätzen für „Pressevertreter" – bestenfalls solche, die sich auf eine Presseankündigung durch die gerichtliche Pressestelle bereits akkreditiert hatten – vorgehalten werden. Ton- und Fernsehaufnahmen sind während der Hauptverhandlung freilich unzulässig (§ 169 S. 2 GVG). Nach Ansicht des BVerfG hat der Vorsitzenden bei

der Ausgestaltung der gerichtlichen Verhandlung und der sitzungspolizeilichen Anordnungen (§ 176 GVG) sein Ermessen unter Beachtung der Bedeutung der Rundfunkberichterstattung für die Gewährleistung öffentlicher Wahrnehmung und Kontrolle von Gerichtsverhandlungen sowie der einer Berichterstattung entgegenstehenden Interessen auszuüben und dabei sicherzustellen, dass der Grundsatz der Verhältnismäßigkeit gewahrt ist. Überwiegt das Interesse an einer Berichterstattung unter Nutzung von Ton- und Filmaufnahmen andere bei der Ermessensentscheidung zu berücksichtigende Interessen, ist der Vorsitzende verpflichtet, eine Möglichkeit für solche Aufnahmen zu schaffen. Denn unter den gegenwärtigen Bedingungen öffentlicher Meinungsbildung vermag die in § 169 S. 1 GVG vorgesehene Saalöffentlichkeit der Verhandlung das öffentliche Interesse an Medienberichterstattung für sich allein nicht stets in hinreichendem Umfang zu sichern (*BVerfG*, NJW 2008, 977). Im Rahmen einer sitzungspolizeilichen Anordnung kann es nach alledem geboten sein, Fernsehsendern und Fotografen die Möglichkeit einzuräumen, Bilder vom Gericht und den übrigen Anwesenden im Sitzungssaal anzufertigen. Den Pressevertretern wird dabei regelmäßig aufzugeben sein, das Gesicht des Angeklagten etwa durch sog. „Verpixelung" unkenntlich zu machen (vgl. *BVerfG*, NJW 2009, 350). Einer bestehenden räumlichen Enge im Saal kann durch Vorgabe einer sog. Pool-Lösung begegnet werden. Dabei hat ein Fernsehsender die sog. Pool-Führerschaft inne und seine Aufnahmen den übrigen Sendern zur Verfügung zu stellen (vgl. *Meyer-Goßner*, § 169 Rn. 8).

Diese Entwicklung erscheint rechtlich weder zwingend noch aus Sicht einer verantwortungsvollen richterlichen Verfahrensführung vertretbar. An dieser Stelle muss der Hinweis auf die treffende Stellungnahme von *Schäfer* (JR 2008, 119) ausreichen: *„Wer im Fernsehen gesehen hat, wie sich Angeklagte in ganz unwürdiger Weise durch Vorhalten der Hände, von Aktendeckeln oder Jacken vor Beginn der Hauptverhandlung oder nach deren Ende gegen Film- und Fotoaufnahmen schützen müssen, kann diese Entscheidung nur mit einiger Fassungslosigkeit zur Kenntnis nehmen. Nur die wenigsten Angeklagten können in dieser Situation das victory-Zeichen zeigen und ob dieses dann Ausdruck persönlicher Stärke oder von Unsicherheit wäre, steht noch lange nicht fest. Die vorliegende Entscheidung verkennt die Nöte eines Angeklagten, der vor Aufruf der Sache mit seinem Verteidiger noch einmal die Grundzüge seiner Einlassung besprechen will, der sich von seinem Verteidiger erklären lassen muss, wo die Nebenkläger, wo die Staatsanwälte und wo die Sachverständigen sitzen […] Auch wenn dies alles bei einer guten Verteidigung schon zehnmal besprochen ist, unmittelbar vor dem Beginn einer Hauptverhandlung, von deren Ergebnis die Existenz einer Persönlichkeit abhängen kann, muss dies wiederholt werden können und sei es auch nur um dem Angeklagten die erforderliche Ruhe zu vermitteln. Die Kraft und Konzentration, die dieser für die Hauptverhandlung braucht, darf nicht durch Abwehrhandlungen gegen Film- und Fotoaufnahmen beeinträchtigt werden. Das erfordert seine Menschenwürde. So stellt sich die Entscheidung als weiterer Kniefall vor den Medien dar. Mit Stärkung der Medienfreiheit hat das nichts zu tun, solange man darunter nicht die billige Befriedigung der Sensationsgier versteht. Ich warte auf den Angeklagten, der die Kraft hat, sein Recht auf ungestörte Vorbereitung seiner Verteidigung vor dem Europäischen Gerichtshof für Menschenrechte einzuklagen. Ich bin davon überzeugt, dass er dort Erfolg haben wird."* Dem haben die *Verf.* nichts hinzuzufügen. 84

III. Aufruf und Präsenz

1. Aufruf der Sache

a) Vor dem Aufruf der Sache wird das Gericht, nachdem alle Prozessbeteiligten ihren Platz eingenommen haben, den Saal betreten und einen Moment im Stehen verweilen. Die bereits anwesenden Verfahrensbeteiligten und Zuhörer erheben sich bei Eintritt des Gerichts, Nr. 124 II 2 RiStBV. Erzwingbar ist dies nur, wenn das Nichterheben als Ungebühr iSv § 178 GVG gewertet wird (dazu *Meyer-Goßner*, § 178 GVG Rn. 3, zur Begegnung einer Ungebühr vgl. Rn. 323 ff.). Beim Strafrichter wird das Erheben der Anwesenden schon deshalb seltener stattfinden, weil der Strafrichter sich bereits wegen vorangegangener Verhandlungen im Sitzungssaal befindet. Bei Wiedereintritt nach Unterbrechung am selben Hauptverhandlungstag sollte auf das Erheben der Anwesenden durch das Gericht ausdrücklich verzichtet werden. 85

b) Die Hauptverhandlung selbst beginnt mit dem Aufruf der Sache (§ 243 I 1 StPO): 86

„Die Sitzung in der Strafsache gegen den Angeklagten Friedrich Wilhelm Voigt ist eröffnet."

Wird der Aufruf, der auch durch den beauftragten Protokollführer oder Wachtmeister erfolgen kann, versehentlich vergessen, gilt die erste sachbezogene Handlung des Vorsitzenden, beispielsweise die Frage an den Angeklagten nach seinem Namen, als Beginn der Hauptverhandlung (vgl. *Meyer-Goßner*, § 243 Rn. 4). 87

2. Durchsetzung der Anwesenheit notwendiger Verfahrensbeteiligter

Nach dem Aufruf stellt der Vorsitzende fest, ob alle notwendigen Beteiligten (s. Rn. 10 ff.) erschienen sind und die sachlichen Beweismittel (zB Asservate) bereit liegen (§ 243 I 2 StPO). Das Gericht hat – 88 abhängig von der Funktion der jeweiligen Verfahrensbeteiligten – verschiedene Möglichkeiten und Pflichten, um auf deren Nichterscheinen zu reagieren. Vor der Anordnung von Maßnahmen sind nach allgemeiner Auffassung allerdings regelmäßig 15 Minuten abzuwarten (für den Verteidiger vgl. *Meyer-Goßner,* § 228 Rn. 11, für den Angeklagten in der Berufungsverhandlung vgl. § 329 Rn. 13, s. Rn. 504; für das Verwerfungsurteil bei Strafbefehlen vgl. § 412 Rn. 3). Diese Frist muss ggf. verlängert werden, wenn das Gericht Kenntnis von Hinderungsgründen allgemeiner Art hat und damit rechnen muss, dass Prozessbeteiligte nicht rechtzeitig erscheinen können (zB bei unvorhergesehenen Verkehrsverhältnissen, SMOG-Alarm, überraschendem Wintereinbruch mit Glatteis, Ausfall von Verkehrsmitteln, ergänzend *Meyer-Goßner,* § 228 Rn. 11). Zu den unterschiedlichen rechtlichen Maßnahmen zur Erzwingung der Anwesenheit vgl. die Ausführungen oben Abschn. II (Rn. 10 ff.).

3. Vereidigung der Schöffen

89 Schöffen und Hilfsschöffen, die in ihrer Amtsperiode erstmalig tätig werden, sind unmittelbar nach dem Aufruf der Sache gemäß § 45 II DRiG zu vereidigen. Zu diesem Zweck erhebt sich der Vorsitzende mit allen Anwesenden im Saal (entsprechend Nr. 124 II 2 RiStBV) und lässt den Schöffen die Eidesformel nach § 45 III 1, 2 DRiG oder die Gelöbnisformel nach § 45 IV 1 DRiG sprechen (zu den übrigen Möglichkeiten und landesrechtlichen Ergänzungen der Eidesleistung vgl. § 45 V, VII DRiG). Sie lautet:

90 „Ich schwöre (gelobe), die Pflichten eines ehrenamtlichen Richters getreu dem Grundgesetz für die Bundesrepublik Deutschland und getreu dem Gesetz zu erfüllen, nach bestem Wissen und Gewissen ohne Ansehen der Person zu urteilen und nur der Wahrheit und Gerechtigkeit zu dienen (, so wahr mir Gott helfe)."

91 Der Vorsitzende sollte sich schon vor Beginn der Sitzung vergewissert haben, ob Schöffen zu vereidigen sind, die Eidesformel schriftlich vorbereitet und die betreffenden Schöffen im Beratungszimmer über den Ablauf und Inhalt der Vereidigung informiert haben. Um Überraschungen betreffend die Sprachkenntnis und das Sprachverständnis der Schöffen auszuschließen, sollte schon vor Beginn der Hauptverhandlung im Beratungszimmer mit den Schöffen ein Gespräch geführt werden (vgl. § 33 Nr. 5 GVG und *BGH,* Beschl. v. 26. 1. 2011 – 2 StR 338/10). In diesem Gespräch, für das sich der Vorsitzende stets Zeit nehmen sollte, kann zudem die gelegentlich zu beobachtende Sorge der Schöffen vor ihrem ersten „Auftritt" frühzeitig abgebaut werden. Eine Protokollierung der Vereidigung im Hauptverhandlungsprotokoll ist entbehrlich (*BGH,* DRiZ 1981, 193).

4. Vereidigung der Dolmetscher

92 Bevor die Vereidigung des Dolmetschers durchgeführt wird, sind zunächst seine Personalien, also Name, Alter, Beruf und Wohnort sowie seine Beziehung zum Angeklagten festzustellen. In kontrovers geführten Verfahren bietet es sich an, auch die Sachkunde und damit etwa seine Ausbildung, Berufserfahrung und seinen Werdegang zum Gegenstand der mündlichen Verhandlung zu machen. Das Gericht selbst hat in diesen Fällen schon tunlichst diese Erkundigungen vor der Hauptverhandlung eingeholt, die Einbindung des Dolmetschers in das Ermittlungsverfahren aufgeklärt und ihn den übrigen Verfahrensbeteiligten bereits namhaft gemacht. Zum Zwecke der Vereidigung sollte der Dolmetscher an den Richtertisch vortreten.

93 Dolmetscher, die generell für die Übertragung aus einer bestimmten Sprache in die deutsche Sprache vereidigt worden sind, berufen sich auf ihren allgemein geleisteten Eid (§ 189 II GVG), was ebenso wie die Belehrung durch den Vorsitzenden darüber, dass die Berufung auf den geleisteten Eid einer Eidesleistung gleichsteht (vgl. § 79 III StPO), im Protokoll vermerkt wird (*Meyer-Goßner,* § 189 GVG Rn. 2):

94 Vorsitzender: „Es erscheint als Dolmetscher für die persische Sprache Frau Bertram. Diese beruft sich auf ihren allgemein geleisteten Eid.
Dolmetscher: „Ich versichere unter Bezugnahme auf den allgemein geleisteten Dolmetschereid, für die gesamte Hauptverhandlung treu und gewissenhaft zu übertragen."

95 Ist der Dolmetscher nicht allgemein vereidigt, muss er für jede Strafsache jeweils vereidigt werden. Das gilt auch, wenn am Tage bei einem Richter mehrere Sachen angesetzt sind (*Meyer-Goßner,* § 189 GVG Rn. 1), nicht aber wenn die Hauptverhandlung nach Unterbrechung fortgesetzt wird. Aus § 189 GVG ergibt sich folgende Eidesformel:

96 Vorsitzender: „Sie schwören [bei Gott dem Allmächtigen], dass sie während der gesamten Hauptverhandlung treu und gewissenhaft übertragen werden. Sprechen Sie mir bitte nach (mit erhobener rechter Hand)"
Dolmetscher (unter Heben der rechten Hand) „Ich schwöre es [, so wahr mir Gott helfe]."

97 Falls der Eid aus Gewissensgründen abgelehnt wird, kann eine Bekräftigung anstelle dessen erfolgen (§ 189 I 2 GVG). Dabei ist der Dolmetscher darüber zu belehren, dass diese in ihren Rechtsfolgen dem Eid gleichsteht (vgl. § 189 I 2 GVG, § 65 I 2 Hs. 1 StPO):

98 Vorsitzender: „Sie bekräftigen im Bewusstsein ihrer Verantwortung vor Gericht, dass sie während der gesamten Hauptverhandlung treu und gewissenhaft übertragen werden."
Dolmetscher: „Ja, ich bekräftige es."

IV. Präklusionen (Befangenheit und Besetzung)

Der Beginn der Hauptverhandlung stellt zugleich den Zeitpunkt dar, der zum Verlust zweier Einwände führen kann. 99

1. Ablehnung des Richters wegen Befangenheit

Soll ein Antrag auf Ablehnung eines erkennenden Richters wegen Besorgnis der Befangenheit aus Gründen, die vor Beginn der Hauptverhandlung aufgetreten sind, gestellt werden, muss dies spätestens bis zum Beginn der Vernehmung des ersten Angeklagten über seine persönlichen Verhältnisse erfolgen (§ 25 I 1 StPO). Alle Ablehnungsgründe sind hierbei gleichzeitig vorzubringen (§ 25 I 2 StPO). Erst später im Verlauf der Hauptverhandlung auftretende Ablehnungsgründe – etwa bedingt durch Äußerungen eines Richters – oder solche, die erst später bekannt werden, berechtigen allerdings auch dann noch zur Ablehnung, soweit sie unverzüglich geltend gemacht werden (§ 25 II 1 StPO). In keinem Fall mehr zulässig ist die Ablehnung nach dem letzten Wort des Angeklagten (§ 25 II 2 StPO). 100

a) Die Besorgnis der Befangenheit ist gegeben, wenn ein Grund vorliegt, der geeignet ist, das Misstrauen gegen die Unparteilichkeit eines Richters zu rechtfertigen (§ 24 II StPO). Entscheidend ist hierbei die **Sicht des (fiktiven) besonnenen, verständigen und vernünftig abwägenden Ablehnenden;** maßgeblich sind daher weder die subjektive Auffassung des Ablehnenden noch der Umstand, ob der Richter tatsächlich befangen ist (*Meyer-Goßner,* § 24 Rn. 6 ff.); der oftmals anzutreffende Hinweis darauf, dass sich der abgelehnte Richter nicht befangen „fühlt" ist in jeder Hinsicht daher ebenfalls entbehrlich. 101

aa) Die Besorgnis der Befangenheit kann zunächst durch besondere **persönliche Verhältnisse** des Richters begründet werden. Diese können beispielsweise in persönlichen Beziehungen des Richters zu Angeklagten, Verletzten oder Zeugen nicht indes in von der Straftat unabhängigen Umständen, wie Religion, Weltanschauung oder Geschlecht, erblickt werden (*Meyer-Goßner,* § 24 Rn. 9). 102

Die Mitwirkung des Richters an Vorentscheidungen, etwa Erlass eines Haftbefehls oder eines Eröffnungsbeschlusses, reicht grundsätzlich nicht aus. Ausnahmsweise kann eine Parteilichkeit aber zu besorgen sein, wenn im Rahmen dieser Vorentscheidungen durch den Richter überschießende Wertungen kundgegeben worden sind, die eine unumstößliche Festlegung in der Sache aufzuzeigen geeignet sind (*Meyer-Goßner,* § 24 Rn. 12 ff.). 103

bb) Das **Verhalten des Richters** vor oder in der Hauptverhandlung, also seine Erklärungen oder Verhandlungsführung, stellt erfahrungsgemäß die wichtigste praktische Fallgruppe im Rahmen des § 24 StPO dar. Neben dem Hinweis auf die vielfältigen Beispiele aus der Rechtspraxis bei *Meyer-Goßner,* § 24 Rn. 16 ff. ist hier lediglich besonders hervorzuheben, dass Spannungen zwischen Richtern und der Verteidigung die Besorgnis der Befangenheit grundsätzlich nicht zu tragen geeignet sind (*BGH,* NJW 1998, 2458, 2459; *Meyer-Goßner,* § 24 Rn. 18). Darüber hinaus ist stets im Blick zu behalten, dass gerade das Strafverfahren – trotz seiner bewussten zeitlichen Distanz zur Tat – durch eine besondere Emotionalität geprägt ist. Für den Angeklagten steht regelmäßig viel auf dem Spiel. Es ist nachvollziehbar und freilich rechtens, wenn seine Interessen mit großem Engagement vertreten werden. Das Gericht muss dabei auch ein aggressives Agieren und – vielleicht gelegentlich gar auf eine Ehrverletzung abzielenden – Formulierungen der Verfahrensbeteiligten hinnehmen. Gleichsam kann es aber erwarten, dass im Rahmen eines Disputs nicht jede spontane Äußerung durch einen Richter von den Verfahrensbeteiligten sofort auf die „Goldwaage" gelegt und die Freude über einen darin erkannten vermeintlichen Ablehnungs- und potentiellen Revisionsgrund in Form eines Gesuchs nach § 25 StPO zum Ausdruck gebracht wird. Sollte tatsächlich einmal durch den Richter die Oktave im Zuge einer sachlichen Auseinandersetzung verfehlt oder sonst eine grundsätzlich mit der Unparteilichkeit und Würde des Gericht unvereinbare Reaktion gezeigt werden, so muss es ihm offenstehen – und mit Blick auf die nachstehend zitierten Entscheidungen kollegialiter gar anempfohlen werden –, sich in einem ruhigeren Moment, spätestens im Zuge der dienstlichen Stellungnahme nach § 26 III StPO (s. Rn. 117), für sein Fehlverhalten zu **entschuldigen.** Damit kann eine möglicherweise geweckte Besorgnis nachträglich wieder erschüttert werden (vgl. *BGH,* NStZ 2006, 49, NStZ 1999, 419, Beschl. v. 18. 8. 2011 – 5 StR 286/11; vgl. auch *Meyer-Goßner,* § 26 Rn. 14). 104

cc) Aus seinem eigenen Verhalten kann der Angeklagte freilich keinen Ablehnungsgrund herleiten, zB keine Befangenheit nach Verhängung von Ordnungsmaßnahmen durch das Gericht wegen provozierendem Auftritt in der Verhandlung, bei Ankündigung von Strafanzeigen oder Dienstaufsichtsbeschwerden (vgl. weiter *Meyer-Goßner,* § 24 Rn. 7). 105

b) Hingegen ist die Ablehnung eines nach §§ 22, 23 StPO gesetzlich ausgeschlossenen Richters ohne zeitliche Beschränkung möglich. Ein Ausschluss kraft Gesetzes liegt etwa vor, wenn der Richter selbst oder ein Angehöriger durch die den Gegenstand der Verhandlung bildende prozessuale Tat verletzt worden ist (§ 22 Nr. 1 StPO, vgl. *BGH,* Beschl. v. 24. 3. 2009 – 5 StR 394/08 [Richter als Grundstückseigentümer und damit Geschädigter überhöhter städtischer Gebühren], mit Anm. *Volkmer,* NStZ 2009, 371), in der Sache als Staatsanwalt, Polizeibeamter, Verteidiger oder Anwalt des Verletzten tätig gewe- 106 sen ist (§ 22 Nr. 4 StPO) oder als Zeuge oder Sachverständiger vernommen worden ist (§ 22 Nr. 5 StPO).

107 c) Die Ablehnung eines Kollegialgerichts in seiner Gesamtheit ist unzulässig, da die Besorgnis der Befangenheit nur in der Persönlichkeit eines einzelnen Richters begründet sein kann *Meyer-Goßner,* § 24 Rn. 3); statthaft und in der Rechtspraxis nahezu die Regel ist es indes, das Befangenheitsgesuch gegen sämtliche namentlich benannte Mitglieder des Gerichts zu stellen, sofern sie alle das Verhalten zu verantworten haben, auf das sich der Antragsteller stützt.

108 d) Das **Verfahren bei Ablehnung** beginnt mit der Ankündigung eines Verfahrensbeteiligten, ein Ablehnungsgesuch anbringen zu wollen. Unabhängig davon, ob der Antragssteller beabsichtigt, es mündlich oder schriftlich anzubringen, besteht für das Gericht keine Pflicht dem Ansinnen sofort im Verfahrensablauf, gar im Wege einer Unterbrechung einer laufenden Zeugenvernehmung (!), Raum zu geben oder den Antrag auch nur entgegen zu nehmen. Zwar muss der Antragssteller sein Gesuch „unverzüglich" (§ 25 II 1 Nr. 2 StPO) anbringen; eine Gelegenheit zur Anbringung des Gesuchs muss durch das Gericht aber nicht „unverzüglich" eingeräumt werden; dies kann vielmehr im Wege der Sachleitungsbefugnis nach § 238 I StPO im Laufe des Hauptverhandlungstages an aus Sicht des Gerichts geeigneter Stelle erfolgen. Auf eine entsprechende Wortmeldung eines Verfahrensbeteiligten hin hat der Vorsitzende dessen Wunsch, ein Ablehnungsgesuch anbringen zu wollen, im Protokoll zu vermerken und kann ggf. darüber hinaus eine Zusicherung abgeben, dass eine Gelegenheit dazu „ohne Rechtsverlust" für den Antragsteller später durch den Vorsitzenden gewährt werden wird (vgl. auch *BGH,* NStZ 2004, 163, *Drees*, NStZ 2005, 184, 185 ff.). Damit wird sowohl die geordnete Beweisaufnahme gewährleistet – und gleichsam gelegentlich zu beobachtende Freude unter manchem Verfahrensbeteiligten an sukzessiver, das Verfahren störende Beschäftigung des Gerichts getrübt – als auch in das Recht des Angeklagten auf eine ordnungsgemäß besetzte Richterbank nicht eingegriffen.

109 e) Das Ablehnungsgesuch wird in der Hauptverhandlung schriftlich oder mündlich angebracht, § 26 I StPO (vgl. *Meyer-Goßner,* § 26 Rn. 2). Auf eine Protokollierung des mündlichen Ablehnungsgesuchs hat der Antragsteller keinen Anspruch (vgl. OK-*Cirener,* § 26 Rn. 2).

110 f) Die Hauptverhandlung darf trotz eines angebrachten Ablehnungsgesuchs zur Vermeidung einer Unterbrechung so lange fortgesetzt werden, bis eine Entscheidung über die Ablehnung ohne Verzögerung der Verhandlung möglich ist (§ 29 II 1 Hs. 1 StPO). Dies unterliegt der pflichtgemäßen Beurteilung des Vorsitzenden im Rahmen seiner Verhandlungsleitung (OK-*Cirener,* § 29 Rn. 5). Bis zum Beginn des übernächsten Verhandlungstages, stets aber vor Beginn der Schlussvorträge, muss das Gesuch verbeschieden worden sein (§ 29 II 1 Hs. 2 StPO; vgl. *Meyer-Goßner,* § 29 Rn. 10, 13).

111 g) Das Gesuch wird unter Mitwirkung des abgelehnten Richters oder beim Strafrichter durch diesen in eigener Person nach § 26 a I Nr. 1 bis 3 StPO als **unzulässig verworfen,** wenn

112 *aa)* die Ablehnung **verspätet** ist (§ 26 a I Nr. 1 StPO). Das Ablehnungsgesuch ist „unaufschiebbar" und ohne schuldhaftes Zögern, also ohne unnötige, nicht durch die Sachlage begründete Verzögerung geltend zu machen. Der Antragsteller darf also nicht die weitere Entwicklung abwarten, um einen möglichst umfassenden Gesamteindruck zu gewinnen. Dennoch muss ihm nach Kenntnis vom Ablehnungsgrund eine gewisse Zeit zum Überlegen, zur Konsultation mit seinem Verteidiger und zum Abfassen des Ablehnungsgesuchs eingeräumt werden, hierzu muss er gegebenenfalls eine Unterbrechung der Hauptverhandlung beantragen (OK-*Cirener,* StPO § 25 Rn. 5);

113 *bb)* ein Ablehnungsgrund oder dessen Glaubhaftmachung **nicht vorgetragen** wird (§ 26 I Nr. 2 StPO). Die Glaubhaftmachung der das Gesuch möglicherweise tragenden Umstände soll den Richter in die Lage versetzen, ohne den Fortgang des Verfahrens verzögernde weitere Ermittlungen über den Antrag nach dem Maß der Wahrscheinlichkeit zu entscheiden (vgl. LR-*Graalmann-Scheerer,* § 45 Rn. 16). Als Mittel der Glaubhaftmachung kommen hier in Betracht (vgl. § 26 II 2 und 3 StPO) schriftliche Erklärungen, eidesstattliche Versicherungen von Zeugen, anwaltliche Versicherungen, die Bezugnahme auf dienstliche Erklärungen nach § 26 III StPO, schriftliche Zeugenaussagen oder etwa Urkunden (vgl. OK-*Cirener*, § 26 Rn. 6);

114 *cc)* die vorgebrachte Begründung zur Rechtfertigung eines Ablehnungsgesuchs **völlig ungeeignet** ist (vgl. *Meyer-Goßner,* § 26 a Rn. 4 a f.). Gemeint sind namentlich Fälle einer Vorbefasstheit mit der Sache im Rahmen von Haft- und Eröffnungsentscheidungen. Von einer darüber hinaus gehenden Anwendung dieses Ablehnungsgrundes ist indes mit Vorsicht Gebrauch zu machen. Auszuschließen ist stets, dass sich bei einer solcherart erfolgten Ablehnung des Gesuchs nach § 26 a I Nr. 2 StPO durch die abgelehnten Richter selbst diese seihr eigenes Verhalten nicht selbst zu bewerten oder zu beurteilen haben. Sie dürfen nicht zum „Richter in eigener Sache" werden, da sie dem Antragssteller ansonsten seinen gesetzlichen Richter vorenthalten (vgl. *Meyer-Goßner,* § 26 a Rn. 4 a). Nur wenn dem Gesuch überhaupt kein tauglicher Anknüpfungspunkt für eine Befangenheit zu entnehmen ist, mithin die Entscheidung ohne nähere Prüfung und losgelöst von den konkreten Umständen des Einzelfalls ergehen kann, darf nach § 26 a StPO verfahren werden (vgl. OK-*Cirener,* § 26 a Rn. 6 f.). Im Zweifel gebührt dem Ablehnungs-

verfahren nach § 27 StPO angesichts ansonsten bestehender erheblicher revisionsrechtlicher Einfallsstore der Vorrang (vgl. OK-*Cirener,* § 26 Rn. 8).

dd) der Antrag aus **verfahrensfremden Zwecken** oder aus Gründen der **Prozessverschleppung** gestellt worden ist (§ 26 a I Nr. 3 StPO). Der Missbrauch des Ablehnungsrechts muss offensichtlich und mithin ohne weitere Nachforschungen feststellbar sein (vgl. OK-*Cirener,* § 26 a Rn. 6 f.; enger wohl KK-*Fischer,* § 26 a Rn. 10). Für den Nachweis der Verschleppungsabsicht gelten dieselben Maßstäbe wie für § 244 I 3 Var 6 StPO (vgl. Rn. 291). Allein aus der Vielzahl der Anträge kann dies nicht gefolgert werden; anders mag hingegen die mehrfache Wiederholung gleichlautender Anträge zu beurteilen sein (vgl. *BGH,* NStZ 2011, 294; vgl. ferner Beispiele bei *Meyer-Goßner,* § 26 a Rn. 5 ff.). 115

h) Wird das Gesuch nicht nach § 26 a StPO verbeschieden, ist das **Verfahren nach § 27 StPO** zu beschreiten. Danach ist in folgender Reihenfolge 116

aa) eine (schriftliche) **dienstliche Äußerung** des abgelehnten Richters einzuholen (§ 26 III StPO). Die Bedeutung dieser Äußerungen sollte gerade mit Blick auf die Revision nicht unterschätzt werden. Die schlichte Mitteilung, an einem Beschluss, aus dem die Besorgnis der Befangenheit abgeleitet wird, mitgewirkt zu haben, ist nicht nur provokant, sondern auch für den folgenden Rechtszug unbehelflich. Im Übrigen begibt sich ein abgelehnter Richter damit der Möglichkeit, möglicherweise unzutreffend vorgenommene Auslegungen und Bewertungen des Antragsstellers auch für die Revision zu korrigieren (s. Rn. 104); 117

bb) die dienstliche Äußerung ist den Verfahrensbeteiligten, jedenfalls aber dem Antragsteller, mit Fristsetzung **zur Stellungnahme zu übersenden** (§ 33 II, III StPO). Entnimmt der Antragssteller der Stellungnahme weitere Gründe für die Besorgnis einer Befangenheit, ist diese Ergänzung gegebenenfalls als neues Ablehnungsgesuch zu behandeln; 118

cc) eine **Entscheidung** über das Ablehnungsgesuch zu treffen (§ 27 I StPO), beim Amtsgericht durch einen anderen Richter (§ 27 III 1 StPO; geschäftsplanmäßig meist der Vertreter), beim Landgericht durch die Berufsrichter ohne Schöffen unter Hinzutreten eines (meist geschäftsplanmäßig bestimmten) Richters an Stelle des abgelehnten Kollegen (§ 27 II StPO), 119

dd) der Beschl. **bekannt zu machen.** Dies geschieht bei dessen Erfolglosigkeit auch unter Mitwirkung des abgelehnten Richters (*Meyer-Goßner,* § 27 Rn. 10). 120

i) Der den Ablehnungsantrag zurückweisende Beschluss ist im Rahmen der Hauptverhandlung, wenn er also einen erkennenden Richter betrifft, nur zusammen mit dem Urteil anfechtbar (§ 28 II 2 StPO). Außerhalb dessen kann er mit der sofortigen Beschwerde angegriffen werden. 121

j) Alle Ausschlussgründe gelten entsprechend für Schöffen und Urkundsbeamte (§ 31 I StPO). 122

k) Eine rechtliche Grundlage für die Ablehnung von Staatsanwälten geben weder die §§ 22 ff. StPO noch die §§ 141 ff. GVG (vgl. ausführlich *Meyer-Goßner,* vor § 22 Rn. 3 ff.). Das Gericht und die Verfahrensbeteiligten können lediglich auf eine Ablösung nach § 145 I GVG beim Dienstvorgesetzten des Sitzungsvertreters der Staatsanwaltschaft hinwirken und dazu in Ausnahmefällen aus Gründen des fairen Verfahrens und der Fürsorge gegenüber den Verfahrenbeteiligten sogar verpflichtet sein. 123

2. Vorschriftsmäßige Besetzung des Gerichts

In allen Hauptverhandlungen, die in erster Instanz vor dem Landgericht oder dem Oberlandesgericht stattfinden, ist die Rüge, das erkennende Gericht sei nicht vorschriftsmäßig besetzt, bereits in der Hauptverhandlung bis zum Beginn der Vernehmung des ersten Angeklagten zur Sache zu erheben (§§ 222 b I, 338 Nr. 1 StPO). Aus diesem Grunde sollte den Verfahrensbeteiligten bereits vor Beginn der Hauptverhandlung eine Besetzungsmitteilung schriftlich gemäß § 222 a I 2 StPO gemacht werden, in der die Namen der Berufsrichter und Schöffen, einschließlich der Ergänzungsrichter und -schöffen nebst ihren Funktionen im Verfahren aufgeführt sind; anderenfalls ist dies mündlich zu Beginn der Hauptverhandlung nach § 222 a I 1 StPO nachzuholen; zum **Erhalt der Präklusionswirkung** kann gar eine Aussetzung des Verfahrens bei zu später Bekanntmachung in Betracht kommen. 124

Zur Überprüfung der Tatsachen, aus denen sich ggf. eine vorschriftswidrige Besetzung ergeben kann (§ 222 b I 2 StPO), kann das Gericht die Hauptverhandlung unterbrechen, wenn die Mitteilung der Besetzung oder einer Besetzungsänderung später als eine Woche vor Beginn der Hauptverhandlung zugegangen ist (§ 222 a II StPO). Wird die Besetzung erst zu Beginn der Hauptverhandlung mitgeteilt, kommt es für die Bemessung der Unterbrechungsdauer auf die Umstände des Einzelfalls an (*Meyer-Goßner,* § 222 a Rn. 22); der BGH geht in diesen Fällen von der Notwendigkeit einer einwöchigen Unterbrechung aus (vgl. Nachweise bei *Meyer-Goßner,* § 222 a Rn. 22). 125

Die Große Strafkammer des Landgerichts entscheidet über den Besetzungseinwand ohne Schöffen, der Senat des Oberlandesgerichts in voller Besetzung (§ 222 b II 1 StPO; *Meyer-Goßner,* § 222 b Rn. 9). In entsprechender Anwendung von § 29 II StPO dürfen bis zur Entscheidung die unaufschiebbaren Handlungen noch durchgeführt werden (*Meyer-Goßner,* § 222 b Rn. 10). 126

127 Der Beschl. wird im Rahmen der Hauptverhandlung verkündet (§ 35 I 1 StPO) oder allen Verfahrensbeteiligten bei unterbrochener Hauptverhandlung schriftlich bekannt gemacht (§ 35 II 2 StPO). Die Anfechtung mit der Beschwerde ist nach § 305 StPO ausgeschlossen.

128 Die mit dem Eröffnungsbeschluss ergangene Entscheidung über die sog. Zweier- oder Dreierbesetzung (vgl. § 76 II GVG) ist im Rahmen der Hauptverhandlung ohne Besetzungseinwand nach § 222 b StPO grds. nicht abänderbar (*BGH*, NStZ 2009, 53). Eine Besetzungsentscheidung darf allerdings vor Beginn der Hauptverhandlung darauf überprüft werden, ob sie nach dem Stand der Beschlussfassung sachlich gänzlich unvertretbar, damit objektiv willkürlich erfolgt war und mithin abzuändern ist; bejahendenfalls kann sie zu diesem Zeitpunkt korrigiert werden (vgl. *BGH*, NStZ 2011, 54). Ist eine Entscheidung über die Besetzung nach § 76 II GVG unterblieben, hat die Strafkammer in der sog. Dreierbesetzung zu verhandeln.

V. Vernehmung zur Person

129 Vor der Vernehmung des Angeklagten zur Person werden gegebenenfalls noch Zeugen und Sachverständige gemeinsam belehrt, sofern sie zum Beginn der Hauptverhandlung geladen worden sind. Bei letzterem handelt es sich aber um eine inzwischen in der Praxis unübliche Vorstellung des historischen Gesetzgebers (vgl. § 243 I 2, I 1 StPO), da die Zeugen und Sachverständigen üblicherweise gestaffelt geladen werden (vgl. Rn. 60, 224).

130 Die Vernehmung des Angeklagten über seine persönlichen Verhältnisse (§ 243 II 2 StPO) ist noch Teil des einleitenden Verfahrensabschnitts und dient zum einen der Identitätsfeststellung, zum anderen der Prüfung von Prozessvoraussetzungen wie insbesondere der Verhandlungsfähigkeit des Angeklagten (vgl. *Meyer-Goßner*, § 243 Rn. 11).

131 Der Angeklagte ist lediglich verpflichtet, identitätsrelevante Angaben zu seiner Person iRd § 111 I OWiG zu machen. Daher muss er folgendes wahrheitsgemäß beantworten:

- Familiennamen,
- Geburtsnamen,
- Vornamen,
- Ort und Tag der Geburt,
- Familienstand,
- Beruf,
- Wohnort,
- Wohnung (dh die Wohnanschrift) und
- Staatsangehörigkeit.

132 Erzwingbar sind diese Angaben zur Person nicht. Im **Weigerungsfall** ist der unwillige Angeklagte auf den Umstand hinzuweisen, dass er damit eine Ordnungswidrigkeit begeht, was jedoch seine Weigerungshaltung regelmäßig nicht beeinflussen wird. Das Gericht muss sich vielmehr mittels anderer Erkenntnisquellen Gewissheit über die Person des Angeklagten verschaffen. Sind im Ermittlungsverfahren Personalien festgestellt worden, kann etwa auf Grund freibeweislicher Würdigung des Akteninhalts von der Identität des Angeklagten ausgegangen werden (*Meyer-Goßner*, § 243 Rn. 11). Möglich ist auch die Ladung von Zeugen, die über die Identität des Angeklagten Auskunft geben können. Auch können über die Meldebehörden Personalpapiere oder – soweit vorhanden – über die Polizei erkennungsdienstlichen Unterlagen beigezogen werden. Regelmäßig wird ein solches Vorgehen allerdings die Aussetzung der Hauptverhandlung notwendig machen. Auch der Erlass eines Haftbefehls nach § 112 StPO (Fluchtgefahr) kann erwogen werden.

133 Jede – in der Praxis häufig zu beobachtende – weitergehende Befragung des Angeklagten zu seinen persönlichen Verhältnissen, insbesondere zu seinem Einkommen, seiner beruflichen und wirtschaftlichen Lage sowie seinen Familienverhältnissen, ist von § 243 II 2 StPO nicht gedeckt. Hier muss dieser vielmehr entsprechend § 243 V 1 StPO zuvor belehrt werden. Sagt der Angeklagte unbelehrt auf Verlangen weiter aus und verweigert später nach Anklageverlesung und Belehrung gemäß § 243 V 1 StPO jedwede Einlassung, sind die vorherigen Angaben unverwertbar (vgl. dazu die Nachw. bei *Meyer-Goßner*, § 243 Rn. 12).

VI. Verlesung des Anklagesatzes

134 Nach den Fragen zur Identifizierung des Angeklagten verliest der Sitzungsvertreter der Staatsanwaltschaft den Anklagesatz (§ 243 III 1 StPO).

1. Unveränderte Zulassung

135 Hat das Gericht die Anklage unverändert zur Hauptverhandlung zugelassen, wird der Anklagesatz aus der originären Anklageschrift verlesen. Dabei beschränkt sich die Verlesung des Rubrums auf den Namen des Angeklagten, da die Angaben zu seiner Person kurz zuvor erörtert wurden. Eine Verlesung von gelegentlich in Anklageschriften einleitend aufgelisteten Vorstrafen sollte der Vorsitzende sofort im

Hinblick auf § 243 V 3 StPO sowie einer etwaigen Beeinflussung der Schöffen unterbinden. Auch die Verlesung des wesentlichen Ergebnisses der Ermittlungen unterbleibt.

Bei Serienstraftaten, die sich durch eine Vielzahl gleichförmiger Taten oder Tateinzelakte mit gleichartiger Begehungsweise auszeichnen, ist eine Beschränkung der Verlesung des Anklagesatzes möglich. In diesen Fällen ist es ausreichend, wenn lediglich die gleichartige Tatausführung, welche im Anklagesatz regelmäßig vorangestellt ist und die Merkmale des jeweiligen Straftatbestands erfüllt, sowie die Gesamtzahl der Taten, des Tatzeitraums und bei Vermögensdelikten der Gesamtschaden, wörtlich verlesen werden (*BGH,* NStZ 2011, 297). Den Schöffen kann die Ausübung ihres Amtes durch Aushändigung eines vollständigen Anklagesatzes erleichtert werden (s. Rn. 17). 136

2. Verbindung mehrerer Verfahren

Bei Verbindung mehrerer Verfahren sind alle Anklagesätze zu verlesen. Zur besseren Verständlichkeit sollte eine chronologische Reihenfolge eingehalten werden. Organisatorische Abläufe und Notwendigkeiten innerhalb der Staatsanwaltschaft können bedingen, dass verschiedene Verfahren bei bestehender Verbindungsreife gleichzeitig, formal von einander getrennt gegen denselben Beschuldigten geführt werden. Dies kann zur Folge haben, dass dem Gericht erst kurz vor der Hauptverhandlung weitere – verbindungsreife – Verfahren bekannt werden. In Fällen dieser Art bietet sich an, die Verfahrensverbindung vor Anklageverlesung vorzunehmen; die Verbindung kann vor Aburteilung in jeder Lage des Verfahrens erfolgen (vgl. *BGHSt* 45, 342, 351, *Meyer-Goßner,* § 4 Rn. 9). Andererseits ist es auch möglich, in einem Verfahren gegen mehrere Angeklagte, bei Nichterscheinen eines Angeklagten, das Verfahren insoweit abzutrennen (*Meyer-Goßner,* § 4 Rn. 11). 137

Ist das zu verbindende Verfahren noch nicht eröffnet worden, kann der Eröffnungsbeschluss sogleich in der Hauptverhandlung erlassen werden. Die sofortige Fortführung der Hauptverhandlung ist dann allerdings von dem Verzicht des Angeklagten und seines Verteidigers auf die Ladungsfristen abhängig (§§ 228 III, 217 II, 218 S. 2 StPO). Der Angeklagte muss darüber hinaus auf die Einlassungsfrist nach § 201 I 1 StPO verzichten, soweit er im Termin erstmalig mit der zu verbindenden Anklage konfrontiert wird. 138

Eine Fortführung der Verhandlung ist unter gleichen Voraussetzungen möglich, wenn in einem Verfahren ein Eröffnungsbeschluss versehentlich nicht erlassen worden ist (*BGHSt* 29, 224). 139

Die entsprechenden Beschlüsse und der jeweilige Verzicht auf Fristen sind im Protokoll zu vermerken: 140

Der Angeklagte verzichtete auf Einlassungs- und Ladungsfristen.

3. Sachliche Änderungen der Anklage

Hat das Gericht im Eröffnungsbeschluss die Anklage nur mit sachlichen Änderungen zugelassen, indem nach § 207 II Nr. 1 StPO das Hauptverfahren nur zu Teilen eröffnet wurde oder – seltener – nach § 207 II Nr. 2 StPO die Verfolgung auf einzelne abtrennbare Taten (§ 154 a StPO) beschränkt oder solche Taten wieder in das Verfahren einbezogen wurden, ist grundsätzlich eine neue Anklageschrift einzureichen und zu verlesen (§§ 207 III 1, 243 III 2 StPO). Insbesondere im Massengeschäft der Amtsgerichte wird auf Grund der besonderen Belastung selten eine neue Anklageschrift eingereicht und der Sitzungsvertreter der Staatsanwaltschaft erfahren erst kurz vor der Hauptverhandlung von der abweichenden Eröffnung. Er wird dann mündlich den Anklagesatz in der durch den Eröffnungsbeschluss abgeänderten Form vortragen. Eine neue Anklageschrift nach § 207 III StPO hat lediglich deklaratorische Bedeutung und ist nicht nach § 201 StPO zu behandeln (vgl. *Meyer-Goßner,* § 207 Rn. 9). Die neue Anklageschrift ist grundsätzlich nach § 215 S. 2 StPO zuzustellen. Die unterbliebene Zustellung ist jedoch nicht reversibel, wohl aber ein darauf gestützter Aussetzungsantrag (vgl. *Meyer-Goßner,* § 215 Rn. 8). 141

Ist die Anklage lediglich mit abweichender rechtlicher Würdigung, § 207 II Nr. 3 StPO, zugelassen worden, ist keine neue Anklageschrift erforderlich. Es wird der Anklagesatz mit der dem Eröffnungsbeschluss zugrunde liegenden rechtlichen Würdigung vorgetragen. Dem Staatsanwalt bleibt es unbenommen, bereits direkt nach Verlesung des Anklagesatzes seine eigene Rechtsauffassung zu äußern (§ 243 III 3 StPO). 142

Sind einzelne Gesetzesverletzungen gemäß § 207 II Nr. 4 StPO innerhalb derselben Tat nach § 154 a StPO ausgeschieden oder wieder einbezogen worden, bedarf es ebenfalls keiner neuen Anklageschrift. Bei der Verlesung des Anklagesatzes werden die entsprechenden rechtlichen Gesichtspunkte mit den dazugehörigen Tatsachen weggelassen oder ergänzt (§ 243 III 4 StPO). 143

4. Verlesung bei Vorlage und Verweisung

Hat ein Gericht die Sache vor Beginn der Hauptverhandlung nach § 225 a StPO einem Gericht höherer Ordnung zur Übernahme vorgelegt und ist das Verfahren übernommen worden, werden der Anklagesatz und der Übernahmebeschluss verlesen, § 225 a III StPO (*Meyer-Goßner,* § 243 Rn. 14). 144

145 Wird nach Verweisung aus der Hauptverhandlung heraus gemäß § 270 StPO nunmehr vor dem Gericht höherer Ordnung verhandelt, ist der Verweisungsbeschluss mit dem darin enthaltenen Anklagesatz vorzutragen (*Meyer-Goßner,* § 243 Rn. 14).

5. Aufklärung über Gegenstand des Verfahrens

146 Treten im Hinblick auf den verlesenen Anklagesatz Unklarheiten darüber auf, was Gegenstand des Verfahrens ist, ist dem Angeklagten durch ergänzenden Hinweis deutlich zu machen, was ihm tatsächlich und rechtlich vorgeworfen wird. Gegebenenfalls ist ein schwer verständlicher oder unglücklich formulierter Anklagesatz zu erläutern. Ein solcher klarstellender Hinweis kann durch den Staatsanwalt selbst nach Verlesung des Anklagesatzes oder durch den Vorsitzenden vor der Vernehmung des Angeklagten zur Sache erfolgen (*BGH,* NStZ 1984, 133; *Meyer-Goßner,* § 243 Rn. 16). Derartige Klarstellungen sind wie die Verlesung der Anklage im Protokoll zu vermerken (*Meyer-Goßner,* § 243 Rn. 18).

VII. Erörterung einer Verständigung

147 Nach der Verlesung des Anklagesatzes teilt der Vorsitzende gem. § 243 IV 1 StPO mit, ob vor der Hauptverhandlung Erörterungen nach §§ 202 a, 212 StPO im Hinblick auf eine Verständigungen gemäß § 257 c StPO stattgefunden haben. Dabei muss eine Mitteilung auch erfolgen, wenn die Erörterungen ergebnislos verlaufen sind oder wenn gar keine stattgefunden haben (vgl. *Meyer-Goßner,* § 243 Rn. 18 a). Im Falle der Erörterung einer Verständigung teilt der Vorsitzende den wesentlichen Ablauf der außerhalb der Hauptverhandlung geführten Gespräche sowie deren Inhalt mit. Inhaltlich ist jedenfalls auf die „essentialia negotii" der formellen Verständigung nach § 257 c I StPO einzugehen. Zu nennen sind daher etwa das erörterte Strafmaß oder die in Aussicht gestellte Strafobergrenze, das Geständnis, das in Betracht kommende Prozessverhalten der Verfahrensbeteiligten, insbesondere ein Verzicht auf etwaige Anträge, die Zusage von Schadenswiedergutmachung durch den Angeklagten sowie Maßnahmen zum Verfahrensverlauf, insbesondere Verfahrensbeschränkungen. Die Mitteilungspflicht erfasst jedoch nicht jegliche Kontaktaufnahme. Vom Wortlaut ist sie auf Erörterungen beschränkt, die auf eine Verständigung (§ 257 c StPO) gerichtet sind. Eine telefonische Abklärung mit dem Verteidiger, ob der Angeklagte ein Geständnis ablegen wird oder ob mit Beweisanträgen zu rechnen ist, ist Teil der organisatorischen Vorbereitung (Terminierung, § 238 I StPO) und nicht mitteilungspflichtig (LR-*Becker,* § 243 Rn. 52 c). Die Schwelle zur mitteilungspflichtigen Erörterung wird indes überschritten, sofern im Rahmen eines solchen Gesprächs das Einlassungsverhalten in Zusammenhang mit einem Strafmaß besprochen wird (LR-*Becker*, § 243 Rn. 52 c).

148 Die Mitteilung der Erörterungen ist nach § 273 I a 2 StPO als wesentliche Förmlichkeit zu protokollieren, und zwar auch dann, wenn keine Erörterungen stattgefunden haben (sog. „Negativattest") oder es nach den Erörterungen nicht zu einer Verständigung gekommen ist. Ist es zu einer Verständigung gekommen, so ist auch deren wesentlicher Inhalt zu protokollieren, insbesondere das in Aussicht gestellte Strafmaß. In das Hauptverhandlungsprotokoll findet der Vermerk wie folgt Eingang:

149 „Es haben zwischen dem Gericht, der Staatsanwaltschaft und dem Verteidiger keine Erörterungen (§§ 202 a, 212 StPO) zur Vorbereitung einer Verständigung (§ 257 c StPO) stattgefunden."

150 „Es haben zwischen dem Gericht, der Staatsanwaltschaft und dem Verteidiger Erörterungen (§§ 202 a, 212 StPO) zur Vorbereitung einer Verständigung (§ 257 c StPO) stattgefunden. Eine Verständigung wurde nicht erreicht."

151 „Es haben zwischen dem Gericht, der Staatsanwaltschaft und dem Verteidiger Erörterungen (§§ 202 a, 212 StPO) zur Vorbereitung einer Verständigung (§ 257 c StPO) stattgefunden. Danach hat das Gericht (mit Zustimmung der Staatsanwaltschaft) in Aussicht gestellt, dass im Falle eines glaubhaften und umfassenden Geständnisses das Strafmaß von einer Freiheitsstrafe von vier Jahren nicht überschritten werden wird. Der Angeklagte und sein Verteidiger haben dieser Verständigung zugestimmt. Vorgelesen und genehmigt."

VIII. Verständigung

152 Im Anschluss an die Mitteilung über die Erörterungsgespräche folgt die Verständigung; diese kann entweder mit der Belehrung des Angeklagten (Rn. 170) oder – sofern denn eine solche beabsichtigt ist – der Verständigung selbst beginnen (§ 257 c StPO). Letztere wurde mit dem am 4. 8. 2009 in Kraft getretenen „Gesetz zur Regelung der Verständigung im Strafverfahren" in die Strafprozessordnung eingefügt, nachdem der Große Senat für Strafsachen den Appell an den Gesetzgeber gerichtet hatte, die Zulässigkeit und – *bejahendenfalls* – die wesentlichen rechtlichen Voraussetzungen und Begrenzungen von Absprachen gesetzlich zu regeln (*BGHSt* 50, 40, 64). Die zentrale Vorschrift für die Verständigung ist § 257 c StPO. Sie regelt das Verständigungsverfahren jedoch nur fragmentarisch und ist in den Einzelheiten umstritten (vgl. *Meyer-Goßner,* § 257 c Rn. 3 mwN):

1. Zeitpunkt

Der Zeitpunkt vor der Belehrung des Angeklagten zur Vernehmung zur Sache ist der idealtypische Zeitpunkt für eine Verständigung (vgl. *Meyer-Goßner,* § 257c Rn. 1). Grds. ist eine Verständigung zwar zu jedem Zeitpunkt des Verfahrens bis zum Schluss der Beweisaufnahme möglich, gleichwohl wird sie regelmäßig am Anfang der Hauptverhandlung stehen, da nach einer bereits durchgeführten Beweisaufnahme das Gericht und die Verfahrensbeteiligten kein Interesse an einer Verständigung (mehr) haben dürften. Mit der Durchführung einer Verständigung wird gerichtlich eine verkürzte und damit ressourcensparende Beweisaufnahme erstrebt; der Angeklagte wird versucht sein, durch entsprechendes Einlassungsverhalten die mit der Verhandlung und dem Strafmaß verbundenen Belastungen zu reduzieren. Das alles ist naheliegend zu Beginn der Verhandlung zu erörtern, um diese zu verkürzen. Gesetzessystematisch gehört die Verständigung daher eigentlich vor die Beweisaufnahme. 153

2. Gegenstand

Der Gegenstand einer Verständigung ist in § 257c II StPO geregelt. Danach dürfen nur die Rechtsfolgen, die Inhalt des Urteils und der dazugehörigen Beschlüsse sein können, sonstige verfahrensbezogene Maßnahmen im zugrundeliegenden Erkenntnisverfahren sowie das Prozessverhalten der Verfahrensbeteiligten zum Gegenstand einer Verständigung gemacht werden. Ein Geständnis „soll" gemäß § 257c II 2 StPO Bestandteil jeder Verständigung sein. Schuldspruch sowie Maßregeln der Besserung und Sicherung sind explizit ausgeschlossen, § 257c II 3 StPO (*BGH,* NStZ-RR 2009, 147). Nicht erwähnt aber ebenfalls ausgeschlossen sind Zusagen, die nicht in der Kompetenz des Tatgerichts liegen, insbesondere Regelungen der Strafvollstreckung (*BGH,* StV 2000, 542, aA *Meyer-Goßner,* § 257c Rn. 12), oder die bereits von den tatbestandlichen Voraussetzungen her nicht verhandelbar sind, wie beispielsweise die Anwendung von Jugendstrafrecht (*BGH,* NStZ-RR 2006, 187). Im Übrigen wird davon ausgegangen, dass diejenigen gerichtlichen Entscheidungen Gegenstand einer Verständigung sein können, bei denen dem Gericht ein Beurteilungs- oder Ermessensspielraum eingeräumt ist, so beispielsweise bei der Anrechnung der Untersuchungshaft oder einer anderen Freiheitsentziehung (§ 51 StGB), bei der Anordnung eines Fahrverbots (§ 44 StGB), bei dem Absehen von Verfall (§ 73 StGB iVm § 430 I StPO) oder Einziehung (§ 74 StGB iVm § 442 I StPO), bei Verfolgungsbeschränkungen, soweit diese sich auf dieselbe Tat (§ 154a II StPO) oder auf bei demselben Gericht anhängige Taten (§ 154 II StPO) beziehen (vgl. *Meyer-Goßner,* § 257c Rn. 13); die Einstellung anderer nicht anhängiger Taten kann hingegen nicht Gegenstand einer Verständigung sein (vgl. *BGH,* NStZ 2000, 495). Auch eine Verständigung über den weiteren Vollzug von Untersuchungshaft nach Abschluss des tatgerichtlichen Verfahrens hinaus dürfte mit Blick auf den Wortlaut zulässig sein; hier ist freilich der mit diesem Verständigungsgegenstand einhergehende mögliche psychische Druck auf den Angeklagten zu beachten (vgl. auch *BGH,* NStZ 2004, 509). Die Grenze des § 136a StPO dürfte allerdings nur im Einzelfall überschritten sein, etwa bei außergewöhnlicher Haftempfindlichkeit oder besonderen Belastungen naher Angehöriger durch die Untersuchungshaft. 154

Die jeweils angeklagte prozessuale Tat kann damit nur unter den geltenden gesetzlichen Regelungen beschränkt werden. Insbesondere dürfen die Amtsaufklärungspflicht (§§ 244 II, 257c I 2 StPO) sowie das Verbot der Verständigung über den Schuldspruch (§ 257c II 1 StPO) nicht ausgehebelt werden, indem wesentliche strafbegründende Tatsachen „weggedealt" werden oder – in der Praxis wohl naheliegender – §§ 154ff. StPO missbräuchlich angewendet werden. 155

a) **Strafmaß.** Das Gericht kann gem. § 257c III 2 StPO unter freier Würdigung aller Umstände des Falles, sowie der allgemeinen Strafzumessungserwägungen eine **Ober- und Untergrenze** der Strafe angeben. Wie sich bereits aus dem Wortlaut ergibt, ist die Angabe einer Untergrenze fakultativ. In der Praxis war es bis zur gesetzlichen Regelung der Verständigung unüblich, eine Untergrenze anzugeben. Nunmehr gestaltet sich die Rechtspraxis nicht mehr einheitlich: Zu beobachten sind sowohl Verständigungen mit lediglich einer angegebenen Strafobergrenze als auch mit bezifferten Ober- und Untergrenzen. Eine Tendenz geht zur Angabe einer Ober- und Untergrenze (*BGH,* NStZ 2011, 170). Die fehlende Angabe einer Strafuntergrenze ist für den Angeklagten jedenfalls nicht revisibel, da er insoweit nicht beschwert ist (*BGH,* StV 2011, 75). Anders als üblicherweise bei gesetzlich vorgegebenen Strafrahmen liegt das später verhängte Strafmaß häufig nahe der Obergrenze. Die Ausschöpfung der in der Verständigung angegebenen Obergrenze ist grundsätzlich zulässig (*BGH,* StV 2011, 75); diese beziffert häufig informell das Strafmaß, auf das sich die Beteiligten geeinigt haben. 156

Eine Punktstrafe, also die formelle Zusage einer konkreten Strafe, ist jedoch auch weiterhin unzulässig, da insoweit zumindest ein Verstoß gegen § 261 StPO vorläge (*BGH,* NStZ 2010, 650; *BGHSt* 51, 84, 86). 157

Als Annex zum Strafmaß kann auch die Frage der Bewährung nebst Bewährungsauflagen Gegenstand der Verständigung sein (*Meyer-Goßner,* § 257c Rn. 12). 158

Bei der Erörterung eines Strafmaßes ist durch das Gericht stets darauf zu achten, dass kein Druck auf den Angeklagten ausgeübt wird, indem die Sanktionsschere unzulässig weit geöffnet wird, also ein 159

Strafmaß bei „streitiger Verhandlung" im Vergleich zu einem – die Grundsätze der Strafzumessung verletzenden! – Strafmaß mit Verständigung aufgezeigt wird (*BGHSt* 50, 40, 50). Insoweit kann die Sanktionsschere einen Verstoß gegen 136 a StPO begründen (*BGH,* NStZ 2008, 170, 171). Wann die Sanktionsschere unzulässig weit geöffnet wird, ist im Einzelfall auf Grundlage der jeweils für die Strafzumessung relevanten Faktoren zu entscheiden. Eine mathematische Berechnung der strafmildernden Wirkung des Geständnisses („grundsätzlich 30 Prozent Rabatt") ist unzulässig (*BGH,* StV 2011, 202, 206).

160 b) **Geständnis.** Das Geständnis ist der Antrieb einer Verständigung. Zwar schreibt § 257 c II 2 StPO lediglich vor, dass das Geständnis Gegenstand einer Verständigung sein soll, gleichwohl ist eine Verständigung ohne Geständnis kaum vorzustellen. Denn gerade dadurch können die Ziele der Beteiligten verbunden werden, indem der Weg für eine verkürzte Beweisaufnahme auf der einen und eine gemilderte Strafe auf der anderen Seite geebnet wird. Trotz dieser zentralen Bedeutung hat der Gesetzgeber weder **Begriff** noch **Anforderungen** und **Auswirkungen** des im Rahmen einer Verständigung abgelegten Geständnisses geregelt. Die Praxis unterscheidet grundsätzlich zwischen dem qualifizierten Geständnis und Anerkenntnis bzw. schlanken Geständnis. Ein qualifiziertes Geständnis zeichnet sich durch substantiierte Schilderung des Tathergangs aus. Der Angeklagte schildert die Tat in eigenen Worten (vgl. Nr. 45 II RiStBV) so, wie sie sich seiner Auffassung nach dargestellt hat und steht für Rückfragen zur Verfügung (*BGHSt* 52, 78, 82). Ein solches Geständnis kann eine tragfähige Basis für eine Verständigung sein, da ergänzende Beweiserhebungen auf ein Minimum reduziert werden können und einem solchen Geständnis auch nach anerkannten Strafzumessungsgrundsätzen eine signifikante strafmildernde Wirkung zukommt. In jedem Fall muss das Gericht das im Rahmen einer Verständigung abgelegte Geständnis auf seine **Zuverlässigkeit überprüfen** und von der Richtigkeit überzeugt sein (*BGHSt* 50, 40, 49). Eine solche Überprüfung kann in jedem Fall ohne weiteres zumindest durch die Anordnung des Selbstleseverfahrens nach § 249 II StPO – bei Einverständnis der Beteiligten auch betreffend Vernehmungsniederschriften gem. § 251 StPO – ermöglicht werden.

161 c) **Prozessverhalten.** Nach § 257 c II 1 StPO kann auch das Prozessverhalten zum Gegenstand der Verständigung gemacht werden. Unter Prozessverhalten ist die Ausübung prozessualer Rechte zu verstehen. Darunter fallen insbesondere der Verzicht von Beweis- oder Befangenheitsanträgen, der Verzicht von Anträgen auf Aussetzung oder Vertagung der Hauptverhandlung, Zustimmungserklärungen zur Ersetzung von Zeugenbeweis durch Verlesung des Vernehmungsprotokolls (§ 251 I Nr. 1, § 251 II Nr. 3 StPO) oder der Verzicht auf Widerspruch gegen die Durchführung des Selbstleseverfahrens (§ 249 II 2 StPO). In Betracht kommen auch die Zusage einer Schadenswiedergutmachung durch den Angeklagten (vgl. *Meyer-Goßner,* § 257 c Rn. 14) oder der Verzicht auf eine Entschädigung nach dem StrEG.

162 **Problematisch** und vom Gesetzgeber nicht beantwortet ist die Frage, welche zur Schuld konnexe **„Gegenleistung"** von Seiten des Gerichts für ein Prozessverhalten des Angeklagten erbracht werden kann. Eine Relevanz für die Strafzumessung – sieht man von der Schadenswiedergutmachung ab – ist dem Prozessverhalten gerade nicht zu entnehmen (OK-*Eschelbach,* § 257 c Rn. 17). Daher hat der Gesetzgeber durch die Aufnahme des Prozessverhaltens zum Verständigungsgegenstand eher eine Gefahrenquelle für das Gericht geschaffen, als dass er die Verständigung strukturiert hat. In der Praxis sollte von der Aufnahme des Prozessverhaltens des Angeklagten als zum Schuldumfang inkonnexer Gegenleistung im Rahmen einer Verständigung kein Gebrauch gemacht werden.

3. Zustandekommen der Verständigung

163 Die Verständigung kommt gem. § 257 c III 4 StPO zustande, wenn **Angeklagter** und **Staatsanwaltschaft** dem **Vorschlag des Gerichts zustimmen.** Eine Zustimmung weiterer Verfahrensbeteiligter, insbesondere des Nebenklägers, ist nicht erforderlich. Sämtlichen Verfahrensbeteiligten ist aber Gelegenheit zur Stellungnahme zu geben. Das Gericht muss seinen Vorschlag unter Beteiligung der Schöffen beraten und mit ⅔-Mehrheit (§ 263 I StPO) beschließen (*Meyer-Goßner,* § 257 c Rn. 23).

164 Ablauf, Inhalt und Ergebnis der Verständigung sind als wesentliche Förmlichkeit nach § 273 I a 1 StPO zu protokollieren. Das Hauptverhandlungsprotokoll muss sich in jedem Fall zu einer Verständigung verhalten, also auch wenn diese gescheitert ist oder keine stattgefunden hat, § 273 I a 3 StPO.

4. Bindungswirkung

165 Das Gericht ist grundsätzlich an die Verständigung gebunden. Es kann sich aber bereits nach § 257 c IV 1 StPO von der Verständigung lösen, wenn rechtlich oder tatsächlich bedeutsame Umstände *übersehen* worden sind oder sich neu ergeben haben und das Gericht deswegen zu der Überzeugung gelangt, dass der in Aussicht gestellte Strafrahmen nicht mehr tat- oder schuldangemessen ist. Nach der ersten Variante kann die Ursache des Entfallens der Bindungswirkung ausschl. in der Sphäre des Gerichts liegen, so dass dieses sich im Fall eines Irrtums (so schon *BGHSt* 50, 40, 50) oder sogar wegen unzureichender Aktenlektüre (*Murmann,* ZIS 09, 269, *Meyer-Goßner,* § 257 c Rn. 26) von der Verständigung lösen kann. Die zweite Variante entspricht im Wesentlichen der älteren Rechtsprechung (*BGHSt* 43, 195, 210).

Gem. § 257c IV 2 StPO kann sich das Gericht darüber hinaus von der Verständigung lösen, wenn das weitere Prozessverhalten des Angeklagten nicht dem Verhalten entspricht, das der Prognose des Gerichts zugrunde gelegt worden ist. Gemeint sind damit anscheinend auch Fälle, in denen zuvor keine Einigung iSv § 257c II 1 StPO über das Prozessverhalten erzielt worden ist. Damit könnte das Gericht vom Wortlaut her unmittelbar Einfluss auf etwaiges störendes Antragsverhalten des Angeklagten nehmen, indem es dieses mit der Auflösung der Verständigung quittiert (vgl. *Meyer-Goßner,* § 257c Rn. 27). Dies kann gesetzlich nicht erstrebt sein, da damit unzulässiger Druck auf den Angeklagten ausgeübt würde und gegebenenfalls etwaige gesetzliche Regelungen ausgehebelt würden (vgl. § 244 II, III StPO). 166

Das Prozessverhalten kann das Gericht allenfalls zur Auflösung einer Verständigung berechtigen, wenn es ausdrücklich zum Gegenstand der Verständigung im Rahmen von § 257c II 1 StPO gemacht wurde und damit durch das Gericht auch offen gelegt wurde. Hält der Angeklagte sich nicht mehr daran, indem er beispielsweise eine Schadenswiedergutmachung entgegen der Verständigung nicht leistet, kann das Gericht die Verständigung auflösen. Es zeigt sich damit wieder die Schwierigkeit, das Prozessverhalten zum Gegenstand einer Verständigung zu machen (Rn. 162). 167

Ob für die einseitige Lösung des Gerichts von einer getroffenen Verständigung nach § 257c StPO ein Gerichtsbeschluss erforderlich ist (so *Niemöller/Schlothauer/Weider*, Gesetz zur Verständigung im Strafverfahren, § 257c Rn. 113) ist bislang vom Bundesgerichtshof offen gelassen worden (*BGH,* NStZ 2011, 553); angesichts dessen sollte zumindest zur Vorbeugung einer unnötigen Aufhebung ein Beschluss deklaratorischer Art ergehen. 168

Wenn die Verständigung aufgelöst wird, ist das Geständnis gemäß § 257c IV 3 StPO unverwertbar. Das Verwertungsverbot erstreckt sich nicht auf die nächste Instanz (a. A. *OLG Düsseldorf,* StV 2011, 80, 81). Eine Fernwirkung entfaltet das Verbot grundsätzlich nicht, diese ist jedoch im Einzelfall zu prüfen (*Meyer-Goßner,* § 257c Rn. 27). Ansonsten dürfte von einem umfassenden Verwertungsverbot auszugehen sein, so dass das Geständnis auch im Verhältnis zu Mitangeklagten, die nicht vom Wegfall der Verständigung betroffen sind, wegen des Gebots der Einheitlichkeit der Beweiswürdigung und aus Gründen der Fairness unverwertbar ist (vgl. OK-*Eschelbach,* § 257c Rn. 38). 169

IX. Belehrung und Vernehmung zur Sache

1. Belehrung des Angeklagten

Nach der Verlesung des Anklagesatzes und einer Erörterung einer etwaigen Verständigung wird der Angeklagte gemäß § 243 V 1 StPO dahingehend belehrt, dass es ihm freisteht, sich zur Anklage zu äußern oder nicht zur Sache auszusagen. Der Vorsitzende ist hierbei nicht an den Gesetzeswortlaut gebunden, dem Angeklagten muss aber deutlich werden, dass Aussagefreiheit besteht (*Meyer-Goßner,* § 243 Rn. 22). Es empfiehlt sich, den Wortlaut des § 243 V 1 StPO beizubehalten, da so gewährleistet ist, dass versehentlich ein suggestives Element in der Belehrung einfließt. Ein ergänzender Hinweis bei der Belehrung dahingehend, dass der Angeklagte auch die Antwort auf einzelne Fragen verweigern kann, ist mit Blick auf die Beweiswürdigung des Teilschweigens nicht unproblematisch (vgl. KK-*Schneider,* § 243 Rn. 34, vgl. Rn. 191). Die Belehrung kann in geeigneten Fällen mit einer Zusammenfassung des Anklagevorwurfs verbunden werden und wie folgt lauten: 170

„Ihnen wird demnach ein Betrug in 22 Fällen vorgeworfen, indem sie […]. Es steht ihnen frei, sich zu der Anklage zu außern oder nicht zur Sache auszusagen." 171

Mehreren Angeklagten kann dieser Hinweis auf die Aussagefreiheit gleichzeitig erteilt werden (*Meyer-Goßner,* § 243 Rn. 19). Danach wird der Vorsitzende die Angeklagten kurz um Mitteilung bitten, ob sie aussagebereit sind oder nicht. 172

Der Hinweis auf die Aussagefreiheit muss stets erfolgen, auch wenn der Angeklagte im Ermittlungsverfahren bereits belehrt worden ist. Das gilt auch, wenn der Angeklagte in einer später ausgesetzten Hauptverhandlung durch denselben Richter bereits einmal belehrt worden ist (*Meyer-Goßner,* § 243 Rn. 21). 173

Ist der Angeklagte im Ermittlungsverfahren entgegen §§ 136 I 2, 163a III 2, IV 2 StPO nicht belehrt worden, erfolgt nunmehr zusammen mit der Belehrung (Rn. 171) eine sogenannte qualifizierte Belehrung. Diese sieht vor, dass der Angeklagte darauf hingewiesen wird, dass wegen der bisher unterbliebenen Belehrung als Beschuldigter die vorangehende Aussage unverwertbar ist (*BGHSt* 53, 112, 115; *BGH,* NStZ 2009, 702). 174

Der Verstoß gegen eine qualifizierte Belehrung hat allerdings nicht dasselbe Gewicht wie der Verstoß gegen die Belehrung nach § 136 I 2 StPO, so dass die Verwertbarkeit im Einzelfall zu prüfen ist (*BGH,* NStZ 2009, 702). Ist der Angeklagte im Ermittlungsverfahren zunächst nicht belehrt, aber in einer zweiten Vernehmung im Ermittlungsverfahren zwar belehrt worden, jedoch nicht qualifiziert, so ist er nunmehr darauf hinzuweisen, wie das Gericht vorbehaltlich der noch durchzuführenden Beweisaufnahme die Verwertung der bisherigen Angaben beurteilt. Eine qualifizierte Belehrung erfolgt je nach Fallkonstellation folgendermaßen: 175

176 „Ihnen wird demnach ein Betrug in 22 Fällen vorgeworfen, indem sie [...]. Es steht ihnen frei, sich zu der Anklage zu äußern oder nicht zur Sache auszusagen. Ihre Angaben gegenüber der Polizei vom ... sind nicht verwertbar, da sie diese gemacht haben, ohne entsprechend belehrt worden zu sein. Rechtlich ist die Situation daher so, als hätte es diese Angaben nie gegeben."

oder

177 „Ihnen wird demnach ein Betrug in 22 Fällen vorgeworfen, indem sie [...]. Es steht ihnen frei, sich zu der Anklage zu äußern oder nicht zur Sache auszusagen. Ihre Angaben gegenüber der Polizei im Rahmen der ersten Vernehmung vom ... sind nicht verwertbar, da sie diese gemacht haben, ohne entsprechend belehrt worden zu sein. Rechtlich ist die Situation daher so, als hätte es diese Angaben nie gegeben. Bei ihrer zweiten Vernehmung im Polizeipräsidium am ... wurden sie zwar über ihr Schweigerecht belehrt, sie wurden jedoch nicht darauf hingewiesen, dass die im Rahmen der ersten Vernehmung von ihnen gemachten Angaben nicht verwertbar sind. Das Gericht hält die im Polizeipräsidium gemachten Angaben jedoch nach vorläufiger Einschätzung und unter Vorbehalt der noch durchzuführenden Beweisaufnahme für verwertbar."

178 Dass entsprechend belehrt wurde, ist als wesentliche Förmlichkeit nach § 273 I StPO zu **protokollieren.**

2. Vernehmung zur Sache

179 Bei Aussagebereitschaft ist dem Angeklagten Gelegenheit zu geben, die gegen ihn vorliegenden Verdachtsgründe zu beseitigen und die zu seinen Gunsten sprechenden Tatsachen geltend zu machen, §§ 243 V 2, 136 II StPO. Ihm muss ermöglicht werden, sich vor Eintritt in die Beweisaufnahme auf den Anklagevorwurf aus seiner Sicht möglichst im Zusammenhang zu äußern (*BGHSt* 13, 358, 360, *BGH*, NStZ 2000, 549). Davon kann im Einzelfall abgewichen werden, wenn es um einen besonders komplexen oder umfangreichen Anklagevorwurf geht, der Angeklagte zu einer auch nur einigermaßen geordneten Sachdarstellung nicht bereit oder nicht in der Lage ist oder es im Interesse der Verständlichkeit erforderlich ist, dass eine bedeutungslose Weitschweifigkeit unterbunden wird (vgl. *BGH*, NStZ 2000, 549). In der Form von Frage und Antwort kann vernommen werden, sobald der Angeklagte zu erkennen gibt, dass er von sich aus im Zusammenhang nichts mehr sagen will.

180 Der Angeklagte muss sich grundsätzlich mündlich äußern. Die mündliche Vernehmung kann nicht durch die gerichtliche Verlesung einer schriftlichen Einlassung ersetzt werden (*BGH*, NStZ 2004, 163, 164). Der Angeklagte darf aber zur Unterstützung seiner Einlassung Notizen verwenden (KK-*Schneider*, § 243 Rn. 43). Die Einlassung des Angeklagte kann, abgesehen von den gesetzlich geregelten Fällen des abwesenden Angeklagten, weder stellvertretend durch seinen Verteidiger wahrgenommen noch durch die Vorlage oder Verlesung einer Verteidigungsschrift ersetzt werden (KK-*Schneider*, § 243 Rn. 44; *BGHSt* 39, 305, 306).

181 Die Anforderungen an die Mündlichkeit der Einlassung sind gleichwohl in jüngerer Zeit aufgeweicht worden, indem einer Verteidigungsstrategie, nach der eine vorbereitete **schriftliche Erklärung des Angeklagten** in der Hauptverhandlung mit dessen Einverständnis von seinem Verteidiger verlesen und anschließend als Anlage zum Protokoll überreicht wird, rechtlich nicht entgegen getreten wurde (*BGH*, NStZ 2007, 349; vgl. KK-*Schneider*, § 243 Rn. 45). Aus Sicht der Verteidigung ergibt sich diese Möglichkeit der Einlassung als Annex zum Äußerungsrecht des Angeklagten aus § 243 V 1 StPO. Das Recht umfasse nicht nur das „Ob" sondern auch das „Wie" der Äußerung (*Schlothauer*, StV 2007, 623, 625). Die rechtlichen Anforderungen, wie die Erklärung des Verteidigers dem Angeklagten zugerechnet wird, sind unklar (vgl. KK-*Schneider*, § 243 Rn. 45). Zur Klarstellung sollte der Angeklagte nach der Verlesung vom Vorsitzenden gefragt werden, ob er sich die Erklärung seines Verteidigers zu eigen macht. Bejahendenfalls bietet es folgender Protokollvermerk an: „Der Angeklagte äußert sich zur Sache."

182 An dieser Stelle sei nur darauf hingewiesen, dass die Einlassung zur Sache des Angeklagten in dem mündlichen Vortrag seines Verteidigers sowie seiner Antwort auf die Frage des Vorsitzenden besteht. Die Frage, wie damit umzugehen ist, dass den Verfahrensbeteiligten, insbesondere dem Gericht, die Möglichkeit genommen wurde, durch die Art der Äußerungen und den dabei gewonnenen Eindruck vom Angeklagten die Glaubhaftigkeit der Aussage zuverlässiger zu beurteilen, insbesondere auf Widersprüche oder lückenhafte Darstellungen durch Nachfragen einzugehen, bleibt der Beweiswürdigung vorbehalten. Auch sei darauf hingewiesen, dass der Vorsitzende – und nicht der Verteidiger – bestimmt, was in das Protokoll aufgenommen und was dessen Anlage wird; grundsätzlich sind vom Verteidiger übergebene Konvolute zur Sachakte zu nehmen.

183 Die Einlassung soll zunächst in einem **eigenen Sachvortrag** des Angeklagten erfolgen. Erst danach ist der Zeitpunkt für Fragen und schließlich etwaigen Vorhalten aus einer vorherigen Einlassung. Bei der Einlassung des Angeklagten ist darauf zu achten, dass dieser sich bei entsprechender Aussagebereitschaft **umfassend** zu allen Umständen der ihm vorgeworfenen Tat äußert. Insbesondere bei subjektiven Tatbestandsvoraussetzungen kann eine gezielte Nachfrage des Vorsitzenden erforderlich werden. Die Einlassung des Angeklagten hat auch eine nicht zu unterschätzende Bedeutung für die Beurteilung einer etwaigen eingeschränkten Schuldfähigkeit. Der forensisch-psychiatrische Sachverständige wird daher regelmäßig zum Termin der Einlassung geladen.

Bei einer Befragung sind **eindeutige Antworten** anzustreben, so beispielsweise bei Namen, Orten, Zeiten oder Mengenangaben, insbesondere bei der Trinkmenge von Alkohol. Dadurch verschafft sich das Gericht ein genaues Bild und es wird für den Angeklagten schwieriger, wenn er im Verlauf der Beweisaufnahme versucht, seine Einlassung dieser anzupassen. 184

Bei mehreren Angeklagten bestimmt der Vorsitzende, in welcher Reihenfolge diese sich äußern können. Meist empfiehlt sich, zunächst den Angeklagten zu hören, der die ihm vorgeworfenen Tat am weitesten einräumt. Gelegentlich gestehen bislang bestreitende Mittäter unter dem Eindruck dieser Einlassung ebenfalls oder räumen Tatsachen ein, die noch nicht aktenkundig sind und die Aussage des ersten Angeklagten in anderem Licht erscheinen lassen. 185

Bei den Angaben des Angeklagten zu diesem Zeitpunkt steht die Tat- und Schuldfrage im Vordergrund. **Feststellungen,** die lediglich für den **Rechtsfolgenausspruch** relevant sind, insbesondere zu wirtschaftlichen Verhältnissen und Vorstrafen des Angeklagten, erfolgen **so spät wie möglich.** Der Vorsitzende bestimmt den Zeitpunkt nach pflichtgemäßem Ermessen, vgl. § 243 V 4 StPO. Frühster Zeitpunkt – zu denken ist an das Massengeschäft des Strafrichters – ist bei der Vernehmung zur Sache (*Meyer-Goßner,* § 243 Rn. 34). Bei der Bestimmung des Zeitpunktes berücksichtigt der Vorsitzende den Persönlichkeitsschutz des Angeklagten. Wird im Rahmen der Beweisaufnahme deutlich, dass es zu einem Freispruch oder einer Einstellung kommt, sind Feststellungen insoweit nur erforderlich, wenn andere Prozessbeteiligte dies beantragen. In aller Regel werden Vorstrafen oder wirtschaftliche Verhältnisse erst **gegen Ende der Hauptverhandlung** erörtert, wenn klar ist, dass sie für die Rechtsfolgen relevant sind (vgl. Rn. 375). 186

Der Angeklagte ist an seine Erklärung nach § 243 V 2 StPO nicht gebunden. Er kann sowohl seine Aussagebereitschaft als auch die Wahrnehmung des Schweigerechts jederzeit widerrufen. Entschließt er sich später in der Beweisaufnahme zur Aussage, so ist ihm alsbald auf seinen Antrag hin die Gelegenheit zu einer Einlassung zu geben (vgl. LR-*Becker*, § 243 Rn. 63; *BGH,* NStZ 1986, 370). 187

3. Fragen an den Angeklagten

Nach der Vernehmung des Angeklagten zur Sache durch den Vorsitzenden können die weiteren Prozessbeteiligten Fragen stellen. Regelmäßig werden zunächst die beisitzenden Berufsrichter beginnend mit dem Berichterstatter, dann die Schöffen, der Staatsanwalt, der Nebenkläger mit seinem Vertreter, der Verteidiger sowie ggf. auch ein Sachverständiger ihre Fragen an den Angeklagten richten, §§ 240 I, II 1, 397 I 3, 80 II StPO. Die Aufzählung der frageberechtigten Personen in § 240 StPO ist nicht abschließend, die Reihenfolge rechtlich nicht bindend (vgl. *Meyer-Goßner,* § 240 Rn. 3 u. 7); das Einräumen von Zwischenfragen steht im Ermessen des Vorsitzenden. Eine gegenseitige Befragung mehrerer Angeklagter untereinander ist ausnahmslos nicht gestattet, § 240 II 2 StPO. Fragen der Mitangeklagten untereinander können jedoch über den Vorsitzenden oder den Verteidiger gestellt werden (*Meyer-Goßner,* § 240 Rn. 10). 188

X. Beweisaufnahme

1. Allgemeines

Nach *Max Asberg* ist das Beweisproblem *„schlechthin das Zentralproblem des Strafprozesses und als ein prozessuales Problem zugleich ein einzigartiges."* (*Alsberg/Nüse/Meyer*, Der Beweisantrag im Strafprozess 5. Aufl. 1983). Der in § 244 II StPO normierte Amtsaufklärungsgrundsatz bestimmt den deutschen reformierten Strafprozess. Die Pflicht ist für die Verfahrensbeteiligten nicht disponibel und reicht so weit, wie Anträge, Anregungen oder sonst durch den Verfahrensablauf bekanntgewordene Tatsachen das Gericht zum Gebrauch von Beweismitteln drängen oder es ihm nahelegen. Dabei hat das Gericht eine verständige Würdigung der Sachlage vorzunehmen und nicht sämtliche Beweismittel auszuschöpfen, wenn diese nur eine völlig entfernte Möglichkeit einer Änderung der bisherigen Sachlage in Aussicht stellen. Nicht „das nicht Ausschließbare" ist daher der Maßstab für diese gerichtliche Ermessenbetätigung für die Bestimmung der Reichweite des Untersuchungsgrundsatzes. Vielmehr muss in jeder Lage des Verfahrens stets aktualisiert geprüft werden, ob eine Beweiserhebung dadurch nahegelegt wird oder sich aufdrängt (*Meyer-Goßner,* § 244 Rn. 10 ff.; vgl. auch KK-*Fischer,* § 244 Rn. 33). Eine mittelbare Beweiserhebung ist zulässig, wenngleich sich das Gericht um den sachnächsten, bestmöglichen Beweis bemühen muss (*Meyer-Goßner,* § 244 Rn. 12). Eingeschränkt wird die Pflicht zur Amtsaufklärung nur durch Schätzklauseln (in der Praxis bedeutsam § 40 III StGB (vgl. E. III. Rn. 9 und *Meyer-Goßner,* § 244 Rn. 14 ff.). 189

Im Rahmen der Wahrheitsermittlung ist das Gericht für die Feststellung der Schuld- und Rechtsfolgentatsachen an die von der Prozessordnung vorgegebenen Beweismittel gebunden (sog. Strengbeweis durch Zeugen, Sachverständige, Augenscheinsobjekte und Urkunden, vgl. nur *Meyer-Goßner,* § 244 Rn. 6). 190

Nicht zu den originären Beweismitteln zählt indes der Angeklagte (vgl. § 244 I StPO); er wird dazu aber faktisch im Falle seiner Aussage (vgl. *Alsberg/Nüse/Meyer*, Der Beweisantrag im Strafprozess, 191

S. 167; *BGHSt* 32, 140, 145). Er kann sich auch teilweise zur Sache einlassen. Hier wird zwischen dem **zeitlichen** und dem **vertikalen Teilschweigen** differenziert (vgl. *Miebach*, NStZ 2000, 234, 236 ff.). Zeitliches Teilschweigen liegt vor, wenn der Angeklagte von seinem Schweigerecht nicht permanent Gebrauch macht, sondern nur beschränkt auf bestimmte Zeitabschnitte des Strafverfahrens. Schweigt der Angeklagte nur in einem Teil von mehreren Vernehmungen, dürfen allein hieraus mit Blick auf den nemo-tenetur-Grundsatz keine nachteiligen Schlüsse gezogen werden (*Miebach*, NStZ 2000, 237 ff.). Macht er allerdings von seinem Schweigerecht insofern teilweise Gebrauch, als er sich nur zu einzelnen Aspekten der ihm vorgeworfenen Tat äußert, liegt vertikales Teilschweigen vor. Ein Teilschweigen dieserart kann nach der höchstrichterlichen Rechtsprechung als Beweisanzeichen verwertet werden (vgl. *Meyer-Goßner*, § 261 Rn. 17). Hingegen ist kein Teilschweigen die Einlassung nur zu einem mehreren Tatvorwürfen im prozessualen Sinn (§§ 264, 155 StPO). Bei der Würdigung der Einlassung eines Angeklagten kann nicht ohne weiteres auf die Erkenntnisse der Aussagepsychologie zurückgegriffen werden. Namentlich das Realkriterium origineller Detailkenntnis (vgl. *Bender/Nack/Treuer*, S. 72) spricht in Fällen, in denen Angaben von Mittätern zu ihren Tatgenossen zu würdigen sind, nicht wesentlich für die Glaubhaftigkeit der Einlassung vgl. (*BGH*, StV 2006, 683; Beschl. v. 16. 7. 2009 – 5 StR 84/09 und v. 16. 3. 2011 – 5 StR 581/10).

192 Bezüglich der Feststellung aller übrigen Tatsachen können alle dem Gericht zugänglichen Erkenntnisquellen, insbesondere schriftliche und telefonische Auskünfte, eingeholt werden; dies gilt etwa für das Vorliegen der tatsächlichen Voraussetzungen von Verwertungsverboten oder Zeugnisverweigerungsrechten, die Feststellung einer ordnungsgemäßen Ladung, der ausreichenden Entschuldigung des Nichterscheinens eines Prozessbeteiligten, das Vorliegen eines wirksamen Strafantrages (sog. Freibeweis ableitbar aus § 251 III StPO, vgl. nur *Meyer-Goßner*, § 244 Rn. 7).

193 Beweisregeln nämlich die Festlegung, wann ein Richter eine Tatsache für bewiesen erachten muss („Durch zweier Zeugen Mund wird allerweil die Wahrheit kund") kennt die auf dem **Prinzip der freien Beweiswürdigung** beruhende Strafprozessordnung nicht (§ 261 StPO). Der Richter ist bei seiner Überzeugungsbildung gebunden an die strengbweislich in die Hauptverhandlung eingeführten Beweise und deren erschöpfende Würdigung, eingerahmt einzig von den zwingenden Gesetzen der Logik, feststehenden Erkenntnissen der Wissenschaft und dem einem Zweifel enthobene Tatsachen der Lebenserfahrung (*BGHSt* 29, 18, 20 f.). Das Korrektiv dieses Vorgangs freier Überzeugungsbildung stellen die schriftlichen Urteilsgründe dar. In diesen muss sich das Tatgericht in revisionsrechtlich überprüfbarer Weise für sein Erkenntnis argumentativ rechtfertigen; es hat seine Überzeugung intersubjektiv-vermittelbar darzutun (vgl. auch *Eisenberg*, BeweisR d. StPO, Rn. 97, 100 f.).

194 Eine instruktive Darstellung des Vorgangs der Beweiswürdigung und seiner Facetten würde den Rahmen dieses Handbuchs sprengen. Es sei hier daher ergänzend auf die entsprechenden Darstellungen hingewiesen: *Schäfer*, Praxis des Strafverfahrens Rn. 1348, *Eisenberg*, BeweisR d. StPO, Rn. 1362; *Bender/Nack/Treuer*, S. 135.

Zu den Beweismitteln des Strengbeweis im Einzelnen:

2. Zeugenbeweis

195 Vorab sei eine stehende Wendung in Erinnerung gerufen: Der Zeuge (vgl. dazu auch Rn. 60 ff.) ist rechtspraktisch das wichtigste und zugleich das schlechteste aller Beweismittel. Die Gerichte kommen ohne ihn grundsätzlich – mit Ausnahme der Wirtschaftsstrafverfahren – nicht aus und müssen doch der damit verbundenen Gefahren für den forensischen Erkenntnisprozess gewahr sein.

196 a) Zum Zeugen ist möglichst schon vor dem Beginn der formellen Belehrung im Gerichtssaal ein **kommunikativer Kontakt** herzustellen. Bereits mit dem Eintreten kann ihm durch Aufmerksamkeit oder eine Frage („Haben Sie trotz des Verkehrschaos heute Morgen gut hierher gefunden?") ggf. die Beklemmung etwas genommen werden. Zumindest sollte ihm ein Blickkontakt schon beim Eintreten durchgehend zuteil werden. Sodann können ihm – freilich nur bei zentralen Zeugen – die verschiedenen Anwesenden im Saal vorgestellt werden. Anschließend ist der Zeuge zu belehren (§ 57 StPO). Hierbei wird er zur Wahrheit ermahnt, auf die Möglichkeit einer möglichen Eidesleistung hingewiesen und über die Folgen einer (auch beeideten) Falschaussage aufgeklärt. Die Belehrung sollte freilich von Art und Form dem Adressaten individuell angepasst sein; sie hat nachdrücklich zu geschehen, ohne gleichsam zu stark einzuschüchtern. Der Vorsitzende hat es bereits hier in der Hand, bei aller gebotenen Distanz durch eine ernsthafte, zugleich aber freundliche Belehrung die Aussagebereitschaft zu fördern.

197 b) Nach der Belehrung erfolgt die **Vernehmung zur Person** (§ 68 I 1 StPO). Der Zeuge muss wahrheitsgemäße Auskunft geben im Hinblick auf Namen, ggf. auch Geburtsnamen, Vornamen, Alter, Beruf und Wohnort (auch hier gilt § 111 I OWiG, s. Rn. 131). Die vollständige Angabe zum Wohnort umfasst über die Ortsangabe hinaus die genaue postalische Anschrift (*Meyer-Goßner*, § 68 Rn. 8). Zeugen, die Wahrnehmungen in amtlicher Eigenschaft gemacht haben – namentlich Polizeibeamte, Staatsanwälte, Richter –, können statt des Wohnortes ihren Dienstort („Hamburg") angeben (vgl. § 68 I 2 StPO). Zu den zeugenschutzrechtlichen Beschränkungen nach § 68 II bis V StPO vgl. Rn. 223 ff.

c) Zeugen, denen ein **Zeugnisverweigerungsrecht** nach § 52 I, II StPO zusteht, müssen zudem über dieses Recht belehrt werden (§ 52 III 1 StPO). Ein Zeugnisverweigerungsrecht haben zunächst die Angehörigen des Angeklagten, nämlich Verlobte (§ 52 I Nr. 1 StPO), aktuelle oder frühere Ehe- und Lebenspartner (§ 52 I Nr. 2 StPO) sowie Verwandte in gerader Linie und in der Seitenlinie bis zum 3. Grad und Verschwägerte in gerader Linie und in der Seitenlinie bis zum 2. Grad (§ 52 I Nr. 3 StPO, vgl. *Meyer-Goßner,* § 52 Rn. 6 f.). 198

Verwandtschaft 199

Grad	Seitenlinie		Gerade Linie ▲ aufsteigend/absteigend ▼	Grad
IV.	Cousine, Cousin (Base, Vetter)		Großeltern	II.
III.		Onkel, Tante	Eltern	I.
II.		Geschwister, Halbgeschwister	**Person**	
III.	Nichte, Neffe		Kinder	I.
IV.	Großnichte, Großneffe		Enkel	II.

(Quelle: *Seidel* in: MünchKomm-BGB, 5. Aufl. 2008, § 1589 Rn. 21)

200

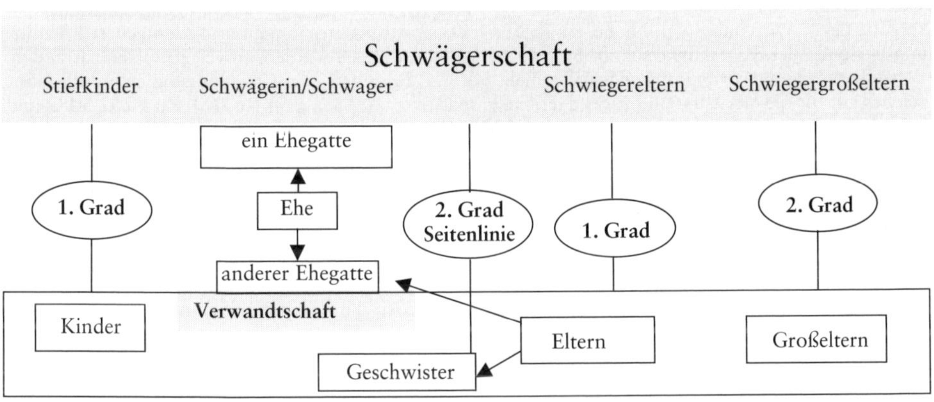

(Quelle: *Seidel* in: MünchKomm-BGB, 5. Aufl. 2008, § 1590 Rn. 1)

Das Zeugnisverweigerungsrecht besteht auch in Verfahren gegen Mitbeschuldigte; es erlischt unter Wegfall der mit ihm korrespondierenden Belehrungspflicht indes mit der rechtskräftigen Verurteilung (*BGHSt* 38, 96; auch betreffend Vorwürfe, die zuvor nach § 154 StPO aus dem Verfahren ausgeschieden sind: *BGH,* NStZ 2009, 515, 516) oder rechtskräftigen Freispruch des Angehörigen (*BGH,* NStZ 1993, 500); gleiches gilt im Falle des Ablebens des Angehörigen (*BGH,* NStZ 1992, 291, vgl. auch *Meyer-Goßner,* § 52 Rn. 11 f.). 201

Der Vorsitzende hat bei **minderjährigen** oder **betreuten Zeugnisverweigerungsberechtigten** die notwendige Verstandesreife von Amts wegen zu prüfen. Ihm steht dafür ein Beurteilungsspielraum zu. Maßgeblich ist, dass der Minderjährige erkennen kann, dass der Angeklagte etwas Unrechtes getan hat und dafür bestraft werden soll; beim 7-jährigen wird die Verstandesreife regelmäßig fehlen (§ 52 II 1 StPO, vgl. *Meyer-Goßner,* § 52 Rn. 18). Eine Entscheidung des gesetzlichen Vertreters ist nur dann erforderlich, wenn Zeuge von seinem Weigerungsrecht keine genügende Vorstellung hat; wird die Zustimmung des gesetzlichen Vertreters versagt, ist ohne Bedeutung, ob Zeuge aussagen will. Der gesetzliche Vertreter bestimmt sich nach bürgerlichem Recht; bei Erwachsenen ist ein Betreuer zu bestellen (§§ 1896 ff. BGB). Bei mehreren gesetzlichen Vertretern müssen alle einwilligen (vgl. *BGHSt* 49, 72). Für den Fall, dass ein gesetzlicher Vertreter selbst Beschuldigter ist vgl. § 52 II 2 StPO und näher *Meyer-Goßer,* § 52 Rn. 20. Es scheint die Rechtsprechungsentwicklung dahin absehbar, dass die Verfahrensbe- 202 teiligten die Beurteilung der Verstandesreife des Zeugen durch den Vorsitzenden bereits im Rahmen der Hauptverhandlung zukünftig nach § 238 II StPO beanstanden müssen (vgl. zur Beurteilung eines bestehenden Verlöbnisses *BGH,* NStZ 2010, 461).

203 Der mit dem Zeugnisverweigerungsgrund des **Verlöbnisses** (§ 52 I Nr. 1 StPO) in der Rechtspraxis mögliche **Missbrauch** ist Legion. Auch die Entscheidung, ob ein Verlöbnis zur angeklagten Person und deshalb das Zeugnisverweigerungsrecht nach § 52 I Nr. 1 StPO besteht, ist der wertenden Beurteilung des Vorsitzenden nach Maßgabe der Umstände des Einzelfalls als Maßnahme der Verhandlungsleitung anvertraut. Hierfür hat er die insofern relevanten Umstände festzustellen, wobei er in Fällen, in denen der Zeuge das Zeugnisverweigerungsrecht in Anspruch nimmt, nach seinem Ermessen eine Glaubhaftmachung verlangen kann (vgl. *Meyer-Goßner,* § 56 Rn. 1, § 52 Rn. 4). Eine vorschnelle Zubilligung dieses Rechts sollte nicht erfolgen. Insbesondere eine sorgfältige Vernehmung des Angeklagten und des die Ehe versprechenden Zeugen mag unterschiedliche Wahrnehmungen zu diesem besonders wichtigen Tag im Leben beider zutage fördern. Überdies sind die Anforderungen an die Revisibilität dieser Beurteilung durch den Vorsitzenden durch die Anerkennung eines Widerspruchserfordernisses durch den BGH erschwert worden (vgl. *BGH,* NStZ 2010, 461). Nicht zuletzt auch mit Blick auf den gesellschaftlichen Wertewandel steht zu hoffen, dass der Gesetzgeber das Verlöbnis als Grund zur Zeugnisverweigerung nunmehr zeitnah streicht.

204 Ein Zeuge, der nach Belehrung zur Aussage bereit ist, verliert sein Zeugnisverweigerungsrecht nicht. Er kann auch noch während laufender Vernehmung erklären, er wolle nunmehr nicht mehr aussagen (§ 52 III 2 StPO). Die bisherige Aussage bleibt allerdings verwertbar (*Meyer-Goßner,* § 52 Rn. 22).

205 Zeugnisverweigerungsrechte nach § 53 I StPO haben **Berufsgeheimnisträger** und deren Berufshelfer (§ 53 a I StPO). Geschützt werden dadurch namentlich Vertrauensbeziehungen zu Geistlichen (dazu jüngst *BGH,* Beschl. v. 15. 4. 2010 – 4 StR 650/09), Verteidigern, Rechtsanwälten und Ärzten sowie Schwangerschafts- und Drogenberater. Einer Belehrung bedarf es (regelmäßig) nicht, da davon auszugehen ist, dass der entsprechende Zeuge seine Berufspflichten kennt (*Meyer-Goßner,* § 53 Rn. 44).

206 **Öffentlich Bedienstete** (also Richter, Beamte und andere Personen des öffentlichen Dienstes) bedürfen zur Aussage über Umstände, auf die sich ihre Pflicht zur Amtsverschwiegenheit bezieht, einer Aussagegenehmigung durch ihren Dienstvorgesetzten (§ 54 I StPO). Eine derartige Genehmigung einzuholen, ist Aufgabe des Vorsitzenden (vgl. Nr. 66 I 1 RiStBV). Ohne Aussagegenehmigung dürfen generell Ermittlungspersonen der Staatsanwaltschaft iSv § 152 GVG vernommen werden, soweit nicht die zuständige (Polizei)Behörde angeordnet hat, dass allgemein oder im Einzelfall eine Genehmigung erforderlich ist; gleiches gilt für die Gerichts- und Jugendgerichtshilfe (*Meyer-Goßner,* § 54 Rn. 15). Zu § 252 StPO und den damit verbundenen Fragestellungen s. Rn. 234 und 265.

207 **d)** Ist dem Vorsitzenden aus den Akten bekannt, dass ein Zeuge in das Tatgeschehen verstrickt sein könnte (zB bei Vernehmung eines jugendlichen Mittäters, dessen eigenes Verfahren noch nicht beendet ist, vor dem Erwachsenengericht), muss bereits an dieser Stelle eine Belehrung über das diesem Zeugen zustehende **Auskunftsverweigerungsrecht** nach § 55 I StPO erfolgen. Diese Entscheidung, ob eine Verfolgungsgefahr besteht, trifft wiederum der Vorsitzende; ihm ist hier ein Beurteilungsspielraum eröffnet. Gegebenenfalls sind die Gründe für die Gefahr einer Strafverfolgung durch den Zeugen glaubhaft zu machen (§ 56 StPO). Als Rechtsfolge kann der Zeuge lediglich die Antwort auf einzelne Fragen verweigern. Nur ausnahmsweise verdichtet sich das Auskunftsverweigerungsrecht zu einem umfassenden Auskunftsverweigerungsrecht (vgl. naher *Meyer-Goßner,* § 55 Rn. 2; *BGH,* Beschl v. 30. 6. 2011 – 2 StE 2/10–5). Die Belehrung ist – wie alle anderen Belehrungen auch – zu protokollieren. Durch den Angeklagten kann eine fehlende Belehrung oder eine rechtsfehlerhafte Versagung des § 55 StPO nicht gerügt werden. Allerdings ist ihm die Aufklärungsrüge gegen eine unzutreffende Zubilligung der Verfolgungsgefahr eröffnet; dies indes nur, sofern er zuvor vom Zwischenrechtsbehelf des § 238 II StPO Gebrauch gemacht und die Entscheidung des Vorsitzenden dieserart beanstandet hat (*BGH,* NStZ 2007, 230, 232).

208 **e)** Die **Vernehmung zur Sache** beginnt damit, dass dem Zeugen zunächst der Gegenstand der Untersuchung kurz bezeichnet wird (§ 69 I 2 StPO); um Suggestionen zu vermeiden, ist es sachdienlich, den Sachverhalt nur grob zu skizzieren. Die regelmäßig zunächst vom Vorsitzenden durchgeführte Vernehmung ist namentlich für ein zügiges und den Zeugen schonendes Prozessieren besonders bedeutsam. Durch eine umfassende, detailgenaue kritische gerichtliche Befragung des Zeugen kann einer übermäßig belastenden Befragung durch eine überschießend konfliktbereite Verteidigung und damit einem „Auseinandernehmen" des Zeugen entgegen gewirkt werden. Werden im Rahmen der Befragung durch die übrigen Verfahrensbeteiligten nämlich Wiederholungsfragen gestellt, können diese regelmäßig nach § 241 II StPO als ungeeignet zurückgewiesen werden (vgl. dazu Rn. 212 ff.).

209 Anschließend erfolgt der **Sachbericht** des Zeugen; er berichtet im Zusammenhang alles, was er vom Verfahrensgegenstand weiß (§ 69 I 1 StPO). Im Einzelfall werden schon hier lenkende Fragen erforderlich sein: dem sichtlich aufgeregten („Ich weiß überhaupt nicht, was ich sagen soll …"), dem unwillig-verständnislosen („Das hab' ich doch alles schon der Polizei gesagt …") oder auch nur stockend berichtenden Zeugen („Was wollen Sie denn noch wissen?") muss durch vorsichtige – inhaltlich nicht

lenkende – Fragen und durch Erklärungen zu den Notwendigkeiten des Strafverfahrens weitergeholfen werden; der ausschweifend erzählende Zeuge („In der Schule habe ich schon immer gesagt ...") ist – nötigenfalls strenger – auf den Untersuchungsgegenstand zurückzulenken. Dem Vorsitzenden muss allerdings klar sein, dass jeder Eingriff (selbst Reaktionen in seiner Mimik) dazu führen kann, dass sich die (vielfach ohnehin geringe) Aussagebereitschaft des Zeugen verringert (umfassend *Bender/Nack/Treuer*, Rn. 705 ff.).

Nach dem Bericht erfolgt das Verhör durch Stellung konkreter Fragen an den Zeugen (§ 69 II StPO). 210
Im Rahmen dieses Abschnittes der Vernehmung werden häufig **Vorhalte** zu Hilfe genommen werden müssen. Dem Zeugen können frühere eigene Aussagen (aus in Akten befindlichen Protokollen), Angaben anderer Zeugen, der zusammengefasste Inhalt von Urkunden, eigenes Wissen des Vorsitzenden und offenkundige Tatsachen vorgehalten werden oder bei den Akten befindliche Lichtbilder, Skizzen und Zeichnungen als weiterer Vernehmungsbehelf in Augenschein genommen werden (*Meyer-Goßner*, § 69 Rn. 7, § 249 Rn. 28, § 253 Rn. 10). Ein Vorhalt sollte sprachlich so gefasst werden, dass der Zeuge nicht den Eindruck gewinnt, ihm werde die fehlende Erinnerung oder aber eine aus Sicht des Gerichts abweichende Aussage vorgeworfen (besser: „Bei der Polizei sollen Sie damals folgendes gesagt haben ..."). Der Gegenstand des Vorhalts wird nur dann zum Inbegriff der Hauptverhandlung (§ 261 StPO), wenn der Zeuge ihn sich in seiner Aussage zu eigen macht, sich etwa an den Inhalt einer vorgehaltenen früheren Aussage als zutreffend wieder erinnert. Eine Protokollierung des Einsatzes von Vernehmungsbehelfen unterbleibt; eine solche ist sogar sachwidrig (vgl. *BGH*, Urt. v. 23. 2. 2002 – 1 StR 234/02).

Erklärt der Zeuge, er könne sich zum Teil oder überhaupt nicht mehr an den fraglichen Vorgang erinnern, ist die Verlesung des entsprechenden (richterlichen oder nichtrichterlichen) Protokolls nach § 253 I StPO zulässig (vgl. dazu Rn. 256 f.). 211

Im Anschluss an die richterliche Vernehmung des Zeugen zur Sache steht auch den weiteren Verfahrensbeteiligten (Staatsanwaltschaft, Angeklagter, Nebenklage) das **Fragerecht** aus § 240 II StPO zu (Vorsicht ist geboten, sofern auch dem Verletzten oder nebenklageberechtigten Verletzten ein Fragerecht eingeräumt werden soll: *BGH*, NStZ 2005, 222). Das allgemeine Fragerecht ist lediglich bei der Vernehmung von Zeugen unter 18 Jahren (zum Schutze dieser) auf den Vorsitzenden konzentriert (§ 241 a StPO). Fragen, die ungeeignet sind oder nicht zur Sache gehören, kann der Vorsitzende zurückweisen (§ 241 II StPO). Die Wirkung der Zurückweisung einer Frage besteht darin, dass sie im Laufe des Verfahrens nicht mehr gestellt werden darf (vgl. KK-*Schneider*, § 241 Rn. 13.). Aus Gründen einer zügigen Verfahrensführung wie auch der Schonung und des Schutzes von Zeugen ist der Vorsitzende gehalten, dieses Instrument der Verfahrensgestaltung effektiv einzusetzen. Der Vorsitzende entscheidet über Zulässigkeit einer Frage im Wege seiner allgemeinen Sachleitungsbefugnis (§ 238 I StPO). Bevor eine Frage zurückgewiesen wird, können es Gründe einer – soweit im Strafverfahren möglich – harmonischen Prozessatmosphäre gebieten, den Fragesteller unter Begründung der bestehenden Zulässigkeitszweifel um die Rücknahme oder ggf. Umformulierung der Frage zu bitten. Weist der Vorsitzende eine Frage zurück, muss er seine prozessleitende Anordnung begründen; eine kurze Angabe der die Zurückweisung stützenden Aspekte ist rechtlich unerlässlich, damit sich die Verfahrensbeteiligten sowohl auf die Prozesslage einstellen als auch beurteilen können, ob eine Beanstandung der Anordnung nach § 238 II StPO durch die übrigen Verfahrensbeteiligten Aussicht auf Erfolg verspricht (vgl. KK-*Schneider*, § 241 Rn. 13). Einer Protokollierung nach § 273 I StPO bedarf dieser Vorgang noch nicht. Erst im Falle einer Beanstandung dieser Entscheidung des Vorsitzenden im Wege des Zwischenrechtsbehelfs (§ 238 II StPO) ist sowohl dieser Vorgang als auch der daraufhin ergangene Beschluss nebst der beanstandeten Anordnung des Vorsitzenden und der ihr zugrunde liegenden Frage in die Sitzungsniederschrift aufzunehmen (*Meyer-Goßner*, § 241 Rn. 18; KK-*Schneider*, § 241 Rn. 13). Äußern die übrigen Verfahrensbeteiligten Zweifel an der Zulässigkeit einer Frage des Gerichts, so entscheidet das Gericht nach § 242 StPO. 212

Ungeeignet sind Fragen, die aus rechtlichen Gründen nicht gestellt werden dürfen oder in tatsächlicher Hinsicht nichts zur Wahrheitsfindung beitragen können (*Meyer-Goßner*, § 241 Rn. 15). Dazu zählen etwa inhaltlich unpräzise Fragen, Suggestivfragen, die Wiederholung bereits beantworteter Fragen oder solche, die von Aussagegenehmigung nicht gedeckt sind sowie Werturteile oder rechtliche Einschätzungen des Zeugen zum Gegenstand haben („Wie stehen Sie denn nun heute zu dem Vorgehen der Polizei?") sowie solche nach Schlussfolgerungen oder Mutmaßungen (*Meyer-Goßner*, vor § 48 Rn. 2). An der Einordnung als Wiederholungsfrage können auch auf Erkenntnisse der Aussagepsychologie gestützte Erwägungen nichts ändern. So ist es für die Beurteilung der Glaubhaftigkeit von Angaben eines Zeugen anhand des Kriteriums der Aussagekonstanz regelmäßig von untergeordneter Bedeutung, wenn er dieselbe Frage in der Hauptverhandlung, gar im Abstand von wenigen Minuten, mehrfach gestellt bekommt oder Geschehensabläufe rückwärts vortragen soll (anders *Gerst*, StraFo 2011, 168, 169). 213

Nicht zur Sache gehören Fragen, die noch nicht einmal mittelbar auf die zur Aburteilung stehende Tat und ihre Rechtsfolgen bezogen sind (*Meyer-Goßner*, § 241 Rn. 12). Fragen, die zur Überprüfung der Glaubwürdigkeit und des Erinnerungsvermögens eines Zeugen gestellt werden, können nicht zurückgewiesen werden (*Meyer-Goßner*, § 241 Rn. 14). Hervorzuheben ist, dass von einer über das ge- 214 samte Hauptverfahren durchgehaltenen Zurückweisung von Fragen besonders vorsichtig Gebrauch gemacht werden sollte. Sie betrifft besonders wichtige Verteidigungsrechte und stößt zumeist auf aufmerksame Beobachtung durch das Revisionsgericht.

Beanstandung von Fragen der Verteidigung oder Staatsanwaltschaft

1. Bitte um Umformulierung oder Zurücknahme der Frage.
2. rechtliches Gehör der Verfahrensbeteiligten.
3. Vorsitzendenanordnung:
   „Die Frage von RA/StA Meier an den Zeugen X [...] wird als ungeeignet/nicht zur Sache gehörig zugelassen, weil [...].“
4. Gerichtsbeschluss (§ 238 II StPO):
   „Die von RA/StA Meier angebrachte Beanstandung der Vorsitzendenentscheidung, die Frage des RA/StA Meier, [...], nicht zuzulassen, wird aus den zutreffenden Gründen der beanstandeten Entscheidung zurückgewiesen/zurückgewiesen, weil [...].“

215 f) Für den Fall, dass der schuldfähige Zeuge die Aussage **unberechtigterweise verweigert,** hat das Tatgericht mit Blick auf seine Aufklärungspflicht nach § 244 II StPO zu reagieren (zu den Reaktionsmöglichkeiten beim unentschuldigten Ausbleiben des Zeugen vgl. Rn. 61). Eine Aussageverweigerung liegt neben der vollständigen Weigerung auszusagen auch vor, wenn der Zeuge vorgibt, über ein Beweisthema „nichts zu wissen“ (vgl. *Meyer-Goßner,* § 70 Rn. 5). Der Versuch, eine wahrheitsgemäße Aussage zu erzwingen, ist unzulässig. Die Aussage wird ohne Grund verweigert, wenn dem Zeugen kein Zeugnis- oder Auskunftsverweigerungsrecht zur Seite steht (vgl. *Meyer-Goßner,* § 70 Rn. 6).

216 Dem Zeugen sind zwingend die durch seine Weigerung verursachten Kosten aufzuerlegen (§ 70 I 1 StPO). Des Weiteren wird gegen ihn ein **Ordnungsgeld** (nach Art. 6 EGStGB ein Betrag von 5,– bis 1.000,– EUR) und ersatzweise **Ordnungshaft** festgesetzt (§ 70 I 2 StPO). Diese Maßnahmen sanktionieren den Verstoß gegen die staatsbürgerliche Aussagepflicht; grundsätzlich wird der Ordnungsgeldbeschluss daher auch dann nicht aufgehoben, wenn der Zeuge später aussagt.

217 Darüber hinaus kann das Gericht zur Erzwingung der Aussage **Beugehaft** anordnen (§ 70 II StPO); es kann sogar aus Gründen der Amtsaufklärungspflicht dazu verpflichtet sein. Die Haft ist zeitlich begrenzt durch die Dauer des Verfahrens im jeweiligen Rechtszug; in keinem Fall darf sie über 6 Monate hinaus vollstreckt werden. Solange diese Fristen noch nicht ausgeschöpft sind, kann Beugehaft in einem Verfahren mehrfach angeordnet werden (zur Auslegung des § 70 IV StPO vgl. *Meyer-Goßner,* § 70 Rn. 16). Bei der Anordnung von Beugehaft ist das Freiheitsgrundrecht aus Art. 2 II 2 GG, Art. 104 II 1 GG im Rahmen der gebotenen Verhältnismäßigkeitsprüfung in den Blick zu nehmen (*Meyer-Goßner,* § 70 Rn. 13; *BGH,* NStZ 2010, 44). Die Haft muss auch im Hinblick auf die Bedeutung der Strafsache unerlässlich sein. Vor der Anordnung muss der Zeuge auf die Grundlosigkeit seiner Weigerung sowie deren Folgen hingewiesen und auch die Prozessbeteiligten sind zu der beabsichtigten Maßnahme zu hören (§ 33 I StPO). Die Beugehaft ist aufzuheben, wenn der Zeuge seine Bereitschaft zur Aussage erklärt (*Meyer-Goßner,* § 70 Rn. 15). Aus der Natur der Sache ergibt sich im übrigen, dass ein Zeuge, der unter dem Eindruck der drohenden Anordnung oder gar Vollstreckung von Beugehaft schließlich aussagt, nur selten ein ergiebiges Beweismittel sein wird. Der Wahrheitsfindung wird es regelmäßig besser dienen, die Aussagebereitschaft durch Verständnis um die möglicherweise besondere Situation des Zeugen oder unter Einsatz der vielfältigen gesetzlichen Möglichkeiten des Zeugenschutzes zu fördern (vgl. dazu Rn. 65, 223 ff.).

Anordnung von Ordnungs- und Erzwingungsmittel

1. Zeuge wird auf seine umfassende Aussagepflicht hingewiesen.
2. rechtliches Gehör der Verfahrensbeteiligten und des Zeugen (§ 33 I StPO).
3. Gerichtsbeschluss:
   „Dem Zeugen X werden wegen unberechtigter Weigerung, die Frage, [...], zu beantworten/vollständiger Verweigerung des Zeugnisses die durch seine Zeugnisverweigerung entstandenen Kosten auferlegt, zur Erzwingung des Zeugnisses wird ferner gegen ihn ein Ordnungsgeld iHv 250,– EUR, ersatzweise für je 50,– EUR ein Tag Ordnungshaft, verhängt sowie zur Erzwingung des Zeugnisses Beugehaft bis zu einer Höchstdauer von zwei Monaten angeordnet. Gegen diesen Beschluss ist die Beschwerde des Zeugen und der Staatsanwaltschaft statthaft (§ 304 StPO).“

218 g) Die Vernehmung ist abgeschlossen, wenn „Bekunden des Zeugen und das Fragen des Richters und der übrigen Prozessbeteiligten endgültig aufgehört hat“ (*BGHSt* 8, 302, 310).

219 Nach Abschluss ihrer Vernehmung sind **Zeugen in der Regel nicht zu vereidigen.** § 59 I 1 StPO stellt es in das Ermessen des Vorsitzenden, ob er wegen der ausschlaggebenden Bedeutung der Zeugenaussage oder zur Herbeiführung einer wahren Aussage ausnahmsweise dennoch eine Vereidigung im Wege sei-

ner Sachleitungsbefugnis aus § 238 I StPO anzuordnen ist (zu diesen beiden Ausnahmekonstellationen näher *Meyer-Goßner,* § 59 Rn. 3 f.; KK-*Senge,* § 59 Rn. 1 b).

Einer ausdrücklichen Entscheidung über das Absehen von der Vereidigung bedarf es angesichts des Regelcharakters dieser Sachanordnung nicht (*BGH,* NStZ 2009, 647 f.; NStZ 2006, 234 f.; zur abweichenden Ansicht auch unter den Strafsenaten des BGH, vgl. *Meyer-Goßner,* § 59 Rn. 8). Das Tatgericht kann trotz des bislang zwischen den Strafsenaten des BGH bestehenden Dissens ohne ausdrückliche – protokollierte – Entscheidung verfahren und seiner Entlassungsverfügung (§ 248 StPO) konkludent den Erklärungswert des Absehens von einer Vereidigung beimessen. Revisionsrechtlich steht angesichts dessen noch nichts zu besorgen, denn eine mit dieser Stoßrichtung erhobene Verfahrensrüge ist nur nach zuvor geltend gemachten Zwischenrechtsbehelfs zulässig (vgl. *BGH,* NStZ 2005, 340, 341; NStZ-RR 2005, 208; NStZ 2006, 234, 235; NStZ 2009, 647 f.). Die Verfahrensbeteiligten sind daher gehalten, auch die konkludente Sachleitungsentscheidung des Vorsitzenden über die Nichtvereidigung mit § 238 II StPO zu beanstanden und eine gerichtliche Entscheidung darüber herbeizuführen; diese Vorgänge – Beanstandung, Gerichtsbeschluss nach § 238 II StPO – sind freilich zu protokollieren. Ein Rechtsverlust für einen vermeintlich durch die Nichtvereidigung betroffenen Verfahrensbeteiligten kann durch dieses prozessökonomische Vorgehen sicher ausgeschlossen werden. Stellt ein Verfahrensbeteiligter einen Antrag auf Vereidigung, so ist dieser wie auch die darauf hin ergehende Entscheidung des Vorsitzenden und die möglicherweise weiter veranlasste Gerichtsentscheidung zu protokollieren (vgl. KK-*Senge,* § 59 Rn. 10). 220

Wenn (ausnahmsweise) vereidigt wird, so bedarf diese Entscheidung keiner näheren Begründung und keiner Aufnahme in das Hauptverhandlungsprotokoll (vgl. § 59 I 2 StPO); das gilt nicht nur für die Anordnung des Vorsitzenden, sondern auch für einen etwaigen Gerichtsbeschluss nach § 238 II StPO und selbst dann, wenn ein Verfahrensbeteiligter die Nichtvereidigung zuvor beantragt hatte (vgl. KK-*Senge,* § 59 Rn. 12). Die Vereidigung hat in nachdrücklicher Weise und für jeden Zeugen einzeln zu geschehen (§ 59 II StPO). Die Vereidigungsverbote des § 60 StPO – etwa bei Zeugen unter 18 Jahren und solchen, die in die zu verhandelnde Tat verstrickt sind – und Eidesverweigerungsrechte zeugnisverweigerungsberechtigter Beweispersonen nach § 61 StPO sind freilich zu beachten. Der Eid kann ggf. auch in fremder Sprache geleistet werden (§ 188 GVG). Ablauf und Eidesformel sind gesetzlich vorgegeben (§ 64 StPO): 221

222

Eidesformel mit religiöser Beteuerung:

„Sie schwören bei Gott dem Allmächtigen und Allwissenden, dass Sie nach bestem Wissen die reine Wahrheit gesagt und nichts verschwiegen haben", und der Zeuge spricht hierauf: „Ich schwöre es, so wahr mir Gott helfe."

Eidesformel ohne religiöse Beteuerung:
„Sie schwören, dass Sie nach bestem Wissen die reine Wahrheit gesagt und nichts verschwiegen haben", und der Zeuge spricht hierauf „Ich schwöre es."

i) Die Strafprozessordnung sieht als Ausfluss grundrechtlicher Schutzfunktionen eine kaum mehr übersehbare Vielzahl an **Vorschriften über den Zeugenschutz** vor. Ein konsequenter Einsatz dieser Vorschriften mag nicht nur gerichtlicher Fürsorgepflicht entsprechen; dadurch kann zukünftig vielleicht auch dem anscheinend konzeptlosen weiteren Ausbau von Zeugen- und Verletztenrechten entgegen gewirkt werden. Schon heute steht den Gerichten jedes Instrumentarium zur Verfügung, um die mit der Rolle als Beweisperson verbundenen Belastungen des Zeugen auf das schlicht unabdingbare Maß zu begrenzen und damit – im Wege praktischer Konkordanz – in den Ausgleich mit den Notwendigkeiten einer funktionstüchtigen Strafrechtspflege zu bringen (idS auch *BGH,* NJW 2006, 785, 788). Hier sollen die aus rechtspraktischer Sicht wichtigsten Vorschriften und ihr Anwendungsbereich knapp skizziert werden: 223

aa) **Vor der Hauptverhandlung:** Bereits mit der Ladung zur Hauptverhandlung sieht das Gesetz eine umfassende Hinweispflicht des Gerichts auf die verfahrensrechtlichen Bestimmungen vor, die dem Interesse des Zeugen dienen (vgl. § 48 II StPO). Eine individuell abgefasste Ladung ist in jedem Einzelfall freilich unmöglich und neben den formularmäßigen Ladungen auch nicht geboten (vgl. *Wenske,* DRiZ 2005, 293). Nur im außergewöhnlichen Einzelfall mögen es die justiziellen Ressourcen zulassen und die Fürsorgepflichten angezeigt sein lassen, auch mit Blick auf eine bestmögliche Aussage in der Hauptverhandlung, die Ladung mit einzelnen ergänzenden Bemerkungen zu versehen. Hingegen sollte stets bedacht werden, dass eine sorgfältige gestaffelte Ladung der Zeugen deren Wartezeiten begrenzt und stundenlanges, frustrierendes Warten auf den Gerichtsfluren vermeiden kann; der Konflikt mit dem Beschleunigungsgrundsatz für den Fall des Ausbleibens eines Zeugen oder des Verzichts auf einen Zeugen mag hier zugunsten der Zeugen hingenommen werden. Überdies ist gerade bei Gewaltdelikten Bedacht darauf zu nehmen, dass der möglicherweise durch die Tat geschädigte Zeuge während der Wartezeit nicht mit dem Angeklagten oder mit diesem sympathisierenden Zuhörern auf dem Gerichtsflur zusam- 224 mentrifft. Als besonders effektiv hat sich in diesem Zusammenhang die Zusammenarbeit mit gerichtlichen Zeugenbetreuungsdienststellen, im besten Fall ausgestattet mit Zeugenwartezimmern, erwiesen. Hier sollte auch seitens des Gerichts auf eine frühzeitige Kontaktaufnahme zwischen Zeugen und Zeugenbetreuung hingewirkt werden.

225 *bb)* **Gestaltungsmöglichkeiten im Ablauf der Hauptverhandlung:** Zunächst ist vor Beginn der Hauptverhandlung – auch ohne entsprechenden Antrag – zu erwägen, ob für die Dauer einer Zeugenaussage der Ausschluss der Öffentlichkeit geboten ist. Dies kann etwa zum Schutze der Privatsphäre des Zeugen (§ 171 b I GVG), bei Personen unter (§ 172 Nr. 4 GVG) oder dann der Fall sein, wenn eine Gefährdung des Leibs oder Lebens des Zeugen anderenfalls zu besorgen ist (§ 172 Nr. 1 a GVG). Hierzu bedarf es jeweils eines begründeten Gerichtsbeschlusses (vgl. § 174 I 2 GVG).

226 Ferner mag die Entfernung des Angeklagten aus dem Sitzungszimmer für die Dauer einer bestimmten Zeugenaussage erwogen werden, wenn die Gefahr besteht, der Zeuge werden ansonsten nicht die Wahrheit bekunden oder für den Fall eines Zeugen unter (§ 247 StPO). Eine konkrete Gefahr für die Wahrheitsgefährdung besteht aber schon, wenn der Zeuge ankündigt, er werde andernfalls von seinem (ihm zustehenden) Zeugnisverweigerungsrecht Gebrauch machen. Die bloße Bitte eines Zeugen, nicht in Gegenwart des Angeklagten aussagen zu müssen, genügt hierbei nicht. Die Anordnung wird nach rechtlichem Gehör der Verfahrensbeteiligten durch begründeten Gerichtsbeschluss getroffen (vgl. *Meyer-Goßner,* § 247 Rn. 14). Während des Ausschlusses dürfen keine anderen Beweisvorgänge stattfinden. Der Angeklagte muss schon zur Verhandlung über die Vereidigung des Zeugen wieder zugelassen werden. Nach der Vernehmung des Zeugen ist der Angeklagte durch den Vorsitzenden über den wesentlichen Inhalt der Verhandlung zu unterrichten (§ 247 S. 4 StPO). Eine Bild-Ton-Übertragung in ein Nebenzimmer zur besseren Information des Angeklagten sieht das Gesetz nicht vor. Aus Fürsorgegesichtspunkten sollte das Gericht eine solche indes gewährleisten; sie ist geeignet, dem Angeklagten ein effektives Mitverfolgen des Hauptverhandlungsgeschehens zu ermöglichen, wobei sie freilich die – revisionsrechtlich besonders anfälligen – Unterrichtungspflichten nach § 247 S. 4 StPO nicht suspendiert. Ob eine durchgeführte Videoübertragung formelle Fehler bei der in Abwesenheit des Angeklagten durchgeführten Hauptverhandlung oder bei dessen Unterrichtung nach § 247 S. 4 StPO kompensieren könnte und das Durchgreifen einer Rüge nach § 338 Nr. 5 StPO berühren könnte, ist bislang zwischen den Strafsenaten nicht geklärt.

227

Ablauf Ausschluss des Angeklagten (§ 247 StPO)

folgende Handlungen sind erforderlich und zu protokollieren:

1. Ankündigung durch den Vorsitzenden,
2. Gewähr rechtlichen Gehörs für Verfahrensbeteiligte,
3. Gerichtsbeschluss,
4. Abtretenlassen des Angeklagten,
5. Zeugenvernehmung (einschließlich der Belehrung und der Fragen zur Person),
6. Zulassung des Angeklagten (ggf. Abtretenlassen des Zeugen),
7. Unterrichtung nach § 247 S. 4 StPO,
8. Ggf. Fragen des Angeklagten (an den anwesenden oder nicht anwesenden Zeugen),
9. erneute Ausschließung des Angeklagten,
10. Beantwortung der Fragen durch den Zeugen,
11. Zulassung des Angeklagten (ggf. Abtreten des Zeugen),
12. Erneute Unterrichtung nach § 247 S. 4 StPO, bei weiteren Fragen wiederum Ausschließung etc.),
13. Nach Abschluss der Befragung Zulassung des Angeklagten,
14. Verhandlung über die Vereidigung (ggf. in Abwesenheit des Zeugen),
15. Vereidigung des Zeugen,
16. Verhandlung über die Entlassung des Zeugen (nur ausnahmsweise unter Ausschluss des Angeklagten),
17. Entlassung des Zeugen (nur ausnahmsweise unter Ausschluss des Angeklagten.

228 Als eine andere Maßnahme ist auch ein Vorgehen nach § 247 a StPO in Betracht zu ziehen. Zum Schutz des Zeugen erfolgt die Vernehmung außerhalb der Hauptverhandlung an einem anderen Ort und wird mittels einer Bild-Ton-Übertragung in den Gerichtssaal übertragen. Einen Vorrang des § 247 a StPO gibt es nicht; das Gericht hat im Einzelfall – ggf. außerhalb der Hauptverhandlung (vgl. *BGH,* Beschl. v. 28. 9. 2011 – 5 StR 315/11) – nach pflichtgemäßen Ermessen zu entscheiden, mit welcher Maßnahme es die Rechte von Angeklagtem und Zeugen am besten in einen Ausgleich bringt (vgl. LR-*Becker,* § 247 Rn. 2). Liegt eine videodokumentierte richterliche Vernehmung aus dem Ermittlungsverfahren vor, mag diese als Surrogat nach § 255 a II StPO eingesetzt werden (vgl. dazu Rn. 259); Videoaufzeichnungen nichtrichterlicher Vernehmungen können vernehmungsersetzend nur im Wege des § 255 I StPO iVm § 251 StPO eingeführt werden. Dessen Voraussetzungen sind ggf. vorab zu klären (§§ 202 a, 212 StPO).

229 *cc)* **Gestaltungsmöglichkeiten bei der Zeugenvernehmung:** Das Gericht kann schon durch die Wahl der Sitzordnung auf die Bedürfnisse des Zeugen Einfluss nehmen. Zu vermeiden ist, dass der Angeklag-

te in unmittelbarer Nähe, gar körperlicher Reichweite des Zeugen sitzt. Ein weiteres psychologisch erbauendes Moment kann die Rolle der Zeugenbetreuung darstellen. Bei Bedarf kann diese während der Vernehmung neben dem Zeugen Platz nehmen und sich etwa räumlich zwischen den Angeklagten und den Zeugen setzen und auf diese Weise Sicherheit verleihen und direkten Blickkontakt – freilich nicht solchen des Verteidigers! – unterbinden. Gleiches gilt für den Zeugenbeistand (§ 68b StPO, vgl. dazu Rn. 66ff.). Auch im Rahmen der Angaben des Zeugen zu seiner Person sieht das Gesetz mit § 68 StPO nunmehr umfassende Schutzmöglichkeiten vor. Zeugen können statt des Wohnortes ihren Geschäfts- oder Dienstort oder eine andere ladungsfähige Anschrift angeben, wenn zu besorgen ist, dass der Zeuge oder eine andere Person (zB Angehörige, Freunde und Bekannte des Zeugen) durch die Wohnortangabe gefährdet wird (§ 68 II 1 StPO); ist gar Leben und Leib des Zeugen bei Preisgabe seiner vollständigen Identität zu besorgen, kann ihm gestattet werden, keine Angaben zur Person zu machen (§ 68 III StPO). Mit Blick auf die dadurch freilich erheblich eingeschränkten Möglichkeiten der übrigen Verfahrensbeteiligten, ggf. veranlasste Auskünfte einzuholen oder Ermittlungen im Umfeld des Zeugen einzuholen, sollte von dieser Möglichkeit nur ausnahmsweise Gebrauch gemacht werden. Im Rahmen der gerichtlichen Vernehmung ist dem Zeugen eine angemessene Behandlung und Ehrschutz zuteil werden zu lassen (§ 68a StPO); Fragen nach Tatsachen, die dem Zeugen oder dessen Angehörigen zu Unehre gereichen können, sind nur zu stellen, wenn dies unerlässlich ist (§ 68a I StPO). Fragen nach Umständen, die die Glaubwürdigkeit des Zeugen betreffen, sind nur zu stellen, sofern sie die Glaubwürdigkeit des Zeugen in der *konkret verhandelten Sache* betreffen; im Übrigen ist diese pflichtgemäße Ermessensentscheidung des Gerichts an § 244 II StPO zu messen. Auf das Gebot, im Rahmen der richterlichen Vernehmung den Zeugen möglichst erschöpfend zu befragen, um den Zugriff auf den Zeugen durch die übrigen Verfahrensbeteiligten gerade im Falle einer konfliktgeladenen Verhandlung unter Einsatz der Zurückweisung von Fragen nach § 241 StPO zu verringern, wurde bereits hingewiesen (vgl. Rn. 208, 212ff.; in diesem Sinne auch *BGH,* NJW 2006, 785, 788). Ferner sei die Möglichkeit hervorgehoben, nach § 241a II 1 StPO Fragen an Zeugen unter 18 Jahren vermittelt über den Vorsitzenden stellen zu lassen.

dd) Eingriffsmöglichkeiten und -pflichten bei der Zeugenbefragung: An dieser Stelle wird abermals 230
Bezug genommen auf die vorstehenden Ausführungen zu § 241 StPO (Rn. 212ff.).

3. Sachverständigenbeweis

a) Auch der Sachverständige (s.a. Rn. 71f.) ist ein persönliches Beweismittel. Sachverständiger ist, 231
wer auf einem bestimmten Wissensgebiet eine dem Gericht meist fehlende Sachkunde hat (*Meyer-Goßner,* vor § 72 Rn. 1; zur Abgrenzung zum sachverständigen Zeugen gemäß § 85 StPO vgl. *Meyer-Goßner,* § 85 Rn. 2f.). Regelmäßig wird der Sachverständige zur Vermittlung von Erfahrungswissen über Vorgänge und Zustände (etwa Blutalkoholkonzentration), zur Angabe von Tatsachen, die er nur im Hinblick auf seine Sachkunde erkennen kann (zB Veränderungen an einer Waffe) und zur Mitteilung wissenschaftlich begründeter Schlüsse herangezogen (zB Übereinstimmung der Handschrift des Angeklagten mit dem auf einem geplatzten Scheck befindlichen Schriftzug). Wird das Gutachten für Feststellungen zur Schuld- oder Rechtsfolgenausspruch benötigt, so erfolgt die Beweiserhebung als Strengbeweis. In anderen Fällen, etwa zur Feststellung der Verhandlungsfähigkeit des Angeklagten, wird der Sachverständige im Freibeweisverfahren eingesetzt. Im letztgenannten Fall findet namentlich § 79 StPO keine Anwendung (vgl. auch KK-*Senge,* § 79 Rn. 1). Die Auswahl des Sachverständigen obliegt dem Gericht (§ 73 StPO); dabei ist eine Anhörung der Verfahrensbeteiligten vor Bestellung des Sachverständigen gesetzlich nicht vorgeschrieben, kann sich jedoch zur frühzeitigen Vermeidung von Konflikten empfehlen. Die Anfechtung der Entscheidung mit einer Beschwerde ist nicht statthaft (§ 305 StPO).

b) Auf den Sachverständigen finden die für die Vernehmung des Zeugen geltenden Vorschriften weit- 232
gehend Anwendung (§ 72 StPO). Dementsprechend ist der Sachverständige wie der Zeuge nach § 57 StPO zu belehren: Solches ist entbehrlich – und geradezu befremdlich –, wenn der Sachverständige häufig vor Gericht auftritt (vgl. *Meyer-Goßner,* § 72 Rn. 1). Häufig wird der (erfahrene) Sachverständige in diesem Zusammenhang von sich heraus erklären, er sei mit den Pflichten eines Sachverständigen vertraut und für die Erstattung von Gutachten der betreffenden Art im Allgemeinen vereidigt. Anschließend wird der Sachverständige zur Person vernommen, einschließlich etwaiger Fragen nach einer Beziehung zum Angeklagten oder Verletzten (§ 68 I, IV StPO) und ist gegebenenfalls über Gutachtenverweigerungsrechte zu belehren (§§ 52ff. iVm § 76 StPO).

c) Hiernach erstattet der Sachverständige – meist im Zusammenhang mit einem bereits dem Gericht 233
übersandten und von diesem den Verfahrensbeteiligten zur Verfügung gestellten vorläufigen schriftlichen Gutachten – mündlich sein Gutachten. Sodann kann das Gericht Fragen an den Sachverständigen richten. In derselben Reihenfolge wie bei der Zeugenvernehmung haben anschließend die Verfahrensbeteiligten Gelegenheit zur Befragung des Sachverständigen (§ 240 I, II 1 StPO); auch hier ist freilich die Zurückweisung von Fragen möglich (§ 241 II StPO, s. Rn. 213f.).

d) Das dem Sachverständigengutachten jeweils zugrunde zu legende Tatsachenmaterial kann sich zu- 234
nächst zur Vorbereitung des Gutachtens aus der Verfahrensakte ergeben und wird überdies erhoben in

der Hauptverhandlung. Das Gericht hat den Sachverständigen bei der Gutachtenerstattung zu leiten und ihm gegebenenfalls vorzugeben, von welchen tatsächlichen Anknüpfungstatsachen er in seinem Gutachten auszugehen hat. Im Zuge seiner Gutachtenerstellung erhebt der Sachverständige **Befund- und Zusatztatsachen.** Der Sachverständige erhebt Befundtatsachen auf Grund seines eigenen Fachwissens; das Gericht kann diese mit seinen Erkenntnismöglichkeiten nicht feststellen (vgl. *Meyer-Goßner,* § 79 Rn. 11). Diese vermittelt der Sachverständige dem Gericht in der Hauptverhandlung im Wege seines Gutachtens, sodass sie unmittelbar schon durch diesen Beweiserhebungsakt in die tatgerichtlichen Überzeugungsbildung eingestellt werden können. Für die Gewinnung von Zusatztatsachen, etwa die Schilderung des Tathergangs durch den Zeugen im Rahmen seiner Exploration, bedarf es keiner besonderen Fachkunde; Auch das Gericht hätte sie mit den ihm zur Verfügung stehenden Mitteln erheben können (vgl. *Meyer-Goßner,* § 79 Rn. 11). Um diese Wahrnehmungen in die Hauptverhandlung strengbeweislich einzuführen, bedarf es hingegen der Vernehmung des Sachverständigen als Zeugen (vgl. *Meyer-Goßner,* § 79 Rn. 11). Besonders problematisch sind Fallkonstellationen, in denen ein zeugnisverweigerungsberechtigter Zeuge gegenüber dem Sachverständigen Angaben gemacht hat, in der Hauptverhandlung indes das Zeugnis nunmehr verweigert und davon auch nicht etwa die Angaben gegenüber dem Sachverständigen ausnimmt (vgl. dazu Rn. 234). Die Befragung durch den Sachverständigen dürfte als Vernehmung im Sinne der §§ 252, 52 StPO einzuordnen sein (vgl. *Meyer-Goßner,* § 252 Rn. 10; LR-*Sander/Cirener,* § 252 Rn. 41). Deswegen darf die Tatschilderung des nun das Zeugnis verweigernden Zeugen, die er gegenüber dem Sachverständigen bei der Exploration beispielsweise für die Glaubhaftigkeitsprüfung gemacht hat, weder durch das Sachverständigengutachten noch durch die Vernehmung des Sachverständigen als Zeugen in die Hauptverhandlung eingeführt und für die Feststellungen zum Tathergang verwertet werden (LR-*Sander/Cirener,* § 252 Rn. 42). Hingegen dürfen Befundtatsachen, die der Sachverständige im Zuge Exploration des – durch den Richter ordnungsgemäß nach §§ 52 III 1, 81c III StPO belehrten – Zeugen gewonnen hat, verwertet werden. § 252 StPO steht dem nicht entgegen, weil dadurch Zeugenvernehmungen nicht aber die Gutachtenerstattung erfasst werden (LR-*Sander/Cirener,* LR § 252 Rn. 42; KK-*Diemer,* § 252 Rn. 18).

235 e) Im äußerst seltenen Fall der **Weigerung eines Sachverständigen,** sein Gutachten zu erstatten, stehen dem Gericht die Zwangsmittel des § 77 I StPO zur Verfügung (s. Rn. 72, 215). Möglich ist auch die Ablehnung eines Sachverständigen in entsprechender Anwendung der §§ 22 Nr. 1–4, 24 I, II StPO (§ 74 I 1 StPO). Bei Ablehnung nach § 24 I StPO ist wesentliche Voraussetzung, dass vom Standpunkt des verständigen Verfahrensbeteiligten Misstrauen gegen die Unparteilichkeit des Sachverständigen gerechtfertigt erscheint (*Meyer-Goßner,* § 74 Rn. 4 mwN). Allein die Mitwirkung des Sachverständigen bereits im Vorverfahren ebenso wie der Umstand, dass er Polizeibeamter ist, begründen das Misstrauen nicht (*Meyer-Goßner,* § 74 Rn. 7 mwN). Die Entscheidung über einen in der Hauptverhandlung zu stellenden Ablehnungsantrag muss nicht unverzüglich getroffen werden (*Meyer-Goßner,* § 74 Rn. 11); sie ergeht im Wege eines begründeten Beschlusses (§ 34 StPO) nach Anhörung der Verfahrensbeteiligten (§ 33 I StPO) unter Einbeziehung der Schöffen. Hervorzuheben ist hier, dass auf das Ablehnungsverfahren nach § 74 StPO – anders als bei §§ 24, 28 StPO –Beschwerdegrundsätze keine Anwendung finden. Der Verweis aus § 74 I 1 StPO umfasst § 28 II StPO nicht. Dies verpflichtet das Tatgericht zu einer ausdrücklichen Auseinandersetzung mit dem Antragsvorbringen. Denn das Revisionsgericht ist bei seiner Überprüfung auf eine entsprechende Verfahrensrüge an die Tatsachen gebunden, die das Tatgericht seiner Entscheidung zugrunde gelegt hat; neue Tatsachen oder Beweismittel können im Revisionsrechtszug nicht berücksichtigt werden (vgl. *Meyer-Goßner,* § 74 Rn. 17, 21).

236 f) Die Entscheidung über die **Vereidung** des Sachverständigen steht im pflichtgemäßen Ermessen des Gerichts (§ 79 I 1 StPO). Der Regelfall ist die Nichtvereidigung. Einer ausdrücklichen Entscheidung über das Absehen von der Vereidigung bedarf es nicht. Insoweit gelten die Ausführungen zu § 59 I StPO hier entsprechend (vgl. Rn. 219 ff.). Eine beantragte Vereidigung (§ 79 I 2 StPO) unterbleibt, wenn der Sachverständige generell vereidigt ist (§ 79 III StPO; s. Rn. 220 f.). Soll indes ausnahmsweise vereidigt werden, erfolgt dies nach Erstattung des Gutachtens (§ 79 II Hs. 1 StPO). Die Eidesformel ist nicht gesetzlich vorgegebenen, sie kann etwa lauten (§ 79 II Hs. 2 iVm §§ 64, 65 StPO):

237 Sie schwören [bei Gott dem Allmächtigen und Allwissenden], das Gutachten unparteiisch und nach bestem Wissen und Gewissen erstattet zu haben.
Ich schwöre (gelobe) es [, so wahr mir Gott helfe].

238 g) Zur Möglichkeit, den Sachverständigenbeweis durch den Urkundenbeweis etwa nach § 256 StPO zu ersetzen vgl. Rn. 261. Die – auch ergänzende –Anhörung des Sachverständigen kann sich etwa bei Unklarheiten aus der aktualisierten Aufklärungspflicht ergeben.

4. Urkundenbeweis

239 a) Der Urkundenbeweis, der **durch Verlesung** erfolgt (§ 249 I 1 StPO), kann bei allen Formen von Schriftstücken, die verlesbar und geeignet sind, durch ihren Gedankeninhalt Beweis zu erbringen, erho-

ben werden. Vermittelt durch das Verlesen werden die Urkundeninhalte (nicht die Beschaffenheit der Urkunde, dazu Augenschein!) strengbeweislich unmittelbar zum Gegenstand der Hauptverhandlung (vgl. § 261 StPO). § 249 I 2 StPO nennt beispielhaft unter anderem Strafurteile und Straflisten (zu weiteren Beispielen vgl. *Meyer-Goßner,* § 249 Rn. 9 ff.). Erforderlich ist freilich, dass es sich um deutschsprachige Schriftstücke handelt (vgl. § 184 I 1 GVG); fremdsprachige Schriftstücke sind daher grundsätzlich übersetzen zu lassen. Abschriften oder Ablichtungen können ohne Beglaubigungsvermerk eingeführt werden, sofern ihre Übereinstimmung mit der Urschrift feststeht. Die Verlesung wird regelmäßig durch den Vorsitzenden angeordnet (§ 238 I StPO) und durch ihn, gegebenenfalls in seinem Auftrag durch einen Beisitzer oder Schöffen, durchgeführt.

Neben dieser Anordnung des Vorsitzenden ist in das Hauptverhandlungsprotokoll unbedingt aufzu- 240
nehmen, welche Urkunde in welchem Umfang genau verlesen werden und soll und dass diese Anordnung auch ausgeführt wurde („Die Kontoauszüge des Kontos der Hamburger Sparkasse 1201-123 33 44, datierend vom 15. 3. 2011 wurden auf Anordnung des Vorsitzenden durch diesen vollständig verlesen."; vgl. *BGH,* NStZ 2011, 110). Beim schlichten Verlesen zum Zwecke des Vorhalts und damit als Vernehmungsbehelf unterbleibt die Protokollierung.

b) Zum – praktisch auf Grund damit verbundener möglicher Fehlerquellen eher zurückhaltend anzu- 241
wendenden – Fall der Einführung von Urkunden durch den Vorsitzendenbericht vgl. *Meyer-Goßner,* § 249 Rn. 26 f.; *Scheffler* in: Heghmanns/Scheffler, Handb z. StrafV, S. 766 f.).

c) Eine besondere Verfahrensvereinfachung im Rahmen des Urkundenbeweises ermöglicht § 249 II 242
StPO das sog. **Selbstleseverfahren:** Müssen etwa zahlreiche oder einzelne umfangreiche Schriftstücke, etwa Vertragswerke, Bilanzen, Kontoauszüge, oder gar ein ganzes Druckwerk verlesen werden, kann dies im Wege der Selbstlesung erfolgen. Richter und Schöffen haben die Urkunden selbst – außerhalb der Hauptverhandlung – zu lesen und den übrigen Verfahrensbeteiligten ist dazu ausreichend Gelegenheit zu geben. Der Vorsitzende trifft die Anordnung nach pflichtgemäßem Ermessen; im Rahmen der Ermessensbetätigung ist auch etwa auf einen bestehenden Analphabetismus des Angeklagten Bedacht zu nehmen (*BGH,* Beschl. v. 14. 12. 2010 – 1 StR 422/10). Die Durchführung dieses besonderen Verfahrens sollte indes dann kritisch überdacht werden, wenn für die Beweisführung besonders wichtige oder signifikant aussagekräftige Urkunden in Rede stehen. Hier kann eine öffentliche Verlesung – etwa des vom Angeklagten stammenden Emailverkehrs – aufschlussreich für die Öffentlichkeit sein, aber auch dem Angeklagten die für ihn möglicherweise besonders nachteilige Beweislage eindrucksvoll belegen. Hingegen kann sich das Selbstleseverfahren anbieten, wenn anderenfalls wegen deren Inhalts die Öffentlichkeit für die Dauer der Verlesung ausgeschlossen werden müsste (§§ 171 b ff. GVG), zumal wenn sie einen beleidigenden, volksverhetzenden oder pornographischen Inhalt aufweisen.

Voraussetzung für eine ordnungsgemäße Durchführung des Verfahrens ist, dass alle erkennenden 243
Richter nach der Anordnung des Selbstleseverfahrens vom Wortlaut der Urkunde Kenntnis genommen haben und die übrigen Prozessbeteiligten zumindest Gelegenheit dazu hatten (§ 249 II 1 StPO). Widerspricht die Staatsanwaltschaft, der Verteidiger oder der Angeklagte der Anordnung des Vorsitzenden auf Durchführung der Selbstlesung unverzüglich nach § 249 II 2 StPO, so hat das Gericht in der Besetzung der Hauptverhandlung zu entscheiden, ob die Anordnung des Vorsitzenden bestätigt oder aufgehoben wird.

244

Durchführung des Selbstleseverfahrens

1. Anordnung (§ 249 II 3 und 1 StPO)
   Die Anordnung des Vorsitzenden ist zu protokollieren, etwa wie folgt: *„Für die in der Urkundenliste 1 (Anlage 1 zum Hauptverhandlungsprotokoll) wird die Durchführung des Selbstleseverfahrens angeordnet." Eine zeitliche Bestimmung für dessen Abschluss muss nicht getroffen werden.*
2. Durchführung (§ 249 II 1 StPO)
   Richter und Schöffen müssen die einzuführenden Urkunden vor Abschluss der Beweisaufnahme lesen.
3. Abschluss (§ 249 II 3 und Satz 1StPO)
   Diese Kenntnisnahme ist beispielsweise wie folgt im Hauptverhandlungsprotokoll festzuhalten: *„Die Richter und Schöffen haben vom Wortlaut der im Wege des am 12. 3. 2011 angeordneten Selbstleseverfahrens eingeführten Urkunden – Urkundenliste 1 – Kenntnis genommen; die übrigen Verfahrensbeteiligten hatten dazu Gelegenheit."*

Zur erleichterten Durchführung des Selbstleseverfahrens – von dem auch bei amtsgerichtlichen Ver- 245
fahren wegen seiner besonderen Effektivierungspotentiale – in weitem Rahmen Gebrauch gemacht werden kann, sollte praktisch – auch zur besseren eigenen Übersicht – eine Liste mit den einzuführenden Urkunden mit den jeweiligen Fundstellen in den Verfahrensakten erstellt (sog. Urkundenliste) und diesem dem Konvolut – ggf. zusammengestellt in einem Leitzordner – vorangeheftet werden; dieses Konvolut kann sodann den Schöffen aber zum Zwecke der Ablichtung auch den übrigen Verfahrensbeteiligten zur eigenständigen Lektüre zur Verfügung gestellt werden.

246 d) **Verlesen von Vernehmungsniederschriften:** § 251 StPO regelt in differenzierter Weise, in welchen Fällen der Personenbeweis (Auskunftspersonen: Zeuge, Sachverständiger, Mitbeschuldigter) unter Durchbrechung des Unmittelbarkeits- und Mündlichkeitsgrundsatzes ausnahmsweise durch den Urkundenbeweis mit Protokollen **ersetzt** werden kann. Erforderlich ist, dass die Protokolle ordnungsgemäß errichtet worden sind; die Unterschrift des Zeugen auf der Niederschrift ist nicht erforderlich (vgl. im Einzelnen *Meyer-Goßner,* § 251 Rn. 30 ff.).

- Protokolle über die nichtrichterliche Vernehmung einer Auskunftsperson (insbesondere Niederschriften der Polizei und Staatsanwaltschaft, vgl. *Meyer-Goßner,* § 251 Rn. 13 ff.) dürfen nur verlesen werden, wenn entweder der Angeklagte einen Verteidiger hat und Staatsanwalt, Verteidiger und Angeklagter ihr Einverständnis erklären (§ 251 II Nr. 1 StPO);
- oder die Auskunftsperson verstorben (hier ist regelmäßig die Sterbeurkunde einzuholen und ggf. freibeweislich nach § 251 III StPO einzuführen, vgl. Rn. 180) oder aus anderem Grunde in absehbarer Zeit nicht zu vernehmen ist (§ 251 I Nr. 2 StPO). In der praktisch besonders bedeutsamen Konstellation eines die Auskunft nach § 55 StPO oder das Zeugnis nach § 52 verweigernden Zeugen besteht nach der höchstrichterlicher Rechtsprechung keine Möglichkeit einer vernehmungsersetzenden Verlesung (vgl. *BGH,* NStZ 2007, 718; NStZ 2008, 293);
- die Vernehmungsniederschrift das Vorliegen und die Höhe eines Vermögensschadens betrifft (§ 251 I Nr. 3 StPO, vgl. *Meyer-Goßner,* § 251 Rn. 12).

247 Die Verlesung der Niederschrift über eine frühere **richterliche** Vernehmung der Auskunftsperson ist über die Regelungen des § 251 I StPO nach § 251 II StPO „auch" zulässig

- bei Krankheit, Gebrechlichkeit oder anderen nicht zu beseitigenden Hindernissen für längere oder ungewisse Zeit (§ 251 I Nr. 1 StPO, vgl. *Meyer-Goßner,* § 251 Rn. 20 f.),
- bei unzumutbarem Erscheinen der Auskunftsperson in der Hauptverhandlung wegen großer Entfernung zum Gerichtsort (§ 251 I Nr. 2 StPO),
- bei Einverständnis des Staatsanwalts, des Angeklagten und des Verteidigers (soweit beteiligt; § 251 I Nr. 3 StPO).

248 Formelle Voraussetzung ist für § 251 I und II StPO jeweils nach Anhörung der Verfahrensbeteiligten zur beabsichtigten Verfahrensweise ein Gerichtsbeschluss (§ 251 IV 1 StPO). Das gilt unabhängig vom Einverständnis der Verfahrensbeteiligten nach § 251 I Nr. 2 und § 251 II Nr. 3 StPO. Der Gerichtsbeschluss bedarf einer – freilich über den Gesetzeswortlaut hinausgehenden (!) – Begründung, um die Verfahrensbeteiligten in der konkreten Beweissituation über den Grund der Verlesung und ihres genauen Umfangs zu unterrichten; auf diese Weise werden sie in die Lage versetzt, ihr weiteres Prozessverhalten an dieser gerichtlichen Wertung auszurichten. Bei Kollegialgerichten wird auf diese Weise überdies unter Beachtung der Aufklärungspflicht die Meinungsbildung des gesamten Spruchkörpers über das einzuschlagende Verfahren sichergestellt und insbesondere den Schöffen der Ausnahmecharakter der vernehmungsersetzenden Verlesung deutlich gemacht (vgl. *BGH,* NStZ 2010, 649 und Beschl. v. 8. 2. 2011 – 4 StR 583/10 sowie *Meyer-Goßner,* § 251 Rn. 40 f.).

249 Im Übrigen dürfen zum Zweck des Freibeweises (s. Rn. 121) alle Arten von Schriftstücken verlesen werden (§ 251 III StPO). Die auch in der Praxis häufigste Konstellation ist der vom Gesetz bezeichnete Fall der Verlesung (etwa von Aussageprotokollen) zur Vorbereitung der Entscheidung, ob eine Auskunftsperson (noch) gehört werden muss. Hierfür bedarf es allein der sachleitenden Anordnung des Vorsitzenden nach § 238 I StPO.

250 e) Nach § 253 StPO ist eine Verlesung jeder Art von Protokollen auch zur **Gedächtnisunterstützung** eines Zeugen oder Sachverständigen möglich (s. Rn. 210). Kann sich ein Zeuge oder Sachverständiger – auch auf Vorhalt – an Teile einer früheren Aussage nicht mehr erinnern, so ist die Verlesung des hierauf bezogenen Protokollabschnitts über seine frühere Vernehmung statthaft (§ 253 I StPO). Die Vorschrift ist indes erst als ultima ratio nach vollständig durchgeführter Vernehmung aber noch in Anwesenheit des Zeugen anzuwenden; dabei können komplexe Vernehmungen freilich jeweils als eigenständig betrachtet und namentlich nach Beweisthemen oder einer prozessualen Taten abgeschichtet werden (vgl. *BGH,* Beschl. v. 8. 2. 2011 – 5 StR 501/10; *BGH,* MDR *[Dallinger]* 1966, 22). Der Zeugenbeweis wird auch insoweit durch den Urkundenbeweis unter Durchbrechung des Unmittelbarkeitsgrundsatzes ersetzt. Ebenso kann nach § 253 II StPO verfahren werden, wenn mit anderen Mitteln in der Prozesssituation ein Widerspruch zwischen aktueller und früherer Aussage nicht aufklärbar ist.

251

Durchführung des Protokollverlesung nach § 253 StPO

1. Zeuge muss bekunden, Tatsache nicht mehr erinnern zu können.
2. **Entscheidung** des Vorsitzenden nach § 238 I StPO.
3. Entscheidung ist zu protokollieren (§ 273 I StPO). Auf Antrag ist auch der Grund der Verlesung in das **Protokoll** aufzunehmen (§ 255 StPO). *„Die Verlesung von Seite, dritter Absatz des Protokolls der polizeilichen Vernehmung vom 9. 5. 2011 von „Als ich ..." bis „getan." wird gem. § 253 Abs. 1 StPO angeordnet."*

4. **Durchführung** der Verlesung. Das Protokoll darf verlesen werden, soweit es die Gesamtheit der Tatsachen betrifft, die mit der nicht erinnerten Bekundung in Zusammenhang stehen; ist eine Beschränkung auf einen Teil nicht möglich, ist das Protokoll insgesamt zu verlesen.
5. Durchführung ist ebenfalls zu **protokollieren,** § 273 I StPO (vgl. *BGH,* NStZ 1986, 276). *„Das Protokoll wurde entsprechend der Anordnung des Vorsitzenden sodann verlesen."*
6. **Beanstandung** durch Verfahrensbeteiligte. Entscheidung nach § 238 II StPO durch das Gericht in der Besetzung der Hauptverhandlung erforderlich. Die Beanstandung wird möglichst im genauen Wortlaut des Antragenden protokolliert. Dieser muss seinem Rechtsbehelf selbst eine konkrete Angriffsrichtung verleihen; fehlt diese, so kann schon dies eine darauf gestützte Verfahrensrüge zu Fall bringen. Das Gericht sollte daher einem verteidigten Angeklagten keine Formulierungshilfe leisten. Überdies ist die Gerichtsentscheidung zu protokollieren: *„Die beanstandete verfahrensleitende Anordnung des Vorsitzenden wird bestätigt. Gründe: Die Voraussetzungen des § 253 StPO liegen vor. Die Zeugin ......".*

f) Nach § 254 StPO ist – insbesondere wenn der Angeklagte schweigt oder ein früheres Geständnis 252
widerruft – die Verlesung des **richterlich protokollierten Geständnisses** zulässig. Dies erlaubt die Feststellung, dass der Angeklagte in der verhandelten Sache ein Geständnis bestimmten Inhalts abgelegt hat und dass dieses wahr ist (*Meyer-Goßner,* § 254 Rn. 2 mwN). Im Einzelfall kann – mit Blick auf die gerichtliche Aufklärungspflicht des § 244 II StPO – zusätzlich der Anhörung des Ermittlungsrichters erforderlich sein. Ferner ist eine Verlesung auch beim Auftreten von Widersprüchen unter den zu § 253 II StPO genannten Voraussetzungen zulässig (§ 254 II StPO).

g) Nach § 255 a StPO wird anstelle einer Verlesung die Vorführung einer **Bild-Ton-Aufzeichnung** ei- 253
ner Vernehmung des Zeugen ermöglicht. § 255 a I StPO enthält eine Gleichstellung dieser elektronischen Aufzeichnungen mit den Vernehmungsniederschriften. Die Vorführung eines solchen Beweissurrogats dürfte in seiner Beweisqualität mit Blick auf die damit der Würdigung unterstehenden mimischen und gestischen Reaktionen sowie Tonotationen eines Zeugen stets der Verlesung überlegen und daher vorrangig durchzuführen sein. Das Verfahren sowie die Protokollierungspflichten ergeben sich jeweils aus den in Bezug genommenen Vorschriften §§ 251 IV, 252, 253, 255 StPO; insbesondere bedarf es eines begründeten Gerichtsbeschlusses (vgl. § 251 IV StPO, *BGH,* Beschl. v. 12. 2. 2004 – 3 StR 185/03). Gestattet der zeugenisverweigerungsberechtigte Zeuge die Verwertung früher gemachter Angaben, etwa solche im Rahmen einer Sachverständigenexploration, so ist aus Gründen des § 250 StPO der Zeuge vom Hörensagen zu hören und ggf. die Videodokumentation als Vorhalt zu nutzen; ein vollständiges Abspielen des Videos und damit ein Ersetzen der Aussage des Zeugnisverweigerungsberechtigten ist ohne die Voraussetzungen des § 251 StPO nicht zulässig (vgl. *BGH,* NStZ 2008, 293, *Meyer-Goßner* § 255 a Rn. 2 ff.).

Noch weitergehend durchbricht § 255 a II StPO den Grundsatz der Unmittelbarkeit. Liegt eine Kata- 254
logtat im Sinne des § 255 a II 1 StPO vor, kann die Vernehmung eines Zeugen, der in der Hauptverhandlung unter 16 Jahre alt ist, ersetzt werden durch die Vorführung einer Bild-Ton-Aufzeichnung über seine frühere richterliche Vernehmung (vgl. § 58 a StPO). Der Ersetzung sollte (trotz bislang nicht eindeutiger Rspr. des BGH vgl. Beschl. v. 12. 2. 2004 – 3 StR 185/03) ein begründeter Gerichtsbeschluss zugrunde gelegt werden. Freilich schränkt dies die richterliche Aufklärungspflicht auch mit Blick auf § 255 a II 2 StPO – der Möglichkeit einer ergänzenden persönlichen Vernehmung – nicht ein. Hält das Gericht es für unabweisbar, den Zeugen persönlich zu vernehmen, so ist dies jederzeit trotz einer vorliegenden Videodokumentation einer richterlichen Vernehmung uneingeschränkt möglich; dies kann ggf. im Wege eines ergänzenden Vorhalts der Videodokumentation geschehen. Ohnehin mag das Zusammenspiel der §§ 58 a, 255 a StPO mit Blick auf die ansonsten ausschließlich aus einer Konserve gespeisten Überzeugungsbildung praktisch eher dahin verstanden werden, dem Beschuldigten frühzeitig einen Eindruck von der bestehenden Beweislage zu vermitteln, was ihm je nach Qualität der dokumentierten Aussage ein Geständnis nahelegen kann. Entsprechende Erfahrungen haben die OLG Bezirke Braunschweig und München mit §§ 255 a, 58 a StPO gemacht. Bei einem bestreitenden bzw. schweigenden Angeklagten – zumal bei einer klassischen Aussage-gegen-Aussage-Konstellation unter Beteiligung eines kindlichen Zeugen – dürfte eine Verurteilung gestützt allein auf eine frühere ermittlungsrichterliche Videovernehmung und damit ohne unmittelbaren Eindruck vom Zeugen regelmäßig fernliegen.

h) Im Wege einer weiteren Durchbrechung des Unmittelbarkeitsgrundsatzes, freilich abermals ohne 255
Suspendierung der Aufklärungspflicht des § 244 II StPO, gestattet § 256 StPO die Verlesung von **Gutachten, Attesten, Berichten und Protokollen** besonders beleumundeter Stellen. Von signifikanter praktischer Bedeutung sind namentlich ärztliche Berichte nach § 256 I Nr. 2 StPO. Hier ist sorgfältig darauf zu achten, dass diese allein zum Zwecke der Feststellung des Körperverletzungstatbestandes eingeführt werden dürfen; nicht statthaft ist damit die strengbeweisliche Feststellung mittelbarer, etwa psychischer Folgen oder gar solche anderer Delikte, etwa mit Sexualstraftaten einhergehenden Verletzungen oder solche, die einen Tötungsvorsatz tragen könnten (vgl. *BGH,* NStZ 2008, 474 sowie, Beschl. v. 23. 11. 2010 – 3 StR 402/10 und v. 10. 7. 2007 – 3 StR 227/07). Um einer – etwa durch missverständliche Protokollierung – revisionsrechtlichen Angriffsfläche vorzubeugen, kann die Verlesung derartiger Arztberichte mit Blick auf

§ 337 StPO etwa auch in eine zeugenschaftliche Vernehmung des Geschädigten eingebettet werden (vgl. *BGH*, Beschl. v. 27. 1. 2009 – 5 StR 574/08).

256 i) Für die signifikanten Ausnahmeregelungen im Strafbefehlsverfahren und beschleunigten Verfahren vgl. Rn. 472 ff. und 479 ff.; zu den ebenfalls den Unmittelbarkeitsgrundsatz einschränkenden Ausnahmen im Berufungsverfahren vgl. § 325 StPO und s. Rn. 510 ff.

257 j) Nicht in allen Fällen darf das Gericht auf die Vernehmung von Verhörspersonen, auf die Verlesung von Protokollen oder auch auf Vorhalte zurückgreifen; folgende praktisch besonders bedeutsame Konstellationen zu den **Verlesungs- und Verwertungsverbote** sind hier hervorzuheben:

258 **Angaben des Angeklagten:** Schweigt der Angeklagte nach Belehrung in der Hauptverhandlung (s. Rn. 170), darf eine unter Anwendung verbotener Vernehmungsmethoden (§ 136 a I, II StPO) zustandegekommene Aussage in keiner Form eingeführt werden (§ 136 a III 2 StPO; ergänzend *Meyer-Goßner,* § 136 a Rn. 29 mwN); ob verbotene Vernehmungsmethoden angewendet wurden, ist ggf. freibeweislich aufzuklären. Ist der Angeklagte im Ermittlungsverfahren nicht oder nicht ordnungsgemäß (nach § 136 I 2 StPO) belehrt worden, besteht grundsätzlich ein Verwertungsverbot (*BGHSt* 38, 214). Dies greift jedoch nicht, wenn feststeht, dass der Angeklagte auch ohne Belehrung um sein Schweigerecht wusste oder – soweit verteidigt – in der Hauptverhandlung ausdrücklich der Verwertung zugestimmt oder ihr nicht bis zu dem in § 257 StPO genannten Zeitpunkt widerspricht. Bleibt auch nach Durchführung des Freibeweisverfahrens offen, ob eine Belehrung erfolgt ist, ist die Aussage verwertbar (*BGHSt* 38, 214, 224; *BGH,* Beschl. v. 8. 11. 2006 – 1 StR 454/06; *Meyer-Goßner,* § 136 Rn. 20 mwN). Spontane Äußerungen des Angeklagten vor Belehrung – etwa bei Eintreffen der Schutzpolizei – sind verwertbar (*BGH,* NJW 1990, 461; vgl. aber auch: *BGH,* Beschl. v. 9. 6. 2009 – 4 StR 170/09).

259 Verweigert **ein Zeuge** in der Hauptverhandlung in zulässiger Weise die Aussage (nach den §§ 52, 53, 53 a, 54 StPO; s. Rn. 198 ff.), ist die Verlesung jeder Art eines früheren Protokolls, wie auch die Vernehmung nichtrichterlicher Verhörspersonen unzulässig (§ 252 StPO). Die Vernehmung eines Richters lässt die Rechtsprechung hingegen zu, wenn dieser den Zeugen über ein zur Zeit der Vernehmung bestehendes Zeugnisverweigerungsrecht ordnungsgem. belehrt hat und der Beschuldigte über den Vernehmungstermin benachrichtigt wurde (*BGH,* Beschl. v. 3. 3. 2011 – 3 StR 34/11). Dies gilt auch, wenn die Belehrung unterblieben ist, weil der Zeuge dem Richter das Angehörigenverhältnis verschwiegen hat (stRspr. seit *BGHSt* 2, 99, 106; 32, 25, 29; 36, 384, 385; vgl. Nachw. bei *Meyer-Goßner,* § 252 Rn. 14). Bei der Vernehmung des Richters sind Vorhalte aus den Protokollen zulässig (*Meyer-Goßner,* § 252 Rn. 14). Spontane oder aus freien Stücken gemachte Angaben des Zeugen – nicht aber solche im Rahmen einer informatorischen Befragung (vgl. zum weiten zeugenrechtlichen Vernehmungsbegriff nur *Meyer-Goßner,* § 252 Rn. 7) – können unabhängig von § 252 StPO im Wege des Zeugen vom Hörensagen in die Hauptverhandlung eingeführt und verwertet werden. Diese Angaben sind in der Zusammenschau mit möglicherweise im selben ersten Zugriff festgestellten Verletzungsbildern grundsätzlich ein zureichendes Mittel, um in Fällen häuslicher Gewalt einen Schuldnachweis unabhängig von § 252 StPO führen zu können.

260 Beruft sich ein Zeuge auf das Auskunftsverweigerungsrecht nach § 55 StPO, findet § 252 StPO keine Anwendung, sodass der Vernehmungsbeamte in der Hauptverhandlung gehört werden kann (vgl. *Meyer-Goßner,* § 55 Rn. 11, § 252 Rn. 11). Eine vernehmungsersetzende Verlesung nach § 251 I Nr. 2 StPO ist nicht möglich (*BGH,* NStZ 2007, 718).

261 Auf den Zeugnisverweigerungsgrund des **Verlöbnisses** (§ 52 I Nr. 1 StPO) ist hier erneut besonders hinzuweisen: Die Entscheidung, ob eine Zeugin Verlobte des Angeklagten ist, ihr deshalb das Aussageverweigerungsrecht nach § 52 I Nr. 1 StPO zusteht und sie hierüber zu belehren ist, ist durch § 238 I StPO dem Vorsitzenden anvertraut. Hierfür hat er die insofern relevanten Umstände festzustellen, wobei er in Fällen, in denen der Zeuge das Zeugnisverweigerungsrecht in Anspruch nimmt, nach seinem Ermessen deren Glaubhaftmachung verlangen kann (vgl. *Meyer-Goßner,* § 56 Rn. 1, § 52 Rn. 4). Da das Verlöbnis ein allein vom Willen der Betroffenen abhängiges, an keine Form gebundenes Rechtsverhältnis ist, unterliegt die „Feststellung", ob ein Verlöbnis vorliegt, als Maßnahme der Verhandlungsleitung der wertenden Beurteilung des Vorsitzenden nach Maßgabe der Umstände des Einzelfalls. Eine vorschnelle Zubilligung dieses Rechts sollte nicht erfolgen. Insbesondere eine sorgfältige Vernehmung des Angeklagten und des die Ehe versprechenden Zeugen mag unterschiedliche Wahrnehmungen zu diesem besonders wichtigen Tag im Leben beider zutage fördern („Wo wurde gefeiert?" „Mit wem wurde gefeiert?" „Was für ein Wochentag?" „Wie war das Wetter?"). Die Revisibilität dieser Frage ist zudem durch die Anerkennung eines Widerspruchserfordernisses durch den *BGH,* erschwert worden, vgl. *BGH,* NStZ 2010, 461. Nicht zuletzt auch mit Blick auf den gesellschaftlichen Wertewandel steht zu hoffen, dass der Gesetzgeber das Verlöbnis als Grund zur Zeugnisverweigerung zeitnah streicht.

262 Die Geltendmachung des Zeugnisverweigerungsrecht hindert den Zeugen indes nicht, die Verwertung der bei der nicht-richterlichen Vernehmung getätigten Angaben zu gestatten (vgl. *BGH,* NStZ 2000, 169; NStZ 2008, 293; *Meyer-Goßner,* § 252 Rn. 16 a). Der Richter muss eine solche Disposition nicht aus Gründen der Amtsaufklärungspflicht herbeiführen. Zu beachten ist freilich der erheblich verringerte Beweiswert dieser durch den Zeugen selektiert der gerichtlichen Würdigung unterstellten Tatsachen.

5. Augenscheinsbeweis

Alle Wahrnehmungen, die nicht im Wege des Personen- oder Urkundenbeweises in die Hauptverhandlung eingeführt werden können, sind durch Augenschein zu erheben (§ 86 StPO); Die Augenscheinseinnahme kann durch einen oder mehrere der „fünf Sinne", also durch Sehen, Hören, Schmecken, Riechen oder Befühlen erfolgen. Seine Funktion besteht ua darin, im Wege sinnlicher Wahrnehmung eine unmittelbare Beziehung des erkennenden Gerichts zum Beweisgegenstand herzustellen (vgl. *Eisenberg*, BeweisR der StPO, Rn. 2220 ff.). Erfasst werden namentlich das Betrachten von Gegenständen, Vorgängen und Orten, das Anhören im Wege von Abhörmaßnahmen gewonnener Gespräche (vgl. *BGH*, Urteil v. 26. 5. 2011 – 1 StR 20/11) und das Befühlen einer Messerklinge. In der Praxis wird die auch mit Blick auf das Öffentlichkeitsprinzip (s. Rn. 7) nicht selten aufwendige Augenscheinseinnahme häufig durch andere Beweismittel ersetzt, etwa Wohnungsskizze statt Tatortbesichtigung (zur Zulässigkeit dieses Vorgehens wegen des nicht geltenden Unmittelbarkeitsgebots aus § 250 StPO vgl. *Meyer-Goßner*, § 86 Rn. 3). Auch können Augenscheinsgehilfen beauftragt werden, deren Beobachtungen sodann im Wege des Zeugenbeweises eingeführt werden (Bsp. bei *Meyer-Goßner*, § 86 Rn. 4). Werden einem Zeugen im Rahmen der Vernehmung beispielsweise Lichtbilder vorgehalten, sind diese erst dann wirksam eingeführt, wenn zugleich die Inaugenscheinnahme der Bilder angeordnet und durchgeführt wird (zum Vorhalt s. Rn. 210, *Eisenberg*, BeweisR der StPO, Rn. 2224). 263

Die Augenscheinseinnahme erfolgt auf Anordnung des Vorsitzenden (§ 238 I StPO) und findet unter Teilnahme aller Prozessbeteiligten statt. Die Durchführung der Inaugenscheinnahme in der Hauptverhandlung ist zu protokollieren (§ 86 StPO). Protokolle über die Einnahme des richterlichen Augenscheins außerhalb der Hauptverhandlung (§ 225 StPO) werden in der Hauptverhandlung nach § 249 I 2 StPO verlesen. 264

6. Beweisanträge

Nach § 244 II StPO ist das Gericht zur Erforschung der materiellen Wahrheit verpflichtet und hat zu diesem Zweck „die Beweisaufnahme von Amts wegen auf alle Tatsachen und Beweismittel zu erstrecken, die für die Entscheidung von Bedeutung sind". Der Umfang der gerichtlichen Beweiserhebungspflicht wird aber nicht nur durch den in § 244 II StPO normierten Amtsaufklärungsgrundsatz, sondern auch durch Beweisanträge der Verfahrensbeteiligten bestimmt, denen das Gericht in den Grenzen des § 244 III bis V StPO zu entsprechen hat. 265

Das Beweisantragsrecht ermöglicht den Verfahrensbeteiligten und damit vor allem dem Angeklagten und der Verteidigung die Durchsetzung von Beweiserhebungen, die das Gericht selbst bei Ausübung der Aufklärungspflicht nach § 244 II StPO nicht für notwendig erachtet (zur uneingeschränkten Geltung des Beweisantragsrechts für den Nebenkläger, *BGH*, Beschl. v. 7. 4. 2011 – 3 StR 497/11). Dass ein Antrag im Sinne des § 244 III StPO das Gericht zu einem „Mehr" an Sachaufklärung verpflichten kann, wird durch den abschließenden Katalog des § 244 III bis V StPO gewährleistet, der eine gerichtliche Zurückweisung nur bei Vorliegen der strengen gesetzlichen Ablehnungsvoraussetzungen erlaubt. 266

Die inhaltlich starke Eingrenzung der gerichtlichen Ablehnungsbefugnisse dient der Kompensation der Fehlurteilsgefahr, die in dem Umstand begründet ist, dass in der Person des Tatrichters sowohl die Aufgabe der Tatsachenermittlung (§ 244 II StPO) als auch der Tatsachenbewertung (§ 261 StPO) funktionell verbunden sind. Die Einsicht, dass eine Verknüpfung der tatrichterlichen Entscheidung über das Ob der Erhebung weiterer Beweise mit der aus der bisherigen Beweiserhebung gewonnen Überzeugung das strafprozessuale Ziel zuverlässiger Wahrheitsermittlung gefährde, ist theoretischer Ausgangspunkt für die beweisrechtliche Maxime des **Antizipationsverbotes**, also des Verbotes einer negativen Vorauswürdigung des beantragten Beweises. Dass der Angeklagte über das förmliche Beweisantragsrecht die tatrichterliche Sachaufklärung des § 244 II StPO autonom lenken kann, wird somit im Wesentlichen durch das in § 244 III StPO konkretisierte Beweisantizipationsverbot gewährleistet, das dem Tatrichter insbesondere verwehrt, den Antrag des Angeklagten auf Vernehmung eines Entlastungszeugen mit der Begründung abzulehnen, dass es von der Aussage des (bereits vernommenen) Belastungszeugen schon überzeugt sei und nicht zu erwarten sei, dass die weitere Beweisaufnahme ein abweichendes Beweisergebnis hervorbringe (siehe dazu auch *Meyer-Goßner*, § 244 Rn. 46 sowie *Tenorth-Sperschneider*, Zur strukturellen Korrespondenz zwischen den gesetzlichen Ablehnungsgründen nach § 244 III 2 StPO und den Anforderungen an einen zulässigen Beweisantrag [2002], S. 35 ff.). 267

Hingegen ist das Beweisantizipationsverbot im Bereich des § 244 II StPO insoweit eingeschränkt, als der subjektive Amtsaufklärungsmaßstab der verständigen Würdigung der Sachlage dem Tatrichter die Befugnis zur richterlichen Beweisprognose und -auswahl zugesteht. Zu ausufernder Aufklärung wird der Tatrichter dort nicht verpflichtet, wo nach der Lebenserfahrung und mangels besonderer Anhaltspunkte davon auszugehen ist, dass eine weitere Beweiserhebung keinen Sachaufklärungsbeitrag leisten kann (*BGHSt* 40, 3; *Meyer-Goßner*, § 244 Rn. 13). 268

a) **Antragsvoraussetzungen.** Ein **Beweisantrag** ist das in der Hauptverhandlung mündlich an das Gericht gestellte Verlangen eines Prozessbeteiligten (Angeklagter, Nebenkläger oder Staatsanwaltschaft), Be- 269 weis über eine die Schuld- oder Rechtsfolgenfrage betreffende Behauptung durch bestimmte, nach der StPO zulässige Beweismittel (des Strengbeweisverfahrens) zu erheben. Nur der formell ordnungsgemäße Beweisantrag bindet das Gericht an die Ablehnungsbeschränkungen des § 244 III StPO. Um das Gericht zu einer Erweiterung seines bereits von Amts wegen vorgesehenen Beweisprogramms zu bringen, ist daher ein wirksamer Be-weisantrag erforderlich. Was genau darunter zu verstehen ist, wird durch die StPO nicht definiert. Von der Rechtsprechung geforderte Merkmale sind die Behauptung einer die Schuld- oder Rechtsfolgenseite betreffenden Tatsache, sog. Beweistatsache und ein Beweismittel des Strengbeweisverfahrens.

270 Bleibt offen, welche Tatsachen unter Beweis gestellt sein sollen, ist durch eine – zu protokollierende – Rücksprache mit dem Antragsteller durch das Gericht eine Klarstellung des Antragsziels zu erwirken. Bleibt auch dies erfolglos, so sollte im Beschluss nach § 244 IV StPO (s. Rn. 298 ff.) einleitend dargestellt werden, wie das Gericht das Antragsbegehren verstanden hat. Hierdurch kann bereits im Rahmen der Hauptverhandlung zumindest teilweise einer unbeschränkten Beweisantragsrüge entgegengewirkt werden (vgl. *BGH*, NStZ 2009, 171).

271 Die Rechtsprechung spricht trotz Vorliegens der Voraussetzungen von Beweisziel und Beweistatsache Anträgen die Beweisantragsqualität ab. Der Antrag muss – als Folge eines restriktiven Verständnisses der Beweisbehauptung (vgl. *Basdorf* in: FS Widmaier, 2008, S. 53) – demzufolge auch erkennen lassen, weshalb der Zeuge überhaupt etwas zu der Beweisbehauptung bekunden können soll, etwa „weil er am Tatort war, in der Nachbarschaft wohnt, eine Akte gelesen hat usw." (LR-*Becker*, § 244 Rn. 113; *Meyer-Goßner*, § 244 Rn. 21). Dies gilt nicht für Fälle, in denen dieser Konnex evident ist; insoweit ist vom Erfordernis der **Konnexität** zurückhaltend Gebrauch zu machen (vgl. nur *Basdorf*, in: FS Widmaier, 2008, S. 53). Diese Rechtsprechung soll auch durchgreifen, wenn eine sog. Negativtatsache unter Beweis gestellt wird („..., dass der Angeklagte in der Tatnacht nicht in der Gaststätte war, *BGH*, NStZ 1993, 550) oder mehrere Zeugen für die Bekundung einer Tatsache genannt werden. Bei fortgeschrittener Hauptverhandlung hat der Beweisantrag beim Zeugenbeweis die Wahrnehmungssituation vor dem Hintergrund der in der Hauptverhandlung erreichten Beweislage darzulegen und den Konnex begründenden Umstände bestimmt zu behaupten („warum sollte der Zeuge etwas anderes als die bereits gehörten Zeugen bekunden können?", vgl. *BGH*, NStZ 2011, 169 mit krit. Anm. *Ventzke*, NStZ 2011, 301 sowie *BGH*, Beschl. v. 10. 6. 2008 – 5 StR 38/08; *Meyer-Goßner*, § 244 Rn. 21 mwN.). Die Bedeutung der Konnexität wird in der Praxis dadurch relativiert, so dass der Antragssteller ohne weiteres auf die Beschlussgründe nach § 244 VI StPO reagieren und seinen Antrag den Anforderungen des Tatgerichts entsprechend nachbessern kann.

272 In einem obiter dictum zur bestimmten Angabe des Beweismittels hat der 3. Strafsenat des BGH für eine Zeugenbezeichnung regelmäßig die Angabe des vollständigen Namens und der genauen ladungsfähigen Anschrift verlangt (*BGHSt* 40, 3). Dem ist jüngst der 5. Strafsenat beigetreten (vgl. *BGH*, NStZ 2009, 649); danach ist die Angabe von Vor- und Zuname unzureichend, wenn keine weiteren Erkenntnismöglichkeiten über die Ladungsfähigkeit ersichtlich sind oder durch den, einen Verstoß gegen § 244 III StPO reklamierenden Revisionsführer vorgetragen werden (vgl. auch *BGH*, Beschl. v. 15. 10. 2010 – 5 StR 119/10 [ausländische Adresszusätze] und *BGH*, NStZ 2006, 713 [Justizvollzug in Portugal]). Einer insoweit bestehenden durch das Merkmal der Evidenz eingeschränkten „Bringschuld" des Antragsstellers scheint auch der 1. Strafsenat zuzuneigen, vgl. Beschl. 14. 1. 2010 – 1 StR 620/09. Danach ist neben der Namensnennung regelmäßig die Angabe erforderlich, auf welchem Wege das Beweismittel (der Zeuge) erreicht werden kann (vgl. aber auch: *BGH*, Beschl. v. 29. 4. 2010 – 1 StR 644/09 [zuständiger Sachbearbeiter eines Finanzamts muss nicht namentlich angegeben werden]).

273 Liegen diese Voraussetzungen vor, ist der Antrag grundsätzlich durch das Gericht zu bescheiden (§ 244 VI StPO), was das Beweisantragsrecht verfahrensrechtlich absichert. Fehlt dem Antrag zumindest eine der oben angeführten Voraussetzungen, so ist in dem Begehren lediglich ein **Beweisermittlungsantrag** zu sehen. Er beinhaltet das Verlangen des Antragstellers an das Gericht, in bestimmter Weise ermittelnd tätig zu werden („Es wird beantragt, den Zeugen Konrad Windisch über die Tatsache zu vernehmen, ob der Angeklagte am 9. 5. 2007 in Hamburg war."). Ein Beweisermittlungsantrag ist sozusagen als „Minus" zu einem Beweisantrag anzusehen. Er kann vom Vorsitzenden formlos abgelehnt werden. Hierbei ist als Schranke nur die **Amtsaufklärungspflicht § 244 II StPO** zu berücksichtigen, dh der Beweisermittlungsantrag darf nicht abgelehnt werden, wenn der begehrte Beweis auch von Amts wegen erhoben werden müsste, um den Sachverhalt aufzuklären. Der Vorsitzende sollte bei derartigen Anträgen (zumindest wenn sie nicht als Hilfsanträge gestellt sind) nach deren Aufnahme ins Protokoll den Antragsteller anregen, einen sachdienlichen Antrag zu stellen. Dieses Vorgehen empfiehlt sich nicht nur im Hinblick auf die Fürsorgepflicht (*Meyer-Goßner*, § 244 Rn. 35), sondern auch aus pragmatischen Erwägungen. Der zurückgewiesenen Beweisanregung wird nämlich regelmäßig ein korrekter Beweisantrag folgen.

274 Dasselbe gilt für die sog. **Beweisanregung,** die sich vom Beweisermittlungsantrag lediglich in der Intensität des Beweisbegehrens unterscheidet und die also ebenfalls am Maßstab der gerichtlichen Amtsaufklärungspflicht des § 244 II StPO zu messen ist.

275 Beweisanträge sind in der Hauptverhandlung mündlich zu stellen. Nicht ausreichend ist die Einreichung eines schriftlichen Antrags (vgl. Nachw. bei *Meyer-Goßner*, § 244 Rn. 32). In aller Regel wird der

Antragsteller einen schriftlich niedergelegten Antrag mündlich verlesen. Das Gericht kann diese Dokumentation allerdings nicht erzwingen. Andererseits hat der Antragsteller auch keinen Anspruch darauf, einen Beweisantrag „in das Protokoll" diktieren zu dürfen (vgl. *Meyer-Goßner,* § 244 Rn. 32 aE). Der Vorsitzende sollte in derartigen Fällen, darauf hinweisen, dass bei einem schriftlich vorliegenden Antrag jeglicher Streit nach Bescheidung („Das hatte ich aber anders formuliert!") schon im Ansatz vermieden werden kann.

Verspätete Beweisanträge gibt es grundsätzlich nicht (§ 246 I StPO). Vielmehr können Beweisanträge 276
bis zum Beginn der Urteilsverkündung gestellt werden (*BGHSt* 16, 389, 391).

Beweisanträge können auch an bestimmte Bedingungen geknüpft werden (*Meyer-Goßner,* § 244 277
Rn. 22). Derartige Anträge sind nur zu bescheiden, wenn die genannte Bedingung eintritt. Die praktisch häufigste Form ist der im Schlussvortrag gestellte Hilfsbeweisantrag („Für den Fall, dass das Gericht nicht von der Schuldunfähigkeit meines Mandanten ausgeht, stelle ich den Antrag, den Sachverständigen Dr. Michael Kreyßig zu vernehmen. Dieser wird bekunden ..."). Ein solcher Antrag muss regelmäßig erst im Urteil verbeschieden werden (*Meyer-Goßner,* § 244 Rn. 22; wichtige Ausnahme: Verschleppungsabsicht zur Zulässigkeit von Hilfsbeweisanträgen, die sich gegen eine bestimmte Rechtsfolgenentscheidung richten vgl. *BGH,* NStZ 1995, 144 f.).

b) Ablehnungsgründe. Die begründete Entscheidung über den Beweisantrag muss vor dem Schluss 278
der Beweisaufnahme (§ 258 I StPO) verkündet werden (*BGHSt* 19, 24, 26); ansonsten gibt es keine zeitlichen Vorgaben für den Tatrichter. Wird die begehrte Beweiserhebung abgelehnt, kann dies nur aus den abschließenden gesetzlichen Gründen erfolgen. Die folgende Darstellung will allein einen Überblick bieten und zeichnet die ausdifferenzierte Rechtsprechung nur in groben Strichen nach.

Ist die Erhebung des Beweises **unzulässig,** muss ein entsprechender Beweisantrag abgelehnt werden 279
(§ 244 III 1 StPO). Gegenstand derartiger Beweisanträge sind in der Praxis meist Beweismittel, die im Hinblick auf Verlesungs- und Verwertungsverbote nicht genutzt werden dürfen. Ebenso ist eine Beweiserhebung über die Anwendung deutschen Rechts mit Blick auf den Grundsatz iura novit curia unzulässig; bei Fragen nach ausländischem Recht kann das Tatgericht allerdings gehalten sein, im Freibeweis Auskünfte einzuholen.

aa) Abgelehnt werden darf eine beantragte Beweiserhebung, wenn sie wegen **Offenkundigkeit über-** 280
flüssig ist (§ 244 III 2 Var. 1 StPO). Offenkundig sind zum einen allgemeinkundige Tatsachen, nämlich Vorgänge, von denen verständige Menschen regelmäßig Kenntnis haben oder über die sie sich aus zuverlässigen Quellen ohne besondere Fachkunde sicher unterrichten können (*BGHSt* 6, 292, 293). Allgemeinkundig sind damit beispielsweise Tatsachen, die aus Lexika oder Landkarten entnommen werden können, Ereignisse der Geschichte und Zeitgeschichte, wie auch Naturvorgänge und geographische Verhältnisse (*Meyer-Goßner,* § 244 Rn. 51). Gerichtskundig sind zum anderen alle Tatsachen und Erfahrungssätze, die der Richter im Zusammenhang mit seiner amtlichen Tätigkeit – auch in anderen Verfahren – zuverlässig in Erfahrung gebracht hat (*BGH,* NStZ 1995, 144 f.). Ausreichend ist hierbei die Kenntnis eines (Laien)Richters, der seine Sachkunde den anderen aber vermitteln muss (*Meyer-Goßner,* § 244 Rn. 53).

bb) Ein Antrag kann auch abgelehnt werden, wenn die Beweistatsache aus rechtlichen oder tatsächli- 281
chen Gründen **ohne Bedeutung** für die Entscheidung ist (§ 244 III 2 Var. 2 StPO). Aus tatsächlichen Gründen bedeutungslos ist sie, wenn die Beweistatsache in keinem Zusammenhang mit der Urteilsfindung steht, oder wenn im Falle ihrer Erwiesenheit – namentlich bei Indiztatsachen (dazu *Nack,* MDR 1986, 366) – nur mögliche, nicht aber zwingende Schlussfolgerungen gezogen werden könnten und das Gericht diese nicht ziehen würde. Aus rechtlichen Gründen ist sie bedeutungslos, wenn eine Verurteilung aus (schon festgestellten) erwiesenen Gründen nicht in Betracht kommt, etwa wegen Verjährung oder Rechtfertigung (vgl. *Meyer-Goßner,* § 244 Rn. 54 ff.; s. Rn. 298 ff.).

cc) Ist das Gericht auf Grund der bisherigen Ergebnisse der Beweisaufnahme der Auffassung, eine Be- 282
weistatsache könne ohne weitere Beweiserhebung dem Urteil zugrunde gelegt werden, kann ein entsprechender Beweisantrag wegen **Erwiesenseins** der Tatsache abgelehnt werden (§ 244 III 2 Var. 3 StPO). Dieser Ablehnungsgrund greift allerdings nur dann ein, wenn das Gericht der Überzeugung ist, dass die unter Beweis gestellte Tatsache zwar – anders als im Falle der Bedeutungslosigkeit der Tatsache, § 244 III 2 Var. 2 StPO – entscheidungserheblich, aber nicht mehr beweisbedürftig ist, da es die Tatsache bereits als positiv erwiesen ansieht und sie seinem Urteil ohne weitere Beweisaufnahme zu Grunde legen will. Die entsprechende Tatsache, die für oder gegen den Angeklagten wirken kann (*Meyer-Goßner,* § 244 Rn. 57), muss in diesem Fall aber auch im Urteil als existent gewertet und dort abgehandelt werden, wenn die Beweiswürdigung ohne nähere Erörterung lückenhaft bliebe (*BGH,* Beschl. v. 13. 4. 2011 – 5 StR 86/11). Dass das Gericht vom Gegenteil einer behaupteten Tatsache bereits überzeugt ist, kann niemals zu einer entsprechenden Ablehnung führen. Dies liefe auf eine verbotene Beweisantizipation hinaus.

dd) Beweise mit **völlig ungeeigneten** Beweismitteln müssen nicht erhoben werden (§ 244 III 2 Var. 4 283
StPO). Derartige Beweismittel sind solche, mit deren Hilfe nach sicherer Lebenserfahrung ein Ergebnis nicht erzielbar ist (*BGH,* StV 1990, 98). Ungeeignet ist beispielsweise ein Zeuge, der auf Grund körper-

licher oder geistiger Gebrechen oder durch Einfluss von Alkohol und Drogen zu keinen Wahrnehmungen in der Lage war. Gleichlaufend zu behandeln ist der Fall, dass ein Zeuge zu inneren Vorgängen eines anderen Menschen Bekundungen machen soll (*Meyer-Goßner,* § 244 Rn. 59).

284 *ee)* **Unerreichbar** ist ein Beweismittel (§ 244 III 2 Var. 5 StPO), wenn im Hinblick auf die Bedeutung und den Wert für die Beweisaufnahme alle Bemühungen des Gerichts, es beizubringen, erfolglos geblieben sind und keine begründete Aussicht besteht, es in absehbarer Zeit herbeizuschaffen (*Meyer-Goßner,* § 244 Rn. 62). Aus tatsächlichen Gründen ist dies der Fall, wenn beispielsweise ein Zeuge nach entsprechenden Anstrengungen des Gerichts nicht geladen werden kann. Für Zeugen, die im Ausland zu laden wären, hat die Rechtsprechung eine Fülle von Kriterien aufgestellt, die im Hinblick auf Satz 2 in § 244 V StPO erst Anwendung finden, wenn das Gericht zu der Auffassung gelangt ist, dass die Vernehmung des Zeugen zur Erforschung der Wahrheit erforderlich ist (s. Rn. 296; vgl. *Meyer-Goßner,* § 244 Rn. 63). Aus rechtlichen Gründen unerreichbar sind etwa V-Leute oder verdeckte Ermittler, wenn die zuständige Behörde in entsprechender Anwendung des § 96 StPO eine Sperrerklärung abgibt, daher weder Namen noch Anschrift mitteilt (*BGHSt* 32, 115, 126) und das Gericht erfolglos versucht hat, die Behörde zum Einverständnis über die Vernehmung – auch unter Einsatz von Zeugenschutzmöglichkeiten (vgl. Rn. 223 ff.)– zu bewegen (vgl. *Meyer-Goßner,* § 244 Rn. 66).

285 *ff)* Eine Zurückweisung des Beweisantrages wegen **Prozessverschleppung** (§ 244 III 2 Var. 6 StPO) kommt nur in Betracht, wenn drei Voraussetzungen kumulativ erfüllt sind: (1) die Beweisaufnahme kann nach Ansicht des Gerichts nichts Sachdienliches zu Gunsten des Angeklagten erbringen, (2) die begehrte Beweiserhebung würde den Verfahrensabschluss wesentlich hinauszögern (die daran zu stellenden Anforderungen stehen im Fokus der Rechtsprechung: *BGH,* NStZ 2007, 659, StV 2008, 9, 10, Beschl. v. 8. 6. 2011 – 3 StR 49/11) und (3) der Antragsteller sich dieser Umstände bewusst ist und mit seinem Verlangen ausschließlich eine Verzögerung des Verfahrens bezweckt. Die Überschreitung einer vom Vorsitzenden nach Abschluss der gerichtlichen Beweisaufnahme gesetzten Frist für zu stellende Beweisanträge kann die Verschleppungsabsicht indizieren und damit den Nachweis durch das Tatgericht erleichtern (vgl. *BGHSt* 51, 333, 342, vgl. dazu auch *BVerfG* [Kammer], NStZ 2010, 155, sowie *BGH,* NStZ 2010, 161 und Beschl. v. 20. 7. 2011 – 3 StR 44/11) oder – im absoluten Ausnahmefall mit Blick auf das prozessuale Missbrauchsverbot – dazu berechtigen können, diese als Hilfsbeweisanträge in den Urteilsgründen zu bescheiden (*BGH,* NStZ 2005, 648, Anm. *Kudlich,* JuS 2005, 852; dazu auch *Meyer-Goßner,* § 244 Rn. 69 b). Die Fristsetzung sollte im Wege einer Fristsetzungsverfügung erfolgen. In dieser sollte der Stand der Beweisaufnahme und das Verteidigungsverhalten festgehalten werden. Da lediglich ein Schluss aus dem Zeitpunkt der Antragstellung gezogenen, nicht aber der Antrag unbeschiedenen gelassen wird, kann in diesem Vorgehen – entgegen Bedenken der Literatur – kein Verstoß gegen § 246 StPO erblickt werden. Diese Voraussetzungen stellen noch immer hohe Anforderungen an eine Ablehnung eines Beweisantrages wegen Prozessverschleppung, weshalb ihm auch in der Praxis selbst nach Einführung der sog. Fristenlösung angesichts der drohenden Revisionsmöglichkeit nur geringe Bedeutung zukommt.

286 *gg)* Die in der Praxis überaus beliebte **Wahrunterstellung** (§ 244 III 2 Var. 7 StPO) ist mit großer Vorsicht zu behandeln. Die Wahrunterstellung fingiert eine erfolgreiche Beweiserhebung aus Sicht des Antragstellers. Sie muss den Beweisantrag ausschöpfen. Die Beweistatsache muss daher ohne Einschränkung oder Veränderung, Einengung oder Verschiebung als richtig unterstellt werden. Maßgebend ist daher die Auslegung des Beweisantrags. Möglich ist auch Beschränkung der Wahrunterstellung auf abgrenzbare Teile eines Tatsachenkomplexes. Wahrbehandlung in dem Sinne, als wäre Beweisaufnahme über Tatsache gelungen. Gegenstand der Wahrunterstellung darf nur eine erhebliche Behauptung sein; andernfalls könnte der Beweisantrag bereits wegen Bedeutungslosigkeit zurückgewiesen werden. Es ist unsinnig, unerhebliche Tatsachen als wahr zu unterstellen (*BGH,* NJW 1961, 2069, 2070). Ausreichend ist, wenn zur Zeit der Beschlussfassung nicht ausgeschlossen werden kann, dass die vorgebrachte Tatsache das Urteil in irgendeiner Weise beeinflussen kann („Potentielle" Erheblichkeit). Die Unerheblichkeit muss also offensichtlich sein. Zudem darf der Beweisantrag nur zugunsten des Angeklagten („Entlastung") gestellt sein. Die Aufklärungspflicht geht allerdings auch hier stets vor (*Meyer-Goßner,* § 244 Rn. 70). Die schriftlichen Urteilsgründe dürfen sich zu diesem Ablehnungsgrund freilich nicht in Widerspruch setzen (*BGHSt* 32, 44, 47) oder von der unterstellten Tatsache in den Urteilsgründen wieder abrücken. Urteilsfeststellungen und Beweiswürdigung dürfen der Wahrunterstellung nicht widersprechen (*BGHSt* 32, 44, 47); die als wahr unterstellte Tatsache ist dort sogar ausdrücklich abzuhandeln, wenn die Beweiswürdigung ohne nähere Erörterung lückenhaft bliebe (*BGH,* Beschl. v. 13. 4. 2011 – 5 StR 86/11). Insoweit besteht eine Fessel für die Beweiswürdigung, die sich als umso hinterlistiger erweisen kann, je früher und großzügiger Wahrunterstellungen vorgenommen wurden. Gleichwohl unterliegen auch die als wahr unterstellten Tatsachen der freien Beweiswürdigung, so dass das Gericht nicht gezwungen ist, aus der als wahr unterstellten Tatsache die vom Antragsteller erwünschten Schlüsse zu ziehen (vgl. *Meyer-Goßner,* § 244 Rn. 71).

287 *hh)* Nach § 244 IV 1 StPO kann das Gericht einen Antrag auf **Sachverständigenbeweis** ablehnen, wenn es selbst die erforderliche Sachkunde besitzt. Der in der Praxis nicht seltene Antrag, einen Sach-

verständigen zur Beurteilung der Glaubwürdigkeit von Zeugen zu hören, kann regelmäßig damit abgelehnt werden, dass das Gericht insoweit selbst sachkundig ist (*BGHSt* 8, 130; zu Ausnahmekonstellationen namentlich bei Kindern vgl. *Meyer-Goßner,* § 244 Rn. 74). Fachkenntnisse wird es sich jedoch nicht zutrauen dürfen (zB die Beurteilung einer Vergleichsschrift, medizinischer Vorgänge, technischer Abläufe etc.), sofern jedenfalls ein Richter diese innehat oder sich angeeignet hat (*Meyer-Goßner,* § 244 Rn. 73).

Die Hinzuziehung eines **weiteren Sachverständigen** (§ 244 IV 2 StPO) kann abgelehnt werden, wenn 288 das Gericht vom Gegenteil der behaupteten Tatsache durch das frühere Gutachten bereits überzeugt ist. Das gilt nur dann nicht, wenn die Sachkunde des ersten Gutachters zweifelhaft ist, er von unzutreffenden Anknüpfungstatsachen ausgegangen ist, wenn sich der Gutachter in der Hauptverhandlung in Widersprüche verwickelt hat oder wenn dem neuen Sachverständigen überlegene Forschungsmittel zur Verfügung stehen (zB *BGHSt* 10, 116, 118: Bundeskriminalamt ist privatem Gutachter regelmäßig überlegen).

ii) Die Einnahme eines beantragten **Augenscheins** kann das Gericht nach pflichtgemäßem Ermessen 289 ablehnen (§ 244 V 1 StPO). Damit unterliegt der Augenscheinsbeweis letztlich nur der ohnehin bestehenden Aufklärungspflicht nach § 244 II StPO (vgl. *Meyer-Goßner,* § 244 Rn. 78). Eine Beweisantizipation darf allerdings auch hier nicht erfolgen (*BGHSt* 8, 177).

jj) Nach § 244 V 2 StPO kann ein Beweisantrag auf Vernehmung eines Zeugen, dessen **Ladung im** 290 **Ausland** zu bewirken wäre, nach pflichtgemäßem Ermessen – also ebenfalls (nur) unter Berücksichtigung des Gebots der Amtsaufklärung – abgelehnt werden (vgl. *Meyer-Goßner,* § 244 Rn. 43 f.). Bei der Prüfung, ob die Ladung und Vernehmung eines Auslandszeugen geboten ist, hat der Tatrichter die Bedeutung und den Beweiswert der Aussage des benannten Zeugen vor dem Hintergrund des bisherigen Beweisergebnisses zu würdigen. In diesem Rahmen ist er von dem sonst geltenden **Verbot der Beweisantizipation befreit.** Daher darf er prognostisch berücksichtigen, welche Ergebnisse von der beantragten Beweisaufnahme zu erwarten sind, und wie diese zu würdigen wären. Kommt er dabei unter Berücksichtigung sowohl des Vorbringens zur Begründung des Beweisantrags als auch der in der bisherigen Beweisaufnahme angefallenen Erkenntnisse mit rechtsfehlerfreier Begründung zu dem Ergebnis, dass der Zeuge die Beweisbehauptung nicht werde bestätigen können, oder dass ein Einfluss der Aussage auf seine, des Tatrichters, Überzeugungsbildung auch dann sicher ausgeschlossen werden kann, wenn der Zeuge die in sein Wissen gestellte Behauptung bestätigen werde, ist die Ablehnung des Beweisantrags in aller Regel nicht zu beanstanden (vgl. *BGH,* Beschl. v. 19. 1. 2010 – 3 StR 451/09). Die Frage, ob der Zeuge überhaupt Sachdienliches beitragen kann, darf das Gericht im Freibeweisverfahren klären, etwa durch ein Telefonat (*Meyer-Goßner,* § 244 Rn. 43 f.).

kk) Beweisanträge auf Vernehmung von meist von Verteidigern in die Hauptverhandlung mitge- 291 brachten (**„sistierten"**) Zeugen können ebenfalls nach § 244 III StPO abgelehnt werden. Für die Anwendung des (engeren) § 245 II 2 StPO (dort fehlt zB der Ablehnungsgrund der Bedeutungslosigkeit) bedarf es einer förmlichen Ladung durch einen Gerichtsvollzieher (§§ 220, 38 StPO).

c) **Ablehnungsbeschluss.** Die Ablehnung des Beweisantrags setzt einen sorgfältig abgefassten und be- 292 gründeten **Beschluss** voraus (§ 244 VI StPO). Eine Ergänzung oder gar Auswechslung der Beschlussgründe in der Revision kommt grundsätzlich nicht in Betracht. Der Tatrichter sollte sich im Sinne einer strukturellen Korrespondenz bei der Abfassung der Begr. insbesondere vom Informationsinteresse des Antragsstellers leiten lassen. Diese Begr. hat die Funktion, den Antragsteller davon zu unterrichten, wie das Gericht den Antrag bewertet, damit er in der Lage ist, sich in seiner Verteidigung auf die Verfahrenslage einzustellen, die durch die Ablehnung entstanden ist. Zugleich soll durch die Gründe des Ablehnungsbeschlusses dem Revisionsgericht die rechtliche Überprüfung der tatrichterlichen Entscheidung ermöglicht werden. Hieraus folgt, dass das Tatgericht in seinem Beschl. die für die Ablehnung wesentlichen Gesichtspunkte, wenn auch nicht in allen Einzelheiten, so doch in ihrem wesentlichen Kern nachvollziehbar darlegen muss (*BGH,* Beschl. v. 19. 1. 2010 – 3 StR 451/09).

Das Tatgericht sollte sich daher insbesondere beim Ablehnungsgrund der Bedeutungslosigkeit nicht 293 auf die Wiedergabe von Floskeln beschränken, sondern den Antrag differenziert bescheiden. So begegnet in aller Regel folgende in der Praxis weit verbreitete Formulierung durchgreifenden rechtlichen Bedenken:

„Der Beweisantrag wird als bedeutungslos zurückgewiesen. 294
Gründe:
Die unter Beweis gestellte Tatsache ist aus tatsächlichen Gründen ohne Bedeutung. Sie ist nicht geeignet, die Entscheidung irgendwie zu beeinflussen, weil sie nur mögliche, nicht aber zwingende Schlüsse zulässt und das Gericht diesen möglichen Schluss nicht zieht".

Hier fehlt es an jeder, den Antragssteller aufklärenden Begr. anhand der konkreten Beweislage (vgl. 295 auch *BGH,* Beschl. v. 7. 4. 2011 – 3 StR 497/10).

Beispielsweise muss er auch in seinem Beschluss die für die Ablehnung nach eines beantragten Aus- 296 landszeugenbeweis (§ 244 V 2 StPO) wesentlichen Gesichtspunkte, wenn auch nicht in allen Einzelheiten, so doch in ihrem wesentlichen Kern, nachvollziehbar darlegen. Diesen Anforderungen genügt ein Ablehnungsbeschluss auch hier nicht, wenn nicht einmal im Ansatz eine antizipierende Würdigung des zu erwartenden Beweisergebnisses vor dem Hintergrund der bis dahin erhobenen Beweise enthalten ist, und damit zum einen der Antragsteller über die Einschätzung des Gerichts über die Beweissituation und die insoweit bestehende Verfahrenssituation völlig im Ungewissen gelassen wird, und zum anderen dem Revisionsgericht die rechtliche Nachprüfung dahin verwehrt wird, ob das Tatgericht die Voraussetzungen des § 244 V 2 StPO rechtsfehlerfrei angenommen hat (vgl. *BGH*, Beschl. v. 19. 1. 2010 – 3 StR 451/09).

297 Bei der Abfassung des Ablehnungsbeschlusses kann auch auf andere Beschl. oder Aktenbestandteile Bezug genommen werden, aus denen sich nähere Einzelheiten ergeben. Dass dem Beschwerdeführer im Rahmen der Revision dadurch erhöhte Aufmerksamkeit beim Sachvortrag nach § 344 II 2 StPO abverlangt wird, um eine zulässige Verfahrensrüge zu erheben, steht dem nicht entgegen.

7. Angeklagtenbefragung und Erklärungsrechte nach § 257 StPO

298 Nach jeder Beweiserhebung ist der Angeklagte zu befragen, ob er etwas erklären wolle (§ 257 I StPO). Dieses Recht haben auch Staatsanwalt und Verteidiger (§ 257 II StPO). In der Rechtspraxis ist zu beobachten, dass dieser Absicherung rechtlichen Gehörs nicht der gebotene Stellenwert eingeräumt wird. Jenseits der regelmäßig entsprechend vorgefertigten Protokollformulare sollte § 257 StPO nämlich gerade mit Blick auf seine – ihm von der Rechtsprechung beigemessene – präkludierende Wirkung Aufmerksamkeit zuteil werden. Namentlich ein Verwertungswiderspruch kann nur bis zu diesem Zeitpunkt und danach nicht mehr wirksam angebracht werden (vgl. *BGHSt* 38, 214). Nimmt eine Erklärung im Rahmen des § 257 StPO den Charakter eines Plädoyers an, kann der Vorsitzende dem entsprechenden Beteiligten unter Anrufung seiner Sachleitungsbefugnis (§ 238 I StPO) das Wort entziehen (§ 257 III StPO; dazu *Meyer-Goßner*, § 257 Rn. 8). Auch der Angeklagte, der sich bislang zur Sache nicht eingelassen hat, ist zu befragen, ob er jetzt etwas erklären wolle. Hiernach wird entschieden, ob der Zeuge gemäß § 248 StPO entlassen werden kann.

8. Umgang mit der Widerspruchslösung

299 Seit der Entscheidung *BGHSt* 38, 214 wird der rechtskundige oder verteidigte Angeklagte durch die höchstrichterliche Rechtsprechung dazu angehalten, ein aus seiner Sicht bestehendes **Beweisverwertungsverbot spätestens bis zum Zeitpunkt des § 257 StPO** (s. Rn. 304) **durch einen Widerspruch geltend zu machen.** Der unkundige, unverteidigte Angeklagte ist auf dieses Recht hinzuweisen. In der Folgezeit hat die Rechtsprechung diese sog. Widerspruchslösung bei Beweisverwertungsverboten über ihren ursprünglichen Anwendungsbereich – Verstoß gegen Belehrungspflichten nach § 136 StPO – hinaus auf eine Vielzahl möglicher Beweiserhebungsfehler ausgedehnt (vgl. etwa *BGH*, NStZ-RR 2001, 260 [TKÜ]; *BGH*, NStZ 2010, 461 [Verlöbnis]; *OLG Hamm*, NStZ-RR 2010, 148 [§ 81 a II StPO]).

300 Der Widerspruch ist am ehesten als Zwischenrechtsbehelf in der Form des § 238 II StPO zu qualifizieren, mit dessen Hilfe Streitigkeiten über Verwertungsfragen bereits in der Tatsacheninstanz und damit am Ort originärer Beweisaufnahme gezwungen werden (vgl. etwa *Mosbacher* in: FS Rissing-van Saan, 2011, S. 360; *Basdorf*, StV 2010, 414, 416). Wird eine sitzungsleitende Verfügung des Vorsitzenden – etwa den Zeugen X aufzurufen und zu vernehmen – mit dem Zwischenrechtsbehelf des § 238 II StPO beanstandet, ist durch begründeten Gerichtsbeschluss zu entscheiden und ggf. die Anordnung des Vorsitzenden durch das Gericht zu bestätigen (anders: *BGH*, NStZ 2007, 719 [keine Verpflichtung zur Begründung]; vgl. auch *BGH*, Beschl. v. 19. 10. 2010 – 1 StR 462/10; *Meyer-Goßner*, § 136 Rn. 26). Die Begründung soll den Angeklagten in die Lage versetzen, die gerichtliche Bewertung nachvollziehen und darauf reagieren zu können. Die Frage nach der Ausführlichkeit der Beschlussbegründung wird beantwortet durch den Umfang und die rechtliche Substanz der Widerspruchsbegründung. Fehlt die Begründung und Darstellung der Angriffsrichtung, kann die Begründung knapp ausfallen oder sich gar auf formelhafte Wendungen beschränken. Wird der Widerspruch erst im Anschluss an eine bereits vorgenommene Beweiserhebung aber noch fristgerecht bis zum Zeitpunkt des § 257 StPO erhoben, bedarf es nach der höchstrichterlichen Rechtssprechung bislang ebenfalls keines Beschlusses; um aber der Rechtsidee eines Zwischenrechtsbehelfs und damit der Vorverlagerung von Verfahrensfragen in die Tatsacheninstanz Rechnung zu tragen sowie transparent und fair zu verhandeln, sollte auch diese Entscheidung nach § 238 II StPO – entsprechend den vorstehend genannten Überlegungen zum Begründungsumfang – begründet werden. Auf diese Weise kann das Urteil von Verfahrensfragen freigehalten und gegen sachlichrechtliche Einwände der Revision, die gerade nicht den strengen Kautelen des § 344 II 2 StPO unterfallen, geschützt werden (s. Rn. 444). Die Furcht vor einer übermäßigen Belastung der Tatgerichte durch eine „Widerspruchsflut" dürfte übertrieben sein. Die Verteidigung selbst wird nicht ohne weiteres in der Lage sein, ausführlich und substantiiert die Angriffsrichtung auch in Form massenhafter Beanstandungen durchzuhalten. Fehlen Begründungen oder sind diese inhaltsleer kann – mit dem Rechtsgedanken aus § 26 a I Nr. 2 StPO – der Antrag durch die Gericht in gleicher formelhafter Weise beschieden werden. Ein Dialog wird durch die Verteidigung in diesen Fällen ersichtlich nicht ge-

wünscht und in der Revision droht bei fehlender Mitteilung einer Angriffsrichtung in der Tatsacheninstanz auf eine Verfahrensrüge wenig Ungemach. Auch die Furcht vor einer Erleichterung des Vortrags nach § 344 II 2 StPO dürfte nicht begründet sein. Zunächst: Der Tatrichter kann durch eine sorgfältige Beschlussabfassung – auch unter Bezugnahme auf Aktenbestandteile – den Verfahrenssachverhalt festschreiben und bewerten; für die Revision erlangt er damit wenigstens einen atmosphärischen Vorteil und überlässt dieses Feld gerade nicht der Verteidigung, verbunden mit der – durch nichts begründeten – Hoffnung, die staatsanwaltschaftliche Gegenerklärung werden den wahren Sachverhalt schon Revisionsstaatsanwaltschaft und Gericht ggf. korrigiert unterbreiten. Überdies verengt er auf diese Weise den Spielraum für ein ansonsten möglicherweise nötiges Freibeweisverfahren des Revisionssenats.

IX. Rechtlicher Hinweis, Nachtragsanklage, Verweisung

Nicht selten ändert sich im Verlauf einer Beweisaufnahme die Beurteilungsgrundlage für das spätere 301
Urteil. Für derartige Fälle hält die Prozessordnung verschieden ausgestaltete Instrumentarien bereit.

1. Hinweis auf veränderten rechtlichen Gesichtspunkt

Ist das Gericht der Überzeugung, dass eine Verurteilung bezüglich der angeklagten prozessualen Tat 302
(§§ 264, 155 StPO) wegen eines **anderen Strafgesetzes** in Betracht kommt, muss es den Angeklagten auf diese Veränderung des rechtlichen Gesichtspunktes ausdrücklich hinweisen (§ 265 I StPO). Der Hinweis wird auch nicht etwa dadurch entbehrlich, weil andere Verfahrensbeteiligte darauf hingewiesen oder den Gesichtspunkt (auch unter Einbindung des Gerichts im Zuge von Erörterungen, § 257 b StPO) zum Gegenstand von der Hauptverhandlung gemacht haben (vgl. *BGH,* NStZ 2007, 116). Dem Gericht ist es nach einem erteilten Hinweis unbenommen, ohne erneuten Hinweis entsprechend seiner ursprünglichen Rechtsauffassung zu verurteilen (vgl. nur *Scheffler,* HdB zum StrafV, VII Rn. 1010).

Im Zuge der Veränderung rechtlicher Gesichtspunkte kann zunächst ein anderes Strafgesetz Anwen- 303
dung finden, wenn etwa ein milderes Gesetz in Betracht kommt, wie namentlich § 212 statt § 211 StGB, oder eine fahrlässige Begehung statt einer vorsätzlichen sowie einer versuchten statt einer vollendeten Begehung. Weitere Änderung bezüglich der Begehungsformen sind ebenfalls hinweispflichtig, also Tun statt Unterlassen, die Anwendung des Treubruchs- statt des Missbrauchstatbestand bei § 266 StGB oder eine „gemeinschaftliche Begehung" statt „lebensgefährdender Behandlung" bei § 224 StGB. Gleiches gilt beim Wechsel der Beteiligungsform von Mittäterschaft statt Alleintäterschaft oder Teilnahme statt Täterschaft sowie schließlich bei Änderung der Konkurrenzverhältnisse, von Tateinheit auf Tatmehrheit (weitere Beispiele bei *Meyer-Goßner,* § 265 Rn. 8 ff.).

Auch auf rechtlich veränderte Umstände, die die Strafe erhöhen können und auf die mögliche An- 304
wendung einer Maßregel ist hinzuweisen (§ 265 II StPO). Straferhöhende Umstände sind zum einen Tatsachen, die zu einer (benannten) Strafschärfung (zB §§ 221 II, 224, 239 III, IV, 239 a III, 250 I, II, StGB) führen können. Zu diesen Umständen gehören auch die als Regelbeispiele normierten besonders schweren Fälle (zB § 243 StGB; vgl. *Meyer-Goßner,* § 265 Rn. 19). Unbenannte besonders schwere Fälle sollen indes keine straferhöhenden Umstände in diesem Sinne sein (zB § 212 II StGB; vgl. *BGHSt* 29, 274, 279; StV 2000, 298 [LS]).

§ 265 I und II StPO sind entsprechend auf die Veränderung der tatsächlich einer Anklage zugrunde- 305
liegenden Gesichtspunkte anzuwenden, wenn sich beispielsweise die Tatrichtung bzw. die Tatgestalt ändert. Denn Zweck des § 265 StPO ist es, dem Angeklagten Gelegenheit zu geben, sich gegenüber dem neuen Vorwurf zu verteidigen, und ihn vor Überraschungen zu schützen. Gerade wenn es ständiger Rechtsprechung entspricht, dass ein richterlicher Hinweis nach § 265 StPO gewissen Mindestanforderungen entsprechen muss (dazu unten Rn. 313 ff.), wozu auch die Angabe gehört, durch welche Tatsachen das Gericht die gesetzlichen Merkmale als erfüllt ansieht, liegt es nahe, überhaupt einen entsprechenden Hinweis zu verlangen, wenn das Tatverhalten, das zur Ausfüllung des gesetzlichen Straftatbestandes dient, wesentlich von dem Anklagevorwurf abweicht (vgl. *BGH,* Beschl. v. 12. 1. 2011 – 1 StR 582/10).

Der Vorsitzende ist für die Erteilung des Hinweises im Rahmen seiner Sachleitungsbefugnis zustän- 306
dig. Lehnt er eine solche ab, entscheidet das Gericht ggf. nach § 238 II StPO. Hinweis und Gerichtsbeschluss sind als wesentliche Förmlichkeiten zu protokollieren (vgl. *Meyer-Goßner,* § 265 Rn. 28, 32, 33). Soweit § 265 StPO wegen Veränderung tatsächlicher Gesichtspunkte nur entsprechend anwendbar ist, soll eine Protokollierung des Hinweises entbehrlich sein (vgl. *BGH,* StV 1997, 237; NStZ-RR 1998, 270); es empfiehlt sich freilich, ihn gleichwohl im Protokoll zu vermerken.

Nicht nur der gebotene Schutz des Angeklagten vor Überraschungsentscheidungen fordert eine um- 307
fassende Hinweispflicht ein (vgl. *BGH,* Beschl. v. 12. 1. 2011 – 1 StR 582/10); sondern auch mit Blick auf das gebotene transparente Verhandeln sollte grundsätzlich § 265 StPO weit verstanden und Hinweise frühzeitig erteilt werden. Dadurch kann Missverständnissen und einer Antragsflut seitens der Verteidigung vorgebeugt werden, die bedingt wird durch eine Unsicherheit über die vorläufige rechtliche Einschätzung des Gerichts. Auch ist inhaltlich der Hinweis daher so abzufassen, dass er den Angeklag-

ten und seinen Verteidiger in die Lage versetzt, sich auf den neuen Gesichtspunkt einzustellen. Dabei muss das Gericht regelmäßig die Tatbestandsmerkmale des neuen rechtlichen Gesichtspunkts eindeutig bezeichnen; das gilt erst recht, wenn der Tatbestand verschiedene gleichwertige Begehungsformen kennt, wie etwa § 211 StGB (vgl. dazu nur *BGH,* StV 2007, 229; NStZ 2007, 116; 2005, 111; 2011, 475); dass dem Urteil eine Verständigung iSv § 257c StPO vorausgegangen ist, enthebt das Gericht nicht von seiner Hinweispflicht aus § 265 StPO (vgl. *BGH,* NJW 2011, 2377).

308 Wenn ein rechtlicher Hinweis ergeht, der auf neu hervorgetretenen Umständen basiert, welche die Tat des Angeklagten schwerer erscheinen lassen, hat dieser Anspruch auf **Aussetzung der Hauptverhandlung** nach § 265 III StPO. Voraussetzung dafür ist allerdings, dass der Angeklagte diese neuen Umstände bestreitet und zudem behauptet, er sei auf die Verteidigung insoweit nicht genügend vorbereitet Da das Gericht letzteres nicht prüfen kann, wird es im Regelfall – durch Gerichtsbeschluss – aussetzen müssen sofern es nicht zu der Bewertung gelangt, dass die neu hervorgetretenen Umstände keine Anwendung einer schwereren Strafbestimmung zulassen (vgl. auch *Meyer-Goßner,* § 265 Rn. 36). Erkenntnisse, die Anklage und Eröffnungsbeschluss zu Grunde lagen, sind allerdings keine neuen Umstände iSd § 265 Abs. 3 StPO (vgl. *BGH,* Beschl. v. 24. 1. 2006 – 1 StR 561/05).

309 Anders verhält es sich hingegen, wenn keine neuen Umstände iSd § 265 III StPO vorliegen, sondern lediglich eine veränderte Sachlage iSd § 265 IV StPO gegeben ist; dann kann die Verhandlung ausgesetzt werden, wenn dies angemessen erscheint. Angemessen kann auch die Unterbrechung der Hauptverhandlung sein. Eine veränderte Sachlage ist namentlich dann gegeben, wenn bei nämlicher prozessualer Tat in der Anklage nicht erwähnte Handlungen oder sonstige Tatsachen zum Gegenstand des Urteils gemacht werden sollen. Der BGH hat dies etwa bei einer Verurteilung wegen Vereitelns der Zwangsvollstreckung anerkannt, wenn der Angeklagte nicht darauf hingewiesen wurde, dass eine andere Forderung bei § 288 StGB zugrunde gelegt wurde als die angeklagte; der Austausch einer Forderung, deren Durchsetzung der Angeklagte vereitelt haben soll, erfordert einen gerichtlichen Hinweis (*BGH,* StV 1990, 249 und – zum BtMG – StV 1991, 502). Eine Aussetzung kann aus Gründen der prozessualen Fürsorgepflicht aber auch bei ansonsten veränderter Verfahrenslage geboten sein, etwa wenn ein kurzfristig gewählter oder bestellter Verteidiger sich nicht ausreichend auf die Verteidigung vorbereiten konnte (vgl. *BGH,* NStZ 2009, 650). Allerdings begründet nicht jede Verhinderung des gewählten Verteidigers, dass eine Hauptverhandlung gegen den Angeklagten nicht durchgeführt werden könnte. Ebenso wie bei der Terminierung ist der Vorsitzende auch bei der Prüfung, ob ausgesetzt oder unterbrochen werden muss (vgl. § 229 I und IV StPO) grundsätzlich gehalten, über Anträge auf Verlegung des Termins nach pflichtgemäßem Ermessen unter Berücksichtigung der eigenen Terminsplanung, der Gesamtbelastung des Spruchkörpers, des Gebots der Verfahrensbeschleunigung und der berechtigten Interessen der Prozessbeteiligten zu entscheiden (vgl. *BGH,* NStZ-RR 2006, 272).

2. Nachtragsanklage

310 Ergeben sich in der Hauptverhandlung Tatsachen, die einen hinreichenden Tatverdacht bezüglich einer **anderen als der angeklagten Tat** (im prozessualen Sinne, §§ 264, 155 StPO) begründen, kann die Staatsanwaltschaft, wenn sie nicht ein neues Strafverfahren einleiten will, Nachtragsanklage erheben (§ 266 I StPO). Der Vorsitzende muss dann darauf hinwirken, dass die mündlich zu erhebende weitere Anklage den Erfordernissen des § 200 I StPO entspricht (§ 266 II 2 StPO; in der Praxis gelegentlich vernachlässigt: „Dann erhebe ich eben noch Nachtragsanklage."). Die Nachtragsanklage wird protokolliert oder in Form der vom Staatsanwalt übergebenen Schrift als Anlage zu Protokoll genommen (§ 266 II 3 StPO).

311 Die Einbeziehung einer weiteren Anklage in die fortdauernde Hauptverhandlung ist nur in engen Grenzen zulässig (vgl. *Meyer-Goßner,* § 266 Rn. 4 ff.). Dem Angeklagten darf innerhalb einer laufenden Hauptverhandlung jenseits der Tatidentität des §§ 264, 155 StPO eine Anklageerweiterung nicht aufgezwungen werden. Im Falle bestehenden hinreichenden Tatverdachts kann das erkennende Gericht – wenn dessen Zuständigkeit gegeben ist – durch Beschluss und ausdrücklicher Zustimmung des Angeklagten – nicht dessen Verteidigers – den Prozessgegenstand ausnahmsweise erweitern. Liegen die Voraussetzungen des § 266 StPO nicht vor, so hat der Tatrichter abzuwägen, ob er zunächst die begonnene Hauptverhandlung im ursprünglichen, eingeschränkt angeklagten Umfang zum Abschluss bringen und über die weitere Anklage in einem gesonderten Verfahren entscheiden will oder ob er beide Verfahren verbindet und sie insgesamt zum Gegenstand einer neu zu beginnenden, einheitlichen Hauptverhandlung macht (*BGH,* NStZ 2009, 222 und Beschl. v. 2. 6. 2010 – 2 ARs 196/10; überholt daher die nicht tragenden Gründe von *BGH,* Beschl. v. 19. 2. 2008 – 1 StR 503/07).

312 Die Nachtragsanklage und der Einbeziehungsbeschluss werden protokolliert. Im weiteren Verfahrensgang muss der Angeklagte auch zu diesem neu einbezogenen Vorwurf nach § 243 V 2 StPO vernommen werden. Im Hinblick auf die veränderte Sachlage kann die Hauptverhandlung von Amts wegen oder auf Antrag des Angeklagten, der auf dieses Recht hinzuweisen ist, unterbrochen werden (§ 266 III StPO). Wird die Nachtragsanklage nicht einbezogen, so ergeht auch hierüber ein zu begründender Gerichtsbeschluss. Weder die Einbeziehung oder deren Ablehnung noch die abgelehnte Unterbrechung kann mit der Beschwerde angegriffen werden (vgl. *Meyer-Goßner,* § 266 Rn. 21).

3. Verweisung an Gericht höherer Ordnung

Kommt das Gericht im Verlauf der Hauptverhandlung zu der Überzeugung, dass ein Gericht **höherer Ordnung** sachlich zuständig ist, wird das Verfahren an dieses Gericht verwiesen (§ 270 I 1 StPO). Normzweck des § 270 ist es sicherzustellen, dass dem Angeklagten „die mit der höheren sachlichen Zuständigkeit gegebene Rechtsgarantie gewahrt bleibt", dass die Hauptverhandlung vor einem unzuständigen Gericht aber gleichwohl nicht mit einer Einstellung des Verfahrens nach § 260 III enden muss (vgl. KK-*Engelhardt,* § 270 Rn. 1). Hat beispielsweise die Vernehmung von Zeugen vor dem Schöffengericht ergeben, dass die zu verhängende Strafe voraussichtlich deutlich über der Rechtsfolgenkompetenz (nämlich vier Jahren Freiheitsstrafe) liegen wird, muss es die Sache an die Große Strafkammer des Landgerichts verweisen. Gerichte höherer Ordnung sind aber auch die Jugendgerichte gegenüber den für allgemeine Strafsachen zuständigen Gerichten gleicher Ordnung (§§ 270 I 1 Hs. 2, 209 a Nr. 2 a StPO). Daher muss an den Jugendrichter verwiesen werden, wenn sich in einem Verfahren vor dem Strafrichter für diesen aus einem nach Eröffnung eingeholten das Sachverständigengutachten überzeugend ergibt, dass der Angeklagte erst 20 Jahre alt ist. 313

Eine Verweisung an die als Schwurgerichte, Staatsschutzkammern und Wirtschaftsstrafkammern tätigen Strafkammern des Landgerichts (§ 209 a Nr. 1), die gegenüber den allgemeinen Strafkammern auch als Gerichte höherer Ordnung gelten (zur Reihenfolge dieser Spruchkörper untereinander vgl. § 74 e GVG), erfolgt hingegen nur nach rechtzeitig, also bis zum Beginn seiner Vernehmung zur Sache, geltend gemachtem Einwand gemäß § 270 I 2 StPO iVm § 6 a StPO. 314

Der zu in der Hauptverhandlung bekannt zu gebende (§ 35 I StPO) und zu protokollierende Verweisungsbeschluss, der die Wirkungen eines Eröffnungsbeschlusses entfaltet (§ 270 III 1 StPO), muss den **Anforderungen eines Anklagesatzes** genügen (§ 270 II, § 200 I 1 StPO) und die gesamte Tat im prozessualen Sinne umfassen (KK-*Engelhardt,* § 270 Rn. 19). Entscheidend ist, dass sowohl das höhere Gericht als auch der Angeklagte die nunmehr zur Last gelegte Tat deutlich erkennen können. Das **Gericht** ist an die Verweisung **gebunden;** die Bindungswirkung entfällt ausnahmsweise bei Willkür (vgl. *Meyer-Goßner,* § 270 Rn. 20; KK-*Engelhardt,* § 270 Rn. 26). Soweit der Strafrichter oder das Schöffengericht verweisen, muss der Vorsitzende dem Angeklagten zur Vorbereitung der neuen Hauptverhandlung eine angemessene Frist zur Stellung von Beweisanträgen gewähren (§ 270 IV 1 StPO). Das Gericht beschließt in der für die Hauptverhandlung vorgesehenen Besetzung (vgl. § 25 GVG iVm § 22 IV GVG, § 29 GVG iVm § 30 I GVG, § 76 II GVG, § 122 II 1 GVG, § 33 III JGG). Eine Entscheidung über die Anordnung oder Fortdauer der Untersuchungshaft kann das Gericht nur vor der Verweisung treffen, wenn es sie für erforderlich hält (KK-*Engelhardt,* § 270 Rn. 21), nicht mehr mit dem Beschluss oder gar diesem nachfolgend; denn mit Erlass des Beschlusses wird die Sache bei dem Gericht anhängig, an das verwiesen wird. 315

Der Verweisungsbeschluss ist für den Angeklagten überhaupt nicht (§ 270 III 2 StPO iVm § 210 II StPO), für die Staatsanwaltschaft nur dann anfechtbar, wenn sie die Verweisung beantragt hat und an ein gegenüber dem in ihrem Antrag bezeichneten niederes Gericht verwiesen worden ist (§ 270 III 2 StPO iVm § 210 II StPO, KK-*Engelhardt,* § 270 Rn. 21). 316

XII. Ordnungs- und Sitzungsgewalt

Die weitaus überwiegende Zahl der Hauptverhandlungen verläuft im Allgemeinen ohne nennenswerte Störungen. Treten jedoch Beeinträchtigungen auf, hat der Vorsitzende, dem die Aufrechterhaltung der Ordnung in der Sitzung obliegt (§ 176 GVG), diese zu beseitigen. Stets wird dabei im Auge zu behalten sein, dass die Ordnung letztlich dem Zweck dienen soll, in ruhiger, sachlicher Atmosphäre dem Ziel des Verfahrens, nämlich ein möglichst gerechtes Urteil zu finden, näher zu kommen. Obwohl die Ordnung kein disponibles Gut ist (*Meyer-Goßner,* § 178 Rn. 7), kann es im Einzelfall diesem Zweck dienlicher sein, ungebührlichem Verhalten nicht sofort mit voller Härte zu begegnen (zB wird gegenüber Ausrufen von Zuhörern bei einer emotional bewegenden Zeugenaussage eine knappe Ermahnung meist ausreichen). Andererseits darf bei keinem Verfahrensbeteiligten der Eindruck entstehen, der Vorsitzende habe die Verfahrensleitung nicht mehr in der Hand und lasse alles zu. Bewussten Provokationen sollte ruhig und distanziert begegnet werden. Gerät der Vorsitzende – auch sprachlich – „außer Kontrolle", wird zudem häufig alsbald ein alsbald ein Ablehnungsantrag wegen Besorgnis der Befangenheit folgen (s. Rn. 100 ff.). 317

1. Aufrechterhaltung der Ordnung nach § 176 GVG

Der Vorsitzende entscheidet nach **pflichtgemäßem Ermessen,** welche Maßnahmen zur Aufrechterhaltung der Ordnung zu ergreifen sind. Dabei werden seine Befugnisse aus § 176 GVG begrenzt durch die Sonderregelungen der §§ 177, 178, 169 ff. GVG (vgl. *Katholnigg*, Strafgerichtsverfassungsrecht, § 176 Rn. 7). 318

319 Eine vorherige Anhörung der von der sitzungspolizeilichen Maßnahme betroffenen Personen ist nicht erforderlich. Die Anordnung wird unter Einsatz des Justizwachtmeisters oder – im Wege der Amtshilfe – von Polizeikräften durchgesetzt. Im letzteren Fall kann der Vorsitzende das Tragen von Waffen im Verhandlungssaal untersagen (*Katholnigg*, Strafgerichtsverfassungsrecht, § 176 Rn. 7).

320 Eine Protokollierung ist nicht zwingend, bietet sich aber aus Gründen der Transparenz und bei drohender Revision an.

321 Die sitzungspolizeiliche Anordnung nach § 176 GVG ist weder mit der Beschwerde noch mit dem Zwischenrechtsbehelf des § 238 II StPO angreifbar.

2. Ungebühr und Ungehorsam

322 Zu unterscheiden ist zunächst zwischen Ungebühr und Ungehorsam. Letztere kennzeichnet die Missachtung solcher Anordnungen, die zur Aufrechterhaltung der Ordnung der Sitzung getroffen wurden, um einen störungsfreien Ablauf der Hauptverhandlung zu gewährleisten. Sanktioniert wird durch entsprechende Anordnungen die Missachtung sitzungspolizeilicher Maßnahmen (vgl. *Greiser/Artkämper*, Die gestörte Hauptverhandlung, 3. Aufl. Rn. 4).

323 Hingegen wird vom Begriff der Ungebühr ein jenseits der Bagatellgrenze liegender Angriff auf die Förmlichkeiten der Hauptverhandlung verstanden, deren Durchsetzung im Interesse der Wahrheitsfindung unumgänglich sind (vgl. *Greiser/Artkämper,* Die gestörte Hauptverhandlung, 3. Aufl. Rn. 4).

324

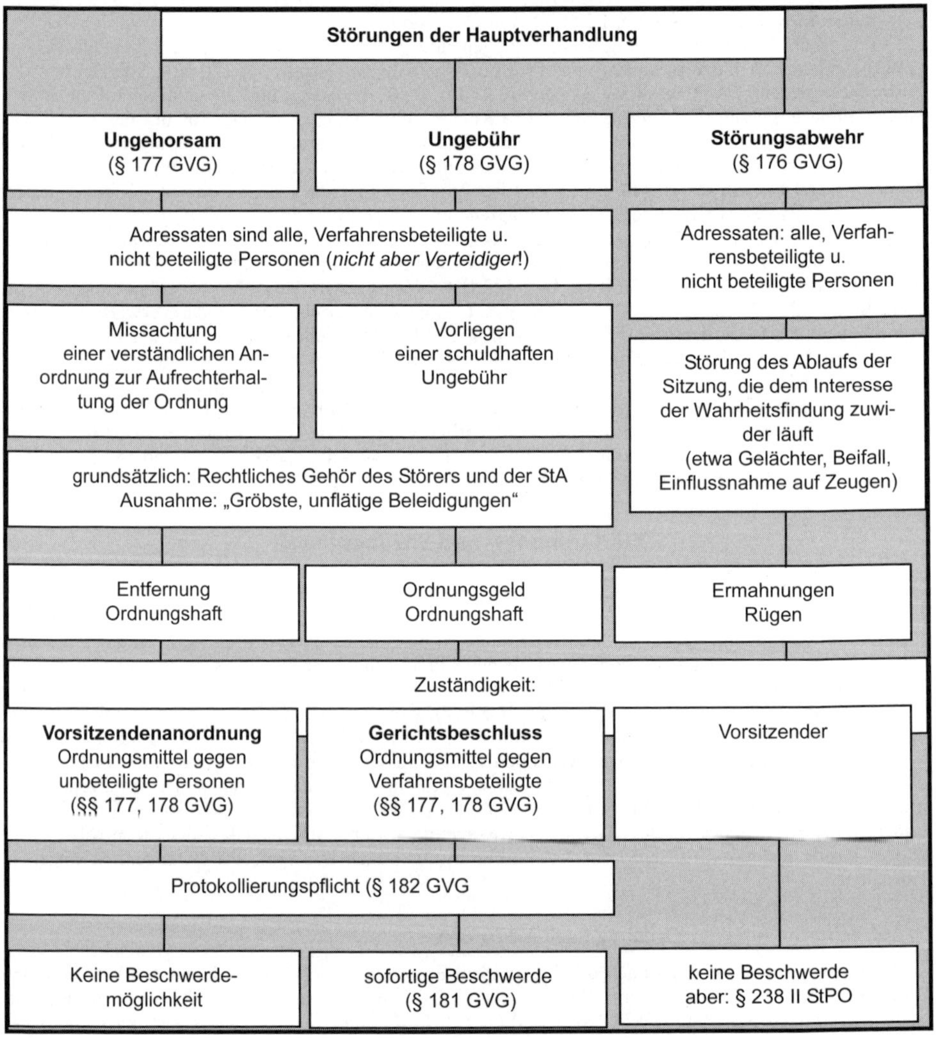

Personen, die Anordnungen zur Aufrechterhaltung der Ordnung nicht Folge leisten, können aus dem Verhandlungssaal entfernt und gegen sie kann Ordnungshaft von bis zu 24 Stunden, nicht aber über die Dauer der Sitzung hinaus, angeordnet werden (§ 177 S. 1 GVG, vgl. *Meyer-Goßner,* § 177 Rn. 10). Machen sich Anwesende der Ungebühr schuldig, können Ordnungsgeld bis zu 1.000,– EUR und sofort vollstreckbare Ordnungshaft bis zu 1 Woche verhängt werden (§ 178 I GVG). Bei der Festsetzung von Ordnungsgeld muss zugleich die Länge einer möglichen Ersatzhaft bestimmt werden (§ 178 I 2 GVG). 325

Die Zuständigkeit zur Anordnung der beiden Maßnahmen ist zwischen Gericht und Vorsitzendem aufgeteilt. Der Vorsitzende entscheidet allein, soweit es sich um Personen handelt, die bei der Verhandlung nicht beteiligt sind, namentlich Zuhörern. Sollen hingegen Maßnahmen gegen Verfahrensbeteiligte getroffen werden, muss das Gericht entscheiden (§ 177 S. 2, § 178 II GVG). Die Möglichkeiten auf Anwesende einzuwirken, sind mithin von ihrer Stellung in der Hauptverhandlung abhängig: 326

3. Angeklagter als Störer

Stört der Angeklagte die Verhandlung durch ordnungswidriges Benehmen (zB durch ständiges Dazwischenreden bei einer Zeugenaussage), wird der Vorsitzende ihn schon aus Gründen der Verhältnismäßigkeit zunächst ermahnen. Bei Erfolglosigkeit wird unmissverständlich angeordnet, was der Angeklagte zu tun oder zu unterlassen habe. Setzt der Angeklagte seine Störungen fort, kann in diesem Fall zwischen folgenden sitzungspolizeilichen Maßnahmen gewählt werden. 327

Einerseits kann das Gericht die Entfernung aus dem Sitzungssaal beschließen und darüber hinaus Ordnungshaft anordnen (§ 177 S. 1 GVG). 328

Das Gericht kann andererseits das Verhalten aber auch als Ungebühr werten. Zur Auslegung dieses Begriffes, der sich häufig mit dem des ordnungswidrigen Benehmens deckt, hat die Rechtsprechung eine umfangreiche Kasuistik entwickelt. Danach sollten etwa unziemliches Verhalten, unangemessene Kleidung, Beleidigungen jeder Art ungebührlich sein (vgl. *Meyer-Goßner,* § 178 GVG Rn. 3; umfassend *Greiser/Artkämper* Rn. 99 ff.). 329

Vor dem jeweiligen Beschluss ist dem Angeklagten rechtliches Gehör zu gewähren (*Meyer-Goßner,* § 177 GVG Rn. 14, § 178 GVG Rn. 13). Durchgesetzt wird der Beschluss mit Hilfe des Justizwachtmeisters; gerade in ersichtlich konfliktgeladenen Fällen ist daher schon bei der Terminierung die Hinzuziehung eines Justizwachtmeisters anzuordnen. 330

Nach Entfernung des Angeklagten darf unter zwei Voraussetzungen in Abwesenheit weiter verhandelt werden (§ 231 b StPO). Zum einen muss das Gericht der Auffassung sein, dass die Anwesenheit des Angeklagten nicht unerlässlich ist. Diese Voraussetzung wird im Regelfall gegeben sein (*Meyer-Goßner,* § 231 b Rn. 5, 231 a Rn. 14). Des Weiteren muss die Befürchtung bestehen, dass es bei erneutem Vorlassen des Angeklagten wieder zu Störungen erheblicher Art kommen wird. Ein möglicher Wille des Angeklagten zu stören, ist hierbei nicht ausschlaggebend (*Meyer-Goßner,* § 231 b Rn. 6). Das Vorgehen nach § 231 b StPO ist durch zu protokollierenden Gerichtsbeschluss bekanntzugeben. In jedem Fall muss dem Angeklagten Gelegenheit gegeben werden, sich zur Anklage iSv § 243 IV 1, 2 StPO zu äußern (§ 231 b I 2 StPO). Dies kann bei frühzeitigem Ausschluss, etwa vor Belehrung und Vernehmung, nur durch erneutes Vorlassen erfolgen. 331

4. Verteidiger und Beistände als Störer

Maßnahmen gegen den Verteidiger (der in den §§ 177, 178 GVG nicht aufgeführt wird) kennt weder die Strafprozessordnung noch das Gerichtsverfassungsgesetz. Die Rechtsprechung hat in Extremfällen („Überschreien des Vorsitzenden") den Ausschluss des Verteidigers zugelassen (was de lege lata kaum vertretbar ist, *Meyer-Goßner,* § 177 GVG Rn. 3; *Greiser/Artkämper,* Die ‚gestörte' Hauptverhandlung, Rn. 123). Liegt in dem Verhalten des Verteidigers indes eine strafrechtlich als absichtliche oder wissentliche (versuchte) Vereitelung der Bestrafung des Angeklagten im Sinne des § 258 I StGB, können solchermaßen agierende Verteidiger indes in dem Verfahren nach **§ 138 a I Nr. 3 StPO ausgeschlossen** werden (vgl. dazu instruktiv *H. Schneider* in: FS Geppert, 2011, S. 607, 616). In jedem Fall sollte ordnungswidriges oder ungebührliches Verteidigerverhalten **protokolliert** werden. Zu denken ist – etwa in Fällen der Säumnis oder des eigenmächtigen Verlassen des Sitzungssaals – auch an eine Aussetzung der Verhandlung nach § 228 I 1 StPO und eine mit diesem Beschl. ergehende mit Kostenauferlegung (§ 145 I 2 bzw. IV StPO, vgl. *Greiser/Artkämper,* Die ‚gestörte' Hauptverhandlung, Rn. 121). Anwaltliche Zeugen- und Verletztenbeistände werden von § 177, 178 GVG ebenso wenig erfasst (vgl. *Meyer-Goßner,* § 177 Rn. 4). Den übrigen Beiständen, etwa Zeugenbeiständen (§ 68 b StPO) oder Beistände des Angeklagten (§ 149 StPO) sind die Privilegierungen des Verteidigers verschlossen; sie sind wie Parteien im Sinne der §§ 177, 178 GVG zu behandeln (vgl. *Greiser/Artkämper,* Die ‚gestörte' Hauptverhandlung, Rn. 127). 332

5. Zeugen, Sachverständige und Zuhörer als Störer

Stehen namentlich in Verfahren mit politischem Hintergrund Störungen der Hauptverhandlung zu befürchten, so ist dem bereits im Rahmen der Vorbereitung der Hauptverhandlung Rechnung zu tragen. 333

In Betracht kommen hier etwa das Anfordern von Polizeikräften und der Erlass einer sitzungspolizeilichen Verfügung nach § 176 GVG. In diese können Eingang finden beispielsweise Ausweiskontrollen vor Sitzungssaal und die Durchsuchung von Personen (Zuhörern und ggf. Verfahrensbeteiligten) und mitgeführten Gegenständen (zu Einzelheiten vgl. *Grieser/Artkämper*, Die ‚gestörte' Hauptverhandlung, Rn. 43 ff.).

334 Störungen von Zeugen und Sachverständigen kann mit beiden Maßnahmen (§§ 177, 178 GVG) begegnet werden. Über die Festsetzung von Ordnungsmitteln entscheidet jeweils das Gericht (§§ 177 S. 2, 178 II GVG).

335 Bloße **Zuhörer**, zu denen auch Prozessberichterstatter gehören, sind der Entscheidungsgewalt des **Vorsitzenden** unterworfen (§ 177 S. 2, 178 II GVG). Ein Ausschluss einzelner Zuhörer aus Gründen der Fürsorge- und Amtsaufklärungspflicht kann auch geboten sein, wenn im Zuschauerraum Prozessbeobachter das Verfahrensgeschehen verfolgen und dokumentieren und der Verdacht besteht, dass anhand der Aufzeichnungen andere Zeugen „vorbereitet" werden sollen; als milderes Mittel ist hier freilich zunächst das Mitschreiben in der Verhandlung zu untersagen (§ 176 GVG).

336 Neben der Entfernung einzelner Zuschauer können ganze Zuhörergruppen oder sogar sämtliche Anwesende im Zuhörerraum des Saales verwiesen werden, wenn es nicht möglich ist, den oder die Störenden sicher zu ermitteln (*Meyer-Goßner*, § 177 GVG Rn. 9; *Greiser/Artkämper*, Die ‚gestörte' Hauptverhandlung, Rn. 50). Gleiches gilt für sog. Kollektivstörungen, etwa ein allgemeines Husten oder Fußgetrampel. Die Räumung erfolgt unter Zuhilfenahme der Justizwachtmeister oder Polizeikräfte in Amtshilfe, ggf. unter Anwendung körperlichen Zwangs. Bei Gewalthandlungen ist § 183 GVG durch das Gericht zu beachten. Der Zugang zum Sitzungsraum für Zuhörer muss allerdings auch im Anschluss an diese Maßnahme gewahrt bleiben (anders im Fall des Öffentlichkeitsausschlusses, vgl. dazu Rn. 349 ff., 81 ff.).

6. Straftaten in der Sitzung

337 In der Sitzung verübte Straftaten (zB Beleidigungen, Körperverletzungen, Bedrohungen und Aussagedelikte) sind – neben der Verhängung von Ordnungsmaßnahmen – zu **protokollieren** und anschließend der zuständigen Behörde, im Regelfall der Staatsanwaltschaft, mitzuteilen (§ 183 GVG). Dabei ist zu beachten, dass der Begriff der Sitzung in zeitlicher Hinsicht über den der Verhandlung hinausgeht; er umfasst gerade auch die Zeitspanne von der Einlassöffnung bis zum Schließen des Sitzungssaals. In personeller Hinsicht unterstehen gilt er für sämtliche Anwesende.

XIII. Öffentlichkeit

338 Die historisch fundierte Prozessmaxime der Öffentlichkeit der Hauptverhandlung (Rn. 7) kann einerseits im Spannungsverhältnis mit dem Schutz von Persönlichkeitsrechten des Angeklagten oder des Zeugen stehen, was insbesondere unter Berücksichtigung der Medienberichterstattung bei Strafverfahren für das Recht und den das Recht anwendenden Richter eine Herausforderung darstellt und für den Angeklagten aus dem angelsächsischen Kreis unter dem Motto *„the process is the punishment"* populär geworden ist. Andererseits kann sich aus der Öffentlichkeit der Verhandlung eine Gefährdung unter anderen für die Staatssicherheit sowie für Leben, Leib oder Freiheit von Personen ergeben. Schließlich können auch Belange des Geheimnisschutzes im Widerspruch zur öffentlichen Verhandlung stehen.

339 Wegen des revisionsrechtlichen Damoklesschwertes des § 338 Nr. 6 StPO ist bei Entscheidungen über den Ausschluss der Öffentlichkeit eine gewisse Unsicherheit oder eine in der Sache verfehlte Zurückhaltung zu beobachten.

340 Die Öffentlichkeit der Hauptverhandlung kann – abgesehen von den Besonderheiten im Jugendstrafverfahren – nur in wenigen enumerativ geregelten Ausnahmefällen eingeschränkt werden, nämlich in §§ 171 a, 171 b, 172 GVG (vgl. auch Art. 6 I 2 EMRK). Unantastbar ist die Verlesung des Urteilstenors in öffentlicher Hauptverhandlung, § 173 I GVG. Die Verkündung der Urteilsgründe kann in Ausnahmefällen gemäß § 173 II GVG unter den Voraussetzungen der §§ 171 b, 172 GVG unter Ausschluss der Öffentlichkeit erfolgen.

1. Verhandlung über den Ausschluss der Öffentlichkeit

341 Über den Ausschluss der Öffentlichkeit wird **zwingend nichtöffentlich** verhandelt, wenn ein Beteiligter es beantragt oder das Gericht es für angemessen erachtet, § 174 I GVG. Antragsberechtigt sind nur die unmittelbaren Prozessbeteiligten (KK-*Diemer*, § 174 Rn. 2). Grundsätzlich ist der **Beschluss**, der den Ausschluss der Öffentlichkeit anordnet, **öffentlich zu verkünden**, § 174 I 2 Hs. 1 GVG. Davon kann abgewichen werden, wenn zu befürchten ist, dass die öffentliche Verkündung eine erhebliche Störung der Ordnung zur Folge haben würde, § 174 I 2 Hs. 2 GVG. Stets sind die Gründe bekanntzugeben, die sich jedoch in Einzelfällen auf die Bezeichnung der abstrakten Norm beschränken können, wenn die Verständlichkeit dadurch gewährleistet ist und die Norm nur einen einzigen Ausschließungsgrund enthält (vgl. *BGHSt* 41, 145, 146; *Meyer-Goßner*, § 174 GVG Rn. 9).

2. Ausschluss der Öffentlichkeit

a) Die Öffentlichkeit kann gemäß § 171 a GVG zum Schutz des Angeklagten beziehungsweise des im Unterbringungsverfahren Betroffenen ganz oder teilweise ausgeschlossen werden, wenn das Verfahren die **Unterbringung** in einem psychiatrischen Krankenhaus oder einer Entziehungsanstalt zum Gegenstand hat. Die Vorschrift gilt für das Straf- und Sicherungsverfahren. Ausreichend ist, wenn mit der Unterbringung zu rechnen ist, so dass entsprechende Fragestellungen erörtert werden (KK-*Diemer,* § 171 a Rn. 1). Der Ausschluss kann sich auf die Dauer einer Erörterung beschränken und steht im pflichtgemäßen Ermessen des Gerichts. 342

b) Nach § 171 b I GVG kann die Öffentlichkeit darüber hinaus zum **Schutz von Persönlichkeitsrechten** ausgeschlossen werden. Voraussetzung ist zunächst, dass in der Hauptverhandlung Umstände zur Sprache kommen, die aus dem persönlichen Lebensbereich eines Prozessbeteiligten, Zeugen oder Verletzten stammen, deren öffentliche Erörterung schutzwürdige Interessen verletzen würde. Der persönliche Lebensbereich ist gleichbedeutend mit der Privat- oder Intimsphäre und umfasst letztlich alles, was die betreffende Person dazu rechnet und geschützt haben will, insbesondere private Eigenschaften und Neigungen, geistiger und körperlicher Gesundheitszustand, das Sexualleben, politische und religiöse Einstellung (KK-*Diemer,* § 171 b Rn. 3). Nicht mehr dazu gehören Umstände, die den äußeren Wirkungskreis des Betreffenden tangieren, insbesondere berufliche oder öffentliche Tätigkeiten (KK-*Diemer,* § 171 b Rn. 3). Nach einer auf *Rieß/Hilger* (NStZ 1987, 145, 150) zurückgehenden Formel erfolgt die Abgrenzung dahingehend, dass es sich um schutzwürdige Tatsachen handelt, sofern es sich um solche handelt, nach denen üblicherweise im Sozialleben nicht gefragt zu werden gepflegt wird und die in der Regel nicht spontan und unbefangen mitgeteilt werden. 343

Liegen schutzwürdige Interessen vor, erfolgt durch das Gericht eine **Interessenabwägung** zwischen diesen und dem Interesse an der öffentlichen Erörterung. Das Interesse an der öffentlichen Erörterung der Tatsachen darf gemäß § 171 b I 1 GVG nicht überwiegen. Dies lässt sich nur im Einzelfall entscheiden. Bei tatbezogenen Umständen wird das Interesse der Öffentlichkeit eher zu bejahen sein, als bei Tatsachen, die für die Frage der Rechtsfolge von Bedeutung sind. Im Zweifel hat der Schutz der Privatsphäre Vorrang (KK-*Diemer,* § 171 b Rn. 4). 344

Gegen den **Widerspruch des Betroffenen** kann ein Ausschluss der Öffentlichkeit nicht erfolgen, § 171 b I 2 GVG. Wird der Ausschluss hingegen von einem Betroffenen beantragt, hat das Gericht bei Vorliegen der Ausschlussvoraussetzungen kein Entscheidungsermessen, § 171 b II GVG. Der entsprechende Beschluss ist unanfechtbar und kann vom Revisionsgericht inhaltlich auch nicht überprüft werden, vgl. § 171 b III GVG, § 336 S. 2 StPO. Die Staatsanwaltschaft hat zum Schutz des Betroffenen unter bestimmten Voraussetzungen einen Antrag auf Ausschluss der Öffentlichkeit zu stellen, vgl. RiStBV Nr. 131 a. 345

c) Die Öffentlichkeit kann gemäß § 172 GVG aus Gründen der Gefährdung der Staatssicherheit, der öffentlichen Ordnung, der Sittlichkeit, Gründen der Gefährdung des Lebens, des Leibes oder der Freiheit eines Zeugen oder einer anderen Person, aus Gründen es Geheimnisschutzes oder zum Schutz jugendlicher Zeugen ganz oder zum Teil ausgeschlossen werden. 346

Die **Gefährdung der Staatssicherheit** wird nur in Staatsschutzverfahren relevant werden. Eine Gefährdung der öffentlichen Ordnung nach § 172 Nr. 1 Var. 2 GVG ist beispielsweise bei äußerer Störung des Ablaufs der Hauptverhandlung gegeben. Das Gericht kann in derartigen Fällen über die §§ 177, 178 GVG hinaus (s. Rn. 340 ff.) störende Zuhörer nicht nur entfernen lassen, sondern den Zutritt anderer Personen verhindern. Voraussetzung ist, dass mit weiteren Störungen durch im Voraus nicht bestimmbare Personen gerechnet werden muss (*Meyer Goßner,* § 172 GVG Rn. 4). Die öffentliche Ordnung ist ebenfalls gestört, wenn **Gefahren für Leib oder Leben des Angeklagten** oder eines **Zeugen** bei wahrheitsgemäßer Aussage durch andere Personen drohen (*BGHSt* 3, 344, 345). Nicht ausreichend ist jedoch, wenn ein Zeuge erklärt, er mache von seinem Zeugnisverweigerungsrecht Gebrauch, wenn die Öffentlichkeit nicht ausgeschlossen werde, weil die Presse sonst falsch berichten würde (*BGHSt* 30, 193). Der Ausschlussgrund der Gefährdung der Sittlichkeit gemäß § 172 Nr. 1 Var. 3 GVG ist im Hinblick auf die nahezu grenzenlos gewordene öffentliche Erörterung intimster Angelegenheiten inzwischen untergeordneter Natur. 347

Bei einer Gefährdung von Personen im Sinne von § 172 Nr. 1 a GVG kann im Hinblick auf die Sachaufklärungspflicht des Gerichts (§ 244 II StPO) eine Pflicht zum Ausschluss der Öffentlichkeit bestehen (vgl. KK-*Diemer,* § 172 Rn. 6). 348

Der **Geheimnisschutz** nach § 172 Nr. 2 und Nr. 3 GVG steht allen Verfahrensbeteiligten, Zeugen und sonstigen Personen zu. Die Geheimnisdefinition ist dem materiellen Recht zu entnehmen (vgl. *Meyer-Goßner,* § 172 Rn. 8 f.). Die Dauer des Ausschlusses der Öffentlichkeit richtet sich danach, für welche Teile der Hauptverhandlung der Ausschließungsgrund nach pflichtgemäßen Ermessen anzunehmen ist (*Meyer-Goßner,* § 172 Rn. 15). 349

Der Ausschluss der Öffentlichkeit bei Vernehmung eines **Zeugen unter achtzehn Jahren** nach § 172 Nr. 4 GVG dient nicht nur dem Schutz des jugendlichen Zeugen sondern auch der Wahrheitsfindung, 350 indem sie auf die besondere seelische Lage Jugendlicher in einem Gerichtsverfahren Rücksicht nimmt (KK-*Diemer*, § 172 Rn. 10).

XIV. Unterbrechung und Aussetzung der Hauptverhandlung

351 Das Gericht hat aus dem Inbegriff der Verhandlung seine Überzeugung unmittelbar zu gewinnen. Um dies wie auch den Grundsatz der Mündlichkeit zur Geltung zu bringen (s. Rn. 6) ist auch bei längeren, mehrtägigen, mehrere Monate oder gar Jahre umspannenden Hauptverhandlungen zu gewährleisten, muss diese trotz der zeitlichen Gestrecktheit, soweit möglich einheitlich geführt werden; zeitlichen Einschnitten sind enge gesetzliche Grenzen gesetzt worden:

1. Unterbrechung

352 a) Ohne dass mit der Hauptverhandlung „von neuem zu beginnen" wäre (vgl. § 229 IV StPO), darf diese bis zu **drei Wochen** unterbrochen werden (§ 229 I StPO; Ausnahme § 268 III 2 StPO). Von der früheren Begrenzung auf zehn Tage hat der Gesetzgeber ab dem Jahre 2004 aus Gründen der Verfahrensvereinfachung abgesehen. Ist das Gericht daher nicht in der Lage, die Hauptverhandlung an einem Tag zu beenden und ein Urteil zu sprechen, bedarf es eine Fortsetzungstermins und eines Weiterverhandelns in derselben Gerichtsbesetzung innerhalb der genannten Dreiwochenfrist.

353 Bei der Fristberechnung zählt weder der letzte Verhandlungstag noch der Fortsetzungstag mit (§ 229 IV 1 StPO). Fällt das Fristende auf einen Sonnabend, Sonntag oder allgemeinen Feiertag, muss die Hauptverhandlung spätestens am nächsten Werktag fortgesetzt werden (§ 229 IV 2 StPO).

354 Hat die Hauptverhandlung bereits an **mindestens zehn Tagen** (gleich welcher Dauer) stattgefunden, darf diese auch bis zu **einem Monat** unterbrochen werden (§ 229 II StPO). Dies kann auch mehrmals erfolgen, sofern „jeweils" zuvor an zehn Hauptverhandlungstagen verhandelt worden ist (vgl. nur KK-*Gmel*, § 229 Rn. 4). Die Unterbrechungsregelungen der Absätze 1 und 2 schränken sich nicht ein, sondern sind nebeneinander anwendbar (vgl. nur KK-*Gmel*, § 229 Rn. 4).

355 Zu beachten ist allerdings, dass ein Fortsetzungstermin nur dann geeignet ist, die Unterbrechungsfristen des § 229 I oder II StPO zu wahren, wenn in ihm **zur Sache verhandelt** wird, also das Verfahren inhaltlich auf den abschließenden Urteilsspruch hin gefördert wird (*BGH*, NStZ 2008, 115, *Meyer-Goßner*, § 229 Rn. 11 mit zahlreichen Beispielen aus der Praxis); dies gilt selbst dann, wenn der Fortsetzungstermin auch der Einhaltung der Unterbrechungsfrist diente oder der Termin besonders kurz war (vgl. *BGH*, Beschl. v. 7. 4. 2011 – 3 StR 61/11 [acht Minuten]). Nicht genügend sind sog. Schiebetermine, die die Unterbrechungsfrist lediglich rein formal wahren, in denen tatsächlich aber keine Prozesshandlungen oder Erörterungen zu Sach- oder Verfahrensfragen vorgenommen werden, die geeignet sind, die Sache ihrem Abschluss substantiell näher zu bringen. Derartige Schiebetermine liegen auch dann vor, wenn einheitliche Verfahrensvorgänge, insbesondere eine Verlesung des Bundeszentralregisterauszugs, willkürlich in mehrerer kurze Verfahrensabschnitte zerstückelt und diese auf mehrere Verhandlungstage verteilt werden, nur um hierdurch die zulässigen Unterbrechungsfristen einzuhalten (*BGH*, Beschl. v. 7. 4. 2011 – 3 StR 61/11). Unzulässig ist es auch, wenn sich ein „Fortsetzungstermin" in der Abwicklung von Formalien erschöpft, die weder für die Urteilsfindung noch für den dorthin führenden Verfahrensgang eigenständiges Gewicht besitzen. Namentlich in Terminsverfügungen sollten daher Formulierungen vermieden werden, die darauf hindeuten, dass es allein darum geht, eine Aussetzung zu vermeiden (vgl. *BGH*, Beschl. v. 7. 4. 2011 – 3 StR 61/11, [„Termin nicht platzen zu lassen"]).

356 Die kurzfristige, drei Wochen nicht übersteigenden Unterbrechung ordnet der Vorsitzende nach pflichtgemäßem Ermessen an (§ 228 I 2 StPO); dies geschieht in der Hauptverhandlung durch eine zu protokollierende Unterbrechungsverfügung. Außerhalb derselben wird die Verlegung eines Fortsetzungstermins verfügt (*Meyer-Goßer*, § 228 Rn. 9). Über längere Unterbrechungen befindet das Gericht durch Beschluss; bei Entscheidungen innerhalb der Hauptverhandlung unter Beteiligung der Schöffen, bei außerhalb der Hauptverhandlung getroffenen Entscheidungen durch drei Berufsrichter (LR-*Becker*, § 228 Rn. 3; *BGH*, NStZ 2011, 356). Dabei ist in jedem der genannten Fälle die mündliche Bekanntmachung des Fortsetzungstermins bei einer Unterbrechung ausreichend; einer förmlichen Ladung bedarf es nicht (*Meyer-Goßner*, § 229 Rn. 12). Die Ladungsfrist nach § 217 StPO greift nicht.

357 Die in der Hauptverhandlung ergehende Verfügung des Vorsitzenden bzw. der dort erlassene Gerichtsbeschluss, mit dem die Unterbrechung angeordnet wird, ist in der Sitzungsniederschrift zu beurkunden (§ 273 I StPO; vgl. LR-*Becker*, § 229 Rn. 40).

358 Die Hauptverhandlung wird unterbrochen; ein Termin zur Fortsetzung der Hauptverhandlung wird anberaumt auf …
Die Verfahrensbeteiligten wurden mündlich zu diesem Termin geladen (und der Angeklagte überdies darüber belehrt, dass er zu erscheinen hat. Weiter wird er darüber belehrt, dass unter den ebenfalls beschriebenen Vorraussetzungen des § 231 II StPO ggf. in seiner Abwesenheit verhandelt werden kann).

359 Werden die benannten Fristen nicht eingehalten, muss das Gericht mit der Hauptverhandlung von neuem beginnen (§ 229 IV 1 StPO). Die Unterbrechungsfristen sind nicht disponibel, sodass auch ein Einverständnis der Verfahrensbeteiligten diese Notwendigkeit nicht beseitigt.

Ausnahmsweise kann nach § 229 III StPO eine **Fristhemmung** für den Fall einer **Erkrankung** des Angeklagten oder eines Richters angeordnet werden (vgl. dazu im Einzelnen *Meyer-Goßner,* § 229 Rn. 6). 360

Wird die Hauptverhandlung zum Zwecke eines eigenständigen Verkündungstermins unterbrochen, so ist zu beachten, dass der Gesetzgeber hier die Dreiwochenfristen nicht greife lassen will. Das Urteil muss daher – der alten Rechtslage entsprechend – spätestens am elften Tage danach verkündet werden (§ 268 III 2 StPO; bei dieser Vorgabe handelt es sich auf nicht um eine bloße Ordnungsvorschrift, *BGH,* NStZ-RR 2007, 278). 361

2. Aussetzung

Bei jeder Unterbrechung der Hauptverhandlung über die von § 229 I, II StPO gesetzten Zeiträume hinaus ist die Hauptverhandlung abzubrechen. Die Aussetzung ist vom Gericht – in der Hauptverhandlung unter Beteiligung der Schöffen, außerhalb der Hauptverhandlung durch drei Berufsrichter – zu beschließen (§ 228 I 1 StPO). Der in der Hauptverhandlung ergehende Gerichtsbeschluss ist in der Sitzungsniederschrift zu protokollieren. 362

Zu dem notwendigerweise neu anzuberaumenden Termin nach § 213 StPO müssen der Angeklagte und sein Verteidiger erneut unter Beachtung der §§ 216, 217 (nicht hingegen des § 217) StPO geladen werden und eine vom früheren Durchgang unabhängige Beweisaufnahme durchgeführt werden (LR-*Becker* § 229 Rn. 38, 39). Die Gerichtsbesetzung richtet sich nach dem nunmehr geltenden Geschäftsverteilungsplan und hängt nicht von der vormaligen Besetzung ab; das gilt auch für die hinzuzuziehenden Schöffen (LR-*Becker,* § 229 Rn. 38, 39). 363

Aus dem Beschleunigungsgebot (s. Rn. 8) ergibt sich, dass eine Aussetzung – abgesehen von den Fällen gesetzlicher Anordnung (etwa bei Verteidigerwechsel: §§ 138c IV und 145 III StPO; bei Nichteinhaltung der Ladungsfrist: § 217 II StPO; nach rechtlichem Hinweis 265 III, IV StPO; s. Rn. 314) – nur ausnahmsweise erfolgen soll (*Meyer-Goßner,* § 228 Rn. 4). 364

3. Nichterscheinen des Angeklagten bei Fortsetzung der Hauptverhandlung

Erscheint der Angeklagte nach Unterbrechung in einem Fortsetzungstermin nicht, kann unter den Voraussetzungen des § 231 II StPO in seiner Abwesenheit weiterverhandelt werden (s. Rn. 28). Keinesfalls darf diese Regelung oder etwaige – entbehrliche (vgl. *BGH,* NJW 2000, 2830) – beim Angeklagten der Eindruck erwecken, das Gericht billige ein künftiges Nichterscheinen. 365

Nimmt der Angeklagte später wieder an der Hauptverhandlung teil, etwa in einem weiteren Fortsetzungstermin, muss er grundsätzlich nicht über die bisherigen Vorgange während seiner Abwesenheit unterrichtet werden (*Becker,* LR § 231 Rn. 34; *Meyer-Goßner,* § 231 Rn. 23). 366

XV. (Weitere) Vernehmung zur Person

Eine Vernehmung des Angeklagten zu seinen persönlichen Verhältnissen, die über die zur Identifizierung erforderlichen Fragen nach § 243 II 2 StPO hinausgeht (vgl. Rn. 129ff.) und für die Tat- und Schuldfrage nicht erforderlich ist, wird regelmäßig erst **gegen Ende der Beweisaufnahme** erfolgen und nur soweit wie sie für die Festsetzung der Rechtsfolgen relevant ist. Der Hintergrund ist vielfach: Sowohl aus verfahrensökonomischer Sicht als auch zum Schutz der Persönlichkeit des Angeklagten kann eine frühzeitige Feststellung verfehlt sein, da bei einem Freispruch oder einer Einstellung des Verfahrens Feststellungen insoweit entbehrlich sind. Darüber hinaus wird so vermieden, dass die Schöffen in der Beweisaufnahme bereits durch die persönlichen Verhältnisse, insbesondere durch Feststellung zu etwaigen Vorstrafen, beeinflusst werden. Letztlich bestimmt aber der Vorsitzende den Zeitpunkt der Feststellung der Vorstrafen, § 243 IV 3 StPO. Frühester Zeitpunkt kann die Vernehmung zur Sache sein (Rn. 186). 367

1. Ermittlung der persönlichen Verhältnisse

Im Rahmen der Ermittlung der persönlichen Verhältnisse des Angeklagten sind alle Umstände aufzuklären, die für die Rechtsfolgenentscheidung von Bedeutung sein können. Die notwendige Breite dieser Befragung variiert je nach Deliktstypus und Schwere der Vorwürfe und korrespondiert mit der durch das Gericht in Erwägung gezogenen Rechtsfolge. Unterschiede ergeben sich insbesondere schon dadurch, ob eine Geldstrafe oder eine Freiheitsstrafe verhängt werden soll. 368

Regelmäßig kommen Fragen zu folgenden Bereichen in Betracht: 369

- Schul- und Berufsausbildung,
- Berufstätigkeit,
- Vorstrafen
- Nettoeinkommen inklusive etwaiger weiterer Einkünfte,
- Familienstand, Zahl und Alter der Kinder,
- Unterhaltsverpflichtungen, Kompensation der Lebenshaltungskosten (finanzielle Zuschüsse der Kinder),
- Einkommen der Ehefrau,

- Schulden (Gesamtsumme, Monatsraten, Anlass),
- Miete, einschließlich Nebenkosten („warm"),
- Erkrankungen

370 Schweigt der Angeklagte auch zu seinen weiteren persönlichen Verhältnissen, ist das Gericht durch die **Amtsaufklärungspflicht** gehalten, die notwendigen Feststellungen durch andere Beweismittel zu treffen (*BGH*, NStZ 1991, 231; *BGH*, Beschl. v. 23. 9. 2004 – 3 StR 214/04). Insbesondere hinsichtlich der Einkommensverhältnisse des Angeklagten werden vielfach die Aufklärungsmöglichkeiten nicht ausgeschöpft und sich zu früh mit der Möglichkeit einer Schätzung des Einkommens begnügt (vgl. *Fischer*, § 40 Rn. 19). Dabei sind die Möglichkeiten einer Aufklärung mannigfaltig: Zunächst ist an die Vernehmung von Verwandten, wie insbesondere Eltern und Geschwister, zu denken, die sich allerdings auf ihr Zeugnisverweigerungsrecht berufen können. Besser ist es daher, Personen aus dem Nahbereich wie Freunde oder Vorgesetzte zu den weiteren persönlichen Verhältnissen des Angeklagten zu vernehmen. Dabei wird der Angeklagte wegen der stigmatisierenden Wirkung häufig sein Aussageverhalten überdenken. In Betracht kommen auch Finanzermittlungen, indem beispielsweise zur Aufklärung der Einkommensverhältnisse eine Kontoauskunft eingeholt wird. Effektiver können schließlich unter Umständen prozessuale Zwangsmaßnahmen sein, die auch aus der laufenden Hauptverhandlung möglich sind. Zu denken ist an eine Durchsuchung der Wohnung des Angeklagten nach Finanzunterlagen. Als Herr des Verfahrens kann das Gericht die Polizei insoweit selbst beauftragen. Dem Angeklagten wird aus Gründen der Verhältnismäßigkeit eine Abwendungsbefugnis dahingehend einzuräumen sein, dass er durch Herausgabe der Unterlagen oder entsprechende Angaben die – naheliegend bereits eingeleitete – Vollstreckung des Beschlusses abwenden kann.

371 Durch Urkundenbeweis können vielfach früher getroffene Feststellungen zur Person durch Verlesung der entsprechenden Urteile eingeführt werden (*Schäfer/Sander/van Gemmeren,* Rn. 707; *BGH,* NStZ 1991, 231).

2. Vorstrafen

372 Für die Rechtsfolgenfrage sind etwaige Vorstrafen des Angeklagten von erheblicher Bedeutung. Zu den Vorstrafen zählen die Eintragungen im Bundeszentralregister und im Erziehungsregister sowie im Verkehrszentralregister eingetragene Verurteilungen und bußgeldrechtliche Ahndungen (KK-*Schneider,* § 243 Rn. 55). Im Bundeszentralregister werden nach § 3 BZRG strafgerichtliche Verurteilungen, Entscheidungen von Verwaltungsbehörden und Gerichten, Vermerke über Schuldunfähigkeit, die Zurückstellung der Vollstreckung einer Strafe nach § 35 BtMG und Straftaten im Zusammenhang mit der Ausübung eines Gewerbes eingetragen. Im Erziehungsregister werden Entscheidungen des Jugend- und Vormundschaftsrichters geführt, vgl. §§ 59, 60 BZRG. Im Verkehrszentralregister werden Daten im Zusammenhang mit dem Straßenverkehr gespeichert, vgl. § 28 III StVG.

373 Vorstrafen dürfen allerdings nur insoweit eingeführt werden, als sie nicht wegen **Tilgung** oder **Tilgungsreife** unverwertbar sind. § 51 BZRG normiert insoweit ein Verwertungsverbot. Es dürfen weder die Verurteilung noch die zugrunde liegenden Taten (*BGH,* StraFo 2010, 207) berücksichtigt werden. Tilgungsreif ist eine Eintragung dann, wenn die Tilgungsfrist abgelaufen ist. Die tatsächliche Entfernung aus dem Register erfolgt ein Jahr nach Tilgungsreife, § 45 II 1 BZRG. Die Länge der Tilgungsfrist zwischen 5, 10, 15 und 20 Jahren bestimmt sich nach dem Strafmaß sowie teilweise nach der im Schuldspruch angewendeten Norm, vgl. § 46 I BZRG. Verurteilungen zu lebenslanger Freiheitsstrafe und Anordnungen der Unterbringung in der Sicherungsverwahrung oder in einem psychiatrischen Krankenhaus werden gemäß § 45 III BZRG nicht getilgt. Sind im Register mehrere Verurteilungen eingetragen, ist die Tilgung einer Eintragung erst zulässig, wenn für alle eingetragenen Verurteilungen die Voraussetzung der Tilgung vorliegen, § 47 III 1 BZRG. Nur eine in zeitlicher Hinsicht deutliche Zäsur führt damit letztlich zur Tilgung mehrerer Vorstrafen, so dass ein Angeklagter, der in Abständen von weniger als fünf Jahren regelmäßig verurteilt wird, grundsätzlich keine Vorstrafen getilgt bekommt.

3. Freiwillige Bewährungsleistungen

374 Ist das Gericht der Überzeugung, dass der Angeklagte voraussichtlich zu einer Freiheitsstrafe unter Aussetzung der Vollstreckung zur Bewährung verurteilt werden wird und dass insoweit Auflagen und Weisungen in Betracht kommen, wird der Angeklagte nach § 265 a StPO befragt, ob er freiwillig Bewährungsleistungen erbringen will. Da die Auflagen und Weisungen im Zusammenhang mit den persönlichen Verhältnissen des Angeklagten stehen, erfolgt eine Befragung auch in diesem Zusammenhang. Beim bestreitenden Angeklagten wird die Befragung allerdings in der Regel erst vor dem letzten Wort angezeigt sein (*Meyer-Goßner,* § 265 a Rn. 10).

4. Einstellungen und Beschränkungen

375 Die Beweisaufnahme spiegelt häufig die vorläufige, in der Anklageschrift dargestellte Einschätzung der Beweislage oder der Schwere der Schuld des Angeklagten nicht wieder. Sei es, weil Zeugen anders

ausgesagt haben, der Angeklagte sich nunmehr doch geständig und einsichtig zeigt oder sich die Rechtsgutsverletzung als weniger intensiv darstellt. Während der Beweisaufnahme wird das Gericht daher regelmäßig auch prüfen, ob zur Vermeidung eines Urteils eine Einstellung oder Verfolgungsbeschränkung in Betracht kommt. Insbesondere ist dabei an Einstellungen bzw. Verfolgungsbeschränkungen wegen Geringfügigkeit (§ 153 StPO), bei Erfüllung von Auflagen und Weisungen (§ 153 a StPO) sowie wegen relativer Geringfügigkeit (§§ 154, 154 a StPO) zu denken. Sofern die Voraussetzungen für eine solche Einstellung denn vorliegen, sollte sie frühzeitig erfolgen, da dadurch der Sinn und Zweck, nämlich die Entlastung der Justiz durch Opportunität, effektiv zum tragen kommt.

Es kommt auch in Betracht, die Hauptverhandlung im Einverständnis des Angeklagten und des Verletzten zur Durchführung eines Täter-Opfer-Ausgleiches auszusetzen, §§ 155 a, 155 b StPO, § 46 a StGB und § 10 I Nr. 7 JGG. Ein derartiges Vorgehen, welches sachgerechter Weise bereits im Ermittlungsverfahren durch die Staatsanwaltschaft angestrebt werden sollte, kann bei einem Angeklagten, dem ein Vergehen vorgeworfen wird, zum Ziel haben, das Verfahren nach erfolgreichem Ausgleich nach § 153 I Nr. 5, II StPO einzustellen. Im Übrigen kann die Strafe im Falle einer Verurteilung fakultativ nach §§ 46 a, 49 I StGB gemildert werden; scheitert der Täter-Opfer-Ausgleich und ist bereits eine Schadenswiedergutmachung erbracht worden, ist diese jedenfalls im Rahmen der allgemeinen Strafzumessung mildernd zu berücksichtigen (vgl. *Schäfer/Sander/van Gemmeren*, Rn. 549 a). 376

XVI. Schließung der Beweisaufnahme, Schlussvorträge, letztes Wort

1. Schließung der Beweisaufnahme

Zur Schließung der Beweisaufnahme bedarf es grundsätzlich weder einer ausdrücklichen Erklärung noch gar eines Gerichtsbeschlusses. § 258 I StPO setzt insoweit voraus, dass die Beweisaufnahme bereits geschlossen ist. Der Vorsitzende wird jedoch schon zur Klarstellung regelmäßig im Rahmen seiner Verhandlungsleitung die Schließung der Beweisaufnahme **ankündigen** und den Schluss der Beweisaufnahme auch **ausdrücklich feststellen** (vgl. *Meyer-Goßner,* § 258 Rn. 2). Bei Verfahren, in denen das Beweisantragsrecht zur Prozessverschleppung missbraucht wird, wird zur Verhinderung weiterer Verfahrensverzögerung durch den Vorsitzenden eine Frist zur Schließung der Beweisaufnahme bestimmt (vgl. *BGH,* NStZ 2005, 646 sowie Rn. 291). 377

Bei der Schließung der Beweisaufnahme ist zu beachten, dass spätestens zu diesem Zeitpunkt alle Beweisanträge entschieden und verkündet sein müssen. Es handelt sich dabei jedoch nicht um eine Prozesserklärung, die eine Bindungswirkung entfaltet. Die Prozessbeteiligten können daher trotzdem weitere Beweisanträge stellen und das Gericht kann ebenfalls von Amts wegen wieder in die Beweisaufnahme eintreten (vgl. Rn. 394). 378

2. Schlussvorträge

Nach dem Schluss der Beweisaufnahme besteht gemäß § 258 I StPO für die Staatsanwaltschaft die Pflicht (*BGH,* NStZ 1984, 468) und für den Angeklagten sowie seinen Verteidiger die Möglichkeit, im Rahmen der sogenannten Plädoyers oder Schlussvorträge zum Ergebnis der Verhandlung in tatsächlicher und rechtlicher Hinsicht Stellung zu nehmen und abschließend Anträge zu stellen. Der Angeklagte hat auch dann ein eigenständiges Recht zu einem Schlussvortrag, wenn sein Verteidiger für ihn gesprochen hat, § 258 III StPO. Dementsprechend muss der Angeklagte nach dem Plädoyer seines Verteidigers **stets befragt werden,** ob er selbst noch etwas zu seiner Verteidigung anzuführen habe. 379

Die in § 258 I StPO benannte Reihenfolge der Schlussvorträge ist nur eine Ordnungsvorschrift und kann aus Zweckmäßigkeitserwägungen durch den Vorsitzenden verändert werden (KK-*Schoreit,* § 258 Rn. 6). Im Regelfall wird in erster Instanz (vgl. aber §§ 326 S. 1, 351 II 1 StPO) in folgender sachdienlicher Reihenfolge plädiert: 380

- Vertreter der Staatsanwaltschaft,
- Nebenkläger bzw. dessen Vertreter,
- Privatkläger bzw. dessen Vertreter,
- Verteidiger, mehrere einigen sich untereinander,
- Angeklagter, bei mehreren bestimmt der Vorsitzende die Reihenfolge.

Der Inhalt des Schlussvortrages kann durch die Verfahrensbeteiligten weitgehend frei bestimmt werden, so dass Verzögerungen grundsätzlich hinzunehmen sind. Die Grenze zum nicht mehr Hinnehmbaren liegt dort, wo das Plädoyer missbraucht wird. Die Grenze ist im Einzelfall zu bestimmen und wird dort liegen, wo der Gegensand der Hauptverhandlung verlassen wird, wo Fragen angesprochen werden, die nicht mehr zur Sache gehören oder wo Verfahrensbeteiligten herabgewürdigt werden (vgl. KK-*Schoreit,* § 258 Rn. 9). Der Vorsitzende wird dann im Rahmen seiner Verhandlungsleitung eingreifen. Nur als letztes Mittel kann auch das Wort entzogen werden (*Meyer-Goßner,* § 258 Rn. 16). 381

Staatsanwaltschaft, Nebenkläger und Privatkläger haben das Recht zur Erwiderung, §§ 258 II Hs. 1, 385 I 1, 397 StPO. Davon wird in der Praxis allerdings selten Gebrauch gemacht. Auf eine Erwiderung 382 haben ihrerseits Verteidiger und Angeklagter das Recht zur Stellungnahme. Dieser Vorgang muss wiederholt werden, wenn der Staatsanwaltschaft erneut erwidert hat.

383 In das Hauptverhandlungsprotokoll sind lediglich jeweils die Anträge zur Schuld- und Rechtsfolgenfrage aufzunehmen; weiterer Details bedarf es nicht.

3. Letztes Wort

384 Der Angeklagte selbst hat vor der Urteilsberatung immer das Recht, das letzte Wort zu sprechen, § 258 II Hs. 2 III StPO. Haben nach den Ausführungen des Angeklagten noch weitere Verfahrensbeteiligte das Wort erhalten, muss dem Angeklagten erneut das letzte Wort erteilt werden. Das Gericht soll tatsächlich mit den Ausführungen des Angeklagten im Ohr in die Beratung gehen. Dass ihm dieses Recht gewährt wurde und er ggf. davon Gebrauch machte, ist als wesentliche Förmlichkeit sorgfältig zu protokollieren.

385 Inhaltlich steht es dem Angeklagten frei, was er in seinem letzten Wort vorbringt. Eine bestimmte Redezeit darf nicht festgelegt werden (*Meyer-Goßner,* § 258 Rn. 25). Die Grenzen des letzten Wortes liegen dort, wo dieses für sachfremde Äußerungen oder Beleidigungen missbraucht wird. Entziehen wird das Gericht dem Angeklagten das letzte Wort erst nach mehrfacher (protokollierter) Ermahnung (vgl. KK-*Schoreit,* § 258, Rn. 21, *BGHSt* 3, 368, 369).

4. Wiedereintritt in die Beweisaufnahme

386 Jeder Wiedereintritt in die Beweisaufnahme führt dazu, dass das gesamte Procedere, also Schließung der Beweisaufnahme, Plädoyers, letztes Wort, wiederholt werden muss. Ein derartiger Fall kann beispielsweise nach einem überraschenden Geständnis des Angeklagten im letzten Wort auftreten. Denkbar ist aber auch, dass das Gericht auf Grund der Schlussvorträge zur Überzeugung gekommen ist, es bedürfe noch weiterer Prozesshandlungen, zB eines rechtlichen Hinweises nach einem Hilfsbeweisantrag. Im Hinblick auf die besondere Revisionsanfälligkeit derartiger Konstellationen sollte der Vorsitzende auf eindeutige und vollständige Protokollierung dieser Vorgänge achten.

XVII. Beratung

387 Das zu verkündende Urteil (ggf. mit flankierenden Beschlüssen) wird in geheimer Beratung, dh unter Ausschluss aller Personen, die nicht dem erkennenden Gericht angehören, gefunden (§ 193 GVG). Referendare können zugelassen werden; nicht jedoch Jurastudenten im Praktikum (*BGHSt* 41, 119; *Meyer-Goßner,* § 193 GVG Rn. 5). Nur der Strafrichter ist nicht gehalten, sich in sein Beratungszimmer zurückzuziehen. Gleichwohl sollte er davon – entgegen gängiger Praxis – zumindest dann Gebrauch machen, wenn er nach langer schwieriger Verhandlung das Bedürfnis verspürt, seine Gedanken ohne Beobachtung und psychischen Entscheidungsdruck durch die gespannt wartenden Verfahrensbeteiligten und die nicht minder interessierte Öffentlichkeit zu ordnen.

388 Der Vorsitzende, der die Beratung leitet (§ 194 I GVG), sollte darauf achten, dass insbesondere den **Schöffen** die Grundlagen vermittelt werden, die sie zu einer sachgerechten Mitwirkung bei der Entscheidung benötigen. Dazu gehört zunächst, dass die Schöffen als richterliche Kollegen mit gleichem Stimmrecht entsprechend geachtet werden. Rechtliche Möglichkeiten des Gerichts müssen auf materieller wie prozessualer Ebene erläutert werden. Da es vor allem noch unerfahrene Schöffen gelegentlich nicht wagen, überhaupt eine Frage in der Beratung zu stellen, wird der Vorsitzende sie hierzu erforderlichenfalls ermuntern. In der Großen Strafkammer wird regelmäßig der Berichterstatter die Ergebnisse der Beweisaufnahme zusammenfassen und aus seiner Sicht würdigen. Hieraus entsteht sodann die notwendigerweise strukturierte Diskussion über die einzelnen Fragen. Zur Vorbereitung der Schlussberatung und zur frühzeitigen Information der Schöffen während der laufenden Hauptverhandlung, um Verständnis für die Sichtweise der Berufsrichter zu schaffen s. Rn. 17).

389 Eine **Reihenfolge** der Beratung schreibt das Gesetz nicht vor, wohl aber die Logik (*Meyer-Goßner,* § 194 GVG Rn. 1). Im Regelfall werden nacheinander zu erörtern sein (soweit erforderlich):

- Verfahrenshindernisse,
- Tatfrage,
- Schuldfrage,
- Konkurrenzen,
- Strafe (Strafart, Höhe, Aussetzung zur Bewährung),
- Nebenstrafen,
- Entschädigungsentscheidungen,
- Kosten und Auslagen,
- Haftfortdauer oder jetzige Anordnung („Saalverhaftung", s. Rn. 401).

390 Kann Einstimmigkeit in der Beratung nicht erzielt werden, bedarf es der **Abstimmung.** Für die Schuld- und Straffrage bestimmt das Gesetz, dass jede dem Angeklagten nachteilige Entscheidung einer Mehrheit von **zwei Dritteln** der Stimmen bedarf (§ 263 I StPO). Damit können etwa beide Schöffen ei-

ner als Schwurgericht verhandelnden Großen Strafkammer, die von der Täterschaft des Angeklagten nicht überzeugt sind, von den Berufsrichtern nicht überstimmt werden (3 Richter bilden prozentual lediglich 60% und nicht die erforderlichen 66,6%; ⅔-Mehrheit bedeutet damit Stimmeneinigung von 4 Richtern). Im Übrigen entscheidet das Gericht mit absoluter, also **einfacher Mehrheit** der Stimmen (§ 196 I GVG). Bei der Frage der zu verhängenden Strafe werden bei fehlender Mehrheit die dem Angeklagten nachteiligsten Stimmen den zunächst minder nachteiligen so lange hinzugerechnet, bis sich die erforderliche Mehrheit ergibt (§ 196 III 1 GVG; zB Schöffe A: 4 Jahre 6 Monate, Schöffe B: 2 Jahre, Berichterstatter: 3 Jahre 9 Monate, Beisitzer: 1 Jahr 6 Monate, Vorsitzender: 3 Jahre 6 Monate, Ergebnis: 2 Jahre). Die Abstimmung erfolgt in der von § 197 GVG festgelegten Reihenfolge, beispielsweise in einer Großen Strafkammer (bei voller Besetzung) folgendermaßen (vgl. *Schäfer*, Die Praxis des Strafverfahrens, Rn. 1277):

- Berichterstatter,
- jüngerer Schöffe,
- älterer Schöffe,
- weiterer Beisitzer,
- Vorsitzender.

Ergibt sich während der Beratung die Notwendigkeit einer weiteren Aufklärung (zB durch Befragung des Angeklagten nach § 265 a StPO; s. Rn. 266) oder einer weiteren Prozesshandlung (zB eines rechtlichen Hinweises nach § 265 StPO, s. Rn. 308 ff.), muss erneut in die Beweisaufnahme eingetreten werden. 391

Bei **Haftbefehlen nach § 230 II StPO** ist darauf zu achten, dass diese im Hinblick auf ihren verfahrenssichernden Charakter mit dem Schluss der Hauptverhandlung jegliche Wirkung verlieren. 392

Der Angeklagte kann damit nur in Haft verbleiben, wenn auch Haftgründe nach §§ 112, 112 a StPO bestehen. Dazu bedarf es eines neuen (zu beratenden und zu verkündenden) Haftbefehls, zumindest aber der Umstellung des nach § 230 II StPO ergangenen Haftbefehls. Will das Gericht den Angeklagten nach der Urteilsverkündung verhaften (weil nunmehr Haftgründe – zB Fluchtgefahr wegen der Höhe der verhängten Freiheitsstrafe – bestehen), bedarf es schon vor der Urteilsverkündung der organisatorischen Abstimmung mit Wachtmeistern und Beamten der Untersuchungshaftanstalt. Der frühzeitige Aufmarsch der entsprechenden Kräfte, dessen Sinn dem erfahrenen Angeklagten sofort erkennbar ist, kann die Atmosphäre der Urteilsbegründung nicht unerheblich stören. Bei alledem ist freilich im Blick zu behalten, dass ein nach früherer Haftverschonung ergangenes (nicht rechtskräftiges) Urteil oder ein hoher Strafantrag der Staatsanwaltschaft zwar geeignet sein können, den Widerruf einer Haftverschonung zu rechtfertigen (vgl. § 116 IV StPO). Dies setzt jedoch voraus, dass der Rechtsfolgenausspruch des Tatrichters von der Prognose des Haftrichters bezüglich der Straferwartung oder die von der Staatsanwaltschaft beantragte Strafe *erheblich* zum Nachteil des Angeklagten abweicht und sich die Fluchtgefahr dadurch ganz *wesentlich* erhöht (vgl. unbedingt BVerfG, NStZ-RR 2007, 379). 393

XVIII. Urteilsverkündung

Die Hauptverhandlung schließt mit der Verkündung des Urteils (§ 260 I StPO) in öffentlicher Sitzung (§ 173 GVG). Diese erfolgt in aller Regel unmittelbar nach der Beratung und Abstimmung (§ 268 III 1 StPO). Das Urteil kann aber auch nach Unterbrechung der Hauptverhandlung (bis zu zehn Tagen) verkündet werden (§§ 268 III, 229 III, IV 2 StPO). 394

1. Urteilsverkündung durch Formel und Gründe

Die Urteilsverkündung erfolgt in zwei Teilen. Nach Eintritt des Gerichtes (oder des sich erhebenden Strafrichters) wird im Stehen die zuvor nach der Abstimmung niedergeschriebene **Urteilsformel** verkündet (§ 268 II 1, 3 StPO, *Meyer-Goßner*, § 268 Rn. 4). Alle Verfahrensbeteiligten und die Öffentlichkeit erheben sich hierzu ebenfalls. Nachdem der Vorsitzende allen Anwesenden gestattet hat, Platz zu nehmen, wird der wesentliche Inhalt der **Urteilsgründe** mündlich in freier Rede eröffnet (§ 268 II 2 StPO). 395

Die Urteilsverkündung ist abgeschlossen mit dem letzten Wort der mündlichen Begründung (*BGHSt* 25, 333, 335). Bis zu diesem Zeitpunkt ist eine **Berichtigung** der Urteilsformel noch möglich. Ist dies notwendig, hält der Vorsitzende mit der Eröffnung der Gründe inne und verkündet sodann – ggf. nach erneuter Beratung – die neugefasste Urteilsformel (*Meyer-Goßner*, § 268 Rn. 9). Von nun an dürfen nur noch offensichtliche Unrichtigkeiten oder Schreibversehen korrigiert werden (vgl. *Meyer-Goßner*, § 268 Rn. 10). 396

Im Anschluss an die Urteilsverkündung ist die Sitzung geschlossen. Von nun ab sind sämtliche Anwesende im Saal unabhängig von ihrer zuvor eingenommenen Stellung als Verfahrensbeteiligte Öffentlichkeit. Zu den verfassungsgerichtlich aufgestellten Anforderungen zur Gewährleistung der Presseberichterstattung ggf. auch nach Schluss der Sitzung (s. Rn. 81). Auch ein Verteidiger, der seinem Unmut über das Urteil oder vorangegangenes Verhalten des Gerichts Luft macht, unterliegt nunmehr umfassend sitzungspolizeilichen Maßnahmen nach § 176 GVG (s. dazu Rn. 328 ff.). 397

2. Urteilsformel

398 Die **Urteilsformel** sollte mit großer Sorgfalt niedergelegt werden. Sie enthält regelmäßig nach der Eingangsformel („Im Namen des Volkes", § 268 I StPO) im Schuldspruch die rechtliche Bezeichnung der Tat(en) nebst deren Konkurrenzverhältnis, im Rechtsfolgenausspruch alle verhängte(n) Strafe(n), ggf. einschließlich der Aussetzung zur Bewährung und schließlich die Kostenentscheidung (§§ 260 IV, 464 I StPO). Es gilt der Grundsatz, dass sie aus Gründen der Übersichtlichkeit und Verständlichkeit von allem freizuhalten ist, was nicht ihrer Zweckbestimmung dient (*BGHSt* 27, 287, 289). Sie hat zwingend den schriftlichen Urteilsgründen zu entsprechen (*BGH,* StraFo 2011, 317; *BGH,* Beschl. v. 8. 6. 2011 – 4 StR 196/11).

399 a) Zur **rechtlichen Bezeichnung** der Tat wird die gesetzliche Überschrift des Straftatbestandes gewählt. Gegebenenfalls muss diese weiter konkretisiert werden (vgl. *Meyer-Goßner,* § 260 Rn. 23). Wesentliche den Kern der Verurteilung bezeichnende Begriffe (und nicht nur Paragraphen) müssen angeführt werden, wenn das Gesetz keine Überschrift aufweist. Dies ist namentlich oftmals im Nebenstrafrecht erforderlich. Beispielsweise ist nicht „wegen Verstoßes gegen das Waffengesetz iSd § 53 I Nr. 3a lit. b WaffG", sondern: „wegen unerlaubten Führens einer halbautomatischen Selbstladekurzwaffe" zu verurteilen.

400 Bei den **Konkurrenzen** wird sowohl die Tateinheit („in Tateinheit mit"), als auch die Tatmehrheit („und mit", „sowie mit" oder – bei gleichartiger Tatmehrheit – „in drei Fällen") angegeben. Die Wahlfeststellung zwischen (ungleichartigen) Strafbestimmungen wird durch das Wort „oder" gekennzeichnet.

401 **In den Tenor** gehören etwa Angaben zu: Vorsatz und Fahrlässigkeit (soweit ein Tatbestand in beiden Formen verwirklicht werden kann), Versuch, Anstiftung, Beihilfe oder die vollständige Bezeichnung echter Qualifikationstatbestände („Diebstahl mit Waffen").

402 **Nicht** in den Tenor gehören hingegen Angaben zu Mittäterschaft, verminderte Schuldfähigkeit nach § 21 StGB, unbenannte Strafschärfungs- und Strafmilderungsvorschriften (zB §§ 212 II, 249 II StGB), Regelbeispiele für besonders schwere oder minder schwere Fälle (instruktiv hierzu wie zur Abfassung des Urteils insgesamt: *Meyer-Goßner,* NStZ 1988, 529). Negativbeispiel dort: „Der Angeklagte ist des gemeinschaftlich begangenen Diebstahls in einem besonders schweren Fall in zwei Fällen, des fortgesetzt begangenen Diebstahls in drei Fällen, davon in zwei Fällen in einem besonders schweren Fall schuldig" – stattdessen muss es richtig wie folg gefasst werden: „Der Angeklagte ist des Diebstahls in fünf Fällen schuldig".

403 b) Auch für den **Rechtsfolgenausspruch** gilt, dass nur das tatsächlich Notwendige in die Urteilsformel aufzunehmen ist (zu Einzelheiten vgl. *Meyer-Goßner,* § 260 Rn. 32 ff.). In den Tenor gehören daher die Dauer der Freiheitsstrafe, die Annahme der besonderen Schuldschwere nach § 57a I 1 Nr. 2 StGB, die Anzahl der Tagessätze und Höhe eines Tagessatzes bei Geldstrafe, die Anordnung von Zahlungserleichterungen (§ 42 StGB), die (seltene) Nichtanrechnung der Untersuchungshaft (§ 51 I 2 StGB), der Umrechnungsmaßstab bei ausländischer Freiheitsentziehung (§ 51 IV 2 StGB), die Aussetzung der Strafvollstreckung zur Bewährung, Benennung (ggf. unter Angabe der Asservaten- oder Seriennummern bei Verfall und Einziehung).

404 Nicht in den Tenor gehören hingegen (entgegen weitverbreiteten Formularen bei den Amtsgerichten) Gesamtsumme der Geldstrafe, Einzelstrafen bei Gesamtstrafe, Ersatzfreiheitsstrafe (da durch § 43 StGB festgelegt), Anrechnung der Untersuchungshaft (da Normalfall: § 51 I 1 StGB).

405 Ein Freispruch oder eine Einstellung wegen eines Verfahrenshindernisses (§ 260 III StPO) wird ohne jedwede Begründung im Tenor schlicht entsprechend bezeichnet (also nicht etwa: „aus Mangel an Beweisen"; vgl. *Meyer-Goßner,* § 260 Rn. 17).

406 c) **Beispiele für Tenorierungen**

Absehen von Strafe: „Der Angeklagte ist der fahrlässigen Körperverletzung schuldig. Von Strafe wird abgesehen."

Verwarnung mit Strafvorbehalt: „Der Angeklagte ist des Betruges schuldig. Er wird verwarnt. Die Verurteilung zu einer Geldstrafe in Höhe von 20 Tagessätzen zu je 50,– EUR bleibt vorbehalten."

Geldstrafe: „Der Angeklagte wird wegen Diebstahls zu einer Geldstrafe von 50 Tagessätzen verurteilt. Ein Tagessatz wird auf 20,– EUR festgesetzt."

Gesamtfreiheitsstrafe: „Der Angeklagte wird wegen Untreue und Hehlerei zu einer Gesamtfreiheitsstrafe von 10 Monaten verurteilt."

Gesamtfreiheitsstrafe mit **nachträglicher Gesamtstrafenbildung:** „Der Angeklagte wird wegen Untreue und Hehlerei unter Auflösung der im Urteil des Amtsgerichts Hamburg vom 9. Mai 2007 (145 Ds 822/93) gebildeten Gesamtgeldstrafe und unter Einbeziehung der dort verhängten Einzelstrafen zu einer Gesamtfreiheitsstrafe von 1 Jahr und 3 Monaten verurteilt."

Bewährung: „Die Vollstreckung der Freiheitsstrafe wird zur Bewährung ausgesetzt."

Zahlungserleichterungen: „Dem Angeklagten wird gestattet die Geldstrafe in Gesamthöhe von 1.000,– EUR in monatlichen Raten von 100,– EUR, beginnend am 1. des auf die Rechtskraft folgenden Monats, zu zahlen. Diese Vergünstigung entfällt, wenn der Angeklagte mit einer Rate mehr als 2 Wochen in Rückstand kommt."

Freispruch: „Der Angeklagte wird freigesprochen."

Teilfreispruch: „Der Angeklagte wird wegen Diebstahls … zu …. verurteilt. Im Übrigen wird er freigesprochen."

Einstellung: „Das Verfahren wird eingestellt."

Jugendurteil mit Auflagen und Weisungen: „Der Angeklagte ist eines Betruges schuldig. Ihm wird die Auflage erteilt, einen Geldbetrag von 500,– EUR in monatlichen Raten von 50,– EUR ab dem 24. Sept. 2011 an die Geschädigte Patricia Müller als Schadenswiedergutmachung zu zahlen und die Zahlungen der Jugendgerichtshilfe nachzuweisen. Außerdem soll er 5 (fünf) Arbeitsleistungen erbringen."

d) Die Urteilsformel schließt stets mit einer **Kostenentscheidung** (§ 464 I StPO). Eines Ausspruches über die Pflicht, die notwendigen Auslagen (nämlich vor allem solche für den Verteidiger) zu tragen, bedarf es – entgegen vielfach anzutreffender Praxis – nur dann, wenn der Angeklagte diese nicht ohnehin selbst zu tragen hat (also nicht bei voller Verurteilung; *BGHSt* 36, 27, 28). 407

Beispiele für Kostenentscheidungen: 408

Verurteilung (§ 465 StPO): „Die Kosten des Verfahrens trägt der Angeklagte."

Freispruch, Einstellung (§ 467 StPO): „Die Kosten des Verfahrens und die notwendigen Auslagen des Angeklagten trägt die Staatskasse."

Teilfreispruch: „Der Angeklagte trägt die Kosten des Verfahrens, soweit er verurteilt worden ist; hinsichtlich des Freispruchs trägt die Staatskasse die Kosten des Verfahrens und die ausscheidbaren notwendigen Auslagen des Angeklagten."

Verurteilung mit **Nebenklage** (§ 472 StPO): „Die Kosten des Verfahrens einschließlich der dem Nebenkläger erwachsenen notwendigen Auslagen trägt der Angeklagte."

Verurteilung in **Jugendsachen** (fakultativ, § 74 JGG): „Es wird davon abgesehen, dem Angeklagten Kosten und Auslagen des Verfahrens aufzuerlegen."

Nicht selten wird übersehen, dass nach dem Gesetz über die **Entschädigungen für Strafverfolgungsmaßnahmen** (StrEG) bei (Teil)Freispruch oder (Teil)Einstellung in die Urteilsformel auch Entscheidungen insoweit (nach den §§ 1–4 StrEG) aufzunehmen sind (§ 8 I 1 StrEG). Das Strafgericht entscheidet allerdings lediglich über die Verpflichtung zur Entschädigung, also nur dem Grunde nach. 409

3. Angewendete Vorschriften

Nicht zur Urteilsformel (§ 260 V 1 StPO: „nach") gehören die angewendeten Vorschriften, die der Vorsitzende gleichwohl schon bei der Beratung – auch zur eigenen Kontrolle niederschreiben sollte. Mündlich verkündet werden sie jedenfalls nicht (*Meyer-Goßner,* § 260 Rn. 51); eine andere Praxis vermag Unverständnis oder gar Belustigung bei den Zuhörern hervorzurufen. Auch der Anklagte erzielt dadurch keine Zugewinn an Information. 410

4. Urteilsgründe

Die mündliche Eröffnung der Urteilsgründe ist aus revisionsrechtlicher Sicht von rechtlich untergeordneter Bedeutung (*BGHSt* 7, 363, 370; 15, 263, 264; 16, 178, 180). 411

Den **Inhalt** wie auch die zeitliche Länge der Begründung kann der Vorsitzende nach seinem Ermessen gestalten. Entscheidend ist hierbei, dass es im wesentlichen um die Akzeptanz des Urteils beim Angeklagten geht. Im Fokus der Urteilsverkündung sollten daher der Angeklagte und – bei besonders öffentlichkeitswirksamen Verfahren – die Zuhörerschaft stehen. Angesichts dessen ist eine einfache, plastische und nachvollziehbare Ausdrucksweise zu wählen. Inhaltlich sollten die für die gerichtliche Überzeugungsbildung besonders bedeutsamen oder aber in der Hauptverhandlung besonders umstrittenen Umstände erwähnt werden; keinesfalls bedarf es einer den schriftlichen Urteilsgründen entsprechenden Beweiswürdigung und Strafzumessung. Die mündlichen Urteilsgründe sollten sich freilich nicht in Widerspruch setzen zu den später im schriftlichen Urteil erfolgenden Darstellungen. Nach alledem ist die Urteilsbegründung selbstverständlich nicht der Ort für eigene Selbstdarstellung des Richters. Ausgeschlossen ist allerdings nicht, dass der Vorsitzende – vor allem aus generalpräventiven Gründen – allgemeine Erwägungen anstellt oder im Besonderen gar auf das Prozessverhalten einzelner oder die Ermittlungsarbeit von Staatsanwaltschaft und Polizei eingeht. War die Öffentlichkeit während der Beweisaufnahme (teilweise) ausgeschlossen, müssen die dort erzielten Ergebnisse möglichst schonend in der Begründung wiedergegeben werden (*Meyer-Goßner,* § 173 GVG Rn. 1). 412

Zu folgenden Punkten werden regelmäßig (in Anlehnung an die **Struktur** des späteren schriftlichen Urteils) Ausführungen erfolgen: 413

- Schilderung des Sachverhalts, den das Gericht als erwiesen ansieht,
- Beweiswürdigung in ihren wesentlichen Punkten,
- knappe rechtliche Bezeichnung der Tat(en),
- breitere Darstellung der Strafzumessungserwägungen,
- Begründung der weiteren Maßnahmen (Bewährung, Einziehung, Fahrverbot uÄ).

5. Beschlüsse und Belehrungen

414 Mit der Begründung, warum der Vollzug einer Strafe zur Bewährung ausgesetzt worden ist, wird häufig die Urteilsverkündung beendet und zur Verkündung des „flankierenden" **Bewährungsbeschlusses** (§ 268 a I StPO) übergegangen. In diesem Beschluss wird vor allem die Dauer der Bewährungszeit, die Anordnung von Auflagen und Weisungen, sowie die Beiordnung eines Bewährungshelfers geregelt (vgl. §§ 56 a–d, 59 a StGB). Der Vorsitzende belehrt den Angeklagten überdies auch über die Bedeutung der Strafaussetzung und die Möglichkeiten eines Widerrufs (§ 268 a III 1 StPO; für Weisungen vgl. § 268 a III 2 StPO).

415 Soweit notwendig wird ein Beschluss über die Fortdauer der **Untersuchungshaft** bzw. einstweiligen Unterbringung verkündet (§ 268 b StPO).

416 Auch die erstmalige Verkündung eines Haftbefehls kommt in Betracht. Über Haftfragen während laufender Hauptverhandlung hat die Strafkammer in der Besetzung außerhalb der Hauptverhandlung mit drei Berufsrichtern zu entscheiden (vgl. *BGH*, Beschl. v. 11. 1. 2011 – 1 StR 648/10); entsprechend hat der Vorsitzende des Schöffengerichts ohne die Schöffen zu entscheiden.

417 Abschließend ist nach § 35 a StPO über die möglichen **Rechtsmittel** gegen das Urteil (Berufung, Revision) zu belehren. Ist Berufung möglich, muss zugleich über die Möglichkeiten der öffentlichen Zustellung im Berufungsverfahren (§ 40 III StPO) und die Folgen des Ausbleibens in der Berufungshauptverhandlung (§§ 329, 330 StPO, s. dazu Rn. 510) belehrt werden. Auch über die Möglichkeit einer sofortigen Beschwerde nach § 464 III StPO gegen die Kostenentscheidung ist erforderlich. Eine Belehrung über das Beschwerderecht gegen den Bewährungsbeschluss (§ 305 a StPO) ist hingegen nicht notwendig, da die Beschwerde nicht befristet ist (§ 35 a StPO; vgl. auch KK-*Engelhard* § 268 a Rn. 12). Die Staatsanwaltschaft wird auch im Falle eines Freispruchs nicht belehrt (*Meyer-Goßner*, § 35 a Rn. 5).

418 Anschließend erfolgt praktisch häufig die Frage, ob im Hinblick auf einen **Rechtsmittelverzicht** (§ 302 StPO) Erklärungen seitens der Verfahrensbeteiligten abgegeben werden sollen. Dies ist in jeder Hinsicht entbehrlich. Die erstrebte sofortige Rechtskraft steht in keinem Verhältnis zur Bedeutung einer besonnenen Entscheidung des Angeklagten außerhalb der Hauptverhandlung und mit emotionalem Abstand zu ihr. Es sollte daher die einwöchige Rechtsmitteleinlegungsfrist abgewartet und sodann das Urteil abgefasst werden; gegebenenfalls in abgekürzter Form (§ 267 IV StPO). Eine taggenaue statistische Erfassung sieht auch das hoch belastete Amtsgericht nicht vor. Der praktischen Übung, Urteile noch am Ende des Hauptverhandlungstags abzudiktieren, kann auch durch das hier vorgeschlagene Vorgehen entsprochen werden. Gegebenenfalls ist das Urteil zunächst ohne umfangreiche Beweiswürdigung zu diktieren und die Datei bei später eingehendem Rechtsmittel entsprechend zu ergänzen. Soll gleichwohl ein Rechtsmittelverzicht entgegen genommen werden, so ist dieser im Protokoll zu beurkunden und der Vermerk gemäß § 273 III StPO – durch den Urkundsbeamten – vorzulesen und durch den Angeklagten genehmigen zu lassen (*Meyer-Goßner*, § 302 Rn. 19).

419 Nach § 302 I 2 StPO ist ein Rechtsmittelverzicht nach zuvor erfolgter Verständigung ohnehin ausgeschlossen. Warum ein Angeklagter, der gerade nicht in diesem Rahmen an seiner Verurteilung mitgewirkt hat – vielleicht sogar unverteidigt ist – eines geringeren Schutzes bedarf, erschließt sich allerdings nicht. Obgleich § 302 I 2 StPO eindeutig abgefasst ist, kann der Belehrungspflicht aus § 35 a StPO auch für diese Fälle durch folgenden Protokollvermerk entsprochen werden:

„Dem Angeklagten wird eine qualifizierte Rechtsmittelbelehrung erteilt."

XIX. Hauptverhandlungsprotokoll

420 Mit der Sitzungsniederschrift wird eine zuverlässige Grundlage für die Beurteilung geschaffen, ob der Verlauf der Hauptverhandlung den gesetzlichen Regelungen entsprochen hat (*BGH*, NJW 2005, 3434, 3435). Die maßgeblichen Regelungen über die Abfassung des Hauptverhandlungsprotokolls finden sich in den §§ 271 bis 273 StPO.

421 Für die Herstellung der Sitzungsniederschrift verantwortlich ist der Vorsitzende und der Urkundsbeamte der Geschäftsstelle (§ 271 I 1 StPO). Von der Ausnahmeregelung des § 226 II StPO sollte – aus vorstehend genannten Gründen (vgl. Rn. 23) – kein Gebrauch gemacht werden. Untunlich und mit der Verfahrensherrschaft des Gerichts unvereinbar ist die Prozesssituation, in der Verfahrensbeteiligte dem Urkundsbeamten ihre Anträge etc. „in die Feder diktieren". Vorzugswürdig ist eine zusammenfassende Protokollierung der mündlichen Ausführungen durch **den Vorsitzenden;** dieser bringt den wesentlichen Inhalt selbst zu Protokoll. Will ein Antragsteller dies vermeiden, ist er – ohne Anordnung nach § 257 a StPO – gehalten, seinen Antrag schriftlich auszuführen und ihn als Anlage zum Hauptverhandlungsprotokoll einzureichen.

422 Bei der Erstellung des Protokolls handelt der Urkundsbeamte **eigenverantwortlich** und untersteht nicht den Weisungen des Vorsitzenden. Dieser wird vornehmlich auf sachgerechte, vollständige und rechtlich zutreffende Protokollierung zu achten haben (vgl. *Schäfer*, Praxis des Strafverfahrens, Rn. 1425). Ändert

der Vorsitzende das bereits vom Urkundsbeamten unterschriebene Protokoll nachträglich, so bedarf es der ausdrücklichen Zustimmung des Urkundsbeamten, die nicht vorab pauschal erklärt werden kann (*Schäfer,* Praxis des Strafverfahrens, Rn. 1425).

Bis zur Unterschrift beider Urkundspersonen liegt lediglich ein **Protokollentwurf** vor. Eine gerichtliche Niederschrift über den Verlauf der Hauptverhandlung wird nämlich erst dann fertig gestellt (vgl. § 271 I 2, § 273 IV StPO) wenn die Urkundspersonen die Niederschrift unterschrieben haben. Dabei reicht die Unterschrift beider Urkundspersonen auf der letzten Seite des Protokolls über den letzten Hauptverhandlungstag. Unterschriften unter die Sitzungsniederschrift einzelner Hauptverhandlungstage sind unschädlich aber untunlich, da das Protokoll über die Hauptverhandlung als **Einheit** angesehen wird. Eine Ausnahme stellt – allein für den Urkundsbeamten – freilich die Situation dar, dass es wegen eines Wechsels des Urkundsbeamten insoweit „Teilprotokolle" gibt. 423

Welche **Inhalte** das Protokoll aufweisen muss, regelt § 273 I StPO. Danach müssen aus dem Protokoll Gang und Ergebnisse der Hauptverhandlung im Wesentlichen ersichtlich werden. Dazu gehört insbesondere die Reihenfolge der einzelnen Gliederungsabschnitte der Hauptverhandlung (vgl. §§ 243, 244, 258, 260 StPO) und der Ablauf der Beweisaufnahme. 424

Zu den **wesentlichen Förmlichkeiten** zählen etwa Anwesenheiten der in § 226 StPO genannten Personen, Belehrungen (ausreichend ist etwa: „nach § 55 StPO belehrt"), Vermerke über Verlesungen von Urkunden (s. Rn. 240), Schlussvorträge (s. Rn. 387) und das letzte Wort (s. Rn. 392); zu den zahlreichen weiteren in Betracht kommenden Vorgängen vgl. *Meyer-Goßner,* § 273 Rn. 7 ff.). Bei Fortsetzungsterminen müssen die Namen der gemäß § 272 Nr. 2 StPO im Protokoll aufzuführenden Verfahrensbeteiligten nicht wiederholt werden (*BGH,* Beschl. v. 15. 3. 2011 – 1 StR 33/11). Überdies sind die von Verfahrensbeteiligten gestellten Anträge aufzunehmen. Nicht erforderlich ist die Niederschrift der mündlichen Begründung der einzelnen Anträge. Aber auch die gerichtlichen Entscheidungen nebst ihrer Begründungen haben Eingang in die Sitzungsniederschrift zu finden. Schließlich sind etwa Hinweise nach § 265 StPO (s. Rn. 307 ff.) sowie Unterbrechungsanordnungen aufzunehmen. 425

Dass die wesentlichen Förmlichkeiten allesamt Beachtung gefunden haben, wird für das **Revisionsverfahren** durch das Hauptverhandlungsprotokoll bewiesen (§ 274 S. 1 StPO). Die im Protokoll enthaltenen wesentlichen Förmlichkeiten gelten als geschehen, selbst wenn sie nicht stattgefunden haben (sog. positive Beweiskraft des Protokolls) und als nicht geschehen gilt, was nicht Eingang in das Protokoll gefunden hat, selbst wenn es tatsächlich geschehen ist (sog. negative Beweiskraft). Da es mithin den Verfahrenshergang unwiderleglich beweist (vgl. § 274 S. 2 StPO), ist bei der Abfassung des Protokolls **besondere Sorgfalt** anzuwenden. Nicht zuletzt der Bestand des Urteils in der Revision kann durch eine nachlässig gefasste Sitzungsniederschrift gefährdet werden. Hierbei ist *„tunlichst"* zu vermeiden, dass gleichartige Vorgänge in der Hauptverhandlung unterschiedlich protokolliert werden bzw. dass dies teilweise erfolgt und teilweise unterbleibt (*BGH,* NStZ-RR 2007, 52). 426

Die **Beweiskraft des Protokolls** gerät in Wegfall, wenn es nicht ordnungsgemäß errichtet worden ist oder es Lücken, Widersprüche oder Unklarheiten aufweist. Das kann namentlich gegeben sein, wenn ein protokollierter Umstand darauf hindeutet, dass ein nicht protokollierter, aber beurkundungspflichtiger Vorgang geschehen ist (*Schäfer*, Praxis des Strafverfahrens, Rn. 1437). In diesem Fall ist dem Revisionsgericht der Weg ins Freibeweisverfahren eröffnet. 427

Um der Verfahrensvereinfachung für das Berufungsverfahren nach § 325 StPO durch erleichterte Verlesung früherer vor Gericht getätigter Aussagen Raum zu geben (s. Rn. 520), sind beim **Amtsgericht** – in Verfahren vor dem Strafrichter ebenso wie vor dem Schöffengericht – die wesentlichen Ergebnisse der Vernehmungen von Angeklagten, Zeugen und Sachverständigen zu protokollieren. Ausreichend ist ein knappes, zusammenfassendes Inhaltsprotokoll; ein Wortprotokoll ist nicht erforderlich (*Schäfer*, Praxis des Strafverfahrens, Rn. 1432). Dabei sollte stets in der Form der ersten Person Singular zusammengefasst werden. Anders als im Zivilverfahren diktiert der Vorsitzende während der Vernehmung nicht; der Urkundsbeamte schreibt in eigener Verantwortlichkeit mit. Auch hier kann der Vorsitzende freilich in Abstimmung mit dem Urkundsbeamten später Ergänzungen, Korrekturen oder Streichungen vornehmen. Es empfiehlt sich weiter, durch die Abfassung des Inhaltsprotokolls die Trennung von Bericht und Verhör (s. Rn. 208 ff.) deutlich zu machen, was etwa der Zeuge im Zusammenhang oder nur auf Frage oder Vorhalt ausgeführt hat. Beim Vorhalt ist freilich nicht näher mitzuteilen, was dem Zeugen im Einzelnen vorgehalten worden ist. 428

§ 273 III 1 StPO gewährt den Prozessbeteiligten keinen Anspruch darauf, dass eine Aussage wörtlich in die Niederschrift aufgenommen und diese insoweit verlesen wird. Dies hängt vielmehr davon ab, ob es auf den Wortlaut der Aussage ankommt. Der Tatrichter hat dies nach Ausübung seines pflichtgemäßen Ermessens, bei einem Antrag nach § 273 III 2 StPO das Gericht, zu beurteilen (*BGH,* NJW 1966, 63). Über das Feststellen strafbarer Handlungen hinaus (etwa Meineid, Beleidigungen) wird eine Protokollierung nach § 273 III 1 StPO nicht erforderlich sein; das Gericht selbst *„weiß am besten, was es für sein Urteil an Unterlagen braucht"* (*Schäfer*, Praxis des Strafverfahrens, Rn. 1434). 429

Erst wenn die Sitzungsniederschrift fertig gestellt ist und beide Urkundspersonen unterschrieben haben, darf das Urteil zugestellt werden (§ 274 IV StPO). Anderenfalls ist die Urteilszustellung unwirksam und löst den Lauf der Revisionsbegründungsfrist nicht aus (§ 345 I 2 StPO). 430

431 Das **Protokoll** darf grundsätzlich in jedem Punkt jederzeit **berichtigt** werden. Das gilt nach der Entscheidung des Großen Senats für Strafsachen aus dem Jahre 2007 nunmehr selbst dann, wenn hierdurch nachträglich einer ordnungsgemäß erhobenen Verfahrensrüge die Tatsachengrundlage entzogen wird (*BGH*, NJW 2007, 2419; bestätigt durch *BVerfG* [Kammer], NJW 2009 149). Regelmäßig dürfte der mit der Revisionsgegenerklärung befasste Staatsanwalt (§ 347 I 2 StPO) auf entsprechende Verfahrensrüge hin auf den Mangel betreffend eine wesentliche Förmlichkeit aufmerksam werden und unter Darlegung seiner Erinnerung auf dessen Berichtigung antragen (Nr. 161 I RiStBV). Zum Schutze des Revisionsführers setzt eine Protokollberichtigung im Einzelnen voraus:

432
- Sichere Erinnerung beider Urkundspersonen, dass das Protokoll nicht dem wirklichen Verfahrensgeschehen entspricht (vgl. auch *BGH*, Beschl. 22. 12. 2010 – 2 StR 386/10);
- Abgabe entsprechender dienstlicher Erklärungen der Urkundspersonen unter Darlegung der tragenden Erwägungen für die Berichtigung und Mitteilung der Absicht, das Protokoll – ggf. antragsgemäß – entsprechend zu berichtigen;
- Übersendung der dienstlichen Erklärungen und ggf. der Antragsschrift der Staatanwaltschaft an den Revisionsführer unter Einräumung einer zureichenden Stellungnahmefrist;
- Bleibt ein Widerspruch des Revisionsführers aus oder wird dieser nur pauschal erhoben, wird das Protokoll durch die beiden Urkundspersonen berichtigt; einer näheren Begründung bedarf es in diesem Fall nicht;
- Bei substantiiertem Widerspruch des Revisionsführers, also einer ausführlichen Darlegung, aus welchen Gründen er von der Identität von Protokollinhalt und wirklichem Verfahrensgeschehen überzeugt ist, sind nach pflichtgemäßem Ermessen der Urkundspersonen ggf. weitere dienstliche Erklärungen und Stellungnahmen der übrigen Verfahrensbeteiligten einzuholen;
- Dem Revisionsführer ist ggf. erneut rechtliches Gehör zu gewähren;
- Halten die Urkundspersonen das Protokoll weiterhin für unrichtig, haben sie es im Beschlusswege zu korrigieren; der Beschl. ist mit Gründen zu versehen (vgl. § 34 StPO); darin sind die Tatsachen anzugeben, welche die Erinnerung der Urkundspersonen belegen und auf das Vorbringen des Revisionsführers einzugehen;
- Es ist keine erneute Zustellung des Urteils veranlasst. § 274 IV StPO setzt nur eine fertig gestellte, nicht aber sachlich richtige Niederschrift voraus;
- Die Gründe der Berichtigungsentscheidung unterliegen im Rahmen einer erhobenen Verfahrensrüge der Überprüfung durch das Revisionsgericht. Dieses kann die Protokollberichtigung überprüfen oder ihr die Anerkennung versagen;
- Dem berichtigten Teil des Protokolls kommt deshalb auch nicht die formelle Beweiskraft des § 274 StPO zu; die Beweiskraft des Protokolls ansonsten bleibt von dieser Berichtigung unberührt.

433 Eröffnet ist das Protokollberichtigungsverfahren freilich nur, wenn ein Geschehen tatsächlich stattgefunden hat, aber versehentlich nicht protokolliert wurde. Berichtigt werden kann die Sitzungsniederschrift daher nicht, wenn versehentlich die Feststellung der Kenntnisnahme von den Urkunden im Selbstleseverfahren (§ 249 II 1 StPO) unterblieben ist (vgl. *BGH*, NStZ 2009, 582, NStZ 2010, 403 und Beschl. v. 15. 3. 2011 – 1 StR 33/11); wird es zunächst verfahrenswidrig – etwa im Wege einer Verletzung des rechtlichen Gehörs – durchgeführt, hindert dies ein erneutes Berichtigungsverfahren nicht (*BGH*, Beschl. v. 28. 6. 2011 – 3 StR 485/10).

XX. Die schriftlichen Urteilsgründe

1. Allgemeines

434 Die vorliegende Darstellung kann freilich nicht sämtliche Besonderheiten bei der Abfassung strafgerichtlicher Urteile erfassen. Hier sei neben den in den Literaturnachweisen aufgeführten Werken namentlich auf *Meyer-Goßner*, Hinweise zur Abfassung des Strafurteils aus revisionsrechtlicher Sicht, NStZ 1988, *Nack*, Revisibilität der Beweiswürdigung, StV 2002, 510 und 558, *Detter*, Häufige Fehler bei der Strafzumessung, JA 1997, 586 und *Appl* in: FS Rissing-van Saan, 2011, S. 35 ff. hingewiesen.

435 Die schriftlichen Urteilsgründe enthalten die tatsächlichen und rechtlichen Grundlagen der mündlich verkündeten gerichtlichen Entscheidung (§ 267 StPO). Es stellt damit das zur freien richterlichen Überzeugungsbildung (§ 261 StPO) notwendige Korrektiv für eine intersubjektive Vermittelbarkeit der gewonnenen Überzeugung dar. Insbesondere für das Revisionsverfahren erheischen die schriftlichen Urteilsgründe zentrale Bedeutung; dem Revisionsgericht sind eigene Feststellungen verwehrt, es ist an diejenigen des Tatrichters gebunden. Des Weiteren erlangen die schriftlichen Gründe Bedeutung für die Strafvollstreckung (vgl. § 57a I 2 StGB) und den Umfang der Rechtskraft, der sich neben der mit der Anklage umgrenzten Tat (§§ 155, 264 StPO) aus nach den schriftlichen Urteilsgründen bestimmt (*Schäfer*, Praxis des Strafverfahrens, Rn. 1446). Bei der Länge der Urteilsfassung sollte stets der Grundsatz beachtet werden: So wenig wie möglich, soviel wie nötig. Überschiessende Ausführungen erschweren nicht nur die Lesbarkeit und Verständlichkeit, sie machen die Gründe auch für den Verfasser unübersichtlich und können dadurch gar Widersprüchlichkeiten begründen. Unsachliche oder gar beleidigende Formulierungen sind mit den gesetzlichen Anforderungen unvermeidbar (bedenklich hierzu *BGH*, Beschl. v. 8. 6. 2011 – 1 StR 122/11).

436 **Verfahrensfragen,** namentlich ein mögliches Beweisverwertungsverbot betreffend, werden in den Urteilsgründen nicht aufgegriffen. Im Rahmen der Hauptverhandlung mag dazu in verschiedenen Beschlüssen (etwa solchen nach § 238 II StPO) die tatgerichtliche Ansicht den Verfahrensbeteiligten un-

terbreitet werden. Dies kann auch durch – ggf. umfangreiche – Bezugnahmen auf weitere Aktenbestandteile erfolgen. Die Urteilsgründe haben davon frei zu bleiben, um den Bestand des Urteils nicht bereits auf die Sachrüge hin zu gefährden. Die maßgeblichen Informationen für einen Verfahrensfehler haben die Revisionsführer unter den strengen Kautelen des § 344 II 2 StPO selbst dem Revisionsgericht zur Kenntnis zu bringen; das Tatgericht braucht diese Arbeit nicht zu erleichtern. Allein eine Ausnahme schreibt das Gesetz für den Fall einer dem Urteil zugrunde liegenden **Verfahrensabsprache** vor (§ 267 III 5 StPO). Hier reicht indes allein die Angabe, dass eine Verständigung (§ 257c StPO) erfolgt ist; nähere Darlegungen zum Inhalt und Ablauf der Verständigung sind indes entbehrlich.

Fehler im Urteilsrubrum können den Bestand des Urteils nicht gefährden; sie sind kein Teil der Feststel- 437
lungen. Allerdings ist anzumerken, dass nur das Datum der Verkündung und nur die an diesem Tag Anwesenden aufzunehmen sind. Ergänzungsrichter werden nicht erwähnt. Es kann auch aufgeführt werden, von wann bis wann an wie vielen Tagen die Hauptverhandlung stattgefunden hat. Im Einzelnen vgl. *Meyer-Goßer*, NStZ 1988, 529. Zum Urteilstenor s. Rn. 406 ff.

Die schriftlichen Urteilsgründe haben vollständig und verständlich zu sein. Überdies müssen sie den 438
Prozessgegenstand klar umgrenzen und die revisionsgerichtliche Überprüfung ermöglichen, dass sich das Tatgericht innerhalb der von der Anklageschrift umgrenzten prozessualen Tat bei seiner Aburteilung bewegt hat.

2. Verurteilendes Erkenntnis

Zum näheren Aufbau des Strafurteils enthält die Strafprozessordnung keine Vorgaben. Die folgende 439
Gliederung ist für ein verurteilendes Erkenntnis indes allgemein anerkannt:

- Feststellungen zur Person;
- Feststellungen zur Sache;
- Beweiswürdigung in Bezug auf beide Feststellungen;
- Rechtliche Würdigung zum Schuldspruch
- Strafzumessung bzw. Begründung sämtlicher angeordneter Rechtsfolgen;
- Kostenentscheidung.

Dabei müssen die Urteilsgründe nach § 267 III 5 StPO erkennen lassen, ob dem Urteil eine Verstän- 440
digung nach § 257c StPO vorausgegangen ist. Dazu reicht der – etwa der Beweiswürdigung vorangestellte – Hinweis. Näherer Ausführungen zum Ablauf und genaueren Inhalt der Verständigung ist entbehrlich und kann, wenn die Verständigung etwa wegen einer Punktstrafenvereinbarung (s. Rn. 157) rechtsfehlerhaft war – sogar den Bestand des Urteils auf die allgemeine Sachrüge hin gefährden, ohne dass der Angeklagte, wie sonst erforderlich, eine entsprechende Beanstandung des Verfahrens (§ 344 Abs. 2 Satz 2 StPO) vorgebracht hätte (vgl. *BGH*, Beschl. v. 13. 1. 2010 – 3 StR 528/09; v. 19. 8. 2010 – 3 StR 226/10 Tz. 16; v. 17. 2. 2011 – 3 StR 426/10; v. 16. 3. 2011 – 1 StR 60/11).

a) **Einleitung und Inhaltsverzeichnis.** Gerade bei längeren und sehr langen Urteilsgründen kann es 441
angezeigt sein, dem Urteil ein Inhaltsverzeichnis beizufügen. Ein solches kann auch noch nach Ablauf der Urteilsabsetzungsfrist dem Revisionsgericht nachgereicht werden; es gehört nicht zu denn konstitutiven Bestandteilen der schriftlichen Urteilsgründe.

Gerade bei umfangreichen Feststellungen kann es sich anbieten, im Rahmen einer **knappen Einlei-** 442
tung zu schildern, was, wann zu wessen Nachteil geschehen ist. Ansonsten besteht die Gefahr, dass das Revisionsgericht etwa erst auf „Seite 37" der Urteilsgründe erfährt, wer durch wen durch die abgeurteilte Tat geschädigt wurde.

b) **Feststellungen zur Person des Angeklagten.** Bei der Vorstellung der Person des Angeklagten sollte 443
sich auf das für die abgeurteilte Tat **Wesentliche** beschränkt werden. Weder sind etwa bei Wirtschaftsstraftaten sämtliche mögliche Vorverurteilungen wegen Erschleichens von Leistungen oder Trunkenheit im Verkehr angezeigt, noch ist es geboten, die sämtliche Einträge aus dem Bundeszentralregisterauszugs der vergangenen dreißig Jahre vor der Tat zu referieren. Namentlich in Fällen einer notwendigen nachträglichen Gesamtstrafenbildung sind freilich die Feststellungen und Strafzumessungserwägungen des einzubeziehenden Urteils zu berücksichtigen und wiederzugeben. Gleiches gilt, wenn aus den Vorstrafen und den dort festgestellten Handlungen gar indizielle Schlüsse für die abzuurteilende Tat gezogen werden sollen.

Unbedingt Abstand genommen werde sollte auch von der weiterverbreiteten Übung, den Registeraus- 444
zug in die schriftlichen Gründe einzukopieren; die Lustlosigkeit, mit der die Urteilsabfassung in diesen Fällen betrieben wird, bleibt keinem Revisionssenat verschlossen und mag ein unheilvolles Licht auf die übrigen Ausführungen und deren Bewertung werfen. Die relevanten Vorstrafen sollten vielmehr in den Text zur Biographie des Angeklagten eingearbeitet werden.

Die gleiche Sorgfalt betreffend eine differenzierte, fallbezogene Darstellung sollte den Familienver- 445
hältnissen und der Schullaufbahn des Angeklagten gewidmet werden. Auch hier ist nicht in jedem Fall eine vollständige Biographie zwingend. Als Kontrollüberlegung mag dienen, welche Informationen tatsächlich für den Schuld- oder Rechtsfolgenausspruch notwendigerweise benötigt werden.

Zum Jugendstrafverfahren s. Rn. 496. 446

447 c) **Feststellungen zur Sache.** Die Feststellung der zur Sache erwiesenen Tatsachen hat aus einem Guss zu erfolgen; eine Kurzgeschichte erzählt aus der Sicht eines allwissenden Erzählers, in der die gesetzlichen Tatbestandsmerkmal zur Tatbeschreibung nie ausreichend sein können, sondern stets in subsumierbarer Weise zu beschreiben sind. Der **allwissende Erzähler** als gedachter Augenzeuge muss sich dabei sogar in den Angeklagten hineinversetzen und mitteilen, was dieser in der konkreten Tatsituation dachte und wollte (vgl. *Meyer-Goßner,* NStZ 1988, 529, 531). Bei der Abfassung der Feststellungen ist gedanklich stets der Tenor in den Blick zu nehmen und zu subsumieren; jedes objektive wie subjektive Tatbestandsmerkmal muss sich in den Feststellungen wiederfinden lassen; ansonsten sind diese lückenhaft und unterliegen bereits auf die allgemeines Sachrüge der Aufhebung im Revisionsrechtszug. Ausführungen zur subjektiven Tatseite sollten stets gemacht werden, auch wenn diese ausnahmsweise entbehrlich sein können, soweit diese sich unmittelbar aus den objektiven Feststellungen ergibt (vgl. *Appl* in: FS Rissingvan Saan, 2011, S. 35, 43).

448 Gleichsam sind auch die Feststellungen zur Sache auf das Notwendigste zu beschränken. Entbehrlich sind namentlich Ausführungen zu Umständen, die das Tatgericht nicht mit der erforderlichen Gewissheit festzustellen vermochte und daraus keine weiteren Schlüsse ziehen will. Namentlich das Vor- und Nachtatgeschehen können in angemessener Kürze abgehandelt werden. Gleiches gilt für Erkenntnisse aus durchgeführten Telekommunikationsüberwachungen. Nicht selten werden in der Praxis Urteilsfeststellungen mit der wörtlichen Wiedergabe von Inhalten verschiedener Gespräche überfrachtet. Kommt es für den Straftatbestand nicht auf den genauen Wortlaut des Gesprächs an, ist dieses im Rahmen der Beweiswürdigung zu erörtern und ggf. dort wörtlich wiederzugeben. Noch problematischer ist es, wenn die Feststellungen wegen dieser TKÜ-Erkenntnisse auf 150 Seiten und mehr anwachsen und später in der Beweiswürdigung auf das Gespräch vom 1. 7. 2009 um 11.19 Uhr vom Anschluss XY Bezug genommen wird und der Leser sich nun veranlasst sehen muss, die vorangehenden 150 Seiten auf dieses Gespräch hin durchzusuchen.

449 In Einzelfällen, etwa bei der Beschreibung schwerer Verletzungen (§ 226 StGB) oder bei besonders guten Bildern einer Überwachungskamera, kann es angezeigt sein, auf die in den Verfahrensakten vorhandenen Lichtbilder **Bezug zu nehmen** nach § 267 I 3 StPO.

450 Bei einer Vielzahl an Taten kann die Darstellung ggf. durch Einsatz von Tabellen erleichtert werden. Gerade in Betrugsverfahren kann dies unter Angabe der Geschädigten, Tatzeit, Tatort und Schadensbetrag angezeigt sein. Dabei darf indes nicht übersehen werden, dass dem eine eindeutige Tatbeschreibung voranzustellen ist; auch kann es sinnvoll sein, mehrere Einzelfälle ausführlich zu schildern, um strukturell gleichgelagerte Taten sodann in Tabellenform daran anschließen zu lassen.

451 Sofern verschiedene Anklagen dem Urteil zugrunde liegen, sollte davon Abstand genommen werden, die Urteilsgründe mit Blick auf die Anklagen zu nummerieren. Hier kann das Tatgericht eine eigene durchgehenden, einheitliche Nummerierung wählen und ggf. im Wege eines Klammerzusatzes deutlich machen, welche angeklagte Tat es damit abgeurteilt hat.

452 d) **Beweiswürdigung.** Mit der sich anschließenden Beweiswürdigung erfüllt das Gericht seine Begründungspflicht. Dabei ist freilich nicht erforderlich, einleitend im Einzelnen aufzuführen, auf welchen Zeugenaussagen, verlesenen Urkunden oder in Augenschein genommenen Gegenständen die gerichtliche Überzeugung beruht. Dies hat sich wiederholt als Fehlerquelle – etwa, wenn ein Zeuge im Hauptverhandlungsprotokoll unerwähnt geblieben ist – erwiesen. Ferner ist die Mitteilung der genauen Art und Weise der Einführung (Verlesen, Augenschein) untunlich (vgl. *BGH,* NStZ 2007, 720).

453 Die Beweiswürdigung beginnt mit der **Einlassung des Angeklagten.** War dieser gar umfassend geständig, erübrigt sich eine tiefgehende weitere Beweiswürdigung. Anderenfalls ist dessen Einlassung darzulegen und im Anschluss auszuführen, aus welchem Gründen das Tatgericht diesen Angaben keinen Glauben geschenkt hat. Im Gegensatz zu einer weitverbreiteten Annahme ist es nicht erforderlich, dass das Tatgericht die Einlassung des Angeklagten widerlegt. Er muss sich vielmehr in einer **Gesamtwürdigung** des Ergebnisses der Beweisaufnahme seine Überzeugung von der Richtigkeit oder Unrichtigkeit der Angaben verschaffen. Dies gilt umso mehr, wenn Beweisanzeichen von beträchtlichem Gewicht gegen eine wahrheitsgemäße Aussage des Angeklagten sprechen (vgl. *BGH,* Urt. v. 18. 1. 2011 – 1 StR 600/10, vom 30. 10. 2008 – 3 StR 416/08, Rn. 6; vom 1. 7. 2008 – 1 StR 654/07 Rn. 22).

454 Im Anschluss erfolgt die Würdigung der für die Überzeugungsbildung **maßgeblichen Beweise.** Dabei ist keine umfassende Dokumentation des Ablaufs der Beweisaufnahme erforderlich. Namentlich unergiebige oder für die Überzeugungsbildung nicht wesentliche Beweise brauchen nicht ausgeführt zu werden. Zudem ersetzt eine ausführliche Mitteilung des Inhalts von Zeugenaussagen, Urkunden oder Gutachten die gebotene eigenständige Würdigung durch das Gericht nicht. Ferner ist es unnötig, solche Zeugenaussagen bis ins Einzelne wiederzugeben, die sich mit den Feststellungen decken. Hier ist allein die Identität hervorzuheben und gegebenenfalls sind auftretende Abweichungen mitzuteilen und entsprechend zu würdigen.

455 Zu weiteren Einzelheiten s. die instruktiven Ausführungen von *Brause,* NStZ 2007, 505; NStZ-RR 2010, 329 und *Nack,* StV 2002, 515 und 558.

e) **Rechtliche Würdigung.** Die rechtliche Würdigung kann in aller Regel **entfallen** (oder sich auf einen Satz beschränken: „Nach den Feststellungen hat der Angeklagte sich wegen Raubes gem. § 249 I StGB schuldig gemacht"), wenn sich für den kundigen Leser anhand der Sachverhaltsfeststellungen die Straftatbestände **zweifelsfrei ergeben** (*Meyer-Goßner,* NStZ 1988, 529, 533; *Appl* in: FS Rissing-van Saan, 2011, S. 48). Rechtsausführungen können sich insbesondere aber als notwendig erweisen zum Rücktritt (§ 24 StGB) bei einer Verurteilung wegen einer versuchten Straftat. Zum andern sind Erörterungen notwendig, wenn eine Notwehrsituation angenommen oder verneint wird. In jedem Fall sollten im Rahmen der rechtlichen Würdigung nicht die Tatbestandsmerkmale lediglich wiederholt werden; wenn erforderlich oder erwünscht, sollte zusammenfassend dargelegt werden, in welchem Sachverhaltsteil ein bestimmtes Tatbestandsmerkmal zu erblicken ist (vgl. *Meyer-Goßner,/Appl,* Die Urteile in Strafsachen, Rn. 411). 456

f) **Strafzumessung.** Auch die vielfältigen im Rahmen der Darstellung tatrichterlicher Strafzumessung zu beachtenden Aspekte kann hier nicht im Einzelnen eingegangen werden. Hierzu sei auf die ausführliche Darstellung von *Schäfer/Sander/van Gemmeren,* Praxis der Strafzumessung, Rn. 746 ff. verwiesen. 457

Im Rahmen der Strafzumessung werden die zuvor – im Zuge der Feststellungen zur Person und Sache – dokumentierten Aspekte strafzumessungsrechtlich bewertet. Die Darstellung der Strafzumessung in den schriftlichen Urteilsgründen entspricht dem Strafzumessungsvorgang (s. dazu Teil II Rn. 100 ff.): nach der Strafrahmenfindung folgen die Strafhöhenbestimmungen und die Präventionsüberlegungen (*Schäfer/Sander/van Gemmeren,* Praxis der Strafzumessung, Rn. 768, 789). Hat der Täter **mehrere rechtlich selbständige Straftaten** begangen, muss für **jede Straftat eine Strafe festgesetzt** und aus den Einzelstrafen sodann nach § 53 eine Gesamtstrafe gebildet werden, wobei nach § 58 für die Frage der Strafaussetzung zur Bewährung die Höhe der Gesamtstrafe maßgeblich ist (*Schäfer/Sander/van Gemmeren,* Praxis der Strafzumessung, Rn. 791). 458

Sind Strafrahmen über vertypte Milderungsgründe und die Anwendung des § 49 StGB zu verschieben, so bedarf es nicht der Angabe, **welcher Strafrahmen** durch das Gericht errechnet worden ist. Wichtig ist allein, dass der Vorgang der Strafrahmenverschiedung dargelegt und begründet wird. Eine fehlerhafte Berechung des Strafrahmens kann in der Revision auf die Sachrüge zur Urteilsaufhebung führen. Konkurrieren unvertypte (minderschwere Fälle) und vertypte Milderungsgründe miteinander, haben die Urteilsgründen deutlich zu machen, dass das Tatgericht von dem für den Angeklagten günstigeren Strafrahmen ausgegangen ist oder – und warum – es dies nicht getan hat. 459

Bei der Abfassung auch der Darstellung der Strafzumessung sollte im Blick behalten werden, von welcher Seite der Rechtsmittelangriff erfolgt. Ficht allein der Angeklagte das Urteil an, so sollten bei allen Gliederungspunkten die ihn günstigen Aspekte so umfassend wie möglich dargelegt werden. Die zu seinen Lasten berücksichtigten Gesichtspunkte dürfen freilich weder weggelassen noch verharmlost werden, weil dem Revisionsgericht möglicherweise anderenfalls die der Mitte oder dem oberen Bereich eines zur Verfügung stehenden Strafrahmens nicht rechtsfehlerfrei vermittelt werden kann. Zur Notwendigkeit der Erörterung einer nicht gewährten Bewährung nach § 56 StGB vgl. *BGH,* Beschl. v. 27. 7. 2011 – 4 StR 283/11. 460

Bei der Anordnung einer **Unterbringung nach § 64 StGB** ist der Tatrichter überdies gehalten (§ 67 II 2 und 3 StGB), für das Revisionsgericht nachvollziehbar darzulegen, ob und gegebenenfalls in welchem Umfang ein Vorwegvollzug der Strafe unter Berücksichtigung der ebenfalls in den Urteilsgründen zu erörternden Therapiedauer zu erfolgen hat (vgl. nur *Appl,* FS Rissing-van Saan [2011], S. 39). Dabei setzen Anordnung und Vollzug des § 64 StGB die hinreichend konkrete Aussicht voraus, dass der Angeklagte zu heilen oder jedenfalls über eine längere Zeit vor einem Rückfall zu bewahren ist (*Appl* in: FS Rissing-van Saan, 2011, S. 52); dass der Behandlungserfolg etwa nicht von vornherein als aussichtslos zu betrachten sei, ist mit Blick auf den Gesetzeswortlaut eine rechtsfehlerhafte Wendung. 461

Um die Überprüfung einer möglichen Gesamtstrafenfähigkeit früherer Verurteilungen zu ermöglichen, haben die Urteilsgründe ggf. auch den jeweiligen Vollstreckungsstand diese betreffend mitzuteilen oder einen, aus den Urteilsgründen deutlich ersichtlichen Härteausgleich vorzunehmen (*Appl* in: FS Rissing-van Saan, 2011, S. 51 f.). 462

3. Freisprechendes Erkenntnis

Die schriftlichen Urteilsgründe eines Freispruchs beginnen mit der Darstellung des Anklagevorwurfs. Sofern aus den getroffenen Feststellungen zur Person des Angeklagten indizielle Schlüsse auf die angeklagte Tat zu entnehmen sein könnten, sind Ausführungen zu diesen in den schriftlichen Urteilsgründen geboten. Erst anschließend legt das Gericht in Form einer geschlossenen Darstellung nieder, welchen Sachverhalt es als erwiesen ansieht (vgl. *Appl* in: FS Rissing-van Saan, 2011, S. 44) und ferner, aus welchen Gründen es die weiteren für einen Schuldspruch erforderlichen Feststellungen nicht hat treffen können. 463

4. Urteilsabsetzungsfrist

464 Die vollständigen schriftlichen Urteilsgründe sind unverzüglich, spätestens jedoch innerhalb der Frist des § 275 I 2 StPO zu den Akten zu bringen; die Aufnahme der Urteilsgründe in das Hauptverhandlungsprotokoll ist von keiner praktischen Bedeutung. Zu den Akten gebracht sind die Urteilsgründe, wenn sie vor Fristablauf auf den Weg dorthin, etwa in den Aktenabtrag, gebracht worden sind; ein Eingangsstempel am Folgetag nach § 275 I 5 StPO ist dann unschädlich (*Meyer-Goßner,* § 275 Rn. 7). Vollständig ist das Urteil erst, wenn es die Unterschriften aller Berufsrichter trägt (§ 275 II 1 StPO); die Unterschriften der Schöffen sind nicht erforderlich (§ 275 II 3 StPO). Ist ein Berufsrichter verhindert, ist seine Unterschrift durch einen – ebenfalls fristgerechten! – Verhinderungsvermerk nach § 275 II 2 StPO zu ersetzen („*RiLG XY ist wegen Urlaubs an der Unterschrift gehindert gez. VRiLG Z*", Letzterer hat in diesem Fall zweifach zu unterschreiben). Hier ist indes höchste Vorsicht geboten: Im Zusammenhang mit § 338 Nr. 7 StPO stellt ein Verstoß gegen die Urteilsabsetzungsfrist des § 275 StPO einen absoluten Revisionsgrund dar. Dem Vorsitzenden steht zwar bei der Beurteilung der Verhinderung ein „gewisser Beurteilungsspielraum" zu (*BGH,* Beschl. v. 27. 10. 2010 – 2 StR 331/10); angesichts der (über-)strengen höchstrichterlichen Prüfungsmaßstäbe sollten alle Möglichkeiten ausgeschöpft werden, ohne den Verhinderungsvermerk auszukommen und damit eine offene Flanke für die Revision zu kreieren. Der Bundesgerichtshof führt etwa aus: Voraussetzung für die Annahme der Verhinderung ist „stets, dass sich der Vorsitzende ernsthaft darum bemüht hat, dem in § 275 II 1 StPO formulierten Gebot, dass das Urteil von allen mitwirkenden Berufsrichtern zu unterschreiben ist, Geltung zu verschaffen. Bei der Unterzeichnung eines Strafurteils handelt es sich nämlich um ein dringliches unaufschiebbares Dienstgeschäft, weshalb der Vorsitzende verpflichtet ist, rechtzeitig organisatorische Vorsorge für die Erfüllung dieser Pflicht zu treffen." (*BGH,* NStZ 2011, 358, mit zutreffender, pointiert-kritischer Anm. *Foth,* sowie *BGH,* Beschl. v. 13. 7. 2011 – 2 StR 88/11). Nicht an der Unterschrift gehindert sind etwa auch aus dem Spruchkörper ausgeschiedene, bei einem anderen Gericht eingesetzte und in die Justizverwaltung oder die Staatsanwaltschaft abgeordnete Richter.

465 Bei der Berechnung der gestaffelten Höchstfristen des § 275 I 2 StPO ist § 43 StPO heranzuziehen und abstrakt nach der Anzahl der Anzahl der Verhandlungstage, auch Schiebetermine und der Tag der Urteilsverkündung, ermittelt (*Meyer-Goßner,* § 275 Rn. 8):

Anzahl der Hauptverhandlungstage	Urteilsabsetzungsfrist
1–3	5 Wochen
4–10	7 Wochen
11–20	9 Wochen
21–30	11 Wochen
31–40	13 Wochen
41–50	15 Wochen

XXI. Besondere Verfahrensarten

1. Strafbefehl

466 Von rechtspraktisch ganz besonderer Bedeutung für die Erledigung von Straftaten geringen Gewichts und damit für eine funktionstüchtige Strafrechtspflege überhaupt ist das Strafbefehlsverfahren. Diese Erledigungsform im Rahmen eines **zunächst schriftlichen Verfahrens** steht mit Blick auf das in Rede stehende Maß an begangenem Unrecht und die erheblich eingeschränkten prozessualen Gestaltungsrechte des Angeklagten zu Recht allein den Amtsgerichten zu (§ 407 I StPO). Trotz erheblicher Beschränkungen der Angeklagtenrechte kann sich die Durchführung des Strafbefehlsverfahrens auch für den Angeklagten als vorteilhaft erweisen. Dies etwa in Fällen, in denen dieser geständig ist und die stigmatisierende Wirkung einer anderenfalls zwingend durchzuführenden öffentlichen Hauptverhandlung vermeiden möchte. Wird ein geständiger Angeklagter allerdings erstmalig mit einem Sexualdelikt auch geringerem Gewichts, namentlich des Exhibitionismus, auffällig, dürfte sich das Strafbefehlsverfahren grds. verbieten; hier sollten das Gericht und die Staatsanwaltschaft die Gelegenheit nutzen, sich einen unmittelbaren Eindruck von der Persönlichkeit des Angeklagten zu machen.

467 Es handelt sich um ein **summarisches Verfahren,** in dem das Gericht auf Antrag der Staatsanwaltschaft auf Grund der Aktenlage den hinreichenden Tatverdacht bezüglich Schuld- Rechtsfolge zu prüfen hat (*Meyer-Goßner,* Vor § 407 Rn. 1; aA *Schäfer*, Die Praxis des Strafverfahrens, Rn. 1600: Überzeugung, damit korreliert zwar die Urteilsgleichstellung in § 408 II 1 StPO, nicht allerdings die beschränkten Erkenntnismöglichkeiten im Rahmen des schriftlichen Verfahrens). Nach Antragseingang hat das Gericht die Möglichkeit, den Strafbefehl antragsgemäß zu erlassen, ihn abzulehnen (regelmäßig wird

eine kurze telefonische Rücksprache und ggf. eine daraufhin erfolgende Änderung des Antrags zielführender sein) oder Termin zur Hauptverhandlung anzuberaumen (vgl. § 408 II und III StPO).

Erlässt es den Strafbefehl (zu dessen Voraussetzungen und Inhalt vgl. §§ 407, 409 StPO), wird erst auf einen dagegen gerichteten **Einspruch** des Angeklagten eine Hauptverhandlung anberaumt (§ 411 I 2 StPO); diese entspricht weitgehend dem Ablauf im Normalverfahren, weist allerdings besondere Verfahrensvereinfachungen auf: 468

Bleibt der Angeklagte hier unentschuldigt aus (s. Rn. 26 f.), wird der fristgemäße Einspruch gegen einen ordnungsgemäß ergangenen Strafbefehl unter der weiteren Voraussetzung einer Belehrung über die Rechtsfolge durch Urteil verworfen (§§ 412 S. 1, 329 I 1 StPO). Erscheint ein zur Vertretung bereiter Verteidiger, so ist eine Verwerfung nicht möglich (*Meyer-Goßner,* § 412 Rn. 5). War das persönliche Erscheinen des Angeklagten angeordnet worden (§ 236 StPO), so kann das Gericht wählen zwischen einer Vorführung des Angeklagten (§ 329 IV StPO) oder einer Verhandlung in Abwesenheit (§ 232 StPO). 469

Abweichend vom Normalverfahren wird statt der Anklage der dem Anklagesatz entsprechende Teil des Strafbefehls – also insbesondere nicht der Rechtsfolgenausspruch – verlesen (*Meyer-Goßner,* § 243 Rn. 14). Der Strafbefehl ersetzt als Verfahrensvoraussetzung die Anklageschrift und den Eröffnungsbeschluss. Die Staatsanwaltschaft kann den Strafbefehlsantrag noch bis zur Urteilsverkündung zurücknehmen (§ 411 III 1 StPO, vgl. zu Einzelheiten *Meyer-Goßner,* § 411 Rn. 8)). 470

Besonders nachhaltig wirken sich die zum Zwecke der Verfahrensvereinfachung und Beschleunigung ohne Rücksicht auf den Unmittelbarkeitsgrundsatz gestalteten Verlesungsmöglichkeiten und fehlende Beweisantragsrecht nach § 420 II 2 iVm § 420 StPO auf die prozessuale Stellung des Angeklagten aus. Von diesen Vereinfachungsmöglichkeiten sollte daher mit Augenmaß Gebrauch gemacht werden. 471

Aus dem Normalverfahren kann im Rahmen einer Hauptverhandlung, etwa bei Ausbleiben des Angeklagten trotz ausreichender Wartezeit (s. Rn. 88), in das Strafbefehlsverfahren auf Antrag der Staatsanwaltschaft übergeleitet werden (§ 408 a StPO). Der Staatsanwalt stellt den Antrag dazu mündlich, sein wesentlicher Inhalt wird in die Sitzungsniederschrift aufgenommen (§ 408 a I 2 StPO). In Fällen unterer oder gerade noch mittlerer Bedeutung kann auf diese Weise durch ein Absehen von den freilich möglichen Maßnahmen nach § 230 StPO dem Angeklagten die „Pflicht des Agierens“ aufgebürdet werden (*Schäfer,* Die Praxis des Strafverfahrens, Rn. 1599). Reagiert der Angeklagte binnen der Einspruchsfrist nicht oder bleibt er nach Einspruchseinlegung in einer abermals anberaumten Hauptverhandlung neuerlich aus, wird der Strafbefehl – im letzten Fall nach Verwerfung des Einspruchs (§ 412 StPO) – rechtskräftig. Liegen die Voraussetzungen für den Erlass vor, hat der Richter dem Antrag zu entsprechen. Der Strafbefehl ergeht in der Sitzung; die Entscheidung wird ebenso wie der Strafbefehlsantrag protokolliert. Nach Beendigung der Hauptverhandlung wird auf entsprechende Verfügung des Vorsitzenden eine Ausfertigung des Strafbefehls dem Angeklagten förmlich zugestellt (vgl. § 410 I StPO). In diesem Fall kann die Staatsanwaltschaft den Strafbefehlsantrag allerdings nicht mehr zurücknehmen (vgl. §§ 408 a, 411 III 3 StPO). 472

2. Beschleunigtes Verfahren

Auch im beschleunigten Verfahren bedarf es **keiner schriftlichen Anklage** (§ 418 III 1 StPO). Die Anklage kann bei Beginn der Hauptverhandlung mündlich erhoben und ihr wesentlicher Inhalt in das Protokoll aufgenommen werden (§ 418 III 2 StPO). In der Praxis reicht die Staatsanwaltschaft gleichwohl häufig in Verbindung mit dem Antrag, im beschleunigten Verfahren zu verhandeln, einen Anklageentwurf mit dem Hinweis ein, dieser werde mündlich in der Verhandlung erhoben werden. 473

Die Ladungsfrist ist in erheblicher Weise verkürzt (§ 418 II 3 StPO: 24 Stunden). Die Durchführung der Hauptverhandlung folgt im Übrigen den allgemeinen Regeln; allerdings kann der Vorgang der Beweisaufnahme auch hier durch die im Rahmen des Strafbefehlverfahrens dargestellten erweiterten Verlesungsmöglichkeiten und Einschränkungen des Beweisantragsrechts erheblich vereinfacht werden (§ 420 StPO). 474

Das Gericht kann noch in der Hauptverhandlung die Aburteilung im Schnellverfahren mangels Eignung **ablehnen** (§ 419 II StPO). Ungeeignet sind im wesentlichen Verfahren, in denen eine sofortige Aburteilung nicht möglich ist, weil sich die Sache beispielsweise doch als zu schwierig darstellt oder wenn sich zeigt, dass die Rechtsfolgenkompetenz überschritten werden muss (§ 419 I 2 StPO: 1 Jahr). 475

3. Privatklageverfahren

Dem Privatklageverfahren kommt **keine rechtspraktische Bedeutung** zu; es scheint als Relikt nach dem enormen Ausbau der – von ihr erst spät abgekoppelten – Nebenklage überholt. Kommen überhaupt Fälle vor, so stellen diese zumeist die Verlagerung zivilprozessualer Konflikte auch in das Strafverfahren hinein dar. Nicht selten wird mit gut bezahlten Anwälten agiert, gar Widerklage erhoben (§ 388 StPO) und mittels umfangreicher Schriftsätze und dem Aufbieten zahlloser Zeugen eine stellvertretende oder das Zivilverfahren ergänzende Auseinandersetzung betrieben. Angesichts des hier in Rede stehenden geringfügigen Unrechts und der angespannten Ressourcensituation der Gerichte, scheint die Verhältnismäßigkeit in dieser besonderen Verfahrensart zumindest zweifelhaft. 476

477 In der Hauptverhandlung, die ein Privatklageverfahren betrifft, müssen Privatkläger und Angeklagter grundsätzlich erscheinen. Beide können sich aber durch einen Rechtsanwalt **vertreten lassen** (§§ 378, 387 I StPO), soweit das Gericht nicht deren persönliches Erscheinen anordnet (§§ 378, 387 III StPO). Die Anwesenheit des Angeklagten kann nur durch Vorführung, nicht aber durch Haftbefehl nach § 230 II StPO erzwungen werden (§ 387 III StPO). Erscheint der Privatkläger unentschuldigt nicht, wirkt dies als Klagrücknahme (§ 391 II StPO).

478 Der Privatkläger nimmt im Übrigen die Aufgaben des Staatsanwaltes wahr. Jedoch erfolgt statt der Verlesung einer Anklage die Bekanntgabe des **Eröffnungsbeschlusses** durch das Gericht (§ 384 II iVm §§ 383 I 2, 200 I 1 StPO).

479 Bei der Gestaltung der Beweisaufnahme muss sich das Gericht lediglich von der **Aufklärungspflicht** nach § 244 II StPO lenken lassen (§ 384 III StPO). Bei Ablehnung von Beweisanträgen besteht keine Bindung an § 244 III – V StPO; gleichwohl muss ein ablehnender Beschluss begründet werden (*Meyer-Goßner,* § 384 Rn. 15).

480 Will das Gericht das Verfahren wegen geringer Schuld des Täters **einstellen,** benötigt es nicht die Zustimmung des Privatklägers (§ 383 II 1, 2 StPO). Der entsprechende Beschluss kann allerdings vom Privatkläger mit der sofortigen Beschwerde angefochten werden (§ 383 II 3 StPO).

481 Nach einem rechtlichen Hinweis (§ 265 StPO, s. Rn. 308 ff.) besteht kein Anspruch auf Aussetzung der Hauptverhandlung (§ 384 IV iVm §§ 228 I, 265 III). Stellt sich jedoch im Laufe der Hauptverhandlung heraus, dass der Vorwurf eine im **Offizialverfahren** zu verfolgende **Straftat** beinhaltet, muss das Gericht das Verfahren durch Urteil einstellen (§ 389 I StPO). Vor dem Urteil muss allerdings – durch Unterbrechung oder Aussetzung – der Staatsanwaltschaft Gelegenheit gegeben werden, das Verfahren nach § 377 I 2, II 1 StPO zu übernehmen.

4. Ordnungswidrigkeitenverfahren

482 Die Hauptverhandlung im Ordnungswidrigkeitenverfahren, die nach **zulässigem Einspruch** gegen einen Bußgeldbescheid anberaumt wird, entspricht weitgehend der Verhandlung nach zulässigem Einspruch gegen einen Strafbefehl (§ 71 I OWiG; wobei die Anberaumung einer Hauptverhandlung nicht zwingend ist, vgl. § 72 OWiG).

483 Der Betroffene ist zur Anwesenheit in der Verhandlung grundsätzlich verpflichtet (§ 73 I OWiG). Er kann sich vom Erscheinen **entbinden** (§ 73 II OWiG) und ggf. durch einen Verteidiger **vertreten lassen** (§ 73 III OWiG), wenn er sich zur Sache bereits geäußert oder erklärt hat, dass er sich in der Hauptverhandlung nicht zur Sache äußern werde, und seine Anwesenheit zur Aufklärung wesentlicher Gesichtspunkte des Sachverhalts nicht erforderlich ist. Bleibt der Betroffene hiernach in der Hauptverhandlung aus, gibt der Vorsitzende den wesentlichen Inhalt aller früheren Vernehmungen und Äußerungen des Betroffenen bekannt (§ 74 I 2 OWiG).

484 Erscheint der Betroffene **ohne genügende Entschuldigung** nicht, obwohl er nicht von der Verpflichtung zum Erscheinen entbunden worden war, wird der Einspruch – ohne Verhandlung zur Sache – durch Urteil verworfen (§ 74 II OWiG).

485 Für die Staatsanwaltschaft besteht grundsätzlich **keine Teilnahmepflicht** (§ 75 I 1 OWiG); sie wird allerdings, soweit erforderlich, durch das Gericht vom Termin in Kenntnis gesetzt. Ist die Staatsanwaltschaft nicht beteiligt, bedarf es auch nicht ihrer Zustimmung für eine Einstellung oder für die Rücknahme des Einspruchs in der Hauptverhandlung (§ 75 II OWiG). Einem Vertreter einer am Bußgeldverfahren beteiligten Verwaltungsbehörde muss in der Hauptverhandlung Gelegenheit zur Stellungnahme gegeben werden (§ 76 I 4 OWiG).

486 Statt der Anklage wird der Teil des Bußgeldbescheides verlesen, der dem Anklagesatz entspricht (§ 66 I Nr. 3 OWiG). Ist die Staatsanwaltschaft nicht beteiligt, erfolgt dies durch den Vorsitzenden.

487 Die Beweisaufnahme wird durch das Gericht im Hinblick auf die Aufklärungspflicht nach § 244 II StPO gestaltet (§ 77 I 1 OWiG). Beweisanträge können über die in § 244 III StPO normierten Gründe hinaus auch abgelehnt werden, wenn das Gericht die Beweiserhebung (unter Beachtung der Aufklärungspflicht) nicht für erforderlich hält (§ 77 II Nr. 1 OWiG) oder das Beweismittel oder die zu beweisende Tatsache nach der freien Überzeugung des Gerichts ohne verständigen Grund so spät vorgebracht wird, dass die Beweiserhebung zur Aussetzung der Hauptverhandlung führen würde (§ 77 II Nr. 2 OWiG). Der die Beweiserhebung ablehnende Beschluss kann in seiner Begründung darauf beschränkt werden, dass die Beweiserhebung zur Erforschung der Wahrheit nicht erforderlich ist (§ 77 III OWiG).

488 In Durchbrechung des Unmittelbarkeitsgrundsatzes ist bei Zustimmung des Betroffenen, seines Verteidigers und der Staatsanwaltschaft, soweit diese anwesend sind (§ 77 a IV 1 OWiG), die **Verlesung von Vernehmungsniederschriften,** die Aussagen von Zeugen, Sachverständigen und Mitbetroffenen wiedergeben, gestattet (§ 77 a I OWiG). Auch die Verlesung von Behördenerklärungen ist nicht an die Voraussetzungen des § 256 StPO (s. Rn. 170) geknüpft (§ 77 a II OWiG); selbst telefonisch durch den Vorsitzenden eingeholte Auskünfte können durch Bekanntgabe in die Hauptverhandlung eingeführt werden (§ 77 a III 1 OWiG). Statt der Verlesung des Schriftstückes kann der Vorsitzende, soweit es nicht auf den genauen Wortlaut ankommt, auch lediglich dessen wesentlichen Inhalt in der Hauptverhand-

lung eröffnen (§ 78 I 1 OWiG). Auch davon kann abgesehen werden, wenn festgestellt werden kann, dass die Verfahrensbeteiligten Kenntnis von dem betreffenden Schriftstück genommen haben (§ 78 I 2 OWiG).

Kommt das Gericht im Verlaufe der Hauptverhandlung zur Überzeugung, es liege eine Straftat vor, muss es einen rechtlichen Hinweis erteilen (§ 81 I 2 OWiG). Der Hinweis kann von der Staatsanwaltschaft, sofern sie anwesend ist, erzwungen werden (§ 81 II 1 OWiG). Dieser Vorgang hat einschneidende Bedeutung: Der Betroffene wird zum Angeklagten, das Verfahren richtet sich in seinem Fortgang nunmehr ausschließlich nach den allgemeinen Regeln über die Durchführung einer Hauptverhandlung (§ 81 III 1 OWiG). Ist der Übergang in das Strafverfahren entgegen der Auffassung des Gerichtes erzwungen worden, kann gleichwohl – bei entsprechenden Ergebnissen der Beweisaufnahme – im Urteil eine (bloße) Geldbuße verhängt werden (zB wegen eines Vorfalls, den die Staatsanwaltschaft als Körperverletzung nach § 223 StGB, das Gericht aber als unzulässigen Lärm nach § 117 OWiG wertet). 489

5. Jugendverfahren

Das Jugendverfahren ist vor allem vom **Erziehungsgedanken** geprägt (§ 2 I 2 JGG). Hieraus resultieren zahlreiche Abweichungen im Verfahrensgang (vgl. nur § 2 II JGG): 490

Zum Schutz der **Jugendlichen** findet die Hauptverhandlung wie auch die Urteilsverkündung unter **Ausschluss der Öffentlichkeit** statt (§ 48 I JGG). Allerdings kann Personen, die ein besonderes Interesse an der Verhandlung haben (vor allem Verletzte, Bewährungshelfer, Betreuungshelfer, Erziehungsbeistände, Heimleiter, Auszubildende), der Zutritt gestattet werden (§ 48 II JGG). In Verfahren, in denen auch Heranwachsende (§ 1 II JGG) oder Erwachsene (zB als Mittäter) angeklagt sind, ist die Hauptverhandlung im Grundsatz hingegen öffentlich (§ 48 III 1 JGG). Das Gericht kann aber die Öffentlichkeit zum Schutz des Jugendlichen ausschließen (§ 48 III 2 JGG). 491

In Abwesenheit des Angeklagten darf im Hinblick auf den Zweck des Jugendverfahrens nur verhandelt werden, wenn neben den allgemeinen Voraussetzungen (vgl. Rn. 54 ff.) hierfür besondere Gründe vorliegen. Überdies ist die Zustimmung des Staatsanwalts notwendig (§ 50 I JGG). Auch ein zeitweiliger Ausschluss des Angeklagten ist möglich, wenn zu besorgen ist, dass durch die Erörterung in Anwesenheit des Angeklagten Nachteile für die Erziehung entstehen können (§ 51 I 1 JGG). Nicht selten wird hiervon Gebrauch gemacht, wenn nach dem Schluss der Beweisaufnahme mit dem Staatsanwalt, dem Jugendgerichtshelfer und ggf. dem Verteidiger erörtert werden soll, welche Maßnahmen angezeigt sind. 492

Erziehungsberechtigte und **gesetzliche Vertreter** sind zur Hauptverhandlung ebenfalls zu laden (§ 50 II 1 JGG). Ihr Erscheinen kann mit Zwangsmitteln durchgesetzt werden (§ 50 II 2 JGG, vgl. Rn. 73 ff.). Diese Personen haben – wie der Angeklagte – das Recht, angehört zu werden, bei Untersuchungshandlungen, auch Vernehmungen, anwesend zu sein und Fragen und Anträge zu stellen (§ 67 I JGG; vgl. einschränkend aber § 67 IV JGG). Hier ist praktisch besonders bedeutsam, dass dem in der Hauptverhandlung anwesenden Erziehungsberechtigten stets auch die Möglichkeit zum letzten Wort – freilich vor dem Angeklagten – gewährt wird (§ 67 I JGG iVm § 258 II Hs. 2 StPO). Auch die zeitweilige Ausschließung dieses Personenkreises ist möglich (§ 51 II JGG). 493

Abgesehen von den Fällen der notwendigen Verteidigung in Verfahren, bei denen auch einem Erwachsenen ein Verteidiger zu bestellen wäre (§ 68 Nr. 1 JGG; vgl. Rn. 45 ff.) ist dem Angeklagten ein Verteidiger auch beizuordnen, wenn 494

a) dem Erziehungsberechtigten und dem gesetzlichen Vertreter deren Verfahrensrechte wegen Verdachts der Beteiligung an der dem Jugendlichen zur Last gelegten Straftat nach § 67 IV JGG entzogen worden sind (§ 68 Nr. 2 JGG), 495
b) die Unterbringung in einer Anstalt zur Beobachtung in Frage kommt, um so ein Gutachten über den Entwicklungsstand des Jugendlichen vorzubereiten (§§ 68 Nr. 3, 73 JGG), 496
c) gegen ihn Untersuchungshaft oder einstweilige Unterbringung vollstreckt wird (§ 68 Nr. 4 JGG; solange das 18. Lebensjahr noch nicht vollendet worden ist). 497

Erhebliches Gewicht kommt im Jugendverfahren dem **Vertreter der Jugendgerichtshilfe** zu (§ 38 JGG). Dieser ist teilnahmeberechtigt und muss zudem auf Verlangen auch das Wort erhalten (§ 50 III 2 JGG; zum Ordnungswidrigkeitenverfahren gegen Jugendliche vgl. indes § 46 VI OWiG). Da der Jugendgerichtshelfer in besonderer Weise das nähere Umfeld des Jugendlichen aus eigener Anschauung kennen sollte, kommt ihm ein Vorschlagsrecht hinsichtlich der im Einzelfall zu ergreifenden Maßnahmen zu (erg. § 38 II 2 JGG). 498

In der Beweisaufnahme liegt das Schwergewicht meist auf der Erforschung der Persönlichkeit und der Erörterung der zu treffenden Maßnahmen (vgl. auch § 43 JGG). In der Praxis zeigt sich häufig, dass die überwiegende Zahl der Jugendlichen die ihnen vorgeworfenen Taten ohnehin weitgehend einräumen. 499

Das Urteil wird in Anwesenheit des Angeklagten verkündet. Soweit eine Urteilsbegründung Nachteile für die weitere Erziehung des Angeklagten befürchten lässt (zB wenn – wie nicht selten – die Persönlichkeit des Angeklagten differenziert dargestellt werden muss), kann von der Bekanntgabe der Gründe gegenüber dem Angeklagten abgesehen werden (§ 54 II JGG). 500

501 Nach § 54 I JGG ist eine **eingehende Auseinandersetzung mit der Persönlichkeit** des Angeklagten in den schriftlichen Urteilsgründen erforderlich.

502 Generell ausgeschlossen sind im Verfahren gegen Jugendliche das beschleunigte Verfahren sowie das Strafbefehls- und Privatklageverfahren (§§ 79, 80 I JGG). Ein Anschluss als Nebenkläger in einem gegen einen Jugendlichen geführten Verfahren ist nur in engen Grenzen, namentlich bei Straftaten gegen die sexuelle Selbstbestimmung, körperliche Unversehrtheit sowie den §§ 239 ff. und § 251 StGB zulässig (vgl. 80 III JGG). Das Adhäsionsverfahren ist hier nicht eröffnet (§ 80 IV JGG).

503 Dem beschleunigten Verfahren nahe kommt allerdings das vereinfachte Jugendverfahren (§§ 76–78 JGG). In diesem Verfahren, welches betrieben wird, wenn zu erwarten ist, dass nur Einstellung, Weisungen, Erziehungsbeistandschaft, Zuchtmittel, Fahrverbot, Entziehung der Fahrerlaubnis (mit Sperrfrist von höchstens zwei Jahren), Verfall oder Einziehung in Betracht kommen (§ 76 JGG), hat der Jugendrichter weite Gestaltungsmöglichkeiten (§ 78 III 1 JGG: Abweichung von nahezu allen allgemeinen Verfahrensvorschriften ist zulässig). Jugendstrafe, Unterbringung in einer Erziehungsanstalt oder die Anordnung betreuten Wohnens nach § 12 Nr. 2 JGG dürfen im Ergebnis hier jedoch nicht verhängt werden (§ 78 I 2 JGG).

6. Berufungshauptverhandlung

504 Gegen das amtsgerichtliche Urteil ist grundsätzlich die Berufung statthaft (§ 312 StPO). Ausnahmsweise – etwa bei einer Verurteilung zu einer Geldstrafe von nicht mehr als 15 Tagessätze – bedarf es der Annahme der Berufung durch das Rechtsmittelgericht (§ 313 StPO).

505 Legt der Angeklagte während der laufenden Rechtsmittelfrist (vgl. §§ 314, 341 StPO) ein „unbestimmtes Rechtsmittel" ein, so kann er noch während der laufenden Revisionsbegründungsfrist (§ 345 StPO) dahin konkretisieren, dass es sich um eine Revision handelt; anderenfalls wird das unbestimmte Rechtsmittel als Berufung behandelt, weil es sich im Verhältnis zur Revision als das umfassendere darstellt (vgl. § 300 StPO sowie *Schäfer*, Die Praxis des Strafverfahrens, Rn. 1702). Durch die zulässige Berufung wird das Verfahren in die nächst höhere Instanz gesetzt und vor die kleine Strafkammer des Landgerichts gebracht (§ 76 I 1 GVG).

506 Der Ablauf der Hauptverhandlung entspricht im Wesentlichen dem vor dem Amtsgericht (§ 332 StPO). Im Einzelnen sind allerdings folgende Besonderheiten zu beachten:

507 a) Erscheint der Angeklagte zur Berufungshauptverhandlung nicht und ist sein Ausbleiben nicht genügend entschuldigt, so ist sein **Rechtsmittel zu verwerfen** (§ 329 I StPO). Lediglich wenn er sich vertreten lassen darf und ein zur Vertretung bereiter Verteidiger anwesend ist, etwa bei einem auf Einspruch gegen einen Strafbefehl durchgeführten amtsgerichtlichen Hauptverfahren (§ 411 II StPO, s. Rn. 472), ist die Verwerfung unzulässig (§ 329 I 1 StPO).

508 Erforderlich hierfür ist allerdings zunächst, dass der Angeklagte zur Berufungshauptverhandlung ordnungsgemäß unter Hinweis auf die Folgen eines unzureichend entschuldigten Ausbleibens geladen worden ist (§ 329 I 2, § 323 I iVm § 216 StPO). Die Nichteinhaltung der Ladungsfrist nach § 323 I 1 iVm § 217 I StPO hindert das Verwerfungsurteil nicht (*Meyer-Goßner*, § 329 Rn. 11).

509 Ein **Nichterscheinen** liegt auch vor bei körperlicher Anwesenheit des von Beginn an verhandlungsunfähigen Angeklagten. Wie in den Fällen des §§ 228, 412 StPO (s. Rn. 88 und 469) ist auch hier eine angemessene Teit – regelmäßig 15 Minuten – zu warten, wobei maßgeblich die angesetzte Zeit und nicht der Aufruf der Sache ist (*Meyer-Goßner*, § 329 Rn. 13 ff.).

510 Erforderlich ist ferner, dass der Angeklagte **unzureichend entschuldigt** ist; bedeutungslos ist hingegen der Umstand, ob er sich entschuldigt hat (*Schäfer*, Die Praxis des Strafverfahrens, Rn. 1719). Genügend entschuldigt ist das Ausbleiben, wenn glaubhaft erscheint, dass den Angeklagten daran kein Verschulden trifft (*Meyer-Goßner*, § 329 Rn. 21). Das Gericht ist hier verpflichtet, jeder sich andeutenden Möglichkeit einer Entschuldigung nachzugehen. Gründe für das Ausbleiben können sich aus den Akten ergebe, durch anwesende Zeugen mitgeteilt oder vom Verteidiger vorgetragen werden. Gegebenenfalls muss der Vorsitzende diesen im Wege des – sofort, ohne Aussetzung der Verhandlung, greifbaren (*Schäfer*, Die Praxis des Strafverfahrens, Rn. 1719) – Freibeweises nachgehen. In der Vorlage einer ärztlichen Arbeitsunfähigkeitsbescheinigung liegt regelmäßig die konkludet erklärte Entbindung des behandelnden Arztes von dessen Schweigepflicht gegenüber dem Gericht (*Meyer-Goßner*, § 329 Rn. 19). Sind keine Anhaltpunkte ersichtlich oder vom Angeklagten vorgetragen worden, so ist das Gericht zu eigenen Nachforschungen nicht verpflichtet.

511 Liegen die Voraussetzungen des § 329 I StPO vor, wird allerdings über eine Berufung der Staatsanwaltschaft verhandelt, so kann nach § 329 II StPO auch in Abwesenheit des Angeklagten verhandelt werden. Wird davon etwa aus Gründen der Amtsaufklärungspflicht nach § 244 II StPO kein Gebrauch gemacht, so kann gemäß § 329 IV StPO die Vorführung oder nach Erlass eines Haftbefehls die Verhaftung angeordnet werden.

512 b) Ist der Angeklagte erschienen, werden nach dem Aufruf der Sache und ggf. weiterer Präsenzfeststellung durch den Vorsitzenden – an Stelle einer Verlesung des Anklagesatzes – die **Ergebnisse des bis-**

herigen Verfahrens zusammenfassend vorgetragen und im Rahmen dessen das Urteil des ersten Rechtszugs verlesen (§ 324 I StPO). Ausgenommen davon müssen auch nicht etwa sein die Beweiswürdigung des Vorderrichters oder dessen Strafzumessungserwägungen (*Meyer-Goßner,* § 324 Rn. 5). Maßstab für den Umfang der Verlesung und Unterrichtung sollte stets das Informationsbedürfnis der Schöffen sein, um deren eigenständige Überzeugsbildung zu gewährleisten.

c) Anschließend wird der Angeklagte vernommen und mit der **Beweisaufnahme** begonnen (§ 325 513
StPO). Dabei hat das Berufungsgericht die erforderlichen Tatsachen festzustellen und – im Rahmen des Rechtsmittelangriffs (vgl. § 318 StPO) – umfassend eigenständig zu würdigen.

d) Hierfür ermöglicht § 325 StPO eine **erleichterte Verlesung** der nach § 273 II, III StPO gefertigten 514
Vernehmungsprotokolle über Aussagen von Zeugen und Sachverständigen im ersten Rechtszug über §§ 251, 253 StPO hinaus (s. dazu Rn. 246). Ohne Zustimmung von Staatsanwaltschaft und Angeklagtem dürfen diese Verlesen werden, wenn die Beweisperson zur Berufungshauptverhandlung nicht geladen wurde und entsprechendes auch durch den Angeklagten rechtzeitig vor der Hauptverhandlung nicht beantragt wurde.

e) Die Schlussvorträge werden nach Schluss der Beweisaufnahme gehalten (§ 326 StPO). Damit be- 515
ginnt der Berufungsführer; haben sowohl die Staatsanwaltschaft als auch der Angeklagte Berufung eingelegt, verbleibt es bei der Reihenfolge aus § 258 I StPO. Anschließend ist dem Angeklagten das letzte Wort zu gewähren.

f) Hält das Berufungsgericht das Rechtsmittel nach durchgeführter Hauptverhandlung für unbegrün- 516
det, so verwirft es die Berufung:

Die Berufung des Angeklagten gegen das Urteil des Amtsgerichts Hamburg vom … wird auf seine Kosten als unbegründet verworfen.

Auf die Berufung des Angeklagten wird das Urteil des Amtsgerichts Hamburg vom … im Rechtsfolgenausspruch aufgehoben. Der Angeklagte wird zu einer Freiheitsstrafe von zwei Jahren und sechs Monaten verurteilt und seine weitergehende Berufung verworfen. Der Angeklagte hat die Kosten seines Rechtsmittels zu tragen. Die Berufungsgebühr wird um ein Drittel ermäßigt. Von den notwendigen Auslagen des Angeklagten im Berufungsverfahren trägt die Staatskasse ein Drittel.

E. III. Die Strafzumessung

Marc Wenske und Dr. Gerwin Moldenhauer

Übersicht

Literatur: *Dahs/Dahs,* Die Revision im Strafprozeß, 7. Aufl. 2008; *Eisenberg,* Jugendgerichtsgesetz, 14. Aufl. 2010; *Fischer* Strafgesetzbuch und Nebengesetze, 58. Aufl. 2011; *Meyer-Goßner/Appl,* Die Urteile in Strafsachen, 28. Aufl. 2008; Münchener Kommentar zum StGB, Band 1 2003, hrsg. von *Joecks/Miebach* (zitiert: MK-*Bearbeiter*); *Momsen/Rackow*, Die Straftheorien, in JA 2004, S. 336 ff.; *Sarstedt/Hamm,* Die Revision im Strafverfahren, 6. Aufl. 1998; *Schäfer/Sander/van Gemmeren,* Praxis der Strafzumessung, 4. Aufl. 2008; *Schönke/Schröder,* Strafgesetzbuch, 28. Aufl. 2010 (zitiert: Schönke/Schröder-*Bearbeiter*); Strafgesetzbuch, Leipziger Kommentar, hrsg. von *Jescheck/Ruß/Willlms,* 10. Aufl. seit 1985 und 11. Aufl. seit 1992, hrsg. von *Jähnke/Laufhütte/Odersky*; – **Fachzeitschriften:** Rechtsprechungsübersichten zum Strafzumessungs- und Maßregelrecht von *Detter* in NStZ (zuletzt NStZ 2010, 560)

I. Strafen und Maßregeln

1 Das zweigliedrige Sanktionensystem des StGB unterscheidet zwischen Strafe und Maßregel. Die Strafe setzt immer Schuld voraussetzt – *nulla poena sine culpa.* Der Schuldgrundsatz hat Verfassungsrang und wurzelt in der vom Grundgesetz vorausgesetzten und in Art. 1 I und Art. 2 I GG verfassungskräftig geschützten Würde und der Eigenverantwortlichkeit des Menschen (vgl. *BVerfGE* 25, 269). Das Maß der Schuld ist auch Grundlage der konkreten Strafzumessung, § 46 StGB. Die Maßregel hingegen knüpft an die Gefährlichkeit des Täters an und kann alleine oder auch neben einer Strafe verhängt werden und bemisst sich nach dem Grundsatz der Verhältnismäßigkeit, § 62 StGB.

Als Hauptstrafen stehen lediglich die Geldstrafe und die Freiheitsstrafe, sowie Kombinationen dieser Strafarten zur Verfügung. Die Vermögensstrafe ist nach dem Urteil des *BVerfG* vom 20. 3. 2002 nichtig (ehemals § 43 a StGB, vgl. *BVerfGE* 105, 135). Als Nebenstrafe kann ein Fahrverbot angeordnet werden. Verfall und Einziehung sind die bedeutendsten sonstigen Folgen einer Straftat (§§ 73, 74 StGB, vgl. auch § 45 StGB).

Als Maßregeln der Besserung und Sicherung stehen dem Gericht eine Unterbringung in einem psychiatrischen Krankenhaus, in einer Entziehungsanstalt oder in der Sicherungsverwahrung sowie die Führungsaufsicht, die Entziehung der Fahrerlaubnis und das Berufsverbot zur Verfügung, § 61 StGB. Die Maßregel der Sicherungsverwahrung wurde durch Urteil des *BVerfG* vom 4. 5. 2011 für verfassungswidrig erklärt, da sämtliche Vorschriften des StGBs und des JGGs über die Anordnung und Dauer der Sicherungsverwahrung mit dem Freiheitsgrundrecht der Untergebrachten aus Art. 2 II 2 GG in Verbindung mit Art. 104 I GG nicht vereinbar sind (2 BvR 2365/09, 2 BvR 740/10, 2 BvR 2333/08, 2 BvR 571/10, 2 BvR 1152/10, NStZ 2011, 450 ff.). Bis zum Inkrafttreten einer gesetzlichen Neuregelung, längstens aber bis zum 31. 5. 2013, hat das BVerfG die weitere Anwendbarkeit der für verfassungswidrig erklärten Vorschriften angeordnet und Übergangsregelungen getroffen (vgl. dazu *BVerfG* NStZ 2011, 450, 453; s. Rn. 88 ff.).

1. Geldstrafe

Grundsätzlich kann eine Geldstrafe verhängt werden, soweit diese in einem Straftatbestand ausdrücklich als Sanktion vorgesehen ist. Darüber hinaus kann eine Geldstrafe auch bei sonstigen Straftatbeständen verhängt werden, um eine kurzzeitige Freiheitsstrafe zu vermeiden. Das ist nach § 47 II StGB der Fall, wenn eine Freiheitsstrafe von sechs Monaten oder darüber nicht in Betracht kommt und eine Freiheitsstrafe nicht unerlässlich ist. Über die Frage der Unerlässlichkeit wird die Art der Strafe abgegrenzt, also ob Geld- oder Freiheitsstrafe anzuordnen ist. Dabei werden allgemeine general- und spezialpräventive Aspekte berücksichtigt (vgl. *Fischer,* § 47 Rn. 7 ff. sowie Rn. 16 ff., 142 ff.). 2

Seit der Einführung des Tagessatzsystems wird die Geldstrafe in **drei Zumessungsschritten** festgesetzt (vgl. *Schäfer/Sander/van Gemmeren,* Rn. 77 ff.): 3

a) **Anzahl der Tagessätze.** Zunächst wird nach den allgemeinen Grundsätzen der Strafzumessung (s. Rn. 100 ff.) die Anzahl der Tagessätze bestimmt. Sie beträgt mindestens fünf und, wenn das Gesetz nichts anderes bestimmt, höchstens 360 volle Tagessätze, § 40 I StGB; bei Gesamtgeldstrafen dürfen bis zu 720 Tagessätze verhängt werden, § 54 II 2 StGB. 4

b) **Höhe eines Tagessatzes.** Im Wege eines zweiten Zumessungsaktes wird die Höhe eines Tagessatzes festgelegt, § 40 II u. III StGB. Dadurch soll sichergestellt werden, dass die Geldstrafe unabhängig von den Einkommens- und Vermögensverhältnissen für **jeden ein vergleichbares Übel** darstellt (vgl. *BGHSt* 28, 360, 363, *Fischer,* § 40 Rn. 6). Ein Tagessatz kann zwischen mindestens einem Euro und höchstens 30.000,– EUR liegen, § 40 II 3 StGB. Dieser erhebliche Spielraum wird in der Praxis allerdings kaum ausgenutzt. Die weitaus überwiegende Zahl der Tagessatzhöhen liegt in der Praxis zwischen 5,– EUR und 250,– EUR. Die Bestimmung der Tagessatzhöhe erfolgt gemäß § 40 II 1 StGB allein nach den persönlichen und wirtschaftlichen Verhältnissen des Angeklagten. Ausgangspunkt der Berechnung ist das **Nettoeinkommen,** welches der Angeklagte durchschnittlich an einem Tag hat oder haben könnte, § 40 II 2 StGB. 5

Das Nettoeinkommen im Sinne des § 40 II StGB ist ein strafrechtlicher Begriff und umfasst alle Einkünfte aus selbständiger und nicht selbständiger Arbeit sowie aus sonstigen Einkunftsarten (*Fischer,* § 40 Rn. 7). Maßgebend ist, was der Angeklagte an Einkünften jeglicher Art hat oder haben könnte. Bei selbständiger Tätigkeit zählt der Gewinn nach Einkommensteuer als Nettoeinkommen. Zum Einkommen im strafrechtlichen Sinne zählen auch unbare Leistungen, die geldwerten Vorteilen entsprechen, wie insbesondere freie Kost und Wohnung, der Mietwert eines eigengenutzten Hauses aber auch Sachbezüge an Asylbewerber in Form von Gutscheinen (vgl. *OLG Dresden,* NJW 2009, 2967; *Fischer,* § 40 Rn. 7; MK-*Radtke,* § 40. Rn. 76). Sozialleistungen wie beispielsweise ALG I/II oder Leistungen nach dem BAFöG sind ebenfalls als Einkünfte zu berücksichtigen. 6

Einkommensmindernd wirken alle Leistungen zur Sozialversicherung; bei Selbständigen die entsprechenden freiwilligen Aufwendungen. Auch Unterhaltsverpflichtungen sind angemessen zu berücksichtigen. Anhaltspunkte geben insoweit die RegelunterhaltsVO sowie die „Düsseldorfer Tabelle" (www.olg-duesseldorf.nrw.de). Als Faustformel sind für eine nicht erwerbstätige Ehefrau 25% und für jedes unterhaltsberechtigte Kind 15% des Nettoeinkommens abzuziehen, insgesamt aber nicht mehr als 50% (vgl. *Fischer,* § 40 Rn. 14). Schulden und andere Verbindlichkeiten entfalten grundsätzlich keine einkommensmindernde Wirkung, da der verschuldete Täter nicht privilegiert werden soll. Insoweit ist zunächst an Zahlungserleichterungen gemäß § 42 StGB zu denken. In Ausnahmefällen könnte jedoch eine unterbleibende Berücksichtigung von Verbindlichkeiten, beispielsweise Kosten für die Ausbildung, eine unbillige Härte darstellen. Diese ist dann im Rahmen des tatrichterlichen Ermessens bei der Einkommensbemessung durch entsprechende Herabsetzung der Tagessatzhöhe zu berücksichtigen. Gleiches gilt für außergewöhnliche Belastungen durch Krankheit oder Pflege. 7

Die so ermittelte Geldstrafe bindet den Tatrichter jedoch nicht starr und er hat sie grundsätzlich im Hinblick auf die Schuld des Angeklagten hin zu überprüfen (*Fischer* § 40 Rn. 20). Denn die Berechnung der Tagessatzhöhe ist **kein Schematismus,** sondern Ausübung tatrichterlicher Strafzumessung (*OLG Dresden,* NJW 2009, 2967; MK-*Radke,* § 40 Rn. 77). Eine Senkung der Tagessatzhöhe kommt beispielsweise bei einer Geldstrafe von über 90 Tagessätzen in Betracht, um der progressiven Steigerung des Strafübels entgegenzuwirken (*Fischer,* § 40 Rn. 20). Von außerordentlicher Praxisrelevanz ist eine Reduzierung der Tagessatzhöhe zur Sicherung des Existenzminimums (vgl. *OLG Dresden,* NJW 2009, 2966; *OLG Frankfurt,* StV 2009, 137; *OLG Hamburg,* NStZ 2001, 655). Gerade bei nahe am **Existenzminimum** lebenden Angeklagten kann die Tagessatzhöhe nicht pauschal durch ein dreißigstel der Leistungen bestimmt werden. Der Tatrichter muss vielmehr prüfen, ob es im Rahmen seines Beurteilungsspielraums geboten ist, bei der Bestimmung der Tagessatzhöhe vom Prinzip des Nettoeinkommens abzuweichen, weil nahe am Existenzminimum lebende Täter systembedingt härter betroffen sein werden als Normalverdienende. Das ergibt sich bereits daraus, dass ein Ausgleich des für die Geldstrafe aufgewendeten Einkommens länger dauert. Allerdings wird wegen der Bedeutung der Strafe, die nicht der Lächerlichkeit preisgegeben werden darf, nur in einzelnen Ausnahmefällen der Mindestsatz von einem Euro verhängt werden (vgl. *OLG Dresden,* NJW 2009, 2966). 8

9 Hinsichtlich der Aufklärung des Nettoeinkommens ist die Aufklärungspflicht des § 244 Abs. 2 StPO eingeschränkt, da § 40 III StGB die Möglichkeit einer **Schätzung** eröffnet. Davon darf aber nicht vorschnell Gebrauch gemacht werden, wenn die Einkommensverhältnisse ohne unzumutbaren Aufwand aufzuklären sind (*Fischer,* § 40 Rn. 19, vgl. auch oben E II Rn. 378). Die Schätzung muss auf konkreter Grundlage beruhen, wobei aber schon Erfahrungssätze ausreichen (*Schäfer/Sander/van Gemmeren,* Rn. 101). Zur beabsichtigten Schätzung ist der Angeklagte zu hören. Nicht selten wird dies zur Offenlegung der wirtschaftlichen Verhältnisse durch den Angeklagten führen. Selbstverständlich darf das Gericht allerdings nicht bewusst mit diesem Ziel eine Überschätzung vornehmen (*Schäfer/Sander/van Gemmeren,* Rn. 103).

10 **c) Zahlungserleichterungen.** In einem dritten Zumessungsakt ist zu prüfen, ob dem Angeklagten nach § 42 StGB Zahlungserleichterungen durch Gestattung einer **Zahlungsfrist** oder **Ratenzahlungen** zu gewähren sind. Die Prüfung erfolgt von Amts wegen (*Fischer,* § 42 Rn. 2). Da die Geldstrafe zwar spürbar, andererseits aber auch bezahlbar sein soll, bleibt es in der Praxis nur selten bei der sofortigen Fälligkeit mit Rechtskraft des Urteils. Die Frage der Zumutbarkeit einer sofortigen Zahlung hängt wiederum von den persönlichen und wirtschaftlichen Verhältnissen des Angeklagten ab. Bei diesem Zumessungsvorgang dürfen allerdings auch Kriterien einfließen, die bei der Bestimmung der Tagessatzhöhe nicht anwendbar sind, wie beispielsweise das Bestehen erheblicher Verbindlichkeiten. Eine gesetzliche Grenze für den Zeitraum der Ratenzahlung gibt es nicht. Bei der Bemessung des Zeitraums ist zu berücksichtigen, dass die Geldstrafe für den Angeklagten noch als **spürbares Übel** empfunden wird und langfristige Ratenzahlungsverpflichtungen oftmals nicht eingehalten werden und einen nicht unerheblichen Vollstreckungsaufwand erfordern (*Fischer,* § 42 Rn. 10). Regelmäßig wird Ratenzahlung nur in Verbindung mit der Verfallsklausel nach § 42 S. 2 StGB gewährt.

10a **d) Kein Ausweichen auf eine Freiheitsstrafe.** Die in der Praxis gelegentlich zu beobachtende Verfahrensweise, dass in Härtefällen oder in Verfahren wegen Verletzung der Unterhaltsverpflichtung (§ 170 StGB) oder Betruges (§ 263 StGB) gegenüber und zu Lasten von Sozialleistungsträgern im Hinblick auf die potentielle Zahlungsunfähigkeit des Angeklagten auf eine Freiheitsstrafe ausgewichen wird, die zur Bewährung ausgesetzt wird, ist dogmatisch verfehlt, da die Freiheitsstrafe die schwerwiegendere Sanktion ist und für den wiederholt straffälligen Angeklagten die Gefahr einer zu vollstreckenden Freiheitsstrafe besteht. Zudem kann eine kurzfristige Freiheitsstrafe nur unter den besonderen Voraussetzungen des § 47 StGB verhängt werden (vgl. Rn. 16). Bei Ersttäter einer Verletzung der Unterhaltsverpflichtung kann der Weg über eine vorläufige Einstellung nach § 153a I 1 Nr. 4 StPO, bei einem Betrug zu Lasten von Sozialleistungsträgern kann eine solche nach § 153a I 1 Nrn. 1–3 StPO in Betracht kommen.

2. Freiheitsstrafe

11 Freiheitsstrafe kann nur verhängt werden, soweit das Gesetz diese Sanktion androht. Die Dauer dieser Strafe wird auf Grund verschiedener Faktoren begrenzt, ohne dass es in diesem Stadium auf Strafzumessungserwägungen ankäme. Bis zu zwei Jahren kann die Vollstreckung von Freiheitsstrafe zur Bewährung ausgesetzt werden.

12 **a) Lebenslange Freiheitsstrafe.** Die lebenslange Freiheitsstrafe wird im StGB als absolute Strafe nur bei Mord (§ 211 StGB) angedroht. Darüber hinaus kann diese Strafe im besonders schweren Fall des Totschlages (§ 212 II StGB), in bestimmten besonders schweren Fällen im Staatsschutzstrafrecht nach den §§ 80, 81 I, 94 II, 97a, 100 II StGB und in bestimmten besonders schweren Fällen im Bereich der allgemeinen Kriminalität nach den §§ 176b, 178, 239a III, 251, 252, 255, 306c, 308 III, 309 IV, 313 II, 314 II, 316a III, 316c III StGB verhängt werden; letztere sanktionieren, dass der Täter durch seine Tat zumindest leichtfertig den Tod eines Menschen verursacht hat. Darüber hinaus ist im Völkerstrafgesetzbuch (VStGB) der Völkermord (§ 6 VStGB) absolut mit lebenslanger Freiheitsstrafe bedroht.

13 **b) Zeitige Freiheitsstrafe.** Im Übrigen ist die Freiheitsstrafe zeitig, § 38 I StGB. Das Mindestmaß beträgt gemäß § 38 II StGB einen Monat, das Höchstmaß fünfzehn Jahre. Die Obergrenze des § 38 II StGB darf auch bei Bildung einer Gesamtstrafe nicht überschritten werden, bei Bildung mehrerer Gesamtstrafen kann deren Summe diese allerdings überschreiten (*Fischer,* § 38 Rn. 5).

14 Durch die Strafandrohungen der einzelnen Tatbestände wird dieser weite Rahmen regelmäßig weiter beschränkt. Dies kann durch Bestimmung einer Untergrenze (zB § 249 I StGB: „Freiheitsstrafe nicht unter einem Jahr"), durch Festlegung einer Obergrenze (zB § 303 I StGB: „Freiheitsstrafe bis zu zwei Jahren") oder aber Bezeichnung beider Grenzen (zB § 244 I StGB: „Freiheitsstrafe von 6 Monaten bis zu 10 Jahren") erfolgen. Mindest- und Höchstmaß ergänzen den Strafrahmen, soweit keine weiteren Grenzen in der Strafandrohung genannt werden. So setzt sich beispielsweise der Strafrahmen eines Raubes nach § 249 I StGB von einem Jahr, dem Mindestmaß nach § 249 I StGB, bis zu fünfzehn Jahren Freiheitsstrafe, dem Höchstmaß des § 38 II StGB, zusammen.

15 Die Freiheitsstrafe wird unter einem Jahr gemäß § 39 StGB nach vollen Wochen und Monaten bemessen, Strafen von einem Jahr und mehr werden in vollen Monaten und Jahren bemessen. Damit ist

beispielsweise eine Strafe von einem Jahr und zwei Wochen unzulässig (*Fischer,* § 39 Rn. 2; für Sonderfälle bei der Bildung von Gesamtstrafen vgl. Rn. 155).

c) **Kurzfristige Freiheitsstrafen nur in Ausnahmefällen.** Kurzfristige Freiheitsstrafen sind zu vermeiden. Im Rahmen einer kurzen Freiheitsstrafe kann durch den Strafvollzug nur bedingt auf den Inhaftierten eingewirkt werden. Andererseits wird er aber auch schon bei einer kurzen Freiheitsstrafe aus etwaigen sozialen Bindungen herausgerissen. Auf eine kurze Freiheitsstrafe unter sechs Monaten darf deshalb gemäß § 47 I StGB nur erkannt werden, wenn besondere Umstände in Tat oder Persönlichkeit des Täters deren Verhängung zur Einwirkung auf den Täter (spezialpräventiver Ansatz) oder zur Verteidigung der Rechtsordnung (generalpräventiver Ansatz) **unerlässlich** machen. Korrespondierend dazu ist nach § 47 II StGB eine Geldstrafe auch dann zu verhängen, wenn das Gesetz keine Geldstrafe oder ein erhöhtes Mindestmaß der Freiheitsstrafe vorsieht. Das Maß der Freiheitsstrafe wird dann entsprechend in Geldstrafe umgewandelt, wobei ein Monat Freiheitsstrafe dreißig Tagessätzen entspricht, so dass beispielsweise bei einer erhöhten Mindestfreiheitsstrafe von drei Monaten das Mindeststrafmaß der Geldstrafe neunzig Tagessätze beträgt. 16

Der **spezialpräventive Ansatz** des § 47 StGB, also die Unerlässlichkeit der Einwirkung auf den Täter mit einer Freiheitsstrafe, liegt vor, wenn der Täter auch durch eine hohe Geldstrafe nicht in der Weise beeindruckt zu werden vermag, dass er in Kenntnis des begangenen Unrechts aller Voraussicht nach keine Straftaten mehr begehen wird (vgl. *Schäfer/Sander/van Gemmeren,* Rn. 112, *OLG Köln,* NStZ-RR 2007, 266). Es kommt dabei nicht darauf an, ob die Freiheitsstrafe dann auch vollstreckt wird. Es genügt, dass der Strafausspruch oder die Einwirkung während der Bewährungszeit unerlässlich sind (*Fischer,* § 47 Rn. 8). Beurteilungszeitpunkt für den spezialpräventiven Ansatz ist derjenige der Hauptverhandlung und nicht der Tat. 17

Der **generalpräventive Ansatz** in § 47 StGB, also die Verhängung einer Freiheitsstrafe zur Verteidigung der Rechtsordnung, korrespondiert mit den §§ 56, 59 StGB (*Maiwald,* GA 1983, 50; *Schäfer/Sander/van Gemmeren,* Rn. 113). Zur Verteidigung der Rechtsordnung ist die Verhängung einer Freiheitsstrafe unerlässlich, wenn eine Geldstrafe im Hinblick auf schwerwiegende Besonderheiten des Einzelfalles für das allgemeine Rechtsempfinden schlechthin unverständlich erscheinen müsste und das Vertrauen in die Unverbrüchlichkeit des Rechts und in den Schutz der Rechtsordnung vor kriminellen Angriffen dadurch erschüttert werden könnte (vgl. *BGHSt* 24, 40, 46 *BGH,* NStZ 2001, 319). 18

Folgende Aspekte können gegen die Verhängung einer Geldstrafe sprechen: 19

- erhebliche kriminelle Energie,
- intensive Rechtsgutverletzung,
- ungewöhnliche Gleichgültigkeit bei der Rechtsgutsverletzung,
- Vielzahl von Taten und hoher Vermögensschaden,
- besonders gewichtige Tatfolgen,
- dreistes Spekulieren auf eine Geldstrafe,
- wiederholte Verhängung von Geldstrafen bei ähnlichen Taten,
- (einschlägige) Wiederholungstaten,
- (einschlägiger) Rückfall in der Bewährungszeit.

Die Verhängung der **kurzzeitigen Freiheitsstrafe** ist im Verhältnis zur Geldstrafe die **schwerwiegendere Strafe.** Der gesetzgeberische Regelfall ist die Geldstrafe. Hält das Gericht dennoch unter Gesamtwürdigung aller, nicht nur die Tat, sondern auch den Täter kennzeichnenden Umständen eine Freiheitsstrafe für unerlässlich, bedarf die Bejahung der Unerlässlichkeit einer besonderen Begründung im Urteil (vgl. § 267 III 2 StPO; *BGH,* StV 2003, 485 *HansOLG Hamburg,* StraFo 2006, 465). Dabei kommen im Rahmen von § 47 StGB nur spezial- und generalpräventive Aspekte zum tragen, so dass Strafzwecke der Vergeltung und Sühne bei einer Prüfung an dieser Stelle nicht zu berücksichtigen sind. Die Begründung darf sich nicht auf formelhafte, inhaltsleere Wiederholung des Gesetzestextes erschöpfen und hat auch zu berücksichtigen, dass das Bedürfnis des Angeklagten nach einer auf Vermeidung von Entsozialisierung ausgerichteten Bestrafung dem Interesse der Allgemeinheit gegenüberzustellen und sorgfältig abzuwägen ist (vgl. *BGH,* NJW 1990, 194, 195). Im Rahmen dessen wird sich das Gericht gegebenenfalls auch mit der Frage auseinandersetzen, ob dem generalpräventiven Ansatz nicht mit einer **höheren Geldstrafe** genüge getan werden kann. Auch vor einer Gesamtstrafenbildung ist für jede einzelne Tat die Frage der Geld- oder Freiheitsstrafe unter dem Blickwinkel des § 47 StGB zu prüfen (vgl. *BGH,* StV 2003, 485). 20

d) **Bewährung.** Die Vollstreckung einer Freiheitsstrafe bis zur Höhe von zwei Jahren kann zur Bewährung ausgesetzt werden, § 56 StGB. Die gesetzlichen Voraussetzungen richten sich hierbei nach der Höhe der verhängten Strafe. Zu unterscheiden sind Freiheitsstrafen von mindestens sechs Monaten (§ 56 I, III StGB), von bis zu einem Jahr (§ 56 I StGB) und von über einem Jahr bis zu zwei Jahren (§ 56 II StGB). Einheitliche Voraussetzung für eine Strafaussetzung zur Bewährung ist zunächst eine günstige Sozialprognose (auch Legalprognose). 21

aa) Sozialprognose. Wird eine Freiheitsstrafe von zwei Jahren oder darunter angeordnet, ist zu prüfen, ob eine Strafaussetzung zur Bewährung in Betracht kommt. Die Prüfung beginnt immer (vgl. *BGH,* NStZ 22

2009, 441) mit der Frage, ob dem Angeklagten eine **günstige Sozialprognose** erteilt werden kann. Eine solche liegt gemäß § 56 I 1 StGB vor, wenn zum Zeitpunkt der Verurteilung zu erwarten ist, dass der Verurteilte sich schon allein die Verurteilung zu Warnung dienen lassen und künftig auch ohne Einwirkung des Strafvollzugs keine Straftaten begehen wird. Die Prognoseentscheidung trifft das Gericht grds. **intuitiv** auf Grund eigener, primär auf forensicher Erfahrung basierender Sachkunde, auch wenn in jüngerer Zeit die kriminologische Forschung die wissenschaftlichen Prognosemethoden weiterentwickelt hat (vgl. *Schäfer/Sander/van Gemmeren,* Rn. 130 f.; sowie Schönke/Schröder-*Stree/Kinzig,* § 56 Rn. 15 a ff. zu unterschiedlichen Prognosemethoden). Anträge auf Einholung eines Sachverständigengutachtens können mit entsprechender Begründung abgelehnt werden (vgl. dazu *BayObLG,* NStZ 2003, 105).

23 Die Entscheidung setzt eine **fundierte Erwartung** voraus, also die durch Tatsachen begründete Wahrscheinlichkeit einer straffreien Führung des Angeklagten (*Fischer,* § 56 Rn. 4). Dabei darf das Gericht die Anforderungen an die Wahrscheinlichkeit nicht überspannen. Ausreichend ist schon, dass es wahrscheinlicher ist, dass der Angeklagte zukünftig ein straffreies Leben führt als dass er weitere Straftaten begeht (*BGH,* NStZ-RR 2005, 38). Dass eine solche Wahrscheinlichkeit besteht, muss aber zur Überzeugung des Gerichts feststehen; der Zweifelssatz findet insoweit keine Anwendung (*Fischer,* § 56 Rn. 4 a).

24 Als **Grundlage der Prognose** dienen primär die in § 56 I 2 StGB namentlich aufgeführten Gesichtspunkte, nämlich die Persönlichkeit des Verurteilten, sein Vorleben, die Umstände seiner Tat, seine Lebensverhältnisse und die Wirkungen, die von der Aussetzung für ihn zu erwarten sind. Die Gesichtspunkte sind nicht abschließend, überschneiden sich teilweise und eine Bewertung ist grundsätzlich im Rahmen einer Gesamtabwägung aller Umstände vorzunehmen. Im Einzelnen:

25 *(1)* Die **Persönlichkeit des Verurteilten** ist ein wesentliches Kriterium der Prognose. Sie umfasst das Gesamtbild des Verurteilten sowohl hinsichtlich seiner Wesenszüge, auch wenn diese krankhaft verändert sind, als auch hinsichtlich seiner Handlungsmotive. Die Einstellung des Verurteilten zur Tat ist ein Indiz für dessen Persönlichkeit. Allerdings darf selbstverständlich eine günstige Sozialprognose nicht bereits wegen zulässigen Verteidigungsverhalten verneint werden, beispielsweise weil der Verurteilte kein von Einsicht und Reue getragenes Geständnis ablegt hat (*BGH,* StraFo 2010, 207). Bei politischen Überzeugungstätern führt auch alleine das Festhalten an der Überzeugung noch nicht zu einer ungünstigen Prognose (*BGH,* NJW 1995, 340, 341). In der amtsgerichtlichen Praxis steht der Tatrichter insbesondere bei Verfahren gegen alkohol- und drogenabhängigen Angeklagten im Rahmen der Prognoseentscheidung vor schwierigsten Fragen. Dabei hat die vollstreckungsrechtliche Sonderregelung für BtM-Abhängige nach §§ 35, 36 BtMG keinen Einfluss auf die Bewährungsfrage (*Fischer,* § 56 Rn. 2). In jedem Einzelfall muss sich das Gericht mit der konkreten Suchtsituation des Angeklagten auseinandersetzen. Dabei ist zu berücksichtigen, dass es bei Suchtkranken ohne eine erfolgreiche Therapie regelmäßig zu einem Rückfall und damit gegebenenfalls zur Begehung von weiteren Straftaten kommen wird. Dementsprechend ist die Therapiewilligkeit, die sich nicht selten unter dem Eindruck von Untersuchungshaft gebildet hat, sorgsam zu sondieren und ins Verhältnis zu den sonstigen Lebensumständen des Verurteilten zu setzen. Die bloße Therapiewilligkeit alleine wird allerdings kaum ein ausreichender Grund für eine Bewährung sein (*Fischer,* § 56 Rn. 5). Andererseits kann die Bewährung weder alleine aus dem Umstand versagt werden, dass die Suchtkrankheit noch nicht behandelt wurde (*BGH,* NStZ-RR 2010, 107), noch dass eine Therapie – wie es gerade bei BtM-Abhängigen statistisch sehr häufig – gescheitert ist (*Fischer,* § 56 Rn. 5). Bei der Gesamtabwägung muss sich das Gericht auch stets fragen, ob nicht **Weisungen oder Auflagen** die Entwicklung des Verurteilten positiv beeinflussen können und damit ausreichend sind.

26 *(2)* Für die Bewertung des Vorlebens des Täters sind insbesondere dessen Vorstrafen von Bedeutung. Vorverurteilungen – auch ausländischer EU-Mitgliedsstaaten (*Fischer,* § 56 Rn. 6) – sind zu werten nach ihrer Art, ihrem Gewicht und ihrer zeitlichen Abfolge. Hat der Verurteilte in schneller Folge einschlägige Taten von erheblichem Gewicht begangen, wird ohne Hinzutreten erheblicher anderer Umstände eine günstige Prognose nicht zu treffen sein. Hingegen spricht für eine günstige Prognose, dass Vorverurteilungen lange zurückliegen und die persönliche Situation der Verurteilten sich inzwischen verändert hat, indem er bspw. zwischenzeitlich familiär und beruflich integriert ist. Die Begehung einer neuen Tat während laufender Bewährungszeit ist ein erhebliches Indiz für eine schlechte Prognose, berechtigt aber allein nicht zur Versagung der Bewährung (*BGH,* NStZ RR 2005, 38). Wesentlich zu berücksichtigen ist, wenn erstmals eine Freiheitsstrafe verhängt wird (*BGH,* NStZ-RR 2007, 138), wenn der Widerruf einer vorausgegangenen Aussetzung zu erwarten ist (*Fischer,* § 56 Rn. 6 a) oder der Verurteilte zwischen Tat und Verurteilung Untersuchungshaft oder Freiheitsstrafe verbüßt hat (*OLG Köln,* StV 2008, 24). Auch nicht rechtskräftige Entscheidungen in anderer Sache können bei der Prognose berücksichtigt werden (so *BGH,* NStZ-RR 2009, 44; str., vgl. Schönke/Schröder-*Stree/Kinzig,* § 56 Rn. 21).

27 *(3)* Als **Umstände der Tat** sind einerseits die inneren Umstände wie Tatmotivation und Tatziel zu berücksichtigen, also was den Verurteilten zur Tat veranlasst hat, anderseits auch die bei der Tat aufgewendete kriminelle Energie (vgl. *Fischer,* § 56 Rn. 7).

(4) Als **positives Verhalten nach der Tat** können Einsicht und Reue, ernsthafte Bemühungen um eine Schadenswiedergutmachung, Aufklärungshilfe, sowie die Bereitschaft zu einer freiwilligen Therapie von Bedeutung sein. Prozessverhalten kann nur ausnahmsweise berücksichtigt werden, wenn es auf Rechtsfeindlichkeit oder Gleichgültigkeit und damit auf die Begehung künftiger Straftaten schließen lässt (*Fischer,* § 56 Rn. 8). 28

(5) Bei den **Lebensverhältnissen** ist zu prüfen, ob der Verurteilte in geordneten Verhältnissen lebt, also insbesondere ob er familiär oder beruflich eingebunden ist. Von Bedeutung kann sein, dass er sich von seinem sozialen Umfeld, das er zur Tatzeit hatte, gelöst hat. Bevorstehende Änderungen, wie beispielsweise die Geburt eines Kindes, sind zu berücksichtigen. 29

(6) Als **Wirkungen,** die von der Aussetzung für den Verurteilten zu erwarten sind, können insbesondere die Erhaltung des Arbeitsplatzes und die Beibehaltung familiärer Bindungen von Bedeutung sein (*Fischer,* § 56 Rn. 10). 30

Kommt das Gericht danach zu einer positiven Sozialprognose ist **abhängig von der verhängten Freiheitsstrafe** folgendermaßen zu verfahren:

bb) Freiheitsstrafen unter sechs Monaten. Bei einer Freiheitsstrafe von unter sechs Monaten muss deren Vollstreckung zur Bewährung ausgesetzt werden, wenn eine günstige Sozialprognose besteht, § 56 I StGB in Verbindung mit dem Umkehrschluss aus § 56 III StGB. Die Aussetzung zur Bewährung ist **zwingende Folge** (*Fischer,* § 56 Rdn. 12). 31

cc) Freiheitsstrafe von sechs Monaten bis zu einem Jahr. Die Vollstreckung einer Freiheitsstrafe von sechs Monaten bis zu einem Jahr muss bei günstiger Sozialprognose zur Bewährung ausgesetzt werden, wenn darüber hinaus die **Verteidigung der Rechtsordnung** dem nicht entgegensteht, § 56 I u. III StGB. 32

Der Begriff der Verteidigung des Rechtsordnung wird hier so ausgelegt wie in § 47 StGB (Rn. 18); spezialpräventive Aspekte haben insoweit keinen Einfluss (*BGH,* StV 1989, 150). Die Versagung der Bewährung allein aus generalpräventiven Gründen und damit ohne einer Auseinandersetzung der Sozialprognose ist unzulässig (*Fischer,* § 56 Rn. 14). 33

Neben den zu § 47 StGB genannten Kriterien (Rn. 19) können bei der erforderlichen Gesamtwürdigung von Tat und Täter gegen eine Aussetzung insbesondere sprechen: 34

- ungewöhnliche Gleichgültigkeit gegenüber den Sicherheitsbelangen der Allgemeinheit (zB bei Straßenverkehrsdelikten),
- Gefahr der Nachahmung der Tat,
- Missbrauch besonderer beruflicher Stellung (zB als Arzt, Rechtsanwalt),
- erhebliche Taten von Strafgefangenen,
- Missbrauch eines Hafturlaubes,
- rasche Wiederholungstaten,
- Rückfall in der Bewährungsfrist.

dd) Freiheitsstrafen von mehr als einem Jahr bis zu zwei Jahren. Bei Freiheitsstrafe von mehr als einem Jahr bis zu zwei Jahren kann deren Vollstreckung ausgesetzt werden, wenn eine günstige Sozialprognose vorliegt, die Verteidigung der Rechtsordnung nicht die Vollstreckung gebietet und darüber hinaus gem. § 56 II 1 StGB nach der Gesamtwürdigung von Tat und Persönlichkeit des Verurteilten **besondere Umstände** vorliegen. Bei der entsprechenden Entscheidung ist namentlich gem. § 56 II 2 StGB das Bemühen des Verurteilten, den durch die Tat verursachten Schaden wiedergutzumachen, zu berücksichtigen. 35

Besondere Umstände sind solche, die im Vergleich mit gewöhnlichen, durchschnittlichen, allgemeinen oder einfachen Milderungsgründen von besonderem Gewicht sind und eine Strafaussetzung trotz des erheblichen Unrechts- und Schuldrechtsgehalts der Taten, wie er sich in der Höhe der Strafe widerspiegelt, als nicht unangebracht und den vom Strafrecht geschützten Interessen nicht zuwiderlaufend erscheinen lassen (*BGH,* NStZ 1987, 21). Jeder besondere Umstand ist für sich alleine und anschließend in einer Gesamtwürdigung zu berücksichtigen. Zu den besonderen Umständen gehören auch diejenigen, die bereits für die Sozialprognose von Belang gewesen sein können (*BGH,* NStZ-RR 2010, 107). Je näher die Strafe sich der gesetzlichen Obergrenze von zwei Jahren nähert, desto gewichtiger müssen die besonderen Umstände sein (*BGH,* NStZ 1987, 21). 36

Die besonderen Umstände müssen in der Tat oder der Persönlichkeit des Verurteilten vorliegen (*Fischer,* § 56 Rn. 19), wobei eine klare Trennung zwischen Tat und Persönlichkeit vielfach nicht möglich sein wird und es insoweit auch zu Überschneidungen kommen kann (*BGHSt* 29, 370, 380; *BGH,* StV 1981, 120). Auch können durchschnittliche Milderungsgründe, die für sich genommen eine Aussetzung nach § 56 II StGB noch nicht tragen könnten, bei mehrfachem Zusammentreffen durch Häufung bei einer Gesamtwürdigung dazu führen, dass die Vollstreckung zur Bewährung ausgesetzt wird (*Fischer,* § 56 Rn. 22). 37

Besondere Umstände im Sinne von § 56 II StGB können insbesondere begründet sein in: 38

- der Persönlichkeit des Täters (zB fehlende Reife, keine Vorstrafen),
- den Anlässen zur Tat (zB Alkohol, Drogen, besondere Krisensituationen, finanzielle Notlagen),

- der Tatausführung (zB eingeschränkte Schuldfähigkeit, Versuch, geringer Schaden, Scheinwaffen, Selbstschädigung des Täters),
- dem Nachtatverhalten (Geständnis, Aufklärungshilfe, Wiedergutmachung)
- in bereits erlittener Untersuchungshaft,
- überlanger Verfahrensdauer,
- außergewöhnlich belastendes Verfahren (zB durch extreme Medienberichterstattung),
- extremer Zeitablauf zwischen Tat und Urteil,

39 *ee) Bewährungsentscheidung.* Stets wird die Vollstreckung der gesamten verhängten Strafe zur Bewährung ausgesetzt. Eine Möglichkeit, im Urteil anzuordnen, dass nur ein Teil der Strafe vollstreckt werden soll, besteht mithin nicht. Auch die Frage, ob auf die verhängte Strafe Untersuchungshaft anzurechnen ist, berührt die Aussetzung zur Bewährung nicht, § 56 IV 2 StGB. Hat das Gericht mehrere Einzelstrafen verhängt, ist nur die Höhe der Gesamtfreiheitsstrafe entscheidend, § 58 StGB. Letzteres ist bei der Frage einer Aussetzung nach § 56 II StGB dahin eingeschränkt, dass dort eine Würdigung aller Einzeltaten erforderlich ist (*BGHSt* 29, 370, 375 *Fischer,* § 58 Rn. 2). So werden in diesem Fall besondere Umstände vielfach bereits deshalb bejaht werden, wenn keine der verhängten Einzelstrafen über einem Jahr liegt (*Schäfer/Sander/van Gemmeren,* Rn. 164).

40 Im Bewährungsbeschluss setzt das Gericht nach § 268 a StPO die Bewährungszeit und die diesen Zeitraum unterstützenden Maßnahmen fest.

41 Die **Bewährungszeit** kann nach § 56 a StGB auf mindestens zwei Jahre und höchstens fünf Jahre festgesetzt werden. Die Länge der Bewährungszeit ist **kein Strafübel** (*Fischer,* § 56 Rn. 1). Ihre Festlegung bemisst sich vor allem danach, wie lange nach Auffassung des Gerichts der Verurteilte der Aufsicht und Hilfe bedarf. Bei schwerwiegenderen Taten und dementsprechend einer höheren Freiheitsstrafe wird die Bewährungszeit regelmäßig länger sein (*Fischer,* § 56 a Rn. 1 „angemessenes Verhältnis zur Strafhöhe", vgl. auch § 57 a III 1 StGB).

42 **Bewährungsauflagen** haben **Vergeltungscharakter** und sollen gem. § 56 b I 1 StGB der Genugtuung für das begangene Unrecht dienen. Nach dem abschließenden (*Fischer,* § 56 Rn. 5) Katalog des § 56 b II StGB kommen folgende Auflagen in Betracht:

- Schadenswiedergutmachung,
- Zahlung eines Geldbetrages zu Gunsten einer gemeinnützige Einrichtungen,
- sonstige gemeinnützige Leistungen, insbesondere Arbeit im Sozialbereich (zB in Krankenhäusern, Altenheimen),
- Zahlung einer Geldbuße.

43 In der Praxis spielen die Zahlung einer Geldauflage zugunsten einer gemeinnützigen Einrichtung sowie eine Geldbuße eine große Rolle. Bei der Geldauflage muss allerdings eine gewisse Konnexität zwischen Tat oder Persönlichkeit des Täters sowie ebenso ein angemessenes Verhältnis zur Tatschwere und Tatschuld gewährleistet sein (Schönke/Schröder-*Stree/Kinzig,* § 56 b Rn. 11); typischer Fall ist beispielsweise die Zahlung einer Geldbetrages an den „Bund gegen Alkohol am Steuer" bei einer Trunkenheitsfahrt. In beiden Fällen darf gemäß § 56 b II 2 StGB die Geldauflage nicht einer etwaigen Schadenswiedergutmachung entgegenstehen.

43a **Bewährungsweisungen** nach § 56 c StGB haben ausschl. **spezialpräventiven Charakter** und dienen als Hilfestellung zur Resozialisierung des Verurteilten. Im Gegensatz zu den Auflagen ist der Katalog des § 56 c II StGB nicht abschließend, das Gericht kann danach insbesondere anordnen:

- Festlegung von Aufenthalt, Ausbildung, Arbeit, Freizeit,
- Meldepflichten (zB bei Gericht, Polizei),
- Kontaktaufnahmeverbote (mit bestimmten Personen),
- Besitzverbote (zB bezüglich Waffen),
- Zahlung von Unterhalt.

44 Mit der Einwilligung des Verurteilten können nach § 56 c III StGB ferner die Aufnahme einer Heilbehandlung oder Entziehungskur und der Aufenthalt in einem Heim oder einer Anstalt angeordnet werden.

45 Häufigste weitere Weisung ist die Unterstellung des Verurteilten unter die Aufsicht eines Bewährungshelfers, § 56 d StGB. Nach § 56 II StGB ist dies im Regelfall angezeigt, wenn eine Strafe von über neun Monaten zur Bewährung ausgesetzt worden ist und der Verurteilte noch nicht das 27. Lebensjahr erreicht hat.

3. Verwarnung mit Strafvorbehalt

46 Die Verwarnung mit Strafvorbehalt, deren Anwendung in das Ermessen des Gerichts gestellt ist (*Fischer,* § 59 Rn. 2; aA *Schäfer/Sander/van Gemmeren,* Rn. 65: bei Vorliegen der Voraussetzungen zwingend), hat in der Praxis nur geringe Bedeutung. Faktisch handelt es sich um eine Geldstrafe, die zur Bewährung ausgesetzt wird.

47 Voraussetzung ist zunächst, dass keine höhere Geldstrafe als 180 Tagessätze verwirkt worden ist (§ 59 I 1 StGB). Der Strafzumessungsvorgang entspricht insoweit dem ersten Schritt bei der Verhängung der Geldstrafe (s. Rn. 4).

Auch der zweite Zumessungsakt wird vollzogen und dementsprechend die Höhe der einzelnen Tagessätze festgelegt (s. Rn. 5 ff.). Dabei sind die wirtschaftlichen Verhältnisse im Zeitpunkt der Verwarnung maßgeblich. Kommt es später zu einer Verurteilung, können bei nunmehr geringerer wirtschaftlicher Leistungsfähigkeit unbillige Härten im Wege der Ratenzahlungsbefugnis (§ 42 StGB, s. Rn. 10) oder § 459 f StPO ausgeglichen werden (vgl. *Fischer,* § 59 Rn. 11).

Im Übrigen müssen in ihrer Art ähnliche Voraussetzungen wie bei der Strafaussetzung zur Bewährung vorliegen, nämlich kumulativ die Erwartung, dass der Täter künftig auch ohne Verurteilung Straftaten nicht mehr begehen wird, besondere Umstände auf Grund einer Gesamtwürdigung der Tat und der Persönlichkeit des Täters, nach denen es angezeigt ist, ihn von der Verurteilung zu verschonen und der Umstand, das die Verteidigung der Rechtsordnung eine Verurteilung nicht gebietet (§ 59 I Nr. 1–3 StGB). 48

§ 59 I Nr. 1 StGB verlangt mithin eine günstige Sozialprognose, die regelmäßig ausgeschlossen sein wird, wenn der Täter während der letzten drei Jahre vor der Tat mit Strafvorbehalt verwarnt oder zu Strafe verurteilt worden ist (§ 59 II StGB). 49

Die nach § 59 I Nr. 2 StGB vorzunehmende Gesamtwürdigung kann positiv ausfallen, wenn auch eine Einstellung nach den §§ 153, 153 a StPO angezeigt wäre, die Staatsanwaltschaft etwa aber verweigert. Im Einzelnen sind denkbar bei ungewöhnlich geringer Schuld, nachvollziehbarer Motivation, erheblichem Mitverschulden des Opfers, Tatprovokation (*BGHSt* 32, 345, 355) oder extrem langer (und belastender) Verfahrensdauer (dazu s. Rn. 137). 50

Vor allem bei Verkehrsdelikten wird die Verteidigung der Rechtsordnung (§ 59 I Nr. 3 StGB), die nach den zu § 56 StGB entwickelten Kriterien zu beurteilen ist, eine unbedingte Verurteilung regelmäßig gebieten (*Fischer,* § 59 Rn. 5). 51

Die Urteilsformel kann bei der Verwarnung mit Strafvorbehalt wie folgt gefasst werden: 52

Der Angeklagte ist des Diebstahls schuldig. Er wird deshalb verwarnt.
Die Verurteilung zu einer Geldstrafe in Höhe von 70 Tagessätzen zu je 15,– EUR bleibt vorbehalten.

Mit dem Urteil ist ein Bewährungsbeschluss nach § 59 a StGB gem. § 268 a I StPO zu verkünden und darin die Bewährungszeit (höchstens drei Jahre!) und ggf. Auflagen, Weisungen und Anweisungen zu bestimmen. 52a

Verstößt der Verurteilte gegen die ihm erteilten Bewährungsauflagen, wird er nach § 59 b I StGB in Verbindung mit § 56 f. StGB zu der vorbehaltenen Strafe ohne mündliche Verhandlung aber nach vorheriger Anhörung verurteilt. Diese im Beschlusswege ergehende Entscheidung ist mit der sofortigen Beschwerde angreifbar (§ 153 I und II StPO); auf eine entsprechende Rechtsmittelbelehrung ist daher Bedacht zu nehmen. Übersteht der Verurteilte die Bewährungszeit, stellt das Gericht wiederum im Beschlusswege fest, dass es mit der Verwarnung sein Bewenden hat. 53

4. Geldstrafe neben einer Freiheitsstrafe

In besonderen Fällen kann das Gericht neben einer Freiheitsstrafe zusätzlich auf eine Geldstrafe erkennen (§ 41 StGB), selbst wenn als Rechtsfolge eine Geldstrafe nicht angedroht ist. 54

Dies setzt voraus, dass der Angeklagte sich durch die Tat **bereichert** oder zu bereichern versucht hat. Des Weiteren muss die Geldstrafe im Hinblick auf die persönlichen und wirtschaftlichen Verhältnisse des Angeklagten angebracht sein. Er muss also leistungsfähig sein; dieser Umstand ist im Urteil zu erörtern (vgl. *Schäfer/Sander/van Gemmeren,* Rn. 219). Das wird beispielsweise regelmäßig nicht der Fall sein, wenn der dieser über kein Vermögen oder Einkommen verfügt (*BGHSt* 26, 325, 328). 55

Der ursprüngliche Telos der Norm, den Straftäter für den erhebliche Vermögensvorteile bestimmendes Tatmotiv waren, wirksam zu treffen, läuft heute mit Blick auf die erheblich ausgeweiteten Verfalls- und Einziehungsvorschriften leer (darauf weist zutreffend *Fischer,* § 41 Rn. 3 hin). Praktisch sinnvoll kann § 41 StGB in Ausnahmefällen, in denen bei bestmöglicher Sozialprognose einem Angeklagten der Strafvollzug erspart werden soll und deshalb die Freiheitsstrafe auf die unter dem Maß des an sich Schuldangemessenen liegende Höhe von einem Jahr oder von zwei Jahren festgesetzt und diese Strafe zur Bewährung ausgesetzt wird und gleichzeitig durch die zusätzliche Geldstrafe das Maß des Schuldangemessenen wieder erreicht und so eine den präventiven Strafzwecken gerecht werdende Reaktion erzielt wird (vgl. *Schäfer/Sander/van Gemmeren,* Rn. 217). Allerdings: Hier gilt es jedem Eindruck von Klassenjustiz vorzubeugen; ein „Freikaufen vom Vollzug" oder gar einen Anspruch darauf gibt es nicht. 56

Geldstrafe und Freiheitsstrafe müssen zusammen schuldangemessen sein müssen (*Schäfer/Sander/van Gemmeren,* Rn. 159). 57

5. Absehen von Strafe

Hat der Angeklagte nicht mehr als ein Jahr Freiheitsstrafe verwirkt, kann das Gericht von Strafe absehen, wenn die Folgen der Tat, die den Täter getroffen haben, so schwer sind, dass die Verhängung einer Strafe offensichtlich verfehlt wäre (§ 60 StGB). Verfehlt ist die Strafe, wenn sie keine sinnvolle Funktion mehr hätte, weil der Täter sich selbst so schwer geschädigt hat, dass es zum einen einer wei- 58 tergehenden Einwirkung auf ihn nicht bedarf. Zum anderen muss der Allgemeinheit das Absehen von Strafe als Ausdruck humaner Strafrechtspflege so verständlich erscheinen, dass sie dadurch einen notwendigen und sinnvollen Rechtsgüterschutz nicht in Frage gestellt sieht.

6. Fahrverbot

59 Als Nebenstrafe kann bei Straftaten, die im Zusammenhang mit dem Führen eines Kraftfahrzeuges oder unter Verletzung der Pflichten eines Kraftfahrzeugführers begangen worden sind, zusätzlich zu einer Geld- oder Freiheitsstrafe ein Fahrverbot angeordnet werden (§ 44 StGB). Das als Denkzettel- und Besinnungsstrafe (vgl. *Schäfer/Sander/van Gemmeren*, Rn. 305) gedachte Fahrverbot kann zwischen einem Monat und drei Monaten betragen. Als Regel schreibt das Gesetz die Anordnung eines Fahrverbotes vor, wenn wegen alkoholbedingter Fahruntüchtigkeit (§§ 315c I Nr. 1a, III, 316 StGB) verurteilt wird, ohne dass es zu einer Entziehung der Fahrerlaubnis kommt (§ 44 I 2 StGB).

60 Das Fahrverbot kann Kraftfahrzeuge jeder Art erfassen oder sich auf einzelne Typen beschränken (vgl. *Fischer,* § 44 Rn. 15).

61 Die Verhängung eines Fahrverbots erfordert regelmäßig einen gerichtlichen Hinweis nach § 265 StPO (s. Teil E II Rn. 308ff.); dieser ist indes entbehrlich, wenn eine Maßregel nach § 69a StPO beantragt war (vgl. *Fischer,* § 44 Rn. 23).

62 Das Fahrverbot wird wirksam mit der Rechtskraft des Urteils (§ 44 II 1 StGB). Darüber ist der Angeklagte im Anschluss an die Urteilsverkündung zu belehren (§ 268c StPO).

7. Maßnahmen eigener Art

63 Maßnahmen eigener Art sind der Verfall und die Einziehung (§§ 73ff., 74ff. StGB; *Schäfer/Sander/van Gemmeren,* Rn. 240). Die Eingriffsgrundlagen namentlich für das Ermitlungsverfahren in den §§ 111b bis 111n StPO stellen einen frühzeitigen Zugriff auf das Vermögen des Beschuldigten sicher und ermöglichen damit, dass die erst mit der Rechtskraft des späteren Urteils vollstreckbaren Entscheidungen über Verfall und Einziehung (§ 449 StPO) nicht durch in der Zwischenzeit vorgenommene Verfügungen leerlaufen (vgl. *Schäfer/Sander/van Gemmeren,* Rn. 245).

64 a) **Verfall.** Hat der Angeklagte aus der angeklagten prozessualen rechtswidrigen Tat oder für diese „etwas erlangt", so wird vom Gericht **zwingend** der Verfall des Erlangten angeordnet (§ 73 I 1 StGB). Der Zugriff im Wege des Verfalls erfolgt nicht lediglich auf die Tatgewinne, sondern auf das sämtliche aus der Tat Erlangte (vgl. *BGH,* Beschl. v. 30. 3. 2011 – 4 StR 25/11 [zum Tatlohn]). Etwaige Aufwendung zur Begehung der Tat rechtfertigen keinen Abzug und keine Berücksichtigung bei der Strafzumessung (sog. **Bruttoprinzip;** vgl. *Fischer,* § 73 Rn. 3; *BGH,* Beschl. 15. 3. 2011 – 1 StR 75/11).

65 Dem Verfall unterliegen alle Vermögensvorteile die der Täter oder Teilnehmer aus der Tat erlangt hat. Damit kommen sowohl körperliche Sachen als auch Rechte in Betracht. Dabei ist unerheblich, ob der Angeklagte in dieser Höhe auch einen Gewinn aus der Tat erzielt hat (*Schäfer/Sander/van Gemmeren,* Rn. 241). Die Abschöpfung des rechtswidrig Erlangten durch Verfall und erweiterten Verfall führt über die Beachtung unbilliger Härten nach § 73c StGB hinaus grundsätzlich **nicht zu einer Strafmilderung** (vgl. dazu *BGH,* Beschl. v. 31. 3. 2011 – 4 StR 102/11 Rn. 4; *Schäfer/Sander/van Gemmeren*, Rn. 242). Eine Erörterung des § 73c StGB in den Urteilsgründen bedarf es nur, sofern nahe liegende Anhaltspunkte dafür gegeben gegeben sind (*BGH,* Beschl. v. 15. 3. 2011 – 1 StR 75/11).

66 Mit Rechtskraft der den Verfall anordnenden Entscheidung geht das Eigentum an der Sache oder das verfallene Recht auf den Staat über (§ 73e I 1 StGB); Rechte Dritte bleiben bestehen (§ 73e I 2 StGB). Im Urteil ist zu tenorieren:

Ein Betrag in Höhe von € 10.000,– EUR wird für verfallen erklärt.

67 Scheitert eine Verfallsanordnung dieser Art daran, dass der Gegenstand nicht mehr vorhanden ist, so erfolgt obligatorisch die Anordnung des **Wertersatzverfalls** (*Fischer,* § 73a Rn. 3); ein Geldbetrag bis zu der Höhe wird angeordnet, die dem Wert des eigentlich Erlangten entspricht (§ 73a StGB).

In Höhe von 10.000,– EUR wird der Wertersatzverfall angeordnet.

68 Bei bestimmten Delikten, die auf § 73d StGB verweisen, ist der Verfall von Gegenständen auch anzuordnen, wenn die Voraussetzungen des Verfalls nach §§ 73ff. StGB nicht vorliegen, aber Umstände die Annahme rechtfertigen, dass der Angeklagte diese Gegenstände für rechtswidrige Taten oder aus ihnen erlangt hat (sog. **erweiterter Verfall** nach § 73d StGB). Auch hier kommt ein Verfall des Wertersatzes in Betracht (§ 73d II StGB; *Schäfer/Sander/van Gemmeren,* Rn. 242). Die Vorschrift erleichtert dem Gericht den Nachweis, dass Gegenstände für oder aus einer rechtswidrigen Tat stammen. Allerdings muss der Tatrichter nach erschöpfender Beweiswürdigung die uneingeschränkte Überzeugung von der deliktischen Herkunft der betreffenden Gegenstände gewonnen haben (vgl. nur die Nachweise bei *Fischer,* § 73d Rn. 5). Bevor eine Anordnung im Wege erleichterten Nachweises nach § 73d StGB ergehen kann, ist der Tatrichter überdies gehalten, unter Ausschöpfung sämtlicher Erkenntnismöglichkeiten zu prüfen,

ob die vorrangige Anordnung nach § 73 StGB in Betracht kommt. Eine Anordnung von Verfall oder Wertersatzverfall (§ 111 i II 1 StPO) unterbleibt, wenn Ansprüche des Verletzten aus § 73 a I 2 StGB entgegenstehen (vgl. *BGH,* Beschl. v. 20. 1. 2009 – 4 StR 340/09, v. 28. 10. 2010 – 4 StR 215/10).

b) **Einziehung.** Durch eine vorsätzliche Tat hervorgebrachte (producta sceleris, zB gefälschtes Geld) oder zu ihrer Begehung oder Vorbereitung gebrauchte oder bestimmte Gegenstände (instrumenta sceleris, zB Waffen) können eingezogen werden (§§ 74 ff.). Die Entscheidung steht – anders als bei der Maßnahme des Verfalls – im **pflichtgemäßen Ermessen** des Gerichts (*Fischer,* § 74 Rn. 17). Mit Rechtskraft der Entscheidung geht das Eigentum an der eingezogenen Sache auf den Staat über (§ 74 e StGB). Erforderlich ist, dass der Gegenstand dem Täter zurzeit der Entscheidung gehört oder zusteht (§ 74 I Nr. 1) oder die Gegenstände ihrer Art und den Umständen nach die Allgemeinheit gefährden oder zur Begehung rechtswidriger Taten eingesetzt werden können. Umfasst werden über körperliche Gegenstände hinaus auch Rechte (*Fischer*, § 74 Rn. 3). 69

Scheitert die Einziehung daran, dass der Gegenstand nicht mehr vorhanden (etwa verkauft) ist, so kommt die Einziehung eines Geldbetrags bis zu der Höhe in Betracht, die dem Wert des Gegenstandes entspricht (Einziehung des Wertersatzes, § 74 c I StGB; vgl. *Schäfer/Sander/van Gemmeren*, Rn. 243). 70

Sogenannte Beziehungsgegenstände fallen nicht unter die §§ 74 ff. StGB. Darunter werden Sachen und Rechte gefasst, die nicht zur Tatbegehung bestimmt waren oder aus dieser Herrühren, sondern der notwendige Gegenstand der Tat selbst sind, namentlich Betäubungsmittel, Sprengstoffe oder Waffen (vgl. *Fischer*, § 74 Rn. 10; *Schäfer/Sander/van Gemmeren*, Rn. 243). Ihre Einziehung kann nur erfolgen, wenn diese Maßnahme durch Bezugnahme in Sondervorschriften ausdrücklich angeordnet ist, etwa in §§ 33 II BtMG, 54 WaffG, § 261 VII StGB). 71

Die Urteilsformel ist so konkret wie möglich zu fassen:

Das Butterflymesser (Asservatennummer: 12345/11) wird eingezogen.
Die Pistole Heckler & Koch, P 8, Seriennummer 12345/11, (Asservatennummer 6789/11) wird eingezogen.

8. Maßregeln der Besserung und Sicherung

Zu den Maßregeln der Besserung und Sicherung zählen entsprechend der enumerativen Aufzählung des § 61 StGB die Unterbringung in einem psychiatrischen Krankenhaus (§ 63 StGB), die Unterbringung in einer Entziehungsanstalt (§ 64 StGB), die Unterbringung in der Sicherungsverwahrung (§ 66 StGB), die Führungsaufsicht (§ 68 StGB), die Entziehung der Fahrerlaubnis (§ 69 a StPO) und das Berufsverbot (§ 70 StGB). Zweck der Maßregeln ist es, gefährliche Täter zu bessern oder die Allgemeinheit vor ihnen zu schützen. Die Anordnung der Maßregel ist daher auch bei Schuldunfähigkeit möglich (§§ 63, 64, 69 StGB) und kann den vermindert Schuldfähigen auch neben der – allein an die Feststellung der Schuld geknüpfte – Strafe treffen. 72

a) **Unterbringung in einem psychiatrischen Krankenhaus.** Die Unterbringung in einer psychiatrischen Anstalt dient einerseits der **Sicherung der Allgemeinheit** vor wegen psychischer Erkrankung oder geistiger Behinderung gefährlichen Beschuldigten, gegen die nicht oder nur ein eingeschränkt ein Schuldvorwurf erhoben werden kann; andererseits bezweckt diese Form der Unterbringung auch die **Heilung** in Form einer ggf. medikamentösen Behandlung mit dem Ziel, **Gefahren für Rechtsgüter anderer zukünftig zu verhindern.** Scheidet dies aus, so steht letztlich eine Pflege dieser Täter im Fokus des Vollzugs dieser Maßregel (vgl. *Fischer,* § 63 Rn. 2). 73

Zuständig für die Anordnung einer Unterbringung in einem psychiatrischen Krankenhaus sind die Großen Strafkammern beim Landgericht (§ 74 I 2 GVG). Angesichts des mit dieser Maßregel verbundenen tiefen Rechtseingriffs sollte stets mit drei Berufsrichtern verhandelt und von der Möglichkeit einer Besetzungsreduktion(§ 76 II GVG) kein Gebrauch gemacht werden. Verfahrensrechtlich ist überdies zu beachten, dass nach § 246 a StPO ein Sachverständiger über den Zustand des Beschuldigten und die Behandlungsaussichten zu vernehmen ist. 74

Als Anordnungsvoraussetzung ist zunächst eine rechtswidrige Tat des Beschuldigten (§ 11 I Nr. 5 StGB). 75

Diese **Anlasstat** muss im Zustand möglicher Schuldunfähigkeit oder *sicher* erheblich verminderter Schuldfähigkeit begangen worden sein (§§ 20, 21 StGB). Erforderlich ist daher die positive Feststellung eines länger andauernden, nicht nur vorübergehenden Defekts, der zumindest eine erhebliche Einschränkung der Schuldfähigkeit im Sinne des § 21 StGB *sicher* begründet (*BGH,* NStZ-RR 2007, 74). Zur Prüfungspflicht des Tatrichters führt der BGH (NStZ-RR 2007, 74) aus: 76

„Die richterliche Entscheidung, ob die Fähigkeit des Angeklagten, das Unrecht der Tat einzusehen oder nach dieser Einsicht zu handeln, aus einem der in § 20 StGB bezeichneten Gründe bei Begehung der Tat erheblich vermindert war, erfolgt in einem aus mehreren Schritten bestehenden Verfahren (vgl. iE *Boetticher/Nedopil/Bosinski/Saß,* NStZ 2005, 57). Zuerst ist die Feststellung erforderlich, dass bei dem Angeklagten eine psychische Störung vorliegt, die ein solches Ausmaß erreicht hat, dass sie unter eines der psychopathologischen Eingangsmerkmale des § 20 StGB zu subsumieren ist. Sodann sind der Ausprägungsgrad der Störung und deren Einfluss auf die soziale Anpassungsfähigkeit zu untersuchen. Durch die festgestellten psychopathologischen Verhaltensmuster muss die psychische Funktionsfähig- 77 keit des Täters bei der Tatbegehung beeinträchtigt worden sein. Bei diesem Entscheidungsprozess wird der Richter häufig – soweit die Verhängung von Maßregeln in Betracht kommt, sogar stets (vgl. § 246 a StPO) – auf die Hilfe eines Sachverständigen angewiesen sein und von diesem Ausführungen zur Diagnose einer psychischen Störung, zu deren Schweregrad und deren innerer Beziehung zur Tat erwarten. Gleichwohl handelt es sich sowohl bei der Bejahung eines der Eingangsmerkmale des § 20 StGB als auch bei der Annahme eingeschränkter Schuldfähigkeit um Rechtsfragen. Der Tatrichter hat zum einen bei der Entscheidung darüber die Darlegungen des Sachverständigen zu überprüfen. Zum anderen ist er verpflichtet, seine Entscheidung in einer für das Revisionsgericht nachprüfbaren Weise zu begründen." Allerdings ist die bloße Feststellung, beim Angeklagten sei die Fähigkeit, das Unrecht der Tat einzusehen, bei Begehung der Tat erheblich vermindert gewesen (§ 21 StGB) unzureichend. Diese sagt über die Schuldfähigkeit noch nichts Entscheidendes aus. Vielmehr kommt es darauf an, ob der Täter trotz generell verminderter Einsichtsfähigkeit die Einsicht **im konkreten Fall** hatte oder nicht. Erkannte er das Unrecht seiner Tat, handelte er – unbeschadet seiner eingeschränkten Einsichtsfähigkeit im allgemeinen – voll schuldhaft (vgl. nur *BGH*, Beschl. v. 10. 2. 2005 – 3 StR 3/05; *Fischer*, § 64 Rn. 11).

78 Die Unterbringung nach § 63 StGB setzt neben der positiven Feststellung einer auf einem länger andauernden, nicht nur vorübergehenden geistigen Defekt beruhenden Schuldunfähigkeit (§ 20 StGB) oder erheblichen Verminderung der Schuldfähigkeit (§ 21 StGB) voraus, dass die unterzubringende Person eine rechtswidrige Tat begangen hat, die auf den die Annahme der §§ 20, 21 StGB rechtfertigenden dauerhaften Defekt zurückzuführen ist, dh mit diesem in einem **ursächlichen und symptomatischen Zusammenhang** steht (vgl. *BGH*, Beschl. v. 10. 2. 2005 – 3 StR 3/05).

79 Des Weiteren muss die Gesamtwürdigung von Tat und Täter ergeben, dass – aufgrund des zur Schuldunfähigkeit oder erheblich verminderten Schuldfähigkeit führenden Zustandes – eine über die bloße Möglichkeit hinausgehende Wahrscheinlichkeit (höheren Grades) weiterer erheblicher rechtswidriger Taten besteht und er dadurch eine **Gefahr für die Allgemeinheit** darstellt (vgl. nur *BGH*, NStZ-RR 2003, 232 und *Fischer*, § 63 Rn. 13). Die festgestellte Anlasstat muss für die künftige Gefährlichkeit des Beschuldigten symptomatisch sein, indem sie Ausdruck des Zustands ist, der erhebliche künftige Taten erwarten lässt (vgl. *Fischer*, § 63 Rn. 14).

Die zu erwartenden Straftaten müssen überdies **erheblich** sein. Lediglich befürchtete Bagatelltaten reichen nicht aus (*Fischer*, § 63 Rn. 17). Gerade bei Delikten mit bloßem Belästigungscharakter oder diesen nur eben übersteigenden Folgen ist besondere Sorgfalt bei der Anordnung der unbegrenzten freiheitsentziehenden Maßregel geboten. Aus Gründen der Verhältnismäßigkeit (§ 62 StGB) ist alternativ zu prüfen, ob mittels der weniger tiefgreifenden Anordnungen nach dem **Betreuungsrecht** der Gefahr vorgebeugt und der Beschuldigte angemessen behandelt werden kann. Ist dies nicht naheliegend, dürfte regelmäßig eine Aussetzung der Maßregel zur Bewährung zu erwägen sein (§ 67 b StGB).

80 Wird die Maßregel neben einer Freiheitsstrafe angeordnet, so wird letztere regelmäßig vorrangig vollzogen (§ 67 I StGB). Ist der Zweck der Maßregel leichter zu erreichen, kann die Strafe auch vorweg vollzogen werden (§ 67 II StGB, dazu *Fischer*, § 67 Rn. 5 ff.).

81 **b) Unterbringung in einer Entziehungsanstalt.** Die Unterbringung nach § 64 StGB ist als Maßregel der Besserung auf Heilung (Einübung von Abstinenz und Bewahrung vor einem Rückfall) von stoffgebundenen Abhängigkeiten gerichtet (*Fischer*, § 64 Rn. 2).

82 Im Verhältnis zu den vollstreckungsrechtlichen Sonderregelungen des BtMG geht § 64 StGB diesen vor. Das Tatgericht hat in erster Linie § 64 StGB anzuwenden.

Auch die Anordnung der Unterbringung in einer Entziehungsanstalt ist am Grundsatz der Verhältnismäßigkeit zu messen (§ 62 StGB). Auch hier ist die Frage der Bewährungsaussetzung nach § 67 b StGB daher zu prüfen.

83 Als Anordnungsvoraussetzung ist zunächst ein **Hang** vorliegen, Rauschmittel (Alkohol, Betäubungsmittel des BtMG oder auch Arzneimittel) im Übermaß zu konsumieren. Dieser muss durch den Tatrichter sicher festgestellt werden (*Fischer*, § 64 Rn. 3). Ein Übermaß ist abzugrenzen von der bloßen Neigung und ist anzunehmen, wenn Gesundheit, Arbeits- oder Leistungsfähigkeit durch den Rauschmittelkonsum erheblich beeinträchtigt werden (*Fischer*, § 64 Rn. 6).

84 Ferner muss eine **rechtswidrige Tat** (§ 11 Nr. 5 StGB) beliebiger Art durch das Tatgericht festgestellt werden, die der Angeklagte im Rausch begangen hat oder die auf den festgestellten Hang zurückgeht. Die Anlasstat muss **Symptomwert** für den Hang aufweisen (*Fischer*, § 64 Rn. 10, *BGH*, Beschl. v. 25. 5. 2011 – 4 StR 27/11).

85 Erforderlich ist überdies, dass die Gefahr besteht, dass der Angeklagte zumindest auch infolge seines Hangs erhebliche **rechtwidrige Taten begehen wird.** Anders als bei § 63 StGB muss nicht festgestellt werden, dass der Angeklagte auch für die Allgemeinheit gefährlich ist (*Fischer*, § 64 Rn. 13).

86 Dabei setzen Anordnung und Vollzug des § 64 StGB die hinreichend konkrete Aussicht voraus, dass der Angeklagte zu heilen oder jedenfalls über eine längere Zeit vor einem Rückfall zu bewahren ist (*Appl* in: FS Rissing-van Saan, 2011, S. 52); dass der **Behandlungserfolg** etwa „nicht von vornherein als aussichtslos" zu betrachten sei, ist mit Blick auf den Gesetzeswortlaut eine rechtsfehlerhafte Wendung. (vgl. nur *BGH*, Beschl. 15. 3. 2011 – 4 StR 61/11).

Bei der Anordnung einer Unterbringung nach § 64 StGB ist der Tatrichter gehalten (§ 67 II 2 und 3 StGB), für das Revisionsgericht nachvollziehbar darzulegen, ob und gegebenenfalls in welchem Umfang ein Vorwegvollzug der Strafe unter Berücksichtigung der ebenfalls in den Urteilsgründen zu erörternden Therapiedauer zu erfolgen hat (vgl. nur *Appl* in: FS Rissing-van Saan, 2011, S. 39). 87

c) **Unterbringung in der Sicherungsverwahrung.** Eine der Bedeutung der Sicherungsverwahrung als schwerste Rechtsfolge des deutschen Strafrechts angemessene Darstellung sprengte den hier zur Verfügung stehenden Rahmen. Hinzuweisen ist allein darauf, dass eine reduzierte Besetzung nach § 76 II GVG mit der Tiefe des mit der Maßregelanordnungen verbundenen Grundrechtseingriffs gerade aber auch der Komplexität der mit ihre verbundenen rechtlichen wie tatsächlichen Fragen nicht mehr korrespondiert und daher stets in der Besetzung mit drei Berufsrichtern verhandelt werden sollte. 88

Vor der Anordnung der Sicherungsverwahrung ist die aktuelle höchst- und verfassungsgerichtliche Rechtsprechung in den Blick zu nehmen. Die mit der Maßregel verbundenen dogmatischen wie rechtspolitischen Fragen sind, namentlich seit dem Urteil des Bundesverfassungsgerichts vom 4. 5. 2011 – 2 BvR 2365/09 u. a., in erheblicher Bewegung. 89

Mit diesem Urteil hat das Bundesverfassungsgericht die Regelungen des Strafgesetzbuchs über die Sicherungsverwahrung mangels ausreichender Wahrung des „Abstandsgebots" (vgl. *BVerfG,* NStZ 2011, 450, 452) für unvereinbar mit dem – auch im Blick der Wertungen des Art. 7 I MRK auszulegenden – Freiheitsgrundrecht erklärt und eine gesetzliche Neuregelung bis 31. 5. 2013 verlangt. Bis zum Inkrafttreten dieser Neuregelungen muss bei der Rechtsanwendung der Tatsache Rechnung getragen werden, dass es sich bei der Sicherungsverwahrung in ihrer derzeitigen Ausgestaltung um einen verfassungswidrigen Eingriff in das Freiheitsgrundrecht aus Art. 2 II 2 in Verbindung mit Art. 104 I GG handelt. Der hohe Wert des Freiheitsgrundrechts beschränkt das übergangsweise zulässige Eingriffsspektrum. Während der Übergangszeit dürfen Eingriffe nur so weit reichen, wie sie unerlässlich sind, um die Ordnung des betroffenen Lebensbereichs aufrechtzuerhalten. Dabei ist gegebenenfalls eine verfassungskonforme Auslegung des Normgehalts zu beachten (vgl. *BVerfGE* 109, 190, 239 mwN). Die Regelungen dürfen nur nach Maßgabe einer strikten Verhältnismäßigkeitsprüfung angewandt werden (vgl. *BVerfGE* 109, 190, 240). Das gilt insbesondere im Hinblick auf die Anforderungen an die Gefahrprognose und die gefährdeten Rechtsgüter. In der Regel wird der Verhältnismäßigkeitsgrundsatz nur unter der Voraussetzung gewahrt sein, dass eine Gefahr schwerer Gewalt- oder Sexualstraftaten aus konkreten Umständen in der Person oder dem Verhalten des Betroffenen abzuleiten ist (*BVerfG,* NStZ 2011, 450, 453). 90

Überdies hat es § 67d III 1 StGB (idF des Gesetzes zur Bekämpfung von Sexualdelikten und anderen gefährlichen Straftaten vom 26. 1. 1998, Bundesgesetzblatt I Seite 160) in Verbindung mit § 2 VI des StGB – soweit er zur Anordnung der Fortdauer der Sicherungsverwahrung über zehn Jahre hinaus auch bei Verurteilten ermächtigt, deren Anlasstaten vor Inkrafttreten von Artikel 1 des Gesetzes zur Bekämpfung von Sexualdelikten und anderen gefährlichen Straftaten vom 26. 1. 1998 begangen wurden – und § 66b II StGB (idF des Gesetzes zur Reform der Führungsaufsicht und zur Änderung der Vorschriften über die nachträgliche Sicherungsverwahrung vom 13. 4. 2007, BGBl. I S. 513) und § 7 II JGG (idF des Gesetzes zur Einführung der nachträglichen Sicherungsverwahrung bei Verurteilungen nach Jugendstrafrecht vom 8. 7. 2008, BGBl. I S. 1212) für unvereinbar mit dem Freiheitsgrundrecht in seiner Ausprägung durch den rechtsstaatlichen gebotenen Vertrauensschutz und damit für verfassungswidrig erklärt. In beiden Fällen dürfen die Unterbringung in der Sicherungsverwahrung beziehungsweise ihre Fortdauer nur noch angeordnet werden, wenn eine hochgradige Gefahr schwerster Gewalt- oder Sexualstraftaten aus konkreten Umständen in der Person oder dem Verhalten des Untergebrachten abzuleiten ist und dieser an einer psychischen Störung im Sinne von § 1 I Nr. 1 des Gesetzes zur Therapierung und Unterbringung psychisch gestörter Gewalttäter (Therapieunterbringungsgesetz – ThUG) leidet (vgl. auch *BGH,* NStZ 2011, 453; *Greger,* NStZ 2010, 676). 91

d) **Entziehung der Fahrerlaubnis.** Auch für die Maßregel der Entziehung der Fahrerlaubnis (§§ 69ff. StGB) bedarf es einer rechtswidrigen Tat, die im Zusammenhang mit dem Führen eines Kraftfahrzeuges oder unter Verletzung der Pflichten eines Kraftfahrzeugführers begangen worden ist. Zudem muss sich aus dem Bild der Tat ergeben, dass der Täter **zum Führen von Kraftfahrzeugen ungeeignet** ist. Die fehlende Eignung kann auf geistigen, körperlichen oder charakterlichen Mängeln beruhen. Regelmäßig ungeeignet ist insoweit, wer eine der in § 69 II StGB aufgezählten Taten (Trunkenheitsfahrt, Unfallflucht, Vollrausch) begangen hat. 92

Dabei muss sich aus der festgestellten Anlasstat der Schluss ziehen lassen, dass der Angeklagte bereit ist, die Sicherheit des Straßenverkehrs seinen kriminellen Interessen unterzuordnen. Fehlen daher **verkehrsspezifische Tatumstände** bei der festegestellten Anlasstat, werden an die Anordnung des § 69 StGB besonders strenge Maßstäbe angelegt (vgl. *BGH* [GS], NJW 2005, 1957; *Fischer,* § 69 Rn. 44). 93

Die Fahrerlaubnis erlischt mit Rechtskraft des Urt. (§ 69 III StGB). Die Urteilsformel ist insoweit wie folgt zu fassen:

Die Fahrerlaubnis wird entzogen. Der Führerschein wird eingezogen.

94 Mit der Entziehung der Fahrerlaubnis wird zugleich eine **Sperre** angeordnet, vor deren Ablauf die zuständige Verwaltungsbehörde eine Fahrerlaubnis nicht (neu) erteilen darf (§ 69a StGB). Die Sperrfrist kann zwischen 6 Monaten und 5 Jahren betragen; in besonderen Fällen kann sie auch auf Lebenszeit angeordnet werden (zur Erhöhung und Verminderung der Sperrzeit vgl. § 69a III, IV, VI StGB). Das Gericht bemisst die Dauer der Sperre nach der voraussichtlichen Zeit der Ungeeignetheit des betreffenden Kraftfahrers (*Fischer,* § 69a Rn. 9). Die Sperre kann auch isoliert angeordnet werden (§ 69a I 3 StGB), wenn der Angeklagte eine Fahrerlaubnis nicht innehat. Allerdings ist hier die Persönlichkeit der Angeklagten genau in den Blick zu nehmen; es kann etwa vermieden werden, einen ausschließlich nach § 21 StVG auffälligen Angeklagten durch wiederholte Sperrfristanordnungen ein rechtmäßige Führen eines KfZ faktisch dauerhaft zu verwehren und ihn in die Nähe von Freiheitsstrafen zu bringen. Hier kann möglicherweise unter Anwendung des § 69 II StGB im Einzelfall eine sowohl den Sicherheitsinteressen der Allgemeinheit als auch dem Interesse des Angeklagten gerecht werdende einmalige Ausnahme ermöglicht werden.

95 Die Sperrfrist ist wie folgt im Tenor auszusprechen:

Die Fahrerlaubnisbehörde wird angewiesen, dem Angeklagten vor Ablauf von noch (ab dem Zeitpunkt der Rechtskraft bemessen, sic!) 3 Jahren keine neue Fahrerlaubnis zu erteilen.

9. Rechtsfolgen im Jugendstrafrecht

96 Im Jugendstrafrecht besteht ein besonderes Rechtsfolgensystem. Dort können Erziehungsmaßregeln (§§ 9ff. JGG: Weisungen, Erziehungshilfe), Zuchtmittel (§§ 13ff. JGG: Verwarnung, Auflagen, Jugendarrest) und Jugendstrafe (§§ 17ff. JGG) verhängt werden.

97 Im Regelfall beträgt das **Mindestmaß der Jugendstrafe sechs Monate,** das Höchstmaß 5 Jahre. Soweit es sich allerdings um ein Verbrechen handelt, für das nach allgemeinem Strafrecht eine Höchststrafe von mehr als zehn Jahren angedroht ist (zB beim Mord nach § 211 StGB), erhöht sich das Höchstmaß auf zehn Jahre (§ 18 I 1 und 2 JGG). Bei mehreren Straftaten oder auch bei Einbeziehung früherer Entscheidungen werden stets nur einheitlich Erziehungsmaßregeln, Zuchtmittel oder eine Jugendstrafe festgesetzt (§ 31 JGG).

98 Die Vollstreckung einer Jugendstrafe bis zur Höhe von zwei Jahren kann zur Bewährung ausgesetzt werden (§§ 21ff. JGG). Abweichend vom allgemeinen Strafrecht besteht die Möglichkeit, auch die **Entscheidung über die Verhängung der Jugendstrafe** ebenfalls zur Bewährung auszusetzen (sog. Vorbewährung, §§ 27ff. JGG).

99 Als Maßregeln sind die Unterbringung in einem psychiatrischen Krankenhaus oder einer Entziehungsanstalt, die Führungsaufsicht und die Entziehung der Fahrerlaubnis zulässig (§ 7 JGG). Mit Wirkung zum 1. 1. 2011 ist auch die nachträgliche Anordnung der Sicherungsverwahrung gegen Jugendlichen zulässig (§ 7 II, § 81a JGG). Nebenfolgen dürfen hingegen nicht angeordnet werden (§ 6 JGG).

II. Vorgang der Strafzumessung

100 Der Strafzumessungsvorgang vollzieht sich nach der insoweit für die Rechtsprechung grundlegenden „Spielraumtheorie" des BGH in drei Schritten (*BGHSt* 29, 319, 320; *Schäfer/Sander/van Gemmeren,* Rn. 487ff.; modifizierte Strukturierungen bei *Fischer,* § 46 Rn. 13ff.): Im ersten Schritt wird der gesetzliche Strafrahmen festgestellt. Danach wird die Tat in den so gefundenen Strafrahmen eingeordnet. Abschließend wird die Strafart gewählt und endgültig die Strafhöhe bestimmt. Dass diese Schritte gedanklich vollzogen worden sind, muss in den schriftlichen Gründen des Urteils erkennbar sein.

1. Bestimmung des Strafrahmens

101 Ausgangspunkt für die Bestimmung des Strafrahmens ist derjenige Strafrahmen, der im Besonderen Teil des StGB für den durch den Angeklagten verwirklichten Tatbestand vom Gesetzgeber vorgesehene ist. Wesentliche Fragestellung im ersten Zumessungsschritt ist, ob dieser Strafrahmen unverändert für die weitere Strafzumessung zu Grunde gelegt werden kann oder ob er – und wenn ja wodurch – er modifiziert wurde. Eine solche Modifikation des Strafrahmens kommt in Betracht, wenn der Angeklagte durch dieselbe Handlung mehrere Tatbestände verletzt hat oder auf Grund von bestimmten weiteren Voraussetzungen sogenannte „vertypte" Milderungs- und Schärfungsgründe zu berücksichtigen sind.

102 **a) Qualifikationen oder Privilegierungen.** Nicht zu einer Modifikation des Strafrahmens kommt es bei Qualifikationen (zB § 244 StGB zu § 242 StGB oder §§ 225 III, 226 I, 227 StGB zu § 223 StGB) oder Privilegierungen (zB § 216 StGB zu §§ 212, 211 StGB). Der Gesetzgeber hat bei Qualifikationen oder Privilegierungen durch Hinzufügen weiterer Merkmale neue Tatbestände mit selbständiger strengerer oder milderer Strafandrohung geschaffen. Sind auch diese weiteren Merkmale erfüllt, so ist auch der Strafrahmen des Qualifikations- oder Privilegierungstatbestandes zu Grunde zu legen.

103 **b) Gleichartige Idealkonkurrenz.** Auch bei gleichartiger Idealkonkurrenz nach § 52 I Alt. 2 StGB, also wenn der Angeklagte durch dieselbe Handlung ein Strafgesetz mehrfach verletzt hat, kommt es nicht zu

einer Veränderung des Strafrahmens, da die Strafe – naheliegend – aus eben dem Strafrahmen der verletzten Norm zu entnehmen ist. Der Umstand mehrfacher Begehung kann später im zweiten Zumessungsakt straferhöhend bewertet werden (*Fischer,* § 52 Rn. 4).

c) **Ungleichartige Idealkonkurrenz.** Bei ungleichartiger Idealkonkurrenz, der Verletzung mehrerer Strafgesetze durch dieselbe Handlung des Angeklagten, wird die Strafe nach dem Gesetz bestimmt, das die schwerste Strafe androht, § 52 II 1 StGB. Dies richtet sich sowohl nach der Höhe, als auch nach der Art der Strafe (Freiheitsstrafe, Geldstrafe). Andererseits üben die Strafgesetze, aus denen die Strafe nicht entnommen worden ist, eine Sperrwirkung im Hinblick auf die untere Strafrahmengrenze aus. Die Strafe darf nämlich nicht milder ausfallen, als es diese anderen Gesetze zulassen, § 52 II 2 StGB. 104

Beispiel:

Der Angeklagte hat sich einer fahrlässigen Tötung in Tateinheit mit dem unerlaubten Führen einer Schusswaffe schuldig gemacht; zur Bestimmung des zu Grunde zu legenden Strafrahmens sind mithin folgende Strafrahmen zu vergleichen:
§ 222 StGB: 5 bis 360 Tagessätze Geldstrafe, 1 Monat bis 5 Jahre Freiheitsstrafe
§ 52 I Nr. 1 WaffG: 6 Monate – 5 Jahre Freiheitsstrafe
Die Strafe ist aus dem Strafrahmen des § 52 I Nr. 1 WaffG zu entnehmen, da dieser die schwerere Strafe androht, da insoweit die mildere Wahlmöglichkeit zwischen Geld- und Freiheitsstrafe nicht besteht.

Auch hier kann die Verwirklichung mehrerer Tatbestände in Tateinheit dazu führen, dass die Strafe im zweiten Zumessungsakt höher einzuordnen ist, bezogen auf das Beispiel, dass der Angeklagte neben dem unerlaubten Führen einer Schusswaffe auch fahrlässig einen Menschen getötet hat (vgl. *Fischer,* § 52 Rn. 4). 105

d) **Strafrahmenverschiebung.** Schwerpunkt im ersten Strafzumessungsschritt ist regelmäßig die Prüfung, ob es zu einer Modifikation des Strafrahmens kommt. Dies ist der Fall, wenn eine Strafmilderung nach § 49 I StGB unter bestimmten Voraussetzungen (sog. „vertypte Milderungsgründe") obligatorisch oder fakultativ vorzunehmen ist, wenn eine Strafmilderung nach Ermessen gemäß § 49 II StGB eröffnet ist oder wenn ein besonders schwerer oder andererseits minderschwerer Fall anzunehmen ist. 106

aa) **Vertypte Milderungsgründe** legen Voraussetzungen fest, deren Vorliegen zu einer Verschiebung des Strafrahmens nach den Regeln des § 49 I StGB führen muss (obligatorisch) oder kann (fakultativ). 107

Obligatorische Milderungsgründe sind: 108

- § 27 II 2 StGB (Beihilfe),
- § 28 I StGB (Fehlen besonderer persönlicher Merkmale),
- § 30 I 2 StGB (Versuch der Beteiligung),
- § 35 II 2 StGB (vermeidbarer Irrtum über die Annahme eines entschuldigenden Notstandes),
- § 111 II 2 StGB (öffentliche Aufforderung zu Straftaten ohne Erfolg).

Fakultative Milderungsgründe sind: 109

- § 13 II StGB (Unterlassen),
- § 17 S. 2 StGB (vermeidbarer Verbotsirrtum),
- § 21 StGB (erheblich verminderte Schuldfähigkeit),
- § 23 II StGB (Versuch),
- § 35 I 2 StGB (Notstandsausschluss wegen Zumutbarkeit),
- § 46 a StGB (Täter-Opfer-Ausgleich),
- § 46 b StGB (Aufklärungshilfe; zu § 31 BtMG vgl. *BGH,* Beschl v. 19. 5. 2011 – 3 StR 89/11),
- § 239 a IV StGB (erpresserischer Menschenraub bei Freilassung des Opfers).

Über § 49 I StGB wird der ursprüngliche Strafrahmen sowohl nach seinem Höchstmaß als auch nach seinem Mindestmaß verschoben. Das Höchstmaß wird mit Ausnahme der lebenslangen Freiheitsstrafe auf drei Viertel des angedrohten Höchstmaßes gesenkt, § 49 I Nr. 2 StGB. Soweit das Gesetz ein erhöhtes Mindestmaß der Freiheitsstrafe vorsieht, wird dies gestaffelt nach § 49 I Nr. 3 StGB herabgesetzt, nämlich: 110

- auf 2 Jahre bei einem Mindestmaß von 5 oder 10 Jahren,
- auf 6 Monate bei einem Mindestmaß von 3 oder 2 Jahren,
- auf 3 Monate bei einem Mindestmaß von 1 Jahr,
- auf 1 Monat bei einem Mindestmaß unter 1 Jahr.

Kommen mehrere vertypte Milderungsgründe zusammen, so wird der Strafrahmen auch mehrfach wie in § 49 I StGB beschrieben verschoben. Bei der Milderung ist zu berücksichtigen, dass gemäß § 39 StGB Freiheitsstrafe unter einem Jahr nach vollen Wochen und Monaten und Freiheitsstrafe von längerer Dauer nach vollen Monaten und Jahren bemessen wird. Beträgt das Mindestmaß nach einer Milderung unter 6 Monate Freiheitsstrafe, so ist dann auch immer zu prüfen, ob auch eine Geldstrafe in Betracht kommt, § 47 II StGB. Für die im StGB geltenden Strafrahmen stellt sich die erste und zweite Milderung nach § 49 I StGB daher wie folgt dar (vgl. auch *Schäfer/Sander/van Gemmeren,* Rn. 506): 111

112

Strafrahmen des verletzten Strafgesetzes	1. Milderung nach § 49 I StGB	2. Milderung nach § 49 I StGB
lebenslang	3 J bis 15 J	6 M bis 11 J 3 M
lebenslang oder 10 J bis 15 J	3 J bis 15 J oder 2 J bis 11 J 3 M	6 M bis 11 J 3 M oder 6 M bis 8 J 5 M
10 J bis 15 J	2 J bis 11 J 3 M	6 M 8 J 5 M
5 J bis 15 J	2 J bis 11 J 3 M	6 M 8 J 5 M
3 J bis 15 J	6 M bis 11 J 3 M	1 M bis 8 J 5 M
2 J bis 15 J	6 M bis 11 J 3 M	1 M bis 8 J 5 M
1 J bis 15 J	3 M bis 11 J 3 M	1 M bis 8 J 5 M
1 J bis 10 J	3 M bis 7 J 6 M	1 M bis 5 J 7 M
1 J bis 5 J	3 M bis 3 J 9 M	1 M bis 2 J 9 M
6 M bis 10 J	1 M bis 7 J 6 M	1 M bis 5 J 7 M
6 M bis 5 J	1 M bis 3 J 9 M	1 M bis 2 J 9 M
3 M bis 10 J	1 M bis 7 J 6 M	1 M bis 5 J 7 M
3 M bis 5 J	1 M bis 3 J 9 M	1 M bis 2 J 9 M
bis 10 J	bis 7 J 6 M	bis 5 J 7 M
bis 5 J	bis 3 J 9 M	bis 2 J 9 M
bis 3 J	bis 2 J 3 M	bis 1 J 8 M
bis 2 J	bis 1 J 6 M	bis 1 J 1 M
bis 1 J	bis 9 M	bis 9 M 3 Wochen
bis 6 M	bis 4 M 2 Wochen	bis 3 M 1 Woche
nur Geldstrafe nach § 40 I StGB (5 bis 360 TS)	5 bis 270 TS	5 bis 202 TS

113 *bb)* Neben den vertypten Milderungsgründen kann die Strafe bei etlichen Tatbeständen ohne Vorliegen von gesetzlich bestimmten Voraussetzungen **nach Ermessen** gemildert werden (zB bei den §§ 23 III, 83 a I, 98 II, 113 IV, 129 VI, 129 a VI, 157 II, 158 I, 314 a II StGB). Eine Milderung nach § 49 II StGB führt zu einer erheblichen Strafrahmenerweiterung nach unten. Untergrenze ist dort nämlich das gesetzliche Mindestmaß der Strafen, also gem. §§ 38 II, 40 I StGB ein Monat Freiheitsstrafe bzw. 5 Tagessätze Geldstrafe.

114 *cc)* Eine dritte Form der Strafrahmenverschiebung ergibt sich aus dem Vorliegen **minderschwerer oder besonders schwerer Fälle.** Eine Strafrahmenverschiebung bei minderschweren Fällen sieht das Gesetz bspw. in den §§ 177 V, 213, 224 I a. E., 226 III, 249 II, 250 III StGB vor. Besonders schwere Fälle werden vom Gesetz in drei verschiedenen Formen angeführt. So gibt es den Typus des nicht weiter umschriebenen besonders schweren Falls (zB in § 212 II StGB). Sodann kennt das Gesetz besonders schwere Fälle mit zwingenden, aber nicht abschließenden Beispielen (zB in den §§ 129 IV, 129 a IV, 241 a IV, 292 II, 293 III StGB). Schließlich bestehen zahlreiche Vorschriften, in denen besonders schwere Fälle durch Regelbeispiele umschrieben werden (zB in §§ 240 IV, 243, 253 IV, 263 III, 266 II, 267 III StGB; § 29 III BtMG).

115 Ob eine Strafrahmenverschiebung im Hinblick auf das Vorliegen von minderschweren oder besonders schweren Fällen erfolgen soll, ist im **Einzelfall für jeden Tatbestand** gesondert zu prüfen (*Fischer,* § 46 Rn. 85). Dabei sind im Rahmen einer Gesamtabwägung alle strafzumessungserheblichen Umstände zu berücksichtigen (vgl. *Schäfer/Sander/van Gemmeren,* Rn. 580). Hierbei sind die Aspekte der Strafzumessungsschuld, aber auch die Folgen von Tat, Strafe und Verfahren, bezogen auf den Angeklagten, einzubeziehen (*BGHSt* 35, 148, 149).

116 Minderschwer ist der Fall, wenn das gesamte Tatbild einschließlich aller subjektiven Momente und der Täterpersönlichkeit vom Durchschnitt der erfahrungsgemäß gewöhnlich vorkommenden Fälle in einem Maße abweicht, dass die Anwendung des Ausnahmestrafrahmens geboten erscheint (*BGH,* NStZ 1991, 529, 530). Bei dieser Beurteilung ist eine Gesamtbetrachtung aller wesentlichen entlastenden und belastenden Umstände erforderlich, gleichgültig, ob sie der Tat selbst innewohnen, sie begleiten, ihr vorausgehen oder nachfolgen (vgl. *BGHSt* 26, 97, 98). Nur nach dem auf diese Weise gewonnenen Gesamteindruck kann entschieden werden, ob der ordentliche Strafrahmen den Besonderheiten des Falles gerecht wird oder zu hart wäre.

Für einen minderschweren Fall können darüber hinaus alle vertypten Milderungsgründe (also obligatorische wie fakultative, vgl. *BGH,* NStZ 1987, 72) sprechen. Auch allgemeine Milderungsgründe können zur Einordnung der Tat als minderschwerer Fall führen, wenn diese erhebliches Gewicht aufweisen oder aber gehäuft auftreten, so zB bei: 117

- Geständnis,
- Reue,
- Schadenswiedergutmachung (bzw. Versuch dazu),
- geringem Schaden,
- geringer krimineller Energie,
- geringem Alter,
- dem Fehlen von Vorstrafen.

Die Praxis hat zudem Konstellationen gebildet, bei denen **regelmäßig von minderschweren Fällen** ausgegangen wird, etwa in Fällen, in denen das Opfer die Ungefährlichkeit eines „sonstigen" Mittels iSv § 250 II StGB erkennt (*Boetticher/Sander,* NStZ 1999, 292, 297), das Opfer die Tat provoziert hat (*BGHStV* 82, 575), bei fehlerhafter Belehrung vor Falschaussage und Meineid (*BGH,* NStZ 1984, 134) oder bei fehlerhafter Vereidigung trotz Teilnahmeverdachts (*BGHSt* 8, 186, 189; 23, 30, 31; StV 1986, 341). Wichtig ist zudem die Berücksichtigung einer der Tat vorangegangenen Provokation iSd § 213 Alt. 1 StGB auch bei der Strafrahmenwahl des § 224 StGB, namentlich bei der Prüfung des minder schweren Falls (*BGH,* Beschl. 15. 3. 2011 – 5 StR 44/11; Urt. v. 17. 3. 2011 – 5 StR 4/11). 118

Schließlich kann die Anwendung des geringeren Strafrahmens auch unter dem Aspekt des **gerechten Schuldausgleichs** geboten sein. Beispielsweise bei erheblichen beruflichen Folgen wegen der Verurteilung oder eine geringe Lebenserwartung (vgl. *Schäfer/Sander/van Gemmeren,* Rn. 416 sowie *BGHSt* 35, 148, 149). Eine rechtsstaatswidrige Verfahrensverzögerung wird nach der von der höchstrichterlichen Rechtsprechung entwickelten Vollstreckungslösung (vgl. Rn. 147 ff.) nicht mehr einen minder schweren Fall begründen können, muss aber gleichwohl auch weiterhin bei der Strafzumessung im engeren Sinne berücksichtigt werden (*BGHSt* 52, 124, 146). 119

Ein besonders schwerer Fall liegt – entsprechend der obigen Formel des BGH (s. Rn. 115 f.) – vor, wenn das Tatbild vom Durchschnitt der gewöhnlichen Fälle in erheblicher Weise abweicht. Ein besonders schwerer Fall kann insbesondere auf Grund der Höhe des Schadens oder der Schwere sonstiger Tatfolgen gegeben sein, wobei auch Besonderheiten der Persönlichkeit des Täters in die Gesamtwertung einzubeziehen sind (*Fischer,* § 46 Rn. 89). 120

dd) Soweit die Möglichkeit einer **mehrfachen Strafrahmenverschiebung** zum einen durch Einordnung als minderschweren Fall, zum anderen durch eine vertypte Milderung über § 49 I StGB besteht, dürfen vertypte Milderungsgründe nur einmal Berücksichtigung finden (§ 50 StGB). In diesem Fall stehen grundsätzlich zwei verschiedene Strafrahmen zu Verfügung: 121

Beispiel:

Ein junger, nur geringfügig vorbestrafter, geständiger Angeklagter ist eines versuchten Raubes (§§ 249 I, 22 StGB) schuldig. Ist das Gericht der Auffassung, dass die Kriterien „geringes Lebensalter", „geringfügige Vorstrafen", „Geständnis" bereits eine Einordnung des versuchten Raubes als minderschweren Fall nach § 249 II StGB rechtfertigen, kann eine weitere Milderung wegen des vertypten – bislang unverbrauchten – Milderungsgrundes nach § 23 II StGB erfolgen. Der Strafrahmen würde zwischen einem Monat bis zu 3 Jahren 9 Monaten Freiheitsstrafe liegen. Eröffnet wäre dadurch sogar die Verhängung einer Geldstrafe zwischen 30 und 180 Tagessätzen. Vermag das Tatgericht hingegen nur in der Zusammenschau der vorgenannten Kriterien mit dem vertypten Milderungsgrund aus § 23 II StGB zu einem minderschweren Fall kommen, muss es insoweit bei der einmaligen Strafrahmenverschiebung nach § 249 II StGB bleiben; der vertypte Milderungsgrund aus § 23 II StGB ist im Sinne von § 50 StGB für eine weitere Milderung verbraucht. Der Strafrahmen umfasst in diesem Fall bei 6 Monaten bis zu 5 Jahren Freiheitsstrafe.

Zunächst sind daher stets die nicht vertypten Milderungsgründe zu prüfen. Begründen schon sie einen minderschweren Fall, so kann bei Vorliegen eines vertypten Milderungsgrundes ggf. eine weitere Strafrahmenverschiebung erfolgen (*Fischer,* § 50 Rn. 4; *BGH,* NStZ 1987, 72 *BGH,* NStZ-RR 2005, 142). Wird dies abgelehnt, ist zu erwägen, ob die allgemeinen Milderungsgründe iVm einem oder mehreren vertypten Milderungsgründen die Tat als minderschwer erscheinen lassen. In diesem Fall sind die insoweit eingesetzten vertypten Milderungsgründe für eine weitere Strafrahmenmilderung verbraucht (§ 50 StGB). Der Tatrichter hat in seinen schriftlichen Urteilsgründen beide ggf. in Betracht kommenden Strafrahmen – einerseits minderschwerer Fall unter Berücksichtigung des vertypten Milderungsgrunde, andererseits alleinige Strafrahmenverschiebung über den vertypten Milderungsgrund – darzulegen. Eine genaue Bezifferung der Strafrahmen sollte unterbleiben. Es reicht aus, hier die entsprechenden Normen zu nennen, dadurch offengelegte Rechenfehler zu vermeiden und dem Revisionsgericht durch Mitteilung der Vorschriften die Überprüfung zu ermöglichen. 122

Im Rahmen einer Gesamtabwägung ist zu prüfen, ob statt des in § 49 StGB bestimmten Strafrahmens nicht ein minder schwerer Fall anzuwenden ist, wobei zu erwägen ist, ob das Schwergewicht der Milderung bei dem Grund nach § 49 StGB oder bei den sonstigen Umständen liegt. Im Zweifel wird der für den Angeklagten mildere Strafrahmen zu wählen sein (*Fischer,* § 50 Rn. 5). 123

2. Einordnung der Tat in den Strafrahmen

124 Im zweiten Schritt des Strafzumessungsvorgangs wird die Tat in den gefundenen Strafrahmen eingeordnet. Schuldangemessen ist hierbei jede Strafe, die innerhalb eines – gegenüber dem Strafrahmen wesentlich engeren – konkreten Schuldrahmens, dem sogenannten **„Spielraum" der bereits schuldangemessenen und der noch schuldangemessenen Strafe** liegt (*BGHSt* 7, 28, 32; 20, 264, 267; 24, 132, 133; 29, 319, 320).

125 Dieser Spielraum wird durch Abwägung der Umstände, die für und gegen den Angeklagten sprechen, bestimmt, § 46 II 1 StGB. Wesentliches Kriterium ist nach § 46 I 1 StGB hierbei die Schuld des Täters (Strafzumessungsschuld). Daneben finden die Wirkungen, die von der Strafe für das künftige Leben des Täters in der Gesellschaft zu erwarten sind, ebenfalls Berücksichtigung (§ 46 I 2 StGB; Schuldausgleich).

126 Erste Orientierungshilfe bietet der sogenannte „Regelfall", der den Durchschnittswert der in der Praxis am häufigsten vorkommenden Fälle im Hinblick auf deren Tatschwere darstellt. Da die große Mehrzahl der Taten nur einen geringen Schweregrad aufweist, liegt dieser Wert nicht etwa in der rechnerischen Mitte, sondern regelmäßig in der unteren Hälfte des (nicht gemilderten) Normalstrafrahmens (*BGHSt* 27, 2, 4; 34, 345, 351; *BGH,* NStZ 1988, 85, 86).

127 a) Die Strafzumessungsschuld resultiert zum einen aus dem Grad der persönlichen Schuld des Täters (Handlungsunrecht), zum anderen aus der Schwere der Tat in ihrer Bedeutung für die verletzte Rechtsordnung (Erfolgsunrecht; vgl. *BGHSt* 20, 264, 266; *BGHSt*V 1986, 15; *BGH,* NStZ 1987, 405). Entsprechend dieser Unterteilung kann die Strafzumessungsschuld unter Berücksichtigung der in § 46 II 2 StGB exemplarisch angeführten Kriterien beispielsweise so erfolgen (vgl. *Schäfer/Sander/van Gemmeren,* Rn. 315, 634 zur vergleichenden Strafzumessung bei Tatbeteiligten vgl. *BGH,* NJW 2011, 2597):

128 *aa)* Das **Erfolgsunrecht** wird insbesondere nach folgenden Kriterien bestimmt:

- Schwere der tatbestandsmäßigen Rechtsgutsverletzung
  (zB Anzahl der Geschädigten, Höhe des Schadens bei Vermögensdelikten, Ausmaß der Verletzung bei Körperverletzungsdelikten, vgl. *Schäfer/Sander/van Gemmeren,* Rn. 317 f.),
- Art der Ausführung der Tat,
  (bezogen auf alle Umstände, die die Tat im übrigen begleiten und sie prägen, nämlich Ort, Zeit, Dauer, Mittel der Tat, die Tathandlung selbst und die Beziehungen zwischen Täter und Opfer, vgl. nur *Schäfer/Sander/v Gemmeren,* Rn. 348 ff.),
- etwaiges Mitverschulden des Opfers
  (zB Tatprovokation; fehlerhaftes Verhalten bei Verkehrsdelikten),
- Beseitigung oder Reduzierung des Schadens
  (zB auf Grund der Rückgabe betrügerisch erlangter Waren),
- verschuldete Tatfolgen, die nicht Gegenstand des verwirklichten Tatbestandes sind
  (zB bei bloßen Gefährdungsdelikten der tatsächliche Eintritt des Schadens, bei Sexualdelikten der besondere seelische Schaden, ggf. auch mittelbare Folgen wie etwa ein Selbstmordversuch des Opfers, soweit dem Täter hierfür zumindest Fahrlässigkeit, insbesondere Vorhersehbarkeit, vorzuwerfen ist, vgl. *BGH,* NStZ 1986, 85, 86; *BGH,* StV 1987, 100; *BGHSt* 37, 179, 180; einschränkend gegenüber *GrSenBGHSt* 10, 259).

129 *bb)* Bei der Feststellung des **Handlungsunrechts** sind zu berücksichtigen:

130 *(1)* im Rahmen der Tatbestandsverwirklichung in **objektiver Hinsicht** das Maß der Pflichtwidrigkeit (vor allem bei Fahrlässigkeits- und unechten Unterlassungsdelikten, vgl. *Schäfer/Sander/van Gemmeren,* Rn. 343 f.), wobei die Verletzung beruflicher Pflichten nur straferhöhend wirkt, wenn die berufliche Stellung gerade für das verletzte Rechtsgut erhöhte Pflichten begründet (*Fischer,* § 46 Rn. 44) und der vom Täter offenbarte Tataufwand, die „kriminelle Energie", die sich an der konkreten Art der Tatausführung ablesen lässt, wie etwa sorgfältige Planung der Tat, besondere Hartnäckigkeit im Hinblick auf die Tatbegehung oder – mildernd – Erleichterung der Tat durch fehlende Kontrollmechanismen. In subjektiver Hinsicht sind einzustellen die Beweggründe und Ziele des Täters (niedere schärfend, zB Handeln aus grobem persönlichen Eigennutz; menschlich verständliche mildernd, zB Begehung aus wirtschaftlicher Zwangslage; zahlreiche Beispiele bei *Fischer,* § 46 Rn. 26 ff.), die aus der Tat sprechende Gesinnung (aber nur bei besonderer Rohheit; zu politischen und religiösen Überzeugungstätern vgl. *Fischer,* § 46 Rn. 28) oder eine verminderte Einsichtsfähigkeit (unterhalb der Grenze des § 21 StGB; jedoch nur, wenn sie unverschuldet ist, also zB nicht bei Wissen des Täters um seine Neigung zu Straftaten nach Konsum von Alkohol).

131 *(2)* bezüglich des **Verhaltens vor der Tat** sind namentlich zu erwägen eine bisherige Straffreiheit, die regelmäßig strafmildernd zu werten ist (*BGH,* NStZ 1982, 376), (einschlägige) Vorstrafen, eine sozial nützliche Lebensführung (insbesondere bei einmaligem Versagen, vgl. *Schäfer/Sander/van Gemmeren,* Rn. 359) und eine mögliche Warnfunktion von Verfahrenseinstellungen (§§ 153, 153 a, 170 II StPO), soweit die Grundlagen, Umstände und Auswirkungen der Strafverfolgung geklärt sind (vgl. *BGH,* NStZ-RR 2005, 72; NStZ 2006, 620). Verfahren, die nach den §§ 154, 154 a StPO eingestellt worden sind, dürfen berücksichtigt werden, wenn der ausgeschiedene Tatkomplex ordnungsgemäß festgestellt

wurde und der Angeklagte auf die strafschärfende Berücksichtigung hingewiesen wurde (vgl. *BGH*, NStZ 2009, 117).

132 *(3)* bezüglich des **Verhaltens nach der Tat** hat das Gericht in den Blick zu nehmen etwa ein Geständnis, soweit es nicht ausschließlich aus bloßen prozesstaktischen Gründen abgelegt wird (zB bei völliger Aussichtslosigkeit weiteren Leugnens, *BGH*, StV 1991, 106, 108), Einsicht und Reue, Hilfe bei der Aufklärung (als allgemeines Strafzumessungskriterium des in § 31 BtMG, § 46 b StGB niedergelegten Rechtsgedankens), (autonome) Bemühungen um Schadenswiedergutmachung (Täter-Opfer-Ausgleich außerhalb von § 46 a StGB) oder eine Schadensvertiefung und weitere neue Straftaten (soweit sie prozessordnungsgemäß festgestellt sind und ein Zusammenhang mit der zu bewertenden Straftat besteht; vgl. *BGHSt* 34, 209, 210).

133 Vorsicht ist geboten bei Strafzumessungserwägungen, die auf dem Verhalten im Verfahren beruhen. Da der Angeklagte nicht zur Wahrheit verpflichtet ist, darf ihm straferschwerend nicht zur Last gelegt werden, dass er die Tat leugnet; auch darf hieraus nicht gefolgert werden, dass ihm offensichtlich jegliche Einsicht fehlt (vgl. insoweit *Fischer*, § 46 Rn. 50 ff.). Dass Angeklagte versucht hat, seine Tat wie auch die ihr vorausgehenden Umstände wider besseres Wissen mit falschen Angaben zu verharmlosen bzw. zu beschönigen begegnet ebenfalls durchgreifenden rechtlichen Bedenken (vgl. *BGH*, Beschl. 4. 8. 2010 – 3 StR 192/10). Nur bei besonders rechtsfeindlicher Gesinnung kann Leugnen und fehlende Reue straferschwerend gewertet werden (zB bei Anstiftung von Zeugen zur Falschaussage oder deren Einschüchterung, vgl. *Fischer*, § 46 Rn. 51). Auch aufsässiges Verhalten in der Hauptverhandlung oder Flucht aus der Untersuchungshaft kann nicht straferschwerend gewertet werden (vgl. *Schäfer/Sander/van Gemmeren*, Rn. 376).

134 b) Im Hinblick auf die Frage des gerechten Schuldausgleichs sind die Auswirkungen der Strafe, insbesondere die Strafempfindlichkeit, und die Folgen der Tat für den Täter abzuwägen (*BGHSt* 35, 148, 149). Hierbei können als Kriterien von Bedeutung sein (vgl. ausführlich *Schäfer/Sander/van Gemmeren*, Rn. 412):

135 *aa)* für die Frage der **Strafempfindlichkeit** etwa bisherige Unbestraftheit (Ersttäter gegenüber dem „forensisch erfahrenen" Angeklagten), erstmalige Vollstreckung von Freiheitsstrafe, soziale Integrationsdefizite (insbesondere bei Ausländern), geringe Lebenserwartung (zB hohes Alter, Krankheiten, die zum baldigen Tod führen), schwere Krankheit, Kumulation mehrerer Strafformen (zB zusätzliche Einziehung, Geldstrafe neben Freiheitsstrafe);

136 *bb)* im Hinblick auf die **Folgen der Tat** für den Täter die Frage, ob von Strafe abgesehen werden kann (§ 60 StGB, zu den Voraussetzungen s. o. Rn. 53), die etwaige Milderung in analoger Anwendung des Rechtsgedankens aus § 60 StGB bei mittelbaren Folgen der Strafe (*Fischer*, § 60 Rn. 4);

137 *cc)* bezüglich der **Wirkungen des Verfahrens** besonders hohe Verfahrenskosten, außerordentlich lange Verfahrensdauer oder – freilich nur in extremen Ausnahmekonstellationen eine öffentliche Vorverurteilung (vor allem durch die Medien, vgl. dazu auch die restriktive Rechtsprechung, *BGH*, Beschl. v. 30. 3. 2011 – 4 StR 42/11 Rn. 24).

138 c) Bei der Festlegung des Spielraums ist stets das **Verbot der Doppelverwertung** zu beachten. Hiernach dürfen Umstände, die schon Merkmale des gesetzlichen Tatbestandes sind, nicht bei der Strafzumessung berücksichtigt werden (§ 46 III StGB; vgl. als Bsp. *BGHSt* 37, 153, 154).

139 Dem Wortlaut nach scheiden damit alle Merkmale aus, die bereits bei der Bestimmung des gesetzlichen Strafrahmens als maßgeblich verwertet worden sind (s. o. Rn. 66 ff.). So darf beispielsweise bei einer Verurteilung wegen fahrlässiger Tötung nach § 222 StGB nicht als straferschwerend gewertet werden, dass der Täter den Tod eines Menschen verursacht hat. Hierzu gehören auch Wertungen, die letztlich nur das tatbestandsmäßige Verhalten oder den Erfolg umschreiben, wie auch regelmäßige Tatfolgen und Verhaltensweisen (*Schäfer/Sander/van Gemmeren*, Rn. 395). Bei einem Tötungsdelikt darf straferschwerend beispielsweise nicht gewertet werden, dass sich der Täter über das Leben eines anderen hinweggesetzt hat (*BGH*, StV 1982, 167). Strafschärfende Berücksichtigung, dass festgestellte Tötung den „Kindern ihren Vater genommen habe" ist ebenfalls bedenklich mit Blick auf das Doppelverwertungsverbot (§ 46 III StGB, vgl. *BGH*, Beschl. 27. 10. 2011 – 2 StR 489/10). Dass den Hinterbliebenen Leid zugefügt wird, gehört zu den regelmäßigen Tatfolgen eines Tötungsverbrechens; erforderlich ist die Feststellung einer ungewöhnlich schweren Tatbetroffenheit. Auch kann ein minderschwerer Fall nach § 250 III StGB nicht mit der Begründung, dass der Einsatz von Pfefferspray tatsächlich erfolgt sei, verstößt gegen das Doppelverwertungsverbot nach § 46 III StGB (*BGH*, Beschl. v. 21. 12. 2010 – 4 StR 610/10).

140 Über den Wortlaut von § 46 III StGB hinaus besteht das Verbot der Doppelverwertung auch für die Merkmale, die bei besonders schweren Fällen ein Regelbeispiel begründen (*BGHSt*V 1983, 14). Gleiches gilt für Milderungsgründe, die, wenn sie zu einer Strafrahmenverschiebung geführt haben, verbraucht sind (s. o. Rn. 77). Wurde allerdings auf eine Gesamtbeurteilung abgestellt, so können die einzelnen maßgeblichen Gründe – außer dem besonderen Strafmilderungsgrund als solchem – bei der

Strafbemessung innerhalb des gewählten Strafrahmens erneut verwertet werden (vgl. Schönke/Schröder-*Stree/Kintzig*, § 46 Rn. 49).

3. Festlegung der Strafe

141 Im dritten Schritt des Strafzumessungsvorgangs wird die Strafe innerhalb des nach dem zweiten Schritt bestimmten Spielraums endgültig festgelegt. Zur Festlegung der Strafe wird zunächst erwogen, ob präventive Gründe zu einem bestimmten Strafmaß führen. Sodann erfolgt die Wahl der Strafart.

142 a) Präventive Überlegungen, die dazu führen können, dass die Strafe milder oder schärfer ausfällt, sind auf der Grundlage der General- und Spezialprävention möglich.

143 Aus generalpräventiven Gründen soll eine Strafschärfung zulässig sein, wenn eine gemeinschaftsgefährliche Zunahme strukturgleicher Taten festzustellen ist (vgl. *BGH*, Beschl. v. 23. 11. 2010 – 3 StR 393/10 und *BGH*, NStZ 1986, 358), gerade die Strafschärfung geeignet ist, abschreckende Wirkung auszuüben (*BayObLG*, StV 1988, 530, 531) oder der Gefahr einer Nachahmung der Tat vorgebeugt werden soll (*BGH (Holtz)*, MDR 1989, 111; vgl. *Schäfer/Sander/van Gemmeren*, Rn. 467).

144 Integrationspräventive Gründe, die auf der Verteidigung der Rechtsordnung durch Bewahrung des Vertrauens der rechtstreuen Bevölkerung, im Schutze der Rechtsordnung als einer Friedensordnung zu leben, beruhen, sollen sowohl strafschärfende, als auch mildernde Wirkung entfalten können (*Fischer*, § 46 Rn. 9, 10; *Schäfer/Sander/van Gemmeren*, Rn. 468).

145 Überlegungen spezialpräventiver Natur können schärfend insbesondere zur Einwirkung auf Wiederholungstäter, mildernd zur Vermeidung entsozialisierender Wirkung von Strafe Einfluss haben (vgl. näher *Schäfer/Sander/van Gemmeren*, Rn. 473 f.).

146 b) Vielfach wird dem Gericht auch noch in diesem Stadium (nämlich nach Bestimmung des Strafrahmens und Festlegung des Spielraums) die Möglichkeit offen stehen, unter verschiedenen Sanktionen zu wählen. Bei dieser Strafartwahl sind insbesondere zu berücksichtigen:

- Vorrang der Geldstrafe bei Freiheitsstrafe unter 6 Monaten (s. o. Rn. 16 ff.),
- zwingende Aussetzung der Strafe zur Bewährung bei günstiger Sozialprognose bzgl. Freiheitsstrafe unter 6 Monaten (s. o. Rn. 24),
- Zulässigkeit von Geldstrafe statt Freiheitsstrafe im Bereich zwischen 6 Monaten bis zu 1 Jahr (s. o. Rn. 4),
- zwingende Aussetzung der Strafe zur Bewährung bei günstiger Sozialprognose bzgl. Freiheitsstrafe von 6 Monaten bis zu 1 Jahr, soweit die Verteidigung der Rechtsordnung dem nicht entgegensteht (s. o. Rn. 32),
- Kompensierung der engen Voraussetzungen zur Aussetzung der Strafe zur Bewährung bzgl. Freiheitsstrafe von über 1 Jahr bis zu 2 Jahren durch Verhängung einer (zusätzlichen) Geldstrafe oder Verzichts auf Gesamtstrafenbildung (s. o. Rn. 35 ff.).

4. Rechtsstaatwidrige Verfahrensverzögerung

147 Ist der Abschluss eines Strafverfahrens rechtsstaatswidrig derart verzögert, dass dies bei der Durchsetzung des staatlichen Strafanspruchs unter näherer Bestimmung des Ausmaßes berücksichtigt werden muss, so kann es geboten sein nach der **Vollstreckungslösung des Großen Senats** (*BGHSt* 52, 124) ein bezifferter Teil der verhängten Strafe als vollstreckt zu erklären.

148 Dabei hat das Tatgericht zunächst festzustellen, dass die Verfahrensverzögerung ein Ausmaß angenommen hat, das einen Verstoß gegen Art. 6 I EMRK begründet (*BGHSt* 52, 124, 146). Im Urteil müssen dazu die erforderlichen Tatsachen wie Art, Ausmaß und Ursache der Verzögerung Erörterung finden. Wann die Verzögerung als rechtsstaatswidrig zu bewerten ist, muss unter Würdigung der konkreten Umstände des Einzelfalls entschieden werden. Dies kann etwa der Fall sein, wenn zwischen einzelnen Ermittlungshandlungen oder nur zwischen der Aktenübersendung viele Monate liegen (*Schäfer/Sander/van Gemmeren*, Rn. 443 f.). Weitere zu berücksichtigende Faktoren sind das Verhältnis von Tatvorwurf und Verfahrensdauer, die Belastung für den Angeklagten, insbesondere ob er in Untersuchungshaft saß (*Fischer*, § 46 Rn. 122).

149 Im nächsten Schritt ist festzustellen, wie die Verzögerung zu kompensieren ist. Hier kann bei geringfügigem Gewicht der Rechtsstaatswidrigkeit schon die Feststellung ausreichen, dass das Verfahren rechtsstaatswidrig verzögert worden ist. Bei schwerwiegenden Verstößen bedarf es einer weitergehenden Kompensation dergestalt, dass ein **Teil der Strafe als vollstreckt** gilt. Wesentliche Faktoren für die Bestimmung der Kompensation sind daher das Gewicht des Verfahrensverstoßes, die dadurch entstandene Belastung für den Angeklagten sowie die Frage, ob die Kompensation nicht allein durch die allgemeine Strafzumessung erfolgen kann (vgl. *Schäfer/Sander/van Gemmeren*, Rn. 443 b). Denn grds. behält die Verfahrensverzögerung als Milderungsgrund für die Strafzumessung ihre Bedeutung (*BGHSt* 52, 124, 146). Hält das Gericht lediglich die Feststellung der rechtsstaatswidrigen Verfahrensverzögerung für ausreichend, so wird diese in den Urteilsgründen ausgeführt (*BGH*, StV 2008, 298). Reicht dies als Kompensation nicht aus, so wird ein Teil der Strafe in entsprechender Anwendung des § 51 I StGB als bereits vollstreckt erklärt. Die Höhe des Vollstreckungsabschlages ist im Einzelfall zu entscheiden und wird sich auf ein eher geringen Bruchteil der Strafe beschränken (*BGHSt* 52, 124, 146).

150 Der Vollstreckungsabschlag ist im Tenor festzuhalten. Der Tenor lautet dann:

Der Angeklagte ist ... schuldig. Er wird zu einer Freiheitsstrafe von sechs Jahren verurteilt. Von dieser gelten acht Monate als bereits vollstreckt.

III. Gesamtstrafenbildung

Bei Begehung mehrerer Straftaten im materiellen Sinne ist für jede Tat nach den Grundsätzen der Strafzumessung eine Einzelstrafe zu bilden. Aus den jeweiligen Einzelstrafen wird eine Gesamtstrafe gebildet, wenn die ihnen zugrundeliegenden Taten gemeinsam zur Verurteilung kommen (§ 53 StGB) oder aber hätten kommen können (§ 55 StGB). Soweit gleichartige Einzelstrafen verhängt worden sind besteht für das Gericht die Pflicht zur Gesamtstrafenbildung, § 53 I StGB. Treffen hingegen Geldstrafe und Freiheitsstrafe zusammen, steht es im Ermessen des Gerichts, ob eine Gesamtstrafe gebildet werden soll, § 53 II StGB. Ist die Gesamtstrafenbildung im Urteil unterblieben, kann sie später im Beschlusswege nachgeholt werden, § 460 StPO; zum Verfahren insoweit vgl. §§ 462, 462 a StPO. 152

1. Strafrahmen

Der Strafrahmen der Gesamtstrafe muss einerseits höher als die höchste Einzelstrafe („Einsatzstrafe") sein, § 54 I 2 StGB. Bei Strafen verschiedener Art ist Einsatzstrafe die nach ihrer Art schwerste Strafe. Eine Freiheitsstrafe wiegt stets schwerer als eine Geldstrafe. Andererseits muss der Strafrahmen unter der Summe aller Einzelstrafen liegen, § 54 II 1 StGB. Bei zeitigen Freiheitsstrafen darf er 15 Jahre und bei Geldstrafen 720 Tagessätze nicht übersteigen, § 54 II 2 StGB. 153

Eine Sonderregelung besteht für den Fall, dass eine Einzelstrafe eine lebenslange Freiheitsstrafe ist. Hier ist gemäß § 54 I 1 StGB auch auf lebenslange Freiheitsstrafe als Gesamtstrafe zu erkennen. 154

Bei der Bildung von Gesamtstrafen, die über ein Jahr Freiheitsstrafe liegen müssen, ist zu beachten, dass die Bemessung der Strafe über ein Jahr grundsätzlich nach Jahren und vollen Monaten erfolgt, vgl. § 39 StGB. Als niedrigstmögliche Gesamtstrafe ist damit regelmäßig auf ein Jahr und ein Monat Freiheitsstrafe zu erkennen. Nur in besonderen Ausnahmefällen wird dieser Grundsatz durchbrochen: Ist beispielsweise eine Gesamtstrafe aus einerseits ein Jahr Freiheitsstrafe und andererseits ein Monat Freiheitsstrafe zu bilden, kann nur auf ein Jahr eine Woche bis zu einem Jahr und drei Wochen erkannt werden (vgl. *Fischer,* § 39 Rn. 6). 155

Beispiele: 156

- Gesamtstrafe aus Geldstrafen in Höhe von 30, 90 und 120 Tagessätzen: Strafrahmen von 121 bis zu 239 Tagessätzen Geldstrafe.
- Gesamtstrafe aus Geldstrafen in Höhe von 60 und 90 Tagessätzen, sowie Freiheitsstrafe von 10 Monaten: Strafrahmen von 10 Monaten 1 Woche bis zu 1 Jahr 2 Monaten Freiheitsstrafe.
- Gesamtstrafe aus Freiheitsstrafen in Höhe von 10 Monaten, 1 Jahr 6 Monaten und 2 Jahren 10 Monaten: Strafrahmen von 2 Jahren 11 Monaten bis zu 5 Jahren 1 Monat Freiheitsstrafe.

2. Strafzumessung

Die Bildung der Gesamtstrafe erfolgt in einem eigenständigen Strafzumessungsvorgang, § 54 I 3 StGB. Eine Formeln wie bspw. „Gesamtstrafe = Einsatzstrafe + übrige Strafen/2" ist unzulässig. Wesentliche Kriterien sind insoweit das Verhältnis der Straftaten zueinander, insbesondere ihr zeitlicher, sachlicher und situativer Zusammenhang, die Häufigkeit ihrer Begehung, sowie die Gleichheit oder Verschiedenheit der verletzten Rechtsgüter und der Begehungsweisen (vgl. *BGHSt* 24, 268, 270). Hinzu kommt eine **zusammenfassende Würdigung** der Person des Angeklagten, insbesondere seine Strafempfindlichkeit, das Gewicht seiner Schuld im Hinblick auf das Gesamtgeschehen, sowie die Frage, ob die Taten Gelegenheitsdelikte ohne innere Verbindung sind oder aus ihnen eine zunehmende rechtsfeindliche Tendenz spricht (krimineller Hang zu Straftaten, Gleichgültigkeit bei Fahrlässigkeitstaten). 157

Dementsprechend wird eine Gesamtstrafe eher im unteren Bereich des Strafrahmens einzuordnen sein, wenn der Täter gleichartige Delikte in zeitlich nahem Abstand begangen hat (*BGH,* StV 1988, 103, 104). Bei zeitlich weit auseinander liegenden Taten, die sich gegen unterschiedliche Rechtsgüter wenden, wird regelmäßig eine Gesamtstrafe im mittleren Bereich des Strafrahmens angezeigt sein. Sind die Taten indes Ausdruck einer zunehmenden rechtsfeindlichen Tendenz, wird eher eine Gesamtstrafe aus dem oberen Bereich des Strafrahmens zu bilden sein. 158

Besonderer Begründung bedarf es, wenn die Bildung einer Gesamtstrafe aus für sich genommen aussetzungsfähigen Freiheitsstrafen im Ergebnis eine Strafaussetzung zur Bewährung fraglich oder gar unmöglich macht. Im ersten Fall kann insoweit bereits dadurch ein besonderer Umstand iSd § 56 II StGB begründet sein (vgl. *Schäfer/Sander/van Gemmeren,* Rn. 164). 159

Soll beim Zusammentreffen von Geld- und Freiheitsstrafe entgegen dem Regelfall (*Fischer,* § 53 Rn. 5) eine Gesamtstrafe nicht gebildet werden, bedarf es insoweit besonderer Begründung. Von einer Gesamtstrafenbildung kann beispielsweise abgesehen werden, wenn die Gesamtstrafe als das schwerere Strafübel erscheint (etwa bei Verlust der Beamtenrechte wegen einer Gesamtstrafe über 1 Jahr, *BGH,* NJW 1989, 2900), oder wenn es wirksamer erscheint, den Verurteilten sowohl an der Freiheit wie am Vermögen zu strafen, insbesondere bei Strafaussetzung zur Bewährung (vgl. *Fischer,* § 53 Rn. 5). 160

161 Wird eine Gesamtstrafe mit einer Geldstrafe gebildet, ist iÜ zu beachten, dass bezüglich der Einzelstrafe(n) die Festsetzung der Tagessatzhöhe nicht unterbleiben darf (*BGHSt* 30, 93, 96; 34, 90, 92).

3. Nachträgliche Gesamtstrafenbildung

162 Aus vielfältigen Gründen kommt es nicht selten dazu, dass bei Verurteilung wegen einer Straftat weitere bereits begangene Taten dem erkennenden Gericht nicht bekannt waren. Wird der Angeklagte wegen dieser Taten später verurteilt, entsteht ihm der Nachteil mangelnder Gesamtstrafenbildung. Denn das erste Gericht hätte, wären bei ihm die Taten angeklagt gewesen, auf eine Gesamtstrafe erkennen müssen. Um den Täter insoweit nicht anders zu stellen, besteht in derartigen Konstellationen die Pflicht zur nachträglichen Gesamtstrafenbildung.

163 a) Dazu muss die vom erkennenden Gericht abzuurteilende Tat zeitlich vor der früheren Verurteilung begangen worden sein; als frühere Verurteilung gilt auch noch eine Entscheidung im Berufungsverfahren, soweit dort ein Sachurteil ergangen ist, § 55 I 2 StGB; also nicht bei einem bloßen Verwerfungsurteil (*Fischer,* § 55 Rn. 6). Weiter muss die frühere Verurteilung gemäß § 55 I 1 StGB rechtskräftig sein und die Strafe darf noch nicht vollständig vollstreckt sein.

Beispiel:

12. 2. 2011	• Begehung eines Diebstahls
5. 3. 2011	• Begehung eines Betruges
18. 5. 2011	• Verurteilung wegen des Diebstahls
1. 12. 2011	• Verurteilung wegen des Betruges unter Einbeziehung der Strafe aus dem Urteil vom 18. Mai 2011

164 Ist im vorherigen Urteil eine Gesamtstrafe gebildet worden, wird diese aufgelöst. Sodann werden die dort verhängten Einzelstrafen mit der jetzt erkannten Strafe zu einer Gesamtstrafe zusammengezogen.

165 Kann die Gesamtstrafenbildung nicht durchgeführt werden, weil eine einbeziehungsfähige Tat bereits vollstreckt ist, muss der dem Täter dadurch entstehende Nachteil mittels **Härteausgleichs** bei der Bemessung der jetzigen Strafe beseitigt werden (*BGH,* St 31, 102, 103; 33, 131, 132; 33, 367, 370).

166 Wenn es der frühere Tatrichter versäumt hat, bestimmte Einzelstrafen festzusetzen, kann eine Gesamtstrafe nicht gebildet werden, indem **fiktive Einzelstrafen** zu Grunde gelegt werden (*BGHSt* 41, 374, vgl. auch *BGH,* St 43, 34, *BGH,* NStZ-RR 2004, 106; teilweise innerhalb der Senate umstritten, *Fischer,* § 55 Rn. 8 a ff.). Insoweit ist davon auszugehen, dass keine frühere Entscheidung vorliegt und ein Härteausgleich vorzunehmen.

167 b) Liegt die jetzt zu verurteilende Tat vor mehreren Urteilen, entfaltet jede Vorverurteilung eine **Zäsurwirkung** mit der Folge, dass alle nach diesem Urteil begangenen Taten nicht in eine Gesamtstrafe mit den unerledigten Vortaten einfließen können (*BGHSt* 9, 370, 383; 32, 190, 193; 33, 367).

Beispiel:

Februar 2007	• Begehung eines Diebstahls
Mai 2008	• Begehung eines Betruges
September 2008	• Verurteilung wegen des Betruges
März 2009	• Begehung einer Unterschlagung
Dezember 2010	• Verurteilung wegen der Unterschlagung
Juni 2011	• Verurteilung wegen des Diebstahls unter Einbeziehung der Strafe aus dem Urteil vom September 2008.

Der Diebstahl hätte nämlich bereits im Jahre 2008 zusammen mit dem Betrug verurteilt werden können. Dieses Urteil entfaltet Zäsurwirkung für die danach begangene Unterschlagung (vgl. *Fischer,* § 55 Rn. 9).

168 c) Beim Zusammentreffen von Geldstrafen mit unterschiedlichen Tagessatzhöhen ist zu beachten, dass die Gesamtgeldstrafe sowohl die Zahl der Tagessätze als auch das Produkt aus Zahl und Höhe der Tagessätze der Einsatzstrafe übersteigen muss; zudem darf sie die Gesamtsumme, die sich aus der Addition von Zahl und Höhe der Tagessätze aller Einzelstrafen ergibt, nicht übersteigen (vgl. *Fischer,* § 54 Rn. 25).

169 Für die Gesamtstrafe muss stets eine **einheitliche Tagessatzhöhe** bestimmt werden. Bei Verschlechterung der wirtschaftlichen Verhältnisse ggü. dem Zeitpunkt des früheren Urteils muss das Produkt aus ihr und der Tagessatzzahl zumindest die Gesamtgeldsumme jeder einbezogenen Einzelstrafe gerade noch überschreiten. Bei Verbesserung muss die Summe der Gesamtgeldstrafe mindestens noch eben hinter der Gesamtgeldsumme aller Einzelstrafen zurückbleiben (vgl. Schönke/Schröder-*Stree-Sternberg/Lieben* § 55 Rn. 37 a). Nach der von Labe in der Vorauflage begründeten *Lab'schen* Formel (vgl. Vorauflage Rn. 127 ff.) bieten sich folgende Berechnungsformeln an:

TSHG (–)	= Tagessatzhöhengrenzwert bei Verschlechterung
TSHG (+)	= Tagessatzhöhengrenzwert bei Verbesserung
GSEinsatz	= Gesamtsumme der Einzelstrafe
GSEinzel	= Gesamtsumme aller Einzelstrafen
TSZ	= Tagessatzanzahl (nach Strafzumessungsgesichtspunkten zu bilden).

TSHG(–) = GSEinsatz: TSZ 170

Die Tagessatzhöhe ergibt sich sodann aus der Aufrundung des Tagessatzhöhengrenzwertes nach oben bzw. bei ungebrochenem EUR-Wert durch dessen Steigerung um einen Euro;

Beispiel:

50 Tagessätze à 30,– EUR = 1500,– EUR
30 Tagessätze à 20,– EUR = 600,– EUR
21,42 EUR (TSHG) = 1.500,– EUR (GSEinsatz): 70 (TSZ im Beispiel);
Tagessatzhöhe mithin (durch Aufrundung) im Ergebnis 22,– EUR.

TSHG(+) = GSEinzel: TSZ 171

Hier ergibt sich die Tagessatzhöhe aus der Abrundung des Tagessatzhöhengrenzwertes nach unten bzw. bei ungebrochenem EUR-Wert durch dessen Verminderung um einen Euro;

Beispiel:

10 Tagessätze à 15,– EUR = 150,– EUR
20 Tagessätze à 45,– EUR = 900,– EUR
42 (TSHG) = 1.050,– EUR (GSEinzel): 25 (TSZ im Beispiel);
Tagessatzhöhe mithin durch Verminderung um einen Euro nach unten im Ergebnis 41,– EUR.

4. Gesamtstrafe, Nebenstrafe, Maßnahmen

Unbeeinflusst von der Gesamtstrafenbildung bleiben Nebenstrafen, Nebenfolgen und Maßnahmen, 172
auf die in der früheren Entscheidung erkannt worden war. Sie sind aufrechtzuerhalten, soweit sie nicht durch die neue Entscheidung gegenstandslos werden, § 55 II 1 StGB.

E. IV. Rechtsbehelfe im Strafprozess

Christine Haumer

Übersicht

Literatur: *Mutzbauer/Brößler,* Strafprozessuale Revision: Eine Anleitung für Klausur und Praxis, 6. Aufl. 2009; *Weidmann/Scherf,* Die Revision im Strafrecht, 2010; *Joachimski/Haumer,* Strafverfahrensrecht, 7. Aufl., 2010. Zur allg. Literatur siehe Literaturverzeichnis E.I u. E.II.

I. Rechtsbehelfe

1. Überblick und Terminologie

1 a) **Rechtsbehelf** ist im Strafrecht der Oberbegriff für alle Formen der Beanstandung von Entscheidungen oder Maßnahmen der Strafverfolgungsorgane.

2 Rechtsmittel sind Beschwerde (III), Berufung (IV) und Revision (V). Sie führen zur Überprüfung einer Gerichtsentscheidung durch die nächsthöhere Instanz. Ein Rechtsmittel eigener Art ist der Antrag des Angeklagten auf Entscheidung des Rechtsmittelgerichts, wenn das Ausgangsgericht das Rechtsmittel nach § 319 I StPO oder § 346 I StPO als unzulässig verworfen hat.

3 Zu den Rechtsbehelfen gehören neben den Rechtsmitteln die Wiedereinsetzung (VI) und die Wiederaufnahme des Verfahrens (VII).

4 b) Rechtsbehelf ist auch der **Einspruch** gegen den Strafbefehl nach §§ 409 I Nr. 7, 410, 411 StPO.

5 c) Bloße Rechtsbehelfe sind weiter **Anträge auf gerichtliche Entscheidung:**

- gegen Anordnungen des Vorsitzenden in der Hauptverhandlung nach § 238 II StPO. Damit können die Prozessbeteiligten (auch Zeugen und Sachverständige) Anordnungen des Vorsitzenden beanstanden. Außerhalb der Hauptverhandlung, insbesondere zu deren Vorbereitung, sind die Anordnungen des Vorsitzenden nicht anfechtbar, auch nicht mit der Beschwerde (§ 305 S. 1 StPO).
- gegen Entscheidungen der ermittelnden Staatsanwaltschaft und ihrer Ermittlungspersonen (zB § 161 a StPO)

- Antrag auf gerichtliche Entscheidung entsprechend, § 98 II 2 StPO für die nachträgliche gerichtliche Überprüfung der Rechtmäßigkeit vollzogener Eingriffsmaßnahmen der Staatsanwaltschaft und ihrer Ermittlungspersonen (*BGHSt* 44, 265, sowie für richterlich angeordnete Ermittlungsmaßnahmen (*BGH*, NJW 00, 84),
- gegen den ablehnenden Bescheid des vorgesetzten Beamten der Staatsanwaltschaft nach § 172 II 1 StPO (Klageerzwingungsverfahren),
- gegen Justizverwaltungsakte oder deren Unterlassung (§ 23 EGGVG),
- gegen eine Maßnahme zur Regelung von Angelegenheiten des Strafvollzugs nach § 109 StVollzG,
- gegen die Kostenfestsetzung des Kostenbeamten nach § 464 b S. 3 StPO, § 104 III 2 ZPO, § 21 II 1 RPflG (befristete Kostenerinnerung).

d) Die **Gegenvorstellung** ist als Rechtsbehelf nur zulässig, wenn sie sich gegen eine Entscheidung richtet, die das Gericht selbst abzuändern oder aufzuheben befugt ist. Das ist bei solchen Entscheidungen der Fall, die lediglich der einfachen Beschwerde unterliegen. Die Gegenvorstellung ist unzulässig gegen Entscheidungen, die mit befristeten Rechtsmitteln anfechtbar sind. 6

Auf den nicht förmlichen Rechtsbehelf genügt bei Erfolglosigkeit ein Bescheid des Vorsitzenden. Ändert das Gericht seine Entscheidung auf zulässige Gegenvorstellung hin ab, so ist der ergehende Beschluss wie die ursprüngliche Entscheidung anfechtbar. 7

e) Der durch eine unanfechtbare Entscheidung Betroffene, zu dessen Nachteil ohne seine Anhörung Tatsachen oder Beweisergebnisse außerhalb der Hauptverhandlung (§ 33 II, III StPO) verwertet wurden, kann die **Nachholung des rechtlichen Gehörs** und eine Abänderung der getroffenen Entscheidung beantragen. Das über § 33 a StPO eingeräumte Nachholungsverfahren, das nicht an eine Frist gebunden ist und das auch von Amts wegen durchgeführt werden kann, dient der Vermeidung von Verfassungsbeschwerden mit der Rüge der Verletzung des Art. 103 I GG. Es ist unzulässig, wenn die gesetzlich mögliche Anfechtung versäumt wurde. Die Ablehnung des Antrags auf Nachholung des Gehörs kann mit der Beschwerde angefochten werden. 8

Ein entsprechendes Nachverfahren sieht § 311 a StPO für das Beschwerdegericht vor, wenn es eine Entscheidung zum Nachteil des Gegners des Beschwerdeführers ohne dessen Anhörung geändert hat. 9

f) Die förmlich nicht geregelte, deshalb weder an Frist noch Form gebundene **Dienstaufsichtsbeschwerde** ist zulässig, soweit nicht die richterliche Entscheidung als solche beanstandet wird (§ 26 I DRiG). Sie kann deshalb als Sachaufsichtsbeschwerde erfolgreich nur ein Tun oder Unterlassen des Richters bemängeln, das nicht als Entscheidung in der Sache gesehen werden kann, zB Beleidigung eines Zeugen oder des Angeklagten, schikanöse Terminfestsetzung auf 6.00 Uhr morgens. 10

Die Dienstaufsichtsbeschwerde ist – nach Lage des Falles zweckmäßig mit einer dienstlichen Äußerung – dem dienstaufsichtsführenden Vorgesetzten vorzulegen. Dieser erteilt dem Beschwerdeführer einen Bescheid. 11

g) Rechtsbehelf ist schließlich auch die **Verfassungsbeschwerde** (Art. 93 I Nr. 4 a GG, § 13 Nr. 8 a BVerfGG). Sie kann von Betroffenen, nicht aber der Staatsanwaltschaft, gegen gerichtliche Entscheidungen (Urteile und Beschlüsse) nach Erschöpfung des Rechtswegs mit der Behauptung erhoben werden, der Beschwerdeführer sei in seinen Grundrechten verletzt. Hierzu gehören insbesondere die sog. Verfahrensgrundrechte (Art. 20 IV, 33, 38, 101, 103 und 104 GG). Obwohl die gerichtliche Entscheidung des Einzelfalls wegen der Bindung der Gerichte an die Verfassung grds. der Nachprüfung des Bundesverfassungsgerichts (kein „Superrevisionsgericht"!) entzogen ist, greift dieses oft wegen Verletzung „spezifischen Verfassungsrechts" (vor allem der Meinungs- und Kunstfreiheit) in die Rechtsprechung ein. Für den Tatrichter ist deshalb Beachtung der verfassungsrechtlichen Rechtsprechungslinien und besondere Sorgfalt bei der Auslegung von inkriminierten Texten geboten. Gleiches gilt für die Überprüfung von Ermittlungsmaßnahmen. 12

Neben der Anrufung des Bundesverfassungsgerichts kann nach den Bestimmungen des Landesrechts alternativ oder auch nebeneinander (§ 90 III BVerfGG) Verfassungsbeschwerde zu den Landesverfassungsgerichten eingelegt werden. 13

h) Ein völlig selbständiges Verfahren ist das der konkreten Normenkontrolle auf **Richtervorlage** nach Art. 100 I GG (vgl. *Meyer-Goßner,* Einführung Rn. 224–228). Dem Richter ist es verwehrt, ein Gesetz im formellen Sinn wegen Verfassungswidrigkeit nicht anzuwenden. Er kann allerdings ein Gesetz verfassungskonform auslegen. Voraussetzung für den Vorlagebeschluss an das Bundesverfassungsgericht ist, dass die vom Gericht sachlich zu treffende Entscheidung von der als verfassungswidrig angesehenen Norm abhängt. 14

Die Begründung des Vorlagebeschlusses muss ohne Bezugnahme auf andere Schriftstücke oder auf Akten enthalten: 15

- den zur Entscheidung stehenden, genügend aufgeklärten Sachverhalt;
- die für die Entscheidung maßgeblichen einfachrechtlichen Erwägungen;
- Ausführungen, aus welchen Gründen die fragliche Norm mit der Verfassung nicht in Einklang stehen soll, wobei auf die einschlägige Verfassungsrechtsprechung einzugehen ist;

- Erörterung, warum eine verfassungskonforme Auslegung der Norm nicht möglich oder nicht ausreichend ist,
- Darlegung, dass die Nichtanwendung der beanstandeten Norm zu einem anderen Ergebnis führt.

16 Hinsichtlich landesrechtlicher Normen ist entsprechend Richtervorlage nach Maßgabe der landesrechtlichen Vorschriften zu den Landesverfassungsgerichten möglich.

2. Belehrung

17 a) Die Belehrung über die Möglichkeit, eine Entscheidung mit einem Rechtsbehelf anzufechten, ist überall dort **erforderlich,** wo der Rechtsbehelf innerhalb einer gesetzlichen Frist einzulegen ist. Ausdrücklich ist dies geregelt für Rechtsmittel in § 35a StPO. Diese Vorschrift ist entsprechend anzuwenden, wenn gegen Abwesenheitsurteile Wiedereinsetzung (VI) in Betracht kommt (§§ 335 S. 2, 329 III, 412 StPO) oder gegen die Verwerfung eines Rechtsmittels durch den iudex a quo der Antrag auf Entscheidung des Rechtsmittelgerichts möglich ist (§§ 319 II 3, 346 II 2 StPO).

18 b) Die **unterbliebene** Belehrung hat auf den Fristablauf keine Auswirkung. Der Rechtsbehelfberechtigte kann jedoch Antrag auf Wiedereinsetzung stellen, wobei die unverschuldete Fristversäumung dann vermutet wird (§ 44 S. 2 StPO).

19 c) Die **Form** der Belehrung ist gesetzlich nicht vorgeschrieben. Sie kann mündlich oder durch Aushändigung eines entsprechenden Merkblatts erteilt werden. Die Protokollierung zu Beweiszwecken ist geboten. Bei schriftlicher Erteilung mit der Zustellung einer Entscheidung ist auf einen entsprechenden Vermerk in der Zustellungsurkunde zu achten.

20 d) Der **Inhalt** der Belehrung muss darauf gerichtet sein, dass der Anfechtungsberechtigte über Form und Frist der möglichen Rechtsbehelfe unterrichtet ist. Unvollständige Belehrung steht deren Unterlassen gleich.

3. Auslegung von Rechtsbehelfen

21 Bei jeder Eingabe eines Prozessbeteiligten ist zu prüfen, ob damit eine Maßnahme oder Entscheidung des Gerichts beanstandet werden soll. Die Erklärung ist nach allg. Grundsätzen **auszulegen.** Die fehlerhafte Bezeichnung ist unbeachtlich (§ 300 StPO), wenn der Anfechtungswille erkennbar und ein statthafter Rechtsbehelf gegeben ist.

Kommen mehrere Rechtsbehelfe in Frage, so bedarf die nicht eindeutige Erklärung der Auslegung nach der Angriffsrichtung und dem erkennbaren Interesse des Beschwerdeführers. Bei verbleibenden Zweifeln ist uU bei diesem Rückfrage zu nehmen. Vorrang hat bei der Auslegung stets der zulässige und sodann der begründete Rechtsbehelf.

Besondere Aufmerksamkeit ist bei Teilanfechtungen geboten (s. Rn. 40 ff.).

4. Anfechtungsberechtigung

22 a) Anfechtungsberechtigt ist allgemein der durch gesetzliche Vorschrift dazu Ermächtigte. Neben dem Beschuldigten und der Staatsanwaltschaft (§ 296 I StPO) sind der Verteidiger (§ 297 StPO), der gesetzliche Vertreter (§ 298 I StPO; BGB maßgeblich!) oder der Erziehungsberechtigte (§ 67 III JGG), der Privatkläger (§ 390 I StPO) und der Nebenkläger (§ 401 I StPO) anfechtungsberechtigt. Darüberhinaus sieht das Gesetz Rechtsbehelfe auch für andere Verfahrensbeteiligte (zB für Zeugen, Sachverständige oder Zuhörer) vor, wenn sich Maßnahmen oder Entscheidungen etwa sitzungspolizeilicher Art (§§ 176 ff. GVG) gegen sie richten.

23 b) Die frühere Rechtsprechung, wonach eine Anfechtungsberechtigung bei prozessualer Überholung entfallen kann, wurde durch die Entscheidung des Bundesverfassungsgerichts *BVerfGE* 96, 27 erheblich eingeschränkt: Eine Beschwerde bleibt statthaft in Fällen tiefgreifender jedoch tatsächlich nicht mehr fortwirkender Grundrechtseingriffe (Wohnungsdurchsuchung, *BVerfG*, NJW 1999, 273; Eingriffe in die körperliche Unversehrtheit, *BVerfG*, NJW 2007, 1345) Es ist in diesen Fällen die Rechtmäßigkeit der Maßnahme zu überprüfen und deren Rechtmäßigkeit festzustellen. Liegt zwischen der Maßnahme und dem gerichtlichen Antrag eine erhebliche Zeitspanne, kann das Rechtsschutzbedürfnis entfallen (*BVerfG*, NJW 2003, 1514). Für die Überprüfung der Rechtmäßigkeit heimlicher Maßnahmen sieht das Gesetz ausdrücklichen Rechtsschutz vor in § 101 VII 2 StPO, wobei hier eine sehr kurze Antragsfrist von 2 Wochen zu beachten ist.

Die Anfechtungsberechtigung kann im Übrigen wegen **prozessualer Überholung entfallen,** wenn die Maßnahme vollzogen wurde oder gegenstandslos geworden ist und ein Grundrechtseingriff nicht geltend gemacht wird (vgl. *Meyer-Goßner*, Rn. 18 zu § 296 StPO).

24 Folge: Der Rechtsbehelf ist als unzulässig zu verwerfen.

5. Beschwer

a) Beschwer ist die nachteilige Betroffenheit durch eine strafgerichtliche Entscheidung oder durch deren Unterlassung und Zulässigkeitsvoraussetzung für ein förmliches Rechtsmittel. Behauptung der Beschwer genügt. Sie ist dem Rechtsschutzbedürfnis zuzuordnen. Beschwer ist nur bei unmittelbarer Beeinträchtigung der Rechte oder der geschützten Interessen des Betroffenen gegeben. Sie ergibt sich grundsätzlich nur aus dem Entscheidungssatz, nicht aus der Begründung, es sei denn ein Urt. trifft erst in der Begründung eine Regelung (zB Ablehnung einer von der Staatsanwaltschaft erstrebten Einziehung oder Verfallerklärung oder einen vom Angeklagten mit dem Freispruch erstrebten Entschädigungsausspruch nach dem StrEG). 25

b) Beschwer ist nicht zu messen an den früher gestellten Anträgen eines Prozessbeteiligten. Der Angeklagte, der beim letzten Wort eine Bewährungsstrafe erbittet, kann den Schuldspruch oder die Verhängung einer Geldstrafe mit der Berufung beanstanden. 26

Für die Staatsanwaltschaft ergibt sich die Beschwer daraus, dass nach ihrer – unter Umständen geänderten – Auffassung eine Entscheidung zu Gunsten oder zu Lasten des Angeklagten den Geboten der Rechtspflege nicht folgt. Sie kann Berufung mit dem Ziel eines anderen Schuldspruchs (zB sexuelle Nötigung statt Beleidigung) oder einer höheren Strafe auch dann einlegen, wenn sie selbst in der Hauptverhandlung Verurteilung wegen Beleidigung oder eine niedrigere als die verhängte Strafe beantragt hat. 27

c) Der Angeklagte ist durch einen Freispruch mangels ausreichenden Tatnachweises oder wegen Schuldunfähigkeit (§ 20 StGB) nicht beschwert, selbst wenn er geltend machen will, eine rechtswidrige Tat habe gar nicht vorgelegen. 28

Grds. gleiches gilt für eine Einstellung des Verfahrens nach § 206 a oder § 260 III StPO. Die Beschwer wird jedoch dann bejaht, wenn der Angeklagte die Einstellung wegen eines noch behebbaren Verfahrenshindernisses (zB Strafantrag kann noch fristgerecht gestellt werden) mit der Behauptung seiner Unschuld beanstandet. Ebenso ist Beschwer anzunehmen, wenn die Regeln über den Vorrang des Freispruchs gegenüber der Einstellung nicht beachtet wurden (zB nicht erwiesene sexuelle Nötigung, Strafantrag wegen verbleibender Beleidigung fehlt: Freispruch hat Vorrang. Vgl. *Meyer-Goßner,* § 260 Rn. 44–46). 29

II. Verzicht und Rücknahme von Rechtsmitteln

1. Verzicht

a) Der Rechtsmittelberechtigte kann Verzicht auf Einlegung eines Rechtsmittels („Ich nehme das Urt. an") **erklären,** wenn er von dem Entscheidungssatz unterrichtet wurde. Auf den Lauf der Rechtsmittelfrist kommt es nicht an (§ 302 I 1 StPO). Nach deren Ablauf ist die Erklärung gegenstandslos. Ist dem Urt. eine Verständigung vorausgegangen, so ist ein Verzicht unzulässig, § 302 S. 2 StPO), so dass im Falle einer Verständigung grundsätzlich die Wochenfrist für die Rechtskraft eingehalten werden muss. Die Rücknahme eines am Tag der Urteilsverkündung nach Absprache eingelegten Rechtsmittels am selben Tag wird jedoch für zulässig gehalten (*BGH,* NStZ 2010, 409). 30

Die Erklärung muss **inhaltlich** eindeutig und vorbehaltlos sein. Widerruf oder Anfechtung der Verzichtserklärung sind ohne Wirkung (*Meyer-Goßner,* § 302 Rn. 21). 31

b) Die **Form** richtet sich nach der Rechtsmitteleinlegung. die Erklärung ist in der Hauptverhandlung im Protokoll zu beurkunden. Üblich: „Ich nehme das Urteil an und verzichte auf Rechtsmittel" mit dem Vermerk, dass die Erklärung vorgelesen und genehmigt wurde (§ 273 II 3 StPO). Die Erklärung außerhalb der Hauptverhandlung wird wirksam, wenn sie dem mit der Sache befassten Gericht zugeht. 32

c) Der Verzicht **bewirkt,** dass ein Rechtsmittel nicht mehr eingelegt werden kann. Das entgegenstehende Rechtsmittel des Verteidigers wird wirkungslos. Der Verzicht durch den Verteidiger ist nur mit besonderer Ermächtigung (hierzu *Meyer-Goßner,* § 302 Rn. 32) rechtswirksam. 33

Unwirksamer Verzicht wird angenommen, wenn eine Prozesshandlung ohne Verhandlungsfähigkeit oder ohne Sprachkenntnisse erklärt wurde oder wenn bei notwendiger Verteidigung (§ 140 II StPO) der Verteidiger nicht mehr mitgewirkt hat. 34

2. Rücknahme

a) Ein eingelegtes Rechtsmittel kann der Anfechtungsberechtigte durch schriftliche oder zu Protokoll des Urkundsbeamten der Geschäftsstelle gegebene **Erklärung** gegenüber dem mit der Sache befassten Gericht (nach Vorlage der Akten nur dem Rechtsmittelgericht) zurücknehmen. Die Rücknahme durch den Angeklagten erfasst auch das Rechtsmittel des Verteidigers. Dieser bedarf zur wirksamen Rücknahme einer ausdrücklichen Ermächtigung, wie sie aber regelmäßig in den Vollmachtsformularen enthalten ist. 35

36 Der Jugendliche benötigt für die Rücknahme nicht die Zustimmung des gesetzlichen Vertreters oder des Erziehungsberechtigten. Deren selbständige Rechtsmittel (§ 67 III JGG) werden aber nicht berührt.

37 b) Die wirksame Rücknahme ist weder widerruflich noch anfechtbar. Sie enthält zugleich einen Verzicht auf eine **nochmalige** Einlegung des Rechtsmittels.

38 c) Hat die **Hauptverhandlung** über das Rechtsmittel durch Aufruf der Sache begonnen, bedarf die Rücknahme der Zustimmung des Gegners (§ 303 S. 1 StPO). Dabei bleibt es, auch wenn die Hauptverhandlung ausgesetzt wird. Die Zustimmung des Gegners ist im Protokoll zu vermerken. Sie kann allerdings auch in dessen schlüssigem Handeln liegen.

39 Auch nach Zurückverweisung der Sache durch das Revisionsgericht ist (wieder) Rücknahme der Berufung möglich, soweit in der Sache nicht Rechtskraft (bezüglich einer von mehreren Taten) oder Bindungswirkung (zB Schuldspruchänderung durch Revisionsgericht) eingetreten ist.

3. Teilanfechtung und Rechtsmittelbeschränkung

40 a) Die Grundsätze über Verzicht und Rücknahme gelten auch, wenn der Anfechtungsberechtigte entweder von vorneherein das Rechtsmittel nur auf Teile der Entscheidung richtet oder aber nach Einlegung eines nicht beschränkten Rechtsmittels dieses später auf die Anfechtung „bestimmter Beschwerdepunkte" (§ 318 StPO) beschränkt, iÜ damit das Rechtsmittel zurücknimmt.

41 b) In der **Teilanfechtung** (zB Berufung „wegen Verurteilung im Fall 3") liegt bei Fehlen einer weiteren Erklärung kein Verzicht auf das Rechtsmittel hinsichtlich der zunächst nicht beanstandeten Teile. Innerhalb der Rechtsmittelfrist kann deshalb die Anfechtung auf die gesamte Entscheidung ausgedehnt werden.

42 c) Die **Beschränkung** des Rechtsmittels (§§ 318, 344 I StPO) bedarf sorgfältiger Prüfung und gegebenenfalls Auslegung auf ihre Wirksamkeit und ihren Umfang. Im Berufungsverfahren ist diese Prüfung nicht nur auf Grund der Anfechtungserklärung und deren Auslegung abschließend vorzunehmen, sondern auch noch in der Beratung über das Ergebnis des Rechtsmittels (*BGHSt* 27, 70 [72]). Es gilt die sogenannte Trennbarkeitsformel: Die Beschränkung ist nur möglich, wenn sie sich auf Beschwerdepunkte bezieht, die nach dem inneren Zusammenhang des Urt. losgelöst beurteilt werden können, ohne das eine Prüfung der Entscheidung im Übrigen erforderlich ist (stRspr. *BGH* ua *BGHSt* 29, 364) Gleichzeitig darf die Beschränkung nicht zu Widersprüchen zwischen den nicht angefochtenen Teilen des Urt. und der Entscheidung des Rechtsmittelgerichts führen (*Meyer-Goßner,* § 318 Rn. 8). Diese Voraussetzungen sind von Amts wegen zu prüfen.

43 Typische Fälle **unwirksamer Rechtsmittelbeschränkung:**
- auf einzelne tateinheitliche Strafbestimmungen (zB Bekämpfen nur der Urkundenfälschung, die mit Betrug in Tateinheit steht)
- auf Rechtsfolgenausspruch, wenn die Feststellungen zum Schuldspruch unvollständig sind und deshalb keine ausreichende Grundlage für die Strafzumessung liefern (zB Umfang der Beute bei Diebstahl; Zeitdauer einer Freiheitsberaubung; Leistungspflicht und -fähigkeit bei der Unterhaltspflichtverletzung)
- auf die nicht berücksichtigte Einwirkung von Alkohol oder anderen schuldbeeinträchtigenden Umständen: Beschränkung (auf Rechtsfolgen) nur wirksam, wenn § 20 StGB sicher ausgeschieden bleiben soll
- auf einzelne von mehreren Straftaten (zB Verletzung des A, keine Beleidigung des B), wenn die Berufungsverhandlung Vollrausch ergibt und alle Handlungen dem § 323 a StGB zugrundezulegen sind
- auf die Frage der Strafaussetzung zur Bewährung, wenn die Umstände, die für die Sozialprognose (§ 56 I StGB) von Bedeutung sind, auch für die Höhe der Bemessung der Freiheitsstrafe maßgeblich waren.

III. Beschwerde

1. Zulässigkeit

44 a) Die Beschwerde ist grds. gegen Beschl. und Verfügungen des ersten und des Berufungsrechtszugs zulässig (§ 304 I StPO). Entscheidungen des erkennenden Gerichts oder seines Vorsitzenden sind der Beschwerde aber entzogen, wenn sie dem Urt. zeitlich und sachlich vorausgehen (§ 305 StPO). Insoweit ist nur das Urteil anzugreifen. Sie bleiben jedoch anfechtbar, wenn sie eigene prozessuale Bedeutung haben.

45 **Nicht anfechtbar** sind danach
- die Zulassung der Anklage (Eröffnung; § 203 StPO)
- die Vorbereitung der Hauptverhandlung, zB Terminierung, Ladung der Prozessbeteiligten und der Beweismittel
- die Aussetzung des Verfahrens nach § 262 II StPO

- die Aussetzung oder Unterbrechung der Hauptverhandlung nach § 228 StPO
- die Verbindung oder Trennung von Strafverfahren (§ 4 StPO)
- die Anordnung der kommissarischen Vernehmung des Angeklagten (§ 233 II 1 StPO) oder von Beweispersonen (§ 223 StPO)
- die Entbindung des Angeklagten vom Erscheinen (§ 233 I 1 StPO)
- die Verwerfung eines Ablehnungsantrags gegen einen zur Mitwirkung in der Hauptverhandlung bestimmten Richter,

Anfechtbar sind dagegen Entscheidungen über 46

- die Untersuchungshaft
- die Beschlagnahme
- das vorläufige Berufsverbot
- die vorläufige Entziehung der Fahrerlaubnis
- das vorläufige Berufsverbot
- die Festsetzung von Ordnungs- und Zwangsmitteln
- die Verwerfung eines Ablehnungsantrags gegen einen nicht zur Mitwirkung an der Hauptverhandlung berufenen Richter
- nachträgliche Gesamtstrafenbildung
- Bewährungszeit, -auflagen und -weisungen, Widerruf und Erlass
- die Strafvollstreckung.

b) Entscheidungen des BGH (Ermittlungsrichter) und der **Oberlandesgerichte** sind nur ausnahmsweise (§ 304 IV, V StPO) mit der Beschwerde anfechtbar. 47

c) Beschwerden in **Kostensachen,** und zwar gegen 48

- Entscheidungen des Gerichts über Kostentragungspflicht und Kostenerstattungsansprüche (hierzu näher Rn. 63 ff.) sind ebenso wie die gegen
- richterliche Entscheidungen im Kosten- und Auslagenfestsetzungsverfahren nach § 464 b StPO (die auf Erinnerung gegen die Festsetzung des Kostenbeamten nach § 11 RPflG ergehen) und
- richterliche Entscheidungen über die Festsetzung der Entschädigung von Zeugen und Sachverständigen (§ 16 II 1 ZSEG)

nur zulässig, wenn der Wert des Beschwerdegegenstands 200,– EUR übersteigt.

d) In einer Reihe von Fällen ist die Beschwerde gänzlich, für bestimmte Prozessbeteiligte oder aber bei bestimmten Entscheidungsergebnissen gesetzlich ausgeschlossen. Aufzählung in *Meyer-Goßner,* § 304 Rn. 5! 49

e) Die **sofortige Beschwerde** mit einer Einlegungsfrist von einer Woche (§ 311 II StPO), die bei nicht verkündeten Entscheidungen mit der Zustellung beginnt, ist nur in den gesetzlich bestimmten Fällen gegeben. Das Ausgangsgericht kann seine Entscheidung auf die sofortige Beschwerde hin nur dann ändern, wenn sie unter Verletzung rechtlichen Gehörs zulasten des Beschwerdeführers ergangen war und dessen nachträgliches Vorbringen zu einem anderen Ergebnis führt (§ 311 III StPO). 50

2. Verfahren beim Ausgangsgericht

a) Geht die Beschwerde formgerecht (§ 306 I StPO) bei dem Gericht ein, dessen Entscheidung beanstandet wird, so ist eine **Abhilfe** möglich (§ 306 II Hs. 1 StPO; wegen der sofortigen Beschwerde s. Rn. 50). Ist eine Begründung lediglich angekündigt, setzt das Gericht hierzu eine Frist oder wartet eine angemessene Zeit ab. Die abhelfende Entscheidung setzt Anhörung des Gegners voraus, wenn neue Tatsachen oder Beweismittel zu Grunde gelegt werden sollen. Nach Form und Mitteilungserfordernissen entspricht sie der angegriffenen Entscheidung. 51

b) Die **Nichtabhilfe** ist nach Prüfung der Beschwerde lediglich in einem Aktenvermerk festzuhalten. Eine Begründung ist jedenfalls dann zweckmäßig, wenn das Beschwerdevorbringen neue Tatsachen oder Beweismittel benennt. Danach wird die Beschwerde der Staatsanwaltschaft zur Vorlage an das Beschwerdegericht zugeleitet. Die Vorlagefrist von drei Tagen (§ 306 II Hs. 2 StPO) ist nur eine Sollvorschrift. 52

c) **Beschwerdegericht** ist das Landgericht – Strafkammer – bei Anfechtungen von Entscheidungen des Amtsgerichts, auch des Ermittlungsrichters. Über Beschwerden gegen Beschlüsse und Verfügungen des Landgerichts sowie des Ermittlungsrichters des Oberlandesgerichts nach § 169 I StPO befindet der Strafsenat des Oberlandesgerichts. 53

d) Ist eine Beschwerde **unzulässig,** so ist vor einer Vorlage die Unterrichtung des Beschwerdeführers zweckmäßig, um eine Rücknahme des Rechtsmittels zu bewirken. Eine Entscheidung über die unzulässige Beschwerde ist dem Ausgangsgericht verwehrt. 54

e) Die Beschwerde hat in der Regel keine **aufschiebende Wirkung** (§ 307 I StPO). Doch kann schon das Ausgangsgericht vor der Vorlage anordnen, dass die Vollziehung der angefochtenen Entscheidung 55 auszusetzen ist (§ 307 II StPO). Maßgeblich hierfür ist, inwieweit die den Beschwerdeführer aus der Vollziehung treffenden Nachteile in einem Missverhältnis zum öffentlichen Interesse stehen.

3. Verfahren beim Beschwerdegericht

56 a) Das Beschwerdegericht kann nach Vorlage der Akten auf Antrag oder von Amts wegen die Vollziehung der angefochtenen Entscheidung **aussetzen** (§ 307 II StPO).

57 b) Fehlt ein Vermerk des Ausgangsgerichts über die Abhilfe, so sind die Akten nur dann an das Ausgangsgericht zurückzuleiten, wenn dadurch das Verfahren beschleunigt wird (zB bei noch erforderlichen Ermittlungen). Der Nichtabhilfevermerk ist keine Voraussetzung für die Beschwerdeentscheidung.

58 c) Das Beschwerdegericht darf die Entscheidung nicht zum Nachteil des Gegners abändern, ohne dass diesem Gelegenheit zur Stellungnahme gegeben wurde, § 308 I StPO. Ein Nachteil liegt in jeder Beeinträchtigung der Interessen des Gegners, auch nur bei Abänderung einer Beschlussbegründung (*Meyer-Goßner,* § 308 Rn. 3).

59 d) Das Beschwerdegericht kann in tatsächlicher Hinsicht **Ermittlungen** durchführen, auch die Polizei dazu ersuchen, § 308 II StPO. Geboten ist stets die Anhörung des nachteilig betroffenen Verfahrensbeteiligten (§ 33 III StPO).

60 e) Die **Entscheidung** des Beschwerdegerichts verwirft die erfolglose Beschwerde „als unzulässig" oder „als unbegründet".

Ist das Rechtsmittel begründet, ist die angefochtene Entscheidung ganz oder zum Teil aufzuheben und insoweit in der Sache zu entscheiden. Dies kann sein:

- Zurückweisung des der angefochtenen Entscheidung zugrundeliegenden Antrags (zB auf Erlass eines Haftbefehls)
- lediglich Aufhebung, wenn die angefochtene Entscheidung von Amts wegen ergangen ist und weitere Anordnungen nicht veranlasst sind
- Ausformulierung der mit der Beschwerde erstrebten Entscheidung (zB Durchsuchungsanordnung).

Ausnahmsweise kommt eine **Zurückverweisung** der Sache an das Ausgangsgericht in Betracht, wenn ein durch das Beschwerdegericht nicht behebbarer Verfahrensmangel (zB Fehlen einer zwingend vorgeschriebenen Anhörung) vorliegt (*Meyer-Goßner,* § 310 Rn. 7–9).

61 Eine **Begründung** der Beschwerdeentscheidung ist nach § 34 StPO geboten, wenn ein weiteres Rechtsmittel statthaft ist. Darüber hinaus ist sie bei allen einen Verfahrensbeteiligten beschwerenden Entscheidungen zweckmäßig. Wesentlicher Inhalt sind die tatsächlichen und rechtlichen Erwägungen, die die Entscheidung des Beschwerdegerichts tragen. Eine bestimmte Form der Begründung ist nicht vorgeschrieben. Erschöpft sie sich nicht in wenigen Sätzen, so wird sie vom Tenor unter der Überschrift „Gründe" abgesetzt. Üblicherweise folgen bei ausführlicher Begründung unter I. die kurze Zusammenfassung des Sach- und Verfahrensstandes einschließlich der Daten der Beschwerde und unter II. Ausführungen zunächst zur Zulässigkeit und sodann zur Begründetheit der Beschwerde.

62 Eine **Kostenentscheidung** zu Lasten des erfolglosen Beschwerdeführers ist nach § 473 I 1 StPO zu treffen. Erwirkt der Angeklagte mit der Beschwerde eine verfahrensabschließende Entscheidung, so sind der Staatskasse nach § 467 I StPO die Kosten des Verfahrens und die notwendigen Auslagen des Angeklagten aufzuerlegen. Die sonst erfolgreiche Beschwerde bleibt ohne Kostenentscheidung.

4. Beschwerde gegen die Kostenentscheidung

63 a) Die StPO lässt gegen den Ausspruch über Kosten und Auslagen, auch wenn er im Urteil, Strafbefehl oder einem verfahrensabschließenden Beschluss enthalten ist, nur die **sofortige Beschwerde** zu (§ 464 III StPO). Dies gilt auch dann, wenn gegen die Hauptentscheidung ein Rechtsmittel eingelegt wird.

64 Die sofortige Beschwerde ist unzulässig, wenn

- der Wert des Beschwerdegegenstands 200,– EUR nicht übersteigt (§ 304 III StPO)
- der BGH oder das OLG entschieden hat (§ 304 IV 1, 2 StPO)
- die die Kostenentscheidung enthaltende Hauptentscheidung nicht angefochten werden kann, es sei denn, dass die Hauptentscheidung anzufechten mangels Beschwer (zB Freispruch oder Einstellung) unzulässig ist.

65 b) In der formgerechten Anfechtung der Hauptentscheidung liegt nicht eine **Einlegung** der sofortigen Beschwerde. Enthalten aber die Ausführungen zur Berufung oder zur Revision Angriffe auf die Kostenentscheidung, so ist wegen § 300 StPO darin auch eine sofortige Kostenbeschwerde zu sehen.

66 c) Das Beschwerdegericht ist an die tatsächlichen Feststellungen des Gerichts der Hauptentscheidung **gebunden,** soweit darauf der Ausspruch über die Kosten beruht (§ 464 III 2 StPO).

67 d) Ist ein **Rechtsmittel in der Hauptsache** eingelegt und in der Sache von Erfolg, so beeinflusst die dann geänderte Sachentscheidung regelmäßig auch die Kosten- und Auslagenentscheidung, ohne dass eine eigene Anfechtung insoweit vorliegen müsste.

Bleibt Berufung oder Revision erfolglos, so ist eine Fehlerhaftigkeit der Kostenentscheidung des Ausgangsgerichts für das Rechtsmittelgericht unbeachtlich. Nur wenn dagegen eine sofortige Beschwerde eingelegt war, hat das Rechtsmittelgericht über die Kostenentscheidung zu befinden. 68

5. Weitere Beschwerde

Die Entscheidung des Beschwerdegerichts ist nur ausnahmsweise mit der weiteren Beschwerde anfechtbar, wenn sie Verhaftungen oder die einstweilige Unterbringung betrifft (§ 310 I StPO). Dabei ist gleichgültig, ob sich der Beschuldigte in Haft befindet. 69

Das Beschwerdegericht, das auch ohne weitere Beschwerde seine Entscheidung nach § 311 a StPO ändern darf, kann nach § 306 II StPO abhelfen. Andernfalls legt es die Akten mit einem Vermerk, dass es der Beschwerde nicht abhilft, über die Staatsanwaltschaft dem Gericht der weiteren Beschwerde vor. 70

IV. Berufung

1. Zulässigkeit

a) Berufung ist statthaft gegen Urt. des Amtsgerichts. Sie ist nach § 314 StPO binnen einer Woche nach Verkündung oder im Fall der Abwesenheit des Angeklagten nach Zustellung des Urteils schriftlich oder zu Protokoll der Geschäftsstelle einzulegen. Die rechtzeitige Einlegung hemmt die Rechtskraft des Urteils. 71

b) Die **Begründung** der Berufung ist auf die Zulässigkeit ohne Einfluss. Sie hat aber Bedeutung für den Umfang der Anfechtung (Rn. 40 ff.). Die Versäumung der Begründungsfrist des § 317 StPO ist rechtlich ohne Auswirkung. 72

c) Die Zulässigkeit ist bei Verurteilung in Bagatellfällen von einer **Annahme** der Berufung durch das Berufungsgericht abhängig. § 313 I StPO unterscheidet: 73

- Berufung des Angeklagten: eine Annahmeentscheidung ist erforderlich, wenn der Angeklagte nur zu einer – im Fall einer Verwarnung vorbehaltenen – Geldstrafe bis zu 15 Tagessätzen oder zu Geldbuße verurteilt wurde
- Berufung der Staatsanwaltschaft bei Freispruch oder Einstellung: die Annahme ist Zulässigkeitsvoraussetzung, wenn die Staatsanwaltschaft in der Hauptverhandlung nicht mehr als 30 Tagessätze Geldstrafe beantragt hatte.

Die Berufung wird angenommen, wenn sie nicht offensichtlich unbegründet ist (§ 313 II StPO).

2. Verfahren beim Amtsgericht

Das Amtsgericht prüft ausschließlich den rechtzeitigen Eingang der Berufung. Liegt Verspätung vor, so verwirft es die Berufung durch Beschluss als unzulässig (§ 319 I StPO). Hiergegen kann der Berufungsführer binnen Wochenfrist die Entscheidung des Berufungsgerichts beantragen. In diesem Fall und ebenso, wenn die Berufung fristgerecht eingegangen ist, legt die Geschäftsstelle des Amtsgerichts die Akten über die Staatsanwaltschaft (§§ 320, 321 StPO) dem Landgericht vor. Eine Stellungnahme des Amtsgerichts ist in keinem Fall veranlasst. 74

3. Verfahren beim Landgericht

a) Der Vorsitzende der kleinen Strafkammer (§ 76 I GVG) des Landgerichts als des Berufungsgerichts prüft nach Eingang der Akten die **Zulässigkeit** des Rechtsmittels einschließlich der Erforderlichkeit einer Annahmeeentscheidung (Rn. 73). Ist die Berufung nicht ordnungsgemäß und rechtzeitig eingelegt oder ist die annahmebedürftige Berufung offensichtlich unbegründet, so verwirft er sie durch Beschl. kostenpflichtig als unzulässig. Nur im ersten Fall ist sofortige Beschwerde möglich (§§ 322 II, 322 a S. 2 StPO). 75

b) Die **Vorbereitung der Hauptverhandlung** unterscheidet sich nicht von der der ersten Instanz, weil auf die Berufung eine selbständige, vom Urteil des Amtsgerichts unabhängige, neue Untersuchung des Anklagegegenstands folgt. Der Vorsitzende kann deshalb im Rahmen seiner Aufklärungspflicht zur Hauptverhandlung andere oder weitere Beweismittel hinzuziehen. 76

Die Ladung in erster Instanz vernommener Zeugen und Sachverständiger kann unterbleiben, wenn die Verlesung des Protokolls über deren Aussagen als ausreichend erachtet wird und nicht ein Verfahrensbeteiligter die Ladung beantragt (§ 325 StPO). Bei der Ladung des Angeklagten ist der Hinweis auf § 329 StPO erforderlich. Bleibt der Angeklagte unentschuldigt zur Hauptverhandlung aus, so kann das Berufungsgericht die Berufung nach § 329 I StPO ohne Verhandlung zur Sache verwerfen. 77

c) In der **Hauptverhandlung** referiert der Vorsitzende als Berichterstatter nach § 324 StPO nach Aufruf der Sache und Feststellung der Verfahrensbeteiligten über das bisherige Verfahren. Das Urteil des Amtsgerichts ist im Umfang der Anfechtung zu verlesen, wenn die Beteiligten nicht darauf verzichten. 78

Im Übrigen folgt die Hauptverhandlung mit der Vernehmung des Angeklagten und der Beweisaufnahme den Regeln der ersten Instanz. Ohne Zustimmung der Staatsanwaltschaft und des Angeklagten können nach § 325 StPO die Protokolle über die in erster Instanz vernommenen Zeugen oder Sachverständigen verlesen werden, wenn diese nicht geladen sind und ihre Ladung auch nicht rechtzeitig vor dem Termin beantragt war. Doch kann die Aufklärungspflicht die erneute Vernehmung der Beweispersonen gebieten (§ 244 II StPO).

Die Schlussvorträge beginnen mit dem des Berufungsführers.

79 d) Das **Urt.** des Landgerichts hebt, soweit die Berufung für begründet angesehen wird, die Entscheidung des Amtsgerichts auf und entscheidet in der Sache selbst nach § 328 I StPO. Im Übrigen wird die Berufung als unbegründet verworfen. Eine Zurückverweisung an das Amtsgericht ist nach § 328 II StPO nur zulässig, wenn das Amtsgericht fehlerhaft und gegen den Einwand des Angeklagten (§ 16 S. 3 StPO) seine örtliche Zuständigkeit angenommen oder seine sachliche Kompetenz (§ 24 II GVG) überschritten hat.

Jedes Berufungsurteil ist mit der Revision anfechtbar, § 333 StPO.

V. Revision

1. Zulässigkeit

80 a) Revision ist **statthaft** gegen Urt. des Landgerichts ohne Rücksicht darauf, ob es in erster Instanz als große Strafkammer (§ 76 I GVG) oder aber im Berufungsverfahren als kleine Strafkammer entschieden hat.

81 Sie ist auch gegen Urt. des Amtsgerichts (Strafrichter oder Schöffengericht) anstelle der Berufung als **Sprungrevision** (§ 335 I StPO) zulässig. Dies gilt auch bei Verurteilung lediglich zu Geldstrafe bis zu 15 Tagessätzen unabhängig von der Frage, ob eine Berufung nach § 313 II StPO angenommen worden wäre (*OLG Hamm*, NJW 2003, 3286; aA *Meyer-Goßner*, § 335 Rn. 21).

82 Die Revision ist bei dem Gericht einzulegen, dessen Urteil angefochten wird.

2. Verfahren beim Ausgangsgericht

83 a) Das Ausgangsgericht hat nach Eingang einer Revision

- zu prüfen, ob die Revision **fristgerecht** binnen einer Woche nach Urteilsverkündung (§ 341 I StPO) oder im Fall der Abwesenheit des Angeklagten nach Zustellung (§ 341 II StPO) eingegangen ist. Nur hierdurch wird die Rechtskraft der Entscheidung gehemmt.
- in der Frist des § 275 I 2 StPO das Urt. zu den Akten zu geben; nach Wiedereinsetzung gegen Versäumung der Einlegungsfrist kann das nach § 267 IV StPO abgekürzte Urteil ergänzt werden;
- das Protokoll fertig zu stellen,
- das Urt. mit Gründen zuzustellen; hierbei ist auf die Förmlichkeiten der Zustellung zu achten;

84
- zu prüfen, ob die **Revisionsbegründungsschrift** innerhalb eines Monats nach Ablauf der Einlegungsfrist oder – Regelfall! – nach Zustellung des mit Gründen versehenen Urteils eingelaufen ist,
- zu prüfen, ob die **Form der Revisionsbegründung** – nur hinsichtlich der in § 345 II StPO genannten Anforderungen – gewahrt ist. Die Schrift muss von einem Anwalt unterzeichnet sein. Die Begründung kann auch zu Protokoll des Urkundsbeamten der Geschäftsstelle abgegeben sein;

85
- die Revision nach § 346 I StPO durch Beschluss **als unzulässig zu verwerfen,** wenn innerhalb der Monatsfrist eine Begründung nicht eingegangen oder die Form des § 345 II StPO nicht gewahrt ist. Die Verwerfung ist unzulässig, wenn Zweifel an der Wahrung der Form bei Einlegung oder Begründung bestehen, wenn Wiedereinsetzung wegen Versäumung von Fristen beantragt ist (Revisionsgericht ist zur Entscheidung zuständig!) oder wenn Mängel der Revisionsbegründungsschrift nach § 344 I oder II StPO erkennbar sind. Der Verwerfungsbeschluss ist mit Belehrung über den Antrag auf Entscheidung des Revisionsgerichts (§ 346 II StPO) zuzustellen;

85a b) Ist die Revisionsbegründung rechtzeitig und nach § 345 II StPO auch formgerecht eingelegt, so hat der Tatrichter

- die Revisionsbegründungsschrift dem Gegner zuzustellen unter Hinweis auf die Möglichkeit einer Gegenäußerung binnen einer Woche (§ 347 I StPO),
- nach Ablauf der Äußerungsfrist die Akten der Staatsanwaltschaft zur Vorlage an das Revisionsgericht zuzuleiten (§ 347 II StPO). Erst hiermit wird das Verfahren dort anhängig.

3. Verfahren bei Antrag auf Entscheidung des Revisionsgerichts nach § 346 II StPO

86 a) Geht gegen den die Revision als unzulässig verwerfenden Beschl. ein Antrag nach § 346 II 1 StPO beim Ausgangsgericht ein, so legt der Vorsitzende den Antrag mit den Akten über die Staatsanwaltschaft dem Revisionsgericht vor. Dies gilt auch, wenn die Wochenfrist des § 346 II 1 StPO versäumt ist. Eine Abhilfe, so die Rücknahme des Verwerfungsbeschlusses, ist nicht zulässig. Eine Äußerung des Gerichts ist nicht veranlasst.

b) Liegt zugleich ein Wiedereinsetzungsantrag (s. Rn. 96) gegen die Versäumung der Revisionseinlegungs- oder -begründungsfrist vor, wird auch dieser dem Revisionsgericht zugeleitet. 87

c) Verwirft das Revisionsgericht den Antrag nach § 346 II StPO (oder „bestätigt“ es nach aA den Verwerfungsbeschluss), tritt damit Rechtskraft der Entscheidung ein. Hebt es den Beschluss als **fehlerhaft** auf, entscheidet es zugleich über Zulässigkeit und Begründetheit der Revision, es sei denn, die Revisionsbegründungsfrist ist mangels Zustellung des Urteils noch offen. Auch wenn wegen der Versäumung der Einlegungsfrist vom Revisionsgericht Wiedereinsetzung gewährt wird, sind die Akten an das Ausgangsgericht zur erneuten Vorlage nach § 347 StPO zurückzugeben; denn in diesem Fall beginnt die Revisionsbegründungsfrist des § 345 I StPO erst mit Zustellung der wiedereinsetzenden Entscheidung des Revisionsgerichts zu laufen. 88

Verwirft das Revisionsgericht die Revision nicht nach § 349 I StPO als unzulässig oder auf begründeten Antrag der Staatsanwaltschaft nach § 349 II StPO als offensichtlich unbegründet und trifft es auch nicht eine abschließende Entscheidung nach § 354 I StPO, so **verweist** es die Sache unter gänzlicher oder teilweiser Aufhebung (§ 353 StPO) zu neuer Entscheidung an einen anderen Spruchkörper des Ausgangsgerichts **zurück** (§ 354 II StPO). 89

4. Verfahren nach Zurückverweisung

a) Bei voller **Aufhebung** des Urt. ist das neu entscheidende Ausgangsgericht prozessual in der gleichen Lage wie das Gericht, das die angefochtene Entscheidung erlassen hat. Das bedeutet auch, dass der Berufungsführer mit Zustimmung des Gegners vor oder in der Hauptverhandlung die Berufung noch zurücknehmen kann. 90

Das Ausgangsgericht ist an die rechtliche Bewertung des Revisionsgerichts **gebunden** (§ 358 I StPO), soweit Verfahrens- oder sachlichrechtliche Fragen als entscheidungserhebliche Ansichten des Revisionsgerichts zur Aufhebung geführt haben. Dagegen sind Hinweise des Revisionsgerichts für das weitere Verfahren ohne Bindungswirkung. Ebenso ist das Untergericht in materiellrechtlicher Hinsicht frei, wenn die Aufhebung wegen eines Verfahrensmangels erfolgte. 91

b) Bei einem **Teilerfolg** der Revision ist der Umfang der Aufhebung sorgfältig festzustellen und auch in der neuen Hauptverhandlung zu erörtern. Die nach der Revisionsentscheidung nicht aufgehobenen Teile des früheren Urt. sind zu verlesen. Die Entscheidung des Revisionsgerichts über Aufhebung von Teilen des Urt. ist nicht an die Maßstäbe der Beschränkung von Rechtsmitteln (§ 318 StPO; vgl. Rn. 40 ff.) gebunden. So können mit Bindungswirkung für das neu befasste Untergericht Teile der tatsächlichen Feststellungen (zB zum äußeren Tatgeschehen, wenn Rechtsfehler lediglich den subjektiven Tatbestand betreffen) aufrechterhalten werden. Neue Feststellungen dürfen zu den bindenden Teilen des früheren Urteils nicht in Widerspruch geraten, diese jedoch ergänzen. 92

VI. Rechtsbehelfe bei Säumnis

1. Wiedereinsetzung

a) Wiedereinsetzung ist nach § 44 StPO **statthaft,** wenn eine gesetzliche oder richterliche Frist oder aber die auf Einspruch oder Berufung des Angeklagten anberaumte Hauptverhandlung versäumt wurde. Sie ist nicht statthaft bei Fristen, die eine Prozesshandlung ausschließen (zB den Strafantrag nach § 77 b I 1 StGB oder die Rüge der örtlichen Unzuständigkeit nach § 16 Satz 2 StPO; vgl. Aufzählung in *Meyer-Goßner,* Rn. 6 vor § 42). Zur Nachholung nicht fristgerecht (§ 345 I StPO) angebrachter Verfahrensrügen in der Revision ist die Wiedereinsetzung in aller Regel ausgeschlossen. 93

Durch Gewährung der Wiedereinsetzung wird das Verfahren in den Stand vor Fristablauf oder vor Erlass des Einspruch oder Berufung verwerfenden Urteils versetzt. Die Rechtskraft einer Entscheidung steht der Wiedereinsetzung nicht entgegen. 94

Ergeht eine Entscheidung infolge irrtümlicher Annahme einer Fristversäumnis (zB Verwerfung des Einspruchs gegen den Strafbefehl), so hält die herrschende Praxis einen Wiedereinsetzungsantrag gleichwohl für statthaft und gewährt im Erst-recht-Schluss Wiedereinsetzung (*BGH,* NStZ 1988, 210). 95

b) Zur **Zulässigkeit** des Antrags auf Wiedereinsetzung ist zu prüfen: 96

- Schriftform
- Wahrung der Wochenfrist des § 45 I StPO. Sie beginnt nach Wegfall des Hindernisses, die versäumte Frist oder den Termin wahrnehmen zu können. Dies trifft regelmäßig mit der Erlangung der **Kenntnis** von der Benachrichtigung über eine Entscheidung oder einen Termin durch Zustellung zusammen. Die für die Berechnung der Frist des § 45 I StPO maßgeblichen Umstände sind mitzuteilen.
- Angaben über
  1. die versäumte Frist oder den Termin,
  2. über den Grund der Verhinderung für deren Wahrnehmung.
  3. Umstände, die ein Verschulden des Antragstellers ausschließen lassen.

  Nach Ablauf der Wochenfrist ist lediglich verdeutlichender oder ergänzender Vortrag beachtlich.

- Einlegung bei dem Gericht, bei dem die Frist oder der Termin wahrzunehmen gewesen wäre (§ 45 I 1 StPO) oder bei Gericht, das über den Antrag zu befinden hat.
- Die mit dem Antrag anzubringende „versäumte Handlung" (§ 45 II 3 StPO), also ein allenfalls gebotener Rechtsbehelf in der gesetzlich vorgeschriebenen Form.
- Glaubhaftmachung (§ 45 II StPO) der Tatsachen, die die Zulässigkeit ergeben. Die Vorlage von Mitteln zur Glaubhaftmachung ist eine Zulässigkeitsvoraussetzung. Zu den Mitteln der Glaubhaftmachung vgl. *Meyer-Goßner,* § 26 Rn. 11. Sie ist nicht an die Wochenfrist gebunden und kann sogar im Beschwerdeverfahren nachgebracht werden (Karlsruher Kommentar zur StPO § 45 Rn. 15; aA *Meyer-Goßner,* § 45 Rn. 7).

97 c) **Begründet** ist der Wiedereinsetzungsantrag, wenn die vorgetragenen und glaubhaft gemachten Tatsachen ergeben, dass der Antragsteller ohne eigenes Mitverschulden an der Fristwahrung oder Terminswahrnehmung gehindert war. Das ist anzunehmen, wenn die Versäumung auf fremdem Verschulden beruht, so

- des Verteidigers, wenn dieser trotz Auftrags untätig blieb oder fehlerhaft handelte (das Verschulden des Privat- oder Nebenklägervertreters ist aber nach § 85 II ZPO dem Vertretenen zuzurechnen!)
- des Gerichts, das die Rechtsbehelfsbelehrung unterließ (§ 44 S. 2 StPO),
- der Justizbehörden, wenn sie ihre Fürsorgepflicht verletzen (zB sofortige Weiterleitung fehlgerichteter Rechtsbehelfe)
- der Post bei verzögerter Beförderung von Sendungen.

Auch die Unkenntnis von einem Fristbeginn oder von einer wirksamen Zustellung kann die Wiedereinsetzung begründet erscheinen lassen, wenn eigenes Verschulden fehlt.

98 d) Die **Entscheidung** lautet im Fall des Erfolgs:

Beispiel:

Dem Antragsteller wird auf seine Kosten Wiedereinsetzung in den vorigen Stand gegen die Versäumung der ...-Frist (der Hauptverhandlung über ...) gewährt.

Anderenfalls ist der Antrag als unzulässig oder als unbegründet zu verwerfen, ohne dass ein Ausspruch über die Kosten erfolgt.

99 e) Die Wiedereinsetzung **bewirkt** den Rückfall in den Zustand, als wäre die Frist oder der Termin nicht versäumt worden. Sie beseitigt eine eingetretene Rechtskraft und macht die dazwischenliegenden Entscheidungen gegenstandslos, ohne dass sie förmlich aufzuheben wären.

100 Die **fehlerhafte Wiedereinsetzung** (auch durch den nicht zuständigen Tatrichter anstelle des Rechtsmittelgerichts) ist wirksam, nicht anfechtbar und bindet das weitere Verfah-ren.

2. Wiedereinsetzung von Amts wegen

101 Sie kommt nach § 45 II 2 StPO in Betracht, wenn eine Frist (nicht die Hauptverhandlung) versäumt wurde, obwohl der Wille, eine Prozesshandlung (zB Einlegung eines Rechtsmittels) wirksam vorzunehmen, eindeutig ist. Die Gewährung von Wiedereinsetzung ohne Antrag setzt voraus, dass offensichtlich ein Verschulden des Betroffenen an der Fristversäumung fehlt. Sie ist regelmäßig angebracht, wenn Prozesserklärungen wegen justizinterner Mängel (zB Fehlleitungen) oder eindeutigem Alleinverschulden des Verteidigers nicht rechtzeitig zum zuständigen Gericht gelangen.

3. Wiedereinsetzung neben Rechtsmitteln

102 a) Ein **Urteil in Abwesenheit** lässt das Gesetz gegen den Angeklagten als Ausnahme von dem Grundsatz in § 230 StPO zu

- nach § 232 StPO: in Verfahren geringer Bedeutung (lediglich Geldstrafe bis 180 Tagessätze und Nebenfolgen zu erwarten)
- nach § 412 I StPO: Verwerfung des Einspruchs gegen einen Strafbefehl
- nach § 329 I StPO: Verwerfung der Berufung des Angeklagten, wobei über die Berufung der Staatsanwaltschaft ohne Anwesenheit des Angeklagten entschieden werden kann (§ 329 II 1 StPO).

103 b) Voraussetzung der Einspruch oder Berufung **verwerfenden Urteile** nach §§ 329, 412 StPO sind

- zulässiger Einspruch (§ 410 I StPO) bzw. zulässige Berufung (§§ 312 ff. StPO)
- Vorliegen der Prozessvoraussetzungen
- ordnungsgemäße Ladung des Angeklagten nach § 216 StPO mit Hinweis auf die Folgen unentschuldigten Ausbleibens
- Ausbleiben des Angeklagten bei Beginn der Hauptverhandlung
- Nichterscheinen eines Vertreters, wenn das Verfahren durch Strafbefehl eingeleitet wurde (§ 411 II StPO)
- Fehlen einer ausreichenden Entschuldigung (dazu eingehend *Meyer-Goßner,* § 329 Rn. 18–29)
- Abwarten einer angemessenen Zeitspanne: ca. 15 Minuten, unter Umständen auch länger.

Das Urteil nach §§ 329, 412 StPO verwirft den Einspruch oder die Berufung **ohne Verhandlung zur Sache.** Die Urteilsgründe haben die Voraussetzungen der Verwerfung darzulegen. Dabei ist auf ein nicht als ausreichend angesehenes Entschuldigungsvorbringen einzugehen. 104

Die Urteil sind dem Angeklagten oder seinem Verteidiger (§ 145 a I, III StPO) mit Belehrung über die Rechtsbehelfe zuzustellen.

c) Das nach § 232 StPO ergehende Urt. ist durch **Übergabe** zuzustellen, also nicht durch Niederlegung bei der Postanstalt oder durch öffentliche Zustellung. 105

d) **Rechtsbehelfe** gegen die Urteil sind in den beiden ersten Fällen (Rn. 104) neben der Berufung oder der Revision, im letzten Fall (Rn. 105) neben der Revision Wiedereinsetzung wegen Versäumung der Hauptverhandlung (§§ 235, 412 S. 1, 329 III StPO). Die Einlegung des einen Rechtsbehelfs schließt die des anderen nicht aus. Die Rechtsmittel der Berufung und der Revision sind unter der Rechtsbedingung eingelegt, dass der Wiedereinsetzungsantrag verworfen wird. 106

Das Ausgangsgericht muss deshalb zunächst über die Wiedereinsetzung befinden, im Fall einer sofortigen Beschwerde (§ 46 III StPO) auch die Entscheidung des Beschwerdegerichts abwarten, bevor es die Akten dem Rechtsmittelgericht zuleitet. 107

Die **Angriffsrichtung** der Rechtsbehelfe ist unterschiedlich: 108

- Der Wiedereinsetzungsantrag stützt die Bekämpfung des Urteil auf Umstände, die den Angeklagten entschuldigen sollen,
- Berufung und Revision gegen Urteil nach §§ 329, 412 StPO bemängeln die Anwendung dieser Vorschriften. Verfahrensgegenstand ist richtigerweise nur diese prozessuale Frage, weil die Entscheidung gerade „ohne Verhandlung zur Sache" ergangen ist. Konsequenz ist, dass die erfolgreiche Berufung zur Aufhebung des nach § 412 StPO ergangenen Urteils des Amtsgerichts führt, eine Sachentscheidung dem Berufungsgericht aber verwehrt ist. Es hat die Akten an das Amtsgericht zurückzugeben, damit dieses in der Sache entscheiden kann. § 328 I StPO ist deshalb nicht anzuwenden (*Meyer-Goßner,* § 412 Rn. 10).
- Die Berufung gegen nach § 232 StPO ergangene Urteile richtet sich gegen die getroffene Sachentscheidung; die Revision kann das Verfahren oder die Sachentscheidung bemängeln.

VII. Wiederaufnahme des Verfahrens

1. Allgemeines

Die Wiederaufnahme durchbricht die Rechtskraft eines in der Sache ergangenen Urt. Deshalb sind die förmlichen und inhaltlichen Vorschriften streng einzuhalten. Die ausschließlich Wiederaufnahmegründe **zu Gunsten** ergeben sich aus § 359 StPO und aus § 79 I BVerfGG, die **zu Lasten** des freigesprochenen oder verurteilten Angeklagten aus § 362 StPO und bei Verurteilung durch Strafbefehl weiter aus § 373 a StPO. Unzulässig ist ein Antrag, der nur eine andere Strafbemessung erstrebt (§ 363 StPO). 109

2. Verfahren

Das Verfahren gliedert sich in drei Abschnitte 110

a) Zunächst ist die **Zulässigkeit** des Antrags zu prüfen. Sie erfordert zum Teil über den Wortlaut des § 366 StPO hinaus:

- Kennzeichnung des Ziels der Wiederaufnahme
- Benennung des angegriffenen Urteils
- Anführung des gesetzlichen Wiederaufnahmegrunds
- eine Sachdarstellung, die ohne Bezugnahme auf Akten oder andere Schriftstücke aus sich heraus verständlich die Auswirkung des Wiederaufnahmegrunds auf Feststellungen und Beweiswürdigung des angegriffenen Urteils deutlich macht
- genaue Bezeichnung der Beweismittel
- Unterzeichnung durch einen Anwalt oder Erklärung zu Protokoll des Urkundsbeamten der Geschäftsstelle.

Am Ende der Prüfung steht (stets nach Anhörung der Staatsanwaltschaft) der Zulassungsbeschluss oder die Verwerfung des Antrags als unzulässig. Beide Entscheidungen ergehen ohne mündliche Verhandlung und sind mit der sofortigen Beschwerde anfechtbar (§ 372 S. 1 StPO).

b) Dem Zulassungsbeschluss folgt eine **Beweisaufnahme** nach § 369 StPO, wobei den Verfahrensbeteiligten durch Ladung zu den Beweisterminen die Anwesenheit zu ermöglichen ist. Nach Abschluss der Beweisaufnahme fordert das Gericht unter Fristsetzung zur Stellungnahme auf. Der ohne mündliche Verhandlung folgende Beschluss des Gerichts zur **Begründetheit** des Wiederaufnahmeantrags (§ 370 I StPO) kann den Antrag als unbegründet verwerfen oder aber die Wiederaufnahme des Verfahrens und die Erneuerung der Hauptverhandlung anordnen. Durch diesen Beschluss wird die Rechtskraft des Urteils beseitigt, so dass auch die Vollstreckung aus ihm endet. Nur der verwerfende Beschluss ist mit der sofortigen Beschwerde anfechtbar. 111

112 c) Im dritten Abschnitt des Wiederaufnahmeverfahrens findet vor dem nach § 140 a GVG bestimmten Gericht die erneute Hauptverhandlung statt (§ 373 StPO), wenn nicht die Voraussetzungen für eine Entscheidung durch Beschluss nach § 371 StPO gegeben sind. Die neue Entscheidung muss sich zum früheren Urteil äußern. Es wird aufrechterhalten, wenn das Gericht von der früheren Entscheidung nicht abweicht. Anderenfalls wird das frühere Urteil ausdrücklich aufgehoben.

E. V. Das Bußgeldurteil in Straßenverkehrssachen

Christine Haumer

Übersicht

Literatur: *Göhler,* Ordnungswidrigkeitengesetz, 15. Aufl., 2009; *Bohnert,* Kommentar zum Ordnungswidrigkeitenrecht, 3. Aufl. 2010; *Hentschel,* Straßenverkehrsrecht, 41. Aufl., 2011; Karlsruher Kommentar OWiG, 2006; *Meyer-Goßner,* Strafprozessordnung, 53. Aufl., 2010.

I. Vorbemerkung

1 In Bußgeldsachen ist die Arbeit des Richters von einer merkwürdigen Diskrepanz bestimmt: Einerseits steht dem einzelnen Amtsrichter zur Behandlung von Bußgeldsachen angesichts der sonstigen Belastung seines Referats nicht so viel Zeit dafür zur Verfügung, wie er für Strafsachen normalerweise aufbringen muss. Auf der anderen Seite sitzt er wegen des eigenartigen Rechtsmittelsystems des OWiG sozusagen direkt unter dem Revisionsgericht. Sein Arbeitsergebnis wird von diesem mit den Maßstäben gemessen, die üblicherweise nur an Berufungsurteile der Landgerichte angelegt werden können. Diese Situation erklärt, warum trotz der weithin bekannten Unfähigkeit vieler Rechtsanwälte, eine ordentliche Rechtsbeschwerdebegründung zu fertigen, es relativ häufig zur Aufhebung von Bußgeldurteilen kommt.

2 Dies hängt auch damit zusammen, dass gerade Amtsrichter sich die Sonderbedingungen des Rechtsbeschwerde- bzw. Revisionsverfahrens nur selten vergegenwärtigen. So steht zB in vielen Bußgeldurteilen, dass „das Gericht das Frontfoto Bl. 4 in Augenschein genommen" habe. Der Tatrichter geht ganz selbstverständlich davon aus, dass damit dem Rechtsbeschwerdegericht die Überprüfung ermöglicht werde. Das trifft nicht zu, da dem Rechtsbeschwerdegericht die Akten nur zur Prüfung der Prozessvoraussetzungen zur Verfügung stehen. Für alle übrigen Fragen ist der Akteninhalt außer dem Urt., der Rechtsbeschwerdebegründung und – nur bei einer zulässigen Formalrüge und nur für deren Klärung – dem Hauptverhandlungsprotokoll eine unzugängliche Zone. Es hätte hier der ausdrücklichen Bezugnahme nach §§ 46 II OWiG, 267 I S. 3 StPO bedurft, um das Tatfoto zum Urteilsgegenstand zu machen. Bei anderen Urkunden, zB dem Auszug aus dem Verkehrszentralregister, geht noch nicht einmal das: Abgesehen von § 267 I S. 3 StPO sind Bezugnahmen im Urteil unzulässig.

3 Hier soll nun nicht etwa der Vorstellung gehuldigt werden, der Amtsrichter könne unbegrenzte Zeit in die Begründung seiner Bußgeldurteile investieren; dies wäre lebensfremd. Es soll nur gezeigt werden, wie mit wenig Aufwand in den Standardfällen die am häufigsten wiederkehrenden Fehler zu vermeiden sind. Dabei liegt notwendigerweise der Schwerpunkt auf den Verkehrssachen. Sie ziehen in der amtsgerichtlichen Praxis die meisten Bußgeldurteile nach sich. Demgegenüber ist das Nebenstrafrecht mit sei-

nen zahllosen Bußgeldvorschriften so verästelt, dass seine Berücksichtigung hier allein schon den Rahmen dieses Buches sprengen würde. Aus den Straßenverkehrssachen wurden die wichtigsten Fallgestaltungen herausgegriffen. Für sie wird jeweils der notwendige Urteilsinhalt erläutert. Dabei wurde auch berücksichtigt, dass das freisprechende Urt. regelmäßig keine erheblichen Probleme verursacht. Die folgenden Ausführungen konzentrieren sich auf das verurteilende Urt.

4 Zur **Gliederung** ist davon auszugehen, dass das Bußgeldurteil wie das Strafurteil eine gedankliche Einheit darstellt. Es ist also unerheblich, wo was erörtert wird, solange dies tatsächlich geschieht. Die Zuordnung der Ausführungen hier folgt lediglich der allgemein üblichen Unterteilung.

II. Urteilstenor

1. Bezeichnung der Tat und Schuldform

5 Die Bezeichnung der Tat sollte möglichst genau sein, auch wenn dies für die Rechtsbeschwerde keine Rolle spielt. Statt eines „Verstoßes gegen die StVO, sollte also die konkrete Bezeichnung der jeweiligen Ordnungswidrigkeit stehen, zB . . .' ist schuldig einer fahrlässigen Überschreitung der zulässigen Höchstgeschwindigkeit innerhalb geschlossener Ortschaften."

6 Im Gegensatz zum StGB ist die Schuldform immer anzugeben, da Verkehrsordnungswidrigkeiten regelmäßig auch fahrlässig begangen werden können.

7 Eine Anmerkung zur Schuldform: Ist im Bußgeldbescheid keine Schuldform explizit genannt, so bedeutet dies, dass seitens der Bußgeldbehörde von einer Fahrlässigkeitstat ausgegangen wurde. Soll das Urt. stattdessen auf Vorsatz gestützt werden, bedarf es eines Hinweises nach § 265 I StPO in der Hauptverhandlung.

2. Rechtsfolgenausspruch

8 Er ist regelmäßig unproblematisch:

Formulierungsbeispiel:

„. . . und wird deshalb zu einer Geldbuße von 250,– EUR und den Kosten des Verfahrens verurteilt. Für die Dauer eines Monats wird ihm verboten, Kraftfahrzeuge aller Art zu führen. Das Fahrverbot wird wirksam, wenn der Führerschein in amtliche Verwahrung gelangt, spätestens jedoch vier Monate nach Rechtskraft des Urteiles."

9 Ein Anfangszeitpunkt für das Fahrverbot kann und muss nicht angegeben werden; es wird gemäß § 25 II StVG mit Rechtskraft des Bußgeldurteils wirksam. Handelt es sich um das erste Fahrverbot innerhalb von 2 Jahren, wird das Fahrverbot erst wirksam, wenn der Führerschein nach Rechtskraft des Urteils innerhalb von 4 Monaten in amtliche Verwahrung gelangt, § 25 II a 1 StVG.

10 Beachtetet werden müssen die Möglichkeiten der Ratenzahlung der Geldbuße (§ 18 OWiG), nur bei höheren Geldbußen oder besonders schlechten wirtschaftlichen Verhältnissen; Beschränkung des Fahrverbots auf bestimmte Fahrzeugarten oder unter Ausnahme bestimmter Fahrzeugarten, § 25 I 1 StVG. Davon wird Gebrauch gemacht, wenn die Denkzettelfunktion des Fahrverbots auch bei seiner Einschränkung erfüllt ist. Ein Anwendungsfall liegt zB vor, wenn ein Landwirt einen PKW mit einer BAK von 0,9 ‰ in seiner Freizeit geführt hat. Ihm kann man die Führung „von Kraftfahrzeugen aller Art mit Ausnahme landwirtschaftlicher Traktoren" verbieten.

3. Liste der angewendeten Vorschriften

11 Sie enthält die „Aufhängevorschrift" des § 24 StVG bei StVO- bzw. StVZO-Ordnungswidrigkeiten bzw. § 24 b StVG, bei Überschreiten der Promillegrenze § 24 a StVG; die jeweils zutreffenden Bußgeldvorschriften der §§ 49 StVO bzw. 69 a StVZO; die Ausgangsvorschriften, auf welche dort verwiesen wird; die Rechtsfolgenvorschriften, zB § 25 StVG, §§ 17 II, 18 OWiG.

III. Persönliche Verhältnisse

1. Schilderung der Lebensumstände

12 Gegenüber dem Strafurteil kann sich das Bußgeldurteil erheblich kürzer fassen. Die Lebensumstände des Betroffenen sollten aber zumindest durch die Angabe von Beruf und Familienstand charakterisiert werden. Bei Geldbußen über 250,– EUR ist immer auf die wirtschaftlichen Verhältnisse einzugehen, da dies für die Bemessung der Geldbuße von Bedeutung ist. Soweit ein Fahrverbot zu prüfen war, muss auch die wirtschaftliche Verknüpfung des Betroffenen mit dem Führen eines Kraftfahrzeugs erörtert werden.

2. Vorbelastungen

13 Sie können natürlich auch erst im Rahmen der Rechtsfolgenerwägungen abgehandelt werden, da das Bußgeld- oder Strafurteil eine Einheit bildet, und spielen insbesondere dann eine Rolle, wenn wegen der

Vorbelastungen die Geldbuße gegenüber den Bestimmungen der Bußgeldkatalogverordnung (BKatV) erhöht oder ein Fahrverbot wegen beharrlicher Verletzung der Pflichten eines Kraftfahrers verhängt werden soll.

Aufzunehmen sind alle Einträge in das Verkehrszentralregister gem. § 59 FeV, gleichgültig ob Straftaten oder Ordnungswidrigkeiten vgl. § 59 I FeV, die am Tag des Urteilserlasses noch nicht tilgungsreif sind, § 29 StVG. 14

Wiederzugeben ist für jede einzelne Vorbelastung zumindest:

- Tatort
- Tatzeit
- Datum der letztlich rechtskräftig gewordenen Entscheidung
- Datum ihrer Rechtskraft (wichtig wegen der Tilgungsreife)
- Bezeichnung der Tat
- verhängte Sanktion.

IV. Feststellungen zur Tat

Die Tatsachenfeststellung sollte sich eigentlich auf folgende Punkte beschränken: 15

1. Tatort

Regelmäßig genügt hier bei Straßenverkehrsordnungswidrigkeiten die Angabe der Straße oder Autobahn, auf welcher sich der Vorfall ereignete; zur näheren Konkretisierung muss bei Straßen außerhalb eines Gemeindebereichs eine Kilometer- und Fahrtrichtungsangabe erfolgen. Bei Tatorten innerhalb einer Gemeinde sollte ein Kreuzungsbereich oder eine Hausnummer dann genannt werden, wenn die Straße, auf der sich die Ordnungswidrigkeit ereignete, sehr lang ist. Problematisch wird die Angabe des Tatorts eigentlich nur bei den Fällen, in welchen aus dem Inhalt des Fahrtschreibers auf zuvor begangene Geschwindigkeitsverstöße zu schließen ist und der Betroffene sich zu den Tatorten nicht einlässt. Es lässt sich nicht vermeiden und es ist zulässig, in solchen Fällen als Tatort *nicht näher feststellbare öffentliche Straßen im Gebiet der Bundesrepublik Deutschland* zu nennen. 16

2. Tatzeit

Die Angabe ist ebenfalls regelmäßig unproblematisch. Zu beachten ist hier aber insbesondere, dass mehrere Verkehrsverstöße nicht deswegen zu einer Tat zusammengefasst werden, weil sie sich auf einer zusammenhängenden Fahrt ereigneten. Jede neue Verkehrssituation verpflichtet den Kraftfahrer zu einer erneuten Prüfung seiner Pflichten (*OLG Hamm,* DAR 1976, 138). Etwas anderes gilt nur dann, wenn der Betroffene sich eines in dauernder Unachtsamkeit bestehenden Gesamtverhaltens schuldig macht, aus dem mehrere Gesetzesverletzungen entspringen (*BayObLGSt* 1985, 100). 17

3. Individualisierende Kennzeichen der Tat

Hierzu gehört bei Verkehrsordnungswidrigkeiten mindestens die Angabe des benutzten Fahrzeugtyps (Pkw, Lkw, Kraftomnibus usw.) und seines Kennzeichens. 18

4. Erfüllung der gesetzlichen Tatbestandsmerkmale

Hier sind alle Tatsachen zu nennen, die den reinen Normverstoß begründen. Bei einer Geschwindigkeitsüberschreitung würde es also hier reichen zu sagen: 19

Formulierungsbeispiel:

„Der Betroffene steuerte dort seinen genannten Pkw entgegen einer ca. 400 m vor dem Tatort angebrachten Geschwindigkeitsbeschränkung durch Zeichen Nr. 274 zu § 41 StVO auf 80 km/h mit einer Geschwindigkeit von mindestens 121 km/h."

5. Tatsächliche Grundlagen der Schuldform

Wenn im Bußgeldbescheid nichts anderes steht, ging die Bußgeldbehörde von einer fahrlässigen Tatbegehung aus. Das bedeutet auch, dass auf eine etwaige Verurteilung wegen einer Vorsatztat in der Hauptverhandlung gemäß § 265 StPO gesondert hinzuweisen ist. Ansatzpunkte für eine Vorsatztat sind zB eine weit überhöhte Geschwindigkeit oder das Nichtbeachten einer Lichtsignalanlage nach längerer Rotphase. Für die Fahrlässigkeitstat genügt die Feststellung: 20

Formulierungsbeispiel:

Der Betroffene hätte bei genügender Aufmerksamkeit erkennen können, dass er ....

6. Objektive Rechtsfolgenbemessungsgründe

21 Das sind zB Verkehrsdichte zur Tatzeit, Anhaltspunkte für die Gefährdung anderer Verkehrsteilnehmer, notstandsähnliche Situationen usw.

V. Beweiswürdigung

1. Einlassung des Betroffenen

22 Natürlich beginnt auch die Beweiswürdigung im Bußgeldurteil immer mit der Einlassung des Betroffenen. Zu beachten ist, dass bei einem etwaigen Geständnis die Glaubwürdigkeit zu prüfen ist. Dazu gehört auch die Frage, ob der Betroffene Einzelumstände überhaupt gestehen kann. Das ist nur der Fall, wenn sie in seinen Wahrnehmungsbereich fallen. Der Betroffene kann zB nicht das Funktionieren eines Geschwindigkeitsmessgerätes gestehen.

2. Einzelfragen der Beweiswürdigung in Standardfällen

23 Im Folgenden wird dargestellt, was neben der Einlassung des Betroffenen an Ausführungen – getrennt für die häufigsten Verkehrsordnungswidrigkeiten – genannt werden muss. Die Fallgruppen sind alphabetisch geordnet; zT mussten für besonders häufige Verstöße Untergruppen gebildet werden. Häufig erscheint es schwierig, zwischen Tatsachenfeststellung und Beweiswürdigung zu unterscheiden. So gehört es zB bei der Unterschreitung des erforderlichen Mindestabstands zur Tatbestandserfüllung, dass der zu kurze Abstand nicht nur für einen ganz unbedeutenden Zeitraum eingehalten wurde. Aus diesem Grund müsste eigentlich schon in der Tatsachenfeststellung ein Hinweis erfolgen, auf welcher Strecke oder für welche Zeit der verkürzte Abstand eingehalten wurde. Wie lange die Messstrecke war, ist aber eher Frage der Beweiswürdigung. Die Unterscheidung ist zum Glück deswegen nicht sehr bedeutsam, da das Urt., wie schon dargestellt, eine Einheit bildet. Wichtig ist demnach, dass wenigstens an einer Stelle des Urteils zu der Frage Stellung genommen wird.

Die einzelnen Fallgestaltungen:

24 a) **Abstandsverstöße.** *aa) Identifikation des Betroffenen (gilt generell für alle Verstöße) durch*

- eigene Einlassung (Geständnis der Fahrereigenschaft)
- Lichtbild oder Videofilm; dabei ist nötig entweder
  - *eine ausdrückliche Bezugnahme auf das Lichtbild unter Angabe der Aktenstelle, vgl. § 267 I S. 3 StPO oder*
  - *eine ausführliche Beschreibung des Lichtbildes hinsichtlich der persönlichen Identifikationsmerkmale des Betroffenen, soweit sie mit dessen äußerem Erscheinungsbild übereinstimmen oder*
  - *Auswertung durch ein anthropologisches Gutachten(grundsätzlich dazu Schott, NZV 2011, 169). Dabei sind die im Urteil die festgestellten Merkmalsübereinstimmungen, die vorhandenen Abweichungen und die von dem Sachverständigen gezogene Schlussfolgerung im Hinblick auf die Einschätzung der Identitätswahrscheinlichkeit wiederzugeben. Konkrete Angaben zu der Merkmalshäufigkeit in der Bevölkerung sind nicht erforderlich (OLG Oldenburg, NStZ-RR 2009, 60). Da das anthropologische Gutachten keine standardisierte Untersuchungsmethode ist, müssen bei minderer Qualität des Fotos und hoher festgestellter Identitätswahrscheinlichkeit zusätzliche Umstände hinzutreten, wie Haltereigenschaft oder Zugriff auf den Pkw (OLG Oldenburg, NStZ-RR 2009, 60)*
- Würdigung der Zeugenaussagen, aus denen sich die Täterschaft des Betroffenen ergibt

bb) Angaben zu dem Polizeibeamten, der die Messung durchgeführt hat:

- Wiedergabe seiner ggfs. verlesenen Aussage
- Seine Erfahrung mit Abstandsmessungen
- Vorschriftsmäßigkeit der Installation
- Einhaltung der ministeriellen Richtlinien zur Durchführung von Abstandsmessungen, soweit vorhanden
- Beobachtungen zur Verkehrsdichte

cc) Art der Abstandsmessung (rein optisch oder Lichtschranken)

dd) Messstrecke: Sie muss mindestens 50 m lang sein, um die Voraussetzung eines „nicht nur ganz vorübergehenden Unterschreitens des Sicherheitsabstandes" zu erfüllen

ee) Kennzeichnung der Messpunkte

ff) Dokumentationsverfahren (Video- oder Fotoaufzeichnung?)

gg) Durchschnittsgeschwindigkeit (regelmäßig aus der Durchfahrtzeit und der Messstrecke zu ermitteln)

hh) Abstand des Tatfahrzeugs zum vorausfahrenden Fahrzeug beim Durchfahren der Messpunkte

b) Alkoholbeeinflussung. *aa) Objektive Feststellungen zum Tatbestandsmerkmal „Führen eines Kraftfahrzeugs".* 25

bb) Angaben zur Blutprobe: Entnahmezeit, Mittelwert, ggfs. durch Verlesung nach § 256 StPO eingeführte Angaben des Arztes; oder Feststellung durch Atemalkoholkontrolle nach § 24 a StVG durch Bezeichnung der Art und Weise des Messverfahrens.

cc) Würdigung der Vorwerfbarkeitselemente (Vorsatz – Fahrlässigkeit)

dd) Auseinandersetzung mit der Frage, warum kein Fahrfehler vorliegt (sonst nämlich § 316 StGB).

c) Geschwindigkeit. *aa) Fahrereigenschaft des Betroffenen, vgl. oben Identifikation des Betroffenen (gilt generell für alle Verstöße) durch* 26

bb) Angaben in Verbindung mit der Messmethode

- Messung durch stationäre Anlagen
  - *Liegt ein standardisiertes Messverfahren vor?*
    - Radarmessung
    - Lasermessung
    - Lichtschrankenmessung
    - Funkstopverfahren
  - *Eichung der Messgeräte noch gültig?*
  - *Dokumentationsart (Foto oder nur schriftlicher Vermerk)*
  - *Angaben zur Vorschriftsmäßigkeit der Installation der Messeinrichtung nach Herstellerhinweisen*
  - *Einhaltung der ministeriellen Richtlinien zur Durchführung von Geschwindigkeitsmessungen, soweit vorhanden*
  - *Distanz der Messstelle zum Beginn der Geschwindigkeitsbeschränkung (mindestens 150 Meter); ein abruptes Bremsen kann nicht verlangt werden.*
  - *Angaben zu dem Beamten, der die Messung durchgeführt hat:*
    - Wiedergabe seiner – ggfs. verlesenen – Aussage
    - Seine Erfahrung mit Geschwindigkeitsmessungen
    - Beobachtungen zur Verkehrsdichte (wichtig wegen der Rechtsfolgenbemessung)
  - *Toleranzabzug idR 3%, mindestens jedoch 3 km/h.*
- Messung durch Polizeifahrzeug
  - *Nachfahren oder Vorausfahren (beide Messarten sind zulässig)*
  - *Länge der Messstrecke: Sie muss bei Geschwindigkeiten bis mindestens sein bei einem Höchstabstand von:*

60 km/h	*150 m*	*30 m*
90 km/h	*250 m*	*50 m*
120 km/h	*500 m*	*100 m*

  - *Abstand, s. oben, aber vor allem: gleichbleibend?*
  - *Sicht- und Beleuchtungsverhältnisse (nur bei Nachtzeit); Umrisse des verfolgten Fahrzeugs erkennbar?*
  - *Schilderung der Fahrbahnverhältnisse und Verkehrsdichte*
  - *Tatsächliche Möglichkeiten des Beamten, sich auf die Geschwindigkeitsmessung zu konzentrieren: Alleinfahrer oder Beifahrer*
  - *Angaben zu dem Beamten, der die Messung durchgeführt hat:*
    - Wiedergabe seiner – ggf. verlesenen – Aussage
    - Seine Erfahrung mit Geschwindigkeitsmessungen
    - Beobachtungen zur Verkehrsdichte (wichtig wegen der Rechtsfolgenbemessung)
  - *Geeichter Tachometer 10% Toleranzabzug oder ungeeichter 20%.*
- Diagrammscheibenauswertung
  - ***Auswertender:** Nur in einfachen Fällen kann der Richter selbst die Auswertung vornehmen; bei Komplikationen ist regelmäßig ein Sachverständiger zu beauftragen.*
    - *Darstellung der Tatsachen, die eine Verbindung zwischen der Diagrammscheibe und dem Betroffenen darstellen.*
    - *Darstellung des wesentlichen Inhalts der Aufzeichnung auf der Scheibe.*
    - *Umsetzung in Feststellungen zur tatsächlichen gefahrenen Geschwindigkeit, Tatzeit und Strecke.*
    - *Toleranzabzug nach Herstellerangaben (Grundsätzlich zur Höhe des Toleranzabzuges in den einzelnen Bundesländern die Übersicht bei Starker, DAR 1998, 85 ff.).*

d) Lichtzeichenregelung. *aa) Bei Beobachtung durch Zeugen ist erforderlich die Feststellung* 27

- der Ampelschaltung, insbesondere der Dauer der Gelbphase
- der vom Betroffenen gefahrenen Geschwindigkeit
- der Entfernung des Betroffenen bei Umschalten auf Rot

bb) Bei einer automatischen Überwachungsanlage
ist entsprechend Messung durch stationäre Anlagen zu verfahren (vgl. oben Rn. 18 bb.)

3. Erledigung von Beweis- und Hilfsbeweisanträgen

28 Beweisanträge können im Bußgeldverfahren mit kürzerer Begründung als im Strafverfahren abgelehnt werden, § 77 III OWiG. In dem Urteil muss dann aber eine für das Rechtsbeschwerdegericht nachprüfbare Begründung nachgeholt werden (*Göhler,* OWiG, 15. Aufl., Rn. 26 mwN). Hier ist also eine den vollen Anforderungen des § 244 VI StPO entsprechende Begründung aufzunehmen.

29 An dieser Stelle sollten auch etwaige Hilfsbeweisanträge, die zB für den Fall der Verurteilung oder der Verhängung eines Fahrverbots gestellt wurden, verbeschieden werden.

VI. Rechtliche Würdigung

30 Sie sollte die jeweils zutreffende Begehungsform und die verletzten Vorschriften mit Absatz und Nummer nennen, ist aber regelmäßig unproblematisch.

VII. Rechtsfolgen

31 **1. Geldbuße**

1. Darstellung des Geldbußenrahmens
2. Einordnung der Tat in den Bußgeldkatalogs
3. Begründung für Abweichungen nach oben und unten oder – bei nicht vorbelasteten Tätern und normaler Tatbegehung – Bezugnahme auf diesen unter Hinweis darauf, dass kein Grund zur Abweichung bestehe.

2. Fahrverbot

32 a) **Voraussetzungen.** *aa) Grobe Pflichtverletzung.* Die Erfüllung eines der Tatbestände des § 4 I Nr. 1–4 BKatV indiziert das Vorliegen eines groben Verkehrsverstoßes iSd § 25 I 1. Ein solcher offenbart ein hohes Maß an Verantwortungslosigkeit im Straßenverkehr; es bedarf daher regelmäßig der Denkzettel- und Besinnungsmaßnahme eines Fahrverbots (vgl. *BayObLG,* Beschl. v. 16. 6. 1994 – 1 ObOWi 173/94). Grobe Pflichtverletzungen sind solche, die objektiv als häufige Unfallursachen abstrakt oder konkret besonders gefährlich sind und subjektiv besonders verantwortungslos erscheinen, das heißt auf groben Leichtsinn, grobe Nachlässigkeit oder Gleichgültigkeit zurückgehen (vgl. *Burmann/Heß/Jahnke/Janker,* StVR, 21. Aufl. 2010, § 25 StVG). Zu beachten ist auch in diesem Zusammenhang, dass die Regelsätze der Bußgeld-Katalogverordnung von fahrlässiger Begehung und gewöhnlichen Tatumständen ausgehen, wie deren § 1 II S. 1 zeigt. Als grob pflichtwidrig erweisen sich Verhaltensweisen, die objektiv von besonderem Gewicht sind, da sie immer wieder Ursache schwerer Unfälle sind (Erfolgsunwert), und subjektiv durch ein besonders verantwortungsloses, auf besonders großem Leichtsinn, grober Nachlässigkeit oder Gleichgültigkeit beruhendes Handeln gekennzeichnet sind (Handlungsunwert) (*OLG Bamberg,* NJW 2007, 3081).

33 Der Erfolgsunwert einer **Geschwindigkeitsüberschreitung** ist nur in ganz seltenen Ausnahmefällen nicht gegeben, zB bei einer Messung unmittelbar nach Beginn der Geschwindigkeitsbeschränkung (*OLG Oldenburg,* NZV 1996, 375/376). Er entfällt nicht deswegen, weil der Verstoß auf gut ausgebauter Straße und mäßigem Verkehrsaufkommen begangen wurde (*OLG Düsseldorf,* NZV 1997, 85/86). Ein grober Pflichtenverstoß liegt nach Ansicht des Bundesgerichtshofes wegen der Minderung des Handlungsunwerts aber dann nicht vor, wenn das Verschulden bei einer Geschwindigkeitsübertretung sich auf das Übersehen eines einzigen Verkehrszeichens beschränkt (*BGH,* NZV 1997, 525).

34 Bei **Rotlichtverstößen** entfällt der Erfolgsunwert der Ordnungswidrigkeit nicht deswegen, weil es nicht zu einer Gefährdung anderer Verkehrsteilnehmer gekommen ist (*BGH,* NZV 1997, 525/526). Dagegen kann der Handlungsunwert durch den sog. „Mitzieheffekt" gemindert sein, wenn also der Betroffene durch das Verhalten anderer Kraftfahrer abgelenkt wird und nicht bemerkt, dass er gegen die Lichtzeichenregelung verstößt (*OLG Karlsruhe,* Beschl. v. 21. 12. 2009 – 2 (6) SsBs 558-09/AK 243/09 (AG Freiburg), BeckRS 2010, 04669).

35 *bb) Beharrlicher Pflichtenverstoß. (1) Regelfall.* Eine beharrliche Verletzung der Pflichten eines Kraftfahrzeugführers i. S. des § 25 I StVG liegt vor, wenn mindestens eine verkehrsrechtliche Vorahndung, die im Verkehrszentralregister eingetragen ist (auch wenn die Voreintragung noch nicht rechtskräftig war, kann sie uU berücksichtigt werden, vgl. *OLG Düsseldorf,* NZV 1994, 41) und noch nach §§ 26 StVG, verwertbar ist, vorliegt und die Regelvoraussetzungen des § 4 II BKatV gegeben sind: Nach rechtskräftiger Verhängung einer Geldbuße wegen einer Geschwindigkeitsüberschreitung von mindestens 26 km/h muss der Betroffene innerhalb eines Jahres seit Rechtskraft der Entscheidung eine neuerliche Geschwindigkeitsüberschreitung von mindestens 26 km/h begangen haben.

Die Begründung einer Abweichung ist nur bei besonders geringer Bedeutung des Tatgeschehens oder beim Vorliegen von Ausnahmeumständen gerechtfertigt (vgl. *OLG Bamberg*, NJW 2008, 3155), zB wenn geringes Verschulden zur Ersttat geführt hat. 36

(2) Atypischer Fall. Sind die Voraussetzungen für einen Regelfall eines beharrlichen Pflichtenverstoßes nicht gegeben, kann trotzdem ein Fahrverbot verhängt werden, wenn mehrere – idR mindestens zwei – unterhalb der Regelvoraussetzungen liegende Voreintragungen gegeben und noch verwertbar sind. 37

cc) Darlegung. Das Urteil muss nicht begründen, warum kein Ausnahmefall vom Regelfahrverbot angenommen wurde, wenn dessen Voraussetzungen vorliegen und sich nicht aus der Einlassung des Betroffenen Anhaltspunkte für eine solche Ausnahme ergeben (*OLG Bamberg,* Urt. v. 23. 10. 2007, 2 SS OWi 605/2007). 38

Ob der Tatrichter im Urteil zu erkennen geben muss, dass er sich der Möglichkeit bewusst ist, statt der Verhängung eines Fahrverbotes die Geldbuße zu erhöhen, ist auch in der Rechtsprechung nicht eindeutig geklärt. Es wird jedenfalls empfohlen, dies mit einem Satz im Urteil zum Ausdruck zu bringen.

Eine Addition von Regelfahrverboten bei Zusammentreffen von beharrlichem Pflichtenverstoß und grober Pflichtverletzung kommt nicht in Betracht (*OLG Brandenburg,* Beschl. v. 4. 1. 2011 BeckRS 2011, 02488). 39

b) Absehen vom Fahrverbot. *aa) Absehensgründe.* Erhebliche Härten oder eine Vielzahl für sich genommen durchschnittlicher Milderungsgründe können ein Absehen von der Verhängung eines Fahrverbots begründen. Der wichtigste Fall ist die sog. „Existenzkrise", in die das Fahrverbot den Betroffenen bringen kann. Für die Annahme einer Existenzkrise genügt es nicht, wenn der Betroffene unselbständig beschäftigter Berufskraftfahrer ist, da er regelmäßig durch Verlegung des Fahrverbotes in den Urlaub die negativen Auswirkungen vermeiden oder mildern kann. Nur bei solchen Selbständigen, denen finanziell die Einstellung eines Fahrers nicht zumutbar ist, kann daher eine Existenzkrise entstehen (vgl. die Nachweise bei *Deutscher*, NZV 1998, 134, 138). Diese Umstände müssen durch das Gericht sorgfältig aufgeklärt werden, entsprechende Angaben des Betroffenen dürfen nicht unkritisch übernommen werden (*OLG Karlsruhe,* NZV 2005, 44). 40

Nicht ausreichende Gründe:

Dass der Betroffene ein sog. **„Vielfahrer"** ist vermag das Absehen vom Fahrverbot nicht zu begründen (vgl. *BayObLGSt* 1194, 118; *OLG Düsseldorf,* VRS 1989, 466, 467; *OLG Köln,* VRS 1987, 40, 42; *OLG Naumburg,* NZV 1995, 161). 41

Auch dass der Betroffene **beruflich auf die Benutzung eines Kraftfahrzeugs angewiesen** ist, kann sich nicht auswirken (*BayObLGSt* 1994, 118; *OLG Düsseldorf,* VRS 1989, 466, 467). 42

Langes unfallfreies Fahren wird nicht als ausreichend angesehen, auch nicht bei 50% Schwerbehinderung (*OLG Hamm,* NZV 2007, 152), ebenso nicht der Umstand dass es sich bei der Betroffenen um eine alleinerziehende berufstätige Mutter handelt (*OLG Hamm,* NZV 2008, 302). 43

Ihm ist zuzumuten, **auf öffentliche Verkehrsmittel oder ein Taxi auszuweichen** (*OLG Düsseldorf,* VRS 1989, 466, 467, *OLG Hamm,* DAR 1995, 374, 375), vorübergehend einen Fahrer einzustellen (*OLG Düsseldorf* und *OLG Hamm,* jeweils aaO) oder die Auswirkungen des Fahrverbots durch die Inanspruchnahme von Urlaub zu mildern (*OLG Düsseldorf,* VRS 1989, 466, 467; *OLG Köln,* VRS 1988, 392, 394; *OLG Hamm,* NZV 1995, 366). Die damit gegebenenfalls verbundenen wirtschaftlichen Nachteile muss er tragen. 44

Im Übrigen kann sich der Betroffene normalerweise bereits seit Erhalt des Bußgeldbescheides **auf das Fahrverbot einstellen** (*OLG Köln,* VRS 1988, 392, 394; *OLG Karlsruhe,* VRS 1988, 476/480) und sofern nicht in den letzten zwei Jahren gegen ihn bereits ein Fahrverbot verhängt wurde, innerhalb einer Zeitspanne von vier Monaten nach Rechtskraft des Erkenntnisses das Fahrverbot „antreten". 45

Die **Teilnahme an einem Aufbauseminar** rechtfertigt es grundsätzlich nicht, von einem Fahrverbot wegen beharrlicher Verletzung der Pflichten eines Kraftfahrzeugführers (§ 25 I S.1 StVG) abzusehen (*OLG Bamberg,* LSk 2008, 370193). 46

bb) Voraussetzungen der Feststellung. Gründe für das Absehen vom Fahrverbot können grundsätzlich auch anhand der Einlassung des Betroffenen festgestellt werden; sie steht einem normalen Beweismittel gleich. Allerdings muss sich der Tatrichter darüber im Klaren sein, dass der Betroffene häufig dazu neigen wird, die durch ein Fahrverbot entstehenden Schwierigkeiten zu übertreiben. Die Aufklärungspflicht kann daher dazu zwingen, weitere Beweise zu erheben. Stützt sich die Feststellung der eine Ausnahme begründenden Tatsachen nur auf die Einlassung des Betroffenen, bedarf letztere der besonders kritischen Würdigung. Ggfs. muss dargelegt werden, warum diese Beweiserhebung ausreicht (*OLG Stuttgart,* NZV 1994, 371). 47

cc) Darlegung. Die Tatsachen, aufgrund derer ausnahmsweise von der Verhängung eines Fahrverbotes abgesehen wird, müssen im Urt. so ausgeführt sein, dass das Rechtsbeschwerdegericht die Entscheidung namentlich anhand des Begriffes „besondere Härte" rechtlich überprüfen kann (*Brandenburgi-* 48 *sches OLG,* VRS 1994, 114). In den Fällen des § 2 I, II 2 BußGKatVO ist das Absehen vom Fahrverbot immer näher zu begründen (*BGHSt* 38, 231).

49 *dd) Mehrere Fahrverbote.* Treffen in einem Verfahren mehrere Ordnungswidrigkeiten zusammen, die jede für sich ein Fahrverbot begründen würden, darf trotzdem nur eines verhängt werden (*OLG Brandenburg,* ZfS 97, 277, 278). Fahrverbote aus mehreren Verfahren sind jedoch hintereinander zu vollstrecken (vgl. § 25 II a S. 2 StVG).

VIII. Sonderfall: Einspruchsverwerfung nach § 74 II OWiG

50 Nach § 74 II OWiG trifft den Betroffenen im Regelfall nicht nur eine Pflicht zum Erscheinen, sondern das Gericht hat auch keinen Ermessensspielraum, ob es den Einspruch verwerfen *kann*; es muss ihn bei Vorliegen der Voraussetzungen verwerfen. Wird der Einspruch nun nach dieser Vorschrift verworfen, so muss das Urteil die tatsächlichen und rechtlichen Voraussetzungen dafür klarlegen, warum es nicht von einer „genügenden Entschuldigung" ausgeht. Dies ist erforderlich, um dem Rechtsbeschwerdegericht die Nachprüfung zu ermöglichen, ob der Tatrichter bei der Würdigung des Entschuldigungsvorbringens von zutreffenden rechtlichen Erwägungen ausgegangen ist.

51 Dabei hält das Gericht zunächst eine Wartezeit von 15 min ein.

52 Das Gericht entscheidet nach Durchführung der notwendigen Ermittlungen eigenständig, ob es eine Entschuldigung für „genügend" hält. Maßgeblich ist dabei nicht, ob sich der Betroffene ausreichend entschuldigt hat, sondern ob er ausreichend entschuldigt ist (*OLG Bamberg,* NZV 2011, 409). Den Betroffenen trifft dabei nicht etwa eine Art von Beweislast; insbesondere kann von ihm nicht verlangt werden, dass er sein Vorbringen glaubhaft mache (*BayObLGSt* 97, 145). Es ist demnach für die Einspruchsverwerfung folgendes zu prüfen und im Urteil darzustellen:

53 Erscheint das Vorbringen des Säumigen völlig unglaubwürdig oder aus der Luft gegriffen, kann der Einspruch verworfen werden. Das kann zB auch bei bloßer Vorlage eines nichtssagenden Attestes gegeben sein (*BayObLG* 3 St RR 51/96 v. 14. 5. 1996 und 3 St RR 136/94 vom 8. 12. 1994). Dafür genügt es jedoch wieder nicht, dass in ihm die Art der Erkrankung nicht wiedergegeben oder dass nur Arbeits- und Reiseunfähigkeit – nicht aber Verhandlungsunfähigkeit – bescheinigt wurde (*BayObLG* 2 ObOWi 38/95 v. 13. 2. 1995 und *OLG Karlsruhe,* NStZ 1994, 141). Hält das Gericht zB eine Erkrankung des Betroffenen für nur vorgeschoben, um der Anordnung des persönlichen Erscheinens zu entgehen, muss es sich durch Einholung einer ärztlichen Auskunft oder durch einen Anruf im Krankenhaus Gewissheit verschaffen (*OLG Düsseldorf,* StV 1994, 364) In der Vorlage eines ärztlichen Attestes liegt konkludent die Erklärung des Betroffenen, dass er den ausstellenden Arzt von der Schweigepflicht entbinde (*OLG Karlsruhe,* Justiz 1994, 185). Wird in einem ärztlichen Attest die Art der Erkrankung nicht bezeichnet, rechtfertigt das allein nicht die Annahme der ungenügenden Entschuldigung (*BayObLG,* NJW 1998, 172; *BayObLGSt* 1998, 79). Der Richter kann dann im Wege des Freibeweisverfahrens auch beim im Attest genannten Arzt nachfragen, auch telefonisch.

Hat der Betroffene dem Gericht gegenüber aber schlüssig vorgetragen, dass er entweder nicht imstande war, sich bei Gericht einzufinden oder dass hieraus eine erhebliche Beeinträchtigung seiner Rechte zu besorgen gewesen wäre, darf der Einspruch nicht verworfen werden. Ein schlüssiger Vortrag kann zB darin liegen, dass er vorbringt, krank zu sein. Aber auch wenn das Amtsgericht einen rechtzeitig vor der Hauptverhandlung gestellten Antrag, ihn von der Pflicht zum persönlichen Erscheinen zu entbinden, nicht verbeschieden hat, kann eine ausreichende Entschuldigung vorliegen. Zweifel an der Richtigkeit des Vorbringens rechtfertigen die Einspruchsverwerfung nicht: Hat nämlich der Richter aus dem Vorbringen des Betroffene keine sichere Überzeugung gewinnen können, so muss er dies zum Anlass weiterer Aufklärung nehmen. Etwaige Zweifel sind durch Ermittlungen im Freibeweis zu beheben. Das gilt auch dann, wenn dadurch eine Aussetzung der Hauptverhandlung notwendig wird. Zu den Anforderungen an ein Verwerfungsurteil nach Ablehnung von Terminsverlegungsanträgen vgl. *OLG Oldenburg,* NZV 2011, 96.

F. Das unionsrechtliche Vorabentscheidungsverfahren

Dr. Daniel Dittert

Übersicht

Literatur: *Dauses*, Das Vorabentscheidungsverfahren nach Art. 177 EG-Vertrag, 2. Aufl., 1995; *Everling*, Vorlagerecht und Vorlagepflicht nationaler Gerichte, in: Vorabentscheidungsverfahren vor dem EuGH, 1998, 11 ff.; *Lehner*, Die Vorlagepflicht an den EuGH im Vorabentscheidungsverfahren, in: FS Spindler, 2011, 329 ff. **Lehrbücher:** *Ahlt/Dittert*, Europarecht, 4. Aufl., 2011, 133 ff.; *Borchardt*, Die rechtlichen Grundlagen der Europäischen Union, 4. Aufl., 2010, 321 ff.; *Pechstein*, EU-Prozessrecht, 4. Aufl., 2011; *Streinz*, Europarecht, 9. Aufl., 2011. **Kommentare:** *Calliess/Ruffert*, EUV/AEUV, 4. Aufl., 2011; *Grabitz/Hilf/Nettesheim*, Das Recht der Europäischen Union, Stand: 43. Ergänzungslieferung, 03/2011; *Streinz*, EUV/AEUV, 2. Aufl., 2011.

I. Allgemeines

1. Wesen und Ziele des Vorabentscheidungsverfahrens

Das **Recht der Europäischen Union**, das heute praktisch alle Rechtsgebiete und Lebensbereiche maßgeblich beeinflusst, wird überwiegend **dezentral angewandt**. Seine Durchsetzung erfolgt zumeist vor nationalen Behörden und Gerichten. Um aber eine einheitliche Auslegung und Anwendung des Unionsrechts und damit letztlich die Gleichbehandlung aller Unionsbürger sowie aller im Binnenmarkt tätigen Unternehmen zu gewährleisten, wurde das Vorabentscheidungsverfahren geschaffen (*EuGH*, C-344/04, Slg. 2006, I-403 – IATA und ELFAA, Rn. 27). 1

Es handelt sich um ein **nichtstreitiges Verfahren** der **Zusammenarbeit von Gericht zu Gericht**, das der Initiative der Parteien entzogen ist (*EuGH*, C-364/92, Slg. 1994, I-43 – SAT, Rn. 9; Gutachten 1/09, 8. 3. 2011, Rn. 84). Dieses Verfahren ermöglicht den nationalen Gerichten, den Gerichtshof der Europäischen Union als zentrale Anlaufstelle zum Unionsrecht zu befragen und auf diese Weise sachdienliche und verbindliche Auskünfte zur Anwendung des Unionsrechts in den bei ihnen anhängigen Rechtsstreitigkeiten zu erlangen. 2

Im Rechtsschutzsystem der europäischen Verträge nimmt das Vorabentscheidungsverfahren eine herausragende Stellung ein. Über die Jahrzehnte wurden in diesem Verfahren einige der wichtigsten Weichenstellungen für die Fortentwicklung des Unionsrechts und der europäischen Integration vorgenommen. Neben dieser **integrationspolitischen Funktion** hat das Vorabentscheidungsverfahren aber auch eine wichtige **Rechtsschutzfunktion** für den Einzelnen, die nicht vernachlässigt werden sollte (vgl. auch Art. 47 I der Charta der Grundrechte der Europäischen Union). Denn der „Weg nach Luxemburg“ führt für den Einzelnen zumeist über ein nationales Gericht. 3

2. Zuständigkeit des Gerichtshofs der Europäischen Union

Zuständig für die Beantwortung von unionsrechtlichen Vorabentscheidungsersuchen ist gemäß Art. 19 III lit. b EUV iVm Art. 267 AEUV das Unionsorgan „Gerichtshof der Europäischen Union“ mit Sitz in Luxemburg. Innerhalb dieses Organs ist derzeit ausschließlich der **Gerichtshof** ieS (EuGH) **zuständig**, also die oberste Rechtsprechungsinstanz der EU. Zwar besteht theoretisch die Möglichkeit ei- 4 ner Übertragung der Zuständigkeit für Vorabentscheidungen in besonderen Sachgebieten auf das Gericht der Europäischen Union, dh auf die dem Gerichtshof untergeordnete Instanz (Art. 256 III AEUV). Von dieser Möglichkeit ist jedoch bislang kein Gebrauch gemacht worden, und es ist auch wenig wahrscheinlich, dass dies in absehbarer Zukunft geschehen wird.

5 Neben der **allgemeinen Vorabentscheidungszuständigkeit** des EuGH nach Art. 19 III lit. b EUV iVm Art. 267 AEUV kennt das Europarecht seit jeher zahlreiche **Sonderbestimmungen**, in denen spezielle Ausprägungen des Vorabentscheidungsverfahrens für bestimmte Materien geregelt sind. Von praktischer Relevanz ist heute noch gelegentlich Art. 150 EAV, der das Vorabentscheidungsverfahren für die Europäische Atomgemeinschaft (Euratom) regelt und auf den die folgenden Ausführungen sinngemäß übertragbar sind (vgl. etwa *EuGH*, C-115/08, Slg. 2009, I-10265 – ČEZ, Rn. 84).

6 Einige **besondere Vorabentscheidungszuständigkeiten** des EuGH bestehen ferner im Bereich des IPR und des IZPR, so etwa im Luxemburger Protokoll zum EuGVÜ (ABl. EG 1975, L 204, S. 28). Sie können heute jedoch weitgehend als obsolet angesehen werden, da die betreffenden Rechtsmaterien zwischenzeitlich in EU-Verordnungen neu geregelt („vergemeinschaftet") sind und damit dem allgemeinen Vorabentscheidungsverfahren nach Art. 267 AEUV unterliegen.

7 Für die Teilgebiete des Unionsrechts, die unter dem Schlagwort „**Raum der Freiheit, der Sicherheit und des Rechts**" zusammengefasst werden (v. a. Visa-, Asyl- und Einwanderungsrecht, IPR/IZPR, Strafrecht, polizeiliche Zusammenarbeit) waren früher in Art. 68 EGV bzw. Art. 35 EUV aF bestimmte **Abwandlungen** des Vorabentscheidungsverfahrens sowie Einschränkungen der Vorabentscheidungszuständigkeit des EuGH vorgesehen. Diese sind jedoch mit Inkrafttreten des Vertrags von Lissabon am 1. 12. 2009 ersatzlos abgeschafft worden, so dass fortan auch für die genannten Materien das allgemeine Vorabentscheidungsverfahren gemäß Art. 267 AEUV ohne jede Einschränkung gilt. Lediglich im Strafrecht sind für „altes Recht", insbesondere für Rahmenbeschlüsse aus der Zeit vor 2009, noch während einer fünfjährigen Übergangszeit bis 30. 11. 2014 die Abwandlungen gemäß Art. 35 EUV aF zu beachten (Art. 10 des Protokolls Nr. 36 über die Übergangsbestimmungen, ABl. EU 2010, C 83, S. 322).

II. Voraussetzungen des Vorabentscheidungsverfahrens

1. Gegenstand der Vorlage

8 Gegenstand eines Vorabentscheidungsersuchens können nur **Fragen des Unionsrechts** sein, nicht hingegen Fragen des nationalen Rechts. Art. 267 AEUV sieht zwei Spielarten des Vorabentscheidungsverfahrens vor: die Auslegungsvorlage und die Gültigkeitsvorlage.

9 **a) Auslegungsvorlage.** In den allermeisten Fällen wird der EuGH von nationalen Gerichten mit Fragen zur Auslegung des Unionsrechts befasst. Dabei kann es um die Auslegung der **Verträge** (Art. 267 I lit. a AEUV) wie auch um die Auslegung der **Handlungen** der Organe, Einrichtungen und sonstigen Stellen der Europäischen Union gehen (Art. 267 I lit. b AEUV).

10 Mit dem Begriff der „Verträge" ist das gesamte **Primärrecht** der Europäischen Union gemeint, gleichviel, ob es sich um geschriebenes oder ungeschriebenes Recht handelt. Denn der EuGH hat die Aufgabe, ganz allgemein „die Wahrung des Rechts bei der Auslegung und Anwendung der Verträge" zu sichern (Art. 19 I 2 EUV). Erfasst sind also nicht nur die beiden Grundverträge der EU (EUV und AEUV), sondern auch alle Änderungs- und Beitrittsverträge, Zusatzprotokolle (Art. 51 EUV) sowie die allgemeinen Rechtsgrundsätze des Unionsrechts wie etwa der Grundsatz der Verhältnismäßigkeit, der allgemeine Gleichbehandlungsgrundsatz und das Rückwirkungsverbot. Auch die Unionsgrundrechte gehören zum Primärrecht; sie sind zum einen als allgemeine Rechtsgrundsätze anerkannt (Art. 6 III EUV) und zum anderen in der **Charta der Grundrechte** der Europäischen Union verankert, die seit dem Inkrafttreten des Vertrags von Lissabon als verbindliches Primärrecht gilt und den Grundverträgen gleichrangig ist (Art. 6 I UAbs. 1 EUV).

11 Hinter dem denkbar weiten Begriff der „Handlungen" verbirgt sich das gesamte **Sekundärrecht** der Europäischen Union. Dazu gehören nicht nur die typischen Rechtsakte der Unionsorgane (Verordnungen, Richtlinien, Beschlüsse, Empfehlungen, Stellungnahmen; vgl. Art. 288 AEUV), sondern auch ihre zahlreichen rechtlich unverbindlichen Mitteilungen und Bekanntmachungen, die sich unter dem Oberbegriff „*soft law*" zusammenfassen lassen. Unerheblich ist, ob diese Rechtsakte unmittelbare Wirkung entfalten oder den Einzelnen individuell betreffen (*EuGH*, C-254/08, Slg. 2009, I-6995 – Futura Immobiliare, Rn. 34). Auch Urteile des EuGH können Gegenstand einer Auslegungsvorlage sein (*EuGH*, 69/85, Slg. 1986, 947 – Wünsche).

12 Zu den Handlungen der Unionsorgane, die Gegenstand von Auslegungsfragen sein können, gehören schließlich die von der EU geschlossenen **völkerrechtlichen Abkommen** mit Drittstaaten. Sie sind wesentlicher („integraler") Bestandteil der Unionsrechtsordnung (*EuGH*, 181/73, Slg. 1974, 129 – Haegeman). Gleiches gilt übrigens für die Beschlüsse der durch internationale Abkommen eingesetzten Gremien, etwa der Assoziationsräte (*EuGH*, C-192/89, Slg. 1990, I-3461 – Sevince).

b) Gültigkeitsvorlage. Seltener sind Fragen nach der Gültigkeit von Unionsrechtsakten (Art. 267 I lit. b AEUV). „Gültigkeit" im europarechtlichen Sinne ist die Rechtmäßigkeit des jeweiligen Rechtsakts. Dieser Begriff ist weit zu verstehen. Geprüft wird die Vereinbarkeit mit jeglichem höherrangigem Recht. 13

Anders als Auslegungsvorlagen können Gültigkeitsvorlagen **allein Rechtsakte des Sekundärrechts** zum Gegenstand haben („Handlungen der Organe, Einrichtungen und sonstigen Stellen der Union"). Die Grundverträge und das sonstige Primärrecht können vom EuGH nicht auf ihre Gültigkeit überprüft werden, da es sich bei ihnen um die Verfassungsgrundlage der EU handelt, die dem EuGH von den Mitgliedstaaten als „Herren der Verträge" vorgegeben ist und in deren Rahmen er sich halten muss. Auch EuGH-Urteile sind wegen ihrer Rechtskraft einer Gültigkeitsvorlage entzogen, der EuGH kann jedoch inhaltlich stets aufs Neue befragt werden (vgl. auch unten Rn. 71). 14

Die Zuständigkeit des EuGH im Vorabentscheidungsverfahren erstreckt sich auf sämtliche **Ungültigkeitsgründe**, die einem Rechtsakt der EU anhaften können (*EuGH*, 21–24/72, Slg. 1972, 1219 – International Fruit Company, Rn. 5). Sie entsprechen den in Art. 263 Abs. 2 AEUV aufgezählten Klagegründen. Prüfungsmaßstab ist das gesamte Unionsrecht, das in der **Normenhierarchie** höher steht als der zu prüfende Rechtsakt: 15

- Der höchste Rang kommt dem Primärrecht der EU zu (Grundverträge, allgemeine Rechtsgrundsätze, Unionsgrundrechte).
- Einen Zwischenrang nehmen nach Art. 216 II AEUV die von der Union geschlossenen völkerrechtlichen Abkommen ein, allerdings können sie in Rechtsstreitigkeiten natürlicher und juristischer Personen nach st. Rspr. als Prüfungsmaßstab nur herangezogen werden, soweit sie die Rechtsstellung des Einzelnen betreffen, also Privaten oder Unternehmen gegenüber unmittelbar anwendbar sind (*EuGH*, 21–24/72, Slg. 1972, 1219 – International Fruit Company, Rn. 19; C-308/06, Slg. 2008, I-4057 – Intertanko, Rn. 42 ff.; Rs. C-366/10 – ATAA).
- Im Rang unter dem Primärrecht und unter den völkerrechtlichen Abkommen ist das sonstige Sekundärrecht anzusiedeln; dabei gehen Grundverordnungen sowohl den auf ihrer Grundlage ergangenen Einzelfallentscheidungen der Unionsinstitutionen als auch etwaigen Durchführungsverordnungen vor.

c) Von der Vorlage ausgeschlossene Gegenstände und Sachgebiete. Im Vorabentscheidungsverfahren ist der EuGH weder befugt, **nationales Recht** auszulegen (einschließlich etwaiger allein von den Mitgliedstaaten geschlossener völkerrechtlicher Abkommen), noch darf er sich zu dessen Vereinbarkeit mit dem Unionsrecht äußern. Auch obliegt es nicht dem EuGH, sondern dem nationalen Richter, den **Sachverhalt** festzustellen, die **Tatsachen** zu würdigen und das Recht (Unionsrecht wie nationales Recht) auf den **Einzelfall anzuwenden.** Dies ist bei der Formulierung des Vorabentscheidungsersuchens zu berücksichtigen (vgl. dazu unten Rn. 47 ff.). 16

Außerdem ist die **Gemeinsame Außen- und Sicherheitspolitik** der EU („GASP") der Zuständigkeit des EuGH im Vorabentscheidungsverfahren gänzlich entzogen (Art. 24 I EUV iVm Art. 275 I AEUV). Dies bedeutet, dass weder die primärrechtlichen Bestimmungen über die GASP (Art. 23–26 EUV) noch die auf ihrer Grundlage erlassenen Sekundärrechtsakte vom EuGH ausgelegt oder auf ihre Gültigkeit überprüft werden können. Auf diese Weise kommt der weiterhin stark intergouvernementale Charakter der GASP zum Ausdruck, der supranationale Elemente wie die Rechtsprechungszuständigkeiten des Gerichtshofs fremd sind. 17

Schließlich gilt nach Art. 276 AEUV im Bereich der **polizeilichen Zusammenarbeit** sowie im Bereich der **justiziellen Zusammenarbeit in Strafsachen** eine Besonderheit: Der EuGH ist „nicht zuständig für die Überprüfung der Gültigkeit oder Verhältnismäßigkeit von Maßnahmen der Polizei oder anderer Strafverfolgungsbehörden eines Mitgliedstaats". Diese Vorschrift darf allerdings nicht als Bereichsausnahme missverstanden werden. Als Ausnahme von den ansonsten umfassenden unionsrechtlichen Zuständigkeiten des EuGH ist sie eng auszulegen. Zwar wird man nach Art. 276 AEUV den zuständigen innerstaatlichen Stellen einen Ermessensspielraum hinsichtlich des angestrebten Niveaus der inneren Sicherheit und hinsichtlich der dafür eingesetzten Mittel zubilligen müssen. Grenzenlos kann dieser Spielraum aber nicht sein, zumal es sich im Polizei- und Strafrecht um einen höchst grundrechtssensiblen Bereich handelt und Art. 47 I der Charta der Grundrechte einen effektiven Rechtsschutz gebietet (vgl. auch *Ahlt/Dittert,* S. 120 f.). 18

2. Vorlageberechtigte Stellen

Zur Vorlage berechtigt sind nach Art. 267 AEUV alle **Gerichte der Mitgliedstaaten,** gleich welchem Zweig der nationalen Gerichtsbarkeit sie angehören und welchen Rang sie im jeweiligen Instanzenzug einnehmen. Der Gerichtsbegriff ist unionsrechtlicher Natur. Da von ihm der Zugang zum EuGH abhängt, ist er europaweit einheitlich auszulegen und anzuwenden. Damit können sich Unterschiede zum herkömmlichen, im nationalen Gerichtswesen vorherrschenden Verständnis ergeben. 19

In der Rechtsprechung des EuGH wird anhand einer Reihe von **Kriterien** im Rahmen einer **Gesamtwürdigung** aller Umstände des Einzelfalls beurteilt, ob es sich bei der vorlegenden Stelle um ein Gericht 20 im Sinne von Art. 267 AEUV handelt. Dabei sind folgende Gesichtspunkte ausschlaggebend: Es muss sich um eine unabhängige Stelle handeln, die auf gesetzlicher Grundlage errichtet ist, eine ständige und obligatorische Gerichtsbarkeit ausübt, ein streitiges (kontradiktorisches) Verfahren durchführt sowie auf der Grundlage von Rechtsnormen – und nicht etwa nach Billigkeitsgesichtspunkten – urteilt (*EuGH*, 61/65, Slg. 1966, 377 – Vaassen-Göbbels; C-196/09, Urt. v. 14. 6. 2011 – Miles, Rn. 37).

21 In Deutschland sind grundsätzlich **alle staatlichen Gerichte**, vom Amtsgericht bis hin zum Bundesverfassungsgericht, vorlageberechtigte Stellen iSv Art. 267 AEUV.

22 **Schiedsgerichte** sind hingegen im Normalfall nicht vorlageberechtigt, da sie nicht auf gesetzlicher Grundlage errichtet wurden, keine obligatorische und zumeist auch keine ständige Gerichtsbarkeit ausüben (*EuGH*, 102/81, Slg. 1982, 1096 – Nordsee). **Unabhängige Behörden** können je nach Sachlage ausnahmsweise zur Vorlage berechtigt sein, jedoch ist im Einzelfall sehr genau zu prüfen, ob sie wirklich restlos weisungsfrei agieren können (*EuGH*, C-53/03, Slg. 2005, I-4609 – Syfait; C-205/08, Slg. 2009, I-11525 – Umweltanwalt von Kärnten, Rn. 34–39).

23 Selbst wenn eine Stelle im formalen Sinne als Gericht anzusehen ist, setzt die Vorlageberechtigung nach Art. 267 AEUV zusätzlich voraus, dass diese Stelle auch im konkreten Fall eine **richterliche Tätigkeit** – im Gegensatz zur administrativen Tätigkeit – ausübt (*EuGH*, 138/80, Slg. 1980, 1975 – Borker, Rn. 4; C-497/08, Beschl. v. 12. 1. 2010 – Amiraike Berlin, Rn. 17 ff.). Zu verneinen ist dies etwa beim Erlass von Justizverwaltungsakten, bei der Tätigkeit von Registergerichten und ganz allgemein in der **freiwilligen Gerichtsbarkeit**, sofern noch kein Rechtsbehelf (Beschwerde) eingelegt ist (*EuGH*, C-111/94, Slg. 1995, I-3361 – Job Centre, Rn. 9 ff.; C-96/04, Slg. 2006, I-3561 – Standesamt Stadt Niebüll, Rn. 13 ff.; C-210/08, Slg. 2008, I-9641 – Cartesio, Rn. 57–59).

3. Entscheidungserheblichkeit

24 Wie sich schon aus dem Wortlaut von Art. 267 AEUV herleiten lässt, muss die Vorlagefrage für den Ausgang des nationalen Verfahrens entscheidungserheblich sein. Denn dem EuGH kommt im Rahmen des Vorabentscheidungsverfahrens die Aufgabe zu, den nationalen Richter bei der Lösung eines anhängigen Rechtsstreits zu unterstützen. Nicht hingegen ist der EuGH dafür zuständig, über konstruierte oder fiktive Rechtsstreitigkeiten zu entscheiden oder **Rechtsgutachten** zu allgemeinen oder hypothetischen europarechtlichen Fragen abzugeben (*EuGH*, C-104/79, Slg. 1980, 745 – Foglia, Rn. 11 ff.; C-478/07, Slg. 2009, I-7721 – Budějovický Budvar, Rn. 64).

25 Hinsichtlich der Entscheidungserheblichkeit kommt allerdings dem vorlegenden Richter ein weiter **Beurteilungsspielraum** zu (*EuGH*, C-119/05, Slg. 2007, I-6199 – Lucchini, Rn. 43; C-570/07 ua, Urt. v. 1. 6. 2010 – Blanco Pérez, Rn. 35; vgl. auch Art. 267 II AEUV: „...: hält dieses Gericht eine Entscheidung ... für erforderlich ..."). Der EuGH geht von einer **Vermutung der Entscheidungserheblichkeit** aus (*EuGH*, C-45/09, Urt. v. 12. 10. 2010 – Rosenbladt, Rn. 33) und beschränkt sich auf eine reine Evidenzkontrolle, dh er weist ein Vorabentscheidungsersuchen nur dann zurück, wenn die ihm vorgelegten unionsrechtlichen Fragen offensichtlich nicht entscheidungserheblich sind oder wenn offensichtlich kein Zusammenhang zwischen der von dem vorlegenden Gericht erbetenen Auslegung des Unionsrechts und einem tatsächlich bestehenden Rechtsstreit besteht (*EuGH*, C-83/91, Slg. 1992, I-4871 – Meilicke; C-409/06, Urt. v. 8. 9. 2010 – Winner Wetten, Rn. 36 ff.; C-439/08, Urt. v. 7. 12. 2010 – VEBIC, Rn. 41, 42).

26 Hat sich der **Gegenstand des Ausgangsrechtsstreits erledigt**, so entfällt damit zwangsläufig auch die Entscheidungserheblichkeit des Vorabentscheidungsersuchens (*EuGH*, C-225/02, Slg. 2005, I-523 – García Blanco). Dies soll erstaunlicherweise selbst dann gelten, wenn vor dem nationalen Gericht noch über die Kosten zu entscheiden ist und der vorlegende Richter insoweit Auskunft über das Europarecht begehrt (*EuGH*, C-336/08, Beschl. v. 14. 10. 2010 – Reinke).

4. Vorlagepflicht und Vorlageermessen

27 a) **Die Vorlagepflicht letztinstanzlicher Gerichte**. Während alle nationalen Gerichte nach Art. 267 II AEUV zur Vorlage berechtigt sind, unterliegen **letztinstanzliche Gerichte** nach Art. 267 III AEUV darüber hinaus einer Vorlageverpflichtung, wenn sich ihnen eine unionsrechtliche Frage stellt. Dadurch soll die Einheit der Unionsrechtsordnung gewahrt, ihre effektive Anwendung sichergestellt, dem Einzelnen effektiver Rechtsschutz gewährt und der Herausbildung einer unionsrechtswidrigen Rechtsprechung in den Mitgliedstaaten entgegengewirkt werden.

28 Welches Gericht jeweils als letzte Instanz anzusehen ist, lässt sich nach ganz hM nicht abstrakt beurteilen, sondern bedarf einer **konkreten Betrachtung** in jedem Einzelfall (*EuGH*, C-99/00, Slg. 2002, I-4839 – Lyckeskog; C-495/03, Slg. 2005, I-8151 – Intermodal Transports, Rn. 30). Es muss sich um ein Gericht handeln, „dessen Entscheidungen selbst nicht mehr mit Rechtsmitteln des innerstaatlichen Rechts angefochten werden können" (Art. 267 III AEUV). Die Möglichkeit der Verfassungsbeschwerde bleibt insoweit als bloßer außerordentlicher Rechtsbehelf unberücksichtigt.

29 Entscheidend ist, ob noch ein Rechtsmittel möglich ist, mit dem (auch) eine *Verletzung von Unionsrecht* gerügt werden kann. Dies ist ua dann anzunehmen, wenn die Rüge der Verletzung von Bundes-

recht möglich ist (vgl. etwa für Revisionen § 545 ZPO oder § 137 VwGO), weil das Unionsrecht wie Bundesrecht im ganzen Bundesgebiet gilt.

Sieht eine Verfahrensordnung die **Zulassung der Berufung oder Revision** vor und wird diese Zulassung im Urteil ausgesprochen, so liegt keine letztinstanzliche Entscheidung vor. Gleiches gilt, wenn die Nichtzulassung der Berufung oder Revision noch im Wege der Beschwerde angegriffen werden kann; dann ist als letztinstanzliches Gericht dasjenige anzusehen, das über eine solche Beschwerde zu entscheiden hat (*EuGH*, C-99/00, Slg. 2002, I-4839 – Lyckeskog). 30

Ein Amtsgericht ist letztinstanzliches Gericht und damit zur Vorlage verpflichtet, wenn die Berufungssumme nicht erreicht und die Berufung auch nicht zugelassen wird (§ 511 II ZPO). Ein OVG ist letzte Instanz, wenn es die Berufung gegen das Urteil des VG nicht zulässt (*BVerfG*, 2 BvR 2213/06, Rn. 15 f.). Hat das Berufungsgericht in seinem Berufungsurteil seinerseits die Revision nicht zugelassen und ist somit lediglich die **Nichtzulassungsbeschwerde** nach § 544 ZPO bzw. § 133 VwGO statthaft, so hat das Berufungsgericht nicht letztinstanzlich entschieden. Vielmehr kann dann mit der Nichtzulassungsbeschwerde die Verletzung des Unionsrechts gerügt werden. Das Revisionsgericht hat der Beschwerde stattzugeben, wenn eine Vorlage an den EuGH nach Art. 267 AEUV in Betracht kommt; die Sache hat dann nämlich grundsätzliche Bedeutung (vgl. zum Ganzen auch *Ahlt/Dittert*, S. 139). 31

b) **Ausnahmen von der Vorlagepflicht letztinstanzlicher Gerichte.** In drei Fallgruppen werden Ausnahmen von der Vorlagepflicht letztinstanzlicher Gerichte zugelassen. Sie gehen auf das CILFIT-Urt. des EuGH zurück (*EuGH*, 283/81, Slg. 1982, 3415 – CILFIT, Rn. 10 ff.) und sind seither allgemein anerkannt. 32

Die erste Ausnahme ergibt sich bereits aus dem Wortlaut von Art. 267 AEUV. Es handelt sich um die Fallgruppe der **fehlenden Entscheidungserheblichkeit:** Wenn es im Ausgangsrechtsstreit nicht auf die unionsrechtliche Frage ankommt, dann besteht selbst für letztinstanzliche Gerichte keine Vorlagepflicht. 33

Die zweite Ausnahme betrifft Fragen des Unionsrechts, die in der Rechtsprechung des EuGH bereits entschieden sind (Theorie vom ***„acte éclairé“***). Allerdings muss das nationale Gericht die bestehende Rechtsprechung des EuGH auch tatsächlich zur Anwendung bringen, falls es sich entschließt, nicht vorzulegen. Umgekehrt steht es den nationalen Richtern stets frei, den EuGH erneut mit dem in Frage stehenden Rechtsproblem zu befassen, beispielsweise um eine Präzisierung oder gar eine Änderung seiner bisherigen Rechtsprechung zu erwirken. 34

Die dritte Ausnahme betrifft Bestimmungen des Unionsrechts, deren Auslegung derart offenkundig ist, dass keinerlei Raum für vernünftige Zweifel bleibt (Theorie vom ***„acte clair“***). An die Annahme eines *„acte clair“* sind jedoch strenge Anforderungen zu stellen. Insbesondere sind die Besonderheiten des Unionsrechts zu beachten, das auf einer autonomen Begriffsbildung fußt, in mehreren (derzeit 23) Sprachen gleich verbindlich ist und bei dessen Auslegung es maßgeblich auf die Zielsetzung und die Systematik des jeweiligen Rechtsakts ankommt. Der nationale Richter, der von einem *„acte clair“* ausgehen will, muss also sicher sein, dass für Gerichte in anderen Mitgliedstaaten und für den EuGH der gleiche Grad an Gewissheit besteht wie für ihn selbst. Hat bereits ein anderes Gericht dem EuGH dieselbe oder eine ähnliche Frage vorgelegt, so ist die Annahme eines *„acte clair“* ausgeschlossen. Alles in allem dürfte es in der Regel deutlich weniger Aufwand bereiten, dem EuGH vorzulegen, als die Hürden der *Acte-clair*-Doktrin zu überspringen. 35

c) **Das Vorlageermessen nicht letztinstanzlicher Gerichte.** Nicht letztinstanzliche Gerichte entscheiden grundsätzlich **nach freiem Ermessen**, ob sie eine Rechtssache dem EuGH zur Vorabentscheidung vorlegen oder nicht. Vorschriften des innerstaatlichen Prozessrechts, die den nationalen Richter daran hindern könnten, von seinem Vorlagerecht nach Art. 267 AEUV Gebrauch zu machen, müssen folglich unangewendet bleiben (*EuGH*, C-312/93, Slg. 1995, I-4599 – Peterbroeck; *EuGH*, C-173/09, Urt. v. 5. 10. 2010 – Elchinov, Rn. 25–27). Insbesondere darf sich ein Rechtsmittelgericht nicht mit seiner eigenen Einschätzung über die Zweckmäßigkeit einer Vorlage an die Stelle des Ausgangsgerichts setzen (*EuGH*, C-210/06, Slg. 2008, I-9641, Rn. 93, 95). Praktisch bedeutet dies, dass ein Vorlagebeschluss von einer übergeordneten Gerichtsinstanz allein auf Verfahrens- und Formfehler überprüft werden darf. Nur wenn ein **Rechtsmittel gegen den Vorlagebeschluss** einen Devolutiveffekt dergestalt hätte, dass der gesamte Ausgangsrechtsstreit fortan in der höheren Instanz anhängig wäre, dürfte das Rechtsmittelgericht auch über die Notwendigkeit der Vorlage an den EuGH neu befinden (*EuGH*, C-525/06, Slg. 2009, I-2197 – De Nationale Loterij). 36

Bei der **Ausübung des Vorlageermessens** nicht letztinstanzlicher Gerichte können vielfältige Gesichtspunkte eine Rolle spielen. So kann etwa die Prozessökonomie für eine Vorlage schon in erster Instanz sprechen, wenn es zur Entscheidung des Rechtsstreits ganz maßgeblich auf eine noch nicht geklärte europarechtliche Frage ankommt und den Parteien die Kosten und der Zeitaufwand für ein nationales Gerichtsverfahren über mehrere Instanzen erspart werden sollen. Manches Gericht nutzt die Möglichkeit des Vorabentscheidungsersuchens außerdem gezielt dazu, eine feststehende höchstrichterliche Rechtsprechung im jeweiligen Mitgliedstaat mit Blick auf das Unionsrecht zu hinterfragen und ihre Änderung anzustoßen. 37

38 **Ausnahmsweise** kommt es auch für nicht letztinstanzliche Gerichte zu einer **Vorlagepflicht**, und zwar dann, wenn diese Gerichte die Rechtmäßigkeit eines Unionsrechtsakts anzweifeln und sich über ihn hinwegsetzen wollen. Ähnlich wie das BVerfG (Art. 100 I GG) beansprucht nämlich auch der EuGH ein **Verwerfungsmonopol.** Um die Einheit der Unionsrechtsordnung und die Gleichbehandlung der Unionsbürger nicht zu gefährden, darf nur der EuGH die Unvereinbarkeit eines Unionsrechtsakts (zB einer Richtlinie oder Verordnung) mit höherrangigem Recht feststellen und diesen für ungültig erklären (*EuGH*, 314/85, Slg. 1987, 4199 – Foto Frost). Das eigentlich bestehende Vorlageermessen des nationalen Gerichts reduziert sich in einem solchen Fall auf Null. Anders verhält es sich nur, wenn das Gericht den Unionsrechtsakt trotz etwaiger Zweifel an dessen Rechtmäßigkeit zur Anwendung bringt; dann verhilft das Gericht dem Unionsrechtsakt zur Durchsetzung – wozu es angesichts der Vermutung der Gültigkeit (Rechtmäßigkeit) von Unionsrechtsakten auch angehalten ist –, und es besteht keine Vorlagepflicht (*EuGH*, C-344/04, Slg. 2006, I-403 – IATA und ELFAA, Rn. 28 f.). Ebenso wenig bedarf es natürlich einer Vorlage, falls der EuGH genau den in Frage stehenden Unionsrechtsakt bereits für ungültig erklärt haben sollte (*EuGH*, 66/80, Slg. 1981, 1191 – International Chemical Corporation, Rn. 13).

39 Im **Verfahren des einstweiligen Rechtsschutzes** darf der nationale Richter einen Unionsrechtsakt vorläufig unangewendet lassen. Es besteht also eine **vorläufige Verwerfungskompetenz** innerstaatlicher Gerichte (*Ahlt/Dittert,* S. 141 f.). Allerdings ist die vorläufige Nichtanwendung eines Unionsrechtsakts – in der Regel wird es sich um Verordnungen handeln – nur unter engen Voraussetzungen möglich (*EuGH*, C-143/88, Slg. 1991, I-415 – Zuckerfabrik Süderdithmarschen; C-465/93, Slg. 1995, I-3761 – Atlanta; ähnlich *BVerfG,* 2 BvR 2023/06, Rn. 13–15). Es handelt sich um die gleichen Kriterien, die der EuGH zugrunde legt, wenn er selbst im Zusammenhang mit Direktklagen (zB Art. 263 AEUV iVm Art. 278, 279 AEUV) im einstweiligen Rechtsschutz entscheidet:

- Es müssen erhebliche Zweifel an der Rechtmäßigkeit des Unionsrechtsakts bestehen, die auch zu begründen sind.
- Die Sache ist dringlich, dh, dem Antragsteller droht ein schwerer und nicht wieder gut zu machender Schaden; rein finanzielle Schäden reichen idR nicht.
- Die Frage der Gültigkeit des Unionsrechtsakts wird unverzüglich dem EuGH vorgelegt, und die getroffenen Maßnahmen (Aussetzung der Vollziehung, einstweilige Anordnung) gelten vorläufig, bis zur Entscheidung durch den EuGH.
- Das Unionsinteresse und die Rechtsprechung des EuGH sind angemessen zu berücksichtigen. Dem Unionsrecht darf nicht jede praktische Wirksamkeit genommen werden. Nötigenfalls hat der Antragsteller Sicherheit zu leisten.

40 **d) Folgen eines Verstoßes gegen die Vorlagepflicht.** Legt ein zur Vorlage verpflichtetes innerstaatliches Gericht einen bei ihm anhängigen Rechtsstreit dem EuGH nicht zur Vorabentscheidung vor, so kann dies drei Arten von **„Sanktionen“** auslösen.

41 Zum einen steht es der Europäischen Kommission und jedem Mitgliedstaat der EU frei, ein **Vertragsverletzungsverfahren** gegen die Bundesrepublik Deutschland anzustrengen, das zu einer Verurteilung Deutschlands vor dem EuGH führen kann (Art. 258–260 AEUV). Deutschland haftet als Gesamtstaat gegenüber der EU für alle Verstöße gegen das Unionsrecht, die bei Ausübung von Hoheitsgewalt in Deutschland begangen werden. Dazu gehören auch Verstöße nationaler Gerichte gegen die ihnen obliegende Vorlagepflicht nach Art. 267 AEUV.

42 Zum anderen können die betroffenen Bürger und Unternehmen die Bundesrepublik Deutschland im Wege der **Amtshaftungsklage auf Schadensersatz** verklagen (*EuGH*, C-224/01, Slg. 2003, I-10239 – Köbler, Rn. 51 ff.). Dabei ist der Amtshaftungsanspruch unionsrechtlicher Natur (vgl. zum Ganzen *Ahlt/Dittert,* S. 113 ff.). Der EuGH erkennt zwar an, dass den Besonderheiten der richterlichen Funktion im Rahmen des Amtshaftungsanspruchs gebührend Rechnung zu tragen ist, ein generelles „Richterprivileg“ oder eine Haftungsbeschränkung auf Vorsatz und grobe Fahrlässigkeit lehnt er aber ab (*EuGH*, C-173/07, Slg. 2006, I-5177 – Traghetti del Mediterraneo). Hat ein letztinstanzliches deutsches Gericht einen Rechtsstreit in der Sache offenkundig unionsrechtswidrig entschieden und dabei zudem seine Vorlagepflicht an den EuGH verkannt, so löst dies die Haftung der Bundesrepublik Deutschland aus. Sofern Entscheidungen nicht letztinstanzlicher Gerichte betroffen sind, hat der Betroffene selbst im Rahmen seiner Schadensminderungsobliegenheit durch Einlegung von Rechtsmitteln auf eine Korrektur hinzuwirken.

43 Auf nationaler Ebene kann schließlich die Nichtbeachtung der Vorlagepflicht im Wege der **Verfassungsbeschwerde** unter dem Blickwinkel des **Anspruchs auf den gesetzlichen Richter** iSv Art. 101 I 2 GG gerügt werden (vgl. *BVerfGE* 13, 339; *BVerfGE* 82, 159, 192 ff.). Nicht jeder Verstoß gegen die Vorlagepflicht stellt aber eine Verletzung dieser Verfassungsgarantie dar. Das BVerfG sieht sich nicht als oberstes Vorlagenkontrollgericht, sondern prüft, ob dem Betroffenen willkürlich der Zugang zum EuGH als seinem gesetzlichen Richter vorenthalten wurde. Dazu hat das BVerfG im Lauf der Zeit verschiedene Fallgruppen entwickelt (*BVerfG,* NJW 2010, 1268, Rn. 14 ff.; zu neueren Tendenzen vgl. *Bäcker,* NJW 2011, 270), in denen es einen Verstoß gegen das Grundrecht des Art. 101 I 2 GG annimmt:

- grundsätzliche Verkennung der unionsrechtlichen Bezüge des Falles durch das Fachgericht,
- grundsätzliche Verkennung der Vorlagepflicht durch das Fachgericht,
- bewusstes Abweichen des Fachgerichts von der EuGH-Rechtsprechung ohne Vorlagebereitschaft oder
- (bei Fehlen einer einschlägigen EuGH-Rechtsprechung) erhebliche Überschreitung des dem Fachgericht zukommenden Beurteilungsspielraums; diese ist insbesondere anzunehmen, wenn mögliche Gegenauffassungen zu der vom Fachgericht vertretenen eindeutig vorzuziehen sind; anders soll es sich verhalten, wenn eine Fortentwicklung der EuGH-Rechtsprechung nicht nur als entfernte Möglichkeit erscheint (abl. *Glaesner,* EuR 1990, 143, 150; *Fastenrath,* NJW 2009, 272).

5. Form und Inhalt der Vorlage

Das Unionsrecht macht keine detaillierten Vorgaben für die Abfassung von Vorabentscheidungsersuchen. Der EuGH prüft lediglich, ob eine Vorlage inhaltlich den **Mindestanforderungen** genügt, die es ihm ermöglichen, die Verfahrensrechte der Beteiligten am Vorabentscheidungsverfahren zu wahren und dem vorlegenden Gericht eine sachdienliche Antwort zu geben. 44

In Deutschland entspricht es ständiger Gerichtspraxis, das Vorabentscheidungsersuchen in **Form eines Beschlusses** abzufassen, in dessen Tenor die Vorlage an den EuGH zur Vorabentscheidung samt Vorlagefragen angeordnet wird und in dessen Begründung der Hintergrund des Ausgangsrechtsstreits geschildert wird. 45

In der Regel wird der Ausgangsrechtsstreit für die Dauer des Vorabenscheidungsverfahrens ausgesetzt (Art. 23 I 1 der Satzung des EuGH). Ein förmlicher **Aussetzungsbeschluss** nach der jeweiligen Verfahrensordung (zB § 148 ZPO) ist nicht nötig (vgl. *Ahlt/Dittert,* S. 145; aA *Pfeiffer,* NJW 1994, 1996), was dann zur Folge hat, dass gegen das Vorabentscheidungsersuchen auch keine Beschwerde gem. § 252 ZPO statthaft ist. 46

a) Die Formulierung der Vorlagefragen. Bei der **Formulierung der Vorlagefragen** ist darauf zu achten, dass der Gegenstand des Vorabentscheidungsverfahrens und die Zuständigkeiten des EuGH nicht verkannt werden (vgl. oben Rn. 8, 16 ff.). Die Fragen sind also abstrakt zu formulieren und auf die Auslegung oder die Gültigkeit von Unionsrecht zuzuspitzen. Es ist nicht direkt nach der Vereinbarkeit nationalen Rechts mit dem Unionsrecht und auch nicht direkt nach der Anwendung des Rechts auf den Einzelfall zu fragen. 47

Beispiele für zutreffende Formulierungen: Ist es mit der Niederlassungsfreiheit (Art. 49 AEUV) vereinbar, dass ein Mitgliedstaat Unionsbürgern, die nicht seine Staatsangehörigkeit besitzen, die Ausübung des Notarberufs in seinem Hoheitsgebiet verwehrt? Setzt der Anspruch auf bezahlten Jahresurlaub nach Art. 7 der Richtlinie 2003/88/EG voraus, dass der Arbeitnehmer tatsächlich im Urlaubsjahr gearbeitet hat, oder entsteht der Anspruch auch bei entschuldigtem Fehlen wegen Krankheit im gesamten Urlaubsjahr? Ist die Richtlinie 2008/101/EG wegen Verstoßes gegen Art. 15 III des Lufverkehrsabkommens zwischen der Europäischen Union und den Vereinigten Staaten von Amerika ungültig? Ist die Verordnung (EG) Nr. 717/2007 ganz oder teilweise ungültig, weil Art. 95 EG (nunmehr Art. 114 AEUV) als Rechtsgrundlage ungeeignet ist? Stehen die Vorschriften über den freien Warenverkehr, insbesondere Art. 34 AEUV, einer nationalen Regelung entgegen, nach der für Branntweine ein Mindestalkoholgehalt vorgeschrieben ist? Ist Art. 56 AEUV dahin auszulegen, dass er einer kommunalen Regelung entgegensteht, die Gebietsfremden den Zutritt zu Coffeeshops auf dem Gemeindegebiet verwehrt? 48

Unzutreffend wären hingegen zB folgende Formulierungen: Ist § 5 der deutschen Bundesnotarordnung (BNotO) mit der Niederlassungsfreiheit (Art. 49 AEUV) vereinbar? Hat die Klägerin des Ausgangsrechtsstreits Anspruch auf bezahlten Jahresurlaub nach der Richtlinie 2003/88/EG? Verstößt § 439 IV BGB gegen die Europäische Richtlinie über den Verbrauchsgüterkauf? 49

b) Die Begründung des Vorlagebeschlusses. Hinsichtlich der Begründung des Vorlagebeschlusses lassen sich der Rechtsprechung des EuGH einige **inhaltliche Mindestanforderungen** entnehmen (vgl. etwa *EuGH,* C-453/03 ua, Slg. 2005, I-10423 – ABNA, Rn. 45 f.), die in dem Dokument „Hinweise zur Vorlage von Vorabentscheidungsersuchen durch die nationalen Gerichte" zusammengefasst sind (ABl. EU, 28. 5. 2011, C 160, S. 1, auf der Internet-Seite des Gerichtshofs der Europäischen Union abrufbar unter der Adresse http://curia.europa.eu/jcms/jcms/Jo2_7031/). 50

Erstens muss das Vorabentscheidungsersuchen den **rechtlichen Rahmen** des Ausgangsrechtsstreits schildern. Dazu gehört insbesondere, dass im Vorlagebeschluss die anwendbaren *Rechtsvorschriften des innerstaatlichen Rechts* im Wortlaut und mit Fundstelle abgedruckt werden. Hat das einschlägige innerstaatliche Recht zu einem bestimmten Zeitpunkt Änderungen erfahren, so können Ausführungen dazu veranlasst sein, ob die alte oder die neue Rechtslage anwendbar ist. Die *Vorschriften des Unionsrechts,* zu denen der nationale Richter Auskunft begehrt, müssen nicht notwendigerweise im Wortlaut wiedergegeben werden. Je komplexer die jeweilige Materie jedoch ist (zB Zoll- oder Landwirtschaftsrecht), desto eher bietet es sich an, auch hier die jeweiligen Vorschriften in der für einschlägig gehaltenen Fassung im Wortlaut abzudrucken. 51

Zweitens hat der nationale Richter im Vorlagebeschluss den **tatsächlichen Rahmen** des Ausgangsrechtsstreits, dh den Sachverhalt, darzustellen. Dabei sollte er sich auf die für das Vorabentscheidungs- 52 verfahren unverzichtbaren Informationen beschränken und Nebensächlichkeiten sowie etwaige Details und Verästelungen der Prozessgeschichte so weit wie möglich weglassen. Wie detailliert die Schilderung sein muss, hängt vom Einzelfall ab (in kartellrechtlichen Fällen sind zB hinreichende Angaben zu den relevanten Märkten unverzichtbar, *EuGH*, C-380/05, Slg. 2008, I-349 – Centro Europa 7, Rn. 58, 61). Sinnvoll kann es außerdem sein, das wesentliche Parteivorbringen kurz zusammenzufassen. Im Normalfall werden Angaben zur **Identität der Parteien** und sonstiger Betroffener nicht anonymisiert, auch nicht zum Zwecke der Veröffentlichung des späteren EuGH-Urteils. Gibt es triftige Gründe, von dieser Regel abzuweichen, so hat der vorlegende Richter dies mitzuteilen und bereits in seinem Vorlagebeschluss die notwendige **Anonymisierung** selbst vorzunehmen.

53 Drittens wird vom vorlegenden Gericht erwartet, dass es kurz erläutert, warum es eine Vorabentscheidung des Gerichtshofs begehrt. Insbesondere ist auszuführen, inwieweit die gestellten Fragen im Ausgangsrechtsstreit entscheidungserheblich sind (**Ausführungen zur Entscheidungserheblichkeit**). Hier kann sich auch eine kurze Auseinandersetzung mit dem Vorbringen der Parteien, mit etwaigen widerstreitenden Auffassungen in der Fachliteratur sowie mit einer etwa bestehenden höchstrichterlichen Rechtsprechung anbieten. Übrigens steht es dem vorlegenden Gericht frei, selbst einen Antwortvorschlag zu den von ihm gestellten Fragen zu formulieren und dem EuGH hierzu seine Rechtsauffassung mitzuteilen.

54 Ganz allgemein ist zu beachten, dass deutsche Vorabentscheidungsersuchen innerhalb des EuGH nicht unbedingt von deutschen Juristen bearbeitet werden. Sofern also der Vorlagebeschluss nicht ohnehin auf die Verwendung spezifisch deutscher Fachtermini („Juristendeutsch") verzichtet, sollten diese zumindest mit Erklärungen versehen werden. Eine **klare und verständliche Ausdrucksweise** ist auch deswegen angebracht, weil der Vorlagebeschluss in 20 Amtssprachen der EU übersetzt und den Regierungen aller Mitgliedstaaten, der Europäischen Kommission sowie ggf. weiteren EU-Institutionen als Grundlage für ihre Beteiligung am Vorabentscheidungsverfahren zur Verfügung gestellt wird. Diese Beteiligten sind mit dem Ausgangsrechtsstreit nicht vertraut und müssen alle notwendigen Informationen allein aus der ihnen vom EuGH zugestellten Sprachfassung des Vorlagebeschlusses entnehmen können.

55 Es empfiehlt sich, die Begründung des Vorlagebeschlusses mit Randnummern zu versehen und einen Umfang von 20 Seiten nicht zu überschreiten, da längere Vorlagebeschlüsse nicht im vollen Wortlaut übersetzt werden, sondern nur in Form einer Zusammenfassung.

56 c) **Übersendung der Akten.** Der Vorlagebeschluss ist samt einer Kopie der Verfahrensakte des Ausgangsrechtsstreits direkt an die **Kanzlei des Gerichtshofs der Europäischen Union** („Greffe") in L-2925 Luxembourg zu senden. Die Vorlage der Originalakte des Ausgangsrechtsstreits ist untunlich.

57 Sofern die **Durchführung eines beschleunigten Verfahrens** oder eines **Eilvorabentscheidungsverfahrens** beantragt wird (vgl. unten Rn. 69 f.), ist dies im Begleitschreiben zur Übersendung des Vorlagebeschlusses deutlich hervorzuheben.

6. Zeitpunkt der Vorlage

58 Für die Einleitung eines Vorabentscheidungsverfahrens gibt es **keine Fristen**. Es ist allein Sache des nationalen Gerichts, zu entscheiden, zu welchem Zeitpunkt eine Vorlage an den EuGH zweckmäßig ist (*EuGH*, C-97/90, Urt. v. 26. 10. 2010 – Schmelz, Rn. 30). Allerdings muss der vorlegende Richter zum Zeitpunkt der Vorlage über hinreichende Angaben zum tatsächlichen und rechtlichen Rahmen des Ausgangsrechtsstreits verfügen (vgl. Rn. 51, 52, 64). Deshalb empfieht es sich im Normalfall, den EuGH erst nach streitiger Verhandlung anzurufen. Andererseits müssen nicht alle etwa erforderlichen Beweisaufnahmen bereits durchgeführt sein. Vielmehr kann die Klärung einer vorgreiflichen europarechtlichen Frage in bestimmten Fällen auch dazu führen, dass sich spätere Beweisaufnahmen erledigen werden.

59 Das Vorabentscheidungsverfahren darf allerdings nicht dazu führen, dass die **Bestandskraft von Unionsrechtsakten** unterlaufen wird. In bestimmten Fällen verhält es sich so, dass ein Beteiligter des Ausgangsrechtsstreits zweifelsfrei die Möglichkeit hatte, einen Beschluss oder eine Verordnung eines Unionsorgans – etwa als Subventionsempfänger im EU-Beihilfenrecht oder als Hersteller eines mit Dumpingzöllen belegten Produkts – im Wege der Nichtigkeitsklage direkt vor dem Gericht der Europäischen Union anzufechten (Art. 263 IV AEUV). Lässt er in einem solchen Fall die Frist für eine Nichtigkeitsklage ungenutzt verstreichen (Art. 263 VI AEUV), so kann er später in einem Rechtsstreit vor nationalen Gerichten nicht die Rechtmäßigkeit und Verbindlichkeit des betreffenden Unionsrechtsakts anzweifeln (*EuGH*, C-188/92, Slg. 1994, I-833 – Textilwerke Deggendorf). Ein Vorabentscheidungsersuchen über die Gültigkeit des Unionsrechtsakts wäre dann unzulässig (*Ahlt/Dittert*, S. 137, 334 f.).

60 Hat das vorlegende Gericht Zweifel, ob ein förmliches Bundesgesetz mit dem Unionsrecht vereinbar ist, so kann es sich unmittelbar an den EuGH wenden und muss nicht etwa erst das **Bundesverfassungsgericht** nach Art. 100 Abs. 1 GG anrufen (*EuGH*, C-188/10, Urt. v. 22. 6. 2010 – Melki, Rn. 45, 52 f.). Umgekehrt ist ein Vorabentscheidungsersuchen an den EuGH selbst dann noch möglich, wenn die streitige innerstaatliche Vorschrift bereits vom nationalen Verfassungsgericht bestätigt oder für eine Übergangszeit aufrecht erhalten wurde (*EuGH*, C-409/06, Urt. v. 8. 9. 2010 – Winner Wetten).

III. Einzelheiten zum Verfahren

1. Kooperationsverhältnis zwischen EuGH und vorlegendem Gericht

Zwischen dem EuGH und dem vorlegenden Gericht besteht im Rahmen des Vorabentscheidungsverfahrens ein **Kooperationsverhältnis**, das auf einer klaren Zuständigkeits- und Rollenverteilung fußt. 61

Das **vorlegende Gericht** ist „Herr des Ausgangsrechtsstreits". Es entscheidet nach freiem Ermessen (unter Beachtung einer etwaigen Vorlagepflicht; vgl. oben Rn. 27ff., 38) darüber, ob der EuGH mit dem Fall befasst werden soll, wann das Vorabentscheidungsverfahren einzuleiten ist, welchen Gegenstand es haben wird und wie die Vorlagefragen zu formulieren sind. Die Parteien des Ausgangsrechtsstreits können eine Vorlage an den EuGH sowie deren konkrete Formulierung nicht erzwingen, sondern nur anregen. Eine einmal erfolgte Vorlage kann jederzeit, ohne Angabe von Gründen, zurückgenommen werden. Hat sich der Ausgangsrechtsstreit erledigt oder wurde die Klage zurückgenommen, so muss der nationale Richter dies dem EuGH mitteilen. 62

Aufgabe des EuGH ist es, dem vorlegenden Gericht eine möglichst sachdienliche Antwort zu geben, die es diesem ermöglicht, den Ausgangsrechtsstreit zu entscheiden. Dabei hält sich der EuGH an den Sachverhalt und den nationalen rechtlichen Rahmen, wie sie ihm vom vorlegenden Gericht vorgegeben wurden, selbst wenn die Verfahrensbeteiligten deren Richtigkeit anzweifeln (*EuGH*, C-482/01 ua, Slg. 2004, I-5257 – Orfanopoulos, Rn. 42). In seinem Urteil kann der EuGH aber auf Bestimmungen des Unionsrechts eingehen, die das nationale Gericht nicht erwähnt hat (*EuGH*, C-152/03, Slg. 2006, I-1711 – Ritter-Coulais, Rn. 29). 63

Eingedenk der Ziele des Vorabentscheidungsersuchens, eine möglichst einheitliche Auslegung und Anwendung des Unionsrechts in der gesamten Europäischen Union sicherzustellen, zeigt sich der EuGH hinsichtlich der **Zulässigkeit des Vorabentscheidungsersuchens** traditionell sehr großzügig (zB *EuGH*, C-144/04, Slg. 2005, I-9981 – Mangold, Rn. 32–39). Manche Mängel in der Formulierung von Vorlagebeschlüssen heilt er, indem er die gestellten Fragen umformuliert (*EuGH*, C-420/06, Slg. 2008, I-1315 – Jager, Rn. 46) oder das vorlegende Gericht um Klarstellungen ersucht (Art. 104 § 5 VerfO-EuGH). Allerdings hat der EuGH darauf zu achten, dass er seine eigenen Zuständigkeiten nicht überschreitet – insbesondere durch Abgabe von Rechtsgutachten zu allgemeinen oder hypothetischen Fragen – und die Verfahrensrechte der Beteiligten am Vorabentscheidungsverfahren gewahrt bleiben. Deshalb erklärt er ein Vorabentscheidungsersuchen ausnahmsweise für unzulässig, wenn es 64

- nicht die nötigen Mindestangaben zum tatsächlichen und rechtlichen Rahmen enthält (*EuGH*, C-320/90, Slg. 1993, I-393 – Telemarsicabruzzo; vgl. oben Rn. 51f.),
- die Fragen offensichtlich nicht entscheidungserheblich sind (*EuGH*, C-92/09 ua, Urt. v. 9. 11. 2010 – Schecke, Rn. 39ff.; vgl. oben Rn. 24ff.) oder
- das Vorabentscheidungsersuchen auf einem fiktiven und konstruierten Rechtsstreit beruht (*EuGH*, 104/79, Slg. 180, 745; 244/80, Slg. 1981, 3085 – Foglia).

Kein Fall der Unzulässigkeit liegt allerdings vor, wenn zwar der Sachverhalt des Ausgangsrechtsstreits außerhalb des Anwendungsbereichs des Unionsrechts liegt, das nationale Recht aber auf das Unionsrecht verweist oder sich inhaltlich an ihm orientiert (*EuGH*, C-297/88 ua, Slg. 1990, I-3763 – Dzodzi, Rn. 36; C-306/99, Slg. 2003, I-1 – BIAO, Rn. 90; C-280/06, Slg. 2007, I-10893 – ETI, Rn. 21ff.). Der EuGH beantwortet in solchen Fällen die Vorabentscheidungsersuchen nationaler Gerichte, weil ein klares Interesse an der Sicherstellung einer einheitlichen Auslegung und Anwendung des Unionsrechts besteht. Man spricht von einer **überschießenden Wirkung** des Europarechts (*Ahlt/Dittert,* S. 147). 65

2. Behandlung des Vorabentscheidungsersuchens durch den EuGH

Der **Verfahrensablauf** ergibt sich teils aus der Satzung des Gerichtshofs, teils aus seiner Verfahrensordnung (beide sind auf der Internetseite des EuGH veröffentlicht, http://curia.europa.eu/jcms/jcms/Jo2_7031/). Nach der Übersetzung des Vorlagebeschlusses wird dieser den Parteien des Ausgangsrechtsstreits, allen EU- und EWR-Mitgliedstaaten, der Kommission sowie ggf. weiteren Unionsorganen zugestellt (Art. 23 EuGH-Satzung). Diese können innerhalb von zwei Monaten schriftlich zu den gestellten Fragen Stellung nehmen. In der Regel findet auch eine mündliche Verhandlung in Luxemburg statt, die den Verfahrensbeteiligten ua Gelegenheit bietet, auf die schriftlichen Stellungnahmen anderer Verfahrensbeteiligter zu replizieren und etwaige Fragen des Gerichtshofs zu beantworten. Der vorlegende Richter selbst wird nicht mündlich angehört. Nach der mündlichen Verhandlung stellt der Generalanwalt seine Schlussanträge (ein umfassendes und der Öffentlichkeit zugängliches Gutachten mit Entscheidungsvorschlag), bevor der Gerichtshof in die Urteilsberatungen eintritt. Die **Gesamtdauer des Verfahrens** beträgt derzeit im Durchschnitt 15 bis 17 Monate. 66

Die **Vertretung der Parteien** vor dem Gerichtshof richtet sich nach den für das Ausgangsverfahren geltenden Verfahrensregeln, dh, vor dem EuGH gilt im Vorabentscheidungsverfahren nur dann ein **Anwaltszwang**, wenn er auch vor dem nationalen Gericht gilt (Art. 104 § 2 VerfO-EuGH). **Gerichtskosten** fallen nicht an (Art. 72 VerfO-EuGH). Die Entscheidung über die **Verfahrenskosten** obliegt, da es sich 67 um ein **Zwischenverfahren** handelt, dem nationalen Gericht (Art. 104 § 6 VerfO-EuGH). **Prozesskostenhilfe** gewährt der EuGH für das Vorabentscheidungsverfahren nur insoweit, als eine etwaige Prozesskostenhilfe seitens des nationalen Gerichts diesen Verfahrensabschnitt nicht mit abdeckt.

68 In der Regel beantwortet der EuGH die ihm gestellten Fragen in einem **Urteil.** Ist das Vorabentscheidungsersuchen unzulässig (Art. 92 iVm Art. 103 § 1 VerfO-EuGH) oder ist es besonders einfach zu beantworten (Art. 104 § 3 VerfO-EuGH), so kann auch ein **Beschluss** ohne vorherige mündliche Verhandlung ergehen.

3. Verfahrensbeschleunigung bei besonderer Dringlichkeit

69 In manchen Fällen erweist sich die durchschnittliche Dauer des Vorabentscheidungsverfahrens (ca. 15 bis 17 Monate) angesichts der besonderen Dringlichkeit einer Entscheidung des Ausgangsrechtsstreits als zu lang. Abgesehen von der Möglichkeit für den nationalen Richter, selbst einstweilige Maßnahmen in Erwartung einer Vorabentscheidung des EuGH zu erlassen (vgl. oben Rn. 39), bestehen auch Beschleunigungsmöglichkeiten für das Vorabentscheidungsverfahren als solches. So erlaubt Art. 104 a VerfO-EuGH die Durchführung eines **beschleunigten Verfahrens,** das zu einer vorrangigen Bearbeitung und zu einer Reduzierung der Verfahrensdauer auf durchschnittlich vier bis sechs Monate führt. Die Anwendung des beschleunigten Verfahrens liegt im Ermessen des Präsidenten des EuGH und wird nur auf ausdrücklichen Antrag des vorlegenden Gerichts angeordnet.

70 Zu einer noch stärkeren Verkürzung der Verfahrensdauer kommt es, wenn das sog. **Eilvorabentscheidungsverfahren** (Eilvorlageverfahren) nach Art. 104 b VerfO-EuGH durchgeführt wird. Es handelt sich um ein besonders straff durchgeführtes Hauptsacheverfahren, in dem der vorlegende Richter schon nach durchschnittlich sechs bis acht Wochen eine definitive Antwort erhält. Sein Anwendungsbereich ist allerdings auf die Sachgebiete des „Raums der Freiheit, der Sicherheit und des Rechts" beschränkt. In der Praxis kommt es va in Kindschaftsstreitigkeiten (elterliche Sorge, „Brüssel II a") oder bei freiheitsentziehenden Maßnahmen (Strafrecht, Ausländer- und Asylrecht) zur Anwendung. Es kann auf Antrag des vorlegenden Gerichts oder ausnahmsweise auch von Amts wegen angeordnet werden.

IV. Wirkungen der Vorabentscheidung

1. Wirkung im Ausgangsverfahren *(„inter partes")*

71 Die **Vorabentscheidung** des EuGH ist **bindend** für das vorlegende Gericht (*EuGH*, 52/76, Slg. 1977, 163 – Benedetti, Rn. 26) und alle Gerichte, die im weiteren Verlauf des Rechtsstreits mit der Sache befasst sein werden, insbesondere das Berufungs- oder Revisionsgericht. Ggf. muss das vorlegende Gericht auch von der Rechtsauffassung höherrangiger Gerichte abweichen, um dem Urteil des EuGH nachzukommen (*EuGH*, C-173/09, Urt. v. 5. 10. 2010 – Elchinov, Rn. 29 f.). Eine erneute Vorlage an den EuGH ist aber möglich, sei es, um Klarstellungen der ersten Vorabentscheidung zu erbitten oder um dem Gerichtshof neue Aspekte zu unterbreiten, die ihn zu einer anderen Bewertung der gestellten Fragen bewegen könnten (*EuGH*, 14/86, Slg. 1987 – Pretore di Salò, Rn. 12).

2. Wirkung in anderen Verfahren *(„erga omnes")*

72 Auch wenn sich der EuGH nie ausdrücklich zu einer ***Erga-omnes*-Wirkung** seiner Vorabentscheidungsurteile bekannt hat, kann zumindest *de facto* eine solche Wirkung angenommen werden: Es handelt sich um Feststellungsurteile, die in einem Verfahren ergehen, das auf die Gewährleistung einer einheitlichen Auslegung und Anwendung des Unionsrechts in allen Mitgliedstaaten abzielt (*Ahlt/Dittert*, S. 150). Auf jeden Fall haben die Urteile des EuGH **Präzedenzwirkung.** Letztinstanzliche Gerichte, die von der Auslegung des Unionsrechts durch den EuGH abweichen wollen, sind verpflichtet, dem EuGH vorzulegen (vgl. oben Rn. 27). Hat der EuGH einen Unionsrechtsakt für ungültig erklärt, so berechtigt dies alle Gerichte in der EU, ihn ebenfalls als ungültig anzusehen (*EuGH*, 66/80, Slg. 1981, 1191 – International Chemical Corporation, Rn. 13).

3. Zeitliche Wirkung

73 Vorabentscheidungen des EuGH wirken grundsätzlich *ex tunc*: Der EuGH legt das Unionsrecht so aus, wie es seit seinem Inkrafttreten auszulegen war oder hätte ausgelegt werden müssen. Erklärt der EuGH einen Unionsrechtsakt für ungültig, so wirkt auch diese Entscheidung auf den Zeitpunkt des Erlasses des Rechtsakts zurück (*EuGH*, 309/85, 1988, 355 – Barra, Rn. 11).

74 Aus zwingenden Gründen der **Rechtssicherheit** können allerdings die Wirkungen eines Auslegungs- oder Ungültigkeitsurteils auf die Zukunft beschränkt werden, so dass sie nur *ex nunc* gelten (*EuGH*, 43/75, Slg. 1976, 455 – Defrenne, Rn. 72; C-92/09, Urt. v. 9. 11. 2010 – Schecke, Rn. 93). Eine solche **Beschränkung der Wirkungen des Vorabentscheidungsurteils** ist dem EuGH selbst vorbehalten und wird von ihm nur in Ausnahmefällen ausgesprochen. Der nationale Richter ist nicht berechtigt, von sich aus **Vertrauensschutzgesichtspunkte** gegen die vom EuGH vorgenommene Auslegung ins Feld zu

führen. Er kann jedoch bereits in seinem Vorlagebeschluss auf diesbezügliche Probleme hinweisen und eine Beschränkung der Urteilswirkungen durch den EuGH anregen. Übergangsfristen zur Anpassung einer unionsrechtswidrigen nationalen Regelung sind der EuGH-Rechtsprechung, anders als der des BVerfG, eher fremd (vgl. zum Ganzen *Kokott/Henze,* NJW 2006, 177; *Waldhoff,* EuR 2006, 615; *Ahlt/Dittert,* S. 150 f.). Erst ein Mal hat der EuGH, soweit ersichtlich, einen Unionsrechtsakt ab einem in der Zukunft liegenden Zeitpunkt für ungültig erklärt (*EuGH,* C-236/09, Urt. v. 1. 3. 2011 – Test-Achats).

G. Das Richteramtsrecht

Dr. Bernhard Joachim Scholz

Übersicht

Literatur: *Fürst,* Richtergesetz, Berlin 1992: *Schmidt-Räntsch,* Deutsches Richtergesetz, 6. Aufl. 2009; *Thomas,* Richterrecht, Köln 1986.

I. Rechtliche Grundlagen des Richteramtes

Die rechtsprechende Gewalt ist nach Art. 92 GG den Richtern anvertraut. Die Rechtsprechung wird damit als eine der drei Staatsgewalten angesprochen, auf die nach der Konzeption des GG die Ausübung der Staatsgewalt verteilt ist. Das Grundgesetz knüpft an die in der europäischen Verfassungstradition entwickelte Lehre von der Gewaltenteilung (vgl. insbesondere *John Locke,* Two Treatises of Civil Government, 1690; *Montesquieus,* De l'Esprit des Lois, 1748 und hierzu *Schmidt-Räntsch,* Deutsches Richtergesetz, 6. Aufl. 2009, Einleitung, Rn. 2 ff.; *Badura,* Staatsrecht, 4. Aufl. 2010, D 47 ff. mwN; *Hesse,* Grundzüge des Verfassungsrechts der Bundesrepublik Deutschland, 20. Aufl. 1999, Rn. 475 f. mwN) an und und gestaltet das Gewaltenteilungsprinzip durch Art. 20 II 2 GG und eine Vielzahl weiterer Bestimmungen näher aus. Erstmals in der deutschen Verfassungsgeschichte wird in Art. 20 II 2 GG die **Rechtsprechung** als **eigenständige Staatsgewalt** der Legislative und der Exekutive gleichgestellt. Das Wort „anvertraut" bringt ein besonderes Vertrauen in die Richter und deren Unbefangenheit, Unparteilichkeit und Gewissenhaftigkeit zum Ausdruck (*Landau,* Justiz und Verfassung, in: Justiz und Recht im Wandel der Zeit, Festgabe 100 Jahre Deutscher Richterbund, 2009, S. 41 f.). Damit die Richter diesem Anspruch gerecht werden können, ist ihre **sachliche und persönliche Unabhängigkeit** in Art. 97 I GG ebenfalls verfassungsrechtlich abgesichert. 1

Die Rechtsstellung der Richter wird auf der Grundlage von Art. 98 I und III durch das **Deutsche Richtergesetz** (DRiG idF der Bekanntmachung v. 19. 4. 1972 – BGBl. I S. 2226, zuletzt geändert durch das Dienstrechtsneuordnungsgesetz vom 5. 2. 2009 – BGBl. I S. 160) und die **Richtergesetze der Länder** geregelt. Das DRiG enthält erstmals in der deutschen Geschichte eine umfassende und selbständige (dh vom Beamtenrecht losgelöste) Regelung der Rechtsstellung der Richter. Lediglich ergänzend verweist das DRiG auf beamtenrechtliche Regelungen (§§ 46 und 71 DRiG). Anwendbar sind daher nach § 46 DRiG für Richter im Bundesdienst insbesondere das Bundesbeamtengesetz (BBG) und die Bundeslaufbahnverordnung (BLV), letztere allerdings nur, soweit die Vorschriften nicht mit der Ordnung der Laufbahnen zusammenhängen, die im Richterdienst nicht existieren (vgl. im Einzelnen *Schmidt-Räntsch,* § 46 Rn. 10 ff.). § 71 DRiG verweist für Richter im Landesdienst – bis zu einer besonderen Regelung – auf das Beamtenstatusgesetz (BeamtStG). Seiner Rechtsnatur nach ist das DRiG ein **Statusgesetz** und enthält daneben – in Form der Regelung der Befähigung der Organe der Rechtspflege – Regelungen des Gerichtsverfassungsrechts. 2

Die Richtergesetze der Länder sind zumeist noch auf der Grundlage des § 71 DRiG in der bis zum 31. 3. 2009 geltenden Fassung ergangen, der die Länder verpflichtete, die Rechtsverhältnisse der Rich- 3 ter nach den rahmenrechtlichen Vorschriften in den §§ 72 bis 84 DRiG und, soweit das DRiG nichts anderes bestimmte auf der Grundlage des Kapitels I des Beamtenrechtsrahmengesetzes (BRRG) zu regeln. Im Zuge der **Föderalismusreform I** wurden die Gesetzgebungskompetenzen (auch) für das Richterrecht grundlegend geändert. Die frühere **Rahmengesetzgebungskompetenz** wurde **abgeschafft** und dem Bund die **konkurrierende Gesetzgebungskompetenz** für die Regelung der **„Statusrechte und -pflichten der Richter in den Ländern mit Ausnahme der Laufbahnen, Besoldung und Versorgung"** zugewiesen (Art. 74 I Nr. 27 GG). Die früheren rahmenrechtlichen Regelungen des DRiG (§§ 72 bis 84) gelten daher seit dem 1. 9. 2006 als unmittelbar anwendbares Bundesrecht weiter, soweit sie auch nach dem 1. 9. 2006 als Bundesrecht erlassen werden könnten (Art. 125 b I 1 GG). IÜ gilt Art. 125 a Abs. 1 GG, dh die bundesrechtlichen Regelungen gelten fort, bis sie durch Landesrecht ersetzt wurden. Maßgeblich ist daher, ob es sich um die Regelung von Statusrechten und -pflichten iSd Art. 74 I Nr. 27 GG handelt.

4 Unklar ist allerdings, was unter „Statusrecht" oder „Statuspflicht" verstanden werden soll (vgl. etwa *VG Münster,* Beschl. v. 21. 12. 2007 – 4 L 702/07). Auch aus der Gesetzesbegründung (BT-Drs. 16/813, S. 14) ergeben sich insoweit nur wage Anhaltspunkte. Statusrechte und -pflichten sind danach:

- Wesen, Voraussetzungen, Rechtsform der Begründung, Arten, Dauer sowie Nichtigkeits- und Rücknahmegründe des Dienstverhältnisses,
- Abordnungen und Versetzungen der Beamten zwischen den Ländern und zwischen Bund und Ländern oder entsprechende Veränderungen des Richterdienstverhältnisses,
- Voraussetzungen und Formen der Beendigung des Dienstverhältnisses (vor allem Tod, Entlassung, Verlust der Beamten- und Richterrechte, Entfernung aus dem Dienst nach dem Disziplinarrecht),
- statusprägende Pflichten und Folgen der Nichterfüllung,
- wesentliche Rechte,
- Bestimmung der Dienstherrenfähigkeit,
- Spannungs- und Verteidigungsfall und
- Verwendungen im Ausland.

5 Diese bundeseinheitlichen Statusregelungen dienen insbesondere der Sicherung der länderübergreifenden Mobilität der Bediensteten. Nicht erfasst sind Regelungsbereiche, die bereits bisher in der Kompetenz der Länder liegen und auch nicht lediglich statusberührende dienstrechtliche Gebiete oder aus dem Beamten- oder Richterdienstverhältnis abgeleitete Rechte. Ausdrücklich ausgenommen von der konkurrierenden Gesetzgebungskompetenz werden Besoldung, Versorgung und die Laufbahnen der Beamten und die entsprechenden Regelungen für die Richter. Zum Laufbahnrecht der Beamten gehört auch die Regelung des Zugangs zur Laufbahn.

6 Der verfassungsändernde Gesetzgeber ist damit wohl von einem weiten Begriff der Statusrechte und -pflichten ausgegangen. Andernfalls hätte keine Notwendigkeit bestanden, Laufbahnen, Besoldung und Versorgung ausdrücklich auszunehmen. Übereinstimmung dürfte insoweit bestehen, als die in Art. 74 I Nr. 27 GG verwandten Begriffe nicht mit dem „Amt im statusrechtlichen Sinn" gleichzusetzen sind. Rechtsprechung existiert zu dieser Frage bislang kaum (vgl. zB *BVerwG,* Urt. v. 25. 10. 2007 – 2 C 30/07 –, NVwZ-RR 2008, 268 zu landesrechtlichen Vorschriften über die unveränderte Rechtsstellung eines Beamten, der in einem kommunalen Regie- oder Eigenbetrieb eingesetzt wird; das *VG Düsseldorf,* Urt. v. 30. 5. 2008 – 13 K 5403/07 betont den Ausnahmecharakter der Norm, aus dem folge, dass nur ein Ausschnitt der umfassenden „Rechtsverhältnisse" der Beamten iSd Art. 75 I 1 Nr. 1 GG aF gemeint sei).

7 Praktische Bedeutung hat die Einordnung einer Materie als „Statusrecht oder -pflicht" etwa für die Frage, ob die Länder von den Regelungen der §§ 72 ff. DRiG abweichen dürfen (vgl. hierzu *Schmidt-Räntsch,* DRiG, 6. Aufl. 2009, Vorbemerkung zu §§ 72 bis 75, Rn. 3 f.).

8 In den Ländern werden im Hinblick auf die geänderten Gesetzgebungskompetenzen derzeit Dienstrechtsreformen durchgeführt, die neben dem Beamten- auch das Richterrecht betreffen. Derzeit bestehen in den Ländern folgende

Richtergesetze:

Baden-Württemberg: LandesrichterG idF v. 22. 5. 2000 (GBl. S. 503), zuletzt geänd. d. G v. 9. 11. 2010 (GBl. S. 793, 968)

Bayern: Bayerisches RichterG idF d. Bek. v. 11. 1. 1977 (GVBl. S. 27), zuletzt geänd. d. G v. 5. 8. 2010 (GVBl. S. 410)

Berlin: Berliner RichterG idF v. 27. 4. 1970 (GVBl. S. 642, 1638), zuletzt geänd. d. G v. 19. 3. 2009 (GVBl. S. 70)

Brandenburg: RichterG des Landes Brandenburg v. 22. 11. 1996 (GVBl. S. 322), zuletzt geänd. d. G v. 3. 4. 2009 (GVBl. I S. 26)

Bremen: Bremisches RichterG idF v. 15. 12. 1964 (GBl. S. 187), zuletzt geänd. d. G v. 22. 12. 2009 (GBl. 2010, S. 17)

Hamburg: Hamburgisches RichterG idF v. 2. 5. 1991 (GVBl. S. 169), zuletzt geänd. d. G v. 15. 12. 2009 (GVBl. S. 405, 436)

Hessen: Hessisches RichterG idF v. 11. 3. 1991 (GVBl. 1 S. 54), zuletzt geänd. d. G v. 25. 11. 2010 (GVBl. I S. 410)

Mecklenburg-Vorpommern: LandesrichterG idF v. 7. 6. 1991 (GVBl. S. 159), zuletzt geänd. d. G v. 20. 7. 2006 (GVOBl. S. 575)

Niedersachsen: Niedersächsisches RichterG v. 21 1. 2010 (GVBl. S. 16)

Nordrhein-Westfalen: LandesrichterG idF v. 29. 3. 1966 (GV NW S. 217), zuletzt geänd. d. G v. 9. 6. 2009 (GV NW S. 341)
Rheinland-Pfalz: LandesrichterG idF v. 22. 12. 2003 (GVBl. 2004, S. 1), zuletzt geänd. d. G v. 7. 7. 2009 (GVBl. S. 279)
Saarland: Saarländisches RichterG idF v. 18. 4. 1975 (Amtsbl. S. 566), zuletzt geänd. d. G v. 11. 3. 2009 (Amtsbl. S. 514)
Sachsen: RichterG des Freistaates Sachsen idF v. 2. 8. 2004 (GVBl. S. 365), zuletzt geänd. d. G 19. 1. 2009 (GVBl. S. 22)
Sachsen-Anhalt: LandesrichterG v. 1. 4. 1993 (GVBl. S. 170), zuletzt geänd. d. G v. 28. 1. 2011 (GVBl. S. 30)
Schleswig-Holstein: Schleswig-Holsteinisches RichterG idF v. 23. 1. 1992 (GVOBl. S. 46), zuletzt geänd. d. G v. 17. 12. 2010 (GVOBl. S. 789)
Thüringen: Thüringer RichterG v. 17. 5. 1994 (GVBl. S. 485), zuletzt geänd. d. G v. 20. 3. 2009 (GVBl. S. 238).

Die §§ 1 bis 45 DRiG gelten – wie bereits vor der Föderalismusreform I – für die Richter im Bundes- und Landesdienst, während die Vorschriften der §§ 46 bis 70 DRiG nur auf Richter im Bundesdienst Anwendung finden. 9

Die Gesetzgebungskompetenz der Länder erstreckt sich nach der Neuordnung durch die Förderalismusreform I auf die Gebiete Besoldung und Versorgung und auf diejenigen Bereiche der „Statusrechte und -pflichten" im Sinne des Art. 74 I Nr. 27 GG, die der Bund nicht abschließend geregelt hat. Der Kompetenztitel für Laufbahnen ist unklar, da das **Richterverhältnis keine Laufbahnen** kennt.

Besoldung und Versorgung der Richter waren bis zum 31. 8. 2006 bundeseinheitlich im **Bundesbesoldungsgesetz** (**BBesG**) und dem **Beamtenversorgungsgesetz** geregelt. Auf der Grundlage der mit der Föderalismusreform I geschaffenen neuen Gesetzgebungskompetenzen regeln die Länder die Besoldung und Versorgung der Richter nunmehr selbst, wodurch sich das Besoldungs- und Versorgungsniveau im Ländervergleich auseinander entwickelt (vgl. hierzu etwa die Übersichten auf www.richterbesoldung.de). Bis zu eigenen Regelungen der Länder gelten die Regelungen des BBesG in der am 1. 9. 2006 gültigen Fassung als Bundesrecht fort, Art. 125 a I 1 GG.

II. Das Richteramt

1. Die Begründung des Richterverhältnisses

a) **Die Ernennung.** Die Begründung des Richterverhältnis erfolgt durch die Ernennung (§ 17 II 1 DRiG). Sie bedarf der Einwilligung des zu Ernennenden; es handelt sich folglich um einen zustimmungsbedürftigen Verwaltungsakt. Die Einwilligung wird in der Regel durch die vorbehaltlose Entgegennahme der **Ernennungsurkunde** schlüssig erklärt. Durch die Ernennung entstehen zum einen Rechte und Pflichten zwischen Richter und Dienstherr. Zum anderen ist sie Voraussetzung der Tätigkeit des Richters in der Rechtsprechung und ua maßgeblich für die Feststellung des gesetzlichen Richters im Sinne des Art. 101 I 2 GG und der ordnungsgemäßen Besetzung des Gerichts. 10

Die Ernennung erfolgt unter Berufung in das Richterverhältnis „auf Lebenszeit", „auf Zeit", „auf Probe" oder „kraft Auftrags".

Zum **Richter auf Probe** wird ernannt, wer später als Richter auf Lebenszeit oder als Staatsanwalt verwendet werden soll, § 12 DRiG. Zum **Richter kraft Auftrags** wird ein Beamter ernannt, der später als Richter auf Lebenszeit verwendet werden soll, § 14 DRiG. 11

Der Richter auf Probe ist – ebenso wie ein Richter kraft Auftrags – in gleicher Weise sachlich unabhängig wie ein Richter auf Lebenszeit. Seine persönliche Unabhängigkeit ist jedoch nicht im gleichen Umfang wie beim Richter auf Lebenszeit gegeben. Dies ergibt sich aus § 22 DRiG, wonach ein Richter auf Probe zum Ablauf des 6., 12., 18. und 24. Monats seit seiner Ernennung und auch noch zum Ablauf des 3. und 4. Jahres entlassen werden kann, wenn er für das Richteramt nicht geeignet ist oder wenn ein Richterwahlausschuss seine Übernahme in das Richterverhältnis auf Lebenszeit oder auf Zeit ablehnt. 12

Die Ernennung zum **Richter auf Lebenszeit** erfolgt nach einer idR mindestens dreijährigen Tätigkeit im richterlichen Dienst, § 10 I DRiG. Spätestens hat die Ernennung nach fünf Jahren zu erfolgen, § 12 II DRiG. Mit der Ernennung zum Richter auf Lebenszeit wird ihm ein konkretes Richteramt bei einem bestimmten örtlich festgelegten Gericht übertragen, § 27 I DRiG. Bei einem Richter auf Probe und einem Richter kraft Auftrages entfällt dies im Hinblick auf ihren Erprobungsstatus, vgl. §§ 13, 14 DRiG. 13

Eine Ernennung zum **Richter auf Zeit** ist nach § 11 DRiG nur für die bundesgesetzlichen Aufgaben zulässig und nur unter den gesetzlich bestimmten Voraussetzungen. Die Statusform „Richter auf Zeit" stellt eine Ausnahme von der Regelform „Richter auf Lebenszeit" dar, vgl. §§ 11, 28 DRiG. Gegenwärtig sind nur die Richter des Bundesverfassungsgerichts Richter auf Zeit, und zwar beträgt die Amtszeit 12 Jahre, § 4 I BVerfGG. 14

Außer in dem Fall, in dem erstmals ein Richterverhältnis zwischen dem zu Ernennenden und dem Dienstherrn begründet werden soll, § 17 II Nr. 1 DRiG, ist die Ernennung bei der **Umwandlung des Richterverhältnisses** und bei der Verleihung eines Richteramtes mit einem anderen Endgrundgehalt notwendig, § 17 II Nr. 2 und 3 DRiG. Die Ernennung nach § 17 DRiG verleiht ein **Amt im statusrecht-** 15

lichen Sinn, das für die abstrakte Rechtsstellung des Richters maßgeblich ist und durch Besoldung (und Versorgung) festgelegt wird. Maßgeblich für die Richterämter im statusrechtlichen Sinn sind daher nach § 37 I BBesG die Besoldungsordnung R (Anlage III) sowie entsprechende landesrechtliche Vorschriften.

16 Vom Amt im statusrechtlichen Sinne (zB Richter am Amtsgericht) ist das **konkrete Richteramt bei einem bestimmten Gericht** zu unterscheiden (zB Richter am Amtsgericht Mainz). Anders als im Beamtenrecht, wo zwischen konkret- und abstrakt-funktionellem Amt zu unterscheiden ist, ist eine solche Unterscheidung im Richterrecht nicht sachgerecht (vgl. aber zur Übertragung eines abstrakt- und konkret-funktionellen Amtes an einen abgeordneten Richter unten Rn. 61). Denn die konkrete Aufgabenzuweisung innerhalb eines Gerichts bzw. Spruchkörpers erfolgt – jedenfalls was die Rechtsprechungsaufgaben betrifft – durch das Präsidium des Gerichts (vgl. §§ 21 a ff. GVG) im Rahmen der Geschäftsverteilung (vgl. hierzu Rn. 30 ff.); mit der Geschäftsverteilung werden aber keine Ämter übertragen (*Schmidt-Räntsch*, DRiG, 6. Aufl. 2009, § 27 Rn. 7). Andererseits können einem Richter mehrere statusrechtliche Ämter übertragen werden (§ 27 II DRiG, § 22 II GVG und hierzu etwa *VG Arnsberg*, Beschl. v. 11. 2. 2008 – 2 L 31/08 –, juris).

17 *aa) Die Ernennungsurkunde.* Die Ernennung erfolgt nach § 17 I DRiG durch **Aushändigung** einer Urkunde, deren **Inhalt** durch § 17 III und IV DRiG näher bestimmt wird. Bei der Begründung des Richterverhältnisses muss die Ernennungsurkunde die Worte „unter Berufung in das Richterverhältnis" mit dem Zusatz „auf Lebenszeit", „auf Zeit", „auf Probe" oder „kraft Auftrags" enthalten, § 17 III DRiG. Wird ein Richterverhältnis umgewandelt, muss die Ernennungsurkunde das neue Richterverhältnis entsprechend § 17 III DRiG bezeichnen. Bei der ersten Verleihung eines Richteramtes bzw. bei der Verleihung eines Amtes mit einem anderen Endgrundgehalt und anderer Amtsbezeichnung muss die Ernennungsurkunde die **Amtsbezeichnung** des neuen Amtes enthalten, § 17 IV DRiG.

18 Die Ernennung zum Richter wird mit der Aushändigung der Urkunde wirksam, es sei denn, in der Ernennungsurkunde wird ein späterer Tag bestimmt (so für Bundesrichter § 12 II 1 BBG). Die **Ernennung für einen zurückliegenden Zeitraum** ist nicht zulässig und insoweit unwirksam, §§ 71 DRiG iVm § 8 IV BeamtStG.

19 *bb) Mängel bei der Ernennung und ihre Rechtsfolgen.* Hat die Ernennungsurkunde nicht den nach § 17 III und IV DRiG vorgeschriebenen Inhalt, ist die Ernennung nichtig, § 71 DRiG iVm § 11 I II Nr. 1 BeamtStG. Wird die Ernennung zum Richter von einer sachlich unzuständigen Behörde ausgesprochen, ist sie ebenfalls nichtig, § 18 I DRiG. Eine Ernennung ist auch dann nichtig, wenn der Ernannte zum Zeitpunkt der Ernennung **nicht Deutscher** iSv Art. 116 GG war oder nicht mehr die **Fähigkeit zur Bekleidung öffentlicher Ämter** besaß, § 18 II DRiG. Der Verlust der Fähigkeit zur Bekleidung öffentlicher Ämter erfolgt – unmittelbar oder mittelbar – nur aufgrund einer gerichtlichen Entscheidung, so durch **Strafurteil** nach § 45 I StGB oder durch Urteil des Bundesverfassungsgerichts im Fall der **Verwirkung eines Grundrechts** nach § 39 BVerfGG.

20 Die **Ernennung** zum Richter **ist** nach § 19 I DRiG **zurückzunehmen,**

- wenn der Ernannte nicht die Befähigung zum Richteramt besaß,
- wenn die gesetzlich vorgeschriebene Beteiligung eines Richterwahlausschusses unterblieben und der Richterwahlausschuß die nachträgliche Bestätigung abgelehnt hat,
- wenn die Ernennung durch Zwang, arglistige Täuschung (zB über den Gesundheitszustand, vgl. *LG Schwerin*, DRiZ 1997, 322 ff.) oder Bestechung herbeigeführt wurde oder
- wenn nicht bekannt war, dass der Ernannte ein Verbrechen oder Vergehen begangen hat, das ihn der Berufung in das Richterverhältnis unwürdig erscheinen lässt und er deswegen rechtskräftig zu einer Strafe verurteilt war oder wird.

21 Die **Ernennung kann zurückgenommen** werden, wenn nicht bekannt war, dass der Ernannte in einem gerichtlichen Verfahren aus dem Dienst oder Beruf entfernt oder zum Verlust der Versorgungsbezüge verurteilt worden war, § 19 II DRiG.

22 Die Rücknahme der Ernennung bei Richtern auf Lebenszeit ist ohne schriftliche **Zustimmung** des Richters nur auf Grund rechtskräftiger gerichtlicher Entscheidung möglich. Die Feststellung der Nichtigkeit der Ernennung eines Richters auf Probe oder kraft Auftrags oder die Rücknahme seiner Ernennung erfolgt – wie sich aus § 62 I Nr. 4 c DRiG bzw. § 78 Nr. 4 c DRiG ergibt – (ohne Zustimmung oder vorherige gerichtliche Entscheidung) durch Verfügung der zuständigen Dienstbehörde und kann vor dem **Richterdienstgericht** angefochten werden.

23 Für die Prüfung der **Zulässigkeit der Rücknahme** ist das **Dienstgericht** zuständig. Für den Bereich des Bundes gilt nach § 46 DRiG iVm § 14 II BBG eine Frist von sechs Monaten nach zuverlässiger Kenntnis der obersten Dienstbehörde von dem Rücknahmegrund (§ 14 II 1 BBG). Auch in Bezug auf Richter im Landesdienst kann die Geltendmachung von Rücknahmegründen nicht unbefristet erfolgen, wenn dies auch – nach Aufhebung des § 9 III BRRG zum 1. 4. 2009 – nicht mehr zwingend vorgegeben ist (vgl. *Schmidt-Räntsch*, § 9 Rn. 17).

24 Die **Wirksamkeit von richterlichen Entscheidungen,** an denen ein Richter mitgewirkt hat, dessen Ernennung nichtig bzw. zurückgenommen ist, richtet sich nach den prozessualen Bestimmungen. Da die

Rücknahme der Ernennung auf den Zeitpunkt der Ernennung zurückwirkt, also im Fall der Nichtigkeit an der gerichtlichen Entscheidung ein Nicht-Richter mitgewirkt hat, war das Gericht nicht ordnungsgemäß besetzt. Die nicht vorschriftsmäßige Besetzung des Gerichts ist ein absoluter Revisionsgrund bzw. kann im Wege der Nichtigkeitsklage geltend gemacht werden (§§ 551 Nr. 1, 579 I Nr. 1 ZPO; § 338 Nr. 1 StPO; § 135 I VwGO iVm § 579 I Nr. 1 ZPO).

Der Einwand, angesichts der Nichtigkeit der Ernennung habe nicht der gesetzliche Richter entschieden, die richterlichen Entscheidungen seien daher nichtig, kann erfolgreich erst dann geltend gemacht werden, wenn ein Gericht die Nichtigkeit der Ernennung zum Richter auf Lebenszeit rechtskräftig festgestellt hat, § 18 III DRiG. 25

b) **Der Richtereid.** Der Richter hat zu Beginn seiner Amtsausübung in öffentlicher Sitzung eines Gerichts einen Amtseid zu leisten, § 38 I DRiG. Im Eid bekräftigt der Richter feierlich und symbolkräftig sein Bekenntnis zum demokratischen Rechtsstaat (*BVerfG,* NJW 2008, 2568, 2570): 26

„Ich schwöre, das Richteramt getreu dem Grundgesetz für die Bundesrepublik Deutschland und getreu dem Gesetz auszuüben, nach bestem Wissen und Gewissen ohne Ansehen der Person zu urteilen und nur der Wahrheit und Gerechtigkeit zu dienen, so wahr mir Gott helfe".

Für die **Richter im Landesdienst** kann der Eid eine Verpflichtung auf die **Landesverfassung** enthalten und statt vor einem Gericht in anderer Weise öffentlich geleistet werden, § 38 III DRiG. 27

Wie auch in anderen Fällen der notwendigen Eidesleistung kann der Eid ohne die Worte „so wahr mir Gott helfe" geleistet werden, § 38 II DRiG.

Für die Eidesleistung ist keine Frist vorgeschrieben. Der Eid ist nicht konstitutiv für die Begründung des Richterverhältnisses. Er sollte jedoch unmittelbar nach der Ernennung abgeleistet werden, um seine Bedeutung insbesondere auch für den Richter selbst zu unterstreichen. Das DRiG sieht **keine andere Beteuerungsformel** als den Schwur vor. Die Vorschrift dürfte – trotz der Möglichkeit des Verzichts auf die invocatio dei (Anrufung Gottes) – unter Zugrundelegung der Rechtsprechung des BVerfG – wegen Verstoßes gegen Art. 33 III 1 GG und Art. 4 I GG verfassungswidrig sein (vgl. *BVerfG,* Beschl. v. 25. 10. 1988 – 2 BvR 745/88 –, NJW 1989, 827). 28

Lehnt ein Ernannter es ab, den Richtereid zu leisten, so ist er nach § 21 II Nr. 1 DRiG zu entlassen. Auch diese Vorschrift dürfte mit Art. 33 III 1 GG und Art. 4 I GG unvereinbar sein (vgl. auch unten Rn. 95). 29

c) **Die Übertragung einer Richteraufgabe.** Zur rechtmäßigen und autorisierten Wahrnehmung richterlicher Aufgaben bedarf der Richter neben der Ernennung zum Richter der **Übertragung** oder Zuweisung einer **Richteraufgabe** durch das **Präsidium** des Gerichts, an dem ihm ein konkretes Richteramt übertragen worden ist – so bei Richtern auf Lebenszeit – oder für das er einen Dienstleistungsauftrag erhalten hat – so bei Richtern auf Probe. Das bei jedem Gericht nach § 21 a GVG zu bildende Präsidium hat die Aufgabe, die Besetzung der Spruchkörper zu bestimmen, die Ermittlungsrichter zu bestellen, die Vertretung zu regeln und die Geschäfte zu verteilen, § 21 e I 1 GVG (über Zusammensetzung, Wahl, Vertretung und Größe des Präsidiums vgl. im einzelnen die §§ 21 a bis 21 d GVG). 30

Innerhalb des mit mehreren Richtern besetzten **Spruchkörpers,** also etwa der Kammer beim Landgericht oder dem Senat beim Oberlandesgericht, werden die Geschäfte durch Beschluss aller dem Spruchkörper angehörenden Berufsrichter auf die Mitglieder verteilt; bei Stimmengleichheit entscheidet das Präsidium, § 21 g I GVG. Durch den Geschäftsverteilungsplan wird der **gesetzliche Richter** iSd **Art. 101 I 2 GG** bestimmt. Die Verteilung muss daher nach generell-abstrakten Merkmalen erfolgen, die die steuernde Auswahl und Manipulation bei der Zuteilung der zu erledigenden Aufgaben nach Möglichkeit vermeiden (vgl. iE etwa MünchKomm/*Zimmermann,* ZPO, 3. Aufl. 2008, § 21 g GVG Rn. 12). 31

Der Richter hat einen **Anspruch** darauf, dass er bei der Geschäftsverteilung in angemessener Weise berücksichtigt wird. Wird er durch die Geschäftsverteilung vollständig oder auch nur weitgehend von der **Ausübung** seines Amtes **ausgeschlossen,** ist er in seiner persönlichen Unabhängigkeit beeinträchtigt (*BVerfGE* 17, 252, 259 ff.). Eine Verletzung der richterlichen Unabhängigkeit liegt auch in einer willkürlichen Änderung der Geschäftsverteilung. Fühlt sich der Richter durch die Geschäftsverteilung in seiner richterlichen Unabhängigkeit verletzt, steht ihm der **Verwaltungsrechtsweg** offen. Statthafte Klage ist die Feststellungsklage gerichtet auf die Feststellung, dass der betreffende Richter den Regelungen des Geschäftsverteilungsplanes nicht nachzukommen braucht oder dass diese ihn in seinen Rechten verletzt (vgl. zB MünchKomm/*Zimmermann,* ZPO, 3. Aufl. 2008, § 21 e GVG Rn. 65; *OVG Hamburg,* NJW 1987, 1215 ff.; *VG Kassel,* Urt. v. 28. 4. 2009 – 1 K 691/08.KS –, LKRZ 2009, 267–270; zur Anfechtung von Maßnahmen des Präsidiums im Einzelnen mwN: *Kissel,* GVG, 6. Aufl. 2010, § 21 e Rn. 121 ff.; Löwe-Rosenberg/*Breidling,* StPO und GVG, 26. Aufl. 2010, § 21 e GVG Rn. 77 ff.; Karlsruher Kommentar/*Diemer,* StPO mit GVG, 4. Aufl. 1999, § 21 e GVG Rn. 16). Diese Grundsätze gelten auch für Klagen gegen eine spruchkörperinterne Geschäftsverteilung nach § 21 g GVG (MünchKomm/*Zimmermann,* ZPO, 3. Aufl. 2008, § 21 g GVG Rn. 18; *Kissel,* GVG, 6. Aufl. 2010, § 21 g Rn. 17). Die Zuständigkeit der Dienstgerichte mag rechtspolitisch wünschenswert sein (so Löwe-Rosenberg/*Breidling,* StPO und GVG, § 21 e GVG Rn. 79); nach geltendem Recht kommt sie aber nicht 32 in Betracht, denn die §§ 62 und 78 DRiG regeln die Zuständigkeit der Dienstgerichte abschließend und sind als Vorschriften über die gerichtliche Zuständigkeit nicht analogiefähig, wenn sie auch im Hinblick auf den Schutz der richterlichen Unabhängigkeit weit ausgelegt oder teleologisch erweitert werden können (vgl. *Schmidt-Räntsch,* § 62 Rn. 6). Zur Abgrenzung der Zuständigkeit vgl. zB *BVerwG,* Urt. v. 9. 6. 1983 – 2 C 34/80 –, NJW 1983, 2589.

2. Veränderung des Richterverhältnisses

33 Aus der das Richterverhältnis wesentlich prägende richterliche Unabhängigkeit (Art. 97 GG), die insbesondere auch vor Eingriffen durch die Exekutive schützt, folgt die grundsätzliche Unabsetzbarkeit der Richter. Veränderungen bestehender Richterverhältnisse unterliegen daher sowohl hinsichtlich des Richterstatus als auch der dem Richter übertragenen Aufgaben bestimmten Voraussetzungen und Verfahrensvorschriften.

34 a) **Veränderung des Richterstatus.** *aa) Umwandlung des Richterverhältnisses.* Die Anstellung eines Richters auf Probe oder eines Richters kraft Auftrags als Richter auf Lebenszeit erfolgt durch Ernennung, durch die das bestehende Richterverhältnis in ein anderes umgewandelt wird (§ 17 II 2 DRiG).

35 *(1)* Zum **Richter auf Lebenszeit** kann nur ernannt werden, wer die allgemeinen Berufungsvoraussetzungen (§ 9 DRiG) erfüllt und nach dem Erwerb der Befähigung zum Richteramt mindestens drei Jahre im richterlichen oder im staatsanwaltschaftlichen Dienst tätig gewesen ist, § 10 I und § 122 II DRiG. Diese mindestens dreijährige **Probezeit** dient zur Überprüfung, ob der Richter die persönliche und fachliche Eignung für das Amt hat. Diese Überprüfungszeit, in der seine persönliche Unabhängigkeit im Hinblick auf die **Entlassungsmöglichkeiten** nach § 22 DRiG nur eingeschränkt gewährleistet ist, ist angesichts der mit der Lebenszeiternennung verbundenen Unabsetzbarkeit und Unversetzbarkeit des Richters notwendig.

36 Während der Probezeit muss eine richterliche oder staatsanwaltliche Tätigkeit ausgeübt werden. Unter **richterlicher Tätigkeit** ist jede Wahrnehmung eines Richteramtes in der streitigen oder in der freiwilligen Gerichtsbarkeit zu verstehen. Die **Probezeit** kann nicht **abgekürzt** werden. Wenn der Proberichter allerdings vor seiner richterlichen Tätigkeit Beamter im höheren Dienst oder in einem vergleichbaren öffentlichen Dienst war, als habilitierter Hochschullehrer des Rechts einer deutschen Hochschule, als Rechtsanwalt, als Notar oder als Assessor bei letzteren oder in einem vergleichbaren Beruf, der als Vorbereitung für die Ausübung des Richteramtes angesehen werden kann, tätig war, kann eine solche **Tätigkeit** idR bis zu 2 Jahren auf die Probezeit **angerechnet** werden, § 10 II 1 DRiG. Eine über den Zeitraum von zwei Jahren hinausgehende Anrechnung ist nur möglich, wenn besondere Kenntnisse und Erfahrungen des Proberichters vorliegen, § 10 II 2 DRiG.

Im Fall der Anrechnung von Vordiensttätigkeiten bleibt damit ein Zeitraum von einem Jahr, in dem der Proberichter rechtsprechende Tätigkeiten oder eine vergleichbare staatsanwaltliche Tätigkeit ausübt, auf Grund derer ein Urteil über seine Eignung als Richter möglich ist.

37 Eine Tätigkeit in der **Gerichtsverwaltung** nach § 4 II 1 DRiG ist kein richterlicher Dienst im Sinne von § 10 I DRiG (*Schmidt-Räntsch,* § 10 Rn. 6; *Fürst,* § 10 Rn. 5; aA *Thomas,* S. 88). Gleiches gilt für Tätigkeiten in Prüfungsämtern oder etwa als Wehrdisziplinaranwalt. Solche Tätigkeiten können daher nur bis zu zwei Jahren nach § 10 II Nr. 2 oder 3 DRiG angerechnet werden. Auch die Tätigkeit als Staatsanwalt ist keine richterliche Tätigkeit iSd § 10 I DRiG; sie ist dieser nach § 122 II DRiG aber gleichgestellt.

38 Maßgeblich für die Berechnung der Probezeit von drei Jahren ist die richterliche Tätigkeit; während die Zeit einer **Teilzeitbeschäftigung** nach § 48 a DRiG (bzw. § 76 a DRiG) daher voll angerechnet wird, zählen Zeiten der Beurlaubung nach § 48 a DRiG nicht mit (*Schmidt-Räntsch,* § 48 a Rn. 23 ff.).

39 Nach Ablauf von fünf Jahren hat der Richter nach § 12 II DRiG einen **Anspruch auf Ernennung** zum Richter auf Lebenszeit oder auf Ernennung zum Staatsanwalt – unter Berufung in das Beamtenverhältnis auf Lebenszeit –, dh für den Proberichter besteht kein Anspruch, in jedem Fall zum Richter auf Lebenszeit ernannt zu werden. Gleichrangig daneben steht vielmehr die Berufung zum Staatsanwalt. Schon aus Fürsorgegesichtspunkten wird der Dienstherr allerdings dem Richter auf Probe nur eine Planstelle anbieten, deren Funktionen nicht völlig anders geartet sind, als die Funktionen, die er während seiner Probezeit wahrgenommen hat (so *Thomas,* S. 89).

40 War ein Richter während seiner Probezeit ohne Bezüge **beurlaubt, verlängert** sich die Frist von 5 Jahren um die Zeitspanne der Beurlaubung, § 12 II 2 DRiG. Mutterschaftsurlaub und Zeiten von Teilzeitbeschäftigung, § 48 a DRiG, sind – da die Richterin bzw. der Richter weiterhin Dienstbezüge erhält – keine Beurlaubungen iSv § 12 II 2 DRiG und zählen daher voll.

41 *(2)* Der **Richter kraft Auftrags** ist nach § 16 I DRiG spätestens zwei Jahre nach seiner Ernennung zum Richter auf Lebenszeit zu ernennen. Diese **Ernennung** schon **nach zwei Jahren** findet ihre Begründung darin, dass der Richter kraft Auftrags als Beamter auf Lebenszeit oder auf Zeit bei seiner Berufung in das Richterverhältnis schon im öffentlichen Dienst tätig gewesen ist und seine Eignung für ein öffentliches Amt dort bereits nachgewiesen hat. Da nach § 10 DRiG Tätigkeiten im höheren Dienst auf

die Erprobungszeit angerechnet werden können, reicht eine Erprobung von zwei Jahren aus. Anders als der Richter auf Probe kann der Richter kraft Auftrags ohne seine Zustimmung nicht zum Staatsanwalt ernannt werden. Er ist nach § 16 DRiG nach zwei Jahren zum Richter auf Lebenszeit zu ernennen.

bb) Übertragung eines Richteramtes mit höherem Endgrundgehalt. Ein Richter wird „befördert", indem ihm ein Richteramt mit einem höheren Endgrundgehalt verliehen wird. Hierzu ist eine Ernennung notwendig, § 17 II Nr. 3 DRiG, die der Zustimmung des Richters bedarf. Gegen seinen Willen kann der Richter qua Beförderung nicht aus seinem Amt herausgelöst werden. Eine Ernennung ist auch dann nötig, wenn der Richter mit seinem neuen Amt zwar nicht in eine andere R-Gruppe gelangt, sondern lediglich eine Amtszulage (vgl. für das Bundesrecht § 42 II 2 BBesG) erhält, da die Zulage unwiderruflich und ruhegehaltsfähig ist und daher zu einem höheren Endgrundgehalt iSv § 17 II Nr. 3 DRiG führt. 42

Die Frage, ob ein Richter die **Eignung** und **Befähigung** für das **Beförderungsamt** mit der Besoldungsstufe R 2 besitzt, wird in der Praxis vielfach danach entschieden, ob der Richter eine **obergerichtliche Erprobung** erfolgreich bestanden hat. Zu dieser Erprobung wird der Richter an ein Obergericht des jeweiligen Gerichtszweigs (zB in der ordentlichen Gerichtsbarkeit an ein **Oberlandesgericht**) – je nach länderspezifischer Übung – für einen Zeitraum zwischen 6 bis 9 Monaten abgeordnet. Er wird dort als Beisitzer tätig. Eine solche Abordnung kann nur mit Zustimmung des Richters erfolgen. Er wird nicht dadurch in seiner richterlichen Unabhängigkeit verletzt, dass er sich einer Erprobung beim Oberlandesgericht unterziehen muss, um bei der Bewerbung um ein Richteramt mit höherem Endgrundgehalt berücksichtigt werden zu können (*BGHZ* 162, 333). In Härtefällen müssen aber Ausnahmen zugelassen werden; der Richter hat einen – verwaltungsgerichtlich überprüfbaren – Anspruch auf ermessensfehlerfreie Entscheidung über solche Ausnahmen (*BGHZ* 162, 333; *Schmidt-Räntsch,* 6. Aufl. 2009, § 37 Rn. 14). 43

Zur Besetzung richterlicher Beförderungsstellen trifft die **Ernennungsbehörde** eine Auswahl unter den Bewerbern für das höhere Amt unter Beachtung des Leistungsgrundsatzes, dh, maßgeblich dürfen allein **Eignung, Befähigung und fachliche Leistung** ohne Rücksicht auf Geschlecht, Abstammung, Rasse oder ethnische Herkunft, Behinderung, Religion oder Weltanschauung, politische Anschauungen, Herkunft, Beziehungen oder sexuelle Identität sein (§ 46 DRiG iVm § 9 BBG; § 71 DRiG iVm § 9 BeamtStG). Der Leistungsgrundsatz ist in Art. 33 II GG verfassungsrechtlich abgesichert und bei der Bewerberauswahl unbeschränkt und vorbehaltlos zu beachten (*BVerwG,* Urt. v. 4. 11. 2010 – 2 C 16/09 –, NJW 2011, 695). Zudem vermittelt Art. 33 II GG jedem Bewerber ein grundrechtsgleiches Recht auf leistungsgerechte Einbeziehung in die Bewerberauswahl. Jeder Bewerber um das Amt hat einen Anspruch darauf, dass der Dienstherr seine Bewerbung nur aus Gründen zurückweist, die durch den Leistungsgrundsatz gedeckt sind (*BVerwG,* Urt. v. 4. 11. 2010 – 2 C 16/09 – NJW 2011, 695). Den Ernennungsbehörden steht bei der Beurteilung der Eignung, Befähigung und fachlichen Leistung und bei der Gewichtung der Leistungskriterien ein Beurteilungsspielraum zu, der nur in Ausnahmefällen auf Null reduziert ist. Die Einhaltung der Grenzen des Beurteilungsspielraums sind gerichtlich überprüfbar. In die Bewertung ist die gesamte richterliche Tätigkeit einzubeziehen. Besondere Bedeutung haben hierbei die **dienstlichen Beurteilungen,** aber nur dann, wenn sie aussagekräftig sind und tragfähige Erkenntnisse über das Leistungsvermögen des Bewerbers vermitteln können (*BVerwG,* Urt. v. 4. 11. 2010 – 2 C 16/09 – NJW 2011, 695). 44

cc) Übertragung eines Richteramtes mit geringerem Endgrundgehalt. Die Übertragung eines Richteramtes mit geringerem Endgrundgehalt gegen oder ohne die Zustimmung des Richters ist im Hinblick auf die durch Art. 97 II GG garantierte Unversetzbarkeit des Richters grundsätzlich nicht möglich. 45

Bei einer Veränderung der Gerichtsorganisation, dh der Einrichtung der Gerichte und ihrer Bezirke, ist es allerdings möglich, einem Richter auf Lebenszeit ein Richteramt mit geringerem Endgrundgehalt zu übertragen, und zwar auch gegen seinen Willen (Art. 97 II 3 GG, § 32 I DRiG), jedoch nur unter gleichzeitiger Beibehaltung seines bisherigen Grundgehalts, einschließlich ruhegehaltsfähiger oder unwiderruflicher Stellenzulagen (§ 33 I DRiG). Der Richter steigt in diesem Fall in den Lebensaltersstufen seiner bisherigen Besoldungsgruppe weiter auf (vgl. Rn. 58). 46

Mit seiner Zustimmung bzw. auf seinen Antrag kann einem Richter immer ein Richteramt mit einem geringeren Endgrundgehalt übertragen werden (§ 46 DRiG iVm 27 III BBG; § 71 DRiG iVm § 15 II BeamtStG). 47

dd) Versetzung. Die Versetzung eines Richters auf Lebenszeit ist gegen seinen Willen nach Art. 97 II 1 GG iVm §§ 30 bis 32 DRiG in vier Fällen möglich, nämlich im Wege der Richteranklage (§ 30 I Nr. 1 DRiG), im förmlichen Disziplinarverfahren (§ 30 I Nr. 2 DRiG), im Interesse der Rechtspflege (§ 30 I Nr. 3, § 31 DRiG) und bei Veränderung der Gerichtsorganisation (§ 30 I Nr. 4, § 32 DRiG). 48

(1) Art. 98 II GG, der die **Richteranklage** regelt, gilt ausdrücklich nur für Bundesrichter. Nach Art. 98 V GG können die Länder für die Richter im Landesdienst eine dem Art. 98 II GG entsprechende Regelung treffen. Von dieser Möglichkeit haben mehrere Länder Gebrauch gemacht (vgl. dazu *Thomas,* S. 95 mwN). Eine Richteranklage kann dann erhoben werden, wenn dem Richter ein ernstzunehmender schwerer Verstoß gegen die Grundprinzipien der Verfassung wie zB die freiheitlich-demokratische Grundordnung oder gegen die verfassungsmäßige Ordnung der Länder im oder außerhalb des 49

Amtes zum Vorwurf gemacht wird. Über alle Richteranklagen – und zwar sowohl gegen Richter im Bundes- wie im Landesdienst – entscheidet das Bundesverfassungsgericht (vgl. Art. 98 II, V 3 GG; zur Richteranklage iE: *Thomas,* S. 95; *Fürst,* § 30 Rn. 10 mwN; DRiZ 1995, 69, 71; *Marqua,* DRiZ 1995, 70; *Wrobel,* DRiZ 1995, 199 ff.).

50 *(2)* Die Versetzung eines Richters im **förmlichen Disziplinarverfahren** richtet sich für Richter im Bundesdienst nach § 63 I DRiG iVm mit den Vorschriften des Bundesdisziplinargesetzes (BDG) und für Richter im Landesdienst nach den Vorschriften der Landesrichtergesetze iVm den jeweiligen Landesdisziplinargesetzen. Soweit die eigentliche rechtsprechende Tätigkeit des Richters in Frage steht, gilt § 26 DRiG, der nur disziplinarrechtliche Maßnahmen zulässt, die die Unabhängigkeit des Richters nicht beeinträchtigen.

51 *(3)* Nach § 31 DRiG ist eine Versetzung eines Richters auf Lebenszeit in ein anderes Richteramt mit gleichem Endgrundgehalt, in den einstweiligen Ruhestand oder in den Ruhestand möglich, wenn Tatsachen außerhalb seiner richterlichen Tätigkeit eine Maßnahme dieser Art zwingend gebieten, um eine schwere **Beeinträchtigung der Rechtspflege** abzuwenden. Grundgedanke des § 31 DRiG ist, dass die Unversetzbarkeit den Richter nicht um seiner selbst willen, sondern im Interesse einer unabhängigen Rechtsprechung schützt; sie verliert ihren Sinn, wenn der Richter in eine Lage geraten ist, in der seine Rechtsprechung nicht mehr glaubwürdig erscheint, das Vertrauen in seine Unvoreingenommenheit nicht mehr besteht oder eine ordnungsgemäße Wahrnehmung des Richteramtes aus anderen Gründen nicht mehr gewährleistet ist (*Schmidt-Räntsch,* § 31 Rn. 3). Der BGH hat dies etwa bei engen Kontakten eines Richters zum „Rotlichtmilieu“ bejaht (*BGH,* NJW 1995, 2495). Ob eine solche schwere Beeinträchtigung der Rechtspflege vorliegt, die nur durch eine Versetzung abgewendet werden kann, ist in einem gerichtlichen Verfahren gem. § 65 DRiG auf Antrag der obersten Dienstbehörde zu klären.

52 *ee) Versetzung wegen Veränderung der Gerichtsorganisation.* Bei einer Veränderung der Gerichtsorganisation, dh einer Veränderung in der Einrichtung der Gerichte oder ihrer Bezirke, kann einem Richter auf Lebenszeit eines von der Veränderung betroffenen Gerichts ein anderes Amt übertragen werden, § 32 DRiG.

Da mit der in § 32 DRiG genannten Maßnahme ein Eingriff in die garantierte Unabhängigkeit vorgenommen wird, ist sie nur zulässig, wenn die **Veränderungen** in der Gerichtsorganisation **Auswirkungen auf den Personalbedarf** haben die so **gravierend** sind, dass die **Versetzung** oder **Amtsenthebung** des Richters **unabwendbar** ist. Das ist zB dann der Fall, wenn das Verbleiben einer bestimmten Zahl von Richtern an diesem Gericht sachlich nicht mehr vertretbar und damit auch dem Dienstherrn nicht mehr zumutbar ist (*Fürst,* § 32 Rn. 2 mwN). Hieran sind indes strenge Maßstäbe anzulegen. Eine **Änderung** der Gerichtsstruktur (zB Änderung der Gerichtsbezirke, Aufteilung oder Zusammenlegung von Gerichten) bzw. die Neueinrichtung oder Auflösung eines Gerichts ist nur **durch Gesetz** (dh nicht durch Verwaltungsanordnung) möglich. Das die Struktur verändernde Gesetz kann ein Organisationsgesetz sein, mit dem Gerichte aufgelöst, zusammengelegt oder mit dem deren Bezirke verändert werden. Die bloße Sitzverlegung eines Gerichts oder einzelner Spruchkörper hat keine Auswirkungen auf den Personalbedarf und rechtfertigt daher keine Versetzung von Richtern. Die Zusammenlegung ganzer Gerichtszweige bedarf überdies der Änderung des Grundgesetzes (Art. 95 I GG), die aber im Hinblick auf die richterliche Unabhängigkeit etwa bei einem temporären Personalüberhang in einem Gerichtszweig ohnehin nicht in Betracht kommen dürfte.

53 Die **Veränderung** der Einrichtung der Gerichte kann sich auch als Folge einer **gerichtsverfassungsrechtlichen Regelung** ergeben, die bei den Gerichten zu Strukturveränderungen führen und zB den Richterbedarf einschneidend beeinflussen, zB die **Verlagerung von Zuständigkeiten**, die Änderung der **Zusammensetzung der Spruchkörper**, die Veränderung der **Streitwertgrenze** mit Folgen für den Geschäftsanfall. Die Änderung der Zuständigkeit kann sich auch mittelbar, etwa aus der Verlagerung von Verwaltungsbehörden, an deren Sitz die Zuständigkeit anknüpft, ergeben. Die **Änderung des Geschäftsanfalls** stellt hingegen für sich genommen noch keine Veränderung in der Einrichtung der Gerichte dar (*Schmidt-Räntsch,* § 32 Rn. 3).

54 Nur wenn das Gericht, dem der Richter angehört, tatsächlich direkt durch die Organisationsveränderung betroffen ist, kommt für den Richter eine Übertragung eines anderen Richteramtes in Betracht. Ein Richter eines Gerichts, das durch Organisationsveränderungen direkt nicht betroffen ist, kann ohne seine Zustimmung nicht mit der Begründung an ein anderes Gericht versetzt werden, an diesem Gericht sei durch Organisationsveränderungen ein höherer Bedarf entstanden.

55 Die in § 32 I und II DRiG genannten Maßnahmen können erst dann erfolgen, wenn feststeht, dass durch Organisationsveränderungen bei einem Gericht die **Verringerung** der Richterzahl **unabwendbar** ist. Dabei ist stets zunächst die am wenigsten einschneidende Maßnahme zu ergreifen, dh es muss zunächst versucht werden, den Richter in einem Richteramt mit gleichem Endgrundgehalt zu beschäftigen. Erst wenn dies nicht möglich ist, kann ihm ein Richteramt mit geringerem Endgrundgehalt übertragen werden. Wenn auch dies nicht möglich sein sollte, so kann der Richter seines Amtes enthoben werden. In beiden Fällen erhält der Richter sein volles Gehalt weiter (§ 33 I 1 DRiG).

Ist ein bestimmtes Gericht von Organisationsänderungen betroffen, sind alle Richter dieses Gerichts hiervon betroffen, nicht etwa nur die Mitglieder eines Spruchkörpers, dessen Geschäfte zB durch Organisationsveränderungen fortfallen oder wesentlich verändert werden (*Fürst,* § 32 Rn. 4).

Ist eine Versetzung in ein Amt mit geringerem Endgrundgehalt erfolgt, ist der **Dienstherr** aus Fürsorgegründen (§ 46 DRiG iVm § 78 BBG; § 71 DRiG iVm § 45 BeamtStG) **verpflichtet,** dem Richter das **nächstfreiwerdende** geeignete, dem früheren gleichwertige **Richteramt** vor anderen Bewerbern zu **übertragen** (soweit dies im Einzelfall im Hinblick auf den Leistungsgrundsatz möglich ist). Der Richter ist aufgrund seiner Treuepflicht gehalten, dies anzunehmen. 56

Gleiches gilt, wenn ein Richter nach § 32 II DRiG des Amtes enthoben worden ist, weil keine Verwendung in einem gleichen oder einem Amt mit geringerem Endgrundgehalt möglich war, weil kein Richteramt zur Verfügung stand. 57

Wird einem Richter infolge organisatorischer Veränderungen ein anderes Richteramt – zB auch eines mit geringerem Endgrundgehalt – übertragen, erhält er sein **bisheriges Grundgehalt** einschließlich ruhegehaltsfähiger und unwiderruflicher **Stellenzulagen weiter** und er steigt in den Stufen seiner bisherigen Besoldungsgruppe weiter auf, § 33 I 1 DRiG. Der seines bisherigen Amtes enthobene Richter gilt hinsichtlich der **Anwendung der Vorschriften** über das **Ruhen der Versorgungsbezüge** und über das Zusammentreffen mehrerer Versorgungsbezüge als Richter im Ruhestand, § 33 III DRiG. Dadurch soll verhindert werden, dass der amtsenthobene Richter, der nach § 33 I 1 DRiG sein volles Gehalt weiter bezieht, aufgrund einer anderweitigen Verwendung im öffentlichen Dienst im Ergebnis höhere Bezüge erhält als vor seiner Amtsenthebung. Der Richter erhält daher bei einem weiteren Verwendungseinkommen oder einer weiteren Versorgung diese Richteramtsbezüge nur unter Berücksichtigung bestimmter Kürzungen, die zum teilweisen Ruhen dieser Bezüge führen (im einzelnen dazu *Fürst,* § 33 Rn. 3). 58

Maßnahmen der Versetzung und **Amtsenthebung** bei einer Veränderung der Organisation der Gerichte und ihrer Bezirke können nach § 32 III DRiG nicht später als **drei Monate nach Inkrafttreten der Veränderung** ausgesprochen werden. Durch diese Befristung wird die Zeit der bestehenden Ungewißheit hinsichtlich der Auswirkungen von Organisationsänderungen auf das bestehende Richteramt begrenzt. Der Dienstherr hat drei Monate Zeit, die Auswirkungen der Veränderung zu beobachten, zu reagieren und die schonendsten Maßnahmen für die in Betracht kommenden Richter zu treffen. Eine Maßnahme nach § 32 DRiG muss innerhalb der Ausschlussfrist von drei Monaten ausgesprochen sein; ihre rechtlichen Wirkungen können auch erst in einem späteren Zeitpunkt eintreten, solange nicht der Eintritt dieser Veränderungen unzumutbar hinausgezögert wird. 59

Auch mit Zustimmung des Richters ist die Versetzung nur in ein anderes Richterverhältnis möglich, zB vom Richter im Landesdienst zum Richter im Bundesdienst, nicht aber in ein Beamtenverhältnis oder umgekehrt (*Schmidt Räntsch,* § 17 Rn. 6). 60

ff) Die Abordnung. § 37 DRiG bestimmt, dass (auch) Richter zu anderen Dienststellen abgeordnet werden können. Anders als im Beamtenrecht ist die Abordnung von Richtern aber generell von der Zustimmung des Betroffenen abhängig (zur Ausnahme nach § 37 III DRiG vgl. unten Rn. 65). Eine Abordnung liegt vor, wenn der Richter unter unverändertem Fortbestehen seines Richterverhältnisses und unter Beibehaltung seines Richteramtes bei dem bisherigen Gericht nicht bei diesem Gericht, sondern vorübergehend an einer anderen Stelle im Bereich eines öffentlich-rechtlichen Dienstherrn (nicht notwendig in einem Richteramt) eine Tätigkeit auszuüben hat, ohne dass ihm dort ein Richteramt oder ein anderes Amt übertragen wird (*Schmidt Räntsch,* § 37 Rn. 3; *BVerwG,* Buchholz 232, § 27 BBG Nr. 18). Der **Richter verliert** dabei sein **konkretes Richteramt** bei einem bestimmten Gericht **nicht,** ist aber zu dessen Ausübung für die Dauer der Abordnung nicht befugt. Die Rechte und Pflichten des abgeordneten Richters richten sich nach der Tätigkeit, die er an der Stelle, zu der er abgeordnet ist, auszuüben hat (*Schmidt-Räntsch,* Rn. 11). Erfolgt die Abordnung an ein anderes Gericht, so erhält der Richter dort kein weiteres konkretes Richteramt. Vielmehr bleiben die Rechte und Pflichten aus seinem Richterverhältnis bestehen mit der einen Ausnahme, dass er vorübergehend an einem anderen Gericht tätig zu werden hat. Während dieser Zeit bleibt er aber Richter an seinem Ursprungsgericht. Erfolgt die Abordnung an eine Verwaltungsbehörde (zB ein Ministerium), wird dem Richter durch die Abordnung bei der Behörde ein **abstrakt-funktionelles Amt** im beamtenrechtlichen Sinn übertragen (§ 46 DRiG iVm § 27 I BBG; § 71 DRiG iVm § 14 I BeamtStG). Durch die Übertragung einer konkreten Tätigkeit in der Behörde (zB Referent im Referat XY) wird dem Richter ein **konkret-funktionelles** Amt im beamtenrechtlichen Sinn übertragen. Der Richter genießt hier keine Unabhängigkeit, sondern unterliegt – wie jeder Verwaltungsbeamte – Weisungen seiner Vorgesetzten. Rechte und Pflichten aus dem Richterverhältnis, die nicht mit der Wahrnehmung des Richteramts in untrennbarem Zusammenhang stehen, bleiben während der Abordnungszeit aber bestehen (*Schmidt-Räntsch,* § 37 Rn. 3). Der Richter hat auch **im Abordnungsverhältnis** bei einer Verwaltungsbehörde seine **Unabhängigkeit** im Hinblick auf seine später wieder aufzunehmende Tätigkeit **zu wahren.** Die Vorschriften hinsichtlich der Beschränkung in schiedsrichterlicher und gutachterlicher Tätigkeit und der Wahrung des Beratungsgeheimnisses §§ 40, 41 und 43 DRiG gelten fort. Der Richter untersteht weiterhin der Disziplinargewalt seines ersten Dienstherrn. Der Richter bleibt auch in seiner Unabhängigkeit geschützt, selbst wenn er vorübergehend nicht richterlich tätig ist. 61

62 Da die **Abordnung** eines Richters auf Lebenszeit in die nach Art. 97 II GG garantierte persönliche Unabhängigkeit eingreift, ist sie nach § 37 I, II DRiG **nur mit Zustimmung des Richters** möglich. Die Abordnung ist **auf** eine **bestimmte Zeit** auszusprechen. Verändern sich die Rahmenbedingungen der Abordnung, denen der Richter zunächst zugestimmt hat, ist eine erneute Zustimmung erforderlich und andernfalls die Abordnung zu beenden. Die Abordnung muss zeitlich genau begrenzt und berechenbar sein. Sie kann Bezug nehmen auf eine feststehende Abordnungszeit eines anderen Richters, nicht jedoch anknüpfen an ein zwar voraussehbar vorübergehendes, aber zeitlich nicht bestimmtes Ereignis wie zB die Dauer der Erkrankung eines anderen Richters.

63 Eine **Höchstdauer** der Abordnung sieht das Gesetz nicht vor. Im Hinblick auf den vorübergehenden Charakter der Abordnung darf diese nicht zu einer dauerhaften anderweitigen Beschäftigung führen. Neben dem reinen Zeitfaktor wird es insbesondere auf die Art und Bedeutung der im Einzelfall gestellten Aufgaben im Abordnungsverhältnis ankommen, ob man noch von einer vorübergehenden oder aber bereits von einer auf Dauer angelegten Beschäftigung sprechen muss.

64 Die Abordnung endet automatisch mit Ablauf der für sie bestimmten Zeit. Der Richter ist danach wieder verpflichtet und berechtigt, in seinem bisherigen Richteramt seine richterlichen Aufgaben wahrzunehmen.

65 Ausnahmsweise ist die **Abordnung** auch **ohne Zustimmung** des Richters zur **Vertretung eines anderen Richters** für zusammen längestens drei Monate innerhalb eines Geschäftsjahres zulässig (§ 37 III DRiG). Gegen die Vorschrift werden im Hinblick auf Art. 97 II 1 GG zu Recht verfassungsrechtliche Bedenken erhoben (so zB *Schmidt-Räntsch,* 6. Aufl. 2009, § 37 Rn. 14): Danach ist die „zeitweise Versetzung an eine andere Stelle“ ohne Zustimmung des Richters nur kraft richterlicher Entscheidung zulässig. Soweit man im Hinblick auf den eng begrenzten Tatbestand des § 37 III DRiG und die Überprüfungsmöglichkeit durch die Dienstgerichte (§ 62 I Nr. 4 b; § 78 Nr. 4 b DRiG) von der Vereinbarkeit der Regelung mit Art. 97 II 1 GG ausgeht, ist sie jedenfalls eng auszulegen und an das Vorliegen eines Vertretungsfalls ein strenger Maßstab anzulegen. Ausreichend ist nicht jeder **Vertretungsfall** im Sinne des GVG, der in der Regel durch organisatorische Maßnahmen und Vorhaltung einer ausreichenden Personaldecke aufgefangen werden muss. Nur in **Notsituationen,** zB beim Ausfall der weit überwiegenden Zahl der Richter eines Gerichts oder etwa beim Ausschluss aller Richter eines Gerichts, kommt eine Abordnung gegen den Willen des Richters an dieses Gerichts in Betracht, wenn die Notsituation nicht gerichtsintern geregelt werden kann (*Thomas,* S. 104). Eine solche Notsituation liegt insbesondere nicht vor, wenn der Vertretungsbedarf dadurch entstanden ist, dass versäumt wurde, genügend Planstellen einzurichten oder diese rechtzeitig zu besetzen. Vor Abordnung eines Richters gegen seinen Willen muss der Dienstherr alle Möglichkeiten ausgeschöpft haben, die aufgetretene Notsituation durch einvernehmliche Lösungen zu beheben. In jedem Fall ist der Richter, der gegen seinen Willen abgeordnet werden soll, vorher anzuhören.

66 **Richter auf Probe** und Richter **kraft Auftrags** können, **ohne dass** es ihrer **Zustimmung** bedarf, bei jedem Gericht, jeder Staatsanwaltschaft und bei jeder Behörde der Gerichtsverwaltung im Bereich ihres Dienstherrn **verwendet werden.** Eine **Abordnung** iSv § 37 DRiG ist **nicht erforderlich.** Die **Entscheidung der Justizverwaltung** über die Verwendung eines Richters auf Probe im Rahmen des § 13 DRiG ist **kein Verwaltungsakt,** auch wenn im Einzelfall Rechte des Richters betroffen sind; Rechtsschutz wird daher hier in Form der Leistungsklage gewährt (*BVerwG,* DRiZ 1997, 197 ff.).

67 Eine **Verwendung** eines Richters auf Probe oder kraft Auftrags an **anderen Stellen** als denen in § 13 DRiG genannten, ist zwar möglich, sie **bedarf** jedoch der **Zustimmung** des Richters. Infrage kommen insbesondere Verwendungen bei der Justizverwaltung und beim Justizministerium. Bei diesen Tätigkeiten handelt es sich in der Regel um anrechenbare Tätigkeiten iSv § 10 II DRiG. Stets ist jedoch das Ziel der zeitgerechten lebenslänglichen Anstellung zu berücksichtigen.

Durch die mit der Abordnung bedingte Aufgabenveränderung können sich **besondere Pflichten** und **besondere Rechte** ergeben, wie zB Ansprüche auf **Reisekosten** oder **Trennungsgeld.** Durch eine an sich zulässige Abordnung werden die sich aus dem Gesetz ergebenden Beschränkungen der Verwendung des Richters (§ 29 DRiG) nicht überwunden.

68 *gg) Übertragung eines weiteren Richteramtes.* Neben seinem Hauptamt kann dem Richter ein weiteres Richteramt bei einem anderen Gericht übertragen werden, soweit dies das Gesetz zulässt, § 27 II DRiG.

So kann dem **Richter beim Amtsgericht** zugleich ein **weiteres Richteramt** bei einem **anderen Amtsgericht** oder bei einem **Landgericht** übertragen werden, §§ 22 II, 78 II GVG oder einem Richter beim Landgericht ein weiteres Richteramt bei einem Amtsgericht. **Nicht möglich** ist es dagegen, einem **Richter am Amts- oder Landgericht** gleichzeitig **ein Richteramt** am **Oberlandesgericht** oder einem Richter am Oberlandesgericht ein Richteramt am Amts- oder Landgericht zu übertragen (vgl. iE dazu *Fürst,* § 27 Rn. 8 ff.).

69 Grds. darf die Übertragung eines weiteren Richteramtes bei einem anderen Gericht nicht dazu führen, dass eines der Ämter funktionell praktisch ausgehöhlt oder unzumutbar überlastet wird (*Fürst,* § 27 Rn. 12 aE).

Einer **Zustimmung** des Richters zu der Übertragung eines weiteren Richteramtes bedarf es **grundsätzlich nicht,** es sei denn, die Übertragung kommt einer Versetzung nahe. Dies ist dann anzunehmen, wenn auf das weitere Richteramt mehr als die Hälfte der Arbeitskraft des Richters entfällt (*BGHZ* 67, 159, 163). 70

Steht die Frage an, ob einem Richter ein weiteres Richteramt an einem anderen Gericht nach § 27 II DRiG übertragen wird, so ist der Dienstherr wie im Fall der Abordnung (vgl. Rn. 46) aus Fürsorgegründen verpflichtet, in erster Linie eine einverständliche Regelung zu finden bzw. – wenn dies nicht möglich sein sollte – unter mehreren Richtern den auszuwählen, für den die Übernahme der neuen Tätigkeit die geringste Belastung bedeutet. 71

hh) Teilzeitbeschäftigung und Beurlaubung. Die §§ 48 a ff. und 76 a DRiG eröffnen für Richter Teilzeitbeschäftigung und Beurlaubung. 72

(1) Für Richter im **Bundesdienst** sind die Voraussetzungen in den §§ 48 a ff. DRiG abschließend geregelt. **Teilzeitbeschäftigung** ist danach auf Antrag bis zur Hälfte des regelmäßigen Dienstes **aus familiären Gründen** zu bewilligen. Gleiches gilt für die **Beurlaubung ohne Dienstbezüge** bis zur **Dauer von drei Jahren** mit der Möglichkeit der Verlängerung. Als familiäre Gründe sind in § 48 a I DRiG abschließend genannt, dass der Richter mindestens ein Kind unter 18 Jahren oder einen nach ärztlichen Gutachten pflegebedürftigen sonstigen Angehörigen tatsächlich betreut und pflegt (vgl. zu Einzelheiten *Schmidt-Räntsch,* 6. Aufl. 2009, § 48 a Rn. 3 ff.). Der **Richter bestimmt** mit seinem Antrag **Umfang** und **Dauer der Teilzeitbeschäftigung;** ein Ermessen steht dem Dienstherrn hierbei nicht zu. § 48 a III DRiG macht die Genehmigung des Antrags nach § 48 a I DRiG (zwingend) von der **Zustimmung des Richters** zu einer Verwendung in einem anderen Richteramt desselben Gerichtszweiges abhängig. Hiermit wird den Schwierigkeiten Rechnung getragen, die bei den Gerichten durch das teilweise oder volle Ausscheiden eines Richters für längere Zeit oder im Falle seiner vollen Wiedereingliederung entstehen können. Der Antrag des Richters ist auf die Ermäßigung bis zur Hälfte der ihm zugeteilten Geschäfte gerichtet; denn der Richter hat – auch bei Teilzeitbeschäftigung – keine festen Dienstzeiten (vgl. Rn. 136). Das Präsidium des Gerichts ist bei seiner Entscheidung über die Verteilung der Geschäfte an die Entscheidung des Dienstherrn über die Bewilligung von Teilzeit gebunden und hat dem teilzeitbeschäftigten Richter nur ein entsprechend kleineres Dezernat zuzuweisen; ein Ermessen steht ihm hierbei nicht zu. Der **Richter** entscheidet **eigenverantwortlich** darüber, wie und auf welche Weise er die ihm übertragenen, verbleibenden Aufgaben wahrnimmt. Eine Aufforderung oder **Vorgabe des Dienstherrn** an den Teilzeitrichter, etwa jeden oder jeden zweiten Tag Dienst zu tun, ist im Hinblick auf die richterliche Unabhängigkeit unzulässig. Auch der teilzeitbeschäftigte Richter kann aber – entsprechend seiner reduzierten Arbeitszeit – zu Bereitschaftsdiensten eingeteilt werden (vgl. zur Einteilung zum Bereitschaftsdienst durch das Präsidium allgemein *BGH,* NJW 1987, 1198). 73

Bei der **Dienstzeitermäßigung** vermindern sich die **Dienstbezüge** entsprechend dem Umfang des ermäßigten Dienstes (§ 6 BBesG); ebenso ggf. **Sonderzuwendungen** wie „Weihnachtsgeld". Das **allgemeine Dienstalter** eines Richters nach § 20 DRiG wird durch die Dienstzeitermäßigung nicht beeinflusst, ebenso nicht richterliche Vordienstzeiten nach § 10 DRiG und die Probezeit des Richters nach § 12 II 1 DRiG und § 16 I DRiG. Die – in § 46 DRiG iVm §§ 98 ff. BBG geregelten – Vorschriften für Nebentätigkeiten werden durch § 48 a IV DRiG verschärft: 74

Danach kann die Genehmigung einer Nebentätigkeit auch dann versagt werden, wenn sie dem Zweck der Freistellung zuwiderläuft. Diese Verschärfung ist nicht unangemessen sondern vielmehr dadurch begründet, dass der Gesetzgeber die Freistellung des Richter (durch Bewilligung von Teilzeitbeschäftigung oder Beurlaubung nach § 48 a I DRiG) nur dann als gerechtfertigt ansieht, wenn der Richter dadurch gewonnene Zeit der Betreuung und Erziehung des oder der Kinder bzw. der Betreuung und Pflege des Angehörigen widmen kann (*BVerwG,* DÖD 1993, 179; *Schmidt-Räntsch,* 6. Aufl. 2009, § 48 a Rn. 21). 75

Bei der **Beurlaubung** ruht die **Dienstleistungspflicht** des Richters, während er auf der anderen Seite **keinen Anspruch auf Dienstbezüge** hat. Beihilfen werden für die Zeit der Beurlaubung nicht gewährt. Die Zeit der Beurlaubung nach § 48 a I DRiG ist **keine ruhegehaltsfähige Dienstzeit** (§ 6 I Nr. 5 BeamtVG). Die Zeit der Beurlaubung ist auch nicht als Vordienstzeit iSv § 10 II DRiG anrechenbar. 76

Der **Erholungsurlaub entfällt** in der Zeit einer Beurlaubung. Die Zeit der Beurlaubung verlängert die Höchstdauer der Probezeit eines Richters auf Probe iSv § 12 II 1 DRiG. Der beurlaubte Richter ist bei der Ausübung von **Nebentätigkeiten** in gleicher Weise beschränkt wie derjenige, dessen Dienst teilweise ermäßigt worden ist. 77

Eine **Beurlaubung** (ohne Dienstbezüge) ist nach § 48 b DRiG auch aus **Arbeitsmarktgründen** möglich. Nebentätigkeiten sind hier nach § 48 b II DRiG noch weiter beschränkt: Dem Antrag darf nur entsprochen werden, wenn der Richter erklärt, während des Urlaubs auf die Ausübung entgeltlicher genehmigungspflichtiger Nebentätigkeiten zu verzichten und entgeltliche nicht genehmigungspflichtige Nebentätigkeiten (§ 46 DRiG iVm § 100 I BBG) nur in einem Umfang zu übernehmen, wie er sie bei Vollzeitbeschäftigung ohne Verletzung dienstlicher Pflichten ausüben könnte. 78

79 Die **Beurlaubung** nach § 48 b DRiG setzt voraus, dass der Richter das **55. Lebensjahr erreicht** hat und sich der Antrag auf die Zeit bis zum Beginn des Ruhestands erstreckt. Weiter ist das Vorliegen einer Arbeitsmarktsituation erforderlich, in der ein außergewöhnlicher Bewerberüberhang besteht und deshalb ein dringendes öffentliches Interesse daran besteht, verstärkt Bewerber im öffentlichen Dienst zu beschäftigen. Maßgeblich ist ein außergewöhnlicher Bewerberüberhang bei den Absolventen des juristischen Studiums. Die Einschätzung der Arbeitsmarktlage stellt eine Prognoseentscheidung dar, die gerichtlich nur eingeschränkt überprüfbar ist (vgl. allgemein hierzu *BSG*, Urt. v. 7. 4. 1984 – 11 b RAr 5/86 = SozR 4100 § 44 Nr. 46; *BVerwG*, Urt. v. 15. 4. 1988 – 7 C 94/86 – BVerwGE 79, 208).

80 § 48 c DRiG enthält eine spezielle Vorschrift über Altersteilzeit, nach der einem Richter nach einer Teilzeitbeschäftigung von mindestens 15 Jahren und nach Vollendung des 50. Lebensjahres auf Antrag Teilzeitbeschäftigung bis auf drei Viertel des regelmäßigen Dienstes zu bewilligen ist, wenn die Voraussetzungen des § 48 a I DRiG nicht vorliegen und es dem Richter nicht mehr zuzumuten ist, zur Vollzeitbeschäftigung zurückzukehren.

81 *(2)* Für **Richter im Landesdienst** ergeben sich Einzelheiten aus den jeweiligen landesrechtlichen Regelungen. Bundesrechtlich ist seit dem 1. 4. 2009 in § 76 a DRiG nurmehr geregelt, dass Teilzeitbeschäftigung zu ermöglichen ist. Die Frage des zulässigen Umfangs von Teilzeitbeschäftigung betrifft Grundfragen des Dienstrechts (vgl. hierzu etwa *BVerfGE* 44, 249, 262) und ist daher von der Gesetzgebungskompetenz des Bundes nach Art. 74 I Nr. 27 GG (Statusrechte und -pflichten) gedeckt (*Schmidt-Räntsch*, 6. Aufl. 2009, § 76 a Rn. 3). Einschränkungen hinsichtlich bestimmter Gründe für die Teilzeit (zB zur Betreuung minderjähriger Kinder oder Pflege von Angehörigen) enthält § 76 a DRiG nicht. Die zuvor auf Grundlage der vor dem 1. 9. 2006 bestehenden Rahmengesetzgebungskompetenz des Bundes geltenden §§ 76 a–76 e DRiG enthielten dagegen detaillierte – bis in Einzelheiten des Bewilligungsverfahrens gehende – Regelungen. Nunmehr kann sich der Landesgesetzgeber grundsätzlich frei entscheiden, welche Formen der Teilzeitbeschäftigung er vorsieht, solange diese der Richterschaft tatsächlich Zugang zur Teilzeitbeschäftigung verschafft (vgl. iE *Schmidt-Räntsch*, § 76 a, Rn. 6 ff.). Dh, die Regelungen dürfen sich nicht lediglich auf Ausnahmefälle oder Randerscheinungen beziehen. Eine Orientierung an den bundesrechtlichen Regelungen in den §§ 48 a ff. DRiG ist dem Landesgesetzgeber nicht mehr vorgegeben. Im Hinblick auf die Ziele des (nach § 24 AGG auch für das Richterverhältnis geltenden) AGG dürfte indes eine Teilzeitregelung ausgeschlossen sein, die keine Möglichkeit der Teilzeit aus Anlass der Erziehung minderjähriger Kinder eröffnet (so zu Recht *Schmidt-Räntsch*, § 76 a, Rn. 9).

82 **b) Veränderung der Richteraufgabe.** *aa) Übertragung einer anderen Richteraufgabe.* Der Richter hat **keinen Anspruch** darauf, dass er die einmal ihm übertragene **konkrete richterliche Aufgabe,** wie zB den Vorsitz einer bestimmten Kammer oder die Zuständigkeit für ein bestimmtes Rechtsgebiet auf Dauer behält. Vielmehr entscheidet das nach § 21 a I GVG bei jedem Gericht zu bildende Präsidium, in richterlicher Unabhängigkeit über die Besetzung der Spruchkörper, die Bestellung der Ermittlungsrichter, die Regelung der Vertretung und die Verteilung der Geschäfte (§ 21 e I 1 GVG).

83 Die **Zuteilung von richterlichen Aufgaben** durch das Präsidium muss von den betroffenen Richtern hingenommen werden, soweit sie nicht in deren verfassungsrechtlich garantierte **richterliche Unabhängigkeit** eingreift. Nur so kann das Präsidium die ihm zugewiesene Aufgabe erfüllen, für die bestmögliche Besetzung der Spruchkörper des Gerichts zu sorgen. Das Präsidium muss den Richtern, die nicht selbst Mitglied des Präsidiums sind, vor einer Veränderung der ihnen übertragenen konkreten richterlichen Aufgabe Gelegenheit zur Äußerung geben (§ 21 e II GVG).

84 Fühlt sich ein Richter durch die **Geschäftsverteilung** oder deren **Änderung** in seiner **richterlichen Unabhängigkeit verletzt,** steht ihm der Weg zu den **Verwaltungsgerichten** offen (zu Einzelheiten vgl. oben Rn. 32).

85 *bb) Zuweisung an einen auswärtigen Spruchkörper.* Wird ein Richter einem auswärtigen Spruchkörper (vgl. zB §§ 78, 93 II, 116 II GVG) zugewiesen, stellt diese **Zuweisung weder** eine **Versetzung noch** eine **Abordnung** dar, sondern lediglich eine **Maßnahme** der **Geschäftsverteilung,** für die das Präsidium zuständig ist. Der Richter behält also sein Amt im statusrechtlichen Sinne ebenso wie seine Planstelle und sein konkretes Richteramt bei seinem Gericht, da der auswärtige Spruchkörper zum Stammgericht gehört. Die Zuweisung zu einem auswärtigen Spruchkörper bedarf nicht der Zustimmung des betroffenen Richters. Der Richter muss vor einer solchen Entscheidung durch das Präsidium aber Gelegenheit zur Äußerung haben. Auch hier steht dem Richter der Weg zu den Verwaltungsgerichten offen, wenn er sich durch die Zuweisung zu einem auswärtigen Spruchkörper in seiner richterlichen Unabhängigkeit verletzt fühlt (vgl. iE Rn. 32).

86 **c) Beendigung der Amtsausübung durch Eintritt in den Ruhestand.** Mit Erreichen der jeweiligen **gesetzlichen Altersgrenze** tritt der Richter in den **Ruhestand** (§§ 48 und 76 DRiG). Während für Richter im Bundesdienst die Altersgrenzen in § 48 DRiG (in Anlehnung an die im Beamtenrecht und im Recht der gesetzlichen Rentenversicherung geltenden Altersgrenzen) konkret geregelt sind, enthält § 76 DRiG für den Landesgesetzgeber lediglich die Verpflichtung, Altersgrenzen zu regeln. Eine einheitliche bun-

desrechtliche Regelung der Altersgrenze besteht daher nicht mehr. Faktisch gelten aber iW die gleichen Altersgrenzen.

Der **Eintritt in den Ruhestand** kann bei Richtern – anders als im Beamtenrecht – **nicht hinausgeschoben** werden. Dies ist für Richter im Bundesdienst in § 48 II DRiG ausdrücklich geregelt. Für Richter im Landesdienst enthält § 76 DRiG insoweit (seit dem 1. 4. 2009) keine Vorgaben mehr. Der Landesgesetzgeber ist daher nicht gehindert, die Möglichkeit des Hinausschiebens der Altersgrenze vorzusehen (vgl. aber sogleich zur fehlenden Möglichkeit, dies in das Ermessen des Dienstherrn zu stellen). Art. 97 II 2 GG steht dem ebenso wenig entgegen, wie der vorzeitigen Versetzung in den Ruhestand auf Antrag des Richter. 87

Nach § 48 III und IV DRiG ist der Richter unter bestimmten Voraussetzungen **vorzeitig** in den Ruhestand zu versetzen: Ab dem 62. Lebensjahr erfolgt die Versetzung in den Ruhestand, wenn der Richter schwerbehindert iSd § 2 II SGB IX ist, bzw. ab dem 60. Lebensjahr, wenn er vor dem 1. 1. 1952 geboren ist. In beiden Fällen ist ein **Antrag** des Richter erforderlich. Ab dem 63. Lebensjahr erfolgt die Versetzung in den Ruhestand auf Antrag ohne weitere Voraussetzungen. Das Hinausschieben der Altersgrenze oder die vorzeitige Versetzung in den Ruhestand kann aber im Hinblick auf die richterliche Unabhängigkeit nach Art. 97 I GG **nicht** – wie im Beamtenrecht – vom **Ermessen des Dienstherrn** abhängig gemacht werden. Andernfalls bestünde die Gefahr der Einflussnahme auf die Besetzung der Spruchkörper. 88

3. Die Entlassung aus dem Richterverhältnis

a) **Allgemeines.** § 21 DRiG regelt – einheitlich für alle Richter im Bundes- und Landesdienst – die Entlassung des Richters kraft Gesetzes (§ 21 I DRiG) und durch Verfügung der obersten Dienstbehörde (§ 21 II DRiG). Für Richter auf Probe enthält § 22 DRiG und für Richter kraft Auftrags § 23 DRiG zusätzlich besondere Entlassungsgründe. Zur Rücknahme der Ernennung nach § 19 DRiG vgl. oben Rn. 21 ff. Im Hinblick auf die Unabsetzbarkeit des Richters kann der Richter aus dem Richterverhältnis nur unter den gesetzlich bestimmten Voraussetzungen entlassen werden. Die in den §§ 21 bis 23 DRiG aufgezählten Entlassungsgründe sind abschließend und können insbesondere auch nicht durch Landesrecht erweitert werden (*Schmidt-Räntsch*, 6. Aufl. 2009, § 21 Rn. 2). Stimmt ein Richter auf Lebenszeit oder ein Richter auf Zeit seiner Entlassung nicht zu, kann er nur aufgrund **rechtskräftiger richterlicher Entscheidung** entlassen werden (§ 21 III DRiG). Zuständig ist das Dienstgericht (§ 62 I Nr. 3c bzw. § 78 Nr. 3c DRiG). Das Entlassungsverfahren ist in § 21 III DRiG nur teilweise geregelt. Ergänzend ist nach den §§ 46 und 71 DRiG das jeweilige Beamtenrecht anwendbar. 89

Auch in den Fällen, in denen die Entlassung des Richters kraft Gesetzes eintritt, kann die Entlassung eines Richters auf Lebenszeit erst geltend gemacht werden, zB bei der Frage der **ordnungsgemäßen Besetzung des Gerichts,** nachdem das **Dienstgericht** die **Entlassung rechtskräftig festgestellt** hat, § 21 III 2 DRiG. Das Dienstgericht entscheidet endgültig. Bereits vor der rechtskräftigen Entscheidung des Dienstgerichts kann die oberste Dienstbehörde dem Richter die Führung der Amtsgeschäfte nach § 35 DRiG vorläufig untersagen lassen. Bei der Entlassung des Richters kraft Gesetzes nach § 21 I DRiG ist – anders als bei einer Entlassung durch Verfügung der obersten Dienstbehörde nach § 21 II DRiG – eine gerichtliche Entscheidung auch dann erforderlich, wenn der Richter mit ihr einverstanden ist (§ 21 III 2 DRiG). 90

Mit der Entlassung enden nicht alle **Rechte** und **Pflichten** des entlassenen Richters. Er ist auch nach der Entlassung weiterhin verpflichtet, das **Beratungsgeheimnis** ebenso zu wahren, wie er zur allgemeinen **Amtsverschwiegenheit** verpflichtet ist. Auch das Verbot zur **Annahme** amtsbezogener **Geschenke** und **Belohnungen** wirkt fort. Der Richter verliert seinen Anspruch auf Dienstbezüge und Versorgung. Der entlassene Richter ist weiterhin berechtigt, in die vollständige **Personalakte einzusehen,** und er hat einen Anspruch auf Erteilung eines Dienstzeugnisses. Mit der Entlassung erlischt grundsätzlich das Recht, die Amtsbezeichnung und die im Zusammenhang mit dem Amt verliehenen Titel zu führen. Die oberste Dienstbehörde kann aber die Erlaubnis erteilen, die Amtsbezeichnung mit dem Zusatz „außer Dienst" oder „a.D." sowie die im Zusammenhang mit dem Amt verliehenen Titel zu führen (zB § 46 DRiG iVm § 39 S. 2 BBG für Richter im Bundesdienst). Die Erlaubnis kann zurückgenommen werden, wenn der frühere Richter sich ihrer als nicht würdig erweist (§ 39 S. 3 BBG). 91

b) **Entlassung kraft Gesetzes (§ 21 I DRiG).** Beim Vorliegen der Entlassungsgründe nach § 21 I DRiG tritt die Entlassung kraft Gesetzes ein. Sie kann indes erst geltend gemacht werden, nachdem sie ein Gericht rechtskräftig festgestellt hat (§ 21 III 2 DRiG). Die Entscheidung des Dienstgerichts nach § 21 III 2 DRiG hat lediglich deklaratorische Wirkung, ohne den Zeitpunkt der Entlassung kraft Gesetzes zu beeinflussen. Entlassen ist nach § 21 I DRiG, wer die **Eigenschaft als Deutscher** iSd Art. 116 GG **verliert** (Nr. 1), in ein öffentlich-rechtliches **Dienst- und Amtsverhältnis** zu einem **anderen Dienstherrn** tritt, sofern gesetzlich nichts anderes bestimmt ist (Nr. 2) oder zum **Berufssoldaten** oder **Soldaten auf Zeit** ernannt wird (Nr. 3). In den Fällen der Nr. 2 kann die oberste Dienstbehörde im Einvernehmen mit dem neuen Dienstherrn und mit Zustimmung des Richters die Fortdauer des Richterverhältnisses neben dem neuen Dienst- oder Amtsverhältnis anordnen (§ 21 I 2 DRiG). 92

93 Tritt ein Richter in ein öffentlich-rechtliches **Dienst- und Amtsverhältnis zu einem anderen Dienstherrn,** erfolgt eine **Entlassung** kraft Gesetzes nach § 21 I 1 Nr. 2 DRiG **nur,** sofern **gesetzlich nichts anderes bestimmt** ist. Eine solche gesetzliche Ausnahme enthält § 14 DRiG für den Fall, dass ein Richter kraft Auftrags zu einem anderen Dienstherrn in ein Dienstverhältnis tritt. Eine andere **Ausnahme** ist der Richter, der eine Tätigkeit als **Professor im Nebenamt** aufnimmt. Die nach § 4 II Nr. 3 DRiG mit einem Richteramt vereinbare Wahrnehmung von Aufgaben der Forschung und Lehre erlaubt die Verbindung von Ämtern bei verschiedenen Dienstherrn, ohne dass die gesetzliche Folge der Entlassung nach § 21 I 1 Nr. 2 DRiG eintritt (vgl. *Schmidt-Räntsch,* § 21 Rn. 5; *Hessischer DGH,* Urt. v. 18. 5. 1987 – DGH 4/86 –, NJW 1988, 1392). Mangels gesetzlicher Regelung ist der Richter nicht kraft Gesetzes entlassen, wenn er in ein anderes Dienst- oder Amtsverhältnis beim selben Dienstherrn tritt (*Schmidt-Räntsch,* 6. Aufl. 2009, § 21 Rn. 9; *OVG Lüneburg,* Beschl. v. 20. 4. 1994 – 2 M 130/94 –, OVGE 44, 492). Zu beachten ist hier aber § 4 I DRiG. Ebenfalls nicht anwendbar ist § 21 I 1 Nr. 2 DRiG auf den Eintritt des Richters in den Dienst einer internationalen oder supranationalen Einrichtung, zB ein Richteramt am EuGH oder der EGMR; hier ist aber in der Regel eine Beurlaubung oder Zuweisung erforderlich (*Schmidt-Räntsch,* § 21 Rn. 5).

94 c) **Entlassung durch Verfügung des obersten Dienstherrn.** Der Richter **ist** nach § 21 II DRiG (durch Verfügung des obersten Dienstherrn) **zu entlassen,** wenn er sich **weigert,** den **Richtereid** nach § 38 DRiG zu leisten (Nr. 1), wenn er zur Zeit der Ernennung **Mitglied** in einer **Volksvertretung** ist und er sein Amt nicht in angemessener Zeit niederlegt (Nr. 2), wenn er nach Erreichen der Altersgrenze berufen worden ist (Nr. 3), wenn er seine Entlassung schriftlich verlangt (Nr. 4), wenn der die Altersgrenze erreicht oder dienstunfähig ist und das Dienstverhältnis nicht durch Eintritt in den Ruhestand endet (Nr. 5) oder wenn er ohne Genehmigung der obersten Dienstbehörde seinen Wohnsitz oder anderen dauernden Aufenthalt im Ausland nimmt (Nr. 6). Ein Ermessensspielraum steht der obersten Dienstbehörde hierbei nicht zu.

95 **Nr. 1:** Der Gesetzgeber sieht die Beteuerung durch den **Eid** und insbesondere durch die Worte „ich schwöre" als so wesentlich an, dass er an die **Verweigerung** den Verlust des Richteramts knüpft (vgl. Rn. 26 ff.). Die Vorschrift dürfte indes wegen Verstoßes gegen Art. 33 III 1 GG und Art. 4 I GG **verfassungswidrig** sein (vgl. *BVerfG,* Beschl. v. 25. 10. 1988 – 2 BvR 745/88 –, NJW 1989, 827).

96 **Nr. 2** regelt die aus der Gewaltenteilung (Art. II 2 GG) folgende und das Richterverhältnis in § 4 I DRiG konkretisierte **Inkompatibilität.** Die gleichzeitige Wahrnehmung von Aufgaben der Rechtsprechung und der Gesetzgebung ist danach nicht zulässig. Ist der Richter bei der Ernennung Mitglied einer Volksvertretung, ist ihm von der obersten Dienstbehörde eine angemessene Frist zu setzen, innerhalb der er das Mandat niederlegen muss. Welche Frist angemessen ist, richtet sich nach dem Einzelfall; war die Frist angemessen, ändert auch ein nachträglicher Verzicht auf das Mandat nichts an der Rechtmäßigkeit der Entlassungsverfügung (*Schmidt-Räntsch,* 6. Aufl. 2009, § 21 Rn. 13). Anders ist die Rechtslage, wenn der (bereits ernannte) Richter in den Bundestag oder einen Landtag gewählt wird: Hier ruhen die Rechte und Pflichten aus dem Richterverhältnis für die Dauer der Mitgliedschaft mit Ausnahme der Pflicht zur Amtsverschwiegenheit und des Verbots der Annahme von Belohnungen und Geschenken. (zB §§ 5 und 8 des Abgeordnetengesetzes – AbgG).

97 **Nr. 3:** Wird der Richter **nach Erreichung der Altersgrenze** ernannt, muss dies notwendig zur Entlassung führen, da der Richter gar nicht hätte ernannt werden dürfen.

98 **Nr. 4:** Das Recht, das Richterverhältnis auf eigenen Wunsch jederzeit zu beenden, folgt letztlich aus der allgemeinen Handlungsfreiheit (Art. 2 I GG). **Verlangt** ein **Richter** schriftlich seine **Entlassung,** so hat der **Dienstherr** diesem Verlangen daher ohne jede Einschränkung zu **entsprechen.** Der Richter braucht seinen Antrag auf Entlassung nicht zu begründen oder zu rechtfertigen. Das Verlangen kann gestellt werden, solange das Richterverhältnis nicht anderweitig kraft Gesetzes oder durch rechtskräftiges Straf- oder Disziplinarurteil beendet ist. Der **Richter bestimmt** mit seinem Entlassungsgesuch auch den **Zeitpunkt seiner Entlassung.** Die oberste Dienstbehörde muss ihn zum beantragten Zeitpunkt entlassen. Bei dem Entlassungsverlangen handelt es sich um eine empfangsbedürftige Willenserklärung, die wegen Willensmängeln (Irrtum, arglistige Täuschung, Drohung) angefochten werden kann (*BVerwGE* 37, 19; *BGH,* NJW-RR 2000, 1227). Die Anfechtung muss unverzüglich – dh ohne schuldhaftes Zögern – nach Wegfall der Zwangslage erklärt werden. Nicht jede Druckausübung auf den Richter stellt auch zugleich eine die Anfechtung rechtfertigende Drohung dar; es muss sich vielmehr um eine widerrechtliche Drohung handeln (§ 123 I BGB). Wird einem Proberichter die Entlassung wegen fehlender Eignung angekündigt, ist dies nur dann widerrechtlich, wenn ein verständiger Dienstherr die Entlassung nicht ernsthaft in Erwägung gezogen hätte (*BGH,* NJW-RR 2000, 1227; vgl. zum Ganzen *Schmidt-Räntsch,* 6. Aufl. 2009, § 21 Rn. 16).

99 **Nr. 5:** Führt das **Erreichen der Altersgrenze** oder die **Dienstunfähigkeit** zur Beendiung des Dienstverhältnisses, **ohne dass** der Richter **gleichzeitig** in den **Ruhestand** tritt, zB weil er die Voraussetzung für den Eintritt in den Ruhestand, insbesondere die Dienstzeitvoraussetzungen nicht erfüllt (zB nach § 4 I BeamtVG die für Richter im Bundesdienst geltende fünfjährige Dienstzeit, bzw. entsprechende landesrechtliche Vorschriften), ist der Richter zu entlassen. Über die Dienstunfähigkeit enthält das DRiG keine

Vorschriften; maßgeblich sind daher nach den §§ 46 und 71 DRiG die beamtenrechtlichen Vorschriften nach den §§ 44 ff. BBG bzw. §§ 26 ff. BeamtStG. Bei **Richtern auf Probe** führt **Dienstunfähigkeit** idR zur **Entlassung;** der Richter hat aber ein Anspruch auf ermessensfehlerfreie Entscheidung (§ 49 II BBG, § 28 II BeamtStG). Sie sind in den Ruhestand zu versetzen, wenn sie infolge Krankheit, Verwundung oder sonstiger Beschädigung, die sie sich ohne grobes Verschulden bei Ausübung oder aus Veranlassung des Dienstes zugezogen haben, dienstunfähig geworden sind, § 49 I BBG, § 28 I BeamtStG.

Nr. 6: Der Entlassungstatbestand der ungenehmigten Wohnsitznahme oder dauerhafte Aufenthaltsnahme im Ausland dient der Funktionsfähigkeit der Justiz. Die Vorschrift hat durch die geänderte Lebenssituation vieler Richter und die heutigen Mobilitätsmöglichkeiten an Bedeutung verloren. Viele Richter legen heute auch bei Wohnsitzen im Inland weite Strecken zum Gerichtsort zurück. Eine Wohnsitz- oder Aufenthaltsnahme im Ausland dürfte daher nur dann nicht genehmigungsfähig sein, wenn der Richter dadurch nicht mehr in der Lage ist, sein Richteramt ordnungsgemäß auszuüben. Nach Sinn und Zweck der Vorschrift darf die Entlassung erst dann verfügt werden, wenn die Genehmigung bestandskräftig abgelehnt worden ist (*Schmidt-Räntsch,* 6. Aufl. 2009, § 21 Rn. 22). 100

d) Entlassung eines Richters auf Probe. § 22 DRiG enthält ergänzende Regelungen für die Entlassung eines Richters auf Probe, die neben die allgemeinen Entlassungsgründe nach § 21 DRiG treten. Die Möglichkeit der Entlassung von Richtern auf Probe ist im Hinblick auf die nach Art. 97 I GG für alle Richter gewährleistete **richterliche Unabhängigkeit** nicht unproblematisch, insbesondere, wenn sie nicht an eine besondere Begründung gebunden ist (vgl. § 22 I DRiG). Ein Richter, der mit seiner Entlassung rechnen muss, ist nicht in gleichem Maße unabhängig, wie ein auf Lebenszeit ernannter Richter. Die Unabhängigkeit der Rechtsprechung ist durch die Mitwirkung von Richtern, die noch nicht auf Lebenszeit ernannt sind, zumindest gefährdet. Wegen der Unabsetzbarkeit und Unversetzbarkeit der auf Lebenszeit ernannten Richter muss aber eine ausreichende Möglichkeiten bestehen, die Eignung des Richters auf Probe vor der Anstellung auf Lebenszeit zu prüfen (*Schmidt-Räntsch,* 6. Aufl. 2009, § 22 Rn. 2). 101

§ 22 I–III DRiG enthält ein **nach Dienstjahren** nach der Ernennung **abgestuftes System:** In den ersten beiden Jahren ist die Entlassung ohne besonderen Grund möglich (§ 22 I), ab dem dritten Jahr setzt die Entlassung die Nichteignung, die Ablehnung durch einen Richterwahlausschuss (§ 22 II) oder das Vorliegen disziplinarischer Gründe (§ 22 III) voraus. Nach Ablauf des vierten Jahres ist die Entlassung nur noch aus disziplinarischen Gründen zulässig. Für die Berechnung der Frist ist der Tag der Ernennung maßgeblich, nicht der Ablauf des Kalendermonats (*BGH,* Urt. v. 14. 9. 1967 – RiZ (R) 2/67 – DRiZ 1967, 430). Für den Lauf der Frist ist es unerheblich, ob der Richter auf Probe mit richterlichen Aufgaben betraut war (*Schmidt-Räntsch,* 6. Aufl. 2009, § 22 Rn. 6). Wird der Richter auf Probe nach seiner Entlassung – zB durch Ernennung durch einen anderen Dienstherrn – in ein neues Richterverhältnis auf Probe übernommen, beginnt die Frist von neuem zu laufen (*BGH,* Urt. v. 8. 11. 2006 – RiZ (R) 1/06 – NJW-RR 2007, 279). In den Fällen des § 22 I und II DRiG ist dem Richter auf Probe die Entlassung mindestens sechs Wochen vor dem Entlassungstag mitzuteilen (§ 22 V DRiG). Im Übrigen richtet sich das Verfahren nach dem jeweiligen Beamtenrecht. 102

Die **schriftliche Entlassungsverfügung** und deren Zustellung führt zur Entlassung, ohne dass es – wie bei einem Richter auf Lebenszeit – einer Bestätigung durch das Dienstgericht bedarf. Die **Entlassungsverfügung** ist in allen Fällen zu **begründen,** dh auch bei einer Entlassung in den ersten beiden Probejahren, da auch einer solchen Entlassung vertretbare Gründe zugrundeliegen müssen.

Die **Entlassungsverfügung** kann der betroffene Richter bei den **Dienstgerichten anfechten,** § 62 I Nr. 4 c, § 78 Nr. 4 c DRiG. Das Dienstgericht kann die Entlassung jedoch nur in den Grenzen nachprüfen, die ihm durch den **Ermessens- und Beurteilungsspielraum der Dienstbehörde** gesetzt sind. Nachgeprüft werden kann etwa, ob die Behörde ihre Entscheidung mit zutreffenden Tatsachenfeststellungen begründet, allgemein gültige Wertmaßstäbe nicht verkannt und sachwidrige Erwägungen nicht angestellt hat. 103

Abs. 1 ermöglicht die Entlassung eines Richters auf Probe (zum Ablauf des 6., 12., 18. und 24. Monats nach seiner Ernennung) aus **jedem sachlichen Grund.** Die Entlassung setzt insbesondere nicht die Feststellung voraus, der Richter auf Probe sei für das Amt des Richters nicht geeignet. Vielmehr rechtfertigen schon ernstliche Zweifel an der Eignung eines Richters auf Probe, die sich aus einer dienstlichen Beurteilung ergeben können, seine Entlassung (*BGH,* Urt. v. 10. 7. 1996 – RiZ (R) 3/95 – DRiZ 1006, 454; Urt. v. 29. 9. 1975 – RiZ (R) 1/75 – DRiZ 1976, 23). Als weitere sachliche Gründen kommen etwa mangelndes Einfühlungsvermögen oder ungenügende fachliche Kenntnisse in Betracht (vgl. hierzu etwa *BGH,* Urteil vom 16. 1. 1974 – RiZ 4/72 – DRiZ 1974, 163). Auch Gründe in der Sphäre des Dienstherrn sind denkbar, wie zB geringerer Nachwuchsbedarf, Verminderung der Geschäfte oder Veränderung der Gerichtsorganisation, wobei der Dienstherr in diesen Fällen im Hinblick auf die durch Art. 33 V GG verfassungsrechtlich abgesicherte Fürsorgepflicht alle für und gegen die Entlassung sprechenden Umstände sorgfältig abzuwägen hat (vgl. zum Ganzen ausführlich *Schmidt-Räntsch,* 6. Aufl. 2009, § 22 Rn. 8 mwN). 104

Die Entlassung des Richters auf Probe stellt eine **Ermessensentscheidung** des Dienstherrn dar, die von den Dienstgerichten nur daraufhin überprüft werden kann, ob dieser die gesetzlichen Grenzen des Ermessens überschritten oder von dem Ermessen in einer dem Zweck der Ermächtigung nicht entspre- 105 chenden Weise Gebrauch gemacht hat. Aus dem Fürsorgegrundsatz (Art. 33 V GG) folgt, dass der Dienstherr bei seiner Ermessensentscheidung neben den für die Entlassung sprechenden, auch alle gegen die Entlassung sprechenden Gründe berücksichtigen muss. Die Beurteilung der Eignung ist ein Akt wertender Erkenntnis, der dem Dienstherrn einen **Beurteilungsspielraum** gewährt, dessen gerichtliche Überprüfung darauf beschränkt ist, ob der Begriff der Eignung verkannt oder ein unrichtiger Sachverhalt zugrunde gelegt worden ist, ob allgemeingültige Wertmaßstäbe nicht beachtet oder sachfremde Erwägungen angestellt worden sind (*BGH,* Urt. v. 8. 11. 2006 – RiZ (R) 1/06 – NJW-RR 2007, 279; Urt. v. 13. 11. 2002 – RiZ(R) 5/01 – NJW-RR 2003, 570).

106 **Abs. 2:** Nach dem zweiten Probejahr ist eine Entlassung nur noch zum Ablauf des **dritten oder vierten Jahres** zulässig, wenn entweder der Richter auf Probe für das Richteramt **nicht geeignet** ist oder wenn ein Richterwahlausschuß seine **Übernahme** in das Richterverhältnis auf Lebenszeit **ablehnt** (§ 22 II DRiG). Auch hier steht die Entlassung im Ermessen des Dienstherrn, das jedoch dahingehend reduziert ist, dass der Richter auf Probe zum erstmöglichen Zeitpunkt zu entlassen ist, wenn seine Nichteignung für das Amt feststeht (*Schmidt-Räntsch,* 6. Aufl. 2009, § 22 Rn. 9; DGH *OLG Naumburg,* Beschl. v. 26. 11. 1998 – DGH 1/98 – DRiZ 2000, 15). Denn der Dienstherr hat sicherzustellen, dass nur fachlich und persönlich geeignete Bewerber zu Richtern auf Lebenszeit ernannt werden (*BGH,* Urt. v. 12. 10. 1995 – RiZ (R) 8/94 – DRiZ 1997, 67; Urt. v. 22. 7. 1980 – RiZ (R) 4/80 – BGHZ 78, 93; Urt. v. 10. 12. 1971 – RiZ (R) 1/71 – DRiZ 1972, 133; Urt. v. 29. 9. 1975 – RiZ (R) 1/75 – DRiZ 1976, 23). Steht die Nichteignung des Richters fest, ist damit die Funktionsfähigkeit der Justiz stets vorrangig vor anderen Gründen. Etwas anderes kann bei der Entlassung zum Ende des dritten Jahres nur gelten, wenn besondere Gründe sicher erwarten lassen, dass sich der Richter im vierten Jahr als geeignet erweisen wird (*Schmidt-Räntsch,* 6. Aufl. 2009, § 22 Rn. 9).

107 Gleiches gilt für die Ablehnung der Übernahme des Richters auf Probe in das Richterverhältnis auf Lebenszeit oder auf Zeit durch den Richterwahlausschuss. Auch der Richterwahlausschuss ist an das Leistungsprinzip (Art. 33 II GG) gebunden, dh er hat seine Entscheidung aufgrund der Eignung, Befähigung und fachlichen Leistung der Bewerber ohne Rücksicht auf Geschlecht, Abstammung, Rasse, Glauben, religiöse oder politische Anschauungen, Herkunft oder Beziehungen zu treffen (so zB § 22 II 2 LRiG RhPf.). Daraus folgt, dass er seine Entscheidung – zur Ermöglichung einer gerichtlichen Überprüfung – begründen muss (vgl. zB § 22 III LRiG RhPf.). Dem Richterwahlausschuss steht bei der Beurteilung der Eignung, Befähigung und fachlichen Leistung und bei der Gewichtung der Leistungskriterien ein Beurteilungsspielraum zu (vgl. zu näheren Einzelheiten oben Rn. 44).

108 Die Frage, ob ein **Proberichter geeignet** ist, ist anhand der **Erledigung der Aufgaben** zu beantworten, die sich einem Berufsrichter **in seinem Amt** stellen. Der Proberichter muss im Grundsatz in der Lage sein, alle im Bereich der Gerichtsbarkeit anfallenden richterlichen Aufgaben in angemessener Weise zu erfüllen, dh nicht nur die Aufgaben des Amtes, für das er zunächst einmal vorgesehen ist. Wenn nur die Eignung für wenige Teilbereiche festgestellt werden kann, dann wird man Zweifel haben müssen an der Eignung des Bewerbers schlechthin.

109 Die **Eignung** wird idR dann **zu bejahen** sein, wenn der Proberichter in der Lage ist, die notwendigen Rechtskenntnisse in Wort und Schrift in vertretbarer Zeit in praktisch brauchbare Rechtsanwendung umzusetzen. Dazu gehört eine zuverlässige Ermittlung des Sach- und Streitstandes ebenso wie die Fähigkeit, mit den Prozessparteien und Verfahrensbeteiligten verständnisvoll und verfahrensfördernd zu verhandeln. Der Richter im **Kollegialgericht** muss weiter in der Lage sein, ein sachlich **kommunikatives Beratungsgespräch** zu führen unter Wahrung der eigenen Unabhängigkeit und Respektierung der Unabhängigkeit der anderen. Verantwortungsbewußtsein, Leistungsbereitschaft und hinreichende Arbeitskraft müssen ebenso vorhanden sein, wie der Richter Gewähr dafür bieten muss, dass er jederzeit für die freiheitlich-demokratische Grundordnung im Sinne des Grundgesetzes eintritt (*Fürst,* § 22 Rn. 4). Bestehen schon am Anfang eines Berufslebens Vorbehalte, wird der Richter nicht als geeignet angesehen werden können.

110 **Abs. 3:** Nach § 22 III DRiG kann ein **Richter auf Probe** bei einem **Verhalten,** das bei Richtern auf Lebenszeit eine im förmlichen Disziplinarverfahren zu verhängende **Disziplinarmaßnahme** zur Folge hätte, **entlassen** werden. Es genügt in diesen Fällen nicht nur die Möglichkeit, dass eine solche Maßnahme bei einem Richter auf Lebenszeit verhängt wird, sondern die Dienstbehörde muss unter Berücksichtigung der Rechtsprechung der Disziplinargerichte zur Überzeugung gelangen, dass eine im förmliche Verfahren zu verhängende Disziplinarmaßnahme mit Sicherheit zu erwarten ist (vgl. dazu *BVerwGE* 26, 228, 233).

111 Ausreichend für die Entlassung eines Richters auf Probe aus disziplinarischen Gründen ist bereits, dass bei einem Richter auf Lebenszeit überhaupt eine Disziplinarmaßnahme mit Sicherheit zu erwarten gewesen wäre, nicht jedoch, dass auch ein Richter auf Lebenszeit aus dem Dienst entfernt worden wäre. Über die Entlassung des Richters auf Probe entscheidet die Dienstbehörde nach **pflichtgemäßem Ermessen,** das jedoch umso geringer ist, je mehr man zu der Überzeugung gelangt, dass ein Richter auf Lebenszeit bei gleicher Verfehlung aus dem Dienst zu entfernen wäre.

112 e) **Entlassung eines Richters kraft Auftrags.** Für die Entlassung eines Richters kraft Auftrags gelten nach § 23 DRiG die Vorschriften über die Entlassung eines Richters auf Probe entsprechend.

f) Entlassung durch rechtskräftiges Urteil. Nach § 24 DRiG endet das Richterverhältnis, ohne dass es einer weiteren gerichtlichen Entscheidung bedarf, mit der **Rechtskraft eines Urteils,** mit dem ein Richter durch ein deutsches Gericht zu einer **Freiheitsstrafe** von mindestens 1 Jahr wegen einer **vorsätzlichen Tat** (Nr. 1) oder zu einer Freiheitsstrafe wegen einer vorsätzlichen Tat verurteilt worden ist, die nach den Vorschriften über **Friedensverrat, Hochverrat, Gefährdung** des demokratischen Rechtsstaates oder **Landesverrat** und **Gefährdung der äußeren Sicherheit** strafbar ist (Nr. 2). Weiter endet das Richterverhältnis, wenn einem Richter durch Urteil die **Fähigkeit zur Bekleidung öffentlicher Ämter** aberkannt worden ist (Nr. 3) oder die Verwirkung eines Grundrechts nach Art. 18 GG durch das Bundesverfassungsgericht gem. § 39 I BVerfGG ausgesprochen worden ist (Nr. 4). 113

Wird durch ein rechtskräftiges Urteil eines deutschen Gerichtes einer der Tatbestände des § 24 DRiG 114
festgestellt, bedarf es keines weiteren dienstrechtlichen Urteils und auch keines gestaltenden Verwaltungsaktes mehr, um den Verlust des Richteramtes festzustellen. Wenn der oberste Dienstherr es gleichwohl für angemessen hält, in irgendeiner Form das Verhältnis zwischen Dienstherrn und Richter als beendet festzustellen, so können derartige Maßnahmen immer nur deklaratorischer Natur sein. Ein Richter, dessen Richterverhältnis nach § 24 DRiG als beendet angesehen wird, kann das **Fortbestehen seines Richterverhältnisses** und auch die Weiterzahlung seiner Dienstbezüge mit der **Feststellungs- und Leistungsklage** vor dem **Verwaltungsgericht** geltend machen (*Schmidt-Räntsch,* 6. Aufl. 2009, § 24 Rn. 8). Macht der Richter von dieser Möglichkeit Gebrauch, ist das Verwaltungsgericht an die **Tatbestandswirkung** des zugrundeliegenden Strafurteils oder des Urteils des Bundesverfassungsgerichtes, mit dem die Verwirkung der Grundrechte ausgesprochen worden ist, gebunden.

III. Die Ausübung des Richteramtes

1. Allgemeine mit dem Richteramt verbundene Pflichten

a) Die Treuepflicht. Die durch das Grundgesetz hervorgehobene Stellung der Rechtsprechung und des Richters und die sich aus seiner sachlichen und persönlichen Unabhängigkeit ergebende Unversetzbarkeit und Unabsetzbarkeit bedingen eine ebenso **herausragende Pflicht des Richters zur Treue** gegenüber seinem Dienstherrn und dem Gemeinwesen. Der Richter ist verpflichtet, sich zur freiheitlich-demokratischen Grundordnung zu bekennen und für ihre Erhaltung einzutreten. Verstößt der Richter gegen diese Pflichten, so kann im Wege der Richteranklage nach Art. 98 II und V GG mit dem Ziel einer Entlassung gegen ihn vorgegangen werden. 115

b) Die Bindung an Gesetz und Recht. Der Unabhängigkeit des Richters steht die Bindung der Rechtsprechung an Gesetz und Recht (Art. 20 III GG) gegenüber. Wenn Art. 97 I GG und § 25 DRiG – bezogen auf die Richter – nur von der Bindung an das „Gesetz" sprechen, liegt hierin kein Widerspruch. Vielmehr umfasst der Begriff des Gesetzes im Sinne des Art. 97 I GG (und des die Verfassungsbestimmung lediglich wiederholenden § 25 DRiG) nach der ständigen Auslegung der überkommenen Fassung dieser Verfassungsnorm **jede Rechtsnorm** (vgl. Art. 2 EGBGB) und damit neben den geltenden Gesetzen im formellen (Parlamentsgesetze und EU-Verordnungen) und materiellen (Rechtsverordnungen und Satzungen) Sinn auch **Gewohnheitsrecht** und die **Oberservanz** der innerstaatlich bindenden Regel des **Völkerrechts,** soweit diese nicht ohnehin Gesetzesrang haben (*Schmidt-Räntsch,* 6. Aufl. 2009, § 25 Rn. 14; MünchKomm/*Wolf,* ZPO, 3. Aufl. 2008, § 1 GVG Rn. 30 ff.). Den Gerichten steht hinsichtlich der sie bindenden Gesetze aber ein – unterschiedlich stark ausgeprägtes – Prüfungsrecht zu (vgl. hierzu unten Rn. 119). Die Bindung an Gesetz und Recht verpflichtet den Richter, die geltenden Rechtsnormen nach bestem Wissen und Gewissen anzuwenden. Die Anwendung der geltenden Rechtsnormen erfordert insbesondere deren Auslegung und die Subsumtion des Sachverhalts, der dem konkreten Rechtsstreit zugrunde liegt, unter die als maßgeblich erkannte Rechtsnorm. In der **juristischen Methodik** haben sich hierzu Grundsätze und Techniken entwickelt, die weitestgehend anerkannt sind. Sie haben selbst aber keinen Gesetzesrang und sind nicht kodifiziert, so dass sie letztlich keine Verbindlichkeit haben (kritisch etwa *Rüthers,* NJW 2011, 434; *ders./Fischer,* Rechtstheorie, 5. Aufl. 2010, Kap. 4). Es handelt sich hier etwa um die „klassischen" Auslegungsmethoden nach *Savigny,* dh die Auslegung nach Wortlaut, Sinn und Zweck, Wille des (ggf. historischen) Gesetzgebers und nach dem Ziel des Gesetzes, sog. teleologische Auslegung (vgl. hierzu etwa *Staake,* Jura 2011, 177). Für den heutigen Rechtsanwender werden europarechtliche, völkerrechtliche und rechtsvergleichende Betrachtungen indes zunehmend wichtiger. 116

Nicht gebunden ist der Richter dagegen an **Verwaltungsvorschriften.** Es handelt sich hierbei nicht um Rechtsnormen, sondern um verwaltungsinterne Steuerungsinstrumente (zB in Form von Anweisungen, wie ein in einem konkreten Gesetz verwandter unbestimmter Rechtsbegriff durch die Verwaltung auszulegen ist). Vorherrschende Rechtsmeinungen oder **Präjudizien von Obergerichten** (selbst in Form einer gefestigten Rechtsprechung) binden den Richter nicht (*Schmidt-Räntsch,* aaO, Rn. 16). 117

Rechtsprechung kann den Richter **binden,** soweit dies durch das Gesetz vorgeschrieben ist. So ergeben bestimmte Entscheidungen des **Bundesverfassungsgerichts** mit Gesetzeskraft (Art. 94 II GG iVm § 31 II BVerfGG) und sind daher bindend. Weitere Beispiele sind die Bindung an eine **Entscheidung** des 118

Großen Senats (§ 138 I 3 GVG, § 11 VII VwGO), die Bindung an die rechtliche Beurteilung des zurückverweisenden Gerichtes (§ 565 II, § 538 II ZPO), die Bindung des Landgerichtes an die **Entscheidung** des **Oberlandesgerichtes** in einer **Rechtsentscheidssache** (§ 541 I 5 ZPO) sowie die **Selbstbindung des Gerichtes** an eine eigene Entscheidung in End- und Zwischenurteilen (§ 318 ZPO). Diese Bindung an die Rechtsprechung stellt jedoch keine Besonderheit dar, sondern beruht letztlich auf der Bindung des Richters an das Gesetz, das diese Bindungen anordnet.

119 Der Bindung an Gesetz und Recht steht ein formelles und materielles **Prüfungsrecht** der Gerichte gegenüber. Das Gericht hat zunächst zu prüfen, ob das anzuwendende Gesetz überhaupt **formell** wirksam zustande gekommen ist, dh ob etwa ein Parlamentsgesetz ordnungsgemäß beschlossen, ausgefertigt und verkündet worden ist. In **materieller** Hinsicht hat das Gericht zu prüfen, ob das Gesetz mit höherrangigem Recht – etwa Verfassungsrecht – vereinbar ist. Eine Verwerfungskompetenz – dh die Befugnis, ein Gesetz nicht anzuwenden – haben die Gerichte allerdings nur bei Rechtsnormen unter dem Rang eines formellen Gesetzes, dh etwa bei Rechtsverordnungen. Hält das Gericht ein formelles Gesetz für unvereinbar mit dem Grundgesetz, hat es – soweit die Frage entscheidungserheblich ist – das Verfahrens auszusetzen, und die Sache dem Bundesverfassungsgericht zur Entscheidung vorzulegen (Art. 101 I GG; § 80 II 1 BVerfGG; vgl. hierzu etwa *Schmidt-Räntsch,* 6. Aufl. 2009, § 25 Rn. 21 ff. mwN). Weitere Vorlagerechte und für letztinstanzliche Gerichte -pflichten ergeben sich aus Art. 267 AEUV (früher Art. 234 EGV) für Vorlagen an den EuGH.

120 Die Bindung des Richters an Gesetz und Recht schließt eine **Rechtsfortbildung** durch den Richter nicht aus, wenn sich ergibt, dass ein anwendbares Recht nicht zur Verfügung steht. Die Zulässigkeit der Rechtsfortbildung ergibt sich aus einer Vielzahl von gesetzlichen Hinweisen, wie zB § 11 IV VwGO, § 45 IV ArbGG (vgl. dazu *BVerfGE* 34, 269, 286 ff.; *Fürst* § 25 Rn. 32 bis 36 mwN).

121 c) **Die Pflicht zur Wahrung der Unabhängigkeit und Neutralität.** Der Richter ist nach § 39 DRiG verpflichtet, sich innerhalb und außerhalb seines Amtes – auch bei politischer Betätigung – so zu verhalten, dass das Vertrauen in seine Unabhängigkeit nicht gefährdet wird (Mäßigungsgebot). Die Vorschrift macht deutlich, dass der Richter auch persönlich zur Wahrung seiner **Unabhängigkeit** verpflichtet ist. Dies schließt insbesondere ein, den bloßen Anschein der mangelnden Unabhängigkeit und der Parteilichkeit zu vermeiden. Der Richter muss alle Verhaltensweisen vermeiden, die die Vermutung nahelegen (nicht nur bei den Verfahrensbeteiligten, sondern auch in der Öffentlichkeit), dass er nicht jederzeit unparteiisch Recht sprechen kann, sondern von sachfremden Zwängen und Einflüssen abhängig, innerlich unfrei und voreingenommen ist (vgl. *Fürst,* § 39 Rn. 2). Dies bedeutet jedoch nicht, dass sich die Richter und die Justiz insgesamt von ihrer gesellschaftlichen Umwelt abschotten müssten. Um ihrer Aufgabe als dritter Staatsgewalt gerecht werden und insbesondere lebensnah entscheiden zu können, müssen die Richter vielmehr im Leben stehen und sich mit den Problemen ihrer Zeit vertraut machen. Vermieden werden müssen aber Abhängigkeiten, die den Richter innerlich als voreingenommen erscheinen lassen können (*Schmidt-Räntsch,* 6. Aufl. 2009, § 39 Rn. 6).

122 Das Mäßigungsgebot betrifft die dienstliche wie die außerdienstliche Verhaltensweise des Richters. Erfasst sind insbesondere die Unabhängigkeit von anderen Staatsgewalten, von den Beteiligten der bei Gericht anhängigen Verfahren, auch von anderen Richtern – ggf. des eigenen Spruchkörpers – und von Einrichtungen des Wirtschafts- und sozialen Lebens außerhalb der staatlichen Sphäre. Prägnant umrissen ist die Verhaltensweise des unabhängigen Richters in der Formulierung des Amtseids in § 38 I DRiG.

123 Bei einer **Betätigung in Organisationen** und **Gruppen** mit religiöser, politischer, sozialer oder sonstiger Zielsetzung ist, wenn ein aktueller Bezug zur richterlichen Tätigkeit besteht oder nach objektiver und **unvoreingenommener Betrachtungsweise** bestehen könnte, Zurückhaltung geboten (*Fürst,* § 39 Rn. 4).

124 *aa) Die politische und gesellschaftliche Betätigung des Richters.* Schon aus dem Wortlaut des § 39 DRiG ergibt sich, dass dem Richter eine politische Betätigung grundsätzlich nicht untersagt ist. Richter dürfen sich vielmehr – wie jeder andere Staatsbürger – politisch, auch parteipolitisch betätigen. Die Entscheidung des Gesetzgebers für den **politischen Richter** rechtfertigt sich vor dem Grundgedanken der **wehrhaften Demokratie.** Das aktive Eintreten des Richters für die freiheitlich-demokratische Grundordnung setzt voraus, dass er die Möglichkeit der Teilnahme am öffentlichen und politischen Leben hat (*Schmidt-Räntsch,* 6. Aufl. 2009, § 39 Rn. 18). Bei seiner **Amtsführung** – insbesondere der Rechtsprechung – hat der Richter politische, religiöse und weltanschauliche **Neutralität** zu wahren. Insbesondere Verhandlung und Entscheidung sind kein geeignetes Forum für den politischen Meinungskampf (*Schmidt-Räntsch,* § 39 Rn. 21 ff. – mit anschaulicher Darstellung von Beispielsfällen –; *BVerwG,* NJW 1982, 118 ff. zum Soldatenrecht). Die politische Betätigung des Richters findet nach § 4 I DRiG insoweit eine Beschränkung, als der Richter nicht gleichzeitig Aufgaben der rechtsprechenden und der gesetzgebenden oder der vollziehenden Gewalt wahrnehmen darf (vgl. zu Grenzfragen unten Rn. 128). Bei der politischen und gesellschaftlichen Betätigung hat der Richter allerdings das **Gebot politischer Mäßigung** zu beachten (vgl. hierzu ausführlich *Schmidt-Räntsch,* § 39, Rn. 8 ff., 17 ff. mwN). Gleiches gilt für den **Bereich der Religionsausübung.** Zum offensichtlichen Tragen von religiö-

sen Symbolen oder religiös bedingter Kleidung bei der Ausübung des Richteramtes vgl. zB *Röger,* DRiZ 1995, 471.

Die für Richter (wie im Übrigen auch für Beamte) geltenden Beschränkungen der politischen und religiösen Betätigung und Meinungsäußerung sind mit dem Grundgesetz vereinbar (*BVerfGE* 39, 334, 336 ff. = NJW 1975, 1641, 1645 ff.; *BVerfG,* NJW 1983, 2691). Die Abgrenzung zwischen erlaubter und nicht erlaubter politischer Betätigung kann im Einzelfall schwierig sein. Nicht nur deshalb wird innerhalb der Richterschaft vermehrt auch ein Diskurs über ethische Standards richterlichen Handelns geführt (vgl. hierzu etwa *Titz,* DRiZ 2009, 32). 125

Die **politische,** insbesondere **parteipolitische Betätigung** eines Richters ist für sich genommen auch dann noch nicht geeignet, das Vertrauen in seine Unabhängigkeit zu gefährden, wenn er seine Meinung pointiert vorträgt und vertritt. Denn von einem Richter wird grundsätzlich erwartet, dass er sich bei seiner Amtsführung nicht etwa mit der offiziellen Meinung einer politischen Partei identifiziert, sondern vielmehr **Aufgeschlossenheit für abweichende Meinungen** zeigt. Eine Gefahr für das Vertrauen in seine Unabhängigkeit entsteht für einen politisch aktiven Richter erst dann, wenn dieses Vertrauen durch das Verhalten des Richters erschüttert wird. Welche konkreten Konsequenzen sich im Einzelfall aus dem Mäßigungsgebot für seine politische, religiöse oder weltanschauliche Betätigung oder Meinungsäußerung ergeben, muss der Richter grundsätzlich selbst entscheiden. Er hat hierbei die soziale Stellung eines Richters, seine eigene Stellung (zB als Richter an exponierter Stelle), die Anschauungen der Rechtsgemeinschaft (insbesondere am Sitz seines Gerichts), den inhaltlichen Gegenstand (zB Äußerung zu extremisitischen Positionen) zu bedenken und entsprechend bei der Art der Darstellung Sachlichkeit und Zurückhaltung zu wahren (vgl. iE *Schmidt-Räntsch,* § 39 Rn. 27 ff.). 126

Das Richteramt steht der **Mitgliedschaft in einer politischen Partei** nicht entgegen, solange es sich um eine Partei handelt, die auf dem Boden der freiheitlich-demokratischen Grundordnung steht. **Problematisch** wird die Mitgliedschaft in einer **Partei,** auch wenn sie nicht als **verfassungswidrig** verboten ist, wenn sie nach ihrem Programm und ihrem Agieren zB **rassistische Ziele** oder eine Ordnung verfolgt, die dem Demokratieprinzip widerspricht. Tritt ein Richter einer solchen Partei bei und bekennt er sich zu den Zielen einer solchen Partei, kann dies nur als Absage an die freiheitlich-demokratische Grundordnung gewertet werden (vgl. *Thomas,* S. 128). Aus öffentlichen **Sympathiebekundungen** eines Richters **für** den Vorsitzenden einer **extremistischen ausländerfeindlichen Partei** kann die **Befangenheit** des Richters abgeleitet werden (vgl. *OLG Karlsruhe,* DRiZ 1995, 351). Gleiches gilt für das Bekenntnis zu einer Religions- und Weltanschauungsgemeinschaft, die dem Menschenbild des Grundgesetzes widerspricht (vgl. hierzu etwa *OVG Koblenz,* Beschl. v. 25. 2. 2005 – 2 B 12.250/04 – NVwZ-RR 2005, 476). 127

Die Ausübung eines **kommunalpolitischen Mandats** ist grundsätzlich zulässig, solange die Mitwirkung vorwiegend die Rechtsetzung und politische Gestaltung betrifft. Ausgeschlossen ist der Richter demgegenüber von reinen Verwaltungsaufgaben, wie zB in Ausschüssen, die reine Verwaltungsaufgaben wahrnehmen (*OVG Münster,* DRiZ 1990, 181; *BVerwG,* NVwZ 1990, 162; *BVerwG,* DRiZ 2001, 23) ober als ehrenamtlicher Bürgermeister (*VG Frankfurt,* NVwZ 1990, 383). Unvereinbar ist auch die Mitwirkung eines Richters im Aufsichtsrat eines kommunalen Unternehmens im Rahmen der Entsendung (*OVG Münster,* Urt. v. 8. 12. 2006 – 1 A 3842/05). Den zT gegen die Zulässigkeit der kommunalen Mandatswahrnehmung erhobenen Bedenken (vgl. zB *Staats,* DRiZ 2001, 103, 109) ist entgegen zu halten, dass die Wahl zu kommunalen Vertretungskörperschaften – anders als zu den Parlamenten – durch Art. 137 GG ausdrücklich nicht ausgeschlossen ist. Auch hatte sich der Gesetzgeber bei Erlass des DRiG dazu entschieden, das noch im Regierungsentwurf enthaltene Verbot der Kandidatur und der Tätigkeit in kommunalen Vertretungskörperschaften zu streichen und dies damit begründet, dass die „offene politische Betätigung (…) in einer Demokratie nicht den Verdacht begründe(t), dass sie die Unbefangenheit und die Fähigkeit zu sauberer und gerechter Amtsführung beeinträchtige" (*Schmidt-Räntsch,* § 39 Rn. 27 ff.; § 4 Rn. 19 mwN; vgl. hierzu auch *Weisbrodt,* DRiZ 1995, 260 ff.). Soweit die politische Betätigung des Richters auf eine **Mandatsübernahme** in einer gesetzgebenden Körperschaft des Bundes oder eines Landes ausgerichtet ist, besteht nach § 36 I DRiG die Möglichkeit der Beurlaubung (unter Wegfall der Dienstbezüge) innerhalb der letzten zwei Monate vor dem Wahltag zur Vorbereitung der Wahl. 128

bb) Die Selbstablehnung. Aus der Pflicht des Richters, seine Unabhängigkeit zu wahren, folgt die **Pflicht,** bezogen auf eine ihm übertragene Rechtsprechungsaufgabe anzuzeigen, dass Umstände vorliegen, die einen **Ablehnungsgrund** bzw. einen **Ausschließungsgrund** nahe legen können oder Umstände gegeben sind, die die Besorgnis seiner Befangenheit begründen können (vgl. §§ 41, 42 I, II ZPO, §§ 22, 23, 24 I, II StPO). Die Abgabe dieser **Anzeige** nach § 48 ZPO bzw. § 30 StPO ist nicht nur eine **Dienstpflicht des Richters** (*Thomas,* S. 140), sondern eine echte, den Parteien gegenüber **bestehende verfahrensrechtliche Pflicht** (vgl. dazu *Zöller,* ZPO, 28. Aufl. 2010, § 48 Rn. 4; *BGH,* NJW 1995, 1677, 1678 f.). 129

cc) Die Nichtübernahme von Schieds- und Schlichteraufgaben. Das Gebot, die richterliche Unabhängigkeit zu wahren, schränkt die – genehmigungspflichtige – Tätigkeit eines Richters als Schiedsrichter oder Schiedsgutachter dahingehend ein, dass eine Genehmigung nur erteilt werden darf, wenn der Richter von den **Parteien des Schiedsgerichts gemeinsam beauftragt** oder von einer unbeteiligten Stelle (zB 130 dem Präsidenten eines Land- oder Oberlandesgerichts) benannt wird; außerdem ist die Genehmigung zu versagen, wenn der Richter zur Zeit der Entscheidung über die Erteilung der Genehmigung **mit der Sache befasst** ist oder nach der Geschäftsverteilung befasst werden kann (§ 40 I DRiG). § 40 II DRiG erklärt die Regelung für die Nebentätigkeit als Schlichter (zB im Bereich des Arbeitsrechts) als entsprechend anwendbar.

131 Neben diesen genannten Versagungsgründen können darüber hinaus **allgemeine Versagungsgründe** für die Genehmigung einer Nebentätigkeit in Betracht kommen (§ 46 DRiG iVm § 97ff. BBG; § 71 DRiG iVm § 40 BeamtStG). Danach ist die Genehmigung insbesondere dann zu versagen, wenn die **Unabhängigkeit** des Richters **gefährdet** ist oder sonstige **Interessen der Rechtspflege** beeinträchtigt werden könnten. Ein solcher Fall ist zB anzunehmen, wenn ein Richter zwar nach dem geltenden Geschäftsverteilungsplan nicht mit der Sache geerfasst werden kann, aber wenn geplant ist, ihn im kommenden Geschäftsjahr in dem Spruchkörper einzusetzen, der mit der Sache befasst wäre (vgl. iE *Schmidt-Räntsch,* § 40 Rn. 13).

132 *dd) Verbot zur Erstattung von Rechtsgutachten und Rechtsauskünften.* Nach § 41 I DRiG ist es einem Richter **verboten,** im Auftrag privater Auftraggeber **Rechtsgutachten** zu erstatten oder entgeltliche Rechtsauskünfte zu erteilen. Sinn und Zweck der Regelung ist die Vermeidung einer Inanspruchnahme der Autorität des Richteramts bei der gutachtlichen Wahrnehmung der Interessen des Auftraggebers. Die Regelung dient damit insbesondere der Abwehr von Gefahren, die durch die private Indiestnahme richterlicher Autorität für Integrität, Ansehen und Unabhängigkeit der Richter und der dritten Staatsgewalt insgesamt entstehen können. Vom Rechtsgutachten, das eine Prüfung einer gegebenen Sach- und Rechtslage mit einer konkreten Streitfrage enthält, ist die **wissenschaftliche Erörterung** einer Rechtsfrage, etwa in einer **Fachzeitschrift** oder in einem Vortrag, zu **unterscheiden,** die nicht dem Verbot des § 41 I DRiG unterliegen. Die in § 41 I DRiG geregelten Einschränkungen sind (daher) mit dem Grundgesetz – insbesondere mit den Art. 2 und 5 GG – vereinbar (*BVerfG,* NJW 1983, 2691).

133 **Rechtsauskünfte** sind dem Richter nach § 41 I DRiG nur verboten, soweit sie **entgeltlich** erteilt werden. **Unentgeltlich** ist eine Rechtsauskunft jedoch nur, wenn **keinerlei Gegenleistung** gefordert oder angenommen wird, die unmittelbar oder mittelbar einen wirtschaftlichen Vorteil, welcher Art auch immer, darstellt, der mit der Erteilung der Rechtsauskunft in einem ursächlichen Zusammenhang steht (*BVerwG,* Beschl. v. 10. 2. 1987 – 2 B 131/86 –, Buchholz 236.2 § 41 DRiG Nr. 1; *Schmidt-Räntsch,* § 41 Rn. 8). Etwa auch eine Einladung zum Essen oÄ kann als Gegenleistung zu werten sein. Das bis zum 30. 6. 2008 geltende **Rechtsberatungsgesetz** beschränkte die zulässige Erteilung von unentgeltlichen Rechtsauskünften (auch für Richter) auf den privaten Bereich. Diese Einschränkungen sind aber infolge der Entscheidung des BVerfG v. 29. 7. 2004 (1 BvR 737/00 – NJW 2004, 2662) durch das seit dem 1. 7. 2008 geltende **Rechtsdienstleistungsgesetz** (vgl. nunmehr § 6 I RDG) aufgegeben worden.

134 *ee) Das Verbot der Annahme von Belohnungen und Geschenken, Orden und Ehrenzeichen.* Dass es dem Richter verboten ist, **Geschenke** und **Belohnungen** anzunehmen, die in einem Bezug oder Zusammenhang zu seiner richterlichen Tätigkeit stehen, dürfte eine Selbstverständlichkeit sein, die keiner weiteren Begründung bedarf (vgl. § 46 DRiG iVm § 70 BBG; § 71 DRiG iVm § 42 BeamtStG). In gleicher Weise ist es dem Richter untersagt, **Titel, Orden** und **Ehrenzeichen** für im Amt erworbene Dienste entgegenzunehmen. Auf diese Weise soll schon der bloße Anschein mangelnder Eigenständigkeit des Richters und einer Abhängigkeit von der verleihenden Stelle vermieden werden (vgl. *Thomas,* S. 142 f.).

2. Besondere mit der Amtsausübung verbundene Pflichten des Richters

135 a) **Die Dienstleistungspflicht.** *aa) Pflicht zur Erledigung von Rechtsprechungsaufgaben.* Der Richter ist nach § 46 DRiG iVm § 61 I 1 BBG bzw. § 71 DRiG iVm § 34 S. 1 BeamtStG verpflichtet, sich seinem Beruf mit vollem persönlichen Einsatz zu widmen. Dies bedeutet ua, dass er die ihm durch den Geschäftsverteilungsplan zugewiesene Aufgabe mit allen ihm zur Verfügung stehenden Kräften wahrnimmt. Dass er dabei die vorgegebenen gesetzlichen Fristen für die richterliche Aufgabenerledigung (zB § 310 I oder § 315 II ZPO) zwingend zu beachten hat, vesteht sich von selbst (vgl. *KG,* DRiZ 1997, 64 f.).

136 Aus dieser **Verpflichtung zur Dienstleistung** ergibt sich etwa, dass der Richter seine Arbeitskraft während eines der **üblichen Arbeitszeit entsprechenden Zeitraums** für die Ausübung seines Amtes einzusetzen hat (vgl. *Darkow,* DRiZ 1971, 372 f.) Da nicht getrennt werden kann zwischen Rechtsprechung einerseits und der ihr zugrundeliegenden Arbeitsleistung, erfasst die die Rechtsprechung prägende **Unabhängigkeitsgarantie** auch die **Organisation dieser Arbeitsleistung** (vgl. *Fürst* § 26 Rn. 58). Daraus folgt, dass der Richter **eigenverantwortlich** und **weisungsfrei** den **Arbeitsablauf** und damit auch den Ort und die Zeit seiner richterlichen Tätigkeit bestimmen kann. Der Richter ist nicht an **Dienststunden** gebunden. Er ist nicht zur **Einhaltung** von allgemein **geregelten Arbeitszeiten** verpflichtet. Daher verstößt auch eine Maßnahme des Dienstherrn, die den Zugang des Richters zu seinem Dienstzimmer außerhalb der üblichen Bürozeiten beschränkt, gegen die richterliche Unabhängigkeit, wenn die Beschränkung nicht durch die Notwendigkeit eines geregelten und finanzierbaren Dienstbetriebs gerechtfertigt ist (*BGH,* Urt. v. 25. 9. 2002 – RiZ (R) 2/01 – NJW 2003, 282).

Da die rechtsprechende Tätigkeit stark individuell geprägt und zu einem wesentlichen Teil schöpferisch ist, lässt sich eine optimale und **effiziente Arbeitsleistung** nur bei dieser **weisungsfreien** und **selbstbestimmten Arbeitsgestaltung** erreichen. 137

Dass der Richter dabei seine Arbeitsleistung so organisieren muss, wie es die ordnungsgemäße Erfüllung seiner Aufgaben erfordert, ist eine Selbstverständlichkeit. Hierfür ist er aber selbst verantwortlich. Die ordnungsgemäße Erfüllung seiner Aufgaben bestimmt das Maß der **Präsenz des Richters** im Gericht und beantwortet die Frage, in welchem Umfang er, wenn er sich nicht im Gericht befindet, für die Erledigung von Dienstaufgaben erreichbar sein muss. 138

Der Freiheit des Richters, seine Arbeitsleistung nach Ort und Zeit, Inhalt, Ablauf, Reihenfolge etc. selbstverantwortlich bestimmen zu können, steht die **Verpflichtung** gegenüber, sich der ihm übertragenen Aufgabe mit **vollem persönlichen Einsatz** zu widmen und dabei seine **Arbeitskraft** und **Arbeitszeit** so **effizient** wie möglich **einzusetzen.** Dazu gehört auch, dass sich der Richter technischer Hilfsmittel einschließlich der **Datenverarbeitung** dann bedient, wenn dies nach seinem individuellen Arbeitsstil zu einer Erhöhung der Effizienz führt. Die Ausstattung des Richterarbeitsplatzes mit Computern und die IT-gestützte Organisation der gerichtsinternen Arbeitsabläufe stellt hierbei grundsätzlich ebensowenig einen Eingriff in die richterliche Unabhängigkeit dar, wie die Einführung des elektronischen Rechtsverkehrs. Auch die Einführung elektronischer Aktenführung ist grundsätzlich zulässig (*BGH,* Urt. v. 21. 10. 2010 – RiZ (R) 5/09 – DRiZ 2011, 66). In diesem Zusammenhang auftretende Einzelfragen sind indes noch weitgehend ungeklärt. So ist die fortschreitende IT-Standardisierung des Richterarbeitsplatzes im Hinblick auf die richterliche Unabhängigkeit und die Unabhängigkeit der Justiz als Dritter Staatsgewalt nicht unproblematisch. Die Trennung zwischen inhaltlichen und technisch-organisatorischen Sachverhalten ist beim IT-Einsatz nicht mehr in gewohnter Weise möglich und muss daher neu durchdacht werden. Arbeitsinhalte werden durch die Technik zunehmend vorgeprägt; verändert wird auch die methodische Herangehensweise an Rechtsfälle und damit letztlich das Recht selbst. In dem Spannungsverhältnis zwischen inhaltlicher Eigenverantwortung und organisatorischer Eingebundenheit des Richters erhält die Unabhängigkeitsgarantie zunehmend auch eine organisationsrechtlich-gestaltende Seite (vgl. zum Ganzen *Scholz,* IT-Standardisierung und richterliche Unabhängigkeit, DRiZ 2011, 78 mwN; *Bertrams,* NWVBl. 2007, 205 ff.; 2010, 209 ff.; *Berlit,* Die Verwaltung, Beiheft 5 (2002), S. 135; Positionspapier der Arbeitsgruppe „Zukunft" der Bund-Länder-Kommission für Datenverarbeitung und Rationalisierung in der Justiz vom 29. 4. 2009, JurPC Web-Dok. 202/2009, Abs. 1–126). 139

Aus der Verpflichtung des Richters, die ihm durch den Geschäftsverteilungsplan zugewiesenen Aufgaben mit voller Hingabe und den ihm zur Verfügung stehenden Kräften wahrzunehmen, ist jedoch nicht abzuleiten, dass der Richter in jedem Fall auch verpflichtet ist, alle in seinem Aufgabenbereich anfallenden Arbeiten, zB alle eingehenden Verfahren, zu erledigen. Der Richter hat vielmehr **aufgaben- und fallbezogen** selbst über das **Maß und den Aufwand für die einzelne Sache** zu entscheiden. Nicht zu begründende dem Richter zuzuordnende Verfahrensverzögerungen oder Untätigkeiten können aber die Besorgnis seiner Befangenheit begründen (*LSG Niedersachsen,* DRiZ 1994, 232 f.) 140

Die durch das Präsidium des Gerichts mit dem **Geschäftsverteilungsplan zugewiesene Aufgabe** gibt idR einen Hinweis darauf, was als von einem Richter zu erbringende, machbare Arbeitsleistung angesehen wird – eine sachlich richtige und vertretbare Präsidiumsentscheidung, die von einem Richter nichts Unmögliches verlangt, vorausgesetzt. 141

Auf Beschluss der Justizministerkonferenz im Jahr 1998 wurde – in Abkehr von den früheren „Pensenschlüsseln" – durch die Unternehmensberatung Arthur Anderson Business Consulting GmbH seit dem Jahr 2000 ein System zur Personalbedarfsberechnung (kurz: **PEBB§Y**) auf der Grundlage von Selbstaufschreibungen entwickelt und seit dem fortgeschrieben. Ziel war es, den tatsächlichen Personalbedarf der Justiz auf einer analytisch gesicherten Basis zu ermitteln, um dem Haushaltsgesetzgeber eine Orientierungs- und Entscheidungshilfe bereitzustellen, eine angemessene Verteilung der genehmigten Personalausstattung innerhalb der Justiz zu gewährleisten und Transparanz und Nachvollziehbarkeit der Ergebnisse der Personalbedarfsermittlung für alle Beteiligten herzustellen (vgl. hierzu zB *Herrler,* DRiZ 2004, 229). 142

bb) Nebenpflichten des Richters. Zu den Dienstpflichten des Richters gehört auch die Übernahme von Nebenpflichten, die mit der Rechtsprechung untrennbar verbunden sind oder mit ihr in engem Zusammenhang stehen, wie etwa der richterlichen Rufbereitschaft (*BGH,* NJW 1987, 1198, 1199), die Kennzeichnung von Akten als Prüfungsakten oder die Meldung nicht erledigter Sachen (*BGH,* MDR 1988, 141 f.). Diese Aufgaben kann der Richter weder im Hinblick auf seine richterliche Unabhängigkeit ablehnen, noch benötigt er hierfür eine Genehmigung. 143

Abzugrenzen sind hiervon **Nebentätigkeiten** im Sinne des § 42 DRiG (vgl. hierzu ergänzend Rn. 214). Zu den Nebentätigkeiten gehören nach § 42 DRiG das Nebenamt und Nebenbeschäftigungen; der Richter ist hierzu nur in der Rechtspflege und in der Gerichtsverwaltung verpflichtet. Nebenamt ist hierbei ein Kreis von Aufgaben hoheitlicher Art, die vom Hauptamt getrennt sind und von dem Richter aufgrund seines öffentlich-rechtlichen Dienstverhältnisses wahrgenommen werden, zB die nebenamtliche Tätigkeit in einem Dienstgericht (*Schmidt-Räntsch,* Vorbem §§ 40 bis 42 Rn. 2). Unter **Rechtspflege** 144 ist in diesem Zusammenhang jede Tätigkeit zu verstehen, die mit der Rechtsprechung in einem unmittelbaren oder mittelbaren organisatorischen oder inhaltlichen Zusammenhang steht (vgl. *Fürst,* § 42 Rn. 6). **Aufgaben der Gerichtsverwaltung** können dem Richter nach §§ 42, 4 II 1 DRiG – ohne dass seine Zustimmung erforderlich ist – neben seinen richterlichen Aufgaben übertragen werden. Zu solchen Aufgaben können ua die Bearbeitung von Personalangelegenheiten, von Dienstaufsichtsbeschwerden oder von Haushaltsfragen gehören. Verpflichtende Nebentätigkeiten des Richters sind etwa auch die **Ausbildung von Referendaren** (*BGH,* NJW 1991, 426) oder die Ausarbeitung von **Stellungnahmen zu Gesetzentwürfen** als Aufgabe der Gerichtsverwaltung (*Schmidt-Räntsch,* Vorbem §§ 40 bis 42, Rn. 3). Die Beaufsichtigung von Klausuren im ersten juristischen Staatsexamen ist hingegen weder dem Bereich der Gerichtsverwaltung zuzuordnen, noch gehört sie zur Rechtspflege (vgl. *Nds. DGH,* DRiZ 1997, 63 f.).

145 Bei einem **Streit über die Verpflichtung** des Richters, Aufgaben zu übernehmen, die seiner richterlichen Haupttätigkeit zuzuordnen sind, also keine Nebentätigkeiten im Sinne von § 42 darstellen, ist das **Dienstgericht** nach § 26 III; § 62 I Nr. 4 d; § 78 Nr. 4 d DRiG zuständig (vgl. *Fürst,* § 42 Rn. 8).

146 Einen Anspruch auf **Freistellung** von seinen Pflichten im Hauptamt hat der Richter infolg der Übernahme von verpflichtenden Nebentätigkeiten grundsätzlich nicht (*Schmidt-Räntsch,* § 42 Rn. 9; *BVerwG,* NJW 1988, 1159, 1160 = DRiZ 1988, 139, 140; *BGH,* NJW 1983, 129, 131 = DRiZ 1983, 320, 321). Maßgeblich ist aber jeweils der Umfang der dem Richter im Einzelfall übertragenen Nebentätigkeit.

147 Grundsätzlich muss für jede **Nebentätigkeit,** die dem Richter ohne seine Zustimmung übertragen wird, gelten, dass sie **quantitativ hinter** der **Haupttätigkeit zurücktritt.** Der Richter darf durch die ihm auferlegte Nebentätigkeit nicht in der Ausübung seiner richterlichen Haupttätigkeit ernsthaft beeinträchtigt werden (vgl. *Schmidt-Räntsch,* § 42 Rn. 9).

148 **b) Amtsverschwiegenheit und Beratungsgeheimnis. Für den Richter besteht die allgemeine Pflicht zur Verschwiegenheit** hinsichtlich solcher Angelegenheiten, die er bei seiner amtlichen Tätigkeit oder gelegentlich der Amtsausübung erfährt oder die ihm bekannt geworden sind (§ 46 DRiG iVm § 61 BBG; § 71 DRiG iVm § 37 I BeamtStG). Diese Pflicht zur Verschwiegenheit dient in erster Linie dem **Vertrauensschutz des einzelnen am Verfahren Beteiligten,** für den nach den Verfahrensgesetzen teilweise umfangreiche Aussage- und Erklärungspflichten auch hinsichtlich privatester Dinge bestehen.

149 Neben dieser allgemeinen Pflicht zur Verschwiegenheit besteht für den Richter die in § 43 DRiG niedergelegte besondere Verpflichtung, über den Hergang bei der Beratung und Abstimmung zu schweigen, und zwar auch nach Beendigung seines Dienstverhältnisses. Durch das **Beratungsgeheimnis** wird zum einen die **Einheit des Kollegiums** nach außen gestärkt, zum anderen das einzelne Mitglied des Kollegiums vor **Indiskretionen seiner Kollegen** geschützt. Zugleich fördert es den Rechtsfrieden und dient der Rechtssicherheit dadurch, dass nach aussen nur die Entscheidung und ihre Begründung bekannt wird, nicht aber der Prozess der Entscheidungsfindung mit kontroversen Diskussionen und Abstimmungen (vgl. dazu *Fürst,* § 43 Rn. 3 f.; ausführlich *Schmidt-Räntsch,* § 43 Rn. 1 ff.).

150 Das Beratungsgeheimnis hindert den Richter nicht, sich **wissenschaftlich** zu **Rechtsfragen zu äußern,** die er bei der Fallbearbeitung bereits entschieden hat, bzw. an deren Entscheidung er in einem Kollegium mitgewirkt hat. Er kann sich – solange er sein Abstimmungsverhalten nicht offenbart – abstrakt auch mit den in der Beratung geäußerten Auffassungen zu bestimmten Rechtsfragen auseinandersetzen.

151 Da das Beratungsgeheimnis auch gegenüber dem Dienstvorgesetzten besteht, kommt weder eine **Entbindung von der Pflicht zur Wahrung** des **Beratungsgeheimnisses** durch den Dienstvorgesetzten in Betracht, noch eine Pflicht, über Tatbestände eine Aussage zu machen, die dem Beratungsgeheimnis unterliegen (*Fürst,* § 43 Rn. 20 b).

152 **c) Die Amtstracht.** Der Richter ist verpflichtet, bei richterlichen Amtshandlungen als Amtstracht eine Robe zu tragen (*Schmidt-Räntsch,* § 46 Rn. 44; *Fürst,* § 26 Rn. 80; *BVerwGE* 67, 222, 228 ff.; *OVG Lüneburg,* DRiZ 1974, 389; *VGH Kassel,* DRiZ 1980, 392 ff.). Von dieser **grundsätzlichen Pflicht** des Richters, die **Robe zu tragen,** ist er dann befreit, wenn das Tragen der Robe die Erledigung des Amtsgeschäftes hindern würde oder ihr zuwiderlaufen würde, zB dann, wenn das Tragen der Robe erkennbar Verfahrensbeteiligte ängstigt, wie bei der Anhörung oder Vernehmung von Kindern (*OLG Frankfurt,* NJW 1987, 1208 f.).

153 **d) Fortbildungspflicht.** Eine Verpflichtung zur Fortbildung ist für Richter bislang gesetzlich nicht ausdrücklich geregelt. Wie für alle Berufe gilt aber auch für Richter, dass das im Studium und in der Vorbereitungszeit erworbene Wissen und die erlernten Fähigkeiten nach dem Einstieg in den richterlichen Beruf ständig und fortlaufend vervollständigt und aktualisiert werden müssen. Die **Pflicht zur Fortbildung** ergibt sich aus der allgemeinen **Dienstleistungspflicht** (*Thomas,* S. 152; vgl. auch BT-Drs. 16/7434, S. 20 f.). Wie und auf welche Weise der **Richter** sich fortbildet, **bestimmt** er **eigenverantwortlich** selbst. Er entscheidet, ob und in welchem Umfang er zB **Fachliteratur** und **Fachzeitschriften** – unabhängig von der Fallbearbeitung – studiert oder ob er an vom Dienstherrn angebotenen **Fortbildungsveranstaltungen** teilnimmt. Auch bei hoher Arbeitsbelastung ist der Richter gehalten – will er die

ihm anvertraute rechtsprechende Aufgabe pflichtgemäß wahrnehmen – sich einen **Freiraum für Fortbildung** zu schaffen, auch wenn dies die Erledigung der Verfahren verzögert. Der Dienstherr ist im Rahmen seiner Fürsorgspflicht verpflichtet, die Fortbildung der Richter zu fördern.

Eine **gesetzliche Regelung** zur Fortbildungspflicht durch Einführung eines § 43 a DRiG war im Entwurf der Bundesregierung für ein 2. Justizmodernisierungsgesetz enthalten gewesen (BT-Drs. 16/3038, S. 8). Die Regelung wurde dann aber während des Gesetzgebungsverfahrens im Hinblick auf die mit der Föderalismusreform I geänderten Gesetzgebungszuständigkeiten gestrichen (vgl. hierzu BT-Drs. 16/7434, S. 20 f.). In der Begründung war der geplanten gesetzlichen Regelung der Fortbildungspflicht klarstellende Funktion beigemessen worden. Sie verdeutliche aber auch den hohen Stellenwert der beruflichen Fortbildung in der Justiz und solle dazu beitragen, das Bewusstsein für ihre Bedeutung zu schärfen (BT-Drs. 16/3038, S. 31). 154

e) **Besondere Pflichten bei der Richterablehnung.** Wird ein Richter wegen **Befangenheit** abgelehnt, so hat er bis zur endgültigen, also rechtskräfigen Entscheidung über den Ablehnungsantrag nur solche Handlungen vorzunehmen, die keinen Aufschub gestatten (§ 47 ZPO; § 29 StPO). **Unaufschiebbar** sind nur solche **Handlungen,** die einer Partei wesentliche Nachteile ersparen oder bei deren Unterlassung Gefahr im Verzug ist. Dazu gehören insbesondere Maßnahmen der Sitzungspolizei nach §§ 177 bis 180 GVG, Terminaufhebungen, Eilentscheidungen etc. (vgl. dazu *Zöller,* ZPO, 28. Aufl. 2010, § 47 Rn. 3; *Baumbach/Lauterbach/Albers/Hartmann,* ZPO, 69. Aufl. 2011, § 47 Rn. 5; *Münchner* Kommentar zur ZPO, 3. Aufl. 2008, § 47 Rn. 4; Meyer-*Goßner,* StPO, 53. Aufl. 2010, § 29 Rn. 4). 155

Grds. muss der Richter **jede Handlung unterlassen,** durch die die Entscheidung über das Ablehnungsgesuch beeinflusst werden könnte. Da das Recht zur Ablehnung der Sicherung der Unparteilichkeit der Rechtsprechung im konkreten Rechtsstreit und damit zugleich der Gewährleistung des gesetzlichen Richters dienen soll (Art. 101 I 2 GG; § 16 S. 2 GVG), muss sich der Richter – im Zusammenhang mit dem betroffenen Verfahren – mit den genannten Ausnahmen jeglicher weiteren Amtstätigkeit enthalten. 156

IV. Überwachung der Pflichterfüllung

1. Die Dienstaufsicht

Im Hinblick auf die Pflicht des Staates, eine funktionierende und leistungsfähige Justiz zu gewähren, ist eine **Dienstaufsicht** zur Aufrechterhaltung einer geordneten Rechtspflege und damit auch hinsichtlich der sie ausübenden Richter **erforderlich** (vgl. *Fürst,* Vorbem. zu §§ 1 ff. Rn. 23 mwN; § 26 Rn. 1). Das DRiG geht dementsprechend auch von der **Zulässigkeit** und **Notwendigkeit** einer solchen **Dienstaufsicht** über Richter aus, vgl. § 26 DRiG. Die Dienstaufsicht steht zur **richterlichen Unabhängigkeit** in einem **Spannungsverhältnis** widerstreitender Interessen, das umso stärker in Erscheinung tritt, je mehr die dienstaufsichtführende Stelle von Entscheidungen der Richter, über die sie die Aufsicht führt, ressortmäßig betroffen wird (*Schmidt-Räntsch,* § 26 Rn. 2 unter Hinweis auf *BSGE* 2, 201, 207). 157

a) **Umfang der Dienstaufsicht.** Der Umfang der Dienstaufsicht über Richter findet seine **Grenzen** in der durch Art. 97 I GG verbürgten **sachlichen Unabhängigkeit,** die den Richter im Rahmen seiner rechtsprechenden Tätigkeit vor Weisungen durch den Gesetzgeber, Regierungen und auch die Dienstaufsicht schützt. Diese sachliche Unabhängigkeit ist Voraussetzung für eine objektive, von Fremdbeeinflussung freie Rechtsprechung. Rechtfertigung und Schranke findet sie in der Bindung des Richters an Recht und Gesetz (vgl. *Thomas,* S. 8; *BGHZ* 67, 184, 187). 158

Der Richter untersteht daher einer **Dienstaufsicht nur, soweit nicht** seine **Unabhängigkeit beeinträchtigt** wird, § 26 I DRiG. Das bedeutet, dass Einflußnahmen der Dienstaufsicht auf die rechtsprechende Tätigkeit des Richters grundsätzlich ausgeschlossen sind (vgl. zum Ganzen ausführlich *Schmidt-Räntsch,* § 26 Rn. 17 ff.). 159

Die der Dienstaufsicht entzogene rechtsprechende Tätigkeit des Richters, nämlich die Rechtsfindung als **Kernbereich** richterlicher Tätigkeit, ist in diesem Zusammenhang weit zu fassen (zur Abgrenzung zwischen Kernbereich und **äußerem Ordnungsbereich** der Rechtsprechung vgl. *BGH,* DRiZ 1997, 467 ff.). Dazu gehört neben der eigentlichen Spruchrichtertätigkeit jede richterliche Handlung, die notwendig auf den Richterspruch hinführt oder ihm notwendig nachfolgt. In diesem Bereich der eigentlichen Rechtsfindung sind Dienstaufsichtsmaßnahmen ausnahmsweise in Fällen offensichtlicher fehlerhafter Amtsausübung zulässig, dh wenn es sich um einen offensichtlichen, jedem Zweifel entrückten Fehlgriff handelt (vgl. *BGH,* DRiZ 1996, 371 f. mit Anm. von *Nökel; Schmidt-Räntsch,* § 26 Rn. 27 mwN). Der Übergang vom Kernbereich richterlicher Tätigkeit zu Tätigkeiten des Richters, die mit dem Rechtsfindungsprozess in keinem Zusammenhang stehen, ist fließend, so dass im Zweifelsfall eine Tätigkeit des Richters eher dem Kernbereich zuzuordnen ist. 160

In den **Kernbereich der richterlichen Tätigkeit** ist auch die **Tätigkeit** des Richters als **Mitglied des Präsidiums** einzubeziehen. Der Dienstaufsicht ist es daher verwehrt, Weisungen und Empfehlungen an das Präsidium etwa hinsichtlich der Geschäftsverteilung heranzutragen. Selbst Anregungen oder die Bitte, eine im Rahmen der Geschäftsverteilung zu treffende Maßnahme in einem bestimmten Sinne vorzu- 161 nehmen, stellen eine die richterliche Unabhängigkeit beeinträchtigende Maßnahme dar (*BGHZ* 112, 197).

162 **Unzulässig** sind danach alle dienstaufsichtsrechtlichen Maßnahmen, die das allgemeine Verhalten des Richters, soweit es seine Rechtsprechung betrifft, zu beeinflussen versuchen. Deshalb sind **vom Dienstvorgesetzten** ausgesprochene **Anregungen** und **Empfehlungen,** bestimmte Arten von **Bitten** oder **Hinweise,** grundsätzliche unzulässig (vgl. dazu iE *Thomas,* S. 10 ff. mwN).

163 Eine Beeinträchtigung der richterlichen Unabhängigkeit ist anzunehmen, wenn zB der Dienstvorgesetzte bemängelt, dass der Richter nicht der **Anregung** folgt, **mehr als einen Sitzungstag** in der Woche abzuhalten (vgl. dazu *BGH,* NJW 1988, 419, 421) oder wenn er dem Richter wegen entstandener Rückstände im Dezernat Vorhaltungen macht. Eine solche Vorhaltung wegen entstandener Rückstände stellt deswegen eine Beeinträchtigung der richterlichen Unabhängigkeit dar, weil sie geeignet ist, den Richter zu einer Arbeitsweise zu drängen, bei der die Erledigung und nicht die Suche nach Recht und Gerechtigkeit im Vordergrund steht (vgl. dazu *BGH,* NJW 1988, 419, 421; zur Zulässigkeit von Dienstaufsichtsmaßnahmen wegen Terminsverlegungen durch demonstrierende Richter vgl. *KG,* DRiZ 1995, 438).

164 **Dienstaufsichtsmaßnahmen** sind daher nur solche Tätigkeiten des Richters **zugänglich,** die mit dem Rechtsfindungsprozess in keinem Zusammenhang stehen, dh für den Inhalt von richterlichen Entscheidungen ohne jede Bedeutung sind und nur die **äußere Form der Erledigung eines Amtsgeschäfts** betreffen (*Thomas,* S. 15). Zu nennen sind hier die Durchführung von Sitzungen in Sitzungssälen, die Verwendung von einheitlichen Aktendeckeln oder die Verpflichtung, die vorgeschriebene Amtstracht zu tragen (*Fürst,* § 26 Rdnrn. 11–35). Die Verpflichtung zur Benutzung von Vordrucken kommt nur dann in Betracht, wenn hierdurch keinerlei Vorgaben für die inhaltliche Arbeit des Richters gemacht werden. Insbesondere im Zuge der fortschreitenden IT-Standardisierung steht das Spannungsverhältnis zwischen inhaltlicher Eigenverantwortung und technisch-organisatorischer Eingebundenheit des Richters vor neuen Herausforderungen (vgl. etwa *Scholz,* DRiZ 2011, 78).

165 b) **Mittel der Dienstaufsicht.** Die Dienstaufsicht umfasst nach § 26 II DRiG „auch die Befugnis, die ordnungswidrige Art der Ausführung eines Amtsgeschäfts vorzuhalten und zu ordnungsgemäßer, unverzögerter Erledigung der Amtsgeschäfte zu ermahnen“. Die genannten Mittel des **Vorhalts** und der **Ermahnung** bilden die obere Grenze der zulässigen Dienstaufsichtsmaßnahmen; geringer Mittel sind möglich (*Schmidt-Räntsch,* § 26 Rn. 35; *BGHZ* 47, 275, 285). Die dabei notwendig vorangehende Bewertung der richterlichen Tätigkeit darf nur sachbezogen, nicht aber personenbezogen erfolgen. Eine personenbezogene Bewertung, zB eine Rüge, ein Tadel, eine Missbilligung überschreitet die **Grenze des Vorhalts** und ist daher nicht zulässig (vgl. dazu *BGHZ* 51, 363, 371; *Schmidt-Räntsch,* § 26 Rn. 38). Mit einer **Ermahnung** darf der Richter lediglich allgemein dazu angehalten werden, künftig seine Amtsgeschäfte ordnungsgemäß zu erledigen. Jeder Anschein einer Einflußnahme auf richterliche Entscheidungen ist zu vermeiden.

166 Soweit angesichts der Verfehlung **Maßnahmen** für erforderlich gehalten werden, die über den Vorhalt und die Ermahnung iSv § 26 II DRiG hinausgehen, können diese nur im Wege des **Disziplinarverfahrens** (vgl. hierzu unten Rn. 178 ff.) angeordnet werden. Die Beschränkung der Mittel der Dienstaufsicht auf Vorhalt und Ermahnung nach § 26 II DRiG gilt nicht nur hinsichtlich der richterlichen Tätigkeit sondern auch für den **außerdienstlichen** und damit **nichtrichterlichen Bereich** (*BGHZ* 90, 34, 39; *Fürst,* § 26 Rn. 55; aA *Thomas,* S. 17 mwN; *Schmidt-Räntsch,* § 26 Rn. 35).

167 c) **Organe der Dienstaufsicht.** Das DRiG enthält keine einheitliche Regelung der Zuständigkeit für die Dienstaufsicht. Auch sonst ist die Zuständigkeit in Gesetzen und Verordnungen nur teilweise und für die einzelnen Gerichtszweige unterschiedlich geregelt. So bestimmt § 22 III 1 GVG für den Bereich der **ordentlichen Gerichtsbarkeit** etwa, dass die allgemeine Dienstaufsicht von der Landesjustizverwaltung dem Präsidenten des übergeordneten Landgerichts übertragen werden kann. Ansonsten ist sie, wenn das Amtsgericht mit mehreren Richtern besetzt ist, einem Richter zu übertragen (§ 22 III 2 GVG). Alle übrigen Regelungen müssen im Landesrecht getroffen werden (vgl. hierzu für den Bereich der ordentlichen Gerichtsbarkeit insbesondere die Ausführungsgesetze zum GVG – AGGVG). Die **Dienstaufsicht** über Richter führen danach idR die **zuständigen Gerichtspräsidenten,** in der obersten Instanz der Justizminister (Senator für Justiz); Amtsgerichte, die keinen Präsidenten haben, unterstehen der Dienstaufsicht des Präsidenten des übergeordneten Landgerichts, mit Ausnahme von Hamburg, wo der Amtsgerichtspräsident nach § 23 I Nr. 4 AGGVG die Dienstaufsicht über alle Amtsgerichte ausübt (vgl. zum Ganzen *Schmidt-Räntsch* § 26 Rn. 8 ff.). Die frühere ergänzend als Bundesrecht weitergeltende Verordnung zur einheitlichen Regelung der Gerichtsverfassung v. 20. 3. 1935 (RGBl. I S. 403) wurde durch das erste Gesetz zur Bereinigung von Bundesrecht im Zuständigkeitsbereich des BMJ v. 19. 4. 2006 (BGBl. I S. 866) mit Wirkung v. 24. 4. 2008 aufgehoben.

168 Für **andere Gerichtszweige** enthalten die jeweiligen **Verfahrensordnungen** Regelungen über die Zuständigkeit für die Dienstaufsicht, für die Sozialgerichtsbarkeit in § 9 II, § 30 II und § 38 III SGG, die Arbeitsgerichtsbarkeit in den §§ 15 und 34 ArbGG, die Verwaltungsgerichtsbarkeit in § 38 VwGO und die Finanzgerichtsbarkeit in § 31 FGO.

d) Rechtsschutz gegen Dienstaufsichtsmaßnahmen. Gegen jede Maßnahme der Dienstaufsicht kann der betroffene Richter das **Dienstgericht** anrufen, wenn sie nach seiner Einschätzung seine Unabhängigkeit beeinträchtigt, § 26 III, § 62 I Nr. 4 Buchst. e; § 78 Nr. 4 lit. e DRiG. Der Begriff **„Maßnahmen der Dienstaufsicht"** iSv § 26 III DRiG ist weit zu fassen *BGHZ* 47, 275, 282; 162, 333, 338;). Es fallen darunter alle Maßnahmen, die von einer dienstaufsichtführenden Stelle gegen den Richter mittelbar oder unmittelbar verfügt werden, wie zB auch **Beurteilungen** und **Zeugnisse, Prüfungsberichte** etc. (iE dazu *Schmidt-Räntsch,* § 26 Rn. 60 mwN; *Thomas,* S. 22 ff.). 169

Allein die nachvollziehbare Behauptung des Richters, dass eine bestimmte Maßnahme seiner Dienstaufsichtsbehörde ihn in seiner Unabhängigkeit beeinträchtige, reicht für die **Zulässigkeit eines Antrages** nach § 26 III DRiG aus und führt damit zur Überprüfung, ob die Maßnahme in die durch die Unabhängigkeit des Richters geschützte Sphäre eingreift. Das zuständige Dienstgericht – für dessen Verfahren die VwGO sinngem. gilt, § 80 I 1, § 66 I 1 DRiG – hat entweder die Unzulässigkeit der dienstaufsichtsrechtlichen Maßnahme festzustellen oder den Antrag des Richters zurückzuweisen (vgl. *Fürst,* § 26 Rn. 75). 170

Abzugrenzen sind die in der Zuständigkeit der Dienstgerichte stehenden richterdienstrechtlichen Streitigkeiten von anderen Streitigkeiten aus dem Richterverhältnis, für die die Verwaltungsgerichte zuständig sind (*Schmidt-Räntsch,* § 26 Rn. 59; vgl. auch oben Rn. 20). 171

2. Dienstliche Beurteilung

Die **dienstliche Beurteilung** von Richtern ist als **Maßnahme der Dienstaufsicht** iSv § 26 I DRiG im Rahmen dieser Vorschrift zulässig, dh nur, soweit dadurch die richterliche Unabhängigkeit nicht beeinträchtigt wird. Da der **Dienstherr verpflichtet** ist, die **richterliche Unabhängigkeit** zu **respektieren,** da er sich also jeder Kritik an einzelnen richterlichen Entscheidungen und Maßnahmen zu enthalten hat und über die in § 26 I, II DRiG gezogenen Grenzen hinaus keinen Einfluss auf die Rechtsprechung nehmen darf, sind den Beurteilungen und ihrem **Inhalt enge Grenzen** gezogen. Allerdings wird die richterliche Unabhängigkeit nicht schon dadurch beeinträchtigt, dass auf spezifisch richterliche Fähigkeiten wie Rechtskenntnisse, Beherrschung von Rechtsanwendungstechnik oder die Arbeitsweise im allgemeinen hingewiesen wird. Ebenso dürfen Feststellungen zur Entschlusskraft des Richters und zur Bewältigung des Arbeitspensums sowie zur Fähigkeit gründlicher Bearbeitung in angemessener Zeit getroffen werden (*Fürst,* § 26 Rn. 44). 172

Die richterliche Beurteilung darf aber **keine direkten oder indirekten Weisungen** enthalten, wie der Richter in Zukunft zu verfahren hat. Sie muss sich jeder psychologischen Einflussnahme enthalten. Eine **unzulässige Einflussnahme** ist bereits dann anzunehmen, wenn der Richter durch eine in der Beurteilung enthaltene Wertung veranlasst werden könnte, eine Entscheidung künftig in einem anderen Sinne zu treffen als ohne diese Wertung (*BGH,* DRiZ 1984, 365). 173

Fähigkeiten und **fachliche Leistungen** sind nur allgemein zu bewerten, wobei jede den Inhalt einer Entscheidung betreffende Bewertung unzulässig ist. Die Grenzen sind eng. So verstößt die Aussage, eine Stichprobe von Streitakten habe ergeben, dass der Richter zumindest einzelne Verfahren nicht mit der gebotenen Zügigkeit gefördert hat, bereits gegen die richterliche Unabhängigkeit und ist unzulässig (vgl. *BGH,* DRiZ 1995, 352 f.). Die Aufnahme von **Erledigungszahlen** des zu beurteilenden Richters und ein **Vergleich** dieser **Erledigungszahlen** mit den Erledigungszahlen anderer Richter ist im Grundsatz zulässig, sofern hier vergleichbares gegenübergestellt wird und der beschränkte Aussagewert von Erledigungszahlen berücksichtigt wird (vgl. dazu *Thomas,* S. 213; *Fürst,* § 26 Rn. 45). 174

Die durch die richterliche Unabhängigkeit geprägte Arbeitsweise des Richters ist nur begrenzt der dienstlichen Beurteilung als Maßnahme der Dienstaufsicht zugänglich. **Aussagen** über die **Arbeitsweise** und die **Arbeitsleistung** sind immer dann **zulässig,** wenn sie **losgelöst** von **Einzelentscheidungen** möglich sind. Aussagen über die **Verhandlungs-** und **Vernehmungstechnik,** den **Umgang** des Richters mit **Parteien und Publikum,** die Frage zügiger oder verzögerter Behandlungen von Streitsachen ist insofern problematisch, als diese Aussagen ohne Rückgriff auf Einzelfallentscheidungen in der Regel kaum verifizierbar sind und daher – wenn nicht verifizierbar – in unzulässiger Weise in die Gestaltungsfreiheit des Richters eingreifen (im einzelnen zur Zulässigkeit und dem Inhalt der dienstlichen Beurteilung mit Einzelfallbeispielen vgl. *Schmidt-Räntsch,* § 26 Rn. 41 ff.; *Fürst,* § 26 Rn. 44–48; *Thomas,* S. 212 ff.). 175

Die **Beurteilung** ist mit dem Richter **zu besprechen,** der Richter hat darauf einen Anspruch (*BGH,* DRiZ 1981, 469; *Schmidt-Räntsch,* § 46 Rn. 64). 176

Gegen richterliche Beurteilungen und ihren Inhalt, und zwar sowohl wegen **formeller Mängel** als auch wegen **sachlicher Unrichtigkeiten,** kann der Richter gerichtlich vorgehen. Sofern sich der Richter durch die dienstliche Beurteilung in seiner Unabhängigkeit beeinträchtigt sieht, kann der Richter das **Richterdienstgericht** nach § 26 III DRiG anrufen. Soweit er die Beurteilung aus anderen Gründen für rechtswidrig hält, ist der **Verwaltungsrechtsweg** gegeben (*BGHZ* 90, 41, 48 ff.). 177

3. Disziplinarmaßnahmen

178 Reichen **Vorhalt** und **Ermahnung** iSv § 26 II DRiG nicht aus, um einem Pflichtenverstoß eines Richters angemessen zu begegnen, können **weitergehende Maßnahmen** nur im Wege des **Disziplinarverfahrens** angeordnet werden.

Disziplinarmaßnahmen sind Mittel, um Ordnung und Integrität innerhalb des Berufsstandes zu gewährleisten und die Bediensteten zur korrekten Erfüllung ihrer Pflichten anzuhalten (*BVerfGE* 21, 378, 384; *Thomas* S. 155 f.). Das Disziplinarrecht ist kein Teil des Strafrechts, sondern folgt aus dem öffentlich-rechtlichen Dienstverhältnis des Richters und dient der Aufrechterhaltung oder Wiederherstelllung eines ordnungsgemäßen Amtsbetriebs, in dem der betreffende Richter zur ordnungsgemäßen Erfüllung seiner Pflichten angehalten oder – wenn er nicht mehr tragbar ist – aus dem Dienst entfernt wird (vgl. zum Ganzen ausführlich *Schmidt-Räntsch,* Vor § 63 (RiDiszR) Rn. 2 ff.).

179 Disziplinarmaßnahmen setzen die Feststellung eines **Dienstvergehens** voraus. Das Disziplinarrecht kennt keine konkreten Tatbestände, die erfüllt sein müssen; das Dienstvergehen wird vielmehr allgemein als schuldhafte Verletzung der dem Richter obliegenden Verpflichten umschrieben (vgl. zB § 46 DRiG iVm § 77 I BBG). Die besonderen **Richterpflichten** sind niedergelegt in den §§ 38 bis 43 DRiG und dem **Pflichtenkatalog des Beamtenrechts** in den §§ 60 ff. BBG bzw. §§ 33 ff. BeamtStG sowie den entsprechenden landesrechtlichen Vorschriften, soweit diese nach § 71 DRiG auf Richter entsprechend anwendbar sind.

180 Soweit die richterliche Tätigkeit in Frage steht, gelten **für disziplinarrechtliche Maßnahmen** die gleichen **Schranken** wie für **Dienstaufsichtsmaßnahmen,** dh der Richter darf durch solche Maßnahmen nicht in seiner Unabhängigkeit beeinträchtigt werden, § 26 I DRiG.

181 **Außerdienstliches Verhalten** des Richters kann dann Gegenstand disziplinarrechtlicher Maßnahmen sein, wenn es in besonderem Maße geeignet ist, Achtung und Vertrauen in einer für das Amt des Richters und das Ansehen der Richterschaft bedeutsamen Weise zu beeinträchtigen, § 46 DRiG iVm § 77 I 2 BBG; § 71 DRiG iVm § 47 I 2 BeamtStG.

182 Für das Disziplinarverfahren gegen Richter schreiben die Landesrichtergesetze die entsprechende Anwendung der **Disziplinargesetze oder -ordnungen** der Länder vor (vgl. zB § 47 I LRiG NRW oder § 72 LRiG BW); für Richter im Bundesdienst gilt nach § 63 I DRiG das Bundesdisziplinargesetz sinngem. Die Vorschriften der Disziplinargesetze bzw. -ordnungen sind nur insoweit anwendbar, als dies mit der besonderen Rechtsstellung der Richter vereinbar ist. Das Disziplinarverfahren beginnt als behördliches Disziplinarverfahren – zuständig ist hier der **Dienstvorgesetzte** – (vgl. etwa für Richter im Bundesdienst die §§ 17 bis 37 BDG), an das sich ein gerichtliches Disziplinarverfahren vor den **Richterdienstgerichten** anschließen kann (für den Bundesbereich §§ 52 bis 61 BDG). Die Dienstgerichte sind in der Regel beim Landgericht am Sitz der Landesregierung und der Dienstgerichtshof bei dem im Instanzenzug übergeordneten Oberlandesgericht errichtet.

183 Folgende **Disziplinarmaßnahmen** sehen das Bundesdisziplinargesetz (und die entsprechend die Disziplinargesetze bzw. -ordnungen der Länder) für aktive Richter vor (§ 5 I BDG): **Verweis** (§ 6 BDG), **Geldbuße** (§ 7 BDG), **Gehaltskürzung** (§ 8 BDG), **Versetzung** in ein anderes Richteramt mit geringerem Endgrundgehalt (Zurückstufung, § 9 BDG) und **Entfernung aus dem Dienst** (§ 10 BDG). Für Richter im Ruhestand (§ 5 II BDG) sind die Kürzung des Ruhegehalts (§ 11 BDG) und die Aberkennung des Ruhegehalts (§ 12 BDG) vorgesehen.

184 Das Disziplinarverfahren folgt dem **Legalitätsprinzip:** Liegen ausreichende tatsächliche Anhaltspunkte für ein Dienstvergehen vor, leitet der Dienstvorgesetzte **Vorermittlungen** ein, um den Sachverhalt umfassend und vollständig aufzuklären. Wird ein Dienstvergehen in diesen Vorermittlungen festgestellt und hält der Dienstvorgesetzte eine disziplinarrechtliche Ahndung für notwendig – anderenfalls stellt er das Verfahren ein –, kann er per **Disziplinarverfügung** einen Verweis aussprechen. Ist das dem Richter vorgeworfene Dienstvergehen so gravierend, dass zur Ahndung ein Verweis nicht ausreicht, muss die Dienstbehörde durch Erhebung einer Disziplinarklage eine gerichtliches Disziplinarverfahren einleiten (*Schmidt-Räntsch,* § 63 Rn. 7). **Vorläufige Disziplinarmaßnahmen**, zB die **vorläufige Dienstenthebung** sind zulässig, wenn sie zur Aufrechterhaltung eines geordneten Dienstbetriebes und zur Abwendung weiteren erheblichen Schadens von der Justiz geboten sind, zB im Fall von Änderungen in Einzelrichterurteilen durch den Gerichtspräsidenten (vgl. *BVerfG,* DRiZ 1996, 372 f.).

V. Die sich aus dem Richterverhältnis ergebenden Rechte des Richters

1. Ansprüche auf Fürsorge und Schutz durch den Dienstherrn

185 Das öffentlich-rechtliche Dienstverhältnis vermittelt dem Richter – neben seinen Pflichten – auch Rechte. Nach Art. 33 V GG gelten – auch für Richter – die hergebrachten Grundsätze des Berufsbeamtentums, in ihrer speziellen Ausprägung des Richterechts, dh, soweit sie im Hinblick auf deren besondere verfassungsrechtliche Stellung auf Richter anwendbar sind. Der Richter steht – ebenso wie der Beamte – zu seinem Dienstherrn in einem Dienst- und Treueverhältnis. Im Rahmen dieses Dienst- und

Treueverhältnisses hat der Dienstherr für das **Wohl des Richters und seiner Familie** zu sorgen, und zwar auch für die Zeit nach Beendigung des Richteramtes, und ihn bei seiner amtlichen Tätigkeit und in seiner Stellung als Richter zu schützen, § 46 DRiG iVm § 78 BBG; § 71 DRiG iVm § 45 BeamtStG. Aus dieser umfassenden Fürsorgepflicht ergeben sich – neben der Verpflichtung des Dienstherrn, seine Entscheidungen unvoreingenommen, wohlwollend und gerecht zu treffen und sich nur von sachlichen Erwägungen leiten zu lassen – insbesondere **Schutz- und Anhörungspflichten.**

Wird der Richter in der Weise angegriffen, dass er in seiner Unabhängigkeit berührt werden könnte, 186
hat der Dienstherr die **Pflicht,** den Richter **vor** solchen **Angriffen zu schützen.** Besteht die Gefahr, dass der Richter aufgrund seiner richterlichen Tätigkeit angegriffen wird, hat er einen **Anspruch auf erforderliche Schutzmaßnahmen.** Bei **Beleidigungen** steht dem Dienstvorgesetzten nach § 194 III StGB ein **Strafantragsrecht** zu. Auch unterhalb der Schwelle der Beleidigung hat der Dienstherr sich vor seinen Richter zu stellen, insbesondere bei unangemessener und massiv verzerrender **Berichterstattung** in den Medien über den Richter oder seine richterlichen Entscheidungen (vgl. dazu *Thomas,* S. 186 mwN).

Aus dem Grundsatz der Fürsorgepflicht des Dienstherrn gegenüber dem Richter ergibt sich die Ver- 187
pflichtung, den Richter in allen Angelegenheiten, die ihn in seiner persönlichen und dienstlichen Situation berühren, vor einer seine Belange betreffenden Anweisung anzuhören.

2. Der Anspruch auf amtsangemessene Alimentation

Nach dem in Art. 33 V GG verbürgten Alimentationsgrundsatz hat der Dienstherr einen amtsange- 188
messenen Lebensstandard der Richter zu gewährleisten. Eine unabhängige Rechtsprechung ist nur gewährleistet, wenn der Richter als Träger der rechtsprechenden Gewalt nicht nur rechtlich, sondern auch wirtschaftlich abgesichert ist (vgl. *BVerfGE* 56, 146, 162 mwN). Der Richter hat daher ein durch Art. 33 V GG **gesichertes Recht auf Dienstbezüge, Ruhegehalt** und **Hinterbliebenenfürsorge** (*Thomas,* S. 193 mwN). Die dem Richter zu zahlenden Dienstbezüge und Versorgungsleistungen müssen sich ausrichten am Inhalt des übertragenen Amtes und der damit verbundenen Verantwortung; sie müssen auch berücksichtigen, dass der Richter aufgrund des Dienstverhältnisses verpflichtet ist, seine ganze Persönlichkeit und seine Arbeitskraft für die Erfüllung seiner Aufgaben zur Verfügung zu stellen.

Angesichts der umfassenden Pflicht zur Dienstleistung und der Tatsache, dass das Richterverhältnis 189
auf Lebenszeit angelegt ist, besteht **zwischen Besoldung** und **Versorgung** nicht nur ein enger **Zusammenhang,** sondern auch für das Ruhegehalt und die **Hinterbliebenenbezüge** ist das **zuletzt ausgeübte Amt** maßgeblich. Nach § 14 BBesG ist die Besoldung entsprechend der Entwicklung der allgemeinen wirtschaftlichen und finanziellen Verhältnisse und unter Berücksichtigung der mit den Dienstaufgaben verbundenen Verantwortung regelmäßig anzupassen. Der Gesetzgeber muss bei der **Anpassung** außer der Bedeutung des Richteramtes für die Allgemeinheit, der vom Amtsinhaber geforderten Ausbildung, sowie seiner Verantwortung und Beanspruchung auch die Entwicklung des allgemeinen Lebensstandards und der allgemeinen Verbrauchs- und Lebensgewohnheiten berücksichtigen. Die Dienstbezüge sollen nicht nur die **Grundbedürfnisse** abdecken, sondern auch ein dem Amt angemessenes Maß an **Lebenskomfort** ermöglichen (*Thomas,* S. 194).

Mit Gesetz v. 23. 5. 1975 (BGBl. I S. 1173) war eine eigenständige bundeseinheitliche **Besoldungs-** 190
ordnung R für Richter geschaffen worden. Die in der **Anlage III zum BBesG** geregelten Besoldungsgruppen gelten infolge der durch die Föderalismusreform I geänderten Gesetzgebungszuständigkeiten seit dem 1. 9. 2006 in der zu diesem Zeitpunkt gültigen Fassung nur noch als Bundesrecht fort, bis sie durch Landesrecht ersetzt wurden (Art. 125a I 1 GG). Bislang haben die Länder indes an der eigenständigen Richterbesoldung nach einer Besoldungsordnung R festgehalten.

Die **Einstufung der Gerichtspräsidenten** orientiert sich am **Gerichtsaufbau** und darüber hinaus an der 191
Zahl der Richter, über die der Präsident die Dienstaufsicht führt. Die Präsidenten und Vizepräsidenten sind unter Berücksichtigung dieser Grundsätze - nach dem BBesG – wie folgt eingestuft: **Präsidenten** erstinstanzlicher Gerichte: R 3 bis R 6; Präsidenten oberer Landesgerichte: R 5, 6 und 8; Präsidenten der obersten Gerichtshöfe des Bundes: R 10. **Vizepräsidenten** der obersten Gerichte des Bundes: R 8 zuzüglich einer Amtszulage; die übrigen Vizepräsidenten: R 2 bis R 4, teilweise zuzüglich einer Amtszulage.

Die Besoldungsordnung R des BBesG hatte bis zur Neuregelung durch das Gesetz zur Neuordnung 192
und Modernisierung des Bundesdienstrechts v. 5. 2. 2009 (BGBl. I S. 160) – im Gegensatz zur Beamtenbesoldung – auf ein Besoldungsdienstalter verzichtet und die Höhe der Dienstbezüge in den **Besoldungsgruppen R 1 und R 2** nach dem **Lebensalter** bemessen. Nunmehr erfolgt die Staffelung – zur Vermeidung von Altersdiskriminierungen – einheitlich nach Erfahrungsstufen.

Zur amtsangemessenen Alimentation gehört auch die Sicherstellung einer ausreichenden **Absicherung** 193
gegen Krankheit. Diese erfolgt derzeit durch Gewährung von **Beihilfe** zu den Aufwendungen des Richters und seiner Familie nach einem bestimmten Prozentsatz (vgl. zB § 80 BBG). Eine Pflicht zur Gewährung von Beihilfe folgt aus Art. 33 V GG aber nicht; der Dienstherr kann eine ausreichende Absicherung vielmehr auch durch ausreichende Bemessung der Besoldung sicherstellen (*BVerfG,* Beschl. v. 7. 11. 2002 – 2 BvR 1053/98 –, BVerfGE 106, 225–244).

194 Soweit dem Richter aus dienstlichen Gründen besondere Aufwendungen entstehen, wie **Reisekosten** und **Umzugskosten,** hat er einen Anspruch auf Erstattung der Auslagen, und zwar nach den entsprechenden landesgesetzlichen Reisekosten- und Umzugskostengesetzen (vgl. dazu Bundesreisekostengesetz und Bundesumzugskostengesetz bzw. die entsprechenden landesgesetzlichen Regelungen).

195 Zur **Dienstreise** ist anzumerken, dass es im Hinblick auf die richterliche Unabhängigkeit keiner Anordnung oder Genehmigung einer Dienstreise oder eines Dienstganges bedarf, wenn ein Richter in Wahrnehmung der ihm übertragenen richterlichen Aufgabe entscheidet, dass ein Dienstgang oder eine Dienstreise erforderlich ist (vgl. *Fürst,* § 26 Rn. 61; *Thomas,* S. 204).

3. Einsichtsrecht in die Personalakte

196 Der Richter hat das **Recht auf Einsicht** in seine **vollständige Personalakte,** § 46 DRiG iVm § 110 I BBG; § 71 DRiG iVm § 50 BeamtStG und den jeweiligen landesrechtlichen Vorschriften (vgl. zB § 87 I LBG NRW). Ein besonderes rechtliches Interesse an der Einsicht braucht der Richter nicht darzutun (*BVerwGE* 38, 94, 98).

Personalakten sind die für den Dienstherrn geführten Blattsammlungen über die persönlichen und dienstlichen Verhältnisse des Richters. In die Personalakten müssen solche Vorgänge aufgenommen werden, die das Richterverhältnis des einzelnen Richters betreffen. **Personalakten** sollen ein **zuverlässiges Bild** von den **dienstlichen Verhältnissen des Richters** liefern und müssen daher insoweit auch vollständig sein und bleiben (vgl. *BVerwGE* 55, 186, 190; 67, 300, 302 mwN). Neben den Personalunterlagen gehören in die Personalakte die dienstlichen Beurteilungen, nicht jedoch zB die zu ihrer Vorbereitung eingeholten Auskünfte des Vorsitzenden eines Spruchkörpers oder eines beisitzenden Richters. Die dienstliche Beurteilung eines Richters ist Aufgabe des Gerichtspräsidenten, der für den Inhalt der Beurteilung allein die Verantwortung trägt.

197 Da der Richter einen **Anspruch** hat, zu jeder Entscheidung, die seine Rechtsstellung berührt, **gehört zu werden** (*BVerwGE* 38, 336, 342 f.), ist er zu allen Beschwerden und Tatsachenbehauptungen, die für ihn ungünstig sind oder ihm nachteilig werden können, etwa wegen daraus gezogener Werturteile, vor Aufnahme in die Personalakte zu hören. Sofern der Richter es will, kann er sich zu diesen Vorgängen äußern, wobei seine Äußerung dann ebenfalls zur Personalakte zu nehmen ist (zB § 109 S. 2 BBG).

4. Beteiligungsrechte

198 a) **Allgemeine Koalitionsrechte.** Das allg., in Art. 9 III GG gewährleistete Recht, sich zu Vereinigungen zur Wahrung und Förderung der Arbeits- und Wirtschaftsbedingungen zusammenzuschließen, gilt uneingeschränkt auch für Richter. Auch sie können sich in **Gewerkschaften** und **Berufsverbänden** organisieren mit dem Ziel, die Arbeits- und Wirtschaftsbedingungen ihrer Mitglieder zu wahren und zu fördern.

199 Ein Zusammenschluss der Richter zu einer **Koalition** ist **notwendig,** wenn sie an der Vorbereitung bundes- bzw. landesgesetzlicher, das Richterverhältnis betreffender Regelungen beteiligt werden und an ihrer Gestaltung mitwirken wollen, da diese **Beteiligungsrechte** nicht allen Koalitionen, sondern nur den **Spitzenorganisationen** der zuständigen **Gewerkschaften** und **Berufsverbände der Richter** eingeräumt werden (vgl. § 46 DRiG iVm § 118 BBG; § 71 DRiG iVm § 53 BeamtStG).

200 **Spitzenorganisationen** sind solche Zusammenschlüsse, die aufgrund ihrer Bedeutung Gesamtbelange der Richter vertreten können. In der Praxis werden auf Bundesebene als Spitzenorganisationen der Richter der **Deutsche Richterbund (DRB)**, der **Deutsche Gewerkschaftsbund (DGB** – Fachgruppe Justiz, Richterinnen und Richter, Staatsanwältinnen und Staatsanwälte in ver.di), die **Neue Richtervereinigung** (NRV) und der **Bund Deutscher Verwaltungsrichter und Verwaltungsrichterinnen (BDVR)** anerkannt. Es liegt allerdings im Ermessen der zuständigen Stellen, auch andere Richterorganisationen, die nicht Spitzenorganisationen sind – etwa wegen ihrer besonderen Sachkunde –, bei der Vorbereitung allgemeiner Regelungen zu beteiligen.

201 b) **Aktive und passive Beteiligung an Präsidium und Richtervertretungen.** Neben dem allgemeinen Recht, sich in Berufsverbänden zusammenzuschließen, ist der Richter aufgerufen, sich aktiv an den Wahlen zum Präsidium und zu den Richtervertretungen zu beteiligen, und zwar durch Ausübung des ihm zustehenden Wahlrechts wie auch durch die Bereitschaft, sich als Kandidat für diese Gremien einer Wahl zu stellen. Diese Mitwirkungsrechte bestehen bei dem bei jedem Gericht zu bildenden **Präsidium,** **dem Richterrat,** gegebenenfalls dessen **Stufenvertretungen** und dem **Präsidialrat.**

202 *aa) Das Präsidium, §§ 21 a bis 21 j GVG.* Bei jedem Gericht ist ein Präsidium zu bilden, das aus dem Präsidenten oder aufsichtsführenden Richter als **Vorsitzenden** und **vier, sechs acht** oder **zehn zu wählenden Richtern** oder aus den nach § 21 b I GVG wählbaren Richtern – entsprechend der Größe des Gerichtes – besteht. **Wahlberechtigt** sind die Richter auf Lebenszeit und die Richter auf Zeit, denen ein Richteramt beim Gericht übertragen ist, sowie die beim Gericht tätigen Richter auf Probe, die Richter kraft Auftrags und die für eine Dauer von mindestens 3 Monaten abgeordneten Richter, soweit sie Rechtsprechungsaufgaben wahrnehmen, § 21 b GVG (vgl. dazu *OLG Koblenz,* DRiZ 1996, 329).

Wählbar sind Richter auf Lebenszeit und auf Zeit. Das **Präsidium** hat die **Aufgabe,** die **Besetzung der Spruchkörper** zu bestimmen, die Ermittlungsrichter zu bestellen, die **Vertretung zu regeln** und die **Geschäfte** und damit die **einzelnen Richteraufgaben** unter den Richtern des Gerichts **zu verteilen,** § 21e I GVG. Im Hinblick auf diese Befugnisse des Präsidiums erhält die Mitwirkungsmöglichkeit des Richters ihr Gewicht. Der Richter kann durch Wahrnehmung seines aktiven und passiven Wahlrechts auf die Zusammensetzung des Präsidiums Einfluss nehmen. Da das Präsidium mit **Stimmenmehrheit** entscheidet, § 21e VII GVG, haben die gewählten Mitglieder des Präsidiums gegenüber dem geborenen Mitglied, dh dem Präsidenten oder dem aufsichtsführenden Richter, das entscheidende Gewicht.

bb) Richterrat. Nach § 72 DRiG sind in den Ländern Richterräte zu bilden. Den Ländern steht die 203
Organisation der Richterräte frei. In der Regel ist bei dem einzelnen Gericht ein Richterrat zu bilden, was nicht ausschließt, dass für mehrere kleine Gerichte ein gemeinsamer Richterrat oder für ein kleines Gericht ein Richterrat gemeinsam mit dem eines benachbarten größeren gebildet wird.

Die **Mitglieder der Richterräte** werden durch die Richter unmittelbar und geheim aus ihrer Mitte **ge-** 204
wählt, § 72 DRiG. **Wahlberechtigt** sind grundsätzlich alle Richter des Bereichs, für den der Richterrat bestellt wird. Ausgenommen sind nur solche Richter, die nicht mehr oder noch nicht als dem Bereich zugehörig gelten können, also abgeordnete Richter nach Maßgabe der landesrechtlichen Abgrenzungsregelung.

Als **Mindestaufgaben** werden dem Richterrat in § 73 DRiG die Beteiligung an allgemeinen und sozia- 205
len Angelegenheiten der Richter und die gemeinsame Beteiligung mit der Personalvertretung an allgemeinen und sozialen Angelegenheiten, die sowohl Richter als auch Bedienstete des Gerichtes betreffen, zugewiesen. Die **Übertragung weiterer Aufgaben** durch den Landesgesetzgeber ist zulässig. Teilweise haben die Länder insoweit ganz allgemein auf ihre **Landespersonalvertretungsgesetze** verwiesen, teilweise auch nur unter erheblichen Einschränkungen diese Verweisung ausgesprochen.

Der Landesgesetzgeber entscheidet auch, ob neben den Richterräten bei den einzelnen Gerichten 206
übergeordnete **Stufenvertretungen** wie **Bezirksrichterräte** oder **Hauptrichterräte** gebildet werden. Die Länder haben unterschiedlichen Gebrauch von der Möglichkeit gemacht. Soweit Stufenvertretungen bestehen, sind die Richter der nachgeordneten Stufen wahlberechtigt für die jeweils zuständige Stufenvertretung. Gewählt werden kann nur ein Richter des Bereichs, für den der Richterrat gebildet wird. Im übrigen regelt das jeweilige Landesrecht die Wählbarkeit.

cc) Der Präsidialrat. Für jeden Gerichtszweig ist ein Präsidialrat zu bilden, der aus dem **Präsidenten** 207
eines Gerichts als **Vorsitzenden** und aus **Richtern** besteht, von denen mindestens die **Hälfte** durch die Richter **zu wählen** sind, § 74 DRiG. Wie der Präsident als Vorsitzender und die Richter gewählt werden, bestimmt der Landesgesetzgeber. Festgeschrieben ist lediglich, dass mindestens die Hälfte der Mitglieder des Präsidialrates neben dem Präsidenten durch die Richter zu wählen ist.

Der Präsidialrat ist an der **Ernennung eines Richters** für ein Amt mit höherem Endgrundgehalt als 208
dem des Eingangsamtes zu **beteiligen.** Der Präsidialrat hat eine **schriftliche Beurteilung** über die persönliche und fachliche Eignung des Richters abzugeben, § 75 DRiG. Darüber hinaus können dem Präsidialrat **weitere Aufgaben** übertragen werden. Von dieser Möglichkeit haben die Länder weitgehend Gebrauch gemacht; eine Beteiligung ist ua in folgenden Bereichen durch die Landesgesetzgeber vorgesehen: Beteiligung bei der Richterernennung, der Entlassung, der Rücknahme einer Ernennung, der Abordnung ohne Zustimmung, der Versetzung, der Einleitung des förmlichen Disziplinarverfahrens, der Verhängung einer Disziplinarmaßnahme, der Versagung der Genehmigung für eine Nebentätigkeit (vgl. zB § 32 LRiG BW).

Der Landesgesetzgeber ist an die durch die §§ 72ff. DRiG geregelte Aufteilung der Richtervertretung 209
in Richterrat und Präsidialrat gebunden und kann daher hiervon nicht abweichen (vgl. zu Einzelheiten *Schmidt-Räntsch,* Vorbem. §§ 72–75 Rn. 1ff.; § 74 Rn. 3).

5. Anspruch auf Urlaub

Der Richter hat einen Anspruch auf einen **jährlichen Erholungsurlaub** unter Fortzahlung der Dienst- 210
bezüge, § 46 DRiG iVm § 89 BBG; § 71 DRiG iVm § 44 BeamtStG. Die Bewilligung und die Dauer des Erholungsurlaub ist jeweils durch Rechtsverordnung geregelt. Vgl. hierzu die **Erholungsurlaubsverordnung** (EUrlV) des Bundes und die Urlaubsverodnungen der Länder. Der Richter kann selbst bestimmen, wann er den Urlaub nimmt, wobei er allerdings die dienstlichen Belange, wie zB die Gewährleistung seiner Vertretung, zu berücksichtigen hat (*Thomas,* S. 216).

Daneben besteht unter bestimmten Voraussetzungen die Möglichkeit der Gewährung von Sonderur- 211
laub mit oder ohne Fortzahlung der Bezüge, zB zur Teilnahme an Wahlen und Abstimmungen, zur Wahrnehmung amtlicher, insbesondere gerichtlicher oder polizeilicher Termine oder zur Ausübung einer ehrenamtlichen Tätigkeit und weiter für militärische, gewerkschaftliche, fachliche, staatspolitische, kirchliche oder sportliche Zwecke oder zur Ausübung einer Tätigkeit in öffentlichen zwischenstaatlichen oder überstaatlichen Einrichtungen. Zu Einzelheiten vgl. etwa die **Sonderurlaubsverordnung** (SUrlV) des Bundes (und entsprechende landesrechtliche Regelungen).

6. Anspruch auf Genehmigung von Nebentätigkeiten

212 Die Verpflichtung des Richters, sich mit all seiner Kraft seinem richterlichen Amt zu widmen, schließt nicht aus, dass er seine Arbeitskraft, soweit sie nicht durch dienstliche Verpflichtungen gebunden ist, anderweitig zB durch Ausübung einer Nebentätigkeit einsetzt und verwertet.

213 Für Nebentätigkeitsrecht, insbesondere die Genehmigungsbedürftigkeit und die Versagungsgründe, gelten, soweit nicht die §§ 40 bis 42 DRiG mit Rücksicht auf die besondere Stellung des Richters Abweichungen enthalten, nach den §§ 46 und 71 DRiG die Vorschriften des Beamtenrechts, dh für Richter im Bundesdienst die §§ 97 ff. BBG und für Richter im Landesdienst § 40 BeamtStG und die entsprechenden landesrechtlichen Vorschriften. Ergänzend sind die **Bundesnebentätigkeitsverordnung** (BNV) und die **Verordnung über die Nebentätigkeit der Richter im Bundesdienst** (BRiNV) anwendbar (vgl. iE *Schmidt-Räntsch,* Vorbem. §§ 40 bis 42 Rn. 1 ff.).

214 **Nebentätigkeit** ist nach § 42 DRiG die Ausübung eines Nebenamtes, dh ein **nicht zum Hauptamt gehörender Kreis von Aufgaben,** der auf Grund eines Amtsverhältnisses wahrgenommen wird, oder einer Nebenbeschäftigung, die jede sonstige, nicht zu einem Haupt-amt gehörende Tätigkeit innerhalb oder außerhalb des öffentlichen Dienstes sein kann (vgl. hierzu ergänzend Rn. 144). Nicht als Nebentätigkeit gilt nach § 97 IV BBG die Wahrnehmung öffentlicher Ehrenämter sowie einer unentgeltlichen Vormundschaft, Betreuung oder Pflegschaft.

215 Nach § 99 I 1 BBG (für Richter im Landesdienst gelten die entsprechenden landesrechtlichen Regelungen) bedarf ein Richter zur Übernahme jeder entgeltlichen Nebentätigkeit – mit Ausnahme der in § 100 I BBG abschließend aufgeführten – der vorherigen **Genehmigung.** Die Verpflichtung zur Übernahme einer Nebentätigkeit besteht für Richter nach § 42 DRiG nur in der Rechtspflege und in der Gerichtsverwaltung. Die Genehmigung ist zu versagen, wenn zu besorgen ist, dass durch die Nebentätigkeit dienstliche Interessen beeinträchtigt werden, § 99 II 1 BBG. § 99 II 2 BBG enthält hierzu Regelbeispiele. Ein Versagungsgrund liegt danach zB vor, wenn die Nebentätigkeit nach Art und Umfang die Arbeitskraft so stark in Anspruch nimmt, dass die ordnungsgemäße Erfüllung der dienstlichen Pflichten behindert werden kann (Nr. 1) oder wenn Interessenkonflikte (Nr. 3) oder eine Beeinflussung der Unparteilichkeit oder Unbefangeheit des Richters (Nr. 4) entstehen kann. Die Voraussetzung der Nr. 1 gelten nach § 99 III 1 BBG in der Regel als erfüllt, wenn die zeitliche Beanspruchung durch eine oder mehrere Nebentätigkeiten in der Woche ein Fünftel der regelmäßigen wöchentlichen Arbeitszeit überschreitet. Weiter liegt nach § 99 III 3 BBG ein Versagungsgrund vor, soweit der Gesamtbetrag der Vergütung für eine oder mehrere Nebentätigkeiten 40% des jährlichen Endgrundgehalts übersteigt, wenn nicht eine Ausnahme zugelassen wurde (S. 4).

216 **Nicht genehmigungspflichtig** sind nach § 99 BBG unentgeltliche Nebentätigkeiten und nach § 100 I BBG

1. die Verwaltung eigenen oder der Nutznießung des Richters unterliegenden Vermögens
2. schriftstellerische, wissenschaftliche, künstlerische oder Vortragstätigkeiten
3. (betrifft nicht Richter)
4. Tätigkeiten zur Wahrung von Berufsinteressen in Gewerkschaften oder Berufsverbänden oder in Selbsthilfeeinrichtungen der Richterinnen und Richter

Angezeigt werden müssen Nebentätigkeiten nach Nr. 2 und Tätigkeiten in Selbsthilfeeinrichtungen nach Nr. 4. Unter Verletzung diestlicher Pflichten ausgeübte Nebentätigkeiten können ganz oder teilweise untersagt werden.

217 Für Richter im Landesdienst gilt nach Landesrecht Entsprechendes. Für die Erteilung von erforderlichen Genehmigungen ist regelmäßig die oberste Dienstbehörde zuständig.

Sachverzeichnis

Die fetten Buchstaben und römischen Zahlen beziehen sich auf die Kapitel, die mageren Zahlen auf die Randnummern. Aussagen über den Inhalt der Fundstelle lassen sich auch dem (fetten) Buchstaben entnehmen (z. B. A: Dezernat des Zivilrichters). Bitte benutzen Sie auch die systematische Übersicht am Anfang des Buches und je am Beginn der Abschnitte A und B.